〔清〕桂馥撰

說文解字義證

上

附音序、筆畫、四角號碼檢字

中華書局

圖書在版編目(CIP)數據

說文解字義證:附音序、筆畫、四角號碼檢字/(清)桂馥撰. —2 版. —北京:中華書局,2017.9(2023.4 重印)
ISBN 978-7-101-12141-4

Ⅰ.說… Ⅱ.桂… Ⅲ.①漢字-古文字學-研究②《說文》-注釋 Ⅳ.H161

中國版本圖書館 CIP 數據核字(2016)第 229113 號

責任編輯:張 可
責任印製:管 斌

說文解字義證(附音序、筆畫、四角號碼檢字)
(全三册)
〔清〕桂 馥 撰
*
中華書局出版發行
(北京市豐臺區太平橋西里 38 號 100073)
http://www.zhbc.com.cn
E-mail:zhbc@zhbc.com.cn
北京虎彩文化傳播有限公司印刷
*
787×1092 毫米 1/16・94¼印張・6 插頁・2135 千字
1987 年 7 月第 1 版 2017 年 9 月第 2 版
2023 年 4 月第 6 次印刷
印數:11601-12000 册 定價:420.00 元

ISBN 978-7-101-12141-4

出版説明

清代乾嘉之世，《説文》之學興起，除段玉裁《説文解字注》外，以桂馥的《説文解字義證》成就最大。桂馥（一七三六—一八〇五），字冬卉，號未谷，山東曲阜人。乾隆五十年（一七九〇）進士，授雲南永平知縣。嘉慶十年（一八〇五）卒，享年七十歲。平生博涉羣書，尤潛心小學，所著除《説文解字義證》外，尚有《説文諧聲譜考證》《札樸》和《晚學集》等。

自戴震倡以訓詁明義理之説後，一時學者多受影響，致力於小學。阮元纂《經籍籑詁》、段玉裁撰《説文解字注》，都是這種學風的産物。桂馥與戴震相友善，其所主張的「訓詁不明則經不通」（《上阮學使書》，刊《晚學集》），顯然是受了戴學的影響。段、桂同治《説文》以明經義，但不同的是，段書聲義兼明而側重於聲，桂書雖亦以聲説字而尤側重於義。因其「爲《説文》之學，亦取證於羣書，故題曰義證」（《説文解字義證·附説》）。桂馥校治《説文》近二十年，且熟讀經典注疏，所以《義證》一書「專臚古籍」，「徵引雖富，脈絡貫通。前説未盡，則以後説補苴之；前説有誤，則以後説辨正之。凡所偁引，皆有次弟，取足達許説而止」（王筠《説文釋例序》）。《説文》的字義也就因此得到疏通證明。桂馥又曾取《玉篇》《廣韵》以校《説文》，創獲甚多（見《玉篇跋》《書廣韵後》，同刊《晚學集》）。這些成果都融合到了《義證》中去，從而增加了其學術價值。

《説文解字義證》著成後，長期衹有稿本流傳，直到咸豐元年（一八五一），才在經許瀚詳加校訂後（參見許瀚《説文解字義證校例》，刊《攀古小廬雜著》），刊入《連筠簃叢書》。由於《連筠簃叢書》印數有限，所以流傳仍不很廣。咸豐十一年（一八六一），捻軍經過山東日照，許瀚家藏的《説文解字義證》版片毁於戰火，使此書一時絶版。

張之洞在任湖廣總督時，有鑒於此，又於同治三年（一八六四）重新刊刻此書，是爲一般所謂湖北崇文書局刻本。

本書的《連筠簃叢書》本既已罕有，而湖北崇文書局本又印刷不善，須待加工後方能影印。近年來，段玉裁、王筠、朱駿聲的《説文》學著作相繼重印，然而罕有影印《説文解字義證》者，原因也就在此。一九八七年，中華書局爲了滿足廣大讀者的需要，特據湖北崇文書局本精心加以描修，付諸影印，書前書後分别附有筆畫和四角號碼檢字表。

本次再版，我們參考《注音版説文解字》（中華書局二〇一五年），爲正文篆字加注字頭和拼音，並重新編寫了音序、筆畫及四角號碼檢字；《説文解字義證》於示、玉、口、足、言等部後所補遺文百二十三字（含重文），亦編製檢字，以方便讀者。

中華書局編輯部

二〇一六年四月

目録

上册

中册

下册

敘

治經貴通大義然求通義理必自音訓始欲通音訓必自說文始

國朝經師類皆覃精小學其校釋辨證說文之書最纍者十餘家而㠯段注本爲甲習聞諸老師言段書外惟曲阜桂氏義證爲可與抗顏行者其書嘗爲靈石楊氏連雲簃校刻刻後未大印行其家書版皆入質庫㠯故世尟傳本之洞奉使來湖北始紬布政使崇菶香山何君許得見之會江湖南北各行省奉

詔開局雕印經典時武昌書局已刻經史數種議刻段氏說文解字注之洞語何君曰段本固善然閒元版未燼又其完書收入學海堂經解中是不必緟複也宜刻莫如桂氏書何君謂然乃㠯此本付書局翻刻而使之洞爲之敘竊謂段氏之書聲義兼明而尤邃于聲桂氏之書聲亦竝及而尤博于義段氏鉤索比傅自㠯爲能冥合許君之恉勇于自信欲㠯自成一家之言故破字刱義爲多桂氏敷佐許說發揮旁通令學者引申貫注自得其義之所歸故段書約而猝難通闢

桂書緐而尋省易了夫語其得于心則段勝矣語其便于人則段或未之先也其專臚古籒不下己意則㠯意枉博證求通展轉孳乳觸長無方非若談理辨物可㠯析衷一義亦如王氏廣雅疏證阮氏經籍籑詁之類非可㠯己意爲獨斷者也桂氏之言曰近日學者風尙六書動成習氣偶涉名物自負倉雅略講點畫妄議斯冰叩㠯經典大義茫乎未之聞也此尤爲近今小學家所不能言洵足㠯箴肓起癈者矣獨其篇尾除去新坿蒐補遺文百二十二字或頗未盡寀諦如秝亙見具本書此叓于示部二部增入叡字既收又部又收叡部乃玉篇之疏此遂因之各出其佗籒古或體止宜坿綴篇韵汗簡所引點畫偶乖槩謂逸脫病在求益而近人苗夔鄭珍所捘獲轉多溢出于此然其別劉于鐂析諒爲亮不至使纂堯闕姓葛侯叓名㠯袪煩惑斯其大介此書元刻闕第四十卷第四十三紙領書局永康胡君求得日照丁秀才昰善所臧寫本有此一葉乃補入之爲完書丁秀才後記有云此就未校稾本言之故不爲無弊云云㠯此書校刻時

爲許辥汪田諸君應時改定者多矣顧其坿說末兩條自述伦書本末命名之恉是首尾固已完具即中閒徵引偶有踳譌或待補正固非未成之書也噫嘻段桂兩書輿矣萃矣許學備矣特其錖幅竝皆緐重初學者恆苦其難而貧士每病其費筭若取大興朱氏仿汲古閣大字本重雕其文簡其工省俾求進于此者得之㠯爲津梁而更從事于段桂兩家之書㠯窮其堂奧小學之興庶有冀乎或謂毛斧季取宋本拓大其字不守古式不可用予謂讀書貴得古人意而已毛之專輒改易校還其舊可也若夫版本尺寸云尒而亦必斤斤然一矉一步之不失哉同治九年七月既望提督湖北學政翰林院編修張之洞敘

敘　三

說文解字義證目錄

卷之四十七

自𠂤𨸏𨺅厽四宁叕亞五六七

九内嘼

卷之四十八

甲乙丙丁戊己巴庚辛辡壬

癸子了孨𠫓丑寅卯辰巳午

未申酉酋戌亥

卷之四十九

敘 許沖表 漢安帝敕

卷之五十

坿錄 坿說

說文解字義證五十卷乃曲阜桂未谷先生脫稿未校之書也原稿第三十七臺下引高唐賦有查高唐賦原文六字先許印林師曰據此知此書眞桂氏未成本也由此例推凡書中約略大意撮引數句數字與原文不符合或大反背者皆桂氏欲查原書而未及者也是在善讀者爲之補正耳安邱王箓友先生筠曰桂氏徵引雖富脈絡貫通前說未盡則以後說補苴之前說有誤則以後說辨正之凡所稱引皆有次第取是達許說而止故專臚古籍不下已意也讀者乃覗爲類書不亦昧乎惟是引據之典時代先於限斷且泛及藻繪之詞而又未盡加校改不皆如其初恉此就未校稿本言之故不爲無弊道光咸豐間印林師爲靈石楊氏在清江浦校刊分校者薛君壽汪君士鐸田君普實未畢而止後印林師獨任校讎數年乃成吾師嘗謂此書雖刻猶有遺憾但難更張耳艮所知者如開卷說文解字第一後應補十四部六百七十二文重八十一凡萬六百三十九字一段第二至第十四皆應據大徐本補正此乃許書原文世所傳大小徐諸本字數雖有增損然提綱挈領無

或脫者脫之自段氏始此必不可踵襲者也又四十九卷敘後有右一卷許君自敘其書也古者敘在書後十六字本在卷首說文解字第十五一行後低一格分注右一卷作此一卷此刻成後補刻桂君名行款不合移改者也此數事皆在卷首更張實難至於敘目下部一部二以至部五百四十初刻作小字分注後用艮說定爲許氏原文改作大字直書與段氏符合及見司馬類篇所從許氏目已如此乃知段氏有所遵守而此書所定不謬也桂氏未刻書尚有說文諧聲譜考證若干卷本欲與義證並行草稿尚未

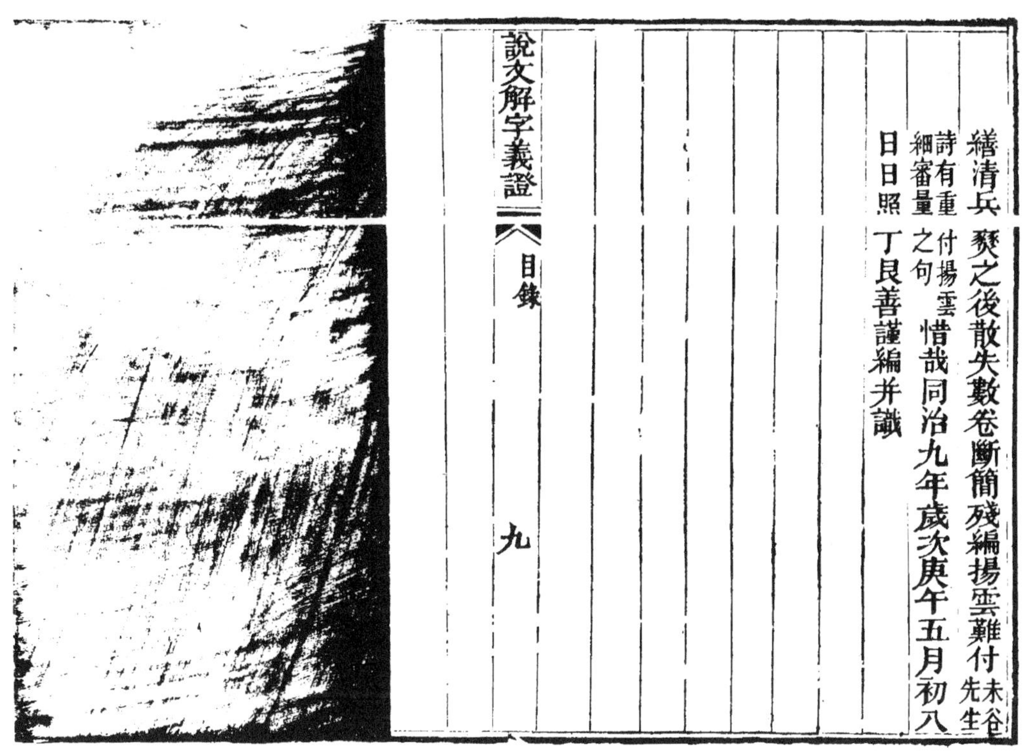
繕清兵燹之後散失數卷斷簡殘編揚雲雖付朱谷先生詩有重付揚雲細審量之句惜哉同治九年歲次庚午五月初八日日照丁艮善謹編并識

說文解字義證　目錄　九

說文解字弟一　義證弟一

曲阜桂馥學

一　惟初太始道立於一造分天地化成萬物凡一之屬皆從一　於悉切

周易天一地二馥案本書二從偶一地之數然則一者天之數也繫辭傳天下之動貞夫一者也虞注一謂乾元萬物之動各資天一陽氣以生故貞夫一　春秋元命包陰陽之性以一起人副天道故一生子　老子有物混成先天地生又云道生一一生二二生三三生萬物又云昔之得一者天得一以淸地得一以寧神得一以靈谷得一以盈萬物得一以生矦王得一以爲天下貞阮籍通老論道者法自然而爲化易謂之太極春秋謂之元老子謂之道王弼注老子一者數之始也物之極也　鬼谷子外篇道者天地之始一其紀也物之所造天之所生包宏無形化氣先天地而成　莊子天地篇泰初有無無有無名一之所起有一而未形物得以生謂之德　鶡冠子環流篇有一而有氣有氣而有意有意

而有圖有圖而有名有名而有形有形而有事有事而有約又云一之法立而萬物皆來屬　太平經一者數之始也生之道也元氣所起也天之大綱也　子華子大道篇一之所成萬紀以生一之所綱萬有以藏故曰通於一萬事畢　春秋說題辭陽以一爲法　淮南天文訓道曰規始於一一而不生故分而爲陰陽陰陽合和而萬物生故曰一生二二生三三生萬物原道訓道者一立而萬物生矣是故一之理施四海一之解際天地　漢書董仲舒傳曰一者萬物之所從始也　又律歷志天之數始於一　又敘傳元元本本數始於一　周禮天官疏一者數之始也

惟初至萬物云云者太始徐鍇本作太極　越絕書道生氣氣生陰陰生陽陽生天天生地天地立然後有寒暑燥溼日月星辰四時而萬物備　易繫辭乾知太始坤作成物　又云是故易有太極是生兩儀　正義云太極謂天地未分之前元氣混而爲一卽是太初太一也　故老子云道生一卽此太極是也　又謂混元旣分卽有天地故曰太極生兩儀卽老子云一生二也　乾鑿度夫有形者生於無形故有太易者未見氣也太初者氣之始也太始者形之始也太素者質之始也　素問鬼臾區曰積考太始　禮記樂記樂著太始而禮居成物　鄭注太始百物之始生也　阮籍大人先生傳登乎太始之前　張衡元圖元者無形之類自然之根作於太始莫之與先　曹植七啓夫太極之初混沌未分萬物純純與道俱運　張衡靈憲太素之前幽淸元靜寂寞冥默不可爲象厥中惟靈厥外惟無如是者永久焉斯謂溟涬蓋乃道之根也　列子天瑞篇昔者聖人因陰陽以統天地夫有形者生於無形則天地安從生故曰有太易有太初有太始有太素太易者未見氣也太初者氣之始也太始者形之始也太素者質之始也氣形質具而未相離故曰渾淪渾淪者言萬物相渾淪而未相離也視之不見聽之不聞循之不得故曰易也易無形埒易變而爲一一變而爲七七變而爲九九者究也乃復變而爲一一者形變之始也淸輕者上爲天濁重者下爲地沖和氣者爲人故天地含精萬物化生　子華子陽城胥渠問篇夫混茫之中是名太初實生三氣上氣曰始中氣曰元下氣曰玄玄資於元元資於始始資於初太眞剖割通三而爲一離之而爲兩各有精專是名陰陽又云是故道立於一而萬物之變也百事之化也散而爲萬殊籥論而無涯廣雅太初氣之始也生於酉仲淸濁未分也太始形之始也生於戌仲淸者爲精濁者爲形也太素質之始也生於亥仲已有素樸而未散也三氣相接至於子仲剖判分離輕淸者上爲天重濁

者下爲地中和爲萬物　禮記月令正義老子云道生一一生二二生三三生萬物易云易有大極是生兩儀禮運云禮必本於大一分而爲天地易乾鑿度云大極者未見其氣大初者氣之始大始者形之始大素者質之始此四者同論天地之前及天地之始道生一者一則混元之氣與大初大始大素同又與易之大極禮之大一其義不殊皆爲氣形之始也一生二者謂混元之氣分爲二二則天地也與易之兩儀又與禮之大一分而爲天地同也二生三者謂參之以人爲三才也三生萬物者謂天地人既定萬物備生其閒易序卦有天地然後有萬物乾鑿度孔子曰易始於大極大極分而爲二故生天地禮運是故夫禮必本於大一分而爲天地哀公問天地不合萬物不生郊特牲天地合而後萬物興焉王充論衡自然篇天地合氣萬物自生猶夫婦合氣子自生矣賀述禮統天地者元氣之所生萬物之所自　班固典引太極之先兩儀始分絪絪縕縕有沈而奧有浮而淸潛夫論本訓篇上古之世太素之時元氣窈冥未有形兆萬精合并混而爲一莫制莫御若斯久之翻然自化淸濁分別變成陰陽陰陽有體實生兩儀天地絪縕萬物化淳

凡一之屬皆從一者許氏自云分別部居不相雜廁又云其建首也立一爲耑方以類聚

yuán
元

物以羣分同條牽屬共理相貫雜而不越據形系聯徐鍇
日分部相從自許始也馥案始一終亥五百四十部文以
統字昔人偁爲
偏旁之學是也

弌 古文一

戴侗六書故謂弌不能古於一欲以弌爲小篆一爲古文案
小篆意趨簡易數目字尤所習用故省弌爲一其二三皆因
一積成之猶古文之積三爲四也戴氏以簡
爲古文緐爲小篆豈李斯作字之本意乎

元 始也從一從兀愚袁切

周易大哉乾元萬物資始乃統天 漢書律歷志太極元氣
函三爲一 禮統天地者元氣之所生萬物之祖也 徐整
三五歷紀未有天地之時混沌狀如雞子溟涬始牙濛鴻滋
萌歲在攝提元氣肇始 張衡靈憲太素之前幽清寂寞不
可爲象惟虛惟無蓋道之根也道根既建由無生有太素始
萌萌而未兆斯謂龐洪蓋道之幹也道幹既育萬物成體於
是剛柔始分清濁異位天成於外而體陽
故圓以動斯謂天元道之實也天有元位

始也者爾雅釋詁文易元亨利貞子夏傳云元始也鶡冠
子王鈇篇天始於元魏徵周易義始萬物爲元九家易元
者氣之始也大戴禮保傅篇春秋之元詩之關雎禮之冠
婚易之乾巛皆慎始敬終云爾盧辯注云元者氣之始也
呂氏春秋召類篇元者吉之始也漢書律歷志元始也春
秋元年杜預注左傳云隱公之始年公羊傳元年者何君
之始年也何休注云變一爲元元者氣也無形以起有形
以分造起天地天地之始也范甯穀梁傳集解元年隱公
之始年春秋繁露王道篇春秋何貴乎元而言之元者始
也漢書董仲舒傳臣謹按春秋謂一元之意一者萬物之
所從始也元者辭之所謂大也謂一爲元者視大始而欲
正本也胡廣曰春秋五始一曰元馥案漢書王褒傳春秋
法五始之要顏師古曰元者氣之始王燭寶典正月一日
爲元日元者始也太元眞一本際經無宗無上而獨能爲
萬物之始故名元始韓詩元長也書舜典惇德允元傳云
元善之長襄九年左傳元體之長也蕭廣濟孝子傳五郡
孝子結兄弟長元重次仲重次叔重次季重次稚重馥案
以元爲孟故曰元者善之長也又案僖三十三年左傳狄
人歸其元孟子勇士不忘喪其元皆謂元爲首首亦始也
又按春秋說元者端也馥謂端當爲耑物初生之題亦始

tiān
天

也從一從兀者徐鍇本作從一兀鍇曰俗本有聲字人
妄加之戴侗曰說文一本從一從兀一本從一兀聲兀聲
爲是高郵王君念孫曰徐鍇以爲元字不當從兀聲故繫
傳注云聲字人妄加之也今考說文髡字從髟兀聲或作
髡又軏字從車元聲音月卽小車無軏之軏蓋元與兀本
一聲之轉故元從兀聲而從兀之字可從元從元之字又
可以從兀也又唐元度九經字樣皆本說文其元字注亦
云從一兀聲則說文本作從一兀聲明甚徐鍇不得其解
刪去聲字徐鉉又改爲從一從兀竝非馥案
魏橫海將軍呂君碑民無祂蝪祂字從元

天 顛也至高無上從一大他前切

說卦傳乾爲天 河圖叶光篇元氣闓陽爲天 素問積陽
爲天故天者清陽也 易乾鑿度清輕者上爲天 物理論
水土之氣升而爲天 楚詞天問天極焉加 尚書考靈耀
建用皇極宋均曰極天也 廣韻天上玄也 成公綏天地
賦天地至神難以一言定其稱故體而言之則日兩儀假而
言之則曰乾坤氣而言之則曰陰陽性而言之則曰柔剛色
而言之則曰玄黃名而言之則曰天地 呂氏春秋有始覽
天有九野東方蒼東南方陽南方炎西南方朱西方顥西北

方幽北方玄東
北方變中央鈞

顛也者天顛聲相近顏氏家訓音辭篇云逮鄭玄注六經
高誘解呂覽淮南許愼造說文劉熹製釋名始有譬況假
借以證音字趙宧光曰釋名以聲爲教衣訓依龜訓舊琴
訓禁馬訓怒類也戴侗曰春之爲言蠢也夏之爲言假也
秋之爲言愁也悳者得也祖者且也舍者舒也子者滋也
丑者紐也寅螾然也卯茂也辰言萬物之蜄也巳者陽氣
之已盡也未者味也戌滅也宮中也商章也角觸也此所
謂韻之相擬者也畢尚書沅曰爰自書契之作先有聲音
而後有訓詁易曰乾健也坎陷也兌說也禮記曰仁者人
也誼者宜也皆以聲音相近爲訓釋陽湖洪君亮吉曰古
之訓詁卽聲音易說卦曰乾健也坤順也論語曰政者正
也基之爲始叔向告於周楊之爲祇梓愼言於魯又若王
制刑者侀也侀者成也展轉相訓不離初音漢儒言經咸
握斯義以迄劉熙釋名張揖廣雅魏晉以來聲類字詁諸
作靡不皆然聲音之理通而六經之恉得矣馥案諸言天
者多取聲近爲訓元命包天之言瑱禮統天之爲言鎭也
神也珍也白虎通天之爲言鎭也居高理下爲人鎭也釋
名天豫司兗冀以舌腹言之天顯也在上高顯也青徐以

舌頭言之天坦也坦然高而遠也易謂之乾乾健也健行不息也又謂之玄玄懸也如懸物在上也又案諸與本書義同者如廣雅天顛也鄧子賢愚之相較若九地之下與重天之顛淮南修務訓今不稱九天之頂則言黃泉之底馥謂頂亦顛也本草天門冬一名顛勒山海經作顛冬此皆取顛爲義也　至高無上者中庸峻極于天詩謂天蓋高不敢不跼又曰無曰高高在上箋云無謂天高又高在上遠人而不畏也荀子儒效篇至高謂之天禮器是故因天事天注云天高因高者以事也韓詩外傳天設其高而日月成明虞喜安天論天高無窮地深莫測文子高莫高於天下莫下於澤天高澤下聖人法之釋天穹蒼蒼天也李巡云古時人質仰視天形穹隆而高色蒼蒼然抱朴子引宣夜說云天無質仰而瞻之高遠無極眼瞀精極蒼蒼然也文選求通親親表臣聞天稱其高者以無不覆鄭康成尚書序贊尚者上也蓋言若天書然徐整三五歷紀天數極高地數極深盤古極長後乃有三皇數起於一立於三成於五盛於七處於九故天去地九萬里廣雅天圜闊南北二億三萬三千五百里七十五步東西短減四步周六億十萬七百里二十五步從地至天一億一萬六千七百八十七里下度地之厚與天高等　從一大者六書會

意也易乾坤鑿度一大之物目天春秋說題辭天之言鎮也居高理下爲人經緯故其立字一大爲天以鎮之也書品一畫加大天尊可知又按玉篇兲兲並古文毛晃曰兲象積氣之形

pī 丕

丕 大也從一不聲 敷悲切

六書故不通爲丕字書云丕顯哉文王謨丕承哉武王烈詩云不顯不承又引易馴日詩中不顯之類皆當讀如丕秦和鐘銘不顯皇祖詛楚文不顯大沈文湫不顯大神巫咸不顯大神亞駝此最可證者馥案齊侯鎛鐘銘不顯穆公之孫

大也者釋詁文又釋訓丕丕大也書大禹謨嘉乃丕績傳云丕大也禹貢三苗丕敘史記夏本紀作三苗大敘太誓逸篇丕天之大律鄭注丕大也僖二十八年左傳奉揚天子之丕顯休命杜注丕大也魯泰商字子丕馥謂商亦大義故卜商字子夏夏大也

lì 吏

吏 治人者也從一從史史亦聲 力置切

書胤征天吏逸德烈于猛火　孟子無敵於天下者天吏也　曲禮其擯於天子也曰天子之吏　成二年左傳王使委於三吏杜注三吏三公也　周禮大宰以八則治都鄙三曰廢置以馭其吏　韓詩外傳據法守職而不敢爲非者人吏也　物理論吏者理也所以理萬機平百揆也　九經字樣吏言其執法如一又重之在上　漢書百官公卿表秩四百石至二百石是爲長吏百石以下有斗食佐史之秩是爲少吏顏師古曰吏理也主理其縣內也

治人者也者周禮吏以治得民管子明法解奉主法治境內使強不陵弱衆不暴寡萬民驩盡其力而奉養其主此吏之所以爲功也鬻子昔之帝王所以爲明者以其吏也昔之君子所以爲功者以其民也力生於神而功最於吏又曰王者取吏不忌民必使民唱然後和民者吏之程也察吏於民然後隨政日民者至卑也而使之取吏焉必取所愛故十人愛之則十人之吏也百人愛之則百人之吏也千人愛之則千人之吏也萬人愛之則萬人之吏也故萬人之吏選卿相矣韓非子外儲說吏者民之本綱也聖治吏不治民賈誼書大政篇王者有易政而無易國有易吏而無易民故民之治亂在於吏國之安危在於政是以明君在於政也慎之於吏也選之然後國興也故君能爲善則吏必能爲善矣吏能爲善則民必能爲善矣故民之不善也失之者吏也民之善者吏之功也故吏之不善也

失之者君也吏之善者君之功也是故君明吏賢而民治矣潛夫論衰制篇民之所以不亂者上有吏藝文類聚引風俗通夫吏者治也當先自正然後正人論衡量知篇吏無經學曰吾能治民問之曰何用治民曰以材能日百姓安宜信嚮而人君任用使之乎　從史史亦聲者當言史聲後人加亦字凡言亦聲皆從部首之字得聲既爲偏旁又爲聲音故加亦字吏不從部首得聲何言亦聲

文五　重一

shàng 上

丄 高也此古文上指事也凡丄之屬皆從丄 時掌切

本書敘方以類聚物以羣分同條牽屬共理相貫雜而不越據形系聯引而申之以究萬原此謂一部以下各部首也

詩大明明明在上　書堯典光被四表格于上下　易文言本乎天者親上　釋天冬爲上天李巡曰冬陰氣在上故曰上天　楚策將加己乎百仞之上

高也者周頌無曰高高在上郭璞爾雅釋親注高者言最在上本書天至高無上　此古文上者小篆之未變古文

dì
帝

者也如大云古文大介云籀文大改古文是也此輿内同例内古文也䟽篆文也𡕒禹諸文從内故以内爲部首帝㫄皆從二故以丄爲部首本作丄書家取勢直其上畫非古文本體也　指事也者本書敘所云視而可識察而見意是也許公於六書但標指事象形會意餘不言及猶毛詩傳但言興餘易曉也

丄　篆文丄

篆文丄者卽小篆本書敘云今敘篆文合以古籀又云三曰篆書卽小篆是也漢書藝文志謂之秦篆本書又有秦刻石文名偁雖異實一體也歙縣程君瑤田曰一丄一指事指其上下而已篆文則岐其所指之畫求六書之義於小篆已如目孫之於鼻祖知其名而不可以得其貌矣

帝　諦也王天下之號也從丄朿聲　都計切

書呂刑皇帝清問下民　孟氏易章句帝天稱　謚法解德象天德曰帝　樂稽耀嘉德象天地爲帝　白虎通德合天地者偁帝又曰帝者天號　初學記引易緯帝者天號也德配天地不私公位稱之曰帝　鄭注中候勑省圖以軒轅少

昊高陽高辛陶唐有虞六代爲五帝感五帝座星者皆稱帝故三皇三而五帝六也

諦也者帝諦聲相近管子兵法篇明一者皇察道者帝孝經援神契春秋元命包竝云帝者諦也運斗樞帝之言諦白虎通號篇言爲帝者何帝者諦也象可承也獨斷帝者諦也能行天道事天審諦詩鄘風胡然而帝也傳云審諦如帝後漢書李雲傳孔子曰帝者諦也今官位錯亂小人諂進財貨公行政化日損尺一拜用不經御省是帝欲不諦乎注云春秋運斗樞曰五帝修名立功修德成化統調陰陽招類使神故稱帝帝之言諦也鄭玄注云審諦於物色也風俗通皇霸篇謹按易尚書大傳天立五帝以爲相四時施生法度明察春夏慶賞秋冬刑罰帝者任德設刑以則象之言其能行大道舉錯審諦書堯典序昔在帝堯正義云言帝者天之一名所以名帝帝者諦也言天蕩然無心忘於物我言公平通遠舉事審諦故謂之帝也五帝道同於此亦能審諦故取其名　王天下之號也者釋詁帝君也僖二十五年左傳今之王古之帝也詩大雅上帝板板傳云上帝以稱王者也白虎通帝王者號也號者功之表也所以表功明德號令臣下者也尙書緯帝者天號𠂉者人稱天有五帝以立名人有三正以王度　從丄者

páng
旁

曲禮大上貴德注云大上帝皇之世北堂書鈔尊無二上土無二王楊慎曰鍾鼎文子二孫二字皆不複書漢石經易之乾二書之安二亦如之不知其義嘗質之李文正公公曰二乃古文上字言字同於上省複書也

帝　古文帝古文諸丄字皆從一篆文皆從二二古文丄字辛示辰龍童音章皆從古文丄

古文帝者徐鍇曰萬物莫先於一故古文丄皆爲一非謂古文以一爲上字也馥案下文㫄從一亦古文丄自古文諸上字以下疑後人加之

㫄　溥也從二闕方聲　步光切

本書冂部云央㫄同意十部云四方中央備矣　釋名在邊曰㫄　書洛誥惟公德明光于上下勤施于四方㫄作穆穆迓衡堯典光被四表考靈耀鄭注云天㫄行四表之中冬南夏北春西秋東皆薄四表而止　易文言六爻發揮㫄通情也　禮聘義孚尹㫄達　淮南本經訓㫄薄衆宜高誘注㫄薄竝近也　爾雅釋宮二達謂之岐㫄三達謂之劇㫄　齊

都賦海㫄出爲勃

溥也者本書溥大也釋詁溥大也廣雅㫄大也書說命㫄招俊乂傳云廣招俊乂周書世俘解㫄生霸孔注㫄廣大也方聲者廣雅㫄方也鄭注士喪禮今文㫄爲方張衡東京賦羣后㫄戾薛綜注㫄四方也新序論衡引方施象刑方告無辜竝作㫄太甲㫄求俊彥傳云㫄非一方大射儀左右曰方鄭注方出㫄也　闕者許公自敘云其於所不知蓋闕如也此言闕不知丄意也徐鍇本闕在方聲下

㫄　古文㫄

㫄　亦古文㫄

㫄　籀文

詩北風雨雪其雱廣雅雱雱雪也變方從㫄

籀文者漢書藝文志史籀十五篇周宣王太史作大篆十五篇建武時亾六篇矣又曰史籀篇者周時史官教學童

xià 丅

書也與孔氏壁中古文異體艾軒林氏曰大篆出於史籀戰國以來俱用之許氏微得其舊體

丅 底也指事 胡雅切

禮樂記天高地下 易文言本乎地者親下 士相見禮始見於君執摯至下 本書祠從古文下猶帝旁從古文上 底也者本書底下也 指事者後人加之丄字言明無煩複綴徐鍇本無之而有從反丄爲丅五字鍇繫傳引易窮

𠄟 篆文丅

上反下也

本書芑從此

文四 重六

shì 示

示 天垂象見吉凶所以示人也從二三垂日月星也觀乎天文以察時變示神事也凡示之屬皆從示 神至切

天垂象見吉凶者易繫辭傳文宋衷解曰天垂陰陽之象以見吉凶謂日月薄蝕五星亂行聖人象之亦著九六爻位得失示人所以有吉凶之占也易又云懸象著明莫大乎日月禮運天秉陽垂日星太玄度次六於天示象垂其范郊特牲地載萬物天垂象取材於地取法於天昭十七年左傳天事恆象杜注云天道恆以象類告示人周禮太卜二日象鄭司農云象謂災變雲物保章氏掌天星以志日月星辰之變動以觀天下之遷辨其吉凶五星議五事感於中而五行之祥應於下五緯之變彰於上若聲發而響和形動而景隨故王者失典刑之正則星辰爲之亂行汩彝倫之敘則天事爲之垂象五星留逆伏見之效表裏盈縮之行皆係於時象於政日月所以著尊卑不易之象五星所以示政教從時之義故日月之失行微而少五星之失行著而多 所以示人也者易曰夫乾確然示人易矣夫坤隤然示人簡矣尚書大傳若民有不敬事則會批之于六沴六事之機以垂示我注云機天文也天文轉運以縣見六事之變異示我元命包天垂文象人行其事謂之教教之爲言傚也蔡邕廣連珠天地示異災變橫起則人主恆恐懼而修政范甯穀梁傳集解序天垂象見吉凶欲人君戒慎厥行增修德政 三垂日月星也者徐鍇曰左畫爲日右畫爲月中爲星也馥案即三辰纂要日月星謂之三辰桓二年左傳三辰旂旗昭其明也服虔云三辰謂日月星魯語及天之三辰民所以瞻仰也潛夫論五德志高辛順天之則能敘三辰以周民又謂之三光淮南子原道訓紘宇宙而章三光許氏注云三光日月星也書顧命宣重光馬注重光日月星也傳元三光篇三光垂象表天地有晷度聲和音響應形立影自附 觀乎天文以察時變者易賁象傳文虞翻曰日月星辰爲天文也歷象在天成變故以察時變矣馥案說者謂時變言日月遲疾錯行星辰出沒怪異是也晉書天文志昔在庖犧觀象察法以通神明之德以類天地之情可以藏往知來開物成務故易曰天垂象見吉凶聖人象之此則觀乎天文以示變者也尚書曰天聰明自我民聰明此則觀乎人文以成化者也是故政教兆於人理祥變應乎天文得失雖微罔不昭著隋書天文志爰在庖犧仰觀俯察謂以天之七曜二十八星周於穹圓之度以麗十二位也在天成象示見吉凶春秋文曜鉤堯在璿璣玉衡置四候之官注云星辰日月之官各於其方使典時職 示神事也者顏師古匡謬正俗云許氏說文解字解示字云天垂象見吉凶所以示人從三垂日月星也蓋觀乎天文以察時變示神事也所

以禍福禨祥神祇之字皆從於示而周官古文所論神祇皆以爲示字蓋古從省借耳馥案左傳正義說宗祏云於廟北壁內爲石室石字從示神之也

𥘅 古文示

示從二此從一皆古文上字

hù 祜

祜 上諱 侯古切

釋詁祜福也 賈誼書禮篇詩曰受天之祜祜大福也 儀禮士冠禮承天之祜禮記禮運是謂承天之祜鄭注竝云祜福也 詩桑扈下武信南山受天之祜泮水自求伊祜烈祖有秩斯祜鄭箋竝云祜福也載見思皇多祜箋云思成王之多福

上諱者後漢書本紀恭宗孝安皇帝諱祜注引伏侯古今注祜之字曰福馥案許沖上說文表在安帝建光元年是時許公尚在自此以降諸帝名不諱蓋表上之後許公亦歿矣

lǐ 禮

禮 履也所以事神致福也从示从豊豊亦聲 靈啓切

書堯典有能典朕三禮馬融曰三禮天神地祇人鬼之禮也禮禮運禮者儐鬼神考制度也　白虎通禮樂篇夫禮者陰陽之際也百事之會也所以尊天地儐鬼神序上下正人道也

履也者禮履聲相近釋言履禮也郭注禮可以履行釋名履禮也易大壯象君子以非禮弗履荀子大略篇禮者人之所履也祭義禮者履此者也漢書公孫宏傳禮者所履也顏注履而行之白虎通情性篇禮者履也履道成文也又禮樂篇禮之爲言履也可履踐而行申鑒政體篇禮也者履此者也中論法象篇夫禮也者可終身蹈而不可須臾離也物理論禮者履也律也義同而名異易履卦崔憬曰履禮也又坤卦履霜鄭讀履爲禮又序卦傳物畜然後有禮故受之以履履者禮也仲尼燕居言而履之禮也坊記引詩履無咎言注云履禮也詩東方之日履我卽兮傳云履禮也又長發率履不越傳云履禮也馥案韓詩外傳說苑漢書竝引詩作率禮家語問玉篇言而可履禮也

所以事神致福也者釋詁履福也祭統賢者之祭也必受其福家語孔子曰祭則受福釋詁祥善也李巡曰祥福之

說文解字義證　卷一　十一

善也事神得福乃名爲祥後漢書荀爽傳昔者聖人建天地之中而謂之禮禮者所以興福祥之本而止禍亂之源也人能枉欲從禮者則福歸之順情廢禮者則禍歸之推禍福之所應知興廢之所由來也賈誼書道德說篇人能修德安利之謂福莫不慕福弗能必得而人心以爲鬼神能與於利害是故具犧牲俎豆粢盛齋戒而祭鬼神欲以佐成福故曰祭祀鬼神爲此福者也

從豊豊亦聲者當云豊聲後人加亦字

𠃞 古文禮

xī 禧

禧 禮吉也从示喜聲 許其切

漢書禮樂志熙事備成顏注福熙之事皆備成也熙與禧同文帝紀今吾聞祠官祝釐如淳曰釐福也賈誼傳受釐坐宣室是也顏師古曰釐本字作禧假借用耳馥案此皆言事神受福

禮吉也者吉徐鍇本作告釋詁禧告也又云禧福也馥案告神致福也本書祰告祭也䇓告也馥謂冊祝卽禮告也周禮大宗伯之職以吉禮事邦國之鬼神示注云故書吉或爲告古書告吉多誤如禮記緇衣篇引尹吉曰惟尹躬及湯咸有壹德鄭氏謂吉當爲告尹告伊尹之誥也干寶論告朔謂吉爲朔世人謬吉爲告

zhēn 禛

禛 以眞受福也从示眞聲 側鄰切

lù 禄

禄 福也从示录聲 盧谷切

漢昭帝冠辭擒顯先帝之光曜以承皇天之嘉祿

福也者釋詁文詩既醉天被爾祿傳云祿福也又百祿是荷箋云謂當儋負天之多福少牢饋食禮使女受祿于天鄭注古文祿爲福

sī 褫

褫 福也从示虒聲 息移切

福也者釋詁文一切經音義七褫福也後漢書張衡傳湯蠲體以禱祈兮蒙厖褫以拯人注云褫福也匡謬正俗云張衡東京賦云祈褫禳災蓋謂求福而除禍耳按說文解字云褫福也字林音弋爾反字本作褫從示從虒虒音斯今之讀者不識褫字義訓乃呼爲神祇之祇云求神而卻災

說文解字義證　卷一　十二

zhēn 禎

禎 祥也从示貞聲 陟盈切

祥也者釋言文今爾雅作祺祥也按周頌維清維周之禎傳云禎祥也正義以爲釋言文引舍人曰禎福之祥某氏注引詩維周之禎字林禎祥也文選思元賦鑽東龜以觀禎李善引本書同中庸國家將興必有禎祥詩長發其祥箋云久發見其禎祥矣

xiáng 祥

祥 福也从示羊聲一云善 似羊切

福也者字林同釋詁祥善也李巡云福之善也周禮大祝祈福祥求永貞賈誼書大政篇祥者福之榮也風角占福先見曰祥

一云善者後人加之徐鍇本無

zhǐ 祉

祉 福也从示止聲 敕里切

福也者釋詁文易泰卦以祉元吉詩六月既多受祉巧言君子如祉傳竝云祉福也皇矣既受帝祉箋云祉福也漢書禮樂志神所見施祉福

fú 福

福　祜也從示畐聲　方六切

祜也者小字本及玉篇廣韻類篇集韻增韻竝作祐漢諱祜不應爲訓徐鍇本作備今兩存其義易謙卦鬼神害盈而福謙福祐也詩既右饗之箋云文王既右而饗之言受而福之右卽祐也鄭注祭統世所謂福者謂受鬼神之祐助此祐之義也祭統福者備也廣雅福盈也釋名福富也其中多品如富者也郊特牲富也者福也本書富備也徐鍇繫傳五福皆備故洪範五行先述寒暘燠風雨五者來備則日佳徵下總以考終命等五事相因而至也此備之義也於文從富畐象高厚之形備義爲長　畐聲者本書畐滿也從高省凡從畐之字上應加一畫作畐以存高形漢魯峻碑陰樂陵路福韓勑碑天與厭福作福益都隋仁壽元年舍利塔銘作福

yòu 祐

祐　助也從示右聲　于救切

助也者字林祐助也天之所助也易繫辭自天祐之吉无不利子曰祐者助也楚辭天問驚女采薇鹿何祐

qí 祺

祺　吉也從示其聲　渠之切

士冠禮壽考維祺注云祺祥也　漢書禮樂志惟春之祺如淳曰祺福也　荀子非十二子篇儼然壯然祺然注云祺安泰不憂懼之貌

禥　籀文從基

吉也者釋言文詩行葦壽考維祺傳云祺吉也

zhī 祗

祗　敬也從示氏聲　旨移切

敬也者釋詁文書金縢罔不祗畏史記周本紀作敬畏呂刑以教民祗德傳訓敬德大禹謨祗承于帝亦訓敬孔子閒居引詩上帝是祗注云祗敬也內則祗事宗子宗婦注云祗敬也大司樂以樂德教國子中和祗庸孝友注云祗敬僖三十三年左傳引康誥父不慈子不祗杜注祗敬後漢章帝紀亦引康誥章懷注祗敬也宣十五年傳周書所謂庸庸祗祗者謂此物也夫注云祗敬也謝承後漢書巴祗字敬祖晉書傳祗字子莊馥謂莊亦敬也敬謂振敬書費誓祗復之史記魯世家作敬徐廣云敬一作振皋陶謨日嚴祗敬六德夏本紀作振又作震無逸治民祗懼魯世家作震盤庚爾謂朕曷震動萬民以遷漢石經作祗禮內則祗見孺子鄭注祗敬也或作振

zhī 禔

禔　安福也從示是聲易曰禔既平　市支切

安福也者本二義玉篇禔福也安也司馬相如難蜀父老文中外禔福顏師古曰禔安也李善注文選引說文禔安也易祗既平釋文云京作禔說文同安也又无祗悔陸績本作禔云禔安也詩俾我祗也箋云祗安也祗卽禔字法言修身篇或問士何如斯可以禔身曰其爲中也宏深其爲外也肅括則可以禔身矣馥謂禔身安身也此安義也方言禔福也郭注謂福祚也廣雅禔福也廣韻禔福也此福義也　易曰禔既平者坎九五爻辭彼作祗按禔祗聲相近史記韓長孺傳禔取辱耳徐廣曰禔一作祗

shén 神

神　天神引出萬物者也從示申聲　食鄰切

徐鍇本篆作神　本書禷以事類祭天神祡燒柴燓燎以祭天神周禮大宰祀大神示注云大神祇謂天地大祝辨六號一曰神號三曰示號注云神號若云皇天上帝示號若云后土地祇鼓人以雷鼓鼓神祀以靈鼓鼓社祭注云神祀祀

天神也社祭祭地祇也　論語禱爾于上下神祇皇氏曰天日神地曰祇也　書微子今殷民乃攘竊神祇之犧牷牲馬注天曰神地曰祇　堯典有能典朕三禮馬曰天神地祇人鬼之禮　司馬相如封禪文修禮地祇謁款天神　呂氏春秋季冬紀天地之神祇注云天曰神地曰祇　賈誼書輔佐篇奉常典天以掌宗廟社稷之祭祀天神地祇人鬼　禮記外傳王者冬至之日祭昊天上帝於圜丘王肅云天惟一帝鄭玄以天有六帝注云據周禮祀昊天又旅五帝是六馥案五經通義天神之大者曰昊天上帝　漢舊儀以冬至日祭天天神下以夏至日祭地地祇出　三輔黃圖宰衡王莽奏曰冬至使有司祭天神于南郊　晉書禮志天郊所祭曰皇天之神地郊所祭曰皇地之祇　阮籍樂論奏之圜丘而天神降奏之方丘而地祇上

天神引出萬物者也者神引聲相近鄭注禮運神者引物而出謂祖廟山川五祀之屬孔疏祖廟能引出仁義山川能引出興作五祀能引出制度又俱能引出福慶謂之神易通卦驗冬至日置八神樹八尺之表日中視其景馥案神引也謂引繩以正表故謂之八引神引義通

qí 祇

祇 地祇提出萬物者也从示氏聲 巨支切

玉篇祇地之神也 周禮大宗伯以血祭祭社稷五祀五嶽以貍沈祭山林川澤以疈辜祭四方百物 注云此皆地祇 大宰祀大神示亦如之 注云大神示謂天地 釋文云示本又作祇 馥案史記索隱云凡史記作示者示即周禮古本地神曰祇祇皆作示字 書呂刑絕地天通 傳云言天神無有降地地祇不至於天 續漢書祭祀志建武二年初制祠地祇 漢書揚雄傳登乎頌祇之堂 顏師古曰地神曰祇 物理論地者底也底之言著也陰體下著也其神曰祇祇成也育生萬物備成也 又曰地者其卦曰坤其德曰母其神曰祇地大而名之曰黃地祇小而名之曰神州 初學記引此文加注云黃地祇舉八極之內地神也 神州王畿方千里之內地神也 禮記外傳夏至日祭皇地祇於方澤配以后土立冬之日祭神州地祇於北郊配以后稷 注云皇地祇謂祭崑崙山之神也地之正祭歲有二此一祭也 祭神州地祇此周制也 神州即王者所居在崑崙東南五十里封域之內土地之神 馥案皇地祇即此地祇也

地祇提出萬物者也者祇提聲相近 韻會引徐鍇本作地神 春秋命歷序洛書曰人皇出於提地之日

mì 祕

祕 神也从示必聲 兵媚切

神也者 詩魯頌閟宮有侐 箋云閟神也 釋文云閟音祕 李善文選注引詩作祕 易繫辭陰陽不測之謂神 韓康伯云神也者妙萬物而爲言不可以形詰者也 馥案孟子聖而不可知之謂神

zhāi 齋

齋 戒潔也从示齊省聲 側皆切

詩有齊季女 傳云齊敬 釋文云齊本亦作齋 雲漢箋云冀瘥天地之神無不齊肅而尊敬之 釋文云齊本亦作齋 莊四年左傳將齊 杜云將授兵於廟故齊 釋文云齊側皆反 孝經祭則致其嚴 鄭注齋戒沐浴 北堂書鈔引白虎通齋者言已之意念專一精明也

戒潔也者 本書無潔字 易繫辭傳聖人以此齊戒 韓康伯注洗心曰齊防患曰戒 旅卦得其資斧 釋文資衆家竝作齊 虞喜志林云齊當作齋 齋戒入廟而受斧 禮器七日戒 注云戒散齊也 楚詞九歌吾與君兮齋速 注云齋戒也 益部耆舊傳漢武帝祀甘泉有女子浴於渭水乳長七尺 張寬曰天星主祭祀者齋戒不嚴則女人星見 馥謂此皆言戒也 論語子之所慎齊戰疾 皇氏曰齊者先祭之名也 將欲祭祀則先散齊七日致齊三日也 齊之言齊也 人心有欲散漫不齊故將接神先自寧靜變食遷坐以自齊潔也 祭統是故君子之齊也專致其精明之德也 又云齊者精明之至也 莊三十二年穀梁傳以齊終也 范云齊絜 呂氏春秋孟春紀天子乃齋 注云論語曰齋必變食居必遷坐自禋潔也 賈誼書先醒篇臣齋而具食甚潔 說苑修文篇聖主將祭必潔齋精思若親之在方興未登偶偶憧憧專一想親之容貌仿佛 新論昔楚靈王齊戒潔鮮以祀上帝 續漢書周澤爲太常清潔 嘗臥疾齋宮 其妻闚問 澤大怒 以爲干犯齋禁 馥謂此皆言絜也

𪇆 籀文齋从𩁹省𩁹音禱

𩁹音禱者後人加之 徐鍇本無

yīn 禋

禋 潔祀也一曰精意以享爲禋从示垔聲 於真切

釋詁禋祭也 詩維清肇禋 傳云禋祀也 生民克禋克祀 傳云禋敬 尚書大傳故書禋于六宗 鄭注禋祭也 字當爲禋

穆天子傳天子具蠲齊牲全以禋昆侖之邱 郭注齊祭神曰禋 書天子禋于六宗 周禮大宗伯以禋祀祀昊天上帝 鄭注禋之言煙 周人尚臭 煙氣之臭聞者 又舜典注禋煙也 取其氣達升報於陽也 王肅駁云外傳曰精意以享曰禋 非燔燎之謂也

潔祀也者 玉篇引作絜 孫炎說爾雅云禋絜敬之祭也 小爾雅廣詁禋潔也 書舜典禋于六宗 王肅注禋絜祀也 洛誥予以秬鬯二卣曰明禋 傳云明潔致敬 隱十一年左傳而況能禋祀許乎 杜云絜齊以享謂之禋 桓六年傳以致其禋祀 杜云禋絜敬也 春秋繁露祭義篇上祭不多而欲潔清 漢書郊祀志禋于六宗 顏注絜精以祀謂之禋 一曰精意以享爲禋者 周語文 韋昭注禋敬也 藝文類聚初學記引本書竝作絜意 馬融注舜典禋精意以享也 洛誥殺禋咸格 傳云殺牲精意以享文武 史記五帝本紀禋于六宗 正義云周語云精意以享曰禋也 後漢書光武紀禋于六宗 注云精意以享謂之禋 三禮義宗禋有三義 煙也 潔也 精也 精取祭者精懃之意

𡨦 籀文从宀

從宀者本書煙籀文亦從宀

jì
祭

祭　祭祀也從示以手持肉　子例切

玉篇祭薦也　廣韻祭至也察也　春秋繁露祭義篇奉四時所受於天者而上之爲上祭貴天賜且尊宗廟也一年之中天賜四至至則上之此宗廟所以歲四祭也故君子未嘗不食新新天賜至必先薦之乃取食之尊天敬宗廟之心也尊天美意也敬宗廟聖人之所謹也大禮也不多而欲潔清不貪數而欲恭敬君子之祭也躬親之致其中心之誠盡敬潔之道以接至尊故鬼享之享之如此乃可謂之能祭祭者察也以善逮鬼神之謂也善乃逮不可聞見者故謂之察　鹽鐵論散不足篇古者庶人魚菽之祭春秋修其祖祠士一廟大夫三以時有事於五祀　張方楚國先賢傳古者先王日祭月享時類歲祀諸侯舍日卿大夫舍月士庶人舍時

祭祀也者祭當爲詧廣韻祭察也察當爲詧本書詧言微親詧也察省聲徐鍇本作祭省聲本書瞭察也察亦當作詧親詧者至詧也本書親至也詧有至義尚書大傳察者以至也廣韻祭至也論語子入太廟每事問問即詧也

手持肉者集韻引作從手本書𤓯從又持肉以給祠祀韻會引徐鍇本又右手也夕肉也從示右手持肉王覺九經明音祭從又右手也從夕即肉字從示用右手持肉以祭也

sì
祀

祀　祭無已也從示巳聲　詳里切

釋詁祀祭也　一切經音義二引舍人曰祀地祭也　書洪範八政三曰祀　詩楚茨以爲酒食以饗以祀生民克禋克祀　孝經春秋祭祀以時思之鄭注寒暑變移益用增感以時祭祀展其孝思也又云四時變易物有成熟將欲食之先薦先祖念之若生不忘親也　祭法王爲羣姓立七祀諸侯爲國立五祀大夫立三祀適士立二祀庶士庶人立一祀　月令春祀戶夏祀竈秋祀門冬祀行中央土祀中霤

祭無已也者祀巳聲相近何休云祀者無已長久之詞　急就篇祠祀社稷叢臘奉顏注祀者祭無已也　一切經音義二祀祭無已也謂年常祭祀潔敬無已也　馥案年常取載祀之義　釋名唐虞曰載殷曰祀祀巳也新氣升故氣已也

禩　祀或從異

周禮大宗伯以血祭祭社稷五祀五嶽注云故書祀作禩鄭司農云禩當爲祀又小祝保郊祀于社注云故書祀或作禩杜子春讀禩爲祀

chái
祡

祡　燒祡樊燎以祭天神從示此聲虞書曰至于岱宗祡　仕皆切

本書栖祡祭天神　玉篇烄交木然之以尞祡天也　五經文字祡望字經典取燔柴之義多作木　詩序時邁巡守告祭柴望也釋文云柴說文字林作祡　周禮大宗伯以實柴祀日月星辰尚書堯典正義引作祡　王制柴而望祀山川釋文云柴依字作祡　禮記大傳牧之野武王之大事也既事而退柴於上帝注云柴祈禽告天地　三禮義宗引韓詩內傳天子奉升祡　馬融東巡頌肆類乎上帝實柴乎三辰禋祀乎六宗祗燎乎羣神　漢官舊儀祭天祡壇幄帷

燒祡樊燎以祭天神者祡當爲柴柴祡聲相近經典釋文列子釋文集韻類篇並引作從木之柴韻會引徐鍇本亦作柴無樊字釋文所引亦無經典亦作燔釋天祭天曰燔柴燎當爲尞本書尞祡祭天也釋天祭天曰燔柴郭注既

祭積薪燒之釋文云說文作祡云燒柴燎祭天也覲禮祭天燔柴祭法燔柴於泰壇祭天也禮器因名山升中于天注云謂巡守至於方嶽燔柴祭天書武成柴望大告武成傳云燔柴郊天郊特牲天子適四方先柴注云所到必先燔柴有事於上帝也周禮大宗伯以實柴祀日月星辰鄭司農云實牛柴上也太祝辨九祭之名三曰炮祭鄭司農云炮祭燔柴也羊人凡沈辜侯禳釁積共其羊牲注云玄謂積積柴禋祀槱燎實柴　漢書揚雄傳於是欽祡宗祈燎熏皇天顏注祡積柴也　閑居賦天子有事于柴燎後漢書光武紀燔燎告天注云天高不可達故燔柴以祭之庶高烟上通也　馥謂此皆言燒柴也　孝經說封乎泰山考績燔燎禪乎梁父　僖三十一年公羊傳注云天燎地瘞燎者取俎上七體與其珪寶在辨中置於柴上燒之　馥謂此皆言燎也

虞書曰至于岱宗祡者舜典文彼作柴馬鄭本作祡　釋文引馬注祡祭時積柴加牲其上而燔之　史記集解引鄭注祡祭東岳者考績柴燎也　閻若璩曰虞書夏書之分實自安國傳始馬融鄭康成王肅別錄題皆曰虞夏書無別而偁之者孔穎達所謂以虞夏同科雖虞事亦達夏是也即伏生虞傳夏傳外仍有一虞夏傳鄭康成序又以虞夏書二十篇商書四十篇周書四十篇贊曰三

lèi 禷

科之條五家之教是虞夏同科也及余觀揚子法言亦曰虞夏之書渾渾爾商書灝灝爾周書噩噩爾則可證西漢時未有別虞書夏書而爲二者杜元凱左傳注僖公二十七年引夏書賦納以言明試以功三句注曰尚書虞夏書也則可證西晉時未有別虞書夏書而爲二者逮東晉梅氏書出然後書題卷數篇名盡亂其舊矣馥案本書分虞書夏書後人妄改

古文祡從隋省

古文示作𠕁此作示誤

從隋省者本書隋裂肉也裂當爲烈謂加牲燔柴之上

以事類祭天神從示類聲 力遂切

以事類祭天神者禷類聲相近江君聲曰按詩皇矣正義引尚書夏侯歐陽說以事類祭之天位在南方就南郊祭之禮記王制正義引五經異義夏侯歐陽說以類祭天者以事類祭之古尚書說非時祭天謂之類許君謹按周禮

郊天無言禷者知類非常祭是從古尚書說而說文仍云以事類祭天者葢許君但不從夏侯歐陽就南郊之說耳若以事類祭即是非常祭其說本通未爲非也馥案太平御覽引異義古尚書說非時祭天謂之類言以事類告也肆類于上帝時舜告攝非常祭馥謂古尚書說亦言以事類告正義節引異義非全文也邵君晉涵曰肆師類造上帝是祭上帝爲類也小宗伯云四類亦如之是祭日月星辰亦爲類也又云凡天地之大烖類社稷宗廟則爲位是祭社稷宗廟亦爲類也說文所謂以事類祭也錢君大昭曰類祭之事見於經典者有五小宗伯凡天地之大烖類社稷宗廟則爲位禱祈之類也王制天子將出類乎上帝巡守之類也又云天子將出征類于上帝大雅皇矣是類是禡釋天禷師祭也行師之類也肆師類造上帝戰勝之類也舜典肆類于上帝攝位之類也皆非常祭依正禮而爲之故云以事類祭馥因其說而廣之云周禮小宗伯兆五帝於四郊四望四類亦如之注云鄭司農云四類三皇五帝九皇六十四民咸祀之玄謂四類日月星辰運行無常以氣類爲之位又肆師類造上帝注云爲兆以類禮即祭上帝也類禮依郊祀而爲之者又大祝掌六祈以同鬼神示一曰類注云類祭于上帝楚語是以古者先王日祭

guǐ 祪 fù 祔 zǔ 祖

月享時類歲祀韋注告以事類曰類漢書郊祀志遂類于上帝顏注類以類祭也上帝天也又云先類祠泰一顏云類祠謂以事類而祭之凡此皆禱祈之類也周禮大祝一曰類二曰造注云鄭司農云類祭於上帝詩曰是類是禡爾雅曰是類是禡師祭也又曰乃立冢土戎醜攸行爾雅曰起大事動大衆必先有事乎社而後出謂之宜故曰大師宜于社造于祖設軍社類上帝司馬遷曰將用師乃告于皇天上帝日月星辰以禱于后土四海神祇山川冢社乃造于先王然後冢宰徵師于諸侯曰某國爲不道征之以某年某月某日師至某國詩序桓講武類禡也箋云類也禡也皆師祭也漢書敘傳類禡厥宗應劭曰詩云是類是禡禮將征伐告天而祭謂之類告以事類也凡此皆行師之類也漢書陳湯傳今湯親秉鉞席卷喋血萬里之外薦功祖廟告類上帝張晏曰謂以所征之國事類告天也此戰勝之類也宋書禮志劉備告天文曰修燔瘞告類于大神此卽位之類也

祔祪祖也從示危聲 過委切

祔祪祖也者釋詁文徐鍇繫傳引郭注祪毀也祔新廟毀舊廟也類篇引本書作祔鬼祪鬼聲近

後死者合食於先祖從示付聲 符遇切

釋詁祔祖也 士虞禮將旦而祔則薦又既夕禮明日以其班祔注云班次也祔卒哭之明日祭名祔猶屬也祭昭穆之次而屬之 僖三十三年左傳凡君薨卒哭而祔祔而作主特祀於主杜注以新死者之神祔之於祖尸柩已遠孝子思慕故造木主立几筵焉特用喪禮祭祀於寢不同之於宗廟

後死者合食於先祖者釋名又祭曰祔祭於祖廟以後死孫祔于祖也周禮太祝言甸人讀禱付練祥注云付當爲祔祭於先王以祔後死者檀弓是日也以吉祭易喪祭明日祔於祖父注云祭告於其祖之廟

始廟也從示且聲 則古切

考工記匠人營國左祖右社注云祖宗廟

始廟也者本書廟尊先祖皃也宗尊祖廟也因以祖爲始釋詁祖始也管子侈靡篇敬祖禰尊始也文十二年穀梁傳無昭穆則是無祖也注云祖人之始也方言鼻始也梁益之閒或謂之祖注云鼻祖皆始之別名也漢書食貨志

bēng 鬃

引尚書黎民祖飢史記五帝本紀作始飢馬融尚書注祖始也

鬃 門內祭先祖所以彷徨從示彭聲詩曰祝祭于鬃 補盲切

廣雅鬃祭也　廣韻鬃廟門傍祭　釋宮閍謂之門李巡曰祊故廟中門名也孫炎曰詩云祝祭于祊謂廟門也釋文云閍說文作鬃或作祊門內祭先祖所彷徨也　襄二十四年左傳以守宗祊杜注祊廟門　周語今將大泯其宗祊韋注廟門謂之祊宗祊猶宗廟也　郊特牲索祭祝于祊不知神之所在於彼乎於此乎或諸遠人乎祭於祊尚曰求諸遠者與祊之爲言倞也注云索求神也廟門曰祊謂之祊者似於繹祭名也倞猶索也正義云凡祊有二種一是正祭之時既設祭於廟又求神於廟門之內詩楚茨云祝祭于祊注云祊門內平生待賓客之處與祭同日也二是明日繹祭之時設饌於廟門外西室亦謂之祊卽上文云祊之於東方注云祊之禮宜於廟門外之西室是也又禮器爲祊乎外注云祊祭明日之繹祭也謂之祊者於廟門之旁因名焉又祭統詔祝於室而出於祊此交神明之道也注云出於祊謂索祭也

有司徹注云天子諸侯明日祭於祊而繹春秋傳曰辛巳有事于太廟仲遂卒于垂壬午猶繹是也　門內祭先祖所以彷徨者毛詩爾雅釋文並引作彷徨無以字韻會引徐鍇本亦作彷徨既夕禮三虞注云孝子爲其彷徨三祭以安之黍離詩序彷徨不忍去戰國策楚王登彊臺而望崇山左江而右湖以臨彷徨埶文類聚引作方湟相如賦作彷徨荀子作方皇魏文帝詩披衣起方皇馥謂方皇疊韻自有義意不煩作彳旁也　詩曰祝祭于鬃者小雅楚茨文彼作祊傳云祊門內也箋云孝子不知神之所在故使祝博求之平生門內之旁待賓客之處

祊 鬃或從方

kǎo 祰

祰 告祭也從示告聲 苦浩切

告祭也者本書禱告事求福也釋詁祈告也釋言祈叫也孫炎曰祈爲民求福叫告之詞詩行葦以祈黃耇箋云祈告也書湯誥並告無辜于上下神祇金縢植璧秉珪乃告太王王季文王周禮大宗伯以吉禮事邦國之鬼神示注云事謂祀之祭之享之故書吉或爲告北堂書鈔引申鑒或問神何以格曰一誠所感自然神應故精神以底之儀

shí 祏

牲玉帛以昭之禱祈告訴以通之檀弓以吉祭易喪祭明日祔于祖父鄭注祭告於其祖之廟

祏 宗廟主也周禮有郊宗石室一曰大夫以石爲主從示從石石亦聲 常隻切

宗廟主也者主當爲宔本書宔宗廟宔祏埶文類聚初學記並引作宗廟之木主名曰祏管子山至篇君人之主弟兄三世則昭穆同祖十世則爲祏昭十九年左傳懼隊宗主服注祏主藏於宗廟故曰宗主　周禮有郊宗石室者周禮當爲周廟五經異義春秋左氏說從主石於周廟言宗廟有郊宗石室所以藏栗主也石主所藏無明文又云古者先王日祭於祖考月薦於曾高時享及二祧歲禱於壇墠終禘及郊宗石室惠棟曰郊郊祀也宗宗祀也郊宗所祭之主廟已毀者皆藏於石室故曰郊宗石室匴案石室者藏本主之石匴也本書匴宗廟藏主器也徐鍇曰室以石爲藏主之櫝也五經文字祏宗廟中藏主石室匴謂室讀如鞞刀室之室初學記引摯虞決疑要注凡廟之主藏於戶外西牖之下有石函故名宗祏埶文類聚引西牖作北牖莊十四年左傳命我先人典司宗祏杜注宗祏宗

廟中藏主石室正義云慮有非常火災於廟之北壁內爲石室以藏木主有事則出而祭之既祭納於石室祏字從示神之也昭十八年傳使祝史徙主祏於周廟杜注祏廟主石函正義云每廟木主皆以石函盛之當祭則出之事畢則納於函哀十六年傳使貳車反祏於西圃杜注使副車還取廟主西圃孔氏廟所在祏藏主石函魏志韓暨傳宗廟主祏皆在鄴都暨奏請迎鄴四廟神主建立洛陽廟通鑑何無忌奉送宗廟主祏還京師注云廟中藏木主石室也　一曰大夫以石爲主者並存舊說也五經異義或曰卿大夫有主不荅曰今公羊說卿大夫非有土子民之君不得禘祫序昭穆故無木主大夫束帛依神士結茅爲叢古春秋左氏說衛孔悝反祏於西圃祏石主也言大夫以石爲主謹按大夫以石爲主禮無明文今山陽民俗有石主馥據此知許公不允古左氏說也惟社主禖主則以石爲之周禮大司徒設其社稷之壝崔靈恩注社主用石以地產最實歟又小宗伯若大師則帥有司而立軍社奉主車鄭注社之主蓋用石爲之賈疏按許慎云今山陽俗祠有石主彼雖施於神祠要有石主主類其社其社既以土爲壇石是土之類故鄭注社主蓋以石爲之無正文故云蓋以疑之也禮記外傳社主用石注云石土中堅者水

經注穀水云禮天子建國左廟右社以石爲主後齊天子親征宜于社有司載帝社石主於車以俟行次唐書張齊賢傳春秋君以軍行祓社釁鼓祝奉以從故曰不用命戮于社社主用石以可奉而行也呂氏春秋言殷人社用石後魏天平中遷太社石主其來尚矣馥謂此社主用石也晉元康六年高禖壇上石破詔書問置此石來幾時出何經典今應復不束晢議曰按郊祀志秦漢不祀高禖漢武帝五子傳武帝晚得太子始爲立禖其事未之能審許愼五經異義說云山陽民祭皆以石爲主然則石之爲主由來尚矣此其象矣今石破則宜埋而更造不宜遂廢時公卿從太常所處此議不用其後得高堂隆故事魏靑龍中造立此禮詔書更鐫石令如舊置高禖壇上隋書禮志梁太廟北門內道西有石文如竹葉小屋覆之宋元嘉中修廟所得陸澄以爲孝武時郊禖之石馥謂此禖主用石也

bǐ
祉

祉 以豚祠司命从示比聲漢律曰祠祉司命 卑履切

以豚祠司命者春秋佐助期司命神名滅黨長八尺小鼻望羊多髭癯瘦通于命運期度本書𧰼从又持肉以給祠祀風俗通謹按詩云芃芃棫樸薪之槱之周禮槱燎祀司中司命司命文昌也槱者積薪燔柴也今民閒祀司命刻

木長尺二寸爲人像行者擔篋中居則作小屋汝南餘郡亦多有皆祠以豬率以春秋之月錢君大昭曰祭法王立七祀一曰司命皇侃以爲文昌第四星非也司命有二楚辭有大司命少司命七祀之司命乃少司命也星經云在虛北史記封禪書所云荊巫祠司命及漢律所言祠祉司命皆謂少司命也　漢律者疑爲漢令漢有祠令漢書文帝紀注引之又有祀令續漢書祭祀志注引之

cí
祠

祠 春祭曰祠品物少多文詞也从示司聲仲春之月祠不用犧牲用圭璧及皮幣 似茲切

釋詁祠祭也　急就篇祠祀社稷叢臘奉　書伊訓伊尹祠于先王　齊策楚有祠者高注祠祭也　春祭曰祠者釋天文郭注祠之言食周禮大宗伯以祠春享先王詩天保禴祠烝嘗傳云春曰祠桓八年公羊傳春曰祠何云薦尚韭卵祠猶食也猶繼嗣也春物始生孝子思親繼嗣而食之故曰祠祭義春禘秋嘗注云春禘者夏殷禮也周以禘爲殷祭更名春祭曰祠　品物少者御覽引白虎通春曰祠者物微故祠名之范甯穀梁集解春祭曰祠薦尚韭卵盧諶祭法春祠用脯又云春祠用曼頭餳餅髓餅牢丸荀氏四時列饌傳云春祠有曼頭夏祠以薄夜代曼頭易萃卦孚乃利用禴王肅云禴殷春祭名四時祭之省者也禮記王制春曰礿疏云礿薄也春物未成祭品鮮薄馥謂礿祠名稱雖異皆以爲春祭　品物少也多文詞者祠詞聲相近本書祝祭主贊詞者　仲春云云者月令文祠彼作祀及彼作更錢君大昭曰月令作祀與許不同但仲春之祭自當作祠許義不可易也

yuè
礿

礿 夏祭也从示勺聲 以灼切

夏祭也者周改夏殷春祭爲夏祭也王制天子諸侯之祭春曰礿夏曰禘秋曰嘗冬曰烝鄭注此蓋夏殷之祭名周則改之春曰祠夏曰礿是也釋天夏祭曰礿郭注新菜可汋釋詁禴祭也釋文云字又作礿同夏祭名易萃卦孚乃利用禴虞注禴夏祭也鄭注禴夏祭名既濟不如西鄰之禴祭鄭注禴夏祭之名論衡祭義篇易曰東鄰殺牛不如西鄰之礿祭言東鄰牲大福少西鄰祭少福多也詩天保禴祠烝嘗傳云夏曰禴釋文禴本又作礿周禮大宗伯以禴夏享先王又大司馬獻禽以享礿鄭注礿宗廟之夏祭也桓八年公羊傳夏曰礿何云薦尚麥魚麥始熟可汋故

曰礿范甯注穀梁傳云夏祭曰禴薦尚魚麥白虎通宗廟篇夏曰禴者麥熟進之

dì
禘

禘 諦祭也从示帝聲周禮曰五歲一禘 特計切

釋天禘大祭也郭云五年一大祭邢疏經傳之文稱禘非一其義各殊論語云禘自既灌及春秋禘于太廟謂太廟之祭也喪服小記云王者禘其所自出也及大傳云禮不王不禘謂祭感生之帝於南郊也祭法云周人禘譽而郊稷謂祭昊天於圜丘也以此比餘處爲大祭總得謂禘宗廟謂之禘者禘諦也言使昭穆之次審諦而不亂也祭天謂之禘者亦言使典禮諦也郭云五年一大祭者出禮記文知非祭天之禘者以此文下云繹又祭也爲宗廟之祭知此亦宗廟之祭也　論語禘自既灌而往者何晏云孔曰禘祫之禮爲序昭穆故毀廟之主及羣廟之主皆合食於太祖正義云鄭玄曰魯禮三年喪畢而祫於太祖明年春禘於羣廟自爾之後五年而再殷祭以遠主初始入祧新死之主又當與先君相接故禮因是而爲大祭以審序昭穆故謂之禘禘者諦也言使昭穆之次審諦而不亂也　春秋僖八年禘于大廟杜注禘三年大祭之名襄十年左傳魯有禘樂賓祭用之杜注禘三年大祭則作四代之樂　通典古者天子諸侯三年喪畢皆合食

先祖之神而享之以生有慶集之懽死亦應備合食之禮緣生以事死因天道之成而設禘祫之享皆合先祖之神而享之虞夏先王崩新王元年二年喪畢而祫三年春特禴夏特禘秋特嘗冬特烝四年春特禴夏祫禘秋祫嘗冬祫烝每閏歲皆然以終其代殷先王崩新王二年喪畢而祫三年春特禘夏特禴秋特嘗冬特烝四年春特禘夏祫禴秋祫嘗冬祫烝周制天子諸侯三年喪畢禫祭之後乃祫於太祖來年春禘於羣廟爾後五年再殷祭一禘一祫禘以夏祫以秋顧炎武曰昭十五年左傳將禘於武公此乃時禘記所謂春禘秋嘗之禘而非五年大祭追遠之禘也二十五年將禘于襄公定八年禘於僖公竝同馥案禘有三祭法周人禘嚳而郊稷大禘也禘於武公時禘也閔二年吉禘于莊公吉禘也諦祭也者禘諦聲相近白虎通宗廟篇禘之爲言諦也序昭穆諦父子也王制夏曰禘此謂夏殷四時之祭其實大禘亦以夏崔靈恩云禘以夏者以審諦昭穆序列尊卑夏時陽在上陰在下尊卑有序故大次第而祭之故禘者諦也第也續漢書祭祀志詔問張純禘祫之禮奏云三年一祫五年一禘禘之言諦諦定昭穆尊卑之義說苑脩文篇禘者諦也諦其德而差優劣也賈逵注閔二年左傳云禘者遞也審諦昭穆遷主遞位孫居王父之處盧植注禮記

云禘祭名禘者諦也事尊明諦故曰禘傳咸奏先儒解禘禘者諦也審昭穆故也何休文二年公羊解詁禘猶諦也審諦無所遺失皇侃論語疏禘者大祭名也周禮四時祭名春曰祠夏曰礿秋曰嘗冬曰烝又四時之外五年之中別作二大祭一名禘一名祫禘者諦也謂審諦昭穆也漢書韋元成傳言壹禘壹祫也顏師古曰禘諦也壹一祭之也周禮曰五歲一禘者今無此文馬端臨曰三年一祫五年一禘經無其文蓋緯書之說馥案禮稽命徵三年一祫五年一禘以衣服想見其容色齋三日思親志意思親所喜然後入廟是也五經異義謹按叔孫通宗廟有日祭之禮知古而然也三歲一祫此周禮也五歲一禘疑先王之禮也馥據此知周禮二字非許公原文後人改之也祭法周人禘嚳而郊稷喪服小記王者禘其祖之所自出以其祖配之趙氏春秋集傳禘王者之大祭也王者既立始祖之廟又推始祖所自出之帝而以始祖配之也家語廟制篇凡四代帝王之所謂郊者皆以配天其所謂禘者皆五年大祭之所及也詩序長發大禘也箋云大禘郊祭天也禮記曰王者禘其祖之所自出以其祖配之是謂也正義云圓丘之祭名爲禘殷之夏祭宗廟亦名禘殷之五年殷祭亦名禘然則祭之名禘者多矣馥案以上皆言南郊之大禘詩序雝禘大祖也箋云禘大祭也正義云禮宜小者稠大者稀而禮緯言三年一祫五年一禘反稀而祫數者聖人因事見法以天道三年一閏五年再閏故制禮象之三年一祫五年一禘每於五年之內爲此二禮據其年端數之故言三年五年耳其實禘祫自相距各五年非祫多而禘少也五經通義王者諸侯所以三年一祫五年一禘何三年一閏天道小備故三年一祫祫者取未遷廟主合食太祖廟中五歲再閏天道大備故五歲一禘禘者諦也取已遷廟主合食太祖廟中後漢書張純傳禮三年一祫五年一禘春秋傳曰大祫者何合祭也毀廟及未毀廟之主皆登合食乎太祖五年而再殷祭禮說三年一閏天氣小備五年再閏天氣大備故三年一祫五年一禘禘之爲言諦諦定昭穆尊卑之義也禘祭以夏四月夏者陽氣在上陰氣在下故正尊卑之義也祫祭以冬十月冬者五穀成熟物備禮成故合聚飲食也新唐書韋縚傳禮緯三年祫五年禘公羊家五年再殷祭二家舛互諸儒莫能決太學博士史玄議曰春秋僖公三十三年十二月薨文公之二年八月丁卯大享公羊曰祫也則三年喪畢新君之二年當祫明年當禘羣廟又宣公八年禘僖公宣公八年皆有禘則後禘距前禘五年此則新君之二年祫三年

禘爾後五年再殷祭則六年當祫八年禘昭公十年齊歸薨十三年喪畢當祫爲平邱之會冬公如晉至十四年祫十五年禘傳曰有事於武宮是也至十八年祫二十年禘二十三年祫二十五年禘昭公二十五年有事於襄宮是也則禘後三年而祫又二年而禘合於禮通典聖人制禮合諸天道使不數不怠故有四時之祭焉而又設殷祭者因天道之成以申孝敬之心用盡事終之禮馥案以上皆言太廟之大禘

xiá
祫

祫 大合祭先祖親疏遠近也从示合周禮曰三歲一祫 侯夾切

禮記外傳禘祫謂之殷祭祫大而禘小春秋之經有禘而無祫毀廟無時祭但五年有二殷祭亙神主入廟先爲一禘明年春禘而又祫注云祫合也合毀廟之主出而陳列之親廟之主升入太廟其禮大也禘則各於其宮神主不出廟也祭大何以名祫卑不敢降尊也詩玄鳥箋祫合也雖正義春秋文二年大事於太廟公羊傳曰大事者何祫也毀廟之主陳於太祖未毀廟之主皆升合食於太祖是合祭羣廟之主謂之大事昭十五年有事於武宮左傳曰禘於武公是禘祭

一廟謂之有事也祫言大事禘言有事是祫大於禘也三
禮義宗周祫以秋者萬物新成可以奉薦宗廟故合先祖之
神而祭之故祫宜在秋也　漢舊儀宗廟三年一大祫祭之
子孫諸帝以昭穆坐於高廟中皆合食設左右坐高祖南面
繡帳堂上西北隅曲几子爲昭孫爲穆昭西面穆東面皆
曲几　漢雜事元帝時匡衡貢禹以經義毀先帝親盡之廟
高帝爲太祖孝文爲太宗孝武爲世宗孝宣爲中宗祖宗廟
皆世世奉祀其餘惠景以下皆毀五年而再殷祭猶古之禘
祫　通典禘祫二禮俱是大祭先賢所釋義各有姝馬融王
肅皆云禘大祫小鄭玄注二禮以祫大禘小賈逵劉歆則云
一祭二名禮無差降數家之說非無典據至於宏通經訓鄭
義爲長嘗試論之以禮經及春秋所書皆祫大於禘按春秋
公羊傳云大事於太廟大事者祫也祫者毀廟之主陳於太
祖未毀廟之主皆升合食於太祖至於禘則云禘于莊公禘
于僖公既不於太祖則小於祫也又逸禮記禘于太廟之禮
云毀廟之主升合食而立二尸又按韓詩內傳云禘取毀廟
之主皆升合食於太祖則禘小於祫也祫則羣廟之主悉升
於太祖廟禘者各於其廟而行祭禮二祭俱及毀主禘之時
文王以上毀主自在后稷廟而祭文王以下毀主自在二祧
之廟而祭禘之以祫用得爲殷禘則小於祫而大於四時也

曾子問主夫子云自非祫祭七廟五廟無虛主而不言禘禘
小於祫明矣其祫則備五齊三酒禘惟四齊三酒祫則備用
六代之樂禘則四代而下又
無降神之樂以示其闕也
大合祭先祖親疏遠近也者祫合聲相近周禮大祝作六
辭以通上下親疏遠近王制天子犆礿祫禘祫嘗祫烝注
云祫合也天子諸侯之喪畢合先君之主於祖廟而祭之
謂之祫春秋文二年大事於太廟公羊傳大事者何大祫
也大祫者何合祭也其合祭柰何毀廟之主陳于大祖未
毀廟之主皆升合食于大祖注云祫猶合也穀梁傳祫祭
者毀廟之主陳於大祖未毀廟之主皆升合祭於大祖注
云祫祭者皆合祭諸廟已毀未毀者之主於大祖廟中以
昭穆爲次序父爲昭子爲穆昭南鄉穆北鄉孫從王父坐
也祭畢則復還其廟說苑脩文篇祫者合也大合祭於祖
廟也漢書平帝紀祫祭明堂應劭曰禮五年而再殷祭壹
禘壹祫祫祭者毀廟與未毀廟之主皆合食於大祖又五
行志大事者祫祭也顔注祫合也毀廟及未毀廟之主皆
合祭於太祖韋玄成傳祫祭者毀廟與未毀廟之主皆合
食於太祖漢舊儀子爲昭孫爲穆昭西面穆東面三年大
祫諸帝以昭穆坐於高廟其諸隳廟神主皆合食蓺文類

聚引白虎通祭宗廟所以禘祫何尊人君貴功德廣孝道
也位尊德盛所及彌遠謂之禘祫何禘之爲言諦也序昭
穆諦父子也祫者合也毀廟之主皆合食於太祖也崔靈
恩曰祫以秋者以合聚羣主其禮最大必秋時萬物成熟
大合而祭之祫者合也　從示合者錯本作合聲錯以爲
誤多聲字鍇信其說因刪去聲字謬也　周禮曰三歲一
祫者周禮字亦後人
改之今不見於周禮

guàn
祼

祼　灌祭也从示果聲　古玩切

廣雅祼祭也　周語王祼鬯韋注祼灌也　周禮大行
人王禮再祼而酢故書祼作果鄭司農云祼讀爲灌
灌祭也者祼灌聲相近本書注灌也又酉禮祭束茅加于
祼圭而灌鬯酒又瑒圭尺二寸有瓚以祠宗廟醴謂卽祼
圭也郊特牲灌用鬯臭鬱合鬯臭陰達於淵泉祭義加以
鬱鬯以報魄也正義云以魄在地下鬱鬯灌地詩文王厥
作祼將傳云祼灌鬯也周人尚臭論語禘自既灌而往者
吾不欲觀之矣孔曰灌者酌鬱鬯灌於太祖以降神也襄
九年左傳君冠必以祼享之禮行之杜注祼謂灌鬯酒也
家語冠頌篇以祼享之禮以將之王注祼灌鬯也灌鬯以

享神馥案以上皆言灌地降神之祼書洛誥王入太室祼
疏云祼者灌也王以圭瓚酌鬱鬯之酒以獻尸尸受祭而
灌於地因奠不飲謂之祼周禮大宗伯以肆獻祼享先王
注云祼之言灌灌以鬱鬯謂始獻尸求神時也又小宰凡
祭祀贊王祼將之事注云將送也祼送送祼謂贊王酌鬱
鬯以獻尸謂之祼祼之言灌也考工記玉人之事祼圭尺
有二寸注云祼之言灌也謂始獻酌奠也明堂位灌用玉
瓚大圭注云灌酌鬱尊以獻也祭統君執圭瓚祼尸大宗
執璋瓚亞祼注云圭瓚璋瓚祼器也以圭璋爲柄酌鬱鬯
曰祼馥案以上皆言獻尸之祼　果聲者猶矙從單讀徒
何切
也

cuì
毳

毳　數祭也从示毳聲讀若春麥爲毳之毳　此芮切

廣雅毳祭也
數祭也者玉篇毳重祭也　讀若春麥爲毳之毳者楊君
峒曰凡言讀若皆舉異文以況其音無即用本字之例說
文毳該竅驟截擊訓文皆有誤馥案二毳字竝當爲毳廣
雅毳春也廣韻毳重擣其字竝從木集韻引廣雅作毳又

zhù
祝

別出藁字云穀再春阮侍郎元曰說文解字人人讀之而許氏全書之例未之知則許之可疑者多矣訓詁必宗漢人漢之說經傳也或言讀爲讀曰或言讀如讀若或言當爲作義疏者一切視之學者概謂若今之音切而已其誣古人不亦甚哉按讀如主於說音讀爲主於更字說義當爲主於糾正誤字如者比方之詞爲者變化之詞當爲者糾正之詞說文者說字之書故有讀如無讀爲

祝 祭主贊詞者從示從人口一曰從兌省易曰兌爲口爲巫 之六切

祭主贊詞者者釋名祝屬也以善惡之詞相屬著也玉篇祝祭詞也書洛誥逸祝冊鄭注使逸讀所作冊祝之書告神金縢史乃冊祝曰傳云祝辭也詩小雅工祝致告周禮大祝掌六祝之辭以事鬼神示作六辭以通上下親疏遠近莊子逍遙遊篇尸祝不越尊俎而代之矣釋文云傳鬼神詞曰祝漢書郊祀志使先聖之後能知山川敬於禮儀明神之事者以爲祝顏注祝謂主祭之贊詞者續漢書太祝令掌詞讚祝 一曰從兌省者與從人口異也平帝時

召通倉頡讀者百餘人令說文字其說各別也 易曰兌爲口爲巫者說卦兌爲巫爲口舌徐鍇曰按易兌說也巫所以說神也馥案俗作呪晉太公呂望碑巫祝作巫咒書無逸否則厥口詛祝釋文祝之又反馥謂今巫醫有咒詞故祝從兌省兌爲巫也

liù
䄟

䄟 祝䄟也從示畱聲 力救切

祝䄟也者廣韻畱祀祝䄟玉篇䄟咒詛也詩蕩侯詛侯祝襄十七年左傳宋國區區而有詛有祝漢書元后傳更祝詛殺我素問移精變氣論岐伯曰故毒藥不能治其內鍼石不能治其外故可移精祝由而已王砯注移精變氣無假毒藥祝說病由不勞鍼石而已趙僖光曰太醫十三科其最後曰祝由又曰祝尤古醫之巫咸也馥謂祝由即祝䄟玉篇有䄈古文作䄈

fú
祓

祓 除惡祭也從示犮聲 敷勿切

小爾雅廣詁祓潔也 定四年左傳君以軍行祓社釁鼓 詩生民以弗無子箋云弗之言祓也乃禋祀上帝於郊禖以祓除其無子之疾而得其福也卷阿茀祿爾康矣郭注爾雅引作祓祿 韓非說林篇故諺曰巫咸雖善祝不能自祓也 周禮女巫掌歲時祓除釁浴鄭注如今三月上巳如水上之類也 韓詩鄭國之俗三月上巳於溱洧二水之上招魂續魄秉蘭草祓不祥 南都賦於是暮春之禊元巳之辰方軌齊軫祓于陽瀕 史記外戚世家武帝禊霸上還徐廣曰三月上巳臨水祓除謂之禊 漢書元后傳遵霸水而祓除外戚傳帝祓霸上孟康曰祓除也於霸水上自祓除今三月上巳祓禊也 風俗通祀典篇謹按周禮男巫掌望祀望衍旁招以茅女巫掌歲時以祓除釁浴禊者潔也春者蠢也蠢蠢搖動也尚書以殷仲春厥民析言人解療生疾之時故於水上釁潔之也巳者祉也邪疾已去祈介祉也 續漢書禮儀志仲春之月上巳官民皆絜於東流水上曰洗濯祓除去宿垢疢爲大絜絜者言陽氣布暢萬物訖出始絜之矣注云絜謂之禊也蔡邕曰論語暮春者春服既成冠者五六人童子六七人浴乎沂風乎舞雩詠而歸自上及下古有此禮今三月上巳祓於水濱盍出於此杜篤祓禊賦曰巫咸之徒秉火祈福則巫祝也 蔡邕祝文洋洋暮春厥日祓除有求百福在洛水涘

除惡祭也者廣雅祓祭也玉篇祓除災求福也釋詁祓福也孫炎云祓除之福荀子議兵篇若祓不祥注云祓除之也襄二十五年左傳祝祓社注云祓除也僖六年傳受其璧而祓之注云祓除凶之禮史記周本紀周公乃祓齋正義祓謂除不祥求福也漢書五行志祓霸上顏注祓者除惡之祭也

qí
祈

祈 求福也從示斤聲 渠稀切

求福也者字林同廣雅祈求也爾雅祈叫也郭璞曰祈祭者叫呼而請事也孫炎曰祈爲民求福叫告之詞也周禮大祝掌六祈以同鬼神示注云祈嘄也謂爲有災變號呼告神以求福詩賓之初筵以祈爾爵傳云祈求也詩序噫嘻春夏祈穀于上帝也箋云祈猶禱也求也郊特牲祭有祈焉注云祈猶求也謂祈福祥求永貞也儒行不祈土地注云祈猶求也禮器祭祀不祈注云祈求也祭祀不爲求福也蔡邕月令問荅祈者求之祭也 斤聲者祈斤聲相近祭法相近於坎壇鄭注相近當爲禳祈聲之誤也

dǎo
禱

禱 告事求福也從示壽聲 都浩切

廣雅禱祭也　襄二十四年穀梁傳鬼神禱而不祀注云周書曰大荒有禱無祀　告事求福也者一切經音義二十二引作告事求福曰禱　禱請也請於鬼神北堂書鈔告祀求福爲禱周禮小宗伯禱祠於上下神示注云求福曰禱大祝作六辭五曰禱注云禱賀慶言福祚之辭檀弓君子謂之善頌善禱注云禱求也急就篇謁裼塞禱鬼神寵顏注禱求助也後漢書臧洪傳但坐列巫史禜禱羣神注云禱謂告事求福也廣韻禱請也山海經南山經其祠皆一白狗祈注云祈請禱也詩定之方中毛傳述九德云祭祀能語正義云謂於祭祀能祝告鬼神而爲言語若荀偃禱河蒯聵禱祖之類是也

𥛉 禱或省

徐鍇本𥛉在籒文下玉篇類篇集韻竝以爲古文徐鉉移籒文上以爲小篆之省體或省者謂籒文之壽非省小篆之壽也

禱 籒文禱

yǒng 禜

禜 設緜蕝爲營以禳風雨雪霜水旱癘疫於日月星辰山川也從示榮省聲一曰禜衛使灾不生禮記曰雩禜祭水旱　爲命切

廣雅禜祭也　哀六年左傳若禜之可移於令尹司馬注云禜禳祭　周禮黨正春秋祭禜注云禜謂雩禜水旱之神又𤰈人禜門用瓢齎注云禜謂營酇所祭門國門也　後漢書順帝紀詔曰政失厥和陰陽隔并冬鮮宿雪春無澍雨分禱祈請靡神不禜今遣侍中王輔等持節分移岱山東海滎陽河洛盡心祈焉　顏延之宋郊祀歌陰明浮爍沈禜深淪李善云言宋爲水德　而主辰故陰明之宿浮爍而揚光沈禜所祭深淪而沈靜也　西京雜記京師大水祭山川以止雨丞相御史二千石禱祠如求雨法馥案禱祠謂禜祭也禜以祈晴昭十九年左傳鄭大水龍鬭於時門之外洧淵國人請爲禜焉初學記禱晴爲禜三禮義宗雩祈雨之祭禜止雨之祭晉書禮志雨多則禜祭赤幘朱衣閉諸陰朱索縈社伐朱鼓焉隋書禮儀志霖雨則禜京城諸門通典漢制謂禜爲請晴服赤幘朱衣晉武帝咸寧及太康中時雨多則禜祭赤幘朱衣閉諸陰朱絲縈社伐朱鼓焉梁制霖雨祈晴亦如雩禮隋制霖雨則禜京城諸門三禜不止則祈山川嶽鎮海瀆社稷又不止則祈宗廟神州報以大牢州郡縣苦雨亦各禜其城門不止則祈界內山川及社稷報用羊豕　設緜蕝爲營者後漢書注引作緜蕞按史記叔孫通爲緜蕞如淳謂翦茅樹地爲纂位顏師古曰蕞同蕝本書朝會束茅表位曰蕝馥案祭祀之位亦用束茅昭十八年左傳使子寬子上巡羣屏攝注云屏攝祭祀之位按鄭衆云攝攝束茅以爲屏蔽唐李嗣業高仙芝築城輒壞祝之有白龍見因其處蕝祠以祭是也賈服說左傳竝云禜爲營攢用幣孔穎達曰日月山川之神其祭非有常處故臨時營其地立攢表用幣告之以祈福祥也攢聚也聚草木爲祭處耳周禮大祝掌六祈以同鬼神示四曰禜鄭注禜如日食以朱絲縈社祭法幽宗祭星也雩宗祭水旱也鄭注宗皆當爲禜禜之言營也　以禳風雨云云者昭元年左傳山川之神則水旱癘疫之災於是乎禜之日月星辰之神則雪霜風雨之不時於是乎禜之鄭注周禮𤰈人及祭法引此文皆先日月星辰後山川賈公彥曰鄭君所讀春秋先日月與賈服不同馥案本書亦先日月與鄭讀同　榮省聲者榮當爲營徐鍇本從營省聲鄭樵六書畧臣按禜

從營省爲營以祀日月星辰山川也　一曰禜衛使灾不生者禜當爲營蒼頡篇營衛也史記五帝紀黃帝始制營衛漢官舊儀營衛同廬老子載營魄抱一能無離乎注云營魂也一曰衛也鍾會曰經護爲營形氣爲魄謂魂經護其形氣使之長在也公羊解詁知君父有疾當營衛不謹而失之也又云惡衛侯兄有疾不憐傷厚遇營衛不固論衡幸偶篇氣結閼積聚爲癰潰爲疽創流血出膿豈癰疽所發身之善穴哉營衛之行遇不通也醫家作榮衛戴侗曰榮血也衛气也北史高允傳醫李修密陳允榮衛有異懼其不久文章敘錄杜摯與毋丘儉詩被此篤病人榮衛動不安陳書文帝紀加以盧湊不適攝衛有虧馥謂攝衛卽營衛也　禮記云云者非許公原文鉉因鍇本引禮記遂誤加之

ráng 禳

禳 磔禳祀除癘殃也古者燧人禜子所造從示襄聲　汝羊切

磔禳祀除癘殃也者廣雅禳祭也山海經中次六經其祠之用一雄雞禳而勿殺注云禳亦祭名謂禳却惡氣也中

次九經用兵以禳注云禳祓除之祭名後漢書靈帝宋皇后紀此何祥其可禳乎注云禳謂除也祭法相近於坎壇注云相近當爲禳祈聲之誤也禳猶卻也周禮大宗伯以䝿辜祭四方百物注云䝿䝿牲胸也䝿而磔之謂磔禳及蜡祭女祝掌以時招梗禬禳之事以除疾殃注云卻變異曰禳禳攘也聘禮禳乃入注云禳祭名也爲行道累歷不祥禳之以除災凶月令命國難九門磔攘以畢春氣注云命方相氏帥百隸索室毆疫以逐之又磔牲以攘於四方之神所以畢止其災也王居明堂禮曰季春出疫于郊以攘春氣風俗通義祀典篇謹按月令九門磔禳以畢春氣蓋天子之城十有二門東方三門生氣之門也不欲使死物見於生門故獨於九門殺犬磔禳犬者金畜禳者却也抑金使不害春之時所生令萬物遂成其性火當受而長之故曰以畢春氣功成而退木行終也呂氏春秋季春紀九門磔禳以畢春氣注云九門三方九門也嫌非王氣所在故磔犬羊以禳木氣盡之故曰以畢春氣也季冬紀命有司大儺旁磔注云旁磔犬羊於四方以禳其畢冬之氣也淮南時則訓九門磔攘以畢春氣注云裂牲謂之磔除禍謂之攘春者陰氣之終故磔攘以終畢厲氣也史記封禪書磔狗邑四門以禦蠱菑索隱按樂彥云左傳云皿蟲

爲蠱梟磔之鬼亦爲蠱故月令云大儺旁磔注云磔攘也厲鬼亦爲蠱將出害人旁磔於四方之門故此亦磔狗邑四門也秦本紀以狗禦蠱正義蠱者熱毒惡氣爲傷害人故磔狗以禦之按磔禳也狗陽畜也以狗張磔於郭四門禳却熱毒氣也通典漢制厲殃祀天地日月星辰四時陰陽之神以師曠配之其壇常祀以禳災魏祀五郊六宗及厲殃何晏議月令季春磔攘大儺非所以祀皇天也夫天道不諂不貳其命若之何禳之國有大故可祈於南郊至於祈禳自宜止於山川百物而已王肅云厲殃漢之淫祀耳日月有常位五帝有常典師曠自是樂祖無事於厲殃祠人非禮器雄黃等非禮飾漢文除祕祝所以稱仁明也

古者云云者當出世本後漢書班彪傳又有記錄黃帝以來至春秋時帝王公卿大夫號曰世本一十五篇是也史記自人皇已後有五龍氏燧人氏宋均注援神契以燧人伏羲神農爲三皇燧當爲鐩本書鐩陽鐩也禮內則左佩金燧右佩木燧注云金燧取火於日木燧鑽火也周禮司烜氏掌以夫遂取明火於日注云夫遂陽遂也燧遂皆借字

guì 禬

禬 會福祭也从示从會會亦聲周禮曰禬之祝號 古外切

會福祭也者初學記引同藝文類聚引云除惡之祭按類篇禬除殃之祭又引說文會福祭也玉篇禬除災害也會福祭也馥謂唐本說文各異故歐陽與徐氏所引不同玉篇則兩存之廣雅禬祭也周禮大祝掌六祈以同鬼神示三曰禬又女祝掌以時招梗禬禳之事以除疾殃注云除災害曰禬禬猶刮去也又庶氏掌除毒蠱以攻說禬之鄭司農云禬除也馥謂此皆言除惡祭也會福之祭未聞

從會會亦聲者當依徐鍇本作會聲　周禮云云者春官詛祝掌盟詛類造攻說禬禜之祝號注云入者之辭皆所以告神明也

shàn 禪

禪 祭天也从示單聲 時戰切

祭天也者廣雅禪祭也詩時邁箋云巡守告祭者天子巡行邦國至於方岳之下而封禪也正義聚土曰封除地曰墠言墠神之也封禪之見於經者惟大宗伯云王大封則先告后土以外更無封文也禮器云因名山升中於天而鳳皇降龜龍假雖不言封亦是封之事故注云升上也中猶成也謂巡守至於方岳而燔柴祭天告以諸侯之成功而太平陰陽和而致象物馥案封禪封泰山祭天禪小山祭山川不言禪爲祭天惟舜典至于岱宗柴本書謂柴祭

天神與禪義同

yù 禦

禦 祀也从示御聲 魚舉切

祀也者廣韻引作祠也世以禦爲禁禦故以旅代禦經典相承已久禹貢九山刊旅傳云已槎木通道而旅祭矣論語季氏旅於泰山廣韻別出𥙊字云祭山川名此葢後世改作又按禁禦讀魚據切此讀魚舉切實旅字音也

huó 祮

祮 祀也从示昏聲 古末切

廣韻祮禳祠名義未聞

méi 禖

禖 祭也从示某聲 莫杯切

祭也者義未詳或謂月令仲春之月祠於高禖即此祭玉篇禖求子祭

xǔ ⿰礻胥

⿰礻胥 祭具也从示胥聲 私呂切

祭具也者謂祭之齍盛也山海經糈用稌米郭注糈祀神之米離騷懷椒糈而要之王注糈精米所以享神也漢書

揚雄傳費椒糈以要神兮馥案本書糈糧也與祭具無涉其祭米作糈糈者竝非

shèn 祳

祳 社肉盛以蜃故謂之祳天子所以親遺同姓从示辰聲春秋傳曰石尚來歸祳 時忍切

社肉盛以蜃故謂之祳者祳蜃聲相近五經異義古左氏說祳社祭之肉盛之以蜃字或作脤閔二年左傳受脤於社杜云脤宜社之肉盛以蜃器成十三年傳成子受脤於社不敬杜云脤宜社之肉也盛以蜃器故曰脤宜出兵祭社之名昭十六年傳受脤歸脤注云受脤謂君祭以肉賜大夫歸脤謂大夫祭歸肉於公皆社之戎祭也 天子所以親遺同姓者周禮大宗伯以脤膰之禮親兄弟之國鄭注脤膰社稷宗廟之肉以賜同姓之國同福祿也大行人歸脤以交諸侯之福 春秋傳云云者定十四年經文也彼作天王使石尚來歸脤注云脤祭社之肉盛以蜃器以賜同姓諸侯親兄弟之國與之共福公羊傳脤者何俎實也腥曰脤熟曰燔

gāi 祴

祴 宗廟奏祴樂从示戒聲 古哀切

宗廟奏祴樂者韻會引徐鍇本作祴夏周禮鐘師祴夏杜子春云祴讀爲陔鼓之陔馥案大司馬鼓皆駴注云疾雷擊鼓曰駴大僕戒鼓傳達於四方注云戒鼓擊鼓以警衆也故書戒爲駭笙師掌敎歙竽笙塤籥簫篪篴管春牘應雅以教祴樂注云祴樂祴夏之樂賓醉而出奏祴夏 鄉飲酒禮賓出奏陔鄭注陔陔夏也陔之言戒也

說文解字義證 卷一 卅五

mà 禡

禡 師行所止恐有慢其神下而祀之曰禡从示馬聲周禮曰禡於所征之地 莫駕切

詩皇矣是類是禡傳云於内曰類於野曰禡箋云類也禡也師祭也 周禮小宗伯若軍將有事則與祭鄭司農云謂軍祭表禡軍社之屬大司馬遂以蒐田有司表貉鄭司農云貉讀爲禡禡謂師祭也書亦或爲禡肆師凡四時之大甸獵祭表貉則爲位注云貉師祭也貉讀爲十百之百於所立表之處爲師祭造軍法者禱氣勢之增倍也其神蓋蚩蚘或曰黄帝甸祝掌四時之田表貉之祝號注云杜子春讀貉爲百爾所思之百書亦或爲禡貉兵祭也甸以講武治兵故有兵祭詩曰是類是禡爾雅曰是類是禡師祭也玄謂田者習兵之禮故亦禡祭禱氣勢之十百而多獲釋文云貉莫駕反 詩序桓講武類禡也正義云禡祭造兵爲軍法者爲表以祭之禡周禮作貉貉又或爲貊字古今之異也貉之言百祭祀此神求獲百倍馥案禡祭不專爲田獵也見於周禮者惟田獵一事耳 孔叢問軍禮篇凡類禡皆用甲丙戊庚壬之剛日 杜佑曰禡師祭也爲兵禱也其神蓋蚩尤或云黄帝北齊之制天子親征將届戰所卜剛日備玄牲列軍容設於辰地爲壇而禡 祭大司馬奠矢有司奠毛血樂奏大濩之音禮畢徹牲柴燎 北史隋煬帝紀親御戎服禡祭黄帝 唐陳子昂有禡牙文 祭牙旗文也 詩吉日既伯既禱毛傳伯馬祖也重物愼微將用馬力必先爲之禱其祖 漢書敘傳類禡厥宗應劭曰詩云是類是禡至所征伐之地表而祭之謂之禡禡馬祖也馬者兵之首故祭其先神也 風俗通祀典篇詩云吉日庚午既禡既禱豈復殺馬以祭馬乎馥案以上諸說或言祭始造兵爲軍禮者或言祭馬祖皆與本書異 師行所止云云者釋天是禷是禡師祭也郭注師出征伐類於上帝禡於所征之地 周禮云云者禮記王制文疑後人加之

dǎo 禂

禂 禱牲馬祭也从示周聲詩曰既禡既禂 都皓切

說文解字義證 卷一 卅六

禱牲馬祭也者禂禱聲相近釋天既伯既禱馬祭也郭云伯祭馬祖也將用馬力必先祭其先周禮甸祝禂牲禂馬皆掌其祝號注云杜子春云禂禱也爲馬禱無疾爲田禱多獲禽牲詩云既伯既禱爾雅曰既伯既禱馬祭也玄謂禂讀如伏誅之誅今侏大字也爲牲祭求肥充爲馬祭求肥健 詩曰云云者徐鍇繫傳引詩鉉取而加之非原文

𩦺 或从馬壽省聲

徐鍇本作𩦺馥案本書無𩦺當如禱之或體省壽从𩦺

shè 社

社 地主也从示土春秋傳曰共工之子句龍爲社神周禮二十五家爲社各樹其土所宜之木 常者切

郊特牲社祭土 王肅注云五行之主 禮記外傳社者五土之神也 月令命民社注云社后土也 呂氏春秋仲春紀擇元日命人社高注社祭后土所以爲民祈穀也 物理論地者大而名之曰黄地祇小而名之曰神州亦名后土注云后土社也社地主也 五經異義今孝經說社者土地之主土地廣博不可偏敬封五土以爲社古左氏說共工爲后土

后土爲社謹按社非地祇鄭駁異義五變而致土示土示
五土之總神卽謂社也風俗通義祀典篇孝經說社者土
地之主土地廣博不可徧敬故封土以爲社而祀之報功也
周禮說二十五家置一社但爲田祖報求詩云乃立冢土又
日以御田祖以祈甘雨謹按春秋左氏傳曰共工有子曰句
龍佐顓頊能平九土爲后土故封爲上公祀以爲社非地祇
詩甫田以社以方傳云社后土也正義云毛氏解社其言
不明惟此言社后土其義當與鄭同鄭駁異義以爲社者五
土之神能生萬物者以古之有大功者配之鄭志荅趙商云
后土爲社謂輔作社神趙商問郊特牲社祭土而主陰氣大
宗伯職曰王大封則先告后土注云后土土神也若此之義
后土則社社則后土二者未知云何敢問后土祭誰社祭誰
乎荅曰句龍本后土後遷之爲社大封先告后土玄注云后
土土神不云后土社也田瓊問周禮大封先告后土注云后
土社也前荅趙商曰當言后土土神言社非也檀弓曰國亾
大縣邑或曰君舉而哭於后土注云后土社也月令仲春命
民社注云社后土中庸云郊社之禮所以事上帝也注云社
祭地神不言后土省文此三者皆當定之否荅曰后土土官
之名也亦以爲社社而祭之故曰后土社句龍爲后土後轉
爲社故世人謂社爲后土無可怪也欲定者定之亦可不須
由此言后土者地之大名也僖十五年左傳曰履后土而戴
皇天指謂地爲后土也句龍職主土地故謂其官爲后土此
人爲后土之官後轉以配社又謂社爲后土且社亦土地之
神是后土之言參差不一故弟子疑而發問也宗伯大封告
后土者以其大封是土地之事宜告土神不告句龍故云定
爲后土土神檀弓曰以國亾大縣邑哭於后土以諸侯守社
稷失地哭於社故云后土社也此文與月令皆謂祭祀后土
則配社之神故云社后土也中庸云郊社相對郊是天則社
是地故云社祭土神以宗伯與左傳皆謂地爲后土則土神
宜稱后土而中庸言社不言后土故云省文以理皆可通故
云欲定定之亦可不須言也　休寧戴君震曰水土之神曰
社社非祭地周禮后土與社爲二而春秋傳曰后土則社者
謂后土之官以配社者耳人官名后土非謂社后土中庸郊
社之禮郊禮大社禮小舉二者以該事神之禮故言事上帝
不言后土
非省文也
地主也者急就篇祠祀社稷叢臘奉顏注云社地主也古
文論語哀公問主於宰我鄭注主田主謂社禮運命降於
社之謂殺地注云社土地之主也藝文類聚引孝經緯云
社土地之主也土地闊不可盡祭故封土爲社以報功也

白虎通社稷篇社者土地之神也土生萬物天下之所主
也物理論地亦名后土注云后土社也社地主也　從示
土者妄刪聲字王君念孫曰繫傳作從示土聲今本無聲
字徐鉉以爲社與土聲不相近而刪之也攷社字古音土
故從土得聲左傳閔二年閒於兩社爲公室輔漢書敘傳
布歷燕齊叔亦相魯民思其政或金或社白虎通社不謂
之土何變名爲社別於衆土也合觀數條皆讀社爲土則
此字之從土聲明甚顏案邴原別傳長老爲之頌曰邴君
行仁落邑無虎邴君行廉路樹成社此亦讀社爲土之證
春秋傳云云者昭二十九年左傳共工氏有子曰句龍
爲后土杜注共工在大皞後神農前以水名官其子句龍
能平水土故死而見祀傳又云土正曰后土杜注土爲羣
物主故稱后也祭法共工氏之霸九州也其子曰后土能
平九州故祀以爲社家語五帝篇康子曰吾聞句芒爲木
正祝融爲火正蓐收爲金正玄冥爲水正后土爲土正此
則五行之主而不亂稱曰帝者何也夫子曰凡五正者五
行之官名五行佐成上帝而稱五帝太皞之屬配焉亦云
地從其號昔少皞氏之子有四叔曰重曰該曰修曰熙實
能金木及水使重爲句芒該爲蓐收修及熙爲玄冥顓頊
氏之子曰黎爲祝融共工氏之子曰句龍爲后土此五者
各以其所能業爲官職生爲上公死爲貴神別稱五祀不
得同帝又曰古之平治水土及播殖百穀者衆矣唯句龍
氏兼食於社而棄爲稷神荀子禮論篇故社祭社也注云
社土神以句龍配之呂氏春秋季冬紀以供皇天上帝社
稷之享注云社后土之神謂句龍也漢書郊祀志自共工
氏霸九州其子曰句龍能平水土實爲社祠續漢書祭祀
志孝經援神契曰社者土地之主也禮記及國語皆謂共
工氏之子曰句龍爲后土官能平九土故祀以爲社潛夫
論五帝志共工氏有子曰句龍能平九土故號后土死而
爲社天下祀之徐邈社讚句龍后土敷殖百穀配天地以
作範併造紀以垂制曹植社頌於維大社官名后土是曰
句龍功著上古德配帝皇寔爲靈主克明播殖農政日舉
周禮云云者地官大司徒設其社稷之壝而樹之田主
各以其野之所宜木遂以名其社與其野注云所宜木謂
若松柏栗也若以松爲社者則名松社之野以別方面禮
記外傳社樹各以其土所宜之木注云河東宜松周地宜
栗祭法大夫以下成羣立社曰置社注云大夫以下謂下
至庶人也與民族居百家以上則共立一社今時里社是
也郊特牲唯爲社事單出里注云皆往祭社於都鄙二十
五家爲里風俗通祀典篇周禮說二十五家置一社但爲

yáng 禓　jìn 祲

田祖報求昭二十五年左傳請致千社賈注云二十五家爲一社千社二萬五千家也史記陳平世家里中社平爲宰蔡邕有陳留東昏庫上里社碑張齊賢曰周之田主用所宜木其民閑之社鮲非大社也張華朽社賦伊茲槐之挺植於京路之東隅得託尊於田主據爽塏以高居卞敬宗櫟社讚序余門前有一社樹盤根疏柯似非近世所植馥謂槐社櫟社皆土所宜之木也按社有五一曰大社王社也二曰國社王爲羣姓立社以所穀者也三曰諸侯之社各以其方之土受封於王者也四曰縣社唐六典凡州縣皆置社稷如京師之制孔融爲北海相令甄子然配食縣社陸雲爲浚儀令百姓圖其像配食縣社是也五曰里社卽二十五家之社也

社 古文社

當從古文示作爪

古文社者徐鍇本作古文社同

禓 道上祭從示昜聲 與章切

世本微作禓注云微者殷王八世孫也禓者強死鬼也謂時儺索室驅疫逐強死鬼也 郊特牲鄉人禓注云禓或爲獻或爲儺馥案論語鄉人儺鄭注云十二月命方相氏索室中驅疫鬼魯讀儺爲獻 字或作禓周禮司巫凡喪事掌巫降之禮注云降下也巫下神之禮今世或死既斂就巫下禓其遺禮 錢塘盧君文弨曰宋趙彥肅行狀云秀州推官犴多重囚廉其故蓋俗多淫祀兇人欲甘心於仇怨則挾酒食祭拜乞助謂之起傷今此風不知尚有否而其名猶傳於人閒每見強梁肆暴者輒目之曰起傷又優人演目連變必先攜雞酒至叢冢閒殺雞瀝血而飲之借鬼神附其身以爲助亦名曰起傷演畢仍向元來處解之按禮記郊特牲鄉人禓鄭注禓強鬼又周禮春官司巫下禓禓與禓釋文皆音傷則起傷當從示爲正

道上祭者韻會引徐鍇本禓強鬼也又引廣韻禓道上祭也廣韻又云一曰道神玉篇禓強鬼也道上祭也急就篇謁禓塞禱鬼神寵顔注禓道上之祭也

祲 精气感祥從示侵省聲春秋傳曰見赤黑之祲 子林切

廣韻祲祆氣也又云祲日旁氣也 周禮保章氏以五雲之物辨吉凶水旱降豐荒之祲象注云視日旁雲氣之色青爲蟲白爲喪赤爲兵荒黑爲水黃爲豐 眡祲掌十煇之灋以觀妖祥辨吉凶一曰祲先鄭云祲陰陽氣相侵也後鄭云妖祥善惡之徵賈疏云祥是善之徵妖是惡之徵此妖祥相對若散文祥亦是惡徵亳有祥桑之類是也 淮南泰族訓精祲有以相蕩也高注精祲氣之侵入者也 詩靈臺箋云天子有靈臺者所以觀祲象察氣之妖祥也 釋天弇日爲蔽雲郭云暈氣五彩覆日也 釋名暈捲也氣在外捲結之也珥耳也言似人耳之在面旁也氣在日兩旁之名也 漢書天文志正朔所候決於日旁日旁雲氣人主象皆如其形以占易通卦驗震東方也主春分日出青氣出直震此正氣出也氣出右萬物半死左蛟龍出震氣不至則歲中少雷萬物不實人民疾熱應在其衝又云離南方也主夏至日中赤氣出直離此正氣也氣出右萬物半死出左赤地千里又云冬至之日見雲送迎從下鄉來歲美民人和不疾疫無雲送迎德薄歲惡故其雲青者饑赤者旱黑者水白者爲兵黃者有土功諸從日氣送迎此其徵也 哀六年左傳有雲如衆赤鳥夾日以飛 謝承後漢書嘉德殿前有青赤氣詔問楊賜祥異禍福吉凶所在 呂氏春秋明理篇其氣有上不屬天

下不屬地有豐上殺下有若水之波有若山之楫春則黃夏則黑秋則蒼冬則赤 淮南覽冥訓背譎見于天高注日旁五色氣在兩邊外出爲背外向爲譎內向爲珥在上外出爲冠 隋書經籍志夏氏日旁氣一卷魏氏日旁氣圖一卷崇文書目雲氣圖一卷氣象圖一卷占風雲氣候日月星辰上下圖一卷

精气感祥者感當爲成宋祁校漢書匡衡傳引字林作成程君瑤田曰說文之解祲字也曰精氣感祥玉篇則引鄭康成氏周官眡祲注曰陰陽氣相侵漸成祥者初以爲感祥成祥或具兩義而字林用說文之言直曰精氣成祥於是今說文轉寫之譌一旦可以論定禨之爲祆祥說文不見玉篇但以祥釋之夫地反物之爲祆也祥之爲言祆怪之謂也故言祥則祆見矣馥案漢書匡衡傳臣聞天人之際精祲有以相盪善惡有以相推事作乎下者象動乎上陰陽之理各應其感李奇曰祲氣也言天人精氣相動也顔師古曰祲謂陰陽氣相浸漸以成災祥也論衡訂鬼篇凡世閒所謂妖祥所謂鬼神者皆太陽之氣爲之也太陽之氣盛而無陰故徒能爲象不能爲形無骨肉有精氣故一見恍惚輒復滅亡也玉篇祥字云妖怪也本書氛祥气也易豐卦天際翔也釋文鄭王肅作祥孟喜云天降下惡

huò 禍　suì 祟

祥也昭十八年左傳鄭之未災也里析告子產曰將有大祥杜注祥變異之氣也書咸乂序亳有祥桑穀共生於朝傳云祥妖怪正義云漢書五行志云凡草物之類謂之妖自外來謂之祥祥是惡事先見之徵故爲妖怪也樂記疾疢不作而無妖祥河圖稽耀鉤云日月兩重暈者饑之祥也老子益生曰祥范應元注祥妖怪也晏子公西面望睹彗星使禳去之晏子曰不可此天教也日月之氣風雨不時彗星之出天爲民之亂見之故詔之妖祥以戒不敬吳子百姓怨怒妖祥數起孫子九地篇禁祥去疑注云禁妖祥之言尚書大傳時則有青眚青祥史記龜策傳天數枯旱國多妖祥漢書五行志此始爵土過制傷亂土氣之祥也張敞傳祆祥變怪不可勝記燕剌王旦傳謀事不成妖祥數見兵氣且至𠈉何淮南時則訓季冬行秋令則白露早降介蟲爲祆高注祆祥同鄭注周易異自內生曰眚自外曰祥魏志管寧傳夫戴鵀陽鳥而巢門陰此凶祥也後漢書竇武傳時人知爲竇氏之祥注云祥吉凶之先見者宋書禮志殿屋之爲員淵方井兼植荷花者以壓火祥也唐會要海中有魚虬尾似鴟激浪即降雨遂作其象於屋以厭火祥　侵省聲者釋名祲侵也赤黑之氣相侵也荀子王制篇占祲兆揚注祲陰陽相侵之氣　春秋傳云云者昭十五年左傳文彼云吾見赤黑之祲杜注祲妖氛也服注水黑火赤水火相遇徐鍇本祲下有是字本書此例多有鉉皆刪去

禍　害也神不福也從示咼聲　胡果切

害也神不福也者釋名禍毀也言毀滅也周語不禋于神而求福焉神必禍之易彖傳鬼神害盈而福謙左傳吾享祀豐潔神必福我又小信未孚神弗福也

祟　神禍也從示從出　雖遂切

本書𣪠從此云楚人謂卜問吉凶曰𣪠　昭元年左傳寡君之疾病卜人曰實沈臺駘爲祟襄十年傳及著雍疾卜桑林見注云祟見於卜兆　管子權修篇上恃龜筮好用巫醫則鬼神驟祟　韓非解老篇凡所謂祟者魂魄去而精神亂鬼不祟人則魂魄不去魂魄不去而精神不亂　東周策太卜譴之曰周之祭地爲祟齊策寡人不祥被於宗廟之祟　史記秦始皇本紀二世夢白虎齧其左驂馬殺之卜曰涇水爲祟　賈誼書禮容篇天地調和神民順億鬼不厲祟民不諑怨　新序節士篇晉景公病卜之大業之胄者爲祟　漢書江充傳祟在巫蠱顏注禍咎之徵鬼神所以示人也　東觀漢記明德皇后久病至卜者家爲卦問咎祟所在　異苑刺史殺沙門支法存後刺史疾法存出爲祟　晉陽秋廬陵太守枉殺郡人簡良有疾見簡良爲祟旬日而卒　易林恆之衡日辰不良病爲祟禍　論衡辨祟篇世俗言禍祟以爲人之疾病死亡及更患被罪戮辱懽笑皆有所犯起功移徙祭祀喪葬行作入官嫁娶不擇吉日不避歲月觸鬼逢神忌時相害故發病生禍絓法入罪至於死亡殫家滅門皆不重慎犯觸忌諱之所致也

神禍也者一切經音義四祟說文神禍也謂鬼神作災禍也急就篇卜問譴祟父母恐顏注鬼神譴責用致禍祟莊子天道篇其鬼不祟釋文李云祟禍也通鑑趙王如意爲祟注云祟神禍也鬼厲也申鑒俗嫌篇夫疾厄何爲者也非身則神身不可避神不可逃可避非身可逃非神也白帖社宮之鬼謀以亡曹莘邑之神降而滅虢　從示從出者徐鍇本從示出聲錯繫傳曰出又音吹去聲詩曰匪舌是出惟躬是悴故從出聲鉉疑祟出聲異俶聲字改爲從出

yāo 祅　suàn 祘

𥜧　籀文祟從䨻省

祅　地反物爲祅也從示芺聲　於喬切

漢書天文志迅雷風祅　孔臧鴞賦在德爲祥棄常爲祅

地反物爲祅者宣十五年左傳文杜注羣物失性　老子善復爲祅范應元注左氏云地反物爲祅

祘　明視以筭之從二示逸周書曰士分民之祘均分以祘之也讀若筭　蘇貫切

戴侗言蜀本說文筭字古文作𥘉祘　馥案本書之例凡竝偏旁及合三四爲一字者皆在部末如品蟲䨻是也今祘字不居示部之末後人亂之

明視以筭之者祘筭聲相近穀耕鋤人之年壯而髮斑白者俗曰筭髮本草云蕪菁子壓油塗頭能變蒜髮則亦可作蒜視當爲示經典多借視爲示　逸周書云云者漢藝文志有周書顏注劉向云周時誥誓號令也蓋孔子所論

百篇之餘也南城王君聘珍曰說文引周書冠以逸字葢別於尚書中之周書非謂其書當許氏之時逸而不見也周禮九賦注賦口率出泉也今之筭泉民或謂之賦疏云漢法民年二十五以上至六十出口賦錢人百二十以爲筭漢書貢禹傳古民亾賦筭口錢起武帝征伐四夷重賦於民民產子三歲則出口錢故民重困宜令民七歲去齒乃出口錢年二十乃筭漢書惠帝紀注引漢律人出一筭後漢書皇后紀漢法常因八月筭人注引漢儀注八月初爲筭賦理道要訣漢高帝每歲人常賦百二十錢至孝文時省儉減至四十武帝人產子三歲則出口錢孝宣減人筭三十孝成減四十光武有產子者復以三年之筭

jìn 禁

禁 吉凶之忌也從示林聲 居蔭切

吉凶之忌也者忌當爲誋玉篇誋禁也本書誋誡也徐鍇曰今言誡誋是也又本書敕誡也後漢諸方士能禁鬼神 禁郎敕也

dàn 禫

禫 除服祭也從示覃聲 徒感切

說文解字義證 卷一 四三

釋名閒月而禫亦祭名也孝子之意澹然哀思益衰也廣雅禫祭也 儀禮士虞禮記中月而禫注云中猶閒也禫祭名也與大祥閒一月自喪至中凡二十七月禫之言澹澹然平安意也古文禫或爲導 閒傳父母之喪期而小祥又期而大祥中月而禫喪大記禫而內無哭者注云禫或皆作道馥案本書谷部㐭木部棪穴部窦皆云讀若三年導服之導徐鍇曰古無禫字借導字爲之馥謂此禫後人所加故居部末

文六十三 重十三

禒 ⿰示繭 禰

禒 宗廟之田也 息淺切

⿰示繭 同上

禰 親廟也從示爾聲 泥米切

案徐鉉新附禰親廟也從示爾聲一本云古文獮也泥米切徐鍇本則次禫下云秋田也從示爾聲息淺反鍇繫傳云獮者所以爲宗廟之事也左傳曰鳥獸之肉不登於俎則君不射故從示馥案本書獮秋田也釋天秋獵爲獮釋文云獮息淺反說文從繭或作禰從示馥案玉篇⿰示繭與獮同秋曰獮又云⿰示繭與繭同蠶繭也馥謂本書及玉篇之禰當爲禰本書犬部之獮當爲獮若禰獮從爾安得有息淺之音乎玉篇⿰示繭秋田祭也與獮同集韻禒引說文宗廟之田也或作禮又獮秋田也或作獮此尤可證有難者曰祖禰一見於經豈古無禰字邪荅曰有之當在示部轉寫⿰示繭禰誤爲一字而兩訓後人疑爲重文或去宗廟田之字或去親廟之字故二徐所見本各異鉉既引親廟又云一本云古文獮也一本者非說文而何周禮甸祝舍奠于祖廟禰亦如之鄭司農云禰父廟公羊隱元年秋七月何休解詁生稱父死稱考入廟稱禰疏云禰字示旁爾言雖可入廟是神示猶自最近於己故曰禰書高宗肜日典祀無豐于昵馬融注昵者也謂禰廟也詩飲餞于禰劉昌宗本作泥韓詩作坭馥據此諸說則禰之從爾聲義兼明可補本書之闕

⿰示虘 禊 祽 ⿰示曹

⿰示虘 祝也從示虘聲 側慮切

見徐鍇本玉篇⿰示虘亦作詛馥案漢書五行志劉屈氂坐祝⿰示虘要斬顏云⿰示虘古詛字

說文解字義證 卷一 四四

禊 見本書類下史記武帝禊霸上還

祽 月祭曰祽

藝文類聚初學記竝引

⿰示曹 祭豕先曰⿰示曹 似勞反

藝文類聚初學記引同

遺文七

說文解字弟一　義證弟二

曲阜桂馥學

三　天地人之道也從三數凡三之屬皆從三　穌甘切

史記律書數始於一終於十成於三　說苑發於一成於二備於三　子華子出於一立於兩成於三連山以之而呈形歸藏以之而御氣大易以之而立數　天地人之道也者本書古之造文者三畫而連其中謂之王三者天地人也又云天大地大人亦大老子道生一一生二二生三二謂天地三謂天地人也服虔左傳注三者天地人之數關子明大易衍義失數兆於一生於二成於三此天地人所以立也三五歷紀清輕者上爲天濁重者下爲地沖和氣者中爲人月令毋變天之道毋絕地之理毋亂人之紀易說卦立天之道曰陰與陽立地之道曰柔與剛立人之道曰仁與義兼三才而兩之故易六畫而成數素問岐伯曰天地之至數始於一終於九焉一者天二者地三者人文子昔者聖人仰取象於天俯取度于地中

取法于人風俗通天地人之始道之大綱也道以三興德以五成子華子三元之功同立於无縱而守之是謂三極衡而施之是謂三紀上下貫焉是謂三才易繫辭傳易之爲書也有天道焉有地道焉有人道焉兼三才而兩之故六六者非他也三才之道也易乾鑿度天有陰陽地有柔剛人有仁義是爲三才潘岳西征賦廖廓恍惚化一氣而甄三才成公綏天地賦三才殊性五行異位纂要天地曰二儀以人參之曰三才潛夫論天地絪縕萬物化淯和氣生人以統理之是故天者諸陽地者諸陰人者中和三才異務相待而成各循其道和氣乃臻璣衡乃平天道日施地道日化人道日爲爲者葢所謂感通陰陽而致珍異也書甘誓怠棄三正鄭注三正天地人之正道太誓逸篇毀壞其三正馬注動逆天地人

弎　古文三從弋

文一　重一

王　天下所歸往也董仲舒曰古之造文者三畫而連其中謂之王三者天地人也而參通之者王也孔子曰一貫三爲王凡王之屬皆從王　雨方切

釋詁王君也案古之言君者與王同義荀子王制篇君者善羣也春秋繁露滅國篇君者不失其羣者也漢書刑法志從之成羣斯爲君矣白虎通君羣也羣下之所歸心也馥謂此即歸往爲王之說也　易乾鑿度孔子說君人之號云王者美行也天子者爵號也　尚書刑德放帝者天號也王者人稱也天有五帝以立名人有三王以正度　管子兵法篇明一者皇察道者帝通德者王　史記殷本紀於是周武王爲天子其後世貶帝號號爲王索隱云按夏殷天子亦皆稱帝後代以德薄不及五帝始貶帝號號之爲王　謚法解仁義所在曰王　晉百官表王古號也夏殷周稱王　鄭注孝經先王禹三王最先者　天下所歸往也者洪範天子作民父母以爲天下王王肅注云政教務中民善是用所以爲民父母而爲天下所歸往莊三年穀梁傳其曰王者民之所歸往也祭法稱有虞氏夏后氏殷人周人熊氏說云殷周稱人以人所歸往故

稱人大戴禮盛德篇法政而德不衰故曰王也盧辯注云王者往也民所歸也御覽引韓詩外傳王者往也天下往之善養生人者也故人尊之善辯治人者也故人安之善顯設人者也故人親之善粉飾人者也故人悅之四德具而天下往之四德無一而天下去之往之之謂王去之之謂亾易乾鑿度王者天下所歸往春秋文曜鉤王者往也神所向往人所樂歸文子帝者天下之適也王者天下之往也天下不適不往不可謂帝王呂氏春秋下賢篇王也者天下之往也春秋繁露王者民之所往君者不失其羣故能使萬民往之而得天下之羣者無敵於天下桓譚新論王者往也言其惠澤優游天下歸往也班彪王命論帝王之作必有明聖顯懿之德豐功厚利積累之業然後精誠通於神明流澤加於生民故能爲鬼神所福饗天下所歸往漢書刑法志上聖卓然先行敬讓博愛之德者衆心說而從之從之成羣是爲君矣歸而往之是爲王矣洪範曰天子作民父母爲天下王聖人取類以正名而謂君爲父母明仁愛德讓王道之本也白虎通王者往也天下所歸往風俗通禮號謚記說夏禹殷湯周文王是三王也王者往也天下所歸往也獨斷王者至尊四號之別名王畿內之所稱王有天下故稱王天王諸夏之所稱天下之所

rùn
閏

歸往故稱天王范應元老子注王者天下歸往之稱惟其無私故天下之人往而歸之 董仲舒云云者樓鑰曰潘景憲春秋繁露本有八十二篇說文引仲舒王道通三第四十四篇藝文類聚引董子曰古之人造文字者三畫而連其中謂之王三畫者天地與人也連中者通其道也取天地與人之才而參之非王者其孰能當是故王者必法天以天仁覆育萬物既化而生之又養而成之北堂書鈔王者得三才何承天達性論夫兩儀既位帝王參之宇中莫尊焉天以陰陽分地以剛柔用人以仁義立人非天地不生天地非人不靈三材同體相須而成者也故能稟氣清和神明特達情綜古今智周萬物妙思窮幽贖制作侔造化歸仁與能是爲君長撫養黎元助天宣德尚書大傳王之不極是謂不建注云王君也不名體而言王者五事象五行則王極象天也人法天元氣純則不可以一體而言之也天變化爲陰爲陽覆成五行經曰歷象日月星辰敬授民時論語曰爲政以德譬如北辰是則天之道於人政也 孔子曰一貫三爲王者貫當爲毋經典用貫字論語吾道一以貫之三卽天地人王應麟曰說文引孔子曰一貫三爲王推十合一爲士粟之爲言續也黍可爲酒禾入水也烏盱呼也貉之爲言惡也牛羊之字以形舉也

儿在人下故詰屈狗叩也視犬之字如畫狗也未詳所出然似非孔子之言或緯書所載也

王 古文王

案小篆王上二畫近上猶存古文之意

閏 餘分之月五歲再閏告朔之禮天子居宗廟閏月居門中從王在門中周禮曰王居門中終月也 如順切

書堯典朞三百有六旬有六日以閏月定四時成歲傳云一歲十二月月三十日正三百六十日除小月六爲六日是爲一歲有餘十二日未盈三歲是得一月則置閏焉以定四時之氣節成一歲之歷象正義云古時眞歷遭戰國及秦而亾漢存六歷雖詳於五紀之論皆秦漢之際假託爲之實不得正要有梗槩之言周天三百六十五度四分度之一而日日行一度則一朞三百六十五日四分日之一今考靈曜乾鑿度諸緯皆然此言三百六十六日者王肅云四分日之一又入六日之內舉全數以言之故云三百六十六日也 文元年左傳於是閏三月非禮也先王之正時也履端於始舉正於中歸餘於終劉炫云一月朔之與月節每月剩一日有餘所有餘日歸之於終積成一月則置之爲閏故言歸餘於終漢書音義歲之餘爲閏 春秋元命苞三年一閏以起紀宋均注紀法也三年加以一閏以成歲也 歷志玄始歷以爲十九年七閏皆有餘分是以中氣漸差據渾天二分爲東西之中而晷景不等二至爲南北之極而進退不齊此古人所未達也 春秋長歷書稱朞三百六旬有六日以閏月定四時成歲允釐百工庶績咸熙是以天子必置日官諸侯必置日御世修其業以考其術舉全數而言故曰六日其實五日四分日之一 日日行一度而月日行十三度十九分度之有晦日官當會集此之遲疾以考成晦朔錯綜以設閏月閏月無中氣而北斗邪指兩辰之閒所以異於他月也積此以相通四時八節無違乃得成歲其微密至矣得其精微以合天道事敘而不悖故傳曰閏以正時時以作事事以厚生生民之道於是乎在 陸續渾天說閏月無中氣斗斜指二辰之閒 王肅曰斗之所建是爲中氣日月所在斗指兩辰之閒無中氣故以爲閏也 李鼎祚曰案易軌一歲十二月三百六十五日四分日之一以坎震離兌四方正卦卦別六爻爻生一氣其餘六十卦三百六十爻爻主一日當周天之數餘五日四分日之一以通閏餘者也 楊愼曰日與天會而有

氣盈卽歷書所謂大餘五小餘八也月與日會而有朔虛卽歷書所謂大餘五十四小餘三百四十八也大餘日也小餘分也五歲再閏而無餘日十九歲七閏而無餘分歷書所謂無大餘無小餘也 閻若璩曰余以授時歷憲二歷之理與數補注堯典曰論其理天周之度歲周之日皆三百六十有五而又有餘分自今歲冬至距來歲冬至爲一朞三百六十五日而日行一周凡四周積千四百六十日則餘一日析而四之則四分之一也經言有六日者舉其成數也自正月朔日至十二月晦日爲一歲得三百五十四日而十二晦朔一終焉朱子云合氣盈朔虛而閏生蓋一歲有二十四氣假如月約計三十日則宜二十五日交一節氣矣然朞三百六十五日零二十五刻分配二十四氣則不止於三百六十日故必十五日零二時五刻爲一節三十日五時二刻爲兩節所謂氣盈也月之合朔二十九日半則月不能滿三十日之數積十二月三百六十日計之內虛五日零六時三刻是爲朔虛故每歲嘗六箇月小止得三百五十四日也氣盈於三百六十日之外有五日零三時朔虛於三百六十日之內有五日零六時三刻則一歲之閒大約多出十一日零八時三歲則多出三十二日有奇所以置閏也三歲而一閏卽以一閏月計之亦不須三十二日有奇故置閏之法其先則三年一閏者三

王

繼以兩年一閏者一續又三年一閏者二繼以兩年一閏者一如是經七閏然後氣朔分齊是爲一章也論其數天周三百六十五度二十五分七十五秒歲周三百六十五日二十四刻二十五分而日與天會月一日不及天一十三度三十六分八十七秒五十微積二十九日五十三刻五分九十三秒而一月與日會十二會通計得日三百五十四日三十六刻七十一分一十六秒是一歲月行之數日與天會而多五日二十四刻二十五分爲氣盈月與日會而少五日六十三刻二十八分八十四秒爲朔虛合氣盈朔虛共得十日八十七刻五十三分八十四秒爲一歲閏率三歲一閏則三十二日六十二刻六十一分五十二秒五歲再閏則五十四日三十七刻六十九分二十秒十有九歲七閏則二百六日六十三刻二十二分九十六秒蓋不用積年日法而以實測得之

餘分之月五歲再閏者文六年穀梁傳閏月者附月之餘日也積分而成於月者也范云一歲三百六十日餘六日又有小月六積五歲得六十日而再閏積衆月之餘分以成此月疏云古今爲歷者皆云周天有三百六十五度四分度之一日之行天一日一夜行一度故謂一度爲一日一歲十二月惟有三百六十日是餘五日四分日之一也

又月一大一小則一年之閒又有六日幷言之則一歲有十二日故積五歲得六十日此皆大率而言其實一年不得有十二日范不知歷法細計之故云五歲得六十日獨斷閏月者所以補小月之減日以正歲數故三年一閏五年再閏白虎通月有閏餘何周天三百六十五度四分度之一歲十二月日過十二度故三年一閏五年再閏明陰不足陽有餘也故讖曰閏者陽之餘 告朔之禮天子居宗廟閏月居門中者玉藻聽朔於南門之外閏月則闔門左扉立於其中注云閏月非常月也聽其朔於明堂門中還處路寢門終月荆楚歲時記周禮云出居寢門故閏之爲字門中從王也是月也不舉百事以非中氣也 周禮云云者春官太史文彼云閏月詔王居門終月注云門謂路寢門也鄭司農云月令十二月分在青陽明堂總章元堂左右之位惟閏月無所居居於門故於文王在門謂之閏文元年左傳先王之正時也履端於始舉正於中歸餘於終顧炎武曰古人以閏爲歲之餘凡置閏必在十二月之後故曰歸餘於終考經文之書閏月者皆在歲末文公六年閏月不告朔猶朝於廟哀公五年閏月葬齊景公是也而左傳成公十七年襄公九年哀公十五年皆有閏月亦竝在歲末是以經傳之文凡閏不言其月者言閏即歲之終可知也今魯改歷法置閏在三月故爲非禮漢書律歷志曰魯歷不正以閏餘一之歲爲蔀首是也又案高帝紀後九月顏師古曰秦之歷法應置閏者總致之於歲末此意當取左傳所謂歸餘於終耳何以明之據漢書表及史記漢未改秦歷之前屢書後九月是知歷法故然七修類稿史記年表秦不置閏而爲後九月蓋以十月爲正朔故於當閏之歲歸餘於終而爲後九月耳趙宧光曰古之閏月坿於歲終謂之十三月故特居門終月尒十二月之餘分積五稘而兩歲互出古歷坿歲終今歷閒滿處輒案古之閏月皆在歲終故春秋書閏不著其爲何月自太初歷行然後每月皆可置閏矣

huáng
皇

皇 大也從自自始也始皇者三皇大君也自讀若鼻今俗以始生子爲鼻子 胡光切

大也者廣雅同書湯誥惟皇上帝洪範建用皇極傳竝云皇大詩皇矣上帝又楚茨先祖是皇傳竝云皇大又文王有聲皇王爲辟傳云皇大也箋云變王后言大王者武王之事又益大定元年左傳薛之皇祖奚仲注云皇大也西

都賦以發皇明五臣注皇大也顏注急就篇皇者大也論語皇皇后帝尚書刑德放皇者煌煌也春秋元命苞皇者煌煌其道爛然顯明白虎通皇者何謂也亦號也美也大也天人之總美大之稱也時質故總之也號之爲皇者煌煌人莫違也獨斷皇者煌也盛德煌煌無所不照尚書序正義帝號同天名所莫加優而稱皇者以皇是美大之名言大於帝也馥謂煌煌亦美大之意也 自始也者禮統天地者萬物之祖也宋本御覽作萬物之所自始 始皇者三皇大君也者始皇當爲始王易通卦驗注燧皇謂人皇在伏羲前風姓始王天下者老子道大天大地大王亦大域中有四大而王居其一焉春秋繁露深察名號篇王者皇也又荅問三皇三才也三五歷紀天皇地皇人皇爲太古春秋緯天皇地皇人皇兄弟九人分爲九州長天下也顏峻始學篇天地立有天皇十三頭地皇十一頭人皇九頭依山川土地之勢裁度爲九州各居其一方因是而區別馥案洞冥記云天皇十三頭一姓十三人也古人質以九頭爲數猶今數鳥獸以頭計也宋均注春秋命歷序云九頭兄弟九人是也桓譚新論夫上古稱三皇五帝而次有三王五霸此皆天下君之冠首也潛夫論世傳三皇五帝多以爲伏羲神農爲三皇其一者或曰燧人或曰祝融或

王

曰女媧其是與非未可知也鄭注中候敕省圖以伏羲女媧神農三代爲三皇德合北辰者稱皇梁書許懋傳占義以伏羲神農黃帝是爲三皇風俗通三皇篇春秋運斗樞說伏羲女媧神農是三皇也禮號謚記說伏羲祝融神農含文嘉說虙戲燧人神農尚書大傳說遂人爲遂皇伏羲爲戲皇神農爲農皇也遂人以火紀火陽也陽尊故託遂皇於天伏羲以人事紀故託戲皇於人蓋天非人不因人非天不成也神農悉地力種穀疏故託農皇於地天地人之道備而三五之運興矣謹按易稱伏羲氏王天下伏羲氏没神農氏作惟獨敘二皇不及遂人遂人功重於祝融女媧文明大見大傳之義斯近之矣易緯大君者人君之盛德　自讀若鼻今俗以始生子爲鼻子者徐鍇本句末有是字本書自鼻也方言鼻始也獸初生謂之鼻人初生謂之首梁益閒謂鼻爲初覆疑此文倒互當云獸初生謂之首人初生謂之鼻洪武正韻鼻者始也人之胚胎鼻先受形故謂始祖爲鼻

文三　重一

yù 玉

玉　石之美有五德潤澤以溫仁之方也䚡理自外可以

知中義之方也其聲舒揚專以遠聞智之方也不撓而折勇之方也銳廉而不忮絜之方也象三玉之連丨其貫也凡玉之屬皆從玉　魚欲切

地鏡圖玉石之精也　孝經援神契石㵎苞玉　地圖望石氣如浮雲其玉之精也　淮南地形訓白水宜玉　尸子水方折者有玉　荀子勸學篇玉在山而木草潤　周禮玉府王齊則共食玉注云玉是陽精之純者食之以禦水氣　晉金州防禦判官平居誨使于闐行程記云玉河在于闐界牛頭山乃疏爲三河一曰白玉河在城東三十里二曰綠玉河在城西二十里三曰烏玉河在綠玉河西七里其源雖一而其玉隨地而變故其色不同每歲五六月大水暴漲則玉隨流而至玉之多寡由水之大小七八月水退乃可取彼人謂之撈玉其國之法官未採玉禁人輒至河濱者故其國中器用服飾往往用玉今中國所有皆自彼來　石之美當云石之美者　有五德云云者徐鍇曰䚡音莘自外可以知中則禮記所謂瑜不掩瑕也尃音敷布也撓曲也銳耑細銳也廉廉棱也忮害也謂玉雖廉而不可以割是絜也馥案溫當爲㿜撓當爲橈吳封禪國山碑䚡理洞達賈子能象德者獨玉也詩小戎溫其如玉傳云玉有五德野有死麕有女如玉箋云如玉者取其堅而絜白　藻君子於玉比德焉聘義夫昔者君子比德於玉焉溫潤而澤仁也縝密以栗知也廉而不劌義也垂之如隊禮也叩之其聲清越以長其終詘然樂也瑕不揜瑜瑜不揜瑕忠也孚尹旁達信也氣如白虹天也精神見於山川地也珪璋特達德也天下莫不貴者道也詩云言念君子溫其如玉故君子貴之也家語問玉篇同公羊解詁贊玉取其至清而不自蔽其惡絜白而不受汙內堅剛而外溫潤有似乎備德之君子賈誼書夫玉者六理在外明而易見也是以舉玉以諭物之所受於德者與玉一體也淮南說山訓夫玉潤澤而有光其聲舒揚渙乎其有似也無內無外不匿瑕穢近之而濡望之而隧五經通義玉有五德溫潤而澤有似于智銳而不害有似于仁抑而不撓有似于義有瑕于內必見于外有似于信垂之如墜有似于禮說苑雜言篇玉有六美君子貴之望之溫潤近之栗理聲近徐而聞遠折而不撓闕而不荏廉而不劌有瑕必示之於外是以貴之望之溫潤者君子比德焉近之栗理者君子比

智焉聲近徐而聞遠者君子比義焉折而不撓闕而不荏者君子比勇焉廉而不劌者君子比仁焉有瑕必見之於外者君子比情焉春秋繁露玉潤而不汙是仁而至清潔也廉而不殺是義而不害也白虎通禮記王度曰玉者有象君之德燥不輕溼不重薄不澆廉不傷疵不掩是以人君寶之　象三玉之連丨其貫也者韓詩傳佩玉上有蔥衡下有雙璜

𤣩　古文王

五經文字玉古文作𤣩

liáo 璙

璙　玉也從玉尞聲　洛簫切

玉也者詩瞻彼洛矣鞞琫有珌傳云大夫鐐琫而鏐珌釋文鐐本又作璙說文云玉也

guàn 瓘

瓘　玉也從玉雚聲春秋傳曰瓘斝　工玩切

春秋傳曰瓘斝者昭十七年左傳裨竈曰若我用瓘斝玉瓚鄭必不火

jǐng 璥　tiǎn 琠　náo 瓇　lì 瓅　fán 璠　yú 璵

璥 玉也從玉敬聲 居領切

琠 玉也從玉典聲 多殄切

玉也者晉書音義引字林同徐鍇曰符瑞圖有玉琠是

瓇 玉也從玉夒聲讀若柔 耳由切

讀若柔者昭二十九年左傳乃擾畜龍應劭音柔史記夏本紀擾而毅徐廣曰擾一作柔管子地員篇其木宜擾桑謂柔桑也

瓅 玉也從玉㲉聲讀若鬲 郎擊切

讀若鬲者本書𩰫讀若隔𨣥讀若擊

璠 璵璠魯之寶玉從玉番聲孔子曰美哉璵璠遠而望之奐若也近而視之瑟若也一則理勝二則孚勝 附袁切

璵璠魯之寶玉者定五年左傳陽虎將以璵璠斂注云璵璠美玉君所佩呂氏春秋安死篇魯季孫有喪主人以璵璠收注云璵璠君佩玉也昭公在外平子行君事入宗廟佩璵璠故用之顏氏家訓音辭篇璵璠魯之寶玉當音餘煩江南皆音藩屏之藩荀子正名篇單足以喻則單不足以喻則兼楊倞注云單物之單也兼復名也馥謂單如玉是也兼如璵璠是也　孔子曰云云者初學記引作逸論語徐鍇曰奐文也瑟言瑟瑟然文細也理謂文理也孚音符謂玉之光采也馥案瑟當爲璱詩瑟彼玉瓚本書引作璱孚者禮聘義孚尹旁達信也馬注玉之爲物孚尹于中而旁達於外所以爲信王逸楚辭注赤如鷄冠黃如蒸栗白如豬肪黑如純漆玉之符也

璵 璵璠也從玉與聲 以諸切

案此乃徐鉉新修十九文之一也左傳正義云說文云璵璠魯之寶玉璵璠是一玉名說文又云瑜美玉與璵璠異也馥案本書無璵字故孔氏謂瑜非璵璠字

jǐn 瑾　yú 瑜　hóng 玒　lái 琜　qióng 瓊

瑾 瑾瑜美玉也從玉堇聲 居隱切

瑾瑜美玉也者廣雅瑾瑜玉宣十五年左傳瑾瑜匿瑕楚詞九章懷瑾握瑜兮注云瑾瑜美玉也山海經西山經黃帝乃取峚山之玉榮而投之鍾山之陽瑾瑜之玉爲良堅粟精密濁澤而有光五色發作以和柔剛天地鬼神是食是饗君子服之以禦不祥馥案瑾瑜五色佩玉也楚詞指赤瑾於中庭史記司馬相如傳其后則赤玉玫瑰郭璞曰赤瑾也又瑾瑜贊鍾山之寶爰有玉華光采流映氣如虹霞君子是佩象德閑衺玉藻世子佩瑜玉晉令皇太子妃佩瑜玉此與五色發作君子服之義合淮南子鍾山之玉灼以爐火三日三夜不變得天地之和氣鍾山玉卽黃帝取峚山玉投之鍾山所種瑾瑜是也

瑜 瑾瑜美玉也從玉俞聲 羊朱切

瑾瑜美玉也者左傳正義引無瑾瑜二字禮記聘義瑕不掩瑜鄭注瑜其中美者亦不曰瑾瑜山海經瘞用百瑜郭注瑜美玉名續漢書應珣字季瑜然則連瑾言之曰瑾瑜單舉瑜則玉之美者爾

玒 玉也從玉工聲 戶工切

玉篇玒大璧也　集韻玒或作珙復古篇玒別作珙非襄三十一年左傳竊其珙璧　又借拱字老子雖有拱璧

琜 琜瓄玉也從玉來聲 落哀切

琜瓄玉也者廣雅珠瓄玉玉篇崐山出瓄玉

瓊 赤玉也從玉夐聲 渠營切

竹書夷王二年蜀人呂人來獻瓊玉　詩木瓜報之以瓊琚傳云瓊玉之美者　成十七年左傳或與己瓊瑰食之注云瓊玉信二十八年傳楚子玉自爲瓊弁玉纓注云瓊玉之別名

赤玉也者詩木瓜釋文引同文選江淹詩赤玉隱瑤溪魏畧夫餘國出赤玉郭注爾雅葍華有赤者爲藑韻會錢氏曰詩言玉以瓊者多矣瓊華瓊英瓊瑩瓊瑤瓊琚瓊玖皆謂玉色之美爲瓊許叔重云瓊赤玉也然木瓜所謂瓊玖玖乃黑玉亦非赤也楊慎曰說文瓊赤玉也此訓恐非按詩尙之以瓊華尙之以瓊瑩尙之以瓊英則瓊爲玉之光

xiàng
珦

彩非赤玉也謝莊雪賦林挺瓊樹李義山詩已隨江令誇瓊樹李長吉詩白天碎碎墮瓊芳皆用毛詩之訓不以說文爲然馥案赤玉乃⿱亦玉字誤分爲二又譌亦爲赤也瓊卽⿱亦玉也漢書司馬相如傳咀噍芝英兮嘰瓊華張揖注瓊樹生崑崙西流沙濱然則⿱亦玉瓊瓊皆出崑山蓋同物也故毛傳云玉之美者文選江淹詩注引莊子積石千里河海出下鳳皇居上天爲生樹名瓊枝高百二十仞大三十圍以琳琅爲實⿱亦玉瓊亦琅玕玫瑰之類耳

璚 瓊或從矞

本書繘或作鐍趫讀若繘

瓗 瓊或從巂

本書蠵下引司馬相如說從夐

琁 瓊或從旋省

廣韻瓊下重文無琁玉篇琁與璿同非瓊字二書皆言美石次玉音似宣切

山海經中山經升山黃酸之水其中多璇玉注云石次玉者也不言赤玉荀子賦篇璇玉瑤珠不知佩也楊注引說文璇亦玉此卽誤本說文淮南子崑崙之山有瓊宮琁室據此則瓊琁不同文書舜典璿璣玉衡京房易畧例作琁機尚書大傳云旋機者何也旋還也機幾也馥案書古文作旋卽琁字今書作璿左傳瓊弁玉纓本書璿下引作璿弁玉纓瓊琁聲近詩于嗟洵兮釋文引韓詩洵作敻高誘注淮南引詩亦作敻左傳瓊弁借瓊字詩瓊瑰玉佩山海經西王母之山爰有璿瑰郭璞江賦瑀琊璿瑰卽瓊瑰也顏延年陶徵士誄夫璿玉致美李善云說文曰琁亦璿字又贈王太常詩玉水記方流璇源載圓折案此用尸子水方折有玉圓折有珠之文據此則琁爲珠屬晉書輿服志過江服章多闕冕飾以翡翠珊瑚雜珠侍中顧和奏舊禮用白玉珠今美玉難得不能備可用白琁珠隋書禮儀志徐陵以爲冕旒後漢用白玉珠今不能備玉珠可用白琁從之蕭驎子云白琁蚌珠是也馥謂李善所據說文琁爲璿之重文則今本爲人所亂明矣

珦 玉也從玉向聲 許亮切

là
瑓

xún
珣

lù
璐

zàn
瓚

瑓 玉也從玉剌聲 盧達切

趙宧光曰寶后名瑓者退馬瑓桃華瑓是也

珣 醫無閭之珣玗琪周書所謂夷玉也從玉旬聲一曰玉器讀若宣 相倫切

醫無閭之珣玗琪者本書無琪字類篇引作璂徐鍇本同釋地東方之美者有醫無閭之珣玗琪焉郭注醫無閭山名今在遼東珣玗琪玉屬淮南地形訓東方之美者有醫毋閭之珣玗琪焉高注醫毋閭山名在遼東屬國珣玗琪玉名周禮職方氏東北曰幽州其山鎮曰醫無閭注云醫無閭在遼東楚詞遠游夕始臨乎微於閭注云暮至東方之玉山也寰宇記營州柳城縣醫巫閭山祠在縣東五十里海內西經開明北有玗琪樹 周書所謂夷玉也者書顧命夷玉馬融王肅並云東夷之美玉鄭康成云夷玉東北之珣玗琪也徐鍇曰說尚書者云夷玉東夷所貢之玉醫無閭則幽州之鎮鄭元曰在遼東當周時爲東夷也 一曰玉器者宋本小字本皆無玉字馥案器謂璧釋器璧

大六寸謂之宣桑詛楚文有秦嗣王用吉玉宣璧 讀若宣者字或作瑄漢書郊祀志有司奉瑄玉孟康曰璧大六寸謂之瑄本書旬古文作𠣬

璐 玉也從玉路聲 洛故切

玉也者楚辭九章被明月兮佩寶璐王注寶璐美玉也文選雪賦逵似連璐李善引許公淮南注璐美玉也

瓚 三玉二石也從玉贊聲禮天子用全純玉也上公用駹四玉一石矦用瓚伯用埒玉石半相埒也 徂贊切

本書瑒圭尺二寸有瓚以祠宗廟者也 昭十七年左傳若我用瓘斝玉瓚鄭必不火注云瓚勺也 白虎通玉瓚者器名也所以灌鬯之器也以圭飾其柄灌鬯貴玉器也 書文矦之命序平王錫晉文矦秬鬯圭瓚傳云以圭爲杓柄謂之圭瓚正義云祭之初酌鬱鬯之酒以灌尸圭瓚者酌鬱鬯之杓杓下有槃瓚卽槃之名也 詩旱麓瑟彼玉瓚黃流在中傳云玉瓚圭瓚也黃金所以飾流鬯也箋云圭瓚之狀以圭爲柄黃金爲勺青金爲外朱中央矣棫樸左右奉璋箋云璋

yīng 瑛 wú 璑

璋瓚也祭祀之禮王祼以圭瓚諸臣助之亞祼以璋瓚周禮典瑞祼圭有瓚注云鄭司農云於圭頭爲器可以挹鬯祼祭謂之瓚故詩曰卹彼玉瓚黃流在中國語謂之鬯圭明堂位灌用玉瓚注云瓚形如槃容五升以大圭爲柄是謂圭瓚 甘泉賦玄瓚觩髎張晏曰瓚受五升口徑八寸以大圭爲柄用灌鬯 三玉二石也者侯所用也下文引禮侯下不複出獨言侯所用者舉其中也 禮天子云云者考工記玉人之事天子用全上公用龍侯用瓚伯用將注云鄭司農云全純色也龍當爲尨尨雜色玄謂全純玉也瓚讀爲餐饡之饡龍瓚將皆雜名也卑者下尊以輕重爲差玉多則重石多則輕公侯四玉一石伯子男三玉二石馥案鄭言伯子男三玉二石與本書異將當爲埒釋文將如字劉音陽失之白虎通天子之純玉尺有二寸公侯九寸四玉一石也伯子男俱三玉二石也此與鄭說同

瑛 玉光也從玉英聲 於京切

經典多作英詩著尚之以瓊英乎而 范子計然玉英出藍由 孝經援神契神靈滋液則有玉英 春秋命歷序有神人蒼色大角玉理宋均注玉理猶玉英玉勝也 楚詞懷琬琰之華英又云登昆侖兮食玉英 江賦金精玉英瑱其裏

魯靈光殿賦齊玉瑞與璧英五臣本作瑛 王鑒薦馮訪文璠之遺英楚和之祕曜 徐鍇曰按符瑞圖玉瑛仁寶不斲自成光若白華漢文帝時渭陽玉瑛見 名醫別錄白石英六面如削白徹有光 魏地形志發干縣有岰山出紫石英 元和郡縣志紫石英好者表裏映徹 玉光也者孝經援神契玉英玉有英華之色淮南地形訓龍淵有玉英注云英精光也穆天子傳天子於是得玉榮枝斯之英注云英玉之精華也尸子曰龍泉有玉英山海經曰黃帝乃取密山之玉榮而投之鍾山之陽是也馥案詩詁云凡玉之生有榮有英有華榮謂玉之始生如草木之榮也英謂一玉之中最美者如草木之英也華謂玉之方成如草木之華也

璑 三采玉也從玉無聲 武扶切

戰國策碔砆類玉 漢書董仲舒傳猶武夫之與美玉案反語武夫爲璑然則武夫即璑也 山海經會稽之山下多砆石郭注碔砆石似玉今長沙臨湘縣出之赤地白文色蔥蘢不分了也 子虛賦碝石碔砆張揖曰碝石碔砆皆石之次玉者 三采玉也者周禮典瑞繅皆三采三就注云三采朱白蒼又弁師瑉玉三采鄭注三采朱白蒼也故書瑉作璑鄭司農云璑惡玉名疏云按許氏說文璑三采玉從玉無聲以其三采又非瑱璠故云惡玉名也說文又云珉石之美者從玉民聲知是經云瑉玉三采當以璑爲正故先鄭從璑爲惡玉名也

xiù 珛 xuán 璿 qiú 球

珛 朽玉也從玉有聲讀若畜牧之畜 許救切

朽玉也者言治玉也玉篇玉欣救切玉工也廣韻玉朽玉也皆以玉珛同義廣韻又云凤玉朽玉類篇凤玉與玉同琢玉工洪武正韻玉古作王自秦更隸始加點以別王字點在下畫之旁者寶玉字也點在中畫之旁者許救息六二切朽玉也俗書玉王不辨 讀若畜牧之畜者錢君大昭曰史記索隱引三輔決錄杜陵有玉氏音肅說文以爲从玉音畜牧之畜據引說文所云有玉氏蓋誤析珛爲有玉二字禮記與其有聚斂之臣皇侃論語義疏引作與其

畜聚斂之臣又寧有盜臣唐書食貨志引作寧畜盜臣是有畜聲相近

璿 美玉也從玉睿聲春秋傳曰璿弁玉纓 似沿切

美玉也者尚書在璿璣玉衡馬注璿美玉也 春秋傳云云者僖二十八年左傳文彼作瓊張衡西京賦亦引作璿

琁 古文璿

壡 籀文璿

徐鍇本作壡玉篇廣韻同

球 玉聲也從玉求聲 巨鳩切

詩長發受小球大球毛傳球玉也 書禹貢厥貢惟球琳琅玕傳云球琳皆玉名顧命大玉夷玉天球鄭注天球雍州所貢之玉色如天者三者皆樸未見琢治故不以禮器名之 玉藻笏天子以球玉注云球美玉也 晏子帶球玉而冠其胡渭日案特磬以玉爲之堂上之樂也鳴球是已成之磬其未成器者謂之天球言天然之球也然球亦不止爲磬材詩

大雅鞞琫有珌傳云諸侯璗琫而璆珌商頌受小球大球箋云受小玉謂尺二寸圭也受大玉謂珽長三尺禮記玉藻曰笏天子以球玉是圭珽笏珌皆用球爲之也

玉聲也者徐鍇本玉也無聲字韻會引同書顧命天球馬注球玉磬益稷戛擊鳴球鄭注鳴球即玉磬也魯語文仲以鬯圭與玉磬如齊告糴韋云玉磬鳴璆也漢書禮樂志璆磬金鼓師古曰璆美玉名以爲磬也晉語籧篨蒙璆韋云璆玉磬也馥案雍州貢球琳琅玕此球是樸玉戛擊鳴球此球是已成之磬蓋球中爲磬故磬亦稱球但本書不應舍其樸之本名而反舉成器以爲訓也典略衛夫人南子自帷中再拜環佩之聲璆然璆然者其聲如球故知球中爲磬

璆 球或從翏

禹貢厥貢惟球琳琅玕鄭本作璆云美玉 釋地西北之美者有崑崙虛之璆琳琅玕焉郭注璆琳美玉名 楚詞九歌璆鏘鳴兮琳琅王注璆琳琅皆玉名也 詩鞞琫有珌傳云諸侯璗琫而璆珌

lín
琳

琳 美玉也從玉林聲 力尋切

上林賦玫瑰碧琳西都賦琳珉青熒馥謂琳色青碧者也後周書高琳母嘗祓禊泗濱見一石光彩朗潤遂持以歸是夜夢一人謂之曰此浮磬之精若能寶持必生令子俄而有妊生子因名琳 馥謂此因球琳遂以琳爲磬漢書音義琳球也

美玉也者釋地西北之美者有崑崙虛之璆琳琅玕焉釋器璆琳玉也郭注竝云璆琳美玉名漢書司馬相如傳琳珉昆吾張揖曰琳玉也

bì
璧

璧 瑞玉圜也從玉辟聲 比激切

宋策白璧一高注肉倍好曰璧 急就篇璧碧珠璣玫瑰甕顏注璧玉璧也肉倍好謂之璧肉謂外邊之質好謂孔言質大而孔小居一倍也 周禮小行人六幣璧以帛考工記璧羨度尺好三寸以爲度鄭司農云羨徑也好璧孔也 白虎通璧以聘問何璧者方中圜外象地地道安寧而出財物故以璧聘問也方中陰德方也圜外陰繫於陽也陰德盛於內故見象於內位在中央璧之爲言積也中央故有天地之象所以據用也內方象地外圓象天也

瑞玉圜也者范應元老子注引無圜字晉中興書義熙十二年左衛陳陽於府事前淮水中得璽其文曰王者不隱其過則玉璧見璧亦璽也馥謂璧與璽同故稱瑞玉也周禮大宗伯注璧圜象天馥案本書圜天體也此圜義也

yuàn
瑗

瑗 大孔璧人君上除陛以相引從玉爰聲爾雅曰好倍肉謂之瑗肉倍好謂之璧 王眷切

大孔璧者孔大能容手 人君上除陛以相引者本書爰引也故從爰謂引者奉璧於君而前引其璧則君易升績 漢書文士傳應劭字仲援漢官儀及劉寬碑陰故吏名竝作仲瑗文心彫龍議對篇亦作仲瑗 爾雅云云者釋器文郭注肉邊也好孔也瑗孔大於邊也 馥謂漢書五行志宮門銅瑗亦取孔大容手以便開閉

huán
環

環 璧也肉好若一謂之環從玉睘聲 戶關切

昭十六年左傳宣子有環注云玉環 晉語以環釋言韋注環玉環環還也 世本舜時西王母獻白環及玦 孫子兵

勢篇奇正相生如循環之無端孰能窮之哉 淮南說林訓環可以喻員不可以輪

肉好若一謂之環者釋器文左傳正義引李巡曰其孔及邊肉大小適等曰環 急就篇玉玦環佩靡從容顏注肉好若一謂之環言孔及質廣狹豐殺正齊也

huáng
璜

璜 半璧也從玉黃聲 戶光切

周禮小行人六幣璜以黼 白虎通璜所以徵召何璜者半璧位在北方北陰極而陽始起故象半陰陽氣始施徵召萬物故以徵召也不象陽何陽始物微未可見也璜者橫也質尊之命也陽氣橫於黃泉故曰璜璜之爲言光也陽光所及莫不動也象君之威命所加莫敢不從陽之所施無不節也

半璧也者三禮圖半璧爲璜思元賦舊注引字林半璧曰璜周禮大宗伯以元璜禮北方注云半璧曰璜象冬閉藏地上無物惟天半見疏云半璧曰璜逸禮記文大戴禮保傅篇下有雙璜盧辯注半璧曰璜淮南精神訓夫有夏后氏之璜者匣匱而藏之寶之至也高注半璧曰璜漢書王莽傳夏后之璜顏注半璧曰璜

玉

huán 瓛　tǐng 珽

用圭瓚者玉人云祼圭尺有二寸者是也典瑞祼圭有瓚以肆先王以祼賓客先鄭云於圭頭爲器可以挹鬯祼祭謂之瓚故詩曰卹彼玉瓚黃流在中國語謂之鬯圭以肆先王祼先王祭也後鄭云漢禮瓚槃大五升口徑八寸下有槃口徑一尺詩江漢釐爾圭瓚傳云九命錫圭瓚秬鬯王制賜圭瓚然後爲鬯注云圭瓚鬯爵也王肅云瓚所以㪺鬯也祭統君執圭瓚祼尸大宗執璋瓚亞祼注云圭瓚璋瓚祼器也以圭璋爲柄酌鬱鬯曰祼明堂位灌用玉瓚大圭注云瓚形如槃容五升以大圭爲柄是謂圭瓚魯語文仲以鬯圭與玉磬如齊告羅韋注鬯圭祼鬯之圭長尺二寸有瓚以祀廟周語奉犧牲玉鬯往獻焉韋注玉鬯鬯酒之圭長尺二寸有瓚所以灌地降神之器尚書大傳賜圭瓚者得爲鬯以祭不得賜圭瓚者資鬯於天子之國然後祭漢書王莽傳圭瓚二顏注以圭爲勺末楊雄傳玄瓚觩䑿秬鬯泔淡張晏曰瓚受五升口徑八寸以圭爲柄用灌鬯三禮圖圭瓚受四升徑八寸形如盤其柄以圭有前流後漢書公孫瓚字伯珪馥案鬯圭卽瑒圭鬯瑒聲相近因其灌鬯而稱之猶髦牛稱旄牛

瓛 桓圭公所執從玉獻聲 胡官切

桓圭公所執者瓛桓聲相近徐鍇本作三公所執本書圭字云公執桓圭九寸周禮大宗伯公執桓圭注云雙植謂之桓桓宮室之象所以安其上也桓圭蓋亦以桓爲瑑飾圭長九寸聘禮記所以朝天子圭與繅皆九寸注云九寸三公之圭也

珽 大圭長三尺抒上終葵首從玉廷聲 他鼎切

考工記玉人注引相玉書曰珽玉六寸明自炤

大圭長三尺者詩長發受小球大球箋云受大玉謂珽也長三尺　抒上終葵首者徐鍇繫傳曰抒取上謂削取其上也疑錯本作抒取上抒當爲杼考工記輪人凡爲輪行澤者欲杼注云杼謂削薄其踐地者方言豐人杼首杼首長首也楚謂之仔燕謂之杼本書椎齊謂之終葵廣雅柊楑椎也顏氏家訓名實篇東萊王韓晉明嘗問人玉珽杼上終葵首當作何形乃荅云珽頭曲圜勢如葵葉耳韓旣有學忍笑爲吾說之周書王會解朝服八十物搢珽注云珽笏也五經異義天子笏曰珽珽直無所屈也考工記玉人大圭長三尺杼上終葵首天子服之注云王所搢大圭也或謂之珽終葵椎也爲椎於其杼上明無所屈也杼閷也禮器大圭不琢注云大圭長三尺杼上終葵首玉藻天子搢珽注云珽之言挺然無所屈也或謂之大圭長三尺杼上終葵首者於杼上又廣其首方如椎頭是謂無所屈後則恒直荀子大畧篇天子御珽注云珽大珪長三尺杼上終葵首謂剡上至其首而方也

héng 珩　jiǎo 璬　mào 瑁

瑁 諸侯執圭朝天子天子執玉以冒之似犂冠周禮曰天子執瑁四寸從玉冒冒亦聲 莫報切

諸侯執圭朝天子天子執玉以冒之者顧命上宗奉同瑁傳云瑁所以冒諸侯圭以齊瑞信虞翻別傳伏見故徵士北海鄭玄所注尚書以顧命康王執瑁古冃似同從誤作同既不覺定復訓爲栝謂之酒栝馥案虞說葢謂顧命當云上宗奉冃瑁尚書大傳古者圭必有冒言下之必有冒不敢專達也天子執冒以朝諸侯見則覆之故冒圭者天子所與諸侯爲瑞也諸侯執所受圭以朝於天子瑞也者屬也無過行者得復其圭以歸其國有過行者留其圭能改過者復之三年圭不復少黜以爵六年圭不復少黜以以地九年圭不復而地削此謂諸侯之朝於天子也義則

見屬不義則不見屬白虎通文質篇合符信者謂天子執瑁以朝諸侯諸侯執圭以覲天子瑁之爲言冒也上有所覆下有所冒也故覲禮曰侯氏執圭升堂尚書大傳曰天子執瑁以朝諸侯　似犂冠者犂當爲䅗徐鍇曰犂冠卽犂鑱也今字書作犂　錧馥案釋樂釋文引字林錧田器也江南人呼犂刃爲錧　周禮曰天子執瑁四寸者考工記玉人文彼云天子執冒四寸以朝諸侯鄭注名玉曰冒者言德能覆葢天下也四寸者方以尊接卑以小爲貴馥案玉篇瑁圭長四寸天子執之顧命傳云方四寸邪刻之

𤣸 古文省

玉篇作玥此從目誤

璬 玉佩從玉敫聲 古了切

珩 佩上玉也所以節行止也從玉行聲 戶庚切

佩上玉也所以節行止也者李善注思元賦云說文曰珩聽行也從玉行聲字林曰珩佩玉所以節行玉篇佩玉所

cóng 琮

琮 瑞玉大八寸似車釭從玉宗聲藏宗切

周禮小行人六幣琮以錦　白虎通琮以起土功發聚衆何琮之爲言聚也象萬物之宗聚也功之所成故以起土功發衆也位在西方西方陽收功於內陰出成於外內圓象陽外直爲陰外牙而內湊象聚會也故謂之琮　瑞玉大八寸者考工記玉人之事璧琮八寸以覜聘馥案本書言八寸卽璧琮故曰瑞玉　似車釭者徐鍇曰謂其狀外八角而中圓也戴侗曰車釭其外八方而圜其中

hǔ 琥

琥 發兵瑞玉爲虎文從玉從虎虎亦聲春秋傳曰賜子家雙琥呼古切

三禮圖白琥以玉長九寸廣五寸刻伏虎形高三寸　周禮小行人六幣琥以繡　發兵瑞玉爲虎文者趙宧光曰古玉虎符扁體不全形不故體亦無字故曰虎文與瓏同義後漢書杜詩上書曰舊制發兵皆以虎符馥案漢有虎符以銅爲之漢書文帝初與郡守爲銅虎符張晏曰符以代古之圭璋從簡易也馥

謂圭璋卽琥類　從虎虎亦聲者徐鍇本作虎聲　春秋傳云云者昭三十二年左傳文彼作賜子家子雙琥　徐鍇本有子字句末有是字馥案杜注云琥玉器考古圖有騶琥猶騶琮大宗伯以白琥禮西方禮器琥璜爵

lóng 瓏

瓏 禱旱玉龍文從玉從龍龍亦聲力鍾切

禱旱玉龍文者宋祁漢書楊雄傳校本引字林禱旱玉爲瓏廣韻瓏圭爲龍文書典寶序俘厥寶玉傳云玉以禮神使無水旱之災故取而寶之楚語玉足以庇蔭嘉穀使無水旱之災則寶之注云玉祭祀之玉也錢君大昭曰山海經應龍在地下故數旱旱而爲應龍狀乃得大雨禱旱之玉爲龍文者卽此意昭二十九年左傳獻龍輔於齊矦杜注龍輔玉名正義云說文云瓏禱旱玉也爲龍文馥案龍輔謂龍節以玉爲函輔非此瓏也　從龍龍亦聲者徐鍇本作龍聲

wǎn 琬

琬 圭有琬者從玉宛聲於阮切

圭有琬者者徐鍇曰琬謂婉然宛也琬之言婉也宛然象柔婉也馥案考工記琬圭九寸鄭注琬猶圜也馥謂圜猶言衣上畫火爲圜也

zhāng 璋

璋 剡上爲圭半圭爲璋從玉章聲禮六幣圭以馬璋以皮璧以帛琮以錦琥以繡璜以黼諸良切

考工記大璋中璋九寸邊璋七寸射四寸厚寸　白虎通璋以發兵何璋半珪位在南方南方陽極而陰始起兵亦陰也故以發兵也不象其陰何陰始起物尚凝未可象也璋之爲言明也賞罰之道使臣之禮當章明也南方之時萬物莫不章故謂之璋

剡上爲圭者聘禮所以朝天子圭與繅皆九寸剡上寸半厚半寸博三寸　白虎通圭者兌上象物始生見於上也上兌陽也下方陰也　半圭爲章者書顧命秉璋以酢傳云半圭曰璋聘禮受夫人之聘璋注云其聘用璋取其半珪也大宗伯以赤璋禮南方注云半圭曰璋象夏物半死詩斯干載弄之璋棫樸左右奉璋傳竝云半圭曰璋定八年公羊傳寶者何璋判白注云判半也半珪曰璋白藏天子青藏諸矦山海經南山經用一璋玉瘞注云半珪爲璋後

漢書劉儒傳有珪璋之質注云珪璋玉也半珪曰璋　禮六幣云云者周禮秋官小行人文

yǎn 琰

琰 璧上起美色也從玉炎聲以冉切

jiè 玠

玠 大圭也從玉介聲周書曰稱奉介圭古拜切

釋器珪大尺二寸謂之玠　詩崧高錫爾介圭韓奕以其介圭入覲于王　大圭也者與瑒圭尺二寸等釋詁介大也本書夼大也　周書稱奉介圭者顧命文彼云大保承介圭又云賓稱奉圭徐鍇本引書作玠圭見韻會

chàng 瑒

瑒 圭尺二寸有瓚以祠宗廟者也從玉昜聲丑亮切

本書酉下云禮祭束茅加于祼圭而灌鬯酒

圭尺二寸有瓚以祠宗廟者也者考工記玉人祼圭尺有二寸有瓚以祀廟注云祼之言灌也謂始獻酌奠也瓚如盤其柄用圭有流前注小宗伯凡祭祀賓客以時將瓚祼注云祭祀以時奉而授王天子圭瓚諸矦璋瓚　疏云天子

jué 玦　ruì 瑞　ěr 珥

以節行步也馥案玉篇乃引說文與李善所引異周禮玉府共王之服玉佩玉珠玉注引詩傳佩玉上有葱衡下有雙璜衡牙蠙珠以納其閒馥案衡珩通楚語楚白珩猶在乎韋注珩佩上之横者晉語白玉之珩六雙韋注珩佩上飾也珩形似磬而小詩傳曰上有葱珩下有雙璜賈誼書鳴玉以行鳴玉者佩玉也上有葱珩下有雙璜衡牙蠙珠以納其閒琚瑀以雜之行以采齊趨以肆夏步中規折中矩初學記引三禮圖凡玉珮上有雙衡衡長五寸博一寸下有雙璜璜徑三寸衡牙蠙珠以納其閒上下爲衡半璧爲璜璜中横以衡牙以蒼珠爲瑀後漢書張衡傳雜技藝以爲珩注云珩佩玉也

玦 玉佩也从玉夬聲 古穴切

續漢書桓帝時光祿吏舍下得玉鉤玦各一鉤長七寸三分玦五寸四分身中皆雕鏤　急就篇玉玦環佩靡從容顏注半環謂之玦　後漢書馮魴傳賜駮犀具劍佩刀紫艾綬玉玦各一注云半環曰玦以飾帶也　莊子田子方篇緩佩玦者事至而斷　史記項羽本紀范增數目項王舉所佩玉玦以示之者三　後漢書齊武王縯傳更始取伯升寶劍視之

繡衣御史申屠建隨獻玉玦更始竟不能發及罷會伯升舅樊宏謂伯升曰昔鴻門之會范增舉玦以示項羽今建此意得不善乎注云玦決也令早決斷又袁紹傳願熟詳吉凶以賜環玦　王隱晉書禮使能決疑者佩玦　隨巢子召人以環絕人以玦　荀子大略篇聘人以珪問士以璧召人以瑗絕人以玦反絕以環注云古者臣有罪待放於境三年不敢去與之環則還與之玦則絕皆所以見意也

玉佩也者楚詞九歌捐余玦兮江中注云玦玉佩也先王所以命臣之瑞也故與環即還與玦即去也漢書雋不疑傳佩環玦顏注環玉環也玦即玉佩之玦也帶環而又著玉佩也馥案或以金爲之閔二年左傳佩之金玦又云金寒玦離

瑞 以玉爲信也从玉耑聲 是僞切

珥 瑱也从玉耳耳亦聲 仍吏切

一切經音義八蒼頡篇珥珠在耳也耳璫垂珠者也　洛神賦珥江南之明璫　傅元鏡賦珥明璫之迢迢　晉令士卒百工不得服眞珠璫珥

瑱也者本書瑱讀若珥瑱之珥列子周穆王篇設笄珥注云珥瑱也冕上垂玉以塞耳史記李斯傳傅璣之珥索隱云珥者瑱也後漢書和熹鄧皇后紀簪珥光采注云珥瑱也以玉充耳　耳亦聲者當爲耳聲

tiàn 瑱　běng 琫

瑱 以玉充耳也从玉眞聲詩曰玉之瑱兮 他甸切

以玉充耳也者釋名瑱鎮也懸當耳旁不欲使人妄聽自鎮重也或曰充耳充塞也塞耳亦所以止聽也詩著充耳以素乎而尙之以瓊華乎而傳云素象瑱瓊華美石士之服也箋云素謂所以懸瑱者或名爲紞織之尙猶飾也飾之以瓊華者謂懸紞之末所謂瑱也人君以玉爲之瓊華石色似瓊也淇奧充耳琇瑩傳云充耳謂之瑱都人士充耳琇實箋云言以美石爲瑱瑱塞耳王肅云以美石爲瑱塞實其耳周禮弁師王瑱玉笄注云玉瑱塞耳者士喪禮瑱用白纊注云瑱充耳檀弓角瑱注云瑱充耳也吉時以玉人君有瑱昭二十六年左傳縛一如瑱注云瑱充耳正義云禮以一條五采横冕上兩頭下垂繫黃緜緜下又懸玉爲瑱以塞耳楚語其又以規爲瑱也韋注瑱所以塞耳

也廣韻玧充耳玉馥案玧瑶蠻夷充耳也漢金城郡有允吾縣　詩曰玉之瑱兮者鄘風君子偕老文兮彼作也孫毓引本書亦作兮傳云瑱塞耳也釋文充耳也

瑱或从耳

琫 佩刀上飾天子以玉諸侯以金从玉奉聲 邊孔切

佩刀上飾者釋名刀室曰削室口之飾曰琫琫捧也捧束口也詩公劉鞞琫容刀傳云下曰鞞上曰琫瞻彼洛矣鞞琫有珌傳云琫上飾珌下飾天子玉琫而珧珌諸侯璗琫而璆珌桓二年左傳藻率鞞鞛注云鞞佩刀削上飾鞛下飾劉炫以毛詩傳下曰鞞上曰琫而規杜過詩詁曰內則注遰刀鞞琫上飾珌下飾毛傳言下曰鞞者因琫爲在上之飾下則指鞞之體言也韻會曰案說文詩傳皆言鞞刀鞞也琫上飾珌下飾左傳藻率鞞鞛杜注鞞刀削上飾鞛下飾蓋誤以鞞鞛爲上下飾也諸韻今皆注爲刀下飾蓋承用杜注而未詳說文詩傳之義也陳啟源曰小爾雅宋咸注以珌爲上飾琫爲下飾玉篇廣韻亦以珌爲上飾互有異同俱不足信任君大椿曰案說文云琫上飾詩埤琫

容刀傳云上曰琫鞞琫有珌傳云琫上飾詩釋文亦云琫佩刀鞘上飾藝文類聚太平御覽引字林皆作琫下飾下字當爲上字之誤類篇作下飾亦誤集韻引說文云琫佩刀下飾今本說文明作上飾亦猶後人誤引字林作下飾而原書則自作上飾也馥案說文小字本李燾本并作下飾皆後人改之

bì 珌

珌 佩刀下飾天子以玉從玉必聲 卑吉切

佩刀下飾者小爾雅廣器珌鞞之飾也任君大椿曰案藝文類聚引字林云琕佩刀上飾考說文鞞刀室詩公劉正義云古之言琕猶今之言鞘廣韻云琕刀室然則琕無上飾之訓考鞞琫容刀傳云上曰琫下曰鞞正義云鞞者刀鞘之名琫者鞘之上飾下不言其飾指鞞之體故云下曰鞞上則有飾可名故云上曰琫據此則鞞不特非上飾並不得以飾名也此云琕佩刀上飾殊誤考鞞琫有珌傳珌下飾說文亦云珌下飾釋文玉篇珌通作琕意此條琕字乃琕字之誤上飾乃下飾之誤馥案御覽引字林作琕汗簡作鞞釋名下末之飾曰琕琕卑也在下之言也字竟從卑卑必聲不相近形聲兩失之

說文解字義證卷二 三三

zhì 璏

璏 劒鼻玉也從玉彘聲 直例切

劒鼻玉也者本書鐔劒鼻也考古圖有璊玉璏藝文類聚引字林瑑劒鼻也馥案漢書王莽傳孔休謁見莽莽進其玉具寶劒休不肎受莽因曰誠見君面有瘢美玉可以滅瘢欲獻其瑑耳卽解其瑑服虔曰瑑音衞蘇林曰劒鼻也顏云瑑字本作璏從玉彘聲後轉寫者訛也瑑自彫瑑字耳音篆也馥謂藝文類聚之誤與漢書同也初學記劒鼻謂之璏注云見字林匈奴傳玉具劒孟康曰標首鐔衞盡用玉爲之顏曰衞劒鼻也字本作璏

zhǎo 瑵

瑵 車蓋玉瑵從玉蚤聲 側絞切

車蓋玉瑵者徐鍇曰謂車蓋橑橑之首以玉爲飾若手叉也蓋二十八橑也東京賦羽蓋威蕤葩瑵曲莖薛注葩爪悉以金作華形莖皆曲李善引獨斷曰凡乘輿車皆羽蓋金華爪爪與瑵同王融曲水詩序重英曲瑵之節漢書王莽傳莽乃造華蓋九重高八丈一尺金瑵羽葆載以祕機四輪車顏云瑵讀曰爪謂蓋弓頭爲爪形或借蚤字續漢書輿服志羽蓋華蚤桓譚新論謂楊雄曰君之爲黃門郎居殿中數見輿輦玉蚤華芝及鳳皇三蓋之屬皆元黃五色飾以金玉翠羽珠絡錦繡茵席也　蚤聲者當爲叉叉手足甲也隸體喜茂密改從蚤後復改篆以從隸也

zhuàn 瑑

瑑 圭璧上起兆瑑也從玉篆省聲周禮曰瑑圭璧 直戀切

圭璧上起兆瑑也者兆瑑當爲垗塚瑑塚聲相近垗畔也塚耕發土也玉篇瑑圭有圻鄂是也考工記鐘帶謂之篆篆閒謂之枚馥謂篆卽垗塚言鐘界爲扁方處也先鄭云瑑有圻鄂瑑起後鄭云渠眉玉飾之溝瑑馥謂三瑑字竝當作塚禮器大圭不瑑注云瑑當爲篆字之誤也列子黃帝篇彫瑑復朴漢書司馬遷傳今雖欲自彫瑑顏曰瑑刻也董仲舒傳良玉不瑑顏曰瑑謂彫刻爲文也東方朔傳陰奉琱瑑刻鏤之好以納其心顏曰琱與彫同畫也瑑謂刻爲文也水經注褒水東南歷小石門穿山通道漢司隸校尉楊厥所開建和二年王升瑑石頌德或借篆字周禮巾車孤乘夏篆注云或曰夏篆篆讀爲圭瑑之瑑夏篆轂有約也莊子達生篇得死於腞楯之上釋文腞猶篆也腞楯雕俎也趙希鵠洞天清錄周器彫篆細密任昉爲范雲讓吏部封侯表篆刻爲文顏氏家訓或問楊雄曰吾子少而好賦雄曰然童子雕蟲篆刻壯夫不爲也隋書禮儀志皇后之車十二等五曰雕輅六曰篆輅　周禮曰瑑圭璧

說文解字義證卷二 三四

者春官典瑞瑑圭璋璧琮又云牙璋以起軍旅鄭司農云牙璋瑑以爲牙牙齒兵象考工記玉人瑑圭璋又云琰圭剡半以上又半爲瑑飾大宗伯王執鎮圭注云蓋以四鎮之山爲瑑飾馥謂此皆瑑圭璧之事也

zǔ 珇

珇 琮玉之瑑從玉且聲 則古切

琮玉之瑑者考工記玉人瑑琮八寸諸侯以享夫人或借駔字周禮典瑞駔圭璋璧琮琥璜之渠眉

qí 璂

璂 弁飾往往冒玉也從玉綦聲 渠之切

弁飾往往冒玉也者冒當爲貫往往徐鍇本作行行後人改之案詩韓奕鞗革金厄箋云以金爲小環往往纏搤之正義云往往者言其非一二處也馥謂此璂貫玉十二故曰往往也詩鳲鳩其弁伊騏箋云騏當作璂以玉爲之釋文騏說文作璂淇奧會弁如星箋云會謂弁之縫中飾之以玉皪皪而處狀似星也周禮弁師王之皮弁會五采玉璂注云鄭司農云璂讀如綦車轂之綦元謂會縫中也璂讀如薄借綦之綦綦結也皮弁之縫中每貫結五采玉十二以爲飾謂之綦詩云會弁如星又曰其弁伊綦是也又云韋弁皮弁則侯伯璂飾七子男璂飾五玉亦三采孤則

瑧飾四三命之卿瑧飾三再命之大夫瑧飾二玉亦二采僖二十八年左傳楚子玉自爲瓊弁玉纓注云瓊玉之別名夯之以飾弁晉書輿服志皮弁以采玉珠爲瑧瑧結也俗作琪北史隋煬帝紀上常服皮弁十有二琪

璂　瑧或從基

周禮作璂謝承後漢書黃向辰步路中得珠璂一囊或借基字周書王會解王元繚碧基十二注云基玉名

zǎo 璪

璪　玉飾如水藻之文從玉喿聲虞書曰璪火黺米　子皓切

玉飾如水藻之文者璪藻聲相近太平御覽引玉飾似水藻也五經文字璪玉色如藻山海經西山經洛水其中多藻玉郭注藻玉玉有符采者徐鍇曰藻水中細艸今俗名爪菜是也書益稷傳云藻水艸有文者馥謂此皆言璪玉如藻惟鄭氏以紃采當之其注禮器天子之冕朱綠藻云藻紃而文眾采如之故曰藻又注玉藻天子玉藻十有二旒云雜采曰藻天子以五采藻爲旒其說與本書異又案諸書多借藻字惟郊特牲戴冕璪十有二旒作璪　虞書曰璪火黺米者益稷文彼作藻大傳作璪黺米釋文引作黺⿰米黹本書無⿰米黹有絑云繡文如聚細米也

liú 瑬

瑬　垂玉也冕飾從玉流聲　力求切

經典多借旒字

垂玉也者古今注牛亨問曰冕旒如繫露何也荅曰綴而下垂如露之繫多故曰繫露中興書目繫露之名先儒未有釋者案逸周書王會解天子南面立絻無繫露注云冕之所垂也有聯貫之象　冕飾者本書冕邃延垂瑬紞纊周禮玉府共王之服玉鄭司農云服玉冠飾十二玉郊特牲戴冕璪十有二旒則天數也大戴禮入官篇故古者冕而前旒所以蔽明也禮記天子玉藻十有二旒周禮弁師五采繅十有二就皆五采玉注云此爲袞衣之冕十二斿則用玉二百八十八鷩衣之冕繅九斿用玉二百一十六毳衣之冕七斿用玉百六十八希衣之冕五斿用玉百二十元衣之冕三斿用玉七十二隋書引禮圖鷩冕天子九旒用玉二百十六侯伯服以助祭七旒用玉八十毳冕天子七旒用玉百六十八子男服以助祭五旒用玉五十絺冕天子五旒用玉百二十孤卿服以助祭四旒用玉三十二玄冕天子四旒用玉三十二諸侯服以祭其宗廟三旒用玉十八晉中興書中興東遷舊章多闕而冕旒飾以翡翠珊瑚及雜珠等侍中顧和奏舊冕十有二旒皆用玉珠今用雜珠等非禮通鑑漢明帝賜郭賀黼黻冕旒注云東漢之制冕冠垂旒前後邃延三公諸侯之旒青玉爲珠

shú 璹

璹　玉器也從玉𠷎聲讀若淑　殊六切

篆當作璹說見𠷎下

玉器也者徐鍇曰爾雅璋大八寸謂之琡說文有璹無琡宜同也

léi 瓃

瓃　玉器也從玉畾聲　魯回切

玉器也者錢君大昕曰韓詩說罍天子以玉是瓃爲天子酒尊　畾聲者本書無畾案藟櫑儡礨壘纍壘畾並從畾聲趙宧光謂當有畾字偶遺佚爾

cuō 瑳

瑳　玉色鮮白從玉差聲　七何切

徐鍇本無此文張次立據本書加之

玉色鮮白者疑後人加玉字此與玼皆泛言色鮮白不專屬玉詩君子偕老瑳兮瑳兮箋云展衣宜白

cǐ 玼

玼　玉色鮮也從玉此聲詩曰新臺有玼　千禮切

或借玭字山海經洱水其中多玭碧

玉色鮮也者後人加玉字韻會引徐鍇本鮮下有絜字詩君子偕老玼兮玼兮傳云玼鮮盛貌釋文引本書云新色鮮也字林云鮮也玉篇鮮明貌後漢書黃憲傳去玼吝注引本書玼鮮色也　詩曰新臺有玼者邶風新臺文彼作泚傳云泚鮮明貌釋文云說文作玼云新色鮮也

sè 璱

璱　玉英華相帶如瑟弦從玉瑟聲詩曰璱彼玉瓚　所櫛切

玉英華相帶如瑟弦者璱瑟聲相近本書璠下引孔子曰近而視之瑟若也當作此璱詩尚之以瓊華尚之以瓊英言玉之有英華也　詩曰璱彼玉瓚者大雅旱麓文彼作瑟箋云瑟絜鮮貌釋文瑟又作璱周禮典瑞注鄭司農引詩作卹彼玉瓚

lì 瓅　yíng 瑩　mén 璊　xiá 瑕

瓅 玉英華羅列秩秩從玉樂聲逸論語曰玉粲之瑟兮其瑮猛也 力質切

禮聘義縝密以栗馥謂即此瑮

玉英華羅列秩秩者瑮秩聲相近秩當爲𪓐 逸論語云云者齊論語有問玉篇論衡正說篇云武帝發取孔子壁中古文得二十一篇齊魯河閒九篇三十篇今稱論語二十一篇又失齊魯河閒九篇玉海云許氏說文有所謂逸論語是康成之說未行而論語散逸已有不傳者

瑩 玉色從玉熒省聲一曰石之次玉者逸論語曰如玉之瑩 烏定切

玉色者周書蘇綽傳夫良玉未剖與瓦石相類及其剖而瑩之玉石始分 熒省聲者後漢書班固傳琳珉青熒 一曰石之次玉者者詩淇奧充耳琇瑩傳云琇瑩美石也又著尚之以瓊瑩乎而傳云瓊瑩石似玉 逸論語云云

說文解字義證　卷二　廿七

者法言吾子篇如玉之瑩爰變丹青

璊 玉經色也從玉㒼聲禾之赤苗謂之虋言璊玉色如之 莫奔切

玉經色也者詩大車毳衣如璊傳云璊赬也釋文云說文璊玉赬色也正義云說文璊玉赤色也故以璊爲赬 禾之赤苗云云者璊虋聲相近本書璊下引詩毳衣如璊說云色如虋故謂之璊虋禾之赤苗也夢溪筆談稷之璊色者謂之糜糜色在朱黃之閒似赭非赭蓋所謂璊也

玧 璊或從玧

蠻夷充耳謂之玧瑤當是以玧玉爲之故取名焉

瑕 玉小赤也從玉叚聲 乎加切

玉小赤也者廣雅赤瑕玉史記司馬相如傳赤瑕駁犖索隱曰說文云瑕玉之小赤色張揖曰赤玉也宣十五年左

zhuó 琢　diāo 琱　lǐ 理　zhēn 珍　wán 玩

傳瑾瑜匿瑕禮聘義瑕不掩瑜鄭注瑕玉之病也詩德音不瑕傳云瑕過也箋云言不可瑕疵也正義云瑕者玉之病玉之有瑕猶人之有過馥謂玉尚潔白故謂小赤爲病或借碬字海賦碬石詭暉李善云說文云碬玉之小赤色者也馥案李注引書多就文選本字非說文別有從石之碬也

琢 治玉也從玉豖聲 竹角切

治玉也者襄十五年左傳使玉人爲之攻之注云攻治也詩有客敦琢其旅箋云言敦琢者以賢美之故玉言之正義云謂以治玉之事言擇人也釋器云玉謂之琢詩淇奧如琢如磨傳云玉曰琢孟子必使玉人雕琢之周禮大宰百工飭化八材鄭司農云玉曰琢詩追琢其章案周禮有追師注云追治玉石之名史記禮書爲之琢磨圭璧以通其意魯連子楚王與魯君不琢之璧學記玉不琢不成器韓詩外傳玉不琢不成器家有千金之玉不知治猶之貧也荀子大略篇和之璧井里之厥也玉人琢之爲天下寶潛夫論讚學篇雖有玉璞卞和之資不琢不錯不離礫石蔡邕勸學寶玉不琢不成璋珪

說文解字義證　卷二　廿八

琱 治玉也一曰石似玉從玉周聲 都寮切

治玉也者初學記琱治璞也或借雕字釋器玉謂之雕孟子必使玉人雕琢之 一曰石似玉者荀子大略篇天子雕弓謂以琱飾弓或曰雕畫

理 治玉也從玉里聲 良止切

治玉也者藝文類聚引尹文子鄭人謂玉未理者爲璞

珍 寶也從玉㐱聲 陟鄰切

寶也者本書寶珍也儒行儒有席上之珍以待聘典瑞珍圭杜子春讀爲鎮圭馥案天府凡國之玉鎮大寶器藏焉陳琳馬瑙勒賦遭時顯價冠世珍兮盧諶詩不特卞和顯自爲命世珍

玩 弄也從玉元聲 五換切

書旅獒玩人喪德玩物喪志 列子海上人有好漚鳥者其父曰取來吾玩之

弄也者本書弄玩也從廾持玉列仙傳有弄玉釋言弄玩也字林玩弄也楚語若夫白珩先王之玩也韋注玩玩弄之物郭璞奏臣以爲珍奇靡麗之物誠是玩弄之所寶

貦　玩或從貝

líng 玲

玲　玉聲從玉令聲　郎丁切

玉聲者𤣥蒼玲瓏玉聲也太元唐次三唐素不貞亾彼瓏玲注云瓏玲玉聲也漢書揚雄傳前殿崔巍兮和氏瓏玲孟康曰以和氏璧爲梁璧帶其聲瓏玲也後漢書班固傳和鸞玲瓏注云玲瓏聲也

qiāng 瑲

瑲　玉聲也從玉倉聲詩曰鞗革有瑲　七羊切

玉聲也者詩有瑲蔥珩傳云瑲珩聲也或借鎗字文選藉田賦衝牙錚鎗李善注錚鎗玉聲也又借鏘字玉藻進則揖之退則揚之然後玉鏘鳴也注云鏘聲貌又借將字詩終南佩玉將將　詩曰鞗革有瑲者周頌載見文彼作鶬箋云鶬金飾貌與本書異

dīng 玎

玎　玉聲也從玉丁聲齊太公子伋謚曰玎公　當經切

玉聲也者廣韻玎玲玉聲　齊太公子伋謚曰玎公者書顧命俾爰齊侯呂伋昭三年左傳徼福於大公丁公注云二公齊先君漢書古今人表齊丁公伋師尚父子詩譜周武王封太師呂望於齊是謂齊太公其子丁公嗣位於王官昭十二年左傳昔我先王熊繹與呂級竝事康王杜注呂級齊太公之子丁公釋文級本亦作伋襄二十五年傳東郭偃謂崔武子曰今君出自丁注云齊丁公崔杼之祖正義云謚法遠義不克曰丁馥案或作述義不勉

chēng 琤

琤　玉聲也從玉爭聲　楚耕切

玉聲也者韓愈詩泉聲玉琮琤

suǒ 瑣

瑣　玉聲也從玉𧴪聲　蘇果切

玉聲也者本書𧴪貝聲也馥謂編貝相擊有聲瑣亦連玉之聲徐鍇引左思詩嬌語若連瑣是也

huáng 瑝

瑝　玉聲也從玉皇聲　乎光切

玉聲也者猶鍠爲鐘聲

yǔ 瑀

瑀　石之似玉者從玉禹聲　王矩切

石之似玉者者呂氏春秋疑似篇玉人之所患患石之似玉者詩女曰雞鳴正義引本書瑀石次玉也三國典略阮瑀字元瑜大戴禮保傅篇佩玉上有蔥衡下有雙璜琚瑀以雜之衡牙玭珠以納其閒

bàng 玤

玤　石之次玉者以爲系璧從玉丰聲讀若詩曰瓜瓞菶菶　一曰若盒蚌　補蠓切

以爲系璧者徐鍇曰系璧謂飾玉系也馥謂系璧當爲璧系卽璧帶漢書音義以璧爲梁璧帶

jiān 玪

玪　玪塾石之次玉者從玉今聲　古函切

玪塾石之次玉者者玉篇玪與瑊同廣雅玪石之次玉漢書司馬相如傳瑊玏元厲張揖曰瑊玏石之次玉者禹貢厥貢惟球琳琅玕鄭本琳作玪云玪美石也

lè 塾

塾　玪塾也從玉勒聲　盧則切

玪塾也者塾俗作玏或省作勒山海經中山經葛山其下多瑊石郭注瑊石勒石似玉也馥案俗本勒譌作勁

jū 琚

琚　瓊琚從玉居聲詩曰報之以瓊琚　九魚切

瓊琚者陳啟源曰女曰雞鳴疏引說文琚珮玉名今本說文云瓊琚與疏所引不同馥案五音集韻琚佩玉名徐鍇韻譜琚玉也其繫傳亦作瓊琚蓋後人改之以同鉉本也　詩曰報之以瓊琚者衛風木瓜文傳云琚佩玉名案有女同車佩玉瓊琚傳云佩有琚瑀所以納閒

xiù 璓

璓　石之次玉者從玉莠聲詩曰充耳璓瑩　息救切

石之次玉者者詩都人士充耳琇實傳云琇美石也後周書高琳字琇琳母於泗濱得一石夜夢一人謂曰石是浮磬之精受之必生令子及生琳因以名字焉　詩曰充耳璓瑩者衛風淇奧文彼作琇傳云琇瑩美石也釋文琇說文作璓

jiǔ 玖　yí ⿰王𦣝　yín 珢　yì 玴　zǎo 璅　jīn 璡　zēn ⿰王朁　cōng 璁　hào ⿰王號　xiá ⿰王𦘦　wàn ⿱臤王

玖　石之次玉黑色者從玉久聲詩曰貽我佩玖讀若芑　或曰若人句脊之句　舉友切

石之次玉黑色者者詩木瓜報之以瓊玖傳云瓊玖玉名楊慎曰玖黑色玉可作鏡魏畧大秦國其山出九色次玉石一曰青二曰赤三曰黃四曰白五曰黑六曰綠七曰紫八曰紅九曰紺今伊吾山中有九色石即其類魏畧今西域舊圖云罽賓條支諸國之琦石即次玉石也　詩曰貽我佩玖者王風邱中有麻文傳云玖石次玉者　讀若芑者詩與李子爲韻宋王招魂增冰峩峩飛雪千里歸來歸來不可以久

⿰王𦣝　石之似玉者從玉𦣝聲讀若貽　與之切

石之似玉者者玉篇引蒼頡曰五色之石也

珢　石之似玉者從玉艮聲　語巾切

石之似玉者者錢君大昭曰西山經瑜次之山其陽多嬰垣之玉郭注垣或作根根當爲珢玉篇引張揖埤蒼瓔珢石似玉

說文解字義證　卷二

玴　石之似玉者從玉曳聲　余制切

璅　石之似玉者從玉巢聲　子皓切

璡　石之似玉者從玉進聲讀若津　將鄰切

⿰王朁　石之似玉者從玉朁聲　側岑切

璁　石之似玉者從玉悤聲讀若蔥　倉紅切

讀若蔥者韓詩傳佩玉上有蔥衡

⿰王號　石之似玉者從玉號聲讀若鎬　乎到切

⿰王𦘦　石之似玉者從玉𦘦聲讀若曷　胡捌切

⿱臤王　石之似玉者從玉臤聲　烏貫切

xiè ⿰王燮　gǒu 玽　yán 琂　jìn 璶　wéi 琟　wǔ 瑦　méi 瑂　dēng 璒　sī 玜　yú 玗　mò ⿰王𠬧　xié 瑎　bì 碧

⿰王燮　石之似玉者從玉燮聲　穌叶切

玽　石之似玉者從玉句聲讀若苟　古厚切

琂　石之似玉者從玉言聲　語軒切

璶　石之似玉者從玉盡聲　徐刃切

琟　石之似玉者從玉隹聲讀若維　以追切

瑦　石之似玉者從玉烏聲　安古切

瑂　石之似玉者從玉眉聲讀若眉　武悲切

璒　石之似玉者從玉登聲　都騰切

玜　石之似玉者從玉厶聲讀與私同　息夷切

玗　石之似玉者從玉亏聲　羽俱切

釋地東方之美者有醫無閭之珣玗琪焉

說文解字義證　卷二

⿰王𠬧　玉屬從玉𠬧聲讀若沒　莫悖切

玉屬者玉篇引穆天子傳采石之山有玫瑤郭璞曰玉名

瑎　黑石似玉者從玉皆聲讀若諧　戶皆切

碧　石之青美者從玉石白聲　兵尺切

矯世論碧似玉　急就篇璧碧珠璣玫瑰甕顏注碧縹玉也　漢書司馬相如傳錫碧金銀顏注碧謂玉之青白色者也　楊雄蜀都賦遠則有銀鉛錫碧　張衡南都賦綠碧紫英　李善引廣志曰碧有縹碧有綠碧　淮南地形訓青水宜碧　山海經西山經章莪之山多瑤碧注云碧亦玉屬又高山其下多青碧注云碧亦玉類也今越嶲會無縣東山出碧　漢書地理志越嶲郡會無縣東山出碧　魏畧大秦國出碧　晉太康地記雲南青蛉縣出碧　徐廣晉記鮮卑以碧石爲寶　孝經援神契神靈滋液則碧玉出　瑞應圖碧石者玩弄之物不用則出　漢武故事帝起神屋基及戶悉以碧

玉

yáo 瑤　mín 珉　kūn 琨

石 劉琨與兄子書單于但欲得碧汝不可不撿送 趙宧
光曰有西碧南碧之殊西西番也其質淩其色綠中有黑子
南雲南也其質實其色
綠或雜白黃者有之
石之青美者者太平御覽一切經音義十一引
竝無青字魏略陽嘉三年疏勒王獻海西青石

琨 石之美者從玉昆聲虞書曰揚州貢瑤琨 古渾切
後漢書張衡傳獻環琨與璵縭兮注云環琨竝玉佩
也 白虎通修道無窮卽佩環能本道德卽佩琨也
石之美者者王肅注禹貢云瑤琨美石次玉者也 虞書
云揚州貢瑤琨者禹貢瑤琨篠簜是也本書引禹貢多偁
夏書此偁虞書馥謂本
偁虞夏書後人亂之也

瑻 琨或從貫
禹貢釋文琨馬本作瑻馥案漢書地理志引禹貢
亦作瑻類篇瑻璥美玉卽廣雅琨珸石之次玉者

珉 石之美者從玉民聲 武巾切

說文解字義證 卷二 卅三

水經注清水云倉水出西北方山山西有倉谷谷有倉玉珉
石 元和郡縣志新息縣珉玉坑在故息城東南五步周迴
一百八十步深三尺其玉顏色潔白堪爲器物隋朝官採用
貞觀中亦令採取其後爲淮水所沒開元中淮水東移珉坑
復出其玉溫潤倍勝昔時蔡州至今以爲厥貢
之首 詩青青子佩傳云佩佩玉也士佩瓀珉
石之美者者御覽引作石次玉也山海經岐山其陰多白
珉注云石似玉者家語問玉篇玉貴而珉賤注云珉石似
玉荀子法行篇君子之所以貴玉而賤珉者何也注云珉
石之似玉者漢書司馬相如傳琳珉昆吾張揖曰珉石之
次玉者也後漢書班固傳琳珉青熒注云琳珉竝石之次
玉者字或作瑉廣雅瑉石石之次玉楚詞九歎藏瑉石於
金匱兮王注
瑉石似玉者

瑤 玉之美者從玉䍃聲詩曰報之以瓊瑤 余招切
玉之美者者御覽引玉作石詩木瓜釋文瑤美玉也說文
云美石王肅注禹貢瑤琨美石次玉者也楚詞離騷望瑤
臺之偃蹇兮注云石次玉名曰瑤九歌瑤席兮玉鎮注曰
瑤石之次玉者也曾畋曰周禮太宰之職享先王則贊玉

zhū 珠

爵內宰之職后祼獻則贊瑤爵禮記曰尸飲五君洗玉爵
獻卿尸飲七以瑤爵獻大夫公劉之詩曰何以舟之維玉
及瑤則知瑤者玉之次也 詩曰報之以瓊瑤者衛
風木瓜文傳云瓊瑤美玉馥謂玉當爲石後人改之

珠 蚌之陰精從玉朱聲春秋國語曰珠以禦火災是也 章俱切
釋地西方之美者有霍山之多珠玉焉郭云霍山今在平陽
永安縣東北珠如今雜珠而精好 鄭司農注周禮太宰云
珠日切疏云今爾雅本云骨曰切者 蓋司農讀爾雅本作珠
也 荀子勸學篇淵生珠而崖不枯 韓詩外傳良玉度尺
雖有千仞之土不能掩其光良珠度寸雖有百仞之水不能
掩其輝 尸子凡水其方折者有玉其圓折者有珠淮南
地形訓水圓折者有珠方折者有玉注云圓折者陽也珠陰
中之陽方折者陰也玉陽中之陰 管子侈靡篇珠者陰之
陽也故勝火玉者陰之陰也故勝水其化如神故天子臧珠
玉 初學記引江統眞珠銘嗣茲陰景係晷太陽 樊文淵
七經義綱珠母者大珠在中小珠環之 徐衷南方草物狀
凡采珠常三月用五牲祈禱若祠祭有失則風攪海水或有

說文解字義證 卷二 卅四

大魚在蚌左右白蚌珠長三寸半在張海中其一寸五分有
光色一邊小平形似覆釜爲第一璫珠凡三品其一寸三分
雖有光色形不圓正爲第二滑珠凡三品沈懷遠南越志
珠有九品大五分以上至一寸八九分爲大品有光彩一邊
小平似覆釜者名璫珠璫珠之次爲走珠走珠之次爲滑珠
滑珠之次爲磦砢珠磦砢珠之次爲官雨珠官雨珠之次爲
税珠税珠之次爲蔥符珠 吳錄地理志朱崖珠宮縣出明
月珠 後漢書孟嘗傳合浦郡不産穀實而海出珠寶與交
阯比境常通商販貿糴糧食先時宰守竝多貪穢詭人採求
不知紀極珠遂漸徙於交阯郡界嘗到官革易前敝求民病
利曾未踰歲去珠復還 交州記合浦十八里有圍洲周迴
一百里其地産珠 寰宇記太平軍后康縣珠母海去縣八
十里採珠之所卽合浦也 凡璫珠出於蚌蚌母廣數寸長尺
餘政和本草引嶺表錄異廉州邊海中有州島島上有大
池謂之珠池每歲刺史親監珠戶入池採老蚌割珠取以充
貢 寰宇記黃支國大珠圍及二寸而置圓者平地終日不
停 魏畧大秦國出明珠夜光珠眞白珠夫餘出珠大如酸
棗 伏無忌古今注章帝元和元年明珠出館陶大如李有
光耀三年明珠出豫章海底大如雞子圍四寸八
分 和帝永元五年鬱林降人得大珠圍五寸七分

蚌之陰精者初學記引作蚌中急就篇璧碧珠璣玫瑰甕顏注圓者曰珠不圓曰璣皆蚌之陰精也南都賦巨蚌函珠梁元帝謝賚蛤蜊啟體潤珠胎江賦瓊蚌晞曜以瑩珠蔡邕青衣賦珠出蚌泥吳筠碎珠賦粉靈蚌之神胎徐氏南方記珠蚌殼長三寸在漲海中埤雅龍珠在頷蛇珠在口魚珠在眼鮫珠在皮鼈珠在足蚌珠在腹三輔決錄孔融見韋元將與其父書曰不意雙珠生於老蚌長沙耆舊傳欲采明珠求於蚌或割百蚌不得一珠不可捨蚌求之於魚由是言之蚌乃珠之所藏交州異物志鳥滸剖蜯探珠蜀志秦宓奏記劉焉曰欲剖蚌求珠楊雄蜀都賦蚌含珠而擘裂御覽引蘇子蚌以珠致破金樓子蚌懷珠而致剖御覽八百三引萬震南州異物志合浦禁民采珠巧盜者蹲水底剖蚌得好珠吞之而出又九百四十一引嶺表錄異珠池廉州邊海中有州島島上有大池謂之珠池每年修貢珠戶入池采珠皆采老蚌剖而取珠池在海上疑其底與海通珠如豌豆大者常珠也如彈丸者亦時有得徑寸照室之珠卒不可遇也幽明錄漢武帝幸河渚有老公及年少數人出長八九尺老公命取洞穴之寶一人下沒川底得一大珠徑數寸上問東方朔朔曰河底有一穴深數百丈中有赤蚌生此珠焉吳都賦蚌蛤珠胎與月

虧全五臣注蚌蛤珠胎皆盈虧之物月滿則珠全月虧則珠缺鶡冠子天則篇月望而晨月毀於天珠蛤嬴蚌虛于深渚上下同離也 從玉者琅玕火齊皆珠也故從玉 春秋國語云云者楚語文彼云珠足以禦火災則寶之韋注珠水精故以禦火災論衡案書篇國語左氏之外傳也馥謂禦當爲節

dì 玓

玓 玓瓅明珠色從玉勺聲 都歷切

玓瓅明珠色者玓瓅疊韻色當爲光上林賦明月珠子的皪江靡李善云說文曰玓瓅明珠光也舞賦珠翠的皪而炤燿李善云說文的皪珠光也

lì 瓅

瓅 玓瓅從玉樂聲 郎擊切

字或作皪思元賦顏旳皪以遺光又借爍字羽獵賦隨珠和氏焯爍其波

pín 玭

玭 珠也從玉比聲宋弘云淮水中出玭珠玭珠之有聲 步因切

大戴禮保傳篇衡牙玭珠以納其閒 景福殿賦垂環玭之琳琅 珠也者廣韻玭玭珠戴侗曰珠玉之類故蠙作玭 宋弘云淮水中出玭珠者禹貢淮夷蠙珠馬王皆以淮夷爲二水名鄭云淮水之上夷民獻此珠也與宋說合後漢書宋弘字仲子京兆長安人哀帝時爲侍中建武二年爲大司空封栒邑侯 玭珠之有聲者徐鍇本聲下有者字集韻類篇引同錢君大昭曰徐鍇本作玭珠珠之有聲者按文當作玭蚌之有聲者尚書釋文引韋昭曰玭蚌也廣韻蠙珠母也郭璞江賦文魮磬鳴以孕璆注引山海經文魮之魚其狀如覆銚鳥首而翼魚尾音如磬石之聲是生珠玉郭注山海經云魮音毗珠母蚌類蓋魮即此玭字是蚌類而能鳴故云蚌之有聲者禹貢玭珠暨魚謂玭珠及其母玭魚也馥案南越志海中有文魮魚鳥頭魚尾鳴似磬而生珠玉與山海經說同

蠙 夏書玭從虫賓

本書紕讀若禹貢玭珠馥謂當云蠙珠禹貢淮夷蠙珠暨魚釋文蠙字又作蚍韋昭薄迷反蚌也正義蠙是蚌之別名此

蠙出珠遂以蠙爲珠名馥案莊子水苕蛙蠙之衣 寰宇記饒州鄱陽縣有蠙洲其溪中蚌出珠 鄱陽記蠙洲在縣西南溪中有蚌出珠 夏書者本書琨下引虞書揚州貢瑤琨此又引作夏書同一禹貢之文不應稱引互異胡渭曰禹貢之爲夏書也傳云此堯時事而在夏書之首禹之王以是功正義曰初必在虞書之內蓋夏史抽入夏書或仲尼始退其第此不過順傳爲義耳林少穎曰自堯典至益稷皆虞史所錄故謂之虞書禹貢者夏史所錄故謂之夏書此即穎達堯典非唐所錄故謂虞書之意後儒皆遵用之夫隋書修於唐未嘗謂之唐書唐書修於宋未嘗謂之宋書禹貢即夏史所錄而其事則皆舜相堯時事也安得謂之夏書耶今案董仲舒云禹繼舜舜繼堯三聖相受而同一道無救弊之政故堯典可繫虞而虞事可連夏馬融鄭元王肅別錄題皆曰虞夏書鄭序以爲虞夏書二十篇商書四十篇周書四十篇贊云三科之條五家之教是虞夏同科也揚子法言亦曰虞夏之書渾渾爾商書灝灝爾周書噩噩爾左傳僖二十六年趙衰引夏書杜預注云尚書虞夏書也此皆與虞夏同科之說無異而今所行尚書本獨判爲二書故有

玪 珧 玫

疑虞夏之分自東晉梅賾所獻安國傳始者然左傳屢引夏書伏生虞夏傳外仍有虞傳夏傳而太史公河渠書引夏書曰禹抑鴻水云云許慎說文亦多引虞書此皆在梅賾之前虞書夏書之分恐不自東晉始也或曰左傳所引夏書有在今虞書者穎達云以事關禹故引爲夏書若洪範本周書以箕子所陳而傳引之卽曰商書也推此例則說文事關舜引爲虞書左傳史記事關禹引爲夏書又何不可豈必當時書題已判爲二邪

玪 蜃屬從玉劦聲禮佩刀士玪琫而珧珌 郎計切

蜃屬者江賦玪珋瑢瑰李善引本書同玉篇蠣螺也玪瓃古今字 禮云云者此與珧璗所引不見禮經詩瞻彼洛矣毛傳云天子玉琫而珧珌諸侯璗琫而璆珌大夫鐐琫而璆珌士玪琫而玪珌正義云傳因琫珌歷道尊卑所用似有成文未知出何書也又云說文云玪蜃而不別於蜃天子用蜃士用玪也馥謂本書珧珌與毛異

珧 蜃甲也所以飾物也從玉兆聲禮云佩刀天子玉琫而珧珌 余昭切

說文解字義證 卷二 三五

山海經東山經嶧皋之水其中多蜃珧注云蜃蚌也珧玉珧亦蚌屬 江賦玉珧海月 釋魚蜃小者珧郭云珧玉珧小蚌 臨海異物志玉珧如蚌長二寸廣五寸上大下小其殼中柱炙而啖之味似酒 字書玉珧肉不可食唯柱可食目 六書故珧似蚌薄殼而大其柱最珍 字或作蜪 江賦注江蜪柱大如鏡白色

蜃甲也者萬震海物異名記江瑤柱厥甲美如瑤玉 所以飾物也者本書祳社肉盛以蜃故謂之祳周禮鬯人凡四方山川用蜃器又掌蜃祭祀共蜃器之蜃注云飾祭器之屬也蜃之器以蜃飾因名焉釋器弓以蜃者謂之珧郭云珧小蚌魏都賦弓珧解檠楚詞天問馮珧利決封豨是射注云珧弓名也七修類稿晉語受祳於社注祳宜社之肉盛以蜃器今淞江故家得祭器於土中皆蠣殼也其上畫鬐鬣人物之形猶存蜃器葢蠣殼也通鑑陳武帝私晏用蚌盤注云蚌者鬃器以蚌爲飾今謂之螺鈿 趙宧光曰南海蚌屬有江珧柱今謂之蠃塡

玫 火齊玫瑰也一曰石之美者從玉文聲 莫桮切

火齊玫瑰也者一切經音義六引玫瑰火齊珠也一曰石之美好曰玫圓好曰瑰蒼頡篇玫瑰火齊珠也蕭該漢書音義引字林同廣雅玫瑰珠一切經音義六又引張揖曰玫瑰琅玕也出崑崙闕明山白帖火齊珠名後漢書班固傳翡翠火齊注云韻集曰火齊珠也急就篇璧碧珠璣玫瑰罋顏注玫瑰美玉名也或曰珠之尤精者曰玫瑰韓非外儲說綴以珠玉飾以玫瑰魏畧大秦國出玫瑰史記司馬相如傳其石則赤玉玫瑰郭璞曰玫瑰石珠也漢書音義晉灼曰玫瑰火齊珠也顏師古曰火齊珠今南方所出火珠也隋書禮儀志天子帶劒玉具火珠鏢首寰宇記林邑國獻火珠大如雞卵狀如水精日正午時以珠承影取艾依之火見孝經援神契神靈滋液百珍寶用則玫瑰火齊出注曰玫瑰玉名齊謂契好也契刻也 一曰石之美者者射義敢問君子貴玉而賤瑉者何也注云瑉石似玉或作玫也玉藻士佩瓀玫劉楨清慮賦馮玫瑤之几西京雜記武帝得貳師天馬造玫瑰石鞌

瑰 璣 琅

瑰 玫瑰從玉鬼聲一曰圜好 公回切

玫瑰者一切經音義三引字林石珠也成十七年左傳或與己瓊瑰食之杜注瑰珠也 一曰圜好者玉篇引作珠圓好一切經音義三引作石之美好曰玫圓好曰瑰詩渭陽瓊瑰玉佩傳云瓊瑰石而次玉

說文解字義證 卷二 三六

璣 珠不圜也從玉幾聲 居衣切

廣雅璣珠 字書璣小珠也 鹽鐵論珠璣犀象出於桂林 續漢書天竺國出琉璃珠璣 梁祚魏國統曰西南有夷名曰濮其地出珠璣 周書王會解請令以珠璣爲獻注云璣似珠而小 楚詞九歎傷明珠之赴泥兮魚眼璣之堅藏

珠不圜也者書禹貢厥篚玄纁璣組釋文引本書同後漢書賈琮傳交阯產明璣翠羽注引本書璣珠之不圜者呂氏春秋重己篇人不愛崑山之玉江漢之珠而愛己之一蒼璧小璣注云珠之不圜者曰璣淮南人閒訓翡翠珠璣高云圓者爲珠穎者爲璣史記李斯傳傳璣之珥索隱璣是珠之不圜者漢書景十三王傳繇王閩侯亦遺建荃葛珠璣顏曰璣謂珠之不圜者也後漢書安帝紀著珠璣注云璣珠不圜者也楚詞七諫貫魚眼與珠璣注云圜澤爲珠廉隅爲璣

琅 琅玕似珠者從玉良聲 魯當切

琅玕似珠者者御覽引琅玕石之似玉者玉篇琅玕石似玉釋地西北之美者有崑崙虛之璆琳琅玕焉郭云琅玕

shān 珊　gān 玕

狀如珠也山海經曰崑崙山有琅玕樹急就篇係臂琅玕虎魄龍顏注琅玕火齊珠也一曰石之似珠者也本草青琅玕一名石珠一名青珠生蜀郡平澤陶云此蜀都賦所稱青珠黃環也唐本注云琅玕乃有數種是瑠璃之類火齊寶也今出巂州以西烏白蠻中及于闐國也圖經云大抵古人謂石之美者多謂之珠廣雅謂瑠璃珊瑚皆爲珠是也故本經一名青珠書禹貢厥貢惟球琳琅玕鄭注琅玕珠也詩韓奕釋文琅玕珠也穆天子傳瑯瑤琅玕注云石似珠也荀子正論篇琅玕龍茲華覲以爲實注云琅玕似珠崑崙山有琅玕樹山海經西山經槐江之山其上多藏琅玕注云琅玕石似珠者海內西經服常樹其上有三頭人伺琅玕樹注云琅玕子似珠論衡說日篇天地之間物氣相類其實非者多海外西南有珠樹焉察之是珠然非魚中之珠也

玕 琅玕也從玉干聲禹貢雝州球琳琅玕 古寒切

禹貢云云者後人加之本書琨下引虞書蠙下引夏書不稱禹貢

古文玕

說文解字義證　卷二　卅九

珊 珊瑚色赤生於海或生於山從玉刪省聲 穌干切

珊瑚色赤者華嚴經音義珊瑚寶樹之名其樹身幹枝條皆紅色生於海或生於山者漢書司馬相如傳珊瑚叢生郭璞曰珊瑚生水底石邊大者樹高三尺餘枝格交錯無有葉海中經珊瑚生海中欲取之先作鐵網沈水底珊瑚貫網而生歲高二三尺有枝無葉形如小樹因絞網出之珊瑚皆摧折在網中南州異物志珊瑚出大秦國有洲在漲海中距其國七八百里名珊瑚樹洲底有盤石水深二十餘丈珊瑚生於石上初生白軟弱似菌國人乘大船載鐵網先沒在水下一年便生網目中其色尚黃枝柯交錯高三四尺大者圍尺餘三年色赤便以鐵鈔發其根繫鐵網於船絞車舉網還栽鑿恣意所作若過時不鑿便枯索蠹蠱馥案此言生於海者也鹽鐵論美玉珊瑚出於崑山此言生於山者也本草衍義珊瑚出於海底五七株成林出水變紅色者爲上漢趙佗謂之火樹是也碧色者亦良昔人謂之青琅玕許慎曰珊瑚赤色或生於海或生于山據此說則生於海者爲珊瑚生於山者爲琅玕尤可徵矣馥案張衡四愁詩何以報之青琅玕曹植美人篇腰佩翠琅玕杜甫哀王孫腰下寶玦青珊瑚

yǒu　hán 琀　liú 珋　hú 瑚

瑚 珊瑚也從玉胡聲 戶吳切

珋 石之有光璧珋也出西胡中從玉丣聲 力求切

案即瑠璃亦作琉璃爾雅琉璃珠也篆當從寅丣之丣非從古文丣轉寫誤連上畫文選江賦玓瓅珋璿瑰直作卯旁可證也畱亦從丣古讀丣畱聲相近詩朔日辛卯與醜爲韻本書飽或從孚或從丣皆取其聲古音包孚丣皆屬尤幽矦部也

石之有光璧珋也者璧當依徐鍇本作璧鍇繫傳曰有光璧言光處平側如牆壁也本草圖經兖州黑羊石有牆壁光瑩又云丹砂出辰州者良碎其塊嶄巖作牆壁眞辰砂也或借考字淮南子夏后之璜不能無考明月之珠不能無纇馥謂玉有瑕珋是也

琀 送死口中玉也從玉從含含亦聲 胡紺切

送死口中玉也者文五年左傳釋文引作送終玉篇同周禮玉府大喪共含玉小宰喪荒受其含襚幣玉之事注云春秋傳曰口實曰含大宰大喪贊贈玉含玉注云含玉死者口實天子以玉雜記曰含者執璧將命曰寡君使某含

說文解字義證　卷二　卌

則諸矦含以璧鄭司農云含玉璧琮又典瑞大喪共含玉注云含玉柱左右顚及在口中者雜記曰含者執璧將命則是璧形而小耳檀弓徐君使容居來弔含曰寡君使容居坐含盡矦玉哀十一年左傳命其徒具含玉春秋文五年王使榮叔歸含公羊傳云含者何口實也注云孝子所以實親口也緣生以事死不忍虛其口天子以珠諸矦以玉大夫以碧士以貝春秋之制也春秋說題辭口實曰琀緣象生食孝子不忍虛其欲天子以珠諸矦以玉大夫以璧士以貝琀之爲言口含也說苑口實曰琀天子唅實以珠諸矦以玉大夫以璧士以貝庶人以穀實成十七年左傳或與巳瓊瑰食之杜云食珠玉含象荀子大略篇玉貝曰含穀梁傳貝玉曰含莊子生不布施死何唅珠爲釋名含以珠貝含其口中也後漢書梁商傳衣衾飯唅玉匣珠貝之屬何益朽骨注云唅口實也白虎通曰大夫飯以玉唅以貝北史李預死妻常氏以玉珠二枚唅之口飯常謂日君自云殖玉有神驗何不受唅言訖齒啟納珠閉從含含亦聲者當云含聲

遺玉也從玉歔聲 以周切

dàng 璗　líng 靈　璝　jué 玨

遺玉也者山海經海外北經平邱在三桑東爰有遺玉大荒東經東北海外爰有遺玉大荒南經有南類之山爰有遺玉淮南地形訓有玉樹在赤水之上崑崙華邱在其東南方爰有遺玉

璗 金之美者與玉同色从玉湯聲禮佩刀諸侯璗琫而璆珌 徒朗切

金之美者與玉同色者釋器黃金謂之璗郭注金之別名　禮云云者或借瑒字漢書王莽傳瑒琫瑒珌孟康曰瑒玉名也佩刀之飾上曰琫下曰珌詩云鞞琫有珌是也

靈 靈巫以玉事神从玉霝聲 郎丁切

靈巫以玉事神者玉篇廣韻增韻復古編所引並無靈字類篇集韻有之周禮司巫凡祭祀守瘞注云瘞謂若祭地祇有埋牲玉者也

靈 靈或从巫

靈或从巫者楚屈巫晉申公巫臣並字子靈大荒西經有靈山巫咸巫即巫肦巫彭巫姑巫眞巫禮巫抵巫謝巫羅十巫从此升降楚詞九歌靈連蜷兮既留王注靈巫也楚人名巫爲靈子晉書夏統傳見巫靈談鬼笑

文一百二十六　重十六

徐鍇本文一百二十四張次立加璵瑳二字改爲一百二十六

璝 見本書奎下

遺文一

玨 二玉相合爲一玨凡玨之屬皆从玨 古岳切

二玉相合爲一玨者釋器玉十謂之區郭云雙玉曰瑴五瑴爲區莊十八年左傳皆賜玉五瑴杜云雙玉爲瑴正義云倉頡篇瑴作玨雙玉爲瑴故字從兩玉僖三十年傳公爲之請納玉於王與晉侯皆十瑴襄十八年傳獻子以朱

bān 班　fú 𨋎　qì 气　fēn 氛

絲係玉二瑴杜並云雙玉曰瑴魯語行玉二十瑴韋注雙玉曰瑴

瑴 玨或从㱿

班 分瑞玉从玨从刀 布還切

分瑞玉者義見書舜典春秋文元年天王使毛伯來錫公命成八年天子使召伯來錫公命僖十一年左傳天王使召武公內史過賜晉侯命

𨋎 車笭閒皮篋古者使奉玉以藏之从車玨讀與服同 房六切

車笭閒皮篋者李善東京賦注引作車藺閒皮筐玉篇𨋎與輹同筐也周禮巾車犬複注云以犬皮爲覆笭本書棈車笭中棈棈器也　古者使奉玉以藏之者增韻作古使者當從之藏玉篇類篇集韻篇海並引作盛案本書篋藏也聘禮君使卿皮弁還玉于館注云玉圭也君子於玉比德焉以之聘重禮也徐鍇引江總行李賦持𨋎玉而多士

以　讀與服同者錢君大昭曰𨋎與箙同鄭注司弓矢云箙以獸皮爲之釋名受矢之器以皮曰箙文選東京賦𨋎弩重旃𨋎與箙俱是皮篋音義相近故云讀與服同馥案古借𨋎爲箙顏師古曰續漢書幢麾𨋎弩𨋎皮篋盛弩也

文三　重一

气 雲气也象形凡气之屬皆从气 去既切

釋名气餼也餼然有聲而無形也　列子氣天積之所成也　禮月令孟春之月天氣下降地氣上騰

雲气也者本書雲山川气也春秋元命苞陰陽聚爲雲氣禮統雲者運氣布恩普博也

氛 祥气也从气分聲 符分切

昭二十年左傳梓慎望氛注云氛氣也襄二十七年傳楚氛甚惡注云氛氣也昭十五年傳禘之日其有咎乎吾見赤黑之祲非祭祥也喪氛也注云氛惡氣也　漢書董仲舒傳今陰陽錯繆氛氣充塞司馬相如傳祝融警而蹕御兮清氣氛而后行顏注並云氛惡氣也　後漢書崔駰傳氛霓鬱以橫厲兮注云氛祲也　爾雅翼引韓詩傳祓除氛穢　宋書鳥

占之設　務
察氛祲
祥气也者一切經音義十三引同案祥者吉凶先見者也
本書祲精氣感祥廣韻氛祲妖氣呂氏春秋天必先見祥
高注祥徵應也僖五年左傳凡分至啟閉必書雲物注云
雲物氣色災變也孫炎注爾雅積土如闉所以望祥氣韓
詩外傳妖者禍之先祥者福之先見妖而爲善則禍不至
見祥而爲不善則福不臻晉語獻公田見翟柤之氛韋注
氛祲氣象也凶曰氛吉曰祥楚語臺不過望氛祥韋注凶
氣爲氛吉氣爲祥馥案合言則氛祥有吉凶之別單言祥
則祥亦主凶
說見祲下

雰 氛或從雨

文二　重一

shì
士

士 事也數始於一終於十從一從十孔子曰推十合一
爲士凡士之屬皆從士 鉏里切

事也者士事聲相近本書事職也王從士士事也廣雅士
事也孟子士何事又曰士無事而食不可也禮運禮無列
則士不事也白虎通士者事也任事之稱也故傳曰通古
今辨然否謂之士書顧命百尹御事王肅曰治事蓋羣士
也詩東山勿士行枚祈父予王之爪士訪落陟降厥士桓
保有厥士傳並云士事也假樂百辟卿士箋云卿士卿之
有事也周禮天官敘官旅下士三十有二人注云旅衆也
下士治衆事者秋官敘官士師注云士察也主察獄訟之
事者昭七年左傳大夫臣士正義云士者事也言能理庶
事也管子士經篇注云士事也道家太霄琅書經人行大
道號曰道士士者何事也從道爲事通鑑陳主素怯懦不
達軍士注云士讀曰事馥案仕亦訓事詩文王有聲武王
豈不仕傳云仕事又四月盡瘁以仕箋云仕事也　數始
於一終於十者逸周書周月解數起於一而成於十郭璞
爾雅音義凡物數無不從一爲始漢書敘傳元元本本數
始於一本書十數之具也章從十十數之終也　孔子曰
推十合一爲士者玉篇六書故並引作推一合十馥案春
秋元命包木者其字八推十爲木則作推一合十者是也
問一知
十爲上

xù
壻

壻 夫也從士胥聲詩曰女也不爽士貳其行士者夫也
讀與細同 穌計切

夫也者本書妻婦與夫齊者也釋親女子子之夫爲壻荀
子非相篇婦人莫不願得以爲夫處子莫不願得以爲士
楊倞注士者未娶妻之稱趙宧光曰古詩多
夫壻聯用若夫壻寄重湖殷勤問夫壻之類

婿 壻或從女

zhuàng
壯

壯 大也從士爿聲 側亮切

大也者釋詁文方言秦晉之閒凡人之大謂之奘或謂之
壯易大壯彖曰大者壯也曲禮三十曰壯有室月令養壯
狡管子苗始其少也眗眗乎何其孺子也至其壯也莊莊
乎何其士也　爿聲者本書無爿字牀牆戕狀並從爿聲
片部當有爿
猶反正爲乏

cūn
墫

墫 舞也從士尊聲詩曰墫墫舞我 慈損切

舞也者釋文引作士舞也徐鍇本同鍇繫傳曰按周禮舞
者皆士也釋訓坎坎之墫墫喜也郭云皆鼓舞懽喜　詩曰
墫墫舞我者小雅伐木文彼作蹲蹲傳云蹲蹲舞貌
釋文蹲本或作墫舞貌也說文云士舞也從士尊

文四　重一

gǔn
丨

丨 上下通也引而上行讀若囟引而下行讀若退凡丨
之屬皆從丨 古本切

上下通也者中字即上下通本書中從丨云讀若徹徐鉉
說云丨上下通也象草木萌芽通徹地上也　引而上行
讀若囟引而下行讀若退者本書中才引並從丨又乙與
丨同意乙象草木冤曲而出丨則通徹而出矣馥謂引而
上行若草木之出土上通也引而下行若草木之生根下
通也玉篇音古本思二兩切思二即退音徐鍇曰中從丨
引而上
行音進

zhōng
中

中 和也從口丨上下通 陟弓切

chǎn
㫃

鼂說之曰林罕謂从口象四方上下通中也說文徐本皆作ㄩ殆誤也馥案用从卜从中則中當爲中和也者和當爲龢禮記中庸致中和天地位焉萬物育焉馥謂中和之氣上下相通故能化成萬物

𠁧 古文中 與屯同意言通之難

𠁩 籒文中 上下通而又旁達

㫃 旌旗杠皃從丨從㫃㫃亦聲 丑善切

旌旗杠皃者釋天素錦綢杠鄉射禮記杠長三仞士之制也廣雅天子杠高九仞諸侯七仞大夫五仞士喪禮竹杠長三尺馥謂杠卽竿也釋名綏有虞之旌也注旌竿首其形燊燊然也 㫃亦聲者當爲㫃聲

文三 重二

說文解字義證 卷二 罜

說文解字弟一 義證弟三

曲阜桂馥學

chè
屮

屮 艸木初生也象丨出形有枝莖也古文或以爲艸字讀若徹凡屮之屬皆從屮尹彤說 丑列切

艸木初生也者本書㞷從屮云屮財見也財即才字才艸木之初也又㞢從屮屮上進之義 象丨出形有枝莖也者當云丨象出形凵有枝莖也韻會引徐鍇本象屮出形馥案本書㞢出也象艸過屮枝莖益大有所之鍇繫傳云屮從丨引而上行䢺艸始脫孚甲未有岐根 古文或以爲艸字者洪範庶艸蕃廡古文尙書作屮荀子富國篇刺屮殖穀楊倞注屮古艸字史記司馬相如傳掩艸蔽地漢書作屮禮樂志屮木零落地理志屮繇木條董仲舒傳朱屮生䂓錯傳屮茅臣敘傳天造屮昧顏師古竝云屮古艸字漢高彪碑獄犾生屮屮即艸字見隸釋 讀若徹者本書徹通也廣韻徹達也 尹彤說者本書敘云孝平時徵百餘人令說文字未央廷中又云博采通人

zhūn
屯

屯 難也象艸木之初生屯然而難從屮貫一一地也尾曲易曰屯剛柔始交而難生 陟倫切

難也者廣雅屯難也幽通賦紛屯邅與蹇連兮曹大家注屯難也東都賦紹百王之荒屯言百王屯難之後而光武繼之 象艸木之初生屯然而難者集韻引云象艸初生屯然而難別易序卦屯者物之始生也唐盧氏注物之始生故屯難本書萅從此春艸初生亦難意 尾曲者象其根本書乁上貫一下有根象形 易曰屯剛柔始交而難生者屯卦彖文

měi
每

每 艸盛上出也從屮母聲 武罪切

艸盛上出也者僖二十八年左傳原田每每杜注喻晉軍美盛若原田之草每每然字或作莓文選魏都賦蘭渚莓莓李注引左傳及杜注竝作莓莓或借䐈字魏都賦䐈䐈坰野李注䐈䐈美也廣雅䐈䐈肥也 母聲者本書𡝤毐聲讀若母又曰讀若艸毐毐

dú
毒

毒 厚也害人之艸往往而生從屮從毒 徒沃切

本書楚人謂藥毒曰痛瘌朝鮮謂藥毒曰癆 易師卦彖以此毒天下干寶曰毒荼苦也

厚也者毒厚聲相近本書䟃蛇蠆毒長也長亦厚意覃長味其字從㫗是也秦策非能厚勝之也高注厚大也昭四年左傳天或者欲逞其心以厚其毒周語厚味寔腊毒韋注味厚其毒亟也中庸故天之生物必因其材而篤焉鄭注言善者天厚其福惡者天厚其毒漢書張騫傳身毒國顏云今之天竺蓋案竺亦厚也 害人之艸往往而生者論衡言毒篇草木之中有巴豆冶葛食之湊懣頗多殺人夫毒太陽之熱氣也天下萬物含太陽氣而生者皆有毒螫故冶在東南巴在西南馥案本草中下二品藥草多毒 從毒者王君念孫曰繫傳作從屮毒聲又祛妄篇云毒說文從屮毒聲陽冰云從屮從毋毋出地之盛從土土可制毒非取毒聲毒烏代反臣鍇案毋何得爲出地之盛方說毒而言土可制毒爲不類矣念孫案今說文無聲字者徐鉉以李陽冰云毒字非取毒聲毒烏代反故刪之也不知毒有代音與毒聲相近漢書地理志多犀象毒冒珠璣顏師古曰毒音代是也陽冰不得其解而改爲從屮從毋從土徐鉉又改爲從屮從毒竝非

𥳭 古文毒從刀葍

徐鍇繫傳曰竹亦有毒者南方有竹傷人則死葍聲也審徐說則葍本從竹作䈏 廣韻䈏竹名蒱角切 異物志有竹曰䈏其大數圍節閒相去局促中實滿堅強 竹譜䈏與由衙厥體俱洪圍或累尺䈏實衙空南越之居梁柱是供注云䈏竹安成以南有之其味苦䈏音雹性柔弱見三倉 山海經雲山有桂竹甚毒傷人必死 文選吳都賦篻䈽有叢劉淵林注䈽竹有毒刺獸中之則必死 竹譜百葉參差生於南垂傷人則死醫莫能治亦曰䈽竹厥毒若斯 集韻六止篻䈽竹名一枝百葉有毒如堇 寰宇記臨賀縣䈽竹有毒人以爲觚刺虎中之則死

從刀葍者據繫傳作䈏本書無䈏字當爲𩫖本書𩫖厚也讀若篤與毒義同聲近故徐鍇以爲諧聲

fēn
岁

岁 艸初生其香分布從屮從分分亦聲 撫文切

其香分布者岁分聲相近玉篇作芬布

芬或從艸

lù 尖

尖 菌尖地蕈叢生田中從屮六聲 力竹切

按篆當作尖中横左右垂下

菌尖地蕈叢生田中者本書蕈桑䕨䕨木耳此生於木者也尖生於土故曰地蕈釋草中馗菌郭注地蕈也今江東名爲土菌亦曰馗廚馥案馗或作逵舍人爾雅本作鳩尖馗鳩聲相近

𡴁 籒文尖從三尖

本書陸字籒文從此

xūn 熏

熏 火煙上出也從屮從黑屮黑熏象也 許云切

火煙上出也者列子湯問篇聚柴積而焚之燻則烟上陸機演連珠臣聞尋煙染芬熏息猶芳　中黑熏象也者本書黑火所熏之色也從炎上出囪馥謂炎出囪如艸之出土所以爲熏象

文七　重三

cǎo 艸

艸 百芔也從二屮凡艸之屬皆從艸 倉老切

論衡量知篇地性生艸山性生木　百芔也者方言芔艸也詩四月百卉具腓　從二屮者論衡艸初生爲屮二中爲艸三屮爲芔四屮爲茻言其生之繁蕪也

zhuāng 莊

莊 上諱 側羊切

玉篇莊草盛皃　釋宮六達謂之莊孫炎曰莊盛也道煩盛馥謂因艸盛得爲盛義　上諱者東觀漢記孝明皇帝諱陽一名莊袁山松後漢書明皇帝諱陽一名莊字子麗馥案明帝初名陽封東海王立爲皇太子改名莊伏侯古今注莊之字曰嚴曹植髑髏說慕嚴周之適楚卽莊周也嚴君平嚴助皆莊姓改爲嚴韋昭注國語凡莊皆爲嚴漢已革命猶爲之諱聲類莊嚴也趙宧光曰說文諱本朝諸帝而略西京猶禮所謂逮事父母則諱王父母不逮事父母則不諱王父母

𡴂 古文莊

汗簡引作𦿆

luǒ 蓏

蓏 在木曰果在地曰蓏從艸從㼌 郎果切

詩東山果臝之實臝卽此蓏本書苦蔞果臝也臝當作蓏又瓜㼌也㼌亦當作蓏　應劭漢官儀大官令有果丞掌果蓏菜茹　周書神農爲耒耜鉏耨以墾草莽然後五穀與以助果蓏實　郊特牲天子樹瓜華注云華果蓏也　周禮甸師共野果蓏之薦注云果桃李之屬蓏瓜瓞之屬又場人掌國之場圃而樹之果蓏珍異之物注云果棗李之屬蓏瓜瓠之屬　程君瑤田曰高誘注呂氏春秋曰果臝也散文則果臝二字異義說文臝作蓏以字言之⊕在木上曰果別果於木則謂草實曰蓏馥案莊子人閒世夫柤梨橘柚果蓏之屬韓子外儲說孔子侍坐於魯哀公賜之桃與黍孔子曰黍者五穀之長果蓏有五桃爲下今以五穀之長雪果蓏之下是從上雪下也馥謂桃及柤梨橘柚皆果屬備果蓏者連文也

在木曰果在地曰蓏者齊民要術太平御覽竝引作在艸曰蓏篇海引作在蔓曰蓏既夕記不食菜果注云實在木曰果在地曰蓏呂氏春秋貴信篇華不盛則果實不生注云在木曰果在地曰蓏晉書音義在木曰果在地曰蓏班馬字類史記貨殖傳果隋蠃蛤不待賈而足隋正義徒火反漢書地理志作蓏郎果反說文木上曰果地上曰蓏案易爲果蓏京房本作果墮史記省爲隋今本作隋俗譌也易說卦爲果蓏宋衷曰木實謂之果草實謂之蓏桃李瓜瓞之屬釋文云馬云果桃李之屬蓏瓜瓞之屬說文云在木曰果在地曰蓏漢書食貨志瓜瓠果蓏應劭曰木實曰果草實曰蓏張晏曰有核曰果無核曰蓏臣瓚曰案木上曰果地上曰蓏也急就篇園菜果蓏助米糧顏注木實曰果草實曰蓏呂氏春秋仲夏紀果實早成淮南主術訓夏取果蓏高注竝云有核曰果無核曰蓏　從㼌者徐鍇本作㼌聲

zhī 芝

芝 神艸也從艸從㞢 止而切

釋草𦺗灌苬芝郭注芝一歲三華瑞草釋文云聲類云𦺗灌苬芝也　論衡驗符篇芝生於土土氣和故芝艸生　孫氏

瑞應圖芝草常以六月生春青夏紫秋白冬黑 本草赤芝生霍山黑芝生常山青芝生泰山白芝生華山黃芝生嵩山紫芝生高夏山谷陶云六芝皆仙草之類漢舊儀芝有九莖芝金色緑葉朱實夜有光 後漢書馮衍傳五芝之茂英注云茅君內傳曰句曲山上有神芝五種一曰龍仙芝似交龍之相負服之爲太極仙卿第二名參成芝赤色有光其枝葉如金石之音折而續之即復如故服之爲太極大夫第三名燕胎芝其色紫形如葵葉上有燕象光明洞徹服一株拜爲太清龍虎仙君第四名夜光芝其色青其實正白如李夜視其實如月光照洞一室服一株爲太清仙官第五名曰玉芝剖食拜三官正眞御史 抱朴子仙藥篇草芝有獨搖芝無風自動其莖大如手指赤如丹素葉似莧其根有大魁如斗有細者如雞子十二枚周繞大根之四方如十二辰也相去丈許皆有細根如白髮以相連生高山深谷之上其所生左右無草牛角芝生虎壽山及吳坂上狀似葱特生如牛角長三四尺青色龍仙芝狀如昇龍之相負也以葉爲鱗其根則如蟠龍麻母芝似麻而莖赤色花紫色珠芝其花黃其葉赤其實如李而紫色二十四枚輒相連而垂如貫珠也白符芝高四五尺似梅常以大雪而花季冬而實朱草芝九曲曲有三葉葉有三實也五德芝狀似樓殿莖方其葉五色各

說文解字義證 卷三 五

具而不雜上如偃蓋中有甘露紫氣起數尺矣龍銜芝常以仲春對生三節十二枝下根如坐人凡此草芝有百二十種

楚詞山鬼采三秀兮於山閒王注三秀謂芝草也馥案稀康憂憤詩煌煌靈芝一年三秀後漢書張衡傳冀一年之三秀兮注云三秀芝艸也 漢書武帝本紀元封二年甘泉宮內中產芝九莖連葉如湆日瑞應圖王者敬事耆老不失舊故則芝草生 論衡驗符篇建初三年零陵泉陵女子傳寧宅土中生芝草五本長者尺四五寸短者七八寸莖葉紫益紫芝也 古今注建初五年芝出潁川常以六月中生一葉五歲五重春青夏紫秋白冬黑十月後黃氣出上尺五寸 孝經援神契王者善養老則芝草茂 白虎通封禪篇德至山陵則芝實茂 宋書符瑞志芝艸王者慈仁則生食之令人度世 藝文志 黃帝雜子芝菌十八卷 黃帝內傳王母授神芝圖十二卷 水經注黃帝登具茨之山受神芝圖於黃蓋童子 隋書經籍志芝草圖一卷 種神芝一卷

神艸也者神農本艸山川雲雨五行四時陰陽晝夜之精以生五色神芝遁甲開山圖神芝五色生於名山之陰五色雲氣覆之博物志名山生神芝不死之草上芝爲車馬中芝爲人形下芝爲六畜形楚詞七諫拔搴元芝兮王注元芝神草也衡山記衡山芝草岡有神芝靈草繆龔神芝贊序青龍元年神芝生其色丹紫其質光耀其長尺有八寸五分其本圍三寸有三分上別爲三幹分爲九枝散爲二十六莖圍則一寸九分葉徑二寸七分其幹洪纖連屬有似珊瑚之形 從屮者徐鍇本作屮聲馥謂作屮聲者是也

shà 萐

萐 萐莆瑞艸也堯時生於庖廚扇暑而涼從艸疌聲 士洽切

萐莆瑞艸也者孝經援神契王者德至山陵則澤阜出萐莆春秋潛潭巴君臣和得道度叶中則萐莆生於庖廚陸機羽扇賦蓋受則於萐莆 堯時云云者當爲諷孫氏瑞應圖萐莆王者不徵滋味庖廚不踰深盛則生於廚一名倚扇一名實閩一名倚萐生如蓮枝多葉少根如絲轉而風生主於飲食清涼駈殺蟲蠅堯時冬死夏生舜時生於廚金樓子興王篇堯有萐莆萁莢之瑞白虎通封禪篇萐莆者樹名也其葉大於門扇不搖自扇於飲食清涼助供養也三國志魏文帝紀注載魏文帝令云萁莢未值階庭萐莆未生庖廚靈瑞未效又如彼也

說文解字義證 卷三 六

fǔ 莆

莆 萐莆也從艸甫聲 方矩切

或作脯論衡是應篇儒者言萐脯生於庖廚者言廚中自生肉脯薄如萐形搖鼓生風寒涼食物使之不臭太平御覽引帝王世紀堯時廚中自生肉脯薄如翣搖則風生使食物寒而不臭名曰翣脯竹書注廚中自生肉脯其薄如箑搖動則風生食物寒而不臭名曰萐脯

mén 虋

虋 赤苗嘉穀也從艸釁聲 莫奔切

赤苗嘉穀也者詩魏風毛傳云苗嘉穀也本書璊禾之赤苗謂之虋言璊玉色如之又璊色如虋故謂之璊虋禾之赤苗也詩生民維穈維芑傳云穈赤苗也釋文云穈音門爾雅作虋同郭亾偉反馥案詩鳧鷖在亹即爾雅之虋齊民要術引爾雅作虋郭音亾偉反者易云定天下之亹亹者讀如娓其字亦從亹也夢谿筆談稷之璊色者謂之穈穈字音門以其色命之也詩有穈有芑今秦人音靡聲之訛也馥案穈又作糜集韻糜壤地名在今秦州六書故鄭剛中曰岐山之陽種糜九盛俗書穈爲糜米類稷可麪可餅西人飽食麪非糜猶飢將家云出戰糗糧乾不可食嚼

dá 荅　qí 萁　huò 藿

床咔匊則津液生餘物皆下咽士卒用小囊盛寘馬上遇水漬之尤美乂床者自外而內乂麥者自內而外葢床以寒孰麥以暵熟故也寰宇記雍州貢紫稈粟新唐書地理志京兆郡貢紫稈粟馥謂此皆言虋生於秦故云秦地宜禾也釋草虋赤苗郭云今之赤粱粟玉篇虋詩傳云赤苗也即今赤粱粟也廣志遼東進赤粱魏武帝以爲御粥北齊藉田種赤粱見隋書禮儀志

荅　小尗也從艸合聲　都合切

小尗也者廣雅小豆荅也晉書律歷志九章商功法程菽荅麻麥一斛積二千四百三十寸

萁　豆莖也從艸其聲　渠之切

豆莖也者漢書楊惲傳種一頃豆落而爲萁顏曰其豆莖也潘岳馬汧督誄其稈空虛顧炎武曰戰國策張儀說韓王曰五穀所生非菽而麥民之所食大抵豆飯藿羹姚宏注曰史記作非菽而麥下文亦作菽古語但稱菽漢以後方謂之豆今按本草有赤小豆大豆之名本草不皆神農所著越絕書丙貨之戶曰赤豆爲下物石五十已貨之戶

曰大豆爲下物石二十越絕書亦非子貢所作馥案本書菽俗從豆是許公亦以豆非古稱也又案其或作萁孫子作戰篇萁秆一石曹注萁豆稭也本書跽𢀿皆長跪是其忌聲近

藿　尗之少也從艸靃聲　虛郭切

大戴禮曾子制言篇聚橡栗藜藿而食之盧辯注藿豆　汜勝之書種小豆於瓜中其藿可賣　楚詞七諫蓼蟲不知徙乎葵菜李善注魏都賦引作葵藿王注蓼蟲處辛辣食苦惡不從葵藿食甘美　曹植求通親親表葵藿之傾葉太陽　潘岳閒居賦時藿向陽　盧諶時興詩忽忽歲云暮游原采蕭藿　晉書霍原傳時有謠曰天子在何許近在豆田中王浚以豆爲霍收原斬之王隱晉書山賊意欲劫霍原謂豆者霍也　易林漸之乾旦種菽豆暮成藿葉　俗說王東亭當之吳郡就汰公宿別汰公設豆藿糜　傅元詩廚人進藿茹

尗之少也者阮籍詠懷詩秋風吹飛藿李善引本書藿豆葉也本書稺幼禾也幼即少也廣雅豆角謂之莢其葉謂之藿名醫別錄豆葉名藿韓策民之所食大抵豆飯藿羹鮑注藿菽之少者公食大夫記牛藿注云藿豆葉也詩七

niǔ 莥　láng 蓈　yǒu 莠

月亨葵及菽釋文菽本作叔藿也采菽箋云菽大豆也采之者采其葉以爲藿小宛中原有菽傳云菽藿也正義菽者大豆故禮記稱啜菽飲水菽葉謂之藿白駒食我場藿傳云藿猶苗也楚詞九歎耘藜藿與蘘荷王注藿豆葉也漢書鮑宣傳漿酒霍肉顏注霍豆葉也

莥　鹿藿之實名也從艸狃聲　敕久切

鹿藿之實名也者名字衍玉篇莥鹿藿實本書蔍鹿藿也梁簡文帝勸醫文鹿藿止救頭痛之痾釋草蔨鹿藿其實莥郭云今鹿豆也葉似大豆根黃而香蔓延生本草鹿藿唐本注云苗似豌豆有蔓而長大人取以爲菜亦微有豆氣名爲鹿豆也

蓈　禾粟之𥝩生而不成者謂之蕫蓈從艸郎聲　魯當切

禾粟云云者釋草稂童粱郭注稂莠類也論語秀而不實者有矣夫詩下泉浸彼苞稂傳云稂童粱陸璣疏云禾秀爲穗而不成崱嶷然謂之童粱大田不稂不莠傳云稂童粱也釋文引本書禾粟之莠生而不成者謂之童蓈也爾

雅釋文亦作莠馥案諸書秀字多作莠此謂禾粟之秀漢諱秀故本書作采魯語馬餼不過稂莠韋注稂童稂也程君瑤田有說見本書莨下

稂　蓈或從禾

詩大田釋文童粱草也說文作蓈云稂或字也

莠　禾粟下生莠從艸秀聲讀若酉　與久切

書仲虺之誥若苗之有莠　月令藜莠蓬蒿並興　抱朴子自序荊棘叢於庭宇蒿莠塞乎階霤　詩大田不稂不莠傳云莠似苗也　孟子惡莠恐其亂苗也注云莠之莖葉似苗馥案鹽鐵論農夫不畜無用之苗無用之苗苗之害也鉏一害而衆苗成鉏所以別苗也　韋昭注魯語莠草似稷而無實　昭又有問荅甫田維莠今何草荅曰今之狗尾也程君瑤田曰禾一本惟一莖一穗莠一本或數莖多至五六穗穗多苡類狗尾俗呼狗尾草　夏小正四月秀幽說者云莠幽即秀萎馥案魏策幽莠之幼也似禾　則莠幽不宜破字　襄三十年左傳過伯有氏其門上生莠　晉王如作亂令人種禾

禾變爲莠軍敗

禾粟下生莠者徐鍇本作禾粟下揚生莠鍇繫傳曰粟下揚謂禾粟實下播揚而生出於粟秕馥案秕輕而浮故謂之揚下者周禮薙氏注云今俗閒謂麥下爲夷下言芟夷其麥以其下種禾豆也馥謂禾粟下猶麥下也漢書酷吏傳莠盛苗穢何可不鉏也顏注莠秕穀所生也農桑輯要穀種浮秕去則無莠此皆言揚生莠徐鍇削一揚字而義不了矣

fèi 萉

萉 枲實也從艸肥聲 房未切

廣雅黂麻也麻當爲黂聲類油油麻肥也馥謂萉故從肥

枲實也者釋草文彼作黂詩九月叔苴傳云苴麻子也喪服傳苴經者麻之有蕡者也襄十七年左傳苴經帶杖杜云苴麻之有子者取其麤也六書故凡枲有蕡而後漚者其皮老粗故喪服以爲斬衰疏衰之經盧君文弨曰呂氏春秋尊師篇織萉屨案萉是華蘤之名不可爲屨此必葩字之譌說文萉枲實也蓋麻枲可以爲屨後人所謂麻鞵是也馥案齊民要術種麻種麻子各爲一物以枲爲牡麻以萉爲麻子最爲明晳

黂 萉或從麻賁

從麻賁者賁文章也易敘卦賁飾也鄭注文飾之貌月令於秋則食麻鄭注麻實有文理馥謂此從賁之義也淮南說林訓黂燭蒱膏燭澤四民月令苴麻麻之有藴者芓麻是也一名黂列子楊朱篇宋國有田夫常衣縕黂淮南說山訓見黂而求成布高注黂麻之有實者或借蕡字周禮司烜氏共墳燭鄭注故書墳爲蕡鄭司農云蕡燭麻燭也襄十七年左傳正義引喪服傳馬融注蕡者枲實枲麻之有子者周禮草人彊檃用蕡鄭司農云蕡麻也籩人朝事之籩其實麷蕡考工記弓人牛筋蕡灂注竝云蕡枲實也有司徹麷蕡坐設於豆西注云蕡熬枲實也內則注同釋文云蕡字又作黂徐扶畏反大麻子本草麻蕡一名麻勃此麻花上勃勃者唐本注云蕡即麻實非花也

zì 芓

芓 麻母也從艸子聲一曰芓卽枲也 疾吏切

麻母也者釋艸文監本爾雅作莩郭注苴麻盛子者釋文作芓云孫音嗣說文作芓云卽枲也盛音成馥謂麻有稃申包裹以盛其子芓卽稃甲故曰麻母玉篇莩與芓同監本莩蓋芓之譌

yì 䔬

䔬 芓也從艸異聲 羊吏切

玉篇䔬連翹艸釋艸連異翹本艸蘇恭注云子作房翹出衆艸據此則連翹名䔬以其房也因䔬爲麻房借作藥名

sū 蘇

蘇 桂荏也從艸穌聲 素孤切

內則雉薌無蓼注云薌蘇荏之屬也 王襃僮約園中拔蒜斲蘇 七發秋黃之蘇白露之茹 崔駰七依邕酒蘇漿 韋琳䱇表方當鳴蘆動椒紆蘇佩欓 寰宇記夏州土產蘇

桂荏也者釋草文郭注蘇荏類故名桂荏本艸綱目蘇從穌舒暢也蘇性舒暢行氣和血故謂之蘇蘇乃荏類而味辛如桂故爾雅謂之桂荏通志爾雅曰蘇桂荏此紫蘇也葉實俱同方言蘇亦荏也關之東西或謂之蘇或謂之荏顏注急就篇蘇一名桂荏後漢馬融傳桂荏鳧葵

rěn 荏

荏 桂荏蘇從艸任聲 如甚切

齊民要術荏性甚易生園畔漫擲便歲歲自生矣收子壓取油可以煑餅 六書故荏白蘇也子如粟米可食亦可壓油

力言蘇沅湘之南或謂之䓊郭注今長沙人呼野蘇爲䓊

桂荏蘇者當云荏蘇衍桂字蓋蘇類荏故名桂荏荏類蘇故名荏蘇非荏有桂荏之名也廣雅蕭䓊荏蘇也本草荏子味辛溫陶注荏狀如蘇高大白色不甚香其子研之雜米作糜甚肥美東人呼爲蕉以其似蘇字但除禾邊故也

shǐ 芺

芺 菜也從艸矢聲 失匕切

菜也者玉篇廣韻竝云芺蒿也

qǐ 𦽽

𦽽 菜之美者雲夢之𦽽從艸豈聲 驅喜切

菜之美者雲夢之𦽽者呂氏春秋本味篇菜之美者雲夢之芹芹𦽽聲相近廣韻𦽽菜似蕨生水中或借芑字詩采芑傳云芑菜也陸疏芑菜似苦菜也莖青白色摘其葉白汁出脃可生食亦可烝爲茹青州人謂之芑西河鴈門芑尤美王楨農書以芑爲石苣嘉祐本草謂之白苣本草拾遺白苣似萵苣葉有自毛李時珍綱目云葉色白折之有

kuí 葵

白汁

葵 菜也。从艸癸聲。彊惟切

菜也者一切經音義十八葵菜也隨日者也齊民要術種葵法春必畦種畦省地而菜多一畦供一口尹都尉書有種葵篇北史蕭大圜曰露葵徵尹君之錄本草圖經冬葵苗葉作菜茹更甘美列女傳魯漆室女傳昔晉客舍吾家繫馬園中馬佚馳走踐吾葵使我終歲不食葵史記循吏公儀休傳食茹而美拔其園葵而棄之成十七年左傳仲尼曰鮑莊子之知不如葵葵猶能衛其足杜注葵傾葉向日以蔽其根家語正論解葵猶能衛其足王注葵傾葉隨日轉故曰衛其足也急就篇葵韭葱䪥蓼蘇薑顏注葵衛足之菜傾葉而蔽日者也士虞禮夏用葵鄭注夏秋用生葵繆襲祭儀夏祀和羹芼以葵陳啓源曰七月詩亨葵傳箋正義俱無訓釋陸氏埤雅以紫莖白莖葵當之其說允矣案本草入本經上品古人種爲常食有紫莖白莖二種以白莖爲勝大葉小華華紫黃色其最小者名鴨腳葵子輕虛如榆莢仁四時皆可種經年收采有冬葵春葵秋葵之名王楨農書葵陽草也其菜易生備四時之饌本豐而耐旱味甘而無毒蔬茹之要品也今人不復食之亦無種者觀此可見古人食葵以斯種爲正豳風所亨定指此菜後世如宋玉賦曹植七啓王維詩所謂露葵皆是物也齊民要術言種葵法摘必待露解收必待霜降葵以露名豈以此乎

jiāng 薑

薑 禦溼之菜也。从艸彊聲。居良切

春秋運斗樞璇星散爲薑失德逆時即薑有異辛而不臭覆案臭謂氣味也 本草薑生犍爲川谷及荊州揚州圖經云處處有之 苗高二三尺葉似箭竹葉而長兩兩相對苗青根黃無花實 呂氏春秋本味篇和之美者陽樸之薑 韓詩外傳夫薑桂因地而生不因地而辛 史記司馬相如傳茈薑蘘荷索隱曰張揖云茈薑子薑也案四民月令生薑謂之茈薑音紫漢書注如淳曰茈薑薑上齊也顏注薑之息生者連其株本則紫色也 急就篇款東貝母薑狠牙顏注薑謂生薑乾薑也 論語不徹薑食孔安國曰齊禁薰物薑辛而不薰故不去也

禦溼之菜也者禦當爲御齊民要術引字林薑御溼之菜抱朴子僊藥篇引孝經援神契椒薑禦溼急就篇葵韭葱䪥蓼蘇薑顏注薑禦溼之菜也辛而不葷故齋者不徹李時珍曰薑擣汁和黃明膠熬貼風濕痛甚妙甄權曰薑去水氣滿徐鍇曰薑可以止腹病治腳下溼

說文解字義證 卷三 十一

liǎo 蓼

蓼 辛菜薔虞也。从艸翏聲。盧鳥切

劉向別錄尹都尉書有種蓼篇 四民月令正月可種蓼 夏小正五月啓灌藍蓼 淮南詮言訓蓼菜成行 急就篇葵韭葱䪥蓼蘇薑 韓保昇本草蓼有七種曰青蓼香蓼馬蓼水蓼紫蓼赤蓼木蓼紫赤二蓼葉小狹而厚青香二蓼葉相似而薄馬水二蓼葉闊大有黑點木蓼一名天蓼蔓生葉似柘葉

辛菜者詩小毖予又集于蓼傳云言辛苦也正義云蓼辛苦之菜禮記內則膾秋用蓼曹植藉田賦好辛者植乎蓼任昉述異記菜之辛者謂之蓼本草水蓼唐本注云葉似蓼莖赤味辛本草又云蓼實生雷澤川澤陶云此類多人所食有三種一是青蓼人家常用其葉有圓有尖一是紫蓼相似而紫色一是香蓼亦相似而香並不甚辛而好食古今注荼蓼也紫色者荼也青色者蓼也其味辛且苦長食明目或謂紫葉者爲香荼青者爲青荼亦謂紫色者爲紫蓼青色者爲青蓼其長大不苦者爲馬蓼李時珍曰古人種蓼爲蔬後世飲食不用惟麴用其汁六書故蓼辛菜也其類不一多節者味辛古人以和羹今人以爲麴

薔虞也者釋草薔虞蓼郭云虞蓼澤蓼孫炎云虞蓼即澤之所生某氏云薔一名虞蓼太平御覽引吳普本草蓼實一名澤蓼馥案諸說皆以薔名虞蓼詩良耜以薅荼蓼傳云蓼水草也水草亦虞蓼顏注急就篇蓼有數種葉長鋭而薄生於水中者曰水蓼葉圓而厚生於澤中者曰澤蓼一名虞蓼亦謂之薔而許叔重云蓼一名薔虞非也馥謂爾雅師讀各異所未能詳

zǔ 蒩

蒩 菜也。从艸祖聲。則古切

菜也者廣雅蒩蕺也古今注荊揚人謂蒩爲蕺左思蜀都賦樊以蒩圃李注引埤蒼蒩蕺也後漢書馬融傳茈蓁芸蒩李注蒩其根似茅根可食名醫別錄蕺味辛蘇恭云葉似蕎麥肥地亦能蔓生莖紫赤色多生溼地山谷陰處山南江左人好生食之關中謂之菹菜北戶錄蘵秦人謂之蒩子南都賦若其園圃則有蓼蕺蘘荷李注引風土記曰蘵香菜根似茆根蜀人所謂蒩香蘵與蕺同

說文解字義證 卷三 十二

qú 蘧

蘧 菜也似蘇者從艸豦聲 彊魚切

菜也者詩薄言采芑陸疏云芑似苦菜莖青白色摘其葉白汁出脆可生食亦可烝爲茹初學記引夏小正采芑注云蘧也當爲蘧齊民要術引詩義疏蘧苦蕒青州謂之芑

wēi 薇

薇 菜也似藿從艸微聲 無非切

菜也者公食大夫禮鉶芼牛藿羊苦豕薇皆有滑詩草蟲言采其薇傳云薇菜也陸疏云山菜也莖葉皆似小豆蔓生其味亦如小豆藿可作羹亦可生食今官園種之以供宗廟祭祀項安世曰薇今之野豌豆也莖葉莢實皆似豌豆而小黃可菹蜀人謂之小巢菜豌豆謂之大巢馥案大巢卽釋艸柱夫搖車郭注蔓生細葉紫華可食今呼翹搖車本草拾遺云幽州謂之苕搖又引詩義疏苕饒幽州人謂之翹饒卽詩所云邛有旨苕

䕒 籀文薇省

wéi 蓶

蓶 菜也從艸唯聲 以水切

菜也者廣韻蓶似馬韭而黃可食

qín 菦

菦 菜類蒿從艸近聲周禮有菦菹 巨巾切

菜類蒿者玉篇菦蔞蒿也 周禮有菦菹者徐鍇本句末有是字醢人加豆之實芹菹兔醢釋文云芹說文作菦菹汪祠制曰孟秋祭有芹菹

niàng 釀

釀 菜也從艸釀聲 女亮切

菜也者集韻釀艸名葇蘇也廣雅蘘葇荏蘇也方言蘇其小者謂之釀菜郭注堇菜也亦蘇之種類馥謂是雜蘇也本書堇讀若釐徐鍇謂釐萊音同齊民要術引詩義疏譙沛人謂雜蘇爲葇直音云葇香葇菜篇海云葇與薷通馥謂卽本草之香薷

xiàn 莧

莧 莧菜也從艸見聲 侯澗切

釋艸蕢赤莧郭注今莧菜之赤莖者 本草莧實一名莫實唐本注疑莫字誤圖經云案莧有六種有人莧赤莧白莧紫莧馬莧五色莧馬莧卽馬齒莧也人白二莧亦謂之穊莧亦謂之胡莧亦謂之細莧其實一也但人莧小而白莧大耳紫莧莖葉通紫吳人用染菜瓜者赤莧亦謂之花莧莖葉深赤爾雅所謂蕢赤莧是也根莖亦可糟藏食之甚美五色莧今亦稀有細莧俗謂之野莧猪好食之又名猪莧 管子地員篇蕢下於莧莧下於蒲 列子天瑞篇老韭爲莧 淮南萬畢術青堊殺鼈得莧復生

莧菜也者莧字衍易夬卦莧陸夬夬荀爽云莧者葉柔而根堅且赤釋文引宋衷云莧莧菜也

yù 芋

芋 大葉實根駭人故謂之芋也從艸亏聲 王遇切

廣雅蕖芋也其莖謂之蔌 御覽引廣志云凡十四芋有君芋大如魁有車轂芋有旁巨芋有青邊芋此四芋魁大如餅少子葉如繖蓋緗色紫莖長丈餘易熟長味芋之最善者也莖可作羹臛有蔓芋緣支生大者二三升有雞子芋色黃有百果芋畝收百斛有早芋七月熟有九面芋大而不美有蒙控芋有青芋有曹芋子皆不可食莖可爲菹又有百子芋出葉榆縣有魁芋無旁子生永昌 風土記博士芋蔓生根如雞鴨卵馥案卽廣志所稱蔓芋 漢書翟方進傳飯我豆食

羹芋魁顏注羹芋魁者以芋根爲羹也 後漢書許楊傳亨我芋魁注云芋魁芋根也 史記項羽本紀士卒食芋菽索隱芋蹲鴟也 汝南先賢傳薛苞種芋以充飢 漢書貨殖傳吾聞峄山之下沃墜下有踆鴟至死不飢顏注踆鴟謂芋也其根可食以充糧故無飢年 氾勝之書有區種芋法蜀都賦所謂瓜疇芋區 博物志野芋食之殺人家芋種之三年不收後旅生亦不可食馥案崔鴻十六國春秋李雄剋成都將民就穀於郪掘野芋而食之

大葉云云者本書于於也吁驚語也虞下引詩于嗟乎騶虞芋駭人卽吁意廣雅芋大也詩君子攸芋傳云芋大也訏謨定命傳云訏大也川澤訏訏傳云訏訏大也方言芋大也訏大也注云芋猶訏也一切經音義四聲類大葉著根之榮見之驚人故曰芋漢書東方朔傳土宜薑芋顏注芋葉似藕荷而長不圓後漢書馬融傳蘘荷芋蕖注云芋蕖卽芋魁也大葉其根亦可食也文選吳都賦徇蹲鴟之沃則以爲世濟陽九五臣注蹲鴟芋也亢陽之時蹲鴟葉大常陰其根不死華陽國志汶山郡都安縣有大芋如蹲鴟

jǔ 莒

莒 齊謂芋爲莒從艸呂聲 居許切

齊謂芋爲莒者孝經援神契仲冬昴星中收莒芋注云莒亦芋也本草圖經云說文解字云齊人謂芋爲莒陶隱居云種芋三年不采成梠莒梠二音相近蓋南北之呼不同耳顏氏家訓北人之音多以舉莒爲矩惟李季節云齊桓公與管仲於臺上謀伐莒東郭牙望桓公口開而不閉故知所言者莒也然則莒矩必不同呼此爲知音矣馥據此知齊呼莒如芋

qú 蘧

蘧 蘧麥也從艸遽聲 彊魚切

蘧麥也者字或作䴺集韻麥小者䴺

jú 菊

菊 大菊蘧麥從艸匊聲 居六切

大菊蘧麥者釋草文郭注一名麥句薑卽瞿麥釋文引廣雅茈葳麥句薑蘧麥馥案今廣雅作茈葳陵苕蘧麥本草瞿麥一名大菊陶注一莖生細葉花紅紫赤可愛子頗似麥故名瞿麥圖經云瞿麥苗高一尺以來葉尖小青色根紫黑色形如細蔓菁花紅紫赤色亦似映山紅二月至五月開七月結實作穗子頗似麥故以名之

hūn 葷

葷 臭菜也從艸軍聲 許云切

釋典葱蒜韭薤興渠爲五葷　玉藻膳於君有葷桃茢注云葷薑及辛菜也馥案玉篇云葷菜所以辟凶邪也士相見禮夜侍坐問夜膳葷注云膳葷謂食之葷辛物葱薤之屬食之以止臥尸子昔者桀紂珍怪遠味有南海之葷　管子山權篇民之能樹瓜瓠葷菜百果使蕃育者置之黃金一斤直食八石荀子富國篇然後葷菜百疏以澤量注云葷辛菜也哀公篇志不在於食葷注云葷葱薤之屬也或借䓆字家語五儀解作䓆王注䓆辛菜又通作薰孔安國注論語云薑辛而不薰釋文作君云本或作葷同

臭菜者一切經音義十八蒼頡篇葷辛菜凡物辛臭者皆曰葷也馥案玉藻注以薑及辛菜爲葷本書言辛臭非謂惡臭孔注論語云薑辛而不薰是也

ráng 蘘

蘘 蘘荷也一名葍蒩從艸襄聲 汝羊切

名醫別錄蘘荷中蠱者服其汁并臥其葉卽呼蠱主姓名本草蜀本圖經蘘荷葉似初生甘蕉根似薑牙其葉冬枯

蘘荷也者菜屬崔豹古今注蘘荷葉似薑後漢書馬融傳蘘荷芋蕖注云蘘荷苗似薑根色紅紫似芙蓉可食四民月令九月藏茈薑蘘荷魏志倭國傳有薑橘椒蘘荷不知以爲滋味　一名葍蒩者御覽引一名蒪苴廣雅蘘荷蒪苴也蒪曹憲音普各反廣韻蒪苴大蘘荷名急就篇老菁蘘荷冬日藏顏注蘘荷一名蒪苴莖葉似薑其根香而脆可以爲菹又辟蠱毒本草白蘘荷陶云今人乃呼赤者爲蘘荷白者爲覆菹葉同一種爾於人食之赤者爲勝圖經云春初生葉似甘蕉根似薑而脆其根堪爲菹其性好陰在木下生者尤美閑居賦蘘荷依陰時藿向陽是也荊楚歲時記仲冬以鹽藏蘘荷備冬儲又以防蠱急就篇蘘荷冬日藏其來遠矣干寶搜神記外姊夫蔣士先得疾下血言中蠱家人密以蘘荷置于席下忽大笑曰蠱我者張小小也乃收小小小小亾走自此解蠱藥多用之周禮庶氏以嘉草除蠱毒宗懍謂嘉草卽蘘荷是也古今注蘘荷似葍苴而白葍苴色紫花生根中花未散時可食久置則銷爛不爲實矣宜陰翳地種之常依陰而生楚詞九歎耘藜藿與蘘荷王注云蘘荷蒪菹也又大招醢豚苦狗膾苴蒪只注云苴蒪蘘荷也漢書司馬相如傳茈薑蘘荷顏注蘘荷蒪苴也根旁生笋可以爲菹又治蠱毒吳仁傑離騷草木疏蘘荷自許叔重以前一名葍蒩至齊梁閒猶呼覆菹覆葍音同俚俗訛耳柳宗元種白蘘荷詩庶民有嘉草攻襘事久泯史記司馬相如傳諸蔗猼且漢書作巴且張揖曰蒪苴蘘荷也文穎曰巴且一名巴蕉顏云文說巴且是也且音子余反蒪音普各反蒪苴自蘘荷耳非巴且也馥案史記猼且張揖云蒪苴卽葍蒩索隱引郭璞說以爲蘘荷屬是也漢書作巴且文穎以爲巴蕉自是二物史記漢書各異不可強同後漢書馬融傳格韭菹于注云菹卽芭苴一名芭蕉馥案上文言蘘荷芋蕖若以菹爲蘘荷豈不嫌複出乎

jīng 菁

菁 韭華也從艸青聲 子盈切

韭華也者本書婧讀若韭菁一切經音義五引三蒼韭之英曰菁廣雅韭其華謂之菁周禮醢人菁菹注云菁菹韭菹四民月令七八月收韭菁擣作齏

lú 蘆

蘆 蘆菔也一曰薺根從艸盧聲 落乎切

廣雅菈遝蘆菔也　通志萊菔一名雹葖一名溫菘一名紫花菘吳名楚菘嶺南名秦菘河朔蘆菔俗呼蘿蔔鎮州者一

艸

根可重十六斤　後漢書劉盆子傳掘庭中蘆菔根而食之　隋書張威傳遣家奴於民閒鬻蘆菔根　蠻甌志白樂天方齋劉禹錫饋蘆菔鮓

蘆菔也者一切經音義二引字林似菘紫花者謂之蘆菔　一曰薺根者復古編蘆菔根似薺苨馥案釋草苨菧苨郭云薺苨名醫別錄薺苨根莖都似人參而葉小異劉勰新論心隱篇愚與直相像若薺苨之亂人參潛夫論思賢篇治疾當得人參反得支羅服已而不識真合而服之病以侵劇不自知爲人所欺也

fú
菔

菔　蘆菔似蕪菁實如小尗者從艸服聲蒲北切

蘆菔似蕪菁者釋草葖蘆萉郭云萉宜爲菔蘆菔蕪菁屬紫花大根俗呼雹葖本草蜀本圖經引爾雅舊注云紫花菘也俗呼溫菘似蕪菁大根一名葖俗呼雹葖一名蘆菔今謂之蘿蔔本草蕪菁及蘆菔輕身益氣可長食之陶云蘆菔是今溫菘其根可食葉不中噉蕪菁根細於溫菘而葉似菘好食西川惟種此其子與溫菘甚相似齊民要術種菘蘆菔法與蔓菁同注云蘆菔根實粗大其角及根葉竝可生食非蕪菁也雲南記嶲州界緣山野閒有菜大葉

而麤莖其根若大蘿蔔土人烝煮其根葉而食之可以療飢名之爲諸葛菜云武侯南征用此菜子蒔於山中以濟軍食馥案卽蕪菁也南方草木狀蕪菁嶺嶠以南俱無之偶有士人因官攜種就彼種之出地則變爲芥馥案方言蕪菁趙魏之郊謂之大芥其小者謂之辛芥陳藏器本草蕪菁北人名蔓菁今并汾河朔閒燒食其根呼爲蕪根本草衍義蕪菁今世俗謂之蔓菁夏則枯蔬圃復種之謂之雞毛菜公食大夫禮菁菹注云菁蔓菁菹也疏云卽今之蔓菁也書禹貢包匭菁茅傳寅引鄭注菁蔓菁也顏注急就篇菁蔓菁也一曰冥菁亦曰蕪菁又曰芴菁齊民要術應於空閒地種蔓菁萵苣蘿蔔等又云蘿蔔及葵六月種蔓菁七月種　實如小尗者方言蘴蕘蕪菁也其紫華者謂之蘆菔注云今江東名爲溫菘實如小豆馥案本草有萊菔子是也

píng
苹

苹　蓱也無根浮水而生者從艸平聲符兵切

蓱也無根浮水而生者者非原文後人亂之苹苹蒻也本書蒻蒲子可以爲平席平當爲苹文選秋興賦注引作華席因苹譌爲華廣韻苹一曰蒲白又云菧蒻小苹小當爲水言蒻在水中者也禮記閒傳苄翦不納鄭注苄今之蒲苹是也一切經音義四云苹無根浮水上者也然則唐本已亂矣萍苹蒻生於水原文當有根生水諸字淺者遂以爲浮苹而改之不知本書別有萍字也李善注高唐賦引作草皃未詳又管子地員篇黑埴其草宜苹蓨亦不審此苹爲何草

chén
茞

茞　艸也從艸臣聲稹鄰切

pín
蘋

蘋　大蓱也從艸賓聲符眞切

大蓱也者本草拾遺水萍有三種其大者曰蘋葉圓闊寸許葉下有一點如水沫一名芣菜李時珍曰花有白黃二色四葉合成一葉如田字形者蘋也夏秋開小華白色又稱白蘋詩于以采蘋傳云蘋大蓱也箋云蘋之言賓也陸疏云蘋今水上浮萍是也其粗大者謂之蘋小者曰萍季春始生可糝烝以爲茹又可用苦酒淹以就酒郭注爾雅苹水中浮蓱其大者蘋隱三年左傳蘋蘩薀藻之菜杜注蘋大蓱也呂氏春秋本味篇菜之美者崑崙之蘋注云蘋大蓱水藻也陳啓源曰采蘋釋文引韓詩沈者曰蘋浮者曰藻今目驗此二草藻沈而蘋浮頗怪其相反案藻字

爾雅翼及玉海引韓詩皆作薸爾雅翼云蘋根生水底葉敷水上不若小浮萍之無根而漂浮也故韓詩云沈者曰蘋浮者曰薸薸音瓢卽小萍也蘋亦不沈但比萍則有根不浮游耳羅語亦是馥案玉篇薸萍屬

lán
藍

藍　染青艸也從艸監聲魯甘切

一切經音義九藍染草也　詩終朝采藍箋云藍染草也　月令仲夏之月令民毋艾藍以染　周禮地官敘官掌染草注云染草藍蒨象斗之屬　夏小正五月啓灌藍蓼傳曰啓者別也陶而疏之也灌也者聚生者也張爾岐曰月令五月令民毋艾藍以染鄭注此月藍始可別　蓋種藍之法先蒔於畦生五六寸許乃分別栽之所謂啓也　謝承後漢書楊震客居湖縣以種藍自業　趙岐藍賦序余道經陳畱此境人皆種藍染紺爲業　魏武帝內誡令公主貴人金印藍綬　王融表不自朱藍何遷素絲之質　魏志學者資於人猶藍之染素

染青艸也者本草藍實其莖葉可以染青陶云此卽今染纈碧所用者齊民要術種藍十畝敵穀田一頃能自染青者其利又倍矣荀子勸學篇青出之於藍而青於藍淮南俶眞訓以藍染青則青於藍韓詩外傳藍有青而絲假之

xuān 藼

青於藍譙子素之白也染之以朱則赤染之以藍則青劉氏新論崇學篇青出於藍而青於藍染使然也後魏書李謐師事孔璠數年後璠就謐請業同門生爲之語曰青成藍藍謝青通志藍有三種蓼藍如蓼染綠大藍如芥染碧槐藍如槐染青三藍皆可作澱色成勝母故曰青出於藍而青於藍六書故槐藍叢生葉如槐宜爲澱蓼藍子葉皆如蓼而差大花紅白宜染青綠大葉如蟹匡者俗謂之蟹殼澱又有大藍眂蓼藍爲大而色不逮宜染碧陳啓源曰藍有五種菘藍堪染青蓼藍堪染碧惟馬藍可作澱三者華實相同而葉稍異蓼藍葉如蓼菘藍葉如白菘馬藍葉如苦蕒又有吳藍木藍皆堪作澱

藼 令人忘憂艸也從艸憲聲詩曰安得藼艸 況袁切

令人忘憂艸也者束皙發蒙記甘棗令人不惑萱草可以忘憂崔豹古今注欲忘人之憂則贈以丹棘一名忘憂草也本草圖經萱艸主安五臟利心志令人好歡樂無憂韓詩薛君章句諼草忘憂也稽康養生論合歡蠲忿萱草忘憂王朗與魏太子書萱草忘憂臯蘇釋勞任昉述異記萱草乂名忘憂草吳中書生謂之療愁魏彥深萱草詩橫得

忘憂號余憂遂不忘徐勉萱草花賦覽詩人之比興寄卉木以命詞惟平章之萱草欲忘憂而樹之 詩曰安得藼艸者衞風伯兮文彼作焉得諼草傳云諼草令人忘憂廣雅焉安也薛綜西京賦注安焉也

蕿 或從煖

詩釋文云諼說文作藼或作蕿 詩淇奧終不可諼兮傳云諼忘也考槃永矢弗諼傳云諼忘也釋訓萲諼忘也

萱 或從宣

qiōng 营

营 营藭香艸也從艸宮聲 去弓切

傳物志芎藭苗曰江蘺根曰芎藭 急就篇芎藭厚朴桂栝樓 桐君藥錄稾本苗似穹藭 山海經西山經號山其草多葯藚芎藭注云芎藭一名江蘺 宣十二年左傳有山鞠藭乎杜云鞠藭所以禦溼正義云本草有芎藭者是藥草之名 楚詞九歎莞芎棄於澤洲兮注云芎芎藭也 淮南氾論訓夫亂人者芎藭之與稾本也蛇牀之與麋蕪也此皆相似者許注此四者藥草臭味之相似 子虛賦芎藭菖蒲司馬彪曰芎藭似稾本郭璞曰今歷陽呼爲江蘺 通典天水

lánqióng 蘭 藭

郡貢芎藭 元和志利州貢芎藭 新唐書地理志益昌郡貢芎藭 营藭香艸也者本草芎藭一名胡藭一名香果其葉名蘼蕪吳普本草芎藭葉香細青黑文赤如稾本

芎 司馬相如說营或從弓

司馬相如說者藝文志武帝時司馬相如作凡將篇案凡將篇散見他書如黃潤纖美宜制褌等句與急就篇相似

藭 营藭也從艸窮聲 渠弓切

蘭 香艸也從艸闌聲 落干切

楚詞秋蘭兮青青綠葉兮紫莖 陸璣詩疏蘭莖葉似藥草澤蘭但廣而長節節中赤高四五尺 後漢書陳寵傳夫冬至之節陽氣始萌故十一月有蘭射干芸荔之應注云易通卦驗曰十一月廣莫風至則蘭夜干生 本草蘭一名水香生大吳池澤 馥案蘭可充佩楚詞紉秋蘭以爲佩漢官典職尚書郎懷香握蘭是也又主調飲食王度記天子以鬯諸矦以薰大夫以蘭芝士以蕭庶人以艾宋均注禮斗威儀云蘭主給和調杜預七犄大羹生華蘭椒馥芬文選七啓紫蘭

丹椒施和必節李善引鄭元曰蘭主給調和是也又作浴湯夏小正五月蓄蘭傳云爲沐浴也幽明錄廟中道夾樹蘭香齋者煮以沐浴然後祭所謂蘭湯是也又可爲閨房香澤陸氏詩疏云可著粉中是也又有山蘭夏矦湛賦既采蕭於大陸又刈蘭平崇岡是也又有澤蘭既夕禮記茵著用茶實綏澤焉注云澤澤蘭也取其香荀子正論篇代睪而食注云睪蓋香草或曰當爲澤澤蘭也本草澤蘭生汝南諸大澤旁陶云今處處有之多生下溼地葉微香或生澤旁故名澤蘭亦名都梁香可作浴湯唐本注云澤蘭莖方節紫色葉似蘭草而不香陶云都梁香乃蘭草爾俗名蘭香煮以洗浴亦生澤畔花白紫萼莖圓殊非澤蘭也陶注蘭草復云名都梁香竝不深識也圖經云此與蘭草大抵相類但蘭草葉光潤根小紫五六月盛而澤蘭葉尖微有毛不光潤方莖紫節七八月初採微辛此爲異是也馥又案漢書司馬相如傳蕙圃衡蘭顏注蘭卽今澤蘭後漢書馮衍傳播蘭芝於中庭兮注云蘭卽澤蘭江賦櫻以蘭紅李善注蘭澤蘭炮炙論以蘭爲大澤蘭以澤蘭爲小澤蘭 馥謂因此名稱易淆目

香艸也者本草蜀本圖經蘭葉似澤蘭尖長有岐花紅白色而香生下溼地宜三年左傳以蘭有國香人服媚之貫

逵注蘭香草名昭八年穀梁傳艾蘭以爲防注云蘭香草也楚詞九歌沅有茝兮澧有蘭注云言澧水之內有芬芳之蘭異於衆草列子臭過椒蘭荀子椒蘭芯芬東京賦秋蘭被涯注云秋蘭香草古樂府蘭草自然香生於大道旁稽康高士傳蘭以香自燒趙宧光曰古蘭可佩今非其物也陳啓源曰古人以芳草爲佩取其柯葉之香華不與焉葢佩欲其久柯葉之香雖萎不歇華則否矣馥謂今人盆盎所養蘭花冒蘭之稱猶桂花襲桂樹之號耳

jiān 蔪

蔪 艸出吳林山从艸姦聲 古顏切

艸者當爲香艸 一切經音義二蔪字書與蕑同蔪蘭也說文蔪香草也馥案廣韻蔪與蕑同蕑當作蕑廣雅蕑蘭也詩溱洧方秉蕑兮陸疏蕑即蘭香草也韓詩傳云鄭國之俗三月上巳之溱洧兩水之上招䰟續魄秉蘭草拂不祥薛君云蕑蘭也馥案即都梁香也廣志都梁香出淮南亦名煎澤草水經注資水云都梁縣西有小山山上有渟水既淸且淺其中悉生蘭草綠葉紫莖芳風藻川蘭馨遠馥俗謂蘭爲都梁山因以號縣受名焉盛宏之荆州記都梁香蘭也都梁縣名有小山下有水淸泚其中生蕑草名爲都梁即以縣爲名也或借菅字寰宇記菅溪山在静樂縣

菅音姦土人云其山多菅草或以爲名 出吳林山者中山經吳林之山其中多蔪草又洞庭之山其草多蔪蘼蕪勺藥芎藭

suī 葰

葰 薑屬可以香口从艸俊聲 息遺切

復古編葰別作荾葰竝非 玉篇葰云薑葰又荾云胡荾香菜葢一物而異文 鹽鐵論散不足篇葰茈蓼蘇 石崇奴券常種薤葰葫荾 一切經音義二十四博物志張騫使西域得胡葰今江南謂胡葰亦爲葫葰 薑屬可以香口者廣雅廉薑葰也異物志葰一名廉薑生沙石中薑類也其味大辛而香通志廉薑似山薑而根大一名葰既夕記茵著用荼實綏澤焉注云綏廉薑也澤澤蘭也皆取其香且御溼本草胡荾味辛并汾人呼爲香荾閑居賦蓼荾芬芳李善引韻略荾香菜也

wán 芄

芄 芄蘭莞也从艸丸聲詩曰芄蘭之枝 胡官切

芄蘭莞也者釋草藿芄蘭注云藿芄蔓生斷之有白汁可啖馥案劉向九歎莞芎棄於澤州王逸注莞苻蘺也馥謂莞即芄蘭也 詩曰芄蘭之枝者衛風芄蘭文彼作支傳云芄蘭草也箋云芄蘭柔弱恆蔓延於地有所依緣則起陸疏云芄蘭一名蘿摩幽州人謂之雀瓢蔓生葉青綠色而厚斷之有白汁鬻爲茹滑美其子長數寸似瓠子夢溪筆談辨證篇詩芄蘭之支童子佩觿觿解結錐也芄蘭生莢支出於葉閒垂之正如解結錐

xiāo 虈

虈 楚謂之蘺晉謂之虈齊謂之茝从艸嚻聲 語嬌切

埤蒼齊曰茝晉曰虈 楚詞九思芳虈兮挫枯注云虈香草名也 山海經西山經號山其草多葯虈芎藭注云葯白芷別名虈香草也又中山經崍山其草多葯注云即虈文選七命仰折神虈李善引本草經曰白芷一名虈

lí 蘺

蘺 江蘺蘼蕪从艸離聲 呂之切

江蘺蘼蕪者非本書原文葢後人亂之漢書司馬相如傳江蘺蘪蕪張揖曰江蘺香艸也蘪蕪蘄茝也似蛇牀而香張氏斷然以爲二物案傳三句同韻每句竝舉二物上文云芎藭昌蒲下文云諸柘巴且中云江蘺蘪蕪傳又云揜以綠蕙被以江離糅以蘪蕪雜以流夷此四句各舉一草江離蘪蕪非一物又可見矣故顏師古毛晃洪興祖皆謂

蘼蕪非江蘺直取相如文加之耳 然則蘺何物曰虈也楚謂之蘺

chǎi 茝

茝 虈也从艸𦣞聲 昌改切

離騷豈維紉夫蕙茝注云蕙茝皆香草也 山海經北山經其祠之皆用一藻茝瘞之注云茝香草蘭之類 史記禮書側載臭茝所以養鼻也索隱云茝香草也 漢書禮樂志茝蘭芳顏曰茝即今白芷 荀子勸學篇蘭槐之根是爲芷 虈也者本書虈齊謂之茝玉篇虈亦茝也又云葯白茝一葉即虈也九歌辛夷楣兮葯房王注葯白芷也本草白芷一名虈一名苻蘺葉名蒚麻可作浴湯生河東川谷下澤通志澤芬曰白芷曰白茝曰虈曰莞曰苻蘺楚人謂之葯其葉謂之蒚麻與蘭同德俱生下溼故蘭茝之香爲騷人所諷詠

méi 蘪

蘪 蘪蕪也从艸麋聲 靡爲切

蘪蕪也者管子地員篇五沃之土生蘪蕪春秋運斗樞維星散爲蘪蕪釋草蘄茝蘪蕪郭注香草葉小如萎狀廣韻引字林茝蘪蕪別名馥案茝謂蘄茝味者以爲白茝案管子地員篇薜荔白芷蘪蕪椒連五臭所校白芷與蘪蕪竝

xūn 薰　　dú 薄　　biān 萹

舉自非一物矣本草蘪蕪一名薇蕪一名江蘺芎藭苗也生雍州川澤及冤句陶隱居云今出歷陽處處人家多種之葉似蛇牀而香騷人借以爲譬圖經云其苗四五月閒生葉似水芹胡荽蛇牀輩作叢而莖細其葉倍香或時於園庭則芬馨滿徑楚詞九歌秋蘭兮蘪蕪羅生兮堂下古詩上山采蘪蕪下山逢故夫廣志蘪蕪香草魏武帝以藏衣中古今注相招則贈以蘪蕪蘪蕪一名當歸淮南氾論訓亂人者若蛇牀之與蘪蕪又說林訓蛇牀似蘪蕪而不能芳高云蛇牀臭蘪蕪香郭璞贊蘪蕪善草亂之蛇牀不隕其實自別以芳佞人似智巧言如賁後漢書馮衍傳攢射干雜蘪蕪兮注云蘪蕪似蛇牀而香其根卽芎藭也

薰 香艸也從艸熏聲 許云切

急就篇芬薰脂粉膏澤筩 廣雅天子祭以鬯諸侯以薰 山海經西山經浮山有草焉名曰薰草麻葉而方莖赤華而黑實臭如蘪蕪佩之可以已癘 魏略大秦國出薰草 成公綏宣清賦哀薰草之見焚 蘇子薰以芳自燒不能去其香 郭注山海經云或以蕙爲薰葉失之 陶隱居云俗人呼鷰草狀如茅而香者爲薰草人家頗種之藥錄云葉如麻兩兩相對今詩書家多用蕙而竟不知是何草當其名而迷其實皆此類也 圖經云葉如麻兩兩相對莖方氣如蘪蕪常以七月中旬開花至香古所謂薰草是也或云蕙草亦此也馥案郭謂蕙非薰陶及圖經皆不能定南越志零陵香名薰草又燕草

薄 水萹茿從艸從水毒聲讀若督 徒沃切

水萹茿者萹茿之生於水者也詩淇奧綠竹如簀韓詩作綠薄薛君云簀積也綠薄盛如積也詩釋文云韓詩竹作薄音徒沃反云薄萹茿也郡國志共本國淇水出注引博物記有綠竹草馥謂詩人所詠卽生於淇水側者竹當作薄博物記以綠竹爲一草非是綠自是王芻也

萹 萹茿也從艸扁聲 方沔切

釋草竹萹蓄郭云似小藜赤莖節好生道旁可食又殺蟲本草萹蓄生東萊山谷陶注處處有之布地而生人亦呼爲萹竹煮汁與小兒飲療蛕蟲有驗圖經云萹蓄春中布地生道旁苗似瞿麥葉細綠如竹赤莖如釵股節閒花出甚細微青

zhú 茿　　qiè 藒　　qì 芞　　měi 莓　　gé 茖　　gān 苷

黃色根如蒿根 吳普本草萹蓄名萹辨又名扁蔓節閒有粉多生道旁方士呼爲粉節草 楚詞九章解萹薄與雜菜兮備以爲交佩 王逸注言已解折萹蓄雜以香菜合而佩之馥至萊州三月閒有小兒提籃賣野菜呼編豬芽其葉似藜烝食之味亦似藜因憶本草言萹蓄生東萊山谷俗謂編豬也

茿 萹茿也從艸筑省聲 陟玉切

筑省聲者後人改之當云巩聲巩從工得聲茿筑皆其入聲猶元從兀聲也

藒 芞輿也從艸楬聲 去謁切

太平御覽引廣志云藒車香草味辛生彭城高數尺黃葉白華 齊民要術凡諸樹木有蛀者煎藒車香冷淋之善辟蛀蟲也

芞輿也者釋艸藒車芞輿郭注藒車香艸見離騷釋文車音居本多無此字馥謂寫者因郭注加車字郭乃引離騷藒車非謂爾雅亦有車字也故本書但云芞輿無藒車字釋文云輿或作藇音餘惟郭謝及舍人本同衆家並作蒢藒或借揭字離騷畦留夷與揭車兮王注揭車亦芳草一名芞輿漢書司馬相如傳揭車衡蘭應劭曰揭車一名芞輿香草也

芞 芞輿也從艸气聲 去訖切

莓 馬莓也從艸母聲 母辠切

馬莓也者廣雅莓蒲莣也類篇以爲木莓子似葚郭注爾雅以葥爲木莓玉篇莓下引本書同莓下云實似桑椹可食馥謂玉篇之莓卽爾雅之葥本書葥山莓爾雅作山莓

茖 艸也從艸各聲 古額切

釋艸茖山蔥郭注茖蔥細莖大葉 後漢書馬融傳格韭菹于注云格與茖古字通

苷 甘艸也從艸從甘 古三切

甘艸也者廣韻苷草藥出洮州廣雅美丹甘草也急就篇牡蒙甘草菀藜蘆本草甘草味甘平一名蜜甘一名美草

zhù 芧　jìn 藎　shù 莡　rěn 荵

一名蜜草一名蕗草生河西川谷積沙山及上郡圖經云今陝西河東州郡皆有之春生青苗高一二尺葉如槐葉七月開紫花似柰冬結實作角子如畢豆根長者三四尺粗細不定皮赤上有橫梁梁下皆細根也夢谿筆談甘草枝葉悉如槐高五六尺但葉端微尖而糙澀似有白毛實作角生如相思角作一本生熟則角拆子如小匾豆極堅齒嚙不破　從甘者徐鍇本作甘聲

芧　艸也從艸予聲可以爲繩直呂切

漢書蔣芧青薠張揖曰芧三稜也　本草有京三稜圖經曰荆湘江淮水澤之間皆有葉似莎草極長莖三稜如削大如人指高五六尺莖端開花大體皆如莎草而好生水際及淺水中　馥案玉篇芧與苧同管子小匡篇首戴苧蒲注云苧蔣也編苧與蒲以爲笠　可以爲繩者王襃僮約多取蒲苧益作繩索南都賦其草則藨苧薠莞李善云苧直呂切說文曰可以爲索

藎　艸也從艸盡聲徐刃切

說文解字義證　卷三　五五

艸也者一切經音義三引字林藎草名也本草藎草味苦可以染流黃作金色生青衣川谷唐本注云此草葉似竹而細薄莖亦圓小生平澤谿澗之側荆襄人煑以染黃色極鮮好俗名菉蓐草爾雅所謂王芻者也詩淇奧綠竹猗猗傳云綠王芻釋草菉王芻郭注菉蓐也今呼鴟脚莎急就篇雷矢雚菌藎兔盧顔注藎草治久欬殺皮膚小蟲又可以染黃而作金色馥案藎亦菉屬　詩終朝采綠箋云綠易得之菜也

莡　艸也從艸述聲食聿切

艸也者徐鍇曰按藥有蓬莪莡

荵　荵冬艸從艸忍聲而軫切

荵冬艸者荵當爲忍荵忍聲相近徐鍇韻譜荵忍冬艸徐鉉據李舟切韻所加本草忍冬陶注云今處處皆有藤生凌冬不凋故名忍冬唐本注云此草藤生繞覆草木上莖苗赤紫色宿蔓有薄白皮膜之其嫩蔓有毛葉似胡豆亦上下有毛花白蘂紫

cháng 萇　jì 薊　lí 堇　diào 藋

萇　萇楚銚弋一名羊桃從艸長聲直良切

萇楚銚弋者釋草文彼作芅郭云今羊桃也或曰鬼桃葉似桃華白子如小麥亦似桃馥案小麥當爲小棗字之誤也本草蜀本圖經云子細如棗核是也詩隰有萇楚猗儺其枝傳云萇楚銚弋也箋云銚弋之性始生正直及其長大則其枝猗儺而柔順不妄尋蔓草木陸疏云今羊桃是也葉長而狹華紫赤色其枝莖弱過一尺引蔓於草上　一名羊桃者本草羊桃味苦寒一名鬼桃一名羊腸一名萇楚一名御弋一名銚弋生山林川谷及田野陶注云甚似家桃又非山桃子小細苦不堪噉花甚赤蜀本圖經云葉花似桃子細如棗核苗葉長弱卽蔓生不能爲樹廣雅鬼桃銚弋羊桃也楚詞七諫斬伐橘柚今列樹苦桃洪注引本草羊桃味苦六書故羊桃藤長丈餘可以爲綆

薊　芺也從艸魝聲古詣切

本草有大小薊根陶隱居云大薊似虎薊小薊是猫薊葉並多刺相似圖經云小薊俗名青刺薊苗高尺餘葉多刺心中出花頭如紅藍花而青紫色北人呼爲千針草當二月苗初生二三寸時并根作茹食之甚美大薊根苗與此相似但肥

說文解字義證　卷三　五六

大耳沈括曰予嘗至幽州見路旁生薊芺甚大恐薊地因此得名馥案陳藏器云薊門以薊爲名　芺也者釋草芺薊徐鍇曰卽今刺薊是

堇　艸也從艸里聲讀若釐里之切

艸也者齊民要術引字林堇草名徐鍇曰按字書蒴藋草一名堇也馥案五音集韻堇蒴藋別名本草蒴藋味酸溫有毒可作浴湯一名堇草一名芨六書故蒴藋每葉輒有岐葉五六秋生細白華實如菉荳一名陸英　讀若釐者釐藜也集韻釐艸名夫須也通作萊大戴禮曾子制言篇聚橡栗藜藋而食之盧辯注云藜藋史記太史公自序藜藋之羹正義云藜似藋而表赤

藋　釐艸也一曰拜商藋從艸翟聲徒弔切

玉篇藋藜藋也　昭十六年左傳斬之蓬蒿藜藋而共處之　管子小匡篇五穀不蕃六畜不育而蓬蒿藜藋並興　莊子徐無鬼篇夫逃虛空者藜藋柱乎鼪鼬之逕　宗躬孝子傳桑虞喪母八十四日食百粒糝藜藋　典略賊李堪等將

部曲入長安居董卓故塢中拔取酸棗藜藋以給食　張掖郡有地名茖藋

釐艸也者李燾本及集韻類篇竝作堇艸廣雅亦誤作堇此皆因晉語寘堇於肉注家以爲烏頭遂據以改說文也程君瑤田曰廣雅堇藋也以藋爲堇余竊有疑焉案今分韻說文藋堇草也而始一終亥本則曰藋釐草也一作堇一作釐余疑釐堇二字皆堇字之譌說文堇草也讀若釐載孫愐韻爲里之切及檢廣韻堇有許竹丑六二切竝云羊蹄菜而里之切中不收堇字又堇有恥力切云蒴藋别名蒴藋藥也玉篇堇亦有二音丑力丑六兩切也云一名蓫似冬藍食之醋也不以爲羊蹄於蓫字則云堇也廣韻蓫與芨同以爲烏頭别名不與堇爲一物矣玉篇既以蓫爲堇遂别出芨字爲堇草爲烏頭别名焉又考集韻許六切中以堇與苗爲一字云草名羊蹄也而勅六切中亦堇苗竝見同音而異釋於堇字引字林草名似冬藍於苗字則云苗蓨也案爾雅苗蓨又云蓨蓨說文亦云苗蓨也蓨苗也又三國吳志諸葛恪傳藜條根荄化爲善草余疑條卽蓧字省去艸此之所謂藜條卽前諸書之藜藋藋與蓧字葢相通矣余故曰說文釋藋字一作堇一作釐者皆堇字之譌也何也据集韻堇與苗同今藋與蓧又相通然則

余定說文藋爲堇也云者猶言蓧苗也云爾且苗音與笛同笛周禮笙師職作篴讀爲滌漢書敘傳六世耽耽其欲浟浟注云頤六四爻辭今易作逐逐子夏傳作攸攸然則逐字古有滌音篴從逐固亦宜有逐音也所以堇苗字皆有許六勅六諸翻切音既相通義亦因之相貫以之命名自可互爲一物余定說文藋字之釋爲堇葢亦求之聲音字形有四通六闢之妙而非欲逞其臆見也是故說文之譌堇也堇與堇字形相似其譌釐也釐與堇聲實相同廣雅玉篇廣韻集韻或以藋爲堇或以堇爲芨或以芨爲蓫或以蓫爲堇展轉承襲葢未能詳至謂堇爲蒴藋之與藋字形尤易錯互今稍條理之以俟達者　一曰拜商藋者釋草文彼作蔏藋謂當爲商高誘淮南子注蔏苗荻秀楚人謂之蔏蔏讀如敵戰之敵幽冀謂之荻茖也程君瑤田曰爾雅拜商藋莊周書田開之操拔篲以待門庭余謂拔篲卽拜篲葢以拜爲埽帚聲轉之故謂之拔篲詩勿翦勿拜鄭箋拜之言拔也說文釋藋字别出一曰拜商藋之文可知商藋之非藋也葢灰藋之類而非灰藋故謂之拜商藋馥案梁簡文勸醫文作灰蓧菜

jí
芨

芨 堇艸也從艸及聲讀若急 居立切

堇艸也者堇當爲堇後人據爾雅改之也廣雅堇藋也亦當爲堇又華藜也華當爲蕼玉篇蕼堇也堇亦當爲堇釋草芨堇艸郭注卽烏頭釋文云案本草蒴藋一名堇艸一名芨非烏頭也　讀若急者集韻蓫艸名蒴藋也玉篇堇一名蓫

jiàn
葥

葥 山苺也從艸歬聲 子賤切

山苺也者釋草文彼作莓郭云今之木莓也實似藨莓而大亦可食玉篇莓實似桑椹可食其解葥字云王彗草可爲帚

mòu
蓩

蓩 毒艸也從艸婺聲 莫候切

毒艸也者集韻蓩毒艸名葶藶也中山經熊耳之山有草焉其狀如蘇而赤花名曰葶藶可以毒魚後漢書劉立傳遣李松會朱鮪與赤眉戰於蓩鄉注云蓩音莫老反字林云毒草也因以爲地名楊震傳追前功封蓩亭侯郡國志宏農故桃林有務鄉注云赤眉破李松處馥案誤寫從力之務故晉隨形變

mǎo
蓩

蓩 卷耳也從艸務聲 亡考切

卷耳也者玉篇蓩毒艸也郭注爾雅引或說云苓耳形似鼠耳叢生如盤徐鍇曰菌屬生朽潤木根楚詞九思枲耳兮充房王注枲耳惡艸也馥案此與詩之卷耳名同物異

shēn
薓

薓 人薓藥艸出上黨從艸浸聲 山林切

人薓藥艸者當爲苦艸謂苦參也一切經音義十一蔘說文作薓苦草也其類有多種謂丹蔘元蔘等也急就篇遠志續斷參土瓜顏注參謂人參丹參紫參元參沙參苦參也廣雅地精人蓡也禮斗威儀君乘木而王則人參生春秋運斗樞搖光星散爲人參廢江淮山瀆之利則搖光不明人參不生神農本草立夏之日蜚廉先生爲人參茯苓使主腹中七節保神守中潛夫論思賢篇治疾當得人參反得支羅服　出上黨者本草人參如人形者有神生上黨山谷范子計然人參出上黨狀類人者善新唐書地理志太原上黨貢人蓡異苑人參一名土精生上黨者佳人形皆具能作兒啼昔有人掘之始下數鏵便聞土中有呻聲尋音而取果得一頭長二尺許四體畢備而髮有損缺

處將是掘傷所以呻也廣五行記隋文帝時上黨有人宅後每有人呼聲求之不得去宅一里但見一人參枝苗掘之入地五尺得人參一如人體狀去後呼聲遂絕

luán 虊

虊 鳧葵也从艸攣聲 洛官切

鳧葵也者本書茈字訓同廣韻虊一曰茆也廣雅虊茆鳧葵也馥案虊豬蓴茆絲蓴顔氏家訓梁世有蔡朗諱純既不涉學遂呼蓴爲露葵是也

lì 莀

莀 艸也可以染留黃从艸戾聲 郎計切

艸也者本書綟帛莀艸染色綸讀若戾草戾當作莀廣雅茈莀染草也鄭注周禮典染草謂之紫茢陳啓源曰詩采綠即本草之藎草說文謂之莀草可以染留黃漢書諸侯王盭綬晉灼云盭草似艾可染黃因以名綬皆謂此盭本作綟與莀同郎計反小雅采綠與采藍並偁以其皆染草也 可以染留黃者廣雅留黃綠也環濟要略正色有五謂青赤黃白黑也閒色有五謂紺紅縹紫流黃也古詩大婦織綺羅中婦織流黃張載擬四愁詩佳人贈我筒中布何以報之流黃素

qiáo 莜

莜 蚍虾也从艸收聲 渠遙切

蚍虾也者本書芘一曰芘芣詩毛傳同蓋後人據爾雅改之釋草莜蚍衃郭云今荊葵也似葵紫色謝氏云小草多華少葉葉又翹起廣雅荊葵莜也詩東門之枌視爾如莜傳云莜芘芣也陸璣疏云芘芣一名荊葵似蕪菁華紫綠色可食微苦羅願曰荊葵花似五銖錢大色粉紅有紫文縷之一名錦葵

pí 蓖

蓖 蕎也从艸毗聲 房脂切

蕎也者玉篇蓖蕎似著

yǔ 萭

萭 艸也从艸禹聲 王矩切

tí 荑

荑 艸也从艸夷聲 杜兮切

艸也者玉篇從弟作苐音題引本書同

xuē 薛

薛 艸也从艸辥聲 私列切

艸也者漢書司馬相如傳薛莎青薠音義云薛藾蒿也玉篇薛莎也洪武正韻六䪥蘱薛簦笠是以莎草爲雨衣也馥案郭注爾雅苹藾蕭云今藾蒿此與莎異所未能詳

kǔ 苦

苦 大苦苓也从艸古聲 康杜切

大苦苓也者苓當爲蘦本書蘦大苦也釋草同馥案卽黃藥也

bèi 菩

菩 艸也从艸音聲 步乃切

艸也者廣韻作蓓云黃蓓草也馥案北方苫屋者是也齊民要術凡穀田二月上旬及麻菩楊生種者爲上時

yì 蓄

蓄 蓄苢从艸啻聲一曰蓄英 於力切

蓄苢者苢當爲㠯本書㠯下引賈侍中說蓄㠯實也禮含文嘉夏姒氏祖以薏苡生吳越春秋鯀娶於有莘氏之女名曰女嬉年壯未孳嬉於砥山得薏苡而吞之意若爲人所感因而妊孕剖脅而產高密後漢書馬援傳初援在交阯常餌薏苡實用能輕身省慾以勝瘴氣本草薏苡仁一名解蠡一名屋菼一名起實一名贛生眞定平澤及田野陶云眞定縣屬常山郡近道處處有多生人家出交阯者子最大彼土呼爲𦼮珠馬援大取將還人讒以爲珍珠也馥案廣雅贛起實薏㠯也集韻芣薏苡子芣卽𦼮字六書故薏苡穀類枝葉如黍其實殼堅圜澤如珠其米如貝 一曰蓄英者抱朴子仙藥篇菊花與薏花相似直以甘苦別之耳菊甘而薏苦諺所謂苦如薏者也馥案蓄英卽似菊之華楚辭夕餐秋菊之落英蓄亦偁英

máo 茅

茅 菅也从艸矛聲 莫交切

易泰卦拔茅連茹 詩靜女白茅包之箋云茅絜白之物也 禹貢包匭菁茅鄭注茅有毛刺曰菁茅 吳錄地理志零陵有香茅任土貢之 御覽引風俗通謹按詩曰手如柔荑荑者茅始熟中穰也既白且滑 本草茅根陶隱居云此卽今白茅其根如渣芹甜美嘉祐圖經春生芽布地如針俗閒謂茅針亦可噉夏生白花茸茸然至秋而枯其根至潔白亦甚甘美 獨斷天子大社五色土以諸侯所封之方色苴以白茅授之謂之授茅土 僖四年左傳爾貢包茅不入王祭

不供無以縮

菅也者詩白華露彼菅茅

jiān 菅

菅 茅也從艸官聲 古顏切

成九年左傳無棄菅蒯 既夕禮菅筲三其實皆瀹 六韜吾觀其野草菅勝穀 茅也者廣雅同詩白華菅兮傳云白華野菅也已漚為菅箋云白華於野已漚名之為菅菅柔忍中用矣正義云漚之柔韌異其名謂之為菅因謂在野未漚者為野菅也詩東門之池可以漚菅陸疏云菅似茅而滑澤無毛根下五寸中有白粉者柔韌宜為索漚乃尤善矣釋艸白華野菅郭云菅茅屬西山經天帝之山下多菅蕙注云菅茅類也南山經白菅為席注云菅茅屬也楚詞招魂藂菅是食些注云菅茅也淮南齊俗訓必有菅屩跐踦高云菅茅也漢書賈誼傳若艾草菅然顏云菅茅也

qí 蘄

蘄 艸也從艸斳聲江夏有蘄春亭 渠支切

艸也者蘄通作芹列子客有獻芹者鄉豪取而嘗之蜇於口慘於腹也 江夏有蘄春亭者亭當為縣漢志江夏郡有蘄春縣史記楚世家秦將王翦破我軍於蘄馥案楚東徙都壽春故軍破於蘄元和郡縣志蘄春縣因蘄水為名蘄水西南經縣三里源出東北大浮山一名蘄山寰宇記按地名解之蘄春以水隈多蘄菜因以為名十道志蘄州蘄陽郡秦屬九江郡漢蘄春縣地廣韻晉孝武鄭后諱春改為蘄陽周平淮南改為州因蘄水以為名 斳聲者本書無斳字

guān 莞

莞 艸也可以作席從艸完聲 胡官切

周書文傳解澗溼不穀樹之竹葦莞蒲 穆天子傳爰有萑葦莞蒲注云莞蔥蒲或曰莞蒲齊名曰關西云莞 大戴禮勸學篇譬之如洿邪水潦灟焉莞蒲生焉 本書睆字音義與此莞同疑一字有正文或體之別 可以作席者玉篇莞似藺而圓可為席白帖東方朔曰孝文以莞為席列子釋文莞似蒲而圓今之為蓆是也楊承慶字統音關一切經音義十此草外似蔥內似蒲而圓廣雅謂之蔥蒲可以為席生水中今亦名莞子也書顧命敷重豐席王肅曰豐席莞詩斯干下莞上簟箋云莞小蒲之席也釋文云草叢生水中莖圓江南以為席形似小蒲而實非也喪大記君以簟席大夫以蒲席士以葦席注云三者下皆有莞馥案所謂下莞上簟也周禮司几筵設莞筵紛純王褒僮約種莞織蓆注云莞小草可以為席江表傳黃門從某求宮中莞席本草燈心草叢生莖圓細而長直人以為席六書故莞小蒲也莖葉圜長叢生如蓍可以為席剝取其莖中虛白者可以漬油然鐙故又謂之鐙心草 蒲類而小故謂小蒲

lìn 藺

藺 莞屬從艸閵聲 良刃切

莞屬也者字林同廣雅莞藺也玉篇藺似莞而細可為席急就篇蒲蒻藺席帳帷幢顏注藺草名亦莞之類也蒲蒻可以為薦藺草可以為席范子計然六尺藺席出河東上價七十蒲席出三輔上價百寰宇記蒲州土產藺席晏氏類要河中府貢藺席

chú 蒢

蒢 黃蒢職也從艸除聲 直魚切

黃蒢職也者職玉篇作蘵云蘵草葉似酸漿夏小正作識云三月采識傳云識草也釋草作蘵云蘵黃蒢郭注蘵草葉似酸漿華小而白中心黃江東以作菹食顏氏家訓書證篇江南別有苦菜葉似酸漿其花或紫或白子大如珠熟時或赤或黑此菜可以釋勞案郭璞注爾雅此乃蘵黃蒢也今河北謂之龍葵馥案陳藏器云苦蘵味苦寒葉極似龍葵但龍葵子無殼苦蘵子有殼人亦呼為小苦耽古今注苦葴一名苦蘵子有裹形如皮弁始生青熟則赤裹有實正圓如珠亦隨裹青赤長安兒童謂為洛神珠一曰王母珠一曰皮弁草本草苦耽苗子苦寒生故墟垣塹閒高二三尺子作角如撮口袋中有子如珠熟則赤色又有一種小者名苦蘵馥案小者名苦蘵即陳藏器所云小苦耽但作角與有裹異目本草苦蘵即苦參葉似槐花黃色結角如蘿蔔子內子二三粒如小豆而堅根味苦又苦參一名水槐一名苦蘵陶云葉極似槐樹故有槐名花黃子作莢根味至苦惡馥案此結角者即苦耽耽參聲相近一物重出實非苦蘵也

pú 蒲

蒲 水艸也可以作席從艸浦聲 薄胡切

水艸也者莞藺之屬生於水者也藝文類聚引山海經孟子之山其草多蒲馥謂山中有水而蒲生非謂生於山上也孝經援神契蒲益聰後漢書劉寬傳吏人有過但用蒲鞭罰之　可以作席者廣韻蒲草名似藺可以爲席北堂書鈔引三禮圖士蒲筵長七尺廣三尺三寸無純荀子不苟篇與時屈伸柔從若蒲葦注云蒲葦所以爲席可卷者也書顧命敷重厎席馬注厎青蒲也王注同文二年左傳妾織蒲杜云家人販席玉藻連用湯履蒲席東觀漢記郭丹師事公孫昌敬重常持蒲編席漢書史丹傳頓首伏青蒲上服虔曰青緣蒲席也盧湛云凡臨祭坐以蒲蒻青布緣褥其事從約也本草有敗蒲席陶隱居云人家用席皆是莞草而蒻多用蒲

ruò
蒻

蒻 蒲子可以爲平席從艸弱聲 而灼切

蒲子可以爲平席者藝文類聚引作蒲子也可爲蔫御覽引可以爲蔫鄭康成說深蒲云蒲始生水中子鹽鐵論散不足篇古者無茵席之加旃蒻之美其後大夫士復蔫草緣蒲平單莞今富者繡茵翟柔蒲子露林考工記故玆其輻廣以爲之弱注云弱菑也今人謂蒲本在水中者爲蒻是其類也詩韓奕維筍及蒲傳云蒲蒲蒻也陸疏云蒲周

禮以爲菹謂蒲始生取其中心入地蒻大如指白生啖之甘脆又煑以苦酒如食筍法大美古今注揚州人謂蒻爲斑杖不知食之書顧命敷重篾席王肅注篾席纖蒻苹席葢蒲席也馥案本書云周書曰布重莫席纖蒻席也周禮司几筵加繅席注云繅席削蒲蒻展之編以五采若今合歡矣楚詞招魂蒻阿拂壁注云蒻蒻席顏注急就篇蒻謂蒲之柔弱者也蒲蒻可以爲席宋起居注劉禎奏風聞廣州刺史作白席三百二十領馥案山海經祠用白蒲爲席是白席卽白蒲席謂蒻也釋名蒲苹以蒲作之其體平也東觀漢記殤帝詔省荏蒻平簟馥案蒲平平簟幷當爲苹廣韻苹蒲白又云苢蒻小苹小當爲水言在水中也文選秋興賦藉莞蒻李善引本書作華席苹華形近致誤禮記閒傳苄翦不納注云苄今之蒲苹也

shēn
蔘

蔘 蒲蒻之類也從艸深聲 式箴切

蒲蒻之類也者疑之類二字有誤周禮醢人深蒲鄭司農云深蒲蒲蒻入水深故曰深蒲

tuī
蓷

蓷 萑也從艸推聲詩曰中谷有蓷 他回切

萑也者釋草萑蓷郭注今茺蔚也葉似荏方莖白華華生節閒又名益母李巡云臭穢草也本草茺蔚子味辛一名益母生海濱池澤陶云今處處有葉如荏方莖子細長三棱陳藏器云此草田野閒人呼爲鬱臭草曹植藉田論藜蓬臭蔚棄之乎遠疆　詩曰中谷有蓷者王風中谷有蓷文傳云蓷鵻也釋文云爾雅云萑也韓詩云茺蔚也廣雅又名益母陸疏云舊說及魏博士濟陰周元明皆云菴閭是也韓詩及三蒼說悉云益母故曾子見益母而感案本草云益母茺蔚也一名益母故劉歆曰蓷臭穢臭穢卽茺蔚也六經正誤詩中谷有蓷毛傳蓷鵻也鵻卽萑字借用也馥案詩大車釋文騅本亦作萑是萑多借騅

zhuī
萑

萑 艸多皃從艸隹聲 職追切

艸多皃也者非原文後人亂之增韻云萑一名蓷說文鬱也韓詩云茺蔚也馥案鬱卽陳藏器所云鬱臭艸廣韻萑蓷茺蔚又名益母

kuī
茥

茥 缺盆也從艸圭聲 苦圭切

缺盆也者釋草文彼作缺葢郭云覆葢也實似莓而小可食廣雅蒛盆陸英莓也本草蓬蘽一名覆盆又出覆盆子條陶云蓬蘽是根名覆盆是實名李云卽是人所食莓爾衍義云覆盆子長條四五月紅熟秦州甚多永興華州亦有及時山中人採來賣其味酸其外如荔枝櫻桃許大軟紅可愛蜀本引切韻莓音茂其子覆盆也

jùn
莙

莙 牛藻也從艸君聲讀若威 渠殞切

牛藻也者釋草文郭云似藻葉大江東呼爲馬藻詩于以采藻陸疏藻水草也生水底有二種其一種葉如雞蘇莖大如箸長四五尺其一種莖大如釵股葉如蓬蒿謂之聚藻扶風人謂之藻聚其發聲也　讀若威者本書威姑也馥案威姑卽君姑顏氏家訓書證篇或問東宮舊事六色罽緺是何等物當作何音答曰按說文云莙牛藻也讀若威音隱塢瑰反卽陸璣所謂聚藻葉如蓬者也郭璞注三蒼亦云蘊藻之類也細葉蓬茸生然今水中有此物一節長數寸細茸如絲圓繞可愛長者二三十節猶呼爲莙又寸斷五色絲橫著線股閒繩之以象莙艸用以飾物卽名爲莙於時當紺綖繫六色罽作此莙以飾緄帶張敞因造絲旁畏耳宜作隈

huán 䓞

䓞 夫蘺也從艸睆聲 胡官切

䓞與前莞字音義同

夫蘺也者釋草莞苻蘺其上蒚郭云今西方人呼蒲爲莞蒲蒚謂其頭臺首也今江東謂之苻蘺西方亦名蒲中莖爲蒚用之爲席馥案本草白芷一名莞一名苻蘺此誤也釋草芏夫王郭云芏草生海邊似莞藺今南方越人采以爲席陳藏器云莊芏一名江蘺子似莞生海邊可爲席馥謂芏有江蘺之稱因誤以苻蘺爲白芷芏䓞皆莞藺之屬可爲席者也漢書東方朔傳莞蒲爲席顏曰莞夫蘺也今謂之葱蒲元和郡縣志苻離縣爾雅曰莞苻離也以地多此草故名

lì 蔏

蔏 夫蘺上也從艸鬲聲 力的切

夫蘺上也者某氏爾雅注引本草云白蒲一名苻蘺楚謂之莞蒲其上臺別名蒚玉篇蒲蒚謂今蒲頭有臺臺上有重臺中出黃即蒲黃

yǐ 苢

苢 芣苢一名馬舄其實如李令人宜子從艸㠯聲周書所說 羊止切

芣苢一名馬舄者廣雅當道馬舄也廣韻蕮葛藥草車前別名韓詩傳直曰車前瞿曰芣苢詩采采芣苢傳云芣苢馬舄馬舄車前也陸疏云芣苢一名馬舄一名車前一名當道喜在牛迹中生故曰車前當道也今藥中車前子是也幽州人謂之牛舌草可鬻作茹大滑其子治婦人難產釋草芣苢馬舄馬舄車前郭云今車前草大葉長穗好生道邊江東呼爲蝦蟆衣本草車前子味甘寒無毒養肺強陰益精令人有子一名當道一名芣苢一名蝦蟇衣一名牛遺一名勝舄生眞定平澤邱陵阪道中神仙服食經車前實雷之精也八月采地衣地衣者車前實也新唐書地理志盛山郡貢芣苢實韓詩芣苢傷夫有惡疾也薛君曰芣苢澤瀉也芣苢臭惡之草詩人傷其君子有惡疾人道不通求已不得發憤而作以事興芣苢雖臭惡乎我猶采采而不已者以興君子雖有惡疾我猶守而不離去也列女傳蔡人之妻者宋人之女也既嫁於蔡而夫有惡疾其母將改嫁之女曰夫不幸乃妾之不幸也柰何去之適人之道一與之醮終身不改不幸遇惡疾不改其意且夫采采芣苢之草雖其臭惡猶始於捋采之終於懷擷之浸以益親況於夫婦之道乎彼無大故又不遣妾何以得去終不聽其母乃作芣苢之詩文選辨命論冉耕歌其芣苢李善云冉耕魯人字伯牛以德行著名有惡疾馥案芣苢能已癘故冉子興歌說韓詩者皆以芣苢爲澤瀉考其說益有所因莊子至樂篇鼃蠙之衣生於陵屯則爲陵舄司馬彪云化作車前改名陵舄一名澤舄鼃蠙之衣即本草及郭注所謂蝦蟆衣也化作車前改名陵舄澤舄是芣苢爲澤瀉也又案詩言采其藚傳云藚水舄陸疏今澤瀉也其葉如車前艸大其味亦相似然則車前澤瀉實二物以形狀相近而得通稱也 其實如李令人宜子周書所說者周書王會解康民以桴苡桴苡者其實如李食之宜子孔晁注康西戎別名也食桴苡即有身陶注本草云韓詩乃言芣苢是木似李食其實宜子孫皆爲謬矣郭璞芣苢贊車前之草別名芣苢王會之云其實如李名之相亂在乎疑似詩芣苢釋文云山海經及周書王會皆云芣苢木也實似李食之宜子出於西戎衛氏傳及許愼並同此王肅亦同王基已有駁難也馥案衛氏傳衛宏詩傳也王基駁云王會所記雜物奇獸皆四夷遠國各齎土地異物以爲

貢贄非周南婦人所得采

tán 蕁

蕁 茺藩也從艸尋聲 徒含切

茺藩也者釋草文彼作莸藩郭注生山上葉如韭一曰蝭母本書芪芪母也本草云知母一名蚔母一名蝭母一名韭逢一名沈燔一名蕁生河內川谷陶注今出彭城形似菖蒲而柔潤葉至難死掘出隨生須枯燥乃止 尋聲者本書無尋字

蕁或從爻

蕁或從爻者爾雅從爻釋文云說文云或作蕁是蕁爲正文蕁乃或體本書㝷從彡云與㲻同意馥謂㲻從爻㝷亦當從爻說見㝷下

jī ⿱艹毄

⿱艹毄 艸也從艸毄聲 古歷切

qiū 蓲

蓲 艸也從艸區聲 去鳩切

zhū gàn gù
藷 ⿱艹榦 菌

艸也者玉篇蘆烏蘆也廣韻蘆烏蘆草名釋草葵蘆注云江東呼爲烏蘆釋文云蘆郭音邱說文云烏蘆草也張揖云未秀曰烏蘆

菌 艸也从艸固聲 古慕切

⿱艹榦 艸也从艸榦聲 古案切

藷 藷蔗也从艸諸聲 章魚切

藷蔗也者廣雅王延藷䕷署預也子虛賦諸柘巴苴張揖曰諸柘甘柘也古文苑蜀都賦黃甘諸柘注云諸柘甘蔗也馥案南齊書扶南國傳有甘蔗諸蔗分爲二物西京雜記藷蔗二十五區本草甘蔗味甘平陶云蔗出江東爲勝盧陵亦有好者廣州一種數年生皆大如竹長丈餘取汁以爲沙糖甚益人又有荻蔗節疏而細亦可噉也蔗有兩種赤色名崑崙蔗白色名荻蔗出蜀及嶺南爲勝蜀本圖經云葉似荻高丈許有竹荻二蔗竹蔗莖粗出江南荻蔗莖細出江北霜下後笮其汁爲沙糖通俗文荆州出笮蔗或作甘柝一物也荆州圖副百里洲特宜五果甘柰梨蔗

於此是出永嘉郡記樂成縣菰子浦出好甘蔗寰宇記資州土產甘蔗南州異物志儋耳夷食諸異物志甘蔗遠近皆有交阯所產特醋好本末無厚薄其味甘圍數寸長丈餘頗似竹斷而食之既甘生取汁爲飴餳益珍煎而暴之之凝如冰吳錄地理志交阯句屚縣甘蔗大數寸其味醋美異於他處笮以爲餳暴之疑如冰破如博碁入口消釋南方草木狀諸蔗一曰甘蔗交阯所生者圍數寸長丈餘頗似竹斷而食之甚甘笮取其汁曝數日成飴入口消釋彼人謂之石蜜南人云甘蔗可消酒司馬相如樂歌太尊蔗漿析朝酲是其義也泰康六年扶南國貢諸蔗一丈三節楚詞招魂臑鼈炮羔有柘漿些注云柘藷蔗也取藷蔗之汁爲漿飲也容齋四筆子虛賦所云諸柘巴且諸柘者甘柘也蓋相如指言楚雲夢之物漢郊祀歌泰尊柘漿亦謂取甘蔗汁以爲飲張協藷蔗賦挫斯蔗而療渴若漱醴而含蜜清津滋於紫梨流液豐於朱橘李伯仁七款副以甘柘豐宏誕節纖液玉津旨於飴蜜唐書摩揭陀傳太宗遣使取熬糖法卽詔揚州上諸蔗拃瀋如其劑色味愈西域遠甚盧諶祭法冬祀用甘蔗范汪祠制孟冬祀用甘蔗曹植矯志詩都蔗雖甘杖之必折馮衍竹杖銘都蔗雖甘猶不可杖

yín fū yòu xián ǎo fù zhōng sì níng zhè
蔩 莩 ⿱艹圝 茲 芺 萯 ⿱艹中 ⿱艹賜 ⿱艹毄 蔗

蔗 藷蔗也从艸庶聲 之夜切

⿱艹毄 牂⿱艹毄可以作縻綆从艸毄聲 女庚切

牂⿱艹毄可以作縻綆者徐鍇以爲苡之屬馥案縻牛轡綆汲綆牂牁弋也所以繫縻綆

⿱艹賜 艸也从艸賜聲 斯義切

⿱艹中 艸也从艸中聲 陟宮切

萯 王萯也从艸負聲 房九切

王萯也者廣雅王白萯也玉篇萯小豆四月王萯秀也管子地員篇其種大萯細萯詩七月四月秀葽傳云葽草也箋云夏小正四月王萯秀葽其是乎馥案穆天子傳芧萯蒹葽是萯不同物月令孟夏之月王瓜生注云今月令云王萯生呂氏春秋孟夏紀作王菩生高注菩或作瓜瓠甊也馥案菩卽萯郭注穆天子傳萯今菩字漢書宣帝紀萯陽宮東方朔傳作倍陽顏注倍陽卽萯陽也禹貢陪尾山或作負尾山本草萯生田中葉青刺人有實七月采

陰乾馥案七月采與夏小正之四月秀不合

芺 艸也味苦江南食以下气从艸夭聲 烏浩切

艸也者本書薊芺也釋草鉤芺郭云大如拇指中空莖頭有臺似薊初生可食釋草又云芺薊其實莠注云芺與薊莖頭皆有蓊臺名莠莠卽其實也本草苦芺蜀本圖經云子若貓薊莖圓無刺五月采苗堪生噉所在下溼地有之味苦江南食以下气者本書葽引劉向說此味苦苦葽也江南爾雅釋文引作江東

茲 艸也从艸弦聲 胡田切

⿱艹圝 艸也从艸圝聲圝籀文囿 于救切

圝籀文囿者徐鉉據徐鍇繫傳加之

莩 艸也从艸孚聲 芳無切

蔩 兔瓜也从艸寅聲 翼真切

yóu 蕕 píng 荓

兔瓜也者，釋草文，彼作菟。太平御覽引孫炎云一名瓜𤓰。案釋草下文云蔛𧄍豕首，孫以蔛字屬上，本書𧄍豕首亦無蔛字，馥疑釋草原文當云黃菟瓜瓜蔛，表二名，說文但舉兔瓜也。雲南人多賣者，謂爲土瓜，形似扁蘆菔，色白，食之甘脆。

荓 馬帚也。从艸，幷聲。薄經切

馬帚也者，釋草文，注云似蓍，可以爲埽彗。廣雅馬帚屈馬第也。玉篇蓆刷也。管子地員篇蔞下於荓，荓下於蕭。李時珍曰此卽蓍草，謂其可爲馬刷，故名馬帚，今河南人謂之鐵掃帚。或借苹字，夏小正七月苹秀，傳云苹也者馬帚也。

蕕 水邊艸也。从艸，猶聲。以周切

水邊艸也者，釋草蕕蔓于，郭云多生水中，一名軒于，江東呼蕕。孫炎注帝登蕭山遭蕕芋草毒，將死，得蒜齧之乃解。子虛賦菴閭軒于，張揖曰軒芋蕕草也，生於水中，揚州有之。後漢書馬融傳格韭菹于，注云于，軒于也，一名蕕，生於水中。湊本草拾遺蕕草生水田中，狀如結縷草。六書故今魚腥草又名水生草，細葉黃花。馥案管子地員篇其草魚腸與蕕，魚腸卽魚腥，非蕕艸。

qí 藄 àn 荌

荌 艸也。从艸，安聲。烏旰切

藄 藄月爾也。从艸，綦聲。渠之切

藄月爾也者，釋草文，釋文引作土夫。程君瑤田曰爾雅芏夫王句，藄月爾句，釋文所引是許氏原文，讀芏夫爲一句，今說文係後人據郭注而改者。錢君大昭曰釋草芏夫王藄也月爾，陸氏釋文引說文藄土夫也，則土夫也、王藄也、月爾也，一物三名。郭璞以芏夫爲一物，云芏草生海邊，似莞藺，今南越人采以爲席；以藄月爾爲一物，云卽紫藄也。陸氏所見說文是唐初之本，可以證郭注之失。今說文以藄爲月爾者，是俗儒因郭注二物不同，改說文以合之也。後漢書馬融傳茈其芸蒩，廣雅茈藄蕨也。李時珍曰紫其似蕨，有花而味苦，謂之迷蕨，初亦可食。齊民要術引詩義疏藄菜也，葉狹長二尺，食之微苦，卽今莫菜也。詩彼汾沮洳言采其莫，傳云莫菜也。陸璣疏云莫莖大如箸，赤節，節一葉，似柳葉，厚而長，有毛刺，今人繅以取繭緒，其味酢而滑，始生可以爲羹，又可生食，五方通謂之酸迷，冀州人謂之乾絳，河汾之閒謂之莫。六書故其有二：有蕨其，有狼其。蕨其初出上紫色，拳如小兒手，可食，其根掘而擣之，取粉可食，凶年以禦飢，謂之烏昧，亦謂烏穊。詩釋文云蕨初生似鼈脚，故名焉。馥謂卽蕨其，故戴云拳如小兒手。

xī 莃

莃 兔葵也。从艸，稀省聲。香衣切

兔葵也者，釋草文，郭云頗似葵而小，葉狀如藜，有毛，汋啖之滑。御覽引廣志菟葵瀹之可食。本草菟葵味甘寒，唐本注云苗如石龍芮而葉光澤，花白似梅，其莖紫黑，煑汁極滑，堪啖。爾雅釋草一名莃，所在平澤皆有，田閒人多識之。衍義云唐劉夢得還京云唯菟葵燕麥動搖春風者是也。稀省聲者，徐鍇本作希聲。王君念孫曰考說文稀字注云疏也，从禾希聲，徐鍇辯之云當言從禾爻巾，無聲字，後人加之。爻者稀疏之義，與爽同意，巾亦是其稀象。至莃與晞皆从稀省，何以知之？說文巾部爻部竝無希字，以是知之。念孫按徐鍇以爲莃晞皆从稀省，故徐鉉於莃字注改爲从艸稀省聲也。今考說文莃晞唏睎郗稀俙欷豨絺十字竝从希聲，又昕字注云讀若希，則本書原有希字明甚。稀字而外从希聲者尚有九字，又可一一改爲稀省聲乎？

fù 蕧 méng 夢

夢 灌渝。從艸，夢聲。讀若萌。莫中切

灌渝者，孫君星衍曰釋草其萌虇蕍，萌與夢通，虇蕍卽權輿，釋詁權輿始也，郭注以蕍屬下，非是。馥案釋草葭華，蒹薕，葭蘆，菼薍，其萌虇蕍，笋莖，華榮，本書笋艸之皇榮也，亦以蕍屬上。郭注爾雅、方言、山海經諸書但引字林而不及說文，蓋未見許書也。廣雅夢虇也。呂氏春秋任地篇子能使藋夷毋淫乎，高注淫，延生也。馥謂夢卽延生之別出者也。

讀若萌者，惠棟曰鄭康成云齊人謂萌爲蒙，說文云夢讀若萌，是古萌蒙夢同音。錢君大昭曰大戴禮孟春百草權輿，羽獵賦萬物權輿於內，徂落於外，萌者始生也，萌與夢通，故言讀若。馥案月令草木萌動，莊子則陽篇蒹葭始萌。

蕧 盜庚也。从艸，復聲。房六切

案复當作𡕒，𡕒從畐省，畐從高省，凡各部偏旁作复之字竝當改從𡕒。復古編筆迹小異，字有复𡕒二體，亦以𡕒爲正。

盜庚也者，釋草文，郭云旋蕧似菊。本草旋復花一名戴椹，一名金沸，一名盛椹，生平澤川谷。陶云出近道下溼地，似

菊花而大圖經云今所在有之二月以後生苗多近水旁大似紅藍而無刺長一二尺已來葉如柳莖細六月開花如菊花小銅錢大深黃色上黨田野人呼爲金錢花

líng 苓

苓　卷耳也從艸令聲 郎丁切

卷耳也者釋草菤耳苓耳郭云廣雅云枲耳也亦云胡枲江東呼爲常枲或云苓耳形似鼠耳叢生如盤詩周南采采卷耳傳云卷耳苓耳也陸疏葉青白色似胡荽白華細莖蔓生可煑爲茹滑而少味四五月中生子如婦人耳中璫今或謂之耳璫幽州人謂之爵耳廣雅苓耳葹常枲胡枲枲耳也本草葈耳實一名胡葈一名地葵一名葹一名常思生安陸川谷及六安田野陶云此是常思菜傖人皆食之以葉覆麥作黃衣者一名羊負來昔中國無此言從外國逐羊毛中來圖經云詩人謂之卷耳爾雅謂之苓耳廣雅謂之葈耳皆以實得名也離騷薋菉葹以盈室兮王注葹枲耳也淮南覽冥訓位賤尙葈高云尙主也葈枲耳菜名也幽冀謂之檀菜雒下謂之胡枲主是官者至微賤也陳啓源曰卷耳卽今藥中蒼耳子也異名最多曰苓耳曰葹曰葈耳曰胡葈曰耳璫草曰胡荽曰爵耳曰羊負來

說文解字義證　卷三　卌一

曰常葈陶隱居云傖人皆食之謂之常思菜常思者其常菜之譌乎列子釋文引蒼頡篇云鼻耳一名蒼耳埤雅引荆楚記亦同卷耳之卽爲蒼耳信矣

gòng 蘔

蘔　艸也從艸贛聲一曰薏苢 古送切又古禫切

一曰薏苢者本草薏苡仁一名蘔陶云出交阯有子最大彼土呼爲䕡珠集韻作芊云薏苡子

qióng 藑

藑　茅葍也一名蕣從艸夐聲 渠營切

葍也者釋草葍藑茅郭云葍華有赤者爲藑藑葍一種耳離騷索藑茅以筳篿王逸云藑茅靈草也　一名蕣者蕣當爲䑞本書䑞艸也楚謂之葍秦謂之藑藑地連華詩有女同車顏如蕣華陸疏葍一名藑其華有兩種一種莖葉細而香一種莖赤而有臭氣

fù 蕌

蕌　葍也從艸富聲 方又切

葍也者蕌葍聲相近釋草莞雀弁郭云未詳翟灝補注云詩小雅言采其葍陸璣疏曰葍一名蕌河內人謂之蕢幽州人謂之燕葍一名爵弁有兩種一種莖葉細而香一種莖赤有臭氣爵弁名爲此文確證蕢則莞之傳寫別舊本莞或作蕢釋文云莞又古本反可驗也儀禮士冠禮爵弁服纁裳注曰爵弁色赤而微黑如雀頭然此草旣借以立名則詩疏兩種中可斷爲赤莖之一種後文蕌葍則莖葉細而香者也郭氏以葍藑茅爲葍之赤者故致此不得解離騷索藑茅以筳篿王逸章句謂藑香草若赤葍則有臭氣豈得云香草乎今詩正義省節陸氏義疏不著爵弁名右文爲魏賈思勰齊民要術所引河內謂之蕢又別見毛晉陸疏廣要管子地員篇其草葍與蔞風土記葍蔓生被樹結實也狀如牛角一枝數枚味甘如蜜一名甘獲夏統別傳注云獲葍也詩小雅我行其野言采其葍傳云葍惡菜也箋云葍葍也亦仲春時生可采也覆謂惡菜卽陸疏有臭氣者本草通草生石城山谷及山陽陶云今出近道繞樹藤生汁白莖有細孔兩頭皆通含一頭吹之則氣出彼頭者良或云卽葍藤莖唐本注云此物大者徑三寸每節有二三枝枝頭有五葉其子長三四寸核黑瓤白食之甘美南人謂爲鷰覆或名烏覆今言葍藤葍覆聲相近爾陳士良食性本草云鷰覆子是木通實莖名木通覆案唐本鷰覆卽陸疏燕葍乃藥中木通本草謂之通草今婦女

說文解字義證　卷三　卌二

所戴假花俗亦呼通草花此是通脫木非通草陳藏器云通脫木葉似萆麻心中有瓤輕白可愛女工取以飾物爾雅云離南活莞也

fú 葍

葍　蕌也從艸畐聲 方六切

蕌也者釋草文郭云大葉白華根如指正白可啖本書䑞楚謂之葍廣韻作蕌

tiáo 蓨

蓨　苗也從艸脩聲 徒聊切又湯彫切

苗也者蓨苗聲相近釋草蓧蓨又云苗蓨郭云未詳覆案蓧卽蓨之異文轉寫致誤也地理志信都國脩縣顏注脩音條功臣表亞夫紹封脩侯本傳作條侯顏注縣在渤海地理志作蓨字其音同爾十道志蓨縣本漢條縣也景帝封周亞夫爲條侯後改爲蓨管子地員篇黑埴其草宜苹蓨詩小雅言采其蓫傳云蓫惡菜也箋云蓫牛蘈也釋文云蓫本又作蓄覆案蓫與蓨苗聲相近易其欲逐逐漢書敘傳作攸攸本書笛周禮笙師作篴然則蓫一名蓨一名苗苗卽蓧也釋名云篴滌也蓧滌皆從條聲也齊民要術引詩義疏云今羊蹄似蘆菔莖赤煑爲茹滑而不美多噉

令人下痢揚州謂之羊蹄幽州謂之蓫一名蓨本草羊蹄味苦寒一名蓄陶云今人呼爲禿菜卽是蓄音之訛圖經云詩小雅言采其蓫蓫字或作蓄並恥六切馥案味苦寒故多啖下痢毛傳所謂惡菜也

dí 苗

苗 蓨也從艸由聲 徒歷切又他六切

蓨也者釋艸文

tāng 蕩

蕩 艸枝枝相值葉葉相當從艸昜聲 褚羊切

艸枝枝相值葉葉相當者吳普本草烏頭一名莨葉四四相當馥謂蕩莨聲相近又案黃芩葉兩兩四四相值亦見吳本草古詩枝枝自相對葉葉自相當又花花自相對葉葉自相當

yù 薁

薁 嬰薁也從艸奧聲 於六切

嬰薁也者詩豳風六月食鬱及薁傳云薁蘡薁也戴侗曰詩七月所謂薁卽嬰薁也蔓生類蒲桃六月熟顧越諺云蘡薁熟食新粥正詩六月所食也廣雅燕薁蘡舌也魏王花木志燕薁實如龍眼黑色說文謂之嬰薁詩疏一名車

說文解字義證 卷三 卌三

鞅藤蘇恭云按蘡薁是山蒲桃折斷藤吹氣出一頭如通草以水浸吹取氣滴目中去熱翳赤障

zhēn 葴

葴 馬藍也從艸咸聲 職深切

馬藍也者釋草文郭云今大葉冬藍也本草圖經藍有數種有菘藍可以爲澱者亦名馬藍爾雅所謂葴馬藍是也史記司馬相如傳其高燥則生葴菥苞荔徐廣曰葴馬藍也漢書音義張揖曰葴馬藍也通志馬藍田野人以爲菜茹

lǔ 䕡

䕡 艸也可以束從艸魯聲 郎古切

艸也可以束者釋草蔨蘆郭云作履苴草邢疏以爲蔽類

蓾 䕡或從鹵

䕡或從鹵者本書櫓或從鹵與此同

kuǎi 蒯

蒯 艸也從艸㪙聲 苦怪切

艸也者廣雅蒯茅蒯也成九年左傳雖有絲麻無棄菅蒯淮南說林訓有羅紈者必有麻蒯邱遲爲范衞軍讓梁臺侍中表麻絲是蓄菅蒯靡遺馥案蒯可爲繩索西京賦草則葴莎菅蒯李注引聲類蒯草中爲索史記孟嘗君傳馮先生甚貧猶有一劍耳又蒯緱集解云蒯苦怪反茅之類可爲繩言其劍把無物可裝以小繩纏之是也又可爲席玉藻出杅履蒯席注云蒯席澀便於洗足也三輔黃圖上林苑中蒯池生蒯草以織席宋書禮志蒯席各二不設茵蓐古者席蒉江左用蒯是也又可爲屨喪服傳疏屨者藨蒯之菲也是也

㪙聲者本書無㪙字廣韻㪙太息玉篇㪙㪙息卽嘳字義爾雅㪙郭音苦槩反又作嘳左傳膳宰屠蒯禮記作杜蕢本書聵或作𦖞俗作蒯者玉篇蒯斷也刪所也刪又㓮之俗體徐鉉謂宬字之省而聲不相近宬小字本作𡧖宬𡧖聲皆近但本書別有𡧖字宬𡧖皆誤也六書故引作𡧖注云疾正切此則聲不相近者也

lóu 蔞

蔞 艸也可以烹魚從艸婁聲 力朱切

艸也者玉篇蒫蔞蒿也詩漢廣翹翹錯薪言刈其蔞傳云蔞草中之翹翹然釋文云馬云蔞蒿也陸疏云其葉似艾

說文解字義證 卷三 卌四

白色長數寸高丈餘好生水邊及澤中正月根芽生旁莖正白生食之香而脆美其葉又可蒸爲茹王逸注大招云蔞香草也本草綱目蔞蒿生陂澤中二月發苗葉似嫩艾而岐細面青背白其莖或赤或白其根白脆采其根莖生熟菹曝皆可食蓋嘉蔬也景差大招云吳酸蒿蔞不沾薄謂吳人善調酸鹹瀹蔞以爲韲其味不濃不薄而甘美也

可以烹魚者烹小字本作亨釋草購蔏蔞郭注云蔏蔞蔞蒿也今江東用羹魚

lěi 藟

藟 艸也從艸畾聲詩曰莫莫葛藟一曰秬鬯也 力軌切

艸也者廣雅藟藤也後漢書崔駰傳絛垂藟蔓注云藟藤也易困卦上六困于葛藟正義云葛藟引蔓纏繞之草班固幽通賦覽葛藟而授余兮卷峻谷曰勿墜顧愷之啟蒙記濟天台山石橋者援女蘿葛藟之莖文六年左傳葛藟猶能庇其本根注云葛之能藟蔓繁滋者以本枝蔭庥之多馥案葛藟藟艸杜謂葛之藟藟蔓非是詩樛木葛藟纍之箋云木枝以下垂之故故葛也藟也得纍而蔓之寡婦賦顧葛藟之蔓延兮李善云葛藟二草名漢書楊王孫傳葛藟爲緘顏云藟亦草名葛之類也通作纍釋木諸慮山纍郭注今江東呼纍爲藤似葛而麤大押韻釋疑纍似葛葉

似艾白色子赤可食 畾聲者本書無畾字壘纍靁皆從畾聲玉篇畾音雷田閒也 詩曰莫莫葛藟者大雅旱麓文一曰秬鬯也者劉向九歎葛藟虆於桂樹兮王注葛藟巨荒也齊民要術引詩義疏藟巨荒也周易困卦釋文引詩疏藟一名巨荒詩樛木正義引作巨苽誤也

yuān
蒬

棘蒬也從艸冤聲 於元切

棘蒬也者釋草葽繞棘蒬郭注今遠志也似麻黃赤華葉銳而黃廣雅王連棘苑遠志也其上謂之小草本草遠志味苦溫葉名小草一名棘菀一名葽繞一名細草生泰山及冤句川谷圖經云遠志根黃色形如蒿根苗名小草似麻黃而青葉亦有似大青而小者三月開花白色根長及一尺

zǐ
茈

茈艸也從艸此聲 將此切

茈艸也者廣雅茈莫茈草也西山經勞山多茈草郭注一名茈莫中染紫也御覽引本書作紫草周禮掌染艸掌以春秋斂染艸之物注云染艸紫茢之屬本草紫草一名紫丹一名紫芙唐本注云苗似蘭香莖赤節青花紫白色而實白列仙傳甯客能致紫草賣與染家博物志平氏陽山紫草特好其他者色淺廣志隴西紫草紫之上者本書茈菀名醫別錄紫菀一名紫蒨

mò
藐

茈艸也從艸藐聲 莫覺切

茈艸也者釋草文彼作藐郭云可以染紫

cè
萴

烏喙也從艸則聲 阻力切

鹽鐵論誅秦篇雖以進壤廣地如食萴之充腸也 廣雅蕪奚毒附子也一歲爲萴子二歲爲烏喙三歲爲附子四歲爲烏頭五歲爲天雄 名醫別錄作側子陶云此即附子邊角之大者唐本注云側子只是烏頭下共附子天雄同生小者側子與附子皆非正生謂從烏頭旁出也以小者爲側子大者爲附子今稱附子角爲側子理必不然 雷公炮炙論偏體癱風冷調生側 元和郡縣志龍州貢烏頭附子天雄側子

烏喙也者御覽引作烏頭也吳普本草烏頭始生葉厚莖方中空葉四四相當與蒿相似烏喙形如烏頭有兩岐相合如烏之喙名曰烏喙也淮南繆稱訓天雄烏喙藥之凶毒也良醫以活人史記蘇秦列傳臣聞飢人所以飢而不食烏喙者爲其偷充腹而與餓死同患也索隱今之毒藥烏頭是急就篇烏喙附子椒芫華顏注烏喙形似烏之觜也附子附大根而旁出也此與烏頭側子天雄本同一種但以年歲遠近爲殊採之有異功用亦別神農本草夏至之日豕首茱萸先生爲牡蠣烏喙使晉語置堇於肉賈逵云堇烏頭也博物志烏頭天雄附子一物春秋冬夏采各異也淮南主術訓天下之物莫凶於雞毒然而良醫橐而藏之有所用也高云雞毒烏頭也四民月令三月可采烏頭范子計然烏頭出三輔中白者善後

魏書匈奴秋收烏頭爲毒藥以射禽獸

sōu
蒐

茅蒐茹藘人血所生可以染絳從艸從鬼 所鳩切

茹藘形如小兒拳吾鄉青州有之多生祠廟側

茅蒐茹藘者釋草茹藘茅蒐詩東門之墠茹藘在阪傳云茹藘茅蒐也釋文茹藘茅蒐蒨草也周禮掌染草掌以春秋斂染草之物注云染草茅蒐之屬中山經釐山其陰多蒐注音搜茅蒐今之蒨草詩出其東門縞衣茹藘傳云茹藘茅蒐之染女服也本書韎茅蒐染韋也詩韎韐有奭箋云韎韐者茅蒐染也 人血所生可以染絳者當在茜下從鬼者當云鬼聲詩鄭箋云茅蒐韎韐聲也韋昭云急疾呼茅蒐成韎

qiàn
茜

茅蒐也從艸西聲 蒼見切

本書綪赤繒也以茜染故謂之綪 史記貨殖傳若千畝卮茜徐廣曰茜一名紅藍其花染繒赤黃也 廣雅地血茹藘蒨也 陸氏詩疏茹藘茅蒐蒨草也一名地血 寰宇記光州出茜草泉州貢紅花茜緋 馥案字或作蒨雜記注云蒨染赤色者也定四年左傳分康叔以大路少帛綪茷旃旌杜云綪茷大赤取染草名也士冠禮注云韎韐縕韍也士染以茅蒐因以名焉今齊人名蒨爲韎韐鄭駁異義韎草名齊魯之閒言韎韐聲如茅蒐字當作韎陳留人謂之蒨范子計然蒨根出北地赤色者善也

茅蒐也者一切經音義十五引云茅蒐也人血所生可以染絳字從西聲本草圖經茜根染緋草也許慎說文解字以爲人血所生通志茜亦作蒨可以染緋故曰地血亦曰茹藘曰茅蒐齊人謂之茜莖葉麄澀而根紅故許慎謂人

皿所生玉篇云說文曰茜茅蒐可以染緋郭注爾雅今之蒨也可以染絳本草茜根可以染絳一名地皿一名茹蘆一名茅蒐一名蒨陶云此卽今染絳茜草也韋昭國語注茅蒐絳草卽今之蒨也魏報倭女王蒨絳五十匹馥案人皿所生可以染絳八字今誤在蒐下 西聲者本書遷或從手西

sì 蕼

蕼 赤蕼也從艸隸聲 息利切

赤蕼也者廣雅葦藜也玉篇蕼葦也馥謂葦當爲蕼葦當爲葦赤蕼者藜莖葉有赤文者也

bì 薜

薜 牡贊也從艸辟聲 蒲計切

牡贊也者釋草文郭云未詳案漢書司馬相如傳薜莎青薠張揖曰薜賴蒿釋草苹賴蕭郭云今賴蒿也初生亦可食詩呦呦鹿鳴食野之苹箋云苹賴蕭也陸疏葉青白色莖似蓍而輕脆始生時可生食又可烝食馥謂苹薜一聲之轉

wáng 莣

莣 杜榮也從艸忘聲 武方切

杜榮也者釋草文郭云今莣草似茅皮可以爲繩索履屩也華嚴經音義莣草一名杜榮西域既自有之江東亦多此類其形似荻皮重若筍雜字解詁莣杜榮御覽引俗說劉眞長織莣屩以養母齊書沈瑀使吏著莣屩梁書童謠云脫青袍著莣屩陳書沈衆恆穿布袍莣屩本草敗莣箔云今東人作箔多草爲之六書故有黃莣白莣白莣柔忍不及黃莣馥案又有青莣風土記云美朱爽之輕屩朱爽赤蕂爲屩輕似青莣草

bāo 苞

苞 艸也南陽以爲麤履從艸包聲 布交切

艸也者漢書司馬相如傳其高燥則生葴析苞荔張揖曰苞藨也本書藨一曰蔽屬 南陽以爲麤履者麤當爲麤本書麤草履也曲禮苞屨扱衽厭冠不入公門注云苞藨也齊衰藨蒯之菲也

ài 艾

艾 冰臺也從艸乂聲 五蓋切

急就篇半夏皂莢艾橐吾 四民月令三月可采艾 本草圖經艾初春布地生苗莖類蒿而葉背白以苗短者爲佳采葉暴乾經陳久方可用 孟子七年之艾 詩采葛彼采艾兮傳云艾所以療疾 師曠占歲欲病病草先生艾是也 孔璠之艾賦艾正而賤蘭妖而珍言堯則桀對舉蘭則艾因

冰臺也者釋草文郭云今艾蒿本草艾葉一名冰臺離騷戶服艾以盈要兮注云艾白蒿也或言艾非芳草一名冰臺

zhāng 蔁

蔁 艸也從艸章聲 諸良切

艸也者玉篇蔁柂當陸別名

qín 芹

芹 楚葵也從艸斤聲 巨巾切

謝靈運山居賦以芹爲水草 祭統水草之菹注云芹茆之屬 周處風土記苹薠芹菜之別名也 詩泮水薄采其芹箋云芹水菜也 正義云采菽云觱沸濫泉言采其芹泉水是水菜也 本草水斳味甘平一名水英生南海池澤陶云其二月三月作英時可作菹及熟爚食之別本注云卽芹菜也芹有兩種荻芹取根白色赤芹取莖葉竝堪作菹及生噉蜀本圖經云生水中葉似芎藭花白色而無實根亦白色 五音集韻芹水菜食之宜丈夫

楚葵也者釋草文郭注今水中芹菜呂氏春秋本味篇雲夢之芹高注雲夢楚澤芹生水涯

zhēn 蘄

蘄 豕首也從艸甄聲 側鄰切

豕首也者釋草文釋草云黃菟瓜茢蘄豕首御覽引孫炎云黃一名瓜裂是孫以茢屬上以蘄爲豕首正與本書同 周禮掌染草掌以春秋斂染草之物鄭注染草茅蒐橐蘆豕首紫茢之屬呂氏春秋任地篇凡草生藏日中出豨首生而麥無葉而從事於蓄藏此告民究者也高注凡草庶草也日中春分也衆草生而出也豨首草名也至其生時麥無葉皆成熟也究畢也刈麥畢也馥案神農本經夏至之日豕首先生此正麥熟時吳普曰六月花八月九月實是夏生秋實卽天門精也本草天名精一味甘寒一名麥句薑一名蝦蟇藍一名豕首一名天門精一名玉門精一名彘顱一名蟾蜍蘭一名覲生平原川澤陶隱居云此卽今人呼爲豨薟亦名豨首味至苦而云甘恐或非是唐本注云鹿活草是也別錄一名天蔓菁南人名爲地菘味甘辛故有薑稱狀如藍故名蝦蟇藍香氣似蘭故名蟾蜍蘭其豨薟苦而臭名精辛而香全不相類也馥案天名精卽豕首竝非豨薟唐本辨之是也以爲鹿活草者又名劉儘草

異苑云宋元嘉中青州劉懏射中一麞既剖五藏以此草塞之蹶然而起去之則仆如此者三是以知其治折傷故其草得鹿活劉懏之名

niǎo 蔦

蔦 寄生也從艸鳥聲詩曰蔦與女蘿 都了切

寄生也者釋木寓木宛童郭云寄生樹一名蔦中山經龍山上多寓木郭云寄生也易林旅之乾寄生無根後漢書注百草至寒皆凋落惟寄生獨榮於桑上唐書李德裕傳松柏之為木孤生勁特無所因依蘿蔦則不然弱不能立必附他木寰宇記黃州出松蘿本草桑寄生一名寓木一名宛童一名蔦陶云桑上者名桑寄生亘詩人云施于松上則各隨其樹名之生樹枝閒寄根在皮節之內葉圓青赤厚澤易折旁自生枝節冬夏生四月花白五月實赤大如小豆唐本云此多生槲櫸柳水楊楓等樹上子黃大如小棗子惟虢州有桑上者子汁甚黏核大似小豆葉無陰陽如細柳葉而厚軟莖麁短實九月始熟而黃今稱五月實赤大如小豆蓋陶未見也 詩曰蔦與女蘿者小雅頍弁文傳云蔦寄生也釋文云蔦說文音弔寄生草也陸疏云蔦一名寄生葉似當盧子如覆盆子赤黑甜美女蘿今兔絲蔓連草上生黃赤如金今合藥兔絲子是也非松蘿松蘿自蔓松上生枝正青與兔絲殊異

樢 蔦或從木

蔦或從木者爾雅釋文蔦說文或作樢漢費鳳碑樢與女蘿性樂松之茂好

yún 芸

芸 艸也似目宿從艸云聲淮南子說芸草可以死復生 王分切

夏小正正月采芸二月榮芸 隋書律歷志所載月令冬至欠候芸始生 成公綏芸香賦莖類秋竹葉象春檉 傅咸芸香賦繁茲綠蕊茂此翠莖葉芰莖以纖折兮枝婀娜以回縈象春松之含曜兮鬱蓊蔚以蔥青 魚豢魏畧芸臺香辟紙魚蠹故藏書臺稱芸臺 景福殿賦芸若充庭 晉宮閣名太極殿前芸香四畦式乾殿前芸香八畦 洛陽宮殿簿顯陽殿前芸香一株徽音殿前芸香二株含英殿前芸香二株

艸也者月令仲冬之月芸始生注云芸香草也皇疏云應陽氣而生後漢書陳寵傳十一月有蘭射干芸荔之應注云芸香草又馬融傳茈其芸藉注云芸香草也說文云似苜蓿夢谿筆談芸香草也今人謂之七里香者是也葉類豌豆作小叢生其葉極芬香秋閒葉閒微白如粉汙辟蠹殊驗馥案芸亦菜屬倉頡解詁芸蒿似邪蒿香可食急就篇芸蒜薺芥茱萸香顏注芸即今芸蒿也生熟皆可啗呂氏春秋本味篇陽華之芸注云芸芳菜也在吳越之閒 似目宿者玉篇作苜蓿引漢書罽賓國多苜蓿宛馬所嗜漢書西域傳大宛國馬嗜目宿漢使采蒲陶目宿種歸益種蒲陶目宿離宮館旁極望焉顏注今北道諸州舊安定北地之境往往有目宿者皆漢使所種也本草苜蓿陶云長安中乃有苜蓿園外國復別有苜蓿草衍義云唐李白詩云天馬常啣苜蓿花是此陝西甚多飼牛馬嫩時人兼食之西京雜記苜蓿一名懷風時人或謂之光風風在其閒常肅肅然日照其花有光采故名苜蓿為懷風茂陵人謂之連枝草晉書武帝登凌雲臺望見華廙苜蓿園阡陌甚整郭仲產仇池記城東有苜蓿園馥案或借牧字後漢書馬融傳其土毛則摧牧薦草牧即目宿又或作菽郭璞爾雅注今謂牛芸草為黃華葉似菽蓿 淮南子說者廣韻引作淮南王說本書蜹下亦引淮南王說 芸艸可以死復生者疑出萬畢術西京雜記淮南王安著鴻烈二十一篇鴻大也烈明也言大明禮教號為淮南子一日劉安子馥案即今所傳淮南子無芸死復生之說金樓子云淮南王作內書二十一篇外書甚衆又有中篇言神仙黃白之術亦二十餘萬言今皆不傳

cè 薂

薂 艸也從艸叡聲 麤最切

lǜ 葎

葎 艸也從艸律聲 呂戌切

艸也者本草葎草生故墟道旁唐本注云葉似萆麻而小薄蔓生有細刺俗亦名葛葎蔓圖經云今處處有之花黃白亦類麻子又名葛勒蔓

cì 茦

茦 莿也從艸朿聲 楚革切

莿也者釋草文彼作刺郭云草刺針也廣雅茦刺箴也方言凡草木刺人北燕朝鮮之閒謂之茦自關而西謂之刺江湘之閒謂之棘

guā 𦯬

𦯬 𦯬蔞果蓏也從艸𠯑聲 古活切

淮南時則訓孟夏之月王瓜生高注王瓜色赤感火之色而生　呂氏春秋孟夏之月王善生高注善或作瓜瓠鄭也是月乃生　急就篇芎藭厚朴桂栝樓顏注栝樓一名果贏一名王瓜亦曰天瓜禮月令孟夏之月王瓜生鄭康成以爲萆挈非也　陸機瓜賦栝樓定陶　元和志陝州貢瓜蔞

苦蔞果贏也者果贏小字本及李燾本竝作果蓏集韻類篇亦引作果蓏李時珍曰栝樓一名果贏贏與蓏同許愼云木上曰果地下曰蓏此物蔓生附木故得兼名栝樓卽果贏二字音轉也亦作菰藲後人又轉爲瓜蔞愈轉愈失其眞矣古者瓜姑同音故有澤姑之名豳風東山果贏之實亦施于宇毛傳果贏栝樓也釋草果贏之實栝樓李巡曰栝樓子名也孫炎曰齊人謂之天瓜本草栝樓根味苦寒一名地樓一名果贏一名天瓜一名澤姑實名黃瓜生洪農川谷及山陰地陶云出近道藤生狀如土瓜而葉有叉毛詩云果贏之實亦施于宇其實今以雜作手膏用馥案魏武帝上雜物疏有純銀澡豆匳純銀栝樓匳皆手膏器也

fēng 葑

葑 須從也從艸封聲 府容切

須從也者釋草文當云須葑從脫葑字孫炎曰須一名葑從御覽引舊注江東呼蕪菁爲菘字林葑蕪菁苗也乃齊魯云詩邶風谷風采葑采菲傳云葑須也箋云蔓菁也釋文葑徐音豐字書作蘴郭璞云今菘菜也坊記引詩采葑采菲注云葑蔓菁也詩桑中爰采葑矣箋云葑蔓菁方言蘴蕘蕪菁也陳楚之閒謂之蘴齊魯之郊謂之蕘關之東西謂之蕪菁趙魏之郊謂之大芥其小者謂之辛芥或謂之幽芥郭注蘴舊音蜂今江東音嵩字作菘也馥案陶隱居云蕪菁根細於溫菘而葉似菘烝其根及作菹皆好但小薰臭爾齊民要術云菘葉似蔓菁無毛而大詩谷風釋文云江南有菘江北有蔓菁相似而異

cí 薺

薺 蒺黎也從艸齊聲詩曰牆有薺 疾咨切又徂禮切

蒺黎也者釋草文彼作茨玉篇薋蒺藜也離騷薋菉葹以盈室兮王注薋蒺藜也詩曰楚楚者薋大戴禮采茨玉藻作采齊鄭注齊當讀爲楚薺之薺周禮春官樂師趨以采薺容齋三筆茨爲蒺藜切腳語也詩楚茨箋云茨蒺藜也尹文子堯爲天子上階三尺茅茨不翦文三年穀梁傳茅茨盡矣范云茨蒺藜梁冀別傳子產治鄭蒺藜不生師曠占歲欲旱旱草先生蒺藜是也說苑辨物篇晉平公布蒺藜於階上召師曠師曠解履刺足元和郡縣志同州貢蒺藜子本草蒺藜子一名卽棃一名茨生馮翊平澤或道旁陶云多生道上而葉布地子有刺狀如菱而小長安最饒人行多著木履今軍家乃鑄鐵作之以布敵路名鐵蒺藜易云據于蒺藜言其凶傷詩云牆有茨不可掃也以刺梗穢也馥案藝文類聚引本書薺艸可食也御覽引同詩邶風誰謂荼苦其甘如薺廣雅䓫蔀魚薺也呂氏春秋仲夏紀陰陽爭死生分注云薺麥亭歷棘刺之屬死又任地篇孟夏之昔殺三葉注云薺亭歷菥蓂也是月之季枯死春秋繁露天地之行篇薺以冬美冬水氣也薺甘味也乘於水氣而美者甘勝寒也薺之言濟所以濟大水也馥謂薺下當有蒺藜一曰艸可食二義今脫缺詩曰牆有薺者鄘風文彼作茨傳云茨蒺藜是也

cì 莿

莿 萊也從艸刺聲 七賜切

萊也者玉篇莿芒也草木針也

dǒng 蕫

蕫 鼎蕫也從艸童聲杜林曰蕅根 多動切

鼎蕫也者釋草蘱薡蕫戴侗引舊注狀似蒲而細可爲屩亦可爲索廣雅蘱蘱蔽也　杜林曰蕅根者廣韻蕫蕅根

jì 蘻

蘻 狗毒也從艸繫聲 古詣切

狗毒也者釋草文樊光云俗語苦如蘻

sǎo 蔜

蔜 艸也從艸嫂聲 蘇老切

艸也者廣韻蔜蕿蔜草釋草蔜蕿蘾注云今蘩蘾也或曰雞腸草本草蘩蔞味酸平陶云此菜人以作羹唐本注云此草卽是雞腸也多生溼地坑渠之側圖經云葉似荇菜而小夏秋閒生小白黃花其莖梗作蔓斷之有絲縷又細而中空似雞腸因得此名也又本草雞腸草陶云小兒取挼汁以捋蜘蛛網至黏可掇蟬唐本注云此草卽蘩蔞是也

hù 芐

芐 地黃也從艸下聲禮曰鉶毛牛藿羊芐豕薇是 侯古切

地黃也者釋艸文郭云一名地髓江東呼芐廣雅地髓地黃也後燕錄苻后冬須生地黃下有司切責本草地黃一

名地髓一名芐一名芑生咸陽川澤黃土地者佳圖經云二月生葉布地便出似車前葉上有皺文而不光高者及尺餘低者三四寸其葉似油麻花紅紫色亦有黃花者其實作房如連翹子甚細而沙褐色根如人手指通黃色麤細長短不常 禮曰云云者公食大夫禮記文彼作苦鄭注苦苦荼也今文苦爲芐 士虞禮鉶芼用苦若薇注云苦苦荼也古文苦爲枯今文或作芐 特牲饋食禮記鉶芼用苦若薇注云苦苦荼也今文苦爲芐 芐乃地黃非也詩采菽傳云菽可以芼太牢羊則苦豕則薇馥案毛傳用苦字亦不以爲地黃

lián 蘞

蘞 白蘞也從艸僉聲 良冉切

白蘞也者一切經音義十七引說文蘞白蘞也蔓生於野也釋草萰菟荄本草白斂一名菟核嘉祐圖經云二月生苗多在林中作蔓赤莖葉如小桑五月開花七月結實根如雞鴨卵三五枚同窠皮赤黑肉白馥案別有赤斂烏斂故此稱白詩葛生蘞蔓于野陸疏蘞似栝樓葉盛而細其子正黑如燕薁不可食也幽州人謂之烏服其莖葉煑以哺牛除熱

蘝 蘞或從斂

或從斂者夏統別傳蘝初生合米擣作粹

qín 菳

菳 黃菳也從艸金聲 巨今切

黃菳也者俗作芩急就篇黃芩伏苓礜茈胡顏注黃芩一名空腸一名腐腸一名內虛一名妒婦廣雅菇葿黃文內虛黃芩也本草黃芩一名妒婦荃菇葿之譌吳氏本草黃芩二月生葉兩兩四四相值莖空中或方或圓高三四尺四月花紫紅赤五月實黑根黃范子計然黃芩出三輔色黃者善寰宇記解州土產黃芩

qín 芩

芩 艸也從艸今聲詩曰食野之芩 巨今切

艸也者詩鹿鳴釋文引作蒿也廣韻芩黃芩藥名菳草名似蒿二說互誤吳越春秋句踐嘗吳王溲惡後遂病口臭范蠡令左右食芩草亂其氣 詩曰食野之芩者小雅鹿鳴文傳云芩草也陸疏莖如釵股葉如竹蔓生澤中下地鹹處爲草眞實牛馬亦喜食之

biāo 藨

藨 鹿蘿也從艸麃聲讀若剽一曰蔽屬 平表切

鹿藿也者廣雅同本草鹿藿唐本注云苗似豌豆有蔓而長大人取以爲菜亦微有豆氣名爲鹿豆也錢君大昕曰釋草蔨鹿蘿藨蔨二字形聲全別然其致誤亦有由春秋楚子麇卒穀梁作卷卷麇聲相近蓋因藨譌爲麇又以聲轉爲蔨耳詩陳風邛有旨苕傳云苕草也陸疏苕苕饒也幽州人謂之翹饒蔓生形如勞豆而細葉似蒺藜其莖葉綠色可生食如小豆藿也馥案本草蜀本圖經言鹿藿亦堪生啖疑苕藨聲相近蓋一物歟 一曰蔽屬者喪服傳疏屨者藨蒯之菲也曲禮苞屨扱衽注云苞藨也齊衰苞蒯之菲也子虛賦其高燥則生葴菥苞荔李善云苞藨也六書故按記苞屨不入公門鄭氏曰苞藨也說文曰苞艸也南陽以爲麤履侗謂蔽屬即爲履者馥案藨亦中爲席玉篇藨蔽屬可爲席新唐書地理志靈昌郡貢藨席

yì 虉

虉 綬也從艸鶪聲詩曰邛有旨虉 五狄切

綬也者釋草文彼作虉郭注小草有雜色似綬 詩曰邛有旨虉是者陳風防有鵲巢文彼作鷊傳云鷊綬草也陸疏鷊五色作綬文故曰綬草

líng 淩　jì 芰　xiè 薢　gòu 茩

曲阜桂馥學

蔆 芰也從艸淩聲楚謂之芰秦謂之薢茩 力膺切

芰也者釋草蔆蕨攈郭云今水中蔆王安貧武陵記兩角曰蔆三角四角曰芰通謂之水栗漢書司馬相如傳咱嚼菱藕張揖曰菱芰也又云外發夫容蔆華應劭曰蔆芰也吳仁傑曰菱花黃白而葉綠故反離騷云矜芰茄之綠衣尙書大傳鉅野蔆注云蔆芰廣志鉅野大菱大於常菱淮漢以南荒年以菱爲蔬羅浮山記綏寧縣元寵淵中出蔆甚爲甘旨寰宇記漢陽軍出菱仁內則芝栭蔆椇注云蔆芰也周禮籩人加籩之實蔆芡㮚脯注云蔆芰也范汪祠制孟秋之祭菱芡水經注滱水云或單舟采蔆或疊舸折芰馥案此文家排句耳非謂二物也　楚謂之芰者字林楚人名蔆曰芰可食國語屈到嗜芰　俗云蔆角是也孫楚論屈建文加籩之品蔆芰存焉楚多陂塘芰所生父自嗜之而抑棄宰祝既毀就養無方之禮又失奉死如生之義奪乎素欲建何忍焉　秦謂之薢茩者廣雅蔆芰薢茩也

離騷製芰荷以爲衣今王注芰蔆也秦人曰薢茩酉陽雜俎芰一名水栗一名薢茩

𧁴 司馬相如說蔆從遴

芰 蔆也從艸支聲 奇記切

蔆也者楚語屈到嗜芰韋注芰蔆也名醫別錄芰實一名菱

茤 杜林說芰從多

芰從多者多聲也易无祇悔九家本祇作多襄二十九年左傳多見疏也服虔本多作祇論語多見其不知量也疏云古人多祇同音本書移移竝從多聲

薢 薢茩也從艸解聲 胡買切

薢茩也者釋草薢茩芵光郭云芵明也或曰蔆也關西謂之薢茩本書蔆秦謂之薢茩

茩 薢茩也從艸后聲 胡口切

qiàn 芡　jú 蘜

芡 雞頭也從艸欠聲 巨險切

周禮籩人加籩之實蔆芡㮚脯大司徒土會之法川澤其植物宜膏物鄭注膏當爲櫜蓮芡之實有櫜韜　東觀漢記王莽末南方枯旱掘芡而食注云芡水草實也　蘇轍詩芡葉初生縐如穀南風吹開輪轉轂紫苞青刺攢蝟毛水面放花波裏熟森然赤手初莫近誰料明珠藏滿腹　寰宇記漢陽軍出芡仁

雞頭也者方言葰芡雞頭也北燕謂之葰青徐淮泗之閒謂之芡南楚江湘之閒謂之雞頭或謂之鴈頭或謂之烏頭齊民要術芡一名雞頭即今芰子是也由子形上花似雞冠故名曰雞頭古今注芡雞頭也一名鴈頭一名芡葉似荷而大葉上蹙縐如沸實有芒刺其裏如珠可以療飢止渴本草雞頭實一名鴈喙實一名芡陶云此即今蔿子莖上花似雞冠故曰雞頭蜀圖經云生水中葉大如荷皺而有刺花子若拳大形似雞頭實若石榴皮靑黑肉白如菱米也莊子徐無鬼篇雞癰釋文云司馬云即雞頭也一名芡與藕子合爲散服之延年呂氏春秋恃君篇夏日則食菱芡注云芡雞頭也一名鴈頭生水中漢書龔遂傳益畜果實菱芡顏云芡雞頭淮南說山訓雞頭已瘻高注雞頭水中芡

蘜 日精也似秋華從艸𥷚省聲 居六切

篆當作蘜夏小正九月榮鞠傳云鞠草也月令鞠有黃華蔡氏章句云菊草名也黃華者土氣之所成也　周書時訓解菊無黃花土不稼穡　楚詞離騷夕餐秋菊之落英案魏文帝與鍾繇書芳菊含乾坤之純和體芬芳之淑氣故屈原悲冉冉之將老思餐秋菊之落英輔體延年莫斯之貴　盛宏之荆州記菊水出穰縣芳菊被涯水極甘香谷中皆飲此水至壽百二十七八十者猶以爲夭太尉胡廣所患風疾休沐南歸恆飲此水後疾遂瘳此菊甘美廣收菊實播之京師處處傳植　風俗通南陽酈縣有甘谷水甘美云其山上有大菊水從山上流下得其滋液谷中有三十餘家不穿井悉飲此水上壽百二三十中百餘下七八十者名之爲天菊花輕身益氣令人堅彊故也　鍾會菊花賦夫菊有五美焉黃花高懸準天極也純黃不雜后土色也早植晚登君子德也冒霜吐穎象勁直也疏中輕體神仙食也

一日精也者初學記引本草經菊有筋菊有白菊黃菊菊花一名節花一名傳公一名延年一名白花一名日精一名

更生其菊有兩種一種紫莖氣香而味甘美葉可作羹爲眞菊一種青莖而大作蒿艾氣味苦不堪食名薏非眞菊也日華子菊有兩種花大氣香莖紫者爲甘菊花此日精也花小氣烈莖青味苦爲野菊花其花相似惟以甘苦別之其葉可羹其花可釀其囊可枕其實可仙抱朴子僊藥篇菊花與薏花相似直以甘苦別之耳菊甘而薏苦諺言所謂苦如薏者也今所在有菊但眞爲少耳率多一生於水側緱氏與酈縣最多僊方所謂日精更生周盈皆一菊而根莖花實之名異也郭璞爾雅圖贊菊名日精布華元月仙客薄采何憂華髮　似秋華者趙宧光曰似當作以以秋而數榮也　蘜省聲者當爲𥷚省聲謂省竹也楚辭九歌春蘭兮秋鞠其字從言但誤革旁作耳

蘜或省

蘜或省者當作鞫謂省言也

yuè 蘥

蘥 爵麥也從艸龠聲 以勺切

爵麥也者釋草文彼作雀郭云卽燕麥也徐鍇曰漢魏以前雀字多作爵假借也本草雀麥一名蘥一名鷰麥生故墟野林下葉似麥衍義云雀麥今謂之鷰麥其苗與麥同但細長而疏唐劉夢得所謂菟葵鷰麥動搖春風者也海錄碎事鷰麥草似麥亦曰雀麥古歌田中兔絲何當可絡道邊鷰麥何嘗可穫北史邢邵傳國子雖有學官之名而無教授之實何異兔絲鷰麥南箕北斗哉

sù 蘮

蘮 牡茅也從艸遬聲遬籒文速 桑谷切

牡茅也者釋草文郭云白茅屬邢疏牡茅茅之不實者謂牡茅猶牡菊也　遬籒文速者徐鉉加之徐鍇本無

sī 菻

菻 茅秀也從艸私聲 息夷切

茅秀也者漢諱秀周禮注作莠本書亦應有借字廣雅菻菻茅穗也通志茅之花曰茅秀詩出其東門有女如荼箋云荼茅秀既夕記茵著用荼注云荼茅秀也周禮掌荼掌以時聚荼以共喪事鄭注荼茅莠考工記鮑人望而眡之欲其荼白也注云當如茅莠之色釋文莠音酉又音秀吳語皆白常白旂素甲白羽之矰望之如荼注云荼茅秀也漢書禮樂志顏如荼應劭曰荼野菅白華也馥案廣雅菻郎荼集韻菻亦作𦯬古作荼

jiān 蒹

蒹 雈之未秀者從艸兼聲 古恬切

詩蒹葭蒼蒼陸疏蒹水草也堅實牛食之令牛肥彊青徐州人謂之蒹兗州遼東通語也　史記司馬相如傳其卑溼則生藏莨蒹葭索隱孟康云蒹葭似蘆也郭璞云蒹薕也似雈而細小江東人呼爲蒹蒿　雈之未秀者者以小正傳云雈未秀爲菼本書以菼爲雈初生蒹爲未秀小異

wàn 薍

薍 菼也從艸亂聲八月薍爲葦也 五患切

本書雈薍也　詩碩人釋文薍江東呼之烏蓲

菼也者本書菼一曰薍　八月薍爲葦也者詩行葦方苞方體箋云體成形也正義成形者謂至秋乃成爲葦此時未成故言方以方爲未至之辭葦之初生其名爲葭稍大爲蘆長成乃名葦八月雈葦是其事也

tǎn 菼

菼 雈之初生一曰薍一曰鵻從艸剡聲 土敢切

詩葭菼揭揭陸疏菼一名薍或謂之荻至秋堅成則謂之雈其初生三月中其心挺出其下本大如箸上銳而細揚州人謂之馬尾以今語驗之則蘆薍別草也馥案孫郭說爾雅以蘆薍別艸

雈之初生者詩八月雈葦傳云薍爲雈正義云初生者菼長大爲薍成則名爲雈小大之異名詩大車傳云菼蘆之初生者也箋云菼薍也正義釋草葭蘆菼薍孫炎郭璞皆以蘆薍爲二草李巡舍人樊光以蘆菼爲一草此傳菼爲蘆之初生則意同李巡輩以蘆菼爲一也戴君震曰詩大車首章傳菼鵻也蘆之初生者也震案蘆字譌當作雈孔沖遠不能考正而溷蘆菼爲一非也夏小正七月秀雈葦傳曰未秀則不爲雈葦秀然後爲雈葦故先言秀又曰雈未秀爲菼葦未秀爲蘆是菼與蘆乃雈葦二物初生之名凡詩中曰蒹葭曰葭菼曰雈葦及今人曰蘆荻皆並舉二物蒹雈荻一也葭蘆葦一也許叔重說文解字多本毛詩於菼字云雈之初生然則毛詩轉寫譌失顯然矣馥案急就篇薪炭雈葦炊孰生顏注薍爲雈謂荻也其新生者曰菼　一曰薍者詩碩人傳云菼薍也釋言菼薍也釋草菼薍　一曰鵻者詩大車毳衣如菼傳云菼鵻也箋云菼薍也毳衣之屬衣繢而裳繡皆有五色焉其青者如鵻鄭荅張逸問云鵻鳥青非草名薍亦青故其青者如鵻釋言菼鵻也郭云詩曰毳衣如菼菼草色如鵻在青白之閒馥案

lián 薕　fán 薠　áng 茚

騅釋文从馬云如騅馬色也樊光云菿初生蒠騂色本書緂帛騅色也釋畜蒼白雜毛騅本書騅馬蒼黑雜毛徐鍇曰騅蘆騅色

菼 菿或從炎

薕 薕也從艸廉聲 力鹽切

薕也者詩蒹葭蒼蒼傳云蒹薕釋草蒹薕也郭云似藡而細高數尺江東呼爲薕藡莊子則陽篇蒹葭始萌釋文云蒹薕也漢書音義蒹薕也

薠 青薠似莎者從艸煩聲 附袁切

青薠似莎者者楚詞招隱青莎雜樹兮薠草靃靡淮南覽冥訓路無莎薠高注薠狀似葴文選上林賦薛莎青薠又子虛賦薛莎青薠張揖曰青薠似莎而大生江湖雁所食或借蕃字西山經陰山其草多茆蕃郭注蕃音煩似莎而大

茚 昌蒲也從艸卬聲益州生 五剛切

昌蒲也者廣雅卬昌陽菖蒲也本草昌蒲久服輕身不忘延年不老一名昌陽謂石昌蒲紫花者圖經昌蒲葉長一二尺中心有脊狀如劍無花實史記司馬相如傳穹窮昌蒲呂氏春秋任地篇冬至後五旬七日菖始生菖者百草之先生者也注云菖菖蒲水草也冬至後五十七日而挺生公食大夫禮醓醢昌本注云昌蒲本菹也劉氏新論殊好篇文王嗜菖蒲之菹僖三十年左傳饗有昌歜杜云昌歜昌蒲菹正義云周禮醢人朝事之豆其實有昌本麋臡鄭云昌本昌蒲根切之四寸爲菹彼昌本可以爲菹知此昌歜即是昌蒲菹也顧炎武曰左傳饗有昌歜注曰昌歜昌蒲菹釋文歜音在感反今考玉篇有歜字徂敢切昌蒲菹也然則傳之昌歜正合此字淮南說林訓昌羊去蚤蝨而來蛉窮高注昌羊昌蒲劉氏新論利害篇菖蒲去蚤蝨而來蚰蜒袁注云菖蒲香草孝經援神契菖蒲益聰山海經菖蒲一寸九節韓終王興所服馥案抱朴子韓衆服昌蒲十三年身上生毛日視書萬言皆誦之冬袒不寒神仙傳王興者陽城人聞中嶽有石上菖蒲一寸九節食之可以長生故來采之春秋運斗樞玉衡星散爲菖蒲遠雅頌

說文解字義證　卷四　五

yé 䓉　tiáo 芀　liè 茢

著倡優則玉衡不明菖蒲冠環夢溪筆談香草之類大率多異名所謂蘭蓀即今菖蒲是也　益州生者名醫別錄菖蒲生上洛池澤及蜀郡嚴道陶云上洛郡屬梁州嚴道縣在蜀郡馥案滇南多生菖蒲順寧尤多滇本屬益州他處亦有之南方艸木狀番禺東有澗澗中生菖蒲皆一寸九節安期生采服仙去但留玉舄焉羅浮山記山中菖蒲一寸十二節寰宇記菖蒲一寸九節及十節出偃武鄉又云隴安縣沿山有溪出九節菖蒲又云永年縣鬱山出菖蒲爲仙方所向

䓉 茚茆也從艸邪聲 以遮切

茚茆也者茚字譌不審作何字茆即荼也廣雅葯菈茅穗也集韻葯亦作茆古作荼馥謂茆荼聲相近詩有女如荼當作此茆廣韻增出稌字尤爲俗作

芀 葦華也從艸刀聲 徒聊切

葦華也者釋草蔈荂荼注云即芀又猋藨芀注云皆芀荼之別名又葦醜芀注云其類皆有芀秀集韻荼芀也字或作茗詩鴟鴞子所捋荼傳云荼萑苕也荀子勸學篇南方有鳥以羽爲巢繫之葦苕注云苕葦之秀也夏小正荼雚葦之秀顏注漢書荼葦錐也徐鍇云今人取芀以爲帚曰苕帚高誘淮南注薍苗荻秀幽冀謂之荻苕張掖郡有地名苕雚藋藜類可爲帚故稱苕雚王隱晉書庾袞刈荆苕爲箕帚馥案此草高五六尺細如麥稍秀長四五寸有毛色白雲南人呼芀茅語轉爲刀茅

茢 芀也從艸列聲 良辥切

芀也者檀弓君臨臣喪以巫祝桃茢執戈鄭注茢萑苕可埽不祥玉藻膳於君有葷桃茢於大夫去茢於士去葷鄭注茢菼帚也周禮戎右贊牛耳桃茢鄭注茢苕帚所以埽不祥又喪祝王弔則與巫前鄭司農說喪祝與巫以桃厲執戈在王前釋文云厲音例記作茢黍苕穰也襄二十九年左傳楚子昭卒襄公在楚楚人使公親襚乃使巫以桃茢先祓殯杜注茢黍穰正義今世所謂苕帚或用藳穗或用黍穰是二者皆得爲之也東京賦巫覡操茢五臣云茢黍穰可以厭鬼馥案黍穰別有梨字此茢則芀也

說文解字義證　卷四　六

hàn 菡

菡 菡蔄也。从艸圅聲。胡感切

菡蔄也者，韻會引徐鍇本作芝田菡蔄。馥案古今注：夫容一名水芝。釋草：荷，芙蕖，其華菡蔄。詩澤陂：有蒲菡萏。傳云：菡萏，荷華也。又山有扶蘇：隰有荷華。傳云：荷華，扶渠也，其華菡萏。

dàn 蔄

蔄 菡蔄，芙蓉華未發爲菡蔄，已發爲芙蓉。从艸閻聲。徒感切

菡蔄芙蓉華者，徐鍇本作夫容。一切經音義三引作扶蓉。後魏文帝弔比干墓文作扶容。廣雅：菡蔄，芙蓉。離騷：集芙蓉以爲裳。王注：芙蓉，蓮華也。漢書司馬相如傳：外發夫容蔆華。應劭曰：夫容，蓮華也。曹植芙蓉賦：芙蓉蹇產，菡蔄星屬。蘇彥芙蕖賦：偉芙蓉之菡蔄，燿煒爗之丹花。未發爲菡蔄者，本書马：艸木之華未發函然。已發爲芙蓉者，爾雅翼引陸璣詩疏作芙蕖，此誤也。李巡云：芙蕖，其總名也，華稱夫容。

lián 蓮

蓮 芙蕖之實也。从艸連聲。洛賢切

芙蕖之實也者，芙蕖，一切經音義三引作扶渠。釋草：其實蓮。郭云：蓮謂房也。又：的，薂。注云：卽蓮實。本草：藕實，一名蓮。詩澤陂：有蒲與蕳。箋云：蕳當作蓮，蓮，芙蕖實也。陸疏：蓮青裏皮白，子爲的，五月中生，至秋表皮黑，的成實，或可磨以爲飯，如粟也，輕身益氣，令人強健。周禮司徒：其植物宜膏物。注云：膏當爲櫜，蓮芡之實有櫜韜。漢書司馬相如傳：蓮藕觚盧。張揖曰：蓮，荷之實也，其根藕。宋書臧質傳：逃竄無食，摘蓮噉之。傅亮芙蓉賦：披翠蓮而挺數。江洪詠荷詩：澤陂有微草，能花復能實。夏侯湛芙蓉賦：綠房翠葉，紫飾紅敷，黃螺圓出，垂蕤散鬚，纓以金牙，點以素珠。

jiā 茄

茄 芙蕖莖。从艸加聲。古牙切

芙蕖莖者，釋草：其莖茄。樊光注引詩：有蒲與茄。錢君大昭曰：詩有蒲與荷，毛傳：荷，芙蕖也。鄭箋：芙蕖之莖曰荷。鄭言芙蕖莖，則鄭本作茄可知。陸德明不言毛鄭異字，則毛公亦作茄可知。馥案漢書楊雄傳：衿芰茄之綠衣兮。顏注：茄亦荷字也，見張揖古今字譜。西京賦：蔕倒茄於藻井。薛綜注：茄，藕莖也。靈光殿賦：圓淵方井，反植荷蕖。馥案風俗通：殿堂象東井形，刻作荷蔆，水物，所以厭火也。魏都賦：綺井列疏以懸蔕，華蓮垂葩以倒披。是西京賦之倒茄，卽倒荷也。

hé 荷

荷 芙蕖葉。从艸何聲。胡哥切

芙蕖葉者，釋草：其葉蕸。釋文：衆家並無此句，惟郭有，然就郭本中或復脫此一句，亦並闕讀。離騷：製芰荷以爲衣兮。注云：荷，芙蕖也。傅亮芙蓉賦：汎輕荷以冒沼。通鑑：臧質逃於南湖，追兵至，以荷覆頭。詩：二矛重喬，河上乎逍遙。傳云：重喬，累荷也。釋文：荷，舊音何，謂刻矛頭爲荷葉相重累也。馥案詩：隰有荷華。毛傳：荷華，扶渠也。古文苑僮約：楊氏池中擔荷。注云：楊氏池產荷。顧啟期婁地記：婁門東南有華墩陂，中生千葉蓮花，其荷與衆蓮荷無異。詩：有蒲與荷。陸疏：荷，芙蕖，江東呼荷。馥謂此皆以荷芙蕖爲總稱。

mì 蔤

蔤 芙蕖本。从艸密聲。美必切

芙蕖本者，釋草：其本蔤。郭云：莖下白蒻在泥中者。

ǒu 蕅

蕅 芙蕖根。从艸水禺聲。五厚切

芙蕖根者，釋草：其根藕。本書蓮，杜林說蕅根。周書：藪澤竭則蓮藕掘。師曠占：歲欲雨，雨草先生，蕅是也。傅亮芙蓉賦：潛幽泉以育藕。史記司馬相如傳：咀嚼蔆藕。孔耽神祠碑：躬采蔆藕。後魏書：羊敦爲廣平太守，屬歲饑饉，家饋未至，使人外尋陂澤，採藕根而食之。水經注滱水云：匪直蒲筍是豐，實亦偏饒蔆藕。

lóng 蘢

蘢 天蘥也。从艸龍聲。盧紅切

天蘥也者，釋草文。詩鄭風：隰有游龍。毛傳：龍，紅草也。陸疏：一名馬蓼，葉大而赤白色，生水澤中，高丈餘。玉篇：馬藻也。管子地員篇：其山之淺，有蘢與庤。尹知章注：龍，草名也。

shī 蓍

蓍 蒿屬。生千歲三百莖。易以爲數。天子蓍九尺，諸侯七尺，大夫五尺，士三尺。从艸耆聲。式脂切

廣雅：蓍，耆也。易繫辭：蓍之德圓而神。鄭注：蓍形圓而可以立變化之數，故謂之神。說卦：幽贊於神明而生蓍。周禮簭人：上春相簭。注云：相謂更選擇其蓍也。又大卜掌三易之法。注云：易者，揲蓍變易之數可占者也。月令：釁龜筴。注云：

筴蓍也愼子威德篇蓍龜所以立公言也秦策襄王錯龜數策占兆高云策蓍也文選卜居詹尹乃端策拂龜五臣注策蓍也史記龜策傳揲策定數灼龜觀兆漢書張禹傳擇日絜齋露蓍顏注蓍草名筮者所用也藝文志蓍書二十八卷班氏曰蓍龜者聖人之所用也書曰女則有大疑謀及卜筮易曰定天下之吉凶成天下之亹亹者莫善於蓍龜是故君子將有爲也將有行也問焉而以言其受命也如嚮無有遠近幽深遂知來物非天下之至精其孰能與於此儀禮疏引郭璞云上有叢蓍下有千齡蔡馥案范筠詠蓍詩數奇不可偶性直誰能紆禎蔡伏靈異祥雲降溫腴龜策傳聞蓍生滿百莖者其下必有神龜守之其上常有青雲覆之寰宇記蔡州貢蓍草夢溪筆談揲蓍之法四十九蓍聚之則一而四十九隱于一中散之則四十九而一隱于四十九中一者道也謂之無則一在謂之有則不可取四十九者用也靜則歸於一動則惟覩其用一在其閼而不可取此所謂大衍之數五十其用四十有九蒿屬者詩下泉浸彼苞蓍傳云蓍草也陸疏蓍似藾蕭青色科生歸藏蓍末大於本爲上吉蒿末大於本次吉易乾坤鑿度聖人設卦以用蓍注云蓍者菥靈草蕭蒿之類也本草蓍生少室山谷圖經云其生如蒿作叢高五六尺一

說文解字義證卷四　九

本一二十莖至多者三十五莖生便條直所以異於衆蒿也通志蓍如蒿華如菊生上蔡白龜祠傍生千歲三百莖易以爲數者宋本作百莖無三字博物志蓍千歲而三百莖馥案洪範五行傳蓍之爲言耆也百年一本生百莖論衡狀留篇蓍生七十歲生一莖七百歲生十莖其說各異未知其審天子蓍云云者白虎通蓍龜篇蓍之爲言耆也天子蓍長九尺諸侯七尺大夫五尺士三尺蓍陽故數奇也史記龜策傳傳曰天下和平王道得而蓍莖長丈其叢生滿百莖方今世取蓍者不能中古法度不能得滿百莖長丈者取八十莖已上蓍長八尺卽難得也人民好用卦者取滿六十莖已上長滿六尺者卽可用矣

qìn 菣

菣 香蒿也從艸臤聲去刃切

唐張臯上疏臣蓬菣之生

香蒿也者本書蒿菣也詳見蒿下

𦽬 菣或從堅

或從堅者字林作墍詩釋文菣本又作墍

é 莪

莪 蘿莪蒿屬從艸我聲五何切

蘿莪蒿屬者蘿莪疊韻本書蛾羅也釋草莪蘿郭云今莪蒿也詩菁菁者莪傳云莪蘿蒿也陸疏莪蒿也一名蘿蒿生澤田漸洳之處葉似邪蒿而細科生三月中莖可生食又可烝食香美味頗似蔞蒿李時珍曰莪抱根叢生俗謂之抱孃蒿

luó 蘿

蘿 莪也從艸羅聲魯何切

lǐn 菻

菻 蒿屬從艸林聲力稔切

蒿屬者徐鍇曰此卽上藁蒿字亦作此馥案集韻菻或從廩郭注爾雅莪蒿一曰藁蒿廣雅莪蒿藁蒿也御覽九百九十七引廣志莪蒿藁蒿也通志藁蒿先於百草而生本草角蒿唐本注云葉似白蒿花如瞿麥紅赤可愛子似王不留行黑色作角陳藏器云藁蒿味辛溫煮食之似小薊生高岡宿根先於百草一名莪蒿馥案陸疏謂莪蒿生漸

說文解字義證卷四　十

洳之處陳氏謂藁蒿生高岡似不同物然詩言在彼中阿在彼中陵則陳說近是

wèi 蔚

蔚 牡蒿也從艸尉聲於胃切

牡蒿也者釋草蔚牡菣郭注無子者詩蓼莪匪莪伊蔚傳云蔚牡菣也陸疏牡蒿也三月始生七月華華似胡麻華而紫赤八月爲角角似小豆角銳而長一名馬薪蒿馥案御覽九百九十七引此文云蔚牡蒿牡菣也似蒿本草馬先蒿一名馬屎蒿唐本注云葉大如茺蔚花紅白色實八月九月熟俗謂虎麻一名馬薪蒿圖經云郭璞注爾雅謂無子者而陸璣云有子二說小異馥案牡蘜牡荊牡茅皆非無子郭說失之

xiāo 蕭

蕭 艾蒿也從艸肅聲蘇彫切

艾蒿也者詩生民取蕭祭脂傳云取蕭合黍稷臭達牆屋先奠而後爇蕭合馨香也陸疏蕭荻今人所謂荻蒿者是也或云牛尾蒿似白蒿白葉莖粗科生多者數十莖可作燭有香氣故祭祀以脂爇之爲香許慎以爲艾蒿非也馥案荻當爲萩郊特牲焫蕭合羶薌注云蕭薌蒿也周禮甸師祭祀共蕭茅杜子春云蕭香蒿也鬱人疏引王度記士

以蕭庶人以艾中山經橐山其陰多蕭注云蕭蒿離騷何昔日之芳草今直爲此蕭艾也淮南俶眞訓膏夏紫芝與蕭艾俱死漢書禮樂志焫膋蕭李奇曰蕭香蒿也又鼂錯傳萑葦竹蕭顏注蕭蒿也後漢書張衡傳珍蕭艾於重笥兮注云蕭蒿也釋蟲蚢蕭繭郭云食蕭葉玉篇蚢食蒿葉匡謬正俗云齊書云太祖曰詩人采蕭蕭卽艾也蕭自是香蒿古祭祀所用合脂爇之以享神者艾卽今之灸病者名旣不同本非一物詩云彼采蕭兮彼采艾兮是也

qiū 萩

萩 蕭也從艸秋聲 七由切

蕭也者萩蕭聲相近釋草蕭萩郭云卽蒿釋文音秋唐石經作萩莊子列御寇篇河上有家貧恃緯蕭而食者釋文云蕭萩蒿也顏氏家訓勉學篇常買荻尺寸折之然明夜讀趙策公宮之垣皆以荻蒿楛楚廧謂荻竝當作萩左傳伐雍門之萩是也

xiào 芍

芍 鳧茈也從艸勺聲 胡了切

鳧茈也者釋草文郭云生下田苗似龍須而細根如指頭黑色可食廣雅葃菇水芋烏芋也本草烏芋一名藉姑唐

本注云烏芋今鳧茈也苗似龍須而細色正青根如指頭大黑色皮厚有毛又有皮薄無毛者田中竝生之東觀漢記王莽末南方枯旱羣盜入野澤掘鳧茈食之寰宇記高郵軍進鳧茈粉六書故漢有芍陂蓋以產此得名馥案俗呼地栗

jiǎn 蕑

蕑 王彗也從艸湔聲 昨先切

王彗也者釋草文彼作蔏王彗郭云王帚也似藜其樹可以爲掃篲江東呼之曰落帚

wěi 蔿

蔿 艸也從艸爲聲 于鬼切

艸也者未聞其狀服虔左傳注艾獵爲賈之子孫叔敖也高誘呂氏春秋注叔敖蔿賈之子未知孰是

chén 芜

芜 艸也從艸冘聲 直深切

艸也者釋草葴寒漿郭云今酸漿草江東呼曰苦葴本草酸漿生荆楚川澤及人家田園中蜀本草云根如菹芹白色絕苦爾雅葴寒漿郭謂苦葴是也衍義云苗如天茄子開小白花結青殼熟則深紅殼中子大如櫻亦紅色腹中有細子如落蘇之子食之有青草氣此卽苦耽也古今注苦葴子有裹馥案葴冘聲相近

jú 蘜

蘜 治蘠也從艸鞠聲 居六切

治蘠也者釋草文郭云今之秋華菊徐鍇本作治蘠御覽引風土記作菭蘠注云菭音苔崔寔月令女節女華菊花之名也治蘠日精菊根之名也周處風土記日精菭蘠皆菊之花莖別名也生依水邊其華煌煌霜降之時惟此草盛茂九月律中無射俗尚九日而用候時之草也

qiáng 蘠

蘠 蘠靡虋冬也從艸牆聲 賤羊切

中山經條谷之山其草多芍藥虋冬注云本草經曰虋冬一名滿冬今作門俗作亹 抱朴子仙藥篇或名地門冬或名筵門冬或名顚棘或名淫羊食或名管松其生高地根短而味甜氣香者善其生水側下地者葉細似蘊而微黃根長味多苦氣臭者下 建康記建康出天門冬極精妙 名山畧記鬱山天門冬 寰宇記忠州貢麥文冬天文冬 本草天門冬一名顚勒唐本注云此有二種苗有刺而澀者無刺而滑者俱是門冬俗云顚棘浣草者互名之也圖經云天門冬

春生藤蔓大如釵股高至丈餘葉如茴香極尖細而疎滑有逆刺亦有澀而無刺者其葉如絲杉而細散皆名天門冬其根白或黃紫色大如手指長二三寸 神仙服食方天門冬一名顚棘在東岳名淫羊藿在中岳名天門冬在西岳名管松在北岳名無不愈在南岳名百部在京陸山阜名顚棘雖處處皆有其名不同其實一也

蘠靡虋冬也者釋草文彼作蘼案靡虋聲近詩維糜維芑正義云糜作虋音同亹徐鍇曰爾雅注虋冬一名滿冬今本草有天門冬竝無滿冬之名馥案滿與璊虋音同

qí 芪

芪 芪母也從艸氏聲 常支切

芪母也者廣韻引字林蒀母卽知母艸廣雅芪母兒踵東根也釋草薚莐藩注云一曰蝭母本草知母一名蚳母一名蝭母一名沈燔一名薚陶云形似菖蒲而柔潤葉至難死掘出隨生須枯燥乃死范子計然提母出三輔黃白者善元和志相州貢知母

wǎn 菀

菀 茈菀出漢中房陵從艸宛聲 於阮切

茈菀出漢中房陵者玉篇紫菀藥名急就篇牡蒙甘草菀藜蘆顏注菀謂紫菀女菀之屬也本草紫菀一名紫蒨一名青苑生房陵山谷圖經云紫菀三月內布地生苗葉其葉二四相連五月六月內開黃白紫花結黑子本有白毛根甚柔細

méng 莔

莔　貝母也从艸朙省聲　武庚切

貝母也者釋草文郭云根如小貝圓而白華葉似韭詩載馳言采其蝱傳云蝱貝母也采者將以療疾陸疏蝱今藥艸貝母也其葉如栝蔞而細小其子在根下如芋子正白四方連累相著有分解急就篇頗東貝母蘆狼牙本草貝母味辛一名空草一名藥實一名苦花一名苦菜一名莔草一名勤母生晉地陶云形似聚貝子故名貝母唐本注云此草葉似大蒜圖經云根有瓣子黃白色二月生苗莖細青色葉亦青似蕎麥葉隨苗出七月開花碧綠色形如鼓子花此有數種鄘詩言采其莔今近道出者正類此郭璞注爾雅云白華葉似韭此種罕復見之寰宇記郢州貢貝母

zhú 茶

茶　山薊也从艸朮聲　直律切

山薊也者釋草文彼作朮郭云本草云朮一名山薊今朮似薊而生山中廣雅山薑朮也中山經首山多朮芫郭云朮山薊也抱朴子仙藥篇朮一名山精故神農藥經曰必欲長生常服山精本草朮一名山薊陶云朮乃有兩種白朮葉大有毛而作椏根甜而少膏可作丸散用赤朮葉細無椏根小苦而多膏可作煎用顏氏家訓書證篇案朮葉其體似薊近世文士遂讀薊爲筋肉之筋以耦地骨用之恐失其義

mì 蓂

蓂　析蓂大薺也从艸冥聲　莫歷切

析蓂大薺也者釋草文彼作菥蓂郭云薺葉細俗呼之曰老薺馥案邢疏云似薺葉細是郭注原有似字也錢君大昕曰史記司馬相如傳則生葴菥苞荔漢書菥作析釋草菥蓂說文作析蓂馥案廣雅析蓂馬辛也亦作菥本草菥蓂子一名蔑菥一名大蕺一名馬辛一名大薺主咸陽川澤及道旁陳藏器云大薺當是葶藶非菥蓂菥蓂大而扁葶藶細而圓二物殊也而爾雅自有葶藶謂之蕇注云實葉皆似芥一名狗薺大抵二物皆薺類故人多不能細分

乃爾致疑也

wèi 菋

菋　荎藸也从艸味聲　无沸切

荎藸也者釋草文郭云五味也蔓生子叢在莖頭廣雅會及五味也廣韻五味子藥名五行之精本草五味子一名會及陶注云出高麗青州冀州其核並似豬腎唐本注云五味皮肉甘酸核中辛苦都有鹹味此則五味具也其葉似杏而大蔓生木上子作房如落葵大如蘡子

chí 荎

荎　荎藸艸也从艸至聲　直尼切

荎藸艸也者艸字衍徐鍇本無

chú 藸

藸　荎藸也从艸豬聲　直魚切

荎藸也者徐鍇本作艸艸也在藙字下徐鉉改爲荎藸移荎下釋木菋荎著周禮韎師杜子春讀韎爲菋荎著之菋文選七發㴝漻薵蓼李善引字書薵藸草也玉篇藸藸挐艸

gé 葛

葛　絺綌艸也从艸曷聲　古達切

絺綌艸也者本書絺細葛也綌粗葛也詩彼采葛兮傳云葛所以爲絺綌也宣八年左傳旱無麻始用葛茀吳都賦蕉葛升越弱於羅紈

màn 蔓

蔓　葛屬从艸曼聲　無販切

葛屬者釋草拔蘢葛郭云似葛蔓生有節江東呼爲龍尾亦謂之虎葛細葉赤莖馥案楚辭九歌石磊磊兮葛蔓蔓

gāo 𦽏

𦽏　葛屬白華从艸皋聲　古勞切

葛屬白華者玉篇𦽏如葛白華也

xìng 莕

莕　菨餘也从艸杏聲　何梗切

菨餘也者釋草文彼作接余郭云叢生水中葉圓在莖端長短隨水深淺江東菹食之詩關雎參差荇菜傳云荇接余也陸疏接余白莖葉紫赤色正圓徑寸餘浮在水上根在水底與水深淺莖大如釵股上青下白鬻其白莖以苦

酒浸之肥美可案酒顏氏家訓書證篇詩云參差荇菜爾雅云荇接余也字或爲莕先儒解釋皆云水草圓葉細莖隨水淺深今是水悉有之黄花似蓴江南俗亦呼爲豬蓴或呼爲荇菜劉芳具有注釋而河北俗人多不識之博士皆以參差者是莧菜呼人莧爲人荇亦可笑之甚李時珍曰葉莖一二寸有一缺而形圓如馬蹄者蓴也葉似蓴而稍鋭長者荇也爾雅翼陂澤多有今人猶止謂之荇菜非難識也葉亦卷漸開雖圓而稍羨不若蓴之極圓也葉皆隨水高低平浮水上花則出水黄色六出今宛陵陂湖中彌覆頃畝日出照之如金俗名金蓮子狀既似蓴又豬亦好食民皆以小舟載取以飼豬又可糞田或因是得豬蓴之名顧但非蓴菜耳

荇 莕或從行同

或從行者爾雅釋文云說文作荇

jiē 菨

菨 菨餘也從艸妾聲 子葉切

kūn 蔒

蔒 艸也從艸䂂聲 古渾切

說文解字義證 卷四 圭

艸也者廣韻作蔒香艸也廣雅蔒蓉也

yuán 芫

芫 魚毒也從艸元聲 愚袁切

中山經首山其陰草多朮芫郭云芫花中藥 史記倉公傳臨菑女子薄吾病欶以芫華一撮卽出蟯可數升 范子計然芫華出三輔 建康記建康出芫華

魚毒也者釋木文彼云杬魚毒釋文杬音元又作芫急就篇烏喙附子椒芫華顏注芫華一名魚毒漁者煮之以投水中魚則死而浮出故以爲名其根曰蜀桑其華可以爲藥芫字或作杬爾雅曰杬魚毒郭景純解云大木生南方皮厚汁赤堪藏卵果此說誤耳其生南方用藏卵果者自別一杬木乃左思吳都賦所云緜杬杶櫨者耳非毒魚之芫也本草芫花一名去水一名毒魚一名杜芫其根名蜀桑可用毒魚蜀本圖經云苗高二三尺葉似白前及柳葉根皮黄似桑根正月二月花發紫碧色馥案類篇䓯草名無魚也凡水有此草則無魚馥謂卽芫之俗體

líng 蘦

蘦 大苦也從艸霝聲 郎丁切

大苦也者釋草文郭云今甘草也蔓延生葉似荷青黄莖赤有節節有枝相當或云蘦似地黄馥案郭注與孫炎同又云蘦似地黄亦疑不能定詩山有榛隰有苓又云采苓采苓首陽之巔毛傳俱訓爲大苦苓卽蘦也夢溪筆談本草注引爾雅蘦大苦注甘草也蔓生葉似荷莖青赤此乃黄藥也其味極苦故謂之大苦非甘草也馥謂嘉祐圖經說甘草形狀與爾雅注大異爾雅注與黄藥合不當言卽甘草然則以蘦爲甘草始於孫炎而郭沿其誤也本書甘草自作苷字沈存中之說可以定羣疑矣

tí 蕛

蕛 蕛苵也從艸稊聲 大兮切

蕛苵也者釋草蕛苵郭云蕛似稗布地生穢草馥案郭意蕛一名苵與本書蕛苵連文異本書無稊字韻會引作稊聲玉篇亦從木作梯

dié 苵

苵 蕛苵也從艸失聲 徒結切

tīng 艼

艼 艼熒朐也從艸丁聲 天經切

說文解字義證 卷四 夫

艼熒朐也者釋草朐艼熒馥案山海經中山經熊耳之山有草焉曰葶薴似蘇可以毒魚艼熒葶薴聲相近

jiāng 蔣

蔣 苽蔣也從艸將聲 子良切又卽兩切

苽蔣也者藝文類聚八十二引作苽也莊子則陽篇舍於蟻丘之漿司馬云謂逆旅舍以菰蔣草覆之也漢書司馬相如傳蔣芧青薠張揖曰蔣菰也古文苑蜀都賦其淺濕則生蒼葭蔣蒲注云蔣菰也又僮約當編蔣織箔注云蔣菰蒲草也馥案編蔣謂作席韓非子十過篇夏禹蔣席頮緣夏小正四月取荼荼也者以爲君薦蔣也又七月灌荼爲蔣褚之也廣志苽以爲席溫於蒲生南方通志菰曰蓬今人謂之茭爾雅曰齧彫蓬薦黍蓬彫蓬者米茭也其米謂之彫胡可作飯故曰齧黍蓬者野茭也不能結實惟堪薦藉故曰薦

gū 苽

苽 雕苽一名蔣從艸瓜聲 古胡切

雕苽者周禮六穀注云稌黍稷粱麥苽苽雕胡也醫魚宜苽注云苽雕胡也內則蝸醢而苽食注云苽雕胡也字或作菰楚詞大招設菰粱只注云菰粱蔣實謂雕胡也潘尼釣賦紅麵之飯精以菰粱淮南詮言訓菰飯犓牛弗能甘

也高云菰𦼮胡也文選七發安胡之飯李云安胡雕胡也七啟芳菰精稗本草菰米條下陶隱居云菰米一名雕胡可作餅孔煒七引芳秔雕胡漢書司馬相如傳東蘠雕胡張揖曰雕胡菰米也西京雜記云大液池邊皆是雕胡紫蘀綠節蒲叢之類菰之有米者長安人謂之雕胡菰之有首者謂之綠節馥案首謂茭中生臺者首或爲手嘉祐圖經茭生臺如兒臂謂之茭手李時珍曰其米須霜雕時采之故曰雕菰馥謂此臆說也管子書謂之雁膳猶燕麥且字又作菰通鑑樊文皎帥銳卒至菰首橋東一名蔣者廣雅菰蔣也本草菰根注云蔣草也江南人呼爲茭草史記司馬相如傳蓮藕菰蘆索隱曰菰蔣也淮南天文訓大旱茭封熯高注茭蔣草也

yù 蓸

蓸 艸也從艸育聲余六切

艸也者牛脣也釋草藚𦺇蕮郭注今澤蕮又藚牛脣郭注毛詩傳曰水蕮也如藚斷寸寸有節拔之可復扸疏云陸璣以爲今澤蕮郭氏所不取馥案本書藚水蕮與毛傳同而郭氏以水蕮牛脣爲一未審所據馥謂藚蓸聲相近經典多假借釋草之𦺇蕮當爲藚蕮卽水蕮吴都賦異荂蓲蘛李善云蘛與𦺇同初借蓸爲藚又借𦺇爲蓸也釋草之藚

牛脣當作蓸牛脣郭言如藚斷寸寸有節拔之可復此卽牛脣形狀但不應引毛傳水蕮耳

bēi 蘢

蘢 艸也從艸罷聲符羈切

rán 蘸

蘸 艸也從艸難聲如延切

艸也者未聞其狀下文鷬艸也鷬難一字重出

láng 莨

莨 艸也從艸良聲魯當切

艸也者程君瑤田曰國語云馬餼不過稂莠韋昭注莠似稷而無實昭誤以粱爲稷曰似稷蓋言似粱云爾大田之詩不稂不莠爾雅釋之曰稂童粱毛傳因之所謂童粱者豈卽說文禾粟之采生而不成者乎余謂詩上言旣堅旣好既盡出盡堅好則已無采生而不成者矣而又繼之曰不稂不莠者謂不生狼尾草與狗尾草也然爾雅旣以童粱釋稂而又別出孟狼尾則是不以狼尾爲童粱矣董蔀在說文以禾采之不成者當之而不稂不莠之稂又斷乎不可以爲禾采之不成者則爾雅之所謂童粱亦安能以說文之解解之郱下泉之詩浸彼苞稂毛傳亦作童粱夫果童粱爲采生而不成者則是於禾粟中閒一見之不得連頃皆童粱而爲水所浸且生於禾粟中禾粟宜高地下泉亦安得而浸之也與苞蕭蓍同舉亦宜爲狼尾草矣蓋狼尾與狗尾二草相雜生野地秋月適野彌望皆是亦如蕭蓍之必以族生故得云浸也余嘗目驗草似莠秀於八月疑卽狼尾草因求狼之尾辨識之蓋黃白毛而黑末而是草之苡老則轉赤而黑與狼尾不異又狼尾毛疏是草之苡亦疏不似狗尾草之密因遂定之以爲狼尾草說文別出蓈草者殆是與案司馬相如子虛賦其卑濕則生藏莨蒹葭史記注載駰按漢書音義曰莨莨尾草也漢書注郭璞曰藏莨草中牛馬芻夫莨尾卽余所目驗之狼尾草也莨草中牛馬芻余所目驗者亦中牛馬芻也以中牛馬芻之云證國語之馬餼不過稂莠以國語之稂莠證詩之不稂不莠於是稂莠之稂與說文所謂禾粟采生而不成之董蓈實爲二物確然無疑藏莨生於卑濕亦與下泉之浸足相證矣馥案後漢書王符傳夫養稂莠者傷禾稼通鑑唐太宗曰夫養稂莠者害嘉穀胡注云稂莠皆惡草書稼郭璞爾雅序搴其蕭稂馥謂本書莨葽相次程君之說爲得

yāo 葽

葽 艸也從艸要聲詩曰四月秀葽劉向說此味苦苦葽也於消切

艸也者徐鍇曰案字書狗尾草也廣雅葽莠也廣韻葽秀葽草也案秀葽當爲莠葽淺學改之也穆天子傳芧萯蒹注云葽莠屬 詩曰四月秀葽者豳風七月文傳云葽葽草也戴君震毛鄭詩考正云箋云夏小正四月王萯秀葽其是乎震按葽者幽莠也戰國策云幽莠之幼也似禾夏小正四月莠幽幽葽語之轉耳馥案爾雅幽州李巡云燕其氣深要故曰幽州幽要也 劉向說云云者陳啟源曰曹粹中詩說據爾雅葽繞蕀蒬語又參以劉向苦葽之說謂卽今藥中小草案小草味極苦濇醫家以甘草煮之方可用又有葽繞之稱曹說信爲有本馥案本書芺下云味苦江南食以下气葽芺聲相近劉向當謂苦芺

kē 薖

薖 艸也從艸過聲苦禾切

艸也者字或作萵杜甫有種萵苣詩

jùn 菌

菌 地蕈也從艸困聲 渠殞切

列子湯問篇朽壤之上有菌芝者生於朝死於晦注云崔譔云糞土之芝也朝生暮死簡文云欻生之芝 莊子逍遥游篇朝菌不知晦朔釋文引司馬云大芝也天陰生糞上見日則死一名日及故不知月之終始也崔云糞上芝朝生暮死晦者不及朔朔者不及晦馥案蔡氏毛詩名物解引莊子作雞菌今雲南呼雞㙡北方謂之雞腿磨菇 文選殷仲文九井詩薄言寄松菌李善注松貞菌脆也 六書故菌蕈之柄皆朽腐熏烝所產莊周所謂烝成菌也地有朽壤木有朽腐則生之似蓋而耎者可食堅厚而有五色文采或一本十數莖者謂之芝

地蕈也者本書光菌光地蕈叢生田中集韻菌蕈也巴蜀語又云蕈生木上菌生於地故言地蕈廣雅朝菌朝生也釋草中馗菌注云地蕈也似蓋今江東名為土菌亦曰馗廚可啖物類相感志引孫炎云聞雷即生俗呼地菌白如脂可食亦名地蕈名醫別錄木生者為檽地生者為菌

xùn 蕈

蕈 桑䓴從艸覃聲 慈衽切

桑䓴者爾雅釋文今人呼菌為蕈葛洪字苑同云世作椹蕈二字非也字林式甚反或云桑䓴也博物志江南諸山郡中大樹斷倒者經春夏生菌謂之椹食之有味而忽毒殺人云此物往往自有毒者馥謂椹即字苑所非者

ruǎn 䓴

䓴 木耳也從艸耎聲一曰萮茈 而兗切

木耳也者齊民要術十引字林同玉篇木耳生枯木也廣韻檽木耳別名內則芝栭王肅云無華而實者名栭皆芝屬庾蔚之禮記義疏無華葉而生者曰芝栭六書故記曰芝栭蔆椇伯曰在地曰芝在木曰栭說文䓴木耳也又作栭類篇栭木耳也通志五木耳曰檽蘇恭云楮槐榆柳桑之耳也 一曰萮茈者類篇䓴艸名紅藍也䓴即䓴之俗體茈染艸故紅藍曰萮茈本書無萮字疑作渝

shèn 葚

葚 桑實也從艸甚聲 常衽切

桑實也者小爾雅桑之實謂之葚詩泮水食我桑黮傳云黮桑實也釋文黮說文字林皆作葚本書黮桑葚之黑也曹憲注廣雅云今人以椹為桑葚失之古今注椹桑實也武藥有扶桑丹椹東觀漢記王莽亂人相食蔡君仲取桑甚赤黑異器賊問所以云黑與母赤自食通鑑袁紹在河北軍人仰食桑椹注云椹桑實也其始生也色青熟則色黑可食馥案甚亦有白者藝文類聚北方白椹長數寸甚美傅休奕桑椹賦翠朱三變或玄或白是也王禎農書荆桑多甚魯桑少甚此地氣之殊魏畧楊沛除新鄭長課民益畜乾甚豋豆積得千餘斛藏在小倉會太祖將千餘人無糧沛乃進乾甚北史崔逞傳道武攻中山六軍乏糧逞曰飛鴞食甚而改音詩稱其事可取以助糧乃聽人以甚當租

jǔ 蒟

蒟 果也從艸竘聲 俱羽切

果也者類篇蒟蒻似芋可食本草蒟蒻一名鬼芋酉陽雜俎蒟蒻根大如椀至秋葉滴露隨滴生苗馥案或謂蒟即蒟醬馥以本書枸云可為醬疑此蒟非也蜀都賦其園則有蒟蒻茱萸劉注以蒟為蒟醬不連蒻字

pí 芘

芘 艸也一曰芘芣木從艸比聲 房脂切

艸也者玉篇芘蕃也廣韻蘋芘荆藩鹽鐵論散不足篇沒芘蓼蘇魏書裴潛為魏郡妻子貧乏織藜芘以自給一

曰芘芣木者當云一曰芘芣本書荍蚍衃也詩傳云荍芘芣陸疏云芘芣一名荆葵馥謂荆葵即廣韻荆藩

shùn 蕣

蕣 木堇朝華暮落者從艸舜聲詩曰顏如蕣華 舒閏切

木堇朝華暮落者者廣雅日及木槿也玉篇槿木槿朝生夕隕可食月令仲春之月木槿榮鄭云木槿王蒸也秦策君危於累卵而不壽於朝生高云朝生木堇也朝榮夕落呂氏春秋仲夏紀木堇榮注云木堇朝榮暮落是月榮華可用作蒸雜家謂之朝生一名蕣詩云顏如蕣華是也釋草椴木槿櫬木槿樊光曰別二名也其樹如李其華朝生暮落與草同氣故在草中本草衍義木槿如小葵花淡紅色五葉成一花朝開暮斂湖南北人家多種植為籬障馥案所謂槿籬也莊子逍遥游篇朝菌不知晦朔釋文支遁云一名舜英朝生暮落潘尼云木槿也馥案潘尼朝菌賦序朝菌者蓋朝華而暮落世謂之木槿或謂之日及詩人以為舜華宣尼以為朝菌其物向晨而結逮明而布見陽而盛終日而殞不以其異乎何名之多也東方朔與公孫宏借車馬書木槿夕死朝榮士亦不常貧也馥案江總南越木槿賦東方記乎夕死即謂此文也歎逝賦譬日及之在條恆雖盡而不悟五臣云日及木槿華也朝榮夕落漸

yú 萸　zhū 茱　jiāo 茮

至於盡不卽覺也嵇含朝生暮落樹賦序草木春榮秋悴此木朝生暮落蘇彥舜華詩序其爲華也色甚鮮麗迎晨而榮日中則衰至夕而零余旣歎其葩而歎其榮不終日夏侯湛朝華賦咨神樹之修畀寔積陽之純精旼日升而朝華元景逝而夕零逮明晨而繁沸若靜夜之衆星詩日顏如蕣華者鄭風有女同車文彼作舜傳云舜木槿也陸疏舜一名木槿一名櫬一名椵齊魯之閒謂之王蒸今朝生暮落者是也馥案南齊書和帝王皇后名蕣華

萸　茱萸也從艸臾聲羊朱切

茱萸也者神農本草夏至之日豕首茱萸先生爲牡蠣烏喙使主四肢二十三節馥案孫楚茱萸賦攀紫房於纖柯綴朱實之酷烈應神農之本草療生民之疹疾是也風土記俗尚九月九日謂爲上九茱萸到此日氣烈熟色赤可折其房以插頭云辟惡氣禦初寒本草圖經吳茱萸木高丈餘皮青綠色葉似椿而闊厚紫色三月開花紅紫色七月八月結實本草食茱萸功用與吳茱萸同唐本注云皮薄開口者是圖經云其本亦甚高大有長及百尺者枝莖青黃上有小白點葉正類油麻花黃蜀人呼其子爲艾子荅禮記所謂藙者藙艾聲譌故云耳宜入食羹中能發辛

說文解字義證　卷四　三十一

香馥案湖州人所謂辣虎卽食茱萸也急就篇芸蒜薺芥茱萸香顏注茱萸似樧而大食者貴其馨烈故云茱萸香也洞林云有以茱萸令郭璞射之璞曰子如赤鈴含元珠案文言之是茱萸范子計然茱萸出三輔寰宇記蔡州貢茱萸又云彭城縣茱萸山在縣東北八十五里俗謂採藥山本草山茱萸出東海承縣此山昔隸承縣

茱　茱萸茱屬從艸朱聲市朱切

茱萸茱屬者嘉祐圖經云茱萸結實似椒子嫩時微黃至成熟則深紫

茮　茮莍從艸尗聲子寮切

茮莍者徐鍇本作茮茮本書樧似茱萸出淮南釋木茮樧醜莍郭云莍萸子聚生成房貌今江東亦呼茮莍馥案莍莍或茮莍之譌廣雅梂樧欓越椒茱萸也馥謂凡茱萸之屬皆通呼茱萸也急就篇烏喙附子椒芫華顏注椒謂秦椒及蜀椒也椒之大實者名檓詩東門之枌貽我握椒傳云椒芬香載芟有椒其馨正義云椒木之氣香又椒聊之實陸疏椒似茱萸有針刺葉堅而滑澤今成皐諸山閒有椒謂之竹葉椒可著飮食中東海諸島上亦有椒枝葉皆

qiú 莍　jīng 荆

一相似子長而不圓甚香其味似橘皮本草蜀椒一名巴椒一名蓎藙生武都川谷及巴郡圖經云今歸峽及蜀川陝洛閒人家多作園圃種之高四五尺似茱萸而小有針刺葉堅而滑可煑飮食甚辛香四月結子無花但生於葉閒如小豆顆而圓皮紫赤色此椒江淮及北土皆有之莖實都相類但不及蜀中者皮肉厚腹裏白氣味濃烈耳淮南人閒訓申菽杜茝美人之所懷服也高云菽音椒茝音釆皆香草中山經琴鼓之山其本多椒注云椒爲樹小而叢生下有草木則蠚死風土記三香椒欓薑漢書司馬相如傳桂椒木蘭顏注椒卽所食椒樹也郭璞椒贊椒之灌植實繁有榛薰林烈薄馞其芬辛服之不已洞見通神成公綏椒花銘嘉哉芳椒載繁其實厥味惟珍蠲除百疾援神契椒薑禦濕馥案孟詵曰椒療濕痹是也董勛荅問歲首酌椒酒而飮之以椒性芬香又堪爲藥漢官儀皇后稱椒房取其實蔓延盈升以椒塗室取溫煖祛惡氣也曹植鷂雀賦目如擘椒馥案六書故云茱實梂六月紫赤其子突出如目謂之椒目是也范子計然蜀椒出武都赤色者善秦椒出天水隴西細者善吳均說餅仇池連蒂之椒元和志黎州貢椒一石　尗聲者文九年春秋楚子使椒來聘穀梁作萩釋文云或作菽子服惠伯名椒左傳作湫夫椒

說文解字義證　卷四　三十二

史記作夫湫椒舉周語作湫舉茱萩湫菽聲相近

莍　茮樧實裹如表者從艸求聲巨鳩切

茮樧實裹如表者者裹當爲裹表當爲梂茮梂聲相近爾雅釋文引作樧茮實裹如裘也裘字亦誤本書𠧪象嘉穀在裹中之形又梂櫟實郭注釋木云有梂彙自裹詩山有苞櫟陸疏椒樧之屬其子房生爲梂詩椒聊箋云一梂之實正義言一梂之實者梂謂椒之房裹實者也釋木椒樧醜莍李巡曰樧茱萸也椒茱萸皆有房文選高唐賦綠葉紫裹李善注裹猶房也

古今注苦蔵子有裹

荆　楚木也從艸刑聲舉卿切

賈誼書步陟山川坌冒楚棘　趙策公宮之垣皆以荻蒿楛楚　裴駰表陵上荆一枝圍七寸二分者破斫　淮南人閒訓故師之所處生以棘楚高云楚大荆也　本草牡荆生河閒南陽冤句山谷或平壽都鄉高岸上及田野中唐本注云此卽作棰杖荆是也實細黃色莖勁作樹不爲蔓生故稱之爲牡非無實之謂也案漢書郊祀志以牡荆莖爲幡竿此則

明莫不堪爲竿今所在皆有圖經云俗名黄荆葉如蓖麻疏
瘦花紅作穗實細而黄如麻子大或云即小荆也書舜典
扑作教刑鄭注扑檟楚也學記檟楚二物收其威也鄭云
檟槄也楚荆也二物可以扑撻犯禮者三禮圖楚焞以荆
爲之然以灼龜必以荆者凡木心皆圓而荆心方是以用之
呂氏春秋直諫篇葆申束細荆五十跪而加之於背　司
馬遷報任安書彼箠楚受辱　史記廉頗藺相如列傳廉頗
聞之肉袒負荆因賓客至藺相如門謝罪索隱云負荆者荆
楚也可以爲鞭也　鹽鐵論箠楚之痛馥案箠謂馬箠楚謂
荆　會稽後賢記孔垣爲廷尉小大以情不加楚撻　廣絕
交論故王丹威子以檟楚　傳子傅嘏爲河南尹獄訟不加
檟楚而得其實　晉令杖皆用荆長六尺　通鑑東昏侯敕
虎賁不得進大荆注云大荆牡荆也俗謂之黄荆以爲箠杖
通鑑又云隋燕榮見道次叢荆以爲堪作杖命取之輒以試
人　柳宗元四門記助教之職佐博士以掌檟楚之　唐陽嶠
爲國子祭酒生徒游惰者督以鞭楚又歸崇敬生徒有不率
教者檟
楚之
楚木也者本書楚一名荆也廣雅楚荆也急就篇槐檀荆
棘葉枝扶顏注荆一名楚廣志楚荆也釋器籗謂之罩孫

說文解字義證　卷四　三三

炎云今楚籗也詩正義云罩以竹爲之無竹則以荆故謂
之楚籗　詩殷武奮伐荆楚傳云荆楚荆州之楚國也又漢
廣言刈其楚正義楚亦木名故學記以楚爲荆又緜爰契
我龜正義契楚焞　莊十年春秋荆敗蔡師于莘杜云荆楚
本號後改爲楚正義荆楚一木二名故以爲國號亦得二
名　莊四年左傳楚武王荆尸杜云荆亦楚也正義荆即楚
之舊邑故云荆亦楚也　莊十年公羊傳荆者何州名也戴
宏曰荆楚一物義能相發吳楊異訓故不得州名也　宜十
二年左傳荆尸而舉杜云荆楚也　夢溪筆談荆州宜荆荆
或爲楚楚亦荆木之別名也　史記正義秦滅楚諱楚改曰
荆秦莊襄王名楚改楚爲荆　世說孫楚字子荆陳敬源曰
荆有二牡荆蔓荆楚乃叢木非蔓生其牡荆與蔓荆子大
牡荆子小故又名小荆有青赤二種青者爲荆赤者爲楛
嫰條皆可爲筥箱古貧女以荆爲釵即此二木也　刑聲
者當爲荆聲篆文誤也　魏王基碑遷荆州刺史古銅印孫
荆其文並從井荆法也荆以立法故從荆本書鉶字猶不
誤

[古文] 古文荆

tái 菭

[篆] 水衣从艸治聲 徒哀切

水衣也者爾雅釋文引作水青衣也玉篇菭生水中綠色
也廣雅水衣菭也淮南泰族訓窮谷之汚生以青苔江淹
青苔賦乃生水而搖蕩遂出波而沈淫馥案釋草薚石衣
郭注水苔也一名石髮江東食之周禮醢人箈菹鄭司農
云箈水中魚衣風土記石髮水衣也青綠色皆生於石也
馥謂此可食不中爲紙本草陟釐生江南池澤陶隱居云
此即南人用作紙者唐本注云此物乃水中苔今取以爲
紙名苔紙王子年拾遺記張華撰博物志成晉武帝賜陟
釐紙萬張溪人語訛謂之側理
也馥案今高麗人猶取以爲紙

yá 芽

[篆] 萌芽也从艸牙聲 五加切

萌芽也者廣雅萌芽始也月令安萌芽周禮薙氏掌殺草
春始生而萌之鄭注謂耕反其萌芽關尹子四符篇核芽
相生呂氏春秋大樂篇萌芽始震凝寒不形漢書金日磾
傳霍氏有事萌牙顏注萌牙者言始有端緒若草之始生
楊雄徐州牧箴禍如邱山本在萌
芽晉時童謠草木萌芽殺長沙

說文解字義證　卷四　三四

méng 萌

[篆] 艸芽也从艸明聲 武庚切

艸芽也者玉篇篇海並引作草木芽也廣雅萌蘖也方言
注鋒萌始出也月令草木萌動周禮占夢乃舍萌於四方
鄭注謂萌芽始生也易序卦蒙者蒙也物之穉也鄭云齊
人謂萌爲蒙也管子五行篇然則冰解而凍釋草木區萌
漢書律歷志故陽氣施種於黃
泉孳萌萬物顏注萌始生也

zhuó 茁

[篆] 艸初生出地皃从艸出聲詩曰彼茁者葭 鄒滑切

艸初生出地皃者廣雅茁出也關尹子八籌篇草木俄茁
茁俄亭亭俄蕭蕭韓愈文蘭茁其芽蘇軾詩霜葉露芽寒
更茁　詩曰彼茁者葭者
召南騶虞文傳云茁出也

jīng 莖

[篆] 枝柱从艸巠聲 戶耕切

枝柱也者玉篇引作草木幹也廣韻同一切經音義八引
字林枝主也楚辭九歌秋蘭兮青青綠葉兮紫莖論衡初
稟篇宋草之莖如鍼射雉賦初
莖蔚其曜新五臣云莖草苗也

tíng 莛

莛 莖也從艸廷聲 特丁切

莖也者漢書東方朔傳以莛撞鐘文穎曰謂稾莛也

yè 葉

葉 艸木之葉也從艸枼聲 與涉切

艸木之葉也者古詩葉葉自相當易林桑芳將落隕其黃葉

jì 蘮

蘮 艸之小者從艸㓹聲㓹古文銳字讀若芮 居例切

艸之小者者蘮或作莌方言莌小也凡草生而初達謂之莌注云鋒萌始出莌音銳左思吳都賦欝兮莌茂㓹古文銳字者古文當爲籀文本書㓹云籀文銳又劂云㓹籀文銳 讀若芮者本草后龍芮陶云其葉芮芮短小潘岳西征賦蕞芮於城隅者又百不處一注云芮小貌

fú 芣

芣 華盛從艸不聲一曰芣苢 縛牟切

華盛者詩鄂不韡韡不即此芣本書韡下引詩作不後人據詩改之

pā 葩

葩 華也從艸皅聲 普巴切

華也者廣雅同後漢書張衡傳羲𤨏與而樹葩兮注云葩華也夏小正三月拂桐芭馥案月令三月桐始華夏小正云楊則花而後記之花金履祥通鑑引作苑馥謂花苑皆葩之譌戴君震曰文選琴賦若衆葩敷榮曜春風注古本葩字爲花貌郭璞曰葩爲古花字含音于彼切字林音于彼切張衡思元賦曰天地絪縕百草含葩今考葩字當爲蘤字之訛後漢書張衡傳所載思元賦作百草含蘤注引張揖字詁曰蘤古花字也考花字起於後代古書皆作華陸德明云古讀華如敷此蓋本字本音而漢時或讀如韡俗遂通作花蘤之古音讀如韡故字詁謂蘤古花字今文選本作百卉含葩舊注葩華則蘤之誤也李善又引說文曰蘤古花字今說文無此語則說文乃字詁之訛而蘤字獨不訛其下又云本誤作蘤音爲詭切此非之用也訛舛不可通就字音推求蘤爲詭切葩字必不可讀爲詭切當言本誤作葩音爲詭切此非葩音也今文選既於思元賦蘤訛作葩而琴賦注引思元賦蘤亦作葩則是誤中之誤琴賦注云古本葩字爲花貌當作葩本蘤字蘤花貌其云郭璞曰葩爲古花字含讀音于彼切當作郭璞曰蘤古花字今讀韋彼切考廣韻蘤韋委切韋委韋彼于彼一音也且是注下引字林于彼切上不得云今讀音于彼切故知音于二字乃一韋字訛成兩字且馥案琴賦注云思元賦曰天地烟熅百草含葩鳴鶴交頸雎鳩相和以韻推之所以不惑馥謂蘤古音與和韻若作葩則失韻矣

wěi 芛

芛 艸之皇榮也從艸尹聲 羊捶切

艸之皇榮也者皇小字本作葟本書蘳下引爾雅蘳華也或作葟釋草蕍芛葟華榮郭注釋言云華皇也今俗呼草木華初生者爲芛本書即釋艸文與郭讀異蕍猶敷蕍亦華之貌馥案本書夢藿蕍故芛上不連蕍字

huà 蘳

蘳 黃華從艸黊聲讀若壞 乎瓦切

黃華者後漢書馬融傳蓶扈蘳熒 讀若壞者徐鍇本作墮壞謂讀若墮也墮與黊之從圭者聲相近廣韻蘳草木葉初出貌即以爲蘳字

biāo 蔈

蔈 苕之黃華也從艸㮾聲一曰末也 方小切

苕之黃華也者釋草苕陵苕黃華蔈白華茇詩正義引舍人曰苕陵苕也黃華名蔈白華名茇別華色之名也本草紫葳一名陵苕一名茇華唐本注云此即淩霄花詩小雅苕之華芸其黃矣傳云苕陵苕也將落則黃箋云陵苕之華紫赤而繁華衰則黃陸疏一名鼠尾生下溼水中七八月中華華紫似今紫草華可染皁煑以沐髮即黑馥案陸說即葝鼠尾是也本草鼠尾草一名陵翹鄭箋謂華色紫赤正是鼠尾艸 一曰末也者集韻蔈禾末淮南天文訓秋分蔈定而禾熟高注蔈禾穗粟孚甲之芯也古文作秒

yīng 英

英 艸榮而不實者一曰黃英從艸央聲 於京切

艸榮而不實者者釋草榮而不實謂之英呂氏春秋孟夏紀苦菜秀注云爾雅云不榮而實曰秀榮而不實曰英苦菜當言英者也 一曰黃英者徐鍇曰爾雅釋木有權黃英馥案黃英當爲蕾英見本書蕾下

ěr 薾

薾 華盛從艸爾聲詩曰彼薾惟何 兒氏切

詩曰彼薾惟何者小雅采薇文彼作爾傳云爾華盛貌

qī 萋

萋 艸盛。從艸妻聲。詩曰：菶菶萋萋。七稽切

艸盛者，廣雅：萋萋，茂也。詩葛覃維葉萋萋，韓詩章句：萋萋，盛也。又蒹葭萋萋，毛傳：萋萋猶蒼蒼也。馥案上章傳云：蒼蒼，盛也。詩曰菶菶萋萋者，大雅卷阿文，傳云：梧桐盛也。釋訓：藹藹萋萋，臣盡力也。郭云：梧桐茂，賢才衆。

běng 菶

菶 艸盛。從艸奉聲。補蠓切

艸盛者，廣雅：菶菶，茂也。通俗文：草盛曰菶。馥案詩生民瓜瓞唪唪，傳云：唪唪然多實也。本書玤唪二字引詩并作菶菶，馥謂多實亦盛也。

nǐ 薿

薿 茂也。從艸疑聲。詩曰：黍稷薿薿。魚己切

茂也者，廣雅：薿薿，茂也。詩曰黍稷薿薿者，小雅甫田文，箋云：薿薿然而茂盛。玉篇引詩黍稷彧彧，云茂盛貌。

ruí 蕤

蕤 艸木華垂皃。從艸甤聲。儒隹切

艸木華垂貌者，李善注江文通雜詩、陸機園葵詩竝引作艸木華盛貌。纂要：草木華曰蕤。

說文解字義證　卷四　三七

zōng 葼

葼 青齊沇冀謂木細枝曰葼。從艸㚇聲。子紅切

青齊沇冀謂木細枝曰葼者，方言：木細枝謂之杪，青齊兖冀之閒謂之葼，故傳曰：慈母之怒子也，雖折葼笞之，其惠存焉。魏都賦：弱葼系實。劉注：葼，木之細枝者也。廣雅：䈦，篸也。馥謂此因篸而變從竹。唐書杜生傳：去鞭，吾無以進馬，可折道旁葼代之。詩鬷假無言，箋云：鬷，細也。

yí 移

移 艸萎移。從艸移聲。弋支切

艸萎移者，萎當爲委，猶禾倚移、木檹施。

yuán 蒝

蒝 艸木形。從艸原聲。愚袁切

艸木形者，疑非原文。玉篇、廣韻竝云：莖葉布也。本書蘛，華葉布，正同。

jiá 莢

莢 艸實。從艸夾聲。古叶切

艸實者，字林同。文子上德篇：木實生於心，艸實生於莢。

máng 芒

芒 艸耑。從艸亾聲。武方切

艸耑者，劉楨魯都賦：秔族垂芒。三禮義宗：五月芒種爲節者，言時可以種有芒之穀，故以芒種爲名。周禮稻人：澤草所生，種之芒種。注云：芒種，稻麥也。

wéi ⿱艹隋

⿱艹隋 藍蓼秀。從艸隨省聲。羊捶切

藍蓼秀者，廣雅：⿱艹隋，蔕也。隨省聲者，徐鍇本作隋聲。

dì 蔕

蔕 瓜當也。從艸帶聲。都計切

瓜當也者，洪武正韻：蔕，果蓏綴當也。埤雅：瓜當謂之蔕，蔕，瓜之繫蔓處也，蔕味小苦。墨子曰：甘瓜苦蔕。西京賦：蔕倒茄於藻井。李善引聲類：蔕，果鼻也。阮籍詩：連畛距阡陌，子母相鉤帶。夏侯孝若瓜賦：落蔕離母，濆於寒泉。任昉述異記：漢章帝元年，上虞獻雙蔕瓜。宋書符瑞志：嘉瓜異體同蔕。劉敬叔異苑：漢安帝元初三年，平陸有瓜，異本同蔕，共生一瓜。杜陽編：滄州產分蔕瓜，長二尺，一顆二蔕。齊民要術收瓜子法：戡去兩頭者，近蔕子瓜曲而細，近頭子瓜短而喎。

說文解字義證　卷四　三八

gāi 荄

荄 艸根也。從艸亥聲。古哀切，又古諧切

艸根也者，釋草：荄，根。方言：荄，根也。太元親上九：童親不貞，還自荄也。廣雅：荄，根。通俗文：非根曰荄。素問：治以草蘇草荄之枝。王注：草荄謂草根也。漢書禮樂志：根荄以遂。顏注：草根曰荄。又儒林傳：箕子者，萬物方荄兹也。顏注：荄兹言其根荄方兹茂也。後漢書魯恭傳：養其根荄。注云：荄，草根也。懷舊賦：陳荄被于堂除。五臣云：陳荄，病草也。李善引禮記注：病草，陳根也。北史王劭傳：今溫酒及炙肉，用石炭、木炭火、竹火、草火、麻荄火，氣味各不同。

yǔn ⿱艹均

⿱艹均 茭也。茅根也。從艸均聲。于敏切　案本書此下空四格，據李燾本有"又于倫切"四字。

茭也者，錢君大昭曰：⿱艹均茭，釋草文，合下荄根爲句，許君所見爾雅本當如此。郭璞本以茭爲茭，謂爲蘮紹緒，分⿱艹均茭爲一類，荄根爲一類。馥案廣雅：藙、茭，荄根也。是釋草⿱艹均茭荄根原爲一條。廣雅藙當爲蘮，爾雅本作藙，或作芟，譌爲茭，故郭以爲蘮紹緒。凡從交、爻之字多互誤，如駮誤爲駁，較誤爲較是也。茅根也者，玉篇：⿱艹均，藙也。藙與芟同，黃茅。

艸

根煎取汁治消渴也

bá 茇

茇 艸根也從艸犮聲春艸根枯引之而發土爲撥故謂之茇一曰艸之白華爲茇北末切

艸根也者廣雅茇根也方言荄杜根也東齊曰杜或曰茇司馬彪與山巨源書根茇失據淮南地形訓凡根茇木者生於庶木凡根茇草者生於庶草凡浮生不根茇者生於萍藻馥案犮有根義本書髮从犮云根也曲禮燭不見跋注云跋本也 春艸根枯引之而發土爲撥故謂之茇者茇撥聲相近國語王耕一墢本書作坺是也月令孟春之月草木萌動鄭注引農書土長冒橛陳根可拔耕者急發四民月令正月地氣上騰土長冒橛陳根可拔馥謂撥當爲發本書發以足蹋夷艸 一曰草之白華爲茇者釋草黃華蔈白華茇舍人曰黃華名蔈白華名茇別華色之名也

péng 芃

芃 艸盛也從艸凡聲詩曰芃芃黍苗房戎切

說文解字義證《卷四 兲

艸盛也者詩載馳芃芃其麥傳云芃芃然方盛長詩曰芃芃黍苗者小雅黍苗文傳云芃芃長大貌

fū 傅

傅 華葉布從艸傅聲讀若傅方遇切

華葉布者易說卦震爲旉釋文干云花之通名鋪爲花貌謂之藪史記司馬相如傳旉結縷徐廣曰旉古布字漢書作布 讀若傅者傅與敷同漢書文帝紀傅納以言宣帝紀傅奏其言顏注並云傅讀曰敷爾雅疏傅一名橫目草蔓延生馥案讀若與諧聲同本書無此例當是讀若尃本書尃布也

jí 蓻

蓻 艸木不生也一曰茅芽從艸執聲姊入切

案篆文當從執本書蓺從埶又槸或從埶可證也從坴之字多誤爲幸暬本從坴誤爲幸洪武正韻辨之六經正誤云左傳不釆蓺蓺種也下從埶不從執也馥案王元賓碑□心術藝孔龢碑經通一蓺張表碑雅藝攸載並从坴陳球景君史晨張壽張遷丁魴堯廟諸碑坴作圭隸體从省 艸木不生也者不當爲才玉篇蓻子習切草木生貌蓺魚制切種蒔也形聲雖異實一字重出詩鴇羽不能蓺稷黍生民蓺之荏菽箋並云蓺樹也周禮司徒以教稼穡樹蓺注云蓺猶蒔也坊記引詩蓺麻如之何注云蓺猶樹也昭六年左傳不釆蓺杜注蓺種也又十六年傳有事於山蓺山林也杜注蓺養護令繁殖周語墾田若蓺韋注蓺猶蒔也或又作藝書禹貢蒙羽其藝傳云二山己可種藝又岷嶓既藝傳云水去己可種藝酒誥純其藝黍稷傳云其當勤種黍稷孟子樹藝五穀趙注樹種藝植也

yín 菥

菥 艸多皃從艸菥聲江夏平春有菥亭語斤切

艸多皃者玉篇菥艸也 江夏平春有菥亭者續漢書郡國志江夏郡平春矦國案本書菰草多皃江夏平春有菰亭菥菰形誤

mào 茂

茂 艸豐盛從艸戊聲莫矦切

艸豐盛者釋詁茂豐也曲禮北曰豐本注云豐茂也

chàng 蔐

蔐 艸茂也從艸暘聲丑亮切

說文解字義證《卷四 手

艸茂也者玉篇蔐草木盛孟子草木暢茂史記草木蔐茂

yìn 蔭

蔭 艸陰地從艸陰聲於禁切

艸陰地者文七年左傳公族公室之枝葉也若去之則本根無所庇廕矣葛藟猶能庇其本根馥案木亦曰蔭郭注爾雅樹木葉缺落蔭疏宣二年左傳舍於翳桑杜云桑之多蔭翳者趙策席隴畝而廕庇桑子華子松柏茂而陰成於林塗之人則蔭矣是也又案覆蔭亦曰蔭文十七年左傳鹿死不擇音杜注音所休蔭之處詩有杕之杜箋云特生寡陰釋文陰本亦作蔭漢書郊祀志靈之至慶陰陰顏云言垂陰覆徧於下

chòu 䔍

䔍 艸皃從艸造聲初救切

艸皃者玉篇䔍草根雜也昭十一年左傳使助薳氏之簉注簉副倅也釋文云簉說文從草馥謂副倅猶今之佐雜官也周禮車僕掌戎路之萃注云萃猶副也

zī 茲

茲 艸木多益從艸絲省聲子之切

太玄天不之玆漢書五行志賦斂玆重

艸木多益者或作滋顏注急就篇番滋也本書出下云象艸木益滋上出達也僖十五年左傳物生而後有象象而後有滋

dí 蔋

蔋　艸旱盡也從艸俶聲詩曰蔋蔋山川徒歷切

詩曰蔋蔋山川者大雅雲漢文彼作滌滌傳云滌滌旱氣也山無木川無水

xiāo 藃

藃　艸皃從艸歊聲周禮曰轂雖敝不藃許嬌切

艸皃者廣韻藃禾傷肥玉篇藃耗也縮也馥謂傷肥縮耗也或借槁字荀子勸學篇木輮以爲輪其曲中規雖有槁暴不復挺者　周禮曰轂雖敝不藃者小字本無雖字本書初刻亦無後乃加之考工記輪人是故以火養其陰而齊諸其陽則轂雖敝不藃注云藃藃暴陰柔後必橈減幬革暴起

jì 蔇

蔇　艸多皃從艸既聲居味切

艸多皃者虞翻注易云蔚蔇也馥案廣雅蔚茂也

cí 薋

薋　艸多皃從艸資聲疾茲切

zhēn 蓁

蓁　艸盛皃從艸秦聲側詵切

艸盛皃者廣雅蓁蓁茂也詩其葉蓁蓁傳云蓁蓁至盛皃韓詩蓁蓁者莪薛君曰蓁蓁盛皃也或借溱字毛詩蓁蓁齊詩作溱溱班固靈臺詩百穀溱溱注云溱溱盛皃

shāo 莦

莦　惡艸皃從艸肖聲所交切

惡艸皃者淮南修務訓野彘有艽莦槎櫛窟虛連比以像宮室高誘謂艽莦爲蓐馥案野彘所寢之草如狼藉也

ruì 芮

芮　芮芮艸生皃從艸內聲讀若汭而銳切

芮芮艸生皃者謂艸初生芮芮然小也

chí 茬

茬　艸皃從艸在聲濟北有茬平縣仕甾切

艸皃者魯語山不茬櫱　濟北有茬平縣者濟當爲泲續漢書郡國志茬平屬泲北國漢書地理志屬東郡應劭曰茬茬山之阜地者也

huì 薈

薈　艸多皃從艸會聲詩曰薈兮蔚兮烏外切

艸多皃者孫子行軍篇蒹葭林木翳薈者此伏姦之所也詩曰薈兮蔚兮者曹風候人文傳云薈蔚雲興皃本書嬒下引詩作嬒此引詩疑後人加之

mào 蓩

蓩　細艸叢生也從艸敄聲莫候切

細艸叢生也者廣雅釋訓蓩蓩葆葆茂也

mào 芼

芼　艸覆蔓從艸毛聲詩曰左右芼之莫抱切

艸覆蔓者柳宗元詩野蔬盈傾筐頗雜池沼芼馥謂池沼之艸多蔓　詩曰左右芼之者周南關雎文毛傳芼擇也釋言芼搴也本書攓拔取也

cāng 蒼

蒼　艸色也從艸倉聲七岡切

艸色也者徐鍇本作艸覆也

lán 葻

葻　艸得風皃從艸風聲讀若婪盧含切

風聲者風從凡聲與婪聲相近詩彼何人斯其爲飄風胡不自北胡不自南

cuì 萃

萃　艸皃從艸卒聲讀若瘁秦醉切

艸皃者韓詩垂帶萃兮薛君章句萃垂皃　讀若瘁者本書無瘁字悴下云讀與易萃卦同

shì 蒔

蒔　更別種從艸時聲時吏切

廣雅蒔種也　書堯典播時百穀鄭注時讀曰蒔種蒔五穀齊民要術楮移栽者二月蒔之　東京賦蓋蓂莢爲難蒔也

更別種者李善注秋興賦引字林同古文苑僮約別茄披蔥四民月令三月別小蔥六月別大蔥方言蒔更也注云

謂更種也一切經音義二十二蒔栽蒔也謂更種曰蒔也通鑑引柳宗元文其蒔也若子注云蒔更種也別或作蒔玉篇蒔種穊移蒔也

miáo 苗

苗　艸生於田者從艸從田武鑣切

艸生於田者者本書樹穀曰田一切經音義一引蒼頡篇禾之未秀者曰苗詩無食我苗傳云苗嘉穀也春秋莊七年無麥苗注云五稼之苗春秋運斗樞粟生而爲苗論語苗而不秀者有矣夫孟子則苗勃然興之矣淮南原道訓神農之播穀也因苗以爲教

kē 苛

苛　小艸也從艸可聲呼哥切

小艸也者後漢書宣秉傳注引作細艸也玉篇苛小草生皃楚策以苛廉聞於世鮑注苛小草苛廉小廉也史記欒布傳以苛小案誅滅之或借荷字漢書酈食其傳好荷禮注云荷細也

wú 蕪

蕪　薉也從艸無聲武扶切

薉也者廣雅同方言蘪蕪也注云謂草穢蕪也周語田疇荒蕪賈注蕪穢楚詞招魂牽於俗而蕪穢注云不治曰蕪多草曰穢淮南繆稱訓薉生於茀樗陶潛文田園將蕪

huì 薉

薉　蕪也從艸歲聲於廢切

荀子王霸篇塗薉則塞　齊民要術凡種穀遇大雨待薉生　蜀志郤正傳豈暇修枯籜於榛薉哉

huāng 荒

荒　蕪也從艸巟聲一曰艸掩地也呼光切

蕪也者廣雅同周禮大司馬野荒民散注荒蕪也水經注萊蕪縣在萊蕪谷舊說萊民播流此谷邑落荒蕪故曰萊蕪　一曰艸掩地也者掩小字本作淹方言淹敗也

níng 薴

薴　艸亂也從艸寍聲杜林說艸䔰薴皃女庚切

艸亂也者集韻鬇鬡髮亂皃王逸九思鬚髮薴顇兮顠鬢白注云薴亂也　杜林說艸䔰薴皃者集韻猙獰惡也

zhēng 䔰

䔰　䔰薴皃從艸爭聲側莖切

䔰薴皃者當云艸䔰薴皃

luò 落

落　凡艸曰零木曰落從艸洛聲盧各切

易剝卦馬云剝落也　月令仲夏行秋令則草木零落逸周書霜降之日草木黃落　僖十五年左傳歲云秋矣我落其實而取其材　莊子在宥篇草木不待黃而落　淮南說林訓大旱者不胥時落高注不待秋時而零落也　世說補柳之姿望秋而落　詩桑柔捋采其劉傳云劉爆爍而希也釋文爆本又作暴同音剝爍本又作樂或作落同案據釋文之音則爆爍即剝落也釋詁毗劉暴樂也郭云謂樹木葉缺落蔭疏

凡艸曰零木曰落者釋詁蘦落也釋文蘦字或作苓說文云草曰苓木曰落王制草木零落釋文零本又作苓音同說文云草曰苓木曰落馥案釋文兩引竝作苓所見本如此離騷惟草木之零落兮注云零落皆墮也草曰零木曰落爾雅疏云說文云草曰蘦木曰落此對文爾散而言之他物之落亦言蘦詩定之方中靈雨既零蘦零音義同洪武正韻零落皆衰謝也落字从艸則艸衰亦曰落離騷夕餐秋菊之落英是也宋玉九辯草木搖落而變衰亦總言

之人死亦曰落書殂落是也馥案夏小正栗零束晳補亾詩木以秋零木亦可言零漢書種一頃豆落而爲其草亦可言落此散文也

bì 蔽

蔽　蔽蔽小草也從艸敝聲必袂切

蔽蔽小草也者疑作蔽芾詩蔽芾甘棠傳云蔽芾小皃

tuò 蘀

蘀　艸木凡皮葉落陊地爲蘀從艸擇聲詩曰十月隕蘀他各切

艸木凡皮葉落陊地爲蘀者類篇集韻引無落字本書槀木葉陊也讀若薄他各切玉篇䕯與蘀同廣雅蘀落也鶡冠子能天篇槀木降風陸佃注槀蘀落之蘀蜀志郤正傳援華英而不遑豈暇修枯蘀於榛穢哉宋書袁淑傳若浚風之舞輕蘀　詩曰十月隕蘀者豳風七月文傳云蘀落也又鶴鳴爰有樹檀其下維蘀傳云蘀落也又蘀兮蘀兮傳云蘀槁也箋云槁謂木葉也木葉槁待風乃落

yùn 薀

薀　積也。从艸，溫聲。春秋傳曰：薀利生孽。於粉切

漢郭究碑：皇精薀亘。世說：中心薀結。或作蘊。魏書殷紹傳：練精鋭思，蘊習四年。西京賦：既蘊崇之。又行火焉。或借苑。宛詩：我心苑結。禮運：大積焉不苑。荀子哀公篇：富有天下而無宛財。積也者，一切經音義二十三引字林同。廣雅、方言並同。隱六年左傳：芟夷蘊崇之。杜云：蘊，積也。昭二十五年傳：蓄而弗治，將薀。杜云：薀，積也。襄十一年傳：毋薀年。注云：薀，積年。穀隱三年傳：蘋蘩薀藻之菜。杜云：薀藻，聚藻也。史記索隱：左傳蘊藻，蘊即聚也。家語入官篇：道化流而不蘊。注云：蘊，滯積也。後漢書卓茂傳：於是蘊憤歸道之賓。注云：蘊，積也。風俗通：苑，蘊也。言薪蒸所蘊積也。春秋傳曰：薀利生孽者，昭十年左傳文。薀彼作蘊，孽當爲孼。

yān 蔫

蔫　菸也。从艸，焉聲。於乾切

菸也者，玉篇：蔫，矮也。廣韻：蔫，物不鮮也。廣雅：蔫，葱，玉篇：葱，敗也。萎葱也。齊民要術：欲噉椒實，著熱灰中，令萎蔫。史記歷書：歲名焉逢。漢書作閼逢。焉、閼即蔫。菸或作焉。大戴禮用兵篇：百草焉黄。

yū 菸

菸　鬱也。从艸，於聲。一曰：矮也。央居切

鬱也者，本書：蒩，韮鬱也。又：瘀，積血也。亦鬱意。廣雅：鬱，幽也。又云：菸，臭也。亢倉子君道篇：草鬱則爲腐。楚詞九辨：葉菸邑而無色兮。注云：菸，鬱也。宋玉風賦：憞溷鬱邑。魏上尊號碑：於邑益甚。又云：必鬱邑於會稽之山陰。詩中谷有蓷：暵其乾矣。傳云：暵，菸貌。左傳：物乃坻伏，鬱湮不育。陳藏器曰：菸首有黑灰如墨者，名烏鬱。胡三省曰：臺中有黑者，謂之茇鬱。晏子：府粟鬱而不勝食。史記倉公傳：寒濕氣宛，篤不發。集解：宛，音鬱。周禮內饔：烏皫色而沙鳴，貍。釋文云：貍，音鬱。疏云：鬱謂腐臭。馥案：貍，內則作鬱。一曰：矮也者，本書：矮，痛也。詩中谷有蓷正義引本書：菸，矮也。一切經音義十韻集：菸，乙餘反。今關西言菸，山東言蔫，蔫音於言反。江南亦言矮矮。又作萎聲類：萎，艸菸也。

yíng 縈

縈　艸旋兒也。从艸，縈聲。詩曰：葛藟縈之。於營切

艸旋兒也者，玉篇：縈，萎縈也。蘻，葳蘻。詩曰：葛藟縈之者，周南樛木文。彼作縈。傳云：旋也。

cài 蔡

蔡　艸也。从艸，祭聲。蒼大切

玉篇：蔴，古文蔡。

艸也者，艸下有脫文。本書：丰，艸蔡也。象艸生之散亂也。玉篇：蔡，艸芥也。丰，艸莽也。馥謂：芥乃莽之譌。莽，正作茻。本書：茻，眾艸也。艸眾則散亂。左傳：蔡蔡叔。借蔡爲㷉，亦散意。

fá 茷

茷　艸葉多。从艸，伐聲。春秋傳曰：晉糴茷。符發切

艸葉多者，廣韻：茷，茂貌。王觀國曰：文選有劉安招隱文云：木輪相糾兮茷骫。茷骫者，木之枝葉茂盛也。春秋傳曰：晉糴茷者，成十年左傳：晉侯使糴茷如楚。杜云：糴茷，晉大夫。

cài 菜

菜　艸之可食者。从艸，采聲。蒼代切

艸之可食者者，小爾雅：菜謂之蔬。靈樞經：五菜：葵甘、韭酸、藿鹹、薤苦、葱辛。月令：仲秋趣民務畜菜。荀子富國篇：葷菜百疏。

ér 荋

荋　艸多葉兒。从艸，而聲。沛城父有楊荋亭。如之切

fàn 芝

芝　艸浮水中兒。从艸，乏聲。孚凡切

bó 薄

薄　林薄也。一曰：蠶薄。从艸，溥聲。旁各切

林薄也者，廣雅：草叢生爲薄。漢書揚雄傳：列新雉於林薄。王逸楚詞注：草木交錯曰薄。風俗通：高祖戰敗，遁叢薄中。曹植七啟：搜林索險，探薄窮阻。淮南原道訓：隱於榛薄之中。高云：藂木曰榛，深草曰薄。吳都賦：傾藪薄。五臣云：草木俱生曰薄。一曰：蠶薄者，本書：曲，蠶薄也。又：或說曲，蠶薄也。漢儀：先桑二日，蠶室生蠶著薄上。宋書禮志：親蠶儀：前一日，蠶官生蠶著薄上。汜勝之書：火種桑至春生，一畝食三薄蠶。楊泉蠶賦：大務時成，閣紆卷薄。三輔故事：皇后蠶用大蠶二十薄。或借撲字。淮南時則訓：具撲曲筥筐。高云：撲，音薄，持也。三輔謂之撲，俗作簿。廣韻：綠，懸蠶簿也。新唐書禮樂志：皇后親蠶之儀，尚功以桑授蠶母，蠶母切之以授婕好，食蠶灑一簿止。俗又作箔。漢舊儀：皇后親桑於苑中蠶室，養蠶於箔。齊民要術：蠶比至再眠，常須三箔，中箔上安蠶，下箔障土氣，上箔防塵埃。韓愈聯句詩：春蠶看滿箔。

yuàn 苑

sǒu 藪

[篆] 所以養禽獸也從艸夗聲 於阮切

三蒼養牛馬林木曰苑 初學記二十四引風俗通苑蘊也言薪蒸所蘊積也 高注淮南云苑讀螢飴之螢 所以養禽獸也者漢舊儀上林苑廣長三百里置令丞左右中部尉百五十亭苑中養百獸當祠祀供客用鹿鷹天子秋冬射獵苑中取禽獸漢官典職宮內苑聚土爲山十里九阪種奇樹育麋鹿麑麂鳥獸百種天子乘輦游獵苑中漢書百官表牧師苑令續漢書百官志上林苑令一人主苑中禽獸

[篆] 大澤也從艸數聲九州之藪揚州具區荆州雲夢豫州圃田青州孟諸沇州大野雍州弦蒲幽州奚養冀州楊紆幷州昭餘祁是也 蘇后切

周禮大宰藪以富得民 昭二十年左傳藪之薪蒸虞候守之 詩大叔于田叔在藪傳云藪澤禽獸之府也 韓詩禽獸居之曰藪 楊雄上林苑令箴東原洊藪禽獸攸伏

大澤也者廣雅藪池也爾雅十藪李巡云藪澤之別名也周禮大宰四曰藪牧養蕃鳥獸注云澤無水曰藪地官敘官澤虞大澤大藪注云澤水所鍾也水希曰藪月令山林藪澤注云大澤曰藪周語陂障九澤豐殖九藪韋云澤無水曰藪穆天子傳珠澤之藪注云澤中有草者爲藪家語致思篇放牛馬於原藪注云澤無水曰藪呂氏春秋仲冬紀山林藪澤注云無水曰藪有水曰澤漢書五行志長民者不崇藪顏注藪謂澤之無水者又地理志梁惠王發逢忌之藪以賜民今浚儀有逢陂忌澤又司馬相如傳而羅者猶視乎藪澤顏注澤無水曰藪典引肴覈仁義之林藪蔡邕注澤無水曰藪風俗通義尙書雷夏旣澤詩云彼澤之陂傳曰水草交厝名之爲澤澤者言其潤澤萬物以阜民用也 九州之藪云云者圃田小字本作甫田弦蒲小字本作弦 圃宋本集韻類篇並同孟諸徐鍇本作孟豬昭餘祁徐鍇本作昭余祁類篇亦引作昭余祁馥案此言周之九藪與虞夏不同後漢書馬融傳摯斂九藪之動物釋地十藪魯有大野晉有大陸秦有楊陓宋有孟諸楚有雲夢吳越之閒有具區齊有海隅燕有昭余祁鄭有圃田周有焦護郭注大野今高平鉅野縣東北大澤是也大陸今鉅鹿北廣河澤是也楊陓今在扶風汧縣西孟諸今在梁國睢陽縣東北雲夢今南郡華容縣東南巳邱湖是也具區今吳縣南太湖卽震澤是也海隅海濱廣斥昭余祁今太原鄔陵縣北九澤是也圃田今滎陽中牟縣西圃田澤是也焦護今扶風池陽縣瓠中是也周禮職方氏東南曰揚州其澤藪曰具區正南曰荆州其澤藪曰雲瞢河南曰豫州其澤藪曰圃田正東曰青州其澤藪曰望諸河東曰兖州其澤藪曰大野正西曰雍州其澤藪曰弦蒲東北曰幽州其澤藪曰貕養河內曰冀州其澤藪曰楊紆正北曰幷州其澤藪曰昭餘祁鄭注云具區在吳南雲瞢在華容圃田在中牟望諸明都也在睢陽大野在鉅野弦蒲在汧貕養在長廣楊紆所在未聞昭餘祁在鄔呂氏春秋有始篇何謂九藪吳之具區楚之雲夢秦之陽華晉之大陸梁之圃田宋之孟諸齊之海隅趙之鉅鹿燕之大昭注云具區在吳越之閒雲夢在南郡華容陽華在鳳翔或曰在華陰西大陸魏獻子所居猶楚之華容也圃田在今河南中牟孟諸在梁國睢陽之東南海隅隅猶崖也鉅鹿廣阿澤也大昭今大原郡是也馥案淮南地形訓陽華作楊紆大昭作昭余其餘同漢書地理志東南曰揚州藪曰具區正南曰荆州藪曰雲夢河南曰豫州藪曰圃田正東曰青州藪曰孟諸河東曰兖州藪曰泰壄正西曰雍州藪曰弦蒲

東北曰幽州藪曰貕養河內曰冀州藪曰楊紆正北曰幷州藪曰昭餘祁風俗通義謹案爾雅藪者澤也藪之爲言厚也草木魚鼈所以厚養人君與百姓也魯有泰野晉有泰陸秦有楊紆宋有孟諸楚有雲夢吳有具區齊有海隅燕有昭餘祁鄭有圃田周有焦濩今漢有九州之藪揚州曰具區在吳縣之西荆州曰雲夢在華容縣南今有雲夢長掌之豫州曰圃田在中牟縣西青州曰孟諸不知在何處兖州曰大野在鉅野縣北雍州曰弦蒲在汧縣北蒲谷亭幽州曰奚養在虞縣東冀州曰泰陸在鉅鹿縣西北幷州曰昭餘祁在鄔縣北其一藪推求未得其處馥案揚州具區者漢書地理志會稽郡吳縣具區澤在西揚州藪古文以爲震澤馥案禹貢揚州震澤底定傳云震澤吳南太湖名此誤也職方揚州藪曰具區浸曰五湖若如傳言則藪浸何別漢志以震澤爲具區極確本書湖下云揚州浸有五湖乃太湖也南山經浮玉之山北望具區注云具區今吳縣西南太湖也尙書謂之震澤元和志吳縣太湖在縣西南五十里禹貢謂之震澤周禮謂之具區是也荆州雲夢者夢當作瞢廣韻雲瞢澤在南郡容齋四筆職方氏以夢爲瞢史記夏本紀雲土夢爲治索隱云夢一作瞢鄭誕生又晉蒙漢書敘傳子文初生棄於瞢中顏注瞢雲瞢

澤也書禹貢雲土夢作乂沈括曰舊尚書雲夢土作乂唐
太宗時得古本作雲土夢詔改從古本馥案史記夏本紀
雲夢土爲治漢書地理志雲夢土作乂唐所得古本不能
古於史記漢書也戰國策楚王游於雲夢高唐賦楚襄王
與宋玉游於雲夢之臺楚語又有藪曰雲連徒州注云楚
有雲夢藪澤也宣四年左傳䢵夫人使棄諸夢中杜云夢
澤名江夏安陸縣城東南有雲夢城又昭三年傳子產乃
具田備王以田江南之夢注云楚之雲夢跨江南北又定
四年傳楚子涉雎濟江入于雲中杜云入雲夢澤中所謂
江南之夢正義昭三年王與鄭伯田於江南之夢謂此也
春秋土地名云南郡枝江縣西有雲夢城江夏安陸縣東
南亦有夢城或曰南郡華容縣東南有巴邱湖江南之夢
也史記司馬相如傳臣聞楚有七澤嘗見其一名曰雲夢
雲夢者方九百里裴駰云孫叔敖激沮水作此澤張揖云
楚藪也在南郡華容縣郭璞曰華容縣又有巴邱湖俗云
卽古雲夢澤也劉澄之荆州記華容縣東南有雲夢澤一
名巴邱湖荆州藪也晉書杜預傳巴邱湖沅湘之會表裏
山川實爲險固荆蠻之所恃也宋孔初山川古今記雲夢
澤一名巴邱湖荆州之藪故魏武帝與吳王書云赤壁之
困過雲夢澤中有大霧遂失道是此呂氏春秋至忠篇荆

莊哀王獵於雲夢注云雲夢楚澤也在南郡華容也漢書
高紀乃僞游雲夢韋昭曰在南郡之華容也地理志南郡
華容縣雲夢澤在南荆州藪漢書揚雄傳奢雲夢顏注雲
夢楚藪澤名也春秋昭公三年楚靈王與鄭伯田於江南
之夢郡國志復州雲夢城城西大澤卽古雲夢澤也後漢
書法雄傳郡濱帶江沔又有雲夢藪澤注云雲夢澤今在
安州十道志安州安陸郡春秋鄖子之國雲夢之澤在焉
通典雲夢澤名也今在安陸郡元和志安陸縣雲夢澤在
縣南五十里傳遂曰左傳楚子涉雎濟江入于雲中雲中
雲夢澤中蓋江北之夢在今湖廣德安府考雎漢二水皆
入江楚子旣涉雎而西復還入雎由雎而入江繞吳兵之
南而北濟以入鄖自鄖而奔隨也解以爲江南之夢非胡
渭曰雲夢經傳諸書有合稱者有單稱者周禮荆州藪澤
曰雲夢爾雅十藪楚有雲夢呂覽淮南子同戰國策楚王
游于雲夢結駟千乘宋玉高唐賦曰楚襄王與宋玉遊于
雲夢之臺司馬相如子虛賦曰雲夢者方八九百里此合
稱雲夢者也左傳定四年楚子涉雎濟江入于雲中此單
稱雲者也宣四年䢵夫人棄子文于夢中昭三年楚子以
鄭伯田江南之夢宋玉招魂曰與王趨夢兮課後先此單
稱夢者也單稱特省文曰雲可該夢夢亦可該雲故杜元

凱注夢中云夢澤名江夏安陸縣東南有雲夢城則夢在
江北注雲中云入雲夢澤中所謂江南之夢則雲在江南
注江南之夢云楚之雲夢跨江南北則南雲北夢單稱合
稱無所不可絕無江北爲雲江南爲夢之說是也豫州圃
田者周語藪有圃草韋云澤無水曰藪詩車攻東有甫草
箋云甫草者甫田之草也鄭有圃田正義云宣王之時未
有鄭國圃田在東都畿內故宣王得往田焉馥案鄭有圃
田釋地文也圃田自東遷以後始爲鄭有爾雅不屬之周
而屬之鄭是晚周人語鄭注澤虞云爾雅有八藪漢書嚴
助傳八藪爲囿蓋不數圃田焦獲也定四年左傳及圃田
之北竟注云圃田鄭藪名又僖三十三年傳鄭之有原圃
猶秦之有具囿也杜云滎陽中牟縣西有圃田澤漢書地
理志河南郡中牟縣圃田澤在西豫州藪列子釋文圃田
鄭之藪澤也今在滎陽中牟縣元和志中牟縣圃田澤一
名原圃在縣西北七里其澤東西五十里南北二十六里
閻若璩曰中牟縣西北七里有圃田澤范守己據穆天子
傳以爲自滎川之北直抵中牟之西東連尉氏西接新鄭
周迴三百餘里總謂之圃田穆天子傳天子次於軍邱以
畋於藪鄭詩叔在藪火烈具舉而左傳所云取人於萑苻
之澤是皆其地矣今中牟得其地什之四滎川尉氏各什

之三是也青州孟諸者禹貢豫州導菏澤被孟豬周禮職
方青州澤藪曰望諸注云明都也在雎陽馥案周以豫藪
屬青者周青兼有豫之半故也林之奇曰周禮青州澤藪
曰望諸此乃屬豫者周無徐徐幷於青青在豫東故得兼
有孟豬司馬相如傳游孟諸文穎曰宋之大澤也故屬齊
昭二十一年左傳宋謀逐華貙將使田孟諸而遣之文十
年傳遂道以田孟諸杜云孟諸宋大藪也在梁國雎陽縣
東北僖二十八年傳余賜女孟諸之麋注云孟諸宋藪澤
史記夏本紀被明都索隱明都音孟豬孟豬澤在梁國雎
陽縣東北爾雅左傳謂之孟諸今文亦爲然雎周禮稱望
諸皆此地之一名鄭注禹四海異物云孟諸宋藪也博物
志宋北至泗水南迄雎渦有孟豬之澤十道志孟豬澤在
今虞城縣元和志虞城縣孟諸澤在縣西北十里周迴五
十里俗號盟諸澤是也沇州大野者禹貢徐州大野旣豬
鄭注大野在山陽鉅野北名鉅野澤史記彭越漁於鉅野
澤中哀十四年左傳西狩於大野獲麟服虔注大野藪名
魯田圃之常處蓋今鉅野是也戴延之西征記巨澤魯之
西界孔子獲麟處元和志鉅野縣鉅野澤在縣東五里卽
魯西狩獲麟處南北三百里東西百餘里漢書地理志山
陽郡鉅壄縣大壄澤在北兗州藪尚書大傳鉅野蓑注云

zī
菑

鉅大也大野魯藪水經注濟水東北出巨澤何承天曰鉅野湖澤廣大南通洙泗北連清濟吳幼清曰大野澤俗稱梁山濼是也雍州弦蒲者太康地志汧縣有蒲谷鄉弦中谷乃雍州之藪也水經注汧水出汧縣之蒲谷鄉弦中谷決爲弦蒲藪爾雅曰水決之澤爲汧也寰宇記隴州汧源縣有弦蒲藪是也幽州奚養者漢書地理志琅邪郡長廣縣奚養澤在西秦地圖曰劇清地幽州藪元和志萊州昌陽縣奚養澤在縣西北四十里寰宇記萊陽縣豯養澤地理志云長廣縣西有奚養澤長廣故城在今縣東五十里後漢屬東萊郡是也冀州楊紆者僖三十三年左傳猶秦之有具囿馥案高誘注淮南云具囿一名陽紆海內北經陽汙之山河出其中淮南修務訓禹治水以身解於陽盱之河寰宇記冀州信都縣有楊陓澤胡渭曰呂氏春秋九藪有秦之陽華在今華陰縣與洛南接界縣志云西南之甕谷爲商洛徑道入谷五十里至甕嶺東轉爲華陽川即古陽華之藪也蓋藪因山而得名山藪竝在華山之陽正禹貢之華陽是也幷州昭餘祁者漢書地理志太原郡鄔縣九澤在北是爲昭餘祁幷州藪通典昭餘祁在今西河郡介休縣界寰宇記昭餘祁呂氏春秋云大昭又名漚澤周禮幷州藪俗名鄔城泊是胡渭曰禹貢至於大陸大陸

地也非澤也以地爲澤自班固始孔安國於冀州云地名而導河又云澤名前後違戾反若乞靈於班固者朱子疑孔傳爲後人僞撰有以也若爾雅十藪自當主澤言孫炎解不誤孔穎達引以證經之大陸則誤耳戴君震曰水經汾水南過大陵縣東道元注汾水於縣迆爲鄔澤其陂東西四里南北一十餘里陂南接鄔地理志曰九澤在北幷州藪也呂氏春秋謂之大陸又名之曰漚洟之澤俗謂之鄔城泊馥案孟堅以鄔縣北九澤當周職方昭餘祁然爾雅稱晉有大陸燕有昭餘祁呂氏春秋稱晉之大陸趙之鉅鹿燕之大昭而周禮昭餘祁與虖池嘔夷淶易竝舉鄭康成云嘔夷祁夷歟考嘔夷即滱水出靈邱祁夷出平舒竝今大同府境源流各別道元溷昭餘祁大陸嘔夷而一之誤矣

是也

菑 不耕田也從艸甾易曰不菑畬 側詞切

不耕田也者六書故引作不耕也二歲田也王君念孫曰不耕當爲才耕字之誤也釋地田一歲曰菑郭云今江東呼初耕地反草爲菑孫炎云菑始災殺其草木也釋文云本或作甾同側基反孫音災書大誥厥父菑傳云菑耕其田釋文云菑草也田一歲曰菑漢書翟方進傳厥父菑厥子播而穫之顏注反土爲菑一曰田一歲曰菑詩載芟俶載南畝箋云俶載當作熾菑韓詩其菑其㥛菑反草也淮南本經訓菑榛穢聚埒畝高注茂草曰菑四民月令正月地氣上騰土長冒橛陳根可拔急菑強土黑壚之田齊民要術凡山澤開荒皆七月芟艾之艸乾而焚之林木大者劉殺之葉死不扇便任耕種三歲後根莖枯朽焚而耕之中爲穀田程君瑤田曰周書若稽田旣勤敷菑惟其陳修爲厥疆畎按爾雅田一歲曰菑方言云反草曰菑然則敷菑者以耜發田爲反草之事旣耕去其草矣然後陳其行列而修治之以爲疆畎 從艸甾者王君念孫曰繫傳云此爲从艸从巛从田凡三文合之舊解从艸甾傳寫誤以巛田合爲甾亦無聲字何以言之若實从艸下甾則下不合別有甾字云或省艸臣以爲當言从艸从田田不耕則艸塞之故从艸巛者川塞也音災但許慎約文後人不曉誤以巛田合成甾字因誤加聲字耳念孫按鍇云舊解从艸甾傳寫誤以巛田合爲甾此言是也至云誤加聲字則非蓋說文本從艸田巛聲巛古災字與菑聲相近易无妄象傳邑人災也與之爲韻史記龜筴傳身乃無災與時期欺爲韻爾雅釋地田一歲曰菑疏引孫炎云菑始災殺其

艸木也災字皆讀若菑又詩生民二章無菑無害禮記祭法能禦大菑則祀之菑卽災字故此菑字从艸田巛聲傳寫者誤以田巛二字上下倒置合爲一字故譌作从艸甾聲今不得其解而削去聲字非是 易曰不菑畬者无妄六二文馬注菑田一歲也正義云不敢首發新田唯治其菑熟之地本書畬三歲治田也引易不菑畬馥案坊記引易不耕穫不菑畬凶注云言必先種之乃得穫若先菑乃得畬也安有無事而取利者乎田一歲曰菑二歲曰畬三歲曰新田

甾 菑或省艸

菑或省艸者後人加之六書故引唐本但云古文詩其菑其翳釋文菑本又作甾書雝淄漢書作甾地理志楚甾邱莽曰善邱梁國甾縣莽曰嘉穀馥案莽惡與災同故改之元和志考城縣漢甾縣漢之與也其邑多菑年數不登故邑曰菑孝章柴于岱宗過菑縣詔御史曰陳留菑縣其稱不令故高祖鄗柏人之名武帝休聞喜而顯獲嘉祥其改菑縣爲考城縣

yáo
蘨

蘨 艸盛皃从艸䌛聲夏書曰厥艸惟蘨 余招切

艸盛皃者蘨或借油字箕子麥秀歌禾黍油油東晳補亡詩厥草油油又借由字管子小問篇苗至其成也由由乎兹免　夏書曰厥艸惟蘨者禹貢文彼作䌛釋文引馬注䌛抽也馥謂䌛抽聲相近

tì
薙

薙 除艸也明堂月令曰季夏燒薙从艸雉聲 他計切

除艸也者本書蓼燒穜也東京賦若薙氏之芟草既蘊崇之又行火焉周禮薙氏注云故書薙或作夷鄭司農云掌殺草故春秋傳云如農夫之務去草芟夷蘊崇之又今俗間謂麥爲夷下言芟夷其麥以其下種禾豆也玄謂薙讀如鬀小兒頭之鬀書或作夷此皆翦草也字从類耳月令曰燒薙行水爲燒所芟草乃水之南齊書太祖本紀深松茂草或致刊薙江總詩閑階薙宿莽通鑑朱全忠薙鳳翔城外草以困城中注云薙除草也　明堂月令曰季夏燒薙者禮記月令季夏之月大雨時行燒薙行水利以殺草如以熱湯注云薙謂迫地芟草也此謂欲稼菜地先薙其草草乾燒之至此月大雨流水潦畜於其中則草死不復生而地美可稼也薙人掌殺草職曰夏日至而薙之又曰

若欲其化也則以水火變之徐鍇曰明堂月令即今禮記月令未刪定前也古天子居明堂布政每月告朔班一月之政令故曰明堂月令王應麟曰今禮記月令於別錄中屬明堂陰陽記故謂之明堂月令後漢書蔡邕傳明堂月令天子以四立及季夏之節迎五帝於郊注云天子居明堂各依其月布政故云明堂月令馥案御覽引禮記月令郎引蔡邕章句於下是蔡之章句即今禮記月令王隱晉書張載弟前爲程令杭依蔡邕注明堂月令中台要解又綴諸說歷數而爲歷讚蔡邕明堂月令論月令篇名曰因天時制人事天子發號施令祀神受職每月異禮故謂之月令所以順陰陽奉四時效氣物行王政也成法具備各從時月藏之明堂所以示承祖考神明明不敢泄瀆之義故以明堂冠月令漢書魏相傳相數表采易陰陽及明堂月令秦之禮含文嘉注天子孟春幸於南郊總受十二月之政還藏於祖廟月取一政班於明堂初學記引三輔黃圖明堂者天道之堂也所以順四時行月令宗祀先王祭五帝故謂之明堂後漢書律歷志若夫用天因地揆時施教頒諸明堂以爲民極者莫大乎月令袁準正論古有王居明堂之禮月令則其事也唐會要顏師古議明堂曰文王居明堂之篇帶以弓韣禮於禖下九門磔禳禦止疾疫置梁除道以利農夫令國爲酒以合三族凡此等事皆合月令之文惠棟曰隋書經籍志云馬融傳小戴之學融又足月令一篇案鄭氏三禮目錄月令下曰此于別錄屬明堂陰陽別錄爲劉向所撰漢書藝文志禮十三家五百五十五篇內明堂陰陽三十三篇則馬融所足者采之明堂陰陽

lèi
莱

莱 耕多艸从艸耒耒亦聲 盧對切

耒亦聲者當爲耒聲

zhì
菿

菿 艸大也从艸致聲 陟利切

艸大也者釋詁菿大也釋文菿郭陟孝反顧野王都角反說文云草大也孫都耗反廣韻入聲四覺菿竹角切說文云草大也本音到又陟孝切去聲三十七號菿都導切大也玉篇菿都角切韓詩菿彼甫田毛作倬又音到詩甫田釋文倬陟角反韓詩作菿音同云菿卓也馥案廣韻玉篇竝無菿字廣韻菿字明引說文玉篇菿字在蘄菑菜三字之閒次敘與本書同然則菿本菿字傳寫誤也廣韻倬與菿同紐云大也是倬菿音義同故韓作菿毛作倬釋文引

韓詩從竹者亦寫誤也本書又有菿字云艸木倒䔾後人加之徐楚金不審乃引莊子草木倒殖爲解失之韓詩東有圃草薛君曰圃博也有博大茂草也此亦艸大之證

jiàn
蔪

蔪 艸相蔪苞也从艸斬聲書曰艸木蔪苞 慈冉切

艸相蔪苞也者釋木如竹箭曰苞釋言苞稹也郭云今人呼物叢緻者爲稹謝靈運詩野蕨蔪紫苞書禹貢釋文引字林蔪草之相包裹也包必茅反字或作苞非叢生也馬云相包裹也馥案苞包皆假借正作勹本書勹裹也

䕢 蔪或从槧

fú
茀

茀 道多艸不可行从艸弗聲 分勿切

道多艸不可行者周語火朝覿矣道茀不可行也韋注草穢塞路爲茀釋詁覭髳茀離也郭云謂草木之叢茸翳薈也茀離卽彌離彌離猶蒙蘢耳

bì
苾

苾 馨香也从艸必聲 毗必切

本書飶會之香也

馨香也者廣雅苾香也一切經音義五引埤蒼木香也苾苾然大香也大戴禮曾子疾病篇苾乎如入蘭芷之室馥案詩苾芬孝祀韓詩作馥芬又苾苾芬芬景福殿賦作馥馥芬芬然則苾字隸體變爲馥

shè 蔎

蔎 香艸也從艸設聲 識列切

香艸也者廣雅蔎蔎香也劉向九歎懷椒聊之蔎蔎兮王注云蔎蔎香貌

fāng 芳

芳 香艸也從艸方聲 敷方切

香艸也者本書香芳也廣雅芳香也離騷雜杜衡與芳芷注云皆香艸名

fén 蕡

蕡 雜香艸從艸賁聲 浮分切

yào 藥

藥 治病艸從艸樂聲 以勺切

治病艸者玉篇引作治疾之艸總名易无妄勿藥有喜虞注巽爲木艮爲石故稱藥周禮疾醫以五味五穀五藥養其病注云五藥草木蟲石穀也鶡冠子環流篇積毒成藥工以爲醫呂氏春秋孟夏紀聚蓄百藥注云是月陽氣極藥草成故聚積之藝文類聚八十一引太一子凡藥上者養命中者養性下者養病博物志神農經曰下藥治病謂大黃除實當歸止痛性之所以和病之所以愈是當其藥應其病則生違其藥失其應則死本草上藥一百二十種爲君主養命以應天無毒久服不傷人輕身益氣不老延年中藥一百二十種爲臣主養性以應人唐六典尚藥掌合和藥物辨上中下之三品急就篇灸刺和藥逐去邪顏注和藥合和衆藥也草木金石鳥獸蟲魚之類堪愈疾也總名爲藥申鑒俗嫌篇藥者療也所以治病也無疾則勿藥可也唐處士張臯上疏藥以攻疾無疾不可餌也昔孫思邈有言藥勢有所偏助令人藏氣不平借使有疾用藥猶須慎重世本神農和藥濟人帝王世紀炎帝神農氏嘗味草木宣藥療疾藝文志有神農黃帝食藥七卷今本作食禁誤也周禮醫師疏引作食藥

lí 䕻

䕻 艸木相附䕻土而生從艸麗聲易曰百穀艸木䕻於土 呂支切

艸木相附䕻土而生者廣雅䕻著也郭象莊子注麗著也周禮大司徒其附于刑者歸于士注云附麗也王制郵罰麗於事注云麗附也宣十二年左傳射麋麗龜注云麗著也蜀都賦任土所麗五臣注麗附也詩月離于畢易離卦離麗也注云麗猶著也釋名離麗也物皆附麗陽氣以茂也易曰百穀艸木䕻於土者離卦彖文䕻彼作麗釋文麗說文作䕻論衡說日篇引易百果艸木麗於土麗者著也

xí 蓆

蓆 廣多也從艸席聲 祥易切

廣多也者釋詁蓆大也詩緇衣之蓆兮傳云蓆大也釋文云韓詩蓆儲也說文云廣多

shān 芟

芟 刈艸也從艸從殳 所銜切

刈艸也者詩載芟傳云除草曰芟又車攻傳云田者大芟草以爲防周禮肆師嘗之日涖卜來歲之芟注云芟芟草除田也漢書賈誼傳故斬去不義諸侯而虛其國顏注斬讀與芟同謂芟刈之齊語耒耜枷芟韋云芟大鎌所以芟草也通鑑蜀民爭操芟刀以助官軍注云芟刀農家所以芟草 從殳者徐鍇本作殳聲本書楷讀若芟刈之芟

jiàn 荐

荐 薦蓆也從艸存聲 在甸切

薦蓆也者蓆當爲席釋名薦所以自薦藉也廣雅薦席也士虞禮藉用葦席注云藉猶薦也拾遺記穆王時西王母來敷碧蒲之席黃莞之薦曹植九詠茵薦兮蘭席六書故編稾草以藉也寢所用藉席者今謂之薦也

jiè 藉

藉 祭藉也一曰艸不編狼藉從艸耤聲 慈夜切又秦昔切

易大過藉用白茅馬云在下曰藉

祭藉也者廣韻以蘭茅藉地周禮鄉師大祭祀共茅蒩鄭大夫讀蒩爲藉謂祭前藉也又甸師祭祀共蕭茅注云茅以共祭之苴苴以藉祭士虞禮取黍稷祭于苴注云苴所以藉祭也黃帝問元女兵法祭法白茅爲藉長二尺四寸廣六寸餅棗栗幷脯置藉上 一曰草不編狼藉者史記周本紀宣王不修藉於千畝正義云瓚曰藉蹈藉也桓譚新論道路皆蒿草寥廓狼藉周禮敘官條狼氏注云滌除也狼扈道上疏云謂不蠲之物在道猶今言狼藉也孟子樂歲粒米狼戾注云狼戾猶狼藉也

zū 蒩

蒩 茅藉也從艸租聲禮曰封諸矦以土蒩以白茅 子余切

茅藉也者史記封禪書江淮之閒一茅三脊所以爲藉也孟康曰所謂靈茅也漢書郊祀志蓆用苴稭晉灼曰苴藉也顏注茅藉也苴字本作蒩假借用馥案周禮又作菹　禮曰封諸矦以土蒩以白茅者禮無此文孔穎達曰是必古書有此說故先儒之言皆同也周書作雒解周公乃建大社于國中其壝東青土南赤土西白土北驪土中央亹以黃土將建諸矦鑿取其方一面之土苞以黃土苴以白茅以爲土封故曰受列土于周室韓詩外傳天子社廣五丈東方青南方赤西方白北方黑上冒以黃土將封諸矦各取其方色土苴以白茅爲社明有土謹敬潔清也白虎通春秋傳曰天子有太社焉東方青色南方赤色西方白色北方黑色上冒以黃土故將封東方諸矦青土苴以白茅謹敬潔清也獨斷天子太社以五色土爲壇皇子封爲王者受天子太社之土以所封之方色東方受青南方受赤他如其方色藉以白茅歸國以立社故謂之受茅土

jué 蕝

蕝 朝會束茅表位曰蕝從艸絕聲春秋國語曰致茅蕝表坐 子說切

朝會束茅表位曰蕝者昭十一年左傳會有表注云野會設表以爲位史記叔孫通傳與其弟子百餘人爲緜蕞野外習之月餘集解云徐廣曰表位標準馥按如淳曰置設緜索爲習肄處蕞謂以茅翦樹地爲纂位春秋傳曰置茅蕝也索隱云韋昭云引繩爲緜立表爲蕞賈逵云束茅以表位爲蕝顏師古注漢書云蕞與蕝同馥案本書禜設緜蕝爲營昭十八年左傳屏攝韋昭曰周氏云屏者并攝主人之位昭謂屏屏風也攝形如要扇皆所以分別尊卑爲祭祀之位先鄭司農曰攝束茅以爲屏祭神之處北史齊武平四年祈皇祠壇壝蕝之內忽有車軌之轍馥謂此言祭祀表位與朝會同　春秋國語曰致茅蕝表坐者晉語昔成王盟諸矦於岐陽楚爲荆蠻置茅蕝設望表與鮮牟守燎故不與盟韋注蕝謂束茅而立之所以縮酒望表謂望祭山川立木以爲表表其位也馥案此即朝會表位韋以爲縮酒非是

cí 茨

茨 以茅葦蓋屋從艸次聲 疾茲切

以茅葦蓋屋者李善引作屋以艸蓋爲茨茨次也次艸爲之也李引即此誤稱說文書梓材若作室家既勤垣墉惟其塗塈茨傳云茨蓋之荀子禮論篇抗折其額以象槾茨番閼也注云茨蓋屋也攢茨猶塈茨也詩大田福祿如茨又如茨如梁箋並云茨蓋屋也周禮圉師茨牆則翦闔注云茨蓋也韓詩外傳原憲居魯環堵之室茨以蒿萊檽弓見若覆夏屋者矣注云覆謂茨瓦也釋文茨茅覆屋成二年穀梁傳茨雍門之茨范注茨蓋也又文三年傳茅盡矣徐邈謂屋上之茅茨六韜帝堯茅茨之蓋弗翦墨子茅茨不翦漢書司馬遷傳茅茨不翦顏注屋蓋曰茨茅茨以茅覆屋也大戴禮明堂篇以茅蓋屋莊子讓王篇環堵之室茨以生草釋文李云茨蓋屋也周書文王曰吾梧柱而茅茨爲民愛費也呂氏春秋召類篇明堂茅茨蒿柱注云茅可覆屋淮南子舜作室築牆茨屋避地王襃聖主得賢臣頌長於蓬茨之下晉起居注孫朝弃身茨宇艮吏傳吳隱之宅有茅茨六閒新唐書宋璟傳廣人以竹茅茨屋多火璟敎之陶瓦築堵

qì 葺

葺 茨也從艸咠聲 七入切

茨也者廣雅同通俗文覆蓋曰葺一切經音義十三以草蓋屋爲葺說文葺茨也葺覆也亦補治也考工記匠人葺屋參分疏云葺屋謂草屋襄三十一年左傳繕完葺牆杜注葺覆也釋文謂以草覆牆也昭二十三年傳叔孫所館者雖一日必葺其牆屋杜云葺補治也楚詞九歌芷葺兮荷屋注云葺蓋屋也顏延年陶徵士誄葺宇家林

gài 蓋

蓋 苫也從艸盍聲 古太切

苫也者九經字樣引字統同又曰覆也釋器白蓋謂之苫孫炎曰白蓋茅苫也李巡云編菅茅以蓋屋曰苫襄十四年左傳乃祖吾離被苫蓋杜云蓋苫之別名成二年傳所蓋多矣杜云蓋覆也晏子皆有蓋廬以避燥濕文選九歌築室兮水中葺之兮荷蓋五臣云願築室結茨於水底用荷葉蓋之孫登別傳登處山中以石室爲宇編草自覆阮籍聞而造焉適見苫蓋

shān 苫

苫 蓋也從艸占聲 失廉切

蓋也者一切經音義六引字林苫茅苫也玉篇同襄十七年左傳寢苫枕草釋文苫編草也昭二十七年傳或取一

編管馬杜云編管苫也晉書郭文傳倚木於樹苫覆其上而居焉劉氏新論貴農篇霜雪巖巖苫蓋不可以代裘

ài
藹

藹 蓋也從艸渴聲於蓋切

蓋也者或借闔字周禮圉師茨牆則翦闔注云闔苦也

qū
䓛

䓛 㕞也從艸屈聲區勿切

㕞也者䓛㕞聲近今俗猶謂洗滌曰䓛㕞字或從竹廣雅䈏謂之㕞

fān
藩

藩 屏也從艸潘聲甫煩切

屏也者廣韻藩籬也亦藩屏也蒼頡篇藩蔽也詩板价人維藩傳云藩屏也又崧高四國于蕃箋云爲之蕃屏周禮掌舍設車宮轅門注云次車以爲藩襄二十九年左傳晉國不恤周宗之闕而夏肄是屏昭九年傳文武成康之建母弟以蕃屏周昭二十六年傳昔武王克殷成王靖四方康王息民竝建母弟以蕃屏周定四年傳選建明德以藩屏周哀十六年傳舍諸邊竟使衞藩焉杜注使爲藩屏衞謝承後漢書涼州國家藩衞華嶠後漢書趙壹柴車草屏露宿其旁晉武帝詔列土樹蕃晉百官表注王者封建設藩屏魏志明帝詔封建諸侯所以藩屏王室也馥案此皆言藩屏也廣雅藩藩籬也本書籓蔽也易大壯九三羝羊觸藩正義藩藩籬也周禮司險國有故則藩塞阻路而止行者又土方氏注爲之藩羅疏云謂若掌舍設梐枑之時則此官亦爲王於外周帀樹藩羅昭十三年左傳乃藩爲軍杜云藩籬也哀十二年傳吳人藩衞侯之舍襄二十七年傳以藩爲軍莊子大宗師吾願遊乎其藩袁山松後漢書范丹弟子見丹藩不完載柴將藩之丹拔柴載還之謝承後漢書陳囂鄰人竊其藩地自益囂密移其藩一丈地以益之王隱晉書郭文依山結廬山多虎豹文獨無藩籬格障晉書許邁傳以桓山近人不得專一四面藩之又庾袞父與子弟樹籬跪以授條汝南先賢傳李篤有室無藩通鑑韋叡所至頓舍館宇藩牆皆應準繩又胡注流求國樹棘爲藩馥案此皆言藩籬也

zū
菹

菹 酢菜也從艸沮聲側魚切

酢菜也者聲類菹藏菜也字或作葅釋名菹阻也生釀之遂使阻於寒溫之閒不得爛也楚辭離騷后辛之菹醢兮注云藏菜曰菹益州記蒻之莖蜀人於冬月取以舂碎炙之水淋一宿爲菹荊楚歲時記仲冬之月采擷菁葵等雜菜乾之竝爲鹹菹

或從皿

或從缶

本書血部𧖴醢也從血菹聲或從缶作䖿案周禮醢人掌共五齊七菹凡醯物以共祭祀之齊菹凡醯醬之物賓客亦如之鄭注齊菹醬屬醢人者皆須醢成味賈疏五齊七菹凡醢物乃醢人所掌豆實而列此職者齊菹醬皆須醢成味故與醢人共掌之又醢人掌四豆之實朝事之豆其實韭菹醓醢加豆之實芹菹兔醢饋食之豆其實葵菹蠃醢加豆之實芹菹箈菹筍菹馥案血部之𧖴醬也鄭氏謂作醢塗置瓶中百日則成故又從缶至若菹之或體既從皿矣又從缶缶非皿乎葢血部二字闌入於此改從皿目醢肉醬也故𧖴從血廣雅𧖴謂之𧖴玉篇𧖴字屬血部下文濫或從皿皿器也因之而誤

quán
荃

荃 芥脃也從艸全聲此緣切

芥脃也者本書𩟣讀若以芥爲齏名曰芥荃也六書故引蜀說之曰芥脃之荃當从唐本初劣切馥案公食大夫禮芥醬注云芥實醬也馥謂實爲醬莖葉根爲荃也

kù
⿱艹酷

⿱艹酷 韭鬱也從艸酷聲苦步切

韭鬱也者韭菹也廣雅⿱艹酷菹也蒼頡解詁⿱艹酷酢菹也內則免爲宛脾注云宛或作鬱

lán
藍〔𧅼〕

𧅼 瓜菹也從艸監聲魯甘切

瓜菹也者廣雅𧅼菹也廣韻𧅼瓜菹詩信南山疆場有瓜是剝是菹傳云剝瓜爲菹也箋云剝削淹漬以爲菹監聲者當爲濫聲篆文脫水旁因誤爲監也李燾本注云類篇集韻從艸從水馥案玉篇作𧅼釋名菹阻也生釀之遂使阻於寒溫之閒不得濫也

zhī
⿱艹泜

⿱艹泜 菹也從艸泜聲直宜切

菹也者苹菹也集韻茋蒻小苹也

蘫或從皿皿器也

lǎo 䕩

䕩 乾梅之屬從艸橑聲周禮曰饋食之籩其實乾䕩後漢長沙王始煮艸爲䕩 盧皓切

乾梅之屬者梅當爲某本書某酸果也初學記二十六引陸氏毛詩草木疏梅杏類也其子赤而酢不可生噉煮而暴乾爲蘇可著羹臛中夏小正五月煮梅傳云爲豆實也蜀志蜀人名梅爲䕩廣志蜀名梅爲䕩大如雁子梅杏皆可以爲油脯黃梅以熟䕩作之寰宇記洪州貢梅煎唐開元二十五年都督韓朝宗以梅煎難得取乳柑代 周禮曰饋食之籩其實乾䕩者天官籩人文注云乾䕩乾梅也有桃諸梅諸是其乾者馥案內則飲有濫注云以諸和水也紀莒之閒名諸爲濫釋文云乾桃乾梅皆曰諸 後漢長沙王云云者後漢二字非許氏所稱後人加之案光武封興爲長沙王

䕩或從潦

說文解字義證 卷四 至

yì 蘏

蘏 煎茱萸從艸顡聲漢律會稽獻蘏一斗 魚既切

煎茱萸者趙宧光曰今稱茱萸醬本草食茱萸圖經云蜀人呼其子爲艾子盖禮記所謂藙者藙艾聲譌故云耳通志檔子曰食茱萸曰越椒爾雅云檔越與吳茱萸俱有藙名內則云三牲用藙是檔子也王應麟急就篇補注云賀氏云今蜀郡九月九日取茱萸折其枝連其實廣長四五寸一升實可和十升膏名之曰藙楊慎曰藙魚既切說文玉篇俱云煎茱萸也漢令會稽郡歲貢藙子一斗字一作艾楊雄蜀都賦木艾椒離本草蜀州食茱萸甚高大有長及百尺者蜀人呼其子爲艾子宋景文公艾子贊曰綠實若萸味辛香苾投粒羹臛椒桂之匹范石湖成都古今記云艾子茱萸類也實正綠味辛蜀人每進酒輒以一粒投之少頃香滿盃醆但藙與艾蓋一物相似有食茱萸藥茱萸之分如川芎有茶芎藥芎之別也 漢律會稽獻蘏一斗者內則三牲用藙鄭注藙煎茱萸也漢律會稽獻焉許沖上說文表自周禮漢律皆當學六書貫通其意漢書刑法志相國蕭何攟摭秦法取其宜於時者作律九章晉書刑法志魏文侯師李悝撰次諸國法著法經六篇商君受之以相秦漢承秦制蕭何定律三篇合爲九篇叔孫通益律所不及旁章十八篇張湯越宮律二十七篇趙禹朝律六篇合六十篇

zǐ 莘

莘 羹菜也從艸宰聲 阻史切

羹菜未聞徐鍇曰案字書辛菜也集韻類篇或作茡

ruò 若

若 擇菜也從艸右右手也一曰杜若香艸 而灼切

玉篇有籀文作𦱥馥案斥彰長田君碑養善嗇春陽𦱥績云若字

擇菜也者詩關雎參差荇菜左右芼之傳云芼擇菜也釋言芼搴也郭注擇菜也馥案若從右即詩左右之意 右手也者本書又手也右手口相助也 一曰杜若香艸者本草杜若一名杜衡一名若芝生武陵川澤及冤句陶云葉似薑而有文理根似高良薑而細味辛香又絕似旋復根殆欲相亂葉小異爾此艸一名杜衡今復別有杜衡不相似馥案王徵四氣詩蘅若首春華亦分杜蘅杜若爲二艸楚詞九章采芳州兮杜若范子計然杜若出南郡漢中大者善列子周穆王篇佩玉環雜芷若注云芷若香艸淮南修務訓雜芝若高注雜佩芝若香艸後漢書馮衍傳築蕙若而爲室注云若杜若也神女賦沐蘭澤含若芳子虛賦茝若射干五臣云若杜若也長門賦摶芬若以爲枕兮舞賦順微風揮若芳景福殿賦芸若充庭李善並云若杜若七發揄流波雜杜若李云言雜杜若以爲芳七啟薰以幽若李云若稱幽若猶蘭曰幽蘭也沈約杜若詩不顧逢采擷本欲芳幽人江淹擬陳思王詩徙倚拾蕙若又杜若須山中杜若嘉爾翠質不奇不俗載華載實同銜夕露共炯朝日東陂無二沈冥如一

說文解字義證 卷四 至

tuán 蓴

蓴 蒲叢也從艸專聲 常倫切

蒲叢也者廣雅蒲穗謂之蓴類篇蓴艸叢生

zhì 茵

茵 以艸補缺從艸西聲讀若囗或以爲綴一曰約空也 直例切

以艸補缺者玉篇筃以竹補缺蓋因茵別造此字 讀若下闕小字本作陸徐鍇本作俠 或以爲綴者綴當爲輟本書輟車小缺復合者 一曰約空也者徐鍇曰約空謂木工以直木附於曲木並之有空不合處則以物附墨筆

中以物亞開之隨曲木畫之使如曲木然後隨所畫斲之則附合謂此也

zǔn 䔿

䔿 叢艸也從艸尊聲 慈損切

叢艸也者廣雅䔿聚也魏都賦嘉穎離合以䔿䔿南都賦森䔿䔿而刺天西京賦莽䔿蓬昔馥案莽䔿當爲苯䔿玉篇苯䔿艸叢生也晉書衛恆傳禾卉苯䔿以垂穎

diào 莜

莜 艸田器從艸條省聲論語曰以杖荷莜今作蓧 徒弔切

艸田器者韻會引徐鍇本作芸田器本書匧田器也條省聲者當爲攸聲　論語曰以杖荷莜者彼作蓧包注蓧竹器皇侃疏籮簏之屬釋文蓧本又作莜馥謂荷當爲何　今作蓧者後人加之

pì 萆

萆 雨衣一曰衰衣從艸卑聲一曰萆藨似烏韭 扶歷切

一切經音義二三蒼蜱艸名也又云萆鼠莞也似龍鬚　高士傳老萊子蓬萆爲屋　雨衣者本書椶栟櫚也可作萆　一曰衰衣者本書衰艸雨衣秦謂之萆　廣雅萆謂之蓑　一曰萆藨似烏韭者徐

鍇本作萆歷馥謂卽萆荔西山經小華之山其草有萆荔狀如烏韭而生於石上亦緣木而生食之已心痛郭注萆荔香艸也烏韭在屋者曰昔邪在牆者曰垣衣又作薜荔楚詞離騷貫薜荔之落蘂九歌薜荔拍兮蕙綢采薜荔兮水中王注竝云薜荔香草齊語身衣襏襫韋云襏襫蓑薜衣也馥謂薜衣以薜荔爲蓑衣

chí 萐

萐 艸也從艸是聲 是支切

艸也者廣韻萐母卽知母艸出字林馥案本書芪母乃是知母此別是一艸夏小正正月緹縞縞也者莎隨也緹也者其實也釋艸薃侯莎其實媞詩南山有臺正義引舍人爾雅注臺一名夫須陸疏舊說夫須莎草也可以爲蓑笠御覽九百九十七引廣志莎可以爲雨衣馥謂本書次於草下似可作雨衣也

jū 苴

苴 履中艸從艸且聲 子余切

履中艸者本書屨履中薦釋草蓾蘆郭注作履苴草釋文引字苑韉苴履底漢書賈誼傳冠雖敝不以苴履顏注苴者履中之藉也新序刺奢篇履決不苴

cū ⿱艹麤

⿱艹麤 艸履也從艸麤聲 倉胡切

艸履也者本書苞艸也南陽以爲麤履馥案曲禮苞屨注云凶服苞藨也方言麤履也又云麤麤者謂之履南楚江沔之閒總謂之麤又云徐土邳圻之閒大麤謂之靮角古文苑僮約織履作麄注引方言屝屨總謂之麄急就篇屐屩絜麤羸窶貧顏注麤者麻枲雜履之名也南楚江淮之閒通謂之麤王應麟補注引本書⿱艹麤草履也釋名荊州人曰麤麻韋草皆同名也麤措也言所以安措足也東觀漢記茨充爲桂陽太守民惰嬾少麤履足多剖裂茨教作履今江南知織履皆充之致也御覽引夢書麤履爲使令卑賤類也夢得麄履得僮使之也

kuì 蕢

蕢 艸器也從艸𦥑聲 求位切

艸器也者論語未成一簣包注簣土籠也漢書何武王嘉師丹傳贊以一蕢障江河顏注蕢織草爲器所以盛土也孟子我知其不爲蕢也注云蕢草器也或借匱字漢書王莽傳綱紀咸張成在一匱顏注匱者織草爲器所以盛土也

臾 古文蕢象形論語曰有荷臾而過孔氏之門

論語曰有荷臾而過孔氏之門者彼作蕢何晏云蕢艸器也馥謂荷當爲何臾當爲臾本書蕢簣竝從臾

qǐn ⿱艹㑴

⿱艹㑴 覆也從艸侵省聲 七朕切

覆也者徐鍇本作艸覆也馥謂廣雅⿱艹㑴覆也

yīn 茵

茵 車重席從艸因聲 於眞切

車重席者一切經音義三引車下有中字急就篇鞇靯䩞鞍鑣鐊顏注鞇車中所坐蓐也韓非外儲說趙主謂左右曰車席太美吾將何以履之韓詩外傳齊君重鞇而坐吾君單鞇而坐漢書五行志御者在茵上蘇林曰茵車上蓐也又霍光傳作乘輿輦加畫繡絪馮顏注茵蓐也又丙吉傳此不過汙丞相車茵耳顏注茵蓐也又甯成傳同車未嘗敢均茵馮顏注茵車中蓐也文選西征賦爾乃端策拂茵五臣云茵車中席後漢書班固傳乘茵步輦注云茵褥也漢舊儀皇后婕妤乘輦餘皆以茵四人輿以行鹽鐵論散不足篇古者皮毛草蓐無茵席之加旃蒻之美及

其後大夫士復薦草緣蒲平單莞庶人則草蓐索經單藺邃篨而已今富者繡茵翟柔蒲子露林中者獲皮代旃闒坐平莞字或作裀傳子房陵都尉戰有功太祖賜嚴裘豹裀

鞇　司馬相如說茵從革

司馬相如說者相如有凡將篇蓺文志凡將則頗有出矣蓋謂非倉頡中正字也　茵從革者釋名文鞇車中所坐者也用虎皮有文采因與下鞶相連著也詩小戎文茵暢轂傳云文茵虎皮也釋文云文茵以虎皮為茵茵車席也楚語皮革羽毛注云皮虎豹皮也所以為茵鞻梁簡文謝賚貂坐褥席啟東瀛美毳北朔文茵

chú
芻

芻　刈艸也象包束艸之形　叉愚切

刈艸也者昭十三年左傳淫芻蕘者釋文引本書云芻割草也孟子芻蕘者往焉漢書賈山傳芻蕘採薪之人顏注芻刈草也南齊武帝紀臨沂縣麥不登刈為馬芻　象包束艸之形者包當為勹宋書蒯恩傳縣差為征民充乙士使伐馬芻恩常負大束兼倍餘人趙宧光曰初刈曰蕘既束曰芻成蒭曰茭

說文解字義證　卷四

jiāo
茭

茭　乾芻從艸交聲一曰牛蘄艸　古肴切

乾芻者聲類同玉篇芻茭草書費誓峙乃芻茭鄭注茭乾芻也史記河渠書民茭牧其中索隱茭乾草也漢書趙充國傳茭槀二十五萬二百八十六石顏注茭乾芻也　一曰牛蘄艸者釋草茭牛蘄注云今馬蘄葉細銳似芹亦可食本草馬芹子味甘辛調味用之香似橘而無苦味唐本注云生水澤旁苗似鬼鍼菾菜等花青白色子黃黑色似防風子蜀本圖經云花若芹花子如防風子而扁大

bù
荹

荹　亂艸也從艸步聲　薄故切

亂艸也者玉篇荹牛馬艸亂槀也

rú
茹

茹　飤馬也從艸如聲　人庶切

飤馬也者飤當為食詩柔亦不茹方言茹食也

cuò
莝

莝　斬芻從艸坐聲　麤臥切

詩鴛鴦摧之秣之傳云摧莝也箋云摧今莝字也　字或作剉陳書始興王傳叔陵以剉藥刀斫後主中項金陵記南朝計吏止於傳舍將去以剉馬草瀉井中謂無再過之期矣不久復至汲水遞飲遂為昔時之剉刺喉而死故後人戒曰千里井不瀉剉

斬芻者本書鈇莝斫刀也當為斫莝急就篇糟糠汁滓槀莝芻顏注莝細斫槀也漢書尹翁歸傳有論罪輸掌畜官使斫莝顏注莝斬芻後漢書第五倫傳躬自斬芻養馬王隱晉書陶侃母撤牀薦手剉給客牛馬廣州先賢傳羅威有鄰家牛數食其田禾既不可止遂為斷芻多著牛家門中不令人知

wèi
萎

萎　食牛也從艸委聲　於僞切

食牛也者字或作餧古文苑僮約餧食馬牛鼓四起坐夜半益芻或借委字詩鴛鴦箋云馬無事則委之以莝釋文云委猶食也

cè
茦

茦　以穀萎馬置莝中從艸敕聲　楚革切

說文解字義證　卷四

以穀萎馬置莝中者玉篇茦以穀和草餧馬也周禮太宰七曰芻秣之式注云芻秣養牛馬禾穀也齊民要術馬有三芻一曰惡芻二曰中芻三曰善芻善飢時與惡芻飽時與剉草粗雖是豆穀亦不肥充細剉無節簁而食之者令馬肥史記范雎傳坐須賈於堂下置莝豆其前令兩黥徒夾而馬食之

qū
苗

苗　蠶薄也從艸曲聲　邱玉切

蠶薄也者本書或說曲蠶薄也薄蠶薄玉篇苗槌也養蠶器也案槌即持之異文蠶槌也方言薄宋魏陳楚江淮之閒謂之苗或謂之趨自關而西謂之薄南楚謂之蓬薄史記絳侯世家勃以織薄曲為生索隱云謂勃本以織蠶薄為生業也韋昭云北方謂薄為曲許君注淮南云曲葦薄也字或作笛廣雅笛謂之薄

cù
蔟

蔟　行蠶蓐從艸族聲　千木切

行蠶蓐者本書蓐蔟也四民月令四月蠶入蔟時齊民要術養蠶法收取種繭必取居蔟中者古文苑元后誄帥導羣妾咸循蠶蔟注云蔟竹器以茅藉之承老蠶作繭司馬徵別傳人有臨蠶求徵蔟者便以與之自棄其蠶

jù 苣

苣 束葦燒。从艸巨聲。其呂切

束葦燒者，後漢書皇甫嵩傳注引作束葦燒之。華嚴經音義說文曰：苣謂束薪而灼之，謂大燭也。珠叢曰：苣謂束草爇火以照之也。荊楚歲時記：正月未日夜蘆苣火照井廁中。字或作炬。通鑑：東昏侯嬖臣因運荻炬束仗入南北掖門作亂。注云：荻炬者，束荻爲火炬用也。

ráo 蕘

蕘 薪也。从艸堯聲。如昭切

薪也者，昭十三年左傳：淫芻蕘者。正義引本書同。又云：然則蕘者共燃火之草也。詩板：詢于芻蕘。傳云：芻蕘，薪采者。釋文引本書：蕘，草薪也。長楊賦：蹂踐芻蕘。李善引本書：蕘，艸薪也。馥案：二書所引竝有艸字。漢書賈山傳：芻蕘之人。揚雄傳：麋鹿芻蕘。顏注竝云：蕘，草薪。馥謂草薪別於木薪也。

xīn 薪

薪 蕘也。从艸新聲。息鄰切

蕘也者，管子輕重甲篇：山林菹澤草萊者，薪蒸之所出。急就篇：薪炭萑葦炊孰生。顏注：取木而然之曰薪。釋木：謂櫬采薪。采薪即薪。郭云：指解今樵薪。詩揚之水：不流束薪。白華：樵彼桑薪。無羊：以薪以蒸。箋云：麤曰薪，細曰蒸。周禮甸師：帥其徒以薪蒸。注云：木大曰薪，小曰蒸。又委人：喪紀共其薪蒸木材。注云：薪蒸給炊及燎。麤者曰薪，細者曰蒸。月令：收秩薪柴。注云：大者可折謂之薪，小者合束謂之柴。薪施炊爨，柴以給燎。淮南時則訓：乃命四監收秩薪柴，以供寢廟及百祀之薪燎。注云：大而可折謂之薪，小而可束謂之柴。薪，燎炊也；爨及夜燎之屬。

說文解字義證《卷四　卅五

zhēng 蒸

蒸 折麻中榦也。从艸烝聲。煮仍切

本書：菆，麻蒸也。

折麻中榦也者，折，廣韻、增韻、類篇并作析，謂去粗皮細以束薪也。管子弟子職：蒸閒容蒸，然者處下。趙用賢曰：古者束薪蒸以爲燭。蒸，細薪也。少寬其束，使其蒸閒可各容一蒸，以通火氣。又使已然者居上，未然者居下，則火易然也。

𦳚 蒸或省火。

jiāo 蕉

蕉 生枲也。从艸焦聲。即消切

生枲也者，未練治也。本書：纑，未練治纑也。後漢書王符傳：徒御僕妾，皆服葛子升越，筩中蕉布。注云：蕉布之品有三，有蕉布，有竹子布，又有葛焉。毛居正曰：葛越，南方布名。左思吳都賦：蕉葛升越是也。蓋葛即葛藟之葛，越則麻苧蕉䔧草之屬皆是。唐書地理志：郢州富水郡貢紵布、葛、蕉。

shǐ 菡

菡 糞也。从艸，胃省。式視切

或借矢字。文十八年左傳：殺而埋之馬矢之中。莊子人閒世：夫愛馬者，以筐盛矢，以蜃盛溺。荀子榮辱篇：所謂以狐父之戈钃牛矢也。史記廉頗藺相如列傳：廉將軍雖老，尚善飯，然與臣坐頃之，三遺矢矣。索隱云：謂數起便也。又通豕字。孟棨本事詩：則天朝，左司郎中張元一嘲武懿宗詩云：騎豬向南趣，謂夾豕走也。俗又作屎。莊子知北遊篇：道在屎溺。意林引抱朴子：欲得長生，腹中清；欲得不死，腹無屎。吳歷：孫亮使黃門至中藏取蜜，蜜中有鼠屎，令破屎，屎裏燥。亮曰：屎久蜜中，中外當俱溼，今裏燥，必黃門所爲。通鑑：賈直言責劉從諫曰：自謂不潔，淋頭竟至羞死。注云：今人謂屎爲不潔。

說文解字義證《卷四　卅六

糞也者，本書：𢍰，引官溥說：似米而非米者矢字。矢當作菡。

mái 薶

薶 瘞也。从艸貍聲。莫皆切

瘞也者，本書：瘞，幽薶也。釋天：祭地曰瘞薶。周禮大宗伯：以薶沈祭山林川澤。俗作埋。司巫：凡祭祀守瘞。注云：謂若祭地祇有埋牲玉者也。祭法：瘞埋於泰折，祭地也。

shān 蕿

蕿 喪藉也。从艸侵聲。失廉切

喪藉也者，經典借苫字。檀弓：寢苫枕干。喪服傳：居倚廬，寢苫。注云：寢苫者，哀親之在艸。

shé 折

折 斷也。从斤斷艸。譚長說。食列切

斷也者，廣雅：折，分也。漢書五行志：中木曰折。詩魚麗傳：草木不折不芟，斧斤不入山林。正義云：謂寒霜之勁，暴風又甚，草木枝折葉隕。漢書師丹傳：上所折中定疑。顏注：折，斷也。易賁卦：无敢折獄。鄭云：折，斷也。書呂刑：折民惟刑。傳云：斷以法。韓詩外傳：鮑叔薦管仲曰：決獄折中，臣弗如也。秦策：刳腹折頤。高云：折，斷。少儀：太牢則以牛左肩臂臑折九

艸

箇注云折斷分之也　譚長說者徐鉉謂當作鄲

【𣂚】籀文折從艸在仌中仌寒故折

仌寒故𣂚者文子冬仌可折

【㪿】篆文折從手

本書誓悊埑浙娎狾哲晢逝䂙十字竝從篆文

huì 卉

【卉】艸之總名也從艸屮　許偉切

艸之總名也者纂要春草曰芳卉釋艸卉草郭注百草總名方言卉草也東越揚州之閒曰卉文選吳都賦卉木䵗蔓五臣云卉百草總名楚人語也書禹貢島夷卉服鄭注草服詩出車卉木萋萋四月百卉具腓傳竝云卉草也山有嘉卉箋云山有美善之草

qiú 艽

【艽】遠荒也從艸九聲詩曰至于艽野　巨鳩切

遠荒也者埤蒼同　詩曰至于艽野者小雅小明文傳云艽野遠荒之地

suàn 蒜

【蒜】葷菜從艸祘聲　蘇貫切

本書䔍小蒜也　夏小正十有二月納卵蒜　古今注蒜卵蒜也俗人謂之小蒜胡國有蒜十許子共爲一株籜幕裹之名爲胡蒜尤辛於小蒜俗人亦呼之爲大蒜　博物志張騫使西域得大蒜胡荽　延篤與李德書折張騫大宛之蒜東觀漢記李恂爲兗州刺史所種小麥胡蒜悉付從事一無所留　顏氏家訓書證篇三輔決錄云前隊大夫范仲公鹽豉蒜果共一筩果當作顆蒜顆是俗閒常語耳　抱朴子薺麥大蒜仲夏而枯　四民月令布穀鳴收小蒜六月七月可種小蒜八月可種大蒜　攝生月令四月勿食大蒜　宏君舉食檄大市覆罌之蒜　新唐書地理志漢中郡貢夏蒜　葷菜者爾雅釋文引同又引一本云菜之美者雲夢之葷菜御覽引同急就篇芸蒜薺芥茱萸香顏注蒜大小蒜也皆辛而葷名醫別錄有葫有蒜陶云今人謂葫爲大蒜謂蒜爲小蒜以其氣類相似也圖經云說文所謂葷菜者乃今大蒜也養生要訣云大蒜毋食葷辛害目

左文五十三　重二　大篆從茻

徐鍇本無此文案左文五十三謂下文自芥以下至薊五十三字也重二謂藻莑兩字也大篆從茻謂此五十三字在大篆皆從茻也今茻部莫莽葬三字小篆之從茻者也五十三字則小篆從艸大篆從茻也

jiè 芥

【芥】菜也從艸介聲　古拜切

劉向別錄尹都尉書有種芥篇

菜也者一切經音義六引字林芥辛菜也顏注急就篇芥亦有大小二種本草芥味辛溫陶云似菘而有毛味辣好作葅亦可生食圖經云芥之種亦多有紫芥莖葉純紫多作虀者食之最美有白芥舊云從西戎來又云生河東今近處亦有其餘南芥旋芥花芥石芥之類皆菜茹之美者公食大夫禮芥醬注云芥實也

cōng 蔥

【蔥】菜也從艸悤聲　倉紅切

別錄尹都尉有種蔥書

菜也者本草蔥實唐本注云人閒食蔥有二種凍蔥即經冬不死分莖栽蒔而無子也又有漢蔥冬即葉枯凍蔥最善氣味亦佳古文苑僮約別茹披蔥注云菜茹別其種而植蔥披散而植之四民月令三月別小蔥六月別大蔥齊民要術種蔥良地三蒴薄地再蒴八月止不止則蔥無袍而損白曲禮葱渫處末注云渫烝葱也繆襲祭儀秋祀和羹芼以蔥吳均說餅河東長若之蔥東晳餅賦薑株蔥本苹縷切判

yù 蒮

【蒮】艸也從艸隺聲詩曰食鬱及蒮　余六切

艸也者釋草蒮山韭南山經招搖之山有草焉其狀如韭注引爾雅蒮山多有之或借推字後漢書馬融傳其土毛則推牧薦草　詩曰食鬱及蒮者豳風七月文彼作薁韓詩作蒮鬱當作鬱

diǎn 蕇

【蕇】亭歷也從艸單聲　多殄切

亭歷也者釋草文郭注實葉皆似芥急就篇亭歷桔梗龜骨枯顏注亭歷一名丁歷一名蕇一名狗薺廣雅狗薺大

室亭歷也本草亭歷一名丁歷一名蕇蒿一名大室一名大適陶云子細黃至苦圖經云初春生苗葉高六七寸有似薺根白枝莖俱青三月開花微黃結角子扁小如黍粒微長黃色夏後采實月令孟夏之月靡草死許鄭竝云靡草薺葶藶之屬是也至夏則枯死故此時采之師曠占歲欲饑苦草先生葶藶也韓非難勢篇此味非飴蜜也必苦菜亭歷也鹽鐵論葶歷似菜而殊味淮南繆稱訓亭歷愈張高云藥名周髀算經凡北極左右物有朝生暮穫謂亭歷冬生之類西京雜記董仲舒云葶藶死于盛夏呂氏春秋任地篇孟夏之昔殺三葉高注三葉薺亭歷菥蓂也是月之季枯死四民月令四月收蕪菁及芥葶藶元和志曹州貢葶藶

gǒu 苟

苟 艸也從艸句聲　古厚切

艸也者急就篇苟貞夫顏注苟艸名也所居饒之因以命氏玉篇苟菜也

jué 蕨

蕨 鼈也從艸厥聲　居月切

詩草蟲言采其蕨　齊民要術引陸璣疏云蕨山菜也初生似蒜莖紫黑色二月中高八九寸先有葉瀹爲茹滑美如葵

今隴西天水人及此時而乾收秋冬嘗之又以進御三月中其端散爲三枝枝有數葉葉似青蒿而麤堅長不可食周秦曰蕨齊魯曰鼈　文選謝靈運酬惠連詩野蕨漸紫苞　廣雅茈綦蕨也　馥案爾雅翼野人今歲焚山則來歲蕨菜繁生其舊生蕨之處蕨葉老硬敷披人誌之謂之蕨基廣雅云蕨紫萁基豈其之轉耶　李時珍曰紫萁似蕨有花而味苦謂之迷蕨初生亦可食　搜神記郗鑒鎮丹徒二月出獵有甲士折蕨一枝食之覺心中淡淡成疾後吐一小蛇懸屋前漸乾成蕨遂明此物不可生食之也

鼈也者釋草文蕨鼈聲近詩釋文云俗云其初生似鼈脚故名馬沈約郊居賦陸卉則紫鼈綠蘼六書故其有蕨其初出土紫色拳如小兒手可食馥謂此初生似鼈脚之證

suō 莎

莎 鎬侯也從艸沙聲　蘇禾切

廣雅地毛莎蒨也　漢書地理志清河郡𢘅題縣顏注𢘅古莎字司馬相如傳薛莎青薠張揖曰莎鎬侯也顏云莎即今青莎草　文選射雉賦青敷莎靡徐爰注莎草名楚詞曰青莎雜樹則莎色青也　晏殊庭莎記是草耐水旱樂延蔓雖拔心隕葉弗之絕也

鎬侯也者釋草文夏小正縞也者莎隨也本草莎艸一名蒿一名侯莎玉篇莎艸也蒿莎草一名莎侯馥案衆讀鎬侯不連本書引釋艸原文當云鎬侯莎

píng 蓱

蓱 苹也從艸洴聲　薄經切

苹也者苹當爲萍草徐鍇韻譜蓱艸也文選謝靈運詩自從食蓱來李善注引毛詩食野之苹後人多用蓱爲浮萍字

洴聲者本書無洴字

jǐn 堇

堇 艸也根如薺葉如細柳烝食之甘從艸堇聲　居隱切

艸也者詩大雅堇荼如飴傳云堇菜也正義云釋草云芨堇草郭璞曰即烏頭也江東人呼爲堇然則堇者其烏頭也嚴氏詩緝曰孔氏謂堇即烏頭此則與鴆毒同與堇荼可食之物非其類馥案釋艸堇字當爲菫本草菫汁味甘寒無毒唐本注云此野生非人所種俗謂之菫菜葉似蕺花紫色夏小正二月榮堇傳云堇菜也公食大夫禮鉶芼

牛藿羊苦豕薇皆有滑注云滑菫荁之屬內則堇荁枌榆免薧滫瀡以滑之注云冬用堇後漢書馬融傳芝荋堇荁注云堇菜花紫葉可食而滑　根如薺葉如細柳烝食之甘者釋草齧苦堇郭注今堇葵也葉似柳子似米汋食之滑閒居賦堇薺甘旨樂府放歌行蓼蟲避葵堇言其食苦不知甘荊州記緣城隄邊悉植細柳

fěi 菲

菲 芴也從艸非聲　芳尾切

芴也者釋草文孫炎云蒠類也詩谷風采葑采菲無以下體傳云葑須也菲芴也下體根莖也箋云此二菜者蔓菁與葍之類也皆上下可食陸璣疏云菲似葍莖麤葉厚而長有毛三月中烝鬻爲茹滑美可作羹幽州人謂之芴爾雅謂之蒠菜今河內人謂之宿菜坊記引詩采葑采菲注云菲葍類也

wù 芴

芴 菲也從艸勿聲　文弗切

菲也者釋草菲蒠菜郭云菲草生下溼地似蕪菁華紫赤色可食馥案郭說即菲芴而又以菲芴爲土瓜某氏於菲芴菲蒠菜下皆引詩采葑采菲

hàn ⿱艹鶾　huán 萑　wěi 葦　jiā 葭　lái 萊

⿱艹鶾 艸也從艸鶾聲呼旰切

案本書⿱艹鶾艸也⿱艹鶾鶾一字當有重出

萑 薍也從艸雈聲胡官切

經典或省作萑易說卦震爲萑葦荀本萑作荻馥案晉書童謠官家養蘆花爲荻廣雅藡萑也詩小弁萑葦淠淠淮南說林訓萑葦有叢莊子則陽篇萑葦蒹葭釋文萑葦類昭二十年左傳取人於萑苻之澤周禮司几筵其柏席用萑注云萑如葦而細者又大司徒土會之法原隰其植物宜叢物先鄭云叢物萑葦之屬特牲饋食禮藉用萑公食大夫禮加萑席尋注竝云萑細葦也　又或作藿夏小正七月莠藿葦傳曰未莠則不爲藿葦莠然後爲藿葦穆天子傳天子射獸休于深藿注云藿葦之聚

薍也者陸璣詩疏菼一名薍至秋堅成則謂萑漢書鼂錯傳萑葦竹蕭顏注萑薍也貨殖傳萑蒲材幹顏注萑薍也卽今之荻也

葦 大葭也從艸韋聲于鬼切

大葭也者詩八月萑葦傳云葭爲葦正義云初生爲葭長大爲蘆成則名爲葦小大之異名急就篇薪炭萑葦炊孰生顏注葭爲葦謂蘆也漢書終軍傳南越竄屏葭葦顏注葭蘆也成長則曰葦也

葭 葦之未秀者從艸叚聲古牙切

釋草葭華郭云卽今蘆也又葭蘆郭云葦也　詩碩人葭菼揭揭傳云葭蘆　高士傳老萊子墔葭爲牆　先賢傳鄭敬以茅葭爲席

葦之未秀者者夏小正傳葦未秀爲蘆詩騶虞彼茁者葭傳云葭蘆也箋云記蘆始出者正義引李巡曰葦初生史記司馬相如傳其卑溼則生藏莨蒹葭郭璞曰葭蘆也似葦而細小

萊 蔓華也從艸來聲洛哀切

詩小雅北山有萊傳云萊草也陸疏萊草名其葉可食今兗州人烝以爲茹謂之萊烝馥案齊民要術引云萊藜也莖葉皆似菉王芻　說苑引楚人歌曰薪乎萊乎　陳啟源曰萊亦名藜本草綱目云卽灰藋之紅心者莖葉稍大河朔人名落藜南人名胭脂菜亦曰鶴頂草嫩時可食老則莖可爲杖原憲藜杖應門卽是物也

蔓華也者釋草文萊彼作釐郭云一名蒙華

lì 荔

荔 艸也似蒲而小根可作㕞從艸劦聲郎計切

廣雅馬䪥荔也　本草蠡實馬藺子也出冀州圖經曰馬藺子生河東川谷葉似薤而長厚　管子地員篇其種大荔細荔　漢蒼梧郡有荔浦縣　列仙傳寇先生者宋人也好種荔食其葩實焉　通鑑爾朱兆曰夢吾先人登高邱邱旁地耕之已熟獨餘馬藺先人命吾拔之隨手而盡　程君瑤田曰余居豐潤二三月閒見草似幽蘭叢生長者二尺許開花藕褐色亦畧似蘭土人呼爲馬蓮亦呼馬蘭意其爲月令之荔也形與韭䪥相類故又有馬䪥之名草甚堅韌市人以貫錢及繫物皆用之玉篇言蘭似莞莞似蒲竝言可爲席圖經言江東人呼旱蒲與說文似蒲之說同矣馥案此物多生道邊其花亦有白色者　月令仲冬之月荔挺出注云荔挺馬䪥也　周書時訓大雪後荔挺不出卿士專權　顏氏家訓

書證篇月令荔挺出鄭元注云荔挺馬䪥也說文云荔似蒲而小根可爲㕞廣雅云馬薤荔也通俗文亦云馬藺易統通卦驗元圖云荔挺不出則國多火災蔡邕月令章句云荔似挺高誘注呂氏春秋云荔草挺出也然則月令注荔挺爲草名誤矣馥案荔似挺圖經引作荔以挺出　後漢書陳寵傳十一月有蘭射干芸荔之應注云荔馬薤高誘注淮南云荔馬荔草又注呂氏春秋云荔馬荔挺生出也以荔爲草名挺爲挺出本書全象物出地挺生也王粲公讌詩百卉挺葳蕤王逸楚辭注葳蕤草木初生貌本草衍義馬藺葉牛馬皆不食爲鑱出土葉已硬也馥謂挺出之義因此隋宦挺字雙根荔能挺出者亦以根多且堅也　本草一名三堅謂葉根實

似蒲而小者玉篇蘭似莞莞似蒲顏氏家訓書證篇江東頗有此物人或種於階庭但呼爲旱蒲故不識馬薤史記司馬相如傳其高燥則生葴析苞荔徐廣曰草似蒲根可作㕞者本書藘㕞也嘉祐圖經荔根細長通黃色人取以爲刷程君瑤田曰荔根可作㕞今北方束其根以㕞鍋不有說文則李時珍誤以爲馬帚之莽不能正其失矣馥案織布帛者束荔之長根以理經絲亦謂之㕞

méng 蒙

蒙 玉女也從艸冢聲 莫紅切

管子地員篇小辛大蒙 玉女也者釋草文郭云蒙卽唐也女蘿別名馥案詩桑中爰采唐矣傳云唐蒙菜名似與郭異又蒟醬名曰蜀唐蒙因其似唐蒙而出於蜀非詩傳所稱者

zǎo 藻

藻 水艸也從艸從水巢聲詩曰于以采藻 子皓切

廣雅麥菜藻也馥案類篇藻麥艸名 玉篇藻水中菜也 東觀漢記鄧禹與赤眉戰敗走軍士飢餓皆食藻菜 師曠占歲欲惡惡草先生藻是也

水艸也者本書璪鐎如水藻之文周禮巾車藻車藻蔽注云藻水草蒼色詩魚在在藻箋云藻水草也文選吳都賦彫啄蔓藻五臣云蔓藻水草 詩曰于以采藻者召南采蘋文彼作藻傳云藻聚藻也陸疏藻水草也生水底有二種其一種葉如雞蘇莖大如箸長四五尺其一種莖大如釵股葉如蓬蒿謂之聚藻北山經其祠之皆用一藻茝瘞

說文解字義證 卷四 卅五

之注云藻聚藻漢書司馬相如傳唼喋菁藻郭璞曰藻聚藻也司馬貞曰左傳云蘋蘩蘊藻蘊卽聚也

藻 藻或從澡

或從澡者詩采蘋箋云藻之爲言澡也

lù 菉

菉 王芻也從艸彔聲詩曰菉竹猗猗 力玉切

王芻也者釋草文郭云菉蓐也今呼鴟脚莎詩疏引某氏作鹿蓐本草藎草可以染黃作金色唐本注云葉似竹而細薄莖亦圓小生平澤溪澗之側荆襄人煮以染黃色極鮮好俗名菉蓐草爾雅所謂王芻者也離騷薋菉葹以盈室兮注云菉王芻也 詩曰菉竹猗猗者衛風淇奧文彼作綠傳云綠王芻也釋文綠爾雅作菉音同馥案詩綠竹韓詩作菉薄陸璣以綠竹爲一艸失之小雅終朝采綠箋云綠王芻也易得之菜也

cáo 蓸

蓸 艸也從艸䡟聲 昨牢切

yóu 蓾

蓾 艸也從艸鹵聲 以周切

艸也者僖四年左傳一薰一蕕十年尚猶有臭當作此蕕遒气行皃故从卤

qiáo 菬

菬 艸也從艸沼聲 昨焦切

艸也者玉篇菬菬子藥廣韻菬菬子草

wú 䓊

䓊 艸也從艸吾聲楚詞有䓊蕭艸 吾乎切

艸也者玉篇䓊草似艾方言注今江東人呼荏爲䓊 楚詞有䓊蕭艸者今無此文

fàn 范

范 艸也從艸氾聲 房𦧅切

réng 艿

艿 艸也從艸乃聲 如乘切

艸也者增韻引云舊草不芟新草又生曰艿廣韻艿草名謂陳根草不芟新草又生相因仍也所謂燒火艿者也字書艿艸陳新相積也玉篇作芿云草芟陳者又生新者列子黃帝篇趙襄子狩於中山藉芿燔林注云草不翦曰芿

xuè ⿱艹血

⿱艹血 艸也從艸血聲 呼決切

說文解字義證 卷四 卅六

艸也者類篇⿱艹血地血蒨也 馥案本草茜一名地血

táo 萄

萄 艸也從艸匋聲 徒刀切

艸也者玉篇萄蒲萄後漢書西域傳粟弋國出蒲萄魏文帝詔南方龍眼荔支寧比西國蒲萄石蜜乎

qǐ 芑

芑 白苗嘉穀從艸己聲 驅里切

白苗嘉穀者釋草芑白苗郭注今之白粱粟皆好穀詩生民維穈維芑傳云芑白苗也廣志有白莖粟

xù 藚

藚 水舄也從艸賣聲詩曰言采其藚 似足切

水舄也者釋艸藚牛脣郭注毛詩傳曰水蕮也如續斷寸寸有節拔之可復本草澤瀉一名水瀉圖經云春生苗多在淺水中葉似牛舌草而莖長劉向九歎筐澤瀉以豹鞹兮王逸云澤瀉惡草 詩曰言采其藚者魏風汾沮洳文傳云藚水舄也陸疏今澤蕮也其葉如車前草大其味亦相似徐州廣陵人食之

dōng 苳

苳 艸也從艸冬聲 都宗切

艸也者類篇引陸詞曰苣苳冬生

sè 薔

薔 薔虞蓼從艸嗇聲所力切

薔虞蓼者爾雅釋文引作虞蓼徐鍇韻譜同玉篇澤蓼也一曰虞蓼本書蓼辛菜薔虞也

tiáo 苕

苕 艸也從艸召聲徒聊切

艸也者詩鵲巢邛有旨苕傳云苕草也陸疏苕苕饒也幽州人謂之翹饒蔓生莖如勞豆而細葉似蒺藜而青其莖葉綠色可生食如小豆藿也

mào [艹楙]

[艹楙] 艸也從艸楙聲莫厚切

mào 萺

萺 艸也從艸冒聲莫報切

mǎo 茆

茆 鳧葵也從艸丣聲詩曰言采其茆力久切

鳧葵也者本書䒢鳧葵也廣雅茆鳧葵也西山經陰山其草多茆蕃注云茆鳧葵也後漢書馬融傳桂荏鳧葵注云

爾雅曰茆鳧葵葉圓似蓴生水中今俗名水葵纂文鳧葵其實可作醬本草鳧葵生水中卽荇菜也一名接余唐本注云南人名豬蓴堪食圖經云鳧葵卽莕菜也葉似蓴莖澀根甚長花黃色水中極繁盛顏氏家訓蔡朗父名純諱蒓爲露葵 丣聲者當爲丣聲非從古文酉也增韻茆莫飽切本作茆从寅丣之丣惠棟曰汗簡古文尙書緢作茆按丣爲古文酉是茆卽莤也說文酉部有莤字而艸部又有茆字以爲鳧葵此必茆字之誤周禮醢人有茆菹詩薄采其茆皆从丣馥按文選藉田賦思樂甸畿薄采其茅大君戾止言藉其農周禮醢人茆菹注云鄭大夫讀茆爲茅茅菹茅初生或曰茆水草杜子春讀茆爲卯玄謂茆鳧葵也 詩曰言采其茆者小雅泮水文彼作薄采其茆傳云茆鳧葵也釋文茆音卯徐音柳韋昭萌藻反鳧葵也干寶云今之鄔蹏草堪爲菹江東有之何承天云此菜出東海堪爲菹醬也鄭小同云江南人名之蓴菜生陂澤中草木疏同又云或名水葵一云今之浮菜卽豬蓴也本草有鳧葵陶宏景以入有名無用品解者不同未詳其正沈以小同及草木疏所說爲得陸疏茆與荇菜相似葉大如手赤圓有肥者著手中滑不得停莖大如匕柄葉可以生食又可鬻滑美江南人謂之蓴菜或謂之水葵諸陂澤水中皆

有

tú 荼

荼 苦荼也從艸余聲同都切

苦荼也者釋草文郭云詩曰誰謂荼苦苦菜可食廣雅游冬苦菜也顏氏家訓書證篇詩云誰謂荼苦爾雅毛詩傳並以荼苦菜也又禮云苦菜秀案易統通卦驗元圖曰苦菜生於寒秋更冬歷春得夏乃成今中原苦菜則如此也一名游冬葉似苦苣而細摘斷有白汁花黃似菊本草苦菜味苦寒一名荼草一名選一名游冬生益州川谷山陵道旁淩冬不死詩緜周原膴膴堇荼如飴傳云荼苦菜也箋云周之原地膴膴然肥美其所生菜雖有性苦者甘如飴也谷風誰謂荼苦其甘如薺傳云荼苦菜也箋云荼誠苦矣而君子於己之苦毒又甚於荼比方之荼則甘如薺楚辭故荼薺不同畝兮魏都賦甘荼伊蠢五臣云荼苦菜也古文苑僮約炰鼈烹荼注云荼苦菜也煮以爲茹呂氏春秋任地篇日至苦菜死而資生淮南時則訓孟夏之月苦菜秀注云苦菜味苦感火之味而成月令苦菜秀蔡氏章句云苦蕒菜李時珍曰苦菜卽苦蕒也家栽者呼爲苦苣實一物也春初生苗有赤莖白莖二種其莖中空而脆

折之有白汁葉似花蘿蔔葉而色綠帶碧上葉抱莖梢似鸛嘴開黃花如初綻野菊一花結子一叢如茼蒿子花罷則收斂子上有白毛茸茸隨風飄揚落處卽生

fán 蘩

蘩 白蒿也從艸緐聲附袁切

白蒿也者釋草蘩皤蒿郭云白蒿又云蘩由胡郭云未詳又云蘩之醜秋爲蒿本草白蒿唐本注云此蒿葉粗於青蒿從初生至枯白於衆蒿頗似細艾夏小正二月采蘩傳云蘩由胡由胡者蘩母也蘩母者旁勃也皆豆實也馥案詩鄭箋執蘩菜者以豆薦蘩葅言豆實也廣雅蘩母蒡勃也詩召南于以采蘩傳云蘩皤蒿也陸疏蘩皤蒿凡艾白色爲皤蒿今白蒿是也春始生及秋香美可生食又可蒸食一名游胡北海人謂之旁勃故大戴禮夏小正傳云蘩游胡游胡旁勃也豳風春日遲遲采蘩祁祁傳云蘩白蒿也所以生蠶隱三年左傳蘋蘩薀藻之菜杜云蘩皤蒿楚辭吳酸蒿蔞王逸注蒿蘩草也

hāo 蒿

蒿 菣也從艸高聲呼毛切

菣也者釋草文郭注今人呼青蒿香中炙啖者爲菣本書菣香蒿也詩鹿鳴食野之蒿傳云蒿菣也陸疏蒿青蒿也荆豫之閒汝南汝陰皆云菣也廣雅草蒿青蒿也本草蒿一名青蒿陶云即今青蒿人亦取雜香菜食之蜀本圖經云葉似茵蔯蒿而背不白高四尺許江東人呼爲狃蒿爲其息似狃

péng 蓬

蓬 蒿也從艸逢聲 薄紅切

詩召南彼茁者蓬傳云蓬草名也 師曠占歲欲潦潦草先生潦草者蓬也 魯哀公曰秋蓬孤其根本密其枝葉 說苑敬慎篇是猶秋蓬惡於根本而美於枝葉秋風一起根且拔也 淮南說山訓見飛蓬轉而知爲車 蕪城賦蔌蔌風威孤蓬自振 古詩孤蓬轉霜根 曹植詩轉蓬離本根飄飄隨長風 司馬彪詩百草應節生含氣有深淺秋蓬獨何辜飄颻隨風轉長飇壹飛薄吹我之四遠搔首望故株邈然無由反 商子禁使篇飛蓬遇飄風而行千里乘風之勢也

蒿也者楚詞七諫若縱火於秋蓬注云蓬蒿也史記老子傳不得其時則蓬累而行正義蓬其狀若皤蒿細葉蔓生於沙漠中風吹則根斷隨風轉移也莊子逍遙游篇斥鴳翱翔蓬蒿之閒三輔決錄張仲蔚所居蓬蒿没人

𦵯 籒文蓬省

lí 藜

藜 艸也從艸黎聲 郎奚切

艸也者釋名土青曰黎似藜草色也 馥案藜似藋昭十六年左傳斬之蓬蒿藜藋 管子小匡篇五穀不蕃而蓬蒿藜藋並興莊子徐無鬼篇逃虛空者藜藋柱乎鼪鼬之逕史記越世家陶朱公長男至楚莊生家負郭披藜藋到門是也藜又似蓬增韻藜草似蓬月令孟春行秋令則藜莠蓬蒿並興郭璞游仙詩朱門何足榮未若託蓬萊後漢書逸讓傳披髮秀於蓬萊萊即藜也藜又似藋可食韓非外儲說孟獻伯相魯堂下生藋藜說苑常食藋藜之實 史記太史公自序藜藋之羹正義云藜似藋而表赤

藜又可爲杖韓詩外傳原憲楮冠藜杖是也

kuī 蘬

蘬 薺實也從艸歸聲 驅歸切

薺實也者釋草紅蘢古其大者蘬 蒫薺實 舍人云紅名蘢古其大者名蘬 顏注急就篇云薺其實名蒫

bǎo 葆

葆 艸盛皃從艸保聲 博褒切

艸盛皃者通俗文草盛曰蓁生茂曰葆漢書武五子傳頭如蓬葆顏注草叢生曰葆

fán 蕃

蕃 艸茂也從艸番聲 甫煩切

艸茂也者本書䕺豐也引書庶艸繁䕺一切經音義九引書作蕃廡顏注急就篇蕃滋也易坤卦文言天地變化艸木蕃

róng 茸

茸 艸茸茸皃從艸聰省聲 而容切

艸茸茸皃者張衡南都賦阿那蓊茸漢書司馬相如傳叢以蘢茸

jiān 葏

葏 艸皃從艸津聲 子僊切

艸皃者廣韻葏草茂皃出字林集韻云說文引詩葏葏者莪李舟說馥謂舟所見本有引詩之文今闕

cóng 叢

叢 艸叢生皃從艸叢聲 徂紅切

艸叢生皃者集韻類篇引作叢馥謂當作叢叢叢聲相近本書叢聚也釋木灌木叢生又云木族生爲灌顏之推解云族亦叢生也釋魚釋文云叢說文云草眾生也馥案孟子爲叢驅爵者鸇也晉段灼引作藪藪亦眾草叢生之地字又作藂鹽鐵論論誹篇萑葦而有藂言物類之相從也

zào 草

草 草斗櫟實也一曰象斗子從艸早聲 自保切

草斗櫟實也者俗作皁廣雅皁黑也急就篇縹綟綠紈皁紫硟顏注云皁黑色徐鍇曰櫟實可以染帛爲黑色故曰草周禮大司徒山林其植物宜皁物先鄭云皁物柞栗之屬今世閒謂柞實爲皁斗釋木櫟其實梂孫炎曰櫟實橡也郭璞曰有梂彙自裹馥案詩大田既方既皁箋訓方爲房房謂梂也皁即此草詩鴇羽集于苞栩傳云栩杼也陸疏今柞櫟也徐州人謂櫟爲杼或謂之爲栩其子爲皁或言皁斗其殼爲汁可以染皁藝文類聚引詩舊疏云栩今柞殼爲斗可以染皁今俗及河內云杼斗或曰橡斗本草橡實其殼并堪染用一名杼斗槲櫟皆有斗以櫟爲勝圖經云橡實櫟木子也木高二三丈三四月開黃花八九月結實其實爲皁斗 一曰象斗子者玉篇引作樣斗無子字徐鍇本亦無案玉篇樣栩實也橡同上是橡爲樣之俗體寫者從俗作橡校者因本書無橡字改作象本書樣栩

zōu 菆　xù 蓄　chūn 萅

實栩柔也其實皁一曰樣諸書或作橡或作象竟無樣字甚矣順非者多也小爾雅柞之實謂之橡周禮敘官掌染草注云染草藍蒨象斗之屬齊民要術今人呼杼爲橡子儉歲可食豐年牧豬致肥列子說符篇冬日則食橡栗注云音象東觀漢記涫于菾有山田橡樹人有盜取者助爲收拾既乃知是菾橡盜者還橡後漢書李恂傳拾橡實以自資注云橡櫟實也晉庾袞與邑人之山拾橡分夷險序長幼梁書安成康王秀傳橡飯菁羹孔衍在窮記彭城王送橡飯十斛　皁聲者釋名皁早也日未出時早起視物皆黑此色如之也

菆 蔴蒸也從艸取聲一曰蓐也側鳩切

本書棷薪也熜然麻蒸也

蔴蒸也者本書蒸析麻中榦也韻會引徐鍇本作麻五音集韻菆作鄹麻榦也徐鍇韻譜菆麻莖本書廢麻藍也管子地員篇麻之細者如蒸文選西征賦感市閭之菆井李善注引本書同又云菆井即渭城賣麻蒸之市也　一日蓐也者本書蓐蔟也蔟行蠶蓐廣雅蓐謂之菆

蓄 積也從艸畜聲丑六切

積也者本書積聚也廣雅蓄聚也或省作畜內則子婦無私畜月令趣民收斂務畜菜或作稸隸釋衡立碑無儋石之稸

萅 推也從艸從日艸春時生也屯聲昌純切

釋名春蠢也動而生也　春秋說題辭春蠢也蠢興也鄉飲酒義春之爲言蠢也　白虎通春之爲言偆偆動也　三統歷春爲陽中萬物以生　隱元年公羊傳春者何歲之始也何云春者天地開闢之端養生之首法象所出四時本名也

推也者五經通義冬至陽動於下推陰而上之故大寒於上夏至陰動於下推陽而上之故大熱於上故易云日月運行一寒一暑春秋元命苞春者神明推移精華結紐宋均注云神明猶陰陽相推使物精華結成紐要也釋名出推也尚書大傳何以謂之春春出也物之出也廣雅蠢出也本書出象草木益上出達也玉篇春蠢也萬物蠢動而出也考工記注蠢作也出也春讀爲蠢　艸春時生也者尸子春動也是故鳥獸孳萃草木華生萬物咸遂　屯聲者徐鍇曰屯草生之難也故云亦聲馥謂不應有亦字

gū 菰　dào 菿　rù 蓐　hāo 薅

菰 艸多兒從艸狐聲江夏平春有菰亭古狐切

玉篇無此文本書菰義同當因形誤又出此字

菿 艸木倒從艸到聲都盜切

艸木倒者後人亂之廣韻爾雅釋文並引作艸大也本書菽訓艸大蓋菿譌作菽此菿篆文不誤而訓謬

文四百四十五　重三十一

蓐 陳艸復生也從艸辱聲一曰蔟也凡蓐之屬皆從蓐而蜀切

三蒼蓐薦也　宣十二年左傳軍行右轅左追蓐杜云在左者追求草蓐爲宿備正義云蓐謂臥止之草故云爲宿衛也

韓非內儲說縣令有發蓐而席弊甚　國策願得以身試黃泉蓐螻蟻　延篤論爲王作蓐以御螻蟻　後漢書段熲傳未嘗一日蓐寢注云郭璞曰蓐席也又趙岐傳臥蓐七年注云蓐寢蓐也聲類曰蓐薦也　高士傳焦先臥不設席又無草蓐　阿含經沙門皆草蓐爲牀　釋器蓐謂之茲郭云公羊傳曰屬負茲茲者蓐席也馥案周禮圉師掌養馬春除蓐釁廄鄭注蓐馬茲也史記周本紀衛康叔封布茲徐廣曰茲者藉席之名齊太公世家衞康叔布采席索隱云茲是席

陳艸復生也者王觀國日月令秋日其神蓐收者方秋時草已陳而收斂　一曰蔟也者本書蔟行蠶蓐菆蓐也

蓐 籀文蓐從茻

薅 拔去田艸也從蓐好省聲呼毛切

拔去田艸也者徐鍇本無去字玉篇釋文五經文字並無一切經音義十一引作除田艸本書槈薅器也周禮甸師堂帥其屬而耕耨王藉注云耨芸芓也周書大開武解若農之服田務耕而不耨維草其宅之

薅 籀文薅省

mǎng 茻　mù 莫

籒文薅省者當爲古文前言左文五十三大篆從茻蓐從艸故知非籒文

茠 薅或從休詩曰既茠荼蓼

詩曰既茠荼蓼者周頌良耜文彼作以薅荼蓼郭注釋草引詩以茠荼蓼本書疁引漢律疁田茠艸字或作𢬓廣雅𢬓除也又省作休說苑政理篇吾入其境田畞荒穢而不休

文二　重三

茻 衆艸也從四屮凡茻之屬皆從茻讀與冈同 模朗切

衆艸也者經典借莽字玉篇丰艸莽也案本書丰艸蔡也象艸生之散亂也馥謂衆亦散亂意小爾雅莽蕪草也方言莽草也南楚曰莽楚詞九章滔滔孟夏兮草木莽莽哀元年左傳暴骨如莽注云草之生於廣野莽莽然故曰草莽孟子在野曰草莽之臣莊子莽蒼之野離騷夕攬中州之宿莽注云草冬生不死者楚人名之曰宿莽淮南泰族訓倉莽飲水高注莽艸也謝靈運賦披宿莽以迷徑江總詩閑階薙宿莽

讀與冈同者本草莽草一名芮草一切

經音義七茵藥正言茻草有毒出幽州人或擣和食置水中魚皆死浮出取食之無妨也

莫 日且冥也從日在茻中 莫故切　又慕各切

詩雲漢方社不莫釋文云莫本亦作暮 襄十一年左傳其莫晉荀罃至於西郊 定十四年傳吾死莫矣 文王世子及莫又至注云莫夕也 尚書大傳晉平公問於師曠曰吾年七十欲學恐已莫 史記伍子胥傳吾日莫途遠 漢舊儀黃門日莫入對青瑣門名曰夕郎 文選七發烟雲闇莫

日且冥也者纂要日將落曰薄暮案且冥將冥也詩暵其脩矣傳云脩且乾也淮南泰族訓故天之且風草木未動而鳥已翔矣其且雨也陰曀未集而魚已噞矣秦策三國且去又城且拔矣又甘茂亾秦且之齊高誘並云且將也漢書張延壽傳且死分施宗族故舊顏注言將死之時多以財分施也宋書柳元景傳日且暮賊於是奔退廣雅將且也詩方將萬舞將恐將懼鄭箋皆訓且月令數將幾終歲且更始京房易妖魚在水飛入道路兵且作漢書平帝元始四年東風吹屋瓦且盡邛希範有且發漁浦潭詩

從日在茻中者徐鍇本下有茻亦聲三字九經字樣同馥

mǎng 莽　zàng 葬

案茻古讀滿補切與莫聲相近又從本部得聲故曰茻亦聲徐鉉不解刪去三字非是

莽 南昌謂犬善逐兔艸中爲莽從犬從茻茻亦聲 謀朗切

茻亦聲者茻莽古皆讀如媽鈷鉧即鈷鏻

葬 藏也從死在茻中一其中所以薦之易曰古之葬者厚衣之以薪 則浪切

藏也者本書無藏字臧藏聲近釋名葬藏也白虎通葬之爲言下藏也檀弓葬也者藏也藏也者欲人之不得見也春秋說題辭葬从下藏也人生於陰含陽光死入地歸于陰也大戴禮保傳篇身死不葬盧注葬之爲言藏也呂氏春秋節喪篇葬也者藏也葬不可不藏也葬淺則狐貍抇之深則及於水泉論衡譏日篇夫葬藏棺也斂藏尸也初死藏尸於棺少久藏棺於墓東觀漢記符融妻亾貧無殯斂但即土埋藏而已北史高允傳葬者藏也死者不可再見故深藏之禮運故天望而地藏也注云地藏爲葬楚國先賢傳韓暨臨終遺言曰斂以時服葬以土藏兩京記豐

都市掘得古冢土藏無塼甓趙岐別傳將卒先爲壽藏魏武遺令吾衣裳可爲一藏歷官所著綬內藏中皇覽冢墓記牧羊兒亾羊羊入始皇藏中述征記梁孝王冢行一里到藏中晉武帝賜劉寔葬錢詔曰賜錢給作藏入功王隱晉書幽州謠曰幽州城門似藏戶中有伏屍王彭祖

一其中所以薦之者徐鍇本下有茻亦聲三字

易曰古之葬者厚衣之以薪者繫辭文

文四

說文解字弟二義證弟五

曲阜桂馥學

xiǎo 小

小 物之微也從八丨見而八分之凡小之屬皆從小 私兆切

物之微也者微當爲㪅檀弓曾子曰微與注云微猶無也易繫辭其稱名也小其取類也大襄三十一年左傳君子務知大者遠者小人務知小者近者漢書律歷志一黍之廣爲一分分者自三微而成著可分別也從八丨見而八分之者本書初刻無下八字後復旁加焉小字本集韻類篇竝無之戴侗引唐本從八見而八分之馥案本書半物中分也從八從牛牛爲物大可以分也

shǎo 少

少 不多也從小丿聲 書沼切

不多也者史記蘇秦傳素習知蘇秦皆少之禮器禮有以少爲貴者

jié 𡭔

𡭔 少也從小乀聲讀若輟 子結切

少也者本書譚長說沙或从𡭔沙水少沙見

文三

bā 八

八 別也象分別相背之形凡八之屬皆從八 博拔切

尚書大傳堯八眉八眉者如八字者也抱朴子祛惑篇堯眉八采不然也頭甚豎似八字別也者本書柬從八分別也兆從重八八別也象分別相背之形者本書平下云八分也龹下云八分之也公下云八猶背也

fēn 分

分 別也從八從刀刀以分別物也 甫文切

別也者本書別分解也易繫辭物以羣分漢書律歷志分者可分別物也西都賦九市開場貨別隧分

ěr 尒

尒 詞之必然也從入丨八八象气之分散 兒氏切

詞之必然也者徐鍇曰凡稱詞者虛也語气之助也玉篇尒詞之必然也或通作爾文選古詩故人心尚爾李注引字書爾詞之終也檀弓爾毋從從爾爾毋扈扈爾注云爾語助隱二年公羊傳託始焉爾注云焉爾猶於是也六書故爾者如是之合言或借爾字孟子直不百步爾直好世俗之樂爾魏志崔琰傳楊訓發表稱贊功伐琰與訓書曰省表事佳爾太祖怒曰諺言生女爾爾非佳語從入丨入入象气之分散者韻會引徐鍇本從丨八象氣之分散入聲鍇類聚篇云爾者猶云如此也若禮曰鼎鼎爾猶猶爾在句之下故象八而丨左右分今試言爾則口气直出旁四散而盡也

zēng 曾

曾 詞之舒也從八從曰囪聲 昨棱切

詞之舒也者徐鍇曰按詩曰曾是掊克緩气言之故曰舒方言曾何也湘潭之原荆之南鄙謂何爲曾論語曾是以爲孝乎曾爲泰山不如林放乎孟子爾何曾比予於是本書朁曾也釋言憯曾也郭云發語辭見詩疏云衛風河廣云曾不崇朝之類是也詩日月寧不我顧箋云寧猶曾也檀弓喪三年以爲極亡則弗之忘矣注云則之言曾囪聲者囪在江韻與東冬鍾同部周易志應也與以剛中也爲韻班固靈臺詩崇與徵韻漢書敘傳終與登韻馬融長笛賦重與興韻劉楨魯都賦宗與朋韻陳琳武軍賦宮與繩韻皆此例也

shàng 尚

尚 曾也庶幾也從八向聲 時亮切

曾也者李善注謝平原內史表引本書同庶幾也者釋言庶幾尚也詩菀柳不尚息焉大東尚可載也兔爰我生之初尚無爲箋竝云尚庶幾也正義云易云庶幸也幾覬也是庶幾者幸覬之意也書大禹謨爾尚一乃心力顧命尚明時朕言呂荆尚明聽之哉康王之誥尚胥暨顧秦誓尚猷詢茲黃髮又我尚有之傳竝訓尚爲庶幾郊特牲尚日求諸遠者與檀弓尚行夫子之志乎哉大學尚亦有利哉注竝云尚庶幾也文十八年左傳尚無及期昭十三年傳余尚得天下注竝云尚庶幾幽通賦尚越其幾曹大家云庶幾于神道之幾微思元賦尚前良之遺風兮舊注尚庶幾也論衡別通篇孔子之門講習五經五經皆習庶幾之才也吳志張昭傳凡在庶幾之流無不造門晉書王義之傳得漸庶幾

suì 家　zhān 詹　jiè 介　bié 𠔁　gōng 公

家 從意也從八豕聲 徐醉切

從意也者多借遂字文選閒居賦以歌事遂情焉袁陽源詩但營身意遂李善並引聲類遂從意也禮祭義陶陶遂遂如將復入然注云陶陶遂遂相隨行之貌馥案陶釋文音遙本書繇隨從也後漢書杜篤傳梗稻陶遂是也齊策士生乎鄙野推選則祿焉非不尊遂也然而形神不全馥案遂為稱意

詹 多言也從言從八從厃 職廉切

多言也者莊子齊物論大言炎炎小言詹詹

介 畫也從八從人人各有介 古拜切

畫也者本書畫界也韓詩章句介界也易繫辭憂悔吝者存乎介論語今汝畫揚雄光祿勳箴經兆宮室畫為中外廊殿門闥限以禁界

𠔁 分也從重八八別也亦聲孝經說曰故上下有別 兵列切

本書𠔁从此 吳志虞翻傳注云翻奏鄭解尚書違失事目分北三苗北古別字鄭訓北猶別誠可怪也馥謂𠔁北形近易譌虞所見尚書作北

孝經說曰故上下有別者別當為𠔁許沖表云慎又學孝經孔氏古文說古文孝經者孝昭帝時魯國三老所獻建武時議郎衛宏所校皆口傳官無其說漢書藝文志孝經長孫氏說二篇江氏說一篇翼氏說一篇后氏說一篇安昌侯說一篇不載孔氏說故沖云官無其說

公 平分也從八從厶八猶背也韓非曰背厶為公 古紅切

書周官以公滅私 周書太子晉解伯能移善於衆與百姓同謂之公 慎子夫投鉤分財投策分馬非以鉤策為均使得美者不知所以德為惡者不知所以怨此所以塞怨望也故蓍龜所以立公識也權衡所以立公正也書契所以立公信也度量所以立公審也法制禮籍所以立公義也凡立公所以棄私也 楚辭七諫正法弧而不公王注君之正法膠戾不用衆皆背公而向私也 賈誼書道術篇兼覆無私謂之公反公為私 釋名公廣也可廣施也北堂書鈔引韋昭辨釋名云公猶叚正直無私也故公字從八厶注云八音背厶古之私字背私則為公也 朱穆絕交論背公以從之公輕私重後漢書公孫述傳述夢有人語之曰八厶子系十二為期注云說文云厶音私

平分也者東觀漢記耿嵩主稟給莫不稱平馥按陳平分社內云他日宰天下當如此肉矣言治天下以公也 韓非曰背厶為公者五蠹篇古者蒼頡之作書也自環者謂之私背私謂之公公私之相背也乃蒼頡固以知之矣漢官儀今司徒太尉下書州郡文皆稱公蓋蒼頡作書自環者謂之私背私者謂之公環濟要畧爵有五等公者無厶也故文北厶為公宋景文筆記引韓非八厶為公

bì 必　yú 余　yú 叅　biàn 釆

必 分極也從八弋弋亦聲 卑吉切

分極也者論語毋必太元度次八赤后不奪節士之必注云后不可奪堅丹不可奪赤猶節士之必專也 弋亦聲者當依徐鍇本作弋聲

余 語之舒也從八舍省聲 以諸切

漢書外戚傳是邪非邪馥謂余邪聲相近史記歷書歸邪於終注邪音餘司馬相如傳罔落胥餘漢書作胥邪是也

語之舒也者釋天四月為余李巡云四月萬物皆生枝布葉故曰余余舒也孫炎云物之枝葉發舒僖九年左傳小白余敢貪天子之命無下拜杜云余身也正義云齊侯既稱小白而復言余余身釋詁文孫炎曰余舒遲之身也

叅 二余也讀與余同

文十二　重一

釆 辨別也象獸指爪分別也凡釆之屬皆從釆讀若辨 蒲莧切

漢司農劉夫人碑甄釆作此釆字

辨別也者易乾卦問以辨之繫辭辨吉凶者顧歡注辨別也說苑政理篇夫耳聞之不如目見之目見之不如足踐

之足踐之不如手辨之中論覈辨篇辨之爲言別也爲其善分別事類而明處之也周禮冢宰辨方正位注云辨別也小宰弊羣吏之治六曰廉辨注云辨然不疑惑也又聽稱責以傅別注云傅別故書作傅辨大司馬設儀辨位注云辨別也仲尼燕居故長幼辨也注云辨別也玉藻朝辨色始入注云辨猶別也樂記后聲磬磬以立辨史記樂書辨作別學記離經辨志注云辨謂考問得其定也襄二十五年左傳男女辨姓杜云辨別也三十一年傳婉而辨杜云辭婉而旨別哀元年傳蔡人男女以辨杜云辨別也周語言敎必及辨韋云辨別也吳語太夫種進對曰審物則可以戰乎王曰辨韋云辨別也大戴禮禮三本篇所以別積厚者流澤光別史記作辨秦始皇本紀別黑白而定一尊李斯傳別作辨　象獸指爪分別也者五音集韻釆獸縣蹄易剝卦剝牀以辨虞曰指間稱辨　讀若辨者本書蹁讀若苹苹乃釆之誤

古文釆

古文釆者徐鍇本作古文釆同馥謂文當爲𠔁言與小篆同也本書與古文從此作𠔁亦有誤書堯典平章百姓鄭

本作辨馥謂平古文作𠀤與𠔁形近故誤爲平後漢書劉愷傳職在辯章百姓注云尙書曰辯章百姓鄭元注云辯別也

fán 番

番 獸足謂之番從釆田象其掌 附袁切

獸足謂之番者字或作蹯廣雅蹯足也易賁如皤如董遇云馬舉足橫行曰皤鄭康成陸績本作蹯文元年左傳王請食熊蹯而死服虔注蹯熊掌戰國策人有置係蹄者而得虎虎怒跌蹯而去虎之情非不愛其蹯也然而不以環寸之蹯害七尺之軀有權也

番或從足從煩

本書厹下引爾雅狐貍貛貈醜其足蹞其迹厹今爾雅作蹯　呂氏春秋過理篇使宰人臑熊蹯不熟

古文番

漢幽州刺史朱君碑番芳馨魏橫海將軍呂君碑遂番譽兮方表並借爲播字

shěn 宷

宷 悉也知宷諦也從宀從釆 式荏切

悉也者詳也　知宷諦也者諦玉篇廣韻並引作諟本書靜審也李善引晏子美哉水乎清其濁無不宷書金縢乃問諸史與百執事鄭注問者問審然否也

篆文宷從番

篆文宷從番者徐鍇本作從田錯曰言從番字也馥案從番者爲篆文則宷乃篆文之未變古文者

xī 悉

悉 詳盡也從心從釆 息七切

詳盡也者當是詳也盡也通鑑臧質復魏主書省示具悉姦懷注云悉詳也盡也本書勞古文從悉馥謂詳盡則勞勮釋詁悉盡也尚書大傳悉盡也莊二十九年穀梁傳以其用民力爲已悉矣注云悉盡韓策料大王之卒悉之不過三十萬馥謂悉之者言盡其所有

古文悉

shì 釋

釋 解也從釆釆取其分別物也從睪聲 賞職切

解也者本書斁解也小爾雅廣言釋解也書顧命王不懌馬本作不釋云不釋疾不解也詩載芟其耕澤澤箋云澤澤然解散釋文云澤澤音釋釋爾雅作郝音同云耕也郭云言土解也襄二十九年左傳春王正月公在楚釋不朝正於廟也杜云釋解也吳語乃使行人奚斯釋言於齊注云釋解也

文五　重五

bàn 半

半 物中分也從八從牛牛爲物大可以分也凡半之屬皆從半 博慢切

物中分也者本書料從半云量物分半也莊四年公羊傳師喪分焉何注分半也荀子仲尼篇以齊之分奉之而不足注分半也　牛爲物大可以分也者本書徐鉉所加十九文件分也牛大物故可分

pàn 胖

胖 半體肉也一曰廣肉從半從肉半亦聲 普半切

半體肉也者廣韻胖牲之半體廣雅胖半也周禮腊人掌其膴胖內則鵠鴞胖一曰廣肉者大學心廣體胖 從半從肉者徐鍇本作從肉從半 半亦聲者從本部得聲故曰亦聲

pàn 叛

叛 半也從半反聲 薄半切

半也者叛或作胖儀禮夫婦胖合字林胖半也胖合合其半以成夫婦也又借判字周禮媒氏掌萬民之判注云判半也得耦爲合主合其半成夫婦也

文三

niú 牛

牛 大牲也牛件也件事理也象角頭三封尾之形凡牛之屬皆從牛 語求切

相牛經角欲得細身欲得促形欲得如拳大膁疏肋難齡龍頭突目好跳岐胡壽眼去角近行駛眼欲得大眼中有白脈貫童子最快頸骨長且大快壁堂欲得濶倚欲得如絆馬膺庭欲得廣太關欲得成雋骨欲得垂春中央欲得下捶頭欲

得高百體欲得緊蘭株欲得大豐岳欲得大垂星欲得有怒肉力柱欲得大而成懸蹄欲得如八字陰虹屬頭陽鹽欲得廣常有似鳴者有黃也注云岐牽兩腋下分爲三壁堂脚股閉膺庭肵前天關春接骨蘭株尾株豐岳膝株骨垂星蹄上也肉覆蹄閉名怒肉力柱當車骨也陰虹者有雙筋自尾骨屬頸陽鹽者夾尾株前兩腋也

大牲也者本書牛爲大物賈誼書胎教篇牛者中央之牲也 牛件也者本書件從牛分也牛大物故可分 件事理也者徐鍇曰若言物一件二件大則可分也 象角頭三封尾之形也者本書引孔子曰牛羊之字以形舉也徐鍇曰封高起也漢書西域傳罽賓出封牛顏師古曰封牛項上隆起者也東觀記封牛其領上肉墳起若封然因以名之

mǔ 牡

牡 畜父也從牛土聲 莫厚切

畜父也者廣雅牡雄也論語敢用元牡文十二年公羊傳周公用白牡監本作牡后經作牡說苑辨物篇其在獸則牡爲陽而牝爲陰急就篇雄雌牝牡相隨趨顏注飛曰雌雄走曰牝牡詩云雄狐綏綏書稱牝雞無晨亦互言之無

所滯也一切經音義九詩云駉駉牡馬傳曰飛曰雄雌走曰牝牡至於雉鳴求其牡則飛鳥亦有牝牡不但走者也

gāng 犅

犅 特牛也從牛岡聲 古郎切

特牛也者文十二年公羊傳魯公用騂犅或借剛字明堂位周騂剛正義剛牡也

tè 特

特 朴特牛父也從牛寺聲 徒得切

廣雅特雄也 玉篇特牡牛也 急就篇犙犕特犗羔犢駒千字文驢騾犢特 周禮校人凡馬特居四之一又云攻特注云夏通淫之後攻其特爲其蹄齧不可乘用論語鄭注諸侯告朔以羊則天子特牛與 淮南時則訓季春之月乃令犪牛騰馬游牝於牧注云犪牛特牛也 世說新語故是千斤犗特 魏志明帝紀遣使者以特牛祠中獄 志怪集陶侃遭大喪親自營塼有斑特牛專以載致 史記秦本紀文公二十七年伐南山大梓豐大特徐廣注今武都故道有怒特祠圖大牛上生樹木有牛從木中出見於豐水中馥案列異經秦文公伐梓樹樹化爲牛没豐水中秦乃立怒特祠劉孝威青牛畫贊秦山怒特又謝南康王讓牛書秦公怒特是也 太平寰宇記嶺南道特亮縣昔有白牛夜出光影

照郁郵人見牛光號爲特亮

朴特牛父也者楚辭天問焉得夫朴牛王注朴大也又注九章云壯大爲朴

pìn 牝

牝 畜母也從牛匕聲易曰畜牝牛吉 毗忍切

廣雅牝雌也集韻獸雌者牝

畜母也者魏畧時苗爲壽春令所乘牸生一犢及去留其犢吏曰六畜不識父自當隨其母 易曰畜牝牛吉者離卦文王注不可以畜剛猛之物而吉於畜牝牛也

dú 犢

犢 牛子也從牛瀆省聲 徒谷切

月令犧牲駒犢舉書其數

牛子也者釋畜其子犢郭注今青州呼犢爲㸬顏注急就篇牛子曰犢 瀆省聲者當爲賣聲

bèi 牬

牬 二歲牛從牛市聲 博蓋切

sān 犙 sì 牭 jiè 犗 máng 牻 liáng 㹁 lì 犡 tú 𤙣

二歲牛者顔注急就篇同

犙 三歲牛從牛參聲穌含切

三歲牛者顔注急就篇同

牭 四歲牛從牛四四亦聲息利切

四亦聲者當云四聲

貳 籀文牭從貳

犗 騬牛也從牛害聲古拜切

本書羯羊羖犗也廣雅騬犗竝云犍也顔注急就篇犗劇牛也廣韻犗犍牛馥案通俗文以刀去陰曰劇字書犍犗也一切經音義十三犍字書作犍居言反犍犗也犗騬牛也以刀去陰也犗音歌敗反騬自陵反潘岳藉田賦蔥犗服於縹軛

說文解字義證 卷五 九

騬牛也者初學記引作騰騬牛也莊子外物篇五十犗以爲餌釋文郭云犗犍牛也說文云騬牛也後漢書陳忠傳又上除蠶室刑注云蠶室宮刑名也或云犗刑也音奇敗反說文曰犗騬牛也騬音繩

牻 白黑雜毛牛從牛尨聲莫江切

白黑雜毛牛者一切經音義十一牻雜色也說文白黑雜毛牛曰牻也類篇集韻引作牛白黑雜毛

㹁 牻牛也從牛京聲春秋傳曰牻㹁呂張切

春秋傳曰牻㹁者彼作尨涼閔二年左傳今命以時卒閟其事也衣之尨服遠其躬也佩以金玦棄其衷也服以遠之時以閟之尨涼冬殺金寒玦離胡可恃也杜云尨雜也

犡 牛白脊也從牛厲聲洛帶切

厲聲者玉篇從萬本書犡勱皆從萬

𤙣 黃牛虎文從牛余聲讀若塗同都切

luò 犖 liè 㸹 pēng 㹈 piāo 犥 rún 犉 yuè 㸿 jiāng 犟 tāo 㹗 chōu 犨

犖 駁牛也從牛勞省聲呂角切

駁牛也者廣韻駁犖牛雜色上林賦赤瑕駁犖司馬彪曰駁犖采點也

㸹 牛白脊也從牛寽聲力輟切

世說有大牛重千斤噉芻豆十倍於常牛負重致遠曾不若一羸㸹　牛白脊也者廣韻㸹牛白脊出字林

㹈 牛駁如星從牛平聲普耕切

牛駁如星者御覽引作牛文駁如星也

犥 牛黃白色從牛麃聲補嬌切

牛黃白色者五音集韻作牛白蒼色玉篇作牛色不美澤周禮內饔鳥犥色而沙鳴貍注云失色不美澤也釋文犥本又作皫內則作麃色釋文麃本又作皫馥案失色當爲牛色失牛易譌玉篇郎本鄭注

說文解字義證 卷五 十

犉 黃牛黑脣也從牛𦎧聲詩九十其犉如匀切

黃牛黑脣也者釋畜黑脣犉詩良耜殺時犉牡傳云黃牛黑脣曰犉釋畜又云白馬黑脣駩釋文駩孫本作犉云與牛同稱　詩曰九十其犉者小雅無羊文傳云黃牛黑脣曰犉

㸿 白牛也從牛隺聲五角切

白牛也者兟白領牛本書騅馬白領

犟 牛長脊也從牛畺聲居良切

㹗 牛徐行也從牛叜聲讀若滔土刀切

牛徐行也者廣韻㹗牛行遲皃

犨 牛息聲從牛雔聲一曰牛名赤周切

顔讐由疑犨牛春秋郤犨潛夫論氏姓篇作讐

牛

一日牛名者初學記太平御覽竝引作牛鳴晉竇鳴犢字犨漢書古今人表竇犨鳴犢分爲二人史記索隱以竇犨字鳴犢

móu 牟

牟 牛鳴也從牛象其聲气從口出 莫浮切

牛鳴也者本書芈羊鳴也象聲气上出與牟同意僖三十二年左傳柩有聲如牛杜云如牛响聲一切經音義二引本書作牛聲也

chǎn 㹌

㹌 畜牲也從牛產聲 所簡切

畜牲也者小字本作畜牷馥謂牲當爲生本書嘼㹌也乳下云人及鳥生子曰乳獸曰產孅下云畜產疫病也產竝當作㹌後漢書劉寬傳嘗遣蒼頭市酒大醉而還罵曰畜產亦當作㹌桓六年左傳不以畜牲周禮庖人辨六畜之名物鄭注六畜六牲也始養之曰畜將用之曰牲春秋傳曰卜日曰牲馥謂畜所生者用爲牲也

shēng 牲

牲 牛完全從牛生聲 所庚切

牛完全者僖二十二年左傳賓孟見雄雞自斷其尾問之侍者曰自憚其犧也馥謂斷尾則不完全鄭注周禮牧人云牷體完具

quán 牷

牷 牛純色從牛全聲 疾緣切

祭義君召牛納而視之擇其毛而卜之吉然後養之大戴禮曾子天圓篇宗廟曰芻豢山川曰犧牷

牛純色者周禮犬人凡祭祀共犬牲用牷物鄭司農云牷純也又牧人以共祭祀之牲牷注云鄭司農云牷純也元謂牷體完具曲禮天子以犧牛注云犧純毛也書微子今殷民乃攘竊神祇之犧牷牲鄭注犧純毛牷體完具詩甫田與我犧羊箋訓犧爲純色之羊也又閟宮享以騂犧傳云犧純也禮記天子以犧牛諸侯肥牛大夫以索牛鄭注犧純毛也馥案後鄭以犧純色牷完具與先鄭及本書異文十二年公羊傳周公用白牡魯公用騂犅羣公不毛注云不毛不純也山海經西山經皆毛牷用一羊祠之注云牷謂牲體全備也淮南說林訓騂駁不入牲高注犧牲以純色也王觀國曰王荆公說牷字引國語毛以告全今案國語無此文惟禮記曰毛者告全之物也馥案諸說皆與後鄭同桓六年左傳吾牲牷肥腯杜云牲牛羊豕也牷純色完全也杜兼純全二義本書全完也篆文從玉作全純玉曰全亦具完純二義

qiān 牽

牽 引前也從牛象引牛之縻也玄聲 苦堅切

易夬卦牽羊悔亡釋文子夏作掔集韻云牽古作掔撁揚雄羽獵賦掔象犀注云掔拖也 書酒誥肇牽車牛 月令注云丑爲牛牛可牽止也 周禮宰夫飡牽鄭司農云牲牢可牽而行者 僖三十三年左傳唯是脯資餼牽竭矣杜注牽謂牛羊豕正義云牛羊豕可牽行

引前也者廣雅牽引也釋名牽弦也使弦急也周禮牛人共其兵車之牛與其牽徬鄭注牽徬在轅外輓牛也人御之居其前曰牽居其旁曰徬 象引牛之縻也者徐鍇本象上有一字趙宧光曰疐與牽同意謂疐從一牽亦從一 玄聲者畢君以珣曰玄當作叀說文叀從𢆶古文叀作𢆶又疐礙不行也從叀從止引而止之也與牽同意是疐從篆文叀而中有冂牽從古文𢆶而中亦有冂也叀有縶縻之意故惠疐牽皆從之漢唐扶頌揉牽君車字作𤙖于

縻字書牽或作𤚬則非從玄明矣馥案士喪禮握手用玄牢玄亦當爲𢆶

gù 牿

牿 牛馬牢也從牛告聲周書曰今惟淫舍牿牛馬 古屋切

牛馬牢也者淮南齊俗訓牿服馬牛以爲牢史記魯世家無敢傷牿馬牛其風正義牿牛馬牢也令臣無傷其牢恐牛馬逸 周書曰今惟淫舍牿牛馬者費誓文宋本小字本李燾本集韻類篇竝無淫舍二字本書初刻亦無後乃加之

láo 牢

牢 閑養牛馬圈也從牛冬省取其四周帀也 魯刀切

玉篇牢牲備也 詩公劉執豕于牢無羊畢來既升傳云升入牢也 楚策亡羊而補牢未爲遲也 晏子牛馬老於欄牢 墨子天志篇踰人之欄牢竊人牛馬 列子仲尼篇長幼羣聚而爲牢藉注云牢謂牲牢也 竹書穆王十四年作虎牢馥案穆天子傳射鳥獵獸於鄭圃命虞人掠林有虎在於葭中天子將七萃之士捕虎而獻之天子命爲柙畜之東虢是爲虎牢

閑養牛馬圈也者周禮充人掌繫祭祀之牲牷祀五帝則繫於牢注云牢閑也必有閑者防禽獸觸齧曹植求自試表此徒圈牢之養物後漢書東夷傳王令置於豕牢注云牢圈也　冬省取其四周帀也者類篇引作從舟省馥案周正作舟舟本從舟則從舟省者是也牢舟聲相近易林牢與憂韻

chú 犓

犓 以芻莖養牛也從牛芻芻亦聲春秋國語曰犓豢幾何　測愚切

以芻莖養牛也者莖當爲莝文選七發犓牛之腴李善引本書犓以芻莝養圈牛也初學記太平御覽集韻類篇竝引作莝釋名廩犧廩養之也淮南詮言訓菽飼犓牛弗能甘也孟子猶芻豢之悅我口趙注草牲曰芻周禮充人芻之三月注云養牛羊曰芻　芻亦聲者當爲芻聲　春秋國語曰犓豢幾何者楚語文韋注草食曰芻穀食曰豢

rǎo 擾

擾 牛柔謹也從牛夒聲　而沼切

周禮職方氏其畜宜六擾

牛柔謹也者字林同擾柔聲近本書瓔讀若柔廣雅擾柔也馴擾也書皋陶謨擾而毅徐廣曰擾一作柔列子黃帝篇無不柔馴者史記夏本紀劉累學擾龍集解應劭曰擾音柔管子地員篇其木宜擾桑郎柔桑本書虛虎不柔不信也謹俗作㹜玉篇㹜柔也昭二十五年公羊傳且夫牛馬維婁委己者也而柔焉注云柔順夏官服不氏掌養猛獸而教擾之注云擾馴也教習使之馴服東京賦擾澤馬與騰黃楚詞大招宜擾畜只王注擾謹也昭二十九年左傳乃擾畜龍杜注擾順也史記夏本紀學擾龍應劭曰擾馴也能順養得其嗜慾潛夫論志氏姓董父學擾龍以事帝舜賜姓曰董氏曰豢龍封諸鬷川鬷夷彭姓豕韋皆能馴龍者也後漢書張衡傳擾應龍以服輅注云擾馴也

bèi 犕

犕 易曰犕牛乘馬從牛𤰈聲　平祕切

世本胲作服牛注云胲黃帝臣也能駕牛　呂氏春秋勿躬篇王氷作服牛　本書駕籀文作𩣓

易曰犕牛乘馬者繫辭文彼作服牛犕服聲相近史記鄭世家周襄王使伯犕請滑索隱犕音服左氏王使伯服如鄭請滑知伯犕即伯服也後漢書皇甫嵩傳董卓風令御史中丞以下皆拜以屈嵩既而抵手言曰義眞犕未乎注云犕音服說文曰犕牛乘馬犕古服字今河朔人猶有北言切學記引字林犕牛具齒也馥謂本書易曰上當有牛具齒也四字玉篇犕牛八歲也周書文王語太子發曰童牛不服童馬不馳

lí 犂

犂 耕也從牛𥝩聲　郎奚切

耕也者廣雅犂耕也釋名犂利也利則發上絕草根也急就篇疆畔畷陌耒犂鋤顏注犂亦耕具也論語犂牛之子皇氏曰犂謂耕犂也大荒北經稷之孫曰叔均是始作牛耕注云始用牛犂賈誼書春秋篇鄒穆公云百姓飽牛而耕暴背而耘史記律書東至牽牛牽牛者耕殖種萬物也藝文類聚引風俗通牛乃耕農之本漢王景爲廬江長百姓不知牛耕景教以耕犂境遂豐稔魏畧王甫隆爲燉煌太守民不曉作耕甫隆乃教作樓犂省力過半齊民要術引崔寔政論曰武帝以趙過爲搜粟都尉教民耕殖其法三犂共一牛一人將之下種挽樓皆取備焉日種一頃至今三輔猶賴其利今遼東耕牛轅長四尺回轉相妨既用兩牛兩人牽之一人將耕一人下種二人挽樓凡用兩牛六人一日才種二十五畝其懸絕如此敬齋古今黈前漢趙過始用牛耕石林援冄伯牛司馬牛皆名耕以證過以前

非用牛則名字何取以相配乎古蓋耕而不犂後世變爲犂法耦用人犂用牛過特爲之增損其制非用牛自過始周必大日竊疑耕犂起於春秋之閒故孔子有犂牛之言而弟子冄耕亦字伯牛馥案本書耕犂也耕犂義同古詩古墓犂爲田是也後乃以犂名耕具本書樨六义犂是也

fèi 𤚏

𤚏 兩壁耕也從牛非聲一曰覆耕種也讀若匪　非尾切

兩壁耕也者廣雅𤚏耕也本書耒廣五寸爲伐二伐爲耦論語耦而耕考工記匠人二耜爲耦疏云兩人耕爲耦

tāo 㹗

㹗 牛羊無子也從牛𠷎聲讀若糗糧之糗　徒刀切

dǐ 牴

牴 觸也從牛氐聲　都禮切

觸也者廣雅同本書䚡觸也廣韻牴角觸漢書揚雄傳犀兕之牴觸史記李斯傳二世作轂抵優俳之觀應劭曰戰國之時稍增講武之禮以爲戲樂秦更名角抵角者角材也抵相抵觸也或借邸字文選風賦邸華葉而振氣注云邸觸也

wèi 衛

衛 牛踶衛也從牛衛聲 于歲切

牛踶衛也者廣韻踶衛牛展足

qiǎn 堅

堅 牛很不從引也從牛從臤臤亦聲一曰大皃讀若賢 喫善切

牛很不從引也者集韻類篇引作牛很不從牽也廣韻作牛堅很不從牽廣雅堅很也齊民要術牛易牽則易使難牽則難使馥案本書很不聽從也寰宇記昭應縣有很石始皇之葬遠采此石將致之驪山石至此不復動故謂之很石 臤亦聲者當爲臤聲 一曰大貌讀若賢者廣雅賢大也考工記輪人五分其轂之長去一以爲賢注云賢大穿也

kēng 牼

牼 牛厀下骨也從牛巠聲春秋傳曰宋司馬牼字牛 口莖切

牛厀下骨也者相牛經豐岳欲得大注云豐岳厀株骨 春秋傳曰宋司馬牼字牛者昭二十年左傳使少司寇牼以歸

jìn 㸯

㸯 牛舌病也從牛今聲 巨禁切

玉篇或作矜一切經音義二十一云或作矝非 牛舌病也者廣韻㸯牛舌下病

xī 犀

犀 南徼外牛一角在鼻一角在頂似豕從牛尾聲 先稽切

漢書平帝紀黃支國獻犀牛地理志平帝元始中王莽輔政欲燿威德厚遺黃支王令遣使獻生犀牛 淮南地形訓南方之美者有梁山之犀象焉高注有犀角象牙

南徼外牛者韻會引徐鍇本作徼外獸漢書西南夷傳及漢興開蜀故徼顏注西南之徼猶北方之塞也鄧通傳人有告通盜出徼外鑄錢顏注徼猶塞也東北謂之塞西南謂之徼塞者以障塞爲名徼者取徼遮之義也越語今夫差衣水犀之甲者億有三千韋云犀形似豕而大今徼外所送有山犀有水犀水犀之皮有珠甲山犀則無後漢書章帝紀日南徼外蠻夷獻生犀注云劉欣期交州記曰犀其毛如豕蹄有三甲頭如馬有三角鼻上角短額上頭上角長異物志曰角中特有光燿白理如線自本達末則爲通天犀傳咸犀鉤銘獸曰元犀處自林麓食惟棘束體兼五肉或有神異表靈以角含精吐烈望如華燭置之荒野禽獸莫觸急就篇豹狐距虛豺犀兕顏注犀黑色似水牛而豬頭大鼻庳脚脚有三蹄其頂額及鼻凡有三角亦有一角者善食棘刺海內南經狌狌西北有犀牛其狀如牛而黑光錄地理志武陵沅南縣以南皆有犀 一角在鼻一角在頂者漢書司馬相如傳窮奇象犀顏注犀一角在鼻一角在額前嶺表錄異犀二角一在額上爲兕犀一在鼻上差小爲胡帽犀交州記犀有二角鼻上角長額上角短或曰三角者水犀也二角者山犀也在頂者謂之頂犀在鼻者謂之鼻犀寰宇記犀牛有角在額上其鼻上又有一角范子計然犀角出南郡元和志辰州貢犀角本草犀角生永昌山谷及益州陶云今出武陵交州寧州諸遠山犀有二角以額上者爲勝又有通天犀角上有白縷直上至端夜露不濡入藥至神驗或云此是水犀角出水中漢

書所云駭雞犀者以置米中飼雞皆驚駭不敢啄又置屋上鳥不敢集抱朴子登涉篇通天犀角有一赤理如綖自本徹末以角盛米置羣雞中雞欲啄之未至數寸卽驚却退故南人或名通天犀爲駭雞犀以此犀角著穀積上百鳥不敢集大霧重露之夜以置中庭終不沾濡也此犀獸在深山中晦冥之夕其光正赫然如炬火也以其角爲導毒藥爲湯以此導攪之皆生白沫湧起則了無復勢也通天犀所以能殺毒者其爲獸專食百草之有毒者及衆木有刺棘者不妄食柔滑之草木也楚詞九歎弃雞駭於筐簏注云雞駭文犀也言弃文犀之角置於筐簏而不佩帶蔽其美質失其性也戰國策楚獻雞駭之犀於秦孝經援神契神靈滋液則犀駭雞宋衷注曰角有光雞見而駭也王粲游海賦羣犀代角巨象解齒劉孝標言犀墮角埋之梁祚魏國統云西南夷有異犀三角或時解脫則藏於深密之處不欲令人見 似豕者釋獸犀似豕郭璞犀贊犀之爲狀形兼牛豕 南州異物志犀頭似豪豬

rèn 牣

牣 牣滿也從牛刃聲詩曰於牣魚躍 而震切

牣滿也者小爾雅廣詁同廣雅充牣滿也赭白馬賦知函夏之充牣子虛賦充牣其中蘇林曰充牣喻多也如淳曰

切滿也晉諸公贊郭展爲太僕留心養生是以廄馬充牣
上林賦虛宮館而勿牣郭璞曰虛言不聚人衆其中也牣
滿也詩曰於牣魚躍者
大雅靈臺文傳云牣滿也

wù 物

物 萬物也牛爲大物天地之數起於牽牛故從牛勿聲 文弗切

萬物也者凡生天地之閒皆物也易繫辭知周乎萬物荀
爽云二篇之冊萬有一千五百二十當萬物之數 牛爲
大物者本書件從牛云牛大物 天地之數起於牽牛者
河圖括地象天左動起於牽牛尚書考靈曜甲子冬至日
月五星皆起於牽牛若編珠星備云五星初起牽牛周書
周月解維一月旣南至昏昴畢見日短極基踐長微陽動
於黃泉陰慘於萬物是月斗柄建子始昏北指陽氣虧草
木萌蕩日月起於牽牛之初右回而行月周天進一次而
與日合宿日行月一次周天歷會於十有二辰終則復始
是謂日月權輿朱震曰天地之正四時之極不易之道夏
數得天百王所同書所謂日月俱起於牽牛之初郎太
初歷十一月朔旦冬至日月如合璧五星如連珠也

說文解字義證　卷五　七

xī 犧

犧 宗廟之牲也從牛義聲賈侍中說此非古字 許羈切

宗廟之牲也者僖二十九年左傳介葛盧聞牛鳴曰是生
三犧皆用之矣韋昭辨釋名云釋名犧犧戲也犧養之
也辨云六牲取其純毛者別養之以奉祭祀少故名犧犧
稀也齊職儀犧令周牧人之職也掌六牲陽祀用騂陰
祀用黝取純毛者 賈侍中說者賈逵字景伯
扶風人官侍中許公受學於逵故稱官而不名

文四十五　重一

máo 犛

犛 西南夷長髦牛也從牛𠩺聲凡犛之屬皆從犛 里之切

漢驪軒縣張
騫傳作犛軒
西南夷長髦牛也者西南夷卽徼外髦旣夕禮馬不齊髦
是也集韻犛羌中牛名李登說又云犛牛名黑色出西南
徼外張揖說楚語巴浦之犀犛兕象韋云犛犛牛也史記
封禪書殺一狸牛以爲俎豆牢具韋昭讀狸爲犛漢書郊
祀志作犛牛後漢書班固傳頓犀犛注云犛牛黑色出西
南徼外唐書吐蕃傳其宴大賓客必驅犛牛使客自射乃
敢饋孔甯子犛牛賦雚兹獸之攸生亦樓遐而憑阻遁緜
野於岷隅挹淸源於庸渚奔逸躅而倫衿載賁首而亂拧
昔長氂之枲鬣戾根情而首鼠邁羔羊之如膏作蜉蝣之
楚楚旣作表於禮樂又爲容於軍旅馥案禹貢正義誤以
旄牛爲犛牛今據諸書附辨於下漢書司馬相如傳其獸
則庸旄貘犛張揖曰旄旄牛其狀如牛而四節生毛犛牛
黑色出西南徼外顏注旄牛卽今所謂偏牛者也犛牛卽
今之貓牛者也索隱犛音貍或以爲貓牛毛可爲罽是也
一切經音義六今隴西出犛牛經文作貓非經義也馥謂
經所謂貓牛正犛牛也中次八經荊山其中多犛牛郭注
旄牛屬也黑色出西南徼外也馥案張揖顏師古以旄牛
犛牛爲二物郭璞以犛牛爲旄牛屬是旄牛非犛牛矣鄭
注周禮樂師旄舞云旄舞者犛牛之尾又注旄人云旄旄
牛尾是鄭亦分爲二矣旄牛者獵牛也釋畜獵牛郭云旄
牛也髀膝尾皆有長毛北山經潘侯之山有獸焉其狀如
牛而四節生毛名曰旄牛郭注今旄牛背膝及胡尾皆有
長毛廣志獵牛旄牛也髀膝尾閒皆有毛後漢書西南夷
傳旄牛無角一名童牛肉重千斤毛可爲眊書牧誓右秉
白旄以麾釋文馬云白旄旄牛尾周禮夏采注綏以旄牛
尾爲之綴於橦上所謂注旄於干首者樂記及干戚羽旄

說文解字義證　卷五　六

謂之樂注云旄旄牛尾也襄十年左傳王頼之而賜之騂
旄之盟杜注騂旄赤牛也定四年傳晉人假羽旄於鄭正
義云有五色鳥羽又有旄牛尾也晉語羽旄齒革則君地
生焉韋云旄旄牛尾也莊子逍遙遊篇今夫斄牛其大若
垂天之雲司馬云旄牛荀子王制篇西海則有皮革文旄
焉注云旄旄牛尾文旄謂染之爲文彩者也水東日記莊
浪屬環雪山之地產毛牛毛雜黑白二色長甚凡軍中紅
黑纓皆用之紅卽茜染白毛也古文苑蜀都賦其旁則有
期牛兕旄注云旄牛尾可爲旄秦嘉婦與嘉書今奉旄牛
尾拂一枚可拂塵垢史記正義案西南夷常貢旄牛尾爲
旌旗之飾書詩通謂之旄故尙書云右秉白旄詩云建旐
設旄皆此牛也馥謂以上諸說皆言旄牛非犛牛也旄牛
大犛牛小犛牛黑色旄牛黑白二色此其別也犛里之切
小字本改爲莫交切案羽獵賦拕蒼狶跋犀犛蹶浮麋犛
與狶麋爲韻漢書張騫傳扺犛靬顏注犛靬大秦國張掖
驪靬縣葢取此國爲名驪犛聲相近小字本莫交之音葢
與下氂字
音互誤

lí 氂

氂 氂牛尾也從犛省從毛 莫交切

lái 斄

氂牛尾也者小字本徐鍇本及韻譜玉篇廣韻竝作犛牛尾顏注郊祀志犛牛西南夷長尾髦之牛也周禮樂師有旄舞注云旄舞者犛牛之尾也續漢書輿服志左纛以犛牛尾爲之大如斗宋書犛牛尾大如斗置左騑馬軛上所謂左纛也馮衍與田邑書今以一節之任建三軍之威豈特寵其八尺之竹犛牛之尾也談苑云犛牛出西域尾長中國以爲纓人或射之自斷其尾爾雅翼犛牛護尾特甚性至麤梗難制然草木鉤其尾則止不動解乃得去今欲取其尾者使人歌於前弭然乃可取矣唐書南詔傳韄鞶皆插貓牛尾隋書党項傳織犛牛尾及羖攊毛以爲屋通典雲中郡貢黑犛牛尾二斤元和郡縣志當州貢犛牛尾唐書地理志雲中郡臨翼郡維川郡歸誠郡靜川郡天寶郡貢犛牛尾　從毛者當云毛聲

斄　彊曲毛可以箸起衣從犛省來聲　洛哀切

彊曲毛可以箸起衣者集韻氂毛之彊曲者李登說馥案諸書犛氂斄互誤爾雅翼引字書斄彊曲尾可以箸起衣漢書劉屈氂當作此斄王莽傳以氂裝衣顏注毛之强曲者曰氂以裝褚衣中令其張起也氂音力之反字或作斄

音義同東宮舊事太子納妃有豬斄刷馥謂毛彊故可作刷彊曲卽屈彊緜無力故漢書云緜力薄材毛彊有力故可以箸起衣箸讀旣夕禮茵箸用荼之箸王覺九經明音箸者以緜裝衣之謂論語注緼枲箸也士喪禮經裏箸注云著充之以絮也玉藻帛爲褶注云有表裏而無著又云纊爲繭緼爲袍注云衣有著之異名也韓詩子路曰曾子褐衣緼緒未嘗完篇海緒緜絮裝衣又案豪氂卽此斄古讀來聲近犛禮記經解差若豪氂釋文云氂徐音來易通卦驗差以豪氂注云氂馬尾賈誼書六術篇十毫爲髮十髮爲氂十氂爲分十分爲寸十寸爲尺史記蘇秦傳毫氂不伐漢書律歷志度長短者不失豪氂文三王傳毛氂過失亾不暴陳五行志天雨白氂顏注凡言氂者毛之强曲者也音力之反一切經音義三豪氂古文斄㯕二形今作耗同力之反漢書不失豪氂孟康注豪兔豪也十豪曰氂今皆作釐亦由古字通用也然非字體馥案周生烈曰銖兩所以平者豪釐平也淮南主術訓是故審豪釐之計者必遺天下之大數漢書東方朔傳失之豪釐差以千里皆借釐字後漢書岑彭傳輿人歌曰狗吠不驚足下生氂注云氂長毛也案此歌氂與災時茲爲韻知作此斄

斄　古文斄省

文三　重一

gào 告

告　牛觸人角箸橫木所以告人也從口從牛易曰僮牛之告凡告之屬皆從告　古奧切

牛觸人角箸橫木所以告人也者本書衡牛觸橫大木其角埤雅雜令曰蹄人者絆其足齧人者截其耳此謂犬馬之弗馴者宜示幖幟曉人也說文曰告牛觸人角箸橫木所以告人其來尚矣　易曰僮牛之告者大畜六四文僮彼作童告彼作牿九家作告虞翻云坤爲牛告謂以木楅其角大畜畜物之家惡其觸害艮爲手爲小木巽爲繩繩縛小木橫著牛角故曰童牛之告鄭氏易作梏謂施梏於前足鄭志冷剛問大畜六四童牛之梏元吉注巽爲木互體震震爲牛之足足在艮艮之體爲手持木以就足是施梏又蒙初六注云木在足曰桎在手曰梏今大畜六四施梏於足不審桎梏手足定有別否荅曰牛無手以前足當之馥案鄭說各有師授非本書義

kù 嚳

嚳　急告之甚也從告學省聲　苦沃切

急告之甚也者嚳告聲相近一切經音義十二引作急也告之甚也經典借告字易蒙卦瀆則不告書西伯戡黎奔告於王詩公尸嘉告又何以告之楚辭九章道思作頌聊以自救兮憂心不遂斯言誰告兮九思思怫鬱兮肝切剝忿悁悒兮孰訴告

文二

kǒu 口

口　人所以言食也象形凡口之屬皆從口　苦后切

人所以言食也者本書舌在口所以言也別味也詩正月好言自口莠言自口急就篇鼻口脣舌齗牙齒顏注口所以言食也白帖周生烈曰口者言之門鬼谷子權篇故口者機關也所以關閉情意也又古人有言曰口可以食不可以言者有諱忌也七修類稿天食人以五氣五氣由鼻入鼻通天氣也地食人以五味五味由口入口通地氣也天陽有餘故鼻竅未嘗閉地陰不足故口嘗閉必因言語飲食而後開也

jiào 噭

噭 叫也從口敫聲一曰噭呼也古弔切

叫也者本書無叫字玉篇叫牛鳴也　一曰噭呼也者噭當從敫呼當爲嘑本書楚謂兒泣不止曰噭咷曲禮毋噭應注云噭號呼之聲也

zhòu 噣

噣 喙也從口蜀聲陟救切

喙也者廣雅噣口也玉篇引詩不濡其噣詩嘒彼小星三五在東傳云五噣正義云元命苞云柳五星天文志曰柳謂鳥喙以其爲鳥星之口故謂之喙詩韓奕傳云厄烏噣也史記趙世家中衍人面鳥噣楚世家射噣鳥於東海索隱噣音晝謂大鳥之有鉤喙者

huì 喙

喙 口也從口彖聲許穢切

口也者廣雅同通俗文獸口曰喙玉篇引左氏傳深目而豭喙洞簫賦垂喙蛩轉漢書地理志左馮翊谷口莽曰谷喙　彖聲者一切經音義十一字從口彖聲彖音他亂反馥謂當作彖聲彖音式視切

說文解字義證　卷五　三

wěn 吻

吻 口邊也從口勿聲武粉切

口邊也者一切經音義四引蒼頡篇吻脣兩邊也謂口際邊也考工記梓人銳喙決吻鄭注吻口腃也

脗 吻或從肉從昏

lóng 嚨

嚨 喉也從口龍聲盧紅切

喉也者釋鳥亢鳥嚨郭云嚨謂喉嚨史記天官書頸爲員官索隱云案宋均云員官嚨喉也

hóu 喉

喉 咽也從口矦聲乎鉤切

咽也者蒼頡篇同御覽引作嚨也物理論咽喉生之要孔素問喉主天氣咽主地氣急就篇胂腴胷脇喉咽髃顏注喉即喉嚨

kuài 噲

噲 咽也從口會聲讀若快一曰嚵噲也苦夬切

咽也者一切經音義十四引字林同　讀若快者一切經音義五引三蒼噲亦快字也詩小雅噲噲其正箋云噲噲猶快快也　一曰嚵噲也者本書嚵喙也

tūn 吞

吞 咽也從口天聲土根切

咽也者廣雅同釋名咽咽物也顏注急就篇咽所以吞咽物也一切經音義二咽吞也隱三年穀梁傳注其所吞咽者壤入於內孟子三咽俗作嚥廣韻嚥吞也咽同

yān 咽

咽 嗌也從口因聲烏前切

嗌也者莊子庚桑楚篇終日嘷而嗌不嗄釋文嗌崔云喉也司馬云咽也北山經白鵺食之已嗌痛注云嗌咽也今吳人呼咽爲嗌戰國策頓子曰韓天下之咽喉漢書息夫躬傳躬仰天大謼因僵仆吏就問云咽已絕顏注咽喉嚨武五子傳我嗌痛不能哭顏注嗌喉咽也後漢書華佗傳有病咽塞者注云咽喉也禮記深衣疏云古者方領似今擁咽

yì 嗌

嗌 咽也從口益聲伊昔切

咽也者廣雅同莊子大宗師屈服者其嗌言若哇列子湯問篇使我嗌疾而腰急注云嗌喉上也昭十九年穀梁傳嗌不容粒釋文嗌喉也新序節士篇許悼公太子啜餰粥嗌不容粒列女傳楚子發母傳甘不踰嗌郭注釋獸江東名咽爲齸齸者齸食之所在

說文解字義證　卷五　三

𦥷 籀文嗌上象口下象頸脈理也

上象口者鐘鼎文作㶣本書䦌下云𦥷籀文嗌字䦌乃嗌之譌漢書百官公卿表𦥷作朕虞應劭曰𦥷伯益也顏注𦥷古益字也馥案䦌下五字徐鍇所加徐鍇本無馥疑𦥷有闕筆單作𦥷則是益非嗌矣䦌本從益非從嗌

yǔn 喗

喗 大口也從口軍聲牛殞切

大口也者集韻喗口大齒醜貌昭二十六年左傳有君子白皙鬒鬚眉甚口正義云甚口謂大口也

chǐ 哆

哆 張口也從口多聲丁可切

張口也者詩巷伯哆兮侈兮傳云哆大貌釋文引本書同本書魠哆口魚也淮南修務訓啳睽哆噅史記仲尼弟子

列傳漆雕啓字子斂蓋進名退字之義

gū 呱

呱 小兒嗁聲從口瓜聲詩曰后稷呱矣 古乎切

小兒嗁聲者字林呱子啼聲也書啓呱呱而泣法言寡見篇呱呱之子各識其親 詩曰后稷呱矣者大雅生民文傳云呱呱然而泣

jiū 啾

啾 小兒聲也從口秋聲 即由切

huáng 喤

喤 小兒聲從口皇聲詩曰其泣喤喤 乎光切

小兒聲者玉篇喤小兒啼聲 詩曰其泣喤喤者小雅斯干文釋文喤喤聲也

xuǎn 咺

咺 朝鮮謂兒泣不止曰咺從口宣省聲 況晚切

朝鮮謂兒泣不止曰咺者方言咺痛也凡哀泣而不止曰咺燕之北鄙朝鮮洌水之閒少兒泣而不止曰咺注云少兒猶言小兒

qiàng 唴

唴 秦晉謂兒泣不止曰唴從口羌聲 丘尚切

秦晉謂兒泣不止曰唴者方言自關而西秦晉之閒凡大人少兒泣而不止謂之唴

táo 咷

咷 楚謂兒泣不止曰噭咷從口兆聲 徒刀切

楚謂兒泣不止曰噭咷者方言楚謂之噭咷廣韻咷叫咷楚聲易同人先號咷而後笑冀州從事郭君碑卜商號咷楚詞九思聲噭誂兮清和

yīn 喑

喑 宋齊謂兒泣不止曰喑從口音聲 於今切

宋齊謂兒泣不止曰喑者方言齊宋之閒謂之喑

yì 㘈

㘈 小兒有知也從口疑聲詩曰克岐克㘈 魚力切

小兒有知也者易林嬰兒孩子未有知識洪武正韻孩者小兒將學語時能鼓頷也太元唫次三貌不交口唭㘈唫無辭注云唭㘈有聲而無辭也 詩曰克岐克㘈者大雅生民文彼作嶷傳云嶷識也箋云嶷嶷然有所識別也釋文引本書同

hái 咳

咳 小兒笑也從口亥聲 戶來切

顏氏家訓教子篇子生咳[口是]師保固明仁智禮義導習之矣一切經音義六咳嬰咳 漢淳于長夏承碑咳孤憒泣作此咳字

小兒笑也者詩角弓釋文一切經音義九引本書並同禮內則欽有帥父執子之右手咳而名之詩角弓正義云謂指其頤下令之笑而爲之名史記扁鵲傳曾不可以告咳嬰之兒注咳嬰言嬰兒初知笑者昭十九年傳札瘥夭昏注云未名曰昏正義云子生三月父名之未名之曰昏謂未三月而死也

孩 古文咳從子

本書趯讀若小兒孩 內則咳而名之釋文作孩 尚書我舊云刻子史記作孩子 論衡本性篇微子曰我舊云孩子王子不出紂爲孩子之時微子睹其不善之性性惡不出衆庶 老子聖人皆孩之釋文云王弼作咳 莊子天運篇民

孕婦十月生子子生五月而能言不至乎孩而始誰釋文云說文云孩笑也 孟子孩提之童趙注孩提謂二三歲之閒知孩笑可提抱者也 詩角弓傳云孩童慢之

xián 嗛

嗛 口有所銜也從口兼聲 戶監切

口有所銜也者釋名銜在口中之言也玉篇引淮南子至味不嗛嗛銜也廣韻嗛猿藏食處王延壽王孫賦儲糧食于兩頰釋獸寓鼠曰嗛郭云頰裏貯食處夏小正正月田鼠出田鼠者嗛鼠也史記外戚世家景帝心嗛之漢書作銜又大宛傳烏嗛肉蜚其上

jǔ 咀

咀 含味也從口且聲 慈呂切

含味也者通俗文咀嚼也釋名咀藉也以藉齒牙也一切經音義六字林作齟說文作咀含味也蒼頡篇咀嚼也上林賦咀嚼菱藕

chuò 啜

啜 嘗也從口叕聲一曰喙也 昌說切

嘗也者，廣雅同。釋名：啜，絕也，作啜而絕於口也。釋言：啜，茹也。郭云：啜者，拾食。釋文引本書同。文選七發「一啜而散」，李善引本書同。檀弓「啜菽飲水」，荀子作嚽。一曰喙也者，廣雅：喙，息也。左傳引詩「昆夷喙矣」，本書引詩作呬。

jí 㗱

㗱　噍也。從口集聲。讀若集。 子入切

噍也者，一切經音義十五引作噍貌也。

jì 嚌

嚌　嘗也。從口齊聲。周書曰：大保受同祭嚌。 在詣切

嘗也者，廣雅同。鄉飲酒禮「嚌之」，注云：嚌，嘗也。雜記「主人之酢也嚌之」，注云：嚌，嘗也。嚌至齒。東觀漢記：門下掾爲太守上壽，吳良以爲諂佞，太守遂不嚌觴。書曰大保受同祭嚌者，顧命文。傳云：既祭受福，嚌至齒。正義云：啐入口，是嚌至於齒，示飲而實不飲也。

jiào 噍

噍　齧也。從口焦聲。 才肖切

齧也者，本書⿰齒尃，噍堅也。一切經音義一引蒼頡篇：噍，咀嚼也。卷六引通俗文：咀嚼曰嚼。字林：嚼，咀齧也。釋名：嚼，削也，稍削也。漢書高帝紀「襄城無噍類」，如淳曰：無復有活而噍食者也。

嚼　噍或從爵。 又才爵反

shǔn 吮

吮　敕也。從口允聲。 徂沇切

敕也者，本書：敕，吮也。又㵄，一曰吮也。釋名：吮，循也，不絕口，稍引滋汋，循咽而下也。史記吳起傳：卒有病疽者，起爲吮之。馥案：曹全碑「興師征討，有兖膿之仁」，借兖字。漢書佞幸傳：文帝病癰，鄧通爲敕吮之。三國典畧：柳逞母乳關發疽，醫云須人吮穢，逞卽吮。

shuì 啐

啐　小歠也。從口卒聲。讀若㕞。 所劣切

小歠也者，經典借啐字。士冠禮「啐醴」。雜記「衆賓兄弟則皆啐之」，注云：啐，嘗也。廣韻：啐，送酒聲。集韻：啐，小歠，又少飲酒也。讀若㕞者，類篇：唰，小嘗也。

chán 嚵

嚵　小啐也。從口毚聲。一曰喙也。 士咸切

小啐也者，廣雅：嚵，嘗也。集韻：嚵，小飲。一曰喙也者，說見啜下。

shì 噬

噬　啗也，喙也。從口筮聲。 時制切

啗也者，字林同。喙也者，說見啜下。

dàn 啗

啗　食也。從口臽聲。讀與含同。 徒濫切

食也者，爾雅釋文：啗，說文云噍也。廣雅云：食也。案本書：啖，噍啖也。釋文所引當是啖字。風賦「啗齰嗽獲」，李善引本書同。漢書霍光傳「與從官飲啗」，顏注：啗，食也。又王吉傳「吉婦取棗以啖吉」。廣韻：啖與啗同。晉語「主孟啗我」，韋云：啗，啖也。史記項羽本紀：樊噲覆其盾於地，加彘肩，拔劍切而啗之。滑稽傳：啗以棗脯。樂毅傳：令趙嚪秦以伐齊之利。索隱：嚪音田濫反，字與啗同。馥案：又或作噉。本書：啖，一曰噉。後漢書安帝紀：更相噉食。

jī 嘰

嘰　小食也。從口幾聲。 居衣切

小食也者，本書：鎌，嘰也。史記司馬相如傳「噍咀芝英兮嘰瓊華」，徐廣曰：嘰，小食也。

bó 噂

噂　噍貌。從口尃聲。 補各切

噍貌者，本書：⿰齒尃，噍堅也。

hán 含

含　嗛也。從口今聲。 胡男切

嗛也者，廣韻引作銜也，徐鍇本亦作銜。釋名：含，合也，合口而停之也。莊子馬蹄篇「含哺而熙」。月令「羞以含桃」，釋文云：鸎鳥所含。

bǔ 哺

哺　哺咀也。從口甫聲。 薄故切

小爾雅：純黑而反哺者謂之烏。哺咀也者，爾雅釋文引作口中嚼食也。馥謂哺咀當爲噂咀。一切經音義一引淮南子「含哺而與」，許叔重曰：口中嚼食也。字林：哺咀，食也。漢書賈誼傳「抱哺其子」，顏注：哺，飤也。匈奴傳「稚子咽哺」，顏注：哺謂所食在口者也。

wèi 味

味　滋味也。從口未聲。 無沸切

滋味也者本書未味也六月滋味也玉篇五味金辛木酸水鹹火苦土甘王制五味異和仲尼燕居味得其時注味酸苦之屬孟子口之於味有同嗜也

hù 嚛

嚛 食辛嚛也從口樂聲 火沃切

食辛嚛也者本書受辛宜辠之又云金剛味辛辛痛即泣出玉篇引伊尹曰酸而不嚛

zhuó 窡

窡 口滿食從口竅聲 丁滑切

口滿食者或借啜字孟子徒餔啜也

yī 噫

噫 飽食息也從口意聲 於介切

飽食息也者一切經音義十四引作飽出息也玉篇同內則不敢噦噫檀弓曰噫毋注云噫不寤之聲案噫悟解氣也飽食則不寤范成大曰今邕管溪洞及沿海喜鼻飲既飲必噫氣字或作餩廣韻餩通食氣也

tān 嘽

嘽 喘息也一曰喜也從口單聲詩曰嘽嘽駱馬 他干切

喘息也者方言宋衞之閒凡怒而噎噫謂之脅閱南楚江湘之閒謂之嘽咺　一曰喜也者詩崧高徒御嘽嘽傳云嘽嘽喜樂也　詩曰嘽嘽駱馬者小雅四牡文傳云嘽嘽喘息之貌馬勞則喘息本書痑下引詩痑痑駱馬

tuò 唾

唾 口液也從口垂聲 湯臥切

曲禮讓食不唾　內則不敢唾洟　僖三十三年左傳不顧而唾　莊子秋水篇子不見夫唾者乎噴則大者如珠小者如霧雜而下者不可勝數也

口液也者三蒼涎小兒唾也養生經軍營之中有甘泉注云軍營口也甘泉唾也

涶 唾或從水

yí 咦

咦 南陽謂大呼曰咦從口夷聲 以之切

xì 呬

呬 東夷謂息爲呬從口四聲詩曰犬夷呬矣 虛器切

東夷謂息爲呬者東夷方言作東齊釋詁呬息也郭云今東齊呼息爲呬也詩緜樂民之攸塈傳云塈息也正義云釋詁云呬息也某氏曰詩云民之攸塈郭云今東齊呼息爲呬則塈與呬古今字也後漢書張衡傳呬河林之蓁蓁兮注云爾雅曰呬息也　詩曰犬夷呬矣者大雅緜篇作混夷駾矣本書駾下引詩昆夷駾矣左傳引詩畎夷喙矣廣韻引作昆夷𤸱矣案廣雅𤸱息也𤸱極也方言𤸱傷也又云𤸱極也晉語余病喙矣韋云喙短氣貌馥謂喙𤸱𤸱皆言困極而息也詩皇矣串夷載路箋云串夷即混夷西戎國名也正義云書傳作畎夷或作犬夷

chuǎn 喘

喘 疾息也從口耑聲 昌沇切

疾息也者本書欶口气引也息喘也廣雅喘息也釋名喘湍也湍疾也氣出入湍疾也史記倉公傳令人喘逆氣不能食入十一難經喘咳張世賢注云肺主氣邪居肺則氣不順而作喘咳漢書王莽傳匈喘膚汗內吉傳牛喘吐舌

hū 呼

呼 外息也從口乎聲 荒烏切

外息也者字林同一切經音義七氣息出日呼

xī 吸

吸 內息也從口及聲 許及切

內息也者一切經音義九云說文吸內息也謂氣息入也亦引也謂引氣息入也玉篇引詩云載吸其舌吸引也馥案今詩作翕箋云翕猶引也

xū 噓

噓 吹也從口虛聲 朽居切

吹也者莊子齊物論仰天而噓文選七命六馬噓天而仰秣李善引本書噓吹噓聲類出氣急曰吹緩曰噓馥案經典借呼字檀弓曾子聞之瞿然曰呼注云呼虛憊聲釋文呼音虛吹氣聲也

chuī 吹

吹 噓也從口從欠 昌垂切

噓也者老子或呴或吹莊子逍遙游野馬也塵埃也生物之以息相吹也荀子仲尼篇可炊而傹也楊注炊與吹同言可以氣吹之而僵仆

kuì 喟

喟 大息也從口胃聲 邱貴切

大息也者釋詁嘳息也郭云氣息貌釋文云嘳字林以爲喟郭音苦槩反靈樞經皇帝曰人之大息者何氣使然岐

伯曰憂思則心系急心系急則氣道約約則不利故大息以伸出之論語顏淵喟然嘆何晏曰喟然歎聲也離騷喟憑心而歷茲王注喟嘆貌也漢書高帝紀喟然大息顏注喟歎息貌大息言其歎息之大賈誼傳可爲長大息者六後漢書杜篤傳喟然以思注云喟歎聲

嘳 喟或從貴

或從貴者爾雅釋文喟又作嘳五音集韻引字林嘳息也憐也方言嘳憐也沅澧之原凡言相憐哀謂之嘳舞賦嘳息激昂李善引本書嘳大息也嘳與喟同

tūn 啍

啍 口气也從口𦎫聲詩曰大車啍啍 他昆切

口气也者口下當有出字五音集韻啍气出貌　詩曰大車啍啍者王風大車文傳云啍啍重遲之貌

tì 嚏

嚏 悟解气也從口疐聲詩曰願言則嚏 都計切

悟解气也者本書欠張口气悟也檀弓注云噎不寤之聲其字作廗一切經音義十引蒼頡篇嚏噴鼻也廣韻鼻氣

也增韻悟解氣噴鼻也關通則嚏釋名嚏𨅞也聲作𨅞而出也月令季秋行夏令民多鼽嚏八十一難經假令得肺脈其外證面白善嚏靈樞經黃帝曰人之嚏者何氣使然岐伯曰陽氣和利滿於心出於鼻故嚏梁書孫謙傳刺鼻不知嚏　詩曰願言則嚏者邶風終風文箋云嚏讀當爲不敢嚏咳之嚏今俗人嚏云人道我此古之遺語也

zhì ⿰口質

⿰口質 野人之言從口質聲 之日切

野人之言者本書序怪舊埶而善野言論語質勝文則野又云先進於禮樂野人也又云君子質而已矣何以文爲孟子齊東野人之語也

jìn 唫

唫 口急也從口金聲 巨錦切又牛音切

口急也者俗言口關緊也素問呿唫之微注云呿開口唫閉口太元萬物各唫注云唫陰陽唫閉故曰唫後漢書梁冀傳口吟舌言吟當爲唫謂口緊語吃

jìn 噤

噤 口閉也從口禁聲 巨禁切

口閉也者通俗文口不開曰噤集韻噤寒閉口也楚詞九歎口噤閉而不言注云閉口爲噤也史記日者傳悵然噤口不能言鼂錯傳噤口不敢復言魏氏春秋鍾繇黜其夫人文帝命復爲繇恚忿愴㭼致噤文選馬汧督誄若乃下吏之肆其噤害注云口不言心害之爲噤害也

míng 名

名 自命也從口從夕夕者冥也冥不相見故以口自名 武并切

自命也者名命聲相近廣雅命名也急就篇縛束脫漏亾命流顏注命者名也書呂刑乃命三后墨子尚賢篇引作乃名三后祭統夫鼎有銘銘者自名也自名以稱揚其先祖之美而明著之後世者也桓二年左傳師服曰異哉君之名子也夫名以制義嘉耦曰妃怨耦曰仇古之命也今君命大子曰仇弟曰成師始兆亂矣史記趙世家命乎命乎正義云命名也天官書免七命索隱云謂免星凡有七名命者名也張耳傳亾命游外黃晉灼云命者名也淮南繆稱訓名自命也四子講德論況乎聖德蕩蕩巍巍民㕵所不能命者哉文選七發於是使博辯之士原本山川極

命草木李善引孟子趙注命名也王肅說詩鳥聞伐木鸎而相命劉氏新論鄙名篇名者命之形也　從口從夕者徐鍇本作從夕口廣韻同　冥不相見故以口自名當爲自命本書問字古文從耳從昏釋名名明也名實使分明也文子符言篇言者所以通己於人聞者所以通人於己白虎通姓名篇人必有名何所以吐情自紀尊事人者也

wú 吾

吾 我自偁也從口五聲 五乎切

我自偁也者本書我施身自謂也釋詁吾我也士冠禮願吾子之教之也注云吾我也桓六年左傳我張吾三軍而被吾甲兵尙書中候注吾我也

zhé 哲

哲 知也從口折聲 陟列切

知也者釋言文彼作智舍人曰哲大智也方言哲知也齊宋之閒謂之哲廣雅哲智也書皋陶謨知人則哲傳云哲智也說命知之曰明哲傳云知事則爲明智大誥弗造哲王莽擬之云予未遭其明悊洪範明作哲王肅本作悊注云智也史記作智春秋繁露五行明作哲哲者知也王者明則賢者進不肖者退書呂刑折民惟刑馬注折智也釋

jūn 君

文馬鄭王皆音悊案墨子引作哲漢書刑法志引作悊五行志悊知也詩抑靡喆不愚釋文喆本又作哲亦作悊智也下武世有哲王箋云哲知也瞻卬哲夫成城傳云哲知也箋云謂多謀慮也鴻雁維此哲人箋云此哲人謂知王之意及之子之事者後漢書安帝紀既云哲婦亦惟家之索矣注云哲智也

悊 哲或從心

嚞 古文哲從三吉

從三吉者詩抑靡喆不愚其字從二吉葢省

君 尊也從尹發號故從口 舉云切

釋詁天帝皇王后辟公矦君也 書大禹謨皇天眷命奄有四海爲天下君 文十三年左傳天生民而樹之君以利之也 宣十五年穀梁傳爲天下主者天也繼天者君也 謚法從之成羣曰君 周書太子晉解矦能成羣謂之君 荀子君道篇君者何也曰能羣也能羣也者何也曰善生養人者也善班治人者也善顯設人者也善藩飾人者也善生養

說文解字義證 卷五 三十二

人者人親之善班治人者人安之善顯設人者人樂之善藩飾人者人榮之四統者俱而天下歸之夫是之謂能羣 韓詩外傳君者何也曰羣也爲天下萬物而除其害者謂之君 漢書刑法志從之成羣斯爲君矣 春秋繁露滅國篇君者不失其羣者也君者羣也 白虎通號篇君之爲言羣也又三綱六紀篇君羣也羣下之所歸心也

尊也者君尊聲近儀禮子夏傳君至尊也喪服妾謂君注云妾謂夫爲君者不得體之加尊之也 從尹者本書尹治也伊下云尹治天下者 發號故從口者本書令發號也后繼體君也象人之形施令以告四方發號者君后也書大禹謨文命敷于四海說命王言惟作命謚法慶賞刑威曰君北堂書鈔二十九君以出令成十八年左傳周子曰抑人之求君使出命也孝經鉤命訣接上稱天子明以爵事天接下稱帝王明以號令臣下白虎通號篇帝王者何號也所以表功明德號令臣下者

𠰺 古文象君坐形

本書尹古文作𦥔

chàng 唱　wěi 唯　wèn 問　zhào 召　zī 咨　mìng 命

命 使也從口從令 眉病切

使也者廣雅同釋詁命告也 馥案易泰卦自邑告命書說命臣下罔攸稟令傳云令亦命也 論語使於四方不辱君命

咨 謀事曰咨從口次聲 即夷切

謀事曰咨者釋詁咨謀也 書舜典咨十有二牧傳云咨亦謀也 襄四年左傳訪問於善爲咨咨親爲詢咨禮爲度咨事爲諏咨難爲謀 三十年傳有史趙師曠而咨度焉 魯語咨事爲謀 詩皇皇者華周爰咨諏傳云訪問於善爲咨臣工來咨來茹箋云咨謀也 通鑑李克用以使引咨幕府注云使引節度府所行文引謀事曰咨字或作諮 桓六年左傳紀來諮謀齊難也 諸葛亮表諮諏臣以當世之事

說文解字義證 卷五 三十三

召 評也從口刀聲 直少切

評也者廣雅同彼作呼 本書評召也 書甘誓乃召六卿 詩東方未明自公召之 曲禮父召無諾

問 訊也從口門聲 亾運切

訊也者本書訊問也 釋言聘問也 聘禮小聘曰問 周禮大宗伯時聘曰問 大行人閒問以諭諸矦之志 馥案詩問有二義 邶風問我諸姑 此恤問也 魯頌淑問如皋陶 正義云善問獄如皋陶者 此鞫問也

唯 諾也從口隹聲 以水切

諾也者一切經音義六引同 又引禮鄭注云唯者應敬之辭也 本書諾譍也 廣雅唯譍也 新序雜事一衆人之唯唯史記千人之諾諾 文選長楊賦客曰唯唯 五臣云唯唯猶諾諾也 子虛賦唯唯 五臣云唯唯應敬之詞 論語曾子曰唯 孔安國曰直曉不問故荅曰唯也 皇侃曰唯猶今應爾也 昭四年左傳號之曰牛曰唯 內則能言男唯女俞 曲禮必慎唯諾 又云父召無諾先生召無諾唯而起 注云唯恭於諾 論語曾子曰唯 魯平公曰諾 老子唯之與阿相去幾何 范應元注唯恭譍也

唱 導也從口昌聲 尺亮切

廣韻有[illegible]文作[illegible]導也者一切經音義十四引同又云詩唱予和汝是也廣雅唱道也後漢書臧洪傳爲天下唱或借倡字周禮樂師遂倡之鄭司農云樂師主倡也疏云倡道

hè 和

和 相譍也從口禾聲 戶戈切

相譍也者徐鍇本作應一切經音義九和相譍也詩云唱予和汝周易鳴鶴在陰其子和之是也詩棠棣妻子好合如鼓瑟琴箋云如鼓瑟琴之聲相應和也葛覃其鳴喈喈傳云和聲之遠聞也釋詁關關噰噰音聲和也郭云皆鳥鳴相和六韜守國篇爲之先唱而天下和之鬼谷子反覆篇其和也若比目魚注云和答問也因問而言申敘其解如比目魚相須而行大戴禮曾子立事篇人言不信不和論語子與人歌而善必使反之而後和之桓譚新論有老人范蘭初與人相見則喜而相應和通鑑劉子惠謂韓穆日兵者凶事不可爲首視他州有發動者然後和之

xì 咥

咥 大笑也從口至聲詩曰咥其笑矣 許旣切又直結切

說文解字義證 卷五 卅三

詩曰咥其笑矣者衛風氓文傳云咥咥然笑

è 啞

啞 笑也從口亞聲易曰笑言啞啞 於革切

笑也者廣雅同字林作笑聲也法言學行篇或人啞爾笑　易曰笑言啞啞者震卦文馬云笑聲

jué 噱

噱 大笑也從口豦聲 其虐切

大笑也者廣韻嗢噱笑不止通俗文樂不勝謂之嗢噱漢書敘傳談笑大噱顏注大噱笑聲也陳琳爲曹洪與魏文帝書恐猶未信邱言必大噱也張纘南征賦候高獎以巧笑侯長星而懽噱

xī 唏

唏 笑也從口稀省聲一曰哀痛不泣曰唏 虛豈切

笑也者廣雅同篇海引作笑聲方言唏聲也　稀省聲者徐鍇本作希聲　一曰哀痛不泣曰唏者方言唏痛也哀而不泣曰唏史記十二諸侯年表紂爲象箸而箕子唏字或作悕成十六年公羊傳悕矣注云悕悲也又昭九年傳存陳悕矣注云陳爲天所存悲之

yǐn 听

听 笑皃從口斤聲 宜引切

笑皃者本書欣笑喜也廣雅听笑也史記司馬相如傳無是公听然而笑郭璞曰听笑貌也或借忻字後漢書梁冀傳注引風俗通齲齒笑者若齒痛不忻忻楚國先賢傳胡紹曰見明府聽下黑子故忻而笑

yì 呭

呭 多言也從口世聲詩曰無然呭呭 余制切

多言也者本書詍多言也孟子天之方蹶無然泄泄猶沓沓也　詩曰無然呭呭者大雅板文彼作泄傳云泄泄猶沓沓也沓當爲譗呭泄聲近釋訓泄泄釋文云或作呭呭本書詍下引詩無然詍詍

jiāo 噭

噭 聲噭噭也從口梟聲 古堯切

聲噭噭也者漢書息夫躬傳如使狂夫噭謼於東崖

duō 咄

咄 相謂也從口出聲 當沒切

相謂也者李善注文選引作咄相謂也一切經音義二引同字書咄叱也玉篇咄叱也廣韻咄呵也字林咄相呵也

說文解字義證 卷五 卅四

蒼頡篇咄啐也增韻咄咋呼也漢書李陵傳立政曰咄少卿良苦東方朔傳朔笑之曰咄顏注咄叱咄之聲論衡論死篇病困之時仇在其旁不能咄叱晉書石崇傳嘗爲客作豆粥咄嗟便辦趙策威王勃然怒曰叱嗟而母婢也馥謂叱嗟猶咄嗟

āi 唉

唉 譍也從口矣聲讀若埃 烏開切

譍也者徐鍇本作應一切經音義十二引作譍聲也蒼頡篇唉吟也字書唉慢譍也廣韻欸相然譍也吟可也介也集韻吟然也方言欸然也南楚凡言然者曰欸廣雅欸譍也玉篇唉應聲也楚辭九章欸秋冬之緒風洪興祖補注欸然也莊子知北游狂屈曰唉李頤注應聲管子桓公問禹立敢諫之鼓而備訊唉　讀若埃者徐鍇本讀若塵埃

zāi 哉

哉 言之閒也從口𢦏聲 祖才切

言之閒也者釋詁文今本誤作之言閒也玉篇哉語助周興嗣千字文謂語助者焉哉乎也徐鍇曰按春秋左傳曰遠哉遙遙孔子曰君子哉若人是哉爲閒隔之詞也馥案易大哉乾元詩假哉皇考書往哉女諧論語富哉言乎有

是哉子之迂也野哉由也久矣哉由之行詐也果哉末之難已孟子引書丕顯哉文王謨丕承哉武王烈皆以哉爲閒隔之助戴君震曰釋詁孔魄哉延虛無之言閒也郭注孔穴延魄虛無皆有閒隙餘未詳攷之說文哉言之閒也言之閒卽辭助然則哉之言三字乃言之閒言爲辭助見於詩易多矣

zǔn 噂

噂 聚語也從口尊聲詩曰噂沓背憎 子損切

聚語也者王觀國學林引字書噂沓語多也易林噂噂所言邪子才表素謇之責豈須噂喈之口俗作譐魏書安定王次子燮傳譐諮明昏或作僔周禮朝士禁慢朝錯立族談者注云違其位僔語也　詩曰噂沓背憎者小雅十月之交文箋云噂噂沓沓相對談語本書僔聚也引詩僔沓背憎僖十五年左傳引詩僔沓背憎

qì 咠

咠 聶語也從口從耳詩曰咠咠幡幡 七入切

聶語也者本書聶附耳私小語也　詩曰咠咠幡幡者小雅巷伯文彼作緝緝翩翩傳云緝緝口舌聲

xiā 呷

呷 吸呷也從口甲聲 呼甲切

吸呷也者謂聲也子虛賦翕呷萃蔡翕卽吸詩大東載翕其舌玉篇引作吸上林賦瀏莅芔吸注云皆林木鼓動之聲廣韻喤呷衆聲

huì 嘒

嘒 小聲也從口彗聲詩曰嘒彼小星 呼惠切

小聲也者玉篇詩曰鳴蜩嘒嘒嘒嘒小聲也詩鸞聲嘒嘒傳云嘒嘒中節也又嘒嘒管聲傳云嘒嘒然和也　詩曰嘒彼小星者召南小星文傳云嘒微貌

嚖 或從慧

rán 嘫

嘫 語聲也從口然聲 如延切

語聲也者語疑爲諾釋言俞畣然也郭云禮記曰男唯女俞畣者應也亦爲然廣雅然譍也書秦誓雖則云然莊二十三年左傳征伐以討其不然杜云不然不用命襄二十三年傳他日又訪焉對曰其然昭三年傳叔向曰然聘禮公曰然祭義如語焉而未之然論語子貢曰然非與又其然豈其然乎神女賦含然諾其不分兮魏志倭人傳對應聲曰噫比如然諾通鑑孫策謂太史慈重然諾注云然是也決詞也

běng 唪

唪 大笑也從口奉聲讀若詩曰瓜瓞菶菶 方蠓切

大笑也者玉篇唪大聲也埤蒼唪口高貌　詩曰瓜瓞菶菶者大雅生民文彼作唪唪本書玤下引詩作菶菶

tián 嗔

嗔 盛气也從口眞聲詩曰振旅嗔嗔 待年切

盛气也者經典借顚字玉藻盛氣顚實揚休注去顚讀爲闐　詩曰振旅嗔嗔者詩小雅采芑文彼作闐闐箋云振旅伐鼓闐闐然馥案孟子嗔然鼓之正作嗔

piāo 嘌

嘌 疾也從口㷌聲詩曰匪車嘌兮 撫招切

疾也者廣韻嘌疾吹之貌　詩曰匪車嘌兮者檜風匪風文傳云嘌嘌無節度也非本書義

hū 嘑

嘑 唬也從口虖聲 荒鳥切

唬也者集韻類篇幷引作唬徐鍇本增韻幷作號案嘑與謼相亂漢書王莽傳宮人婦女謕謼

yù 喅

喅 音聲喅喅然從口昱聲 余六切

音聲喅喅然者集韻喅喅衆聲或作唷玉篇唷出聲也

xiào 嘯

嘯 吹聲也從口肅聲 穌弔切

西京雜記東方生善嘯每一曼聲長嘯輒塵落瓦飛　晉陽秋嵇康見孫登對之長嘯　竹林七賢論阮籍性樂酒善嘯聲聞數百步　嘯旨嘯者其氣激於喉中而濁謂之言激於舌端而清謂之嘯言之濁可以通人事達情性嘯之清可以感鬼神致不死出其言善千里應之出其嘯清萬靈授職故古之學道者重矣

吹聲也者雜字解詁嘯吹聲也集韻嘯吹氣若歌詩江有汜其嘯也歌箋云嘯蹙口而出聲也

歗 籀文嘯從欠

詩中谷有蓷條其歗矣釋文歗籀文嘯字李善注嘯賦云籀文爲歗在欠部馥案本書欠部有歗字

yí 台

台 說也從口㠯聲 與之切

說也者台經典借怡字釋詁怡樂也書舜讓于德弗嗣徐廣曰今文作不怡史記自序唐堯遜位虞舜不台索隱云台悅也周本紀乃爲𣿒誓用變亂正聲怡說婦人書金縢公乃爲詩以貽王鄭本作怡云怡悅也

yáo
嗂

嗂 喜也從口䍃聲 余招切

喜也者釋詁文彼作繇郭云禮記曰人喜則斯陶陶斯詠詠斯猶猶即繇也古今字耳馥案檀弓鄭注猶當爲搖搖謂身動搖非本書義增韻嗂禮記作猶云咏斯猶猶斯舞 䍃聲者䍃當爲䚻

qǐ
启

启 開也從戶從口 康禮切

釋天明星謂之启明 或借啓字孔叢論勢篇寡人昧於政事不顯明是非以啓罪於先生僖五年左傳分至啓閉杜預曰立春立夏爲啓立秋立冬爲閉

開也者一切經音義三引同小爾雅廣詁啓開也廣雅啓開也文心彫龍奏啓篇啓者開也華嚴經音義啓開也潛夫論志氏姓啓開之字也堯典允子朱啓明史記作開明說命啓乃心傳云開汝心金縢啓籥見書鄭氏周禮注引

作開又以啓金縢之書亦作開御覽引周書微子開者紂之兄也竹書山海經夏后開即夏后啓周書武順解一卒居前曰開晉孔晁注云開謂启既夕禮請啓期注云今文啓爲開士昏禮贊啓會注云今文啓作開周禮喪祝及辟令啓鄭司農云令啓謂喪祝主命役人開之也論語啓予足啓予手鄭注啓開也使弟子開衾而視之也論衡四諱篇引作開予足開予手哀三年公羊經城開陽釋文云開陽左氏作啓陽開者爲漢景帝諱也隱元年左傳將襲鄭夫人將啓之杜云啓開也閔元年傳天啓之矣服注是爲天開其福僖二十年傳凡啓塞從時杜云門戶道橋謂之啓城郭牆壍謂之塞皆官民之開閉不可一日而闕僖二十三年傳天之所啓杜云啓開也文十六年傳於是申息之北門不啓正義云二邑北門不敢開襄四年傳經啓九道杜云啓開九州之道襄二十五年傳若啓之杜云啓開門也又云天誘其衷啓敝邑心杜云啓開也開道其心昭十三年傳以先啓行杜云啓開也定元年傳啓寵納侮注云開寵過分定四年傳皆啓以商政注云啓開也晉語驪場無主則啓戎心韋云啓開也史記仲尼弟子列傳漆彫開字子啓漢書古今人表作漆彫啓魯世家閔公名開杜預族譜云名啓世本亦作啓文選東京賦啓南端之特闈薛綜注啓開也東都賦啓靈篇兮披瑞圖魏都賦東啓長春文賦啓夕秀於未振五臣竝云啓開也

tǎn
噉

噉 聲也從口貪聲詩曰有噉其饁 他感切

聲也者增韻噉衆聲 詩曰有噉其饁者周頌載芟文傳云噉衆貌

xián
咸

咸 皆也悉也從口從戌戌悉也 胡監切

皆也者釋詁文士冠禮咸加爾服注云咸皆也周禮鬯人注云咸猶僉也馥案僉皆也掌交使咸知王之好惡注云咸皆也內則咸盥漱又云少事長賤事貴咸如之月令百工咸理緇衣刑不試而民咸服又咸有壹德注竝云咸皆也史記司馬相如傳上咸五下登三顏注與五帝皆盛也 悉也者本書悉詳盡也方言備該咸也莊子知北游周偏咸三者異名同實其指一也魯語小賜不咸注咸偏也 從口從戌戌悉也者徐鍇本從口戌聲無戌悉也三字

chéng
呈

呈 平也從口壬聲 直貞切

壬聲者廣韻引風俗通云廷者平也

yòu
右

右 助也從口從又 于救切

助也者釋詁右勵也本書勵助也書皋陶謨予欲左右有民馬云我欲左右助民詩大明保右命爾傳云右助我將維天其右之箋云神饗其德而右助之祭統啓右獻公注云右助也襄十年左傳王右伯輿注云右助漢書元后傳賴侍中史丹擁右太子顏注右音佑助也經典作佑太甲皇天眷佑有商金縢敷佑四方湯誓佑賢輔德又作祐易无妄天命不祐釋文作佑云鄭云助也馬作右 從又者徐鍇本作又聲

chì
啻

啻 語時不啻也從口帝聲一曰啻諟也讀若鞮 施智切

語時不啻也者蒼頡篇不啻多也文選三都賦序若斯之類匪啻於茲李善云不啻於此多玉篇買賣云不啻也六書故不啻猶言何止書秦誓不啻如自其口出無逸不啻不敢含怒鄭注不但不敢含怒多士爾不啻不有爾土傳云不但不得還本土而已大學不啻若自其口出昭元年左傳鮮不五稔杜云少尚當歷五年多則不啻或借翅字孟子奚翅食重莊子大宗師陰陽於人不翅於父母書多士釋文啻徐本作翅又借適字秦策疑臣者不適三人高

jí 吉

云適音翅一曰啻諟也者方言諦諟也

吉 善也從士口 居質切

善也者玉篇引同又云周書曰吉人爲善馥謂此皆本書原文非玉篇引周書也本書譱吉也廣雅吉善也釋名吉實也有善實也書皐陶謨彰厥有常吉哉鄭注人能明其德行所行使有常則成善人矣詩天保吉蠲爲饎傳云吉善又摽有梅迨其吉兮傳云吉善也士冠禮令月吉日注云令吉皆善也 從士口者吉人辭寡出其言善則天下人應之

zhōu 周

周 密也從用口 職留切

密也者襄二十六年左傳具車徒以受地必周昭四年傳其藏之也周二十年傳出入周疏注竝云周密也孫子謀攻篇夫將者國之輔也輔周則國必強輔隙則國必弱注云將周密謀不泄論語君子周而不比書洪範人無有比德傳訓比周之德文十八年左傳是與比周宣六年公羊傳靈公有周狗何云周狗可以比周之狗所指如意齊策

夫從人朋黨比周荀子臣道篇朋黨比周以環主圖私爲務漢書劉向傳禹稷與皐陶傳相汲引不爲比周

周 古文周字從古文及

táng 唐

唐 大言也從口庚聲 徒郎切

大言也者莊子天下篇荒唐之言

唐 古文唐從口昜

從口昜者昜聲

chóu 𠷎

𠷎 誰也從口𠃬又聲𠃬古文疇 直由切

誰也者釋詁文彼作疇莊子天運篇子生五月而能言不至乎孩而始誰郭注誰者別人之意也堯典疇咨若予工史記作誰能馴予功楊慎曰詩云誰昔然矣誰昔猶言疇昔也檀弓注云孰誰也馥謂孰𠷎聲相近 從口𠃬又聲者本書𠷎幬擣𡔷諸文竝從𠷎不言從𠷎省疑此從口𠃬又聲寫者加又字易否卦疇離祉釋文鄭作古𠷎字列子釋文𠷎古疇字誰也𠷎古文疇者徐鍇本無此文

dàn 嘾

嘾 含深也從口覃聲 徒感切

含深也者本書𢎘嘾也莊子馬蹄篇大甘而嘾

yē 噎

噎 飯窒也從口壹聲 烏結切

通俗文塞喉曰噎方言嗌噎也注云謂咽痛也 詩黍離中心如噎傳云噎憂不能息也 續漢書禮儀志民年八十九十賜玉杖端以鳩鳥爲飾鳩者不噎之鳥也欲老人不噎 後漢書明帝紀祝哽在前祝噎在後 廣五行記淀水療噎入功德水七不噎 飯窒也者廣韻噎食塞增韻噎食室氣不通莊子外物篇壅則哽哽而不止則跈通爲噎塞

wà 嗢

嗢 咽也從口𥁕聲 烏沒切

咽也者文選笙賦援鳴笙而將吹先嗢噦以理氣李善云言將欲吹笙咽中先噦而理氣也

xiàn 哯

哯 不歐而吐也從口見聲 胡典切

不歐而吐也者廣雅哯吐也一切經音義十四引歐作嘔又云今謂小兒吐乳爲哯也關尹子一宇篇而哯之而噴之

tǔ 吐

吐 寫也從口土聲 他魯切

詩烝民柔則茹之剛則吐之 史記魯世家周公一飯三吐哺 東觀漢記光武坐簾下淺露中風吐眩 寫也者廣雅同釋名揚豫以東以吐爲瀉周禮稻人掌稼下地以澮寫水詩蓼蕭我心寫兮馥案蔡興宗曰比日思一閉寫言欲渫閉吐其所懷也

yuē 噦

噦 气啎也從口歲聲 於月切

气啎也者玉篇噦逆气也通俗文氣逆曰噦南陽活人書欬逆者气也靈樞皇帝曰人之噦者何氣使然岐伯曰穀入於胃胃氣上注於肺今有故寒氣與新穀氣俱還入於胃新故相亂眞邪相攻氣并相逆復出於胃故爲噦

fú 咈

咈 違也。從口，弗聲。周書曰：咈其耇長。符弗切

違也者，廣雅：咈，盭也。馥案：本書：盭，弼盭也。咈、弼聲相近。書伊訓：從諫弗咈。經典借拂字。易頤卦：顚頤，拂經于邱。詩皇矣：四方以無拂。箋云：拂猶佹也，言無復佹戾者。吳語：吾將許越成而無拂吾慮。　周書曰咈其耇長者，商書微子文。本書退下引我興受其退，亦稱周書。

yōu 嚘

嚘 語未定皃。從口，憂聲。於求切

語未定皃者，漢書東方朔傳：伊優亞者，辭未定也。

jī 吃

吃 言蹇難也。從口，气聲。居乙切

言蹇難也者，本書：欥，口不便言。方言：讓極，吃也。楚語也。或謂之軋，或謂之歰。廣雅：讓極、軋、歰，吃也。一切經音義一：通俗文：言不通利謂之蹇吃。易云：蹇，難也。聲類云：吃，重言也。馥案：一切經音義九又引通俗文：謇吃作劧吃。又云：聲類作謇，又作劧。玉篇：劧，難也，吃也。廣韻：劧，吃語也。管子：吾畏事，不敢事；吾畏言，不敢言。行年六十，如老吃耳。史記韓非傳：

非為人口吃，不能道說而善著書。離騷：謇吾法夫前修兮，非世俗之所服。注云：謇，難也。漢書周昌傳：昌為人吃，又盛怒曰：臣口不能言，然臣期期知其不可。陛下欲廢太子，臣期期不奉詔。顏注云：吃，言之難也。以口吃，故每重言期期。昭二十年左傳引詩：汔可小康。杜云：汔，期也。是期即吃。景十三王傳：為人口吃難言。後漢書梁冀傳：口吟舌言。注云：謂語吃不能明了。鄭元自序：趙商吃不能劇談。魏氏春秋：明帝口吃少言，而沈毅好斷。宋書王微傳：口吃，不能劇讀。又孔覬傳：口吃，好讀書。南齊書崔慰祖傳：口吃，無華辭。北史崔㥄傳：魏收語蹇急。隋書盧楚傳：鯁急口吃，言語澀難。通鑑：北齊太子氣悸語吃。注云：吃，言蹇也。唐書李固言傳：固言吃，接賓客，頗謇緩。張敏頭責子羽文：或謇吃無容。

shì 嗜

嗜 嗜欲喜之也。從口，耆聲。常利切

書五子之歌：甘酒嗜音。　詩楚茨：神嗜飲食。孟子：嗜秦人之炙。又：口之於味也，有同嗜焉。嗜欲喜之也者，本書：欲，貪欲也。廣雅：嗜，貪也。賈逵左傳注：惏，嗜食也。

dàn 啖

啖 噍啖也。從口，炎聲。一曰噉。徒敢切

噍啖也者，本書：脋，啖也。廣雅：啖，食也。　一曰噉者，本書無噉字。復古編：啖別作噉，非。後漢書安帝紀：更相噉食。

gěng 哽

哽 語為舌所介也。從口，更聲。讀若井汲綆。古杏切

語為舌所介也者，徐鍇本介下有礙字。鍇韻譜：哽，舌礙語。玉篇：哽，語為人所忿疑也。馥案：忿疑當為忿礙，或借鯁字。隋書盧楚傳：哽急口吃。

jiāo 嘐

嘐 誇語也。從口，翏聲。古肴切

誇語也者，本書：謬，狂者之妄言也。集韻引孟子：其志嘐嘐。

zhāo 啁

啁 啁嘐也。從口，周聲。陟交切

啁嘐也者，類篇：啁嘐，語多。

wā 哇

哇 諂聲也。從口，圭聲。讀若醫。於佳切

諂聲也者，李善注笙賦引本書同。法言吾子篇：或雅或鄭，何也？曰：中正則雅，多哇則鄭。或借鼃字。漢書王莽傳贊：紫

色鼃聲。顏注：鼃者，樂之淫聲也。

è 㖾

㖾 語相訶歫也。從口歫辛，辛，惡聲也。讀若櫱。五葛切

言從口承辛，此從口歫辛。

語相訶歫也者，本書：訶，大言而怒也。音，相與語，唾而不受也。馥謂不受即歫也。　讀若櫱者，集韻：㖾，語相呵拒。案：櫱或作枿，故從卉。

dōu 吺

吺 讘吺，多言也。從口，投省聲。當侯切

讘吺多言也者，本書：讘，多言也。玉篇作呢吺也。虞書驩兜，莊子、漢書古今人表並作讙吺。馥謂讙吺，多言之意。埤蒼：囁嚅，多言也。集韻：嚅或作吺。六書正譌：囁嚅當作囁吺。　投省聲者，戴侗曰：唐本作殳聲。徐鍇本同。

dǐ 呧

呧 苛也。從口，氐聲。都禮切

苛也者，一切經音義十二引作呵也。又引蒼頡篇：呧，欺也。馥案：本書：諆，欺也。呧欺即詆諆也。本書：詆，苛也。苛即訶。周

zǐ 呰　zhè 嗻　jiá 唊　kè 嗑　bēng 嗙

禮春官世婦大喪比外內命婦之朝莫哭不敬者而苛罰之注云苛譴也王制關執禁以譏注云譏呵察陸德明本作苛云苛本一作呵漢書李廣傳霸陵尉呵止廣鹽鐵論刑德篇乘車馬行馳道中吏舉苛而不止

呰　苛也從口此聲將此切

苛也者謂詆毀也經典或借訾字廣雅諆訾也玉篇欸呰也華嚴經音義呰訶也管子形勢解毀訾賢者之謂訾莊子山木篇無譽無訾曲禮不苟訾喪服四制訾之者是不知禮之所由生也注云口毀曰訾呂氏春秋懷寵篇排訾舊典或借疵字荀子不苟篇正義直指舉人之過非毀疵也

嗻　遮也從口庶聲之夜切

遮也者廣韻嗻多語之貌集韻囉嗻多言也

唊　妄語也從口夾聲讀若莢古叶切

妄語也者廣韻唊唊多言也或作誗韓非姦劫篇世之愚學皆不知治亂之情讘誗多誦先古之書以亂當世之治

說文解字義證　卷五　四三

嗑　多言也從口盍聲讀若甲侯榼切

多言也者本書讇嗑也或作譧集韻謁譧多言

嗙　謌聲嗙喻也從口旁聲司馬相如說淮南宋蔡舞嗙喻也補盲切

謌聲者謌當爲訶玉篇嗙訶聲也廣韻嗙喝聲集韻嗙叱也　嗙喻也者後人所加本書以謌聲爲正義下引相如說別爲一義淺學亂之　司馬相如說淮南宋蔡謌舞嗙喻也者李燾本無謌字本書初刻本亦無後乃增入馥案宋本及王應麟漢制考所引竝無謌字錢君大昕曰史記司馬相如傳巴俞宋蔡淮南于遮巴俞當作嗙喻說文引司馬相如說淮南宋蔡歌舞嗙喻正据此賦蓋以宋蔡嗙喻與淮南于遮對文也馥案招䰟吳歈蔡謳奏大呂些王注吳蔡國名也歈謳皆歌也本書無喻字新附歈下云歌也切韻云巴歈歌也廣雅歈歌也楊愼曰說文嗙字引相如說嗙喻與吳歈巴歈同其字或從口或從欠亦猶歎之與嘆嘯之與歗唉之與欸也

xiè 噧　qiú 叴　chāo 嘮　náo 呶　chì 叱

噧　高气多言也從口蠆省聲春秋傳曰噧言訶介切

高氣多言也者集韻噧氣聲一曰多言馥案當爲高氣聲經典借厲字厲聲必高禮表記不厲而威蜀都賦起西音於促柱歌江上之飉厲注云歌聲清越　春秋傳曰噧言者哀二十四年左傳是躗言也杜云躗過也釋文云謂過謬之言馥案本書䜃言不慧也俗作䜃管子形勢解推譽不小之謂䜃左傳䜃作衛許公所見本作噧

叴　高气也從口九聲臨淮有叴猶縣巨鳩切

高气也者詩正月執我仇仇傳云仇仇猶謷謷也釋訓仇仇敖敖傲也郭云皆傲慢賢者釋文敖本又作謷馥謂仇即此叴高气有謷意　臨淮有叴猶縣者漢志作厹猶叴作公

嘮　嘮呶讙也從口勞聲敕交切

嘮呶讙也者嘮呶壘韻集韻謗嘮譊呼或作謗類篇謗謿語聲

呶　讙聲也從口奴聲詩曰載號載呶女交切

說文解字義證　卷五　四四

讙聲也者古文苑僮約出入不得騎馬載車踑坐大呶或作詉舊唐書徐彥伯傳以號詉爲令德又借怓字詩民勞以謹惛怓箋云猶讙譁也　詩曰載號載呶者小雅賓之初筵文傳云號呶號呼讙呶也

叱　訶也從口七聲昌栗切

莊十二年公羊傳手劍而叱之　昭二十六年左傳子囊帶從野洩叱之　趙策威王勃然怒曰叱嗟而母婢也　韓策齊大夫諸子有犬犬猛不可叱叱之必噬人客有請叱之者疾視而徐叱之犬不動復叱之犬遂無噬人之心　韓非內儲說刖跪請餘瀝於中大夫夷射夷射曰叱去刑餘之人何事乃敢乞飲長者　史記甘茂傳文信侯叱曰去甘羅曰君其試臣何遽叱乎平原君傳楚王叱毛遂曰胡不下吾乃與而君言汝何爲者也毛遂按劍而前曰吾君在前叱者何也　東觀漢記鮑永妻嘗於母前叱狗永即去之　論衡論死篇云病困之時仇在其旁不能咄叱　趙至別傳至早起間父耕叱牛聲釋書而泣

訶也者韻集叱嘁訶也一切經音義九蒼頡篇叱呵也禮記尊客之前不叱狗是也秦策奚以遽言叱也高云叱呵

七聲者東方朔別傳武帝呼朔曰叱叱先生來來先生知此篋中何等物也朔曰上林獻棗四十九枚來來者棗也叱叱四十九枚馥案棗隸作棗故云來來者棗叱叱者七七故云四十九枚

pēn 噴

噴 吒也從口賁聲一曰鼓鼻 普魂切

楚策俛而噴仰而鳴 莊子秋水篇噴則大者如珠小者如霧雜而下者不可勝數也 吒也者本書歕吹氣也長笛賦氣噴勃以布覆兮李善引蒼頡篇噴吒也 一曰鼓鼻者玉篇引戰國策驥僾而噴鼓鼻也或借賁字呂氏春秋觀表篇古之善相馬者管青相賁肳

zhà 吒

吒 噴也叱怒也從口乇聲 陟駕切

噴也者玉篇云禮記曰無吒食謂嫌薄之 叱怒也者聲類喑唶大吒也史記淮陰侯傳項王喑噁叱咤索隱咤或作吒叱咤發怒聲漢書王吉傳口倦乎叱咤獻帝春秋王朗對孫策曰叱咤聽聲東西惟命

yù 噊

噊 危也從口矞聲 余律切

危也者 釋詁文

說文解字義證 卷五

cuì 啐

啐 驚也從口卒聲 七內切

驚也者五音集韻 啐啐嘲嘲戒也

zhēn 唇

唇 驚也從口辰聲 側鄰切

驚也者經典借震字書舜典震驚朕師僖九年公羊傳桓公震而驚之

xū 吁

吁 驚也從口于聲 況于切

驚也者本書芋大葉實根駭人故謂之芋徐鍇曰芋猶言吁吁驚詞故曰駭人書堯典帝曰吁傳云吁疑怪之辭 本書亏部有吁字

xiāo 嘵

嘵 懼也從口堯聲詩曰唯予音之嘵嘵 許幺切

懼也者韻會引徐鍇本作懼聲也釋訓嘵嘵懼也釋文云嘵本又作嘵字林云懼也 詩曰唯予音之嘵嘵者豳風鴟鴞文彼作予維音嘵嘵傳云嘵嘵懼也箋云音嘵嘵然恐懼告愬之意

zé 嘖

嘖 大呼也從口責聲 士革切

大呼也者呼當爲嘑嘖或作唶史記信陵君傳晉鄙嚄唶宿將正義引聲類云嚄大笑唶大呼

讀 嘖或從言

或從言者定四年左傳嘖有煩言管子桓公問名曰嘖室之議注云謂議論者言語讙嘖

áo 嗷

嗷 衆口愁也從口敖聲詩曰哀鳴嗷嗷 五牢切

衆口愁也者嗷或借嗸字漢書陳湯傳下至衆庶嗸嗸苦之顏注嗸嗸衆愁聲又借囂字董仲舒傳此民之所以囂囂苦不足也顏注囂讀與嗸同嗸嗸衆怨愁聲也 詩曰哀鳴嗷嗷者小雅鴻雁文傳云未得所安集則嗸嗸然

diàn 唸

唸 吚也從口念聲詩曰民之方唸吚 都見切

詩曰民之方唸吚者大雅板文彼作殿屎傳云殿屎呻吟也

說文解字義證 卷五

xī 吚

吚 唸吚呻也從口尸聲 馨伊切

唸吚呻也者釋訓文彼作殿屎孫炎曰人愁苦呻吟之聲也

yán 嚴

嚴 呻也從口嚴聲 五銜切

呻也者釋名吟嚴也其聲本出於憂愁故聲嚴肅使人聽之悽歎也

shēn 呻

呻 吟也從口申聲 失人切

吟也者廣雅同本書㒠㕟云呻吟也學記呻其佔畢注云呻吟也列子周穆王篇晝則呻呼而即事呂氏春秋仲夏紀夫婦失宜民人呻吟

yín 吟

吟 呻也從口今聲 魚音切

呻也者藝文類聚太平御覽引作歎也本書歎吟也蒼頡篇吟歎也鄭注檀弓云歎吟息也楚策晝吟宵哭楚辭漁父行吟澤畔

口

zī 嗞　máng 哤　jiào 叫　kài 嘅　xián 㖤　tàn 嘆

吟或從音

訡 或從言

嗞 嗟也从口兹聲子之切

嗟也者嗟當爲𧬈本書𧬈痛惜也廣韻嗞嗟憂聲也經典借咨字易萃卦齎咨涕洟釋文齎咨嗟歎之詞也書君牙小民惟曰怨咨

哤 哤異之言从口尨聲一曰雜語讀若尨莫江切

哤異之言者齊語四民者勿使雜處雜處則其言哤韋注哤亂貌或借厖字書周官不和政厖　一曰雜語者小爾雅廣訓雜言曰哤

叫 嘑也从口丩聲古弔切

嘑也者本書訆嘂竝云大呼也廣韻嘂噭叫也襄三十年左傳或叫于宋大廟注云叫呼也後漢書襄楷傳今洛陽城中人夜無故叫呼山海經鹿臺之山有鳥名鳧徯其名自叫也

嘅 嘆也从口既聲詩曰嘅其嘆矣苦蓋切

嘆也者經典借慨字檀弓既葬慨然如不及又云練而慨然注云憂悼在心之貌潘岳閑居賦未嘗不慨然廢書而歎　詩曰嘅其嘆矣者王風中谷有蓷文箋云嘅然而嘆

㖤 語㖤嘆也从口延聲夕連切

嘆 吞嘆也从口歎省聲一曰大息也他案切

經典借歎字周禮銜枚氏禁嘂呼歎嗚於國中者曲禮當食不歎臨樂不歎坊記戲而不歎注云歎謂有憂戚之聲也楚語子西歎於朝藍尹亹曰今吾子臨政而歎何也子西曰闔閭能敗吾師闔閭卽世吾聞其嗣又甚焉吾是以歎楚辭九思道遐迥兮阻歎曹大家東征賦慕京師而竊歎

吞嘆也者九經字樣嘆吞聲也　一曰大息也者李善注三良詩引本書同檀弓戚斯歎注云歎吟息史記索隱大息謂久蓄氣而大呼也

yè 喝　shào 哨　é 吪　cǎn 噆　lìn 吝

喝 㵣也从口曷聲於介切

㵣也者五音集韻引作歇也本書歇气越泄廣蒼喝聲之幽也玉篇喝嘶聲也後漢書竇憲傳憲陰喝不得對注云陰喝猶噎塞也論衡氣壽篇兒生號啼之聲鴻朗高暢者壽嘶喝溼下者夭子虛賦榜人歌聲流喝後漢書張酺傳被矢貫咽音聲流喝

哨 不容也从口肖聲才肖切

不容也者韻會引徐鍇本作口不容也鍇繫傳云按投壺禮曰枉矢哨壺謙言壺小不足容也方言肖小也馥謂肖卽此哨法言問道篇匪伏匪堯禮義哨哨聖人不取也考工記大匈燿後注云燿讀曰哨哨小也

吪 動也从口化聲詩曰尙寐無吪五禾切

動也者釋詁文彼作訛詩無羊或寢或訛傳云訛動也太元闕上九陰陽啓告其變赤白　詩曰尙寐無吪者王風兔爰文傳云吪動也

噆 嗛也从口朁聲子荅切

嗛也者一切經音義二十引作銜也廣韻噆銜也埤蒼噆齧唇也淮南覽冥訓噆味含甘修務訓齕咋足以噆肌碎骨玉篇引莊子云蟁䖟噆膚噆銜也通俗文作哂云入口也　朁聲者徐鍇本作潛省聲

吝 恨惜也从口文聲易曰以往吝良刃切

論語如有周公之才之美使驕且吝其餘不足觀也已　陸機謝平原內史表豈臣蒙垢含吝所宜忝竊　顏氏家訓治家篇吝者窮急不恤之謂也

恨惜也者李善注琴賦引作貪惜也廣雅吝恨也又云遴䟽也案漢書王莽傳性實遴嗇又曾安王晚節遴思元賦柏舟悄悄吝不飛舊注吝恨也陶潛五柳先生傳曾不吝情去留玉篇引論語曰改過弗吝吝惜也廣韻吝悔吝又惜也恨也五經文字吝恨也惜也方言㪉嗇悋貪也荆汝江湘之郊凡貪而不施謂之㪉或謂之嗇或謂之悋悋恨

口

也注云慳者多惜恨也　易曰以往吝者蒙卦文本書遴下引易以往遴

古文吝從彣

gè 各

異辭也從口夂夂者有行而止之不相聽也　古洛切

異辭也者辭五音集韻引作詞廣雅各詞也　不相聽也者通志六書畧引作不相繼也徐鍇本作不相聽意

fǒu 否

不也從口從不　方九切

不也者否不聲相近廣雅同宜十二年左傳引易師出以律否臧凶注云否不也昭二十年傳君所謂可而有否焉臣獻其否以成其可君所謂否而有可焉臣獻其可以去其否杜云否不可也隱四年公羊傳隱公曰否注云否不也　從不者王君念孫曰繫傳作從口不聲否與不古皆讀爲鄙說文不部亦有否字注云從口不不亦聲是其證今削去聲字非是馥案嵇康幽憤詩否與痡韻是從不之字如否音皆讀與丕同

yàn 唁

弔生也從口言聲詩曰歸唁衛侯　魚變切

說文解字義證　卷五　哭

詩何人斯不入唁我　符子陶朱公喪其中子隣人往弔之曰聞有喪將唁子之哀

弔生也者春秋昭二十九年齊侯使高張來唁公服注弔生曰唁　言聲者禮統弔生謂之唁何非有喪之位哭泣之事但嗟歎以言故謂之唁　詩曰歸唁衛侯者鄘風載馳文傳云弔失國曰唁韓詩弔生曰唁

āi 哀

閔也從口衣聲　烏開切

釋名哀愛也愛乃思念之也　謚法恭仁短折曰哀　書大誥允蠢鰥寡哀哉　詩序哀窈窕思賢才釋文云哀前儒並如字論語云哀而不傷是也　呂氏春秋報更篇人主胡可以不務哀士　魏報倭女王詔書汝所在踰遠乃遣使貢獻是汝之忠孝我甚哀汝

閔也者本書閔弔者在門也馥案僖三十三年左傳不哀吾喪言不見閔也

tí 嗁

號也從口虒聲　杜兮切

號也者本書號呼也續漢書第五倫爲會稽太守坐法徵還百姓攀車叩馬嗁呼或作謕漢書王莽傳宮人婦女謕

諱急就篇疻痏保辜謕呼號俗作嗁　莊八年左傳豕人立而啼服注啼呼也

hù 嗀

歐皃從口嗀聲春秋傳曰君將嗀之　許角切

歐皃者類篇引作歐聲五音集韻同廣雅嗀吐也王延壽王孫賦或嘔嘔而嗀嗀　春秋傳曰君將嗀之者哀二十五年左傳文杜注嗀嘔吐也

kuā 咼

口戾不正也從口冎聲　苦媧切

口戾不正也者一切經音義六引說文咼口戾也通俗文斜戾曰咼是也字從口冎聲馥案玉篇廣韻五音集韻並作口戾曹瞞傳逢叔父於路乃陽敗面喎口曰卒中惡風

jì ⿰口叔

嘆也從口叔聲　前歷切

嘆也者玉篇⿰口叔嘆而無聲言安靖也嚴忌哀時命嘆寂默而無聲

mò 嗼

⿰口叔嗼也從口莫聲　莫各切

說文解字義證　卷五　卒

⿰口叔嗼也者廣韻引古詩盈盈一水閒嗼嗼不得語釋詁嗼定也詩貊其德音韓詩作莫定也又求民之莫箋云求民之定昭二十八年左傳引詩莫其德音又云德正應和曰莫服虔注云言皆莫然無讙譁也呂氏春秋首時篇飢馬盈廄嗼然未見芻也注云嗼然無聲或借漠字楚辭遠游野寂漠其無人宋玉九辯欲寂漠而絕端兮

guā 𠯑

塞口也從口氒省聲氒音厥　古活切

塞口也者塞當爲𡫳或借揞字廣雅揞塞也　氒音厥者王君念孫曰繫傳作從口氒省聲氒古文厥字徐鍇本氒音厥三字乃鍇所加說文無此例攷玉篇云氒木本也今作厥又云厥發石也或作氒廣韻云厥發石也氒古文玉篇廣韻之注皆本說文然則說文此注本云氒古文厥明甚

古文從甘

從甘者與小篆之口異其上從氒省與小篆意同非從氏

sǒu 嗾

使犬聲從口族聲春秋傳曰公嗾夫獒　穌奏切

使犬聲者方言秦晉之西鄙自冀隴而西使犬曰哨玉篇引作嗾竹書注艾乃敢獵放犬逐獸因嗾譊顛隕　春秋傳曰公嗾夫獒者宣二年左傳文本書獒下引同今左傳有焉字

fèi 吠

吠 犬鳴也從口犬 符廢切

五經文字吠吺犬聲也上說文下字林楚詞九章邑犬之羣吠兮吠所怪也　犬鳴也者玉篇引詩云無使尨也吠吠鳴也

páo 咆

咆 嘷也從口包聲 薄交切

嘷也者淮南覽冥訓虎豹襲穴而不敢咆高云咆嘷也

háo 嘷

嘷 咆也從口皋聲 乎刀切

聲類吽嘷也　襄十四年左傳豺狼所嘷　齊策虎嘷之聲若雷霆　尸子昔夏桀之時犬羣嘷而入淵　御覽引馬融周禮注嘷鳴也案皋隸變作睪譌爲睪

說文解字義證　卷五　至

臯聲者士喪禮臯某復注云臯長聲也周禮大祝令臯舞注云臯讀爲卒嘷呼之嘷

獋 譚長說嘷從犬

譚長說者困學紀聞鄗國也俗作譚非說文注義有譚長說疑後人傳寫之誤　嘷從犬者山海經北山經丹熏之山有獸焉其音如獋犬名曰耳鼠初學記引作嘷犬急就篇疢痛保辜謕呼號顏注號或作獋音義同

jiē 喈

喈 鳥鳴聲從口皆聲一曰鳳皇鳴聲喈喈 古諧切

鳥鳴聲者詩葛覃黃鳥于飛集于灌木其鳴喈喈傳云喈喈和聲之遠聞也又風雨雞鳴喈喈　一曰鳳皇鳴聲喈喈者集韻引作一曰喈喈和聲釋訓噰噰喈喈民協服也郭云鳳皇應德鳴相和百姓懷附興頌歌詩卷阿雝雝喈喈傳云鳳皇鳴也尚書大傳引逸詩鳳皇喈喈後漢書蔡邕字伯喈邕當爲雝省佳

xiāo 哮

哮 豕驚聲也從口孝聲 許交切

wō 喔

喔 雞聲也從口屋聲 於角切

雞聲也者韓愈詩天星牢落雞喔咿韓詩外傳鳳皇之初起也翾翾十步之雀喔咿而笑之

è 呝

呝 喔也從口戹聲 烏格切

喔也者玉篇呝雞聲廣韻呝喔鳥聲

zhòu 咮

咮 鳥口也從口朱聲 章俱切

鳥口也者射雉賦當咮值胷徐爰注字書曰咮鳥口也禽經山禽之咮多短水禽之咮多長釋天咮謂之柳郭注咮朱鳥之口史記天官書柳爲鳥注索隱案漢書天文志注作喙正義柳爲朱鳥咮天之廚宰主尙食和滋味詩候人維鵜在梁不濡其咮傳云咮喙也哀二十六年左傳己爲鳥而集於其上咮加於南門尾加於桐門

yīng 嚶

嚶 鳥鳴也從口嬰聲 烏莖切

鳥鳴也者廣雅譻譻鳴也詩伐木鳥鳴嚶嚶箋云嚶嚶兩鳥聲也羽獵賦鴻雁嚶嚶夏侯湛觀飛鳥賦愛惠音之嚶嚶琴賦嚶若離鵾鳴清池李善引蒼頡篇嚶嚶鳥聲也劉禹錫嘉話毛詩伐木篇云伐木丁丁鳥鳴嚶嚶出自幽谷

說文解字義證　卷五　至

遷于喬木又嚶其鳴矣求其友聲竝無鶯字頃歲省試早鶯求友詩又鶯出谷詩別書固無證據斯大誤也

zhuó 啄

啄 鳥食也從口豖聲 竹角切

鳥食也者釋名鳥曰啄如啄物上復下也詩黃鳥無啄我粟交交桑扈率場啄粟燕策蚌方出曝而鷸啄其肉莊子養生主澤雉十步一啄百步一飲

xiāo 唬

唬 唬聲也一曰虎聲從口從虎讀若暠 呼訝切

唬聲也者冀州從事郭君碑卜爾嘯咷鄭固碑叩嘯焉告　一曰虎聲者徐鍇本扗從口虎下一切經音義五引作虎怒聲也通俗文虎聲謂之哮唬　讀若暠者本書無暠字誤也

yōu 呦

呦 鹿鳴聲也從口幼聲 伊虬切

鹿鳴聲也者廣雅呦呦鳴也詩呦呦鹿鳴傳云呦呦然鳴而相呼文十七年左傳鹿死不擇音服虔曰鹿得美草呦呦相呼至於困迫將死不暇復擇善音急之至也馥案莊子人間世獸死不擇音郭象注野獸蹴之窮地意急情盡

yǔ 噳　yóng 喁　jú 局

則和聲不至可與服說相發

呦或從欠

噳　麌鹿羣口相聚皃從口虞聲詩曰麀鹿噳噳魚矩切

麌鹿羣口相聚皃者廣雅噳噳衆也　詩曰麀鹿噳噳者小雅韓奕文傳云噳噳然衆也

喁　魚口上見從口禺聲魚容切

魚口上見也者魚當爲衆一切經音義十二說文喁衆口上見也淮南子云羣生莫不喁喁然仰其德也晉書音義引字林喁衆口上見玉篇喁衆口也漢書司馬相如傳延頸舉踵喁喁然王莽傳天下喁喁引領而歎顏注竝云喁喁衆口向上也後漢書隗囂傳天下喁喁謂之太平注云喁喁衆口向上也或借顒字韓詩萬人顒顒仰天告訴江衛與荀仲茂箋舉國顒顒馥案諸說皆云衆口不屬魚集韻引字林噞喁魚口出水皃玉篇噞喁魚口上出皃吳都賦噞喁沈浮五臣云噞喁出口於水上也李善云文子云水濁則魚噞喁春秋漢含孳曰穴藏先知雨陰曀未集魚

說文解字義證　卷五　卅三

已噞喁注云噞魚口喁衆口馥據此知喁喁衆口噞喁魚口自分二義本書衆口後人改魚口也

局　促也從口在尺下復局之一曰博所以行棊象形渠錄切

促也者詩正月謂天蓋高不敢不局傳云局曲也宋緜子髮曲局傳云局卷也　復局之者局當爲丁　一曰博所以行棊者博當爲簙本書簙局戲也方言所以行棊謂之局或謂之曲道廣雅曲道栻梮也集韻簙局方目也小爾雅廣服棋局謂之奕急就篇棊局博戲相易輕顏注棊局謂彈棊圍棊之局也孫子筭術今有棊局方一十九道問用棊幾何史記宋世家湣公與南宮萬獵因博爭行遂以局殺湣公于蒙澤魏志王粲傳觀人圍棊局壞粲爲覆之棊者不信以帊蓋局使更以他局爲之用相比校不誤一道抱朴子洪見人博戲曾不目眄至今不知棊局幾道宋書何承天傳承天素好奕棊太主賜以局子齊書武陵王曄貧無棊局乃破荻爲片縱橫以作圍棊局語林王武子與武帝圍棊孫皓舉棊局武子伸脚在局下邯鄲淳藝經棊局從橫各十七道合二百八十九道白黑棊子各一百五十枚班固奕旨局必方正象地則也道必正直神明德也馬融圍棊賦略觀圍棊法於用兵三尺之局爲戲鬭場文選博奕論夫一木之枰孰與方國之封李尤圍棊銘局爲憲矩棊法陰陽道爲經緯方錯列張梁武帝圍棊賦圍奩象天方局法地枰則廣羊文犀子則白瑤元玉曹攄圍棊賦局則鄧林之木魯般所造雉方砥平素質元道犀角象牙是錯是礪內含光潤形亦應制蔡洪圍棊賦命班爾之妙手制朝陽之柔木取坤象於四方位將軍乎五岳然後畫路表界元質朱文曲直有正方而不圓

yǎn 㕣　嘲　嗤　咬

㕣　山閒陷泥地從口從水敗皃讀若沇州之沇九州之渥地也故以沇名焉以轉切

山閒陷泥地者御覽引論衡地之最下者有揚兖二州禹貢濟河惟兖州又云是降邱宅土鄭注此州寡於山而夾川兩大流之閒　九州之渥地也故以沇名焉者沇古文從㕣沇聲相近本書敘遐邇被澤渥衍沛滂衍當爲沇徐鍇曰尚書濟河惟兖州九河既道厥土黑墳又云十有三載乃同厥草惟繇厥木惟條是必肥美之地也渥者澤

說文解字義證　卷五　卅四

潤也馥案淮南地形訓正南次州曰沃土襄二十五年左傳井衍沃杜注衍沃平美之地馥謂衍沃即沇渥

古文㕣

當作㕣從𠙴𠙴地阬坎意

文一百八十　重二十一

嘲　相調戲相弄也

太平御覽引案徐鉉新附有嘲字廣韻嘲言相調也漢書楊雄傳或謿雄以元尚白而雄解之號曰解謿一切經音義一引蒼頡篇曰啁嘲也謂相調戲也

嗤　笑也

李善注阮籍詠懷詩引案廣韻玉篇同

咬　淫聲易交切

李善注舞賦引案廣韻同

遺文三

kǎn 凵

張口也象形凡凵之屬皆從凵 口犯切

張口也者集韻凵張口皃

文一

xuān 吅

驚嘑也從二口凡吅之屬皆從吅讀若讙 況袁切

讀若讙者漢書天文志天狗讙如雷

níng 㗐

亂也從爻工交吅一曰窒㗐讀若禳 女庚切

亂也者亂當爲敵本書孃煩擾也或借攘字漢書陳平傳傾側擾攘賈誼傳國制搶攘攘音女庚反　從爻工交吅者本書㠭從工從口工口亂也此與㗐同意　一曰窒㗐者李燾及徐鍇本竝作窒㗐廣韻引同玉篇類篇皆引作窒穰

說文解字義證　卷五

籀文㗐

玉篇古文作毁

yán

教命急也從吅厰聲 語杴切

教命急也者廣韻引作嚴令急也五音集韻六書故引作教令釋名嚴儼也儼然人憚之也學記師嚴然後道尊孟子使虞敦匠事嚴虞不敢請趙注事嚴喪事急論語聽其言也厲注云厲嚴也

古文

本書敘古文作㗊此當爲嚴

è 咢(咢)

譁訟也從吅屰聲 五各切

譁訟也者五音集韻引作詞訟也咢隸作噩釋天在酉曰作噩史記索隱引李巡作咢漢書天文志作詻本書詻論訟也經典借鄂字坊記微諫不倦注云子於父母尚和順不用鄂鄂史記趙世家諸大夫朝徒聞唯唯不聞周舍之鄂鄂潛夫論斷訟篇啁啾罵詈晝夜鄂鄂長笛賦不占成節鄂鄂李善云咢直也從邑者乃地名也非此所施也字林曰咢直言也又或作愕鹽鐵論國病篇今辯訟愕愕然又作諤楚辭惜誓或直言之諤諤史記趙良謂商君曰千人之諾諾不如一士之諤諤韓詩外傳有諤諤爭臣者其國昌有默默諛臣者其國亾新序雜事篇周舍曰願爲諤諤之臣墨筆操牘隨君之後司君之過而書之餳子曰衆人之唯唯不如周舍之諤諤說苑正諫篇良藥苦於口利於病忠言逆於耳利於行君無諤諤之臣父無諤諤之子兄無諤諤之弟夫無諤諤之婦士無諤諤之友其亾可立而待　屰聲者徐鍇本作屰亦者案不應有亦字

dān 單

大也從吅𠀠吅亦聲闕 都寒切

大也者大下有闕文既云亦聲則當有吅意　闕者不知𠀠義也

zhōu 喌

呼雞重言之從吅州聲讀若祝 之六切

說文解字義證　卷五

呼雞重言之者呼當爲評重言喌喌也詩麀鹿麌麌傳云重言麌是也　讀若祝者喌祝聲相近春秋衛州吁穀梁作祝吁易林謙之艮張弓祝雞雄父飛去列仙傳祝雞公者雒陽人居尸鄉北山下養雞百餘年雞皆有名字千餘頭暮棲於樹晝日放散呼名卽種別而至博物志祝雞公有養雞法今世人呼雞云祝祝起此也初學記三十引風俗通呼雞朱朱俗說雞本朱公化而爲之今呼雞者呼朱朱也謹案說文解字喌二口爲讙州其聲也讀若祝祝者誘致禽畜和順之意喌與朱音相似亘南山經柜山有鳥焉其名曰鴸其鳴自號馥案陶潛讀山海經詩鴸作鵃玉篇鵃鳥似雞洛陽伽藍記沙門寶公發言似讖胡太后問以世事寶公把粟與雞喚朱朱建義元年后爲爾朱榮所害馥謂喌朱聲近　讀若祝者又通作粥夏小正正月雞桴粥傳云粥也者相粥粥呼也

文六　重二

kū 哭

哀聲也從吅獄省聲凡哭之屬皆從哭 苦屋切

哀聲也者玉篇哭哀之發聲文子精誠篇哭者哀之效也檀弓杞梁死焉其妻迎其柩於路而哭之哀又云孔子過

泰山側有婦人哭於墓者而哀夫子式而聽之

sàng
喪

喪　亾也從哭從亾會意亾亦聲息郎切

亾也者詩皇矣受祿無喪傳云喪亾白虎通崩薨篇喪者何謂也喪者亾也人死謂之喪何言其喪亾不可復得見也　從哭從亾會意亾亦聲者徐鍇本作從哭亾聲禮記釋文引作從哭亾亾亦聲皆無會意二字不當言亦聲

文二

zǒu
走

走　趨也從夭止夭止者屈也凡走之屬皆從走子苟切

本書奔走也與走同意

趨也者釋名疾趨曰走走奏也促有所奏至也大戴禮諸侯遷廟篇在位者皆反走盧辯注云走疾趨也淮南人閒訓走者人之所以爲疾也洪武正韻云走疾趨之也孟子獸走壙董仲舒傳如水之走下項籍傳漢軍皆南走山高紀走水上軍又驅而走之也　夭止者屈也者本書止爲足夭屈也

qū
趨

趨　走也從走芻聲七逾切

走也者御覽引作低頭疾行也一切經音義十四趨引本書走也釋名曰疾行曰趨鹽鐵論論儒篇追亾者趨說苑雜言篇騏驥騄駬倚衡負軛而趨一日千里此至疾也桓二年公羊傳趨而救之注云趨走也周禮樂師趨以采薺注云趨疾於步曲禮帷薄之外不趨注云行而張足曰趨少儀執玉執龜筴不趨堂上不趨城上不趨注云步張足曰趨論語趨而避之皇氏曰趨疾走也又過之必趨苞氏曰趨疾行也馥案趨有疾徐二義玉藻凡君召以三節二節以走一節以趨聘禮記將授志趨注云志猶念也念趨謂審行步也說苑正諫篇茅焦不肎疾行足趣相過耳使者趣之後漢孫堪爲縣令謁府趨步遲緩見譴頓謂此皆徐趨也或借趍字東觀漢記鄧寅容姿趍步有出於衆

fù
赴

赴　趨也從走仆省聲芳遇切

趨也者本書卧趣越皃少儀毋拔來毋報往注云報讀爲赴疾之赴拔赴皆疾也史記燕世家因而赴之破燕必矣新序義勇篇閭君難將赴之釋詁赴至也釋名趨赴也赴所至也聘禮赴者未至則哭于巷衰于館字或作訃雜記凡訃於其君注云訃或作赴赴至也臣死其子使人至君所告之

qù
趣

趣　疾也從走取聲七句切

疾也者本書夲進趣也大十猶兼十人也㬥疾有所趣也務趣也玉篇詩曰來朝趣馬言早且疾也廣韻趣遽也詩棫樸左右趣之傳云趣趨也箋云皆促疾於事定八年公羊傳趣駕何注使疾駕韓詩外傳趣駕召顏淵家語作促駕急就篇閭里鄉縣趣辟論顏注趣謂催速之也史記欒布傳趣亨之索隱曰謂疾令赴鑊也新序刺奢篇伊尹於是接履而趣遂適湯說苑脩文篇孔子謂御曰趣驅之通鑑曹參告舍人趣治行注云趣讀曰促速也

chāo
超

超　跳也從走召聲敕宵切

跳也者釋名超卓也舉脚有所卓越也馥謂卓當作逴方言超遠也廣雅超渡也僖三十三年左傳超乘者三百乘孟子挾泰山以超北海

qiāo
趫

趫　善緣木走之才從走喬聲讀若王子蹻去囂切

善緣木走之才者一切經音義十一引作善緣木之士也李善注西京賦引同古今藝術圖鞦韆北方山戎之戲以習輕趫者文選七啟蹻捷若飛李云廣雅曰趫趨行也今爲蹻古字無定也後漢書朱儁傳賊帥常山人張燕輕勇趫捷故軍中號曰飛燕成公綏洛禊賦曰趫才逸態吳都賦趫材悍壯顏延之赭白馬賦捷趫夫之敏手隋書劉昶黨與三百人其趫捷者號爲餓鶻隊衛公兵法以板爲埒立桔槔於四輪車上懸幔逼城堞閒使趫捷者蟻附而上吳志太史慈討賊賊緣樓行手持樓棼　讀若王子蹻者子下脫歌字玉海引周書王子敷席注瑟師曠歌無射王子歌蟜注云曲名也

jiū
赳

赳　輕勁有才力也從走丩聲讀若鐈居黝切

輕勁有才力也者廣雅赳赳武也爾雅釋訓赳赳武也詩兔罝赳赳武夫傳云赳赳武貌漢書趙充國傳赳赳桓桓顏注赳赳勁也

qí
趌

趌　緣大木也一曰行皃從走支聲巨之切

zào 趮　yuè 趯　jué ⿺走厥　yuè 越　chèn 趁　zhān ⿺走亶

緣大木也者五音集韻⿺走支猱升木也　一曰行皃者廣雅⿺走支⿺走支行也或借伎字詩鹿斯之奔維足伎伎

趮 疾也從走喿聲 則到切

疾也者廣雅同考工記矢人羽豐則遲羽殺則趮經典或作躁莊三十年公羊傳蓋以躁之爲已蹙矣何云躁迫也　詩江漢箋云非可以兵急躁切之也

趯 踊也從走翟聲 以灼切

元包經旁佗佗趯欻欻

踊也者王君念孫曰繫傳作躍也臣鍇曰詩趯趯阜螽善跳躍念孫按趯古皆訓爲躍詩草蟲首章傳趯趯躍也後漢書班固傳南趯朱垠注趯躍也又詩巧言四章躍躍毚兔躍躍卽趯趯正義引王肅云言其騰躍逃隱又音藥益趯與躍同聲故詩傳及說文並云趯躍也今作踊失之矣馥案史記春申君傳引詩趯趯毚兔劉孝標廣絕交論夫草蟲鳴則阜螽躍漢書李尋傳涌趯邪陰顏注趯與躍同

⿺走厥 蹶也從走厥聲 居月切

蹶也者本書蹶一曰跳也廣韻趉⿺走厥跳皃

越 度也從走戉聲 王伐切

度也者廣雅同彼作渡本書過度也魏武帝短歌行越陌度阡漢書地理志越巂郡應劭曰有巂水言越此水以章休盛也隱元年左傳士踰月外姻至注云踰月度月也

趁 ⿺走亶也從走㐱聲讀若塵 丑刃切

⿺走亶也者本書駗驙馬載重難行也集韻趁⿺走亶行不進皃

⿺走亶 趁也從走亶聲 張連切

趁也者廣韻⿺走亶與邅同行難也楚辭九諫蹇邅回而不能行本書驙下引易驙如今易屯卦作邅如馬融注邅難行不進之皃

què 趞　qiāo 趬　xián ⿺走弦　cī 趀　piāo ⿺走票　qǐn ⿺走臤　qiū 趥　zhú ⿺走蜀　jiàng ⿺走匠　xún ⿺走叡

趞 趞趞也一曰行皃從走昔聲 七雀切

一曰行皃者廣雅趞趞行也

趬 行輕皃一曰趬舉足也從走堯聲 牽遙切

行輕皃者後漢書馬融傳或輕訬趬悍注引本書同集韻云漢書誅撓羿顏師古讀通作趬　一曰趬舉足也者一切經音義十六引作一曰舉也廣雅趬舉也聘禮記下階發氣怡焉再三舉足又趨注云至此云舉足則志趨卷豚而行也疏云是釋志趨爲徐趨此舉足爲疾趨也或借翹字廣雅翹舉也

⿺走弦 急走也從走弦聲 胡田切

趀 蒼卒也從走𠂔聲讀若資 取私切

蒼卒也者本書䟽蒼䟽廣雅作猝易夬卦其行次且釋文云說文及鄭作趀說文倉卒也

⿺走票 輕行也從走票聲 撫招切

輕行也者本書僄輕也顏謂⿺走票捷輕便也

⿺走臤 行皃從走臤聲讀若菣 棄忍切

行皃者集韻⿺走臤行緩皃

趥 行皃從走酋聲 千牛切

行皃者類篇趥徒行

⿺走蜀 行皃從走蜀聲讀若燭 之欲切

行皃者廣韻⿺走蜀小兒行皃　讀若燭者左傳燭之武當作⿺走蜀

⿺走匠 行皃從走匠聲讀若匠 疾亮切

⿺走叡 走皃從走叡聲讀若紃 詳遵切

叡聲者徐鍇本作叡聲文作⿺走叡玉篇廣韻竝同叡乃濬壑字與紃聲不相近

jié 趨 ⿺走薊

⿺走薊 走意。從走薊聲。讀若髽結之結。古屑切 讀若髽結之結者薊結聲相近今俗謂打結聲如薊

yǔn ⿺走困

⿺走困 走意。從走困聲。丘忿切 走意者本書蹶家足也

suō 趖

趖 走意。從走坐聲。蘇和切 走意者廣韻趖走疾

xiàn ⿺走憲

⿺走憲 走意。從走憲聲。許建切 石鼓文其來趩⿺走憲

biān ⿺走臱

⿺走臱 走意。從走臱聲。布賢切 走意者類篇⿺走臱走頓也　臱聲者徐鍇本作臱省聲臱有偏旁乃爲省聲不知是何偏旁

說文解字義證　卷五　坴

zhí ⿺走戠

⿺走戠 走也。從走戴聲。讀若詩威儀秩秩。直質切 讀若詩威儀秩秩者今詩無此文大雅假樂威儀抑抑德音秩秩戴秩聲相近詩秩秩大猷本書引作戴戴

yòu ⿺走有

⿺走有 走也。從走有聲。讀若又。于救切

wǔ ⿺走烏

⿺走烏 走輕也。從走烏聲。讀若鄔。安古切 走輕也者廣韻⿺走烏足輕

qú 趯

⿺走瞿 走顧皃。從走瞿聲。讀若劬。其俱切 走顧皃者本書瞿行皃

jiǎn ⿺走蹇

⿺走蹇 走皃。從走蹇省聲。九輦切

cāi 赼

赼 疑之等赼而去也。從走才聲。倉才切 疑之等赼而去也者似有闕誤李燾舊刻本作疑之等越而去也廣韻赼起去也類篇赼起也

cǐ ⿺走此

⿺走此 淺渡也。從走此聲。雌氏切

qióng ⿺走勻

⿺走勻 獨行也。從走勻聲。讀若煢。渠營切 獨行也者徐鍇曰詩云獨行煢煢本作此⿺走勻字　讀若煢者本書引嬛嬛在疚即煢煢是嬛⿺走勻一聲之轉

yú ⿺走與

⿺走與 安行也。從走與聲。余呂切 安行也者本書𧻆趣步𧻆𧻆也趣當爲⿺走與廣韻⿺走與⿺走與安行皃昭二年左傳宣子譽之服注譽游也宣子游其樹下夏諺曰一游一譽爲諸侯度韻謂譽即⿺走與游即安行又借與字羽獵賦淫淫與與李注皆行皃也

qǐ 起

起 能立也。從走巳聲。墟里切 本書作起也　釋名起啓也啓一舉體也　曲禮請業則起請益則起又云君子問更端則起而對　能立也者漢書五行志上林苑中大柳樹斷仆地一朝起立　巳聲者玉篇巳起也晉樂志巳起也白虎通五行篇太陽見於巳巳者物必起鄭康成別傳夢孔子告之曰起起今年歲在辰明年歲在巳

說文解字義證　卷五　坴

𨑹 古文起從辵

hái ⿺走里

⿺走里 留意也。從走里聲。讀若小兒孩。戶來切 留意也者類篇⿺走里將走有意留

xiòng ⿺走臭

⿺走臭 行也。從走臭聲。香仲切 行也者廣韻趬⿺走臭疲行也集韻趬⿺走臭趨極行也　臭聲者猶吼音呼后切

yǐn ⿺走金

⿺走金 低頭疾行也。從走金聲。牛錦切 低頭疾行也者本書頷低頭也集韻作⿺走金低首疾趨謂之⿺走金

jí 趌

趌 趌⿺走曷怒走也。從走吉聲。去吉切 趌⿺走曷怒走也者廣韻趌直行纂文趌⿺走曷凶豎也

jié ⿺走曷

⿺走曷 趌⿺走曷也。從走曷聲。居謁切

xuān 趯
疾也從走瞏聲讀若讙況袁切
疾也者廣雅趯疾也

jí 趌
直行也從走气聲魚訖切
直行也者本書馺馬行仡仡也馥謂當爲趌趌

yì 趩
趨進趩如也從走翼聲與職切
趨進趩如也者論語文彼作翼孔注言端好賈誼書趨以微磬之容飄然翼然肩狀若流足如射箭趨容也

jué 赽
踶也從走決省聲古穴切
踶也者赽或借趹字淮南兵畧訓有蹷者趹

chì 趩
行聲也一曰不行皃從走異聲讀若敕丑亦切
行聲也者石鼓文其來趩趩　一曰不行皃者疑寸行皃玉篇趩走皃類篇趨趩行貌

說文解字義證　卷五　卌三

dī 趆
趍也從走氐聲都禮切
趍也者玉篇趆走皃

chí 趍
趍趙夂也從走多聲直离切
趍趙夂也者夂小字本徐鍇韻譜李燾本玉篇廣韻佩觿並作夂本書夂行遲曳夂夂象人兩脛有所躧也多下引論語跢予之足跢即趍方言跌蹷也注云江東言跢廣雅蹢躅跢跦也集韻趍攜幼行也

zhào 趙
趍趙也從走肖聲治小切
趍趙也者字林趙趍也

qǐn 赾
行難也從走斤聲讀若堇丘堇切
行難也者廣雅赾難也廣韻赾跛行貌

jú 趜
走意也從走匊聲讀若繘居聿切
走意也者廣韻趜行走之貌　讀若繘者本書瓊或作璚觼或作鐍

chuò 趠
遠也從走卓聲敕角切
遠也者本書逴遠也或借卓字釋名超卓也舉脚有所卓越也漢書孔光傳非有踔絕之能不能踰越注云踔高遠貌後漢書蔡邕傳踔宇宙而遺俗兮注云踔猶越也羽獵賦踔天蟜李善引三蒼詁訓踔踰也

yuè 趯
趠趯也從走龠聲以灼切
趠趯也者徐鍇曰趯猶躍也廣韻趯趠趯行貌一切經音義一趠跳也郭璞曰趠謂懸擲也又卷六引上林賦趠稀閼郭璞曰懸擲也釋名龠躍也氣躍出也漢書律歷志龠者黃鍾律之實也躍微動氣而生物也據此則徐說是也
龠聲者徐鍇作龠亦聲亦字衍

jué 䠇
大步也從走矍聲丘縛切

chì 趩
超特也從走契聲丑例切
超特也者廣雅趩渡也廣韻趩與跇同踰也馥謂超特者超遠特異也楚辭寧超然高舉以保眞乎儒行特立獨行詩秦風百夫之特箋云百夫之中最雄俊也

說文解字義證　卷五　卌四

jī 趮
走也從走幾聲居衣切

fú 趀
走也從走弗聲敷勿切

jú 趫
狂走也從走矞聲余律切
狂走也者甘泉賦捎夔魖而抶獝狂馥謂獝即趫集韻趫驚遽貌

mán 趨
行遲也從走曼聲莫還切
反快爲趨

jué 趉
走也從走出聲讀若無尾之屈瞿勿切
走也者玉篇趉卒起走也廣雅趉衝也　讀若無尾之屈者屈當爲屈本書屈無尾也

走

jú 趜

趜 窮也從走匊聲 居六切

窮也者經典借鞠字書盤庚爾惟自鞠自苦傳云鞠窮也詩南山曷又鞠止又小弁鞫爲茂草傳云鞫窮也戰國策事敗而好鞠之注云鞫窮也廣韻趜趜趍類篇趜趜趍足不伸又趜趍傴僂也通俗文體不伸謂之趜

cī 趀

趀 趀趄行不進也從走次聲 取私切

趑趄行不進也者廣雅趑雎難行也易夬卦其行次且釋文云本亦作趑或作跌馬云卻行不前也王肅云趑趄行止之礙也蜀志張裔傳趑趄不賓張載劍閣銘一人荷戟萬夫趑趄注云趑趄難行貌也隋書李德林傳趑趄吳越通鑑宋文帝命將出師授以成律交戰日時亦待中詔是以將帥趑趄莫敢自決注云趑趄不進也唐新語選人有索闕者其人出選門爲衆目所覗衆口所訐趑趄失步

jū 趄

趄 趑趄也從走且聲 七余切

此文徐鉉所加太元更次八四馬跙跙本書亦無跙字

qiān 䞿

䞿 蹇行䞿䞿也從走虔聲讀若愆 去虔切

蹇行䞿䞿也者易王臣蹇蹇當作䞿䞿

quán 𧾩

𧾩 行𧾩趢也一曰行曲脊皃從走雚聲 巨員切

行𧾩趢也者一切經音義二十三埤蒼踡跼不伸也踡說文作𧾩謂行𧾩趢也馥案楚辭九思踡跼兮寒局數淮南精神訓踡跼而諦通夕不寐 一曰行曲脊兒者廣韻𧾩曲走貌五音集韻𧾩行傴也

lù 趢

趢 𧾩趢也從走彔聲 力玉切

𧾩趢也者廣韻趢趗兒行又云趢趗局小兒東京賦狹三王之趢趗

qūn 䞭

䞭 行趚䞭也從走夋聲 七倫切

行趚䞭也者徐鍇本作行速䞭䞭本書夋行夋夋也廣韻䞭進也

qì 趚

趚 側行也從走朿聲詩曰謂地蓋厚不敢不趚 資昔切

側行也者玉篇趚小行貌類篇趚趚盜行 詩曰謂地蓋厚不敢不趚者小雅正月文彼作蹐本書蹐下引詩不敢不蹐

kuǐ 趌

趌 半步也從走圭聲讀若跬同 丘弭切

半步也者經典多作跬字小爾雅廣度跬一舉足也倍跬謂之步方言半步爲跬司馬法凡人一舉足曰跬跬三尺也兩舉足曰步步六尺也賈誼書審微篇墨子見衢路而哭之悲一跬而謬千里也詩小旻箋云無進於跬步釋文云舉足曰跬漢書鄒陽傳跬步獨進王莽傳進不跬步顏注竝云半步曰跬謂一舉足也息夫躬傳未有能窺左足而先應者也蘇林曰窺音跬顏曰跬半步也言一舉足也或借頃字荀子勸學篇故不積蹞步無以至千里注云半步曰蹞蹞與跬同又作頃祭義故君子頃步而弗敢忘孝也注云頃當爲跬聲之誤也釋文云一舉足爲跬再舉足爲步又借貍字周禮射人若王大射則以貍步張三侯鄭司農云貍步謂一舉足爲一步於今爲半步 讀若跬同者本書無跬字

chí 䞾

䞾 䞾𧾝輕薄也從走虒聲讀若池 直离切

bó 𧼮

𧼮 僵也從走咅聲讀若匐 朋北切

僵也者本書踣僵也

chě 赿

赿 距也從走庐省聲漢令曰赿張百人 車者切

距也者距當爲岠本書岠超岠僖二十八年左傳距躍三百注云距躍超越也 庐省聲者徐鍇本作斥聲案斥當爲庐隸作斥譌爲斥徐鉉以爲庐省篆作庐皆非也玉篇蹠蹠弛亦作趼 漢令曰赿張百人者如淳漢書注漢令有蹶張士百人蹶跳也與赿義同案漢令見於兩漢書者有令甲令乙令丙秩祿令宮衛令金布令品令祠令祀令齋令公令功令廷尉挈令光祿挈令廷尉板令田令水令晉書刑法志云漢時決事集爲令甲以下三百餘篇

lì 𧾐

𧾐 動也從走樂聲讀若春秋傳曰輔𧾐 郎擊切

石鼓文多庶𧾐𧾐

cuǐ 趡　yuán 趄　diān 趚

動也者經典作蹀大戴禮騏驥一躒不能千步文選左太冲詩卓犖觀羣書李善引孔融表云英才卓躒躒與犖同　讀若春秋傳曰輔趮者襄二十四年左傳文彼作躒

趡　動也從走隹聲春秋傳曰盟于趡趡地名　千水切

動也者史記司馬相如傳蔑蒙踊躍騰而狂趡注云趡走貌郭若虛圖畫見聞志鬼神作鼭鬾馳趡之狀　春秋傳曰盟于趡趡地名者左氏經桓十七年公會邾儀父盟于趡杜注趡魯地

趄　趄田易居也從走亘聲　羽元切

趄田易居也者經典借爰字或又作轅亘爰聲近戰國策狐咺漢書古今人表作狐爰張湯傳傳爰書顔師古解爰爲換吳志鍾離牧傳少爰居永興陸堨傳及同郡徐原爰居會稽皆言遷易也僖十五年左傳孤雖歸辱社稷矣其卜貳圉也衆皆哭晉於是乎作爰田正義云服虔孔晁皆云爰易也賞衆以田易其疆畔晉語秦將歸寡人寡人不足以辱社稷二三子其改置以代圉也且賞以說衆衆皆哭焉作轅田韋云賈侍中云轅易也爲易田之法賞衆以

田易者易疆界也或云轅田以田出車賦昭謂此欲賞以說衆而言以田出車賦非也唐云讓肥取墝也公羊解詁說井田之制云司空謹別田之高下善惡分爲三品上田一歲一墾中田二歲一墾下田三歲一墾肥饒不得獨樂墝埆不得獨苦故三年一換主易居財均力平兵車素定是謂均民力彊國家周禮大司徒不易之地家百畮注云不易之地歲種之地美故家百畮小司徒乃經土地而井牧其田野案左傳井衍沃牧隰皋舊說以衍沃之地九夫爲井隰皋之地九夫爲牧二牧而當一井鄭注據爲說云授民田有不易有一易有再易通率二而當一是之謂井牧漢書地理志商君制轅田張晏曰田三歲一易以同美惡孟康曰爰田上田不易中田一易下田再易三年爰土易居古制也食貨志歲更種者爲不易上田休一歲者爲一易中田休二歲者爲再易下田三歲更耕自爰其處顔云爰更互也

趚　走頓也從走眞聲讀若顚　都年切

走頓也者通鑑沈約未至牀而憑空頓於牀下注云踣而首先至地爲頓廣雅頓僵也經典借顚字王逸注楚詞九

yǒng 趙　bì 趩

歎云顚倒也易鼎顚趾鄭注顚踣也書尤征顚覆厥德傳云顚覆言反倒詩抑顚覆厥德隱十一年左傳子都自下射之顚定八年傳猛逐之顧而無繼僞顚論語顚沛必於是馬融曰顚沛僵仆也皇侃曰僵仆猶倒踣也論語又云危而不持顚而不扶則將焉用彼相矣正義云當扶其主之顚蹶莊子人閒世形就而入且爲顚爲滅注云若遂與同則是顚危而不扶持漢書五行志高位實疾顚顔注顚仆也又借蹎字一切經音義四蹎蹶猶頓仆反倒也荀子正論篇蹎跌碎折注云蹎蹶也漢書貢禹傳誠恐一旦蹎仆顔注蹎音顚蹷蹎也又作傎龍龕手鑑傎倒也隕也一切經音義十四引書傎覆厥德

趙　喪辟趙從走甬聲　余隴切

喪辟趙者辟徐鍇本作擗經典借踊字急就篇棺槨槥櫝遣送踊顔注隱痛之極故擗踊也踊跳躍也檀弓辟踊哀之至也疏云拊心爲辟跳躍爲踊

趩　止行也一曰竈上祭名從走畢聲　卑吉切

止行也者韻會引徐鍇本作止行人也廣雅趩止也漢書韓安國傳故出稱趩入言警顔注趩止行人也警戒肅也天子出入皆備此儀而今云出稱趩入言警者互言之耳梁孝王傳出稱警入言趩顔注警者戒肅也趩止行人也言出入者互文耳出亦有趩漢儀注皇帝輦動左右侍帷幄者稱警出殿則傳趩止人清道也佞幸傳天子車駕趩通未行顔注已稱趩止行人訖而天子未出也後漢書銚期傳光武趣駕出百姓聚觀諠呼滿道遮路不得行期騎馬奮戟瞋目大呼左右曰趩注云說文趩與蹕同吳都賦齊鑣駐趩劉注趩止行者也王者出入警趩經典借蹕字古今注警蹕所以戒行徒也周禮蹕而不警秦制出警入蹕謂出軍者皆警戒入國者皆蹕止也故云出警入蹕也周禮閽人蹕宮門廟門注云蹕止行者宮正凡邦之事蹕先鄭云國有事王當出則宮正主禁絕行者若今時衛士填街蹕也隸僕掌蹕宮中之事鄭司農云蹕謂止行者清道若今時儆蹕大司寇使其屬蹕注云蹕止行也釋文蹕本亦作趩音畢曾子問主出廟入廟必蹕注云蹕止行也襄二十五年左傳不蹕注云蹕止行人史記叔孫通傳孝惠帝爲東朝長樂宮及閒往來數蹕煩人韋昭云蹕止人行也張釋之傳一人犯蹕當罰金集解如淳曰乙令蹕止

先至而犯者罰金四兩蹕止行人漢書司馬相如傳祝融警而蹕御兮顏注蹕止行人也後漢書楊秉傳王者至尊出入有常警蹕而行靜室而止注云蹕止行人也宋書禮志漢儀曰出稱警入稱蹕說者云車駕出則應稱警人則應稱蹕也而今俱唱之史臣以爲警者警戒也蹕者止行也今從乘輿而出者竝警戒以備非常也從外而入乘輿相干者蹕而止之也通鑑劉成上書告竟陵王誕習唱警蹕楊修許昌宮賦警蹕嘈而響起馥案屆趩屆亦止義昭十七年左傳屆民無淫注云屆止也　一曰竈上祭名者玉篇禪竈上祭也雜五行書竈神名禪字子郭禪禪形近誤也淮南氾論訓炎帝作火官死而爲竈神禮月令孟夏祀竈獨斷夏爲太陽其氣長養祀之於竈後漢書陰興傳臘日晨炊而竈神形見因以黃羊祀之

jiàn 趣

【篆】進也從走斬聲 藏濫切

進也者經典借漸字廣雅漸進也易漸卦漸之進也

tí 趧

【篆】趧婁四夷之舞各自有曲從走是聲 都兮切

說文解字義證　卷五　究

趧婁四夷之舞者經典作鞮鞻周禮敘官鞮鞻氏掌四夷之樂與其聲歌注云言與其聲歌則云樂者主於舞旄人掌教舞夷樂後漢書陳禪傳古者合歡之樂舞於堂四夷之樂陳於門故詩云以雅以南韎任朱離五經通義東夷之樂持矛舞助時之生南夷之樂持羽舞助時之養西夷之樂持鉞舞助時之殺北夷之樂持干舞助時之藏　各自有曲者上林賦俳優侏儒狄鞮之唱魏都賦鞮鞻所掌之音韎昧任禁之曲東都賦四夷閒奏德廣所及僸佅兜離罔不俱集樂說東夷之樂曰株離南夷之樂曰任西夷之樂曰禁北夷之樂曰昧注云陽氣始起於懷任之物各離其株也南者任也盛夏之時物皆懷任矣草本畢成禁如收斂盛陽銷盡蔽其光景昧然

tiáo 越

【篆】雀行也從走兆聲 徒遼切

韻集趒越也

亦縣躑也

雀行也者戰國策雀立不轉注云雀立踊也馥案雀行雀躍也風俗通步始於足足率長十寸十寸則尺一躍三尺法天地人再躍則步四子講德論今夫子閉門距躍李善云距躍不行也

qián 赶

【篆】舉尾走也從走干聲 巨言切

舉尾走也者通俗文舉尾走曰赶類篇赶馬走廣韻赶獸舉尾走

文八十五　重一

zhǐ 止

【篆】下基也象艸木出有址故以止爲足凡止之屬皆從止 諸市切

下基也者本書阯基也釋名阯基阯也漢官儀交阯始開北方交於南方以爲子孫基阯　象艸木出有址者本書無址字本書㞢出也象艸過屮枝莖益大有所之一者地也馥謂止㞢同意故以止爲足者足亦人之下基也本書正古文作疋從一足足亦止也又跟或從止又企舉踵也古文從足字林趾足也士昏禮北止注云止足也海內經韓流豚止注云止足莊子德充符魯有兀者無止漢書郊祀志獲白麟爰五止顏注止足也刑法志當斬左止者笞五百顏注止足也經典借趾字釋言趾足也易艮卦艮其趾釋文趾荀作止賁卦賁其趾釋文趾一本作止鄭云

說文解字義證　卷五　卆

止足夬卦壯于前趾釋文趾荀作止詩麟之趾傳云趾足也釋文作止云本亦作趾七月四之日舉趾傳云民無不舉足而耕矣桓十三年左傳舉趾高漢書五行志引作止昭七年傳今君若步玉趾杜云趾足也或作阯海外南經交脛國爲人交脛郭璞曰腳脛曲戾相交所謂雕題交趾者也劉欣期交州記交阯之人出南定縣足骨無節身有毛臥者更扶始得起

zhǒng 踵

【篆】跟也從止重聲 之隴切

經典作踵禮記玉藻舉前曳踵秦策康子履魏桓子躡其踵莊子讓王篇納履而踵決史記天官書跰踵索隱云天文志作路踵字詁云踵今作踵也　顏注急就篇踵者鍾也上體任之力所鍾聚也

跟也者本書跟足踵也踵當爲踵釋鳥鳧雁醜其足蹼其踵企釋文引聲類踵足跟也曲禮車輪曳踵正義云踵腳後也

chēng 堂

【篆】歫也從止尚聲 丑庚切

歫也者考工記弓人維角堂之注云鄭司農云堂讀如牚距之牚車牚之牚漢書匈奴傳陳遵與單于相牚距長門賦離樓梧而相撐五臣云撐逆也靈光殿賦枝牚杈枒而斜據張載注牚或作棖馥案別作樘廣雅樘距也

chí 峙

峙 踞也從止寺聲 直离切

踞也者李善注鸚鵡賦引作立也一切經音義一引字詁古文峙今作跱廣雅峙止也謂亭亭然獨止立也錢君大昭曰玉篇跱引爾雅室中謂之跱跱上也今釋宮譌作時上亦止之譌也

jù 歫

歫 止也從止巨聲一曰搶也一曰超歫 其呂切

止也者歫經典作距孟子距人於千里之外趙注道術之士間之止於千里之外而不來也漢書汲黯傳智足以距諫四子講德論今夫子閉門距躍李善云距躍不行也 一曰搶也者搶當爲槍本書槍歫也 一曰超歫者管子輕重丁篇戲笑超距終日不歸新序雜事篇楚邱先生曰將使我投石而超歫乎史記王翦傳投石超距索隱超距猶跳躍也吳都賦拔距投石之部劉注拔距謂兩人以手相按能拔引之也超踰躍也王翦傳曰投石超距漢書甘

延壽傳爲羽林投石拔距絕於等倫嘗超踰羽林亭樓應劭曰拔距即下超踰羽林亭樓是也張晏曰拔距超距也通鑑邱行恭距躍大呼注云距躍超距而跳躍也僖三十三年左傳超乘高誘曰超乘巨踊車上也哀八年傳私屬徒七百人三踊於幕庭注云於帳前設格令士試躍之

qián 歬(前)

歬 不行而進謂之歬從止在舟上 昨先切

不行而進謂之歬者廣雅前進也

lì 歷

歷 過也從止厤聲 郎擊切

本書歲越歷二十八宿 方言躔歷行也 釋詁艾歷也郭云長者多更歷 書召誥惟有歷年傳云多歷年數

過也者徐鍇本作過也傳也馥案過也者書梓材殺人歷人傳云歷人者罪人所過論衡譴告篇太王亶父以王季之可立故易名爲歷歷者適也馥案適當爲過詩魚麗于罶傳云麗歷也又云庶人不數罟正義云謂罟目不得總之使小言使小魚不得過也傳也者本書傳遽也乘傳多更歷

chù 㤿

㤿 至也從止叔聲 昌六切

至也者錢君大昭曰方言㤿到也通作㤿字異音義同馥案集韻㤿至也

bì 躄

躄 人不能行也從止辟聲 必益切

廣雅躄癃也 字或作躄荀子正論篇不能以辟馬毁輿致遠注云辟與躄同淮南說林訓躄者見虎而不走非勇勢不便也說山訓寇難至躄者告盲者盲者負而走兩人皆活得其所能也故使盲者語使躄者走失其所能也史記平原君傳民家有躄者正義躄跛也七發猶將伸傴起躄易林躄屈腹伸又云跛躄難步道不及舍魏志管輅傳郭恩兄弟三人皆得躄疾吳書闞澤贊一足被創遂屈不伸呼諸近親謂曰我屈躄在閭巷之閒存亾無以異今欲割引吾足幸不死而足申幾復見用死則已矣乃以刀自割其筋遂引申其足足申創愈以得差步

人不能行也者一切經音義十六引無人字六書故同呂氏春秋盡數篇重水所多尰與躄人注云躄不能行也王制瘖聾跛躃釋文躄兩足不能行也華佗別傳有人病兩脚躄不能行

guī 歸

歸 女嫁也從止從婦省𠂤聲 舉韋切

女嫁也者易泰卦帝乙歸妹王肅云婦人謂嫁曰歸詩葛覃言告言歸傳云婦人謂嫁曰歸江有汜之子歸南山齊子由歸箋竝云婦人謂嫁曰歸隱元年左傳故仲子歸于我杜云婦人謂嫁曰歸隱二年公羊傳婦人謂嫁曰歸何云婦人生以父母爲家嫁以夫爲家故謂嫁曰歸成五年穀梁傳婦人之義嫁曰歸論語管氏有三歸苞氏曰三歸者娶三姓女也婦人謂嫁爲歸 從婦省者當爲從帚本書婦從女持帚灑埽歸與婦同意

籀文省

jié 疌

疌 疾也從止從又又手也屮聲 疾葉切

疾也者通作捷小爾雅廣詁捷疾也王注楚辭捷疾也 從止從又又手也者徐鍇本作從又又手也從止一切經音義二疌字體從又從止屮聲馥案從又者本書聿從又云手之疌巧也

niè [illegible]

機下足所履者從止從又入聲 尼輒切

機下足所履者者御覽引字林無足字廣韻㚒織㚒徐鍇日今人作䌫𩍐案䌫當爲躡方言躡登也廣雅躡履也釋名躡攝也登其上使攝服也魏志杜夔傳注引傅元敘扶風馬鈞曰馬先生天下之名巧也乃思綾機之變舊綾機五十綜者五十躡六十綜者六十躡先生患其喪功費日乃皆易以十二躡武梁祠畫曾子母投機上投杼象足下履交木即此列子湯問篇紀昌偃臥其妻之機下以目承牽挺𩍐謂牽挺即㚒

tà 少

少 蹈也從反止讀若撻 他達切

蹈也從反止者廣韻引文字音義同本書𣥠左體從少步下體從少

sè 歰

歰 不滑也從四止 色立切

考工記廬人炙諸牆注云正於牆牆歰　楚詞大招四酎并孰不歰嗌只俗或作澁方言讓極吃也或謂之澁注云語澁難也　又作澁東方朔別傳新雨生枝滑枯枝澁故鵲立枯枝上宋書南郡王義宣生而舌短澁於言論元和郡縣志鍾山縣澁水山后之陂波流塞澁因以爲名　又借泣字焦氏筆乘素問脈泣而血虛又云寒氣入經而稽遲泣而不行又

云多食鹹則脈凝泣而變色泣讀爲澀

不滑也從四止者一切經音義二十三歰者不滑也字從四止四止即不通利字義也通鑑齊主言語澁吶注云澁不滑順也

文十四　重一

bō 癶

癶 足剌癶也從止少凡癶之屬皆從癶讀若撥 北末切

足剌癶也者本書𣥠籀文從癶𣥠象人足夊走犬貌從犬而丿之曳其足則剌夊也茇艸根春艸根枯引之而發土爲撥故謂之茇士相見禮庶人則曰刺草之臣注云刺猶剗除也荀子富國篇刺屮殖穀　讀若撥者漢書夏侯嬰傳常蹳兩兒棄之案類篇蹳足跋物西周策少焉氣力倦弓撥矢鉤鮑云撥弓反也

dēng 登

登 上車也從癶豆象登車形 都滕切

上車也者本書𨊠輈車後登也釋詁登陞也考工記輈人大車之轅摯其登又難玉篇𧦧云將登車履石也詩白華有扁斯石履之卑兮傳云王乘車履石周禮隸僕王行洗乘石鄭司農云乘石王所登上車之石也詩云有扁斯石履之卑兮謂上車所登之石尸子周公旦踐東宮履乘石魏武上雜物疏有上車漆畫重凡大小各一枚論語升車必正立執綏呂氏春秋忠廉篇吳王曰上車不能登軾

豆象登車形者本書𧯠登也從豆𩍐案隸書登字其下作亚

𤼷 籀文登從𠬞

從𠬞者與𢍏從𠬞意同

bá 癹

癹 以足蹋夷艸從癶從殳春秋傳曰癹夷薀崇之 普活切

以足蹋夷艸者廣韻蹳蹋草聲周禮薙氏掌殺草夏日至而夷之經典譌作芟稻人凡稼澤夏以水殄草而芟荑之成十三年左傳芟夷我農功尚書敘芟夷煩亂正義云似草隨次皆芟使平夷通鑑宋竺夔係東陽其不入城者使芟夷禾稼　從癶從殳者當云癶亦聲　春秋傳曰芟夷薀崇之者隱六年左傳文彼謂五父諫陳侯云周任有言

曰爲國家者見惡如農夫之務去草焉芟夷薀崇之絕其本根勿使能殖詩蕩顛沛之揭枝葉未有害本實先撥箋云撥猶絕也言大本揭然將蹶枝葉未有折傷其根本實先絕乃相隨俱顛拔正義云撥者撥去之去其餘根故云猶絕也

文三　重一

bù 步

步 行也從止少相背凡步之屬皆從步 薄故切

行也者廣雅同釋名徐行曰步步捕也如有所伺捕務安詳也淮南人閒訓步者人之所以爲遲也書召誥王朝步自周鄭注步行也堂下謂之步吳語以安步王志韋云步行也詩白華天步艱難桑柔國步斯頻傳竝云步行少儀執轡然後步曲禮門閭溝渠必步注竝云步行

suì 歲

歲 木星也越歷二十八宿宣徧陰陽十二月一次從步戌聲律歷書名五星爲五步 相銳切

書堯典以齊七政馬曰七政者北斗七星也各有所主第一曰主日第二曰主月第三曰命火謂熒惑也第四曰煞土謂塡星也第五曰伐水謂辰星也第六曰危木謂歲星也第七曰剽金謂太白也日月五星各異故曰七政　周禮保章氏以十有二歲之相觀天下之妖祥注云歲謂太歲歲星與日同次之月斗所建之辰也歲星爲陽右行於天太歲爲陰左行於地十二歲而小周　馮相氏疏云歲星爲陽右行於天一歲移一辰又分前辰爲一百三十四分而侵一分則一百四十四年跳一辰十二辰帀則總有千七百二十八年十二跳辰帀以此而計之十二歲一小周謂一年移一辰故也千七百二十八年一大周十二跳帀故也服虔注春秋龍度天門以歲星本在東方謂之龍以辰爲天門故以歲日跳度爲龍度天門也　襄九年左傳一星終也注云歲星十二歲而一周天正義云以古今歷書推步五星金水火土皆不得十二年而一終惟木三百九十八日行星三十三度十二年而彊一周二十八年傳歲在星紀三十年傳猶可以終歲注云星十二年而一終昭七年傳歲時日月星辰服虔曰歲星之辰左行於地十二歲而一周　漢書天文志注晉灼云太歲在四仲則歲行三宿太歲在四孟四季則歲行二宿二八十六三四十二而行二十八宿十二歲而周天　說苑所謂五

說文解字義證卷五　卅五

星者一曰歲星二曰熒惑三曰鎭星四曰太白五曰辰星　五經異義春秋左氏說歲星爲年紀十二而一周於天天道備　三禮義宗歲星者東方蒼龍之宿五星之首在天右行十一歲一周天　星備立春歲星王七十二日其色有白光角茲

木星也者本書古文甲云歲成于木之象襄二十八年左傳歲在星紀服虔注歲木星之神也史記天官書正義歲星者東方之精蒼帝之象也淮南天文訓何謂五星東方木也其帝太皞其佐句芒執規而治春其神爲歲星尚書考靈耀歲星木精抱朴子歲星木精生青龍通鑑陳韋鼎謂隋文帝曰歲一周天老夫當委質於公注云歲星木星也十二年一周天　越歷二十八宿者洪範四五紀四日星辰傳云二十八宿迭見以敘氣節周禮馮相氏掌二十八星之位䅆蔟氏掌二十有八星之號注云星謂從角至軫白帖歷候不忒無失經紀七曜爲經二十八宿爲紀夢溪筆談二十八宿爲其有二十八星當度故立以爲宿說苑辨物篇所謂二十八星者東方曰角亢氐房心尾箕北方曰斗牛須女虛危營室東壁西方曰奎婁胃昴畢觜參南方曰東井輿鬼柳七星張翼軫所謂宿者日月五星之所宿也其在宿運外內者以宮名別其根荄皆發於地而光華形於天　淮南天文訓中央曰鈞天其星角亢氐東方曰蒼天其星房心尾東北曰變天其星箕斗牽牛北方曰元天其星婺女虛危營室西北方曰幽天其星東壁奎婁西方曰昊天其星胃昴畢西南方曰朱天其星觜觿參東井南方曰炎天其星輿鬼柳七星東南方曰陽天其星張翼軫　律歷志二十八宿之度角十二度亢九氐十五房五心五尾十八箕十一東方七十五度斗二十六牛八女十二虛十危十七營室十六壁九北方九十八度奎十六婁十二胃十四昴十一畢十六觜二參九西方八十度井三十三鬼四柳十五星七張十八翼十八軫十七南方一百一十二度　廣雅東方七宿七十五度南方七宿百一十二度西方七宿八十度北方七宿九十八度四分度之一四方凡三百六十五度四分度之一一度二千九百三十二里二十八宿閒相距積一百七萬九百一十三里徑三十五萬六千九百七十一里　宜徧陰陽者文十八年左傳宜慈惠和注云宣徧也詩江漢來旬來宣箋云宣徧也又緜迺宣迺畝王肅云宣徧也又文王宣昭義問箋云宣徧也淮南時則訓必宣以明高注宣徧也又注戰國策云宣徧也徐鍇曰自子至巳爲陽午至亥爲陰一次三十二

說文解字義證卷五　卅六

度十二次凡三百六十五度也　十二月一次者釋天夏曰歲孫炎曰歲取歲星行一次也　史記天官書察日月之行以揆歲星順逆索隱曰物理論云歲行一次謂之歲星將南時則訓季冬之月日窮於次月窮於紀星周於天歲將更始高云日窮於次者還次元枵也紀會也月與日相會窮盡於元枵也星周於天者謂二十八舍更見南方至是月周帀也　從步戌聲者增韻此星行一次而四時之功畢故年謂之歲從步者躔度之行可推步也從戌者木星之精生於亥自亥而行至戌而周天與歲亦諧聲夢溪筆談云歷法步歲之法以冬至斗建所抵至明年冬至所得辰刻衰秒謂之斗分故歲文從步從戌戌者斗魁所抵也　律歷書名五星爲五步者漢書律歷志五步木晨始見去日半次凡見一歲行一次而後伏日行千七百二十八分度之百四十五金晨始見去日半次日行一度土晨始見去日半次日行四千三百二十分度之百四十五火晨始見去日半次日行萬三千八百二十四分度之七千三百五十五水晨始見去日半次日行一度又云推五步置始見以來日數至所求日各以其行度數乘之洪範五行傳帝令大禹步于上帝鄭注步推也劉洪乾象歷有五星歷步文元年左傳正義日月轉運於天猶如人之行步

步

故推歷謂之步歷陸機演連珠儀天步晷而脩短可量後漢書楊厚傳受天文推步之術

文二

cǐ 此

此 止也從止从匕匕相比次也凡此之屬皆從此 雌氏切

止也者此止聲相近釋詁已此也已止義同本書彼往有所加也止於此不往也易艮卦艮止也時止則止時行則行玉藻口容止注云不妄動也論語止吾止也老子知止不殆莊子惟止能止衆止　匕相匕次也者本書匕相與比敘也老子去彼取此詩周頌在彼無惡在此無斁小雅彼日而微此日而微馥謂彼此對言卽匕次意

zǐ 呰

呰 窳也闕 將此切

窳也者當爲窳本書脫窳字詩皋皋訿訿窳不共事也荀子引詩作呰呰史記貨殖傳以故呰窳偷生無積聚而多貧徐廣曰呰窳苟且墮嬾之謂也應劭曰窳弱也漢書地理志故呰窳偷生而亾積聚顏注呰短也窳弱也言短力弱材不能勤作故朝夕取給而無儲待也馥案本書訾不思稱意也引詩翕翕訿訿呰與訿義同闕者不詳從吅之意

zuǐ ⿱此朿

⿱此朿 識也從此朿聲一曰藏也 遵誄切

識也者玉篇㖩識也

文三

zhèng 正　fá 乏　shì 是　wěi 韙

說文解字弟二　義證弟六

曲阜桂馥學

是也。從止一以止。凡正之屬皆從正。之盛切

是也者詩鳲鳩正是四國傳云正是也本書是從正云直也直下云正見也廣雅直正也易坤卦直其正也書洪範王道正直詩小明好是正直襄七年左傳正直爲正正曲爲直又十年傳云下而無直則何謂正矣又云正於伯州犂注云正曲直也賈誼書道術篇方直不曲謂之正反正爲邪蜀志法正字孝直　從止者大學在止於至善詩終風箋云正猶止也

古文正從二。二古上字。

二古上字者申子天道無私是以恆正本書濾字古文從此

古文正從一足。足者亦止也。

足者亦止也者足當爲疋本書疋下引弟子職問疋何止廣雅疋止也

春秋傳曰反正爲乏。房法切

春秋傳云云者宣十五年左傳文服虔云言人反正者皆乏絕之道也

文二　重二

直也。從日正。凡是之屬皆從是。承旨切

直也者本書直正見也詩魏風爰得我直　從日者猶古文正從上

籀文是從古文正。

是也。從是韋聲。春秋傳曰犯五不韙。于鬼切

是也者小爾雅廣雅竝同昭二十年左傳君子韙之杜云韙是也漢書敘傳昭韙見戒張晏曰韙是也後漢書荀爽傳五韙咸備續漢書律歷志作五是以備　春秋傳云云者隱十一年左傳文注云韙是也

說文解字義證　卷六　一

xiǎn 尟　chuò 辵　jì 迹

籀文韙從心。

幽通賦愇世業之可懷

是少也。尟俱存也。從是少。賈侍中說。酥典切

汗簡尟下云見顏黃門說文　晉中興書行仁義而敗者尟矣　潘岳哀永逝文憂患衆兮歡樂尟　古文苑北海王誄貴尟不驕　經典借鮮字論語鮮矣仁又云以約失之者鮮矣

是少也者徐鍇曰是亦正也正者少則尟也釋詁鮮罕也又云鮮寡也易繫辭鮮不及矣釋文作尟云本亦作鮮少也又云故君子之道鮮矣釋文鄭作尟馬鄭王肅云少也韓康伯云體斯道者不亦尟乎詩抑鮮不爲則釋文云鮮少也昭元年左傳鮮不五稔杜云鮮少也老子其出彌遠其知彌少范應元本作尟云韓非王弼同古本尟少也

文三　重二

乍行乍止也。從彳從止。凡辵之屬皆從辵。讀若春秋公羊傳曰辵階而走。丑畧切

乍行乍止也者猶彳亍也　讀若春秋公羊傳曰辵階而走者宣六年傳文彼作躇注云躇猶超遽不暇以次釋文躇與踱同一本作辵馥謂讀若二字衍文儀禮公食大夫禮賓栗階升注云栗實栗也不拾級連步趨主國君之命不拾級而下曰辵疏云凡升降有四種云辵者君臣急諫諍則越三等爲辵階越一等爲歷階又有連步又有栗階爲四等也燕禮凡栗階不過二等注云其始升猶聚足連步越二等左右足各一發而升堂疏云凡升階之法有四等連步一也栗階二也歷階三也歷階謂從下至上皆越等無連步若禮記檀弓云杜蕢入寢歷階而升是也越階四也越階謂左右足越三等若公羊傳云趙盾避靈公躇階而走是也

說文解字義證　卷六　二

步處也。從辵亦聲。資昔切

步處也者哀十四年左傳迹人來告杜云主迹禽獸者周禮地官有迹人春秋合誠圖黃帝有迹宋均曰迹行迹楚詞九章言與行其可迹兮注云所履爲迹莊子天運篇夫迹履之所出抱朴子袪惑篇所謂迹者足之自出而非足

huì ⿺辶舝　shuài ⿺辶率　mài 邁

也俗作跡釋名跡積也積累而前也昭十二年左傳將皆必有車轍馬跡焉北史齊本紀廢帝初學反語於跡字下注云自反時侍者未達其故太子曰跡字足旁亦爲跡豈非自反邪

或從足責

籀文迹從朿

文見石鼓

無違也從辵舝聲讀若害 胡蓋切

無違也者違礙也本書軔礙車也舝兩穿相背違礙聲義同無字衍

先道也從辵率聲 疏密切

先道也者道廣韻作導宣十二年左傳引詩元戎十乘以先啓行注云王者軍行必有戎車十乘在前開道先人爲備或借率字晉志凡皇太子出前衛率導在前黃麾外春秋元命苞律之爲言率也所以率氣令達也宋均注云率猶導也詩采芑方叔率止箋云率者率此戎車士卒而行也雨無正淪胥以鋪傳云淪率也漢書敘傳薰胥以刑晉灼曰齊魯韓詩作薰薰帥也采薇序云命將率遣戍役以守衛中國荀子富國篇將率不能則兵弱尉繚子故五人而伍十人而什百人而卒千人而率萬人而將漢書申屠嘉傳遷爲隊率顏注一隊之率也又借帥字士昏禮視帥婦以入注云帥道也聘禮請帥奠幣注云帥猶道也又云使者朝服帥衆介夕注云古文帥皆作率覲禮帥乃初事注云古文帥作率周禮校人田獵則帥驅逆之車注云帥猶將也司常帥都建旗本書引作率都春秋隱二年無侅帥師入極宣十二年左傳帥七覆于敖前注云帥將也襄十年傳率帥老夫以至于此

說文解字義證　卷六　三

遠行也從辵蠆省聲 莫話切

遠行也者廣韻邁行也遠也釋言邁行也書大禹謨臯陶邁種德說命予惟克邁乃訓傳並云邁行也詩黍離行邁靡靡蟋蟀日月其邁東門之枌越以鬷邁傳並云邁行也崧高申伯信邁誠樸周王于邁小宛我日斯邁箋並云邁行也　蠆省聲者徐鍇本作萬聲案本書蠇從萬聲讀若賴

xún 巡　jiù ⿺辶㲃　tú 辻　yóu 邎　zhēng ⿺辶正

邁或不省

或不省者徐鍇本作或從蠆

視行皃從辵川聲 詳遵切

視行皃者宋本小字本徐鍇本並作延行皃案延當爲延本書延安步延延也漢書賈誼傳遁巡不敢進遁巡卽逡巡猶遷延也今作視行者周禮士訓王巡守則夾王車注云巡守行視所守也宣二年左傳宋城華元爲植巡功正義植爲將領主帥監作者也巡功謂巡城檢作功也襄九年傳巡丈城杜云巡行也襄三十一年傳僕人巡宮又云事則巡之杜云巡行也巡宮行夜桓十二年傳伐絞之役楚師分涉於彭羅人欲伐之使伯嘉諜之三巡數之杜云巡偏也正義謂巡繞徧行之

恭謹行也從辵㲃聲讀若九 居又切

恭謹行也者㲃從叀叀謹也㲃揉屈謂曲脊行

說文解字義證　卷六　四

步行也從辵土聲 同都切

步行也者易賁卦舍車而徒王肅云是徒步也

行邎徑也從辵繇聲 以周切

方言邎疾行也玉篇廣韻並作邎又作由廣雅由行也又作繇釋詁繇道也　書微子之命率由典常　論語民可使由之　禮經解是故隆禮由禮謂之有方之士正義由行也　論語誰能出不由戶　史記仲尼弟子列傳仲由字子路顏無邎字路集解音遙正義音由　漢書古今人表繇余卽由余　曹植雜詩將騁萬里塗東路安足由　行邎徑也者周禮野廬氏禁野之橫行徑踰者注云徑踰射邪趨疾越隄渠也論語行不由徑孫子九變篇塗有所不由注云隘阻之地所不當從

正行也從辵正聲 諸盈切

漢書年表征和皆作延和

辵

正行也者經典用或體作征釋言征行也郭云詩曰王于出征書序作成王政馬本政作征注云征正也孟子征之爲言正也詩小星肅肅宵征傳云征行小明我征徂西黍苗烈烈征師小宛而月斯征桑柔征以中垢箋竝云征行也

征 延或從彳

suí 隨

隨 從也從辵𡐦省聲 旬爲切

從也者本書從隨行也易隨卦隨元亨利貞无咎鄭云天下之人咸慕其行而隨從之故謂之隨也詩民勞無縱詭隨秦策三資者備而王隨之矣高云隨從也　𡐦省聲者徐鍇本作隋聲

bó 迹

迹 行皃從辵巿聲 蒲撥切　文當作𨑨

行皃者廣雅迹猝也玉篇迹急走或借沛字詩蕩顛沛之揭論語顛沛必於是

說文解字義證　卷六　五

wàng 迋

迋 往也從辵王聲春秋傳曰子無我迋 于放切

往也者廣雅同襄二十八年左傳君使子展迋勞於東門之外注云迋往也襄三十一年傳衛襄公過鄭印段迋勞於棐林　春秋傳曰子無我迋者昭二十一年左傳文彼注云迋恐也楚詞魂迋迋而南行王注迋迋惶遽貌長門賦魂迋迋若有亡李善云迋迋恐懼之貌

shì 逝

逝 往也從辵折聲讀若誓 時制切

往也者釋詁文方言逝往也逝秦晉語也書大誥若昔朕其逝王肅注我其往東征矣詩谷風毋逝我梁傳云逝之也杕杜期逝不至二子乘舟汎汎其逝東門之枌穀旦于逝傳竝云逝往也又逝將去女逝彼百泉言不可逝矣思孌季女逝兮箋竝云逝往也論語君子可逝也包注逝往也

cú 退

退 往也從辵且聲退齊語 全徒切

往也者釋詁文經典用或體作徂釋名徂亦往也書大禹謨汝徂征說命自河徂亳肴征肴侯承王命徂征傳竝云徂往也詩四月六月徂暑傳云徂往也氓自我徂爾小明我征徂西楚茨徂賚孝孫箋竝云徂往也十月之交以居徂向箋云往居於向後漢書西南夷傳朱輔上疏云詩云彼徂者岐有夷之行注引薛君章句徂往也或借且字溱洧士曰既且傳云且往也　退齊語者方言徂往也徂齊語也

徂 退或從彳

𨓍 籒文從虘

shù 述

述 循也從辵术聲 食聿切

循也者釋詁文彼作遹孫炎云遹古述字釋訓不遹不蹟也郭注言不循軌跡也釋文云遹古述字馥案詩沔水念彼不蹟傳云不蹟不循道也廣雅循述也書康誥今民將在祗遹乃文考馬云遹述也孔傳云敬循汝文德之父五子之歌述大禹之戒以作歌傳云述循也少牢饋食禮遂述命曰注云述循也士喪禮筮人許諾不述命注云述循也既受命而申言之曰述詩日月報我不述傳云述循也論語述而不作墨子非儒篇作循而不作

說文解字義證　卷六　六

𨘭 籒文從秫

zūn 遵

遵 循也從辵尊聲 將倫切

循也者釋詁文廣雅同詩酌遵養時晦傳云遵率也離騷循繩墨而不頗李善注思元賦引作遵九章遵江夏以流亾王注遵循也周書謚法解遵循也漢書王襃傳遵游自然之埶

shì 適

適 之也從辵啻聲適宋魯語 施隻切

之也者釋詁適往也之往也書多士有夏不適逸傳云夏桀爲政不之逸樂盤庚民不適有居傳云適之也詩北門王事適我緇衣適子之館兮四月爰其適歸傳竝云適之也巷伯誰適與謀箋云適往也叔于田叔適野箋云適之也周禮小行人使適四方注云適之也少儀適有喪者曰比內則以適父母姑舅之所注竝云適之也大學人之其所親愛而辟焉注云之適也　適宋魯語者方言適往也適宋魯語也案論語子適衛又云赤之適齊也皆魯語

guò 過

過 度也從辵咼聲 古禾切

guàn 遦　dú 𨗿　jìn 進　zào 造

易繫辭範圍天地之化而不過 書禹貢東過洛汭北過洚水 檀弓過之者俯而就之 論語楚狂接輿歌而過孔子又云孔子過之又云有荷蕢而過孔氏之門者孟子三過其門而不入又云過我門而不入我室

度也者廣雅過渡也玉篇過度也越也本書越度也

遦 習也从辵貫聲 工患切

習也者釋詁文彼作貫郭云貫貫忕也釋文云本又作遦同本書摜習也詩猗嗟射則貫兮箋云貫習也司馬法習貫成則民體俗矣尚書大傳戰鬭不可不習故於蒐狩以閑之也閑之者貫之也貫之者習之也宣六年左傳以盈其貫注云貫猶習也

𨗿 媟𨗿也从辵𧶠聲 徒谷切

媟𨗿也者本書媟嬻也嬻媟嬻也或借瀆字昭元年左傳瀆齊盟注云瀆慢也二十六年傳國有外援不可瀆也注云瀆慢也

說文解字義證　卷六　七

進 登也从辵閵省聲 卽刃切

登也者玉篇進升也書盤庚乃登進厥民王制大樂正論造士之秀者以告於王而升諸司馬曰進士表記君子三揖而進注云人之相見三揖三讓以升賓階

造 就也从辵告聲譚長說造上士也 七到切

魏志武帝紀選其鄉之俊造而教學之

就也者易乾卦大人造也釋文王肅云造就也書君奭收罔勖不及者造德不降鄭注造成也詩思齊小子有造箋云子弟皆有所造成十三年左傳則是我有大造於西也杜云造成也 譚長說造士士也者周禮冢宰上士八人王制升於司徒者不征於鄉升於學者不征於司徒曰造士注云造成也能習禮則爲成士漢食貨志里胥令餘子在序室未任役使者八歲入小學學六甲五方書計之事以知室家長幼之節十五入大學學先聖禮樂知君臣之禮有秀異者移國學因諸侯貢小學之賢於大學命曰造士李奇注造成也商子境內篇故爵公士也就爲上造也故四更也就爲大良造徐野民曰秦爵二十級曰上造十五曰少上造十六曰大上造徐鍇曰按春秋左傳曰士臣皁皁臣隸此士天子元士周禮一命者也皁猶造也秦漢十等爵有上造顏師古曰造成也言有成命於上也譚長所謂造上士則秦之大上造也

yú 逾　tà 遝　hé 迨　zé 迮

艁 古文造从舟

古銅戈文曰芊子之艁戈

从舟者詩造舟爲梁釋水天子造舟釋文造廣雅作艁案說文艁古文造也昭元年左傳造舟於河杜云造舟爲梁

逾 䢕進也从辵俞聲周書曰無敢昏逾 羊朱切

經典作踰字易謙卦卑而不可踰王制朋友不相踰曲禮禮不踰節孟子禮朝廷不歷位而相與言不踰階而相揖也 又借愈字論語孰愈孟子舟之治水也愈於禹趙注自謂過禹也 又借俞字荀子俞少俞辱 又借瘉字藝文志不猶瘉於其野乎

說文解字義證　卷六　八

䢕進也者書禹貢逾于洛傳云逾越也 周書曰無敢昏逾者顧命文傳云無敢昏亂逾越

遝 迨也从辵眔聲 徒合切

釋言逮遝也郭云今荆楚人皆云遝 方言迨遝及也東齊曰迨關之東西曰遝或曰及 哀十四年公羊傳祖之所逮聞也漢石經逮作遝 本書𨘳云此與駁同案駁馬行相及也遝𨘳駁三字聲義竝相近

迨也者遝迨疊韻廣韻迨遝行相及也徐鍇曰史記魚鱗雜遝熛至風起謂迨遝竝進也

迨 遝也从辵合聲 侯閤切

迮 迮迮起也从辵作省聲 阻革切

迮迮起也者襄二十九年公羊傳今若是迮而與季子國注云迮起也倉卒意歎逝賦途薄暮而意迮李善注引聲類迮迫也後漢寶融傳囂執排迮不得進退注云排迮蹙也或借乍字孟子今人乍見孺子將入於井又借作字僖三十三年公羊傳詐戰何休云詐卒也齊人語 作省聲者本書作起也

cuò 逪

逪 迹逪也從辵昔聲 倉各切

迹逪也者迹廣韻引作这玉篇逪这逪也廣雅逪这也經典借錯字釋名絞交也與物交錯也本書轖車籍交錯也易繫辭錯綜其數王肅曰錯交也又物相雜故曰爻韓康伯曰剛柔交錯玄黃錯雜詩獻醻交錯傳云東西爲交邪行爲錯禮文王世子禮樂交錯於中家語正論篇不錯則隨注錯雁行也父黨隨行兄黨雁行檀弓注云其文如蟻行往來相交錯史記扁鵲傳太子病血氣不時交錯淳于髡傳履舄交錯文選辨命論交錯糾紛

chuán 遄

遄 往來數也從辵耑聲易曰㠯事遄往 市緣切

往來數也者釋詁遄速也考工記不微至無以爲戚速也鄭注速書或作數釋詁亟速也鄭注少儀亟數也祭義其行也趨趨以數注云趨讀如促數之數言速也詩相鼠胡不遄死傳云遄速也泉水遄臻于衛傳云遄疾也崧高式遄其行箋云遄速也文二年左傳引詩亂庶遄沮杜云遄疾也定十年傳涉佗亦遄矣哉杜云遄速也 易曰㠯事遄往者損卦初九文彼作已王注遄速也釋文已本作以

sù 速

速 疾也從辵束聲 桑谷切

疾也者釋詁文方言速疾也東齊海岱之閒曰速學記其去之必速注云速疾也襄二十九年公羊傳尚速有悔於其身注云速疾也

遬 籒文從欶

管子侈靡篇水平而不流無源則遬竭 呂氏春秋辯士篇莖生有行故遬長弱不相害故遬大高誘云遬疾也

古文從欶從言

從言者釋言速徵也郭引易不速之客易釋文引馬融云速召也鄉飲酒主人速賓覆謂速者徵召之意也故从言

xùn 迅

迅 疾也從辵卂聲 息進切

疾也者釋詁文淮南時則訓鳴鳩奮其羽高注奮迅其羽直刺上飛也樂記訊疾以雅注云訊奮訊也釋文訊本又作迅漢書揚雄傳猋駭雲訊顏注訊亦奮迅

kuò 适

适 疾也從辵昏聲讀與括同 古活切

疾也者或借活字長笛賦汩活澎濞李善注汩活疾貌

nì 逆

逆 迎也從辵屰聲關東曰逆關西曰迎 宜戟切

迎也者釋言文書顧命逆子釗于南門之外周禮小祝逆時雨注云逆迎也小宰以逆邦國都鄙官府之治注云逆迎受之春秋隱二年紀裂繻來逆女史記五帝紀迎日推策晉灼曰迎數之也 關東曰逆關西曰迎者方言逆迎也自關而東曰逆自關而西或曰迎

yíng 迎

迎 逢也從辵卬聲 語京切

詩大雅親迎于渭 淮南覽冥訓不將不迎高注將送也迎接也逢也者方言逢迎逆也孟子逢君之惡其罪大趙注逢迎也君於惡心未發臣以諂媚逢迎之漢書東方朔傳逢占射覆顏注逢占逆占事

jiāo 这

这 會也從辵交聲 古肴切

會也者廣韻这合也沈約和謝宣城詩神交疲夢寐李善引本書同

yù 遇

遇 逢也從辵禺聲 牛具切

春秋隱四年夏公及宋公遇于清公羊傳遇者何不期也春秋隱八年春宋公衞侯遇于垂穀梁傳不期而會曰遇書序乃遇汝鳩汝方傳云不期而會曰遇

逢也者玉篇遇道路相逢也薦禰衡表遭遇戹運李善引本書同

zāo 遭

遭 遇也從辵曹聲一曰邐行 作曹切

遇也者曲禮遭先生於道漢書禮樂志幸遭遇其時後漢書馮衍傳自傷不遭注云遭遇也

gòu 遘

遘 遇也從辵冓聲 古候切

遇也者釋詁文或借逅字詩野有蔓草邂逅相遇傳云邂逅不期而會釋文逅本亦作遘又借姤字易姤卦彖姤遇

也釋文薛云㜷古文作𨗁書大誥予造天役釋文引馬注造遺也馥案遺當爲遘漢書翟義傳引書予遭天役

féng 逢

逢 遇也從辵夆省聲 符容切

遇也者釋詁文宣三年左傳莫能逢之杜云逢遇也

è 遻

遻 相遇驚也從辵從咢咢亦聲 五各切

俗作愕後漢寒朗傳錯愕不能對周禮占夢噩夢杜子春云噩當爲驚愕之愕

相遇驚也者釋詁遘遻也遻見也龍龕手鑑引舊注心不欲見而見曰遻釋名逆遻也遻不從其理則生殿遻不順也廣雅咢驚也列子黃帝篇是故遻物而不慴注云遻遇也向秀曰不慴遇而不恐也殷敬順釋文心不欲見而見曰遻楚詞九章重華不可遻兮注云遻逢也後漢書張衡傳幸二八之遻虞兮注云遻遇也崔駰傳美伊傳之遻時注云遻遇也幽通賦云日乘高而遻神兮曹大家曰遻遇也玉篇遻與迕同後漢書陳蕃傳王甫時出與蕃相迕注云迕猶遇也或借噩字賈誼書其衆之見將吏猶噩迕仇讎也 一咢亦聲者當爲咢聲

說文解字義證 卷六 十一

dí 迪

迪 道也從辵由聲 徒歷切

道也者釋詁文書大禹謨惠迪吉傳云迪道也

dì 遞

遞 更易也從辵虒聲 特計切

更易也者釋言遞迭也李巡云遞者更迭閒廁相代之義玉海引劉歆說五聲云徵者祉也事也其聲抑揚遞續其音如事之緒而爲迭小爾雅廣詁遞更也本書佽遞也廣雅遞佽竝云代也漢書郊祀歌四興遞代八風生王襃傳雖伯牙操遞鐘晉灼曰遞音遞送之遞二十四鐘各有節奏擊之不常故曰遞舞賦於是合場遞進李善云遞迭也卞蘭許昌宮賦與七盤其遞奏或借忞字方言忞代也郭云今俗亦名更代作爲忞作也

tōng 通

通 達也從辵甬聲 他紅切

達也者小爾雅廣詁同釋名通同也無所不貫洞也尚書達四聰韓詩外傳作通四聰禹貢達于淮泗漢書作通於淮泗左傳宮之奇達心而懦新序善謀篇作通心而懦圖經通州以其居四達之路故以爲名

xǐ 辿(徙)

辿 迻也從辵止聲 斯氏切

禮記經解使人日徙善遠罪而不自知也徙漢書作遷 漢書陳湯傳免湯爲庶人徙邊 潘岳閒居賦孟母所以三徙也

徙 徙或從彳

㞜 古文徙

詩板民之方殿屎屎卽㞜之省文借徙字也

yí 迻

迻 遷徙也從辵多聲 弋支切

經典借移字書多士移爾遐逖禮玉藻疾趨則欲發而手足毋移昭四年左傳吾不遷矣注云遷移也楚詞七諫鶴弛翼而屛移曹植鶡雀賦雀得鶡言意甚不移注云移遷也 尹宙碑支判流𢓎變辵從彳本書迻下引論語迻子之足變辵從足

說文解字義證 卷六 十二

遷徙也者釋詁遷運徙也郭云今江東通言遷徙廣雅遷徙移也易繫辭爲道也屢遷虞翻云遷徙也詩以我賄遷傳云遷徙也鄉射禮遷樂于下注云遷徙也月令民乃遷徙昭十九年左傳勞罷死轉注云轉遷徙也

qiān 遷

遷 登也從辵䙴聲 七然切

登也者五音篇海引字林同廣韻遷去下之高也易益卦君子以見善則遷馥謂從善如登者遷善也詩伐木遷于喬木漢書賈誼傳誼超遷歲中至大中大夫

趙宧光曰商書盤庚遷于般乃登進厥民

拪 古文遷從手西

徐鍇本作㩐從古文西李陽冰庚公德政頌風掮一方馥謂從西者西聲也與茜同漢書律歷志少陰者西方西遷也陰氣遷落物

yùn 運

運 迻徙也從辵軍聲 王問切

易繫辭日月運行 孟子亦運而已矣注云則亦運行奔走而去矣

逡徙也者釋詁運徙也莊子海運釋文簡文云運徙也

dùn 遁

遁 遷也一曰逃也从辵盾聲 徒困切

詩白駒勉爾遁思

遷也者孟子遁辭知其所竆馥謂王顧左右而言他遷而之他也管子小匡篇毋見異物而遷焉 一曰逃也者僖二十八年左傳曳柴而僞遁劉歆列女贊衛君不聽後果遁逃

xùn 遜

遜 遁也从辵孫聲 蘇困切

遁也者釋言文彼作遜郭云謂逃去本書遯遜遁也書堯典序將遜于位傳云遜遁也經典借孫字詩狼跋公孫碩膚箋云孫讀當如公孫于齊之孫孫之言孫遁也春秋莊元年夫人孫于齊公羊傳孫者何孫猶孫也何休云孫猶遁也穀梁傳孫之爲言猶孫也諱奔也范甯云孫孫遁而去

fǎn 返

返 還也从辵从反反亦聲商書曰祖甲返 扶版切

還也者釋言還返也書金縢反風馬注風還反也詩何人斯爾還而入箋云還行反也衛策至境而反高云反還韓策周必寬而反之鮑云言還也 反亦聲者當爲反聲 商書曰祖甲返者集韻引作祖伊返與西伯戡黎文同

彶 春秋傳返从彳

今左傳皆作返與古本異

huán 還

還 復也从辵睘聲 戶關切

復也者當爲复本書复行故道也釋訓還復返也小爾雅廣言復還也

xuǎn 選

選 遣也从辵巽巽遣之巽亦聲一曰選擇也 思沇切

遣也者本書罷遣有罪也言有賢能而入网而貫遣之 巽遣之者本書巽从𢀚馥謂遣之當有丌 巽亦聲者當爲巽聲 一曰選擇也者一切經音義九云說文選擇也簡能曰選字林選簡擇也廣雅選擇也詩舞則選兮箋云選者謂於等倫最上周禮充人展牲鄭司農云展具也具牲若今時選牲也禮運選賢與能襄九年左傳舉不失選昭四年傳君其選焉杜云選擇取用魯語其爲選事乎韋注自選擇其職事論語選於衆孟子選擇而使子荀子儒效篇遂選馬而進注云選簡擇也或作撰淮南說山訓撰良馬者非以逐狐狸將以射麋鹿也

sòng 送

送 遣也从辵倂省 蘇弄切

遣也者一切經音義十五引作去也玉篇遣送也去也既夕禮書遣于策注云遣猶送也曲禮使者歸則必拜送於門外

𨑘 籀文不省

qiǎn 遣

遣 縱也从辵𦥑聲 去衍切

僖二十三年左傳姜與子犯謀醉而遣之 檀弓遣車一乘注云人臣賜車馬者乃得有遣車 漢書孔光傳遣歸故郡 縱也者本書縱舍也廣雅縱置也玉篇縱放也詩大叔于田抑縱送忌

lǐ 邐

邐 行邐邐也从辵麗聲 力紙切

行邐邐也者類篇引作行邐迆也 廣韻同集韻邐迆㫄行連延也

dài 逮

逮 唐逮及也从辵隶聲 徒耐切

本書及古文作𨒢吳子圖國篇僵尸而哀之無逮於仁矣魏志臧洪傳但恐見禁制不相及逮耳 唐逮及也者詩唐棣釋文引字林音大內反禮記孔子閒居襄三十一年左傳引詩威儀棣棣竝作逮逮本書隶及也隸及也及逮也書費誓無敢不逮傳云無敢不相逮及詩桑柔荓云不逮箋云逮及也大學菑必逮夫身樂記恐不逮事也注竝云逮及也大戴禮衛將軍文子篇賜有逮及焉有未及焉晉語乃逮於讒韋云逮及也漢書刑法志逮繫長安顏注辭之所及則追捕之故謂之逮宣元六王傳又聞北海之瀕有賢人焉累世不可逮顏注逮及也後漢書張晧傳雖追前失悔之何逮注云逮及也梁商傳宜早訖竟以止逮捕之煩注云逮及也詞所連及即追捕之也長楊賦逮至聖人五臣云逮及也異苑魏郡徐逮字君及宋書王華傳奴子怠懈行不及我或作迨釋言迨及也詩伐木迨我暇矣匏有苦葉迨冰未泮傳云迨及摽有梅迨其吉兮箋云迨及也

chí 遲

遲 徐行也从辵犀聲詩曰行道遲遲直尼切

徐行也者釋名遲頽也不進之言也玉藻君子之容舒遲孔子閒居無體之禮威儀遲遲注云遲遲緩而不迫也詩曰行道遲遲者邶風谷風文傳云遲遲舒行貌

遟 遲或从𡰥

𡰥古文仁字漢銅印有𡰥字乃古文夷也或从𡰥者錢君大昕曰史記張釋之馮唐列傳陵遲而至於二世漢書作陵夷平準書選舉陵遲漢志亦作夷司馬相如傳陵夷衰微漢書作遲古文夷與遲通詩周道倭遲韓詩作郁夷淮南原道訓馮夷大丙之御高誘云夷或作遲婁壽碑徲徲衡門郎棲遲也說文遲或作迟从𡰥𡰥古文夷字馥案漢書揚雄傳徘徊招搖靈遲迟兮顏注遲音栖迟音文夷反宋祁曰張揖字詁云迟今遲徐也馥謂遲迟即犀遲本書犀下云犀遲也

遲 籀文遲从犀

本書犀犀遲

lí 邌

邌 徐也从辵黎聲郎奚切

徐也者廣雅邌遲也史記高祖本紀黎明圍宛城三帀漢書作遲明顏注此言圍城事畢然後天明明遲於事故曰遲明史記遲字作邌亦徐緩之意也馥案衛青傳遲明行二百餘里顏注遲待也待天欲明也唐書李懷仙傳邌明朱泚懼欲亾劉悟傳悟夜半薄西門邌明啓而入官者劉季述傳邌明陳兵廷中裎大目曰黎明者黎黑也黑與明相雜欲曉未曉之交也猶曰昧爽也昧暗也爽明也亦明暗相雜也遲明未及乎明也厥明質明則己曉也舞賦黎收而拜李善云蒼頡篇曰邌徐也邌與黎同又借犂字史記晉世家犂二十五年黎聲者徐鍇本作黎省聲案當為⿱黎心本書⿱黎心一曰怠徐鍇曰黎遲也故為怠馥謂省者省心也

dì 遰

遰 去也从辵帶聲特計切

去也者夏小正九月遰鴻鴈傳云遰往也史記賈誼傳鳳漂漂其高遰

yuān 𨔨

𨔨 行皃从辵肙聲烏玄切

zhù

馬不行也从辵鴸聲讀若住中句切

馬不行也者宋本小字本玉篇廣韻竝無馬字鴸聲者本書騅馬旁居左讀若住者騅鄣聲同住聲亦相近也

dòu 逗

逗 止也从辵豆聲田候切

止也者李善注江文通詩引本書同玉篇逗留也住也止也一切經音義六云逗字書留也說文止也廣雅止逗也漢書匈奴傳逗遛不進孟康曰律語也謂軍行頓止稽留不進也後漢光武紀邊吏追虜料敵不拘以逗留法注云說文曰逗留止也或借投字長笛賦察度於句投李善云說文曰逗止也投與逗古字通投句之所止也字林訂逗遛也案今言餖飣是

qì 迟

迟 曲行也从辵只聲綺戟切

曲行也者本書乚象迟曲隱蔽形廣雅迟曲也漢書韓安國傳迟撓當斬服虔曰迟音企應劭曰迟曲行避敵也馥

謂逗當作迟字

wēi 逶

逶 逶迆衺去之皃从辵委聲於為切

逶迆衺去之皃者李善注舞賦引作逶蛇邪行去也廣雅委蛇逶衺也釋訓委委佗佗美也孫炎云委委行之美馥案詩君子偕老委委佗佗傳云委委者行可委曲縱迹也羔羊委蛇委蛇韓詩作逶迆或作蜲西京賦聲清暢而蜲蛇又作爲逢盛碑當遂爲迆又作威夷琴賦臨迴江之威夷

蟡 或从虫爲

yǐ 迆

迆 衺行也从辵也聲夏書曰東迆北會于匯移爾切

衺行也者廣雅迆衺也考工記弓人居幹之道菑栗不迆則弓不發鄭司農云迆謂邪行絕理者記又云戈柲六尺有六寸既建而迆注云謂著戈於車邪倚也東京賦元戈迆夏李善云迆衺也曾偰曰許慎云迆邪行今江水過洞庭至巴陵而後東北邪行合於彭蠡經典借作施孟子施從良人之所之趙注施者邪施而行史記賈生傳庚子日施

辵

施兮索隱云施猶西斜也　夏書云云者禹貢文傳云迆溢也正義靡迆邪出之言也

yù 遹

遹　回避也從辵遹聲余律切

回避也者哀避也詩抑篇回遹其德桑柔民之回遹表記引詩孰弟君子注云言樂易之君子不爲回邪之行幽通賦叛迴穴其若玆兮李善云韓詩謀猶迴穴五臣云迴穴邪僻也馥案回避即回僻本書僻避也詩謀猶回遹傳云回邪遹辟

bì 避

避　回也從辵辟聲毗義切

回也者一切經音義九引蒼頡篇避去也謂遠離處也晉中興書盧綝入直逢尚書刁協於大司馬門外協使綝避之綝以當直不肎回成三年左傳雖遇執事其弗敢違注云違避也後漢書楊彪傳欲遷都以違其難注云違避也馥謂違猶回也

wéi 違

違　離也從辵韋聲羽非切

離也者本書去下云人相違也易乾卦憂則違之注云知難而避也書堯典靜言庸違詩谷風中心有違傳云違離也節南山惡怒是違傳云違去也論語去而違之表記事君三違而不出竟雜記違諸侯之大夫不反服注竝云違猶去也宣十年左傳凡諸侯之大夫違釋例云迫窘而奔及以禮見放俱去其國傳通以違爲文成十六年傳相違於淖莊四年傳紀侯大去其國違齊難也注竝云違辟也成十七年傳孟姬之讒吾能違兵閔二年傳不如違之昭二十年傳淫樂不違哀二十七年傳齊救鄭及留舒違穀七里杜竝云違去也通鑑劉備陰欲離袁紹注云離去也

lìn 遴

遴　行難也從辵粦聲易曰以往遴良刃切

行難也者當爲難行漢書功臣表遴柬布章晉灼曰許慎云遴難行也言今難行封　易曰以往遴者蒙卦文彼作吝本書吝下引易以往吝

僯　或從人

qūn 逡

逡　復也從辵夋聲七倫切

漢書公孫宏傳有德者進無德者退則朝廷尊有功者上無功者下則羣臣逡　楚詞九章遷逡次而勿驅兮　祝睦碑鄉黨逡逡

復也者復當爲復徐鍇韻譜逡復也玉篇逡退釋言逡退也郭云逡巡却去也外傳曰已復於事而逡案今齊語有司已於事而竣韋注竣退伏也方言逡遁也晏子春秋晏子逡遁對曰管子桓公蹵然逡遁漢書外戚傳逡遁固讓又敘傳逡遁致仕鄉射禮注少退少逡遁也聘禮注三退三逡遁也又退爲大夫降逡遁玉藻注俛逡遁而退著屨也鄭固碑逡遁退讓或作遵循靈樞經黃帝避席遵循而却又作後王莽傳後儉隆約以矯世俗顏注後音千旬反退也

dǐ 𨑨

𨑨　怒不進也從辵氐聲都禮切

怒不進也者徐鍇本下云一曰驚也玉篇𨑨驚不進也廣韻𨑨驚也駭也

dá 達

達　行不相遇也從辵羍聲詩曰挑兮達兮徒葛切

行不相遇也者詩子衿釋文所引無行字釋名達徹也廣雅達通也書顧命用克達殷集大命后經作通馥案不相遇故能達魏志弁辰其俗行者相逢皆住讓路是也詩曰挑兮達兮者鄭風子衿文傳云挑達往來相見皃本書㞢下引詩㞢兮達兮

达　達或從大或曰迭

或曰迭者郎毛傳往來義

lù 逯

逯　行謹逯逯也從辵彔聲盧谷切

行謹逯逯也者方言逯行也淮南精神訓渾然而往逯然而來高注逯謂無所爲忽然往來也

dòng 迵

迵　迵迭也從辵同聲徒弄切

迵迭也者迭當爲达徐鍇韻譜迵過也廣韻同玉篇迵通達也史記倉公傳診其脈曰迵風注云言風迵徹五藏也太元迵迵不屈注云迵達故通而不屈或借洞字史記蘇秦傳遠者括臂洞胸司馬相如子虛賦洞胸達腋

dié 迭

迭 更迭也從辵失聲一曰达 徒結切

易說卦迭用剛柔 孟子迭爲賓主 公羊襄二十九年傳弟兄迭爲君 禮運五行之動迭相竭也 更迭也者一切經音義七迭更代也顏注急就篇更言其去來更代也廣雅迭代也小爾雅廣詁迭更也昭十七年左傳三呼皆迭對杜云迭更也漢高后五年初令戍卒歲更昭帝紀通更賦未入者皆勿收如淳曰更有卒更古者正卒無常人皆當迭爲之一月一更是爲卒更也釋地北方有比肩民焉迭食而迭望郭云更望備警急通鑑趙王虎以秦公韜與太子迭日省可尚書奏事注云迭日更日也本書忒更也虞翻易傳云忒差迭也或借軼字史記封禪書軼興軼衰漢書作迭又借佚字方言佚代也齊曰佚史記十二諸矦年表四國佚興文十一年穀梁傳兄弟三人佚宕中國注云佚猶更也

mí 迷

迷 或也從辵米聲 莫兮切

舜典烈風雷雨弗迷 列子湯問篇禹治水土也迷而失塗 新序雜事篇晉文公出田逐獸碭入大澤迷不知所出 或也者釋言文廣韻或迷也韓非說林桓公伐孤竹春往冬返迷惑失道

lián 連

連 員連也從辵從車 力延切

員連也者楊君峒曰當爲貫連故書與連同意馥案本書玉象三玉之連丨其貫也三畫而連其中謂之王孔子曰一貫三爲王纍頸連也嬰頸飾也賏其連也毄繫連也續連也篧連車也凡訓連者皆有連貫意釋名來孫之子曰昆孫昆貫也恩情轉遠以禮貫連之爾傳咸敘連珠云欲使歷歷如貫珠故謂之連珠左思詩嬌語若連瑣集韻軺車軸也連曰軺本書屬連也又敘云同條牽屬共理相貫廣雅牽連也淮南要畧拘繫牽連於物馥謂同貫而後能牽連也

qiú 逑

逑 斂聚也從辵求聲虞書曰旁逑孱功又曰怨匹曰逑 巨鳩切

斂聚也者爾雅釋文引字林同詩民勞以爲民逑傳云逑合也箋云合聚也經典借逌字詩長發百祿是逌傳云逌聚也周書蘇綽傳引作求破斧四國是逌箋云逌斂也書允征逌人以木鐸徇于路正義云名曰逌人不知其意蓋訓逌爲聚聚人而令之故以爲名也又借酋字太元元圖注酋聚也 虞書曰旁逑孱功者堯典文彼作方鳩僝功史記作旁聚布功 又曰怨匹曰逑者釋詁仇匹也桓二年左傳嘉耦曰妃怨耦曰仇古之命也案詩關雎君子好逑皇矣詢爾仇方傳並訓匹箋並云怨耦曰仇

bài 退

退 數也從辵貝聲周書曰我興受其退 薄邁切

數也者退數聲相近本書敗毀也數毀也玉篇退壞也散走也經典借敗字廣雅敗壞也釋名敗潰也易需卦敬慎不敗也論語魚餒而肉敗桓十八年左傳女有家男有室無相瀆也謂之有禮易此必敗杜云違此則爲瀆當致禍亂莊十一年傳大崩曰敗績杜云師徒撓敗若沮岸崩山荀子賦篇事成而家敗顏氏家訓音辭篇江南學士讀左傳口相傳述自爲凡例軍自敗曰敗打破人軍曰敗讀補敗反諸記傳未見補敗反徐仙民讀左氏唯一處有此音又不言自敗敗人之別此爲穿鑿耳馥案自敗當作退敗人當作敗音義有別並非穿鑿增韻凡物不自敗而敗之則北邁切物自毁壞則薄邁切物自毀壞卽退字 周書曰我興受其退者商書微子文彼作敗本書引咈其耇長亦作周書

huàn 逭

逭 逃也從辵官聲 胡玩切

逃也者釋言文樊光曰行相避逃謂之逭書太甲自作孽不可逭傳云逭逃也

爟 逭或從雚從兆

從兆者兆當爲𠔁𠔁音兵列切重八也八象分別相背故有逃義此字單行可屬八部從𠔁雚聲若作兆則不知何屬矣

dùn 遯

遯 逃也從辵從豚 徒困切

逃也者廣雅遯去也鄭注易遯卦云遯者逃去之名緇衣教之以政齊之以刑則民有遯心注云遯逃也淮南云盧敖見若士遯逃乎碑注云匿於碑陰字或作遁漢書匈奴傳遁逃竄伏敘傳攜手遁秦易遯卦詩寧俾我遯釋文並

云本亦作逐從豚者徐鍇本作豚聲孟子如追放豚

bū 逋

逋 亾也從辵甫聲 博孤切

亾也者廣雅同易訟象歸逋竄也荀注逋逃也書費誓臣妾逋逃傳訓逋亾大誥予惟以爾庶邦于伐殷逋播臣傳云往伐殷逋亾之臣牧誓乃惟四方之多罪逋逃是崇是長傳云尊長逃亾罪人武成爲天下逋逃主傳云逋亾也僖十五年左傳六年其逋注云逋亾也

𨓽 籒文逋從捕

從捕者逋當捕取故從捕

yí 遺

遺 亾也從辵貴聲 以追切

易泰卦不遐遺注云用心宏大無所遺棄也　周禮司刺三有曰遺忘　漢書賈誼傳功不遺矣　後漢書桓榮傳慮無遺計

亾也者廣雅同詩谷風棄予如遺傳云遺亾也鄉飲酒義知其能弟長而無遺矣注云遺猶脫也亾也

suì 遂

遂 亾也從辵㒸聲 徐醉切

亾也者亾當爲作釋訓遂遂作也郭注物盛興作之貌廣韻遂達也進也往也易大壯不能退不能遂書仲虺之誥顯忠遂良傳云良則進之也月令慶賜遂行注云言通達施行漢書郊祀志青陽開動根荄以遂

𨔶 古文遂

táo 逃

逃 亾也從辵兆聲 徒刀切

或借跳字史記高祖本紀漢王跳漢書劉澤傳跳驅至長安

亾也者本書亾逃也春秋通例凡言逃者皆謂義當留而竊去者也史記吳世家季札讓逃去楚世家楚懷王亾逃歸後漢書謝該傳且才抱璞而逃所謂往而不迟者也韓詩外傳齊桓公出游遇一丈夫帶著桃殳怪而問之曰桃之爲言亾也夫白日慎桃何患之有

zhuī 追

追 逐也從辵𠂤聲 陟隹切

逐也者本書逐追也廣雅追逐也方言追隨也或曰逐當爲遂漢書五行志歸獄不解茲謂追非顏注追非遂非也　楚詞九歎背繩墨以追曲兮追曲卽遂曲

zhú 逐

逐 追也從辵從豚省 直六切

山海經夸父與日逐　隱九年左傳遇覆者奔祝聃逐之又十一年傳潁考叔挾輈以走子都拔棘以逐之　追也者莊十八年左傳追戎於濟西周禮士師以比追胥之事注云追追寇也　從豚省者當從豕聲釋詁逐病也

逐卽瘃字豕豖絆足故可追也

qiú 逎

逎 迫也從辵酉聲 字秋切

迫也者廣雅逎迫也楚詞歲忽忽而逎盡秋興賦悟時歲之逎盡兮後漢張衡傳逎白露之爲霜舊注引本書同釋木枹逎木魁瘣釋文云謂叢欑迫而生釋訓速速蹙蹙惟逑鞫也釋文云逑郭云迫也字林云斂聚也馥案逎逑二字互借郭訓迫者逎也字林訓斂聚者逑也陸氏不知逑爲逎之借字引字林以證爾雅失之

遒 逎或從酋

或從酋者考工記廬人酋矛注云酋之言遒也

jìn 近

近 附也從辵斤聲 渠遴切

附也者當爲駙本書駙近也俗作附廣雅附近也

㞭 古文近

liè 邋

邋 搚也從辵巤聲 良涉切

搚也者本書無搚字當爲拹或借攦字廣雅搚折也搚卽攦之俗體本書拹一曰拉也吳都賦拉攦雷硠注云拉攦木摧傷之聲

pò 迫

迫 近也從辵白聲 博陌切

本書促迫也　楚詞遠游悲時俗之迫阨兮　漢書溝洫志狐子歌魚沸鬱兮迫冬日張晏傳拍人者迫於人也　長笛賦夫固危殆險巇之所迫也　後漢書朱暉傳惶迫伏地

近也者廣雅同本書逌迫也考工記酋矛常有四尺夷矛三尋注酋之言逌也酋近夷長矣又大司徒族墳墓注云同宗者生相近死相迫經典借薄字易說卦傳雷風相薄僖廿三年左傳薄而觀之荀子天論篇寒暑未薄而疾矣

子敵近

而薄我

rì 遷

近也從辵臸聲 人質切

釋言馹傳也釋文郭音云本或作遷聲類云亦馹字同

ěr 邇

近也從辵爾聲 兒氏切

近也者釋詁文書舜典柔遠能邇仲虺之誥惟王不邇聲色傳竝云邇近也皐陶謨邇可遠在茲鄭本邇作近詩汝墳父母孔邇東門之墠其室則邇杕杜征夫邇止小旻維邇言是聽傳竝云邇近也谷風不遠伊邇民勞柔遠能邇

說文解字義證　卷六　二十三

箋竝云邇近也韓詩薛君章句邇近也僖二十二年左傳戎事不邇女器成四年傳國大臣睦而邇於我襄二十八年傳君子有遠慮小人從邇昭二十七年傳邇無極也三十年傳使其邇臣從之杜竝云邇近也莊十八年穀梁傳不使戎邇於我也注云邇猶近也魯語又求自邇吳語密邇於天子韋注云邇近也郊特牲節遠邇之期也表記邇臣守和緇衣邇臣比矣中庸舜好問而好察邇言又云辟如行遠必自邇鄭注竝云邇近也孟子武王不泄邇注云邇近也或借爾字周禮肆長實相近者相爾也注云爾亦近也燕禮爾卿爾大夫注云爾近也

古文邇

è 遏

微止也從辵曷聲讀若桑蟲之蝎 烏割切

微止也者一切經音義三云爾雅遏止也今以逆相止爲遏蒼頡篇遏遮也詩以按徂旅按即遏安曷聲近本書頞或作齃文王無遏爾躬傳云遏止又武篇勝殷遏劉箋云遏止也孫子軍爭篇歸師勿遏　讀若桑蟲之蝎者釋言遏逮也方言作蝎

zhē 遮

遏也從辵庶聲 止車切

史記楚世家楚懷王亡逃歸秦覺之遮楚道衛世家乃使太子伋於齊而令盜遮界上殺之　漢書高帝紀董公遮說漢王　後漢書班超傳伏兵遮擊

遏也者呂氏春秋名類篇子不遮乎親臣不遮乎君注云遮遏也陳書武帝紀設無遮大會又云設無㝵大會案㝵即礙字礙止也與遮遏義同

yàn 邎

遮邎也從辵羨聲 于線切

zhì 迣

迾也晉趙曰迣從辵世聲讀若寘 征例切

迾也者漢書禮樂志迣萬里晉灼曰迣古迾字鮑宣傳部落鼓鳴男女遮迣晉灼曰迣古列字也顏師古曰言聞桴鼓之聲以爲有盜賊皆當遮列而追捕

liè 迾

遮也從辵列聲 良辥切

說文解字義證　卷六　二十四

遮也者漢書武五子傳迾宮清中備盜賊李奇曰迾遮也通俗文天子出虎賁伺非常謂之遮迾後漢輿服志官騎張弓帶鞬遮迾出入西京賦迾卒清侯五臣注迾遮也馬融圍棊賦先據四道兮保角依傍緣邊遮迾兮往往相望經典借列字周禮山虞掌山林之政令物爲之厲鄭司農云厲遮列守之又典祀及祭帥其屬而守其厲禁而蹕之鄭司農云遮列禁人不得令入墓大夫帥其屬而巡墓厲注云厲塋限遮列處司隸守王宮與野舍之厲禁注云厲遮例也玉藻山澤列而不賦注云列之言遮列也雖不賦猶爲之禁不得非時取也晉書輿服志五時車左右有遮列騎

gān 迁

進也從辵干聲讀若干 古寒切

進也者經典借干字楚詞既干進而務入

qiān 𨒅

過也從辵侃聲 去虔切

過也者本書愆過也籀文作諐

辵

lóu 遱

遱 連遱也從辵婁聲 洛侯切

連遱也者集韻遱連遱不絕皃本書謱謰謱也

bó 迹

迹 前頓也從辵巿聲賈侍中說一讀若拾又若郅 北末切

本書前有迹字云行皃此文當爲䢃

前頓也者玉篇䢃口黠切又竹季切前頓也類篇䢃乙業切前頓也集韻同釋名頓僵也襄四年左傳甲兵不頓正義今俗語云委頓是也荀子禮論篇倖詭其所敦惡之文也注云敦讀爲頓頓困躓也　一讀若拾者當云一曰讀若袷

jiā 迦

迦 迦互令不得行也從辵枷聲 古牙切

迦互令不得行也者互當爲㸦劉貢父云唐人書互作㸦故㸦牙易誤玉篇徐鍇韻譜竝作牙迦牙疊韻也鍇繫傳云猶大牙左右相制是也集韻迦枒本相拒漢書劉向傳宗族盤互顏注字或作牙謂若犬牙相交入之義也谷永

說文解字義證　卷六　廿五

傳百官盤互注同此亦牙互易誤之證

yuè 越

越 踰也從辵戉聲易曰雜而不越 王伐切

踰也者本書逾越也經典與越通曲禮戒勿越疏云戒慎勿得踰越王制爲越紼而行事注云越猶躐也　易曰雜而不越者繫辭傳文彼作越韓注各得其序不相踰越

chěng 逞

逞 通也從辵呈聲楚謂疾行爲逞春秋傳曰何所不逞欲 丑郢切

楚謂疾行爲逞者方言逞疾也楚曰逞　春秋傳云云者昭十四年左傳文彼云子何所不逞欲請送子成十六年傳若逞吾願諸侯皆叛晉可以逞桓六年傳今民餒而君逞欲杜竝云逞快也

liáo 遼

遼 遠也從辵尞聲 洛蕭切

遠也者楚詞九歎山脩遠其遼遼兮潘岳詩誰謂晉京遠室邇身實遼魏志張遼字文遠

yuǎn 遠

遠 遼也從辵袁聲 雲阮切

遼也者方言遙遠也詩東門之墠其人則遠

𧗿 古文遠

tì 逖

逖 遠也從辵狄聲 他歷切

遠也者釋詁文彼作逷易渙卦渙其血去逖出王云逖遠也書牧誓逖矣西土之人史記周本紀逖作遠僖二十八年左傳糾逖王慝杜云逖遠也漢書司馬相如傳使疏逖不閉顏注逖遠也或借狄字詩瞻卬舍爾介狄傳云狄遠也

逷 古文逖

狄易聲相近本書惕或從狄白虎通狄者易也淮南子俞兒狄牙即易牙賈誼書亦作狄牙詩抑篇用逷蠻方潛夫論引作逖漢書古今人表簡逷即簡狄

說文解字義證　卷六　廿六

jiǒng 迥

迥 遠也從辵同聲 戶穎切

遠也者釋詁文彼作泂詩泂酌彼行潦

chuò 逴

逴 遠也從辵卓聲一曰蹇也讀若棹苕之棹 敕角切

漢韓勑碑逴彊之思

遠也者廣雅同本書趠遠也楚詞九辨春秋逴逴而日高兮字或作踔後漢書班固傳逴犖諸夏注云猶超絕也史記貨殖傳上谷至遼東地踔遠索隱劉氏踔音卓一音勑教反亦遠騰皃也又借卓字史記霍去病傳逴行殊遠漢書作卓顏注卓亦遠意吳都賦故其經略上當星紀拓土畫疆卓犖兼幷五臣云卓犖高絕出羣也孔融薦禰衡表英才卓躒李善云卓躒絕異也張邈字孟卓　一曰蹇也者方言自關而西秦晉之閒凡蹇者或謂之逴注云行略逴也又云𨗼蹇也齊楚晉曰𨗼廣雅𨗼蹇也廣韻逴畧逴行皃或通作踔莊子秋水篇吾以一足趻踔而行玉篇踸踔跛者行也一切經音義九踔跛者行踸踔也楚詞七諫馬蘭踸踔而日加字又作𨗼玉篇𨗼蹇也

yū 迂

迂 避也。从辵亏聲。憶俱切

避也者，書盤庚迂乃心，傳云迂僻，本書僻避也，避回也。馥案謂迂回也。孫子軍爭篇後人發，先人至，此知迂直之計者也。管子君臣篇民迂則流之，大流則迂之，注云迂曲不行則通之使行，流蕩不返則屈之使止也。

jiān 逮

逮 自進極也。从辵𦘒聲。子僊切

自進極也者，埤蒼逮至也。

yuán 邍

邍 高平之野人所登。从辵备彔，闕。愚袁切

周禮邍師掌四方之地名，辨其邱陵墳衍邍隰之名物之可以封邑者。經典借原字，本書每下引左傳原田每每，書帝曰疇若予上下草木鳥獸，馬注上謂原，下謂隰。禹貢過九江至于敷淺原。詩公劉度其隰原，徹田爲糧。信南山畇畇原隰，曾孫田之。周禮大宰三農生九穀，鄭注三農原隰及平地。月令善相邱陵阪險原隰土地所宜，五穀所殖，以敎道民。春秋昭元年晉荀吳帥師敗狄于大原，公羊傳曰原者何？上平曰原，下平曰隰。楚屈平字原。漢置五原郡。

高平之野者，小爾雅廣器高平謂之大原。禹貢既修太原，傳云高平曰太原。又東原底平，傳云東原致功，高平。尚書大傳東邍底平，大而高平者謂之太邍。詩皇皇者華于彼原隰，傳云高平曰原。周禮大司徒注云高平曰原。僖二十八年左傳原田每每，注云高平曰原。春秋說題辭高平曰太原，原端也，平而有度。王逸楚詞注高平曰原。史記夏本紀正義原平高地也。李善西京賦注引爾雅高平曰原，今釋地作廣平曰原。釋名廣平曰原，原元也，如元氣廣大也。詩緜周原膴膴，公劉于胥斯原，箋竝云廣平曰原。皇矣度其鮮原，箋云乃始謀居善原廣平之地。周禮敘官邍師注云邍地之廣平者。禮運不使渚者居中原，注云廣平曰原。桓元年左傳凡平原出水爲大水，襄二十五年傳町原防，注竝云廣平曰原。周語猶其原隰之有衍沃也，韋注廣平曰原。家語致思篇放牛馬於原藪，注云廣平曰原。秦策此皆平原四達，高注廣平曰原野也。呂氏春秋孟春紀阪險原隰，季春紀周視原野，注竝云廣平曰原。吳都賦原隰殊品，五臣云廣平曰原。閻若璩曰廣平曰原，釋地文也。尚書孔傳云高平曰太原，今以爲郡名，其實吾郡臨于東西皆山，不可云廣，祇覺高而平，孔傳語確。又曰今固原州舊高平鎮，後魏孝明帝正光五年置原州，盖取高平曰原爲名。

人所登者，登當爲食。釋地可食者曰原，郭云可種穀給食。書洛誥我乃卜澗水東瀍水西惟洛食，鄭注皆可長久居民使服田相食。周語原隰衍沃，衣食於是乎生。襄十四年左傳我先君有不腆之田，與女剖分而食之。檀弓我死則擇不食之地而葬我焉，注云不食謂不墾耕。魏志文帝紀故吾營此邱墟不食之地。鹽鐵論因河山以爲防，故曰沙石鹹鹵不食之地。禮記外傳注原隰是稷之神，原隰宜種百穀。春秋說題辭高而平者爲原，平而和者故宜粟菽。子注引說苑蝴螺者宜禾。楊愼曰蝴螺之背微高，原田之形似之。陳啓源曰原隰阪皆可食，而原隰尤利人，先王疆理所獨詳也。故周禮夏官之屬設原師以辨其名，而詩人詠之尤多。然爾雅有兩原隰，其一可食，其一不可食，竝見於詩，異實而同名，不可不辨也。詩有兼言原隰者，曰于彼原隰，曰原隰裒矣，曰畇畇原隰，曰原隰既平，曰度其隰原。有獨言原者，曰脊令在原，曰至于太原，曰瞻彼中原，曰中原有菽，曰周原膴膴，曰度其鮮原，曰于胥斯原，曰復降在原，曰瞻彼溥原。今以爾雅兩原合而論之，曾孫之所田，召伯之所平，公劉之所度，其爲可食之原隰無疑。

從辵备彔者，徐鍇本作從辵夂田彔。

dào 道

道 所行道也。从辵从𩠐。一達謂之道。徒皓切

所行道也者，詩北風攜手同行，載馳亦各有行，傳竝云行道也。東門之栗傳云行上栗也，釋文云行道也。左傳云斬行栗。蝃蝀女子有行，箋云行道也，婦人生而有適人之道。竹竿女子有行，箋云行道也，女子有道。黍離行邁靡靡，箋云行道也。薛君韓詩章句岐有夷之行，行道也。吳語道將不行，韋云道術也。老子大道甚夷而人好徑。孫子始計篇法者曲制官道主用也，注云道者糧路也。漢書董仲舒傳道者所由適於治之路也。

一達謂之道者，釋宮文，彼作道路。御覽一百九十五引本書有路字。釋名一達曰道路，道蹈也，路露也，人所踐蹈而露見也。

𨖓 古文道从𩠐寸。

從𩠐寸者，本書導導引也，从寸道聲。馥謂𩠐即導，寸部導後人加之，經典導引亦作道。隱五年左傳請君釋憾于宋，敝邑爲道是也。

jù 遽

遽 傳也。一曰窘也。从辵豦聲。其倨切

辵

dì 逓　háng 迒

傳也者釋言文本書傳遽也周禮大僕建路鼓于大寢之門外而掌其政以待達窮者與遽令鄭司農云遽傳也若今時驛馬軍書當急聞者亦擊此鼓行夫掌邦國傳遽之小事注云傳遽若今時乘傳騎驛而使者也玉藻士曰傳遽之臣注云傳遽以車馬給使者也詩江漢箋云克勝則使傳遽告功於王釋文以車曰傳以馬曰遽僖三十三年左傳且使遽告於鄭注云遽傳車昭二年傳弗及乘遽而至注云遽傳驛哀二十一年傳羣臣將傳遽以告寡君晉語遽人來告吳語邊遽乃至注云遽傳也管子大匡篇三十里置遽委焉有司職之注云遽今之郵驛也列子說符篇使遽人來謁之韓非喻老篇遽傳不用故曰郄走馬以糞楚詞九章衆駭遽以離心史記秦本紀代王乘傳詣長安漢書司馬相如傳馳四乘之傳通鑑李克用牒河東令具頓遽注云置郵驛爲遽　一曰窘也者本書悤多遽悤悤也又云勿所以趣民故遽稱勿勿李善注羽獵賦引本書同一切經音義二廣雅遽畏懼也疾急也經文有作懅者書史所無唯郭璞注爾雅釋言中陵懅也作此字襄三十一年左傳豈不遽止杜云遽畏懼也檀弓故喪事雖遽不陵節韓非外儲說齊景游少海傳騎從中來謁韓詩外傳齊景公出田十有七日而返晏子乘而往比至衣冠不

正景公見而怪之曰夫子何遽乎得無有急乎漢書嚴助傳事薄遽顏注遽速也後漢書劉寬傳雖在倉卒未嘗疾言遽色或作劇漢魏春秋劉備謂宋忠曰卿諸人作事如此不早相語今禍至告我不亦太劇乎

迒　獸迹也從辵亢聲　胡郎切

獸迹也者本書敘見鳥獸蹏迒之迹釋獸兔其跡迒釋文云迒諸詮之云兔道也阮孝緒云獸迹也方言迒迹也字林迒兔道也太元居次四見豕在堂狗繫之迒東京賦軌塵掩迒薛綜注迒迹也或借亢字廣雅亢迹也釋名鹿兔之道曰亢行不由正亢陌山谷草野而過也

䢊　迒或從足從更

逓　至也從辵弔聲　都歷切

至也者釋詁文彼作弔經典借弔字書康誥惟弔茲不于我政人得罪傳訓弔爲至大誥弗弔傳言周道不至盤庚非廢厥謀弔由靈傳云弔至也多士弗弔旻天大降喪于殷傳云稱天以愍下言愍道至者殷道不至故旻天下喪

fù 復　jìng 徑　dé 德　chì 彳　biān 邊

亾於殷釋文弔音的費誓無敢不弔鄭注弔至詩天保神之弔矣節南山不弔昊天傳竝云弔至釋文云弔都歷反瞻卬不弔不祥箋云弔至也昭二十六年左傳帥羣不弔之人哀十六年傳旻天不弔杜竝云弔至也文心彫龍弔者至也詩云神之弔矣言神至也故賓之慰主以至到爲言也

邊　行垂崖也從辵臱聲　布賢切

行垂崖也者本書崖高邊也檀弓齊衰不以邊坐

文一百一十八　重三十

彳　小步也象人脛三屬相連也凡彳之屬皆從彳　丑亦切

小步也者魏都賦澤馬彳亍李善注引本書同五臣本誤作于張衡舞賦彳亍中輒　象人脛者五經文字作象人脛形　三屬相連也者漢書音義如湻曰上身一髀褌一脛徼一凡三屬

德　升也從彳㥁聲　多則切

升也者錢君坫曰史記項羽本紀吾爲君德漢書作公得得之言登也公羊傳登來讀曰得來登有升義德亦從之又陟升也周禮太卜三曰咸陟鄭注陟之言得讀若王德狄人之德又升與登通故喪服注布八十縷爲升升當作登古升登陟得德五字義皆同陟讀爲德者古聲同今爲類隔音是矣

徑　步道也從彳巠聲　居正切

步道也者廣雅徑道也一切經音義七引通俗文邪道曰徯步道曰徑釋名徑經也言人所經由也易說卦爲徑路鄭注田閒之道曰徑路月令審端徑術注云步道曰徑祭義是故道而不徑注云徑步邪趨疾也老子大道甚夷而人好徑論語行不由徑鄭注步道曰徑周禮遂人遂上有徑注云徑容牛馬徐鍇曰小道不容車故曰步道秦公曰欲爲容車之徑以窺三川謂徑大特容車也

復　往來也從彳复聲　房六切

往來也者一切經音義六說文復往來也謂往來復重也士相見禮主人復見之注云復見之者禮尙往來也

辵　彳

rǒu 𢓜

𢓜 復也从彳柔柔亦聲人九切

復也者本書内獸足蹂地也蹂當爲𢓜書史多借蹂字通俗文踐穀曰蹂蒼頡篇蹂踐也熱蹋也史記項羽本紀餘騎相蹂踐楊雄傳蹂蕙圃踐蘭唐西都賦蹂躪其十二三李善云字林曰蹂踐也字又作輮漢書李陵傳深輮戎馬之地又或作𥟷集韻𥟷輮禾也

chěng 徎

徎 徑行也从彳呈聲丑郢切

徑行也者魯左人郢字行借郢字

wǎng 往

往 之也从彳㞷聲于兩切

之也者釋詁之往也方言適往也易屯卦求而往明也虞翻曰之外稱往詩碩鼠誰之永號箋云之往也

𨒈 古文从辵

qú 忂

忂 行皃从彳瞿聲其俱切

說文解字義證 卷六 圭

本書趯走顧皃躣行皃

bǐ 彼

彼 往有所加也从彳皮聲補委切

往有所加也者加當爲如隱五年左傳公將如棠觀魚者東方朔七諫忽容容其安之兮超荒忽其焉如劉伶酒德頌縱意所如是也釋名往眭也歸眭於彼也故其言之印頭以指遠也本書此止也馥謂止則不往矣

jiào 徼

徼 循也从彳敫聲古堯切

循也者顏注急就篇游徼鄉之游行徼循漢書武五子傳督盜一人別主徼循察往來者百官公卿表有秩嗇夫游徼游徼徼循禁賊盜又云中尉秦官掌徼循京師如淳曰所謂游徼徼循禁備盜賊也食貨志新秦中或千里無亭徼臣瓚曰既無亭候又不徼循後漢書臧宮傳少爲縣亭長游徼注云每鄉有游徼掌循禁姦盜也循或作巡荀子富國篇其候徼支繚注云徼巡也漢書景十三王傳常夜從走卒行徼邯鄲中顏注徼謂巡察也後漢書董卓傳常徼守塞下注云說文曰徼巡也前書曰中尉巡徼京師音義曰所謂游徼備盜賊班固傳徼道綺錯注云徼道徼巡之道徼或借邀字晉中興書元帝謀出奔禁衛甚嚴有頃邀者散帝得脫

xún 循

循 行順也从彳盾聲詳遵切

行順也者當爲順行廣雅循率述也昭七年左傳循牆而走文十一年傳國人弗徇服本作循云循順也

jí 彶

彶 急行也从彳及聲居立切

急行也者一切經音義五引作彶彶急行也又引廣雅彶彶遽遽也又云今皆從水作汲案文子上德篇君子日汲汲以成煇漢書楊雄傳不汲汲於富貴

sà 𢕟

𢕟 行皃从彳歰聲一曰此與馺同穌合切

行皃者廣韻𢕟衆行皃一曰此與馺同者本書馺馬行相及也琴賦紛𢕟譶以流漫李善注𢕟不及也

wēi 微

微 隱行也从彳𣁋聲春秋傳曰白公其徒微之無非切

隱行也者一切經音義十四云字林微隱行也字體從彳𣁋妙之𣁋從人釋詁隱微也郭云微謂逃藏也本書覹司也馥謂隱而司之所謂微察也襄十九年左傳崔杼微逆光服注微隱匿也晉語設微薄而觀之韋云微蔽也漢書成帝紀上始爲微行出張晏曰白衣組幘單騎出入市里不復警蹕若微賤之所爲故曰微行馥案微行卽隱行非若微賤也春秋傳曰白公其徒微之者哀十六年左傳文彼云白公奔山而縊其徒微之注云微匿也

說文解字義證 卷六 圭

shì 徥

徥 徥徥行皃从彳是聲爾雅曰徥則也是支切

徥徥行皃者方言徥行也朝鮮洌水之閒或曰徥注云徥徥行皃又云自關而西秦晉之閒凡細而有容謂之嫢或曰徥注云言徥偕也馥案廣韻徥偕行惡也集韻行衙衙謂之徥字又作偍荀子修身篇難進曰偍爾雅曰徥則也者釋言文彼作是郭云是事可法則

xú 徐

徐 安行也从彳余聲似魚切

趙策入而徐趨至而自謝曰老臣病足曾不能疾走爾雅濟東曰徐州李巡曰淮海閒其氣寬舒稟性安徐故曰徐徐舒也莊子應帝王其臥徐徐釋文云徐徐安穩貌

yí 𢓊　pīng 𢔎　fēng 𢓜　jiàn 㣤　bàng 徬　xī 徯

安行也者易困卦來徐徐馬云安行皃國策安步以當車
詩北風其虛其邪箋云邪讀如徐釋文云爾雅作徐釋訓
其虛其徐威儀容止也郭云雍容都雅之皃襄七年左傳
衛孫文子來聘公登亦登叔孫穆子相趨進曰諸侯之會
寡君未嘗後衛君今吾子不後寡君寡
君未知所過吾子其少安杜云安徐也

𢓊 行平易也從彳夷聲 以脂切

行平易也者廣雅𢓊𢓊行也老子大道甚夷范應元注𢓊
古本如此說文云𢓊行平易也經典借夷字釋詁夷易也
詩岐有夷之行書堯典厥民夷傳云夷平也太元孔
道夷如蹊路漢書地理志右扶風郁夷莽曰郁平

𢔎 使也從彳䛁聲 普丁切

使也者本書甹使也類篇引作俠也廣雅甹俠也本書甹
俠也三輔謂輕財者爲甹或借莽字詩莽云不逮傳云莽
使也又莫予莽蜂爾雅作甹夆集韻𢔎𢓜使
也甹𢔎皆𢔎之省文 䛁聲者本書無䛁字

𢓜 使也從彳夆聲讀若螽 敷容切

使也者使亦當爲俠
讀若螽者螽當爲蠭

說文解字義證 卷六 卅三

㣤 迹也從彳戔聲 慈衍切

迹也者本書衡迹也論語不踐迹孔注
踐循也言善人不但循追舊迹而已

徬 附行也從彳旁聲 蒲浪切

附行也者廣雅附依也廣韻徬徬附周禮牛人凡會同軍
旅行役共其兵車之牛與其牽徬以載公任器鄭注牽徬
在轅外輓牛也人御之居其前曰牽居其旁曰徬又罪隸
牛牛助爲牽徬注云在前曰牽在旁曰徬字或作傍賈子
胎敎篇成王之生仁者養
之孝者繈之四賢傍之

徯 待也從彳奚聲 胡計切

待也者釋詁文書益稷惟動丕應徯志傳云徯待也湯誓
徯予后傳云待我君來五子之歌徯于洛之汭傳云待太
康本書丂㝅徯有所俠藏也通俗文邪道曰徯廣雅蹊道
也太元孔道夷如蹊路詩縣行道兌矣傳云兌成蹊也正

dài 待　dí 㣙　biàn 徧　jiǎ 徦

義說文云蹊徑也宣十一年左傳曰牽牛以蹊人之田
蹊者先無行道初爲徑路之名兌是成蹊之皃馥謂正義
所引是本書原有
徑也一義今闕

𨓬 徯或從足

待 竢也從彳寺聲 徒在切

竢也者釋
詁竢待也
易繫辭君子藏器于身待時而動 儒行儒有席上之珍
以待聘 論語我待賈者也 隱元年左傳子姑待之

㣙 行㣙㣙也從彳由聲 徒歷切

行㣙㣙也者法言先知篇爲國不㣙其法而望其效譬諸
算乎注云㣙蹈也經典作迪廣雅迪蹈也釋詁迪進也詩
桑柔弗求弗迪傳云迪進也又借軸字詩碩人之軸傳云
軸進也釋文正義竝讀軸爲迪又借逐字易頤卦其欲逐
逐蘇林音迪由逐
聲近笛亦作篴

說文解字義證 卷六 卅四

徧 帀也從彳扁聲 比薦切

書舜典徧于羣神 詩天保徧爲爾德又北門室人交徧讁
我 周禮大行人王之所以撫邦國諸侯者歲徧存三歲徧
頫五歲徧省 曲禮徧祭之又曾子問告者五
日而徧 昭十三年左傳乃徧以璧見於羣望
帀也者本書匊帀徧也廣雅帀徧也易益卦偏辭也釋文
云孟作徧云周帀也顧炎武曰鄉飲酒禮鄉射禮其於旅
酬皆言辯注云辯衆賓之在下者此辯非辨察之辨古字
辯與徧通經文言辯者非一燕禮注今文辯皆作徧是也
曲禮主人延客食胾然後辯殽內則子師辯告諸婦諸母
名宰徧告諸男名玉藻先飯辯嘗羞飲而俟樂記其治辯
者其禮具注辯徧也左傳定公八年子言辯舍爵於
季氏之廟而出注辯猶徧也史記禮書瑞應辯至

徦 至也從彳叚聲 古雅切

至也者本書假一曰至也引書假于上下方言假至也邠
唐冀兖之閒曰假易豐卦豐亨王假之王云大而亨者王
之所至正義假至也萃卦王假有廟家人王假有家王竝
云假至也詩長發昭假遲遲釋文云王肅訓假爲至烈祖

鬷假無言釋文假鄭音格至也泮水昭假烈祖雲漢昭假無贏傳竝云假至也烝民昭假于下噫嘻既昭假爾箋竝云假至也祭統公假于太廟孔子閒居引詩昭假遲遲注竝云假至也禮器龜龍假釋文假音格至也又借格字釋詁格至也書堯典格于上下傳云格至也又不格姦史記作不至姦舜典歸格于藝祖史記作歸至于祖禰廟後漢書章帝紀假于祖禰注云假至也書皋陶謨格則承之庸之又祖考來格鄭注謂祖考之神來至也君奭天壽平格鄭注格謂至於天也說命格于皇天呂刑庶有格命多方惟帝降格于夏大誥其有能格知天命傳竝訓爲至又高宗肜日惟元格王漢書孔光傳作假詩抑神之格思傳云格至也士冠禮孝友時格月令暴風來格注竝云格至也

tuì 復

卻也一曰行遲也從彳從日從夊 他內切

老子功成名遂身退 僖二十五年左傳退一舍而原降 表記君子三揖而進一辭而退 離騷退將復修吾初服 漢書董仲舒傳臨淵羨魚不如退而結網臨政願治不如退而更化

卻也者廣雅卻退也秦策戰慄而却高云却退也劉向九歎却騏驥以轉運兮王云却退也 一曰行遲也者方言

遈䢜也

復或從內

古文從辵

hòu 後

遲也從彳幺夊者後也 胡口切

論語非敢後也馬不進也 老子知人之不可先也故後之

夊者後也者本書夊行遲曳夊夊

古文後從辵

tí 徲

久也從彳犀聲讀若遲 杜兮切

久也者久當爲夊本書夌一曰夌徲也徲當作徲婁壽碑徲徲衡門廣雅徲徲往來也

hěn 很

不聽從也一曰行難也一曰盭也從彳𥃩聲 胡懇切

本書忮很也皀很也 鄭注易艮卦艮之言很也 文十八年左傳傲很明德以亂天常 俗作佷後漢書張衡傳婞佷不柔 又借作狠酒誥厥心疾狠 曲禮狠毋求勝

不聽從也者華嚴經音義同韓詩違很也吳語王將狠天而伐齊注云很違也周書史記解狠而無親者亾昔者縣宗之君狠而無聽 荆州圖記武當縣江中有很子潭世傳很子不從父命 一曰行難也者本書堅下云牛很不從引也 一曰盭也者廣雅很盭也本書詪戾也釋言鬩恨也孫炎本作很云相很戾詩兄弟鬩于牆傳云鬩狠也周語兄弟讒鬩韋云鬩狠也襄二十六年左傳太子痤美而狠 服注狠戾不從教

zhǒng 徸

相迹也從彳重聲 之隴切

相迹也者一切經音義四引本書踵相迹也 今踵下闕此義

dé 得

行有所得也從彳㝵聲 多則切

行有所得也者得當爲㝵本書見部㝵取也得㝵聲相近孟子求則得之本書高宗夢得說使百工敻求得之傅巖

古文省彳

一切經音義一云衛宏詔定古文官書得㝵二字同體馥案本書得㝵義別疑此古文後人加之

jì 徛

舉脛有渡也從彳奇聲 去奇切

舉脛有渡也者釋宮釋文引作舉脚有度也類篇作舉足以渡也玉篇徛舉足以渡也廣雅徛步橋也釋宮石杠謂之徛郭云聚石水中以爲步渡彴也孟子曰歲十一月徒杠成或曰今之石橋俗作踦淮南本經訓積牒旋石以純脩踦高云脩踦曲中水所當處也

xùn 㣙

行示也從彳勻聲司馬法斬以㣙 詞閏切

三倉㣙偏也 釋言㣙偏也釋文作徇云本又作侚樊本作㣙 僖二十八年左傳司馬殺之以徇於諸侯又云殺顛頡以徇於師成二年傳韓獻子將斬人郤獻子馳將救之至則既斬之矣郤子使速以徇襄十年傳荒其斷以徇於軍三日昭元年傳荀吳之嬖人不肎即卒斬以徇吳語斬有罪者以徇 秦策大王斬臣以徇

彳

行示也者一切經音義十二尙書王乃徇師而誓孔安國曰徇循也徇亦巡行也行走宣令曰徇說文行示曰徇桓十三年左傳莫敖使徇于師杜云徇宣令也史記司馬穰苴傳於是遂斬莊賈以徇三軍正義云徇行示也漢書陳勝傳車裂酉以徇劉屈氂傳載屈氂廚車以徇要斬東市顔注竝云徇行示也後漢書伏湛傳徇首城郭以示百姓

司馬法斬以徇者漢書高帝紀二世使使斬之以徇顔注引司馬法同又云言使人將行徧示衆士以爲戒博物志司馬法周公所作史記太史公自序自古王者而有司馬法穰苴能申明之司馬穰苴傳齊威王使大夫追論古者司馬兵法而附穰苴於其中因號曰司馬穰苴兵法漢書藝文志司馬法百五十五篇湯武受命以師克亂而濟百姓動之以仁義行之以禮讓司馬法是其遺事也

lǜ 律

律 均布也从彳聿聲 呂戌切

春秋元命苞律之爲言率也所以率氣令達也注云率猶導也 周禮大師掌六律六同以合陰陽之聲陽聲黃鐘太族姑洗蕤賓夷則無射陰聲大呂應鐘南呂函鐘小呂夾鐘大戴禮曾子天圓篇聖人愼守日月之數以察星辰之行以

序四時之順逆謂之歷截十二管以察八音之上下淸濁謂之律律居陰而治陽歷居陽而治陰律歷迭相治也其閒不容髮 漢書律歷志五聲之本生於黃鐘之律九寸爲宮或損或益以定商角徵羽九六相生陰陽之應也律十有二陽六爲律陰六爲呂律以統氣類物一曰黃鐘二曰太族三曰姑洗四曰蕤賓五曰夷則六曰亾射呂以旅陽宣氣一曰林鐘二曰南呂三曰應鐘四曰大呂五曰夾鐘六曰中呂天之中數五五爲聲聲上宮五聲莫大焉地之中數六六爲律律有形有色色上黃五色莫盛焉故陽氣施種於黃泉孳萌萬物爲六氣元也以黃色名元氣律者著宮聲也宮以九唱六變動不居周流六虛始於子在十一月大呂呂旅也言陰大旅助黃鐘宣氣而牙物也位於丑在十二月太族族奏也言陽氣大奏地而達物也位於寅在正月夾鐘言陰夾助太族宣四方之氣而出種物也位於卯在二月姑洗洗絜也言陽氣洗物辜絜之也位於辰在三月中呂言微陰始起未成著於其中旅助姑洗宣氣齊物也位於巳在四月蕤賓蕤繼也賓導也言陽始導陰氣使繼養物也位於午在五月林鐘林君也言陰氣受任助蕤賓君主種物使長大楙盛也位於未在六月夷則則法也言陽氣正法度而使陰氣夷當傷之物也位於申在七月南呂南任也言陰氣旅助夷則任成萬物也位於酉在八月亾射射厭也言陽氣究物而使陰氣畢剝落之終而復始亾厭已也位於戌在九月應鐘言陰氣應亾射該臧萬物而雜陽閡種也位於亥在十月

均布也者案義當是均也布也樂記樂所以立均尹文子大道篇以律均淸濁賜冠子五聲不同均周語律所以立均出度也紀之以三平之以六成於十二天之道也周禮大司樂掌成均之法先鄭云均調也樂師主調其音後漢律歷志冬夏至陳八音聽五均注云均長七尺繫以絲以節樂音思元賦考治亂於律均分舊注律十二律均所均聲也李善曰樂汁圖徵曰聖人往承天助以立五均均者六律調五聲之均也宋均曰均長八尺施弦以調六律五聲文六年左傳爲之律度杜云鍾律度量所以治歷明時正義周語云先王之制鐘也律度量衡於是乎生大小器用於是乎出又曰古之神瞽考中聲而量之以制度律均鐘百官軌儀其意言度律之聲以爲鐘之均於鐘律取法爲度量衡也釋器律謂之分郭云律管可以分氣禮運五聲六律十二管還相爲宮也注云五聲宮商角徵羽其管陽曰律陰曰呂布在十二辰舜典律和聲傳云律謂六律六呂述十二月之音氣正義既以出音又以候氣布十二

律於十二月之位氣至則律應是六律六呂述十二月之音氣也

yù 御

御 使馬也从彳从卸 牛據切

世本韓哀侯作御 呂氏春秋勿躬篇寒衰作御馥謂哀誤爲衰

使馬也者一切經音義一云馭今作御駕馭也謂指麾使馬也廣雅御使也書甘誓御非其馬之正傳云御以正馬爲政

馭 古文御从又从馬

書若朽索之馭六馬

周禮馭夫掌馭貳車

chù 亍

亍 步止也从反彳讀若畜 丑玉切

步止也者文選射雉賦彳亍中輟徐爰注彳亍止貌也魏都賦澤馬亍阜赭白馬賦秀騏齊亍趙宧光曰彳亍方音讀剔禿猶蹢躅之方音讀笛獨類也

文三十七　重七

yǐn 廴

廴 長行也從彳引之凡廴之屬皆從廴 余忍切

從彳引之者詩召旻傳云引長也

tíng 廷

廷 朝中也從廴壬聲 特丁切

論語其在宗廟朝廷　魯語有隼集於陳侯之廷　說苑至公篇申包胥立哭於秦廷　或借庭字書迪簡在王庭　易夬卦揚于王庭

朝中也者本書壂下云壬朝廷也後漢書郭太傳毋欲使給事縣廷注云倉頡篇曰廷直也說文廷朝中也風俗通曰廷正也言縣廷郡廷朝廷皆取平均正直也

zhēng 延

延 行也從廴正聲 諸盈切

本書延正行也

jiàn 建

建 立朝律也從聿從廴 居萬切

易比卦先王以建萬國親諸侯

立朝律也者廣雅建立也書洪範建用皇極傳云凡立事當用大中之道盤庚懋建大命鄭注勉立我大命周官建官惟百周禮冢宰惟王建國注云建立也秦策然後可建大功高云建立釋詁律法也釋名律累也累人心使不得放肆也易師出以律桓二年左傳百官於是乎畏懼而不敢犯紀律管子七臣七主篇律者所以定分止爭也漢書刑法志蕭何攈摭秦法取其宜於時者作律九章

文四

chān 㢟

㢟 安步㢟㢟也從廴從止凡㢟之屬皆從㢟 丑連切

安步㢟㢟也者本書䢥從㢟云相顧視而行也襄十四年左傳晉人謂之遷㢟之役注云遷㢟却退也西京賦遷㢟邪視李善云遷㢟引身也

yán 延

延 長行也從㢟丿聲 以然切

長行也者本書挻從延云長也釋詁延長也方言延延長也廣雅同成十三年左傳君亦悔禍之延杜云延長也離騷延佇乎吾將反注云延長也詩葛之覃兮傳云覃延也又實覃實訏傳云覃長也　丿聲者當從　余制切抴也象抴引之形隸作廴非從丿也丿房密切右戾也於延聲義竝遠

文二

xíng 行

行 人之步趨也從彳從亍凡行之屬皆從行 戶庚切

人之步趨也者釋宮堂上謂之行堂下謂之步門外謂之趨釋名兩腳進曰行行抗也抗足而前也賈誼書容經篇行以微磬之容臂不搖掉肩不下上身以不側從然而任行容也

shù 術

術 邑中道也從行朮聲 食聿切

景福殿賦欲返忿術　左思詩冠蓋蔭四術　蜀都賦亦有甲第當衢向術　宋書顧凱之傳霧集貴寵之閭雲動權豪之術　南齊書張敬兒傳魚相忿於江湖人相忿於道術

邑中道也者倉頡篇邑中道曰術廣雅術道也一切經音義十云字林邑中道曰術道術者通也又言達解者無所不通也初學記二十四云術道路別名急就篇涇水注渭街術曲顏注邑中之道曰術呂氏春秋子產相鄭桃李垂於術又孟春紀審端徑術注云端正其徑路漢書武五子傳橫術何廣廣兮固知國中之無人贊曰術道路也刑法志圜圜術路如淯日術大道也後漢書馮衍傳列杜衡於外術注云術路也袁術傳術字公路少見讖書言代漢者當塗高自云名字應之注云術自以術及路皆是塗故云應之魏都賦永巷壼術注云術道也

jiē 街

街 四通道也從行圭聲 古膎切

漢宮殿疏長安有八街九市　漢官典職洛陽二十四街　洛陽記有街郵亭　漢舊儀衛官塡街騎士塞路　金石錄漢有都鄉正街彈碑　馥案周禮里宰疏云漢時在街置室檢彈一里之民

四通道也者三蒼街交道也風俗通街攜也離也四出之路攜離而別顏注急就篇云四達之道曰街廣雅街道

也西京賦街衢相經五臣注街大道也洛陽記宮門及城中大道皆分作三此三道四通五達也顧炎武曰史記貨殖傳洛陽街居在齊秦楚趙之中說文街四通道鹽鐵論燕之涿薊趙之邯鄲魏之溫軹韓之滎陽齊之臨淄楚之宛邱鄭之陽翟周之三川皆爲天下名都居王諸侯之衢跨街衝之路

qú 衢

衢 四達謂之衢從行瞿聲 其俱切

四達謂之衢者釋宮文郭云交道四出釋名四達曰衢齊魯謂四齒杷爲欋欋杷地則有四處此道似之也易大畜何天之衢馬云四達謂之衢宣十二年公羊傳放乎路衢何云四達謂之衢傳又云至於孟衢何云孟氏衢四達可以橫去孫子九變篇衢地合交注云四通之地大戴禮子張問入官篇六馬之離必於四面之衢盧辯注衢四達道覆案或曰五達劉氏新論激通篇平原五達易行之衢也或曰九交楚詞天問靡蓱九衢注云九交道曰衢

chōng 衝

衝 通道也從行童聲春秋傳曰及衝以戈擊之 昌容切

通道也者書史借衝字漢書酈食其傳夫陳留天下之衝四通五達之郊也 春秋傳曰及衝以戈擊之者昭元年

說文解字義證卷六 卌

左傳文彼作衝注云衝交道又十八年傳子產及衝

tóng 衕

衕 通街也從行同聲 徒弄切

通街也者楊慎曰今之巷道名爲衕衕又作衚衕南齊書蕭鸞弒其君昭於西弄注弄巷也南方曰弄北曰衚衕

jiàn 𧗱

𧗱 迹也從行戔聲 才綫切

迹也者本書後迹也玉篇𧗱蹈也

yú 衙

衙 行皃從行吾聲 魚舉切 又音牙

行皃者廣韻引作衙衙行皃楚詞九辨導飛廉之衙衙洪注衙衙行貌南部新書近代通謂府庭爲公衙卽古之公朝也字本作牙詩曰祈父予王之爪牙祈父司馬掌武備象獸以爪牙爲衛故軍前大旗謂之牙旗出師則有建牙禡牙之事軍中聽號令必至牙旗之下與府朝無異近俗尚武是以通呼公府公門爲牙門字訛變轉爲衙

kàn 衎

衎 行喜皃從行干聲 空旱切

行喜皃者釋詁衎樂也詩嘉賓式燕以衎傳云衎樂也曹植娛賓賦遂衎賓而高會覆案宋公子衎字樂父鄭公子喜宋樂喜竝字子罕借罕字

xuàn 衒

衒 行且賣也從行從言 黃絢切

行且賣也者本書賣衒也廣雅衒賣也廣韻衒自媒又眩下云行眩賣周禮胥師察其詐僞飾行儥慝者鄭司農云謂行且賣姦僞惡物者內則奔則爲妾注云奔或爲衒楚詞九思欲衒鬻兮莫取注云行賣曰衒漢書東方朔傳四方多士上書言得失自衒鬻顏注衒行賣也後漢書龐參傳衒賣什物覆謂以上賣字竝當作賣

衒 衒或從玄

文選求自試表夫自衒自媒者士女之醜行也李善引越絕書衒女不貞衒士不信

shuài 衛

衛 將衛也從行率聲 所律切

漢朱龜碑不衛天常 或借率字續漢書百官表衛率主宮門衛士率更令掌宮殿門戶之禁後漢百官志太子衛率一

說文解字義證卷六 卌一

人晉令左右衛率品第五晉書規中領護晉公卿禮秩晉建置衛率令一人秦始分置左右率一人領兵各五千人宋書百官志率更令主宮殿門戶通鑑后虎誅太子四率以下三百人注云東宮有左右前後四率 將衛也者集韻引作將衛一切經音義二十二字畧衛將衛也衛行也謂將領行也

wèi 衛

衛 宿衛也從韋帀從行行列衛也 于歲切

書康王之誥一二臣衛傳云爲蕃衛故曰臣衛 僖二十四年左傳秦伯送衛於晉三千人實紀綱之僕杜云新有呂郤之難國未輯睦故以兵衛文公諸門戶僕隸之事皆秦卒共之爲之紀綱 周禮宮伯掌王宮之士庶子八次八舍之職事注云庶子宿衛之官衛王宮者必居四角四中於徼候使也內宰分其人民以居之注云人民吏子弟分之使衆者就寡均宿衛宮正國有故則令宿鄭司農云令宿衛王宮脩閭氏掌比國中宿五欜者鄭司農云宿謂宿衛也 趙策願備青衣衛王宮 漢書百官公卿表衛尉掌宮門衛屯兵屬官有公車司馬衛士旅賁之令丞顏注漢舊儀云衛尉寺在宮內胡廣云主宮闕之門內衛士於周垣不爲區廬區廬者若今之仗宿屋矣漢官儀云公車司馬掌殿司馬門夜徼

行

宮中 漢舊儀夜漏起宮中宮城門傳五伯官直符行衞士
周廬擊木柝讙呼備火 漢儀衞士甲乙徼相傳甲夜畢傳
乙夜相傳盡五更衞士傳言五更未明三刻後雞鳴衞士踵
丞郎趨嚴上臺不畜宮中雞汝南出雞鳴衞士候朱雀門外
專傳雞鳴於宮中 漢官解詁衞尉掌宮闕周廬殿掖屯陳
夾道當兵交戟胡廣注曰宮闕之內周廬殿掖各陳屯交兵
士以示威武交戟以遮妄出入者又云衞尉主宮闕之內衞
士於垣下爲廬各有員部凡居宮中者皆施籍於門案其姓
名復有符符用木長二寸以當所屬官兩字爲鐵印當出入
者案籍畢復齒符乃引內之從昏至晨分部行夜夜有行者
輒前曰誰誰若此不懈終歲更始所以重愼宿衞也 漢名
臣奏丞相薛宣奏漢興以來深考古義推萬變之備於是制
宣室出入之儀正輕重之罰故司馬殿省闕至五六里周衞
擊刁斗 三輔黃圖漢未央長樂甘泉宮四面皆有司馬門
凡言司馬者宮垣之內兵衞所在司馬主武事故謂
宮之外門爲司馬門 西京賦衞尉八屯警夜巡晝
宿衞也者荆州星占軒轅旁側郎位主宿衞東觀漢記詔
曰爾虎賁將軍位在中臣宿衞禁門又云五校尉主禁兵
武備宿衞兩宮董巴中官傳黃門非尙書者宂居宿衞直
守戶 華嶠後漢書執金吾掌侍從領宿衞續漢志凡郎官

皆主更直執戟宿衞殿門又云虎賁中郎將宿衞侍從又
云五校尉各一人掌宿衞兵又云太子舍人更直宿衞陶
氏職官要錄屯騎越騎步兵長水射聲五校尉晉承漢置
以爲宿衞傳暢晉讚晉文王置强弩將軍掌宿衞後魏文
帝紀詔選天下勇武之士十五萬人爲羽林虎賁以充宿
衞覆案又有畿衞周禮大司馬九畿之籍宋畿之外方五
百里曰衞畿是也又有營衞史記五帝紀黃帝始制營衞
晉語侯遮扞衞不行韋云扞衞謂羅闉狗附也張羅闉去
壘五十步而陳周軍之前後左右彍弩注矢以誰何謂之
羅闉又二十人爲曹輩去壘三百步畜犬其中或視前後
或視左右謂之狗附皆昏而設明而罷是也 從帀者帀
周也故宿衞之室曰周廬史記秦本紀衞令曰周廬設卒
甚謹三輔黃圖漢有長水中壘屯騎虎賁越騎步兵射聲
胡騎八營宿衞王宮司馬遷報任安書出入周衞之中李
善云言宿衞周密也漢名臣奏宮殿省闔至五六重周衞
刁斗柏梁詩周衞交戟禁不時 從行行列衞也者文元
年左傳且掌環列之尹注云宮衞之官列兵而環王
宮摯虞決疑要注晏與會威儀不同晏則宿衞列仗

文十二 重一

chǐ 齒　yín 齗　chèn 齔

齒 口齗骨也象口齒之形止聲凡齒之屬皆從齒 昌里切

口齗骨也者言齗所生骨也急就篇鼻口脣舌齗牙齒顏
注齒者總謂口中之骨主齰齧者也物理論夫齒者藏府
之斧鑿所以調諧五
味以安性氣者也

古文齒字

齗 齒本也從齒斤聲 語斤切

齒本也者一切經音義一引作齒肉也玉篇齗齒根肉顏
注急就篇齗齒根肉也𦡕頷篇齗齒根也論語夫子哂之
皇氏義疏齒本曰哂大笑則哂見故謂哂爲笑
者也曲禮笑不至矧注云齒本曰矧大笑則見

齔 毀齒也男八月生齒八歲而齔女七月生齒七歲而
齔從齒從七 初堇切

毀齒也者本書毀缺也謂缺齒也釋名毀齒曰齔齔洗也
毀洗故齒更生新也廣雅毀齒謂之齔鄭語府之童妾未

既齔而遭之韋云毀齒曰齔史記宋世家一曰凶短折集
解云鄭元曰未齔曰凶索隱云未齔未毀齒也 男八月
生齒云云者左傳正義引作男八月齒生八歲而齔女七
月齒生七歲而齔一切經音義四毀齒曰齔說文男八月
生齒八歲而爲之齔女七月生齒七歲而毀齒周禮小司
寇自生齒以上登于天府注云人生齒而體備男八月而
生齒女七月而生齒又司厲未齔者不爲奴注云齔毀齒
也男八歲女七歲而毀齒素問女子七歲腎氣盛齒更髮
長丈夫八歲腎氣實髮長齒更列子湯問篇有遺男始齔
注云韓詩外傳云男女七歲或毀齒謂之齔大戴禮本命
篇男以八月而生齒八歲而毀齒一陰一陽然後成道二
八十六然後情通然後其施行女七月生齒七歲而毀齒
二七十四然後其化成韓詩外傳陰陽相反陰以陽變陽
以陰變故男八月生齒八歲而齠齒十六而精化小通女
七月生齒七歲而齔齒十四而精化小通袁準喪服傳女
七歲男八歲而墮齒此墮齒之大例劉昭幼童傳張元年
八歲齔齒或戲之曰君口復何爲開狗竇 從七者當爲
匕聲與牝牡字同一切經音義四引本書從齒匕聲徐鍇
本亦作
匕聲

zé 齰

齰 齒相值也一曰齧也从齒責聲春秋傳曰晳齰 士革切

一曰齧也者五音集韻引作靜也馥所未詳　春秋傳曰晳齰者定九年左傳文彼作幘杜云幘齒上下相值正義說文云齰齒相值也言齒長而白上下之齒相當也

chái 齜

齜 齒相齗也一曰開口見齒之皃从齒柴省聲讀若柴 仕街切

齒相齗也者齗廣韻類篇竝引作齘　一曰開口見齒之皃者集韻齹齷齒露貌廣韻齹齵齒不正也一切經音義六啀喍說文作齜謂開口見齒也埤蒼犬相啀拒也　柴省聲者當爲此聲

xiè 齘

齘 齒相切也从齒介聲 胡介切

考工記函人爲甲衣之欲其無齘也鄭司農云齘謂如齒齘　齒相切也者本書㓞齘㓞刮也類篇齒䶘切齒三蒼齘鳴齒也方言齘怒也小怒曰齘注云言噤齘也玉篇噤齘切

說文解字義證　卷六　罣

齒怒也通鑑高歡數彭樂罪舉刃將下者三噤齘良久魏策天下游士莫不日夜搤腕瞋目切齒史記荆軻傳此臣之日夜切齒腐心也索隱云切齒齒相磨切也

yǎn 齞

齞 口張齒見从齒只聲 研繭切

口張齒見者登徒子好色賦齞脣歷齒　只聲者與牝從匕聲同

yàn 䶠

䶠 齒差也从齒兼聲 五銜切

本書頷䶠皃　齒差也者即䶠義

zōu 齺

齺 齒搚也一曰齰也一曰馬口中橜也从齒芻聲 側鳩切

王延壽王孫賦口嗛呐以齡齵　齒搚也者搚當爲拹荀子王霸篇齺然上下相信注云齺齒相逆也褚少孫補滑稽傳建章宮後閣重櫟中有物出焉其狀似麋莫能知東方朔曰所謂騶牙者也遠方當來歸義而騶牙先見其齒前後若一齊等無牙故謂之騶牙索隱曰以有九牙齊等故謂之騶牙猶騶騎然也　一曰齰也者廣雅齺齧也管子輕重戊篇車轂齺騎連伍而行注齺齧也言其車轂往來相齧　一曰馬口中橜也者李燾本玉篇類篇集韻五音集韻竝作橛淮南氾論訓是猶無鏑銜橜策錣而御馯馬也司馬相如上書猶時有銜橛之變張揖曰橛騑馬口長銜也李善引莊子伯樂曰我善調馬前有飾橛而後鞭策之威

ǒu 齵

齵 齒不正也从齒禺聲 五婁切

荀子君道篇有弛易齵差者矣　齒不正也者一切經音義六云說文齵齒不正謂高下不齊平也玉篇齵齒不齊也洪武正韻齵齒相佹也馥案考工記察其菑蚤不齵鄭注菑蚤不相佹是也

zhā 𪘆

𪘆 齬齒也从齒虘聲 側加切

齬齒也者本書鉏鋙也𪘆齬義同廣韻𪘆齒不齊貌玉篇𪘆𪘆齗齒不平或省作齟漢書東方朔傳齟者齒不正也

說文解字義證　卷六　哭

zōu 齱

齱 齵也从齒取聲 側鳩切

齵也者集韻齵下云齱齵齒不正

cī 䶡

䶡 齒參差从齒差聲 楚宜切

齒參差者參差當作槮縒孔帖盧肇海潮賦忽劃𤋲而䶡齷䶡齷齒露不齊狀

cuó 齹

齹 齒差跌皃从齒佐聲春秋傳曰鄭有子齹 昨何切

篇海作𪙔　集韻𪙔馬齒長也　齒差跌皃者　跌當爲眣本書眣差也讀與跌同廣韻齹齒齹跌出字統　春秋傳曰鄭有子齹者昭十六年左傳夏四月鄭六卿餞宣子於郊子齹賦野有蔓草杜云子齹子皮之子嬰齊也釋文云齹說文作𪙔　佐聲者本書無佐

齒

quán 齤　yǔn 齳　yà 齾　jù ⿰齒巨　ní 齯　yǐ 齮　zhí 齜　zé 齰

字

齤　缺齒也一曰曲齒從齒类聲讀若權巨員切　淮南道應訓若士者齤然而笑　玉篇齤胡夾切齤齒一曰曲齒又齤渠圓切說文云缺齒也一曰曲齒馥案本書觠曲角也與齤意同玉篇初譌作齤宋人重修又取本書齤字加之遂增一從夾之字廣韻集韻皆沿其誤

齳　無齒也從齒軍聲魚吻切　無齒也者六書故引作老無齒也韓詩外傳太公年七十二齳然而齒墮矣荀子君道篇齳然而齒墮矣玉篇齳齫同

齾　缺齒也從齒獻聲五鎋切　缺齒也者宋書王元謨傳顏師伯缺齒號之曰齾馥案玉篇齾露齒非缺齒當作齾

⿰齒巨　斷腫也從齒巨聲區主切　斷腫也者集韻斷不固曰⿰齒巨

齯　老人齒從齒兒聲五雞切　老人齒者爾雅釋詁疏引作老人兒齒也詩閟宮黃髮兒齒箋云兒齒亦壽徵南都賦兒齒眉壽鮐背之叟釋詁齯齒壽也郭云齯齒齒墮更生細者釋名齯大齒落盡更生細者如小兒齒也

齮　齧也從齒奇聲魚綺切　齧也者齧上脫側字一切經音義十三云蒼頡篇齊人謂齧咋爲齮齮齧也許慎云側齧也漢書田儋傳則齮齕首用事者墳墓矣如淳曰齮側齧也史記高祖紀索隱云齮側齒齕也

齜　齚齒也從齒出聲仕乙切　齚齒也者當爲齚齧廣雅齜齧也廣韻齜齧聲

齰　齧也從齒昔聲側革切

jiān ⿰齒咸　kěn 齦　yǎn ⿰齒干　zú ⿰齒卒　là ⿰齒剌　yǎo 齩　qiè ⿰齒屑　xiá ⿰齒吉　ái ⿰齒豈

齧也者廣雅同李善注風賦引本書同字林咀齰也漢書鄧通傳上使太子齰癰顏注齰齧也

齚　齰或從乍　或從乍者一切經音義二云齚古文齰同通俗文齕咬曰齚馥案俗作咋漢書東方朔傳孤豚之咋虎顏注咋齧也英雄記曹操自咋其舌流血以失言誡後世

⿰齒咸　齧也從齒咸聲工咸切　齧也者廣韻⿰齒咸齧咋貌集韻⿰齒咸口持不齧

齦　齧也從齒艮聲康很切　齧也者廣雅同本書豤齧也

⿰齒干　齒見皃從齒干聲五版切　齒見皃者集韻類篇引作一齒見貌廣韻作齴云露齒

⿰齒卒　⿰齒卒齚也從齒卒聲昨沒切　⿰齒卒齚也者廣韻⿰齒卒齧也

⿰齒剌　齒分骨聲從齒剌聲讀若剌盧達切

齩　齧骨也從齒交聲五巧切　齧骨也者李善注七命引本書同御覽引字林齩齧噬也漢書食貨志罷夫羸老易子而齩其骨顏注齩齧也

⿰齒屑　齒差也從齒屑聲讀若切千結切　讀若切者釋器骨謂之切釋文云本作⿰齒屑同

⿰齒吉　齒堅聲從齒吉聲赫鎋切　齒堅聲者玉篇引作齧堅聲

⿰齒豈　⿰齒屑丂也從齒豈聲五來切

齸牙也者集韻牙謂之齸

chī 齝

齝 吐而噍也从齒台聲爾雅曰牛曰齝 丑之切

玉篇呞云牛噍也一切經音義九云經作齝三蒼作齝詩傳作呞韻集音式之反爾雅曰牛曰齝者釋獸文郭云食之已久復出嚼之馥案公孫龍子云羊有齒牛無齒

hé 齕

齕 齧也从齒气聲 戶骨切

齧也者廣雅同淮南修務訓齕咋足以噆肌碎骨高注齕齧也漢書音義如淳曰齕齩也莊子駢拇篇枝於手者齕之則啼釋文云齕齒斷也

lián ⿱聯齒

⿱聯齒 齒見皃从齒聯聲 力延切

niè 齧

齧 噬也从齒㓞聲 五結切

釋名齧曰齧齧齾也所臨則禿齾也

說文解字義證 卷六 冕

噬也者易噬嗑注云噬齧也哀十二年左傳國狗之瘈無不噬也注云噬齧也

chǔ 齭

齭 齒傷酢也从齒所聲讀若楚 創舉切

讀若楚者玉篇齭與齼同御覽三百六十八引字林齼齒傷酢也曾幾會宏甫分餉洞庭柑詩弧犀微齼遠山顰注云齼初舉切齭同上齒傷醋也晉中興書烈宗起清暑殿識者曰清暑反語楚也爲殿以酸楚之聲爲號非吉祥也

jiù 齨

齨 老人齒如臼也一曰馬八歲齒臼也从齒从臼臼亦聲 其久切

老人齒如臼也者陶隱居云特生礜石中央有臼形狀如齒者佳　一曰馬八歲齒臼也者玉篇一曰馬八歲曰齨也集韻馬八歲謂之駒通作齨齊民要術馬七歲齒兩邊黃各缺區平受米八歲上下盡區如一受麥九歲下中央兩齒臼受米十歲下中央四齒臼十一歲下中央六齒盡臼至十五歲上中央兩齒臼十六歲上中央四齒臼十七歲上中央六齒皆臼

臼亦聲者當爲臼聲

yǔ 齬

齬 齒不相值也从齒吾聲 魚舉切

齒不相值也者御覽引字林同廣韻齟齬不相當也集韻齬齒一前一却

xiè 齛

齛 羊粻也从齒世聲 私列切

羊粻也者玉篇齛羊噍草釋獸羊曰齛郭云今江東呼齝爲齛釋文齛作𪗾云郭音泄息列反一音曳埤蒼云羊粻也張揖音世解云羊食已吐而更嚼之馥案本書無粻字餱下引詩峙乃餱粻釋言粻糧也釋鳥亢鳥嚨其粻嗉郭云嗉者受食之處今江東呼粻論語在陳絕糧釋文云鄭本作粻音張糧也

yì 齸

齸 鹿麋粻从齒益聲 伊昔切

鹿麋粻者釋獸麋鹿曰齸郭云江東名咽爲齸齸者齝食之所在依名云埤蒼齸鹿粻集韻齸麋鹿受食處

zhì ⿰齒至

⿰齒至 齒堅也从齒至聲 陟栗切

齒堅也者當爲齧堅玉篇⿰齒至齧堅皃廣韻⿰齒至齧堅聲別作⿰口堅云齧堅易履卦履虎尾不咥人亨正義云猶若履虎尾

說文解字義證 卷六 平

不見咥齧於人釋文云咥齧也馬云齕馥案九家易云雖踐虎不見咥噬也咥卽⿰齒至集韻咥或作⿰齒至

huá ⿰齒骨

⿰齒骨 齧骨聲从齒从骨骨亦聲 戶八切

骨亦聲者當爲骨聲

kuò ⿰齒𠯑

⿰齒𠯑 噍聲从齒𠯑聲 古活切

bó ⿰齒尃

⿰齒尃 噍堅也从齒博省聲 補莫切

噍堅也者本書⿰口尃噍貌省聲者當如⿰口尃下作尃聲

文四十四　重二

yá 牙

牙 牡齒也象上下相錯之形凡牙之屬皆从牙 五加切

牡齒也者九經字樣鄭樵通志竝作壯輔廣詩童子問壯齒謂齒之大者沈彤曰中央齒形奇左右齒形偶奇則牡偶則牝而說文玉篇竝以牙爲牡齒恐傳寫之譌戴侗曰齒當脣牙當車詩誰謂鼠無牙又云相鼠有齒是鼠有齒

qī 猗 qǔ 𤘘 zú 足 tí 蹏

無牙呂氏春秋淫辭篇問馬齒圉人曰齒十二與牙三十注云馬上下齒十二牙上下十八合爲三十象上下相錯之形者錯當爲遣詩周頌設業設虡崇牙樹羽正義云栒之上刻爲崇牙似鋸齒捷業然故謂之業牙即業之上齒也馥案本書業下云象其鉏鋙相承也鉏鋙即相錯義

𤘗 古文牙

猗 虎牙也從牙從奇奇亦聲 去奇切

虎牙也者小字本徐鍇本及韻譜作武六書故亦引作武曡說之曰唐人諱虎改之王涯仙掌辨鋭而出者爲虎牙或借奇字楚詞大招靨輔奇牙宜笑嫣只 奇亦聲者當爲奇聲

𤘘 齒蠹也從牙禹聲 區禹切

齒蠹也者釋名齲朽也蟲齧之齒缺朽也馥案禹蟲也故文從禹淮南說林訓斲木愈齲本草蜀羊泉療齲齒蟲皆良之故也易通卦驗人手陽明脈虛多病寒熱齒齲注云齒齲者陽生齲於時爲害也史記倉公傳齊中大夫病齲

說文解字義證 卷六 垩

齒易林三百六齒痛疾不已齲病蠹缺墮落其宅續漢書桓帝元嘉中京師婦女作齲齒笑齲齒笑者齒痛也後漢書梁冀傳冀妻孫壽善爲齲齒笑注云風俗通曰齲齒笑者若齒痛不忻忻始自冀家所爲京師翕然皆倣效之

齲 𤘘或從齒

文三 重二

足 人之足也在下從止口凡足之屬皆從足 卽玉切

人之足也者本書癸承壬象人足易說卦震爲足論語啓予足玉藻足容重 在下者玉篇篇海並引作在體下釋名足續也言續脛也 從止口者五經文字從口下止本書止下基也故以止爲足

蹏 足也從足虒聲 杜兮切

漢書貨殖傳牧馬二百蹏 經典作蹄易說卦爲薄蹄士喪禮其實特豚四鬄去蹄昭八年穀梁傳馬候蹄 足也者廣雅同釋名蹏底也足底也

gēn 跟 huái 踝 zhí 跖 qī 踦

跟 足踵也從足艮聲 古痕切

足踵也者踵當爲歱聲類歱足跟也釋名足後曰跟在下旁著地一體任之象木根也急就篇蹲踝跟踵相近聚顏注足後曰跟亦謂之踵後漢書張衡傳跕焦原而跟止注云跟足踵也

𧿹 跟或從止

踝 足踝也從足果聲 胡瓦切

本書[illegible]擊踝也 說苑修文篇天子文繡衣各一襲到地諸矦覆跗大夫到踝 易林踝踵足傷 英雄記向詡坐板牀有兩踝處入板中三寸許 音書孫拯傳考掠兩踝骨見 陸機別傳收承父子五人考掠備加踝骨皆脫

足踝也者廣韻踝足骨也顏注急就篇踝足之內外踝也釋名踝确也居足兩旁磽确然也深衣負繩及踝以應直注云踝跟也

跖 足下也從足石聲 之石切

說文解字義證 卷六 垩

足下也者呂氏春秋用衆篇齊王之食雞也必食其跖數千而後足注云跖雞足踵跖讀如捃摭之摭玉篇蹠與跖同南方異物志烏滸人以人掌蹠爲珍重楚國先賢傳太守許荆足中風使胡紹抑之紹視荆蹠下而笑荆怒問之紹曰見明府蹠下黑子紹亦有之故忻而笑漢書賈誼傳病非徒瘇也又苦跖盭顏注跖古蹠字音之石反足下曰蹠今所呼脚掌是也言足蹠反戾不可行也

踦 一足也從足奇聲 去奇切

僖三十三年公羊傳匹馬隻輪無反者何注隻踦也穀梁傳作倚輪 漢書段會宗傳亦足以復鴈門之踦應劭曰踦隻也隻不偶也 典論張奉與人飲酒將罷亂其履易使小大差踦無不傾倒偃仆踒跌手足

一足也者玉篇⿺尢奇下云一足曰⿺尢奇也今爲踦詩東山釋文韋昭呂忱云踦一足意也方言踦倚也自關而西秦晉之閒凡全物而體不具謂之倚梁楚之閒謂之踦雍梁之西郊凡嘼支體不具者謂之踦馥案集韻踦立倚也淮南齊俗訓男女切踦高云踦足也管子侈靡篇其獄一踦腓一踦屨而當死賈誼書諭城篇楚昭王敗走而屨決背而行

牙 足

guì 跪　jì 跽　dí 踧　qú 躣　jí 踖　jǔ 踽

失之復旋取屨左右問
曰王何晉惜一蹄屨乎

跪　拜也從足危聲去委切

拜也者字林同釋言䠒跪也郭注小跽襄八年左傳不遑啟處杜云啟跪也方言東齊海岱北燕之郊跪謂之䠒䠒注云今東郡人亦呼長跽為䠒䠒廣雅䠒䠒跪拜也釋名跪危也兩膝隱地體危倪也聲類跪跽也定四年左傳秦哀公爲之賦無衣九頓首而坐馥案坐即跪也莊子峗坐以進之賈誼書容經篇跪以微磬之容揄右而下進左而起手有抑揚各尊其紀跪容也

跽　長跪也從足忌聲渠几切

長跪也者本書曩長踞也踞玉篇作跪或作跽釋名跽忌也見所敬忌不敢自安也一切經音義二十四云今江南謂屈膝立爲䠒跽中國人言胡跽史記范雎傳秦王跽而請索隱云跽者長跽兩膝搘地

踧　行平易也從足叔聲詩曰踧踧周道子六切

說文解字義證卷六　卅三

行平易也者一切經音義十二引字林同詩曰踧踧周道者小雅小弁文傳云踧踧平易也

躣　行皃從足瞿聲其俱切

行皃者玉篇引同篇海引作尢行皃本書䂂行皃楚詞九辨右蒼龍之躣躣

踖　長脛行也從足昔聲一曰踧踖資昔切

長脛行也者釋訓踖踖敏也郭云便速敏捷也釋名踖藉也以足藉也曲禮毋踖席釋文云踖躐也一曰踧踖者字林踧踖不進也廣雅踧踖畏敬也論語踧踖如也鄭注踧踖恭敬貌詩行葦授几有緝御傳云緝御踧踖之容也後漢書東平王蒼傳踧踖無所措置注云踧踖謙讓貌魏志傳司馬宣王荅曹爽書初不知乏糧甚懷踧踖或借錯字易離卦履錯然敬之无咎王云錯然者警慎之貌也踧或借蹙字莊子人閒世子產蹵然改容更貌孟子曾西蹵然趙注蹵然猶蹵踖

踽　疏行皃從足禹聲詩曰獨行踽踽區主切

疏行皃者列子力命篇汝奚往而反偊偊而步有深媿之色邪注云偊本或作踽字林云踽疏行貌孟子行何爲踽踽涼涼趙注有威儀如無所施之貌也詩曰獨行踽踽者唐風杕杜文傳云踽踽無所親也

qiāng 蹌　duàn 躖　fù 趴　yú 踰　yuè 䟠　qiāo 蹻

蹌　行皃從足將聲詩曰管磬蹌蹌七羊切

行皃者廣雅蹡蹡走也廣韻踉蹡行不正徐鍇引西京雜記漢宣帝歌黃鵠飛兮下建章羽肅肅兮行蹌蹌或借鏘字左思吳都賦被練鏘鏘劉淵林注行步貌詩曰管磬蹌蹌者周頌執競文彼作磬筦將將傳云將將集也釋文云說文作蹌蹌行貌馥案三蒼蹌敬也容止貌也

躖　踐處也從足斷省聲徒管切

踐處也者楚詞九思鹿蹊兮躖躖洪注引本書作禽獸所踐處也案本書疃下云禽獸所踐處也躖疃聲義並相近

趴　趣越皃從足卜聲芳遇切

趣越皃者本書赴趨也

說文解字義證卷六　卅四

踰　越也從足俞聲羊朱切

易謙卦謙尊而光卑而不可踰哀十五年左傳
以禮防民猶或踰之坊記大爲之坊民猶踰之

越也者字林踰越也詩長發率履不越箋云不得踰越襄三十一年左傳門不容車而不可踰越成十三年傳踰越險阻雜記不踰封而弔注云踰封或爲越疆魏策越山踰河

䟠　輕也從足戉聲王伐切

輕也者輕當作蹩徐鍇本作輕足誤分爲二本書鑿讀若春秋傳蹩而乘它車是足部有蹩字明矣昭二十六年左傳苑子剸林雍斷其足蹩而乘於他車以歸杜云蹩一足行傳作蹩借字也本書娍輕也亦當爲蹩

蹻　舉足行高也從足喬聲詩曰小子蹻蹻居勺切

漢晉春秋諸葛亮曰功可蹻足而待矣七啓蹻捷若飛李善云廣雅趫行也今爲蹻古字無定也馥案七啓當作趫廣雅當作蹻

足

舉足行高也者晉書音義引作舉足小高也漢書高帝紀亾可蹻足待也晉灼曰許愼云蹻舉足小高也三蒼解詁蹻舉足也本書趫舉足也莊蹻呂氏春秋稱之曰企足俗與趫通類篇趫企也 詩曰小子蹻蹻者大雅板文傳云蹻蹻驕貌馥案釋訓蹻蹻憍也郭云小人得志憍蹇之貌

shū 跾

跾 疾也長也從足攸聲 式竹切

疾也者廣雅同馥案跾率俗作倏忽莊子作儵忽或借逐字易頤卦其欲逐逐薛云速也 長也者易釋文云逐劉作跾云遠也馥謂遠亦長意

qiāng 蹌

蹌 動也從足倉聲 七羊切

動也者廣韻引詩巧趨蹌兮書益稷鳥獸蹌蹌傳云相率而舞蹌蹌然正義禮云士蹌蹌是爲行動貌故爲舞也

yǒng 踊

踊 跳也從足甬聲 余隴切

跳也者廣雅同詩擊鼓踊躍用兵僖二十八年左傳距躍三百曲踊三百邵寶曰躍踊者皆絕地而起 所謂跳也馥案百音陌三陌踊躍之度哀八年傳私屬徒七百人三踊於幕庭杜云於帳前設格令士試躍之

jī 躋

躋 登也從足齊聲商書曰告予顛躋 祖雞切

登也者釋詁躋陞也方言躋登也東齊海岱之閒謂之躋詩長發聖敬日躋蒹葭道阻且躋斯干君子攸躋傳並云躋升也春秋文二年大事于太廟躋僖公公羊傳躋者何升也樂記地氣上齊注云齊讀爲躋躋升也楚詞紛翼翼兮上躋王注盛氣振迅升天衢也後漢書韋彪傳爵位不躋注云躋升也經典借隮字書顧命由阼階隮傳云用阼階升詩蝃蝀朝隮于西傳云隮升士虞禮記來日隮祔爾于爾皇祖某甫注云隮升 商書曰告予顛躋者微子篇文彼作隮傳云隮墜馬融王肅義同本書引咈其耇長我興受其退並稱周書

yuè 躍

躍 迅也從足翟聲 以灼切

迅也者本書趯踊也廣雅奮迅也釋訓躍躍迅也釋蟲螽醜奮郭注好奮迅楚詞九章羌迅高而難當詩旱麓魚躍于淵箋云魚跳躍于淵中秦策引詩躍躍毚兔高云躍躍跳足也夏侯湛獵兔賦擢輕足之嬛嬛振游形之𨄏躍

zhuān 跧

跧 蹴也一曰卑也絭也從足全聲 莊緣切

蹴也者本書蹴躡也 一切經音義十一引作蹋也蹋鞠卽蹴鞠 一曰卑也者廣雅跧莊匍匐也廣韻跧跧伏類篇跧屈伏也魯靈光殿賦狡兔跧伏於柎側 絭也者本書𨇨𨇨獸足也跧𨇨音義同

cù 蹴

蹴 躡也從足就聲 七宿切

躡也者一切經音義十一云說文蹴蹋也以足逆蹋曰蹴孟子蹴爾而與之趙注蹴蹋也史記燕世家王蹴之以足漢書楊雄傳帥軍踤跙顏注足蹴之後漢書梁冀傳六博蹴鞠本書鞠下云蹋鞠俗作蹵曲禮以足蹵路馬芻有誅又借蹴字後漢書陳蕃傳黃門從官騶蹋蹴蕃

niè 躡

躡 蹈也從足聶聲 尼輒切

蹈也者廣雅躡履也聲類蹀躡也

kuà 跨

跨 渡也從足夸聲 苦化切

渡也者廣雅同本書越度也午跨步也 一切經音義十五引字林跨踞也釋名躡攝也登其上使攝服也 昭十三年左傳康王跨之杜注跨過其上

tà 蹋

蹋 踐也從足昜聲 徒盍切

踐也者釋名蹋榻也榻著地也廣雅蹋履也俗作蹹漢書霍去病傳去病尙穿域蹋鞠也霍光傳霍氏奴入御史府欲蹋大夫門俗又作蹹魏略長安市儈爲市吏所辱乃蹹其尺折之俗又作踏樂府有踏歌行

bó 踄

踄 蹈也從足步聲 旁各切又音步

dǎo 蹈

蹈 踐也從足舀聲 徒到切

踐也者釋名蹈道也以足踐之如道路也廣雅蹈履也華嚴經音義蹈蹋也詩序不知手之舞之足之蹈之也釋文云蹈動足履地也

chán 躔

躔 踐也從足廛聲 直連切

踐也者釋獸麋其跡躔郭云脚所踐處方言躔歷行也日運爲躔月運爲逡郭注躔猶踐也天官書日月所會次曰躔度

jiàn 踐

踐 履也從足戔聲 慈衍切

履也者廣雅同釋名賤踐也卑下見踐履也字書䠥踐也詩行葦牛羊勿踐履生民履帝武敏傳云履踐也文元年左傳踐脩舊好杜云踐猶履行也士相見禮不足以踐禮注云踐行也曲禮修身踐言文王世子踐阼而治注竝云踐履也

zhǒng 踵

踵 追也從足重聲一曰往來皃 之隴切

一切經音義四說文踵相迹也亦追也往來之皃也馥案相迹義今闕徐鍇韻譜踵迹也本書𨔝相迹也昭二十四年左傳吳踵楚杜云躡楚踵迹離騷及前王之踵武漢書刑法志踵秦而置材官於郡國又借踵字廣雅踵迹也 追也者藉田賦躡踵側肩李善云說文曰踵追也躡其踵所以爲追逐也 一曰往來皃者莊子德充符踵見仲尼注云踵頻也孟子踵門而告文公趙注踵至也馥謂頻至門也或作𨆪素問陰陽離合論陰陽𨆪𨆪積傳爲一周注𨆪𨆪言氣之往來也又作憧易咸卦憧憧往來

zhào 踔

踔 踶也從足卓聲 知教切

踶也者廣韻踔猿跳後漢書馬融傳踔攱枝注云踔跳也或作趠一切經音義一云趠跳也郭璞曰趠謂懸擲也張融海賦鯤龍趠而不逮

dài 蹛

蹛 踶也從足帶聲 當蓋切

踶也者玉篇衛牛蹄蹄當爲蹛

bié 蹩

蹩 踶也從足敝聲一曰跛也 蒲結切

踶也者集韻蹩反足踶也 一曰跛也者集韻引作跛案莊子馬蹄篇蹩躠爲仁踶跂爲義魯語踦跂畢行無有處人注云踦跂跰蹇也

dì 踶

踶 躗也從足是聲 特計切

本書𧼮踶也 聲類踶躡也 玉篇踶蹋也莊子云馬怒則分背相踶 韓非說林伯樂教二人相踶馬相與之簡子廄觀馬一人舉踶馬其一人從後而循之三撫其尻而馬不踶此自以爲失相其一人曰子非失相也此其爲馬也踒肩而腫膝夫踶馬也者舉後而任前腫膝不可任也故後不舉 漢書武帝紀故馬或奔踶而致千里顏注踶蹋也 晉書庾峻傳牛馬有踶齧者恐傷人不貨於市 晉書載記慕容儁傳馬悲鳴踶齧 崔鴻前燕錄慕容廆有駿馬䮍欲乘之馬悲鳴踶嚙人莫能近 唐書劉建鋒傳馬踶傷張佶左髀 孔帖歸登家僮爲馬所踶笞折馬足 通鑑柳公綽所乘馬踶殺圉人

wèi 躗

躗 衛也從足衛聲 于歲切

衛也者衛當爲𧗳本書𧗳牛踶躗也

dié ⿱執足

⿱執足 ⿱執足足也從足執聲 徒叶切

⿱執足足也者⿱執足當爲縶昭二十年穀梁傳輒者何兩足不能相過齊謂之綦楚謂之踂衛謂之輒釋文云輒音近縶左氏作縶劉兆云綦連併也踂聚合不解也縶如見縶絆也

shì ⿰足氏

⿰足氏 跱也從足氏聲 承旨切

跱也者廣韻⿰足氏跱也謂立也

zhí 蹢

蹢 住足也從足適省聲或曰蹢躅賈侍中說足垢也 直隻切

住足也者住當爲跓 或曰蹢躅者廣雅蹢躅跢跦也字或作躑一切經音義八引字林躑躅跓足不進也別賦知離夢之躑躅李善云說文蹢躅住足也韓詩愛而不見搔首躊躇 薛君曰躊躇躑躅也史記淮陰侯傳騏驥之跼躅徐廣曰跼一作蹢也後漢書隗囂傳得以數千躑躅三輔注云躑躅猶踟躕也傅元鬬雞賦或躑躅踟躕陸機招隱詩振衣聊躑躅 婁元傳元到廣州徘徊躑躅於仲翔宅故處 荀子禮論篇躑躅焉注云躑躅以足擊地也

zhú 蹋　zú 踤　jué 蹷　tiào 跳　zhèn 踬　chú 躇

蹋 蹢躅也從足蜀聲 直錄切
蹢躅也者漢書班嗣與桓生書伏孔氏
之軌躅音義曰三輔說牛蹄處爲躅

踤 觸也從足卒聲一曰駭也一曰蒼踤 昨沒切
觸也者吳都賦衝踤而斷筋骨 一曰駭也者廣韻踤駭
蹋也 一曰蒼踤者本書趚倉卒也方言䔿卒也江湘之
閒凡卒相見謂之䔿相見郭注謂
倉卒也漢書劉向傳期日迫卒

蹷 僵也從足厥聲一曰跳也亦讀若橜 居月切
僵也者方言跌蹷也注云偃地也江東言跲緇衣引書毋
越厥命以自覆也注云越之言蹷也言無自顛蹷女之政
教以自毀敗昭二十三年左傳斷其後之木而弗殊邾師
過之乃推而蹷之荀子成相篇國乃蹷注云蹷顛覆也富
國篇夫是之謂國蹷注云蹷傾倒也呂氏春秋慎小篇人
之情不蹷於山而蹷於垤注云蹷躓顛頓也史記扁鵲傳
若太子病所謂尸蹷者也通鑑建成有馬肥壯而喜蹷以
授世民世民乘以逐鹿馬蹷世民躍立於數步之外馬起

復乘之 一曰跳也者本書跳蹷也廣雅蹷踶跳字統蹷
路跳跟貌 一切經音義八埤蒼蹷起也禮記子夏蹷然而
起也謂急疾之貌也 漢書陸賈傳於是陀迺蹷然起坐顏
注蹷然驚起之貌也 亦讀若橜者徐鍇本作讀亦若橜

蹶 蹷或從闕

跳 蹷也從足兆聲一曰躍也 徒遼切
蹷也者尚書大傳禹其跳其跳者踦也注云踦步足不能
相過也 一曰躍也者李善注洞簫賦引本書同晉書音
義引字林同釋名跳條也如草木枝條務上行也釋言窕
閑也釋文云舍人本作跳云跳者躍之閑列子湯問篇跳
往助之注云跳躍也通鑑蒼梧王與左右於臺
岡賭跳注云賭跳者賭跳擲以高者爲勝也

踬 動也從足辰聲 側鄰切
動也者踬別作蜄猶蚑跂通也史記律書辰者言萬
物之蜄也 辰聲者本書娠從辰云女妊身動也

躇 峙躇不前也從足屠聲 直魚切

zhì 躓　bèi 跟　sà 趿　yáo 䠛　tà 踏　zhí 蹠　fú 𨁨

峙躇不前也者廣雅躇止也廣韻峙躇行難貌俗作踟蹰
一切經音義十九踟蹰住足踟躅也詩靜女搔首踟蹰禮
三年問蹢躅
焉踟蹰焉

𨁨 跳也從足弗聲 敷勿切
跳也者方言
廣雅竝同

蹠 楚人謂跳躍曰蹠從足庶聲 之石切
楚人謂跳躍曰蹠者本書趣蹠也方言蹠跳也楚曰蹠廣
雅蹠跳也淮南齊俗訓伊尹之興土功也脩脛者使之蹠
钁强脊者使之負土史記蘇秦傳蹠勁弩又云韓卒超足
而射索隱云超足謂超騰用勢蓋起足蹋之而射也故云
蹠勁弩是也漢書申屠嘉傳以材官蹶張如淳曰材官之
多力能脚踏彊弩張之故曰蹶張律有蹶張士顏注今之
弩以手張者曰擘張
以足蹋者曰蹶張

踏 趿也從足荅聲 他合切

趿也者字書趿曰
躂玉篇躂足趺也

䠛 跳也從足䍃聲 余招切
跳也者廣雅同方言䠛跳也陳
鄭之閒曰䠛廣韻跳䠛行步貌

趿 進足有所擷取也從足及聲爾雅曰趿謂之擷 穌合切
進足有所擷取也者俗謂著履曰趿 爾雅曰趿謂之擷
者釋器扱衽謂之擷郭云扱衣上衽於帶本書擷與襭同
云以衣衽扱
物謂之襭

跟 步行獵跋也從足貝聲 博蓋切
步行獵跋也者集韻引作躐玉篇跟躐跋
也案本書無躐字廣韻跟頓跟行不正也

躓 跆也從足質聲詩曰載躓其尾 陟利切
通俗文事不利曰躓 廣韻躓礙也頓也 列子說符篇意
之所屬著其行足躓株埳頭抵植木而不自知也注云躓礙

jiá 跲　yì 跇　diān 蹎　bá 䟦　jí 蹐　diē 跌

也　宣十五年左傳杜回躓而顛　燕策令妾酌藥酒而進之妾佯躓而覆之　易訟卦有孚窒馬讀爲躓猶止也馥案本書疐引而止之也

跲 躓也從足合聲 居怯切

跲也者李善注謝靈運詩引作跌也通鑑蘇峻趨白木陂馬躓注云躓跲也士相見禮執玉者則唯舒武舉前曳踵注云備躓跲也詩鷓言則嚏傳云嚏跲也嚏釋文作疐易林擔載差躓踠跌右足　詩曰載躓其尾者豳風狼跋文彼作疐傳云疐跲也馥案釋言疐跲也郭引詩載疐其尾又云疐仆也郭云頓躓倒仆

躓也者中庸言前定則不跲注云跲躓也

跇 述也從足世聲 丑例切

述也者述當爲逃玉篇跇超踰也廣韻跇跳也踰也與趮同漢書楊雄傳跇巒阬顏注跇渡也

蹎 跋也從足眞聲 都年切

䟦 蹎跋也從足犮聲 北末切

蹎跋也者釋言跋躐也李巡云跋前行曰躐或借拔字詩蕩顛沛之揭箋云相隨俱顛拔

蹐 小步也從足脊聲詩曰不敢不蹐 資昔切

小步也者後漢書陳忠傳或有跼蹐比伍注引本書同陳書褚玠傳除殘去暴姦吏局蹐　詩曰不敢不蹐者小雅正月文傳云蹐累足也本書趚下引詩不敢不趚

跌 踼也從足失聲一曰越也 徒結切

踼也者本書踜足跌也通俗文失蹶曰跌集韻跌足傷也漢書鼂錯傳跌而不振服虔曰蹉跌不可復起也楊雄傳不知一跌將赤吾之族也顏注跌足失厝也後漢書滿讓傳修短靡跌注云跌蹉也　一曰越也者莊二十二年公羊傳肆者何跌也何云跌過度江淹恨賦跌宕文史李善引楊雄自敘雄爲人跌宕周禮大司徒注鄭司農云景夕謂日跌景乃中馥案跌言日過中淮南脩務訓夫墨子跌蹏而趨千里高注跌疾行也後漢書張衡傳藐以迭遏馥

táng 踼　dūn 蹲　jù 踞　kuà 跨　jué 躩　bó 踣　bǒ 跛

謂卽跌踼

踼 跌踼也從足昜聲一曰搶也 徒郎切

跌踼也者聲類踼跌也蒼頡篇踼失迹也廣韻踼跌頓伏貌　一曰搶也者搶當爲蹌

蹲 踞也從足尊聲 徂尊切

踞也者本書居蹲也一切經音義六云字林踞謂垂足實坐也蹲猶虛坐也舊經言箕坐也廣雅蹲踞也僖三十三年公羊傳子揖師而行何云介胄不拜爲其拜如蹲後漢書魯恭傳蹲夷踞肆古文苑王孫賦踡兔蹲而狗踞

踞 蹲也從足居聲 居御切

本書居下或體與此文同徐鍇本作凥

跨 踞也從足夸聲 苦化切

踞也者一切經音義七引字林同經典借跨字晉語不跨其國韋注跨猶踞也俗典江南謂開膝坐爲跘跨山東謂之甲趺馥案婆娑論結跏趺坐是相員滿廣韻跏趺大坐也類篇跏屈足坐也跨吳人謂大坐曰跨

躩 足躩如也從足矍聲 丘縛切

足躩如也者論語文包注盤辟貌也

踣 僵也從足咅聲春秋傳曰晉人踣之 蒲北切

僵也者本書趥僵也玉篇踣仆也周禮掌戮凡殺人者踣諸市鄭注踣僵尸也又注易鼎卦云顛踣也莊子外物篇申徒狄因以踣河釋文云字林云踣僵也李云頓也釋言獘踣也郭云前覆襄十一年左傳踣其國家杜云踣獘也魯語紂踣於京韋云踣獘也　春秋傳曰晉人踣之　襄十四年左傳與晉踣之注云踣僵也

跛 行不正也從足皮聲一曰足排之讀若彼 布火切

行不正也者字林同本書𡯁蹇也𡯁𡯂行不正玉篇蹶蹠跛行貌增韻跛足偏廢也曲禮立毋跛注云跛偏任也禮　易履卦跛能履　宣十七年左傳郤子登婦人笑於房杜云跛而登階故笑之　成元年穀梁傳衛孫良夫跛

足

器有司跛倚以臨祭注云偏任爲跛周語立無跛正也韋云跛偏引也　皮聲下徐鍇本有讀若罷三字

jiǎn 蹇

蹇 跛也從足寒省聲 九輦切

跛也者本書越蹇行越越也方言㝃蹇也注云跛者行跣蹕也釋名偃蹇也偃息而臥不執事也蹇跛蹇也病不能作事今託病似此而不宜執事役也字林蹇行不正也易序卦蹇者難也通鑑魏帝曰吾聞築社之役蹇蹶而築之蜀注曰跛蹇而顛蹶也續晉陽秋習鑿齒以足病廢於里巷樊鄧以其蹇疾裁堪半丁

pián 蹁

蹁 足不正也從足扁聲一曰拖後足馬讀若苹或曰徧 部田切

足不正也者蹁或作𨇘集韻𨇘足趾不正也徐鍇曰古賦說舞云蹁跹言足不正也　一曰拖後足馬者晉書后崇傳牛奔不遲巨由馭者逐不及反制之可聽蹁轅則駛矣案玉篇蹁蹮蹣跚也　讀若苹者苹當爲釆

kuí 䟸

䟸 脛肉也一曰曲脛也從足奔聲讀若逵 渠追切

一曰曲脛也者廣雅䟸跭也玉篇躂足跌也廣韻䟸左脛曲也莊子馬蹄齕草飲水翹尾而踛此馬之眞性也司馬彪曰踛跳也馥謂踛卽䟸曲一足錢君大昕曰漢書賈誼傳病非徒瘇也又苦䟸盭顏注䟸古蹠字足下曰蹠今所呼脚掌是也案說文無䟸字當是䟸之譌說文䟸脛肉一曰曲脛讀若逵盭亦當從說文作盭盭戾也䟸盭謂足脛相反戾不便行動

wō 踒

踒 足跌也從足委聲 烏過切

足跌也者一切經音義十三通俗文足跌傷曰踒蒼頡篇挫足爲踒史記踒人亦不忘起是也廣雅踒折也類篇踒折足也典論踒跌手足別作踠中論貴言篇鷄鳥之欺孺子也鷄鳥之性善近人飛不峻也不速也蹲然似若將可獲也卒至乎不可獲是孺子之所以䠞膝踠足而不以爲弊也

xiǎn 跣

跣 足親地也從足先聲 穌典切

書說命若跣弗視地厥足用傷　禮喪大記主人徒跣　漢書五行志被髮徒踐文帝紀給喪事服臨者皆無踐晉灼曰漢語作跣徒跣也又王嘉傳被髮徒跣而走　後漢書劉盆子傳時年十五被髮徒跣　莊子列禦寇篇列子提屨跣而走　淮南脩務訓於是乃羸糧跣走高云跣足不及著履也　會稽典錄賀劭左右莫見其跣坐常著韈希見其足　盧君文昭曰宣二年左傳晉靈公飲趙盾酒伏甲將攻之其右提彌明知之趨登曰臣侍君宴過三爵非禮也遂扶以下服虔本作遂跣以下跣字是也襄三年傳晉悼公懼魏絳之炊亦跣而出皆是急迫不及納屨使然　足親地也者三蒼跛跣以脚踐土也集韻跣裸足行也

jū 跔

跔 天寒足跔也從足句聲 其俱切

天寒足跔也者玉篇跔天寒足跔寒凍手足跔不伸也史記張儀傳跿跔科頭集解云偏舉一足曰跿跔或借躅字周書太子晉解師曠躅其足太子曰太師何舉足驟師曠曰天寒足躅是以數也諸書作跼聲類偏舉一足曰跼埤蒼跼蹐跼不伸也離騷僕夫悲余馬懷兮蜷局顧而不行寡婦賦馬悲鳴而跼顧赭白馬賦跼鑣轡之牽掣李善引字林跼蹐跼行不申也淮南精神訓病疵瘕者捧心抑腹膝上叩頭跼蹐而諦通夕不寐通鑑劉曜常乘赤馬無故

跼頓注云跼足蜷曲不能伸也

kǔn 䠞

䠞 瘃足也從足困聲 苦本切

瘃足也者當爲足瘃中論貴言篇是孺子之所以䠞膝踠足而不以爲弊也俗作皸漢書趙充國傳將軍士寒手足皸瘃唐書李甘傳凍膚皸瘃馥案本書無皸字新附有之䠞皸一字也

jù 距

距 雞距也從足巨聲 其呂切

雞距也者一切經音義九引作雞足距也顏注漢書距雞附足骨鬭時所用刺之昭二十五年左傳季氏介其雞郈氏爲之金距吳時外國傳扶南山䒢尋以鐵爲鬭雞假距與諸將博錢韓詩外傳君獨不見夫雞乎首戴冠者文也足搏距者武也西京雜記交趾越巂獻長鳴雞長距善鬭曹植鬭雞詩觜落輕毛散嚴距往往傷劉楨鬭雞詩丹雞被華采雙距如鋒芒應瑒鬭雞詩雙距解長緤飛踊超敵倫傳元鬭雞賦距不虛挂翩不徒坩習㧕長鳴雞賦違雙距之岌峩寰宇記循州有五距碧雞龍魚河圖雞有四距者殺人

足

xǐ 躧

躧 舞履也從足麗聲所綺切

舞履也者周禮鞮鞻氏注云鞻讀如屨也鞮屨四夷舞者所屝也今時倡蹋鼓沓行者自有屝或借屣字史記貨殖傳躧利屣徐廣曰屣舞屣也

鞻 或從革

從革者鞮鞻字亦從革今雲南以麂皮作之卽舞人之蠻鞾

xiā 蹋

蹋 足所履也從足叚聲乎加切

足所履也者本書報履也

fèi 跳

跳 跀也從足非聲讀若匪扶味切

跀也者釋言文彼作剕郭云斷足經典作剕書舜典五刑有服傳云五刑墨劓剕宮大辟釋文剕刖足也呂刑剕辟疑赦傳云刖足曰剕大傳作髕漢書刑法志引剕罰之屬亦作髕罰鄭改異義皋陶改臏爲剕呂刑有剕周改剕爲

刖

yuè 跀

跀 斷足也從足月聲魚厥切

昭三年左傳屨賤踊貴杜云踊刖足者屨言刖多韓非說難篇衛國之法竊駕君車者罪刖彌子瑕閒母病矯駕君車君聞而賢之曰孝哉爲母之故忘其刖罪漢書刑法志中刑用刀鋸韋昭曰鋸刖刑也

斷足也者一切經音義二刖古文跀䟤二形刖斷足也周改髕爲刖廣雅刖危也謂斷足卽危也周禮司刑刖罪五百注云刖斷足也周改髕作刖莊十六年左傳刖强鉏注云斷足曰刖文十八年傳乃掘而刖之注云斷其尸足管子侈靡篇今周公斷指滿稽斷首滿稽斷足滿稽而死民不服史記孝文本紀夫刑至斷支體刻肌膚終身不息何其楚痛而不德也

䟤 跀或從兀

或從兀者莊子德充符魯有兀者叔山無趾踵見仲尼李氏曰刖足曰兀

fàng 趽

趽 曲脛馬也從足方聲讀與彭同薄庚切

曲脛馬也者初學記廿九引纂文同廣雅趽踦也

jué 趹

趹 馬行皃從足決省聲古穴切

馬行皃者史記張儀傳探前趹後蹄閒三尋索隱云謂馬前足探向前後足趹於後謂後足抉地言馬之走勢疾也七尺曰尋言馬走之疾前後蹄閒一擲而過三尋也後漢書班固傳要趹追蹤注引廣雅趹奔也

yàn 趼

趼 獸足企也從足幵聲五甸切

獸足企也者企義未詳釋畜騉蹄趼善陞甗又騉駼枝蹏趼善陞甗莊子天道篇重趼釋文引許慎云足指約中斷傷爲趼

lù 路

路 道也從足各聲洛故切

道也者釋名路露也人所踐蹈而露見也釋宮一達謂之道路郭云長道周禮合方氏掌達天下之道路月令三月開通道路無有障塞漢書董仲舒傳道者所由適於治之路也

lìn 蹸

蹸 轢也從足粦聲良忍切

轢也者本書轔轢田也後漢書班固傳蹂蹸其十二三注云蹸轢也文選作躪李善云躪與蹸同漢書王商傳奔足相蹂躪又作轔廣雅轔轢也後漢杜篤傳蹂轔濊貊注云轔轢也史記司馬相如傳拚兔轔鹿郭璞云轔車轢

qí 跂

跂 足多指也從足支聲巨支切

足多指也者莊子駢拇篇故合者不爲駢而枝者不爲跂

文八十五徐鍇本作六

重四

蹳

蹳 蹎蹳也從足發聲北末切

徐鍇本有玉篇蹳行也

跢

跢

蹝　跓　𨇨　shū 疋

本書諺讀若論語跢子之足玉篇跢倒也廣韻跢倒跢也

蹝 躡也一曰蹝鞮屬鞮革履也

李善注長門賦引案張衡七盤舞賦歷七盤而屣躡屣當作蹝

跓

本書𧻓讀若跓同玉篇跓舉一足蹞同上

𨇨

本書鏧讀若春秋傳𨇨而乘他車案昭二十六年左傳作鏧杜注鏧一足行馥謂杜預本作𨇨故訓一足行後轉寫變爲鏧玉篇𨇨一足行貌廣韻𨇨一足跳行五經文字鏧金聲也又一足行貌一文二義是唐本已脫𨇨字矣楊慎曰左傳𨇨而乘於他車以歸𨇨音磬一足行也梅聖俞送寗鄉令張沆詩夔學林雍𨇨

遺文五

疋 足也上象腓腸下從止弟子職曰問疋何止古文以爲詩大疋字亦以爲足字或曰胥字一曰疋記也凡疋之屬皆從疋 所菹切

足也者本書旋下云疋足也新序今爲濡足之故不救溺人可乎韓詩外傳作濡雅馥案足譌爲疋疋變爲雅 上象腓腸者本書腨腓腸也 下從止者廣雅疋止也本書古文正從疋疋者亦止也 弟子職曰問疋何止者玉海云弟子職一篇管仲作在管子雜篇第五十九 古文以爲詩大疋字者篇海引作古文詩以爲大雅字爾雅釋文云雅字亦作疋折拔魏有侍中和疋通鑑注疋音五下翻雅烏南越記作疋烏方言盃㮶也郭注所謂伯盃者也王觀國曰許慎說文雅楚烏也秦謂之雅則古人初不以雅字爲大雅小雅之字也古文惟用疋字爲大雅小雅之字故說文曰疋古文以爲大雅字及後世變古文爲隸古又變隸古爲今文遂各用他音字或俗字以易之而雅字遂專爲大雅小雅之雅矣韻會案古文大小雅爾雅字本作疋今文皆作雅而疋字但音匹矣 或曰胥字者袁君校日周禮大胥小胥卽詩之大雅小雅詩曰籩豆有且侯氏晏胥太元日不晏不雅晏胥猶晏雅也王君聘珍曰禮記胥鼓南周禮大胥小胥皆雅也馥案本書疏經傳皆作糈左傳蒲胥之市呂氏春秋作蒲疏 一曰疋記也者本書記疏也方言舊書雅記故俗語不失其方雅當爲疋

shū 𤕰

𤕰 門戶疏窻也從疋疋亦聲囪象𤕰形讀若疏 所菹切

門戶疏窻也者疏窻當爲𤕰四本書櫳房室之疏也亦當作𤕰一切經音義十四疏說文作𤕰𤕰窗也𤕰從疋疋也從四象其形也門戶窗牖皆所以引通諸物故從疋疋取通行意也玉篇𤕰門戶青疏窗也史記禮書疏房牀第几席所以養體也索隱云疏謂窗也後漢書梁冀傳窗牖皆有綺疏青瑣注云牖小窗也綺疏謂鏤爲綺文魏志曹爽傳作窟室綺疏四周鄴中記窗皆銅龍疏雲母幌易林千仞之墻不得入門金籠鉄疏利以避兵西京賦交綺豁以疏寮李注文結綺文豁然穿以爲寮也蒼頡篇曰寮小窻也古詩曰交疏結綺窻靈光殿賦天窻綺疏七命方疏含秀蜀都賦列綺窻而瞰江五臣注綺窻彫畫若綺也李尤東觀銘房闥內布綺疏外陳潘尼桑樹賦拂綺窻之疏

寮天台山賦皦日炯晃於綺疏陸機君子有所思行遂宇列綺窗王融曲水詩序鏡文虹於綺疏謝朓詩玲瓏結綺錢李善引東宮舊事窻有四面綾綺連錢 疋亦聲者徐鍇本無此文鍇以爲指事也馥謂此部三字當有讀若疏者故諸書皆借疏字

shū 𤴓

𤴓 通也從㐬從疋疋亦聲 所菹切

通也者玉篇同又云月令其器延以達今作疏本書疏通也荀子禮論篇疏房檖須注云疏通也疏房通明之房也字或作𤴓太元𤴓陽氣彊內而弱外物咸扶𤴓而進乎大又次五𤴓有足託堅穀

文三

pǐn 品

品 衆庶也從三口凡品之屬皆從品 丕飲切

衆庶也者本書庶屋下衆也區品衆也易品物流形徐鍇引國語天子千品萬官

niè 嵒

嵒 多言也從品相連春秋傳曰次于嵒北讀與聶同 尼輒切

切

多言也者玉篇嵒曳嵒爭言也　從品相連者徐鍇本作從品山相連　春秋傳曰次于嵒北者春秋僖元年齊師朱師曹伯次于聶北救邢杜云聶北邢地　讀與聶同者本書讘多言也

zào 喿

喿 鳥羣鳴也從品在木上　穌到切

鳥羣鳴也者喿俗作噪拾遺記魯僖公有白鵲遶煙而噪

文三

yuè 龠

龠 樂之竹管三孔以和衆聲也從品侖侖理也凡龠之屬皆從龠　以灼切

釋名龠躍也氣躍出也　漢書律歷志龠者躍微動氣而生物也　俗作籥通典籥不知誰所作按禮記葦籥伊耆氏之樂則伊耆氏已有籥矣

樂之竹管者詩賓之初筵籥舞笙鼓箋云籥管也春秋宣八年萬入去籥范甯云籥管也續漢書蔡邕避難在吳告人曰吾昔經會稽高遷亭見屋椽竹從東閒數第十六可以為籥取用果有異聲　三孔者本書籟三孔龠也釋樂大籥謂之產其中謂之仲小者謂之箹郭云籥如笛三孔而短小周禮笙師注云籥如篴三空明堂位葦籥注云籥如笛三孔穆天子傳注籥如笛三孔史記司馬相如傳管籥之音正義說文云籥三孔籟也風俗通義謹按周禮籥師氏掌教國子吹龠詩曰以龠不僭龠樂之器竹管三孔所以和衆聲也馥案詩左手執龠傳云龠六孔馥謂六孔者管也本書管如篪六孔　以和衆聲也者小爾雅廣言籲和也周禮籥師注云籥舞者所吹宣八年公羊傳籥者何籥舞也注云籥所吹以節舞也潛邱劄記偶思左手執籥右手秉翟籥登徒執焉而無聲乎因考周禮籥師掌教國子舞羽龡籥注云文舞有持羽吹籥者所謂籥樂也詩曰左手執籥右手秉翟春秋宣八年壬午猶繹萬入去籥注云內舞去籥惡其聲聞疏云吹籥而舞謂之文舞公羊傳籥者何籥舞也注云籥所吹以節舞也吹籥而舞文樂之長小雅以籥不僭疏云以為籥舞謂吹籥而舞也又籥舞笙鼓傳云秉籥而舞與笙鼓相應則所謂文舞小舞者

有聲明矣　侖理也者釋名論倫也有倫理也洪範我不知其彝倫攸敘王肅訓倫為理

chuī 籥

籥 籥音律管壎之樂也從龠炊聲　昌垂切

籥音律管壎之樂也者　月令命樂正習吹周禮笙師掌教龡竽笙塤籥簫篪篴管　炊聲者徐鍇本無聲字本書焌引周禮遂籥其焌今周禮垂氏作龡鄭注謂以契柱燋火而吹之也

chí 𪛖

𪛖 管樂也從龠虒聲　直离切

釋名篪啼也聲從孔出如嬰兒啼聲也　世本蘇成公造篪吹孔有觜如酸棗宋均注云蘇成公平王時諸侯　譙周古史考古有塤篪尚矣周幽王時暴辛公善塤蘇成公善篪記者因以為作謬矣　宋書樂志篪世本云暴新公所造舊志云一曰管史臣按非也雖不知暴新公何代人而非舜前人明矣舜時西王母獻管則是已有其器新公安得造篪乎　詩何人斯仲氏吹篪傳云竹曰篪　月令調竽笙箎簧釋文云箎本又作篪同馥案玉篇篪與箎同　竹譜盧篪竹可以為篪東甌諸郡緣海所生凡今之篪匪茲不鳴　七修類稿詩如塤如篪古人比兄弟之相和夫他音豈不和而獨以塤篪

言者他音一音各為一節惟塤篪二音同為一節葢同氣也

管樂也者一切經音義十八引云管有七孔案徐鍇本有七孔二字宋書樂志引舊志篪一曰管通鑑蒼梧王未嘗吹篪執管便韻周禮笙師注鄭司農云篪七空風俗通義謹按世本蘇成公作篪管樂七孔長尺一寸漢書禮樂志主調篪員二人顏注篪以竹為之七孔亦笛之類也呂氏春秋仲夏紀調竽笙塤篪注云篪以竹大二寸長尺二寸七孔一孔上伏橫吹之聲音上和故言調五經要義篪以竹為之六孔有底月令章句篪六孔有距橫吹之釋樂大篪謂之沂郭云篪以竹為之長尺四寸圍三寸一孔上出寸三分名翹橫吹之小者尺二寸廣雅䶵以竹為之長尺四寸有八孔前有一孔上有三孔後有四孔頭有一孔馥案禮圖篪七孔不數前有一孔與廣雅八孔合以為六孔者不數上伏一孔與諸言七孔者合

箎 篪或從竹

hé 龢

龢 調也從龠禾聲讀與和同　戶戈切

經典借和字釋詁關關噰噰音聲和也廣雅和諧也禮記大樂與天地同和調也者本書調和也周禮典同和樂注云和謂調其故器也大司樂掌成均之法鄭司農云均調也樂師主調其音韓詩外傳晉范昭使齊顧太師奏成周之樂對曰盲臣不習景公問太師曰范昭使子奏成周之樂何故不調外傳又云趙王使人於楚鼓瑟而遣之使者曰大王鼓瑟未嘗若今日之悲也王曰調馥案古詩調瑟方未央

xié
龤

龤 樂和龤也從龠皆聲虞書曰八音克龤 戶皆切

樂和龤也者和當爲龢一切經音義十二諧和也謂音聲調和也說文作龤樂和也釋詁諧和也小爾雅廣言諧和也書堯典克諧以孝史記作能和以孝皋陶謨謨明弼諧史記作謀明輔和襄十一年左傳如樂之和無所不諧杜云諧亦和也 書曰八音克龤者舜典文彼作諧

文五 重一

cè
冊

冊 符命也諸矦進受於王也象其札一長一短中有二編之形凡冊之屬皆從冊 楚革切

本書刪冊書也 釋名漢制約敕封矦曰冊冊賾也敕使整賾不犯之也 廣雅笧謂之簡 書金縢史乃冊祝鄭注冊謂簡書也 經史多借策字後漢書李雲傳尺一拜用注云尺一之板謂詔策也釋名策書教令於上所以驅策諸下也吳志孫策字伯符 符命也諸矦進受於王也者獨斷策者簡也禮曰不滿百文不書於策其制長二尺短者半之其次一長一短兩編下附篆書起年月日稱皇帝曰以命諸矦王書序蔡叔旣沒王命蔡仲踐諸矦位作蔡仲之命傳云冊書命之畢命序康王命作冊畢傳云命爲冊書以命畢公顧命命作冊度傳云命史爲冊書法度傳顧命於康王洛誥王命作冊逸祝冊惟告周公其後又云王命周公後作冊逸誥傳云尊周公立其後爲魯矦王爲冊書使史逸誥伯禽封命之書詩江漢虎拜稽首箋云拜稽首者受王命冊書也周禮內史凡命諸矦及孤卿大夫則策命之鄭司農說以春秋傳曰王命內史興父策命晉矦爲矦伯策謂以簡策書王命僖二十八年左傳王命尹氏及王子虎內史叔興父策

說文解字義證 卷六 圭

命晉矦爲矦伯杜云以策書命晉矦爲伯也昭三年傳鄭伯如晉公叔段相晉矦嘉焉授之以策杜云策賜命之書司馬相如封禪文題曰符命 象其札一長一短中有二編之形者釋名札櫛也編之如櫛齒相比也聘禮記百名以上書於策不及百名書於方注云策簡也正義簡者未編之稱策是衆簡相連之名王觀國曰冊象形字中有二編孔子讀易韋編三絕者以韋貫編作冊也

笧 古文冊從竹

本書侖籒文從此又古文典云從竹馥謂從古文冊也定四年左傳備物典策釋文策本又作冊或作笧

sì
嗣

嗣 諸矦嗣國也從冊從口司聲 祥吏切

諸矦嗣國也者釋詁嗣繼也詩子衿子寧不嗣音箋云嗣續也書舜典舜讓于德弗嗣漢書敘傳孝武六子昭齊無嗣或借似字詩以似以續

孠 古文嗣從子

說文解字義證 卷六 圭

張揖上廣雅表傳于後學

biǎn
扁

扁 署也從戶冊戶冊者署門戶之文也 方沔切

署也者本書篇下云關西謂榻曰篇又自敘云秦書八體六曰署書徐鍇引蕭子良云署書漢高六年蕭何所定以題蒼龍白虎二闕急就篇簡札檢署槧牘家顏注檢之言禁也削木施於物上所以禁閉之使不得輒開露也署謂題書其檢上也漢書鄭當時傳翟公大署其門顏注署謂書之漢舊儀御史大夫寺門署用梓板不起郭邑題曰御史大夫寺景福殿賦爰有禁楄李善曰楄附陽馬之短桷也說文曰扁署也扁從戶冊者署門戶也桷署雖殊爲文之義則一也隸續嚴發碑今聽表門閭洪氏云百官志孝子順孫烈女義婦及學士爲民法式者皆扁表其門許氏說文扁者題門戶之文則旌閭之事東都蓋已有之三國典畧趙文深碑牓八莫之逮宮殿樓閣皆其迹也世說韋仲將善書魏明帝起殿安牓使仲將登梯題之魏書江式傳京兆韋誕河東衛覬二家竝號能篆當時臺觀榜題悉是誕書世稱其妙又寶遵傳善楷篆臺殿樓觀宮門題署皆遵書也楊愼曰署書始於蕭何其後梁鵠師宜官魏時

北宮咸是鵠書南宮旣建韋誕以古篆書之元魏遷洛始令中書舍人沈含馨以隸書書之景明正始之年又敕符節令江式以大篆易之 從戶冊戶冊者者徐鍇本作從戶冊者不重戶冊二字景福殿賦注引同

文三 重二

說文解字第三 義證弟七

曲阜桂馥學

jí 㗊

㗊 衆口也從四口凡㗊之屬皆從㗊讀若戢又讀若呶 阻立切

又讀若呶者徐鍇作一曰呶錯繫傳云呶讙也馥案呶乃字義非字音不當言讀若

yín 嚚

嚚 語聲也從㗊臣聲 語斤切

語聲也者晉語嚚瘖不可使言馥謂聲不善

古文嚚

xiāo 囂

囂 聲也气出頭上從㗊從頁頁首也 許嬌切

聲也者莊子釋文引字林同詩車攻選徒囂囂傳云囂囂聲也成十六年左傳在陳而囂杜云囂喧嘩也昭三年傳

湫隘囂塵杜云囂聲周禮銜枚氏掌司囂司虣禁其鬬囂者注云囂讙也莊子駢拇篇天下何其囂囂也竹書紀年仲丁元年自亳遷于囂馥案囂當爲囂帝王世紀仲丁徙囂或曰敖今河南敖倉是也或借咻字孟子衆楚人咻之

囂或省

jiào 嘂

嘂 高聲也一曰大呼也從㗊丩聲春秋公羊傳曰魯昭公嘂然而哭 古弔切

高聲也者釋樂大塤謂之嘂孫炎云聲大如嘂嘂呼也 曰大呼也者本書訓大呼也叫嘑也詩北山或不知叫號傳云叫呼釋文叫本又作嘂周禮銜枚氏禁嘂呼歎嗚於國中者雞人夜嘑旦以嘂百官 春秋公羊傳曰魯昭公嘂然而哭者昭二十五年傳文彼云昭公於是噭然而哭注云噭然哭聲貌

huàn 𡅌

𡅌 呼也從㗊莧聲讀若讙 呼官切

呼也者一切經音義十三云嚾又作𡅌聲類呼召也通俗文大呼曰嚾也玉篇𡅌與喚同文選洞簫賦哮呷呟喚五臣云喚大聲也廣雅𡅌鳴也馥案復齋漫錄顧渚山中有鳥每至正二月作聲曰春起也三四月云春去也采茶人呼爲喚春鳥

qì 器

器 皿也象器之口犬所以守之 去冀切

易繫辭傳形乃謂之器 禮器器皿之度 一切經音義七引漢書制器械之品應劭曰內盛曰器外盛曰械一曰有盛曰械無盛曰器

象器之口犬所以守之者類篇引作犬近以守之爾雅釋文引作飲食之器從犬從㗊聲也馥謂聲字衍

文六 重二

shé 舌

舌 在口所以言也別味也從干從口干亦聲凡舌之屬皆從舌 食列切

在口者玉篇引作在口中篇海引作舌在口中廣韻舌口中舌也本書口人所以言食也春秋元命包口之爲言達

也陽立於三故舌在口中者長三寸象斗玉衡 相書欲知人多舌當視其口如鳥喙言語皆聚此多舌人 所以言也者顏注急就篇同玉篇引作所以立言者詩雨無正哀哉不能言匪舌是出史記張儀張口曰視吾舌尚在否妻曰在也儀曰足矣說苑說叢篇口者關也舌者機也出言不審駟馬不能追也 別味也者本書甛下云舌知甘者釋名舌卷也可以卷制食物使不落也急就篇鼻口脣舌斷牙齒顏注舌主知味 從干者六書故引李陽冰曰關口則干人故從干 干亦聲者後人加之

tà 䑙

䑙 歠也從舌沓聲 他合切

歠也者胡震亨曰李賀感諷詩縣官嗒食去簿吏復登堂禮記無嚃羹嚃大歠也說文䑙歠也若犬之以口取食竝他合切今轉用俗字達合切爲嗒馥案曲禮注云嚃爲不嚼菜疏云人若不嚼菜含而歠吞之其欲速而多又有聲不敬傷廉也

shì 舓

舓 以舌取食也從舌易聲 神旨切

rěn 羊　gān 干

玉篇舓與舐同　南齊書孝義傳王氏女兩目皆盲父母𣝣臨厭一吅眼皆血出小妹舐其血左目卽開　北史爾朱榮傳所居處曾有狗舐地因而穿之得甘泉因名狗舐泉　神仙傳仙人李八伯者欲授唐公房仙術身作惡瘡膿憎臭惡使公房夫人舐之　異苑謝后患面瘡臥巖下有物舐其瘡隨舐而除　御覽六百十一引洞冥記董謁以筆題掌還以竹簭寫之書竟舐掌中加以少來精勤舐之累爛　通鑑秦承厚矢貫左目鏃不出王建自舐其創　俗或作咶　莊子咶其葉則口爛而爲傷　荀子仲尼篇伏而咶天　後漢書和熹鄧皇后紀湯夢及天而咶之

以舌取食也者鬼谷子反應篇其察言也不失若舌之取燔骨後漢書陽球傳我曹自可相食何宜使犬舐其汁乎

𦧇 舓或從也

文三　重一

干 犯也從反入從一　凡干之屬皆從干　古寒切

書牧誓比爾干　楚公子比字子干

說文解字義證《卷七　三

犯也者戴侗曰蜀本說文曰干盾也案戰者執干自蔽以前犯敵故因之爲干冒干犯書曰干先王之誅傳曰干國之紀曰天爲剛德猶不干時曰弗能教訓使干大命孟子曰以食牛干秦穆公後人不曉此義加女爲奸傳曰子父不奸之謂禮曰事不奸矣曰奸先王之禮曰奸絕我好陸氏皆音干顏案書舞干羽于兩階詩干戈戚揚方言盾自關而東或謂之干論語而謀動干戈於邦內孔安國曰干楯也易乾鑿度泰表戴干鄭注干楯也皆與蜀本合文四年左傳其敢干大禮以自取戾杜云干犯也昭元年傳國之大節有五女皆奸之杜云奸犯也吳語君若無卑天子以干其不祥注云干犯也晉語趙孟使人以其乘車干行獻子執而戮之說苑至公篇虞丘子家干法孫叔敖執而戮之晉書衛玠傳非意相干可以理遣皆與本書合從反人從一者一切經音義十三干犯也觸也從一止也倒入爲干字意也

羊 撖也從干倒入一爲干入二爲羊讀若飪言稍甚也　如審切

nì 屰　jué 谷　tiàn 丙

撖也者本書𢽈刺也干象人兩脛後有𢽈之者　讀若飪言稍甚也者徐鍇曰羊猶任也傳曰任惡是也故曰稍甚

屰 不順也從干下凵屰之也　魚戟切

不順也者徐鍇本作屰不順也屰經典借逆字釋名逆還也不從其理則逆還不順也書太甲有言逆于汝心鬼谷子持樞篇不可干而逆之

文三

谷 口上阿也從口上象其理凡谷之屬皆從谷　其虐切

口上阿也從口上象其理者徐鍇曰阿猶曲文理曲也詩行葦嘉殽脾臄傳云臄函也釋文云說文函舌也又云口次肉也通俗文口上曰臄口下曰函

𧮫 谷或如此

臄 或從肉從豦

說文解字義證《卷七　四

或借噱字漢書揚雄傳遥噱乎紘中晉灼曰口之上下名爲噱

丙 舌皃從谷省象形　他念切

舌皃從谷省象形者徐鍇本作舌皃象形從谷省聲鍇引靈光殿賦元熊丙談

𠶷 古文丙讀若三年導服之導一曰竹上皮讀若沾一曰讀若誓弼字從此

本書弼古文作𢐀𢐀

讀若三年導服之導者本書棪突下皆同士虞禮中月而禫注云古文禫或爲導喪大記禫而內無哭者注云禫或皆作道　一曰竹上皮者廣雅丙席也韓非子十過篇禹作爲祭器縵帛爲茵蔣席頗緣蕧謂茵當作丙謂竹皮席本書席古文作㐁當作㐁曰讀若誓者本書茜音直例切　一云

文二　重三

干谷

zhǐ 只　xīng ⿰甹只　nè 㕯　yù 矞　shāng 商

只 語已詞也從口象气下引之形凡只之屬皆從只 諸氏切

語已詞也者廣雅只詞也詩周頌百室盈止婦子寧止襄二十七年左傳諸侯歸晉之德只注云只辭也

⿰甹只 聲也從只甹聲讀若馨 呼形切

聲也讀若馨者詩大叔于田抑磬控忌傳云騁馬曰磬是甹殸音相近戴侗曰馨許生之急言也說文有⿰甹只吳人有寧馨語寧如之變也溫台人呼如為女興切寧馨猶言如許生也容齋隨筆寧馨晉宋閒人語助耳後人但見山濤見王衍曰何物老嫗生寧馨兒今遂以寧馨兒為佳兒殊不然也宋廢帝之母王太后疾篤帝不往視后怒謂侍者取刀來剖我腹那得生寧馨兒觀此豈得為佳劉眞長譏殷淵源曰田舍兒強學人作爾馨語又謂桓溫曰使君如馨地寧可鬬戰求勝王導與何充語曰正自爾馨王恬撥王胡之手曰冷如鬼手馨強來捉人臂

文二

㕯 言之訥也從口從內凡㕯之屬皆從㕯 女滑切

言之訥也者㕯經典變為吶檀弓其言吶吶然如不出諸其口注云吶吶舒小貌正義云發言舒小穀梁傳集解序盛衰繼之辯訥釋文引字書云訥或作吶字詁云訥遲於言也漢書李廣傳吶口少言鮑宣傳吶鈍于辭通鑑游雅謂高允其言吶吶不能出口注云吶吶言緩也又齊王言語澀吶注云吶聲不出也　從內者徐鍇本作內聲

矞 以錐有所穿也從矛從㕯一曰滿有所出也 余律切

以錐有所穿也者增韻引作似錐本書觼環之有舌者或作鐍廣雅矞穿也廣韻𥨊穿兒　一曰滿有所出也者本書潏涌出也徐鍇曰若汲井之綆為繘義近於此　從㕯者徐鍇本作㕯聲

商 从外知內也從㕯章省聲 式陽切

从外知內也者李文仲字鑑引作以外本書詞下云意內而言外也易兌卦九四商兌未寧惠棟曰初在內四在外變應初故云商兌　章省聲者漢書律歷志商之為言章也

gōu 句　jū 拘　gǒu 笱　gōu 鉤

商 古文商

商 亦古文商

商 籀文商

文三　重三

句 曲也從口丩聲凡句之屬皆從句 古侯切又九遇切

大戴禮曾子立事篇與其倨也寧句　月令句者畢出　漢書地理志濟陰郡有宛句縣　曲也者考工記句兵欲無彈注云句兵戈戟屬樂記句中鉤疏云謂大屈也昭二十五年左傳臧會竊其寶龜僂句穠謂龜曲脊漢書趙充國傳入鮮水北句廉上顏注謂水岸曲而有廉稜也或借拘字荀子哀公篇古之王者有務而拘領者矣注引書大傳注云拘領繞頸也

拘 止也從句從手句亦聲 舉朱切

止也者易隨卦拘係之乃從維之僖三十三年左傳武夫力而拘諸原

笱 曲竹捕魚笱也從竹從句句亦聲 古厚切

曲竹捕魚笱也者本書罶曲梁寡婦之笱魚所畱也初學記笱者曲竹以為之一切經音義十七謂以簄為魚笱也笱所以捕魚者也詩谷風毋逝我梁毋發我笱傳云梁魚梁笱所以捕魚也淮南兵略訓發笱門高云笱竹笱所以捕魚其門可入而不得出易林鱣鮪鰋鯉衆多饒有一笱獲兩利得過倍又云操笱搏狸荷弓射魚非其器用自令心勞

鉤 曲也從金從句句亦聲 古侯切

儀禮鉤楹醆謂由楹曲而旋行　哀二十五年左傳請適城鉏以鉤越杜云轉相鉤牽　淮南說林訓滿堂之坐視鉤各異於環帶一也　方言鉤宋楚陳魏之閒謂之鹿觡或謂之鉤格自關而西謂之鉤或謂之鐵注云懸物者　東觀漢記賜鄧遵金蚩尤辟兵鉤一　漢名臣奏近臣侍側不得著鉤帶入房　魏文帝與王朗書丕不愛江漢之珠而愛巴蜀之

古傳恭猶不敢專稱曰自古古曰在昔昔曰先民周書酒誥 (continued below)

鉤又荅劉先主書獲累紙之命兼美之貺他既備善雙鉤尤妙陳留風俗傳浚儀周時梁伯所居國都多池沼時池中出紳帶鉤到今其民象而作之號曰大梁氏鉤焉曲也者玉篇鉤曲也所以鉤懸物也莊子曲者中鉤

文四

jiū
丩

丩 相糾繚也一曰瓜瓠結丩起象形凡丩之屬皆從丩 居虯切

相糾繚也者詩糾糾葛屨傳云猶繚繚也稽康琴賦蛩蟺相糾一曰瓜瓠結丩起者六書故瓜瓠之類蔓閒有丩遇物則纏繞之其蔓乃得上引

jiū
⿲艸丩艸

⿲艸丩艸 艸之相丩者從茻從丩丩亦聲 居虯切

艸之相丩者者本草秦艽唐本注云或作糾圖經云根相交糾徐鍇曰字當作𦃃覆案古詩兔絲附女蘿亦相丩之

説文解字義證卷七　七

艸

jiū
糾

糾 繩三合也從糸丩 居黝切

通俗文合繩曰糾

繩三合也者本書鬮讀若三合繩糾文選解嘲徽以糾墨李善引本書糾三合繩也一切經音義十七引蒼頡解詁繩三合曰糾覆案三合當爲二合本書徽三糾繩也文選鵩鳥賦何異糾纆李善引字林糾兩合繩孫楚詩吉凶如糾纆李善云糾兩股索纆三股索長笛賦注引漢書張晏注二股謂之糾三股謂之纆　從糸丩者徐鍇本作丩聲覆謂當爲丩亦聲

文三

gǔ
古

古 故也從十口識前言者也凡古之屬皆從古 公戶切

玉篇古久之言也伏羲爲上古文王爲中古孔子爲後古古始也　廣雅古始也　詩緜古公亶父傳云古言久也　小旻匪先民是程傳云古曰在昔昔曰先民　國語先聖王之傳恭猶不敢專稱曰自古古曰在昔昔曰先民　周書酒誥古人有言　曲禮必則古昔　祭義以事天地山川社稷先古

故也者本書詁訓故言也詩烝民古訓是式傳云古故箋云故訓先王之遺典也又日月逝不古處傳云古故也又緜古公亶父定元年穀梁傳踰年不言即位是有故公也說苑傳曰詩無通故論衡自紀篇經藝之文賢聖之言鴻重優雅難卒曉者世讀之者訓古乃下陸德明詩釋文云郭景純注爾雅作釋詁樊孫等爾雅本皆爲釋故容齋五筆漢人訓釋六經其名一曰故故者通其指義也書有夏侯解故詩有魯故后氏故韓故也毛詩故訓傳顏師古謂流俗改故訓傳爲詁字失真耳小學有杜林蒼頡故

識前言者也者易大畜象君子以多識前言往行書大誥爾惟舊人爾丕克遠省傳云久老之人大能遠省識古事康誥汝丕遠惟商耇成人宅心知訓覆案此言老成人多識前言居心求之自明訓教故又云別求聞由古先哲王用康保民鄭注古先哲王虞夏也

𠖠 古文古

説文解字義證卷七　八

jiǎ
嘏

嘏 大遠也從古叚聲 古雅切

大遠也者當是大也遠也釋詁嘏大遐遠也遐即嘏之俗體嘏爲遠大祝辭取之故禮運有祝嘏詩閟宮天錫公純嘏箋云受福曰嘏載見俾緝熙于純嘏箋云天予受福曰大嘏方言嘏大也宋魯陳衛之閒謂之嘏秦晉之閒凡物壯大謂之嘏特牲饋食禮進聽嘏注云嘏長也大也易泰卦不遐遺書太甲若陟遐必自邇楚辭九章氾容與而遐舉兮魏都賦室邇心遐太元將次七觖舡跋車其害不遐詩汝墳不我遐棄棫樸遐不作人傳並云遐遠也隰桑遐不謂矣抑不遐有愆鴛鴦宜其遐福南山有臺遐不眉壽箋並云遐遠也成八年左傳引詩遐不作人注云遐遠也通作瑕詩泉水不瑕有害傳云瑕遠也士冠禮永受胡福注云胡猶遐也遠也遠無窮法言寡見篇假言周于天地注云假作遐禮運是謂大假吳氏纂言云假與嘏通大假者大其嘏詞也

文二　重一

shí
十

十 數之具也一爲東西丨爲南北則四方中央備矣凡

十之屬皆從十　是執切

王制度量數制注云數百十也　唐曆十二議天數五地數五五位相得而各有合所以成變化而行鬼神也　數之具也者本書算數也從具章下云十數之終也士下云數始於一終於十春秋繁露數天地陰陽篇數者至十而止書者以十爲終莊十六年左傳不可使共叔無後於鄭使以十月入曰良月也就盈數焉杜云數滿於十正義易繫辭云天一地二天三地四天五地六天七地八天九地十至十而止是數滿於十也　一爲東西丨爲南北者所謂縱横十萬里也本書衺下云南北曰袤東西曰廣

zhàng 丈

丈　十尺也從又持十　直兩切

漢書律歷志丈者張也　大戴禮保傅篇燕支地計衆不與齊均也馥案支卽丈或讀爲章移切者非

十尺也者本書夫下云周制以八寸爲尺十尺爲丈小爾雅廣度五尺謂之墨倍墨謂之丈淮南天文訓曰之數十故十寸而爲尺十尺而爲丈說苑辨物篇度量權衡以黍生之曰黍爲一分十分爲一寸十寸爲一尺十尺爲一丈

qiān 千

千　十百也從十從人　此先切

十百也者釋典十百爲小千千小千爲中千千中千爲大千　從人者徐鍇本作人聲

xì 肸

肸　響布也從十從肖　羲乙切

響布也者李善注上林賦甘泉賦竝引作蠁布也廣韻亦作蠁本書蠁知聲蟲也司馬相如說從向晉大夫羊舌肸字叔向漢書刑法志作叔嚮上林賦肸蠁布寫司馬彪曰肸過也芬芳之過若蠁之布寫也甘泉賦薌呹肸以棍批兮又云肸蠁豐融五臣注肸蠁布寫皃蜀都賦景福肸蠁而興作五臣云肸蠁濕生蟲蚊類是也其羣望氣之布寫也吳都賦芬馥肸蠁

jí 卙

卙　卙卙盛也從十從甚汝南名蠶盛曰卙　子入切

卙卙盛也者廣韻引字統卙會聚也徐鍇曰按詩宜爾子孫蟄蟄兮蟄衆也此卙義近之也方言卙協汁也北燕朝鮮洌水之閒曰卙自關而東曰協關西曰汁注云謂和協也馥案本書協衆之同和也與盛義合史傳以卙爲■又借卙字史記張儀傳廚人進卙索隱卙謂羹汁故名汁曰卙宋羊卙微子世家作羊羹　從甚者徐鍇本作甚聲

bó 博

博　大通也從十從尃尃布也　補各切

大通也者當是大也通也玉篇博廣也通也中庸博厚配地本書褒衣博大廣雅博大也此大義也論語博我以文荀子修身篇多聞曰博趙策子南方之博士也漢詔明於古今溫故知新通達國體謂之博士漢舊儀武帝初置博士取學通行修博識多藝漢官儀博士通博古今漢書百官表注秦燔書籍而置博士之官博者博通於藝事也此通義也

lè 㕞

㕞　材十人也從十力聲　盧則切

材十人也者本書夲下云大十猶兼十人也經典借特字詩黃鳥百夫之特箋云百夫之中最雄俊也

niàn 廿

廿　二十并也古文省　人汁切

二十并也者本書㒼下云從廿五行之數二十分爲一辰𣞤下云從卌卌數之積也馥謂兩廿四十也容齋隨筆今人書二十字爲廿三十字爲卅四十字爲卌皆說文本字也廿音入二十并也卅音先合反三十之省便古文也卌音先立反數名今直以爲四十字按秦始皇凡刻石頌德之辭皆四字一句泰山辭曰皇帝臨位二十有六年琅邪臺頌曰維二十六年皇帝作始之罘頌曰維二十九年時在中春東觀頌曰維二十九年皇帝春游會稽頌曰德惠修長三十有七年此史記所載每稱年者輒五字一句嘗得泰山辭石本乃書爲廿有六年想其餘皆如是而太史公誤易之或後人傳寫之訛巨其實四字句也惠棟曰按石經凡經傳中二十字皆作廿三十字皆作卅說文廿二十并也卅三十并也古文省說文所謂古文乃孔壁中文也漢石經論語云卅而立又云年卅而見惡焉又凡廿六章考工輪人云輪人爲蓋部長二尺桯長倍之四尺者二十分寸之一謂之枝鄭云故書十與上二合爲廿字　古文省者省二十爲一字

jí 卙

卙　詞之卙矣從十咠聲　秦入切

詞之卙矣者詩大雅板文彼作辭之輯矣傳云輯和案廣韻玉篇五音集韻竝引作詞之集也馥謂當云集詞也詩

sà 卅　shì 世　yán 言

𢑚斯羽揖揖兮傳云揖揖會聚也書舜典釋文輯徐音集王云合馬云斂也馥謂會聚合斂皆集義檀弓蒙袂輯屨注云力憊不能斂屨也漢書禮樂志郊祀歌澤汪濊輯萬國又借楫字兒寬傳統楫羣元張晏曰楫聚也

文九

卅 三十幷也古文省凡卅之屬皆從卅 蘇沓切

三十幷也者書無逸肆祖甲之享國三十有三年唐石經作卅有三年閔康侯云史記秦會稽碑俱四字句獨三十有七年多一字元申屠駉家藏舊刻世有七年三十爲世

世 三十年爲一世從卅而曳長之亦取其聲也 舒制切

三十年爲一世者本書古文𠦃从三十三十年爲一世論語必世而後仁孔安國曰三十年曰世范子曰夫一亂一治天道自然極而復反言亂三十歲必有聖王也從卅而曳長之者董彥遠謝除正字啓三十七未足語世董斯張曰說文世字作世从卅三十幷也三十年爲一世七字作七从一世旁作七似七字乃从卅而曳長之不从七也故曰未足語世馥案商癸卣世作卅唐扶頌內和睦兮外𢓌赴又垂後𢍰兮不之譽碑以𢍰爲奔之卅又以爲世字

文二

言 直言曰言論難曰語從口䇂聲凡言之屬皆從言 語軒切

徐鍇云言从䇂从口中畫不當上曲 釋名言宣也宣彼此之意也 書旅獒志以道寧言以道接 傳云在心爲志發氣爲言 詩羔裘箋云言猶道也正義言謂口道說 傳子心有管籥須言而發

直言曰言論難曰語者藝文類聚太平御覽竝引作論議曰語廣韻引字林荅難曰語周禮大宗伯疏引本書同詩公劉于時言言于時語語傳云直言曰言論難曰語周禮大司樂以樂語教國子興道諷誦言語注云發端曰言荅述曰語楚辭七諫注云出口爲言相荅曰語說苑善說篇梁王謂惠子曰願先生言事則直言耳無譬也劉歆七略尙書直言也馥謂論語子所雅言直言也子語魯太師樂孝經居吾語女皆論議也 䇂聲者愼言之義也本書咅

yīng 譻　qǐng 謦　yǔ 語　tán 談　wèi 謂

從口 䇂平

譻 聲也從言賏聲 烏莖切

聲也者廣韻譻諍小聲後漢書張衡傳鳴玉鸞之譻譻注云譻聲也

謦 欬也從言殸聲殸籀文磬字 去挺切

欬也者蒼頡篇謦聲也廣雅嗽謦欬也通俗文利喉曰謦 淮南道應訓惠孟見宋康王蹀足謦欬疾言 北史崔㥄傳謦欬爲洪鍾響 殸聲者程君瑤田曰人欬必伸首稍昂焉其喉頸閉折處上如磬之股下如其鼓因象磬形而乃以藉其聲也 殸籀文磬字者徐鍇本無

語 論也從言吾聲 魚舉切

論也者釋名語敘也敘己所欲說也射義揚觶而語注云語謂說義理也雜記三年之喪言而不語注云言言己事也爲人說爲語

談 語也從言炎聲 徒甘切

語也者儒行言談者仁之文也史記滑稽傳談言微中漢書東方朔傳談何容易杜鄴傳可謂諒不足而談有餘者 炎聲者莊子齊物論大言炎炎

謂 報也從言胃聲 于貴切

洪武正韻謂與之言也告也報也事有可稱曰有謂失于事宜不可名言曰亾謂非與之言而稱其人亦曰謂論語子謂子賤子謂子產子謂仲弓是也指事而言亦曰謂詩謂天蓋高之類是也稱其言亦曰謂論語此之謂也其斯之謂與是也 釋名謂猶情也猶得敕不自安情情然也 易乾卦何謂也 詩召南迨其謂之 樂記聖明者述作之謂也 昭八年左傳子盍謂之 莊子齊物論今我則已有謂矣而未知吾所謂之其果有謂乎其果無謂乎 報也者廣韻報報告人臣上奏書疏不得敕曰不報史記吳王傳無文書口報馥案經傳何謂也是問詞此之謂也是報詞

liàng 諒　shēn 詵　qǐng 請　yè 謁

諒 信也從言京聲 力讓切

信也者釋詁文彼作亮方言諒信也衆信曰諒周南召南衞之語也書舜典亮采惠疇皋陶謨亮采有邦無逸乃或亮陰馬注竝云亮信也詩柏舟不諒人只傳云諒信也何人斯諒不我知桑柔職諒善背箋竝云諒信也論語君子貞而不諒高宗諒陰孔注竝云諒信也內則請肄簡諒注云諒信也東京賦苟民志之不諒薛綜注諒信也通鑑田豐曰不諒吾忠注云諒信也

詵 致言也從言從先先亦聲詩曰螽斯羽詵詵兮 所臻切

致言也者廣韻詵衆人言也 詩曰螽斯羽詵詵兮者周南螽斯文傳云詵詵衆多也釋文云說文作兟馥案本書無兟字傳寫脫漏玉篇兟多也然則本書引詩當在兟下此所引後人加之 先亦聲者當爲先聲

請 謁也從言青聲 七井切

投壺請慶多馬注云請猶告也 鄉射禮以告于鄉先生君子可也注云告請也 東觀漢記鄧禹以特進奉朝請 南

說文解字義證 卷七 十三

齊書陸慧曉治身清肅僚佐以下造詣趣起送之 增韻漢律春曰朝秋曰請如諸侯朝聘也

謁也者釋言謁請也列子天瑞篇釋文謁請也急就篇謁禓塞禱鬼神寵顏注謁告請也曲禮能典謁矣注云謁請也隱十一年左傳唯我鄭國之有請謁焉昭十六年傳宣子謁諸鄭伯杜注謁請也越語臣固將謁之韋云謁請也詩卷耳序無險詖私謁之心箋云謁請也列子仲尼篇而與南郭子連牆二十年不相謁請後漢書劉隆傳謁歸注云謁請也廉范傳鄧融備禮謁范爲功曹注云謁請也洪武正韻漢書謁歸謂請歸也

謁 白也從言曷聲 於歇切

釋詁謁告也 釋名謁詣也詣告也書其姓名於上以告所至詣者也 覲禮擯者謁 聘禮乃謁關人 月令大史謁之天子注竝云謁告也 桓十七年左傳事至而戰又何謁馬 襄二十七年傳子木使驛謁諸王杜云謁告也 魯語又何謁馬韋云謁告也 趙策使襍謁之叔又云隱中不謁臣之罪也鮑云言自匿情實而不告於君 韓策趙魏攻華陽韓謁急於秦鮑云以急告秦 列子天瑞篇弟子敢有所謁先生將何以教 孫子用閒篇必先知其謁者之姓名曹注謁告也主告事者也 史記趙世家屏左右願有謁 新序雜事篇守蛇吏謁之文公 楊慎曰古者請見必有辭書之方策使將命者通名故漢有謁者袁盎傳上謁注云若今通名也史記婁敬欲見漢王或使之易衣敬曰敬本衣帛則衣帛見敬本衣旃則衣旃見今舍旃褐假鮮華是矯常也不敢將命者驚而失謁謂失其通名之刺也

白也者本書皋從白云皋告之也小爾雅廣言謁白也秦策臣請謁其故注云謁白也成二年左傳若苟有以藉口而復於寡君注云復白也曲禮少閒願有復也注云復白也史記上令周昌選趙壯士可令將者白見四人漢書元后傳未曉大將軍顏注曉猶白也後漢書鍾皓傳鍾瑾常以李膺言白皓

xǔ 許　nuò 諾

許 聽也從言午聲 虛呂切

本書从下云相聽也徐鍇本作相聽許也 書金縢爾之許我我其以璧與珪歸俟爾命爾不許我我乃屏璧與珪 隱元年左傳公弗許 襄十八年傳獻子許諾 士冠禮筮人許諾

聽也者徐鍇本作聽言馥謂當爲聽信 孟子則王許之乎趙注許信也 荀子王霸篇刑賞已諾信乎天下矣注云諾

說文解字義證 卷七 十四

許也

諾 譍也從言若聲 奴各切

禮玉藻父命呼唯而不諾陳注唯速而恭諾緩而慢 僖四年穀梁傳菁茅之貢不至則諾 宣十五年公羊傳司馬子反曰諾何云諾者受語辭 管子形勢解聖人之諾已也先論其理義計其可否義則諾不義則已可則諾不可則已故其諾未嘗不信也小人不義亦諾不可亦諾言而必諾故其諾未必信也故曰必諾之言不足信也 老子輕諾者必寡信 史記季布傳楚諺得黃金百斤不如得季布一諾 通鑑宋廢帝曰奚顯度爲百姓患比當除之左右因唱諾即宣旨殺之 梁書陳伯之傳伯之不識書得文牒辭訟惟作大諾而已 袁淑詩一朝許人諾 李善云諾相然許之詞也 徐鍇曰按古者大夫多言唯而衞出公及諸侯應其臣下皆曰諾又南朝有鳳尾諾爲尊者之言也 馥案南史江夏王鋒傳鋒五歲齊高帝使學鳳尾諾一學即工 潘遠紀聞云諸侯箋奏皆批曰諾諾字有尾若鳳也

譍也者譍當爲應俗作譍廣雅諾譍也詩閟宮莫敢不諾箋云諾應辭也韓詩外傳君子潔其身而同者合焉善其

yìng 譍　chóu 讎　zhū 諸　shī 詩

音而類者應馬馬鳴而馬應之牛鳴而牛應之非和也其勢然也魏志倭人傳對應聲曰噫比如然諾吳志顧雍傳注顧悌每得父書拜跪讀之每句應諾通鑑汝南諸曰南陽宗資主畫諾注云諾者隨言而應無所違也通鑑孫策謂太史慈重然諾注云諾應也許詞也

譍 以言對也從言雁聲 於證切

此文徐鉉所加

讎 猶譍也從言雔聲 市流切

度尙碑無言不讎　表記引詩無言不讎注云讎荅也　漢書王莽傳引詩無言不讎顏注讎對也　春秋繁露壽之爲言猶讎也自行可久之道者其壽讎于久自行不可久之道者其壽亦讎于不久

猶譍也者譍當爲應本書應當也漢書灌夫傳注晉灼曰讎當也史記封禪書其方盡多不讎索隱案鄭德云相應爲讎謂其言語不相應無驗也後漢書和熹鄧皇后紀詣東觀讎校傳記注云讎對也魏都賦讎校篆籒五臣云讎

說文解字義證 卷七 十五

荅風俗通按劉向別錄讎校二人讀書校其上下得繆誤爲校讎一人持本一人讀書若怨家相對爲讎顧炎武曰漢書霍光傳張章等言霍氏皆讎有功晉灼曰讎等也非也此如詩無言不讎之讎左傳僖五年無喪而慼憂必讎焉注讎猶對也律歷志廣延宣問以理星度未能讎也鄭德曰相應爲讎也郊祀志其方盡多不讎伍被傳贊忠不終而詐讎魏其傳上使御史簿責嬰所言灌夫頗不讎

諸 辯也從言者聲 章魚切

辯也者辯當爲辨釋訓諸諸辯也論語其諸異乎人之求之與桓六年公羊傳其諸以病桓與孟子文王之囿方七十里有諸　者聲者本書者別事辭也

詩 志也從言寺聲 書之切

志也者詩志聲相近釋名詩之也志之所之也廣雅詩志意也書舜典詩言志正義作詩者自言己志則詩是言志之書襄二十七年左傳請皆賦以卒君貺武亦以觀七子之志注云詩以言志昭十六年傳宣子曰二三君子請皆

chèn 讖　fěng 諷

賦起亦以知鄭志注云詩言志也孔子閒居志之所至詩亦至焉注云志謂恩意也言君恩意至於民則其詩亦至也詩謂好惡之情也孟子故說詩者不以文害辭不以辭害志以意逆志是爲得之趙注志詩人志所欲之事春秋說題辭在事爲詩未發爲謀恬淡爲心思慮爲志故詩之爲言志也呂氏春秋權勳篇若告我曠夏盡如詩注云詩志也賈誼書道德說篇詩者此之志者也鄭注尙書大傳詩之言志也

古文詩省

詩敘詩者志之所之也

讖 驗也從言韱聲 楚蔭切

蒼頡篇讖書河洛書也　一切經音義九三蒼讖祕密書也出河洛　史記趙世家在昔秦穆公疾七日而寤寤之日告公孫支云云公孫支書而藏之秦讖於是出矣　東觀漢記以孫咸行大司馬以名應讖　鄭氏六藝論公羊善于讖　謝承後漢書帝以尹敏博通經記令校圖讖　幽通賦黃神邈而靡質兮儀遺讖以臆對注應劭曰黃帝作占夢書依其

說文解字義證 卷七 十六

遺讖文以習臆爲對也

驗也者一切經音義九引同又云占後有效驗也史記賈生傳索隱引作驗言也廣雅讖譣也本書籤驗也馥謂讖籤驗聲相近釋名讖纖也其義纖微而有效驗也顏注賈誼傳讖驗也有徵驗之書也李善注鵩鳥賦引本書同又云有徵驗之書河洛所出書曰讖又注魏都賦同後漢書光武紀宛人李通等以圖讖說光武注云讖符命之書讖驗也言爲王者受命之徵驗張純傳乃案七經讖注云讖驗也蘇竟傳圖讖之占衆變之驗蜀志孟達與劉封書夫不經之言而有驗應者號曰世讖黃石公三略引軍讖之書注云讖者驗也言將來之驗也

諷 誦也從言風聲 芳鳳切

一切經音義六諷謂詠讀也謂背文也　劉瓛詩義疏託音曰諷

誦也者周禮大司樂以樂語敎國子興道諷誦言語注云倍文曰諷以聲節之曰誦晉書阮瞻傳諷誦遺言不若親承音旨

sòng 誦

誦 諷也從言甬聲 似用切

玉篇誦暗誦也　詩大雅誦言如醉　文王世子春誦夏弦檀弓大功誦可也注云許其口習　論語誦詩三百皇氏曰不用文背文而念曰誦亦曰口讀曰誦　秦策王使子誦子曰少弃捐在外嘗無師傅教學不習於誦　漢書儒林傳兒寬行常帶經止息則誦習之　閻若璩曰孔子曰誦詩孟子亦曰誦詩誦之者抑揚高下其聲而後可以得其人之性情與其貞淫邪正憂樂之不同然後聞之者亦以其聲之抑揚高下也而入於耳而感於心其精微之極至於降鬼神致百物莫不由此而樂之盛衰莫逾焉

dú 讀

讀 誦書也從言賣聲 徒谷切

誦書也者本書籒讀書也方言抽讀也詩中冓之言不可讀也傳云讀抽也文王世子冬讀書典書者詔之案讀書有節奏周禮宮正注云鄭司農讀火絕之釋文讀徐音豆馬融長笛賦察度於句投句投即句讀毛晃曰凡經書成文語絕處謂之句語未絕而點分之以便誦詠謂之讀今祕書省校書式凡句絕則點於字之旁讀分則點於字之中閒是也故又以讀爲樂曲孝經緯祝融之樂曰屬讀唐書禮樂志讀曲宋人爲彭城王義樂作也

yì 音

音 快也從言從中 於力切

快也者快當爲訣本書訣早知也或借億字論語億則屢中故音從中

xùn 訓

訓 說教也從言川聲 許運切

說教也者說讀如山川能說之說本書說談說釋詁訓道也廣雅訓教也一切經音義五訓導也教也書伊訓伊尹乃明言烈祖之成德以訓于王傳云作訓以教導太甲書沃丁序咎單遂訓伊尹事傳云訓暢其所行功德之事詩抑四方其訓之傳云訓教周禮敘官土訓注云能訓說土地善惡之勢又誦訓注云能訓說四方所誦習又訓方氏注云訓道也主教道四方之民曲禮教訓正俗疏云謂訓說義理漢書揚雄傳不爲章句訓詁顏注訓者釋所言之理也

huì 誨

誨 曉教也從言每聲 荒內切

書說命朝夕納誨以輔台德　詩小宛教誨爾子式穀似之　瞻卬匪教匪誨時維婦寺

曉教也者廣雅誨教也曉說也檀弓夫子誨之髽注云誨教襄十四年左傳使師曹誨之琴杜云誨教也詩序鶴鳴誨宣王也箋云誨教也論語誨汝知之乎孔注誨猶教也

zhuàn 譔

譔 專教也從言巽聲 此緣切

專教也者蕭該漢書音義引字林同廣雅譔教也廣韻譔善言或借巽字論語巽與之言能無說乎繹之爲貴

pì 譬

譬 諭也從言辟聲 匹至切

諭也者廣雅同羣書類篇諭譬諫也論語譬如爲山又友便辟鄭讀爲譬謂巧爲譬諭以求容媚大學人之其所親愛而辟焉注云辟猶喻也學記燕辟廢其學注云褻師之譬諭漢書賈誼傳誼追傷屈原因以自諭顏注諭譬也說苑善說篇客謂梁王曰惠子之言事也善譬王使無譬則不能言矣明日王謂惠子曰願先生言事則直言耳無譬也惠子曰夫說者固以其所知諭其所不知而使人知之潛夫論夢列篇夫譬諭也者生於直告之不明故假物之然否以彰之後漢書鮑永傳論若適言之者雖誠而聞之未譬注云譬猶曉也

yuán 謜

謜 徐語也從言原聲孟子曰故謜謜而來 魚怨切

徐語也者廣韻謜言語和悅　孟子曰故謜謜而來者彼作源源注云舜欲常常見之無已故源源而來如流水之與源通此非本書義

yàng 訣

訣 早知也從言央聲 於亮切

早知也者廣韻訣智也

yù 諭

諭 告也從言俞聲 羊戍切

告也者廣雅同類篇諭曉也韻會及其未悟告之使曉桓六年穀梁傳修教明諭國道也周禮掌交以諭九稅之利注云諭告曉也又訝士掌四方之獄訟諭罪刑于邦國注云告曉以麗罪及制刑之本意祭義論其志意疏云使祝官啓告鬼神曉諭鬼神以志意或通作喻文王世子而衆安得不喻焉注云喻猶曉也

bì 詖

詖 辨論也古文以爲頗字從言皮聲 彼義切

辨論也者集韻詖辨僻之辭孟子詖辭知其所蔽注云人有險詖之言漢書敘傳趙敬險詖顔注詖辨也一曰佞也 古文以爲頗字者楚辭九歎不從俗而詖行兮注云詖猶傾也史記五帝本紀披山通道徐廣曰披當爲詖詖者傍其邊之謂也

zhūn 諄

諄 告曉之孰也從言辜聲讀若庉 章倫切

告曉之孰也者廣韻諄告之丁寧詩抑誨爾諄諄釋文諄字又作訰說文埻蓍竝云告曉之孰襄三十一年左傳且年未盈五十而諄諄焉如八九十者司馬相如封禪文厥之有章不必諄諄俗或作啍莊子胠篋篇釋夫恬惔無爲而悅夫啍啍之意郭云啍啍以己誨人也

chí 謘

謘 語諄謘也從言屖聲 直离切

語諄謘也者集韻啍謘語不正馥案徐鍇本及玉篇謘在訛誤二文之閒不應因諄謘改次諄下鍇本有讀若行道遲遲六字

說文解字義證 卷七 九

è 詻

詻 論訟也傳曰詻詻孔子容從言各聲 五陌切

論訟也者廣雅詻詻語也集韻詻訟言也墨子親士篇是故偪臣傷君諂下傷上君必有弗弗之臣上必有詻詻之下分議者延延而支苟者詻詻焉可以長生保國臣下重其爵位而不言近臣則喑遠臣則唫怨結於民心諂諛在側善議障塞則國危矣惠棟曰漢書天文志太歲在酉曰作詻注云爾雅作作噩殺阮神君碑亦以詻爲噩是詻詻卽噩噩故云論訟也 傳曰詻詻孔子容者未審所出禮記玉藻言容詻詻注云敎令嚴也

yín 誾

誾 和說而諍也從言門聲 語巾切

和說而諍也者聘禮記辭無常孫而說論語誾誾如也孔曰誾誾中正貌也鹽鐵論國病篇諸生誾誾爭鹽鐵後漢書張酺傳前入侍講屢有諫正誾誾惻惻出於誠心洪武正韻云史記周道衰洙泗之閒斷斷如也徐廣以爲爭辭斷斷索隱案下文云揖遜之禮則從矣是魯猶有揖遜之風當從論語誾誾音馥案文選運命論仲尼王聖顏冉大賢揖讓於規矩之內誾誾於洙泗之上李善引史記曰甚哉魯之衰也洙泗之閒誾誾如也

móu 謀

謀 慮難曰謀從言某聲 莫浮切

慮難曰謀者鬼谷子謀篇變生事事生謀謀生計襄四年左傳咨難爲謀魯語咨事爲謀詩周爰咨謀傳云咨事之難易爲謀尚書大傳聽之不聽是謂不謀注云君聽不聰則是不能謀其事也呂氏春秋召類篇凡謀者疑也疑則從義斷事從義斷事則謀不虧謀不虧則名實從之春秋繁露聽作謀謀者謀事也王者聽則閒事與臣下謀之故事無失謀矣

𣄢 古文謀

此與下古文但有口言之別上體則同當作[illegible]毋聲

𢘓 亦古文

mó 謨

謨 議謀也從言莫聲虞書曰咎繇謨 莫胡切

說文解字義證 卷七 二十

耿勳碑上納其謨

議謀也者釋詁謨謀也書大禹謨傳云謨謀也皋陶謨謨明弼諧史記作謀明輔和襄二十一年左傳引書聖有謩勳杜云謩謀也孟子謨蓋都君注云謨謀也後漢書左雄傳周公謨成王之風注云謨謀也或借莫字詩聖人莫之釋文莫或又作謨 虞書曰咎繇謨者今尚書作皋陶謨傳云謨謀也法言孝至篇或問忠言嘉謨曰言合稷契之謂忠謨合皋陶之謂嘉漢書敘傳昔咎繇謨虞後漢書崔駰傳昔堯含戚而皋陶謨注云謨謀也

𦰩 古文謨從口

從口者與古文謀同

fǎng 訪

訪 汎謀曰訪從言方聲 敷亮切

書洪範王訪于箕子傳云問天道也 昭元年左傳晝以訪問 哀六年傳君大訪於陳子而圖其小 陸機漢高帝功臣頌往制勁越來訪皇漢

言

汎謀曰訪者汎讀如汎愛衆之汎釋詁訪謀也周禮保章氏訪序事注云訪謀也　詩序訪落嗣王謀於廟也傳云訪謀也漢第五訪字子謀或借邡字春秋昭二十五年宋公佐卒于曲棘穀梁傳邡公也范云邡當爲訪訪謀也言宋公所以卒於曲棘者欲謀納公

jū 諏

諏　聚謀也從言取聲　子于切

聚謀也者蕭該漢書音義引字林同釋詁諏謀也特牲饋食禮不諏日注云諏謀也詩周爰咨諏傳云咨事爲諏襄四年左傳咨事爲諏魯語咨才爲諏晉語諏于蔡原而訪于辛尹韋云諏訪皆謀也漢書敘傳胥仍物而鬼諏兮應劭日諏謀也出師表陛下亦宜自謀以咨諏善道察納雅言

lún 論

論　議也從言侖聲　盧昆切

議也者御覽引作難也本書論難曰語文選有荅客難難蜀父老釋名論倫也有倫理也廣韻引字書論有言理馥謂當作有理言也初學記云廣雅論道也說文曰論議也鄭元云論倫也賈逵曰論釋也皆解說談議訓詁之謂也

文心彫龍論說篇昔仲尼微言門人追述故仰其經目稱爲論語

yì 議

議　語也從言義聲　宜寄切

易節卦君子以制度數議德行　書周官議事以制　詩北山或出入風議　周禮小司寇有八議　曲禮公事不私議　莊子齊物論六合之內聖人論而不議　續漢百官志有議郎

語也者韻會引徐鍇本下有一曰謀也四字案本書謨議謀也廣雅議言也謀也當具二義

dìng 訂

訂　平議也從言丁聲　他頂切

平議也者一切經音義一引字書同詩天作箋云以此訂大王文王之道釋文訂說文云評議也諸云參訂時驗謂平比之也字詁云訂平也馥案廣雅訂平也議也分作二義周禮恆矢注云前後訂其行平也閑居賦尚書郎廷尉平李善云漢書曰宣帝初置廷尉左右平音皮命切通鑑東昏侯又訂出雉頭鶴氅白鷺縗注云訂平議也齊梁之時謂賦民爲訂蓋取平議而賦之之義晉書音義引字林訂評議一切經音義一引字書評訂也高注淮南云平評也廣韻評平言

本書無評字

xiáng 詳

詳　審議也從言羊聲　似羊切

審議也者書蔡仲之命詳乃視聽傳云詳審女視聽顧命茲予審訓命汝傳訓詳審呂刑告爾祥刑馬鄭作詳注云詳審察之也後漢書劉愷傳引作詳刑鄭注周禮引書曰度作詳刑以詰四方詩牆有茨不可詳也傳云詳審也宣十二年公羊傳不赦不詳何云善用心曰詳後漢書張湛傳詳言正色注云詳審也

shì 諟

諟　理也從言是聲　承旨切

理也者書太甲釋文引同玉篇理正也廣韻諟正也成二年左傳先王疆理天下杜注理正也漢書循吏傳政平訟理廣雅諟是也書太甲顧諟天之明命傳云諟是也陳書姚察傳研覈古今諟正文字

dì 諦

諦　審也從言帝聲　都計切

審也者方言同又云秦晉曰諦關尹子九藥篇諦豪末者不見天地之大後漢書李雲傳引孔子曰帝者諦也注引

鄭注春秋運斗樞曰審諦於物也魏志明帝紀君諦視之毋誤也

shí 識

識　常也一曰知也從言戠聲　賞職切

常也者釋詁職常也周禮太宰閒民無常職注云謂無事業者馥案識職二文經典互易本訓爾雅周禮之職當作言旁識凡記識並當作耳旁職本書職記微也一曰知也者本書諳下云識詞也諗下云不識也敘云前人所以垂後後人所以識古又云指事者視而可識釋名識幟也有章幟可按視也詩大雅不識不知順帝之則瞻卬君子是識箋云識知也成二年左傳自始合苟有險余必下推車子豈識之襄二十九年傳季札聘於鄭見子產如舊相識論語多見而識之知之次也老子前識者道之華而愚之始法言寡見篇多聞見而識乎正道者至識也多聞見而識乎邪道者迷識也

xùn 訊

訊　問也從言卂聲　思晉切

問也者本書問訊也釋言訊言也郭云相問訊書呂刑皇帝淸問下民馬注淸問淸訊詩正月訊之占夢傳云訊問

chá 詧　jǐn 謹

也僖十年公羊傳君嘗訊臣矣何云上問下曰訊文十七年左傳使執訊而與之書注云執訊通訊問之官昭二十一年傳使子皮承宜僚以劍而訊之杜云訊問也晉語穆公訊之又云君其訊射也韋注竝云訊問也荀子雲賦行遠疾速而不可託訊者與注云訊書問也大戴禮曾子事父母篇弗訊不言盧辯注訊問也學記多其訊注云訊猶問也或譌作誶文選王僧達詩聊誶輿㠯言五臣云誶問也李善本作訊馮班云學人不識訊誶二字

𧦝 古文訊從鹵

詩皇矣執訊連連釋文云訊字又作誶

詧 言微親詧也從言察省聲 楚八切

顏氏家訓書證篇李登云省詧也張揖云省今省詧也詧古察字也　史記秦本紀繆公與由余曲席而坐問其地形與兵勢盡詧　老子其政察察傳奕本作詧詧　諸書多用察字釋言明明斤斤察也急就篇適冐省察諷諫讀周禮大司徒以鄉八刑糾萬民注云糾猶割察也莊十年左傳小大之獄雖不能察必以情注云察審也論語衆惡之必察焉衆好

說文解字義證　卷七　廿三

之必察焉梁書劉孝綽傳引作必監焉避蕭詧諱也

言微親詧也者言微當爲微言徐鍇繫傳云以微言察其情也鍇韻譜作觀察繫傳引論語察言而觀色馥案漢書郊祀志象載昭庭日親以察與本書合本書聽察也洪範聽曰聰傳云必微諦書呂刑察辭于差昭元年左傳言以知物注云察言以知禍福之類中庸舜好問而好察邇言　從言者本書古文監亦從言　察省聲者當爲祭省聲本書祭祭祀也祭祀當爲詧祀廣韻祭察也察當作此詧本書睩從祭亦詧義

古文

本書及徐鍇本竝誤在誥下案玉篇詧在誥下即本書舊次後人移詧於前而遺其古文也今仍次本文下

謹 慎也從言堇聲 居隱切

易文言庸行之謹　書盤庚恪謹天命　詩民勞以謹無良　論語便便言惟謹爾

慎也者本書慎謹也書益稷慎乃在位正義當謹慎汝所在之位文選出師表先帝知臣謹慎

réng 訒　chén 諶　xìn 信　chén 訦　chéng 誠

訒 厚也從言乃聲 如乘切

厚也者釋詁文彼作仍郭注頻仍重厚

諶 誠諦也從言甚聲詩曰天難諶斯 是吟切

誠諦也者禮記經解故衡誠縣不可欺以輕重注云誠猶審也釋詁諶誠也書天棐忱辭漢書孔光傳作諶詩蕩其命匪諶傳云諶誠也楚詞九章諶荏弱而難持注云諶誠也　詩曰天難諶斯者大雅大明文彼作忱

信 誠也從人從言會意 息晉切

老子信言不美美言不信　僖二十二年穀梁傳所以爲言者信也言而不信何以爲言　襄九年左傳信者言之瑞也又二十七年傳志以發言言以出信信以立志參以定之

誠也者釋詁誠信也釋名信申也言以相申束使不相違也廣雅信誠也詩九罭於汝信處箋云信誠也賈誼書道術篇期果言當謂之信反信爲慢志操精果謂之誠反誠爲殆白虎通情性信者誠也專一不移也　會意者徐鍇

說文解字義證　卷七　廿四

據徐鍇語加之

㐰 古文從言省

以⿱毋口碁例之是從口本書保從此

𧥓 古文信

訦 燕代東齊謂信曰訦從言冘聲 是吟切

燕代東齊謂信曰訦者方言訦信也燕代東齊曰訦或與諶通釋詁諶信也郭云燕代東齊曰諶書咸有一德天難諶命靡常傳云以其無常故難信盧諶字子諒又與忱通詩天難忱斯傳云忱信也

誠 信也從言成聲 氏征切

易乾卦閑邪存其誠　檀弓徒使我不誠於伯高　樂記著誠去僞禮之經也

信也者釋詁文書太甲鬼神無常享享于克誠傳云能誠信者則享其祀　成聲者離騷初既與余成言兮後悔遁

jiè 誡　jì 誋　huì 諱　gào 誥　zhào 詔

而有他

誡　敕也。從言，戒聲。古拜切

易比卦邑人不誡又繫辭小懲而大誡 桓十一年左傳鄖人軍其郊必不誡 荀子彊國篇發誡布令而敵退是主威也 文中子問易篇君子思過而預防之所以有誡也 史記周本紀乃命伯㷳申誡太僕 敕也者本書敕誡也㦸飭也 一切經音義二十二誡警勅也或省作戒 宣十二年左傳軍政不戒而備杜云戒勑令

誋　誡也。從言，忌聲。渠記切

淮南齊俗訓日月之所照誋 經典省作忌易夬象君子以施祿及下居德則忌書康誥惟文王之敬忌鄭注敬忌祇祇威威是也 誡也者淮南繆稱訓目之精者可以消澤而不可以昭誋高云誋誡也表記引甫刑敬忌而罔有擇言在躬注云忌之言戒也

諱　誋也。從言，韋聲。許貴切

誋也者周禮小史詔王之忌諱誦訓掌道方慝以詔辟忌注云方慝四方言語所惡也不辟其忌則其方以爲苟於言語也史記秦始皇紀秦俗多忌諱之禁東方朔七諫恐犯忌而干諱

誥　告也。從言，告聲。古到切

蔡邕典引注本事曰誥 易姤卦后以施命誥四方 書仲虺之誥傳云會同曰誥 周禮士師掌五戒二曰誥用之于會同 隱八年穀梁傳誥誓不及五帝 文心彫龍詔策篇其在三代事兼誥誓誓以訓戒誥以敷政 顏延之有廷誥 告也者釋詁文釋名上敕下曰告告覺也使覺悟知己意也書序遂誥諸侯史記作告又帝告史記作誥周禮大祝作六辭以通上下親疏遠近三曰誥杜子春曰誥當爲告緇衣尹吉曰注云吉當爲告告古文誥字之誤也尹告伊尹之誥也文選序詔誥教令之流五臣注誥者告也告諭令曉也

詔　告也。從言，召，召亦聲。之紹切

shì 誓　xiǎn 譣　gǔ 詁

此文徐鉉所加一切經音義六引字林詔告也

誓　約束也。從言，折聲。時制切

周禮士師一曰誓用之于軍旅 書甘誓釋文馬云軍旅曰誓 大禹謨禹乃會羣后誓於師傳云誓戒也軍旅曰誓 蔡邕典引注戎事曰誓 詩定之方中毛傳說九德云師旅能誓正義謂將帥能誓戒之若鐵之戰趙鞅誓軍之類 閔二年左傳誓軍旅杜云宣號令也成十三年傳申之以盟誓 約束也者釋言誥誓謹也郭云皆所以約勤謹戒眾釋名誓制也以拘制之也 僖二十八年左傳王子虎盟諸侯於王庭要言云云 文十八年傳作誓命杜云誓要信也 襄九年傳昭大神要言焉杜云要誓以告神 哀十四年傳使季路要我吾無盟矣杜云子路信誠故欲得與相要誓而不須盟 禹貢五百里要服傳云要束以文教正義要者約束之義 曲禮約信曰誓正義用言詞共相約束以爲信也 史記高祖本紀待諸侯至而定要束耳

譣　問也。從言，僉聲。周書曰：「勿以譣人。」息廉切

問也者增韻引作譣詖姦言也 張揖上廣雅表既無正譣聖人所言是故疑不能明也 廣雅譣證也 曹憲曰今人以馬旁驗爲證譣失之矣 周書曰勿以譣人者立政文彼作其勿以譣人傳云憸利之人 釋文馬云憸利佞人也

詁　訓故言也。從言，古聲。詩曰：「詁訓。」公戶切

張揖雜字詁者古今之異語也 孔叢子居衞篇子思曰書之意兼復深奧訓詁成義古人所以爲典雅也 郭注釋詁云所以釋古今之異言通方俗之殊語 文選三都賦敍歸諸詁訓 後漢書盧植傳作三禮解詁注云詁事也言解其事意 訓故言也者一切經音義二十二引作詁訓古言也後漢書桓譚傳徧習五經皆詁訓大義 鄭興傳使撰條例章句訓詁注竝引本書詁訓古言也 書說命學于古訓乃有獲 詩烝民古訓是式傳云古故訓道箋云故訓先王之遺典也 詩曰詁訓者後人亂之詩抑告之話言釋文云話說文作詁云詁故言也唐本詁下當有引詩之文襄二年左傳引詩告之話言作話字者亦後人據毛詩誤本改之也 詩慎爾出話毛傳話善言也告之話言傳云話言古之善

言也傳以爲古則是詁非話矣漢藝文志詩有魯故齊后氏故齊孫氏故韓故毛詩故訓傳顏云故者通其指意也毛詩卷首題曰周南關雎詁訓傳弟一釋文云舊本多作故今或作詁音古又音故案詁故皆是古義所以兩行然前儒多作詁解而章句有故言郭景純注爾雅則作釋詁樊孫等爾雅本皆爲釋故正義今定本作故以詩云古訓是式毛傳云古故也則故訓者故昔典訓馥據此知詩曰故訓非詁訓矣漢書儒林丁寬傳訓故舉大誼而已顏云故謂經之旨趣也春秋繁露詩無達詁說苑作詩無通故論衡是應篇爾雅之書五經之訓故方言舊書雅記故馥謂雅爾雅故訓故古文苑魏敬侯碑陰所著述注解故訓及文筆等甚多注云漢儒釋經詩書有故

ǎi 藹

藹 臣盡力之美从言葛聲詩曰藹藹王多吉士 於害切

臣盡力之美者釋訓藹藹臣盡力也　詩曰藹藹王多吉士者大雅卷阿文傳云藹藹猶濟濟也

sù 誎

誎 餔旋促也从言束聲 桑谷切

經典借數字釋詁數疾也樂記衛音趨數煩志注云趨數讀爲促速聲之誤也史記賈誼傳淹數之度兮徐廣曰數速也

餔旋促也者餔義未聞廣雅誎督促也

xū 諝

諝 知也从言胥聲 私呂切

知也者本書惰知也廣雅惰智也張揖上廣雅表云令得用諝周禮冢宰胥十有二人注云胥讀如諝謂其有才知爲什長又閭胥大胥注竝云胥有才知之稱大行人七歲屬象胥論言語協辭命注云胥讀爲諝諝謂象之有才知者也詩桑扈君子樂胥箋云胥有才知之名也淮南本經訓設詐諝高注諝謀也陸機辨亾論謀無遺諝金后錄金鄉長薛君頌君諱諝字公謀今本諝誤作諝張敏頭責子羽文或驊騤少智諝世說或讙譁少智諝裴松之曰荀諝荀爽之別名馥案爽明諝知義同或借須字周易歸妹以須鄭注須才智之稱詩桑扈正義云天文有須女屈原之姊名女須鄭志荅泠剛云須才智之稱故屈原之姊以爲名

zhèng 証

証 諫也从言正聲 之盛切

諫也者廣雅同齊策士尉以証靖郭君靖郭君不聽高注証諫也　正聲者徐鍇本下有讀若正月四字案周禮司

jiàn 諫

諫注云諫猶正也以道正人行

諫 証也从言柬聲 古晏切

書說命后從諫則聖漢書賈山傳工誦箴諫瞽誦詩諫公卿比諫士傳言諫過白虎通諫諍篇諫者何諫閑也因也更也是非相閑革更其行也　論衡譴告篇諫之爲言閑也持善閑惡

shěn 諗

諗 深諫也从言念聲春秋傳曰辛伯諗周桓公 式荏切

深諫也者左傳釋文引作深謀也廣韻諗謀也魯語公聞之曰吾過而里革匡我不亦善乎是良罟也爲我得法使有司藏之使吾無忘諗賈誼書輔佐篇則職以諗則職以証則職以諫　春秋傳曰辛伯諗周桓公者閔二年左傳文彼云昔辛伯諗周桓公注云諗告也案桓十八年傳初子儀有寵於桓王桓王屬諸周公辛伯諫曰竝后匹嫡兩政耦國亂之本也周公弗從故及

kè 課

課 試也从言果聲 苦臥切

試也者廣雅同管子七法篇成器不課不用不試不藏漢書京房傳房奏考功課吏法

shì 試

試 用也从言式聲虞書曰明試以功 式吏切

本書敘尉律學僮十七已上始試諷籀書九千字乃得爲吏又以八體試之郡移太史并課最者以爲尚書史　書堯典試可乃已盤庚今予將試以汝遷　論語請嘗試之　用也者釋言文易无妄无妄之藥不可試也釋文試驗一曰用也詩采芑師干之試傳云試用也大東百僚是試傳云是試用於百官也論語吾不試鄭注試用也樂記兵革不試緇衣刑不試而民咸服注竝云試用也　虞書曰明試以功者舜典文傳云試其言以要其功

xián 諴

諴 和也从言咸聲周書曰丕能諴于小民 胡毚切

和也者廣雅諴調也書大禹謨至諴感神傳云至和感神無逸咸和萬民傳訓咸爲皆馥謂借咸字　周書曰丕能諴于小民者召誥文彼作其丕能諴于小民傳訓諴爲和案宋本及李燾本丕竝作不

yáo
䚻

䚻 徒歌也從言肉余招切

徒歌也者藝文類聚引作獨歌謂之䚻一切經音義二十
爾雅徒歌爲謠說文獨歌也又八十五說文獨歌也爾雅徒
歌爲謠徒空也馥謂獨歌謂一人空歌猶徒歌也穆天子
傳西王母爲天子謠注云徒歌曰謠尚書大傳其歌聲比
余謠注云徒歌謂之謠釋樂徒歌謂之謠孫炎曰聲消搖
也詩園有桃我歌且謠傳云曲合樂曰歌徒歌曰謠馥案
傳意合樂者謂有五聲八音也徒歌者空歌也徒如爾雅
暴虎徒搏馮河徒涉之徒大射儀僕人正徒相太師注云
徒空手也襄二十五年左傳齊師徒歸注云徒空也正義
引論語不可徒行徒猶空也謂無車空行也又案晉語辨
妖祥於謠韋注行歌曰謠兩之辰騕弧箕服之類是也漢
書敘傳考𧦝愍以行謠宋書樂志周衰有秦青者善謳而
薛談學謳於秦青未窮青之伎而辭歸青餞之於郊乃撫
節悲歌聲震林木響遏行雲薛談遂留不去以卒其業又
有韓娥者東之齊至雍門匱糧乃鬻歌假食旣而去餘響
繞梁三日不絕左右謂其人不去也過逆旅逆旅人辱之
韓娥因曼聲哀哭一里老幼悲愁垂涕相對三日不食遽
而追之韓娥還復爲曼聲長歌一里老幼喜躍抃舞不能

自禁忘向之悲也乃厚賂遺之故雍門之人善歌哭效韓
娥之遺聲衛人王豹處淇川善謳河西之民皆化之齊人
緜駒居高唐善歌齊之右地亦傳其業前漢有虞公者善
歌能令梁上塵起若斯之類並徒歌也爾雅曰徒歌曰謠
凡樂章古詞今之存者並漢世街陌謠謳江南可采蓮烏
生十五子白頭吟之屬是也馥案此則以道路行歌爲徒
歌矣徐鍇曰按今說文本皆言徒也當言徒歌必脫誤也
馥案徐所謂徒也者本是從也戴侗曰徐本說文無謠字
䚻徒歌也从言肉唐本曰䚻從也从言从肉肉亦聲謠徒
歌也馥據此知本書別有謠爲徒歌䚻訓從玉篇廣韻並
同本書繇隨從也　從言肉者當爲肉聲徐鍇以聲字爲
誤非也䚻古讀若由與肉聲近當有聲字唐本云肉亦聲
不應有
亦字

quán
詮

詮 具也從言全聲此緣切

具也者晉書音義字林云詮具也謂具說事理論語鄭
本異乎三子者之僎注云僎讀若詮案本書僎具也

xīn
訢

訢 喜也從言斤聲許斤切

喜也者本書欣笑喜也孟子終身訢然樂而忘天下漢書
賈山傳天下訢之將與堯舜三王之功矣萬石君傳童僕
訢訢如也晉灼引
許愼云訢古欣字

shuō
說

說 說釋也從言兌一曰談說失熱切又弋雪切

說釋也者易小畜釋文引作說解也廣雅解說也詩綢繆
傳云邂逅解說之貌釋文說音悅詩何人斯我心易也傳
云易說箋云解說也檀弓而天下其孰能說之注云說猶
解也學記相說以解馥案詩說懌女美鄭箋讀懌爲釋顧
命王不懌謂不說釋列子舍然大喜郎釋然大喜　一曰
談說者釋名說述也敘述之也廣雅說論也易咸卦滕口
說也書益稷庶頑讒說詩國風士之耽兮猶可說也女之
耽兮不可說也鬼谷子決是非曰說僖十年左傳晉侯殺
里克以說杜云自解說周易有說卦莊子有說劒韓非有
說難說林呂氏春秋勸學篇凡說者兌之也非說之也今
世之說者多弗能兌而反說之書說命學記引作兌命
從言兌者徐鍇本作兌聲本書兌說也從儿㕣聲文心彫
龍論說篇說者悅也兌
爲口舌故言咨悅懌

jì
計

計 會也筭也從言從十古詣切

會也者讀若儈古外切晉中興書王舒拜會稽內史上疏
以父名會不得作會稽朝議以字同音異於禮無嫌是也
急就篇潁川臨淮集課錄顏注集課錄者諸郡各上其計
總會京師次其名錄周禮敘官司會太宰歲終則令百官
府各正其治受其會注並云會大計也小宰聽出入以要
會注云謂計最之簿書月計曰要歲計曰會又太府歲終
則以貨賄之入出會之又職歲掌邦之賦出以貳官府都
鄙之財出賜之數以待會計而攷之昭二十五年左傳計
於季氏杜云送計簿於季氏齊策問門下諸客誰習計會
又云五官之計不可不日聽也高云計簿書也六韜王翼
篇法算二人主會計三軍營壘糧食財用出入孔叢公孫
龍篇今有人於此身修會計明而貧者志不存也身不修
會計闇而富者非盜無所得也賈誼書春秋篇鄒穆公謂
吏曰且女知小計而不知大會後漢書光武紀遣使奉計
注云計謂人庶名籍若今計帳經典用稽字周禮小宰聽
師田以簡稽注云稽猶計也合也大司馬簡稽鄉民馬注
云稽猶計也越絕書禹上茅山大會計更名茅山曰會
稽　筭也者本書筭計歷數者史記張倉傳自秦時爲柱

下史明習天下圖書計籍耆又善用算律歷故令倉以列侯居相府主郡國上計者後漢書馮勤傳八歲善計注云計筭術也

xié 諧

諧 詥也從言皆聲 戶皆切

書堯典克諧以孝又往哉汝諧 皋陶謨庶尹允諧 禮器君子有禮則外諧而內無怨 後漢書五行志童謠曰諧不諧在赤眉周澤傳生世不諧作太常妻宦者張讓傳當之官者皆先至西園諧價然後得去 詥也者潛夫論述赦篇洛陽至有主諧合殺人者謂之會任之家文賦或奔放以諧詥

hé 詥

詥 諧也從言合聲 候閤切

或與合通周禮調人注調猶和合也

tiáo 調

調 和也從言周聲 徒遼切

和也者和當為龢本書龢調也周禮調人掌司萬民之難而諧和之注云諧猶調也調猶和合也易通卦驗冬至始人主致八能之士或調黃鐘或調六律或調五行或調律歷或調陰陽鄭注調謂諧和之意也通鑑馬援曰但畏長者家兒或在左右或與從事殊難得調注云調和也華嚴經粥香長者善調香益謂和香也

說文解字義證 卷七

huà 話

話 合會善言也從言𠯑聲傳曰告之話言 胡快切

合會善言也者詩板釋文李善注七命歸去來辭竝引作會合本書會合也佸會也同合會也斂合會也楚語於是乎合其州鄉朋友婚姻韋注合會也班固荅賓戲意者且運朝夕之策定合會之計魏志注引管輅別傳王經論輅以為得龍雲之精能養和通幽者非徒合會之才也司馬遷報任安書隨而媒孽其短臣瓚以為媒謂構合會之醞謂合當為詥集韻詥會言也釋詁話言也舍人云政之善言也孫炎云善人之言也小爾雅廣言話言也會稽典錄善哉話言也書立政自一話一言我則末惟成德之彥以乂我受民傳云言政當用一善善在一言而已盤庚乃話民之弗率馬注話告也言也詩抑慎爾出話傳云話善言也板出話不然傳云話善言也文十八年左傳顓頊有不才子不可教訓不知話言杜云話善也成十六年傳瀆齊盟而食話言顏案此謂會盟之言文選七命敬聽嘉話陶淵明歸去來辭說親戚之情話文選序謀夫之話五臣注話善言也通鑑漢主壽報杜𢒪曰省詩知意若今人所作乃賢哲之話言注云話言善言也 傳曰告之話言者傳當作春秋傳文六年左傳著之話言後人據抑詩改之又刪去春秋二字

譮 籒文語從會

會昏聲相近莊子人閒世會撮指天向秀讀戶栝切檜或作栝

zhuì 諈

諈 諈諉累也從言垂聲 竹寘切

諈諉累也者釋言文郭云以事相屬累為諈諉孫炎曰楚人曰諈秦人曰諉累類篇集韻竝引作纍本書娷諉也列子力命篇眠娗諈諉勇敢怯疑四人相與游於世胥如志也注云諈諉煩重皃書絫累大德桓二年公羊傳及者何累也何云累齊人語顏謂累當為儽本書儽嬾解廣雅儽嬾也又云疲也

wěi 諉

諉 累也從言委聲 女恚切

說文解字義證 卷七

累也者一切經音義六廣雅委託累也謂以事相屬累也左傳相時而動無累後人謂累重漢書賈誼傳然尚有可諉者孟康曰諉累也胡建傳執事不諉上顏注諉累也

jǐng 警

警 戒也從言從敬敬亦聲 居影切

戒也者詩常武既敬既戒箋云敬之言警也警戒六軍之眾周禮宰夫正歲則以灋警戒羣吏注云警勑之言宣十二年左傳今天或者大警晉也杜云警戒也 韓非十過篇乃警公仲之行注云警飭戒也

mì 謐

謐 靜語也從言𥁑聲一曰無聲也 彌必切

靜語也者靜當為竫王注楚辭九歎引書讒諓竫言文十二年公羊傳惟諓諓善竫言或通作𥁑釋詁𥁑靜也郭云安靜也詩夙夜基命宥密賈誼書禮容引作謐謐者寧也又借恤字書惟刑之恤哉史記作靜徐廣曰今文云謐晉書黃甫謐幼名靜字子安 一曰無聲也者釋名寐謐也靜謐無聲也書舜典四海遏密八音傳云密靜也

qiān 謙

謙 敬也從言兼聲 苦兼切

易謙卦釋文云卑退爲義屈己下物也　史記樂書君子以謙退爲禮　韓伯辯謙曰夫謙之爲義存乎降己者也以高從卑以賢同鄙故謙名生焉孤寡不穀人之所惡而侯王以自稱降其貴者也執御執射衆之所賤而君子以自目降其賢者也

敬也者本書恭敬並訓肅也吳書陶謙字恭祖書堯典允恭克讓曲禮君子恭敬撙節退讓以明禮

yì
誼

誼　人所宜也從言從宜宜亦聲　儀寄切

漢書董仲舒傳摩民以誼　說苑政理篇此治國之道使民之誼也　張衡東巡頌展誼省方覈案華山廟碑天子展義巡狩省方、思玄賦願竭力以守誼兮　幽通賦順天性而斷誼　字詁古文誼今作義案書遵王之誼唐明皇詔改作義又彊而義楊震傳作誼又鳴義焱先父義和釋文並云義本作誼

人所宜也者釋名誼宜也裁制事物使合宜也廣雅義宜也白虎通情性義者宜也斷決得中也詩蕩而秉義類箋云義之言宜也又不義從式傳云義宜也周禮調人凡殺人而義者注云義宜也隱三年左傳命以義夫正義云義

者宜也錯心方直動合事宜乃謂之爲義襄三十年傳婦義事也杜云義從宜也中庸義者宜也祭義義者宜此者也大戴禮曾子大孝篇義者宜此者也禮器賓客之交義也注云義之言宜也管子心術篇義者謂各處其宜也淮南齊俗訓有扈氏爲義而亡知義而不知宜也賈誼書道術篇行充其宜謂之義韓詩外傳節愛理宜謂之義法言重黎篇事得其宜謂之義申鑒政體篇義也者宜此者也鹽鐵論刑德篇義者事之宜也

xǔ
詡

詡　大言也從言羽聲　況羽切

大言也者漢書楊雄傳尚泰奢麗誇詡禮記少儀會同主詡注云詡謂敏而有勇若齊國佐正義引左傳齊國佐陳辭以拒晉師

jiàn
諓

諓　善言也從言戔聲一曰謔也　慈衍切

本書戔下引書戔戔巧言

善言也者玉篇諓巧言也廣雅諓諓善也文十二年公羊傳惟諓諓善竫言注云諓諓淺薄之貌竫猶撰也釋文諓尚書作截越語又安知是諓諓者乎韋云諓諓巧辨之言也楚詞九歎讒人諓諓孰可愬兮注云諓諓讒言貌也尚書曰諓諓靖言九思諓諓兮嗌喔注云諓諓竊言漢書李尋傳昔秦穆公說諓諓之言後漢書樊準傳忠謇謇之忠習諓諓之辭注云諓諓諂言也劉孝綽謝東宮啓構茲媒諓唐書鄭覃傳章什諓諓願陛下不取也或借翦字莊子在宥篇佞人之心翦翦者釋文翦翦善辨也一曰佞貌

é
誐

誐　嘉善也從言我聲詩曰誐以溢我　吾何切

嘉善也者嘉集韻類篇並誤作喜　詩曰誐以溢我者周頌惟天之命文彼作假傳云假嘉也釋詁假嘉也襄二十七年左傳引作何以恤我廣韻引作誐以謐我

tóng
詷

詷　共也一曰譀也從言同聲周書曰在夏后之詷　徒紅切

共也者本書共同也祭統鋪筵設同几爲依神也注云同之言詷也　一曰譀也者本書誕詞誕也詞當爲詷魏志臧霸傳部從事謥詷不法覈案通俗文言過謂之謥詷　周書曰在夏后之詷者顧命文彼作在後之侗釋文馬本

作詷共也案徐鍇本引周書在共也下據以證共義一曰譀也在同聲下別爲一義徐鉉亂之

shè
設

設　施陳也從言從殳殳使人也　識列切

易繫辭傳聖人設卦以觀象　詩出車設此旐矣　韓策居處兵衛甚設　東方朔荅客難太公體行仁義七十有二乃設

施陳也者施當爲敀經典借施字晉語秦人殺冀芮而施之注云施陳其尸也廣雅設施也月令以級整設于屏外注云設陳也　經解繩墨誠陳不可欺以曲直規矩誠設不可欺以方圓　殳使人也者本書故使爲之也覈謂殳支意同

hù
護

護　救視也從言蒦聲　胡故切

救視也者史記蕭相國世家何數以吏事護高祖索隱引本書同漢書西域傳凡遣使送客者欲爲防護寇害也漢官有護軍都護

蒦聲者本書蒦視遽皃覆謂急視而振救之

xuān 譞

譞 譞慧也從言圜省聲 許緣切

譞慧也者本書儇慧也 圜省聲者徐鍇本作譞聲按本書儇嬛竝從睘聲此譞應同

bū 誧

誧 大也一曰人相助也從言甫聲讀若逋 博孤切

大也者廣雅文字音義竝同玉篇誧大言也或借甫字釋詁甫大也 一曰人相助也者文字音義誧助也秦繹山刻石羣臣誦畧本書備輔也輔當爲誧

xǐ 諰

諰 思之意從言從思 胥里切

思之意者廣韻諰言且思之荀子議兵篇諰諰然常恐天下之一合而軋己也 從思者徐鍇本作思聲

tuō 託

託 寄也從言乇聲 他各切

說苑善說篇上士可以託色中士可以託辭下士可以託財

寄也者本書侂寄也方言託寄也凡寄爲託郊特牲諸侯不臣寓公注云寓寄也或爲託檀弓久矣予之不託於音

也注云託寄也僖十年穀梁傳以重耳爲寄矣范云以託里克定元年傳夫請者非可詒託而往也范云詒託猶假寄蘭亭敘因寄所託

jì 記

記 疏也從言己聲 居吏切

釋名記紀也紀識之也 內則記有成注云記猶識也僖七年左傳夫諸侯之會其德刑禮義無國不記作而不記非盛德也 成十四年傳志而晦杜云志記也 竹書穆王二十四年王命左史戎夫作記 漢書儒林傳后蒼說禮數萬言號曰后氏曲臺記 藝文志徵天下通小學者以百數各令記字於庭中 方言舊書雅記故俗語不失其方

疏也者疏當爲疋本書疋記也廣雅疏識也有司徹覆二疏匕于其上注云疏匕匕柄有刻飾者齊策孟嘗君出記鮑云記疏也漢書賈誼傳若其它背理而傷道者難徧以疏舉顏注言不可盡條記也杜周傳前主所是著爲律後主所是疏爲令顏注疏謂分條也原涉傳削牘爲疏具記衣被棺木武五子傳數記疏光過失與且王莽傳置柱下五史侍旁記疏言行後漢書張奮傳章奏不能款心願對中常侍疏奏注云疏猶條錄也孔奮傳奮晚有子嘉作左

氏說云注云說猶今之疏也

yù 譽

譽 稱也從言與聲 羊茹切

易坤卦括囊无咎无譽 詩振鷺以永終譽箋云譽聲美也 昭二年左傳季氏有嘉樹焉宣子譽之杜云譽其好也 論語誰毀誰譽 孟子令聞廣譽

稱也者稱當爲偁廣雅偁譽也本書偁揚也經典通用稱字表記君子稱人之善則爵之漢書賈誼傳以能誦詩書屬文稱於郡中

bò 譒

譒 敷也從言番聲商書曰王譒告之 補過切

經典借播字書多方爾乃屑播天命禮運播五行于四時

敷也者敷當爲尃經典通用敷書文命敷于四海

商書曰王譒告之者盤庚文彼作王播告之修

xiè 謝

謝 辭去也從言䠶聲 辭夜切

禮記大夫七十而致事若不得謝則必賜之几杖 淮南兵畧訓若春秋有代謝

辭去也者文選七發謹謝客別賦謝主人兮依然李善竝引本書謝辭也又注郭璞游仙詩引作辭別也廣雅謝去也楚辭大招青春受謝九章願歲并謝與長友兮王注竝云謝去也

ōu 謳

謳 齊歌也從言區聲 烏侯也

齊歌也者廣雅謳歌也急就篇五音總會歌謳聲顏注齊歌謂之謳漢書樂志齊謳員六人外戚傳子夫爲平陽主謳者顏注齊歌曰謳高帝紀漢王既至南鄭諸將及士卒皆歌謳思東歸顏注謳齊歌也謂齊聲而歌或曰齊地之歌文選齊謳行營邱負海曲沃野爽且平五臣云此爲齊人謳歌國風也吳趨行齊娥且莫謳五臣云齊娥齊后也善謳歌人皆采以爲曲孟子昔緜駒處高唐而齊右善歌

yǒng 詠

詠 歌也從言永聲 爲命切

歌也者廣雅同書益稷戛擊鳴球搏拊琴瑟以詠傳云以合詠歌之聲也檀弓陶斯咏注云咏謳也或借永字舜典

zhèng 諍 hū 評 hū 謼 qì 訖 yàn 諺

歌永言釋文永徐音詠詩誰之永號箋云永歌也

咏 詠或從口

史記樂書歌詠其聲樂記作咏

諍 止也從言爭聲（側迸切）

孝經諫諍章天子有爭臣七人　說苑臣術篇有能盡言於君用則畱之不用則去之謂之諫用則可生不用則死謂之諍

止也者止當作正諍正聲相近周禮司諫注云諫猶正也以道正人行

評 召也從言乎聲（荒烏切）

召也者徐鍇本作召評也經典借呼字廣雅召呼也鄉射禮徵唯所欲注云徵召也謂所欲請呼淮南道應訓有客衣褐帶索而見公孫龍曰臣能呼公孫龍顧謂弟子曰門下故有能呼者乎對曰無有公孫龍曰與之弟子之籍後

數日往說燕王至於河上而航在一氾使善呼者呼之一呼而航來又借嘑字孟子嘑爾而與之

謼 評謼也從言虖聲（荒故切）

評謼也者當爲評號本書號號也玉篇謼大叫也國語三軍譁呴賈逵曰呴謼也或借嘑字周禮雞人夜嘑旦

訖 止也從言气聲（居迄切）

急就篇姓名訖又云諸物盡訖五官出　古文苑僮約讀券文徧訖

止也者釋詁文本書譏訖事之樂也僖九年穀梁傳毋訖糴注云訖止也書西伯戡黎天既訖我殷命傳云天已畢訖殷之王命呂刑典獄非訖于威惟訖于富傳云非絕于威惟絕于富正義訖是盡也故傳以訖爲絕漢書西域傳訖不肎拜使者顏注訖竟也或借迄字後漢書孔融傳才疏意廣迄無成功

諺 傳言也從言彥聲（魚變切）

大學故諺有之　戰國策莊辛謂楚王曰鄙諺云　列子引國諺　史記引秦人諺楚人諺鄒魯諺　孔叢子引遺諺

yà 訝 yì 詣 jiǎng 講 téng 謄

傳言也者御覽引云傳言也俗言曰諺一切經音義五諺俗言也又十二說文云傳言也謂傳世常言也廣雅諺傳也書無逸乃逸乃諺傳云俚語曰諺隱十一年左傳周諺有之釋文諺俗言也

訝 相迎也從言牙聲周禮曰諸侯有卿訝發（吾駕切）

相迎也者周禮敘官訝士注訝迎也聘禮訝賓于館注云以君命迎賓謂之訝訝迎也聘禮記卿大夫訝大夫士訝士皆有訝注云訝主國君所使迎待賓者字或作迓書盤庚予迓續乃命于天傳云迓迎也牧誓弗迓克奔傳云不迓擊之釋詁迓迎也成十三年左傳迓晉侯於新楚杜云迓迎也經典借御字詩鵲巢百兩御之箋云御迎也釋文御本亦作訝又作迓思齊以御于家邦傳云御迎也僖二年左傳保於逆旅荀子作御旅御迎也士昏禮媵御沃盥交注云御當爲訝訝迎也曲禮君命召雖賤人大夫士必自御之注云御當爲迓迓迎也春秋傳曰跛者御跛者眇者御眇者皆迓也世人亂之　周禮曰諸侯有卿訝發者秋官掌訝文彼無發字徐鍇本亦無

迓 訝或從辵

此文徐鉉加之

詣 候至也從言旨聲（五計切）

候至也者廣雅造詣也史記秦本紀代王乘傳詣長安洞簫賦蹻踳稽詣注云蒼頡篇云詣至也梁書張纘傳裴子野自云年出三十不復詣人又云何敬容賓客輻湊有過詣纘者輒距不前曰吾不能對何敬容殘客

講 和解也從言冓聲（古項切）

和解也者詩伐木箋云以可否相增減曰和西周策今君禁之而秦未與魏講也史記項羽本紀業已講解索隱說文云講和解也言雖有疑心然事已和解也甘茂傳樗里子與魏講罷兵索隱鄒氏云講讀若媾媾猶和也虞卿傳不如發重使而爲媾集解求和曰媾索隱按媾亦講講亦和也漢書曹參傳講和畫一顏注講和也　冓聲者冓交也交須和解後漢書隗囂傳勿用旁人解構之言

謄 迻書也從言朕聲（徒登切）

jiē 謯　nè 訥　rèn 訒

迻書也者顧炎武曰說文寫置物也詩駕言出游以寫我憂既見君子我心寫兮傳曰寫輸寫也周禮稻人以澮寫水儀禮特牲饋食禮主人出寫嗇于房禮記曲禮器之溉者不寫其餘皆寫注傳之器中韓非子衛靈公召師涓而告之曰有鼓新聲者其狀似鬼神子爲聽而寫之國語王命工以良金寫范蠡之狀而朝禮之史記秦始皇紀寫放其宮室作之咸陽北坂上蘇秦傳宋王無道爲木人以寫寡人新序葉公子高好龍鉤以寫龍鑿以寫龍屋室雕文以寫龍周髀經笠以寫天上林賦肸蠁布寫漢書賈捐之傳淮南王盜寫虎符今人以書爲寫蓋以此本傳於彼本猶之以此器傳於彼器也說文謄迻書也徐氏曰謂移寫之也始自特牲饋食禮卒筮寫卦注卦者主畫地識爻爻備以方寫之漢書藝文志孝武置寫書之官河閒獻王傳從民得善書必爲好寫與之留其眞路溫舒傳取澤中蒲截以爲牒編用寫書霍光傳山又坐寫祕書師丹傳吏私寫其草淮南子說山訓竊簡而寫法律孔安國尚書序更以竹簡寫之至後漢而有圖寫繕寫之稱見李恂盧植傳

訒 頓也從言刃聲論語曰其言也訒 而振切

頓也者玉篇訒鈍也六書正譌頓別作鈍非廣雅訒難也論語曰其言也訒者孔云訒難也或作認荀子正名篇外是者謂之認注云認難也

訥 言難也從言從內 內骨切

漢書李廣訥口少與人言　東觀漢記吳漢造次不能以辭語自達　續漢書何休樸訥　後漢書高彪有雅才而訥於言　郭林宗傳謂劉儒口訥心辨　魏略鍾繇數與嚴翰辨而翰訥臨時屈無以應　文士傳左思口訥不能給談　崔琰述祖賦序性頑口訥年十八不能倉問　紀隲表臣稟氣淺薄訥口弱顏　或借內字禮記趙文子其言內內若不出諸其口

言難也者本書㕯言之訥也字詁訥遲於言也論語君子欲訥於言包咸曰訥遲鈍也楚詞七諫言語訥譅兮注云訥者鈍也

謯 謯娽也從言虘聲 側加切

yú 諛　zé 諎　yíng 謍　náo 譊　jiào 譥　xì 䜁

謯娽也者娽當爲諫廣雅謯諫也玉篇謯諫也諫謯也本書脫諫字寫者改爲娽

䜁 待也從言伿聲讀若餥 胡禮切

待也者俗言懶待也　伿聲者本書伿惰也　讀若餥者本書餥楚謂小兒嬾餥

譥 痛呼也從言敫聲 古弔切

痛呼也者本書噭嗷呼也呼並當爲嘑

譊 恚呼也從言堯聲 女交切

恚呼也者一切經音義二十引同又引蒼頡篇訟聲也本書譙嬈譊也法言寡見篇譊譊者天下皆訟也注云譊譊爭聲

謍 小聲也從言熒省聲詩曰謍謍青蠅 余傾切

小聲也者李善注長笛賦引字林同又注西都賦引聲類音大也當爲音不大也集韻謍諄小聲廣韻謍諄又作嚶

諄小聲後漢書班固傳聲激越謍厲天注云謍聲也　詩曰謍謍青蠅者小雅青蠅文彼作營營傳云營營往來貌釋文云說文作謍小聲也本書蠅下云營營青蠅㭬下引詩營營青蠅後人亂之

諎 大聲也從言昔聲讀若笮 壯革切

大聲也者一切經音義四引同玉篇諎譍也馥案類篇譍以大對小之言史記信陵君傳晉鄙嚄唶宿將正義云聲類嚄大笑唶大呼淮陰侯傳項王喑噁叱咤千人皆廢唶當爲唶字之誤也　讀若笮者周禮柞氏鄭司農云柞讀爲音聲唶唶之唶屋笮之笮

唶 諎或從口

諛 諂也從言臾聲 羊朱切

諂也者廣雅同諂當爲讇經典通用諂急就篇讒諛爭語相觝觸顏注諛諂言也計倪子內經夫諛者反有德忠者反有刑去刑就德人之情也邦貧兵弱致亂雖有聖臣亦不諫也務在諛主而已矣周書芮良夫解今爾執政小子

chǎn 讇　xuān 諼　áo 謷

惟以貪諛爲事注云曲從爲諛莊子漁父篇希意道言謂之諂不擇是非而言謂之諛

讇 諛也從言閻聲 丑琰切

論語貧而無諂皇氏曰非分橫求曰諂范甯曰不以正道求人爲諂也 三蒼佞言曰諂 隱四年公羊傳公子翬諂乎隱公注云諂猶佞也 大戴禮曾子制言篇則秉德之士不讇矣 少儀頌而無讇 玉藻立容辨卑無讇注云讇謂傾身以自下也 史記酷吏傳溫舒爲人讇善事有勢者 漢書陳萬年傳大要教咸讇也 西域傳宛貴人以爲昧蔡讇 鬼谷子權篇先意承欲者諂也 春秋繁露五行相勝讇順主指

諛也者荀子修身篇以不善先人者謂之諂以不善和人者謂之諛注云諂之言陷也謂以佞言陷之諛與俞同義故爲不善和人也漢書五行志晉復對曰陛下安得亾國之語不不知誰主爲佞讇之計誣亂聖德如此者左右阿諛甚衆不待臣音復讇而足

諂 讇或省

說文解字義證 卷七 四十

諼 詐也從言爰聲 況袁切

詐也者廣雅諼欺也 文三年公羊傳此伐楚也其言救江何爲諼也何云諼詐 又襄二十五年傳諼君以弑也注云詐願居是邑爲剽臣 漢書息夫躬傳虛造詐諼之謀師丹傳懷諼迷國顏注諼詐也

謷 不肖人也從言敖聲一曰哭不止悲聲謷謷 五牢切

不肖人也者韻會引徐鍇本不肖人言也不肖當爲不省 廣韻謷不省語也 楚詞九思令尹兮謷謷王注不聽話言而妄語也 詩板聽我囂囂傳云囂囂猶謷謷也箋云謷謷然不肎受韵謂當作不省受 十月之交讒口囂囂釋文韓詩作謷謷 正月執我仇仇傳云仇仇猶謷謷也 釋訓敖敖傲也釋文敖本又作謷舍人本傲作毀云謷謷衆口毀人之貌 呂氏春秋懷寵篇謷醜先王排訾舊典 唐書周墀傳倔將暴謷不循令者墀命鞭其背 又韋陟傳居常簡貴視僚黨謷然 一曰哭不止悲聲謷謷者漢書食貨志天下謷謷然陷刑者衆顏注謷謷衆口愁聲 東方朔傳口無毛聲謷謷

xù 訹　tuó 詑　mán 謾

訹 誘也從言朮聲 思律切

魏策橫人訹王外交強虎狼之秦 賈誼書大政下欲以簡世得士辟猶以弧訹鳥也雖久弗得矣 唐書裴潾傳自言飛鍊爲神以訹權賄 或借怵字管子心術篇人迫於惡則失其所好怵於好則忘其所惡 史記賈誼傳怵迫之徒兮或趨西東孟康曰怵爲利所誘怵也 漢書食貨志善人怵而爲姦邪李奇曰怵誘也

誘也者本書羑相訹呼也或從言秀廣雅訹誘也秦策訹於楚鮑云訹誘也 漢書韓安國傳訹邪臣浮說顏注訹誘也

詑 沇州謂欺曰詑從言它聲 託何切

沇州謂欺曰詑者一切經音義四說文兗州謂欺曰詑詑不信也 廣雅詑欺也 纂文兗州人以相欺爲詑人急就篇謾訑首匿愁勿聊顏注謾訑巧黠不實也 莊子知北遊天知予僻陋慢訑 孟子夫茍不好善則人將曰訑訑予既已知之矣訑訑之聲音顏色距人於千里之外 趙注訑訑者自足其智不嗜善言之貌 張鎰音釋訑訑益言辭不正欺

說文解字義證 卷七 四十一

罔於人自誇大之貌 燕策寡人甚不喜訑者言也鮑云沇州謂欺曰訑 楚詞九章或訑謾而不疑注云張儀詐欺不能誅也 褚少孫補龜策傳人或忠信而不如誕謾徐廣曰誕一作訑音土和反 西京雜記京兆有古生者爲郡掾吏四十餘年善訑謾二千石隨以諧謔皆握其權要而得其歡心 方言楚謂慧曰謮䪨案郎此詑 方言廣雅皆以欺謾巧詐爲慧 佛遺日摩尼經所謂諛訑也或又作忚方言憛忚欺謾之語也

謾 欺也從言曼聲 母官切

欺也者一切經音義二十引說文謾欺也 謾不信也 本書逸下云兔謾訑善逃也 方言讀謾欺謾之語也 又秦謂之謾注云言謾訑 漢律有欺謾詐譌科 晉書刑法志張裴律表違忠欺上謂之謾 廣雅謾慧也 齊策王不如令人以涓來之辭謾固於齊 鮑云謾欺也 賈誼書道術篇期果言當謂之信反信爲謾 史記秦始皇本紀下懾伏謾欺以取容 淮南厲王傳謾吏曰不知所在索隱謾誑也 韓詩外傳謾誕者趨禍之路也 新序雜事篇荆人卞和得玉璞而獻之荆厲王使玉尹相之曰石也王以和爲謾而斷其左足 漢書文帝紀以相約而後相謾顏注謾欺也 宣帝紀務爲欺

zhā 譇　zhà 詐　zhé 讋　lián 謰　lóu 謱　yí 詒

謾以避其誅顏注謾誑言也灌夫傳迺謾好謝蚡顏注謾猶詭也詐爲好言也薛宣傳同時陷於謾欺之辜顏注謾誑也何奴傳是面謾也顏注謾欺誑也

譇　譇拏羞窮也从言奢聲陟加切

譇拏羞窮也者拏集韻引作詉玉篇譇詉言不正也廣韻作偖拏又譇詉本書觰觰拏獸也廣雅詉拏也方言謰謱拏也

詐　慙語也从言作聲鉏駕切

慙語也者詐或借怍字論語其言之不怍則爲之也難

讋　讋讘也从言執聲之涉切

讋讘也者讋讘疊韻也徐鍇曰按史記灌夫曰生平毀程不識不直一錢今日長者行酒乃效兒女子呫囁耳語當作此讋讘字也

說文解字義證〈卷七　罜

謰　謰謱也从言連聲力延切

謰謱也者方言謰謱拏也南楚曰謰謱玉篇謰謂繁拏也廣韻嗹嘍言語繁絮貌楚詞九思謀女詘兮謰謱注云謰謱不止貌

謱　謰謱也从言婁聲洛侯切

謰謱也者玉篇謱謂囒哰也廣韻謱覼謱委曲或借褸字柳宗元寄許孟容書雖欲秉筆覼縷

詒　相欺詒也一曰遺也从言台聲與之切

相欺詒也者廣雅詒欺也集韻江南呼欺曰詒郭注方言云汝南人呼欺爲讉亦曰詒列子黃帝篇既而狎侮欺詒注引方言相欺亦曰詒世說顧長康癡桓元以一柳葉詒之曰以自蔽人不見己或借紿字僖元年穀梁傳惡公子之紿范云紿欺紿也列子周穆王篇子昔紿若釋文紿欺也亢倉子或爲桀時兮眦者所蚩紿史記高祖本紀乃紿爲謁應劭曰紿欺也項羽本紀項王至陰陵迷失道問一田父田父紿曰左漢書韓信傳相國紿信曰雖病彊入賀

càn 謲　kuáng 誑　ài 譺　guà ⿰言畀　shàn 訕

顏注紿詐也後漢書朱暉傳暉埀見少府主簿持璧郎一往紿之注云紿欺也潛夫論民不誠信而數相欺紿也

一曰遺也者釋言文彼作貽郭云相歸遺詩雄雉自詒伊阻天保詒爾多福傳竝云詒遺也斯干無父母詒罹箋云無遺父母之憂谷風既詒我肄小明自詒伊戚箋竝云詒遺也周禮遺人注云以物有所饋遺也隱元年左傳請以遺之文十六年傳年自七十以上無不饋詒也成七年傳巫臣自晉遺二子書昭六年傳叔向使詒子產書杜云詒遺也表記引詩詒厥孫謀注云詒遺也列子釋文詒傳也詩詒厥孫謀箋云詒猶傳也馥案傳謂傳遺或借貽字書召誥自貽哲命五子之歌貽厥子孫傳竝云貽遺也詩靜女美人之貽傳云美其人能遺我法則思文貽我來牟箋云貽遺也鴟鴞序公乃爲詩以遺王釋文本亦作貽內則思貽父母令名注云貽遺也周語欲以貽女韋云貽遺也

謲　相怒使也从言參聲倉南切

相怒使也者集韻謲譚怒語也或借參字成公綏嘯賦參譚雲屬

誑　欺也从言狂聲居況切

說文解字義證〈卷七　圕

欺也者廣雅同曲禮幼子常視無誑注云誑欺也晉語天又誑之韋云誑猶惑也史記高祖本紀紀信乃乘王駕詐爲漢王誑楚漢書元后傳莽日誑燿太后俗或作誆史記鄭世家晉使解揚誆楚又借迋字詩揚之水人實迋女漢書五行志是我迋吾兄也

譺　騃也从言疑聲五介切

騃也者當爲誒楚詞大招誒笑狂只王注誒猶嗤也一切經音義二字林譺欺調也廣雅調也謂相啁也蒼頡篇欺也通俗文大調曰譺是也馥案玉篇譺欺也啁調也廣韻啁譺也譺調也

⿰言畀　相誤也从言畀聲古罵切

相誤也者本書註誤也

訕　謗也从言山聲所晏切

謗也者本書姍誹也訕姍聲義竝同一切經音義五蒼頡篇訕誹毀也論語惡居下流而訕上者孔云訕謗毀荀子

jī 譏　wū 誣　fěi 誹

大略篇爲人臣下者有諫而無訕注云謗上曰訕後漢書孔融傳謗訕朝廷注云訕謗毀也梁鴻傳口囂囂兮余訕陳禪傳廷訕朝政注並云訕謗也

譏 誹也從言幾聲 居衣切

誹也者班固典引司馬著書微文刺譏貶損當世

誣 加也從言巫聲 武扶切

易繫辭誣善之人其辭游　襄十四年左傳不可誣也昭二十六年傳祇取誣焉杜並云誣欺也　樂記誣上行私注云誣罔也　表記是故君有責於其臣臣有死於其言故其受祿不誣注云不信曰誣　大戴禮曾子立事篇不能行而言之誣也又曰喜之而觀其不誣也　論語罔之生也何晏注罔誣罔

加也者廣雅同一切經音義十一引作加言又卷十引加言曰誣六書故引唐本加諸也馥案論語我不欲人之加諸我也我亦欲無加諸人本書加語相增加也又徐鍇本挐一曰誣也馥案方言挐揚州會稽之語也或謂之惏郭

云惏言誣惏也戴君震曰凡無實而虛加皆爲誣表記受祿不誣此正阿與之義莊十年左傳犧牲玉帛弗敢加也必以信馥案桓六年傳云祝史矯舉以祭矯舉即誣加襄八年傳辟殺子狐子熙子侯子丁正義云不直言殺而云辟殺明是加誣以罪而殺之周語其語迂韋云迂迴加誣於人又云其刑矯誣韋云加罪無辜曰誣秦策繁稱文辭高云多攻文辭以相加誣司馬遷報任安書及罪至罔加漢書五行志淮陽上書冤博辭語增加顔注言博本爲后顯所冤增加其語故陷罪元帝詔丞相御史案事之吏匿不言邪將從東方來者加增之邪黃霸傳張敞奏黃霸曰誠恐長吏守丞畏丞相指歸舍法令各爲私教務相增加後漢書孔僖上書自訟凡言誹謗者謂實無此事而虛加誣之也潛夫論述赦篇隱逸行士淑人君子爲讒佞利口所加誣魏志和洽傳此言事者加誣大臣以誤主聽晉書孟觀傳頗加誣其事刑法志裴頠表陳律令云有奴聽教加誣顔氏家訓歸心篇毒口加誣通鑑隋獨孤后遣人伺覘東宮因加誣飾以成其罪詩小弁舍彼有罪予之佗矣傳云佗加也馥謂佗即詑詑欺罔故亦訓加

誹 謗也從言非聲 敷尾切

bàng 謗　zhōu 譸　chóu 訓　zǔ 詛

戰國策忠臣令誹在己譽在上　莊子刻意篇高論怨誹或作非字後漢書孔融傳注引蒼頡篇訕非也史記平準書張湯奏顔異腹誹漢書食貨志作腹非又鼂錯傳非謗不治顔注非讀曰誹

謗也者後漢書黨錮傳注引本書同一切經音義六引字林同襄十四年左傳庶人謗杜云聞君過則誹謗尸子堯立誹謗之木史記高祖本紀誹謗者族

謗 毀也從言旁聲 補浪切

昭十七年左傳進胙者莫不謗令尹注云謗詛也　國語左史謗之賈逵曰對人道其惡曰謗也　韓詩外傳遂而直上也切交之謗諫爲下　或借方字論語子貢方人釋文鄭本作謗謂言人之過惡

毀也者一切經音義六引字林同廣雅謗譭也馥案當爲毀本書毀惡也

譸 訓也從言壽聲讀若醻周書曰無或譸張爲幻 張流切

本書壽當從𠷎此文因誤致誤

訓也者一切經音義六云祝詛之祝說文作訓之授反訓詛也今皆作咒　周書曰無或譸張爲幻者無逸文彼作民無或胥譸張爲幻傳云譸張誑也下民無有相欺誑幻或也或借㑮輈釋訓㑮張誑也詩防有鵲巢誰㑮予美書無逸釋文譸馬本作輈馥案後漢書董皇后紀汝今輈張怙汝兄又借侏文選劉越石荅盧諶詩自頃輈張注曰揚雄國三老箴曰姦寇侏張輈與侏古字通通鑑北齊源文宗曰吳賊侏張

訓 譸也從言州聲 市流切

經典通作祝書無逸否則厥口詛祝正義詛祝謂告神明令加殃咎也以言告神謂之祝請神加殃謂之詛詩侯作侯祝周禮敍官詛祝注云詛謂祝之使沮敗也漢書元后傳更祝詛殺我新序雜事篇一祝不勝萬詛俗作咒廣韻咒詛也戰國策許綰爲我咒闞尹子七釜篇有誦咒者後漢書王忳傳忳咒曰有何枉狀又作詋集韻詋詛也與咒同亦作訓

譸也者一切經音義六引作詛也玉篇引同

詛 訓也從言且聲 莊助切

zhòu 䛆　chǐ 誃

釋名詛阻也使人行事阻限於言也　書呂刑民興胥漸泯泯棼棼罔中于信以覆詛盟　詩何人斯出此三物以詛爾斯傳云民不相信則盟詛之釋文以禍福之言相要曰詛　隱十一年左傳鄭伯使卒出豭行出犬雞以詛射潁考叔者正義詛者盟之細殺牲告神令加之殃咎　宣二年傳驪姬之亂詛無畜羣公子杜云詛盟誓　襄十一年傳詛諸五父之衢杜云詛以禍福之言相要

䛆 詶也從言由聲 直又切

詶也者玉篇䛆祝也本書譸祝譸也

誃 離別也從言多聲讀若論語跢予之足周景王作洛陽誃臺 尺氏切

公羊傳離至不可得而序注云離至離別前後至也　參同契君臣御政章云誃離俯仰　俗作謻東京賦謻門曲榭唐書韋宏機傳別岸謻廊亘王城外石林燕語東華門直北有東向門與內東門相值謂之謻門

說文解字義證卷七　卌七

離別也者釋言誃離也郭云見詩邢疏引巷伯哆兮侈兮馥謂哆借字僖四年穀梁傳於是哆然外齊侯也是也秦策出誃門也鮑注誃別也晉書載記劉曜傳謻門旦空注云謂別門也夢溪筆談辨證歷代宮室中有謻門蓋取張衡東京賦謻門曲榭也說者謂冰室門按字訓謻別也東京賦但言別門耳故以對曲榭非有定處也馥案謂冰室門出埤蒼　讀若論語跢予之足者本書無跢字玉篇跢倒也廣韻跢倒跢也　周景王作洛陽誃臺者諸說皆以爲赧王漢書諸侯王表有逃責之臺服虔曰周赧王負責無以歸之主迫責急乃逃於此臺後人因以名之劉德曰洛陽南宮誃臺是也洛陽諸宮名云南宮有誃臺帝王世紀周赧王雖居天子之位爲諸侯所侵逼與家人無異貰於民無以歸之乃上臺以避之故周人因名其臺曰逃債臺故洛陽南宮簃樓是也金樓子雜記篇周赧王即位負債而逃之名爲逃債之宮今洛陽南宮簃臺是也馥案通俗文連閣曰簃徐鍇曰按陸雲與兄書曰曹公所爲屋拆其謻塘不可壞直以斧所之而已又劉孝綽上虞鄉亭觀濤詩曰秋江凍甫絕反影照謻塘爾雅注云堂樓邊小屋爲簃今云簃廚連觀臣鍇以爲謻臺猶別館也陸雲所言即謂屋木相連接處也孝綽所言即別館也爾雅所言即

bèi 誖　luán 䜌　wù 誤　guà 詿

連屋也此蓋小屋連接大屋觀其來則連于大屋體其實則別自爲一區處也

誖 亂也從言孛聲 蒲沒切

亂也者漢書食貨志它政誖亂元后傳此誖德之臣也顏注誖乖也蘇廣傳吾豈老誖不念子孫哉顏注誖惑也王莽傳誖人倫顏注誖亂也

悖 誖或從心

文元年左傳歸餘於終事則不悖杜云事無悖亂　楚策先生老悖乎鮑云悖亂也言老而耄亂也　韓詩外傳沐者其心倒心倒者其言悖　文選養生論喜怒悖其正氣李善引廣雅悖亂也

籀文誖從二或

䜌 亂也一曰治也一曰不絕也從言絲 呂員切

顧炎武曰金石錄有宋公䜌餗鼎銘左傳宋元公之太子欒嗣位爲景公漢書古今人表有宋景公兜欒而史記宋世家

說文解字義證卷七　卌八

元公卒子景公頭曼立是兜欒之晉訛爲頭曼而宋公䜌即景公也　亂也一曰治也者亂當爲𤔔本書𤔔治也幺子相𤔔受治之也䜌古文從受從子從二幺　一曰不絕也者本書蠻從此禹貢三百里蠻傳云以文德蠻來之馥謂蠻來當爲䜌來鄭注蠻者聽從其俗羈縻其人耳故云蠻蠻之言緡也馥案司馬相如曰王者之於夷狄其義羈縻弗絕而已班固曰其慕義而貢獻則接之以禮讓羈縻不絕

古文䜌

此從受從子從二幺文當作

誤 謬也從言吳聲 五故切

謬也者本書㥯下云誤也謬下云狂者之妄言也廣雅謬誤也燕策寡人新即位左右誤寡人荀子正論篇是特姦人之誤於亂說以欺愚者漢書張耳傳君何言之誤蜀志向朗傳手自校書刊定謬誤

詿 誤也從言圭或從言佳省聲 古賣切

xī 誒　xī 譆　huì 詯

誤也者廣雅同韻會引徐鍇本作謬也本書謬相誤也韓策不顧社稷之長利而聽須臾之說詿誤人主者無過於此矣漢書文帝紀詿誤吏民顏注詿亦誤也宣帝紀諸爲霍氏所詿誤息夫躬傳疾詿誤之臣思黃髮之言新序重附益諸侯之法急詿誤其君之罪易林履之革傳相詿誤桓譚上疏欺惑貪邪詿誤人主潛夫論交際篇不信則懼失賢信之則詿誤人後漢書光武紀吏人爲隗囂所詿誤者寇恂傳故狂狡乘閒相詿誤百魏志高貴鄉公紀特赦淮南士民諸爲儉欽所詿誤者宋書鄧琬傳詿誤之罪一無所問或借絓字任昉奏彈曹景宗其軍佐職僚偏裨將帥絓諸應及咎者別攝治書侍御史隨違續奏　從言圭者小字本从言圭聲徐鍇本同　或從言佳省聲者宋本小字本徐鍇本無此文小字本譌下重出註字云佳省聲六書故云說文有兩註字一圭聲一佳省聲馥案本書乃取重出註字注合爲一也

誒 可惡之辭從言矣聲一曰誒然春秋傳曰誒誒出出 許其切

可惡之辭者辭當爲詞廣韻引作詞莊子達生篇公反誒詒爲病釋文亦引作詞漢書韋賢傳勤誒厥生顏注誒歎聲俗或作唉史記項羽紀亞父受玉斗置之地拔劍撞而破之曰唉豎子不足與謀索隱唉歎恨發聲之詞　一曰誒然者然當爲欸方言欸然也南楚凡言然者曰欸　春秋傳曰誒誒出出者襄三十年左傳或叫于宋太廟曰譆譆出出杜云譆譆熱也非本書義出出周禮注引作詘詘

譆 痛也從言喜聲 火衣切

痛也者一切經音義七引作痛聲也廣韻同列子黃帝篇出而謂列子曰譆賈誼書諭城篇湯見祝網者曰譆盡之矣文選七啓元微子俯而應之曰譆有是言乎或借嘻字僖元年公羊傳慶父聞之曰嘻注嘻發痛語首之聲檀弓夫子曰嘻其甚也注嘻悲恨之聲

詯 膽气滿聲在人上從言自聲讀若反目相睞 荒內切

讀若反目相睞者睞當爲覞本書覞內視也

lí 讟　yì 詍　zǐ 訾　táo 謟　nán 諵

讟 讟詍多言也從言離聲 呂之切

詍 多言也從言世聲詩曰無然詍詍 余制切

多言也者集韻詍語多也山東二云荀子解蔽篇辨利非以言是則謂之詍注云詍多言也　詩曰無然詍詍者大雅板文彼作泄泄傳云泄泄猶沓沓也箋云女無憲憲然無沓沓然爲之制法度達其意以成其惡釋訓憲憲泄泄制法則也釋文泄或作呭本書呭多言也引詩無然呭呭

訾 不思稱意也從言此聲詩曰翕翕訾訾 將此切

不思稱意也者爾雅釋文引字林不思稱乎上之意馥謂本書當爲思不稱意也詩召旻皋皋訿訿傳云訿訿窳不供事也漢書楚元王傳衆小在位而從邪議歙歙相是而背君子故其詩曰歙歙訿訿亦孔之哀顏注言在位卿士歙歙然思其上訿訿然不供職各失臣節甚可哀痛一切經音義十三訾量也說文思稱意曰訾訾思也賈逵國語注訾量也少儀毋訾衣服戎器又云不訾重器注竝云訾思也趙策願大夫之往也毋伐樹木毋發屋室訾然使王

悟而知文　詩曰翕翕訾訾者小雅小旻文彼作潝潝訿訿傳云潝潝然患其上訿訿然思不稱其上釋文韓詩云不善之貌釋訓翕翕訿訿莫供職也郭云賢者陵替姦黨熾背公卹私曠職事馥案毛傳思不稱其上字林當爲思不稱乎上之意一切經音義引本書當爲思不稱意曰訾

謟 往來言也一曰小兒未能正言也一曰祝也從言匋聲 大牢切

往來言也者一切經音義四云三蒼謟言語謟謟往來也廣韻謏謟言不節類篇謟詠語不了也俗作啕廣韻啕多言也集韻啕本作謟

䛌 謟或從包

類篇䛌譊亂語

諵 諵諵多語也從言林聲樂浪有諵邯縣 汝閻切

tà 謎　tà 誻　yán 訮　xié 讗　hōng 訇

諵諵多語也者集韻引字林諵諵言多不盡廣雅諵諵語也 樂浪有諵邯縣者見漢志孟康音男

⿰言遝 語相反⿰言遝也從言遝聲 他合切

廣韻⿰言遝多言又作⿰言眔

語相反⿰言遝也者當爲語相及⿰言遝誻也戴侗引唐本說文作語相及也玉篇⿰言遝誻語相及 遝聲者方言遝及也

誻 ⿰言遝誻也從言沓聲 徒合切

⿰言遝誻也者玉篇⿰言遝誻妄語也荀子正名篇誻誻然而沸注云誻誻多言也魏書安定王次子燮傳譐誻明昏或借沓字孟子泄泄猶沓沓也詩噂沓背憎箋云噂噂沓沓相對談語案本書噂引詩噂沓背憎僔引詩僔沓背憎字或作嗒邢子才爲彭城王詔讓侍中表豈須噂嗒之口

訮 諍語訮訮也從言幵聲 呼堅切

諍語訮訮者玉篇訮訟也廣韻訮訮訶貌文十二年公羊傳惟諓諓善竫言左傳靖譖庸回堯典靜言庸違馥謂竫

說文解字義證〈卷七　至

靖靜皆假借當作諍 謂其善爲諍語也

讗 言壯皃一曰數相怒也從言巂聲讀若畫 呼麥切

言壯貌者廣韻引作自是也 集韻讗讗誇也又云自伐也

訇 騃言聲從言勻省聲漢中西域有訇鄉又讀若玄 虎橫切

騃言聲者騃韻會引徐鍇本作駭玉篇同文選七發訇隱匈磕 漢中西域有訇鄉者西域當爲西城地理志漢中郡有西城縣 又讀若玄者漢書匈奴傳晉文公攘戎翟居于西河圁洛之閒晉灼曰圁音嚚三倉作圁地理志上郡白土縣圁水出西東入河顏注圁音銀又西河郡圁陽縣顏注此縣在圁水之陽又圁陰縣莽曰方陰顏注圁字本作圁縣在圁水之陰因以爲名也王莽改爲方陰則是當時已誤爲圁字今有銀州銀水卽是舊名猶存但字變耳水經河水云又南過西河圁陽縣東酈注圁水出上郡白土縣圁谷東逕其縣南又東逕圁陰縣北案本書無圁

piǎn 諞　pín ⿱頻言　kòu ⿰言口　nì 誽　tiǎo 誂

字此訇讀若玄卽圁本字初誤爲圁又誤爲圜漢官印有圁陽宰之印小顏謂當時已誤爲圁字得此印益信武君億曰漢開母廟闕列西河圁陽馮寶據韋昭云圁當爲圁郡國志及太康地理志竝作圁而此銘竝作圜史記索隱幽邑改爲恂邑圁陰變爲圜陰皆爲聲相近字變

訇 籒文不省

諞 便巧言也從言扁聲周書曰截截善諞言論語曰友諞佞 部田切

便巧言也者釋訓便便辯也書冏命無以巧言令色便辟側媚論語便便言孔子世家作辯辯文十二年公羊傳惟諓諓善竫言釋文諓尙書作截賈逵注外傳云巧言也竫本或作諞莊子人閒世巧言偏辭釋文引崔本作諞荀子修身篇君子有扁善之度楊倞注扁讀爲辯馥案韓詩外傳作辯善之度尙書正義諞猶辯也 周書曰截截善諞言者秦誓文彼作惟截截善諞言傳云惟察察便巧善爲辯佞之言馬云截截辭語截削省要也馥案本書戔引周

說文解字義證〈卷七　垩

書戔戔巧言 論語曰友諞佞者彼作便鄭注便辯也謂佞而辯

⿱頻言 匹也從言頻聲 符眞切

匹也者匹當爲叩 廣韻⿱頻言多言也

⿰言口 扣也如求婦先⿰言口叕之從言從口口亦聲 苦后切

扣也者⿰言口扣聲相近 如求婦先⿰言口叕之者宋本作先言叕之廣韻⿰言口先相⿰言口可洪武正韻⿰言口與叩同 口亦聲者當爲口聲

誽 言相誽司也從言兒聲 女家切

言相誽司也者徐鍇曰楚詞能喔咿嚅誽以事婦人乎司伺也謂以言伺人之意旨也

誂 相呼誘也從言兆聲 徒了切

相呼誘也者呼當作評廣雅誂誘也秦策楚人有兩妻者人誂其長者長者詈之誂其少者少者許之史記吳王濞

傳於是乃使中大夫應高誂膠西王無文書口報或借挑字列子楊朱篇媒而挑之注云說文作誂相誘也釋文誂韻篇云挑招呼也趙策秦復求割地王將予之乎不與則是棄前貴而挑秦禍也齊策挑趙索戰史記項羽紀願與漢王挑戰決雌雄薛瓚漢書注挑戰擿嬈敵求戰漢書司馬相如傳卓王孫有女文君好音相如以琴心挑之顏注寄心於琴聲挑動之也司馬遷報任安書橫挑彊胡李善注云說文曰挑相呼也馥謂善多就本文不易其字實引誂訓也

zēng 譄

譄 加也從言曾聲 作滕切

加也者本書加語相增加也誣加也廣韻譄加言也廣雅增加也鄉射禮注增故曰加莊十年左傳犧牲玉帛弗敢加也必以信顧炎武曰漢書杜周傳吏所增加十有餘萬謂譄外株連之人

dié 詄

詄 忘也從言失聲 徒結切

忘也者本書佚忽也廣雅詄忘也又誤也或通作佚四子講德論故美玉韞于碔砆凡人視之怢焉良工砥之李善

引廣蒼怢忽忘也

jì 諅

諅 忌也從言其聲周書曰爾尚不諅于凶德 渠記切

忌也者劉氏新論傷讒篇諅富貴之在其上通志六書略引作忌也類篇引作妥也 周書曰爾尚不諅于凶德者宋本無爾字本書初刻亦無後乃加之李燾本集韻類篇五音集韻通志略所引尚竝作上今書多方諅作忌

hàn 譀

譀 誕也從言敢聲 下闞切

誕也者廣雅譀誕也廣韻譀誇誕東觀漢記文雖誇譀猶令人熱或借嚴字史記曰者傳多言誇嚴莫大於此

俗譀從忘

類篇⿰言忘誑也

kuā 誇

誇 譀也從言夸聲 苦瓜切

譀也者廣雅誇譀也一切經音義十五云通俗文自矜曰誇謚法曰華言無實曰誇也漢書揚雄傳誇詡衆庶或作侉書畢命驕淫矜侉又借夸字漢書楊僕傳懷銀黃垂三組夸鄉里

dàn 誕

誕 詞誕也從言延聲 徒旱切

詞誕也者當爲詷也本書詷譀也既譌爲詞又加誕字楚語是言誕也韋云誕虛也列子黃帝篇吾不知子之有道而誕子注云誕欺也一切經音義十八引作大也不實也詩誕彌厥月傳云誕大也又何誕之節兮傳云誕闊也廣韻誕大也荀子修身篇易言曰誕

㢟 籀文誕省正

mài 譪

譪 譀也從言萬聲 莫話切

譀也者玉篇譪譀譪諍罵怒貌哀二十四年左傳是躗言也本書引春秋傳作噧言噧即譪變言從口杜預訓爲過釋文以爲過謬之言

xuè 謔

謔 戲也從言虐聲詩曰善戲謔兮 虛約切

禮運是謂君臣相謔後漢書陰皇后紀不喜笑謔

戲也者釋詁謔浪笑敖戲謔也郭云謂調戲也一切經音義五謔戲調也詩節南山不敢戲談 詩曰善戲謔兮者衛風淇奧文

hěn 詪

詪 很戾也從言艮聲 乎懇切

很戾也者戾當爲盭廣雅詪詪語也玉篇詪難語皃集韻䛤詪很皃

hòng 訌

訌 讃也從言工聲詩曰蟊賊內訌 戶工切

讃也者釋言文彼作虹潰也郭云謂潰敗釋文虹顧作訌詩抑實虹小子傳云虹潰也正義釋言文 詩曰蟊賊內訌者大雅召旻文傳云訌潰也箋云訌爭訟相陷入之言

huì 讃

讃 中止也從言貴聲司馬法曰師多則人讃讃止也 胡對切

huì 譓　huà 諣　tuí 讉　zào 譟　jiào 訆　háo 諕　huān 讙

中止也者上當有讀列二字魏都賦襲偏裻以讀列李善引說文云讀列中止也然讀列或止或列周易曰師出以律馥案廣韻讀列也　司馬法曰師多則人讀者增韻引作民讀唐諱民改人也

譓 聲也從言歲聲詩曰有譓其聲 呼會切

聲也者譓經典借嘒字詩小雅鳴蜩嘒嘒傳云嘒嘒聲也又鸞聲嘒嘒傳云嘒嘒中節也商頌嘒嘒管聲傳云嘒嘒然和也　詩曰有譓其聲者大雅雲漢文彼作有嘒其星

諣 疾言也從言咼聲 呼卦切

疾言也者徐鍇本無言字

讉 譟也從言魋聲 杜回切

譟 擾也從言喿聲 蘇到切

擾也者韻會引徐鍇本擾聒也一切經音義二十引作擾亘又二十二聲類譟羣呼煩擾也周禮大司馬車徒皆譟注云譟讙也文十三年左傳魏人譟而還哀十七年傳鼓譟而進定十年穀梁傳齊人鼓譟而起范云羣呼曰譟呂氏春秋侈樂篇爲絲竹歌舞之聲則若譟漢書五行志厲王使婦人臝而譟之應劭曰羣呼曰譟家語相魯篇以兵鼓譟注云雷鼓曰譟或借躁字廣雅躁擾也

說文解字義證《卷七　壹

訆 大呼也從言丩聲春秋傳曰或訆于宋太廟 古弔切

大呼也者本書嘂大呼也叫噭也　春秋傳曰或訆于宋太廟者襄三十年左傳文彼作叫杜云叫呼也

諕 號也從言從虎 乎刀切

號也者本書謼評謼也馥謂評謼當爲評號或借呼字漢書東方朔傳舍人不勝痛呼謈鄧展曰呼音髐箭之髐馥謂呼即謼字

讙 譁也從言雚聲 呼官切

譁也者本書聒讙語也吅讀若讙文字音義吅爭言也聲類讙譁也三蒼讙譁言語訩訩也訩訩一切經音義十引

huā 譁　yú 謣　é 譌

作譊譊通俗文大呼曰嚾士喪禮卒奠主人出哭者止注云以君將出不敢讙囂聒尊者也荀子彊國篇百姓讙敖注云讙諠譁也史記叔孫通傳竟朝置酒無敢讙譁失禮者漢書霍光傳又聞民閒讙言霍氏毒殺許皇后顏注讙衆聲也武五子傳長安中民趣鄉之正讙不可止顏注人衆既多故讙譁也王莽傳敢有趨讙犯法劉德曰趨讙走呼也外戚傳養名顯行以息衆讙顏注讙譁衆議也蜀志孟光傳光好公羊春秋而譏呵左氏每與來敏爭此二義光常譊譊讙咋魏文帝兵書要畧銜枚毋讙譁

譁 讙也從言𠌶聲 呼瓜切

讙也者書費誓人無譁傳云使無諠譁吳語三軍皆譁釦以振旅注云譁釦讙呼也漢書藝文志苟以譁衆取寵顏注譁諠也

謣 妄言也從言雩聲 羽俱切

妄言也者法言問明篇譕言敗俗注云譕音義作謣妄言也

說文解字義證《卷七　美

𧨾 謣或從荂

譌 譌言也從言爲聲詩曰民之譌言 五禾切

譌言也者當爲僞言詩沔水正月箋竝云訛僞也後漢書馮衍傳或訛言更始隨赤眉在北注云訛僞也書朕堲讒說殄行史記作朕畏忌讒說殄僞馥案僞即譌書平秩南譌王莽傳作南僞本書訏詭譌也釋詁訛言也郭云世以妖言爲訛釋文云亦作譌同玉篇妖言曰譌廣韻譌謬也太平御覽引武王之書鑰曰昏謹守深察訛周書時訓解大雪後鶡鳥猶鳴國有訛言月令季春行冬令國有大恐注云以水訛相驚山海經畢方見則其邑有譌火注云譌妖訛字史記趙世家民譌言曰趙爲號秦爲笑以爲不信視地之生毛漢書建始三年秋京師相驚言大水至百姓奔走相蹂躪王商曰此必譌言東觀漢記公孫述詐使人言白帝倉出穀乃會羣臣問白帝倉出穀乎皆言無述曰訛言不可信或借化字史記天官書其人逢俉化言　詩曰民之譌言者小雅沔水文正月民之訛言亦作訛

miù 謬

謬 狂者之妄言也從言翏聲 靡幼切

書冏命繩愆糾謬 周書謚法解名與實爽曰謬 燕丹子燕太子丹質於秦欲歸秦王不聽謬言曰令烏白頭馬生角乃可 史記李斯傳謬其說絀其辭 漢書司馬遷傳差以豪氂謬以千里

狂者之妄言也者本書狂誤也 誤謬也字林謬誤也廣雅同

huǎng 謊

謊 夢言也從言巟聲 呼光切

夢言也者本書寱瞑言也三蒼寱謊言也廣雅謊忽也

bó 謈

謈 大呼自勉也從言暴省聲 蒲角切

大呼自勉也者勉當爲冤釋訓爆爆悶也釋文本又作謈說文云大呼也自冤也邢疏廣韻篇海五音集韻竝引作冤漢書東方朔傳上令倡監榜舍人舍人不勝痛呼謈鄧展曰謈音瓜㿿之㿿顏云鄧音是也痛切而叫呼也一曰謈自冤痛之聲也舍人榜痛乃呼云謈今人痛甚則稱阿謈音步高反

chāo 訬

訬 訬擾也一曰訬獪從言少聲讀若毚 楚交切

訬擾也者集韻謅弄言一曰聲也或作訬 一曰訬獪者本書獪狡獪也廣雅訬獪也廣韻狡獪小兒戲通俗文小兒戲謂之狡獪詩萇楚箋狡狖淫戲方言蹶獪也秦晉之閒曰獪注云古狡狖字覈案本書娃訬疾也集韻訬輕也江東語淮南修務訓胡人有知利者而人謂之駤越人有重遲者而人謂之訬高云駤忿戾不通達訬輕利善趫馬融廣成頌輕謅趬悍後漢書作訬吳都賦輕訬之客漢書敘傳江都訬輕師古曰訬謂輕狡也後漢書張衡傳舒訬婧之纖腰晉書趙王倫傳愚嚚輕訬宋書廬陵王義眞傳以義眞輕訬不任主社稷 讀若毚者訬毚聲不相近當云讀若狡毚不書毚狡兔也廣雅毚獪也

qī 諆

諆 欺也從言其聲 去其切

集韻諆或作謀

欺也者漢書哀帝紀除誹謗詆欺法東方朔傳朔善詆欺一切經音義十二引蒼頡篇詆欺也

jué 譎

譎 權詐也益梁曰謬欺天下曰譎從言矞聲 古穴切

詩序主文而譎諫 韓非孤憤篇此人臣之所以譎主便私也 史記司馬相如傳奇物譎詭

權詐也者本書憰權詐也論語晉文公譎而不正鄭注譎者詐也周禮小宰去其淫怠與其奇袤之民注云奇袤譎觚非常疏云兵書有譎觚之人謂譎詐傑出觚角非常也漢書王吉傳各取一切權譎自在後漢書吳漢傳念所以譎衆未知所出注云譎詐也鄭均傳使縣令譎將詣門注云譎詐也 益梁曰謬欺天下曰譎者方言膠譎詐也涼州西南之閒曰膠自關而東西或曰譎或曰膠詐通語也廣雅膠譎詐膠欺也

zhà 詐

詐 欺也從言乍聲 側駕切

宣十五年左傳我無爾詐 荀子修身篇匿行曰詐 晉書刑法志張裴律表背信藏巧謂之詐

欺也者廣雅同呂氏春秋情欲篇矜勢好智胷中欺詐

xū 訏

訏 詭譌也從言于聲一曰訏䜺齊楚謂信曰訏 況于切

一曰訏䜺者或借吁字書堯典帝曰吁小爾雅廣訓烏呼吁嗟也吁嗟嗚呼也有所嘆美有所傷痛隨事有義也又借于字詩周南于嗟麟兮召南于嗟乎騶虞

jiē 䜺

䜺 咨也一曰痛惜也從言差聲 子邪切

咨也者詩文王曰咨傳云咨嗟也詩序言之不足故嗟歎之釋文嗟咨嗟也馥謂咨當爲嗞本書嗞嗟也詩綢繆子兮子兮傳云子兮者嗟茲也秦策平原令見諸公必爲言之曰嗟茲乎我竆必矣經典作咨釋詁嗟咨蹉也郭云今河北人云蹉嘆釋文蹉本或作䜺字林云皆古嗟字任君大椿曰易曰大耋之嗟王肅讀古作蹉玉篇云蹉今作嗟憂嘆也䜺古文類篇云䜺咨也一曰痛惜是䜺蹉即嗟也李善引小爾雅嗟發聲也堯典咨四岳史記作嗟四嶽晉書后崇傳咄嗟立辦 一曰痛惜也者書堯典下民其咨傳云怨歎咨嗟詩于嗟麟兮傳云于嗟歎辭又猗嗟昌兮正義猗是心內不平嗟是口之唶咀皆傷歎之聲又借其徽嗟箋云嗟乎柰何禮檀弓嗟來食漢書匈奴傳嗟土室之人顏注嗟者歎愍之言魯峻碑能不號䜺隸體從省

zhé 讋

讋 失气言一曰不止也从言龖省聲傅毅讀若慴之涉切

趙策觸讋史記趙世家觸龍言願見太后馥謂龍言者離讋爲二字　周書晉蕩公傳論雖復承利劍臨沸鼎不足以讋其慮　北史齊高祖紀士皆讋懼　虞羲詠霍將軍北伐詩骨都先自讋

失气言者言字當在一日下寫者亂之　一切經音義十引云失气也一日言不止也晉書音義引字林讋失氣也玉篇讋言不止也東都賦莫不陸讋水慄李善引本書讋失氣也漢書武帝紀爲匈奴讋焉張湯傳是後羣臣震讋顏注並云讋失氣也或借諭字孫子行軍篇諄諄諭諭徐與人言者失衆也曹云諭諭失志貌　一曰不止也者當云言不止也家語子路初見篇王事若龍注云龍宜爲讋前後相因也馥謂前後相因卽不止義或借襲字哀十年左傳卜不襲吉曲禮卜筮不相襲　傅毅讀若慴者漢書項籍傳府中皆讋伏史記項羽紀作慴服

讋 籀文讋不省

xí 謵

謵 言謵讋也从言習聲秦入切

言謵讋也者聲類謵傷讋不止　玉篇謵讋言不止也

wù ⿰言亞

⿰言亞 相毁也从言亞聲一曰畏亞宛古切

相毁也者⿰言亞廣韻作⿰言惡云相毁集韻⿰言亞卽惡也書序殷始咎周周傳云咎惡也隱三年左傳周鄭交惡論語誰毁誰譽又云毁仲尼　一曰畏亞者亞當爲⿰言亞本書畏惡也本草某畏某某又言惡某王制奉諱惡注云惡忌日若子亞正義謂奉進於王以所諱所惡也

huī ⿱隓言

⿱隓言 相毁也从言隨省聲雖遂切

相毁也者五音集韻省作隓云毁謗也　隨省聲者徐鍇本作隋聲

tà ⿰言闒

⿰言闒 嗑也从言闒聲徒盍切

嗑也者本書嗑多言也集韻讇譶多言

xiōng 詾

詾 說也从言匈聲許容切

說也者說當爲訟徐鍇韻譜詾訟也六書故詩云家父作誦以究王訩毛氏曰訩訟也唐本說文同徐本誤以訟爲說釋言訩訟也郭云言訩譊書嚚訟史記作凶詩節南山降此鞠訩傳云訩訟也泮水不告于訩箋云訩訟也易林大過之坎坐爭立訟紛紛訩訩鹽鐵論利議篇辯訟公門之下訩訩不可勝聽

訩 或省

詾 或从兇

sòng 訟

訟 爭也从言公聲一曰謌訟似用切

爭也者一切經音義十八引同易序卦飲食必有訟鄭云訟猶諍也訟卦釋文訟爭也言之於公也鄭云辯財曰訟書堯典嚚訟可乎傳云好爭訟詩行露何以速我訟周禮大司徒凡萬民之不服教而有獄訟者注云爭罪曰獄爭財曰訟大司寇以兩造禁民訟注云訟謂以財貨相告者論語未見能見其過而內自訟者魏武帝樂府民無所爭訟　一曰謌訟者徐鍇曰歌訟者美盛德之形容故通作頌後人因爾亂之定以訟爲歌訟字今世閒詩本雅頌亦或作訟

訟 古文訟

chēn 謓

謓 恚也从言眞聲賈侍中說謓笑一曰讀若振昌眞切

恚也者廣雅謓怒也　賈侍中說謓笑者集韻謓之刃切笑也案許君受學於賈故稱其官而不名韋注國語亦稱侍中

niè 讘

讘 多言也从言聶聲河東有狐讘縣之涉切

多言也者本書品多言也讀與聶同又呮字云讘呮多言也韓非姦劫弑臣篇讘誎多誦先古之書注云讘多言貌　河東有狐讘縣者狐當爲奎史記建元以來侯者年表有瓡讘侯杆者建元以來王子侯者年表有城陽項王子瓡侯劉息漢書景武昭宣功臣年表有瓡讘侯杆者顏云瓡讀與狐同又王子侯年表有城陽項王子劉息封瓡侯顏云瓡卽瓠字馥案本書奎讀若瓠故顏云瓡卽瓠字地理志河東郡有狐讘縣故顏又云讀與狐同

hē 訶

訶 大言而怒也從言可聲 虎何切

大言而怒也者本書奇語相訶歫也詆訶也廣雅訶怒也一切經音義八韻集喊訶也通俗文作諕大語也後漢書文苑傳禰衡言不遜順黃祖慙乃訶之俗作呵周禮比長注鄉中無授出鄉無節過所則呵問史記衛綰傳不譙呵綰漢書李廣傳霸陵尉醉呵止廣蜀志孟光傳好公羊春秋而譏呵左氏後魏書壽陽公主犯行淸路御史中尉執赤棒呵之

zhǐ 䛗

䛗 訐也從言臣聲讀若指 職雉切

訐也者廣韻䛗訐發人之惡　臣聲者疑匠聲漢書賈誼傳頤指如意　讀若指者經典借指爲䛗荀子不苟篇正義直指舉人之過惡非毀疵也易繫辭辭也者各指其所之疏云斥其爻卦之所適也後漢書孔融傳擬斥乘輿注云斥指也

jié 訐

訐 面相斥罪相告訐也從言干聲 居謁切

面相斥罪相告訐也者斥當爲㡿韻會引徐鍇本無下相字蕭該引字林訐面相斥罪也廣韻訐持人短玉篇斥指也論語惡訐以爲直者孔注云發人之私日訐賈誼書禮容篇訐則誣人漢書刑法志告訐之俗易地理志至告訐刺史二千石賈誼傳所上者告訐也顏注竝云訐謂面相斥罪也王商傳父子相訐顏注訐告斥其罪也楚語直而不顧不衷也韋云不顧隱諱君子惡訐以爲直者大戴禮曾子本孝篇隱不命盧辯注人有隱僻不訐之也

sù 訴

訴 告也從言㡿省聲論語曰訴子路於季孫 桑故切

告也者廣雅訴告也玉篇訴訟也告訴冤枉也成十六年左傳取貨于宣伯而訴公于晉矦杜云訴譖也史記龜筴傳王有德義故來告訴　㡿省聲者韻會引徐鍇本作㡿聲廣韻六書故引篆文竝作⿰言㡿宋書謝靈運傳⿰言㡿愁衿兮鑑戚顏案㡿卽㡿之俗體非省㡿作㡿復古編㡿从广屰別作厈非釋地有厈山之文皮昜曹全碑廓土㡿竟魯峻碑陰魏郡厈邱張納功德敘泝流轉漕五經文字泝泝上字林下經典相承隸省　論語曰訴子路於季孫者彼作愬馬注愬譖也

𧦝 訴或從言朔

管子法不盡理則疏遠微賤者無所告𧦝

愬 訴或從朔心

詩柏舟薄言往愬　成五年左傳許靈公愬鄭伯於楚鄭悼公如楚訟不勝方言訴愬也

zèn 譖

譖 愬也從言朁聲 莊蔭切

愬也者三蒼譖讒也一云旁入日譖廣雅譖毀也詩雨無正譖言則退論語浸潤之譖鄭注譖人之言如水之浸潤漸以成之莊二十三年左傳譖富子而去之注云以罪狀誣之離騷謠諑謂余以善淫注云諑猶譖也

chán 讒

讒 譖也從言毚聲 士咸切

詩沔水讒言其興　昭五年左傳敗言爲讒　荀子修身篇傷良曰讒　莊子漁父篇好言人惡謂之讒　韓詩外傳讒誕也　大戴禮千乘篇利辭以亂屬曰讒

譖也者急就篇讒諛爭語相觝觸顏注讒相譖也

qiǎn 譴

譴 謫問也從言遣聲 去戰切

謫問也者一切經音義三蒼頡篇譴呵也廣雅譴讓也昭七年左傳則自取謫于日月之災注云謫譴也詩小明畏此譴怒家語五刑解閒而譴發注云譴譴讓也漢書賈誼傳故其在大譴大何之域者顏注譴責也後漢書和帝紀譴見于天注云謫譴也急就篇卜問譴祟父母恐顏注言家有不安所以卜問及云鬼神譴責用致禍祟故家長恐懼也案東周策太卜譴之日周之祭地爲祟薛謂譴乃太卜之辭非鬼神譴責也言太卜謫問其過咎而知某者之爲祟也

zhé 謫

謫 罰也從言啻聲 陟革切

罰也者方言謫怒也注云相責怒也一切經音義一引通俗文罰罪曰謫字林謫罪過也責也桓十八年左傳公謫之注云謫譴也成十七年傳國子謫我注云謫譴責也周語步言視聽必皆無謫韋云謫譴也字或作讁小爾雅廣

zhuān 諯　ràng 讓　qiào 譙　cì 諫

言讁責也方言讁過也南楚以南凡相非議人謂之讁注云謂罪過也詩北門室人交徧讁我傳云讁責也齊語桓公擇是寡功者讁之韋云讁譴責也老子善言無瑕讁列子力命篇窮年不相讁發注云讁謂責其過也或借適字詩商頌勿予禍適傳云適過也漢書陳勝項籍傳適戍之衆顏注適讀曰讁謂罪罰而行也

諯　數也一曰相讓也從言耑聲讀若專 尺絹

數也者昭二年左傳使吏數之杜云責數其罪秦策武安君至韓倉數之高云數讓　一曰相讓也者廣雅諯讓也

讓　相責讓從言襄聲 人漾切

相責讓者小爾雅廣義詰責以辭謂之讓廣雅讓責也周禮司救掌萬民之衺惡過失而誅讓之僖五年左傳公使讓之杜云譴讓之孟子則有讓史記齊世家魯人以為讓索隱讓猶責也漢書鼂錯傳口讓多怨顏注讓責也

譙　嬈譊也從言焦聲讀若嚼 才肖切

嬈譊也者本書嬈擾戲弄也譊恚呼也一切經音義二十倉頡篇譙呵也亦嬈也方言譙讓也齊楚宋衛荊陳之閒

曰譙自關而西秦晉之閒凡言相責讓曰譙讓廣雅譙讓也管子揆度篇老者譙之立政篇里尉以譙于游宗注云譙責讓也史記黥布傳數使使者誚讓集解引漢書音義誚責也樊噲傳誚讓項羽索隱誚責也亦或作譙萬石君傳子孫有過失不譙讓索隱責讓也漢書司馬相如傳南馳使以誚勁越顏注誚責也淮南修務訓乃整兵鳴條困夏南巢譙以其過放之歷山高云譙責也讓夏桀之罪過也　讀若嚼者本書嚼或從爵

誚　古文譙從肖周書曰王亦未敢誚公

郭注方言云譙字或作誚案本書古文言作[illegible]　周書曰王亦未敢誚公者金縢文傳云王猶未悟故欲讓公而未敢

諫　數諫也從言朿聲 七賜切

數諫也者增韻數諫謂數其過而諫之如變雅正諫之類經典借刺字詩維是褊心是以為刺又歌以訊之訊當為誶傳云誶諫也詩譜序刺過譏失所以匡救其惡孟子刺之無刺也

suì 誶　jié 詰　wàng ⿰言朢

誶　讓也從言卒聲國語曰誶申胥 雖遂切

墨子非命篇百姓之誶　莊子山木篇虞人逐而誶之　離騷謇朝誶而夕替

讓也者增韻引作誚責也列子力命篇㥥愎情露謰極凌誶四人相與游於世胥如志也釋文凌誶謂好陵辱責罵人也說文云誶責讓也漢書賈誼傳立而誶語張晏曰誶責讓也　國語曰誶申胥者吳語文彼作訊韋云訊告讓也又訊讓日至韋云訊告也顧炎武詩本音墓門歌以訊之釋文訊又作誶徐音息悴反廣韻六至部中有誶字引此詩作歌以誶止楚辭章句引詩誶予不顧考兩無正四章亦以訊與退遂瘁為韻明是誶字之誤皇矣執訊連連本又作誶禮記樂記多其訊言本又作誶古人以二字通用莊子虞人逐而誶之注一作訊文選王僧達和琅邪王依古詩聊誶興亡言李善本作訊後漢書黨錮傳帝亦頗誶其占誶一作訊荀子行遠疾速而不託訊與偪塞忌置為韻張衡思元賦慎竈顯於言天兮占水火而妄訊與內對為韻左思魏都賦翩翩黃鳥銜書來訊與匱粹溢出秩器室莅日位為韻戴君震毛鄭詩考正墓門歌以訊之訊予不顧傳訊告也震案訊乃誶字轉寫之譌毛詩云告也

韓詩云諫也皆當為誶誶音碎屈原賦離騷篇謇朝誶而夕替王逸注引詩誶予不顧又爾雅誶告也釋文云沈音粹郭音碎則郭本誶不作訊明矣今轉寫亦譌張衡思元賦注引爾雅仍作誶釋文於此詩云本又作誶音信徐息悴反蓋於誶訊二字未能決定也馥案漢書敘傳既誶爾以吉象兮顏注誶告也

詰　問也從言吉聲 去吉切

問也者廣雅同書周官詰姦慝馬云詰猶窮也月令詰誅暴慢注云詰謂問其罪窮治之也襄二十五年左傳士莊伯不能詰昭十四年傳詰姦慝杜云詰責問也淮南時則訓仲冬之月牛馬畜獸有放失者取之不詰高注詰呵問也顧炎武曰書度作刑以詰四方后經監本同釋文詰起一反今本誤作誥馥案太宰刑典以詰邦國鄭訓禁大司寇以佐王刑邦國詰四方鄭訓謹馥謂謹問以禁之

⿰言朢　責⿰言朢也從言朢聲 巫放切

責⿰言朢也者史傳借望字史記張耳陳餘列傳不意君之望臣深也索隱望怨責也外戚世家景帝以故望之索隱望

言

⿰言夗 yuǎn　詘 qū　證 zhèng　詭 guǐ

猶責望謂恨之也漢書盧綰傳上欲王盧綰爲羣臣觖望臣瓚曰謂相觖而怨望楚元王傳侍御史以爲光望不受女顏注望怨望也司馬遷傳若望僕不相師用顏注望怨也後漢書賈彪傳時人望之注云望怨也字或作⿰言𦣠太元逃次三寇⿰言𦣠其戶注云⿰言𦣠責也馥案望古文作𦣠

詭 責也從言危聲 過委切

責也者御覽引同又云又構射物爲詭馥案孟子爲之詭遇趙注橫而射之也漢書京房傳臣出守郡自詭效功顏云自以爲憂責也陳湯傳萬年自詭三年可成顏云詭責也自以爲憂責也後漢書陳重傳有同署郎負息錢數十萬責主日至詭求無已注引本書同孟嘗傳詭人採求不知紀極注云詭責也文選孔融薦禰衡表昔賈誼求試屬國詭係單于李善云說文曰詭責也

證 告也從言登聲 諸應切

告也者呂氏春秋知士篇士尉以證靜郭君又誣徒篇愎過自用不可證移高注證諫文選潘岳關中詩當乃明實否則證空李善注云其言當者明示以事實其理否者顯告之獄空說文曰證告也

說文解字義證　卷七　奎

詘 詰詘也一曰屈襞從言出聲 區勿切

詰詘也者本書敘象形者畫成其物隨體詰詘日月是也廣雅詰詘曲也襄三十年左傳或叫于宋大廟曰譆譆出出周禮注引作詘詘楚策夫因詘爲信漢書高帝紀逡坐上坐無所詘顏注詘曲懾也王逸九思思哽饐兮詰詘柏梁詩迫窘詰屈幾窮哉閔居賦車結軌注引張楫曰結猶屈也韓愈進學解周誥殷盤佶屈聱牙一曰屈襞者玉篇襵詘也廣雅襞詘也方言襜褕自關而西謂之𧝓裾郭注俗名𧝓掖後漢書光武紀諸于繡𧝓注云字書無𧝓字續漢書作裾諸于上加繡裾如今之半臂也

詘或從屈

⿰言夗 慰也從言夗聲 於願切

慰也者慰當爲尉類篇⿰言夗尉也或從怨本書尉怨也

誰 shuí　詆 dǐ　讂 juàn　詗 xiòng

詗 知處告言之從言冋聲 朽正切

知處告言之者急就篇乏興猥逮詗讂求顏注詗謂知處密告之也史記淮南王安傳爲中詗長安徐廣曰詗伺候采察之名也索隱服虔云偵候之也漢書音義孟康曰詗音偵西方人以反閒爲詗如淳曰詗音朽政反顏注詗有所候伺也如音是矣偵者義與詗同然音則異音丑政反新唐書裴伷先傳養客數百人詗候朝廷事間知十常七八通鑑燕太子寶遣騎還詗魏兵又蕭道成陰結帝左右詗伺機變注云詗伺候也又韋臯與東蠻和義王書使詗伺導達注云詗伺刺探之人也

讂 流言也從言夐聲 火縣切

流言也者廣韻讂流言有所求也顏注急就篇讂隱語也

詆 苛也一曰訶也從言氐聲 都禮切

苛也者本書呧苛也周禮射人不敬者苛罰之注云苛謂詰問之漢書王莽傳掖門僕射苛問續漢書五行志注引

說文解字義證　卷七　奕

風俗通黃門呵問女何等人白衣妄入宮掖一曰訶也者廣雅詆譙呵也北史張曜傳非欲詆訶古人得失也周禮世婦大喪比外內命婦之朝莫哭不敬者而呵罰之注云呵譴也馥案蒼頡篇譴呵也

誰 何也從言隹聲 示隹切

何也者張弨曰誰何之何本作可何乃儋何字馥謂何當爲丂本書丂讀若呵廣雅何問也白帖禁衛有誰何注云何問也漢書有誰何卒賈誼傳大譴大何宋書禮志大誰士皁科單衣樊噲冠六韜令我壘上誰何不絕韋注晉語云周軍之前後左右彊弩注矢以誰何謂之羅闈史記衛綰傳不譙呵綰譙當爲誰漢書作孰何李奇曰孰誰也何呵也過秦論陳利兵而誰何李善注誰何問之也漢書五行志主公車大誰卒注云大誰主問非常之人云姓名是誰何也以誰何冊因用名官有大誰長卒者長所領士卒也楊雄衛尉箴閽樂嬌搜戟者不誰漢官解詁衛尉主宮闕之內衛士分部行夜有行者輒前曰誰誰漢舊儀宿衛郎官分五夜誰呵呵夜行者誰也易林大過之泰雞鳴犬吠無敢誰者隱元年公羊傳注云諸據疑問所不知故曰者何唐書崔光遠傳光遠乃募官攝府縣誰何宮闕

gé 諽

諽　飾也。一曰更也。从言革聲。讀若戒。古覈切

飾也者，飾當作飭。廣韻：諽，謹也。　一曰更也者，徐鍇本在讀若戒下。廣雅：諽，更也。經典竝作革。易革卦：天地革而四時成。書堯典：鳥獸希革。傳云：革，改也。多士：乃命爾先祖成湯革夏。傳云：天命湯更代夏。洪範：金曰從革。馬云：金之性從人而更。詩皇矣：不長夏以革。傳云：革，更也。襄十四年左傳：失則革之。杜云：革，更也。成二年公羊傳：革取清者。何云：革，更也。周語：工協革。韋云：革，更也。魏策：吾已許秦矣，不可以革也。鮑云：革，更也。司馬相如傳：更正朔。漢書作革。白虎通諫諍：諫者，閒也，更也，是非相閒，革更其行也。鹽鐵論詔聖篇：衣弊而革裁，法弊而更制。　讀若戒者，戒當爲悈。本書：悈，飾也。飾當爲飭。玉篇：謹或作愅。冀君麗正曰：古音戒、革、諽皆紀力反，今則戒音古拜切，革、諽皆古核切，而音殊矣。

lán 讕

讕　詆讕也。从言闌聲。洛干切

詆讕也者，類篇引作抵讕也。又云：詆讕，誣言也。漢書梁孝王傳：王陽病抵讕，置辭。顏注：抵，距也。讕，誣諱也。通鑑：隋文

帝責史萬歲，萬歲詆讕。注云：詆，拒諱也。讕，逸辭也。漢書谷永傳：欲末殺灾異，滿讕誣天。顏注：滿讕，謂欺罔也。或借闌字。史記孝文紀：而後相謾。索隱引韋昭說：謾者，相抵闌也。南齊書劉祥傳：飲酒無度，言語闌逸，道說朝廷，亦有不遜之語。

譋　讕或从閒。

zhěn 診

診　視也。从言㐱聲。直刃切，又之刃切

釋名：疹，診也，有結氣可得診見也。

視也者，字林同。一切經音義二引說文：診，視之也。三蒼：診，候也。聲類：診，驗也，謂看脈候也。急就篇：亭長游徼共雜診。顏注：診，驗視也。八十一難經：切脈而知之者，診其寸口，視其虛實，以知其病在何藏府也。楚辭九懷：乃自診兮在茲。注云：徐自省視至此處也。史記扁鵲傳：特以診脈爲名耳。司馬彪云：診，占也。馥案：方言：占，視也。漢書藝文志：論病以及國，原診以知政。顏注：診，視驗，謂視其脈及色候也。董賢傳：莽疑其詐死，有司奏請發賢棺至獄診視。後漢書郭玉傳：乃著鍼經、診脈法，傳於世。注云：診，候也。王喬傳：乃詔上方診視。注云：說文曰：診亦視也。西南夷傳：羣臣怪而診之。注云：診，候視也。風俗通義怪神篇：亭卒上樓，見死婦，白亭長，擊鼓會諸廬吏共集診之。宋書范蔚宗傳：熙先善於治病，兼能診脈。通鑑：王僧虔上言：因病求職，司與醫對共診驗。

xī [illegible]

[illegible]　悲聲也。从言斯省聲。先稽切

悲聲也者，一切經音義十云：[illegible]，悲聲也。俗作嘶。玉篇：嘶，馬鳴也。郭璞注子虛賦聲流喝云：聲喝，言悲嘶也。

yóu 訧

訧　罪也。从言尤聲。周書曰：報以庶訧。羽求切

經典借尤字。莊二十一年左傳：鄭伯效尤，其亦將有咎。襄二十一年傳：尤而效之，其又甚焉。二十二年傳：敝邑欲從執事，而懼爲大尤。三十年傳：書曰某人某人會於澶淵，宋災故，尤之也。定六年傳：尤人而效之，非禮也。論語：多聞闕疑，慎言其餘，則寡尤。包注：尤，過也。賈誼弔屈原文：般紛紛其離此尤兮。易林升之家人：拜跪替辭，无益於尤。　又借郵字。顧炎武曰：釋言篇：郵，過也。注：道路所經過。是以爲郵傳之郵，恐非。古人以尤爲郵。詩賓之初筵：是曰既醉，不知其郵。禮記王制：郵罰

麗于事。國語：夫郵而效之，郵又甚焉。家語：苦而膚褻，投之無郵。漢書成帝紀：天著變異，以顯朕郵。五行志：后妾當有失節之郵。賈誼傳：般紛紛其離此郵兮，亦夫子之故也。谷永傳：卦氣悖亂，咎徵著郵。外戚傳班倢伃賦：猶被覆載之厚德兮，不廢捐於罪郵。敘傳：譏苑扞偃，正諫舉郵。皆是過失之義。馥案：隋書禮儀志：羣飲而逸，不知其郵。

罪也者，廣雅同。詩綠衣：俾無訧兮。傳云：訧，過也。又：室人交徧摧我。釋文：摧，韓詩作誰，就也。案：就當爲訧，鄭箋所謂刺譏之言。劉氏新論慎言篇：天有卷舌之星，人有緘口之銘，所以警恍言防口訧也。書君奭：越我民罔尤違。傳云：使無過違之闕。詩四月：莫知其尤。箋云：尤，過也。韓詩：尤，非也。載馳：許人尤之。傳云：尤，過也。又云：無我有尤。箋云：無過我也。論語：不尤人。鄭注：尤，非也。襄十五年左傳：向戌見孟獻子，尤其室。杜注：尤，責過也。二十五年傳：而視之尤。服注：尤，過也。晉語：我優也，言無郵。韋云：郵，過也。孟子：君無尤焉。注云：尤，過也。又：畜君何尤。注云：何尤者，無過也。　周書曰報以庶訧者，呂刑文，彼作尤。傳云：其報則以衆人見罪。

zhū 誅

誅　討也。从言朱聲。陟輸切

晉語小國敖大國襲焉曰誅　漢書刑法志征暴誅悖治之威也　樂府朱鷺將以告誅者

討也者廣韻討誅也孫子九地篇厲於廊廟之上以誅其事注云誅治也周禮大宰誅以馭其過正義人有過失非故爲之者則以言語責讓之司救掌萬民之衺惡過失而誅讓之注云誅責也古者重刑且責怒之未即罪也曲禮以足蹙路馬芻有誅齒路馬有誅注云誅罰也雜記不敢辟誅注云誅罰也莊八年左傳誅屨於徒人費襄三十一年傳誅求無時定十年傳有司若誅之注竝云誅責也六書故誅從言專以爲殺戮非也孔子責宰予曰於予與何誅趙宧光曰會稽誦義咸誅之俗解作殺戮非是

tǎo 討

討　治也從言從寸　他皓切

本書𢽳周書以爲討　昭四年穀梁傳爲齊討也監本作封石經作討　舊唐書職官志有招討使

治也者書皋陶謨天討有罪疏云討治有罪使之絕惡宜十二年左傳其君無日不討國人而訓之襄五年傳楚人討陳又九年傳使華閱討右官杜注竝云討治也論語世叔討論之注云討尋究也馥案漢碑多言治易治詩治春

秋治即討論也

ān 諳

諳　悉也從言音聲　烏含切

悉也者後漢書虞延傳陵樹株櫱皆諳其數晉書刁協傳久在中朝諳練舊事

lěi 讄

讄　禱也累功德以求福論語云讄曰禱爾于上下神祇從言纍省聲　力軌切

禱也者讄經典借作誄周禮大祝作六辭六曰誄　論語云讄曰禱爾于上下神祇者彼作誄孔注誄禱篇名釋文誄說文作讄或云作讄禱累功德以求福也馥案周禮小宗伯禱祠于上下神示注引論語作讄　纍省聲者徐鍇本作畾聲本書無畾字轉寫脫漏

讄　或不省

或不省者徐鍇本作或從纍

shì 諡

諡　行之迹也從言兮皿闕　神至切

戴侗曰唐本說文無諡字但有謚字行之迹也馥案魯峻碑謚君忠惠父婁壽碑乃相與論惪處謚衡方碑謚以旌德焉緄碑因謚以爲桓陳寔碑是以作謚封墓唐陳憲墓志銘謚眞隱先生李北海書雲麾將軍碑韓詩外傳太平御覽竝没從益隋書經籍志春秋公羊謚例一卷郊特牲亦而謚今也古者生無爵死無謚盧君文弨曰今本說文謚行之迹也从言兮皿闕徐鍇曰兮聲也謚笑皃从言益聲玉篇於謚下增一謚字云同上餘竝同今說文余向於累行之字皆从兮从皿又證以玉篇以爲眞說文之舊矣段若膺教我曰五經文字謚謚二字音常利反上說文下字林字林以謚爲笑聲音呼益反今用上字據此說文作謚竝不从兮从皿即字林以謚代謚亦未嘗增一从兮从皿之字此近世所改从兮从皿實無義余以其言爲然從之乃戴侗六書故則謂五經文字當列謚謚二字不當混謚爲謚說文別以謚爲笑聲字林因之而五經文字云字林以謚爲笑聲是後不見前也余以其說攷之知說文謚笑皃一訓必係後人所竄入既改謚爲謚矣而謚字獨闕遂取字林所云謚笑聲者而竄入之且改笑聲爲笑皃更非是而其字又殽言部之末居諜詃譯諠之

後殊爲不倫徐鉉本謚下尚有讀字徐鍇本則讀在譯之後又閒以諂讒二字而以謚終焉夫使說文果訓謚爲笑聲則亦當置在前與訢說諸詒等類而不當脫在部之最末況以言部所配合之字求之俱極渾成今離言而作益此何字也兮即爲聲皿有何義夫謚曰累行其字必當从益大行受大名細行受細名益者加也所謂累行是也爾雅釋詁謚皆訓爲靜宋本釋文作謚字不誤通志堂本始改從兮皿即毛氏爾雅注本本始亦从益後乃改從兮皿剜改之痕宛然且如謚者行之愼也繹引謚者行之迹也事正相類況何嘗非聲而必兮始可得聲乎然則玉篇之作謚亦出後人所亂不可信也黃氏韻會雖己在後人變亂之後而猶大書作謚注中云本作謚從言兮聲皿闕蓋由俗本相沿致疑不能定也於謚字下云謚也倘說文果作兮皿黃氏何不竟依之而轉作从益之字乎故余參攷衆書深以段氏之說爲確不可易也[illegible]亦馥案玉篇謚時至切謚之言烈[illegible]爲也說文曰行之迹也謚同上逹接謚字云伊昔切笑皃又呼狄切馥案謚之言烈也謚同上此二句是顧氏原文餘皆宋人據說文增入詳原本謚當是從益之謚宋人改從兮而以從益者移於下廣韻謚說文作謚謚上同馥案謚唐韻原本作謚轉寫改爲從兮唐人猶及見說文未改本故注云說文

lěi
誄

作謚原本謚字本從益既改上文之謚從兮又改同上之謚從益

行之迹也者釋名諡曳也物在後爲曳言名之於人亦然也韋昭辨云古者諸侯薨則天子論行以賜謚唯王者無上故於南郊稱天以謚之當春秋時周室卑微臣謚其君子謚其父故諸侯之謚多不以實周書謚法解維周公旦太公望開嗣王業攻于牧野之中終葬乃制謚敘法謚者行之迹也號者功之表也車服位之章也是以大行受大名細行受小名行出于己名生于人春秋說題辭云謚者之表謚者行之迹白虎通謚者何也謚之爲言引也引列行之迹也所以進勸成德使上務節也故禮特牲曰古者生無爵死無謚此言生有爵死當有謚也死乃謚之何言人行終始不能若一故據其始終從可知也崔駰謚議曰臣聞號者功之表謚者行之迹據德錄功各當其實五經通義謚者死後之稱累生時之行而謚之生有善行死有善謚所以勸善戒惡也謚之言列也列其所行身雖死名常存故謂謚也桓十八年穀梁傳桓公葬而後舉謚謚所以成德也范云謚者行之迹所以表德周禮大師大喪帥瞽而厥作匱謚注云陳其生時行迹爲作謚檀弓公叔文子卒其子戍請謚於君注云謚者行之迹樂記聞其謚知其行

也注云謚者行之迹也表記先王謚以尊名節以壹惠恥名之浮於行也注云謚者行之迹也名者謂聲譽也言先王論行以爲謚以尊名者使聲譽可得而尊信也聲譽雖有衆多者卽以其行一大善者爲謚耳史記秦始皇本紀朕聞太古有號毋謚中古有號死而行爲謚古史考待葬而謚所以尊名也其行善善惡惡爲謚所以勉爲善也

兮皿闕者一切經音義十三引作益聲

誄　謚也从言耒聲　力軌切

釋名誄累也累列其事而稱之也　廣雅誄絫也　墨子魯問篇誄者道死人之志也　顏延年元皇后哀冊文乃命史臣累德述懷延年又有陶徵士誄

謚也者當從益作謚詩定之方中毛傳俾九德云喪紀能誄正義謂於喪紀之事能累列其行爲文辭以作謚若子囊之誄楚恭之類周禮大史遣之日讀誄注云遣謂祖廟之庭大奠將行時也人之道終於此累其行而讀之大師又帥瞽廞之而作謚瞽史知天道使共其事言王之誄謚成於天道檀弓魯哀公誄孔邱注云誄其行以爲謚也曾子問賤不誄貴幼不誄長注云誄累也累列生時行迹誄之以作謚又云諸侯相誄非禮也注云禮當言誄於天子也天子乃使大史賜之謚漢書王嘉傳誄之以行顏注言大臣之死積累其行而爲誄也誄者累德行之文張晏漢記苑丹卒三府各遣令史奔弔累行論謚皇侃論語義疏誄者謂如今行狀也誄之言累也人生有德行死而累列其行之迹爲謚也文選序美終則誄發五臣注誄累也有功業而終者累其功而記之

xǐ
謑

謑　恥也从言奚聲　胡禮切

恥也者莊子天下篇謑髁無任而笑天下之尚賢也釋文引本書同楚詞九思違羣小兮謑詢王注謑恥辱垢陋之言也

䜀　謑或從奊

廣雅謑詬恥也　荀子非十二子篇無廉恥而忍謑詢注云謂罵辱也　呂氏春秋誣徒篇草木雞狗牛馬不可譙詬遇之注云譙一作謑譙詬猶禍惡也　或借奊字漢書賈誼傳頑頓亾恥奊詬亾節顏注奊詬謂無志分也

gòu
詬

詬　謑詬恥也从言后聲　呼寇切

謑詬恥也者昭十三年左傳詬天而呼定八年傳公以晉詬語之注云詬恥也哀二年傳除詬恥秦策皆有詬醜大誹於天下高云詬辱也離騷忍尤而攘詬注云詬恥也荀子解蔽篇厚顏而忍詬注云詬詈也大戴禮曾子立事篇見惡思詬盧辯注詬恥也史記李斯傳故詬莫大於卑賤正義詬恥辱也說苑敬慎篇引諺曰誠無詬思無辱又善說篇引榜枻越人歌蒙羞被好兮不訾詬恥漢書賈誼傳奊詬亾節司馬遷傳詬莫大於宮刑顏注詬恥也或借垢字宣十五年左傳國君含垢注云忍垢恥釋文垢本或作詬俗又作呴大戴禮踐阼篇口生呴盧注呴恥也

詢　詬或從句

廣雅詢罵也　襄十七年左傳重邱人閉門而詢之杜云詢罵也昭二十年傳余不忍其詢注云詢恥也哀八年傳曹人詬之不行杜云詬詈辱也釋文本又作詢　荀子非十二子篇無廉恥而忍謑詢注云謑詢謂罵辱也　呂氏春秋離俗篇彊力忍詢注云詢辱也　淮南氾論訓忍詢而輕辱史記趙世家知伯醉以酒灌擊毋卹毋卹羣臣請死之毋卹曰

gāi 該　　diè 諜

君所以置毋䘑爲能忍詢伍子胥傳員爲人剛戾忍詢索隱鄒氏作詬太史公自序能忍詢於魏齊索隱謂辱也後漢書崔駰傳或冒詢以干進注云詢辱也通鑑賀若弼與韓擒虎相詢注云詢罵也

諜 軍中反閒也從言枼聲徒叶切

李善注吳都賦引本書諜記也案史記三代世表余讀諜記皇帝以來皆有年數後漢書張衡傳子長諜之爛然有弟本書今闕 軍中反閒也者周禮夏官環人掌諜賊注云諜賊反閒爲國賊秋官掌戮掌斬殺賊諜而搏之注云諜謂姦寇反閒者莊二十八年左傳諜告曰楚幕有烏僖二十五年傳晉侯圍原不降命去之諜出曰原將降矣哀十一年傳胥諜曰齊人遁注竝云諜閒也哀元年傳使女艾諜澆注云諜候也桓十二年傳使伯嘉諜之注云諜伺也正義說文云諜軍中反閒也謂詐爲敵國之人入其軍中伺候閒隙以反報其主故此訓諜爲伺而兵書謂之反閒也成十六年傳諜輅之正義說文云諜軍中反閒也兵書有反閒之法謂詐爲敵國之人入其軍中伺候閒隙以反告己軍今謂之細作人也晉語三日而原不降公令疏軍而去之諜出曰原不過一二日矣韋云諜閒候也六韜

王翼篇遊士八人主伺姦候變開闔人情觀敵之意以爲閒諜 材書定王六年晉成公與狄伐秦獲秦諜殺之絳市六日而蘇 趙策乃多與趙王寵臣金使爲反閒燕策惠王即位用齊人反閒疑樂毅 孫子用閒篇凡軍之所欲擊城之所欲攻人之所欲殺必先知其守將左右謁者門者舍人之姓名令吾閒必索知之必索敵人之閒來閒我者因而利之導而舍之故反閒可得而用也 吳子論將篇善行閒諜輕兵往來分散其衆使其君臣相怨上下相咎是謂事機 鶡冠子王鈇篇俚諜足以相止陸佃注諜閒諜也 莊子列御寇篇夫內誠不解形諜成光釋文說文云諜閒也 史記白起傳秦相應侯又使人行千金於趙爲反閒 後漢書光武紀安遣閒人刺殺中郎將來歙注云閒諜也謂伺候閒隙也 宋書袁淑傳劫晉在於善覘全鄭實寄艮諜多縱反閒汨或心耳

該 軍中約也從言亥聲讀若心中滿該古哀切

軍中約也者漢書藝文志五音奇胲用兵二十三卷如淳曰胲音該顏注引本書同馥案奇胲淮南作奇賌高注奇賌之數奇祕之數又案周禮士師掌士之八成一曰邦汋鄭司農云汋讀如酌酒尊中之酌國汋者斟汋盜取國家密事若今時刺探尙書事馥謂約汋酌聲竝相近 讀若心中滿該者疑作滿核

tà 譶　　yì 謚　　qiú 訄　　yì 譯

譯 傳譯四夷之言者從言睪聲羊昔切

尙書大傳越裳以三象重九譯而獻白雉曰道路悠遠山川岨深恐使之不通故重九譯而朝注云欲其轉相曉也 呂氏春秋愼勢篇不用象譯狄鞮方三千里注云周禮象胥古掌蠻夷閩越戎狄之國使傳通其言也東方曰羈南方曰象西方曰狄鞮北方曰譯國語所謂曰羈南三千里內被服五常華夏之盛明胡不用象譯狄鞮也 大戴禮保傅篇胡越之人生而同聲嗜慾不異及其長而成俗也絫數譯而不能相通 說苑善說篇鄂君子晳曰吾不知越歌子試爲我楚說之於是乃召越譯乃楚說之 漢書百官表典客屬官有行人譯官丞令 漢黄支國自武帝以來皆獻見有譯長屬黄門 後漢書馬融傳南徼因九譯而致貢朔狄屬象胥而來同

傳譯四夷之言者李善注東京賦引作傳四夷之語者後漢書和帝紀注引亦作語 方言譯傳也譯見也注云傳宣語卽相見 急就篇旃裘鞣韃蠻夷民去俗歸義來附親譯導贊拜稱妾臣顏注譯傳言也 周禮大行人屬象胥諭

言語協辭命鄭司農云象胥譯官也又象胥掌蠻夷閩貉戎狄之國使掌傳王之言而諭說焉以和親之若以時入賓則協其禮與其辭言傳之鄭注敘官云通夷狄之言者曰象此類之本名東方曰寄南方曰象西方曰狄鞮北方曰譯馥案國語舌人委而禮之舌人卽象胥漢書平帝紀越裳氏重譯顏注譯謂傳言也道路絕遠風俗殊隔故累譯而後乃通又佞幸傳單于怪賢年少以問譯顏注譯傳語之人也

訄 迫也從言九聲讀若求巨鳩切

迫也者廣雅同本書遒迫也 讀若求者徐鍇本讀又若邱本書逑匑義同匑亦九聲

謚 笑皃從言益聲伊昔切又呼狄切

笑皃者說見謚下

譶 疾言也從三言讀若沓徒合切

疾言也者本書霅從譶省云衆言也集韻儠譶疾皃琴賦紛儠譶以流漫李善引本書同

言

⿰言甹　⿰言彔　⿰言芺　訞　譝　謠

文二百四十七　重三十三

⿰言甹　本書俜從亻甹聲玉篇⿰言甹匹丁切言也

⿰言彔　本書謯謯娽也類篇引作謯⿰言彔廣雅⿰言彔謯也玉篇謯⿰言彔也⿰言彔謯也

⿰言芺　玉篇⿰言芺說文訞同

訞　訞災也又巧言貌

譝　表記君子不以口譽人注云譽繩也釋文云說文作譝莊十四年左傳繩息媯杜云繩譽也正義云字書繩作譝字从言訓爲譽釋文云說文作譝覈案廣雅譝譽也呂氏春秋古樂篇周公旦作詩以繩文王之德孔鮒云繩之譽之也玉篇譝譽也廣韻譝稱舉

謠　徒歌也　一切經音義二十引爾雅徒歌爲謠說文獨歌也又十五云說文謠獨歌也爾雅徒歌爲謠是也徒空也戴侗云徐本說文無謠字䍃徒歌也唐本䍃從也謠徒歌也

遺文五　重一

jìng 詰　shàn 譱(善)　jìng 競　dú 讟

說文解字弟三　義證弟八

曲阜桂馥學

詰 競言也从二言凡詰之屬皆从詰讀若競渠慶切

競言也者類篇作言也引字林競言也又云古文作䜌本書闕

譱 吉也从詰从羊此義與美同意常衍切

釋名善演也演盡物理也

吉也者本書吉善也　从羊者考工記車人注云羊善也此義與美同意者小字本李燾本竝作此與義美同意通志略六書故引同

善 篆文譱从言

競 彊語也一曰逐也从詰从二人渠慶切

五經文字倞彊也詩大雅秉心無倞又無倞維人今俱作競

彊語也者釋言競彊也詩抑無競維人箋云競彊也桑柔秉心無競傳云競彊僖七年左傳心則不競何憚於病宣元年傳故不競於楚二年傳彼宗競于楚成九年傳德則不競昭二年傳二惠競爽猶可杜注竝云競彊也一曰逐也者釋言逐彊也詩長發不競不絿桑柔職競用力箋竝云競逐也襄十年左傳師競已甚杜注競爭也昭元年傳諸侯逐進杜注逐猶競也

讟 痛怨也从詰賣聲春秋傳曰民無怨讟徒谷切

痛怨也者方言讟痛也注云謗誣怨痛也又云讟謗也注云謗言噂讟也廣雅讟痛也又云讟惡也宣十二年左傳民不罷勞君無怨讟杜云讟謗也昭二十七年傳以與謗讟漢書五行志怨讟動於民顏注讟痛怨之言也後漢書王梁傳百姓怨讟注云讟謗也思玄賦且獲讟於羣弟兮啓金縢而後信蜀志許慈傳謗讟忿爭形於聲色　春秋傳云云者昭元年左傳文注云讟誹也

䜌　yīn 音

文四　重一

䜌 類篇詰古文作䜌

遺文一

音 聲也生於心有節於外謂之音宮商角徵羽聲絲竹金石匏土革木音也从言含一凡音之屬皆从音於今切

聲也者本書聲音也詩日月德音無良傳云音聲國語樂之所集曰聲白虎通聲者鳴也音者飲也剛柔清濁和而相飲鶡冠子音者所以調聲也未聞音出而響過其聲者也樂記疏云初發口單出者謂之聲衆和合成章謂之音生於心有節於外謂之音者樂記凡音者生於人心者也情動於中故形於聲聲成文謂之音又云凡音之起由人心生也人心之動物使之然感於物而動故形於聲聲相應故生變變成方謂之音呂氏春秋音初篇凡音者產乎人心者也感於心則蕩乎音音成於外而化乎內是故聞其聲而知其風察其風而知其志觀其志而知其德盛衰賢不肖君子小人皆形於樂不可隱匿故曰樂之爲觀也深矣尚書大傳樂者人性之所自有也故聖王巡十有二州觀其風俗習其性情因論十二俗定以六律五聲八音七始著其素　宮商角徵羽聲絲竹金石匏土革木音也者羽當作霸本書霸水音也周禮大師掌六律六同以和陰陽之聲皆文之以五聲宮商角徵羽皆播之以八音金石土革絲木匏竹宋書律志聲律相協而八音生宮商角徵羽謂之五聲金石匏革絲竹土木謂之八音聲和音諧是謂五樂急就篇五音總會歌謳聲顏注五音宮商角徵羽也聲成文謂之音會謂金石絲竹匏土革木總合之也風俗通聲所以五者繫五行也音所以八者繫八風也又云聲者宮商角徵羽也音者土曰塤匏曰笙革曰鼓竹曰管絲曰絃石曰磬金曰鐘木曰柷詩曰鶴鳴九皋聲聞于天書八音克諧無相奪倫由是言之聲本音末也書益稷予欲聞六律五聲八音在治忽正義金石絲竹匏土革木八音有清濁聖人差爲宮商角徵羽五聲五聲高下各

有所準聖人制爲六律與五聲相均白虎通禮樂篇尚書曰予欲聞六律五聲八音五聲者何謂也宮商角徵羽土謂宮金謂商木謂角火謂徵水謂羽月令曰盛德在木其音角又曰盛德在火其音徵盛德在金其音商盛德在水其音羽所以名之爲角者躍也陽氣動躍徵者止也陽氣止商者張也陰氣開張陽氣始降也羽者紆也陰氣在上陽氣在下宮者容也含也含容四時者也八音者何謂也樂記曰土曰塤竹曰管皮曰鼓匏曰笙絲曰絃石曰磬金曰鐘木曰柷敔此謂八音也漢書律歷志聲者宮商角徵羽也所以作樂者諧八音蕩滌人之邪意全其正性移風易俗也八音土曰塤匏曰笙皮曰鼓竹曰管絲曰絃石曰磬金曰鐘木曰柷五聲和八音諧而樂成商之爲言章也物成熟可章度也角觸也物觸地而出戴芒角也宮中也居中央暢四方唱始施生爲四聲綱也徵祉也物盛大而緐祉也羽宇也物聚臧宇覆之也夫聲者中於宮觸於角祉於徵章於商宇於羽故四聲爲宮紀也馥案此皆泛論五聲八音也六韜律管十二其要有五音宮商角徵羽此眞正聲也萬代不易五行之神道之常也書舜典聲依永傳云聲謂五聲宮商角徵羽襄二十九年左傳五聲和杜云宮商角徵羽謂之五聲昭元年傳天有六氣降生五味

發爲五色徵爲五聲注云白聲商青聲角黑聲羽赤聲徵黃聲宮孟子不以六律不能正五音趙注五音宮商角徵羽也詩序聲成文謂之音箋云聲謂宮商角徵羽也聲成文者宮商上下相應釋樂宮謂之重商謂之敏角謂之經徵謂之迭羽謂之柳徐景安樂書引劉歆云宮者中也君也爲四音之綱其聲重厚如君之德而爲重商者章也臣也其聲敏疾如臣之節而爲敏角者觸也民也其聲圓長經貫清濁如民之象而爲經徵者祉也事也其聲抑揚遞續其音如事之緒而爲迭羽者宇也物也其聲低平掩映自下而高五音備成如物之聚而爲柳也管子地員篇凡聽徵如負豬豕覺而駭凡聽羽如鳴馬在野凡聽宮如牛鳴窌中凡聽商如離羣羊凡聽角如雉登木以鳴音疾以清宋白曰合宮通音謂之宮其音雄雄洪洪然開口吐聲謂之商其音鏘鏘倉倉然張牙湧脣謂之角其音喔喔確確然齒合脣開謂之徵其音倚倚廄廄然齒開脣聚謂之羽其音詡詡吁吁然月令孟春之月其音角孟夏之月其音徵中央土其音宮孟秋之月其音商孟冬之月其音羽鶡冠子泰鴻篇東方者萬物立止焉故調以徵南方者萬物華羽焉故調以羽西方者萬物成章焉故調以商北方者萬物錄臧焉故調以角中央者太一之位百神仰制焉故調以宮樂記宮爲君商爲臣角爲民徵爲事羽爲物五者不亂則無怗懘之音矣禮斗威儀宮主君商主臣角主父徵主子羽主夫少宮主婦少商主政晉書樂志五聲宮爲君宮之爲言中也中和之道無往而不理焉商爲臣商之爲言強也謂金性之堅強也角爲民角之爲言觸也謂象諸陽氣觸物而生也徵爲事徵之爲言止也言物盛則止也羽爲物羽之爲言舒也言陽氣將復萬物孳育而舒生也樂動聲儀曰宮爲君君者當寬大容衆故其聲宏以舒其和清以柔動脾也商爲臣臣者當發明君之號令其聲散以明其和溫以斷動肺也角爲民民者當約儉不奢僭差故其聲防以約其和清以靜動肝也徵爲事事者君子之功既當急就之其事常不流亾故其聲貶以疾其和平以切動心也羽爲物物者不齊委聚故其聲散以虛其和斷以散動腎也馥案此皆專論五聲也五經通義八音者金石絲竹匏土革木也五經要義凡樂音有八鼓謂之革鐘謂之金磬謂之石琴瑟謂之絲簫管謂之竹塤謂之土柷敔謂之木笙謂之匏是謂八音國語金尚羽石尚角竹尚商絲尚宮匏土尚徵呂以和樂律以平聲金石以動之絲竹以行之歌以詠之匏以宣之瓦以贊之革木以節之宋書樂志八音一曰金金鐘也鎛也錞也鐲也鐃也鐸

也二曰石石磬也三曰土土塤也四曰革革鼓也鞉也節也[illegible]造五曰絲絲琴瑟也筑也箏也琵琶空侯也六曰木木柷也敔也七曰匏匏笙也竽也八曰竹竹律也呂也簫也管也篪也籥也笛也釋智匠樂錄金爲鐘鎛鐲鐃石爲磬絲爲琴瑟筑箏空侯琵琶竹爲篪笛簫籥管匏爲笙簧竽土爲塤缶革爲鼓木爲柷敔也隱五年左傳夫舞所以節八音而行八風注云八音金石絲竹匏土革木也晉書樂志八音八方之風也乾之音石其風不周坎之音革其風廣莫艮之音匏其風融震之音竹其風明庶巽之音木其風清明離之音絲其風景坤之音土其風涼兌之音金其風閶闔馥案此皆專論八音也

xiǎng
響

響 聲也從音鄉聲 許兩切

聲也者玉篇響應聲也列子天瑞篇聲動不生聲而生響家語六本篇言而衆響應之尸子言美則響美言惡則響惡

ān
韽

韽 下徹聲從音酓聲 恩甘切

下徹聲者廣韻鎗下入聲周禮典同微聲韽注云韽聲小
不成也或借喑字文子皋陶喑而爲大理風俗通無聲響
徒喑喑而已後漢書袁閎
傳遂稱風疾喑不能言

sháo 韶

韶 虞舜樂也書曰簫韶九成鳳皇來儀從音召聲 市招切
大司樂九磬之舞注云九磬當讀爲大韶字之誤也馥案樂
動聲儀舜樂曰大韶潛夫論重華號有虞作樂九韶 樂記
韶繼也注云舜能繼紹堯之德馥案大司樂以樂舞教國子
舞大磬注云大磬舜樂也言其德能紹堯之道也春秋元命
包舜之民樂其紹堯之業 春秋繁露舜之時民樂其昭堯
之業也故曰韶韶者昭也馥案鹽鐵論武昭不擊昭即韶也
虞舜樂也者本書卲讀若舜樂韶廣雅釋樂簫韶注云舜
樂樂動聲儀 孔子曰簫韶者舜之遺音也白虎通引禮記
舜樂曰簫韶 書曰簫韶九成鳳皇來儀者益稷文傳云
韶舜樂名案簫當爲箾皇當爲翌本書引尙書無單稱書
曰者或轉寫脫漏或後人引書加之所未詳也襄二十九
年左傳見舞韶箾者杜云舜樂增韻案古者和樂之音皆
謂之韶如左傳見舞韶濩者是不特舜樂也故書稱簫韶
九成不單稱韶也然亦有直稱舜樂曰韶者如記曰韶繼

說文解字義證 卷八 五

也諸韶盡美矣子
在齊聞韶之類

zhāng 章

章 樂竟爲一章從音從十十數之終也 諸良切
樂竟爲一章者本書韸云樂有章從章周禮籥章注云籥
章吹籥以爲詩章馥案韓詩有章曲曰歌堯樂曰大章記
曰大章章之也皇侃曰章明也民樂堯德大明故名樂曰
大章馥謂舜樂九成九章也堯樂亦有成章故曰大章論
語以成謂成章也左傳引詩其在某章蓋詩即樂詩章樂
章也 十數之終也者本書士下云數始於一終於十又
十下云十數之具也百下
云數十百爲一貫相章也

jìng 竟

竟 樂曲盡爲竟從音從儿 居慶切
樂曲盡爲竟者六書故引作樂曲終九經字樣竟樂曲
終也周禮樂師凡樂成則告備注云成謂所奏一竟

文六

qiān 辛

辛 辠也從干二二古文上字凡辛之屬皆從辛讀若愆
張林說 去虔切
辠也者本書辠下云辠辛也 從干二者犯上有辠論語
其爲人也孝弟而好犯上者鮮矣 讀若愆者廣韻以辛
爲愆之
古文

tóng 童

童 男有辠曰奴奴曰童女曰妾從辛重省聲 徒紅切
男有辠曰奴奴曰童者一切經音義六引云男有罪爲奴
曰童玉篇同後漢書馮衍傳匹夫童婦注云童猶賤也魏
志衛玠見黥面者其妻子沒爲官童玠曰使天下不兩者
蓋由此也或借僮字王褒有僮約急就篇妻婦聘嫁齎媵
僮顏注僮謂僕使之未冠笄者也漢書司馬相如傳分與
文君僮百人又云卓王孫僮客百人顏注僮謂奴賈誼傳
今民賣僮者如淳曰僮謂隸妾也 女曰妾者列女傳褒
姒者童妾之女檀弓使吾二婢子夾我注云婢子妾也
從辛重省聲者九經字樣上從二二古文上亦從干
干二爲辛辛音愆罪也下從重省故男有罪曰童

童 籀文童中與竊中同從廿廿以爲古文疾字

說文解字義證 卷八 六

籀文童中與竊中同從廿廿以爲古文疾字者本書竊
云廿古文疾當云廿古文爲疾字案本書疾籀文作𤶏

qiè 妾

妾 有辠女子給事之得接於君者從辛從女春秋云女
爲人妾妾不娉也 七接切
有辠女子給事之得接於君者者妾接聲相近徐鍇本有
辠女子給事之稱接於君者馥案稱字句絕玉篇妾接也
得接於君者也本書當云有辠女子給事之稱得接於君
子者白虎通妾者接也以時接見也釋名妾接也以賤見
接幸也周禮大宰臣妾聚斂疏材注云臣妾男女貧賤之
稱內則奔則爲妾注云妾之言接也聞彼有禮走而往焉
以得接見於君子也喪服妾爲君雷次宗注言妾以見其
接所以稱君書費誓臣妾逋逃傳云役人賤者男曰臣女
曰妾趙策是使三晉之大臣不如鄒魯之僕妾也漢書刑
法志鬼薪白粲一歲爲隸臣妾顏注男子爲隸臣女子爲
隸妾 春秋云女爲人妾妾不娉也者類篇引作春秋傳
曰案僖十七年左傳男爲人臣女爲人妾此引之也妾不
娉也者許公解傳之
辭杜注不聘曰妾

文三　重一

zhuó 丵

丵 叢生艸也象丵嶽相竝出也凡丵之屬皆從丵讀若浞 士角切

叢生艸也者叢當爲䕺

象丵嶽相竝出也者丵嶽疊韻漢書朱雲傳五鹿嶽嶽朱雲折其角

yè 業

業 大版也所以飾縣鍾鼓捷業如鋸齒以白畫之象其鉏鋙相承也從丵從巾巾象版詩曰巨業維樅 魚怯切

大版也者釋器大版謂之業孫炎云業所以飾栒刻版捷業如鋸齒也唐書歸崇敬傳司業之名非學官所宜業者栒簴大板今學不致樂於義無當

所以飾縣鍾鼓捷業如鋸齒以白畫之象其鉏鋙相承也者飾下有闕文當爲飾栒捷業疊韻漢書揚雄傳鴻絧緁獵顏注緁獵相差次也洞簫賦鱗羅捷獵李善云緁獵參差也靈光殿賦緁獵鱗集五臣云緁獵次比皃馥謂捷業捷獵聲相近釋名所以縣鼓者橫曰簨簨峻也在上高峻也從曰虡虡舉也在旁舉簨也簨上之板曰業刻爲牙捷業如鋸齒也急就篇乘風縣鍾華洞樂顏注乘風一名爰居海鳥也言爲乘風之狀作簨虡以縣鍾詩有瞽設業設虡傳云業大板也所以飾栒爲縣也捷業如鋸齒或曰畫之植者爲虡衡者爲栒明堂位夏后氏之龍簨虡殷之崇牙周之璧翣注云簨虡所以縣鍾磬也橫曰簨植曰虡簨以大版爲之謂之業西京賦負筍業而餘怒薛綜注當筍下爲兩飛獸以背負又以板置上名爲業東京賦設業設虡薛綜注業栒上板刻爲雁齒捷業然植者爲虡橫者爲栒隋書樂志簨簴所以縣鍾磬橫曰簨飾以鱗屬植曰簴飾以嬴及羽屬簨加木板於上謂之業殷人刻其上爲崇牙以挂縣周人畫繪爲翣戴之以璧垂五采羽於其下樹於簨簴之角馥案本書無簨簴栒三字諸家音義亦各不同周禮典庸器設筍簴杜子春云筍讀爲博選之選考工記梓人爲筍虡鄭司農云筍讀竹筍之筍干寶晉紀總論如室斯構而去鑿契五臣注鑿契簨也馥於諸說未知所從徐鍇曰縛鍾凡一層齒縫挂八鍾兩層故云相承

詩曰巨業維樅者大雅靈臺文彼作虡傳云植者爲虡橫者爲栒箋云虡也栒也所以縣鍾鼓也設大版於上刻畫以爲飾也

說文解字義證　卷八　七

𣜩 古文業

cóng 叢

叢 聚也從丵取聲 徂紅切

聚也者廣韻同本書𦗳下云一歲𦗳尚叢聚也書皋陶謨元首叢脞哉鄭注總聚小小之事以亂大政無逸怨有同是叢于厥身傳亦訓叢爲聚顏氏家訓詩云黃鳥于飛集于灌木傳云灌木叢木也此乃爾雅之文故李巡注曰木叢生曰灌爾雅末章又云木族生爲灌族亦叢聚也急就篇祠祀社稷叢臘奉顏注叢者合聚諸神而祭之也

duì 對

對 譍無方也從丵從口從寸 都隊切

譍無方也者集韻引作應書說命敢對揚天子之休命傳云對荅也詩皇矣以對于天下桑柔聽言則對箋云對荅也論語使于四方不能專對仲尼燕居子貢越席而對注云對應也

對 對或從士漢文帝以爲責對而爲言多非誠對故去其口以從士也

漢文帝云云者許公漢人非所宜稱山堂考索古對字本從口漢文帝去口從士董彥遠謝除正字啟絕下則對因去口金石錄大夫始鼎銘跋云案說文對字本從口漢文帝以爲責對而爲言多非誠對故去其口以從士今驗茲鼎銘及周以後諸器款識對字最多皆無從口者然則古文大篆固已不從口矣又疑李斯變古法作小篆對字始從口至文帝復改之耳然書傳不載未敢遂以爲然也錢君大昭曰責對爲𧬊治也廣雅對治也馥案急就篇犯禍事危置對曹漢書劉向傳詔獄置對又臨江王徵詣中尉府對簿

文四　重二

pú 菐

菐 瀆菐也從丵從廾廾亦聲凡菐之屬皆從菐 蒲沃切

徐鍇曰一本注云丵衆多也兩手奉之是煩瀆也

瀆菐也者瀆當爲黷集韻菐煩也鄭注曲禮云卜不吉又筮筮不吉又卜是謂瀆龜或借僕字孟子使己僕僕爾亟拜也趙注僕僕煩猥貌

廾亦聲者當爲廾聲

說文解字義證　卷八　八

丵　業

pú 僕

僕 給事者從人從菐菐亦聲 蒲沃切

給事者者本書卒下云隸人給事者衣一切經音義三廣雅僕役使也僕附也謂附著於人也周禮大僕祭僕御僕注云僕侍御於尊者之名桓二年左傳士有隸子弟服注云士卑自以其子弟爲僕隸趙䇲先生獨未見夫僕乎十人而從一人者畏之也

𦡰 古文從臣

從臣者書微子我罔爲臣僕費誓臣妾逋逃傳云役人賤者男曰臣女曰妾昭七年左傳王臣公公臣大夫大夫臣士士臣皁皁臣輿輿臣隸隸臣僚僚臣僕僕臣臺

bān 𢍁

𢍁 賦事也從菐從八八分之也八亦聲讀若頒一曰讀若非 布還切

賦事也者詩烝民明命使賦傳云賦布也箋云使羣臣施布之也周禮內宰施其功事注云施猶賦也通鑑竟陵王子良或親爲眾僧賦食行水注云賦分畀也經典借班字釋言班賦也孫炎云謂賦與也郭璞云謂布與廣雅班賦布也書洪範武王既勝殷邦諸侯班宗彝傳云賦宗廟彝器酒尊賜諸侯桓六年左傳於是諸侯之大夫戍齊齊人饋之餼使魯爲其班又十年傳齊人餼諸侯使魯次之魯以周班後鄭僖三十二年公羊傳晉侯執曹伯班其所取侵地于諸侯也注云班者布遍還之辭襄十八年左傳有班馬之聲杜云班別也夜遁馬不相見故作離別聲也馥謂𢍁從八八別也襄二十六年左傳班荆相與食杜云班布也布荆坐地又借肦字聘禮記肦肉及廋車注云肦猶賦也王制名山大澤不以肦釋文肦讀爲班賦也又借般字太元建侯開國渙爵般秩漢書郊祀志先以雨般嵞嵞顏注般讀與班同布也　八分之也者本書八別也分別也放分也祭義頒禽鄭注頒之言分也　讀若頒者小爾雅頒賦布也周禮大宗伯乃頒祀于邦國都家鄉邑注云頒讀爲班宮伯以時頒其衣裘注云頒讀爲班班布也明堂位頒度量而天下大服注云頒讀爲班顧炎武曰昭四年左傳火出而畢賦即周禮夏頒冰　一曰讀若非者本書𩇦別也周禮廩人掌九穀之數以待國之匪頒注云匪讀爲分頒謂𢍁分聲相近大宰以九式均節財用八曰匪

頒之式注云鄭司農云匪分也頒讀爲班布之班謂班賜也玄謂王取分賜羣臣也

文三　重一

gǒng 廾

廾 竦手也從𠂇從又凡廾之屬皆從廾 居竦切

竦手也者廾竦聲相近本書竦自申束也經典用拱字書武成垂拱而天下治傳云垂衣拱手也禮玉藻凡侍於君垂拱注云沓手也身俯則宜手沓而下垂也論語子路拱而立

𢪃 揚雄說廾從兩手

從兩手者本書揚雄說拜從兩手下　馥謂兩手爲竦兩手下爲拜此字意也

fèng 奉

奉 承也從手從廾丰聲 扶隴切

承也者本書承奉也拲奉也書多方不克靈承于旅傳訓承爲奉詩鹿鳴承筐是將箋云承猶奉也成十六年左傳承寡君之命以請注云承奉也韋昭辨釋名奉車都尉主乘輿乘輿尊不敢言主故言奉

chéng 丞

丞 翊也從廾從卩從山山高奉承之義 署陵切

翊也者本書巹謹身有所承也玉篇翊輔翊馥案漢有翊郡風俗通丞者承也初學記尚書丞丞者承也言承助令僕總理臺事顏注急就篇丞承也周禮小行人及郊勞眂館將幣爲承而擯注云承猶丞也尚書大傳天子必有四鄰前曰疑後曰丞左曰輔右曰弼列子舜問乎丞釋文謂輔弼疑丞之官漢書王子侯表承陽侯顏注承音烝字或作丞案翟方進傳作丞物理論高祖定天下置丞相以統文德立大司馬以整武事爲二府也　從卩從山山高奉承之義者徐鍇曰岊高山之肰也故丞爲山高隅爲山岊馥據鍇說知本書誤也當云從廾從岊岊高奉承之義　本書承奉也唐本云從手從丞

huàn 奐

奐 取奐也一曰大也從廾夐省 呼貫切

取奐也者當爲耿奐本書引杜林說耿光也廣韻奐文采明皃三國志注幽州人語謂耿爲僩續漢書張奐字然明詩卷阿伴奐毛訓廣大有文章論語煥乎其有文章煥即奐之俗體徐幹齊都賦彫琢有章灼爛明奐　一曰大也

者徐鍇曰美哉奐焉奐大也　奐省者徐鍇本作奐
省聲馥案本書嬛下引春秋傳嬛嬛在疚今作煢煢

yǎn 弇

（篆）蓋也从廾从合古南切又一儉切

蓋也者釋言同郭云謂覆蓋廣韻弇覆也本書奄覆蓋也
揜覆也　从廾从合者徐鍇本从合廾聲馥謂當作从廾
合聲本書龕
頷皆合聲

（篆）古文弇

呂氏春秋仲冬之月君子齋戒處必弇高
注弇深邃也馥謂古文从穴深邃意也

yì 𢍰

（篆）引給也从廾睪聲羊益切

紀尙書昀所藏古鐘
有銘云𢍰乃吉金

引給也者李燾本作引給本書給
下云絲勞即給繹下云抽絲也

qí 畀

（篆）舉也从廾由聲春秋傳曰晉人或以廣隊楚人畀之

黃顥說廣車陷楚人爲舉之杜林以爲騏麐字渠記切

由聲者徐鍇曰由音笛據此則作由聲非鬼頭　春秋傳
及黃顥說云云者宣十二年左傳晉人或以廣隊不能進
楚人惎之脫扃少進馬還又惎之拔旆投衡乃出杜云廣
兵車惎教也扃車上兵闌拔旆投衡上使不帆風差輕馥
謂楚人舉晉之陷車既舉脫扃仍不能進又舉之拔其旗
投其衡然後出陷衡即扃也故服虔云扃橫木有橫木投
於輪間又案許公所見本作畀
畀惎聲近黃顥者說左氏之人

yì 异

（篆）舉也从廾目聲虞書曰岳曰异哉羊吏切

虞書曰岳曰异哉者堯典
文傳云异已也非本書義

lòng 弄

（篆）玩也从廾持玉盧貢切

玩也者釋言文本書玩弄也筭下云常弄乃不誤也詩斯
干載弄之璋箋云玩以璋者欲其比德焉僖九年左傳夷
吾弱不好弄杜云弄戲也襄四年傳愚弄其民漢書周昌
傳高祖持御史大夫印弄之鄧通傳此吾弄臣昭帝紀上
耕鉤盾弄田三輔黃圖弄田者燕遊之田天子所戲弄耳
從廾持玉者徐鍇本無持字楚語若夫白珩先王之玩
也

yù 𢍏

（篆）兩手盛也从廾𡴎聲余六切

或通作掬小爾雅掬一升也宣
十二年左傳舟中之指可掬也

兩手盛也者廣韻𢍏兩手捧物詩詁
兩手曰曰屈掌曰匊馥謂曰當爲𢍏

juàn 𢍋

（篆）摶飯也从廾釆聲釆古文辨字讀若書卷居券切

摶飯也者𢍋摶聲相近曲禮毋摶飯注云爲欲致飽不
謙正義共器若取飯作摶則易得多是欲爭飽非謙也

kuí 𢍎

（篆）持弩拊从廾肉讀若逵渠追切

持弩拊者拊當爲柎本書𨁶脛肉也玉篇𢍎持弩閑柎也
本書閑闌也柎闌足也　从廾肉者徐鍇曰肉非聲是鍇
本有聲字逵从坴坴讀若逐與肉聲相
近　讀若逵者本書𨁶从𢍎聲讀若逵

jiè 戒

（篆）警也从廾持戈以戒不虞居拜切

方言戒備也　易萃卦戒不虞注云備
不虞　孟子辭曰聞戒故爲兵餽之

警也者書大禹謨警戒無虞周禮宰夫正歲則以法警戒
羣吏令修宮中之職事注云警敕戒之言宣十二年左傳
且雖諸侯相見軍衛不徹警也正義戒之至也漢書梁孝
王傳出稱警入言蹕顏注警者戒肅也　从廾持戈以戒
不虞者徐鍇本作从廾戈持以戒不虞一切經音義十四
周易以此齋戒韓康伯曰洗心曰齋防患曰戒戒字體从廾
持戈以戒不
虞字意也

bīng 兵

（篆）械也从廾持斤并力之皃補明切

本書刀兵也　世本蚩尤以金作兵　月令章句洪範經云
兵革兵謂金刃　襄二十七年左傳天生五材民並用之廢
一不可誰能去兵兵之設久矣所以威不軌而昭文德也聖
人以興亂人以廢廢興存亡昏明之術皆兵之由也　大戴
禮用兵篇公曰古之戎兵何世安起子曰傷害之生久矣與
民皆生公曰蚩尤作兵與子曰否蚩尤惛慾而無厭者也何

yì 弈　gōng 龔

器之能作蜂蠆挾螫而生見害而校以衛厥身者也人生有喜怒故兵之作與民皆生聖人利用而弭之亂人興之喪厥身　僖十八年左傳鄭伯始朝于楚楚子賜之金既而悔之與之盟曰無以鑄兵杜云古者以銅爲兵襄十九年傳季武子以所得於齊之兵作林鐘昭二十七年傳取五甲五兵　莊二十五年穀梁傳陳五兵范云五兵矛戟鉞楯弓矢　周禮司兵掌五兵注云鄭司農云五兵者戈殳戟酋矛夷矛　又云軍事建車之五兵注云車之五兵鄭司農所云者是也步卒之五兵則無夷矛而有弓矢　月令天子乃教於田獵以習五戎注云五戎謂五兵弓矢殳矛戈戟也　司馬法兵不雜則不利長兵以衛短兵以守太長則難犯太短則不元太輕則銳銳則易亂太重則鈍鈍則不濟　漢書吾邱壽王傳臣聞古者作五兵顏注五兵謂矛戟弓劒戈　顧炎武曰古之言兵非今日之兵謂五兵也故曰天生五材誰能去兵世本蚩尤以金作兵一弓二殳三矛四戈五戟周禮司右五兵注引司馬法曰弓矢圍殳矛守戈戟助是也詰爾戎兵詰此兵也踊躍用兵用此兵也無以鑄兵鑄此兵也秦漢以下始謂執兵之人爲兵如信陵君得選兵八萬人項羽將諸侯兵三十餘萬見於太史公之書而五經無此語也　閻若璩曰前輩論曰古之言兵皆指器無有指人言者余證以四書如

足兵去兵不以兵車棄甲曳兵兵也堅甲利兵王興甲兵動天下之兵兵革非不堅利不以兵革之利爲兵魏之兵甲不多秦楚搆兵果皆器也可謂確絕

械也者本書械器之總名當云兵器之總名太白陰經器械不精不可言兵五兵不利不可舉事續漢書百官志考工令主作兵器弓弩刀鎧之屬成則傳執金吾入武庫　從廾持斤并力之皃者玉篇引作從斤斤兵也

𠊻　古文兵從人廾干

兵　籀文

龔　慤也從廾龍聲紀庸切

經典借共字莊二十四年左傳儉德之共也僖七年傳守命共時之謂信釋文共音恭僖十年傳晉侯改葬共大子　又借恭龔二字書甘誓今予惟恭行天之罰泰誓爾其孜孜奉予一人恭行天罰梁元帝告四方檄中權後勁龔行天罰

弈　圍棊也從廾亦聲論語曰不有博弈者乎羊益切

jù 具

左傳正義引沈氏云圍棊稱弈者取其落弈之義也　尹文子以智力求者喻如弈弈進退取與攻劫放舍在我者也　桓譚新論俗有圍棊或言是兵法之類也及爲之上者張置疏遠多得道而爲勝中者務相絕遮要以爭便利下者守邊隅趍作罫自生於小地猶薛公之言黥布反也上計取吳楚廣道者也中計塞成臯遮要爭利者也下計據長沙以臨越此守邊隅趍作罫者也更始帝將相不能防衛而令罫中死棊皆生　班固弈旨北方之人謂棊爲弈局必方正象地則也道必正直神明德也棊有白黑陰陽分也駢羅列布效天文也四象既陳行之在人蓋王政也成敗臧否爲人由己危之正也　博弈論今世之人多不務經術好翫博弈然其所志不出一枰之上所務不過方罫之閒夫一木之枰孰與方國之封枯棊三百孰與萬人之將袞龍之服金石之樂足以兼棊局而貿博弈矣

圍棊也者方言圍棊謂之弈自關而東齊魯之閒皆謂之弈　襄二十五年左傳今甯子視君不如弈棊其何以免乎弈者舉棊不定不勝其耦注云弈圍棊也正義葢此戲名之曰弈故說文弈從廾言竦兩手而執之孟子稱弈秋善弈秋人自以善弈而著名也棊者所執之子故云弈者舉棊不定不勝其耦謂舉子下之不定則不勝其耦是棊爲

子也以子圍而相殺故謂之圍棊　劉向圍棊賦略觀圍棊法於用兵怯者無功貪者先亾　後漢書張衡傳弈秋以棊局取譽注云弈圍棊也棊即所執之子　博物志堯造圍棊以教子丹朱或云舜以子商均愚故作圍棊以教之其法非智者不能也　晉中興書陶侃爲荊州見佐吏博弈戲具投之於江曰圍棊堯舜以教愚子諸君並國器何以此爲　通鑑秦彭超請爲征南棊劫之勢注云圍棊者攻其右而敵手應之則擊其左取之謂之劫又後周樂遜上言譬猶棊劫相持爭行先後注云弈碁有劫彼此爭行以相持以先後著決一枰之勝負

具　共置也從廾從貝省古以貝爲貨其遇切

特牲饋食禮東北面告濯具　漢書灌夫傳請語魏其具又云魏其夫妻治具

共置也者本書供設也漢書劉澤傳田生子請張卿臨親修具顏注具供具也古書多以共字釋詁其具也郭注謂備具周禮大宰祀五帝則掌百官之誓戒與其具脩注云具所當共小宰以灋掌祭祀朝覲會同賓客之戒具注云戒具戒官有事者所當共周語而事之共給於是乎在韋注共具也　古以貝爲貨者本書古者貨貝而寶龜書盤庚

具乃貝玉

文十七　重四

pān 𠬜

引也從反廾凡𠬜之屬皆從𠬜　普班切

漢平輿令薛君碑晻智蒙徂命不可𠬜　漢書司馬相如傳仰𠬜橑而捫天顏注𠬜古攀字也

引也者字林同字或作扳隱元年公羊傳諸大夫扳隱而立之何云扳引也

廾或從手從樊

晉語攀輦卽利而舍韋云攀引也

fán 樊

鷙不行也從𠬜從棥棥亦聲　附袁切

鷙不行也者鷙類篇引作縶案莊子在宥篇天下始喬詰卓鷙釋文崔云卓鷙行不平也馥謂鷙亦借字當作縶

棥亦聲者當爲棥聲

luán 𤔔

樊也從𠬜䜌聲　呂員切

樊也者樊當爲攀玉篇𤔔攀攣

文三　重一

gòng 共

同也從廿廾凡共之屬皆從共　渠用切

同也者同當爲詷本書詷共也祭統鋪筵設同几注云同之言詷也疏云若單作同字是齊同之同非詷共之詷若詷共之詷則言旁作同漢魏之時字義如此今則總爲一字

古文共

gōng 龔

給也從共龍聲　俱容切

給也者本書供供給哀十一年左傳轅頗奔鄭道渴其族轅咺進稻醴粱糗腶脯焉喜曰何其給也馥案經典借共字僖四年左傳共其資糧屝屨又云貢之不入寡君之罪也致不共給襄四年傳敝邑褊小闕而爲罪杜云闕不共也襄八年傳敬共幣帛以待來者小國之道也隱十年傳寡人唯是一二父兄不能共億杜云共給周語事之共給於是乎在韋注給足也史記田敬仲完世家稱臣而共具又借恭字書甘誓左不攻于左汝不恭命右不攻于右汝不恭命御非其馬之正汝不恭命馥案襄三十年左傳吾儕小人食而聽事猶懼不給命而不免於戾給命卽恭命

文二　重一

yì 異

分也從廾從畀畀予也凡異之屬皆從異　羊吏切

分也者廣雅同本書序知分理之可相別異也曲禮羣居五人則長者必異席史記商君傳民有二男以上不分異者倍其賦畀予也者本書畀相付與之也徐鍇本作畀云囟骴之左字音信

dài 戴

分物得增益曰戴從異𢦏聲　都代切

分物得增益曰戴者廣雅戴予也載與戴通春秋戴國釋文作載戶經作戴詩絲衣載弁俅俅箋云載猶戴也陳留戴國本亦作載故隋時置戴州

籒文戴

文二　重一

yú 舁

共舉也從臼從廾凡舁之屬皆從舁讀若余　以諸切

共舉也者廣雅舁舉也魏志鍾繇傳虎賁舁上殿晉書桓元傳更造大輦容三十人坐以二百人舁之陶潛傳潛有腳病乘籃輿乃令一門生二兒共舁之魏書列女傳遣人强舁於車上通鑑路瓊之詣王僧達趨升其榻僧達令舁弃之注云舁對舉也

qiān 䙴

升高也從舁囟聲　七然切

本書罨從與徐鍇以爲古文䙴林罕以爲古文舉未審所據

升高也者本書遷從此云登也又僊長生僊去當爲䙴去方士所謂飛升也僊䙴聲相近

䙴或從卩

或从卩者本書㔾陬隅高山之卩然則卩亦升高意

古文舁

yǔ 與

黨與也从舁从与 余吕切

黨與也者黨當爲攩按與亦衆意本書旟从與云衆也管子八觀篇請謁得於上則黨與成於下襄三十年左傳孰殺子產吾其與之戰國策是君以合齊與强楚注云與黨與也又云韓齊爲與國注云相與爲黨與也徐鍇引左傳伯有聞子皮之甲不豫攻己也喜曰子皮與我矣

古文與

xīng 興

起也从舁从同同力也 虛陵切

起也者釋言文詩大明維予侯興傳云興起也緜百堵皆興小明興言出宿箋竝云興起也昭元年左傳穆叔子皮及曹大夫興拜注云興起也 同力也者九經字樣曰象兩手以亦是兩手謂衆手同力能興起也馥案周禮大司

馬進賢興功注云興猶舉也文王世子乃命有司行事興秩節注云興猶舉也馥謂同力則易舉也

文四 重三

jū 臼

叉手也从𦥑彐凡臼之屬皆从臼 居玉切

本書要从此云臼兩手

叉手也者本書叉手指相錯也馥謂兩手之指相迭遣所謂溫八叉也

yāo 要

身中也象人要自臼之形从臼交省聲 於消切又於笑切

春秋元命苞腰而上者爲天尊高陽之狀腰而下者爲陰豐厚地之重數合於四故腰周四尺 斥彰長田君碑究屆道要馥謂隸體从省尚未盡變篆形

身中也者釋名腰約也在體之中約結而小也 象人要自臼之形者本書𦥔云體自𦥔束从臼自持也馥謂當作體自臼束又㝠云中國之人也从臼臼兩手楚策昔者先君靈王好小要楚士約食

古文要

文二 重一

chén 晨

早昧爽也从臼从辰辰時也辰亦聲丮夕爲𡖍臼辰爲晨皆同意凡晨之屬皆从晨 食鄰切

漢書律歷志壬辰晨星始見顏注晨古晨字也其字从臼馥案此晨謂水星與从晶之房星不同

早昧爽也者本書昧爽旦明也釋詁晨早也釋名晨伸也旦而日光復伸見也集韻晨旦也關中語書牧誓時甲子昧爽傳云昧冥爽明早旦詩庭燎夜鄉晨箋云晨明也周禮司寤氏禦晨行者注云晨先明也左傳正義說文云晨早昧爽也謂夜將旦雞鳴時也 从臼者九經字樣曰象叉手晨省之義馥案本書丑象手之形時加丑亦舉手時也馥謂臼亦手也早昧爽卽丑也 辰時也者本書辰民農時也又云辰房星天時也又辱下云辰者農之時也天官星占辰星一名伺晨詩東方未明不能辰夜傳云辰時也石經監本同今作晨昭十七年公羊傳大火爲大辰伐爲大辰注云大火與伐天所以示民時早晚天下所取正故謂之大辰辰時也 丮夕爲𡖍臼辰爲晨皆同意者愼曰丮夕爲𡖍其夕惕乎臼辰爲晨其朝乾乎造書者深於易矣

nóng 農(農)

耕也从晨囟聲 奴冬切

徐鍇本火部爂云與農晨同意 書洪範農用八政釋文馬云食爲八政之首故以農名之 漢書食貨志闢土殖穀曰農 禮祭法厲山氏之有天下也有子曰農能殖百穀

耕也者一切經音義十引作耕人也馥案玉篇農耕夫也本書甿田民也畯農夫也 囟聲者疑聲字衍凡从囟諧字隸變作西如覀要是也農隸亦作䢉

籒文農从林

从林者耕治荒田先除林木楚所以起山林也

古文農

舁臼晨

亦古文爨

文二　重三

爨 齊謂之炊爨臼象持甑冂爲竈口廾推林內火凡爨之屬皆從爨 七亂切

釋名爨銓也銓度甘辛調和之處也　士虞禮魚腊爨亞之注云爨竈　特牲饋食禮主婦視饎爨於西堂下注云爨竈也　周禮外饔職外內饔之爨亨煮注云爨今之竈　通典獠俗鑄銅爲器大口寬腹名曰銅爨既薄且輕易於熟食　物理論瓮爨之未熟覆甑而棄之所害亦多矣

齊謂之炊爨者廣雅爨炊也詩楚茨執爨踖踖傳云爨饔爨廩爨也馥案禮饔爨煮肉廩爨炊米炊爨謂廩爨也宣十五年左傳析骸以爨杜云爨炊也孟子許子以釜甑爨注云爨炊也楚詞九歎爨土鬵於中宇注云爨炊竈也

臼象持甑冂爲竈口廾推林內火者一切經音義十七三蒼爨炊也字從臼持缶缶甑也冂爲竈口廾以推柴內火字意也馥據此知爨從缶與𦥑同或曰冃卽鬲之下體象交文三足也寫誤變冃爲冃馥案鬲下從鬲省上又從冃成何字義或說非是

爨 籒文爨省

[illegible] 所以枝鬲者從爨省鬲省 渠容切

所以枝鬲者者枝類篇引作支玉篇同本書鼓從支謂有三足支之也桓五年左傳蔡衛不枝杜注不能自支也

釁 血祭也象祭竈也從爨省從酉酉所以祭也從分分亦聲 虛振切

賈誼書豫讓釁面吞炭馥謂涂面

血祭也者本書𧘫以血有所刉涂祭也月令章句涂以牲血謂之釁大戴禮諸侯釁廟篇成廟釁之以羊君元服立於寢門內南向祝宗人宰夫雍人皆元服宗人曰請令以釁某廟君曰諾遂入雍人拭羊宰夫入廟門碑南北面東上雍人舉羊升屋自中中屋南面刲羊血流於前乃降雜記釁屋者交神明之道也凡宗廟之器其名者成則釁之以豭豚注云宗廟名器謂尊彝之屬周禮司几筵上春釁寶鎮及寶器注云釁謂殺牲以血血之龜人上春釁龜注云釁者殺牲以血之神之也成三年左傳執事不以釁鼓注云以血涂鼓爲釁鼓昭四年傳叔孫爲孟鍾饗大夫以落之注云以豭豬血釁鍾曰落定四年傳君以軍行祓社釁鼓注云殺牲以血塗鼓鼙爲釁鼓正義引本書同呂氏春秋慎大覽釁鼓旗甲兵注云殺牲祭以血塗之曰釁漢書高帝紀祠黃帝祭蚩尤於沛廷而釁鼓應劭曰釁祭也殺牲以血涂鼓臣瓚曰禮記及大戴禮有釁廟之禮皆無祭事顏云許慎云釁血祭也然卽凡殺牲以血祭者皆爲釁安在其無祭事乎孟子將以釁鍾趙注新鑄鍾殺牲以血涂其釁郄因以祭之曰釁馥案因此有釁罅之義韓策韓息士民以待其釁鮑注釁罅是也俗作衅樂記車甲衅而藏之府庫注云衅釁字也廣韻衅牲血塗器祭也

象祭竈也者本書[illegible]竈上祭名馥案今以酒糟涂竈門是也

從酉酉所以祭也者酉酒也本書酉八月黍成可爲酎酒是也

從分分亦聲者當爲分聲

文三　重一

革 獸皮治去其毛革更之象古文革之形凡革之屬皆從革 古覈切

易遯卦執之用黃牛之革革卦彖天地革而四時成湯武革命順乎天而應乎人　書畢命道有升降政由俗革傳云天道有上下交接之義政教有用俗改更之理　詩羔羊之革傳云革猶皮也　漢書鄭崇傳曳革履顏注孰曰韋生曰革　西域傳書革旁行爲書記顏注革謂皮之不柔者

獸皮治去其毛革更之者一切經音義十四引云獸去毛曰革革更也詩羔羊正義引云獸皮治去其毛曰革革更也周禮司裘疏引同月令章句去毛曰革本書剝取獸革者謂之皮書禹貢齒革羽毛傳云革犀皮正義說文云獸皮治去其毛爲革革與皮去毛爲異耳周禮冥氏若得其獸則獻其皮革齒須備疏云革謂無文章者去毛而獻之本書諽更也堯典鳥獸希革傳云革改也

象古文革之形者徐鉉寫徐鍇韻譜革字作革今從廿非鉉原本徐鍇

本從口一切經音義二十二革更也字從三十從口口爲國邑國三十年而法更別取別異之意也口音韋竊謂寫者不解字意誤爲廿俗遂以爲從口舌字矣

革 古文革從三十三十年爲一世而道更也臼聲

古文革云云者徐鍇本作從卅卅年爲一世本書世云三十年爲一世繫傳引尚書旣歷三紀世變風移論衡宣漢篇孔子曰如有王者必世然後仁孔子所謂一世三十年也

kuò 鞹

鞹 去毛皮也論語曰虎豹之鞹從革郭聲 苦郭切

去毛皮也者孔安國論語注皮去毛曰鞹與本書同鄭注鞹革也詩載驅簟茀朱鞹正義云說文鞹革也獸皮治去毛曰革鞹是革之別名韓奕鞹鞃淺幭傳云鞹革也楚詞九歎筐澤瀉以豹鞹兮注云鞹革也呂氏春秋贊能篇乃使吏鞹其拳注云鞹革也以革囊其手也論語云虎豹之鞹者彼作鞟竊案古書多作鞟淮南說山訓剝牛皮鞟以爲鼓

說文解字義證 卷八 三十一

jiān 靬

靬 靬乾革也武威有麗靬縣從革干聲 苦旰切

廣雅靬謂之鞶 賈誼書鄒穆公夾丈夫釋玦靬 武威有麗靬縣者兩漢志驪靬屬張掖漢書張騫傳抵安息奄蔡犛靬服虔曰犛靬張掖縣名也

luò 䩣

䩣 生革可以爲縷束也從革各聲 盧各切

生革可以爲縷束也者經典借絡字楚辭招魂鄭緜絡些注云絡縛也西都賦籠山絡野注云絡繞也徐鍇曰今外國人履連脛謂之絡鞮

páo 鞄

鞄 柔革工也從革包聲讀若朴周禮曰柔皮之工鮑氏 鞄卽鮑也 蒲角切

柔革工也者說苑革剛則裂故有工以柔之 周禮曰柔皮之工鮑氏鞄卽鮑也者考工記攻皮之工函鮑韗韋裘鄭司農云鮑書或爲鞄蒼頡篇有鞄䩺竊案墨子節用篇輪車鞼鞄鞄卽鞄子

yùn 韗

韗 攻皮治鼓工也從革軍聲讀若運 王問切

攻皮治鼓工也者祭統煇者甲更之賤者也注云煇周禮作韗謂韗磔皮革之官也廣韻韗理鼓工考工記云韗人爲臯陶臯陶鼓木也 讀若運者考工記注云韗讀爲歷運之運

𩏂 韗或從韋

róu 鞣

鞣 耎也從革從柔柔亦聲 耳由切

耎也者本書反柔皮也玉篇反或爲耎集韻說文鞣耎也謂柔革廣韻鞣熟皮 柔亦聲者當爲柔聲

dá 靼

靼 柔革也從革旦聲 旨熱切

玉篇廣韻注中凡靼多誤作靼字 柔革也者玉篇靼䩞也

𩏽 古文靼從亶

說文解字義證 卷八 三十二

guì 鞼

鞼 韋繡也從革貴聲 求位切

韋繡也者元史王侯之棺用白裡長一十四尺純以韋繡覆於棺上宣二年左傳從其有皮丹漆若何國語今君四時使人斲離皮革掩以朱漆畫以丹青墨子節用篇凡天下羣百工輪車鞼鞄陶冶梓匠使各從事其所能齊語輕罪贖以鞼盾一戟韋云鞼盾綴革有文如繢也法言寡見篇又從而繡其鞶帨徐鍇引唐史戎狄婦人或能刺韋爲繡也

pán 鞶

鞶 大帶也易曰或錫之鞶帶男子帶鞶婦人帶絲從革般聲 薄官切

孫根碑束鞶立朝 太元周帶其鉤鞶鍾以玉環測曰帶其鉤鞶自約束也 晉輿服志諸假印綬而官不給鞶囊得自具作 王隱晉書鄧攸夢見一女猛獸自後斷其鞶囊 班固與竇將軍牋固於張掖縣受賜虎頭繡鞶囊一雙 東觀漢記鄧遵破諸羌賜金剛鮮卑緄帶一具虎頭鞶囊 宋書禮志鞶古制也漢代著鞶囊者側在腰間或謂之傷囊或謂

革

gǒng 鞏　mán 鞔　sǎ 靸

之綏囊 周禮巾車樊纓十有再就注云樊讀如鞶帶之鞶謂今馬大帶也 曹瞞傳身佩小鞶囊以盛手巾細物 大帶也者本書帶紳也紳大帶也廣雅鞶帶也馬注周易鞶大帶也禮玉藻大夫大帶桓二年左傳鞶厲游纓服虔云鞶大帶也莊子盜跖篇帶死牛之脅釋文司馬云取牛皮爲大革帶 易曰或錫之鞶帶者訟卦文虞注鞶帶大帶男子鞶革 男子帶鞶婦人帶絲者白虎通男子有鞶革者示有金革之事內則男鞶革女鞶絲注云鞶小囊盛帨巾者男用韋女用繒有飾緣之士昏禮記視諸衿鞶注云鞶鞶囊也男鞶革女鞶絲所以盛帨巾之屬爲謹敬莊二十一年左傳王以后之鞶鑑予之注云鞶帶而以鑑爲飾也馥謂王后之鞶卽婦人鞶絲也男子飾以獸頭婦人飾以鑑或借般字桓三年穀梁傳諸母般申之范云般囊也所以盛朝夕所須以備舅姑之用又作鞶字內則婦人佩施鞶袠注云小囊也左傳正義云袠是囊之別名今人謂裹書之物爲袠言其施帶施囊耳

鞏 以韋束也易曰鞏用黃牛之革從革巩聲 居竦切

以韋束也者釋詁鞏固也詩瞻卬無不克鞏傳云鞏固也 易曰鞏用黃牛之革者革卦文王注鞏固也

鞔 履空也從革免聲 母官切

履空也者集韻類篇引並有一曰覆也四字案一切經音義十四蒼頡篇鞔覆也周禮棧車無革鞔今謂覆蓋物爲鞔是也曲禮履不上堂注云履賤空不知足而爲之故曰空呂氏春秋召類篇南家工人也爲鞔者也注云鞔履也作履之工也鹽鐵論古者庶人鹿菲草屐縮絲尙韋而已及其後則綦下不借鞔鞮革易馥案鞔爲履空者謂薦以上也履從舟本書俞空中木爲舟履象之故曰履空其下曰鞔或作鞔字苑鞔苴履底廣韻鞔底履名方言自關而東複履其庳者謂之鞔下釋名晚下如舄其下晚晚而危婦人短者著之可以拜也

靸 小兒履也從革及聲讀若沓 穌合切

小兒履也者履之無跟者也急就篇靸鞮卬角褐韤巾顏注靸謂韋履頭深而兌平底者也今俗呼謂之跣子字苑靸鞮卬角也今江南謂靴無頸者爲靸釋名靸韋履深頭者之名也靸襲也以其深襲覆足也淮南氾論訓乃爲靻蹻而超千里高云靻蹻靸也輟耕錄西浙之人以草爲履而無跟名曰靸鞵婦女非纏足者通曳之灸轂子雜錄

áng 䩕　dī 鞮　jiá 鞅

引實錄云靸鞵三代皆以皮爲之朝祭之服也始皇二年遂以蒲爲之名曰靸鞵二世加鳳首仍用蒲晉永嘉元年用黃草宮內妃御皆著始有伏鳩頭履子梁天監中武帝易以絲名解脫履至陳隋閒吳越大行而模樣差多唐大歷中進五朵草履子建中元年進百合草履子據此則靸鞵之製其來甚古 讀若沓者魏志夫餘國白布大袂袍袴履革鞜玉篇鞜鞮也漢書揚雄傳革鞜不穿服虔曰鞜易也

䩕 䩕角鞮屬從革卬聲 五岡切

䩕角鞮屬者廣韻䩕履頭廣雅䩕角履也方言東北朝鮮洌水之閒謂之䩕角徐土邳圻之閒大麤謂之䩕角釋名仰角屐上施履之名也行不得蹶當仰履角舉足乃行也顏注急就篇卬角屐上施也形若今之木履而下有齒焉欲其下不蹶當卬其角舉足乃行因爲名也

鞮 革履也從革是聲 都兮切

田俅子謂少昊鞮鞮 晉寺人披爲勃鞮亦稱履鞮 曲禮鞮屨注云無絇之菲也馥案周禮鞮屨人青句注云句當爲絇

易履有絇者飾也士冠禮元端黑履青絇注云絇之爲言拘也以爲行戒狀如刀衣鼻在屨頭也馥謂絇爲履頭飾鞮無飾也

革履也者履當爲屨本書屨鞮也周禮春官鞮鞻氏注云鞻讀如屨也釋文鞮許慎云屨也呂忱云鞮革履也馥謂本書多爲人改從字林者此其一也六經正誤引字林與釋文同廣雅鞮履也履亦當爲屨方言襌者謂之鞮注云今韋鞮也玉篇鞮單履也顏注急就篇鞮薄革小履也韓策甲盾鞮鍪鮑云鞮革履漢書貢禹傳孝文皇帝衣綈履革鄭崇傳上每聞崇曳革履嘆曰我識鄭尙書履聲急就篇麋麈麐麃皮給履顏注皮可以給履舄之用也四民月令八月制韋履三禮圖履夏用葛冬用皮魏志韓國足履革蹻蹋朱勃理馬援表民饑嗷弩煮履東觀漢記狄道飢饉啖弩煮履馥謂革履故可煮

鞅 鞮鞅沙也從革從夾夾亦聲 古洽切

鞮鞅沙也者沙類篇引作鞇廣雅鞈鞇履也曹憲鞈音古匣反鞇音沙馥謂鞈鞇卽鞈鞇廣韻鞈鞇素鞾履釋名鞈

韡韡之缺前壅者一切經音義十四外國諸草木中若皮若葉若花等不成五味難以爲食者則名迦沙馥謂韡缺前壅俗衣缺袖如草木不成五味故俱有沙稱

xǐ 韃

韃 鞮屬從革徙聲 所綺切

或作屣列仙傳文賓賣靴屣爲業後漢書皇甫規聞王符至倒屣而迎春秋後語田子方曰行不合言不從則去之楚越若脫屣然淮南子堯舉天子而傳之舜猶卻行而釋屣孟子舜視棄天下猶棄敝蹝也劉熙本作屣云屣草履可履馥謂草當爲革字之誤也 又或作縰莊子曳縰而歌商頌 又或作躧燕策猶釋敝躧呂氏春秋長見篇竊觀公之意視釋天下若釋躧史記封禪書吾視去妻子如脫躧耳趙世家去之楚越若脫躧然

鞮屬也者集韻引同又云謂革履也廣雅屣履也漢書地理志說趙地云作姦巧多弄物爲倡優女子彈弦跕躧游媚富貴偏諸矦之後宮臣瓚曰躡跟爲跕挂趾爲躧吳都賦輕脫躧於千乘李善云聲類曰躧或爲韃說文曰韃鞮屬也長門賦蹝履起而彷徨李善云說文曰蹝躡也一曰韃鞮屬鞮革履也馥案張衡七盤舞賦歷七盤而屣躡漢書雋不疑傳勝之躧履起迎顏注履不著跟曰躧躧謂納履未正曳之而行言其遽也

xié 鞵

鞵 革生鞮也從革奚聲 戶佳切

玉篇鞵革鞮也革底麤皋 廣韻鞵屩也 釋名鞋解也著時縮其上如履然解其上則舒解也

革生鞮也者增韻引革生履也字鑑引革履也馥疑當作生革履也

dīng 靪

靪 補履下也從革丁聲 當經切

補履下也者廣雅靪補也搜神記陽公常爲人補履列仙傳嘯父在曲州市中補履數十年說苑干將鏌鋣以之補履曾不如兩錢之錐古文苑短人賦鞸韝鼓兮補履樸本書屣履下也廣韻靪補履下也禮圖複下曰舃單下曰履史記東郭先生履有上無下足盡踐地鹽鐵論紈裏紃下

jū 鞠

鞠 蹋鞠也從革匊聲 居六切

法言捖革爲鞠 風俗通毛丸謂之鞠 兩京新記西京有鞠場亭 通鑑唐高宗曰朕觀此人善爲擊鞠之戲注云鞠以韋爲之實以柔物今謂之毬子 字或作毱三蒼解詁毱丸可蹋戲 漢書作鞠藝文志蹵鞠二十五篇顏注鞠以韋爲之實以物蹵之以爲戲也蹵鞠陳力之事故附於兵法焉 又借踘字史記倉公傳處後蹴踘正義謂打毬也

蹋鞠也者鹽鐵論蹋鞠鬬雞漢書枚臯傳蹵鞠刻鏤顏注蹵足蹵之也鞠以韋爲之中實以物蹋蹵爲戲樂也西京雜記成帝好蹵鞠羣臣以蹵鞠爲勞體非至尊所宜帝曰朕好之可擇似而不勞者奏之家君作彈棊以獻盧植禮記注角力如漢家乘之引鬬蹋踘之屬也崔豹古今注蹵鞠起黃帝習用兵之勢史記蘇秦傳六博蹋鞠集解劉向別錄曰蹵鞠者傳言黃帝所作或曰起戰國之時蹋鞠兵勢也所以練武士知有材也皆因嬉戲而講練之衛霍列傳而驃騎尙穿域蹋鞠正義案蹵鞠書有域說篇卽今之打毬也馥案服虔云穿域穿地作鞠室也何晏景福殿賦其西則有左墄右平講肄之場李善注云蹵鞠亦有治國之象左墄而右平夏矦稚權景福殿賦曰乃造彼鞠室馥案何賦又云二六對陳殿翼相當注云二六蓋鞠室之數而室有一人也李尤鞠室銘曰圓鞠方牆放象陰陽法月衡對二六相當

𩍕 鞠或從𥷚

táo 鞀

鞀 鞀遼也從革召聲 徒刀切

呂氏春秋倕作鞀 釋名鞀導也所以導樂作也 急就篇鍾磬鞀簫鼙鼓鳴顏注鞀貫把鼓也搖而鳴之 論語播鞉武皇侃本作鞀 漢堯廟碑鞀磬柷圉 漢書揚雄傳鳴鞀磬之和顏注鞀古鼗字鞀小鼓也 馬融東巡頌揮工倕之靈鞀 白虎通禮樂篇鞀者震之氣也上應卯星以通王道故謂之鞀也 鬻子禹之治天下也懸五聲以聽曰語寡人以獄訟者揮鞀 馥案呂氏春秋云武王有誠愼之鞀 書益稷下管鼗鼓 詩有瞽鞉磬柷圉傳云鞉小鼓也又置我鞉鼓箋云置讀曰植植鞉鼓者爲楹貫而樹之鞉雖不植貫而搖之亦植之類 大射儀鼗倚於頌磬注云鼗如鼓而小有柄賓至搖之以奏樂也 周禮小師注云鼗如鼓而小持其柄搖之旁耳還自擊 樂書雷鞀者周禮瞽矇掌播鞉鞉如鼓而小以木貫之作柄 柄各四枚爲八面也旁以結皮爲耳搖之還自擊 宋書樂志以桴擊之曰鼓以手搖之曰鞉

鞀遼也者鞀遼疊韻釋樂大鼗謂之麻小者謂之料一切經音義二十鞉山東謂之鞀牢䩞謂遼料牢聲並相近

yuān 鞔　bǐng 鞞

鞉 鞀或從兆

鼗 鞀或從鼓從兆

籀文鞀從殸召

鞔 量物之鞔一曰抒井鞔古以革從革冤聲 於袁切

鞔或從宛

鞞 刀室也從革卑聲 并頂切

刀室也者韻會引徐鍇本作劍室也案方言劍削自河而北燕趙之閒謂之室自關而西謂之鞞史記刺客傳劍長操其室索隱室謂鞘也東觀漢記濟南段成劍一室兩刃本書削鞞也釋名刀其室曰削小爾雅廣器刃之削謂之室室謂之鞞鞛琫鞞之飾也廣雅鞞鞘刀削也詩瞻彼洛矣鞞琫有珌傳云鞞容刀鞞也正義古之言鞞猶今之言鞘內則注遰刀鞞是也周書王會解請令以魚支之鞞注云鞞刀削

hén 鞎　hóng 鞃　mù 鞪　bì 䩛

鞎 車革前曰鞎從革艮聲 戶恩切

車革前曰鞎者釋器輿革前謂之鞎郭云以韋靶車軾李巡云謂輿前以革爲車飾曰鞎徐鍇曰臣以爲鞎猶垠以韋緣之爲垠堮也輿車底也

鞃 車軾也從革弘聲詩鞹鞃淺幭讀若穹 邱弘切

車軾也者韻會引徐鍇本作車軾中靶也玉篇鞃軾中靶也或作軚類篇鞃車軾中靶　詩曰鞹鞃淺幭者大雅韓奕文傳云鞃軾中也正義言鞹鞃者言以去毛之皮施於軾之中央持車使牢固也

鞪 車軸束也從革敄聲 莫卜切

車軸束也者本書楘車歷錄束交也

䩛 車束也從革必聲 毗必切

車束也者集韻車革曰䩛既夕記說明器之弓云有䩛玉篇䩛弓絏也馥謂䩛柲同

zuān 𩏍　zhì 䩚　bèi 鞁

𩏍 車衡三束也曲轅鞼縛直轅纂縛從革爨聲讀若論語鑽燧之鑽 借官切

曲轅鞼縛直轅纂縛者纂類篇引作㚚徐鍇曰乘車當中爲一曲轅木爲衡又縛軛於上乘車別鑽孔縛之大車雙直轅衡執都縛之而已不鑽也馥案本書帣車上衡衣馥謂衣所以遮蓋鞼縛也

𩏍或從革贊

䩚 蓋杠絲也從革旨聲 脂利切

蓋杠絲也者考工記注桯蓋杠也杠長八尺顏注急就篇俾倪持蓋之杠在軾中央環爲之所以止蓋弓之前卻也續漢書輿服志二千石皁蓋除吏赤畫杠鹽鐵論今庶人富者銀黃華左搔結綏韜杠馥謂絲用以繫弓

鞁 車駕具也從革皮聲 平祕切

車駕具也者晉語吾兩鞁將絕韋昭云鞁靷也漢書郊祀志詔有司增雍五畤路車各一乘駕被具顏注駕車被馬之飾皆具也通鑑燕征北大將軍隆以諸王幼不能出中山還入迎自爲鞁乘

ēng 鞥　bà 靶　xiǎn 韅

鞥 轡鞥從革弇聲讀若譍一曰龍頭繞者 烏合切

轡鞥者廣韻鞥皮裹角也　一曰龍頭繞者者龍當爲龓本書闕龓字玉篇龓馬龓頭廣韻龓龓頭字又作䪝　讀若譍者譍與鞥聲不相近所未能詳

靶 轡革也從革巴聲 必駕切

轡革也者一切經音義十九引作轡飾也本書綏車中把也把當爲靶廣雅靶謂之綏釋器轡首謂之革郭云轡靶勒詩蓼蕭傳云革轡首也正義馬轡所靶之外有餘而垂者謂之革漢書王襃傳王良執靶晉灼云靶音霸謂轡也吳都賦迴靶乎行睨五臣云靶轡革也

韅 著掖鞥也從革顯聲 呼典切

著掖鞥也者左傳釋文引作著掖皮脅頭解詁韅馬腹帶也急就篇轡勒鞅韅靽羈韁顏注在掖曰韅釋名韅經也

jìn 靳　chěng ⿰革蚩　yǐn 靷

橫經其腹下也檀弓子顯以致命於穆公鄭注使者公子縶也引盧植注云古者名字相配顯當作韅荀子禮論篇絞韅絲末彌龍所以養威也注云韅馬腹之革䩉案史記禮書鮫韅集解韅者當馬掖之革索隱鮫韅者以鮫魚皮飾韅韅馬腹帶也

靳　當膺也从革斤聲　居近切

當膺也者相牛經膺庭欲得廣注云膺庭胷前也後漢書時有矯稱侍中止傳舍者太守欲謁之鮑永乃拔佩刀截馬當胷乃止注云當胷以韋爲之也詩小戎傳游環靷環也釋文靷本文作靳沈云舊本皆作靳靳者言無常處游在驂馬背上以驂馬外轡貫之以止驂之出左傳云如驂之有靳無取於靷也釋名游環在服馬背上驂馬之外轡貫之游移前卻無常處也定九年左傳吾從子如驂之靳正義說文云靳當膺也則靳是當胷之皮也驂馬之首當從服馬之胸胸上有靳故云我之從子如驂馬當服馬之靳戴君震毛鄭詩考正云小戎首章傳游環靷環也震案釋文作靳環引沈重云舊本皆作靳今考下言陰靷鋈續傳曰續靷也箋曰鋈續白金飾續靷之環然則靳環與

靷環乃二物詩竝言之轉寫譌溷後人遂莫之辨春秋傳言如驂之靳說文靳當膺也葢詩謂之游環春秋傳謂之靳漢時謂之當膺驂從靳而後於兩服其首正當兩服之胷於此有環以貫其外轡箋曰游環在背上無常處貫驂之外轡以禁其出釋名曰游環在服馬背上驂馬之外轡貫之可與箋相足馥案僖二十八年左傳韅靷鞅靽杜注在胸曰靷兩靷字竝當作靳

⿰革蚩　驂具也从革蚩聲讀若騁蜃　丑郢切

讀若騁蜃者本書蚩讀若騁

靷　引軸也从革引聲　余忍切

引軸也者荀子禮論篇金革轡靷而不入注云說文云靷所以引軸者也詩小戎陰靷鋈續傳云靷所以引也正義靷者以皮爲之繫於陰板之上令驂馬引之何則此車衡之長惟六尺六寸止容二服而已驂馬頸不當衡別爲二靷以引車故云所以引也釋名陰蔭也橫側車前以蔭笭也靷所以引車也鋈金塗沃也治白金以沃灌靷環也續

guǎn ⿰革官　dòu ⿰革豆　yú ⿰革于　bó ⿰革尃　è ⿰革奄　zhuó ⿰革叕　ān 鞌

續靷端也哀元年左傳我兩靷將絕吾能止之正義古之駕四馬者服馬夾轅其頸負軛兩驂在旁挽靷助之詩所謂陰靷鋈續是也說文云靷引軸也汝南先賢傳上欲到三輔郭憲諫止不從憲當車拔刀以斷車靷

籀文靷

⿰革官　車鞁具也从革官聲　古滿切

⿰革豆　車鞁具也从革豆聲　田候切

車鞁具也者徐鍇曰鍮中舌也馥案本書鍮環之有舌者

⿰革于　輨內環靼也从革于聲　羽俱切

輨內環靼也者玉篇作輨徐鍇曰鍮上攀也

⿰革尃　車下索也从革尃聲　補各切

車下索也者集韻轉革裹車軛也或借縛字急就篇盜轉俾倪梘縛棠顏注縛在車下主縛軸令與相連即今所謂鉤心也或作轉類篇轉說文車下索也

⿰革奄　車具也从革奄聲　烏合切

車具也者玉篇⿰革奄車上具也

⿰革叕　車具也者从革叕聲　陟劣切

鞌　馬鞁具也从革从安　烏寒切

公羊傳齊侯唁公以鞍爲几　吳子車騎之具鞍勒銜轡必令完堅　鹽鐵論散不足篇古者庶人賤騎繩控革鞮皮薦而已及其後革鞍氂成鐵鑣不飾　曹植表錫鞌一具初不敢乘謹奉上　劉義恭啟賜臣供御金梁橋鞌制作精巧宜副龍駟

馬鞁具也者急就篇鞇鞦韃䩵鞍鑣鐊顏注鞍所以被馬取其安也赭白馬賦具服金組兼飾丹雘五臣云言以金組丹青飾其裝具漢書許廣漢從上甘泉誤取他郎鞍以被馬宋書劉鍾傳荊州刺史獻名馬并精麗乘具宗慤傳

林邑王以具裝被象柳元景傳械馬亦去具裝馳奔以入賊陣齊書高帝討晉安王緝櫻皮爲馬具裝南齊書太祖本紀馬乘具不得金銀度東昏侯本紀馬乘其用錦繡處患爲雨所沾濕織雜綵珠爲覆蒙通鑑焦度刺皮豹子墜馬獲其鎧矟具裝　從安者徐鍇本作安聲

róng 䩸

䩸 鞌毳飾也從革茸聲 而隴切

鞌毳飾也者集韻䩸飾謂之彡急就篇靳靷䩸鞊色焜煌顔注䩸鞊以毛毳飾鞌也傳元良馬賦鏤鞌采䩸或借茸字初學記引鹽鐵論古者繩鞚草韅皮薦而已其後代以革鞌鐵鑣而不飾其後乃有鏤衡鞍紫茸題高橋鞍或有金銀翠毛之飾注云魏百官各有紫茸題頭高橋鞍一具字或作緝華嚴騧馬賦鞍屬緝袠唐書地理志平涼郡貢覆鞌氊彭原郡貢五色覆鞌氈

tié 鞊

鞊 鞌飾從革占聲 他叶切

鞌飾者玉篇鞢下云鞊鞢鞍具也

gé 鞈

鞈 防汗也從革合聲 古洽切

本書磬古文作鞈

防汗也者廣雅防汗謂之鞈初學記障汗亦曰弇汗管子小匡篇輕罪入蘭盾鞈革二戟鹽鐵論散不足篇今富者廚繡弇汗東觀漢記永元三年西謁園陵桓郁兼羽林中郎將從使給馬二疋幷鞌勒防汗魏百官名黃地金鏤織成萬歲障汗一具司馬彪戰畧孟達遺諸葛亮織成障汗傳元馳射馬賦文防鏤鞌又良馬賦織防含華

lè 勒

勒 馬頭絡銜也從革力聲 盧則切

周禮巾車象路朱勒注云以朱飾勒又革路龍勒條纓五就注云以黑白飾韋雜色爲勒西京雜記武帝時身毒國獻連環羈瑪瑙石爲勒鹽鐵論散不足篇今富者黃金琅勒

馬頭絡銜也者絡當爲輅華嚴經音義引作馬頭鑣銜也一切經音義三同玉篇勒馬鑣銜也廣雅羈韁勒也釋名勒絡也絡其頭而引之也後漢書杜篤傳叩勒祁連注云勒銜勒也急就篇轡勒鞅韅靽羈韁顔注在首曰轡亦謂勒漢書匈奴傳鞌勒一具顔注勒馬轡也後漢書崔寔傳方將拑勒鞬輈以救之注云勒馬轡劉芳毛詩箋音義證轡是御者所執者也不得以轡爲勒且舊語云馬勒不云轡以勒爲轡者蓋是北人避石勒名也今南人皆云馬勒而以鞚爲轡反覆推之此爲明證又詩稱執轡如組又曰六轡在手以所執爲轡審矣今俗儒咸以轡爲勒而曾無寤者馥案鄴中記石虎諱勒呼馬勒曰轡是也

xuàn 鞙

鞙 大車縛軛靼從革肙聲 狂沇切

大車縛軛靼者一切經音義十五鞙車靷也謂大車縛搞者也徐鍇曰按釋名鞙懸也所以懸縛軛也作靷字非也馥案今釋名作靷

miǎn 䩃

䩃 勒靼也從革面聲 彌沇切

勒靼也者玉篇勒靼䩃系也埤蒼䩃鞥勒靼也集韻䩃馬轡當面皮周禮巾車革路龍勒厭翟靳面馥案靼玉篇廣韻竝誤作靼復造靼字音則古切云靼勒名集韻靼馬鞨也玉篇鞨馬頭上靼廣韻馬頷上靼馥謂玉篇廣韻初無

靼字皆宋人重修加之

qín 靲

靲 鞮也從革今聲 巨今切

鞮也者士喪禮繫用靲類篇靲鞮帶也束物韋也玉篇靲靲鞻也趙宧光曰靲鞻鞮琴鞻

jiān 鞬

鞬 所以戢弓矢從革建聲 居言切

字林䩡鞬也胡人謂之䩡也所以爲菌鞬　楚語皮革羽毛注云皮虎豹皮　崔寔政論方將拑勒鞬輈以救之　趙書石虎破劉曜獲金銀步叉弓鞬三十具鮑照擬古詩氈帶佩雙鞬象弧插彤服

所以戢弓矢者釋名步叉人所帶以箭叉其中也馬上曰鞬鞬建也弓矢竝建立其中也廣韻鞬馬上盛弓矢器通鑑茶兒見敬兒遣信輒上馬屬鞬注云鞬馬上盛弓矢之器僖二十三年左傳右屬櫜鞬杜云櫜以受箭鞬以受弓正義詩云載櫜弓矢則弓矢所藏俱名櫜也昭元年傳伍舉請垂櫜而入注云示無弓則櫜亦受弓之物方言云弓藏謂之鞬此櫜鞬二物也必一弓一矢以鞬是受弓故云櫜以受箭因對文而分之耳馥案廣雅鞬弓藏也晉語右

屬櫜鞬韋云鞬弓弢也漢書韓延壽傳騎士從者帶弓鞬羅後顏注鞬弓衣也續漢書輿服志鞬弓韣九鞬注引通俗文弓韔謂之鞬䩮謂此皆據方言爲說也

dú 韇

韇　弓矢韇也從革賣聲　徒谷切

弓矢韇也者集韻韇今謂之胡鹿士冠禮筮人執筴抽上韇注云韇藏筴之器也今時藏弓矢者謂之韇丸也春秋昭二十五年左傳公徒釋甲執冰而踞注云冰櫝丸蓋或云櫝丸是箭筩其蓋可以取飲方言所以藏箭弩謂之箙或謂之𩋍丸廣雅韣𩋍矢器也後漢南匈奴傳弓鞬韇丸一注云方言藏弓爲鞬藏箭爲韇丸卽箭箙也玉篇韣所以貯弓又𩋍下云𩋍𩋍箭器也韣謂此以韇專屬矢亦據方言

shuī 鞴

鞴　綏也從革巂聲　山垂切

綏也者廣韻鞴鞶帶也廣雅鞴謂之鞘集韻鞴馬箠鞘玉篇鞘鞭鞘

jí 鞕

鞕　急也從革亟聲　紀力切

急也者鞕急聲相近廣韻鞕皮鞕皃案廣雅鞕堅也

biān 鞭

鞭　驅也從革便聲　卑連切

驅也者當爲毆遲也晉語左執鞭弭注云鞭所以擊馬說苑騏驥日馳千里鞭箠不去其背鹽鐵論無鞭策雖造父不能以調四馬魏百官名驅馬鞭二枚初學記鞭策箠皆馬檛之名說文所謂驅遲也古者用革以扑罪人亦以驅馬故其文從革書曰鞭作官刑此則施於民也傳曰左執鞭弭又曰雖鞭之長不及馬腹此則施之於馬也其後以竹代革故策箠二文竝從竹蓋因驅策箠擊之義以立文也袁希之漢表傳郭循以馬鞭中小刀刺費禕馥案馬鞭有柄故可藏刀交州記兕角如馬鞭柄是也陸璣詩疏靈壽木今人以爲馬鞭此卽鞭柄

古文鞭

下從攴案古文攴作攴

yǎng 鞅

鞅　頸靼也從革央聲　於兩切

廣雅馬鞅謂之䩭　宣十二年左傳代御執轡御下兩馬掉鞅而還哀十四年傳諸御鞅案史記越世家諸御千人蓋僕御之官鞅非名齊世家稱御鞅　後漢書周章傳章前拔佩刀絕馬鞅　世說閻東有大牛和嶠鞅裴楷鞦　謝朓京路夜發詩無由稅歸鞅　大業拾遺記煬帝幸江都宮女半不隨駕爭泣留帝攀車惜別指血染鞅

頸靼也者僖二十八年左傳正義引作頸皮也釋文同顏注急就篇在頸曰鞅釋名鞅嬰也喉下稱嬰言纓絡之也其下飾曰樊纓其形樊樊而上屬纓也既夕禮薦馬纓三就注云纓今馬鞅也周禮巾車玉路錫樊纓十有再就注云纓今馬鞅疏云纓是夾馬頸故以今馬鞅解之也

hù 韄

韄　佩刀絲也從革蒦聲　乙白切

佩刀絲也者廣韻韄韄刀飾把中皮也莊子庚桑楚篇夫外韄者不可繁而捉將內揵釋文引三蒼韄佩刀靶韋也

tuó 鞁

鞁　馬尾鞁也從革它聲今之般緧　徒何切

馬尾鞁也者徐鍇云謂今馬後鞦連絡馬尾後者也

今之般緧者徐鍇曰般者謂屈繞之也緧今鞦字

xié 䩞

䩞　繫牛脛也從革見聲　己彳切

繫牛脛也者脛類篇作頸

文五十九　重十一

lì 鬲

鬲　鼎屬實五觳斗二升曰觳象腹交文三足凡鬲之屬皆從鬲　郎激切

鼎屬者釋器鼎款足者謂之鬲郭云鼎曲腳也馥案款空也史記封禪書其款足曰鬲索隱款者空也言其足中空也莊子達生篇款啓寡聞之夫注云款空也

實五觳斗二升曰觳者考工記陶人鬲實五觳厚半寸脣寸注云鄭司農云觳讀爲斛觳受三斗聘禮記有斛元謂豆實三而成觳則觳受斗二升

象腹交文者五音集韻云謂其刻飾也

鬲或從瓦

或從瓦者家語致思篇瓦鬲煑食

㽁 漢令鬲從瓦厤聲

本書鬲曆也魏志東沃沮以瓦鑩置米其中編縣之擲戶邊馥案玉篇㽁或作䥶從金者因銅䥶造字史記滑稽傳銅歷爲棺索隱歷卽釜鬲也

yǐ 敼

敼 三足鍑也一曰滰米器也從鬲支聲魚綺切

三足鍑也者本書江淮之間謂釜曰錡敼錡聲相近詩毛傳有足曰錡方言鍑吳揚之間謂之鬲 支聲者三足所以支之

guī 鬹

鬹 三足釜也有柄喙讀若媯從鬲規聲居隨切

三足釜也者廣雅鬹鬴也 有柄喙者徐鍇云今見有古銅器如此蜀爲鳥喙䪬亦見一器有上林字

zōng 𩰴

𩰴 釜屬從鬲㚇聲子紅切

說文解字義證 卷八 卌五

guō ⿰鬲午

⿰鬲午 秦名土釜曰⿰鬲午從鬲午聲讀若過古禾切

秦名土釜曰⿰鬲午者一切經音義二鍋字體作⿰鬲午方言秦云土釜也字體從鬲午聲今皆作鍋徐鍇曰土釜瓦爲之交阯之南或用土爲之宋躬孝子傳陳遺母好食鍋底焦飯

qín 鬵

鬵 大釜也一曰鼎大上小下若甑曰鬵從鬲兓聲讀若岑才林切

大釜也者詩匪風釋文引同一切經音義十引字林同韻會引徐鍇本作土釜楚辭九歎爨土鬵於中宇注云鬵釜也後漢書和帝紀以衣覆釜鬵爲貲 一曰鼎大上小下若甑曰鬵者字林同本書鉹鬵鼎甑當爲䰝本書䰝鬵屬詩匪風溉之釜鬵傳云鬵釜屬釋文引本書同 讀若岑者曹憲廣雅音同方言䰝或謂之鬵郭注鬵音岑詩匪風釋文鬵音尋又音岑新序齊攻魯求岑鼎韓非說林齊伐魯索讒鼎岑讒聲相近

䰒 籀文鬵

本書甑籀文從鬲兩旁作)(

zèng 䰝

䰝 鬵屬從鬲曾聲子孕切

考工記䰝實二鬴

鬵屬者釋器䰝謂之鬵孫炎曰關東謂甑爲鬵方言甑自關而東謂之甗或謂之鬵廣雅鬵謂之䰝急就篇甑瓽甂甌瓨罌盧顏注甑亦謂之鬵古史考黃帝始有釜䰝火食之道成矣

fǔ 鬴

鬴 鍑屬從鬲甫聲扶雨切

漢書五行志銜其鬴六七枚晉灼曰鬴古文釜字匈奴傳多齎鬴薪炭顏注鬴古釜字也 急就篇鐵鈇鑽錐釜鍑鍪顏注釜所以炊煑也 詩維錡及釜傳云有足曰錡無足曰釜 易說卦坤爲釜 正義取其化生成熟也 魏志文帝在東宮賜鍾繇五熟釜 晉諸公讚杜預欲爲平底釜黃門郎賈詡面折之曰釜之尖下以備沃洗今若平底無以去水預亦不能折也 三禮圖釜容三斛或曰二斛 考工記陶人爲甗實二釜注云量六斗四升曰鬴 庾人注同

說文解字義證 卷八 卌六

鍑屬者方言釜自關而西謂之釜或謂之鍑

釜 鬴或從父金聲

或從父金聲者當作或從金父聲

yàn 鬳

鬳 鬲屬從鬲虍聲牛建切

鬲屬者疑作䰝屬本書甗甑也 虍聲者戴侗曰唐本虍省聲林罕同

róng 融

融 炊气上出也從鬲蟲省聲以戎切

本書徹古文從鬲馥謂自下徹上之意

炊气上出也者王沈釋時論融融者皆趨熱之士其得爐冶之門者惟挾炭之子隱元年左傳大隧之中其樂也融融大隧之外其樂也洩洩馥案中曰融融外曰洩洩則融融與氣上出之義合

䖆 籀文融不省

xiāo 鬻 shāng 鬺 fèi 鬻 lì 䰜 zhān 鬻

【鬻】炊气皃從䰜嚻聲 許嬌切

【鬺】煮也從䰜羊聲 式羊切

煮也者玉篇鬺同䰜又作䰞廣雅鬺飪也詩采蘋于以湘之維錡及釜傳云湘亨也釋文亨煮也馥案湘漢書郊祀志引韓詩作鬺顏注鬺亨煮而祀也史記封禪書皆嘗亨鬺上帝鬼神徐廣曰鬺亨煮也

【鬻】涫也從䰜沸聲 芳未切

本書湁涫䰞也 柳宗元貞符詩澤𤅙于爨䰞炎以澣 經典借沸字詩蕩如沸如羹箋云如湯之沸淮南精神訓故以湯止沸沸乃不止誠知其然則去火而已矣劉劭七華九沸三變其味乃和

涫也者本書涾涫溢也今河朔方言謂沸溢爲涫楚詞七諫氣涫䰞其若波

文十三 重五

【䰜】歷也古文亦鬲字象孰飪五味气上出也凡䰜之屬皆從䰜 郎激切

說文解字義證 卷八 [illegible]

象孰飪五味气上出也者五音集韻䰜上烝氣也

【鬻】䰜也從䰜侃聲 諸延切

䰜也者廣韻䰜厚粥也

[篆] 䰜或從食衍聲

內則饘酏酒醴注云酏粥也又取稻米舉糔溲之小切狼臅膏以與稻米爲酏注云此酏當從餰 周禮醢人注云酏餈也 新序許悼公太子啜餰粥嗌不容粒

[篆] 或從干聲

廣雅飦饘也曹憲音居言反 昭十九年穀梁傳哭泣歠飦粥釋文飦粥也 孟子飦粥之食注云飦糜粥也 檀弓饘粥之食釋文饘本又作飦

zhōu 鬻 hú 鬻 gēng 鬻

[篆] 或從建聲

【鬻】鍵也從䰜米聲 武悲切

御覽引周書黃帝始亨穀爲粥 涼州異物志高昌僻土有異於華寒服冷冰暑啜羅闍郡人呼粥爲羅闍 天文要集玉井主粥廚

鍵也者一切經音義十三引作糜也釋言䰞糜也郭云淖糜禮記爾雅釋文竝引字林粥淖糜也廣雅䰞饘也釋名粥濯於糜粥粥然也漢書文帝紀今聞吏稟當受䰞者或以陳粟顏注䰞淖糜也給米使爲糜䰞也馥案糜者豆糜肉糜爛而乾者也䰞則如䰜矣 米聲者徐鍇本無聲字

【鬻】鍵也從䰜古聲 戶吳切

鍵也者䰜經典借餬字釋言餬饘也郭云糜也又借粘字廣韻粘饘也

【鬻】五味盉羹也從䰜從羔詩曰亦有和䰜 古行切

說文解字義證 卷八 [illegible]

本書臐豕肉羹也 廣雅羹謂之湆 公食大夫禮羹定注云肉謂之羹定猶熟也又太羹湆不和注云太羹湆煮肉汁也不和無鹽菜 隱元年左傳小人有母皆嘗小人之食矣未嘗君之羹 後漢書陸續傳續繫獄見餉羹知母所作葱必寸斷肉方正以此知之 初學記引劉楨毛詩義問𨨏羹有菜鹽豉其中菜爲其形象可食因以𨨏爲名 食經有豬蹄酸羹法胡羹法雞羹法𤇘笱鴨羹法 齊民要術作胡羹法羊脇六斤肉四斤水四升煮切之葱頭一斤胡荽一兩安石榴汁數合 嶺表錄異交趾之人重不𥙿羹羹以羊鹿雞豬肉和骨同一釜煮之令極肥濃漉去肉進之葱薑調以五味 急就篇餅餌麥飯甘豆羹顏注以山豆爲羹不以醢酢其味純甘故曰甘豆羹也馥案張翰有豆羹賦古之羹有二

一爲肉臛儀禮膷臐膮是也

一爲肉汁太羹湆不和是也

五味盉羹也者初學記引云五味和也燒豕肉羹也釋器肉謂之羹郭云肉臛也書說命若作和羹爾惟鹽梅傳云鹽鹹梅醋羹須鹹醋以和之昭二十年左傳和如羹焉水火醯醢鹽梅以亨魚肉燀之以薪宰夫和之齊之以味濟其不足以洩其過君子食之以平其心 秦子五味者各稱一族之名合和一鼎名曰羹 新序管仲善斷割之隰朋善

煎熬之實胥無善齊和之羹以熟矣申鑒雜言篇夫酸鹹
甘苦不同嘉味以濟謂之和羹繆襲祭儀夏祀和羹芼以
葵秋祀和羹芼以葱春冬和羹芼以韭　詩曰亦有和鬻
者商頌烈祖文箋曰和羹者五味調腥熟得節食之於人
性安
和

羹　鬻或省

羹　或從美鬻省

羹　小篆從羔從美

sù 鬻

鬻　鼎實惟葦及蒲陳畱謂健爲鬻從鬻速聲　桑谷切

鼎實惟葦及蒲者韻會引徐鍇本葦作筍詩韓奕其蔌維
何維筍及蒲傳云筍竹也箋云筍竹萌也周禮醢人加豆
之實有深蒲筍菹鄭注深蒲蒲始生水中筍竹萌易鼎卦
鼎折足覆公餗鄭注糝謂之餗震爲竹竹萌曰筍筍者餗
之爲
菜也

餗　鬻或從食束聲

徐鍇本
無聲字

yù 鬻

鬻　鬻也從鬻毓聲　余六切

鬻也者龍龕手
鑑鬻稀滄也

粥　鬻或省從米

此即今之粥字去充鬲加弓
非省鬻字也粥鬻聲不近

miè 鬻

䭯　涼州謂鬻爲䭯從鬻㱥聲　莫結切

涼州謂鬻爲䭯者鬻徐鍇本作
糜䭯謂當爲鬻鬻䭯皆稀滄

粖　䭯或省從末

廣雅粖饘也蔑末聲近本
書㰆䭯也廣韻㰆末也

ěr 鬻

鬻　粉餅也從鬻耳聲　仍吏切

粉餅也者急就篇餅餌麥飯甘豆羹顏注溲米而烝之則
爲餌餌之言而也相黏而也周禮籩人羞籩之實糗餌粉
餈注云鄭司農云糗熬大豆與米也粉豆屑也餈謂乾餌
餅之也元謂此二物皆粉稻米黍米所爲也合烝曰餌餅
之曰餈糗者擣粉熬大豆爲餌餈之黏著以粉之耳餌言
糗餈言粉互相足事物紀原引干寶注糗餌者或屑而烝
之與黍豆之味同食內則糗餌粉酏注云糗擣熬穀也以
爲粉餌與餈漢舊儀湯官供餅餌果實後漢書樊曄傳餽
餌一筒注云說文曰餌餅也魏畧鍾繇不好公羊春秋以
左氏爲大官廚公羊爲賣餌家齊民要術作粉餌法其中
心圓如鉢形酷似鴨子白光潤者
名曰粉英刀削曝之擬人客作餅

餌　鬻或從食耳聲

耳聲者徐
鍇本無

chǎo 鬻

鬻　熬也從鬻芻聲　尺沼切

熬也者爾雅釋文引作火乾物也馥疑所引方言之文方
言𤇾火乾也凡以火而乾五穀之類秦晉之閒或謂之𤇾
注云𤇾即鷊字也三蒼鬻熬也一切經音義一炒古文鬻
䰗焣鬻四形今作䰒四民月令作炒古文奇字作煼同初
狡切

yuè 鬻

鬻　內肉及菜湯中薄出之從鬻翟聲　以灼切

內肉及菜湯中薄出之者徐鍇曰鬻渫也釋天夏祭曰礿
郭注新菜可汋釋文汋燂菜也馥案燂即燅字俗又作燖
廣雅鬻湯爚也爚當爲瀹通俗文以湯煮
物曰瀹玉篇瀹煮也內菜湯中而出也

zhǔ 鬻

鬻　亯也從鬻者聲　章與切

亯也者字書少汁煮曰𤋳火孰曰煮六經正誤周禮鹽人
鬻鹽以待戒令注鬻鹽湅治之鬻作鬻誤董斯張曰鄭康
成注漢官香方今大官加蜜鬻紅螺加麝鬻當作鬻周禮
鹽人凡齊事鬻鹽以待戒令傳信方每甲香一斤以泔斗
半微火煮一復時又以蜜
二合水一升煮三復時

bó 鬻

鬻或從火

鬻或從水在其中　或從水在其中者徐鍇本無在其中三字

吹釜溢也從鬻孛聲蒲沒切　吹釜溢也者小字本作吹聲沸也馥謂當作吹沸聲也徐鍇曰謂釜沸涌以口气吹使低也或借餑字陸羽茶經餑令沫均

文十三　重十二

zhǎo 爪

丮也覆手曰爪象形凡爪之屬皆從爪側狡切　丮也者本書擢爪持也采捋取也從木從爪采人所以收從爪禾𥝩偃竝從爪八十一難經當刺之時必先以左手厭按所鍼之處彈而努之爪而下之柳宗元郭橐駝傳爪其膚以驗其生枯俗加手作抓莊子豫樟初生可抓而絕淮南主術訓夫人之所以莫抓玉后而抓瓜瓠者何也無得於玉后弗犯也高云玉后堅抓之不入

fú 孚

卵孚也從爪從子一曰信也芳無切　卵孚也者本書䲡卵不孚也乳從此云人及鳥生子曰乳禽經其生也或以翼卵一切經音義二通俗文卵化曰孚廣雅孚生也謂子出於卵也說文卵卽孚也或云孚伏也謂育養也又卷五鳥伏謂偃伏其卵伏雞等亦作此字今江北謂伏卵爲菢江南曰偃馥案伏音孚之去聲古今注燕伏戊己漢書五行志丞相府史家雌雞伏子百里奚妻歌曾記臨行殺伏雞皆此音也方言北燕朝鮮洌水之閒謂伏雞曰抱其卵伏而未孚始化謂之涅哀十六年左傳勝也如卵余翼而長之易林胎生孚乳淮南人閒訓夫鴻鵠之未孚於卵也一指蔑之則靡而無形矣韓詩外傳卵之性爲雛不得良雞覆伏孚育積日累久則不成爲雛論衡論死篇雞卵之未孚也溷溶於㲉中潰而視之若水之形良雌偃伏體方就一成陸希聲易傳中孚柔在內而剛在外有鳥卵實之象一曰信也者釋詁文字林同易大有厥孚交如虞云孚信也雜卦傳中孚信也書呂刑五辭簡孚史記作簡信湯誥上天孚佑下民傳云孚信也君奭若卜筮罔不是孚傳云若卜筮無不是而信之詩文王萬邦作孚傳云孚信也下武成王之孚箋云孚信也僖十五年左傳季氏之孚也

古文孚從𥝌𥝌古文保字　本書飽古文從此　古文孚從𥝌𥝌古文保字者徐鍇本作古文孚從古文保保亦聲馥案本書保從𥝌古文𥝌當云𥝌古文孚故古文保云保不省

wéi 爲

母猴也其爲禽好爪爪母猴象也下腹爲母猴形王育曰爪象形也薳支切　母猴也者陸璣云楚人謂之沐猴馥謂沐母聲近　其爲禽好爪爪母猴象也者本書攫攫持人也擢爪持也　王育曰爪象形也者因古文象兩猴相對故知爪象形

古文爲象兩母猴相對形

zhǎng 爪

亦丮也從反爪闕諸兩切　亦丮也者班馬字類漢書揚雄傳㓒華踤衰古掌字釋名掌言可以排掌也周禮乃立天宮冢宰使帥其屬而掌邦治樂記禮之末節也故有掌之僖三十二年左傳鄭人使我掌其北門之管　從反爪者虎古文作𧆨卽從反爪𠱡字從爪故云虎足反爪人也

文四　重二

jí 丮

持也象手有所丮據也凡丮之屬皆從丮讀若戟几劇切　持也者本書虘闕相丮不解也詩執競箋云能持強道釋文執持也　象手有所丮據也者據當爲据本書据戟挶也　讀若戟者本書挶戟持也

yì 埶

種也從坴丮持而種之詩曰我埶黍稷 魚祭切

種也者種當爲種廣雅埶種也本書埶才生也丮持而種之者種亦當作種小字本作丮持亟種之李文仲字鑑引作持亟種也詩曰我埶黍稷者小雅楚茨文彼作蓺

shú 孰

食飪也從丮亯聲易曰孰飪 殊六切

食飪也者本書亯孰也急就篇薪炭雚葦炊孰生顏注謂烝煮生物使之爛孰也禮含文嘉燧人始鑽木取火炮生爲孰易曰孰飪者鼎卦以木巽火亨飪也

zài 〓

設飪也從丮從食才聲讀若載 作代切

設飪也者小字本作設食也玉篇同廣雅〓設也讀若載者古文尚書載字作此〓石鼓文酉車〓道借作載漢鄭季宣殘碑亦借〓爲載法言先知篇載使子草律注云載設也文選注云薛君韓詩章句載設也

gǒng 巩

褢也從丮工聲 居悚切

褢也者本書筑從此云巩持之也廣韻擧抱持僖三十二年左傳爾墓之木拱矣當作此巩上林賦長千仞大連抱書金縢凡大木所偃盡起而築之釋文築本亦作筑馬云拾也馥謂筑當作巩謂拾取而擁褢之也

巩或加手

本書手部擧擁也

jué 谻

相踦谻也從丮谷聲 其虐切

相踦谻也者小字本作相踦之也集韻谻足相踦皃本書踦一足也谻徼谻受屈也馥謂踦谻者足倦相倚也

huà 〓

擊踝也從丮從戈讀若踝 胡瓦切

jú 〓

亦持也從反丮闕 居玉切

亦持也者小字本作拖持也馥謂亦持當爲爪持本書攫爪持也切音同

文八　重一

dòu 鬥

兩士相對兵杖在後象鬥之形凡鬥之屬皆從鬥 都豆切

兵杖在後者杖廣韻引作仗徐鍇本九經字樣竝作仗鍇繫傳云乂爲兵也孟子秦楚構兵經典借鬭字僖九年左傳能鬭不過

dòu 鬭

遇也從鬥斲聲 都豆切

遇也者檀弓遇諸市朝不反兵而鬭昭十六年左傳若屬有讒人交鬭其閒

hòng 鬨

鬭也從鬥共聲孟子曰鄒與魯鬨 下降切

鬭也者廣雅同呂氏春秋愼行篇崔杼之子相與私鬨注云鬨鬭也鬨讀近鴻緩氣言之　孟子曰鄒與魯鬨者劉熙注鬨構也構兵以鬭也

liú 〓

經繆殺也從鬥翏聲 力求切

經繆殺也者〓繆聲相近本書摎縛殺也縊經也廣雅〓絞也論語自經於溝瀆漢書孝成趙皇后傳卽自繆死顏注繆絞也玉篇絞殺也檀弓衣衰而繆絰疏謂絞麻爲絰廣韻〓喪之降殺謂繆絰也

jiū 鬮

鬭取也從鬥龜聲讀若三合繩糾 古矦切

鬮取也者廣韻同玉篇鬮手取也

nǐ 〓

智少力劣也從鬥爾聲 奴禮切

智少力劣也者玉篇〓褊狹也廣韻〓力褊集韻〓智少力劣而爭莊子〓然疲役趙宧光曰借作薾錢君大昕曰〓卽爾雅威弟長脊而泥之泥郭注泥少才力古音爾與尼相近易繫於金柅說文作檷詩飲餞于禰韓詩作坭馥案論語愼而無禮則葸大戴禮曾子立事篇人言善而色葸焉近於不悅其言馥謂葸亦借字

fēn 〓

鬭連結〓紛相牽也從鬥燹聲 撫文切

鬭連結〓紛相牽也者鬭與〓紛聲相近廣雅繽繽紛紛衆也孫子紛紛紜紜鬥亂燕策不以今時大紛之解而復

合則後不可㮈何也楚辭時繽紛以變易又云佩繽紛其繁飾淮南俶眞訓繽紛蘢蓯高注繽紛雜糅也揚雄反離騷暗纍纍其繽紛顏注繽紛交雜也思元賦思繽紛而不理又云繽連翩兮紛暗曖王褒九懷撫余佩兮繽紛注云持我玉帶相糾結也幽明錄嵩山松柏上有一雙鳥樹下一蛇張口飲之鳥不得去繽紛一倉頡篇經典借棼字書呂刑泯泯棼棼隱四年左傳猶治絲而棼之也

pīn 闠

鬬也從鬥賓省聲讀若賓 匹賓切

xì 鬩

恆訟也詩云兄弟鬩于牆從鬥從兒兒善訟者也 許激切

恆訟也者集韻引作頗訟也馥謂恆當爲相釋言鬩恨也郭云相怨恨恨孫炎本作很云相很戾也曲禮很毋求勝注云很鬩也謂爭訟也 詩云兄弟鬩于牆者小雅常棣文傳云鬩很也僖二十四年左傳引詩兄弟鬩于牆注云鬩訟爭貌周語人有言曰兄弟讒鬩侮人百里周文公之詩曰兄弟鬩于牆外禦其侮若是則鬩乃內侮而雖鬩不

敗親也韋云鬩很也

xuàn 鬮

試力士錘也從鬥從戈或從戰省讀若縣 胡畎切

試力士錘也者方言錘重也急就篇鐵錘檛杖梲柲杸顏注鐵錘以鐵爲錘若今之稱錘亦可以擊人故從兵器之例張良所用擊秦副車即此物也馥案張良傳作鐵椎本書錘下垂也一曰千斤椎晉書成帝紀令諸郡舉力人能舉千五百斤以上者晉令選三部司馬皆限力舉千二百斤 讀若縣者本書𢿱從鬮省聲讀若環

文十

yòu 又

手也象形三指者手之列多略不過三也凡又之屬皆從又 于救切

手之列多略不過三也者謂大指次指中指爲用多也

yòu 右

手口相助從又從口 于救切

本書口部右下云助也 容齋三筆孝宗初登極以潛邸爲佑聖觀令玉冊官篆牌奏云篆法佑字無立人只單作右字道士力爭以爲觀名去人恐不可安跡有旨特增之 洪武正韻左右相助也後加亻爲佑書左右有民左右厥辟宅師左右先王易以左右民詩右序保右右饗之類是也凡言左右之者謂於其左右而扶助之也

gōng 厷

臂上也從又從古文厶 古薨切

臂上也者後漢祭遵傳豐功曹孟厷注引本書同詩無羊麾之以肱傳云肱臂也論語曲肱而枕之孔安國曰肱臂也 從古文厶者小字本舊刻李燾本並云從古文無厶字

古文厷象形

厷或從肉

當在古文前

chā 叉

手指相錯也從又象叉之形 初牙切

手指相錯也者錯當爲造本書𦥑叉手也鈔叉取也玉篇叉指相交也馥案溫入叉者入交也孔叢論勢篇游說之士挾强秦以爲資賣其國以收利叉手服從曾不能制

zhǎo 叉

手足甲也從又象叉形 側狡切

手足甲也者叉經典借爪字急就篇捲捥節爪拇指手顏注爪指甲也釋名爪紹也筋極爲爪以紹續指端也素問爪爲筋之餘詩祈父予王之爪牙喪大記小臣爪足注云爪足斷足爪也韓子韓昭侯除爪而陽亾一爪求之甚急左右因取爪而效之史記成王病周公乃自翦其爪沈之河以祀於神三國典略齊王誅元姻黨投於漳水剖魚者得人爪甲帝王世紀湯翦髮斷爪禱於桑林之社續晉陽秋盜發卞壼墓兩手悉卷爪甲乃長南史羊侃傳有彈箏人喜著鹿角爪長七寸夏侯湛新論爪生於肉去爪而肉不知又借蚤字士喪禮蚤揃如他日考工記輪人眡其綆欲其蚤之正也注云蚤當爲爪墨子天志篇是以差論蚤牙之士荀子大略篇爭利如蚤甲而喪其掌注云蚤與爪同莊子秋水篇鴟鵂夜撮蚤釋文崔本作爪云鵂鶹夜聚人爪於巢中也又借搔字周禮冥氏若得其獸則獻其皮

革㡀須備鄭司農云備謂搔也釋文搔音爪

fù 父

榘也家長率教者從又舉杖 扶雨切

榘也者父榘聲相近白虎通父者矩也以法度教子廣雅父矩也漢書郊祀志吾欲見鉅公張晏曰天子爲天下父故稱鉅馥案張意以鉅爲矩尚書大傳商子荅伯禽康叔問橋木高而上反曰父道也馥謂橋如爾雅上句曰喬之喬喬謂昂首也父之字形昂首

sǒu 叜

老也從又從灾闕 蘇后切

老也者叜老聲相近小爾雅廣言叜老也方言叜老也東齊魯衛之閒凡尊老謂之傁釋名叜縮也人及物老皆縮小於舊也孟子王曰叟趙注叟長老之稱猶父也劉熙曰叟長老之稱依皓首之言　從又從灾者一切經音義十六脈之大候在於寸口老人寸口脈衰故從又從灾又音手灾者衰惡也

籀文從寸

說文解字義證　卷八　四五

叜或從人

宣十二年左傳趙傁在後漢無極山碑口問者傁竝即此傁

xiè 燮

和也從言從又炎籀文燮從羊羊音飪讀若溼 穌叶切

和也者釋詁文和當爲盉本書盉調味也書顧命燮和天下洪範燮友柔克傳云燮和也詩大明燮伐大商傳云燮和也　從又炎者徐鍇本五經文字六書故竝作炎聲　籀文燮從羊羊音飪者畢君以珣曰籀文燮從羊此上當脫籀文注云羊音飪此三字後人所加徐鉉以炎部有燮字此處又脫籀文遂以從羊之燮與從辛之燮相混疏謬之甚　馥案玉篇籀文作燮　讀若溼者溼乃燮字音非羊字音也中有籀文之說雜廁其閒讀者不了當云和也從言從又炎聲讀若溼

màn 曼

引也從又冒聲 無販切

引也者詩閟宮孔曼且碩毛傳曼長也楚詞九章終長夜之曼曼兮王注曼長皃漢書禮樂志世曼壽顏注曼延也馥案晉厲公名壽延地理志真定國緜曼縣莽曰緜延五原郡曼柏莽曰延柏霓裳羽衣曲曲終長引一聲即曼聲郭茂倩樂府有歌有行有引是也或借漫字甘泉賦指東西之漫漫顏注漫漫長也馥案詞譜有木蘭花漫又借蔓字漢書郊祀歌蔓蔓日茂顏注言其長久魏策引周書緜緜不絕蔓蔓若何詩野有蔓草傳云蔓延也隱元年左傳無使滋蔓蔓難圖也服虔曰滋益也蔓延也正義草之滋長引蔓則難可芟除一切經音義六西京賦云其形蔓莚廣雅蔓長也莚遍也王延壽云軒檻蔓莚謂長不絕也

shēn 㬰

引也從又冒聲冒古文申 失人切

引也者經典借伸字易繫辭引而伸之士相見禮君子欠伸注云志倦則欠體倦則伸馥案道家熊經鳥伸名爲導引易通卦驗冬至日置八神樹八尺之表日中視其景　馥案神當爲㬰八神謂八引四正四維各牽繩以引表也

guài 夬

分決也從又𠂇象決形 古賣切

分決也者本書𣪍讀若拔物爲夬引也易夬卦夬決也釋名夬決也有所破壞決裂之於終始也

說文解字義證　卷八　四六

yǐn 尹

治也從又丿握事者也 余準切

治也者本書伊下云殷聖人阿衡尹治天下者書庶尹允諧鄭注尹正也定四年左傳故周公相王室以尹天下徐鍇曰周公尹天下治天下也宣十二年傳沈尹將中軍正義楚官多名爲尹馥案楚有令尹箴尹漢書音義臣瓚曰諸侯之卿惟楚稱令尹其餘國稱相楚邑大夫止稱尹如沈尹戌芋尹無宇之類是也詩譜管叔蔡叔霍叔尹而教之正義引地理志管叔尹鄘蔡叔尹衛漢官儀河南尹尹正也詩云赫赫師尹地理志內史周官秦因之掌治京師武帝更名京兆尹張晏曰尹正也

古文尹

本書君字從尹古文作𠃞

zhā 叡

叉取也從又虘聲 側加切

叉取也者本書抯挹也釋名摣叉也五指俱往叉取也方言抯摣取也南楚之閒凡取物溝泥中謂之抯或謂之摣

又

盧聲者方言注音櫨棃之櫨

lí 𠭰

𠭰 引也從又𠩺聲 里之切

類篇誤作嫠

shuā 㕞

㕞 拭也從又持巾在尸下 所劣切

拭也者拭當爲飾本書飾㕞也五經文字㕞飾也釋詁拭刷清也郭云扠拭掃刷皆所以爲潔清釋文刷字又作㕞世人通行拭字本書攩拭也濺拭滅皃聘禮拭圭注云拭清也雜記雍人拭羊注云拭靜也哀十四年公羊傳反袂拭面周禮凌人秋刷注云刷清也秋涼冰不用可以清除其室封人凡祭祀飾其牛牲注云飾謂刷治潔清之也從又持巾在尸下者桓二年左傳藻率鞞鞛服注以率爲刷巾玉藻浴用二巾上絺下綌注云刷去垢也盧君文弨曰韓非子靖郭君相齊與故人久語則故人富懷左右尉則左右重久語懷尉小資也猶以成富況於吏勢乎北齊書顏之推傳祇夜語之見忌寧懷尉之足恃正用此事則尉乃尉字形近而譌說文尉本作㕞蓋巾帨之類可用以拭者因即謂之㕞耳故可以言懷馥案在尸下者在屋下也本書屋字云尸象屋形又㝉字云辠人在屋下執事者馥謂灑埽潔清之事亦應於屋下執之

jí 及

及 逮也從又從人 巨立切

詩皇皇者華每懷靡及 陶潛歸去來辭農人告余以春及 後漢書黨錮傳張儉等八人爲八及 逮也者六書故引作隶也本書逮唐逮及也隶及也論語摘輔象時不再及宋均曰及亦至也

乁 古文及秦刻石及如此

本書今市二字竝從此

㇇ 亦古文及

本書凡從此

𨗈 亦古文及

bǐng 秉

秉 禾束也從又持禾 兵永切

禾束也者本書兼持二禾秉持一禾急就篇捃穫秉把插捌杷顏注一束曰秉聘禮記四筥曰秉注云此秉謂刈禾盈手之秉也詩大田彼有遺秉傳云秉把也馥案詩伐檀胡取禾三百億兮箋云億禾秉之數正義秉把也謂刈禾之把數小爾雅把謂之秉昭二十七年左傳或取一秉秆焉杜云秉把也九章算術今有上禾三秉中禾二秉下禾一秉實三十九斗李籍音義刈禾盈手爲秉

fǎn 反

反 覆也從又厂反形 府遠切

覆也者本書覂反覆也廣雅覆反也漢書食貨志杜周治之獄少反者張安世傳反水漿 從又厂反形者反當爲仄左傳孟之側字反本書仄側傾也馥謂仄則易反書無反無側詩輾轉反側後漢書光武紀使反側子自安

𠂘 古文

fú 𠬝

𠬝 治也從又從卩卩事之節也 房六切

治也者玉篇𠬝改治也經典借服字書盤庚若農服田力穡禹貢五百里甸服鄭注服治田出穀稅也言甸者主治田故服名甸也詩葛覃服之無斁箋云服整也乃能整治之無厭倦 卩事之節也者本書辟從卩從辛節制其罪也易說卦傳節止也禮檀弓品節斯注云制斷也莊二十三年左傳制財用之節

tāo 㕟

㕟 滑也詩云㕟兮達兮從又屮一曰取也 土刀切

詩云㕟兮達兮者鄭風子衿文彼作挑傳云挑達往來相見貌本書達下引詩挑兮達兮或作迖字林迖滑也

zhuì 𣪠

𣪠 楚人謂卜問吉凶曰𣪠從又持祟祟亦聲讀若贅 之芮切

楚人謂卜問吉凶曰𣪠者今俗所傳祟書是也 祟亦聲者徐鍇本無

shū 叔

叔 拾也從又尗聲汝南名收芋爲叔 式竹切

拾也者詩七月九月叔苴傳云叔拾也俗作㧖廣韻㧖拾也 汝南名收芋爲叔者叔收聲相近廣韻拾收拾

叔或從寸

漢華山亭碑府丞勃海劉固村長詩釋文怒本又作尉馥謂尉當爲尉從此村字

mò
㬍(叜)

入水有所取也从又在回下回古文回回淵水也讀若沬 莫勃切

入水有所取也者本書𩕀內頭水中也㬍沈也呂氏春秋精諭篇白公曰若以石投水奚若孔子曰没人能取之注云没行水中之人能取之史記酷吏傳張湯始爲小吏乾没正義乾没謂無潤澤而取他人也　回淵水也者本書淵回水也

qǔ
取

捕取也从又从耳周禮獲者取左耳司馬法曰載獻聝聝者耳也 七庾切

捕取也者本書捕取也釋名取趣也　周禮獲者取左耳者夏官大司馬文注云得禽獸者取左耳當以計功　聝者耳也者本書聝軍戰斷耳也

說文解字義證　卷八

huì
彗

埽竹也从又持甡 祥歲切

埽竹也者一切經音義十五引云埽竹所以用埽者也曲禮國中以策彗卹勿驅注云彗竹帚昭十七年左傳彗所以除舊布新也正義彗埽箒也孟荀列傳昭王擁彗先驅索隱彗帚也漢書王襃傳忽若彗氾畫塗顏注彗帚也東都賦戈鋋彗雲五臣注彗埽也

彗或從竹

七發篲扶桑李善云說文篲埽竹也　郭璞爾雅序輒復擁篲清道釋文篲說文云埽竹也　公羊傳孛者何彗星也注云狀如篲　莊子達生篇開之操拔篲以侍門庭釋文篲帚也　史記高祖本紀太公擁篲李奇曰如今卒持帚者也

古文彗从竹从習

jiǎ
叚

借也闕 古雅切

經典通用假桓六年左傳取於物爲假又新序雜事篇孔子侍坐於季孫季孫之宰通曰君使人假馬其與之乎孔子曰吾聞取於臣謂之取不曰假季孫悟告宰曰自今以來君有取謂之取無曰假

借也者本書無借字當爲藉春秋桓元年鄭伯以璧假許田桓十三年左傳見莫敖而告諸天之不假易也注云言天不借貸慢易之人莊十八年傳王命諸侯名位不同禮亦異數不以禮假人杜云侯而與公同賜是借人禮馥案左傳假道於虞穀梁傳作借道乎虞老子國之利器不可以假人說苑作借人後漢書劉愷傳特優假之注云假借也匡謬正俗楚詞云聊假日以媮樂此言遭遇幽厄中心愁悶假延日月苟爲娛耳今俗猶言假日度時故王粲云登茲樓以四望聊假日以消憂取此義也今之讀者改假爲暇失其意矣

古文叚

譚長說叚如此

此文異於段者惟變几爲彐馥謂左偏不應從阜當作巳

說文解字義證　卷八

yǒu
友

同志爲友从二又相交友也 云久切

同志爲友者御覽引作愛也同志爲友釋名友有也相保有也易二人同心其利斷金書牧誓嗟我友邦冢君傳云同志爲友詩關雎琴瑟友之箋云同志爲友既醉朋友攸攝箋云朋友謂羣臣同志好者也周禮司徒聯朋友注云同師曰朋同志曰友論語與朋友共鄭注同門曰朋同志曰友定四年公羊傳朋友相衛何云同門曰朋同志曰友曲禮執友稱其信也注云執友同志者坊記寡婦之子不有見焉則弗友也注云同志爲友孔叢子儒有合志同方晉中興書羊曼與溫嶠庾亮阮孚桓伊同志友善又云薛兼與紀瞻閔鴻顧榮同志友善法言學行篇友而不心面友也道學傳許邁與許詢同志齊名廣州先賢傳董正車隨道同志合恩如伯仲

古文友

崔希裕纂古作㕛

亦古文友

古文四聲韻引石經作𦐇馥謂艸當爲𦏲譌爲羽

dù 度

度 法制也从又庶省聲 徒故切

𠬞從二又依例當居部末度在𠬞下後人亂之

法度也者易曰制而用之謂之法節卦象君子以制數度正義數度謂尊卑禮命之多少書堯典同律度量衡鄭注度丈尺周禮大司徒以度教節則民知足注云度謂宮室車服之制桓二年左傳衮冕黻珽帶裳幅舄衡紞紘綖昭其度也杜注尊卑各有制度昭二十九年傳晉鑄刑鼎仲尼曰晉其亾乎失其度矣夫晉國將守唐叔之所受法度以經緯其民卿大夫以序守之民是以能尊其貴貴是以能守其業貴賤不愆所謂度也魏策臣聞之王者得度鮑云法度也大戴禮盛德篇凡民之爲姦邪竊盜歷法妄行者生於不足不足生於無度量也月令日夜分則同量度鈞衡石注云丈尺曰度王制度量數制注云度丈尺也明堂位頒度量注云度爲丈尺高卑廣狹也尚書大傳立權度量注云度丈尺也漢書王莽傳考度以繩律歷志度者分寸尺丈引也所以度長短也本起黃鍾之長以子穀秬

黍中者一黍之廣度之九十分黃鍾之長一爲一分十分爲寸十寸爲尺十尺爲丈十丈爲引而五度審矣四書釋地一部十三經除大禹謨晚出公羊傳漢始著竹帛外法度字僅二見一見盤庚上一見論語末要二處不可同一解論語權有五謂銖兩斤鈞石也量有五謂龠合升斗斛也度有五謂分寸尺丈引也三者居治天下之大端也昔舜一歲四巡守皆同律度量衡月令兩日夜分皆同度量正權概周禮大行人十有一歲同度量同數器大傳立權度量商君傳平斗桶權衡丈尺始皇紀秦初并天下一法度衡石丈尺蓋未有舉權量而遺夫度者抑未有知長短而不與知輕重及多少並急者馥案堯典宅嵎夷漢石經作度宅西大傳作度禹貢降邱宅土風俗通引作度三危既宅五流有宅五宅三居史記並作度詩宅是鎬京坊記引作度皆有測度義不作法制解度宅聲相近自可假借何以諸書皆同本書㪜度也癸冬時水土平可揆度也此與詩予忖度之釋詁度謀也同若法制一義別無所見

文二十八　重十六

燮

燮

燮字籒文說見燮下

㕟

㕟

玉篇又部㕟㕟息也苦壞切廣韻㕟太息苦怪切本書𦵯從艸㕟聲蕢或從㕟蒯從𦵯省馥謂本書有㕟字脫去

遺文二

zuǒ 𠂇

𠂇 𠂇手也象形凡𠂇之屬皆从𠂇 臧可切

𠂇手也者經典借左字檀弓孔子與門人拱立而尚右二三子亦皆尚右孔子曰我則有姊之喪故也二三子皆尚左馥案人手不便於左故以爲僻左凡左計左道左官皆因𠂇手爲義

bēi 卑

卑 賤也執事者从𠂇甲聲 補移切

賤也執事者者本書婢女之卑者奴婢皆古之辠人引周禮其奴男子入於辠隸女子入於舂稾宰辠人在屋下執事者廣雅賤卑也惠棟曰執事从左詔辭自右从𠂇甲聲者徐鍇本類篇並無聲字馥案甲象人頭高也在甲下

故卑易曰天尊地卑蒼頡篇卑下也从𠂇者人道尚右右尊左卑王制男子由右女子由左

文二

shǐ 史

史 記事者也从又持中中正也凡史之屬皆从史 疏士切

書金縢乃問諸史立政百司太史傳云太史下大夫掌邦六典之貳

記事者也者書酒誥矧太史友內史友鄭注太史內史掌記言記行周禮冢宰史十有二人注云史掌書者小史掌邦國之志注云鄭司農云志謂記也春秋傳所謂周志國語所謂鄭書之屬是也史官主書故韓宣子聘於魯觀書太史氏馥案通典云春秋國語引周志鄭書似當時記事各有其職外史掌四方之志注云志記也謂若魯之春秋晉之乘楚之檮杌襄十四年左傳史爲書注云謂太史君舉則書玉藻動則左史書之言則右史書之世本注黃帝之世始立史官蒼頡沮誦居其職至於夏商乃分置左右故曰左史記言右史記事言經尚書事經春秋者也家語屈節解宓子賤爲單父宰請君之近史二人與之俱至官令二史書方書輒掣其肘新序雜事篇墨筆操牘隨君之

後司君之過而書之賈誼書不知日月之時節不知先王之諱與國之忌不知風雨雷電之眚凡此屬太史之任也楊雄太史令箴昔在太古爰初肇記天地之化重黎是司御覽引荀悅申鑒古者天子諸侯有事必告廟左右二史君舉必記臧否成敗無不存焉得失一朝榮辱千載善人勸焉倖人懼焉故先王重之以副賞罰以輔法教宜於今者官以其日各書其事歲盡則集之於尚書漢官儀太史令國有瑞應災異記之六蓺論春秋者國史所記人君動作之事左史所記爲春秋右史所記爲尚書古今注牛亨問曰筆有彤管何也荅曰彤赤漆耳使史官載筆故是赤管言以赤心記事也文士傳張衡留意於天文陰陽筭數由是遷太史令瓌濟要畧太史令取善紀述者使記時事王肅尚書敘上所言下爲史所書故曰尚書也范甯穀梁注史國史掌書記事後周書少傳箴左史記日右史書事左傳正義序夫春秋者紀人君動作之務是左史所職之書也初學記史記曰秦趙澠池之會其君相爲鼓瑟扣缶皆命御史書之是則周之列國亦各有史官書事記言不虛美不隱惡善以勸世惡以示後所以暴露成敗昭彰是非者也又云曲禮曰史載筆士載言夏有太史終殷有太史摯周有太史佚太史儋太史叔服史籀史蘇史趙孔子

說文解字義證　卷八

曰周任古之良史也老子爲周守藏室史又爲柱下史則其職也　從又持中中正也者文元年左傳舉正於中春秋元命苞屈中挾一而起者爲史史之爲言紀也天度文法以此起也

shì 事

事 職也從史㞢省聲 鉏史切

職也者本書職記微也廣雅職事也穀梁語云欲學爲吏視已成事又云前事之不忘後事之師也

事 古文事　古文不省

文二　重一

zhī 支

支 去竹之枝也從手持半竹凡支之屬皆从支 章移切

去竹之枝也者疑作去枝之竹也

支 古文支

從又持全竹

jī 敧

敧 持去也從支奇聲 去奇切

通俗文以箸取竹曰敧本書箸飯敧也

文二　重一

niè 聿

聿 手之疌巧也從又持巾凡聿之屬皆从聿 尼輒切

yì 隸

隸 習也從聿希聲 羊至切

習也者廣雅同釋詁勤勞也釋文字亦作肄孫炎云肄習事之勞也聘禮未入竟壹肄注云肄習也周禮小宗伯肄儀爲位注云肄習也文四年左傳臣以爲肄業及之也杜注肄習也賈逵國語注同內則請肄簡諒曲禮君命大夫與士肄學記宵雅肄三注竝云肄習也列子周穆王篇與韓檀等肄之注云共習其業淮南時則訓肄射御注云肄習也法言修身篇口不肄乎善注云肄習也漢書禮樂志禮官肄業而已叔孫通傳適令羣臣習肄顏注竝云肄習

說文解字義證　卷八

也後漢書寇恂傳講兵肄射注云肄習也魏志武帝紀作元武池以肄舟師注引三蒼肄習也

隸 籀文隸

隸 篆文隸

sù 肅

肅 持事振敬也從聿在𣶒上戰戰兢兢也 息逐切

持事振敬也者本書恭肅也敬肅也夙早敬也從丮持事雖夕不休早敬者也釋訓肅肅敬也樂記夫肅肅敬也詩肅肅兔罝傳云肅肅敬也烝民肅肅王命箋云肅肅敬也洪範恭作肅傳云心敬案鄭注無逸云恭在貌敬在心尚書大傳貌之不恭是謂不肅注云肅敬也劉向五行傳肅敬也內曰恭外曰敬文十八年左傳忠肅共懿昭十三年傳下善齊肅注竝云肅敬也　從聿在𣶒上戰戰兢兢也者本書淵或省水戰戰兢兢者如臨深淵也書大誥若涉淵水予惟往求朕攸濟傳云言祗懼

肅 古文肅從心從卪

史支聿

從心者鄭氏所謂恭在貌敬在心也 從卩者持事有節制也

文三　重三

yù
聿

聿 所以書也楚謂之聿吳謂之不律燕謂之弗从聿一聲凡聿之屬皆从聿 余律切

所以書也者釋名筆述也述事而書之也急就篇筆研籌筭膏火燭顏注筆所以書也一名不律亦謂之聿徐廣車服雜注古者貴賤皆執笏有事則書之常簪筆說苑王滿生說周公藉草牘書之般氏家傳殷泰善書記上歎曰非惟秋兔之毫乃是鷹鸇之爪 楚謂之聿吳謂之不律燕謂之弗者釋器不律謂之筆郭注蜀人呼筆爲不律也語之變轉馥案不律猶令丁爲鈴終葵爲椎俾倪爲陴不疑爲丕是也初學記引作燕謂之拂

bǐ
筆

筆 秦謂之筆从聿从竹 鄙密切

秦謂之筆者趙策臣少爲秦刀筆史記蒙恬築長城取中山兔毛造筆古今注牛亨問曰自古有書契已來便應有筆世稱蒙恬造筆何也答曰蒙恬始造卽秦筆耳古以枯木爲管鹿毛爲柱羊毛爲被所謂蒼毫非兔毫竹管也廣志漢諸郡獻兔毫書鴻門題惟趙國豪中用蔡邕筆賦惟其翰之所生於季冬之狡兔性精亟以摽悍體遄迅以騁步削文竹以爲管加漆系之纏束形調摶以直端染元墨以定色

jīn
𦘔

𦘔 聿飾也从聿从彡俗語以書好爲𦘔讀若津 將鄰切

聿飾也者本書彡毛飾畫文也彭青飾也彤丹飾也彣巧飾也西京雜記漢制天子筆以錯寶爲跗毛皆以秋兔之豪官師路扈爲之又以雜寶爲匣廁以玉璧翠羽皆直百金傳元曰漢末一筆之押彫以黃金飾以和璧綴以隋珠文以翡翠其筆非文犀之植必象齒之管豐狐之柱秋兔之翰王羲之筆經有人以綠沈漆竹管卽鏤管見遺斯亦可愛玩然詎以金寶彫飾爲貴也又曰昔人或以琉璃象牙爲筆管麗飾則有之然筆須輕便重則躓矣 讀若津者益部耆舊傳劉子政談論津津

shū
書

書 箸也从聿者聲 商魚切

箸也者廣雅同書箸聲相近本書序箸於竹帛謂之書釋名書庶也紀庶物也亦言著之簡紙永不滅也玉篇世謂蒼頡作書卽黃帝史也象形指事形聲轉注會意假借此造字之本也書者著也依類象形謂之文形聲相益謂之字所以明於萬事紀往知來也書之言如也賈誼書道德篇是故著此竹帛謂之書書者著德之理於竹帛而陳之令人觀焉以著所從事故曰書者此之著者也法言問神篇彌綸天下之事紀久明遠著古昔之唔唔傳千里之忞忞者莫如書書皋陶謨書用識哉漢書藝文志書者古之號令號令於衆其言不立具則聽受施行者弗曉

文四

huà
畫

畫 界也象田四界聿所以畫之凡畫之屬皆从畫 胡麥切

界也者本書介畫也畺界也从畕三其界畫也古今注封疆畫界者封土爲臺以表識疆境也畫界者於二封之閒又爲堰埒以畫分界域也左傳引虞箴畫爲九州注云畫分也詩信南山我疆我理傳云疆畫經界也正義左傳曰茲茲禹跡畫爲九州九州尙畫其界是田之經界須畫之也書畢命申畫郊圻傳云郊圻雖舊所規畫當重分明之漢書地理志昔在黃帝方制萬里畫壄分州顏注畫謂爲之界也溝洫志故畫河堧棄地民茭牧其中張彥遠名畫記廣輪度而疆理辨釋邱途出其右而還之畫邱郭注言爲道所規畫 象田四界者名畫記引作象田界畔新語道基篇后稷乃列封疆畫畔界以分土地之所宜 聿所以畫之者聿當爲聿論語今女畫孔安國曰畫止也

畫 古文畫省

𤱪 亦古文畫

本書刀部劃從刀從畫

zhòu
晝

晝 日之出入與夜爲界从畫省从日 陟救切

日之出入與夜爲界者本書早晨也从日在甲上莫日且冥也夕莫也旦明也從日見一上易晉卦晝日三接論衡日晝行千里夜行千里張衡靈憲夫日宜明於晝納明於夜范子計然日者主晝居晝而爲明

𦘠 籀文晝

文二　重三

dài
隶

隶　及也从又从尾省又持尾者从後及之也凡隶之屬皆从隶　徒耐切

及也者本書及逮也釋言逮及也

dài
隸

隸　及也从隶枲聲詩曰隸天之未陰雨　徒耐切

及也者隸經典借迨字釋訓迨及也詩摽有梅迨其今兮又伐木迨我暇矣箋云迨及也　詩曰隸天之未陰雨者豳風鴟鴞文彼作迨傳云迨及

lì
隸

隸　附箸也从隶柰聲　郎計切

附箸也者後漢書孔融傳注引同急就篇奴婢私隸枕牀杜顏注隸附著之義也私隸者言屬著私家非給公役者詩角弓如塗塗附傳云附著也昭七年左傳輿臣隸正義隸隸屬於吏也

隸　篆文隸从古文之體

本書䊵或作𣀩馥謂隸亦隸之或體當別有古文脫去一切經音義三隸附著也字从米从𣀩聲古者𣀩人擇米以供祭祀故从米也又卷一隸从米𣀩聲𣀩字从又从祟九經字樣案周禮女子入于舂稾男子入于罪隸隸字故从又持米从柰聲又象人手也經典相承作隸已久不可改正馥案此二說謂隸隷皆从米唐本當如此但不知何以屬隶部案楊君石門頌作𨽻即九經字樣之說魯峻碑作隸即一切經音義之說出變爲士與𧶠作賣同楊淮碑作𨽻或古文與

文三　重一

qiān
臤

臤　堅也从又臣聲凡臤之屬皆从臤讀若鏗鏘之鏗古文以爲賢字　苦閑切

堅也者本書能獸堅中故賢能而彊壯稱能傑也考工記五分其轂之長去一以爲賢馥謂賢當作臤物理論在金石曰堅在草木曰緊在人曰賢　臣聲者詩卷阿正義說文賢堅也以其人能堅正然後可爲人臣故字从臣廣雅臣鞶也白虎通臣者繵堅也屬志自堅固孝經說臣者堅也守節明度修義奉職也　讀若鏗鏘之鏗者徐鍇本無之鏗二字本書無鏗鏘字　古文以爲賢字者成四年公羊經鄭伯臤卒疏云穀梁作賢字馥案今穀梁作堅後人改之校官碑親臤寶智又云師臤作朋國三老袁良碑優臤之寵

jǐn
緊

緊　纏絲急也从臤絲省　糾忍切

纏絲急也者舞賦弛緊急之弦張兮李善引本書同廣韻緊糾急也魏志呂布曰縛我急王逸九思心緊絭兮傷懷注云緊絭糾繚也

jiān
堅

堅　剛也从臤从土　古賢切

剛也者本書鑒剛也垎堅也壚剛土也廣雅堅土也輿地志丹徒界內土堅緊九章算術穿地四爲壤五爲堅三爲墟注云堅謂築土

shù
豎

豎　豎立也从臤豆聲　臣庾切

豎立也者本書侸立也壴陳樂立而上見也廣雅豎立也後漢書靈帝紀槐樹自拔倒豎魏志鍾繇傳起偃爲豎莊子列禦寇敦杖蹙之釋文敦音頓司馬云豎也

豎　籒文豎从殳

文四　重一

chén
臣

臣　牽也事君也象屈服之形凡臣之屬皆从臣　植鄰切

易序卦有父子然後有君臣有君臣然後有上下　春秋說曰正氣爲帝閒氣爲臣　韋昭辨釋名臣慎也慎於其事以奉上也

牽也者臣牽聲相近牛之从牽者皆柔謹也　事君也者本書宦下云吏事君也僖二十三年左傳策名委質杜云屈膝而君事之正義謂拜而屈膝委身體於地也　象屈服之形者本書臥从人臣取其伏也莊子擎跽曲拳人臣之事也稽顙服之甚也肉袒服之盡也漢書王陵傳文帝問陳平決獄錢穀平謝曰主臣晉灼曰臣服也宣二年左

傳晉士季諫靈公三
進注云三進三伏

guàng
𦣞

𦣞 乖也从二臣相違讀若誑 居況切

本書𠦬從此云驚走也馥謂乖違故驚也

zāng
臧

臧 善也从臣戕聲 則郎切

善也者釋詁文急就篇苗涉臧顏注言其所涉皆善道也詩野有蔓草與子偕臧雄雉何用不臧頍弁庶幾有臧定之方中終焉允臧傳並云臧善也載馳視爾不臧猗嗟射則臧兮小旻謀臧不從抑未知臧否桑柔自獨俾臧甫田我田既臧十月之交于何不臧駉思馬斯臧箋並云臧善也昭元年左傳后帝不臧注云臧善也學記微而臧注云臧善也史記鄭世家后帝弗臧集解引賈逵曰臧善也

𡐓 籀文

从土者即今藏字隸體變土爲艸猶薶變爲埋也詩隰桑中心藏之箋云藏善也易繫辭傳藏諸用鄭本作臧劉昫曰姑臧縣匈奴名蓋臧城

說文解字義證　卷八　奎

文三　重一

shū
殳

殳 以杸殊人也禮殳以積竹八觚長丈二尺建於兵車旅賁以先驅从又几聲凡殳之屬皆从殳 市朱切

以杸殊人也者殳殊聲相近釋名殳殊也長丈二尺而無刃有所撞挃於車上使殊離也　禮殳以積竹八觚長丈二者觚當爲柧俗作觚廣韻殳八觚杖也考工記廬人注凡矜八觚西京賦竿殳之所揘畢薛綜注殳杖也八棱長丈二而無刃或以木爲之或以竹爲之昭二十三年左傳執殳而立於道左杜云殳長丈二而無刃考工記廬人爲廬器殳長尋有四尺注云八尺曰尋殳長丈二徐鍇曰積竹謂削去白取其青處合爲之取其有力也漢昌邑王買積竹杖是也陳啟源曰殳之圍大處至二尺四寸小處亦不減五寸不能純用竹青意必以木爲心而傳積竹於外故考工記廬人爲殳廬人實攻木之工矣馥案本書攢積竹杖也籚積竹矛戟矜也其字一从木一从竹陳說是也

建於兵車旅賁以先驅者考工記注云戈殳戟矛皆插車輢樊文淵七經義綱車上五兵戈殳戟酋矛夷矛昭二十一年左傳張匄抽殳而下杜云殳長丈二在車邊考工記兵車六等之數車軫四尺謂之一等戈柲六尺有六寸既建而迆崇於軫四尺謂之二等人長八尺崇於戈四尺謂之三等殳長尋有四尺崇於人四尺謂之四等車戟常崇於殳四尺謂之五等酋矛常有四尺崇於戟四尺謂之六等又廬人六建既備車不反覆馥案兵車六等六建皆有殳夏官司戈盾祭祀授旅賁殳詩伯也執殳爲王前驅馥案先驅謂步卒也在車之右故司右云凡國之勇士能用五兵者屬焉鄭司農謂戈殳戟酋矛夷矛爲五兵步之五兵有弓矢無夷矛是兵車步卒皆有殳也

duì
祋

祋 殳也从殳示聲或說城郭市里高縣羊皮有不當入而欲入者暫下以驚牛馬曰祋故从示殳詩曰何戈與祋 丁外切

殳也者後漢書馬融傳祋殳狂擊注云祋亦殳也　示聲者司法兵法有司皆執殳戈示諸鞭扑之辱　或說云云者周禮司市凡市入則胥執鞭度守門注云必執鞭度以威正人衆也度謂殳也　詩曰何戈與祋者曹風候人文傳云祋殳也周禮候人各掌其方之道治與其禁令注云禁令備姦寇也隸書寇字從祋陳球後碑舊有過寇是也樂記行其綴兆鄭注綴表也引詩荷戈與綴馥謂表綴亦示意

說文解字義證　卷八　奎

shū
杸

杸 軍中士所持殳也从木从殳司馬法曰執羽从杸 市朱切

軍中士所持殳也者步卒五兵之一也急就篇鐵錘檛杖棁柲殳顏注殳亦杖名也古者以積竹八觚爲殳長一丈二尺建於兵車旅賁以先驅而軍士所執殳者名之杸司馬法曰執羽從杸是也司馬兵法弓矢圍殳矛守戈戟助樊文淵七經義綱步卒五兵戈殳車戟酋矛矢馥案夏侯湛獵兔賦擬以銳殳疑此杸亦銳首

jī
毄
(毄)

毄 相擊中也如車相擊故从殳从𡇒 古歷切

如車相擊者本書轚車轄相擊也齊策轂相擊說苑齊人甚好轂擊相犯以爲樂

què 㱿 zhěn 㲎 tóu 𣪈 chóu 𣪠 dú 豛 ōu 毆 qiāo 毃

㱿 从上擊下也一曰素也从殳青聲 苦角切

一曰素也者本書樸木素也孟子義猶栝棬也趙注栝棬栝素也玉篇㱿物皮空本書靴履空也徐鍇曰猶言履殼也字書㱿外堅也詩伐檀不素餐兮傳云素空也列子木葉幹㱿張載七命析龍眼之房剖椰子之㱿仲長統述志詩蟬蛻㠯㱿舞賦懷慤素之潔清慤當作此㱿

㲎 下擊上也从殳冘聲 知朕切

下擊上也者廣韻㲎深擊本書抌深擊也方言抌椎也廣雅抌刺也

𣪈 繇擊也从殳豆聲古文祋如此 度侯切

繇擊也者繇當爲遙玉篇𣪈遙擊也廣韻同 古文祋如此者祋當爲投玉篇𣪈古文投本書投擿也

𣪠 縣物㱾擊从殳𠷎聲 市流切

縣物㱾擊者本書㨶手椎也廣雅㨶刺也

說文解字義證 卷八

豛 椎毄物也从殳豖聲 冬毒切

椎毄物也者本書豛椓並訓擊

毆 捶毄物也从殳區聲 烏後切

捶毄物也者尹文子莊里丈人字長子曰盜少子曰毆盜出行其父在後追呼之曰盜盜吏聞因縛之其父呼毆喻吏遽而聲不轉但言毆毆吏因毆之幾殪或借毆字漢書梁孝王傳後數復毆傷郎顏注毆捶擊又借敺字大戴禮禮察篇敺之以法令而民哀戚史記留侯世家良愕然欲敺之

毃 擊頭也从殳高聲 口卓切

擊頭也者或借敲字定二年左傳閽乞肉焉奪之杖以敲之注云奪閽杖以敲閽頭也釋文敲說文作毃云擊頭也字林同又一曰擊聲也馥案一曰五字引本書之文今闕又借敵字呂氏春秋當務篇下見六王五伯將敵其頭矣注云敵音毃擊也潘岳河陽詩顯如槁石火李善云槁考古字通擊也馥謂槁即毃

diàn 殿 yì 殹 duàn 段 tóng 𣪬 xiáo 殽 yì 毅

殿 擊聲也从殳屍聲 堂練切

擊聲也者本書𣪍柄也廣雅𣪍擊也馥案擊聲者所謂呵殿也

殹 擊中聲也从殳医聲 於計切

本書瘱劇聲也 僖五年左傳惟德緊物服注緊發聲也又襄十四年傳緊伯舅是賴杜注與服同

段 椎物也从殳耑省聲 徒玩切

椎物也者十州記說風生獸云以鐵椎段其頭數十下乃死經典借鍛字廣雅鍛椎也韓子椎鍛者所以平不夷也儀禮喪服鍛而勿灰士喪禮注功布鍛濯灰治之布也考工記函人凡甲鍛不摯則不堅鄭司農云鍛鍛革也詩削屢馮馮傳云削牆鍛屢之聲馮馮然正義削牆下土打鍛禮謂牆爲鍛脩亦言其椎打之漢書韋彪傳鍛練之吏注云鍛椎也長笛賦雷叩鍛之岌峇兮李善引蒼頡篇鍛椎也又作腶字哀十一年左傳腶脯戴侗曰腶捶脯也古單作段記曰棗栗段脩康成曰捶脯加薑桂也段必捶之於石故因以得名後人加肉

說文解字義證 卷八

𣪬 擊空聲也从殳宮聲 徒冬切又火宮切

擊空聲也者廣雅𣪬聲也徐鍇曰謂器外無隙內空擊之其聲𣪬然

殽 相雜錯也从殳肴聲 胡茅切

相雜錯也者錯當爲造廣雅殽雜也漢書食貨志鑄作錢布皆用銅殽以連錫顏注謂以連與錫雜銅而爲錢也董仲舒傳賢不肖混殽或借淆字後漢書黃憲傳淆之不濁

毅 妄怒也一曰有決也从殳豙聲 魚既切

妄怒也者本書豙豕怒毛豎也禽經鶡毅鳥也馥案鶡之性好怒而敢鬬故趙武靈王作冠以表武士續漢輿服志虎賁鶡冠是也 一曰有決也者書臯陶謨擾而毅傳云致果爲毅宣二年左傳殺敵爲果致果爲毅論語剛毅木訥近仁又云士不可以不弘毅劉劭人物志剛塞而弘毅金之德也韓非內儲說殷之法弃灰於公道者斷其手子貢曰弃灰之罪輕斷手之罰重古人何太毅也

jiù 𣪘

揉屈也從殳從皀皀古文叀字廄從此居又切

揉屈也者本書無揉字廣韻𣪘𣪘屈 從皀皀古文叀字者本書叀古文作㠯廄古文作𠬝當有一誤叀謹亦屈意一本書邋恭謹行也 廄從此者本書叀下一云叀者如叀馬之鼻廄從𣪘義可參會

yì 役

戍邊也從殳從彳營隻切

戍邊也者本書㮣讀若詩芊芊征夫一曰役也本書序興役戍官詩采薇序遣戍役以守衛中國

古文役從人

從人者本書戍從人持戈馥謂殳與戈同

gāi 毅

毅改大剛卯也以逐精鬼從殳亥聲古哀切

毅改云云者本書𠭥毅改大剛卯以逐鬼鬽也宋書禮志漢儀仲夏之月設桃卯桃卯本漢所以輔卯金急就篇射魃辟邪除羣凶顏注射魃謂大剛卯也以金石及桃木刻而爲之一名毅改其上有銘而旁穿孔系以綵絲用系臂

馬亦所以逐精魅也野客叢書剛者強也卯者劉也正月佩之尊國姓也漢書王莽傳今百姓咸言皇天革漢而立新廢劉而興王夫劉之爲字卯金刀也正月剛卯金刀之利皆不得行服虔曰剛卯以正月卯日作佩之長三寸廣一寸四方或用玉或用金取用桃著革帶佩之今有玉在者銘其一面曰正月剛卯晉灼曰剛卯長一寸廣五分四方當中央從穿作孔以采絲葺其底如冠纓頭㽞刻其上面行兩行書文曰正月剛卯既央靈殳四方赤青白黄四色是當帝令祝融以教夔龍庶疫剛癉莫我敢當其一銘曰疾日嚴卯帝令夔化順爾固伏化兹靈殳既正既直既觚既方庶疫剛癉莫我敢當馥案長三寸即本書大剛卯長一寸是其小者又案疾日嚴卯非輔劉之器乃厭勝也古以子卯爲疾日是也七脩類稿余嘗得一玉嚴卯大小及文都如晉灼說但疾日作疫日夔化作夔龍靈殳作靈昌續漢輿服志佩雙印長寸二分方六分乘輿諸侯王公列侯以白玉中二千石以下至四百石皆以黑犀二百石以至私學弟子皆以象牙上合絲乘輿以縢貫白珠赤罽㽞諸侯王以下以綔赤絲㽞縢綔各如其印質刻書文曰正月剛卯既決靈殳四方赤青白黄四色是當帝令祝融以教夔龍庶疫剛癉莫我敢當疾日嚴卯帝令夔化慎爾周伏化兹靈殳既正既直既觚既方庶疫剛癉莫我敢當凡六十六字輟耕錄二十四剛卯者按許慎說文毅改大剛卯以逐鬼也霍治書清甫云嘗於吳中得白玉剛嚴雙印四枚完具者二剛卯銘詞三十四字嚴卯銘詞三十二字其二字筆畫損缺剛卯無既央二字餘十字難辨與服志央爲決嚴卯疾日爲日疑志誤又順爾固伏與莽傳同說文作順爾國伏輿服志作慎爾周伏未詳孰是馥案說文不載銘詞或徐鍇繫傳也

文二十　重一

shā 殺

戮也從殳杀聲凡殺之屬皆從殺所八切

戮也者釋詁劉獮斬刺殺也釋文引本書同周禮掌戮掌斬殺賊諜而搏之 杀聲者本書我下云手一曰古殺字馥謂手即杀皆從古文杀而變五經文字杀古殺字

古文殺小字本無此文

古文殺

古文殺孫叔敖碑陰武梁祠畫象竝作敎從攴

古文殺

籀文殺

小字本無此文類篇臣光曰說文失收故集韻今不載馥案此從殳與從攴同

shì 弒

臣殺君也易曰臣弒其君從殺省式聲式吏切

臣殺君也者釋名下殺上曰弒弒伺也伺閒而後得施也隱四年公羊傳注弒者殺也臣弒君之辭論語陳恆弒其君楚語下虐上爲弒宣十八年左傳凡自內虐其君曰弒馥案虐即殺也書呂刑惟作五虐之刑墨子引作五殺論語不教而殺謂之虐論語陰嬉讖臣族虐宋均注謂殺闕蘢宣十五年左傳鄭舒爲政而殺之王符引作爲政而虐

之是也大戴禮盛德篇凡弒上生於義不明義者所以等貴賤明尊卑貴賤有序民尊上敬長矣民尊上敬長而弒者寡有之也　易曰臣弒其君者坤卦文言文

文二　重五

shū
几

几　鳥之短羽飛几几也象形凡几之屬皆從几讀若殊　市朱切

飛几几也者集韻作飛几几然

zhěn
㐱

㐱　新生羽而飛也從几從彡　之忍切

新生羽而飛也者本書翏從羽從㐱高飛也

fú
鳧

鳧　舒鳧鶩也從鳥几聲　房無切

舒鳧鶩也者本書鶩舒鳧也徐鍇韻譜鳧水鳥一切經音義二鳧水鳥也字體從鳥從几急就篇春草雞翹鳧翁濯

顏注鳧者水中之鳥今所謂水鴨者也廣雅鳧鷽也謝靈運山居賦自注鳧野鴨也常待晨而飛禽經鳧好没釋鳥鷉沈鳧禮記正義引某氏云在野舒翼飛遠者爲鳧釋鳥又云鳧鴈醜其足蹼其踵企郭云腳指間有幕蹼屬相著飛即伸其腳跟企直詩鳧鷖在涇傳云鳧水鳥也陸璣疏云大小如鴨青色卑腳短喙水鳥之謹愿者也易林鳧得水没喜笑自啄張勃吳錄婁縣有后首魚至秋化爲鳧吳地記后首魚至秋化爲冠鳧頭中猶有后也　從鳥几聲者當爲從鳥几几亦聲

文三

cùn
寸

寸　十分也人手卻一寸動𧖴謂之寸口從又從一凡寸之屬皆從寸　倉困切

十分也者本書尋字云寸度之亦手也㝷字云寸人手也杈從又或從寸叜從又籒文從寸尺下云周制寸尺咫尋常仞諸度量皆以人之體爲法韻譜論寸者當以手爲準大戴禮主言篇布指知寸僖三十一年公羊傳膚寸而合注側手爲膚案指爲寸投壺室中五扶注云鋪四指曰扶一指按寸皆謂此皆以手知寸者也或以禾秒人髮蠶絲馬尾其法益密漢書律歷志寸者忖也本書稱下云律數十二秒而當一分十分而寸程字云十髮爲程十程爲分十分爲寸說苑度量權衡以黍生之口黍爲一分十分爲一寸十寸爲一尺十尺爲一丈易通卦驗十馬尾爲一分孫子算經度之所起起於忽欲知其忽蠶吐絲爲忽十忽爲一絲十絲爲一豪十豪爲一氂十氂爲一分十分爲一寸十寸爲一尺十尺爲一丈十丈爲一引五十丈爲一端四十尺爲一匹六尺爲一步二百四十步爲一畝三百步爲一里賈誼書十豪爲髮十髮爲氂十氂爲分十分爲寸風俗通數度之始始於微細有形之物莫細於豪是故立一豪以爲度十豪爲髮十髮爲氂十氂爲分十分爲寸十寸爲尺　人手卻一寸動𧖴謂之寸口者本書肘下云寸手寸口也尺下云人手卻十分動脈爲寸口一切經音義四叜字從灾從又又音手手灾者衰惡也言脈之大候在於寸口老人寸口脈衰故從又從灾也史記倉公傳切其脈時右口氣息注云右手寸口也脈經從魚際至高骨卻行一寸其中名曰寸口其骨自高物理論名醫達脈者求之寸口三候之閒則得之矣八十一難經切脈而知之者

診其寸口視其虛實以知其病在何藏府也又云十二經中皆有動脈獨取寸口以決五藏六府死生吉凶之法何謂也然寸口者脈之大會手太陰之動脈也人一呼脈行三寸一吸脈行三寸呼吸定息脈行六寸人一日一夜凡一萬三千五百息脈行五十度周於身漏水下百刻榮衛行陽二十五度行陰亦二十五度爲一周也故五十度復會於手太陰寸口者五藏六府之所終始故法取於寸口也周禮疾醫參之以九藏之動謂脈至與不至脈之大候要在陽明寸口疏云陽明者在大拇指本骨之高處與弟二指閒寸口者大拇指本高骨後一寸是也

sì
寺

寺　廷也有法度者也從寸之聲　祥吏切

風俗通今尚書御史謁者所止皆曰寺　吳都賦列寺七里　隱七年左傳正義自漢以來三公所居謂之府九卿所居謂之寺　北齊書以太常光祿衛尉宗正太僕大理鴻臚司農太府爲九寺　漢舊儀御史大夫寺在司馬門內無塾門署用梓板不起郭邑題曰御史大夫寺　朱穆與劉伯宗絕交書昔我爲豐令足下不遭母憂乎親解縗絰來人豐寺　淮南先賢傳李表不樂爲吏於寺門巾焚燒衣幘　通鑑侯景悉燒洛陽內外官寺　摯虞新禮議故事祀皋陶於廷尉

寺新禮移祀於律寺北堂書鈔引顧子云或問今之寺門有鼓何爲顧子曰夏禹懸鼓於門以納諫者此遺風也后林燕語漢以來九卿官府皆名曰寺鴻臚其一也本以待四裔賓客明帝時攝摩騰竺法蘭自西域以白馬負經至舍於鴻臚寺既死尸不壞因留寺中後遂以爲浮屠之居即雒中白馬寺也僧居稱寺本此 廷也者釋名廷停也人所停集之處漢書百官表注云廷平也三蒼寺官舍也釋名寺嗣也治事者嗣續於其內也後漢書光武紀陛下識知寺舍和帝紀幸洛陽寺注云寺官舍也馬援傳歸守寺舍注云寺舍官舍也通鑑張角以白土書京城寺門注云寺門在京城諸官寺舍之門又云顧雍拜侯還寺注云寺官舍也顧炎武曰三代以上凡言寺者皆奄豎之名自秦以宦者任外廷之職而官舍通謂之寺說文寺廷也有法度者也此亦是漢時解耳漢人以太常光祿勳衛尉太僕廷尉大鴻臚宗正大司農少府爲九寺又御史府亦謂之御史大夫寺漢書元帝紀注師古曰凡府庭所在皆謂之寺風俗通曰寺司也唐書楊收傳漢制總羣官而聽曰省分務而專治曰寺諸官府所止皆曰寺後漢書安帝紀皇太后幸雒陽寺及若盧獄錄囚徒注寺官舍也張堪傳告歸平陵望寺門而步注寺門即平

陵縣門也樂恢傳父爲縣吏得罪於令恢年十一常俯伏寺門吳志淩統傳亦云過本縣步入寺門 有法度者也者本書等下云寺官曹之等平也守下云寺府之事者從寸寸法度也耐下云諸法度字從寸 一切經音義十四引風俗通寺司也廷之有法度者也

jiàng
將

將 帥也從寸醬省聲 即亮切

帥也者帥當爲達本書達先導也開元文字將率也經典借帥字廣雅將帥也易師六五長子帥師周禮夏官二千有五百人爲師師帥皆中大夫五百人爲旅旅帥皆下大夫宣十二年左傳命爲軍帥又云帥師以來惟敵是求

xún
㝷
(尋)

㝷 繹理也從工從口從又從寸工口亂也又寸分理之彡聲此與𤖣同意度人之兩臂爲尋八尺也 徐林切

戴侗曰唐本不從口而從几唐元度林罕云古文從寸從尺

繹理也者玉篇尋繹也理也方言繹理也通鑑宋文帝戒江夏王義恭曰豈可不感尋王業注云感念致王業之艱難而尋繹爲治之理也又隋煬帝怒薛道衡付執法者推之注云推尋繹也推考而尋繹其事也 從工從口從又從寸工口亂也又寸分理之者本書左從工右從口而兩字皆從手手所以助理也又寸皆手也 彡聲者當爲從爻既誤爲彡又加聲字此會意非諧聲故云與𤖣同意𤖣從爻㝷亦從爻本書蕁潯襑竝從尋當有尋字爾雅釋文說文云蕁或作蕁是陸所見本蕁爲正文蕁爲或體豈尋爲㝷之省邪 度人之兩臂爲尋八尺也者本書仞伸臂一尋八尺小爾雅廣度四尺謂之仞倍仞謂之尋尋舒兩肱也方言自關而西秦晉梁益之閒凡物長謂之尋周官之法度廣爲尋幅廣爲充釋名八尺曰尋倍尋曰常孔子曰禹聲爲律身爲度布指知尺舒肱知尋公食大夫記加萑席尋注云丈六尺曰常半常曰尋鄉射記鄉侯上个五尋注云八尺曰尋上幅用布四丈又云下舌半上舌注云上个象臂下个象足中人張臂八尺張足六尺考工記殳長尋有四尺酋矛常有四尺注云八尺曰尋倍尋曰常又梓人爲侯注云張臂八尺又云上綱與下綱出舌尋注云上下皆出舌一尋者亦人張手之節也雜記兩五尋注云八尺曰尋覲禮壇十有二尋注云八尺曰尋十有二尋則方九十六尺也大戴禮主言篇舒肘知尋詩閟宮是尋是

尺傳云八尺曰尋成十二年左傳爭尋常以盡其民杜云八尺曰尋倍尋曰常哀十一年傳人尋約杜云八尺爲尋周語不過墨丈尋常之閒韋云八尺爲尋倍尋爲常莊子尋常之溝巨魚無所還其體呂氏春秋悔過篇穴深尋則人之臂必不能極矣注云八尺曰尋淮南天文訓音以八相生故人修八尺尋自倍故八尺而爲尋毗曇論四肘爲一弓一弓長八尺史記賈生傳彼尋常之汙瀆兮集解應劭曰八尺曰尋倍尋曰常張儀傳探前趹後蹄閒三尋騰者不勝數索隱七尺曰尋言馬走之疾前後蹄閒一擲而過三尋也馥案七尺之訓未審所據

zhuān
專

專 六寸簿也從寸叀聲一曰專紡專 職緣切

六寸簿也者簿當爲簙方言簙吳楚之閒或謂之兜專廣雅兜專簙也本書簙長六寸馥謂簙長亦如之西京雜記許博昌安陵人也善陸簙法用六箸或謂之究以竹爲之長六分馥謂究當爲兜即方言所云兜專也六分當爲六寸 一曰專紡專者集韻塼紡塼又云甎紡甎廣韻甎紡錘案本書甎瓦器即紡專詩斯干載弄之瓦傳云瓦紡塼也釋文塼本又作專徐鍇曰今絡絲之塼也說苑和氏之璧價重千金然以之閒紡曾不如瓦塼

fū 尃

尃 布也从寸甫聲 芳無切

布也者本書傅字云尃布也易說卦震爲尃延篤云尃大布徐鍇引子虛賦尃結縷注云尃布也經典借敷字書舜典敬敷五教傳云布五常之教顧案文十八年左傳布五教於四方禹貢禹敷土鄭注敷布也篠簜既敷傳云水去已布生洪範用敷錫厥庶民馬注用布與衆民又皇極之敷言馬亦訓敷爲布金縢敷佑四方馬注布其道以佑助四方顧命敷重蔑席本書蔑下引敷作布大誥敷賁敷前人受命傳竝訓敷爲布周官敷五典傳云布五常之教詩小旻敷于下土傳云敷布也長發敷政優優成二年左傳引作布政本書引作布政憂憂聘禮管人布幕于寢門外注云今文布作敷山海經禹鯀是始布土均定九州注云布猶敷也又借傅字史記夏本紀禹命諸侯百姓興人徒以傅土大戴禮亦作傅又借溥字荀子成相篇禹溥土注云溥讀爲敷又借鋪字詩常武鋪敦淮濆後漢書馮緄傳引作敷鄭箋亦解鋪爲敷魏志華佗字元化一名尃裴注按古敷字與尃相似寫書者多不能別尋佗字元化其名宜爲尃也

dǎo 導

導 導引也从寸道聲 徒皓切

疑此文後人加之本書道古文作衜衜即導字

文七

pí 皮

皮 剝取獸革者謂之皮从又爲省聲凡皮之屬皆从皮 符羈切

剝取獸革者謂之皮者剝皮將以爲革也廣雅皮剝也詩鴟鴞徹彼桑土傳云徹剝也土字林作𡋯桑皮也是木皮亦言剝也本書革獸皮治去其毛革更之周禮掌皮掌秋斂皮冬斂革春獻之注云有毛爲皮去毛爲革

𠳋 古文皮

𡰪 籒文皮

pào 皰

皰 面生氣也从皮包聲 旁教切

面生氣也者一切經音義十四引作面生熱氣也淮南說林訓潰小皰而發痤疽高云皰面氣也

gàn 皯

皯 面黑氣也从皮干聲 古旱切

面黑氣也者本書䵟黑皴也通俗文面黯黑曰皯集韻皯黚面黑氣列子黃帝篇燋然肌色皯黣楚詞漁父顏色憔悴注云皯黴黑也

文三 重二

ruǎn 甍

甍 柔韋也从北从皮省从夐省凡甍之屬皆从甍讀若耎一曰若雋 而兗切

柔韋也者玉篇甍也考工記攻皮之工函鮑韗韋裘注云鮑書或爲鞄蒼頡篇有鞄甍 从皮省者今从瓦誤當作甍 一曰讀若雋者本書無雋字

古文甍

从皮省

籒文甍从夐省

从夐省者不煩複說疑譌

jùn

羽獵韋絝从甍灷聲 而隴切

羽獵韋絝者今俗謂之攏褲雲南人以麂皮作之

或从衣从朕虞書曰鳥獸毳毛

虞書曰鳥獸毳毛者本書毴下引作鳥獸毴毛疑此當云讀若虞書鳥獸毴毛

文三 重二

pū 攴

攴 小擊也从又卜聲凡攴之屬皆从攴 普木切

小擊也者本書擊攴也廣韻攴楚也字或作扑書舜典扑作教刑傳云扑榎楚也不勤道業則撻之儀禮鄉射取扑

搢扑月令司徒搢扑北面誓之馥謂扑必有杖卽名其杖爲扑也列子楊布衣素衣而出衣緇衣而反其狗迎而吠之楊布怒將扑之史記刺客列傳高漸離舉筑扑秦皇帝戰國策若扑一人若捽一人

qǐ 啟

啟 教也從攴启聲論語曰不憤不啟 康禮切

教也者玉篇啟開發也檀弓爾心或開予注云開謂諫爭有所發起學記故君子之教諭也開而勿達注云開謂發頭角莊子款啟寡聞之夫注家訓啟爲開馥謂啟開教也　論語不憤不啟者疏云啟開也

chè 徹

徹 通也從彳從攴從育 丑列切

通也者小爾雅廣言同論語盍徹乎鄭注徹通也爲天下通法也後漢書陸康傳夫什一而稅周謂之徹徹者通也言其法度可通萬世而行也成十六年左傳養由基蹲甲而射之徹七札馬注云一發達七札昭二年傳女無敢爲賓徹命於執事注云徹達也吳語陳士卒百人以爲徹行注云徹通也莊子外物篇目徹爲明耳徹爲聰鼻徹爲顫口徹爲甘心徹爲知知徹爲德漢書蒯通本與武帝同諱顏注本名爲徹其後史家追書爲通獨斷羣臣異姓有功

封者稱曰徹侯避武帝諱改曰通侯　從育者徐鍇本作育聲又有一曰相三字詩徹田爲糧傳云徹治也小爾雅相治也昭九年左傳陳水屬也火水妃也而楚所相也杜注楚之先祝融主治火事

𢼅 古文徹

從鬲者氣上通也本書融炊氣上出也

zhào 肇

肇 擊也從攴肇省聲 治小切

此文後人加之玉篇肇俗肇字馥案漢諱肇李舟切韻肇擊也本書無肇字後人變戈爲攴仍訓擊

mǐn 敏

敏 疾也從攴每聲 眉殞切

疾也者釋名敏閔也進敘無否滯之言也故汝潁言敏曰閔也周書謚法解敏疾也書大禹謨黎民敏德傳云敏疾也說命務時敏傳云務是敏疾學記引書務時敏注云敏疾也詩甫田農夫克敏江漢肇敏戎公文王殷士膚敏生民履帝武敏傳竝云敏疾也哀十一年左傳子羽銳敏杜云敏疾也

mǐn 敃

敃 彊也從攴民聲 眉殞切

彊也者釋詁文彼作暋又昬强也書盤庚不昬作勞釋文昬本或作暋音敏魏志武帝紀穡人昬作裴注盤庚曰墮農自安不昬作勞鄭云昬勉也

wù 敄

敄 彊也從攴矛聲 亡遇切

彊也者釋詁文彼作務文子積誠篇名可强立淮南脩務訓作名可務立荀子富國篇愲然要時務民楊注務勉彊也謂以勞役彊民也復古編北燕之外相勉努力謂之敄馥案本書愗勉也敄愗聲相近

pò 敀

敀 迮也從攴白聲周書曰常敀常任 博陌切

迮也者史記索隱引同徐鍇韻譜作笮本書笮迫也迫當爲敀後漢書竇融傳囂勢排迮不得進退注云排迮猶迫蹙也亦當作笮　周書曰常敀常任者立政文監本作伯　諸書借迫字晏子內寵之妾迫奪于國孫子軍爭篇窮寇勿迫楚辭哀時命衆比周以相迫兮遠游悲時俗之迫阨兮

zhěng 整

整 齊也從攴從束從正正亦聲 之郢切

齊也者釋言服整也郭云服御之令齊整六韜三軍齊整陣勢以固詩序正得失釋文周云正齊人之得失也殷武箋云更自敕整截然齊壹　正亦聲者當爲正聲若屬正部則當云從敕從正正亦聲　高注淮南云勑音整　詩皇矣爰整其旅　莊二十三年左傳夫禮所以整民也昭二十三年傳後者敦陳整旅哀十三年傳建鼓整列　月令以級整設于屏外注云整正列也唐書藝文志元宗命馬懷素爲修圖書使與褚無量整比

xiào 效

效 象也從攴交聲 胡教切

象也者易繫辭象也者像此者也士冠禮繼世以立諸侯象賢也注象法也王制南方曰象周官有象胥　本書教上所施下所效也　易繫辭效法之謂坤　莊二十一年左傳鄭伯效尤　字或作傚詩鹿鳴君子是則是傚

gù 故

故 使爲之也從攴古聲 古慕切

使爲之也者本書旻舉目使人也設從殳殳使人也史記馮唐傳索隱云故行不行謂故命人行而身不自行

zhèng 政

政　正也从攴从正正亦聲　之盛切

正也者政正聲相近釋名政正也下所取正也書湯誓予畏上帝不敢不正傳云正政也周禮大宰建邦之六典四曰政典以平邦國以正百官以均萬民又司馬使帥其屬而掌邦政注云政者正也政所以正不正者也孝經說曰政者正也正德名以行道論語政者正也皇氏曰解字訓以答之也言所以謂治官爲政者政訓中正之正也又道之以政孔安國注云政謂法敎也桓二年左傳政以正民管子法法篇政者正也正也者所以正定萬物之命也是故聖人精德立中以生正明正以治國故正者所以止過而逮不及也過與不及皆非正也

shī 𢻫

𢻫　敷也从攴也聲讀與施同　式支切

經典借施字易乾卦德施普也又云雲行雨施　書益稷以五采彰施于五色　曲禮太上貴德其次務施報　檀弓有虞氏未施信於民而民信之夏后氏未施敬於民而民敬之　敷也者書皐陶謨翕受敷施傳云以布施政教儀禮喪服絕族無施服注云在旁而及曰施周禮內宰施其功事注云施猶賦也

fū 敷

敷　𢻫也从攴尃聲周書曰用敷遺後人　芳无切

𢻫也者書舜典敷奏以言傳云敷陳也或借傅字漢書宣帝紀傳奏其言顏注傳讀曰敷　周書曰用敷遺後人者顧命文彼有休字絕句　傳云用布遺後人之美

diǎn 敟

敟　主也从攴典聲　多殄切

古銅印有金陵男敟書丞　經典借典字書舜典有能典朕三禮又命汝典樂莊十四年左傳先君桓公命我先人典司宗祏　主也者廣雅同書多方惟典神天傳云惟可以主神天之祀呂刑典獄傳亦訓爲主周禮敘官典婦功注云典主也楚策我典主東地或借腆字大誥殄小腆王肅云腆主也

lǐ 𢿢

𢿢　數也从攴麗聲　力米切

數也者方言廣雅竝同或借麗字詩文王其麗不億傳云麗數也

shǔ 數

數　計也从攴婁聲　所矩切

易說卦數往者順　詩巧言心焉數之　曲禮問國君之富數地以對　漢書律歷志數者一十百千萬也所以算數事物順性命之理也　書曰先其算命顏注言王者統業先立算數以命百事也　李籍九章算術音義引世本黃帝時隸首作數　廣韻數算數周禮有九數　計也者本書筭計歷數者算數也一切經音義三數計也閱其數曰數也史記張蒼主計秦策以上客料之趙何時亾高注料數　通鑑市井不復料數

liàn 漱

漱　辟漱鐵也从攴从湅　郎電切

辟漱鐵也者本書錬治金也廣韻漱熟漱七命乃錬乃鑠萬辟千灌李善云辟謂疊之灌謂鑄之典論魏太子丕造百辟寶劍王粲刀銘灌辟以數　從湅者當爲湅聲

zī 孜

孜　汲汲也从攴子聲周書曰孜孜無怠　子之切

汲汲也者本書孳汲汲生也廣雅孜孜汲汲劇也書益稷予思日孜孜傳云思日孜孜不怠君陳惟日孜孜無敢逸豫泰誓爾其孜孜奉予一人恭行天罰傳云孜孜勸勉不怠禮記問喪其往送也望望然汲汲然如有追而弗及也法言學行篇堯舜禹湯文武汲汲仲尼皇皇　周書曰孜孜無怠者泰誓逸篇文詩大明正義引同史記周本紀師畢渡盟津諸侯咸會曰孳孳無怠

bān 攽

攽　分也从攴分聲周書曰乃惟孺子攽亦讀與彬同　布還切

分也者本書糞賦事也从八八分之也字或作𢻱廣雅𢻱分也　周書曰乃惟孺子攽者洛誥文彼作頒今讀云乃惟孺子頒朕不暇鄭孔竝訓分　讀與彬同者徐鍇本彬作虨

hàn 𢼂

𢼂　止也从攴旱聲周書曰𢼂我于艱　侯旰切

chì 敕　gèng 㪅(更)　biàn 變　gǎi 改　shēn 敒　chǎng 敞　ái 敳

止也者僖廿八年左傳誰扞牧圉文六年傳親帥扞之送致諸竟杜云扞衛也史記楚世家蜀伐楚楚爲扞關以距之輿地廣記古捍關楚肅王所作以距巴蜀

周書曰敳我于鄭者文侯之命文彼作扞

敳 有所治也从攴豈聲讀若豤 五來切

有所治也者集韻敳改理也　讀若豤者徐鍇本豤作墾一切經音義七引韋昭漢書音義齦音墾

敞 平治高土可以遠望也从攴尚聲 昌兩切

平治高土可以遠望也者一切經音義十四引蒼頡篇敞高顯也徐鍇引史記韓信行營高敞

敒 理也从攴伸聲 直刃切

理也者釋詁神治也神即敒治猶理也古者獄官曰理月令孟秋之月命理瞻傷察創視折審謂理者敒理之也

改 更也从攴己 古亥切

更也者廣雅同詩緇衣敝予又改爲兮傳云改更也顧炎武曰周易革己日乃孚六二己日乃革之朱子發讀爲戊

說文解字義證 卷八 廿七

己之己天地之化過中則變日中則昃月盈則食故易之所貴者中十干則戊己爲中至於己則過中而將變之時矣故受之以庚庚者更也古人有以己爲變改之義者儀禮少牢饋食禮日用丁己注內事用柔日丁己者取其令名自丁寧自變改皆爲謹敬而漢書律歷志亦謂之理紀於己斂更於庚是也　從攴己者徐鍇本作己聲

變 更也从攴䜌聲 祕戀切

更也者小爾雅廣詁變易也史記曹相國世家舉事無所變更本書忘更也詩瞻卬鞫人忮忒傳云忒變也閟宮享祀不忒箋云忒變也

㪅 改也从攴丙聲 古孟切又古行切

改也者小爾雅廣詁更易也

月令易皮幣注云易猶更也

敕 誡也臿地曰敕从攴束聲 恥力切

爾雅釋文云案說文字林束旁作攵是始馥謂始當爲治廣雅敕理也本書當有治義今闕　釋名敕飭也使自警飭不敢廢慢也馥案呂氏春秋田事既飭高注飭讀作勑勑督田事齊語飭其子弟相語以事史記信飭百官易噬嗑先王以明罰勑法釋文勑恥力反此俗字也字林作敕　詩嗟嗟臣工傳云嗟嗟勑之也　周禮樂師詔來瞽皋舞先鄭云來勑也馥案五經文字敕古勑字　淮南子重九熟注云勑音整漢朝改敕爲勑故變作勑　文十七年左傳寡君又朝以蕆陳事賈服杜竝云蕆敕也馥案方言蕆敕戒備也宣十二年傳軍政不戒而備杜云蕆敕也　史記樂書余每讀虞書至於君臣相敕　漢韓勑字叔節　程勑字伯嚴　後漢書馬援傳效伯高不得猶爲謹敕之士　宋神宗聖訓禁於未然之謂敕禁於已然之謂令　顧炎武金石文字記敕者自上命下之辭漢時人官長行之掾屬祖父行之子孫皆曰敕前史陳咸傳言公移敕書而孫寶之告督郵何竝之遺武吏俱載其文爲敕曰他如韋賢丙吉趙廣漢韓延壽王尊朱博龔遂之傳其言敕者凡十數見後漢書始變爲勑而後人因之何曾傳人以小紙爲書者勑記室勿報則晉時上下猶通稱之也至南北朝以下則此字惟朝廷專之而臣下不敢用　誡也者本書誡敕也書皋陶謨勑天之命鄭注以戒臣詩采薇豈不日戒箋云戒警勑軍事也常武既敬既戒箋云

說文解字義證 卷八 廿八

謂勑以無暴掠爲之害也月令仲冬飭死事注云誓戒六軍厲必死之志也漢安世樂敕身齋戒顏云敕謹恭貌又武帝紀飭躬齋戒張敞傳明飭長吏守丞顏竝云讀與敕同御覽引漢制帝之下書有四四日誡敕太守及三邊營官被敕文日有詔敕某官是爲誡敕　臿地日敕者通作熾方言入地日熾反草日菑詩大田俶載南畝箋云俶讀爲熾載讀爲菑栗之菑時至民以其利耜熾菑發所受之地趨農急也田一歲日菑正義謂耜之熾而入地以菑殺其草字或作傳史記蒯通日莫敢傳刃公之腹李奇日東方謂以物臿地爲傳又作剚管子輕重篇春有以剚耕夏有以剚耘

liǎn 斂　xiè [illegible]

[illegible] 使也从攴耴省聲 而涉切

斂 收也从攴僉聲 良冉切

收也者廣雅同釋詁斂聚也書洪範斂時五福正義以斂聚五福之道也詩大田此有不斂穧正義不收斂之穧束也聘禮斂旜注云斂藏也荀子非十二子篇斂然聖王之文章俱焉楊注斂然聚集之貌

liáo 敹　jiǎo 敿　hé 敆　chén 敶

敹 擇也從攴尞聲周書曰敹乃甲胄 洛蕭切

尞聲者本書無尞字葢尞之譌本書尞悉也知尞諦也䆛謂知尞諦故能擇也當云從尞衍聲字 周書曰敹乃甲胄者費誓文彼有善字傳訓敹爲簡廣韻敹揀擇

敿 繫連也從攴喬聲周書曰敿乃干讀若矯 居夭切

繫連也者徐鍇曰尙書注曰連盾紛也臣鍇以爲紛小組帶所以繫盾鼻論語疏干一名楯施紛以持之史記蘇秦傳革抉㕭芮索隱㕭與瞂同芮謂繫盾之紛綬也 周書曰敿乃干者費誓文傳云施汝楯紛正義干是楯也敿乃干必施功於楯但楯無施功之處惟繫紛於楯故以爲施汝楯紛紛如綬而小繫於楯以持之其以爲飾鄭注敿猶繫也王肅云敿楯當有紛繫持之

敆 合會也從攴從合合亦聲 古沓切

合會也者本書同下云合會也語下云合會善言也佮下云合也釋詁敆合也阮瑀爲曹公與孫權書實爲佞人所構會也司馬遷報任安書隨而媒孽其短臣瓚以爲媒合會之戰國策王不構趙趙不以毀構鮑注構合其戰也 合亦聲者徐鍇本作合聲

敶 列也從攴陳聲 直刃切

本書𠕂讀若軍敶之敶䡴陷敶車也 古銅印有陷敶破虜司馬 周禮稍人注云甸讀與維禹敶之之敶同 宋書柳元景傳諸義軍並於城西南列敶 經典借陳字書武成陳于商郊詩東山勿士行枚箋云無行陳銜枚之事春秋傳曰善用兵者不陳桓五年左傳爲魚麗之陳莊十一年傳宋師未陳而薄之僖三十三年傳子濟而陳宣十二年傳荆尸而舉杜注尸陳也楚武王始更爲此陳法成七年傳教吳乘車教之戰陳昭二十三年傳後者敦陳整旅哀二十五年傳公爲支離之卒杜注支離陳名齊子武王伐紂虎旅百萬陳于商郊孫子軍行篇輕車先出居其側者陳也軍爭篇勿擊堂堂之陳吳子不和於軍不可以出陳不和於陳不可以進戰又云六國之俗齊陳重而不堅秦陳散而自鬬楚陳整而不久燕陳守而不走三晉陳治而不用楚詞九歌凌余陳兮躐余行尉繚子立陳所以行也坐陳所以止也漢書刑法志善師者不陳 俗或作陣史記淮陰侯傳信乃使萬人先行出背水陳後漢書禮儀志兵官皆肄孫吳兵法六十四陣六韜武王問太公曰凡用兵爲天陣柰何爲地陣柰何爲人陣柰何太公曰星辰日月斗杓一左一右一迎一背謂之天陣邱陵水泉亦有左右前後之利此爲地陣用車用馬用文用武謂之人陣洛書兵鈐有連衡陣洞當陣龍騰陣鳥翔陣握機陣虎翼陣周書春爲牝陣弓爲前行夏爲方陣戟爲前行季夏圓陣矛爲前行秋爲牡陣劒爲前行冬爲伏陣楯爲前行是爲五陣破陣樂舞圖左圓右方先偏後伍魚麗鵝鸛箕張翼舒交錯屈伸首尾迴互以象戰陣之形北堂書鈔引黃帝問元女兵法敵人爲圓陣已以直陣攻之直陣者木陣也敵人爲方陣已以銳陣攻之銳陣者火陣也敵人爲曲陣已以圓陣攻之圓陣者土陣也敵人爲直陣已以方陣攻之方陣者金陣也敵人爲銳陣已以曲陣攻之曲陣者水陣也又引任子善陣者徒衆整一如列宿之陳部伍周迴如山岳之盤是陣之體也又引黃石公記使商人爲前兵者象白虎陣使羽人爲前兵者象元武陣使徵人爲前兵者象朱雀陣使角人爲前兵者象青龍陣顏氏家訓太公六韜有天陳地陳人陳雲鳥之陳論語曰衞靈公問陳於孔子左傳爲魚麗之陳俗本多作阜傍車乘之車案諸陳字並作陳鄭之陳夫

行陳之義取於敶列耳此六書爲假借也蒼雅及近世字書皆無別字唯王羲之小學章獨自旁作車縱復俗行不宜追改六韜論語左傳也䆛案司農劉夫人陣香車騎陣是漢已有從車之字 敶列也者趙宧光曰敶訓列司馬遷自敘不能自列是也廣雅列陳也小爾雅廣言列陳也書微子我祖底遂陳于上傳云陳列于上梓材惟其陳修爲厥疆畎傳云陳列修治周禮司市以陳肆辨物而平市注云陳猶列也大司馬中春教振旅司馬以旗致民平列陳如戰之陳論語衞靈公問陳於孔子孔安國注軍陳行列之法也僖十五年左傳入而未定列陸粲曰謂師之伍列二十二年傳宋及楚人戰于泓宋人既成列楚人未既濟司馬請擊之公曰不可既濟而未成列又以告公曰未可既陳而後擊之二十八年傳晉侯作三行以禦狄鄭云行謂軍列成十六年傳其行速過險而不整速則失志不整喪列志失列喪將何以戰襄三年傳揚干亂行於曲梁杜云行陳次哀十三年傳建鼓整列信二十二年公羊傳君子不鼓不成列何云不成列未成陳也莊八年穀梁傳善師者不陳范云師衆素嚴不須耀軍列陳司馬法不踰列是以不亂鄭注牧誓止齊正行列史記李斯傳所以飾後宮充下陳注云下陳猶

dí 敵

也後列

敵 仇也從攴啻聲 徒歷切

仇也者本書仇讎也書微子相爲敵讎史記留侯世家爲韓仇釋名仇矛仇讎也所伐則平如討仇讎也又仇矛頭有三叉言可以討仇敵之矛也釋詁敵當也仇匹也方言臺敵匹也自關而西秦晉之閒物力同者謂之臺敵又云敵耦也廣雅敵輩也曲禮雖貴賤不敵桓二年左傳怨耦曰仇文六年傳前志有之曰敵惠敵怨不在後嗣杜云敵猶對也成二年傳若以匹敵成十六年傳今三彊服矣敵楚而已管子兵法篇明理而勝敵

jiù 救

救 止也從攴求聲 居又切

止也者周禮司救以禮防禁而救之注云救猶禁也以禮防禁人之過者也論語女弗能救與

duó 敓

敓 彊取也周書曰敓攘矯虔從攴兌聲 徒活切

南齊書張敬兒傳百姓旣相抄敓 唐書党項傳更相剽敓 經典借奪字成八年左傳一與一奪孟子不奪不饜漢書

說文解字義證 卷八 卆

景帝紀漁奪百姓食貨志大賈富家不得豪奪吾民張裴上律表仰手似乞俯手似奪 周書曰敓攘矯虔者呂刑文彼作奪傳云以相奪攘矯稱上命若固有之馥案大傳降畔寇賊劫略敓攘矯虔者其刑死又案攘無敓義集韻戴敓也 兌聲者檀弓齊莊公襲莒子奪注云春秋傳曰杞殖華還載甲夜入且于之隧 隧奪聲相近或爲兌

yì 斁

斁 解也從攴睪聲詩云服之無斁斁猒也一曰終也 羊益切

解也者本書釋解也徐鍇曰尚書彝倫攸斁斁解散也俗作懌詩頍弁庶幾說懌箋云庶幾其改變意解懌也孫楚榮啟期贊榮心溫雅旣夷旣懌 詩云服之無斁者周南葛覃文 斁猒也者釋詁文彼作射郭引詩服之無斁釋文射字又作斁同詩毛傳斁猒也書太甲朕承王之休無斁傳云我承王之美無猒洛誥我惟無斁其康事傳訓斁爲厭詩泮水徒御無斁箋云無猒倦也思齊古之人無斁釋文斁毛音亦猒也振鷺在此無斁箋云無猒之者通作射李善文選注引韓詩在此無射薛君云射厭也詩清廟無射於人斯傳云不見厭於人矣抑矧可射思車舝好爾無射箋並云射厭也祭統奔走無射 一曰終也者詩振鷺在彼無惡在此無斁庶幾夙夜以永終譽九月律曰無射漢志言陽氣上升陰氣收藏終而復始無厭已也

shè 赦

赦 置也從攴赤聲 始夜切

書舜典眚災肆赦 春秋莊二十二年肆大眚杜云赦有罪也易稱赦過宥罪書稱眚災肆赦傳稱肆眚圍鄭皆放赦罪人盪滌衆故以新其心 漢舊儀踐祚改元立皇后太子赦天下每赦自殊死以下及謀反大逆不道諸不當得赦者皆赦除之 東觀漢記吳漢疾篤車駕親臨問所欲言對曰臣愚無所識知惟願無赦而已 荀悅漢紀夫赦權時之宜非常典也漢興承兵革之後大過之代比屋可刑故設三章之法申以大赦之令蕩滌穢流與人更始時勢然也後代承業習而不革失時宜矣故管子曰凡赦者小利而大害也故久而不勝其禍無赦者小害而大利也故久而不勝其福赦者犇馬之委轡也無赦者痤疽之礦石也 蜀志孟光傳延熙九年秋大赦光責大將軍費禕曰夫赦者偏枯之物非明世

說文解字義證 卷八 全

所宜有也衰弊窮極必不得已然後乃可權而行之耳風角書春甲寅日風高去地三四丈鳴條以上常從甲上來爲大赦期六十日謝承後漢書河內張成善說風角推占當赦遂敎子殺人旣而逢宥獲免李膺爲河南尹竟案殺之 置也者一切經音義五引作寬免也本書置赦也釋詁赦舍也郭云舍放置三蒼赦舍也周禮司刺掌三刺三宥三赦之法注云赦舍也漢書朱博傳常刑不舍

赦 赦或從亦

yōu 攸

攸 行水也從攴從人水省 以周切

行水也者戴侗曰唐本曰水行攸攸也其中作丨徐本曰行水也其中作丨本書𠧪气行皃讀若攸釋詁悠遠也舍人云行之遠也廣韻滺水流皃詩訪落於乎悠哉傳云悠遠黍離悠悠蒼天傳云悠悠遠意載馳驅馬悠悠傳云悠悠遠貌黍苗悠悠南行傳云悠悠行貌竹竿淇水滺滺傳云滺滺流貌釋文作浟論語滔滔者孔本作悠悠者云悠悠周流之貌孟子攸然而逝趙云攸然迅走趣水深處史記趙世家烈侯逌然正義逌音由古字與攸同攸攸氣行

fǔ 攺

mǐ 敉

yì 敡

貌揚雄兗州箴悠悠濟河井州箴河水悠悠魏略許攸字子遠三國志荀攸字公達齊范彥龍爲始興守賦詩云三楓何習習五度且悠悠謂五度水也通鑑沮授曰悠悠黃河吾其濟乎覆案以上諸說與唐本水行攸攸之意合本書泆行流也禮月令大雨時行燒薙行水周禮稻人以溝蕩水注云謂以溝行水也考工記匠人凡溝逆地防謂之不行水屬不理孫謂之不行注云防謂脈理屬讀爲注孫順也不行謂決溢也管子度地篇請爲置水官令習水者爲吏大夫大夫佐各一人率部校長官佐各財足乃取水左右各一人使爲都匠水工令之行水道覆案以上諸說與徐本行水之意合

(篆) 秦刻石嶧山文攸字如此

吾邱衍學古編嶧山碑有徐氏門人鄭文寶依真本刊者攸字立人相近一直筆作兩股覆案此說與唐本正文合與此文異

攺 撫也從攴亾聲讀與撫同芳武切

撫也者釋言文彼作憮郭注謂憮愛也李陽冰書庚公德政頌改柔字作此攺　讀與撫同者本書撫古文從辵亾

敉 撫也從攴米聲周書曰亦未克敉公功讀若弭緜婢切

撫也者釋言文郭云敉寧見書書大誥予翼以于敉寧武圖功傳云用撫安武事又云肆予曷敢不越卬敉寧王大命傳云故我何敢不於今日撫循文王大命以征逆乎立政率惟敉功傳云循惟文王撫安天下之力　周書曰亦未克敉公功者洛誥文傳云亦未能撫順公之大功鄭注敉安也　讀若弭者周禮男巫春招弭以除疾病注云弭讀爲敉字之誤也敉安也又小祝彌裁兵注云彌讀曰敉敉安也楚辭九歌夕弭節兮北渚王云弭安也

侎 敉或從人

敡 侮也從攴從易易亦聲以豉切

侮也者侮猶輕也本書傷輕也侮傷也傷當爲傷廣雅侮傷也廣韻輕簡爲敡或借易字魏志賈逵傳逵性剛素侮易諸將歐陽修書錦堂記皆得易而侮之

wéi 韋攴

dūn 敦

qún 羣攴

bài 敗

luàn 敿

韋攴 戾也從攴韋聲羽非切

戾也者本書獸皮之韋可以束枉戾相韋背廣雅韋盩也或借緯字離騷忽緯繣其難遷注云緯繣乖刺也又借違字桓二年左傳昭德塞違昭二十六年傳君無違德皆謂韋戾也

敦 怒也詆也一曰誰何也從攴享聲都昆切又丁回切

怒也者怒當爲怨本書憝怨也廣雅譈怨也孟子凡民罔不譈　詆也者詆當爲抵詩北門王事敦我箋云敦投擲也後漢書禰衡傳劉表嘗與諸文人共草章奏衡見之毀以抵地　一曰誰何也者本書誰何也史記衛綰傳不譙呵綰漢書作孰何李奇曰孰誰也何呵也惠棟云孰何當爲敦何覆案集韻引一曰下有大也勉也四字廣雅敦大也史記歷書敦盛也釋詁敦勉也漢書楊雄傳敦眾神使式道兮顏注敦勉也

羣攴 朋侵也從攴羣羣亦聲渠云切

朋侵也者范甯曰寇謂羣行攻剽者也　羣亦聲者徐鍇本無

敗 毀也從攴貝敗賊皆從貝會意薄邁切

書大禹謨反道敗德　詩召南勿翦勿敗　僖二十年左傳善敗由己

毀也者本書退敷也敷毀也三蒼敗壞也釋言敗覆也郭謂毀覆僖十五年左傳侯車敗正義此謂車有敗壞非兵敗也　敗賊皆從貝者本書賊敗也　會意者闕入徐鍇語

贁 籀文敗從賏

從賏者非頸飾之賏當爲貝貪貝者敗故從二貝徐鍇謂積貝是

敿 煩也從攴從𤔔𤔔亦聲郎段切

煩也者經典通作亂釋名亂渾也急就篇總領煩亂決疑文書說命禮煩則亂宣四年左傳伐而不治亂也又云以亂平亂何治之有十五年傳民反德爲亂成二年傳臣治煩去惑者也襄二十六年傳正其違而治其煩考工記弓人夏治筋則不煩注云煩亂論衡案書篇讖書云董仲舒亂我書讀之者或謂亂我書者煩亂孔子之書也　𤔔亦

攴

kòu 寇 zhǐ 𢾕 dù 𣪘 niè 敜

聲者徐鍇本無

寇 暴也从攴从完 苦候切

書舜典寇賊姦宄傳云羣行攻劫曰寇馥案魏志辰韓名賊為寇又費誓無敢寇攘鄭注寇劫取也　文七年左傳兵作於內為亂於外為寇又十年傳注云陳楚名司寇為司敗

暴也者易曰重門擊柝以待暴客　從攴從完者子華子古之制字者能固其元為完具之完殘其所固為寇賊之寇

𢾕 刺也从攴蚩聲 豬几切

𣪘 閉也从攴度聲讀若杜 徒古切

經典借杜字管子輕重篇杜其門而不得出晉語狐突杜門不出新序張子房杜門不出

閉也者江淹恨賦閉關却埽塞門不仕後漢書周紆傳乃柴門自守以待其禍楊震傳使者策收震太尉印綬於是

柴門絕賓客一切經音義十九杜說文𣪘同國語杜門不出賈逵曰杜塞也塞閉也華嚴經音義杜塞閉也即𣪘字本書𦐇下引周書惟其𣪘丹雘今書作塗正義二文皆言𣪘即古塗字馥案二文者謂上文惟其塗墍茨也釋名塗杜也杜塞孔穴也書費誓杜乃擭正義王肅云杜閉也釋文杜本又作𣪘馥案周禮雍氏秋令塞阱杜擭注引作𣪘大司馬犯令陵政則杜之注引王霸記曰杜之者杜塞使不得與鄰國交通漢書司馬相如傳卓王孫恥之為杜門不出趙充國傳守杜四望顏注並云杜塞也王陵傳杜門竟不朝請顏注杜塞也閉塞其門也杜字本作𣪘古文苑僅約阡陌杜埤注云阡治阡陌穴隙則塞之王隱晉書刺使徵氾騰騰曰門一杜其可開乎字或作𡊮廣雅𡊮塞也又借度字書盤庚度乃口馥謂𣪘口無浮言又借土字成二年公羊傳使耕者東畝是則土齊也惠棟謂土即杜字

剫 𣪘或从刀

本書刀部剫判也

敜 塞也从攴念聲周書曰敜乃穽 奴叶切

bì 𢿭 shōu 收 gǔ 鼓 kǎo 攷 kòu 敂

塞也者廣雅同　周書曰敜乃穽者費誓文王肅注敜塞也

𢿭 𢿭盡也从攴畢聲 卑吉切

𢿭盡也者李燾本作戰盡也案孟子有畢戰經典借畢字廣雅畢竟也書康誥惟民其畢棄咎大誥予曷敢不于前寧人攸受休畢詩無羊畢來既升特牲饋食禮宗人告事畢士冠禮兄弟畢袗元注云畢猶盡也士昏禮從者畢元端注云畢猶皆也王居明堂禮仲秋農隙民畢入于室孟冬之月命農畢積聚月令句者畢出萌者盡達又云乃修闔扇寢廟畢備注云畢猶皆也玉藻笏畢用也注云畢盡也禮器唯為社田國人畢作注云畢作人則盡行

收 捕也从攴丩聲 式州切

捕也者本書鳎下云神爵四年初捕收輸考工漢書刑法志逮繫注云辭之所及則追捕之詩瞻卬此宜無罪女反收之傳云收拘收也

鼓 擊鼓也从攴从壴壴亦聲 公戶切

擊鼓也者本書缶瓦器秦人鼓之以節謌經典多作鼓字詩山有樞子有鐘鼓弗鼓弗考鄉飲酒記磬階閒縮霤北面鼓之注云鼓猶擊也周禮大師令奏鼓朄注云鼓朄猶言擊朄小師注出聲曰鼓檀弓鼓鐘春秋莊二十五年鼓用牲于社杜云鼓伐鼓也國語援枹鼓之孟子塡然鼓之

從攴者戴侗曰蜀本說文曰從攴言其攴然遠聞也增韻詩鼓瑟鼓琴鼓鐘于宮左傳一鼓作氣揚子鼓舞萬民皆從攴　壴亦聲者當為壴聲徐鍇本下有讀若屬三字

攷 敂也从攴丂聲 苦浩切

敂也者廣雅攷擊也經典借考字詩山有樞子有鐘鼓弗鼓弗考傳云考擊也莊子天地篇金石有聲不考不鳴

敂 擊也从攴句聲讀若扣 苦候切

碧落碑作此敂字

擊也者廣雅同周禮司關凡四方之賓客敂關則為之告謝靈運山居賦卷敂䑲之逸曲或借扣叩二字一切經音義一論語以杖扣其脛注云扣擊也三蒼作敂晉書張華傳吳郡臨平岸出一石鼓華曰可取蜀中桐材刻為魚形

攴

扣之則鳴矣孟子抽矢叩輪

gōng 攻

攻 擊也從攴工聲古洪切

擊也者廣雅攻伐也易同人乘其墉弗克攻書伊訓造攻自鳴條仲虺之誥兼弱攻昧正義攻謂擊之秦策寬則兩軍相攻高注攻擊漢書高帝紀急擊之勿失顧炎武曰嶧山刻石功戰日作當是攻字古人以攻功二字通用齊侯鎛鐘銘肇敏于戎功作攻

qiāo 敲

敲 橫擿也從攴高聲口交切

橫擿也者本書擿投也定二年左傳釋文云說文訓敲云橫擿也一切經音義九引同李善注過秦論引作擊也五經文字敲橫擊也三蒼敲數相擊也方言楚凡揮棄物謂之敲與擿義合

zhuó 豛

豛 擊也從攴豖聲竹角切

擊也者本書椓擊也豛椎擊物也廣韻豛擊聲

wǎng 𢼊

𢼊 放也從攴㞷聲迂往切

放也者數經典借狂字書洪範狂恒風若鄭注以狂爲倨慢論語古之狂也肆又云狂者進取詩載馳眾穉且狂傳云是乃眾幼穉且狂進取一槩之義馥案狂猾當作此𢼊韓愈云抑而行之必發狂疾當作從犬之狂廣韻狂病也廣雅𢼊曲侵也以爲冤枉字

xī 𢻰

𢻰 坼也從攴從厂厂之性坼果孰有味亦坼故謂之𢻰從未聲許其切

坼也者本書剺從𢻰云劃也厂之性坼者本書巴蜀名岸脅之旁箸欲墮落者曰氏氏崩聞數百里果孰有味亦坼者解從未之意本書未味也

zhuó 斀

斀 去陰之刑也從攴蜀聲周書曰刖劓斀黥竹角切

去陰之刑也者集韻引字林同字書斀揵椓也或借椓字詩召旻昏椓靡共箋云昏椓皆奄人也椓椓毀陰者也周禮司刑宮罪五百注云宮者丈夫則割其勢女子閉於宮中若今宦男女也書傳曰男女不以義交者其刑宮晁錯對策云除去陰刑張晏云宮刑也崔浩漢律序文帝除肉刑而宮不易張斐律注以淫亂人族敍故不易也周書曰刖劓斀黥者呂刑文彼作劓刵椓黥正義引鄭注刵斷耳椓謂椓破陰黥謂羈黥人面六書故引本書作刵本書刵斷耳也此作刖者刵之譌也據鄭注所釋次弟與本書引同今書作劓刵者正義於虞書標目下云夏侯歐陽等三家書劓刵劓剠然則今作劓刵三家本也斀變從刀古今字作椓者借也又案康誥非汝封劓刵人無或劓刵人

mǐn 敃

敃 冒也從攴昏聲周書曰敃不畏死眉殞切

冒也者冒當爲勖本書勖勉也勉彊也釋詁敃彊也周書曰敃不畏死者康誥文傳云暋彊也

yǔ 敔

敔 禁也一曰樂器椌楬也形如木虎從攴吾聲魚舉切

禁也者廣雅同馥案詩有瞽作柷圉圉即圄圉或作圄圄蓋敔圉同意漢官有執金吾吾即敔字樂器椌楬也形如木虎者本書椌柷樂也柷樂木空也詩有瞽鞉磬柷圉傳云柷木椌也圉楬也樂記然後聖人作爲鞉鼓椌楬壎

篪此六者德音之音也注云椌楬謂柷敔也釋名敔狀如伏虎敔衙也衙止也所以止樂也廣雅敔象伏虎背上有二十七刻周禮小師掌教鼓鼗柷敔塤簫管絃歌鄭司農云敔木虎也書皋陶謨合止柷敔鄭注敔狀如伏虎背有刻以物擽之所以止樂樂書敔類伏虎背二十七鉏鋙居宮縣之西象秋物之成終也一名楬呂氏春秋仲夏紀飭鐘磬柷敔注云敔木虎脊上有鉏鋙以杖櫟之以止樂以和成釋樂所以鼓敔謂之籈郭云敔如伏虎背上有二十七鉏鋙刻以木長尺櫟之籈者其名宋書樂志敔狀如書背上有二十七鉏鋙以竹長尺名曰止橫擽之以節樂終也馥案擽當爲轢漢書楚元王傳陽爲羹盡轢釜服虔曰轢轢也顏注以勺轢釜令爲聲也

kě 敤

敤 研治也從攴果聲舜女弟名敤首古果切

研治也者或借課字宋書沈約自序少寬其工課舜女弟名敤首者漢書人表敤手舜妹顏注俗書本作擊字者誤馥案俗本誤合敤手二字爲擊列女傳舜女弟繫繫又擊之譌也人表作手者古首手通春秋成二年曹公子首公羊穀梁作手儀禮魚左首鄭注古文首爲手

qín 鈙

持也從攴金聲讀若琴（巨今切）

持也者廣韻引作持止也玉篇同本書捦急持衣裣也經典借禽字僖三十二年左傳外僕髡屯禽之以獻宣二年傳失禮違命宜其爲禽也

chóu ⿰𠷎攴

棄也從攴𠷎聲周書以爲討詩云無我⿰𠷎攴兮（市流切）

𠷎聲者本書無𠷎字　周書以爲討者周書無討字　詩云無我⿰𠷎攴兮者鄭風遵大路文彼作魗傳云魗棄也釋文本亦作⿰𠷎攴也

tián 畋

平田也從攴田周書曰畋尒田（待年切）

平田也者畋經典借田字詩齊風無田甫田傳云田謂耕治之也又借佃字范甯注穀梁云一夫一婦佃田百畝　周書曰畋尒田者多方文正義云治田謂之畋

yǐ 攺

毅攺大剛卯以逐鬼鬽也從攴巳聲讀若巳（余止切）

毅攺大剛卯者　廣韻攺大堅

說文解字義證　卷八　究

xù 敘

次弟也從攴余聲（徐呂切）

次弟也者本書弟韋束之次弟也書皋陶謨惇敘九族鄭注敘次序也周禮小宰以官府之六敘正羣吏注云敘秩次也又馮相氏辨其敘事以會天位經典借序字廣雅序次也詩行葦序賓以賢箋謂以射中多少爲次弟周禮小宗伯掌四時祭祀之序事宣十二年左傳內官序當其夜杜云序次也離騷春與秋其代序兮王注序次也

huài ⿰褱攴

毀也從攴褱聲（古賣切）

本書壞籀文作⿰褱攴

毀也者釋詁文本書壞敗也敗毀也書敘乃不壞宅釋文云壞字林作⿰褱攴毀也太誓逸篇毀壞其三正春秋文十六年毀泉臺杜注毀壞之也十八年左傳毀則爲賊杜注毀則壞法也論語龜玉毀於櫝中孟子人皆謂我毀明堂

bǐ ⿰卑攴

毀也從攴卑聲（辟米切）

毀也者毀當爲敗玉篇⿰卑攴⿰兒攴敗廣韻⿰卑攴⿰兒攴擊聲

ní ⿰兒攴

⿰卑攴也從攴兒聲（五計切）

mù 牧

養牛人也從攴從牛詩曰牧人乃夢（莫卜切）

養牛人也者昭七年左傳牛有牧注云養牛曰牧周禮敘官牛人注云主牧公家之牛者一切經音義三三蒼牧養也方言牧飤也郭璞曰謂牧養牛馬也漢書公孫弘牧豕然則牧者畜養之總名非止牛馬也馥案易謙卦象卑以自牧鄭注牧養也書禹貢萊夷作牧傳云可以放牧周禮敘官牧人注云養牲於野田者僖二十八年左傳不有行者誰扞牧圉皆不專主牧牛其爲文也從牛則牛爲正訓通於羊豕馬也　詩曰牧人乃夢者小雅無羊文序云無羊宣王考牧也

cè 敇

擊馬也從攴朿聲（楚革切）

chuàn ⿰算攴

小春也從攴算聲（初案切）

說文解字義證　卷八　卆

小春也者廣雅⿰算攴春也玉篇作⿰算舂小春也

qiāo ⿰堯攴

礊田也從攴堯聲（牽遙切）

礊田也者礊當爲擊字之誤也倉頡篇⿰堯攴擊也三蒼解詁⿰堯攴與敲同下擊也玉篇⿰堯攴擊也

文七十八　重六

jiào 教

上所施下所效也從攴從𡥉凡教之屬皆從教（古孝切）

上所施下所效也者施當爲𢻱教效聲近釋名教傚也下所法傚也廣雅教效也一切經音義二三蒼教誨也效也詩鹿鳴是則是傚傳云言可法傚也又角弓爾之教矣民胥傚矣中庸修道之謂教注云治而廣之人放傚之是曰教孟子設爲庠序學校以教之春秋元命苞天垂文象人行其事謂之教教傚也上爲下傚道之始也漢書儒林傳鄉里有教顏注教效也言可效道藝也　從𡥉者本書𡥉效也書洛誥乃汝其悉自教工大傳作學功云學效也

古文教

xué 斆

𢽡 亦古文教

汗簡𢽡見說文下有𢽡字云一本如此作郭氏所見兩本祇有古文一字各本不同無𢽡字

斆 覺悟也從教從冂冂尙矇也臼聲 胡覺切

覺悟也者本書悟覺也覺寤也書說命惟斆學半念終始典于學厥德修罔覺傳云斆教也教然後知所困是學之半終始常念學則其德之修無能自覺盤庚斆于民傳云斆教也孟子天民之先覺者也予天之生此民也使先知覺後知使先覺覺後覺也予天民之先覺者也予將以斯道覺斯民也非予覺之而誰也大戴禮衛將軍文子篇好從善而斆往文四年左傳以覺報宴杜云覺明也正義覺者悟知之意故爲明也 冂尙矇也者矇當爲冡本書冂冡皆覆也

學 篆文斆省

此爲篆文則斆爲大篆本書譽從學云急告之甚也廣雅學覺也學記學不躐等注云學教也玉藻教學臨文不諱正義教學謂師長也檀弓叔仲皮學子柳注云學教也王制天子命之教然後爲學小學在公宮南之左大學在郊注云學所以學士之宮文王世子故學之爲父子焉學之爲君臣焉學之爲長幼焉注云學教也老子吾將以爲學父范應元注學河上公作教按尙書惟斆學半古本竝作學字則學宜音斆亦教也秦策王使子誦子曰少弃捐在外嘗無師傅所教學不習於誦皇侃論語疏引白虎通學覺也悟也言用先王之道導人情性使自覺悟而去非取是積成君子之德也 魏志武帝紀選其鄉之俊造而教學之

文二 重二

bǔ 卜

卜 灼剝龜也象炙龜之形一曰象龜兆之從橫也凡卜之屬皆從卜 博木切

急就篇卜問譴祟父母恐顏注以龜曰卜 莊四年公羊解詁龜曰卜蓍曰筮 詩定之方中卜云其吉傳云龜曰卜 周禮敘官大卜注云問龜曰卜 曲禮龜爲卜筴爲筮卜筮者先聖王之所以使民信時日敬鬼神畏法令也所以使民決嫌疑定猶與也 月令章句孟冬之月命大卜釁龜筴以牲祠龜筴涂以牲血謂之釁龜者龜甲所以卜也筴者蓍草所以筮也 莊二十二年左傳初懿氏卜妻敬仲注云龜曰卜僖三十一年經四卜郊不從注云龜曰卜 哀十七年傳王與葉公枚卜杜云枚卜不斥言所卜以令龜 胡渭曰祖伊曰格人元龜罔敢知吉元龜與格人竝稱尊之至矣箕子所陳洪範大禹之法也有大疑謀及卜筮龜從筮逆猶可以作而龜逆則必不可以作古人之信龜篤於信筮故史蘇有筮短龜長之說

灼剝龜也者卜剝聲相近 三禮圖龜以上春灼後左夏灼前左秋灼前右冬灼後右 象炙龜之形者本書焌然火也周禮曰遂龡其焌焌火在前以焞焯龜 象龜兆之從橫也者本書龡灼龜不兆也書洛誥我乃卜澗水東瀍水西惟洛食傳云卜必先墨畫龜然後灼之兆順食墨 哀九年左傳晉趙鞅卜救鄭遇水適火注云水火之兆 魏書任城王澄傳詔太常王諶親令龜卜易筮南伐之事其兆遇革

𠁥 古文卜

本書外古文作外

guà 卦

卦 筮也從卜圭聲 古壞切

易說卦兼三才而兩之故易六畫而成卦繫辭聖人設卦觀象又云十有八變而成卦正義每一爻有三變謂初一揲不五則九是一變也第二揲不四則八是二變也第三揲亦不四則八是三變也若三者俱多爲老陰謂初得九第二第三俱得八也若三者俱少爲老陽謂初得五第二第三俱得四也若兩少一多爲少陰謂初與二三之閒或有四或有五而有八也或有二箇四而有一箇九此爲兩少一多也其兩多少爲少陽者謂三揲之閒或有一箇九有一箇八而有一箇四或有二箇八而有一箇五此爲兩多一少也如此三變既畢乃定一爻六爻則十有八變乃始成卦也繫辭又云是故蓍之德圓而神卦之德方以知韓康伯云圓者運而不窮方者止而有分言蓍以圓象神卦以方象知也惟變所適無數不周故曰圓卦列爻分各有其體故曰方也 易乾鑿度垂黃策者羲益卦演德者文成命者孔也 史記周本紀西伯囚羑里蓋益易之八卦爲六十四卦 士喪禮指中卦而筮卦者在左注云卦者識爻卦畫地者 士冠禮筮與席所卦者注云筮所以問吉凶謂蓍也所卦者所以畫地記爻易曰六畫而成卦 少牢饋食禮卦者在左坐卦以木卒筮乃書卦

教卜

于木注云卦以木者每一爻畫地以識之六爻備書于板
周禮天府注云凡卜筮實問於鬼神龜筮能出其卦兆之占
耳詩氓爾卜爾筮體無咎言傳云龜曰卜蓍曰筮體兆卦
之體正義傳以經卜筮竝言故兼云兆卦之體謂龜兆筮卦
也襄九年左傳遇艮之八陸粲曰劉禹錫稱董生之說曰
揲蓍者九與六爲老老爲變爻七與八爲少少爲定位國語
晉公子筮得貞屯悔豫皆八八非變爻故不曰有所之穆姜
筮遇艮之八史曰是謂艮之隨夫艮之隨唯二不動斯遇八
也餘五位皆九六故反焉筮法以少爲卦主若定者五而變
者一即宜曰之某卦觀之否師之臨之類是也今變者五定
者一宜從少占艮之六二曰艮其腓不拯其隨我心不快史
以遇此爲不利故從變爻而占曰是謂艮之隨苟以悅於姜
耳而杜元凱以爲雜用三易故有遇八之云非也僖十五
年傳龜象也筮數也物生而後有象象而後有滋滋而後有
數五經異義引春秋公羊說祀宗廟筮而不卜崔靈恩
曰國之大事先筮而後卜筮凶則止不卜者筮必以三代之
法若三法皆凶則止不卜若兩法是凶一法爲吉名爲筮逆
猶是疑限故更卜以決之則洪範筮逆龜從是也馥案亦有
先卜後筮者僖二十五年左傳使卜偃卜之遇黃帝
戰於阪泉之兆筮之遇公用享於天子之卦是也

筮也者本書䈂易卦用蓍也古史考庖羲作卦始有筮洪
範擇建立卜筮人乃命卜筮鄭注將立卜筮人乃先命名
兆卦而分別之兆卦之名凡七龜用五易用二審此道者
乃立之也馥案兆龜也龜用五者雨霽蒙驛克也卦易也
易用二者貞悔也卦爲筮兆爲卜故曰分別兆卦之名大
卜掌三兆三易易謂筮兆謂卜僖十五年左傳卜徒父筮
之杜云卜人而用筮不能通三易之占馥案卜當灼龜卦
乃用筮呂氏春秋孟冬紀命大卜禱祠龜策占兆審卦吉
凶注云龜曰
兆筮曰卦

jī 卟

卟 卜以問疑也從口卜讀與稽同書云卟疑 古兮切

卜以問疑也者廣韻引字書云卟問卜也桓十年左傳卜
以決疑不疑何卜通典西國用羊卜卜師謂之廝乩馥案
復古編卟別作乩非 讀與稽同者書盤庚卜稽傳云卜
考於龜 書云卟疑者 徐鍇本無此文鍇繫傳引尚書明
稽疑案鄭樵曰唐開元
中有尚書改用稽字

zhēn 貞

貞 卜問也從卜貝以爲贄一曰鼎省聲京房所說 陟盈切

卜問也者釋名貞定也精定不動惑也洪範二衍忒鄭注
二衍貣謂貞悔也哀十七年左傳衛侯貞卜注云正卜夢
之吉凶吳語請貞於陽卜注云貞正也龜曰卜以火發兆
故曰陽離騷攝提貞於孟陬周禮小宗伯若國大貞則奉
玉帛以詔號鄭司農云大貞謂卜立君卜大封大卜凡國
大貞卜立君卜大封則眡高作龜注云鄭司農云貞問也
國有大疑問於蓍龜玄謂貞之爲問問於正者必先正之
乃從問焉易曰師貞丈人吉天府季冬陳玉以貞來歲之
媺惡注云問事之正曰貞問歲之美惡謂問於龜凡卜筮
實問於鬼神龜筮能出其卦兆之占耳鄭司農云貞問也
易曰師貞丈人吉問於丈人國語曰貞於陽卜武君億曰
鄭司農云貞問也易曰師貞丈人吉問於丈人則師爲一
讀貞字連下丈人爲句鄭注大卜謂貞之爲問問於正者
必先正之乃從問焉易曰師貞丈人吉亦與先鄭同 貝
以爲贄者本書無贄字疑下云竊財卜問爲貶 一曰鼎
省聲者當作鼎聲益籀文以鼎爲貝本書鼎下云籀文以
鼎爲貞字貞當爲貝貝之籀文從鼎作鼎則之籀文從鼎
作𠟭此籀文以鼎爲貝之證又貢之古文作𩊚古文當爲
籀文

huì 𠧪

𠧪 易卦之上體也商書曰貞曰𠧪從卜每聲 荒內切

經典借悔字易繫辭是故列貴賤者存乎位齊小大者存乎
卦辯吉凶者存乎辭憂悔吝者存乎介震无咎者存乎悔晉
語筮之得貞屯悔豫唐六典內卦爲
貞朝占用之外卦爲悔暮占用之
易卦之上體也者書洪範正義僖十五年左傳云秦伯伐
晉卜徒父筮之其卦遇蠱蠱卦巽下艮上說卦云巽爲風
艮爲山其占云蠱之貞風也其悔山也是內卦爲貞外卦
爲悔也筮法爻從下起故以下體爲內上體爲外下體爲
本因而重之故以下卦爲貞貞正也言下體是其正鄭元
云悔之言晦晦猶終也晦是月之終故以爲終言上體是
其終也下體言正以見上體不正上體言終以見下體爲
始二名互相明也 商書曰貞曰𠧪者洪範文彼作悔傳
云內卦曰貞
外卦曰悔

zhān 占

占 視兆問也從卜從口 職廉切

易繫辭極數知來之謂占又云動則觀其變而翫其占
虞云謂觀爻動也以動者尚其變占事知來故翫其占

視兆問也者廣雅占譣也言譣問也洪範卜五占用二鄭注卜五占之用謂雨霽圛雺克也周禮敘官占人注云占蓍龜之卦兆吉凶

shào 卲

卲 卜問也从卜召聲 市沼切

卜問也者廣雅卲卜也

zhào 𠧞

𠧞 灼龜坼也从卜兆象形 治少切

唐六典太卜令卜筮之法一曰龜二曰兆 太元是故欲知不可知則擬之以乎卦兆 詩文王有聲維龜正之箋云謂得吉兆 月令占兆注云占兆龜之繇文也 檀弓后祁子兆衛人以龜爲有知也 襄八年左傳引逸詩兆云詢多杜云兆卜二十八年傳卜攻慶氏示子之兆注云龜兆昭五年傳龜兆告吉十三年傳臣之先佐開卜注云佐卜人開龜兆六韜文王將田史編布卜曰田於渭陽將大得焉文王曰兆致是乎又云文王問散宜生卜伐殷吉乎曰不吉鑽龜龜不兆數蓍蓍不交而如折 管子小匡篇守龜不兆 秦策襄主錯龜數策占兆高云兆占龜兆也 谷孔與王音書靈蓍信龜咸得盡忠正言不蔽兆占

說文解字義證 卷八 筀

灼龜坼也者廣韻𠧞灼龜坼出文字指歸又云揵灼龜視兆也孔穎達曰兆者龜之璺坼繇者卜之文詞書洛誥惟洛倉傳云卜必先墨畫龜然後灼之兆順食墨周禮卜師揚火以作龜致其墨注云致其墨者孰灼之明其兆又占人凡卜簭君占體大夫占色史占墨卜人占坼注云坼兆釁也凡卜象吉色善墨大坼明則逢吉玉藻卜人定龜史定墨注云視坼也埤雅占人曰凡卜筮君占體大夫占色史占墨卜人占坼說文曰𠧞灼龜坼也龜灼之而坼坼而後墨與色可知卜人先占坼史占墨次之大夫占色又次之衆占備焉而後君占體以斷吉凶卜之序也故玉藻云卜人定龜史定墨君定體今禮以尊卑之序言之故先占體後占坼與玉藻之序異也定六年左傳成之昭兆注云寶龜正義成公新得此龜蓋以灼之出兆兆文分明故名爲昭兆謝承後漢書辛臣降於岑彭以書招田戎戎疑賫己灼龜卜降兆中坼遂止不降魏志倭國傳其俗舉事行來有所云爲輒灼骨而卜以占吉凶先告所卜其辭如令龜法視火坼占兆莊子宋人有善爲不龜手之藥者案龜手謂如龜坼也 兆象形者周禮卜師掌問龜之四兆一曰方兆二曰功兆三曰義兆四曰弓兆大卜掌三兆之法一曰玉兆二曰瓦兆三曰原兆注云兆者灼龜發於火其形可占者其象似玉瓦原之璺罅是用名之焉又云其經兆之體百有二十注云體有五色又重之以墨坼也鄭注洪範云曰雨兆之體氣如雨然曰霽兆之光明如雨止曰蒙氣不釋鬱冥冥也曰驛色澤光明曰克如祲氣之色相犯也

古文𠧞省

文八 重二

yòng 用

用 可施行也从卜从中衛宏說凡用之屬皆从用 余訟切

可施行也者蒼頡篇用以也易是興神物以前民用論語如用之則吾從先進 從卜從中者中庸用其中於民徐鍇曰尚書龜筮共違於人用靜吉用作凶又曰先人不違卜卜者所以卟之於先君考之於神明

古文用

說文解字義證 卷八 矣

fǔ 甫

甫 男子美稱也从用父父亦聲 方矩切

男子美稱也者釋名甫丈夫也詩甫田箋云甫之言丈夫也士冠禮記章甫注云殷質言以表明丈夫士冠禮伯某甫注云甫是丈夫之美稱孔子爲尼甫周大夫有嘉甫宋大夫有孔甫是其類曲禮有天王某甫正義甫是男子美稱也 从用父者士冠禮注甫字或作父詩序尹吉甫釋文甫本又作父穀梁春秋隱元年公及邾儀父盟于眛傳云儀字也父猶傳也男子之美稱也啖助集傳父美稱也檀弓嗚呼哀哉尼父正義甫是丈夫之美稱稱字而誄之曰尼父也顏氏家訓甫者男子之美稱古書多假借爲父字北人遂無一人呼爲甫者亦所未喻 父亦聲者當爲父聲

yōng 庸

庸 用也从用从庚庚更事也易曰先庚三日 余封切

用也者廣雅同書堯典帝曰疇咨若時登庸傳云庸用也舜典舜生三十登庸三十在位五十載陟方乃死鄭氏讀舜生三十斷句登庸三十斷句在位五十載斷句登庸訓作徵用說命王庸作書以誥傳亦訓庸爲用詩兔爰我生

卜用

之初尙無庸南山齊子庸止傳竝云庸用也隱元年左傳公曰無庸杜云言無用除之莊十四年傳庸非貳乎僖二十四年傳庸勳親親文十八年傳靖譖庸回杜云庸用也宣十五年傳欒武子欲報楚韓獻子曰無庸襄二十五年傳庸以元女大姬配胡公昭十六年傳庸次比耦杜注竝訓用後漢書梁統傳經曰天討有罪五刑五庸哉注云脩書咎繇謨之詞也庸用也　庚更事也者詩推度災庚者更也　易曰先庚三日者巽卦文王注申命令謂之庚

bèi
葡

葡　具也从用苟省 平祕切

具也者華嚴經音義同本書十數之具也四方中央備矣備當作葡經典通作備易繫辭易之爲書也廣大悉備

nìng
甯

甯　所願也从用寧省聲 乃定切

所願也者漢書郊祀志穰穰復正直往甯顏注言獲福既多歸於正道克當往日所願也　寧省聲者本書寧願詞也漢書王莽傳亢以康甯

文五　重一

說文解字義證　卷八　老

yáo
爻

爻　交也象易六爻頭交也凡爻之屬皆从爻 胡茅切

易繫辭聖人有以見天下之動而觀其會通以行其典禮繫辭焉以斷其吉凶是謂之爻又八卦成列象在其中矣因而重之爻在其中矣又六爻之動三極之道也　參同契易有三百八十四爻據爻摘符符謂六十四卦　鬼谷子中經見形爲容象體爲貌者謂爻爲之主也

交也者爻交聲相近周書王會外臺之四隅每隅張赤帟爲諸侯欲息者皆息焉命之曰爻閭王應麟注引本書同

fán
楙

楙　藩也从爻从林詩曰營營青蠅止于楙 附袁切

經典通作樊莊子山木篇莊子游乎雕陵之樊養生主澤雉十步一啄百步一飲不期畜於樊中孫綽詩澤雉屆於樊蘇彥鶱詩序鷸翮籠樊范泰鸞鳥詩序昔罽賓王獲鸞鳥飾以金樊湛方生弔鶴文顧樊籠而心驚曹毗鸚鵡賦序余見交州獻鸚鵡鳥嘉其有智歎其樊籠

藩也者釋言文郭云謂樊籬孫炎云樊圃之藩也漢書戾太子傳引詩止於藩詩東方未明折柳樊圃傳云樊藩也　从爻者戴侗曰象編織藩笆　詩曰營營青蠅止于楙者小雅青蠅文彼作樊傳云樊藩也本書營下引詩作營營

文二

lǐ
㸚

㸚　二爻也凡㸚之屬皆从㸚 方几切

廣韻㸚介布明白象形也

ěr
爾

爾　麗爾猶靡麗也从冂从㸚其孔㸚介聲此與爽同意 兒氏切

桓五年左傳原繁高渠彌以中軍奉公爲魚麗之陳先偏後伍伍承彌縫杜云以車居前以伍次之承偏之隙而彌縫闕漏也此蓋魚麗陳法　莊子盛鶴列於麗譙之閒注云麗譙魏城門壯麗而嶕嶢也　漢書陳勝傳戰譙門中注云門上爲高樓以望故曰譙樓　馥案樓上亦有㸚孔

說文解字義證　卷八　夰

麗爾者字鑑引作爾爾麗當作儷本書儷棽儷也囧窗牖麗廔闓明廔屋麗廔也二麗字竝當作儷　猶靡麗也者本書薾从爾云華盛引詩彼薾維何馥案詩作爾三蒼解詁爾華繁也　从㸚其孔㸚者六書故引作从㸚㸚其孔也韻會引徐鍇本其孔㸚㸚

shuǎng
爽

爽　明也从㸚从大 疏兩切

明也者小爾雅廣詁同書牧誓時甲子昧爽盤庚故有爽德仲虺之誥用爽厥師傳竝訓爽爲明文五年左傳引書高明柔克杜云高明猶亢爽也昭元年傳茲心不爽三年傳二惠競爽猶可又云請更諸爽塏者杜竝云爽明也楚語民之精爽不攜貳者韋昭云爽明也荀氏家傳荀爽字慈明

篆文爽

篆文者本書大古文介也介籀文大改古文馥謂大爲古文介爲籀文爽从古文大爽从籀文介

文三　重一

xuè 旻

說文解字弟四　義證弟九

曲阜桂馥學

旻　舉目使人也從攴從目凡旻之屬皆從旻讀若颰　火劣切

舉目使人也者顏注漢書引同字書同類篇旻目小動也燕策眄視指使文七年公羊傳眣晉大夫使與公盟疏云言其用目眂之而并指向魯若今時瞬眼矣漢書高帝紀范增數目羽擊沛公史記項羽本紀梁眴籍曰可行矣於是籍遂拔劒斬守頭此皆舉目使人之事

xuàn 夐

夐　營求也從旻從人在穴上商書曰高宗夢得說使百工夐求得之傅巖巖穴也　朽正切

營求也者夐營聲相近本書讂流言也詗知處告言之馥謂探伺告言者以求之也管子宙合篇讂充言心也注云言心之營求充動也又霸言篇重宮門之營而輕四竟之守周書厥既得卜則經夐后經諸本竝作經營漢書王莽傳營求其後俗作偃鷂冠子王鈇篇偃諜足以相止又作偵杜注左傳諜者曰游偵　商書曰高宗夢得說使百工營求諸野者說命序高宗夢得說使百工營求諸野得諸傅巖傳云使百官以所夢之形象經營求之於外野得之於傅巖之谿離騷說操築於傅巖兮武丁用而不疑王注武丁殷之高宗也言傅說操築作於傅巖武丁思想賢者夢得聖人以其形象求之因得傅說史記殷本紀武丁夜夢得聖人名曰說以夢所見視羣臣百吏皆非也於是迺使百工營求之野得說於傅險中是時說爲胥靡築於傅險見於武丁武丁曰是也得而與之語果聖人舉以爲相殷國大治故遂以傅險姓之號曰傅說正義云地理志云傅險即傅說版築之處所隱之處窟名聖人窟在今陝州河北縣北七里即虞國虢國之界注水經云沙㵎水北虞山南經傳巖傳說隱室前俗名聖人窟賈生傳傳說胥靡兮乃相武丁索隱云墨子云傳說衣褐帶索傭築於傳巖又夏靖書云猗氏六十里黃河西岸吴坂下便得隱穴是說所潛身處也馥案元和郡縣志平陸縣傅巖在縣北七里即傅說版築之處潛夫論五德志殷衰乃生武丁即位默以不言思道三年而夢獲賢人以爲師乃使以夢像求之四方側陋得傅說方以胥靡築於傅巖升以爲太公而使朝夕規諫帝王世紀武丁夢天賜賢人姓名傅說乃使百工寫象求諸天下見築者胥靡衣褐帶索執役于虞虢之閒傅巖之野登以爲相　巖穴也者夐從人在穴上釋山山有穴爲岫郭注謂巖穴

wén 閿

閿　低目視也從旻門聲宏農湖縣有閿鄉汝南西平有閿亭　無分切

低目視也者本書瞀低目謹視也䀩低目視也　宏農湖縣有閿鄉者漢書地理志湖縣屬京兆尹有周天子祠二所故曰胡武帝建元口年更名湖續漢書郡國志宏農湖縣有閿鄉漢書武五子傳以湖閿鄉邪里聚爲戾園孟康曰閿古閿字從門中旻建安中正作閿顏注旻舉目使人也旻音許密反閿字本從旻其後轉訛誤遂作門中受百而郭璞迺音汝授反甚失理遠耳後漢書董卓傳封閿鄉侯注云閿鄉今虢州縣也說文閿今作閿流俗誤也水經注河水又東北玉澗水注之水南出玉谿北流逕皇天原西又北逕閿鄉城西世謂之閿鄉水也文十三年左傳晉侯使詹嘉處瑕以守桃林之塞顧炎武曰水經河水又東逕湖縣故城北注云晉書地道記太康地記竝言胡縣漢武帝改作湖其北有林焉名曰桃林古瑕胡二字通用禮記引詩心乎愛矣瑕不謂矣鄭注云瑕之言胡也瑕胡音同故記用其字是瑕轉爲胡又改爲湖而瑕邑即桃林之塞也今爲閿鄉縣治道元以爲郇瑕之地誤矣　汝南西平有閿亭者廣韻閿亭名在汝南

quán 奞

奞　大視也從大旻讀若齤　況晚切

大視也者本書覞大視也音同　從大旻者當爲旻亦聲

文四

mù 目

目　人眼象形重童子也凡目之屬皆從目　莫六切

易說卦離爲目　禮郊特牲目氣之清明者也　春秋元命包目肝之使也　韓詩外傳目心之符也

人眼者廣雅目謂之眼急就篇頭額頞頗眉目耳顏注目眼也釋名目默也默而內識也　重童子也者釋名瞳子

yǎn 眼　biǎn 矈　xuàn 眩　zì 眥　jié 睫

瞳重也膚幕相裹重也子小稱也主謂其精明者也或曰眸子眸冒也相裹冒也史記項羽本紀舜目盖重童子項羽亦重童子尙書大傳舜四童子也

古文目

眼 目也從目皀聲 五限切

釋名眼限也瞳子限限而出也

矈 兒初生瞥者從目瞏聲 邦免切

兒初生瞥者者廣韻引作蔽玉篇矈小兒初生蔽目也本書瞥目翳也玉篇廣韻誤析瞥爲二字又徹上加草古文苑王孫賦矈瞑歷而矈離 瞏聲者徐鍇本下有讀若告之謂調六字覈衆聲不相近當有誤

眩 目無常主也從目玄聲 黃絢切

目無常主也者一切經音義二十引同字林眩亂也蒼頡篇眩目不明也釋名眩懸也目視動亂如懸物遙遙然不

定也國語有眩瞑之疾賈逵曰眩瞑顛眴也揚雄劇秦美新臣嘗有顛眴病方言顛眴謂之眼眩燕策左右既前斬荆軻秦王目眩良久靈樞經目䀮䀮如無所見注云腎虛則瞳昏眩三輔決錄韋約稱素有風疾眩冒不堪久侍汝南先賢傳郭憲諫諍不合乃伏稱眩瞀西都賦目眴轉而意迷注云蒼頡篇云眴視不明也隋書劉炫傳眸子精明視日不眩通鑑注目無常主不辨白黑謂之眩

眥 目匡也從目此聲 在詣切

目匡也者爾雅釋文引同字林眥目厓也靈樞經癲狂篇眥決於面者爲銳眥在內近鼻者爲內眥注云眥者睛外之眼角也列子湯問篇離朱子羽方晝拭眥注云眥目際也史記淮南王安傳涕滿匡而橫流或作眶玉篇眶眼眶也列子仲尼篇矢來注眸子而眶不睫韓策夫賢者以感忿睚眥之意鮑云眦目匡也史記項羽本紀目眦盡裂漢書孔光傳厓眥莫不誅傷杜周傳報睚眦怨顏注睚舉眼也眦卽眥字謂目匡也言舉目相忤者卽報之也

睫 目旁毛也從目夾聲 子葉切

xuàn ⿰目縣　xī 瞦　mián 矏　fēi ⿱非目　xiàn ⿱臤目

目旁毛也者一切經音義十三引同三蒼睫眥毛也或作睫釋名睫插也接也插於眼眶而相接也列子仲尼篇矢來注眸子而眶不睫注云本作睞目瞬也史記越世家吾不貴其用智之如目見豪毛而不見其睫也扁鵲傳流涕長潸忽忽承睞索隱睞音接睞卽睫也承睞言淚恆垂以承於睫也漢書袁盎傳陛下不交睫解衣顏注睫目旁毛也交睫謂睡寐也謝承後漢書趙昱母病三月昱眼不交睫

⿰目縣 盧童子也從目縣聲 胡畎切

玉篇⿰目縣與⿰目縣同 楚詞招寬靡顏膩理遺視⿰目縣些王注⿰目縣脈也言心中⿰目縣脈時時竊視安詳審諦志不可動也五臣注文選云⿰目縣目中瞳子言目淸澈炯然見其瞳子

盧童子也者俗作矑玉篇矑目瞳子也通作顱江淹麗色賦顱瞳而赪脣顏謂當作驢方言驢瞳之子謂之⿰目縣注云驢黑也⿰目縣言⿰目縣邈也廣韻⿰目縣童子黑漢書揚雄傳玉女無所眺其淸盧兮服虔曰盧目童子也嚴尤三將敘武安君瞳子白黑分明

瞦 目童子精也從目喜聲讀若禧 許其切

目童子精也者徐鍇本精下有瞦字靈樞經大惑論五藏六府之精氣皆上注於目爲之精精之窠爲眼骨之精爲童子筋之精爲黑眼氣之精爲白眼故童子黑眼法於陰白眼赤脈法於陽吳錄孫權目有精光 讀若禧者徐鍇本作讀若爾雅禧福

矏 目旁薄緻宀宀也從目臱聲 武延切

目旁薄緻宀宀也者集韻類篇韻會通志並引作矏矏惟五音集韻作宀宀本書臱宀宀不見也寡寡寡不見也寡讀若宀釋言矏密也通作緜詩載芟緜緜其麃

⿱非目 大目也從目非聲 芳微切

大目也者孝經援神契伏犧大目

⿱臤目 大目也從目臤聲 侯簡切

大目也者廣韻䁚瞖無畏視也

hàn 睅

睅 大目也從目旱聲 戶版切

大目也者宣二年左傳睅其目杜云睅出目正義說文云睅大目也目大則出見故云出目也

睆 睅或從完

徐鉉所加案一切經音義五引許慎注淮南子曰睆謂目內白翳也

xuān 暖

暖 大目也從目爰聲 况晚切

大目也者玉篇暖大目皆也廣韻暖目皆

mán 瞞

瞞 平目也從目㒼聲 母官切

平目也者徐鍇曰目瞼低也魏志魏武小字阿瞞馥案北史姚僧垣傳瞼垂覆目不得視

gùn 睴

睴 大目出也從目軍聲 古鈍切

大目出也者一切經音義一引說文曰睴大出目也謂人目大而突出曰睴玉篇睴大出目也考工記輪人望其轂欲其眼也注云眼出大貌也

mǎn 矕

矕 目矕矕也從目䜌聲 武版切

目矕矕也者廣韻矕視貌長笛賦長矕遠引後漢書馬融傳右矕三塗注引廣雅矕視也馥案目生翳亦曰矕苔賓戲矕龍虎之文舊矣孟康曰矕被也馥謂如目被翳也集韻矕目暗也

gùn 睔

睔 目大也從目侖春秋傳有鄭伯睔 古本切

目大也者廣韻睔大目露睛 從目侖者徐鍇本作侖聲春秋傳有鄭伯睔者襄二年左傳鄭成公睔漢書古今人表作綸

pàn 盼

盼 詩曰美目盼兮從目分聲 匹莧切

詩曰美目盼兮者衛風碩人文傳云盼黑白分一切經音義八引說文盼目白黑分也馥案字林盼美目也字書盼美目也目白黑分也玉篇引詩而釋之云謂黑白分也據此則本書有闕文佩觿盼美人動目宋玉神女賦目若微盼宋書謝晦傳同被齒盼

gàn 盱

盱 目多白也一曰張目也從目干聲 古旱切

目多白也者易說卦巽其於人也爲多白眼一曰張目也者徐鍇本無此文鍇繫傳之言也

pān 眅

眅 多白眼也從目反聲春秋傳曰鄭游眅字子明 普班切

多白眼也者一切經音義一引作眼多白也廣韻眅目多白貌春秋傳曰鄭游眅字子明者襄二十二年左傳鄭游眅將如晉未出竟遭逆妻者奪之以館于邑丁巳其夫攻子明殺之

xiàn 睍

睍 出目也從目見聲 胡典切

出目也者一切經音義一引作目出貌玉篇睍目出貌引詩睍睆黃鳥

guàn 矔

矔 目多精也從目雚聲益州謂瞋目曰矔 古玩切

益州謂瞋目曰矔者方言矔轉目也梁益之閒瞋目曰矔轉目顧視亦曰矔劉歆遂初賦空下時而矔世兮

lín 瞵

瞵 目精也從目粦聲 力珍切

目精也者目下疑闕少字蒼頡篇瞵視不了也廣韻瞵視不明貌

yǎo 窅

窅 深目也從穴中目 烏皎切

深目也者一切經音義九引作目深貌玉篇引作深目貌廣韻同本書窔下云窔深也通作眇莊子庚桑楚藏其身也不厭深眇而已矣

mào 眊

眊 目少精也從目毛聲虞書耄字從此 亡報切

目少精也者賈誼書道術篇反察爲眊書微子我其發出狂吾家耄遜于荒傳云我念殷亡發疾生狂在家耄亂故欲遯出於荒野言愁悶正義鄭元云耄昬亂也孟子胷中不正則眸子眊焉注云眊者蒙蒙目不明之貌論衡本性篇孟子相人以眸子焉心清而眸子瞭心濁而眸子眊韓詩外傳眊眊乎其猶醉乎漢書五行志傳曰皇之不極是

xié 䀥　móu 瞴　bì 䀣　dòng 瞷　shǎn 睒　tǎng 矘

謂不建厥咎眊人君貌言視聽思心五事皆失不得其中則不能立萬事失在眊悖故其咎眊也顏注眊不明也息夫躬傳憒眊不知所爲顏注眊目闇也或借旄字楚策瘨而殫悶旄不知人鮑注旄眊耄字通竝昏也虞書耄字從此者大禹謨有耄期字許公未見此篇不審所云也漢書平帝紀眊悼之人顏注八十曰眊眊者老稱言其昏暗也刑法志三赦二曰老眊顏注老眊謂八十以上眊讀與耄同彭宣傳年齒老眊顏注眊與耄同

目無精直視也從目黨聲 他朗切

目無精直視也者一切經音義一引字林同廣韻矘瞵目無精楚辭時曖曃其矘莽注云目不明也後漢書梁冀傳洞精矘眄字又作瞠長笛賦留眎瞠眙李善云字林曰瞠直視貌蒼頡篇曰瞠直下視貌又通作憆漢書外戚傳武因問客陛下得武書意何如曰憆也服虔曰憆直視貌也

暫視皃從目炎聲讀若白蓋謂之苫相似 失冉切

暫視皃者本書覢暫見也太元瞢初一瞢復睒天不覩其彰注云睒窺徐鍇引郭璞江賦猿獺睒瞲於巖空 讀若

白蓋謂之苫者釋器文

吳楚謂瞋目顧視曰瞷從目同聲 徒弄切

吳楚謂瞋目顧視曰瞷者方言梁益之閒瞋目曰矔吳楚曰瞷

直視也從目必聲讀若詩云泌彼泉水 兵媚切

直視也者廣韻䀣惡視廣雅䀣視也 讀若詩云泌彼泉水者邶風泉水文彼作毖釋文毖韓詩作祕說文作䀣云直視也陳啓源曰說文引詩作泌非作䀣也玉海亦云說文作泌不知何人改泌爲䀣又譔入直視之訓也呂氏讀詩記引釋文毖說文作泌是宋本注疏原無誤

瞴婁微視也從目無聲 莫浮切

瞴婁微視也者廣韻作瞴瞜孟子離婁集韻作矖瞜馥謂婁當爲瞜又瞴婁或作牟婁字書牟婁微視也

蔽人視也從目幵聲讀若攜手一曰直視也 又苦兮切 馥謂

又上脫正音

mǎn 睌　shì 眂　nì 睨　mào 䁅　huò 眓　dān 眈

䀥目或在下

睌⿱臤目目視皃從目免聲 武限切

睌⿱臤目目視皃者目視當爲直視廣韻睌無畏視也廣雅睌視也

眂皃從目氏聲 承旨切

眂皃者徐鍇本玉篇竝作視廣韻眂眂役目周禮大師眂瞭三百人注云眂讀爲虎眂之眂疏引易虎眂眈眈劉歆遂初賦寶礫石於廟堂兮面隋和而不眂

衺視也從目兒聲 研計切

衺視也者李善注琴賦思元賦引竝同本書覞旁視也西京賦遷延邪睨廣韻睨睥睨增韻睥睨邪視史記廉頗藺相如列傳相如持其璧睨柱欲以擊柱哀十三年左傳余與褐之父睨之注云睨視也莊子山木篇雖羿逢蒙不能

眄睨也釋文李云睨邪視也漢書司馬相如傳睨部曲之進退顏注睨衺視也灌夫傳辟睨兩宮閒顏注辟睨旁視也揚雄傳行睨陔下與彭城應劭曰睨不正視也又作倪釋魚龜左倪不類右倪不若釋文倪本作睨莊子馬知介倪釋文李云介倪猶睥睨也史記信陵君傳侯生下見其客朱亥俾倪正義俾倪不正視也

低目視也從目冒聲周書曰武王惟䁅 亾保切

低目視也者集韻俛目細視謂之䁅 周書曰武王惟䁅者君奭文彼作冒

視高皃從目戉聲讀若詩曰施罛濊濊 呼哲切

視高皃者廣雅眓眓視也 詩曰施罛濊濊者本書罛下引詩同濊下引作濊濊

視近而志遠從目冘聲易曰虎視眈眈 丁含切

視近而志遠者蕭該漢書音義引字林同 易曰虎視眈眈者頤卦虎視眈眈釋文馬云眈眈虎下視貌通作⿰甚見張壽碑⿰甚見⿰甚見虎視

yàn 䀽　xū 盱　qióng 瞏(睘)　zhǎn 䁴　mèi 䀛　zhěn 眕　piǎo 瞟

䀽 相顧視而行也從目從延延亦聲 于線切

相顧視而行也者廣雅䀽視也　延亦聲者當爲延聲

盱 張目也從目亏聲一曰朝鮮謂盧童子曰盱 況于切

張目也者荀子非十二子篇盱盱然注盱盱張目之貌列子黃帝篇而睢睢而盱盱釋文引說文云盱仰目也又引蒼頡篇盱張目貌高誘注淮南子云睢盱視聽貌案易豫卦盱豫悔王云若其睢盱而豫悔亦生焉莊子寓言篇而睢睢盱盱而誰與居漢書王莽傳盱衡厲色孟康曰盱衡舉眉揚目也魏都賦乃盱衡而誥五臣云盱舉目大視也　一曰朝鮮謂盧童子曰盱者方言文

瞏 目驚視也從目袁聲詩曰獨行瞏瞏 渠營切

目驚視也者素問少陽終者百節皆縱目瞏絕系注云直視如驚貌　詩曰獨行瞏瞏者唐風杕杜文傳云瞏瞏無所依也陳啟源曰無依之人多徬徨驚顧傳與說文語雖異義實相通矣

說文解字義證　卷九　九

䁴 視而止也從目亶聲 旨善切

視而止也者止上脫不字廣韻䁴視面色變也說文視而不止

䀛 目冥遠視也從目勿聲一曰久也一曰旦明也 莫佩切

目冥遠視也者集韻作冥目蘙謂當爲日冥言日暮視遠·芒昧也劉歆遂初賦飄寂寥以荒䀛　一曰久也者廣韻䀛眼久視　一曰旦明也者本書昒尙冥也昧昧爽旦明也三蒼解詁曶旦明也

眕 目有所恨而止也從目㐱聲 之忍切

目有所恨而止也者晉書音義引字林眕目有所恨也隱三年左傳夫寵而不驕驕而能降降而不憾憾而能眕者鮮矣注云降其身則必恨恨則思亂不能自安自重正義云釋言云眕重也言恨則思亂必不能自安自重也驕而不能降憾而不能眕言其心難自抑

瞟 䁟也從目㶾聲 敷沼切

qì 䁟　dǔ 睹　dà 眔　kuí 睽　mò 眜　pán 䀩　pàn 辬　mò 眽

䁟也者本書覭目有察省見也　玉篇瞟䁟明察埤蒼瞟明察也

䁟 察也從目祭聲 戚細切

察也者李善注琴賦引同廣雅䁟視也御覽七百四十引尹文子瞽者無目而耳不可以䁟視也精於聽也

睹 見也從目者聲 當古切

見也者廣雅覩視也易乾卦聖人作而萬物覩禮運以陰陽爲端故情可睹也史記魏世家耳目之所覩記

覩 古文從見

眔 目相及也從目從隶省 徒合切

目相及也者本書遝迨也玉篇迨遝行相及也

睽 目不相聽也從目癸聲 苦圭切

目不相聽也者李燾本易睽卦釋文增韻洪武正韻並作目不相視也本書僢左右兩視睽耳不相聽馥謂從耳之睽當云聽從目之睽當云視也廣韻引作目少精一切經音義一引廣蒼睽目少精也

說文解字義證　卷九　十

眜 目不明也從目末聲 莫撥切

據玉篇次第此文從午木之未莫蓋切　目不明也者本書眛下訓同二字當有一誤蔡邕瞽師賦夫何矇眛之瞽兮項羽將鍾離眛

䀩 轉目視也從目般聲 薄官切

轉目視也者廣雅䀩䀩視也戰國策田䀩高誘讀如鄭游販之販姚伯聲曰䀩當作䀩春秋傳鄭游販或作䀩

辬 小兒白眼也從目辡聲 蒲莧切

小兒白眼也者廣韻辬小兒白眼視也

眽 目財視也從目𠂢聲 莫獲切

目財視也者廣韻眽與覛同釋詁覛相也郭注覛謂相視也馥疑財爲相之譌文選古詩眽眽不得語李善云眽眽

相視貌

tì ⿰目脩

⿰目脩 失意視也從目脩聲他歷切 失意視也者或作䁥魏都賦吳蜀二客矍焉相顧䁥焉失所李善引本書同

zhùn ⿰目𦎫

⿰目𦎫 謹鈍目也從目𦎫聲之閏切 謹鈍目也者俗作盹類篇盹鈍目也

rún 瞤

瞤 目動也從目閏聲如勻切 目動也者一切經音義十八說文瞤目搖動也今謂眼瞼掣動爲瞤也西京雜記夫目瞤得酒食故目瞤則祝之蔡邕廣連珠臣聞目瞤耳鳴近夫小戒也易林乾之需目瞤足動馥案北俗謂之眼跳占小吉凶

pín 矉

矉 恨張目也從目賓聲詩曰國步斯矉符眞切 詩曰國步斯矉者大雅桑柔文彼作頻傳云頻急也箋云頻猶比也非本書義

說文解字義證 卷九 十一

yuān 眢

眢 目無明也從目夗聲一丸切 目無明也者廣韻眢目空貌檀弓子夏喪其子而喪其明注云明目精徐鍇曰左傳目於眢井蓋爲隱語也言井無水若目無精也 夗聲者徐鍇本下有讀若宛委四字

huī 睢

睢 仰目也從目隹聲許惟切 仰目也者字林同一切經音義十二引作仰目貌也玉篇睢盱視貌燕策若恣睢奮擊鮑云睢仰目也史記伯夷傳暴戾恣睢正義睢仰白目怒貌也漢書五行志萬衆睢睢顏注睢睢仰目視貌也長笛賦僬眇睢維李善引聲類睢大視也

xuàn ⿹勹目

⿹勹目 目搖也從目勻省聲黃絢切 目搖也者本書瞚从旬旬目數搖也楚詞九章眴兮杳杳說苑善說篇夫登高臨危而目不眴而足不陵者此工匠之勇悍也西京雜記太平之世電不眴目通作恂列子黃帝篇今汝怵然有恂目之志注云何承天纂文云吳人呼瞚目爲恂目

眴 旬或從旬

huò 矆

矆 大視也從目蒦聲許縛切 大視也者廣雅矆視也或作矍一切經音義十二聲類睢矆大視也魏都賦矆焉相顧李善注矆大視也

mù 睦

睦 目順也從目坴聲一曰敬和也莫卜切 目順也者目順成也 一曰敬和也者周易莧陸史虞翻本作睦云和睦也書堯典九族旣睦昭五年左傳重之以睦杜云君臣和也七年傳衛事晉爲睦注云睦和也

𡙁 古文睦 冏當从古文目作⿴口目

zhān 瞻

瞻 臨視也從目詹聲職廉切 臨視也者本書視瞻也詩皇矣臨下有赫箋云臨視也釋詁瞻視也詩雄雉瞻彼日月傳云瞻視也良耜或來瞻女公劉瞻彼溥原箋並云瞻視也

說文解字義證 卷九 十二

mào 瞀

瞀 低目謹視也從目敄聲莫候切 低目謹視也者本書婚瞀也荀子非十二子篇瞀瞀然素問民病肩臂瞀重注云低目俯首曰瞀靈樞經交兩手而瞀爲臂厥注云瞀目垂貌通作貿檀弓貿貿然來注云貿貿目不明之貌

mái ⿰目買

⿰目買 小視也從目買聲莫佳切 小視也者本書窺小視也太元衆次七師孕唁之哭且⿰目買注云竊視曰⿰目買

jiān ⿰目監

⿰目監 視也從目監聲古銜切 視也者釋詁文彼作監魯語使長監于世韋云監觀也

qì ⿸户⿰目攵

⿸户⿰目攵 省視也從目啓省聲苦系切

目

xiāng 相　chēn 瞋　diāo 瞗　shì 睗　juàn 睊

省視也者廣雅督視也趙宧光日論語啓予足啓予手當用督

相　省視也從目從木易曰地可觀者莫可觀於木詩曰相鼠有皮　息良切

省視也者釋詁相視也胥相也書無逸相小人傳云視小人召誥惟太保先周公相宅鄭注相視也盤庚相時憸民馬注相視也詩棫樸金玉其相箋云相視也猶觀視也小弁相彼投兔伐木相彼鳥矣四月相彼泉水節南山相爾矛矣韓奕爲韓姞相攸箋竝云相視也周禮大司徒以相民宅注云相占視也馮相氏注云相視也犬人相犬注云相謂視月令善相邱陵阪險原隰注云相視之禮運引詩相鼠有體注云相視也吳子論將篇武侯問曰兩軍相望不知其將我欲相之其術如何文選思元賦怨高陽之相寓兮舊注相視也　易曰地可觀者莫可觀於木者王應麟曰疑易傳及易緯之文王觀國曰古之以易名家者各有訓說而爲之傳記故宗其學者皆以易曰稱之　詩曰相鼠有皮者鄘風相鼠文

瞋　張目也從目眞聲　昌眞切

張目也者晉書音義引字林同燕策士皆瞋目髮盡上指冠商子君臣篇瞋目扼腕而語勇者得漢書郊祀志方士瞋目扼掔項羽傳羽瞋目叱之魏志許褚瞋目盻之

䀼　祕書瞋從戌

瞗　目孰視也從目鳥聲讀若雕　都僚切

目孰視也者廣雅瞗視也

睗　目疾視也從目易聲　施隻切

目疾視也者吳都賦忽其所以睒睗五臣云睒睗疾視貌韓愈寄崔立之詩雷電生睒睗

睊　視皃從目肙聲　於絢切

視皃者廣雅睊睊視也孟子睊睊胥讒趙注側目相視張鎰云側目視貌

yuè ⿰目窅　tiàn 睼　yǎn ⿰目晏　wò 睧　juàn 眷　dū 督　xī 睎

⿰目窅　目深皃從目窅讀若易曰勿卹之卹　於悅切

睼　迎視也從目是聲讀若珥瑱之瑱　他計切

迎視也者桓元年左傳目逆而送之東都賦弦不睼禽五臣注睼迎視也通作題廣雅題視也

⿰目晏　目相戲也從目晏聲詩曰⿰目晏婉之求　於殄切

目相戲也者方言⿰目晏視也東齊曰⿰目晏凡以目相戲曰⿰目晏廣雅⿰目晏視也　詩曰⿰目晏婉之求者邶風新臺文彼作燕婉謂當作⿰目晏婉

睧　短深目皃從目𠭥聲　烏括切

短深目皃者廣韻睧目深黑貌

眷　顧也從目𢍏聲詩曰乃眷西顧　居倦切

顧也者廣雅同本書顧還視也詩顧瞻周道傳云回首曰顧書大禹謨皇天眷命傳云眷視召誥其眷命用懋傳云

其顧視天下有德者或作睠詩小明睠睠懷顧大東睠言顧之傳云睠反顧也　詩曰乃眷西顧者大雅皇矣文

督　察也一曰目痛也從目叔聲　冬毒切

察也者字書同漢書王褒傳如此則使離婁督繩顏注督察視也　一曰目痛也者徐鍇本作目病易通卦驗離氣不至則人民目痛

睎　望也從目稀省聲海岱之閒謂眄曰睎　香衣切

望也者李善注寡婦賦引同廣雅同後漢書班固傳於是睎秦領注云睎望也淮南汜論訓夫繩之爲度也可卷而伸也引而伸之可直而睎高云睎望也齊俗訓眇者使之準高云目不正因介睎太白陰經論水平槽云三池浮木齊起眇目視之齒齊平則爲天下準式班固荅賓戲離婁眇目於豪分西京雜記鄒陽代韓安國作几賦云眇者督直聾者磨聾法言學行篇睎驥之馬亦驥之乘也睎顏之人亦顏之徒也注云睎慕也通作希後漢書黨錮傳海內希世之流遂共相標榜注云希望也　稀省聲者當爲希聲　海岱之閒謂眄曰睎者方言睎眄也東齊青徐之閒

曰睎

kān 看

看　睎也。从手下目。苦寒切

從手下目者，九經字樣：凡物見不審，則手遮目看之，故看從手下目。

翰　看或从倝。

釋名：觀，翰也，望之延頸翰翰也。馥疑翰寫誤，當爲翰。

shěn 瞫

瞫　深視也。一曰下視也。又竊見也。从目覃聲。式荏切

shuì 睡

睡　坐寐也。从目垂聲。是僞切

坐寐也者，宣二年左傳：坐而假寐。史記商君傳：衛鞅語事良久，孝公時時睡，弗聽。漢書賈誼傳：將吏披介胄而睡。

míng 瞑

瞑　翕目也。从目冥，冥亦聲。武延切

翕目也者，一切經音義十二引同，又引作目翕也，又引爾雅：翕，合也。廣韻：瞑，合目瞑瞑。周書太子晉解：師曠曰：請使瞑臣往與之言。注云：師曠無目，故稱瞑。馥案：六韜軍勢篇：迅雷不暇瞑目。子華子晏子篇：瞑有所志，旦而升諸公。燕丹子：㢡於期自剄，頭墮背後，兩目不瞑。高士傳：披裘公瞋目拂手而言。通鑑：張金樹藏刀槊於牀下，合瞑抱之趨出。注云：人睡則目合而瞑。字或作眠，釋名：眠，泯也，無知泯泯也。通作冥，晏子春秋內篇：太師曰：冥臣不習。

說文解字義證　卷九　十五

shěng 眚

眚　目病生翳也。从目生聲。所景切

目病生翳也者，三蒼解詁：瞖，目翳病也。一切經音義一云：翳，韻集作瞖，目病也。說文：眚，目病生翳也。竝作翳，韻集作瞖，近字也。

piē 瞥

瞥　過目也。又目翳也。从目敝聲。一曰財見也。普滅切

過目也者，淮南說林訓：鼈無耳而目不可以瞥，精于明也。高云：瞥之則見也。張衡舞賦：瞥若電滅。思元賦：游塵外而瞥天。馬融廣成頌：鶬不得瞥。潘岳河陽詩：瞥若截道飈。又目翳也者，本書瞖見初生瞥者。一曰財見也者，財、才、裁、纔竝通。梁書王筠傳：余少好書，雖偶見瞥觀，皆卽疏記。

chī 眵

眵　目傷眥也。从目多聲。一曰瞢兜。叱支切

目傷眥也者，玉篇：眵，目汁凝。韓愈詩：兩目眵昏頭雪白。一曰瞢兜者，一切經音義九引作矇兜。本書：䁾，目蔽垢也，讀若兜。急就篇：癉熱瘻痔眵䁾眼。顏注：眵謂眵䁾，目之蔽垢也。

miè 𥈆

𥈆　目眵也。从目蔑省聲。莫結切

目眵也者，一切經音義十八引說文：𥈆兜，眵也。今江南呼眵爲眵兜也。釋名：目眥傷赤曰𥈆。𥈆，末也，創在目兩末也。呂氏春秋盡數篇：氣鬱處目則爲𥈆爲盲。注云：𥈆肝𥈆盲，無見，皆目疾也。通作蔑，宋玉風賦：中脣爲胗，得目爲蔑。李善注：蔑與𥈆古字通。

jué 眏

眏　涓目也。从目叏聲。古穴切

涓目也者，徐鍇韻譜、集韻同。玉篇、類篇竝作睊。錯繫傳以爲目美，未詳其義。廣韻：眏，目患也。

liàng 眼

眼　目病也。从目良聲。力讓切

目病也者，玉篇：眼與晾同。廣韻：眺晾，目病。易通卦驗：人手少陽脈盛，人多病目。注云：少陽當爲太陽。

說文解字義證　卷九　十六

mèi 眛

眛　目不明也。从目未聲。莫佩切

據玉篇次弟，此文從本末之末，莫達切。目不明也者，本書昧下訓同。廣韻：眛眛，目不明。馥謂眛眛疊韻。僖二十四年左傳：目不別五色之章爲眛。

xián 瞯

瞯　戴目也。从目閒聲。江淮之閒謂眡曰瞯。戶閒切

戴目也者，蒼頡篇：瞯，目病也。馥謂戴目如馬顙戴星之戴。廣韻：瞯，人目多白。是也。幽明錄：河東賈弼之，義熙中爲瑯邪府參軍，夜夢一人瞯目。江淮之閒謂眡曰瞯者，眡，小字本、李燾本竝作眄。方言：瞯，眄也。吳揚江淮之閒或曰瞯。

mǐ 眯

眯　艸入目中也。从目米聲。莫禮切

艸入目中也者，新序：辟閭巨闕，天下之利器也，使之與菅藁決目出眯，其便未必能過菅藁也。馥謂眯當爲眯，言以菅藁決出目中物也。春秋繁露郊語篇：鴟羽去眯，亦當從米作眯。左傳提彌明，史記作示眯明。周書王會解：善芳者

佩之令人不眯王注或曰眯眯目也子華子晏子篇國人疾視之如目有眯罵暍冠子天權篇半糠入目四方弗治莊子天運篇夫播糠眯目則天地四方易位矣又必且數眯焉釋文引字林云眯物入眼爲病也呂氏春秋瞽師之愛子也不免枕之以糠眯之也淮南說林訓蒙塵而眯固其理也繆稱訓若眯而撫高云眯芥入目也衛公兵法守城篇糠粃因風於城上擲之以眯敵人目唐武后時語云眯目聖神皇

tiào
眺

眺 目不正也從目兆聲 他弔切

目不正也者誤入眮字訓本書誤以眮爲脩之或體據玉篇脩眮不同文葢本書眮下訓云目不正也義與脩同脩眣也眣目不正也一切經音義七引說文眺視也亦望也察也玉篇眺望也廣韻眺視也潘岳射雉賦目不步體袞眺旁剔注云視瞻不正常驚惕也

lài
睞

睞 目童子不正也從目來聲 洛代切

目童子不正也者本書詯讀若反目相睞一切經音義六說文睞目童子不正也今俗云類眼是也

lù
睩

睩 目睞謹也從目彔聲讀若鹿 盧谷切

目睞謹也者楚詞招魂蛾眉曼睩目騰光些廣韻作親云眼曲親也

chōu
䀨

䀨 眣也從目攸聲 敕鳩切

眣也者楊慎曰唐小說術士相裴夫人目脩而緩主淫

脩 脩或從丩

脩或從丩者玉篇音九小切目重瞼也不與脩同

dié
眣

眣 目不正也從目失聲 丑栗切

玉篇有古文作眝

目不正也者案五音集韻引聲類眣目露貌字書眣目出也竝與本書異

méng
矇

矇 童矇也一曰不明也從目蒙聲 莫中切

童矇也者徐鍇本作童蒙馥謂矇蒙聲相近釋名矇有眸子而失明蒙蒙無所別也詩靈臺矇瞍奏公傳云有眸子而無見曰矇正義卽今之青盲者也六書故今人所謂內障又謂之青盲通鑑注青盲者其瞳子不精明不能覩物是也薛君韓詩章句無珠子曰矇周禮瞽矇鄭司農云有目眹而無見謂之矇周語矇誦韋云有眸子而無見曰矇晉語矇瞍不可使視注云有眸子而無見曰矇呂氏春秋達鬱篇矇箴注云目不見曰矇素問發蒙解惑仲尼燕居昭然若發矇矣漢書揚雄傳適今日發矇廓然已昭矣後漢書張玄傳今日相遭眞解矇矣竇融傳義士則曠若發矇 一曰不明也者廣雅蒙蒙晤也本書斅從冂冂尙矇也書洪範曰蒙王肅云蒙瞽蒙所見冒亂言其不曉事

miǎo
眇

眇 一目小也從目少少亦聲 亾沼切

成元年穀梁傳晉郤克眇 梁元帝一目眇 唐李克用一目微眇時謂之獨眼龍 易林解之節左眇右盲目視不明 大元沈次二沈視自見賢于眇之眄 魏畧太祖欲以女妻丁儀以問五官將曰儀目不便誠恐愛女未必悅也太祖辟儀爲掾嘉其才乃曰卽使兩目盲當與女何況眇乎 東觀漢記醴泉出於京師飲者痼疾皆愈獨眇蹇者不痊 論衡揚翁偉能聽鳥獸之音乘蹇馬之野而田閒有放馬者相去數里鳴聲相聞翁偉謂其御曰彼放馬目眇其御曰何以知之曰罵此轅中馬曰蹇馬亦罵之曰眇馬御者不信使往視之馬目竟眇

一目小也者易釋文引作小目方言眇小也釋名目匡陷急曰眇眇小也易履卦眇能視

miǎn
眄

眄 目偏合也一曰衺視也秦語從目丏聲 莫甸切

史記鄒陽傳人無不按劒相眄者 漢書敘傳虞卿以顧眄而捐相印 淮南覽冥訓與眄眄高注眄眄然視無智巧貌也

目偏合也者一目病也釋名瞽鼓也瞑瞑然目平合如鼓皮也馥謂此卽目合也廣韻瞎一目盲漢書杜周傳欽少好經書而目偏盲顏注偏盲者患一目也後趙書戎陽一目瞽前后罵曰瞎狗前秦錄苻生生無一目祖洪戲之曰吾聞瞎兒一淚信乎馥謂此卽目偏合也 一曰衺視也秦語者方言自關而西秦晉之閒曰眄蒼頡篇眄旁視也列子釋文眄斜視西京賦睨藐流眄一顧傾城

luò 睹

眄也從目各聲盧各切

眄也者方言略眄也吳揚江淮之閒或曰略又吳揚謂視曰略東齊亦曰略

máng 盲

目無牟子從目亾聲武庚切

目無牟子者尸子舜兩牟子荀子非相篇堯舜參牟子或作眸一切經音義四目無眸子曰盲孟子存乎人者莫良於眸子亦曰童子廣韻盲目無童子史記舜重童子釋名盲茫也茫茫無所見也急就篇疵疕疥癘癡聾盲顏注目不見色謂之盲也鹽鐵論能言篇盲者口能言白黑而無目以別之師曠生而無目自稱盲臣

qià 䁍

目陷也從目咸聲苦夾切

目陷也者廣雅䁍陷也六書故䁍眸子枯陷也

gǔ 瞽

目但有眹也從目鼓聲公戶切

目但有眹也者本書無眹字徐鍇曰眹但有黑子外微有黑影而已三蒼無目謂之瞽廣雅瞽盲也周語瞽獻典韋

云無目曰瞽周禮大師職有瞽矇注云鄭司農云無目眹謂之瞽有目眹而無見謂之矇有目無眸子謂之瞍詩有瞽箋云瞽矇也釋文目無眹曰瞽新序雜事篇晉平公謂師曠曰子生無目眹甚矣子之墨墨也莊子逍遙遊篇瞽者無以與乎文章之觀釋文瞽盲者無目如鼓皮也後漢書盧植傳注無目眹曰瞽馥案諸說竝與本書異合下瞍字審之葢本書二訓互誤

sǒu 瞍

無目也從目叜聲穌后切

無目也者瞽字之訓也此瞍當云目但有眹也字林瞍目有眹無珠子詩靈臺矇瞍奏公傳云無眸子曰瞍正義目珠黑白分明而無眸子周語瞍賦韋云無眸子曰瞍晉語矇瞍不可使視韋云有眸子而無見曰矇無眸子曰瞍周禮注引鄭司農云有目無眸子謂之瞍

yíng 䁝

惑也從目熒省聲戶扃切

惑也者䁝通作熒莊子齊物論是黃帝之所聽熒也人閒世而目將熒之注云使人眼眩也晏子春秋熒惑天罰也春秋文燿鉤赤帝赤熛怒之神爲熒惑位南方禮失則罰出史記天官書察剛氣以處熒惑又通作營漢書劉向傳所以營惑耳目敘傳營信巫史鄧展曰營惑也　熒省聲者徐鍇本作營

cuó 睉

目小也從目坐聲昨禾切

目小也者玉篇廣韻引同一切經音義一引字林小目也俗變從肉書益稷元首叢脞哉釋文馬云脞小也

wò 䀢

捾目也從目叉聲烏括切

捾目也者本書捾搯捾也埤蒼搯爪也　從目叉者徐鍇本作叉聲本書擊從䀢聲䀢當從叉與㞋從叉同今誤從叉擊亦因之而誤徐鍇刪去聲字非是

dì 睇

目小視也從目弟聲南楚謂眄曰睇特計切

目小視也者徐鍇本作目小衺視詩小宛正義引同小宛題彼脊令箋云題之爲言視睇也正義視睇取衺視爲義曲禮注淫視睇眄也纂文傾視曰睇玉篇睇傾視也鄭注易明夷睇于左股云衺視曰睇夏小正來降燕乃睇傳云

睇者眄也內則睇視注云睇傾視也玉藻目容端注云不睇視也楚詞九歌既含睇兮又宜笑注云睇微眄貌也班固幽通賦養流睇而猿號　南楚謂眄曰睇者方言睇眄也陳楚之閒南楚之外曰睇

shùn 瞚

開闔目數搖也從目寅聲舒問切

開闔目數搖也者李善注文賦引同華嚴經音義引作目開閉數搖也一切經音義二同又云通俗文作眴又云服虔云目動曰眴也莊子庚桑楚篇終日視而目不瞚釋文瞚字又作瞬同音舜動也呂氏春秋安死篇其視萬歲猶一瞚也注云瞚者頳川人相視曰瞚也一曰瞚者謂人臥始覺也素問至其當發閒不容瞚史記扁鵲傳中庶子聞扁鵲言目眩然而不瞚字或作瞬列子湯問篇倡者瞬其目而招王之左右侍妾又云紀昌者學射於飛衛飛衛曰爾先學不瞬而後可言射矣紀昌歸偃臥妻之機下以目承牽挺二年之後雖錐末倒背而不瞬也

chì 眙

直視也從目台聲丑吏切

直視也者通俗文直視曰眙史記滑稽傳目眙不禁集解徐廣曰眙吐甑反直視貌索隱眙音與瞪同謂直視也丑

瞸 瞠　fèi 費　xì 盻　zhù 眝

䀡反廣韻瞪直視貌陸本作眙晉書郭文傳瞪眙不轉又作瞠莊子田子方夫子奔軼絕塵而回若瞠乎後矣或作瞸長笛賦留眎瞸眙李善云字林曰瞸直視貌蒼頡篇曰瞸直下視貌丑庚切字林曰眙驚貌敕更切馥據此知驚貌爲眙之本訓本書作直視者乃瞠字訓漏脫瞠字篆文闕入眙下而以眙之本訓魯靈光殿賦序予客自南鄙觀藝於魯覩斯而眙張注云眙丑吏切愕視曰眙本爲藝而來見此驚也後漢書班固傳猶愕眙而不敢階注云字林曰眙驚貌也馥案字林敕更切乃敕吏切譌作更後遂傳會與瞠同俗書作瞪因加吐䀡丑䀡二反蓋自陸氏切韻己誤矣玉篇眙敕吏切與李善丑吏切俱不誤

眝 長眙也一曰張目也從目宁聲 陟呂切

長眙也者字林同方言眙逗也西秦謂之眙注云眙謂住視也陸機弔魏武帝文眝美目其何望眝通作竚楚辭九章思美人兮擥涕而竚又通作佇吳都賦士女佇眙劉注佇眙立視也今市聚人謂之立眙　一曰張目也者漢書地理志臨淮郡有盱眙縣本書盱張目也

說文解字義證〈卷九　圭

盻 恨視也從目兮聲 胡計切

恨視也者韓策楚不聽則怨結於韓韓挾齊魏以盻楚鮑云盻怒視也韓非外儲說趙王游於圃中左右以兔與虎而輟觀之盻然環其眼王曰可惡哉虎目也何狖注云環轉其眼以作怒也魏志許褚傳超問虎侯安在褚瞋目盻之超不敢動

費 目不明也從目弗聲 普未切

目不明也者廣韻費目費眛不明貌集韻作昁眛

文百十三　重九

瞠

瞸

說見眙下玉篇瞠丑庚丑郎二切瞸同上

睺　jù 䀠　juàn 䀢　jū 奭　méi 眉　xǐng 省

睺

切經音義八睺許侯反說文仰目出也案玉篇半盲爲睺

遺文二　重一

䀠 左右視也從二目凡䀠之屬皆從䀠讀若拘又若良士瞿瞿 九遇切

左右視也者本書懼古文作愳馥謂心懼則左右顧也　又若良士瞿瞿者詩齊風狂夫瞿瞿西京賦百禽㥄遽騤瞿奔觸

䀢 目圍也從䀠丿讀若書卷之卷古文以爲醜字 居倦切

目圍也者俗言眼圈　讀若書卷之卷者本書舁下云或曰拳勇字案拳本作捲　古文以爲醜字者醜當爲靦徐鍇本作靦

說文解字義證〈卷九　圭

奭 目衺也從䀠從大大人也 舉朱切

目衺也者九經字樣奭怒貌也馥謂怒而衺視也　大人也者本書大象人形

文三

眉 目上毛也從目象眉之形上象頟理也凡眉之屬皆從眉 武悲切

目上毛也者急就篇頭頟頞䪼眉目耳顏注眉在目上之毛也釋名眉媚也有嫵媚也東觀漢記馬援眉目如畫詩七月以介眉壽傳云眉壽豪眉也正義云人年老者必有豪毛秀出者　象眉之形者當爲𠂆象眉之形　上象頟理也者六書故髮下眉上謂頟馥謂仌象頟上橫文也

省 視也從眉省從屮 所景切

視也者廣雅同釋詁省察也僖二十四年左傳省視官具于氾禮器禮不可不省也注云省察也樂記省其文釆注

目 䀠 眉

云省猶審也漢官儀詹事詹省也顏氏家訓書證篇或問漢書注為元后父名禁改禁中為省中何故以省代禁荅曰案周禮宮正掌王宮之戒令糾禁鄭注云糾猶割也察也李登云省察也張揖云省今省詧也然則小井所領二反竝得訓察其處既常有禁衛省察故以省代禁詧古察字也

㫺 古文從少從囧

從囧者當從古文目作𡇀

文二　重一

dùn 盾

盾 瞂也所以扞身蔽目象形凡盾之屬皆从盾 食閏切

龍魚河圖盾名自障 釋名盾遯也跪其後避以隱遯也大而平者曰吳魁本出於吳為魁帥者所持也隆者曰須盾本出於蜀須所持也或曰羌盾言出於羌也約脇而鄒者曰陷虜言可以陷破虜敵也今謂之曰露見是也狹而長者曰步盾步兵所持與刀相配者也狹而短者曰孑盾車上所持者也孑小稱也以縫編板謂之木絡以犀皮作之曰犀盾以木

作之曰木盾皆因所用為名也 書費誓敿乃干傳云施汝楯紛鄭注敿猶繫也王肅云敿楯當有紛繫持之 詩小戎龍盾之合傳云龍盾畫龍其盾也合合而載之 昭二十五年左傳臧氏使五人以戈楯伏諸桐汝之閭 哀元年傳越子以甲楯五千保于會稽 吳語奉文犀之渠韋注云文犀之渠謂盾也 山海經海外南經羿與鑿齒戰於壽華之野羿持弓矢鑿齒持盾 六韜軍用篇陷堅陣敗強敵武翼大櫓矛戟扶盾七十二具 周書周祝解儼矢將至不可以無盾 春秋元命苞帝梏戴干宋均曰干楯也 漢書司馬相如傳建干戚郭璞曰干盾 地理志天水蘭干縣莽曰蘭盾 後漢書袁紹傳蒙楯而行注云楯今之旁排也 潛夫論實邊篇前羌始叛草創新起器械未備或負板案以類楯 月令章句兵革兵謂金刃革謂甲楯 世說魏武治裝餘有數十斛竹片咸長數寸可以為竹甲盾 元晏春秋皇甫謐年十七編荆為盾 陶公故事臣侃奉獻金華大羌楯五十幡青綾金華楯五十幡 御覽三百五十七引謝尚餉楊征南書碧綾車中盾一番 宋元嘉起居注御史中丞奏前廣州刺史韋朗於州所造与楯三十幡朱畫青綾盾三十五幡請追免朗前所居官

fá 瞂

瞂也所以扞身蔽目者扞當為敤方言盾自關而東或謂之瞂或謂之干關西謂之盾注云干者扞也急就篇矛鋋鑲盾刃刀鉤顏注盾一名瞂亦謂之干即今旁排也釋言干扞也孫炎曰干盾自蔽扞 尚書牧誓比爾干傳云干楯也正義楯則竝以扞敵故言比論語而謀動干戈於邦內孔注干楯也疏云干一名楯干扞也竝之以扞敵故牧誓云比爾干也韓策革抉咙芮鮑注咙音伐即干也史記索隱咙與瞂同芮謂繫盾之紛綬也通鑑楊元感兵皆執單刀柳楯注云楯干也以扞弓矢 象形者徐鍇本下有广聲二字

瞂 盾也从盾犮聲 扶發切

盾也者廣雅同小爾雅廣器瞂盾也李尤盾銘吳旗魯瞂戎兵特須進則避刃爰以衛軀詩小戎蒙伐有苑傳云蒙討羽也伐中干也箋云蒙厖也討雜也畫雜羽之文於伐釋文伐本或作瞂正義夏官司兵掌五盾各辨其等以待軍事注云五盾干櫓之屬其名未盡聞也襄十年左傳說狄虒彌建大車之輪而蒙之以甲以為櫓櫓是大盾故以伐為中干伐皆盾之別名也周書王會解鮫瞂利劍為獻注云瞂盾也以鮫皮作之史記孔子世家子戟劍撥索

隱撥謂大楯也 西京賦植鎩縣瞂用戒不虞 潛夫論釋難篇今夫伐者盾也瞂性利戈者矛也瞂性害物 理論古有郑師之刀蘇家之瞂皆為良工利器時所寶貴也夫刀者身之實也瞂者身之衛也 俗或作戚 吳都賦去瞂自閒劉注瞂楯也

kuī ⿰盾圭

⿰盾圭 盾握也从盾圭聲 苦圭切

盾握也者集韻⿰盾圭盾鼻䫇謂即施紛處

文三

zì 自

自 鼻也象鼻形凡自之屬皆从自 疾二切

鼻也者本書皇下云自讀若鼻⿱亯田下云自知香臭所食也辠下云从自言辠人蹙鼻苦辛之憂

𦣹 古文自

mián ⿱自⿰宀宀(⿱自⿰宀宀)

⿱自⿰宀宀 宀宀不見也闕 武延切

zì 白 jiē 皆 lǔ 魯 zhě 者 chóu 疇 zhì 𥏼

宀宀不見也者𪧐宀聲相近集韻云謂人處深室本書𪧐讀若宀寴下云寴寴不見也𥇘下云日旁薄緻宀宀也丏下云不見也象壅蔽之形𡨰下云冥合也

文二　重一

白 此亦自字也省自者詞言之气從鼻出與口相助也疾二切

凡白之屬皆從白

皆 俱詞也從比從白古諧切

俱詞也者小爾雅廣言皆同也聘禮大夫奉束帛入三揖皆行注云皆猶並也詩縣百堵皆興傳云皆俱也振鷺降福孔皆傳云皆徧也哀十一年左傳皆𣦸皆殯注云皆俱也

魯 鈍詞也從白𩵋省聲論語曰參也魯郎古切

鈍詞也者釋名魯魯鈍也檀弓容居魯人也注云魯魯鈍也又其妻魯人也注云言雖魯鈍其於禮勝學文十五年

左傳魯人以爲敏注云魯人以爲敏明君子所不與也正義魯人魯鈍之人　論語曰參也魯者孔注魯鈍也

者 別事詞也從白𣅀聲𣅀古文旅字之也切

別事詞也者廣雅者詞也本書諸從者云辨也易元者善之長也中庸中也者天下之大本也孟子仁者人也皆別事之詞

𪒠 詞也從白𢑚聲𢑚與疇同虞書帝曰𪒠咨直由切

詞也者詞上有闕文　𢑚與疇同者徐鍇本無此文　虞書帝曰𪒠咨者堯典文彼作疇

𥏼 識詞也從白從亏從知知義切

識詞也者本書識知也知詞也釋名智知也無所不知也白虎通情性篇智者知也獨見前聞不惑於事見微知著也

𥏽 古文𥏼

bǎi 百 bí 鼻 xiù 齅 hān 鼾 qiú 鼽

百 十十也從一白數十百爲一貫相章也博陌切

十十也者本書十數之具也　數十百爲一貫者本書貫錢貝之貫　相章也者韻會引徐鍇本作貫章也本書章下云樂竟爲一章從音從十十數之終也馥謂章當爲率算經宋祖沖之有密率乘除法漢書宣帝紀率常在下顏注率總計之說也王弼易畧例率相比而無應南史王僧孺傳刻燭爲詩四韻者則刻一寸以此爲率集韻率劣戌切約數也

𦣻 古文百從自

文七　重二

鼻 引气自畀也從自畀凡鼻之屬皆從鼻父二切

引气自畀也者鼻畀聲相近急就篇鼻口脣舌斷牙齒頰注鼻所以引氣也釋名鼻嘒也出氣嘒嘒也長沙耆舊傳相師曰凡鼻爲氣戶養生經鼻者心之門

齅 以鼻就臭也從鼻從臭臭亦聲讀若畜牲之畜許救切

以鼻就臭也者漢書敘傳不齅驕君之餌異物志狼𦞂民夜市以鼻齅金知其好惡通作侑大戴記禮三本三侑之不食也侑荀子禮論篇作臭字又作嗅論語三嗅而作玉篇引作齅皇侃曰嗅謂鼻歆翕其氣也韓非外儲說樹橘柚者食之則甘嗅之則香

鼾 臥息也從鼻干聲讀若汗侯幹切

臥息也者一切經音義十一引作臥息聲也廣韻鼾臥氣激聲集韻吳人謂鼻聲爲鼾

鼽 病寒鼻窒也從鼻九聲巨鳩切

病寒鼻窒也者月令釋文引同玉篇廣韻並引作鼻塞釋名鼻塞曰鼽鼽久也涕久不通遂至窒塞也素問金匱眞言論春善病鼽衄王砅注鼽謂鼻中水出月令季秋行夏令民多鼽嚏通俗文鼽鼻曰齆後趙錄王謨齆臭言不清暢呂氏春秋盡數篇處鼻則爲鼽爲窒高注鼽齆鼻窒不通又季秋紀民多鼽窒高注火金相干故民鼽窒鼻不通

xiè 齂　bì 皕　shì 奭

也鼾讀曰仇怨之仇晉書謝安傳本能爲洛下書生詠有鼻疾故其音濁名流愛其詠而弗能及或手掩鼻以斆之

齂 臥息也從鼻隶聲讀若虺 許介切

臥息也者本書眉聲義並同釋詁齂息也郭云齂氣息貌陳啟源曰邶風伊余來塈大雅爾民之攸塈凡三塈傳箋皆訓息假樂疏據爾雅呬息某氏注引詩民之攸塈以爲塈與呬古今字齂是也案塈說文作齂云臥息也然則詩作塈乃借也

文五

皕 二百也凡皕之屬皆從皕讀若祕 彼利切

奭 盛也從大從皕皕亦聲此燕召公名讀若郝史篇名醜 詩亦切

盛也者爾雅釋文引同漢元帝名奭荀悅曰諱奭之字曰盛釋訓赫赫迅也郭云皆盛疾之貌釋文赫舍人本作奭

詩常武赫赫明明傳云赫赫然盛也又殷武赫赫厥聲正義赫赫乎顯盛者其出政教之美聲也又淇澳赫兮咺兮傳云赫有明德赫赫然商子墾令篇貴酒肉之價重其祖令十倍其樸然則商估少農不能喜酣奭大臣不爲荒飽 此燕召公名者燕當爲鄭書君奭序召公爲保周公爲師相成王爲左右傳云尊之曰君奭名同姓也禮記緇衣引書君奭鄭注奭召公名也顧命乃同召太保奭傳云冢宰第一召公領之詩江漢召公維翰傳云召公召康公也箋云召康公名奭召虎之始祖也詩序甘棠美召伯也箋云召伯姬姓名奭食采於召作上公爲二伯後封於燕釋文奭召康公名也皇甫謐云文王之庶子案左傳富辰言文之昭十六國無燕也未知士安之言何所憑據僖四年左傳昔召康公服注召公奭春秋列國譜北燕姬姓召公奭之後也周武王封之於燕史記燕世家召公奭與周同姓姓姬氏周本紀召公奭贊采風俗通皇霸篇燕召公奭與周同姓武王滅紂封召公於燕 讀若郝者郝疑作赫七略鄒赫子五臣文選注引作鄒奭子漢書藝文志亦作奭 史篇名醜者漢官儀能通蒼頡史篇補蘭臺令史漢書平帝紀元始五年徵天下通知小學史篇者東方朔傳年十二學書三冬文史足用王莽傳奏徵天下通史篇文

xí 習　wàn 翫　yǔ 羽　chì 翄

字者孟康注史篇史籀所作十五篇古文書也揚雄傳史篇莫善于蒼頡作訓纂法言吾子篇或欲學蒼頡史篇曰史乎史乎愈於妄闕也馥案李斯改史籀大篆作蒼頡篇故雄謂史篇莫善于蒼頡爲作蒼頡訓纂非謂史籀蒼頡爲一書也名醜未詳 本書偁古文以爲醜字

奭 古文奭

文二　重一

習 數飛也從羽從白凡習之屬皆從習 似入切

數飛也者月令鷹乃學習文選鷦鷯賦翱不翕習 從白者徐鍇本作白聲馥案白非聲

翫 習猒也從習元聲春秋傳曰翫歲而愒日 五換切

習猒也者本書敘俗儒鄙夫翫其所習廣雅翫習也易繫辭所樂而玩者爻之辭也釋文玩馬云貪也鄭作翫僖五年左傳寇不可翫杜云翫習也周書芮良夫解爾乃瀆禍翫烖注云翫心不惕荀子禮論篇介則翫翫則厭厭則忘

忘則不敬後漢書臧宮傳論先志翫兵之日注云翫習也陸機豪士賦敘心玩居常之安耳飽從諛之說 春秋傳曰翫歲而愒日者昭元年左傳文注云翫愒皆貪也本書忨下引作忨歲而潡日潡疑作渴盡也書泰誓傳言吉人渴日以爲善凶人亦渴日以爲惡今本誤以渴作竭釋文音苦曷反岳珂九經三傳沿革例云所謂渴日猶言盡日也渴通作歇宣十二年左傳憂未歇也杜注歇盡也

文二

羽 鳥長毛也象形凡羽之屬皆從羽 王矩切

鳥長毛也者易漸卦其羽可用爲儀 書禹貢齒革羽毛傳云羽鳥羽也

翨 鳥之彊羽猛者從羽是聲 居豉切

鳥之彊羽猛者者疑云鳥羽之彊猛者周禮翨氏掌攻猛鳥以時獻其羽翮注云翨鳥翮也鄭司農云翨讀爲翅翼之翅

鼻皕習羽

hàn
翰

翰 天雞赤羽也。從羽𠦝聲。逸周書曰：文翰若翬雉，一名鷐風，周成王時蜀人獻之。侯幹切

天雞赤羽也者，言天雞之羽名翰。長楊賦：故藉翰林以爲主人。李善引本書：毛長者曰翰。馥謂此文當在赤羽也之下。詩：翰飛戾天。鄭注大傳云：翰，毛也。釋鳥：鶾，天雞。郭注：鶾雞赤羽。逸周書曰文翰若翬雉者，郭注爾雅引作：文鶾若彩雞，成王時蜀人獻之。疏云：汲冢周書王會篇文也。彼云：蜀人以文鶾。鶾者若翬雉。孔晁注云：鳥有文彩者。是也。云成王時蜀人獻之者，案彼孔晁注又云：王城既成，大會諸侯及四夷，故知當成王時蜀人獻之也。馥案：今周書云：蜀人以文翰。文翰者若臯雞。注云：臯雞似鳧，冀州謂之澤特一也。臯一作皇。馥案：臯當爲睪，睪俗作睪，誤爲臯。睪卽澤。一名鷐風者，御覽引作晨風。馥疑當作晨鵠。江賦：其羽族也，則有晨鵠天雞。李善引山海經：大鶚音如晨鵠。郭璞曰：晨鵠猶晨鳧也。馥案：廣志：晨鳧雉者，赤頭有距。

dí
翟

翟 山雉尾長者。從羽從隹。徒歷切

書禹貢：羽畎夏翟。傳云：夏翟，翟雉名。羽中旌旄。正義：周禮立夏采之官，取此名也。隱五年穀梁傳：舞夏。范云：夏，大也。大謂大雉，大雉翟雉。胡渭曰：師曠禽經：五采備曰翬，亦曰夏翟。注云：雉尾至夏則光鮮也。渭按：夏讀若檟，非春夏之夏。注誃郭璞爾雅注云：伊雒而南，雉素質五采皆備曰翬。詩云：如翬斯飛。言其文之奐散也。翬卽夏翟審矣。詩簡兮：右手秉翟。傳云：翟，翟羽也。正義引異義：公羊說樂萬舞以鴻羽，取其勁輕，一舉千里。詩毛說萬以翟羽。韓詩說以夷狄大鳥羽。謹案：詩云右手秉翟，爾雅說翟鳥名，雉屬也。知翟羽舞也。君子偕老：其之翟也。傳云：褕翟、闕翟，羽飾衣也。碩人：翟茀以朝。傳云：翟，翟車也。夫人以翟羽飾車。周禮內司服：掌王后之六服，有闕狄。鄭注：狄當爲翟。周書王會：鸞揚之翟。注云：揚州之鸞貢翟鳥。王叔之翟雉賦：雉見質而不陋，翟表文而不華。賈逵左傳注：南方曰翟雉，攻金之工也。山雉尾長者者，本書雉下云：翟，山雉。釋鳥：鸐，山雉。郭注：長尾者。樊光曰：其羽可持而舞。博物志：鸐雉長毛，雨雪惜其尾，栖高樹杪，不敢下食，往往餓死。

fěi
翡

翡 赤羽雀也。出鬱林。從羽非聲。房未切

太元視次八：翡翠于飛，離其翼。楚詞招魂：翡翠珠被。注云：雄曰翡，雌曰翠。東京賦：翡翠不裂。薛綜注：翡翠，鳥名也。不坼其羽以爲玩飾也。吳都賦：翡翠列巢以重行。江淹翡翠賦：彼一鳥之奇麗，生金洲與炎山，映銅陵之素氣，灌碧磴之紅泉，斂慧性及馴心，鶩積翼與青羽，終絕命於虞人，充南貺於內府。一切經音義十六引字指：翡翠，南方取之，因其生子漸下其巢，頂可取之，皆取其羽也。御覽引晉令：翡鳥不得西度隴。赤羽雀也者，藝文類聚引無羽字。淮南人閒訓：翡翠珠璣。高云：翡，赤雀；翠，青雀。史記司馬相如傳：錯翡翠之葳蕤。正義：張揖云：翡翠大小一如雀，雄赤曰翡，雌青曰翠。漢書賈山傳：飾以翡翠。應劭曰：雄曰翡，雌曰翠。臣瓚曰：異物志云：翡色赤而大於翠。顏注：鳥各別類，非雄雌異名也。馥案：增韻：翠小如燕，毛青黑色，翮深青，有光彩，飛水上食魚。翡大如鳩，毛紫赤，翮點點青，不深，無光彩，林棲不食魚。一切經音義十六引南方異物志：翡大於鷰，小於鳥，腰身通黑，唯胷前背上翼後有赤毛。翠通身青黃，唯六翮上毛長寸餘。其飛卽羽鳴翠翠翡翡，因以名焉。後漢書班固傳：翡翠火齊。注引異物志：赤而雄曰翡，青而雌曰翠，其羽可以飾幃帳。馥案：此翡翠非謂鳥，蓋石之似玉者，所謂翡翠屑金也。出鬱林者，一切經音義十六：雄赤曰翡，雌青曰翠，出鬱林。周書王會解：倉吾翡翠。翡翠所以取羽。廣志：翡色赤，翠色紺，皆出交州興古縣。交州記：翡翠出九眞，頭黑，腹下赤，青縹色，似鶉鴿。元和郡縣志：安南都護府貢翠毛、翡毛。

cuì
翠

翠 青羽雀也。出鬱林。從羽卒聲。七醉切

郭璞翡翠贊：翠雀麋鳥，越在南海，羽不供用，肉不足宰，懷璧其罪，賈害以采。楊孝先交趾異物志：翠鳥先高作巢，及生子，愛之，恐墮，稍下作巢；子生毛羽，復益愛之，又更下巢也。王燮雜章：伏間今月嘉辰，立皇后，謹齎翠羽璫珥，甲上萬壽也。徐廣車服注：天子輅金根車，翠羽蓋。漢書：南越王獻翠鳥千。後漢書賈琮傳：舊交阯土多珍產，明璣翠羽。交州異物志：鳥滸山居，射翠取羽。通典：玉山郡貢翠毛三百合。御覽引蘇子：翠以羽殃身。青羽雀也者，廣韻引字林同。藝文類聚引無羽字。釋鳥：翠，鷸。郭云：似燕，紺色，生鬱林。李巡曰：鷸一名爲翠，其羽可以爲飾。樊光云：青羽出交州。蒼頡解詁：鷸，翠別名也。山海經注：翠似燕而紺色也。周書王會注：翠羽，其色青而有黃也。僖二十四年左傳：子臧好聚鷸冠。韋昭吳書：陸遜破曹休於石亭，還，上脫翠帽以遺遜。

jiǎn 翦　wēng 翁　chì 翄　gé 翮　qiáo 翹　hóu 翭

翦　羽生也一曰矢羽从羽前聲即淺切

羽生也者本書翭羽初生皃　一曰矢羽者矢俗矢字釋器金鏃翦羽謂之鍭釋名鏃其旁曰羽如鳥羽也鳥須羽而飛矢須羽而前也既夕記注云凡爲矢五分笴長而羽其一

翁　頸毛也从羽公聲烏紅切

頸毛也者韻會引徐鍇本作鳥頸毛也一切經音義十六云鳥頭上毛曰翁一身之最上玉篇作鳥頸下毛急就篇春草雞翹鳧翁濯顏注翁頸上毛也西山經天帝之山有鳥焉黑文而赤翁注云翁頭下毛音汲甕之甕吳志諸葛恪傳注引江表傳曾有白頭鳥集殿前權曰此何鳥也恪曰白頭翁也

翄　翼也从羽支聲施智切

翼也者李善注鸚鵡賦引同

𦐔　翄或从氏

說文解字義證　卷九　卅二

从氏者史記楚世家奮翼鼓𦐔

翮　翄也从羽革聲古覈切

翄也者通作革詩斯干如鳥斯革傳云革翼也釋文革韓詩作䩐翅也

翹　尾長毛也从羽堯聲渠遙切

楚辭招魂砥室翠翹王注翹羽也　班固白雉詩發皓羽兮奮翹英　七啓揚翠羽之雙翹　射雉賦班尾揚翹　日出東南隅行金雀垂藻翹　續漢書輿服志鸞旗者編羽旄列繫幢旁民或謂之雞翹

尾長毛也者廣韻翹鳥尾也集韻翹鳥尾舉也又毴毴鳥尾翹毛顏注急就篇雞翹雞尾之曲垂也

翭　羽本也一曰羽初生皃从羽侯聲乎溝切

羽本也者廣雅翭本也方言翭本也注云今以鳥羽本爲翭既夕記翭矢一乘注云翭猶候也候物而射之矢也九章算術粟米章今有出錢六百二十買羽二千一百翭李淳風注云翭羽本也數羽稱其本猶數草木稱其根株

hé 翮　qú 翑　yì 羿　zhù 翥　xī 翕　xuān 翾　huī 翬

翮　羽莖也从羽鬲聲下革切

詩鴇羽肅肅鴇行傳云行翮也　韓詩外傳夫鴻鵠一舉千里所恃者六翮爾　隋圖經大翮山昔有書生化爲鶴墮二翮於此

羽莖也者釋器羽本謂之翮郭云鳥羽根也周禮羽人掌以時徵羽翮之政於山澤之農注云翮羽本漢書王莽傳取大鳥翮爲兩翼顏注羽本曰翮

翑　羽曲也从羽句聲其俱切

羽曲也者雞翹下曲之類

羿　羽之羿風亦古諸侯也一曰射師从羽幵聲五計切

羽之羿風者增韻羽羿風謂箭乘風而疾也洪武正韻羿从羽从幵羽箭也　亦古諸侯也者顏注漢書古今人表羿有窮君也杜注左傳羿有窮君之號廣韻窮羿所封國　一曰射師者莊三十年左傳闕射師諫

說文解字義證　卷九　卅三

翥　飛舉也从羽者聲章庶切

飛舉也者廣雅翥飛也小爾雅廣言翥舉也方言翥舉也楚謂之翥注云謂軒翥也楚辭遠游鸞鳥軒翥而翔飛潘岳射雉賦鸞軒翥以餘怒

翕　起也从羽合聲許及切

翾　小飛也从羽瞏聲許緣切

小飛也者李善注鷦鷯賦引同廣雅翾飛也笙賦翾翾岐岐李善引字林翾翾初起也韓詩外傳夫鳳皇之初起也翾翾十步之雀喔咿而笑之古文苑篆勢若行若飛跂跂翾翾注云翾小飛也一切經音義十三引周書翾飛蠕動後漢書張衡傳翾鳥舉而魚躍兮注云翾飛也

翬　大飛也从羽軍聲一曰伊雒而南雉五采皆備曰翬許歸切

詩曰如翬斯飛

大飛也者本書奞翬也廣雅翬飛也方言翬飛也注云翬翬飛皃也釋鳥鷹隼醜其飛也翬郭云鼓翅翬翬然疾後漢書馬融傳翬然雲起注云翬飛也魯公子翬字子羽通作揮鄭公孫揮字子羽　一曰伊雒而南雉五采皆備曰翬者釋鳥文彼云伊洛而南素質五彩皆備成章曰翬郭注翬亦雉屬言其毛色光鮮孫炎曰翬雉白質五采爲文也釋名伊洛而南雉青質五色皆備曰翬文選射雉賦聿采毛之英麗兮有五色之名翬徐爰注采飾英麗莫過翬也翬雉也吳都賦牢落翬散五臣云翬雉也周王褒諷鴈詩妒壟有春翬翥有射雉詩二月春翬動庾信謝賚雉啓夏翟秋飛江翬春潤　詩曰如翬斯飛者小雅斯干文箋云翬者鳥之奇異者也

liù 翏

翏 高飛也從羽從㐱 力救切

piān 翩

翩 疾飛也從羽扁聲 芳連切

疾飛也者字林同易泰卦翩翩向注云輕舉也詩翩翩者隹又翩彼飛鴞傳云翩飛皃文選洛神賦翩若驚鴻

shà 翜

翜 捷也飛之疾也從羽夾聲讀若濇一曰俠也 山洽切

捷也者釋詁文翜捷聲相近　飛之疾也者晉書音義引字林同

yì 翊

翊 飛皃從羽立聲 與職切

飛皃者廣雅翋飛也吳都賦鷹瞵鶚視䳺䙷翋䎍

tà 㬪

㬪 飛盛皃從羽從冃 士盍切

chī 𦐖

𦐖 飛盛皃從羽㞢聲 侍之切

飛盛皃也者玉篇廣韻竝作羽盛

áo 翱

翱 翱翔也從羽皋聲 五牢切

翱翔也者釋名翱敖也言敖游也詩清人河上乎翱翔女曰雞鳴將翱將翔文選舞賦若翱若行寀皋䌓作睪譌作睪

xiáng 翔

翔 回飛也從羽羊聲 似羊切

回飛也者旋飛也一切經音義一翔回飛也飛而不動曰翔釋名翔佯也言仿佯也釋鳥鳶烏醜其飛也翔郭云布翅翱翔論語翔而後集

huì 翽

翽 飛聲也從羽歲聲詩曰鳳皇于飛翽翽其羽 呼會切

飛聲也者字林同詩釋文引作羽聲也玉篇翽翽羽聲衆皃　詩曰鳳皇于飛翽翽其羽者大雅卷阿文箋云翽翽羽聲也

xué 翯

翯 鳥白肥澤皃從羽高聲詩云白鳥翯翯 胡角切

鳥白肥澤皃者禮部韻略引字林同本書皠鳥之白也　詩云白鳥翯翯者大雅靈臺文傳云翯翯肥澤也孟子引詩作鶴鶴趙注鳥肥飽則鶴鶴而澤好

huáng 翌

翌 樂舞以羽翳自翳其首以祀星辰也從羽王聲讀若皇 胡光切

本書雩或作䨁羽舞也舞古文作翌　樂舞以羽翳自翳其首以祀星辰也者集韻翌翿也舞者執以祀星通作皇周禮樂師有皇舞注云故書皇作翌鄭司農云皇舞者以羽冒覆頭上衣飾翡翠之羽舞師教皇舞帥而舞旱暵之事注云鄭司農云皇舞蒙羽舞書或爲翌顏注急就篇翳謂凡鳥羽之可隱翳者也舞者所持羽翿以自隱翳因名爲翳云馥案方言翳掩也廣雅翳障也書大禹謨舞干羽于兩階傳云羽翳也舞者所執詩宛邱值其鷺羽傳云鷺鳥之羽可以爲翳箋云翳舞者所持以指麾

fú 翇

翇 樂舞執全羽以祀社稷也從羽犮聲讀若紱 分勿切

樂舞執全羽以祀社稷也者全羽言不析也集韻翇緝羽也社稷舞執之通作帗周禮舞師教帗舞帥而舞社稷之祭祀又鼓人凡祭祀百物之神鼓兵舞帗舞者樂師凡舞有帗舞鄭司農云帗舞者全羽春秋隱五年初獻六羽公羊傳云六羽者何舞也注云持羽而舞又通作祓史記孔子世家會於夾谷齊有司請奏四方之樂於是旍旄羽祓

矛戟劍撥鼓譟而至　讀若紱者本書無紱字桓譚新論昔楚靈王信巫祝之道齋戒潔鮮以祀上帝禮羣神躬執羽紱起舞壇前

dào
翿

翿 翳也所以舞也從羽殹聲詩曰左執翳 徒到切

釋名翳陶也其貌陶陶下垂也　周禮鄉師執纛以與匠師注云雜記曰匠人執翿鄭司農云翿羽葆幢也爾雅曰纛翳也以指麾輓柩之役　通作翢鄉射禮旌各以其物無物則以白羽與朱羽糅杠長三仞以鴻脰韜上二尋注云此翢旌也翿亦所以進退衆者今文翢爲翿

翳也者本書儔翳也方言翿翳也楚曰翿注云舞者所以自蔽翳也廣雅幢謂之翿爾雅釋言翿纛也郭璞曰今之羽葆幢又云纛翳也郭云舞者所以自蔽翳釋文纛字又作翳詩宛邱值其鷺翿傳云翿翳也　所以舞也者呂氏春秋仲夏紀執干戚戈羽注云羽以爲翿舞者執之以指麾也　詩曰左執翿者王風君子陽陽文彼作翿傳云翿纛也翳也箋云翳舞者所持謂羽舞也

yì
翳

翳 華蓋也從羽殹聲 於計切

華蓋也者取象於星星經云華蓋十六星在五帝座上杠九星爲華蓋之柄覈謂此如旌旗象營室旗象罰星也急就篇鸞鶬鴇鴰翳雕尾顏注翳者謂華蓋也今之雉尾扇是其遺象劉向九歎芙蓉交華蓋說苑臣術篇翟黃乘軒車載華蓋續漢書靈帝講武平樂觀建十重五采華蓋高十丈建九重華蓋高九丈獻帝春秋靈帝建九重華蓋魏志鮑勛傳況獵暴華蓋於原野英雄記袁紹遣使即拜烏丸三王爲單于皆安車華蓋羽覆黃屋左纛荊州記卿士及刺史二千石數十人朱軒軿耀華蓋接陰傅元朝會賦流蘇粲粲華蓋重陰潘岳藉田賦天子乃御玉輦蔭華蓋戴侗曰翳羽蓋也漢人謂之華蓋韓詩外傳出見羽蓋龍旂裵旆相隨司馬相如大人賦綷雲蓋而樹華旗說苑善說篇鄂君張翠蓋東觀漢記光武經封邱城門下小不容羽蓋三輔故事常令宮女泛舟昆明池中張鳳蓋建華旗獨斷凡乘輿車皆羽蓋金華爪冀別傳其妻共冀乘輦張羽蓋徐廣車服注天子輅金根車翠羽蓋蜀志先主舍有桑樹幢幢如小車蓋或謂當出貴人先主戲言吾當乘此羽葆車蓋江表傳全宗麾幢節蓋曜於舊里通鑑宋武帝造五路依金根車加羽葆蓋羅君有高曰翳說文翳也所以舞也詩左執翳今本作翿毛傳曰翿纛也翳也陸釋文俗作纛又攷周官鄉師執纛以與匠師御柩而治役鄭注引雜記匠人執羽葆御柩之文作執翿以御柩又引鄭司農云翿羽葆幢也然則翳之爲翿翿之爲纛俗師妄變無可疑者又按爾雅釋言翿纛也纛翳也邢疏李巡云翿舞者所持纛孫炎云纛舞者所持羽郭云今之羽葆幢鄭司農注鄉師云翿羽葆幢也蔡邕獨斷云以旄牛尾爲之大如斗在左騑馬頭上所謂黃屋左纛纛又謂之翳郭注未及纛義邢疏引獨斷而纛之義立矣東都賦鳳蓋棽麗西京賦華蓋承辰東京賦樹翠羽之高蓋甘泉賦於是乘輿乃登夫鳳皇兮而翳華芝服虔注云華芝華蓋也說文翳字云華蓋也又攷後漢書輿服志械文畫輈羽蓋華蚤建大旂十二斿畫日月升龍駕六馬象鑣鏤錫金鍐方釳插翟尾朱兼樊纓赤罽易茸金就十有二左纛以犛牛尾爲之在左騑馬軛上大如斗是爲德車又云戎車其飾皆如之蕃以矛麾金鼓羽析幢翳轓若然翠蓋華爪翳轓與楊雄班固張衡所稱鳳蓋華蓋華芝即漢世之黃屋而羽葆幢左纛自別是一事造爾雅者誤合之而毛傳又緣爾雅而誤合之也又按先鄭樂師注云旄舞者犛牛之尾詩孑孑

干旄注云孑孑干旄之狀注旄於干首大夫之旃也箋云周禮孤卿建旃大夫建物首皆注旄焉爾雅注旄首曰旌鄭注夏采綏以旄牛尾爲之綴於幢上所謂注干首者又注司常全羽析羽皆五采繫之於旞旌之上所謂注旄於干首也若然則漢世之纛即周世之旄蔡邕說左纛先鄭注旄舞後鄭說干旄比而觀之灼然一物無可疑者若然則纛者旄之譌也始而譌旄也既而混翳也聲介翳旌之閒竊附縣挂之義是以久而未正也又按建車之旌與舞旄不同全羽之旞析羽之旌與干首之旄不同後鄭多混一之故孫炎有析五采羽注旌上附會而爲有旄有羽之說實後鄭啓之知建旌舞旄不同者夏官節服氏掌祭祀朝覲袞冕六人維王之大常鄭注王旌十二旒兩兩以縷綴連旁三人持之鄭司農云維持之廣雅云天子杠高九仞諸侯七仞大夫五仞天子十二旒至地諸侯九斿至軫卿大夫七斿至軹士三斿至肩按人伸臂八尺爲仞則天子之杠爲丈者六爲尺者四大夫之杠爲丈者四等分士之杠當一丈有五尺若天子之杠加以旄即天下健者不能獨持之而舞舞而中樂節者矣故知建旌舞旄決不同也知旞旌與旄異者經明言全羽爲旞析羽爲旌鄭司農釋帗舞羽舞之文適與此合六舞之中別出旄舞羽人旄

shà 翣

翣 棺羽飾也天子八諸侯六大夫四士二下垂從羽妾聲 山洽切

人掌職分屬故知羽旄不通同也若然旄非九旗之列與夏采建綏之綏同物也與御柩之羽葆同物也羽葆之爲旄葢緌急之詞耳猶之丁寧爲鉦僻倪爲陴鞠竆爲芎云耳猶之不聿爲筆瓠蘆爲壺之然爲旃終葵爲椎邾婁爲鄒云耳故雜記曰羽葆而周官曰旄也夫翿纛翳之相亂也始於爾雅成於毛氏矣今正之曰翳舞者所持也翿而爲翿猶翌之譌皇緌之混綏也纛陸德明曰俗書是也久而代旄則猶緌之代甤也翳華葢也漢世黃屋之等也翳義之混而入翳也猶全羽之旞析羽之旌錯入干旄之義也

小爾雅廣服大扇謂之翣　釋名翣齊人謂扇爲翣　此似之也象翣扇爲清涼也翣有黼有畫各以其飾名之也　古今注雉尾扇起於殷世高宗時有雊雉之祥服章多用翟羽周制以爲王后夫人之車服輿車有翣卽緝雉羽爲扇翣以障翳風塵也　周禮縫人掌衣翣柳之材注云必先纏衣其木乃以張飾也　楚語屏攝之位注云屏屏風也攝形如今翣扇

說文解字義證　卷九　三十五

棺羽飾也者一切經音義十九翣羽飾也下垂從羽妾聲世本武王作翣喪大記黼翣二黻翣二畫翣二注云漢禮翣以木爲筐廣三尺高二尺四寸方兩角高衣以白布畫者畫雲氣其餘各如其象柄長五尺車行使人持之而從既窆樹於壙中檀弓曰周人牆置翣是也高注淮南氾論訓云周人兼用棺槨故牆設翣狀如今要扇畫文插置棺車箱以爲飾多少之差各從其爵命之數董勛荅問翣似屏風人持隨喪車前後左右也後漢書趙咨傳棺槨之造自黃帝始爰自陶唐逮於虞夏猶尚簡樸或瓦或木及至殷人而有加焉周室因之制兼二代復重以牆翣之飾注云三禮圖曰翣以竹爲之高二尺四寸廣三尺衣以白布柄長五尺葬時令人執之於柩車旁也　天子八諸侯六大夫四士二者禮器天子八翣諸侯六翣大夫四翣襄二十五年左傳四翣注云喪車之飾諸侯六翣

文三十四　重一

zhuī 隹

隹 鳥之短尾總名也象形凡隹之屬皆從隹 職追切

鳥之短尾總名也者左傳正義引云鳥之短尾者總名爲隹李陽冰曰雉長尾而从隹知非短尾之稱徐鍇曰隹鳥名也詩曰翩翩者隹隹爲鳥短尾亦總名也當脫亦字馥案左傳正義引有者字言凡短尾者總名爲隹也非謂字之從隹者皆短尾也本書隻鳥一枚也雔雙鳥也雥羣鳥也奞鳥張毛羽自奮也葢析言之則隹鳥異類合言之則隹鳥通稱故雞雛雕雇籒文皆從鳥鷄鷽鷻鵻或皆從隹雝鶾一名字兼隹鳥

yǎ 雅

雅 楚烏也一名鸒一名卑居秦謂之雅從隹牙聲 五下切又烏加切

楚烏也者詩義問有鵯烏雅烏楚烏水經注濮水云雒烏形類雅烏純黑而姣好音與之同纘采鉗發背若丹沙性馴良而易附丱童幼子捕而執之曰赤觜烏亦曰阿雛烏按小爾雅純黑反哺謂之慈烏小而腹下白不反哺者謂之雅烏白脰而羣飛者謂之燕烏大而白脰者謂之蒼烏爾雅曰鸒斯卑居也孫炎曰卑居楚烏犍爲舍人以爲壁居說文謂之雅雅楚烏莊子曰雅賈矣馬融亦曰賈烏也　一名鸒者詩小弁弁彼鸒斯傳云鸒卑居卑居雅烏也

說文解字義證　卷九　三十六

正義此烏名鸒而云斯者語辭猶蓼彼蕭斯菀彼柳斯以劉孝標之博學而類苑烏部立鸒斯之目是不精也馥案廣韻鵯鸒鵯雅烏斯旁加鳥尤爲俗作法言學行篇頻頻之黨甚於鸒斯文選江文通詩鸒斯蒿下飛李善引莊子蜩與鸒鳩笑之司馬彪曰鸒鳩小鳥也　一名卑居者一切經音義四云白頸鵯鵶也關中名阿雅釋鳥鸒斯鵯鶋郭云雅烏也小而多羣腹下白江東亦呼爲鵯烏周禮羅氏掌羅烏鳥注云烏謂卑居鵲之屬　秦謂之雅者爾雅釋文引字林秦云雅烏小爾雅雅烏鸒也釋鳥燕白脰烏玉篇作白脰雅尚書大誓逸篇有火至於王屋流之爲雕鄭注雕當爲雅雅烏也莊子齊物論鴟雅耆鼠釋文雅本亦作鵶崔云烏也馥謂雅鳴啞啞故謂之雅淮南原道訓烏之啞啞鵲之唶唶世說見一羣白頸烏但聞喚啞啞聲

zhī 隻

隻 鳥一枚也從又持隹持一隹曰隻二隹曰雙 之石切

鳥一枚也者史記龜策傳玉櫝隻雉　潘岳悼亡詩如彼翰林鳥雙棲一朝隻

luò 雒

雒 鵋鵙也從隹各聲 盧各切

鴟鵂也者廣韻引字林雒鴟鵂鳥籀文鵂鶹一名忌欺廣韻今之角鴟也釋鳥鴟鴟鵂郭云今江東呼鵂鶹爲鴟鵂亦謂之鴝鵒一切經音義十七爾雅怪鴟鵂爲舍人曰謂鵂鶹也南陽名鉤鵅又作格其鳥晝伏夜行鳴爲怪也宋䇲有雀生䳄高注王鵬也馥謂䳄卽鵩字鵩乃鵬之譌賈誼所賦者也陳藏器本草鉤鵅入城城空入宅宅空怪鳥也若聞其聲如笑者宜速去之鳥似鵄有角夜飛晝伏

lìn 閵

閵 今閵似鴝鵒而黃從隹𠁁省聲 良刃切

今閵似鴝鵒而黃者玉篇作含閵廣韻閵鸛鳥名似鸜鵒而黃

閵 籀文不省

guī 巂

巂 周燕也從隹屮象其冠也㕯聲一曰蜀王望帝婬其相妻慙亡去化爲子巂鳥故蜀人聞子巂鳴皆起云望帝 戶圭切

周燕也者釋鳥巂周郭云子巂鳥出蜀中下云燕燕乙郭云詩云燕燕于飛一名元鳥齊人呼乙詩疏引舍人云巂周名燕燕又名乙御覽引孫炎云巂周燕別名馥案舍經巂周子規也華陽國志子鵑鳥今云是巂或曰巂周此與郭讀爾雅巂周同呂氏春秋本味篇肉之善者巂燕之䏑卽張協七命燕髀猩脣也此與舍人孫炎讀爾雅燕字絕句同龔君麗正曰姚氏毛詩識名解云乙鳥本名燕燕不名燕蓋若猩猩蛩蛩狒狒之類此說不然詩燕燕及爾雅釋鳥文又漢童謠燕燕尾涎涎是最古之書言燕燕者凡三然夏小正於二月云燕乃睇燕乙也於九月云元鳥者燕也俱單稱燕是知古人單言燕重言燕燕至爾雅當別有讀蓋爾雅巂周燕燕乙上燕字當連周字爲句巂是子規鳥郭云出蜀中是也而一名周燕故說文隹部巂字下云周燕也是許讀爾雅以巂字句絕又以周燕字句絕也詩爾雅正義引孫炎云別三名舍人云巂周名燕燕又名乙與許義不同攷經傳無以巂周之名加乙者恐不得如守宮蜥易蜥易蝘蜓之例　一曰蜀王云云者婬當爲淫謂旁淫也烝則上淫矣古文苑蜀都賦昔天地降生杜鄘密促之君注云蜀王本紀同朱提有男子杜宇從天而降自稱望帝蜀人尊爲主杜鄘卽杜宇望帝姓名也又云子巂呼焉注云卽子規也一名杜宇俗傳蜀王望帝之䰟化爲此鳥思元賦鼈令殪而尸亾兮取蜀禪而引世李善云蜀王本紀曰望帝治汶山下邑曰郫積百餘歲荆地有一死人名鼈令其尸亾隨江水上至郫與望帝相見望帝以鼈令爲相以德薄不及鼈令乃委國授之而去華陽國志蜀志後有王曰杜宇七國稱王杜宇稱帝號曰望帝禪位於開明帝升西山隱焉時適二月子鵑鳥鳴故蜀人悲子鵑鳥鳴也十三州志當七國稱王獨杜宇稱帝於蜀時有荆人死者名鼈令其尸亾至汶山却更生見望帝帝以爲蜀相時巫山壅江洪水望帝使鼈令鑿巫山治水有功望帝自以德薄乃委國於鼈令號曰開明遂自亾去化爲子規故蜀人聞鳴曰我望帝也又云望帝使鼈令治水而淫其妻冷還帝慙遂化爲子規杜宇死時適二月而子規鳴故蜀人聞之皆起案離騷恐鵜鴂之先鳴兮使夫百草爲之不芳注云鵜鴂一名買鵤常以春分鳴也文選作鷤鴂五臣注云鷤鴂秋分前鳴則草凋落漢書楊雄傳徒恐鷤鴂之將鳴兮顧先百草爲不芳顏注鵜鴂字也鷤鴂鳥一名買鵤一名子規一名杜鵑常以立夏鳴鳴則衆芳皆歇鷤字或作鶗思元賦恃己知而華予兮鶗鴂鳴而不芳李善注引臨海異物志鶗鴂一名杜鵑至三月鳴晝夜

不止高唐賦姊歸思婦李善云卽子規一名姊歸史記歷書於時百草奮興秭鳺先滜徐廣曰秭音姊鳺音規子鳺鳥也一名鷤鴂廣雅鷤鴂鸋鴂子鳺也鳺从叓曹憲音規服虔以鶗鴂爲鵙云是伯勞順陰陽氣而生玉篇子雔巂也此皆說之異者

fāng 旊

旊 鳥也從隹方聲讀若方 府良切

鳥也者禽經說鵁鶄異名云旋目其名鶭方目其名鴋交目其名鳽

què 雀

雀 依人小鳥也從小隹讀與爵同 卽略切

春秋運斗樞瑤光星散爲雀　易通卦驗立夏雀子飛沈趨詠雀詩肌薄少滋腴色淺非丹翠旁簷昔寒草循埸啄餘穗且欣大廈成焉須鴻鵠志　曹植鷂雀賦雀言微賤身體些小肌肉瘠瘦所得蓋少君欲相噉實不足飽又云目如擘椒跳蕭二翅　九章算術五雀六燕飛集於衡衡適平一雀一燕飛而異處則雀重而燕輕　劉氏新論利害篇黃口以貪餌而忘害故擒於羅者袁注云雀初生皆黃口

依人小鳥也者古今注雀一名嘉賓言栖宿人家如賓客也月令鴻雁來賓爵入大水爲蛤鄭注賓字絕句呂氏春秋注賓爵者老爵也棲宿於人堂宇之閒有似賓客故謂之賓爵 讀與爵同者 孔叢子執節篇邯鄲之民獻雀於趙王王大悅申叔告子順子順曰非先王之法也且又不令夫爵者宜受之於上不宜取之於下民非所得制爵也今以一國之王受民之爵何悅乎劉氏新論鄙名篇夜夢見雀者以爲有爵位之象異苑任城魏肇之初生有雀飛入其手占者以爲封爵之祥陳留耆舊傳魏尚繫詔獄有萬頭雀集棘樹上拊翼而鳴尚占曰雀行爵命之祥其鳴即復也我其復故官也

yá 雅

猚 鳥也從隹犬聲睢陽有猚水 五佳切

睢陽有猚水者當爲猚陽通作睢廣韻睢水名在梁郡水經注睢水又東逕睢陽縣故城南宋都也秦始皇二十二年以爲碭郡漢高祖五年爲梁國漢志陳留浚儀故大梁睢水首受狼蕩水東至取慮入泗過郡四行千三百六十里括地志睢水首受浚儀浪蕩渠水東經臨慮縣入泗顏謂臨慮當爲取慮

hàn 雗

雗 雗鷽也從隹倝聲 侯幹切

雗鷽也者本書鷽雗鷽山鵲知來事鳥也釋鳥鷽山鵲郭云似鵲而有文彩長尾觜腳赤字或作鳱廣雅鳱鵠也廣韻鳱鵠鳥名知未來事噪則行人至大射儀大侯之崇見鵠於參注云鵠鳥名射之難中中之爲俊是以所射於侯取名也淮南子曰鳱鵠知來周禮司裘王大射設其鵠注云謂之鵠者取名於鳱鵠鳱鵠小鳥而難中徐鍇繫傳引爾雅雗雉也顏謂雗即鶾此雗非雉徐誤也

zhì 雉

雉 有十四種盧諸雉喬雉鳪雉鷩雉秩秩海雉翟山雉翰雉卓雉伊洛而南曰翬江淮而南曰搖南方曰𠷎東方曰甾北方曰稀西方曰蹲從隹矢聲 直几切

春秋運斗樞璣星散爲雉 易說卦傳離爲雉 士相見禮冬用雉注云士贄用雉者取其耿介交有時別有倫也 說苑修文篇雉者不可指食籠狎而服之故士以雉爲贄 薛君韓詩章句雉耿介之鳥也 射雉賦厲耿介之專心兮

朱子嵩化書雉不再接信也 莊子養生主澤雉十步一啄百步一飲 韓詩外傳君不見大澤中雉乎羽毛悅澤光照於日月 傳元雉賦稟炎離之正氣應朱火之禎祥

有十四種者闕雉之正訓 玉篇雉野雞也廣雅野雞雉也急就篇鳳爵鴻鵠雁鶩雉顏注雉有十四種其文采皆異焉又注野鷄云野鷄生在山野鷮雞鶡雞天雞山雞之類皆是也 盧諸雉者釋鳥作鸕張揖注上林賦以鸕爲白雉 喬雉者本書鷮走鳴長尾雉也釋鳥鷮雉郭云卽鷮雞也長尾走且鳴詩清人二矛重喬箋云喬矛矜近上及室題所以縣毛羽釋文喬鄭居橋反雉名韓詩作鷮正義云猶今之鵫毛稍也陸璣疏云鷮微小於翟也走而且鳴曰鷮鷮其尾長肉甚美故林慮山下人語曰四足之美有麃兩足之美有鷮 鳪雉者本書無鳪字韻會引徐鍇本有作鳪雉釋鳥鳪雉郭云黃色鳴自呼 鷩雉者本書鷩赤雉也引周禮孤服鷩冕釋鳥鷩雉郭云似山雞而小冠背毛黃腹下赤項綠色鮮明 秩秩海雉者釋鳥秩秩海雉郭云如雉而黑在海中山上 翟山雉者本書翟山雉尾長者本草嘉祐圖經江淮伊洛閒有一種尾長而小者爲山雞人多畜之樊中則所謂翟山雉者也 翰雉者李壽本作翰雉顏謂當爲鶾本書鶾雉肥鶾音者也釋鳥雗雉鶾雉郭云今白鶾也江東呼白雗亦名白雉山海經南山經嶓冢之山鳥多白翰郭彼注云白翰白雗也 亦名鵫雉又名白雉顏案雗鶾爲一則不足十四種之數 卓雉者玉篇鵫白鵫亦名白雉又鵫白鵫也抱朴子白雉有數種南越尤多按地域圖今之九德則古之越裳也蓋白雉之所出周成王所以爲瑞者貴其所自來之遠明其德化所被者廣非謂此爲奇也顏案宋武帝在藩有上白雉表文

伊洛而南曰翬者本書伊洛而南雉五采皆備曰翬釋鳥伊洛而南素質五彩皆備成章曰翬郭云翬亦雉屬言其毛色光鮮內司服注同白帖晉平公時有鳥從南方來白質五色皆備集於庭相讓叔向曰吾聞師曠曰西方有鳥白質五色曰翬南方有鳥赤質五色曰搖今來爲君瑞也顏案釋名作青質 江淮而南曰搖者釋鳥鷂雉郭注青質五彩又云江淮而南青質五彩皆備成章曰鷂郭注卽鷂雉也玉藻王后褘衣夫人揄狄注云褘讀如翬揄讀如搖翬搖皆翟雉名也後世作字異耳隋書禮儀志皇太子妃揄翟注云青織成爲之爲搖翟之形顏案內司服注亦云青質釋名作素質 南方曰𠷎者釋鳥文彼作𠷎集韻引字林𠷎南方雉名鶡冠子泰鴻篇南方者萬物華羽

焉東方曰甾者釋鳥文彼作鷂北方曰稀者釋鳥文彼作鵗西方曰蹲者釋鳥文彼作鷷案四方雉名諸說不同白帖東方曰鶅南方曰翯北方曰鵗西方曰鷷周禮染人秋染夏注云染夏者染五色謂之夏者其色以夏狄爲飾禹貢曰羽畎夏狄是其總名其類有六曰翬曰搖曰鷸曰甾曰希曰蹲其毛羽五色皆備成章染者擬以爲深淺之度是以放而取名焉昭十七年左傳五雉爲五工正注云五雉雉有五種西方曰鷷雉東方曰鶅雉南方曰翟雉北方曰鵗雉伊洛之南曰翬雉正義云釋鳥雉之屬十有四其說四方之雉西方曰鷷東方曰鶅南方曰翯北方曰鵗舍人曰釋四方之雉名也杜言四方之雉唯南方不同也釋鳥又云鸐山雉樊光曰其羽可持而舞詩云右手秉翟郭璞云長尾者爾雅之文翟與翯別而賈逵亦云南方曰翟雉則先儒相傳爲說杜從之也釋鳥又云伊洛而南素質五彩皆備成章曰翬李巡曰素質五采備具文章鮮明曰翬孫炎曰翬雉白質五采爲文也傳言五雉必取五方伊洛土之中區明其取翬雉與四方之雉爲五也賈逵云西方曰鷷雉攻木之工也東方曰鶅雉搏埴之工也南方曰翟雉攻金之工也北方曰鵗雉攻皮之工也伊洛而南曰翬雉設五色之工也樊光注爾雅四方之雉配工亦與賈同唯翬雉不配工耳

古文雉從弟

從弟者雉弟聲相近周禮薙氏後鄭讀如鬀小兒頭之鬀

gòu
雊

雄雌鳴也雷始動雉鳴而雊其頸從隹從句句亦聲古候切

書高宗彤日序有飛雉升鼎耳而雊傳云雉鳴史記殷本紀作呴字　淮南時則訓季冬之月雉雊　易通卦驗立春條風至雉雊　周書時訓解雉不始雊國大水　楚詞九懷雉咸雊兮相求　法言先知篇雉之晨雊也注云雊鳴也　長笛賦野雉朝雊

雄雌鳴也者玉篇同類篇詩正義竝引作雄雉鳴也一切經音義十引作雄雉之鳴爲雊李善注長笛賦引作雄雞之鳴爲雊本書鷕雌雉鳴也漢書五行志劉向以爲雉雊鳴者雄也後漢書荀爽傳鳥則雄者鳴雊雌能順服顏氏家訓文章篇詩云有鷕雉鳴又曰雉鳴求其牡毛傳亦曰鷕雌雉聲又云雉之朝雊尙求其雌鄭元注月令亦云雊雄雉鳴潘岳賦曰雉鷕鷕以朝雊是則混雜其雄雌矣徐爰注潘賦云雉之朝雊尙求其雌雉不得言雊顏延年以潘爲誤用也案詩有鷕雉鳴則云求牡及其朝雊則云求雌今云鷕鷕朝雊者互文以舉雄雌皆鳴也　雷始動雉鳴而雊其頸者詩正義引作句其頸雊句聲相近鄭注考工記戈謂之雞鳴顉見一戈形如雄雞句頸之狀夏小正正月雉震呴傳云震也者鳴也呴也者鼓其翼也正月必雷雷不必聞惟雉爲必聞之何以謂之雷則雉震呴相識以雷顉案初學記兩引此文竝云雉者鳴也震者鼓其翼漢書五行志雉者聽察先聞雷聲故月令以紀氣顏注謂季冬之月云雉雊雞乳也公羊解詁周之三月夏之正月雷當聞於地中其雉雊洪範五行傳正月雷微動而雉雊雷通氣也月令章句雷在地中雉性精剛故獨知之應而鳴也蔡謂雉能聞地中之雷者雉爲蛇化龍蛇知雷故雉獨聞雷論衡變動篇雷動而雉驚發蟄而蛇出起陽氣也晉書武庫封閉甚密其中忽聞雉雊張華曰此必蛇化也開視之雉側有蛇蛻焉異苑晉太元中汝南人伐竹見一竹中央蛇形已成又吳郡桐廬民伐竹見一竹竿雉頭頸盡就蛇身未變此亦竹爲蛇蛇爲雉也　句亦聲者當爲句聲

jī
雞

知時畜也從隹奚聲古兮切

春秋運斗樞玉衡星散爲雞　夏小正正月雞桴粥傳云粥也者相粥之時也或曰桴嫗伏也粥養也　南越志雞冠四開如蓮花鳴聲清徹　新序雜事篇君獨不見夫雞乎頭戴冠者文也足傅距者武也敵在前敢鬭者勇也見食相呼仁也守夜不失時信也　袁淑雞九錫文天姿英茂乘機晨鳴雞風雨之如晦抗不已之奇聲　廣志雞有胡髯五指金骹反翅之種大者蜀小者荆白雞金骹者美　長尾雞尾細而長長五尺餘出東夷韓國　九眞郡出長鳴雞　龍魚河圖元雞白頭食之病人雞有六指四距五色亦殺人

知時畜也者玉篇雞司晨鳥易說卦傳巽爲雞九家云應八風也風應節而變變不失時雞時至而鳴與風相應也二九十八主風二九順陽數故雞知時而鳴也周禮大宗伯工商執雞注云雞取其守時而動又雞人注云象雞知時也易通卦驗雞陽鳥也爲人候四時又云萬民聞雞鳴皆翹首結帶正衣裳壘于鶴雞時夜而鳴天下振動春秋

考異郵鶴知夜半雞應旦明淮南子說山訓雞知將旦鶴知夜半春秋說題辭雞爲積陽南方之象火陽精物炎上故陽出雞鳴以類感也詩氾歷樞候及東次氣發雞三號氷始泮卒於丑以成歲注云及東及於寅也承丑之季故謂之次氣也雞爲畜陽也丑之氣向晨雞得其氣感之而喜故鳴也易林鷄鳴節時家樂無憂京房易傳雞知時王注楚詞雞鶴知時而鳴譙周法訓雞有識時之候鴈有庠序之儀八取法焉陸機演連珠迅風陵雨不謬晨禽之察西京雜記成帝時交趾越巂獻長鳴雞即刻漏驗之晷刻無差長鳴一時會不絕吳録魏文帝遣使求長鳴短鳴雞羣臣以非禮欲不與孫權敕付之沈懷遠長鳴雞贊兢昏別夕望旭驚晨湛方生長鳴雞贊精心妙覺獨曉冥冥風雨如晦不愆其鳴留假長鳴雞賦嘉鳴雞之令美智窮神而入靈審璇璣之迴遽定昏明之至精應青陽於將旦忽鵠立而鳳停乃拊翼以讚時遂延頸而長鳴輟耕錄嘗至松江鍾山淨行菴見籠一雄雞置於殿之東簷請問其故寺僧云蓄此以司晨蓋十有餘年矣時刻不爽余竊記張公文潛明道雜志云雞能司晨見於經傳以爲至論而未必然也或天寒雞懶至將旦而未鳴或夜月出時鄰雞悉鳴大抵有情之物自不能有常而或變也若然則張公之言非敷因舉似以詢其所以僧云司晨之雞必以童若壞其天眞豈能有常哉蓋張公特未知此理故耳

chú
雛

雛 雞子也從隹芻聲 士于切

雞子也者字林同釋鳥生噣雛郭云能自食釋文云鳥子生而能啄者禮記云雛尾不盈握不食是也方言雞雛徐魯之閒謂之秋子案許注淮南原道訓云屈讀如秋雞無尾屈之屈廣雅秋子𪃲雛也急就篇豭豶狡犬野雞雛顏注凡鳥子生而啄食者皆曰雛九家易雞爲風精故雞十八日剖而成雛二九十八主風探子筭術今有三雞其啄粟一千一粒雛啄一母啄二翁啄四淮南時則訓天子以雛嘗黍注云雛新雞也韓詩外傳卵之性爲雛不得良雞覆伏孚育積日累久則不成爲雛後漢竇憲傳國家弃憲如孤雛腐鼠耳注云鳥子生而啄者曰雛

鶵 籀文雛從鳥

從鳥者楚詞九歎哀枯楊之冤鶵王注生哺曰鷇生啄曰鶵

liù
雡

雡 鳥大雛也從隹翏聲一曰雉之莫子爲雡 力救切

鳥大雛也者李善注吳都賦引同爾雅釋文引作鳥弋雛也鳥弋當爲鳥鳶鳥鳶同類夏小正鳴弋即鳴鳶一曰雉之莫子爲雡者釋鳥文彼作鷚郭云晚生者今呼少雞爲鷚釋文鷚說文作雡一切經音義十一云蔭鷚蔭覆也通俗文暮子曰鷚是也淮南時則訓天子以雛嘗黍高云春鷚也廣韻雡下云鷚雛晚生者

lí
離

離 黃倉庚也鳴則蠶生從隹离聲 呂支切

詩出車倉庚喈喈東山倉庚于飛熠燿其羽箋云倉庚仲春而鳴嫁取之候也熠燿其羽羽鮮明也 周書時訓解驚蟄二月節鶬鶊鳴若不鳴即下不從上

黃倉庚也者朱君文藻曰當作離黃倉庚馥案爾雅釋文太平御覽集韻六書故所引皆作離黃詩七月正義倉庚一名離黃月令仲春之月倉庚鳴注云倉庚驪黃也驪黃即離黃荀子纖離即列子盜驪楚詞九思鶬鶊兮喈喈注云鶬鶊離黃也高唐賦王雎鸝黃五音集韻云說文曰離黃鶬鶊今用鸝爲鸝黃借離爲離別也或云黃離淮南時則訓仲春之月倉庚鳴注云倉庚黃離也增韻黃鸝鶬鶊也說文作黃離 鳴則蠶生者詩七月春日載陽有鳴倉庚女執懿筐遵彼微行爰求柔桑傳云倉庚離黃也箋云倉庚又鳴可蠶之候也夏小正二月有鳴倉庚三月妾子始蠶

diāo
雕

雕 鷻也從隹周聲 都僚切

馬注太誓逸篇雕鷙鳥也 史記李將軍傳是必射雕手也索隱引韋昭云雕一名鷲也 廣韻雕鷲屬 郭注南山經云雕似鷹而大尾長翅 後漢書張衡傳雕鶚競於貪婪兮注云雕鶚鷙鳥也 史記貨殖傳而民雕捍少慮索隱云言如雕性之捷捍也 爾雅翼雕土黃色健飛擊沙漠中空中盤旋無細不覩 元和郡縣志代州貢雕翎五具朔州貢白雕翎四具

鷻也者本書鷻雕也廣雅同急就篇鷹鷂鴇鴰翳雕尾顏注雕亦大鷙鳥也一名鷻其尾尤盛故特稱之耳

鵰 籀文雕從鳥

yīng 䧹

䧹鳥也从隹瘖省聲或从人人亦聲 於凌切

漢書霍去病傳雁疵爲煇渠侯文穎曰雁音鷹 春秋元命苞瑤光散爲鷹立秋之日鷹鷙擊 釋鳥鷹鶆鳩 郭云鶆當爲鷞字之誤也左傳作鷞鳩是也 釋文云鶆 眾家竝依字樊云來鳩鷞鳩也字林作鶆鷞作鷞音來云鶆鳩鷹也 顔注急就篇鷹一名鷞鳩亦曰爽鳩 昭十七年左傳爽鳩氏司寇也注云爽鳩鷹也鷙故爲司寇主盜賊 易通卦驗鷹者鷙殺之鳥 西京賦剛蟲搏鷙五臣注剛蟲鷹豺也候殺氣以祭鳥獸 馬融與謝伯世書晚秋涉冬大蒼出籠黃楝下兔 廣志有雉鷹有兔鷹一歲爲黃鷹二歲撫鷹三歲青鷹 鵰鶚賦戀鍾岱之林野 李善云鍾岱二山鷹之所產 魏彥深鷹賦惟玆禽之化育寔鍾山之所生資金方之猛氣稟火德之炎精何虞者之多端運橫羅以羈束綴輕絲於雙臉結長繩於兩足飛不遂其本情食不充其所欲遂翰困於暫斂雄心爲之自局若乃貌非一體相乃多途指重十字尾貴合盧立如植木望似愁胡觜如鉤利腳等荆枯亦有白如散花赤如點血大文若錦細斑似纈眼類明珠毛猶霜雪身重若金爪剛如鐵或復頂平似削頭圓如卵臆闊頸長筋麤脛短翅厚羽勁觧寬肉緩求之事用俱爲絕伴或似鶚頭或如鳴首赤精

黃足細骨小肘嬾而易驚軒而難誘住不可呼飛不及走若斯之輩不如勿有 傅元鷹賦含炎離之猛氣受金剛之純精左看若側右視如傾勁翮二六機連體輕句爪懸芪足如枯荆觜利吳戟目類星明雄姿邈世逸氣橫生 孫楚鷹賦且其爲相也疏尾闊臆高髻兔顱深目蛾眉狀似愁胡曲背短頸足若霜枯麾則應機招則易呼背隅后以西游經馬嶺而南徂 周書時訓解處暑之日鷹乃祭鳥 淮南時則訓孟秋之月鷹乃祭鳥注云鷹搏鷙殺鳥於大澤之中四面陳之謂之祭鳥 詩大明時維鷹揚傳云如鷹之飛揚也 漢書酷吏傳縱以鷹擊毛摯爲治顔注言如鷹隼之擊奮毛羽執取飛鳥也 潛夫論明忠篇若鷹也然獵夫御之猶使終日奮擊而不敢怠

瘖省聲者詩虎韔鏤膺與秩秩德音爲韻

或从人人亦聲者當云或說从人聲

鷹 籀文䧹从鳥

chī 雎

雎雖也从隹氐聲 處脂切

一切經音義一訓狐關西呼訓侯山東謂之訓狐即鵂鶹也一名鵂鶹又卷九引字林鵄鵂也 玉篇鵄惡鳴之鳥 廣雅肥鵂鶹鵂怪鴟也 爾雅怪鴟鵋鵙爲舍人曰謂鵂鶹也南陽名鉤鵅晝伏夜行鳴爲怪也 莊子徐無鬼篇鴟目有所適 淮南氾論訓夫鴟目大而眎不若鼠又主術訓鴟夜撮蚤蚊察分秋豪晝日顛越不能見邱山形性詭也

雖也者一切經音義六引爾雅狂茅鴟郭注鵂鶹也 玉篇鵂鶹也鴟鳶屬本草鴟頭陶隱居云即俗人呼爲老鴟者一名鳶

鴟 籀文雎从鳥

shuì 雖

雖雎也从隹垂聲 是僞切

qiān 雃

雃石鳥一名雝𪆂一曰精列从隹幵聲春秋傳秦有士雃 苦堅切

石鳥云云者廣雅鴭鳥精列鸎鴒雃也曹憲音五莖反錢君大昭曰精列卽脊令一聲之轉 春秋傳秦有士雃者襄九年左傳秦景公使士雃乞師于楚

yōng 雝

雝雝𪆂也从隹邕聲 於容切

雝𪆂也者廣韻鸎鴒一名雝𪆂又名錢母大於燕頸下有錢文 釋鳥鵖鴒雝渠郭云雀屬也飛則鳴行則搖 詩常棣脊令在原傳云脊令雝渠也飛則鳴行則搖不能自舍耳 陸疏云大如鷃雀長腳長尾尖喙背上青灰色腹下白頸下黑如連錢故杜陽人謂之連錢 小宛題彼脊令載飛載鳴傳云脊令不能自舍箋云載之言則也則飛則鳴翼也口也不肎止息 漢書東方朔傳辟若鸎鴒飛且鳴矣顏注鸎鴒雍渠小青雀也飛則鳴行則搖

qián 雂

雂鳥也从隹今聲春秋傳有公子苦雂 巨淹切

鳥也者釋鳥鵅鶨老郭云鴿鶨也釋文引字林鴿句喙鳥 春秋傳有公子苦雂者昭二十一年左傳齊師宋師敗吳師於鴻口獲其二帥公子苦雂偃州員

yàn 雁

雁鳥也从隹从人厂聲讀若鴈 五晏切

隹

顏注急就篇雁亦鴻類也其色蒼黑馥謂鴻當爲鳴書禹貢陽鳥攸居鄭注陽鳥鴻雁之屬隨陽氣南北馥案小爾雅去陰就陽者謂之陽鳥鴻雁是也郭璞江賦陽鳥爰翔於以元月蕭廣濟注云陽鳥雁之屬　詩小雅鴻雁于飛傳云大曰鴻小曰雁箋云鴻雁知辟陰陽寒暑　夏小正二月雁北鄉九月遰鴻雁　周書時訓解白露之日鴻雁來鴻雁不來遠人背畔小寒之日雁北鄉雁不北鄉民不懷　淮南時則訓仲秋候雁來高注時候之雁從北漠中來過周雒南至彭蠡又季秋候雁來高注八月來者其父母也是月來者蓋其子也羽翼稚弱故在後　爾雅翼月令及周書不復有鴻雁候雁之別月令則云八月鴻雁來九月鴻雁來賓周書則曰白露之日鴻雁來寒露之日又來既是一種何得前後不齊如此似不應爾　文選蜀都賦其中則有鴻儔鵠侶鷩鶖鶬鶊晨鳧旦至候雁銜蘆木落南翔冰泮北徂雲飛水宿哢吭清渠　劉注云雁候時南北故曰候雁木葉落秋時也冰泮春時也　春秋說題辭雁之言雁雁起聖以招期知晚蚤故雁南北以陽動也注云雁雁音聲貌也聖王聞雁雁有音聲知爲時節雁鳥隨日南以常動　羊祜雁賦鳴則相和行則接武前不絕貫後不越序齊力不期而竝至同趣不要而自聚　孫楚雁賦候天時以動靜隨寒暑而污隆又云迎素

秋而南游背青春而北息　郭注北山經云雁門山即北陵西隃雁之所出因以名云　士昏禮下達納采用雁注云取其順陰陽往來　鄭氏婚禮謁文贊雁候陰陽待時乃舉冬南夏北貴其有所　春秋繁露執贄篇凡贄大夫用雁雁有類長者在民上必施然有先後之隨必俶然有行列之治故以爲贄　說苑修文篇大夫以雁爲贄雁者行列有長幼之禮故大夫以爲贄通作鴈士相見禮下大夫相見以鴈注云鴈取知時飛翔有行列也周禮大宗伯大夫執鴈注云鴈取其候時而行

lí
⿰黎隹

⿰黎隹　⿰黎隹黃也從隹黎聲一曰楚雀也其色黎黑而黃　郎兮切

爾雅釋文云字林作鶩

⿰黎隹黃也者方言驪黃自關而東謂之倉庚自關而西謂之驪黃或謂之黃鳥或謂之楚雀　呂氏春秋仲春紀蒼庚鳴注云蒼庚爾雅曰商庚黎黃楚雀也齊人謂之搏黍秦人謂之黃離幽冀謂之黃鳥　詩云黃鳥于飛集于灌木是也至是月而鳴　一曰楚雀也者釋鳥鵹黃楚雀郭云即倉庚也又倉庚商庚郭云即鵹黃也又倉庚黧黃也郭云其色黧黑而黃因以名云　釋文鵹詩傳作離阮謝同力知反施音黎　說文作黧云其色黎黑而黃也又云離黃倉庚也鳴則蠶生　詩黃鳥于飛陸疏黃鳥黃鸝留也或謂之黃栗留幽州人謂之黃鶯一名倉庚一名商庚一名鵹黃一名楚雀　沈約郊居賦云楚雀多名　其色黎黑而黃者郭注方言鸝黃云其色黧黑而黃因名之　戰國策黧牛之黃也似虎　玉篇黧黑也詩周餘黎民

hū
雐

雐　鳥也從隹虍聲　荒烏切

玉篇無雐字有霍呼郭切鳥飛急疾皃也與本書次弟同

鳥也者廣韻雐鳥名

rú
雓

雓　牟母也從隹奴聲　人諸切

牟母也者母讀如無舍人注爾雅云毋作無舍人本作毋不敬之毋故云作無也俗作鴽又作鴾類篇鴾鴽鳥名鴽也釋鳥鴽鴾母郭云鵪也青州人呼鴾母公食大夫禮以一雉兔鶉鴽注云鴽無母月令注云鴾母周禮掌畜掌膳獻

之鳥注云鶉鴽之屬內則鶉羹鷄羹鴽釀之蓼夏小正三月田鼠化爲鴽鴽鵪也易通卦驗田鼠爲鴽注云鴽麋母也呂氏春秋季春紀田鼠化爲鴽注云田鼠鼠也鴽鶉青州謂之鵪鶉周雒謂之鴽幽州謂之鶛也馥謂鶛當爲鵪鵪當爲鴾淮南時則訓季春之月田鼠化爲鴽注云鴽鶉也

䳇　雓或從鳥

hù
雇

雇　九雇農桑候鳥扈民不婬者也從隹戶聲春雇鳻盾夏雇竊玄秋雇竊藍冬雇竊黃棘雇竊丹行雇唶唶宵雇嘖嘖桑雇竊脂老雇鷃也　侯古切

九雇農桑候鳥扈民不婬者也者雇扈聲相近韻會引徐鍇云雇扈也扈止也婬過也扈民不婬謂止民使無過時也　昭十七年左傳九扈爲九農正扈民無淫者也賈逵云春扈分循相五土之宜趣民耕種者也夏扈竊玄趣民耘苗者也秋扈竊藍趣民收斂者也冬扈竊黃趣民蓋藏者也棘扈竊丹爲果驅鳥者也行扈唶唶晝爲民驅鳥者

隹

也脊扈嘖嘖夜爲農驅獸者也桑扈竊脂爲蠶驅雀者也老扈鷃鷃趣民收麥令不得晏起者也東京賦行致賚於九扈薛注九扈農正知田事扈止也言天子行慶福致賚於九扈使民不淫放　春扈云云者釋鳥文扈彼作鳸彼作鳻鶞彼作鴳左傳疏引賈服竝云鶞鶞邵君晉涵曰唐石經爾雅重出桑扈竊脂四字於冬扈竊黃之下今以諸家所引者證之則石經重出四字實爲後人所羼入而唐後諸本俱仍其誤馥案釋鳥鴳鳸老扈鴳左傳正義云注爾雅者皆斷老上屬惟樊光斷鴳鳸爲句以老下屬本書鴳雇也無老字鴳欺老也亦以老上屬此述九雇之名仍稱老雇者後人加之也

雩鳥　雇或從雩

或從雩者不言從鳥則當爲雞

鳸　籒文雇從鳥

爾雅釋文云說文作雇籒文也馥案籒文上脫鳸字葢言說文篆文作雇爾雅作鳸籒文也

說文解字義證　卷九　至

chún 雜

雜　雜屬從隹臺聲 常倫切

月令田鼠化爲鴽素問鴽雜也　列子天瑞篇田鼠之爲鶉本草鶉是蝦蟆化爲也萬畢術蝦蟆得瓜化爲鶉楊文公談苑至道二年夏秋閒京師鬻鶉者積於市門是時雨水絕無蛙聲人有得於水次者半爲鶉半爲蛙列子天瑞篇曰蛙變爲鶉張湛注云事見墨子斯不謬矣又田鼠亦爲鶉葢物之變非一揆也　交州記南海有黃魚九月則化爲鶉中論貴言篇鶉鳥之性善近人飛不峻也不速也蹲蹲然似若將可獲也卒至乎不可獲是孺子之所以踴膝跣足而不以爲弊也　潛夫論交際篇鶉鷃羣游終日不休亂舉聚時不離蒿芮　呂氏春秋引詩鶉之賁賁高注賁賁爲其色不純　詩伐檀　胡瞻爾庭有縣鶉兮傳云鶉鳥也韓詩外傳言衣若縣鶉謂似鶉禿尾　莊子天地篇聖人鶉居而鷇食尸子堯鶉居

雜屬者釋鳥鶉鶉郭注鶉鵪屬急就篇鳩鴿鶉鴳中網死顏注鶉鵪屬也馥謂屬者非謂鵪卽鶉也今呼鵪鶉爲一物誤矣以實考之蝦蟇化者爲鶉田鼠化者爲鵪今人用以鬬者鶉也表記引詩鶉之賁賁鄭注賁賁爭鬬惡貌

ān 䧱

䧱　雜屬從隹酓聲 恩含切

廣韻鵪鶉字林作䧱雜　周禮典同微聲韽注云鄭大夫讀爲鶉鵪之鵪　或作鴽夏小正三月田鼠化爲鴽八月鴽爲鼠傳曰鴽鵪也　列子釋文又引作鵪

雜屬也者御覽引下有一曰牟母一曰鴽七字馥案郭氏注爾雅鴽鴾母云謂鵪也

鵪　籒文䧱從鳥

zhī 䧴

䧴　鳥也從隹支聲一曰䧴度 章移切

鳥也者廣韻䧴鳥名漢武帝造䧴鵲觀在雲陽甘泉宮外　一曰䧴度者晉書職官志有度支尚書

hóng 琟

琟　鳥肥大琟琟也從隹工聲 戶工切

鳥肥大琟琟也者當爲仜仜本書仜大腹也漢書司馬相如傳鴻鸝鵠鴇張揖曰鴻大鳥也通作鴻詩鴻雁于飛傳云大曰鴻小曰雁南齊書顧歡傳昔有鴻飛天首積遠難亮越人以爲鳧楚人以爲乙人自楚越鴻常一百馥案易

說文解字義證　卷九　至

林漸之比文山鴻豹鴻豹鴇之別名是琟爲鴇雁屬也

鳿　琟或從鳥

sàn 𩁹

𩁹　繳𩁹也從隹㪔聲一曰飛𩁹也 穌旰切

繳𩁹也者當爲繳椒謂繳既射高椒開以網鳥𩁹椒聲相近曹植羅繳雁賦望范氏之發機兮播纖繳以淩雲播卽播椒周禮司弓矢矰矢茀矢用諸弋射注云結繳於矢謂之矰矰高也茀矢象焉茀之言刜也二者皆可以弋飛鳥刜羅之也皇侃論語義疏曰解繳射者多家一云古人以細繩係丸而彈謂爲繳射也一云取一杖長一二尺許以長繩系此杖而橫颺以取鳥謂爲繳射也鄭注司弓矢云結繳於矢謂之矰矰高也司弓矢又云田弋充籠箙矢共矰矢注云籠竹箙也矰矢不在箙者爲其相繞亂將用乃共之也侃案鄭意則繳射是細繩系箭而射也文選張華詩蒲盧縈繳神感飛禽　一曰飛𩁹也者玉篇飛𩁹不聚也

yì 隿

隿　繳射飛鳥也從隹弋聲 與職切

繳射飛鳥也者，趙宧光曰繳射縛取也一切經音義七雉繳射也通作弋汲冢竹書有繳書二篇論弋射法易小過公弋取彼在穴虞云弋矰繳射也坎爲弓彈离爲鳥矢弋無矢也巽繩連鳥人弋鳥之象詩女曰雞鳴弋鳧與鴈箋云弋繳射也桑柔如彼飛蟲時亦弋獲箋云猶鳥飛行自恣東西南北時亦爲弋射者所得盧令序云襄公好田獵畢弋傳云弋繳射也正義云出繩繫矢而射鳥謂之繳射也論語弋不射宿孔曰弋繳射也哀七年左傳及曹伯陽即位好田弋曹鄙人公孫彊好弋獲白鴈獻之且言田弋之說齊語田狩畢弋韋云弋繳射也孟子一心以爲有鴻鵠將至思援弓繳而射之楚詞哀時命外迫脅於機臂兮上牽聯於矰隹楚策楚人有好以弱弓微繳加歸鴈之上者考工記弓人利射侯與弋注云弋繳射也穆天子傳田獵鉤弋注云弋繳射也列子湯問篇蒲且子之弋也弱弓纖繳乘風振之連雙鶬於青雲之際呂氏春秋功名篇善弋者下鳥乎百仞之上注云弋繳射之也季春紀田獵罼弋注云弋繳射飛鳥也淮南說山訓好弋者先具繳與矰修務訓夫鴈銜蘆而翔以備矰弋高云矰矢弋繳銜蘆所以令繳不得截其翼也史記楚世家王結繳蘭臺正義云按繳絲繩繫弋射鳥也易林豐之臨鵠求魚食道遇射弋

說文解字義證　卷九　五十三

矰加我頸繳縛兩翼欲飛不能爲羿所得太元逃次八頸加于矰維縐其繩說苑說叢篇蒲且修繳鳧鴈悲鳴新序雜事篇鴻鵠麃搖高翔一舉千里不知弋者選其弓弩修其防騖加矰繳其頸投乎百仞之上引纖繳揚微波折清風而殞漢書司馬相如傳微矰出孅繳施弋白鵠連駕鵞顏注矰短矢也繳生絲縷也以繳係矰仰射高鳥謂之弋射貨殖傳矰弋不施於徯隧顏注弋繳射也蘇武傳武能網紡繳顏注繳生絲縷也可以弋射三輔黃圖佽飛具矰繳以射鳧鴈注云箭有綸者曰矰繳即綸也環濟要畧繳綸也綸系於箭望飛鳥而射之鹽鐵論刑德篇繳弋飾而加其上能勿離乎後漢書趙壹傳繳彈張右注云繳以縷系箭而射者也馬融傳習弋同曲注云弋繳射也古文苑蜀都賦枚孤施兮纖繳出注云繳以絲繫矢而弋又僮約繳鴈彈鳧注云弋以絲繫矢曰繳文選七啓輕繳弋飛文賦若翰鳥纓繳而墜曾雲之峻李善曰說文曰繳生絲縷也謂縷繫矰矢而以弋射西都賦矰繳相纏五臣注矰繳箭上加縷而射劉氏新論觀量篇弋者挾繁弱之弓貫會稽之箭加以蒲且之巧不能與罻羅競獲何者術小故也

xióng 雄

雄 鳥父也從隹厷聲 羽弓切

鳥父也者，說苑辨物篇其在鳥則雄爲陽而雌爲陰詩以雌以雄又誰知鳥之雌雄周禮疏引爾雅飛曰雌雄走曰牝牡今爾雅無此文釋鳥鳥之雌雄不可別者以翼右掩左雄左掩右雌

cī 雌

雌 鳥母也從隹此聲 此移切

zhào 罩

罩 覆鳥令不飛走也從网隹讀若到 都校切

捕魚爲罩覆鳥爲翟皆同意

覆鳥令不飛走也者，玉篇同廣韻引作不得

juàn 雋

雋 肥肉也從弓所以射隹長沙有下雋縣 徂沇切

肥肉也者，廣韻雋鳥肥也漢書蒯通傳通論戰國時說士權變亦自序其說凡八十一首號曰雋永顏注雋肥肉也永長也言其所論甘美而義深長也　從弓所以射隹者司裘注小鳥而難中是以中爲雋通作俊大射儀注齊魯之閒名題肩爲正正鵠皆鳥之捷黠者射之難中以中爲俊列子湯問篇以蒲且子連雙鶬於青雲之際爲中雋

說文解字義證　卷九　五十四

wéi 䧦

䧦 飛也從隹隓聲 山垂切

飛也者，篇海引作鳥飛也

文三十九　重十二

suī 奞

奞 鳥張毛羽自奮也從大從隹凡奞之屬皆從奞讀若睢 息遺切

鳥張毛羽自奮也者，佩觿玉篇廣韻竝引作鳥張毛羽自奮奞也徐鍇韻譜奞奮奞戴侗曰象鳥將飛頸項毛羽先奮張之形

duó 奪

奪 手持隹失之也從又從奞 徒活切

手持隹失之也者，說苑奉使篇魏文侯使舍人毋擇獻鵠於齊侯行道失之見齊侯曰寡君使臣毋擇獻鵠道饑渴臣出而飲食之而鵠飛沖天遂不復反韓詩外傳齊使使獻鴻於楚鴻渴使者道飲鴻攫笞潰失

隹奞

fèn 奮

奮 翬也從奞在田上詩曰不能奮飛 方問切

廣韻奮揚也鳥張毛羽奮奞也 淮南時則訓鳴鳩奮其羽高注奮迅其羽直刺上飛也 廣志白雉金骹者善奮 釋鳥雉絕有力奮 書舜典有能奮庸熙帝之載傳云奮起 翬也者當爲揮本書揮奮也釋鳥鷹隼醜其飛也翬郭云鼓翅翬翬然疾馥謂翬非奮迅義 從奞在田上者 一切經音義六云廣雅奮振也鳥之奮迅即毛起而身大故字從奞在田上 詩曰不能奮飛者邶風柏舟文傳云不能如鳥奮翼而飛去

文三

huán 萑

萑 鴟屬從隹從𦫳有毛角所鳴其民有旤凡萑之屬皆從萑讀若和 胡官切

鴟屬者郭注南山經引廣雅鴟雀怪鳥屬也釋鳥萑老鵵郭云木兔也似鴟鵂而小兔頭有角毛脚夜飛好食雞 釋鳥狂茅鴟郭云今鶹鴟也急就篇鳶鶡鴟梟驚相視顏注上已言鳶下又言鴟者謂鶹鴟茅鴟怪鴟之屬非止一也 從𦫳有毛角者本書𦫳鴟舊頭上角𦫳也 所鳴其民有旤者證俗文鴟鵂禍鳥也周禮庭氏掌射國中之夭鳥若不見其鳥獸則以救日之弓與救月之矢射之注云不見鳥獸謂夜來鳴呼爲怪者高注淮南主術訓云鴟鵂謂之老菟夜鳴人屋上博物志謂鵂鶹夜入人家知吉凶便鳴其家有殃韓愈詩有鳥[illegible]飛名訓狐矜凶挾狡誇自呼乘時陽黑止我屋聲勢慷慨非常 粗讀若和者猶桓表轉爲和表

huò 蒦

蒦 規蒦商也從又持萑一曰視遽皃一曰蒦度也 乙虢切

規蒦商也者商謂商度書召誥傳經營規度譙敏碑君商時度世淮南人閒訓凡人之舉事莫不先以其知規慮揣度而後敢以定謀文選陸機吳趨行商搉爲此歌李善引許公淮南注商搉麤略也言商度其麤略也 從又持萑者廣雅蒦持也 一曰視遽皃者類篇引作一曰遽視皃玉篇蒦遽視貌也 一曰蒦度也者讀如度量之度漢律歷志尺者蒦也故屈申蟲名尺蠖

彠 蒦或從尋尋亦度也楚詞曰求矩彠之所同

尋亦度也者本書度人之兩臂爲尋廣雅彠度也 楚詞曰求矩彠之所同者離騷文彼作矱王注矱度也淮南氾論訓有本主於中而以知矩彠之所同者也高云彠音約度法也

guàn 雚

雚 小爵也從萑吅聲詩曰雚鳴于垤 工奐切

廣雅背竈皁帔雚雀也 酉陽雜俎江淮謂羣雚旋飛謂之雚井必有風雨 通鑑前當諸羌反段熲擊之於鸞鳥注云鸞音雚鳥讀曰雀 通作鸛西都賦黃鵠鵁鸛後漢書楊震傳鸛雀銜三鱣魚御覽引博物志鸛水鳥也伏卵時數入水卵冷則不孕取礜石周圍繞卵以助煖氣方術家以鸛巢中礜石爲眞物白帖鸛一名旱羣陳藏器本草人探巢取鸛子六十里旱能羣飛激雲雲散雨歇陸璣詩疏鸛鸛雀也似鴻而大長頸赤喙白身黑尾翅樹上作巢大如車輪卵如三升杯一望見人按其子令伏徑舍去一名負釜一名黑尻一名背竈一名皁裙又泥其巢一旁爲池含水滿之取魚置池中稍稍以食其雛若殺其子則一村致旱災漢宮殿疏長安北門又名鸛雀臺 又通作觀莊子寓言篇觀雀是也

小爵也者後漢書班固傳注引作雚雀也小當爲水集韻類篇徐鍇韻譜張有復古編竝誤作小玉篇雚水鳥白帖鸛水鳥也詩東山箋云鸛水鳥也將陰雨則鳴一切經音義十七鸛水鳥也將陰雨即鳴也江淹詩水鸛巢層甍 詩曰雚鳴于垤者豳風東山文彼作鸛傳云鸛好水長鳴而喜也釋文鸛本又作雚陳啓源曰毛傳之意有得韓而始明者如東山詩鸛鳴于垤毛云垤蟻冢將陰雨則穴處先知之鸛好水長鳴而喜此但言蟻之知雨及鸛之好水至鳴之必于垤初不言其故薛君章句曰鸛水鳥巢居知風穴居知雨天將雨而蟻出壅土鸛鳥見之長鳴而喜蓋鸛鳥本不知將雨見垤而知之故喜而鳴耳傳意殆曉馥案雚亦知雨俗以其鳴占雨諺云單鳴晴雙鳴陰逐羣鳴雨淋淋又云早鳴陰晚鳴晴夜半叫雨來不等明

jiù 舊

舊 雖舊舊畱也從萑臼聲 許流切

雖舊舊畱也者釋鳥鵅鵋軌郭云未詳馥案鵅鵋即萑老鵵頭有毛角者軌舊聲相近以軌代舊本書𦫳鴟舊頭上角𦫳也是有毛角矣廣雅鴟鵂怪鴟也莊子秋水篇鴟鵂夜撮蚤察豪末晝出瞑目而不見邱山釋文崔云鴟鵂鶹

與委梟同淮南萬畢術鵋鶀致鳥注云取鵋鶀折其大羽絆其兩足以爲媒張羅其旁則鳥聚矣六書故舊留又名鵋鶀今人謂之竹雀毛角貍首睅目夜則飛鳴其聲若鳴其和聲骨鹿云故又名骨鹿通作鶻漢書賈誼傳鵩鶻翱翔顏注鵋鶀怪鳥也霍光傳鶻數鳴殿前樹上顏注鶻惡聲之鳥也周禮硩蔟氏掌覆夭鳥之巢注云夭鳥惡鳴之鳥若鶻鵂鵩鳥賦序鵩似鶻又通作梟詩瞻卬爲梟爲鴟傳云鴟梟惡聲之鳥染冀別傳子產治鄭鴟梟不至晉書郭誦禱子產祠云君昔相鄭惡鳥不鳴說苑說叢篇梟逢鳩鳩曰子將安之梟曰我將東徙鳩曰何故梟曰鄉人皆惡我鳴以故東徙又辨物篇云齊景公爲露寢之臺成而不通焉柏常騫曰爲臺甚急臺成君何爲不通焉公曰然梟昔者鳴其聲無不爲也吾惡之甚是以不通焉柏常騫曰臣請禳而去之公曰何具對曰築新室爲置白茅焉公使爲室成置白茅焉柏常騫夜用事明日問公曰今夕聞梟聲乎公曰一鳴而不復聞使人往視之梟當陛布翼伏地而死聽聲考祥經云息梟聲宜習符祝傳云甑瓦可以令梟宋晉書張重華傳謝艾引師出振武夜有二梟鳴於牙中艾曰梟邀也六博得梟者勝今梟鳴牙中尅敵之兆留字或作鶹釋鳥怪鴟舍人云一名鵂鶹一名鉤鵅字

書鵂鶹鉤鵅也廣韻鵋鶀鵂鶹鳥也今之角鴟北山經饒山其鳥多鶹注云或曰鶹鵂鶹也博物志鵂鶹一名鵋鶀晝目無所見夜則目至明人截爪甲棄露地此鳥夜至人家拾取爪分別視之則知有吉凶輒便鳴其家有殃陳藏器本草鵂鶹類鉤鵅微小而黃夜能入人家拾人手爪知人吉凶五行書云除手爪埋之戶內恐此鳥得之也纂文鵂鶹一名忌欺白日不見人夜能拾蚤蝨也蚤爪音相近俗人云鵂鶹拾人棄爪相其吉凶妄說也莊子釋文引許注淮南云鴟夜聚食蚤蝨不失也新唐書五行志絳州翼城縣有鵂鶹鳥羣飛集縣署衆鳥噪而逐之寰宇記登州文登縣鵂鶹山在縣東南二十里此山常有鵂鶹棲止

鵂　舊或從鳥休聲

白帖引文選鵩賦其字作鵂漢舊儀賈誼在湘南六月上庚日有鵂鳥來馥疑鵂鳥爲鵩鳥舊伏聲相近故從伏聲伏服聲相近故或作鵩伏休形相近譌作鵂也

文四　重二

說文解字弟四　義證弟十

曲阜桂馥學

guǎ 𦫳

羊角也象形凡𦫳之屬皆從𦫳讀若乖　工瓦切

象形者玉篇𦫳𦫳兩角皃廣韻𦫳𦫳羊角開皃

guāi 乖

戾也從𦫳而𠔁𠔁古文別　古懷切

隸作乖從北本書北乖也

戾也者當爲盭經典用戾字文四年左傳其敢干大禮以自取戾莊二十二年傳而免於罪戾謚法解不悔前過曰戾易敘卦傳家道窮必乖故受之以睽睽者乖也昭三十年左傳楚執政衆而乖　從𦫳而𠔁𠔁古文別者本書𠔁从重八八別也周禮保章氏以十有二風察天地之和命乖別之妖祥漢書敘傳官失學微六家分乖壹彼壹此庶研其幾

mián 芇

相當也闕讀若宀　母官切

相當也者廣雅蔄當也蔄卽芇寫誤也廣韻今人賭物相折謂之芇集韻芇賄也一曰相當戴侗曰予官越覽訟牒有芇折語正音宀玉篇⿰目匽物相當馥謂⿰目匽卽芇之別體

文三

mò 苜

目不正也從𦫳從目凡苜之屬皆從苜𥄗從此讀若末　模結切

讀若末者本書眛目不明也隱元年左傳盟于蔑公羊穀梁作眛史記屈原傳殺其將唐眛古今人表作唐蔑論語亾之命矣夫漢書引作蔑之命矣夫新序作末之命矣夫

méng 瞢

目不明也從苜從旬旬目數搖也　木空切

目不明也者李善注洞簫賦引埤蒼瞢瞢視不審諦也一切經音義四引三蒼瞢不明也周禮眡祲六曰瞢鄭司農云瞢日月瞢瞢無光也襄十四年左傳亦無瞢焉杜云瞢悶也通作夢昭三年傳子產乃具田備王以田江南之夢杜云楚之雲夢跨江南北五音集韻雲夢澤名在荊州李軌說　旬目數搖也者本書旬目搖也

miè 莧

火不明也從苜從火苜亦聲周書曰布重莧席織蒻席也讀與蔑同　莫結切

周書曰布重莧席者顧命文彼作敷重蔑席布敷聲義通詩敷政優優成二年昭二十一年左傳竝引作布書禹貢篠簜既敷夏本紀作竹箭既布聘禮官人布幕于寢門外注云今文布作敷　織蒻席也者王肅注顧命云蔑席織蒻苹席蒩蒲席也　讀與蔑同者顧命作蔑

miè 蔑

勞目無精也從苜人勞則蔑然從戍　莫結切

當從戍亥之戍本書戍滅也今從戍譌之戍誤　勞目無精也者本書䁾目眵也鄭公孫蔑字然明漢書宣元六王傳夫子所痛曰蔑之命矣夫顏注蔑無也　人勞則蔑然從戍者蔑然當爲威然蔑威聲相近本書威滅也火死於戍陽氣至戍而盡易剝卦剝牀以足蔑貞凶盧氏曰蔑滅也陸厥荅內兄希叔詩寂蔑終始斯

文四

yáng 羊

祥也從𦫳象頭角足尾之形孔子曰牛羊之字以形舉也凡羊之屬皆從羊　與章切

易兌爲羊　賈誼書胎教篇羊者西方之牲也　曲禮羊曰柔毛　龍魚河圖羊有一角食之殺人　祥也者羊祥聲相近本書祥善也鄭注考工記車人云羊善也釋名羊祥也祥善也昭十一年公羊經盟于侵羊穀梁傳作侵祥春秋說題辭羊者祥也春秋繁露羊之爲言猶祥與漢元嘉刀銘大吉羊博古圖漢十二辰鑑辟除不羊皆以羊爲祥　象頭角足尾之形者徐鍇本作象四足尾之形五經文字埶文類聚太平御覽引竝同

mǐ 芈

羊鳴也從羊象聲气上出與牟同意　緜婢切

gāo 羔　zhù 羜　yù 䍮　dá 羍　zhào 𦍩

中畫當曲曲而出羋字上亦曲大歷元年南詔築羊苴咩城咩卽羋之俗體羋鳴也者周禮職方氏七閩注引國語閩羋蠻矣釋文云羋劉音如羊鳴近米史記楚世家羋姓索隱云羋羊聲也焦氏筆乘諸韻書乜羋字同意皆訓羊出聲則知羋郇古乜　與牟同意者本書牟象其聲气從口出

羔　羊子也從羊照省聲古牢切

詩七月獻羔祭韭又羔羊之皮傳云小曰羔大曰羊　士相見禮上大夫相見以羔注云羔取其從帥羣而不黨也　周禮大宗伯卿執羔注云羔小羊取其羣而不失其類　說苑卿以羔爲贄羔者羊也羊羣而不黨故卿以爲贄　春秋繁露執贄篇羔有角而不任設備而不用類好仁者　夏小正二月初俊羔助厥母粥俊也者大也粥也者養也言大羔能食草木而不食其母也

羊子也者顏注急就篇羊子曰羔周禮羊人凡祭祀飾羔注云羔小羊也楚詞招魂臑鼈炮羔有柘漿些注云羔羊子也　照省聲者疑後人亂之當云從火月令食麥與羊注云羊火畜也周禮羊人屬夏官故羔從火

說文解字義證　卷十　三

羜　五月生羔也從羊宁聲讀若煮直呂切

五月生羔也者爾雅翼云蓋謂羔已生及五月者爾廣雅羜羔也爾雅釋畜未成羊羜郭云俗呼五月羔爲羜詩伐木既有肥羜傳云羜未成羊也正義引薛琮荅韋昭曰未成羊曰羜桓麟七說炮柔毛之羜

䍮　六月生羔也從羊敄聲讀若霧已遇切又亾遇切

六月生羔也者廣雅䍮羔也

羍　小羊也從羊大聲讀若達他末切

小羊也者詩生民正義引同藝文類聚初學記太平御覽竝引作七月生羔也廣雅羍羔也　讀若達者詩生民先生如達箋云達羊子也正義云薛琮曰羊子初生達

𦍒　羍或省

𦍩　羊未卒歲也從羊兆聲或曰夷羊百斤左右爲𦍩讀

dī 羝　fén 羒　zāng 牂

若春秋盟于洮治小切

羊未卒歲也者廣雅吳羊牡一歲曰牡𦍩其牡一歲曰㸲𦍩急就篇牂羖羯羠𦍩羝羭顏注𦍩羊未卒歲也　或曰夷羊百斤左右爲𦍩者夷當爲羠史記貨殖傳其民羯羠不均集解皆健羊名戴侗曰凡畜奄之絕其字尾則易肥也　讀若春秋盟于洮者僖八年經文本書引春秋經文亦偁春秋傳此當有傳字

羝　牡羊也從羊氐聲都兮切

牡羊也者爾雅釋文引字林羝牂羊也三歲曰牂馥案玉篇牂羝羊也三蒼羝特羊也一切經音義五羊三歲曰牂牂然盛皃也廣雅羝雄也又云吳羊牡一歲曰牡翔三歲曰羝顏注急就篇羝牂羊之牡也詩生民取羝以軷傳云羝羊牡羊也漢書蘇武傳使牧羝羝乳乃得歸顏注羝牡羊也羝不當產乳故設此言示絕齊民要術養羊大率十口一羝羝少則不孕羝多則亂羣通作牴史記封禪書其牲用騂駒黃牛牴羊各一云索隱牴牡羊

說文解字義證　卷十　四

羒　牂羊也從羊分聲符分切

史記楚世家蚡冒索隱古本蚡作羒

牂羊也者初學記太平御覽竝引作牡羊也釋畜羊牡羒郭注謂吳羊白羝廣韻羒白羝羊也爾雅翼羒者吳羊白羝也羝是牡羊之總名而羒乃吳羊之羝者

牂　牡羊也從羊爿聲則郎切

墨子兼愛篇晉文公好士之惡衣故文公之臣皆牂羊之裘易林開牢擇羊喜得大牂　字或作䍧史記李斯傳跛䍧牧其上晉書束晳傳大賈牂羊取之淸渤

牡羊也者後漢書注太平御覽集韻韻會竝引作牝羊也徐鍇韻譜亦作牝羊本書䍽牝牂羊生角者也釋畜羊牝牂顏注急就篇牂吳羊之牝也廣雅吳羊其牝三歲曰牂一切經音義十四字林牂牝羊也增韻牂母羊詩苕之華牂羊墳首傳云牂羊牝羊也墳大也牂羊墳首言無是道也爾雅翼云案牂止是牝羊而詩正義欲合墳大首之義稱爲牝小羊夫吳羊三歲稱牂則非小矣內則炮取豚若將刲之刲之注云將當爲牂牂牝羊也馥案此牂牂今本誤作牂本莊

羊

于徐無鬼篇吾未嘗爲牧而牂生奧釋文云爾雅云牂牝羊也鹽鐵論跛牂燕雀之屬注云牂牝羊也

yú 羭

羭 夏羊牡曰羭从羊俞聲 羊朱切

夏羊牡曰羭者釋畜夏羊牡羭郭云黑羝也歸藏曰兩壺兩羭顏注急就篇羭夏羊之牡也馥謂牡當爲牝列子天瑞篇老羭之爲猨也注云羭牝羊也增韻亦引作牝羊

gǔ 羖

羖 夏羊牝曰羖从羊殳聲 公戶切

韓子叔孫敖相楚衣羖羊裘史記秦本紀吾媵臣百里傒在焉請以五羖羊皮贖之張奐與崔子貞書僕以元年到任有兵二百馬如羖羊寰宇記扶南國出金剛狀如紫石英以羖羊角扣之灌然冰泮本草羖羊角生河西川谷陶云此羊角以青羝爲佳餘不入藥用也衍義云羖羊出陝西河東謂之羖䍽羊尤狠健毛最長而厚

夏羊牝曰羖者釋畜夏羊牝羖釋文引字林羖夏羊牝顏注急就篇羖夏羊之牝也馥案廣韻集韻類篇五音集韻字鑑引本書並作牡曰羖徐鍇本及韻譜李燾本亦作牡通鑑魏世祖更定律令巫蠱者負羖羊抱犬沈諸淵注引

說文解字義證 卷十 五

本書夏羊壯曰羖壯爲牡之譌廣韻羖䍽羊增韻羖羊牡六書故羖牡羊也牡牛亦曰羖牛猶羖羊亦曰牡羊也易大壯羝羊觸藩釋文張云羖羊也詩賓之初筵俾出童羖傳云羖羊不童也箋云羖羊之性牝牡有角爾雅翼羖音通於牯故本草羖羊條注稱牯羊牯乃牡之名馥案羯曰羖犗何得爲牡

jié 羯

羯 羊羖犗也从羊曷聲 居謁切

羊羖犗也者一切經音義五羝羖羯羊也又十四引三蒼夏羊羖䍽也亦羯也廣雅羖羊犗曰羯顏注急就篇羖之犗者爲羯羯謂劇之也黃注羯羊去勢

yí 羠

羠 騬羊也从羊夷聲 徐姊切

騬羊也者一切經音義五引聲類同本書豶羠豕也

fán 羳

羳 黃腹羊从羊番聲 附袁切

黃腹羊者釋畜羳羊黃腹郭云腹下黃

qiān 羥

羥 羊名从羊巠聲 口莖切

jìn ⿱執羊

⿱執羊 羊名从羊執聲汝南平輿有⿱執羊亭讀若晉 即刃切

執聲者當从埶汝南平輿有⿱執羊亭者郡國志注誤爲摯

léi 羸

羸 瘦也从羊羸聲 力爲切

瘦也者御覽引作瘦也釋名羸累也恒累於人也廣雅羸膄瘠也顏注急就篇羸困弱也襄十年左傳余羸老矣可重任乎桓六年傳請羸師以張之杜云羸弱也周語此羸者陽也韋云羸弱也楚語民之羸日日已甚韋云羸瘠也孟子老羸轉乎溝壑王隱晉書尚書令傅最久羸瘦

wèi ⿰羊委

⿰羊委 羊相積也从羊委聲 於僞切

羊相積也者玉篇⿰羊委羊相⿰羊委積也集韻⿰羊委積羊疫馥案羊病相染羣死殆盡北方謂之倒圈

zì ⿰羊責

⿰羊責 ⿰羊委積也从羊責聲 子賜切

說文解字義證 卷十 六

qún 羣

羣 輩也从羊君聲 渠云切

輩也者易繫辭物以羣分詩或羣或友傳云獸三爲羣曲禮大夫不掩羣正義羣謂禽獸共聚也檀弓吾離羣而索居注云羣謂同門友也鄭氏婚禮謁文贊羊羣而不黨

yān ⿰羊垔

⿰羊垔 羣羊相積也一曰黑羊从羊垔聲 烏閑切

羣羊相積也者如牛疫豬瘟轉相染箸 一曰黑羊者一切經音義十二引字書同廣雅⿰羊垔黑也周禮司裘掌爲大裘以共王祀天之服鄭司農云大裘黑羔裘服以祀天示質論語緇衣羔裘鄭注羔裘諸侯視朝之服玉藻羔裘緇衣以裼之皆黑羊羔裘也

cī ⿱此羊

⿱此羊 羊名蹏皮可以割桼从羊此聲 此思切

měi 美

美 甘也从羊从大羊在六畜主給膳也美與善同意 無鄙切

甘也者本書甘美也 羊在六畜主給膳也者本書羞進獻也羊所進也周禮宮伯膳用六牲注云六牲馬牛羊豕犬雞也符子欲爲少牢之膳而與羊謀其羞春秋說題辭羊合三而生以養王也故羊高三尺 美與善同意者本書譱與義美同意

qiāng
羌

羌 西戎从羊人也從人從羊羊亦聲南方蠻閩從虫北方狄從犬東方貉從豸西方羌從羊此六種也西南僰人僬僥從人葢在坤地頗有順理之性唯東夷從大大人也夷俗仁仁者壽有君子不死之國孔子曰道不行欲之九夷乘桴浮於海有以也去羊切

書牧誓及庸蜀羌髳傳云羌在西 詩殷武自彼氐羌箋云氐羌夷狄國在西方者也黃標曰羌本姜姓三苗之後居三危今疊宕松諸州皆羌地 漢書出陽關自近者始曰婼羌去陽關千八百里去長安六千三百里地理志隴西郡有羌道顏注羌卽西域婼羌之屬也括地志隴右岷洮叢等州西羌也

西戎从羊人也者宋本作牧羊人小字本徐鍇李燾本並同本書初刻亦作牧後復改之史記正義尚書釋文廣韻集韻類篇復古編通志六書畧六書故字鑑竝引作牧羊人御覽引作西婼羌戎牧羊人從人牧羊風俗通羌本西戎卑賤者也主牧羊故羌字從羊人因以爲號 南方至西方云云者史記正義引同釋地九夷八狄七戎六蠻謂之四海注云九夷在東八狄在北七戎在西六蠻在南周禮職方氏四夷八蠻七閩九貉五戎六狄注云鄭司農云東方曰夷南方曰蠻閩西方曰戎北方曰貉狄大戴禮千乘篇東辟之民曰夷精以僥南辟之民曰蠻信以朴西辟之民曰戎勁以剛北辟之民曰狄肥以戾五帝德篇流共工於幽州以變北狄放驩兜於崇山以變南蠻殺三苗於三危以變西戎殛鯀於羽山以變東夷穀梁經隱二年春公會戎于潛范云南蠻北狄東夷西戎皆底羌之別種何休公羊解詁東方曰夷南方曰蠻西方曰戎北方曰狄白虎通禮樂篇言夷狄者舉終始也言蠻舉遠也言貉舉惡也則別之東方爲九夷南方爲八蠻西方爲六戎北方爲五狄故曾子問曰九夷八蠻六戎五狄百姓之難至者也

何以知夷在東方禮王制曰東方曰夷被髮文身又曰南方曰蠻彫題交趾西方曰戎被髮衣皮北方曰狄衣羽毛火居何以名爲夷蠻曰聖人本不治外國非爲制名也因其國名而言之耳一說曰名其短而爲之制名也夷者傳狄無禮義東方者少陽易化故取名也北方太陰鄙郄故少蠻虫難化執心違邪戎者強惡也狄者易也辟易無別也 此六種也者蠻閩爲二則五種連西戎乃六也或曰六當爲四此謂四方 西南僰人僬僥從人者本書僰犍爲蠻夷僥南方有焦僥人地理風俗記僰人夷中最仁者有人道故字從人 葢在坤地頗有順理之性者坤道柔順釋名坤順也上順乾也 唯東夷從大者本書夷從大東方之人也 大人也者本書大象人形徐鍇本云古文大人也 夷俗仁者釋地東至日所出爲太平太平之人仁郭云地氣使之然也論衡驗符篇東方曰仁寰宇記引四夷志云東方仁故其俗頗有中國之風馥案漢書夷作尸尸古仁字 有君子不死之國者海外東經君子國在奢比之尸北其人好讓不爭大荒東經有君子之國其人衣冠帶劒注云好謙讓也淮南地形訓凡海外三十六國自西南至東南有不死民自東南至東北有君子國又云東方有君子之國高注東方木德仁故有君子之國玄中記君子之國地方千里多木槿之華外國圖君子之國多木槿之華人民食之去琅邪三萬里唐賜新羅詔新羅號君子國大荒南經有不死之國阿姓甘木是食注云甘木卽不死樹食之不老海外南經不死民在交脛國東其爲人黑色壽不死一曰在穿匈國東注云有員邱山上有不死樹食之乃壽亦有赤泉飲之不老後漢書東夷傳王制云東方曰夷夷者柢也言仁而好生萬物柢地而出故天性柔順易以道御至有君子不死之國焉梁書扶南國傳其王自古來不死莫知其年 孔子曰道不行欲之九夷乘桴浮於海有以也者桴當爲泭漢書地理志東夷天性柔順異於三方之外故孔子悼道不行設浮於海欲居九夷有以也夫馥案論語讖子欲居九夷從鳳嬉宋均注鳳遇亂則潛居九夷本書鳳出於東方君子之國

𦍋 古文羌如此

yǒu
羑

羑 進善也从羊久聲文王拘羑里在湯陰與久切

進善也者本書羑相訹呼也或作誘古文作羑釋詁誘進也書顧命誕受羑若馬云羑道也詩野有死麕吉士誘之

shān 𦍋　chàn 羼　jù 瞿　jué 矍

傳云誘道也詩序衡門誘僖公也以誘掖其君也箋云誘進也大射儀誘射注云誘教也夫子循循然善誘人樂記知誘於外注云誘猶道也引也哀十六年左傳天誘其衷大戴禮誥志篇上誘善而行罰通作牖詩板天之牖民傳云牖道也箋云道民以禮義正義牖與誘古字通韓詩外傳作誘　文王拘羑里在湯陰者湯當爲蕩

文二十六　重二

𦍋 羊臭也從三羊凡𦍋之屬皆從𦍋 式連切

羊臭也者臭當作殠玉篇𦍋羊氣臭也廣雅羶臭也周禮庖人膏羶杜子春云羊脂也內則羊泠毛而毳羶呂氏春秋草食者羶淮南說林訓羊肉不慕蟻蟻慕於羊肉羊肉羶也內經五臭無羶春臭膻月令五臭無膻春臭羶

羶 𦍋或從亶

羼 羊相廁也從𦍋在尸下尸屋也一曰相出前也 初限切

羊相廁也者廁閒也史記樂毅傳廁之賓客之中廣韻羼羊相閒也漢譙敏碑恥與鄰人羼竝㭘驅顏氏家訓書證篇皆由後人所羼非本文也　尸屋也者本書屋下云尸象屋形　一曰相出前也者徐鍇本一曰相出前屋在初也兩本皆有闕謬六書故羊性躁三羊羣處屋下爭出也

文二　重一

瞿 鷹隼之視也從隹從䀠䀠亦聲凡瞿之屬皆從瞿讀若章句之句 九遇切又音衢

鷹隼之視也者吳子莫不梟視狼顧淮南精神訓鴟視虎顧禽經雀以猜瞿燕以狂盺　䀠亦聲者當爲䀠聲

矍 隹欲逸走也從又持之矍矍也讀若詩云穬彼淮夷之穬一曰視遽皃 九縛切

隹欲逸走也從又持之矍矍也者廣雅矍持也玉篇矍視而無所依之也鷹隼得逸志也易震卦視矍矍鄭注目不正也　讀若詩云穬彼淮夷之穬者本書憬下引詩憬彼淮夷與今詩同韓詩作獷釋文引本書作懬徐邈讀矍若

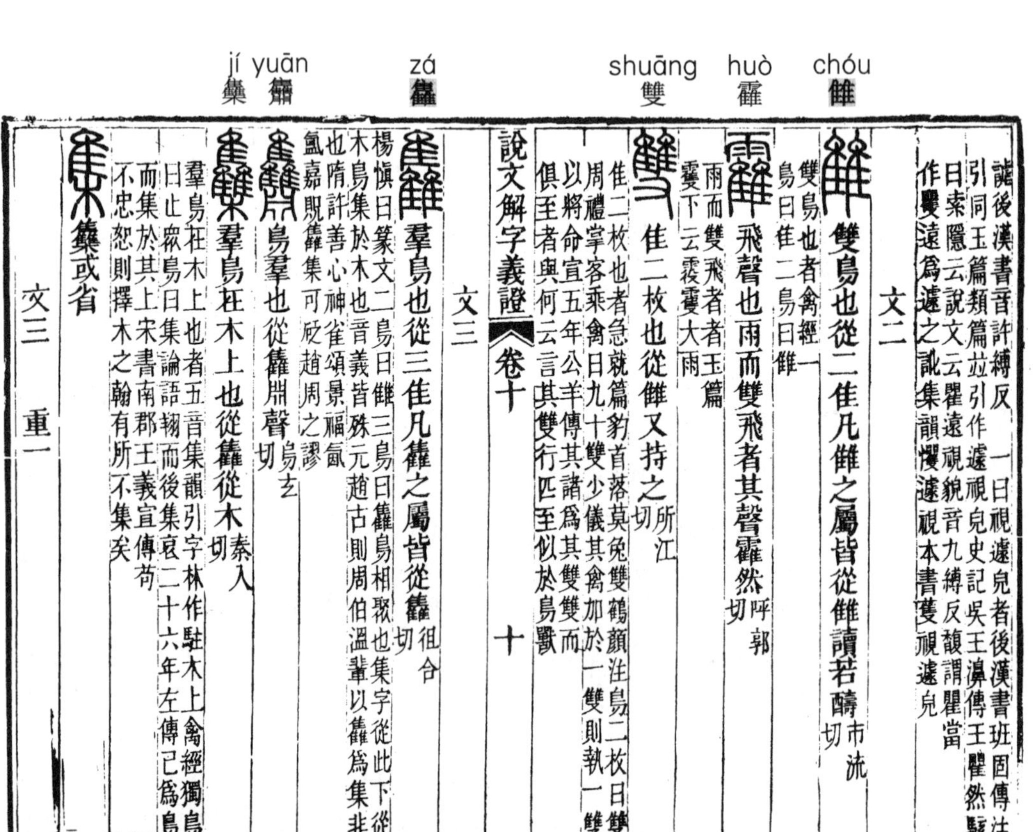

chóu 雔　huò 靃　shuāng 雙　zá 雥　yuān 𩁣　jí 雧

詭後漢書音許縛反　一曰視遽皃者後漢書班固傳注引同玉篇類篇竝引作遽視皃史記吳王濞傳王矍然駭曰索隱云說文云瞿遠視貌音九縛反韻謂瞿當作矍遠爲遽之訛集韻戄遽視本書蒦視遽皃

文二

雔 雙鳥也從二隹凡雔之屬皆從雔讀若醻 市流切

雙鳥也者禽經一鳥曰隹二鳥曰雔

靃 飛聲也雨而雙飛者其聲靃然 呼郭切

雨而雙飛者者玉篇靃下云霰靃大雨

雙 隹二枚也從雔又持之 所江切

隹二枚也者急就篇豹首落莫兔雙鶴顏注鳥二枚曰雙周禮掌客乘禽日九十雙少儀其禽加於一雙則執一雙以將命宣五年公羊傳其諸爲其雙雙而俱至者與何云言其雙行匹至似於鳥獸

文三

雥 羣鳥也從三隹凡雥之屬皆從雥 徂合切

楊慎曰篆文二鳥曰雔三鳥曰雥鳥相聚也集字從此下從木鳥集於木也音義皆殊元趙古則周伯溫輩以雥爲集非也隋許善心神雀頌景福氤氳嘉貺雥集可砭趙周之謬

𩁣 鳥羣也從雥𣶒聲 烏玄切

雧 羣鳥在木上也從雥從木 秦入切

羣鳥在木上也者五音集韻引字林作駐木上禽經獨鳥曰止衆鳥曰集論語翔而後集哀二十六年左傳已爲鳥而集於其上宋書南郡王義宣傳苟不忠恕則擇木之翰有所不集矣

集 雧或省

文三　重一

niǎo 鳥

長尾禽總名也象形鳥之足似匕從匕凡鳥之屬皆
從鳥都了切
春秋命歷序羲皇燧人始爲物蟲鳥獸之名 昭十
七年左傳少皥摯之立也紀於鳥爲鳥師而鳥名
長尾禽總名也者禽
經山禽之尾多修

fèng 鳳

神鳥也天老曰鳳之象也鴻前麐後蛇頸魚尾鸛顙
鴛思龍文龜背燕頷雞喙五色備舉出於東方君子
之國翺翔四海之外過崐崘飲砥柱濯羽弱水莫宿
風穴見則天下大安寗從鳥凡聲馮貢切
書君奭我則鳴鳥不聞鄭注鳴鳥謂鳳也 大荒西經西北
海之外赤水之西有北狄之國黃帝之孫曰始均始均生北
狄有榣山其上有人號曰太子長琴顓頊生老童老童生祝
融祝融生太子長琴是處榣山始作樂風有五彩鳥三名一

曰皇鳥一曰鸞鳥一曰鳳鳥 蜀志鳳生五色並以五彩飾
畫也 莊二十二年左傳是謂鳳皇于飛和鳴鏘鏘注云雄
曰鳳雌曰皇 昭十七年傳鳳鳥氏歷正也注云鳳知天時
故以名歷正之官正義引運斗樞天樞德見則鳳皇翔中
握河紀堯卽政七十年鳳皇止庭伯禹拜曰昔帝軒提象鳳
巢阿閣 管子小匡篇夫鳳皇之文前德義後日昌 海內
經有鸞鳥自歌鳳鳥自舞鳳鳥首文曰德翼文曰順膺文曰
仁背文曰義見則天下和 王會解西申以鳳鳥鳳鳥者戴
仁抱義掖信歸有德注云其形似雞蛇首魚尾戴仁向仁國
抱義懷有義掖信歸有德之國也 瑞應圖鳳負信戴仁挾
義膺文苞智不啄生蟲不折生草不羣居不侶行不經羅墜
網上通天維下集河洛明治亂見存亾也 初學記引論語
摘衰聖鳳有六像九包六像者一曰頭像天二曰目像日三
曰背像月四曰翼像風五曰足像地六曰尾像緯九包者一
曰口包命二曰心合度三曰耳聽達四曰舌詘伸五曰彩色
光六曰冠短州七曰距銳鉤八曰音激揚九曰腹文戶行鳴
曰歸嬉止鳴曰提扶夜鳴曰善哉晨鳴曰賀世飛鳴曰郎都
知我唯黃持竹實來故子欲居九夷從鳳嬉宋均曰緯五緯
也度尺也州當作朱色也戶所由出入也應天下和平者也
黃貴中通理也鳳遇亂則潛居九夷 京房易傳鳳皇膺前

麟後雞喙燕頷蛇頸龜背魚尾駢翼高丈二尺 廣雅鳳皇
雞頭燕頷蛇頸鴻身魚尾骿翼五色首文曰德翼文曰順背
文曰義腹文曰信膺文曰仁雄鳴曰卽卽雌鳴曰足足昏鳴
曰固常晨鳴曰發明晝鳴曰保長舉鳴曰上翔集鳴曰歸昌
御覽引抱朴子夫木行爲仁爲青鳳頭上青故曰戴仁也
金行爲義爲白鳳頸白故曰纓義也火行爲禮爲赤鳳背赤
故曰負禮也水行爲知爲黑鳳胷黑故曰向知也上行爲信
爲黃鳳足下黃故曰蹈信也 郭璞贊鳳皇靈鳥實冠羽羣
八象其體五德其文 顧愷之鳳賦望大清以抗思誕儀鳳
之逸羣稟鶉火之靈曜資和氣之煙煴尤雞喙而燕頷頸蛇
蜿而龍文勵歸昌於漢陽發明乎聖君荷義蹈正雞峙鴻前
比翼交揮五色備宣興八風而降時雨音中鐘律步則規矩
朱冠赫以雙翹靈質翹其高舉歷黃冠於招搖陵帝居之懸
圃 樂汁圖五音克諧各得其倫則鳳皇至冠類雞頭燕喙
蛇頸龍形鱗翼魚尾五彩不啄生蟲 晉中興書鳳仁智之
禽鵷鶵頸而龜腹 鶡冠子鳳鶉火之禽陽之精也德能致之
其精畢至 抱朴子太平之世鳳皇常居其國而生乳至夏
后始食鳳卵而鳳去之此則鳳有種明矣 括地圖孟虧人
首鳥身其先爲虞氏馴百獸夏后之末世民始食鳳卵孟虧
去之鳳皇隨與止於此山多竹長千仞鳳皇食竹實孟虧食

木實去九疑
萬八千里
神鳥也者劉孝標注世說及左傳正義引並同顏注急就
篇同白帖神鳥鳳別名也春秋演孔圖鳳鶉火之禽陽之
精惟德能至神鳥也禮運麟鳳龜龍謂之四靈書益稷鳳
皇來儀傳云雄曰鳳雌曰皇靈鳥也詩卷阿鳳皇于飛傳
云鳳皇靈鳥仁瑞也雄曰鳳雌曰皇嚴君平注老子云羽
者翔虛而神鳳王之 天老曰至大安寗云云者鸛當爲
雚思或作顒玉篇顒頻顒頷當爲顄崐崘二字本書並無
弱當爲溺小字本作龍文虎背爾雅釋文詩正義初學記
並引作麐前鹿後無鸛顙鴛思四字左傳正義引風穴作
丹穴初學記作丹宮案釋地岠齊州以南戴日爲丹穴廣
韻丹穴山名鳳皇所出南山經云丹穴之山有鳥焉其狀
如雞五采而文名曰鳳皇枉天爲朱雀桓元鳳皇賦惟羽
族之殊誕獨鸞皇而稱傑邈區宇以超棲撫朝陽於丹穴
郭璞鳳皇贊鸞翔女牀鳳出丹穴爾雅翼鴻前者軒也麐
後者豐也蛇頸者宛也魚尾者岐也鸛顙者椎也鴛思者
張也龍文者緻也龜背者隆也燕頷者方也書正義引陰
陽書稱天老對黃帝云鳳皇之象首戴德背負仁頸荷義
膺抱信足履正尾繫武鄭志荅張逸問引堪輿黃帝問天

老云云蓺文志堪輿金匱十四卷唐呂才云堪輿經黃帝對天老有五姓之言顏謂堪輿金匱卽陰陽書本書所引當出此今采諸言黃帝天老者附之論語摘輔象天老受天籙宋均注籙天教命也河圖錄黃帝坐元扈與大司馬容光臨觀鳳皇竹書黃帝五十年秋七月庚申鳳鳥至帝祭於洛水注云庚申天霧三日三夜晝昏帝問天老力牧容成曰於公何如天老曰臣聞之國安其主好文則鳳皇居之國亂其主好武則鳳皇去之今鳳皇翔於東郊而樂之其鳴音中夷則與天相副以是觀之天有嚴教以賜帝帝勿犯也召史卜之龜燋史曰臣不能占也其問之聖人帝曰已問天老力牧容成矣史北面再拜曰龜不違聖智故燋又黃帝二十年注云有鳳皇集不食生蟲不履生草或止帝之東園或巢於阿閣或鳴於庭其雄自歌其雌自舞河圖挺佐輔曰黃帝修德立義天下大治乃召天老而問焉余夢見兩龍挺白圖以授余於河之都天老曰河出龍圖雒出龜書紀帝錄列聖人之姓號興謀治太平然後鳳皇處之今鳳皇已下三百六十日矣天其受帝圖乎瑞應圖黃帝問天老曰鳳鳥何如天老曰鴻前而麟後蛇頸而魚尾龍文而龜身燕頷而雞喙首戴德頸揭義背負仁心入信翼俠順足履正尾繫武小音金大音鼓延頸奮翼

五色備舉韓詩外傳黃帝卽位施惠承天一道修德惟仁是行宇內和平未見鳳皇惟思其象夙寐晨興乃召天老而問之曰鳳象何如天老對曰夫鳳鴻前麟後蛇頸而魚尾龍文而龜身燕頷而雞喙戴德負仁抱忠挾義小音金大音鼓延頸奮翼五彩備舉鳴動八風氣應時雨食有質飲有儀往卽文始來卽嘉成惟鳳爲能通天祉應地靈律五音覽九德天下有道得鳳象之一則鳳過之得鳳象之二則鳳翔之得鳳象之三則鳳集之得鳳象之四則鳳春秋下之得鳳象之五則鳳沒身居之黃帝曰於戲允哉朕何敢與焉於是黃帝乃服黃衣戴黃冕致齋於宮鳳乃蔽日而至黃帝降於東階西面再拜稽首曰皇天降祉不敢不承命鳳乃止帝東園集帝梧桐食帝竹實沒身不去白虎通鳳皇者禽之長也上有明王太平乃來居廣都之野雄鳴曰節節雌鳴曰足足小音中鐘大音中鼓游必擇地饑不妄食黃帝之時鳳皇蔽日而至止於東園食帝竹實栖帝梧桐終身不去帝王世紀黃帝服齋於中宮坐於元扈洛上乃有大鳥雞頭鷰喙龜頸龍形麟翼魚尾其狀如鶴體備五色三文成字首文曰順德背文曰信義膺文曰仁智不食生蟲不履生草或止帝之東園或巢阿閣其飲食也必自歌舞音如簫笙 從鳥凡聲者世說嵇康與呂安善每一相思千里命駕安後來值康不在喜出戶延之不入題門上作鳳字而去喜不覺猶以爲欣故作鳳字凡鳥也劉孝標注云許愼說文曰鳳從鳥凡聲金樓子立言篇世人有忿者題其門爲鳳字彼不覺大以爲欣而意在凡鳥也

（古文篆形）古文鳳象形鳳飛羣鳥從以萬數故以爲朋黨字

高注淮南時則訓羽蟲鳳爲之長 唐詩紀事劉宴以神童爲祕書正字貴妃置之膝上帝問汝爲正字正得幾字晏曰天下字皆正惟朋字未正

象形者本書焉下云朋者羽蟲之長所貴者故象形 鳳飛羣鳥從以萬數者詩卷阿鳳皇于飛翽翽其羽亦集爰止箋云亦與衆鳥也鳳皇往飛翽翽然亦與衆鳥集于所止衆鳥慕鳳皇而來漢書宣帝詔鳳皇甘露降集京師羣鳥從以萬數後漢書光武紀有五鳳皇見於潁川之郟縣注云東觀記曰鳳高八尺五彩羣鳥竝從行列班固傳是以鳳皇來儀集羽族於觀魏注云羽族謂羣鳥隨之也四子講德論鳳皇來儀翼翼邕邕羣鳥竝從舞德垂容米畧

鳳皇見於京師衆鳥隨之 周書武帝紀梁州上言鳳皇集於楓樹羣鳥列侍以萬數 故以爲朋黨字者黨當爲攩本書攩朋羣也莊子釋文引字林朋朋黨也戴侗曰引其義則兩相從者皆謂之朋詩云朋酒斯饗以兩爲朋也五貝爲朋以五爲朋也易曰十朋之龜詩云錫我百朋十百爲朋也

（古文篆形）亦古文鳳

莊子逍遙遊篇化而爲鳥其名爲鵬釋文崔音鳳云鵬卽古鳳字非來儀之鳳也說文云朋卽鵬皆古文之鳳字也 毛居正曰後人以朋爲朋黨字遂加鳥爲鵬鵬卽鳳也其讀鵬爲鳳者梁雍閒語音重而轉耳既以鳳代鵬遂以鵬爲鵾鵬字殊不知鳳卽鵬鵬卽朋也

luán 鸞

（篆形）亦神靈之精也赤色五采雞形鳴中五音頌聲作則至從鳥䜌聲周成王時氏羌獻鸞鳥 洛官切

廣雅鸞鳥鳳皇屬也 抱朴子崑崙圖鸞鳥似鳳而白纓漢書司馬相如傳其上則有宛雛孔鸞張揖曰鸞鸞鳥也顏

yuè 鸑

注鸞鳥形如翟而五采文　西山經女牀之山有鳥焉其狀如翟而五采文名曰鸞鳥注云舊說鸞似雞大荒南經有載民之國爰有歌舞之鳥鸞鳥自歌鳳鳥自舞　尚書中候周公歸政於成王太平制禮鸞鳥見　春秋運斗樞天樞得鸞鳥集演孔圖天子官守以賢舉則鸞在野　孝經援神契德至鳥獸則鸞鳥舞　詩含神霧德化充塞照潤八冥則鸞臻也　楚詞九章鸞鳥鳳皇日以遠兮注云鸞鳳俊鳥也君有聖德則來無德則去　惜誓獨不見夫鸞鳳之高翔兮乃集大皇之壄循四極而回周兮見聖德而後下

亦神靈之精也者藝文類聚集韻埤雅所引亦字並作赤　瑞應圖鸞赤神之精　漢書息夫躬傳鷹隼橫厲鸞徘徊兮顏注鸞神鳥也赤靈之精馥案春秋元命包火離爲鸞此猶月令注偁炎帝赤精之君　赤色五采雞形鳴中五音頌聲作則至者瑞應圖鸞雞身赤尾亦被五采鳴中五音肅肅雍雍心識鐘律鐘律調則至典略鸞鳥者神靈之精其象五彩雞形鳴中五音肅肅雍雍喜則舞以樂常處幽閒頌聲作則至抱朴子鸞閒樂而舞至則國安樂也東觀漢記王阜補重泉令吏民向化鸞鳥集於學宮阜使官掾爲雅樂鳥舉足垂翼應聲而舞馥案赤爲鸞之正色而諸

說文解字義證　卷十　十五

說各異禽經黃鳳謂之鸞　摯虞決疑要注辛繕治春秋讖緯居華陰有大鳥高五尺雞頭燕頷蛇頸魚尾五色備舉而多青棲槐樹宏農太守以聞詔問百僚咸以爲鳳大史令蔡衡對曰凡象鳳者有五多赤色者鳳多青色者鸞多黃色者鵷雛多紫色者鸑鷟多白色者鵠今此鳥多青乃鸞非鳳也通典軒渠國多九色鳥亦名錦鳳其青多紅少謂之繡鸞恆多弱水西來或云是西王母之禽也馥謂青者東方發明也東方色青　周成王時氐羌獻鸞鳥者周書王會氐羌以鸞鳥注云鸞文於鳳亦歸於仁義者也

鸑　鸑鷟鳳屬神鳥也从鳥獄聲春秋國語曰周之興也鸑鷟鳴於岐山江中有鸑鷟似鳧而大赤目　五角切

三輔決錄注太史令蔡衡云色多紫者爲鸑鷟　唐書張鷟傳五色赤文鳳也紫文鸑鷟也元和郡縣志鳳州兩當縣鸑鷟山在縣西二十里　白帖鸑鷟者鳳之雛也　陸璣詩疏鳳皇其雛名鸑鷟又初學記引詩義疏鳳皇名鸑鷟云諸說鸑鷟鳳類與此不同

鳳屬者李善注琴賦舞鸑鷟於庭階引同廣雅鸑鷟鳳皇屬也韋注國語鸑鷟鸞鳳之別名也吳都賦鸑鷟食其實五臣云鸑鷟鳳類也非竹實不食　春秋國語云云者周語文河圖括地象周之興也鳳鳴於岐山時人亦謂岐山爲鳳皇堆　江中云云者本草綱目鸀鳿名義未詳案說文云江中有鸑鷟似鳧而大赤目據此則鸀鳿乃鸑鷟聲轉百陳藏器云鸀鳿狀如鴨而大長項赤目斑觜毛角紺色一名鸑鷟揚雄蜀都賦獨竹孤鶬注云竹屬通屬玉鶬皆水鳥本作屬玉俗加鳥馥謂鸑鷟鸀竹屬聲皆相近也

zhuó 鷟

鷟　鸑鷟也从鳥族聲　士角切

禽經紫鳳謂之鷟　唐書張鷟字文成爲兒童時夢紫色大鳥五色成文降於家庭其祖謂之曰五色赤文鳳也紫文鸑鷟也見當以文章瑞於明庭因以爲名字

sù 鷫

鷫　鷫鷞也五方神鳥也東方發明南方焦明西方鷫鷞北方幽昌中央鳳皇从鳥肅聲　息逐切

廣雅鷫鷞鷦明鵔鸃鳳皇屬也　集韻廣韻鳳皇屬　禽經白鳳謂之鷫　漢書司馬相如傳鴻鷫鵠鴇郭璞曰鷫鷞也

說文解字義證　卷十　十六

五方云云者五經文字鷫鷞神鳥王注楚詞大招鷫鷞俊鳥也續漢書五行志樂叶圖徵說五鳳皆五色爲瑞者一爲孽者四注云叶圖徵曰似鳳有四並爲妖一曰鷫鷞鳩喙圓目身義戴信嬰禮膺仁負智至則疫之感也二曰發明鳥喙大頸大翼大脛身仁戴智嬰義膺信負禮至則喪之感也三曰焦明長喙疏翼圓尾身義戴信嬰仁膺智負禮至則水之感也四曰幽昌銳目小頭大身細足脛若鱗葉身智戴信負禮嬰義膺仁至則旱之感也易林神鳥五氣鳳皇爲主樂緯角致發明徵致焦明商致鷫鷞羽致幽昌宮致鳳皇瑞應圖大鳥似鳳而爲孽者非一論衡講瑞篇五鳥之記四方中央皆有大鳥其出衆鳥皆從小大毛色類鳳皇實難知也樂動聲儀焦明至爲雨備注云焦明水鳥史記司馬相如傳揜焦明索隱張指云鷦明西方之鳥也馥案西方當爲南方或加鳥作鷦鵬楚詞九懷鷦鵬開路兮或又從朋友之朋廣韻鷦鵬似鳳南方神鳥楚詞遠遊鸞鳥軒翥而翔飛注云鷦鵬玄鶴奮翼舞也文選難

鳥

蜀父老文猶鷦鵬已翔乎寥廓之宇又曰顯明法言問明篇顯明遴集僉其絜者矣注云鷦明似鳳南方神雀難於翔集益非絜不僉者

司馬相如說從鳥叜聲

從鳥叜聲者小字本無鳥字本書初刻同後復加之叜肅聲相近

shuāng 鷞

鷫鷞也從鳥鷞聲所莊切

jiū 鳩

鶻鵃也從鳥九聲居求切

夏小正三月鳴鳩言始相命也先鳴而後鳩何也鳩者鳴而後知其鳩也　鶻鵃也者詩氓于嗟鳩兮無食桑葚傳云鳩鶻鳩也食桑葚過則醉而傷其性小宛宛彼鳴鳩傳云鳴鳩鶻鵃也釋文鶌字林作鶌云骨鵃小種鳩也莊子逍遙遊篇蜩與鷽鳩笑之釋文崔云鷽讀爲滑滑鳩一名滑雕司馬云鷽鳩小鳩也李云骨鵃也毛詩草木疏云鶻鳩斑鳩也簡文云月令云鳴鳩拂其羽是也蔡氏月令章句鳩鶻鳩也鳩先

是時鳴故稱鳴鳩拂猶搏也陽氣所感故搏羽高注呂氏春秋季春紀鳴鳩斑鳩也是月拂擊其羽直刺上飛數十丈乃復者是也馥案鶻鵃非斑鳩說見鶻下

jué 鶌

鶌鳩也從鳥屈聲九勿切

鶌鳩也者釋鳥鶌鳩鶻鵃郭云似山鵲而小短尾青黑色多聲今江東亦呼爲鶻鵃戴君震毛鄭詩考正墓門二章傳鴞惡聲之鳥也震案此及魯頌翩彼飛鴞皆讀雩喬切司馬彪以爲小鳩是也似山鵲而小短尾多聲春秋傳謂之鶻鳩鴞之鴞讀吁驕切卽鴟鴞語之轉耳說者往往溷鴞與鴟鴞爲一物馥案郭說不以鶌鳩爲斑鳩良是

zhuī 鵻

祝鳩也從鳥隹聲思允切

釋鳥隹其鳺鴀郭云今鵓鳩左傳正義引舍人云今楚鳩也釋文隹如字旁或加鳥非也馥案兩隹字竝當作隼所謂如字者如隼字也旁或加鳥非也者隼旁加鳥作鵻也陸氏於鷹隼醜下云隼本或作鶽案隹卽鳥也無勞更加馥案此言隼上卽鳥無勞更加鳥作鵻也　方言鳩自關而東周鄭之郊韓魏之都謂之鵖鷎其鵖鳩謂之鸊鷎自關而西秦漢之間謂之鵴鳩其大者謂之鳻鳩其小者謂之鷑鳩或謂之鵴鳩或謂之鶌鳩或謂之鶻鳩梁宋之閒謂之鵴戴君震曰左傳祝鳩氏司徒也杜預注云祝鳩鵻鳩也鵻鳩孝故爲司徒主教民釋文鵻音隹本又作隹本或作鵻今考隹鵻古通用其作隹作鵻者卽隹鵻之訛耳方言各本鵻亦訛作鶽詩衛風于嗟鳩兮無食桑葚毛傳鳩鶻鳩也爾雅鶌鳩鶻鵃郭璞注云似山鵲而小短尾青黑色多聲今江東亦呼爲鶻鵃舊說及廣雅皆云斑鳩非也左傳鶻鳩氏司事也杜預注云鶻鳩鶻鵃也春來冬去故爲司事鶌卽鵃之訛據經傳所言者證之方言之鶌鵴鵃鳩鶻鳩皆祝鳩也不與鶻鳩同或謂之鶻鳩一句雜入不倫戴侗曰杜預曰祝鳩鵻鳩也杜氏蓋祖說文以祝鳩爲鵻而傳寫之譌遂以隹爲隹耳　一切經音義十六鵓鳩俗多作鵓鳩鵓渠六反通俗文隹其謂之鵓鳩　詩四牡翩翩者鵻傳云鵻夫不也箋云夫不鳥之愨謹者人皆愛之陸璣疏云今小鳩也一名鵓鳩幽州人或謂之鶗鴡梁宋之閒謂之鵻揚州人亦然

鵻或從隹一一曰鶉字

易公用射隼于高墉之上　魯語有隼集於陳侯之庭劉向以爲隼近黑祥貪暴類也　詩采芑鴥彼飛隼箋云隼急疾

之鳥也陸璣疏云隼鷂屬也齊人謂之擊征或謂之題肩或謂之雀鷹春化爲布穀者史記正義引云鷂齊人謂之鷙正或謂之題肩或曰省鷹春化爲布穀此屬數種皆爲隼馥謂省鷹雀鷹之誤毛晉云擊一作鷙卽謂正義鷙正　月令鷹隼早鷙　釋天錯革鳥曰旟孫炎云革急也急疾之鳥周官所謂鳥隼爲旟　春秋考異郵陰陽氣貪故題肩擊宋均注題肩有爪芒爲陽中陰故擊殺也　詩魚麗傳鷹隼擊然後罻羅設　說苑蒼隼擊於臺上　薛綜注西京賦隼小鷹也　禽經隼好翔　秋興賦隰有翔隼　釋鳥鷹隼醜其飛也翬舍人曰謂隼鷂之屬翬翬其飛疾羽聲也　禽經鳥之小而鷙者皆曰隼大而鷙者皆曰鳩李善注秋興賦云鷙擊之鳥通呼曰隼海內西經開明南有鵰注云鵰也穆天子傳曰爰有白鵰青雕燕策寡人如射隼矣鮑云隼鶻也史記蘇秦傳文同正義云隼若今之鶻也漢書貨殖傳鷹隼未擊顏注摯鳥卽今所呼爲鶻者也閻若璩曰肅慎氏其地卽今寧古塔有鳥曰海東青卽隼也

鵻或從隹一者詩采芑正義引云隼鷙鳥也六書故引唐本鵻從鳥從隹隼從隹從孔省李陽冰曰隼孔省聲侗按說文不以隼爲鷙鳥而詩疏引說文乃曰隼鷙鳥也說文固多異本邢陳大章詩傳名物集覽案說文不以隼爲鷙

gǔ 鶻　　zhōu 鵃　　jú 鵴

鳥而詩疏引之云說文鷙鳥可知說文隨人所附會閒有譌者非盡其本文之失也馥案九家易云隼鷙鳥也其性疾害韋注國語隼鷙鳥今之鶚也鄭注月令鷹隼早鷙云得疾厲之氣也亢倉子注鷙隼雕鶚之類諸書皆以隼爲鷙鳥杜預謂祝鳩孝故爲司徒主教民鷙鳥不得併孝不可以教民禽經雖上無尋言不能高飛隼與祝鳩不同物本書爲人所亂據唐本從卂省卂疾飛也與隼急疾義合一曰鶽字者集韻引作鶽子顏師古亦作子廣雅隼鶽也釋鳥鶽子鴘隼鴘聲相近

鶻　鶻鵃也從鳥骨聲古忽切

鶻鵃也者廣雅鶻鵃鷂鳩也馥案鷂鳩卽鶻鳩方言所謂戴鵀非鶻鵃字林鶻鵃小種鳩也釋鳥鶌鳩鶻鵃舍人曰鶌鳩一名鶻鵃今之斑鳩也樊光曰春秋云鶻鳩氏司事春來冬去孫炎曰鶻鳩一名鳴鳩月令云鳴鳩拂其羽郭璞云今江東呼爲鶻鵃似山鵲而小短尾青黑色多聲詩小宛宛彼鳴鳩傳云宛小貌鳴鳩鶻鵃陸璣疏鶻鵃一名斑鳩桂陽人謂之斑隹似鶉鳩而大項有繡文斑然陰則屛逐其匹晴則呼之語曰天將雨鳩逐婦是也昭十七年

左傳鶻鳩氏司事也杜注鶻鳩鶻鵃也春來冬去故爲司事正義云舊說及廣雅皆云斑鳩非也馥案說爾雅者樊郭義長斑鳩北春來冬去之鳥也楚詞九思鶻鵰遊兮華屋莊子鷽鳩釋文引司馬彪云鷽鳩小鳩也崔譔云鷽讀爲滑滑鳩一名滑雕李顒云鶻雕也馥案鷽山鵲也郭氏謂鶻鵃似山鵲而小以其似鷽故名鷽鳩本草鶻嘲似鵲尾短黃黑色在深林閒飛翔不遠北人名鷃鶻東京賦鶻嘲春鳴或呼爲骨鵰是也

鵃　鶻鵃也從鳥舟聲張流切

鵴　桔鵴尸鳩從鳥簐聲居六切

桔鵴尸鳩者桔李燾本廣韻集韻類篇竝作秸與詩毛傳同釋鳥鳲鳩鴶鵴郭云今之布穀也江東呼爲獲穀荊楚歲時記四月有鳥名獲穀其名自呼農人候此鳥則犂杷上岸注云卽今布穀方言布穀自關東西梁楚之閒謂之結誥周魏之閒謂之擊穀自關而西或謂之布穀郭注今江東呼爲獲穀戴君震疏證曰此條之首布穀二字當作尸鳩一切經音義十二引方言布穀自關而東梁楚之閒謂之鴶鵴廣雅擊穀鴶鵴布穀也西山經南山鳥多尸鳩

gē 鴿　　dàn 鴠

注云尸鳩布穀類也白帖鳲鳩一名鴶鵴一名布穀一名桑鳩馥案鴶鵴當爲鴶鵴詩曹風鳲鳩在桑其子七兮傳云鳲鳩秸鞠也鳲鳩之養其子朝從上下莫從下上平均如一陸疏云鳲鳩鴶鵴今梁宋之閒謂布穀爲鴶鵴一名擊穀一名桑鳩荀子勸學篇詩曰鳲鳩在桑其子七兮淑人君子其儀一兮其儀一兮心如結兮故君子結於一也易林鴶鵴鳲鳩專一無尤匡謬正俗蔡南問詩尸鳩於今何鳥董勛荅曰舊說云尸鳩鵩鵞未之審馥案方言作服鶝謂戴勝故云未審詩鵲巢維鳩居之傳云鳩鳲鳩秸鞠也鳲鳩不自爲巢居鵲之成巢正義云坤蒼云鴶鵴方言云戴勝謝氏云布穀類也諸說皆未詳布穀者近得之昭十七年左傳鳲鳩氏司空也注云鳲鳩鴶鵴也鳲鳩平均故爲司空平水土正義云釋鳥云鳲鳩鴶鵴樊光曰春秋云鳲鳩氏司空心平均故爲司空郭璞曰今之布穀也孫炎曰方言云鳲鳩自關而東謂之戴勝陸璣毛詩義疏云今梁宋之閒謂布穀爲鴶鵴則布穀是鳲鳩明矣而揚雄云鳲鳩是戴勝也今戴勝自生穴中不巢生雄言非也易通卦驗立夏清明風至博穀飛夏小正二月鷹則爲鳩五月鳩爲鷹月令仲春之月鷹化爲鳩鄭注鳩博穀也列子天瑞篇鷂之爲鸇鸇之爲布穀布穀又復爲鷂也莊子鷂

爲鸇鸇爲布穀此物變也呂氏春秋仲春紀鷹化爲鳩注云喙正直不鷙擊也鳩蓋布穀鳥

鴿　鳩屬從鳥合聲古沓切

鳩屬者玉篇鴿似鳩而大也集韻鵓鶉鳥今之鵓鴿也急就篇鳩鴿鶉鴳中網死顏注鴿似鵓鳩而色青白其鳴聲鴿鴿因以名云周禮庖人掌共六禽鄭注鴈鶉鷃雉鳩鴿戴祚西征記祚至雍邱始見鴿大小如鳩色似鸚鵡戲時兩兩相對馥案戴所見乃綠鳩非鴿也馥於滇南見一綠鳩色近鸚鵡

鴠　渴鴠也從鳥旦聲得案切

渴鴠也者玉篇鶡鴠似雞冬無毛晝夜常鳴名倒懸集韻鶡鴠鳥名似雞五色晝夜鳴方言鶡鴠周魏齊宋楚之閒謂之定甲或謂之獨春自關而東謂之城旦或謂之倒懸或謂之鶡鴠自關而西秦隴之內謂之鶡鴠郭注鶡鴠鳥似雞五色冬無毛赤倮晝夜鳴獨春好自低仰城旦言其辛苦有似於罪讁者倒縣好自縣於樹也坊記詩云相彼盍旦尚猶患之注云盍旦夜鳴求旦之鳥也求不可得也人猶惡其欲反晝夜而亂晦明鹽鐵論鶡鴠夜鳴無益於

明廣志侃旦冬毛希夏毛盛月令仲冬之月鶡旦不鳴鶡旦求旦之鳥也周書時訓解大雪之日鶡鳥不鳴鳥猶鳴國多訛言易通卦驗冬至曷旦不鳴鄭注羣物炁至之應也呂氏春秋仲冬紀鶡鴠不鳴注云鶡鴠山鳥陽物也是月陰盛故不鳴也淮南時則訓仲冬之月鴇鴠不鳴高注鴇鴠山鳥是月陰盛故不鳴也馥案文選七發朝則鸝黃鴇鴠鳴焉李善引禮記仲冬曷旦不鳴鴇曷竝音渴郭注方言鶡鴠云侃旦兩音

jú 鶪

鶪 伯勞也從鳥狊聲 古闃切

伯勞也者韻會引徐鍇本作博勞本書𪕮地行鼠伯勞所化也廣雅伯趙鶪也釋鳥鶪伯勞也郭云似鶷鶡而大疏云郭云似鶷鶡而大者字林云鶷鶡似伯勞而小故也馥案詩正義引李巡曰伯勞一名鶪樊光曰春秋云少皞氏以鳥名官伯趙氏司至伯趙鶪也以夏至來冬至去釋鳥又云鶅鶪醜其飛也翪郭云竦翅上下詩豳風七月鳴鶪傳云鶪伯勞也箋云伯勞鳴將寒之候也五月則鳴豳地晚寒鳥物之候從其氣焉昭十七年左傳伯趙氏司至者也注云伯趙伯勞也以夏至鳴冬至止正義云月令仲夏之月鶪始鳴蔡邕云鶪伯勞也一曰伯趙應時而鳴爲陰

說文解字義證 卷十 三十

候也詩云七月鳴鶪者王肅云七當爲五古文五字似七故誤孟子南蠻鴃舌之人注云鴃博勞鳥也詩云七月鳴鴃應陰而後動者也楚詞九思左見兮鳴鵙注云鵙伯勞也本草引之云言其鳴惡也離騷恐鵜鴂之先鳴兮使夫百草爲之不芳注云鵜鴂一名買鵤常以春分日鳴也馥案汪君梧鳳曰鶗鴂揚雄反騷作鷤鴂張衡思元賦作鶗鴂字形相禪變耳伯勞以夏至鳴而王逸云鵜鴂一名買鵤常以春分鳴失之也買鵤乃子規徐廣注史記云秭鴂一名鷤鴂顏師古注漢書云鷤鴂一名買鵤一名子規一名杜鵑皆二物相瀾史記百草奮興秭鴂先滜奮興之與不芳義正相反廣韻又與寍鴂之名淆皆考古不審以名相冒夏小正五月鴂則鳴傳云鴂者百鷯也鳴者相命也月令仲夏之月鶪始鳴鄭注鶪博勞也周書時訓解鶪不始鳴令姦壅偪藝文類聚引易通卦驗夏至小暑博勞鳴博勞性好單棲其飛翪其聲嗅嗅夏至應陰而鳴冬至而止呂氏春秋仲夏紀鶪始鳴注云鶪伯勞也是月陰作於下陽發於上伯勞夏至後應陰而殺蛇磔之於棘而鳴於上曹植令禽惡鳥論國人有以伯勞生獻者王召見之侍臣曰世同惡伯勞之鳴敢問何謂也王曰昔尹吉甫後妻之讒殺孝子伯奇吉甫後悟追傷伯奇出游于田見鳥鳴于桑其聲噭然吉甫動心曰伯奇乎鳥乃撫翼其音尤切吉甫乃顧曰伯勞乎是吾子棲吾輿非吾子飛勿居鳥尋聲而棲于蓋吉甫遂射殺後妻以謝之故俗惡伯勞之鳴言所鳴之家必有尸也此好事者附名爲之說而今普傳惡之其實否也伯勞以五月而鳴應陰氣之動陰爲賊害蓋賊害之鳥也其聲鶪鶪然故俗憎之若其爲人災害愚民之所信通人之所略也楊慎曰禽經注云伯勞飛不能翱翔直刺而已形似鸜鵒但鸜鵒喙黃伯勞喙黑以此別之易林曰鶪必單棲鷙必匹飛此鳥好隻飛亦能擊搏鷹集於林則盤旋鳴聒俟鷹飛輒擊之俗乎爲鳳皇皂隸言百鳥畏之也五更輒鳴不止至曙乃息

雗 鶪或從隹

liù 鷚

鷚 天龠也從鳥翏聲 力救切

天龠也者本書無龠字小字本作龠爾雅釋文引作蘥馥謂當爲籥或作籲本書籲呼也讀與籥同今人謂鷚爲告天鳥卽呼籲意釋鳥鷚天鸙郭云大如鷃雀色似鶉好高飛作聲今江東名之曰天鷚音綢繆通志按此雀類似鶉

說文解字義證 卷十 三十一

而尾小長以其能鳴故人多畜之俗呼告天所挂寒月多有之包希魯曰俗名告天鳥其鳥如鸙形醜而善鳴其鳴從地奮起十數丈聲高而多韻馥案禽經雖上無尋鷚上無常言其不能高飛北人呼爲阿濫以毛羽醜劣也玉篇鷚鸑鳥今之郭么

yù 鸒

鸒 卑居也從鳥與聲 羊茹切

卑居也者本書雅一名鸒一名卑居小爾雅雅烏鸒也釋鳥鸒斯釋文云本多無此字案斯是詩人協句之言後人因將添此字也而俗本遂斯旁作鳥謬甚詩小弁弁彼鸒斯正義云此鳥名鸒而云斯者語詞以劉孝標之博學而類苑鳥部立鸒斯之目是不精也馥案玉篇鸒斯鵯鶋也亦名鵯鳥是梁人多雙稱不但類苑

xué 鷽

鷽 雗鷽山鵲知來事鳥也從鳥學省聲 胡覺切

雗鷽山鵲者本書雗雗鷽也釋鳥鷽山鵲郭云似鵲而有文彩長尾觜腳赤廣雅鴝鵲鵲也廣韻雗鵲鷽別名楚詞九思山鵲兮嚶嚶詩賓之初筵釋文鵠鴿也說文云卽鵲也小而難中馥謂鴿當爲鵲所引說文當云卽山鵲也

知來事鳥也者淮南氾論訓乾鵲知來而不知往高注乾鵲鵲也人將有來事憂喜之徵則鳴論衡是應篇乾鵲知來抱朴子乾鵲知來知來魏彥深巢鵲詩知來寧自我徐勉鵲賦其識知來金樓子志怪篇乾鵲知來猩猩識往通鑑寶參每遷除多與族子申議之時人謂之喜鵲注云以人家有喜事鵲必先噪於門庭以報之也里諺朝鸎叫晴暮鸎叫雨徐鍇曰西京雜記陸賈曰干鵲噪行人至禮射鴉鵲卽此也

雤 鷽或從隹

jiù 鷲

鷲 鳥黑色多子師曠曰南方有鳥名曰羌鷲黃頭赤目五色皆備從鳥就聲 疾僦切

鳥黑色多子者一切經音義六史記索隱引竝同山海經景山多鷲黑色多力本草鷲悍多力盤旋空中無細不覩師曠云云者李善注鷦鷯賦引同一切經音義六引作赤咽又云西域多此鳥蒼黃目赤別記云此鳥有靈知人死活人欲死時則羣翔彼家待其送林則飛下而食以能懸知故號靈鷲也西域諸國記闍崛山有兩峯雙立鷲鳥常羣居其顛山遠望如鷲人號爲靈鷲山林邑國記西南遠界有靈鷲鳥能知吉凶覘人將死食尸肉盡乃去馥案古西域人死不葬送之林中而已王舍城側有寒林其林幽邃而寒因名寒林死人多送其中楞伽阿跋多羅寶經第八卷有屍陀林卽指棄屍之林也太平御覽引有一曰雕三字廣雅鷲雕也玉篇雕鷲也能食草服虔曰雕大鷲鳥也史記索隱引說文雕似鷲馥案當云鷲似雕穆天子傳青雕執犬羊食豕鹿郭璞曰今雕亦能食麕鹿北齊書斛律光常射一大鳥正中其頭形如車輪旋轉而下乃雕也修行本起經蒼鷹飛來博取孔雀雕鷲復來博取食之通作就漢書匈奴傳生奇材木箭竿就羽顏注就大雕也黃頭赤目其羽可爲箭馥案匈奴有射雕手爲其羽可爲箭故取之寰宇記甘泉縣本漢雕陰縣地雕山在縣南山峽土石爲鷹雕之所居爾雅翼禽經雕以周之鷲以就之然則鷲爲雕之大者言所謂皁雕是也輟耕錄北方凡皁雕作巢所在官司必令人窮巢探卵較其多寡如一巢而三卵者置卒守護日覘視之及其成鷇一乃狗耳取以飼養進之于朝其狀與狗無異但耳尾上多毛羽數根而已田獵之際雕則戾天狗則走陸所逐同至名曰鷹背狗馥案皁雕卽鷲本草以爲白雕又有青蒼者乃鷻鴉之屬

xiāo 鴞

鴞 鴟鴞寧鴂也從鳥号聲 于嬌切

鴟鴞寧鴂也者釋鳥文方言桑飛自關而東謂之工爵或謂之過鸁或謂之女鴎或謂之鸋鴂自關而西謂之桑飛或謂之懱爵書金縢公乃爲詩以貽王名之曰鴟鴞詩鴟鴞傳云鴟鴞鸋鴂也無能毀我室者攻堅之故也箋云無毀我巢我巢積日累功作之甚苦陸璣疏云鴟鴞似黃雀而小其喙尖如錐取茅莠爲巢以麻紩之如刺韈然縣著樹枝或一房或二房幽州人謂之鸋鴂或曰巧婦或曰女匠關東謂之工雀或謂之過鸁關西謂之桑飛或謂之韈雀或曰巧女馥案易林治成御災鸋鴂鴟鴞綏德安家周公勤勞卽詩意也陳琳檄吳文鷦鷯之鳥巢於葦苕苕折子破下愚之惑也李善注引韓詩鴟鴞鸋鴂鳥名也鴟鴞所以愛養其子者適以病之愛養其子者謂堅固其窠巢病之者不試於大樹茂枝反敷之葦蕳風至蕳折巢覆有子則死有卵則破是其病也馥案諸說鴟鴞多異王逸注九歎鴟鴞鸋鴂貪鳥也郭注爾雅鴟鴞鴟類此以鴟鴞爲鵂鶹之屬一切經音義十九字林鴟鴞鸋鴂也形似鳥而青白卽惡聲鳥也楚人謂服鳥亦鴟類也山東名鸋鴂俗名巧婦此以鴟鴞爲鵂鶹之屬皆誤也

jué 鴂

鴂 寧鴂也從鳥夬聲 古穴切

xù ⿰祟鳥

⿰祟鳥 鳥也從鳥祟聲 辛聿切

鳥也者廣韻⿰祟鳥小鳥

fǎng 鴋

鴋 澤虞也從鳥方聲 分兩切

澤虞也者釋鳥文彼作鴋郭注今婟澤鳥似水鴞蒼黑色常在澤中見人輒鳴喚不去有象主守之官因名云俗呼爲護田鳥孫炎曰鴋鳩或謂紡澤虞其別名也常在澤中見人輒鳴不去有象主守之官因名馥案此以鴋爲鴋鳩本於方言郭注爾雅方言皆不從

jié ⿰截鳥

⿰截鳥 鳥也從鳥截聲 子結切

鳥也者玉篇⿰截鳥小雞也

qī ⿰桼鳥

⿰桼鳥 鳥也從鳥桼聲 親吉切

dié 鴃

鴃 鋪豉也從鳥失聲 徒結切

鋪豉也者釋鳥文鋪徐鍇本及李燾本竝作鋪

kūn 鶤

鶤 鶤雞也從鳥軍聲讀若運 古渾切

鶤雞也者釋畜雞三尺爲鶤郭注陽溝巨鶤古之名雞一切經音義四鶤狀如鶴而大者也太元裝次四鶤雞朝飛西京賦翔鶤仰而不逮張揖云鶤雞似鶴黃白色淮南子軼鶤雞於姑餘許注鶤雞鳳皇之別名通作昆鵾鸏三字楚詞九辨昆雞啁哳而悲鳴穆天子傳鸏雞飛八百里注云即鵾雞鵾屬也文選七發鵾雞哀鳴翔乎其下吳都賦鳥則鵾雞鸀鳿周遷輿服雜事五輅兩箱之後皆用玳瑁鵾翅注云鵾大鳥名其羽鬬鸃利故車箱象之 讀若運者爾雅釋文鶤音昆或音運

ǎo 鴹

鴹 鳥也從鳥芺聲 烏浩切

jú 舄

舄 鳥也從鳥臼聲 居玉切

jiāo 鷦

鷦 鷦䳄桃蟲也從鳥焦聲 即消切

鷦䳄桃蟲也者詩正義引同廣雅鷦鷯鶠鴂果臝桑飛女鴎工雀也荀子勸學篇南方有鳥焉名曰蒙鳩以羽爲巢而編之以髮繫之葦苕風至苕折卵破子死巢非不完也所繫者然也注云蒙鳩鷦鷯也今巧婦鳥之巢至精密多繫於葦竹之上是也蒙當爲蔑方言云鷦鷯自關而西謂之桑飛或謂之蔑雀或曰一名蒙鳩亦以其愚也說苑客謂孟嘗君曰鷦鷯巢於葦苕著之以髮可謂完堅矣大風至則葦折卵破何也所託然也馥案今方言無鷦鷯二字郭注云桑飛即鷦鷯也蒙鳩大戴禮作蝱鳩陳藏器本草巧婦鳥小於雀在林藪閒爲巢巢如小囊袋莊子逍遙遊鷦鷯巢於深林不過一枝李頤云鷦鷯小鳥也呂氏春秋求人篇啁噍巢於林不過一枝注云啁噍小鳥也易林桃雀竊脂巢於小枝動搖不安爲風所吹心寒慄惕常憂殆危張華鷦鷯賦飛不飄揚翔不翕集其居易容其求易給巢林不過一枝每食不過數粒詩小毖肇允彼桃蟲傳云桃蟲鷦也鳥之始小終大者箋云鷦之所爲鳥題肩也或曰鴞皆惡聲之鳥正義云釋鳥云桃蟲鷦郭璞曰鷦䳩桃雀也俗名爲巧婦鷦䳩小鳥而生鵰鶚者也陸璣疏云今鷦鷯是也微小於黃雀其雛化而爲鵰故俗語鷦鷯生鵰言始小終大者始爲桃蟲長大而爲鷦鳥箋云言鷦之所爲鳥題肩或曰鴞皆惡聲之鳥定本集注皆云或曰鴞皆惡鳥也方言巧婦之名自關而東謂之桑飛或謂之工雀或謂之過鸁或謂之女匠自關而西或謂之韄雀郭璞注云即鷦鷯是也諸儒皆以鷦爲巧婦與題肩又不類也今箋以鷦與題肩及鴞三者爲一其義未詳

miǎo 䳄

䳄 鷦䳄也從鳥眇聲 亾沼切

liú 鶹

鶹 鳥少美長醜爲鶹離從鳥留聲 力求切

鳥少美長醜爲鶹離者釋鳥文彼作鶹鷅郭云鶹鷅猶鶹離馥案離鷅聲轉猶黃離留或謂之黃栗留詩旄邱流離之子傳云流離鳥也少好長醜易林鶹鴞娶婦深目窈身折腰不媚與伯相背

nán 鷬

鷬 鳥也從鳥堇聲 那干切

難 鷬或從隹

古文鷬

古文鷬

古文鷬

chuàn 鶨

鶨 欺老也從鳥彖聲 丑絹切

欺老也者釋鳥文彼作鶨郭注鴝鶨也俗呼爲癡鳥下云扈鴳郭云今鴳雀左傳正義云舍人李巡孫炎郭璞皆斷老上屬扈下屬惟樊光斷鶨鵙爲句以老下屬馥案本書亦偁老扈 彖聲者釋文引字林鴝句喙鳥案本書彖讀若弛喙字本從此誤從易彖辭之彖此鳥句喙則鶨亦從彖聲呂郭音丑絹反似誤通志鶨益鴟類能捕雀句喙目圓黃可畏如拳大小者尤俊

yuè

鳥也從鳥說省聲 弋雪切

鳥也者玉篇鴧水鳥也說省聲者當爲兌聲

鳥

tǒu
鴩

鴩 鳥也从鳥主聲天口切

鳥也者玉篇鴩水鳥黑色集韻鴩鳥也似梟黑色

mín
鴖

鴖 鳥也从鳥昏聲武巾切

鳥也者廣韻鴖鳥似翠而赤喙山海經符禺之山其鳥多鴖其狀如翠而赤喙

liáo
鷯

鷯 刀鷯剖葦食其中蟲从鳥尞聲洛蕭切

刀鷯剖葦者釋鳥文彼作鴮郭云好剖葦皮食其中蟲因名云江東呼蘆虎似雀青斑長尾

yǎn
鶠

鶠 鳥也其雌皇从鳥匽聲一曰鳳皇也於幰切

鳥也其雌皇者釋鳥鶠鳳其雌皇郭云瑞應鳥雞頭蛇頸燕頷龜背魚尾五彩色高六尺許　一曰鳳皇也者五經文字鶠鳳也顔注急就篇鳳神鳥也一名鶠瑞應圖鳳皇者仁鳥也雄曰鳳雌曰皇一名鶠詩卷阿鳳皇于飛陸璣疏雄曰鳳雌曰皇一名鶠

zhī
鴲

鴲 瞑鴲也从鳥旨聲旨夷切

瞑鴲也者廣韻鴲小青雀也

luò
鵅

鵅 烏鸔也从鳥各聲盧各切

烏鸔也者釋鳥文郭云水鳥也似鶂而短頸腹翅紫白背上緑色江東呼烏鸔

bǔ
鸔

鸔 烏鸔也从鳥暴聲蒲木切

hè
鶴

鶴 鳴九皋聲聞于天从鳥隺聲下各切

韻集鶴善鳴鳥也　宋臨川王鶴賦其狀也紺綹頸而成飾赬點首以表儀羽凝素而雪映尾舒元而參差趾象虯以振步形亞鳳以擅奇顔案鶴翼元立則似尾飛則展其元翼露其白尾賦言尾舒元誤也　淮南八公相鶴經鶴者陽鳥也而遊於陰因金氣依火精以自養金數九火數七故七年小變十六年大變百六十年變止千六百年形定體尚潔故其色白聲聞天故頂赤食於水故其喙長軒於前故後指短棲於陸故足高而尾凋翔於雲故毛豐而肉疎大喉以吐故修頸以納新故大壽不可量所以體兼青黃二色者木土之氣內養故不表於外是以行必依洲嶼止不集林木蓋羽族之宗長仙人之騏驥也鶴之上相瘦頭朱頂露眼元睛高鼻短喙鮭頰軞耳長頸促身鷰膺鳳翼雀毛龜背鼈腹軒前垂後高脛粗節洪髀纖指此相之備者也鳴則聞於天飛則一舉千里鶴二年落子毛易黑點三年產伏復七年羽翮具復七年飛薄雲漢復七年舞應節復七年晝夜十二時鳴中律復百六十年不食生物復百六十年大毛落茸毛生雪白或純黑泥水不汚復百六十年雌雄相視目睛不轉而孕千六百年飲而不食鸞鳳同爲羣聖人在位則與鳳皇翔於甸　漢書司馬相如傳玄鶴加　顔注玄鶴黑鶴也相鶴經云鶴壽滿二百六十歲則色純黑　伏侯古今注鶴千歲則變蒼又千歲則黑所謂玄鶴也　周書王會張陰羽孔注陰鶴也馥案楊愼曰鶴愛陰而惡陽雁愛陽而惡陰易曰鳴鶴在陰傳曰鴻雁隨陽故汲冢書目鶴曰陰羽禹貢名雁曰陽鳥　禽經鶴愛陰而惡陽鶴俯鳴則陰仰鳴則晴　易通卦驗立夏清明風至而鶴鳴　初學記引繁露云鶴知夜半鶴所以壽者無宛氣於中也　春秋說題辭鶴知夜半注云鶴水鳥也夜半水位感其生氣則益喜而鳴　風土記鳴鶴戒露此鳥性警至八月白露降流於草上滴滴有聲因卽高鳴相警移徙所宿處慮有變害也　元和志酸棗縣故鶴城在縣西南十五里衛懿公養鶴於此

鳴九皋聲聞于天者詩小雅鶴鳴于九皋陸璣疏鶴形狀大如鵞長脚青翼高三尺喙長四寸餘多純白或有蒼色蒼色者今人謂之赤頰常夜半鳴淮南子亦云雞知將旦鶴知夜半其鳴高亮聞八九里雌者聲差下今吳人園囿中及士大夫家皆養之韓詩章句九皋九折之澤文選思元賦遇九皋之介鳥兮五臣云介大也介鳥謂鶴也湛芳生弔鶴文濯冰霜之素質颺九皋之奇聲

lù
鷺

鷺 白鷺也从鳥路聲洛故切

白鷺也者釋鳥鷺舂鉏郭云白鷺也頭翅背上皆有長翰毛今江東人取以爲睫攡名之曰白鷺縗　詩宛邱值其鷺羽傳云鷺鳥之羽可以爲翳陸璣疏鷺水鳥也好而潔白故謂之白鳥齊魯之閒謂之舂鉏遼東樂浪吳揚人皆謂之白鷺青脚高尺七八寸尾如鷹尾喙長三寸頭上有毛十數枚長尺餘毵毵然與衆毛異好欲取魚時則弭之今吳人亦養焉楚威王時有朱鷺合沓飛翔而來舞則復有赤者舊鼓吹朱鷺曲是也周頌振鷺振鷺于飛魯頌振振鷺傳

竝云振振羣飛貌鷺白鳥也薛君韓詩章句鷺潔白之鳥後漢書馬融傳鷺雁鶩鶃注云鷺白鷺也謝惠連白鷺賦表弗緇之素質挺樂水之奇心後魏書以伺察占候官謂之白鷺取其延頸遠望也

hú 鵠

鵠 鴻鵠也从鳥告聲 胡沃切

鴻鵠也者一切經音義四引作黃鵠也又云形如鶴色蒼黃也李善注西都賦引同玉篇鵠黃鵠仙人所乘引楚辭黃鵠之一舉知山川之紆曲再舉知天地之圜方廣志鵠形似鶴色蒼黃也出東海後趙錄揚州獻黃鵠雛頸長一丈聲聞十餘里急就篇鳳爵鴻鵠鴈鶩雉顏注鴻鵠分釋云鵠黃鵠也一舉千里其鳴聲鵠鵠云蜀都賦其中則有鴻儔鵠侶亦鴻鵠分言亦有白者抱朴子千歲之鵠隨時而鳴能登於木色純白腦盡成骨

hóng 鴻

鴻 鴻鵠也从鳥江聲 戶工切

鴻鵠也者白者爲鴻鵠別於黃鵠急就篇鳳爵鴻鵠鴈鶩雉顏注鴻水鳥其色正白馥案盧思道孤鴻賦振雪羽而臨風掩霜毛而候旭言其白也莊子天運篇鵠不日浴而白漢書司馬相如傳弋白鵠皆謂鴻也易漸卦鴻漸于干

王云鴻水鳥也詩九罭鴻飛遵渚箋云鴻大鳥也陸璣疏鴻鵠羽毛光澤純白似鶴而大長頸肉美如鴈又有小鴻大小如鳧色亦白今人直謂鴻也馥案直謂鴻者言不連鵠稱之郭璞江賦則有晨鵠天雞馬援曰刻鵠不成尚類鶩卽謂此小鴻則又單稱鵠矣韓詩外傳一夫鴻鵠一舉千里所恃者六翮爾背上之毛腹下之毳益一把飛不爲加高損一把飛不爲加下又云非鴻之力安能舉其翼鄉射記以鴻脰韜上二尋注云鴻鳥之長脰者也尸子鴻鵠之鷇羽翼未全而有四海之心史記陳勝歎曰燕雀安知鴻鵠之志哉漢高帝歌鴻鵠高飛一舉千里說苑鴻鵠高飛不就汙池何則其志極遠也新序鴻鵠嬉遊乎江漢息流乎大沼俛啄鰋鯉仰奮陵衡修其六翮而陵淸風麃搖高翔一舉千里王隱晉書郭璠指翔鴻曰此鳥飛靑雲之外翱深谷之中自東自西安可籠也五經異義引公羊說樂萬舞以鴻羽取其勁輕一舉千里淮南萬畢術鴻毛囊之可以渡江博物志鴻鵠千歲者皆胎產江淹上建平王書鴻亭之鬼列異傳作鵠奔亭

qiū 鶖

鶖 禿鶖也从鳥尗聲 七由切

禿鶖也者一切經音義二十一鶖大鳥也其羽鮮白詩白華有鶖在梁傳云鶖禿鶖也箋云鶖以魚爲美食又云鶖之性貪惡馥案後漢書正光二年八月獲禿鶖於宮內詔以示崔光光表曰蒙示所得大鳥此卽詩所謂有鶖在梁解云禿鶖也貪惡之鳥野澤所有不應入於殿庭楚詞大招鵾鴻羣晨雜鶖鶬只注云鶖鶬鶖也吳都賦鶄鶴鶖鶬五臣云鶖如鷺而大長頸赤目其毛辟水毒丹陽鄱陽皆有之吳紀嗣主問中書令張尙鳥之中大者鶴小者雀平尙曰大者有禿鶖小者有鷦鷯元魏羊闡無髮東昏侯呼爲禿鶖北史周大象二年有禿鶖鳥集新大極殿前廣五行志開成五年六月有禿鶖羣飛集禁苑鶖水鳥也陳啟源曰鶖似鶴而淸濁不同所謂禿鶖也脯脩倉之益人氣力走及奔馬馥案魯都賦綠鶬蔥鶖蔥謂蔥白色

鶖 鶖或从秋

或从秋者通作秋古今注扶老禿秋也狀如鶴而大大者頭高八尺善與人鬬好啖蛇

yuān 鴛

鴛 鴛鴦也从鳥夗聲 於袁切

鴛鴦也者急就篇鴛鴦顏注鴛鴦匹鳥爲名也詩鴛鴦傳云鴛鴦匹鳥箋云匹鳥言其止則相耦飛則爲雙性馴耦也鄭氏婚禮謁文贊鴛鴦鳥雌雄相類飛止相匹後漢書馬融傳鴛鴦鷗鷺注云鴛鴦匹鳥也古今注鴛鴦水鳥鳧類也雌雄未嘗相離人得其一則一思而至死故曰匹鳥白帖鴛鴦止則相耦飛則相雙孔帖鴛鴦養雛於土窟破冢之閒能使狐衛其子唐楊日華膳夫錄鴛鴦爲羽族而不棲樹林類水鳥而不在江湖古人圖之於繡衣上以其貞且義也爾雅翼鴛鴦其大如鶩其質杏黃色頭戴白長毛垂之至尾尾翅皆黑今婦人閨房中飾以鴛鴦黃赤五彩首有纓者皆鸂鶒耳搜神記宋大夫韓馮妻美康王奪之馮自殺妻亦投臺下死遺書求與馮合葬王不聽使里人埋之冢相望也宿昔有文梓木生二冢之端旬日大合抱屈體相就根交於下又有鴛鴦雌雄各一恆棲樹上交頸悲鳴

yāng 鴦

鴦 鴛鴦也从鳥央聲 於良切

duò 鵽

鵽 鵽鳩也从鳥叕聲 丁刮切

鷚鳩也者，釋鳥鷚鳩寇雉，郭注鷚大如鴿，似雌雉，鼠腳無後指，岐尾，爲鳥憨急羣飛，出北方沙漠地。又寇雉泆泆，郭注卽鷚鳩也。一切經音義十二云憨急謂虛勇。又十四云肉美，俗名突厥雉，生蒿萊之閒，形大如鶉。顏案舊唐書亦稱突厥雀也。釋智朴盤山志爾雅鷚鳩寇雉，盤山多有之，土人呼爲半翅，卽沙雞也，一名鐵腳。

lù
鵱

鵱 蔞鵝也。从鳥坴聲。力竹切

蔞鵝也者，釋鳥鵱鷜鵝，郭云今之野鵞。玉篇、廣韻竝云鵱鷜野鵝。

gē
鴚

鴚 鴚鵝也。从鳥可聲。古俄切

鴚鵝也者，廣志駕鵝野鵝也。陶隱居說本草云有野鵝大於雁，猶似家蒼鵝，謂之駕鵝。顧炎武曰爾雅舒雁鵝，注今江東呼鴚。鴚卽駕字。左傳魯大夫榮駕鵝，太玄經裝次二駕鵝慘於冰，司馬相如子虛賦弋白鵠連駕鵝，上林賦鴻鷫鵠鴇駕鵝屬玉，揚雄反離騷豈駕鵝之能捷，張衡西京賦駕鵝鴻鶤，南都賦鴻鴇駕鵝，杜甫七歌前飛駕鵝後鶖鶬，遼史穆宗紀獲駕鵝祭天地，元史武宗紀禁江西湖廣汴梁私捕駕鵝，山海經青要之山是多駕鳥，郭璞云未詳，

說文解字義證《卷十 圭

或云當作駕，其從馬者傳寫之誤。爾漢書古今人表榮駕鵝，師古曰駕音加，今本亦誤作駕。今本左傳亦多作駕，猶詩乘乘鴇之誤作鴇也。

é
䳘

䳘 鴚鵝也。从鳥我聲。五何切

鴚鵝也者，釋鳥舒雁鵝，郭云禮記曰出如舒雁，今江東呼鴚。樊光曰在野舒翼飛遠者爲鵝。李巡曰野曰雁，家曰鵝。周禮掌畜掌養鳥而阜蕃教擾之，注云謂鵝鶩之屬。鮑照野鵝賦入長羅之逼脅，負高繳之樊縈。

yàn
鴈

鴈 䳘也。从鳥人厂聲。五晏切

釋鳥鳧雁醜，其足蹼，其踵企。郭云腳指閒有幕蹼屬相著，飛卽伸其腳跟企直。陸佃曰郭說非是，今鳧雁行則前幕布地，後踵企，故曰其踵企也。詩女曰雞鳴弋鳧與雁。荀子王制篇然後飛鳥鳧雁若烟海。漢書翟方進傳有狗從外入齧其中庭羣鴈數十。賈誼書鄒穆公有令畜鳧鴈者必以粃。齊策君鵝鶩有餘食。韓詩外傳三斗之稷不足於士，而君鴈鶩有餘粟。說苑君之鳧鴈食以菽粟。王制稻以雁。莊子山木篇命豎子殺鴈而烹之。鹽鐵論鷇膹鴈羹。

童子傳曾相客有獻雁者，歎曰天之於人生五穀以爲之食，有魚鳥以爲之肴。晉書載記苻朗食鵝肉知黑白之處。

鵝也者，卽舒鴈。方言鴈自關而東謂之鴚鵝，南楚之外謂之鵝，或謂之鶬鴚。廣雅鴚鵝倉鴚鴈也。聘禮記出如舒鴈，注云舒鴈鵝也。士蕃傳指日凱旋，雖鴈飛於天無是之速，鵝猶鴈也，臣謹冶黃金爲鵝以獻。從鳥人厂聲者，戴侗曰唐本從从從鳥。

wù
鶩

鶩 舒鳧也。从鳥敄聲。莫卜切

廣雅鳪鴨鷖鳧鶩也。廣志鶩野鴨，雄者赤頭有距。周禮掌畜掌養鳥而阜蕃教擾之，注云鳥之可養使盛大蕃息者，鵝鶩之屬，疏云鶩卽今之鴨。淮南地形訓食水者善游能寒，高注鷖鶩之屬。後漢書馬援傳所謂刻鵠尚類鶩者也，注云鶩鴨也。周禮大宗伯庶人執鶩，鄭注鶩取其不飛遷，疏云象庶人安土重遷也。曲禮庶人之摯匹，注云說者以匹爲鶩，釋文鶩鴨也。馥案廣雅鴄鶩鳧也，玉篇鴄鴨也，鴨水鳥，亦作鴄。說苑庶人以鶩爲贄，鶩者鶩鶩也，鶩鶩無他心，故庶人以鶩爲贄。

說文解字義證《卷十 圭

舒鳧也者，釋鳥文。舍人曰鳧野名也，鶩家名也。李巡曰野曰鳧，家曰鶩。某氏曰在野舒翼飛遠者爲鳧。藝文類聚、太平御覽引本書竝作野鳧也。本書鳧下云舒鳧鶩也。顏注急就篇鶩一名舒鳧，卽今之鴨也。又注漢書揚雄傳云鳧水鳥，卽今之野鴨也。內則舒鳧翠，注云舒鳧鶩也。襄二十八年傳公膳日雙雞，饔人竊更之以鶩。

yī
鷖

鷖 鳧屬。从鳥殹聲。詩曰鳧鷖在梁。烏雞切

鳧屬者，孔帖引郭知元韻同。詩鳧鷖在涇，傳云鷖鳧屬。漢書揚雄傳鳧鷖振鷺，顏注鷖鳧屬也。後漢書馬融傳鴐鵞鷗鷖，注云鷖鳧屬也。班固傳鳧鷖鴻雁，注云周處風土記曰鷖鷖鳥也，以名自呼，大如小雞，生卵於荷葉上。笠澤書于視穫于甫里，夜不能寐，往往聲類暴雨而至，至明訊其氓，曰鳧鷖也，其曹蔽天而下，所當之田穗必竭。詩曰鳧鷖在梁者，大雅鳧鷖凡五章，無在梁之文。

jié
鶪

鶪 鶪鷞鳧屬。从鳥契聲。古節切

鶪鷞鳧屬者，徐鍇本無鳧屬二字，鍇繫傳云按字書鳧屬也。南都賦鶪鶂鷫鸘，李善引本書鶪鶂鳧屬，鶂音雅札反。

鳥

jiá 鷿 méng 鸏 yù 鷸

蓋鷿之誤字

鷿 鶈鷿也從鳥辟聲 魚列切

鸏 水鳥也從鳥蒙聲 莫紅切

水鳥也者廣韻鸏鸏水鳥黃喙喙長尺餘南人以爲酒器出劉欣期交州記馥案交州記鸏鸏水鳥出九眞交趾大如孔雀竺法眞登羅浮山疏鸏鸏不食魚止啖木葉一名鸏鵬一名鶴項史記司馬相如傳煩鶩鷛𪆟徐廣曰煩鶩一作番鸏

鷸 知天將雨鳥也從鳥矞聲禮記曰知天文者冠鷸 余律切

知天將雨鳥也者續漢書輿服志注引同燕策蚌方出曝而鷸啄其肉蚌合而箝其喙鷸曰今日不雨明日不雨卽有死蚌 禮記曰知天文者冠鷸者今無此文本書亦不引小戴記或出逸禮續漢書輿服志引記曰知天者冠述

說文解字義證 卷十 三三

錢君大昕曰述讀如聿詩聿修厥德漢書引作述修爾雅適自也孫炎云適古述字聿與適同故鷸冠字亦爲述也馥案述或作鉥說苑知天道者冠鉥漢書五行志引左傳鄭子臧好聚鷸冠顏注鷸大鳥卽戰國策所云啄蚌者也天之將雨鷸則知之逸周書曰知天文者冠鷸冠蓋以鷸鳥知天時故也禮圖謂之術氏冠匡謬正俗云僖二十四年鄭子華之弟子臧好聚鷸冠杜預注云聚鷸羽以爲冠鄭伯聞而惡之杜預注云惡其非法之服也按鷸水鳥天將雨卽鳴卽戰國策所稱鷸蚌相謂者也古人以其知天時乃爲冠象此鳥之形使掌天文者冠之故逸禮記曰知天文者冠鷸此其證也鷸字音聿亦有術音故禮之衣服圖及蔡邕獨斷謂爲術氏冠亦因鷸音轉爲術字亘非道術之謂也左傳正義云釋鳥云翠鷸李巡曰鷸一名爲翠其羽可以爲飾樊光云青羽出交州郭璞云似燕紺色生鬱林說文云翠青羽雀也案漢書尉佗獻文帝翠鳥毛然則鷸羽可以飾器物聚此鷸羽以爲冠也莊子天地篇皮弁鷸冠釋文鷸本又作鷸鳥名也一名翠似燕紺色出鬱林取其羽毛以飾冠玉篇鸐鷸似燕紺色生鬱林知天將雨鳥也故知天文者冠鷸馥案諸說以知天文之冠卽子臧之冠以啄蚌之鷸卽翠鷸皆誤也增韻曰鷸有三種一曰大鳥戰國策謂之啄蚌天將雨鷸則知之逸周書曰知天文者冠鷸冠蓋以知天時也一曰翠鳥曰鷸一曰赤足黃文曰鷸左傳鄭子臧好聚鷸冠是也馥從此說

鷸 鷸或從遹

pì 鸊 tī 鷉 lú 鸕 cí 鷀

鸊 鸊鷉也從鳥辟聲 普擊切

鸊鷉也者玉篇鸊鷉水鳥方言野鳧其小而好沒水中者南楚之外謂之鸊鷉大者謂之鶻蹏後漢書馬融傳鶩雁鸊鷉注云膏可以瑩刀劍陳藏器本草鸊鷉水鳥也如鳩鴨腳連尾不能陸行常在水中人至卽沈或擊之便起爾雅注云膏堪瑩劍續英華詩云馬銜苜蓿葉劍瑩鸊鷉膏是也張望鸊鷉賦序余觀鸊鷉之爲鳥也形貌叢蔑尾翮惟陋樂水以游隨波淪躍汎然任性而無患也

鷉 鸊鷉也從鳥虒聲 土雞切

鸊鷉也者釋鳥鷉須鸁郭云鷉鸊鷉似鳧而小膏中瑩刀白帖鷉膏瑩鋒字或作鷈南都賦鶙鶘鸊鷉

說文解字義證 卷十 三四

鸕 鸕鷀也從鳥盧聲 洛乎切

鸕鷀也者一切經音義二十引有水鳥也三字又十九字林鸕鷀似鶂而黑水鳥也蛟頭曲如鉤食魚此鳥胎生從口內吐出一產八九中國或謂之水鴉也楚詞九思鴂鸕兮振翅注云鸕鸕鷀顏師古稽聖賦鸕鷀孕乎其口後漢書馬融傳鶬鴰鸕鷀注云鸕鷀鸕鷀也揚孚異物志云能沒於深水取魚而食之不生卵而孕雛於池澤閒旣胎而又吐生多者生八九少者生五六相連而出若絲緒焉水鳥而巢高樹之上雷公炮炙論體寒腹大全賴鸕鷀陶隱居云鸕鷀不卵生口吐其雛獨爲一異陳藏器云鸕鷀胎生仍從口出如兔吐兒又其類有二種頭細身長頸上白者名魚蚊杜臺卿淮賦云鸕鷀吐雛於八九鵁鶄銜翼而低昂夔州圖經峽中人謂鸕鷀爲烏鬼馥案杜甫詩家家養烏鬼是也隋書倭國傳以小環挂鸕鷀項令入水捕魚魏書地形志臨漳有鸕鷀波通作盧漢書司馬相如傳箴疵鵁盧郭璞曰盧盧鷀也

鷀 鸕鷀也從鳥兹聲 疾之切

兹聲者爾雅翼云盧與兹皆黑故名

yì 鷧

鷧 鷀也從鳥壹聲 乙冀切

鷀也者釋鳥鷀鷧注云卽鸕鷀也觜頭曲如鉤食魚朱彥時黑鷀賦忿如鸊鷉闘樂似鸕鷀喜

fú 鴔

鴔 鴔鵖也從鳥乏聲 平立切

鴔鵖也者釋鳥鵖鴔戴鵀注云鵀卽頭上勝今亦呼爲戴勝鵖鴔猶鶝鶔語聲轉耳李巡云戴勝一名鵖鴔方言鳸鳩燕之東北朝鮮洌水之閒謂之鶝鶔自關而東謂之戴鵀東齊海岱之閒謂之戴南南猶鵀也或謂之鵀鶝或謂之戴鵀或謂之戴勝東齊吳揚之閒謂之鵀自關而西謂之服鶝或謂之鷑鶝燕之東北朝鮮洌水之閒謂之鴙郭注謂鳸鳩非戴勝鵀鶝自別一鳥名爾雅疏引作東齊吳揚之閒謂之鵖鴔馥謂鳸鳩當爲鵖鴔月令戴勝降于桑呂氏春秋作戴任高注戴任戴勝也爾雅曰鵖鴔

bí 鵖

鵖 鴔鵖也從鳥皀聲 彼及切

說文解字義證 卷十 廿五

bǎo 鴇

鴇 鳥也肉出尺胾從鳥𠦄聲 博好切

鳥也者詩唐風肅肅鴇羽集于苞栩傳云鴇之性不樹止釋文鴇似鴈而大無後趾性不樹止漢書司馬相如傳鴻鷫鵠鴇郭璞曰鴇似鴈而無後指酉陽雜俎獨豹鴇也遇鷙鳥能激糞糞之糞著毛悉脫 肉出尺胾者埤雅引本書同又云焦貢易林曰文山鴻豹肥腯多脂蓋言此也急就篇鷹鷂鴇鴰翳雕尾顏注鴇大鳥其肉出尺胾今俗呼爲獨豹豹者鴇聲之譌耳杜甫鵰賦爾其鶬鴰鴇鶂之倫莫益於物空生此身聯拳拾穗長大如人肉多奚有味乃不珍

䳈 鴇或從包

或從包者顏注急就篇鴇字或作䳈音讀亦同

qú 鸜

鸜 雝鸜也從鳥渠聲 強魚切

雝鸜也者本書雁下鳥一名雝鸜一曰精列

ōu 鷗

鷗 水鴞也從鳥區聲 烏侯切

水鴞也者一切經音義十九引字林同又云大如鳩出沛[illegible]本作蒼頡解詁鷖鷗也生藕葉上一名水鴞禽經鷗好浮南越志江鷗一名海鷗在漲海中隨潮上下常以三月風至乃還洲嶼生卵似雞卵色青廣知風雲若羣飛至岸必風漁人及渡海者皆以此爲候通作漚列子黃帝篇海上之人有好漚鳥者釋文漚鳥水鴞也今江湖畔形色似白鴿而羣飛者是也

bó 鵔

鵔 鳥也從鳥犮聲讀若撥 蒲達切

鳥也者玉篇鵔大鳥也廣韻鵔鳥名似梟

yōng 鷛

鷛 鳥也從鳥庸聲 余封切

鳥也者通作庸漢書司馬相如傳煩鶩庸渠郭璞曰庸渠似梟灰色而雞腳一名章渠顏注庸渠卽今之水雞也

yì 鶂

鶂 鳥也者從鳥兒聲春秋傳曰六鶂退飛 五歷切

說文解字義證 卷十 廿六

鳥也者一切經音義十九說文鶂或作鷁埤蒼作䑠字書作鷁水鳥也善高飛也列子天瑞篇河澤之鳥視而生曰鶂注云此相視而生者也莊子天運篇夫白鶂之相視眸子不運而風化釋文云三蒼鶂鷁也博物志鷁雄雌相視則孕或曰雄鳴上風雌承下風亦孕馥案禽經其交也或以睛睍或以聲音劉楨魯都賦綠鷁蔥鶖後漢班固傳鶬鴰鴇鶂注云鶂水鳥也馬融傳鶬鴰鸕鷀注云鷁白鶂也漢書司馬相如傳浮文鷁張揖曰鷁水鳥也畫其象於船首廣志鷁古退飛者今以其首爲船頭 春秋傳曰六鶂退飛者僖十六年經文彼作鷁賈逵曰鷁水鳥釋文鷁本作鶂公羊解詁鷁小而飛高考異郵鷁者毛羽之蟲生於陰而屬於陽謝靈運山居賦自注左傳六鶂退飛字如此漢書楚元王傳六鶂退飛顏注鶂水鳥也史記宋世家六鶂退蜚風疾也集解賈逵曰風起於遠至宋都高而疾故鶂逢風卻退

鷊 鶂或從鬲

䴗 司馬相如說鶂從赤

tí 鵜　lì 鴗　cāng 鶬

一切經音義十九　鶂司馬相如作䳭

鵜 鵜胡污澤也從鳥夷聲 杜兮切

鵜胡污澤也者御覽引許慎曰鵜鶘也一名洿澤一名淘河一切經音義十九中國言淘河江南言鵜鶘亦曰黎胡釋鳥鵜鴮鸅郭云今之鵜鶘也好羣飛沈水食魚故名洿澤俗呼之爲淘河詩候人維鵜在梁傳云鵜洿澤鳥也陸璣疏云鵜水鳥形如鶚而極大喙長尺餘直而廣口中正赤頷下胡大如數升囊若小澤中有魚便羣共抒水滿其胡而棄之令水竭盡魚在陸地乃共食之故曰淘河表記詩云維鵜在梁不濡其翼注云鵜鵜胡污澤也污澤善居泥水之中在魚梁以不濡污其翼爲才東山經沙水其中多鴛鶩其狀如鴛鶩而人足注云今鵜胡足頗有似人腳形狀也莊子外物篇魚不畏網而畏鵜胡釋文鵜胡水鳥也一名淘河淮南齊俗訓鵜胡飲水數斗而不足高云鵜胡污澤鳥漢書五行志昭帝時有鵜胡顏注鵜鶘即污澤也一名淘河腹下胡大如數升囊好羣入澤中抒水食魚因名唐孔志約本草鵜鶘大如蒼鵝頤下有皮袋容二升物展縮由袋中盛水以養魚一名逃河身是水沫惟胷前有兩塊肉如拳云昔爲人竊肉入河化爲此鳥今猶有肉因名逃河魏志有鵜鶘集靈芝池詔曰此詩人所謂汙澤也

說文解字義證　卷十　三七

鶙 鵜或從弟

鴗 天狗也從鳥立聲 力入切

天狗也者釋鳥文郭云小鳥也青似翠食魚江東呼爲水狗

鶬 麋鴰也從鳥倉聲 七岡切

麋鴰也者釋鳥文郭云今呼鶬鴰釋文麋音眉字林作鶬音同馥案玉篇亦作鶬一切經音義四鶬鴰也似鴈而黑色者也易通卦驗立春楊柳津鶬鴰鳴列子連雙鶬於青雲之上淮南子鳳皇曾逝萬里之上鴻鵠鶬莫不憚焉楚辭招魂鵠酸臇鳧煎鴻鶬些西都賦鶬鴰鴇鶂史記司馬相如傳雙鶬下正義司馬彪云鶬似鴈而黑亦呼爲鶬括韓詩外傳云胎生也顏注漢書云鶬鴰也今關西呼爲鴰鹿山東通謂之鶬鄙俗名爲錯落錯者亦言鶬聲之急耳又謂鴰捋鴰鹿鴰捋皆象其鳴聲也匡謬正俗問曰俗謂鶬爲骨鹿此語有何典故答曰爾雅云鶬麋鴰然則鶬一名鴰今人云骨鹿者是鴰鹿耳以鹿配鴰者蓋象其鳴聲以呼之亦由子規蛁蟟鵞鴨鳩鴿之類也今山東俗謂之鴰此亦象其鳴聲因知字並爲鴰不得呼爲骨傷輒加鳥者此字乃是鶻鵰不關鶬事也杜甫詩天寒鶬鴰呼又啼鴰催明星酉陽雜俎寶歷中國子四門助教史迥嘗見裴瑜所注爾雅言鶬麋鴰是九頭鳥也相傳此鳥昔有十頭能收人魂一首爲犬所噬者秦中天陰有時有聲如力車鳴或言是水雞過也白澤圖謂之蒼鸆帝嚳書謂之逆鶬夫子子夏所見者馥案白帖奇鶬九頭是九頭乃奇鶬又謂之鬼車鳥所云夫子子夏見者即韓詩夫子渡江所見者是也與麋鴰不同物

guā 鴰　jiāo 鵁　jīng 鶄

雓 鶬或從隹

鴰 麋鴰從鳥昏聲 古活切

釋草蕦薞麋舌郭云春生葉有似於舌馥案麋昏即麋鴰草與鳥同名者郭以爲口舌失之

說文解字義證　卷十　三八

鵁 鵁鶄也從鳥交聲一曰鵁鸕也 古肴切

鵁鶄也者藝文類聚引作鵁鶄鳽也一切經音義五鵁鶄似鳧而項短又卷三此鳥出蔓聯山羣飛如雌雞似鳧高足江淮畜之可以壓火是也馥案蜀麋竺家當有火厄收鵁鶄數千頭養池渠中以厭火周禮職方氏揚州宜鳥獸鄭注孔雀鸞鵁鶄之屬吳都賦畱鵁鶄五臣云鵁鶄鳥也似鳧頭上總毛羽梁簡文帝鵁鶄賦紅毛覆臆翠鬣垂心浴波沉渚浮廣戲深摯虞鵁鶄賦鵁鶄呈儀若刻若畫鸞頸龜背戴玄珥白斑毛赬膺駁羽朱掖青不專紺纁不擅赤因宛點注希稠有適其在水也則巧態多姿調節柔骨一低一仰乍浮乍沒或遊或舞繽翻倏忽若乃陽故多陰殊方相求見水則喜睹火而憂陸龜蒙曰鵁鶄黑襟青脛丹爪噣包幾及項異物志鵁鶄巢于高樹顛生子未能飛皆銜其毋翼飛下地飲食通作交鶄漢書司馬相如傳交精旋目郭璞曰交精似鳧而腳高有毛冠辟火災　一曰鵁鸕也者一切經音義三鵁鶄鳥名也一名鵁鸕

鶄 鵁鶄也從鳥青聲 子盈切

jiān
鳽

鳽 鵁鶄也从鳥幵聲 古賢切

鵁鶄也者釋鳥文郭云似鳧脚高毛冠江東人家養之以厭火災禽經旋目其名鸛方目其名鴋交目其名鳽

zhēn
鸃

鸃 鸃鷀也从鳥箴聲 職深切

鸃鷀也者史記司馬相如傳鸃鷀鵁鶄徐廣曰鸃鷀水鳥也漢書作箴疵張揖曰箴疵似魚虎而蒼黑色

cí
鷀

鷀 鸃鷀也从鳥此聲 即夷切

tuán
鷻

鷻 雕也从鳥敦聲詩曰匪鷻匪鳶 度官切

雕也者廣雅同廣韻鷻鳶之別名 詩曰匪鷻匪鳶者小雅四月文彼作匪鶉匪鳶傳云鶉鵰也雕鳶貪殘之鳥也 案本書脫鳶字今誤以鳶爲鳶又據以改其引詩之文

yuān
鳶

鳶 鷙鳥也从鳥屰聲 與專切

集韻鶚或作鳶馥案本書蝉卽螺 列子釋文鶚音鍔 玉篇鶚鵰鶚也 蒼頡解詁鶚鉤喙鳥也見則天下兵能擊殺麞鹿 西山經欽䲹化爲大鶚其狀如鵰而黑文白首赤喙而虎爪其音如晨鵠注云鶚鵰屬也 漢書鄒陽傳臣聞鷙鳥累百不如一鶚孟注鶚大雕顏注鶚鷙擊之鳥鷹鸇之屬 後漢書張衡傳鵰鶚競於貪婪兮注云雕鶚鷙鳥也 蜀都賦劉注鶚其形如鵰 蟲異賦注鶚好立每立更不移處所謂鶚立是也 太白陰經右二將行得火赤幡旗幟圖鶚

鷙鳥也者詩正義四月篇引本書鳶鷙鳥也旱麓篇又引作鷙擊小鳥馥謂此本鳶字訓脫去鳶字以鳶當之又失鳶之本訓鷦鷯賦彼鷙鶚鶚鴞李善引本書鶚鵰也廣雅鶚鵰也輟耕錄無名氏雕傳云其與雕同氣而異質者鷹鶚鳶隼鷂鶻鴞鶚皆助雕爲虐者也馥案鳶鶚並列鶚非鳶明矣王君念孫曰說文鷻下當有鳶字从鳥弋聲古弋鳶聲近門部閱字讀若縣广部庈字讀若環是其證或體作戴隸加十其作鳶者誤省丿也如武字本从戈書勢近弋也今以鳶作鳶音弋俱失之矣陳君鱣類列鳶之典故云爾雅鳶鳥醜其飛也翔釋文鳶悅專反字亦作戴後漢書注引倉頡篇鳶鴟也急就篇鳶鶡鴟鷂鶯相視顏注鳶今俗呼老鴟者也玉篇鳶與專切鴟類也大雅旱麓鳶飛戾天鄭箋鳶鴟之類鳥之貪惡者也孔疏蒼頡解詁以爲鳶卽鴟也名既不同其當小別故云鴟之類周禮射鳥氏以弓矢毆鳥鳶鄭注鳥鳶善鈔盜便汙人曲禮前有塵埃則載鳴鳶鄭注鳶鳴則將風韓非右經墨子爲木鳶三年成飛漢書五行志河平元年泰山山桑谷有戴焚其巢戴色黑貪虐之類也又梅福傳戴鵲遭害則仁鳥增逝顏師古竝云戴鴟也音緣馥更爲廣之禽經朝鳶鳴則大風博物志漢舊事綦國送鳶卵給大官列子黃帝與炎帝戰以雕鶡鷹鳶爲旗幟抱朴子上升三十里名爲太清其氣甚剛師言鳶飛漸高直舒兩翅而自進漸乘剛氣也後魏托跋翰從太宗遊白登有雙鳶飛鳴於上太宗命左右射之莫能中鳶旋飛稍高翰自射之二箭下雙鳶太宗賜御弓矢以旌之曰射鳶都尉夏小正十有二月鳴弋傳曰弋也者禽也先言鳴而後言弋者何也鳴而後知其弋也金履祥曰弋當爲鳶今雪霽霜風之晨則鳶鳴後漢書葢勳傳夫維倉鷹鳶欲其鷙馬援傳仰視飛鳶跕跕墮水中梁冀傳爲人鳶肩豺目注竝云鳶鴟也莊子盧放見若士深目鳶肩郭注爾雅鶚鴟一切經音義引作鳶鴟張公神碑戴鶚勦兮乳徘徊

xián
鷴

鷴 鴟也从鳥閒聲 戶閒切

鴟也者廣雅鷴鴟老鵵也爾雅釋鳥萑老鵵

yào
鷂

鷂 鷙鳥也从鳥䍃聲 弋笑切

廣雅鷣鷂鷂子籠脫鷂也 廣志鷂子大如胡燕色似鷂食雀又名籠脫擊鳩鵲 釋鳥鷣負雀郭云鷣鷂也江東呼之爲鷣善捉雀因名云 莊子鷂爲鸇鸇爲布穀此物之變也

鷙鳥也者字林同急就篇鷹鷂鴇鴰翳雕尾顏注鷂一名題肩亦曰擊征又名負爵色類甚多皆鷙鳥也鄭康成以擊征爲鷹失之矣易林雀行求食出門見鷂顛蹶上下幾無所處又云千雀萬鳩與鷂爲仇威勢不敵爲鷹所擊

jué
鷢

鷢 白鷢王鴡也从鳥厥聲 居月切

白鷢王鴡也者字林同陸詩疏雎鳩大小如鴟深目目上骨露幽州人謂之鷲而揚雄許愼皆曰白鷢似鷹尾上白古今注楊白鷢也似鷹尾上白亦謂之印尾鷹釋鳥鷲白鷢郭云似鷹尾上白玉篇鷲白鷢似鵰馥謂鵰當爲鷹爾雅釋文音於陵反廣雅白鷢鷹也廣韻白鷢善捕鼠馥案禽經雎鳩魚鷹郭注亦云食魚未聞捕鼠史記正義王雎

金口鶡也匡謬正俗蔡南問詩關雎於今何鳥董勛荅曰舊說云關雎白鷢異物志鷢鳥大如雉其肉香美可以作炙及腊

jū 鴡

鴡 王鴡也从鳥且聲 七余切

王鴡也者釋鳥鴡鳩王鴡郭云鵰類今江東呼之爲鶚好在江渚山邊食魚詩關關雎鳩傳云雎鳩王雎也鳥摯而有別箋云摯之言至也謂王雎之鳥雌雄情意至然而有別釋文摯本亦作鷙淮南泰族訓關雎興於鳥而君子美之者爲其雌雄之不乘居也列女傳姜后曰鴡鳩之鳥猶未嘗見其乘居而匹游漢書揚雄傳王雎關關顏注王雎雎鳩也金樓子王雎野鳥也詩重其辭昭十七年左傳雎鳩氏司馬也杜云鴡鳩王鴡也鷙而有別故爲司馬主法制陰陽自然變化論鴡鳩不再匹摯虞槐樹賦嘉別鷙之王鴡埤雅引徐鉉草木蟲魚圖雎鳩常在河洲之上爲儔偶更不移處

huān 鸛

鸛 鸛專畐蹂如鵲短尾射之銜矢射人从鳥雚聲 呼官切

鸛專云云者釋鳥文彼作鸛鷒鶝鶔郭注一名瞏羿釋文云言此鳥捷勁雖羿之善射亦𢈈惰不敢射也故以名云郭氏圖讚鸛鷒之鳥一名瞏羿應弦銜鏑矢不著地逢㡛縮手養由不睨

zhān 鸇

鸇 鷐風也从鳥亶聲 諸延切

鷐風也者釋鳥晨風鸇郭云鷂屬孫炎示兒編引字林鸇鷂屬毛詩義問晨風今之鷂詩鴥彼晨風傳云晨風鸇也陸璣疏云鸇鷂青黃色燕頷句喙嚮風搖翅乃因風飛急疾擊鳩鴿燕雀食之文十八年左傳如鷹鸇之逐鳥雀也孟子爲叢敺爵者鸇也趙注鸇土鸇也西山經槐江之上鷹鸇之所宅也注云鸇亦鴞屬也新序雜事篇鸇者黑色食爵大於爵害爵也攫摯之物貪叨之類

鸇 籀文鸇从廛

chén 鷐

鷐 鷐風也从鳥晨聲 植鄰切

zhì 鷙

鷙 擊殺鳥也从鳥執聲 脂利切

擊殺鳥也者韓詩外傳鳥之美羽句喙者鳥畏之一切經音義八鷙猛鳥也廣雅鷙執也謂能執服衆鳥也鳥之勇銳者曰鷙鸇之類也儒行鷙蟲攫搏六韜鷙鳥將擊卑飛斂翼老子猛獸攫鳥不搏范應元注攫鳥鷹鸇之屬攫搏也搏擊也鬼谷子外篇散勢法鷙鳥注云勢散而後物服猶鳥擊禽獲亢倉子注鷙隼雕鶚之類孫子兵勢篇鷙鳥之疾至於毀折者節也楚詞離騷鷙鳥之不羣兮注云鷙執也此謂能執服衆鳥淮南子夏至鷙鳥不搏黃口許注微陰在下黃口肌血脆弱故鷙鳥應陰不搏食之也史記秦始皇本紀秦王爲人摯鳥膺正義云鷙鳥膺鶻突向前其性悍勇越世家且鷙鳥之擊也必匿其形漢書鄒陽傳臣聞鷙鳥絫百不如一鶚顏注鷙擊之鳥鷹鸇之屬也後漢書安帝紀秋節既立鷙鳥將用注云鷙鳥鷹鸇之類也吳漢傳其人勇鷙注云凡鳥之勇銳獸之猛悍者皆名鷙也鹽鐵論若鷙鳥之追羣雀陳琳檄吳文夫鷙鳥之擊先高攫執之勢也　從鳥執聲者鄭注儒行云鷙猛鳥猛獸也字從鳥鷙省聲釋文鷙與摯同音至佩觿云鄭注摯省聲今作鷙省非也說文云從執聲

yù 鴥

鴥 鸇飛皃从鳥穴聲詩曰鴥彼晨風 余律切

鸇飛皃者詩釋文引作疾飛皃玉篇同廣韻鴥飛快廣雅鴥飛也詩采芑鴥彼飛隼　詩曰鴥彼鷐風者秦風晨風文傳云鴥疾飛貌

yīng 鶯

鶯 鳥也从鳥熒省聲詩曰有鶯其羽 烏莖切

鳥也者疑有闕誤鶯非鳥名廣韻鶯鳥羽文也　詩曰有鶯其羽者小雅桑扈文傳云興也鶯然有文章箋云桑扈竊脂也興者竊脂飛而往來有文章人觀視而愛之喻君臣以禮法威儀升降於朝廷則天下亦觀視而仰樂之

qú 鴝

鴝 鴝鵒也从鳥句聲 其俱切

鴝鵒也者一切經音義十八鴝鵒似百舌頭有兩毛角者山海經公羊傳竝作鸜玉篇鸜鵒亦鴝鵒也本草鴝鵒鳥似鵙而有幘者是荊楚歲時記五月鴝鵒子毛羽新成俗好登巢取養之以教其語也異苑五月五日剪鴝鵒舌令學人語淮南萬畢術寒皋斷舌使語注云寒皋一名鴝鵒字或作鸜山海經又原之山其鳥多鸜鵒注云鴝鵒也馥案鸜鵒本作鸛鵒後人改作鸜春秋昭二十五年有鸜鵒來巢公羊作鸛鵒穀梁云鸜鵒穴者而曰巢或曰增之也

yù 鵒　biē 鷩　jùn 鵔　yí 鸃

釋文鷸本又作鸖爾雅翼鷸鴥飛輒成羣多聲字書謂之唰唰鳥

鵒 鸜鵒也從鳥谷聲古者鸜鵒不踰泲 余蜀切

古者鸜鵒不踰泲者考工記文彼作鸜鵒不踰濟

雓 鵒或從隹從臾

鷩 赤雉也從鳥敝聲周禮曰孤服鷩冕 并列切

釋鳥鷩雉郭注似山雞而小冠背毛黃腹下赤項綠色鮮明文選射雉賦山鷩悍害飈迅已甚徐爰注鷩雉似山雞而小冠背毛黃腹下赤項綠色其性悍戾憨害飛走如風之飈也 左思蜀都賦鷩鶇山栖綦母邃注云鷩鳥如山雞其色斑馥案爾雅翼鷩亦謂之蟞蛦此鳥雖好高故曰蟞蛦山棲竺法眞登羅浮山疏引山海經鷩雉一名山雞養之禳火災 赤雉也者中山經牡山鳥多赤鷩注云卽鷩雉也又小華之山鳥多赤鷩注云赤鷩山雞之屬胷腹洞赤冠背皆黃

項綠尾中有赤毛光彩鮮明昭十七年左傳丹鳥氏司閉者也注云丹鳥鷩雉也 周禮曰孤服鷩冕者今無此文春官司服王饗先公饗射則鷩冕鄭司農云鷩畫以雉謂華蟲也書益稷山龍華蟲傳云蟲雉也正義云周禮司服有鷩冕鷩則雉焉釋名鷩冕鷩雉之憋惡者山雞是也鷩憋也性急憋不可生服必自殺故畫其形於衣以象人執耿介之節也

鵔 鵔鸃鷩也從鳥夋聲 私閏切

鵔鸃鷩也者史記司馬相如傳射鵔鸃索隱司馬彪曰鵔鸃山雞也許愼云鷩鳥也顏注漢書鵔鸃鷩鳥也似山雞而小冠背毛黃腹下赤項綠色其尾毛紅赤光采鮮明今俗呼爲山雞非也又注王莽傳背負鷩鳥之毛鷩鳥雉屬卽鵔鸃也今俗呼之山雞非也吳都賦仰攀鵔鸃李善云許愼淮南子注曰鵔鸃鷩雉也水經注浪水云南越志曰增城縣多鵔鸃鵔鸃山雞也光采鮮明五色炫耀利距善鬬世以家雞鬬之則可擒也

鸃 鵔鸃也從鳥義聲秦漢之初侍中冠鵔鸃冠 魚羈切

dí 鸐　hé 鶡　jiè 鴧

秦漢之初侍中冠鵔鸃冠者廣韻引作漢初侍中服鵔鸃冠蒼頡解詁鵔鸃漢以爲侍中冠史記佞幸傳郎侍中皆冠鵔鸃索隱許愼云鵔鸃鷩鳥也淮南子云趙武靈王服貝冠鵔鸃漢官儀云秦滅趙以其冠賜侍中劉氏新論從化篇趙武靈王好鵔鸃國人咸冠鸃冠爾雅翼昔者趙武靈王貝帶鵔鸃而朝趙國化之漢初閎儒籍孺以佞幸故孝惠時侍中皆冠鵔鸃冠貝帶傅脂粉化閎籍之屬也胡渭曰爾雅所謂鷩山雉者周書謂之采雞一名鵔鸃出南粵諸山中湖南湖北亦有之周有鷩冕漢有鵔鸃冠皆以其羽爲飾

鸐 雉屬戇鳥也從鳥適省聲 都歷切

戇鳥也者禽經冠鳥性勇馥案戇卽釋名所云急憋不可生服 適省聲者徐鍇本作啻聲

鶡 似雉出上黨從鳥曷聲 胡割切

似雉出上黨者一切經音義五鶡似雉鬭死不卻故武人戴鶡冠以像之以其尾垂頭出耀諸山谷亦出上黨禽經鶡毅鳥也中山經煇諸之山其鳥多鶡注云似雉而大青色有毛角勇健鬭死乃止音曷出上黨也上林賦蒙鶡蘇

孟康曰鶡鶡尾也張揖曰鶡似雉鬭死不卻漢官儀孝武皇帝初置期門平帝更名虎賁中郎將戴鶡冠鶡鷙鳥中之果勁者每有攫撮應爪摧碎鬭不死不止其尾上黨所貢也續漢書輿服志武冠俗謂之大冠加雙鶡尾豎左右爲鶡冠云鶡者勇雉也其鬭對一死乃止故趙武靈王以表武士注云徐廣曰鶡似黑雉出于上黨荀綽晉百官表注曰冠插兩鶡尾鶡鷙鳥之暴疏者也每所攫撮應爪摧衂天子武騎故以冠焉傅玄賦注曰羽騎騎者戴鶡曹植鶡賦美遐圻之偉鳥生太行之巖阻載毛角之雙立揚元黃之勁羽蟲異賦注云鶡似雉而大黃黑色故賦云揚元黃之勁羽郭璞鶡贊鶡之爲鳥同羣相爲疇類被侵雖死不避毛飾武士兼厲以義晉書輿服志鶡冠鶡鳥名也形類鶡而微黑性果勇其鬭到死乃止上黨貢之漢書藝文志鶡冠子以鶡爲冠袁淑眞隱傳鶡冠子以鶡爲冠因服成號吳書句驪貢鶡雞皮十具

鴧 鳥似鶡而青出羌中從鳥介聲 古拜切

鳥似鶡而青出羌中者玉篇鴧鳥似雉而大青色馥謂青色者鴧也漢書黃霸傳京兆尹張敞舍鶡雀飛集丞相府

蘇林曰今虎賁所著鶡也顏注蘇說非也此鶡音芬字本作鳻此通用耳鳻雀大而色青出羌中非武賁所著也武賁著者色黑出上黨以其鬬死不止故用其尾飾武臣首云今時俗人所謂鶡雞者也音曷非此鳻雀也困學紀聞黃霸傳鶡雀顏氏注當爲鳻徐楚金攷說文當爲鴒馥案徐氏韻譜鴒音古拜切鳥名顏氏家訓勉學篇竇如同從河州來得一青鳥馴養愛翫舉族呼之爲鶡吾曰鶡出上黨數曾見之色並黃黑無駮雜也故陳思王鶡賦云揚玄黃之勁羽試檢說文鴒雀似鶡而青出羌中韻集音介此疑頓釋宋景文筆記漢書黃霸傳云京兆尹張敞舍鶡雀飛集丞相府霸以爲神爵議欲以聞顏師古曰此鶡音介字當作鴒此通用耳鴒雀大而青出羌中非武賁所戴鶡也今官本介字誤作分鴒字作鳻鳻是鳥聚皃非鳥名也予見徐鍇本亦如此改定舊牖開評以余觀之恐非官本之誤何以知其然葢玉篇云鶡音何葛切鳥似雉而大青色有毛角鬬死而止又云鴒音扶云切鴒雀似鶡玉篇見漢書注有此鳻字故出此鳻字玉篇葢唐人作以是推之則自唐以來已自作鳻字矣初非官本之誤也馥案玉篇經宋人重修據誤本漢書謂鳻雀似鶡非顧氏原本玉篇鴒音介鳥也是原本有鴒字矣

yīng 鸚

鸚䳇能言鳥也從鳥嬰聲烏莖切

鸚䳇能言鳥也者漢異域志獻言鳥注云鸚䳇蜀都賦彈言鳥於森木劉逵注言鳥鸚䳇之屬西山經黃山有鳥焉其狀如鴞青羽赤喙人舌能言名曰鸚䳇注云鸚䳇舌似小兒舌脚指前後各兩扶南徼外出五色者亦有純赤白者大如雁也吳時外國傳扶南東漲海中有洲出五色鸚䳇曾見其白者大如母雞漢書武帝本紀南越獻能言鳥顏注卽鸚䳇也今隴西及南海並有之萬震南州異物志云有三種一種白一種青一種五色交州以南諸國盡有之白及五色者其性尤慧解葢謂此也孫暢異物志鸚䳇其毛色或蒼綠或紫赤喙曲如鴞而目深有如鳩雀而能效人言故見殊貴南方異物志鸚䳇有三種一種青大如烏臼一種白大如鴟鴞一種五色大於青者交州巴南盡有之凡鳥四指三向前一向後此鳥兩指向後異於凡鳥行則以口啄地然後足從之酉陽雜俎衆鳥趾前三後一惟鸚䳇四指齊分凡鳥下瞼眨上獨此鳥兩瞼俱動如人目郭璞山海經圖贊鸚䳇慧鳥棲林啄蘂四指中分行則以觜自貽伊籠見幽坐伎文選鸚䳇賦惟西域之靈鳥又云命虞人於隴坻李善云謂隴西出此鳥也又鷦鷯賦慕隴坻之高松五臣云隴坻出鸚䳇盧諶鸚䳇賦有遐方之奇鳥產瓜州之舊壤揮緤翰以運影啟丹觜以振響傅元鸚䳇賦奇毛曜體綠采含英發言必應若響追聲傅咸鸚䳇賦披丹脣以授音亦尋響而應聲口纔發而輕和密脣景而隨形言無往而不復似探幽而測冥謝莊賦審國音於中華達方聲於遐表王微賦同朱喙之清音變綠衣於素彩曹毗賦其形則丹喙含映緗葩煥翼森森修尾蔚蔚紅臆金采負嬰於雙眸朱藻爛暉於首側梁昭明太子賦有能言之音鳥每知來而發聲乍青質而翠映或體白而雪明啄前鉤而趨步翼高舞而翩翾足若丹而二布目如金而雙圓漢武內傳鸚䳇食麻劉艾漢帝傳興平元年益州蠻夷獻鸚䳇詔曰往者益州獻鸚䳇三枚日夜食三升麻子今穀價騰貴此鳥無益有損可付安西將軍楊定國令歸本土晉安帝義熙十四年林邑獻白鸚䳇宋元嘉二十一年湘州獻赤鸚䳇詔羣臣賦之元和志岷州貢鸚䳇鳥

wǔ 鵡

鸚䳇也從鳥母聲文甫切

鸚䳇也者江表傳孫權大會有白頭鳥集殿前諸葛恪呼爲白頭翁張昭曰試使恪復索白頭母恪曰鳥名鸚䳇未必有對

jiāo 鷮

走鳴長尾雉也乘輿以爲防釳著馬頭上從鳥喬聲巨嬌切

走鳴長尾雉也者詩正義引作長尾雉走鳴詩車舝有集維鷮傳云鷮雉也中山經女几之山其鳥多白鷮注云鷮似雉而長尾走且鳴抱朴子雉有擅澤之鷮薛綜注西京賦雉之健者爲鷮尾長六尺謝靈運山居賦時鷮山梁自注云鷮長尾雉也論語云山梁雌雉時哉時哉韓詩二矛重鷮馥謂以鷮尾著矛上　乘輿云云者詩正義引爲上有尾字本書釳乘輿馬頭上防釳插以翟尾鐵翮象角所以防綱羅釳去之徐廣車服注天子金根車馬頭上插以翟尾文選射雉賦尾飾鑣而狂服李善引董巴輿服志馬並以黃金爲乂髦插以翟尾先多用雉尾馥與宋君葆湻同看漢人石刻畫駕車之馬頭上有雉尾宋君爲問余曰卽防釳也

yǎo 鷕

雌雉鳴也從鳥唯聲詩曰有鷕雉鳴以沼切

雌雉鳴也者禽經雉鳴鷕鷕文選射雉賦雉鷕鷕而朝雊五臣云鷕鷕雉聲詩曰有鷕雉鳴者邶風匏有苦葉文傳云鷕雌雉聲也釋文鷕以小反沈耀皎反雌雉聲或一音戶了反說文以水反字林于水反戴侗曰按詩有瀰濟盈有鷕雉鳴濟盈不濡軌雉鳴求其牡上二句瀰與鷕協下二句盈與鳴協陸氏讀以沼切非顧炎武曰按說文鷕從鳥唯聲正當如曾子曰唯之唯後以舊音以水反訛爲以小而徐鉉以唐韻切音改爲以沼失之遠矣

lěi 鸓

鸓 鼠形飛走且乳之鳥也從鳥畾聲 力軌切

鼠形飛走且乳之鳥也者廣韻鸓飛生鳥名飛且乳一曰鼯鼠毛紫赤色似蝙蝠而長廣雅鸓鴨飛鸓也顏注急就篇飛鼯一名飛蝠又曰鼯鼠亦曰夷由即今俗呼飛生者也釋鳥鼯鼠夷由郭云狀如小狐似蝙蝠肉翅翅尾項脅毛紫赤色背上蒼艾色腹下黃喙頷雜白腳短爪長尾三尺許飛且乳亦謂之飛生聲如人呼食火烟能從高赴下不能從下上高史記司馬相如傳蜼玃飛鸓集解引漢書音義曰飛鸓飛鼠也其狀如兔而鼠首以其頾飛也索隱引郭璞云鼺鼯鼠也毛紫赤色飛且生一名飛生南越志高要縣有飛鸓肉翼如蝙蝠狸頭鼠目一曰鼯鼠且飛且

產子便隨毋而飛其鳴如人叫嘗食火煙至聚落則爲災也陶隱居曰飛鼠狀如蝙蝠大如鴟鳶毛紫色暗夜行劉逵注吳都賦鼯大如猿肉翼若蝙蝠其飛善從高集下食火烟聲如人號一名飛生飛而生子故也東吳諸郡皆有之唐書南蠻傳撲子蠻善用竹弓入林射飛鼠無不中又吐蕃傳天鼠之皮可爲裘又地理志台州土貢飛生鳥爾雅翼鼯與伏翼皆鼠類而爾雅在釋鳥中以其有肉翼也王起曰飛鼠斷猿以小制大趙宧光曰鸓稱飛生言飛且生能已難產

鸓 籀文鸓

hàn 鶾

鶾 雉肥鶾音者也從鳥倝聲魯郊以丹雞祝曰以斯鶾音赤羽去魯侯之咎 侯幹切

釋鳥雗雉鵫雉郭注以爲一物馥謂雗即鶾也鵫乃本書雉下所稱卓雉

雉肥鶾音者也者六書故引作翰馥謂當爲翰山海經大鷄音如晨鵠晨鵠即翰也一名晨鳧廣志晨鵠肥而耐寒易中孚翰音登于天虞云巽爲雞震爲音禮薦牲雞稱翰音也曲禮雞曰翰音注云翰長聲也漢書敘傳博之翰音顏注翰音高飛而且鳴張協七命封熊之蹯翰音之跖白帖異味翰音之跖 魯郊云云者鶾亦當爲翰本書翰天雞赤羽也風俗通謹按春秋左氏傳周大夫賓孟適郊見雄雞自斷其尾歸以告景王曰憚其爲犧也山海經曰祠鬼神皆以雄雞魯郊祭祀常以丹雞祝曰以其翰聲赤羽去魯侯之咎

yàn 鴳

鴳 鴈也從鳥安聲 烏諫切

鴈也者本書鴈下云老鴈鴳也鴳當爲鷃釋鳥鳸鴳老鳸鴳惟樊斷老下屬舍人李孫郭皆斷老上屬賈逵注左傳九鳸云老鳸鷃趣民收麥不得晏起者也服虔亦云鷃鷃聲音爲名也是賈服以老下屬又重鷃字急就篇鳩鴿鶉鴳中網死顏注鴳謂鴳雀也一名鳸今俗呼爲鴳爛堆一切經音義十一鴳雀也一名鳸一名鶬鴳纂文云關中謂鴳爛堆是也昭十七年左傳青鳥氏司啟者也杜云青鳥鶬鴳也以立春鳴立夏止晉語平公射鴳不死韋云鴳鳸小鳥也宋均注春秋考異郵云鷃柔良之鳥春秋運斗樞機星散爲鷃高注呂氏春秋鴳一名冠雀莊子逍遙遊

篇斥鴳笑之釋文鴳字亦作鷃司馬云鴳鴳雀也禽經雉上有丈鷃上有赤霄案赤與尺聲相近許注淮南云鷃雀飛不過一尺新序鳳鳥上擊於九千里絕浮雲負蒼天翱翔乎窈冥之上夫糞田之鴳豈能與之斷天地之高哉廣志鷃常晨鳴如雞道路賈車以爲行節

zhèn 鴆

鴆 毒鳥也從鳥冘聲一名運日 直禁切

毒鳥也者玉篇鴆毒鳥食蛇其羽畫酒飲之即死一切經音義十六鴆大如雕紫綠色長頸赤喙食蛇者以羽畫酒飲之殺人也本草鴆鳥毛有大毒入五臟爛殺人其喙主殺蝮蛇毒一名䲵日生南海陶云此乃是兩種鴆鳥狀如孔雀五色雜斑高大黑頸赤喙出交廣深山中䲵日狀如黑傖雞禹步禁大林樹令反覓蛇呑之作聲似云同力故又名爲同力鳥竝啖蛇人誤食其肉立即死昔時昔用鴆毛毒酒殺人頃來不復爾唐本注云按玉篇引郭璞云鴆鳥大如雕長頸赤喙食蛇又說文爾雅淮南子言一名運日䲵運同也問交廣人竝云䲵日一名鴆一名同力䲵日鳥外更無如孔雀者陶云如孔雀者交廣人誑也楊廉夫鐵厓集鴆出蘄州黃梅山中狀類訓狐聲如腰鼓巢於大

木之顛巢下敷十步皆草不生也七修類稿鴆毒鳥也鴉形大如鶚毛紫綠色頭長七八寸雄名運日雌名陰諧范成大曰閩邕州朝天鋪及山深處有之亦曰如鵶大黑身赤目音如羯鼓惟食毒蛇竿橡實遇蛇則鳴聲邦邦然蛇入石穴則於穴外禹步作法有頃石碎啄蛇食中有鴆草木不生秋冬之間脫羽人以銀爪拾取著銀瓶中否則手爛墮以之瀝酒飲人即死也後漢書安思閻皇后紀遂鴆殺李氏注云鴆毒鳥也食蝮以其羽畫酒中飲之立死尸子騶馬其爲荊使於巳見擔鴆問是何以曰所以鴆人也於是出金買之盡注於江晉書穆帝紀王饒獻鴆鳥帝怒鞭之二百焚其鳥於四達之衢晉諸公贊鴆鳥食蝮以羽翮櫟酒水中飲之則殺人舊制鴆不得渡江有重法石崇爲南中郎得鴆以與王愷養之大如鵝喙長尺餘純食蛇虺司隸傅祗於愷家得此鳥奏之宣示百官燒於都街白帖有鴆處必有犀蘄案居易錄鴆羽櫟酒犀角立解故鴆穴多犀通作酖莊三十二年左傳使鍼季酖之杜云酖鳥名其羽有毒以畫酒飲之則死公羊傳季子和藥而飲之何云藥者酖毒也閔元年左傳晏安酖毒不可懷也僖十年穀梁傳麗姬以酖爲酒三十年左傳晉侯使醫衍酖衛侯甯俞貨醫使薄其酖不死史記呂后本紀使人持酖飲

之一名運日者徐鍇本作運目諸書並作日字廣雅鴆鳥其雄謂之運日其雌謂之陰諧中山經女几之山多鴆注云鴆大如雕紫綠色長頸赤喙食蝮蛇頭雄名運日雌名陰諧也晉語乃寘鴆於酒韋云鴆運日也魯語使醫鴆之韋云鴆鳥名也一名運日其羽有毒漬之酒而飲之立死離騷吾令鴆爲媒兮注云鴆運日也毒可殺人淮南繆稱訓暉日知晏陰諧知雨高注暉日鴆鳥也晏無雲也天將晏靜暉日先鳴陰諧暉日雌也天將陰雨則鳴服注左傳鴆鳥一名運日鳥吳氏本草運日一名羽鴆吳都賦黑鴆零五臣云鴆鳥一名運日黑色長頸赤喙食蝮蛇體有毒古人謂之鴆毒江東諸大山中皆有之抱朴子登涉篇運日及蠳龜皆啖蛇故南人入山皆帶蠳龜之尾運日之喙以辟蛇劉氏新論類感篇天將風也纖塵不動而䲹日鳴又殊好篇䲹日嗜蚺袁孝政注云鳥似雞高三尺亦曰䲹雞集韻交廣人謂鴆曰䲹

kòu 鷇

鷇 鳥子生哺者从鳥𣪊聲 口豆切

廣韻鷇鳥子生而須哺曰鷇自食曰雛 一切經音義十㲉卵外堅也尚在卵中謂之㲉出卵以後名曰鷇 華嚴經音義鷇字經本有從𣪊下卵者元不是字尋茲舛謬起自無識之人智臆制字陷誤童蒙耳 方言爵子及雞雛皆謂之鷇者廣雅鷇雛也 文子上德篇鷇卵不探 淮南氾論訓羽者爲雛鷇毛者爲駒犢 說苑景公探爵鷇鷇弱故反之 西京雜記其中致江鷗海鶴孕雛產鷇 陳琳檄吳文譬猶鷇卵始生翰毛 晉中興書樹上有鵲巢王澄脫衣著犢鼻上樹探鵲鷇而弄之 鮑照詩鵲乳四鷇

鳥子生哺者者晉書音義引字林同釋鳥生哺鷇郭云鳥子須母食之釋文鳥子須哺而食者燕雀之屬也莊子天地篇夫聖人鶉居而鷇食釋文引爾雅生哺鷇主字誤也魯語鳥翼鷇卵韋云生哺曰鷇列子湯問篇覗來丹猶雛鷇也注云生而須哺曰鷇自食曰雛史記趙世家探爵鷇而食之集解綦毋邃曰鷇爵子也索隱云生受哺者謂之鷇漢書五行志有三鷇鷇燒死顏注鳥子新生而哺者曰鷇東方朔傳聲謷謷者鳥哺鷇也韋昭曰凡鳥哺子而活者爲鷇生而自啄曰雛通作穀宣四年左傳䢵夫人生子文使棄諸夢中虎乳之楚人謂乳穀謂虎於菟故命之鬭穀於菟釋文穀如口反

míng 鳴

鳴 鳥聲也从鳥从口 武兵切

鳥聲也者玉篇鳴聲相命也詩鳳皇鳴矣又鶴鳴于九皋又有鳴倉庚月令仲春倉庚鳴馬融長笛賦山雞晨羣野雉朝雊求偶鳴子悲號長嘯

xiān 鶱

鶱 飛皃从鳥寒省聲 虛言切

容齋五筆騰騫字今皆從馬案騫爲馬腹縶無騫舉意當從鳥作鶱

飛皃者廣雅鶱飛也張衡西京賦鳳鶱翥于甍標沈約水鳥賦將鶱復斂翮

fēn 鳻

鳻 鳥聚皃一曰飛皃从鳥分聲 府文切

鳥聚皃者宋景文筆記引同

文百十六　重十九

wū 烏

烏 孝鳥也象形孔子曰烏盱呼也取其助气故以爲烏

說文解字弟四義證弟十

呼凡烏之屬皆從烏 哀都切

小爾雅純黑而反哺者謂之烏小而腹下白不反哺者謂之雅烏白項而羣飛者謂之燕烏白脰烏也雅烏鷽也馥案水經濛水注引作純黑反哺謂之慈烏廣雅慈烏烏也 春秋運斗樞搖光星散爲烏 禽經烏向啼背栖 詩北風莫黑匪烏傳云烏黑 莊子天運篇烏不日黔而黑 夏小正十月黑烏浴傳云黑烏者何也烏也浴也者飛乍高而乍下也孝烏也者古今注烏一名孝烏禽經慈烏一名孝烏比他烏微小長則反哺其母大觜烏否瑞應圖烏太陽之精也亦至孝之應 尚書緯火者陽也烏有孝名武王卒大業故烏瑞臻 春秋元命苞火流爲烏烏孝烏陽精天之意烏在日中從天以昭孝也 春秋運斗樞飛翔羽翮爲陽陽仁故烏反哺 論衡指瑞篇烏孝烏鄭注古文太誓引書說烏有孝名譙周注訓烏有反哺況人而無孝心者乎成公綏烏賦序云夫烏之爲瑞久矣以其反哺識養故爲吉烏賦云嗟斯烏之克孝兮心識養而知慕雛既壯而能飛兮乃銜食而反哺 抱朴子日中三足烏陽之精三足烏何三足陽奇數也以是有虞至孝三足集其庭曾參鋤瓜三足萃其冠北齊蕭倣居喪廬前有二慈烏各集一樹爲巢日午以前馴庭飲啄自午以後不下樹每到臨時舒翼悲鳴有似助哀家人以爲孝感也 象形者本書焉下云烏者日中之禽故象形 孔子曰烏盱呼也者初學記引作嗚呼也馥謂盱當爲吁 詩生民實覃實訏箋云吁謂張口嗚呼訏即吁也論衡道虛篇黃帝既上天百姓乃抱其弓吁號故後世名其弓曰烏號 取其助气故以爲烏呼者本書亏於也象气之舒小爾雅廣訓烏呼吁嗟吁嗟烏呼也有所嘆美有所傷痛隨事有義也釋詁爰粵于那都繇於也郭注繇辭於乎皆語之韻絕書堯典僉曰於鄭注於者烏聲又驩兜曰都傳云都嘆美之辭正義於即烏字歎之辭也皐陶曰都史記作烏呂刑王曰吁墨子何賢篇引作於五子之歌嗚呼曷歸予懷之悲無逸周公曰嗚呼鄭注嗚呼者將戒成王欲求以深感動之詩於乎前王不忘於乎小子其單稱於者於皇武王於皇時周於皇來牟於鑠王師於赫湯孫於穆清廟於穆不已於昭于天於萬斯年是也論語子曰嗚呼曾謂泰山不如林放乎疏云孔子歎其失禮故曰嗚呼襄三十年左傳烏乎必有此夫穆天子傳於鵲與處注云於讀曰烏尚書大傳淸廟升歌者歌先人之功烈德澤也其歌之呼也曰於穆淸廟於者歎之也史記李斯傳歌呼嗚嗚漢書武帝紀嗚虖何施而臻此與後漢書袁安傳噫嗚流涕

（古文）古文烏象形

（古文）象古文烏省

què 舄

（篆）䧿也象形 七雀切

篆文舄古鵲字馥謂通行鵲字故以舄爲古 䧿也者當爲䧿增韻舄鵲廣雅鵲鵲也詩維鵲有巢箋云鵲之作巢冬至架之至春乃成淮南繆稱訓鵲巢知風之所起高注歲多風則鵲作巢卑易通卦驗鵲者陽鳥先物而動先事而應見於未風之象今失節不巢癸氣不通故言春不東風也周書時訓解小寒之日又五日鵲始巢鵲不始巢國不寧東方朔別傳鵲尾旁風則傾背風則蹷必當順風而立 象形者本書焉下云舄者知太歲之所在故象形

（篆）篆文舄從隹昔

從昔者昔聲也淮南原道訓烏之啞啞鵲之唶唶顏注急就篇鵲者亦因鳴聲以爲名也

yān 焉

（篆）焉鳥黃色出於江淮象形凡字朋者羽蟲之長烏者日中之禽舄者知太歲之所在燕者請子之候作巢避戊己所貴者故皆象形焉亦是也 有乾切

焉鳥黃色出於江淮者禽經黃鳳謂之焉周書王會方揚以皇鳥釋鳥皇黃鳥郭注以爲黃離留馥謂詩屢言黃鳥毛鄭竝不徵引爾雅是不以皇爲黃離留矣黃即焉與 象形者焉鳥當有表異之處本書無明文 朋者羽蟲之長者大戴禮羽蟲三百六十鳳爲之長 烏者日中之禽者淮南子日中有踆烏高注踆蹲止不行謂三足也古今注日中三足烏之精降而生三足烏何以三足陽數奇也 舄者知太歲之所在者淮南云大陰所建蟄蟲首穴而處鵲巢鄉而爲戶夫蟄蟲鵲巢皆鄉天乙者至和在焉爾博物志鵲巢開口背太歲此非才知任自然也顏注急就篇鵲其爲鳥也知來作巢則避太歲埤雅蛇蟠向壬鵲巢面歲燕伏戊己虎奮衝破此亦鳥獸之所以靈也 燕者

請子之候者候下當有鳥字本書孔下云乙請子之候鳥也乳下云乙玄鳥也明堂月令玄鳥至之日祠于高禖以請子作巢避戊己者埤雅戊己其日皆土故燕之往來避社而嗛土不以戊己七修類稿燕水鳥也不以戊己日取土爲巢書戊己於巢則去皆因土克水故也

文三　重三

説文解字弟四　義證弟十一

曲阜桂馥學

bān 華

華 箕屬所以推棄之器也象形凡華之屬皆從華官溥說 北潘切

箕屬者集韻華呂靜作箒案本書箒大箕　所以推棄之器也者玉篇華箕屬布糞器顏注急就篇箕可以去糞

bì 畢

畢 田罔也從華象畢形微也或曰由聲 卑吉切

莊子胠篋篇夫弓弩畢弋機變之知多則鳥亂於上矣史記天官書畢曰罕車爲邊兵主弋獵　西京雜記廣川王去疾游獵畢弋無度　鹽鐵論田獵出入畢弋捷健風俗通馳射狐兔畢雉刺聶　魏文帝詩出車出鄴宮校獵東橋津重置施密網罕畢飄如雲　字或作罼廣雅罼率也曾都賦長畢掩壑符子天羅廓矣野人猶有罝罻之勤家語王言篇田獵罩弋兩罩字皆畢之誤

説文解字義證　卷十一　一

田罔也者玉篇畢弋也掩兔也釋天濁謂之畢郭云掩兔之畢或呼爲濁因星形以名史記律書濁者觸也言萬物皆觸死也詩盧令序齊侯好田獵畢弋箋云畢噣也詩鴛鴦于飛畢之羅之大東有捄天畢傳云畢所以掩兔大戴禮王言篇畢弋田獵之得月令田獵罝罘羅網畢翳鄭注小而柄長謂之畢蔡氏章句掩飛禽曰畢齊語田狩畢弋韋注畢掩雉兔之網也淮南時則訓上田獵畢弋注云畢掩網也小網長柄謂之畢用以掩兔也漢書揚雄傳其餘荷垂天之畢顏注畢田網也論衡偶會篇雁鵠去避碣石之寒來遭民田之畢　象畢者當云象畢星文選西京賦天畢前驅五臣云畢鳥網取象畢星思元賦建罔車之幕兮李善云罔車畢星也　形微也者本書𢆶微也　或曰由聲者文本從田或以爲從由得聲

fèn 糞

糞 棄除也從廾推華棄釆也官溥說似米而非米者矢字 方問切

棄除也者本書帚糞也坌帚除也讀若糞廣雅𡊅除也急就篇屏廁清溷糞土壤　詩曰月其除傳云除去也正義云除者棄去之名周禮隸僕掌五寢之埽除糞洒之事大宰祀五帝則掌百官之誓戒與其具脩注云脩埽除糞洒曲禮凡爲長者糞之禮必加帚於箕上少儀氾埽曰埽埽席前曰拚拚席不以鬣執其膺揭注云持箕將去糞者以舌自鄉中庸春秋脩其祖廟注云脩謂埽糞也昭三年左傳小人糞除先人之敝廬二十一年傳將使歸糞除宗祧以事君楚語絜其糞除管子小匡篇糞除其顛旄晏子適令糞灑改席荀子彊國篇堂上不糞則郊草不瞻曠芸注云堂上猶未糞除則不暇瞻視郊野之草有無也魯連子謂田巴曰堂上不糞者郊草不芸也呂氏春秋任地篇上田棄畝下田棄甽淮南時則訓糞除苛慝東觀漢記第五倫每所至客舍去輒爲糞除去之人不復責舍宿直後漢書注云糞除猶埽除也東京賦却走馬以糞車薛注今言糞車者言馬不用而車不敗故曰糞車也古文苑僮約糞除常潔揚雄荅劉歆書如其用則實五稼飽邦民否則爲牴糞棄之於道矣錄異傳如願走於糞上糞上有昨日埽除米薪梁書罽賓國人取鬱金以上佛寺積日香槁乃糞去之謝靈運山居賦自注糞埽必在體或通作奮洞簫賦或拔撥以奮弃又通作積易大畜積豕之牙楮氏云積除也除其牙也字又作攢詩於粲洒埽箋云粲然已洒攢矣似

説文解字義證　卷十一　二

米而非米者矢字者矢當作菌本書菌糞也法華經窮子除糞道德經天下有道卻走馬以糞王弼注卻走馬以治田糞也河上公云糞者糞田也

qì 棄

棄 捐也從廾推華棄之從𠫓𠫓逆子也 詰利切

捐也者本書捐弃也漢書竇嬰傳侯自我得之自我捐之無所恨古詩棄捐毋復道管子弟子職遂出弃之易棄如鄭注流宥之刑襄二十六年左傳初宋芮司徒生女子赤而毛棄諸堤下其姬之妾取以入名之曰棄列女傳棄母姜嫄生子以爲不祥而棄之隘巷因名曰棄魏畧橐離國王侍婢生子捐之溷中　從𠫓𠫓逆子也者逆當作屰本書𠫓不孝子突出不容於內也或從到古文子作𠫓錢君大昭曰孝經五刑之屬三千罪莫大於不孝如淳曰焚如突如棄如者謂不孝子也不畜於父母不容於朋友故燒殺棄之周禮掌戮凡殺其親者焚之故鄭氏謂焚如殺其親之刑刑人之喪不居兆域不序昭穆故燒殺棄之不入於兆也此制字之義也

𠅅 古文棄

gòu 冓　zài 再　chēng 爯　yāo 幺

籒文棄

文四　重二

冓 交積材也象對交之形凡冓之屬皆從冓 古候切

交積材也者漢書文三王傳聽聞中冓之言應劭曰中冓材構在堂之中也顏注冓謂舍之交積材本也象對交之形者本書幵象二干對構上平也五經文字冓象上下相對形通作構易繫辭男女構精萬物化生詩青蠅構我二人箋云構合也桓十六年左傳宣姜與公子朔構急子漢書鼂布傳事已構矣又通作遘王粲七哀詩豺虎方遘患

再 一舉而二也從一冓省 作代切

一舉而二也者本書网再也玉篇再兩也廣雅再二也書大禹謨朕言不再儒行過言不再僖五年左傳一之謂甚其可再乎又云虞不臘矣在此行也晉不更舉矣楚詞九章恐禍殃之有再

爯 幷舉也從爪冓省 處陵切

幷舉也者本書幷從持二干爲幷通作稱書牧誓稱爾戈傳云稱舉也商書敢行稱亂史記作舉亂士相見禮聞吾子稱贄注云稱舉也檀弓言在不稱徵注云稱舉也宣十六年左傳禹稱善人襄三年傳稱解狐又云解狐得舉八年傳女何故稱兵於蔡二十七年傳稱兵以害我哀二十三年傳其可以稱旌繁乎杜注並云稱舉也周語君子不自稱也晉語君稱所以佐天子匡王國者以命重耳韋注並云稱舉也逸周書祭公解公稱丕顯之德孔注云稱謂舉行也漢宗俱碑陰申徒稱字公舉又通作偁廣雅偁舉也釋言偁舉也釋訓偁偁舉也郭注舉持物

文三

幺 小也象子初生之形凡幺之屬皆從幺 於堯切

小也者象子初生之形者戴侗曰蜀本曰幺会也重ㄙ爲幺幺象曰昧也亦象子初成之形以養正也林罕引說文與蜀本同馥案本書脅幺子相亂受治之也曰昧故相亂尉繚子鼓其豪傑雄俊拼於前幺麼毀瘠者拼於後廣韻

yòu 幼　yōu 丝　yōu 幽

幺麼小也通俗文不長曰幺細小曰麼漢書食貨志徑七分重三銖曰幺錢顏注幺小也通作夭王制不殀夭注云少長曰夭月令季冬行春令則胎夭多傷注云夭少長也顧炎武曰爾雅幺幼注曰豕子最後生者俗呼爲幺豚故後人有幺麼之稱說文幺小也象子初生之形幼字從幺亦取此義漢書食貨志王莽作錢貨六品小錢幺錢幼錢中錢壯錢大錢貝貨五品大貝壯貝幺貝小貝及不盈寸二分者布貨十品大布次布弟布壯布中布差布厚布幼布幺布小布隋書律歷志凡日不全爲餘積以成餘者曰秒度不全爲分積以成分者曰篾其有不成秒曰麼不成篾曰幺班彪王命論幺麼尙不及數子蔡邕短人賦其餘尫幺晉陸機文賦猶絃幺而徽急故雖和而不悲郭璞螢火贊熠熠宵行蟲之微幺盧諶蟋蟀賦享神氣之幺耑並用此字唐書楊炎傳盧杞貌幺陋宋史岳飛傳楊幺本名楊太太年幼楚人謂小爲幺故曰楊幺俗作么非

幼 少也從幺從力 伊謬切

少也者廣雅同御覽字鑑並引作小也釋名幼少也言生日少也釋言幼穉也顏注急就篇幼者少小之次論語少之時又云吾少也賤又少師陽周禮謂之小師月令養幼少檀弓公輸若方小注云方小言年尙幼僖二十七年左傳蔿賈尙幼注云幼少也齊策寡人少高注少小也爾雅釋木小而散榎舍人云小少也漢官儀少府自別爲小藏少者小也故稱少府

文二

丝 微也從二幺凡丝之屬皆從丝 於虯切

微也者當爲散經典通用微戴侗引蜀本丝隱微意也从重幺者微之至也易繫辭知微知彰詩小雅彼月而微此日而微中庸夫微之顯本書縣微杪也或作杪隋書律歷志積以成餘者曰杪又作妙老子故常無欲以觀其妙王弼注妙者微之極也漢三老袁君碑朕以妙身襲裘繼業又作眇大戴禮禮察篇起敬於微眇又通作幽釋詁幽微也郭注微謂逃藏也引左傳其徒微之蘊謂爾雅多假借此借幽字

幽 隱也從山中丝丝亦聲 於虯切

隱也者本書隱蔽也周書謚法解壅遏不通曰幽史記樂書極幽而不隱儒行幽居而不淫正義云君子雖復隱處常自修整不傾邪也惠棟曰易履幽人貞吉虞翻曰訟時二在坎獄中故稱幽人象曰幽人貞吉中不自亂也虞云雖幽訟獄中終辨得正故不自亂荀卿子曰公侯失禮則幽注云如晉文執衛成公寘諸深室蘊案釋言幽深也

jī 幾

幾 微也殆也從丝從戍戍兵守也丝而兵守者危也 居依切

微也者廣雅同易乾卦可與幾也釋文理初始微名幾繫辭幾者動之微吉之先見者也又云聖人之所以極深而研幾也鄭注幾微也又云顏氏之子其殆庶幾乎虞云幾者神妙也顏子知微故殆庶幾書皋陶謨兢兢業業一日二日萬幾傳云言當戒懼萬事之微詩大雅天之降罔維其幾矣小雅式微式微箋云微乎微者也史記杞世家杞小微論語事父母幾諫苞云幾微也曲禮不顯諫注云謂明言其君之惡不幾微莊七年穀梁傳中之幾也而曰夜中著焉爾注云幾微也老子視之不見名曰幾傅奕注幾者幽而無象也 殆也者釋詁幾危也郭云幾猶殆也廣

雅幾危也書顧命疾大漸惟幾病日臻傳訓幾爲危殆宣十二年左傳利人之幾而安人之亂杜注幾危也荀子堯問篇汝以魯國驕人幾矣注云幾危也

文三

zhuān 叀

叀 專小謹也從幺省屮財見也屮亦聲凡叀之屬皆從叀 職緣切 下體當如古文作〇不應開口

專小謹也者當爲專專小謹也詩有敦瓜苦傳云敦猶專專也箋云專專如瓜之繫綴焉本書顓下云頭顓顓謹皃世本顓頊注云顓專也曾子形勢解謹於一家則立於一家謹於一鄉則立於一鄉謹於一國則立於一國謹於天下則立於天下是故其所謹者小則其所立亦小其所謹者大則其所立亦大故曰小謹者不大立史記萬石君傳丞相醇謹而已又酈食其傳舉大事不細謹說苑中實頗險外容貌小謹如此者姦臣也 從幺省者8中加十不得謂之省疑從8外別有所從而省者其文闕 屮財見也者財才通本書屮艸木初生也豈從屮陳樂立而上見也 屮亦聲者當云屮聲

古文叀 幺亦不省

亦古文叀 本書𣪊从此篆作𣪊廏從𣪊古文作[glyph]斷作𢇍云从𠧪𠧪古文叀字文各不同當有一誤

huì 惠

惠 仁也從心從叀 胡桂切 秦嶧山刻石乃降專惠專即叀

仁也者廣雅同釋詁惠愛也周語愛人能仁慈和能惠詩北風惠而好我傳云惠愛箋云性仁愛而又好我者民勞惠此中國瞻卬則不我惠箋並云惠愛也褰裳子惠思我傳云惠愛也論語稱子產惠人也襄三十一年左傳孔子

日人謂子產不仁吾不信也文子積惠重厚使萬物忻忻樂其性者仁也賈誼書道術篇心存恤人謂之惠

古文惠從芔 焦山鼎文作[glyph]

zhì 疐

疐 礙不行也從叀引而止之也叀者如叀馬之鼻從此與牽同意 陟利切

礙不行也者爾雅釋文引礙下有足字本書㕓礙止也聲義並相近廣韻躓礙也列子說符篇足躓株埳注云躓礙也易訟卦有孚窒馬讀爲躓猶止也釋言疐跲也郭引詩載疐其尾李巡曰跲卻頓曰疐釋言又云疐仆也郭云頓躓倒仆廣雅躓疐也詩載疐其尾本書引作躓終風願言則嚏傳云嚏跲正義王肅云願以毋道往加之則嚏跲而不行跲與劫音義同釋文云嚏本又作疐陳啟源曰毛詩本作疐與狼跋篇疐尾之疐同是礙而不行之義漢書陳遵傳引楊雄酒箴觀瓶之居居井之眉不得左右牽於纆徽一旦叀礙爲瓽所轠顏注叀縣也言瓶忽縣礙不得下

而爲井甃所擊則破碎也叀音上絹反或以叀爲疐失之案顔說非是叀言瓶爲纆徽所制不得自由與礙不行義合徐鍇祛妄云疐說文云閡也从叀引而止之陽冰云車前重不前合從車宜上畫平不從屮明矣臣鍇以爲此則毛詩狼跋其胡載疐其尾字言狼進則躐其胡退則閡其尾凡專謹者事多閡故從叀引而止之疐之名不主於車也陽冰妄矣　叀者如叀馬之鼻者顗會引作如叀馬之叀本書㲋從㱿　㱿從古文叀皆叀制意　從此與牽同意者當云從冂脫冂字本書牽下云象引牛之縻也象上亦脫冂字此言疐牽竝從冂故同意

文三　重二

xuán
玄

玄　幽遠也黑而有赤色者爲玄象幽而入覆之也凡玄之屬皆從玄　胡涓切

幽遠也者當爲幽也遠也易曰玄黃者天地之雜也天玄而地黃詩隰桑其葉有幽傳云幽黑色也周禮牧人陰祀用黝牲鄭司農讀黝爲幽幽黑也守祧其祧則黝堊之鄭司農云黝讀爲幽幽黑也喪大記既禫黝堊鄭司農云黝讀爲幽玉藻一命緼韍幽衡再命赤韍幽衡注云幽讀爲黝黑之黝此幽義也後漢書章帝詔光昭六幽注云謂六合幽隱之處也詩小雅幽幽南山傳云幽幽深遠也易繫辭无有遠近幽深正義无問遠之與近及幽邃深遠之處皆告之也此遠義也　黑而有赤色者爲玄者緇緅之閒色也周書王會篇天玄　𪏰孔注天玄黑𪏰王氏補注畫繢之事天謂之玄玄與黑別黑者北方之正色六入爲玄則有黑有赤赤者陽之正黑者陰之正惟天體備陰陽之正色惠棟曰天謂之玄坤十月其血玄黃天在下也坤爲黑乾爲赤九十月乾坤合居故云黑而有赤也

古文玄

zī
茲

茲　黑也從二玄春秋傳曰何故使吾水茲　子之切

黑也者玉篇茲濁也黑也素問色如草茲者死史記倉公傳察之如死青之茲本書鷀从此按鸕鷀色黑故峽中人呼爲烏鬼周書王會篇義渠以茲白孔注茲白一名駮馥案山海經駮白身黑尾故謂之茲白字或作𦅻後漢書皇后紀恩隆好合遂忘𦅻蠹　春秋傳曰何故使吾水茲者哀八年左傳文彼作滋注云滋濁也釋文本又作茲字林云黑也

文二　重一

yǔ
予

予　推予也象相予之形凡予之屬皆從予　余呂切

推予也者玉篇篇海竝引作推予前人也本書賜予也與予也異從畀畀予也釋詁台朕賚畀卜賜予也予賜也顔注急就篇予相授予也周禮冢宰予以馭其幸注云有功以賜予之以勸後也論語抑與之與漢石經作意予之與莊二十一年左傳鄭伯之享王也王以后之鞶鑑予之虢公請器王予之爵襄二十八年傳㕦句餘予之朱方魯語爲我予之邑又云齊人歸其至而予之敵趙策此彈丸之地猶不予也史記夏本紀與益予衆庶稻鮮食索隱予謂施予之予此禹言其與益施予衆庶之稻糧司馬相如傳分予文君僮百人錢百萬

shū
舒

舒　伸也從舍從予予亦聲一曰舒緩也　傷魚切

伸也者李善注七命引作申小爾雅廣言舒展也書多方洪舒于民傳云大舒惰于治民史記律書舍者舒氣也釋天四月爲余李巡本作舒云萬物生枝葉故曰舒也一曰舒緩也者釋言文郭云謂遲緩本書紓緩也徐緩也亏象气之舒亏平語平舒也方言紓緩也注音舒洪範曰豫恆燠若釋文徐音舒正義鄭王本豫作舒鄭云舉遲也王肅云舒惰也漢書五行志視之不明厥咎舒又云朓則侯王其舒大傳作荼鄭注作舒詩常武王舒保作傳云舒徐也考工記弓人寬緩以荼注云荼古文舒釋地三歲曰畬孫炎曰畬田舒緩也又濟東曰徐州李巡曰濟東至海其氣寬舒稟性安徐徐舒也

huàn
幻

幻　相詐惑也從反予周書曰無或譸張爲幻　胡辦切

相詐惑也者御覽引作相詐幻惑人一切經音義九按幻謂相欺眩以亂人目也太公六韜上賢篇僞方異技巫蠱左道不祥之言幻惑良民王者必止之　從反予者玉篇九經字樣竝作從倒予　周書無或譸張爲幻者無逸文彼作民無或胥譸張爲幻傳云幻惑也正義幻郎眩也惑亂之名漢書稱西域有幻人是也釋訓侜張誑也郭注書曰無或侜張爲幻幻惑欺誑人者

fàng 放　áo 敖　yuè 敫　biào 受

文三

放　逐也从攴方聲凡放之屬皆从放　甫妄切

逐也者書舜典放驩兜于崇山正義放逐春秋宣元年晉放其大夫胥甲父于衛杜云放者受罪黜免宥之以遠楚辭漁父屈原既放

敖　出游也从出从放　五牢切

本書出部有敖字云游也　出游也者游當爲斿經典通用游廣雅敖戲也詩柏舟以敖以遊載驅齊子遊敖常武匪紹匪遊傳云不敢繼以敖遊也鹿鳴嘉賓式燕以敖傳云敖遊也曲禮敖不可長釋文敖王肅五高反遨遊也長盧植馬融王肅竝直良反馥案鄭注言慢遊之道讀當與王同孟子般樂怠敖注云敖游鶡冠子王鈇篇游敖同品漢書景十三王傳請閒諸姬舍門無令出敖丙吉傳不得令晨夜去皇孫敖盪顏注竝云敖游戲也後漢書張衡傳越邛州而愉敖注云敖游也

從放者本書贅下云敖者猶放貝當復取之也廣雅敫像也本書緣放也

敫　光景流也从白从放讀若龠　以灼切

光景流也者廣韻也作皃通作爚西都賦震震爚爚李善云光明貌也字指曰爚爚電光也後漢書班固傳注震震爚爚奔走貌

文三

受　物落上下相付也从爪从又凡受之屬皆从受讀若詩摽有梅　呼小切

物落上下相付也者五經文字受象物落上下相付持之形九經字樣敘从受受上下相扶持也莊君述祖曰爪采之又承之也故曰上下相付孟子塗有餓莩而不知發趙注餓死者曰莩詩莩有梅零落也案漢書食貨志引孟子作荾增韻云詩摽有梅本作受受變爲孚轉寫訛耳凡餓莩字从孚者本皆作受非孚信之孚程君瑤田曰趙注引詩易摽爲莩丁氏音以爲韓詩也余以爲韓詩所謂莩者即受字轉寫之異孟子言人飢腹中空而虛如華秀不實者之受落也　讀若詩摽有梅者毛傳摽落也釋詁摽落也襄八年左傳宣子賦摽有梅杜注摽落也案孟子注引詩作莩此所引詩或後人加之

yuán 爰　luàn 𤔔　shòu 受　liè 𣦼　zhēng 爭

爰　引也从受从亏籀文以爲車轅字　羽元切

中當作亏反亏也亏者引氣也　引也者集韻謂引詞也本書㬊下云爰引也援下云引也瑗下云人君上除陛以相引　籀文以爲車轅字者僖十五年左傳晉於是乎作爰田外傳作轅賈逵曰轅車也漢書地理志秦孝公用商君制轅田

𤔔　治也幺子相亂受治之也讀若亂同一曰理也　郎段切

治也者本書亂治也乙治之也宣四年左傳伐而不治亂也案亂當爲𤔔　幺子相亂者當爲相𤔔本書𤔔煩也蜀本重厶爲幺象目昧也馥謂幺子目昧故相𤔔　一曰理也者本書辭下云𤔔理也尋下云繹理也工口𤔔也又寸分理之論衡案書篇讖書云董仲舒亂我書或以爲亂者理也理孔子之書也　從冂意未言馥謂冂所以治之

𤔔　古文𤔔

玉篇作𤔔

受　相付也从受舟省聲　殖酉切

漢銅印作𦥯有橫畫从舟省也篆當作冂若从冂則與八覆之八無別矣漢衡方曹全諸碑竝作受隸變冂爲　相付也者集韻引下有一曰承也四字　舟省聲者戴侗曰鐘鼎之文皆从舟

𣦼　撮也从受从乙　力輟切

撮也者𣦼俗作攥廣韻攥手把音子括切今聲轉如鑽　從乙者本書亂从乙乙治之也把撮亦治意

爭　引也从受厂　側莖切

玉篇有古文作事

引也者一切經音義二十四引作彼此競引物也　從厂者本書厂抴也象抴引之形也

yǐn
𤔌

𤔌　所依據也從受工讀與隱同　於謹切

所依據也者一切經音義九引作有所據也詩不可以據傳云據依也　讀與隱同者大戴禮文王官人篇征利而依隱於物盧辯注隱據也檀弓旣葬而封廣輪揜坎其高可隱也注云隱據也封可手據孟子不應隱几而臥趙注孟子不應答因隱倚其几而臥也莊子應帝王篇其臥徐徐司馬注徐徐安隱貌馥案俗作穩世說行人安穩

lǜ
寽

寽　五指持也從受一聲讀若律　呂戌切

五指持也者李燾本徐鍇韻譜集韻類篇六書故竝作五指捋也本書捋取易也采捋取也廣韻寽持取今寽禾是　馥謂持取亦當作捋取

gǎn
𠭥
(敢)

𠭥　進取也從受古聲　古覽切

進取也者書盤庚敢恭生生正義美其人能果敢奉用進進於善者言其人好善不倦也士虞禮敢用絜牲剛鬣注云敢冒昧之辭燕禮臣敢辭注云敢者怖懼用勢決之辭疏云不避畏難用勢往決之　古聲者古當爲占本書嚴古文作㘙占上卜反書猶𡕥中亏亦反書

𠭥　籒文𠭥

本書譀闞巖嚴竝从此籒文

𣪘　古文𠭥

古當爲占

文九　重三

cán
𣦼

𣦼　殘穿也從又從歺凡𣦼之屬皆從𣦼讀若殘　昨干切

殘穿也者六書故引作穿殘也本書𥦗下云歺殘地阬坎意也　從歺者徐鍇本作歺亦聲當爲歺聲

hè
㕡

㕡　溝也從𣦼谷讀若郝　呼各切

溝也者釋詁壑虛也郭云壑谿壑也史記司馬相如傳臨坻注壑正義壑墟也墟當爲虛詩韓奕實墉實壑釋文壑城池也郊特牲水歸其壑注云壑猶阬也後漢書馬融傳注引蒼頡篇阬壑也襄三十年左傳吾公在壑谷列子湯問篇渤海之東有大壑焉實維無底之谷莊子天地篇夫大壑之爲物也注焉而不滿酌焉而不竭張衡南都賦谿壑錯繆而盤紆　從谷者當爲谷聲

壑　㕡或從土

gài
𣦿

𣦿　𣦼深堅意也從𣦼從貝貝堅寶也讀若概　古代切

𣦼深堅意也者本書初印本無𣦿字小字本集韻類篇六書故竝無玉篇廣韻竝云深堅意　貝堅寶也者徐鍇本類篇竝作堅實

jǐng
𣦸

𣦸　阬也從𣦼從井井亦聲　疾正切

阬也者本書阱陷也玉篇𣦸阬𣦸也穿地捕獸也亦作穽史記秦始皇本紀秦王之邯鄲諸嘗與王生趙時母家有仇怨皆阬之東方朔七諫𡖍日將至兮與麋鹿同阬　井亦聲者當爲井聲

ruì
叡

叡　深明也通也從𣦼從目從谷省　以芮切

深明也者詩凱風母氏聖善傳云聖叡箋云叡作聖楚語謂之叡聖武公韋云叡明也　通也者徐鍇本無此文一切經音義二有之洪範思曰睿王肅注睿通也思慮苦其不深故必深思使通於微也馬注睿通也鄭注睿通於政事　從𣦼從目從谷省者一切經音義二十三叡字从𣦼取穿通義谷取響應不窮目取明識意

睿　古文叡

壡　籒文叡從土

從土者當爲從玉本書璿籒文作叡玉篇廣韻竝作璿本書脫去玉旁此壡即璿之重出字玉篇廣韻叡下無壡因重出不收也

文五　重三

𠬪
𣦼

叡

叡 大息也苦怪切

見玉篇案本書蔽聲竝從叡

遺文一

è 歺

歺 列骨之殘也從半冎凡歺之屬皆從歺讀若櫱岸之櫱五割切

列骨之殘也者剔解之殘骨也　從半冎者上當爲厂不應作卜　讀若櫱岸之櫱者六書故引作屵

𣦵 古文歺

wěi 㱱

㱱 病也從歺委聲於爲切

病也者廣雅同本書菸痿也通作萎檀弓哲人其萎乎注云萎病也

hūn 殙

殙 瞀也從歺昏聲呼昆切

瞀也者瞀當爲矜字之誤也莊子達生篇以瓦注者巧以鉤注者憚以黃金注者殙其巧一也而有所矜則重外也凡外重者內拙釋文殙本亦作殙說文殙矜也漢書劉向傳臣甚惛焉顏注惛古悶字憂病也馥案惛俗字當作殙言甚矜悶之也　昏聲者本書昏皆改從氏此未經改者

dú 殰

殰 胎敗也從歺賣聲徒谷切

胎敗也者字林同廣韻殰殤胎月令乃多女災注云含任之類敗也樂記胎生者不殰注云內敗曰殰釋文云謂懷任不成也漢書匈奴傳匈奴孕重墮殰罷極苦之顏注殰敗也或作贕管子五行篇毛胎者不贕注云贕謂胎敗也又作贕淮南原道訓獸胎不贕高云胎不成獸曰贕

mò 歾

歾 終也從歺勿聲莫勃切

終也者廣雅同僖二十三年左傳叔詹曰楚王其不歾乎爲禮而卒於無別將何以歾杜注不歾言不以壽終也太元夾次七詘其節執其術共所歾注云歾盡也節於道歾身而已

𣩵 歾或從叟

通作沒小爾雅廣言沒終也詩曷其沒矣傳云沒盡也論語沒齒無怨言

zú 𣨛

𣨛 大夫死曰𣨛從歺卒聲子聿切

隸續張景題字少子竝早𣨛　唐李文墓誌作此𣨛字徐鍇引白虎通𣨛終也　通作卒釋詁卒死也又云終也又云盡也釋文云字或作𣨛詩畜我不卒傳云卒終也春秋隱元年公子益師卒通典引石渠禮議孝子諱死曰卒

大夫死曰𣨛者釋名大夫曰卒言卒竟也春秋隱三年夏四月辛卯尹氏卒公羊云尹氏者何天子之大夫也大夫曰卒注云卒猶終也穀梁集解天子曰崩諸侯曰薨大夫曰卒周之制也曲禮大夫曰卒注云卒終也春秋說題辭大夫曰卒精耀終也卒之爲言絕於邦也越絕書吳內傳天子稱崩諸侯稱薨大夫稱𣨛士稱不祿白虎通崩薨篇天子死曰崩諸侯曰薨大夫曰卒卒之爲言終於國也大戴禮四代篇天子死曰崩諸侯曰薨大夫曰不祿庶人曰死馥案大夫以下越士而及庶人當有脫誤

shū 殊

殊 死也從歺朱聲漢令曰蠻夷長有罪當殊之市朱切

死也者莊子在宥篇釋文引同又引字林亦同昭二十三年左傳釋文引有一曰斷也四字廣雅殊斷也玉篇殊絕也死也本書殳以杸殊人也鄭注周易死如殺人之刑後漢書馬融傳或夷由未殊注云未殊謂未死莊子在宥篇今世殊死者相枕也淮南覽冥訓王孫綽欲倍偏枯之藥以生殊死之人可謂失倫矣漢舊儀踐祚改元立皇后太子赦天下每赦自殊死以下後漢明帝紀永平十八年詔命天下亡命自殊死以下贖死罪縑三十匹梁統傳乃上疏曰臣竊見元哀二帝輕殊死之刑注引東觀記曰元帝初元五年輕殊死刑三十四事哀帝建平元年輕殊死刑八十一事魏志文帝紀注天下自殊死以下諸不當得赦皆赦除之前秦錄符堅大赦殊死已下匡謬正俗或問曰每見赦書或云殊死以下或云死罪以下爲有異否何謂殊死董勛荅曰殊異也死有異死者大逆族誅梟首斬腰易有焚如之刑也漢高帝初興之際赦死罪以下是爲異死者不赦也世祖始起赦殊死以下是謂異死者皆赦也按稱殊死絕死謂斬刑也春秋傳曰斷其木而不殊班書韓延壽傳云門下掾自刭人救不殊殊者訓絕而死有斬

絞故或云殊死或云死但云死者絞縊刑也殊死者身首分離死內之重也非取殊異爲名又漢高帝五年赦天下殊死以下何言不赦乎漢令云蠻夷有罪當殊之而應劭釋云殊之者死也義與誅同此說亦未盡史記蘇秦傳使人刺蘇秦不死殊而走集解風俗通義稱漢令蠻夷戎狄有罪當殊殊者死也與誅同指而此云不死殊而走者蘇秦時雖不即死然是死創故云殊顧炎武曰史記殊而走說文繫傳曰斷絕分析曰殊謂斷支體而未及死淮南王傳太子即自剄不殊漢書宣帝紀棨而不殊師古曰殊絕也韓延壽門下掾自剄人救不殊師古曰殊絕也以人救之故身首不相絕後漢光武紀辠非犯殊死一切勿案注云殊死謂斬刑殊絕也琴賦或相離而不殊李善云左氏傳曰武城人斷其後之木而不殊漢書音義曰殊猶絕也鄭注士喪禮四解之殊肩髀而已郭注莊子庖丁解牛云節解窾空就導令殊 漢令曰蠻夷長有罪當殊之者莊子釋文史記集解匡謬正俗集韻類篇竝同惟徐鍇本殊之下有市字黃后公三略施於竹帛名曰令漢書蕭望之傳金布令甲注云金布者令篇名也令甲者其篇甲乙之次魏志陳羣傳漢律所殺殊死之罪增韻漢律殊死謂斬刑

wēn
殟

殟 胎敗也從歺𥁕聲 烏沒切

胎敗也者誤俗殰字訓一切經音義七引作暴無知也聲類烏殟欲死也廣韻殟心悶

shāng
殤

殤 不成人也人年十九至十六死爲長殤十五至十二死爲中殤十一至八歲死爲下殤從歺傷省聲 式陽切

洪範六極一曰凶短折鄭注凶短折皆是夭枉之名未齔曰凶未冠曰短未婚曰折 哀十一年左傳公爲與其嬖僮汪錡乘皆死皆殯孔子曰能執干戈以衛社稷可無殤也 列子黃帝篇不知樂生不知惡死故無夭殤 文章流別論哀辭者誄之流也率以施於童殤夭折不以壽終者

不成人也者周書謚法解短折不成曰殤穆天子傳於是殤祀而哭注云殤未成喪呂氏春秋察今篇今爲殤子矣注云未成人夭折曰殤子也 人年十九云云者釋名未二十而死曰殤殤傷也可哀傷也儀禮喪服傳喪成人者其文縟喪未成人者其文不縟故殤之經不樛垂蓋未成人也年十九至十六爲長殤十五至十二爲中殤十一至八歲爲下殤不滿八歲以下皆爲無服之殤呂氏春秋爲欲篇其視爲彭祖也與爲殤子同注云九歲以下爲下殤七歲以下爲無服殤鹽鐵論未通篇十九年以下爲殤未成人也通典引謝慈曰女子未許嫁十九猶爲殤 傷省聲者傷當爲𥏫本書傷觴竝從𥏫省聲今矢部作𥏫者寫謬

cú
殂

殂 往死也從歺且聲虞書曰放勛乃殂落 昨胡切

往死也者本書虘且往也馥謂當爲殂往也 虞書曰放勛乃殂落者舜典文徐鍇本李燾本竝作勛乃殂鍇繫傳云勛堯也釋詁殂落死也郭云古者死亡尊卑同稱耳故尚書堯曰殂落舜曰陟方乃死通作徂釋名徂落徂祚也福祚殞落也徂亦往也言往去落也

𣦸 古文殂從歺從作

從歺者誤也𣦸古文死字玉篇歺辨也辨辨斷欲死皃故從死 從作者亦誤也當從乍本書作亾也

jí
殛

殛 殊也從歺亟聲虞書曰殛鯀于羽山 己力切

殊也者釋言文彼作誅書湯誓天命殛之傳云天命誅之僖二十八年左傳明神殛之成十二年傳襄十一年傳文同注竝云殛誅也越語乃可以致天地之殛韋云殛誅也通作極詩菀柳後予極焉箋云極誅也 虞書曰殛鯀于羽山者舜典文馬云殛誅也周語堯用殛之於羽山韋云殛誅也馥案凡訓誅者皆當爲殊自殊爲殊異字遂以誅代之洪範鯀則殛死昭七年左傳昔堯殛鯀于羽山其神化爲黃熊以入于羽淵此皆明言其死非誅討之謂也呂氏春秋行論篇於是殛之于羽山副之以吳刀此又直言以刀殊斷矣

yì
殪

殪 死也從歺壹聲 於計切

死也者釋詁文詩吉日殪此大兕傳訓死晉語殪以爲大甲韋云一發而死曰殪隱九年左傳衷戎師前後擊之盡殪襄二十五年傳我獲射之必殪昭二十六年傳聲子射其馬斬鞅殪杜注竝云殪死也晉語擊人盡殪韋云殪死也楚詞九歌左驂殪兮右刃傷注云殪死也呂氏春秋決勝篇搏攫則殪注云殪死也後漢書張衡傳髗令殪而尸亾兮注云殪死也詩皇矣其菑其翳傳云木立死曰菑自斃爲翳釋文翳韓詩作殪云因也因高塡下也馥案釋名

歺

殪翳也就 隱翳也

殪 古文殪從死

本書死古文作𣦸伊辜古文竝從死作𣦸其上皆作)(不作乂玉篇凡古文死亦作∨

mò 𣨏

𣨏 死宋𣨏也從歺莫聲 莫各切

死宋𣨏也者 廣韻𣨏死也

bìn 殯

殯 死在棺將遷葬柩賓遇之從歺從賓賓亦聲夏后殯於阼階殷人殯於兩楹之閒周人殯於賓階 必刃切

死在棺將遷葬柩賓遇之者死當爲尸曲禮在牀曰尸在棺曰柩故曰尸在棺僖三十二年左傳冬晉文公卒將殯于曲沃注云殯窆棺也案文公以三十三年四月葬杜以此殯爲窆棺未詳其義論語於我殯皇氏曰殯謂停喪於寢以待葬也僖九年穀梁傳注欑木如椁塗之曰殯疏云檀弓云天子之殯也菆塗龍輴以椁鄭元云菆木周龍輴

如椁而塗之也覆案釋名於西壁下塗之曰殯殯賓也賓客遇之言稍遠也塗曰欑欑木於上而塗之也通鑑注菆塗曰殯將遷葬以賓遇之也 夏后云云者檀弓夏后氏殯於東階之上則猶在阼也殷人殯于兩楹之閒則與賓主夾之也周人殯于西階之上則猶賓之也

yì 殔

殔 瘞也從歺隶聲 羊至切

瘞也者小爾雅廣名埋柩謂之殔殔坎謂之𣳟呂氏春秋先識篇威公薨殔九月不得葬高注下棺置地中謂之殔顏延年元皇后哀策文戒涼在殔杪秋即穸字或作肂玉篇肂埋棺坎下也釋名假葬於道側曰肂肂翳也士喪禮掘肂見衽注云肂埋棺之坎也又云奉尸斂于棺注云棺在肂中斂尸焉所謂殯也檀弓曰殯于客位又云北面視肂又云祝取銘置於肂注云爲銘設柎樹之肂東

jìn 殣

殣 道中死人人所覆也從歺堇聲詩曰行有死人尚或殣之 渠吝切

道中死人人所覆也者文選王命論夫餓殣流隸注引荀悅曰道瘞謂之殣周禮蜡氏若有死於道路者則令埋而置楬焉昭三年左傳道殣相望釋文道中死者人所覆也韋注楚語云道冢曰殣大戴禮千乘篇道無殣者荀子禮論篇刑餘罪人之喪不得晝行以昏殣注云殣道路死人也今昏殣如掩道路之死人也說苑齊景公出而見殣謂晏子曰此何爲死魏書高祖紀路見壞冢露棺駐輦殣之 詩曰行有死人尚或殣之者小雅小弁文彼作墐傳云墐路冢也

chòu 殠

殠 腐气也從歺臭聲 尺救切

腐气也者玉篇殠物傷氣也字或作臰論語何晏本臰惡不食家語六本篇如入鮑魚之肆久而不聞其臰東京賦鮑肆不知其臰易林鱐臰鮑羹論衡譴告篇屈原疾楚之臰洿故稱香潔之辭帝王世紀禹葬會稽下不及泉上不通臰博物志灞水服之少臰沈約注阮籍詠懷詩芬芳歇矣所存者臰腐耳笑林南方人至京師見馬屎便食之覺臰乃止又通作臭易說卦巽爲臭王肅本作爲香臭書盤庚若乘舟汝弗濟臭厥載傳云如舟在水中流不渡臭敗

其所載僖四年左傳一薰一蕕十年尚猶有臭杜云薰香草蕕臭草十年有臭言善易消惡難除晉語出共世子而改葬之臭達於外楚策其似惡聞君王之臭也墨子節葬篇及其葬也下毋及泉上毋通臭韓子外儲說一公謂左右曰吾甚惡紫之臭說苑昔堯之葬者其穿地也下不亂泉上不泄臭莊子知北游所惡者爲臭腐宋均詩譜序欲知風化芳臭氣澤之所及論衡死僞篇亡新改葬元帝傅后發其棺取玉柙印璽發棺時臭憧于天洛陽丞臨棺聞臭而死四諱篇凡人所惡莫有腐臭腐臭之氣敗傷人心故鼻聞臭口食腐心損口惡霍亂嘔吐後漢書梁鴻傳愍芳香兮日臭注云臭敗也

kuì 殨

殨 爛也從歺貴聲 胡對切

爛也者當爲爤通行爛字僖十九年公羊傳魚爛而亡注云魚爛從內發

xiǔ 㱙

㱙 腐也從歺丂聲 許久切

漢楊統碑立言不㱙劉修碑歿而不㱙繁陽令楊君碑莫盛不㱙孫根碑昭名不㱙

腐也者月令釋文引字林同廣雅㱙臭
也論語朽木不可雕也包注朽腐也

朽 㱙或從木

月令其臭朽釋文朽本亦作㱙說文云㱙或爲朽字列子周穆王篇響香以爲朽天瑞篇朽瓜殷敬順本作㱙墨子節葬篇朽其肉而棄之然後埋其骨，晉語魯大夫臧文仲其身歿矣其言垂於後世此之謂死而不朽

dài 殆

殆 危也從歺台聲 徒亥切

危也者釋詁文本書幾殆也丝而兵守者危也詩節南山無小人殆傳云危殆論語多見闕殆包注殆危也昭四年左傳晉有三不殆杜云殆危也襄二十七年公羊傳殆諸侯也注云殆危也祭義不敢以先父母之遺體行殆

yāng 殃

殃 咎也從歺央聲 於良切

咎也者廣雅同易釋文引作凶也易坤卦必有餘殃鄭注殃禍惡也閔二年左傳無德而祿殃也吳語其民不忍飢勞之殃注云殃害也禮運衆以爲殃注云殃猶禍惡也離騷豈余身之憚殃兮注云殃咎也呂氏春秋孟春紀稱兵必有天殃高注殃咎也

cán 殘

殘 賊也從歺戔聲 昨干切

賊也者方言捄殺也晉魏河內之北謂捄爲殘釋名殘踐也踐使殘壞也書序成王東伐淮夷遂踐奄史記作殘奄泰誓取彼凶殘又云殘害于爾萬姓秦策昔智伯瑤殘范中行又云張儀之殘樗里疾也高云殘害也詩小雅廢爲殘賊周禮大司馬九伐之法放弒其君者則殘之孟子賊義者謂之殘列子說符篇遂共盜而殘之注云殘賊殺之王霸記殘滅其爲惡史記趙世家姦臣在朝國之殘也陳餘傳爲天下除殘也樊噲傳殘東垣注云謂多所殺傷也

tiǎn 殄

殄 盡也從歺㐱聲 徒典切

盡也者釋詁文書舜典讒說殄行馬注殄絕也泰誓殄殲乃讎傳云言欲行除惡之義絕盡紂詩新臺籧篨不殄傳云殄絕也桑柔不殄心憂箋云殄絕也瞻卬邦國殄瘁傳云殄盡也襄二十六年左傳引此詩杜亦云殄盡也周禮稻人凡稼澤夏以水殄草注云殄病也絕也僖十年左傳君祀無乃殄乎杜云殄絕也成十三年傳殄滅我費滑宣二年傳敗國殄民杜云殄盡也淮南本經訓下殄地財高云殄盡也後漢書班固傳禽獸殄夷注云殄盡也

𣦵 古文殄如此

玉篇古文作劢

jiān 殲

殲 微盡也從歺韱聲春秋傳曰齊人殲于遂 子廉切

微盡也者微當爲散言無散不盡也釋詁殲盡也舍人云衆之盡也書允征殲厥渠魁傳云殲滅詩黃鳥殲我良人傳云殲盡也僖二十二年左傳門官殲焉注云殲盡也襄二十八年傳其將聚而殲旃注云殲盡也後漢書陶謙傳百姓流移依謙者皆殲注云殲盡也 春秋傳曰齊人殲于遂者莊十七年經文穀梁傳殲者盡也

dān 殫

殫 殛盡也從歺單聲 都寒切

殛盡也者徐鍇本作極韻會引同字林亦作極廣雅殫盡也漢書司馬相如傳殫覩衆物之變態郭璞曰殫盡也西京賦殫所未見薛注殫盡也通作單釋天在卯曰單閼李巡曰單盡也淮南天文訓太陰在卯歲名單閼高云單盡

書君奭不單稱德正義單盡詩天保俾爾單厚箋云單盡也郊特牲雖爲社事單出里注云皆往祭社於都鄙正義單盡也襄二十七年左傳單斃其死注云單盡也史記春申君傳王之威亦單矣徐廣曰本亦作殫

dù 殬

殬 敗也從歺睪聲商書曰彝倫攸殬 當故切

敗也者詩雲漢耗斁下土箋云斁敗也釋文斁下故反說文字林皆作殬史記宋微子世家常倫所斁徐廣曰一作釋馥案釋殬之譌也漢書薛宣傳不得其人則大職墮斁顏注斁壞也 商書曰彝倫攸殬者洪範文彼作斁傳云斁敗也穀梁傳集解序彝倫攸斁釋文斁字書作殬敗也

luò 𣨼

𣨼 畜產疫病也從歺羸聲 郎果切

畜產疫病也者產當爲㹦廣雅瘰病也齊民要術有治牛疫方

ái 殪

殪 殺羊出其胎也從歺豈聲 五來切

殺羊出其胎也者本書𦙍讀若殪廣雅殪胎也馥案徐幹七喻熊蹯豹胎昔人以胎爲美飡漢樂章衆庶熙熙施及

cán 殘

zhí 殖

kū 殆

qī 𣧌

sǐ 死

夭胎禮王制不殺胎

𣦼 禽獸所食餘也從歺從肉 昨干切

禽獸所食餘也者玉篇作殘云獸食之餘也廣韻獸食之餘曰䬸𣦼䬸聲近廣雅𣦼餘也通作殘考工記鮑人注云帴或者讀爲羊豬戔之戔釋文沈云干寶爲殘案周禮注殘餘字本多作戔宜依殘音崔駰博徒論鷰臛羊殘七命髦殘象白五臣云殘謂爲猛獸所食之殘者亦猶豺殘也魏志辰韓名樂浪人爲阿殘謂其本殘餘之人也

殖 脂膏久殖也從歺直聲 常職切

脂膏久殖也者字或作膱考工記弓人凡昵之類不能方注云鄭司農云故書昵或作樴元謂樴脂膏膱敗之膱膱亦黏也釋文膱呂忱云膏敗也

殆 枯也從歺古聲 苦孤切

枯也者殆枯聲相近黃庭經調血理命身不枯玉篇殆乾廣韻殆瘁呂氏春秋異用篇澤及髊骨注云骨有肉曰髊

無肉曰枯字或作胋廣雅胋乾也

𣧌 棄也從歺奇聲俗語謂死曰大𣧌 去其切

俗語謂死曰大𣧌者通作奇素問有大奇篇

文三十二 重六

死 澌也人所離也從歺從人凡死之屬皆從死 息姊切

大戴禮本命篇分於道謂之命形於一謂之性化於陰陽象形而發謂之生化窮數盡謂之死 坊記死民之卒事也 文子其死也物化 申鑒政體篇萬物之大極曰死

澌也者廣雅同死澌聲相近白虎通崩薨篇庶人曰死死之爲言澌精氣窮也風俗通怪神篇死者澌也曲禮庶人曰死注云死之言澌也精神澌盡也檀弓小人曰死注云死之言澌也物理論人含氣而生精盡而死死猶澌也宋玉招魂魂氣離散汝筮與之澌或作㯕玉篇㯕死也

hōng 薨

hāo 薧

zì 𣨙

guǎ 冎

𣧩 古文死如此

薨 公侯𣨛也從死瞢省聲 呼肱切

公侯𣨛也者釋名諸侯曰薨薨壞之聲也曲禮諸侯曰薨注云薨顛壞之聲隱三年公羊傳注薨小毀壞之詞春秋說題辭諸侯稱薨薨之爲言奄然而亾白虎通崩薨篇諸侯曰薨國失陽薨之言奄也奄然亾也春秋隱二年夫人子氏薨范甯云夫人曰薨從夫稱后渠禮議君死未葬曰不祿既葬曰薨

薧 死人里也從死蒿省聲 呼毛切

死人里也者玉篇薧里黃泉也死人里也 蒿省聲者古今注蒿里喪歌也謂人死魂魄歸乎蒿里元和郡縣志乾封縣高里山亦曰蒿里山在縣西北二十五里博物志太山一曰天孫言爲天帝孫也主召人魂魄謂此因與蒿里山近爲之說也漢書武五子傳蒿里召兮郭門閱顏注蒿里死人里韓延壽傳賣偶車馬下里偶物者弃之市道張晏曰下里地下蒿里僞物也

𣨙 戰見血曰傷亂或爲惛死而復生爲𣨙從死次聲 咨四切

或爲惛死而復生爲𣨙者或爲當云或謂廣雅𣨙病也呂氏春秋死𣨙之地

文四 重一

冎 剔人肉置其骨也象形頭隆骨也凡冎之屬皆從冎 古瓦切

歺從半冎則冎下當爲歺

剔人肉置其骨也者本書無剔字列子釋文冎剔肉也通俗文去骨曰剔廣雅㓥屠也玉篇㓥與剔同書泰誓剔孕婦士喪禮鬄去蹄注云鬄解也今文鬄爲剔通鑑周利用得敬暉冎而殺之裴葛禽呂守素縛于驛柱冎而殺之字或作剮玉篇剮剔肉值骨也 象形頭隆骨也者韻會引徐鍇本作象頭隆骨也本書頊顱首骨也髑髏也頂也

頓也

bié 刐

刐　分解也從冎從刀　憑列切

分解也者本書八別也莊子養生主庖丁爲文惠君解牛批大郤導大窾郭注有際之處因而批之令離節解窾空就導令殊淮南子主術訓桀之力別觡伸鉤三輔故事建章宮東有折風闕關中記析風一名別風周禮小宰四日聽稱責以傅別注云鄭司農云稱責謂貸予傅別謂券書也聽訟責者以券書決之傅傅著約束於文書別別爲兩家各得一也玄謂傅別謂爲大手書於一札中字別之傳別質劑皆今之券書也士師凡以財獄訟者正之以傳別約劑注云傳別中別手書也約劑各所持券也鄭司農云若今市買爲券書以別之各得其一訟則案券以正之俗作莂釋名莂別也大書中央中破別之也晉太康楊紹瓦券對共破莂又作莂廣韻莂分莂一云分契又作㮰類篇㮰券契也急就篇簡札檢署槧櫝家

bēi 髀

髀　別也從冎卑聲讀若罷　府移切

別也者集韻五支引同又十二蟹髀裂也廣雅髀裂也

文三

gǔ 骨

骨　肉之覈也從冎有肉凡骨之屬皆從骨　古忽切

肉之覈也者御覽引云體之質也肉之核也廣雅覈骨也釋名骨滑也骨堅而滑也淮南說林訓親莫親於骨肉節族之屬連也

dú 髑

髑　髑髏頂也從骨蜀聲　徒谷切

髑髏頂也者御覽引作髑髏頭也玉篇髑髏頭也廣雅頊顱謂之髑髏一切經音義一引埤蒼髑髏頭骨也干寶晉紀有謠云南風烈烈吹白沙千歲髑髏生齒牙據此知髑髏是頭非頂也列子天瑞篇從者見百歲髑髏莊子至樂篇莊子之楚見空髑髏髐然有形魏略五官將知王忠昔嘗啖人令取冢間髑髏繫忠馬鞍以爲嬉笑盛宏之荆州記呂蒙冢中有一髑髏極大蒙形長偉疑卽蒙髑髏也述異記陳留周氏婢見一朽棺頭穿壞髑髏墮地南州異物志身沛人得髑髏破之以飲酒崔鴻夏錄赫連勃勃以人頭爲京觀號髑髏臺宋書沈懷文傳聚所殺人首於后頭南岸謂之髑髏山裴淵之廣州記盧循襲廣州數得髑髏三萬餘元和郡縣志河池縣髑髏堆在縣東北四十三里後魏討仇池於此大破吳軍築爲京觀俗號其地爲髑髏堆晏氏類要澤州髑髏山晉道陵遲劉聰舉兵積屍此山張衡呂安有髑髏賦曹植有髑髏說

lóu 髏

髏　髑髏也從骨婁聲　洛侯切

bó 髆

髆　肩甲也從骨尃聲　補各切

肩甲也者本書肩髆也釋名肩堅也甲闔也與胷脅背相會合也周禮醢人豚拍注云鄭大夫杜子春皆以拍爲膊謂脅也或曰豚拍肩也漢書武帝紀皇子髆爲昌邑王晉灼曰髆許慎以爲肩髆字顏氏家訓慕賢篇五百年一賢猶比髆也𣪺案比髆猶比肩甲或爲胛後漢書張宗傳中矛貫胛注云背上兩髆閒也史載骨利幹國煮羊胛通鑑作羊髀誤通鑑齊宣城王胛上有赤誌注云肩背之間爲胛南齊王奐傳頸下有傷肩胛身皺梁書狼牙修國其俗

男女皆袒王及貴臣乃加雲霞布覆胛戴逵及子顒善造佛像宋世子鑄銅佛像面恨瘦顒曰非面瘦乃臂胛肥耳水經注赤岬山如人袒胛故謂之赤岬山

ǒu 髃

髃　肩前也從骨禺聲　午口切

肩前也者廣韻髃骨名在膊前增韻髃髆前骨今人曰肩頭六書故引字林肩前兩乳閒骨也急就篇胂腴胷脅喉咽髃顏注髃肩前也漢書司馬相如傳洞胷達掖張揖曰貫胷通右髃顏注髃謂肩前骨也字或作腢詩車攻傳云自左膘而射之達于右腢爲上殺釋文腢本亦作髃謂肩前也說文同郭謂肩前兩乳閒骨旣夕記卽牀而奠當腢注云腢肩頭也

pián 骿

骿　幷脅也從骨幷聲晉文公骿脅　部田切

幷脅也者左傳釋文引作骿脅幷也晉語聞其骿脅韋注骿脅幷幹也通作駢春秋元命苞顓頊駢幹論衡張儀駢脅晉文公骿脅者見僖二十三年左傳彼作駢杜注駢脅合幹正義云說文云骿脅幷幹也肋脅骨也廣雅云脅

bǐ 髀　kē 髁　jué 䯊　kuān 髖

幹謂之肋孔晁云閭公子脅幹是一骨故欲觀之通俗文曰腋下謂之脅如此諸說則脅是腋下之名其骨謂之肋幹是肋之別名騈訓比也骨相比迫若一骨然馥案論衡引左傳作仳脅程大昌曰騈者脅骨之生兩兩相竝也

髀 股也從骨卑聲 并弭切

股也者詩釋文李善注七命一切經音義三太平御覽竝引作股外也廣韻五音集韻亦作股外本書股髀也胯股也奎兩髀之閒也春秋元命苞髀之爲言岐也陰二故入兩髀詩車攻傳云射左髀達于右䯚爲下殺釋文髀謂股外襄沔記蜀先主之依劉表起至廁見髀裏生肉慨然流涕表問之備曰平常身不離鞍髀肉皆消今不復騎髀裏肉生晉中興書王蒸不堪久騎兩髀生瘡東方朔別傳郭舍人被榜上乃搏髀大笑說苑天子文繡衣各一襲到地諸侯覆跗大夫到踝士到髀皇覽山陽郡鉅野縣有蚩尤髀冢前秦錄苻堅敗走甚飢民有進豚髀者食之大悅後魏書孝文帝能以指彈碎羊髀骨玉海引榮方曰周髀者何髀者表也馥案晉書天文志周髀髀股也股者表也任君大椿曰案儀禮釋文引字林云髀骹骨考說文玉篇皆云髀股也骹脛也考工記參分其股圍去一以爲骹圍注

說文解字義證　卷十一　三五

人脛近足者細于股謂之骹據此則髀既訓爲股必不得訓爲骹此引字林云髀骹骨骹字當爲股字之誤 卑聲者釋名髀卑也在下稱也一切經音義十四髀蒲米反莊子云鴻蒙方將拊髀徐邈音陛北人用此音又方爾反江南行此音

𩪲 古文髀

髁 髀骨也從骨果聲 苦臥切

髀骨也者三蒼髁尻骨廣雅髁臀也韻會或作骻漢書韓信傳出跨下

䯊 臀骨也從骨厥聲 居月切

臀骨也者廣韻臀尾本俗作䯊五音集韻䯊尻也

髖 髀上也從骨寬聲 苦官切

髀上也者一切經音義二引同又十四引廣雅髖臀也埤蒼髖尻也集韻引廣雅髖尻也釋名髖緩也其腋皮厚而

hái 骸　gàn 骭　qiāo 骹　kuì 𩪕　guā 䯏　bìn 髕

緩也急就篇尻髖脊膂腰背呂顏注髖髀上也漢書賈誼傳至於髖髀之所顏注髖髀上也廣韻髖兩股閒也髎髖骨名玉篇髎髖也方書章門下八寸監骨上陷中爲居髎缺盆中上毖骨際陷中央爲天髎類篇馬胯上骨爲八髎史記貨殖傳馬蹄躈千注云馬八髎 馥案賈所言髀謂股骨髖謂髎骨

髕 厀耑也從骨賓聲 毗忍切

厀耑也者六書故引作厀耑也華嚴經音義下一切經音義三竝引作厀骨也蒼頡篇髕厀蓋也急就篇股腳膝髕脛爲柱顏注髕膝蓋也說苑人生期年生髕而後能行史記秦本紀王與孟說舉鼎絕髕正義髕脛骨也家語公西赤問篇瓦不成膝注云膝髕荀子正論篇捶笞髕腳注云髕膝骨也尚書刑德放髕者脫去人之髕也禮統髕刖法金勝木去其節目也

䯏 骨耑也從骨𠯑聲 古活切

骨耑也者未詳 廣雅䯏[illegible]也

說文解字義證　卷十一　三六

𩪕 厀脛閒骨也從骨貴聲 丘媿切

厀脛閒骨也者𩪕或通作跪荀子勸學篇蟹八跪而二螯

骹 脛也從骨交聲 口交切

脛也者廣雅骹骨也一切經音義一骹脛厀骨也釋畜馬四骹皆白䮴郭注骹膝下也釋文骹字書作跤同云脛也考工記輪人參分其股圍去一以爲骹圍鄭司農云人脛近足者細於股謂之骹羊脛細者亦謂骹射雉賦奮勁骹以角槎徐注骹脛也通作校既夕記綴足用燕几校在南注云校脛也

骭 骹也從骨干聲 古案切

骹也者廣韻骭脛骨增韻骹骨即脛骨也甯戚歌短布單衣適至骭釋訓骭瘍爲微郭云骭腳脛淮南俶眞訓雖以天下之大易骭之一毛高云骭自膝以下脛以上也酉陽雜俎巾王腹垂至骭

骸 脛骨也從骨亥聲 戶皆切

脛骨也者宣十五年公羊傳析骸而炊之何云骸人骨也

suǐ
髓

髓 骨中脂也從骨隓聲 息委切

骨中脂也者釋名髓遺也遺遺也素問髓骨之充也漢書禮樂志浹肌膚而臧骨髓帝王世紀紂斬朝涉之脛而觀其髓

tì
䯝

䯝 骨閒黃汁也從骨易聲讀若易曰夕惕若厲 他歷切

骨閒黃汁也者匡謬正俗問曰俗言涇爲埲埲豈涇意乎何以呼之荅曰按說文解字云䯝骨閒黃汁也字林音丑尼反然則䯝是骨閒汁故呼涇爲䯝耳不當爲埲裂之字 易曰夕惕若厲者本書夤下引易作若夤

tǐ
體

體 總十二屬也從骨豊聲 他禮切

本書軀體也胑體四胑也 廣雅體身也 釋名體第也骨肉毛血表裏大小相次第也 詩相鼠有體傳云體支體也 潛夫論其在體也木骨金筋火氣土肌水血五物之象也

說文解字義證 卷十一 三七

總十二屬也者屬連也本書亻象人脛三屬相連也雜記注云體手足也周禮內饔辨體名肉物注云體名脊脅肩臂臑之屬宣十六年左傳宴有折俎注云體解節折升之於俎正義按特牲饋食禮有九體則肩一臂二臑三肫四胳五正脊六橫脊七長脅八短脅九此謂士禮也若大夫禮則十一體加脡脊代脅孟子則具體而微劉熙注體者四肢股肱也禮器禮也者猶體也一體不備君子謂之不成人

mó
髍

髍 㾗病也從骨麻聲 莫鄱切

㾗病也者集韻髍說文㾗病也謂身支半枯或書作䯢漢書敘傳又況么䯢尚不及數子晉灼曰此骨偏䯢之䯢錢君大昕曰么言其小䯢言其病童謠所稱見一蹇人言欲上天隗囂小病蹇以是刺之也

gěng
骾

骾 食骨留咽中也從骨更聲 古杏切

食骨留咽中也者晉書雀拱傳骨骾不同於物或作鯁後漢書來歙傳段襄骨鯁可任公食大夫禮注乾魚近腴多骨鯁又作哽一切經音義二引聲類哽食骨留嗌中也後漢書明帝紀祝哽在前

gé
骼

骼 禽獸之骨曰骼從骨各聲 古覈切

廣雅骼骨也 埤蒼骼腰骨也 月令掩骼埋胔鄭注骨枯曰骼高注淮南時則訓骼骨有肉 漢書陳湯傳瓚說與鄭同字或作髂漢書楊雄傳折脅拉髂顏注髂骨也 禽獸之骨曰骼者有司徹羊骼特牲饋食禮舉骼及獸魚如初

cī
骴

骴 鳥獸殘骨曰骴骴可惡也從骨此聲明堂月令曰掩骼薶骴 骴或從肉 資四切

通用胔字淮南說林訓橫海不受流胔高云骨有肉曰胔文選七命殯胔挂山後漢書寇榮傳但未掘壙出尸剖棺露胔耳注云胔謂骨之尚有肉者也 或通作脊周禮蜡氏掌除骴注云故書骴作脊鄭司農云脊讀爲漬謂死人骨也月令曰掩骼埋胔骨之尚有肉者也及禽獸之骨皆是 又通作瘠顧炎武曰食貨志國亾捐瘠者瘠古胔字謂死而不葬者也婁敬傳徒見羸胔老弱史記作瘠則此瘠乃胔字之誤字又作髊呂氏春秋孟春紀揜骼霾髊注云髊讀水漬物之

說文解字義證 卷十一 三八

漬自骨曰骼有肉曰髊 又異用篇澤及髊骨注云骨有肉曰髊無肉曰枯

鳥獸殘骨曰骴者殘當爲殂 廣韻作鳥鼠 骴可惡也晏子春秋臭而不收謂之陳胔又云景公出游於寒塗睹死胔默然不問又云民眠飢寒凍餒死胔相望齊民要術序一歲不登胔腐相繼 明堂月令曰掩骼薶骴者禮記月令作埋胔注云骨枯曰骼肉腐曰胔釋文蔡云露骨曰骼有肉曰胔胔亦作骴 骴或從肉者後人加之

wěi
骫

骫 骨耑骫奊也從骨丸聲 於詭切

楚詞九思骫靡兮成俗又招隱士林木茷骫洪注骫骳屈曲也 呂氏春秋報更篇見骫桑之下有餓人 漢書淮南厲王傳皇帝骫天下正法而許大王 上林賦崔錯癹骫郭璞曰癹骫蟠戾也李善曰骫古委字 長楊賦骫屬而還張晏曰從者仿佛委釋而迴旋李善曰謂委釋其事連屬而迴還也骫古委字也 骨耑骫奊也者列子黃帝篇釋文引作骨曲直也韻譜耑乃曲之譌直又奊之譌當云骨曲骫奊也本書㔬骫曲也玉篇骫骨曲也廣韻同廣雅骫曲也呂氏春秋必己篇直則骫注云骫曲也直不可久故曰直則骫太元元掜或以

kuài 膾　ròu 肉　méi 腜　pēi 肧

事之骫卒注云骫委曲也漢書枚乘傳其文骫骳曲隨其事顏注骫古委字也骫骳猶言屈曲也舞賦慍末事之骫曲李善云即委曲引蒼頡篇骫曲也通作委詩秦風亂我心曲箋云心曲委也易繫辭曲成萬物而不遺疏云屈曲委細曲禮釋文曲禮委曲說禮之事　丸聲者徐鍇本從骨丸無聲字鍇繫傳云九屈也增韻云骫骫骳屈曲也唐鄭注傳橈骫朝法從骨從八九之九監本作骫誤

膾　骨擿之可會髮者从骨會聲詩曰膾弁如星古外切

骨擿之可會髮者者膾會聲相近本書擿搔也髻絜髮也昏會也士喪禮注古文髻皆爲括莊子人間世會撮指天注云項椎也馥案詩都人士臺笠緇撮正義小撮持其髻而已喪服傳吉笄者象笄也詩君子偕老象之揥也傳云揥所以擿髮也葛屨佩其象揥正義佩其象骨之揥續漢輿服志翦氂簂簪珥簪以瑇瑁爲擿長一尺左右一橫簪以安簂結士喪禮髻笄用桑注云桑之爲言喪也用爲笄取其名也周禮弁師王之皮弁會五采注云故書會作膾鄭司農云讀如馬會之會謂以五采束髮也士喪禮曰檜用組乃笄檜讀與膾同書之異耳說曰以組束髮乃著笄

謂之檜沛國人謂反紒爲膾　詩曰膾弁如星者衛風淇奧文彼作會傳云弁皮弁所以會髮釋文云會說文作膾

文二十五　重一

肉　胾肉象形凡肉之屬皆从肉如六切

釋名肉柔也　管子水地篇五藏已具而後生肉又云心生肉五肉已具而後發爲九竅　胾肉象形者詩閟宮毛炰胾羹傳云胾肉也曲禮左殽右胾注云胾切肉也徐鍇曰肉無可取象故象其爲胾徐鉉曰說文本作肉後人相承作肉與月字相類

腜　婦始孕腜兆也从肉某聲莫桮切

婦始孕腜兆也者廣雅腜胎也

肧　婦孕一月也从肉不聲匹桮切

集韻引作胚案本書肧亦從不釋典胚謂之阿儸囉

tāi 胎　jī 肌　lú 臚　zhūn 肫　jī 䐚　chún 脣

婦孕一月也者爾雅釋文云淮南子及文子竝云婦孕三月而肧說文云肧婦孕一月也文子九守篇精氣爲人人受天地變化而生一月而膏二月而脈三月而胚四月而胎注云肧肢也三月如水龍狀也胎如水中鰕蟇之胎淮南精神訓一月而膏二月而胅三月而胎四月而肌五月而筋六月而骨七月而成八月而動九月而躁十月而生形體以成五藏乃形馥案李善注江賦引作三月而肧今本作胎與廣雅同

胎　婦孕三月也从肉台聲土來切

釋詁胎始也　方言胎養也　漢書禮樂志施及天胎顏注在孕曰胎

肌　肉也从肉几聲居夷切

肉也者廣雅肌肉也釋名肌懻也膚幕堅懻也急就篇肌腢脯腊魚臭腥顏注肌肉也素問病有在肌肉者

臚　皮也从肉盧聲力居切

皮也者急就篇寒氣泄注腹臚脹顏注臚皮也釋名膚布也布在表也詩衛風膚如凝脂素問病有在皮膚者易通

卦驗人足陽明脈盛多病臚腫續漢書律歷志注小暑病臚腫也

籀文臚

肫　面頯也从肉屯聲章倫切

面頯也者五音集韻肫面秀骨

䐚　頰肉也从肉幾聲讀若畿居衣切

頰肉也者集韻十五海頰下曰䐚

脣　口耑也从肉辰聲食倫切

口耑也者急就篇鼻口脣舌齗牙齒顏注脣口端也釋名脣緣也口之緣也僖二年穀梁傳脣亡則齒寒春秋元命苞脣者齒之垣白帖周生烈曰脣者舌之藩也

古文脣从頁

本書辰古文作脰

dòu
脰

脰 項也。從肉，豆聲。徒候切

項也者，廣雅同。釋名：咽，或謂之嚶，在頤下纓理之中也。青徐謂之脰，物投其中受而下之也。又謂之嗌，氣所流通阨要之處也。玉篇引公羊傳曰：宋萬搏閔公，絕其脰。脰，頸也。僖十年穀梁傳：刎脰而死。襄十八年左傳：射殖綽中肩，兩矢夾脰。杜云：脰，頸也。史記春申君列傳：父子老弱係脰束手爲羣虜者相及於路。漢書司馬相如傳：解脰陷腦。張揖曰：脰，項也。揚雄傳：觸輻關脰。顏注：脰，頸也。後漢書班固傳：脫角挫脰。注云：脰，頸也。釋鳥：燕白脰烏。郭云：脰，頸。釋獸：麐，麢短脰。郭云：脰，項。

huāng
肓

肓 心上鬲下也。從肉，亾聲。春秋傳曰：病在肓之下。呼光切

心上鬲下也者，後漢書鄭元傳注引作隔也。成十年左傳正義引作心下鬲上也。李君威曰：案鍼灸圖經椎骨諸穴，心俞二穴在第五椎下，鬲俞二穴在第七椎下，是鬲下于心閒一椎。又第四椎下謂之膏亾俞，第七椎下謂之鬲關，

肓在鬲上甚明。戴侗曰：五藏肝肺之閒有鬲肉焉，所謂匈鬲，闌鬲也。素問：膻中者，臣使之官，喜樂出焉。朱肱曰：心之下有鬲膜，與脊脅周回相著，遮蔽濁氣，所謂膻中也。秦越人難經：上焦者在心下，下膈在胃上口，主內而不出，其治在膻中，玉堂下一寸六分，直兩乳閒陷者是。釋名：膈，塞也。膈塞上下，使氣與穀不相亂也。晏子：吾將左手擁格，右手梱心。借格字。魏志華佗傳：太祖苦頭風，佗針鬲，隨手而差。宋書袁淑傳：府鬲土崩。世說：桓公有主簿善別酒，好者謂青州從事，惡者謂平原督郵。青州有齊郡，平原有鬲縣。從事言至臍，督郵言至鬲上住。通作荒。史記扁鵲傳：揲荒爪幕。索隱云：荒，膏荒也。

春秋傳曰病在肓之下者，成十年左傳：公疾病，求醫于秦，秦伯使醫緩爲之。未至，公夢疾爲二豎子，曰：彼良醫也，懼傷我，焉逃之？其一曰：居肓之上，膏之下，若我何？醫至，曰：疾不可爲也。在肓之上，膏之下，攻之不可，達之不及，藥不至焉，不可爲也。杜云：肓，鬲也。心下爲膏。馥案：劉炫以爲連心之脂，不得稱膏。膏當爲鬲。申鑒雜言篇：夫膏肓近心而處阨，鍼之不達，藥之不中，攻之不可，二豎藏焉，是謂篤患。

shèn
腎

腎 水藏也。從肉，臤聲。時忍切

廣雅：腎，堅也。月令：孟冬之月，祭先腎。文子：腎爲雨。問喪：傷腎，乾肝，焦肺。注云：五藏者，腎在下，肝在中，肺在上，舉三者之焦傷，而心脾在其中矣。一切經音義十二：人有五藏，謂肝肺脾心腎也。戴侗曰：受藏曰藏，心肝肺腎脾於人爲五藏，謂其受藏而不寫也。史記扁鵲傳：盡見五藏癥結。正義：五藏謂心肺脾肝腎也。隋書經籍志：五行者，金木水火土，五常之形氣者也。在天爲五星，在人爲五藏。論衡論死篇：人之所以聰明智慧者，以含五常之氣也。五常之氣所以在人者，以五藏在形中也。五藏不傷則人智慧，五藏有病則人荒忽，荒忽則愚癡矣。白虎通情性篇：五藏者何也？謂肝心肺腎脾也。肝之爲言干也，肺之爲言費也，情動得序，心之爲言任也，任於恩也。腎之爲言寫也，以竅寫也。脾之爲言辨也，所以積精稟氣也。五藏：肝仁，肺義，心禮，腎智，脾信也。肝所以仁者何？肝，木之精也。仁者好生，東方者陽也，萬物始生，故肝象木，色青而有枝葉。目爲之候何？目能出淚而不能內物，木亦能出枝葉，不能有所內也。肺所以義者何？肺者金之精，義者斷決，西方亦金，成萬物也，故肺象金，色白也。鼻爲之候何？鼻出入氣，高而有竅，山亦有金石累積，亦有孔穴，出雲布雨以潤天下，雨則雲消，鼻能出內氣也。心所以爲禮何？心，火之精也。南方尊陽在上，卑陰在下，禮有尊卑，故心象火，色赤

而銳也。人有道尊天，本在上，故心下銳也。耳爲之候何？耳能辨內外，別音語，火照有似於禮，上下分明。腎所以智何？腎者水之精，智者進而止，無所疑惑，水亦進而不惑，北方水，故腎色黑，水陰，故腎雙竅，爲之候何？竅能瀉水，亦能流濡。脾所以信何？脾者土之精也，土尚任養萬物，爲之象生物，無所私，信之至也，故脾象土，色黃也。口爲之候何？口能嘗舌能知味，亦能出音聲吐滋液。管子水地篇：人水也，男女精氣合而水流形。三月如咀。咀者何？曰五味。五味者何？曰五藏。酸主脾，鹹主肺，辛主腎，苦主肝，甘主心。五藏已具，而後生肉。脾生膈，肺生骨，腎生腦，肝生革，心生肉。五肉已具，而後發爲九竅。脾發爲鼻，肝發爲目，腎發爲耳，肺發爲竅。五月而成，十月而生。史記正義：腎有兩枚，重一斤一兩，主藏志。戴侗曰：腎形如豇豆相並而曲，附於呂筋，外有脂裹，表白裏黑，主藏精。

水藏也者，釋名：腎，引也。腎屬水，主引水氣灌注諸脈也。急就篇：脾腎五藏膍齊乳。顏注：腎，水藏也。五藏總謂肝肺心脾腎也。難經：腎，北方水也。史記倉公傳：腎固主水。淮南時則訓：祭先腎。注云：腎，水。自用其藏也。素問：腎者主水，受五藏六府之精而藏之。列子仲尼篇釋文：心肺肝脾腎謂之五藏。今六藏者，爲腎有兩藏，其左爲腎，右爲命門。命門者

謂神之所舍也男子以藏精女子以繫胞其炁與腎通故言藏有六也子華子腎之精爲水其氣爲坎其色黑其狀如介石其神爲元龜其竅上通於耳又云水宿於腎瑟縮以湊險其神伏而不發人之搶蚵脂韋以取禍者腎使之然也

fèi
肺

肺 金藏也從肉市聲 芳吠切

廣雅肺費也　釋名肺勃也言其氣勃鬱也　文子肺爲氣　史記正義肺重三斤三兩六葉兩耳凡八葉主藏魄肺孛也言其氣孛孛故短也鬱也

金藏也者一切經音義四引作火藏也馥案月令孟夏之月祭先肺太元元數火藏肺注云肺之言敷也急就篇腸胃腹肝肺心主顏注肺金藏也難經肺西方金也子華子肺之精爲金其氣爲兌其色白其狀如懸磬其神爲伏虎其竅上通於鼻又云金宿於肺壓訇而不屈磬而不能仰也其神闓疏而無法人之口決以取禍者肺使之然也

pí
脾

脾 土藏也從肉卑聲 符支切

廣雅脾卑也　釋名脾裨也在胃下裨助胃氣主化穀也　文子脾爲風　月令孟春之月祭先脾注云春爲陽中於藏直脾　史記正義脾重二斤三兩扁廣三寸長五寸有散膏半斤主裹血溫五藏主藏榮　戴侗曰脾象馬蹄內包胃脘意之舍

土藏也者顏注急就篇同難經脾者中州土也子華子脾之精爲土其氣爲戊己其色黃其狀如覆缶其神爲鳳皇其竅上通於口又云土宿於脾廝礴而不盡其滲漉也下注而不止其神好大而無功人之重遲遲訥以取禍者脾使之然也

gān
肝

肝 木藏也從肉干聲 古寒切

廣雅肝幹也　文子肝爲雷　史記正義肝重四斤四兩左三葉右四葉凡七葉主藏魂

木藏也者顏注急就篇同釋名肝幹也于五行屬木故其體狀有枝幹也凡物以木爲幹也難經肝東方木也樂動聲儀五藏肝仁肝所以仁者何肝木之精也仁者好生東方者陽也萬物始生故肝象木色青而有枝葉子華子肝之精爲木其氣爲震其色青其狀如懸瓢其神爲蒼龍其竅上通於目又云木宿於肝觸突干抵而銳其神狷束而無當人之樸戇以取禍者肝使之然也

dǎn
膽

膽 連肝之府從肉詹聲 都敢切

連肝之府者史記正義膽在肝之短葉閒重三兩三銖盛精汁三合膽敢也言人有膽氣而能果敢也難經府者陽也藏者陰也金匱論人身之藏府中陰陽不同藏者爲陰府者爲陽肝心脾肺腎五藏皆爲陰膽胃大小腸膀胱三焦六府皆爲陽注云五藏屬裏藏精氣不瀉故爲陰六府屬表傳化物而不藏故爲陽難經膽者肝之府又云胃爲水穀之府小腸爲受盛之府大腸爲行道之府膀胱爲津液之府膽爲清淨之府三焦爲孤府白虎通情性篇六府者何謂也謂大腸小腸胃膀胱三焦膽也府者爲藏宮府也故禮運記曰六情所以扶成五性也胃者脾之府也脾主稟氣胃者穀之委也故脾稟氣也膀胱者腎之府也腎者主瀉膀胱常能有熱故先決難也三焦者包絡之府也水穀之道路氣之所終始也故上焦若竅中焦若編下焦若瀆膽者肝之府也肝者木之精也主仁仁者不忍故以

膽斷也是以肝膽二者必有勇也肝膽異趣何以知相爲府也肝者木之精也木之爲言牧也人怒無不色青目賑張者是其效也小腸大腸心肺之府也主禮義禮義者有分理腸之大小相承受也腸爲心肺主心爲支體主故爲兩府也俗作腑臟史記惠景閒矦者年表諸矦子弟若肺腑抱朴子破積聚於腑臟

wèi
胃

胃 穀府也從肉𡇒象形 云貴切

廣雅胃謂之肚　魏略陳思王精意著作食飲損減得反胃病

穀府也者顏注急就篇同釋名胃圍也圍受食物也難經胃者水穀之海春秋元命苞胃者穀之委物理論腹胃五藏之府陶冶之大化也史記正義胃重二斤十四兩紆曲屈申長二尺六寸大一尺五寸徑五寸盛穀二斗水一斗五升初學記四引養生要集冬至陽氣歸內腹中熱物入胃易消化　𡇒象形者本書𡇒中象米菌糞也從胃省

pāo
脬

脬 膀胱也從肉孚聲 匹交切

膀胱也者廣韻膀胱水府廣雅膀胱謂之脬通俗文屎本曰脬三蒼盛屎處曰脬釋名脬鞄也鞄空虛之言也主以

虛承水汋也或曰膀胱言其體短而橫廣也難經膀胱者腎之府春秋元命苞膀胱者肺之府也肺者斷決膀胱亦常張有勢故膀胱決難也史記倉公傳風癉客脬難於大小溲溺赤正義脬膀胱也輟耕錄八江鄰幾雜志云丁正臣齋玉腴來館中沈休文云福州人謂之佩羹卽今魚脬是也字或作胞淮南說林訓旁光不升俎高注旁光胞也史記正義膀胱重九兩二銖縱廣九寸盛溺九升九合膀橫也胱廣也體短而橫又名胞胞虛空也主以虛承水液嵇康與山濤書每當小便而忍不起令胞中畧轉乃起耳

cháng 腸

腸 大小腸也從肉昜聲 直良切

玉篇腸胃也　釋名腸暢也通暢胃氣去滓穢也

大小腸也者顏注急就篇同史記正義小腸重二斤十四兩長三丈二尺廣二寸半徑八分分之少半迴積十六曲盛穀二斗四升水六升三合合之大半大腸重二斤十二兩長二丈一尺廣四寸徑一寸半當齊右迴十六曲盛穀一斗水七升半

gāo 膏

膏 肥也從肉高聲 古勞切

本書戴角者脂無角者膏　釋名膏膏也香氣膏膏也　文子人受變化一月而膏　春秋元命苞膏者神之液　內則膏用韰注云釋者曰膏

肥也者晉語曰夫膏粱之性難正也賈逵曰膏肉之肥者異苑滿奮豐肥膚肉潰裂每至暑夏輒膏汗流溢

fáng 肪

肪 肥也從肉方聲 甫良切

肥也者一切經音義十六引作肥也脂也徐鍇曰本草有雁肪雁脂也通俗文在腰曰肪在胃曰膘

yīng 膺

膺 匈也從肉雁聲 於陵切

釋名膺壅也氣所壅塞也　漢書王莽好反膺高視　字或作膺漢繁陽令楊君碑膺天鍾慶

匈也者廣雅同後漢書張衡傳注一切經音義四引竝同蒼頡篇膺乳上骨也韋昭注漢書匈四面高中央下曰膺又注魯語膺匈也家語子貢問篇無拊膺注云膺謂匈也楚詞九章背膺胖合以交痛兮王注膺匈也徐鍇曰詩謂馬當胸爲鉤膺也

yì 肊

肊 匈肉也從肉乙聲 於力切

匈肉也者小字本作匈骨也類篇御覽引竝同廣雅肊匈也釋名臆猶抑也抑氣所塞也六書故肊匈歧骨也

臆 肊或從意

漢書賈誼傳請對以意史記作臆

bèi 背

背 脊也從肉北聲 補妹切

釋名背倍也在後稱也　韻會身北曰背韓案詩焉得諼草言樹之背傳云背北堂也　字或作偝禮記毋偝立

脊也者本書脊背呂也

xié 脅

脅 兩膀也從肉劦聲 虛業切

通俗文腋下謂之脅　急就篇胂腴匈脇喉咽髃顏注脇肋旁也　外國圖大秦國人猿臂長脅　周禮醢人豚拍注云鄭大夫杜子春皆以拍爲膊謂脅也或曰豚拍肩也今河閒名豚脅聲如鍛鎛

兩膀也者玉篇脅身左右兩膀也

釋名脇挾也在兩旁臂所挾也

páng 膀

膀 脅也從肉旁聲 步光切

脅也者廣雅同春秋元命苞陰極於八故人膀八幹幹長八寸束晳餠賦肉則羊膀豕脅

髈 膀或從骨

liè 脟

脟 脅肉也從肉寽聲一曰脟腸閒肥也一曰膫也 力輟切

脅肉也者史記司馬相如傳脟割輪淬郭璞曰脟膞也

一曰脟腸閒肥也者廣韻膍肥腸錢君大昭曰廣雅胼臘脂也胼是脟字之譌曹憲音平玉篇胼胝牛羊脂皆沿誤本而不審也

lèi 肋

肋 脅骨也從肉力聲 盧則切

脅骨也者僖二十三年左傳正義引同廣雅幹謂之肋釋名肋勒也所以檢勒五臟也後漢書五行志雨肉似羊肋

shēn 胂 méi 脢 jiān 肩 gē 胳 qū 胠 bì 臂 nào 臑

馥案楊修所謂雞肋食之無味者也

胂 夾脊肉也從肉申聲 失人切

夾脊肉也者顔注急就篇同易艮卦列其夤注云夤當脊肉也鄭本作䐈徐鍇謂夤卽胂字

脢 背肉也從肉每聲易曰咸其脢 莫柸切

背肉也者廣雅胂謂之脢　易曰咸其脢者咸卦文子夏傳在脊曰脢鄭注脢背脊肉也馬注脢背也惠棟曰脢王肅音灰云脢在背而夾脊案楚辭招魂敦脄血拇注云脄背也脄與脢同馥案內則擣珍取牛羊麋鹿麕之肉必脄注云脄脊側肉也

肩 髆也從肉象形 古賢切

髆也者顔注急就篇同本書髆肩甲也釋名肩堅也廣韻肩項下六書故背本曰肩

肩 俗肩從戶

胳 亦下也從肉各聲 古洛切

亦下也者廣韻胳腋廣雅胳謂之腋埤蒼肘後曰胳鄉飲酒記介俎脊脅胳肺深衣袼之高下可以運肘注云袼衣袂當掖之縫也釋文袼本亦作胳腋也

胠 亦下也從肉去聲 去劫切

亦下也者襄二十三年左傳正義引同廣雅胠脅也馥案莊子胠篋注云從旁開曰胠

臂 手上也從肉辟聲 卑義切

手上也者顔注急就篇同趙宧光曰玄訓臂上臂訓手上二體詳盡無餘矣增韻臂肱腕釋名臂裨也在旁曰裨也

臑 臂羊矢也從肉需聲讀若襦 那到切

玉篇作䐥䐥云臂節也廣韻同馥案隸體需耎相通㮕㮕俗名羊矢棗猶臑爲臂羊矢也　鄉飲酒記主人俎脊脅臂肺注云凡牲前脛骨三肩臂臑也後脛骨二膞胳也尊者俎尊骨卑者俎卑骨祭統曰凡爲俎者以骨爲上骨有貴賤凡前貴後賤　少儀其禮大牢則以牛左肩臂臑折九箇　淮南詮言訓周公殽臑不收於前高云臑前肩之美也　史記龜策傳取前足臑骨穿佩之徐廣曰臑臂　鹽鐵論散不足篇臑鼈膾腥　明皇十七事肅宗爲太子上使割羊臑

臂羊矢也者矢當爲菌通作矢儀禮鄉射禮釋文臑字林云臂羊豕也禮記少儀釋文臑說文云臂羊矢集韻引作羊豕臂也六經正誤案少儀其禮大牢則以牛左肩臂臑折九箇少牢則以羊左肩七箇犆豕則以豕左肩五箇注羊豕不言臂臑因牛之序可知考說文注臂羊矢也當有誤集韻引說文羊豕臂也此注是據經文則牛臂爲首非但羊豕臂也戴君震曰說文臑臂羊矢也徐鍇曰骨形象羊矢因名之經典釋文於鄉飲酒禮矢訛作豕於少儀矢訛作吴其又音二字卽臂字之訛下反字卽也字蓋不知者妄改而六經正誤引少儀釋文作又云羊矣反皆非馥案此謂臂中小骨形似羊菌者每食豬肘多有此骨

zhǒu 肘

肘 臂節也從肉從寸寸手寸口也 陟柳切

釋名肘注也可隱注也　成二年左傳自始合而矢貫余手及肘　詩小雅如矢斯棘箋云如人挾弓矢戟其肘　玉藻袂可以回肘　新序節士篇衽褾則肘見

説文解字義證　卷十一

臂節也者顔注急就篇肘臂曲節也　寸手寸口也者本書寸下云人手卻一寸動衇謂之寸口

qí 齎 fù 腹 yú 腴

齎 肶齎也從肉齊聲 徂兮切

釋名臍劑也腸端之所限劑也　春秋元命苞臍者下流竝會合爲臍腹宋均曰臍中也四方竝湊者也　肶齎也者本書毗人齎也急就篇脾腎五藏臍乳顔注臍卽肶齎也

腹 厚也從肉复聲 方六切

厚也者釋詁文腹厚聲相近顔注急就篇腹者肚之總名謂之腹者取厚爲義也春秋元命苞腰而下者爲陰豐厚地之重月令水澤腹堅注云腹厚也此月日在北陸冰堅厚之時也釋名腹複也富也腸胃之屬以自裹盛復於外複之其中多品似富者也馥案水澤腹堅呂氏春秋季冬紀作復高云或作複

腴 腹下肥也從肉臾聲 羊朱切

shuí 脽　jué 肤　kuà 胯　gǔ 股　jiǎo 腳　jìng 脛

本書鲨下云鱻䰳鲨垂腴也 韓詩外傳魚之侈口垂腴者魚畏之 徐鍇曰王充論衡桀紂腴是也 少儀君子不食圂腴注云腴有似於人穢疏云豬犬腸也 腹下肥也者顏注急就篇同李善注七發七命並引作腹下肥者少儀冬右腴注云腴腹下也 漢書地理志爲九州膏腴顏注腹之下肥曰腴

脽 尻也从肉隹聲 示隹切

本書尻或从肉隼 疑雎即脽之重出字變從隼以就尻聲

尻也者徐鍇本及韻譜御覽玉篇類篇增韻五音集韻並作尻也廣雅臀謂之脽漢書東方朔傳連脽尻注云脽臀也武帝紀立后土祠于汾陰脽上顏注以形高起如人尻脽也

肤 孔也从肉決省聲讀若決水之決 古穴切

孔也者本書突穿也

胯 股也从肉夸聲 苦故切

股也者本書騎下云驪馬白胯也通作跨釋畜驪馬白跨郭云跨髀間釋文引蒼頡篇云兩股間也又通作袴史記淮陰侯傳出我袴下徐廣曰袴一作胯胯股也漢書作跨同耳顏注漢書跨下兩股之間也

股 髀也从肉殳聲 公戶切

髀也者本書髀股也廣韻股也俗作腿顏注急就篇股髀肉也釋名股固也爲強固也詩采菽赤芾在股箋云脛本曰股吳語將還玩吳國於股掌之上韋云脛本曰股莊子在宥篇堯舜於是乎股無胈釋文脛本曰股漢書高五王傳股戰而栗顏注股腳也 從肉殳聲者士虞禮取諸左脇上注云古文曰左股上此字從肉從殳矛之殳聲

腳 脛也从肉卻聲 居勺切

脛也者本書徛舉脛有度也爾雅釋文引作舉腳釋名腳卻也以其坐時卻在後也論語以杖叩其脛注云脛腳脛

脛 胻也从肉巠聲 胡定切

héng 胻　féi 腓　shuàn 腨　zhī 胑　gāi 胲

胻也者一切經音義十八引作腳胻也字林同本書王象人脛脛任體也彳象人脛三屬相連也顏注急就篇脛胻骨也玉篇脛腓腸前骨也引史記斮朝涉之脛釋名脛莖也直而長似物莖也尸子禹脛不生毛說苑脛大於股者難以步漢書趙充國傳聞苦腳脛寒泄顏注脛膝以下骨也

胻 脛耑也从肉行聲 戶更切

脛耑也者謂股下脛上也史記龜策傳壯士斬其胻索隱曰胻音衡腳脛也

腓 脛腨也从肉非聲 符飛切

莊子天下篇禹治水腓無胈脛無毛 御覽引韓子晉平公與唐亥坐而出叔向入公曳一足叔向問之公曰向吾待唐子腓痛足痺而不敢伸琴操介子綏割腓股以啖重耳

脛腨也者本書足足也上象腓腸廣雅腓腨也易咸卦咸其腓王廙云腓腓腸也鄭注腓膊腸也艮卦艮其腓正義云腓腸也在足之上春秋後語公孫子與徐子鬬徐之狗攫公孫子之腓而噬之注云腓腨腸也

腨 腓腸也从肉耑聲 市沇切

腓腸也者一切經音義二引同又云腓音肥江南言腓腸中國言腨腸或言腳腨三蒼腨腓腸也素問痿厥腨肩王注足肚酸疼爲腨痛字或作踹急就篇踹踝跟踵相近聚顏注踹腓腸也字或作腨其音亦同御覽引作腓脹也東觀漢記馬援爲隴西太守擊羌中矢貫腓脹類篇腸或作脹

胑 體四胑也从肉只聲 章移切

體四胑也者十二屬中之四也玉篇體四胑手足也釋名胑枝也似木之枝格也韓非解老篇人之身三百六十節四肢九竅其大具也通作支續說苑宦者田鵬爲周人所獲問齊主所在紿云已去周人折其支每折一支辭色愈厲四支俱絕而死

肢 胑或从支

胲 足大指毛也从肉亥聲 古哀切

足大指毛也者一切經音義二引作足大指也莊子庚桑楚篇臘者之有膍胲釋文胲足大指也風俗通阿橫右足下有黑子右胲下赤志如斗衞玉篇胲足指毛肉廣韻胲足大指毛肉也

xiào 肖

骨肉相似也从肉小聲不似其先故曰不肖也 私妙切

本書㚸不肖也 徐鍇本似下云象肖也 小爾雅廣訓不肖不似也 方言西南梁益之閒凡言相類者亦謂之肖注云肖者似也 書說命說築傅巖之野惟肖傳云肖似也 禮哀公問寡人雖無似也注云無似猶言不肖 字或作俏列子力命篇佹佹成者俏成者也初非成也佹佹敗者俏敗者也初非敗也故迷生於俏 通作宵漢書刑法志夫人宵天地之貌應劭曰宵類也頭圓象天足方象地顏注宵義與肖同故庸妄之人謂之不肖言其狀貌無所象似也 骨肉相似云云者一切經音義九云說文骨肉相似曰肖字從肉小聲今言不肖者不似也謂骨肉不似其先故曰不肖禮記其子不肖是也謂俘惡之類也孟子丹朱之不肖舜之子亦不肖雜記某之子不肖注云肖似也不似言不如人後漢書來歙傳臣兄弟不肖注云肖似也不似猶不賢也列女傳人生而肖萬物者皆其母感於物故形音肖之

yìn 胤

子孫相承續也从肉从八象其長也从幺象重累也 羊晉切

子孫相承續也者釋詁胤繼也書高宗彤日罔非天胤史記作天繼

古文胤 凡承意

zhòu 胄

胤也从肉由聲 直又切

胤也者字林同廣韻引作裔也玉篇胄裔也魏畧時苗字得胄苗謂苗裔一切經音義七胄後也楚詞九歎伊伯庸之末胄兮王注胄後也襄十四年左傳是四嶽之裔胄也杜注胄後也

qì 肸

振肸也从肉八聲 許訖切

振肸也者戴侗引唐本脤肸也玉篇肸振肸也肸脊肸也 漢書禮樂志鸞路龍鱗罔不肸飾顏注肸振也謂皆振整而飾之也 八聲者 戴侗引唐本從八

dàn 膻

肉膻也从肉亶聲詩曰膻裼暴虎 徒旱切

肉膻也者本書但裼也通作襢袒釋訓襢裼肉袒也郭云脫衣而見體宣十二年左傳鄭伯肉袒牽羊以逆 詩曰膻裼暴虎者鄭風大叔于田文彼作襢傳云襢裼肉袒也

rǎng 䑋

益州鄙言人盛諱其肥謂之䑋从肉襄聲 如兩切

益州鄙言云云者本書孃肥大也廣雅䑋䑋肥也增韻盛肥曰䑋方言䑋盛也秦晉或曰䑋梁益之閒凡人言盛及其所愛曰諱其肥晠謂之䑋顏案諱曹毅之本作偉漢書賈鄒枚路傳壤子王梁代益以淮陽晉灼曰揚雄方言梁益之閒所愛諱其肥盛曰壤李善注文選引方言云瑋其肥盛後趙書王洛生自刺腹深五寸洛生肥盛不陷中

jiē 腊

臞也从肉皆聲 古諧切

臞也者腊聲轉爲柴俗作瘵集韻瘵瘦也

qú 臞

少肉也从肉瞿聲 其俱切

少肉也者本書瘦臞也釋言臞瘠也舊注臞肉之痠也韓非外儲說二吾馬菽粟多矣甚臞何也史記司馬相如傳形容甚臞徐廣曰臞瘦也索隱引韋昭云瘠也文子云堯臞瘦漢書張湯傳安世瘦臞形於顏色字或作癯風俗通義昔子夏心戰則癯道勝如肥沈約齊故安陸昭王碑癯瘠改貌

tuō 脫

消肉臞也从肉兌聲 徒活切

消肉臞也者臞義未詳廣韻脫肉去骨內則肉曰脫之皇氏云治肉除其筋膜取好處釋器肉曰脫之郭云剝其皮也

qiú 脙

齊人謂臞脙也从肉求聲讀若休止 巨鳩切

齊人謂臞脙也者釋言臞脙瘠也郭云齊人謂瘠爲脙 讀若休止者廣韻脙俗作𦛨

肉

luán 臠

臠 臞也從肉䜌聲一曰切肉臠也詩曰棘人臠臠兮 力沇切

臞也者廣韻臠臠病瘠貌 一曰切肉臠也者本書胾大臠也公食大夫禮士羞庶羞皆有大注云大以肥美者特爲臠所以祭也呂氏春秋察今篇嘗一臠而知一鑊之味一鼎之調漢書司馬相如傳脟割輪淬顏注脟與臠同三國典畧計糧分肉人獲數臠晉中興書桓溫曰年大以來食肉不過十臠晉書謝混傳元帝鎮建業每得一㹠以爲珍膳項上一臠尤美輒以薦帝 詩曰棘人臠臠兮者檜風素冠文彼作欒傳云欒欒瘠貌

jí 膌

膌 瘦也從肉脊聲 資昔切

瘦也者玉篇膌臞也經典用瘠字周禮大司徒其民晳而瘠注云瘠臞也易說卦乾爲瘠馬書微子多瘠罔詔傳云紂故使民多瘠病襄二十一年左傳瘠則甚矣注云瘠瘦也二十九年傳何必瘠魯以肥杞

䐿 古文膌從疒從朿朿亦聲

朿亦聲者當爲朿聲

chéng 脀

脀 騃也從肉丞聲讀若丞 署陵切

騃也者顏注漢書騃愚也本書佁㾕貌讀若騃廣雅脀㾕也

zhěn 胗

胗 脣瘍也從肉㐱聲 之忍切

脣瘍也者文選風賦中脣爲胗李善引本書同

疹 籀文胗從疒

詩釋文引韓詩胡寧疹我以旱云重也

zhuī 腄

腄 瘢胝也從肉垂聲 竹垂切

瘢胝也者玉篇引作瘢腄也本書痕胝瘢也

zhī 胝

胝 腄也從肉氏聲 竹尼切

文當爲胝

腄也者集韻胝繭也三蒼解詁胝繭也素問多食酸則肉胝䐢莊子禹胝無胈漢書司馬相如傳躬傶胼胝無胈戰國策墨子聞之百舍重繭高注重繭累胝也荀子子道篇手足胼胝注云胝皮厚也淮南子申包胥累繭重胝七日七夜至于秦廷通鑑梁豫章王綜常於內齋布沙於地終日跣行足下生胝注云胝皮厚也

yóu 肬

肬 贅也從肉尤聲 羽求切

贅也者一切經音義十六引同又云小曰肬大曰贅又十五引通俗文體肉曰肬贅廣韻肬結病也廣雅肬腫也贅肬也釋名贅屬也橫生一肉屬著體也肬邱也出皮上聚高如地之有邱也荀子宥坐篇今學曾未如肬贅注云肬贅結肉也楚詞九章竭忠誠以事君兮反離羣而贅肬注云言竭盡忠信以事君若人有肬贅之病風俗通任嘉母審諦其夫又識左頁前贅字或作疣莊子大宗師篇彼以生爲附贅縣疣北山經求如之山滑水出焉其中多滑魚食之已疣注云疣贅也法言問道篇允治天下不待禮文與五教則吾以黃帝堯舜爲疣贅注云疣贅體之外物者

也後漢書郭后紀注引本書贅肬也當爲肬贅也

䵵 籀文肬從黑

huàn 肒

肒 搔生創也從肉丸聲 胡岸切

搔生創也者廣韻肒胞肒

zhǒng 腫

腫 癰也從肉重聲 之隴切

癰也者本書癰腫也盥腫血也釋名腫鍾也寒熱氣所鍾聚也考工記㫄不腫也注云腫瘣也春秋潛潭巴枉矢黑軍士不勇疾流腫宋均曰矢當揚光明今黑有死喪之氣則腫死春秋繁露五行順逆人君簡宗廟逆天時民病流腫論衡狀留篇肉暴長者曰腫

dié 胅

胅 骨差也從肉失聲讀與跌同 徒結切

骨差也者本書齺齒差跌貌續漢書律歷志無有差跌

脪 創肉反出也從肉希聲 香近切

創肉反出也者脪與㾙同玉篇㾙創肉反腫起也亦作脪廣韻㾙瘡中冷又云瘖㾙瘡悶

胗 瘢也從肉引聲一曰遽也 羊晉切

瘢也者一切經音義九引同又云瘖疹皮上小起痕跡也今俗亦謂肉斗腫起爲瘖疹又十三引纂文瘖疹捶痕也廣韻胗杖痕腫處　引聲者廣韻胗說文音酳馥案凡言說文音某者皆讀若之字疑引聲下有讀若酳三字

臘 冬至後三戌臘祭百神從肉巤聲 盧盍切

廣雅臘索也夏曰淸祀殷曰嘉平周曰大䄍秦曰臘　獨斷臘者歲終大祭　史記秦本紀惠文君十二年初臘正義臘十二月臘日也秦惠文王始效中國爲之故云初臘獵禽獸以歲終祭先祖因立此日也　漢書酷吏傳延年母從東海來欲從延年臘顏注建丑之月爲臘祭因會飲若今之蜡節也　後漢書城陽恭王祉傳以四時及臘歲五祠焉注云臘歲終祭神之名也　魏臺訪議詔問何以用未祖丑臘王肅對曰魏土也土畏木丑之明日便寅寅木也故以丑臘高堂

隆對曰按月令孟冬十月臘先祖五祀謂蒍田獵所得禽獸謂之臘左傳曰虞不臘矣唯見此二者而皆不書日先師說曰王者各以其行之盛祖以其終臘水始生於申盛於子終於辰故水行之君以子祖辰臘火始生於寅盛於午終於戌故火行之君以午祖戌臘木始生於亥盛於卯終於未故木行之君以卯祖未臘金始生於巳盛於酉終於丑故金行之君以酉祖丑臘土始生於未盛於戌終於辰故土行之君以戌祖辰臘今魏據土德宜以辰臘也馥案續漢書禮儀志注引秦靜曰古禮出行有祖祭歲終有蜡臘無正月必祖之祀漢氏以午祖以戌臘午南方故以祖冬者歲之終物畢成故以戌臘而小數之學者因爲之說非典文也馥謂此亦魏臺訪議之文　通典禮之義曰伊耆之代而有其禮古之君子使之必報之是報田之祭也夏后氏更名曰嘉平殷更名曰淸祀周因之復名大䄍以歲十二月合聚萬物而索享之秦初因曰臘後復曰嘉平漢因復曰臘季冬之月星回歲終陰陽以交勞農大享臘臘者獵也田獵取禽獸以祭先祖也又曰臘索羣小祀而祭之或云臘接也新故交接狎臘大祭而報功也蔡邕獨斷曰臘者歲終大祭縱飲非迎氣故但送而不迎或曰臘之名始自漢氏按左氏傳虞不臘矣是已有臘始漢之說非也　太平御覽三十三引晉博士張亮議曰臘

接也祭宜在新故交接也俗謂臘之明日爲初歲秦漢以來有賀此古之遺語又引杜公瞻曰蜡者息民之祭故孔子云百日之勞一日之澤其所祭八神者皆報其成功則於十月農隙是也後世臘有新故交接之義遂移於夏正之十二月今推諸經傳無正說蜡臘之文月令云蜡臘此則同日祭但互名耳據田獵取獸之名爲臘因索饗百神號之曰蜡其日上祭先祖旁饗百神下息萬民無別祭也鄭元云既蜡臘先祖五祀於是勞農者也近日蜡臘兼設蜡在十月臘在歲終隋開皇四年始停建亥之蜡直爲建丑之臘依五行火衰於戌而用戌日故也　成伯璵禮記外傳周木德漢火德各以其五行之王日爲祖其休廢日爲臘也火王午木王卯水王子金王酉而臘各用其衰日於魏土行土衰於辰故魏臘用辰晉金行金衰於丑故晉臘用丑五運相承莫不皆然

冬至後三戌臘祭百神者玉篇引云冬至後三戌爲臘祭百神也增韻夏有三伏冬有臘故稱歲時伏臘歷家以運墓日爲臘如漢火運火墓於戌大寒後戌日是風俗通祀典篇謹按禮傳夏曰嘉平殷曰淸祀周曰大蜡漢改爲臘臘者獵也言田獵取獸以祭祀其先祖也或曰臘者接也新故交接故大祭以報功也漢家火行衰於戌故以戌爲

臘也又云太史丞鄧平說臘者所以迎刑送德也大寒至常恐陰勝故以戌日臘戌者溫氣也用其氣日殺雞以謝刑德雄著門雌著戶以和陰陽調寒配水節風雨也靑史子書說雞者東方之牲也歲終更始辨秩東作萬物觸戶而出故以雞祭祀也魏臺訪議王者各以其行盛日爲祖衰日爲臘漢火德火衰於戌故以戌日爲臘王燭寶典臘者祭先祖蜡者報百神同日異祭也謝承後漢書沛國陳咸爲廷尉監王莽改易漢法令及臘日咸常言我先祖何知王氏臘乎荆楚歲時記十二月八日爲臘日王觀國學林說文訓臘字曰冬至後三戌爲臘按高堂隆曰帝王各以其行之盛而祖以其終而臘漢火德故以戌臘許愼漢人也知戌臘而已厥後爲魏晉爲南北朝爲隋唐則戌臘之訓遂廢矣顧炎武曰三代以前擇日皆用干秦漢以下始多用支如戌臘是也急就篇祠祀社稷叢臘奉顏注臘接也廣祭百神也僖五年左傳虞不臘矣御覽引舊注臘祭名也日月會於龍尾百物備合因於是祭羣神也月令孟冬之月臘先祖五祀注云臘謂以田獵所得禽祭也家語觀鄉射篇子貢觀於蜡注云蜡索也歲十有二月索羣神而祀之今之臘也漢舊儀臘者報諸鬼神即古聖賢有功於民者皆享之漢書武帝紀祠門戶比臘顏注臘者冬

至後臘祭百神也

lǘ 膢

膢 楚俗以二月祭飲食也从肉婁聲一曰祈穀食新曰離膢 力居切

或作膢廣雅膢祭玉篇膢飲食祭也冀州八月楚俗二月

楚俗以二月祭飲食也一日祈穀食新日離膢者太平御覽小歲下引云楚十二月祭飲食也一日嘗新穀食前日貙膢貆案食前疑作食煎四民月令云臘明日爲小歲進酒尊長修刺賀君師徐爰家儀云蜡明日爲小歲賀稱初歲晉博士張亮云臘之明日爲初歲秦漢以來有賀此古之遺語馥謂御覽以膢爲小歲則膢當在十二月定非二月矣御覽引風俗通謹案韓子書曰山居谷汲者膢臘寘水楚俗常以十二月祭飲食也漢官儀注云許愼曰楚俗以十二月祭飲食冀州北部或以八月朔作飲食爲膢其俗語曰膢臘社伏馥案此引本書之文可據以補闕一切經音義九引三蒼膢八月祭名也後漢劉元傳以立秋日貙膢時共劫更始周禮射人注云今立秋有貙劉法言問道

篇注云膢八月旦祭祀先人漢書武帝紀太初二年令天下大酺五日膢五日祠門戶比臘如淳曰膢音樓漢儀注立秋貙膢蘇林曰膢祭名也貙虎屬常以立秋日祭獸王者亦以此日出獵還以祭宗廟故有貙膢之祭也師古曰續漢書作貙劉膢劉義各通耳蔡邕獨斷貙獸常以立秋日還食其母猛蟲搏鷙時王者亦以此日出獵還以祭宗廟膢音劉劉殺也言擊殺之時者也風俗通謹案自郊貙膢春秋饗射天子射麋掩雉獻諸宗廟扶陽發滯養老致敬禮之至也續漢書禮儀志立秋之日郊禮畢始揚威武斬牲於郊東門以薦陵廟其儀乘輿御戎輅白馬朱鬣躬執弩射牲牲薦廟太宰令謁者各一人載獲車馳駟送廟還宮使者齎束帛以賜武官肄兵習戰陣之儀斬牲之禮名曰貙劉古今注永平元年八月乙卯初令百官貙劉續漢祭祀志立秋之日以一特牲祭先虞於壇天子射牲以祭宗廟名曰貙劉馥謂此皆言八月卽冀州北部之俗

tiǎo 朓[1]

朓 祭也从肉兆聲 土了切

祭也者集韻作祭肉

zuò 胙

胙 祭福肉也从肉乍聲 昨誤切

祭福肉也者釋天夏曰復胙釋文本又作祚亦作胙祚福也胙祭肉也史記周本紀致文武胙於秦孝公集解胙膰肉也僖九年左傳王使宰孔賜齊侯胙後漢書鄧彪傳四時致宗廟之胙注云胙祭廟肉也

duò 隋

隋 裂肉也从肉从隓省 徒果切

裂肉也者六書故引唐本作列增韻作火裂肉馥謂當作烈本書古文祡從隋省作𥛚祡者積柴加牲而燔之詩載燔載烈傳云貫之加于火曰烈

shàn 膳

膳 具食也从肉善聲 常衍切

本書美下云羊在六畜主給膳也 廣雅膳肉也 周禮膳夫掌王之食飲膳羞注云膳牲肉也 閔二年左傳以朝夕視君膳者也服注廚膳飲食襄二十八年傳公膳日雙雞 漢官儀口實膳羞之事也

具食也者李善注閒居賦引同本書饌具食也六書故凡餼具皆曰具周禮祭祀掌其具脩又曰比官府之具傳曰

具五獻之籩豆于幕下皆謂其具也馥案供客爲張具莊子至樂篇具太牢以爲膳公食大夫禮宰夫膳稻于梁西注云膳猶進也 善聲者集韻庖人和味必嘉善故膳從善漢書宣帝紀其令太官損膳省宰顏注膳具食也食之善者也燕禮主人酌膳注云君物曰膳膳之言善也

róu 腬

腬 嘉善肉也从肉柔聲 耳由切

集韻肉善者腬 玉篇腬肥美也 釋名肉柔也

嘉善肉也者惠棟曰當云腬嘉善肉也馥謂當作柔嘉腬柔音相近國語舅犯曰毋亦柔嘉是食張協洛禊賦布椒醑薦柔嘉摯虞觀魚賦羨鮮肴之柔嘉士冠禮嘉薦令芳詩東山其新孔嘉破斧亦孔之嘉箋並云嘉善也桓六年左傳嘉栗旨酒杜注嘉善也

yáo 肴

肴 啖也从肉爻聲 胡茅切

國語飲而無有肴賈逵曰肴葅也凡非穀而食之曰肴 典引肴覈仁義之林藪蔡邕注肉曰肴骨曰覈 西京雜記公

孫炎內廚五鼎外膳一肴 通作殽鹽鐵論散不足篇今執倉偏列殽施成市詩賓之初筵殽核維旅傳云殽豆實也箋云豆實葅醢也凡非穀而食之曰殽特牲饋食禮記皆殽脀注云凡骨有肉曰殽曲禮左殽右胾注云殽骨體也詩行葦嘉殽脾臄

tiǎn 腆

腆 設膳腆腆多也從肉典聲 他典切

啖也者初學記御覽竝引作雜肉也廣雅肴賧肉也玉篇賧肴也廣韻賧或作啖

設膳腆腆多也者小爾雅廣言腆厚也方言腆厚也鄭注易豐卦豐之言腆充滿義也書酒誥惟荒腆于酒傳云言紂大厚于酒詩籧篨不殄箋云腆善也燕禮寡君有不腆之酒注云腆善也僖三十三年左傳不腆敝邑文十二年傳不腆敝器昭七年傳鄭雖無腆杜注竝云腆厚也昭二十五年公羊傳寡人有不腆先君之服何云腆厚也魯語不腆先君之敝器韋云腆厚也

𦙭 古文腆

本書朓字古文亦從⊙

tú 腯

腯 牛羊曰肥豕曰腯從肉盾聲 他骨切

牛羊曰肥豕曰腯者詩我將釋文引無牛字或脫漏廣雅腯盛也曲禮豚曰腯肥詩我將箋云我奉養我享祭之羊牛皆充盛肥腯桓六年左傳吾牲牷肥腯服虔云牛羊曰肥豕曰腯

bié 胇

胇 肥肉也從肉必聲 蒲結切

肥肉也者廣韻胇脊肥也

hú 胡

胡 牛顄垂也從肉古聲 戶孤切

牛顄垂也者一切經音義一引作牛領垂下也廣韻作頷牛領垂也釋名胡互也在咽下垂能斂互物也馥案洞簫賦䐐咽嗍以紆鬱李善引釋名嗍咽下垂也齊民要術牛岐胡有壽洞胡無壽注云岐牽兩腋下分為三詩狼跋其胡傳云老狼有胡陸璣詩疏鵜頷下胡大如數升囊考工記冶氏戈胡三之戟胡四之馥案方言凡戟而無刃秦晉之閒謂其大者曰鏝胡其曲者謂之鉤釨鏝胡徐鍇曰人言漫胡者謂漫裹其宛曲無棱刺也韻會粗纓無文理者曰曼胡之纓漢書郊祀志有龍垂胡顊注云胡謂頸下垂肉也金日磾傳捽胡投何羅殿下晉灼曰胡頸也續漢輿服志後世聖人見鳥獸有冠角䫇胡之象遂作冠冕纓緌以為首飾

xián 胘

胘 牛百葉也從肉弦省聲 胡田切

牛百葉也者廣韻肚胘牛百葉也通俗文有角曰胘無角曰肚廣雅胃謂之胘

pí 膍

膍 牛百葉也從肉𣬈聲一曰鳥膍胵 房脂切

牛百葉也者廣雅百葉謂之膍胵急就篇脾腎五藏膍腸乳周禮醢人脾析鄭司農云脾析牛百葉也徐鍇曰借脾字析者言其狀分析也 莊子庚桑楚篇臘者之有膍胲釋文司馬云膍牛百葉也 一曰鳥膍胵者廣韻膍胵鳥藏既夕禮東方之饌四豆脾析注云脾讀為雞脾肶之脾內則鴇奧注云鴇奧脾肶也

肶 膍或從比

chī 胵

胵 鳥胃也從肉至聲一曰胵五藏總名也 處脂切

鳥胃也者徐鍇曰膍胵鳥之腸胃也

piǎo 膘

膘 牛脅後髀前合革肉也從肉𤐫聲讀若繇 敷紹切

牛脅後髀前合革肉也者詩車攻釋文引作脅後髀前肉也增韻膘牛脅後髀之前連膚肉三蒼膘小腹兩邊肉也徐鍇曰今謂馬肥為膘肥也言最薄處故曰合革肉言皮肉相合也詩車攻傳云故自左膘而射之達于右腢為上殺

lǜ 膟

膟 血祭肉也從肉帥聲 呂戌切

血祭肉也者肉字衍玉篇膟膋腸閒脂也詩楚茨或燔或炙傳云燔取膟膋祭義取膟膋注云膟膋血與腸閒脂也正義案說文及字林云膟血祭膋是牛腸閒脂也是膟為血膋為腸閒脂也 帥聲者廣韻云膟說文音律馥疑本書有讀若律三字

膟 曾或從率

或從率者悉
蟋俗作蟀

liáo 膫

膫 牛腸脂也從肉尞聲詩曰取其血膫 洛蕭切

牛腸脂也者廣雅膋脂也詩信南山正義膋者腸閒脂也郊特牲取膟膋注云膟膋腸閒脂也內則肝膋取狗肝一幪之以其膋濡炙之舉燋注云膋腸閒脂祭義取膟膋注云膟膋血與腸閒脂也漢書禮樂志焫膋蕭李奇曰膋腸閒脂也　詩曰取其血膫者小雅信南山文彼作膋箋云膋脂膏也

膋 膫或從勞省聲

fǔ 脯

脯 乾肉也從肉甫聲 方武切

玉篇脯腊也　詩鳧鷖爾殽伊脯　哀十一年左傳進稻醴粱糗腶脯焉釋文云加薑桂曰脯也　呂氏春秋行論篇殺鬼侯而脯之注云肉熟爲脯　四民月令十月作脯以供臘祀　書抄引英雄記公孫瓚與諸屬郡縣每至節會屠牛作

脯每酒一觴致脯一豆　杜育荈賦脯則正脅通幹粗鹿肥麇　盧諶祭法春祠用脯

乾肉也者釋名脯搏也乾燥相搏著也急就篇肌腸脯腊魚臭腥顏注搏而乾者謂之脯士虞禮記有乾肉折俎注云乾肉牲體之脯也如今涼州烏翅矣內則牛脩鹿脯田豕脯麇脯麕脯注云脯皆析乾其肉也漢書東方朔傳生肉爲膾乾肉爲脯齊民要術作脯法肉或條或片用骨汁煮下鹽豉切葱白擣令熟椒薑橘皮末之以浸脯三宿則出繩穿於屋北簷下陰乾

xiū 脩

脩 脯也從肉攸聲 息流切

脯也者廣雅同釋名脯又曰脩脩縮也乾燥而縮也馥案詩中谷有蓷暵其脩矣傳云脩且乾也周禮膳夫凡肉脩之頒賜皆掌之鄭司農云脩脯也腊人注云薄析曰脯捶之而施薑桂曰鍛脩論語自行束脩以上皇氏曰脩脯也莊二十四年左傳女贄不過榛栗棗脩杜云脩脯也公羊傳腶脩云乎何云腶脩者脯也穀梁傳婦人之贄棗栗鍛脩釋文鍛脯也鍛而加薑桂曰脩

xié 膎

膎 脯也從肉奚聲 戶皆切

談藪魏李恕聘梁沙門重公接恕曰向來余無菹膎恕父名諧以爲犯諱恕曰短髮粗疏重公曰貧道短髮沙門種類以君交聘二國不辨膎諧

脯也者廣韻膎脯也肉食肴也廣雅膎肉也曹憲音乎佳反今世人作鮭字如此失之太元逃次六多田不婁費我膎功注云熟食曰膎徐鍇繫傳古謂脯之屬爲膎因通謂儲蓄食味爲膎南史孔琇飲宋高祖無膎取伏雞卵爲肴又王儉云庾郎食膎有二十七種是也今俗言人家無儲蓄爲無膎活

liǎng 脼

脼 膎肉也從肉兩聲 良獎切

膎肉也者玉篇脼膎脼也廣雅脼肉也

pò 膊

膊 薄脯膊之屋上從肉尃聲 匹各切

廣雅膊脯也　方言膊暴也燕之外郊朝鮮冽水之間凡暴肉發人之私披牛羊之五藏謂之膊案顏注漢書宣帝紀云

薄亦暴也今俗語亦云薄曬故暴室或云薄室北堂書鈔一百四十五引風俗通俗說膊大脯也案太山博縣每歲十月祠太山脯濶一尺長五寸　博物志淫羊膊以爲脯　鄉射記薦脯用籩注云膊用籩籩宜乾物也　周禮醢人注云作醢及臡者必先膊乾其肉掌戮掌斬殺賊諜而搏之注云搏當爲膊諸城上之膊字之誤也馥案成二年左傳殺而膊諸城上　洛陽記乾膊山在洛陽北去三十里於上曝脯因以爲名

薄膊脯之屋上者北堂書鈔初學記並引作搏之屋上膊搏聲相近釋名脯搏也乾燥相搏著也膊迫也薄椓肉迫著物使燥也

wǎn 脘

脘 胃府也從肉完聲讀若患舊云脯 古卵切

胃府也者徐鍇本作胃脯鍇繫傳曰謂以胃作脯也初學記引作骨脯骨即胃之譌字集韻又譌作骨脂廣雅脘脯也漢書貨殖傳濁氏以胃脯而連騎晉灼曰今大官常以十月作沸湯燖羊胃以末椒薑坋之曝使燥者也馥謂借鋪爲脯　舊云脯者後人加之徐鍇本無

qú 朐

朐 脯挺也。从肉，句聲。其俱切

曲禮以脯脩置者左朐右末注云屈中曰朐 士虞禮記朐在南注云朐脯及乾肉之屈也 昭二十五年公羊傳高子執簞食與四脡脯何云屈曰朐申曰脡 鄉飲酒記薦脯五挺注云挺猶膱也鄉射禮曰祭半膱膱長尺有二寸 呂氏春秋報更篇趙宣孟見骫桑之下有餓人與脯二朐拜受而弗敢食曰臣有老母將以遺之宣孟復賜之脯二束 東觀漢記嚴尤擊江賊世祖奉糗一斛脯三十朐 書抄引魏畧云寒貧者姓石還長安郭淮與糒脯石取脯一朐糒一升而止

脯挺也者初學記韻會字鑑竝引作脯脡 馥案挺脡古今字士虞禮餕籩豆脯四脡注云古文脡為挺 玉篇脡脯朐也聘禮記薦脯五膱半膱橫之注云膱脯如版然者 或謂之脡皆取直貌焉 曲禮鮮魚曰脡祭注云脡直也

hū 膴

膴 無骨腊也。楊雄說：鳥腊也。从肉，無聲。周禮有膴判。讀若謨。荒烏切

無骨腊也者廣雅膴脯也 鄭注周禮腊人云腊小物全乾 顏注急就篇云合骨全乾謂之腊 馥謂膴去骨之乾肉故曰無骨腊 揚雄說鳥腊也者本書北方謂鳥腊曰腒 鄭注腊人所云涼州鳥翅是也 周禮有膴判者見天官腊人彼作胖云腊人掌乾肉凡田獸之脯腊膴胖之事凡祭祀共豆脯薦脯膴胖凡腊物注云鄭司農云膴膺肉鄭大夫云胖讀為判杜子春讀胖為版又云膴胖皆謂夾脊肉又云禮家以胖為半體 元謂公食大夫禮曰庶羞皆有大者此據肉之所擬祭者也 又引有司徹曰主人亦一魚加膴祭于其上此據主人擬祭者膴與大亦一也內則曰麋鹿田豕麕皆有胖足相參正也大者胾之大臠膴者魚之反覆膴又詁曰大二者同矣則是膴亦牒肉大臠胖宜為脯而腥胖之言片也析肉意也禮固有腥膾爓雖其有為孰之皆先制乃亨 馥案趙商問腊人掌凡乾肉而有膴胖何鄭荅云雖鮮亦屬腊人 內則野豕為軒注云軒或為胖 讀若謨者有司徹皆加膴祭于其上注云膴讀如殷冔之冔刳魚時割其腹以為大臠也 馥案膴謨冔聲竝相近

xū 胥

胥 蟹醢也。从肉，疋聲。相居切

蟹醢也者字林胥蟹醬也 張敞集朱登為東海相遺敞醬 釋名蟹胥取蟹藏之使骨肉解胥胥然也 周禮庖人祭祀之好羞注云若今荊州之鮺魚青州之蟹胥 困學紀聞云胥劉昌宗音素俗作蝑 廣韻蝑鹽藏蟹 庾信詩蘭有異蟹蝑 齊民要術藏蟹法九月取母蟹先煮薄糖著活蟹於冷糖甕中一宿蓼湯和白鹽甕盛半汁取糖中蟹內著鹽蓼汁中便死泥封二十日出之舉臍著薑末還復臍如初著坩甕中百箇各一器以前鹽蓼汁澆之令沒密封使成矣

jū 腒

腒 北方謂鳥腊曰腒。从肉，居聲。傳曰：堯如腊，舜如腒。九魚切

北方謂鳥腊曰腒者廣雅腒脯也 周禮庖人夏行腒鱐膳膏臊鄭司農云腒乾雉 士相見禮贄冬用雉夏用腒注云夏用腒備腐臭也

qiú 肍

肍 孰肉醬也。从肉，九聲。讀若舊。巨鳩切

孰肉醬也者廣韻肍乾肉醬也

sōu 䐹

䐹 乾魚尾䐹䐹也。从肉，肅聲。周禮有腒䐹。所鳩切

乾魚尾䐹䐹也者徐鍇本作捘捘鍇繫傳云捘捘猶歷歷也詩曰束矢其捘 馥案䐹捘聲相近 詩九月肅霜傳云肅縮也 月令草木皆肅注云肅謂枝葉縮栗 馥謂魚乾則縮栗故文从肅 廣雅鱐脯也鱐卽䐹之誤 內則夏宜腒鱐膳膏臊注云鱐乾魚也 周禮籩人朝事之籩其實膴鮑魚鱐注云膴牒生魚為大臠鮑者於福室中糗乾之出於江淮也鱐者析乾之出東海 周禮有腒䐹者見天官庖人彼作鱐先鄭云鱐乾魚後鄭云腒鱐暵熱而乾

ní 腝

腝 有骨醢也。从肉，耎聲。人移切

有骨醢也者徐鍇韻譜腝骨醬 釋名醢有骨者曰臡臡昵也骨肉相搏昵無汁也 釋器有骨者謂之臡郭云雜骨醬 呂氏春秋本味篇鱣鮪之醢 高注無骨曰醢有骨曰臡 公食大夫禮麋臡鹿臡注云醢有骨謂之臡 周禮醢人麋臡鹿臡麋臡注云三臡亦醢也作醢及臡者必先膊乾其肉乃後莝之雜以粱麴及鹽漬以美酒塗置甀中百日則成

矣或曰有骨爲臡無骨爲醢或作臡集韻臡肉醢

腝或從難

五經文字臡有骨醢也見禮經及周禮說文字林竝作腝馥案玉篇腝臂節也臡麋臡肝髓醢也字苑腝柔脆也皆與本書異

shān 脡

生肉醬也從肉延聲 丑連切

生肉醬也者集韻醬生肉曰脡釋名生脡以一分膾二分細切合和挺攪之也桓譚新論鄙人有得脡醬而美之御覽引此文注云昔糟生肉醬也桓驎七說調脡和粉糅以橙蒟齊民要術作生脡法羊肉一斤豬肉白四兩豆醬清漬之縷切生薑雞子春秋用蘇蓼著之字或作鋋御覽引嶺表錄異嘉魚甚肥美最宜爲鋋玉篇鋋魚醬廣韻脡魚醢也 延聲者小字本玉篇廣韻竝作脡

bù 脟

豕肉醬也從肉否聲 薄口切

豕肉醬也者集韻醬豕者爲脟本書鮨魚脟醬也公食大夫禮有牛鮨

ér 胹

爛也從肉而聲 如之切

廣韻有䏐文作胹

爛也者當爲爤通行爛字本書𤎡者孰也𤎡丸之孰也玉篇胹煮熟也廣雅胹熟也方言胹熟也自關而西秦晉之郊曰胹宣二年左傳宰夫胹熊蹯不熟釋文胹煮也亦作臑馥案文選七發熊蹯之臑李善引左傳作臑鄭注樂記云以腥魚爲俎實不臑熟之楚詞大招鼎臑盈望和致芳只注云臑熟也招魂肥牛之腱臑若芳些注云臑若熟爛也一本作胹

sǔn 膭

切孰肉內於血中和也從肉員聲讀若遜 穌本切

切孰肉內於血中和也者廣雅膭臛也釋名肺膭膭饡也以米糝之如膏饡也御覽引作肺膭盧諶祭法亦作肺膭齊民要術有膭法馥疑膭即本書熉字 讀若遜者徐鍇本讀若還

xīng 胜

犬膏臭也從肉生聲一曰不孰也 桑經切

犬膏臭也者臭當爲殠胜通作腥書呂刑德刑發聞惟腥傳訓腥臭酒誥腥聞在上傳以爲腥穢晉語偃之肉腥臊 一曰不孰也者論語釋文引同詩烈祖亦有和羹箋云和羹者五味調腥熟得節聘禮飪一牢在西腥一牢在東注云熟在西腥在東象春秋也周禮籩人注云不裸不薦血腥而自薦孰始又云王者備物近者腥之遠者乾之因其宜也內則肉腥細者爲膾大者爲軒釋文腥字林作胜云不熟也樂記尚元酒而俎腥魚注云以腥魚爲俎實不臑熟之熊疏云牛羊之俎至薦熟之時皆亨之而熟薦腥魚則始末不亨論語君賜腥必熟而薦之皇疏云君賜腥者謂君賜孔子腥肉也定十四年公羊傳腥曰脤熟曰燔穀梁傳作生史記項羽本紀與一生彘肩春秋說題辭羊合三以爲生馥案生即胜本書羴羊臭也論語鄭注禘祭之禮自血腥始論衡程材篇燔腥生者用火量知篇粟未爲米米未成飯氣腥不熟食之能傷人

sāo 臊

豕膏臭也從肉喿聲 穌遭切

豕膏臭也者臭當爲殠一切經音義三腥臊臭也通俗文魚臭曰腥豭臭曰臊周禮庖人膏臊先鄭云豕膏也杜子春以爲犬膏呂氏春秋本味篇肉玃者臊史記楚世家夫虎肉臊古文苑蜀都賦五肉七菜朦猒腥臊注云五肉牛羊雞犬豕以七菜葱韭之屬臛之所以蒙猒其腥臊字或作膰易林東家殺牛污臭腥臊又通作騷北山經食之不驕注云或作騷騷臭也

xiāo 膮

豕肉羹也從肉堯聲 許幺切

豕肉羹也者字林作豕羹也無肉字廣韻增韻五音集韻竝同廣雅膮香也公食大夫禮臐膮注云豕曰膮聘禮膷臐膮釋文膮豕臛也內則膷臐膮醢釋文膮豕羹也

xìng 腥

星見食豕令肉中生小息肉也從肉從星星亦聲 穌佞切

星見食豕令肉中生小息肉也者食當爲飤息當爲瘜本書瘜寄肉也方言臊膃也注云謂息肉也廣韻脛豕息肉

zhī 脂　suò ⿰月貨　nì 膩　mó 膜　ruò ⿰月弱　hè 臛

今謂之豬脛玉篇䐘今肉中生息肉也周禮內饔豕盲眡而交睫腥注云腥當爲星聲之誤也肉有如米者似星內則豕望視而交睫腥注云腥當爲星聲之誤也星肉中如米者馥案世以腥爲胜臊字故鄭破腥爲星釋獸豕奏者豱郭云今豱豬短頭皮理腠蹙釋器米者謂之糵郭云飯中有腥馥謂腥米煮之不爛如肉中瘜肉也

脂 戴角者脂無角者膏從肉旨聲旨夷切

廣蒼脂肪也 通俗文脂在腰曰肪 集韻脣腽强脂也 漢書五行志在人腹中肥而包裹心者脂也 詩膚如凝脂 釋器冰脂也釋文冰孫本作凝膏凝曰脂 內則脂用蔥膏用薤注云脂肥凝者釋者曰膏 越語句踐載稻與脂於舟以行注云脂膏也

戴角者脂無角者膏者史記正義引同三蒼有角曰脂無角曰膏淮南地形訓無角者膏而無前有角者脂而無後高云膏豕熊猿之屬脂牛羊麋之屬

⿰月貨 ⿱𦥑月也從肉貨聲穌果切

⿱𦥑月也者本書無⿱𦥑月字徐鉉新修字義加之馥謂⿱𦥑月之誤也玉篇⿰月貨膏⿱𦥑月膏⿰月貨廣韻⿰月貨⿱𦥑月膏也⿱𦥑月膏膜又云膏肥貌集韻⿱𦥑月膏膸也又云⿱𦥑月碎脂也本書脫⿱𦥑月字

膩 上肥也從肉貳聲女利切

上肥也者玉篇膩垢膩晉書東海王將召劉輿或曰輿猶膩也近則汙人楚詞招魂靡顏膩理注云膩滑也

膜 肉間胲膜也從肉莫聲慕各切

肉閒胲膜也者一切經音義十八引無胲字玉篇同釋名膜幕也幕絡一體也史記扁鵲傳揲荒爪幕

⿰月弱 肉表革裏也從肉弱聲而勺切

肉表革裏也者廣韻⿰月弱膜也急就篇肌⿰月弱脯腊魚臭腥顏注肉表皮裏曰⿰月弱

臛 肉羹也從肉隺聲呼各切

公食大夫禮膷以東臐膮牛炙注云膷臐膮今時臛也牛曰膷羊曰臐豕曰膮皆香美之名也 字通作臛楚詞招魂露雞臛蠵屬而不爽些注云有菜曰羹無菜曰臛 齊民要術食經作芋子酸臛法豬羊肉各一斤芋子一升別烝之蔥白一升著肉中合者使熟粳米三合鹽一合豉汁一升苦酒五合生薑十兩得臛一斗 北堂書抄引風俗通今大會皆先黍臛馥案幽明錄漢武帝與羣臣宴於未央殿方噉黍臛竹林七賢論湌儀令爲客設黍臛阮簡居大喪亦食之以致清議頓發禰衡別傳十月朔黃祖在艨艟上會設黍臛荊楚歲時記十月一日設黍臛俗謂之秦歲首未詳黍臛之義今北人日設麻羹豆飯當爲其始熟嘗新耳 王粲七釋黿羹蠵臛 傅元七謨臛東海之遊黿 衛洪七開馨羹芬臛凝色生華 齊書崔駰博徒論牛臛羊膾 廣志晨鳧肥而耐寒宜爲臛 齊書虞悰善爲滋味王嶷盛饌享賓謂悰曰肴羞有所遺否悰曰何曾食疏有黃頷臛恨無之 齊諧記江北華本者爲人好鼈臛 續捜神記宗淵爲潯陽太守有數十頭龜付廚敕且以一頭作臛 臨海異物志安家夷好噉猴頭諺言人寧負人千石之粟不願負人猴頭羹臛 劉子越人臛蛇以饗秦客 通鑑太廟四時之祭薦宜皇帝起麪餅鴨臛

肉羹也者李善注七啟引同一切經音義十二引亦同又云謂有菜曰羹無菜曰臛也釋器肉謂之羹郭云肉臛也

fèn 膹　juǎn 臇　zì 胾

膹 臛也從肉賁聲房吻切

臛也者廣雅同集韻膹臛多汁廣韻膹臛多汁三蒼膹臛多滓也鹽鐵論散不足篇今熟食徧列有殽膹鴈羹

臇 臛也從肉雋聲讀若纂子沇切

臛也者玉篇臇臛少汁也廣雅臇臛也楚詞招魂鵠酸臇鳧煎鴻鶬些注云臇小臛也七啟臇漢南之鳴鶉李善引蒼頡解詁臇少汁臛也

⿰火巽 臇或從火巽

胾 大臠也從肉𢦔聲側吏切

士虞禮胾四豆設於左注云胾切肉也 鄉射記膱長尺二寸注云膱猶脡也爲記者異耳古文膱爲胾 曲禮左殽右胾注云胾切肉也 周書嘗麥解乃命少宗祠風雨百享士師用受其胾

大臠也者本書臠肉出尺胾一切經音義十二切肉大者爲胾小者曰臠廣雅胾臠也急就篇膹膾炙胾各有形顏

注胾大臠也穆天子傳肺鹽羹胾注云胾大臠荀子非相篇啜其羹食其胾注云胾臠也史記絳侯世家獨置大胾韋昭曰胾大臠也鄭注腊人云公食大夫禮曰庶羞皆有大大者胾之大臠

zhé
牒

牒 薄切肉也從肉枼聲直葉切

薄切肉也者廣韻牒細切肉也周禮籩人注云膴牒生魚爲大臠內則肉腥細者爲膾大者爲軒注云膾者必先軒之所謂聶而切之也釋文聶又作牒顏案軒與胖同胖之言片也少儀注聶之言牒也先藿葉切之東觀漢記光武至河北胡子進狗牒盧諶祭法春祀用大牒

kuài
膾

膾 細切肉也從肉會聲古外切

細切肉也者玉篇肉細切者爲膾論語膾不厭細內則牛膾魚膾又曰大夫燕食有膾無脯有脯無膾顏注急就篇膾細切生肉也廣雅膾割也釋名膾會也細切肉令散分其赤白異切之已乃會合和之也傳元七謨膾錦膚臠斑胎飛刀浮切豪分縷解動從風散聚似霧委春秋佐助期吳中以鱠魚作膾文選七啟膾西海之飛鱗西征賦華魴

說文解字義證　卷十一　尭

躍鱗素鯿揚鬐饔人縷切鸞刀若飛應刀落俎靃靃霏霏徐幹七喻橫者豪析縱者縷分劉梁七舉鯉魮之膾分豪析釐字或作鱠後燕錄苻后季夏思東魚鱠通鑑劉漢宏持鱠刀而遁

yān
腌

腌 漬肉也從肉奄聲於業切

漬肉也者廣韻腌鹽漬魚也蒼頡篇腌酢淹肉也鹽鐵論散不足篇羊腌雞寒

cuì
脃

脃 小耎易斷也從肉從絕省此芮切

公食大夫禮倫膚七注云謂精理滑脃者考工記弓人角脃故欲其柔也　晉語臣脃弱　漢書刑法志事小敵脃溝洫志土壤輕脆易傷　七發甘脆肥醲命曰腐腸之藥陸機漢高祖功臣頌摧剛則脆　宋書張邵傳人生危脆南齊書周顒傳區區微卵脆薄易矜通鑑蜀兵脆弱

小耎易斷也者一切經音義十二引作少血易斷也血即耎之譌李善注魏都賦引作少耎易斷也少如少壯之少耎當爲偄本書偄弱也字苑腝柔脆也廣雅脃弱也詩采薇薇亦柔止箋云柔謂脃腝之時正義定本作脃腝周語

無亦擇其柔嘉韋云柔脃也　從絕省者聲譜脃閒評今人作脆字從月從危非也字書肥字乃從月從巴蓋從絕省耳言肉易斷也

cuì
膬

膬 耎易破也從肉毳聲七絕切

玉篇與脃同老子其膬易判傅奕本作脃

耎易破也者李善注七發引作腝易破也管子霸言篇釋堅而攻膬通作毳荀子議兵篇事小敵毳■書丙吉傳數奏甘毳食物

sàn
散

散 雜肉也從肉𢾚聲穌旰切

雜肉也者集韻胠臢肉雜也

zhuǎn
膞

膞 切肉也從肉專聲市沇切

切肉也者廣雅膞臠也子虛賦脟割輪淬郭璞注脟膞也

說文解字義證　卷十一　卆

chuò
腏

腏 挑取骨閒肉也從肉叕聲讀若詩曰啜其泣矣陟劣切

挑取骨閒肉也者本書削挑取也廣韻腏骨閒髓也集韻髓謂之腏

zǐ
𦙶

𦙶 食所遺也從肉仕聲易曰噬乾𦙶阻史切

食所遺也者易釋文引字林作含食所遺也　易曰噬乾𦙶者噬嗑文彼作胏陸績曰肉有骨謂之胏廣雅胏脯也玉篇胏脯有骨也廣韻脯有骨曰胏顏謂食脯吐其骨也

胏 揚雄說𦙶從朿

xiàn
䐄

䐄 食肉不猒也從肉臽聲讀若陷戶猎切

食肉不猒也者通作啖荀子王霸篇注啖啖吞并貌

rán
肰

肰 犬肉也從肉犬讀若然如延切

犬肉也者犬當爲火廣雅𤎩孰也

古文肰

玉篇作㺃 集韻作肳

亦古文肰

此卽然字火部重出 本書腆古文從⊙

chēn
䐜

起也從肉眞聲 昌眞切

起也者集韻引同又云謂肉脹起廣韻䐜肉脹起也埤蒼䐜引起也六書故鄭氏張肉曰䐜素問濁氣在上則生䐜脹太元爭次六股腳䐜如維身之疾注云䐜大也枝大於榦爲疾也

tǎn
肬

肉汁滓也從肉冘聲 他感切

肉汁滓也者本書監從此鄭注醓人云醓肉汁也詩行葦醓醢以薦正義用肉爲醓特有多汁故以醓爲名廣雅羹謂之肬肬又作湳廣韻湳羹汁也少儀凡有湳者不以齊

jiāo
膠

昵也作之以皮從肉翏聲 古肴切

十洲記西國王使至獻靈膠色青如碧玉武帝幸華林園射虎而弩弦斷使者時從駕上膠一分使口濡以續弩弦帝使武士數人共對掣引之終日不脫如未續時也 昵也者考工記弓人凡昵之類不能方鄭司農云謂膠善戾故書昵或作樴杜子春云樴讀爲不義不昵之昵 作之以皮者參同契皮革煮成膠考工記弓人鹿膠青白馬膠赤白牛膠火赤鼠膠黑魚膠餌犀膠黃注云皆謂煮用其皮或用角

luó
臝

或曰嘼名象形闕 郎果切

或曰上當有脫文闕字後人加之 莊君述祖日月令其蟲蠃當作臝

qū
胆

蠅乳肉中也從肉且聲 七余切

東觀漢記杜根詐死三月目中生蛆通鑑隋於海口造船官吏晝夜立水中自腰以下皆生蛆蠅乳肉中也者本書蜡蠅胆也一切經音義一引通俗文肉中蟲曰胆三蒼蠅乳肉中曰胆本草蛆蠅之子也凡物敗臭則生之荀子勸學篇肉腐出蟲易林三蛆逐蠅陷墮釜中灌沸淪殪與母長訣傳咸青蠅賦既反白而爲黑恆懷蛆以自盈穢美厚之鮮絜蠱嘉肴之芳馨

yuàn
肙

小蟲也從肉口聲一曰空也 烏玄切

小蟲也者通作蜎釋魚蜎蠉郭云井中小蛣蟩赤蟲一名孑孓考工記廬人刺兵欲無蜎注云謂若井中蟲蜎之蜎廣雅孑孓蜎也通俗文蜎化爲蚊莊子秋水篇還虷蟹與科斗釋文虷井中赤蟲也一名蜎爾雅翼淮南子曰孑孓爲蟁許叔重曰孑孓結蟨水上到跂按說文孑無右臂也孓無左臂也今孑孓積水惡濁則生之其身既短好聳腰而上羣浮水際遇人暫下其行一曲一直獨以腰爲力若人無臂然孑孓或爲蛣蟩字異而音義同俗又名釘倒蟲卽許氏到跂之義也經曰稍久則蜆而爲蚊 口聲者本書口部圓從員員又從口疑未明也 一曰空也者本書梋從肙韻謂麥莖中空故從肙

fǔ
腐

爛也從肉府聲 扶雨切

爛也者當爲爤爤本書引明堂月令腐草爲蠲廣韻腐朽也詩大東無浸穫薪箋云浸之則將溼腐不中用也呂氏春秋盡數篇流水不腐注云腐臭敗也史記刺客列傳此臣之日夜切齒腐心也索隱云腐亦爛也猶今人事不可忍云腐爛漢書英布傳上置酒對衆折隨何曰腐儒顏注腐者爛敗

kěn
肎

骨閒肉肎肎箸也從肉從冎省一曰骨無肉也 苦等切

骨閒肉肎肎箸也者六書故引作骨肉閒集韻引字林肎箸骨肉也莊子養生主肎綮注云肎箸骨肉也

古文肎

féi
肥

多肉也從肉從卪 符非切

多肉也者篇海引作身肉多也禮運四體既正膚革充盈人之肥也家語執轡篇弱土之人肥漢書陳平傳人或謂平貧何食而肥若是謝承後漢書尸董卓於市卓素充肥脂流於地晉中興書陳頵史疇以大肥爲笨伯博物志京

邑有人食噉兼十許人遂肥不能動物理論穀氣勝元氣其人肥而不壽語林孟業甚肥或以爲千斤異苑晉司隸校尉高平滿奮字武秋豐肥膚肉潰裂每至暑夏輒膏汗流溢其愛妾夜取以然照發於屋表 從卪者徐鍇本從卪聲

文一百四十 重二十

膂 說見䐈下

胛 肩甲也

一切經音義十八引案玉篇胛背胛

朘 赤子陰也

老子釋文引案玉篇朘亦作峻聲類又作屡

說文解字義證 卷十一 三五

遺文三

筋 肉之力也從力從肉從竹竹物之多筋者凡筋之屬皆從筋 居銀切

肉之力也者一切經音義二十一引作肉之有力者御覽引云體之力也可以相連屬作用也本書力筋也象人筋之形釋名筋靳也肉中之力氣之元也靳固於身形也周禮瘍醫以辛養筋禮運其行之以貨力注云力筋骸強者也哀二年左傳無絕筋無折骨夏小正十有一月陳筋革傳云陳筋革者省兵甲也馥案淮南地形訓北方之美者有幽都之筋角焉注云幽都出好筋角可以爲弓弩尸子徐偃王有筋無骨公孫尼子多食苦者有益于肉而筋不利多食辛者有益於筋而氣不利韓非子外儲說公胐痛足痺轉筋而不敢壞坐論衡命富之人筋力自強 竹物之多筋者者徐鍇本下云從力象筋也九經字樣同

笏 筋之本也從筋從夗省聲 渠建切

筋之本也者廣韻二十五願腱筋本也又二十一欣腱筋頭也馥案楚詞招魂肥牛之腱臑若芳些注云腱筋頭也內則去其餌注云餌筋腱也釋文引隱義云腱筋之大者 從筋者當云從筋省

腱 笏或從肉建

毛晉初印本無肉字六書故引作籀文

筋 手足指節鳴也從筋省勺聲 北角切

手足指節鳴也者集韻䈻字引字林筋鳴也馥謂筋字訓誤爲䈻義

肑 筋或省竹

集韻肑指節聲

文三 重二

說文解字義證 卷十一 三六

dāo 刀　fǒu 剈　è 㓵　xuē 削

說文解字弟四 義證弟十二

曲阜桂馥學

刀 兵也象形凡刀之屬皆從刀 都牢切

洞冥記黃帝采首山之金始鑄爲刀 中山經出銅之山四百六十七出鐵之山三千六百九十戈矛之所發也刀鍛之所起也 虞喜志林古人鑄刀以五月丙午取純火精以協其數 物理論阮師之作刀受法於金精之靈七月庚辛見金神於冶監之門向西再拜金神教以水火之齊五精之鍊用陰陽之候取剛柔之和三年作刀千七百七十口其刀平背狹刃方口洪首截輕微絕絲髮之系斫堅剛無變動之異

兵也者急就篇矛鋋鑲盾刃刀鉤顏注刀大小衆刀也釋名刀到也以斬伐到其所乃擊之也其末曰鋒言若蠭刺之毒利也其本曰環形似環也

象形者象其刃與環也古文作𠚣

剈 刀握也從刀缶聲 方九切

刀握也者刀把也廣韻剈與弣同弣弓把中也通作拊少儀削授拊注云拊謂把

㓵 刀劒刃也從刀咢聲 五各切

刀劒刃也者通鑑臧質復魏主書得所送劒刃欲令我揮之爾身邪劉通作鍔廣韻鍔劒端莊子說劒篇天子之劒以燕谿石城爲鋒齊岱爲鍔釋文引司馬注鍔劒刃也漢書蕭望之傳底厲鋒鍔注云鍔刃耑也文選七命霜鍔水凝李善引聲類鍔刀刃也或通作咢漢書王襃傳巧冶鑄干將之樸清水淬其鋒越砥斂其咢顏注咢刃耑也

䂮 籀文㓵從㓞從各

釋詁䂮利也匡謬正俗問曰俗於礪山出刀子刃謂之略刃有舊義否荅曰按爾雅云剡䂮利也張揖古今字詁云古作䂮一本作䂮未知孰是此則礪刃使利故稱略刃耳馥案玉篇䂮屬㓞部云䂮今作略詩載芟有略其耜傳云略利也釋文略字書作䂮此玉篇所謂今作略也

削 鞞也一曰析也從刀肖聲 息約切

gōu 鉤　gāi 剴　jī 剞

鞞也者一切經音義十五引作刀鞞也又云陳思王寶刀賦豐光溢削是也又十三云鞘小爾雅作鞘蒼頡篇作削同盛刀者也本書鞞刀削末銅也玉篇削所以貯刀劒刃廣雅鞞刀削也釋名刀其室曰削削峭也其形峭殺裹刀體也方言劒削自河而北燕趙之閒謂之室自關而東或謂之廓或謂之削自關而西謂之鞞小爾雅廣器刃之削謂之室室謂之鞞鞛珌鞞之飾也書顧命赤刀傳云赤刀削鄭注赤刀武王誅紂時刀赤爲飾詩清人釋文室劍削名也史記梁孝王世家褚先生補曰視其劒新治問長安中削厲工工曰梁郎某子來治此劒刺客列傳拔劒劒長操其室索隱室謂鞘也漢書貨殖傳質氏以洒削而鼎食顏注洒濯也削謂刀劒室也請人有刀劒削故惡者主爲洒刷之去其垢穢更飾令新也衛綰傳劍常盛未嘗服也顏注盛謂在削室之中也西京雜記高帝斬白蛇劍開匣拔鞘輒有風氣光彩射人 一曰析也者廣雅刊剟剝剽劙劖削也考工記築氏爲削長尺博寸合六而成規注云今之書刀淮南本經訓公輸王爾無所錯其剞劂削鋸漢書原涉傳削牘爲疏

鉤 鎌也從刀句聲 古侯切

鎌也者廣雅同本書鎌鍥也玉篇鎌刈鉤也通作鉤方言刈鉤自關而西或謂之鉤或謂之鎌或謂之鍥周禮薙氏夏日至而夷之注云以鉤鎌迫地芟之也若今取茭矣

剴 大鎌也一曰摩也從刀豈聲 五來切

大鎌也者六書故引字林剴鎌也 一曰摩也者爾雅釋文引同本書刉又讀若鎧一曰刀不利於瓦石上刉之摩通作磨廣雅剴磨也詩如琢如磨又通作劘漢書賈山傳自下劘上蘇林曰劘厲也孟康曰謂剴切之也鄭注書君奭云周公託言民德以剴切之也剴又通作磑易繫辭是故剛柔相摩京云相磑切也

剞 剞劂曲刀也從刀奇聲 居綺切

剞劂曲刀也者廣雅剞劂刀也楚詞七諫握剞劂而不用兮注云剞劂刻鏤刀也淮南俶眞訓鏤之以剞劂注云剞巧工鉤刀劂者規度刺畫墨邊箋也所以刻鏤之具又本經訓王爾無所錯其剞劂注云王爾古之巧匠案此言雖巧人亦不能復加彫刻也文選魏都賦剞劂罔掇李善曰許愼淮南子注曰剞劂曲刀也魏書蔣少游傳兼將作大

匠恆以剞劂繩尺碎劇息息從倚園湖城殿之側玉篇剞與刻同顏氏家訓書證篇有人訪吾曰魏志蔣濟上書云弊攰之民何字也余應之曰意爲攰卽是𢿌倦之𢿌耳張揖呂忱竝云支旁作刀劒之刀亦是剞字不知蔣氏自造支旁作筋力之力或借剞字終當音九僞反

jué 劂

劂 剞劂也從刀屈聲 九勿切

剞劂也者字或作劂漢書揚雄傳般倕弃其剞劂兮應劭曰剞曲刀也劂曲鑿也劉氏新論回剟劂之手案屈厥聲相近左傳韓獻子厥公羊作屈文十年厥貉昭十一年厥慭公羊竝作屈

lì 利

利 銛也從刀和然後利從和省易曰利者義之和也 力至切

銛也者廣雅銛利也墨子親士篇今有五錐此其銛銛者必先挫漢書賈誼傳莫邪爲鈍兮鉛刀爲銛晉灼曰世俗謂利爲銛徹史記索隱云銛利也劉氏新論崇學篇越劒性利非淬礪而不銛范縝神滅論神之於質猶利之於刀形之於用猶刀之於利利之名非刀也刀之名非利也然而捨利無刃捨刀無利未聞刀沒而利存豈容形亡而神在 和然後利從和省者和竝當作龢通作和廣雅利和也易乾卦利物足以和義子夏傳曰利和也何妥曰利者義成也君子體此利以利物足以合於五常之義論衡刺孟篇易曰利見大人利涉大川乾元亨利貞尚書曰黎民亦尚有利哉皆安吉之利也 易曰利者義之和也者乾卦文言文襄九年左傳元體之長也亨嘉之會也利義之和也貞事之幹也僖二十七年傳德義利之本也易其利斷金新語辨惑篇引作其義斷金孔叢雜訓篇孟軻問牧民何先子思曰先利之曰君子之所以教民亦仁義固所以利之乎子思曰上不仁則下不得其所上不義則下樂爲亂也此爲不利大矣故易曰利者義之和也又曰利用安身以崇德也此皆利之大者也埤雅郊特牲曰割刀之用而鸞刀之貴貴其義也以言割牲中節而和蓋易曰利者義之和也利物足以和義先王寓之於禮則刀之所以有鸞也楊慎曰鸞刀貴割而聲尚和利刃貴斷而字從和易曰利者義之和也先王制器尚象因文立政如此

𥝢 古文利

說文解字義證 卷十二 三

yǎn 剡

彡當爲彡

剡 銳利也從刀炎聲 以冉切

銳利也者本書銳籒文作剡廣雅剡銳也爾雅剡利也郭云詩曰以我剡耜馥案詩作覃傳云覃利也東京賦介馭閒以剡耜五臣注剡利也易繫辭剡木爲矢釋文引字林剡銳也楚辭橘頌曾枝剡棘王注剡利也晉語大喪大亂之剡也不可犯也韋注剡鋒也漢書賈誼傳剡手以衡仇人之匈顏注剡利也通作掞長笛賦剸掞度擬李善云字林剡銳也掞與剡音義同

chū 初

初 始也從刀從衣裁衣之始也 楚居切

始也者釋詁文夏小正傳初者始也春秋隱五年初獻六羽穀梁傳初始也公羊傳初者何始也王注楚詞初始也張揖上廣雅表春秋元命包言子夏問夫子作春秋不以初哉首基爲始何六書故木始斤斲新之義也衣始裁制初之義也

jiǎn 剪

剪 齊斷也從刀歬聲 子善切

齊斷也者九經字樣同本書𠜂齊也通作翦釋言翦齊也既夕禮馬不齊髦注云齊翦也詩甘棠勿翦勿伐閟宮實始翦商傳云翦齊也箋云翦斷也周禮秋官序官翦氏注云翦斷滅之言也文王世子公族無宮刑不翦其類也注云翦割截也書序遂踐奄鄭注踐讀曰翦翦滅也又通作鬋漢書韋賢傳鬋茅作堂顏注鬋與翦同又作劗嚴助傳劗髮文身之民又作揃史記蒙恬傳周公自揃其爪沈於河又作劗韓詩勿劗勿伐秦詛楚文欲劗伐我社稷 從刀者俗作剪六書正譌今以前爲歬字又從刀作剪非南史沙門寶誌恆以剪刀拄杖世說爰綜於后下得剪刀主簿曰今得交刀當爲交州東宮舊事太子納妃有龍頭金縷交刀四

zé 則

則 等畫物也從刀從貝貝古之物貨也 子德切

等畫物也者本書畫介也𦘔畫堅也釋詁則法也詩伐柯其則不遠箋云則法也書五子之歌有典有則傳云則法君牙式和民則傳云法則僖九年左傳唯則令國杜注則法也文十八年傳周公制周禮曰則以觀德作誓命曰毀

說文解字義證 卷十二 四

刀

gāng 剛　duān 剬　guì 劊　qiē 切

則爲賊杜注毁則壞法也昭七年傳民心不壹事序不類官職不則馥案謂官職不等也漢書賈誼傳罰其不則而匡其不及顏注則法也　貝古之物貨也者本書古者貨貝而寶龜馥謂貝大小有定則

古文則

亦古文則

籀文則從鼎

從鼎者本書員籀文亦從鼎

彊斷也從刀岡聲 古郎切

文五年左傳晉陽處父聘于衛反過甯甯嬴從之及溫而還其妻問之嬴曰以剛商書曰沈漸剛克高明柔克夫子壹之其不沒乎天爲剛德猶不干時況在人乎文十年傳宋公違命無畏抶其僕以徇或謂子舟曰國君不可戮也子舟曰當官而行何彊之有詩曰剛亦不吐柔亦不茹毋縱詭隨以謹罔極是亦非辟彊也宣十二年傳剛愎不仁

彊斷也者本書鋻剛也又云剛鐵可以刻鏤馥謂剛至彊彊主斷

古文剛如此

本書㑊剛直也從仰仰古文信　論語剛毅木訥近仁

斷齊也從刀耑聲 旨兗切

廣雅剬斷也法言淵騫篇魯仲連傷而不剬藺相如剬而不傷文心彫龍原道篇剬詩緝頌

斷也從刀會聲 古外切

斷也者易困卦劓刖釋文云京作劓劊案說文劊斷也

刌也從刀七聲 千結切

刌也者廣韻引作折也淮南人閒訓援龍淵而切其股血流至足釋器骨謂之切鄭司農注周禮太宰云珠曰切漢書平帝紀一切滿秩如眞顏注一切者如以刀切物　七聲者華嚴經音義說文云一切普也普即遍具之義故切

cǔn 刌　xiè 㓷　jī 刉　guì 劌　kè 刻　pì 副

字宜從十說文曰十謂數之具也有從七者俗也馥案本書無一切普也之文

切也從刀寸聲 倉本切

切也者字林廣雅並同士虞禮苴刌茅長五寸束之實于篚特牲饋食記刌肺三注云今文刌爲切公食大夫禮三牲之肺不離注云肺不離者刌之也玉藻瓜祭上環注云上環頭忖也釋文忖本作刌切也詩巧言他人有心予忖度之馥謂當爲刌劇漢書元帝紀自度曲被歌聲分刌節度韋昭曰刌切也謂能分切句絕爲之節制也

斷也從刀辥聲 私列切

斷也者廣雅㓷割也類篇㓷與剁同篇海剁割聲

劃傷也從刀气聲一曰斷也又讀若㱯一曰刀不利於瓦石上刉之 古外切

劃傷也者廣韻刉刺也刲傷也通作扢吳都賦所以挂扢而爲創痏即刲刉　一曰斷也者廣韻刉斷切也五音集

韻刉劃也本書釳所以防網羅釳去之當爲刉去之謂割斷網羅也　又讀若㱯一曰刀不利於瓦石上刉之者本書劃摩也玉篇扢摩也鑢切磨也廣雅扢磨也廣韻刉刉刀使利釋詁𢧵汔也郭注謂相摩近釋文𢧵郭音剴案剴說文云摩也

利傷也從刀歲聲 居衛切

利傷也者荀子不苟篇注引同廣韻劌傷也割也廣雅劌利也聘義君子比德於玉廉而不劌義也韓詩外傳其廉不可劌也

鏤也從刀亥聲 苦得切

鏤也者釋器木謂之刻禹貢梁州貢鏤鄭注鏤剛鐵可以刻鏤哀公問器不刻鏤周書周祝解玉石之堅也奚可刻

判也從刀畐聲周禮曰副辜祭 芳逼切

判也者本書䮕判也詩生民不坼不副釋文副說文云分也字林云判也史記楚世家陸終生子六人坼剖而產焉

刀

干寶言修已背坼而生禹簡狄胷剖而生契坼剖卽坼副剖判也又引詩不坼不副本書塲下引詩不塲不疈楚詞天問何勤子屠母而死分竟地王注屠裂剝也言禹𩩲剝母背而生曲禮爲天子削瓜者副之注云副析也韓非顯學篇夫不𢷬痤則寖益呂氏春秋行論篇副之以吳刀盧諶祭法春祠用膊夏用疈膊匡謬正俗副本音普力反義訓剖劈字或作疈詩云不坼不副周禮有疈辜竝其正義也周禮曰副辜祭者春官大宗伯以疈辜祭四方百物注云故書疈作罷鄭司農云罷辜披磔牲以祭若今時磔狗祭以止風玄謂疈疈牲胷也疈而磔之謂磔禳及蜡祭

籀文副

pōu 剖

判也从刀咅聲 蒲后切

判也者一切經音義二引同玉篇剖判也中分爲剖襄十四年左傳我先君惠公有不腆之田與女剖分而食之杜注中分爲剖宋策剖傴之背高注剖劈也文選七命剖大呂之陰埜李善引蒼頡篇剖析也通作部荀子王霸篇名聲部發於天地之閒又通作掊莊子逍遙遊篇吾爲其無用而掊之

biàn 辨

判也从刀辡聲 蒲莧切

隸作辨刀變爲刂與班作班同

判也者釋器革中絕謂之辨孫炎云辨半分也馥案淮南道應訓譬之猶廓革者也廓之大則大矣裂之道也易剝牀以辨正義云牀足之上牀身之下分辨處也周禮朝士凡有責者有判書以治則聽注云判分半而合者故書判爲辨哀元年左傳男女以辨杜注辨別也馥案襄二十五年傳男女以班漢書王莽傳辨社諸侯班辨同魚豢典畧凡宗廟三歲大祫每太牢分之左辨上帝右辨上后字或作辨釋木桑辨有甚椹郭注辨半也

pàn 判

分也从刀半聲 普半切

分也者詩訪落繼猶判渙傳云判分也莊三年左傳紀季以酅人於齊紀於是乎始判杜注判分也周禮媒氏掌萬民之判注云判半也得耦爲合主合其半漢書翟方進傳天地判合顏注判之言片也或作牉字林牉牉合其半以成夫婦儀禮喪服夫妻牉合韓詩不失時以偶爲牉合楚詞九章背膺牉合以交痛兮王注判分也又通作泮詩匏有苦葉迨冰未泮史記陸賈傳自天地剖泮又通作拌呂氏春秋論威篇今以木擊木則拌注云拌析也史記龜策傳鐫石拌蚌索隱曰拌割也

duó 剫

判也从刀度聲 徒洛切

本書敗或從刀

判也者廣雅剫分也爾雅釋器木謂之剫郭云左傳曰山有木工則剫之通作度隱十一年左傳作度本書癸冬時水土平可揆度也詩閟宮是斷是度

kū 刳

判也从刀夸聲 苦孤切

判也者一切經音義十引同書泰誓刳剔孕婦正義引作刲也一切經音義又引蒼頡篇刳屠也方言刳勢也又引周易刳木爲舟釋云刳謂空其腹也秦策刳腹折頤呂氏春秋順說篇刳人之腹漢書王莽傳與巧屠共刳剝之顏注刳剖也

liè 列

分解也从刀𡿪聲 良辥切

分解也者李善注司馬遷報任安書引同釋言劃裂也裂當爲列案劃剝也剝列也易艮卦列其夤大戴禮曾子天圓篇割列禳瘞盧辯注列疈辜也史記項羽紀分列天下集韻列或作㓼玉篇㓼俗列字潘岳馬汧督誄㓼以長壍射雉賦前㓼重膺徐爰注㓼割也 𡿪聲者此從𡿪𡿪又從列省聲徐鉉疑其誤

kān 刊

剟也从刀干聲 苦寒切

剟也者廣雅刊削也周禮柞氏夏至日令刊陽木而火之襄二十五年左傳井堙木刊服注刊削也楊雄荅劉歆書縣諸日月不刊之書班固鄘商銘金紫褎表萬世不刊曹植怨歌行周公佐成王金縢功不刊後漢書班彪傳故其書刊落不盡注云刊削也

zhuō 剟

刊也从刀叕聲 陟劣切

刊也者爾雅釋文引同廣雅剟削也史記張耳陳餘列傳吏治榜笞數千刺剟索隱案剟亦刺也漢書賈誼傳盜者

劉寢戶之簾劉氏新論專學篇使左手畫方右手畫圓令一時俱成雖執規矩之心迴劉劂之手而不能者由心不兩用則手不竝運也郭璞爾雅序劉其瑕礫商子有敢劉定法令者死吳越春秋削劉之利通作掇漢書王嘉傳上於是定躬寵告東平本章掇去宋弘更言因董賢以聞顏注掇讀曰劉劉削也削去其名也

shān 删

删 剟也從刀冊冊書也 所姦切

剟也者一切經音義一聲類刪定也三蒼刪除也漢書律歷志刪其僞辭後漢書孔奮傳作春秋左氏刪注云刪定其義也　冊書也者本書典五帝之書也從冊在丌上徐鍇曰古以簡牘故曰孔子刪詩書

pī 劈

劈 破也從刀辟聲 普擊切

破也者埤蒼劈剖也釋名辟歷辟析也所歷皆破析也一切經音義十四劈匹狄反破也關中行此音說文音隱披厄反江南通行二音也

bō 剥

剝 裂也從刀從彔彔刻割也彔亦聲 北角切

裂也者裂當爲剝本書鑠剝也昭十二年左傳命剝圭以爲鏚柲　從彔者徐鍇本作彔聲　彔刻割也者徐鍇本作一曰彔刻割也當云一曰剝刻割也書泰誓剝喪元良傳云剝傷害也正義云說文云剝裂也一曰剝割也裂與割俱是傷害之義也周禮柞氏冬日至令剝陰木而水之注云謂所去次地之皮楚辭九思悱鬱兮肝切剝　彔亦聲者徐鍇本無

𠜀 剝或從卜

或從卜卜者本書卜灼剝龜也

gē 割

割 剝也從刀害聲 古達切

玉篇有古文作刽

剝也者徐鍇本作開也釋言割裂也書湯誓率割夏邑傳云相率割剝夏之邑居又云舍我穡事而割正夏傳云桀奪民農功而爲割剝之政襄三十一年左傳未能操刀而使割也樂記天子袒而割牲

lí 剺

剺 剝也劃也從刀𠩺聲 利之切

剝也者本書鑠剝也元包經損抓且剺傳曰抓且剺剝之也長笛賦剺櫟銚㦡李善云皆分別節制之貌新唐書郭元振傳召爲太僕卿安西酋長有剺面哭送者陽嶠傳魏州人剺耳闕下請嶠爲刺史字或作剓玉篇剓與剺同又作劙一切經音義二十一剺或作劙方言劙解也廣雅劙解也荀子彊國篇劙盤盂刎牛馬楊倞曰劙割也又作劆齊民要術桃性皮急四年以上宜以刀豎劆其皮又通作棃淮南齊俗訓伐楩柟而剖棃之漢書揚雄傳分棃單于顏注棃與剺同謂剝析也後漢書耿秉傳或至棃面流血注云棃卽剺字古通用也剺割也　劃也者三蒼同本書𠩺微畫也　𠩺聲者本書𠭖坼也馥謂詩八月剝棗言棗孰蒂坼而落也

huá 劃

劃 錐刀曰劃從刀從畫畫亦聲 呼麥切

本書畫古文作劃卽劃字

錐刀曰劃者字林同本書釗劃傷也玉篇劃以刀劃破物也　畫亦聲者當爲畫聲

yuān 剈

剈 挑取也從刀肙聲一曰窒也 烏玄切

本書悁籒文作𢙍從此

挑取也者本書抉挑也玉篇剈剜也一切經音義二字林剜削也剈音一玄反剈挑也又卷五埤蒼剜剈也謂抉取肉也　一曰窒也者本書窒甑空也玉篇瓹瓮底孔下取酒也廣韻盆底孔集韻盎下竅

guā 劀

劀 刮去惡創肉也從刀矞聲周禮曰劀殺之齊 古鎋切

刮去惡創肉也者玉篇劀去血也割也　周禮曰劀殺之齊者天官瘍醫文鄭注劀刮去膿血殺謂以藥食其惡肉

jì 劑

劑 齊也從刀從齊齊亦聲 在詣切

齊也者劑齊聲相近本書析劑斷也一切經音義十五說文云析劑也劑音子隨反翦刀也釋言劑翦齊也郭注南方人呼翦刀爲劑刀既夕禮馬不齊髦注云齊翦也秦詛楚文克劑楚師　齊亦聲者當爲齊聲

shuā 刷

刷 刮也從刀㕞省聲禮布刷巾 所劣切

刮也者李善注沈休文詩赭白馬賦引竝同釋詁刷清也郭注埽刷所以爲潔清周禮凌人夏頒冰掌事秋刷鄭注刷清也秋涼冰不用可以清除其室史記楚世家王雖東取地於越不足以刷恥漢書武帝紀欲刷恥改行顏注刷除也梁孝王傳爲宗室刷汙亂之恥顏注刷謂拭刷除之也涅槃經有盲人詣良醫醫卽以金鎞刮其眼膜使復明禮布刷巾者韻會引徐鍇本作禮有刷巾士喪禮布巾環幅不鑿桓二年左傳藻率鞞鞛服注藻爲畫藻率爲刷巾

guā 刮

掊把也從刀𠯑聲 古八切

掊把也者本書掊把也擨手有所把也扴攜竝云刮也考工記刮摩之工

piào 剽

砭刺也從刀㶾聲一曰剽劫人也 匹妙切

砭刺也者本書砭以石刺病也劓剽也馥案劓謂石針一曰剽劫人也者本書勡劫也晉書音義引字林剽劫人也廣韻剽強取史記酷吏傳攻剽爲羣盜漢書賈誼傳白晝大都之中剽吏而奪之金梁孝王傳昏暮私與其奴亾命少年數十人行剽顏注竝云剽劫也

kuī 刲

刺也從刀圭聲易曰士刲羊 苦圭切

刺也者廣韻刲割刺廣雅刲屠也少牢饋食禮司馬刲羊司士擊豕注云刲擊皆謂殺之雜記刲羊血流於前內則炮取豚若牂刲之刳之注云刲刳博異語也楚語刲羊擊豕韋云刲刺也後漢書馬融傳晱孤刲刺注云刲亦刺也字或作挂鄉射記肺皆離注云離猶挂也釋文音苦圭反集韻刲或作挂刲 易曰士刲羊者歸妹文馬云刲刺也

cuò 剉

折傷也從刀坐聲 麤臥切

折傷也者玉篇剉去芒角也廁也後魏書汝南王悅除司州牧爲大剉碓置於州門盜者斬其手劉氏新論言菀篇剉絲滿籯不可織爲綺縠通作挫漢書王莽傳使虎賁以斬馬劍挫忠顏注挫讀曰剉莊子山木廉則剉釋文剉本作挫考工記輪人凡揉牙外不廉而內不挫注云挫折也

jiǎo 劋

絕也從刀喿聲周書曰天用劋絕其命 子小切

絕也者廣雅劋天也漢書王莽傳將遣大司空將百萬之衆征伐劋絕之矣顏注劋絕也音子小反字本作剿胡子顏注劋截也西域傳莽封欽爲剿胡子武帝紀賦命樔絕而不長 周書曰天用劋絕其命者夏書甘誓文彼作勦傳云勦截也截絕謂滅之釋文云勦子么反玉篇子小反馬本作劋與玉篇切韻同馥案玉篇劋子小切絕也劋同上廣韻勦子小切絕也勦上同出說文馥謂勦卽剿本從刀傳寫誤從力勦勦形聲相近今反以從力者爲正字矣釋文子么反乃從力勦字之音馬本作劋故與玉篇切韻同也又案周書當爲夏書本書灋下引作夏書

yuè 刖

絕也從刀月聲 魚厥切

絕也者書呂刑剕辟疑赦傳云刖足曰剕正義云說文云刖絕也是刖者斷絕之名故刖足曰剕馥案本書䠊跀也跀斷足也抈折也

fú 刜

擊也從刀弗聲 分勿切

擊也者昭二十六年左傳苑子刜林雍斷其足正義云說文云刜擊也字從刀謂以刀擊也今江南猶謂刀擊爲刜齊語刜令支韋注刜擊也楚詞九歎執棠谿以刜蓬兮本書[illegible]刜也拂過擊也

chì 𠟩

傷也從刀桼聲 親結切

一切經音義一案刹書無此字卽𠟩字畧也𠟩音初一反浮圖名刹者訛也馥案𠟩或作刹篇海刹音𠟩割聲或因刹譌作刹考刹字古亦有之玉篇刹柱也王屮頭陀寺碑列刹相望五臣注云列刹謂佛塔也傷也者玉篇𠟩傷割也廣韻𠟩割聲

chán 劖

斷也從刀毚聲一曰剽也釗也 鉏銜切

一曰剽也者本書剽砭刺也史記扁鵲傳鑱石橋引索隱云鑱石針也 釗也者本書釗刓也

wán 刓

剸也從刀元聲一曰齊也 五丸切

剸也者廣韻刓圓削廣雅鈋刓也本書鈋吪圜也楚詞九章刓方以爲圜史記酈生傳爲人刻印刓而不能授集解云孟康曰刓斷無復廉鍔也索隱云案郭象注莊子反立法而刓斷無圭角魏都賦朝無刓印注云刓印印角刓也

zhāo 釗　zhì 制　diàn 㓠　fá 罰

天監三年策秀才文彫斵刓方字或作圓莊子齊物論五者圜而幾向方矣釋文云崔音刓司馬云圓也又作园後漢書孔融傳豈其負园委屈可以每其生哉注云园郎刓字音五丸反前書音義曰刓謂刓園無棱角也漢逢盛碑書畫規柜制中园梡又或作輐莊子敘椎拍輐斷又通作玩漢書鄷食其傳爲人刻印玩而不能授顏注韓信傳作刓此作玩義各通又通作抏史記平準書百姓抏敝以巧法注云抏消耗之名漢書食貨志注抏訛也謂摧挫也

釗　刓也從刀從金周康王名　止遙切

刓也者本書刓齊也劗釗也　周康王名者書顧命用敬保元子釗傳云釗康王名史記三代世表康王釗周本紀太子釗遂立是爲康王漢書古今人表康王釗成王子述異記廬山上有康王谷顛有一城號爲釗城傳云此周康王之城谷有康王之號城又以釗爲稱斯言將有徵

制　裁也從刀從未未物成有滋味可裁斷一曰止也　征例切

裁也者詩東山制彼裳衣既夕禮襲贈用制幣注云丈八尺曰制禮器君親制祭正義謂殺牲已畢進血腥之時斷制牲肝淮南主術訓猶巧工之制木也高云制裁也韓非難二篇管仲善制割賓胥無善削縫隰朋善純緣衣成君舉而服之後漢書馬援傳更爲援制都布單衣鄭后制字子服　未物成有滋味者本書未味也六月滋味　一曰止也者廣雅制禁也蜀志使法孝直若在必能制主上東行馥謂史傳凡言軍亂將帥不能制者謂不能止其亂也

𠛁　古文制如此

五經文字云從古未字　玉篇作制

㓠　缺也從刀占聲詩曰白圭之㓠　丁念切

缺也者本書䂴缺也　詩曰白圭之㓠者大雅抑文㓠彼作玷傳云玷缺也箋云玉之缺釋文云說文作㓠馥案召旻不知其玷箋云玷缺也漢書韋元成傳元成復作詩自著復玷缺之艱難

罰　辠之小者從刀從詈未以刀有所賊但持刀罵詈則

說文解字義證　卷十二　十三

xíng 刑　yì 劓　èr 刵

應罰　房越切

辠之小者者一切經音義一說文罪之小者曰罰罰亦折伏也書呂刑五刑不簡正于五罰傳云出金贖罪趙宦光曰罰爲贖刑故曰罪之小者周禮司徒凡民之有衺惡者三讓而罰之注云罰謂撻擊之也初學記网言爲詈刀守詈爲罰罰之爲言內也陷于害也注云詈以刀守之則不動矣今作罸用寸寸丈尺也言納以繩墨之事馥案所引乃元命包之文陷於害增韻作陷於詈江淹齊高帝誄輕章削罰

刵　斷耳也從刀從耳　仍吏切

斷耳也者一切經音義二引字林同廣雅刵截也書康誥劓刵人傳云刵截耳呂刑爰始淫爲劓刵椓黥鄭注刵斷耳昭二十六年左傳林雍羞爲顏鳴右下苑何忌取其耳注云不欲殺雍但截其耳以辱之

劓　刑鼻也從刀臬聲易曰天且劓　魚器切

刑鼻也者刑當爲刖徐鍇本集韻類篇通志並引作刖字林亦作刖一切經音義十六引劓決鼻也馥案賀述禮統劓刑法木勝土決其皮革也書舜典五刑有服傳云五刑墨劓剕宮大辟釋文云劓截鼻也康誥劓刵人傳云劓截鼻呂刑爰始淫爲劓刵椓黥鄭注劓截鼻多方爾囚不克臬馬本臬作劓周禮司刑掌五刑之法劓罪五百注云劓截其鼻也書大傳曰觸易君命革輿服制度姦宄盜攘傷人者其刑劓昭十三年左傳後者劓注云劓截鼻秦策黥劓其傅高云截其鼻曰劓韓非內儲說王謂夫人曰新人見寡人常掩鼻何也對曰頃嘗言惡聞王臭王怒曰劓之御者因揄刀而劓美人漢書賈誼傳所習者非斬劓人則夷人之三族也刑法志劓罪五百顏注劓截鼻也崔寔政論秦劓殺其民於是赭衣塞路有鼻者醜唐書羅士信每殺一人輒劓其鼻而懷之嘯堂集古錄周齊侯鎛鐘銘造而朋劓　易曰天且劓者睽卦文釋文劓截鼻也虞云割鼻爲劓

𠝣　劓或從鼻

刑　剄也從刀幵聲　戶經切

剄也者廣雅同徐鍇曰從刀有所割如謂人自刺爲自刑也國之刑罰之刑在井部馥案刑左傳刑七人是也刑論

說文解字義證　卷十二　十四

語刑罰不中是也書周官刑暴亂正義云刑殺其強暴作亂者晉語君命司馬說刑之愼子凡斬人之支體鑿其形膚曰刑史記刺客列傳故自刑以絕從漢書淮南厲王傳命從者刑之又太子自刑不殊又王自刑殺史記竝作剄新序共王使人問卞和曰天下刑之者衆矣子刑何哭之悲也

jǐng 剄

剄 刑也从刀巠聲 古零切

刑也者本書昡下引司馬法大罪剄定四年左傳布裳剄而裹之注云剄取其首哀十三年傳自剄七人於幕下吳語攝少司馬茲與王士五人坐於王前乃皆進自剄於客前以酬客注云賈唐二君云剄到也使死士自剄以示其威史記項羽本紀皆自剄汜水上集解鄭元曰以刀割頸爲剄陳涉世家周文自剄索隱云越系家勾踐使罪人三行屬劍於頸曰不敢逃刑乃自剄郭璞注三蒼以爲剄刺也淮南厲王傳令從者魏敬剄之正義曰剄謂刺剄漢書高帝紀南陽守欲自剄賈誼傳已迺墮骨肉之屬而抗剄之顏注剄割頸也

zǔn 𠟃

𠟃 減也从刀尊聲 兹損切

減也者𠟃或作撙曲禮君子恭敬撙節退讓以明禮注云撙猶趨也疏云言恒趨於法度也又作繜荀子不苟篇共故繜絀

jié 魝

魝 楚人謂治魚也从刀从魚讀若鍥 古屑切

楚人謂治魚也者廣韻魝割治魚也集韻魝解也類謂治魚猶解鼃 讀若鍥者鍥與契同治魚即剖魚故唐書有魚符元宗紀木契銅魚起兵是也漢書高帝紀帝與功臣剖符作誓丹書鐵契

quàn 券

券 契也从刀𢍏聲券別之書以刀判契其旁故曰契券 去願切

契也者釋名券綣也相約束繾綣以爲限也周禮質人掌稽市之書契注云書契取予市物之券也其券之象書兩札刻其側文五年左傳由質要注云質要券契也愼子析券契屬符節賢不肖用之史記高祖本紀常析券弃負索隱云古用簡札書故可析齊策當償者悉來合券鮑云凡券取者與者各收一責則合驗之史記孟嘗君傳召諸取錢者能與息者皆來不能與息者亦來皆持取錢之券書合之易林言無要約不成券契夢書券契爲有信北史盧同傳請自今在軍閱簿之日行臺軍司監軍都督各明立文案處處記之斬首成一階以上即令給券其券一紙之上當中大書起行臺統軍位號勳人甲乙斬三賊及被傷成階以上亦具書於券各盡一行當行豎裂其券前後皆起年號日月破某處陣某官某勳印記爲驗一支付勳人一支行臺記 𢍏聲者五經文字券從𢍏省 券別之書者周禮小司寇聽稱責以傅別注云傅別謂爲大手書於一札中字別之今之券書也又朝士凡有責者有判書以治則聽注云故書判爲辨鄭司農云辨讀爲別謂別券也管子問篇問人之貸粟米有別券者幾何家大匡篇客與有司別契注云別契謂分別其契以知眞僞也荀子君道篇合符節別契券者所以爲信也董斯張曰釋典授記莂莂字不見他書釋名曰莂別也大書中央中破別也然則即今之合同契也文心雕龍云券者束也明白約束字形半分周稱判書古有鐵券以堅信誓授記之說得此始白 以刀判契其旁故曰契券者判契當作判栔本書栔刻也謂刻其旁爲齒也易林符左契右相與合齒韓子宋人得遺契而數其齒

cì 刺

刺 君殺大夫曰刺刺直傷也从刀从朿朿亦聲 七賜切

君殺大夫曰刺者春秋僖二十八年公子買戍衛不卒戍刺之公羊傳刺之者何殺之也殺之則曷爲謂之刺之內諱殺大夫謂之刺之也成十六年左氏經刺公子偃杜注魯殺大夫皆言刺義取於周禮三刺之法周禮司刺掌三刺之法以贊司寇聽獄訟壹刺曰訊羣臣再刺曰訊羣吏三刺曰訊萬民注曰刺殺也訊而有罪則殺之 刺直傷也者釋詁刺殺也釋文刺直傷也考工記廬人注云刺謂矛刃胸也疏云以其矛刃直前故名矛刃胸也 朿亦聲者當爲朿聲

tì 剔

剔 解骨也从刀易聲 他歷切

徐鉉新修字義

列

文六十四 重十

廣韻列與𢧵同陟輸切注云列殺字從歺言與從肖之𠛱異也本書歺𠛱骨之殘也今刀部有𠛱無列當因形似後人以爲一字而删之廣韻所說形聲必有依據廣雅𢧵殺也五音集韻列殺也經典借誅爲𢧵

劉

本書瀏從水劉聲䕒從竹劉聲春秋漢含孳劉季握卯金刀在軫北卯在東方陽所立仁且明金在西方陰所立義成功刀居右字成章趙宧光曰漢讖有卯金刀爲國姓而說文亦自有瀏䕒二字則不應闕劉審矣

劆 [illegible]

玉篇劆口號口郭二切解也籀文作[illegible]案玉篇籀文皆出於本書此必本書原有之字廣雅劆解也劆裂也廣韻劆解也裂也

遺文四

刃 刀堅也象刀有刃之形凡刃之屬皆从刃　而振切

古史攷燧人氏鑄金作刃

刀堅也者本書焠堅刀刃也字鑑從刀加鉅爲刃象形急就篇矛鋋鑲盾刃刀鉤顏注刃總言諸兵刃也少儀刀卻刃授穎考工記桃氏爲刃注云刃大刃刀劒之屬

刅 傷也从刃从一　楚良切

傷也者廣雅同六書故懲創遇傷而懲也襄二十五年穀梁傳門人射吳子有矢創反舍而卒定四年左傳敗吳師于雍澨傷杜云身被創六韜大兵無創燕策秦王復擊軻被八創荀子禮論篇創巨者其日久注云創傷也淮南道應訓夫未得獸者惟恐其創之小也已得之唯恐傷肉之多也史記灌夫傳身中大創十餘適有萬金良藥故得無死漢書薛宣傳欲令創咸面目王莽傳則時成創顏注並云創傷也東觀漢記邯鄲日漢祖軍敗復合創愈復戰後漢書馬廖傳吳王好劒客百姓多創瘢鹽鐵論刑德篇古者傷人有創者刑漢晉春秋景王新割目瘤創甚干寶搜神記有鶴箭創甚重祖台之志怪周處執劒刺蛟蛟創流血丹溪從征記泰山廟中柏赤肩嘗所一樹見血而止今斧創猶在漢陳君閣道碑行旅創苦周禮瘍醫注瘍創癰也說苑復恩篇吳子吮此子父之創異苑謝后少患面創字或作瘡釋名瘡戕也戕毁體使傷也楚策鴈從東方來更羸以虛發而下之魏王曰然則射可至此乎更羸曰此孼也王曰先生何以知之對曰其飛徐而鳴悲飛徐者故瘡痛也鳴悲者久失羣也故瘡未息而驚心未去也聞弦音引而高飛故瘡隕也

創 或从刀倉聲

劒 人所帶兵也从刃僉聲　居欠切

管子葛天盧之山發而出金蚩尤受而制之以爲劒鎧矛戟昭七年左傳好以大屈賈逵云大屈寶金可以爲劒大屈金所生地名陶隱居曰周禮制劒長三尺柄居五寸是六分之一也內刃廣二寸半重古秤一斤四兩今秤二斤十兩也今公家劒長四尺七寸柄居一尺五寸是三分之一小減也郭注山海經汲郡冢中得銅劒一枚長三尺五寸今所名干將劒　曲禮進劒者左首正義云首劒拊鐶也少儀曰澤劒首鄭云澤弄也推尋劒刃利不容可弄正是劒鐶也又

云刀卻刃授穎鄭云穎鐶也案少儀而言首則鐶也不以刃授人敬也春秋魯定公十年叔孫之圉人欲殺公若爲不解禮而授劒末杜云以劒鋒末授之案解鋒爲末則鐶是首也　傳元劒銘序先王觀變而服劒所以立武象也　李尤劒銘紹紳咸服翼宣儀荆崔駰刀劒銘龍泉太阿干將莫邪帶以自禦熣熣吐花

人所帶兵也者趙宧光曰古人無所不佩兵則劒也故曰所帶兵釋名劒檢也所以防檢非常也又歛也以其在身拱時歛在臂內也少儀僕者右帶劒周禮典瑞注云搢謂插於紳帶之閒若帶劒也春秋繁露劒之在左蒼龍之象也刀之在右白虎之象也鉤之在前朱雀之象也冠之在首元武之象也四者人之盛飾也吳語申胥釋劒而對韋云釋解也漢書雋不疑帶櫑具劒謁暴勝之門下欲使解劒不疑曰劒者君子武備所以衛身不可解通典劉昭曰自天子至於庶人咸皆帶劒劒之與刀形制不同名稱各異故蕭何劒履上殿不稱爲刀賈子古者天子二十而冠帶劒諸侯三十而冠帶劒大夫四十而冠帶劒隸人不得冠庶人有事得帶劒無事不得帶劒史記秦始皇本紀惠公七年百姓初帶劒周遷輿服雜事云漢儀諸臣帶劒至殿階解劒晉世始代之以木貴者猶用玉首賤者用蚌金

鋃玳瑁爲雕飾風俗通北部督郵郅伯夷宿亭上樓拔劍解帶夜有怪異來覆伯夷以劍帶擊魁脚

劒 籀文劒從刀

文三　重二

qià 㓞

㓞 巧㓞也從刀丯聲凡㓞之屬皆從㓞 恪八切

jiá 契

契 齘契刮也從㓞夬聲一曰契畫堅也 古黠切

齘契刮也者本書扴刮也廣雅契刮也玉篇齘契刷刮也集韻擸揳拭滅也　一曰契畫堅也者畫當爲劃玉篇齘契謂以堅劃堅也

qì 栔

栔 刻也從㓞從木 苦計切

刻也者廣雅同鄭司農注周禮太宰云木曰刻詩雲漢后稷不克箋云克當作刻刻識也或通作契釋詁契絕也郭注今江東呼刻斷物爲契斷漢書音義晉灼曰井上四交之榦常爲汲者所契傷也詩緜爰契我龜傳云契開也箋

云契灼其龜周禮華氏掌共燋契以待卜事杜子春云契謂契龜之鑿也呂氏春秋察今篇其劍自舟中墜於水遽契其舟注云疾刻舟識之後漢書張衡傳斯契船而求劍注云契猶刻也列子湯問釋文引淮南子越人契臂許注刻臂出血也又或作挈孝經鉤命訣削肌刻骨挈挈勤思漢書敘傳旦筭祀于挈龜顏注挈刻也又作鍥定九年左傳盡借邑人之車鍥其軸杜注鍥刻也宋策鍥朝涉之脛鮑注鍥刻也荀子勸學篇鍥而舍之朽木不折鍥而不舍金石可鏤注云鍥刻也後漢書劉陶傳寬鍥薄之禁注云鍥刻也又作鍥淮南本經訓鐫山石鍥金玉高注鐫刻金玉以爲飾也

文三

jiè 丯

丯 艸蔡也象艸生之散亂也凡丯之屬皆從丯讀若介 古拜切

艸蔡也者本書蔡艸也文有闕漏　象艸生之散亂也者散當爲㪔五音集韻丯草亂也左傳蔡蔡叔借蔡爲𣏟亦㪔意　讀若介者廣韻丯介也玉篇蔡艸芥也方言芥艸也自關而西或曰艸或曰芥孟子君之視臣如土芥趙注芥艸芥也

gé 挌

挌 枝挌也從丯各聲 古百切

枝挌也者通作格釋名戟格也旁有枝格也淮南說林訓枝格之屬有時而弛史記律書角者言萬物皆有枝格如角也學記發然後禁則扞格而不勝注云格讀若凍洛之洛漢書項羽傳莫敢枝梧如淳曰猶枝扞也義縱傳廢格沮事荀子議兵篇服者不禽格者不舍楊注格謂相距捍者史記田敬仲完世家秦兵卒入臨淄民莫敢格者西周策魏不能支高注支猶拒也定四年公羊傳伍子胥父誅乎楚挾弓而去楚注云挾弓者懷格意也疏云格猶拒也史記梁孝王世家竇太后義格集解云如淳曰跂閣不得下索隱云張晏云格止也服虔云格謂格閣不行蘇林音閣周成雜字跂閣也通俗文云高置立跂棚云跂閣字林音紀又音詭也盧君文弨曰史記殷本紀紂有炮烙之法江鄰幾雜志引陳和叔云漢書作炮格今案史記索隱引鄰誕生云烙一音閣又云爲銅格炊炭其下使罪人步其

上又楊倞注荀子議兵篇音古責反觀鄰楊所音皆是格字無疑鄭康成注周禮牛人云互若今屠家縣肉格意紂所爲亦相似皮格皮閣兩音皆可通呂氏春秋過理論云肉圃爲格高氏注格以銅爲之布火其下以人置上人爛墮火而死列女傳所說亦相類是其爲格顯然而不但以燔灼爲義今諸書皆爲後人改作炮烙矣馥案編木拒敵漢謂之笓格唐謂之戰格或謂之排杈又古有格五戲皆格之借字

文二

lěi 耒

耒 手耕曲木也從木推丯垂作耒梠以振民也凡耒之屬皆從耒 盧對切

夏小正正月農緯厥耒　詩三之日于耜韓詩傳云三月之時可預爲耒耜修繕之　傅幹肉刑議太古質簡制事樸畧故耒耜未用於牛　李善注藉田賦云古耕以耒而今以牛者葢晉時創制不沿於古也

手耕曲木也者廣韻引作耕曲木也漢書王莽傳予之東巡必躬載耒每縣則耕以勸東作顏注耒耕曲木也五經

gēng
耕

文字耒耕曲木垂之所作三書竝無手字馥謂耕當爲耜耜卽梠之俗體易繫辭揉木爲耒釋文云說文云耒耜曲木垂所作字林同後漢書王霸妻傳霸子時方耕於野聞賓至投耒而歸注云說文曰耒耜曲木二書竝作耜月令釋文引字林耒耕曲木急就篇疆畔畷伯耒犂鋤顏注耒手耕曲木也古者倕作耒今之曲把茉鍬其遺象也漢書酈食其傳農夫釋耒顏注耒手耕曲木也陸顏兩處不同者或後人改之曲木者本書頪下云頭不正也從耒耒頭傾也一切經音義四耒耕田具曲木也考工記車人爲耒庛長尺有一寸中直者三尺有三寸上句者二尺有二寸疏云耒狀若今之曲枚柄也云中直者謂手執處爲句故謂庛上句下爲中直者月令親載耒耜注云耒耜之上曲也周易釋文京云耒耜上句木也馥謂耒爲耜上之曲木所恃以發土者梠也本書梠臿也枱耒耑也周語民無縣耜章云入土曰耜耜柄曰耒莊子胠篋篇耒耨之所刺釋文云耒李云犂也一云耜柄也後漢書章帝紀故古者急耕稼之業致耒耜之勤注云耒耜農器也耒其柄耜其刃　從木推丰也者梠柄用木故從木丰謂柄上之橫木兩手所執以推者考工記車人爲耒直庛則利推句庛則利發漢官儀天子耕於壇舉耒三推而已淮南繆稱訓大織

者日以進耕者日以却事相反成功一也高注耕者却行馥案推發之土在前故却行再推未發之土也耤田賦洪縻在手又云三推而舍李善曰旣云以牛而又言推者蓋沿古成文不可以文而害實也　古者垂作耒梠以振民也者廣韻耒下引世本倕作耒又耜下引世本倕作耜又云黄帝時巧人名倕齊民要術世本倕作耒梠倕神農之臣也夏小正正月初歲祭耒始用暢張爾岐曰祭始爲耒耜之人也振民者本書辰下云振民農時也沈君清瑞曰說文言制物之原多出於世本作篇如垂作耒梠見齊民要術女媧作簧見禮明堂位注烏胄作簿見文選博奕論注伯益作井見周易釋文宿沙作鹽見路史禪通紀揮作弓見廣韻弓下夷牟作矢見禮射義疏海內經郭注荀子解蔽篇楊倞注雎父作舂見廣韻臼下廣韻作雍父作臼毋句作磬見風俗通義禮明堂位注尒疋釋樂疏初學記少康作箕帚秫酒見初學記及廣韻箕下

耕　犂也從耒井聲一曰古者井田　古莖切

犂也者齊民要術云許慎說文曰耕種也從井聲一曰古者井田玉篇耕牛犂也廣韻引周書神農之時天雨粟神農耕田而種之山海經及稷播百穀始作耕北史裴寛傳賜良田十頃奴隷耕耒糧粟莫不備足邢巒傳耕則問田奴絹則問織婢　一曰古者井田者本書井八家一井田象四口十阡陌之制也魯語季康子欲以田賦注云田一井也孟子方里而井井九百畝通典古有井田畫九區如井字形八家耕之中爲公田乃公家所耤

ǒu
耦

耦　耒廣五寸爲伐二伐爲耦從耒禺聲　五口切

玉篇耦二耜也　廣雅耦耕也　淮南時則訓令農計耦耕事修耒耜具田器　高注耦合也　大戴禮曾子制言篇禹見耕者五耦而式　昭十六年左傳庸次比耦杜注用次更相從耦耕　說苑正諫篇諸御己違楚百里而耕謂其耦曰吾將入見於王　世說昔伯成耦耕不慕諸侯之榮馥案莊子堯治天下伯成子高立爲諸侯禹爲天子伯成辭諸侯而耕於野是也　通鑑陸遜表增農畝吳主曰令孤親受田車中八牛以爲耦　新唐書王方翼傳屬牛疫民廢田作方翼爲耦耕法張機鍵力省而功多

耒廣五寸爲伐二伐爲耦者耒當爲耜考工記匠人爲溝洫耜廣五寸二耜爲耦一耦之伐廣尺深尺謂之甽盧植

注禮記月令云伐發也詩大田箋云計耦耕事正義以耕必二耜相對共發一尺之地故計而耦之也噫嘻十千維耦箋云耜廣五寸二耜爲耦一川之閒萬夫故有萬耦耕陳啓源曰詩十千維耦謂萬人相與爲耦當得五千耦也千耦其耘謂爲耦者千當得二千人也莊二十八年左傳晉人謂之二五耦杜注二耜相耦廣一尺共起一伐吳語譬如農夫作耦以刈殺四方之蓬蒿韋注二耜爲耦漢書食貨志后稷始甽田以二耜爲耦顏注併兩耜而耕也論語長沮桀溺耦而耕鄭注耜廣五寸二耜爲耦皇侃義疏耕用耒是今之鉤鑮耜是今之釋廣五寸五寸則不成伐故二人竝耕兩耜竝得廣一尺一尺則成伐也故云二耜爲耦也

jí
耤

耤　帝耤千畝也古者使民如借故謂之耤從耒昔聲　秦昔切

通作藉樂記耕藉然後諸侯知所以敬注云耕藉藉田也魯語若子季孫欲其法也則有周公之藉矣韋注藉田之法周公所制也　周語王耕一墢班三之庶人終于千畝賈逵注一墢一耜之墢也王無耦以一耜耕王一墢公三卿九大

夫二十七終盡耕也 詩瞻卬傳云古者天子爲藉千畝冕而朱紘躬秉耒諸侯爲藉百畝冕而靑紘躬秉耒以事天地山川社稷先古敬之至也 漢書禮樂志藉斂之時掩收嘉穀顏注藉斂謂收藉田也 杜預奏事藉田令本以藉田千畝十頃之田計其按行周旋不過數里也又云藉田令凡一宗廟粢盛御用膳羞及羣神之調於是取所藉戶口足以當一縣一邑所供 干寶周禮注古之王者貴爲天子富有四海而必私置藉田蓋其義有三焉一曰以奉宗廟親致其孝也二曰以訓於百姓在勤勤則不匱也三曰聞之子孫躬知稼穡之艱難無違也 宋書藉田令古官也於周爲甸師氏又禮志元嘉二十一年太祖詔古者躬耕帝藉敬供粢盛仰瞻前王思遵令典便可量處千畝 齊職儀司農卿耕藉則掌其禮儀 梁五禮藉田儀注其田東去宮八里遠十六里爲千畝天子 耒耜一具三公耒耜三具九卿耒耜九具立方壇以祠先農 趙書東耕儀直殿中監鋪席於侍臣之南北面解匣出御耒 跽授黃田一推一反三推三反成禮侍中跽取米以授侍郎以授殿中監監復韜匣

帝藉千畝也者呂氏春秋孟春紀乃擇元辰天子親載耒耜措之參于保介之御閒率三公九卿諸侯大夫躬耕帝藉天子三推三公五推卿諸侯大夫九推高注天子藉田千畝以供上帝之粢盛故曰帝藉周語宣王即位不藉千畝虢文公諫曰夫民之大事在農上帝之粢盛於是乎出民之蕃庶於是乎生竹書紀年宣王二十九年初不藉千畝史記周本紀宣王不修藉於千畝正義引應劭云古者天子耕藉田千畝爲天下先淮南時則訓藏帝藉之收於神倉高注天子藉田千畝故曰帝藉之收 漢官儀天子升壇公卿耕訖賫大下種藉田千畝亦曰帝藉亦曰東耕亦曰親耕亦曰王藉五經要義天子藉田千畝以供上帝之粢盛孟春啓蟄既郊之後率公卿大夫而親耕焉所以先百姓而致孝敬東京賦躬三推於天田修帝藉之千畝繆襲許昌宮賦上既躬耕帝藉發趾乎千畝潘岳藉田賦皇帝親率羣后藉于千畝之甸禮也 古者使民如借故謂之耤者初學記云說文曰藉田者天子躬耕使民如借故謂之藉本書無借字徐鉉新修字義加之小爾雅藉借也僖二十八年左傳藉之告楚釋文藉在亦反借也宣十二年傳敢藉君靈以濟楚師杜注藉猶假借也大戴禮衛將軍文子篇使其臣如藉盧注藉借也如借力然也家語弟子行篇作借王注言不有其臣如借使之也史記司馬相如傳故空藉此三人爲辭索隱曰藉音假借與積同音

說文解字義證 卷十二 卅三

guī ⿰耒圭 yún 䎣

漢書游俠傳以驅藉友報仇顏注藉古藉字也藉謂借助也王制古者公田藉而不稅注云藉之言借也借民力治公田月令躬耕帝藉注云帝藉爲天神借民力所治之田也月令章句天子藉田千畝以供上帝之粢盛借人力以成其功故曰帝藉周禮甸師掌帥其屬而耕耨王藉注云王以孟春躬耕帝藉藉之言借也王一耕之而使庶人芸芓終之宣十五年左傳初稅畝非禮也穀出不過藉杜注周法民耕百畝公田十畝借民力而治之稅不過此穀粱傳古者什一藉而不稅疏云徐邈曰藉借也謂借民力治公田周語不藉千畝韋注藉借也借民力以爲之天子藉田千畝諸侯百畝詩序載芟春藉田而祈社稷也箋云藉田甸師氏所掌王載耒耜所耕之田天子千畝諸侯百畝藉之言借也借民力治之故謂之藉田漢書文帝紀夫農天下之本也其開藉田韋昭曰藉借也借民力以治之以奉宗廟且以勸率天下使務農也賈山傳什一而藉顏注什一謂十分之中公取一也藉借也謂借人力也風俗通義藉田令民閱名曰官田古者使民如借故曰藉田成伯璵禮記外傳藉者借也天子耕千畝但三推而止借民力治之五經文字藉田字六經多以藉字爲之亦取蹈藉之義馥案漢書音義臣瓚曰藉蹈藉也宣王不修躬耕之禮也昭十八年左傳鄅人藉稻服虔注藉耕種於藉田此皆言蹈藉非本書義

說文解字義證 卷十二 卅四

⿰耒圭 ⿰耒圭义可以劃麥河內用之從耒圭聲 古攜切

⿰耒圭义可以劃麥者廣雅⿰耒圭耕也字或作⿰耒圭玉篇⿰耒圭田器也

䎣 除苗閒薉也從耒員聲 羽文切

除苗閒薉也者御覽引作田閒廣雅耘除也一切經音義二耘除草也詩甫田或耘或耔傳云耘除草也載芟千耦其耘箋云耘除其根株楚詞九歎耘藜藿與蘘荷注云耘耨耔也曹植藉田論夫農者始於種終於穫澤既時矣苗既美矣棄而不耘則爲荒疇後漢書崔駰傳勤百畝之不耘注云耘除草也通作芸論語植其杖而芸孔安國曰除草曰芸也管子輕重已篇宜芸而不芸百草皆存民以僅存不芸之害也荀子彊國篇堂上不糞則郊草不瞻曠芸楊注芸謂有草可芸鋤也

⿰耒芸 䎣或從芸

chú 耡

耡 商人七十而耡耡耤稅也从耒助聲周禮曰以興耡利萌 牀倨切

商人七十而耡耡耤稅也者廣雅耡借也顏注急就篇耡之言助也助法去藏也孟子夏后氏五十而貢殷人七十而助周人百畝而徹其實皆什一也徹者徹也助者藉也注云藉者借也猶人相借力助之也考工記匠人注引孟子殷人七十而莇莇者藉也治地莫善於莇請野九一而莇惟莇爲有公田雖周亦莇也馥謂耡隸變從艸周禮大宰友以任得民注云友謂同井相合耦耡作者里宰以歲時合耦于耡以治稼穡鄭司農云耡讀爲藉杜子春云耡讀爲助謂相佐助也旅師掌聚野之耡粟注云耡粟民相助作一井之中所出九夫之稅粟也 周禮曰以興耡利萌者地官遂人文萌彼作甿注云甿猶懵懵無知貌也類篇韻會引本書竝作甿

文七 重一

jiǎo 角

角 獸角也象形角與刀魚相似凡角之屬皆从角 古岳切

獸角也者類篇角獸不童也玉篇角獸頭上骨出外也釋地北方之美者有幽都之筋角焉郭云謂多野牛筋角大戴禮易本命四足者無羽翼戴角者無上齒月令仲夏鹿角解仲冬麋角解

說文解字義證 卷十二 卅五

xuān ⿰角雚

⿰角雚 揮角皃从角雚聲梁隝縣有⿰角雚亭又讀若繟 況袁切

梁隝縣有⿰角雚亭者本書無隝字地理志作傿屬陳留郡國志作隝屬梁國

lù 觻

觻 角也从角樂聲張掖有觻得縣 盧谷切

角也者角下有闕文集韻獸角鋒曰觻玉篇麋角有枝曰觡無枝曰角所言卽觻字義 張掖有觻得縣者見地理志孟康曰觻音鹿廣韻悳觻悳縣名在張掖

sāi 䚡

䚡 角中骨也从角思聲 穌來切

角中骨也者本書玉䚡理自外可以知中吳封禪國山碑䚡理洞徹趙壹非草書曰屈指畫地爪折䚡出字或作鰓北齊藥方碑療五痔方用牛角鰓

quán 觠

觠 曲角也从角𢍏聲 巨員切

曲角也者一切經音義二卷聲類亦觠字詩云有卷者阿傳曰卷曲也廣韻觠曲也釋畜角三觠羷郭注觠角三匝 徐鍇引舊注觠卷也

ní 觬

觬 角觬曲也从角兒聲西河有觬氏縣 研啓切

角觬曲也者玉篇觬角不正也 西河有觬氏縣者氏漢志作是案氏是聲近覲禮太史是右注云古文是爲氏曲禮五官之長曰伯是職方注云是或爲氏禹貢西傾因桓是來桓是卽桓氏

shì 觢

觢 一角仰也从角㓞聲易曰其牛觢 尺制切

一角卬也者周易音訓引作角一俯一仰釋畜角一俯一仰觭皆踊觢郭注觭牛角低卬觢今豎角牛釋文觭郭去宜反字林邱戲江宜二反云一角低一角仰樊云傾角曰觭觢字或作挈郭常世反字林之世反丁君杰曰釋文引字林觢之世反觭邱戲江宜二反一角低一角仰按易睽六三其牛掣鄭元作挈云牛角皆踊曰挈卽爾雅所謂皆

說文解字義證 卷十二 卅六

踊觢而字林音之世反者也釋文觢字或作挈可證也子夏傳作挈云一角仰也卽爾雅所謂角一俯一仰觭而字林音邱戲江宜二反者也荀爽易作觭可證也惟說文觢下云一角仰也引易其牛觢以實之觭下又云角一俛一仰也玉篇從之則混觢觭爲一訓蓋觢字從古文易觭字從爾雅而不悟爾雅又有皆踊觢之文也虞翻易作觢訓亦與說文同惟劉瓛本字從說文解依鄭元庶幾得之 易曰其牛觢者睽卦文彼作掣釋文掣昌逝反鄭作挈云牛角皆踊曰挈徐市制反說文作觢之世反云角一俯一仰子夏作挈傳云一角仰也荀作觭劉本從說文解依鄭 馥案虞翻易傳云牛角一低一仰故稱觢與易釋文所引本書同與今本觭字注同子夏傳一角仰與今本觢字注同鄭作挈云皆踊與釋畜角字郭注釋文竝同與本書觢字異本書爲人所亂已非原文故前賢所引不同其與周易爾雅乖刺之故未能究知或者謂一角仰當爲二角卬與皆踊義合

zhì ⿰角虒

⿰角虒 角傾也从角虒聲 敕豕切

角傾也者廣韻⿰角虒角端不正爾雅釋文引樊光云傾角曰觭徐鍇引太元角觟⿰角虒終以直之

qī 觭

觭 角一俛一卬也從角奇聲 去奇切

角一俛一卬也者釋畜文莊子天下篇以觭偶不仵之辭相應趙策必有觭重者矣鮑注角一低一昂曰觭

qiú 觓

觓 角皃從角丩聲詩曰兕觵其觓 渠幽切

角皃者成七年穀梁傳郊牛日展觓角注云觓球球然角貌通作捄詩良耜有捄其角箋云捄角貌又通作觩周書王會觩牛者牛之小者也王注觩與絿同詩有捄其角捄曲貌 詩曰兕觵其觓者小雅桑扈周頌絲衣文同彼竝作觩漢書五行志兕觵其觩張晏曰觩罰爵也飲酒和柔無失禮可罰罰爵徒觩然而已

wēi ⿰角畏

⿰角畏 角曲中也從角畏聲 烏賄切

角曲中也者通作畏考工記當弓之畏

zhuó ⿰角爿

⿰角爿 角長皃從角爿聲 士角切

從角爿聲者當爲從角從爿角亦聲

jué 觼

觼 角有所觸發也從角厥聲 居月切

角有所觸發也者羈索經觼去惡土

chù 觸

觸 牴也從角蜀聲 尺玉切

牴也者本書牴觸也或作觝詩閟宮箋云福衡其牛角爲其觸觝人也淮南兵略訓有角者觸荀子議兵篇觸之者角摧

xīng 觲

觲 用角低卬便也從羊牛角詩曰觲觲角弓 息營切

從羊牛角者後人改之徐鍇疑義云案說文垟字注云從土觲省聲而無觲字脫誤馥謂觲亦從觲省 詩曰觲觲角弓者小雅角弓文彼作騂騂傳云騂騂調利也釋文云騂說文作弲音火全反馥案徐鍇本詩曰上有讀若二字

gāng ⿰角公

⿰角公 舉角也從角公聲 古雙切

字或作舡文選西京賦烏獲扛鼎李善曰扛與舡同馥案魏大饗碑舩鼎緣橦

xué 觷

觷 治角也從角學省聲 胡角切

徐鉉新修字義

héng 衡

衡 牛觸橫大木其角從角從大行聲詩曰設其楅衡 戶庚切

牛觸橫大木其角者集韻類篇通志竝引作著其角本書告下云牛觸人角著橫木所以告人也衡橫聲相近廣雅衡橫也檀弓注衡讀爲橫詩衡門傳云衡木爲門毛詩義問橫一木作門而上無屋謂之衡門禹貢至于衡漳鄭注漳水橫流入河孟子一人衡行趙注衡橫也史記蘇秦傳衡人皆欲割諸侯地與秦戰國策橫人日夜以秦權恐猲諸侯是也 詩曰設其楅衡者周禮封人文鄭司農云楅衡所以楅持牛也杜子春云楅衡所以持牛令不得抵觸人本書楅下引詩夏而楅衡此稱詩曰而文則周禮必有一誤閟宮傳云楅衡設牛角以楅之也箋云楅衡其牛角爲其觸觝人也東京賦物牲辯省設其楅衡薛綜注橫木於牲角端以備抵觸謂之楅衡

□ 古文衡如此

duān ⿰角耑

⿰角耑 角⿰角耑獸也狀似豕角善爲弓出胡休多國從角耑聲 多官切

角⿰角耑獸也者藝文類聚引作角端獸 狀似豕者李善注上林賦引郭璞角端似貊輟耕錄金華黃先生溍嘗云子將以舉子經學取科第有一賦題曰角端亦嘗求其事實否乎余曰未也因記史記司馬相如傳獸則麒麟角⿰角耑之語退而閱之按注郭璞曰角⿰角耑音端似豬角在鼻上堪作弓又云似麒麟而無角毛詩疏云麟黃色角端有肉張指云角端似牛角可以爲弓以此推之豈亦麟之屬與及考符瑞志名臣事略癸辛雜識等書乃始得其詳蓋太祖皇帝駐師西印度忽有大獸其高數十丈一角如犀牛然能作人語云此非帝世界宜速還左右皆震慴獨耶律文正王進曰此名角端乃旄星之精也聖人在位則斯獸奉書而至且能日馳萬八千里靈異如鬼神不可犯也帝即回馭馥案宋書符瑞志角端者日行萬八千里又曉四夷之語明君聖主在位明達外方幽遠之事則奉書而至此耶

zhā 䚝　guǐ 觤　huà 觟　gé 觡　zuǐ 觜　jiě 解

律所據　角善爲弓者漢書音義角端似牛角可爲弓郭璞曰李陵嘗以此弓十張遺蘇武也馥案詞林海錯李陵以鰝弓遺蘇武鰝似豕角在鼻上堪作弓陳琳武庫賦弓則繁弱角端劉劭趙都賦其用器則六弓四弩絲沈黃閒棠溪魚腸丁令角端　出胡休多國者藝文類聚引作出胡休夕國御覽引作出胡尸國一曰出休尸國馥謂卽鮮卑也魏志鮮卑傳端牛角爲弓世謂之角端續漢書鮮卑禽獸異於中國者有角端牛以角爲弓俗謂之角端弓魏書鮮卑有端牛端牛角爲弓世謂之角端者也寰宇記鮮卑有角端牛以角爲弓世謂之角端弓

䚝　䚝拏獸也從角者聲一曰下大者也 陟加切

一曰下大者也者廣雅䚝大也廣韻䚝牛角橫又云䚝䚒牛角開六書故䚝角本大也俗謂根據爲䚝拏披張爲䚝沙馥案徐鍇韻譜䚝角上廣集韻䚝䚒牛角上張皃此言披張䚝沙也

觤　羊角不齊也從角危聲 過委切

羊角不齊也者釋畜羊屬角不齊觤郭注一短一長

觟　牝牂羊生角者也從角圭聲 下瓦切

牝牂羊生角者也者釋畜羊牡粉牝牂詩傳出童羖箋云羖羊之性牝牡有角馥謂觟亦如羖牝有角

觡　骨角之名也從角各聲 古百切

骨角之名也者廣雅角觡也玉篇麋角有枝曰觡無枝曰角方言鉤宋楚陳魏之閒謂之鹿觡郭注或呼鹿角東山經其神皆獸身人面戴觡郭注麋鹿屬角爲觡淮南主術訓桀之力別觡伸鉤原道訓角觡生也高注角觡猶言骨觡也漢書司馬相如傳犧雙觡共抵之獸服虔曰觡角也郭璞江賦或鹿觡象鼻樂記角觡生注云無䚡曰觡

觜　鴟舊頭上角觜也一曰觜觿也從角此聲 遵爲切

鴟舊頭上角觜也者本書雈鴟屬有毛角廣韻鴟鴟鵂鶹鳥今之角鴟釋鳥雈老鵵郭注似鴟鵂而小兔頭有角　一曰觜觿也者月令仲秋之月旦觜觿中史記天官書觜觿虎首

解　判也從刀判牛角一曰解廌獸也 佳買切又戶賣切

xī 觿　gōng 觵

判也者月令鹿角解麋角解宣四年左傳宰夫將解黿莊子養生主庖丁解牛晏子公怒令人操刀解養馬者魯語晉文公解曹地以分諸侯漢書賈誼傳所排擊剝割皆衆理解也顏注解支節也　一曰解廌獸也者本書廌解廌獸也廣韻解廌仁獸似牛一角又云字林字樣俱作解廌廣雅作獬豸陸作獬豸也論衡解觟者一角之羊也性知有罪皋陶治獄其罪疑者令羊觸之注云卽獬廌也

觿　佩角銳耑可以解結從角巂聲詩曰童子佩觿 戶圭切

佩角銳耑可以解結者廣韻引無佩字王注楚詞解結者佩觿說苑修文篇能治煩決亂者佩觿又雜言篇百人操觿不可爲固結內則小觿注云小觿解小結也觿如錐以象骨爲之趙宧光曰觿多用鹿茸中小角就形而成　詩云云者衞風芄蘭文傳云觿所以解結

觵　兕牛角可以飲者也從角黃聲其狀觵觵故謂之觵 古橫切

兕牛角可以飲者也者三禮圖觥受七升以兕角爲之成十四年左傳引詩兕觵其觩杜注以兕角爲觵所以罰不敬正義云異義韓詩說觵五升所以罰不敬也觵廓也著明之貌君子有過廓然明著詩毛傳說觵大七升許慎云觵罰有過一飲七升爲過多當謂五升是也詩七月稱彼兕觥卷耳我姑酌彼兕觥傳云觥角爵也箋云罰爵增韻按據詩之義酌兕觥以勞臣下之勤勞者則觥非罰爵也然古人罰失禮用觥者以所受升數多欲示恥故用之目周禮小胥觵其不敬者注云觵罰爵也閭胥凡事掌其比觵撻罰之事注云觵撻者失禮之罰也昭元年左傳舉兕爵曰小國賴子知免於戾矣杜注兕爵所以罰不敬後漢書邳惲傳司正舉觥注云觥罰爵也馥案凡此所言固皆罰爵若詩之稱彼兕觥斷無罰義故本書不言罰爵詩詁云觥爵之大者或用以罰非專爲罰也　其狀觵觵故謂之觵者觵觵當爲橫橫觵橫聲相近後漢書郭憲傳關東觥觥郭子橫本書之例凡故謂之云者皆取聲同之字以爲訓也橫謂充滿強大漢書文帝紀卜之兆得大橫爻曰大橫庚庚顏注庚庚橫貌也釋名庚剛也堅強貌也太元觥羊之殺注云觥羊大羊也本書桄充也觵大爵故曰其狀橫橫

俗觵從光

zhì 觶

觶 鄉飲酒角也禮曰一人洗舉觶觶受四升從角單聲 之義切

有司徹兄弟之後生者舉觶于其長注云古文觶皆爲爵延熹中詔挍書定作觶　燕禮坐取觚洗注云古文觚皆爲觶又云賓降洗升媵觚于公注云酬之禮皆用觶言觚者字之誤也古者觶字或作角旁氏由此誤耳　大射儀士長升拜受觶注云今文觶作觚又媵觶于公注云今文觶爲觚又賓降洗象觚注云此觚當爲觶

鄉飲酒角也者特牲饋食禮主人左執角再拜稽首受記尊者舉觶卑者舉角　禮曰一人洗舉觶者鄉射禮一人洗舉觶于賓鄉飲酒禮一人洗升舉觶于賓鄉飲酒義盥洗揚觶所以致絜也　觶受四升者五經異義今韓詩說一升曰爵爵盡也足也二升曰觚觚寡也飲當寡少三升曰觶觶適也飲當自適也四升曰角角觸也不能自適觸罪過也五升曰散散訕也飲不能自節爲人所謗訕也總名曰爵其實曰觴觴者餉也觥亦五升所以罰不敬觥

說文解字義證　卷十二　圭

廓也所以著明之貌君子有過廓然明著非所以餉不得名觴古周禮說爵一升觚二升獻以爵而酬以觚一獻而三酬則一豆矣食一豆肉飲一豆酒中人之食毛詩說觥大七升謹案周禮云一獻三酬當一豆若觚二升不滿一豆又觥罰不過一一飲而七升爲過多鄭駁之云周禮獻以爵而酬以觚觚寡也觶字角旁著氏是與觚相涉誤爲觚也南郡太守馬季長說一獻三酬則一豆豆當爲斗與一爵三觶相應士冠禮勺觶注云爵三升曰觶

䚋 觶或從辰

觗 禮經觶

鄭駁異義觶字角旁氏汝潁之閒師讀所作今禮角旁單古書或作角旁氏則與觚字相近學者多聞觚寡聞觗寫此書亂之而作觚耳

dàn 觛

觛 小觶也從角旦聲 徒旱切

小觶也者本書卮一名觛玉篇觛小卮廣雅觛卮也急就篇蠡升參升半卮觛顏注觛謂觶之小者行禮飲酒角也

或作䣼賈誼書楚昭王曰寡人朝饑饉時酒二䣼重袭而立猶憯然有寒氣

shāng 觴

觴 觶實曰觴虛曰觶從角𥏻省聲 式陽切

觶實曰觴者韓詩其實曰觴觴者餉也非所以餉不得名觴大戴禮曾子事父母篇執觴觚杯豆而不敢醉盧注實之曰觴穆天子傳觴天子于盤石之上郭注觴者所以進酒吳語觴酒豆肉簞食韋注觴爵名秦策王觴將軍高注觴酒爵也魏志辰韓名行酒爲行觴　𥏻省聲者本書傷下同矢部𥏻從昜聲轉寫譌也

𩰫 籒文觴從爵省

gū 觚

觚 鄉飲酒之爵也一曰觴受三升者謂之觚從角瓜聲 古乎切

后經大射儀主人洗觚升監本觚誤作酬　孔叢儒服篇昔有遺諺堯舜千鍾孔子百觚　抱朴子盍闇千鍾百觚堯舜之飲也　傅元酒賦唐堯千鍾周文百觚　吳紀孫皓問孤飲酒以方誰張尚對曰陛下有百觚之量　酒德頌止則操

說文解字義證　卷十二　圭

卮執觚　庾闡斷酒誡破兕觥捐觚瓚

鄉飲酒之爵也者論語觚不觚馬融曰觚禮器也一升曰爵三升曰觚也三禮圖觚受三升兒下方足漆赤中靑雲飾小其尾　一曰觴受三升者謂之觚者考工記梓人爲飲器勺一升爵二升觚三升楚詞招魂瑤漿蜜勺實羽觴些王注觴觚也

xuān 䚙

䚙 角匕也從角亘聲讀若讙 況袁切

角匕也者與木匕同而作之以角也

xí 觹

觹 杖耑角也從角敫聲 胡狄切

杖耑角也者本書敫觹田也田當爲曲廣韻觹以角飾杖策頭

jué 觼

觼 環之有舌者從角夐聲 古穴切

環之有舌者者玉篇鋻觼舌詩小戎鋈以觼軜馥案觼繫轡之環也莊子胠篋篇固扃鐍釋文云崔云鐍環舌也漢

書天文志暈適背穴孟康曰穴或作鐍其形如鐍如淳曰凡氣在旁如半環向日爲抱向外爲背有氣刺日爲鐍續漢書輿服志紫綬以上縌綬之閒得施玉環鐍注引通俗文鈌環曰鐍通作觖大戴禮引詩鋈以觖軜龔君麗正曰爾雅環謂之捐捐卽觼也觼古音讀居員切是以宋玉作招魂與安軒山連寒湲蘭筵爲韻爾雅觼作捐元寒部字也其入聲與脂微同入是以或體作鐍亦作觼而今音皆古穴切

鐍 觼或從金矞

夐矞聲近本書瓊或從矞矞似錐有所穿也馥案今馬腹帶其環有舌穿革者是也

nuò 䚥

䚥 調弓也從角弱省聲 於角切

調弓也者集韻䚥弓偏弱也詩車攻弓矢既調箋云調謂弓強弱與矢輕重相得通作弱定四年左傳封父之繁弱孔叢子公孫龍篇楚王張繁弱之弓漢書司馬相如傳彎蕃弱

fèi 𧣈

𧣈 惟射收繁具也從角發聲 方肺切

惟射收繁具也者䉶收絲具或從角作䚩知絲具多用角廣韻繳䌇繳徐鍇曰繁生絲縷以繫矢而射淮南本經訓堯使羿繳大風於青邱之野王僧孺與何炯書如離繳之鳥

qiú 䚭

䚭 惟射收繁具從角酉聲讀若鰌 字秋切

hú 觳

觳 盛觵卮也一曰射具從角㱿聲讀若斛 胡谷切

盛觵卮也者集韻觳盛觵器 一曰射具者集韻觳射具所以盛惟 讀若斛者集韻觳麓器名受三斗本書鬲下云斗二升曰觳考工記陶人鬲實五觳注云鄭司農云觳讀爲斛受三斗元謂豆實三而成觳則觳受斗二升

bì 觱

觱 羌人所吹角屠觱以驚馬也從角𤋎聲𤋎古文誖字 卑吉切

羌人所吹角屠觱以驚馬也者屠當爲篳卽篳篥隋書樂志西涼樂器有大篳篥豎小篳篥通典篳篥本名悲篥出於胡中其聲悲或云儒者相傳胡人吹角以驚馬徐廣車服儀制角前世書記所不載或云本出羌胡吹以驚中國之馬庾翼與燕王書今致畫長鳴角一雙馥案御覽引世說河南聽事上壁有角角邊漆畫作蛇陸雲南征賦長角哀吟以命旅陸機七導長角三唱武士旗布王隱晉書王隨討寧州賊吹三角皆裂隨曰裂者破也當破賊也 𤋎古文誖字者古文當作籀文本書誖下云籀文誖從二或火部𤋎云𤋎籀文悖字

文三十九 重六

zhú 竹

jiàn 箭

說文解字弟五 義證弟十三

曲阜桂馥學

竹 冬生艸也象形下垂者箁箬也凡竹之屬皆从竹 陟玉切

本書筋从竹竹物之多筋者 竹譜植類之中有物曰竹不剛不柔非草非木小異空實大同節目 岳陽風土記五月十三日謂之龍生日可種竹齊民要術所謂竹醉日也

冬生艸也者本草冬月掘大竹根下未出土者爲冬筍 陸璣詩疏成都有筍及冬始生 東觀漢記馬援至荔浦見冬筍名曰苞筍

下垂者箁箬也者書顧命敷重筍席馬云筍箁箬也

箭 矢也从竹前聲 子賤切

釋地東南之美者有會稽之竹箭焉 長笛賦特箭稾而莖立兮李善注箭稾二竹名 說苑建本篇南山有竹弗揉自

說文解字義證 卷十三 一

直斬而射之通於犀革又正諫篇保申東細箭五十跪而加之王背 吳都賦其竹則篔簹箖箊桂箭射筒 劉注箭竹細小而勁實可以爲箭通竿無節江東諸郡皆有之 伏滔正淮論苞木箭竹之族生焉 釋木謂櫬采薪 釋文舍人以謂字作彙彙者莖也如竹箭 月令日短至則伐木取竹箭 又云仲冬之月取竹箭 歸藏箭末大於本次吉竹末大於本大吉 喪服小記箭笄終喪三年 謝靈運山居賦其竹則二箭殊葉自注二箭一者苦箭大葉一者笄箭細葉 後漢書公孫述傳名材竹幹注云竹幹竹箭也 新唐書地理志夷陵郡貢箭竹 寰宇記卭州臨溪縣出竹箭 通作晉 吳越春秋句踐送吳王晉竹十廋 案鄭注周禮職方云故書箭爲晉

矢也者御覽引字林作矢竹也 字統箭者竹之別形大身小葉曰竹小身大葉曰箭 箭竹主爲矢因謂矢爲箭 方言箭自關而東謂之矢江淮之閒謂之鍭關西曰箭 注云箭者竹名因以爲號 論衡效力篇篠簵之箭機不能動發魯縞不能穿 急就篇弓弩箭矢鎧兜鉾 顏注以竹曰箭以木曰矢 竹譜會稽之箭東南之美古人嘉之因以命矢 注云箭竹高者不過一丈節閒三尺堅勁中矢江南諸山皆有之大抵中矢者雖多此箭爲最古人美之以首其目是以

jùn 箘

lù 簬

xiǎo 筱

楚太子傅東細箭五十跪加莊王之背明非矢也 夢溪筆談謬誤篇東南之美有會稽之竹箭竹爲竹箭爲箭蓋二物也今采箭以爲矢而通謂矢爲箭者因其箭名之也 王觀國學林所謂箭者竹箭也竹箭其材可以爲矢故周禮職方氏揚州其利金錫竹箭爾雅曰東南之美者有會稽之竹箭竹箭之材可以爲矢故廣韻曰箭竹節閒三尺可以爲矢 淮南子曰齊威公欲征伐甲兵不足令訟而不中者出一束箭乃矯箭爲矢此以竹箭爲矢也故周禮弓人爲弓矢人爲矢自古惟言弓矢而未嘗謂矢爲箭至後世乃或謂之弓箭夫呼矢爲箭則不當其義矣若唐書薛仁貴三箭定天山之類是也

箘 箘簬也从竹囷聲一曰博棊也 渠隕切

箘簬也者廣雅箘簬箭也 竹譜箘簬載籍貢名荆鄙注云二竹亦皆中矢皆出雲夢之澤大較故是會稽箭類耳皮特黑澀以此爲異 說苑正諫篇荆文王得如黃之狗箘簬之矰以畋於雲夢 趙策公宮之垣皆以荻蒿楛楚發而試之其堅則箘簬之勁不能過也 或通作菌 呂氏春秋本味篇和之美者越駱之菌 高注越駱國名菌竹筍也 又作箟

說文解字義證 卷十三 二

楚詞七諫箟簬雜於黀蒸兮 洪注箟簬箘簬也 哀時命亦作箟簬

一曰博棊也者博當爲簙 方言簙或謂之箘 楚詞招魂箟蔽象棊有六博些 洪注箟竹名

簬 箘簬也从竹路聲夏書曰惟箘簬楛 洛故切

夏書曰惟箘簬楛者禹貢文本書楛下引作枯 鄭注箘簬聆風也 韋昭云箘簬一名聆風 長笛賦特箭稾而莖立兮獨聆風於極危 顏注漢書地理志箘簬竹名楛木名也皆可爲矢

簵 古文簬从輅

筱 箭屬小竹也从竹攸聲 先杳切

字或作篠 竹譜篳篠蒼蒼接町連篁 宋玉笛賦奇篠異榦 漢書寇恂傳恂講兵肄射伐淇園之竹爲矢百餘萬 注云前書音義曰淇園衛之苑多竹篠也 豫章記金鐵篠簜資給於四境 漢無極山碑楊越之椬□條蕩隸釋云碑以條爲篠

箭屬者釋草篠箭 釋木如竹箭曰苞 郭注筱竹性叢生 釋地東南之美者有會稽之竹箭焉 郭注竹箭篠也 禹貢篠

dàng 簜

簜既敷鄭注篠箭史記夏本紀作竹箭既布周禮職方氏其利金錫竹箭注云箭篠也禮器如竹箭之有筠也注云箭篠也喪服布總箭笄髽衰三年注云箭笄篠竹也大射儀綴諸箭注云箭篠也鄉射記箭籌八十注云箭篠也西山經英山其陽多箭䉋又云竹山其陽多竹箭注云箭篠也薛注西京賦篠竹箭也 小竹也者李善注笙賦引同爾雅釋文引字林同廣韻筱細竹也通作簫長笛賦林簫蔓荆李注說文曰筱小竹也簫與筱通

簜 大竹也從竹湯聲夏書曰瑤琨筱簜簜可爲幹筱可爲矢 徒朗切

大竹也者釋草簜竹李巡曰竹節相去一丈爲簜孫炎曰竹闊節者曰簜禹貢篠簜既敷鄭注簜大竹也顏注漢書地理志簜大竹也通典簜大竹也薛注西京賦簜大竹也 夏書曰瑤琨筱簜者禹貢文 簜可爲幹筱可爲矢者考工記弓人取幹之道七鄭司農槀人注箭幹謂之槀考工記妢胡之笴注云笴矢幹也杜子春注笴讀爲槀長笛賦特箭槀而莖立或作簳列子殷湯篇燕角之弧朔蓬之簳中山經休與之山有草焉狀如蓍名曰夙條可以爲簳

拾遺記蓬萊有浮雲之簳陳琳武庫賦矢則燋銅毒鐵簳鏃鳴鏃

wéi 𥳶

𥳶 竹也從竹微聲 無非切

竹也者廣韻𥳶武悲切集韻旻悲切音眉䈼謂郎篃也竹譜篃亦箘徒槩節而短江漢之閒謂之竹𥳶注云一尺數節葉大如履可以作蓬亦中作矢其筍冬生廣志魏時漢中太守王圖每冬獻笋謂之𥳶笴類篇篃竹名江漢閒謂之箭竿

籀 籀文從微省

從微省者當爲從𢼸

sǔn 筍

筍 竹胎也從竹旬聲 思允切

玉篇有古文作𥮴

竹胎也者玉篇筍竹萌也釋草筍竹萌郭云初生者孫炎云竹初萌生謂之筍易鼎覆公餗鄭注糝謂之餗震爲竹

tái 䈚

竹萌曰筍筍者餗之爲菜也東觀漢記馬援至荔浦見冬筍名曰苞筍上言禹貢厥苞橘柚疑謂是也其味美於春夏筍鄭注顧命引禮記如竹箭之有筍聘義孚尹旁達鄭注尹讀如竹箭之筠釋文尹依注音筍詩韓奕維筍及蒲傳云筍竹也箋云筍竹萌也周禮醢人筍菹注云筍竹萌古文苑蜀都賦盛冬育荀注云荀今作筍竹萌也齊民要術引詩義疏云筍皆四月生惟巴竹筍八月生盡九月成都有筍及冬始生長數寸鬻以苦酒豉汁浸之可下酒及食又可米藏以待冬月也范汪祠制仲春薦竹笋洪武正韻莊子羊奚比乎不箰不箰久竹也言不能復生箰也

䈚 竹萌也從竹怠聲 徒哀切

竹萌也者釋草䈚箭萌郭注萌筍屬也釋文引說文云竹萌生也王儉靈邱竹賦幹口䈚而特秀字或作箈周禮醢人箈菹注云箈箭萌

póu 箁

箁 竹箬也從竹音聲 薄侯切

竹箬也者本書竹下云下垂者箁箬也娝下云讀若竹皮箁書敷重筍席馬云筍箁箬

ruò 箬

箬 楚謂竹皮曰箬從竹若聲 而勺切

楚謂竹皮曰箬者王彪之閩中賦䌷箬素筍郭文舉別傳賣箭箬易鹽米易林折箬蔽日輿地志吳興箬溪夾溪悉生箭箬南岸曰上箬北岸曰下箬皆郡名

jié 節

節 竹約也從竹即聲 子結切

竹約也者徐鍇繫傳引楚詞土伯九約謂身有九節也左思吳都賦竹則苞筍抽節字或作箹竹譜竹之節曰箹

tú 筡

筡 折竹笢也從竹余聲讀若絮 同都切

折竹笢也者折當爲析廣雅析筡分也方言筡析也析竹謂之筡注云今江東呼篾竹裹爲筡亦名爲笢也集韻䉌筡竹笢也又云簢竹病不可析笢書顧命敷重筍席鄭注筍析竹青皮也

mí 𥳉

𥳉 筡也從竹𥎦聲 武移切

筡也者玉篇𥳉竹篾也一切經音義十二引字林𥳉竹篾也又十五引字林𥳉析竹笢也聲類𥳉篾也今中國蜀土

人謂竹篾爲篾也

mǐn 笢

笢 竹膚也從竹民聲 武盡切

竹膚也者玉篇笢竹表也篾竹皮也一切經音義十引埤蒼篾析竹膚也聲類篾䈼也今蜀土及關中皆謂竹篾爲䈼音彌馥謂篾笢一聲之轉書顧命敷重篾席鄭注篾析竹之次青者既夕禮燕器杖笠翣注云笠竹篛蓋也疏云篛竹青之皮

bèn 笨

笨 竹裏也從竹本聲 布忖切

竹裏也者廣雅竺竹也其表曰笢其裏曰笨

wēng 䈵

䈵 竹皃從竹翁聲 烏紅切

竹皃也者廣韻䈵竹盛皃竹譜淩羣獨秀䈵茸紛披

cēn 篸

篸 䇳也從竹參聲 所今切

䇳也者玉篇篸差不齊也本書縒參縒也通作參差竹譜百葉參差風俗通聲音篇舜作簫其形參差象鳳之翼楚詞九歌吹參差兮誰思

zhuàn 篆

篆 引書也從竹彖聲 持兖切

周易彖辭當作篆書斷彖者傳也傳其物理施之無竆文心彫龍史傳篇傳者轉也轉受經恉以授其後

引書也者抽書也本書抽引也

zhòu 籀

籀 讀書也從竹㩅聲春秋傳曰卜籀云 直又切

讀書也者徐鍇曰籀諷誦書也卜籀謂讀卦爻詞也左傳齊孫書字子占書金滕乃卜三龜一習吉啟籥見書乃并是吉鄭注三龜占書亦合於吉呂刑明啟刑書胥占史記魯世家周公喜開籥乃見書遇吉孝文本紀卜之龜卦兆得大橫占曰大橫庚庚余爲天王夏啟以光李奇曰庚庚其繇文也索隱引荀悅云繇抽也所以抽出吉凶之情也杜預云繇兆詞也音冑顏師古漢書注曰繇本作籀籀書也謂讀卜詞周禮大卜掌三兆之法其經兆之體皆百有二十其頌皆千有二百注云頌謂繇也百二十每體十繇占人凡卜筮既事則繫幣以比其命歲終則計其占之中否若黃帝戰于阪泉之類所謂繇也釋文繇音直救反夢溪筆談古之卜者皆有繇辭周禮三兆其頌皆千有二百如鳳凰于飛和鳴鏘鏘閑于兩社爲公室輔專之渝攘公之羭一薰一蕕十年尚猶有臭如魚竀尾衡流而方羊裔焉大國滅之將亾闔門塞竇乃自後踰大橫庚庚予爲天王夏啟以光之類是也方言抽讀也易繫辭爻繇之辭所以明得失釋文引服注左傳云繇抽也抽出吉凶也詩不可讀也傳云讀抽也箋云抽猶出也匡謬正俗問曰鄘詩牆有茨篇云中冓之言不可讀也毛詩傳云讀抽也抽是何義荅曰讀止謂道讀之讀更訓爲抽翻成難曉按許氏說文解字曰籀讀也從竹㩅聲㩅即古抽字是以㩅或作抽蓋毛公以籀解讀傳寫字省故止爲抽此當言讀籀也不得爲抽引之義史記太史公自序紬史記石室金匱之書徐廣曰紬音抽如淳曰抽徹舊書故事而次述之禹貢厥草惟繇馬融曰繇抽也 春秋傳曰卜籀云者今無此文襄八年左傳兆云注云兆卜僖四年傳且其繇曰服虔注繇抽也抽出吉凶也閔二年傳成風聞成季之繇注云繇卦兆之占辭釋文繇直救反襄十年傳獻兆於定姜姜

氏問繇注云繇兆辭廣韻繇直祐切卦兆辭也釋詁繇於也郭云繇辭詩小旻我龜既厭不我告猶箋云言雖得兆占繇不中釋文繇音冑孔穎達曰左傳曰其繇曰一薰一蕕十年尚猶有臭是龜之繇易曰困于石據于蒺蔾是卦之繇干祿字書繇卜兆辭音冑佩觿集云从䍃从卜从系者毛居正曰易注云爻繇之辭繇从卜从繇音宙卦下辭也

piān 篇

篇 書也一曰關西謂榜曰篇從竹扁聲 芳連切

書也者纂文關西以書篇爲篇內則請肄簡諒注云簡謂所書篇數也 一曰關西謂榜曰篇者榜謂標榜篇通作扁本書扁署也署門戶之文也續漢書百官志凡有孝子順孫貞女義婦及學士爲民法式者皆扁表其門

jí 籍

籍 簿書也從竹耤聲 秦昔切

徐鍇曰史記云尺籍伍符然則籍簡長尺也 廣雅簡籍贊牌籍也 釋名籍籍也所以籍疏人民戶口也 襄二十五年左傳賦車籍馬杜云籍疏其毛色歲齒以備軍用昭十五年傳孫伯黶司晉之典籍以爲大政故曰籍氏 史記趙世家義再拜受命而籍之 華嶠集散騎掌贊詔命平處文籍古今注籍者尺二竹牒記人之年名字物色縣之宮門案

huáng 篁　jiǎng 簎

省相應乃得入焉馥案此爲門籍　李衛公問對漢制有尺籍伍符後世符籍以紙爲之於是失其制矣

簿書也者本書無簿字成二年左傳勿籍杜云籍書也尚書正義籍者借也借此簡書以記錄政事故曰籍白帖四十二簿領送解式今諸州使人送解至京二十條已上二日了四十條已上三日了一百條已上四日了二百條已上五日了顧炎武曰趙宧光云唐中晚詩文始見簿字前此無之不知孟子言孔子先簿正祭器史記李廣傳急責廣之莫府對簿張湯傳使使八輩簿責湯孫寶傳御史大夫張忠署寶主簿後漢輿服志每出太僕奉駕上鹵簿馮異傳光武署異爲主簿而劉公幹詩已云沈迷簿領書回回自昏亂矣馥更爲廣之玉篇簿籍也周禮天官敘官司書注云司書主計會之簿書疏云古有簡策以記事若在君前以笏記事後代用簿簿今手版故云吏當持簿簿則簿書也又大比注云鄭司農云今時八月案比是也要謂其簿疏云漢時八月案比而造籍書又小宰云聽師田以簡稽鄭司農云簡稽士卒兵器簿書稽猶計也漢書宣帝詔上計簿具文而已御史察計簿疑非實者案之貢諶傳大臣特以簿書不報期會之閒以爲大故魏其傳上使御史簿責嬰所言貢禹傳擇便巧史書習於計簿以爲右

說文解字義證　卷十三　七

職漢名臣奏張禹奏曰丞相奏事司直持案長史將簿論衡自紀篇戶口衆簿籍不得少韋昭辨釋名主簿者主諸簿書簿普也關普諸事也簿書必有掌者錄書總領之目楚國先賢傳諸葛亮嘗自校簿書齊書王儉傳宋明帝置聰明觀以集學士又開學士館以聰明簿書充之

篁 竹田也從竹皇聲 戶光切

竹田也者竹譜篁篠蒼蒼接町連篁楚詞九歌余處幽篁兮終不見天注云篁竹叢也史記樂毅傳薊邱之植植於汶篁徐廣曰竹田曰篁漢書嚴助傳處谿谷之閒篁竹之中顏注竹田曰篁服虔曰篁竹叢也西京賦篠簜敷衍編町成篁薛綜注篁竹墟名也江逌竹賦託宗爽塏列族圃田三輔舊事成帝作延陵及起廟實將軍有青竹田在廟南恐犯蹈之乃徙作昌陵

簎 剖竹未去節謂之簎從竹將聲 即兩切

廣雅簎篾也馥案篾謂小兒學書之觚本書當有此義今闕

yè 䈎　yuè 籥　liú 䉧　jiǎn 簡

剖竹未去節謂之簎者未當爲筡簎所以爲席如今織席先剖竹刮去其裏廣雅簎席也莊君述祖曰既夕禮茵著用荼夏小正傳采荼以爲君薦蔣當從竹作筡簎馥案晉陽秋蔣薦也薦蔣一聲之轉故易曰般薦詩曰祼將王隱晉書陶侃親人過侃宿時大雪無草侃母撤牀雜蔣手剉給客牛馬既言雜蔣則艸竹皆可作猶蒻席筍席也

䈎 籥也從竹枼聲 與接切

籥也者廣雅䈎籥也

籥 書僮竹笘也從竹龠聲 以灼切

書僮竹笘也者本書笘潁川名小兒所書寫爲笘一切經音義二引字林籥書僮笘也纂文關西以書篇爲書籥廣雅籥䈎也四民月令正月硯凍釋命幼童入小學學篇章邴原別傳原早孤鄰有書舍原過其旁而泣師問之曰夫書者必有其父兄師京之曰童子欲書可書耳

䉧 竹聲也從竹劉聲 力求切

說文解字義證　卷十三　八

簡 牒也從竹閒聲 古限切

牒也者釋器簡謂之畢郭云今簡札也急就篇簡札檢署槧牘家顏注竹簡以爲書牒也釋名簡閒也編之篇篇有閒也襄二十五年左傳南史氏執簡以往詩出車畏此簡書正義古者無紙有事書之於簡謂之簡書王制大史典禮執簡記注云簡記策書也拾遺記蘇秦張儀傭力寫書遇見墳典以墨書掌及股夜還析竹爲簡而寫之桓元僞事古無紙故用簡非主於敬也今諸用簡者皆以黃紙代之劉向別錄云孫子書以殺青簡編以縹絲繩張璠漢記吳恢爲南海太守欲殺青簡以寫經書注云殺青者以火炙簡令汗取其青易書復不蠹矣風俗通殺青者直治竹作簡書之耳新竹有汗善朽蠹凡作簡者皆於火上炙乾之陳楚閒謂之汗汗者去其汁也吳越曰殺殺亦治也劉向爲孝成皇帝典校書籍二十餘年皆先書竹改易刊定可繕寫者以上素也由是言之殺青者竹斯爲明矣尚書序正義顧氏云簡長一尺二寸服虔左傳注古文篆書一簡八字閻若璩曰宋書謝靈運傳論云一簡之內音韻盡殊兩句之中輕重悉異惟一簡是一行下方以兩句爲對漢書藝文志劉向以中古文校歐陽大小夏侯三家經文

酒誥脫簡一召誥脫簡二率簡二十五字者脫亦二十五字簡二十二字者脫亦二十二字聘禮記百名以上書於策注云策簡也春秋經傳集解序大事書之於策小事簡牘而已正義許氏說文曰簡牒也牘書版也簡之所容一行字耳牘乃方版版廣於簡可以並容數行凡爲書字有多有少一行可盡者書之於簡數行可盡者書之於方方所不容者乃書於策晉書束晳傳時人於嵩高山下得竹簡一枚上兩行科斗書郎漢明帝顯節陵中策文後漢書曹褒傳撰次禮制寫以二尺四寸簡周磐傳編二尺四寸簡寫堯典一篇鹽鐵論詔聖篇二尺四寸之律古今一也覆案簡長一尺二寸倍之則二尺四寸

gāng 笐

笐 竹列也從竹亢聲 古郎切

竹列也者列當爲䈁一切經音義十一笐䈁笐胡當反下力折反說文云竹次也言竹有笐次謂之笐䈁也

bù 篰

篰 萳爰也從竹部聲 薄口切

廣韻篰牘也玉篇篰竹牘也

萳爰也者徐鍇曰案字書萳爰簡牘也集韻引作䈲篓廣韻䈲篓簡也廣雅䈲篓篰也漢書張湯傳湯劾鼠掠治傳爰書鞫謂爰書簡牘也

děng 等

等 齊簡也從竹寺寺官曹之等平也 多肎切

齊簡也者廣雅等齊也徐鍇曰簡簡牘也官曹之書也覆案周禮宰夫掌百官府之徵令辨其八職六曰史掌官書以贊治　寺官曹之等平也者本書寺廷也有法度者也孟子等百世之王史記夏本紀等之未有賢於縣者

fàn 笵

笵 法也從竹竹簡書也氾聲古法有竹刑 防ž切

法也者玉篇笵楷式也一切經音義二範今作笵同爾雅笵法也謂楷式法則也通俗文規模曰笵是也故字從竹氾聲以土曰型以金曰鎔以木曰模以竹曰笵四者一物材別也太元度次六大度檢檢於天示象垂其笵注云笵法也論衡物勢篇今夫陶冶者初埏埴作器必模笵爲形洪邁銅雀瓦硯銘鄴瓦所笵嘻其是邪通作范禮運范金注云鑄作器用荀子彊國篇刑范正金錫美工冶巧火齊得剖刑而莫邪已成注云范法也太元矩范之動成敗之效也漢司空殘碑納我鎔笵劉衡碑師訓之笵童子逢盛碑書畫規柜制中園梡隸釋云漢碑雖有範字而楊著碑云喪茲師笵司空碑云納我鎔笵與戴記范金合土正同此云制中園梡者又借梡爲笵也又通作軓考工記輈人注軓是軓法也又通作範釋詁範法也釋文範或作笵易繫辭範圍天地之化而不過鄭注範法也九家易範者法也鄭注書洪範云大法也孟子吾爲之範我馳驅注云範法也孫氏音義云範我或作笵氏宋書樂志四君馬篇願爲笵氏驅雍容步中畿豈效詭遇子馳騁趣危機郎用孟子文覆案古銅印笵姓皆從竹今從艸魏畧鍾繇以五熟釜鼎範因太子鑄之蒲元傳君於斜谷爲諸葛亮鑄刀三千口今之屈百環者是其遺範也東觀漢記廉範字叔度晉陽秋桓範字元則　古法有竹刑者一切經音義二引同定九年左傳鄭駟歂殺鄧析而用其竹刑杜云欲改鄭所鑄舊制不受君命而私造刑法書之於竹簡故言竹刑

jiān 箋

箋 表識書也從竹戔聲 則前切

表識書也者一切經音義十三引字林同又云一曰表識書曰箋也詩鄭氏箋釋文引字林箋表也識也六藝論注

詩宗毛爲主毛義若隱畧則更表明如有不同即下己意使可識別也博物志鄭元注毛詩曰箋不解此意或云毛公嘗爲北海郡守元是此郡人故以爲敬漢官儀孝廉先試箋奏王隱晉書劉官由亭民舉秀才刺史箋久不成官指語箋體然後成文心雕龍書記篇牋者表也表識其情也

fú 符

符 信也漢制以竹長六寸分而相合從竹付聲 防無切

釋名符付也書所勑命於上付使傳行之也六韜陰符篇主與將有陰符凡八等有大勝克敵之符長一尺破軍擒將之符長九寸降城得邑之符長八寸却敵報遠之符長七寸警衆堅守之符長六寸請糧益兵之符長五寸敗軍亡將之符長四寸失利亡士之符長三寸　荀子儒效篇張法而度之則晻然若合符節注云符節相合之物也周禮門關用符節葢以全竹爲之剖之爲兩各執其一合之以爲驗也　孫子九地篇夷關折符無通其使史記楚世家齊王折楚符而合於秦漢官解詁衞尉主宮闕之内出入有籍復有符用木長二寸以所長兩字爲鐵印分符當出入者按籍畢復齒符乃引內之也漢書高帝紀封皇帝璽符節顏注符謂諸所合節以爲契者也

信也者本書棨傳信也玉篇符節也分兩邊各持其一合之爲信一切經音義十引字林符信也謂分而合之曰符字從竹漢制以竹長六寸分而相合爲信竹歲寒不變以布德也又用銅君臣同心也鄧析書爲之符璽以信之典畧王符字節信 漢制以竹長六寸分而相合者後漢書注引同史記孝文紀初與郡國守相爲銅虎符竹使符集解應劭曰竹使符皆以竹箭五枚長五寸鐫刻篆書第一至第五張晏曰符以代古之珪璋從簡易也索隱漢舊儀銅虎符發兵長六寸竹使符出入徵發續漢書禮儀志登遐之禮竹使符到皆伏哭盡哀後漢書杜詩傳舊制發兵皆以虎符其餘徵調竹使而已符策合會取爲大信所以明著國命斂持威重也文選冊魏公九錫文竹使符第一至第十鮑明遠擬古詩將以分虎竹李注漢舊儀曰郡國銅虎符三竹使符五也寰宇記俚人滕氏有竹使銅虎符漢朝所假

shì 筮

筮 易卦用蓍也從竹𢀚𢀚古文巫字 時制切

隸作筮周禮龜人注引世本作曰巫咸作筮呂氏春秋勿躬篇巫咸作筮古史考庖犧氏作卦始有筮其後殷時巫咸善

筮少牢饋食禮乃釋韇立筮卦者扗左坐卦以木卒筮乃書卦於木周禮占人掌占龜以八簭占八頌

易卦用蓍也者本書卦筮也一切經音義二云禮記龜爲卜蓍爲筮卜筮者所以決嫌疑定猶豫故疑即筮之字體从竹从巫筮者揲蓍取卦折竹爲爻故字从竹也歸藏昔女媧筮張雲幕而枚占神明易蒙卦初筮告注云筮者決疑之物也書洪範擇建立卜筮人傳云蓍曰筮詩𤰞爾卜爾筮傳云蓍曰筮特牲饋食禮筮人取筮於西塾注云筮問也取其所用問神明者謂蓍也士冠禮筮於廟門注云筮者以蓍問日吉凶於易也周禮簭人上春相簭注云相謂更選擇其蓍也曲禮龜爲卜筴爲筮注云筴或爲蓍莊二十二年左傳陳侯使筮之注云蓍曰筮晉語吾聞晉之筮之也韋云蓍曰筮莊四年公羊解詁蓍曰筮月令章句孟冬之月命大卜釁龜筴筴龜者龜甲所以卜也筴者蓍草所以筮也楚詞招魂魂魄離散汝筮予之注云筮卜問也蓍曰筮尚書曰決之蓍龜陳琳大荒賦假龜筴以貞吉問神諗以休祥

jī 笄

笄 簪也從竹幵聲 古兮切

詩副笄六珈傳云笄衡笄也 釆綠箋云禮婦人扗夫家笄象笄 喪服箭笄長尺吉笄尺二寸 喪服小記齊衰帶惡笄笄注云笄所以卷髮也 內則十有五年而笄 曲禮女子許嫁笄而字 僖九年穀梁傳許嫁笄而字之范注云吉笄以象爲之刻鏤其首以爲飾成人著之尹更始章句女子十五許嫁笄 鄭語既笄而孕韋云女十五而笄楚語吾有妾而愿欲笄之韋云笄內子首服衡笄也 御覽引白虎通男子幼娶必冠女子幼嫁必笄禮曰女子許嫁笄而字

簪也者廣雅同玉篇婦人之笄則今之簪也女子許嫁而笄阮諶三禮圖笄簪也士以骨大夫以象士冠禮皮弁笄爵弁笄注云笄今之簪內則櫛縰笄總注云笄今簪也僖九年公羊傳婦人許嫁字而笄之何云笄者簪也所以繫持髮象男子飾也服此者明繫屬於人所以養貞一也吳語去笄注云笄簪也史記張儀列傳其姊聞之因摩笄以自刺集解駰案笄婦人之首飾如今象与擿正義笄今簪也淮南齊俗訓中國冠笄高云笄簪也文選謝惠連擣衣詩簪玉出北房李善云魏臺訪議曰以玉爲笄也古曰笄今曰簪 幵聲者吳越春秋越絕書計研竝作計倪

jī 筐

筐 取蟣比也從竹匠聲 居之切

取蟣比也者本書櫛梳比之總名也廣雅筐櫛也顏注急就篇櫛之小而細所以去蟣蝨者謂之比言其齒密比也

yuè 篗

篗 收絲者也從竹蒦聲 王縛切

收絲者也者本書𡰪篗柄也玉篇篗樣也所以絡絲也絡所以轉篗絡車也攤轉篗也廣雅樣謂之篗方言篗樣也兗豫河濟之閒謂之樣注云所以絡絲也

䉥 篗或從角從閒

tíng 筳

筳 維絲筦也從竹廷聲 特丁切

維絲筦也者本書維著絲於筟車也宋祁校漢書引字林筳維絲管也馥案詩周頌磬筦鏘鏘漢書董仲舒傳鐘鼓筦弦藝文志筦子東方朔傳以筦窺天竝以筦爲管趙㡯光曰今紡絲銓曰筳子誤讀上聲馥案北方轉爲去聲

guǎn 筦

筦 筟也從竹完聲 古滿切

筟也者六書故筦絡緯之管也馥謂主管字當作筦史記平準書桑宏羊爲大農丞筦諸會計事漢書谷永傳昔龍

莞納言而帝命惟允通作管樂記禮樂之說管乎人情矣荀子儒效篇聖人也者道之管也史記李斯傳趙高以刀筆吏入秦宮管事二十餘年

fū 筟

筟 筳也從竹孚聲讀若春秋魯公子彄方無切

筳也者廣韻筟織緯者通俗文織纖謂之維受緯曰筟讀若春秋魯公子彄者春秋下當有傳字筟彄聲義竝相近本書彄弓弩端弦所居也馥謂彄管弦者筟管絲者筆管亦謂之彄內則右珮玦捍管注云管筆彄

zé 笮

笮 迫也在瓦之下棼上從竹乍聲阻厄切

迫也者聲類同迫當爲敀徐鍇韻譜敀笮也本書厭笮也一切經音義九笮猶壓也今謂以槽笮出汁也周禮巾車厭翟注云次其羽使相迫也成十六年左傳楚晨壓晉軍而陳注云壓笮其未備風俗通皇霸篇燕外迫蠻貊內笮齊晉漢書梁孝王傳李太后與爭門措指指晉灼曰許慎云措置字借以爲笮爾師古曰音壯客反謂爲門扉所笮史記索隱云措音笮側格反漢書王陵傳迫笮前隊皆作此字謂爲門扇所笮束觀漢記匈奴攻疏勒城耿恭絕其澗水

說文解字義證 卷十三 卅三

匈奴笮馬糞汁飲之後漢書注笮謂壓笮也吳志諸葛瑾傳長文之徒昔所以能守善者以操笮其頭梁書大秦人採蘇合先笮其汁以爲香膏南中八郡志笮取甘蔗汁曝成飴字或作笮周禮典同侈聲筰注云侈則聲迫筰出去疾也又或作窄釋名其受矢之器織竹曰笮相迫窄之名也孟子迫斯可以見矣趙注迫窄則可以見之文選西京賦增九筵之迫脅五臣注云迫脅迫窄也又通作柞考工記輪人轂小而長則柞鄭司農云柞讀爲迫唶之唶謂輻閒柞狹也秋官敘官柞氏鄭司農讀爲音聲唶唶之唶屋笮之笮又通作迮襄三十一年左傳門不容車注云門牆之內迫迮後漢書陳忠傳鄰舍比里共相壓迮注云迮迫也南齊書卞彬傳我詩應須大材迮之不爾便飛去歎逝賦塗薄暮而意迮　在瓦之下棼上者本書棼複屋棟也茂屋牝瓦下集韻樑屋笮板範笮也通作笆釋名笮迮也編竹相連迫迮也釋宮屋上薄謂之筄郭云屋笮考工記匠人營國四阿重屋注云重屋複笮也魯語夫棟折而榱崩吾懼壓焉韋云壓笮也急就篇板柞所產谷口斜顏注板謂木瓦也柞屋棧也亦謂之簀六書故椽上必設笮然後安瓦今人謂之棧字或作筵玉篇筵屋上板

lián 簾

簾 堂簾也從竹廉聲力鹽切

堂簾也者書顧命夾兩階戺傳云堂廉曰戺鄉飲酒禮設席于堂廉注云側邊曰廉喪大記即位于堂廉正義堂廉謂堂基南畔廉稜之上漢書賈誼傳人主之尊如堂陛九級上廉遠地則堂高陛無級廉近地則堂卑

zé 簀

簀 牀棧也從竹責聲阻厄切

牀棧也者本書棧棚也莊子馬蹄篇釋文編木作靈似牀曰棧崔云木棚也檀弓華而睆大夫之簀與注云簀謂牀第也淮南說山訓死而棄其招簀高注招簀稱死者浴牀上之栖也廣雅浴牀謂之招後漢書袁術傳坐簀牀而歎注云簀第也謂無茵席也史記范雎傳雎佯死即卷以簀索隱簀謂葦荻之薄也

zǐ 第

第 牀簀也從竹𠂔聲阻史切

牀簀也者集韻牀格謂之第廣雅簀第也方言牀齊魯之閒謂之簀陳楚之閒或謂之第釋器簀謂之第郭云牀版小爾雅廣服簀牀第也易噬乾胏釋文鄭云簀也馥案鄭作第喪大記設牀襢第注云襢第袒簀也士喪禮牀第夷

說文解字義證 卷十三 卅四

衾注云第簀也周禮玉府掌王之燕衣服衽席牀第注云第簀也襄二十七年左傳牀第之言不踰閾杜云第簀也晉語牀第之不安邪韋云第簀也荀子禮論篇越席牀第注云第牀棧也楚詞七諫蓬艾親人御於牀第兮注云第牀簀也史記禮書疏房牀第几席所以養體也集解云簀謂之第後漢書安帝紀又有赤蛇盤於牀第之閒注云第牀簀也

yán 筵

筵 竹席也從竹延聲周禮曰度堂以筵筵一丈以然切

竹席也者廣雅筵席也釋名筵衍也舒而平之衍衍然也詩賓之初筵箋云筵席也鄉飲酒記蒲筵士冠禮蒲筵二在南注竝云筵席也周禮司几筵注云筵亦席也鋪陳曰筵藉之曰席然其言之筵席通矣六書故筵竹席以藉席者其度長於席周官司几筵王位斧依莞筵加繅席次席諸侯祭祀席蒲筵加莞席公食大夫禮蒲筵常加萑席尋周禮曰度堂以筵筵一丈者考工記匠人堂上度以筵又云周人明堂度九尺之筵

diàn 簟

簟 竹席也從竹覃聲徒念切

qú 籧　chú 篨　shāi 籭　fān 籓

廣雅箄席也釋名箄覃也布之覃覃然平正也方言箄宋魏之閒謂之笙或謂之籧苗自關而西或謂之箄或謂之銌詩載驅箄茀朱鞹傳云箄方文席也釆芑箄茀魚服箋云車之蔽飾象席文也内則斂枕箄注云箄席之親身也王隱晉書太始七年以鄭袤爲司空賜牀帳箄文士傳張純賦席曰席爲冬設箄爲夏施梅竹席也者急就篇竹器簦笠箄籧篨顏注織竹爲席謂之箄淮南本經訓霜文沈居若箄籧篨高云箄竹席西京雜記會稽歲時獻竹箄供御世號爲流黃箄文選吳都賦桃笙象箄劉注桃笙桃枝箄也吳人謂箄爲笙又析象牙以爲箄也稽含草木狀箄竹葉疏而大一節相去五六尺沈懷遠南越志博羅縣東蒼州足箄竹其銘曰箄竹既大薄且空中節長一丈其直如松郭璞桃枝贊箄以宰寢杖以扶危梁簡文帝荅定襄矦餉臥箄書筠篁多品篠簜雜名桃色比奇獨此爲貴便可旅食南館高臥北窗庾翼與燕王書今致丈二細桃枝箄十黃篾雙文箄二黃篾獨坐雙文箄一元和郡縣志睦州貢竹箄馥案亦以葦作之詩斯干下莞上箄箋云竹葦曰箄喪大記君以箄席注云箄細葦席古文苑僮約結葦臘纑注云編葦以爲箄

籧 籧篨粗竹席也從竹遽聲 彊魚切

廣雅篕棪謂之籧篨 方言箄其麤者謂之籧篨自關而東謂之篕棪 淮南本經訓民之專室蓬廬高云蓬廬籧篨覆也 皇甫謐篤終論氣絶之後便以籧篨裹尸 梁孫謙傳牀施籧篨屏風 北戶錄瓊州出紅藤箄一呼爲笙或謂之籧篨亦謂之行唐 倉庫令輸米麥二十斛籧篨一番

籧篨粗竹席也者籧篨疊韻玉篇籧篨竹席也江東人呼籧急就篇竹器簦笠箄籧篨

篨 籧篨也從竹除聲 直魚切

籭 竹器也可以取粗去細從竹麗聲 所宜切

可以取粗去細者一切經音義六引作可以除麄取細韻會引徐鍇本同廣韻籭盪也詩魚麗于罶傳云麗歷也馥謂麗卽籭歷卽瀝也六書故今人織竹如勺以漉米謂之爪籬俗有笊篱字

籓 大箕也從竹潘聲一曰蔽也 甫煩切

yù 籅　sǒu 籔　bì 箅　shāo 䈰

大箕也者集韻華呂靜作籓廣雅籓箕也釋名輂籓也馥謂籓箕籬篙類也方言所以注斛謂之篙自關而西謂之注箕陳魏宋楚之閒謂之籬論語以杖荷蓧皇侃義疏曰蓧籮籭之屬 一曰蔽也者本書藩屏也屏蔽也字或作籓集韻籓蔽也

籅 漉米籔也從竹奧聲 於六切

漉米籔也者字林同本書匴盝米籔也籅要籅淅箕也字書籅所以漉米急就篇笸篅箯筥籅箅篝顏注籅炊之漉米箕也方言炊籅謂之縮或謂之籔或謂之匠注云漉米籅也廣韻籅籔盝米竹器漢書司馬相如傳濩舉燧爟注引孟康曰濩如覆米籅

籔 炊籅也從竹數聲 穌后切

炊籅也者本書楢木參交以枝炊籅者也籅要籔炊籅也方言作篗廣雅篗籅也

箅 蔽也所以蔽甑底從竹畀聲 必至切

蔽也者史記淮陰矦傳索隱引同箅蔽聲相近 所以蔽甑底者戴侗曰今人以木爲甑如桶而無底著箅以炊飯玉篇箅甑箅也顏注急就篇箅蔽甑底者也考工記陶人甗七穿鄭司農云甗無底甑少牢饋食禮廩人概甑甗鄭云甗如甑一孔馥謂穿以通氣箅以承米裴元新語尹氏之鏡照睫數莖烝食曾不如三錢之箅雷公炮炙論弊箅淡鹵馥案御覽七百五十七引孔融同歲論曰弊箅經尺不足以救鹽池之鹹通作箄世說賓客詣陳太邱宿太邱使元方季方炊客與太邱論議二人進火俱委而竊聽炊忘著箄飯落釜中太邱問炊何不餾元方季方長跪曰大人與客語乃俱竊聽炊忘著箄飯今成糜

䈰 飯筥也受五升從竹稍聲秦謂筥曰䈰 山樞切

飯筥也者字或作筲廣雅筲籅也方言籅南楚謂之筲注云盛飯筥也今建平人呼筲音鞭鞘 受五升者蕭該漢書音義引字林同論語斗筲之人鄭注筲竹器也容斗二升既夕禮筲三黍稷麥注云筲畚種類也其容蓋與簋同一觳也既夕記云葦苞長三尺一編菅筲三其實皆瀹案孝經陳其簠簋鄭注受斗二升昭三年左傳四升曰豆豆

實三而成斛斛亦受斗二升鄭謂筲與簋同一斛是筲受斗二升與本書異三禮圖筲圓受五升益䈰受與筥同秦謂筥曰䈰者一切經音義十五字林筥䈰也飯器受五升秦謂筥任大椿字林考逸云秦謂筥下當脫爲䈰二字

shāo 䈰

䈰 陳畱謂飯帚曰䈰从竹捎聲一曰飯器容五升一曰宋魏謂箸筩爲䈰所交切

一曰飯器容五升者本書䈰飯筥也受五升　一曰宋魏謂箸筩爲䈰者或作筲方言箸筩陳楚宋魏之閒謂之筲廣雅䈰箸筩也徐鍇曰今言䈰箕箸匕箸也御覽七百六十䈰亦盛箸籠北史魏收傳飯房笭籠箸孔嘲玎外國傳屈都乾國飯用竹筲摶而取之

jǔ 筥

筥 䈰也从竹呂聲居許切

䈰也者當爲籍本書匡飯器筥也顏注急就篇筥一名籍受五升詩良耜載筐及筥其饟伊黍箋云筐筥所以盛黍也或作籚廣雅籍籚也廣志枸櫞似橘而大如飯籚

說文解字義證　卷十三　七

sì 笥

笥 飯及衣之器也从竹司聲相吏切

飯及衣之器也者一切經音義十二云笥說文盛衣器也亦盛食器也圓曰簞方曰笥也曲禮凡以弓劍苞苴簞笥問人者注云簞笥盛飯食者圓曰簞方曰笥東觀漢記馮異進一笥麥飯菟肩續漢書世祖微時繫南鳴市獄吏以一笥飯與之華嶠後漢書上問第五倫聞鄉爲市掾人有遺母一笥餅者後漢書樊曄傳饋餌一笥注云笥竹器也覆案此皆言飯器也書說命惟衣裳在笥內則男女不同椸枷不敢縣於夫之楎椸不敢藏於夫之篋笥漢書貢禹傳故時齊三服官輸物不過十笥顏注笥盛衣竹器古文苑擣素賦笥已緘而更結注云笥盱衣裳也御覽七百十一引張衡集南陽鮑得有詔所賜先公綬笥傳世用之宋周朗上疏一體炫金不及百兩一歲美衣不過數襲而必收寶連櫝集服累笥是櫝帶寶笥著衣也通鑑景龍二年宮中言皇后衣笥裙上有五色雲起覆案此皆言衣器也

dān 簞

簞 笥也从竹單聲漢律令簞小筐也傳曰簞食壺漿都寒切

笥也者士冠禮櫛實於簞注云簞笥也士喪禮櫛於簞注云簞葦笥論語一簞食孔安國曰簞笥也皇侃曰簞竹筥之屬也用貯飯宣二年左傳簞食與肉注云簞笥也昭二十五年公羊傳高子執簞食何云簞葦器也圓曰簞方曰笥吳語觴酒豆肉簞食注云簞飯器孟子非其道則一簞食不可受於人注云簞笥也淮南齊俗訓其於以函食不如簞　漢律令簞小筐也者令當爲笭廣韻簞笥小篋廣雅簞筐也哀二十年左傳與之一簞珠注云簞小笥

shāi 簁

簁 簁箄竹器也从竹徙聲所綺切

廣韻十四皆簁籭古以爲玉柱故字從玉今俗作簁

簁箄竹器也者六書故簁竹器所以治粒物別粗細增韻簁箄下物竹器簁籭也急就篇簁箄箕帚筐篋簍顏注簁所以籮去粗取細者也今謂之篩大者曰簁小者曰箄其字從卑釋名簁作清簁也覆案作清謂去粗留精韋仲將筆墨方合墨法好醇煙擣訖以細絹簁於缸中簁去草芥或作篩干祿字書篩簁上俗下正漢書賈山傳篩土築阿房之宮顏注篩以竹簁爲之謝承後漢書趙咨病使人取乾黃土細擣篩之遺令置土棺底以土壅之博物志外國

說文解字義證　卷十三　八

豉法篩椒肩合投之

bǐ 箄

箄 簁箄也从竹卑聲幷弭切

tuán 篿

篿 圜竹器也从竹專聲度官切

圜竹器也者字或作篅類篇篅圓竹器又作槫急就篇槫榼椑榹匕箸籫

zhù 箸

箸 飯攲也从竹者聲陟慮切又遲倨切

漢書張良傳臣請借前箸以籌之張晏曰求借所食之箸用指畫也周亞夫傳獨置大胾無切肉又不置箸亞夫心不平顧謂尚席取箸　語林王藍田食雞子以箸刺之不得大怒投於地　東宮舊事漆箸一百雙

飯攲也者本書攲持去也去當爲笑笑飯器通俗文以箸取物曰攲玉篇箸筴也飯具也顏注急就篇箸一名梜所以夾食也通鑑劉備方食失匕箸注云箸梜也

lǒu 簍

簍 竹籠也从竹婁聲洛侯切

竹

竹籠也者本書籠笭也廣雅簍篆也方言篆小者南楚謂之簍自關而西秦晉之閒謂之箄注云今江南亦名小籠爲箄急就篇簁箄箕帚筐篋簍顏注簍者疏目之籠亦言其孔樓樓然也喪大記君大夫鬊爪實于綠中注云將實爪髮棺中必爲小囊盛之此綠或爲簍

láng 筤

筤 籃也从竹良聲 盧黨切

lán 籃

籃 大篝也从竹監聲 魯甘切

大篝也者廣韻籃籃籠玉篇籃大籠也筐也一切經音義十六籃筐屬也字林大笭也纂文云大筐也廣雅籃筐也方言籠或謂之笯注云亦呼籃

□ 古文籃如此

汗簡作□屬广部

gōu 篝

篝 笿也可熏衣从竹冓聲宋楚謂竹篝牆以居也 古侯切

史記陳涉世家夜篝火滑稽傳甌窶滿篝徐廣竝云篝籠也

笿也者玉篇篝籠笿也急就篇笹篅箯筥籅箅篝顏注篝一名笿盛杯器也 可熏衣者東宮舊事皇太子納妃有漆畫手巾熏籠二大被熏籠三衣熏籠三劉向別錄淮南王有熏籠賦西京雜記漢制天子以象牙爲籠 宋楚謂竹篝牆以居也者以字衍方言篝陳楚宋魏之閒謂之牆居注云今熏籠也廣雅熏篝謂之牆居

luò 笿

笿 桮笿也从竹各聲 盧各切

桮笿也者一切經音義十六引字林笿杯籠也字或作簬玉篇桮簬籠也又作簬方言桮簬陳楚宋衛之閒謂之桮簬又謂之豆筥自關東西謂之桮簬注云盛桮器籠也又通作落廣雅豆篆杯落也王逸注懷沙亦作籠落

gòng 簽

䇨 桮笿也从竹夅聲或曰盛箸籠 古送切

桮笿也者廣雅同 或曰盛箸籠者字或作櫎廣雅桶櫎贊箸筩也方言箸筩自關而西謂之桶櫎

lián 籢

籢 鏡籢也从竹斂聲 力鹽切

鏡籢也者一切經音義三引同急就篇鏡籢疏比各異工顏注鏡籢盛鏡之器若今鏡匣也籢又作匳一切經音義三引蒼頡篇盛鏡器曰匳謂方底者又卷十引韻集文匳斂也收斂物也三蒼盛鏡器名也今香匳粉匳棊匳皆是也後漢書光烈陰皇后紀視太后鏡匳中物注云匳鏡匣也列女傳珠崖令後妻爲前妻女連大珠以爲係臂及令死送喪入關法內珠入于關者死其繼母棄之關候於鏡匳中搜出珠問誰當坐者女曰我置鏡匳中夫人不知也母曰此珠妾之係臂妾置鏡匳中妾當坐關候不能決後乃知其九歲男兒取置匳中也東宮舊事皇太子納妃有漆匳盛蓋銀華金薄鏡三庾信鏡賦暫設妝匳還抽鏡屜劉緩鏡賦欲開匳而更飾乃當窗而取鏡

zuǎn 籫

籫 竹器也从竹贊聲讀若纂一曰叢 作管切

竹器也者急就篇槫榼椑榹匕箸籫顏注籫盛匕箸之籠也方言籫箸筩注云盛朼箸籫也廣雅籫箸筩也 讀若纂者字或作篹喪大記食於篹者盥注云篹竹筥也明堂位薦用玉豆雕篹注云篹籩屬也以竹爲之又通作算史記鄭莊傳其餽遺人不過算器食集解云算先管反竹器 一曰叢者徐鍇曰叢叢東茅纂若今俗祭神爲之

yíng 籯

籯 笭也从竹嬴聲 以成切

笭也者本書笭籯也廣雅籯籠也類篇籯下云一曰蜀人負物籠上大下小而長謂之籯笭劉逵蜀都賦注籯縢也漢書韋賢傳遺子黃金滿籯如淳曰籯竹器受三四斗今陳留俗有此器方言箸筩陳楚宋魏之閒謂之筲或謂之籯

sān 䈀

䈀 竹器也从竹刪聲 蘇旰切

竹器也者玉篇䈀竹器也似箱而麤廣雅箱謂之䈀

guǐ 簋

簋 黍稷方器也从竹从皿从皀 居洧切

黍稷方器也者周禮掌客簋十有二注云簋黍稷器也廣韻內圓外方曰簋三禮圖簋受一升足高一寸中圓外方挫其四角漆赤中蓋亦龜形其飾如簠盛稻粱易二簋鄭注離爲日日圓巽爲木木器象木器圓簋象又注周禮舍人云方曰簠圓曰簋詩陳饋八簋傳云圓曰簋北堂書鈔引鄭注孝經云方曰簠圓曰簋少牢饋食疏引作外方曰

簠漢書賈誼傳簠簋不飾顏注方曰簠圜曰簋馥謂據外則曰方據內則曰圜

𠥬 古文簋从匚飢

從飢者飢當爲飤集韻引作飤

匭 古文簋或从軌

史記秦始皇本紀飯土塯李斯傳塯作𤬪大史公自序作簋徐廣云簋一作塯經典或省作軌公食大夫禮宰夫設黍稷六簋于俎西注云古文簋皆作軌易二簋蜀才本作軌

朹 亦古文簋

文當爲朹從几俎之几譌從八九之九易渙九二渙奔其机王注机承物者也釋文音几周禮小史以書敘昭穆之俎簋故書簋或爲几春秋繁露祭義云春上豆實夏上尊實秋上机實冬上敦實豆實韭也尊實醴也机實黍也敦實稻也馥謂机實即簋實簋黍稷器

fǔ 簠

簠 黍稷圜器也从竹从皿甫聲 方矩切

黍稷圜器也者三禮圖簠受一升下足高一寸中方外圜漆丹中蓋龜形諸侯飾以象天子玉飾盛黍稷聘禮夫人使下大夫勞以二竹簠方注云竹簠方者器名也以竹爲之狀如簋而方如今寒具筥筥者圜此方耳釋文云外圜內方曰簠內圜外方曰簋

医 古文簠从匚从夫

biān 籩

籩 竹豆也从竹邊聲 布玄切

竹豆也者釋器竹豆謂之籩周禮籩人注云竹曰籩又籩人掌四籩之實注云籩竹器如豆者其容實皆四升周語品其百籩韋云籩竹器容四升家語問禮篇籩豆鉶羹注云竹曰籩

𠥱 籀文籩

漢校官碑匴豆用[illegible]隸改昭作匚

dùn 𥬠

𥬠 篅也从竹屯聲 徒損切

篅也者廣雅𥬠謂之篅急就篇𥬠篅籅筥𥳑箅篝顏注𥬠篅皆所以盛米穀也以竹木簟席若泥涂之則爲𥬠𥬠之言屯也物所屯聚也淮南精神訓守其篅𥬠高云篅𥬠受穀器

chuán 篅

篅 以判竹圜以盛穀也从竹耑聲 市緣切

以判竹圜以盛穀也者諸書所引無上以字一切經音義十二引字林篅判竹爲之盛穀者蒼頡篇亦作圌圌倉也廣韻篅盛穀圓𥬠夏侯陽算經今有圓篅周三丈高一丈六尺問受粟幾何或以艸作之釋名圌屯也屯聚之也以艸作之團團然也齊民要術種稻法淨淘種子漬經三宿漉出內草篅裛之

lù 簏

簏 竹高篋也从竹鹿聲 盧谷切

竹高篋也者通俗文簏謂之匱筍楚詞九歎麅蠹於筐簏注云方爲筐圓爲簏晉中興書王敦籍周顗家見素簏數枚中有故絮何延之蘭亭記右軍孫僧智永臨書所退筆頭置之於大竹簏簏受一石餘而五簏皆滿通作鹿吳語市無赤米而囷鹿空虛韋注圓曰囷方曰鹿馥案此與王注楚詞異

箓 簏或从彔

dàng 簜

簜 大竹筩也从竹昜聲 徒朗切

大竹筩也者一切經音義十四引無竹字玉篇簜竹器也可以盛酒

tóng 筩

筩 斷竹也从竹甬聲 徒紅切

斷竹也者一切經音義二引同三蒼筩竹管也笙賦越上筩而通下管急就篇芬薰脂粉膏澤筩顏注筩者本用竹筩其後轉用金玉雜物寫竹狀而爲之

biān 箯

箯 竹輿也从竹便聲 旁連切

竹輿也者隋書禮儀志引同廣雅箯輿也顏注急就篇箯者織竹之輿也文十五年公羊傳筍將而來也何注筍者竹箯一名編輿齊魯以北名之曰筍史記張耳陳餘列傳上使泄公持節問之箯輿前集解徐廣曰箯音鞭駰案韋

昭日輿如今輿牀人輿以行索隱服虔云音編編竹木如
今峻可以糞除也郭璞三蒼注云篢𥰭土器顏注漢書篢
輿者編竹木以爲輿形如今之畚輿矣風俗通篤被創困
乏佐服其義勇篢輿養之通鑑鄒士美備籃輿追伊宥注
云籃輿卽
今之轎也

nú 笯

笯 鳥籠也從竹奴聲 乃故切

鳥籠也者洪興祖補注楚詞引作籠也南楚謂之笯玉篇
笯籠笭也方言籠或謂之笯廣雅笯籠也楚辭懷沙鳳皇
在笯兮注云笯籠落也說苑奉使篇魏文侯
使舍人獻鵠於齊侯行道失之徒獻空籠

gān 竿

竿 竹梃也從竹干聲 古寒切

竹梃也者李善注謝靈運詩引字林同
詩籊籊竹竿史記貨殖傳竹竿萬个

zhuó 籗

籗 罩魚者也從竹靃聲 竹角切

罩魚者也者玉篇籗魚籠也廣雅籗箄也通作篧爾雅篧
謂之罩郭云捕魚籠也李巡云編細竹以爲罩捕魚也孫

炎云今楚篧也詩南有嘉魚烝然罩罩傳云
罩罩篧也正義罩以竹爲之無竹則以荊

篧 籗或省

gè 箇

箇 竹枚也從竹固聲 古賀切

戴侗曰說文唐本曰箇竹枚也今或作个半竹也徐氏闕个
字曰个不見義無從下筆明堂左右个者明堂旁室也當作
介鼂說之曰大射儀搢三挾一个者矢也亦可易爲介乎魯
文公曰竹生非一故兼个猶艸兼屮林兼木秝兼禾也說之
據籀文亦有个字史記貨殖傳正義引釋名竹曰个木曰
枚齊語鹿皮四个韋云个枚也吳語譬如羣獸然一个負
矢百羣皆奔漢書貨殖傳竹竿萬个孟康曰个者一个兩
个荆法志操十二石之弩負矢五十个顏注个讀曰箇箇枚
也孫綽漏刻銘累箇三階覆案箇竹矢也後漢律歷志孔
壺爲漏浮箭爲刻王襃賦挈壺司刻漏尊蕩流仙曳秉矢隨
水沈浮
是也

竹枚也者徐鍇曰人言一箇一枚依竹木而言之也廣韻
箇數又枚也凡也玉篇箇數之一枚也方言箇枚也注云
謂枚數也廣雅枚箇凡也尙書枚卜功臣大射儀搢三挾
一个注云个猶枚也士虞禮俎釋三个注云个猶枚也今
俗或名枚曰個音相近又特牲饋食禮注云个猶枚也今
俗言物數有云若干个者此讀然襄二十一年左傳識其
枚數正義今人數物猶云一枚二枚也昭十二年傳南蒯
枚筮之正義今人數物云一枚兩枚是籌之名也九章算
術今有出錢一萬三千五
百買竹二千三百五十箇

jiǎo 筊

筊 竹索也從竹交聲 胡茅切

竹索也者通作茭漢書溝洫志搴長茭兮湛美玉臣
瓚曰竹葦絙謂之茭也顏注絙索也茭字宜從竹

zuó 筰

筰 筊也從竹作聲 在各切

筊也者增韻筰竹索西南夷尋之以渡水故因号曰邛筰
玉篇筰竹索也引舟竹筊也釋名引舟者曰筰筰作也作
起也起舟使動行也詩采菽汎汎楊舟紼纚維之釋文云
纚韓詩云筰也釋水云紼縭維之李巡曰綷竹爲索所以
維持舟者孫炎曰舟止繫
之於樹木戾竹爲大索

qián 箝

箝 蔽絮簀也從竹沾聲讀若錢 昨鹽切

蔽絮簀也者蔽當爲潎本書潎於水中擊絮也廣韻箝漂
絮簀也漂水中打絮考工記弓人注鄭司農讀剽爲湖漂
絮之漂漢書韓信傳有一漂母哀之韋昭曰以
水擊絮曰漂　讀若錢者錢當爲棧簀棧也

shà 箑

箑 扇也從竹疌聲 山洽切

扇也者本書萐堯時生於庖廚扇暑而涼玉篇扇箑也或
竹或素作羽作毛用取風廣雅箑謂之扇方言扇自關而
東謂之箑自關而西謂之扇注云今江東亦通名扇爲箑
六韜勵軍篇夏不操扇論衡是應篇入夏月操箑須手摇
之然後生風淮南說林訓中
夏用箑快之至冬而不知去

[竹妾] 箑或從妾

或作翣呂氏春秋有度
篇冬不用翣注云扇也

lóng 籠

籠 舉土器也一曰笭也從竹龍聲 盧紅切

舉土器也者舉當爲舉俗作舉本書梠從土輂方言籠南楚江沔之閒謂之篣注云今零陵人呼籠爲篣周禮遂人共邱籠及蜃車之役注云邱籠之役竊復土也其器曰籠襄九年左傳陳畚挶注云畚簣籠挶土轝廣韻畚籠竹車輂方言車枸簍宋魏之閒或謂之篓籠九章算術今有負籠重一石一十七斤淮南說山訓貂裘而負籠高云籠土籠也精神訓揭钁臿負籠土高云籠受土籠也漢書王莽傳荷籠負鍤顏注籠所以盛土也東觀漢記耿恭於疏勒城穿井身自率士輓籠一曰笭也者本書笭笭籯也廣雅笭籠也廣韻篝笭籠也又云笭箐小籠

ráng 䉴

䉴 裛也從竹襄聲 如兩切

裛也者本書裛褱也通作苞水經注說碣石云海水西侵歲月逾甚而苞其山故言水中矣䉴通作襄水經注濡水條下說贊水云昔在漢世海水波襄吞食地廣當同碣石苞淪洪波也書堯典蕩蕩懷山襄陵

hù 笠

笠 可以收繩也從竹象形中象人手所推握也 胡誤切

可以收繩也者一切經音義十二引通俗文繰車曰軖軖笠也廣雅軖謂之笠漢書谷永傳百官盤互顏注盤結而

交互也輟耕錄二十四黃山谷辨剛卯遺蹟云綵繩也音護古文無此字按互紐繩器也罟兔罟也豈紐綵繩與兔罟相類故同此音邪

互 笠或省

liáo 簝

簝 宗廟盛肉竹器也從竹尞聲周禮供盆簝以待事 洛蕭切

宗廟盛肉竹器也者廣韻四十五厚簍籠也周禮作簝廣雅簝籠也 周禮供盆簝以待事者地官牛人文彼云凡祭祀共其牛牲之互與其盆簝以待事注云簝受肉籠也

jǔ 簾

簾 飲牛筐也從竹豦聲方曰筐圜曰簾 居許切

飲牛筐也者飲左傳正義引作飯類篇亦作飯玉篇廣韻集韻竝作飤一切經音義二聲類飤哺也又二十四蒼頡篇飤飽也謂以飲食設供於人曰飤故字從人東方朔七諫子推自割而飤君兮方言箄簍篼箸簾也江沔之閒謂之簍趙代之閒謂之筥淇衛之閒謂之牛筐簾其通語也纂文趙代以筥爲筥 方曰筐圜曰簾者通作筥詩召南維筐及筥傳曰方曰筐圓曰筥淮南時則訓具撲曲筥筐注云圓底曰筥方底曰筐隱三年左傳筐筥錡釜之器杜注方曰筐圓曰筥陸璣詩疏楛似荊莖似蓍上黨人織以爲牛筥箱器

dōu 篼

篼 飲馬器也從竹兜聲 當侯切

飲馬器也者趙宧光曰飲當是飤誤與簾注同徐鍇韻譜篼飼馬器玉篇篼飼馬器也廣韻篼飼馬籠也廣雅䈶篼螻篼振囊也方言飤馬橐自關而西謂之裺囊或謂之裺篼或謂之螻篼燕齊之閒謂之帳漢書音義說烽火云高臺上作桔槔頭置兜零以薪草置其中覆案本艸有馬兜零山有馬兜山慕容皝遣封奕伏於馬兜山是也今雲南人編竹筐挂樹木上以飼馬卽馬兜也漢書百官表有挏馬令如淳曰主乳馬以韋革爲夾兜受數斗盛馬乳挏取其上肥因名曰挏馬馥案夾兜因盛馬乳故用韋革盛宏之荊州記穀城門有人刑其腹云摩兜鞬愼莫言兜鞬卽韋革夾兜

lú 籚

籚 積竹矛戟矜也從竹盧聲春秋國語曰朱儒扶籚 洛乎切

積竹矛戟矜也者本書柲欑也欑積竹杖也通作廬考工記攻木之工輪輿弓廬匠車梓注云廬矛戟矜柲也又廬人爲廬器又秦無廬注云廬讀爲纑謂矛戟柄竹欑柲 春秋國語曰朱儒扶籚者晉語文彼作侏儒扶盧韋注扶緣也盧矛戟之柲緣之以爲戲

qián 箝

箝 籋也從竹拑聲 巨淹切

籋也者漢書音義晉灼引同鬼谷子飛箝篇注云箝謂牽持緘束令不得脫也燕策蚌方出曝而鷸啄其肉蚌合而箝其喙漢書異姓諸侯王表箝語燒書顏注謂箝籋其口不聽妄言也袁盎傳而君自閉箝天下之口顏注箝籋也通作拑五行志臣畏刑而拑口鼂錯傳天下之士拑口不敢復言矣

niè 籋

籋 箝也從竹爾聲 尼輒切

竹

箝也者本書燕下云籥口周禮司弓矢并夾注云并夾矢籋也

dēng 簦

簦 笠蓋也從竹登聲 都滕切

笠蓋也者趙宦光曰簦今之繖蓋也廣雅簦謂之笠急就篇竹器簦笠簟籧篨顏注簦笠皆所以禦雨也大而有把手執以行謂之簦小而無把首戴以行謂之笠六韜農器篇蓑薜簦笠太公金匱曰不須兵器可以守國簦笠是其兜鍪齊語首戴茅蒲韋云茅蒲簦笠也茅或作萌萌竹萌之皮所以爲笠也吳語簦笠相望於艾陵注唐尚書云簦夫須也昭謂簦笠備雨器馥案詩都人士臺笠緇撮箋云臺夫須也以臺皮爲笠釋草臺夫須郭引鄭箋臺可以爲禦雨笠史記平原君傳躡蹻擔簦徐廣曰簦長柄笠笠有柄者謂之簦仲尼弟子列傳昔夫子當行使弟子持雨具雨具謂簦笠之屬宣四年左傳又射汰輈以貫笠轂杜云兵車無蓋尊者則邊人執笠依轂而立以禦寒暑名曰笠轂服虔云笠轂轂之蓋如笠所以蔽轂上以禦矢也

lì 笠

笠 簦無柄也從竹立聲 力入切

簦無柄也者增韻蓑笠無柄曰笠有柄曰簦詩無羊何蓑何笠傳云笠所以禦暑良耜其笠伊糾傳云笠所以禦暑雨也既夕燕器杖笠翣注云笠竹箬蓋也郊特牲草笠而至尊野服也史記五帝本紀使舜上塗廩瞽叟從下縱火焚廩舜乃以兩笠自扞而下去崔駰博徒論農夫戴笠持耨以芸蓼荼寰宇記貴州蔡山多蔡葉堪爲笠

xiāng 箱

箱 大車牝服也從竹相聲 息良切

大車牝服也者詩甫田乃求萬斯箱箋云萬車以載之正義兩較內謂之箱謂車內容物之處爲箱大東睆彼牽牛不以服箱傳云服牝服也箱大車之箱也箋云牽牛不可用於牝服之箱戴侗曰按毛鄭皆以服與箱爲二物說文徑以箱爲牝服詳詩人辭意服如服牛服鹽車之服謂星雖有牽牛而不可用之以服車箱也考工記車人大車崇三柯綆寸牝服二柯有參分柯之二注云大車平地載任之車鄭司農云牝服謂車箱服讀爲負藝文類聚引風俗通車一兩謂兩兩相與體也原其所以言兩者箱裝及輪兩兩而耦故稱兩兩爾後漢書張衡傳鞶要褭以服箱注云箱車也隋書何稠傳舊制五輅於轅上起箱

fěi 篚

篚 車笭也從竹匪聲 敷尾切

車笭也者本書𨍭車笭閒皮篋楯車笭中楯楯器也類篇篚車笭也字或作棐方言箱謂之棐廣雅棐箱也玉篇棐車箱

líng 笭

笭 車笭也從竹令聲一曰笭籯也 郎丁切

車笭也者顏注急就篇笭車前曲闌也釋名笭橫在車前織竹作之孔笭笭也廣雅䉶笭謂之𨋌馥案昭二十五年公羊解詁𨋌車覆笭疏云笭即式也但車式以笭爲之有豎者有橫者故考工記注云輢式之植者橫者也釋名陰蔭也橫側車前所以蔭笭也馥案詩陰靷鋈續傳云陰揜軓也箋云揜軓在式前垂輈上然則笭在式下既夕商祝飾柩一池注云池者象宮室之承霤以竹爲之狀如小車笭一曰笭籯也者本書籯笭也

tán 䉣

䉣 搔馬也從竹剡聲 丑廉切

搔馬也者廣韻䉣刮馬篦也玉篇䉣馬䉣也所以刮馬徐鍇曰䉣竹有齒以搔馬垢污

cè 策

策 馬箠也從竹朿聲 楚革切

馬箠也者本書𣪊擊馬也一切經音義十七策馬檛也所以捶馬驅馳也廣雅策箠也方言木細枝謂之杪燕之北鄙朝鮮洌水之閒謂之策初學記鞭策箠皆馬檛之名古者用革以扑罪人亦以驅馬故鞭字从革其後以竹代革故策箠二文並从竹蓋因驅策箠擊之義以立名也漢書婁敬曰周太王以狄伐杖馬箠去居岐禮記曰獻車馬者執策綏君車將駕則僕執策立於馬前則其事也大戴禮盛德篇善御馬者正銜勒齊轡策均馬力和馬心故口無聲手不搖策不用而馬爲行也又云譬猶御馬棄轡勒而專以策御馬馬必傷車必敗考工記輈人軓前十尺而策半之注云策御者之策也文十三年左傳繞朝贈之以策杜注云策馬檛襄十七年傳左師爲己短策苟過華臣之門必騁服虔曰策馬捶也哀十一年傳抽矢策其馬定八年公羊傳臨南投策而墜之何云策馬捶也尉繚子曰馬有策遠道可致趙策齊閔王將之魯夷維子執策而從楚詞九辨乘騏驥之瀏瀏兮馭安用夫強策七諫駕蹇驢而無策兮注云策箠也新序杖馬策下趙數十城漢書陳勝項籍傳贊振長策而馭宇內顏注策所以撾馬也王吉

傳手苦於箠轡顏注箠馬策漢雜事上問車幾馬后慶以策數馬對曰六馬文選西征賦爾乃端策拂茵五臣云策馬杖也雲南記雲南出蘇小者以爲馬策顏氏家訓書證篇簡策字竹下施朿末代隸書似杞宋之宋亦有竹下遂爲夾者猶如刺字之朿應爲朿今亦作夾徐仙民春秋禮音遂以筴爲正字以策爲音殊爲顛倒

chuí 箠

箠 擊馬也從竹垂聲 之壘切

擊馬也者本書檛箠也集韻箠擊馬策也太公陰謀箠之書曰馬不可極民不可劇馬極則躓民劇則敗齊策此固大王之所以鞭箠使也漢書婁敬傳杖馬箠去居岐顏注箠馬策也吾邱壽王傳其後民以耰鉏箠梃相撻擊顏注箠馬檛也王莽傳士以馬箠擊亭長顏注箠策也鹽鐵論詔聖篇今之治民者若御拙馬行則頓之止則擊之身創於箠吻傷於銜吳會分地記句踐於夏山鑄銅不鑠埋之土生馬箠遣使徙於南社種之飾治以爲箠獻於吳楊倞時務論雖剛怒麤戾蹄齧之馬箠策畢至則蹁蹋循軌李尤馬箠銘御者箠策示有威怒東野之敗督責過度通鑑梁武謂侯景曰是何能爲吾折箠笞之字或作箠列子楊朱篇百羊而羣使五尺童子荷箠而隨之欲東而東欲西

而西又或作棰韓非姦劫篇無棰策之威銜橛之備雖造父不能以服馬又或作捶老萊子可食以酒肉者可加以鞭捶莊子至樂篇撽以馬捶釋文馬杖也

zhuā 築

築 箠也從竹朵聲 陟瓜切

箠也者字林同廣雅箠築也張衡南都賦其竹則篠簳箛箠戴凱之竹譜作箛築竹云生於漢陽漢時獻以爲輅馬策或作簻文選長笛賦裁以當簻便易持注云簻馬策也粗者曰簻細者曰枚又或作檛文十三年左傳繞朝贈之以策杜云策馬檛釋文云檛馬杖也襄十八年傳以枚數闔注云枚馬檛也急就篇鐵錘檛杖梲柲杸顏注粗者曰檛細者曰枚通鑑擾龍宗詣卓白事不解劒立檛殺之

zhuì 笍

笍 羊車騶箠也箸箴其耑長半分從竹內聲 陟衛切

羊車騶箠也者玉篇笍小車具也考工記車人羊車二柯有參分柯之一注云羊善也善車若今定張車疏云未知定張車將何所用但知在宮內所用故差小爲之論語小車無軏鄭注小車爲羊車釋名羸車羊車各以所駕名之也甄元成車賦既涉用於牛馬亦受名於羊鹿三代地理書秦始皇乘羊車登嶧山晉書輿服志羊車一名輦車其上如軺伏兔箱漆畫輪軛又胡貴嬪傳帝常乘羊車恣其所之北史李諧傳武成以斛律金耆老每朝賜羊車上殿又崔光傳敕賜羊車一乘新唐書車服志屬車十乘七曰羊車南齊書輿服志漆畫牽車即古之羊車也晉泰始中護軍羊琇乘羊車爲司隸校尉劉毅所奏武帝詔曰羊車雖無制非素者所服免官衛玠傳云總角乘羊車市人聚觀今不駕羊猶呼牽此車者爲羊云隋書禮儀志羊車其制如軺車駁童二十人皆兩鬟髻服青衣謂之羊車小史

箸箴其耑長半分者本書鏊羊箠耑有鐵鐵當爲鐵集韻錣與鏋同羊車騶箠也馬箠亦有箴淮南汜論訓是猶無鏑銜橜策錣而御馯馬也高注錣檇頭箴也又道應訓倒杖策錣上貫頤高注策馬棰端有針以刺馬謂之錣驅獸亦用箴兵法火獸繫火種於野豬麈鹿箴其尾端而縱之

lán 籣

籣 所以盛弩矢人所負也從竹闌聲 洛干切

所以盛弩矢人所負也者漢書韓延壽傳抱弩負籣如淳曰籣盛弩箭箙也顏注籣盛弩矢者也其形如木桶馥案

竹譜射筒竹薄肌而節長中著箭因以爲名字或作韊史記信陵君列傳平原君負韊矢集解云呂忱曰韊盛弩矢索隱云謂以盛矢如今之胡䩮而短也

fú 箙

箙 弩矢箙也從竹服聲周禮仲秋獻矢箙 房六切

弩矢箙也者續漢輿服志輔冑甲弩之箙注云通俗文曰箭箙謂之步叉魏百官名三公拜賜魚皮步叉一琢鼓金校步叉一趙書后虎等破劉曜獲步叉弓韃三十具釋名矢括筈曰叉形似叉也其受之器以皮曰箙謂柔服用之也織竹曰笮相迫笮之名也步叉人所帶以箭叉其中也馥案既夕役器甲冑干笮注云笮矢箙方言所以藏箭弩謂之箙注云盛弩箭器也廣雅韊矢藏也馥謂箙韊聲相近經典通作服詩采芑簟茀魚服采微象弭魚服箋並云矢服也荀子議兵篇操十二石之弩負服矢五十個齊語服無矢韋云服矢服也鄭語檿弧箕服韋云服矢房爾雅翼其草似荻而細織以爲矢服史記司馬相如傳右夏服之勁箭徐廣曰韋昭云矢室名曰服呂靜曰步叉謂之服也伏儼曰服盛箭器也漢書五行志檿弧箕服顏注服盛箭者即今之步叉也鮑明遠擬古詩象弧插雕服馥案盛

兵器者亦曰箙周禮巾車小服皆疏注云服讀爲箙小箙刀劍短兵之衣周禮仲秋獻矢箙者夏官司弓矢文注云箙盛矢器也干寶云箙今謂之步乂

zhū 笨

笨 桻雙也從竹朱聲 陟輸切

桻雙也者本書桻桻雙也玉篇雙桻雙也廣韻桻雙帆未張廣雅䈙雙謂之笨南越志南海有盧頭木葉如甘蔗織以爲帆名曰雙也

shān 笘

笘 折竹箠也從竹占聲潁川人名小兒所書寫爲笘 失廉切

折竹箠也者猶折柳折蘘也東觀漢記赤眉無穀自當來降吾折箠笞之廣雅折笨也 潁川人名小兒所書寫爲笘者寫當爲篡玉篇篡笘篡又云籙篡也廣雅笘籙䈝也篇海作篡云笘也本書籥書僮竹笘也紙絮一苫也苫當爲笘學記呻其佔畢佔即笘畢謂簡

dá 笪

笪 笞也從竹旦聲 當割切

笞也者一切經音義十七引作箬也又云音若箬竹皮名也郭璞注方言云江東謂籧篨直文而粗者爲笪馥案方言符篖郭注似籧篨直文而粗江東呼笪音靼玉篇笪丁達切籧篨也又符篖竹笪廣韻笪竹簓集韻笪覆舟簟類篇笪笞也 笞爲箬之譌

chī 笞

笞 擊也從竹台聲 丑之切

擊也者後漢書章帝紀注引同廣雅笞擊也燕策縛其妾而笞之荀子正論篇捶笞臏腳注云捶笞皆杖擊也淮南時則訓毋笞掠韓詩外傳昔者舜爲人子小箠則待笞大杖則逃史記高祖紀人乃以嫗爲不誠欲笞之律書故教笞不可廢於家張儀傳嘗從楚相亾璧意疑盜執掠笞數百不服釋之漢書刑法志詔曰笞者所以教之也其定箠令丞相劉舍御史大夫衛綰請笞者箠長五尺其本大一寸其竹也末薄半寸皆平其節當笞者笞臀毋得更人畢一罪乃更人自是笞者得全古文苑僮約奴不聽教當笞一百三國典略曹洪使阮瑀報荅書記瑀不肎榜荅瑀瑀終不屈晉律髡鉗五歲刑笞二百張斐律序累笞不過于二百唐書刑法志笞之爲言恥也凡過之小者捶撻以恥之漢用竹後世更以楚書曰扑作教刑是也

qiān 籤

籤 驗也一曰銳也貫也從竹韱聲 七廉切

驗也者本書讖驗也通俗文記識曰籤南史故事府州部論事皆籤前直敘所論之事後云謹籤具日下又云某官籤馥案江左有典籤之職又案玉篇竹籤用以卜者今人於神前求籤卜問吉凶是也官府畫諾謂之籤押亦徵驗意 一曰銳也者廣雅同本書韱兒細也 貫也者當爲毌魚毌毌是也

tún 簓

簓 榜也從竹殿聲 徒魂切

榜也者字書榜捶也廣雅榜擊也急就篇盜賊繫囚榜笞臀顏注榜笞捶擊之也史記張耳傳榜笞數千身無可擊漢書東方朔傳上令倡監榜舍人字或作簓後漢書虞延傳輒加簓二百注云簓捶也 殿聲者本書殿擊聲

zhēn 箴

箴 綴衣箴也從竹咸聲 職深切

綴衣箴也者本書黹下云箴縷所紩衣鍼下云所以縫也鐕下云可以綴著物者內則右佩箴管線纊又云紉箴請補綴管子輕重甲篇一女必有一刀一錐一箴一鉥荀子賦篇簪以爲父管以爲母既以縫表又以連裏夫是之謂箴理淮南原道訓離朱之明察箴末於百步之外寰宇記龍平縣齕鼠山多箴竹

shuò 箾

箾 以竿擊人也從竹削聲虞舜樂曰箾韶 所角切 又音簫

以竿擊人也者西京賦飛罕潚箾又云但觀罝羅之所羂結竿殳之所揘畢馥案竿通作干尚書舞干羽于兩階箾通作捎集韻捎擊也漢郊祀歌飾玉捎以舞歌 虞舜樂曰箾韶者本書韶虞舜樂也襄二十九年左傳見舞象箾南籥者服注箾舞曲名言天下樂削去無道又見舞韶箾者服注有虞氏之樂大韶也書簫韶九成鄭注簫韶舜所制樂也馥案簫箾聲相近史記司馬相如傳紛容簫蔘鄭司農注考工記引作槮蔘漢書作箾蔘

yú 竽

竽 管三十六簧也從竹亏聲 羽俱切

世本隋作竽 一切經音義八引古史考女媧作簧其後隋作竽三十六管 通禮義纂漢武帝時邱仲作竽三十六管

樂府圖吹竽有以知法度竽音調則度數得見　釋名竹
之貫匏以瓠爲之故曰匏也竽亦是也其中汙空以受簧也
簧橫也於管頭橫施於中也以竹鐵作於口橫鼓之亦是也
韓非解老篇竽也者五聲之長者也故竽先則鐘瑟皆隨
竽唱則諸樂皆和　淮南時則訓孟夏之月吹竽笙注云竽
笙空中像陽故吹之　孔稚珪北山移文偶吹草堂李善云
偶吹卽齊竽也
偶匹對之名

管三十六簧也者廣雅竽象笙三十六管宮管在中央急
就篇竽瑟空侯琴筑箏顏注竽笙類也列管匏中施簧管
端宮管在中央三十六簧周禮笙師掌教龡竽鄭司農云
竽三十六簧易通卦驗冬至吹黃鐘之律閒音以竽竽長
四尺二寸鄭注竽管類用竹爲之形參差象鳥翼呂氏春
秋仲夏紀調竽笙壎篪注云竽笙之大古皆以瓠爲之竽
三十六簧漢書禮樂志竽工員三人顏注竽笙類也三十
六簧風俗通聲音篇謹案禮記竽管三十六簧也長四尺
二寸今二十三管宋書樂志宮管在中央三十六簧曰竽
今亾隋書樂志匏之屬二一曰笙二曰竽竝女媧之所作
也笙列管十九於匏內施簧而吹之竽大三十六管劉昫
曰女媧氏造匏列管於匏上內簧其中爾雅謂之巢大者

曰竽小者曰和竽煦也立春之氣煦生萬物也竽管三十
六宮管在左和管十三宮管居中今之竽笙竝以木代匏
而漆之無
復八音矣

shēng
笙

笙十三簧象鳳之身也笙正月之音物生故謂之笙大
者謂之巢小者謂之和從竹生聲古者隨作笙所庚切

郊特牲匏竹在下注云匏笙也　月令習吹蔡氏章句習吹
笙所以通氣也管簫竽笙皆以吹鳴者也　竹譜篠出魯郡
堪爲笙　崔豹古今注匏瓠也有柄曰縣匏可爲笙曲沃者
尤善　王廙笙賦其制器也則取不周之竹曾城之匏　寰
宇記引九州記云金
門之竹可以爲笙管
十三簧者廣雅笙以瓠爲之十三管宮管在左方北堂書
鈔一百十引三禮圖笙有雅簧十三上六下七也鄭司農
注周禮笙師云笙十三簧續表錄異葫蘆笙交阯人多取
無柄之瓠割而爲笙上安十三簧吹之音韻清響雅合律
呂高注呂氏春秋仲夏紀云笙十七簧　象鳳之身也者
初學記十六引作象鳳之聲馥案聲當爲身簫象翼笙象

身　藝文類聚四十四笙十三簧象鳳之身風俗通亦作身
邯鄲綽五經析疑夫笙者法萬物始生導達陰陽之氣故
有長短黃鐘爲始象法鳳皇潘岳笙賦基黃鐘以舉韻望
儀鳳以擢形寫皇翼以插羽摹鸞音以厲聲　笙正月之
音者風俗通同樂緯六律黃鐘十一月大簇正月姑洗三
月蕤賓五月夷則七月無射九月六呂大呂十二月夾鐘
二月仲呂四月林鐘六月南呂八月應鐘十月陽爲律陰
爲呂總謂之十二月律白虎通禮樂篇笙者太簇之氣象
萬物之生故曰笙有七正之節焉有六合之和焉天下樂
之故謂之笙陳氏樂書笙律中太簇立春之音也　物生
故謂之笙者風俗通同釋名笙生也象物貫地而生也周
禮眡瞭笙磬注云笙生也詩鼓鐘笙磬同音傳云笙磬東
方之樂也書臯陶謨笙鏞以閒鄭注東方之樂謂之笙笙
生也東方生長之方故名樂爲笙也　大者謂之巢小者
謂之和者釋樂文郭注列管瓠中施簧管端大者十九簧
小者十三簧唐書樂志七曰匏爲笙爲竽爲巢爲和　古
者隨作笙者北堂書鈔引世本同風俗通聲音篇謹按世
本隨作笙長四寸十三簧詩云我有嘉賓鼓瑟吹笙大笙
謂之巢小者謂之和宋書樂志笙隨所造不知何代人列
管匏內施簧管端宮管在中央三十六簧曰竽宮管在左

旁十九簧至十三簧
曰笙其它皆相似也

huáng
簧

簧笙中簧也從竹黃聲古者女媧作簧戶光切

齊東野語笙簧必用高麗銅爲之靘以綠蠟簧暖則字正而
聲清越故必用焙而後可陸天隨詩曰妾思冷如簧時時望
君暖樂府亦有簧暖笙清之語　長笛
賦注引文章志劉玄字伯康作簧賦
笙中簧也者詩君子陽陽左執簧傳云簧笙也正義云簧
者笙管之中金薄鐷也車鄰竝坐鼓簧傳云簧笙也鹿鳴
吹笙鼓簧傳云簧笙也吹笙也而鼓簧矣穆天子傳吹笙
鼓簧注云簧在笙中楚詞九歎願假簧以舒憂兮注云笙
中有舌曰簧　文選笙賦惟簧也能研羣聲之清惟笙也能
總衆清之林　古者女媧作簧者世本女媧作笙簧宋均
注女媧黃帝臣也明堂位女媧之笙簧注云女媧三皇承
宓羲者笙簧笙中之簧也風俗通聲音篇謹按世本女媧
作簧簧笙中簧也古史考女媧作簧曹植女媧贊古之國
君造簧作笙緯書女媧合隨作笙簧長笛賦女媧制簧宋
書樂志笙中之簧女媧所造也隋書律志昔者湻
古葦籥創覩人籟之源女媧笙簧仍昭鳳律之首

lài 籟　dòng 筒　xiāo 簫　shí 篂

篂 簧屬從竹是聲是支切

疑與篪同

簫 參差管樂象鳳之翼從竹肅聲穌彫切

通禮義纂伏羲作簫十六管 宋書樂志世本云簫舜所造隋書樂志簫十六管長二尺 舜所造者也 釋樂大簫謂之言小者謂之筊郭云編二十三管長尺四寸小者十六管長尺二寸 三禮圖雅簫長尺四寸二十四彄頌簫長尺二寸十六彄 五經通義簫編竹爲之長尺有五寸 詩有瞽簫管備舉箋云簫編小竹管如今賣餳者所吹也 周禮小師掌教鼓鼗柷敔塤簫管弦歌注云簫編小竹管如今賣飴餳所吹者 白虎通禮樂篇簫者中呂之氣也萬物生於無聲見於無形僇也簫也故謂之簫簫者以祿爲本言承天繼物爲民本人力加地道化然後萬物戮也故謂之簫也 呂氏春秋仲夏紀均琴瑟管簫注云簫今之歌竹簫也 月令章句編竹有底大者二十三管小者十六管長則濁短則清以蜜蠟實其底而增減之則和管而成音音定無所復調當與琴瑟相參 寰宇記嵩塗縣慈母山下引丹陽記云山生

簫管竹王褒洞簫賦原夫簫幹之所生于江南之丘墟卽此處是也其竹圓緻異於他處自伶倫採竹嶰谷以後惟此簳見珍歷代嘗給樂府

參差管樂象鳳之翼者徐鍇曰楚辭吹參差兮誰思參差簫也玉篇簫仲呂之氣樂器象鳳之翼急就篇鐘磬鞀簫鼙鼓鳴顏注簫編管而別之參差象鳳翼也易通卦驗夏至之樂輔以簫鄭注簫亦管形似鳳翼鳳火禽也火數七夏時又火用事二七十四簫之長由此風俗通聲音篇謹按尙書舜作簫韶九成鳳皇來儀其形參差象鳳之翼

肅聲者釋名簫肅也其聲肅肅而淸也

筒 通簫也從竹同聲徒弄切

通簫也者一切經音義二引作無底簫也馥案卽洞簫王褒有洞簫賦漢書王褒傳太子嘉褒所爲洞簫頌文選注引漢書音義如淳曰洞者通也簫之無底者故曰洞簫謝承後漢書元帝吹洞簫自度曲被歌聲

籟 三孔龠也大者謂之笙其中謂之籟小者謂之箹從

guǎn 管　yuè 箹

竹賴聲洛帶切

白帖簫籟也 廣雅籟謂之簫大者二十四管小者十六管有底 宋書樂志簫一名籟 莊子齊物論篇女聞人籟而未聞地籟女聞地籟而未聞天籟注云籟簫也 淮南齊俗訓若風之遇簫高云簫籟也 漢書司馬相如傳吹鳴籟張揖曰籟簫也

三孔龠也者呂氏春秋遇合篇客有以吹籟見越王者注云籟三孔龠也淮南說山訓視籟與竽注云籟三孔龠也以其管孔空處成音也 風俗通聲音篇謹按禮樂記籟三孔龠也 大者謂之笙其中謂之籟小者謂之箹者笙當爲產 釋樂大龠謂之產其中謂之仲小者謂之箹 釋文作簅云字又作產 御覽引舍人云仲其聲適中呂也

箹 箹小籟也從竹約聲於角切

小籟也者卽小龠 箹聲者舍人注爾雅云小者聲音細小曰箹也

管 如篪六孔十二月之音物開地牙故謂之管從竹官

聲古滿切

漢書律歷志竹曰管 太元診竹爲管 通歷黃帝始作律管 逢行挂注鬻子黃帝造律管 書益稷下管鼗鼓 詩有瞽簫管備舉箋云管如篴併而吹之 大射儀乃管新宮注云管謂吹蕩以播新宮之樂 周禮大司樂有孤竹之管孫竹之管陰竹之管 易緯坎主冬至樂用管 叶徵圖吹主冬律冬律主黃鐘 聖人承天樂用管 宋均曰管黃鐘九寸管也 物理論聽淸濁 五聲之和然後制爲鐘律取宏農宜陽縣金門山竹爲之管 呂氏春秋古樂篇昔黃帝令伶倫作爲律伶倫自大夏之西乃之阮隃之陰取竹於嶰谿之谷以生空竅厚鈞者斷兩節閒其長三寸九分而吹之以爲黃鐘之宮次曰舍少次制十二筒以之阮隃之下聽鳳皇之鳴以別十二律其雄鳴爲六雌鳴亦六以比黃鐘之宮適合黃鐘之宮皆可以生之故曰黃鐘之宮律呂之本 漢書律歷志同 晉書地理志律之始造以竹爲管取其自然圓虛也 釋樂大管謂之簥其中謂之篞小者謂之篎 郭云管長尺圍寸併漆之有底 月令均琴瑟管簫 蔡邕章句管者形長尺圍寸有孔無底其器今亾

如篪六孔者廣雅管象篪長尺圍寸六孔無底風俗通聲音篇引禮樂記云管漆竹長一尺六孔孟康注漢書引禮樂器記同周禮小師掌教鼓鼗柷敔塤簫管弦歌注云鄭司農云管如篪六孔漢書司馬相如傳管籥之音顏注管長一尺圍一寸六孔無底 十二月之音者風俗通同徐鍇曰十二月二陽生出地散故曰殷爲地正也月賦聽朔管之秋引李善云說文曰管十二月位在北方故云朔史記律書十二月律中大呂其於十二子爲丑五經算術棊實上生大呂十二月管長八寸二百四十三分寸之一百四 物開地牙故謂之管者開當爲貫管貫聲相近凡云故謂之者皆兼聲猶物生故謂之笙也風俗通聲音篇物貫地而牙故謂之管月令孟春之月其器疏以達注云器疏者刻鏤之象物當貫土而出也釋名笙生也象物貫地而生白虎通禮樂篇匏之爲言施也牙也在十二月萬物始施而牙三禮義宗十二月萬物始牙

琯 古者玉琯以玉舜之時西王母來獻其白琯前零陵文學姓奚於伶道舜祠下得笙玉琯夫以玉作音故神人以和鳳皇來儀也從玉官聲

古者玉琯以玉者韻會引作古者琯以玉史記索隱古律用竹又用玉晉書地理志黃帝作律以玉爲管長尺六孔爲十二月音汲郡盜發六國時魏襄王冢得玉律則古者以玉爲管矣劉熙太樂令壁記律家之說伶倫始爲律管以象鳳鳴舜時得白玉之琯漢零陵舜祠下實得玉管晉汲冢亦獲玉律則古用玉律明矣 舜之時西王母來獻其白琯者釋地觚竹北戶西王母日下謂之四荒郭注西王母在西淮南地形訓西王母在流沙之瀕大荒西經崑崙之邱有人戴勝虎齒有豹尾人處名曰西王母注云河圖玉版亦曰西王母居崑崙之山易林弱水之西有西王母生不知老與天相保穆天子傳吉日甲子天子賓於西王母乙丑天子觴西王母于瑤池之上注云西王母如人虎齒蓬髮戴勝善嘯漢書司馬相如傳吾乃今目覩西王母皜然白首戴勝而穴處兮張揖曰西王母其狀如人豹尾虎首蓬髮皜然白首石城金室穴居其中地理志金城郡臨羌縣西北至塞外有西王母石室尙書大傳舜以天德嗣堯西王母來獻白玉琯大戴禮少閒篇西王母來獻其白琯盧辯注琯所以候氣宋書符瑞志西王母舜時來獻白環白琯集仙錄舜在位王母獻玉琯吹之以和八風王起白玉琯賦質非竽籟韻合宮祉圖其表而合規虛其中而通理鐘律緯從上相承有周時銅尺一枚古玉律八枚今餘七枚檢考參差惟夾鐘玉琯有昔題刻未必是舜時白琯觀其玉色要非近物 前零陵文學姓奚於泠道舜祠下得笙玉琯者漢志泠道屬零陵郡文學者文學史也盧辯注大戴禮漢明帝時於舜廟下得玉琯一枚風俗通聲音篇舜之時西王母來獻其白玉琯昔章帝時零陵文學奚景於泠道舜祠下得笙白玉管知古以玉爲管後乃易之以竹耳漢書律歷志八音竹曰管孟康曰尙書大傳西王母來獻白玉琯漢章帝時零陵文學奚景於泠道舜祠下得白玉琯古以玉作不但竹也宋書樂志漢章帝時零陵文學奚景於舜祠得笙白玉琯後世易之以竹乎晉書律歷志舜時西王母獻昭華之琯以玉爲之及漢章帝時零陵文學奚景於泠道舜祠下得白玉琯隋書律歷志蕭吉樂譜云漢章帝時零陵文學史奚景於泠道縣舜祠下得玉律異苑衡陽山九疑皆有舜廟漢世零陵文學姓奚於泠道縣舜祠下得笙玉管舜時西王母獻元和郡縣志道州延唐縣本漢泠道縣之地屬零陵郡漢景帝時零陵文學於泠道舜祠下得玉琯是也 夫以玉作音故神人以和鳳皇來儀也者風俗通同晉書地理志以玉者取其體含廉潤也

miǎo 篎

篎 小管謂之篎從竹眇聲 亡沼切

小管謂之篎者釋器文彼云小者

dí 笛

笛 七孔筩也從竹由聲羌笛三孔 徒歷切

風俗通聲音篇笛漢武帝時邱仲之所作也笛者滌也所以蕩滌邪穢納之於雅正也 宋書樂志按馬融長笛賦此器起近世出於羌中京房備其五音又稱邱仲工其事不言仲所造風俗通則曰邱仲造笛武帝時人其後更有羌笛爾三說不同未詳孰實 詩有瞽箋云管如篴釋文云篴字作笛同徒歷反釋名篴滌也其聲滌滌然也 白帖六十二引晉書按周禮金石有一定之音故諸音皆受鐘磬之均至于饗宴殿堂之上不縣鐘磬則以笛有一定之調故諸弦歌皆從爲正也御覽五百八十引樂纂曰太和十年中書監荀勖中書令張華出御府銅竹律二十五具其二十二具視其名題尺寸是笛律也問協律中郎將列和辭昔魏明帝時令和承受笛聲以作此律歌聲濁者用長笛長律歌聲清者用

短笛短律凡弦歌調張清濁之制不依笛尺寸名之則不可知也　白帖引荀勖問列和曰若不知律呂之義作樂者均高下清濁之調當以何名之和曰每合樂時隨歌者清濁聲假聲濁者用三尺二笛因名曰此三尺二調聲清者用二尺九笛因名曰此二尺九調漢魏相傳施行皆然也又問作笛惟可依十二律十二笛令一孔依一律否和曰樂東廂長笛尾長四尺三寸今若取其下徵之聲於法聲濁者笛當長計其尺寸乃五尺五分有餘和昔日依之不可吹也又笛諸孔亦恐不能得一孔應律也　通鑑梁武帝制十二笛黃鐘笛長三尺八寸應鐘笛長二尺三寸中間十律以是爲差　周禮笙師掌教龡竽笙塤籥簫篪篴管春牘應雅以教祴樂杜子春讀篴爲蕩滌之滌云今時所吹五空竹篴　長笛賦易京君明識音律故本四孔加以一君明所加孔後出是謂商聲五音畢李善云笛本四孔房加一孔於下爲商聲故謂五音畢沈約宋書曰笛京房備其五音　夢溪筆談樂律篇笛有雅笛有羌笛其形制所始舊說皆不同周禮笙師掌教篪篴或云漢武帝時邱仲始作笛又云起於羌人後漢馬融所賦長笛空洞無底剡其上孔五孔一孔出其背正似今之尺八李善爲之注云七孔長一尺四寸此乃今之橫笛耳太常鼓吹部中謂之橫吹非融之所賦者融賦云易京君明識音律故

本四孔加以一君明所加孔後出是謂商聲五音畢沈約宋書亦云京房備其五音周禮笙師注杜子春云篴乃今時所吹五空竹篴以融約所記論之則古篴不應有五孔則子春之說亦未爲然今三禮圖畫篴亦橫設而有五孔又不知出何典據　西京雜記高祖初入咸陽宮周行府庫其尤驚異者笛長三尺三寸六孔銘曰昭華之琯　傅縡笛賦五音是備六孔斯設　寰宇記蘄州貢笛管　廣志箎竹任作笛

伏滔長笛賦序余同僚桓子野有故長笛傳之耆艾云蔡邕之所作也初邕避難江南宿於柯亭柯亭之館以竹爲椽仰而眄之曰良竹也取以爲笛奇聲獨絕

七孔筩也者初學記引作七孔龠也　一切經音義十六引同廣雅龠謂之笛有七孔樂書三孔爲龠文舞執之邪人吹也五孔爲篴祴樂樂師掌之六孔爲笛羌人吹之七孔下調漢部用也隋書樂志笛凡十二孔漢武帝時邱仲所作者也京房備五音有七孔以應七聲黃鐘之笛長二尺八寸四分四釐有奇其餘亦上下相次以爲長短風俗通聲音篇笛長一尺四寸七孔　羌笛三孔者李尤笛銘剡削長幹三孔脩長又云出自西涼流離浩蕩長笛賦近世雙笛從羌起李善云風俗通曰笛元羌出又有羌笛然羌笛與笛二器不同長於古笛有三孔大小異故謂之雙笛

zhú
筑

筑 以竹曲五弦之樂也從竹從巩巩持之也竹亦聲　張六切

宋書樂志筑不知誰所造　通典筑不知誰所造也史籍唯云高漸離善擊筑按今制身長四尺三寸項長三寸圍四寸五分頭七寸五分上闊七寸五分下闊六寸五分　齊策其民無不吹竽鼓瑟擊筑彈琴　急就篇竽瑟空侯琴筑箏顏注筑形如小瑟而細頸以竹擊之　史記高祖紀高祖擊筑集解韋昭曰筑古樂有弦擊之不鼓　正義應劭云狀似瑟而大頭安弦以竹擊之故名曰筑　又刺客列傳高漸離擊筑荊軻和而歌於市中　樂書筑者頂細肩圓品聲按柱鼓法以左手扼之右手以竹尺擊之隨調應律唐代編入雅樂也

以竹曲五弦之樂也者李善注吳都賦引作似箏五弦之樂也後漢書延篤傳注引作五弦之樂也史記蘇秦傳彈琴擊筑正義筑似琴而大頭圓五弦擊之不鼓馥案諸家言筑弦各異廣韻筑似箏十三弦隋書樂志筑十三弦陳暘樂書筑者形如頌琴施十三弦高注淮南泰族訓筑曲二十一弦　巩持之也者本書巩褱也釋名筑以竹鼓之

巩捄之也一切經音義十六筑形如箏刻其頸而握之以頭築之故謂之筑字从巩巩者握持之也釋言筑拾也郭注謂拾掇邢疏金縢凡大木所偃盡起而筑之馬融云起其木拾其木

zhēng
箏

箏 鼓弦竹身樂也從竹爭聲　側莖切

玉篇箏似瑟十三弦　晉陶融妻陳氏箏賦后夔創制子野考成　白帖蒙恬作箏　隋書樂志箏十三弦所謂秦聲蒙恬所作者也　傅元箏賦序代以爲蒙恬所造今觀其器上崇象天下平象地中空準六合弦柱十二擬十二月設之則四象存鼓之則五音發斯乃仁智之器也豈蒙恬亾國之臣所能關思運巧哉　顏注急就篇箏亦瑟類也本十二弦今則十三　釋名箏施弦高急箏箏然也　御覽引風俗通謹案禮記箏五弦筑身也今并涼州箏形如瑟不知誰作也案京房制五音惟加瑟十二弦此乃箏也今雅樂箏十二弦他樂十三弦皆如箏稍小曰雲和樂府不用　阮瑀箏賦序箏長六尺以應律數弦有十二象四時柱高三寸象三才曹植與吳質書斬泗濱之梓以爲箏　通典今清樂箏竝十有二弦他樂皆十有三弦軋箏以片竹潤其端而軋之彈箏用骨爪長寸餘以代指

chóu 籌　qiū 篍　gū 箛

鼓弦竹身樂也者御覽引作筑身風俗通作五弦筑身徐鍇韻譜亦作筑身

箛 吹鞭也從竹孤聲 古乎切

六書故笳箛一物今人亦謂之角或吹鞭或卷木皮蘆葉而吹之笳箛角一聲之轉凡吹笳者皆爲角聲且以其卷皮葉如角故謂之角 六韜吹鳴箛注云作振萬里也 應劭漢鹵簿圖有騎執箛 晉先蠶儀注車駕住吹小箛發吹大箛 傳元正都賦吹箛 竹而拊雲和 夏侯湛夜聽笳賦南闕兮拊掌北園兮鳴笳 李善注李陵荅蘇武書笳說文作葭 馥案葭爲箛之誤

吹鞭也者急就篇箛篍起居課後先顏注箛吹鞭也言督作之司吹鞭爲起居之節度今之伎倡欲相號令者則吹指爲節蓋吹鞭之遺事風俗通聲音篇謹案漢書舊注箛吹鞭也箛者憮也言其節憮威儀宋書樂志杜摯笳賦云李伯陽入西戎所造漢舊注曰箛號曰吹鞭箛卽笳也又有胡笳漢舊箏笛錄有其曲不記所出本末陳暘樂書漢有吹鞭之號笳之類也其狀大類馬鞭今牧童多卷蘆葉吹之

說文解字義證　卷十三　四十一

篍 吹筩也從竹秋聲 七肖切

吹筩也者顏注急就篇同龍龕手鑑引作吹簫也玉篇篍吹簫也五音集韻同風俗通謹案漢書注篍吹筩也言其聲音篍篍名自定也穆天子傳注篍今戟吏所吹者楊愼曰說文篍吹筩也與哨同音廣韻竹籥也洛陽亭長所吹今雲南屯戍之所防盜之處名曰哨合用此篍字葢吹篍以警守也馥案北方吹竹筩亦曰哨

籌 壺矢也從竹壽聲 直由切

本書鷊從[illegible] 此[illegible]當作[illegible]

壺矢也者禮記投壺之禮主人奉矢又云籌室中五扶堂上七扶庭中九扶注云籌矢也 西京雜記武帝時郭舍人善投壺以竹爲矢不用棘也古之投壺取中而不求還故實小豆惡其矢躍而出也郭舍人則激矢令還一矢百餘反謂之爲驍言如博之掔梟于掌中爲驍傑也急就篇筭研籌筭膏火燭王注籌一作投投壺算長尺二寸儀禮鄉射禮箭籌八十注云籌算也通鑑鍾毓射魏舒常爲畫籌注云射之畫籌猶投壺之釋算也

bó 簙　sài 簺

簺 行棊相塞謂之簺從竹從塞塞亦聲 先代切

廣韻簺格五戲 漢書吾邱壽王傳年少以善格五召待詔蘇林曰博之類不用箭但行梟散孟康曰格音各行伍相各故言各顏云卽今戲之簺也 南齊書沈文季傳尤善簺及彈棊用五子通作塞穆天子傳與井公博三日而決辛丑塞管子四時篇秋發五政一政曰禁博塞後漢書梁冀傳注引鮑宏塞經塞有四采塞白乘五是也至五卽格不得行故謂之格五莊子駢拇篇問穀奚事則博塞以遊邊韶塞賦序余離羣索居無講誦之事欲學無友欲農無耒欲奕無局欲博無箸問可以代博奕者乎曰塞其次也始作塞者其明哲乎故其用物也約其爲樂也大本其規模制作有式四道交正時之則也棊有十二律呂極也人操厥半六爻列也赤白色者分陰陽也乍亾乍存像日月也行必正直合中道也趨隅方折禮之容也迭往迭來剛柔通也周則復始乾行健也局平以正坤德順也

行棊相塞謂之簺者簺塞聲相近漢書吾邱壽王傳注劉德曰格五棊行塞法曰簺尹文子博者盡開塞之宜得通之路 塞亦聲者當爲塞聲

說文解字義證　卷十三　四十二

簙 局戲也六箸十二棊也從竹博聲古者烏胄作簙 補各切

廣韻作簙云簙簿齒相聳也 莊十二年公羊傳與閔公博釋文博字書作簙 方言簙謂之蔽或謂之箘秦晉之閒謂之簙吳楚之閒或謂之蔽或謂之箭裏或謂之簙毒或謂之夗專或謂之匴璇或謂之棊所以投簙謂之枰或謂之廣平廣雅夗專簙也 通作博晉中興書陶侃曰博殷紂所造諸語不有博奕者乎 管子四時篇禁博塞齊策六博蹹鞠史記滑稽傳六博投壺 漢書王莽傳平原女子遲昭平能說經博以八投服虔曰博奕經以八箭投之史記蔡澤傳君獨不觀夫博者乎或欲大投或欲分功集解投投瓊也索隱言夫博奕或欲大投其瓊以致勝或觀其勢弱則大投地分而分功以遠救也事具小爾雅晉謝艾傳梟者邀也六博得邀者勝魏策博者之用梟欲食則食欲握則握顏氏家訓風操篇凡避諱者皆須得其同訓以代換之桓公名白博有五皓之稱王粲彈棊賦序因行騁志通權達理六博是也班固奕旨夫博懸於投不專在行優者有不遇劣者有僥倖踦挐相凌氣勢力爭雖有雄雌未足以爲平也家語五儀解哀公問於孔

子曰吾聞君子不博有之乎孔子曰有之公曰何爲對曰爲其有二乘公曰有二乘則何爲不博孔子曰爲其兼行惡道也韓非外儲說齊宣王問匡倩曰儒者博乎曰不也王曰何也匡倩對曰博貴梟勝者必殺梟殺梟者是殺所貴也儒者以爲害義故不博也竹譜簙尤勁薄博矢之賢述征記西南端門外有石色青而細修之作博棊南山經漆吳之山多博石注云可以爲博棊石馥案一握槊卽簙戲爾朱世隆與元世儁握槊忽聞局上詨然有聲一局子盡倒立劉禹錫觀博曰初主人執握槊之器寘於廡下曰主進者要約之既揖讓卽次有博齒齒異乎古之齒其制用骨觚棱四均鏤以朱墨耦而合數取應日月視其轉止依以爭道

局戲也者本書局下云簙所以行棊玉篇簙奕局戲也謂行棊也急就篇棊局博戲相易輕顏注博亦局戲也秦策恆思有悍少年請與叢博乃左手爲叢投右手自爲投鮑注博局戲也　六箸十二棊也者李善注求自試表引同本書棊簙棊專六寸簙也簙當爲簙卽方言所謂死專簙箸長六寸也顏注急就篇十二棊六箸廣雅簙箸謂之箭漢書張良曰臣借前箸以籌之韓非外儲說秦昭王令工施鉤梯而上華山以松柏之心爲博箭長八尺棊長八寸

而勒之曰昭王嘗與天神博於此矣西京雜記許博昌安陵人也善陸簙法用六箸或謂之究以竹爲之長六分覆謂究當爲𤬪列子說符篇擊博樓上注云古博經曰博法二人相對坐向局局分爲十二道兩頭當中名爲水用棊十二枚六白六黑又用魚二枚置於水中其擲采以瓊爲之瓊畟方寸三分長寸五分銳其頭鑽刻瓊四面爲眼亦名爲齒二人互擲采行棊棊行到處卽豎之名爲驍棊卽入水食魚亦名牽魚每牽一魚獲二籌翻一魚獲三籌若已牽兩魚而不勝者名曰被翻雙魚彼家獲六籌爲大勝也藝文類聚七十四引說苑孫息曰臣能累十二博棊加九雞子其上薛孝通譜博雙箭以象日月之照臨十二棊以象十二辰之纏次　漢書梁冀傳注引鮑宏博經用十二棊六棊白六棊黑所擲投謂之瓊瓊有五采刻爲一畫者謂之塞刻爲兩畫者謂之白刻爲三畫者謂之黑一邊不刻者五塞之閒謂之五塞一切經音義十二引纂文博六博用六箸六棊謂之六博荀子大畧篇六貳之博注云六貳之博則六博也楚辭招魂菎蔽象棊有六簙些注云菎玉也蔽簙箸以玉飾之也投六箸行六棊故謂六簙也顏氏家訓雜藝篇古爲大博則六箸小博則二焭今無曉者比世所行一焭十二棊數術淺短不足可翫　潘鴻曰王逸楚詞注投六箸行六棊故云六博許愼說文博局戲六箸十二棊也案古大博則六棊小博則十二棊故王許說不同　古者烏胄作簙者藝文類聚七十四引作烏曹李善注博奕論一切經音義八引世本同顏注急就篇薛孝通譜亦作烏曹論語疏作烏曾增韻作烏魯

bì 簞

簞　藩落也從竹畢聲春秋傳曰簞門圭窬卑吉切

藩落也者本書藩屏也杝落也漢書鼂錯傳爲中周虎落顏注以竹篾相連遮落之也廣雅簞籬也　春秋傳曰簞門圭窬者襄十年左傳文彼云簞門圭竇之人杜注簞門柴門廣韻簞織荆門也家語儒行解簞門圭窬注云簞門荆竹織門也

ài 䉋

䉋　蔽不見也從竹愛聲烏代切

蔽不見也者廣雅䉋障也本書僾仿佛也引詩僾而不見釋言僾隱也字或作薆方言揜翳薆也注云謂蔽薆也詩曰薆而不見離騷衆薆然而蔽之漢書律歷志昧薆於未顏注薆蔽也經典或作曖易豐卦豐其蔀注云蔀覆曖障光明之物也後漢書申屠蟠傳甘是堙曖注云曖猶翳也

yán 䉷

䉷　雉射所蔽者也從竹嚴聲語杴切

雉射所蔽者也者廣雅䉷翳也通作嚴漢書元帝紀嚴籞池田晉灼曰許愼曰嚴弋射者所蔽也射雉賦爾乃擊場拄翳停僮葱翠綠柏參差文翮鱗次蕭森繁茂婉轉輕利衷料戾以徹鑒表厭躡以密緻徐爰注云此以上序翳之形飾

yǔ 籞

籞　禁苑也從竹御聲春秋傳曰澤之目籞魚舉切

禁苑也者應劭注漢書宣帝紀同廣雅籞翳也周禮迹人掌邦田之地政爲之厲禁而守之注云田之地若今苑也又囿人掌囿游之獸禁注云禁者其蕃衛也僖三十三年左傳正義天子曰苑諸侯曰囿西都賦西郊則有上囿禁苑漢百官表有鉤盾師古曰主禁苑囿禁邕獨斷禁中者門戶有禁非侍御者不得入漢書上林御宿晏氏類要漢有圜籞及上林中池上籞北堂書鈔引漢書夏游籞宿三輔黃圖御宿苑在長安城南御宿川中漢武帝爲離宮別

suàn
筭

館禁禦人不得入往來游觀止宿其中故曰御宿漢書元帝紀嚴籞池田晉灼曰嚴籞射苑也宣帝紀又詔池籞未御幸者假與貧民蘇林曰折竹以繩緜連禁禦使人不得往來律名爲籞揚雄傳籞自汧渭顏注將獵其中故止禁不得人行及獸出也後漢書章帝紀詔以上林池籞田賦與貧人注云籞禁苑也樊準傳今可先令太官尚方考功上林池籞諸官實減無事之物注云籞者於池苑中以竹緜聯之爲禁籞也宋書禮志連理合幹於園籞王沈魏書載文帝令云池苑所以御災荒設禁非所以便民其除池籞之禁通鑑唐元宗遣中人捕鵁鶄倪若水上言農方田時捕奇禽爲園籞之玩非所宜又德宗命馬氏獻其園隸宮司注云宮司掌宮禁園籞者也釋器竹前謂之籞李巡云竹前謂編竹當車前以擁蔽名之曰籞禦止也馥謂借禁籞名之也 春秋傳曰澤之目籞者三傳無此文集韻類篇六書故並引作自籞案昭二十年左傳澤之萑蒲舟鮫守之或引此文而所見本異也

御 或從又魚聲

從又者疑從寸禁苑法度之地

筭 長六寸計歷數者從竹從弄言常弄乃不誤也 蘇貫切

戴侗曰蜀本篹古文𥫗𥫗竝古文 廣韻籌筭 急就篇筆研籌筭膏火燭顏注筭所以計度 老子善計者不用籌策 漢書桑宏羊以計筭幸 七發孟子持籌而筭之萬不失一 御覽引吳志顧譚毋省簿書未嘗下筭徒屈指心計盡發疑謬又趙達治九宮筭術引筭嘆曰吾筭盡矣如期死 王隱晉書王戎爲司徒常以象牙籌晝夜筭計家財 世說如籌筭雖無情運之者有情 白帖三十三五代王章不喜文士曰此輩與一把筭子未知顛倒 張說大衍歷序振古未採之象必發揮於神筭 通鑑岑文本夙夜勤力籌筆不去手注云籌所以計筭筆所以書 程大昌曰古字不拘偏旁多借同聲用之漢志疇人疑籌人也從筭歷言之比疇列之疇於義爲經 異苑越王行海作籌有餘棄於水中而生草如竹筭子名越王餘筭 南方草木狀越王竹若細荻高尺餘南人用爲酒籌注云越王棄餘筭而竹生 論衡感虛篇夫以筯撞鐘以筭擊鼓不能鳴者所用撞擊之者小也

長六寸者漢書律歷志其筭法用竹徑一分長六寸二百七十一枚而成六觚爲一握蘇林曰六觚六角也度角至角其度一寸面容一分筭九枚相因之數有十正面之數實九其表六九五十四筭中積凡得二百七十一枚 鹽鐵論貧富篇夫子貢之廢著陶朱公之三至千金豈必賴之民哉運之六寸轉之息耗取之貴賤之閒耳 計歷數者者本書計筭也 蒼頡篇筭計也 釋詁歷數也 郭云歷歷數也 晉天文志庖犧氏立周天歷度 通歷伏羲始有甲歷五運 物理論疇昔神農始治農功正節氣審寒溫以爲早晚之期故立歷日 尸子造歷數者義和之子也 世本容成作歷 隸首作數 何承天天讚容成造歷謝察微筭經易稱太極是生兩儀蓋數之先也自隸首作術容成造歷顓筭斯興 鄭氏六藝論黃帝佐官有七人隸首造筭數 楊偉上景初歷表雖復使研桑心筭隸首運籌皆未能並臣如此之妙也 淮南子氾論訓萇宏周室之執數者也天地之氣日月之行風雨之變律歷之數無所不通 堯典歷象日月星辰 史記作數法日月星辰 洪範五紀五曰歷數 王肅注日月星辰所行布而數之所以紀度數也 桓十七年左傳天子有日官諸侯有日御日官居卿以底日禮也 服注日官日御典歷數者也 杜注底平也謂平歷數 正義晦朔弦望交會有期日月五星行道有度歷而數之故曰歷數也 易乾鑿度臥筭爲年立筭爲日 易是類謀師曠歷推音筭以度知旦 史記張蒼傳蒼又善用算律歷 漢書司馬相如傳於是歷吉日以齋戒 張揖曰歷猶筭也 平帝紀徵天下歷筭小學 漢官儀太史令掌天時星歷 藝文志律歷數法三卷許商筭術二十六卷杜忠筭術十六卷 帝王世紀周自恭王夷王四世年紀不明是以歷依魯爲政 語林鄭元在馬融門下融嘗筭渾天不合召元令筭一轉便決 續漢律歷志古之人論數也曰物生而後有象象而後有滋滋而後有數然則天地初形人物既著則筭數之事生矣記稱大橈作甲子隸首作數二者既立以比日表以管萬事夫一十百千萬所同用也律度量衡歷其別用也故體有長短檢以度物有多少受以量量有輕重平以權衡聲有清濁協以律呂三光運行紀以歷數然後幽隱之情精微之變可得而綜也 中論歷數篇昔者聖王之造歷數也察紀律之行觀運機之動原星辰之迭中寤晷景之長短於是營儀以準之立表以測之下漏以考之布筭以追之然後元首齊乎上中朝正乎下寒暑順序四時不忒 杜預長歷天行不息日月星辰各運其舍皆動物也物動則不一雖行度大量可得而限累日爲月累月爲歲以新故相考不得不有毫毛之差此自然理也故春秋日有頻月而食者有曠歲而不食者理不得一而算守恆數故歷無有不差

xiào 笑　suàn 算

天也始失於毫毛尙未可覺積而成多以失弦望朔晦則不得不改憲以順之書所謂欽若昊天歷象日月星辰易所謂治歷明時言當順天以求合非爲合以驗天也顏氏家訓雜藝篇算術亦是六藝要事自古儒士論天道定律歷者皆學通之又省事篇云歷象之要可以晷景測之今驗其分至薄蝕則四分疏而減分密疏者則稱政令有寬猛運行致盈縮非算之失也密者則云日月有遲速以術求之預知其度無災祥也翟灝通俗編司馬溫公潛虛譜圖以〡〢〣〤〥〦〧〨〩十代一至十之數今市廛計簿有所謂號馬者出於此而少變也翁君樹培曰王莽所造十布其中布六百六作〦壯布七百七作〧弟布八百八作〨次布九百九作〩與潛虛同馥案左傳亥有二首六身注云亥字二畫在上併三人爲身如算之六正義元因亥似算位故假之以爲言馥謂莽布亦起於筭位也言常弄乃不誤也者一切經音義三筭字從竹從弄言常弄不誤也

算 數也從竹從具讀若筭 蘇管切

數也者釋詁文小爾雅同本書數計也音所矩切文選任昉爲范雲讓表顧無足算五臣云無足稱數也漢書律歷

志數者一十百千萬也所以算數事物周髀周公問於商高曰竊聞乎大夫善數也僖十五年左氏傳先君之敗德及可數乎顧炎武曰言先君之敗德及今言之其可悉數乎定十年傳子止而與之數杜云數甲以相付燕禮無算爵特牲饋食禮爵皆無算士喪禮明衣不在算弓有算爲之節文也哀公問然後言其喪算鄭注並云算數也周禮廩人以歲之上下數邦用注云數猶計也曲禮生與來日死與往日鄭注與猶數也漢書景帝紀訾算四得官應劭曰古者限訾十算適得爲吏十算十萬也故減訾四算得官矣李籍九章算術音義漢律人出一算一算百二十錢從具者本書十數之具也三蒼算選也選當爲巽本書巽具也

笑 徐鉉據李陽冰本加之 一切經音義二云字林笑喜也字從竹從夭聲竹爲樂器君子樂然後笑也馥案九經字樣引作字統漢書敘傳談笑大噱谷永傳罷歸倡優之笑顏師古並云笑古笑字薛宣傳壹笑相樂應劭曰壹笑相樂也晉灼曰書篆形壹笑字象壹矢因曰壹矢馥案本書詹會余皆從八又今字云八象气越亏也此笑字從八之義也其下從矢矢篆作𥬇與𥬇形近致誤本書笑不壞顏曰弞從欠引省聲當爲弞省聲弞況也詞也此從矢之義也隸續王政碑時言樂咲隸加口旁非篆本體
釋名笑鈔也頰皮上鈔者也

文百四十四　重十五

篧　笿　⿱竹列　篤　箕

篧 籗或從隺

徐鍇本籗下有篧字注如此案重文十五今重十四五經文字篧捕魚器

笿 長節謂之笿

北戶錄愚聞貞元五年番禺有海戶犯鹽禁避罪羅浮山人至弟十三嶺遇巨竹百丈萬竿竹圍二十一尺有三十九節節長二丈海戶因破之爲篾會罷吏捕逐遂挈而歸時有軍人獲一篾以爲奇貨後獻於刺史李復復命陸子羽圖而記之許氏說文有長節謂之笿鏑得非羅浮山龍鍾之義乎馥案玉篇笿長節竹也之恭切

⿱竹列 竹次也

一切經音義十一引

篤

見笘

遺文四

箕 簸也從竹𠀠象形下其丌也凡箕之屬皆從箕 居之切

木書籓大箕也 世本少康作箕帚 三輔決錄孫晟織箕爲業 詩巷伯成是南箕箋云箕星哆然踵狹而舌廣正義箕四星二爲踵二爲舌

簸也者李善注王景元詩引同急就篇箠篳箕帚筐篋簍顏注箕可以簸揚李尤箕銘神農植穀以養蒸民箕主簸揚糠粃及陳史記天官書箕爲敖客注云敖調弄也箕以簸揚調弄爲象 𠀠象形者古文作𠀠 下其丌也者本書丌薦物之丌 班馬字類史記周紀其登名民三百六十夫不顯六當作丌丌古其字

bǒ 簸　jī 丌　jì 迈

[篆] 古文箕省 古文箕省者後人亂之前云甘象形

[篆] 亦古文箕

[篆] 亦古文箕

[篆] 籀文箕 徐鍇本以爲古文案易箕子古本及蜀才並作其卽此𠀠

[篆] 籀文箕

[篆] 揚米去糠也从箕皮聲 布火切 揚米去穅也者急就篇碓磑扇隤舂簸揚顏注舂則簸之揚之所以除穅秕也詩生民或簸或蹂傳云或簸穅者西京賦簸林薄薛綜注簸揚也

文二　重五

[篆] 下基也薦物之丌象形凡丌之屬皆从丌讀若箕同 居之切 韓勑後碑大亓卽此丌隸增一畫 下基也者丌基聲相近釋名基據也在下物所依據也 薦物之丌者本書且薦也从几足有二橫

[篆] 古之遒人以木鐸記詩言从辵从丌丌亦聲讀與記同 居吏切 古之遒人以木鐸記詩言者迈記聲相近書允征每歲孟春遒人以木鐸徇于路傳云遒人宣令之官木鐸金鈴木舌所以振文教正義名曰遒人不知其意葢訓遒爲聚聚人而令之故以爲名也馥案遒人卽輶軒使者風俗通周秦以歲八月遣輶軒之使採異代方言還奏之丞藏祕室是也襄十四年左傳引夏書曰遒人以木鐸徇于路杜云遒人行令之官也木鐸木舌金鈴徇于路求歌謠之言胡渭曰詩有采有陳漢藝文志古有采詩之官王者所以觀風俗知得失自考正也食貨志孟春之月羣居者將散行人振木鐸徇於路以采詩獻之太師比其音律以聞於天子此采詩之說也王制天子五年一巡守命太師陳詩以觀民風鄭氏詩譜武王伐紂定天下巡守述職陳誦諸國之詩以觀民風俗此陳詩之說也采之於每歲之孟春陳之於五載巡守四仲之月是國風所自來也 讀與記同者詩崧高往近王舅箋云近詞也聲如彼記之子之記六經正誤崧高往近王舅說文作迈音記字訛作近詩大叔于田叔善射忌箋云忌讀爲彼己之子之己候人彼其之子箋云其或作記或作己讀聲相似案表記引作記商書微子若之何其鄭注其語助也齊魯之閒聲如姬禮記曰何居案檀弓注居讀爲姬姓之姬齊魯之閒語助也

diǎn 典

[篆] 五帝之書也从冊在丌上尊閣之也莊都說典大冊也 多殄切 本書冊字云冊書也 釋言典經也 書五子之歌有典有則傳云典謂經籍 詩烝民箋云故訓先王之遺典也 文六年左傳告之訓典杜云訓典先王之書昭十五年傳言以考典典以志經

五帝之書也者釋名五典典鎭也制教法所以鎭定上下差等有五也又云三墳五典八索九邱此皆三王以前上古羲皇時書也今皆亾惟堯典存也堯典正義曰稱典者以道可百代常行又云特指堯舜之德於常行之內道最爲優故名典不名經也其太宰六典及司寇三典者自由當代常行與此別矣後漢書周磐傳令其二子編二尺四寸簡寫堯典一篇示不忘聖道周禮外史掌三皇五帝之書注云楚靈王所謂三墳五典昭十二年左傳正義引延篤言張平子說五典五帝之常道也賈逵曰三墳三皇之書五典五帝之書王肅注周書顧命云大訓虞書典謨鄭注大訓云大訓者禮法先王禮教卽虞書典謨陳書何之元傳案三皇之簡爲三墳五帝之策爲五典此典義所由生也至乃尙書述唐帝爲堯典虞帝爲舜典斯又經文明據是以典之爲義久矣哉尙書序伏羲神農黃帝之書謂之三墳言大道也少昊顓頊高辛唐虞之書謂之五典言常道也案世本帝繫及大戴禮五帝德家語宰我問太史公五帝本紀風俗通穀梁傳注皆以黃帝爲五帝書允征政典曰傳云政典夏后爲政之典籍若周官六卿之治典

周禮太宰掌建邦之六典以佐王治邦國一曰治典二曰教典三曰禮典四曰政典五曰刑典六曰事典楚策吳與楚戰於柏舉蒙穀舍鬬奔郢曰若有孤楚國社稷其庶幾乎遂入大宮負雞次之典以浮於江逃於雲夢之中昭王反郢五官失法百姓昏亂蒙穀獻典五官得法而百姓大治徐鍇曰典尚書所謂大訓在東序司馬遷所謂金匱石室之書莊都說典大冊也者言從介也

古文典從竹 漢譙敏碑深明典奧

從竹者後人所加古文冊作篇此從篇也

xùn 顨

顨 巽也從丌從頭此易顨卦爲長女爲風者 蘇困切

巽也者顨巽聲相近本書頭選具也選當爲巽 此易顨卦爲長女爲風者者易說卦巽爲風爲長女風俗通易巽爲長女長者伯故曰風伯六藝論虙羲作十言之教曰乾坤震巽坎離艮兌消息

說文解字義證 卷十三 垩

bì 畀

畀 相付與之約在閣上也從丌由聲 必至切

相付與之者與當爲予本書巽下云畀予也釋詁畀予也又賜也書洪範不畀洪範九疇傳云畀與康王之誥付畀四方傳云付與四方之國詩干旄何以畀之傳云畀予也豐年烝畀祖妣信南山畀我尸賓箋竝云畀予也春秋僖二十八年執曹伯畀宋人公羊云畀者何與也左氏云分曹衛之田以畀宋人隱三年傳周人將畀虢公政昭十三年傳是區區者而不余畀釋文竝云畀與也襄十七年傳畀余而大璧注云畀與也祭統畀之爲言與也雜記注引律云弃妻畀所齎釋文畀與也 約在閣上也者徐鍇曰閣所以承物禮曰天子之閣左達五右達五毛晃曰板爲閣以藏物曰庋閣內則大夫七十而有閣注云閣以板爲之庋食物也檀弓始死之奠其餘閣也與注云閣庋藏食物正義閣架橙之屬庾翼謂杜乂殷浩此輩宜束之高閣 從丌由聲者韻會引作從由丌聲馥謂當云從囟丌亦聲徐鍇曰囟毗之左字音信馥案本書巽從畀當作畀隸變爲異

xùn 巺

巺 具也從丌𢀖聲 蘇困切

此本籀文小篆因而不改

具也者本書頭選具也選當爲巽僎從巽云具食也算從具云數也通作選盤庚世選爾勞傳云選數也詩威儀棣棣不可選也傳云物有其容不可數也朱穆絕交論引詩作不可算也論語斗筲之人何足算也漢書公孫賀傳贊作何足選也昭元年左傳秦后子有寵於桓如二君於景其母曰弗去懼選杜云選數也恐景公數其罪而加戮

𢁉 古文巽 汗簡引作𢁉

巽 篆文巽 此則小篆之改籀文者

diàn 奠

奠 置祭也從酋酋酒也下其丌也禮有奠祭者 堂練切

置祭也者釋名喪祭曰奠奠停也言停久也亦言樸奠合體用之也朔望祭曰殷奠所用殷衆也詩于以奠之宗室牖下傳云奠置也宗室大宗之廟也大夫士祭於宗廟奠於牖下文王世子凡學春夏釋奠於先師後漢書明帝紀詔曰伏臘無糟糠而牲牢兼於一奠 從酋酋酒也者本書酋繹酒也楚詞九歌奠桂酒兮椒漿 禮有奠祭者者周禮牛人喪事共其奠牛注云謂殷奠遣奠也喪所薦饋曰奠

說文解字義證 卷十三 垩

文七 重三

zuǒ 左

左 手相左助也從𠂇工凡左之屬皆從左 則箇切

手相左助也者本書助左也釋詁左勴也本書勴助也釋名佐左也在左右也疑轉寫之誤當云左𠂇也在𠂇又也易泰卦以左右民鄭注左右助也書皋陶謨予欲左右有民馬云我欲左右助民詩關雎參差荇菜左右流之箋云左右助也長發實左右商王傳云左右助也漢書王莽傳亹亹在左右之顏注左右助也俗作佐周禮冢宰以佐王均邦國注云佐助也詩兩驂如手箋云如人左右手之相佐助也史記秦始皇紀佐弋漢書百官表作左弋 從𠂇工者左右皆訓助左從工右從口本書尋[illegible]竝從工口工口恩勴意也

chā 差

貳也。差不相値也。从左从𠂹。初牙切，又楚佳切

貳也者，本書貳副益也，釋言佴貳也，郭注佴次爲副貳，廣雅差次也，禮王制庶人在官者其祿以是爲差，後漢書荀爽傳天子娶十二，諸侯以下各有等差。　差不相値也者，差字衍文，九經字樣、集韻並無之。本書脁骨差也，釋言爽差也，郭云謂用心差錯不專一，詩氓女也不爽，傳云爽差也，離騷同論道而莫差，漢書東方朔傳失之豪氂差以千里。

籒文差从二

從二者，二卽貳也。

文二　重一

gōng 工

巧飾也。象人有規榘也。與巫同意。凡工之屬皆从工。古紅切

巧飾也者，考工記知者創物，巧者述之守之，世謂之工。管子小匡篇今夫工相語以事，相示以功，相陳以巧，相高以知事。穀梁成元年傳有工民，注云巧心勞手以成器物者。公羊解詁古者有四民，三曰巧心勞手以成器物曰工。史記田敬仲完世家使爲工正，正義工巧之長。韓詩外傳昔者舜工於使人，造父工於使馬，荀子哀公篇、家語顏回篇並作巧。　象人有規榘也者，說苑孔子曰巧而好度必工。少儀工依於法，注云法謂規矩尺寸之數也。孟子大匠誨人必以規矩。文子規矩繩墨者巧之具。　與巫同意者，本書巫與工同意，王與巫同意。

古文工从彡

從彡者，凡飾物皆從彡，本書聿聿飾，彤丹飾，彭青飾。

shì 式

法也。从工弋聲。賞職切

法也者，廣雅同。詩下武下土之式，傳云式法也，緇衣引詩鄭注同。蕩篇不義從式，烝民古訓是式，崧高南國是式，楚茨式禮莫愆，江漢式辟四方，箋並云式法也。孟子使諸大夫國人皆有所矜式，注云式法也。

qiǎo 巧

技也。从工丂聲。苦絞切

技也者，本書技巧也。廣韻山海經曰義均始爲巧倕作百巧也。釋名巧考也，考合意類共成一體也。考工記云材美工巧。仲尼燕居目巧之室，注云目巧謂但用巧目善意作室不由法度。孟子智譬則巧也。顏氏家訓勉學篇工巧則致精器用。通鑑魏主徙長安工巧二千家於平城。　丂聲者，衍聲字，蓋從古文巧也，本書丂古文以爲巧字。

jù 巨

規巨也。从工，象手持之。其呂切

規巨也者，管子七臣七主篇夫巨不正不可以求方，經典作矩。釋詁矩法也。考工記輿人爲車，圜者中規，方者中矩。又車人半矩謂之宣，注云矩法也，所法者人也，人長八尺而大節三，頭也、腹也、脛也，以三通率之則矩二尺六寸三分寸之二，頭髮皓落曰宣，半矩尺三寸三分寸之一，人頭之長也，柯欘之木頭取名焉，易巽爲宣髮。玉藻折還中矩，注云曲行也宜方。論語不踰矩，馬融曰矩法也。漢書敘傳彊工踰矩，顏注矩法制也。管子法法篇規矩者方圓之正也，雖有巧目利手，不如拙規矩之正方圓也。晏子立室以宮矩爲之，立宮以城矩爲之。孟子不以規矩不能成方圓，又云規矩方圓之至也。墨子天志篇今夫輪人操其規，將以量度天下之圜與不圜也，曰中吾規者謂之圜，不中吾規者謂之不圜，是以圜與不圜皆可得而知也，此其故何，則圜法明也。匠人亦操其矩，將以量度天下之方與不方也，曰中吾矩者謂之方，不中吾矩者謂之不方，是以方與不方皆可得而知之，此其故何，則方法明也。趙策一木曰吾苦夫匠人且以繩墨案規矩刻鏤我。離騷偭規矩而改錯，注云圓曰規，方曰矩。西都賦工用高曾之規矩。易通卦驗遂皇始出握機矩，注云矩法也。尙書大傳猶規之相周，矩之相襲也。周髀算經商高曰數之法出於圜方，圜出於方，方出於矩，矩出於九九八十一，故折矩以爲句廣三，股修四，徑隅五，既方其外，半之一矩，環而共盤，得成三四五，兩矩共長二十有五，是謂積矩，故禹之所以治天下者，此數之所生也。平矩以正繩，偃矩以望高，覆矩以測深，卧矩以知遠，環矩以爲圜，合矩以爲方，方屬地，圜屬天，天圓地方，方數爲典，以方出圜，笠以寫天，天青黑，地黃赤，天數之爲笠也，青黑爲表，丹黃爲裏，以象天地之位，是故知地者智，知天者聖，智出於句，句出於矩，夫矩之於數，其裁制萬物唯所爲耳。淮南時則訓矩者所以方萬物也，矩之爲度也，肅而不悖，剛而不憒，取而無怨，內而無害，威厲而不懾，

令行而不廢殺伐既得仇敵乃克矩正不失百誅乃服史記禮書規矩誠錯則不可欺以方員索隱矩曲尺也新語道基篇以圓制規以矩立方漢書律歷志權與物鈞而生衡衡運生規規圓生矩矩方生繩繩直生準準正則平衡而鈞權矣是爲五則規者所以規圓器械令得其類也矩者所以矩方器械令不失其形也規矩相須陰陽位序圜方乃成後漢書范式字巨卿通作萬考工記可規可萬

榘 巨或從木矢矢者其中正也

矢者其中正也者詩大東其直如矢

古文巨

文四　重三

zhǎn

㠭 極巧視之也從四工凡㠭之屬皆從㠭 知衍切

極巧視之也者徐鍇曰考工記展角之道展察視也四工同視也馥案大宗伯展犧牲注云展省閱也

sè

𡫳 窒也從㠭從廾窒宀中㠭猶齊也 穌則切

窒也者本書窒塞也塞當爲𡫳經典通用塞釋言窒塞也郭云謂塞孔穴詩七月穹窒熏鼠塞向墐戶傳云窒塞也論語惡果敢而窒者馬注窒窒塞也 㠭猶齊也者言四工同力也

文二

wū

巫 祝也女能事無形以舞降神者也象人兩褎舞形與工同意古者巫咸初作巫凡巫之屬皆從巫 武扶切

周禮司巫掌羣巫之政令又巫馬掌養疾馬而乘治之馥案論語巫馬期以官爲氏御覽三百六十二引風俗通氏於事者巫卜陶匠是也 海內西經開明東有巫彭巫抵巫陽巫履巫凡巫相注云皆神醫也 漢書郊祀志晉巫祠巫社巫祠秦巫祠巫保荊巫祠巫先注云皆古巫之神也巫先巫之最先者 祝也者一切經音義三事鬼神曰巫祭主贊詞曰祝公羊隱四年傳於鍾巫之祭焉何云巫者事鬼神禱解以治病請福者也桓譚新論昔楚靈王信巫祝之道躬舞壇前鹽鐵論散不足篇世俗飾僞行詐爲民巫祝以取釐謝堅頟健舌或以成業致富故憚事之人釋本相學是以街巷有巫閭里有祝 女能事無形以舞降神者也者本書靈巫以玉事神周禮女巫旱暵則舞雩注云使女巫舞旱祭崇陰也書伊訓時謂巫風傳云事鬼神曰巫論衡訂鬼篇巫爲陽黨故魯僖遭旱議欲焚巫巫含陽氣以故陽地之民多爲巫巫黨於鬼故巫者爲鬼巫楚語古者民神不雜民之精爽不攜二者而又能齊肅衷正其知能上下比義其聖能光遠宣朗其明能光照之其聽能聽徹之如是則明神降之在男曰覡在女曰巫 與工同意者本書工與巫同意 古者巫咸初作巫者世本文書君奭巫咸乂王家秦詛楚文不顯大神巫咸離騷巫咸將夕降兮注云巫咸古神巫也當殷中宗之世降下也史記天官書昔之傳天數者殷商巫咸漢書郊祀志太戊修德桑穀死伊陟贊巫咸孟康曰巫咸殷賢臣書序伊陟贊于巫咸馬注巫男巫也名咸殷之巫也鄭注巫咸巫官顧炎武曰或以巫咸爲黃帝時人歸藏言黃帝將戰筮於巫咸是也以爲帝堯時人郭璞巫咸山賦序言巫咸以鴻術爲帝堯醫是也以爲春秋時人莊子言鄭有神巫曰季咸列子言神巫季咸自

齊來處於鄭是也至山海經海外西經言巫咸國在女丑北左手操青蛇右手操赤蛇在登葆山羣巫所從上下也大荒西經言大荒之中有山名曰豐沮玉門日月所入有靈山巫咸巫卽巫肦巫彭巫姑巫眞巫禮巫抵巫謝巫羅十巫從此升降百藥爰在淮南子地形訓言軒轅邱在西方巫咸在其北方則益荒誕不可稽

古文巫

xí

覡 能齋肅事神明也在男曰覡在女曰巫從巫從見 胡狄切

能齋肅事神明也者漢書郊祀志民之精爽不貳齊肅聰明者神或降之 在男曰覡在女曰巫者楚語文一切經音義三引作在男曰巫在女曰覡國語說文漢書郊祀志鄭康成注周禮注禮記集韻類篇皆云在男曰覡在女曰巫玉篇廣韻皆云在男曰巫在女曰覡觀國按周官有司巫掌羣巫之政令又有男巫有女巫通謂之巫而不謂之覡若言巫覡則必有別矣今按檀弓曰歲旱穆公召縣子而問然曰天久不雨吾欲暴巫而奚若曰天則

不雨而望之愚婦人於以求之毋乃已疏乎謂巫爲愚婦人則女爲巫矣女爲巫則男爲覡也春秋僖公二十一年左氏傳曰公欲焚巫尫杜注云巫尫女巫也史記西門豹傳曰其巫老女子也史記封禪書曰高帝於長安置祠祝官女巫有梁巫晉巫秦巫荆巫九天巫河巫南山巫皆女巫也漢書地理志曰齊襄公令國中民家長女不得嫁名曰巫兒爲家主祀然則當以女巫男覡爲是穀梁何休亦云男曰覡女曰巫賈公彥周禮䟽云男子陽有兩稱曰巫曰覡女子陰不變直名巫無覡稱荀子王制篇傴巫跛擊之事也注云擊讀爲覡男巫也古者以廢疾之入主卜筮巫祝之事故曰傴巫跛覡又正論篇出戸而巫覡有事注云女曰巫男曰覡有事祓除不祥　從見者韋昭楚語注云巫覡見鬼者

文二　重一

說文解字第五　義證弟十四

曲阜桂馥學

甘　美也從口含一一道也凡甘之屬皆從甘　古三切

美也者本書美甘也書洪範稼穡作甘傳云甘味生於百穀詩伯兮甘心首疾傳云甘厭也箋云如人心嗜欲所貪口味不能絕也　從口含一者釋名甘含也人所含也　一道也者本書敘惜道之味徐鍇引班固曰味道之腴孟子道則高矣美矣書康王之誥誕受羑若馬云羑道也本書羑進善也

甛　美也從甘從舌舌知甘者　徒兼切

美也者廣雅甜甘也　舌知甘者者本書舌別味也

通作恬周禮鹽人王之膳羞共飴鹽注云飴鹽鹽之恬者今戎鹽有焉酒正注云五齊正用醴爲飲者取醴恬與酒味異也

磿　和也從甘從厤厤調也甘亦聲讀若函　古三切

和也者和當爲盉本書盉調味也　厤調也者徐鍇本作厤鍇曰厤音歷稀疏勻調也馥案本書厤治也俗云調治也內則調以滑甘

猒　飽也從甘從肰　於鹽切

飽也者本書飽猒也飼飽也民祭祀曰厭飼書洛誥萬年厭于乃德馬注厭飫也曾子問祭殤必厭鄭注厭飫而已又云有陰厭陽厭注云厭是饜飫之義史記伯夷傳糟糠不厭索隱厭言飫也謂不飫飽也昭二十八年左傳屬厭而已杜注言小人之腹飽猶知厭足　從甘從肰者李善注琴賦云說文曰猒從甘肉犬會意字也

荀子求善無猒　後漢書劉愷傳誠宜簡練卓異以猒衆望通作厭詩載芟有厭其傑論語學而不厭隱元年左傳姜氏何厭之有孟子此其爲厭足之道也漢書王莽傳克厭上帝之心注厭滿也

𤯍　猒或從㠯

卽能字之左猒從甘肉犬不從肰諠明

甚　尤安樂也從甘甘匹耦也　常枕切

尤安樂也者本書媅樂也　從甘甘匹耦也者通志引作從甘匹匹耦也字鑑引作從甘從匹匹耦也釋詁匹合也郭云謂對合也詩假樂率由羣匹又文王有聲作豐伊匹桓十年左傳匹夫無罪正義庶人惟大妻相匹匡衡上疏匹妃之際生民之始徐鍇引禮曰子甚宜其妻

襄二十六年左傳公見棄也而視之尤昭元年傳況不信之尤者乎杜並云尤甚也

𣆀　古文甚

文五　重二

曰　詞也從口乙聲亦象口气出也凡曰之屬皆從曰　王伐切

詞也者廣雅同徐鍇曰凡稱詞者虛也語气之助也孟子王曰注云曰詞也東京賦曰止曰時薛綜注曰詞也　從口乙聲亦象口气出也者孟子正義引同本書乚鉤識也從反𠄌讀若捕鳥罬今從甲乙字者誤也皇侃論語義疏云說文開口吐舌謂之爲曰孝經釋文云曰語詞也從乙在口上乙象氣人將發語口上有氣故曰字缺上也

曹　告也從冊曰　側麥反

告也者冊祝告神也詩楚茨工祝致告冊書所以告下也釋名冊書教會於上所以驅策諸下也

曷　何也從曰匃聲　胡葛切

何也者廣雅同易損卦曷之用詩綠衣曷維其已傳云何時能止雄雉曷云能來君子于役曷至哉鴇羽曷其有所有杕之杜曷飲食之漸漸之石曷其沒矣雲漢曷惠其寧箋並云曷何也四月曷云能穀箋云曷之言何也二子乘舟不瑕有害釋文云害鄭音曷何也

曶　出气詞也從曰象气出形春秋傳曰鄭太子曶　呼骨切

出氣詞也者本書欻有所吹起讀若忽 春秋傳曰鄭太子曶者通作忽隱三年左傳鄭公子忽爲質於周八年傳鄭公子忽如陳逆婦嬀桓六年傳鄭太子忽帥師救齊詩有女同車序云刺忽也鄭人刺忽之不昏於齊桓十一年經鄭忽出奔衛陳岳折衷云忽太子也隸作曶論語仲忽古今人表作曶甘泉賦翕赫曶霍顏注曶讀與忽同

籀文曶一曰佩也象形

一曰佩也者穆天子傳帔帶搢曶夾佩奉璧郭注曶長三尺杼上椎頭一名珽亦謂之大圭俗作笏初學記笏手板也廣韻笏一名手板品官所執天子以玉諸侯以象大夫魚須文竹士木可也宋書江夏王義恭傳佩笏有制卑高殊序王應麟曰古者笏搢之以記事不執之以爲儀宇文周百官始執笏馥案北史周本紀保定四年初令百官執笏周書王會解朝服七十物搢笏字書笏珽也世語廬珽字子笏桓二年左傳衮冕黻珽注云珽玉笏也若今吏之持簿管子天子執玉笏以朝日大戴禮天子御珽諸侯御荼大夫服笏五經異義天子笏曰珽珽直無所屈也說苑修文篇能正三軍者搢笏內則搢笏注云笏所以記事也五經要義笏所以記事防忽忘釋名笏忽也君有教命及

說文解字義證 卷十四 三

所啓白則書其上備忽忘也士喪禮竹笏注云笏所以書思對命者玉藻史進象笏書思對命注云書之於笏爲失忘也又笏天子以球玉諸侯以象大夫以魚須文竹士竹本象可也又凡有指畫於君前用笏造受命於君前則書於笏笏畢用也又笏度二尺有六寸其中博三寸其殺六分而去一輿服雜事應仲遠云昔荆軻逐秦王其後謁者持匕首擬宮掖以備不虞從此侍官皆執刀劍漢高祖偃武修文始制以手板代焉故仲長子曰笏以書君教令記善刺過今之持板以象焉又云古者貴賤皆執圭書君上之政令有事則搢之於要帶中五代以來惟八座尚書執笏者白筆綴手板頭以紫囊裹之其餘王公卿士但執手板板主於敬不執笏示非記事官也七修類稿笏手板也其制有二上圓下方上挫下方如今道士所執其來亦遠樂記曰武王散軍而郊社裨冕搢笏又云余讀說文曰笏古以爲佩又淮南子道應訓曰解其劍而帶之笏似古亦有之矣通作忽臯陶謨在治忽以出納五言鄭本作曶云曶者臣見君所秉書思對命者也君亦有焉以出內政教於五官又通作滑夏本紀予欲聞六律五聲八音來始滑集解案尚書滑作曶音忽

cǎn
朁

曾也从曰兓聲詩曰朁不畏明 七感切

吳錄地理志於朁縣西有朁山蓋因山以立名舊朁字至隋加水旁

曾也者釋言文彼作憯郭云發語詞見詩馥案詩雲漢憯不知其故箋云曾不知爲政所失而致此害十月之交胡憯莫懲箋云憯曾節南山憯莫懲嗟傳云憯曾也

詩曰朁不畏明者大雅民勞文彼作憯傳云憯曾也

tà
沓

語多沓沓也从水从曰遼東有沓縣 徒合切

語多沓沓也者詩十月之交噂沓背憎箋云噂噂沓沓相對談語或作誻荀子正名篇愚者之言誻誻然而沸馥案埤蒼沓㳫沸出也 遼東有沓縣者地理志作沓氏縣顏注凡言氏者皆謂因之而立名

cáo
曹

獄之兩曹也在廷東从棘治事者从曰 昨牢切

獄之兩曹也者錢君大昕曰史記周本紀兩造具備徐廣曰造一作遭案兩遭猶言兩曹說文曹獄之兩曹也急就篇犯禍事危置對曹顏注既被驗問則置立對辭於曹府也韋昭辨釋名曹羣也功曹吏所羣聚戶曹民所羣聚也

說文解字義證 卷十四 四

漢書成帝紀注尚書四人爲四曹成帝置五人有三公曹主斷獄事百官表廷尉掌刑辟有正左右監宣帝地節三年初置左右平馥案宣帝紀置廷尉平四人秩六百石吳志張溫父允爲東曹掾魏志蔣濟辟丞相主簿西曹屬

治事者從曰者謂治獄也玉篇曰言辭也論語片言可以折獄

文七 重一

nǎi
乃

曳詞之難也象气之出難凡乃之屬皆从乃 奴亥切

書堯典乃命羲和 莊子逍遙游而後乃今培風 周禮大宰乃施典於邦國注云乃者更申敕之 急就篇廼肎省察諷諫讀顏注廼肎猶言寧肎謂不肎也

曳詞之難也者玉篇引作曳離之難也篇海引同大射儀乃飲實爵注云乃猶而也檀弓而曰然注云而猶乃也宜八年公羊傳而者何難也乃者何難也曷爲或言而或言乃乃難乎而也何注言乃者內而深言而者外而淺孔子曰其爲之也難言之得無訒乎 象气之出難者埤雅乃字說文以爲象氣出之難氣自下而上至上而不得達所

以爲氣出之難也春秋傳以爲乃者難詞其以此乎

古文乃

籒文乃

réng 卤

卤 驚聲也從乃省卤聲籒文卤不省或曰卤往也讀若仍 如乘切

秦繹山刻石卤今皇帝 漢繁陽令楊君碑卤其追錄厥勳 釋詁卥乃也郭云卥卽乃 卤聲者小字本舊刻李燾本竝作西聲西古作卤籒作卤 案西非聲當云從乃省從卤乃亦聲 籒文卤不省者當有籒文脫漏 或曰卤往也者廣雅乃往也一切經音義十八引倉頡篇卥往也遠也又卷八引聲類卥至也 讀若仍者本書仍艿竝云乃聲

古文卤

yóu 逌

逌 气行皃從乃卤聲讀若攸 以周切

气行皃者史記趙世家烈矦逌然正義逌音由古字與攸同攸攸氣行皃哀三年左傳鬱攸從之杜云鬱攸火氣也 讀若攸者漢書地理志陽𠂤逌居 韋賢傳萬國逌平顏注逌古攸字

文三 重三

kǎo 丂

丂 气欲舒出勹上礙於一也丂古文以爲亏字又以爲巧字凡丂之屬皆從丂 苦浩切

气欲舒出勹上礙於一也者本書号从口在丂上馥謂口在丂上則气舒矣

pīng 甹

甹 亟詞也從丂從由或曰甹俠也三輔謂輕財者爲甹 普丁切

從由者本書無由字通作逌新序雜事二國君驕士曰士非我無逌富貴士驕君曰國非士無逌安強君臣不合國是無逌定矣 或曰甹俠也者本書俠傳也史記季布傳爲氣任俠集解云俠甹也

níng 寧

寧 願詞也從丂寍聲 奴丁切

願詞也者本書甯所願也从用寧省聲隱十一年左傳無寧茲杜云無寧寧也徐鍇曰今人言寧可如此是願如此也古人云寧猷建業水寧會五斗艾是也大禹謨釋文寧安也說文安寧如此願辭也馥案此文有脫誤當云寍安也說文安寍如此寍願辭也通鑑宋王太后怒謂侍者取刀來剖我腹那得生寧馨兒注云寧相傳讀從去聲劉禹錫詩從平聲

hē 丂

丂 反丂也讀若呵 虎何切

反丂也者气舒也 讀若呵者當作訶本書訶大言而怒也俗作呵史記霸陵尉醉呵止廣

文四

kě 可

可 肎也從口丂丂亦聲凡可之屬皆從可 肎我切

肎也者釋言肎可也詩終風惠然肎來箋云肎可也

qí 奇

奇 異也一曰不耦從大從可 渠羈切

異也者李善注江賦引同廣雅同本書侅下云奇侅非常也釋名異者異於常也昭二十六年左傳據有異焉史記賈誼傳化爲異物兮仲尼弟子傳皆異能之士也晉語君賜之奇奇生怪韋注奇異也 一曰不耦者易繫辭陽卦奇陰卦耦史記李廣數奇通作觭莊子天下篇以觭耦不仵之辭相應

gě 哿

哿 可也從可加聲詩曰哿矣富人 古我切

可也者廣雅同 詩曰哿矣富人者小雅正月文傳云哿可也

gē 哥

哥 聲也從二可古文以爲謌字 古俄切

古文以爲謌字者傳元節賦黃鍾唱哥九韶興舞鄭述祖天柱山銘懋績著在哥詩解莊書浮圖贊碑懷音會椹尚聞哥於𠂤虞世南孔子廟堂碑周孝侯碑竝作哥字

文四

xī 兮

兮 語所稽也從丂八象气越亏也凡兮之屬皆從兮 胡雞切

語所稽也者徐鍇曰爲有所稽考䛐謂稽者稽畱非稽考後漢書馬援傳何足久稽天下士漢書食貨志蓋積餘贏以稽市物注云稽貯滯也言兮則語小滯滯卽稽也

從丂八象气越亏也者本書亏象气之舒亏越者疏越

sǔn 粤

粤 驚詞也從兮旬聲 思允切

驚詞也者通作恂大學恂慄也

㥚 粤或從心

xī 羲

羲 气也從兮義聲 許羈切

气也者气下疑有闕文伏羲或作虙虧本書虧气損也

hū 乎

乎 語之餘也從兮象聲上越揚之形也 戶吳切

語之餘也者徐鍇通釋曰凡言乎皆上句之餘聲也故曰從我者子乎去我者鄙己乎皆聲之餘也又類聚云乎者語之餘也若詩曰亶其然乎傳曰其是之謂乎在句之外

象聲上越揚之形也者揚如聲必揚之揚

文四 重一

háo 号

号 痛聲也從口在丂上凡号之屬皆從号 胡到切

痛聲也者号通作號書大禹謨曰號泣于旻天于父母宣十二年左傳號而出之注云號哭也顏氏家訓風操篇禮以哭無言者爲號然則哭亦有辭也江南喪哭時有哀訴之言耳山東重喪則惟呼蒼天期功以下則惟呼痛深便是號而不哭

háo 號

號 呼也從号從虎 乎刀切

呼也者釋言文彼作謼本書謼號也詩碩鼠誰之永號傳云號呼也北山或不知叫號傳云號召也蕩式號式呼箋云醉則號呼相傚僖十五年左傳公號慶鄭宣十二年傳號申叔展注云呼之越語乃號令於三軍韋云號呼也

從号從虎者當云号亦聲

文二

yú 亏(于)

亏 於也象气之舒亏從丂從一一者其气平之也凡亏之屬皆從亏 羽俱切

於也者釋詁文廣雅於于也於古文烏字本書烏取其助氣故以爲烏呼堯典僉曰於尚書大傳於歎之也詩於穆清廟傳云於歎詞也列子周穆王篇乃歎曰於乎殷敬順釋文作於于音嗚呼書呂荆王曰吁鄭本吁作于注云于於也墨子引經作於詩正月于何從祿都人士行歸于周文王侯于周服公劉于胥斯原江漢至于南海箋竝云于於也麟之趾于嗟麟兮傳云于嗟歎辭騶虞于嗟乎騶虞箋云于嗟者美之也賈誼書詩云亏嗟乎騶虞其嘆之也長漢書于越注云于發語聲周書王會作於越春秋定哀時凡三書於越

象气之舒亏者說苑權謀篇東郭垂對桓公曰者臣望君之在臺上也君吁而不吟所言者莒也

從丂者本書丂古文以爲亏字

一者其气平之也者集韻韻會引竝無之字乎從丿故聲越揚亏從一故氣平

kuī 虧

虧 气損也從亏雐聲 去爲切

气損也者釋詁虧毀也小爾雅虧損也易謙卦天道虧盈而益謙書旅獒爲山九仞功虧一簣大戴禮保傅篇有徹虧膳之宰又云宰夫減其膳

䖸 虧或從兮

yuè 粤

粤 亏也審愼之詞者從亏從宷周書曰粤三日丁亥 王伐切

亏也者釋詁文粤通作曰詩東門之枌穀旦于差箋云于日也宣十二年左傳于民生之不易杜云于日也又通作越史記南越東越漢書作粤夏小正越有小旱越于也書高宗肜日越有雊雉傳云越於也大誥越天棐忱傳云於天輔誠微子越至于今馬融云越於也盤庚越其罔有黍稷傳云越於也釋文云越本又作粤音曰于也詩東門之

xū 吁　píng 平　zhǐ 旨　cháng 嘗

粉越以颺邁傳云越於也幽通賦尚越其幾曹大家曰越
於也　審愼之詞者者李燾本者作也徐鍇曰凡言粵皆
在事端句首未便言之駐其言以審思之也馥案堯典皋
陶謨古文竝作粵若　周書曰粵三日丁亥者周書無此
文多方云惟五月丁亥金仁山謂是成王五年五月閏百
詩推以歷法丁亥爲五月之四日非三日召誥越三日丁
巳傳云於乙卯三日馥謂本書亥字誤也趙宧光曰
粵某日言審定某日猶卜吉某日之意今通作越

吁 驚語也從口從亏亏亦聲 況于切
本書口部有
吁字云驚也
驚語也者本書芌大葉實根駭人故謂之
芌徐鍇曰芌猶言吁吁驚詞故曰駭人

平 語平舒也從亏從八八分也爰禮說 符兵切
語平舒也者周語樂從和和從平　從八八分也者本書
入象分別相背之形公平分也釋器律謂之分郭云律管
可以分气　爰禮說者本書敘孝宣時召通蒼頡讀者張
敞從受之涼州刺史杜業沛人爰禮講學大夫秦近亦能

言之孝平時徵禮等百餘人令說
文字未央廷中以禮爲小學元士

平 古文平如此
釆秩東作皆誤爲平
與此古文形似也

文五　重二

旨 美也從甘匕聲凡旨之屬皆從旨 職雉切
美也者本書美甘也書說命王曰旨哉傳云旨美也詩谷
風我有旨蓄傳云旨美魚麗君子有酒旨且多傳云酒美
鄉飲酒禮告旨注云旨美也學記雖有嘉殽弗食不知其
旨也注云旨美也論語食旨不甘通作指荀子大畧篇引
詩物其指矣楊注
指與旨同美也

旨 古文旨

嘗 口味之也從甘尚聲 市羊切

xǐ 喜　xǐ 憙　pǐ 嚭

口味之也者通鑑注嘗口識其味也孟子口之於味也列
子天瑞篇有味者有味味者詩瓠葉君子有酒酌言嘗之
甫田嘗其旨否論語不敢嘗宣四年左傳染指於鼎嘗之
而出孫子兵勢篇味不過五五味之變不可勝嘗也淮南
說林訓佐
祭者得嘗

文二　重一

喜 樂也從壴從口凡喜之屬皆從喜 虛里切
樂也者釋詁文御覽引作不言而說曰喜本書僖樂也詩
彤弓中心喜之菁菁者莪我心則喜傳竝云喜樂也　從
壴從口者御覽引同春秋元命包兩口銜士
爲喜馥案壴從屮非士緯書說文字多謬

歖 古文喜從欠與歡同
本書欠部有歖
字云卒喜也

憙 說也從心從喜喜亦聲 許記切

史記周本紀無不欣憙　漢書郊祀志天子心獨
憙　曹植與吳季重書可令憙事小吏諷而誦之
說也者急就篇勉力務之必有憙王注憙說也學而時習
之不亦說乎　從心從喜者春秋元命包心喜者爲憙

嚭 大也從喜否聲春秋傳吳有太宰嚭 匹鄙切
大也者字林同本書丕大也　春秋傳吳有太宰嚭者論
語太宰鄭注吳太宰嚭定四年左傳楚之殺郤宛也伯氏
之族出伯州黎之孫嚭爲吳太宰哀元年傳因吳太宰嚭
以行成越語越人飾美女八人納之太宰嚭韋云嚭吳正
卿故楚大夫伯州黎之子也魯昭元年州黎爲楚靈王所
殺嚭奔吳史記楚世家郤宛之宗姓伯氏子嚭及子胥皆
奔吳吳世家楚誅伯州犂其孫伯嚭亾奔吳吳以爲大夫
夫差元年以爲太宰潛夫論志氏姓篇晉郤氏之班有州
氏伯宗以直見殺其子州黎奔又楚以郤宛直而和故爲
子常所姤以受誅其子嚭奔吳爲太宰懲祖禰之行仍正直
遇禍也乃爲諂諛而亾吳檀弓有太宰嚭卽古今人表陳
太宰喜案伯嚭亦作帛喜論衡逢遇篇伍員帛喜俱事夫
差是也容齋隨筆檀弓載吳侵陳事曰陳太宰嚭使於師
夫差謂行人儀曰是夫也多言盍嘗問焉案嚭乃吳夫差

zhù 壴　shù 尌　qì 鼜

之宰陳遣使者正用行人則儀乃陳臣也記禮者簡策差互故更錯其名當云陳行人儀使於師夫差使太宰嚭問之乃善馥案嚭字子餘餘亦大意本書奄大有餘也

文三　重一

壴 陳樂立而上見也從屮從豆凡壴之屬皆從壴中句切

從屮者本書𡴀从屮中財見也從豆者本書豎侸從豆竝訓立

尌 立也從壴從寸持之也讀若駐常句切

立也者本書跊尌也鄭注考工記廬人置猶尌也通作樹書畢命樹之風聲傳云立其善風揚其善聲文六年左傳樹之風聲杜云因土地風俗爲立聲敎之法昭元年傳引其封疆而樹之官杜云樹立也易通卦驗冬至之日樹八尺之表李斯上書樹靈鼉之鼓司馬遷報任安書素所自樹立使然也　讀若駐者本書駐馬立也

鼜 夜戒守鼓也從壴蚤聲禮昏鼓四通爲大鼓夜半三

通爲戒晨旦明五通爲發明讀若戚倉歷切

夜戒守鼓也者周禮鼓人凡軍旅夜鼓鼜注云鼜夜戒守鼓也掌固夜三鼜以號戒注云杜子春云鼜讀爲造次之造謂擊鼓行夜戒守也春秋傳所謂賓將趣者與趣與造音相近元謂鼜擊鼜警守鼓也鎛師凡軍之夜三鼜皆鼓之守鼜亦如之注云守鼜備守鼓也杜子春云一夜三擊備守鼜也春秋傳所謂賓將趨者音聲相似疏云春秋昭二十年左傳賓將掫注云掫謂行夜子春云賓將趨讀人音異宋書樂志長丈二尺者曰鼜鼓凡守備及役事則鼓之今世謂之下鼜唐書禮樂志日未明四刻搥一鼓爲一嚴二刻搥二鼓爲再嚴一刻搥三鼓爲三嚴通鑑班超約曰可須夜鼓聲而發注云夜鼓聲鼓鼜之聲也　禮云云者鄭注鼓人引司馬法昏鼓四通爲大鼜夜半三通爲晨戒旦明五通爲發昫惠棟曰說文引禮旦明五通爲發明發明猶旦明也詩明發不寐薛夫子王叔師皆訓發爲旦又齊子發夕焦氏易林云襄送季女至於蕩道齊子旦夕留連久處旦夕即發夕也　讀若戚者周禮眂瞭鼜愷獻亦如之注云杜子春云鼜讀爲憂戚之戚謂戒守鼓也擊鼓聲疾數故曰戚鼓人疏云言鼜者聲同憂戚取軍中憂

péng 彭　jiā 嘉　gǔ 鼓

懼之意

彭 鼓聲也從壴彡聲薄庚切

鼓聲也者通作逢詩靈臺鼉鼓逢逢釋文引埤倉云鼓聲也　彡聲者猶𧯛從蒸聲

嘉 美也從壴加聲古牙切

美也者釋詁文本書孔下云乙至而得子嘉美之也詩大明文王嘉止傳云嘉美也趙策大王廣地寧邑諸侯皆賀敝邑寡君亦竊嘉之

文五

鼓 郭也春分之音萬物郭皮甲而出故謂之鼓從壴支象其手擊之也周禮六鼓靁鼓八面靈鼓六面路鼓四面鼖鼓皋鼓晉鼓皆兩面凡鼓之屬皆從鼓工戶切

風俗通聲音篇謹案易稱鼓之以雷霆聖人則之不知誰所作也樂書伊耆氏造鼓　通典世本云夷作鼓以桴擊之曰鼓以手搖之曰鼗　五經要義鼓所以檢樂爲羣音之長學記鼓無當於五聲五聲弗得不和　易通卦驗冬至擊黃鍾之鼓鼓用馬革鼓員徑八尺一寸夏至鼓用黃牛皮鼓員徑五尺七寸注云鼓必以牛皮者夏至離烝離爲黃牛徑五尺七寸者取於十乘猶賓之律也此律必以九與十者天地數終焉　白虎通禮樂篇鼓震音煩氣也萬物憤懣震動而生雷以動之溫以煖之風以散之雨以濡之奮至德之聲感和平之氣也同聲相應同氣相求神明報應天地祐之其本乃在萬物之始邪故謂鼓也　通禮義纂建鼓大鼓也少昊氏作焉爲衆樂之節夏加四足謂之節鼓商貫之謂之楹鼓周人懸而擊之謂之懸鼓近代相承值而建之謂之建鼓本出商制也

郭也者鼓郭聲相近徐鍇曰郭覆冒之意釋名鼓廓也張皮以冒之其中空也急就篇鍾磬鞀簫鼙鼓鳴顏注鼓之言郭也張郭皮革而爲之也漢書律歷志八音皮曰鼓顏注鼓者郭也言郭張皮而爲之　春分之音者沈文阿左傳義疏按樂緯震主春分樂用鼓　萬物郭皮甲而出故謂之鼓者風俗通鼓者郭也春分之音也萬物郭皮甲而

壴
鼓

fén 鼖　gāo 鼛

出故謂之鼓 從壴支象其手擊之也者當有謬誤通志云說文鼓从壴 支象其手擊之也臣按从𡴓士刀切說文於弓殸則曰从𡴓𡴓垂飾與鼓同意廣韻𡴓腰鼓大頭名集韻戎鼓大首謂之𡴓增韻篆文作鼓从壴从支亦作鼓从𡴓𡴓音殸復古編鼓从豈从𡴓王覺九經明音鼓篆文作鼓今省作鼓佩觿鼓字从支其謬誤有如此者又曰𡴓士刀翻滑也鼓字从此又曰鼓从𡴓𡴓他刀翻从支从皮者皆非也唐景龍觀鐘銘命彼鼓延鑄斯無射夢英千字文鼓瑟吹笙並从𡴓 周禮云云者臯當爲鼛鼓八掌教六鼓四金之音聲以雷鼓鼓神祀以靈鼓鼓社祭以路鼓鼓鬼享以鼖鼓鼓軍事以鼛鼓鼓役事以晉鼓鼓金奏注云雷鼓八面鼓也靈鼓六面鼓也路鼓四面鼓也鼖鼓長八尺鼛鼓長丈二尺晉鼓長六尺六寸大司樂雷鼓雷鼗靈鼓靈鼗路鼓路鼗注云鄭司農云雷鼓雷鼗皆謂六面有革可擊者也靈鼓靈鼗四面路鼓路鼗兩面元謂雷鼓雷鼗八面靈鼓靈鼗六面路鼓路鼗四面考工記韗人爲皋鼓長尋有四尺鼓四尺倨句磬折鄭注引賈侍中云晉鼓大而短

籀文鼓从古聲

汗簡引庾儼演說文作𪔟

大鼓也从鼓咎聲詩曰鼛鼓弗勝 古勞切

大鼓也者詩鼓鐘伐鼛傳云鼛大鼓也考工記韗人臯鼓尋有四尺通作咎後漢書馬融傳伐咎鼓注云咎鼓大鼓也音公刀反 詩曰鼛鼓弗勝者大雅緜文傳云鼛大鼓也長一丈二尺

大鼓謂之鼖鼖八尺而兩面以鼓軍事从鼓賁省聲 符分切

大鼓謂之鼖者釋器文郭云鼖長八尺書顧命大貝鼖鼓鄭注鼖鼓大鼓也此鼖非謂攻工記鼖鼓長八尺者若是周物何須獨寶守明前代之物與周鼖同名耳鼖八尺而兩面以鼓軍事者考工記韗人鼓長八尺鼓四尺圍加三之一謂之鼖鼓注云大鼓謂之鼖以鼖鼓鼓軍事白帖引樂令諸道行軍應給鼓角者三萬人以上給大角十四具大鼓二十四面 賁省聲者徐鍇本作卉聲

pí 鼙　lóng 鼚　yuān 鼘　tāng 鼞　tà 鼛

鼖或从革賁不省

賁不省者徐鍇本作賁聲通作賁詩靈臺賁鼓維鏞傳云賁大鼓也

騎鼓也从鼓卑聲 部迷切

呂氏春秋古樂篇倕作鼙鼓 通典引帝王世紀帝嚳命垂作鞞 李善注藉田賦引字林鼙小鼓也 釋名鼙裨也裨助鼓節也 大射儀應鼙在其東朔鼙在其北注云應鼙應朔鼙也先擊朔鼙應鼙應之鼙小鼓也 周禮小師下管擊應鼓注云應鼙也應與轅及朔皆小鼓也 六韜鼙鼓之聲宛以湯 司馬法鼙聲不過闒 吳子夫鼙鼓金鐸所以威耳 通作鞞月令章句犀兕以爲甲盾鼓鞞 邱遲旦發魚浦潭詩鳴鞞響沓障 騎鼓也者顏注急就篇鼙騎鼓也其形似鞀而庳薄 漢書史丹傳或置鼙鼓殿下顏注鼙本騎上之鼓

鼓聲也从鼓隆聲 徒冬切

鼓聲也者樂府秦女休行朧朧擊鼓赦書下御覽引作朧橦沈佺期詩籠僮上西鼓栁宗元詩籠銅鼓報衙朧朧籠竝借字

鼓聲也从鼓𣶒聲詩曰鼗鼓鼘鼘 烏玄切

鼓聲也者鼘通作淵詩采芑伐鼓淵淵傳云淵淵鼓聲也又通作咽有駜鼓咽咽傳云咽咽鼓節也釋文云咽本又作鼝東京賦注引詩鼗鼝鼝 詩曰鼗鼓鼘鼘者商頌那文彼作鞉鼓淵淵

鼓聲也从鼓堂聲詩曰擊鼓其鼞 土郎切

詩曰擊鼓其鼞者邶風擊鼓文彼作鏜傳云鏜然擊鼓聲也本書鏜下引詩擊鼓其鏜

鼓聲也从鼓合聲 徒合切

鼓聲也者史記司馬相如傳鏗鎗鐺鼛郭璞曰鐺鼛鼓音

古文鼛从革

本書革部鞈防汗也史記鐺鼛漢書作鞈

qì 䶇　tà 鼛　qǐ 豈　kǎi 愷　qí 𧯶

䶇 鼓無聲也從鼓咠聲 他叶切

鼛 鼓鼙聲從鼓缶聲 土盍切

鄭注大司馬引書曰前師乃鼓䶇譟釋文䶇音符又芳甫切䶇謂鼛之異文

文十　重三

豈 還師振旅樂也一曰欲也登也從豆微省聲凡豈之屬皆從豈 墟喜切

還師振旅樂也者豈或作凱𥫃要振旅而歌曰凱歌書大禹謨班師振旅傳云兵入曰振旅通作愷周禮樂師凡軍大獻教愷歌眂瞭注云愷獻獻功愷樂也大司樂王師大獻則令奏愷樂注云大獻獻捷於祖愷樂獻功之樂大司馬若師有功則左執律右秉鉞以先愷樂獻於社注云兵樂曰愷司馬法曰得意則愷樂愷歌示喜也鄭司農云故城濮之戰春秋傳曰振旅愷以入於晉司馬法天下既平天子大愷春蒐秋獮諸侯春振旅秋治兵所以不忘戰也

注云愷軍樂也莊八年公羊傳出曰祠兵入曰振旅穀梁傳出曰治兵習戰也入曰振旅習戰也范云振整也旅衆也成七年左傳中國不振旅杜云振整也僖二十八年傳振旅愷以入於晉杜云愷樂也孫𫐉東宮鼓吹議鼓吹者蓋古人之軍聲振旅獻捷之樂也馥案唐會要太和中太常禮院奏云謹案愷樂鼓吹之歌曲也一曰欲也者本書覬钦𣭁也通作闓廣雅闓欲也詩載驅箋云豈讀爲闓又通作𩣺鄭注文王世子州里𩣺於邑登也者本書登上車也豆象登形微省聲者微當爲敳攴部敳下徐云豈字從敳省

愷 康也從心豈豈亦聲 苦亥切

本書心部有愷字云樂也

康也者釋詁康樂也文十八年左傳天下之民謂之八愷杜云愷和也通作凱表記引詩凱弟君子注云凱樂也釋天南風謂之凱風李巡云南風長養萬物喜樂故曰凱風凱樂也晉書杜預字元凱又通作豈詩飲酒樂豈

𧯶 訖事之樂也從豈幾聲 渠稀切

dòu 豆　dòu 梪　jǐn 𧯷

𧯶也者玉篇引埤蒼𧯶𧯶也廣韻𧯶𧯶也釋詁𧯶汔也易井卦汔至亦未繘井虞云汔幾也未濟小狐汔濟釋文云汔鄭云幾也詩民勞汔可小康箋云汔幾也宣十二年左傳庸可幾乎正義言用可冀幸而得之乎　訖事之樂也者釋詁訖止也鄭注祭統訖猶止也

文三

豆 古食肉器也從口象形凡豆之屬皆從豆 徒候切

古食肉器也者本書皿與豆同意周禮掌客十豆注云豆菹醢器也吳語觴酒豆肉注云豆肉器韓非外儲說取一豆肉徐鍇引周禮旊人爲簋實一觳崇尺厚半寸豆實三而成觳又曰豆中縣縣繩以正豆之柄觳三斗也人日食一豆肉飲一豆酒中人之食也注云一豆酒當一升酒也從口象形者祭統夫人薦豆執校執醴授之執鐙注云校中央直者也鐙豆下跗也

𣍘 古文豆

豐古文從此

梪 木豆謂之梪從木豆 徒候切

漢韓勑碑爵鹿柤梪　三禮圖豆以木受四升高尺二寸漆赤中大夫以上畫雲諸侯加象飾口天子玉飾　明堂位夏氏以楬豆殷玉豆周獻豆雜記豚肩不揜豆注云豆徑尺　梪四年公羊解詁豆祭器名狀如鐙

木豆謂之梪者釋器文彼云木豆謂之豆郭云豆禮器也釋文豆本又作梪本書籩竹豆也周禮籩人注云竹曰籩馥謂對文木曰梪漢書地理志其田民飲食以籩豆顏注以竹曰籩以木曰豆若今之槃也家語問禮篇籩豆鉶羹注云木曰豆大戴禮曾子事父母篇執觴觚杯豆而不醉盧辯注豆醬器以木曰豆以瓦曰登史記孔子世家常陳俎豆正義云俎豆以木爲之受四升高尺二寸

𧯷 蠡也從豆蒸省聲 居隱切

或作卺東宮舊事漆卺爵二銀鎖連長七尺

蠡也者本書瓢蠡也廣雅𤬪瓢也玉篇𤬪合𤬪瓢也廣韻以瓢爲酒器婚禮用之也三禮圖卺取四升瓠中破夫婦各一士昏禮賓四爵合卺注云合卺破匏也四爵兩卺凡六爲夫婦各三酳婚義合卺而酳注云破瓢爲卮也齊職儀凡尚公主必拜附馬都尉𤮯以王姬之重庶姓之輕不如其等級寧可合卺而酳 𤮯省聲者猶彭從彡聲

juàn 𢍏

𢍏 豆屬從豆𢍏聲 居倦切

豆屬者𢍏或作棬玉篇棬屈木盂也廣韻棬器似升屈木爲之孟子順杞柳之性而以爲桮棬

wān 豋

豋 豆飴也從豆夗聲 一九切

豆飴也者豋或作餐廣韻餐飴和豆又或作餶玉篇餶飴也飴和豆也餶豆屑雜糖也又餦飴曰餦餛方言餛謂之餶蒈頡解詁餛飴中著豆屑也 夗聲者高注淮南云苑讀豋飴之豋本書䴉讀若飴豋

dēng 𢍺

𢍺 禮器也從廾持肉在豆上讀若鐙同 都滕切

禮器也者隸作登三禮圖登以盛湆受斗二升口徑尺二寸足徑八寸高二尺四寸小身小𤮯似豆狀釋器瓦豆謂之登郭注卽膏登也馥案膏登者本書鐙錠也楚詞蘭膏明燭華鐙錯些是也爾雅本謂禮器郭意膏鐙形狀同也詩生民于豆于登傳云木曰豆瓦曰登豆薦菹醢也登太羹也俗作瓾玉篇瓾瓦豆也詩敬宗建言大祀中祀簠簋瓾俎皆一小祀無瓾崔沔曰太羹古饌也盛以瓾瓾古器也韓愈詩或揭若瓾梪 讀若鐙同者後漢書禮儀志瓦鐙一公食大夫禮太羹湆不和實于鐙鄭注瓦豆謂之鐙

文六　重一

lǐ 豊

豊 行禮之器也從豆象形凡豊之屬皆從豊讀與禮同 盧啓切

行禮之器也者本書禮所以事神致福也 從豆象形者趙宧光曰唐元度九經字樣引說文从卌从豆作豊今本不然未詳孰是阮學使元曰當云从豆凵象形丰聲何以明丰之爲聲也丰古拜切古音與豐同部丰字雖未見於詩而害字從丰得聲如泉水三章二子乘舟二章蕩八章閟宮五章其韻皆與禮體澧醴最近則豊之从丰得聲也明矣上六橫皆當左低右高作丰形今作丰平畫者訛也或曰丰兩丰與丰不同聲如兩屮爲艸兩言爲誩兩目爲䀠兩百爲皕兩虎爲虤兩木爲林兩夕爲多兩禾爲秝兩出爲𡴘兩人爲从兩犬爲㹜兩虫爲䖵皆是也䨻荅之曰兩余爲絫兩水爲沝兩魚爲𩺰非同聲之例乎兩玉爲珏兩幺爲丝聲皆相近

zhì 䶵

䶵 爵之次弟也從豊從弟虞書曰平䶵東作 直質切

本書璪下云玉英華羅列秩秩當爲䶵䶵

爵之次弟也者䶵通作秩廣雅秩次也書堯典望秩于山川鄭注秩次也遍以尊卑次秩祭之又汝作秩宗鄭注主次尊卑皋陶謨天秩有禮傳云天次秩有禮洛誥咸秩無文王注秩序也詩假樂德音秩秩傳云秩秩有常也莊八年左傳衣服禮秩如適十九年傳收膳夫之秩杜云秩祿也僖二十七年傳作執秩以正其官杜云執秩主爵秩之官三十一年公羊傳山川有能潤於百里者天子秩而祭之何云秩者隨其大小尊卑高下所宜王制王者之制爵祿凡五等謂公侯伯子男注云爵秩次也又云任事然後爵之注云爵謂正其秩次禮含文嘉殷爵三等周爵五等

各有宜白虎通爵五等者法五行或三等者法三光或法三或法五何質者據天故象三光文者據地故法五行太元建侯開國渙爵般秩漢書百官表秩二千石秩千石秩八百石秩六百石昌言官之有級猶階之有等升階越等其步也亂亂登朝級敗禮傷法是以古人之初仕也雖有賢材皆以級賜進焉王粲爵論爵自一級轉登十級而爲列侯譬猶秩自百石轉遷而至於公也 虞書曰平䶵東作者堯典文彼作秩平當爲釆古文作𠂹與古文平形近史記引書作便周禮尚書大傳竝作辨與釆同音

文二

fēng 豐

豐 豆之豐滿者也從豆象形一曰鄉飲酒有豐侯者凡豐之屬皆從豐 敷戎切

豆之豐滿者也者御覽引作俎豆貴豐厚也廣雅豐滿也玉篇𥂝莫公切豐𥂝滿也周易豐卦釋文引鄭云豐之猶腆鄉射禮命弟子設豐注云設豐所以承其爵也豐形蓋似豆而卑公食大夫禮飲酒實于觶加于豐注豐所以承

觶者也如豆而卑聘禮記醴尊于東廂瓦大一有豐注云豐承尊器如豆而卑燕禮有豐注云豐形似豆卑而大從豆象形者戴侗曰唐本从豆从山丰聲蜀本丰聲山取其高大馥案錢君大昭有古瓦單文作豐與唐本丰聲合詩子之丰兮傳云丰豐滿也箋云面貌丰丰然豐滿與蜀本丰聲合大射儀膳尊兩甒在前有豐注云豐以承尊也說者以爲若井鹿盧其爲字從豆𠁩聲近似豆大而卑矣疏云其爲字從豆𠁩聲者此謂上聲下形之字年和穀豆多有故從豆爲形也豐者承尊之器象形也是以曲年之字豐下著豆今諸經皆以承爵之曲不用本字之曲而用豐年之豐故鄭還依豐字解之故云其爲字從豆爲形以曲爲聲也馥案賈氏謂曲爲承爵豐爲豐年豐從曲聲其說本自明了傳寫互誤讀者難曉今爲正之云曲者承尊之器象形也是以豐年之字曲下著豆但本書無曲字不審鄭氏何據　一曰鄉飮酒有豐矦者者鄉射禮司射適堂西設豐注云將飮不勝者畾崇義引舊圖制度云射罰爵之豐作人形豐國名其君坐酒亾國戴杅以爲戒崔駰酒箴豐矦沈酒荷罌負缶自戮於世圖形戒後李尤豐矦銘豐矦荒繆醉亂迷逸乃象其形爲禮戒式抱朴子酒戒豐矦得罪以戴尊衡杯海錄碎事射禮置豐於西階古豐

國之君以酒亾國故以爲罰爵圖其人形於下寓戒也困學紀聞竹書成王十九年黜豐矦坐酒亾國故禮有豐爵圖形戒後

豐 古文豐

從豆𡴀聲

yàn 豔

豔 好而長也從豐豐大也盍聲春秋傳曰美而豔 以贍切

好而長也者本書姪長好也嫣長也婞弱長皃史記蘇秦傳後有長姣美人論衡上世之人侗長佼好哀十五年左傳渾良夫長而美方言豔美也宋衛晉鄭之閒曰豔廣雅豔美也詩十月豔妻煽方處傳云美色曰豔洛神賦彼何人斯若此之豔也古樂府有昔昔鹽三婦豔卽此豔　豐大也者方言豐大也詩豐年傳云豐大也　春秋傳曰美而豔者桓元年左傳美而豔杜云色美曰豔文十六年傳公子鮑美而豔

文二　重一

xī 虛

虛 古陶器也從豆虍聲凡虛之屬皆從虛 許羈切

古陶器也者　陶當爲匋

hào 號

號 土鍪也從虛号聲讀若鎬 胡到切

土鍪也者號玉篇作䖙云土釜也廣雅號鬴也內則敦牟卮匜釋文云齊人呼土釜爲牟馥謂號鍪牟三字聲相近

zhù 𧯿

𧯿 器也從虛宁宁亦聲闕 直呂切

宁亦聲者　當爲宁聲

文三

hū 虍

虍 虎文也象形凡虍之屬皆從虍 荒烏切

虎文也者廣韻引字林同楚鬭穀於菟字子文徐鍇本有讀若春秋傳曰虍有餘九字案三傳無此文昭十二年左傳楚子謂成虎若敖之餘也或引此

yú 虞

虞 騶虞也白虎黑文尾長於身仁獸食自死之肉從虍吳聲詩曰于嗟乎騶虞 五俱切

五經異義今詩韓魯說騶虞天子掌鳥獸官古毛詩說騶虞義獸白虎黑文食自死之肉不食生物人君有至信之德則應之周南終麟趾召南終騶虞俱稱嗟歎之皆獸名謹按古山海經鄒書云騶虞獸說與毛詩同馥案魯詩說古有梁騶梁騶天子獵之田曲也賈誼書禮篇詩云一發五豝吁嗟乎騶虞騶者天子之囿也虞者囿之司獸者也賈傅治魯詩故與魯詩說同王觀國學林詳觀騶虞詩辭則獸是已詩序曰仁如騶虞又曰德如羔羊又曰德如鳲鳩又曰信厚如麟趾蓋皆指物而言也秦漢之際言詩者各自名家其說皆有異同賈誼必遵其師所授未必當也　海內北經林氏國有珍獸大若虎五采畢具尾長於身名曰騶吾乘之日行千里注云六韜云紂囚文王閎夭之徒詣林氏國求得此獸獻之紂大悅乃釋之周書曰史林尊耳尊耳若虎尾參於身食虎豹大傳謂之侄獸吾宜作虞也　周禮鍾師王奏騶虞鄭司農云騶虞聖獸　司馬相如封禪文然後囿騶虞之珍羣　薛綜頌婉婉白虎優仁是崇飢不侵暴困不改容斂威揚德愷

cuó 虘　qián 虔　fú 虙

悌之風聖德極盛騶虞乃彰　郭璞五靈頌大梁乘精白虎
用生思睿信立繞於垣坰　晉書安帝紀新野騶虞見案晉
幡圖畫
騶虞
白虎黑文者後漢書注引同周書王會解吾白虎鄭志荅
張逸問白虎黑文周史王會云王褒碧雞頌黃龍見兮白
虎仁典引擾緇文皓質於郊李善曰騶虞也宋書元嘉二
十六年瑯邪有白騶虞見隋開皇七年須符於總管刺史
西方以騶虞覆案白西方色　尾長於身者御覽引同陸
璣詩疏騶虞白虎黑文尾長於軀尚書大傳散宜生之於
陵氏取怪獸大不辟虎狼閒尾倍其身名曰虞注云虞蓋
騶虞也郭璞贊怪獸五采尾參於身矯足千里儵忽若神
是謂騶虞詩歎其仁中興徵祥說天下太平則騶虞見騶
虞者仁獸也狀如白虎而黑文其尾參倍　仁獸食自死
之肉者御覽引同詩序仁如騶虞陸璣疏騶虞不食生物
淮南道應訓得騶虞雞斯之乘高云騶虞白虎黑文而仁
食自死之獸日行千里瑞應圖白虎者仁而不害白居易
騶虞畫贊騶虞者仁瑞之獸外猛而威內仁而信贊曰蓋
山有獸仁心毛質不踐生芻不食生物　詩曰于嗟乎騶
虞者召南騶虞文中興徵祥說昔召公化行陝西之國而
騶虞應

虙 虎皃從虍必聲 房六切

顏氏家訓書證篇張揖云虙今伏羲氏也孟康漢書古文注
亦云虙今伏而皇甫謐云伏羲或謂之宓羲案諸經史緯候
遂無宓羲之號虙字從虍宓字從宓下俱爲必末世傳寫遂
誤以虙爲宓而帝王世紀因誤更立名耳何以驗之孔子弟
子虙子賤爲單父宰卽虙羲之後俗字亦爲宓或復加山今
兗州永昌郡城舊單父地也東門有子賤碑漢世所立乃云
濟南伏生卽子賤之後是知虙之與
伏古來通字誤以爲宓較可知矣

虔 虎行皃從虍文聲讀若矜 渠焉切

讀若矜者矜古讀如
鰥不侮矜寡是也

虘 虎不柔不信也從虍且聲讀若𨟻縣 昨何切

虎不柔不信也者本書懮牛柔
謹也御覽騶虞有至信之德

jù 虡　bīn 虨　nüè 虐　hū 虖

虖 哮虖也從虍乎聲 荒烏切

哮虖也者一切經音義二引通俗文虎聲謂之哮唬風俗
通引詩闞如哮虎文選七啓哮闞之獸張牙奮鬣廣韻虖
虎吼

虐 殘也從虍虎足反爪人也 魚約切

殘也者書泰誓殘害于爾萬姓史記樊噲傳殘東垣陳餘
傳爲天下除殘周禮大司馬放弒其君則殘之論語不教
而殺謂之虐又云善人爲邦百年亦可以勝殘去殺矣呂
刑五虐之刑墨子尚同篇引作五殺之刑　虎足反爪人
也者本書鬼頭而虎爪可畏也徐鍇
引漢書甯成爲政虐人謂之乳虎

古文虐如此

虨 虎文彪也從虍彬聲 布還切

虎文彪也者當云虎
彪文也廣雅彪文也

虡 鐘鼓之柎也飾爲猛獸從虍異象其下足 其呂切

方言几其高者謂之虡注云卽筍虡也　詩有瞽設業設虡
傳云植者爲虡衡者爲栒　周禮典庸器及祭祀帥其屬而
設筍虡考工記梓人爲筍虡注云樂器所縣橫曰筍植曰虡
橦弓有鐘磬而無筍虡　三輔黃圖秦始皇收天下兵銷以
爲鐘鐻高三丈鐘小者皆千石賈誼過秦論銷鋒鏑以爲金
人十二太史公自序銷鋒鑄鐻徐廣曰嚴安上書銷其兵鑄
以爲鐘鐻也　字或作簴阮諶三禮圖筍簴兩頭並爲龍以
銜組曹植九詠雲龍兮銜組顏延之曲水詩序銜組樹羽之
器

鐘鼓之柎也者後漢書注引作跗釋器木爲之虡郭云縣
鐘磬之木植者名虡釋名所以縣鼓者橫曰簨簨峻也在
上高峻也從曰虡虡舉也在旁舉簨也詩靈臺虡業維樅
傳云植者曰虡橫者曰栒箋云虡也栒也所以縣鐘鼓也
明堂位夏后氏之龍簨虡殷之崇牙周之璧翣注云簨虡
所以縣鐘磬也橫曰簨飾之以鱗屬植曰虡飾之以羸屬
羽屬簨以大版爲之謂之業殷又於龍上刻畫之爲重牙
以挂縣紘也周又畫繒爲翣載以璧垂五采羽於其下樹

於箕之角上飾彌多也家語公西赤問篇有鐘磬而無箕簴注云箕　簴可以懸鐘磬矣魏都賦鐘虡夾陳五臣云虡鐘格架也飾爲猛獸者考工記梓人爲筍虡天下之大獸五脂者膏者臝者羽者鱗者以爲筍虡宋書引月令章句寫鳥獸之形大聲有力者以爲鐘虡清聲無力者以爲磬虡擊其所縣如由其虡鳴焉傅元朝會賦猛虡化其高驤張衡西京賦洪鐘萬鈞猛虡趪趪李尤鐘虡銘鴻鐘怒虡物得其宜賈誼筍虡賦牧太平以深志象巨獸之屈奇妙彫文以刻鏤舒循尾之采垂漢書楊雄傳建碣磍之虡孟康曰碣磍刻猛獸爲之故其形碣磍而盛怒也景福殿賦爾乃開南端之豁達張筍虡之輪幽華鐘杌其高懸悍獸佐以儷陳五臣云筍虡鐘架也悍獸熊虎也鐘架之足刻爲其形通典樂縣橫曰箕豎曰虡飾箕以飛龍飾趺以飛廉鐘箕以贏獸磬簴以贄鳥上則樹羽旁縣旒蘇周制也縣以崇牙殷制也飾以博山後代所加也馥案飾以贄鳥者賈誼賦鷹摯拏以蟉虬負大鐘而欲飛急就篇乘風縣鐘華洞樂顏注乘風一名爰居一名雜縣蓋海鳥也言爲乘風之狀作箕虡以縣鐘　從虍異象其下足者徐鍇本作從虍異象形其下足韻會引同馥案當云從虍由象形其下足由如鬼頭象猛獸本書柎闌足也故曰其下足

鐻　虡或從金豦聲

埤倉鐻形似夾鐘削木爲之莊子達生篇梓慶削木爲鐻鐻成見者驚猶鬼神釋文云司馬云樂器也似夾鐘　豦聲者漢書賈山傳縣石鑄鐘虡顏注虡猛獸之名謂鼓之柎飾爲此獸後漢書董卓傳又壞五銖錢更鑄小錢悉取洛陽及長安銅人鐘虡飛廉銅馬之屬以充鑄焉注云鐘虡以銅爲之故賈山上書云縣石鑄鐘虡前書音義曰虡鹿頭龍身神獸也馥案漢書本作鐻音義謂虡爲神獸寫者改爲虡虡非獸名本書豦司馬相如說封豕之屬一曰虎兩足

虡　篆文虡省

本書磬下云殸象縣虡之形

文九　重三

hǔ 虎

虎　山獸之君從虍虎足象人足象形凡虎之屬皆從虎　呼古切

春秋運斗樞樞星散爲虎　春秋考異郵三九二十七七者陽氣成故虎七月而生陽立於七故虎長七尺般般文者陰陽雜也　大戴禮易本命篇三九二十七七主星星主虎故虎七月而生　李善注廣絕交論引淮南子注虎陰中陽獸與風同類也　說苑見虎之尾而知其大於貍也　晉語蓐收虎爪　段秀實曰猛虎所以百獸畏者爲爪牙也　孔帖裴旻善射一日得虎三十一有老父曰此彪也稍北有眞虎使將軍遇之且敗旻不信怒趣之有虎出叢薄中小而猛據地大吼旻馬辟易弓矢皆墮自是不復射　山獸之君者淮南時則訓其蟲毛注云毛蟲虎爲之長風俗通虎者陽物百獸之長也　從虍者戴侗曰虍生於虎虎不應反从虍

虝　古文虎

𧆭　亦古文虎

gé ⿰毄虎

⿰毄虎　虎聲也從虎毄聲讀若隔　古覈切

汗簡引作⿰毄虎　讀若隔者本書撽讀若鬲

mì ⿰虎冖

⿰虎冖　白虎也從虎昔省聲讀若鼏　莫狄切

白虎也者西山經孟山多白虎中興徵祥說王者仁而不害則白虎見白虎狀如虎而白色嘯則風興蝠身如雪而無雜者是也近代所謂白虎者背班而虎文爾雅所謂甝虎者也晉書音義引說文甝白獸也下甘反案唐諱虎改爲獸是唐本從甘　昔省聲讀若鼏者玉篇⿰虎冖音覓俗甝字徐鍇曰今人多音酣惟隋曹憲作爾雅音云音覓又云梁有顧甝費甝不知其名音爲酣馥案釋獸甝白虎釋文云甝字林下甘反又亾狄反蕪城賦伏甝藏虎李善云甝或爲䖘爾雅曰甝白虎甝戶甘切馥謂日旁誤爲甘音隨文變也李善師事曹憲亦誤讀爾雅

kǎn ⿰去虎

⿰去虎　甝屬從虎去聲　呼濫切

去聲者當爲谷聲丙從谷音他念切

shù 虪

虪 黑虎也從虎儵聲式竹切

黑虎也者釋獸文郭云晉永嘉四年建平秭歸縣檻得之狀如小虎而黑毛深者爲斑山海經云幽都山多元虎元豹也

zhàn 虦

虦 虎竊毛謂之虦苗從虎戔聲竊淺也昨閑切

虎竊毛謂之虦苗者釋獸文彼作虦貓郭云竊淺也本書後下云後麑如虦貓詩韓奕有貓有虎傳云貓似虎淺毛者也釋文云貓如字又武交反本又作苗音同又鞹鞃淺幭傳云淺虎皮淺毛也月令其蟲倮注云虎豹之屬恒淺毛周禮司徒其動物宜贏物注云贏物虎豹貔貙之屬淺毛者考工記梓人注云贏者謂虎豹貔貙爲獸淺毛者之屬巾車藻車鹿淺複注云以鹿夏皮爲覆笭疏云夏時鹿毛新生爲淺毛既夕記薦乘車鹿淺幦注云鹿淺鹿夏毛也巾車木路前樊鵠纓注云前讀爲緇翦之翦翦淺黑也既夕加茵用疏布緇翦注云翦淺也今文翦作淺陳啓源

曰似虎淺毛謂之虦貓非捕鼠之貓也周書世俘解武王狩禽虎二十二貓二卽此貓虎矣　竊淺也者廣雅同馬有盜驪荀子作淺驪史記周繆王得驥溫驪徐廣曰溫一作盜盜竊也淺青色釋鳥夏扈竊元秋扈竊藍冬扈竊黃棘扈竊丹

biāo 彪

彪 虎文也從虎彡象其文也甫州切

虎文也者廣雅彪文也易屯卦包蒙古鄭云包當爲彪彪文也張華勵志詩彪之以文晉中興書王彪之字叔虎

yì 䖑

䖑 虎皃從虎乂聲魚廢切

yì 𧆞

𧆞 虎皃從虎气聲魚迄切

xiāo 虓

虓 虎鳴也一曰師子從虎九聲許交切

虎鳴也者詩常武闞如虓虎傳云虎之自怒虓然漢書敘傳於是七雄虓闞太元眾次四虎虓振廞後漢書馮緄傳闞如虓虎注云虓虎怒聲也卓茂傳虓呼者連響注云虓虎怒也　一曰師子者一切經音義二十二引作一曰師子大怒聲也馥案復古編虓師子鳴東觀漢記陽嘉中疏勒國獻師子形如虎正黃有髯耏尾端茸毛大如斗虞世南師子賦其爲狀也則筋骨糾纏殊姿異制闊臆修尾勁豪柔毳鉤爪鋸牙藏鋒畜鋭弭耳跪足伺間借勢暨一呼而奮鬣舐脣倏來忽往怒目電曜發聲雷響拉虎吞貔裂犀分象碎隨兕於斷腭握巴蛇於指掌踐藉則林麓摧殘哮呼則江湖振蕩

yín 𧇖

𧇖 虎聲也從虎斤聲語斤切

xì 虩

虩 易履虎尾虩虩恐懼一曰蠅虎也從虎㡿聲許隙切

易履虎尾虩虩者履卦文彼作愬愬子夏傳馬鄭王並同呂氏春秋引易亦作愬愬高云讀如虩又震來虩虩荀本作愬愬宣六年公羊傳靈公望見趙盾愬而再拜何注愬者驚皃知其欲諫欲以敬拒之　恐懼者廣雅虩懼也易震來虩虩馬云恐懼兒　一曰蠅虎也者陸希聲易傳虩蠅虎始在穴中跳躍而出象人心之恐動也集韻虩蟲名善捕蠅古今注蠅虎蠅狐也形似蜘蛛而色灰白善捕蠅一名蠅蝗一名蠅豹一切經音義十四毨毛皃也通俗

文毛茂謂之毨毨案字義宜作虩毛虩也亦蠅虩也

guó 虢

虢 虎所攫畫明文也從虎寽聲古伯切

虎所攫畫明文也者博物志虎知衝破又能畫地卜今人有畫物上下者推其奇偶謂之虎卜林朝儀蟲異賦虎畫地而奮衝破注云虎行以爪坼地觀奇偶而行

sī 虒

虒 委虒虎之有角者也從虎厂聲息移切

委虒虎之有角者也者集韻委虒獸名似虎而角出廣陽廣韻虒似虎有角能行水中邵君晉涵曰釋獸威夷郎委虒聲相近詩周道倭遲韓詩作威夷是也

téng 𧇾

𧇾 黑虎也從虎騰聲徒登切

徐鍇韻譜作𧇾增韻𧇾說文作𧇾馥案繫傳亦作𧇾不言騰省則韻譜之誤明矣

文十五　重二

虎

yán 虤　yín 𧇭　xuàn 贙　mǐn 皿　yú 盂

虤　虎怒也從二虎凡虤之屬皆從虤五閑切

𧇭　兩虎爭聲從虤從曰讀若憖語巾切

讀若憖者當爲猌本書猌犬張齗怒也

贙　分別也從虤對爭貝讀若迴胡畎切

顧炎武曰唐李勣碑贙字倒一虎廣韻五經文字從二虎從貝俗以二虎顛倒與說文字林不同蘇文舉開業寺碑亦用此體

分別也者李善注魏都賦引同　讀若迴者迴當爲迴

文三

皿　飲食之用器也象形與豆同意凡皿之屬皆從皿讀若猛武永切

說文解字義證　卷十四　毛

飲食之用器也者小字本及玉篇類篇集韻篇海通志韻會竝作飯食器增韻皿食器盤盂之屬坊記敬則用祭器注云祭器籩豆簋鉶之屬也盤盂之屬爲燕器　讀若猛者顏氏家訓音辭篇古今言語時俗不同著述之人楚夏各異蒼頡訓詁反稗爲通賣反娃爲於乖戰國策音刎爲免穆天子傳音諫爲閑說文音戞爲棘讀皿爲猛此例甚廣必須考校陸德明經典釋文條例云許叔重讀皿爲猛宋庠國語音云皿說文讀若猛

盂　飯器也從皿亏聲羽俱切

廣雅盂謂之槃　集韻齊人謂盤曰盂　郭注釋邱敦盂也馥案鉤命決敦規首上下圓相連盂當類之　方言盂宋楚魏之閒或謂之盌盌謂之盂或謂之銚銳盌謂之櫂盂謂之柯海岱東齊北燕之閒或謂之盎　通作杅顏注急就篇齊人謂盤爲杅既夕禮兩杅注云杅盛湯漿後漢書明帝紀杅水脯糒而已呂强傳尸子曰君如杅民如水杅方則水方杅圓則水圓注云杅椀屬也字亦作盂

飯器也者急就篇槅杅槃案桮閜盌顏注杅盛飯之器也喪大記食粥於盛不盥注云盛謂今時杯杅也漢書東方朔傳置守宮盂下顏注盂食器也若盋而大今之所謂盋盂也

wǎn 盌　chéng 盛　zī 齍　yòu 𥁨　lú 盧

盌　小盂也從皿夗聲烏管切

東宮舊事漆盌一百枚　秦嘉婦與嘉書今奉金錯盌一枚可以盛書水瑠璃盌一枚可以服藥　諸葛恢集詔荅恢曰今致瑠璃盌一枚　陶侃上雜物疏有水精盌一枚　交州雜記太康四年刺史陶璜表送林邑王范熊所獻青白石盌一口白水精盌二口　馥案義熙起居注詔林邑王范明達獻金盌一副　唐武后時時人語云盌脫校書郎說者謂脫者盌之形模官不得人如模脫盌杯箇箇相似

通作椀曹植應瑒徐幹竝有車渠椀賦

小盂也者本書𥁰小盂也汗簡盌作𡿨云出說文方言盌謂之盂顏注急就篇盌似盂而深長

盛　黍稷在器中以祀者也從皿成聲氏征切

黍稷在器中以祀者也者御覽引作黍稷在器中也徐鍇本同廣韻盛黍稷在器也詩甫田傳云在器曰盛鄭注周禮甸師云在器曰盛書泰誓釋文云在器曰盛桓六年左傳粢盛豐備注云黍稷曰粢在器曰盛

說文解字義證　卷十四　丟

齍　黍稷在器以祀者從皿齊聲即夷切

黍稷在器以祀者者韻會引作黍稷器所以祀者周禮甸師掌帥其屬而耕耨王藉以時入之以共齍盛注云齍盛祭祀所用穀也大祝辨六號五曰齍號小宗伯辨六齍之名物注云齍讀爲粢六粢謂六穀黍稷稻粱麥苽舂人祭祀共其齍盛之米注云齍盛謂黍稷稻粱之屬可盛以爲簠簋實九嬪凡祭祀贊玉齍注云玉齍玉敦受黍稷器世婦帥女官而濯摡爲齍盛通作齊詩甫田以我齊明傳云器實曰齊釋文云齊本又作齍同文通作粢桓六年左傳絜粢豐盛

𥁨　小甌也從皿有聲讀若灰一曰若賄于救切

𥁦　𥁨或從右

盧　飯器也從皿𥂝聲洛乎切

飯器也者本書凵下云凵盧飯器以柳爲之方言籚南楚謂之筲趙魏之郊謂之笿籚注云籚盛餅筥也

籒文盧

gǔ 盬

盬 器也從皿從缶古聲公戶切

廣韻作盬

zhāo 盄

盄 器也從皿弔聲止遙切

àng 盎

盎 盆也從皿央聲烏浪切

盆也者釋器盎謂之缶郭云盆也廣雅盎謂之盆急就篇甀缶盆盎甕罃壺顏注缶盆盎一類耳缶即盎也大腹而斂口盆則斂底而寬上

盎或從瓦

pén 盆

盆 盎也從皿分聲步奔切

盎也者方言自關而西或謂之盆或謂之盎土喪禮淅米用盆又云新盆槃瓶注云盆以盛水周禮牛人祭祀共牛牲之盆簝注云盆簝皆器名盆所以盛血禮器夫奧者老婦之祭也盛於盆尊於瓶注云盆瓶炊器也韓詩外傳三昔者舜甑盆無膻荀子富國篇今是土之生五穀也人善治之則畝數盆注云蓋當時以盆爲量考工記曰盆實二鬴墨子曰待汝以千盆授我五百盆

zhù ⿱宁皿

⿱宁皿 器也從皿宁聲直呂切

xǔ 盨

盨 槽盨負戴器也從皿須聲相庾切

槽盨負戴器也者集韻槽盨負戴器也或作㿰廣韻㿰盨戴器也出埤蒼或稱寠數漢書東方朔傳是寠數也又云盆下爲寠數顏注寠數戴器也以盆盛物戴於頭者則以寠數薦之今賣白團餅人所用者是也故朔云盆下爲寠數明其常在盆下楊惲傳云鼠不容穴銜寠數也盆下之物有飲食器故鼠銜之馥案顏注楊惲傳亦云寠數戴器

jiǎo ⿱翏皿

⿱翏皿 器也從皿翏聲古巧切

器也者廣韻⿱翏皿溫器集韻⿱翏皿器名鎢錥也玉篇鎢錥小釜也廣韻鎢錥溫器廣雅鎢錥謂之銼晉書杜預傳釜鍑銚槃鎢錥皆民閒之急用也

mì ⿱必皿

⿱必皿 械器也從皿必聲彌畢切

械器也者廣韻集韻類篇並引作拭器

xī 醯

醯 酸也作醯以䰞以酒從䰞酒並省從皿皿器也呼雞切

聘禮醯醢百甕醯在東注云醯在東醯穀陽也醢肉陰也周禮醯人掌共五齊七菹凡醯物以共祭祀之齊菹凡醯醬之物注云齊菹醬屬醯人者皆須醯成味曲禮醯醬處內史記貨殖傳醯醬千瓨宏君舉食檄東里獨姤之醯

酸也者廣韻醯酢味也顏注急就篇醯酢一物二名也論語或乞醯焉皇氏曰醯酢酒也昭二十年左傳水火醯醢鹽梅以烹魚肉正義醯酢也馥案陸璣詩疏齊民要術所稱苦酒即醯類釋名苦酒淹毒者酢且苦也食經作苦酒法取黍米一斛以熱粥澆其上二日便成酢吳錄地理志吳王築城以貯醯醢今俗人呼苦酒城或作醓玉篇醓同醯廣雅醓酢也王延壽王孫賦䜌盱閴以鎮醓注云若吸酸攢鎮眉目也

hé 盉

盉 調味也從皿禾聲戶戈切

調味也者本書鬻五味盉羹也通作和本書鼎和五味之寶器也厤和也从麻麻調味也詩烈祖亦有和羹箋云和羹者五味調腥熟得節食之於人性安和公食大夫禮太羹湆不和實於鐙鄭注太古之羹不和無鹽菜周禮食醫掌和王之六食六飲六膳百羞百醬八珍之齊注云和調也昭二十年左傳和如羹焉水火醯醢鹽梅以烹魚肉燀之以薪宰夫和之齊之以味濟其不及以洩其過君子食之以平其心晏子春秋諫篇公曰梁邱據與我和者夫晏子曰此所謂同也所謂和者君甘則臣酸君淡則臣鹹今據也君甘亦甘所謂同也安得爲和

yì 益

益 饒也從水皿皿益之意也伊昔切

書大禹謨謙受益論語請益易益卦釋文益增長之名又以宏裕爲義應劭地理風俗記疆壤益廣故號益州

饒也者廣雅饒益也曲禮大饗不問卜不饒富漢書陳平傳資用益饒圖經饒州以山川蘊物珍奇故名饒徐湛鄱陽記饒州以堯山爲號又以地饒衍遂加食爲饒

yíng 盈

盈 滿器也從皿夃 以成切

滿器也者本書滿盈溢也廣雅盈充也書大禹謨不自滿假傳云滿謂盈實詩鵲巢維鳩盈之傳云盈滿也文十八年左傳侵欲崇侈不可盈厭杜云盈滿也襄三十一年傳以𥃩諸侯杜云𥃩受也正義賈服王皆讀爲盈盈是滿也故皆訓爲受馥案盈謂滿而不能容也

jìn 盡

盡 器中空也從皿㶳聲 慈忍切

器中空也者釋詁空盡也世說可以累心處都盡注云盡猶空也

chōng 盅

盅 器虛也從皿中聲老子曰道盅而用之 直弓切

器虛也者老子沖器以爲和范應元注古本作盅器虛也又大滿若盅范注郭雲王弼同古本　老子道盅而用之者彼作沖王弼注沖而用之用乃不能窮滿以造實實來則溢故沖而用之又復不盈其爲無窮亦已極矣

說文解字義證　卷十四　卅二

ān 盦

盦 覆蓋也從皿酓聲 烏合切

覆蓋也者考古圖有伯戔饋盦通作盒廣韻盒盤覆也

wēn 昷

昷 仁也從皿以食囚也官溥說 烏渾切

仁也者昷通作溫顏延年詩溫渥浹輿隸李善引本書同

guàn 盥

盥 澡手也從臼水臨皿春秋傳曰奉匜沃盥 古玩切

澡手也者左傳正義華嚴經音義一切經音義後漢書注所引竝同後漢書劉寬傳不好盥浴論衡譏日篇沐去首垢洗去足垢盥去手垢浴去身垢魏書載武帝令曰臨祭就洗以手擬水而不盥夫盥以潔爲敬未聞擬而不盥之禮且祭神如神在故吾親受水而盥也　從臼水臨皿者左傳正義引同一切經音義一凡澡洒物皆曰盥字體從臼臨皿上也易觀卦盥而不薦虞云坎爲水坤爲器艮手臨坤坎水沃之盥之象也　春秋傳曰奉匜沃盥者僖二十三年左傳文杜云匜沃盥器正義盥謂洗手也沃謂澆手也

dàng 盪

盪 滌器也從皿湯聲 徒朗切

滌器也者李善注琴賦引作除去也通俗文澡器謂之盪滌漢書元后傳以盪腸正世顏注盪洗滌也通作蕩孫子算經今有婦人河上蕩桮文選西都賦蕩亾秦之毒螫五臣注蕩滌也釋名蕩盪也排盪去穢垢也禮昏義蕩天下之陰事又通作湯漢書天文志四星若合是大湯

文二十五　重三

qū 亼

凵 凵盧飯器以柳爲之象形凡凵之屬皆從凵 去魚切

凵盧飯器者案本書𠤱从凵九經字樣𠤱下有闕文馬氏重刻本云𠤱器也𠤱當爲盧廣雅籚筐也　以柳爲之者釋木旄澤柳案亦名杞柳易姤卦以杞包瓜詩鄭風無折我樹杞孟子性猶杞柳也

凵或從竹去聲

方言籚趙魏之郊謂之笑籚五經文字艸部藘下云見禮經注案士昏禮婦執笲棗栗注云笲竹器而衣者其形蓋如今之筥笑籚矣釋文笑羌居反籚音盧

說文解字義證　卷十四　卅三

qù 去

去 人相違也從大凵聲凡去之屬皆從去 丘據切

人相違也者莊四年左傳紀侯大去其國違齊難也論語陳文子有馬十乘棄而違之孔注損其四十匹馬違而去之

qiè 朅

朅 去也從去曷聲 丘竭切

去也者廣雅同宋玉九辯車既駕兮朅而歸注云朅去也淮南說山訓以束薪爲鬼朅而走高注夜行見束薪以爲鬼故去而走思元賦回志朅來從元謀陸機弔魏武帝文登崤澠而朅來

líng 䢯

䢯 去也從去夌聲讀若陵 力膺切

讀若陵者徐鍇本作讀若棘陵

文三

xuè 血

血 祭所薦牲血也從皿一象血形凡血之屬皆從血 呼決切

huāng 衁　pēi 衃　jīn 盡　tíng 甹　nǜ 衄　nóng 盥　tǎn 盬

切　釋名衁濊也出於肉流而濊濊也祭所薦牲衁也者徐鍇曰祭薦毛衁也中山經𠟱一牝羊獻衁注云以衁祭也𠟱猶刲也

衁 血也從血亾聲春秋傳曰士刲羊亦無衁也 呼光切

血也者廣雅同春秋傳曰士刲羊亦無衁也者僖十五年左傳文杜云衁血也

衃 凝血也從血不聲 芳桮切

凝血也者徐鍇曰衃猶肧也戴侗曰女子任身一月爲始肧言血始凝也素問赤如衃血者欬王注衃血謂敗惡凝聚之血色赤黑也

盡 气液也從血𦘒聲 將鄰切

气液也者荀況智賦血氣之精也通作津李善注琴賦引說文曰津液也倉頡篇津汁也周禮大司徒辨五地之物生二曰川澤其民黑而津黃庭經主諸六府九液源外應兩耳百液津

甹 定息也從血甹省聲讀若亭 特丁切

定息也者徐鍇曰左傳不敢甹居今作寍借也或作停釋名停定也定於所在也

衄 鼻出血也從血丑聲 女六切

鼻出血也者一切經音義十引同又云今呼鼻血爲鼻衄也素問金匱眞言論春善病鼽衄王砅注衄謂鼻中血出

盥 腫血也從血農省聲 奴冬切

腫血也者本書腫癰也玉篇膿癰疽潰也史記倉公傳後八日嘔膿

膿 俗盥從肉農聲

盬 血醢也從血肬聲禮記有盬醢以牛乾脯粱䴷鹽酒也 他感切

zú 蕰　jī 䘓　xù 卹

血醢也者盬或作醓廣雅醓醬也聘禮其南醓醢屈注云醓醢汁也詩行葦醓醢以薦傳云以肉曰醓醢釋文云醓肉醬也正義云用肉爲醢特有多汁故以醓爲名禮記云云者記字衍文周禮醢人其實韭菹醓醢注云醓肉汁也又云作醢及䵻者必先膊乾其肉乃後莝之雜以粱麴及鹽漬以美酒塗置瓶中百日則成矣馥案今雲南人取豬血雜以肉骨同鹽豉作之名曰豆豉盬音轉如沈姓之沈

蕰 醢也從血菹聲 側余切

本書菹或從皿皿當爲血𧖼重出字廣雅䓘謂之蕰玉篇䓘菹也

醢也者周禮醢人掌四豆之實韭菹菁菹茆菹葵菹芹菹菭菹筍菹醢人掌共五齊七菹賈疏五齊七菹凡醢物乃醢人所掌豆實而列此職者齊菹醬皆須醢成味故與醢人共掌之

䖑 蕰或從缶

本書菹下有重文作䕡誤從皿

䘓 以血有所刏涂祭也從血幾聲 渠稀切

以血有所刏涂祭也者本書釁血祭也趙宧光曰釁鐘釁廟皆以血塗其隙爲用而通謂之血祭不必祀典之祭而始稱祭也廣韻衈䘓開刲書殺雞血祭名周禮肆師以歲時序其祭祀及其祈珥注云故書祈爲幾杜子春讀幾當爲祈元謂祈當爲進禨之禨珥當爲衈衈者釁禮之事小子掌珥于社稷祈于五祀注云珥讀爲衈祈或爲刏刏衈者釁禮之事也用毛牲曰刏羽牲曰衈春官肆師職祈或作幾秋官士師職曰凡刏衈則奉犬牲此刏衈正字與馥案幾本作䘓故鄭以爲正字傳寫誤爲幾犬人凡幾珥沈辜注云幾讀爲刏珥當爲衈衈者釁禮之事雜記其衈皆於屋下割雞注云衈爲將刲割牲以釁先滅耳旁毛薦之耳聽聲者告神欲其聽之僖十九年公羊傳㶣叩其鼻以血社也血穀梁作衈山海經祈聘用魚郭注以血塗祭爲衈也引公羊傳㶣叩其鼻以衈社音釣餌之餌

卹 憂也從血卩聲一曰鮮少也 辛聿切

憂也者本書恤憂也周禮典瑞以卹凶荒詩羔裘序不恤其民箋云恤憂也釋文云恤本亦作卹後漢書郭鎮傳下

xì 衋　kàn 衉　hé 盇(盍)　miè 衊　zhǔ 丶

邳趙與亦不卹諱忌注云卹憂也一曰尟少也者今言些卹是也

衋　傷痛也從血聿皕聲周書曰民罔不衋傷心許力切

周書曰民罔不衋傷心者酒誥文傳云民無不衋然痛傷其心

衉　羊凝血也從血臽聲苦紺切

徐鍇韻譜集韻類篇韻會竝作羊血凝也御覽引作羊血曰衉徐鍇曰陶氏本草注云宋時大官作衉削藕皮落其中血不凝知藕之散血然則衉血羹也馥案酉陽雜俎歷城北二里蓮子湖魏袁翻在湖讌集參軍張伯瑜諮公言向爲血羹頻不能就公曰取灤水必成也遂如公語果成時清河王怪而異焉乃諮公未審何義得爾公曰可思湖目清河笑而然之而實未解坐散語主簿房叔道曰湖目之事吾實未曉叔道對曰藕散血湖目蓮子故令公思通作䏣盧諶祭法春夏秋祠皆用䏣血釋名血䏣以血作之增其酢豉之味使甚苦苦以消酒也

𧖴　衉或從贛

或從贛者篆文無貝本書無贛字疑從贛省廣韻不省云𧖴羊血凝

盇　覆也從血大胡臘切

覆也者釋詁盇合也從大者本書奄覆也大有餘也

衊　污血也從血蔑聲莫結切

污血也者廣雅衊血也素問膽移熱於腦則辛頞鼻淵鼻淵者濁涕下不止也傳爲衄衊瞑目王注衊謂汗血也漢書梁孝王傳汗衊宗室顏注衊音秣謂塗染也列女傳糞蔑衊面

文十五　重三

丶　有所絕止丶而識之也凡丶之屬皆從丶知庾切

有所絕止丶而識之也者本書尺下云乀所識也乙下云鉤識也馥案漢經師作章句者謂識其絕止也或作駐玉篇駐點駐也衛常書勢𪏽駐點䵺

zhǔ 主　pǒu 咅　dān 丹

主　鐙中火主也從𡈼象形從丶丶亦聲之庾切

鐙中火主也者或作炷玉篇炷鐙炷也廣韻同桓譚新論余與劉伯師夜坐鐙中脂炷燋禿將滅余謂伯師人衰老亦如彼禿炷矣張正見衰桃賦譬蘭缸之夜炷傅元鐙銘晃晃華鐙含滋炳靈素膏流液元炷亭亭後漢書董卓尸暴於市守吏爲大炷置臍中然之梁書扶南國火布或作鐙炷用之不知盡讀曲歌然鐙不下炷有油那得明釋法顯仙游本記精舍然燈鼠銜炷燒幡新唐書皇甫無逸傳嘗按部宿民家鐙炷盡主人將續進無逸抽佩刀斷帶爲炷寰宇記龍須草大者不中爲席但以其穰爲燈炷楊慎曰虎須草可爲燈炷出金華府春草巖

咅　相與語唾而不受也從丶從否否亦聲天口切

相與語唾而不受也者廣韻欸語而不受趙策有言長安君者老婦必唾其面從丶從否否亦聲者徐鍇本從否從丶丶亦聲凡言亦聲皆謂從本部得聲也否丶聲相近徐鍇所謂棓部倍陪菩箁從此是也

𢀶　音或從豆從欠

或從豆從欠者當云或從欠豆聲

文三　重一

丹　巴越之赤石也象采丹井丶象丹形凡丹之屬皆從丹都寒切

淮南地形訓赤水宜丹廣雅丹赤也鄉射記凡畫者丹質注云丹淺於赤禹貢荊州礪砥砮丹王肅注丹可以爲采漢書地理志厲砥砮丹顏注丹赤石也所謂丹砂者也南山經英水多丹粟注云細丹砂如粟也管子小稱篇丹青在山民知而取之荀子王制篇南海則有羽翮齒革曾青丹干焉注云丹矸丹砂也又正論篇加之以丹重之以曾青注云丹矸丹砂也漢書司馬相如傳其土則丹青赭堊張揖曰丹丹沙也顏注丹沙今之朱沙也抱朴子內篇臨沅縣人家世老壽掘井左右得古人埋丹砂數十斛丹汁入井是以飲其水而得壽江賦其下則金礦丹礫李善云丹礫丹砂也

血　丶　丹

巴越之赤石也者本草丹砂能化爲汞作末名眞朱光色如雲母可析者良生符陵山谷陶云按此化爲汞及名眞朱者卽是今朱砂也符陵是涪州接巴郡南今無復採者乃出武陵西川諸蠻夷中皆通屬巴地故謂之巴砂仙經亦用越砂卽出廣州臨漳者此二處竝好周書王會卜人以丹砂注云卜人西南之蠻丹砂所出後漢郡國志巴陵涪陵出丹晉書葛洪傳聞交阯出丹求爲句漏令廣志丹者朱砂之璞也大者如米生山中出牂牁與古樓國李時珍曰丹砂小者如箭鏃大者如芙蓉其光明可鑒硏之鮮紅元和郡縣志錦州盧陽縣晃山在縣南一百里山出丹砂詩終南顏如渥丹箋云顏色如厚漬之丹言赤而澤也說苑丹之所藏者赤 象采丹井者陶隱居云采砂皆鑿坎入數丈許有水井勝火井也李時珍曰辰砂出蠻峒錦州界猺獠峒老鴉井其井深廣數十丈先聚薪于井滿則縱火焚之其青石壁迸裂處卽有山龕龕中自有白石牀其石如玉牀上乃生丹砂管子侈靡篇丹砂之穴不塞則商賈不處漢書貨殖傳其先得丹穴顏注丹丹砂也穴者山谷之穴出丹也文選吳都賦赬丹明璣五臣注丹丹砂也出山中有穴 ● 象丹形者本草圖經丹砂其塊大者如雞子小者如石榴子狀如芙蓉箭鏃

古文丹

亦古文丹

井象丹井 彡丹飾也

wò 雘

雘 善丹也從丹蒦聲周書曰惟其敷丹雘讀若隺 烏郭切

善丹也者李善注江淹雜體詩引同玉篇引作美丹也篇海同書釋文引馬云雘善丹也廣雅雘丹也南山經雞山其下多丹雘注云雘赤色者或曰雘美丹也 周書曰惟其敷丹雘者梓材文敷彼作塗正義敷卽古塗字 讀若隺者書釋文引作讀與靃同

tóng 彤

彤 丹飾也從丹從彡彡其畫也 徒冬切

小爾雅廣詁彤朱也 郭注爾雅彤赤 詩彤弓弨兮傳云彤弓朱弓也又靜女貽我彤管箋云彤管筆赤管也 宣九年左傳靜女之三章取彤管焉杜注彤管赤管筆也 僖二十八年左傳彤弓一注云彤赤弓 古今注彤管赤漆耳史記晉世家彤弓矢百集解引賈逵曰彤弓赤 吳語皆赤常赤旗丹甲注云丹彤也 帝王世紀女瑩生彤朱孟子作丹朱

丹飾也者哀元年左傳器不彤鏤注云彤丹也釋文云丹漆也鹽鐵論惟瑚璉觴豆而後雕文彤漆 彡其畫也者本書彡毛飾畫文也彣從彡聿聿飾也彰青飾也鬱彡其飾也

文三 重二

qīng 青

青 東方色也木生火從生丹丹青之信言必然凡青之屬皆從青 倉經切

本書彭青飾也 周書王會請令以丹青爲獻 周禮職金掌凡金玉錫石丹青之戒令注云青空青也 范子計然空青出巴郡白青亦出巴郡層青出宏農豫章 本草空青能化銅鐵鉛錫作金曾青能化金銅又有白青扁青 齊公孫青字子石 東京賦青雘丹粟 漢書司馬相如傳其土則丹青赭堊張揖曰青青雘也顏注青雘今之空青也 山海

經景山之西曰驕山其下多青雘 南山經青邱之山其陰多青雘

東方色也者一切經音義五青東方色也爾雅春爲青陽是也釋名青生也象物生時色也周書小開武解五行一黑位水二赤位火三蒼位木四白位金五黃位土覆案蒼卽青色也易通卦驗震東方也主春分日出青氣直震此正氣也周禮大宗伯以青圭禮東方考工記畫繢之事東方謂之青抱朴子木行爲仁爲青晉書地理志周禮正東曰青州蓋取土居少陽其色爲青故以名也太康地記青州東方少陽其色青其氣青歲之首事之始也故以爲名

木生火從生丹者一切經音義二十青字從丹從生木生丹論語鑽燧改火古史考燧人鑽木出火鄭注周禮司爟云春取楡柳之火夏取棗杏之火季夏取桑柘之火秋取柞楢之火冬取槐檀之火楊愼曰五行之理有相生者有相尅者相生爲正色相尅爲閒色正色青赤黃白黑也閒色綠紅碧紫流黃也木色青故青者東方也木生火其色赤故赤者南方也火生土其色黃故黃者中央也土生金其色白故白者西方也金生水其色黑故黑者北方也此五行之正色也甲己合而爲綠則綠者青黃之雜以木尅土故也乙庚合而爲碧則碧者青白之雜以金尅木故

也丁壬合而爲紫則紫者赤黑之雜以土尅水故也此五行之閒色也　丹青之信言必然者一切經音義五同東觀漢記光武詔曰明設丹青之信太元赤后不奪節士之必注云后不可奪堅丹不可奪赤猶節士之必專也曹子建王仲宣誄吾與天子義貫丹青李善云丹青二色名言不渝也漢晉春秋分著丹青阮籍詠懷詩丹青著明誓售注云丹青不渝故以方誓顔延之庭誥丹可滅而不能使無赤宋書顧覬之傳丹雖可磨赤不可滅三國志注載文帝令后可破而不可奪堅丹可磨而不可奪赤通鑑雲南王異牟尋齎生金丹砂詣韋臯金以示堅丹砂以示赤心

jìng 靜

[seal] 古文青

靜 審也從青爭聲　疾郢切

審也者本書㥛靜也諡靜語也字林靖審也射雉賦涉青林以遊覽注引韓詩章句青靜也書堯典靜言庸違傳云靜謀洪範視曰明傳云必清審覆案清當爲靜釋名聽靜也靜然後所聞審也

文二　重一

說文解字義證　卷十四　兲

jǐng 井

丼 八家一井象構韓形・甕之象也古者伯益初作井　凡井之屬皆從井　子郢切

急就篇門戶井竈廡囷京顔注井所以汲也　釋名井淸也泉之淸潔者也　北堂書鈔引字林周云井以不變更爲義師說井以淸潔爲義　易井卦正義古者穿地取水以缾引汲謂之爲井

八家一井者魯語季康子欲以田賦賈注田一井也周禮小司徒乃經土地而井牧其田野九夫爲井注云立其五溝五塗之界其制似井之字因取名焉九夫爲井者方一里九夫所治之田也漢書食貨志六尺爲步步百爲畮畮百爲夫夫三爲屋屋三爲井井方一里是爲九夫八家共之李衛公問對太宗曰數起於五而終於八卿試陳之靖曰臣案黃帝始立邱井之法因以制兵故井分四道八家處之其形井字開方九焉五爲陳法四爲閑地此所謂數起於五也虛其中大將居之環其四面諸部連繞此所謂終於八也　象構韓形者本書韓井垣也士喪禮旣井椁注云匠人爲椁刊治其材以井構於殯門外也・甕之象也者本書甕汲缾也徐鍇曰古者以缾甕汲故易曰繘井羸其瓶莊子天地篇漢陰丈人鑿隧而入井抱甕而出灌易比初六有孚盈缶鄭注井之水人所汲用缶缶汲器也又注井卦坎水也巽木桔槔也互體離兑離外堅中虛瓶也兑爲暗澤泉口也言桔槔引瓶入泉口汲水而出井之象也襄九年左傳具綆缶注云綆汲索缶汲器魯連子一井五缾洩可立待淮南氾論訓抱甀而汲古歌後園作井銀作牀金瓶素綆汲寒漿說苑反質篇衛有五丈夫俱負缶而入井灌韭東觀漢記桓少君拜姑禮畢提甕出汲郭璞井賦長繩委虵以會縈瑤甕龍騰而灑激王彪之井賦下沈缾而互汲飛纖綆而幽牽　古者伯益初作井者易釋文引周書黃帝穿井世本化益作井宋衷云化益伯益也堯臣呂氏春秋勿躬篇伯益作井淮南本經訓伯益作井而龍登元雲神棲崑崙郭璞井賦益作井龍登天鑿后土洞黃泉

yǐng ⿱𤇾井

⿱𤇾井 深池也從井瑩省聲　烏迥切

深池也者玉篇⿱𤇾井澤地也

jǐng 阱

阱 陷也從𨸏從井井亦聲　疾正切

說文解字義證　卷十四　罕

本書㱂坑也　周禮㝠氏掌爲阱擭以攻猛獸　漢書谷永傳又以掖庭獄大爲亂阱顔注穿地爲坑阱以拘繫人也　後漢書寇榮傳陷穽步設注云穽阬穽也　唐律施機槍作阬穽者杖一百傷人之畜產者償所減價

陷也者陷當爲臽一切經音義二引作大陷也　馥案本書臽小阱也臽小阱故阱爲大臽倉頡篇臽坑曰穽三蒼穽謂穿地爲壍以張禽獸者也書費誓敜乃穽王肅注穽穿地爲之所以陷墮之鄭注山林之田春始穿地爲穽周禮雍氏春令爲阱擭溝瀆之利於民者注云阱穿地爲塹所以禦禽獸其或超踰則陷焉世謂之陷阱魯語設穽鄂韋云穽陷也中庸驅而納諸罟擭陷阱之中孟子則是方四十里爲阱於國中趙注設陷阱者不過丈尺之閒耳今王陷阱乃方四十里楚詞九歎慶忌囚於阱室兮注云阱深陷也後漢書仲長統傳是設機置穽以待天下之君子也注云穽穿地陷獸也宋均傳郡多虎暴常設檻穽注云穽謂穿地陷之趙壹傳機穽在下注云穽穿地陷獸也法雄傳其毀壞檻穽不得妄捕山林注云穽謂穿地陷獸也

穽 阱或從穴

青　井

或從穴者易井卦解云出水之處穴地爲穽卽天井與人之蠻地者不同故或從穴中山經帝囷之山有井焉名曰天井孫子兵法地陷曰天井

栞 古文井從水 汗簡引作栞

xíng 荆

荆 罰辠也從井從刀易曰井法也井亦聲 戶經切

據本書荆字此荆當有古文作𠛬 論語君子懷刑后經作荆魏王基碑典荆惟明 古印有荆衆之印凡姓皆從井論衡四諱篇諱厲刀井上恐刀墮井中也或說以爲荆之字井與刀也厲刀井上井刀相見恐被荆也 經典通作刑呂氏春秋君守篇皋陶作刑釋詁刑法也詩抑克共明刑傳云刑法也我將儀式刑文王之典傳云刑法也周禮司寇以佐王刑邦國注云刑正人之法孝經說曰刑者侀也過出罪施疏云孝經援神契五刑章曰刑者侀也過出罪施者下侀爲著也行刑者所以著人身體過誤者出之實罪者施刑緇衣引詩儀刑文王注云刑法也禮運刑仁講讓注云刑猶則也學記政以一其行刑以防其姦襄九年左傳使樂遄庀刑器杜云刑器荆書隱十一年傳許無刑而罰之襄十三年傳刑善也夫襄二十八年傳賞其德刑杜注並云刑法也

罰辠也者尸子荆以輔教孝經鉤命決荆者教也質罪示終桓十三年左傳其謂君撫小民以信訓諸司以德而威莫敖以荆也家語荆政篇化之弗變導之弗從傷義以敗俗於是乎用荆矣荆侀也侀成也壹成而不可更故君子盡心焉 從井從刀者初學記引云刀守井也飲之人入井陷於川刀守之割其情也又解云井飲人人樂之不已則自陷於川故加刀謂之荆欲人畏懼以全命也韻會引云从井刀刀守井飲之人入井陷於川刀守之割其情也一切經音義二十引春秋元命包曰荆字从刀从井井以飲人人入井爭水陷於泉以刀守之割其情欲人畏慎以全命也故字从刀从井也 易曰井法也者易無此文繫辭傳井居其所而遷鄭注井法也廣雅井法也風俗通井者法也節也言法制居人令節其飲食無窮竭也李尤井銘法律取象不槪自平多取不損少汲不盈執憲若斯何有邪傾後漢書五行志桓帝之末京都童謠曰茅田一頃中有井茅喻羣賢也井者法也

chuàng 㓨

㓨 造法㓨業也從井刅聲讀若創 初亮切

造法㓨業也者新序墾田㓨邑法言重黎篇有漢㓨業山南三國志注引漢獻帝詔㓨業垂名魏書世宗紀古之哲王㓨業垂統通作創廣雅創造業始也易蠱卦注創制之令釋文創俗字也依字作㓨考工記知者創物注云謂始開端造器物釋文創依字作㓨論語爲命裨諶草創之馬注裨諶既造謀釋文創制也依說文此是創瘡字創制之字當作㓨齊語擇其善者而業用之韋注業猶創也孟子君子創業垂統爲可繼也

文五　重二

bī 皀

皀 穀之馨香也象嘉穀在裹中之形匕所以扱之或說皀一粒也凡皀之屬皆从皀又讀若香 皮及切

穀之馨香也者皀香聲相近本書薌穀气也 或說皀一粒也者本書皀一米也徐鍇本云讀若粒顏氏家訓勉學篇吾在益州與數人同坐初晴日明見地上小光問左右此是何物有一蜀豎就視荅云是豆逼耳相顧愕然不知所謂命取將來乃小豆也窮訪蜀士呼粒爲逼時莫之解吾云三倉說文此字白下爲匕皆訓粒通俗文音方力反衆皆歡悟 又讀若香者玉篇皀許良方立二切本書鄉从皀聲徐鍇曰當許氏時皀音香

jí 卽

卽 卽食也从皀卪聲 子力切

卽食也者卽當爲卪卪通作節誤爲卽易頤象君子以愼言語節飲食天子日四食朝食晝食餔食晚食此食之節也廣雅鳳皇雄鳴曰卽卽宋書符瑞志作節節

jì 既

既 小食也从皀旡聲論語曰不使勝食既 居未切

論語云云者鄉黨篇文既彼作氣釋文云說文作既云小食也

shì 冟

冟 飯剛柔不調相著从皀冂聲讀若適 施隻切

飯剛柔不調相著者不調當爲才調玉篇冟飯堅柔調也廣韻冟飵堅柔相著集韻饜鏑食相著宏君舉食檄剛軟中適 讀若適者玉篇冟今作適書康誥乃惟眚災適爾賈誼治安策以是爲適然爾陸機演連珠煙出夫火非火

chàng
鬯

之和情生於性非性之適

文四

鬯 以秬釀鬱艸芬芳攸服以降神也從凵凵器也中象米匕所以扱之易曰不喪匕鬯凡鬯之屬皆從鬯 丑諒切

以秬釀鬱艸者書洛誥予以秬鬯二卣曰明禋正義以黑黍爲酒煮鬱金之草築而和之使芬香調暢謂之秬鬯文矦之命用賚爾秬鬯一卣傳云黑黍曰秬釀以鬯草詩旱麓瑟彼玉瓚黃流在中傳云黃金所以飾流鬯也箋云黃流秬鬯也釋文云以黑黍米擣鬱金草取汁而煮之和一釀其酒其氣芬香調暢故謂之秬鬯江漢釐爾圭瓚秬鬯一卣傳云秬黑黍也鬯香草也築煑合而鬱之曰鬯箋云秬鬯黑黍酒也謂之鬯者芬香條鬯也正義禮有鬱鬯者築鬱金之草而煑之以和秬黍之酒使之芬香條鬯故謂之鬱鬯鬯非草名而此傳言鬯草者蓋亦謂鬱爲鬯草何者

說文解字義證卷十四 四十三

禮緯有秬鬯之草中矦有鬯草生郊皆謂鬱金之草也以其可和秬鬯故謂之鬯草毛言鬯草蓋亦然也鄭以毛解秬鬯其言不明似必和鬱乃名爲鬯故辨之明黑黍之酒自名爲鬯不待和鬱也春官鬯人注云秬鬯不和鬱者是黑黍之酒即名鬯也和者以鬯人掌秬鬯鬱人掌和鬱鬯明鬯人所掌未和鬱也故孫毓云鬱是草名今之鬱金煑以和酒者也鬯是酒名以黑黍和一秠二米作之芬香條鬯故名曰鬯鬯非草名古今書傳香草無稱鬯者箋說爲長馥案廣雅天子祭以鬯諸矦以薰卿大夫以茝蘭士以蕭庶人艾周禮鬯人凡王弔臨共介鬯鄭司農云鬯香草王行弔喪被之故曰介孝經援神契王者德及於地則嘉禾生蓂莢起秬鬯出宋符瑞志黃帝時南夷乘白鹿來獻鬯凡稱鬯爲草者皆鬱草也鬱人疏云王度記云天子以鬯及禮緯云鬯草生庭皆是鬱金之草以其和鬯酒因號爲鬯草也南齊書太祖紀秬草騰芳於郊園此又稱秬爲芳草皆因可爲鬯也鬯人掌共秬鬯注云秬鬯不和鬱者郊特牲鬱合鬯正義鬱鬱金草也鬯謂鬯酒煑鬱金草和之其氣芬芳調鬯也王制賜圭瓚然後爲鬯注云鬯秬酒也正義鬯者釀秬黍爲酒和以鬱金之草謂之鬱鬯不以鬱和直謂之鬯此鬯者謂鬯也論語禘自既灌而往者孔安國曰灌者酌鬱鬯灌於太祖以降神也皇侃曰鬱鬯煑鬱金之草取汁釀黑秬一秠二米者爲酒酒成則氣芬芳調暢故呼爲鬯亦曰秬鬯也若又擣鬱金取汁和莎泲於此鬯則呼爲鬱鬯昭十五年左傳鍼鉞秬鬯杜云秬黑黍鬯香酒白虎通考黜篇圭瓚秬鬯宗廟之盛禮故孝道備而賜之秬鬯所以極著孝道孝道純備故內和外榮玉以象德金以配情芬香條鬯以通神靈玉飾其本君子之性金飾其中君子之道君子有黃中通理之道美素德金者情和之至也玉者德美之至也鬯者芬香之至也 芬芳攸服以降神也者鄭注鬯人云鬯釀秬爲酒芬香條暢於上下也又注易震卦云鬯秬酒芬芳條鬯因名焉馥謂攸條鬯暢聲相近夏小正正月初歲祭耒始用暢也暢也者終歲之用祭也張爾岐曰暢鬯通王將耕耤則鬱人薦鬯王祼鬯鬯之言暢也說苑修文篇天子以鬯爲贄鬯者香草之本也上暢於天下暢於地無所不暢故天子以鬯爲贄樂記感條暢之氣是也服字所未聞中論壽天篇煑鬯燒薰所以揚其芬也詩信南山祭以清酒箋云酒鬱鬯五齊三酒也祭之禮先以鬱鬯降神僖二十八年左傳秬鬯一卣賈注云秬黑黍鬯香酒所以降神諸矦賜圭瓚然後爲鬯何休云凡贄天子用鬯鬯取其芬芳在上臭達於天

說文解字義證卷十四 四十四

而醇粹無擇有似乎聖人漢書宣帝紀薦鬯之夕顏注鬯香酒所以祭神 從凵凵器也者本書蘲秬鬯也明堂位鬱用黃目注云鬱鬯之器也 中象米匕所以扱之者周禮廩人大祭祀則共其接盛注云接讀爲一扱再祭之扱扱以授春人春之埤雅記曰鬯曰以椈杵以梧匕以桑蓋椈曰梧杵所以擣鬱而桑匕者所以扱之先儒乃以爲桑匕以載牲體誤矣 易曰不喪匕鬯者震卦文王注鬯香酒奉宗廟之盛也

yù
鬱

鬱 芳艸也十葉爲貫百廾貫築以煑之爲鬱從臼冂缶鬯彡其飾也一曰鬱鬯百艸之華遠方鬱人所貢芳艸合釀之以降神鬱今鬱林郡也 迂勿切

魏略大秦國出鬱金 宋元嘉起居注蒲黃國獻鬱金香 梁書鬱金獨出罽賓國華色正黃而細與芙蓉華裏披蓮者相似國人先取以上佛寺積日香槁乃糞去之 傅元鬱金賦葉萋萋兮翠青英蘊蘊而金黃樹菴藹以成蔭氣芬馥而含芳 朱公叔鬱金賦瞻百草之青青羌朝榮而夕零美鬱金之純偉獨彌日而久停 左九嬪鬱金頌伊此奇草名曰

鬱金越自殊域厥珍來尋芬香酷烈悅目欣心明德惟馨淑人是欽窈窕妃媛服之褵衿永重名實曠世弗沈 一切經音義二十四鬱金是樹名出罽賓國其花黃色取花安置一處待爛壓取汁以物和之爲香花粕猶有香氣亦用爲香也 通志鬱金卽薑黃周禮鬱人和鬱鬯注云煮鬱金以和鬯酒 又云鬱爲草若蘭今之鬱金作燖潘臭其若蘭之香乃鬱金之香大秦國花如紅蘭花四五月採之卽香陳藏器謂說又云鬱芳草也十葉爲貫採以煮之用爲鬯鬯爲百草之英合而釀酒以降神也然大秦國去長安四萬里至漢始通不應三代時得此草也或云鬱金與薑黃自別亦芬馨恨未識 亘陳啓源曰周禮鬱人注謂鬱草若蘭以其得是香草故取以相方亘若鬱金之種類又各不同朱穆鬱金賦云歲朱明之首月步南園以迴眺覽草木之紛葩美斯花之英妙是華以四月也傅元賦云葉萋萋而翠靑英蘊蘊而金黃是花色正黃也楊孚南州異物志云鬱金出罽賓色正黃與芙蓉花裏嫩蓮相似可以香酒此與傅賦合至唐書言太宗時伽毗國獻鬱金葉似麥門冬九月開花狀似芙蓉其色紫碧香聞數十步華而不實本草云其華十二葉爲百草之英二月三月有華狀如紅藍兩書言花之色絛各異以朱傅二賦較之又不同其種類當不一矣不知古人所用何種也

芳艸也者劉氏新論殊好篇鬱金元儋春蘭秋蕙衆鼻之所芳也周語鬱人薦鬯韋云鬱鬱金香草宜以和鬯酒也 本草木部鬱金香陳氏云其香十二葉爲百草之英按魏畧云生秦國二月三月有花狀如紅藍四月五月采花卽香也掌禹錫曰說文鬱香芳草也十二葉爲貫採以煮之用爲鬯爲百草之英合而釀酒以降神也又草部鬱金唐本注云此藥苗似薑黃花白質紅末秋出莖心無實根黃生蜀地及西戎馬藥用之或謂之馬蒁嶺南者有實似小豆蔻馥案此乃鬱金根非鬱金香也 十葉爲貫百廿貫築以煮之爲鬱者藝文類聚引作爲鬯 陳藏器本草拾遺亦引作爲鬯雜記暢臼以椈杵以梧注云所以擣鬱也周禮肆師及果築鬻注云果築鬻者所築鬻以祼也鄭司農云築鬻築香草鬻以爲鬯經又云大賓客涖筵几築鬻注云此王所以禮賓客又云大喪大渳以鬯則築鬻注云築香草煮以爲鬯以浴尸香草鬱也鬱人掌祼器凡祭祀賓客之祼事和鬱鬯以實彝而陳之注云築鬱金煮之以和鬯酒鄭司農云鬱草名十葉爲貫百二十貫爲築以煮之鐎中停於祭前鬱爲草若蘭馥案二十貫爲下當有闕文 一曰鬱鬯百艸之華遠方鬱人所貢芳草合釀之以降神者水經溫水注云鬱金香鬱人所貢因氏郡白虎通考

jué 爵

豔篇鬯者以百草之香鬱金合而釀之成爲鬯陽達於牆屋陰入於淵泉所以灌地降神也論衡儒增篇周時天下太平倭人貢鬯草 鬱今鬱林郡也者劉昫曰貴州鬱平縣漢鬱林廣鬱縣也水經注引應劭地理風俗記曰周禮鬱人掌祼器凡祭醊賓客之祼事和鬱鬯以實尊彝鬱芳草也百草之華煮以合釀黑黍以降神者也或說今鬱金香是也馥案廣西貴州潯柳邕賓諸州皆漢鬱林郡地一統志柳州羅城縣出鬱金香

爵 禮器也象爵之形中有鬯酒又持之也所以飲器象雀者取其鳴節節足足也 即略切

本書斝玉爵也夏曰琖殷曰斝周曰爵 三禮圖爵受一升尾長六寸博二寸傳翼兒下方足漆赤中雲氣飾 詩賓之初筵酌彼康爵 禮投壺正爵旣行請立馬 桓二年左傳舍爵策勳焉注云爵飲酒器也莊二十一年傳虢公請器王與之爵注云爵飲酒器襄二十一年傳莊公爲勇爵陸粲曰爵酒器也設之以鶴勇士 禮器也者鄉飲酒禮揖讓如初升坐乃羞無算爵 象爵之形者爵卽雀本書雀讀與爵同孟子爲叢敺爵者鸇也

晉書段灼傳作爲藪驅雀明堂位爵用玉琖仍雕注云因爵之形爲之飾也 又持之也者隸从寸寸亦手也 所以飲器象爵者取其鳴節節足足也者困學紀聞引同許善心神雀頌足足懷仁般般擾義又云節節奇音行行瑞跡一切經音義十引白虎通爵者盡也量盡其才也五等爵命也取其節節足足九經字樣爵禮器也取其鳴節足所以戒荒淫之飲困學紀聞宋符瑞志鳳皇其鳴雄曰節節雌曰足足然則爵卽鳳皇歟

𩰪 古文爵象形

jù 䰞

䰞 黑黍也一稃二米以釀也從鬯矩聲 其呂切

黑黍也者釋草文李巡云黑黍一名秬黍秬卽黑黍之大者名也管子地員篇其種大秬細秬黑莖青秀隋書律歷志達奚震及牛宏等議曰今以上黨羊頭山黍依漢書律歷志度之若以大者稠累依數滿尺實於黃鐘之律須撼乃容若以中者累尺雖復小稀實於黃鐘之律不動而滿又云且上黨之黍有異他鄉其色至烏其形圓重用之爲量定不徒然又云案許愼解秬黍體大本異於常詩生民維秬維秠傳云秬黑黍也孫氏瑞應圖舜時后稷播植天

降秬秠故詩曰天降嘉種惟秬惟秠昭四年左傳黑牡秬黍以享司寒注云秬黑黍也呂氏春秋本味篇飯之美者南海之秬注云秬黑黍也漢書律歷志以子穀秬黍中者師古曰秬卽黑黍　一稃二米者釋草秬黑黍秠一稃二米郭注秠亦黑黍但中米異耳本書秠一稃二米集韻引字林秠黑黍一稃二米周禮鬯人注釀秬爲酒秬如黑黍一稃二米詩生民傳秬黑黍也秠一稃二米也正義云釋草文秬是黑黍之大名秠是黑黍之中有二米者别名之爲秠故此經異其文而爾雅釋之若然秬秠皆黑黍矣而春官鬯人注云釀秬爲酒秬如黑黍一稃二米言如者以黑黍一米者多秬爲正稱二米則秬中之異故言如以明秬有二等也秬有二等則一米亦可爲酒鬯人之注必言二米者以宗廟之祭唯祼爲重二米嘉異之物鬯酒宜當用之故以二米解鬯其實秬是大名故曰釀秬爲酒白虎通考黜篇秬者黑黍一稃二米孫氏瑞應圖䵖者三隅之黍一稃二米王者宗廟修則生黃帝時南夷來獻䵖　以釀也者初學記引作所以釀鬯御覽引同昭十五年左傳鍼鉞秬鬯杜云秬黑黍鬯香酒尚書大傳賜圭瓚者得爲䵖以祭古文苑蜀都賦表玄穀注云秬黑黍也所以釀酒

秬　䵖或從禾

或從禾者通作苣大荒南經維宜芑苣穋楊是食注云苣黑黍今字作禾旁

shǐ ⿰皀吏

⿰皀吏　列也從鬯吏聲讀若迅　疏吏切

列也者列當爲烈玉篇⿰皀吏烈也廣韻⿰皀吏香之美者詩賓之初筵烝衎烈祖箋云烈美也

文五　重二

shí 食

食　一米也從皀亼聲或說亼皀也凡食之屬皆從食　乘力切

釋名食殖也所以自生殖也　周禮廩人治其糧與其食注云行道曰糧謂糒也止居曰食謂米也　尚書大傳八政何以先食食者萬物之始人之所本者也

一米也者謂不似餌之雜也讀若詩毛傳一宿身之一程君瑤田曰一米有二義粹不雜之謂一不析碎之謂一也

從皀亼聲者曲禮黍曰薌合卽皀亼　或說亼皀也者徐鍇本作或說亼食也通釋云食也下食字音飤馥案本書飤糧也飯食也周禮廩人賙賜稍食曲禮食居人之左注云食飯屬也論語有酒食先生饌論衡量知篇穀之始熟曰粟舂之於臼簸其粃糠烝之於甑爨之以火成熟爲飯　徐鍇本有讀若粒三字案本書皀一粒也

fēn 𩞁

𩞁　滫飯也從食𠦒聲　府文切

滫飯也者爾雅釋文引同御覽引作餐玉篇饙與餐同一饙也釋名饙分也衆粒各自分也玉篇餴半烝飯廣韻饙烝飯也釋言饙餾稔也孫炎曰烝之曰饙均之曰餾郭璞曰今呼餐飯爲饙饙熟爲餾釋文饙字書云一蒸米餐音脩廣雅饙謂之餐也蒼頡篇云餐饙也詩泂酌可以餴饎傳云餴餾也正義說文云饙一蒸米也餾飯氣流也馥案所引本書與釋文引字書同蓋誤也齊民要術粟米酒法以正月晦日向暮炊釀止作饙耳不爲再餾饙熟卽舉飯就甕下之

饙　𩞁或從賁

餴　𩞁或從奔

爾雅釋文饙餴竝同𩞁也

liù 餾

餾　飯气蒸也從食畱聲　力救切

飯气蒸也者蒸當爲烝集韻飯饙熟爲餾玉篇餴餾也齊民要術淸麴法初下釀用黍米四斗再餾弱炊必令均熟又釀白醪法取糯米浸之經一宿炊作一餾飯風俗通俗說宰相六不守熟案烝飯更炊謂之餾音與相似也

rèn 飪

飪　大孰也從食壬聲　如甚切

大孰也者方言飪熟也徐楊之閒曰飪廣雅飪熟也釋言饙餾稔也釋文云稔字又作飪同易鼎卦亨飪也鄭注鼎亨熟物之象論語失飪不食孔注失飪失生熟之節聘禮飪一牢公食大夫禮魚腊飪特牲饋食禮羹飪注竝云飪熟也呂氏春秋本味篇熟而不爛高云爛失飪也

恁　古文飪

禮郊特牲腥肆爓腍祭注云腍孰也饔謂孌壬從念

餁 亦古文飪

張次立云按李舟切韻不收此亦古文飪字惟於侵韻作人心切寢韻作七向切竝注云說文下齎也疑此重出

yōng
饔

饔 孰食也從食雝聲 於容切

孰食也者廣雅孰食謂之餕饔昭二十五年公羊傳吾寡君聞君在外餕饔未就詩祈父有母之尸饔傳云孰食曰饔周禮天官敘官內饔注云饔割亨煎和之稱疏云孰食曰饔孰食須調和故號曰饔通作雍特牲饋食禮記尸卒食而祭饎爨雍爨注云雍孰肉舊說云亨者祭雍爨

yí
飴

飴 米糵煎也從食台聲 與之切

釋名飴小弱於餳形怡怡也 方言飴謂之餦 楚策蜻蛉自以爲無患不知童子方將調飴膠絲加己乎四仞之上 呂氏春秋異用篇仁人之得飴以養疾待老也注云飴餳 淮南說林訓柳下惠見飴曰可以養老盜跖見飴曰可以黏牡

米糵煎也者急就篇棗杏瓜棣饊飴餳顏注以糵消米取汁而煎之渜弱者爲飴言其形怡怡然也厚强者爲餳餳之爲言洋也取其洋洋然也齊民要術作糵法浸小麥芽生即散收令乾勿使餅此煮白餳糵若煮黑餳即待芽生青成餅然後以刀劚取乾之欲令餳如琥珀色者以大麥爲其糵本草飴糖陶云方家用飴糖乃云膠飴皆是溼糖如厚蜜者蜀本圖經飴即軟糖也北人謂之餳糯米粟米大麻白朮黃精枳椇子等竝堪作之

𩚧 籀文飴從異省

廣韻玉篇有古文作𩛝

xíng
餳

餳 飴和饊者也從食易聲 徐盈切

廣雅飴餳也 方言凡飴謂之餳自關而東陳楚宋衞之閒通語也又云餳謂之餦餭注云即乾飴也 楚詞招魂粔籹蜜餌有餦餭些注云餦餭餳也 盧諶祭法冬祠用荆餳 齊民要術引四民月令十月先冰凍作涼餳煮暴飴 宋書顏竣傳時歲旱民饑竣上言禁餳一月息米近萬斛 幽明錄王肩祖安國張顯等以爲太元中乘船見仙人賜糖飴三餅 白帖引玉燭寶典今人寒食研杏仁爲酪煮麥粥以餳沃之 十道志餳益水其味如醴因以爲名 南齊書周顒傳何胤言斷食生猶欲食𥻉蟹 隋書梁彥先傳百姓呼爲戴帽餳 傳芳畧記陳昉得蜀糖輒以蜜麂之曰與蜜本莫逆交

飴和饊者也者釋名餳洋也煮米消爛洋洋然也 趙宧光曰南方之膠餳一曰牛皮糖香稻粉熬成者䅽案今以蔗作者沙餳也江表傳孫亮使黃門就中藏吏取交州所獻甘蔗餳廣志甘蔗其餳爲石蜜一切經音義十一蔗餳以甘蔗爲餳餹也今沙糖是也北堂書鈔有沙餳引張衡七辨沙餳石蜜遠國貢儲盛翁子與劉頌書沙餳西垂之產䅽謂此皆非飴和饊之餳也 易聲者當爲易聲六書故餳徒郎切方言餳謂之糖易與唐同音孫氏徐盈切易非徐盈之音六經正誤詩有瞽箋賣餳作餳誤荆楚歲時記元日進膠牙餳御覽引風俗通作膠牙糖盧君文弨曰說文餳从食易聲徐盈切案易聲殊不相近自當从易劉熙釋名云餳洋也諧聲取義周禮小師注管如今賣飴餳所

吹者釋文音辭盈反又云李音唐徐盈辭盈其音近精與唐實一聲之轉又曰餳从易古音唐亦或讀爲辭精辭盈夕淸等切者以陽唐庚耕淸本相通也李善注文選王僧達祭顏光祿文引郭璞三倉解詁曰楊音盈與上聲下英協韻玉篇瑒雉杏切又音暢可知凡字从易者皆有兩音說文从易偶脫中閒一畫耳不可執是過生分別䅽案哀十二年左傳鄭人爲之城嵒戈錫釋文錫音羊一音星歷反容齋三筆天台士人左君頗有才最善謔楊和王之子除權工部侍郎張循王之子帶集英修撰左用歇後語作絕句云木易已爲工部侍弓長有作集英修此皆易易混淆廣雅粻餭飴餹餳也曹憲音辭精反憲豈不知餳從易者蓋轉音也音轉而字體因之以譌

sǎn
饊

饊 熬稻粻餭也從食散聲 穌旱切

廣韻饊饊飯 北堂書鈔有粰䊩玉篇粰䊩糈饊也 盧諶祭法四時皆用饊

熬稻粻餭也者當爲張皇詩釋文引方言作張皇顏注急就篇饊之言散也熬稻米飯使發散也古謂之張皇亦目其開張而大也廣雅粻餭餳也楚辭招魂粔籹蜜餌有餦餭些注云餦餭餳也僖三十年左傳饗有昌歜白黑形鹽

bǐng
餅

杜云白熬稻黑熬黍傳又云羞嘉穀杜云嘉穀熬稻黍也

餅 麪餈也從食并聲 必郢切

方言餅謂之飥或謂之餦餛 范子餅出三輔 漢官儀尚書郎大官供食湯官供餅 繆襲祭儀夏祠以黍餅 盧諶祭法四時祠用曼頭餳餅夏祠別用乳餅冬祠用白環餅 范汪祠制夏薦乳餅秋薦雀瑞餅冬薦白環餅 荀氏四時列餟春祠有曼頭餅夏祠以薄夜代曼頭無能作以白環餅 徐暢祭記五月麥熟薦新麥作起漱白餅 齊書承明九年正月詔太廟四時祭薦宣皇帝起麪餅注云發醇也馥案醇酒母用以發麪或作敎漢書李陵傳媒櫱其短孟康曰媒猶敎櫱麴也 四民月令五月距立秋無食煮餅及水溲餅 摭言段維智嗜煎餅 金門歲節洛陽人家重陽作羊肝餅 王隱晉書何曾烝餅上不作十字不食 退耕傳許康年謁劉遐贈鳴瓦餅千枚曰雖微物也助廚中兩日之費 豐年錄開元中長安物價大減兩市賣二儀餅一錢數對 宏君舉食檄催廚人作茶餅熬油煎蔥瀝茶以絹當用輕羽拂取飛麪剛軟中適然後水引細如委綖白如秋練馥案齊書太祖好水引餅 吳均餅說細如華山玉屑白似梁甫銀泥既閻香而口閦亦見色而心迷 杜預七規膳夫騁伎靨忽若仙披素麪之揮霍若將絕而復連 傅元七謨乃有三牲之和羹蕤賓之時麪忽游水而淸引進飛羽之薄衍 束晳餅賦禮仲春之月天子食麥而朝事之籩煮麥為䴵內則諸饌不說餅然則雖云食麥而未有餅餅之作也其來近矣若夫三春之初陰陽交際寒氣既消溫不至熱于時享宴則曼頭宜設炎律方回純陽布暢服絺飲水隨陰而涼此時為餅莫若薄壯商風既厲大火西移鳥獸毴毛樹木疏枝肴餼尙溫則起溲可施元冬猛寒淸晨之會涕凍鼻中霜凝口外充虛解戰湯餅為最然皆用之有時所適者便苟錯其次則不能斯善其可以通冬達夏終歲常施四時從用無所不宜唯牢丸乎爾乃重羅之麪塵飛雪白膠黏筋韌溔液濡澤肉則羊膓豕脅脂膚相半臠如蜿首珠連礫散薑株蔥本筆纏切判辛桂剉末椒蘭是畔和鹽漉豉攪和膠亂於是火盛湯涌猛氣蒸作攘衣振掌握搦拊搏麪彌離於指端手縈回而交錯紛紛駁駁星分雹落籠無迸肉餅無流麪妹媮冽敕薄而不綻弱如春緜白若秋練氣勃鬱以揚布香飛散而遠偏

麪餈也者戴侗引唐本作鍪餈也釋名餅并也溲麪使合并也急就篇餅餌麥飯甘豆羹顏注溲麪而蒸熟之則為

說文解字義證卷十四

cí
餈

餅通鑑晉惠帝食餅中毒注云餅麪餈也

餈 稻餅也從食次聲 疾資切

稻餅也者方言餌或謂之餈廣雅餈餌也玉篇餈餻也釋名餈漬也烝燥屑使相潤漬餅之也周禮籩人羞籩之實糗餌粉餈鄭注故書餈作茨鄭司農云茨字或作餈謂乾餌餅之也元謂此二物皆粉稻米黍米所為也合烝曰餌餅之曰餈餌言糗餈言粉互相足列子力命篇食則粢糲注云粢稻餅也味類粢米不碎干寶搜神記李誕小女作數斛餈蜜灌之馥案俗以九月九日食餻卽餈餻元日食者謂之年餻

齎 餈或從齊

粢 餈或從米

zhān
饘

饘 糜也從食亶聲周謂之饘宋謂之餬 諸延切

糜也者釋言餬饘也郭云糜也昭七年左傳饘於是鬻於是以餬余口後漢書樊鯈傳朝暮送饘粥注云饘糜也糜

說文解字義證卷十四

通作糜僖二十八年左傳甯子職納橐饘焉注云饘糜也

周謂之饘宋謂之餬者餬當為餰檀弓饘粥之食釋文饘本又作餰說文云周謂之饘宋衞謂之餰初學記引同廣韻饘厚粥也饘同玉篇饘糜也餰同本書鬻鬻也或從食衍聲

hóu
餱

餱 乾食也從食侯聲周書曰峙乃餱粻 乎溝切

乾食也者李善注思元賦引作乾食糧也一切經音義七引字林餱乾飯也釋名餱候也候人饑者以食之也詩無羊或負其餱伐木乾餱以愆傳云餱食也宣十一年左傳具餱糧襄九年傳盛餱糧杜注並云餱乾食通作糇廣雅糇糒也

周書曰峙乃餱粻者費誓文彼作糗糧釋言粻糧也論語在陳絕糧鄭本作粻云糧也

fěi
餥

餥 餱也從食非聲陳楚之閒相謁食麥飯曰餥 非尾切

餱也者釋言餥餱食也

陳楚之閒相謁食麥飯曰餥者方言陳楚之內相謁而食麥饘謂之餥注云謁請也史記吳世家光伏甲士於窟室而謁王僚飲索隱曰謁請也急就篇餅餌麥飯甘豆羹顏注麥飯磨麥合皮而炊之也後

漢書光武自無蔞亭至南宮馮異進麥飯

chì 饎

饎 酒食也从食喜聲詩曰可以饋饎 昌志切

酒食也者釋訓文郭云猶今云饎饌皆一語而兼通馥案釋文云論語有酒食先生饌馬云饌飲食也又有盛饌馬云饌酒食也郭氏所謂饎饌一語兼通是也詩天保吉蠲爲饎傳云饎酒食也字林饎孰食也方言糦熟也自河以北趙魏之閒氣熟曰糦廣雅饎熟也詩元鳥大糦是承箋云糦黍稷也士虞禮饎爨在東壁西面注云炊黍稷曰饎詩通作喜詩大田田畯至喜箋云喜讀爲饎饎酒食也　詩曰可以饋饎者大雅泂酌文饋彼作餴傳云饎酒食也

䭣 饎或从配

或从配者周禮地官敘官饎人鄭司農云饎人主炊官也故書饎作䭣

糦 饎或从米

或从米者特牲饋食禮王婦視饎爨於西堂下注云炊黍稷曰饎古文饎作糦

zhuàn 籑

籑 具食也从食算聲 士戀切

特牲饋食禮祝命嘗食籑者舉奠注云古文籑皆作餕又徹庶羞設於西序下注云爲將餕去之庶羞主爲尸非神饌也又筵對席佐食分簋鉶注云爲將餕分之也祭統曰餕者祭之末也不可不知也是故古之人有言曰善終者如始餕其是已　是故古之君子曰尸亦餕鬼神之餘也惠術也可以觀政矣　有司徹乃籑如儐注云古文籑作餕　論語釋文饌鄭作餕

具食也者一切經音義一引作備具飲食也論語先生饌馬融曰饌飲食也大射儀官饌注云百官各饌其所當共之物齊策食以草具鮑云謂草粗饌具漢書元后傳獨置孝元廟故殿以爲文母籑食堂孟康曰籑音撰晉灼曰籑具也杜鄴傳陳平共壹飯之籑顏注陳平用陸賈說以五百金爲絳侯具食是也後漢書寇恂傳一人皆兼二人之饌注云饌具也

饌 籑或从巽

yǎng 養

養 供養也从食羊聲 余兩切

供養也者廣雅養供也月令收祿秩之不當供養之不宜者史記儒林傳倪寬常爲弟子都養注云都養爲弟子造食也

𦎫 古文養

fàn 飯

飯 食也从食反聲 符萬切

食也者一切經音義十一黃帝始炊穀爲飯飯食也馥謂當作飤字林飤一曰飯也

niù 䊆

䊆 雜飯也从食丑聲 女久切

雜飯也者本書粈雜飯也通作粈廣雅粈雜也鄉射禮白羽與朱羽糅注云糅雜也

sì 飤

飤 糧也从人食 詳吏切

糧也者字林同　从人食者徐鍇本作从食人一切經音義二說文飤糧也從人仰食也謂以食供設與人也故字从食从人意也

zàn 饡

饡 以羹澆飯也从食贊聲 則幹切

以羹澆飯也者楚詞九思時混混兮澆饡注云饡餐也混混濁也言如澆饡之亂也集韻饡以膏煎稻爲醃也釋名有膏饡云消膏而加菹其中亦以消酒也

shǎng 饟

饟 晝食也从食象聲 書兩切

晝食也者廣韻饟日西食馥案謂日中食釋典午爲人天食論語不時不食鄭注不時非朝夕日中時一日之中三時食白虎通禮樂篇王平居中央制御四方平旦食少陽之始也晝食太陽之始也餔食少陰之始也暮食太陰之始也論語曰亞飯干適楚三飯繚適蔡四飯缺適秦諸侯三飯卿大夫再飯尊卑之差也馥案廣韻日西食即再飯

𩟣 饟或从傷省聲

sūn 飧

飧 餔也从夕食 思魂切

詩大東有饛簋飧傳云飧熟食 緇衣還予授子之粲兮傳云粲餐也餐陸本作飧 聘禮宰夫朝服設飧注云食不備禮曰飧詩云不素飧兮春秋傳曰方食魚飧皆謂是 孟子竝耕而食饔飧而治注云饔飧熟食也朝日饔夕曰飧 餔也者左傳釋文李籍九章算術音義所引竝同集韻飧說文餔也謂晡時食毛居正曰夕食曰飧故從夕昭二十八年左傳不夕食周禮小宰委積膳獻飲食賓賜之飧牽鄭司農云飧夕食也引春秋傳飧有陪鼎釋言粲餐也釋文作飧

bū
餔

餔 日加申時食也從食甫聲 博狐切

本書誎下云餔旋促也申下云吏以餔時聽事申旦政也通作晡春秋日下稷范甯云稷昃也下昃謂晡時魏武遺令朝晡上脯糒之屬北史高允傳詔朝晡給御膳文選神女賦晡夕之後李注晡日昳時也漢書五行志日中時食從東北過半晡時復益部耆舊傳何汝爲謁者上直令持赤幘百僚不解至晡日果食也 日加申時食也者後漢書注引同謂日戴申也漢書翼奉傳迺正月癸未日加申魏志管輅傳日加午而風發江表傳孫策討黃祖日加辰時祖乃潰爛一切經音義九淮南子日行至於悲谷爲晡時謂加申時也三蒼餔夕食也謂申時食也莊子盜跖篇膾人肝而餔之釋文云字林餔日申時食也古文苑僮約舍中有客汲水作餔後漢書王符傳非朝餔不得通注云餔今爲晡字也王砅注素問云晡謂日下於晡時申之後五刻也通鑑朱虛侯入未央宮日餔食注云申時食爲餔又吳漢悉兵迎戰自旦至晡又陳主昏睡至晡時乃寤注竝云日加申爲晡

𩜹 籒文餔從皿浦聲

cān
餐

餐 吞也從食奴聲 七安切

釋言粲餐也餐釋文作飧云本又作餐字林作飧云吞食饔案此言字林作餐誤爲飧 吞也者李善注琴賦引同釋名餐乾也乾入口也詩狡童使我不能餐兮漢書高后紀列侯幸得賜餐錢奉邑顏注餐所謂吞食物也

湌 餐或從水

餐或從水者餐當爲湌本湌之或字也詩伐檀釋文云素餐七丹反說文作餐或從水字林云吞食也沈音孫餐案此文轉寫倒置當云素餐七丹反字林吞食也說文作飧或從水沈音孫字林飧水澆飯也今錯屬餐下義多不了詩正義說文飧水澆飯也從夕食言人旦則食飯飯不可停故夕則食飧是飧爲飯之別名饙案正義引字林誤偁說文集韻水沃飯曰湌玉篇飧水和飯也釋名飧散也投水於中解散也玉藻君未覆手不敢飧君既食又飯飧正義飧謂用飲澆飯於器中也周興嗣千字文具膳湌飯漢高彪碑饑不及湌東觀漢記江革有疾遣太官送湌醪又汝郁母疾不能飲食郁亦不食母強爲之湌飯謝承後漢書閵人統不受人一湌之饋僖二十五年左傳昔趙衰以壺餐從陸德明本作飧音孫饙案古偁壺飧未有稱壺餐者韓子夫輕飢餧之患而必全壺飧國策臣父嘗獻君不備壺飧吳越春秋掩爾壺飧莫令之露是也漢書韓信傳令其裨將傳餐如淳曰小飯曰餐饙謂餐當爲飧小飯當爲水飯新序下壺餐以與之又云少焉日晏進糲餐之食餐竝當爲飧顧和與蔡節度書夏侯家漿酪水飧

lián
䭑

䭑 嗛也從食兼聲讀若風溓溓一曰廉潔也 力鹽切

嗛也者䭑與嗛同本書嗛口有所銜也 讀若風溓溓者潘岳寡婦賦水溓溓以微凝 一曰廉潔也者本書無潔字漢魯峻梁休范鎮諸碑竝作絜校官夏承桐柏廟諸碑竝作絜釋名廉斂也自檢斂也周禮小宰以聽官府之六計獘羣吏之治一曰廉善二曰廉能三曰廉敬四曰廉正五曰廉灋六曰廉辨疏云廉者絜不濫濁也莊子大廉不嗛古歌詩君不見孫叔敖廉絜不愛錢謝承後漢書楊秉爲豫荆徐兗四州刺史以廉絜稱後漢書孔奮守姑臧令力行清絜或以爲身處脂膏不能以自潤徒益辛苦耳

yè
饁

饁 餉田也從食盍聲詩曰饁彼南畝 筠輒切

餉田也者釋詁饁餉也孫炎曰饁野之餉也詩載芟有嗿其饁箋云饁饋饟也周禮小宗伯若大甸則帥有司而饁獸于郊注云饁饋也晉語冀缺耨其妻饁之韋云野饋曰饁魏畧常林帶經耕鋤其妻自擔餉饋之 詩曰饁彼南畝者豳風七月文傳云饁饋也釋文云野饋也

xiǎng
饟

饟 周人謂餉曰饟從食襄聲 人漾切

xiǎng 餉　kuì 饋　xiǎng 饗

周人謂餉曰饟者類篇餉作饋釋詁饟饋也舍人云饟自家之野也商子墾令篇無得爲罪人請於吏而饟食之通作攘詩甫田攘其左右箋云攘讀當爲饟以酒食攘其左右從行者

餉 饟也从食向聲 式亮切

饟也者一切經音義十三引作饋也韻會引同玉篇餉饋也

饋 餉也从食貴聲 求位切

周禮膳夫凡王之饋注云進食於尊曰饋 成十年左傳晉侯欲麥使甸人獻麥饋人爲之注云饋人主治公膳者也 通作餽孟子於齊餽兼金 漢書樊噲傳餽餉一笥

餉也者一切經音義十六引同又云進物於尊者亦曰饋蒼頡篇饋饟也士虞禮特豕饋食注云饋猶歸也以物與神及人皆言饋檀弓饋祥肉注云饋遺也漢書食貨志千里負擔餽饟通作歸論語歸孔子豚皇侃曰歸猶餉也又齊人歸女樂又詠而歸釋文鄭本作饋饋酒食也魯讀饋爲歸

說文解字義證　卷十四　卅七

饗 鄉人飲酒也从食从鄉鄉亦聲 許兩切

鄉人飲酒也者鄉飲酒禮鄭目錄云諸侯之鄉大夫三年大比獻賢者能者於其君以禮賓之與之飲酒月令孟冬之月大飲烝注云十月農功畢天子與其諸侯羣臣飲酒於大學以正齒位謂之大飲其禮亾今天子以燕禮羣國以鄉飲酒禮代之燕謂有牲體爲俎也王制耆老皆朝于庠元日習射上功習鄉正齒注云鄉謂飲酒也鄉禮春秋射國蜡而飲酒養老樂記射鄉食饗所以正交接也注云射鄉大射鄉飲酒也經解鄉飲酒之禮所以明長幼之序也鄉飲酒義鄉飲酒之禮六十者坐五十者立侍以聽政役所以明尊長也六十者三豆七十者四豆八十者五豆九十者六豆所以明養老也注云此說鄉飲酒謂黨正國索鬼神而祭祀則以禮屬民而飲酒于序以正齒位之禮也鄭目錄云以其記鄉大夫飲賓於庠序之禮尊賢養老之義又云是禮乃三年正月而一行也今郡國十月行此飲酒禮詩七月朋酒斯饗曰殺羔羊傳云鄉人以狗大夫加以羔羊正義饗是民自飲酒鄉人飲酒以狗爲牲大夫與焉則加以羔羊鄉人飲酒而謂之饗者鄉飲酒禮尊事重故以饗言之鄉飲酒升歌小雅禮盛者進取是鄉飲酒之禮得稱饗也大戴禮盛德篇凡鬬辨生於相侵陵也相侵陵生於長幼無序而教以敬讓也故有鬬辨之獄則飾鄉飲酒之禮也鹽鐵論古者燔黍食稗而熚豚以相饗其後鄉人飲酒老者重豆少者立食一醬一肉旅飲而已

鄉亦聲者當爲鄉聲

méng 饛　zuò 飵　nián 䬯　wèn 𩞄　wèn 䭡　hú 餬

饛 盛器滿皃从食蒙聲詩曰有饛簋飧 莫紅切

盛器滿皃者盛齍盛 詩曰有饛簋飧者小雅大東文傳云饛滿簋皃

飵 楚人相謁食麥曰飵从食乍聲 在各切

楚人相謁食麥曰飵者方言相謁而食麥饘楚曰飵

䬯 相謁食麥也从食占聲 奴兼切

相謁食麥也者方言凡陳楚之郊南楚之外相謁而飧或曰飵或曰䬯廣韻䬯南楚呼食麥粥 古聲者韻會引作舌聲又引孟子是以言餂之也

說文解字義證　卷十四　卅八

𩞄 秦人謂相謁而食麥曰𩞄䭡从食㥯聲 烏困切

秦人謂相謁而食麥曰𩞄䭡者方言相謁而食麥秦晉之際河陰之閒曰𩞄䭡此秦語也注云今關西人呼食欲飽爲𩞄䭡

䭡 𩞄䭡也从食豈聲 五困切

餬 寄食也从食胡聲 戶吳切

寄食也者左傳正義引同一切經音義八餬言寄食也江淮之閒謂寓食爲餬廣雅餬寄也方言餬寄也寄食爲餬隱十一年左傳寡人有弟不能和協而使餬其口於四方通鑑元魏李彪上言曷若豫儲倉粟安而給之豈不愈於驅督老弱餬口千里之外哉注云說文曰餬寄食饘也余據正考父鼎銘則餬者食饘鬻之義許慎所謂寄食者蓋因左傳餬口於四方以爲說今此當依許義昭七年左傳饘於是鬻於是以餬余口注云饘鬻餬屬正義將糜向口故曰以餬余口猶今人以粥向帛黏使相著謂之餬帛覆謂此臆說也餬口言寄口史記范雎傳伍子胥橐載而出

昭關夜行晝伏至於陵水無以餬其口通作糊子華子以是樵蘇之弗繼糊其頤頰於人

bì 飶

食之香也從食必聲詩曰有飶其香 毗必切

食之香也者詩釋文引同 詩曰有飶其香者周頌載芟文傳云飶芬香也

yù 餱

燕食也從食芙聲詩曰飲酒之餱 依據切

經典省艸作飫襄二十六年左傳是以將賞爲之加膳加膳則飫賜杜云飫饜也酒食賜下無不饜足馥案詩角弓如食宜饇傳云饇飽也周語王公立飫則有房烝親戚宴饗則有殽烝又云夫王公諸侯之有飫也將以講事成章建大德昭大物也故立成禮烝而已飫以顯物宴以食好歲飫不倦時宴不淫韋注立謂立行禮不坐也立曰飫坐曰宴 周禮大宗伯以飲食之禮親宗族兄弟尚書大傳綴之以食而弗殊

燕食也者韋注國語引作宴安私飲也本書醧私宴歓也音依據切詩敘常棣燕兄弟也閟宮魯侯燕喜箋云燕燕飲也僖三十年左傳介葛盧復來朝禮之加燕好杜云燕燕禮也文王世子若公與族人燕則以異姓爲賓膳宰爲主人族食世降一等釋言飫私也郭云宴飲之私孫炎曰飫非公朝私飲酒也魯語繹不盡飫則退漢書陳遵傳遵知飲酒飫宴有節顏注宴食曰飫通作沃古文苑僮約沃不酪注云沃飲也又通作淤後漢書馬融傳淤賜犒功注云淤與飫同 詩曰飲酒之餱者小雅常棣文餱彼作飫陳啓源曰毛傳飫私也箋疏申之以爲飫禮扗路寢內不扗公朝故爲私良是矣說文引此作餱云燕食也餱立而燕坐二禮本異許以爲燕殆因詩本燕兄弟而說馥案本書作宴安非謂燕禮

bǎo 飽

猒也從食包聲 博巧切

猒也者本書猒飽也經典作饜昭二十八年左傳貪惏無饜賈逵云其人貪嗜財利飲食無知饜足孟子饜酒肉而後反

古文飽從采

從采者徐鍇本作从采聲汗簡引作[illegible]路史民食鳥獸之肉有不能餘者飲其血馥謂古文保作[illegible]此作[illegible]乃古文孚字本書罦或從孚

亦古文飽從卯聲

yuàn 餇

猒也從食肙聲 烏玄切

猒也者廣韻餇饜飽楚詞大招不歰嗌只王注嗌餇也令人不餇滿也傅元瓜賦豐旨絕異食之不餇庾肩吾謝賚菱啓含露蒲桃蹔其不餇廣志真定御棃可以解煩釋餇

ráo 饒

飽也從食堯聲 如昭切

飽也者李善注王粲從軍詩引作餘也本書餘饒也益也廣韻饒益饒漢書陳平傳平娶張氏資用益饒地理志西河郡饒縣莽曰饒衍曲禮大饗不問卜不饒富益部耆舊傳張霸七歲通春秋復欲進餘經父母曰汝小未能也霸曰我饒爲之故字伯饒

yú 餘

饒也從食余聲 以諸切

饒也者孟子子不通工易事以羨補不足則農有餘粟女有餘布通作余周禮委人凡其余聚以待頒物注云余當爲餘謂縣都畜聚之物

hài 餀

食臭也從食艾聲爾雅曰餀謂之餯 呼艾切

爾雅曰餀謂之餯者釋器文釋文引李巡云餀餯皆穢臭也小字本作喙類篇亦引作喙

jiàn 餞

送去也從食戔聲詩曰顯父餞之 才線切

送去也者御覽左傳釋文竝引作送去食也集韻引字林同士虞禮記獻畢未徹乃餞注云餞送行者之酒詩泉水飲餞于禰傳云祖而舍軷飲酒於其側曰餞崧高王餞于郿箋云餞送行飲酒也韓詩章句送行飲酒曰餞成八年左傳季文子餞之昭十六年傳鄭六卿餞宣子於郊注竝云餞送行飲酒

yùn 餫

野饋曰餫從食軍聲 王問切

野饋曰餫者廣雅餫饋也成五年左傳晉荀首如齊逆女故宣伯餫諸穀注云野饋曰餫詩大東箋云送轉餫正義

guǎn 館

云既往既來是轉輸之事故知公子獨行爲送轉餫至京師

館 客舍也從𩚃官聲周禮五十里有市市有館館有積以待朝聘之客 古玩切

桂苑待賓之舍曰館 一切經音義五周禮五十里有候館案客舍逆旅名候館字從𩚃今有從舍作館者近字也 開元文字館客舍也館有積以待朝聘之客是也客舍逆旅名候館也公館者公所爲也私館者自卿大夫以下之家 昭二年左傳敢辱大館僖十五年傳改館晉侯饋七牢焉 禮記舊館人之喪 西京雜記公孫宏營客館以招天下之士其外日欽賢館以待大賢翹材館以待大材接士館以待國士 漢官儀大匠應劭上言百郡計吏觀國之光而舍逆旅崎嶇私館貢篚之物朽溼曝露昔晉霸之盟主亘舍諸矦於隸人鄭子產以爲大譏況今四海之大而可無乎 郡國志台州仙后山有館土人謂之王公客堂 潘岳客舍議謹案客舍逆旅之設其所由來遠矣行者賴以頓止居者薄收其直交易貿遷各得其所因民成利惠和百姓 宋書雷次宗傳徵詣京邑爲築室於鍾山西巖下謂之招隱館 齊書褚

伯玉傳以禮迎伯玉辭疾上不欲違其志勅於剡白后山立太平館以居之 梁書高祖紀於宮城西立士林館延集學徒置集雅館以招遠學 建康地記顯仁館在江寧縣古高麗使處

客舍也者周禮委人凡軍旅之賓客館焉注云館舍也詩緇衣適子之館兮公劉于豳斯館傳竝云館舍也何人斯箋云堂塗者公館之堂塗正義云禮有公館私館公館者公家築爲別館以舍客也隱十一年左傳館於寪氏服云館舍也僖二十八年傳晉師三日館穀成十八年傳館於伯子同氏襄三十一年傳完客所館杜注竝云館舍也釋文引字林館客舍也昭元年傳將入館注云就客舍孟子舍館未定注云館客舍曲禮將適舍注云謂行而就人館又云見人弗能館不問其所舍注云館舍也 周禮云云者地官遺人掌郊里之委積以待賓客五十里有市市有候館候館有積

tāo 饕

饕 貪也從𩚃號聲 土刀切

貪也者方言叨殘也書多方亦惟有夏之民叨懫傳訓貪叨後漢書黨錮傳以貪叨誅死潛夫論滅典禮而行貪叨

叨 饕或從口刀聲

一切經音義十三饕說文俗作叨

𩟐 籀文饕從號省

tiè 飻

飻 貪也從𩚃殄省聲春秋傳曰謂之饕飻 他結切

貪也者一切經音義九引同廣雅飻貪也 春秋傳曰謂之饕飻者文十八年左傳縉雲氏有不才子貪于飲食冒于貨賄侵欲崇侈不可盈厭聚斂積實不知紀極謂之饕餮杜云貪財爲饕貪食爲餮案一切經音義四引本書貪財曰饕貪食曰飻馥謂此許公說左傳之文 又案左傳饕餮卽山海經之狍鴞故郭璞云爲物貪惏

wèi 饖

饖 飯傷熱也從𩚃歲聲 於廢切

飯傷熱也者論語正義引同廣雅饖臭也蒼頡篇饖食臭敗也

yì 饐

饐 飯傷溼也從𩚃壹聲 乙兾切

飯傷溼也者釋器𩚃饐謂之餲郭云飯饖臭見論語釋文引字林饐飯傷熱溼也論語正義引同通俗文飯臭曰饐葛洪字苑饐餿臭宋書劉粹傳道濟爲設𩚃饐不能餐

yè 餲

餲 飯餲也從𩚃曷聲論語曰𩚃饐而餲 乙例切又烏介切

飯餲也者字林餲食敗也廣韻膎下云肉敗臭案安曷聲近本書頞或作齃 論語曰𩚃饐而餲者孔安國曰饐餲臭味變也

jī 饑

饑 穀不孰爲饑從𩚃幾聲 居衣切

穀不孰爲饑者釋天文李巡曰五穀不孰曰饑字林饑穀不孰也西周策秦饑而宛亾高云穀不孰爲饑詩雨無正降喪饑饉傳云穀不孰曰饑蔬不孰曰饉墨子七患篇一穀不收謂之饉二穀不收謂之旱三穀不收謂之凶四穀不收謂之餽五穀不收謂之饑春秋襄二十四年冬大饑穀梁傳云五穀不升爲大饑一穀不升謂之嗛二穀不升謂之饑三穀不升謂之饉四穀不升謂之康五穀不升謂之大侵疏云徐邈云有死者曰大饑無死者曰大飢何休

食

云有㱃曰大饑無㱃曰饑竝以意言之與穀梁異也

jǐn 饉

饉 蔬不孰爲饉從食堇聲 渠吝切

蔬不孰爲饉者釋天文彼作蔬郭注凡草菜可食者通名爲蔬李巡曰可食之菜皆不孰爲饉周禮太宰九職八曰臣妾聚斂疏材注云疏材百草根實可食者疏不熟曰饉委人掌斂野之賦斂薪芻凡疏材木材注云疏材草木有實者曲禮稻曰嘉蔬注云稻菰蔬之屬也荀子富國篇葷菜百蔬以澤量楊倞注蔬與疏同淮南主術訓秋畜蔬食高注菜蔬曰疏穀食曰食其注呂氏春秋仲冬紀又云草實曰疏食風俗通皇霸篇神農悉地力種穀疏韋昭注國語疏草菜之可食者列士傳鮑焦怨世不用己采疏於道凡此皆作疏字不加艸楚詞七諫曰饑饉而絕糧注云蔬不熟曰饉月令仲冬之月山林藪澤有能取蔬食者野虞教道之注云草木之實爲蔬食漢書元帝紀救民饑饉顏注蔬不孰爲饉蔬菜也東觀漢記建武初穀食尚少趙孝得穀炊將熟令弟禮夫妻出比還孝夫妻共蔬食禮夫妻歸輒獨飰之禮後掩伺見之亦不肎食遂共蔬食凡此皆加艸本書無蔬字周禮釋文疏劉音蘇

è 䭇

䭇 飢也從食戹聲讀若楚人言恚人 於革切

飢也者廣雅同玉篇䭇飢皃也

něi 餧

餧 飢也從食委聲一曰魚敗曰餧 奴罪切

飢也者五經文字同一切經音義七引三蒼餧餓也又十三引論語耕也餧在其中鄭曰餧亦餓也齊語君加惠於臣使不凍餧楚語民之羸餧日日已甚楚詞九辯鳳亦不貪餧而妄食荀子臣道篇若食餧人漢書魏相傳發倉廩振乏餧谷永傳流散冗食餧㱃於道顏注餧餓也或作餒宣四年左傳鬼猶求食若敖氏之鬼不其餒而襄二十年左傳吾有餒而已不來食矣杜注餒餓也梁書蕭子雲傳餒卒於顯靈寺僧房案從委之字多變爲妥明堂位凡綏皆作緌王制大綏小綏鄭注綏當爲緌 一曰魚敗曰餧者史記孔子世家魚餧肉敗集解孔安國曰魚敗曰餒也馥案今論語作餒釋器魚謂之餒郭云肉爛僖十九年公羊傳其自亾柰何魚爛而亾也何注魚爛從內發字或作餧廣雅餧敗也飯敗亦曰餧六韜帝堯溫飰煖羹不酸餧不易也

jī 飢

飢 餓也從食几聲 居夷切

餓也者字林同舜典黎民阻飢孟子飢者易爲食

è 餓

餓 飢也從食我聲 五箇切

飢也者廣雅同宣二年左傳翳桑之餓人也檀弓昔者衞國凶飢夫子爲粥與國之餓者孟子其下朝不食夕不食肌餓不能出門戶韓子飾邪篇家有常業雖飢不餓通作饑淮南說山訓寧一月饑無一旬餓高注饑食不足餓困乏也

guì 餽

餽 吳人謂祭曰餽從食從鬼鬼亦聲 俱位切又音饋

吳人謂祭曰餽者方言餟餽也通作歸論語詠而歸王充讀爲饋謂行饋祭馥謂當作餽 從鬼鬼亦聲者當爲鬼聲孝經祭則鬼亯之

zhuì 餟

餟 祭酹也從食叕聲 陟衞切

祭酹也者史記索隱後漢書注所引竝同本書酹餟祭也一切經音義十一字林餟以酒沃也祭也廣雅餟祭也顏氏家訓終制篇親友來餟酹者一皆拒之字或作醊急就篇哭泣祭醊墳墓冢顏注醊謂連續之祭也史記封禪書其下四方地爲醊食索隱謂聯續而祭之正義劉伯莊云謂繞壇設諸神祭座相連綴也風俗通徐孺子比爲太尉黃瓊所辟瓊薨齎一盤醊哭於墳前古詩洛濱醊禱束皙近遊賦若夫祭奠之醊親里往來後漢書何顒傳以頭醊其墓盧植傳并致薄醊注竝云醊祭酹也漢書郊祀志作腏顏注腏與綴同謂連續而祭也

shuì 䬽

䬽 小餟也從食兌聲 輸芮切

小餟也者䬽或作祱廣雅祱祭也集韻祱小祭也

líng 䬫

䬫 馬食穀多气流四下也從食夌聲 里甑切

馬食穀多气流四下也者䬫或作䮴集韻䮴騷馬傷穀病玉篇䮴騷馬病也馬傷穀也博物志馬食穀則足重不能行莊子徐無鬼篇黃帝遇牧馬童子請問爲天下小童曰奚以異乎牧馬者哉但去其害馬者而已郭璞曰馬以過

分爲害齊民要術治馬中穀方手捉甲上長髮提之數過以鈹刀子刺空中皮手當刺孔有如風吹人手則是穀氣令人溺上又以鹽涂立乘數十步卽愈

mò
餘

䬴 食馬穀也從食末聲 莫撥切

食馬穀也者字林同餘或作秣詩漢廣言秣其馬傳云秣養也鴛鴦乘馬在廄摧之秣之傳云秣粟也周禮大宰七曰芻秣之式鄭注芻秣養牛馬禾穀也又注聘禮云上賓有禾十車禾以秣馬案禾槀實并刈者也成十六年左傳秣馬利兵杜云秣穀馬也襄五年傳季文子無食粟之馬宣十五年公羊傳柑馬而秣之何云秣者以粟置馬口中吳語令秣馬食士韋云秣粟也魯語馬餼不過稂莠韋云餼秣也漢書元帝紀乘輿秣馬無乏正事而已顏注秣養也以粟秣食之也韋元成傳禁秣馬酤酒貯積顏注秣以粟米飤馬也貢禹傳秣馬不過八匹顏注秣養也謂以粟米飤也東觀漢記上欲征匈奴皆以爲塞外草可不須穀馬口防言當與穀宣宗時五將出征匈奴候騎得漢馬矢見其中有粟知漢兵出以是言之馬當與穀後漢書馮衍傳秣吾馬於潁滸兮注云秣謂食馬以粟

文六十二　重十八

說文解字弟五　義證弟十五

曲阜桂馥學

jí 亼

三合也從入一象三合之形凡亼之屬皆從亼讀若集秦入切

三合也者本書糾繩三合也　讀若集者書允征辰弗集于房傳云集合也馥案北人呼市爲集所謂合市也

hé 合

合口也從亼從口侯閤切

合口也者言兩口對合也漢書律歷志合龠爲合謂兩龠之口相合爲一合

qiān 僉

皆也從亼從吅從从虞書曰僉曰伯夷七廉切

皆也者釋詁文本書咸皆也鄭注周禮筮人云咸猶僉也方言僉皆也自山而東五國之郊曰僉又云僉夥也注云僉者同故爲夥小爾雅廣言僉同也　從吅從从者五經文字吅音喧徐鍇曰从相從也馥謂衆口從之　虞書曰

僉曰伯夷者舜典文堯典僉曰於鯀哉傳云僉皆也史記作皆曰鯀可

lún 侖

思也從亼從冊力屯切

思也者廣雅同或借論詩靈臺於論鼓鐘傳云論思也箋云論之言倫也

籒文侖

本書冊古文作笧籒文作笧此龠亦當作侖今從竹誤

jīn 今

是時也從亼從乚乚古文及居音切

釋詁肆故今也詩緜肆不殄厥慍傳云肆故今也抑肆皇天弗尚箋云肆故今也　是時也者孟子及是時墨子經篇始當時也馥謂始爲當時故今爲是時　從乚乚古文及者本書金從今張有謂當作乚案本書侌歕並作乚市從及作乁

shè 舍

市居曰舍從亼屮象屋也口象築也始夜切

釋名舍於中舍息也　急就篇室宅廬舍樓殿堂顏注舍謂人於其中舍息也　周書大聚解五里有郊十里有井二十里有舍　李善注郭璞游仙詩引淮南子注二十八宿一宿爲一舍　匡謬正俗舍字訓止訓息也人舍屋及星辰次舍其義皆同論語云逝者如斯夫不舍晝夜謂曉夕不止息耳莊周云百舍重趼謂在道多止息耳今人皆不言舍盡改音捨違義借讀於理僻謬

市居曰舍者御覽引作市居曰稅舍周禮廛人掌斂廛布注云廛布者貨賄諸物邸舍之稅又司市以次敘分地而經市注云次謂吏所治舍　中象屋也口象築也者徐鍇曰亼衆集也中立柱楯稅之形口音圍會意馥案本書高從冂口與倉舍同意倉從口象倉形又同從口象國邑

文六　重一

huì 會

合也從亼從曾省曾益也凡會之屬皆從會黃外切

合也者釋詁文本書敆合會也同合會也燕禮注云飲酒以合會爲歡也詩杕杜會言近止箋云會合也聘禮會諸

其幣注云會合也王制不能五十里者不合于天子注云合會也通鑑江智淵素恬雅漸不會旨注云會合也六書故周官司會以歲會考歲成謂會合而計之也　從會省曾益也者本書譮加也話會合善言也善言謂巧言話古文作譮詩青蠅構我二人箋云構合也桓十六年左傳宣姜與公子朔構急子後漢書隗囂傳勿用旁人解構之言馥謂會合者誣加構合也

古文會如此

pí 朇

益也從會卑聲符支切

益也者本書埤增也增益也裨接益也俾益也

chén 𣊫

日月合宿爲辰從會從辰辰亦聲植鄰切

日月合宿爲辰者辰廣韻類篇集韻通志並引作𣊫宿謂二十八宿釋名宿宿也星各止宿其處也顏氏家訓歸心篇一宿首尾相去數萬黃裳天文圖十二次日月所會元枵至陬訾皇侃注月令正月建寅日月會辰在亥故耕用

亥也詩綢繆箋云心星爲二月之合宿大衍星分圖五月午日月會於鶉首六月未日月會於鶉火八月酉日月會於壽星御覽引左傳舊注臘祭名也日月會於龍尾百物備合因於是祭羣神也鄭注月令孟春者日月會於諏訾而斗建寅之辰也仲春者日月會於降婁而斗建卯之辰也季春者日月會於大梁而斗建辰之辰也孟夏者日月會於實沈而斗建巳之辰也仲夏者日月會於鶉首而斗建午之辰也季夏者日月會於鶉火而斗建未之辰也孟秋者日月會於鶉尾而斗建申之辰也仲秋者日月會於壽星而斗建酉之辰也季秋者日月會於大火而斗建戌之辰也孟冬者日月會於析木之津而斗建亥之辰也仲冬者日月會於星紀而斗建子之辰也季冬者日月會於元枵而斗建丑之辰也易繫辭大衍之數五十京房云謂十日十二辰二十八宿也又範圍天地之化而不過九家云言乾坤消息法周天地而不過于十二辰也辰日月所會之宿謂諏訾降婁大梁實沈鶉首鶉火鶉尾壽星大火析木星紀元枵之屬是也書堯典歷象日月星辰傳云辰日月所會正義云日月所會者昭七年左傳士文伯對晉侯之辭也日行遲月行疾每月之朔月行及日而與之會其必在宿分二十八宿是日月所會之處辰時也集會有

時故謂之辰洪範四五紀四日星辰馬云辰日月之所會也王云辰者十二月之會次正義辰謂日月別行會於宿度從子至丑爲十二辰又云月令孟春日在營室仲春日在奎季春日在胃孟夏日在畢仲夏日在東井季夏日在柳孟秋日在翼仲秋日在角季秋日在房孟冬日在尾仲冬日在斗季冬日在婺女十二會以爲十二辰辰卽子丑寅卯之謂也十二辰所以紀日月之會處也允征乃季秋月朔辰弗集于房傳云辰日月所會房所舍之次集合也周禮大宗伯以實柴祀日月星辰注云辰謂日月所會十二次疏云辰卽二十八星也又云二十八星而有七不當日月之會直謂之星若日月所會則謂之宿謂之辰謂之次亦謂之房故尚書允征云辰弗集于房孔注云房日月所會是也保章氏掌天星以志星辰日月之變動注云辰日月所會馮相氏掌十有二歲十有二月十有二辰十日二十有八星之位辨其序事以會天位注云會天位者合此歲日月辰星宿五者以爲時事之候疏云二十八星者東方角亢氐房心尾箕北方斗牛之等爲二十八星也若指星體而言謂之星日月會於其星卽名宿亦名辰亦名房考工記輈人輪輻三十以象日月也蓋弓二十有八以象星也注云日月三十日而合宿僖五年左傳丙之晨龍尾伏辰注云龍尾尾星也日月之會曰辰昭七年傳公曰何謂六物對曰歲時日月星辰是謂也公曰多語寡人辰而莫同何謂辰對曰日月之會是謂辰服云辰十二辰也杜云一歲日月十二會所會謂之辰昭十七年傳日過分而未至三辰有災杜云三辰日月星也日月相侵又犯是宿故三辰皆爲災李善注宣德皇后令引周書王曰余不知九星之光周公旦曰九星星辰日月四時歲是謂九星周書周月解日月俱起于牽牛之初右回而行月周天進一次而與日合宿日行月一次而周天歷舍于十有二辰終則復始是謂日月權輿鶡冠子天則篇日不踰辰月宿其列陸佃注日月所會爲辰漢書藝文志歷譜者序四時之位正分至之節會日月五星之辰以考寒暑殺生之實魏書術藝傳殷紹上四序堪輿表曰第三叔序明日月辰宿交會相生相爲表裏鄭注堯典六宗云辰謂日月所會十二次也馥案閏月無所會故王肅曰斗之所建是爲中氣日月所在斗指兩辰之閒無中氣故以爲閏也 辰亦聲者當爲辰聲

文三 重一

cāng 倉

倉 穀藏也倉黃取而藏之故謂之倉從㑹省口象倉形 凡倉之屬皆從倉 七岡切

本書圜謂之囷方謂之京 廣雅京倉也 高注泰策及呂氏春秋仲秋紀竝云圓曰囷方曰倉

穀藏也者本書無藏字一切經音義七藏穀曰倉藏米曰廩釋名倉藏也藏穀物也越語府倉實注云米粟曰倉荀子富國篇垣窌倉廩者財之末也注云穀藏曰倉米藏曰廩淮南精神訓今贛人敖倉高云倉藏穀也 倉黃取而藏之故謂之倉者倉藏聲相近倉黃當爲蒼黃徐鍇曰穀孰色蒼黃也 從㑹省者篆文當作㑹亼下有直畫口象倉形者本書舍下云口象築也高下云從口與倉舍同意

仺 奇字倉

莊君述祖曰逸周書糴匡篇企不滿壑企當作仺

奇字者本書敘云甄豐改定古文時有六書二曰奇字卽古文而異者也

qiāng 牄

牄 鳥獸來食聲也从倉爿聲虞書曰鳥獸牄牄七羊切

鳥獸來食聲也者書釋文引作鳥獸求食聲玉篇牄鳥獸來食聲或作嗆集韻嗆鳥食也　虞書曰鳥獸牄牄者益稷文彼作蹌蹌鄭注周禮大司樂引虞書作牄牄

文二　重一

rù 入

入 内也象从上俱下也凡入之屬皆从入人汁切

内也者釋名入納也納使還也書納于大麓論衡感類篇作舜入大麓周禮媒氏凡嫁子娶妻入幣純帛無過五兩注訓爲納幣史記楚世家靈王於是獨傍偟山中野人莫敢入王魏世家商君亾秦歸魏魏怒不入

nèi 内(內)

内 入也从冂自外而入也奴對切

入也者廣雅字書並同本書汭水相入也堯典寅餞納日傳云日入言送詩十月納禾稼箋云納内也周禮天官敘官職内注云職内主入也鐘師納夏注云故書納作内大戴禮禮三本篇廟之未納尸也荀子禮論篇作入尸史記

作内尸月令無不務内注云内謂收斂入之呂氏春秋作務入淮南時則訓令楊人入材葦月令作納財葦文十四年公羊傳納者何入辭也成十四年左傳衛定公卒夫人姜氏見太子之不哀也不内酌飲襄九年傳以出内火漢書引作出入書九江内錫大龜史記作入錫　從冂自外而入也者春秋隱二年莒人入向左傳造其國都曰入注云入者逆而不順非王命而入人國也檀弓孟獻子禫比御而不入注言雖比次婦人之當御者猶不入寢也

cén 屵

屵 入山之深也从山从入闕鉏箴切

入山之深也者屵深聲相近

dí 糴

糴 市穀也从入从糴徒歷切

漢書食貨志糴甚貴傷民甚賤傷農　市穀也者玉篇糴入米也廣雅糴買也莊二十八年公羊傳告糴者何請糴也何云買穀曰糴魯語君盍以名器請糴於齊韋云市穀曰糴

quán 仝

仝 完也从入从工疾緣切

完也者廣雅同本書完全也墨子辭過篇其爲舟車也全固輕利可以任重致遠馥謂全固即完固

全 篆文仝从玉純玉曰全

純玉曰全者本書瓚天子用全純玉也考工記玉人之事天子用全注云元謂全純玉也本書牷從全云牛純色

古文仝

汗簡作龠屬[illegible]部

liǎng 从

从 二入也兩从此闕良獎切

文六　重二

fǒu 缶

缶 瓦器所以盛酒漿秦人鼓之以節謌象形凡缶之屬皆从缶方九切

瓦器者釋器盎謂之缶孫炎云缶瓦器顏注漢書缶即今之盆類也　所以盛酒漿者風俗通引同易坎卦六四尊酒簋貳用缶禮器五獻之尊門外缶韓非外儲說瓦器至賤也不漏可以盛酒　秦人鼓之以節謌者鼓當爲鼓風俗通聲音篇作鼓史記廉頗藺相如列傳趙王竊聞秦王善爲秦聲請奉盆缻秦王以相娛樂劉孝標注陸機演連珠云搖頭鼓缶秦之樂也馥案樂器本用缶易離卦不鼓缶而歌鄭注詩云坎其擊缶則樂器亦有缶淮南說林訓君子有酒鄙人鼓缶新序刺奢篇齊景公飲酒而樂釋衣冠自鼓缶鹽鐵論散不足篇往者民間酒會各以黨俗彈箏鼓缶而已中論治學篇夫聽黃鐘之聲然後知擊缶之細樂府雜錄唐太初中有調音律官大輿縣丞郭道源善擊缶用越甌邢瓶共一十二旋加減以筯擊之其音韻妙於方響

kòu 𣪊

𣪊 未燒瓦器也从缶殻聲讀若筩莩同苦候切

讀若筩莩同者殻莩聲相近莩筩中衣也漢書中山靖王傳今羣臣非有葭莩之親張晏曰葭蘆也顏注莩者蘆筩中白皮至薄者也

táo 匋

匋 瓦器也從缶包省聲古者昆吾作匋案史篇讀與缶同 徒刀切

本書甀匋也窯燒瓦竈也𢼸陶竈窗也陶當爲匋　廣雅匋窯也　蒼頡篇匋作瓦家也　商子畫策篇若治於金匋於土也　通作陶考工記有虞氏上陶注云舜至質貴陶器尸子四儀篇舜之方陶也書大傳舜陶于河濱淮南兵略訓今使陶人化而爲埴則不能成盆盎說山訓譬猶陶人爲器也揲埏其土而不益厚破乃愈疾漢書賈誼傳大鈞播物如淯曰陶者作器於鈞上此以造化爲大鈞也顏注今造瓦者謂所轉者爲鈞言造化爲人亦猶陶之造瓦耳鹽鐵論散不足篇庶人器用即行柳陶瓠而已續漢書董卓曰杜陵南山下有孝武故陶處作甎瓦一朝可辦列仙傳陶安公者六安冶師也

瓦器也者詩緜正義引作瓦器竈也字林匋作瓦器者也玉篇陶作瓦器也孟子萬室之國一人陶注云使一人陶瓦器淮南時則訓陶器必良高云陶器瓦器史記鄒陽傳獨化於陶鈞之上索隱云韋昭曰陶燒瓦之竈馬注周書

梓材云㞿土器曰陶　古者昆吾作陶者本書壺下云昆吾圜器也尸子夏桀臣昆吾作陶古史考昆吾氏作瓦呂氏春秋君守篇昆吾陶一切經音義十四舜始爲陶於河濱世本云夏臣昆吾更增加也襄十七年左傳衛侯夢于北宮見人登昆吾之觀杜注衛有觀在古昆吾之虛今濮陽城中括地志濮陽縣古昆吾國故城在縣西三十里昆吾臺在縣西百步顓帝城內周回五十步高二丈即昆吾虛也　案史篇讀與缶同者水經濟水注陶丘墨子以爲釜丘竹書紀年魏襄王十九年薛侯來會王于釜丘者也

yīng 罌

罌 缶也從缶賏聲 烏莖切

缶也者御覽引作甀也急就篇甑甞甂甌瓨罌盧顏注罌甀之大腹者也廣雅罌瓶也漢書韓信傳以木罌缶渡軍顏注罌缶謂瓶之大腹小口者也蘇武傳賜武馬畜服匿穹廬孟康曰服匿如罌小口大腹方底用受酒酪晉灼曰匿河東北界人呼小瓨爲罌受二斗所曰服匿通作嬰西山經嬰以百珪百璧注云嬰即古罌字謂盂也徐州云穆天子傳曰黃金之罌之屬也又通作甇方言甇陳魏宋楚之閒曰甑或曰瓶燕之東北朝鮮洌水之閒謂之瓺齊之東北海岱之閒謂之甔周洛韓鄭之閒謂之甀或謂之甇注云甔所謂家無甔石之儲者也音儋荷字或作儋史記淮陰侯傳守儋石之祿者晉灼曰楊雄方言海岱之閒名罌爲儋列子湯問篇狀若甔甀注云甔甔甀謂瓦缾也

chuí 甀

甀 小口罌也從缶𠂹聲 池僞切

小口罌也者通作甀廣雅甀瓶也急就篇甀缶盆盎甕罃壺顏注甀小口罌也周禮凌人春始治鑑注云鑑如甀大口疏云漢時名爲甀即今之甕是也

bù 瓿

瓿 小缶也從缶音聲 蒲侯切

小缶也者本書瓿甊也方言缶謂之瓿甌郭注即盆也

píng 缾

缾 罋也從缶并聲 薄經切

罋也者本書罋汲缾也廣韻缾汲水器也集韻北燕謂瓶爲甓甓受一斗方言缶謂之瓿甌其小者謂之瓶定三年左傳閽以缾水沃廷士喪禮新盆槃瓶注云瓶以汲水也漢書陳遵傳觀瓶之居居井之眉處高臨深動常近危

瓶 缾或從瓦

wèng 罋

罋 汲缾也從缶雝聲 烏貢切

汲缾也者易釋文引同本書井下云　罋之象也方言罋謂之甖廣雅罋瓶也急就篇甓碧珠璣玫瑰罋顏注罋汲缾也易井甕敝漏又汔至亦未繘井羸其瓶凶比有孚盈缶鄭注云爻辰在未上值東井井之水人所汲用缶缶汲器襄九年左傳具綆缶杜云綆汲索缶汲器昭七年傳雖有挈缾之知注云挈缾汲者淮南子氾論訓古者抱甀而汲說苑反質篇衛有五丈夫俱負缶而入井灌韭終日一區或作甕漢書西域傳有大鳥卵如甕顏注甕汲水缾也莊子天地篇子貢過漢陰見一丈人方將爲圃畦鑿隧而入井抱甕而出灌

tà 㿺

㿺 下平缶也從缶乏聲讀若㬥 土盍切

下平缶也者集韻類篇引作瓨也又云器中平也　廣雅㿺瓶也　讀若㬥者徐鍇本作讀若篿引㬥

yīng 罃

罃 備火長頸缾也從缶熒省聲 烏莖切

備火長頸缾也者顏注漢書五行志引云備火今之長頸缾也廣雅甇瓶也急就篇甄缶盆盎甕甇壺顏注甇長頸缾也馥案襄九年左傳宋災備水器甇即救火之水器

gāng 缸

缸 瓨也從缶工聲下江切

瓨也者集韻引作瓶也廣韻缸罌缶

yù 𦈮

𦈮 瓦器也從缶或聲于逼切

cùn 𦉏

𦉏 瓦器也從缶薦聲作甸切

瓦器也者廣韻𦉏紡錘案即紡專詩斯干載弄之瓦傳云瓦紡專也

yóu 䍃

䍃 瓦器也從缶肉聲以周切

瓦器也者廣雅䍃瓶也方言䍃罃也淮汝之閒謂之䍃　肉聲者䍃肉聲相近本書脜從肉讀若柔

líng 𦉢

𦉢 瓦器也從缶霝聲郎丁切

瓦器也者廣雅𦉢瓶也　玉篇𦉢瓦器似缾有耳

diǎn 𦈸

𦈸 缺也從缶占聲都念切

缺也者本書㓂缺也集韻說文𦈸缺也謂器之缺僖九年左傳引詩白圭之玷尚可磨也斯言之玷不可爲也杜云言此言之缺難治甚於白圭郭林宗別傳嘗行陳梁閒遇雨故其巾一角玷而折

quē 缺

缺 器破也從缶決省聲傾雪切

器破也者本書毀缺也易林甕破缶缺又云缺破不完殘際側偏玉篇缺亦作䥙馥案崔鴻後燕錄慕容垂故名霸因墜馬傷前二齒故名䥙外以慕郤䥙爲名內惡而改之尋以讖記之文去夬以垂爲名　決省聲者戴侗引唐本作夬聲

xià 罅

罅 裂也從缶虖聲缶燒善裂也呼迓切

裂也者廣雅同木書㙶坼也坼裂也易解百果草木皆甲宅鄭注皆讀如人倦解之解解謂坼呼罅案呼火亞切即罅字鬼谷子抵巇篇巇者罅也罅者㵎也㵎者成大隙也考工記旊人凡陶旊之事髻墾薜暴不入市注云薜破裂也史記田敬仲完世家弓膠昔幹所以爲合也然而不能傅合疏罅蜀都賦𡡓栗罅發劉注罅發栗皮坼罅而發也　缶燒善裂也者善讀如漢書岸善崩之善善猶多也

qìng 罄

罄 器中空也從缶殸聲殸古文磬字詩云缾之罄矣苦定切

器中空也者爾雅釋文引作器中盡也釋詁罄盡也孫炎曰罄竭盡也詩天保罄無不宜傳云罄盡也樂記石聲磬磬以立辨注云磬當爲罄字之誤也　殸古文磬字者徐鍇本無　詩云缾之罄矣者小雅蓼莪文傳云罄盡也本書窒下引詩缾之窒矣

qì 罊

罊 器中盡也從缶毄聲苦計切

器中盡也者釋詁罊盡也

dòu 𦈲

𦈲 受錢器也從缶后聲古以瓦今以竹大口切又胡講切

受錢器也者西京雜記鄒長倩與公孫賢良書撲滿者以土爲器以蓄錢有入竅而無出竅滿則撲之史記酷吏傳投𦈲購告言姦集解云徐廣曰𦈲器名也如今之投書函中索隱云𦈲受投書之器入不可出漢書趙廣漢傳又教吏爲𦈲筩及得投書削其主名顏注𦈲若今盛錢臧瓶爲小孔可入而不可出或𦈲或筩皆爲此制而用受書令投於其中也　古以瓦今以竹者𦈲瓦也筩竹也

文二十一　重一

shǐ 矢

矢 弓弩矢也從入象鏑栝羽之形古者夷牟初作矢凡矢之屬皆從矢式視切

本書䠶下云矦古文矢字午下云此與矢同意　釋名矢指也言其有所指向迅疾也又謂之箭箭進也其本曰足矢形似木木以下爲本以根爲足也

弓弩矢也者急就篇弓弩箭矢鐙兜鉾顏注以竹曰箭以木曰矢方言箭自關而東謂之矢孟子矢人注云矢箭也　象鏑栝羽之形者本書鏑矢鏠也栝矢栝檃弦處釋名鏑敵也可以禦敵也齊人謂之鏃鏃族也言其所中皆族滅也關西曰釭釭鈙也言有交刃也其體曰幹言梃幹也其旁曰羽如鳥羽也鳥須羽而飛矢須羽而前也齊人曰衛所以導衛矢也其末曰栝栝會也與弦會也栝旁曰义形似义也馥案肅愼氏貢楛矢銘其栝鄉射禮矢在弓下北栝又云弟子取矢北面坐委于楅北栝家語子路初見篇子路曰南山有竹不揉自直斬而用之達於犀革孔子曰栝而羽之鏃而礪之其入之不益深乎　古者夷牟初作矢者顏注急就篇古者夷牟作矢三蒼矢箭也古者夷牟初作矢郭注山海經引世本作牟夷玉篇亦作牟夷荀子解蔽篇浮游作矢注云世本夷牟作矢宋衷注云黃帝臣也此云浮游未詳或者浮游夷牟之別名或聲相近而誤耳

shè
䠶
(射)

䠶　弓弩發於身而中於遠也從矢從身　食夜切

世本逢蒙作射顧炎武曰左傳成周宣榭火呂大臨考古圖郙敦銘曰王格于宣榭蓋宣王之廟也榭射堂之制也其文

作㫃古射字執弓矢以射之象因名其堂曰射後從木作榭其堂無室以便射事故凡無室者皆謂之榭馥案釋宮闍謂之臺有木者謂之榭后人因加木爲榭字　六書故古有僕射之官御射者也

弓弩發於身而中於遠也者本書弓下云以近窮遠射義射求正諸己己正而后發又云射之爲言繹也或曰舍也繹者各繹己之志也故心平體正持弓矢審固持弓矢審固則射中矣

射　篆文䠶從寸寸法度也亦手也

jiǎo
矯

矯　揉箭箝也從矢喬聲　居夭切

揉箭箝也者李籍注九章算術引同揉當爲煣廣雅矯直也蒼頡篇矯正也漢書貢禹傳矯復古化顏注正曲曰矯嚴安傳矯箭控弦顏注矯正曲使直也通鑑中常侍黃皓用事厥瞻皆不能矯正注云揉曲使直曰矯魏志陳矯字季弼通作撟考工記弓人撟幹欲孰于火而無贏撟角欲孰于火而無燂荀子臣道篇撟然剛折端志而無傾側之心漢書武五子傳欲撟邪防非顏注撟正也撟與矯同諸矦王表撟枉過其正顏注正曲曰撟長笛賦撟揉斤械李善引鄭注考工記揉謂以火撟也馥案今考工記注作以火槁之

zēng
矰

矰　䧹䠶矢也從矢曾聲　作滕切

劉逵注蜀都賦矦鴈銜蘆云銜蘆以禦矰繳令不得截其翼也淮南子曰鴈銜蘆而翔以備矰繳馥案說苑說叢篇銜葭而翔以備矰弋鶡鶡賦徒銜蘆以避繳抱朴子詧禽銜蘆以避網　愼子弩弱而矰高者乘於風也　四子講德論但懸曼矰蒲苴不能以射　魯連子弦鋍相第而矰矢得高焉

䧹䠶矢也者本書䧹繁射飛鳥也馥案䧹所以取生鳥故用繁繳若䧹故名矢曰矰易林大鴈列陣雌獨不羣爲矰所牽从於庖人廣雅矰箭也一切經音義十一繳生絲縷也結繳於矢謂之矰也鶡鶡賦負矰纓繳李善云繳繫矰線也周禮司弓矢矰矢茀矢用諸弋射注云結繳於矢謂之矰矰高也茀之言刜也二者皆可以弋飛鳥刜羅之也又云田弋充籠箙矢共矰矢注云矰矢不在箙者爲其相繞亂吳語白羽之矰注云矰矢名以白羽爲衛楚詞九章矰弋機而在上兮注云矰繳射矢也呂氏春秋直諫篇宛路之矰注云矰弋射短矢淮南說山訓好弋者先具繳與

矰史記留矦世家雖有矰繳集解徐廣曰繳弋射也其矢曰矰索隱引馬融注周禮云矰者繳繫短矢謂之矰漢書司馬相如傳微矰出孅繳施顏注矰短矢也繳生絲縷也以繳系矰仰射高鳥謂之弋射息夫躬傳矰若浮猋顏注矰弋射矢也貨殖傳矰弋不施於傒隧顏注弋繳射也矰者弋之矢也西京賦登豫章簡矰紅蒲且發弋高鴻挂白鶴聯飛龍薛綜注繳射矢長八寸名矰其絲名繳挂矢絲挂鳥上也後漢書班固傳御矰繳注云矰弋矢也繳以繫箭也馬融傳矰碆飛流注云矰弋矢也通作繒三輔黃圖佽飛具繒繳以射鳧鴈

hóu
矦
(侯)

矦　春饗所䠶矦也從人從厂象張布矢在其下天子䠶熊虎豹服猛也諸矦䠶熊豕虎大夫䠶麋麋惑也士䠶鹿豕爲田除害也其祝曰毋若不寧矦不朝於王所故伉而䠶女也　乎溝切

書益稷矦以明之傳云當行射矦之禮以明善惡之教　詩賓之初筵大矦既抗弓矢斯張　馬注周禮十尺曰矦四尺

矢

曰鵠二尺曰正四寸曰質　鄉射禮禮射不主皮注云主皮
者無矦張獸皮而射之主於獲也天子大射張皮矦賓射張
五采之矦燕射張獸矦　大射儀司射西
面誓之曰公射大矦大夫射參士射干
春饗所䠶矦也者大射之皮矦也春饗者春將祭與諸矦
大夫射取其賢者與共祭事也饗當爲言寫者失之詩賓
之初筵箋云射禮有三有大射有賓射有燕射鄭目錄云
名曰大射者諸矦將有祭祀之事與其羣臣射以觀其禮
數中者得與於祭不數中者不得與於祭射義故天子之
大射謂之射矦射矦者爲諸矦也射中則得爲諸矦射不
中則不得爲諸矦注云大射將祭擇士之射也又云天子
將祭必先射於澤澤者所以擇士也已射於澤而后射於
射宮射中者得與於祭不中者不得與於祭不得與於祭
者有讓削以地得與於祭者有慶益以地進爵絀地是也
考工記梓人張皮矦而棲鵠則春以功注云皮矦以皮所
飾之矦司裘職曰王大射則共虎矦熊矦豹矦設其鵠謂
此矦也春讀爲蠢蠢作也出也天子將祭必與諸矦羣臣
射以作其容體出其合於禮樂者與之事鬼神焉梓人爲
矦廣與崇方參分其廣而鵠居一焉注云　惟大射以皮飾
矦大射者將祭之射也其餘有賓射燕射　从厂象張布

者小爾雅廣器射有張布謂之矦白虎通鄉射篇矦者以
布爲之何布者用人事之始也本正則末正矣周禮射人
王大射則以貍步張三矦大射儀大矦九十參七十干五
十注云矦謂所射布也尊者射之以威不寧矦卑者射之
以求爲矦楚詞大招昭質既設大矦張只注云矦謂所射
布也王者當制服諸矦故名布爲矦而射之鄉射禮乃張
矦注云矦謂所射布也又記云鄉矦上个五尋中十尺矦
道五十弓弓二寸以爲矦中倍中以爲躬倍躬以爲左右
舌下舌半上舌注云上个象臂下个象足中人張臂八尺
張足六尺五八四十五六三十以此爲衰也凡鄉矦用布
十六丈數起矦道五十弓以計道七十弓之矦用布二十
五丈二尺道九十弓之矦用布三十六丈　天子䠶熊虎
豹云云者泛說矦制不承春饗言也白虎通云含文嘉曰
天子射熊諸矦射麋大夫射虎豹士射鹿豕天子所以射
熊何示服猛巧佞也熊爲獸猛巧者非但當服猛也示當
服天下巧佞之臣也諸矦射麋者示達迷惑人也麋之言
迷也大夫射虎豹者示服猛也士射鹿豕者示除害也各
取德所能服也大夫士兩射者人臣示爲君親視事身勞
苦也或曰臣陰故數偶也三禮射矦圖天子大射虎矦九
十步諸矦熊矦七十步鄉大夫豹矦五十步畿內諸矦大

射君熊矦九十步鄉大夫參矦七十步士豻矦五十步天
子鄉大夫射君臣共射一麋矦五十步諸矦鄉大夫亦如
之天子及諸矦之士皆無大射參矦者以豹皮爲鵠以麋
皮爲飾參之爲言雜也豻矦者以胡犬皮爲鵠亦以爲飾
又曰天子燕射熊矦諸矦鄉大夫士虎豹矦諸矦燕射君
亦熊矦鄉大夫亦宜參矦士鹿豕鄉大夫與其臣燕射君
臣共射虎豹矦士燕射亦宜豹矦畫鹿豕焉周禮射人以
射灋治射儀王以六耦射三矦諸矦以四耦射二矦孤卿
大夫以三耦射一矦士以三耦射豻矦鄭司農云三矦熊
虎豹也二矦熊豹也豻矦豻者獸名也獸有貙豻熊虎郊
特牲虎豹之皮示服猛也論語射不主皮馬融曰天子有
三矦以熊虎豹皮爲之皇侃曰三獸之皮各爲一矦故有
三矦也所以用此三獸者三獸雄猛今取射之示能伏服
猛也天子大射張此三矦天子射猛虎諸矦射熊鄉大夫
射豹也大射儀大矦九十參七十干五十注云大矦熊矦
謂之大者與天子熊矦同參讀爲糝糝雜也雜矦者豹鵠
而麋飾干讀爲豻豻矦者豻鵠豻飾也疏云畿外諸矦亦
得用三矦諸矦不得用虎矦而以熊矦糝矦豻矦爲三矦
司裘王大射則共虎矦熊矦豹矦設其鵠諸矦則共熊矦
豹矦鄉大夫則共麋矦皆設其鵠注云矦者其所射也以

虎熊豹麋之皮飾其側又方制之以爲臯謂之鵠著于矦
中所謂皮矦　用虎熊豹麋之皮示服猛討迷惑者射者大
禮故取義衆也鄉射記凡矦天子熊矦白質諸矦麋矦赤
質大夫布矦畫以虎豹士布矦畫以鹿豕　其祝曰云云
者考工記梓人爲矦文彼云祭矦之禮以酒脯醢其辭曰
惟若寧矦毋或若女不寧矦不屬於王所故抗而射女強
飲強食詒女曾孫諸矦百福大戴禮投壺篇魯命子辭
曰無荒無傲無倨立無踰言若是者有常爵嗟爾不寧矦
爲爾不朝於王所故亢而射女強食食爾曾孫矦氏百福
史記封禪書萇宏以方事周靈王諸矦莫朝周周力少萇
宏乃明鬼神事設射貍首貍首者諸矦之不來者大射儀
樂正命大師曰奏貍首注云貍首逸詩曾孫也貍之言不
來也其詩有射諸矦首不朝者之言因以名篇後世失之
謂之曾孫白虎通所以名爲矦何明諸矦有不朝者則射
之故禮射祝曰嗟爾不寧矦爾不朝於王所以故天下失
業亢而射爾所以不射正身何君子重同類不忍射之故
畫獸而射之史記封禪書設射貍首漢書郊祀志作設射
不來徐廣曰貍一名不來鄭注大射儀貍之言不來也僖
二十八年左傳
公朝於王所

shāng 𥏌　duǎn 短　shěn 矤　zhī 知　yǐ 矣　gāo 高

矦 古文矦

本書疾古文從疾作𥎦

𥏌 傷也从矢昜聲 式陽切

昜聲者本書傷觴竝從𥏌省聲此𥏌當作𥏌從矢從入昜聲

短 有所長短以矢爲正从矢豆聲 都管切

有所長短以矢爲正者月令度有長短國語肅愼氏貢楛矢長尺有咫　豆聲者短豆聲不相近聲字衍

矤 況也詞也从矢引省聲从矢取詞之所之如矢也 式忍切

況也者釋言文彼作矧郭云譬況書君奭矧曰其有能格鄭注況乃日大禹謨矧茲有苗傳云矧況也仲虺之誥矧予之德傳云矧況也詩伐木矧伊人矣傳云矧況也抑矧可射思賓之初筵矧敢多又箋竝云矧況也　詞也者當

云況詞也況下衍也字爾雅疏引作況辭　從矢引省聲從矢取詞之所之如矢也者當云從矢取詞之所之如矢也引省聲

知 詞也从口从矢 陟离切

詞也者本書䈞識詞也識知也

矣 語已詞也从矢㠯聲 于己切

語已詞也者廣雅矣止也賈公彥曰在上謂之發聲在下謂之助句檀弓勿之有悔焉耳矣徐鍇類聚矣者語已詞也詩曰何嗟及矣誰昔然矣語曰賓不顧矣皆事之決絕無柰何者也

文十　重二

高 崇也象臺觀高之形从冂口與倉舍同意凡高之屬皆从高 古牢切

qǐng 𠆸　tíng 亭

崇也者本書崇嵬高也釋詁崇高也　象臺觀高之形者本書臺觀四方而高者从高省　从冂口與倉舍同意者本書倉下云口象倉形舍下云口象築也

𠆸 小堂也从高省冋聲 去潁切

冋聲者文當爲冋

廎 高或从广頃

亭 民所安定也亭有樓从高省丁聲 特丁切

一切經音義八漢家因秦十里一亭亭畱也　漢書百官表大率十里一亭十亭一鄉天下亭凡二萬九千六百三十五也　漢官典職洛陽二十四街街一亭十二城門門一亭魏畧從長安至大秦人民連屬十里一亭　白帖十里五里長亭短亭言十里一長亭五里一短亭　東觀漢記衛颯爲桂陽太守鑿山通路列亭置驛　魏策卒戍四方守亭障者參列　漢書司馬相如傳亭皐千里靡不被築顏注爲亭候於皐隰之中千里相接皆築令平也　顧炎武日秦制十里

一亭十亭一鄉以今度之蓋必有居舍如今之公署鄭康成周禮遺人注日若今亭有室矣故霸陵尉止李廣宿亭下張禹奏請平陵肥牛亭部處上以賜禹徙亭它所而漢書注云亭有兩卒一爲亭父掌開閉埽除一爲求盜掌逐捕盜賊是也又必有城池如今之村堡韓非子吳起爲魏西河守秦有小亭臨境起攻亭一朝而拔之漢書息夫躬歸國未有第宅寄居邱亭姦人以爲侯家富常夜守之匈奴傳見畜布野而無人牧者怪之乃攻亭後漢書公孫瓚傳卒逢鮮卑數百騎乃退入空亭是也又必有人民如今之鎮集漢封功臣有亭侯是也

民所安定也者亭定聲相近本書婷亭安也甹定息也讀若亭釋名亭停也亦人所停集也王篇亭民所安定之爲除害也鄭譔增韻亭道路所舍史記高祖本紀爲泗水亭長正義云國語有寓室郎今之亭也韋昭雲陽賦八鄉九市亭候三六列樹表塗路有廬宿御覽一百九十四引風俗通謹案春秋國語畺有寓望謂今亭也亭民所安定也漢家因秦大率十里一亭亭畱也今語有亭畱亭待蓋行旅宿會之所館也　亭有樓者風俗通引同本書臺象城郭之重兩亭相對也　顏注急就篇秦漢之制十里一亭亭有高樓可以候望周禮司市上旌于思次鄭注思次若今

市亭也鄭司農云次市中候樓也薛注西京賦旗亭市門樓也漢書甘延壽超踰羽林亭樓謝承後漢書蒼梧女子蘇娥行宿鵲巢亭亭長殺之取其財物埋置樓下北堂書抄七十九引益部耆舊傳王純爲鄗令止宿鼇亭夜半有女子稱冤曰妾涪令妻也過此亭亭長殺妾十餘口埋樓下風俗通汝陽西門有習武亭北部督郵到亭上樓宿魏書李崇傳郡置一樓樓置一鼓盜發之處雙槌亂擊會稽記有白樓亭

bó 亳

亳　京兆杜陵亭也从高省乇聲旁各切

京兆杜陵亭也者錢君大昕曰史記湯起於亳徐廣曰京兆杜縣有亳亭案殷本紀湯始居亳皇甫謐曰梁國穀熟爲南亳湯所都也書立政有三亳說者以爲湯始居南亳在宋州穀熟縣西南後徙西亳郎河南偃師縣而景亳湯所盟地則宋州北五十里大蒙城是也三亳非一地要非京兆之亳亭明矣秦本紀寧公二年遣兵伐蕩社三年與亳戰亳王奔戎遂滅蕩社徐廣云蕩一作湯社一作杜皇甫謐以爲亳王號湯西夷之國又云周桓王時自有亳王號湯非殷也封禪書於社亳有三杜主之祠亦指此蓋京兆之亳乃戎王號湯者之邑而徐廣以爲殷湯所起其不

然乎丁君杰曰說文解字亳京兆杜陵亭徐鍇繫傳乃云湯都亳杜預釋例在梁國蒙縣西北薄城中有湯冢凡三亳也與許慎語不相比附近日顧炎武撰日知錄直云許氏訓亳爲京兆杜陵亭此地理之不合者也杰案書立政三亳並在今河南省於禹貢爲豫州之域外有二亳一在直隸北境舜分置幽州處春秋左氏傳昭公九年王使詹桓伯辭於晉曰肅慎燕亳吾北土是也一在陝西古雍州城見於史傳者非一今試舉而陳之史記殷本紀贊曰契爲子姓其後分封以國爲姓有北殷氏索隱曰北殷氏蓋秦寧公所伐亳王湯之後也秦本紀曰寧公二年公徙居平陽遣兵伐蕩社三年與亳戰亳王奔戎遂滅蕩社十二年伐蕩氏取之集解曰徐廣曰蕩音湯社一作杜索隱曰西戎之君號曰亳王蓋成湯之胤其邑曰蕩社徐廣云一作湯杜言湯邑在杜縣之界故曰湯杜也正義曰括地志云雍州三元縣有湯陵又有湯臺在始平縣西北八里案其國在三原始平之界矣六國表曰夫作事者必於東南收功實者常於西北故禹興於西羌湯起於亳周之王也以豐鎬伐殷秦之帝用雍州興漢之興自蜀漢集解曰徐廣曰京兆杜縣有亳亭封禪書曰於社亳有三杜主之祠壽星祠集解曰韋昭曰亳音薄湯所都瓚曰濟陰薄縣是

索隱曰徐廣云京兆杜縣有亳亭則社字誤合作杜亳且據文列於下皆是地邑則杜是縣案秦寧公與亳王戰亳王奔戎遂滅湯社皇甫謐亦云周桓王時自有亳王號湯非殷也而臣瓚以亳爲成湯之邑云在濟陰非也案謂杜亳二邑有三杜主之祠也漢書郊祀志曰於杜亳有杜主之祠壽星祠韋昭曰亳湯所都也臣瓚曰濟陰亳縣是也師古曰杜郎京兆杜縣也此亳非湯都也不在濟陰徐廣云京兆杜縣有亳亭斯近之矣水經汳水篇注云漢哀帝建平元年大司空史郤長卿案行水災因行湯冢在漢屬扶風今徵之迴渠亭有湯池徵陌是也然不經見難得而詳案秦寧公本紀云二年伐湯三年與亳戰亳王奔戎遂滅湯然則周桓王時自有亳王號湯爲秦所滅乃西戎之國葬於徵者也非殷湯矣通典吉禮諸雜祠曰周立壽星祠於下杜亳時奉焉又立杜主祠祀引讀請𢍁集韻曰亳說文京兆杜陵亭一說湯都也通志都邑畧曰契封於商後世遷於亳郎西亳也成湯受命始遷於南亳故命以殷至仲丁遷於亳自注亳故京兆杜縣有亳亭是也杜城今在長安南故司馬遷云禹興西羌湯起亳也及湯有天下始居宋地復命以亳今南京穀熟是也此謂之南亳禮畧曰周立壽星祠於下杜亳時奉焉又立杜主祠三王紀曰契

之封商本上洛後世遷於亳故京兆杜縣亳亭是也司馬遷云禹興西羌湯起亳俱在西也及湯有天下始居於商邱復命以亳梁之穀熟是也路史國名紀曰商氏後亳有五一在杜南湯先世之居自注長安杜南有亳亭有瀫水又曰秦寧公二年伐湯三年與亳戰蓋京兆杜亳韻會曰說文京兆杜陵亭也以上諸條惟六國表注及都邑畧與本事相違然可知京兆杜陵有亳亭非許慎一家之說也若左氏傳肅慎燕亳之亳杜預陸德明無釋孔穎達疏云亳是小國闕不知所在蓋與燕相近亦是中國林堯叟曰三國在北方顧炎武杜解補正乃引王氏說史記秦本紀寧公與亳戰亳王奔戎皇甫謐云西戎之國以實之則周王當與魏駘芮岐畢五國並列西土不得列於北土矣顧氏經史貫穿地理之學冠絕諸家而不免於誤甚矣考訂之難也

文四　重一

jiōng 冂

冂　邑外謂之郊郊外謂之野野外謂之林林外謂之冂象遠界也凡冂之屬皆從冂古熒切

邑外云云者釋地文彼云郊外謂之牧牧外謂之野郭注邑國都也假令百里之國五十里之界界各十里也馥案詩魯頌扗坰之野毛傳云坰遠野也邑外曰郊郊外曰野野外曰林林外曰坰亦無郊外爲牧之文一切經音義二十二引爾雅邑外謂之郊郊外謂之野野外謂之牧牧外謂之林皆各七里林外謂之坰無里數案所引正文與今本異所引注七里當爲十里本書郊下云距國百里爲郊野下云郊外也列子黃帝篇出行經坰外注云坰郊野之外也徐鍇曰禮注王者近郊五十里遠郊百里又引司馬法王國百里爲郊二百里州三百里野四百里縣五百里都明爾雅所言諸侯之國也又周禮載師職國地無征則地諸侯之邑也園廛二十而稅一則近郊也近郊十一則野也遠郊二十而三則林也稍甸縣都皆無過十則冂也　象遠界也者詩洞酌傳云洞遠也

冋 古文冂從口象國邑

汗簡引作冋　從口象國邑者本書邑下云國也從口

坰 冋或從土

冋或從土者當云冂或從土蓋冂之或體非古文或從土也

shì
市

市 買賣所之也市有垣從冂從乁乁古文及象物相及也之省聲 時止切

世本祝融作市　呂氏春秋勿躬篇祝融作市　古史考神農作市高陽氏衰市官不修祝融修市　成伯陽平樂市賦惟市之由興自炎帝之所創　初學記引易繫辭神農氏日中爲市致天下之人聚天下之貨交易而退各得其所蓋取諸噬嗑　周禮司市掌市之治教政刑量度禁令大市日昃而市百族爲主朝市朝時而市商賈爲主夕市夕時而市販夫販婦爲主　初學記引風俗通市恃也言交易而退恃以不匱也又云市亦謂之市井言人至市有所鬻賣者當於井上洗濯令香潔然後到市也或曰古者二十畝爲井因井爲市故云也　宣十五年公羊解詁因井田以爲市故俗語曰市井　洛陽記洛陽有三市丹陽記京師有四市三輔舊事長安有九市　王廙洛陽賦肇建三市廛開疆理列肆雲曼修層高峙　三輔圖廟記云長安市有九各方二百六十六步凡四里爲一　有令署以察商賈貨財買賣貿易之事　左思蜀都賦市　所會萬商之川列隧百重羅肆巨千財貨山積纖麗景繁　王彪之整市教近檢校山陰市多不如法或店肆錯亂或商估沒漏假冒豪彊之名擁護貿易之利淩踐平弱之人專固要害之處　六典京都諸市令掌百族交易之事凡建標立候陳肆辨物以三價均平市凡賣買不和而推固及更出開閉共限一價若參市而規自入者並禁之　買賣所之也者御覽引作買賣之所也字鑑同案淮南說林訓朝之市則走夕過市則步御覽八百二十八引風俗通市買者當清旦而行日中交易所有夕時便罷無人也　齊策譚拾子云市朝則滿夕則虛非朝愛市而夕憎之也求存故往亾故云　釋名市衆所聚　管子問篇市者天地之財具也而萬人之所和而利也　成公綏市長箴貿遷有無市朝有處人以攸資貨以攸敘交易而退各得其所　市有垣者白帖引關市令諸外蕃與緣邊互市官司檢校其市四面穿塹及立籬垣遣人守門　又有巷有門顏延之纂要市巷謂之闤市門謂之闠又有亭有樓　周禮遺人五十里有市市有候館注云候館樓可以觀望者也　西京賦廓開九市通闤帶闠旗亭五重俯察百隧　初學記引薛注市

樓立亭於上　廟記長安市夾橫橋大道市樓皆重屋　東觀漢記鍾離意爲堂邑令初到市無屋意出俸錢作屋

yín
冘

冘 淫淫行皃從人出冂 余箴切

淫淫行皃者後漢書來歙傳注引作冘冘類篇通志引同玉篇亦作冘冘文選羽獵賦淫淫與與前後要遮李善注淫淫與與皆行皃也又云竆冘閼與孟康曰冘行也後漢書馬援傳冘豫未決注云冘行貌也義見說文來歙傳故久冘豫不決注云冘豫不定之意也伏隆傳冘豫未決盧植傳論未有不冘豫奪常者也注云冘人行皃也言冘豫不能自定也

yāng
央

央 中央也從大扗冂之內大人也央㫄同意一曰久也 於良切

中央也者玉篇央位內爲四方之主也廣韻央中央詩蒹葭宛扗水中央荀子正論篇今人或入其央瀆楊倞注央瀆中瀆也鄭注公食大夫禮凡鼎冪蓋以茅爲之長則束本短則編其中央淮南地形訓中央四達風氣之所過雨

露之所會也匡謬正俗庭燎篇云夜未央傳云央旦也鄭箋云夜未央猶言未渠央也案秦詩蒹葭篇云宛在水中央禮月令云中央竝是中義許氏說文解字云央中央也一曰久是則夜未央者言其未中也未久也今關中俗呼二更三更爲夜央夜半此蓋古之遺言謂夜之中耳毛公訓央爲旦亦未知出於何典而鄭君直釋云未渠央不解未渠何義案俗語云未渠央亦言未遽央遽與渠同言未遽中耳古詩云調弦未遽央卽是其事康成不能指明其義而更曲引未渠云復加以猶言如博依之說適令學者不曉其意　大人也者大當爲介本書介籀文大亦象人形　央旁同意者本書旁溥也謂四方也又十下云一爲東西丨爲南北則四方中央備矣　一曰久也者詩釋文引作久也已也案漢有未央宮其瓦文云長樂未央言樂無已也武帝李夫人賦惜蕃華之未央言不久也

hú 隺

隺 高至也從隹上欲出冂易曰夫乾隺然 胡沃切

高至也者易釋文引同廣韻隺高也通作確易文言傳確乎其不可拔釋文引鄭云堅高之皃虞喜安天論天確乎在上有長安之形地魄焉在下有居靜之體又通作霍淮南天文訓太陰在巳曰大荒落高注方萬物熾盛而大出

霍然落落大布散司馬相如大人賦霍然雲散　從隹上欲出冂者本書乾上出也　易曰夫乾隺然者繫辭文彼作確鄭氏易贊作隺

文五　重二

guō 𩫏

𩫏 度也民所度居也從回象城𩫏之重兩亭相對也或但從口凡𩫏之屬皆從𩫏 古博切

本書墉古文作𩫏　通作郭釋名郭廓也廓落在城外也蒼頡篇郭城郭也文十五年公羊傳郭者何恢郭也何云恢大也郭城外大郭御覽一百九十三引王肅表夫城之有郭猶裏之有表骨之有皮表裏各異則保障不完皮骨分離則一體不負　度也民所度居也者𩫏度聲相近本書癸下云冬時水土平可揆度也詩皇矣爰究爰度傳云度居也吳越春秋鯀築城以衛君造郭以居人此城郭之始也　從回象城𩫏之重兩亭相對也者亭謂城樓古者亭樓通稱旗亭卽市樓本書亭有樓是也　或但從口者當別有篆文作𩫏

què 𩫱

𩫱 缺也古者城闕其南方謂之𩫱從𩫏缺省讀若拔物爲決引也 傾雪切

缺也古者城闕其南方謂之𩫱者𩫱缺聲相近闕當爲缺定十二年公羊解詁天子周城諸侯軒城軒城者缺南面以受過也周禮小胥正樂縣之位王宮縣諸侯軒縣鄭司農云宮縣四面縣軒縣去其一面四面象宮室四面有牆故謂之宮縣軒縣三面其形曲故春秋傳曰請曲縣繁纓以朝諸侯之禮也後鄭云軒縣去南面辟王也馥案左傳舊注諸侯軒縣闕南方形如車輿五經通義說頖宮云諸侯不得觀四方故缺東以南半天子之學故曰頖宮說苑敬愼篇衣成則缺袵宮成則缺隅屋成則加錯示不成者天道然也易曰謙亨君子有終吉　缺省讀若拔物爲決引也者徐鍇本作叏聲決引作叏引

文二

jīng 京

京 人所爲絕高邱也從高省丨象高形凡京之屬皆從京 舉卿切

人所爲絕高邱也者釋邱絕高爲之京郭云人力所作李巡云邱之高大者曰京元和郡縣志京者人力所爲絕高邱也亦云非人力所爲者人力所爲者若公孫瓚所築易京是也非人力所爲者若滎陽京索是也廣雅四起曰京詩公劉迺覯于京箋云絕高爲之京定之方中景山與京甫田如坻如京傳竝云京高邱也皇矣依其在京傳云京大阜也襄二十五年左傳辨京陵注云絕高曰京圖經京口其城因山爲壘緣江爲境爾雅曰邱絕高曰京因謂之京口馥案九經字樣京人所居高邱也本書丘土之高也非人所爲也淺學因京觀人所築改本書人所居作人所爲以合郭注馥謂積尸合土築之似京故曰京觀不得謂京亦築也考風俗通山澤篇謹案爾雅邱之絕高大者爲京謂非人力所能成乃天地性自然也春秋左氏傳莫之與京國語趙文子與叔向遊於九京今京兆京師義取於此馥謂此漢人之說較郭注爲可依據

丨象高形者戴侗引蜀本曰巾聲

jiù 就　xiǎng 亯(享)　chún 𦎧

就 就高也從京從尤尤異於凡也 疾僦切

就高也者孟子爲高必因邱陵九經字樣京人所居高邱也就字從之馥案此言人就高以居也 尤異於凡也者京高不與衆同也本書尤異也

𡬎 籒文就

文二　重一

亯 獻也從高省曰象進孰物形孝經曰祭則鬼亯之凡亯之屬皆從亯 許兩切又普庚切又許庚切

獻也者釋詁文舍人云獻亯物曰亯本書獻犬肥者以獻之羞進獻也廣雅獻進也易大有公用亯於天子京云亯獻也書洛誥汝其敬識百辟亯亦識其有不亯傳云奉上謂之亯徐鍇曰尚書曰亯多儀儀不及物惟曰弗亯亯獻也獻於上也詩天保是用孝亯載見以孝以亯傳竝云亯獻也楚茨以亯以祀烈祖以假以亯殷武莫敢不來亯箋竝云亯獻也宣十六年左傳亯有體薦注云亯則半解其體而薦之昭三十二年穀梁傳諸侯不亯覲范云亯獻也周語賓服者亯注云亯獻也聘禮受亯束帛加璧注云亯獻也周禮大行人廟中將幣三亯鄭云三亯三獻也曲禮五官致貢曰亯注云亯獻也通作饗月令以共皇天上帝社稷之饗注云饗獻也 曰象進孰物形者方言羞熟也注云熟食爲羞經典借爲亯煮方言亯熟也嵩嶽以南陳潁之閒曰亯禮運以亯以炙注云亯煮之鑊也家語問禮篇以亯以炙注云亯煮之日亯 孝經曰祭則鬼亯之者孝治章文

𠅘 篆文亯

玉篇云籒文

𦎧 孰也從亯從羊讀若純一曰鬻也 常倫切

一曰鬻也者其義未聞案鬻象孰飪五味氣上出也疑鬻或𩱧之誤本書孰食飪也

𦎫 篆文𦎧

dǔ 𥫩　yōng 𩫖

𥫩 厚也從亯竹聲讀若篤 冬毒切

本書築古文作䈞疑從此𥫩 釋名篤築也築堅實稱也

厚也者釋詁文彼作篤𥫩厚聲相近厚當作𣆪本書毒古文從刀葍葍當作此𥫩𥫩毒竝訓厚音義同 讀若篤者書武成公劉克篤前烈傳云能厚先人之業詩篤公劉大明篤生武王傳竝云篤厚維天之命曾孫篤之傳云成王能厚行之也論語君子篤於親苞氏曰君能厚於親屬又云篤信好學皇侃曰令篤厚於誠信而好學先王之道又云博學而篤志孔安國曰廣學而厚識之也皇侃曰篤厚也文十八年左傳明允篤誠杜注篤厚也宣十二年公羊傳君子篤於禮而薄於利何注篤厚也中庸必因其材而篤焉表記篤以不揜鄭注竝云篤厚也漢耿勳碑寵存賻乃篤之至也

𩫖 用也從亯從自自知臭香所食也讀若庸 余封切

用也者易王用亯於岐山書微子今殷民乃攘竊神祇之犧牷牲用夏小正丁亥萬用入學傳云謂今時大舍菜也汲冢周書用紂於南郊論語雖欲勿用山川其舍諸春秋成十七年用郊公羊云或曰用然後郊僖十九年邾人執鄫子用之穀梁傳用之者叩其鼻以衈社也趙氏集傳用之同於牲也類聚三十九引伍輯之從征記臨沂厚邱閒有次睢里社常以人祭襄公使邾子用鄫子處相承雇貧人命齋潔祭時縛著社前如見牲犧魏初乃止春秋昭十一年楚師滅蔡執蔡世子有以歸用之左傳楚子滅蔡用隱太子於岡山莊二十五年公羊傳用牲於社定四年傳用於其歸焉用事乎河昭十年左傳平子伐莒取郠獻俘始用人於亳社二十九年傳介葛盧聞牛鳴曰是生三犧皆用之矣昭二十二年傳賓孟見雄雞自斷其尾侍者曰自憚其犧也遽歸告王曰雞其憚爲人用乎說苑修文篇韓褐子濟於河津人告曰夫人過於此者未有不快用者也而子不用乎韓褐子曰天子祭海內之神諸侯祭封域之內大夫祭其親士祭其祖禰褐也未得事河伯也 自知臭香所食也者集韻引所下闕一字馥謂當是以字本書口所以言食也舌所以言也自鼻也書召誥自服於土中鄭注自用也酒誥庶羣自酒腥聞在上傳訓自爲用

文四　重二

hòu 𣆪

𣆪 厚也從反亯凡𣆪之屬皆從𣆪胡口切

徐鍇部敘云亯必滿故次之以畐畐滿也滿厚故次之以𣆪其本𣆪在畐下

厚也者論語民德歸厚矣

tán 覃

覃 長味也從𣆪鹹省聲詩曰實覃實吁徒含切

長味也者本書醰從此云酒味苦也廣雅覃長也詩葛之覃兮傳云覃延也𧆓𧆓延亦長也　詩曰實覃實吁者大雅生民文　彼作訏

𠧧 古文覃

𠪚 篆文覃省

hòu 厚

厚 山陵之厚也從𣆪從厂胡口切

山陵之厚也者本書𠫔下云厚也二地之數也釋名阜厚也一切經音義十三引國語賈注阜厚也詩謂地蓋厚中庸博厚配地韓詩外傳地設其厚而山陵成名隱元年左傳厚將崩杜云厚謂土地廣大非衆所附雖厚必崩傳又云楚問城之高厚隱三年穀梁傳厚曰崩范云沙鹿崩　從𣆪從厂者當有𣆪亦聲三字

垕 古文厚從后土

從后土者詩甫田以社以方傳云社后土也檀弓國亾大縣邑君舉而哭於后土僖十五年左傳君履后土而戴皇天

文三　重三

fú 畐

畐 滿也從高省象高厚之形凡畐之屬皆從畐讀若伏房六切又芳逼切

滿也者福從此福備也備則充實而滿矣　象高厚之形者本書富厚也

liáng 良

良 善也從畐省亾聲呂張切

善也者廣雅同詩日月德音無良鶉之奔奔人之無良傳並云良善也黃鳥箋云三良三善臣也又蟋蟀良士瞿瞿墓門夫也不良常棣每有良朋角弓民之無良白華之子無良桑柔維此良人箋並云良善也周禮玉府凡良貨賄之藏司裘中秋獻良裘禮記月令莫不質良又毋或不良曾子問有慈母良鄭注並云良善也宜十二年公羊傳寡人無良邊垂之臣注云良善也　從畐省者古印文作㞋

𣉷 古文良

𠃬 亦古文良

𥃩 亦古文良

汗簡引作㞋

文二　重三

lǐn 亩

亩 穀所振入宗廟粢盛倉黃亩而取之故謂之亩從入回象屋形中有戶牖凡亩之屬皆從亩力甚切

廣雅廩倉也　史記正義引本書圜者謂之囷方者謂之廩周禮敘官廩人注云藏米曰廩韓奕月令章句穀藏曰倉米藏曰廩詩正義云對文則藏米曰廩藏粟曰倉其散即通也　管子臣乘馬篇謂農夫曰幣之在子者以爲穀而廩之州里　孟子父母使舜完廩注云完治廩倉　子華子合升勺龠合以登之斛廩則成矣　文十三年公羊傳周公盛魯公燾羣公廩　說苑說叢篇稼生於田而藏於廩　唐六典太倉署令掌九穀廩藏之事　通作稟晉語若稟而棄之是焚穀也其稟不材是穀不成也

穀所振入宗廟粢盛者粢當爲齍文十六年左傳振廩同食周禮甸師掌帥其屬而耕耨王籍以時入之以其齍盛注云齍盛祭祀所用穀也廩人大祭祀則共其接盛注云大祭祀之穀藉田之收藏於神倉者也禮記月令季秋之月藏帝藉之收於神倉注云重粢盛之委也帝藉所耕千畝也藏祭祀之穀爲神倉祭義是故昔者天子爲藉千畝冕而朱紘躬秉耒諸侯爲藉百畝冕而青紘躬秉耒以事天地山川社稷先古以爲醴酪齊盛於是乎取之敬之至

也注云藉藉田也先古先祖春秋桓十四年御廩災公羊傳御廩者何粢盛委之所藏也何云黍稷曰粢在器曰盛委積也御者謂御用於宗廟廩者釋治穀名穀梁注云御廩藏公所親耕以奉粢盛之倉也周語宣王不藉千畝虢文公諫曰不可夫民之大事在農上帝之粢盛於是乎出又云廩於籍東南鍾而藏之韋注廩御廩一名神倉鍾聚也謂爲廩以藏王所藉田以奉齍盛漢書昭帝紀朕虛倉廩顔注倉新穀所藏也廩穀所振入也百官公卿表有廩犧令丞尉顔注廩主藏穀犧主養牲皆所以供祭祀也漢書文帝紀二年正月詔曰夫農者天下之本也其開籍田朕親帥耕以給宗廟粢盛三輔黃圖長安城東出第二門曰藉田門以門內有藉田倉晉武帝詔古之聖王躬耕帝藉以供郊廟之粢盛宋太祖詔古者躬耕帝藉敬供粢盛通鑑唐明皇種麥於苑中帥太子以下親往芟之謂曰此所以薦宗廟故不敢不親唐六典凡藉田所收九穀納於神倉以供粢盛詩豐年亦有高廩傳云廩所以藏齍盛之穗也明堂位米廩有虞氏之庠也注云魯謂之米廩虞帝上孝今藏粢盛之委焉外傳有虞氏之學亦謂之米廩注云藏躬耕之穀於學中供祭祀 倉黃㐭而取之故謂之㐭者本書嗇下云來者㐭而藏之倉下云倉黃取而藏之

故謂之倉沈德潛曰人以怭遽爲倉皇然古人多作蒼黃少陵詩形勢反蒼黃又云蒼黃已就長途晚柳州詩蒼黃見驅逐無作倉皇者通鑑魏帝獲麐鹿詔發車運之古弼表曰今秋穀懸黃麻菽布野豬鹿竊食鳥雁侵費風雨所耗朝夕三倍乞賜矜緩使得收戴馥案取者詩伐檀不稼不穡胡取禾三百囷兮 回象屋形者廣韻倉有屋曰廩

廩 㐭或從广從禾

或從广從禾者疑但從广作㐭隸體因㐭加禾篆又因隸而誤

bǐng
稟

稟 賜穀也從㐭從禾 筆錦切

賜穀也者後漢書光武紀注引同廣雅稟祿也又云稟予也廣韻稟供穀又與也增韻云禮記中庸既稟稱事古者給人以食取之於倉廩故因稱稟給急就篇稟食縣官帶金銀顔注稟食縣官官給其食也王氏補注稟賜穀也漢書縣官謂天子也史記平準書衣食仰給縣官索隱夏家王畿內名縣內即國都也王者官天下故曰縣官淮南原道訓收聚畜積而不加富布施稟授而不益貧漢書貢禹傳稟食大官西域傳諸國稟食得以自贍鹽鐵論散不足篇廣屋大第坐稟衣食應璩與劉靖書鰥寡孤獨蒙稟賑之實袁山松後漢書樂人見盆子叩頭言饑盆子使中黃門稟之粟數升後漢書光武紀其命郡國有穀者給稟北史魏太和四年賜天下貧人一戶之內無雜財穀帛者稟一年晉太康起居注詔曰尚書萬事之本而稟秩檢薄甚非治體其依令僕給尚書各親信五十人稟賜晉書文帝紀稟軍士大豆人三升百官表注右丞主稟賜門戶租布北堂書鈔三十九引漢書典官職云尚書僕射掌授稟假錢穀唐六典司農少卿爲之貳凡京都百官吏錄稟皆仰給焉通鑑神策軍士竄名軍籍厚得稟賜注云稟賜猶言給賜也

dǎn
亶

亶 多穀也從㐭旦聲 多旱切

多穀也者釋詁亶厚也馥謂多穀亦厚藏也六書故書曰誕告用亶其有衆又曰亶聰明作元后孔氏曰誠也詩云亶其然乎又曰祈父亶不聰又曰擇三有事亶侯多藏毛氏曰誠也案亶㐭庾之實許氏所謂多穀也故毛孔訓以誠通作單詩俾爾單厚又於緝熙單厥心傳並云單厚也又通作僤詩桑柔逢天僤怒傳云僤厚也釋文云僤本亦作亶同

bǐ
啚

啚 嗇也從口㐭㐭受也 方美切

嗇也者本書圖下云啚難意也通作鄙論語使驕且吝注云吝鄙嗇也漢書董仲舒傳或仁或鄙後漢書黃憲傳同郡陳蕃周舉嘗相謂曰時月之閒不見黃生則鄙吝之萌復存乎心西征賦方鄙吝之忿悁南史陸慧曉傳劉瓛至吳謂人曰吾聞張融與慧曉並宅其閒有水此必有異味故命駕往酌而飲之曰飲此水則鄙吝之萌盡矣何遜七召既夷志於坎壈亦忘懷於鄙吝昭明太子陶淵明集序馳競之情遣鄙吝之意祛 㐭受也者書說命臣下罔攸稟令傳云稟受也漢書文帝紀吏稟當受鬻者又大月氏國不屬都護爲冒頓所破乃西擊大夏而臣之共稟漢使者顔注同受節度也

𡆪 古文啚如此

文四 重二

sè 嗇

嗇 愛濇也從來從㐭來者㐭而藏之故田夫謂之嗇夫

凡嗇之屬皆從嗇 所力切

方言嗇積也注云嗇者貪故爲積又云嗇貪也荆汝江湘之郊凡貪而不施或謂之嗇 廣雅嗇貪也 易說卦坤爲吝嗇 詩葛屨序其君儉嗇褊急 詩譜魏君嗇且褊急 襄二十六年左傳嗇於禍 杜云嗇貪也 韓策公仲嗇於財 漢書王莽傳性實遴嗇 續漢百官志鄉小者縣置嗇夫一人注引風俗通嗇者省也 魏略曹洪家富而性嗇 南齊書王琨傳琨性既古愼而儉嗇過甚 圖經邑州人俗慳嗇 通作穡書湯誓穡事 史記作嗇 詩桑柔好是稼穡 箋云但好任用是居家吝嗇於聚斂作力之人 釋文云穡本亦作嗇 尋鄭家嗇二字本皆無禾者 僖二十一年左傳務穡勸分 杜云穡儉也

愛濇也者 廣韻五音集韻竝引作愛濇 范應元注老子嗇愛惜之義 謚法嗇於賜與曰愛 昭元年左傳大國省穡而用之注云穡愛也 晏子問篇稱財多寡而節用之富無金藏貧不假貸謂之嗇 積多不能分人而厚自養謂之吝 不

能分人又不能自養謂之愛 故夫嗇者君子之道 吝愛者小人之行也 通作色 韓詩外傳聖人不淫佚侈靡者非鄙夫色而愛財用也

來者㐭而藏之者 太元圜則杌棿方則嗇吝注云圜謂天方謂地 易曰坤爲吝嗇主收藏此之謂也 月令章句十月農人事畢五穀旣登家家儲蓄 王粲務本論野積踰冬奪者無罪 場功過限竊者不刑 所以競之於閉藏也

故田夫謂之嗇夫者 書大誥若穡夫予曷敢不終朕畝 老子治人事天莫若嗇 王弼注嗇農夫 夏小正嗇人不從 冊魏公九錫文嗇民昏作 徐鍇本有一曰棘省聲五字 戴侗引蜀本一說從棘省聲 馥謂牆籀文從二來二來當爲二束

嗇 古文嗇從田

從田者 所謂田夫謂之嗇夫

qiáng 牆

牆 垣蔽也從嗇爿聲 才良切

垣蔽也者 李善注鄒陽獄中上書引同 本書垣牆也 廣雅牆垣也 急就篇泥塗堊墍壁垣牆 顏注牆鄣也 所以自障蔽也 釋宮牆謂之墉 郭注引書旣勤垣墉 詩無踰我牆 傳云牆垣也 昭元年左傳人之有牆以蔽惡也 論語譬諸宮牆 鄭注牆屏也

牆 籀文從二禾

牆 籀文亦從二來

亦從二來者 當爲二束

文二 重三

lái 來

來 周所受瑞麥來麰一來二縫象芒朿之形天所來也故爲行來之來 詩曰詒我來麰凡來之屬皆從來 洛哀切

本書秾齊謂麥秾也 廣韻作麳 又作麰 云小麥 廣雅小麥麳也

周所受瑞麥來麰一來二縫象其芒朿之形天所來也故爲行來之來者 御覽引 云周所受來牟也一麥二縫象其芒朿之形天所來也 詩正義引云周受來牟也一麥二夆象其芒刺之形天所來也 二書所引竝無瑞麥及故爲行來之來八字 董彥遠謝除正字啓知一朿二縫之爲來 閔康侯注引說文作一朿二縫 廣志廣小麥其實大麰似大麥形有二縫 埤蒼秾麰之麥 一麥二稃 周受此瑞麥 詩生民誕降嘉種 傳云天降嘉種 本書秠下引此詩而說之云天賜后稷之嘉穀也 馥謂天所來 卽此意 又案夏小正來降燕 傳云言來者何也 莫能見其始出也 故曰來降 詩曰詒我來麰者 周頌思文文 彼作詒我來牟 箋云武王渡孟津 白魚躍入王舟 出涘以燎 後五日火流爲烏 五至以穀俱來 此謂遺我來牟 臣工於皇來牟將受厥明 明昭上帝迄用康年 箋云於美乎赤烏以牟麥俱來 故我周家大受其光明謂爲珍瑞 天下所休慶也 此瑞乃明見於天 至今用之有樂歲 五穀豐熟 書太誓惟四月太子發上祭於畢下至於孟津之上 升舟 中流 白魚入於舟中 王跪取出涘以燎之 至於五日 有火自上復於下 至於王屋 流之爲雕其色赤 其聲魄 五至以穀俱來 書緯合符后注云五至猶五來 不知爲一日五來 爲當異日也 鄭注五日燎後日數

sì 竢　mài 麥

王屋所扗之舍上流猶變也雕當爲鵰鵰烏也燎後五日而有火爲烏天報武王以此瑞書說曰烏有孝名武王卒父業故烏瑞臻赤周之正穀記后稷之德又禮說曰武王赤烏穀芒應周尚赤用兵王命曰爲牟天意若曰須假紂五年乃可誅之武王即位此時已三年矣穀益牟麥也詩云詒我來牟漢書楚元王傳周頌曰飴我釐麰釐麰麥也始自天降此皆以和致和獲天助也顏注釐讀與來同馬融書傳敘太誓後得案其文似若淺露火復於上至於王屋流爲雕五至以穀俱來舉火神怪得無扗子所不語中乎孔叢執節篇魏王問子順曰寡人聞昔者上天神異后稷而爲之下嘉穀周以遂興荅曰天雖至神自古及今未聞下穀與人也詩美后稷能大敎民種嘉穀以利天下故詩曰誕降嘉種猶書所謂稷降播種農殖嘉穀皆說種之其義一也陳啓源曰詩貽我來牟及臣工篇皆特舉來麰不旁及餘穀與他詩泛稱嘉穀語意自殊則赤烏銜穀之祥不得以涉於符瑞而槩斥其誣也

竢 詩曰不竢不來从來矣聲 牀史切

詩曰不竢不來者詩無此文爾雅釋訓不俟不來也郭注不可待是不復來或作竢楚詞九章揚厥馮而不竢王注思舒憤懣無所待也

𢓊 竢或从彳

文二　重一

麥 芒穀秋穜厚薶故謂之麥麥金也金王而生火王而死从來有穗者从夊凡麥之屬皆从麥 莫獲切

孝經援神契黑墳宜黍麥　淮南子地形訓濟水通和而宜麥　夏小正三月祈麥實傳云麥實者五穀之先見者故急祈而記之也　氾勝之書麥早穜穗強有節晚穜穗小而少實　呂氏春秋審時篇得時之麥稠長而頸黑二七以爲行而服薄糕而赤色稱之重食之致香以息使人肌澤且有力如此者不蚼蛆先時者暑雨未至胕動蚼蛆而多疾其次羊以節後時者弱苗而穗蒼狼薄色而美芒　漢書武帝紀遣謁者勸有水災郡種宿麥顏注秋冬種之經歲乃熟故云宿麥食貨志董仲舒說上曰春秋它穀不書至於麥禾不成則書之以此見聖人於五穀最重麥與禾也今關中俗不好種

說文解字義證　卷十五　三十一

móu 麰　hé 麧

麥是歲失春秋之所重而損生民之具也願陛下幸詔大司農使關中民益種宿麥令毋後時顏注宿麥謂其苗經冬　本草圖經麥秋種冬長春秀夏實具四時中和之氣故爲五穀之貴

芒穀者本書穬芒粟也來象芒朿之形玉篇麥有芒之穀　秋穜厚薶故謂之麥者麥薶聲相近月令仲秋之月乃勸種麥又孟春首種不入蔡氏章句麥以秋種故謂之首種夏小正鞠榮而樹麥時之急也尚書大傳主秋者虛昏中可以種麥　麥金也金王而生火王而死者高注呂氏春秋孟春紀云麥屬金淮南地形訓麥秋生夏死注云麥金也金王而生火王而死抱朴子謂夏必長而蒜麥枯西京雜記董仲舒荅鮑敞云然則建巳之月爲純陽不容都無復陰也但是陽家用事陽氣之極耳薺麥枯由陰殺也建亥之月爲純陰不容都無復陽也但是陰家用事陰氣之極耳薺麥始生由陽升也月令仲夏之月陰陽爭死生分蔡氏章句感陽氣長者生於陰氣成者死李時珍曰案素問云麥屬火心之穀也鄭元云麥有孚甲屬木許慎云麥屬金金王而生火王而死三說各異蓋許以時鄭以形而素問以功性故立論不同爾　从來者九經字樣來麰之麥自天而來故从來　有穗者从夊者徐鍇曰夊若穗自後曬之也馥案九經字樣云麥其下從夊行來之皃也

麰 來麰麥也从麥牟聲 莫浮切

來麰麥也者初學記引作周所受來麰也玉篇麰春麥也廣韻麰大麥又短粒麥廣雅大麥麰也白帖來麰大麥也陶注本草大麥云今稞麥一名麰麥似穬麥惟皮薄耳吳普曰大麥一名穬麥五穀之盛呂氏春秋任地篇孟夏之昔殺三葉而穫大麥注云大麥旋麥也趙注孟子麰麥大麥也通作牟詩貽我來牟傳云牟麥也又或作䴬韓詩章句䴬大麥也後漢書班固傳昔姬有素雉朱烏元秬黃䴬之事耳注云黃䴬麥也謂赤烏銜牟麥而至也

麰或从艸

麧 堅麥也从麥气聲 乎沒切

通鑑唐兵圍洛陽城中糠覈不充 新字林豆中小硬者爲辧麧謂麧亦辧類

堅麥也者程君瑤田曰麧與覈通漢書或謂陳平肥娭曰食糠覈耳注孟康曰覈麥糠中不破者也晉灼曰覈音紇

說文解字義證　卷十五　三十二

來麥

京師人謂麤屑爲紇頭廣韻引漢書作食糠麧玉篇亦曰麧堅麥也引孟康說以證之說文釋⿰麥啻爲麥覈屑釋⿰麥貨爲小麥屑之覈並是物也以覈之屑言之謂之⿰麥啻卽麩也故廣韻云麩⿰麥啻也以屑之覈言之謂之⿰麥貨故玉篇云⿰麥貨麤麥屑也馥案覈或作⿰禾敫廣韻⿰禾敫麥⿰禾敫麥⿰禾敫不破又作穖集韻穖穀⿰麥兼不破者⿰麥貨或作⿰米貨類篇⿰米貨堅麥也列子力命篇食則粢糲注云粢味類⿰米貨米不碎

suǒ ⿰麥貨

⿰麥貨 小麥屑之覈從麥貨聲 蘇果切

小麥屑之覈者集韻麥全曰覈玉篇⿰麥貨麤麥屑廣雅⿰麥貨⿰麥啻也四民月令五月至後糴⿰麥啻⿰麥貨曝乾至冬可餋馬魏志注引吳書袁術問廚下尚有麥屑三十斛三國典略建康令孔奐以麥屑爲飯用荷葉裹之以給兵士陳書張昭弟乾父卒兄弟日惟食一升麥屑粥

cuó ⿰麥差

⿰麥差 䃺麥也從麥差聲一曰擣也 昨何切

䃺麥也者䃺當爲糳本書糳碎也廣韻⿰麥差穀麥淨也 一曰擣也者或作磋廣韻磋擣也廣雅磋舂也

fū 麩

麩 小麥屑皮也從麥夫聲 甫無切

小麥屑皮也者一切經音義十一麩麥皮也或作⿰麥孚晉書五行志麥⿰麥孚粗穢其精已去延篤與李文德書吾食赤烏之⿰麥孚麥

⿰麥甫 麩或從甫

miàn 麪

麪 麥末也從麥丏聲 彌箭切

麥末也者類篇引作麥屑末也末當爲䴹本書⿰麥幾䴹也玉篇䴹麪也麪麥䴹也廣雅⿰麥幾謂之麪蒼頡解詁麪細麩也束晳餅賦重羅之麪塵飛雪白袁淑俳諧集廬山公九錫文嘉麥既熟實須精麪負磨回衡迅若轉電惠我衆庶神祇獲薦通鑑晉惠帝太子令西園買葵菜藍子雞麪注云麪屑麥爲之

zhí ⿰麥啻

⿰麥啻 麥覈屑也十斤爲三斗從麥啻聲 直隻切

麥覈屑也者一切經音義二十二今關中謂麥屑堅者爲麧頭江南呼爲⿰麥𢦏子廣雅⿰麥啻糏也 十斤爲三斗者九章筭術今有粟一斗欲爲小⿰麥啻問得幾何荅曰爲小⿰麥啻二升一十分升之七李籍音義云⿰麥啻麥屑也

fēng 麷

麷 煮麥也從麥豐聲讀若馮 敷戎切

煮麥也者春秋繁露祭義篇夏上尊實尊實麷也有司徹麷蕡坐設於豆西注云麷熬麥也周禮籩人朝事之籩其實麷蕡鄭司農云熬麥曰麷荀子富國篇午其軍取其將若撥麷注云麷麥之牙櫱也賈誼書先醒篇食⿰麥粦餕馥菜⿰麥粦⿰麥婁饋餅字從麥延⿰麥粦爲麷之譌 讀若馮者後鄭注籩人職云今河間以北煮種麥賣之名曰逢五音集韻⿰麥粦煮⿰麥匊也

qù 麮

麮 麥甘鬻也從麥去聲 丘據切

麥甘鬻也者字書同廣韻麮麥粥汁蒼頡篇麮煮麥釋名煮麥曰麮麮亦齲也煮熟則齲壞也急就篇甘麮殊美奏諸君顏注甘麮者煮麥爲甘粥也荀子富國篇冬日則爲之饘粥夏日則與之瓜麮注云麮煮麥飯也

kū ⿱殸麥

⿱殸麥 餅麴也從麥殸聲 讀若庫 空谷切

餅麴也者餅或爲䴵玉篇䴵索䴵也風土記酒則五䴵贊夏廣雅⿱殸麥麴也方言⿱殸麥⿰麥寸麴也自關而西秦豳之間曰⿱殸麥晉之舊都曰⿰麥寸齊右河濟曰⿰麥欠麴其通語也漢書李陵傳隨而媒櫱其短顏注齊人名麴餅曰媒漢晉春秋愍帝在長安糧盡太倉有麴數十餅屑之爲粥以供奉齊民要術凡作三斛麥麴法蒸炒生各一斛種各別磨合和之其餅麴手團二寸半厚九分又云河東神麴法餅如九麴方範作之嶺表錄異南中醞酒先用諸藥別淘漉粳米曬乾旋入藥和米擣熟卽綠粉矣熱水溲而團之形如餢飳以指中心刺作一竅布放簟席上以枸杞葉罨之候好一如造麴法既而以籐篾貫之懸於烟火之上每醞一斗用幾個餅子固有恆準矣南中地煖春冬七日熟秋夏五日熟既熟貯以瓦瓮用糞埽火燒之 讀若庫者庫聲不相近當爲廔爾雅螜天螻 螜螻聲近

huá ⿰麥穴

⿰麥穴 餅麴也從麥穴聲 戶八切

餅麴也者見方言廣雅⿰麥穴麴也

cái ⿰麥才

⿰麥才 餅麴也從麥才聲 昨哉切

餅麴也者見方言廣雅𩟔麴也

文十三　重二

suī 夊

夊 行遲曳夊夊象人兩脛有所躧也凡夊之屬皆从夊 楚危切

行遲曳夊夊者遲當爲𢓜本書𢓜夊也後下云夊者後也復從夊云行遲也玉篇夊行遲皃易蹇卦往蹇來連釋文云鄭如字遲久之意通作綏詩雄狐綏綏玉篇引詩作夊夊象人兩脛有所躧也者徐鍇說夌字云從夊若穗目後躧之也

qūn 夋

夋 行夋夋也一曰倨也从夊允聲 七倫切

行夋夋也者本書趨下云行趨趨也通作踆西京賦大雀踆踆五臣注踆踆行走皃　一曰倨也者本書踆下云夋倨也

fú 夏

复 行故道也从夊畐省聲 房六切

行故道也者通作復釋言復返也小爾雅廣言復還也易復卦反復其道七日來復利有攸往釋文云復反也還也雜卦傳復反也書舜典卒乃復傳云復還也鄭云復歸也巡守禮畢乃返歸矣詩我行其野言歸斯復傳云復反也黃鳥復我邦族箋云復反也論語信近於義言可復也哀十六年左傳吾聞勝也好復言復言非信也杜云言之所許必欲復行之不顧道理春秋宣八年公子遂如齊至黃乃復杜云蓋有疾而還昭二年公如晉至河乃復杜云晉人辭之故還昭元年傳鄭伯如晉弔及雍乃復杜云蓋趙氏辭之而還桓五年傳淳于公如曹度其國危遂不復杜云國有危難不能自安故出朝而遂不還閔二年傳金玦不復應劭曰復反也襄二十八年傳引易迷復凶杜云復反也宣六年公羊傳復國不討賊何云復反也禮檀弓復盡愛之道也注云復謂招魂庶幾其精氣之反玉藻親老出不易方復不過時注云復反也通鑑光武封禪事畢乃復道下注云謂復故道而下山也謝靈運斤竹澗詩川渚屢經復

líng 夌

夌 越也从夊从㚘㚘高也一曰夌偓也 力膺切

通作陵書畢命以蕩陵德隱三年左傳少陵長成二年傳齊侯親鼓士陵城三日　又通作夌桓五年傳君子不欲多上人況敢夌天子乎嵇康贈秀才入軍詩夌厲中原李善引劉歆遂初賦登句注以夌厲長笛賦薄湊會而夌節兮李善云夌乘也

越也者李善注羽獵賦引同僖九年左傳恐隕越於下檀弓故喪事雖遽不陵節注云陵躐也學記不陵節而施之謂孫　正義陵猶越也史記秦始皇本紀陵水經地正義陵歷也　㚘高也者本書陸高平地陵大阜也徐鍇本迮下云㚘高也　一曰夌偓也者通作陵遲荀子宥坐篇百仞之山任負車登焉何則陵遲故也注引王肅曰陵遲陂阤也說苑政理篇百仞之山童子升而游焉陵遲故也史記平準書選舉陵遲又云仁義陵遲鹿鳴刺焉淮南子山以陵遲故能高魏上尊號碑漢朝雖承季末陵遲之餘又通作陵夷漢書成帝紀日以陵夷鹽鐵論嚴牆三仞樓季難之山高干雲牧豎登之故峻則樓季難三仞陵夷則牧豎易山巔

zhì 致

致 送詣也从夊从至 陟利切

送詣也者一切經音義二引作送詣曰致又引三蒼致到也又與也徐鍇曰左傳叔孫如宋致女又齊使來致郈皆送致之也文六年左傳盡具其帑與其器用財賄親帥扞之送致諸竟十二年傳不腆先君之敝器使下臣致諸執事漢書文帝紀賜物及當稟鬻米者丞若尉致顏注致者送至也通鑑黃皓謂敵終不自致注云致詣也送也

yōu 憂

憂 和之行也从夊𢝊聲詩曰布政憂憂 於求切

和之行也者通作優釋訓優優和也管子小匡篇人君唯優與不敏爲不可注云優謂逶隨不斷陳啓源曰詩優哉游哉慎爾優游監本注疏作優案說文憂和之行也優游義亦近和豈後世以憂代𢝊因加亻旁於憂以相別繼又因優優形溷遂幷優於優與　詩曰布政憂憂者商頌長發文彼作敷政優優傳云優優和也成二年昭二十年左傳引詩並作布政優優杜云優優和也

ài 㤅(愛)

愛 行皃从夊㤅聲 烏代切

從夊㤙聲者五經文字引作从先从心从夊戴侗引唐本同

pú 㚆

㚆 行㚆㚆也從夊闕讀若僕皮卜切

行㚆㚆也者集韻㚆行促迫也 讀若僕者所謂僕僕道途也

kǎn 竷

竷 繇也舞也樂有章從章從夅從夊詩曰竷竷舞我苦感切

玉篇竷和悅之響也 通作坎詩宛邱坎其擊鼓傳云坎坎擊鼓聲風俗通聲音篇謹案漢書孝武皇帝賽南越禱祠太乙后土始用樂人侯調依琴作坎坎之樂言其坎坎應節奏也侯以姓冠章百或說空侯取其空中琴瑟皆空何獨坎侯耶斯論是也詩曰坎坎鼓我是其文也 繇也者釋詁鬱陶繇喜也郭云禮記曰人喜則斯陶陶斯詠詠斯猶猶即繇也古今字百釋訓坎坎壿壿喜也郭云皆鼓舞懽喜 舞也者詩釋文引作舞曲也廣韻竷舞曲名 樂有章者本書樂竟爲一章 從夅從夊者當爲夅聲竷夅聲相近 詩曰竷竷舞我者小雅伐木文彼作坎坎鼓我本書壿下引詩蹲蹲舞我舞賦雅美蹲蹲之舞

說文解字義證　卷十五

wǎn 夋

夋 𡿺盇也象皮包覆𡿺下有兩臂而夊在下讀若范亡范切

徐鍇曰漢制乘輿馬金䑝䑝在馬頭上如金華義出此或作錽謝朓集映輿錽於松楸續漢書輿服志金錽方釳文選東京賦金錽鏤鍚李善云蔡邕曰金錽者馬冠也高廣各五寸上如玉華形在馬髦前 字又譌作䑝後漢書馬融傳揚金䑝而拖玉瓖注云䑝音無犯反一音子公反晉輿服志金䑝而方釳 又譌作錽獨斷金錽者馬冠也高廣各四寸如玉華形在馬䮐前又云金錽形如緹亞飛軨以緹油廣八寸長注地左畫蒼龍右白虎繫軸頭今二千石亦然但無畫百

xià 夏

夏 中國之人也從夊從頁從𦥑𦥑兩手夊兩足也胡雅切

中國之人也者書舜典蠻夷猾夏傳云夏華夏正義云夏訓大也中國有文章光華禮義之大定十年左傳云裔不謀夏夷不亂華是中國爲華夏也康誥用肇造我區夏立政乃伻我有夏武成華夏蠻貊傳云冕服采章曰華大國曰夏馥案方言夏大也玉篇三千五百里爲華夏也昭元年左傳遷實沈於大夏史記禹鑿龍門通大夏齊桓公西伐大夏即禹貢之太原昭元年穀梁傳中國曰太原夷狄曰大鹵祝佗言成王封唐叔於夏虛疆以戎索是則大夏之名所以別於大鹵也詩周頌肆于時夏閔元年左傳諸夏親暱杜云諸夏中國也襄十三年傳以屬諸夏二十九年傳爲之歌秦曰此之謂夏聲杜云秦本在西戎汧隴之西秦仲始有車馬禮樂去戎狄之音而有諸夏之聲故謂之夏聲秦策乘夏車稱夏王鮑注夏中國也通鑑阿伏至羅國人號曰候婁匐勒夏言天子也注云夏言謂中華之言趙宧光曰夏州秦之上郡漢置朔方地鄰於夷故華夷對稱曰華夏猶譯經者稱本國爲漢爲魏爲秦爲梁爲隋爲唐並取一時之稱皆夏意也 從頁者人首也秦呼民爲蒼頭是也 曰兩手者本書臼叉手也 夊兩足也者古文從足

𡕾 古文夏

cè 畟

畟 治稼畟畟進也從田人從夊詩曰畟畟良耜初力切

說文解字義證　卷十五

治稼畟畟進也者釋訓畟畟耜也郭云言嚴利舍人云畟畟耜入地之皃 從田人者五經文字從田從八馥案八奇字人也本作𠘧畟從兒兒從人篆文皆作八 詩曰畟畟良耜者周頌良耜文傳云畟畟猶測測也箋云農人測測以利善之耜熾菑是南畝也

zōng 夎

夎 斂足也䧿䳭醜其飛也夎從夊兇聲子紅切

斂足也者韻會引有鳥字五經文字夎鳥斂足六書正譌夎鳥斂足也玉篇夎飛而斂足也徐鍇韻譜夎飛斂足文字音義蹤下云鳥䳭醜其飛掌蹤在腹下也 䧿䳭醜其飛也夎者釋鳥文彼作㚇郭云竦翅上下釋文云㚇字林作夎

náo 夒

夒 貪獸也一曰母猴似人從頁巳止夊其手足奴刀切

貪獸也者或作玃尸子左執太行之玃右搏雕虎 一曰母猴似人者本書猴夒也或作猱廣雅猱獮猴也釋獸猱蝯善援孫炎云猱母猴也管子形勢篇墜岸三仞人之所大難也而猿猱飲焉詩角弓毋教猱升木傳云猱猿屬箋

kuí 夔

云猱之性善登木陸璣疏猱獮猴也楚人謂之沐猴樂記獶雜子女注云獶獮猴也釋文云依字亦作猱馥案字又作蝚管子形勢解緣高出險蝚蝯之所長史記司馬相如傳其上則有赤猿蠷蝚正義曰蝚蝚柔猿猴類漢書司馬相如傳蛭蜩獿蝚顏注蝚今所謂戎皮爲韋褠者也匡謬正俗或問曰今之戎獸皮可爲褥者古號何獸何以謂之戎答曰案許氏說文解字曰夒貪獸也李登聲類音人周反字或作猱詩云無敎猱升木毛傳云猱屬也箋云猱之性善登木爾雅云猱蝯善援郭景純注曰便攀援也爾雅又云蒙頌猱狀郭注云卽蒙貴也狀似蜼而小紫黑色猱亦獮猴類耳案郭此說蓋蒙頌爲獸狀似猱又上林賦云蜼玃飛𤢺蛭蜩玃猱左思吳都賦云射猱挺劉逵注云猱似猴而長尾尋據諸說驗其形狀戎卽猱也此字旣有柔音俗語變訛謂之戎耳猶今之香菜謂之香戎今謂猱別造狨字蓋穿鑿不經於義無取通作𧯷西山經𡷓次之山有獸焉其狀如禺而長臂善投其名曰𧯷 巳止夂其手足者江乘地記攝山有山猱赤足

夔 神魖也如龍一足从夂象有角手人面之形 渠追切

于祿字書作夒从㔾 魯語木石之怪曰夔蛧蜽韋注或云夔一足越人謂之山繅或作猱富陽有之人面猴身能言 神魖也者廣韻魖下云夔魖罔象木石之怪也馥案諸家皆以夔魖爲二物漢書揚雄傳捎夔魖而扶獝狂孟康曰木石之怪曰夔如龍有角人面魖耗鬼也文選東京賦殘夔魖薛綜注夔木石之怪如龍有角鱗甲光如日月見則其邑大旱說文曰魖耗鬼也 如龍者抱朴子夔山精或如鼓色赤一足或如人長九寸衣裘戴笠或如龍而五色 一足者韋注國語夔或云獨足博物志山有夔其形如鼓一足莊子秋水篇夔謂蚿曰吾以一足跉踔而行劉騊駼元根賦一足之夔韓非外儲說魯哀公問於孔子曰吾聞古者有夔一足其果信有一足乎孔子對曰不也夔非一足也夔者忿戾惡心人多不悅喜也雖然其所以得免於人害者以其信也人皆曰獨此一足矣夔非一足也一而足也呂氏春秋察傳篇魯哀公問於孔子曰樂正夔一足信乎孔子曰昔者舜欲以樂傳教於天下乃令重黎舉夔於草莽之中而進之舜以爲樂正重黎又欲益求人舜曰若夔者一而足矣故曰夔一足非一足也馥案此二說不同皆寓諧也 象有角手人面之形者類篇通志竝引作角手足

chuǎn 舛 wǔ 舞 xiá 舝

文十五 重一

舛 對卧也从夂㐄相背凡舛之屬皆从舛 昌兗切

字林舛錯也 風俗通有十反篇云比其舛曰十反 漢書賈誼傳此臣所謂舛也楚元王傳朝臣舛午膠戾乖刺 字或作僢考工記玉人之事兩圭五寸有邸注云邸謂之柢有邸僢共本也 對卧也者集韻蠻夷卧以足相向曰僢王制雕題交趾注云足相鄉然卧則僢 从夂㐄相背者廣雅舛偝也華嚴經音義舛相違背也玉篇淮南子分流僢馳僢相背也與舛同

踳 楊雄說舛从足春

莊子惠施書其道踳駁司馬彪注踳讀曰舛舛乖也 魏都賦謀踳駮於王義孝經序踳駁尤甚

舞 樂也用足相背从舛無聲 文撫切

書舞干羽于兩階 詩伐木蹲蹲舞我 周禮樂師掌國學之政以教國子小舞 論語樂則韶舞又八佾舞於庭 隱五年左傳夫舞所以節八音而行八風也 海內經帝俊有子八人是始爲歌舞 呂氏春秋古樂篇陶唐氏之始陰多滯伏民氣鬱閼故作爲舞以宣導之 北堂書鈔引樂府雜詩昔有陰康始敎民舞 樂也者本書雩夏祭樂於赤帝月令章句舞者樂之容也有俯仰張翕行綴長短之制 用足相背者用當爲兩徐鍇通論曰舛兩足左右也兩足左右蹈厲之也

𦏶 古文舞从羽亾

从羽亾者本書雩或作䨁羽舞也翌樂舞以羽翿自翳其首以祀星辰也亾無聲同本書𣪠从亾聲讀與撫同撫古文从辵亾

舝 車軸耑鍵也兩穿相背从舛𥛚省聲𥛚古文偰字 胡戛切

車軸耑鍵也者本書轄鍵也鍵車轄詩泉水載脂載舝釋文云舝車軸頭金也又車舝釋文云舝車軸頭鐵也馥案

昭二十五年左傳昭子賦車轄五經文字轄䡹二同竝胡戛反尸子文軒六駛題無四寸之䡹則車不行淮南人閒訓夫車之所以能轉千里者以其要在三寸之轄　兩穿相背者穿受軸頭本書軎車輪小穿也　㒼古文僁字者徐鍇本無此文桼文當云從舛省行聲字　㒼乃𦊆之古文本書誤在𦊆下五經文字云䡹從𦊆省亦無聲字

文三　重二

shùn 舜

䑞 艸也楚謂之葍秦謂之藑蔓地連華象形從舛舛亦聲凡䑞之屬皆從䑞 舒閏切今隸變作舜

楚謂之葍者廣韻引作䔰本書葍䔰也爾雅同　秦謂之藑者本書藑一名蕣蕣當作䑞

䑞 古文䑞

huáng 雞

雞 蕚榮也從䑞生聲讀若皇爾雅曰雞蕚也 戶光切

蕚榮也者玉篇雞艸木華榮也廣雅䓷䓷茂也通作皇詩皇皇者華傳云皇皇猶煌煌　生聲者趙宧光曰从生非是當从㞷㞷有艸盛義故从㞷　爾雅曰雞蕚也者釋言文彼作皇華也馥案石經作華皇也釋文同郭注釋草引釋言華皇也

說文解字義證　卷十五　四二

䓷 雞或從艸皇

或從艸皇者本書䓷艸之皇榮也小字本作䓷榮

文二　重一

wéi 韋

韋 相背也從舛口聲獸皮之韋可以束枉戾相韋背故借以爲皮韋凡韋之屬皆從韋 字非切

相背也者通作違本書𤯍從二臣相違堯典靜言庸違傳云行事而違背之論語不違如愚隱十一年左傳鄭息有違言漢書孔光傳猶違者連歲注云猶依違也依且違言兩可也　口聲者五經文字口音圍馥案古文作⊙篆文變從口口回帀也詩大明厥德不回傳云回違也又常武徐方不回箋云回猶違也本書韓從韋取其帀也　獸皮之韋云云者本書韢束也韍戾也弟韋束之次弟也字林韋柔皮也大學人之彥聖而違之俾不通鄭注違猶戾也又通作緯夏小正農緯厥耒傳云緯束也六書故云韋本韋北之韋借爲韋革之韋

韋 古文韋

本書弟古文從此

bì 韠

韠 韍也所以蔽前以韋下廣二尺上廣一尺其頸五寸一命縕韠再命赤韠從韋畢聲 卑吉切

桓二年左傳袞冕韍珽杜云韍韋韠以蔽膝也正義云韍韠制同而名異冕服謂之韍其他服謂之韠知冕服謂之韍者易云朱紱方來利用享祀知他服謂之韠者案士冠禮士服皮弁元端皆服韠是他服謂之韠韍之與韠祭服他服之異名耳其體制則同　玉藻韠君朱大夫素士爵韋圜殺直天子直公侯前後方大夫前方後挫角士前後正　環濟要畧韠以象裳色　孔帖引唐郭知元韻韠胡服蔽膝

說文解字義證　卷十五　四三

韍也者本書市韠也篆文作韍　所以蔽前者本書市下云上古衣蔽前而已市以象之釋名韠蔽也所以蔽膝前也盧辯注大戴禮公冠篇古者田狩而食其肉衣其皮先以兩皮如韠以蔽其前後及後世聖人易之以布帛猶存其蔽前示不忘古五經要義韠者舜之所制也太古之時未有布帛人食禽獸肉而衣其皮但知蔽前未知蔽後至舜冕服既備故復制之通作畢荀子正論篇共艾畢注云畢與韠同蔽也所以蔽前　以韋者孔帖十二引無此二字韋注晉語云韠韋蔽膝鄭注玉藻凡韠以韋爲之　下廣二尺上廣一尺其頸五寸　一命縕韠再命赤韠者郊特牲文玉藻韠下廣二尺上廣一尺長三尺其頸五寸肩革帶博二寸又云一命縕韍幽衡再命赤韍幽衡三命赤韍葱衡注云韠之言蔽也又云韍之言亦蔽也雜記韠長三尺下廣二尺上廣一尺會去上五寸紕以爵韋六寸不至下五寸純以素紃以五采士冠禮素韠注云白韋韠也長三尺上廣一尺下廣二尺其頸五寸肩革帶博三寸盧注大戴禮韠其制上廣一尺下廣二尺長三尺其頸五寸肩博二寸

mèi 韎

韎 茅蒐染韋也一入曰韎從韋末聲 莫佩切

舜　韋

玉篇有古文作韎

茅蒐染韋也者本書茅蒐茹藘可以染絳玉藻一命緼韍注云緼赤黃之閒色所謂韎也士冠禮爵弁服纁裳純衣緇帶韎韐注云韎韐緼韍也士緼韍而幽衡合韋爲之士染以茅蒐因以名焉今齊人名蒨爲韎韐晉語郤至以韎韋之跗注韋注茅蒐今絳草也急疾呼茅蒐成韎也詩瞻彼洛矣韎韐有奭傳云韎韐者茅蒐染草也一曰韎韐所以代韠也箋云韎韐者茅蒐染也茅蒐韎韐聲也韎韐祭服之韠合韋爲之其服爵弁服紂衣纁裳也正義云韎韐者衣服之名奭者赤貌傳解言奭之由以其用茅蒐之草染之其草色赤故也鄭駁異義云韎草名齊魯之閒言韎韐聲如茅蒐字當作韎陳留人謂之蒨也　一入曰韎者成十六年左傳有韎韋之跗注賈注一染曰韎韋注晉語引三君云一染曰韎詩瞻彼洛矣正義云案爾雅云一染謂之縓再染謂之赬三染謂之纁此曰韎韐即一入曰韎韐是縓也　末聲者鄭注周禮韎師云鄭司農說以明堂位曰韎東夷之樂讀如味飲食之味杜子春讀韎爲菋荎著之菋元謂讀如韎韐之韎

suì 韢

韢 橐紐也从韋惠聲一曰盛虜頭橐也 胡計切

橐紐也者六書故今以衣紐之牝環爲韢或作䊚玉篇韢橐組名　一曰盛虜頭橐也者廣韻韢囊屬以盛賊頭集韻韢盛馘囊

tāo 韜

韜 劒衣也从韋舀聲 土刀切

劒衣也者漢官儀班劒以虎皮飾之

gōu 韝

韝 射臂決也从韋冓聲 古侯切

射臂決也者李善注李陵荅蘇武書引作臂衣也御覽三百五十引作射臂捍也本書㧺縫指㧺也一曰韜五經文字韝射臂捍玉篇韝臂沓也集韻韝捍臂也廣韻韝射韝臂捍也又云射韝以皮韝臂又云技縱弦彄也本書釬臂鎧也管子戒篇桓公弋管仲隰朋朝公望二子弛弓脫釬而迎之注云釬所以扞弦禮內則右佩玦捍注云捍謂拾也言可以捍弦也大射儀司射適次袒決遂注云遂射韝也以朱韋爲之著左臂所以遂弦也鄉射禮司射適堂西袒決遂注云遂射韝也以韋爲之所以遂弦者也其非射時則謂之拾拾斂也所以蔽膚斂衣也周禮繕人掌王之用弓弩矢箙矰弋技拾注云詩云技拾既次詩家說或謂技謂引弦彄也拾謂韝扞也元謂韝扞著左臂裏以韋爲之曲禮野外軍中無摯以纓拾矢可也注云拾謂射韝詩車攻決拾既佽傳云決鉤弦也拾遂也薛注東京賦決拾既次云拾韝捍著左臂也韋注吳語云拾捍也三禮圖韝者臂捍以朱韋爲之謂之韝者所以遂弦也楚詞天問馮珧利決封豨是射注云決射韝也史記蘇秦傳革技吷芮索隱云謂以革爲射決決射韝也

shè 韘

韘 射決也所以拘弦以象骨韋系著右巨指从韋枼聲 失涉切

詩曰童子佩韘

射決也云云者吳語夫一人喜射百夫決拾韋注決鉤弦也士喪禮決用正王棘若檡棘組繫纊極二鄭注決猶闓也挾弓以橫執弦詩云決拾既次正善也王棘與檡棘善理堅刃者皆可以爲決極猶放弦也以沓指放弦令不挈也生者以朱韋爲之而三外用纊又二明不用也又設決麗于擘自飯持之設握乃連擘鄭注麗施也擘手後節中也飯大擘指本也決以韋爲之藉有彄彄內端爲紐外端有橫帶設之以紐擐大擘本也因沓其彄以橫帶貫紐結於擘之表也設握者以綦繫鉤中指由手表與決帶之餘連結之此謂右手也又鄭注鄉射禮云決猶闓也以象骨爲之著右大擘指以鉤弦闓體也又注周禮繕人云技挾矢時所以持弦飾也著右手巨指薛注東京賦云決以象骨著右手巨指所以鉤弦也或作韘說苑修文篇能射御者佩韘　詩曰童子佩韘者衛風芄蘭文傳云韘玦也能射御則帶韘箋云韘之言沓所以彄沓手指陳啓源曰案射禮右指指著決以鉤弦食指中指無名指著沓以放弦決用棘及骨及象爲之亦名玦亦名技沓用朱韋爲之亦名極大射禮云朱極三是也三者中三指各一也極取其中於指沓取其沓於指也韘之爲決爲沓禮皆無明文毛傳與許說相輔當得其眞

弽 韘或从弓

廣韻弽射決張弓

zhú 韣

韣 弓衣也从韋蜀聲 之欲切

韋

弓衣也者廣雅韔弓藏也月令章句韔弓衣也覲禮載龍旂弧韣注云弓衣曰韣既夕記有韣少儀屈韣執拊注竝云韣弓衣也呂氏春秋仲春紀帶以弓韣注云韣弓韜也古文苑殷君碑韣韣竹貢注云韣弓韜也通作襡內則斂簟而襡之注云襡韜也

chàng
韔

韔 弓衣也从韋長聲詩曰交韔二弓 丑亮切

弓衣也者詩采綠言韔其弓檀弓注云韔韜也又赴車不載櫜韔注云韔弓衣家語子貢問篇韔其弓注云韔韜也新序貳車抽弓於韔字或作韔廣雅韔弓藏也又通作鬯詩大叔于田抑鬯弓忌傳云鬯弓弢弓正義云鬯者盛弓之器鬯弓謂弢弓而納之鬯中謂藏之也閟宮二矛重弓傳云重弓重於鬯中也釋文云鬯弓衣也字或作韔同

詩曰交韔二弓者秦風小戎文傳云韔弓室也交韔交二弓於韔中也

xiá
⿰韋叚

⿰韋叚 履也从韋叚聲 乎加切

履也者本書蹀足所履也足部字多與韋革通故躧或从革

說文解字義證 卷十五 罜

duàn
⿰韋段

⿰韋段 履後帖也从韋段聲 徒玩切

履後帖也者徐鍇曰帖後跟也

緞 ⿰韋段或从糸

急就篇履舄鞜裒絨緞紃顏注緞履跟之帖也絨緞以絨爲緞也

wà
韤

韤 足衣也从韋蔑聲 望發切

史記張釋之傳王生老人曰吾韈解顧謂張廷尉爲我結韈漢書外戚傳鄉晨傳絝韈 或作韈漢書哀帝紀起下韈係解東觀漢記和帝召諸儒侍中賈逵黃香相難罷朝特賜履韈崔浩女儀近古婦人常以冬至日上履韈於舅姑韓非外儲說文王韈繫解因自結皇甫規與馬融書謹遣掾史奉上韈一量帝王世紀武王韈系解五人御於前莫肯爲王係韈又作韈一切經音義三韈古文韤足衣也釋名韈末也在腳末也班固集竇憲餉身所服韈三具顧炎武曰古人之韈大抵以皮爲之春秋左氏傳注曰古者臣見君解韈既解韈則露其邪幅而人得見之采菽之詩所以爲詠吳賀邵坐常著韈始從衣字 又作袜淮南說林訓鉤之縞也一端以爲冠一端以爲袜冠則戴致之袜則蹍履之後漢書禮儀志絳袴袜

足衣也者李善注洛神賦引同急就篇靸鞮卬角褐韈巾顏注韈足衣也哀二十五年左傳聲子韈而登席釋文云韈足衣也

pò
⿰韋尃

⿰韋尃 軶裹也从韋尃聲 匹各切

軶裹也者廣韻⿰韋尃車覆軶集韻⿰韋尃韋裹車軶

quàn
韏

韏 革中辨謂之韏从韋𢍏聲 九萬切

革中辨謂之韏者釋器文上文云革中絕謂之辨玉篇引作革中絕謂之辨本書絭收韏也淮南道應訓譬之猶廓革者也廓之大則大矣裂之道也

jiū
⿰⿰米焦韋

⿰⿰米焦韋 收束也从韋⿰米焦聲讀若酋 即由切

收束也者漢書律曆志秋⿰⿰米焦韋也物⿰⿰米焦韋斂乃成孰

讀若酋者本書手部引詩百祿是揫詩作遒

說文解字義證 卷十五 哭

⿰⿰米焦要 ⿰⿰米焦韋或从要

或从要者要亦收束廣雅要約也漢書高帝紀待諸侯至而定要束耳史記作約束

揫 ⿰⿰米焦韋或从秋手

或从秋手者本書手部有揫字米部⿰米焦一曰小廣雅揫小也方言揫細也斂物而細秦晉謂之揫鄉飲酒義秋之爲言愁也注云愁讀爲揫揫斂也月令孟秋之月命百官始收斂昭二十九年左傳金正曰蓐收注云秋物摧蓐而可收也三禮義宗秋之言湫湫縮之意楊愼曰朱人秋日書啓金⿰⿰米焦韋秩序玉字叓凉⿰⿰米焦韋與揫同禮記秋揫也

hán
韓

韓 井垣也从韋取其帀也倝聲 胡安切

井垣也者史記索隱引作井橋通作韓集韻韓井欄承轆轤者唐宗聖觀記文始藥井韓口未墮又通作幹增韻幹井欄徐鍇說樹字云周禮有井樹謂井之周幹也易井收勿幕釋文云收陸云井幹也莊子秋水篇吾樂與吾跳梁

乎井幹之上釋文云司馬云井欄也褚詮之音西京賦作韓音漢書枚乘傳殫極之紞斷幹晉灼曰紞古綆字幹者井上四交之幹常爲汲者所契傷也顏注幹者交木井上以爲欄者也又注郊祀志云井幹者井上木欄也其形或四角或八角淮南子大構架興宮室雞棲井幹許注云皆屋構飾也史記秦始皇本紀幽母咸陽宮諫者輒殺於井幹闕下封禪書井幹樓度五十丈索隱云關中記宮北有井幹臺五十丈積木爲樓言築累萬木轉相交架如井幹諸本多作幹一本作韓太元法上九井無幹水直衍匪谿匪谷終於悠注云幹以扞井泄取有時故曰井幹鹽鐵論散不足篇今富者井幹增梁文選西都賦攀井幹而未半李善注幹音寒西京賦井幹疊而百增又云帶倒茄於藻井薛綜注藻井當棟中交木方爲之如井幹也蕪城賦井幹烽櫓之勤新唐書王鉷傳至以寶鈿爲井幹王觀國曰謝元暉詠銅爵臺詩繐幃飄井幹幹字音寒井幹又謂之銀牀皆井欄也古詩後園鑿井銀作牀杜子美詩露井凍銀牀是也

文十六　重五

韞

韞

本書柂車溫也玉篇作車韞柂其韋部韞字云裹也論語韞匵而藏諸鄭注韞裹也

遺文一

dì
弟

弟 韋束之次弟也從古字之象凡弟之屬皆從弟特計切

韋束之次弟也者五經文字弟從韋省象圍而次弟之形本書敘次弟也釋名弟第也相次第而生也哀十六年左傳楚國第杜云用士之次第吳語孤敢不順從君命長弟許諾注云長先也弟後也韓策循功勞視次第漢書高帝紀賜大第室孟云有甲乙次第故曰第也後漢書張衡傳子長諜之爛然有第注云子長作史記參然各有第序也

古文弟 從古文韋省丿聲

此從丿余制切不應舉首作𠂆𠂆房密切

kūn
罤

罤 周人謂兄曰罤從弟從眔古魂切

周人謂兄曰罤者或作晜釋親晜兄也郭云今江東人通言晜通作昆釋言昆後也郭云謂先後一切經音義三引作謂兄後也詩葛藟謂他人昆傳云昆兄也昭十六年左傳孔張君之昆孫杜云昆兄也賈誼書六術篇父有二子二子爲昆弟

文二　重一

zhǐ
夂

夂 從後至也象人兩脛後有致之者凡夂之屬皆從夂讀若黹陟侈切

從後至也者本書趨下云趨趙夂也　象人兩脛後有致之者者致當爲㡳㡳礙止也本書各下云夂者有行而止之不相聽也徐鍇曰象人足欲行從後躓之

hài
夆

夆 相遮要害也從夂丰聲南陽新野有夆亭乎蓋切

相遮要害也者或作砦廣韻砦山居以木柵又作柴莊子天地篇內支盈於柴柵王維輞川別墅有鹿柴

fēng
夆

夆 啎也從夂丯聲讀若縫敷容切

啎也者通作逢啎史記天官書鬼哭若呼其人逢啎

xiáng
夅

夅 服也從夂𠂣相承不敢竝也下江切

服也者易豫象刑罰清而民服書舜典四罪而天下咸服通作降春秋莊八年師及齊師圍郕郕降於齊師

gǔ
夃

夃 秦以市買多得爲夃從乃從夂益至也□□詩曰我夃酌彼金罍古乎切

秦以市買多得爲夃者買當爲賣玉篇夃多債利也從乃從夂益至也者通志引作從夂從乃乃益至也六書故引云盈从此乃古文及字又引唐本益至也从乃益至也增韻引云秦以市買多得爲夃論語曰求善賈而夃諸是本書有引論語之文今闕　引詩上有闕文當是讀若二字詩作姑傳云姑且也玉篇嫴苟且也

kuǎ
午

𡕒 跨步也從反夂㪁從此苦瓦切

跨步也者廣韻午一步也徐鍇曰步濶步也反夂是不致闕故反夂爲跨或作跒集韻跒躇行跨皃

文六

jiǔ
久

從後灸之象人兩脛後有距也周禮曰久諸牆以觀其橈凡久之屬皆從久 舉友切

從後灸之者久灸聲相近既夕禮甒二醴酒冪用功布皆木桁久之注云久當爲灸灸謂以蓋案塞其口士喪禮幕用疏布久之注云久讀爲灸謂以蓋塞鬲口也 象人兩脛後有距也者距當作歫 周禮曰久諸牆以觀其橈者考工記廬人爲廬器文彼云灸諸牆以眡其橈之均也注云灸猶柱也以柱兩牆之間輓而内之本末勝負可知也釋文云灸音救

文一

jié
桀

磔也從舛在木上也凡桀之屬皆從桀 渠列切

說文解字義證 卷十五 晃

詩雞棲于桀爾雅釋宮雞棲於弋爲榤一切經音義九引弋作杙榤作桀

zhé
磔

辜也從桀后聲 陟洛切

本書梟下云日至捕梟磔之 周禮掌戮掌斬殺賊諜而搏之注云搏當爲膊諸城上之膊 膊謂去衣磔之馥案成二年左傳殺而膊諸城上杜云膊磔也 僖二十八年左傳 晉侯圍曹門焉多死曹人尸諸城上杜云磔晉死人於城上 荀子宥坐篇伍子胥不磔姑蘇東門外乎注云磔車裂也 漢書云敞傳磔尸東市門 通鑑陽球僵磔王甫尸於夏城門士喪禮決用正王棘注云世俗謂王棘矺鼠馥案史記李斯傳十公主矺死於杜索隱云矺音宅與磔同古今字異耳磔謂裂其支體而殺之

辜也者當爲殆本書殆枯也玉篇殆殆乾通作辜說苑善說篇朽者揚其灰未朽者辜其尸廣雅磔開也玉篇磔張也通俗文張申曰磔通鑑昌義之怒須髮盡磔注云磔張開也釋天祭風曰磔郭云今俗當大道中磔狗云以止風此其象李巡云祭風以牲頭蹄及皮破之以祭故曰磔孫炎云既祭披磔其牲以風散之周禮大宗伯以疈辜祭四方百物注云故書疈爲罷鄭司農云罷辜披磔牲以祭若今時磔狗祭以止風元謂疈疈牲胸也疈而磔之謂磔禳及蜡祭又小子凡沈辜侯禳飾其牲注鄭司農云辜謂磔牲以祭也又掌戮殺王之親者辜之注云辜之言枯也謂磔之案荀子正論篇斬斷枯磔注云韓子曰采金之禁得而輒辜磔所辜磔甚衆而民竊金不止疑辜即枯也淮南時則訓九門磔禳注云裂牲謂之磔漢書景帝紀改磔曰棄市勿復磔應劭曰先此諸死刑皆磔於市今改曰棄市自非妖逆不復磔也顔注磔謂張其尸也王尊傳取不孝子縣磔著樹使騎吏五人張弓射殺之地理志左馮翊雲陽有越巫䶘鄺祠孟康曰䶘音辜磔之辜

chéng
椉
(乘)

覆也從入桀桀黠也軍法曰椉 食陵切

宣十二年左傳楚人乘我喪師無日矣 韓策公戰勝楚遂與公乘楚

覆也者釋言敗覆也中庸傾者覆之莊十一年左傳覆而敗之曰取某師杜云覆謂威力兼備若羅網所掩覆一軍皆見禽制齊策覆其十萬之軍又云楚之法覆軍殺將或曰覆者乘匹也齊民要術云驢覆馬馬覆驢皆生驘易屯

說文解字義證 卷十五 卒

卦乘馬班如鄭注馬牝牡曰乘詩閟宮不震不騰傳云騰乘也正義云月令稱累牛騰馬騰是相乘之義故爲乘也 桀黠也者方言黠慧也 仲長統覈性賦孰癡孰黠張衡西京賦壽昇枯桀郎黠桀 軍法曰乘者周禮稍人掌令邱乘之政令注云邱乘四邱爲甸甸讀與維禹敶之之敶同其訓曰乘由是改云疏云敶是軍陳故訓爲乘由甸出車一乘可以爲軍故改云乘不爲甸也盧植注月令云角力如漢家乘之引闘蹋蹴之屬也王沈魏書有司奏四時講武於農隙漢承秦制三時不講唯十月都試車馬幸長水南門會五營士爲八陣進退名曰乘

古文乘從几

從几者几當爲冂莫狄切本書冂覆也

文三 重一

說文解字弟六　義證弟十六

曲阜桂馥學

木　冒也冒地而生東方之行從屮下象其根凡木之屬皆從木　莫卜切

春秋元命苞木者陽精生於陰故水者木之母其字八推十爲木八者陰合十者陽數

冒也冒地而生者木冒聲相近本書卯冒也二月萬物冒地而出釋名木冒也華葉自覆冒也　東方之行者釋名五行者五氣也於其方各施行也漢書藝文志五行者五常之形氣也鄭注尚書五行四時盛德所行之政也尚書正義五行即五材也言五者各有材幹也謂之行者若在天則五氣流行在地則世所行用也玉篇木位居東方甲乙也白虎通木在東方東方者陽氣始動萬物始生木之爲言觸也陽氣動躍周書小開武解五行一黑位水二赤位火三蒼位木四白位金五黃位土管子東方曰歲星其時曰春其氣曰風風生木子華子東方陽動以散而生風

風生木鶡冠子泰鴻篇以木華物天下盡木也使居東方主春漢書五行志木東方抱朴子木行爲仁爲青　從屮者本書屮艸本初生也家語五帝篇五行用事先起於木木東方萬物之初皆出焉

橘　果出江南從木矞聲　居聿切

玉篇大曰柚小曰橘　嘉祐圖經橘木高一二丈葉與枳無辨刺出於莖閒夏初生白花六月七月而成實至冬而黃熟可啖　南方草木狀橘白華赤實皮馨香有美味自漢武帝交趾有橘官長一人秩二百石主貢御橘　漢書地理志巴郡魚復有橘官　杜預七規糅以丹橘　傅巽七誨閩山朱橘李尤七歎金衣素裏斑理內充　張勃吳錄建安郡中有橘冬月於木上覆裹之至明年春夏色變青黑味尤絕美上林賦盧橘夏熟盧黑色也　齊民要術序李衡於武陵龍陽汎洲上作宅種甘橘千樹臨卒敕兒曰吾州里有千頭木奴不責汝衣食歲上一匹絹亦可足用矣

果出江南者本草橘柚生南山川谷及江南楚詞九章后皇嘉樹橘徠服兮受命不遷生南國兮注云南國謂江南也言橘受命於江南不可移徙種於北地則化而爲枳也考工記橘踰淮北爲枳晏子橘生江北爲枳水土異也韓詩外傳晏子對楚王曰王不見夫江南之樹乎名橘樹之江北則化爲枳何則地土使然爾　文子尙德篇橘柚有鄉　呂氏春秋本味篇果之美者江浦之橘　鹽鐵論橘柚生於江南而民皆甘之於口味同也　魏文帝詔南方有橘酢正裂人牙時有甜耳　曹植橘賦有朱橘之珍樹於鶉火之遐鄉稟太陽之烈氣嘉杲日之休光體天然之素分不遷徙於殊方　文選江淹詩橘柚在南國　胡道安柑賦江陽巨橘　異物志橘爲樹白華而赤實皮既馨香又有善味江南則有之不生他所　元和志杭州富陽縣出橘爲江東之最今見進貢

橙　橘屬從木登聲　丈庚切

橘屬者字林同博物志橙似橘而非若柚而有芬香本草橙子皮條下云其樹亦似橘樹而葉大其形圓大於橘而香皮厚而皺八月熟古文苑蜀都賦雜以橙注云橙柚屬風土記橙柚屬也而葉正圓風俗通橙皮可爲醬齏淮南子江南橘樹之江北而化爲橙賈謐贈陸機詩在南稱柑度北則橙胡道安柑賦襄陰大橙

柚　條也似橙而酢從木由聲夏書曰厥包橘柚　余救切

韓非外儲說樹橘柚者食之則甘嗅之則香　呂氏春秋本味篇果之美者雲夢之柚　裴淵廣州記別有柚號爲雷柚實大如升　廣志成都有柚大如升　或作楱廣雅橙楱也上林賦黃甘橙楱張協七命漢皋之楱　又或作櫾列子湯問篇吳楚之國有大木焉其名爲櫾碧樹而冬生實丹而味酸食其皮汁已憤厥之疾齊州珍之渡淮北而化爲枳焉中山經荊山多橘櫾注云櫾似橘而大也皮厚味酸

條也者釋木文椑雉柚即　秦風有條者是也　馥案本書甹木生條也柚從由由即甹　似橙而酢者五音集韻柚橙屬漢書司馬相如傳橘柚芬芳顏注柚即橙也似橘而大味酢皮厚史記正義小曰橘大曰柚樹有刺冬不凋葉青花白子黃赤二樹相似非橙也蘇恭注本草云柚皮味甘橘皮味辛而苦柚肉如橘有甘有酸俗謂橙爲柚非也沈括曰本草柚皮甘今柚皮極苦而橙皮甘古之柚蓋橙郭注爾雅柚似橙實酢生江南顏注漢書地理志柚似橘而大其味尤酸風土記柚大橘也赤黃而酢嘉祐圖經閩中嶺外江南皆有柚比橘黃白色而大襄唐閒柚色青黃而實小皆味酢皮厚　夏書曰厥包橘柚者禹貢文傳云小曰橘大曰柚

zhā
樝

樝 果似棃而酢從木虘聲 側加切

本書柤讀若樝棃之樝 周書秋食樝棃橘柚 庾肩吾謝賚𣎴啟樝或火成鑽以爲屑 字或作柤內則柤棃曰攢之 字又作查宋書張邵傳敷小名查父邵小名棃文帝戲之曰查何如棃敷曰棃爲百果之宗查何可比顏案俗說傅亮熟視張敷面云查故是棃中不臧者 字又作樝寰宇記蘄春縣有樝棃山陳啟源曰詩之木桃又名樝子雷公炮炙論謂之和圓子陶注本草木瓜條下云山陰人以爲貝果又有榠樝大而黃可進酒去痰禮云樝棃曰攢之鄭公不識樝乃云是棃之不臧者然古亦以樝爲果今則不入例爾圖經云榠樝木葉花實酷類木瓜欲辨之看蒂閒別有重蒂如孔者爲木瓜無此者爲榠樝也一切經音義十八榠樝也似榲勃形大如椀味澀酢不可多噉玉篇榠樝果也齊武帝幸丹陽郡宴飲王儉則執榠樝以刀子削之

果似棃而酢者陶隱居云樝子澀廣雅樝棃也廣韻樝似棃而酸釋木樝棃曰鑽之郭云樝似棃而酢澀中山經綸山其木多柤栗橘櫾注云柤似棃而酢澀廣志樝其子甚酢出西方王禎農書樝似小棃味劣於棃蜜煮則香美過

之藝文類聚八十六引張敷曰平邱有甘樝漢書司馬相如傳樝棃梬栗張揖曰樝似棃而甘顏注卽今所謂樝子也

lí
梨

棃 果名從木𥝢聲𥝢古文利 力脂切

釋木棃山樆郭云卽今棃樹 急就篇棃柹柰桃待露霜顏注棃一名山樆王應麟補注棃果之適口者三素記御㮕有大棃 魏武帝爲兗州牧上書曰山陽郡有美棃謹上二箱 魏文帝詔眞定棃大若拳甘若蜜脆若凌可以解煩釋渴 文選閑居賦張公大谷之棃李善云廣志曰洛陽北邙山有張公夏棃甚甘海內惟有一樹大谷未詳馥案華延洛陽記城南五十里有大谷舊名通谷陳思王贈白馬王詩大谷何寥廓王廙洛都賦棃則大谷冬熟盧毓冀州論常山好棃 何晏九州論眞定好棃 隋圖經眞定縣棃味爲天下最 廣志有常山眞定棃山陽鉅野棃梁國睢陽棃齊郡臨淄棃鉅鹿豪棃上黨椑棃新豐箭谷棃 嘉祐圖經棃處處皆有而種類殊別乳棃出宣城皮厚而肉實其味極長鵝棃出近京州郡及北都皮薄而漿多味差短於乳棃其香則過之其餘水棃消棃紫煤棃赤棃甘棠禦兒棃之類甚多

yǐng
梬

𥝢古文利者徐鍇本無此文

梬 棗也似柹從木甹聲 以整切

棗也者廣雅梬棗樗也玉篇樗梬棗也西京雜記上林苑有梬棗趙宧光曰梬小柹北人脯之如棗實非棗也 似柹者齊民要術引作似柹而小李善注南都賦引作梬棗似梗又注子虛賦引作梬棗似柹而小名曰梗爾雅翼引作棗也似柹而小史記司馬相如傳梬棗楊梅徐廣曰梬棗似柹爾雅翼梬今之梗棗也結實似柹而極小其蒂四出枝葉皮核皆似柹秋晚而紅乾之則紫黑如蒲萄其大小亦然今人謂之丁香柹又謂之牛乳柹子虛賦所謂樝棃梬栗者也南都賦梬棗若榴蜀都賦橙柹梬楟

shì
柿

柹 赤實果從木𠂔聲 鉏里切

梁簡文帝謝柹啟懸霜照采凌冬挺潤甘清玉露味重金衣 西陽雜俎俗謂柹樹有七絕一壽二多陰三無鳥巢四無蟲五霜葉可翫六嘉實七落葉肥大 王逸荔支賦宛中大柹

赤實果者白帖引作朱實果寰宇記華州朱柹子出豐原鄉董㑰里本草圖經紅柹南北通有朱柹出華山似紅柹而皮薄更甘

nán
柟

枏 梅也從木冄聲 汝閻切

山海經虖勺之山其木多梓枏郭注枏大木葉似桑 尸子荆有長松文梓楩枏豫章 史記貨殖傳江南出枏梓 文選子虛賦楩枏豫章李善云尸子曰水積則生吞舟之魚土積則生楩楠豫章又西京賦木則樅栝椶枏 鹽鐵論江南之枏梓竹箭 王𠍃枏賦得貞剛以爲性匪蘙昔之爲倫又云貞松巨柏戢戢相比又云宜棟梁乎清廟爲九垓之大庇 魏志倭國傳其木有枏 三國典略陳文帝以湘州出杉枏使營造大艦二百餘艘 江陵記城南門壞得土中故枏柱長一丈七尺 任昉述異記黃金山有枏木一年東榮西枯一年西榮東枯 張華謂之交讓木 杜甫有枯枏詩 陸游有四枏記 六書故吾里中有香枏黃貫枏香枏木香黃貫枏本宜雕刻爲木偶者用之 新語夫楩枏豫章天下之名木生於深山之中產於谿谷之旁立則爲太山衆木之宗仆則爲萬世之用浮於山水之流出於冥冥之野因江河之

道而達於京師之下因於斧斤之功銜其文彩之好精捍直理密緻博通蟲蝎不能穿水濕不能傷在高柔軟入地堅彊無膏澤而光潤不刻畫而文章上爲帝王之御物下則賜公卿庶賤不得以備器械閉絕以關梁　字或作楠顏注司馬相如傳枏今所謂楠木羣芳譜枏生南方故又作楠黔蜀諸山尤多其樹童童若幢蓋枝葉森秀不相礙若相避然又名交讓木文谿公所謂移植虞芮者以此葉似豫章大如牛耳經歲不凋新陳相換花黃色實似丁香幹甚端偉高者十餘丈粗者數十圍氣甚芬芳紋理細緻性堅耐居水中今江南造船皆用之堪爲梁棟製器甚佳子赤者材堅子白者材脆年深向陽者結成旋紋爲鬬柏楠

梅也者詩終南有條有梅傳云梅枏也釋文引沈重云孫炎稱荊州曰梅揚州曰枏揚州人不閒名枏陳啟源日觀沈下語當云荊州曰梅揚州曰枏陸璣疏云梅樹皮葉似豫章豫章葉大如牛耳一頭尖赤心華赤黃子青不可食枏葉大可三四葉一藂木理細緻於豫章子赤者材堅子白者材脆江南及新城上庸蜀皆多樟枏終南山與上庸新城通故亦有枏也

méi 梅

梅 枏也可食從木每聲 莫桮切

太平御覽引吳越春秋夏禹廟以梅木爲梁馥案晏殊類要梁時修禹廟欠一梁木忽有風雨浮一木至乃梅梁也名勝志梁乃鄞縣大梅山梅木　唐書開寶五年資州獻梅青榈二木合成連理

枏也者釋木文一切經音義二十引樊光注荊州曰梅揚州曰枏益州曰赤楩葉似豫章無子也　可食者後人加之誤以爲似杏之果邵君晉涵曰說文梅枏也可食或以爲似杏實酢之證然說文又有某字酸果也是則大木之枏似杏實酢之梅說文固分爲二矣

楳 或從某

詩摽有梅其實七兮釋文云梅木名也韓詩作楳說文楳亦梅字馥案梅楳皆假借當作某

xìng 杏

杏 果也從木可省聲 何梗切

夏小正四月囿有見杏　管子地員篇五沃之土其木宜杏　鄭注周禮司爟云夏取棗杏之火　典術杏木者東方歲星之精　盧諶祭法夏祠用杏　何晏九州論魏郡好杏　盧毓冀州論魏郡好杏　王廙洛都賦杓祠赤杏　廣志滎陽有白杏鄴中有赤杏黃杏　嘉祐圖經杏有數種黃而圓者名金杏相傳云種出濟南郡之分流山彼人謂之漢帝杏今近都多種之熟最早其扁而青黃者名木杏味酢不及金杏

果也者格物叢話杏實味香於梅而酸不及核與肉自相離　可省聲者戴侗引唐本曰从口

nài 柰

柰 果也從木示聲 奴帶切

廣雅楉榴柰也　本草柰味苦寒多食令人臚脹陶云江南乃有而北國最豐與林檎相似而小　漢武故事橘圓邱之紫柰馥案褚澐柰詩不讓圓邱中　曹植謝賜柰表賜臣等冬柰一匳以柰夏熟今則冬生物以非時爲珍恩以施口爲厚詔荅云山柰從涼州來道里既遠又東來轉煖故柰中變色不佳耳　廣志柰有青白赤三種張掖有白柰酒泉有赤柰西方例多柰家以爲脯　盧諶祭法夏祠法用白柰秋祠法用赤柰　閒居賦二柰曜丹白之色　晉起居注嘉柰一蔕十五實或七實生於酒泉　伽藍記白馬寺柰實重七斤至熟時常取以賜宮人以爲奇異　孔帖大柰出涼州野豬

澤大如兔頭又云漢時紫柰大如升核紫花青研之有汁可漆或著衣不可浣也　唐書地理志甘州土貢冬柰

lǐ 李

李 果也從木子聲 良止切

周禮大司徒土會之法邱陵其植物宜覈物先鄭云核物李梅之屬　西京雜記漢武初修上林苑羣臣遠方各獻名果樹有朱李黃李紫李綠李青李綺李青房李車下李顏回李合枝李羌李燕李猴李　郭義恭廣志有黃建李青皮李馬肝李　魏文帝與吳質書沈朱李於寒水　傅元李賦潛實內結豐彩外盈翠質朱變形隨運成清角奏而微酸起大宮動而和甘生既變洽熟五色有章種別類分或朱或黃甘酸得適美逾蜜房　荊州記房陵南居有名李　風土記南居有細李有青皮李四月先熟　鹽鐵論李梅實多者來年爲之衰

杍 古文

此爲梓之古文誤在李下周書梓材釋文引馬融曰梓古作杍字尚書大傳商子謂伯禽康叔曰南山之陽有木焉名曰橋橋者父道也南山之陰有木焉名曰杍杍者子道也說苑論衡並作梓

木

táo 桃

桃 果也從木兆聲 徒刀切

釋木桃李醜核 家語孔子侍坐於哀公賜之桃與黍焉孔子先食黍而後食桃左右皆掩口而笑公曰黍者所以雪桃非爲食之也 韓非外儲說孔子曰果屬有六而桃爲下祭先王不得入廟 易通卦驗驚蟄曰大壯初九桃不華倉庫多火

果也者玉篇桃毛果也

mào 楙

楙 冬桃從木敄聲讀若髦 莫候切

冬桃者釋木文彼作旄郭云子冬熟釋文云旄字林作楙水經注江水云邧谷地多木瓜樹有子大如甀白黃實甚芬香爾雅所謂楙也廣志桃有冬桃夏桃秋桃桂海虞衡志冬桃狀如棗軟爛甘酸冬月熟傳元桃賦亦有冬桃令倖冰霜

zhēn 亲

亲 果實如小栗從木辛聲春秋傳曰女摯不過亲栗 側詵切

廣雅亲栗也 通作榛張衡七辯寒梨乾榛齊民要術榛有二種一種枝葉皆如栗子形似杼子味亦如栗一種枝莖似木蓼葉如牛李色高丈餘其核中悉如李生作胡桃味其枝莖生樵爇燭明而無煙漁陽遼代上黨饒有之 果也者御覽引作似梓實如小栗詩鳲鳩釋文云字林榛木之字從辛木云似梓實如小栗西京賦梓棫楩楓薛綜注梓如栗而小詩定之方中樹之榛栗簡兮山有榛傳云榛木名釋文云榛子可食陸璣疏榛栗屬其子似小柿子表皮黑味如栗 實如小栗者僖三十三年春秋李梅實穀梁傳實之爲言猶實也注云實子周禮籩人饋食之籩其實棗栗桃乾榛榛實注云榛似栗而小曲禮婦人之摯椇榛注云榛實似栗而小本草榛子生遼東山谷樹高丈許子如小栗圖經桂陽有亲叢生實大如杏子中仁皮子形色與栗無異也但差小耳通志榛有三四種栗類也似栗而小正圓 春秋傳曰女摯不過亲栗者莊二十四年左傳文亲彼作榛注云榛小栗

jiē 楷

楷 木也孔子冢蓋樹之者從木皆聲 苦駭切

類篇楷木也孔子冢蓋樹之者蓋謂此必楷之古文本書脫漏見於他書類篇據之也

孔子冢蓋樹之者玉篇作孔子冢蓋之樹孫皓曰孔子墓在魯城北門外墳四方前高後下形似臥斧高八九尺今無馬鬣之形任昉劉先生夫人墓志參差孔樹楷命錄夫子墳方一里弟子各以四方奇木來植之廣志孔子家上特多楷樹水經注泗水云孔叢曰夫子墓塋在魯城北六里泗水上皇覽曰弟子各以四方奇木來植故多諸異樹伍輯之從征記孔叢云夫子墓方一里諸弟子各以四方木來植之今盤根猶存皇覽冢墓記孔子冢在魯城北便門外南去城十里冢塋方百畝冢南北廣十步東西十步高丈二尺冢爲祠壇方六尺與地方平無祠堂冢塋中樹以百數皆異種魯人世世無能名其樹者蓋孔子弟子異國人各持其國樹來種之其樹柞枌雒離女貞五味欃檀之樹孔子冢中不生荆棘及刺人艸史記索隱皇覽書名也記先代冢墓之處宜皇王之省覽故曰皇覽是魏人王象繆襲等所撰也儒行今世行之後世以爲楷示兒編孔子冢上生楷周公冢上生模故後人以爲楷模水東日記於越志云吳正道東隅人明六書許慎說文有不足者補之臨川吳文正公澄問曰楷模二字假借乎曰取義也曰何以取木爲義曰昔模木生周公冢上其葉春青夏赤秋白冬黑以色得其正也楷木生孔子冢上其餘枝疎而不屈以質得其直也若正與直可爲法則況在周孔之冢乎 問曰出何書曰出淮南王安草木譜

qǐn 梫

梫 桂也從木侵省聲 七荏切

桂也者廣韻梫桂木花白也六書故梫木如后橊葉細高丈餘四月花如雲生江東釋木梫木桂郭云今南人呼桂厚皮者爲木桂桂樹葉似枇杷而大白華華而不著子叢生巖嶺枝葉冬夏常青閒無雜木顏案本草蜀圖經引郭注有本草謂之牡桂是也八字唐注本草牡桂云或云牡桂卽今木桂及單名桂者是也此桂花子與菌桂同惟葉倍長大小枝皮俱名牡桂然大枝皮肉理麤虛如木肉少味薄不及小枝皮肉多半卷中必皺起味辛美一名肉桂一名桂枝一名桂心出融州桂州交州甚良

guì 桂

桂 江南木百藥之長從木圭聲 古惠切

廣韻桂木名叢生合浦巴南山峯閒無雜木葉長尺餘冬夏常青其花白 檀弓喪有疾食肉飲酒必有草木之滋焉以

爲藿桂之謂也　西山經皋塗之山其上多桂木　尸子春
華秋英曰桂　春秋運斗樞椒桂合剛陽　史記司馬相如
傳椒桂木蘭　顏注漢書桂卽藥之所用其皮者也　韓詩外
傳夫藿桂因地而生不因地而辛　異物志桂之灌生必粹
其族柯葉不渝冬夏常緑　南方草木狀桂生合浦交趾生
必高山之顛冬夏常靑其類自爲林更無雜樹有三種皮赤
者爲肉桂葉似枾者爲菌桂葉似枇杷葉者爲牡桂　本草
衍義本草第一云療寒以熱藥故知三種之桂不取菌桂牡
桂獨有一字桂本經言甘辛大熱此正合素問辛甘發散爲
陽之說　神仙傳離婁公服竹汁餌桂得仙　列仙傳范蠡
好食桂飲水賣藥人世又云桂父象林人常服桂皮葉龜腦
和之　三輔黃圖甘泉宮南有昆明池池中有靈波殿以桂
爲柱風
來自香
江南木者庾信枯樹賦小山則叢桂留人楚辭遠游嘉南
州之炎德兮麗桂樹之冬榮周書王會自深桂注云自深
南蠻也本草桂生桂陽牡桂生南海菌桂生交趾桂林陳
藏器本草桂林桂嶺因桂爲名今之所生不離此郡從嶺
以南際海盡有桂樹十道志臨陽縣有荔水之源多生桂
桂生處不生雜樹臨海記石山望之如雪山有湖傳云八

桂之所植馥案天台賦八桂森挺以凌霜寰宇記臨桂縣
有桂江其江源多桂不生雜木故秦時立爲桂林郡　百
藥之長者本草桂列木部上品第一徐鍇繫傳按本草桂
主通血脈利肺肝氣能宣導百藥無所畏菌桂爲諸藥先
聘通使是爲百藥之長也急就篇芎藭厚朴桂栝樓顏注
桂謂菌桂牡桂之屬百藥之長也郭璞桂贊桂生南裔拔
萃岑嶺廣莫熙葩凌霜津
穎氣王百藥森然雲挺

táng 棠

棠 牡曰棠牝曰杜從木尙聲 徒郎切

一切經音義二引三蒼棠杜梨也　玉篇棠梨木　釋木杜
赤棠白者棠六書故引舍人云白者爲棠赤者爲杜馥案今
俗呼棠梨赤梨　史記燕世家召公巡行鄉邑
有棠樹決獄政事其下正義云今之棠梨樹也
牡曰棠牝曰杜者顏注急就篇牡者曰棠無子者也牝者
曰杜有子者也徐鍇曰木之性有牝牡牡者花而不實林
中伐去其牡則牝者
亦不實今楊梅爲然

dù 杜

杜 甘棠也從木土聲 徒古切

詩有杕之杜傳云杜赤棠也陸璣疏云赤棠與白棠同耳但
子有赤白美惡子白色爲白棠甘棠也少酢滑美赤棠子澀
而酢無味俗語云澀如杜是也赤棠木理韌亦可以作弓幹
陳啓源曰甘棠乃赤棠無疑草木疏既以甘棠爲赤棠又以
爲白棠前後自相反必有誤也馥案十六國春秋亦以赤者
爲甘棠其言曰慕容儁觀兵近郊見甘棠于道周從者不識
儁曰唏此詩所謂甘棠子甘者味之主也木者春之行也五
德屬仁五行主土土春以施生味以養物色又赤者言將有赫
赫之慶於中土吾開國家之盛此其徵也　齊民要術梨核
每顆十餘粒種之惟一二子生梨餘皆生杜然接梨者必用
之
甘棠也者釋木文郭云今之杜梨顏注急就篇杜甘棠也
六書故棠多澀酢故甘者爲甘棠詩召南蔽芾甘棠傳云
甘棠杜也孫楚杕杜賦其質菲薄旣不施於器用華葉疏
悴靡休陰之茂榮昔在邵伯聽訟述職甘棠作頌垂之罔
極

xí 槢

槢 木也從木習聲 似入切

木也者玉篇槢堅木也元結
頌木魅辭槢橈橈兮未堅

zhǎn 樿

樿 木也可以爲櫛從木單聲 旨善切

可以爲櫛者集韻引作可以爲櫛杓案禮器樿杓注云樿
木白理也中山經風雨之山其木多橪樿注云樿木白理
中櫛玉藻櫛用樿櫛正義云樿白理木也櫛
梳也沐髮爲除垢膩故用白理澀木以爲梳

wěi 椲

椲 木也可屈爲杅者從木韋聲 于鬼切

木也者玉篇椲木皮如韋　可屈爲杅者者玉篇五音集
韻竝引作盂徐鍇曰杅卽盂子所謂桮棬也若今屈柳器
然急就篇楕杅槃案桮閜盌中山王文木賦制爲槃杅鄭
注旣夕云杅盛湯漿器玉藻正義云浴時入杅浴竟出杅
尸子君如杅民如水杅
方則水方杅圓則水圓

yóu 楢

楢 柔木也工官以爲耎輪從木酋聲讀若糗 以周切

柔木也者鄭注周禮司爟云冬取柞楢之火　工官以爲
耎輪者耎玉篇引作輭案玉篇輭柔也後漢書明帝紀安

車輾輪注云以蒲裹輪令柔輭也

【五】讀若模者本扤下訓誤移於此

qióng 桏

桏 梫椐木也從木邛聲 渠容切

梫椐木也者玉篇桏柜柳釋木梫柜桏郭云未詳或曰桏當爲柳柜桏似柳皮可煮作飲馥案柜柳亦名欅柳本草別錄欅樹山中處處有皮似檀槐葉如櫟槲夏日作飲去熱蘇恭云多生溪澗水側葉似樗而狹長大者連抱高數仞皮極麤厚殊不似檀

lún 棆

棆 毋杶也從木侖聲讀若易卦屯 陟倫切

通作菕管子地員篇其木宜菕

毋杶也者集韻引作毋枇也廣韻枇無枇木一名棆釋木棆無疵郭云棆梗屬似豫章釋文疵本又作⿰木疵字書云無⿰木疵棆也馥案玉篇棆木名下即連枇字云無枇木與⿰木疵同本書闕枇字後人改毋枇爲毋杶

xū 楈

楈 木也從木胥聲讀若芟刈之芟 私閭切

木也者上林賦留落胥邪郭璞注胥邪似栟櫚皮可作索南都賦楈枒栟櫚

讀若芟刈之芟者集韻音師銜切案胥古音如羞與殳聲近徐鍇本芟下云從艸殳聲

yǎng 柍

柍 梅也從木央聲一曰江南橦材其實謂之柍 於京切

梅也者梅當爲某釋木時英梅郭注雀梅馥案名醫別錄雀梅一名千雀葉與實俱如麥李是梅之別種也類篇柍杏也張衡南都賦柍柘檍檀或作楧玉篇楧楧梅也

一曰江南橦材其實謂之柍者玉篇柍木實類篇橦木一截也唐式柴方三尺五寸曰一橦新唐書孫伏伽傳時司農市木橦倍直與民韓琬傳太宗朝司農以市木橦倍價抵罪大理孫伏伽言官木橦貴故百姓者賤六書故木材謂之橦唐長安有司農木橦渠

kuí 楑

楑 木也從木癸聲又度也 求癸切

又度也者本書揆度也癸冬時水土平可揆度也

gǎo ⿰木咎

⿰木咎 木也從木咎聲讀若皓 古老切

木也者本書⿰木咎讀若皓賈侍中說木名廣雅梂⿰木咎也釋木狄臧槔釋文槔樊本作⿰木咎同戴侗曰⿰木咎膏物也葉如皂莢遇霜則丹其實外膏可爲燭其覈中油可然鐙亦名烏臼蘇恭本草烏臼樹高數仞葉似梨杏花黃白子黑色陳藏器本草烏臼葉可染皂子多取壓爲油涂頭令白變黑爲燈極明本草衍義烏臼葉如小杏葉但微薄而綠色差淡子八九月熟初青後黑分爲三瓣取子出油然燈及染髮

chóu 椆

椆 木也從木周聲讀若丩 職留切

木也者廣韻椆木名不凋類篇椆木名寒而不凋山海經虎首之山多苴椆椐

讀若丩者釋木朻者聊馥謂丩朻椆聊聲相近

sù 樕

樕 樸樕木從木敕聲 桑屋切

樸樕木者李燾本作樸樕小木馥謂樸樕疊韻釋木樕樸心郭云槲樕別名徐鍇繫傳引作樕別名槲鍇曰即今小槲樹栗之類也本草圖經槲木與櫟相類亦有斗御覽引齊書樂預卒官時有一媼擔槲蔌葉造市貨之聞預卒泣

棄溪中郭注釋木槲樕云樹似槲樕而庳小詩野有死麕林有樸樕傳云樸樕小木也正義云釋木云樸樕心某氏曰樸樕斛樕也有心能溼江河閒以作柱孫炎曰樸樕一名心是樸樕爲木名也言小木者以林有此木故言小木也馥案某氏言作柱非小木矣陳啟源曰郭氏某氏注皆言樸樕即槲樕案槲樕與櫟相類華葉似栗亦有斗如橡子而短小有二種小者叢生大者高丈餘名大葉櫟然則毛傳言其小者而某氏注則指其大者與馥案一切經音義十三槲樕樸也山木也關尹子八籌篇草木俄茁茁俄停停注云停停樸遬不長也

yí ⿰木彝

⿰木彝 木也從木彝聲 羊支切

cén 梣

梣 青皮木從木岑聲 子林切

青皮木者六書故云梣譌爲秦今秦皮是也木似檀葉細而無花取皮水漬之碧色治目眚一名石檀徐鍇曰淮南子曰梣木色青治翳目之藥也高誘注云梣木苦歷木也生於山剝取其皮以水浸之正青用洗眼愈人目中膚翳也本草所謂秦皮也本草秦皮主目中青翳白膜一名岑皮生廬江川谷及冤句陶隱居云俗云是樊槻皮水漬以

zhuō 棳　háo 號　yǎn 棪　chuán 欈　liáng 椋　yì 檍

和墨書色微青俗方惟以療目建康記建康出秦皮淮南萬畢術岑皮致水韋仲將筆墨方墨一斤以好膠五兩浸梣皮汁中梣皮江南樊雞木皮也其皮入水綠色解膠又益墨色

或從寑省寑籀文寑

疑梫之或體

棳　木也從木叕聲益州有棳縣職說切

益州有棳縣者韻會引作有毋棳縣與漢志合

號　木也從木號省聲乎刀切

棪　遬其也從木炎聲讀若三年導服之導以冉切

集韻棪膠可和香爲蘇合或作棆玉篇棆棆柰也

遬其也者釋木文彼作㮕郭云棪實似柰赤可食又注山海經同曹毗魏都賦果則谷棪山樽齊民要術引異物志

梓棪性貞勁堪作船其實類棗　讀若三年導服之導者本書函下同士虞禮中月而禫鄭注古文禫或爲導史記禮書社至於諸侯函及士大夫大戴禮作導及錢君大昕曰函及者覃及也說文马嘾也讀若含函從马得聲亦與嘾同義

欈　木也從木遾聲市緣切

椋　卽來也從木京聲呂張切

卽來也者釋木文郭云今椋材中車輞來釋文作棶云埤蒼字林竝作棶云椋也本今作來御覽引爾雅舊注椋有髓熊折而乳之廣韻棶椋木名玉篇棶椋也椋材中車輞也本草椋子木葉似柿兩葉相當子細圓如牛李子生青熟黑其木堅重煮汁赤色漢志琅琊郡有卽來縣當因木名

檍　杶也從木意聲於力切

杶也者釋木杻檍郭云似棣細葉葉新生可飼牛材中車輞關西呼杻子一名土橿釋文杻女九反呂郭竝汝九反檍字又作億說文云檍梓屬也馥案本書杶古文作杻則讀女九汝九反者皆誤文選南都賦楰柍檍檀李善引爾雅郭注檍似桑山海經英山其上多杻橿郭注云杻似棣而細葉一名土橿是棣字不誤釋文引說文檍梓屬乃橿字訓非檍也詩唐風隰有杻陸璣疏杻檍也葉似杏而尖白色皮正赤爲木多曲少直枝葉茂好二月中葉疏華如棣而細蘂正白蓋樹今官園種之正名曰萬歲既取名於億萬其葉又好故種之共汲山下人或謂之牛筋或謂之檍材可爲弓弩幹也據陸氏弓弩幹之說亦誤檍橿爲一木

fèi 樻　chū 樗　yǔ 楀　lěi 蘽

樻　木也從木費聲房未切

樗　木也從木虖聲丑居切

木也者通作樗急就篇桐梓樅松榆椿樗顏注樗似椿而木虛惡唯堪薪爨本草椿樗相類椿木實而葉香可噉樗木疏而氣臭膳夫熬去其氣北人呼爲山椿江東呼鬼目亦謂虛目其葉脫處有目樗蒲子類之故以爲名其木最不才又椿莢條下云夏中生莢樗之有花者無莢有莢者無花常生臭樗上未見椿上有莢者然世俗不辨椿樗之

異故俗中名此爲椿莢其實樗莢目本草衍義椿樗皆臭但一種有花結子一種無花不實世以無花不實木身大其幹端直者爲椿其有花而莢木身小幹多迂矮者爲樗未見椿上有莢者惟樗木上有又有樗雞故知古人命名不言椿雞而言樗雞者以顯有雞爲樗無雞者爲椿其義甚明詩我行其野蔽芾其樗七月采荼薪樗傳竝云樗惡木也陸疏樗樹及皮皆似漆青色葉臭莊子逍遥游吾有大樹人謂之樗其大本擁腫不中繩墨其小枝卷曲不中規矩立之塗匠者不顧

楀　木也從木禹聲王矩切

蘽　木也從木藟聲力軌切

木也者廣韻藟藤釋木諸慮山櫐郭云今江東呼櫐爲藤似葛而麤大

籀文

從畾省

yí 桋　bīng 栟　zōng 椶

桋 赤梀也從木夷聲詩曰隰有杞桋 以脂切

赤梀也者釋木文郭云赤梀樹葉細而岐銳皮理錯戾好叢生山中中爲車輞釋文梀又作棟同山厄反郭霜狄反馥案本書闕梀字 詩曰隰有杞桋者小雅四月文傳云桋赤梀也陸疏梀葉如柞皮薄而白其木理赤者爲赤梀一名桋白者爲梀其木皆堅韌今人以爲車轂

栟 栟櫚也從木并聲 府盈切

吳志董襲傳黃祖橫兩蒙衝以栟閭大紲繫石爲矴 通作并七發梧桐并閭吳錄地理志武陵臨沅縣多并閭木生山中梁書庾詵傳手執并櫚皮麈尾江淹并閭頌異木之生疑竹疑草𣡡叢石逕森從山道烟岫相珍雲壑共寶不錦不綺何避工巧 栟櫚也者本書無櫚字徐鍇韻譜作閭五音集韻栟櫚木名有葉無枝六書故栟櫚木高者一二丈葉如蒲扇實如魚子葉下有毛眞如鬉故亦謂鬉櫚

說文解字義證　卷十六　十五

椶 栟櫚也可作萆從木㚇聲 子紅切

廣雅栟櫚椶也 廣志椶一名栟櫚葉似車輪樹下有皮纏之附地起二旬一采轉復上生 本草圖經椶櫚出嶺南及西川江南亦有之木高一二丈旁無枝條葉大而圓岐生枝端有皮相重被於四旁每皮二帀爲一節二旬一採轉復上生六七月生黃白花八九月結實作房如魚子黑色 西山經石脃之山其木多椶柟注云椶樹高三丈許無枝條葉大而圓枝生梢頭實皮相裹上行一皮者爲一節可以爲繩一名栟櫚 吳都賦栟櫚枸椰五臣引異物志栟櫚椶也皮可作索 漢書楊雄傳攢并閭與茇苦兮顏注此并閭謂椶樹也 古文苑僮約落桑皮椶注云割取椶櫚之皮可爲繩索 晉令其夷民守護椶皮者一身不輸 通志椶櫚曰栟櫚葉可爲帚篲然有兩種一種有須可作繩耐水一種小而無須葉可爲帚苞未吐時割去須而取之曰椶魚淪而食之甚美 栟櫚也者韻會引作椶櫚也御覽引有一名蒲葵四字玉篇椶櫚也一名蒲葵案詩史蒲葵扇出謝安傳人不知其何名蘇子容云椶櫚也出廣雅今衞信宣歙閒扇是也謂形似蒲葵耳 可作萆者本書萆雨衣一曰衰衣

jiǎ 檟　yī 椅　zǐ 梓

檟 楸也從木賈聲春秋傳曰樹六檟於蒲圃 古雅切

書扑作教刑鄭注扑檟楚也 廣絕交論故王丹威子以檟楚 潘岳馬汧督誄考訊吏兵以檟楚之辭連之 陳書新安王伯固傳國學有惰游不修習者重加檟楚 唐書歸崇敬傳有不率教者檟楚之 通作夏檟學記夏楚二物鄭注夏槄也馥案釋木槄山榎郭云今之山楸釋文云榎舍人本作檟詩終南有條有梅傳云條槄釋文云槄山榎也 楸也者玉篇檟山楸也釋木槐小葉曰榎大而皵楸小而皵榎郭云槐當爲楸楸細葉者爲榎老乃皮麤皵者爲楸小而皮麤皵者爲檟襄二年左傳穆姜使擇美檟以自爲櫬注云檟梓之屬哀十一年傳樹吾墓檟檟可材也 春秋傳曰樹六檟於蒲圃者襄四年左傳文彼云樹六檟於蒲圃東門之外杜注樹檟欲自爲櫬

椅 梓也從木奇聲 於離切

本書檹下引賈侍中說檹即椅木可作琴 詩巧言荏染柔木傳云柔木椅桐梓漆也 王隆漢官篇樹栗椅桐梓胡廣注四者皆木名怡宮室并主之

說文解字義證　卷十六　十六

梓也者釋木文舍人云梓一名椅郭云即楸釋文云案椅與楸惟子爲異耳玉篇椅楸也詩定之方中椅桐梓漆傳云椅梓屬陸璣疏梓實桐皮曰椅鄭注考工記梓榎也史記吳世家樹吾墓上以梓索隱云傳云樹吾墓檟檟梓相類因變文爾

梓 楸也從木宰省聲 卽里切

蕭炳四聲本草梓樹似桐而葉小花紫 漢史晨碑各種一行梓 曹植與吳質書斬泗濱之梓以爲箏 齊民要術種梓法秋末冬初取梓角暴乾播種之一年𦵔之二年而移之楸無子掘根取栽移之十年後可爲車版器用爲棺椁勝松柏 古文作杍說見李字古文下嘉祐圖經鼠李一名鼠梓唐寶歷閒有韓杍材曾書禹穴碑 楸也者字林同廣韻梓木名楸屬急就篇桐梓樅楘榆椿檟顏注梓楸類也一名椅陸璣詩疏楸之疏理白色而生子者爲梓南山經虖勺之山其上多梓枏注云梓山楸也

榟 或不省

木

qiū 楸　yì 檍　bǐ 柀

一切經音義十二梓又作梓木名也可爲琴瑟

楸 梓也從木秌聲 七由切

釋木如木楸曰喬郭云楸樹性上竦 離騷望長楸而太息 曹植詩走馬長楸閒 晉書涼武昭王傳河右不生楸槐柏桼 通作萩史記河濟之閒千樹萩徐鍇曰左傳斬雍門之楸作萩同 或作槦山海經苦辛其狀如槦注云卽楸字也

梓也者樂彥曰楸梓也齊民要術楸梓二木相類白色有角生子者爲梓或名子楸或名角楸黃色無子者爲柳楸亦呼荆黃楸也本草拾遺楸木生山谷閒亦植園林以爲材用與梓樹本同末異若柏葉之有松身蘇敬以二木爲一誤也

檍 梓屬大者可爲棺椁小者可爲弓材從木意聲 於力切

徐鍇曰陸璣作毛詩草木疏云此木枝葉可愛二月華華正白子似杏今官園種之取億萬之義故曰萬歲故何晏景福殿賦曰或以嘉名取寵或以美材見珍結實商秋敷華素春藹藹萋萋馥馥芬芬齊謝朓直中書省詩云風動萬年枝是也

大者可爲棺椁者梓屬故中棺椁 小者可爲弓材者通作檍考工記弓人凡取幹之道七柘爲上檍次之注云鄭司農云檍讀爲億萬之億

柀 檆也從木皮聲一曰折也 甫委切

檆也者釋木文彼作黏郭云黏似松生江南可以爲船及棺材作柱埋之不腐本草彼子唐本注云此彼字當木旁作柀仍音彼木實也誤入蟲部爾雅云柀一名杉葉似杉木如柏肌軟子名榧子又榧實生永昌陶云今出東陽諸郡唐本注云此物是蟲部中彼子也爾雅云柀杉也其樹大連抱高數仞葉似杉其木如柏作松理肌細軟堪爲器用也衍義云榧實大如橄欖殼色紫褐而脆其中子有一重麤黑衣其仁黃白色嚼久漸甘美爾雅翼柀似黏而異黏以材稱柀又有美實而材尤文彩其樹大連抱高數仞葉似黏其木如柏作松理而絕難長肌理細軟堪爲器用其實有皮殼大小如棗而短去皮殼可生食亦焙而收之可以經久本草木部有榧實又有彼子皆出永昌而誤在蟲部蓋彼字當從木卽是榧也陶宏景注榧實出東陽諸郡而不識彼字惟蘇恭能辨其爲一物今彼子退入有名無用中矣馥案廣韻榧木名子可食療白蟲 一曰折也者類篇作析昭五年左傳又披其邑杜注披析也傳又云今將崇諸侯之姦而披其地杜注披猶分也方言披散也器破曰披史記范雎傳木實繁者披其枝灌夫傳枝大於本脛大於股不折必披注云披分析也

shān 檆　zhēn 榛　kǎo 栲　chūn 杶

檆 木也從木黏聲 所銜切

徐鍇所加

榛 木也從木秦聲一曰菆也 側詵切

徐鍇本楷下云說文無榛字此卽榛字也據此則榛字徐鍇所加而其新修字義無榛字

木也者詩鳲鳩其子在榛釋文云榛木名也西京賦超殊榛薛綜注榛木也 一曰菆也者一切經音義十引作叢

木也詩旱麓榛楛濟濟西山經上申之山下多榛楛淮南原道訓隱於榛薄之中高注藂木曰榛蜀志郤正傳豈暇修枯𣟮於榛藂哉司馬相如宜春宮賦覽竹林之榛榛郭璞椒贊椒之灌植實繁有榛廣韻禽下云燒榛種田案棘叢生者謂之棘榛

栲 山樗也從木尻聲 苦浩切

山樗也者釋木文彼云栲山樗郭云栲似樗色小白生山中因名云馥案栲尻古今字樗當爲樗釋文音丑於反詩正義引郭注下有俗語曰櫄樗栲漆相似如一十一字詩山有栲傳云栲山樗陸璣疏云山樗與下田樗畧無異葉似差狹耳吳人以其葉爲茗方俗無名此爲栲者似誤也今所云爲栲者葉如櫟木皮厚數寸可爲車輻或謂之栲櫟許慎正以栲讀爲糗今人言栲者失其聲耳馥案糗當爲糗今以讀若糗三字誤在楢下小雅南山有栲傳云栲山樗也詩詁今山閒有木如櫟生子如橡栗而無櫜韜呼如栲平聲與櫟併言亦曰栲櫟

杶 木也從木屯聲夏書曰杶榦栝柏 敕倫切

chūn 橁　ruí 桵　yù 棫　xī ⿰木息　jū 椐

木也者徐鍇引字書杶木似樗中車轅實不堪食馥案樗當爲㯻玉篇杶木似㯻夏書曰杶榦栝柏者書禹貢文栝當爲檜

櫄 或從熏

書禹貢釋文杶又作櫄案鄭注考工記引書作櫄急就篇桐梓樅椶榆椿樗顏注椿字或作櫄其音同周禮大宰材貢注云櫄榦栝柏篠簜也中山經超山其上多櫄木注云似樗樹材中車轅

杻 古文杶

釋木杻檍本書檍杶也

橁 杶也從木筍聲 相倫切

杶也者五經文字橁木也與杶同物而異名襄十八年左傳斬其橁以爲公琴

桵 白桵棫從木妥聲 儒佳切

白桵棫者釋木棫白桵郭云桵小木叢生有刺實如耳璫紫赤可啖陶注本草桵核云形如烏豆大圓而扁有文理狀似胡桃核圖經云其木高六七尺莖閒有刺葉細似枸杞而尖長花白子紅紫色附枝莖而生類五味子六月成熟通作蕤西京賦梓棫楩楓薜綜注棫白蕤也

棫 白桵也從木或聲 于逼切

白桵也者釋木文詩緜柞棫拔矣箋云棫白桵也陸璣疏三蒼說棫即柞也其材理全白無赤心者爲白桵直理易破可爲犢車輻又可爲矛戟矜今人謂之白梂或曰白柂馥案詩芃芃棫樸傳云棫白桵也樸枹木也箋云白桵相樸屬而生者枝條芃芃然毛鄭皆以爲小木與郭注爾雅同漢有棫陽宮猶五柞宮皆以大木得名此三蒼棫即柞之說本草言欒有二種一種不結實者名棫是也西山經羭次之山其上多棫橿注云棫白桵也

⿰木息 木也從木息聲 相即切

椐 樻也從木居聲 九魚切

kuì 樻　xǔ 栩　shù 柔　xiàng 樣

樻也者釋木文郭云腫節可以爲杖釋文樊孫竝云椐樻腫節可作杖毛詩草木疏云節中腫似扶老即今靈壽是也類篇引字林椐木名靈壽也詩皇矣其檉其椐傳云椐樻也陸璣疏節中腫似扶老今人以爲馬鞭及杖宏農其北山甚有之御覽引此文云椐枝葉似楨松爾雅曰椐樻也節似扶老即靈壽是也今人以爲馬鞭及杖北山經虢山其下多桐椐注云椐樻木腫節中杖漢書孔光傳賜太師靈壽杖孟康曰扶老杖也服虔曰靈壽木名顏注木似竹有枝節長不過八九尺圍三四寸自然有合杖制不煩削治也王粲靈壽杖頌奇榦堅正不待矯輮通鑑魏文帝賜楊彪延年椐杖陳藏器云椐生劍南山谷圓長皮紫作杖令人延年益壽

樻 椐也從木貴聲 求位切

栩 柔也從木羽聲其實皁一曰樣 況羽切

柔也者釋木文郭云柞樹齊民要術今人呼杼爲橡子儉歲可食以爲飯豐年牧豬食之可以致肥也詩鴇羽集于苞栩東門之枌宛丘之栩傳竝云栩杼也陸璣疏云今柞櫟也徐州人謂櫟爲杼或謂之爲栩謂櫟爲杼五方通語

也 其實皁一曰樣者皁當作草本書草下云草斗櫟實也一曰象斗子周禮司徒其植物宜皁物注云今世閒謂柞實爲皁陸璣詩疏云其子爲皁或言皁斗其殼爲汁可以染皁今京洛及河內多言杼斗或云橡斗

柔 栩也從木予聲讀若杼 直呂切

文當作[illegible]

栩也者集韻柔似櫧郭注山海經櫧似柞子可食本草拾遺櫧子小如橡列子釋文杼橡子也莊子山木篇食杼栗通作芧齊物論狙公賦芧司馬云芧橡子也 讀若杼者杼當爲抒

樣 栩實從木羕聲 徐兩切

或作橡列子說符篇冬日則食橡栗莊子徐无鬼居於深山拾橡栗而食韓非外儲說蔬菜橡果棗栗足以活民大戴禮曾子制言篇聚橡栗藜藿而食之呂氏春秋恃君篇冬日則食橡栗注云橡皁斗也其狀似栗東觀漢記李恂處新安關下拾橡實爲食晉書庾袞傳與邑人入山拾橡廣志淮漢以南四年以蔆爲蔬猶以橡爲資也孔嘉地記濤山至高常有

拾橡者孔衍在窮記彭城王道橡飯十斛劉氏新論隨時篇救饑者以圓寸之珠不如與之橡斗栩實者廣雅橡柔也古今注杼實曰橡小爾雅柞之實謂之橡本草橡實其殼幷堪染用一名杼斗槲櫟皆有斗以櫟爲勝所在山谷中皆有圖經云木高二三丈三四月開黃花八九月結實其實爲皁斗

yì 杙

杙 劉劉杙從木弋聲 與職切

劉劉杙者釋木文郭云劉子生山中實如梨酢甜核堅出交趾御覽引吳錄地理志交趾羸𨻻縣有劉子樹出山中實如梨而味酸美郡內皆有之馥案今人食酸猶言酸劉劉南方草木狀劉樹子大如李實三月花包仍連著實七八月熟其色黃其味酢煮蜜藏之仍甘好出交趾武平興古九眞通作留上林賦留落胥邪或作榴吳都賦探榴禦霜劉淵林注榴榴子樹也

pí 枇

枇 枇杷木也從木比聲 房脂切

枇杷木也者玉篇枇杷果木冬花夏熟本草蜀圖經枇杷樹高丈餘葉大如驢耳背有黃毛子梂生如小李黃色味甘酸核大如小栗皮肉薄冬花春實四月五月熟凌冬不凋生江南山谷今處處有上林賦枇杷橪柹張揖曰枇杷似斛樹長葉子若杏

說文解字義證　卷十六　圭

jié 桔

桔 桔梗藥名從木吉聲一曰直木 古屑切

管子地員篇藚與桔梗　范子計然桔梗出河東洛陽建康記建康出桔梗極精好　寰宇記河南府土產桔梗

桔梗藥名者廣雅犁如桔梗也本草桔梗一名利如生嵩高山谷及寃句陶隱居云近道處處有葉名隱忍二三月生可煮食之圖經云根如小指大黃白色春生苗莖高尺餘葉似杏葉而長楕四葉相對而生嫩時亦可煮食之夏開花紫碧色頗似牽牛子花秋後結子馥案釋草蒡隱荵注云似蘇有毛今江東呼爲隱荵藏以爲葅亦可瀹食也吳氏本草桔梗神農醫和苦無毒扁鵲黃帝鹹岐伯雷公甘無毒季氏大寒葉如薺苨莖如筆管紫赤二月生齊策今求柴胡桔梗於沮澤則累世不得一焉及之睪黍梁父之陰則郄車而載耳高云桔梗山生之草也山北曰陰桔梗生焉本草桔梗療蠱毒搜神記趙壽有犬蠱用桔梗以飲之乃愈司馬彪注莊子桔梗治心腹血瘀瘕痹

zuò 柞

柞 木也從木乍聲 在各切

木也者廣韻柞木名增韻柞木名卽皁斗也詩緜柞棫拔矣箋云柞櫟也采菽維柞之枝其葉蓬蓬箋云柞之葉新將生故乃落於地周禮司徒山林其植物宜皁物鄭司農云柞栗之屬西山經大時之山上多穀柞注云柞櫟漢書武帝紀行幸盩厔五柞宮張晏曰有五柞樹因以名宮也風土記舜所耕多柞樹吳越之閒名柞爲櫟楊雄傳厝虞採椽注採柞木也玉篇棌槲也本草圖經槲木高丈餘與櫟相似亦有斗

lú 枰

枰 木出橐山從木乎聲 他乎切

廣韻黃枰木可染也

木出橐山者山海經中山經橐山其木多樗案枰或作樗又誤爲樗

jiàn 榗

榗 木也從木晉聲書曰竹箭如榗 子賤切

木也者徐鍇曰案說文無榛字此卽榛字也一切經音義十引說文榛叢木也是唐本有榛字　書曰竹箭如榗者書無此文禮器其在人也如竹箭之有筠也

說文解字義證　卷十六　圭

suì 檖

檖 羅也從木遂聲詩曰隰有樹檖 徐醉切

羅也者釋木文檖彼作檖郭云今楊檖也實似梨而小酢可食齊民要術檖名赤羅又名山梨又名楊檖名鹿梨名鼠梨實大如杏可食廣志楊檖子似梨大如杏可食晉宮閣名華林園楊檖二株羅或作欏玉篇欏檖木也格物要論欏木出湖廣及南安謂之倭欏又謂之草欏　詩曰隰有樹檖者秦風晨風文彼作檖傳云檖赤羅也陸璣疏云檖一名赤羅一名山梨今人謂之楊檖其實如梨但小耳一名鹿梨一名鼠梨今人亦種之極有脆美者亦如梨之美者本草圖經江寧府信州出一種小梨名鹿梨葉如茶根如小拇指

jiǎ 椵

椵 木可作牀几從木叚聲讀若賈 古雅切

木可作牀几者牀當爲伏徐鍇曰古謂坐榻亦爲几故言伏几伏几卽人手所凭者也伏膺之几也

huì 櫘

櫘 木也從木惠聲 胡計切

hù 楛　jī 櫅　réng ⿰木乃　pín 櫇　èr 樲

楛　木也從木苦聲詩曰榛楛濟濟　侯古切

木也者魯語昔武王克商通道於九夷八蠻於是肅愼氏貢楛矢石砮閻若璩曰國語肅愼氏貢楛矢子案之其地即今寧古塔詢其風土云西南去六百里曰長白山山巔之陰及黑松林徧生楛木可取以爲矢質堅而直不爲燥溼所移漢書五行志楛矢貫之應劭曰楛木名顏注其木堪爲笴笴今豳以北皆用之土俗呼其木爲楛子也趙策張孟談曰吾聞董子之治晉陽也公宮之垣皆以荻蒿楛楚牆之君發而用之襄子發而試之其堅則箘簵不能過也襄子曰吾矢足矣西山經上申之山下多榛楛注云楛木可以爲箭又云休與之山有草焉狀如蓍赤葉而叢生名曰夙條可以爲簳陳啟源曰荆有青赤二種青者爲荆赤者爲楛馥謂經言赤葉當爲赤莖　詩曰榛楛濟濟者大雅旱麓文陸璣疏云楛其形似荆而赤莖似蓍上黨人織以爲牛筥箱器又屈以爲釵故上黨人調曰問婦人欲買赭不謂竈下自有黃土問買釵不謂山中自有楛馥案禹貢釋文引此文作葉如荆藝文類聚引作楛似荆楚中貢簵楛

櫅　木也可以爲大車軸從木齊聲　祖雞切

木也可以爲大車軸者徐鍇本軸下有材字　釋木櫅白棗玉篇櫅白棗可以爲大車軸

⿰木乃　木也從木乃聲讀若仍　如乘切

櫇　木也從木頻聲　符眞切

木也者通作蘋上林賦仁頻幷閭孟康曰仁頻櫻也　李善曰仙藥錄云檳榔一名櫻然仁頻即檳榔也

樲　酸棗也從木貳聲　而至切

酸棗也者釋木文郭云樹小實酢孟子養其樲棘趙注樲棘小棗所謂酸棗也急就篇槐檀荆棘葉枝扶顏注棘酸棗之樹也一名樲唐注本草酸棗云此即樲棗實也陳藏器拾遺引嵩陽子云余家于滑臺今酸棗縣即滑之屬邑也其地名酸棗焉其樹高數丈徑圍一二尺木理極細堅而且重其樹皮亦細文似蛇鱗其棗圓小而味酸其核微圓其仁稍長色赤如丹此醫之所重居人不易得今市之賣者皆棘子爲之元和郡縣志酸棗縣以地多酸棗其仁

pú 樸　rǎn 橪　nǐ 柅　shāo 梢　lì ⿰木隸　liè ⿰木寽　xùn 梭　bì ⿰木畢

入藥用故爲名寰宇記開封府土產酸棗

樸　棗也從木僕聲　博木切

徐鍇本在部末

棗也者徐鍇曰爾雅樸枹者注以詩棫樸言枹樸也按爾雅方說諸棗而連屬云樸枹者則注解者自然以此樸爲棗也許愼所引爾雅注在張揖以前而今學官所列及臣鍇所引是晉郭璞注所以有與許愼不同也馥案今爾雅樸在梧下不與諸棗連屬

橪　酸小棗從木然聲一曰染也　人善切

酸小棗者史記索隱引同廣韻橪棗木名淮南子發橪棗以爲矜上林賦枇杷橪柿郭璞曰橪橪支木也馥謂橪支自是香草劉向九歎采橪支於中洲是也賦言橪柿橪乃酸棗史記集解引徐廣曰橪果也　一曰染也者徐鍇本作柔詩荏染柔木傳云荏染柔意也

柅　木也實如梨從木尼聲　女履切

梢　木也從木肖聲　所交切

木也者通作櫹晏子春秋景公登箐室而望見人有斷雍門之櫹者

⿰木隸　木也從木隸聲　郎計切

木也者吳氏本草郁李一名雀李一名車下李一名棣周書夏食鬱注云棣也潘岳閑居賦梅杏薁棣之屬曹毗魏都賦若榴郁棣

⿰木寽　木也從木寽聲　力輟切

木也者廣韻⿰木寽木名可染緇

梭　木也從木夋聲　私閏切

⿰木畢　木也從木畢聲　卑吉切

木

là 楋　jǔ 枸　zhè 樜　fāng 枋　jiāng 橿

楋 木也從木刺聲 盧達切

枸 木也可爲醬出蜀從木句聲 俱羽切

木也可爲醬出蜀者史記西南夷傳南越食蒙蜀枸醬蒙問所從來曰道西北牂牁江廣數里出番禺城下蒙歸至長安問蜀賈人賈人曰獨蜀出枸醬多持竊出市夜郎集解駰案漢書音義曰枸木似穀樹其葉如桑葉用其實作醬酢美蜀人以爲珍味索隱案劉德云枸樹如桑其椹長二三寸味酢取其實以爲醬香美小顏云枸者緣木而生非樹也今蜀土家出枸實不長二三寸味辛似薑不酢劉說非也廣志云枸色黑味辛下氣消穀顏注漢書子形如桑椹緣木而生味尤辛今宕渠則有之古文苑蜀都賦謅醬酴清注云蒟醬枸椹醬漢書西域傳威枸醬竹杖則開牂柯越嶲通作蒟本草蒟醬生巴蜀蜀都賦蒟醬流味於番禺之鄉桓驎七說調𦠆和粉糅以橙蒟注云蒟木實也可爲醬潘岳西征賦致邛蒟其奚難元和郡縣志涪州貢蒟醬南方草木狀蒟醬蓽茇也生於蕃國者大而紫謂之蓽茇生於番禺者小而青謂之蒟焉可以調食故謂之醬交趾九眞人家多種蔓生楊愼曰今永昌人猶以蓽茇爲

豆蔻是可證也自本草注以蒟醬爲檳榔蔞子非也佐檳榔之蔞子自名扶留籐見蜀都賦草木狀亦具列于檳榔條下與蒟醬全不同馥案本草分蒟醬蓽茇爲二寰宇記益州蒟醬如今之大蓽茇是二者相似不同物

樜 木出發鳩山從木庶聲 之夜切

木出發鳩山者通作柘北山經發鳩之山其上多柘木郭注發鳩山在上黨長子縣西九域志潞州長子縣有發鳩山

枋 木可作車從木方聲 府良切

木可作車者釋木柎郭注材中車輞一名土橿又注山海經橿中車材考工記輪人爲輪斬三材必以其時注云三材所以爲轂輻牙也牙以橿也徐鍇引字書枋橿也莊子逍遙遊我決起而飛槍榆枋釋文李云枋檀木也

橿 枋也從木畺聲一曰鉏柄名 居良切

吳都賦文欀楨橿

chū 樗　bò 檗　fēn 梤　shā 榝

枋也者字書枋橿也莊子釋文引李軌云枋檀木也馥疑兩檀字皆橿之形誤　一曰鉏柄名者玉篇柌橿鉏柄廣韻鋤橿鋤柄也廣雅橿柄也釋名鋤齊人謂其柄曰橿橿然正直也鹽鐵論論勇篇鉏耰棘橿以破衝隆少牢饋食禮加二勺于二尊覆之南柄注云今文柄爲方士冠禮加柶面枋注云今文枋爲柄

樗 木也以其皮裹松脂從木雩聲讀若華 乎化切

木也者或作樺一切經音義十樺木名也皮可以飾弓𩌏書蕭摩訶傳樺皮裝弓格物總論樺木似山桃皮上有紫黑花勻者用以裹鞍及弓鐙杜寶大業拾遺錄汾州起汾陽宮宮南外平林率是大樺木高百餘尺從行文武皆剝取皮覆庵舍寰宇記駿馬國累木爲井欄樺皮蓋以爲屋新唐書地理志延安郡貢樺皮又作枇廣韻枇木名皮可爲索又作檴本草拾遺晉中書令王珉傷寒身驗方中樺作檴字又通作華莊子讓王篇原憲華冠釋文華胡化反以華木皮爲冠漢書司馬相如傳華楓枰櫨顏注華即今之皮貼弓者也史記集解駰案漢書音義曰華木皮可以爲索也　以其皮裹松脂者徐鍇曰今人以其皮卷之然以爲燭裹松脂亦所以爲燭也玉篇樺木皮可以爲燭本

草樺堪爲燭國史補正旦曉漏以前三司使大金吾以樺燭擁馬謂之火城白居易詩風燭樺煙香

檴 或從蒦

檗 黃木也從木辟聲 博戹切

黃木也者本草檗木生漢中山谷及永昌蜀本圖經黃檗樹高數丈葉似吳茱萸亦如紫椿皮黃其根如松下茯苓今所在有本出房商合等州山谷皮緊厚二三分鮮黃者上漢書司馬相如傳檗離朱楊顏注檗黃檗也參同契若檗染爲黃兮新唐書地理志漢陰郡貢黃檗寰宇記興州順政縣武興山出黃檗

梤 香木也從木岁聲 撫文切

唐令狐德棻其名從芬

香木也者徐鍇本無香字鍇曰按字書云香木也

榝 似茱萸出淮南從木殺聲 所八切

似茱萸出淮南者釋木椒櫒醜茦郭云櫒似茱萸而小赤色釋文引字林云似茱萸出淮南本草云茱萸一名櫒案今樹極似茱萸唯子赤細六書故引李巡曰櫒茱萸也廣雅櫒茱萸也風土記茱萸櫒也九月九日熟色赤可采時也本草吳茱萸一名藙陶隱居云禮記名藙而俗中呼爲藙子當是不識藙字似藙字耳唐本注云爾雅椒櫒屬亦有櫒名陶誤也離騷櫒又欲充夫佩幃王注櫒茱萸也似椒而非椒南都賦蘇蔱紫薑李善引字書曰蔱茱萸也唐書南詔傳膾魚寸以胡瓜椒蔱和之通鑑太尉李咸擣椒自隨注云齊明帝將殺高武諸孫敕大官煮椒二斛益其毒能殺人也案晉宋間人每食椒朮然宋書顧覬之傳原夫食椒非養生之術咀嚼豈衛性之經顏謂椒即櫒

zú 櫒

櫒 木可作大車輮從木戚聲 子六切

yáng 楊

楊 木也從木昜聲 與章切

木也者埶文類聚引作蒲柳也初學記引同顏注急就篇楊一名蒲柳可以爲矢古今注蒲柳生水邊葉似青楊亦曰蒲栘亦曰蒲柳亦曰水楊蒲楊也枝勁韌任矢用三齊畧記富平城東南有蒲臺高八十丈秦始皇所頓處時在

臺下縈蒲繫馬至今蒲生猶縈蒲似水楊而勁堪爲箭齊地記無棣縣有秦王繫馬蟠蒲堪爲箭本草水楊葉嫩注云葉圓闊而赤枝條短硬多生水岸旁樹與楊柳相似既生水岸故名水楊也圖經按楊柳異類今人謂柳爲楊柳非也說文楊蒲柳也柳小楊也其類非一蒲柳其枝勁韌可爲箭笴左傳所謂董澤之蒲又謂之萑符即水楊是也今河北沙地多生此又生水旁葉粗而白木理微赤白顏案蒲柳即世說所云蒲柳之質望秋先零者也詩采薇楊柳依依傳云楊柳蒲柳也楊之水不流束蒲箋云蒲蒲柳陸璣疏云蒲柳有兩種皮正青者曰小楊其一種皮紅者爲大楊其葉皆長廣似柳葉皆可以爲箭幹故春秋傳曰董澤之蒲可勝既乎今又以爲箕𨇠之楊也顏案禮含文嘉天子樹松諸侯柏大夫欒士楊定六年左傳獻楊楯六十於簡子注云楊木名此則白楊青楊之屬非蒲柳矣

chēng 檉

檉 河柳也從木聖聲 敕貞切

南齊書徐伯珍宅南九里有高山班固謂之九巖山山多檉柏 南越志綏南縣連山多檉松杞梓 成公綏芸香賦葉象春檉

河柳也者釋木文郭云今河旁赤莖小楊木草赤檉木生河西沙地皮赤色葉細衍義云人謂之三春柳以其一年三秀也花肉紅色成細穗河西者戎人取滑枝爲鞭京師亦甚多元和郡縣志靈州貢赤檉馬鞭陳啟源曰檉近世呼西河柳醫家用之治小兒痲疹是也詩皇矣其檉其椐傳云檉河柳也陸璣疏云河旁柳皮正赤如絳一名雨師枝葉似松史記司馬相如傳欒離朱楊索隱引郭璞曰朱楊赤莖柳生水邊爾雅云檉河柳是也漢書西域傳多葭葦檉柳顏注檉柳河柳也今謂之赤檉枚乘七發女桑河柳素葉紫莖江淹檉頌碧葉庵藹頳柯翕艴通志檉中脂曰檉乳大概杉松之類而意態似柳故謂之檉柳可卷爲盤合馥案又可爲杖北齊領軍中領軍將軍執檉杖

liǔ 柳

柳 小楊也從木丣聲丣古文酉 力九切

小楊也者陸璣謂蒲柳皮正青者爲小楊戰國策養由基善射去柳葉百步而射枚乘上吳王書作楊葉 丣聲者御覽初學記並引作卯聲石鼓文惟楊及柳北魏豆盧恩碑初存柳城之功古銅印有柳脩柳顯柲柳張柳殷宋柳其文並從丣裴注吳志虞翻傳云翻奏正鄭元注經違義云古大篆卯字讀當爲柳古柳卯同字而以爲昧此指堯

典昧谷臣松之竊謂翻言爲然故劉留聊柳同用此字以從聲故也與日辰卯字字同音異然漢書王莽傳論卯金刀故以爲日辰之卯今未能詳正然世多亂之馥案若論從聲則詩十月之交卯醜爲韻泮水言采其茆釋文云音卯徐音柳劉安招隱士歲暮兮不自聊蟪蛄鳴兮啾啾聊啾爲韻本書貿音莫候切周禮縫人翣柳故書作接櫝

xún 樳

樳 大木可爲鉏柄從木𢊁聲 詳遵切

大木可爲鉏柄者或作栒北山經緜山其木多栒注云木中杖也

luán 欒

欒 木似欄從木䜌聲禮天子樹松諸侯柏大夫欒士楊 洛官切

本草欒生漢中川谷唐本注云此樹葉似木槿而薄細花黃似槐而小長大子殼似酸漿其中有實如熟豌豆圓黑堅硬堪爲數珠者是也

木似欄者本書無欄字考工記㡛氏湅帛以欄爲灰注云以欄木之灰漸釋其帛也類篇欄木名桂類御覽引云木

yí
移

也似木蘭漢書元嘉元年芝生後庭木蘭之上離騷鴟集於木蘭又云朝飲木蘭之墜露任昉述異記木蘭川在尋陽江中多木蘭樹七里洲中有魯般刻木蘭爲舟景福殿賦於是蘭栭積重李善曰蘭木蘭也蜀都賦其木則有木蘭梫桂本草釋名林蘭杜蘭木蓮黃心注云其香如蘭其狀如蓮其木心黃李時珍曰木蘭枝葉俱疏其花內白外紫深山生者尤大可以爲舟木肌細而心黃梓人所貴白居易曰木蓮生巴峽山谷閒民呼爲黃心樹大者高五六丈涉冬不凋身如青楊有白紋葉如桂而厚大無脊花如蓮香色豔膩皆同獨房蕊有異四月開始開二日卽謝不結實

禮天子樹松諸侯柏大夫欒士楊者白虎通作士槐馥案此禮緯含文嘉之文周禮冢人疏引春秋緯云天子墳高三仞樹以松諸侯半之樹以柏大夫八尺樹以藥艸士四尺樹以槐庶人無墳樹以楊柳

移 棠棣也從木多聲 弋支切

棠棣也者釋木唐棣移郭云似白楊江東呼夫移本草拾遺扶移木生江南山谷大十數圍無風葉動花反而後合古今注移楊圓葉弱蒂微風大搖一名高飛一名獨搖字林棣移也陳留酸棗縣西南有棣城漢書楊雄傳猨桂椒

鬱移楊顏注移唐棣也詩考引韓詩序夫移燕兄弟閔管蔡之失道也埶文類聚引三家詩夫移之華萼不煒煒論語引詩唐棣之華偏其反而注云唐棣移也華反而後合詩晨風山有苞棣傳云唐棣也陳啟源曰召南之唐棣秦風之苞棣卽爾雅所謂唐棣移也圓葉弱蒂微風大搖名移楊又名移柳又名高飛又名獨搖郭云似白楊江東呼夫移案今通呼白楊俗稱之誤也自是一類而小別耳詩何彼襛矣唐棣之華傳云唐棣移也陸璣疏云唐棣奧李也一名雀梅亦曰車下李所在山皆有其花或赤或白六月中熟大如李子可食馥謂此釋豳風六月食鬱及薁後人亂之豳風傳云鬱棣屬

dì
棣

棣 白棣也從木隶聲 特計切

白棣也者詩采薇維常之華傳云常常棣也陸璣疏云許愼曰白棣樹也似李而小如櫻桃正白今官園種之又有赤棣樹子正赤如郁李而小自關西天水隴西多有之齊民要術引詩義疏棣其實似櫻桃薁李麥時熟食美北人呼之相思也陳啟源曰常棣常本如字俗閒乃有讀棠者示兒編辨其誤當矣此誤大抵唐世已然李商隱詩云棠棣黃花發近世有草俗呼棣棠華色黃春末開李詩定指此意當時常字已有棠音故顚倒俗呼以合雅花併目併改常下從木自漢杜鄴傳引詩作棠棣師古注亦同李善注謝宣遠詩及曹子建求親親表兩引詩皆作棠棣傳寫之誤不知始自何年要皆因音誤故字誤也馥案僖二十四年左傳引詩常棣之華亦作常字釋木常棣棣郭云今關西有棣樹子如櫻桃可食急就篇棗杏瓜棣饊飴餳顏注棣常棣也其子熟時正赤色可啗俗呼爲山櫻桃隴西人謂之棣子是也馥案郭顏皆誤以赤棣爲常棣

zhǐ
枳

枳 木似橘從木只聲 諸氏切

木似橘者徐鍇曰卽藥家枳殼也古云枳棘非鸞鳳所棲四民月令九月九日收枳實本草枳實生河內川澤圖經云今京西江湖州郡皆有之如橘而小高亦五七尺葉如棖多刺春生白花至秋成實近道所出者俗呼臭橘不堪用魏畧王脩奏曰臣聞枳棘之材無柱梁之質周禮掌固掌修城郭溝池樹渠之固注云樹謂枳棘之屬有刺者也後漢書馮衍傳揵六枳而爲籬兮注云枳芬木也晏子曰江南爲橘江北爲枳枳之爲木芳而多刺可以爲籬文選

閒居賦芬枳樹籬通鑑董卓殺何苗毋棄尸於苑枳落中注云枳似棘多刺江南爲橘江北爲枳人因枳籬又云侯景幽帝於永福省牆垣悉布枳棘注云枳似橘而多刺考工記橘踰淮爲枳晏子橘生淮南則爲橘生于淮北則爲枳葉徒相似其實味不同博物志橘渡江北化爲枳今之江東甚有枳橘

fēng
楓

楓 木也厚葉弱枝善搖一名聶從木風聲 方戎切

楚辭湛湛江水兮上有楓 大荒南經有宋山者有木生山上名曰楓木楓木蚩尤所棄其桎梏是謂楓木注云卽今楓香樹 西京雜記上林苑有楓四株 論衡狀留篇楓桐之樹生而速長故其皮肌不能堅剛 史記司馬相如傳華氾枰櫨徐廣曰氾一作楓馥案漢書作楓字林楓方廉反

木也者顏注漢書楓樹脂可爲香今之楓膠香也郭注爾雅楓樹似白楊葉圓而岐有脂而香今之楓香是本草楓香脂唐本注云樹高大葉三角商洛之閒多有圖經云今南方及關陝多有之似白楊甚高大葉圓而作岐有三角而香三月有花白色乃連著實大如鴨卵八月九月熟漢宮殿中多植之至霜後葉丹可愛故騷人多稱之 厚葉

弱枝善搖者本書槖木葉搖白也　一名槖者釋木楓欇欇𣘃爲舍人云楓爲樹厚葉弱莖大風則鳴故曰槖孫炎云欇欇生江上有奇生枝高三四尺生毛一名楓子本草圖經云爾雅謂楓爲欇欇言天風則鳴欇欇也

quán
權

權　黃華木從木雚聲一曰反常巨員切

黃華木者釋木權黃英玉篇黃英木也　一曰反常者廣韻權變也反常合道論語廢中權馬注遭世亂自廢棄以免患合於權也管子心術篇故事督乎法法出乎權權出乎道孟子執中無權猶執一也又云男女授受不親禮也嫂溺援之以手者權也喪服四制權者知也白虎通經常也廣雅經常也宣十二年左傳政有經矣杜注經常也桓十一年公羊傳何賢乎祭仲以爲知權也權者何權者反於經然後有善者也范甯穀梁集解序公羊以祭仲廢君爲行權趙匡春秋集傳是故春秋以權輔正司馬法古者以仁爲本以義治之之謂正正不獲意則權淮南說林訓道德可常權不可常韓詩外傳大道常之謂經變之謂權懷其常道而挾其變權乃得爲賢申鑒權者反經無事也鹽鐵論復古篇用權者離俗又詔聖篇云權也非撥亂反正之常也孔明十一年策秀才文豈欲非聖無法將以旣

道而權劉氏新論明權篇循理守常曰道臨危制變曰權易稱巽以行權語稱可以適道未可與權權者反於經而合於道反於義而後有善若唐棣之華反而更合也隋宇文述說楊約曰夫守正履道固人臣之常致反經合義亦達者之令圖唐書姚崇傳事固有違經而合道反道而適權者

jǔ
柜

柜　木也從木巨聲其呂切

木也者孟子性猶杞柳也注云杞柳柜柳也陳啟源曰案柜柳卽爾雅椵柜桏郭讀桏爲柳云柜柳似柳是也本草作欅柳陶隱居云皮似槐檀葉如櫟槲寇宗奭云謂檀非檀謂柳非柳

huái
槐

槐　木也從木鬼聲戶恢切

釋木槐棘醜喬　管子地員篇沃土其木宜槐　中山經條谷之山其木多槐桐　困學紀聞莊子逸文槐之生也入季春五日而兔目十日而鼠耳　春秋說題辭槐木者虛星之精也　春秋元命苞樹槐聽訟其下注云槐之言歸也情見歸實也　御覽引淮南子老槐生火　廣志槐材有靑黃白黑數種

木也者增韻槐木似櫰葉細而不黑花黃可染急就篇槐檀荆棘葉枝扶顏注槐似櫰而葉少花又黃色

gǔ
穀

穀　楮也從木㱿聲古祿切

篆當爲穀五經文字穀穀上說文　尙書大傳桑穀之生在太戊時　漢書藝文志桑穀共生太戊以興五行志引劉向以爲商道旣衰高宗乘敝而起國將危亡故桑穀之異見說苑桑穀者野草也顏案古人稱木亦曰草賈誼書梧東方之草柳南方之草棘西方之草棗北方之草是也　酉陽雜俎穀田久廢必生構葉有瓣曰楮無曰構顏案構穀聲相近滇人呼穀樹爲構漿　廣志墨爽濮以穀皮布爲衣　裴淵南海記蠻夷俗不蠶取穀皮熟搥爲褐　梁書庾詵傳冠穀皮巾　後漢書周黨傳乃著短布單衣穀皮綃頭注云以穀樹皮爲綃頭也　陳啟源曰穀有雌雄雄者皮斑可爲冠花成長穗如柳可食不結實雌者皮白結實如楊梅

楮也者齊民要術引同集韻關中謂楮爲穀廣雅穀楮也吳氏本草穀樹一名楮六書故楮穀兩種一種高大皮駁實如楓實熟則紅書所謂桑穀並生者也一種皮白葉長實小似覆盆子其木不能高大俗謂扁穀所謂楮也詩黃

鳥無集于穀鶴鳴其下維穀傳云穀惡木也陸璣疏云幽州人謂之穀桑荆揚人謂之穀中州人謂之楮殷中宗時桑穀共生是也今江南人績其皮以爲布又擣以爲紙謂之穀皮紙潔白光輝其裏甚好其葉初生可以爲茹齊民要術案今世人有名之曰角楮非也蓋角穀聲相近因訛耳其皮可以爲紙者也南山經招搖之山有木焉其狀如穀注云穀楮也皮作紙史記貨殖傳夫山西饒材竹穀纑集解穀木名皮可爲紙顏案晉書王羲之制窮萬穀之皮謂穀皮紙也書咸乂序桑穀共生于朝釋文穀楮也漢書郊祀志有桑穀生於庭顏注穀卽今之楮樹也

chǔ
楮

楮　穀也從木者聲丑呂切

韓詩外傳原憲楮冠黎杖　元和郡縣志湊州貢楮皮布　寰宇記商州出楮皮　魏王花木志南方記楮子如楊梅實二月花七八月熟土人鹽藏之味辛出交阯

穀也者本草楮實一名穀實所在有之陶隱居云此卽今穀樹也穀音構南人呼穀紙亦爲楮紙武陵人作穀皮衣又甚堅好圖經云此有二種一種皮有斑花文謂之斑穀今人用爲冠者一種皮無花枝葉大相類葉似葡萄葉作

jì 檵 qǐ 杞 yá 枒

鮮而有子其實初夏生如彈丸青綠色至六七月漸深紅色乃成熟西山經鳥危之山其陰多檀楮注云楮卽穀木

柠 楮或從宁

檵 枸杞也從木繼省聲一曰監木也 古詣切

枸杞也者釋木杞枸檵郭云今枸杞也廣雅地筋枸杞也又云狗乳苦杞也馥案本草枸杞一名羊乳廣韻苟杞春名天精子夏名苟杞葉秋名卻老枝冬名地骨根本草枸杞一名杞根一名地骨一名枸忌生常山平澤及諸邱陵阪岸陶隱居云今出堂邑而石頭烽火樓下最多其葉可作羹味小苦俗諺云去家千里勿食蘿摩枸杞此言其補益精氣強盛陰道也圖經云今處處有之春生苗葉如石榴葉而軟薄堪食俗呼爲甜菜其莖榦高三五尺作叢六月七月生小紅紫花隨便結紅實形微長如棗核詩四月隰有杞桋四牡集于苞杞傳竝云杞枸檵也陸疏杞其樹如樗一名苦杞一名地骨春生葉作羹茹微苦其莖似莓子秋熟正赤莖葉及子服之輕身益氣馥案沈括曰陝西枸杞最大高丈餘可作柱故陸疏謂其樹如樗昭十二年左傳我有圃生之杞乎杜注杞世所謂枸杞也南山經虖

勺之山其下多荊杞注云杞苟杞也子赤孝經援神契鉅勝延年宋均注世以鉅勝爲枸杞子

杞 枸杞也從木己聲 墟里切

通作芑表記引詩豐水有芑注云芑枸檵也

枒 木也從木牙聲一曰車輞會也 五加切

木也者玉篇枒木出交阯高數十丈葉在其末也吳都賦檳榔無柯枒葉無陰龔君麗正曰上林賦留落胥邪郭璞注胥邪似栟櫚皮可作索司馬彪注胥邪高十尋葉在其末異物志枒樹似檳榔無枝條高十餘尋葉在其末如束蒲實大如瓠繫在顚若挂物也實外有皮中有核如胡桃核裏有膚膚白如雪厚半寸如豬膏味美如胡桃膚裏有汁升餘清如水味美于蜜飲之可以愈渴核作飲器也張平子南都賦楈枒栟櫚左太沖蜀都賦椶枒楔樅劉淵林注椶枒出蜀其皮可作繩履謹案蘇頌引郭義恭廣志所說與異物志畧同蜀都賦椶枒是二物其皮畧相似故淵林幷釋之也其字正作枒漢書作邪史記作餘皆其假借字作柳者俗字也 一曰車輞會也者本書

tán 檀 lì 櫟 qiú 梂

無輞字㯓下云火㷉車輞絕也引周禮㷉牙外不㷉廣韻枒車輞合處釋名輞罔也罔羅周輪之外也考工記輪人斬三材注云三材所以爲轂輻牙也又牙也者以爲固抱也鄭司農云牙讀如跛者訝跛者之訝謂輪輮也世閒或謂之罔車人渠三柯者三鄭司農云渠謂車輮所謂牙尙書大傳散宜生取大貝大如大車之渠鄭注渠車輞也

檀 木也從木亶聲 徒乾切

論衡狀留篇樹檀以五月生葉後彼春榮之木其材彊勁車以爲軸 遁甲開山圖河東有獨頭山多青檀可以爲良弓

木也者六書故檀木堅忍葉類槐有黃白二種黃者尤堅忍顏注急就篇檀堅韌木也詩將仲子無折我樹檀傳云檀彊韌之木陸璣疏云檀木皮正青滑澤與繫迷相似又似駮馬駮馬梓榆故里語云斫檀不諦得繫迷繫迷尙可得駮馬繫迷一名挈榼故齊人諺曰上山斫檀挈榼先殫馥案挈榼卽爾雅㮇榼駮馬卽詩隰有六駮是也

櫟 木也從木樂聲 郎擊切

木也者詩晨風山有苞櫟傳云櫟木也陸璣疏秦人謂柞爲櫟河內人謂木蓼爲櫟爾雅曰其實梂椒樕之屬也其

子房生爲梂木蓼子亦房生故說者或曰柞櫟或曰木蓼璣以爲此秦詩也宜從其方土之言柞櫟是也淮南時則訓季冬之月其樹櫟注云櫟可以爲車轂木不出火惟櫟爲然通鑑沈攸之緣於櫟林注云櫟木名柞屬周處風土記曰記云舜耕於歷山山多柞樹吳越之閒名柞爲櫪故日歷山本草拾遺櫟木南北總有作柴亦云櫪音同也六書故櫟不冬彫其實亦斗木剛宜爲薪炭有黑心櫟白櫟緜櫟白櫟子尤細緜櫟以堅忍得名通志櫟曰橡亦曰㭙其實作梂曰阜斗曰橡斗然有二種南土多槲北土多櫟

梂 櫟實一曰鑿首從木求聲 巨鳩切

櫟實也者本書草下云草斗櫟實也釋木櫟其實梂郭云有梂彙自裹釋文舍人云櫟實名梂也孫云櫟實橡也有梂彙自裹陸璣詩疏柞櫟三蒼說棫卽柞也其材理全白無赤心者爲白桵今人謂之白梂後漢書李恂傳拾橡實以自資注云橡櫟實也 一曰鑿首者通作銶玉篇銶鑿屬詩破斧又缺我錡傳云鑿屬曰錡釋文引韓詩云木屬又缺我銶傳云木屬曰銶釋文引韓詩云鑿屬也一解云今之獨頭斧考工記注調其鑿柄而合之莊子天下篇鑿

不圜枘宋玉九辨圜枘而方鑿兮吾固知其鉏鋙而難入馥案鑿亦兵車所載司馬法輦有一斧一斤一鑿一梩管子輕重篇一車必有一斤一鋸一釭一鑽一鑿一銶一軻然後成爲車

liàn 楝

楝 木也从木柬聲 郎電切

木也者玉篇楝木名子可以浣衣郭注山海經楝木名子如指頭白而黏可以浣衣也廣韻楝木名鵷雛食其實淮南時則訓其樹楝注云楝實鳳皇所食秋熟本草楝生荊山山谷陶云處處有之俗人五月五日皆取葉佩之云辟惡圖經云木高丈餘葉密如槐而長三四月開花紅紫色芬香滿庭閒實如彈丸生青熟黃

yǎn 檿

檿 山桑也从木厭聲詩曰其檿其柘 於琰切

山桑也者釋木文郭云似桑材中作弓及車轅書禹貢厥篚檿絲傳云檿桑蠶絲中琴瑟弦顏注漢書地理志檿檿桑也又注五行志檿山桑之有點文者也考工記弓人凡取幹之道七柘爲上檿桑次之鄭司農云檿桑山桑中山經陽帝之山其木多橿杻檿楮注云檿山桑也鄭語檿弧箕服韋云山桑曰檿後漢書馬融傳冒檿柘注云檿山桑

也詩曰其檿其柘者大雅皇矣文傳云檿山桑也

zhè 柘

柘 桑也从木石聲 之夜切

書禹貢荊州杶榦栝柏鄭注榦柘榦 考工記弓人辨六材一曰柘 風俗通柘材爲弓 古史考烏號弓以柘枝爲之齊民要術柘葉飼蠶絲可作琴瑟等弦清鳴響徹勝於凡絲遠矣 寰宇記益州貢柘蠶絲桑也者本草衍義柘木裏有紋亦可旋爲器葉飼蠶曰柘蠶葉梗然不及桑葉淮南時則訓乃禁野虞毋伐桑柘高云皆可養蠶故禁民伐之

qī 桼

桼 木可爲杖从木厀聲 親吉切

木可爲杖者謂扶老也論衡藝增篇竹木之杖皆能扶病竹扶之力弱劣不及木

xuán 檈

檈 檈味稔棗从木還聲 似沿切

檈味稔棗者釋木文檈彼作還稔彼作棯郭云還味短味釋文還字林作檈棯又作荵同

wú 梧

梧 梧桐木从木吾聲一名櫬 五胡切

賈誼書胎教篇梧桐木也 郭璞梧桐贊桐實嘉木鳳皇所棲爰伐琴瑟八音克諧歌以永言噰噰喈喈 劉義恭賦伊梧桐之靈材蔚疏林而擢秀 齊民要術梧桐山石閒生者爲樂器則鳴 本草圖經或曰梧桐以知日月正閏生十二葉一邊有六葉從下數一葉爲一月至上十二葉有閏十三葉小餘者視之則知閏何月也故曰梧桐不生則九州異梧桐木者賈思勰曰桐華而不實者曰白桐實而皮青者曰梧桐詩卷阿梧桐生矣傳云梧桐柔木也王隆漢官篇樹栗椅桐梓胡廣注云椅今梧桐也詩義疏梓實桐皮曰椅今人云梧桐也崔駰七依爰有洞庭之椅桐齊地記城北十五里有桐臺即梧宮 一名櫬者釋木櫬梧郭云今梧桐

róng 榮

榮 桐木也从木熒省聲一曰屋梠之兩頭起者爲榮 永兵切

桐木也者釋木文郭云即梧桐陶潛詩采采榮木結根於茲 一曰屋梠之兩頭起者爲榮者史記正義引同士冠禮設洗直于東榮鄉飲酒禮東西當東榮雜記皆升自東

榮喪大記升自東榮降自西北榮鄭注並云榮屋翼也史記趙世家魏獻榮椽因以爲檀臺上林賦偓佺之倫暴於南榮甘泉賦列宿乃施於上榮兮韋昭曰榮屋翼也五臣曰榮摶風也王融曲水詩序負朝陽而抗殿跨靈沼而浮榮

tóng 桐

桐 榮也从木同聲 徒紅切

陶注本草云桐樹有四種青桐葉皮青似梧而無子梧桐色白葉似青桐而有子子肥亦可食白桐與岡桐無異惟有花子耳花二月舒黃紫色禮云桐始華者也岡桐無子是作琴瑟者 賈思勰曰白桐無子冬結似子者乃是明年之華房六書故剛桐絕類毛桐毛桐葉差細而不毛毛桐易枯剛桐能大最中琴瑟多生於山所謂嶧陽孤桐蓋此桐也 馥案禹貢傳云嶧山之陽特生桐中琴瑟 管子五沃之土其木宜桐中山經條谷之山其木多槐桐 北山經虢山其下多桐椐注云桐梧桐也 夏小正二月拂桐芭拂也者拂也桐芭之時也或曰言桐芭始生拂拂然也 月令季春之月桐始華蔡氏章句木之後華者也 逸周書時訓解清明之日桐始華桐不華歲有大寒 呂氏春秋季春紀桐始華注云桐

fán 播　yú 榆　fèn 枌　gěng 梗

梧桐也是月生葉故曰始華易緯桐枝濡毳而又空中難成易傷須成氣而後華莊子桐乳致巢司馬彪曰桐子似乳著其葉而生其葉似箕鳥喜巢其中也續漢書將作大匠樹桐梓之類列於道側張協七命寒山之桐出自大冥合黃鐘以吐幹據蒼岑以孤生謝靈運遊名山志吹臺有高桐皆百圍嶧陽孤桐方此爲劣十道志桐廬縣溪側有大桐樹旁蔭數畝遠望似廬因謂之桐廬蘇軾云凡木本實而末虛惟桐反之試取其小枝削之皆堅實而其本皆虛

榮也者急就篇桐梓樅桼榆椿樗顏注桐即今之白桐木也一名榮

播　木也從木番聲讀若樊附轅切

木也者集韻播剛木不華而實

榆　榆白枌從木俞聲羊朱切

詩山有樞隰有榆陸疏榆之類有十種葉皆相似皮及木理異耳春秋運斗樞玉衡星散爲榆應璩與龐惠恭書見所上利民之術殖濟南之榆栽漢中之漆馥案廣韻檹榆堪作轂當即濟榆博物志食枌榆則眠不欲覺馥案嵇康養

生論豆令人重榆令人瞑愚智所知也

榆白枌者釋木文郭云枌榆先生葉卻著莢皮色白孫炎云榆白者名枌嘉祐圖經白榆先生葉却著莢皮白色剝之刮去上粗皵中極滑即爾雅所謂榆白枌也內則堇荁枌榆注云榆白曰枌通鑑朱全忠曰車轂須用夾榆注云說文榆白枌所謂夾榆乃今之田榆也生田塍閒其皮類槐其肉理堅緻而赤鋸以爲器堅而耐久車轂衆輻所湊其木宜堅緻者

枌　榆也從木分聲扶分切

榆也者集韻枌榆之先生葉後生莢者詩東門之枌傳云枌白榆也史記封禪書禱豐枌榆社集解引張晏曰枌白榆也

梗　山枌榆有朿莢可爲蕪荑者從木更聲古杏切

山枌榆者一切經音義二十一字林山榆一名梗廣雅山榆毋姑梗榆也有朿者一切經音義二十一字林

qiáo 樵　sōng 松

有刺如棘也莢可爲蕪荑者者本書醔醔醶榆醬也醳擣榆醬也釋木無姑其實夷郭云無姑姑榆也生山中葉圓而厚剝取皮合漬之其味辛香所謂蕪荑急就篇蕪荑鹽豉醯酢醬顏注蕪荑無姑之實也無姑一名橭榆生於山中其莢圓厚剝取樹皮合漬而乾之成其辛味也爾雅曰無姑其實夷故謂之蕪荑也本草蕪荑一名無姑陶云狀如榆莢氣臭如犼作醬食之易頤卦枯楊生荑釋文引鄭注枯謂无姑山榆荑木更生謂山榆之實齊民要術山榆可以爲蕪荑四民月令榆莢成者收乾以爲旨蓄色變白將落收爲醬隨節早晚勿失其適本草衍義云蕪荑有大小兩種小蕪荑即榆莢也揉取仁醞爲醬味尤辛入藥當用大蕪荑別有種馥案釋草莁荑蔱藙范子計然蕪荑出地赤心者善春秋繁露郊語篇蕪荑生於燕橘柚死於荆此言物性之相感也寰宇記隰州土產蕪荑甚佳新唐書地理志昌化郡貢莁荑馥謂此皆大蕪荑與榆醬異物也又案此木有牝牡周禮壺涿氏以牡橭午貫象齒而沈之杜子春云橭讀爲枯枯榆木名馥謂牡橭橭之無實者不可爲蕪荑

樵　散木也從木焦聲昨焦切

散木也者廣韻引作木也一切經音義十五引云木也亦薪也五經文字樵木也一曰薪華嚴經音義樵薪也本書柴小木散材莊子樗散材也謂木之不入用者也既不入用惟堪作薪焚燒曰樵桓七年公羊傳焚之者何樵之也因謂采薪者爲樵桓十二年左傳請無扞采樵者以誘之昭六年傳禁芻牧採樵不入田又云不樵樹史記樵蘇後爨注云樵取薪蘇取草梁書阮孝緒傳家貧無以爨僮妾竊鄰人樵以繼火通鑑劉世龍獻策李淵請伐六街及苑中樹爲樵

松　木也從木公聲祥容切

木也者詩山有橋松傳云松木也五經異義夏后氏以松夏人都河東河東宜松也禮器松柏之有心也貫四時而不改柯易葉易說卦傳艮其於木也爲多節虞翻云陽剛在外故多節松柏之屬也

㮤　松或從容

急就篇桐梓樅桼榆椿樗顏注桼有黃赤白三種何休注文二年公羊傳松猶容也

木

mán 樠　guì 檜　cōng 樅　bǎi 柏

樠 松心木從木㒼聲 莫奔切
莊四年左傳卒於樠木之下杜注樠木木名釋文樠朗蕩反
木名又莫昆反又武元反正義云此字之音或爲曼或爲朗
若以㒼爲聲當作曼以兩爲聲當作朗字體難定或兩爲之
晉杜直云木名不知木何所似木有似榆者俗呼爲朗榆蓋
爲朗也
松心木者玉篇樠松樠也漢書西域傳烏孫國山多松樠
顏注樠木名其心似松管子地員篇其木乃樠九域志郢
州長壽縣有樠木山
檜 柏葉松身從木會聲 古外切
楊泉五湖賦赤檜爲櫂 或作
栝西京雜記上林苑有栝十株
柏葉松身者釋木文詩竹竿檜楫松舟傳云檜柏葉松身
成二年左傳棺有翰檜書禹貢荊州杶榦栝柏鄭注柏葉
松身曰栝廣雅栝柏也薛綜注西京賦栝柏葉松身澠水
燕談錄亳州法相禪院矮檜一郡珍玩目其寺曰矮栝栝

檜一也馥案本書䛠籀文
從會詩車舝傳云括會也
樅 松葉柏身從木從聲 七恭切
魯連子松樅高千仞而無枝非憂王室
無柱 西京雜記上林苑有樅七株
松葉柏身者釋木文郭云今大廟梁材用此木尸子所謂
松柏之鼠不知堂密之有美樅薛綜注西京賦樅松葉柏
身漢書霍光傳樅木外臧椁十五具蘇林曰樅木柏葉松
身顏云爾雅及毛詩傳並云樅木松葉柏身檜木乃柏葉
松身爾蘇說非也馥案顏注急
就篇樅葉似柏者也與蘇說同
柏 鞠也從木白聲 博陌切
本草衍義嘗官陝西每登高望之柏雖千萬株皆一一西指
蓋此木爲至堅之木不畏霜雪受金之正氣所制故一一向
之 荀子柏經冬而不彫蒙霜不變可謂得其眞也 五經
異義殷人以柏殷人都亳宜柏也 魏書引尚書逸篇東社
唯柏 漢有柏梁臺 伏滔北征記廣陵大成得柏柱三皆
柏心蓋吳王濞門柱也 盛宏之荊州記巳東城西有一柏

jī 机　xiān 枯　lòng 梇　yú 楰　guǐ 桅

柱大可數圍高三丈餘相傳是公孫述樓柱
漢儀黃腸題湊蘇林曰柏木黃心故曰黃腸
鞠也者釋木文彼作椈雜記𢎥
以椈注云所以𢭏鬯也椈柏也
机 木也從木几聲 居履切
木也者玉篇机木出蜀中廣韻引
山海經族𦻒之山多松柏机柏
枯 木也從木占聲 息廉切
或作𥱃 西京雜記太液池西有一池名孤樹池池中有洲
洲上𥱃樹一株六十餘圍望之重重如蓋故取以爲名
木也者或作杉戴侗曰杉木直榦似松葉芒鋭實似松蓬
而細可爲棟梁棺椁器用材美爲諸木之最多生江南亦
謂之沙木沙杉之譌也其一種葉細者易大而疏理溫人
謂之溫杉馥案廣韻檆木細葉當即溫杉本草杉木類松
而勁直葉附枝生若刺針人家常用作桶板
甚耐水衍義云其榦端直大抵如松冬不凋
梇 木也從木弄聲益州有梇棟縣 盧貢切

益州有梇棟
縣者見漢志
楰 鼠梓木從木臾聲詩曰北山有楰 羊朱切
鼠梓木者集韻引無木字釋木楰鼠梓郭云楸屬也今江
東有虎梓 詩曰北山有楰者小雅南山有臺文傳云楰
鼠梓陸璣疏云其樹葉木理如
楸山楸之黑者今人謂之苦楸
桅 黃木可染者從木危聲 過委切
廣雅桅子桶桃也 唐本草梔子一名越桃 地鏡圖望氣
占人家黃氣者欒梔子樹也 游名山志樓后山多梔子
晉宮閣名華林園梔子五株 或通作卮史記貨殖傳千畝
卮茜 又通作支上林賦鮮支黃礫司馬彪曰鮮支支子也
黃木可染者者玉篇梔黃木實可以染廣韻梔子木實可
染黃裴光遠曰染從木木者所以染梔茜之屬也嘉祐圖
經梔子生南陽川谷今南方及西蜀州郡皆有之木高七
八尺葉似李而堅硬二三月生白花夏秋結實如訶子狀
生青熟黃中仁深紅爾雅翼卮可染黃其華實皆可觀花
白而甚香五月閒極繁茂凡草木之花大抵不過五出惟

㞙六出大者至七出其實黃赤亦以七棱者爲㠯卽七出花所成就也　危聲者當爲㞙聲

rèn 杒

杒 桎杒也從木刃聲 而震切

桎杒也者玉篇杒木名本草別錄丹桎木皮主瘯瘍風瘙案桎杒制車木本書軔礙車也玉篇軔或作杒詩節南山維周之氐箋云氐當作桎鎋之桎言尹氏爲周之桎鎋

tà 㯓

㯓 棤㯓木也從木遝聲 徒合切

棤㯓木也者棤㯓疊韻字書棤㯓木果似李或通作荅遝上林賦荅遝離支張揖曰荅遝似李出蜀

tā 棤

棤 棤㯓果似李從木荅聲讀若嚃 土合切

méi 某

某 酸果也從木甘闕 莫厚切

六書故引李陽冰曰某此正梅字也　通作梅夏小正五月煮梅傳云爲豆實也管子地員篇五沃之土宜彼群木其梅其杏其桃其李吳志孫亮方食生梅使黃門就中藏吏取錫漬梅

酸果也者御覽引陸璣草木疏云梅杏類也其子赤而酢不可生噉煮而曝乾爲蘇可著羹臛中齊民要術引詩義疏云梅杏類也樹木葉皆如杏而黑耳實赤於杏而酸亦生噉也煮而曝乾爲蘇置羹臛齏中又可含以香口亦蜜藏而食本草梅實味酸平生漢中川谷圖經云今襄漢川蜀江湖淮嶺皆有之酸而損齒傷骨山海經靈山其木多桃李梅杏注云梅似杏而酢也昭二十年左傳水火醯醢鹽梅以烹魚肉正義云梅果實似杏而酢淮南說林訓百梅足以爲百人酸世說新語魏武與軍士失汲道大渴而無水遂下令曰前有梅林結子甘酸可以止渴崔駰七依酢以越裳之梅古詩食梅常苦酸

槑 古文某從口

yóu 櫾

櫾 崐崘河隅之長木也從木繇聲 以周切

通作榣晉語榣木不生危注云榣木大木危高險也　西山經槐江之山其陰多榣注云榣木大木也　李善注養生論引延叔堅曰豫章與枕木相似須七年乃可別馥謂枕卽櫾列子借爲柚聲並相近也　張說郭震行狀初安西南有毒河源遠在蔥嶺西北其河源上有大樹高千餘尺垂陰數頃有黃龍繞樹以口吐毒氣公率諸軍誅之數日方倒聚而焚焉馥謂大樹卽櫾木　徐鍇曰穆天子傳天子乃釣于河水觀姑繇之木注曰大木也在崐崘哀淑人之邱齊謝莊宣貴妃誄曰涉姑繇而環回望樂池而顧慕或疑莊認木爲水臣鍇按潘岳射雉賦涉青林以游覽是亦木也馥案陶淵明云園日涉以成趣豈涉水乎

崐崘河隅之長木也者本書無崐崘字廣韻櫾木名出崐崘山

shù 樹

樹 生植之總名從木尌聲 常句切

急就篇種樹收斂賦稅租　孟子樹牆下以桑

生植之總名者本書田下云樹穀曰田玉篇根生之屬曰植隱六年左傳農夫之去草絕其本根勿使能植周禮大司徒以土會之法辨五地之物生山林其植物宜皁物川澤其植物宜膏物邱陵其植物宜覈物墳衍其植物宜莢物原隰其植物宜叢物馥案植立也詩那植我鼗鼓周禮山虞大田獵則萊山田之野植虞旗於中襄三十一年左

傳其君弱植賈誼弔屈原文方正倒植或通作殖顏注急就篇樹殖也書湯誥兆民允殖呂刑農殖嘉穀襄三十年左傳我有田疇子產殖之昭二年傳衙敢不封殖此樹又二十五年傳爲溫慈惠和以效天之生殖長育中庸故栽者培之鄭注栽猶殖也

𣚍 籀文

běn 本

本 木下曰本從木一在其下 布忖切

成二年左傳繫桑本焉昭九年傳木水之有本原　荀子臣道篇樹落糞本注云謂木葉落糞其根也　後漢書李固傳猶卯樹本百枝皆動也

木下曰本者釋名本以下爲本　從木一在其下者戴侗引唐本本從木從下末從木從上郭忠恕同

𣎵 古文

dǐ 柢

柢 木根也從木氐聲 都禮切

zhū 朱　gēn 根　zhū 株　mò 末　jì 㮨

木根也者釋言柢本也郭云謂根本周禮泉府賈者各從其抵注云抵實柢字柢本也老子是謂深根固柢范應元注傳奕引古本云柢本也又引郭璞云柢謂根柢也韓非解云木有蔓根有柢根柢根者本之所以建生也蔓根者本之所以持生也漢書鄒陽傳蟠木根柢張晏曰柢根下本也西京賦柢深則難朽何劭游仙詩根柢無凋落或通作氐詩節南山維周之氐傳云氐本也釋天天根氐也郭云若木之有根戴侗曰凡木命根爲氐旁根爲根通曰本故二十八宿氐謂之本又謂之天根

朱　赤心木松柏屬從木一在其中　章俱切

赤心木者譙子素之白也染之以朱則赤　松柏屬者禮器如松柏之有心也陸機演連珠勁陰殺節不凋寒木之心

根　木株也從木艮聲　古痕切

木株也者急就篇斬伐材木斫株根顏注株根曰株樹本曰根北堂書鈔木無根而不長後漢書延篤傳草木之生

始於萌芽終於彌蔓枝葉扶疏榮華紛縟末雖繁蔚致之者根也

株　木根也從木朱聲　陟輸切

木根也者廣雅株根也楊倞注荀子一本一株也易困卦困于株木王肅注謂最處底下也後漢書虞延傳其陵樹株櫱皆諳其數注云株根也蜀志諸葛亮表成都有桑八百株

末　木上曰末從木一在其上　莫撥切

木上曰末者易繫辭其初難知其上易知本末也楚詞九歌搴芙蓉兮木末　從木一在其上者唐本從木從上徐鍇本從木一其上也

㮨　細理木也從木畟聲　子力切

細理木也者字書㮨木似松西山經底陽之山其木多㮨柟注云㮨似松有刺細理南都賦其木則檉松楔㮨槃齊有稷門宜十五年左傳晉侯治兵于稷杜云河東聞喜縣有稷山馥謂並當作㮨

guǒ 果　léi 樏　chā 杈　zhī 枝　pò 朴　tiáo 條

果　木實也從木象果形在木之上　古火切

計倪子內經辛貨之戶曰果比蔬食無賈　魏畧顏斐爲京兆太守令屬縣樹桑果　五經鉤沈天霜樹落果

木實也者爾雅果不熟爲荒郭云果木子曲禮賜果於君前注云木實曰果周禮甸師共野果蓏之屬應劭曰木曰果草曰蓏呂氏春秋古樂篇果實不成注云有核曰果洪範木曰曲直曲直作酸正義云木生子實其味多酸易說卦爲木果宋衷曰羣星著天似果實著木故爲木果

樏　木實也從木絫聲　力追切

木實也者徐鍇曰樏卽果之一名鄭元云無皮殼曰樏也或作樏類篇樏木實又魯果切木名實有皮無殼

杈　枝也從木叉聲　初牙切

枝也者徐鍇曰岐枝木可以堂船亦以刺魚潘岳西征賦垂餌出入挺杈往來是也莊子曰杈拏逆立拏亦杈也廣雅叉枝並云股也馥案魯靈光殿賦枝堂杈枒而斜據杜甫雕賦突杈枒而皆折周禮鼈人以時簎魚鼈龜蜃注云

謂以杈刺泥中搏取之也

枝　木別生條也從木支聲　章移切

木別生條也者徐鍇曰自本而分也故曰別生馥案管子度地篇水別於他水入於大水及海者命曰枝水廣雅枝條也隱八年左傳枝布葉分通作支詩文王本支百世莊六年左傳引作枝

朴　木皮也從木卜聲　匹角切

木皮也者蒼頡篇同崔駰博徒論農夫膚如桑朴馥案劉思醜婦賦膚如老桑皮廣雅重皮厚朴也吳氏本草厚朴一名厚皮急就篇芎藭厚朴桂栝樓顏注凡木皮皆謂之朴此樹皮厚故以厚朴爲名漢書司馬相如傳亭柰厚朴張揖曰厚朴藥名也顏注朴木皮也此藥以皮爲用而皮厚故呼厚朴云

條　小枝也從木攸聲　徒遼切

易林大樹之子百條其母　思元賦鳥登木而失條　釋木桑柳醜條馥案詩七月蠶月條桑

méi 枚　kān 栞　zhé 槷

小枝也者廣雅條枝也書禹貢厥草維繇厥木維條

枚 榦也可爲杖从木从攴詩曰施于條枚 莫桮切

榦也者廣雅枚條也詩汝墳伐其條枚傳云枚曰條榦曰枚　可爲杖者襄十八年左傳以枚數闔杜云枚馬檛也二十一年傳識其枚數馥謂枚馬杖也　詩曰施于條枚者大雅旱麓文

栞 槎識也从木㹜闕夏書曰隨山栞木讀若刊 苦寒切

槎識也者增韻引作木識也徐鍇韻譜同本書槎衺斫也通鑑燕命慕容垂槎山通道注云邪斫木曰槎大荒南經有雲雨之山有木名欒禹攻雲雨注云攻謂槎伐其林木書禹貢九山刊旅傳云已槎木通道而旅祭矣吳子軍之所至無刊其木　夏書曰隨山栞木者益稷文彼作刊傳云隨行九州之山林刊槎其木開通道路以治水也正義云襄二十五年左傳云井堙木刊刊是除木之義也毛傳云除木曰槎故曰刊槎其木　馥案史記夏本紀行山表木索隱云表木謂刊木立爲表記本書儳下引虞書予乘四載此引爲夏書史記河渠書亦稱夏書書曰禹抑鴻水十三

年過家不入門陸行載車水行載舟泥行蹈毳山行即橋云云尚書正義云案馬融鄭元王肅別錄題皆曰虞夏書以虞夏同科鄭序以爲虞夏書二十篇商書四十篇周書四十篇贊云三科之條五家之教是虞夏同科也其孔於禹貢注云禹之王以是功故爲夏書之首則虞夏別題也別文所引皆云虞書曰夏書曰無幷言虞夏書者又伏生雖有一虞夏傳以外亦有虞傳夏傳此其所以宜別也此孔依虞夏各別而存之莊八年左傳云夏書曰皋陶邁種德僖二十四年傳引夏書曰地平天成二十七年傳引夏書賦納以言襄二十六年傳引夏書曰與其殺不辜寧失不經皆在大禹謨皋陶謨當云虞書而云夏書者以事關禹故引爲夏書若洪範以爲周書以箕子至周商人所陳而傳引之即曰商書也

栞 篆文从幵

漢書地理志隨山栞木顏注栞古刊字言禹隨行山之形狀而刊斫其木以爲表記

槷 木葉搖白也从木埶聲 之涉切

rěn 栠　yāo 枖　diān 槙　tǐng 梃　shēn 櫐　biāo 標

木葉搖白也者搖當爲榣徐鍇曰謂木遇風而翻見葉背背多白故曰榣白也馥疑當云木葉自榣也廣韻槷樹葉動皃釋木楓欇欇馥案楓善榣　本書楓厚葉弱枝善榣一名欇

栠 弱皃从木任聲 如甚切

弱也者廣雅同通作荏詩抑荏染柔木箋云柔忍之木荏染然釋文荏染柔意論語色厲而內荏孔注荏柔也楚辭九章諶荏弱而難持

枖 木少盛皃从木夭聲詩曰桃之枖枖 於喬切

木少盛皃者玉篇廣韻九經字樣竝作木盛皃通作夭詩隰有萇楚夭之沃沃傳云夭少也凱風棘心夭夭傳云夭天盛貌書禹貢厥草惟夭馬注夭長也　詩曰桃之枖者周南桃夭文彼作夭傳云夭夭其少壯也釋文云說文作枖本書媄下引詩桃之媄媄廣雅媄媄茂也

槙 木頂也从木真聲一曰仆木也 都年切

木頂也者玉篇槙樹梢也廣韻槙木上釋木木自獘神郭云獘踣馥謂神槙聲相近通作顛莊子巢於高榆之顛漢書司馬相如傳偃蹇杪顛顏注杪顛枝上端也古詩雞鳴桑樹顛　一曰仆木也者書盤庚若顛木之有由蘖傳云顛仆之木

梃 一枚也从木廷聲 徒頂切

一枚也者後人亂之當爲杖也本書材木梃也竿竹梃也小爾雅廣服杖謂之梃孟子殺人以梃與刃趙注梃杖也又可使制梃以撻秦楚之堅甲利兵矣注云可使國人作杖以捶敵國堅甲利兵本書捶以杖擊也

櫐 衆盛也从木驫聲逸周書曰疑沮事闕 所臻切

衆盛也者櫐蓁聲義竝相近　逸周書曰疑沮事者篇海疑上空一字玉篇集韻竝引作櫐疑沮事案此文見周書文酌解　闕者當在驫聲下

標 木杪末也从木㷊聲 敷沼切

xiāo 枵 jiàn 橌 láng 桹 duǒ 朵 miǎo 杪

木杪末也者本書藁末也廣雅標末也管子霸言篇大本而小標莊子天地篇上如標枝淮南天文訓本標相應後漢書馬融傳杪標端注云杪標竝木末也西京賦鳳騫翥於甍標五臣云標末也盧諶詩緜緜女蘿施於松標通作剽莊子庚桑楚篇有長而無本剽者宙也

杪 木標末也從木少聲 亾沼切

木標末也者廣雅杪末也通俗文樹鋒曰杪方言杪小也木細枝謂之杪注云言杪梢也稽命錄萬木細爲杪上林賦偃蹇杪顛五臣云杪木末也傅選槐賦松蘿寄生緜連標末謝靈運山居賦榦合抱以隱岑杪千仞而排虛通鑑李神福遣部將舉火炬於樹杪王制冢宰制國用必於歲之杪注云杪末也通作鈔管子幼官篇敎行於鈔注云鈔末也

朵 樹木𠂹朵朵也從木象形此與采同意 丁果切

樹木𠂹朵朵也者廣韻朵木上垂也易觀我朵頤李鼎祚曰朵者頤垂下動之皃也

象形者五經文字朵象樹木垂形

此與采同意者采小字本作采徐鍇本作與采同意而下垂馥案秀亦從几故曰與采同意

桹 高木也從木良聲 魯當切

高木也者嘉祐圖經檳榔大如桄榔而高五七丈廣韻類篇作桄根顏注司馬相如傳作賓根二木名皆高木也

橌 大木皃從木閒聲 古限切

枵 木根也從木号聲春秋傳曰歲在玄枵玄枵虛也 許嬌切

木根也者徐鍇本作木皃

春秋傳曰歲在玄枵者襄二十八年左傳歲在星紀而淫於玄枵玄枵虛中也枵耗名也昭十年傳今茲歲在顓頊之虛注云歲歲星也顓頊之虛謂玄枵帝王世紀自婺女八度至危十五度曰元枵之次分野畧例自須女八度至危十五度於辰在子爲元枵也元者黑也北方之色枵者耗也十一月之時陽氣在下陰氣在上萬物幽死未有生者天地空虛故曰玄枵也

玄枵虛也者釋天文郭云虛在正北北方色黑枵之言耗耗亦虛意漢志虛危爲齊分星曰元枵齊民要術引尙書考靈曜曰秋虛星昏中以收斂注云虛玄枵也昭四年左傳古者日在北陸而藏冰杜云謂夏十二月日在虛危案釋天北陸虛也孫炎曰陸中也北方之宿虛爲中也史記律書虛者能實能虛言陽氣冬則宛藏於虛日冬至則一陰下藏一陽上舒故曰虛

wǎng 枉 jiū 朻 jiū 樛 yáo 榣 sháo 柖

柖 樹搖皃從木召聲 止搖切

通作招漢書律歷志體招搖若亢望注云招搖申動貌史記天官書北斗第七星曰招搖曲禮招搖在上正義引運斗樞北斗七星第七搖光則招搖也

榣 樹動也從木䍃聲 余招切

樹搖皃者

搖當爲榣

本書櫐木葉榣白楓厚葉弱枝善榣

樛 下句曰樛從木翏聲 吉虯切

下句曰樛者與下文朻字訓互譌此當云高木也本書丩相糾繚也與下句意合翏高飛也與木高意合釋木下句曰朻釋文云本又作樛同

馥案樛朻二字同聲相通

朻 高木也從木丩聲 吉虯切

高木也者當云下句曰朻集韻朻木下曲淮南時則訓木熙者舉梧檟據句枉通作糾高唐賦糾枝還會李善云糾枝枝曲下垂也爾雅曰下句曰糾又通作樛廣雅樛句下也宋衷注太元樛猶糾也詩樛木傳云木下曲曰樛釋文云馬融韓詩本竝作朻說文以朻爲木高漢書五行志天雨草而葉相樛結江賦驪虯樛其址李善云驪龍枉九重之泉故云樛其址也

枉 衺曲也從木㞷聲 迂往切

衺曲也者本書𢧢曲也廣雅枉曲也論語舉直錯諸枉投壺某有枉矢哨壺注云謙言不直之矢也淮南時則訓無或枉橈高注枉曲

nào 橈

橈 曲木從木堯聲女教切

本書弱下云橈也上象橈曲橈弱也 廣雅橈曲也 成二年左傳畏君之震師徒橈敗杜云橈曲也襄二十九年傳曲而不屈杜云屈橈 淮南時則訓無或枉橈高云橈弱也 史記魯仲連鄒陽列傳亦可謂抗直不橈矣 漢書蕭何傳上已橈功多封何應劭曰橈屈也張晏傳漢王憂恐與酈食其謀橈楚權顏注橈弱也景十三王傳十夫橈椎賈山傳旌旗不橈顏注並云橈曲也

曲木者列子湯問篇釋文同易大過棟橈本末弱也釋文云橈曲折也齊民要術白楊性甚勁折則折矣終不曲橈

fú 扶

扶 扶疏四布也從木夫聲防無切

扶疏四布也者華嚴經音義上李善注七發引並同廣韻扶疏盛也漢書音義扶疏分布也漢書武五子傳是以枝葉扶疏傅選槐賦華葉扶疏摯虞槐賦蓊鬱扶疏七發根扶疏以分離淮南脩務訓援豐條舞扶疏高注扶疏槃跚皃人閒訓夫鵲去高木而巢扶枝高注扶旁也通作扶急就篇槐檀荆棘葉枝扶顏注葉枝扶者言比衆樹枝葉扶

疏分布茂盛也韓非揚權篇爲人君者數披其木毋使木枝扶疏呂氏春秋辯士篇樹肥無使扶疏易林扶疏條桃長大盛美太元斂次三見小勿用以我扶疏注云秋木扶疏而大故可用上林賦垂條扶疏王粲柳賦枝扶疏而覃布陸璣桑賦扶疏豐衍謝靈運山居賦蔭潤下而扶疏王襃洞簫賦標敷紛以扶疏鸚鵡賦思鄧林之扶疏琴賦作留聯而扶疏李善云言扶疏四布也參同契枝葉見扶疏陶潛詩繞屋樹扶疏謝朓桐詩葉落更扶疏風俗通義田中有大樹十餘圍扶疏蓊數畝地或作萂蕪東魏李仲璇脩孔廟碑若水嘉祥茯蘇於季葉又作擢疏集韻擢疏枝葉敷布皃

yī 檹

檹 木檹施從木旖聲賈侍中說檹即椅木可作琴於离切

木檹施者集韻引作木檹柅本書旖旗旖施也玉篇檹檹不正皃又作檹旎詩隰有萇楚猗儺其華王注楚辭引作旖旎其華史記司馬相如傳旖旎從風東方朔七諫橘柚萎枯兮苦李旖旎王粲柳賦紛旖旎以修長又作椅柅高厲賦椅柅豐靡李善云椅柅柔弱皃又作猗萎江賦隨風猗萎李善云猗萎隨風之皃又作阿那魏文帝柳賦柔條阿那而蛇伸又作婀娜謝朓詠桐詩枝生既婀娜 賈侍中說檹即椅木可作琴者司馬彪詩苕苕椅桐樹寄生於南岳碞得成琴瑟何由揚妙曲趙宧光曰桐爲琴瑟能生音梓爲之底能留音

jiǎo 朻

朻 相高也從木小聲私兆切

相高也者相當爲相玉篇廣韻作忽忽又智之譌通作訬西京賦通天訬以竦峙李善注通天臺名訬高也

hū 榴

曶 高皃從木曶聲呼骨切

廣韻作榴

shēn 槮

槮 木長皃從木參聲詩曰槮差荇菜所今切

木長皃者楚辭九辨蕭槮之可哀兮西京賦橚爽欃槮李善注皆艸木盛貌也長笛賦森槮柞樸李善云森槮木長貌後漢書馬融傳崟領槮爽注云林木貌也傅選槐賦槮林橚蔘傅元朝會賦長戟橚槮 詩曰槮差荇菜者周南關雎文彼作參徐鍇曰參差荇菜不齊之皃非此槮字之義當言讀若詩曰無讀若字寫失之

chān 梴

梴 木長也從木延聲詩曰松桷有梴丑連切

木長也者小字本類篇並作長木也玉篇梴木長皃五經文字同傅選槐賦梴衺千畝 詩曰松桷有梴者商頌殷武文傳云梴長貌

sù 橚

橚 長木皃從木肅聲山巧切

長木皃者廣韻橚槮樹長皃蜀都賦橚矗森萃李善云橚矗長直貌傅選槐賦槮林橚蔘顧炎武曰考工記輪人注鄭司農云揱讀如紛容揱參之揱正義曰此蓋有文今檢未得今按司馬相如上林賦云紛溶萷蔘猗柅從風字作萷音蕭宋玉九辯萷橚槮之可哀兮形銷鑠而瘀傷張衡西京賦鬱蓊萲薱橚爽橚槮即此異文

dì 杕

杕 樹皃從木大聲詩曰有杕之杜特計切

樹皃者玉篇杕木盛皃廣韻同 詩曰有杕之杜者唐風杕杜文傳云杕特貌又有杕之杜篇箋云今人不休息者以其特生陰寡也顏氏家訓書證篇詩云有杕之杜江南本並木旁施大傳曰杕獨皃也徐仙民音徒計反說文曰

杕樹皃也在木部韻集音次第之第而河北本皆爲夷狄之狄讀亦如字此大誤也

tuò
㮚

㮚木葉陊也從木㲋聲讀若薄 他各切

木葉陊也者本書蘀下云艸木凡皮葉落陊地爲蘀玉篇㮚落也與蘀同又有蘀字亦與蘀同

gé
格

格木長皃從木各聲 古百切

木長皃者上林賦夭蟜枝格偃蹇杪顚庾信小園賦枝格相交

yì
槸

槸木相摩也從木埶聲 魚祭切

木相摩也者釋木文彼作㯰郭云樹枝相切摩徐鍇引作樹皮 埶聲者鄭注考工記云槷讀如涅從木熱省聲

𣟄槸或從艸

本書蓺篆文誤作蓺考工記牙得則無槷而固注云鄭司農云槷㰆也蜀人言㰆曰槷䫉謂槷當爲槷㝵者失之 㰆或從艸者當云或從蓺徐氏於蓺下謂說文無蓺字故改此訓爲或從艸

kū
枯

枯槀也從木古聲夏書曰唯箘輅枯木名也 苦孤切

槀也者易說卦離爲火其於木也爲科上槁注云草木空中者必枯槁也曲禮止如槁木孟子七八月之閒旱則苗槁矣趙注槁乾枯也司馬相如上書枯木朽株盡爲難矣 夏書曰唯箘輅枯者禹貢文彼作楛馬注楛木名可以爲箭鄭注楛木類周之始肅愼氏貢楛矢石砮䫉案輅當爲簵本書簵下引書惟箘簵楛古文作輅

gǎo
槀

槀木枯也從木高聲 苦浩切

周禮小行人若國師役則令槁禬之注云故書槁爲槀鄭司農曰槀當爲犒謂犒師也惠棟曰古文作槀或作槁張揖撰廣雅始從牛㫄高洪氏隸續載漢碑有勞犒之語公羊注云牛酒曰犒故其字一從牛一從酉非古文也 木枯也者字林同國語以膏沐犒師服注左傳云以師枯槁故饋之飲食詩山有橋松釋文云橋鄭作槁枯槁也

pǔ
樸

樸木素也從木菐聲 匹角切

木素也者本書散素也柿削木札樸也陳楚謂櫝爲柿書梓材旣勤樸斲釋文馬云樸未成器也老子樸散則爲器孟子義猶桮棬也趙注桮棬桮素也楚辭九章材樸委積兮注云壯大爲樸通作朴老子見素抱朴

zhēn
楨

楨剛木也從木貞聲上郡有楨林縣 陟盈切

剛木也者玉篇楨堅木也山海經太山多楨木郭注女楨也冬不凋吳都賦文欀楨橿 貞聲者易乾卦貞者事之幹也詩文王維周之楨傳云楨幹也魏劉楨字公幹周禮大司馬屬其植注云植築城楨也廣韻楨榦題曰楨旁曰榦集韻楓橫穡木 上郡有楨林縣者漢志莽曰楨榦

róu
柔

柔木曲直也從木矛聲 耳由切

爾雅在丙曰柔兆孫炎曰萬物柔婉有條兆也李巡曰言萬物皆垂枝布葉故曰柔兆也 木曲直也者書洪範木曰曲直傳云木可以揉曲直

tuò
㭾

㭾判也從木㡿聲易曰重門擊㭾 他各切

判也者本書坼裂也玉篇引爾雅木謂之㭾今江東斫木爲㭾按爾雅作㓵郭引左傳山有木工則㓵之 易曰重門擊㭾者本書㯳下引易作㯳周易音訓引本書作㯳晁氏曰今說文又出此㭾字非古本說文也䫉謂當爲讀若易曰重門擊㯳

lè
朸

朸木之理也從木力聲平原有朸縣 盧則切

本書阞地理也泐水石之理也 木之理也者玉篇引韓詩云如矢斯朸木理也䫉案毛詩作棘釋文棘韓詩作朸朸隅也䫉謂隅廉隅故毛傳云棘棱廉也阮詹事元曰考工記以其圍之阞捎其藪元案阞當依說文作朸木理也物皆有理木亦宜然輪人曰稹理而堅疏理而柔此車工之木必須順理之明證

cái
材

材木梃也從木才聲 昨哉切

孟子材木不可勝用也 魏略材官校尉主天下材木屬少府 木梃也者急就篇斬伐材木斫株根顏注材謂木梃也周禮大宰材貢鄭司農云材貢木材也哀元年左傳篤而乘

柴 chái　榑 fú　杲 gǎo　杳 yǎo　㭝 hé

材注云材橫木明細小也楚詞九章材樸委積兮王注條直爲材

柴 小木散材從木此聲士佳切

小木散材者本書樵散木也楚詞九歎樹枳棘與薪柴王注枯枝爲柴

榑 榑桑神木日所出也從木尃聲防無切

東山經無臯之山東望榑木 通作扶十州記扶桑葉似桑樹長數千丈大二千圍兩兩同根根更相依倚是以名之扶桑梁四公記扶桑國使貢方物有絲即扶桑蠶所吐齊書扶桑國在漢國東二萬餘里其土多扶桑木故以爲名扶桑似桐初生如筍國人食之實如梨而赤績其皮爲衣亦以爲綿又以皮爲紙 錢君大昕云五帝本紀東至于蟠木蟠木者扶木也呂覽爲欲篇西至流沙東至扶木又求人篇禹東至榑木之地說文榑桑神木日所出也榑與扶通扶木即扶桑古音扶如酺聲轉爲蟠也漢書天文志奢爲扶鄭氏云扶當爲蟠

榑桑神木日所出也者本書叒下云日初出東方暘谷所登榑桑叒木也廣韻榑桑海外大桑日所出也元中記天

下之高者扶桑無枝木焉上至天盤蜿而下屈通三泉王逸曰木有扶桑梧桐松柏皆受氣淳美異於羣類者也西京賦日月於是乎出入象扶桑與濛氾大荒東經湯谷上有扶木一日方至一日方出皆載于烏注云扶桑在上尚書大傳東方之極自碣石東至日出榑木之野

杲 明也從日在木上古老切

明也者廣雅同 從日在木上者詩伯兮杲杲出日

杳 冥也從日在木下烏皎切

冥也者本書窱杳窱也徐鍇曰淮南子曰拂于扶桑是謂晨明故東字日在木中登于扶桑是謂朏明故杲字日在木上史記天官書日晡則反景上照于桑榆閒故杳字日在木下管子內業篇杲乎如登於天杳乎如入於淵

㭝 角械也從木卻聲一曰木下白也其逆切

角械也者廣雅梏衡楅㭝也周禮封人設其楅衡鄭注元謂楅設於角衡設於鼻馥案施於角故曰角械 一曰木下白也者疑爲木下句也

說文解字弟六　義證弟十七

曲阜桂馥學

zài 栽

栽　築牆長版也從木𢦔聲春秋傳曰楚圍蔡里而栽　昨代切

築牆長版也者本書牏築牆短版也集韻築牆版之大者急就篇榦楨板栽度圜方顏注板牆板也栽築牆也莊二十九年左傳水昏正而栽注云於是樹板榦而興作馥案月令問荅傳曰水昏正而栽築栽築者栽木而始築也馥謂栽當作栽定元年左傳孟懿子會城成周庚寅栽杜云栽設板築僖三十年傳朝濟而夕設版焉杜云版築襄二十三年傳陳人城板隊而殺人杜云慶氏忿其板隊遂殺築人中庸故栽者培之注云栽讀如文王初載之載栽猶植也今時人名草木之植曰栽築牆立版亦曰栽漢書鼂布傳身負版築以爲士卒先李奇曰版牆版也築杵也考工記匠人凡任索約大汲其版謂之無任注云築防若牆者以繩縮其版大引之言版橈也版橈築之則鼓土不堅矣檀弓今一日而三斬版注云板蓋廣二尺長六尺通鑑韓游瓌築豐義城二版而潰注云城二尺爲一版春秋傳曰楚圍蔡里而栽者哀元年左傳文彼云楚子圍蔡報柏舉也里而栽注云栽設版築爲圍壘周帀去蔡城一里

zhù 築

築　擣也從木筑聲　陟玉切

廣雅築謂之杵　三蒼解詁築杵頭鐵沓也　宣十一年左傳稱畚築正義畚者盛土之器築者築土之杵　司馬法輦車所載二築是也　史記秦始皇本紀身自持築臿正義築牆杵也　燕書昌黎太棘城河岸崩出鐵築杵頭一千七百七十四枚

擣也者本書擣築也釋名築堅實稱也太康地記梁孝王築睢陽城以敎唱和節杵而下干寶晉紀李豐來辭不遜左右以刀環築腰殺南燕錄妖賊王始臨刑猶有狂言刑者以刀鐶築之

[illegible]　古文

從土[illegible]聲本書[illegible]厚也言築之宜厚

gàn 榦

榦　築牆耑木也從木倝聲　古案切

玉篇楨榦築垣版也　顏注急就篇榦楨築牆之植木謂豎立者也　法言五百篇然後知榦楨之克立也注云榦楨築牆版之屬也　太元廓次二金榦玉楨廓於城　漢志上郡楨林縣若曰楨榦　干寶搜神記代城始築立板榦一日亾西南板四五十里於澤中自立　水經注㶟水云又東北流逕代城西盧植言初築此城板榦一夜自移於此

築牆耑木也者宣十一年左傳平板榦杜云榦楨也正義釋詁云楨榦也舍人曰楨正也築牆所立兩木也榦所以當牆兩邊鄣土者也彼楨爲榦故謂榦爲楨謂牆之兩頭立木也板在兩旁队鄣土者卽彼文榦也莊二十九年正義榦在牆之兩端樹立之卽楨是也榦則在兩邊鄣土卽板是也書費誓峙乃楨榦甲戌我惟築傳云題曰楨旁曰榦馬云楨榦皆築具楨在前榦在兩旁馥案兩旁者乃榦非榦也榦在兩頭又案李善注魏都賦及盧諶荅劉琨詩竝引作本也疑本書有本也二字寫者失之三蒼榦枝榦也成十三年左傳晉侯使郤錡來乞師將事不敬孟獻子曰郤氏其亾乎禮身之榦也敬身之基也郤子無基馥謂此皆與本義合

yǐ 檥

檥　榦也從木義聲　魚羈切

榦也者釋詁文彼作儀

gòu 構

構　蓋也從木冓聲杜林以爲椽桷字　古后切

蓋也者玉篇構架屋也書大誥若考作室既底法厥子乃弗肯堂矧肯構傳云子乃不肯爲堂基況肯構立屋乎漢書翟方進傳子思若考作室厥子堂而構之顏注父有作室之意則子當築堂而構棼橑以成之許注淮南大構架興宮室雞棲井榦云皆屋構飾也宋書武帝紀可改構棲桷脩飾丹青

mú 模

模　法也從木莫聲讀若嫫母之嫫　莫胡切

本書𣞤下云或說規模字從大卌數之積也林者木之多也

法也者昭二十三年左傳取其冠法杜云送作冠模法尙書大傳續乎其猶模繡也注云模所橅文章之範論衡物勢篇今夫陶冶者初埏埴作器必模範爲形

fú 桴 dòng 棟 jí 極 zhù 柱 yíng 楹

桴 棟名。從木孚聲。附柔切

棟名者徐鍇本作眉棟名鍇曰眉楣同也廣韻齊人云屋棟曰桴也釋宮棟謂之桴郭云屋檼西都賦荷棟桴而高驤五臣注桴棟也景福殿賦重桴乃飾李善注重桴重棟也

棟 極也。從木東聲。多貢切

易上棟下宇 淮南氾論訓上棟下宇高注屋檼也 一切經音義七山東呼棟爲檼 魯語不厚其棟不能任重 淮南說山訓郢人有買屋棟而人與之車轂蹠而度之大雖可而長不足也

極 棟也。從木亟聲。渠力切

極也者一切經音義六引作屋極也玉篇同 趙宧光曰棟最上一層曰極謂之脊桁

樂府吳趨行重欒承游極 西京賦跱游極於浮柱薛綜注三輔名梁爲極 漢書枚乘傳單極之統斷幹孟康曰西方人名屋梁爲極 後漢書蔡茂傳夢坐大殿極上注云極殿梁也 馬融梁將軍西第賦騰極受檐陽馬承阿 韋仲將

景福殿賦叢楹負極

棟也者李善注七命引同徐鍇曰案極屋脊之棟也今人謂高及甚爲極義出於此 一切經音義一欀正言棟居屋中也亦言梁或言極莊子則陽篇其鄰有夫妻臣妾登極者釋文極屋棟也漢書天文志音義李奇曰極棟也三輔閒名棟爲極

柱 楹也。從木主聲。直主切

釋名柱住也 漢書成帝紀腐木不可以爲柱 列女傳夫柱不正則棟不安棟不安則榱橑墮榱橑墮則屋幾覆矣

楹也者靈光殿賦丹柱歙赩而電烻又云萬楹叢倚張載注楹柱也

楹 柱也。從木盈聲。春秋傳曰：丹桓宮楹。以成切

李尤楹銘榦強體正雖重不移上下相安高而不危 釋名楹亭也亭亭然孤立旁無所依也齊魯讀曰輕輕勝也孤立獨處能勝任上重也

zhī 榰 chēng 樘 jié 楶

柱也者廣雅楹謂之柱昭元年左傳叔孫指楹曰雖惡是其可去乎杜云楹柱也明堂位殷楹鼓注云楹謂之柱後漢書班固傳彤玉瑱以居楹注云楹柱也 春秋傳曰丹桓宮楹者莊二十三年經文杜云楹柱也

樘 衺柱也。從木堂聲。丑庚切

廣雅樘柱並云距也 或作棖論語申棖釋文引史記作棠漢碑亦作棠史記小司馬本作堂

衺柱也者李善注長笛賦引作柱也方言棖隨也注云棖柱會相隨也俗作撐長門賦離樓梧而相撐李善引字林撐柱也又作牚靈光殿賦枝牚杈枒而斜據張載注牚衺梁之上也

榰 柱砥。古用木，今以石。從木耆聲。易曰：榰恆凶。章移切

字書榰拄屋之欹 釋言榰柱也郭云相榰拄釋文云榰說文作榰拄說文作柱皆從木旁 通作支周語引詩天之所支不可壞也其所壞亦不可支也韋注支柱也通鑑漢章帝南巡命司空支柱橋梁

柱砥者一切經音義十六引作柱下也 古用木今以石者周易音訓引云砥石古用木今以石尚書大傳士大夫

有石材庶人有石承注云石材柱下質也石承當柱下而已不出外爲飾也 易曰榰恆凶者徐鍇曰周易恆卦上六振恆凶王弼云振動也今許言榰則孟氏所注易文故不同

楶 欂櫨也。從木咨聲。子結切

徐鍇曰爾雅栭謂之楶謂梁上短柱上承屋脊者管仲山楶藻梲盜刻此柱爲山形畫兩旁枝梧木爲水藻之文今尚謂此短柱爲屋山也楶者直立之意 續漢書輿服志諸侯陪臣山楶藻梲 吳都賦雕欒鏤楶 韋仲將景福殿賦楶梲鱗櫕 通作節 任預益州記文翁學堂欒櫨椽節制猶古樸 靈光殿賦雲節藻梲張載注雲節畫雲氣爲山節也

欂櫨也者本書開門欂櫨也漢書敘傳云楶梲之材不荷棟梁之任顏注楶即欂櫨所謂枅也靈光殿賦白鹿子蜺於欂櫨五臣云欂柱頭也櫨斗也法言學行篇吾未見好斧藻其德若斧藻其楶者吳注云楶櫨也明堂位山節藻梲注云山節刻欂櫨爲山也論語山節藻梲包注節者栭也皇侃義疏栭是梁上柱名也山節者刻柱頭露節爲山如今栱斗也又一本注云山節者刻欂櫨爲山也

bó 欂 lú 櫨 jī 枅

欂壁柱從木薄省聲弼戟切

壁柱者徐鍇曰卽壁中小柱西京雜記謂之壁帶班固西都賦謂之落帶所謂落帶金釭也今人謂之厥閒柱 通作薄漢書王莽傳爲銅薄櫨顏注薄櫨柱上枅卽今所謂楮也或作構淮南本經訓標株構櫨廣雅構謂之枅

櫨柱上柎也從木盧聲伊尹曰果之美者箕山之東青鳧之所有櫨橘焉夏孰也一曰宅櫨木出弘農山也落胡切

柱上柎也者李善注魏都賦甘泉賦長門賦靈光殿賦景福殿賦竝引作柱上枅也一切經音義十四引作欂櫨柱上枅也又云三蒼柱上方木也山東江南皆曰枅自陝以西曰楮急就篇欂櫨瓦屋梁顏注欂櫨柱上之枅也自陝以西呼之爲楮本書枅屋櫨也蕭該漢書音義引字林欂櫨柱柎也靈光殿賦狡兔跧伏於柎側五臣云柎斗上橫木高注淮南本經訓欂枅也櫨柱上柎卽梁上短柱也徐鍇曰今謂草木枝耑華房之蔕爲柎此櫨象之卽今

說文解字義證　卷十七　五

之斗栱或通作盧釋名盧在柱端如都盧負屋之重也伊尹曰云云者呂氏春秋本味篇伊尹說湯以至味箕山之東青鳥之所有甘櫨焉通作盧史記司馬相如傳於是乎盧橘夏孰集解郭璞云今蜀中有給客橙似橘而非若柚而芬香冬夏華實相繼或如彈丸或如拳通歲食之卽盧橘也索隱應劭云伊尹書曰果之美者箕山之東青馬之所有盧橘夏孰廣州記云盧橘皮厚大小如甘酢多九月結實正赤明年二月更青黑孰吳錄云建安有橘冬月樹上覆裹明年夏色變青黑其味甚甘美盧卽黑色是也馥案漢書注引應劭亦作青馬文選注引作青鳧三都賦序云相如賦上林而引盧橘夏孰考之果木則生非其壤從征記青峴沙峴一名小峴木多櫨杏 一曰宅櫨木出弘農山也者集韻引木下有名字徐鍇曰一曰以下山海經所載也馥案宅或作杔玉篇杔杔櫨也集韻杔櫨木名

枅屋櫨也從木开聲古兮切

廣韻枅承衡木也 漢書揚雄傳攣薄櫨而將榮顏注薄枅也莊子齊物論似枅釋文枅音雞又音肩字林云柱上方木也簡文云欂櫨也 靈光殿賦曲枅要紹而環句李善云蒼頡篇曰枅柱上方木古文苑柏梁臺詩柱枅欂櫨相枝持 韋仲將景福殿賦枅梧綺錯 屋櫨也者趙宧光曰柱頭聯上棟之機管也柱櫨上棟下與櫨同用不同體櫨管柱頭枅聯上棟枅櫨相箸其用同也淮南主術訓短者以爲朱儒枅櫨精神訓素題不枅高云不枅者不施欂櫨 幵聲者高注淮南云枅音雞

liè 栵 ér 栭 yìn 檼 lǎo 橑 jué 桷

栵栭也從木𠛱聲詩曰其灌其栵良薛切

詩曰其灌其栵者大雅皇矣文傳云栵栭也陸璣疏云葉如榆也木理堅韌而赤可爲車轅釋木栵栭郭云樹似槲樕而庳小子如細栗可食今江東亦呼爲栭栗內則芝栭蔆椇馥案此栵字當依玉篇次於椐字上

栭屋枅上標也從木而聲爾雅曰栭謂之格如之切

屋枅上標也者文選王命論注引作枅上梁靈光殿賦芝栭欑羅以戢孴張注芝栭山節方小木爲之廣韻栭梁上柱也字或作檽論語山節藻棁包注棁者梁上楹也皇侃義疏梁上楹卽是檽檽卽侏儒柱也 爾雅曰栭謂之格者釋宮文郭云卽櫨也西京賦繡栭雲楣五臣注栭棼也

說文解字義證　卷十七　六

檼棼也從木㥯聲於靳切

棼也者本書棼複屋棟也廣雅檼棟也釋名檼隱也所以隱桷也或謂之望言高可望也或謂之棟棟中也居屋之中也淮南主術訓脩者以爲櫚榱高注榱檼也

橑椽也從木尞聲盧浩切

椽也者後漢書班固傳注引同廣雅同玉篇橑榱也引楚詞欄橑以木欄爲榱也通俗文屋加椽曰橑淮南本經訓橑檐榱題高云橑椽也漢書司馬相如傳仰攀橑而捫天顏注橑椽也通作轑漢書張敞傳果得之殿屋重轑中蘇林曰轑椽也

桷榱也椽方曰桷從木角聲春秋傳曰刻桓宮之桷古岳切

本書構下云杜林以爲椽桷字 尚書大傳其桷天子斲其材而礱之加密石焉大夫達棱士首本庶人到加 韓詩外

木

傳蓬戶褻牖桷桑而無樞

榱也者釋宮桷謂之榱郭云屋椽廣雅桷椽也釋名桷确也其形細而疏确也或謂之榱在穩旁下列衰衰然垂也詩閟宮松桷有舄傳云桷榱也襄二十八年左傳子尾抽桷擊扉三杜云桷椽也楚詞招魂仰觀刻桷畫龍蛇些注云言仰觀視屋之榱橑皆刻畫龍蛇而有文章也淮南精神訓樸桷不斲高云桷椽也魏都賦朱桷森布而支離五臣云朱桷謂榱也通作角稽康與山巨源書曲者必不可以爲角　椽方曰桷者易漸卦或得其桷虞云桷椽也方者謂之桷釋文引翟注云方曰桷桷椽也桓十四年左傳以大宮之椽歸爲盧門之椽釋文椽榱也圓曰椽方曰桷穀梁傳釋文方曰桷圓曰椽　春秋傳曰刻桓公之桷者莊二十四年經文杜云桷椽也魯語嚴公丹桓公之楹而刻其桷韋注唐云桷榱頭也昭謂桷一名榱今北土云亦然

chuán 椽

椽　榱也從木彖聲直專切

韓非外儲說虞慶爲屋謂匠人曰屋太尊匠人對曰此新屋也塗濡而椽生夫濡塗重而生椽橈以橈椽任重塗此宜卑

虞慶曰不然更日久則塗乾而椽燥塗乾則輕椽燥則直以直椽任輕塗此益尊匠人詘爲之而屋壞

榱也者史記正義引同廣韻椽屋桷也釋名桷或謂之椽椽傳也相傳次而布列也晉語趙文子爲室斲其椽而礱之韋云椽榱也

cuī 榱

榱　秦名爲屋椽周謂之榱齊魯謂之桷從木衰聲所追切

襄三十一年左傳棟折榱崩僖二十六年傳室如縣罄服虔云言室屋皆發撤榱椽柱如縣罄孔晁云縣罄但有桷無覆蓋

秦名爲屋椽云云者爾雅釋宮釋文引同易漸卦釋文引作秦曰榱周謂之椽齊魯謂之桷桓十四年左傳釋文引周謂之椽齊魯謂之桷莊二十四年經釋文引字林齊魯謂榱爲桷御覽引本書作秦謂之榱周謂之椽魯謂之桷韻會引徐鍇本秦名上有椽也二字一切經音義十六椽桷榱椽皆一物而異名也字書榱桷也廣雅榱椽也顏注急就篇榱即椽也亦名爲桷荀子哀公篇仰視榱棟注云榱亦椽也漢書司馬相如傳華榱璧璫顏注榱椽也楊雄傳杭浮柱之飛榱兮顏注榱屋椽也魏都賦榱題黮䨴五臣云榱椽也靈光殿賦騰蛇蟉虯而遶榱張載注榱亦椽也有三名一曰椽二曰桷三曰榱漢宮解詁榱桷也諸侯丹榱徐鍇曰春秋刻桓宮桷又左傳齊子尾抽桷擊扉三慶封將死猶援廟桷動于甍至宋伐鄭則曰取桓宮之椽歸爲盧門之椽桓宮鄭廟也以此知齊魯謂之桷也

méi 楣

楣　秦名屋櫋聯也齊謂之檐楚謂之梠從木眉聲武悲切

釋名楣眉也近前若面之有眉也顏氏家訓勉學篇問其造屋不必知楣橫而梲豎也　通鑑陳起三閣縣楣欄檻皆以沈檀爲之注云縣楣橫木施於前後兩楹之閒下不裝構今人謂之挂楣

秦名屋櫋聯也云云者李善引作楣梠秦名屋縣聯楚謂之梠景福殿賦楣梠椽邊周流四極李善注言以楣梠緣屋邊隅周帀流移至於四極

lǚ 梠

梠　楣也從木呂聲力舉切

楣也者廣雅楣梠也釋名梠旅也連旅之也方言屋梠謂之欞注云即屋檐也亦呼爲連緜士喪禮銘置于宇西階

上注云宇梠也

pí 梍

梍　梠也從木皀聲讀若枇杷之枇房脂切

廣韻梍楣端連緜木也　文選西京賦鏤檻文梍李善引聲類曰梍屋連緜也

梠也者玉篇梍屋梠也增類梍屋梠楣

mián 櫋

櫋　屋櫋聯也從木邊省聲武延切

屋櫋聯也者廣韻引同又云棉屋聯棉徐鍇韻譜作屋聯櫋楚詞九歌擗蕙櫋兮既張淮南本經訓縣聯房植高云縣聯聯受雀頭箸桷者釋名梠或謂之櫋櫋緜也緜連榱頭使齊平也上入曰爵頭形似爵頭也

yán 檐

檐　梍也從木詹聲余廉切

梍也者本書产屋梠也類篇产梍也廣雅檐梠也釋名檐擔也接擔屋前後也明堂位復廟重檐注云外檐下壁復安板檐以避風雨淮南本經訓橑檐榱題高云檐屋垂也一切經音義四檐字書作櫩謂屋梠也馥案廣韻步櫩長

廟也景福殿賦飛櫚翼以軒翥

tán 橝

橝 屋梠前也從木覃聲一曰蠶槌徒含切

一曰蠶槌者疑植字訓誤入橝下月令具曲植籧筐注云時所以養蠶器也植槌也一切經音義七植懸薄柱也

dí 樀

樀 戶樀也從木啻聲爾雅曰檐謂之樀讀若滴都歷切

戶樀也者韻會引作檐也徐鍇韻譜玉篇同爾雅曰檐謂之樀者釋宮文郭云屋梠徐鍇本下有樀朝門三字鍇繫傳曰朝門之檐也馥案本書闈下云闈謂之樀樀廟門也吳語王背檐而立大夫向檐注云說云檐屋外邊壇也賈云屋名也昭謂檐謂之樀樀門戶掩陽也

zhí 植

植 戶植也從木直聲常職切

戶植也者一切經音義七三蒼戶旁柱曰植淮南本經訓縣聯房植高云植戶植也徐鍇曰爾雅植謂之傳傳謂之挾注戶持鎖植也植卽門戶之橫鍵所穿木也鎖所附焉故謂之挾挾者爲橫杠所居突也邵君晉涵曰案墨子非

說文解字義證　卷十七　九

儒篇爭門關抉植是植爲鍵門持鑰之木也淮南主術訓橋直植立而不動是植當爲直立之木徐鍇以爲橫鍵未之詳也

𣙡 或從置

或從置者植置聲近書金縢植璧秉珪鄭注植古置字詩商頌置我鞉鼓箋云置讀曰植論語植其杖而芸漢石經作置周禮山虞植虞旗于中司常置旗弊之

shū 樞

樞 戶樞也從木區聲昌朱切

戶樞也者本書錣所以鉤門戶樞也椙門樞之橫梁宦戶樞聲也易繫辭言行君子之樞機鄭注樞戶樞也又樞機之發釋文云王廙云戶樞也一云門臼魏志華佗傳戶樞不朽韓詩外傳蓬戶甕牖桷桑而無樞潛夫論忠貴篇貴戚懼門之不堅而爲作鐵樞卒有以敗者非門樞朽也顏注漢書五行志樞門扇所由開閉者也

qiǎn 槏

槏 戶也從木兼聲苦減切

戶也者疑有闕文廣韻槏牖旁柱也集韻牖邊柱謂之槏通作簾謝惠連詠牛女詩升月照簾櫳

lóu 樓

樓 重屋也從木婁聲洛侯切

重屋也者本書層重屋也東觀漢記公孫述造十二層樓幽明錄鄴城鳳陽門五層樓宋文帝登景陽樓詩崇堂臨萬雉層樓跨九成梁書陶宏景築三層樓自處其上弟子居其中賓客至其下急就篇室宅廬舍樓殿堂顏注樓謂重屋離樓然也釋宮陜而修曲曰樓郭云修長也月令可以居高明注云高明謂樓觀也三輔黃圖夾橫橋大道市樓皆重屋

lóng 襲

襲 房室之疏也從木龍聲盧紅切

房室之疏也者一切經音義十五引同李善注吳都賦鸚鵡賦所引並同疏當爲䟽本書䟽門戶䟽窗也蒼頡篇襲疏也六書故櫺櫳房室之交疏也言平其靈龍疏通也七命彤堂綺櫳傅亮感物賦鑒朗月於房櫳張景陽雜詩房櫳無行迹鮑照翫月詩蛾眉蔽珠櫳李善云以珠飾疏也易林金襲鐵疏利以避兵洛陽記洛陽城十八觀皆施元

說文解字義證　卷十七　十

檻鐵襲疏雲母幌

shǔn 楯

楯 闌檻也從木盾聲食允切

闌檻也者一切經音義一通俗文欄檻謂之楯王逸注楚詞曰縱曰檻橫曰楯楯閒子曰櫺案欄楯殿上臨邊之飾也亦所以防人墜墮也今言鉤闌是也史記索隱引纂要云宮殿四面欄縱者曰欄橫者曰楯玉篇云漢書有鉤楯主禁苑圃上林賦宛虹拖於楯軒應劭曰楯闌檻也魏都賦階楯嶙峋景福殿賦楯類騰蛇漢書袁盎傳百金之子不騎衡如淳曰衡樓殿邊欄楯也通鑑元魏元乂出休於千秋門外施木欄楯又云施於簷下階際者曰闌施於窗牖之閒者曰檻又云唐昭宗獨坐思政殿翹一足一足蹋闌干注云闌干殿檻也字或作楯漢孟郁修堯廟碑共作大殿前后廡階陛欄楯

líng 櫺

櫺 楯閒子也從木靁聲郎丁切

楯閒子也者一切經音義十四引作窗楯閒子也又云今言窗櫺車櫺是也李善注曹植雜詩引作楯欄也又注曹

木

máng 杗　cù 梀　wū 杇　màn 槾

植贈徐幹詩引作窗閒也又注江淹擬許徵君詩曲櫺激鮮飈云櫺窗閒孔也又注天台山賦彤雲斐亹以翼櫺云櫺窗閒子也徐鍇曰卽今人闌楯下爲橫櫺也故西都賦云伏櫺檻而俯聽以板爲之曰軒通名曰檻今人言窗櫺亦是也增韻櫺楯閒子窗隔也廣韻櫺檻階際欄通俗文門疏曰櫺後漢書班固傳舍櫺檻而卻倚注云櫺檻樓上欄楯也裴楷別傳楷營新宅櫺軒疏朗謝靈運山居賦階基回互橑櫺乘隔通作軨甘泉賦據軨軒而周流兮聿昭日軨闌也李善曰軨與櫺同

杗 棟也從木亾聲爾雅曰杗廇謂之梁 武方切

棟也者顏注急就篇梁屋上梁也一名杗廇韓愈進學解大木爲杗細木爲桷　爾雅曰杗廇謂之梁者釋宮文郭云屋大梁也

梀 短椽也從木束聲 丑錄切

短椽也者徐鍇曰今大屋重橑下四隅多爲短椽卽此也

杇 所以涂也秦謂之杇關東謂之槾從木亏聲 哀都切

所以涂也者廣韻杇泥鏝又云對墁污也出文字辨疑趙策豫讓入宮涂廁刃其杇欲爲智伯報讐鮑云杇涂具也或作圬論語糞土之牆不可圬也王肅云圬墁也漢書董仲舒傳引論語顏注圬鏝也所以泥飾牆也襄三十一年左傳圬人以時塓館宮室杜云圬人塗者正義云圬是塗之所用因謂泥牆屋之人爲圬人通鑑吴元濟殺楊元卿妻子以圬射堋注云圬墁也

槾 杇也從木曼聲 母官切

本書鏝或从木

杇也者論語釋文槾塗工之器通作慢莊子徐無鬼篇郢人堊慢釋文云慢本亦作槾李云猶塗也或作墁廣韻墁所以涂飾牆孟子毀瓦畫墁或作僈荀子污僈突盜又作漫莊子以辱行污漫我又作摱荀子禮論篇抗折其額以象摱茨番閼也注云摱茨猶壂也

wēi 椳　mào 椙　kǔn 梱　xiè 榍　zhā 柤

椳 門樞謂之椳從木畏聲 烏恢切

門樞謂之椳者釋宮文彼無門字郭云門戶扉樞韓愈進學解椳闑居楔

椙 門樞之橫梁從木冒聲 莫報切

釋宮楣謂之梁郭云門戶上橫梁釋文云楣亡悲反或作椙亾報反埤蒼云梁也呂伯雍云門樞之橫梁馥案郭注本作椙傳寫譌爲楣釋文兩存之聘禮公當楣再拜注云楣謂之梁鄉飲酒禮主人阼階上當楣北面再拜注云楣前梁也鄉射記序則物當棟堂則物當楣注云是制五架之屋也正中曰棟次曰楣前曰庪書無逸乃或亮陰鄭本作梁闇云楣謂之梁葛洪喪服變除作廬先橫一木長梁著地因立細木於上以曲就東墉以草被之既葬則翦去此草之拍地以短柱柱起此橫梁之著地謂之柱楣楣一名梁覆謂凡諸楣字竝當爲椙

梱 門橛也從木困聲 苦本切

門橛也者本書闑門梱也曲禮闑右注云闑門橛廣雅橛機闑朱也朱古困字一切經音義十七闑又作梱三蒼闑

門限也釋宮橛謂之闑郭云門闑又云樴謂之杙在地者謂之臬郭云卽門橛也士冠禮布席于門中闑西閾外注云闑門橛也曲禮外言不入於梱內言不出於梱注云梱門限也史記孫叔敖傳臣請教閭里使高其梱索隱梱門限也馮唐傳闑以內者寡人制之索隱此郭門之梱也門中橛曰闑漢書揚雄傳天闑決兮地垠開顏注天闑天門之闑也

榍 限也從木屑聲 先結切

限也者本書限門榍也閾門榍也曲禮不踐閾注云閾門限也或作柣釋宮柣謂之閾郭云閾門限釋文柣郭音千結反廣雅柣砌也匡謬正俗云問曰俗謂門限爲門蒨何也荅曰案爾雅曰柣謂之閾郭景純注曰門限也音切今言門蒨是柣聲之轉耳字宜爲柣而作切音

柤 木閑從木且聲 側加切

木閑者本書閑闌也闌門遮也集韻柤以木爲闌廣雅柤距也

qiāng 槍

槍 歫也從木倉聲一曰槍欀也 七羊切

唐律施機槍作阬穽者杖一百

歫也者本書歫槍也戕槍也戟長槍也廣韻槍稍也一切經音義四引通俗文剡木傷盜謂之槍玉篇䉶宜逆槍也廣雅䉶謂之箛槍纂文䉶箛槍也蔡謨與何驃騎書布竹箛如蝟毛蒼頡篇槍兩頭鋭也三蒼解詁木兩頭小而鋭曰槍周禮職金國有大故而用金石則掌其令注云用金石者作槍雷椎椁之屬漢書楊雄傳木擁槍纍以爲儲胥蘇林曰木擁柵其外又以竹槍纍爲外儲胥也齊語挾其槍刈耨鎛韋云槍椿也天官書天槍兩頭兑兵書槍十分一萬二千五百根恐揚兵縛筏用宋起居注劉胡等令馬步一萬餘人樹排槍從東五道直來攻營謝靈運自理表及經山陰防衛彰赫彭排馬槍斷截衢巷北史源賀傳多造馬槍及諸器械通鑑爾朱天光多作木槍各長七尺繞城布列要路其夜王慶雲万俟道洛馳馬突出遇槍馬各傷倒注云此即拒馬槍也杜佑曰拒馬槍以木徑二尺長短隨事十字鑿孔縱橫安檢長丈鋭其端以塞要路通鑑又云隋行宮設六合板城載以槍車每頓舍則外其轅以爲外圍又云李希烈選騎兵尤精者爲左右門槍奉國四將一曰槍欀也者欀當爲孃本書孃煩擾也或作搶攘白帖搶攘不安貌漢書賈誼傳國制搶攘

jiàn 楗

楗 限門也從木建聲 其獻切

限門也者李善注南都賦引作歫門也賦又云是以關門反歫杜篤論都賦懼關門之反歫李注風賦頭陀寺碑引字林楗距門也通俗文門楗曰䊵鬼谷子有內楗篇老子善閉者無關楗范應元注楗拒門木也橫曰關豎曰楗呂氏春秋異用篇跖與企足得飴以開閉取楗也注云以飴取人楗牡開人府藏竊人財物者也淮南人閒訓其家無筦籥之信關楗之固繆稱訓匠人斲戶無一尺之楗不可以閉藏時則訓修楗閉慎管籥注云楗須也閉鎖筒也管籥鎖匙也漢書司馬遷傳去楗羨服虔曰門戶楗牡也通作鍵月令修鍵閉注云鍵牡閉牝也顏氏家訓書證篇古樂府歌百里奚詞曰百里奚五羊皮憶別時烹伏雌吹扊扅今日富貴忘我爲吹當作炊煮之炊案蔡邕月令章句曰鍵關牡也所以止扉或謂之剡移然則當時貧困并以門牡木作薪炊耳郭璞爾雅序六藝之鈐鍵釋文字又作楗廣雅鍵牡也小爾雅鍵謂之籥顏注急就篇鍵以鐵有所豎關若門牡之屬也方言戶鑰自關而東陳楚之閒謂之鍵周禮司門掌授管鍵注云管謂籥也鍵謂牡僖二十年左傳凡啟塞從時服虔云闔扇所以開鍵閉所以塞趙策天子巡狩諸侯避舍納筦鍵淮南主術訓五寸之鍵制開闔之門說苑五寸之鍵而制開闔豈材足任哉蓋所居要也漢書天文志鍵閉一星近鉤鈐主管籥謂之天鍵太元閑次三關無鍵舍金管測曰關無鍵盜入門也

jiān 櫼

櫼 楔也從木鑯聲 子廉切

楔也者戴侗曰類篇居戶牡也今俗用爲居楔馥案櫼居聲相近陸雲與兄機書曹公器物有剔齒櫼或作鑯廣雅柣鑯也

xiè 楔

楔 櫼也從木契聲 先結切

櫼也者一切經音義九引同又云今江南言櫼中國言屆楔通語也周禮玉府大喪共含玉角柶鄭司農云角柶以楔齒士喪禮曰楔齒用角柶楔齒者令可飯含通作柣廣雅柣鑯也又作楔釋典深謐解脫經有人巧以細楔出彼

粗楔

zhà 柵

柵 編樹木也從木從冊冊亦聲 楚革切

編樹木也者一切經音義十四引作編豎木也晉書音義引字林同玉篇亦作豎廣韻柵豎木立柵通俗文木垣曰柵廣雅柵謂之㮶釋名柵蹟也以木作之上平蹟然也又謂之撤撤緊也詵詵然緊也莊子天地篇內支盈於柴柵又達生篇云以臨牢柵李頤云柵木闌也後漢書段熲傳結木爲柵廣二十步長四十里遮之魏書廣陽王傳連營立柵冊亦聲者當爲冊聲

lí 杝

杝 落也從木也聲讀若他 池尔切

落也者本書篳藩落也又云邑落曰聚一切經音義十四樆又籬杝二形通俗文柴垣曰杝木垣曰柵釋名籬離也以柴竹作之疏離離然也周禮掌固任其萬民用其材器注云其所用塹築及爲藩落司險樹之林以爲阻固注云樹之林作藩落也上林賦牢落陸離吳都賦剽掠虎豹之落西京賦揩枳落突棘藩李善引杜注左傳藩籬也落亦

木

tuò 欜

籬也漢書鼂錯傳爲中周虎落注云以竹篾相連遮落之也風俗通山澤篇引書是降丘宅土釋之云營度爽塏之場而邑落之齊民要術引仲長子曰杝落不完垣牆不牢埽除不淨笞之可也夏侯湛抵疑反耕於枳落沈約安陸王碑由是傾巢舉落望德如歸唐書日本傳國無城郭聯木爲柵落通鑑董卓殺何苗母棄尸於苑枳落中又云王恭見村落深阻牆垣重複

欜 夜行所擊者從木𣝗聲易曰重門擊欜 他各切

夜行所擊者御覽引作行夜所擊木也四書釋地何焯曰孟子集注柝行夜所擊木也本用趙氏注今皆譌爲夜行余案陸德明左傳釋文柝以兩木相擊以行夜也說文欜夜行所擊者亦本是行夜顚案周禮掌固晝三巡之夜亦如之注云巡行也行守者爲衆庶之解惰宮正夕擊柝而比之注云夕莫也莫行夜以比直宿者挈壺氏縣壺以序聚欜注云擊欜兩木相敲行夜時也脩閭氏掌比國中宿互欜者注云欜謂行夜擊欜司寤氏掌夜時以星分夜以詔夜士夜禁注云夜士主行夜徼候者昭十三年左傳乃行國每夜駭襄二十五年傳陪臣干掫杜注掫謂行夜襄

說文解字義證 卷十七 十五

三十一年傳僕人巡宮杜注巡宮行夜昭二十年傳賓將掫杜注掫行夜山海經長蛇其音如鼓柝注云如人行夜敲木柝漢官解詁衛尉從昏至晨分部行夜夜有行者輒前曰誰誰薛綜注西京賦嚴更督行夜鼓也後漢張衡傳魯連係箭而聊城弛柝注云柝行夜木也凡此皆行夜之證其他言行者鄭注樂記行猶視也月令虞人入山行木襄九年左傳巡丈城注云巡行也趙策寡人始行縣又云君至夏陽行城郭齊策孟嘗君行國秦策智伯出行水水經注汳水云漢哀帝建平元年大司空史御長卿按行水災新序雜事篇梁亭每暮夜竊灌楚亭之瓜楚亭旦而行瓜則又皆以灌矣凡此皆行字義周禮野廬氏若有賓客則令守涂地之人聚欜之鄭司農云聚擊欜以宿衛之也莊二十五年穀梁傳士擊柝范云柝兩木相擊荀子榮辱篇抱關擊柝注云擊柝所以警夜者東京賦故函谷擊柝於東西注云柝守夜所擊木也西京賦城尉不弛柝五臣云柝擊木以守更也漢書貨殖傳至於皁隸抱關擊㯷者顏注擊㯷守夜擊木以警衆也漢舊儀中宮衛官城門擊刁斗傳五夜衛士周廬擊木柝　易曰重門擊欜者繫辭傳文彼作柝鄭注手持兩木以相敲是爲擊柝守備警戒也釋文馬云兩木相擊以行夜說文作欜字林同漢書王莽傳重門擊㯷顏注易下繫之辭也擊㯷謂擊木以守夜也

huán 桓

桓 亭郵表也從木亘聲 胡官切

亭郵表也者徐鍇曰亭郵立木爲表交木於其端則謂之𠌶表言若𠌶也古者十里一長亭五里一短亭郵過也所以止過客也表雙立爲桓周禮云執桓圭鄭元以爲若宮室象則謂若雙立之柱也匡謬正俗如淳漢書音義曰舊亭傳於四角面百步築土上有屋屋上有柱出高丈餘有大板貫柱四出名曰桓表縣所都夾兩邊各一桓陳留之俗言桓聲如和今猶謂之和表也說文云桓是亭郵表也東京賦云迄于上林結徒爲營敘和樹表司鐸授鉦敘比也軍之正門爲和樹表設另形以表之古今注程雅問曰堯設誹謗之木何也荅曰今之華表木也以橫木交柱頭狀若華也形似桔槔大路交衢悉施焉或謂之表木以表王者納諫也亦以表識衢路也秦乃除之漢始復修焉今西京謂之交午也九州要記漁陽無終山有千歲狐化爲書生謁張華華以燕昭王冢前華表木照之遂變楊愼曰水經注立碑樹桓本桓表之桓今吳中新刻妄改爲松柏之柏六書故柱之植立者曰桓雙植以爲門者謂之桓門

說文解字義證 卷十七 十六

亦謂和門亦謂華表桓和華一聲也禹貢和夷厎績鄭注和讀曰桓桓水出蜀晉地道記梁州自桓水以南爲夷書所謂和夷厎績焦氏筆乘水經注和夷厎績即西傾因桓之水漢書桓東少年場注桓楹即和表和表又轉爲華表桓譚新論隋志作華譚漢書酈商傳攻其前垣史記音義云垣一作和

wò 楃

楃 木帳也從木屋聲 於角切

木帳也者或作幄小爾雅覆帳謂之幄釋名幄屋也以帛衣板施之形如屋也三禮圖柱上曰帟四旁及上曰帷上下四旁悉周曰幄幄大帷也周禮幕人掌帷幕幄帟綬之事注云四合象宮室曰幄王所居之帳也昭十三年左傳子產以幄幕九張行杜云幄幕軍旅之帳漢書張良傳運籌策帷幄中禮樂志照紫幄顏注紫幄享神之幄也帳上四下而覆曰幄漢舊儀祭天有紺幄帳文選七命體倦帷幄

chuáng 橦

橦 帳極也從木童聲 宅江切

帳極也者小字本作帳柱也本書㞷幬帳之象從冃㞢其飾也玉篇引西京賦都盧尋橦橦竿也或作幢急就篇蒲

木

蒻藺席帳帷幢顏注形如車蓋者謂之幢言其童童然也

gāng
杠

杠 牀前横木也從木工聲 古雙切

牀前横木也者急就篇奴婢私隸枕牀杠顏注杠者牀之横木也亦謂之兆方言牀其杠北燕朝鮮之閒謂之樹自關而西秦晉之閒謂之杠南楚之閒謂之趙東齊海岱之閒謂之樺注云趙當爲桃聲之轉也中國亦呼杠爲桃牀皆通語也鹽鐵論散不足篇古者無杠樠之寢牀移之案及其後世庶人即采木之杠葉華之樠或作櫎集韻櫎牀下横木

tīng
桯

桯 牀前几從木呈聲 他丁切

牀前几者廣韻桯牀前長几廣雅桯几也方言榻前几江沔之閒曰桯趙魏之閒謂之椸鄭注既夕禮輁狀如長牀穿桯前後而關軸焉

jīng
桱

桱 桱桯也東方謂之簜從木巠聲 古零切

說文解字義證《卷十七 七

桱桯也者類篇桱一日經絲具

東方謂之簜者類篇引作簜

chuáng
牀

牀 安身之坐者從木爿聲 仕莊切

本書椴木可作牀几 廣韻牀簀也引易巽於牀下通俗文牀三尺五曰榻板獨坐曰枰八尺曰牀 詩斯干載寢之牀 商君書人君處匡牀之上而天下治 史記任安田仁家貧同牀卧 益部耆舊傳刺史每自坐高牀爲從事設單席於地 高士傳老萊子枝木爲牀 摯虞決疑要注殿堂之上唯天子居牀其餘皆鋪幅席 御覽七百六引齊書紀僧眞詣江斆坐定斆顧左右曰移吾牀遠客 異苑沙門支法存有八尺沈香板牀 英雄記向詡常坐藜牀上 書鈔一百三十四引郭子云何次道詣王丞相以塵尾[illegible]牀呼何共坐日此君子坐也 語林簡文所坐牀生塵

安身之坐者者徐鍇本作安身之几座也字鑑同初學記引作身之安也御覽同玉篇牀身所安也顏注急就篇牀所以坐卧也釋名人所坐卧曰牀牀裝也所以自裝載也易剝卦剝牀以膚王肅云在下而安人者牀也在上而處牀者人也李尤牀銘體之所安寢處之歡王觀國曰古人稱牀榻非特卧具也多是坐物王羲之東牀坦腹而食庾亮登南樓據胡牀與佐吏談詠桓夷吹笛據胡牀三弄管甯家貧坐藜牀欲穿陳蕃爲豫章太守徐孺子來特設一榻去則懸之漢沛公踞牀使兩女子洗足凡此皆坐物也 爿聲者佩觿作故从爿爿則牀之省戴侗曰說文牀从木爿聲李陽冰曰右爲片左爲爿徐鍇曰說文無爿字李妄也按牂壯狀牀將戕牆皆从爿聲唐本說文有爿部張參五經文字亦有之李氏未可厚非鄭漁仲曰爿也亦判木音牆按古文偏旁片爿皆篆爲月恐非判木且左右之分亦無義馥案本書爿象倚著之形寎從爿玉篇爿又音牀馥疑牀從爿省與寎同意牀人所倚著也

zhěn
枕

枕 卧所薦首者從木冘聲 章衽切

論語曲肱而枕之 劉向有芳松枕賦 崔瑗有柏枕銘 孫惠張紘並有楠榴枕賦

卧所薦首者者集韻枕卧首據物也 玉篇枕卧頭所薦也顏注急就篇枕所以支頭也 釋名枕檢也所以檢項也 易坎險且枕鄭云木在首曰枕

wēi
楲

楲 楲窬褻器也從木威聲 於非切

說文解字義證《卷十七 六

楲窬褻器也者呂靜韻集同本書窬空中也徐鍇曰釋名行清即糞槽謂之清者言其穢汙當常清除之也一曰穢竇即虎子溲器也人君謂之虎子西京雜記李廣與兄射獵冥山之北見伏虎一矢中之以其頭爲溲器今人鑄銅象之爲溲器示服猛也 又史記張騫傳匈奴破月支取其虜頭爲飲器亦溲器也 馥案周禮玉府掌王之燕衣服衽席牀笫凡褻器鄭司農云褻器清器虎子之屬賈逵曰楲虎子也窬行清也孟康曰廁行清窬行中受糞者也東南人謂鑿木空中如槽謂之窬漢官儀侍中分掌乘輿服物下至褻器虎子之屬魏略舊侍中親省起居故俗因謂爲執虎子窬或作廁玉篇廁行圊也木槽也廣韻廁行圊廁集韻廁行清受糞函也又通作腧史記萬石君傳取親中裙廁腧親自浣滌徐廣曰一讀腧爲竇廁竇瀆除穢惡之穴也

dú
櫝

櫝 匱也從木賣聲 一曰木名又曰大梡也 徒谷切

匱也者本書匱匱也論語龜玉毀於櫝中馬云櫝匱也 鄭語櫝而藏之魯語使求得之金櫝韋注並云櫝櫃也 一曰木名者玉篇櫝與樚同 酉陽雜俎武陵郡北有樚木二株馬伏波所種木多節 又曰大梡也者徐鍇本作木梡

木

本書陳楚謂櫝爲桊國老談苑漢文
帝命大官每具兩檐櫝謂之櫝食

zhì 櫛

櫛 梳比之總名也從木節聲阻瑟切

本書櫛木也可以爲櫛 禮記男女不同巾櫛 物理論法不明則類於細櫛細櫛則苛慝生也 新序昧爽而櫛冠 後漢書延篤傳曰吾嘗昧爽櫛梳坐於客堂 蔡邕女誡用櫛則思其心之理也 晉舊儀典櫛三人掌宮中櫛膏沐 傳咸櫛賦我嘉茲櫛惡亂好理一髮不順實以爲恥雖日用而匪懈不告勞而自已苟以理而委任期竭力以沒齒 劉氏新論貴言篇髮拙於自理必假櫛以修束

梳比之總名也者本書笸取蟣比也髮用梳比也廣雅梳枇櫛也釋名梳言其齒疏也比言細相比也詩周頌其比如櫛

shū 梳

梳 理髮也從木疏省聲所菹切

東宮舊事太子納妃有瑇瑁梳三枚象牙梳三枚 高文惠與婦書今致瑇瑁梳一枚 隋書倭國傳纖竹爲梳 稽康

與山濤書頭面長一月十五日不洗非大悶痒不能梳也

理髮也者崔寔政論無賞罰而欲世之治是猶不畜梳枇而欲髮之治也 魏志管輅傳徐季龍取十三種物使輅射逐一名之惟以梳爲枇耳 夢書夢梳枇爲解憂也蟣盡去百病愈也 通作疏 史記匈奴傳比余一 集解云徐廣曰或作疏比也 索隱云案漢書作比疏一 小顏云辮髮之飾也以金爲之 蒼頡篇云靡者爲比粗者爲疏 蘇林云今亦謂之梳 急就篇鏡籢疏比各異工 顏注櫛之大而粗所以理鬢者謂之疏言其齒稀疏也 小而細所以去蟣蝨者謂之比言其齒密比也 皆因其體而立名也

gé 枱

枱 劒柙也從木合聲胡甲切

劒柙也者廣雅枱劒削也 玉篇引莊子枱而藏之 今本刻意篇作柙 魏都賦蕭斧戢柯以柙刃

nòu 槈

槈 薅器也從木辱聲奴豆切

齊語挾其槍刈槈鎛 通作耨 世本垂作耨 纂文耨柄長三尺刃廣三寸以剗地除草 六韜農器篇夏耨田疇

薅器也者篇海引作薅草器也 廣雅定謂之耨 釋器斪斸謂之定 李巡曰鋤也 釋名耨以鋤薅禾也 易繫辭耒耨之利 釋文馬云鉏也 孟云耘除草 周禮甸師掌帥其屬而耕耨王藉 注云耨芸芓也 僖三十三年左傳見冀缺耨 杜注耨鋤也 韋注晉語耨茠也 孟子深耕易耨 注云易耨芸苗令簡易也 莊子胠篋篇耒耨之所刺 釋文云耨李云鋤也或云以木爲鋤柄 韓非外儲說造父方耨時有子父乘車過者請造父助我推車 造父因收器 何休注云耨農器也 呂氏春秋任地篇耨柄尺此其度也 其耨六寸所以閒稼也 注云耨所以耘苗也 刃廣六寸所以入苗閒也 史記廼策傳鉏之耨之 徐廣曰耨除草也 漢書王莽傳予之南巡必躬載耨每縣則薅以勸南僞 顏注耨鉏也 薅耕去草也

鎒 或從金

一切經音義八鎒 說文又作鎒除田器也 古今字詁鎒頭長六寸柄長一尺 詩臣工庤乃錢鎛 傳云鎛鎒也 莊子外物篇銚鎒于是乎始修 淮南說山訓治國者若鎒田去害苗者而已

xū 㮟

㮟 茉臿也從木入象形䀠聲舉朱切

當作𠀤入與木不連

茉臿也者廣雅㪁臿也 集韻㪁或作㮟 譌作東 聶崇義引三禮舊圖疏匕形如飯㮟或作欋 唐武后時時人語云欋椎侍御史 說者謂欋四齒杷也 言授官如杷齒之多 又作欋 集韻欋耜也

huá 茉

茉 兩刃臿也從木𠂇象形宋魏曰茉也互瓜切

玉篇茉與鏵同鏵鍫也 胡渭曰鏵音華鍫別名俗呼鍤說文作茉云兩刃臿也 廣雅鏵鍫也 釋名鍤插也插地起土也或曰鏵鏵刳也刳地爲坎也 顏注急就篇耒手耕曲木也今之曲杷茉鍬其遺象也 詩臣工釋文引世本垂作銚鏵 淮南精神訓揭钁臿 高注臿鏵也 江表傳于吉杖小臿漆畫之名爲仙人鏵 續晉陽秋王談爲父報讎密市利臿刃陽若耕耘者伺讎以臿斬之

兩刃臿也者古今字詁鍬臿刃也 鄭注考工記匠人云古者耜一金兩人併發之今之耜岐頭兩金象古之耦也

宋魏曰茉也者方言臿宋魏之閒謂之鏵

sì 相

釫 或從金從亏

一切經音義十一鏵古文茱鏵二形今作釫或作鋘同胡瓜切犂刃也 廣韻鋘鋘鋻與鏵釫竝同 後漢書戴就傳又燒鋘斧使就挾於肘腋注引何承天纂文云臿今之鋘也 梁書康絢傳鐵器大則釜鬵小則鋘鍤是也

相 臿也從木㠯聲一曰徒土輂齊人語也 詳里切

本書古者垂作耒相以振民也 釋名相齒也似齒之斷物也 或作耜詩七月三之日于耜 良耜釋文云耜田器也周禮山虞凡服耜斬季材以時入之疏云耜謂耒耜隨曲長六尺六寸考工記匠人爲溝洫耜廣五寸二耜爲耦周語民無懸耜韋云入土曰耜 臿也者六書故耜耒下刺土臿也古以木爲之後世以金易繫辭斲木爲耜京云耒下耓也月令修耒耜注云耜者耒之金也廣五寸呂氏春秋任地篇六尺之耜所以成畝也其博八寸所以成甽也注云耜六尺其刃廣八寸古者以耜耕廣六尺爲畝三尺爲甽遼西之人謂之埨也後漢書章帝紀故古者急耕稼之業致耒耜之勤注云耒耜農

說文解字義證 卷十七 三十

器也耒其柄耜其刃魏書趙琰傳遣人買耜刃易林銷鋒鑄耜 一曰徒土輂者本書梂盛土於梩中也廣韻梩徒土轝出六韜孟子蔂歸反虆梩而掩之注云虆梩籠臿之屬可以取土者也丁公著音釋云梩土轝也淮南說山訓虆成城高注虆土籠也又注修務訓云山行用虆史記夏本紀作山行乘輂鹽鐵論昔夏后底洪水之災百姓孔勤罷於籠臿 齊人語也者當在臿也下方言臿東齊謂之梩廣雅梩臿也

梩 或從里

yí 枱

枱 耒耑也從木台聲 弋之切

耒耑也者齊民要術引作耒耑木也玉篇同考工記車人爲耒庛長尺有一寸又云直庛則利推句庛則利發注云鄭司農云耒謂耕耒庛讀爲其顙有疵之疵謂耒下岐元謂庛讀爲棘刺之刺耒下前曲接耜

鈶 或從金

辝 籀文從辝

從辝者辝當爲辝因篆文誤也孟子辝土地武梁祠畫象神農氏辝土種穀蓋謂耒頭金能辝土也

hún 楎

楎 六叉犂一曰犂上曲木犂轅從木軍聲讀若渾天之渾 戶昆切

六叉犂者犂當爲犂廣韻三爪犂曰楎 一曰犂上曲木犂轅者徐鍇曰轅即犂柄也玉篇楎犂轅頭也崔寔政論今遼東耕犂轅長四尺 讀若渾天之渾者徐鍇本讀若緯或如渾天之渾

yōu 櫌

櫌 摩田器從木憂聲論語曰櫌而不輟 於求切

摩田器者字林同其義有二一曰椎塊一曰覆種 廣韻櫌打塊槌 玉篇引呂氏春秋鉏櫌白梃櫌椎也漢書音義晉灼云以耒椎塊曰櫌齊語深耕而疾櫌之韋云櫌摩平也莊子則陽篇深其耕而熟櫌之釋文云司馬云櫌鋤也廣雅云椎也史記秦始皇本紀鉏櫌白梃集解云如淳曰櫌椎塊椎也漢書吾邱壽王傳其後民以櫌鉏箠梃相撻擊顏注櫌摩田之器也氾勝之書春地氣通可耕堅硬強地黑壚土輒平摩其塊以生草齊民要術耕地看乾溼隨時

說文解字義證 卷十七 三十

蓋摩著切交云無問耕得多少皆須旋蓋摩如法農桑輯要齊民要術春耕尋手勞勞郎到反古曰櫌今曰勞說文曰櫌摩田器今人亦名勞曰摩此皆椎塊之說也徐鍇曰謂布種後以此器摩之使土開發處復合以覆種也皇侃論語義疏覆種者植穀之法先散後覆也管子小匡篇深耕均種疾櫌注云櫌謂覆種既已均種當疾櫌之鄭注論語櫌覆種也孟子播種而櫌之呂氏春秋長利篇協而櫌注云櫌覆種也史記龜策傳耕之櫌之正義曰櫌覆種也文選長楊賦使農不輟櫌五臣云櫌以土覆種宋書禮志精田令卒其屬耕竟畝灑種即櫌此皆覆種之說也高注淮南氾論訓云櫌椓塊椎也三輔謂之儓所以覆種也此兼兩說 論語曰櫌而不輟者監本作櫌石經五經文字俱作櫌

zhú 欘

欘 斫也齊謂之鎡錤一曰斤柄性自曲者從木屬聲 陟玉切

斫也者齊民要術引同本書斸斫也釋器斪斸謂之定郭云鋤屬李巡曰鋤別名也犍爲舍人曰斪斸鉏也一名定

木

yì 椴　pá 杷　zhuó 櫡

齊語惡金以鑄鉏夷斤斸韋云斸斫也管子小匡篇惡金以鑄斤斧鉏夷鋸斸試諸木土注云鋸斸钁類也字或作钃釋名钃誅也主以誅除物根株也荀子榮辱篇所謂以孤父之戈钃牛矢也　齊謂之鎡錤者爾雅釋文引作鎡箕齊民要術引作鎡基御覽引作茲基顏注急就篇鉏去草之器也一名鎡基廣雅鎡錤鉏也周禮遂大夫簡稼器注云稼器耒耜鎡基之屬六經正誤云興國本作茲基薙氏春始生而萌之注云萌之者以茲其斫其生者月令具田器注云田器鎡錤之屬齊語挾其槍刈耨鎛注云耨茲其也孟子齊人有言曰雖有鎡基不如待時注云鎡基田器耒耜之屬　一曰斤柄性自曲者齊民要術引同李陽冰曰斤以鐵爲刃天生曲木爲柄管子霸言篇匠人有以感斤斸故繩可得而料也考工記車人之事一宣有半謂之欘一欘有半謂之柯注云欘斲斤柄長二尺爾雅曰句欘謂之定鄭司農云蒼頡篇有柯欘

櫡　斫謂之櫡從木箸聲張略切

斫謂之櫡者釋器文彼作鐯郭云钁也一切經音義十四引爾雅作櫡廣雅櫡謂之钁本書䃴斫也

杷　收麥器從木巴聲蒲巴切

玉篇渠欋杷也　方言杷宋魏之閒謂之渠挐或謂之渠疏廣雅渠挐謂之杷　僮約屈竹作杷　釋名杷播也所以播除物也　郭注爾雅鳥階云即鳥杷狀如杷齒　太公金匱不須兵器可以守國鋤杷是其矛戟　荊楚歲時記夏四月穫穀鳴農人候此鳥則犁杷上岸

收麥器者六書故杷爬艸土收禾麥器也引漢書捽艸杷土急就篇捃穫秉把插捌杷顏注無齒爲捌有齒爲杷皆所以推引聚禾穀也馥案郭注方言無齒爲朳

椴　穜樓也一曰燒麥柃椴從木役聲與辟切

穜樓也者徐鍇本作種椴也集韻韻會引同本書廔穜也六書故樓下種具也引賈思勰曰樓有三腳者有兩腳者不如一腳者之爲得也玉篇樓耬犁也崔寔政論趙過敎民耕植其法三犁共一牛一人將之下種挽耬皆取備焉日種一頃今遼東耕犁轅長四尺迴轉相妨既用兩牛兩人牽之一人將耕一人下種二人挽耬凡用兩牛六人一日纔種二十五畝齊民要術序燉煌不曉作耬犁及種人牛功力既費而收穀更少皇甫隆乃教作耬犁所省傭力過半得穀加五種蒔直說爰有一器出自海壖號曰耬鋤農桑輯要耬樣一如下種耬但獨腳無耬斗耳　一曰燒麥柃椴者廣韻椴燒麥

líng 柃　fú 梻　jiā 枷　chǔ 杵　gài 槩

柃　木也從木令聲郎丁切

木也者玉篇次於枯下枯上云木名可染

梻　擊禾連枷也從木弗聲敷勿切

擊禾連枷也者玉篇梻連枷也所以打穀者也廣韻梻連枷杖打穀者廣雅梻謂之枷釋名梻撥也撥使聚也漢書王莽傳予之北巡必躬載梻顏注梻所以擊治禾者也今謂之連枷顏氏家訓涉務篇打梻之簸揚之凡幾涉手而入倉廩荀子性惡篇則兄弟相拂奪矣注云或曰拂字從木㫄弗擊也今之農器連枷也衞公兵法守城篇連棒如打禾連枷狀用打女牆外上城敵人馥案宋慶歷初知并州楊偕上所製鐵連枷詔藏之祕府此是兵器與擊禾之器相似故狄武襄以鐵連枷破儂智高今雲南戍樓設之

枷　梻也從木加聲淮南謂之柍古牙切

梻也者六書故接摺兩木爲連枷以擊落禾穀也釋名枷加也加杖於柄頭以撾穗而出其穀也齊語耒耜枷芟韋云枷梻也所以擊草也古文苑僮約地刻大枷注云大枷連枷也打穀之具築禾稼之場刻畫地段令廣袤可運大枷打穀也御覽引作刻木爲枷注云枷擊禾也　淮南謂之柍者廣雅柍杖也方言僉宋魏之閒謂之欇殳或謂之度自關而西謂之棓或謂之梻齊楚江淮之閒謂之柍或謂之桲注云僉今連枷所以打穀者殳音殊亦杖名也今江東呼打爲度音量度也柍音悵快亦音車鞅此皆打之別名也

杵　舂杵也從木午聲昌與切

舂杵也者本書舂從廾持杵臨臼上午杵省也世本雍父作舂杵易繫辭斷木爲杵

槩　杚斗斛從木既聲工代切

考工記㮚氏爲量㮚而不稅　曲禮食饗不爲槩注云槩量也　管子水地篇量之不可使槩至滿而止　子華子釜槩之於量也不能以容於所不受　說苑夫水至量必平盈不求槩　曹植黃初五年令孤推一槩之平　唐書梁崇義傳以槩量業於市

gài 杚

杚斗斛者本書斠平斗斛也廣雅槩所以平量斗斛一切經音義九字林槩工內反謂平斗斛者蒼頡篇平斗斛曰槩管子樞言篇釜鼓滿則人槩之荀子君道篇斗斛敦槩者所以爲嘖也宥座篇盈不求槩注云槩平斗斛之木也韓非外儲說槩者平量者也楚詞惜誓同權槩而就衡注云槩平也九章同糅玉石兮一槩而相量洪注槩平斗斛木越絕書妻操斗身操槩自量而食月令正權槩注云槩平斗斛者高注淮南時則訓同漢書律歷志以井水準其槩顏注槩所以槩平斗斛之上者也夏侯陽筭經以今時用斗量米一斛置諸穴中槩令平滿六典市令以二物平市注云謂平斗以槩也

杚 平也從木气聲 古沒切

平也者集韻引同又云謂斗槩一切經音義十二杚量也廣雅杚摩也杚亦平也平斗斛曰杚

shěng 楷

楷 木參交以枝炊籅者也從木省聲讀若驪駕 所綆切

木參交以枝炊籅者也者本書籔炊籅也籅漉米籔也馥謂以木𡸁岠使水下也桓五年左傳蔡衛不枝戰國策魏不能支高注支猶拒也　讀若驪駕者徐鍇本無此文集韻楷居迓切木參交以枝炊籅者李舟說

sì 柶

柶 禮有柶柶匕也從木四聲 息利切

禮有柶者聘禮宰夫實觶以醴加柶于觶馥案鄭注周禮漿人云飲醴用柶者糟也又注士冠禮角柶云柶狀如匕以角爲之者欲滑也喪大記疏云柶長六寸兩頭曲屈馥謂柶本用木詩有捄棘匕是也　柶匕也者廣雅同御覽引有所以取飯四字本書匕所以用比取飯一名柶

bēi 桮

桮 䯻也從木否聲 布回切

方言盃槭盞溫閜盪𥂕桮也秦晉之郊謂之盃自關而東趙魏之間曰槭或曰盞或曰溫其大者謂之閜吳越之閒曰盪齊右平原以東或謂之𥂕桮其通語也　通俗文槃桮曰盞或謂之盃馥案謝承後漢書謝叔平爲定陵令桑桮盛漿益部耆舊傳高宏爲琅邪相桑桮盛漿　大戴禮曾子事父母篇執觴觚桮豆而不敢醉盧辯注桮槃盎盆盞之總名也孟子順杞柳之性而以爲桮棬　禮記玉藻母沒而桮圈不能飲口澤存焉耳　淮南子竊面於槃水則圓於杯則橢班彪啟事官吏二千石以白木杯飲食　漢地理志都邑頗放效吏及內郡賈人往往以桮器食　東宮舊事漆四升杯四十陶侃上雜物疏有上成帝螺杯一枚馥案南州異物志鸚鵡螺狀似覆杯形如鳥頭向其腹視似鸚鵡故以爲名晉咸康起居注詔送遼東使段僚等鸚鵡杯後趙書石虎子以螺杯勸客酒　淮南萬畢術注方諸形若杯無耳

䯻也者本書䯻小桮也廣雅䯻桮也急就篇橢杅槃案桮閜盌顏注桮酒器也一名䯻

籒文桮

pán 槃

槃 承槃也從木般聲 薄官切

承槃也者一切經音義八槃圜器也馥案不皆圜形古者彝下有舟周禮司尊彝注云舟尊下臺若今時承槃然則

承槃舟臺之屬故亦稱臺槃其字從般般象舟之旋曹植承露槃銘盛之安者莫如盤馥案槃之用有三周禮玉府若合諸侯則共珠槃玉敦注云古者以槃盛血此會盟之槃也僖二十三年左傳乃饋盤飧史記滑稽傳杯盤狼藉晉太康起居注齊王出藩詔賜檢樽槃杯盤各有差李尤槃銘或以承觴或以受物既舉清觴又成口實此飲食之槃也吳語奉槃匜以隨諸御韋注云槃承盥器也禮內則適父母舅姑之所少者奉槃長者奉水請沃盥鄭注槃承盥水者喪大記沐以瓦盤大學引湯之盤銘此洒濯之槃也

古文從金

從金者襄十二年左傳季武子救台遂入鄆取其鍾以爲公槃趙策三分趙國壤地著之盤盂鮑云言得地銘於器也呂氏春秋慎勢篇功名著于盤盂馥謂此皆以金爲之故有銘

籒文從皿

從皿者皿飲食之用器也

木

sī 榹

榹 槃也從木虒聲 息移切

槃也者方言承槃曰榹通作夷喪大記君設大盤造冰焉大夫設夷盤造冰焉士併瓦盤無冰鄭注漢禮大盤廣八尺長丈二深三尺赤中夷盤小焉周禮天子夷盤士喪禮君賜冰亦用夷盤

àn 案

案 几屬從木安聲 烏旰切

几屬者廣韻曹公作欹案臥視書張衡四愁詩何以報之青玉案李善曰玉案君所憑倚東宮舊事皇太子納妃有漆金渡足奏案一枚江表傳孫權拔刀斫前奏案曰諸將復有言迎曹者與此案同東觀漢記更始韓夫人侍飲見常侍奏事怒起抵破書案魏武上雜物疏有純銀帶漆畫書案一枚南史江秉之補新安太守轉臨海作書案一枚梁簡文帝書案銘性廣和平文彫非曲廁質錦帳承芳綺縟披古通今案奸治俗刻香鏤彩纖銀卷足

xuán 檈

檈 圜案也從木睘聲 似沿切

圜案也者廣韻檈承食案也文選七命圜案星亂方丈華錯梁書伏挺傳方丈員案三梒僅存

說文解字義證 卷十七 卅七

jiān 椷

椷 篋也從木咸聲 古咸切

篋也者本書匧藏也徐鍇本匧椷藏也廣雅匧謂之椷史記天官書閒可椷劍集解引蘇林曰椷音函函容也其閒可容一劒馥案周禮伊耆氏共其杖咸注云咸讀爲函

zhǔ 枓

枓 勺也從木從斗 之庾切

勺也者史記趙世家正義引作鉤也馥謂勺誤爲句又因句誤爲鉤本書斟勺也勺挹取也通俗文木瓢爲科徐鍇引字書枓斗有柄所以斟水廣韻斗斟水器也玉篇枓有柄形如北斗星用以斟酌也廣雅枓杓也馥謂杓當爲勺寫者失之漢禮器制度注勺五升徑六寸長三尺少牢饋食禮司宮設罍水于洗東有枓注云枓𣂁水器也喪大記沃水用枓或作斗周禮鬯人大渢設斗大戴禮保傅篇太宰持斗而御戶右盧辯注斗所以斟或以銅作史記趙世家使廚人操銅枓以食代王及從者行斟陰令宰人各以枓擊殺代王正義科音斗其形方有柄取斟水器燕策令工人作爲金斗長其尾謝綽宋拾遺張永開元武湖冢上得銅斗有柄 從斗者徐鍇本作斗聲陳啟源曰詩酌以大斗釋文云斗字又作枓徐音主小雅惟北有斗釋文亦兩音而音主者沈重也案易豐卦日中見斗釋文云見斗孟作見主蓋以同音故通用也

biāo 杓

杓 枓柄也從木從勺 甫搖切

夏小正正月初昏參中斗柄縣在下六月初昏斗柄正在上七月斗柄縣在下則旦大衍歷議引作斗杓禮記正義作斗標 春秋運斗樞瑤光第一至第四爲魁第五至第七爲杓杓合爲斗 天文錄三公星在北斗杓南 韓詩外傳渴操壺杓就江海而飲之 李康運命論執杓而飲河者不過滿腹

枓柄也者一切經音義四引作北斗柄也徐鍇曰北斗之柄第一星取以爲名杓猶標也馥案廣雅杓末也鄭注檀弓天文北斗魁爲首杓爲末此亦杓標義同詩行葦酌以大斗傳云大斗長三尺也正義長三尺謂其柄也史記索隱尺方者爲斗若安長柄則名爲枓尾郎枓之柄其形若刀者是也 從勺者徐鍇本作勺聲

léi 櫑

櫑 龜目酒尊刻木作雲雷象象施不窮也從木畾聲 魯回切

說文解字義證 卷十七 卅八

廣韻尊有三品上曰彝中曰卣下曰罍 五經文字罍大瓶也馥案詩蓼莪缾之罄矣維罍之恥 釋器彝卣罍器也小罍謂之坎郭云罍形似壺大者受一斛 明堂位尊用犧象山罍

龜目酒尊者黃目也鄭注周禮司尊彝云黃彝黃目尊也徐鍇曰龜目所以節畫也若今禮尊有黃目是也埤雅明堂位曰周以黃目黃目蓋以龜目飾尊今龜目黃而許慎解字說罍亦曰龜目酒尊是也 刻木作雲雷象者禮圖罍刻木爲之鄭注司尊彝云山罍亦刻而畫之爲山雲之形異義引毛詩說金罍蓋刻爲雲雷之象史記梁孝王世家初孝王在時有罍尊直千金集解鄭德曰上蓋刻爲雲雷象索隱應劭曰詩云酌彼金罍罍者畫雲雷之象以金飾之論衡雷虛篇禮曰刻尊爲雷之形一出一入一屈一伸爲相校軫則鳴校軫之狀鬱律嵔壘之類也此象類之矣又儒增篇夫百物之象猶雷尊也雷尊刻畫雲雷之形夢溪筆談禮書言罍畫雲雷之象然莫知雷作何狀予嘗得一古銅罍環其腹皆有畫正如人閒屋梁所畫曲水細觀之乃是雲雷相閒爲飾如ᘓ者古雲字也象雲氣之形

pí 椑　kē 榼

如◎者雷字也古文回爲雷象回旋之聲其銅罍之飾皆一◎一◎相閒乃所謂雲雷之象也　象施不竆也者施當爲岐徐鍇曰靁者圜轉之義故曰不竆異義罍制韓詩說金罍大夫器也天子以玉諸矦大夫皆以金士以梓謹案韓詩說天子以玉經無明文謂之罍者取象雲雷博施如人君下及諸臣　畾聲者徐鍇本作畾亦聲後人加亦字

𦉪 櫑或從缶

詩洞酌可以濯罍傳云罍祭器

𥁎 櫑或從皿

[篆] 籀文櫑

本書藟籀文作䨻

椑 圜榼也從木卑聲部迷切

圜榼也者榼有四式本書斡制如榼鈹四角是榼方也㮚爲扁榼榕爲橫榼與椑圜爲四式也廣雅匾榼謂之椑急就篇槫榼椑榹匕箸籫顏注椑圜榼也又注漢書云椑榼卽今之扁榼所以盛酒者也史記大宛傳匈奴破月氏王以其頭爲飲器韋昭曰飲器椑榼也淮南道應訓襄子大敗知伯破其首以爲飲器高云飲溺器椑榼也謝承後漢書陳茂爲豫州別駕與刺史周敞行部到潁川楊翟傳車有美酒一椑敞敕載酒以行茂取椑擊破之曰使君傳車以榼載酒非宜覆案亦以竹作廣志漢竹大者一節受一斛小者數升爲椑榼

榼 酒器也從木盍聲枯蹋切

酒器也者本書莤榼上塞也顏注急就篇榼盛酒之器其形榼榼然也成十六年左傳使行人執榼承飲造於子重孔叢儒服篇堯舜千鍾孔子百觚子路嗑嗑日飲百榼淮南氾論訓霤水足以溢壺榼酒德頌動則挈榼提壺庾闡斷酒戒使巷無行榼家無停壺祖台之與王荆州書願君屛爵棄卮焚罍毀榼王隱晉書宣帝作榼兩口二種酒先飲嘉酒塞口而開毒與牛金飲而死齊民要術種榆五年後梜者鏃作獨樂及盞十年後魁椀瓶榼器皿無所不任國史補李泌以虛誕自任有人遺酒偶客至卽曰麻姑送酒來可與君同飲未畢門者曰某侍郎取榼子泌命倒還曾無愧色史記伍子胥傳盛以鴟夷革浮之江中應劭曰鴟夷榼形漢書食貨志范蠡變姓爲鴟夷子皮小顏注言若盛酒之鴟夷鴟夷皮之所爲故曰子皮揚雄酒箴鴟夷滑稽腹大如壺或以琉璃馬瑙爲之涼州記發張駿陵得琉璃榼北齊書元韶有馬瑙榼容三升

tuǒ 橢　zhuì 槌　zhé 持　zhèn 栚　liǎn 槤

橢 車笭中橢橢器也從木隋聲徒果切

車笭中橢橢器也者本書䈉車笭也又𨏖下云車笭閒皮篋古者使奉玉以藏之一切經音義十一橢狹長器也爾雅釋魚蟦小而橢楚詞天問南北順橢其衍幾何淮南子修務訓甾瓵盆盂其方圓銳橢不同

槌 關東謂之槌關西謂之持從木追聲直類切

玉篇槌蠶槌也　集韻槌縣蠶曲杙　月令具曲植籧筐注云植槌也　四民月令三月清明節令蠶妾治蠶室除隙穴具槌持箔籠　齊民要術蠶宜於屋裏簇之薄布薪於箔上一槌得安十箔又云作簇法若以牀小不得多箸簇可四角

頭豎槌重置椽箔如養蠶法　五行書理馬牙齒於槌下宜蠶覆案周禮蠶馬同氣　關東謂之槌關西謂之持者方言槌自關而西謂之槌注云懸蠶薄柱也覆案當云自關而東　關西謂之持者玉篇同

持 槌也從木特省聲陟革切

槌也者廣雅同方言槌其橫齊部謂之持

栚 槌之橫者也關西謂之㯳從木灷聲直衽切

槌之橫者也者玉篇栚橫槌也或作㯳廣雅㯳槌也方言槌其橫關西曰㯳　關西謂之㯳者本書無㯳字方言槌其橫宋魏陳楚江淮之閒謂之㮳所以縣㮳東齊海岱之閒謂之綎玉篇綎縣槌索又𥾯下云縣蠶薄橫也類篇𥾯槌紐也

槤 瑚槤也從木連聲里典切

huǎng 櫎

瑚槤也者或作璉三禮圖瑚受一升形製未聞制度云如簠而平下璉受一升漆赤中蓋亦龜形大夫飾口以白金制度云如簠而銳下論語瑚璉也苞氏曰瑚璉者黍稷器也夏曰瑚殷曰璉周曰簠簋宗廟器之貴者也皇氏曰禮記云夏之四璉殷之六瑚今云夏瑚殷璉講者皆云是誤也哀十一年左傳胡簋之事則嘗學之矣杜云胡簋禮器名夏曰胡周曰簠正義云明堂位說四代之器云有虞氏之兩敦夏后氏之四璉殷之六瑚周之八簋如記文則夏器名璉殷器名瑚而包咸鄭元等注論語賈服等注此傳皆云夏曰瑚杜亦同之或別有所據世說謝混問楊孚何以器舉瑚璉羊曰故當以爲接神之器通作輦韓𠢕禮器碑作胡輦槤輦聲相近易往蹇來連虞翻曰連輦也

櫎 所以几器從木廣聲一曰帷屏風之屬 胡廣切

所以几器者當作丌玉篇櫎所以支器 一曰帷屏風之屬者李善注吳都賦引作帷屏屬又云然則門窗廡之通名釋名屏風以屏障風也周禮典絲凡飾邦器者受文織絲組焉注云謂茵席屏風之屬掌次設皇邸注云鄭司農云邸後版也元謂後版屏風與禮記明堂位天子負斧扆畫屏風也三禮圖扆縱廣八尺今之屏風則遺象也淮南

王屏風賦惟斯屏風出自幽谷大匠治之彫刻削斵等化器類庇蔭尊屋列在左右近君頭足不逢仁人永爲枯木李尤屏風銘舝闕風邪霧露是抗奉上蔽下不失其常桓譚新論殿上五色錦屏風西京雜記廣川王發魏哀王冢有石屏風又云江都王建勁健嘗跳越七尺屏風漢書外戚傳成帝省減椒房掖庭用度許皇后上疏曰設妾欲作某屏風張於某所必繩妾以詔書矣又陳萬年傳召咸教誡於牀下語至夜半咸睡頭觸屏風又云王莽常翳雲母屏風東觀漢記宋宏嘗讌見御坐新施屏風圖畫列女東宮舊事皇太子納妃有牀上屏風十二牒銀鉤鈕梳頭屏風二合四牒織成連地屏風十四牒銅環鈕吳志紀亮爲尚書令子隲爲中書令每朝會詔以御屏風隔其坐焉又云曹不興善畫孫權使畫屏風晉書吳隱之清貧以竹蓬爲屏風續晉陽秋何無忌與宋高祖謀夜於屏風中製檄文母登屏風窺之鄴中記石虎作金銀鈕屈膝屏風衣以白縑畫義士仙人禽獸之像高施則八尺下施四尺或施六尺隨意所欲也古今注孫亮作琉璃屏風魏書太祖雅性節儉帷帳屏風壞則補納御覽七百一引王珍宋春秋明帝性多忌諱惡白字屏風書古來名文有白字輒加改易齊書皇太子在雍有發古冢者得玉屏風南史時人謂

jú 㯫　jì 檕　nǐ 檷　jī 機

王遠如屏風屈曲從俗能蔽風露御覽引俗說荀介子婦大妒恆在介子齋中客來便閉屏風夢書夢簾屏風蔽匿一身也或作幌七命交綺對幌李善注引文字集略幌以帛𢿗窗也晉書孝友傳贊對幌巢鷹又作幌廣韻幌帷幔也謝惠連雪賦月承幌而通輝宋書傳亮傳飛蛾翔羽翩翻滿室赴軒幌集明燭者必以燋滅爲度王筠昭明太子哀冊文書幌空張洛陽記洛陽十八觀皆施雲母幌鄴中記石虎皇華殿閣上輒開大窗皆絳紗幌又云西臺窗皆銅龍疏雲母幌劉氏新論正賞篇堂珠𤥨幌綴以金蜆碧流光霞燿爛眩目而醉者眸轉呼爲焰火非𤥨幌狀移目改變也晉惠帝起居注有雲母幌齊書范縝曰人生如樹花同發隨風而散或拂簾幌墜茵席之上語林滿奮體羸惡風侍坐晉武帝屢顧雲母幌帝笑之奮云北窗琉璃屏風實密似疏字又作帡廣雅帡帳也

㯫 舉食者從木具聲 俱燭切

舉食者者廣雅㯫舉也徐鍇曰㯫如食牀兩頭有柄二人對舉之

檕 繘耑木也從木毄聲 古詣切

繘耑木也者徐鍇曰所以關汲桶也

檷 絡絲檷從木爾聲讀若柅 奴禮切

絡絲檷也者易姤卦釋文引作絡絲趺也周易音訓同子夏易作鑈玉篇檷絡絲柎也字書廣韻竝同 讀若柅者易釋文引作昵書典祀無豐于昵釋文引馬云昵考也謂禰廟也

機 主發謂之機從木幾聲 居衣切

主發謂之機者一切經音義九引作主發之機也李善文選注引同堯典璿璣馬本作機云機渾天儀可轉旋故曰機書太甲若虞機張往省括于度則釋傳云機弩牙也范蠡兵法飛石重二十斤爲機發行三百步燕丹子燕太子質於秦求歸秦王爲機發之橋欲以陷丹丹過之橋爲不發也大學其機如此注云機發動所由也列子天瑞篇萬物皆出於機皆入於機注云機者羣有之始動之所宗又黃帝篇機發於踵新序樞機之發閒不及旋踵莊子天地篇有機械者必有機事孫子兵勢篇節如發機淮南原道訓其用之也若發機許注機發不旋踵

shèng 幐　zhù 杼　fù 椱　xuàn 楥　gāi 核　péng 棚　zhàn 棧

幐 機持經者。从木，朕聲。詩證切

機持經者者，廣韻：幐，織機幐也。一切經音義十四引三蒼：經所居機曰幐。王逸機賦：幐復回轉，剋象乾形。廣雅：樑謂之幐。王篇：樑亦作梭。馥案：梭持緯者，幐乃密竹器，吾鄉呼之音如榾。

杼 機之持緯者。从木，予聲。直呂切

機之持緯者者，詩大東正義引作持緯者也，釋文引作盛緯器。一切經音義十引字林：杼，機持緯者，今俗呼杼爲筬。埤蒼：筬，竹杼也。廣韻：筬筬筬，織具。秦策：人告曾子母曰：曾參殺人。母織自若。一人又告之，母懼，投杼。尉繚子治本篇：夫在芸耨，妻在機杼，民無二事，則有儲蓄。蔫菴閒話：大東杼柚其空，傳曰：杼，持緯者也。曹氏曰：梭也。釋文：說文云：盛緯器。據曾母投杼，其爲梭無疑。今齊語呼理經之具以竹爲之密如篦者曰杼，不知何以差異至此。

椱 機持繒者。从木，复聲。扶富切

機持繒者者，廣韻：椱，織椱，卷繒者。集韻：織具謂之機杼椱，以轉軸，杼以持緯。馥案：軸即椱。詩大東作柚，釋文：柚本又作軸。

說文解字義證卷十七　廿三

楥 履法也。从木，爰聲。讀若指撝。吁券切

趙宧光曰：方言謂鞻工木胎爲楥頭，改作楦。復古編：楥別作楦，非。

履法也者，徐鍇曰：楥，織履中模範也，故曰法。廣韻：楥，靴履楥。廣雅：楥，法也。朝野僉載：唐楊炯每呼朝士爲麒麟楥，曰：今弄假麒麟者，必修飾其形，覆之驢背，及去皮，還是驢。馥謂此可借證履楥。集韻：楦履編模也。楥亦模類。

核 蠻夷以木皮爲篋，狀如籢尊。从木，亥聲。古哀切

狀如籢尊者，徐鍇本尊下有之形也三字。

棚 棧也。从木，朋聲。薄衡切

棧也者，廣雅：棚，棧閣也。通俗文：連閣曰棚。一切經音義五引蒼頡篇：棚，棧閣也，謂重屋複道者也。

棧 棚也。竹木之車曰棧。从木，戔聲。士限切

jiàn 栫　guì 槶　tī 梯

棚也者，廣韻：棧，木棧道。通俗文：版閣曰棧。淮南本經訓：延樓棧道。高云：棧道，飛閣複道相通。漢書張良傳：說漢王燒絕棧道。崔浩云：險絕之處，傍鑿山巖，施版梁爲閣也。哀四年公羊傳：亾國之社蓋揜之，揜其上而柴其下。周禮喪祝注作棧其下。莊子馬蹄篇：編之以皁棧。釋文：崔云：棧，木棚也。袁山松後漢書：蘇不韋爲地突，謀刺李暠，暠以板棧地而臥。

竹木之車曰棧者，詩：有棧之車。正義云：棧是車狀。既夕禮：賓奠幣于棧。注云：棧謂柩車也。今文棧作轏。周禮巾車：士乘棧車。注云：不革鞔而漆之。考工記輿人爲車：棧車欲弇，飾車欲侈。後漢書方術謝夷吾傳：後以行春乘柴車。注云：柴車即棧車也。馥案：賤當爲棧。王莽傳：乘牝馬柴車。顏注云：柴車，賤車。通作轏。成二年左傳：丑父寢於轏中。注云：士車。正義：周禮巾車：士乘棧車。鄭云：棧車不革鞔而漆。之考工記輿人云：棧車欲弇。鄭云：爲其無革鞔，不堅，易坼壞，然則弇者謂上狹下闊也。轏與棧字異，音義同。

栫 以柴木壅也。从木，存聲。徂悶切

以柴木壅也者，李善注江賦引作以柴木壅水也，玉篇同。蕭該漢書音義引字林：栫，柴木擁也。廣雅：栫，籬也。又云：涔，栫也。馥案：釋器：椮謂之涔。郭云：積柴養魚曰椮。本書：罧，積柴水中以聚魚也。椮、涔、罧字異而義同。僖五年左傳：士蔿爲二公子築蒲與屈，不慎，寘薪焉。正義：多寘薪於中，若今栫木。僖十五年傳：登臺而履薪焉。注云：古之宮閉者皆居之臺以抗絕之，穆姬欲自罪，故登臺而薦之以薪，左右上下者皆履柴乃得通。哀八年傳：邾子又無道，吳子使大宰子餘討之，囚諸樓臺，栫之以棘。杜云：栫，擁也。

說文解字義證卷十七　廿四

槶 筐當也。从木，國聲。古悔切

筐當也者，筐當爲匚所以容髮也。槶或作簂。釋名：簂，恢也，恢廓覆髮上也。魯人曰頍，齊人曰幗。續漢書輿服志：夫人紺繒簂。又或作幗。玉篇：幗，帨也，覆髮上也。晉書宣帝紀：諸葛亮遺帝巾幗婦人之飾。

梯 木階也。从木，弟聲。土雞切

木階也者，廣雅：梯，階也。越語：無曠其衆以爲亂梯。注云：梯，階也。孟子：捐階。注云：階，梯也。孫子九地篇：帥與之期，如登高而去其梯。

chéng 棖

棖 杖也從木長聲一曰法也 宅耕切

杖也者杖當爲枝謂牚持也僮約棖門柱戶靈光殿賦枝牚杈枒而斜據張注牚或作棖 一曰法也者方言棖法也注云救傾之法

juàn 桊

桊 牛鼻中環也從木𢍏聲 居倦切

牛鼻中環也者集韻桊䉷牛貫鼻木廣韻桊牛拘一切經音義四字書桊牛拘今江以北皆呼爲拘以南皆曰桊埤蒼桊牛拘也廣雅桊拘也周禮封人凡祭祀飾其牛牲置其絼注云鄭司農云絼著牛鼻繩所以牽牛者馥謂絼系於環也或作棬呂覽重己篇五尺童子引其棬而牛知所以順之也

duǒ 椯

椯 箠也從木耑聲一曰揣度也一曰剟也 兜果切

箠也者五經文字作捶本書揣一曰捶之垂耑聲相近玉篇捶與端同 一曰椯度也者本書揣量也度高曰揣 一曰剟也者方言鑽謂之鍴廣雅鍴謂之鑽馥謂剟當爲鏊俗作錣或以本書無錣字改爲剟玉篇錣針也集韻策端有鐵列子說符篇白公勝慮亂罷朝而立倒杖策錣上貫頤血流至地而弗知也注云錣杖末鋒淮南道應訓倒杖策錣上貫頤高注策馬捶端有針以刺馬謂之錣氾論訓是猶無鏑銜橜策錣而御馯馬也高注錣揣頭箴也

jué 橜

橜 弋也從木厥聲一曰門梱也 瞿月切

弋也者本書弋橜也廣雅橜杙也方言橜燕之東北朝鮮洌水之間謂之椵注云揭杙也 一曰門梱也者釋宮橜謂之闑郭云門閫曲禮大夫士入君門由闑右不踐閾注云闑門橜盧君文弨曰呂氏春秋本生篇出則以車入則以輦務以自佚命之曰招蹷之機高注招至也蹷機門內之位也乘輦於宮中游翔至於橜機故曰務以自佚也詩云不遠伊爾薄送我畿此不過蹷之謂段若膺謂注首蹷機當爲機橜蓋以橜訓機也至於橜機謂至機而蹷也下不過蹷亦當爲橜字說文橜門梱也荀子大畧篇和之璧井里之厥也晏子春秋作井里之困也厥卽橜省困卽梱省蓋門梱有以石爲之者故晏荀皆云然而機與畿音義竝同詩毛傳畿門內也說苑政理篇修近理內政橜機之禮壹妃匹之際蔡邕集有司徒袁公夫人馬氏靈表云不出其機化導宣暢則厥機皆爲梱閾之內明矣

zhí 樴

樴 弋也從木戠聲 之弋切

弋也者釋宮樴謂之杙在地者謂之臬郭云卽門橜也通作職周禮牛人凡祭祀共其享牛求牛以授職人而芻之注云職讀爲樴樴謂之杙可以繫牛肆師大祭祀展犧牲繫于牢頒于職人注云職讀爲樴樴可以繫牲者

zhàng 杖

杖 持也從木丈聲 直兩切

書牧誓王左杖黃鉞 秦策迫則杖戟相撞 孔叢子居衞篇太王杖策而去 漢書韓信傳杖劒從之張耳傳杖馬箠 蘇武傳杖節牧羊 新序杖馬策下趙數十城 樂資春秋後傳聶政杖劒至韓 東觀漢記鄧禹杖策北渡 崔鴻後趙錄冉閔杖雙刃矛

持也者漢書武帝紀衣繡衣杖斧分部逐捕顏注杖斧持斧也謂建持之以爲威也馥案所持者亦爲杖論衡藝增篇或操竹杖皆謂不勁莫謂手空無把持新語輔政篇夫居高者自處不可以不安履危者任杖不可以不固自處不安則墜任杖不固則顛崔駰杖頌王母扶持用保百祿殷允杖銘翼德扶耆匪杖焉資崔瑗杖銘乘危履險非杖不行年老力竭非杖不彊諸蔗雖美猶不可杖溺人悅己亦不可相蘇彥邛竹杖銘安不忘危任在所杖君子是扶逍遙神王

bā 柭

柭 棓也從木犮聲 北末切

bàng 棓

棓 棁也從木咅聲 步項切

兵書棓二分二千五百魏志鍾會傳會已作大坑白棓數千欲悉呼外兵入人賜白帢拜爲散將以次棓殺坑中御覽三百五十七引晉宣帝教曰當敎諸圍士守士皆作棓人一枚北史陽休之傳衣兩襠甲手持白棓通鑑魏華州刺史持白梃大呼而出注云白梃卽今人所謂白棓也石氏星占天棓五星天之杖也或作棒曹瞞別傳太祖初入尉廨造五色棒懸門左右有犯禁者皆棒殺之宋書後廢帝有白棒數十枚各有名號抱朴子吳遣將軍討山賊中有善禁者官軍刀劍皆不得拔將軍乃多作勁木白棒擊之

棁也者一切經音義一引同又云謂大杖也廣雅棓杖也通俗文大杖曰棓淮南詮言訓羿死於桃棓高云棓大杖

以桃木爲之又作桙玉篇桙杖也棒棓同

chuí 椎

椎 擊也齊謂之終葵從木隹聲 直追切

擊也者一切經音義二十二引蒼頡篇椎用打物者也釋名椎推也齊策秦遺君王后玉連環君王后引椎椎破之淮南說林訓椎固百柄不能自椓椓椎也玉篇椓擊也漢書王莽傳遂椎碎之顏注椎音直追反其字從木魏志武帝紀民無椎冰注云川渠冰凍使民椎冰以通船民憚役而亾齊謂之終葵者御覽引作柊楑注云音終葵篡文柊楑方椎廣雅柊楑椎也六書故椎木拳所用以椎擊者也終葵我葵也其實拳然爲椎者象之考工記日天子之圭抒上終葵首謂象葵實爲椎首也馬融廣成頌翬終葵揚關斧通作槌語林鍾雅語祖士曰我汝潁之士利如錐卿燕代之士鈍如槌

kē 柯

柯 斧柄也從木可聲 古俄切

斧柄也者徐鍇曰太公六韜有大柯斧也廣雅柯柄也詩伐柯如之何匪斧不克傳云柯斧柄也考工記車人柯長

三尺博三寸厚一寸有半五分其長以其一爲之首注云首六寸謂今剛關頭斧也柯其柄也

tuō 梲

梲 木杖也從木兌聲 他活切又之說切

木杖也者宣十八年穀梁傳釋文引字林同後漢書禰衡傳注引作大杖也廣韻亦作大杖急就篇鐵錘檛杖梲柲顏注梲小棓也今俗呼爲袖梲言可藏於懷袖之中也馥據此知大杖爲木杖廣雅梲杖也淮南說山訓執彈而招鳥揮梲而呼狗欲致之顧反走

bǐng 柄

柄 柯也從木丙聲 陂病切

柯也者玉篇柄柯柄也考工記秦無廬注云謂矛戟柄鶡冠子武靈王篇手握兵刃之枋而希戰陸佃注枋柄也

棅 或從秉

通作秉史記天官書斗秉

bì 柲

柲 欑也從木必聲 兵媚切

本書鐏柲下銅也鐏矛戟柲下銅鐏也 廣雅柲柄也方言三刃枝南楚宛郢謂之匽戟其柄自關而西謂之柲或謂之殳又云抵柲刺也注云皆矛戟之矜所以刺物者也 考工記廬人爲廬器戈柲六尺有六寸注云柲猶柄也 昭十二年左傳君王命剝圭以爲鏚柲杜云柲柄也破圭玉以飾斧柄 欑也者顏注急就篇柲欑也謂積竹之杖也一曰柲者總言矛戟之把也

cuán 欑

欑 積竹杖也從木贊聲一曰穿也一曰叢木 在丸切

積竹杖也者本書籚積竹矛戟矜也殳以積竹八觚徐鍇曰積竹木謂合竹木爲之也若今之杖多然又說殳字云積竹謂削去白取其青處合爲之取其有力也趙宧光曰今人輿之兩衡以絫布圍竹于木曰欑是也周書年饑矛戟纏瘞䪺謂積竹不用筋但纏縳耳漢書武五子傳道買積竹杖文穎曰合竹作杖也御覽七百十引新序昌邑王置積竹刺杖二枚龔遂諫曰積竹刺杖者驕蹇少年杖也 一曰穿也者本書鑽所以穿也 一曰叢木者本書欑一曰叢一切經音義十一引蒼頡篇欑聚也字體從木釋木灌木叢生詩黃鳥于飛集于灌木傳云灌木叢木也秦

策亦聞惡思有神叢與叢藉其神五日而叢枯七日而叢亾高云叢樹也南都賦艮木欑於褒谷周景式廬山記后門北巖有松數百樹欑生絕崖上懷舊賦柏森森以欑植盧思道勞生論一葉從風無損鄧林之欑植笙賦歌棗下之纂纂李注引咄唶歌棗下何欑欑解云欑聚皃也喪大記欑至於上注云欑猶菆也釋文菆本亦作叢後漢書岑彭傳田戎橫江水起浮橋鬭樓立欑木周禮鬯人禜門注云禜謂營鄼所祭馥案鄼當作欑昭元年左傳於是乎禜之杜注爲營欑用幣正義欑聚也聚草木爲祭處耳

chì 屎

屎 籆柄也從木尸聲 女履切

籆柄也者廣雅屎柄也又云榬謂之籆其屎謂之隸

柅 屎或從木尼聲

前有柅字 集韻柅絡栿 通俗文張絲曰柅 易姤卦象繫於金柅正義柅之爲物眾說不同王肅之徒皆爲織績之器婦人所用馥案本書檷絡絲檷

bēng 榜

榜 所以輔弓弩從木旁聲 補盲切

所以輔弓弩也者一切經音義十五榜弓輔也廣雅榜輔也韓非外儲說榜檠者所以矯不直也劉氏新論貴言篇楚柘質勁必資榜檠以成弴弓榜檠者矯不正也

qíng 檠

檠 榜也從木敬聲 巨京切

榜也者詩角弓釋文引同又云謂輔也檠弓匣也集韻檠所以正弓漢蘇武能檠弓弩詩角弓翩其反矣傳云不善紲檠巧用則翩然而反既夕記有柲注云柲弓檠弛則縛之於弓裏備損傷以竹爲之考工記弓人寒奠體注云至冬膠堅內之檠中定往來體又云今夫茭解中有變焉故校鄭司農云茭讀爲激發之激校謂弓檠也管子輕重甲篇彼十鈞之弩不得棐檠不能自正家語子路初見篇操弓不反檠注云弓不反於檠然後可持也馥謂操當爲燥說苑燥弓不反於檠荀子性惡篇繁弱鉅黍古之良弓也然而不得排檠則不能自正注云排檠輔正弓弩之器非相篇故君子之度己則以繩接人則用枻注云韓侍郎云枻者檠枻也匡弓弩之器也韓非外儲說夫工人張弓也

伏檠三旬而蹈弦一日犯機淮南修務訓故弓待檠而後能調說山訓檠不正而可以正弓高云檠弓之掩牀也法言五百篇見弓之張兮弛而不失其良兮或曰何謂也曰檠之而已矣注云周禮謂檠爲正弓之器也東觀漢記吳漢常獨繕檠弓戟鹽鐵論若檼栝輔檠之正弧刺也魏都賦弓珧解檠五臣云檠弓柙也四民月令八月涼燥可上弓弩繕理檠鋤

yǐn 檃

檃 栝也從木隱省聲 於謹切

栝也者增韻揉曲者曰檃正方者曰栝字或作檃荀子法行篇檃栝之側多枉木大略篇示諸檃栝注云檃栝矯揉木之器也非相篇府然若渠堰檃栝之於己也注云檃栝所以制木性惡篇故枸木必將待檃栝烝矯然後直注云檃栝正曲木之木也孔叢儒服篇夫木之性以檃栝自直淮南修務訓木之直中繩揉以爲輪其曲中規檃栝之力又或作檼鹽鐵論廢法以治是猶不用檼栝斧斤欲撓曲直枉也通作隱書盤庚尚皆隱哉傳云言當庶幾相隱栝共爲善政大戴禮衛將軍文子篇自設於隱栝之中注云孔子曰隱栝之旁多曲木也鬼谷子飛箝篇其有隱栝注云施隱栝以輔其曲直韓非難勢篇夫棄隱栝之法去度量之數使奚仲爲車不能成一輪顯學篇夫必恃自直之箭百世無矢恃自圜之木千世無輪矣自直之箭自圜之木百世無有一然而世皆乘車射禽者何也隱栝之道用也蔡邕郭有道碑隱栝足以矯時公羊解詁敘故遂隱栝使就繩墨焉後漢書鄧訓傳訓考量隱栝

kuò 栝[1]

栝 檃也從木昏聲一曰矢栝築弦處 古活切

一曰矢栝築弦處者文有闕誤築當爲檃春秋決獄弩檃機郭弦軸異處馥案檃弩牙也本書矢象鏑栝羽之形釋名矢其末曰栝栝會也與弦會也陸機詩譬彼弦與栝書太甲若虞機張往省括于度則釋括當作栝魯語肅慎氏之貢楛矢石砮銘其栝曰肅慎氏之貢矢韋注栝箭羽之間考工記矢人爲矢夾其陰陽以設其比夾其比以設其羽鄭司農云比謂栝也顏師古曰岐山兩岐俗呼箭栝嶺或作筈廣韻筈箭筈受弦處

qí 棊

棊 簙棊從木其聲 渠之切

楚策夫梟棊之所以能爲者以散棊佐之也夫一梟之不勝五散亦明矣淮南說林訓行一棊不足以見智 西京雜

記杜陵杜夫子善弈棊爲天下第一人或譏其費日夫子曰精其理者足以大裨聖教 班固弈旨棊有白黑陰陽分也駢羅列布效天文也 文選博弈論夫一木之枰孰與方國之封枯棊三百孰與萬人之將李善注引邯鄲淳藝經曰棊局從横各十七道合二百八十九道白黑棊子各一百五十枚 金樓子興王篇堯教丹朱棊以文桑爲局犀象爲子 簙棊者本書簙局戲也六箸十二棊也騏馬青驪文如簙棊也廣雅圍棊簙弈也急就篇棊局博戲相易輕顏注棊局謂彈棊圍棊之局也博亦局戲也十二棊六博襄二十五年左傳今甯子視君不如弈棊弈者舉棊不定不勝其耦杜云弈圍棊也正義說文弈從廾言竦兩手而執之棊者所執之子故云弈者舉其不定不勝其耦謂舉子下之不定則不勝其耦是棊爲子也中山經休與之山其上有石焉名曰帝臺之棊注云棊謂博棊也淮南泰族訓故行棊者或食兩而路窮或予蹄而取勝高云行棊大博也予蹄子對家奇一棊也述征記西南端門外有石色青而細修之作博棊以遺江東甚可珍玩

jiē 椄

椄 續木也從木妾聲 子葉切

xiáng 栙　tiǎn 栝[2]　cáo 槽　niè 臬

續木也者齊民要術插梨法云截杜令去地五六寸斜攕竹刺皮木之際令深一寸許折取美梨枝長五六寸亦斜攕之令過心大小長短與攕等以刀劙梨枝斜攕之際剥去黑皮拔去竹籤即插梨令至劙處木還向木皮還近皮以縣蘩杜封熟泥以土培覆之通作接秦策緤病鉤身大臂短不能及地故使工人爲木材以接手高注接續聘禮接聞命注云接猶續也曲禮堂上接武漢書身秏國民接手飲

栙　栙雙也從木夅聲讀若鴻下江切

栙雙也者本書䉶栙雙也廣雅䉶篗謂之䉶廣韻䉶䉶篗案夅雙疊韻各加偏旁以立名夅雙酒甕也跭𨇨胡豆也跭𨇨竦立也艂艭船也

栝　炊竈木從木舌聲他念切

炊竈木者六書故栝進火木玉篇㮇木杖也栝說文㮇字廣韻㮇火杖也

槽　畜獸之食器從木曹聲昨牢切

畜獸之食器者集韻引無獸字聲類槽飤豕器也玉篇槽馬槽晉書宣帝紀三馬同食一槽

說文解字義證　卷十七　四一

臬　射準的也從木從自五結切

小爾雅廣器射有張布謂之侯侯中者謂之鵠鵠中者謂之正正中者謂之槷詩四鍭如樹正義槷質也馥案槷當爲槷考工記匠人置槷以縣眡以景注云故書槷或作弋杜子春云槷當爲弋讀爲杙元謂槷古文臬假借字於所平之地中央樹八尺之臬以縣正之眡之以其景將以正四方也爾雅曰在牆者謂之杙在地者謂之臬詩車攻傳云褻纏質以爲槷昭八年穀梁傳以葛覆質以爲槷是也馥案又作蓺詩行葦舍矢既均傳云已均中蓺箋云蓺質也漢書司馬相如傳弦矢分蓺殪仆文穎曰所射準的爲蓺顏注蓺謂射的即今之槷上槷也蓺讀與藝同字亦作臬音魚列反文六年左傳陳之藝極注云藝準也　王君念孫曰莊子應帝王篇有帠字釋文云徐音藝又魚例反司馬云法也蓋即臬字傳寫誤也馥謂魚例當爲魚列

射準的也者李善注東京賦引作射埻的也廣雅㙞的也本書㙞射臬也讀若準鄭注周禮司裘云侯以皮飾其側又方制之以爲辜釋文云辜亦作準譙子法訓善射者調弓定準見可而發韓非內儲說人之有狐疑之訟者令之射的中之者勝不中者負又問辯篇夫砥礪殺矢而以妄發其端未嘗不中秋毫也然而不可謂善射者無常儀的也設五寸之的引十步之遠非羿逢蒙不能必中者有常也故有常則羿逢蒙以五寸的爲巧無常則以妄發之中秋毫爲拙齊策今夫鵠的非咎罪於人也少長貴賤則同必於貫之者何也惡其示人以難也呂氏春秋本生篇萬人操弓共射一招招無不中高注招埻的也淮南兵畧訓夫射儀度不得則格的不中高注的射準也法言脩身篇脩身以爲弓嬌思以爲矢立義以爲的奠而後發發必中矣漢書鼂錯傳矢道同的顏注的謂所射之準臬也臬音牛列反即謂槷也典論凡埒有常徑的有定所曹植白馬篇控弦破左的吳志太史慈傳將一兩騎自隨各作一的持之引馬至城下塹內植所持的各一出射之北齊書孝昭與功臣宴射侯去堂百三十步中的者賜以良馬隋書突厥之一發中的通鑑蒼梧王立蕭道成於室內畫腹爲的將射之又云孫伏伽諫唐太宗曰陛下好自走馬射的從自者李陽冰曰劓省聲馥案此臆說也自鼻也今謂鼻爲準頭是也

說文解字義證　卷十七　四二

tǒng 桶　lǔ 櫓

桶　木方受六斗從木甬聲他奉切

木方受六斗者史記商君列傳平斗桶集解鄭玄曰今之斛也索隱量器名也

櫓　大盾也從木魯聲郎古切

大盾也者六韜農器篇蓑薛簦笠者其甲胄干櫓也又軍用篇云武翼大櫓矛戟扶胥七十二具提翼小櫓扶胥一百四十六具管子禁藏篇苴笠以當盾櫓襄十年左傳狄虒彌建大車之輪而蒙之以甲以爲櫓杜云櫓大楯漢書劉屈氂傳以牛車爲櫓顏注櫓楯也遠與敵戰故以車爲櫓用自蔽也孫子作戰篇戟楯矛櫓謀攻篇修櫓轒轀注云櫓大楯也韓非難二篇趙簡子圍衛之郛郭犀盾犀櫓立於矢石之所及何休注櫓盾類也家語儒行篇禮義以爲干櫓注云櫓大戟馥謂干櫓即干盾鄭注周禮司兵云五盾干櫓之屬是也字或作櫖異苑河南褚褒將北伐軍忽同時唱言可各持兩盾及敗悉負櫖而退書武成血流漂杵杵即櫓借字抱朴子明本篇或流血漂櫓積尸築[illegible]注孟子謂[illegible]杵非是

木

樐 或從鹵

廣雅櫓盾也　易林血流漂櫓　陳琳檄吳文流血漂櫓
或作鹵中山策流血漂鹵高注鹵大盾也史記秦始皇本紀
流血漂鹵徐廣音義云鹵楯也帝王世紀長平之
戰血流漂鹵吳都賦干鹵殳鋋五臣云干鹵楯也

yuè
樂

樂 五聲八音總名象鼓鞞木虡也 五角切

世本黃帝世伶倫作樂　大荒西經顓頊生老童老童生祝
融祝融生太子長琴是處搖山始作樂風注云創制樂風曲
也　樂記昔者舜作五弦之琴以歌南風　夔始制樂以賞諸
侯又云比音而樂之及干戚羽旄謂之樂　周禮典同掌六
律六同之和以辨天地四方陰陽之聲以爲樂器　魏志鮑
勛傳夫樂上通神明下和人理隆治致化萬邦咸乂故移風
易俗莫善於樂　隱五年公羊傳注夫樂本起於和順和順
積於中然後榮華發於外是故八音者德之華也歌者德之
言也舞者德之容也故聽其音可以知其德察其詩可以達
其意論其數可以正其容薦之宗廟足以享鬼神用之朝廷
足以序羣臣立之學官足以協萬民凡人之從上教也皆始
於音音正則行正故聞宮聲則使人溫雅而廣大聞商聲則

使人方正而好義聞角聲則使人惻隱而好仁聞徵聲則使
人整齊而好禮聞羽聲則使人樂養而好施所以感蕩血脈
通流精神存寧正性故
樂從中出禮從外作也
五聲八音總名者尚書大傳樂者人性之所自有也故聖
王巡十有二州觀其風俗習其性情因論十有二俗定以
六律五聲八音七始箸其素族以爲八此八伯之事也分
定於五此五嶽之事也五聲天音也八音天化也七始天
統也　樂記樂者音之所由生也又云是故不知聲者不可
與言音不知音者不可與言樂又云唯君子爲能知樂注
云八音竝作克諧曰樂又云比物以飾節節奏合以成文
注云比物謂雜金革土匏之屬也以成文五聲八音克諧
相應和　通典陽管有六爲律陰管有六爲呂變陰陽之聲
故爲十二調調各文之以五聲播之以八音乃成爲樂故
有十二懸之樂焉　象鼓鞞木虡也者爾雅釋文引作象
鼓鞞之形木其虡也　邢疏引作象鼓鞞之形木虡也白詩
也

fū
柎

柎 闌足也從木付聲 甫無切

闌足也者本書虡鐘鼓之柎也　弇持弩柎　玉篇作持弩關
柎本書關闌也或作跗　成十六年左傳韎韋之跗注賈注
跗謂足又通作不　詩常棣之華鄂不韡韡鄭箋不當作柎
柎鄂足也　成二年左傳三周華不注　伏琛齊地記不讀如
跗

fú
枹

枹 擊鼓杖也從木包聲 甫無切

擊鼓杖也者左傳正義引同又云謂引杖以擊之　李善注
王元長曲水詩序引作鼓柄也　一切經音義三引作擊鼓
柄也又云謂鼓椎也　成二年左傳右援枹而鼓　釋文枹鼓
椎也字林云擊鼓柄也　管子小匡篇介胄執枹立於軍門
使百姓皆加勇注云枹擊鼓槌　齊策乃援枹鼓之　鮑云枹
擊鼓杖　淮南兵略訓維枹綰而鼓之高云綰貫也枹係于
臂以擊鼓也　史記司馬穰苴傳援枹鼓之急則忘其身正
義枹謂鼓梃也　說苑兩軍相當司馬執枹以行之　漢書李
尋傳猶枹鼓之相應也顏注枹擊鼓之槌也　叔孫通傳舍
枹鼓而立一王之儀顏注枹者鼓椎所以擊鼓也　後漢書
董宣傳枹鼓不鳴董少平注云枹擊鼓杖也第五種傳桴
鼓不鳴注云桴擊鼓杖也　馥案詔定古文官書枹桴二字
同
體

qiāng
椌

椌 柷樂也從木空聲 苦江切

柷樂也者玉篇椌楬柷敔也　樂記聖人作爲椌楬　荀子樂論
篇鞉柷拊鞷椌楬似萬物　說苑聖人作爲鞉鼓椌楬壎篪
此六者德
音之音

zhù
柷

柷 樂木空也所以止音爲節從木祝省聲 昌六切

廣雅柷象桶方三尺五寸深尺八寸四角有陛　書皋陶
謨合止柷敔鄭注柷狀如漆筩而有椎合樂之時投椎其中
而撞之　周禮小師掌教鼓鼗柷敔塤簫管弦歌鄭司農云
柷如漆筩中有椎　喪大記棺椁之閒君容柷　宋書柷如
漆筩方二尺四寸深尺八寸中有椎柄連底桐之令左右擊
易緯乾主立冬樂用柷敔　樂汁圖乾主立冬陰陽終始
故聖人象天以制柷形使从者　不恨生者不怨宋均曰柷圉
從中發聲人情怨恨亦從中起　宋書樂志柷敔竝不知誰
所造　通典柷敔不知誰所造樂記曰聖人爲椌楬柷如漆
桶方二尺四寸深尺八寸中有椎柄連底旁開孔內手於中

擊之以舉樂 書益稷戛擊鳴球傳云戛擊柷敔所以作止樂正義云樂之初擊柷以作之樂之將末戛敔以止之樂木空也所以止音爲節者韻會引徐鍇本云樂也木音工用柷聲音爲亨馥案空當爲椌詩有瞽執聲柷圉傳云柷木椌也風俗通義謹案禮樂記柷如漆桶畫木方三尺五寸高尺五寸中有椎工用柷止音爲節書曰合止柷敔笙鏞以閒釋樂所以鼓柷謂之也郭云柷如漆桶方二尺四寸深一尺八寸中有椎柄連底挏之令左右擊止者其椎名字書柷之言始也釋名柷如物始見柷柷然也故訓爲始以作樂也白虎通禮樂篇柷敔者終始之聲萬物之所生也陰陽順而復故曰柷承順天地序迎萬物天下樂之故樂用柷柷始也敔終也王制天子賜諸侯樂則以柷將之蓋始合之器居諸器之先明堂位拊搏玉磬揩擊注云揩擊謂柷敔皆所以節樂者也呂氏春秋仲夏紀飭鐘磬柷敔注云柷如漆桶中有木椎左右擊以節樂漢書律歷志八音木曰柷顏注柷與俶同俶始也樂將作先鼓之故謂之柷

qiàn 槧

槧 牘樸也從木斬聲 自琰切

牘樸也者御覽引作牘牒也釋名槧板之長三尺者也槧漸也言其漸漸然長也急就篇簡札檢署槧牘家顏注槧板之長三尺者也亦可以書謂之槧者言其脩長漸漸然也西京雜記揚子雲好事常懷鉛提槧從諸計吏訪殊方絕域四方之語揚雄荅劉歆書故天下上計孝廉及內郡衛卒會者雄常把三寸弱翰齎油素四尺以問其異語歸卽以鉛摘次之於槧古文苑僮約持斧入山斷槧裁轅注云槧長板論衡曰斷木爲槧

zhá 札

札 牒也從木乚聲 側八切

鄭注周禮小司馬云此下字脫滅札爛文闕 晉令郡國諸戶口黃籍籍皆用一尺二寸札 衛恆四體書勢王次仲每書輒削焚其札梁鵠乃益爲版而飲之酒候其醉而竊其札

牒也者後漢書循吏傳注引同本書牒札也顏注急就篇札者木牒亦所以書之也釋名札櫛也編之如櫛齒相比也燕策身自削甲札鮑云札木簡牒之薄者後漢書章帝紀堯試臣以職不直以言語筆札劉盆子傳又以兩空札置笥中儒林傳狠狽折札之命注竝云札簡也王觀國曰札以木爲之而薄小者漢書司馬相如傳上令尚書給筆札又曰遺札書言封禪事又郊祀志鄉有札書顏注札木簡之薄小者故朱博傳曰與筆札使自記姦臧投刀使削所記然則札可以書非如簡策可以垂久遠也

jiǎn 檢

檢 書署也從木僉聲 居奄切

書署也者後漢書公孫瓚傳注引同本書帙檢柙也帖帛書署也封禪儀注持禮覆石函尚書令封上十石檢纏以金繩馥案本書署部署有所网屬徐鍇曰署置之言羅絡之六書故檢狀如封匧蓋以木爲之所用檢柙也廣韻檢書檢印窠封題也釋名檢禁也禁閉諸物使不得開露也書文書檢曰署署予也題所予者官號也顏注急就篇檢之言禁也削木施於物上所以禁閉之使不得輒開露也署謂題書其檢上也釋言檢同也詩巧言譖始既涵箋云涵同也涵當爲函檢與函同所謂金檢玉函漢書武帝紀登封泰山孟康曰刻石紀號有金策石函金泥玉檢之封焉吳志曹公遺太史慈書以篋封之發省無所道但貯當歸寰宇記占城國所貢表文以貝多檢以香木函

xí 檄

檄 二尺書從木敫聲 胡狄切

釋名檄激也下官所以激迎其上之書文也馥疑激爲徼 李充翰林論盟檄發於師旅起居誡曰檄不切厲則敵心陵言不誇壯則軍容弱 後漢書安帝紀若欲歸本郡在所爲封長檄注云長檄猶今長牒也欲歸者皆給以長牒爲驗又陳寔傳懷檄請見注云檄板書又鮑昱傳詔昱詣尚書使封胡降檄注云檄軍書也若今之露布也 文選序書誓符檄之品五臣注檄者皦也喻彼令皦然明白 輟耕錄檄書露布何所起乎漢陳琳草檄曹操見之頓愈頭風遂謂檄起於琳說文檄二尺書徐鍇通釋曰檄徵兵之書也漢高祖以羽檄徵天下兵有急則插以羽文心雕龍有張儀檄楚書隗囂檄亾新文文選有司馬相如喻蜀檄文則檄非自琳始也明矣

二尺書者史記索隱引同一切經音義十引同又云檄書者所以罪責當伐者也又陳彼之惡說此之德曉慰百姓之書也檄者皎也明言此彼令皎然而識之也急就篇輒覺沒入檄報留顏注檄者以木爲書長二尺史記淮陰侯傳三秦可傳檄而定也索隱云傳檄謂爲檄書以責所伐者漢書申屠嘉傳嘉爲檄召通詣丞相府顏注檄木書也長二尺後漢書光武紀王郎移檄購光武十萬戶注云說文曰檄以木簡爲書長尺二寸謂之檄以徵召也馥案此

非本書之
文或誤引

qǐ
棨

棨 傳信也從木啓省聲 康禮切

傳信也者本書遽傳也綮徵幟信也有齒御覽引釋名過所至關津以示之或曰傳傳轉也轉移所在識以爲信也集韻啓幡係於棨者初學記刻符書施於符傳也李尤印銘棨傳符節非印不行古今注棨戟殳之遺象也詩所謂伯也執殳爲王前驅殳前驅之器也以木爲之後世滋僞無復典刑以赤油韜之亦謂之赤油戟亦謂之棨戟公王以下通用之以前驅又云凡傳皆以木爲之長五寸書符信於上又以一板封之皆封以御史印章所以爲信也如今之過所漢律諸當乘傳及發駕置傳者皆持尺五寸木傳信封以御史大夫印章周禮司關凡所達貨賄者則以節傳出之注云傳如今移過所文書掌節凡通達於天下者必有節以傳輔之注云輔之以傳者節爲信耳傳說所齎操及所適漢書文帝紀除關無用傳張晏曰傳信也若今過所也李奇曰傳棨也顏注棨者刻木爲合符也傳音張戀反續漢書輿服志公以下至二千石騎吏四人皆帶劍持棨戟爲前列百官志若外人以事當入本宮長史爲

封棨傳審印信閉諸禁門注云棨有衣戟也漢官儀曰凡居宮中皆施籍於掖門案姓名當入者本官爲封棨傳審印信然後受之文選冊魏公九錫文今更下傳璽其上故傳武平侯印綬李善云應劭風俗通曰諸侯有信乃得舍於傳故既下新傳命上故傳及印綬也晉書陶侃傳奉送荆江州刺史印傳棨戟宋書禮志皇太子夜開諸門墨令銀字棨傳令信謝莊傳世祖出行夜還敕開門莊居守以棨信或虛執不奉旨王曇首傳車駕出北堂嘗使三更竟開廣莫門南臺云夜須白虎幡銀字棨不肯開門羊元保奏免御史中丞曇首繼啓曰既無墨敕又闕幡棨雖稱上旨不異單刺元嘉二年雖有再開門例此乃前事之違今之守舊未爲非禮但既據舊使應有疑卻本末曾無此狀猶宜厥咎其不請白虎幡銀字棨致門不時開由尚書相承之失亦合糾正通作啓通俗文官信曰啓釋名啓詣也以啓語官司所至詣也漢官解詁衞尉主宮闕之內有醫巫僦人當入者本官長吏爲封啓傳審其印信然後內之六書故有遽令者置馹以更轉謂之傳騎置車以更轉謂之傳車爲符契傳以出入門關者曰符傳韓非說林鴟夷子皮負傳而從史記孟嘗君傳更封傳變姓名以出關索隱云封傳今之驛券也東觀漢記郭丹爲更始持

節守南陽更始敗丹無所歸節傳求更始妻子奉還節傳高士傳申屠蟠步赴王子居喪至濟陰司隸從事爲符傳護送蟠蟠不肯受投傳於地而去

mù
楘

楘 車歷錄束交也從木敄聲詩曰五楘梁輈 莫卜切

車歷錄束交也者本書鞏車軸束也歷錄當爲秝㕚方言維車趙魏之間謂之轣轆廣雅作厤鹿錄鹿聲近書納于大麓亦作大錄維絲箏車絲束秝㕚也易林驂車駕東與雨相逢五楘解墮頓抗獨坐詩曰五楘梁輈者秦風小戎文傳云五五束也楘歷錄也一輈五束束有歷錄正義云五楘是轅上之飾言以皮革五處束之所束之處以爲文章歷錄然歷錄蓋文章之妙也覆案考工記輈人是故輈欲頎典鄭司農云頎讀爲懇典讀爲殄駟車之轅率尺所一縛懇典似謂此也疏云此即詩五楘梁輈一也

hù
枑

枑 行馬也從木互聲周禮曰設梐枑再重 胡誤切

顏延之曲水詩序延帷接枑 唐書顏眞卿傳當闕不敢乘趣出梐枑乃乘 字或作柌皇甫謐碑橫劒梐柌 又通作

互高唐賦販互橫啎

行馬也者趙宦光曰闌路三叉木也三木交笠鉤聯阻人不得闌入韻會引徐鍇繫傳枑者交互其木以爲遮闌也周禮脩閭氏掌比國中宿互欜者注云故書互爲巨鄭司農云巨當爲互謂行馬所以障互禁止人也虎賁氏舍則守王閑注云閑梐枑六韜三軍拒守木螳螂劒刃扶胥廣二丈百二十具一名行馬平易地以步兵敗車騎史記袁盎傳百金之子不騎衡索隱云衡本行馬也東京夢華錄御廊立朱桼杈子路心立黑桼杈子即行馬也王沈魏書諸將曰公與虜交語不宜輕脫可爲木行馬以爲防遏曹攄別傳攄爲洛陽令於時大雪宮門夜忽失行馬攄曰必是門士以療寒驗之具服宋書沈慶之傳上給卹吏五十人門施行馬陳書蕭摩訶傳門施行馬漢官儀光祿勳門外持施行馬以旌別之續漢書黃初四年詔拜楊彪光祿大夫又爲門施行馬晉書成帝美顏含素行加光祿大夫門施行馬魯定爲光祿大夫位特進給吏卒門施行馬王覽轉光祿大夫門施行馬王隱晉書劉毅以光祿大夫致仕門施行馬晉陽秋李熹乞老以爲光祿大夫門施行馬晉諸公贊衛尉傳祗以風疾遜位加光祿大夫門施行馬

周禮曰設梐枑再重者天官掌舍文注云故書枑爲柜杜子春讀爲梐枑梐枑謂行馬元謂行馬再重者以周衛有內外列

bì 梐

梐　梐枑也從木陛省聲邊兮切

陛省聲者韻會引徐鍇本作坒聲

jí 极

极　驢上負也從木及聲讀若急其輒切

御覽笈說文作极　史記蘇秦傳負笈從師　邴原別傳原單行負笈　謝承後漢書馬寔負笈荷擔不遠萬里又云高宏爲瑯琊相自負笈單步入界

驢上負也者韻會引繫傳今人爲木版跨驢背以負載物卽古之极也极之言笈玉篇极驢上負版風土記笈謂學士所以負書箱如冠箱而卑者也謝承後漢書李固杖策驅驢負笈追師三輔

qū 怯

怯　极也從木去聲去魚切

极也者廣韻怯板置驢上負物者通作胠莊子有胠篋篇

說文解字義證　卷十七　兕

gé 槅

槅　大車枙從木鬲聲古覈切

大車枙者趙宧光曰說文無枙當是軛　一切經音義二槅謂轅端頭曲木也釋名槅軛也所以軛牛頸也通作鬲考工記車人鬲長六尺注云鬲謂轅端厭牛領者

shū 橾

橾　車轂中空也從木喿聲讀若藪山樞切

車轂中空也者急就篇輻轂輨轄輮輵轈顏注轈者轂中之空受軸處也王氏補注轈當作橾　讀若藪者考工記輪人以其圍之阞捎其藪鄭司農云藪讀爲蜂藪之藪謂轂空壺中衆輻之所趨也

huò 楇

楇　盛膏器從木咼聲讀若過乎臥切

盛膏器者韻會引繫傳古者車行其軸當滑易故常載脂膏以涂軸此卽其器也齊人謂涫于髡爲炙輠謂其言長而有味如炙輠器雖入而膏不盡也玉篇楇車缸盛膏者字或作鍋錫廣雅鍋釭也方言車釭齊燕海岱之閒謂之鍋自關而西盛膏者乃謂之鍋又或作輠廣韻輠車脂角通作過史記孟子荀卿列傳炙轂過髡集解云別錄曰過字作輠輠者車之盛膏器也炙之雖盡猶有餘流者言淳于髡智不盡如炙輠也左思齊都賦注曰言其多智雖盡如脂膏過之有潤澤也索隱曰今案文稱炙轂過過則是器名謂盛脂之器名過與鍋字相近葢卽脂器也轂卽車轂過爲潤轂之物

àng 枊

枊　馬柱從木卬聲一曰堅也吾浪切

馬柱者韻會引繫傳蜀先主解綬縛督郵馬柳晉王謐縛宋武帝於馬柳今京師有馬柳州柳者旁有一杙昂起也釋宮樴謂之杙大者謂之栱釋文云栱郭又音卬淮南萬畢術馬柳腐生茅取柳生茅可以爲藥倉殺鼻華陽國志雍闓反繫馬柳柱生成林魚豢魏畧獻帝露布益州曰馬繫柳而不暇解趙書徐光爲將軍秣馬但書柳柱爲詩頌不親馬事蕭子雲晉史草賀偺謂姚泓曰宜潔掃一馬廄開屋口大柳有異馬其大非常自遠來天所送矣荀氏靈鬼志道人見一家大富而性慳惜欲破其慳囊其家有一快馬在柳下繫忽失去見馬在五斗甖中道人言君作百

說文解字義證　卷十七　平

人廚倉周餉窮困者馬當得出主人卽作之馬還在柱

gù 椢

椢　斗可射鼠從木固聲古慕切

léi 欙

欙　山行所乘者從木纍聲虞書曰予乘四載水行乘舟陸行乘車山行乘欙澤行乘輴力追切

水行乘舟陸行乘車山行乘欙澤行乘輴者諸書所言各異書傳云謂水乘舟陸乘車泥乘輴山乘欙文子自然篇水用舟沙用䟻泥用楯山用欙釋音云䟻乃鳥切推版具淮南齊俗訓譬若舟車楯肆窮廬故有所宜也高注水宜舟陸地宜車沙地宜肆泥地宜楯草野宜穹廬馥案肆卽䟻之譌呂氏春秋愼勢篇水用舟陸用車塗用輴沙用鳩山用欙因其勢也淮南修務訓禹乘四載高云四載山行用蔂水行用舟陸行用車澤行用蕝史記夏本紀陸行乘車水行乘船泥行乘橇山行乘檋河渠書禹抑洪水十二年過家不入門陸行載車水行載舟泥行蹈毳山行卽橋徐廣曰橋近遙反一作檋檋直轅車也音已足反尸子曰山行乘欙音力追反尸子又曰行塗以楯行險以樶行沙

què 榷　qiáo 橋　liáng 梁

以執索隱曰毳字亦作橇音昌芮反注以樏子芮反又子絕反與毳音同漢書溝洫志陸行載車水行乘車泥行乘毳山行則梮孟康曰毳形如箕擿行泥上顏注毳讀如本字如淳曰梮謂以鐵如錐頭長半寸施之履下以上山不蹉跌也愼子爲毳者患塗之泥也閻若璩曰樏史記夏本紀作檋河渠書作橋漢書溝洫志作梮實一物也如淳曰梮謂以鐵如錐頭長半寸施之履下不蹉跌也某見吳下僕夫施鐵環於草履下以走沮洳之地可免顚蹶俗呼爲甲馬亦呼爲腳澀此樸傭所用豈以禹而用之故知如淳之說舛也韋昭曰梮木器也如今轝牀人轝以行此說頗近之某謂史記作橋橋卽今之轎也某嘗登泰岱與武當絕頂其土人以竹兜子施皮絆於肩遇峻陡則挾之以行上下嶺坂如飛山行之具必不可易者也豈以禹而廢之夫曰四載如舟車乃可以載惟其可載故可以乘若如淳之說置板於泥施鐵於履板鐵之類旣不可謂之載足之所踐又豈可謂之乘乎馥案輴卽輴字玉篇輴與輴同檀弓龍輴卽下棺之輴車

榷 水上橫木所以渡者也从木隺聲 江岳切

水上橫木所以渡者也者御覽引云水上橫木所以渡也亦約也今謂之畧約廣韻彴橫木渡水廣雅彴獨梁也徐鍇曰卽溪澗夏有水冬無水處橫木爲之至冬則去今曰水彴橋爾雅謂之石杠亦曰畧彴玉篇水上橫木渡今之畧彴也漢書云初榷酒酤注謂榷者步渡橋初學記引廣志獨木之橋曰榷亦曰彴注云榷水上橫一木爲渡彴今謂之畧彴釋宮石杠謂之徛郭云聚石水中以爲步渡彴也漢書武帝紀初榷酒酤韋昭曰以木渡水曰榷謂禁民酤釀獨官開置如道路設木爲榷獨取利也顏注榷者步渡橋爾雅謂之石杠今之畧彴是也禁閉其事總利入官而下無由以得有若渡水之榷因立名焉

橋 水梁也从木喬聲 巨驕切

水梁也者初學記引釋名同蓺文類聚引作水橋也東楚謂橋爲圯

梁 水橋也从木从水刅聲 呂張切

唐六典凡天下造舟之梁四河三洛一石柱之梁四洛三灞一木柱之梁二皆渭川也　列子釋文呂梁在今彭城郡

後漢書梁冀傳飛梁石磴陵跨水道注云架虛爲橋若飛也釋天大梁昴也孫炎云畢昴之閒日月五星出入要道若津梁　初學記凡橋有木梁石梁舟梁漢作便橋以趨茂陵並跨渭以木爲梁馥案本書垄垄梁此垄梁也論語山梁雌雉此山梁也晉書武帝紀立城東七里澗石橋此石梁也釋宮隄謂之梁郭注梁卽橋也釋地梁莫大於溴梁郭注梁隄也此隄梁也襄二十八年左傳牀舟發梁方言艁舟謂之浮梁王隱晉書杜預啟河橋於富平津衆論以爲不可預曰昔造舟爲梁則河橋之謂也遂作橋成此舟梁也淮南繆稱訓若行獨梁高注獨梁一木之水橋也此木梁也

水橋也者公羊疏引孫炎爾雅注梁小橋也馥謂小當爲水詩甫田如茨如梁傳云梁車梁也正義云孟子十二月車梁成梁謂水上橫橋橫有廣狹得容車渡則高廣者也莊四年左傳除道梁溠杜云梁橋也晉語亦爲君之東游津梁之上韋云津水也梁橋也周語故先王之教曰雨畢而除道水涸而成梁又云故夏令日九月除道十月成梁王居明堂禮季秋除道致梁以利農也月令謹關梁注云梁橋橫也

古文

sōu 艘　fá 橃　jí 楫

艘 船總名从木叜聲 穌遭切

船總名者六韜武王伐殷先出於河呂尚爲後將以四十七艘船濟於河漢書溝洫志發河南以東漕船五百艘顏注一船爲一艘音先勞反其字從木或作艘韻集艘海大船也蜀王本紀秦爲船船萬艘欲攻楚後漢書岑彭傳於是裝直進樓船冒突露橈數千艘晉中興書蜀賊以桔槔打沒陶侃二十餘艘

橃 海中大船从木發聲 房越切

海中大船者楚詞九章乘氾泭以下流兮王注編竹木曰泭楚人曰泭秦人曰橃也或作撥廣雅撥舟也或作筏方言簰謂之筏筏秦晉通語也又作栰論語乘桴浮於海馬注大者曰栰小者曰桴

楫 舟櫂也从木咠聲 子葉切

舟櫂也者易釋文引同御覽引作舟楫也增韻櫂下云說文字漢元后傳輯濯越歌輯音楫濯音棹馥謂毛氏所見本作舟濯本書無櫂字當爲濯漢書鄧通傳以濯船爲黃頭郎顏注濯船能持濯行船也百官表有輯濯丞劉屈氂

傳又發輯濯士顏注輯濯士用輯及濯行船者也短曰輯長曰濯小爾雅廣器楫謂之橈方言楫謂之橈或謂之櫂書說命若濟巨川用汝作舟楫詩竹竿檜楫松舟傳云楫所以櫂舟也棫樸淠彼涇舟烝徒楫之傳云楫櫂也月令乃告舟備具蔡氏章句備謂楫櫂紼纚維引之具楚詞九章楫齊揚以容與兮注云楫船櫂也漢書賈誼傳是猶度江河亡維楫顏注維所以繫船楫所以刺船也王莽傳或言度水不用舟楫顏注楫所以刺舟也音集其字從木後漢書班固傳櫂女謳注云櫂楫也袁宏東征賦櫂弱楫之弗施或作檝字書檝舟旁撥水者短曰檝長曰櫂劉氏新論履信篇將涉大川非舟何以濟之欲泛方舟非檝何以行之又作橶通俗文櫂謂之橶櫂又作棹後漢書岑彭傳委輸棹卒注云棹卒持棹行船也東觀記作濯江賦舟子於是搦棹王叔元舟贊弱楫輕棹又作梢通鑑楊元感選篙梢三千餘人注云篙梢習於用舟者

lǐ 欚

欚 江中大船名從木蠡聲 盧啟切

江中大船名者方言東南丹陽會稽之閒謂艖爲欚或作𦪇廣雅𦪇舟也

說文解字義證 卷十七

jiào 校

校 木囚也從木交聲 古孝切

木囚也者韻會引繫傳校者連木也易荷校滅耳此桎也履校滅趾此梏也馥案王弼云校者以木絞校者也卽械也校者取其通名也干寶云履校貫械也本書圉囹圄所以拘罪人一曰圉人掌馬者案圉有牆壁之囚校貫木之囚皆可拘罪人養馬周禮校人掌王馬之政襄九年左傳命校正出馬成十八年傳弁糾御戎校正屬焉杜云校正主馬官昭二十七年傳左司馬沈尹戌帥都君子與王馬之屬以濟師杜云王馬之屬王之養馬官屬校人也漢書成帝紀從客大校獵顏注此校謂以木自相貫穿爲闌校耳校人職云六廄成校是則以遮闌爲義也趙充國傳校聯不絕顏注此校謂以木自相貫穿以爲固者亦猶周易荷校滅耳也周禮校人掌王馬之政六廄成校蓋用闌械闌養馬也說文解字云校木囚也亦謂以木相貫遮闌禽獸也今云校聯不絕言營壘相次後漢書明帝紀車騎校獵上林苑注云周禮校人掌王田獵之馬故曰校獵謂以木相貫穿爲欄校以遮禽獸

cháo 樔

樔 澤中守艸樓從木巢聲 鉏交切

澤中守艸樓者徐鍇曰謂其高若鳥巢也今田中守稻屋猶然韓子聖人作搆木以羣居天下號曰有巢氏曹大家東征賦諒不登樔而椓蠡兮李善注登樔椓蠡謂上古未有君臣又無宮室不知火化之時也禮運夏則居橧巢北堂書鈔冬居營窟夏居橧巢杜注成十六年左傳巢車車上爲櫓正義云櫓澤中守草樓也郭注上林賦櫓望樓也釋名櫓露也露上無覆屋也後漢書公孫瓚傳樓櫓千里

cǎi 采

采 捋取也從木從爪 倉宰切

捋取也者詩鴟鴞予所捋芣苢薄言采之傳云采捋取也　從木從爪者五經文字采從爪下木

fèi 柿

柿 削木札樸也從木朩聲陳楚謂櫝爲柿 芳吠切

削木札樸也者一切經音義十六引作削朴也又云朴札也謂削木皮也又卷十引三蒼柿札也今江南謂斫削木片爲柿關中謂之札或曰柿札詩伐木許許傳云許許柿皃益部耆舊傳蜀楊由善風雷占候謂客曰向風吹削柿當有持雞酒來者晉書王濬謀伐吳造船於蜀其木柿蔽江而下魏書太祖紀營梓宮木柿盡生成林陳書隋文帝

說文解字義證 卷十七

命大作戰船人謂密之文帝曰吾將行天討何密之有使投柿於江潘岳馬汧督誄柿梠桷之松通鑑唐昭宗在鳳翔削漬松柿以飼御馬注云柿斫木札也通作肺漢書田蚡傳蚡以肺附爲相顏注一說肺斫木札也喻其輕薄附著大材也劉向傳臣幸得託肺附顏注一說肺謂斫木之肺札也自言於帝室猶肺札附於大材木也顏氏家訓後漢書楊由傳云風吹削肺此是削札牘之柿耳古者書誤則削之故左傳云削而投之是也或卽謂札爲削王襃童約曰書削代牘蘇竟書云昔以摩研編削之才皆其證也詩云伐木滸滸毛傳云滸滸柿貌也史家假借爲肝肺字俗本因是悉作脯腊之脯或爲反哺之哺學士因解云削哺是屏障之名既無證據亦爲妄矣此是風角占候耳風角書曰庶人風者拂地揚塵轉削若是屏障何由可轉也馥案後漢書楊由傳正作哺章懷云哺當作柿　陳楚謂櫝爲柿者櫝當作牘徐鍇本作陳楚謂之札樸鍇曰札卽木牘也本書槧牘樸也

héng 橫

橫 闌木也從木黃聲 戶盲切

闌木也者本書闌門遮也閑闌也玉篇橫閑木也詩衡門傳云橫木爲門或作闌集韻闌門關也又通作桄通鑑薛

仁貴登門桄大呼以警宮內注云桄門前橫木也

jiā 梜

梜 檢柙也從木夾聲古洽切

檢柙也者徐鍇曰謂書封函之上恐摩滅文字更以一版於上柙護之

guāng 桄

桄 充也從木光聲古曠切

充也者釋言文郭云充盛釋文云桄孫作光書光被四表考靈曜鄭注云天旁行四表之中冬南夏北春西秋東皆薄四表而止益稷光天之下正義云堯典之序訓光爲充卽此亦爲充言充滿大天之下也昭二十八年左傳昔武王克商光有天下杜云光大也周語故能光有天下韋云光大也淮南修務訓段干木光於德寡人光於勢此皆以光爲充盛借光爲桄也又通作横顏注急就篇横充也淮南原道訓横四維而含陰陽高注横讀桄車之桄水經注雒水云梁國睢陽縣南有横亭世謂之光城蓋光横聲相近習傳之非也三輔黃圖長安城北出西頭第一門曰横門漢書厎上小女陳持弓走入光門卽此門也漢書作横城門如湻曰横音光祭義夫孝置之而塞乎天地溥之而

横乎四海樂記鐘聲鏗鏗以立號號以立横横以立武注云横充也謂氣作充滿也孔子閒居夫民之父母乎必達於禮樂之原以致五至而行三無以横於天下注云横充也詩衡從其畝韓詩作横由其畝傳云東西耕曰横南北耕曰由詩譜秦襄公遂横有周西都宗周畿內八百里之地後漢書馮異傳横被四表昭假上下横被卽書光被漢書王莽傳昔唐堯横被四表無以加之王襃傳化溢四表横被無窮班固西都賦横被六合又通作廣爾雅釋天緇廣充幅方言幅廣爲充孟子知皆擴而充之矣三國志注許芝引尚書廣被四表荀子禮論積厚者流澤廣大戴禮廣作光東京賦惠風廣被李善注魏都賦引作横被儀禮掘坎廣尺輪二尺周禮周知九州之地域廣輪之數禮記廣輪揜坎廣輪卽横縱之名皆充義

zuì 檇

檇 以木有所擣也從木雋聲春秋傳曰越敗吳於檇李遵爲切

雋聲者當作雋埤蒼檇木名實可食類案擕俗作携皆順非不省也　春秋傳曰越敗吳於檇李者定十四年經文彼作於越注云檇李吳郡嘉興縣南醉李城釋文云依說文從木

zhuó 椓

椓 擊也從木豖聲竹角切

擊也者本書毃擊也椎擊物也詩斯干椓之橐橐兔罝椓之丁丁傳云丁丁椓杙聲也六韜椓杙大槌重五斤柄長二尺以上尚書大傳椓杙者有數注云杙者繫牲者也孟子掘覆織席注云掘猶叩椓也南齊書劉瓛傳椓壁挂屨隋書元宏嗣傳每推鞫囚徒或椓弋其下簽荀氏家傳荀邃夫人有至行歲荒來糴者夫人叩其斛糴者歸量過其本斛因號椓斛夫人通作涿周禮秋官敘官壺涿氏注云涿擊之也

chéng 朾

朾 橦也從木丁聲宅耕切

橦也者橦當爲撞本書撞卂擣也五音集韻朾擊也或作打宣十八年穀梁傳邾人戕繒子于繒梲殺也注云謂捶打北史張彝傳羽林武賁至尚書省以瓦石擊打公門

gū 柧

柧 棱也從木瓜聲又柧棱殿堂上最高之處也古胡切

棱也者字書三棱爲柧木廣雅鐮柧也通作觚應劭曰觚八觚有隅者也急就篇急就奇觚與衆異顏注觚者學書之牘或以記事削木爲之蓋簡屬也孔子歎觚卽此之謂其形或六面或八面皆可書觚者棱也以有棱角故謂之觚今俗猶呼小兒學書簡爲木觚章蓋古之遺語也　又柧棱殿堂上最高之處也者後漢書班固傳注引同王觀國曰所謂觚棱者屋角瓦脊成方角棱瓣之形故謂之觚棱西都賦曰設璧門之鳳闕上觚棱而棲金爵蓋謂以銅鐵爲鳳雀安於闕角瓦脊之上今時宮殿亦然班固傳注曰三輔故事建章宮闕上有銅鳳皇乃金雀也班氏賦取此爾五臣注文選曰觚棱闕角是也許愼說文曰觚棱殿堂上最高處也說文但言殿堂上最高處而不顯言其爲觚棱之義故後學多疑爲觚亦或用柧字馥案王氏所見本作觚棱

léng 棱

棱 柧也從木夌聲魯登切

柧也者三蒼棱四方也通俗文木四方爲棱八棱爲柧

niè 櫱

櫱 伐木餘也從木獻聲商書曰若顛木之有㽕櫱五葛切

伐木餘也者廣雅萠蘖也又云䔧餘也顏謂䔧當作蘖玉篇蘖餘也釋詁烈枿餘也李巡曰枿槁本之餘也一切經音義四爾雅梓餘也載也言木餘載生梓栽也方言烈枿餘也陳鄭之閒曰枿晉衛之閒曰烈秦晉之閒曰肄或曰烈詩長發苞有三蘖傳云蘖餘也汝墳伐其條肄傳云肄餘也斬而復生曰肄正義云如今蘖生者襄二十九年左傳晉國不恤周宗之闕而夏肄是屏注云肄餘也正義云杞是夏後滅而復存猶木之枿生小栽也魯語且夫山不槎蘖韋云以株生曰蘖孟子非無萌蘖之生焉太元株生蘖其種不絕尸子千丈之木始若蘖漢書枚乘傳夫十圍之木始生如蘖顏注言若蘖之生牙也貨殖傳旣順時而取物然猶山不茬蘖顏注茬古槎字也槎邪斫木也蘖髡斬之也敘傳三枿之起本根旣朽劉德曰謂木斫髡而復枿生也東觀漢記上詔虞延問園陵事其陵樹株蘖皆諳其數文選魏都賦林不槎枿五臣云枿斬去木梢今復出者東京賦山無槎枿薛注斬而復生曰枿引漢書昔先王山不槎蘖賦又云尋木起於蘖栽李善注云孔安國尙書傳曰用生枿栽韋昭曰株生曰蘖蘖與枿古字同　商書曰若顛木之有㽕𣝞者盤庚文彼作由蘖本書㽕下引作㽕枿釋文引馬注顛木而肄生曰枿

𣝞或從木辥聲

辥聲者𣝞辥聲相近詩碩人庶姜孽孽韓詩作𣝞𣝞呂氏春秋過理篇宋王築爲蘖臺高注蘖當作𣝞蘖與𣝞其音同

不 古文𣝞從木無頭

爾雅釋文枿本或作梓又作不注作蘖竝同說文作𣝞以梓不爲古文蘖爲或體云伐木之餘

梓 亦古文𣝞

淮南俶眞訓百事之莖葉條梓皆本於一根而條循千萬高注梓讀作蘖旁生萌芽也　晉書王羲之傳槎梓而無屈伸　尙書釋文蘖本又作枿案枿爲梓之變體　庾信枯樹賦槎梓千年梓乃梓之譌

píng 枰

枰 平也從木從平平亦聲 蒲兵切

平也者一切經音義四引埤蒼枰榻也謂獨坐板牀也通俗文牀三尺五曰榻板獨坐曰枰八尺曰牀廣雅榻枰也釋名枰平也以板作其體平正也又爲基枰方言所以投簙謂之枰或謂之廣平廣雅廣平枰也韋昭博奕論然其所志不出一枰之上

平亦聲者當爲平聲

lā 拉

拉 折木也從木立聲 盧合切

折木也者本書拉摧也摧折也廣韻拉折也

zhà 槎

槎 袞斫也從木差聲春秋傳曰山木不槎 側下切

袞斫也者本書桒槎識也後漢書馬融傳槎蘖枳注云槎斫也東京賦山無槎枿薛綜曰斜斫曰槎古文苑僮約焚槎發等注云地有枯枿就燒之或作柞集韻柞同槎袞斫也西京賦柞木翦棘李善引賈逵國語注槎邪斫也柞與槎同詩周頌載芟載柞傳云除木曰柞周禮夏官柞氏掌攻草木中庸疏云擭謂柞㰀也柞㰀亦袞斫之木後漢書馬融傳焚萊柞木注云柞音士雅反邪斫木也　春秋傳曰山木不槎者左傳無此文魯語山不槎蘖

duò 柮

柮 斷也從木出聲讀若爾雅貀無前足之貀 女滑切

斷也者韻會引繫傳柮之言兀也榾柮短木通作杌孟子楚之檮杌　讀若爾雅貀無前足之貀者釋獸文

táo 檮

檮 斷木也從木𠷎聲春秋傳曰檮柮 徒刀切

斷木也者韻會引繫傳孟子楚謂之檮杌惡木也取其記惡以爲戒也　春秋傳曰檮柮者文十八年左傳文彼云顓頊氏有不才子不可教訓天下之民謂之檮杌注云凶頑無儔匹之貌

xī 析

析 破木也一曰折也從木從斤 先激切

破木也者本書斯析也一切經音義十二析猶分析也字從木從斤謂以斤分木爲析也聲類析劈也詩車舝析其柞薪又小弁析薪杝矣又南山析薪如之何非斧不克又東山烝在栗薪箋云栗析也古者聲栗裂同也史記律書寅曰析木書堯典厥民析傳云言其民老壯分析宣十五年公羊傳析骸而炊之何云析破李善注魏都賦引本書析量也案禮運月以爲量正義云量猶分限也　一曰折也者廣雅析折分也

zōu 棷

棷 木薪也從木取聲 側鳩切

木薪也者本書菆麻蒸也廣雅極柴也

hùn 梡

梡 棞木薪也从木完聲 胡本切

棞木薪也者纂文未判爲棞玉篇梡束薪

hún 棞

棞 梡木未析也从木圂聲 胡昆切

梡木未析也者本書頑棞頭也玉篇棞木未破也釋木髡棞郭云未詳邵君晉涵曰棞當作棞趙策云爲木材以接手狀如振棞是其狀也大射儀旣拾取矢棞之注云棞齊等之也馥謂棞木皆相等

pián 楄

楄 楄部方木也从木扁聲春秋傳曰楄部薦榦 部田切

楄部方木也者中山經堵山其上有木焉名曰天楄方莖而葵狀景福殿賦爰有禁楄勒分翼張承以陽馬接以員方李善云楄附陽馬之短桷也陽馬四阿長桁也禁楄列布承以陽馬衆材相接或員方也通作偏晏子春秋外篇因問其偏柎何所在 春秋傳曰楄部薦榦者昭二十五年左傳文彼云唯是楄柎所以藉榦者請無及先君注云

楄柎棺中笭牀也集韻楄柎棺中方木又云藉尸木本書牑牀版也牑楄皆以薦體在牀爲牑在棺爲楄

bī 楅

楅 以木有所逼束也从木畐聲詩曰夏而楅衡 彼卽切

以木有所逼束也者本書無逼字 詩曰夏而楅衡者魯頌閟宮文傳云楅衡設牛角以楅之也箋云楅衡其牛角爲其觸觝人也易大畜童牛之牿矦果曰牿楅也以木爲之橫施於角止其觝之威也周禮封人設其楅衡注云鄭司農云楅衡所以楅持牛也杜子春云楅衡所以持牛令不得抵觸人元謂楅設於角衡設於鼻如椵狀也

yè 枼

枼 楄也枼薄也从木世聲 與涉切

楄也者楄當爲牑類篇枼牀簀玉篇枼牑也牑卽牑之誤 枼薄也者薄讀如蠶薄

yǒu 槱

槱 積火燎之也从木从火酉聲詩曰薪之槱之周禮以槱燎祠司中司命 余救切

積火燎之也者燎當爲尞積火韻會引作積木六書故同玉篇積木燎之以祭天也廣韻同增韻積柴以燎五經文字槱積木燎之月令收秩薪柴以共郊廟及百祀之薪燎注云大者可析謂之薪小者合束謂之柴薪施炊爨柴以給燎東京賦颺槱燎之炎煬薛綜注槱之言聚也謂聚薪焚之揚其光炎使上達於天也 詩曰薪之槱之者大雅棫樸文彼作槱傳云槱積也箋云豫所以爲薪至祭皇天上帝及三辰則聚積以燎之釋文槱字亦作㮴 周禮以槱燎祠司中司命者春官大宗伯文注云槱積也風俗通義謹案詩云芃芃棫樸薪之槱之周禮槱燎祠司中司命司命文昌也司中文昌上六星也槱者積薪燔柴也

𥛜 柴祭天神或從示

柴祭天神者柴當爲祡

xiū 休

休 息止也从人依木 許尤切

息止也者五經文字休象人息木陰釋詁休息也廣雅息休也易否卦休否釋文休息也詩漢廣不可休思瞻卬休其蠶織傳云休息也民勞汔可小休箋云休止息也襄二十八年左傳吾乃休吾民矣注云休息也吳語以休君憂

注云休息也秦策戰攻不息高云息休穆天子傳天子四日休羣玉之山注云休游息也荀子大畧篇君子息焉小人休焉

庥 休或從广

釋言庥蔭也郭云今俗語呼樹蔭爲庥舍人曰庥依止也通作茠淮南精神訓得茠越下則脫然而喜矣高云茠蔭也

gèn ⿰木亙

⿰木亙 竟也从木恆聲 古鄧切

竟也者廣雅同通作緪方言緪竟也秦晉曰緪或曰竟班固荅賓戲緪以年歲西都賦北彌明光而亙長樂

亙 古文⿰木亙

韻會引徐鍇本竟也象舟竟兩岸臣鍇曰竟者竟極之也橫亙之也詩造舟爲梁梁橫亙也馥謂舟竟兩岸言此古文象形也

xiè 械

械 桎梏也从木戒聲一曰器之總名一曰持也一曰有

木

zhì 桎　chǒu 杽

盛爲械無盛爲器 胡戒切

桎梏也者一切經音義一通俗文云拘罪人曰析械謂穿木加足曰械大械曰析風俗通械戒也所以警戒使爲善也易屨校滅趾虞云屨貫趾足也干寶曰屨校貫械也王弼曰校者以木絞校者也即械也校者取其通名也書五流有宅五宅三居鄭注宅讀曰咤五咤是五種之器謂桎一梏二拲三公孫賀傳斜谷之木不足爲我械顏注械謂桎梏也謝承後漢書萬艮爲父報讐自械詣獄魏略賈逵自詣獄獄吏以逵主簿也不即著械汝南先賢傳鄧盛爲太尉諸曹椽左倘以贓罪拷驗盛到獄洗沐尙解械賜席北史魏太和四年詔隆寒雪降可遣侍臣詣廷尉獄及囚所察饑寒者給以衣食桎梏者代以輕鎖　一曰器之總名者詩車攻釋文引三蒼械總名也管子小匡篇備具其械器用孟子以粟易械器者注云械器之總名也文子堯使水處者漁山處者木使地宜其械械宜其人愼子行海者坐而至越有舟也行陸者立而至秦有車也秦越遠塗也安坐而至者械也墨子公輸篇公輸盤爲楚造雲梯之械孫子謀攻篇具器械注云器械者機關攻守之總名呂氏春秋貴因篇竫立安坐而至者因其械也注云械器也

說文解字義證卷十七　卆二

淮南本經訓人械不足畜藏有餘高云械器用也漢書貨殖傳器械之資顏注械者器之總名也本書兵械也周禮司書器械之數注云械猶兵也少儀不度民械注云械兵器也莊三十二年公羊傳俄而牙弑械成何云有攻守之器曰械干寶司徒儀中兵之任凡在軍者以時科其器械　一曰持也者李善注長笛賦引作治也列女傳臧孫母曰吾子拘有木治矣御覽引此文注云木治梏也　一曰有盛爲械無盛爲器者荀子榮辱篇注引同六書故引唐本或說內盛爲器外盛爲械史記律書其於兵械尤所重正義云內成曰器外成曰械械謂弓矢殳矛戈戟後漢書公孫述傳名材竹幹器械之饒不可勝用注云內盛曰器外盛曰械

杽 械也從木從手手亦聲 敕九切

械也者玉篇杽與杻同廣韻杻杻械廣雅杽謂之梏小爾雅同　手亦聲者當爲手聲

桎 足械也從木至聲 之日切

足械也者周禮掌四釋文引云桎足械也所以質地御覽引同廣雅械謂之桎小爾雅同蒼頡篇偏著曰桎參著曰

gù 梏　lì 櫪　xī 㰀　jiàn 檻

梏風俗通桎實也言其下垂至地然後吐情首實易屯卦用說桎梏釋文云在足曰桎在手曰梏周禮大司寇桎梏而坐諸嘉石注云木在足曰桎在手曰梏掌囚上罪梏拲而桎中罪桎梏注云鄭司農云拲者兩手共一木也桎梏者兩手各一木也元謂在手曰梏在足曰桎中罪不拲手足各一木耳月令去桎梏注云桎梏今械也在手曰梏在足曰桎呂氏春秋孟秋紀具桎梏注云桎梏謂械在足曰桎在手曰梏士容篇桎其後足注云桎械也著足曰桎著手曰梏淮南時則訓仲春之月去桎梏注云在足曰桎在手曰梏後漢書鍾離意傳意遂於道解徒桎梏注云在手曰梏在足曰桎漢書刑法志凡囚上罪梏拲而桎顏注械在手曰梏在足曰桎詩節南山維周之氐箋云氐當作桎釋文云桎礙也正義云說文云桎車鎋也則桎是鎋之別名耳馥案高注戰國策鎋轂閫也孝經鉤命決孝道者萬世之桎鎋馥謂本書當有車鎋一義今闕

梏 手械也從木告聲 古沃切

手械也者周禮掌囚釋文引云手械也所以告天御覽引同莊三十年左傳鬬射師諫則執而梏之杜云足曰桎手

說文解字義證卷十七　卆三

曰梏襄六年傳子蕩怒以弓梏華弱於朝杜云張弓以貫其頸若械之在手故曰梏列子楊朱篇重囚纍梏注云梏手械也賈誼書君道篇紂作梏數千睨諸侯之不諂已者杖而梏之文王桎梏囚於羑里七年而後得免鄭志答剛問大畜六四注持木以就足是施梏又蒙初六注木在足曰桎在手曰梏今大畜施梏於足不審桎梏手足定有別否荅曰牛無手以前足當之

櫪 櫪㰀椑指也從木歷聲 郎擊切

櫪㰀椑指也者椑當爲柙一切經音義十二通俗文考四具謂之櫪㰀字林柙其指也韻會引繫傳謂以木柙十指而縛之也通作歷莊子天地篇則是罪人交臂歷指而虎豹在於囊檻亦可以爲得矣

㰀 櫪㰀也從木斯聲 先稽切

檻 櫳也從木監聲一曰圈 胡黯切

櫳也者三蒼櫳所以盛禽獸欄檻也漢有檻車以徵有罪　一曰圈者廣雅檻牢也蒼頡篇圈檻類也淮南主術訓

木

故夫養虎豹犀象者爲之圈檻漢書董仲舒傳圈豹檻虎
司馬遷傳猛虎處深山百獸震恐及其在穽檻之中搖尾
而求食積威約之漸也外戚傳上幸虎圈鬭獸熊佚出圈
攀檻欲上殿易林拘制籠檻不得搖動張載論白猿元豹
藏於櫳檻何以知其捷劉氏新論通塞篇元猿之束於籠
圈非無千里之駃萬仞之捷然而不異羸鈍者無所肆其
巧也爾雅豕所寢櫓方言其
檻及蓐曰櫓廣雅櫓圈也

lóng 櫳

櫳 檻也從木龍聲 盧紅切

檻也者一切經
音義十引同

xiá 柙

柙 檻也以藏虎兕從木甲聲 烏匣切

五音集韻𣘻檻也所以藏虎
兕也出說文 玉篇𣘻檻也
檻也者漢書谷永傳檻塞大異顏注檻義取檻柙之檻猶
閑也後漢書仲長統傳拱柙天人矣注云柙檻也以藏
虎兕者論語虎兕出於匣皇侃邢昺本竝作柙馬融曰柙
檻也皇侃曰檻貯虎兕之器也唐王建表開柙出虎孔宣

說文解字義證 卷十七

父不責他人穆天子傳七萃之士生搏虎而獻之天子命
爲柙而畜之東虢是曰虎牢注云柙檻也韓非守道篇故
設柙非所以備鼠也所
以使怯弱能服虎也

古文柙

汗簡作□
屬匚部

guān 棺

棺 關也所以掩尸從木官聲 古丸切

古史考舜作瓦棺湯作木棺 喪大記君大棺八寸屬六寸
椑四寸上大夫大棺八寸屬六寸下大夫大棺六寸屬四寸
士棺六寸注云大棺棺之表者也檀弓曰天子之棺四重水
兕革棺被之其厚三寸杝棺一梓棺二四者皆周此以內說
而出也然則大棺及屬用梓椑用杝以是差之庶人之棺四
寸 鹽鐵論古者瓦棺容尸木板堲周足以收形骸藏髮齒
而已及其後桐棺不衣采棺不斲 續漢書禮儀志王公主
貴人皆樟棺朱漆畫雲氣公特進樟棺黑漆 後漢書趙咨
傳棺椁之造自黃帝始爰自陶唐逮於虞夏猶尚簡樸或瓦
或木及至殷人而有加焉注云劉向曰棺椁之作自黃帝始
禮記曰殷人棺椁
蓋至殷而加飾
關也者棺關聲相近釋名棺關也關閉也 所以掩尸者
尸當爲屍初學記御覽竝引作屍顏注急就篇棺所以斂
身白虎通棺之言完也
所以藏尸令貌全也

chèn 櫬

櫬 棺也從木親聲春秋傳曰士輿櫬 初僅切

棺也者御覽引作附身棺也廣雅櫬棺也襄二年左傳穆
姜使擇美檟以自爲櫬杜云櫬棺也襄四年傳定姒薨無
櫬注云櫬親身棺後漢書鄧騭傳乃肉袒輿櫬注云櫬親
身棺也本草拾遺櫬板古冢中棺木也於材最良千歲者
通神宜作琴底增韻椑棺謂之櫬馥案喪大記大棺八寸
屬六寸椑四寸從外嚮內親身也曾子問君出疆以三年
之戒以椑從注云親身棺曰椑檀弓君卽位而爲椑注云
椑謂杝棺親尸者椑堅著之言也 春秋傳曰士輿櫬者
僖六年左傳文杜云櫬棺也小
爾雅空棺謂之櫬有尸謂之柩

huì 槥

槥 棺櫝也從木彗聲 祥歲切

說文解字義證 卷十七

宋書世祖紀斂槥卑薄可普更賻給務令豐厚 梁書昭明
太子傳若死亾無可以斂者爲備棺槥 陳書文帝紀討陳
寶應將士死王事者竝給棺槥 唐書
斲李林甫棺更以小槥用庶人禮葬之
棺櫝也者御覽引無棺字初學記引作小棺曰槥廣雅槥
櫝棺也當爲匱漢書楊王孫傳窾木爲匱顏注匱卽櫝字
也櫝小棺也北史李彥傳昔人以窾木爲櫝葛虆爲緘昭
二十九年左傳衛侯來獻其乘馬塹而死公將爲之櫝杜
云爲作棺也秦詛楚文拘圉其叔父寘諸冥室櫝棺之中
說苑昔堯之葬者空木爲櫝漢書高帝紀令士卒從軍死
者爲槥應劭曰小棺也今謂之櫝成帝紀令郡國給槥櫝
葬埋顏注槥櫝謂小棺韓安國傳士卒傷死中國槥車相
望顏注槥小棺也魏志文帝紀諸將征伐士卒死亾者或
未收斂其告郡國給槥櫝殯斂注云應璩百一詩曰槥車
在道路征夫不得休陸機大墓賦曰觀細木而悶遲覩洪
櫝而念槥北史魏延興三年詔令京師及天下囚未判在
獄致死無近親者給衣衾棺櫝葬之不得暴露源賀傳吾
終之後所葬時服單櫝明皇雜錄房琯寄居紫極宮暴卒
攢櫝於宮中通作轊
白帖轊櫝小棺也

guǒ 椁

槨 葬有木𩫏也從木𩫏聲 古博切

葬有木𩫏也者槨𩫏聲相近廣雅槨廓也孝經喪親章爲之棺槨衣衾而舉之注云周尸爲棺周棺爲槨定元年左傳范獻子去其柏槨周禮閭師不樹者無槨注云槨周棺也檀弓夫子制於中都四寸之棺五寸之槨又云棺周於衣槨周於棺又云殷人棺槨注云槨大也以木爲之言槨大於棺也喪大記君松槨大夫柏槨士雜木槨注云槨謂周棺者也鹽鐵論梓棺梗槨字或作椁釋名椁廓也廓落在表之言也白虎通椁之爲言廓所以開廓辟土無令迫棺也急就篇棺椁槥櫝遣送踊顏注椁所以斂棺也覆謂槨即喪大記所御大棺也

jié 楬

楬 楬桀也從木曷聲春秋傳曰楬而書之 其謁切

周禮職幣皆辨其物而奠其錄以書楬之鄭司農云楬之若今時爲書以著其幣司厲掌盜賊之任器貨賄辨其物皆有數量賈而楬之入於司兵司烜氏軍旅修火禁邦若屋誅則爲明竁焉注云明竁若今楬頭明書其罪法也漢書酷吏傳便輿出瘞寺門桓東楬著其姓名顏注楬杙也椓杙於瘞處而書死者名也　通鑑朱全忠斬蔣元暉楬尸於都門外

注云楬舉也

楬桀也者詩君子于役雞棲于桀傳云雞棲于杙爲桀文選謝靈運擬劉楨詩暮坐括楬鳴李善注毛詩曰雞棲于桀桀與楬音義同李燾本楬檕也韻會引徐州本同玉篇有表識謂之楬檕也廣韻檕楬檕有所表識廣雅楬檕杙也周禮職金楬而璽之注云今時之書有所表識謂之楬檕蜡氏若有死於道路者則令埋而置楬焉鄭司農云楬欲令識取之今時楬檕是也　春秋傳曰楬而書之者三傳無此文昭二年左傳尸諸周氏之衢加木焉注云書其罪於木以加尸上周禮泉府以其賈買之物楬而書之鄭司農云物楬而書之物物爲揃書書其賈楬著其物也又典婦功物書而楬之注云謂書其賈數而著其物若今時題署物

xiāo 梟

梟 不孝鳥也日至捕梟磔之從鳥頭在木上 古堯切

不孝鳥也者後漢書注引同詩流離之子陸疏云流離梟也自關而西謂梟爲流離其子適長大還食其母故張奐云鶹鷅食母許慎云梟不孝鳥是也呂氏春秋分職篇白公之嗇若梟之愛其子也注云梟愛養其子子長而食其母也史記封禪書祠黃帝用一梟破鏡集解云孟康曰梟鳥名食母黃帝欲絕其類使百物祠皆用之桓譚新論男子畢康殺其母詔焚燒其屍暴其罪於天下余上章言宣帝時公卿朝會丞相語次曰聞梟生子長且食其母寧然有賢者應曰但聞烏子反哺曰丞相大慚君子之於烏獸尚爲之諱而況人乎後漢書朱浮傳造梟鳴之逆謀注云梟鴟即鴟梟也其子適大還食其母劉氏新論貪愛篇炎州有鳥其名曰梟傴伏其子百日而長羽翼既成食母而飛　日至捕梟磔之者日至日長至也漢進御有梟羹也一切經音義十三磔張磔也淮南說林訓鼓造辟兵壽盡五月之望高注鼓造謂梟

fěi 棐

棐 輔也從木非聲 敷尾切

輔也者釋詁文彼作俌郭云俌猶輔也呂刑率乂于民棐彝傳云輔成常教洛誥聽朕教汝于棐民彝傳云聽我教汝於輔民之常而用之漢書孔光傳引書天棐忱辭釋之云言有誠道天輔之也韻會引繫傳輔即弓檠也馥案荀子性惡篇繁弱鉅黍古之良弓也然而不得排檠則不能自正楊倞注排檠輔正弓弩之器字或作棐管子輕重甲

篇十鈞之弩不得棐檠不能自正

閑 止也從木從門 侯艱切

宋本小字本李燾本竝無此文本書門部有閑字

文四百二十二　重三十九

㮕

㮕 似柹而小也

一切經音義十一引案玉篇㮕在梨柹之閒與本書次第合云㮕似柹也類篇㮕梬棗似柹而小顏注司馬相如傳梬棗即今之㮕棗也古今注㮕棗葉如柹實似柹而小味甘美廣志㮕棗味如柹晉陽㮕棗肥細而厚以供御范子計然㮕棗出漢中郡齊民要術㮕棗宜陰地種之陽中則少實又云柹有小者取枝於㮕棗根上插之晉宮閣名華林園㮕棗四株字或作檽楊慎曰檽棗俗作軟棗一名牛奶柹一名丁香柹蜀中製扇以此果榨油染紙爲之馥案廣志棗有牛頭羊矢之名羊矢即㮕棗

枇

枇 說見棆下

棟

棟 說見槙下徐鉉新附棟槙也從木策省聲所厄切

櫜

櫜 本書櫜讀如春麥爲櫜之櫜案爲櫜之櫜二櫜字當作櫜廣雅櫜櫜春也廣韻櫜重擣

檲

檲 大木柵也 史記索隱引

櫃

櫃 匱也 御覽引

柑

柑 以木銜馬口也 讀會引案宣十四年公羊傳柑馬而秣之

遺文七

dōng 東

東 動也從木官溥說從日在木中凡東之屬皆從東 得紅切

動也者廣雅同東動聲相近白虎通所以名之爲東方者動方也萬物始動生也尚書大傳東方者何也動方也物之動也玉篇東春方也尸子春爲忠東方爲春春動也是故鳥獸孕孳草木華生萬物咸遂忠之至也春秋元命包春含名蠢位東方動春明達注云春之言蠢東之言動含此名以自明自達也漢書律歷志少陽者東方東動也陽氣動物於時爲春春蠢也物蠢生乃動運 官溥說從日在木中者祭義日出於東太元是故日動而東本書杲從日在木上杳從日在木下蘊謂亦官溥說

cáo 𣝣

𣝣 二東曹從此闕

文二

lín 林

林 平土有叢木曰林從二木凡林之屬皆從林 力尋切

平土有叢木曰林者風俗通義林樹木之所聚生也蔡邕注典引云叢木曰林月令章句同薛綜注西京賦木叢生曰林釋名山中蘩木曰林林森也森森然也詩擊鼓于林之下傳云山木曰林鄭注周禮地官林麓云竹木生平地曰林楚詞九章露申辛夷死林薄兮注云叢木曰林曹大家注列女傳云竹木曰林

wú 𣞤(無)

𣞤 豐也從林𡘲或說規模字從大冊數之積也林者木之多也冊與庶同意商書曰庶草繁無 文甫切

豐也者釋詁文彼作蕪廣韻無蕃滋生長玉篇無繁無豐盛也 或說規模字從大冊數之積也林者木之多也者從大句絕徐鍇謂大冊爲規模之模蓋誤讀也易乾卦或之者疑之也夏小正傳云或之者疑之也規模字或作橅

漢書韋元成傳其規橅可見 冊與庶同意者庶從芡芡古光字從廿火亦衆盛意 商書曰庶草繁無者洪範文彼作蕃廡傳云衆草蕃滋廡豐史記引作繁廡晉語黍不能蕃廡注云廡豐也戴侗曰書云庶草蕃廡借用廡字漢書無蕪亭無湖皆單作無

yù 鬱

鬱 木叢生者從林鬱省聲 迂弗切

木叢生也者詩晨風鬱彼北林傳云鬱積也正義云鬱積而茂盛又有菀者柳傳云菀茂木也釋文云菀音鬱馥案菀鬱聲相近都人士我心苑結釋文云苑徐音鬱

chǔ 楚

楚 叢木一名荆也從林疋聲 創舉切

叢木者李善注謝元暉詩引同吳起論將篇居軍荒澤草楚幽穢張衡南征賦欑無積楚張景陽雜詩荒楚鬱蕭森 李善引說文森林叢木也馥案本引楚字訓誤作森 一名荆也者本書荆楚木也一切經音義二楚一名荆漢書陸賈曰秦莊王名故改爲荆遂行於世戴侗曰楚荆也楚地多產此故以名國荆楚一物也故楚國亦謂之荆以荆

chēn 棽　mào 楙　lù 麓　fèn 棼　sēn 森

爲攴所謂夏楚也書扑作教刑鄭注扑檟楚也鄉射記楚扑長如笴詩揚之水不流束楚傳云楚木也

棽 木枝條棽儷皃從林今聲 丑林切

木枝條棽儷皃者李善注東都賦鳳蓋棽麗引作大枝條也大當爲木又䑊棽儷皃三字集韻棽木枝扶疏皃

楙 木盛也從林矛聲 莫候切

木盛也者李善注藉白馬賦引作盛也漢書律歷志君主種物使長大楙盛也

麓 守山林吏也從林鹿聲一曰林屬於山爲麓春秋傳曰沙麓崩 盧谷切

守山林吏也者蕭該漢書音義引字林麓守山澤吏徐鍇曰周禮虞衡掌山澤林麓士若干人左傳山林之木衡鹿守之是也書序虞舜側微堯聞之聰明將使嗣位歷試諸難鄭注入麓伐木　一曰林屬於山爲麓者僖十四年穀梁傳文彼作鹿范云鹿山足釋名山足曰麓麓陸也言水流順陸燥也風俗通義謹按尚書堯禪舜納于大麓麓林

屬於山者也書舜典納于大麓釋文云麓馬鄭云山足也詩瞻彼旱麓榛楛濟濟傳云麓山足也箋云旱山之足林木茂盛鄭注周禮地官敘官林衡云山足曰麓又注秋官柞氏掌攻草木及林麓又注禮記王制山陵林麓竝同列女傳有虞二妃傳選于林木入于大麓曹大家注云山足曰麓通作鹿漢志鉅鹿郡應劭曰鹿林之大者也十三州志鉅鹿唐虞時大麓之地　麓則林之大者也易屯卦卽鹿無虞王肅本作麓云山足　春秋傳曰沙麓崩者僖十四年經文服虔云沙山名鹿山足

古文從彔

從彔者鹿彔聲相近鄭注尚書大傳麓者錄也

棼 複屋棟也從林分聲 符分切

複屋棟也者李善注七命後漢書班固傳注引竝同本書檼棼也徐鍇曰複屋皆重梁也廣雅棼閣也西京賦結棼橑以相接五臣注云棼屋棟漢書張敞傳果得之殿屋重轑中蘇林曰轑椽也重轑重棼中顏注重棼卽今之廊舍

fàn 梵　cái 才

也一邊虛爲兩廈者也李尤平樂館銘棼梁照曜三輔黃圖營未央宮因龍首山以制前殿至孝武以木蘭爲棼橑文杏爲梁柱吳志太史慈傳賊於屯裏緣樓上行詈以手持樓棼慈引弓射之矢貫手著棼通鑑元和十年京城大索公卿家有複壁重橑者皆索之注云橑椽也重橑大屋覆小屋上下施椽其閒皆可容物

森 木多皃從林從木讀若曾參之參 所今切

木多皃者一切經音義十一引作多木長皃也玉篇森長木皃張載七哀詩木落柯條森

文九　重一

才 艸木之初也從丨上貫一將生枝葉一地也凡才之屬皆從才 昨哉切

艸木之初也者集韻引作艸木之初生也五經文字同夏侯湛兄弟誥惟正月才生魄通作哉釋詁哉始也書武成哉生明傳云哉始也詩大雅文王陳錫哉周箋云哉始也書往哉汝諧張平子碑作才列子遊於四方而不歸者何

人哉般敬順本哉作才音哉又通作載詩周頌載見辟王傳云載始也昭七年左傳引詩陳錫載周　從丨上貫一將生枝葉一地也者徐鍇曰上一初生岐枝也下一地也五經文字才從丨上貫二丨象將生枝葉一象地

文一

〔清〕桂馥撰

説文解字義證

中

附音序、筆畫、四角號碼檢字

中華書局

說文解字弟六義證弟十八

曲阜桂馥學

ruò 叒

叒 日初出東方暘谷所登榑桑叒木也象形凡叒之屬皆從叒 而灼切

日初出東方暘谷者朱本及舊刻李燾本作湯谷玉篇類篇集韻竝引作湯谷楚辭朝濯髮於湯谷天問出自湯谷次于蒙汜史記五帝本紀分命羲仲居郁夷日暘谷集解云日出於暘谷索隱曰史記舊本作湯谷今竝依尚書字案淮南子日日出湯谷浴於咸池則湯谷亦有他證明矣漢書司馬相如傳右以湯谷爲界顏注湯谷日所出也許慎云熱如湯也樂府前緩聲歌濯足湯谷波蜀都賦汩若湯谷之揚濤劉逵注湯谷日所出也張協雜詩朝霞迎白日丹氣臨湯谷阮籍大人先生傳朝餐湯谷夕飲西海陸機演連珠臣聞鑽燧吐火以續湯谷之晷思元賦朝吾行於暘谷兮舊注暘谷日所出 所登榑桑叒木也者本書榑榑桑神木日所出也王觀國曰榑桑卽扶桑也叒木卽

若木也淮南時則訓東方之極自碣石山過朝鮮貫大人之國東至日出之次榑木之地青土樹木之野太皞句芒之所司者萬二千里注云榑木榑桑北堂書鈔引書有扶桑記海外東經黑齒國下有湯谷湯谷上有扶桑十日所浴在黑齒北居水中有大木九日居下枝一日居上枝注云湯谷谷中水熱也扶桑木也離騷總余轡乎扶桑注云扶桑日所拂木也九歌照吾檻兮扶桑注云吾謂日也言東方有扶桑之木其高萬仞日下浴於湯谷上拂其扶桑爰始而登照曜四方河圖緯䆁之隘上爲扶桑日所升呂氏春秋爲欲篇東至扶木淮南天文訓日出於暘谷浴於咸池拂於扶桑是謂晨明登于扶桑爰始將行是謂朏明地形訓扶木在陽州日之所曊注云扶木扶桑在暘谷之南曊猶照也陽州東方西京賦日月於是乎出入象扶桑與濛汜吳都賦經扶桑之中林包暘谷之滂沛五臣云扶桑暘谷皆日出之所王逸曰木有扶桑松柏皆受氣濇矣異於羣類者也後漢書張衡傳夕余宿乎扶桑注云扶桑日所出在暘谷中其桑相扶而生見淮南子張載詩白日隨天迴曒曒圓如規踊躍湯谷中上登扶桑枝劉孝綽詠日詩弭節馳暘谷照檻出扶桑金樓子志怪篇秦王遣徐福求桑椹於碧海之中海中止有扶桑樹長數千丈樹兩根同生更相依倚是名扶桑仙人食其椹而體作金光飛騰元宮也通典扶桑南齊時聞焉齊帝永元初其國有沙門慧深來至荆州說云扶桑國在大漢國東二萬餘里地在中國之東其土多扶桑木葉似桐初生如筍國人食之實如梨而赤績其皮爲布爲衣神異經東方有樹焉高八十丈敷張自輔葉長一丈廣六尺名曰扶桑有椹焉長三尺五寸十洲記扶桑在碧海中上有天帝宮王公所治有椹樹長數千丈二千圍同根更相依倚故曰扶桑仙人食根體作紫色其樹雖大椹如中夏桑椹也九千歲一生實味甘香西山經木之有若注云大木之奇靈者爲若見尸子離騷折若木以拂日天問若華何光注云若木何能有明赤之光華乎淮南地形訓若木在建木西上有十日張融海賦西衝虞淵之曲東振湯谷之阿若木於是乎倒覆折扶桑而爲渣郭璞若木贊若木之生崑山是濱朱華電照碧葉玉津食之靈智爲力爲仁甘泉賦飲若木之露英魏文帝愁霖賦仰皇天而太息悲白日之不暘思若木以照路假龍燭之末光沈約桐賦豈慚光於若木傳休奕大寒賦扶木憔悴於湯谷若華零落于濛汜李鏡遠日詩始臨東岳觀俄升若木枝南齊書太祖紀光景時昏若華之暎彌顯楊慎曰江淹詩屬我嵫景半賞爾若光初嵫景巘

嵫之景若光

若木之光

叒 籀文

sāng 桑

桑 蠶所食葉木从叒木 息郎切

釋木桑柳醜條 詩氓桑之未落其葉沃若桑之落矣其黃而隕 范子計然桑出三輔 通鑑張堪守漁陽百姓歌曰桑無附枝注云蠶月旣采桑所去繁枝留其特長者則來年桑茂盛 益部耆舊傳何祇夢桑生井中趙直占曰桒字四十八君壽不過此

蠶所食葉木者郭璞帝女桑贊園客是采帝女所蠶

文二 重一

zhī 之

之 出也象艸過屮枝莖益大有所之一者地也凡之之屬皆從之 止而切

出也者本書出進也象草木益滋上出達也先字從㞢云前進也　象艸過中枝莖益大有所㞢者本書中草木初生也象丨出形有枝莖也馥案有所㞢者謂枝莖四出也

huáng 㞷

㞷　艸木妄生也從㞢在土上讀若皇 戶光切

本書封古文作㞷與此文同當有一誤

文二

㞷

㞷　㞷字古文見徐鍇本鍇曰㞷者厚也與土義同馥案本書𡈼象物出地挺生即妄生意

遺文一

zā 帀

帀　周也從反㞢而帀也凡帀之屬皆从帀周盛說 子荅切

周也者當爲匊本書匊帀徧也成九年左傳浹辰之閒而楚克其三都杜注浹辰十二日也正義云浹爲周帀也周

禮縣治象浹日而斂之謂周甲癸十日此言浹辰謂周子亥十二辰馥案晉逐齊師三周華不注言三帀其山淮南人閒訓魯君令人閉城門而捕之圍三帀漢書高帝紀遲明圍宛城三帀通鑑侯景繞臺城旣帀注云帀周也

shī 師

師　二千五百人爲師從帀從𠂤𠂤四帀衆意也 疏夷切

隱十年左傳取三師焉杜云師者軍旅之通稱 尚書大傳古之處師八家而爲鄰三鄰而爲朋三朋而爲里五里而爲邑十邑而爲都十都而爲師州有十二師焉 鄭注州凡四十三萬二千家此蓋虞夏之數也 二千五百人爲師者馬融說易師卦云二千五百人爲師詩棫樸六師及之箋云二千五百人爲師周禮夏官敘官二千有五百人爲師小司徒五人爲伍五伍爲兩四兩爲卒五卒爲旅五旅爲師五師爲軍注云兩二十五人卒百人旅五百人師二千五百人軍萬二千五百人春秋隱二年無侅帥師入極范甯云二千五百人爲師何注公羊云二千五百人稱師禮天子六師方伯二師諸侯一師漢官儀二千五百人爲師師帥一人 𠂤四帀衆意也者本書官下云𠂤猶衆也此與師同意徐鍇引春秋傳如山如陵有夫出征釋詁師衆也釋言師人也郭云謂人衆廣雅師衆也風俗通義衆者師也易師卦彖師衆也乾鑿度師者衆也書堯典震驚朕師鄭注是驚動我之衆臣又師錫帝曰史記作衆皆言於帝詩韓奕燕師所完傳云師衆也文王殷之未喪師箋云師衆也哀五年左傳師乎師乎服注師衆也法言鳳之師師朱咸曰鳳師師而多鄭志荅趙商云師者衆之通名故人多云焉晉書天文志北落師門一星師衆也師門猶軍門也魯公子益師字衆父漢鄭衆字仲師

古文師

文二　重一

chū 出

出　進也象艸木益滋上出達也凡出之屬皆從出 尺律切

釋名出推也本書春推也

進也者易晉卦晉進也明出地上進本書晉進也日出萬物進 象艸木益滋上出達也者本書生下云象艸木生出土上月令句者畢出萌者盡達

áo 敖

敖　游也從出從放 五牢切

游也者或作遨詩以遨以游韓策中國白頭游敖之士後漢書梁鴻傳聊逍遙兮遨游

本書放部有敖字

mài 賣

賣　出物貨也從出從買 莫邂切

出物貨也者玉篇廣韻竝引作出物也復古編作出貨物也顏注急就篇出曰賣入曰買 從買者徐鍇本作買聲

tiào 糶

糶　出穀也從出從糴糴亦聲 他弔切

出穀也者廣雅糶賣也史記平準書物踊騰糶索隱云糶者出賣之名故食貨志云大孰則上糴三而舍一是也貨殖傳販穀糶千鍾集解云糶出穀也論衡治期篇穀糶在市一貴一賤東觀漢記第五倫作會稽郡留一月俸餘皆賤糶與民飢餒者又宋宏受俸得鹽令諸生糶諸生以賤不糶宏怒悉賤糶王隱晉書陶侃都督荊州秋熟輒糶至饑復價糶之晉陽秋常平倉豐則糴儉則糶以利民也荀氏家傳荀遂夫人有餘米糶之恆椽斛糴者傾量輒過本

斛隋書盧賁傳民饑穀米貴閉人糶而自糶之　糶亦聲者當爲糶聲

䵝　槷䵝不安也从出臬聲易曰槷䵝　五結切

槷䵝不安也者本書隉下云班固說隉不安也廣雅𩨷𩨷𩨷𩨷危也考工記轂大而短則摯鄭注摯讀爲槷謂輻危槷也　易曰槷䵝者困卦文徐鍇本有困于赤芾四字案困卦困于葛藟于臲𩨷正義云臲𩨷動搖不安之貌釋文云臲說文作劓𩨷說文作䵝云䵝不安也馥謂劓當爲刖長笛賦巔根跱之槷刖兮李善注槷刖危皃

文五

𣎵　艸木盛𣎵𣎵然象形八聲凡𣎵之屬皆从𣎵讀若輩　普活切

艸木盛𣎵𣎵然者通作孛春秋有星孛入于北斗天文錄孛星者茇氣四出曰孛孛謂孛孛然也又或作浡釋詁浡作也郭云浡然興作貌孟子則苗浡然興之矣又作芾廣雅芾芾茂也又作肺詩東門之楊其葉肺肺傳云肺肺猶

牂牂也上章傳云牂牂然盛貌又作悖莊十一年左傳禹湯罪己其興也悖焉注云悖盛貌又作勃法言淵騫篇攀龍鱗附鳳翼巽以揚之勃勃乎其不可及乎長笛賦氣噴勃以布覆兮上林賦𣶃然興道而遷義郭璞曰𣶃猶勃也又通作茀詩皇矣臨衝茀茀傳云茀茀彊盛也文十四年穀梁傳孛之爲言猶茀也上林賦晻曖茇勃文選勃作茀李善曰茀音勃

𡴆　艸木𡴆孛之皃从𣎵畀聲　于貴切

艸木𡴆孛之皃者六書故易曰拔茅茹以其𡴆顧野王曰艸木四舒𡴆孛之皃今俗作橐又作彙

索　艸有莖葉可作繩索从𣎵糸杜林說𣎵亦朱市字　蘇各切

艸有莖葉可作繩索者玉篇糾繩曰索顏注急就篇索總謂切撚之令緊者也一曰麻絲曰繩草謂之索小爾雅廣器縎索也大者謂之索小者謂之繩書五子之歌若朽索之馭六馬詩七月宵爾索綯箋云夜作絞索　𣎵亦朱市字者市當作市或作芾詩曹風三百赤芾小雅朱芾斯皇

孛　𡴆也从𣎵人色也从子論語曰色孛如也　蒲妹切

𡴆也者魏文帝柳賦上扶疏而孛散夏小正拂桐芭傳云拂桐芭始生貌拂拂然馥案拂孛聲相近論語色勃亦作色艴　人色也从子者色當爲包本書包象人褢妊巳在中象子未成形也孛或作脖玉篇脖脖胦廣韻脖胦臍也胦脖胦也靈樞經肓之原出於脖胦史記倉公傳客脖正義云脖胦亦作胞廣雅人四月而胞莊子外物篇胞有重閬注云胞腹中胎漢書外戚傳善臧我兒胞顏注胞謂胎之衣也　論語云云者後人加之本書艴下引論語色艴如也

𠂔　止也从𣎵盛而一横止之也　即里切

止也从𣎵盛而一横止之也者廣韻𠂔止也从𣎵一横止之出文字音義

南　艸木至南方有枝任也从𣎵羊聲　那含切

艸木至南方有枝任也者艸木上當有任也二字南任聲相近廣雅南任也白虎通禮樂篇南之爲言任也任養萬

物又云南方者任養之方萬物懷任也尚書大傳南方者何也任方也任方者物之方任周語五閒南呂贊陽秀也韋云南任也陰任陽事助成萬物也樂說南夷之樂曰任注云南者任也盛夏之時物皆懷任矣孝經鉤命決南夷之樂曰南明堂位任南蠻之樂也淮南天文訓言比南呂高云南任也月令章句仲秋中南呂南任也三禮義宗夏大也謂萬物長大也夏謂南者南任也尸子夏爲樂南方爲夏夏與也南任也是故萬物莫不任與蕃殖充盈樂之至也漢書律歷志太陽者南方南任也陽氣任養物於時爲夏又云位於申在七月南呂南任也言陰氣旅助夷則任成萬物也五經通義南夷之樂曰任陽氣盛用萬物懷任故謂之任徐鍇曰南方主化育故曰有枝任也白虎通火在南方陽在上萬物垂枝馥案本書𣎵木至西方戰㮚是艸木至四方各有古言今不可悉知矣通作男昭十三年左傳鄭伯男也賈注男當作南謂南面之君案男亦訓任大戴禮本命篇男者任也男子者任天地之道禹貢二百里男邦傳云男任也任王事者環濟要略男任也

𡴪　古文

汗簡引作𡴀

文六　重一

shēng 生

生 進也象艸木生出土上凡生之屬皆從生所庚切

易繫辭天地之大德曰生大戴禮本命篇象形而發謂之生進也者書盤庚汝萬民乃不生生王肅注生生進進又往哉生生傳云自今以往進進於善又敢恭生生傳云敢奉用進進于善者又生生自厲傳云當進進皆自用功德太元進陽引而進物出溱溱象艸木生出土上者廣雅生出也

fēng 丰

丰 艸盛丰丰也從生上下達也敷容切

艸盛丰丰也者廣韻丰丰皆美好詩子之丰兮傳云丰豐滿也箋云面貌丰丰然豐滿

chǎn 產

產 生也從生彥省聲所簡切

生也者僖二年左傳屈產之乘服注產生也周禮大宗伯以禮樂合天地之化百物之產注云能生非類曰化生其種曰產

lóng 隆(隆)

隆 豐大也從生降聲力中切

成二年左傳齊侯圍龍史記晉世家齊伐魯取隆索隱引劉氏云隆即龍也魯北有隆山豐大也者易豐卦豐大也釋山苑中隆郭云山中央高襄二十九年左傳擇善而舉則世隆也杜云世高也漢書王莽傳臣莽夙夜隆就孺子注云隆長也言成就之使其長大也漢孝殤皇帝諱隆古今注曰隆之字曰盛馥案本書於後漢諸帝名皆諱此獨不諱以帝二歲殤未成人也

ruí 甤

甤 艸木實甤甤也從生豨省聲讀若綏儒隹切

艸木實甤甤也者本書蕤從此云艸木華垂皃豨省聲者徐鍇本作豕聲一切經音義十六甤字從生從豕聲

shēn 甡

甡 衆生竝立之皃從二生詩曰甡甡其鹿所臻切

衆生竝立之皃者聲類甡聚皃詩曰甡甡其鹿者大雅桑柔文傳云甡甡衆多也箋云其鹿相輩耦行甡甡然衆多

文六

𤯓

𤯓 六書故引唐本豐從豆從山𤯓聲本書豐古文從𤯓韻會丯說文本作𤯓不知所據何本錢君大昭藏古瓦畢文作𤯓

遺文一

zhé 乇

乇 艸葉也從𠂹穗上貫一下有根象形凡乇之屬皆從乇陟格切

𠂹字古文從此

從𠂹穗上貫一者徐鍇本無從𠂹二字鍇曰上葉𠂹也一枝也

文一

chuí 𠂹

𠂹 艸木華葉𠂹象形凡𠂹之屬皆從𠂹是爲切

𥝌從𠂹省𠂹象其穗此𠂹當如禾頭偏左若偏右則與𥝌之曲頭不能上者何異𥝌木欲上者故偏右𠂹華葉下𠂹者當偏左故古文作乇其頭偏左也𦃃從𠂹漢華山亭碑作綏

𠂹 古文

本書我下云手古𠂹字我古文作𢦐馥謂扌與乇形近𠂆與𠂹形近

文一　重一

huā 𠌶

𠌶 艸木華也從𠂹亏聲凡𠌶之屬皆從𠌶況于切

從𠂹則頭當左向

生乇𠂹𠌶

艸木華也者集韻引作艸木華葉也易枯楊生華詩昔我往矣黍稷方華

䔢或從艸從夸

釋草華荂也郭云今江東呼華爲荂方言齊楚之閒或謂之華或謂之荂徐鍇曰爾雅芙薊其實荂薊莖頭皆有臺名荂荂卽其實也鍇以爲艸木之將生葉先生細葉蓊然如鴈頸也臺若今人言菜臺也

wěi 韡

盛也從等韋聲詩曰萼不韡韡 于鬼切

盛也者廣雅同彼作韡 詩曰萼不韡韡者詩小雅常棣文本書無萼字彼作鄂傳云鄂猶鄂鄂然言外發也韡韡光明也

文二 重一

huā 華

榮也從艸從等凡等之屬皆從等 戶瓜切

漢韓勑碑作華其首左向

榮也者廣韻華艸盛也釋艸木謂之華艸謂之榮夏小正九月榮鞠淮南時則訓秋行夏令華行春令榮

yè 皣

艸木白華也從華從白 筠輒切

艸木白華也者李善注西都賦引作艸木白華皃本書皅艸華之白也漢書禮樂志華燁燁固靈根左思白髮賦予觀橘柚一皜一皣貴其素華匪尚綠葉

文二

jī 禾

木之曲頭止不能上也凡禾之屬皆從禾 古兮切

木之曲頭止不能上也者篇海引作木枝廣韻禾木曲頭不出通作稽史記有滑稽傳言能曲說也

zhǐ 𥝩

多小意而止也從禾從支只聲一曰木也 職雉切

一曰木也者廣韻𥝩曲枝果也六書故今亦作枝枸又謂白石又謂鴈漢腳指以其實似指也人亦取以代飴作畬能釀酒陳藏器引古今注木蜜生南方合體甜軟可噉味如蜜老枝煎取汁倍甜止渴也宋玉風賦枳句來巢李善曰枳句言枳樹多句似橘屈曲也馥案李誤以爲逾淮之枳

jǔ 𥠖

𥝩𥠖也從禾從又句聲又者從丑省一曰木名 俱羽切

𥝩𥠖也者明堂位俎殷以椇注云椇之言枳椇也謂曲橈之也正義云枳椇之樹其枝多曲橈殷俎似之故云曲橈之也馥案鄭言枳椇卽𥝩𥠖徐鍇所謂𥝩𥠖不伸是也正義以木釋之似疏 一曰木名者玉篇𥠖木曲支也果名今作椇內則芝栭蔆椇注云椇枳椇也曲禮婦人之摯椇榛脯脩棗栗注云椇枳也有實今邳郯之東食之正義云椇卽今之白石李也形如珊瑚味甜美廣志枳椇葉似柳子似珊瑚其味如蜜十一月熟出南方大如指頭雀豹古今注枳椇子一名樹蜜一名木餳實形拳曲核在實外味甜美如餳蜜本草枳椇一名木蜜以木爲屋屋中酒則味薄此亦奇物唐本注云其樹徑尺木名白石葉如桑柘其子作房似珊瑚核在其端人皆食之蜀本云字或單作枸音矩云木名出蜀近酒能薄酒味江南人呼謂之木蜜也詩南山有枸傳云枸枳枸正義云枸穊木無文宋玉賦曰枳枸來巢則枸木多枝而曲所以來巢也陸璣疏云枸樹山木其狀如櫨一名枸骨高大如白楊所在山中皆有理

白可爲函板枝柯不直有子著枝端大如指長數寸噉之甘美如飴八九月熟江南尤美今官園種之謂之木蜜古語云枳枸來巢言其味甘故飛鳥慕而巢之本從南方來能令酒味薄若以爲屋柱則一屋之酒皆薄詩詁枸木在處有之其子生枝端橫折岐出狀似枅栱土人謂枅栱木陳啟源曰案枳枸字又作𥝩𥠖本草列其名曰蜜𥝩𥠖曰蜜屈律曰木蜜曰木珊瑚曰木餳曰雞距子曰雞爪子其木名又曰白石木曰金鉤木曰枅栱木曰交加木或言其味或似其形也 雷公炮炙論云弊箄淡鹵如酒霑交注云交加枝卽蜜𥝩𥠖也蓋此木能薄酒矣

文三

jī 稽

畱止也從禾從尤旨聲凡稽之屬皆從稽 古兮切

畱止也者字林稽畱也止也魏氏春秋御史中丞與洛陽令相遇則分路而行不欲稽畱左傳正義孫子兵書曰誓稽之使失其先後謂稽畱彼敵不時與戰使先後失其次第尋陽記稽亭北瞰大江南望高岳淹畱遠客因以爲名

zhuó 䅵

特止也從稽省卓聲 竹角切

特止也者通作卓論語如有所立卓爾

gǎo
𥢞

𥢞 稽𥡴而止也從稽省咎聲讀若皓賈侍中說稽𥡴𥢞三字皆木名 古老切

稽𥡴而止也者玉篇引作稽跙而止也 賈侍中說云云者本書桕木也讀若皓廣韻稽下云稽風扶杓木也南方草木狀棹樹幹葉俱似椿以其葉鬻汁漬果呼爲棹汁若以棹汁雜彘肉食者卽時爲雷震棹出高涼郡

文三

cháo
巢

巢 鳥在木上曰巢在穴曰窠從木象形凡巢之屬皆從巢 鉏交切

鳥在木上曰巢在穴曰窠者本書窠下云穴中曰窠樹上曰巢通俗文鳥居曰巢周書時訓解鵲始巢高士傳巢父以樹爲巢而寢其上故時人號曰巢父家語問禮篇夏則居橧巢注云有柴謂橧在樹曰巢

說文解字義證 卷十八 十一

biǎn
㝸

㝸 傾覆也從寸臼覆之寸人手也從巢省杜林說以爲貶損之貶 方斂切

傾覆也者詩召旻我位孔貶傳云貶隊也馥案隊卽傾覆意昭二十六年左傳且爲後人之迷敗傾覆而溺入於難則振救之 寸人手也者本書㝵下云寸度之亦手也寸下云人手卻一寸動𧖴謂之寸口 杜林說以爲貶損之貶者漢書司馬相如傳適足以㝸君自損晉灼曰㝸古貶字

文二

qī
桼

桼 木汁可以鬃物象形桼如水滴而下凡桼之屬皆從桼 親吉切

續述征記古之桼園在中牟今猶有桼樹也梁王時莊周爲桼園吏則斯地寰宇記定遠縣漆園在縣東三十里其地東西南北約方三百步唐天寶中尚有漆樹一二十株卽莊周爲吏之處 隸續云說文桼象形如水滴而下賈山云桼涂其外是也而漆泉絺紵椅桐梓漆之類經傳已多借用至今反以桼爲古字漆沮之漆却有省其水者 詩定之方中椅桐梓漆 西山經號山多漆櫻注云漆樹似樗也 周禮載師唯其漆林之征二十而五注云故書桼林爲漆林 杜子春云當爲桼林 應璩與龐惠恭書頻見所上利民之術植濟南之榆栽漢中之漆 本草漆生漢中川谷圖經云今蜀漢金峽襄歙州皆有之木高二三丈皮白葉似椿花似槐子若牛李木心黃六月七月以竹筒釘入木中取之馥案桼不生於河右見晉書涼武昭王傳

木汁可以鬃物者書惟其塗丹臒傳云塗以漆丹以朱漢書貨殖傳木器漆者千枚魚豢魏畧譬之朱漆雖無楨榦其爲光澤亦壯觀也齊民要術凡桼器皆須以水淨洗於日中曝之使乾凡木畫服玩箱槐之屬每經雨以布揩令熱徹膠不動作光淨耐久劉氏新論和性篇夏工涂桼緩則難晞急則弗牢均其緩急使之調和則爲美也 桼如水滴而下者古今注桼樹以剛斧斫其皮開以竹管承之汁滴管中卽成桼也本書𣏞羊名䠥皮可以割桼南越志綏寧山多桼樹高十餘丈刻桼常上樹端雞鳴日出之始便刻之則有所得過此時陰氣淪陽氣升則無所獲也

說文解字義證 卷十八 十二

xiū
髤

髤 桼也從桼髟聲 許尤切

急就篇革轖髤漆油黑蒼 論語漆雕開古今人表作彫案漆當作桼蓋彫桼之業後因爲氏彡其彫文也

桼也者廣韻髤以漆塗器或作髹鄉射記楅髤注云髤赤黑漆也周禮巾車駹車髤飾注云故書髤爲軟杜子春讀爲桼垸之桼直謂髤桼也髤赤多黑少之色韋也史記貨殖傳木器髤者千枚徐廣曰髤音休漆也漢書外戚傳其中庭彤朱而殿上髤漆顏注以漆漆物謂之髤音許求反又音許昭反今關東俗器物一再著漆者謂之捎漆捎卽髤聲之轉重耳髤字或作髹音義亦與髤同今關西俗云黑髤盤朱髤盤其音如此兩義竝通韓非外儲說左有爲周君畫筴者三年而成君觀之與髹筴者同狀輟耕錄髹器法黑光云凡造碗碟盤盂之屬其胎骨則梓人以脆松劈成薄片於旋牀上膠黏而成名曰捲素髹工買來刀刳膠縫乾淨平正夏月無膠汎之患却煬牛皮膠和生漆微嵌縫中名曰捎當然後膠漆布之方加麤灰灰乃磚瓦擣屑篩過分麤中細是也膠漆調和令稀稠得所麤灰過停令日久堅實砂皮擦磨却加中灰再加細灰竝如前又停日久磚石車磨去灰漿潔淨一二日候乾燥方漆之謂之糙

漆再停數月車磨糙漆絹帛挑去漿跡纔用黑光黑光者用漆斤兩若干煎成膏再用漆如上一半加雞子清打匀入在內日中曬翻三五度如栗殼色入前項所煎漆中和匀試簡看緊慢若緊再曬若慢加生漆多入觸藥觸藥即鐵漿沫用隔年米醋煎此物乾爲末入漆中名曰黑光用刷蘸漆漆器物上不要見刷痕停三五日待漆內外俱乾置陰處晾之然後用揩光石磨去漆中類揩光石雞肝石也出杭州上柏三橋埠牛頭嶺再用鶴蚡灰用布蚡灰用菜油傳却用出光粉揩方明亮又朱紅云修治布灰一一如前不用糙漆却用贉朱桐葉色然後用銀朱以漆煎成膏子調朱如朱一兩則膏子亦一兩生漆少許看四時天氣試簡加減冬多加生漆顏色闇春秋色居中夏四五月秋七月此三月顏色正且紅亮又鰻水云好桐油煎沸以水試之看躁也方入黃丹膩粉無名異煎一滾以水試如蜜之狀令冷油水各等分杖棒攪匀却取磚灰一分石灰一分細麵一分和匀以前項油水攪和調黏灰器物上再加細灰然後用漆益如黑光法

pào 麭

桼垸已復桼之從桼包聲 匹皃切

說文解字義證 卷十八 十三

桼垸已復桼之者本書垸以桼和灰而䰍也徐鍇曰垸謂以骨灰和桼而爲桼之骨也集韻䰍桼器先以脣垸之也

文三

shù 束

縛也從口木凡束之屬皆從束 書玉切

易賁卦束帛戔戔 詩束矢其搜 又綢繆束薪 呂氏春秋報更篇乃復賜之脯二束 淮南子荷纆束薪者曰九方堙 史記廉頗藺相如列傳燕畏趙其勢必不敢留君而束君歸趙矣

縛也者小爾雅廣言同本書縛束也廣雅縛束也釋名束促也相促近也襄二十八年左傳士皆釋甲束馬注云束絆之也

jiǎn 柬

分別簡之也從束從八八分別也 古限切

分別簡之也者柬簡聲相近本書擇柬選也釋詁柬擇也荀子修身篇柬理也注云柬與簡同詩簡兮簡兮箋云簡擇也周禮趣馬簡其六節鄭云簡差也禮記王制簡不肖以絀惡襄三年左傳楚子重伐吳爲簡之師杜云簡選練文選七發練色娛目李善引埤蒼練擇也或作揀廣雅揀擇也一切經音義五引埤蒼揀擇也筷瑛箏賦揀其音聲

八分別也者本書八別也象分別相背之形

jiǎn 葉

小束也從束幵聲讀若繭 古典切

小束也者廣雅葉束也齊民要術麻葉欲小縛欲薄

là 剌

戾也從束從刀刀者剌之也 盧達切

本書癶足剌癶也俗剌也广象對剌高屋之形

戾也者李善注長笛賦引同淮南脩務訓琴或撥剌高注撥剌不正也劉向封事膠戾乖剌

從束從刀刀者剌之也者本書韋下云獸皮之韋可以束枉戾故剌從束束而不受者刀也故從刀

文四

gǔn 㯻

橐也從束圂聲凡㯻之屬皆從㯻 胡本切

說文解字義證 卷十八 十四

徐鍇櫜束縛囊橐之名春秋國語曰倈使於齊者櫜載而歸作梱假借也櫜之言溷也物雜厠其中也 廣韻櫜大束或作緷廣雅緷束也玉篇緷大束也釋器百羽謂之緷

tuó 橐

囊也從㯻省石聲 他各切

一切經音義十二云韋昚如橐因以名焉馥案韋卽長揚賦之橐駝 僖二十八年左傳甯子職納櫜饘焉杜云櫜衣囊正義云櫜囊所以盛衣亦可以盛食宣二年傳云爲之簞食與肉寘諸橐以與之是也

囊也者廣雅同詩釋文引本書云無底曰囊有底曰橐馥案囊橐之制諸說不同埤倉有底曰囊無底曰橐秦策負書擔橐高云橐囊也無底曰囊有底曰橐蒼頡篇橐囊之無底者也文選序名溢於縹囊五臣注囊有底袋也白帖有底曰囊無底曰橐急就篇此敝囊橐不直錢顏注有底曰囊無底曰橐漢書刑法志豪傑擅私爲之囊橐顏注有底曰囊無底曰橐趙充國傳卬家將軍以爲安世本持橐簪筆顏注橐所以盛書也有底曰囊無底曰橐陳啟源曰諸家釋橐囊各異約之有四說焉毛傳曰小曰橐大曰囊此一說也文選干寶晉紀論引詩呂向注云大曰橐小曰

gāo 櫜　náng 囊　pāo 橐　wéi 口　yuán 圜

橐與毛傳反此又一說也釋文引說文云無底曰囊有底曰橐孫奕示兒編亦引之此又一說也廣韻橐無底囊漢書刑法志注及趙充國傳注師古云無底曰橐有底曰囊與釋文反又一說也

囊 橐也從橐省襄省聲 奴當切

櫜 車上大櫜從橐省咎聲詩曰載櫜弓矢 古勞切

本書韇櫜紐也

車上大櫜者少儀甲有以前之則執以將命無以前之則袒櫜奉胄注云櫜弢鎧衣也莊十年左傳蒙皋比而先犯之杜云皋比虎皮正義云樂記云倒載干戈包之以虎皮名之曰建櫜鄭元以兵甲之衣曰櫜櫜韜也士喪禮設冒櫜之注云櫜韜盛物者檀弓赴車不載櫜韔注云櫜甲衣也詩曰載櫜弓矢者周頌時邁文傳云櫜韜也宣十二年左傳引此詩杜注云櫜韜也廣雅櫜弓藏也詩彤弓受言櫜之傳云櫜韜也昭元年左傳請垂櫜而入杜注垂櫜示無弓晉語右屬櫜鞬韋注櫜矢房後漢書杜詩傳亦未得解甲櫜弓也注云櫜韜也

說文解字義證　卷十八　十五

橐 橐張大皃從橐省匋省聲 符宵切

石鼓文可以橐之隹楊及栁

橐張大皃者櫜或作橐集韻橐張大貌

匋省聲者當爲缶聲

文五

口 回也象回帀之形凡口之屬皆从口 羽非切

通作圍釋名淮圍也圍繞揚州北界東至海也易繫辭範圍天地而不過注云圍匡郭也詩長發帝命式于九圍傳云九圍九州也正義云蓋以九分天下各爲九處若規圍然王制天子不合圍注云言不四面圍之也莊子人間世絜之百圍

回也者史記楚世家康王寵弟公子圍徐廣曰史記多作回　象回帀之形者回當作口廣韻引文字音義口回也

象圍帀之形也史記高帝紀遲明圍宛城三帀

圜 天體也從口睘聲 王權切

天體也者玉篇圜天體也天圜而地方易說卦乾爲天爲圜周禮大宗伯以蒼璧禮天注云璧圜象天大戴禮曾子天圓篇單居離問於曾子曰天圓而地方者誠有之乎曾子曰離而聞之云乎單居離曰弟子不察以此敢問也曾子曰天之所生上首地之所生下首上首之謂圓下首之謂方如誠天圓而地方則是四角之不揜也且來吾語汝參嘗聞之夫子曰天道曰圓地道曰方盧辯注道曰方圓耳非形也禮記外傳王者冬至之日祭昊天上帝於圜丘注云天體圓管子內業篇乃能戴大圜而履大方注云大圜天也文子自然篇天圓而無端故不能觀其形又云至大者無形故天圓不中規楚詞天問圜則九重注云言天圜而九重宋玉大言賦圓天爲蓋呂氏春秋序意篇爰有大圜在上注云圜天也又圜道篇何以說天道之圜也精氣一上一下圜周復雜無所稽留故曰天道圜日夜一周圜道也月躔二十八宿軫與角屬圜道也精行四時一上一下各與遇圜道也物動則萌萌而生生而長長而大大而成成乃衰衰乃殺殺乃藏圜道也雲氣西行云云然冬夏不輟水泉東流日夜不休上不竭下不滿小爲大重爲輕圜道也黃帝曰帝無常處也有處者乃無處也以言不刑蹇圜道也人之竅九一有所居則八虛八虛甚久則身

說文解字義證　卷十八　十六

斃故唯而聽唯止聽而覗聽止以言說一一不欲留留運爲敗圜道也一也齊至貴莫知其原莫知其端莫知其始莫知其終而萬物以爲宗聖王法之以令其性以定其正以出號令令出於主口官職受而行之日夜不休宣通下究瀸於民心遂於四方還周復歸至於主所圜道也周髀曰方屬地圓屬天天圓地方天青黑爲表丹黃爲裏故天象蓋覆中高四旁下也張衡靈憲剛柔始分清濁異位天成於外而體陽故圓以動蔡邕天文志渾天者立八尺圓儀之度而具天地之象王蕃渾天說舊說天地之體狀如鳥卵天包地外猶殼之裹黃也周回如彈丸故曰渾天言其形體渾渾如也晉書天文志天圓如倚蓋宋書天文志天體圓如彈丸虞昺穹天論天形如笠而冒地之表文選補亡詩恢恢大圜

tuán 團

團 圜也從口專聲 度官切

圜也者字林團圓也纂要天圓而色元太元天道成規規動周營漢書律歷志規矩相須陰陽位序圓方乃成班婕好詩裁爲合歡扇團團似明月通作摶考工記梓人小首而長摶身而鴻注云摶圓也又通作慱詩素冠勞心慱慱

兮正義云言憂思團結不解太元中次六月闕其傅又通作專漢書五行志蜺再重赤而專朱玉九辯意專專之不可化兮張衡思元賦志團團以應懸兮誠心固其如結復謂卽九辯之專專也

xuán 圎

圎 規也從口肙聲 似沿切

規也者孟子規矩方圓之至也古文苑篆勢爲學藝之範圓注云圓音旋規也所以爲圓通作捐釋器環謂之捐

yún 囩

囩 回也從口云聲 羽巾切

回也者本書靁下云靁文靁閒有回回靁聲也通作殷詩殷其雷 云聲者本書云象雲回轉形

yuán 圓

圓 圜全也從口員聲讀若員 王問切

趙宧光長箋引本書圓音王問切 五經文字圓音運

圜全也者集韻類篇竝引作圜合也詩長發箋云圓謂周也馥謂圜當爲環

huí 回

回 轉也從口中象回轉形 戶恢切

說文解字義證 卷十八 七

轉也者詩雲漢昭回于天傳云回轉也釋畜回毛在膺郭云別旋毛所在之名本書靁下云靁閒有回古文雲作回象回轉形

囘 古文

tú 圖

圖 畫計難也從口從啚啚難意也 同都切

玉篇有古文作囦以圖 釋名圖度也盡其品度也

書君牙思其艱以圖其易 詩崧高我圖爾居

畫計難也者釋詁圖謀也北堂書鈔引張衡圖序圖者心之謀畫之謀也哀二十六年左傳問下有師君請六子畫注云畫計策史記張叚曰誰爲大王畫此計者燕世家齊人田生游乏資以畫干營陵侯澤服虔曰以計畫干之也鄒陽上吳王書故願大王審畫而已新序善謀篇臣矦之善畫計策揚雄上書云以高祖之威靈困於平城時奇譎之士石畫之臣甚衆典論漢武卽位之初從王恢之畫設馬邑之謀顧炎武曰史記田榮傳無不善畫者莫能圖謂以橫兄弟之賢而不能存齊通鑑魏揚州刺史李崇謂士民曰可結筏隨高人規自脫注云規圖也馥謂規畫也圖從口卽規畫詩常棣是究是圖傳云圖謀聘禮君與卿圖事注云圖謀也周禮小司寇孟冬祀司民獻民數于王王拜受之以圖國用而進退之大行人春朝諸矦而圖天下之事注云王者春見諸矦則圖其事之可否也檀弓伯氏不出而圖吾君注云圖猶謀也隱元年左傳無使滋蔓蔓難圖也襄十年傳唯大國圖之杜云圖猶議也莊十三年公羊傳君不圖與何云圖計也國策願王圖之又云願王孰計之非有先生論圖畫安危釋言獻圖也郭云周官曰以獻鬼神祇謂圖畫王觀國曰周禮謂制神之位次而爲之牲器時服以圖之乃謀圖之圖非圖畫也郭注誤矣馥案獻或作猶成八年左傳引詩猶之未遠是用大簡杜云猶圖也詩言王者圖事不遠故用大道諫之 啚難意也者本書啚嗇也

yì 圛

圛 回行也從口睪聲尚書曰圛圛升雲半有半無讀若驛 羊益切

尚書曰圛者洪範文玉篇廣韻竝引作商書案本書凡引洪範之文皆稱商書也彼作驛傳云驛氣落驛不連屬正

說文解字義證 卷十八 六

義云圛卽驛也故以爲兆氣落驛不連屬落驛希疏之意也王肅云圛霍驛消滅如雲陰馥案鄭注洪範云五卜之用謂雨濟圛霧克也又注周禮太卜引洪範曰雨曰濟曰圛曰蟊曰尅詩載驅齊子豈弟箋云弟古文尚書以弟爲圛圛明也正義云古文尚書卽今鄭注尚書是也無以弟爲圛之字唯洪範稽疑論卜兆有五曰圛注云圛者色澤光明蓋古文作弟今文作圛賈逵以今文校之定以爲圛故鄭依賈氏所奏從定爲圛於古文則爲弟故云古文尚書以弟爲圛圛明也釋言愷悌發也舍人李巡孫炎郭璞皆云闓明也馥案韓詩云發明也 圛升雲半有半無者釋洪範曰圛之義也徐鍇曰洪範稽疑卜五曰圛曰霽說曰圛者象氣絡繹不連屬也是半有半無也今卜者以兆體蒙晦不分爲水兆亦其義也馥案集韻連上曰圛圛升雲半有半無 容齋隨筆文獻通考竝稱爲逸書實經師之舊說也

guó 國

國 邦也從口從或 古惑切

邦也者廣雅同玉篇小曰邦大曰國論語邦君爲兩君之好何必去父母之邦漢石經竝作國

kǔn 壼

宮中道從口象宮垣道上之形詩曰室家之壼 苦本切

宮中道者釋宮宮中衖謂之壼孫炎本衖作巷云巷舍閒道也漢書敘傳究先聖之壼奧應劭曰宮中巷謂之壼文選魏都賦永巷壼術五臣注壼宮中巷也詩巷伯箋云巷伯奄官於宮中爲近故謂之巷伯正義引王肅說爾雅云今後宮稱永巷是巷者宮內道名也 詩曰室家之壼者大雅既醉文傳云壼廣也箋云壼之言捆也室家先以相捆緻已乃及於天下正義引王肅云周語叔向美單靖公引此章云壼也者廣裕民人之謂也

qūn 囷

廩之圜者從禾在口中圜謂之囷方謂之京 去倫切

廩之圜者者急就篇門戶井竈廡囷京顏注囷圜倉也詩胡取禾三百囷兮傳云圓者爲囷考工記匠人囷窌倉城注云囷圜倉吳語囷鹿空虛注云員曰囷方曰鹿秦策囷倉虛高注員曰囷方曰倉又注呂氏春秋仲秋紀同李湻風注九章算術云圓囷廩也晉書天文志天囷十三星囷倉廩之屬也 圜謂之囷方謂之京者史記正義引作圓者謂之囷方者謂之廩荀子榮辱篇有囷窌注云囷廩也圓曰囷方曰廩廣雅京倉也

juàn 圈

養畜之閑也從口卷聲 渠篆切

養畜之閑也者李善注赭白馬賦引同又注求自試表引作養獸閑也本書豢以穀圈養豕也牢閑養牛馬圈也閑闌也檻一曰圈玉篇圈牢也廣雅棔圈也廣韻圈獸闌莊子齊物論似圈釋文云言如羊豕之闌圈也論衡佚文篇圈中之鹿欄中之牛史記寶太后使袁固入圈擊豕淮南主術訓故夫養虎豹犀象者爲之圈檻漢書郊祀志其西則商中數十里虎圈校乘傳圈守禽獸張釋之傳上登虎圈顏注圈養獸之所也三輔黃圖獸圈九彘圈一在未央宮中顏氏家訓治家篇雞豚之善埘圈之所生烈士傳朱亥詣秦秦王使置亥於獸圈中寰宇記雍州萬年縣秦獸圈在通化門東二十五里秦王使置朱亥於獸圈中卽此

yòu 囿

苑有垣也從口有聲一曰禽獸曰囿 于救切

鄭注周禮敘官閽人云囿御苑也 僖三年左傳齊侯與蔡姬乘舟于囿杜云囿苑也蓋魚池在苑中 周語囿有林池韋云囿苑也 白虎通囿天子百里大國四十里次國三十里小國二十里苑囿所以在東方何苑囿養萬物者也東方所以生也詩云東有圃草 初學記二十四云漢有上林樂游博望黃山後漢有鴻德畢圭靈崑廣成諸苑 東觀漢記桓帝延禧元年置鴻德苑 後漢書永初六年詔越嶲置長利高望始昌三苑又令益州置萬歲苑犍爲置漢平苑 陶季直京邦記建康縣北漢朝爲桂林苑 薛瑩後漢記靈帝光和五年校獵廣成苑 內河十二境傳洛陽城西有桑梓苑

苑有垣也者初學記二十四引云苑有園曰囿囿猶有也有藩曰園有牆曰囿馥案風俗通囿猶有也卽本書之文徐鍇曰苑其周垣名也園樹果菜也周禮有囿游之禁亦樹以果菜也馥審徐語知其本亦作園故以樹果菜釋之詩正義園者圃之蕃夏小正正月囿有韭傳云囿也者園之燕者也南朝宮苑記芳林苑一名桃花園西京雜記梁孝王好宮室苑囿之樂築兔園莊十九年左傳取蔿國之圃以爲囿杜云囿圃也囿苑也正義云冢宰職云園圃毓草木鄭云樹果蓏曰圃園其樊也詩云折柳樊圃成十八年築鹿囿然則圃以藩爲之所以樹果蓏圃則築牆爲之所以養禽獸二者相類故圃爲囿白帖築土爲圍植木爲苑范注穀梁鹿囿云築牆爲鹿地之苑漢書東方朔傳斥

而營之垣而囿之三輔黃圖宮二觀十四在甘泉苑垣內文選西都賦西郊則有上囿禁苑林麓藪澤陂池連乎蜀漢繚以周牆四百餘里五臣注周牆謂苑牆周帀一切經音義十九引字林有垣曰苑無垣曰囿淮南本經訓侈苑囿之大高云有牆曰苑無牆曰囿此說與衆異 一曰禽獸曰囿者初學記二十四引作養禽獸曰囿御覽百九十六引同徐鍇本作禽獸有囿增韻同本書苑所以養禽獸也一切經音義十二引三蒼養牛馬林木曰苑養禽獸處曰囿詩靈臺王在靈囿傳云囿所以域養鳥獸也僖三十三年左傳鄭之有原圃猶秦之有具囿也吾子取其麋鹿以閒敝邑若何杜云皆囿名正義云囿者所以養禽獸天子曰苑諸侯曰囿周禮囿人掌囿游之獸禁疏云古謂之囿漢謂之苑西周策見梁囿而樂之也高注畜禽獸曰苑苑有林池曰囿也呂氏春秋愼小篇鴻集于囿又重己篇昔先王之爲苑囿園池也高注並云畜禽獸大曰苑小曰囿司馬相如騶虞頌般般之獸樂我君囿劉向九歎熊羆羣而逸囿張衡東京賦恐卒百禽鳩諸靈囿

籀文囿

石鼓文作此圃字

yuán 園

園 所以樹果也從口袁聲 羽元切

所以樹果也者增韻園所以蓺果白帖園樹果初學記二十四楚橘柚園魏芳林園晉蒲陶園此皆因草本樹果以立名也急就篇園菜果蓏助米糧詩將仲子兮無踰我園無折我樹檀傳云園所以樹木也周禮太宰園圃毓草木注云樹果蓏曰圃園其樊也又載師以場圃任園地注云圃樹果蓏之屬季秋於中爲場樊圃謂之園呂氏春秋重己篇注云樹果曰園引詩園有樹桃蜀都賦其園則有林檎枇杷橙柿梬楟榹桃函列梅李羅生百果甲宅異色同榮朱櫻春熟素柰夏成紫梨津潤樼栗罅發蒲陶亂潰若榴競裂王[illegible]雲陽記車箱阪下有梨園一頃樹數百株青翠繁密望如車蓋曹植籍田賦名果被園郡國志西夷有荔枝園植萬株樹收一百五十斛晉書和嶠有好李王濟率少年詣園共噉淮陽先賢贊蘇躭種藥後園梅樹下天文要集匏瓜爲天子果園又大園主果實菜茹蓄儲水經注元匏灣中地數頃有栗園三秦記漢武帝果園有大栗殷仲堪游園賦落葉掩蹊果下成林顏氏家訓治家篇蔬果之蓄園場之所產　從口袁聲者風俗通園援也從口袁聲四皓園公亦本園音

pǔ 圃

圃 種菜曰圃從口甫聲 博古切

種菜曰圃者藝文類聚六十五引云樹果曰園樹菜曰圃御覽百九十七引同初學記二十四引云圃樹菜也白帖十一引云圃樹菜一切經音義一引蒼頡解詁種樹曰園種菜曰圃也山海經讚焉得鬼艸是樹是蓺詩折柳樊圃傳云圃菜園也又九月築場圃傳云春夏爲圃秋冬爲場箋云場圃同地自物生之時耕治之以種菜茹至物盡成熟築堅以爲場周禮閭師任圃以樹事貢草木注云貢草木謂葵韭果蓏之屬射義孔子射於矍相之圃注云樹菜蔬曰圃論語請學爲圃馬融曰樹菜蔬曰圃皇侃曰蔬猶菜也種菜曰圃圃之言布也取其分布於地若種果實則曰園園之言蕃也種果於圃外爲蕃盛也哀十五年左傳舍於孔氏之外圃注云圃園莊子天地篇子貢過漢陰見一丈人方將爲圃畦鑿隧而入井抱甕而出灌文選蜀都賦其圃則有蒟蒻茱萸瓜疇芋區甘蔗辛薑陽蓲陰敷馥案園圃種植對文則異散文則通鄭注周禮載師云圃樹果蓏之屬魏畧顏斐爲京兆太守起菜園此偁圃樹果園種菜所謂散文則通也園圃又可竝偁王隱晉書張駿北城殖園果命曰元武圃　從口甫聲者風俗通圃補也從口甫聲

yīn 因

因 就也從口大 於眞切

詩皇矣因心則友傳云因親也昭二十年左傳昔爽鳩氏始居此地季萴因之有逢伯陵因之蒲姑氏因之而後太公因之孟子爲高必因邱陵爲下必因川澤淮南原道訓禹之決瀆也因水以爲師神農之播穀也因苗以爲教　就也者廣雅同本書捆就也顏注急就篇因就也閔元年左傳親有禮因重固杜云能重能固則當就成之

nà 㘔

㘔 下取物縮藏之從口從又讀若聶 女洽切

下取物縮藏之者玉篇㘔手取物也五音集韻同廣韻㘔私取兒國語縮取舊物　從又者又手也　讀若聶者徐鍇本作籋

líng 囹

囹 獄也從口令聲 郎丁切

河圖武關山爲地門上爲天高星主囹圄

獄也者玉篇囹圄獄也華嚴經音義囹圄周獄名也白虎通三王始有獄夏曰夏臺殷曰牖里周曰囹圄獨斷唐虞曰士官夏曰均臺周曰囹圄昭二十一年公羊傳若曰因諸者然舊說云即博物志周曰囹圄齊曰因諸是也月令省囹圄蔡氏章句囹牢也圄止也所以止出入皆眾人所舍也呂氏春秋仲春紀省囹圄注云囹圄法室漢書禮樂志囹圄空虛應劭曰囹圄周獄名也顏注囹獄也圄守也故總言囹圄無繫於周文選魏都賦囹圄寂寥五臣云囹圄獄也

yǔ 圉

圉 守之也從口吾聲 魚舉切

守之也者賈誼書守圉扞敵之臣鄭注周禮司右引司馬法弓矢圉今司馬法作弓矢禦馥謂守禦字古作圉者圉之譌也後漢李固弟名圉當取守義通作吾漢官儀宰尹下曰執金吾吾禦也常執金革以禦非常韻會云案說文圉守也圉圄圉也禦祀也今文圉爲圄圉字圉爲牧圉字禦爲守禦字經傳中相承用之久矣

說文解字義證　卷十八

qiú 囚

繫也從人在口中 似由切

初學記二十引風俗通囚遒也言辭窮情得以罪誅遒也書武成釋箕子囚又蔡仲之命囚蔡叔于郭鄰傳云囚謂制其出入 僖二十八年左傳執衛侯歸之于京師寘諸深室杜云深室則爲囚室

繫也者廣雅囚纍拘也釋言囚拘也郭云謂拘執詩泮水在泮獻囚傳云囚拘也鄭注周禮敘官掌囚云囚拘也主拘繫當刑殺之者月令省囹圄注云囹圄所以禁守繫者

從人在口中者風俗通禮罪人寘諸圜土故囚字爲口守人馥案鄭注周禮閽胥云圜土者獄城也宋均注元命苞云作獄圜者象斗運司馬遷傳幽於圜土之中江淹上建平王書抱痛圜門含憤獄戶

gù 固

四塞也從口古聲 古慕切

四塞也者類篇引作四塞地鄭注周禮敘官掌固云固國所依阻者也國曰固野曰險易曰王公設險以守其國明堂位四塞世告至注云四塞謂夷服鎮服蕃服在四方爲蔽塞者月令完要塞僖二年穀梁傳夏陽者虞虢之塞邑

也注云其地險要故二國以爲塞邑史記蘇秦傳秦四塞之國也漢書婁敬說高帝曰夫秦地被山帶河四塞以爲固東都賦險阻四塞傅子蜀雖小區險固四塞崔鴻南涼錄青齊沃壤號曰東秦四塞之固可謂用武之國通鑑高歡以晉陽四塞乃建大丞府而居之注云太原郡之地東阻太行常山西有蒙山南有霍太山高壁嶺北阨東陘西陘關故以爲四塞之地洛陽地圖鞏在洛水之閒鞏固也言四面有山可以鞏固也

wéi 圍

守也從口韋聲 羽非切

守也者鄭注周禮秋官敘官環人云環猶圍也主圍賓客任器爲之守衛 韋聲者本書韋下云口聲此又從韋聲當有一誤

kùn 困

故廬也從木在口中 苦悶切

故廬也者尚書大傳行而無資曰乏居而無食曰困左思詠史詩落落窮巷士抱影守空廬 從木在口中者六書本義木在口中不得申也馥案此與宋字同意本書宋居也從宀從木

古文困

廣雅橜機闑朱也案以朱爲門梱之梱

hùn 圂

廁也從口象豕在口中會意 胡困切

亢倉子獵羆虎者不于外圂何則圂非羆虎之窟也 或作溷晉書左思傳門庭藩溷皆著紙筆楚詞九懷無正兮溷廁

廁也者廣雅同一切經音義一圊圂屏廁也釋名廁言人雜在上非一也或曰圂言溷濁也急就篇屏廁清溷糞土壤顏注溷者目其穢濁也論衡譴告篇凡相溷者或教之薰隧或令之負豕二言之於除臭汙也孰是孰非後漢書李膺傳郡舍溷軒有奇巧注云溷軒廁屋

從口豕在口中也者一切經音義九蒼頡篇圂豕所居也字從口豕在其中字意也方言苙圂也注云謂蘭圂也孟子既入其苙趙注苙蘭也漢書王莽傳與牛馬同蘭顏注蘭謂遮蘭之若牛馬蘭圈也少儀君子不食圂腴注云周禮圂作豢謂犬豕之屬食米穀者也晉語少溲于豕牢韋云豕牢廁也漢書五行志豕出圂顏注圂者養豕之牢也魏畧槀離國王侍婢生子王捐之於溷中豬以喙噓之通鑑費黑曰溷牢

之物何足汲汲注云溷與圂同廁也豕所居也 會意者後人加之

é 囮

譯也從口化率鳥者繫生鳥以來之名曰囮讀若譌 五禾切

譯也者徐鍇曰譯謂傳四夷及鳥獸之語也 從口化者徐鍇本作化聲 率鳥者繫生鳥以來之名曰囮者本書率捕鳥畢也徐鍇曰化者誘禽獸也即今之鳥媒也廣韻囮網鳥者媒周禮翨氏掌攻猛鳥各以其物爲媒而掎之國策說射黃雀云公子王孫左挾彈右攝丸以其類爲招鮑云以其類招誘之射雉賦䩫箱籠以揭驕睨驍媒之變態徐爰注媒者少養雉子至長狎人能招引野雉因名曰媒箱籠竹器盛媒者也三國典畧黃門郎張準有雉媒臨賀見而奪之桓階別傳詔曰其賜射鹿師二人并給媒蕭有射雉詩二月春暈動曹王俠妒媒通鑑隋王通曰閒謁而怒者讒之囮也注云囮鳥媒也

囮或從繇 又音由

廣雅囮圝也以圝訓圝則囮圝別爲字北戶錄云愚按說文曰率鳥者繫生鳥以來之名曰圝字林音由今獵師有圝也是率鳥以下十二字爲圝字訓　通作游射雉賦恐吾游之晏起徐注游雉媒名江淮閒謂之游賦又云良游呃喔引之規裏徐注良媒也言媒呃喔其聲誘引令入可射之規內也馥案雲南人猶呼游子　又通作由呂溫由鹿賦野人摯鹿而至者曰此由鹿以誘致羣鹿

文二十六　重四

yuán 員

員　物數也從貝口聲凡員之屬皆从員　王權切

物數也者詩正月無棄爾輔員于爾輻傳云員益也周禮庾人正校人員選注云正員選者選擇可備員者平之史記平原君傳願君即以遂備員而行矣漢書尹翁歸傳責以員程顏注員數也漢武故事凡諸宮美人可有七八千與上同輩者十六人員數恆使滿宋書博士員多至數十人　從貝口聲者九經字樣引本書作從口從貝

籀文從鼎

本書妘下籀文從此霝下云古文實

yún 䢵

䢵　物數紛䢵亂也從員云聲讀若春秋傳曰宋皇鄖　羽文切

物數紛䢵亂也者廣韻紛亂也王逸注招魂紛亂也漢書禮樂志羽旄紛紛燕策今齊趙絕可大紛已鮑云可成大亂老子傳奕本凡物䢵䢵范應元注䢵物數亂也徐鍇曰禮記不隕穫于貧賤當作此䢵又通作云趙宦光曰易變化云爲省用云釋名雲猶云云衆盛意也又通作芸莊子萬物芸芸成元英疏云芸芸衆多也又作紜東都賦萬騎紛紜

文二　重一

bèi 貝

貝　海介蟲也居陸名猋在水名蜬象形古者貨貝而寶龜周而有泉至秦廢貝行錢凡貝之屬皆從貝　博蓋切

書顧命大貝傳云大貝如車渠正義云伏生書傳云散宜生之江淮取大貝如大車之渠是言大小如車渠也考工記謂車罔爲渠大小如車罔其貝形曲如車罔故比之也　藝文類聚八十四引六韜商王拘西伯昌於羑里太公謂散宜生求珍物以免君罪之九江得大貝百馮　尙書大傳文王囚於羑里散宜生之江淮之浦而得大貝如車渠以獻紂　毛詩義疏紫貝其白質如玉紫點爲文皆行列相當大者有徑一尺六寸今九眞交阯以爲杯盤寶物也　漢書東方朔傳齒若編貝　南州異物志交阯北南海中有大文貝質白而文紫天姿自然不假雕琢磨瑩而光色煥爛又云乃有大貝奇姿難傳素質紫飾文若羅珠不磨而瑩彩耀光流思雕莫加欲琢靡逾在昔姬伯用免其拘　徐衷南方記班貝贏大者圍之得六寸小者圍之得五寸在於海邊捕魚人時有得之者　交州記大貝出日南如酒杯小貝貝齒也善治毒俱有紫色　廣州志貝凡有八紫貝最其美者出交州大貝出巨延州　相貝經貝盈尺狀如赤電黑雲謂之紫貝素質紅黑謂之朱貝青地綠文謂之綬貝黑文黃畫謂之霞貝紫愈疾朱明目綬消氣鄣霞伏蛆蟲雖不能延齡增壽其禦害一也復有下此者鷹喙蟬脊以逐溫去水無奇功

海介蟲也者一切經音義三引同又云謂螺貝是也介甲也埶文類聚引作甲蟲詩巷伯成是貝錦陸璣疏貝水中介蟲也龜鼈之屬其文彩之異大小之殊甚衆古者貨貝是也孝經援神契江水出大貝西山經濛水其中多黃貝注云貝甲蟲肉如科斗但有頭尾耳經又云濁浴之水其中多文貝注云餘泉餘蚔之類也見爾雅顏案吳封禪國山碑餘蚔餘泉泰十有五漢書地理志厭棐織貝司馬相如傳釣紫貝顏注云貝水中介蟲古以爲貨也　居陸名猋在水名蜬者本書無蜬字釋魚貝居陸贆在水者蜬又云蠃小者蜬釋文贆字亦作猋蜬本又作函　古者貨貝而寶龜者具下云古以貝爲貨則下云貝古之物貨也廣韻貝貨也廣雅龜貨也易或益之十朋之龜崔憬注元龜直二十大貝雙貝曰朋歸藏有人將來遺我貨貝盤庚具乃貝玉正義云貝者水蟲古人取其甲以爲貨如今用錢然詩錫我百朋箋云古者貨貝五貝爲朋周禮大行人要服其貢貨物注云貨物龜貝也又職金貨罰注云貨泉貝也士喪禮貝三注云貝水物古者以爲貨江水出焉禮器諸侯以龜爲寶注云古者貨貝寶龜史記平準書農工商交易之路通而龜貝金錢刀布之幣興焉索隱云古者貨貝寶龜漢書食貨志元龜距冉長尺二寸直二千一百

六十爲大貝十朋公龜九寸直五百爲壯貝十朋矦龜七寸以上直三百爲幺貝十朋子龜五寸以上直百爲小貝十朋是爲龜寶四品大貝四寸八分以上二枚爲一朋直二百一十六壯貝三寸六分以上二枚爲一朋直五十幺貝二寸四分以上二枚爲一朋直三十小貝寸二分以上二枚爲一朋直十不盈寸二分漏度不得爲朋率枚直錢三是爲貝貨五品太元元挽古者寶龜而貨貝後世君子易之以金幣鹽鐵論錯幣篇教與俗改幣與世易夏后氏以元貝周人以紫石後世或金錢刀布物極而衰終始之運也又云古者市朝而無刀幣各以其所有易無抱布貿絲而已後世卽有龜貝金錢刀布之幣交施之也三輔黄圖金寶一銀二龜三貝四布寶五泉寶六凡寶貨六種二十八品海藥云貝子雲南極多用爲錢貨易郭璞贊先民有作龜貝爲貨貴以文采賈以小大簡則易資犯而不過胡渭曰虞夏之世珠玉爲器飾寶藏而不爲貨貢龜則尊之曰納錫其不爲貨可知貝亦未聞爲貨爲貨自夏始鹽鐵論曰幣與世易夏后氏以玄貝易震之六二日億喪貝書盤庚曰同位具乃貝玉顧命大貝在西房傳云大貝如車渠伏生書大傳云散宜生之江淮取大貝如大車之渠鄭康成書傳云閎夭之徒求盈箱之貝以賂紂周書王會

云若人元貝孔晁注云若人吳越之蠻元貝班貽貝也漢食貨志言秦幷天下龜貝始不爲幣則周固以貝爲貨此元貝所以貢也　周而有泉者白帖泉布言寶貨之行如泉之布故名之魯褒錢神論錢之爲言泉也百姓日用其源不匱無遠不往無深不至宋書何尚之傳龜貝行於上古泉刀興自有周周禮外府掌邦布之入出注云布泉也布讀爲宣布之布其藏曰泉其行曰布取名于水泉其流行無不徧泉始蓋一品周景王鑄大泉而有二品後數變易不復識本制周禮敘官泉府故書泉或作錢周語景王二十一年將鑄大錢韋云錢者金幣之名所以貿買物通財用也古曰泉後轉曰錢六韜武王入殷散鹿臺之金錢以與殷民詩抱布貿絲傳云布幣也箋云幣者所以貿買物也　至秦廢貝行錢者蓺文類聚八十四御覽八百七竝引作行泉漢書地理志錢唐莽曰泉亭史記高祖以吏繇咸陽吏皆送奉錢三蕭何獨以五平準書至秦幣爲三等黄金以溢名爲上幣銅錢識曰半兩重如其文爲下幣而珠玉龜貝銀錫之屬爲器飾寶藏不爲幣又云於是爲秦錢重難用更令民鑄錢索隱曰顧氏按古今注云秦錢半兩徑寸二分重十二銖漢書食貨志周景王更鑄大錢文曰寶貨肉好皆有周郭秦幷天下銅錢質如周錢文曰

半兩重如其文師丹傳會有上書言古者以龜貝爲貨今以錢易之民以故貧宜可改幣上以問丹丹對言可改章下有司議皆以爲行錢以來久難卒變易

永明九年策秀才文龜貝積寢緡纆專用

suǒ
貨

貨 貝聲也從小貝　穌果切

貝聲也者徐鍇曰象連貫小貝相叩之聲也爾雅翼貝飾軍容服物非特取其容兼取其聲故說文貨貝聲也馥案儀禮既夕薦馬纓三就周禮巾車錫樊纓桓二年左傳鞶厲游纓所言皆馬頸飾字當爲䫄取車貝之聲也　從小貝者通作瑣釋言瑣瑣小也易旅卦旅瑣瑣詩節南山瑣瑣姻亞傳云瑣瑣小貌

huì
賄

賄 財也從貝有聲　呼罪切

財也者釋言文通俗文財帛曰賄聘禮賄在聘于賄注云賄財也周禮大宰以九賦斂財賄又云商賈阜通貨賄注云金玉曰貨布帛曰賄隱十一年左傳凡而器用財賄無寘於許文十八年傳冒于貨賄又云竊賄爲盜注云賄財也鄭語故寄孥與賄焉韋云賄財也扶南傳縑貨布帛曰賄吳都賦縑賄紛紜劉注縑繒夷貨名也馥案以財贈人

亦爲賄聘禮賄用束紡注云賄予人財之言也昭五年左傳出有贈賄杜云去則贈之以貨財穆天子傳賄用周室之璧注云賄贈賄也

cái
財

財 人所寶也從貝才聲　昨哉切

人所寶也者易繫辭何以聚人曰財注云財所以資物生也書禹貢厎慎財賦傳云財貨貢賦周禮大宰以九賦斂財賄宰夫乘其財用之出入注竝云財泉穀也坊記先財而後禮注云財幣帛也禮器設於地財正義財物也各是土地之物馥案徐鍇所謂國土所有也若吳貴縞鄭貴紵也

huò
貨

貨 財也從貝化聲　呼臥切

財也者易繫辭聚天下之貨書洪範八政二曰貨傳云貨寶用物漢書食貨志貨謂布帛可衣及金刀龜貝所以分財布利通有無者也李瑩財貨銘財貨將至夢寐可尋或穢或殖乃玉乃金穢可親與殖可翫與敢獻斯銘以激貪夫　化聲者徐鍇曰貨化也尚書貿遷有無化居廣韻引蔡氏化清經貨者化也變化反易之物故字有化也

貝

guì 𧶊

𧶊 資也從貝爲聲或曰此古貨字讀若貴 詭僞切

廣雅𧶊賭也塊碁賭𧶊也 資也者通俗文平財貨曰資 或曰以下九字徐鍇本無鍇曰案字書云古貨字馥案化爲聲相近故訛亦作𧶊 讀若貴者貴非爲之古音後人妄加

zī 資

資 貨也從貝次聲 即夷切

貨也者廣雅同易旅卦旅即次懷其資注云懷來資貨詩板喪亂蔑資傳云資財也周禮巾車毀折入齎于職幣杜子春云齎讀爲資資謂財也又外府共其財用之幣齎注云齎行道之財用也聘禮曰問幾月之齎鄭司農云齎或爲資秦策秦之楚者多資矣高云資財幣也陶氏職官要錄常侍有資者得爲騎郎資滿五萬爲常侍郎張釋之以貲爲常侍郎

wàn 贎

贎 貨也從貝萬聲 無販切

或作贃廣韻贎貨也

說文解字義證 卷十八 羌

zhèn 賑

賑 富也從貝辰聲 之忍切

富也者釋言文郭云謂隱賑富有馥案隱賑即殷賑西京賦鄉邑殷賑薛綜注殷賑謂富饒也字林賑富也廣韻賑贍也

xián 賢

賢 多才也從貝臤聲 胡田切

多才也者詩卷阿正義引作堅也又云以其人能堅正然後可以爲人臣故字從臣馥案本書臤堅也古文以爲賢字能下云能獸堅中故稱賢能而彊壯稱能傑也廣雅賢堅也一切經音義十賢士之美稱也又多才也論語舉賢才文六年穀梁傳君之使臣也使仁者佐賢者不使賢者佐仁者范云邵曰賢者多才也馥疑本書兼堅與多才兩義從貝臤聲者一切經音義二十二賢士堅明故從臤又賢者國之寶用與貝同故從貝字意也戴侗曰賢貨貝多於人也記曰某賢於某若干純又曰獻其牲之賢者於宗子引之則德行道埶踰人者謂之賢

bì 賁

賁 飾也從貝卉聲 彼義切

飾也者廣雅同王肅說易賁卦云有文飾黃白色鄭云賁文飾之貌序卦傳賁者飾也致飾然後亨則盡矣京房易傳五色不成謂之賁書湯誥賁若草木傳云賁飾也詩白駒賁然來思傳云賁飾也徐邈音奔呂氏春秋壹行篇孔子卜得賁孔子曰不吉子貢曰夫賁亦好矣何謂不吉乎孔子曰夫白而白黑而黑夫又何好乎注云賁色不純也引詩鶉之賁賁

hè 賀

賀 以禮相奉慶也從貝加聲 胡箇切

以禮相奉慶也者徐鍇本禮下有物字鍇曰史記漢高帝曰賀錢萬是也玉篇賀以禮物相慶加也周禮大宗伯以賀慶之禮親異姓之國韓詩外傳晉平公藏寶之臺燒公子晏子獨束帛而賀

gòng 貢

貢 獻功也從貝工聲 古送切

獻功也者當爲獻也功也徐鍇本無功字有獻納總稱尊嚴六字廣雅貢獻也又云貢功也易繫辭六爻之義易以貢貢荀作功周禮鄉老及鄉大夫羣吏獻賢能之書於王大宰以八則治都鄙五曰賦貢以馭其用注云賦口率出泉也貢功也九職之功所稅也又云以九貢致邦國之用一曰祀貢二曰嬪貢三曰器貢四曰幣貢五曰材貢六曰貨貢七曰服貢八曰斿貢九曰物貢曲禮五官致貢曰享注云貢功也享獻也致其歲終之功於王謂之獻也

說文解字義證 卷十八 丰

zàn 贊

贊 見也從貝從兟 則旰切

見也者贊見聲相近新序謁者贊客東觀漢記建武之年置大鴻臚屬官有治禮員三十七人主齊儐贊漢雜事蕭田入爲鴻臚卿不任賓贊月令命太尉贊傑俊遂賢良注云贊猶出也遂猶進也從兟者本書兟進也贊從此

jìn 賮

賮 會禮也從貝㶳聲 徐刃切

會禮也者劉逵注三都賦引蒼頡篇賮財貨也通作進史記呂不韋傳車乘進用不饒索隱云下文又云以五百金爲進用宜依小顏讀爲賮音才刃反進者財也古字假借之也漢書高帝紀蕭何爲主吏主進顏注進者會禮之財也字本作賮又作贐音皆同目古字假借故轉而爲進賮又音財忍反陳遵傳云陳遂與宣帝博數負進帝後詔云

可以償博進末其進雖有別解然而所賭者之財疑充會倉義又與此通

jī 齎

持遺也從貝齊聲 祖雞切

持遺也者史記索隱引同廣雅齎持也又云齎送也急就篇妻婦聘嫁齎媵僮顔注齎者將持而遺之也聘禮記問大夫之幣俟于郊爲肆又齎皮馬注云齎猶付也使者既受命宰夫載問大夫之禮待於郊陳之爲行列至則以付之也周禮掌皮歲終則會其財齎注云齎所給予人以物曰齎今時詔書或曰齎計吏西周策王何不以地齎周最以爲太子也高云齎進也史記甘茂傳王不如齎臣五城以廣河閒李斯傳此所謂藉寇兵而齎盜糧者也

dài 貸

施也從貝代聲 他代切

施也者易乾卦德施普也曲禮太上貴德其次務施報文十六年左傳宋饑竭其粟而貸之襄九年傳輸積聚以貸襄二十九年傳宋饑出公粟以貸使大夫皆貸司城氏貸而不書昭三年傳以家量貸而以公量收之老子貸且善成范應元注貸施也史記孟嘗君使人出錢於薛歲餘不入貸錢者多不能與其息漢書郾顗傳貸贍元元

tè 貣

從人求物也從貝弋聲 他得切

從人求物也者一切經音義十五字林貣求也說文從人求也玉篇貣從人求亦無物字漢書司馬相如傳從昆弟假貣陳湯傳家貧匄貣無節不爲州里所稱唐書盧杞傳商賈儲錢過千萬者貣其羸以濟軍通鑑李昱貣長安富人錢入千緡注云貣假貣也通作貸洪範衍貸周禮泉府凡民之貸者與其有司辨而授之以國服爲之息鄭司農云貸者謂從官借本賈也文十四年左傳盡其家貸於公有司以繼之釋文云貸音待又音忒大戴記禮三本篇萬變不亂貸之則喪荀子貸作貳馥案貳貣之譌也齊策不貸而見足矣鮑云貸音貣從人求物也孟子又稱貸而益之漢書食貨志諸賈人末作貰貸賣買居邑貯積諸物史記王翦傳將軍之乞貸亦已甚矣本書蟘下云吏乞貸則生蟘馥謂蟘當作蟘急就篇貰貸賣買販肆便顔注以貸爲假與失之

lù 賂

遺也從貝各聲 洛故切

遺也者鄭注周禮序官遺人云以物有所餽遺也一切經音義十七賂遺也謂以物相請謁也詩泮水大賂南金傳云賂遺也馥案賄賂者遺人貨賄以干之也桓二年左傳寘其賂器於太廟僖二十八年傳曹伯之豎侯獳貨筮史使曰以曹爲解三十年傳晉侯使醫衍酖衛侯甯俞貨醫使薄其酖不死

shèng 賸

物相增加也從貝朕聲一曰送也副也 以證切

物相增加也者玉篇賸相贈也以物加送也詩崧高以贈申伯傳云贈增也正義云凡贈遺者所以增長前人之財使富增於本贈之言使行增於義故云贈增也一曰送也副也者本書倂送也釋言媵送也成八年左傳凡諸侯嫁女同姓媵徐鍇曰古者一國嫁女二國往媵之媵之言送也副貳也義出於此

zèng 贈

玩好相送也從貝曾聲 昨鄧切

玩好相送也者一切經音義五引作以玩好之物相送曰贈也廣雅贈送也說苑修文篇玩好曰贈春秋說題辭玩好曰贈快其意也贈稱也詩雜佩以贈之箋云贈送也又謂賜何以贈之路車乘黃何以贈之瓊瑰玉佩傳云贈送也既夕記凡贈幣無常注云玩好曰贈聘禮公使卿贈如覿幣注云贈送也所以好送之也士昏禮若異邦則贈丈

夫送者以束錦少儀贈從者注云贈送也僖二十三年左傳贈之以馬二十乘注云贈送也史記南粤王賜陸生橐中裝直千金佗送亦千金韓詩外傳仲尼去魯贈之不與家珍

bì 貱

迻予也從貝皮聲 彼義切

迻予也者玉篇貱迻也馥案今言貤贈即迻予

gòng 贛

賜也從貝竷省聲 古送切

賜也者釋詁文彼作貢釋文云字或作贛同漢石經論語子贛今論語作貢史記仲尼弟子列傳亦作貢白虎通姓名篇或傷其名爲之字者聞名即知其字聞字即知其名若名賜字子貢論衡詰術篇其立字也展名取同義名賜字子貢說苑作子贛哀十五年左傳子服景伯如齊子贛爲介漢書五行志子贛觀焉顔注子贛孔子弟子端木賜也贛音貢急就篇寵賞賜贛顔注贛賜也賞贛義與得賜同淮南要略一朝用三千鍾贛高云贛賜也一朝賜羣臣之費三萬斛精神訓今贛人敖倉高云贛音貢賜也水經注贛水云劉澄之曰贛縣東南有章水西有貢水縣治二水

之閒二水合讖字因以名縣焉

䝳 籀文讚

lài
賚

賚 賜也從貝來聲周書曰賚尒秬鬯洛帶切

賜也者釋詁文書湯誓予其大賚汝鄭注賚賜也詩烈祖賚我思成傳云賚賜也書序帝釐下土馬注釐賜也詩釐爾圭瓚傳云釐賜也又釐爾女士傳云釐予也正義引釋詁釐予賜也馥案今爾雅作賚予賚釐聲相近少牢饋食禮來女孝孫鄭讀來爲釐云釐賜也釋詁又云賚予也詩序賚予也言所以錫予善人也又楚茨徂賚孝孫傳云賚予也周書曰賚介秬鬯者文矦之命文彼作用賚爾秬鬯一卣傳云當以錫命告其始祖故賜鬯

shǎng
賞

賞 賜有功也從貝尙聲書兩切

賜有功也者書仲虺之誥功懋懋賞周禮大宰三歲則大計羣吏之治而誅賞之呂氏春秋禁塞篇先王之法曰爲善者賞

說文解字義證 卷十八 卅三

cì
賜

賜 予也從貝易聲斯義切

予也者釋詁予賜也禹貢錫土姓史記作賜曲禮三賜不及車馬玉藻凡賜君子與小人不同日漢書蘇武傳陵惡自賜武使其妻賜武牛羊數十頭

yì
貤

貤 重次弟物也從貝也聲以豉切

重次弟物也者李善注魏都賦引同漢書武帝紀受爵賞而欲移賣者無所流貤顏注許愼說文解字云貤物之重次弟也此詔言欲移賣爵者無有差次不得流行故爲置官級也貤音弋賜反今俗猶謂凡物一重爲一貤也匡謬正俗或問曰今俗重沓布物一兩次謂之一曳兩曳何也荅曰許氏說文解字云貤重次弟物也字林音弋豉反此則與今所道相當又詩云葛之覃兮施于中谷莫莫葛藟施于條枚義兼訓移亦音爲貤蓋爲延福其上亦重次弟之意焉蓋假借施字爲之耳司馬相如上林賦曰貤邱陵亦其義也俗音訛舛故轉爲曳亦猶輕易之易鄙俗或爲曳音究其根本當言一貤兩貤今語亦有作此俗音者馥案或作𧹞集韻物重有次謂之𧹞

yíng
贏

贏 有餘賈利也從貝𣎆聲以成切

西周策臣嘗聞溫囿之利歲八十金周君得溫囿其以事王者歲百二十金是上黨無患而贏四十金 通作嬴楚蔿賈字伯嬴帝王世紀昔伯翳爲舜主畜多故賜姓嬴氏

有餘賈利也者韻會引徐鍇本賈有餘利也一切經音義十二字林贏有餘也廣雅贏餘也急就篇資貨市贏匠幅全顏注言以資財賄貨市取贏餘之物昭元年左傳賈而欲贏而惡囂乎杜云言譬如商賈求贏利者不得惡諠囂之聲秦策珠玉之贏幾倍高云贏利漢書蕭何傳何送我獨贏錢二也顏注贏餘也

lài
賴

賴 贏也從貝剌聲洛帶切

孟子富歲子弟多賴鹽鐵論苟非其人簞食豆羹猶爲賴民也

贏也者漢書音義引作利也史記高祖紀大人常以臣無賴晉灼曰無利入於家也晉語君得其賴韋云賴利也衞策爲魏則善爲秦則不賴矣高云賴利也史記樗里子傳集解云賴利也晉語已賴其地韋云賴贏也

說文解字義證 卷十八 卅四

fù
負

負 恃也從人守貝有所恃也一曰受貸不償房九切

恃也者韓詩無毋何恃恃負也周禮大司馬負固不服注云負猶恃也吳語億負晉衆庶韋云負恃也秦策趙固負其衆又云王若負人徒之衆高注竝云負恃也史記武安矦傳武安負貴而好權又云栗姬負貴注云負恃也漢書韓安國傳負戎馬足顏注負恃也字或作偩禮記禮樂偩天地之情淮南詮言訓自偩而辭助高云自偩自恃也一曰受貸不償者李善注歐陽建臨終詩引同漢書鄧通傳通家尙負責數鉅萬三國典畧北齊主以鄴清風園賜穆提婆於是官無蔬菜賒買於人負錢三百萬

zhù
貯

貯 積也從貝宁聲直呂切

積也者史記索隱引同一切經音義十四引同又云所以盛貯者也廣雅貯積也僖三年公羊傳無貯粟史記平準書索隱云蕭該按字林云貯塵也謂居積停滯塵久也漢書食貨志夫積貯者天下之大命也又云諸賈人貯積諸物楊雄傳素初貯厥麗服兮應劭曰貯積也通作著史記貨殖傳積著之理又云子贛廢著鬻財於曹魯之閒徐廣

èr 貳

曰子贛傳云廢居著猶居也著讀音如貯索隱云漢書亦作貯馥案仲尼弟子列傳云子貢好廢舉與時轉貨貲集解云廢舉謂停貯也又呂不韋傳此奇貨可居書益稷懋遷有無化居字又作𧶠周禮廛人注謂貨物𧶠藏於市中釋文云𧶠或作貯

貳 副益也從貝弍聲弍古文二 而至切

副益也者匡謬正俗謂副貳字當爲褔魏公卿上尊號碑以褔海內欣戴之望從衣本書無此字廣雅貳益也釋言佴貳也郭云佴次爲副貳周禮小宰鄭司農注貳副也鄭大夫賢能之書內史貳之注云副寫其書司勳大功藏其貳注云貳猶副也哀六年左傳君異於器器貳不匱

bīn 賓

賓 所敬也從貝㝑聲 必鄰切

所敬也者廣雅賓敬也書洪範八政七曰賓傳云禮賓客無不敬論語出門如見大賓僖三十三年左傳相敬如賓

古文

說文解字義證　卷十八　三五

shē 賒

賒 貰買也從貝余聲 式車切

貰買也者詩甫田箋云倉廩有餘民得賒貰取食之周禮泉府凡賒者祭祀無過旬日喪紀無過三月鄭司農云賒貰也司市以泉府同貨而斂賒注云民無貨則賒貰而予之吳志潘璋嗜酒居貧好賒酤債家至門輒言後豪富相還宋書劉秀之傳時賒市百姓物不還錢通鑑梁邵陵王綸遣人就市賒買錦綵絲布數百匹

shì 貰

貰 貸也從貝世聲 神夜切

貸也者當爲貣顏注急就篇貰賒也廣雅貰賒也史記高祖紀常從武負王媼貰酒韋昭曰貰賒也汲黯傳從民貰馬索隱曰貰賒也漢書食貨志諸賈人末作貰貸賣買居邑貯積諸物顏注貰賒也蕭何傳賤貰貣以自汙顏注貰賒也西京雜記司馬相如以所著鷫鸘裘就市人陽昌貰酒東觀漢記江革客下邳人知其孝市買雖無錢任貰與之又云呂母釀醇酒少年來沽者皆貰與之

zhuì 贅

贅 以物質錢從敖貝敖者猶放貝當復取之也 之芮切

以物質錢者漢書賈誼傳家貧子壯則出贅應劭曰出作贅壻也顏注贅質也家貧無有聘財以身爲質也嚴助傳民待賣爵贅子如淳曰淮南俗賣子與人作奴婢名爲贅子三年不能贖遂爲奴婢顏注贅質也敖者猶放貝當復取之也者徐鍇本有一曰最三字鍇曰敖者放也最者出也附贅之義老子曰餘食贅行贅猶出也馥案玉篇贅最也本書最犯而取也

zhì 質

質 以物相贅從貝從所闕 之日切

以物相贅者謂其物與所求正相當直也聘義君子於其所尊弗敢質注云質謂正自相當小爾雅廣言質信也隱三年左傳周鄭交質文六年傳由質要杜云質要券契也周禮小宰以官府之八成經邦治七曰聽賣買以質劑注云質劑謂兩書一札同而別之長曰質短曰劑又質人大市曰質小市曰劑注云質劑者爲之券藏之也秦策以順子爲質高云質保也史記呂不韋傳子楚爲秦質子於趙索隱云質舊音致今讀依此穀梁傳曰交質子不及二伯左傳曰信不由中質無益也南齊書蕭坦之傳檢家赤貧惟有質錢帖子數百

說文解字義證　卷十八　三六

mào 貿

貿 易財也從貝卯聲 莫候切

易財也者易當爲傷本書傷交傷通用易字一切經音義六三蒼買易也交易物爲貿也字從貝丣小爾雅廣詁貿易也釋言貿市也又云貿買也書益稷懋遷有無化居漢書作貿詩抱布貿絲燕策天下攻齊將與齊兼貿臣鮑云貿猶賣也虞詡爲武都守陳兵令從東郭出北郭入貿易衣服

shú 贖

贖 貿也從貝𧶠聲 殊六切

貿也者當爲質玉篇贖質也書舜典金作贖刑傳云出金以贖罪詩黃鳥如可贖兮宣二年左傳宋人以兵車百乘文馬百駟以贖華元于鄭晉律贖死金二斤失贖罪囚罰金四兩

fèi 費

費 散財用也從貝弗聲 房未切

散財用也者論語君子惠而不費何晏注無費於財莊子庚桑楚志乎期費注云費耗也史記聶政傳故進百金者將用爲夫人麤糲之費

zé 責

責 求也從貝朿聲 側革切

求也者謂求負家償物也書金縢是有丕子之責于天正義云責讀如左傳施舍已責之責謂負人物也周禮小宰聽稱責以傳別注云稱責謂貸予桓十三年左傳宋多責賂於鄭成二年傳已責杜云棄逋責成十八年傳施舍已責杜云止逋責齊策誰習計會能爲文收責於薛者乎史記事成操右券以責漢書何陽矦陳信坐不償人責過六月免又云簿責注云書之於簿一一責之又高帝紀歲竟兩家常折券棄責宋書王宏燔燒券書一不收責或作債一切經音義二責經文作債近字耳漢書鼂錯傳賣田宅鬻子孫以償債谷永傳爲人起債分利受謝

gǔ 賈

賈 市也從貝襾聲一曰坐賣售也 公戶切

賈市也者當爲市賈聘禮賈人西面坐注云賈人在官知物賈者周禮小宰聽賣買以質劑鄭司農云質劑謂市中平賈今時月平是也典絲掌絲入而辨其物以其賈揭之典婦功辨其苦良比其小大而賈之物書而楬之注云分別其繼帛與布紵之麤細皆比方其大小書其賈數而著其物天官敘官庖人賈八人注云賈主市買知物賈又大

府賈十有六人疏云有賈者府官須有市買並須知物貨善惡故也地官敘官賈師二十注云賈師定物賈又賈師各掌其次之貨賄之治辨其物而均平之少儀觀君子之衣服服劒乘馬弗賈注云平尊者之物非敬也又云臣致襚於君則曰致廢衣於賈人注云賈人知物善惡也周禮玉府掌王之獻金玉兵器文織良貨賄之物受而藏之有賈八人昭二十五年左傳使爲賈正馬注云賈正掌貨物使有長賈若市吏東觀漢記人馬席薦鞍轡皆有成賈或作估一切經音義六估字書所無唯爾雅郭璞音義釋言注中商賈作此字通鑑韋思謙曰估價之設備國家所須臣下交易豈得准估爲定又云李進賢所給資裝多虛估注云虛估其價給以他物又云王韋說侯景反輒停責市估注云市估應商旅之物入市者估其直而收稅一日坐賣售也者一切經音義六引作坐賣也急就篇貰貸賣買販肆便顏注云肆謂坐市行列也王補注鼂錯曰商賈小者坐列販賣注云列者若今市中賣物行也書益稷懋遷有無化居傳云居謂所宜居積者交易其所居積馥案史記奇貨可居居廣韻作宭云宭儲詩谷風賈用不售箋云如賈物之不售釋文賈市也白虎通賈之爲言固固其有用之物以待民來以求其利者也行曰商止曰賈漢書胡建傳穿北軍壘垣以爲賈區顏注坐賣曰賈爲賣物之區也文選魏都賦不鬻邪而豫賈五臣云通物曰商居賣曰賈一切經音義六案賈亦通語也左傳荀罃之在楚也自賈人褚中以出史記陽翟賈人往來販賤賣貴是也馥案薛注西京賦坐者爲商行者爲賈書酒誥遠服賈傳云載其所有求易所無遠行賈賣又兼買賣二義桓十年左傳其以賈禍成二年傳欲勇者賈余餘勇昭二十九年傳平子每歲賈馬杜注竝云賈買也論語求善賈而沽諸漢石經沽作賈

此言賣也

shāng 賫

賫 行賈也從貝商省聲 式陽切

行賫也者一切經音義六引作行賣也玉篇通四方之珍異謂之賫人也又云通物曰賫居賣曰賈白虎通商之爲言商其遠近度其有無通四方之物故謂之商也易復卦商旅不行鄭注資貨而行曰商管子小匡篇今夫商負任擔荷服牛輅馬以周四方料多少計貴賤以其所有易其所無買賤鬻貴周禮大宰商賈阜通貨賄注云行曰商處曰賈又司市以商賈阜貨而行布注云通物曰商居賣物曰賈僖三十三年左傳鄭商人弦高將市於周注云商行

賈也公羊解詁古者有四民四曰通財鬻貨曰商呂氏春秋仲秋紀來商旅注云市賤鬻貴曰商旅者行商也通與

周制以商通

貨以賈易物

fàn 販

販 買賤賣貴者從貝反聲 方願切

北史蜀土沃饒商販百倍 列仙傳朱仲會稽販珠人也 古文苑僮約當爲婦女求脂澤販於小市

買賤賣貴者者顏注急就篇賤買而貴賣之曰販周禮司市夕市夕時而市販夫販婦爲主注云販夫販婦朝資夕賣齊語市賤鬻貴韋云市取也鬻賣也趙策良商不與人爭買賣之賈而謹司時時賤而買雖貴已賤矣時貴而賣雖賤已貴矣史記呂不韋傳呂不韋者陽翟大賈人也往來販賤賣貴徐廣云一本云往來賤買貴賣揚惲報孫會宗書方糴賤販貴逐什一之利西京賦裨販夫婦鬻綜注裨販買賤賣貴以自裨益通鑑東昏侯於苑中立市使宮人販者共爲裨販注云裨益也買賤賣貴以自裨益故曰裨販

反聲者荀子儒效篇反貨而爲商賈楊倞注反讀爲販

mǎi 買

買 市也從网貝孟子曰登壟斷而网市利 莫蟹切

市也者顏注急就篇市買也又云出曰賣入曰買玉篇市買也廣雅市買也 孟子曰登壟斷而网市利者彼云有賤丈夫焉必求龍斷而登之以左右望而罔市利注云龍斷謂堁斷而高者也左右瞻視望見市中有利罔羅而取之

jiàn 賤

賤 賈少也從貝戔聲 才線切

賈少也者戴侗曰賈公誤切周官司市以量度成賈賈師辨其物而均平之展其成而奠其賈使有恆賈漢書其賈畝一金顏案論語求善賈而沽諸孟子則賈相若王制命市納賈注云賈謂物貴賤厚薄也論衡效力篇自衒者賈賤不讐或作價家語相魯篇三月則鬻牛馬者不儲價後漢書張讓傳各有差當之官者皆至西園諧價

fù 賦

賦 斂也從貝武聲 方遇切

斂也者本書租田賦也急就篇種樹收斂賦稅租顏注斂財曰賦方言賦動也郭云賦斂所以擾動民也又云燕之北鄙東齊北郊凡相賦斂謂之平均釋言賦量也郭云賦稅所以評量書禹貢厎慎財賦傳云致所慎者財貨貢賦言取之有節不過度又厥賦惟上上錯傳云賦謂土地所生以供天子正義云賦者稅斂之名微子降監殷民用又讐斂釋文云斂謂賦斂也周禮大宰以八則治都鄙五曰賦貢以馭其用注云賦口率出泉也又云以九賦斂財賄注云賦口率出泉也今之算泉民或謂之賦此其舊名與鄉大夫以歲時登其夫家之衆寡辨其可任者國中自七尺以及六十野自六尺以及六十有五皆征之遂師之職亦云以征其財征皆謂此賦也僖十五年左傳於是秦始征晉河東置官司焉杜云征賦也襄二十五年傳量入修賦杜云量九土之所入而治理其賦稅昭四年傳鄭子產作邱賦服虔注賦此一邱之田出一馬三牛哀十二年公羊傳用田賦何休云田謂一井之田賦者斂取其財物也言用田賦者若今漢家斂民錢以田爲率矣漢書刑法志畿方千里有稅有賦稅以足食賦以足兵顏注賦謂發賦斂財也顏案給軍亦爲賦隱四年左傳敝邑以賦服虔曰賦兵也以田賦出兵故謂之賦鄭注周禮大司馬云賦給軍用者也又注小司徒云賦謂出車徒給繇役也論語千乘之國可使治其賦孔安國曰兵賦也左傳天子之老請帥王賦又云悉索敝賦又云韓賦七邑又云魯賦八百乘邾賦六百乘又云鄙無賦於司馬凡此皆謂軍賦

說文解字義證 卷十八 卅九

tān 貪

貪 欲物也從貝今聲 他含切

欲物也者廣雅貪欲也釋名貪探也探入他分也詩桑柔民之貪亂箋云貪猶欲也離騷衆皆競進而貪婪兮注云愛財曰貪呂氏春秋大樂篇天使人有欲人弗得不求高注欲貪也又愼大覽暴戾頑貪注云求無厭足爲貪

biǎn 貶

貶 損也從貝從乏 方斂切

損也者廣雅同急就篇頓敖救解貶秩祿王注貶損也隱二年公羊傳何以不氏貶注云貶猶損也僖二十一年左傳貶食省用申鑒時事篇公生貶則私利生注云言月俸貶損則賄賂行矣顏氏家訓風操篇裴政出服問訊武帝貶瘦枯槁通作廉論語古之矜也廉鄭云魯讀廉爲貶又通作辯周禮士師若邦凶荒則以荒辯之法治之注云辯當爲貶遭饑荒則刑罰國事有所貶損 又通作辨玉藻立容辨注云辨當爲貶自貶卑謂磬折也 從乏者徐鍇本作乏聲

說文解字義證 卷十八 卌

pín 貧

貧 財分少也從貝從分分亦聲 符巾切

財分少也者貧分聲相近一切經音義一引蒼頡篇無財曰貧顏注急就篇貧無財者也論語貧而無諂皇氏曰乏財曰貧淮南時則訓助貧窮注云無財曰貧新序節士篇原憲曰憲聞之無財之謂貧 分亦聲者徐鍇本作分聲鍇曰當言分亦聲徐鉉從而加之案本書凡以部首爲聲乃言亦聲不在此例者無亦字

𡦼 古文從宀分

從宀者本書窶從宀無禮居也宂亦從宀貧病也徐鍇曰原憲甕牖桑樞是室家之貧也

lìn 賃

賃 庸也從貝任聲 尼禁切

庸也者一切經音義六引作傭也通作庸史記范睢傳臣爲人庸賃漢書欒布傳窮困賣庸於齊司馬相如傳與庸保雜作魏志韓暨傳庸賃積資秦策棘津之讐不庸高注賣庸作不能自售論衡骨相篇周亞夫子買工官尚方甲盾五百被可以爲葬者取庸苦之不與錢庸知其盜買官器怨而上告方言庸代也昭十六年左傳庸次比耦廣雅次

比代也凡此皆以庸爲傭玉篇傭賃也貨借傭也廣韻傭傭賃集韻顧作謂之傭蔡邕勸學注云傭賣力也莊子傭於人者孟氏曰傭役也謂役力受直曰傭詩載芟傒彊傒以箋云以謂閑民今時傭賃也周禮大宰閑民無常職轉移執事鄭司農云若今傭賃荀子議兵篇是其去賃市傭而戰之幾矣史記陳涉世家少時嘗與人傭耕索隱云廣雅云傭役也謂役力而受雇直也說苑貴德篇吾有子九人吾使傭而未返也又云於陵仲子辭三公之位而傭人灌園潛夫論德化篇視貧賤如傭客淮南說山訓被羊裘而賃漢書匡衡傳傭作以供資用揚雄逐貧賦徒行負賃續漢書班超隨母至洛陽常傭書供養東觀漢記班超家貧爲官傭寫書又云姜詩與婦傭作養母又云桓榮常客傭以自給又云梁鴻依大家皋伯通廡下爲賃舂伯通異之曰彼傭賃非凡人也又云江革客東海傭賃以養父母又云公沙穆變服客傭爲吳祐賃舂後漢書申屠蟠傭爲漆工謝承後漢書侯瑾傭作爲資又云施延周流傭賃又云孔嵩傭於新野縣縣吏遣嵩爲范式導騶式勑縣代嵩嵩以傭未竟不肯去吳志闞澤傳常爲人傭書以供紙筆吳錄孟宗曰吾昔家貧親老爲官賃運晉中興書吳逵晝則傭賃宋書郭世道傳家貧無產業傭力以養繼母齊書

說文解字義證　卷十八　卌二

張敬兒傭賃自給嘗爲城東吳泰家擔水梁書馮道根傳傭賃以養母隋書華秋傳事母傭賃爲養又沈光傳父兄竝以傭書爲事北史房景伯傳豈可使兄傭賃以供景先也南史吳逵晝則傭賃夜則伐木世說袁宏常爲人傭載張溫自理曰秦繆公好牛百里奚因賃養牛以干之李燮別傳變常逃亡匿臨淄爲酒家傭李郃別傳至京學問常以賃書自給海內先賢行狀徐孺子往江夏齋磨鏡具自隨每至所在賃磨取資汝南先賢傳李篤夜賃寫書又云侯瑾甚孤貧爲人傭賃蕭廣濟孝子傳展勤與母居傭作供養又云申屠勳與母居家貧傭力供養又云施延賃爲半路亭卒取月直以養母高士傳夏馥爲冶工客作積傭三年留賃作不歸神仙傳仙人李八伯者欲授唐公房仙術乃爲作傭客祖沖之述異記魏郡陳氏女惟有一兄傭賃自活搜神記有張嫗者常往周家傭賃又云郭巨與母出居客舍夫婦傭賃以給供養白帖王高晝則傭賃夜則燒塼柳宗元送薛存義之任序向使傭一夫於家受若直怠若事則必甚怒而黜罰之矣通鑑羅尚與閻式書往日初至踏穀傭賃注云踏所往逐糧出力爲人傭作賃亦傭也

qiú 賕

賕 以財物枉法相謝也从貝求聲一曰戴質也 巨留切

以財物枉法相謝也者徐鍇本無物字韻會及急就篇補注所引竝同蕭該漢書音義引字林以財枉法相謝曰賕廣雅賕謝也急就篇受賕枉法忿怒仇顔注以財求事曰賕書呂刑五過之疵惟官惟反惟內惟貨惟來釋文來馬本作求云有求請賕也惠棟曰案漢盜律有受賕之條即書所云惟貨也又有聽請之條即書所云惟求也尹文子貧賤者有請賕于己史記滑稽傳又恐受賕枉法漢律諸爲人請求於吏以枉法而事已行者皆屬司寇漢書刑法志吏坐受賕枉法顔注吏受賕枉法謂曲公法而受賂者也東觀漢記彭寵故舊趙寬家屬依託寵居寬仇家有好奴以賕寵寵貪之爲盡殺寬家屬後漢書第五倫傳於是爭賕抑絕注云以財相貨曰賕王符傳夫理直則恃正而不橈事曲則諂意以行賕不橈故無恩於吏行賕故見私於法通鑑舊律枉法十匹罪死注云枉法謂受賕枉法而出入人罪者又云唐太宗患吏多受賕注云枉法受賂曰賕　一曰戴質也者蒼頡篇戴請曰賕玉篇賕質也

gòu 購

購 以財有所求也从貝冓聲 古候切

以財有所求也者後漢書魯恭傳注引作以財相賕曰購史記購吳王千金漢書高帝紀乃多以金購豨將顔注購設賞募也後漢書光武紀購光武十萬戶

說文解字義證　卷十八　卌二

shǔ ⿰貝疋

⿰貝疋 齎財卜問爲⿰貝疋从貝疋聲讀若所 疏舉切

齎財卜問爲⿰貝疋者本書貞卜問也貝以爲贄詩小宛握粟出卜箋云持粟行卜求其勝負馥案嚴君平賣卜成都市得百錢即下簾閉肆是問卜未有無所齎持者　讀若所者字或作糈楚辭巫咸將夕降兮懷椒糈而要之王注言巫咸將下願懷椒糈要之使筮者占吉凶之事糈音所淮南說山訓巫之用糈藉高注糈祀神之米史記日者傳卜而有不審不見奪糈馥案本書疋或曰胥字故諸書變貝爲米變疋爲胥南山經糈用稌米郭璞音所莊子人間世鼓筴播精釋文精音所

zī 貲

貲 小罰以財自贖也从貝此聲漢律民不繇貲錢二十二 即夷切

cóng 賨

yù 賣

小罰以財自贖也者本書緰下云緰貲布也　漢律民不繇貲錢二十二者一切經音義十三引作漢律民不傜貲

賨　南蠻賦也從貝宗聲　徂紅切

九州記緜州之賨人旋人皆夷也　揚雄蜀都賦東有巴賨
風俗通巴有賨人剽勇高祖爲漢王時閬中人范目說高
祖募取賨人定三秦復除賨人盧朴沓鄂度夕龔七姓不供
租賦　崔鴻蜀錄巴人謂賦爲賨遂因名焉及高祖爲漢王
始募賨民平定三秦更名其地爲巴郡　通典梁州當夏殷
之閒爲蠻夷之國所謂巴賨彭濮之人也又云盤瓠漢爲武
陵郡歲大人輸布一疋小口二丈是謂賨布　譙周巴記夷
人歲入賨錢口四十謂之賨民　寰宇記秦置黔中郡漢改
爲武陵郡歲令大人輸布一疋小口二丈是謂賨布賨才冬
反南蠻賦也又云高帝爲漢王發夷人還伐三秦秦地既定
乃遣還巴中復其渠帥七姓不輸租賦餘戶乃歲入口錢四
十巴人呼賦爲賨謂之賨人焉　晉書載記李特傳廩君立
城於夷城秦并天下以爲黔中郡薄賦斂之口歲出錢四十
巴人呼賦爲賨因謂之賨人焉及漢高祖爲漢王募賨人平
定三秦既而求還鄉里高祖更名其地爲巴郡　三巴記閬
中有渝水賨民銳氣喜舞故高祖樂其猛銳數觀其舞使樂

說文解字義證　卷十八　四十三

人習之故樂府中有巴渝舞
通鑑龐義召漢昌賨民爲兵
南蠻賦也者後漢書南蠻傳注引同本書幏南郡蠻夷賨
布廣雅賨稅也風俗通槃瓠之後輸布一匹二丈是謂賨
布文選魏都賦賨幏積墆五臣云賨南夷稅名馮緄碑南
征五溪蠻夷收逋賨布卅萬匹是邦雄傑碑有君將出征
及賨布字唐張柬之論哀牢云賨貨之資
不輸於大國陸龜蒙詩賨稅有時輸紫貝

賣　衙也從貝𡍬聲𡍬古文睦讀若育　余六切

本書價賣也

衙也者本書衙行且賣也通作粥周禮巫馬馬死則使其
賈粥之鄭司農云粥賣也曲禮君子雖貧不粥祭器注云
粥賣也王制用器不中度不粥於市又云田里不粥注云
粥賣也荀子儒效篇魯之粥牛馬者不豫賈又通作鬻檀
弓請粥庶弟之母釋文粥本又作鬻賣也昭三年左傳有
鬻踊者釋文鬻賣也孟子百里奚自鬻於秦養牲者五羊
之皮食牛注云又言百里奚自賣五股羊皮爲人養牛韓
非外儲說未可謂善鬻珠也鹽鐵論通有篇若各居其處

guì 貴

yīng 賏

食其食則是橘柚不鬻胸鹵之不出　𡍬古文睦者𡍬當爲𡍬本書睦下古文亦誤　讀若育者檀弓釋文粥音育

貴　物不賤也從貝臾聲臾古文蕢　居胃切

本書臾古文作𦥔肖古文貴字汗簡引作𦥔

物不賤也者漢書食貨志甚惡賈貴昭三年左傳
屨賤踊貴　臾古文蕢者徐鍇本無九經字樣有

賏　頸飾也從二貝　烏莖切

頸飾也者本書嬰頸飾也賏其連也郭注山海經頸有白
嬰通作纓徐鍇曰蠻夷連貝爲纓絡是也釋器婦人之褘
謂之縭郭注即今之香纓也顏案褘當爲幃本書幃囊也
士昏禮主人入親說婦之纓注云婦人十五許嫁笄而禮
之因著纓明有繫也內則男女未冠笄者總角衿纓皆佩
容臭又云衿纓綦屨注云婦人有纓示繫屬也曲禮女子
許嫁纓注云女子許嫁繫纓有從人之端也韓非外儲說
鄒君好服長纓左右皆服長纓甚貴文選琴賦纓徽流芳

說文解字義證　卷十八　四十四

釋名說馬鞅云鞅嬰也喉下稱嬰言纓絡之也又或作瓔
集韻瓔珞頸飾釋氏八戒亦不得著花鬘瓔珞魏志韓國
以瓔珠爲財寶或以綴衣爲飾或以縣頸垂耳梁書林邑
國王著法服加瓔珞如佛象之飾唐書天竺傳婦人項飾
金銀珠
纓絡

文五十九　重三

yì 邑

說文解字弟六義證弟十九

曲阜桂馥學

邑 國也從口先王之制尊卑有大小從卩凡邑之屬皆從邑 於汲切

釋名四井爲邑邑猶悒也邑人聚會之稱也 史記鄭世家封子產以六邑集解引服虔曰四井爲邑 周本紀於是古公營築城郭室屋而邑別居之徐廣音義分別而爲邑落也 五帝紀舜一年而所居成聚二年成邑 呂氏春秋貴因篇舜一徙成邑再徙成都三徙成國注云周禮四井爲邑邑方二里也四縣爲都都方二十二里也邑有封都有城然則邑小都大傳曰都城過百雉國之害也成國成千乘之國也

國也者廣雅同御覽引作縣也從口弓風俗通周禮百里日同所以獎王室協風俗總名縣縣玄也言當玄靜平徭役黃恭十四州記縣者弦也者施繩用法狀如弦弦聲近縣故以取名釋地邑外謂之郊郭注邑國都也桓十一年

左傳且日虞四邑之至也杜云邑亦國也正義云書云欲宅洛邑傳每云敝邑是也錢君大昭曰夏商天子所居名邑商頌殷武云商邑翼翼四方之極毛傳商邑京師也逸書言西邑夏大邑周多士言天邑商是也是以白虎通云夏曰夏邑殷曰商邑周曰京師尚書曰率割夏邑謂桀也在商邑謂殷也文王演易據夏商之禮故於无妄六三云邑人之災亦以天子所居爲邑也諸侯亦稱邑春秋傳云敝邑是也馥案書多士今朕作大邑于茲洛 從口者口音圍先王之制尊卑有大小從卩者坊記制國不過千乘都城不過百雉左傳都城過百雉國之害也大都不過參國之一中五之一小九之一今京不度非制也孟子三里之城七里之郭

bāng 邦

邦 國也從邑丰聲 博江切

詩節南山以畜萬邦 論語邦君爲兩君之好又云夫子至於是邦也

國也者魏志辰韓名國爲邦漢高帝諱邦邦之字爲國周禮大宰掌邦之六典以佐王治邦國注云大曰邦小曰國釋名大曰邦邦封也封有功於是也書康誥序以殷餘民邦康叔傳云國康叔爲衛侯

古文

本書古文封從㞢從土此從㞢從田同意 徐鍇曰古謂封諸侯爲邦故尚書曰乃命諸王邦之蔡

jùn 郡

郡 周制天子地方千里分爲百縣縣有四郡故春秋傳曰上大夫受郡是也至秦初置三十六郡以監其縣從邑君聲 渠運切

黃恭十四州記改公侯之封而言郡者君至尊也言郡守專權君臣之禮更崇也今之郡字君在其左邑在其右君爲元首邑以載民故取名於君而謂之郡也

周制云云者水經注引云郡制天子地方千里分爲百縣縣有四郡故春秋傳曰上大夫縣下大夫郡哀二年左傳晉趙鞅與鄭戰誓衆曰克敵者上大夫受縣下大夫受郡士田十萬注云周書作雒篇千里百縣縣有四郡周書郊田方六百里因四方爲千里分以百縣縣有四郡呂氏春秋季夏紀是月也令四監大夫合百縣之秩芻以養犧牲

注云周制天子畿內方千里分爲百縣縣有四郡郡有鄙故春秋傳曰上大夫受縣下大夫受郡風俗通 周制天子方千里分爲百縣縣有四郡故左氏傳曰上大夫受縣下大夫受郡 至秦初置三十六郡以監其縣者水經注引作以監縣矣類篇引作以監縣邑徐鍇本作至秦初幷天下釋名至秦改諸侯置郡以縣郡羣也人所羣聚也風俗通至秦始皇初置三十六郡以監縣高注呂氏春秋周時縣大郡小至秦始皇兼天下初置三十六郡以監縣目呂祖謙曰春秋之時郡屬於縣趙簡子誓衆所謂上大夫受縣下大夫受郡是也戰國之時縣屬於郡秦紀惠文十年魏納上郡十五縣是也方孝公商鞅時幷小鄉爲大縣縣一令尚未有郡收守稱及魏納上郡之後十餘年秦紀始書置漢中郡或者山東諸侯先變古制而秦效之歟三輔黃圖始皇銷鋒鏑以爲金人銘其後曰皇帝二十六年初兼天下改諸侯爲郡縣魏志傳嘏常以爲秦始罷侯置守設官分職不與古同漢舊儀古者諸侯治民周以上千八百諸侯其長伯爲君次仲叔季爲卿大夫支屬爲士庶子皆世官位至秦始皇帝滅諸侯爲郡縣不世官守相令長以他姓相代去世卿大夫士古文苑郡太守箴有嬴驅除焚典紀舊蕩滅蓄識罷侯置守注云秦廢封建之法分天下

邑

爲三十六郡郡各置守隋書地理志秦始皇懲周氏之微弱恃狙詐以爲彊蔑棄經典罷侯置守袁子秦以列國之勢而并天下自以由諸侯而起之也於是去五等之爵而改郡縣史記秦始皇本紀天下共苦戰鬭不休以有侯王賴宗廟天下初定又復立國是樹兵也而求其寧息豈不難哉廷尉議是分天下以爲三十六郡集解三十六郡者三川河東南陽南郡九江鄣郡會稽潁川碭郡泗水薛郡東郡琅邪齊郡上谷漁陽右北平遼西遼東代郡鉅鹿邯鄲上黨太原雲中九原鴈門上郡隴西北地漢中巴郡蜀郡黔中長沙凡三十五與內史爲三十六郡晉書地理志始皇初并天下懲戰國削罷列侯分天下爲三十六郡於是興師逾江平取百越又置閩中南海桂林象郡凡四十郡郡一守焉漢官儀秦用李斯議分天下爲三十六郡凡郡或以列國陳魯齊吳是也或以舊邑長沙丹陽是也或以山太山山陽是也或以川源西河河東是也或以所出金城城下有金酒泉泉味如酒豫章章樹生庭中鴈門鴈之所育是也或以號令禹合諸侯大計東冶之山會稽是也京兆絕高曰京京大也十億曰兆欲帝都殷盛也左輔右弼替𡉏承風也張掖始開亜張臂掖也顧炎武曰秦分天下爲三十六郡其中西河上郡則因魏之故雲中鴈門代郡則趙武靈王所置上谷漁陽右北平遼西遼東郡則燕所置史記不志地理而見之於匈奴之傳孟堅志皆謂之秦置者以漢之所承者秦不言魏趙燕不潛邱劄記郡縣始自秦其可考者秦內史則治咸陽縣三川郡治雒陽縣潁川郡治陽翟縣南陽郡治宛縣邯鄲郡治邯鄲縣鉅鹿郡治鉅鹿縣上黨郡治長子縣太原郡治晉陽縣雲中郡治遠服縣九原郡治九原縣河東郡治安邑縣東郡治濮陽縣碭郡治碭縣上郡治膚施縣上谷郡治沮陽縣漁陽郡治漁陽縣代郡治廣昌縣右北平郡治無終縣遼西郡治陽樂縣遼東郡治襄平縣南郡治江陵縣漢中郡治南鄭縣黔中郡治沅陵縣長沙郡治青陽縣薛郡治魯縣泗水郡治沛縣九江郡治壽春縣鄣郡治鄣縣會稽郡治吳縣齊郡治臨淄縣琅邪郡治琅邪縣巴郡治江州縣蜀郡治成都縣閩中郡治回浦縣南海郡治番禺縣象郡治象林縣不可考者鴈門隴西北地桂林郡治目

dū 都

都 有先君之舊宗廟曰都從邑者聲周禮距國五百里爲都 當孤切

說文解字義證 卷十九 三

有先君之舊宗廟曰都者字林有宗廟先君之主曰都閔元年左傳分之都城服注邑有先君之主曰都莊二十八年傳凡邑有宗廟先君之主曰都無曰邑杜云周禮四縣爲都四井爲邑然宗廟所在則雖邑曰都尊之也傳又云曲沃君之宗也注云曲沃桓叔所封先君宗廟所在僖十年傳狐突適下國服虔曰曲沃有宗廟故謂之國在絳下故曰下國昭四年傳屬有宗祧之事於武城傳遂曰楚武城有先君之廟故田獵以祭呂氏春秋仲秋紀建都邑注云國有先君宗廟曰都無曰邑南都賦夫南陽者眞所謂漢之舊都也奉先帝而追孝立唐祀於堯山魏韓顯宗上言昔周居洛邑猶存宗周漢遷東都京兆置尹察春秋之義有宗廟曰都無曰邑況代京宗廟山陵所託王業所基今便同之郡國臣竊不安 周禮距國五百里爲都者經無此文當爲周制鄭注冢宰云四郊去國百里邦都五百里又注縣士云距王城四百里以外至五百里曰都司馬法王國百里爲郊二百里爲州三百里爲野四百里爲縣五百里爲都

lín 鄰

鄰 五家爲鄰從邑粦聲 力珍切

五家爲鄰者周禮遂人文鄭司農云田野之居其比伍之名與國中異制故五家爲鄰釋名五家爲伍以五爲名也又謂之鄰鄰連也相接連也論語以與爾鄰里鄉黨乎鄭注五家爲鄰五鄰爲里

說文解字義證 卷十九 四

zuǎn 酇

酇 百家爲酇酇聚也從邑贊聲南陽有酇縣 作管切又作旦切

百家爲酇者周禮遂人五家爲鄰五鄰爲里四里爲酇徐鍇曰五家爲鄰五鄰爲里二十五家也四里爲酇百家也 南陽有酇縣者漢書地理志南陽郡酇縣侯國顏注即蕭何所封史記高祖功臣侯年表蕭何封酇索隱酇音贊縣名在沛又云按諸解作南陽酇蕭相國世家高祖以蕭何功最盛封爲酇侯文穎曰音贊臣瓚曰今南陽酇縣也孫檢曰有二縣音字多亂其屬沛郡者音嵯屬南陽者音讚按茂陵書蕭何國在南陽宜呼讚今多呼嵯嵯舊字作䣜今皆作酇所由亂也漢書蕭何傳上以何功最盛先封爲酇侯顏注酇屬南陽傳又云高后乃封何夫人同爲酇侯小子延爲筑陽侯顏注酇及筑陽皆南陽縣也今其地竝屬襄州高帝紀相國酇侯下諸侯王臣瓚曰茂陵書何封國在南陽酇音贊顏注瓚說是也而或云何封沛郡酇縣音才何反非也案地理志南陽酇縣云侯國沛酇縣不

云侯國也又南陽酇者本是春秋時陰國所謂遷陰于下陰者也今爲襄州陰城縣有酇城城西見有蕭何廟彼土又有筑水筑水之陽古曰筑陽縣與酇側近連接據何本傳何薨之後子祿無嗣高后封何夫人同爲酇侯小子延爲筑陽侯孝文罷同更封延爲酇侯是知何封酇國兼得筑陽此明驗也但酇字別有鄌音是以沛之鄌縣史記漢書皆作酇字明其音同也班固泗水亭碑以蕭何相國所封與何同韻於義無爽然其封邑實在南陽非沛縣也且地理志云王莽改沛酇曰贊治然則沛酇亦有贊音鄌酇相亂無所取信也說者又引江統徂淮賦以爲證此乃統之疏謬不可考覈亦猶潘岳西征以陝之曲沃爲成師所居耳斯例甚多不可具載古文苑班固十八侯銘文昌四友漢有蕭何序功第一受封于酇注云酇屬南陽郡音贊沛郡又有酇縣才何反水經㳌水又東南過酇縣之西南酈注縣治故城南臨㳌水謂之酇頭漢高帝五年封蕭何爲侯國也薛瓚曰今南鄉酇頭是也茂陵書曰在南陽王莽更名南庚者也圖經穀城縣有酇城漢志即蕭何所封也通典襄陽郡穀城縣下云有漢故酇城在縣東北漢之酇縣也蕭何所封說文云酇音贊縣在南陽鄌左何反縣在沛郡按班固泗水亭高祖碑云文昌四友漢有蕭何序

功第一受封於鄌又江統徂淮賦云戾鄌城而倚軒賓蕭公之故國謂何封沛郡之鄌明矣近代戴規辯字與姚蔡訓纂傷將衆說俱因此論規即斷云何封沛之鄌夫人封南陽之酇臣瓚及文穎等注皆據茂陵書蕭何所封在南陽按茂陵書在武帝崩日去何不遠指事爲親且地理志以酇爲侯國鄌則不言又何本傳子祿薨無子高后封何夫人同爲酇侯小子延爲築陽侯孝文元年罷同更封延爲酇侯尋築陽距酇三十餘里若唯夫人封酇則小子延獨繼其母予謂不然也鮑至南雍州記云城內見有蕭相國廟相傳謂爲城隍神遠而推之茂陵書亦可依矣王觀國曰蕭何所封乃南陽之酇也與沛郡鄌縣各有區別苟不考究則相亂矣後漢書郡國志沛國有酇縣劉昭注曰曹騰封費亭是也觀國按費亭乃春秋所謂費滑蓋滑國都於費在河南緱氏縣亦當屬南陽之酇縣非沛國之酇也以酇字相亂故劉昭誤注爾馥案王說是也後漢宦者傳曹騰以定策功封爲費亭侯春秋莊十六年會滑伯滕子同盟于幽杜注滑國都費河南緱氏縣又左傳殄滅我費滑杜注滑國都於費今緱氏縣然則費亭屬南陽不屬沛也史記三王世家續封蕭文終之後於酇索隱蕭何初封沛之酇音贊後其子續封南陽之酇音嵯馥謂此說互誤漢書蕭何傳封小子延爲酇侯封曾孫慶爲酇侯封元孫建世爲酇侯封元孫之子喜爲酇侯皆仍舊封不云改封他郡蔡園雜記謂何初封與子孫續封是兩縣誤與小司馬同程良孺讀書考定因泗水亭碑鄌與何爲韻遂謂何受封於沛之酇縣不知酇鄌古讀同音班碑本是酇字正以音同耳詩桑扈三章翰憲與那爲韻非其證歟劉肅唐世說因張良封留遂定爲蕭何封沛亦屬武斷惟通雅不惑於衆說其言曰酇當時在南陽今在襄陽之光化者蕭何封邑也漢志酇爲侯國不言鄌侯國非明驗乎楊升菴焦弱侯定以鄌爲何封邑而云師古無據者謬也

bǐ 鄙

鄙 五酇爲鄙从邑啚聲 兵美切

五酇爲鄙者周禮遂人文一切經音義二十五引同又云鄙郥也蒼頡篇國之下邑曰郥漢書質而不俚如淳曰雖質猶不如閭里之鄙言也桓十一年公羊傳而野留何注野鄙也呂氏春秋行論篇是以宋爲野鄙也周禮宰夫掌治灋以攷百官府羣都縣鄙之治注云五百家爲鄙呂氏春秋孟夏紀循行縣鄙注云鄙五百家也

jiāo 郊

郊 距國百里爲郊从邑交聲 古肴切

距國百里爲郊者司馬法王國百里爲郊二百里爲州三百里爲野周禮肆師與祝侯禳于畺及郊鄭注遠郊百里近郊五十里又注聘禮周制天子畿內千里遠郊百里以此差之遠郊上公五十里侯伯三十里子男十里也近郊各半之

dǐ 邸

邸 屬國舍从邑氐聲 都禮切

屬國舍者後漢書安帝紀注引同一切經音義七引同又引蒼頡篇邸舍也六書故邦國之人有舍於王國曰邸史記范雎傳微衣閒步之邸正義云劉云邸諸國客館漢書文帝紀至邸而議之顏注郡國朝宿之舍在京師者率名邸邸至也言所歸至也盧綰傳舍燕邸顏注諸侯王及諸郡朝宿之館在京師者謂之邸後漢書和熹鄧皇后紀並爲開邸第晉有司奏王公國家制京城不宜有田宅未暇作諸國邸當使有往來之處今限京師得有宅一所陸機洛陽記百郡邸在洛城中東城下步廣里中後魏置諸國使邸齊使第一高麗次之通鑑唐朝集使京師無邸率僦屋與商賈雜居太宗始命有司爲之作邸

fú 郛

郛 郭也從邑孚聲 甫無切

郭也者當爲𩫏通作郭風俗通郭謂之郛郛者亦大也周書周公作大邑成周於土中立城方千六百二十丈郛方七十二里春秋文十五年齊侯侵我西鄙遂伐曹入其郛杜云郛郭也公羊傳云郛者何恢郭也何云恢大也郭城外大郭襄十九年城西郛杜云魯西郭哀四年城西郛范甯云郛郭也隱五年左傳伐宋入其郛僖十二年傳諸侯城衛楚邱之郛襄十五年傳於是乎城成郛宣八年傳攻廩邱之郛杜注並云郛郭也吳語入其郛又云以焚其北郛焉韋注並云郛郭也

yóu 郵

郵 境上行書舍從邑垂垂邊也 羽求切

境上行書舍者後漢書楊震傳注引同又郭太傳注引作境上傳書舍也本書無境字當爲竟廣雅郵驛也廣韻郵境上舍增韻郵境上行書舍一云馬傳曰置步傳曰郵四書辨疑云郵字江南廣韻中原韻畧皆訓境上舍中原廣韻毛晃韻畧南北玉篇皆訓境上行書舍孟子速於置郵而傳命注云疾於置郵傳書命也漢舊儀五里一郵郵閒相去二里半陸賈新語君子爲治郵無夜行之卒漢書武五子傳旦置驛書往來相報淮南厲王傳有司請處蜀嚴道邛郵師古曰郵行書之舍五行志河南街郵顏注郵謂行書之舍也京房傳因郵上封事顏注郵行書者也若今傳送文書矣薛宣傳橋梁郵亭不修顏注郵行書之舍亦如今之驛及行道館舍也黃霸傳使郵亭鄉官皆畜雞豚顏注郵亭書舍謂傳送文書所止處亦如今之驛館矣 垂邊也者本書垂遠邊也

shào 䣆

䣆 國甸大夫稍稍所食邑從邑肖聲周禮曰任䣆地在天子三百里之內 所教切

國甸大夫稍稍所食邑者䣆稍聲相近通作稍聘禮惟稍受之注云稍廩食也周禮廩人賜稍食注云稍食祿廩 周禮曰任䣆地者地官載師文彼云以家邑之田任稍地疏云名三百里地爲稍者以大夫地少稍稍給之故云稍又通作削天官大宰家削之賦注云二百里家削疏云家削之賦者謂二百里之內地名削其中有大夫采地謂之家故名家削 在天子三百里之內者鄭注周禮地官敘官稍人云距王城三百里曰稍

shàn 鄯

鄯 鄯善西胡國也從邑從善善亦聲 時戰切

鄯善西胡國也者一切經音義一鄯善漢書本名樓蘭因傳介子斬其王復更名鄯善在烏者國南陽關外也玉篇鄯善西域國漢書云本名樓蘭城去長安六千一百里元鳳四年傳介子誅其王更名其國爲鄯善晉孔安起居注太康四年有司奏鄯善國遣子元英入侍晉書張駿傳使其將楊宣率衆越流沙伐龜玆鄯善魏書西域傳鄯善國都扜泥城古樓蘭國也隋書裴矩傳伊吾高昌鄯善並西域之門戶也十道志鄯州古西戎之地禹貢雝州之域元和郡縣志鄯州古西戎地漢置金城郡後漢分置西平郡後魏以西平郡爲鄯善鎮孝昌二年改鎮立鄯州馥案隋於古樓蘭城置鄯善郡唐爲納縛波地 善亦聲者當爲譱聲

qióng 竆

竆 夏后時諸侯夷羿國也從邑竆省聲 渠弓切

夏后時諸侯夷羿國也者本書羿下云古諸侯也一日射師𢏚下云帝嚳射官夏少康滅之論語曰𢏚善躲通作竆書五子之歌有竆后羿傳云有竆國名羿諸侯名襄四年左傳有竆后羿玉篇引作竆論語羿善射孔曰羿有竆國之君襄五年左傳昔有夏之方衰也后羿自鉏遷于竆石因夏民以代夏政楚詞離騷夕歸次于竆石兮天問帝降夷羿革孽夏民帝王世紀帝羿有竆氏未聞其姓何先帝嚳以上世掌射正至嚳賜以彤弓素矢封之於鉏爲帝司射歷虞夏羿學射於吉甫其臂長故以善射聞及夏之衰自鉏遷於竆石因夏民以代夏篡晉太康地記河南有竆谷蓋本有竆氏所遷也水經注平原郡鬲縣有鬲津河故有竆后國也

jì 䣝

䣝 周封黃帝之後於䣝也從邑契聲讀若薊上谷有䣝縣 古詣切

周封黃帝之後於䣝也者玉篇周武王封黃帝後於䣝今姓薊韓詩外傳武王封黃帝之後於薊樂記武王克殷未及下車而封黃帝之後於薊注云今涿郡薊縣釋文薊朗燕國都後漢書光武紀以王郎新盛乃北徇薊注云薊縣名屬涿郡今幽州縣也本字從契從邑見說文馥案史記周本紀言封帝堯之後於薊誤也 上谷有䣝縣者漢志廣陽國有薊縣續志廣陽郡高帝置爲燕國昭帝更名爲郡世祖省幷上谷丁君杰曰按禮記樂記史記樂書並云

周封黃帝之後於薊薊卽鄚也但地理志薊縣屬廣陽國郡國志屬廣陽郡而上谷郡無薊縣說文云上谷有鄚縣葢廣陽國高帝置爲燕國昭帝元鳳元年爲廣陽郡宣帝本始元年更爲國世祖省幷上谷明帝永元八年復許氏據世祖時省幷言之故屬之上谷也

tāi
邰

邰 炎帝之後姜姓所封周棄外家國從邑台聲右扶風斄縣是也詩曰卽有邰家室土來切

炎帝之後姜姓所封周棄外家國者史記正義引作炎帝之後姜姓所封國弃外家也本書嫄台國之女周棄母字也玉篇邰姜嫄邑帝嚳元妃邰氏女也世本帝嚳元妃有邰氏之女曰姜嫄詩公劉箋云邰后稷上公之封生民時維姜嫄傳云姜姓也后稷之母配高辛氏帝焉箋云姜姓者炎帝之後有女名嫄當堯之時爲高辛氏之世妃列女傳棄母姜嫄者邰侯之女也堯使棄居稷官更國邰地遂封棄於邰號曰后稷　右扶風斄縣是也者帝王世紀后稷始封邰今扶風斄是也史記周本紀周后稷名弃其母有邰氏女正義邰天來反亦作斄索隱邰卽斄古今字異

目劉敬傳周之先自后稷堯封之邰正義雝州武功縣西南二十三里故斄城是也漢書地理志昔后稷封斄顏注斄讀曰邰今武功故城是也志又云右扶風斄縣周后稷所封顏注斄讀與邰同音胎樊噲傳從攻雝斄城顏注斄讀與邰同縣名卽后稷所封今武功故城是音胎郊祀志后稷封於斄顏注斄讀與邰同今武功故城是續漢書郡國志又扶風郿有邰亭注云史記曰封棄於邰徐廣曰今斄鄉董卓傳封斄鄉侯注云斄縣故城在今雝州武功縣字或作邰音台水經注渭水云又東逕斄縣故城南舊邰城也后稷之封邑矣元和郡縣志秦孝公作四十一縣斄其一斄與邰音同又云武功縣漢舊縣古有邰國堯封后稷之地周平王東遷以賜秦襄公孝公作四十一縣斄美陽武功各其一也斄與邰音同字異寰宇記武功縣斄城一名武功城在周爲邰國后稷所封之邑漢爲斄縣在今縣西南二十二里馥案邰或作駘斄又作釐昭九年左傳魏駘芮岐畢杜預云駘今始平武功縣所治釐城是也詩曰卽有邰家室者大雅生民文傳云邰姜嫄之國也堯見天因邰而生后稷故國后稷於邰馥案徐鍇本不引詩鍇繫傳引之

qí
郊

郊 周文王所封在右扶風美陽中水鄉從邑支聲巨支切

周文王所封者易是類謀出岐鄗東撫州也注云岐鄗邑名鄭注康誥岐鎬之域處五岳之外詩閟宮居岐之陽箋云太王自豳徙居岐陽漢書郊祀志太王建國於郊梁顏注郊古岐字書西伯戡黎鄭注西伯周文王也時國於岐新序周之先自后稷堯封之邰積德累善十餘世公劉避桀居邠太王以狄伐去邠杖馬策居岐國人爭歸之詩豳風譜至商之末世太王又避戎狄之難而入處於岐陽疏案鄭意謂自邰出徙於豳入處於岐陽　在右扶風美陽中水鄉者詩譜周召者禹貢雝州岐山之陽地名今屬右扶風美陽縣地形險阻而原田肥美周之先公曰太王者避狄難自豳始遷焉詩周南釋文云周者代名其地在禹貢雝州之域岐山之陽於漢屬扶風美陽縣史記周本紀止於岐下徐廣音義岐在扶風美陽西北漢書地理志右扶風美陽縣禹貢岐山在西北中水鄉周太王所邑志又云賜受郊鄭之地顏注郊亦岐字志又云太王徙郊顏注今岐山縣是郊祀志美陽得鼎獻之張敞上議曰今鼎出於郊東括地志周城一名美陽城在雝州武功縣西北二十五里卽太王城也續漢志美陽縣有周城在縣西北南

有周原通典美陽故城在京兆府武功縣北七里元和郡縣志鳳翔府扶風縣本漢美陽地

岐 郊或從山支聲因岐山以名之也

五經文字俗以此岐爲山名別作歧路字字書無此歧字顏氏家訓岐山當音爲奇江南皆呼爲神祇之祇後漢書趙岐字邠卿京兆長陵人也初名嘉字臺卿後避難故自改名字示不忘本土也　易王用亨於岐山陸希聲曰太王在岐直曰岐山　鄭注禹貢岐山在右扶風美陽西北　詩天作高山箋云高山謂岐山也緜箋周之原地在岐山之南徐廣曰岐山其南有周原　鄭注鄉射禮云昔太王王季文王始居岐山之陽躬行以成王業　昭四年左傳成有岐陽之蒐杜云岐山在扶風美陽縣西北　郭注中山經岐山今在扶風美陽縣西　竹書武乙元年邠遷于岐周三年命周公亶父賜以岐文丁十二年有鳳集于岐山　孟子昔者太王居邠狄人侵之去邠踰梁山邑于岐山之下居焉　尚書大傳太王亶甫遂策杖而去過梁山邑岐山注云岐山在梁山西南馥案括地志梁山在雝州好時縣西北十八里呂氏春秋審爲篇遂成國於岐山之下注云岐山在右扶風美陽之北其下有周地周家因之以爲天下號也　淮南地形

bīn 邠

謂何謂九山會稽泰山王屋首山太華岐山太行羊腸孟門 高注岐山今扶風美陽縣北 水經禹貢山水澤地岐山在扶風美陽縣西北 括地志岐山在岐州岐山縣東北十里 續漢書郡國志右扶風美陽有岐山 張衡傳即岐阯而據情注云岐阯山足也周文王所居也 晉書地理志扶風郡美陽縣岐山在西北周太王所邑 帝王世紀太王避狄循漆水踰梁山從邑於岐山之陽西北岐城舊趾是也 通典岐山縣漢雝縣地有岐山周文王從於岐即此縣也 通鑑漢章帝幸槐里岐山注云岐山在扶風美陽縣 潛邱劄記岐山在岐山縣東北十里一名天柱山其峯高峻狀若柱然六典關內道名山曰岐山俗名鳳皇堆山之南周原在焉即太王所居詩周原膴膴是也

郂或從山支聲者支聲二字衍 因岐山以名之也者薛綜注西京賦引作岐山在長安西美陽縣界山有兩岐因以名焉五臣注文選引同顏注郊祀志岐山其山兩岐俗呼爲箭栝嶺

古文郂從枝從山

通作枝莊子枝指釋文崔云音歧謂指有歧也

周太王國在右扶風美陽從邑分聲 補巾切

周太王國在右扶風美陽者玉篇邠周太王國在右扶風邠邑郭注方言邠今在始平漆縣孟子昔者太王居邠竹書祖乙十五年命邠侯高圉盤庚十九年命邠侯亞圉祖甲十三年命邠侯組紺武乙元年邠遷於岐周漢官解詁諒邠黑水胡廣注經曰黑水西河惟雝州居邠國國在右扶風栒邑

美陽亭即豳也民俗以夜市有豳山從山從豩闕

史記索隱豳即邠也古今字異耳 唐書地理志邠州故豳開元十三年以字類幽改 元和志開元十三年以豳與幽字相涉詔曰魚魯變文荆并誤聽欲求辨惑必也正名改爲邠字 詩公劉傳云公劉居於邠而遭夏人亂迫逐公劉公劉乃辟中國之難遂平西戎而遷其民邑於豳焉 襄二十九年左傳爲之歌豳杜云豳周之舊國在新平漆縣東北正義云豳者禹貢雝州岐山之北原隰之野其地西近戎北近狄豳是彼土之地名於漢則扶風郡栒邑縣是其地也 詩譜豳者后之曾孫曰公劉者自邰而出所徙戎狄之地名今屬右扶風栒邑公劉以夏后太康時失其官守竄於此地猶脩后稷之業勤恤愛民民咸歸之而國成焉 漢書地理志右扶風栒邑縣有豳鄉詩豳國公劉所都 北征賦息郇邠之邑鄉李善云漢書右扶風栒縣有豳鄉詩豳國公劉所治邑也豳與邠同博物志扶風郇邑豳鄉公劉所封 寰宇記邠州三水縣古豳地在縣西南三十里有古豳城在龐川水西古公劉之邑即此城也郡國都城記豳國者后稷之曾孫曰公劉始都焉豳谷名也與故郇邑城相去約五十餘里漢志注云豳鄉是也史記周本紀公劉卒子慶節立國於豳徐廣曰新平漆縣之東北有豳亭帝王世紀公劉徙居邑於豳詩稱于豳斯館今新平漆之東有豳亭是也元和志邠州周之先公劉所居之地詩大雅篤公劉于豳斯館是也周本紀曰后稷子不窋末年夏政衰奔戎翟之閒至孫公劉修后稷之業乃國於豳按豳國城在今州理東北二十九里三水縣界古豳城是也括地志豳州新平縣即漢漆縣詩豳國公劉所邑之地也

美陽亭即豳也者美陽亭即豳亭 民俗以夜市者桓譚新論扶風邠亭本太王所部其民有會日以相與夜中市如不爲期則有重災咎庾信移市教交貿之黨好習幽岐之衆難遣馥案異物志狼𦟝民與漢人交關常夜爲市此與豳俗同

méi 郿

右扶風縣從邑眉聲 武悲切

右扶風縣者漢志右扶風有郿縣玉篇郿右扶風縣名郿陽有郿鄉詩崧高王餞于郿傳云郿地名正義云於漢屬右扶風在鎬京之西也漢書王尊傳上以尊爲郿令顏注郿右扶風之縣史記白起傳白起者郿人也正義云郿岐州縣史記封禪書秦文公東獵汧渭之閒卜居之而吉正義云括地志云郿縣故城在岐州郿縣東北十五里即此城也帝王世紀秦文公徙汧今扶風郿縣是也三輔黃圖三輔郡皆有都尉如諸郡京輔都尉治華陰左輔都尉治高陵右輔都尉治郿

yù 郁

右扶風郁夷也從邑有聲 於六切

右扶風郁夷也者漢志又扶風郁夷縣下引詩周道郁夷顏注詩作倭遲韓詩作郁夷字言使臣乘馬行於此道

hù 鄠

右扶風縣名從邑雩聲 胡古切

hù 扈　péi 鄘

右扶風縣名者增韻鄠杜右扶風縣今屬鳳翔

扈 夏后同姓所封戰於甘者在鄠有扈谷甘亭從邑戶聲 胡古切

夏后同姓所封者書甘誓傳云有扈與夏同姓恃親而不恭釋文云有扈國名與夏同姓馬云姒姓之國為無道者　戰於甘者書甘誓大戰于甘書序啟與有扈戰于甘之野顏注刑法志啟與有扈戰于甘之野作甘誓甘即甘水之上竹書帝啟二年王帥師伐有扈大戰于甘漢書人表有扈氏顏注即與啟戰于甘者也周書史記解有夏之方興也扈氏弱而不恭身死國亡　在鄠者廣韻鄠縣名在京兆府夏之扈國秦為鄠縣也釋文云案京兆鄠縣即有扈之國也甘水名今在鄠縣西寰宇記鄠縣故鄠城在縣北二里夏之扈國也元和志鄠縣本夏之扈國昭元年左傳夏有觀扈注云扈在始平鄠縣顏注刑法志扈國今鄠縣是也括地志雍州南鄠縣本夏之扈國也晉書地理志始平郡鄠縣古國夏啟所伐　有扈谷甘亭者言有扈谷亭及甘亭也漢志右扶風鄠縣古國有扈谷亭扈夏啟所伐元和志扈至秦改為鄠邑漢屬右扶風寰宇記鄠縣本夏有扈國也有扈鄉復有扈谷亭又有甘亭是也水經注河水又東北逕卷之扈亭北春秋左傳曰文公七年晉趙盾與諸侯盟于扈竹書紀年晉出公十二年河絕于扈即于是也續漢書郡國志右扶風鄠有甘亭注云古扈國帝王世紀曰甘亭在縣南夏啟伐扈大戰於甘元和志甘亭在縣西南五里夏啟伐有扈誓師于甘之野即此處也通鑑唐高祖幸鄠縣校獵於甘谷注云鄠縣有甘亭夏啟與有扈氏戰之地輿地記今京兆鄠縣有甘水出南山甘谷入渭水經渭水自槐里故城南又東合甘水　馥案扈谷即甘谷甘水所出北逕甘亭西

𡵑 古文扈從山弓

釋山卑而大扈釋文作嶇玉篇嶇山廣貌馥謂當作岵　從山弓者徐鍇曰從辰巳之巳毛詩陟彼岵兮則從戊己之己

鄘 右扶風鄠鄉從邑崩聲沛城父有鄘鄉讀若陪 薄回切

jū 䢸　hǎo 郝　fēng 酆

右扶風鄠鄉者通作蒯輿地志蒯城縣故陳倉縣之故鄉聚名也晉武帝咸寧四年分陳倉立蒯城縣屬始平郡　馥案晉書地理志陳倉屬扶風郡蒯城及鄠屬始平郡　沛城父有鄘鄉者史記高祖功臣侯年表有蒯城侯周緤緤傳蒯成侯緤者沛人也索隱蒯者鄉名案三倉云蒯鄉在城父漢書作鄘從崩從邑今書本竝作蒯音菅蒯之蒯崔浩音薄壞反　讀若陪者本書倗讀若陪位案周禮士師為邦倗故書倗作傰集韻傰部浼切姓也漢有傰宗漢書功臣表鄘成制侯周緤顏注鄘音陪又音普肯反周緤傳更封緤為鄘城侯服虔曰音菅蒯之蒯顏注此字從崩從邑音蒯非也呂忱音陪而楚漢春秋作憑城侯陪憑聲相近此其實也　馥案此猶乃讀仍徵讀止老子河上公本乘乘兮其不足以無所歸王弼本作儡儡兮

䢸 右扶風鄠鄉從邑且聲 子余切

郝 右扶風鄠盩厔鄉從邑赤聲 呼各切

右扶風鄠鄉盩厔縣者本書初印本作右扶風鄠盩厔鄉小字本李燾本集韻類篇竝同玉篇郝右扶風盩厔鄉廣韻殷帝乙時有子期封太原郝鄉後因氏焉顏注急就篇郝京兆盩厔鄉名也徐鍇韻譜郝扶風縣　馥案漢志扶風無郝縣

酆 周文王所都在京兆杜陵西南從邑豐聲 敷戎切

周文王所都者僖二十四年左傳畢原酆郇文之昭也昭四年傳康有酆宮之朝杜云酆在始平通作豐書召誥王朝步自周則至于豐畢命王朝步自宗周至于豐傳云豐文王所都武成王來自商至于豐釋文豐文王所都也詩文王有聲豐水東注史記周本紀作豐邑自岐下徙都豐水經渭水云又東豐水從南來注之三輔黃圖豐水出鄠南山豐谷北入渭長安志豐水出長安縣西南五十里終南山豐谷又或作灃禹貢灃水攸同漢志作酆云酆水出扶風鄠縣東南北過上林苑入渭　在京兆杜陵西南者徐廣史記音義豐在京兆鄠縣東皇甫謐曰豐在京兆府鄠縣豐水之西鄭康成曰豐在豐水之西鎬在豐水之東相去蓋二十五里也括地志豐宮文王宮也在雍州鄠縣東三十五里杜注左傳酆國在始平鄠縣東通典酆今京兆府長安縣西北靈臺鄉豐水上

zhèng
鄭

鄭 京兆縣周厲王子友所封从邑奠聲宗周之滅鄭徙潧洧之上今新鄭是也直正切

王觀國曰漢中郡有南鄭縣京兆之鄭在西河南之鄭在東則漢中之鄭在南故以南別之也 京兆縣周厲王子友所封者漢志京兆尹鄭縣周宣王弟鄭公邑應劭曰宣王母弟友所封也其子與平王東遷更稱新鄭周語鄭出自宣王韋云鄭桓公友宣王之弟出者鄭國之封出於宣王之世史記鄭世家鄭桓公友者周厲王少子而宣王庶弟也宣王立二十二年友初封於鄭索隱云鄭縣名屬京兆秦武公十一年初縣杜鄭是也又系本云桓公居棫林徙拾米忠云棫林與拾皆舊地名是封桓公乃名爲鄭耳至秦之縣鄭是鄭武公東徙新鄭之後其舊鄭乃是故都故秦始改爲縣也出地理志馥案棫林諸書或作咸林詩譜宣王封母弟友於宗周畿內咸林之地韋注國語桓公友封於咸林詩地理攷鄭縣其地一名咸林世本桓公居咸林通鑑外紀宣王二十二年封季弟友於鄭都咸林是也杜預春秋世族譜鄭姬姓周厲王子宣王母弟桓公友之後也括地志鄭故城在華州鄭縣西

北三里桓公友之邑秦縣之郡縣志古鄭城在華州鄭縣西北二里按漢屬京兆後魏置東雍州改爲華州 奠聲者本書邪從年聲讀若寧郇從旬聲讀若泓蜓從廷聲音徙典切 宗周之滅鄭徙潧洧之上今新鄭是也者漢志鄭國今河南之新鄭本高辛氏火正祝融之虛也及成皋滎陽潁川之崇高陽城皆鄭分也本周宣王弟友爲周司徒食采於宗周畿內是爲鄭鄭桓公問於史伯曰王室多故何所可以逃死史伯曰四方之國非王母弟甥舅則夷狄不可入也其濟洛河潁之閒乎子男之國虢會爲大恃勢與險崇侈貪冒君若寄帑與賄周亂而敝必將背君君以成周之衆奉辭伐罪亡不克矣桓公從其言乃東寄帑與賄虢會受之後三年幽王敗桓公死其子武公與平王東遷卒定虢會之地右雒左泲食溱洧焉又河南郡新鄭下云詩鄭國鄭桓公之子武公所國後爲韓所滅應劭曰國語曰鄭桓公爲周司徒王室將亂寄帑與賄於虢會之閒幽王敗桓公死之其子武公與平王東遷洛邑遂伐虢會而并其地而邑於此桓十一年公羊傳古者鄭國處於留先鄭伯有善于鄶公者通乎夫人以取其國而遷鄭焉何云遷鄭都於鄶也鄭語乃東寄孥與賄虢鄶受之十邑皆有寄地韋云十邑謂虢鄶鄔蔽補丹依𩣡歷華也後桓公之子武公竟取十邑之地而居之輿地記鄭所遷檜在今鄭州新鄭縣襄二十九年左傳爲之歌鄭賈注鄭風東鄭是服注鄭東鄭古檜國之地隱元年左傳鄭伯克段于鄢注云鄢在滎陽宛陵縣西南鄭今潁川鄢陵縣正義云地理志河南郡有宛陵新鄭各自爲縣晉世分河南而立滎陽廢新鄭而入宛陵故鄭在宛陵西南也又地理志潁川郡有鄢陵縣韋昭注國語鄭姬姓周厲王之子宣王母弟桓公友封於咸林今京兆鄭邑是也幽王無道乃徙其人於虢鄶之閒遂有其地今河南新鄭是也詩譜初宣王封母弟友於宗周畿內咸林之地是爲鄭桓公今京兆鄭縣是其都也爲幽王大司徒甚得周衆與東土之人問於史伯曰王室多故余懼及焉其何所可以逃死史伯曰其濟洛河潁之閒乎是其子男之國虢鄶爲大虢叔恃勢鄶仲恃險皆有驕侈怠慢之心加之以貪冒君若以周難之故寄帑與賄不敢不許是驕而貪必將背君君以成周之衆奉辭罰罪無不克矣若克二邑鄔蔽補丹依𩣡歷華君之之士也修典刑以守之惟是可以少固桓公從之言然之後三年幽王爲犬戎所殺桓公死之其子武公與晉文侯定平王於東都王城卒取史伯所云十邑之地右洛左濟前華後河食溱洧焉今河南新鄭是也初學記陳州陳地

也古豫州域平王東遷鄭武公居之今新鄭其後韓哀侯滅鄭而居其地顏師古曰春秋外傳云幽王既敗鄭桓公死之其子武公與平王東遷故左氏傳云我周之東遷晉鄭焉依又鄭莊公云吾先君新邑於此蓋道新鄭也新唐書宰相世系表周厲王少子友封於鄭是爲桓公其地華州鄭縣是也生武公與晉文侯夾輔平王東遷於洛徙溱洧之閒謂之新鄭其地河南新鄭是也王觀國曰京兆之鄭乃威公之封至於平王東遷洛邑武公始邑於新鄭故鄭莊公曰吾先君新邑於此先君謂武公也

hé
郃

郃 左馮翊郃陽縣从邑合聲詩曰在郃之陽侯閤切

竹書威烈王十七年魏文侯築汾陰郃陽 左馮翊郃陽縣者見漢志應劭曰在郃水之陽也括地志郃陽故城在同州河西縣南三里 詩曰在郃之陽者大雅大明文彼作洽傳云洽水也水經注郃陽城南有瀵水東流注於河水郎郃水也縣取名焉元和志郃陽縣本漢襄縣屬左馮翊在郃水之陽詩大雅所謂在郃之陽是也又云郃水在舊河西縣南五里今郃陽界內

kǒu 叩　fán ⿱樊邑　fū 鄜　tú ⿰屠阝　yóu 邮　nián ⿰秊阝　guī 邽　bù 部

邛　京兆藍田鄉。从邑，口聲。苦后切

⿰樊邑　京兆杜陵鄉。从邑，樊聲。附袁切

京兆杜陵鄉者，徐鍇曰：此卽樊川。漢曰御宿，在長安城南終南山北，連芙蓉園曲江也。通作樊。詩烝民生仲山甫傳云：樊侯也。姓苑：樊仲山甫之後，因國爲氏。

鄜　左馮翊縣。从邑，麃聲。甫無切

左馮翊縣者，見漢志，彼作鄜，孟康音敷。史記秦本紀：初爲鄜畤。注云：鄜縣屬馮翊。馥案：隋置鄜州，唐宋因之。寰宇記：鄜州鄜城縣，本漢鄜縣地，屬左馮翊。

⿰屠阝　左馮翊⿰屠阝陽亭。从邑，屠聲。同都切

左馮翊⿰屠阝陽亭者，集韻、類篇、詩地理攷竝引作郃陽亭。廣韻：⿰屠阝，亭名，在郃陽。通作屠。詩韓奕：出宿于屠。傳云：屠，地名。濬水李氏曰：同州有⿰屠阝谷。戴君震曰：詩出宿于屠，屠卽⿰屠阝，今西安府同州有⿰屠阝谷。

邮　左馮翊高陵。从邑，由聲。徒歷切

左馮翊高陵者，陵下脫亭字。玉篇：左馮翊高陵縣有邮亭。廣韻：邮，亭名，在高陵。

⿰秊阝　左馮翊谷口鄉。从邑，秊聲。讀若寧。奴顛切

左馮翊谷口鄉者，廣韻：⿰秊阝，鄉名，在馮翊谷口。讀若寧者，襄三十年公羊春秋：天王殺其弟年夫。左氏作佞夫。國語：輿人須佞之見佞，果喪其田。

邽　隴西上邽也。从邑，圭聲。古畦切

隴西上邽也者，見漢志。應劭曰：史記故邽戎邑也。又京兆尹有下邽，應劭曰：秦武公伐邽戎，置有上邽，故加下。後漢書光武紀：進幸上邽。注云：上邽，縣名，屬隴西郡，故邽戎邑，今秦州縣。

部　天水狄部。从邑，咅聲。蒲口切

天水狄部者，部猶益部、冀部、刺史部也。後漢書宗室傳注云：都部，部者，都統其衆也。

說文解字義證　卷十九　七

dòu 郖　rǔ 鄏　liǎn 鄻　zhài ⿰祭阝　máng 邙

郖　弘農縣庾地。从邑，豆聲。當侯切

鄏　河南縣直城門官陌地也。从邑，辱聲。春秋傳曰：成王定鼎于郟鄏。而蜀切

史記索隱：鄏謂田厚薅。

河南縣直城門官陌地也者，春秋昭二十二年：劉子、單子以王猛入于王城。注云：王城，郟鄏，今河南縣。漢志：河南郡河南縣，故郟鄏地。周武王遷九鼎，周公致太平，營以爲都，是爲王城，至平王居之。郡國志：洛州王城，宮城西入苑，故郟鄏城也。帝王世紀：城西有郟鄏陌。昭二十六年左傳：至於幽王，天不弔周，王昏不若，用愆厥位。攜王奸命，諸侯替之，而建王嗣，用遷郟鄏。春秋傳曰成王定鼎于郟鄏者，宣三年左傳文。注云：郟鄏，今河南也。史記楚世家：昔成王定鼎於郟鄏。郡國志：周武王伐殷，遷九鼎此地也。水經注穀水云：京相璠曰：郟，山名；鄏，地邑也。卜年定鼎爲王之東都，謂之新邑，是爲王城。其城東南名曰鼎門，蓋九鼎所從入也。

鄻　周邑也。从邑，輦聲。力展切

周邑也者，昭二十九年左傳：王子趙車入于鄻以叛。杜云：鄻，周邑。

⿰祭阝　周邑也。从邑，祭聲。側介切

周邑也者，⿰祭阝省作祭。廣韻：祭，周大夫邑名，又姓。周公第五子祭伯，其後以爲氏。僖二十四年左傳：凡、蔣、邢、茅、胙、祭，周公之允也。漢書古今人表有祭侯，周公子。

邙　河南洛陽北亾山上邑。从邑，亾聲。莫郎切

周書：周公將致政，乃作大邑於洛北，因邙山以爲天下之湊也。三輔決錄：梁鴻東出關，過京師，作五噫之歌曰：陟彼北邙兮噫。獻帝春秋：董卓率兵迎帝於北邙。續漢書：孝桓鄧后以憂死，葬於北邙。皇覽：呂不韋葬洛陽北邙道西。魏書孝莊紀：尒朱榮還晉陽，帝餞於邙陰。眞誥：地肺似洛中北邙山土水。謝靈運山居賦自注：應璩與程文信書云：故求道田，在關之西南，臨洛水，北據邙山。陳書柳后傳：葬洛陽之邙山。周興嗣千字文：背邙面洛。楊佺期洛城記

說文解字義證　卷十九　六

北山連嶺修亘四百餘里實古今東洛九原之地也 十道志邙山在洛陽縣北四十里 西山記邙山西連東垣亘阜相屬 廣志洛陽北邙張公有夏棃一樹 兩京記隋煬帝登北邙觀伊闕 朱异田飲引曰卜田宇兮京之陽面淸洛兮背修邙 北堂書鈔引述征記曹眞祠堂在北邙山 元和志河南府偃師縣下云北邙山在縣北二里西自洛陽縣界東入鞏縣界 舊說云北邙山是隴山之尾乃衆山總名連嶺修亘四百餘里 唐新語毋煚夢著衣冠上北邙山親友相送及卒僚友送葬北邙山咸如所夢 通鑑魏帝出獵北邙又云魏主令代人遷洛者宜悉葬邙山 注云邙山在洛城北又云陳叔寶從隋文帝登邙山 注云邙山在洛陽城北又云楊玄挺自白司馬坂踰邙山南入 注云白司馬坂在邙山北邙山在洛城北 通作芒 昭二十二年左傳王田北山 杜云北山洛北芒也 謝承後漢書公孫瓚到洛陽具豚酒於北芒上祭辭先人墳塋 魏志明帝即位欲平北芒令登臺便觀見孟津 廷尉辛毗諫曰天地之性高高下下今而反之既非其理加以損費人功民不堪役且若九河盛溢洪水爲害而邱陵皆夷何以禦之帝乃止 晉書趙王倫傳別立宣帝廟於芒山 陳書後主紀葬河南洛陽之芒山 述征記北芒洛陽北芒嶺靡迤長阜自滎陽山連嶺修亘暨於東垣 朱超石與兄

書登北芒遠眺衆美都盡 潘岳河陽縣詩修芒鬱苕嶤 盧諶時興詩北踰芒與河 張載七哀詩北芒何壘壘高陵有四五 李善注並云北芒山名也 寰宇記芒山一作邙山在河南縣北十里一名平逢山亦郟山之別名也

河南洛陽北亡山上邑者小字本李燾本玉篇類篇集韻引並作土山

xún
鄩

[篆] 周邑也從邑尋聲 徐林切

周邑也者昭二十二年左傳鄩肸伐皇 杜預土地名云今鞏洛渡北有鄩谷水東入洛謂之下鄩 故有上鄩下鄩之名亦謂之北鄩 於是有南鄩北鄩之稱矣 又有鄩城 蓋周大夫鄩肸之舊邑 昭二十三年傳郊鄩潰 杜云河南鞏縣西南有地名鄩中 郊鄩二邑皆子朝所得

chī
郗

[篆] 周邑也在河內從邑希聲 丑脂切

周邑也者玉篇郗周邑在河內野王縣西南 通作絺 隱十一年左傳王取鄔劉蔿邘之田于鄭而與鄭人蘇忿生之田溫原絺樊 杜云絺在野王縣西南

yùn
鄆

[篆] 河內沁水鄉從邑軍聲魯有鄆地 王問切

魯有鄆地者春秋昭二十九年公至自乾侯居於鄆 成十六年左傳公還待於鄆 杜云鄆魯西邑東郡廩邱縣東有鄆城 京相璠曰公還待于鄆 公羊作運 字今東郡廩邱縣東八十里有故運城即此城也 成四年城鄆 杜云公欲叛晉故城而爲備 正義云公欲叛晉故城鄆以爲備 當西鄆也 馥案此皆言西鄆 文十二年季孫行父帥師城諸及鄆 杜云城陽姑幕縣南有員亭 員即鄆也 春秋土地名琅邪姑幕縣南四十里員亭故魯鄆邑 世變其字 非也 成九年楚公子嬰齊伐莒 莒潰 楚遂入鄆 杜云莒別邑也 馥案此即莒魯所爭之鄆 趙孟所謂莒魯爭鄆爲日久矣是也 襄十二年莒人伐我東鄙圍台 季孫宿救台遂入鄆 昭元年取鄆 范甯曰鄆魯邑 言取者叛戾不服 疏云案左氏鄆爲莒邑 范知魯邑者以經有城諸及鄆之文 此鄆不繼莒 故知魯邑也 公羊傳曰鄆者何內之邑也 其言取何不聽也 何休云不聽者叛也 是范所據之文也 定六年圍鄆 正義云鄆是魯邑 輒曰圍之 必是鄆邑叛也 晉書地理志東莞郡東莞縣故魯鄆邑 水經注沂水又東南逕東莞縣故城西 孟康曰縣故鄆邑 今鄆亭是也 左氏傳曰莒魯爭鄆爲

日久矣 今城北鄆亭是也 郡國志東莞有鄆亭 今在團城東北四十里 猶謂之故東莞城矣 寰宇記沂水縣下云十三州志曰魯有東西二鄆 魯昭公所居者爲西鄆 在兗州東平郡是也 莒與魯所爭爲東鄆 即此縣是也 馥案此皆言東鄆也

bèi
邶

[篆] 故商邑自河內朝歌以北是也從邑北聲 補妹切

故商邑自河內朝歌以北是也者 玉篇紂城東曰衛 南曰鄘 北曰邶也 字書紂都城北曰邶 南曰鄘 東曰衛 六書故受作北里之舞 記所謂桑閒濮上之音 蓋其地也 鄭詩譜自紂城朝歌而北謂之邶 周書酒誥明大命于妹邦 鄭注妹邦者紂之都所處也 於詩國屬鄘 故其風有沬之鄉 則沬之北沬之東 朝歌也 馥案鄭意以沬鄉屬鄘 在南 沬北爲邶 在北 沬東則衛矣 廣韻作鄁 云紂之畿內國名 東曰衛 南曰鄘 北曰鄁

yú
邘

[篆] 周武王子所封在河內野王是也從邑亏聲又讀若區 況于切

周武王于所封在河內野王是也者僖廿四年左傳邘晉應韓武之穆也杜云四國皆武王子河內野王縣西北有邘城春秋土地名今野王西北三十里有故邘城邘臺是也今故城當太行南路道出其中漢武帝封李壽爲侯國顏案漢書武五子傳其封李壽爲邘侯韋昭曰邘在河內竹書帝辛元年命九侯周侯邘侯三十四年周師取耆及邘史記周本紀伐邘徐廣音義邘城在野王縣西北音于正義云括地志云故邘城在懷州河內縣西北二十七里古邘國城也孟康注漢志河內郡壄王縣云故邘國也今邘亭是也古今人表邘侯武王子郡國志河內郡野王有邘城注云史記曰紂以文王九侯鄂侯爲三公徐廣曰鄂一作邘武王子封在縣西北水經注沁水又東邘水注之其水南流逕邘城西故邘國也城南有邘臺春秋僖公二十四年王將伐鄭富辰諫曰邘武之穆也京相璠曰今野王西北三十里有故邘城邘臺是也通作于千姓編于本姓邘周武王子邘叔之後子孫去邑爲于漢有于定國魏將于禁望出東海河南

lí
䣝

䣝 殷諸侯國在上黨東北從邑𥝢聲𥝢古文利商書西伯戡䣝 郎奚切

殷諸侯國在上黨東北者通作黎宣十五年左傳棄仲章而奪黎氏地注云黎氏黎侯國上黨壺關縣有黎亭詩序式微黎侯寓於衛其臣勸以歸也水經河水云又東北過黎陽縣南酈注黎侯國也詩式微黎侯寓於衛是也漢志上黨郡壺關縣應劭曰黎侯國也今黎亭是郡國志上黨郡壺關有黎亭故黎國注云文王戡黎即此也晉書地理志魏郡黎陽縣故黎侯國通典潞州上黨縣古黎侯國西伯戡黎即此漢爲壺關縣元和志潞州黎城縣古黎國春秋曰晉荀林父滅潞立黎侯而還今縣東十八里黎侯城是也九域志潞州黎侯亭在黎侯嶺上 商書西伯戡䣝者本書或下引書作或書傳黎近王圻之諸侯在上黨東北正義云黎國漢之上黨郡壺關所治黎亭是也郭注爾雅引書西伯堪黎釋文作笆云國名通作者史記周本紀敗耆國正義云即黎國也鄒誕生云本或作黎括地志云故黎城黎侯國也在潞州黎城縣東北十八里尚書云西伯既戡黎是也宋微子世家及祖伊以周西伯昌之修德滅阢國集解徐廣曰阢音耆索隱耆即黎也鄒誕生本作䣝音黎詩文王正義云案殷傳云西伯得四友獻寶免於

虎口而克耆大傳曰得三子獻寶紂釋文王而出伐黎其言既同則黎耆一物

shào
邵

邵 晉邑也從邑召聲 寔照切

晉邑也者襄二十三年左傳齊侯伐晉戍郫邵杜云取晉邑而守之文六年左傳殺諸郫劭博物志作郫邵云河東垣縣有郫邵之阸襄二十三年戍郫邵此其地也郡國志河東郡垣有邵亭顧炎武曰今濟源縣西一百二十里有邵原關唐置邵原縣

míng
鄍

鄍 晉邑也從邑冥聲春秋傳曰伐鄍三門 莫經切

晉邑也者括地志故鄍城在陝州河北縣東十里虞邑也馥謂晉滅虞虢後爲晉邑 春秋傳曰伐鄍三門者僖元年左傳文注云鄍虞邑服虔注鄍晉別都

chù
鄐

鄐 晉邢侯邑從邑畜聲 丑六切

晉邢侯邑者襄二十六年左傳雝子奔晉晉人與之鄐注云鄐晉邑昭十四年傳晉邢侯與雝子爭鄐田罪在雝子雝子納其女於叔魚叔魚蔽罪邢侯孔晁注晉語云邢與鄐比爭疆界容齋五筆云風俗通敘希姓有東海太守鄐熙馥案漢有鄐君開通褒斜道碑鄐君即邢侯之後以邑爲姓

hòu
鄇

鄇 晉之溫地從邑侯聲春秋傳曰爭鄇田 胡遘切

晉之溫地者僖二十五年左傳天子與晉文公陽樊溫原攢茅之田晉使狐溱爲溫大夫昭三年左傳趙文子曰溫吾縣也杜云溫趙氏邑馥謂劉子單子所云襄王勞文公而賜之溫狐氏陽氏先處之是也 春秋傳曰爭鄇田者成十一年左傳文注云鄇溫別邑今河內懷縣西南有鄇人亭

bì
邲

邲 晉邑也從邑必聲春秋傳曰晉楚戰于邲 毗必切

春秋傳曰晉楚戰于邲者宣十二年經晉荀林父帥師及楚子戰于邲杜注以邲爲鄭地水經注濟水於此又兼邲目春秋宣公十三年晉楚之戰楚軍于邲即是水也

xì
郤

郤 晉大夫叔虎邑也從邑谷聲 綺戟切

晉大夫叔虎邑也者即國語郤虎也或作郄聲類郄鄉在河內漢有郄正晉有郄超郄鑒

péi
䣙

䣙 河東聞喜縣從邑非聲 薄回切

河東聞喜縣者縣當爲鄉玉篇䣙聞喜鄉廣韻䣙鄉名在聞喜唐書宰相世系表周孝王使非子養馬汧渭之閒以馬蕃息封之於秦爲附庸使續嬴氏號曰秦嬴非子之支孫封䣙鄉因以爲氏今聞喜䣙聚是也唐氏族志伯益之後封於䣙鄉因以爲氏後徙封解邑乃去邑從衣馥謂唐之裴氏是其後

qián
鄻

鄻 河東聞喜聚從邑虔聲 渠焉切

河東聞喜聚者五音集韻聞喜有鄻鄉馥案本書邑落曰聚

kuāng
邼

邼 河東聞喜鄉從邑匡聲 去王切

kuí
鄈

鄈 河東臨汾地即漢之所祭后土處從邑癸聲 揆唯切

河東臨汾地即漢之所祭后土處者通作脽漢書郊祀志有司與太史令談祠官寬舒議天地牲角繭栗今陛下親

祠后土后土宜於澤中圜丘爲五壇壇一黃犢牢具已祠盡瘞而從祠衣尚黃於是天子東幸汾陰男子公孫滂洋等見汾旁有光如絳上遂立后土祠於汾陰脽上如寬舒等議武帝紀元鼎四年十一月甲子立后土祠于汾陰脽上蘇林曰脽音誰如淳曰脽者河之東岸特堆掘長四五里廣二里餘高十餘丈汾陰縣治脽之上后土祠在縣西汾在脽之北西流與河合顏注二說皆是也脽者以其形高起如人尻脽故以名云一說此臨汾水之上地本名鄈音與葵同彼鄉人呼葵音如誰故轉而爲脽字耳故漢舊儀云葵上馥案漢舊儀漢法三歲一祭地於河東汾陰后土宮宮曲入河古之祭地澤中方邱也名汾葵一曰葵邱也水經注汾水西逕鄈邱北故漢氏之方澤也賈逵云漢法三年祭地汾陰方澤澤中有方邱故謂之方澤邱即鄈邱也許慎說文稱從邑癸聲河東臨汾地名矣在介山北山即汾山也顧炎武曰漢孝武所立后土祠在今滎河縣北十里地名鄈上或曰脽上又通作魁列子湯問篇以君之力曾不能損魁父之邱注云淮南子作魁阜謂小山如堆阜楚詞九歌陵魁堆以蔽視兮史記趙世家嬴姓將大敗周人於范魁之西正義引賈逵云小阜曰魁

xíng
邢

邢 周公子所封地近河內懷從邑幵聲 戶經切

周公子所封地近河內懷者僖二十四年左傳凡蔣邢茅胙祭周公之胤也漢書人表邢侯周公子春秋僖元年邢遷于夷儀杜云夷儀邢地漢志河內郡平皋縣應劭曰邢侯自襄國徙此當齊桓公時衛人伐邢邢遷于夷儀其地屬晉號曰邢邱以其在河之皋處埶平夷故曰平皋臣瓚曰春秋傳狄人伐邢邢遷于夷儀不至此也今襄國西有夷儀城去襄國百餘里邢是邱名非國也顏注應說非也左氏傳曰晉侯送女于邢邱蓋謂此耳水經注濟水云又東逕平皋城南按春秋宣公六年赤狄伐晉圍邢邱昔晉侯送女于楚送之邢邱即是此處也竹書紀年曰梁惠成王三年鄭城邢邱司馬彪後漢郡國志云縣有邢邱故邢國周公子所封矣又沁水云韓詩外傳曰武王伐紂到邢邱更名邢邱曰懷春秋時赤翟伐晉圍懷是也王莽以爲河內馥案應劭謂邢侯自襄國徙此者邢國本在襄國隱五年曲沃莊伯以鄭人邢人伐翼莊三十二年狄伐邢杜注並云邢國在廣平襄國縣正義云地理志云趙國襄國縣故邢國然則於漢屬趙國於晉屬廣平 幵聲者玉篇邢胡丁切左氏傳狄伐邢杜預云邢國在廣平襄國縣又輕千切周公子所封地近河內

wū
鄔

鄔 太原縣名從邑烏聲 安古切

昭二十八年左傳晉祁勝與鄔臧通室釋文鄔舊烏戶反又音偃案地名在周者烏戶反隱十一年王取鄔劉是也在鄭者音偃成十六年戰于鄢陵是也在楚者於建反又音偃昭十三年王沿夏將入鄢是也在晉者於庶反字林乙祗反郭璞三倉解詁音瘀於庶反闞駰音厭飫之飫重言之太原有鄔縣唯周地者從烏餘皆從焉字林亦作隖音同傳云分祁氏之田以爲七縣司馬彌牟爲鄔大夫即太原縣也鄔臧宜以邑爲氏音於爰反舊音誤馥案於爰反通志堂本作於庶反

太原縣名者諸書所引竝無名字漢志太原郡鄔縣晉大夫司馬彌牟邑曹參傳軍於鄔東蘇林曰鄔太原縣也昭二十八年左傳司馬彌牟爲鄔大夫注云太原鄔縣水經注汾水云汾水於縣左[illegible]陂迆爲鄔澤廣雅曰水自汾出爲汾陂其陂南接鄔呂氏春秋謂之大陸又名之曰漚洟之澤俗謂之鄔城泊又云太谷水流逕祁縣故城南自縣

連延西接鄔澤又云侯甲水又西合于嬰侯之水逕鄔縣故城南晉大夫司馬彌牟之邑也

qí 祁

祁 太原縣。從邑，示聲。巨支切

水經注汾水云侯甲水發源祁縣胡甲山有長坂謂之胡甲嶺即劉歆遂初賦所謂越侯甲而長驅者也蔡邕曰侯甲亦邑名也在祁縣侯甲水又西北歷宜歲郊逕太谷謂之太谷水出谷西北流逕祁縣故城南自縣連延西接鄔澤是爲祁藪也即爾雅所謂昭餘祁矣王莽之示縣也

太原縣者廣韻祁縣名在太原左傳晉大夫祁奚之邑因以名之漢志太原郡祁縣晉大夫賈辛邑昭二十八年左傳晉祁勝與鄔臧通室釋文引字林祁太原縣傳又云賈辛爲祁大夫注云太原祁縣

yè 鄴

鄴 魏郡縣。從邑，業聲。魚怯切

魏郡縣者漢志魏郡鄴縣故大河在東北入海史記燕世家秦拔趙之鄴正義曰即相州鄴縣也

jǐng 郱

郱 鄭地郱亭。從邑，井聲。戶經切

鄭地郱亭者通作邢廣韻邢地名在鄭

hán 邯

邯 趙邯鄲縣。從邑，甘聲。胡安切

趙邯鄲縣者漢志趙國邯鄲縣張晏曰邯鄲山在東城下單盡也城郭從邑故加邑云水經濁漳水云牛首水又東歷邯鄲阜張晏所謂邯山在東城下者也曰單盡也城郭從邑故加邑邯鄲之名蓋指此以立稱矣故趙郡治也圖經邯鄲單盡也邯山名謂邯山之盡所也羊頭山記邯鄲城邯山名單盡也邯山至此而盡也定十年左傳衛侯伐邯鄲午於寒氏杜云邯鄲廣平縣也急就篇邯鄲河開沛巴蜀顏注邯鄲趙國所都也王注秦邯鄲漢高帝改趙國邯鄲縣帝王世紀邯鄲國屬趙於禹貢在冀州大陸之野昴畢之分大梁之次

dān 鄲

鄲 邯鄲縣。從邑，單聲。都寒切

xún 郇

郇 周武王子所封國，在晉地。從邑，旬聲。讀若泓。相倫切

五音集韻作郇云在河東解縣周文王子封於郇　竹書昭王六年王錫郇伯命　僖二十四年左傳軍於郇　北征賦息郇郊之邑鄉

周武王子所封國在晉地者武當爲文玉篇郇伯文王子也今河東有郇城詩下泉郇伯勞之傳云郇伯郇侯也箋云郇侯文王之子僖二十四年左傳管蔡郕霍魯衛毛聃郜雍曹滕畢原酆郇文之昭也杜云十六國皆文王子也史記晉世家咎犯與秦晉大夫盟於郇索隱云郇文王之子所封也漢書人表郇侯文王子輿地廣記河中府猗氏縣有郇城文王子所封　在晉地者水經注涑水云涑水又西逕郇城詩云郇伯勞之蓋其故國也杜元凱春秋釋地云今解縣西北有郇城服虔曰郇國在解縣東郇瑕氏之墟也余案竹書紀年云晉惠公十有四年秦穆公率師送公子重耳圍令狐桑泉臼衰皆降於秦師狐毛與先軫禦秦至于廬柳乃謂秦穆公使公子縶來與師言退舍次于郇盟于軍京相璠春秋土地名曰桑泉臼衰並在解東南不言解明不至解可知春秋之文與竹書不殊今解故城東北二十四里有故城在猗氏故城西北鄉俗名之爲郇城考服虔之說又與俗符賢於杜氏單文孤證矣晉語師退次於郇韋云郇晉地括地志郇城在猗氏縣西南四里元和志猗氏縣故郇邑在縣西南四里郇瑕氏之地

讀若泓者猶郱讀若寧集韻郇姓音還馥案縈縈亦作嬛嬛

shū 鄃

鄃 清河縣。從邑，俞聲。式朱切

清河縣者見漢志又溝洫志鄃居河北顏注鄃音輸清河之縣也欒布傳以功封爲鄃侯蘇林曰鄃音輸清河縣也

hào 鄗

鄗 常山縣。世祖所即位，今爲高邑。從邑，高聲。呼各切

春秋桓十五年公會齊侯于鄗　左傳齊國夏伐晉取鄗　哀四年傳取邢任欒鄗杜云鄗即高邑縣也　燕策令栗腹以四十萬攻鄗趙使廉頗以八萬遇栗腹於鄗　史記燕世家栗腹將而攻鄗　趙策引水圍鄗鮑云即高邑　史記信陵君傳趙王以鄗爲公子湯沐邑　續漢書郡國志冀州理鄗注云鄗音郝今趙州高邑縣　春秋保乾圖建天子於鄗之陽名曰行皇

常山縣世祖所即位今爲高邑者玉篇常山縣光武即位改爲高邑廣韻鄗光武立處邑名徐廣史記音義鄗在常山今曰高邑史記索隱鄗音霍趙邑名屬常山漢志常山郡鄗縣世祖即位更名高邑韓信傳軍敗鄗下李奇曰鄗

qiāo 鄡　mò 鄚　zhì 郅　sōu 鄋

音㬥曬之曬常山縣也光武卽位於此故改曰高邑東觀漢記上所與長安同舍諸生彊華自長安奉赤符詣鄗與上會羣臣復伏固請乃命有司設壇鄗之千秋亭六月卽皇帝位後漢書光武紀於是命有司設壇場於鄗南千秋亭五成陌六月己未卽皇帝位建元爲建武改鄗爲高邑郡國志常山國高邑故鄗光武更名刺史治有千秋亭五城陌光武卽位於此矣班固傳立號高邑建都河洛注云言光武卽位於鄗而改鄗爲高邑也帝王世紀光武以武信侯進封蕭王及卽位於鄗更名高邑魏書地形志高邑前漢曰鄗後漢光武改十道志高邑縣趙房子之邑竹書紀年作鄗子漢以爲鄗縣後漢復改爲高邑晏氏類要高邑縣本戰國時趙房子邑漢屬常山郡趙記曰惠文王四年城之是也後幷入鄗縣光武卽位更名高邑通典趙州高邑縣漢之鄗縣光武卽位更名高邑又柏鄉縣漢鄗縣地漢光武卽位壇在此元和志柏鄉縣本春秋時晉鄗邑之地漢以爲縣屬常山郡後漢光武卽位於鄗南千秋亭五城陌因改曰高邑屬常山國

鄡 鉅鹿縣從邑梟聲 牽遙切

鉅鹿縣者見郡國志光武紀擊銅馬於鄡注云縣名屬鉅鹿郡故城在今冀州鹿城縣東鄡音古堯反前書紀年曰衛鞅封于鄡臣賢按下文云吳漢將突騎來會清陽又追至館陶並與鄡相近史記仲尼弟子鄡單徐廣曰鉅鹿有鄡縣或作鄵地理志鉅鹿郡有鄡縣寰宇記束鹿縣鄡城漢邑名廢城在縣東

說文解字義證　卷十九　七十七

鄚 涿郡縣從邑莫聲 慕各切

涿郡縣者見漢志應劭曰音莫案唐開元十三年衛包以鄚類鄭去邑作莫今任邱縣卽其地史記趙世家燕鄚易索隱云皆屬涿郡

郅 北地郁郅縣從邑至聲 之日切

北地郁郅縣者見漢志周地圖郁郅城今名尉李城在白馬嶺兩川交口水經注尉李亦曰不窋疑郁郅之訛也元和郡縣志慶州順化縣不窋故城在焉秦始皇時爲北地本漢郁郅縣

鄋 北方長狄國也在夏爲防風氏在殷爲汪芒氏從邑叜聲春秋傳曰鄋瞞侵齊 所鳩切

漢書五行志秦始皇帝二十六年有大人長五丈足履六尺皆夷狄服凡十二人見于臨洮

北方長狄國也者左傳釋文引同穀梁傳長狄兄弟三人佚宕中國瓦石不能害叔孫得臣最善射者也射其目身橫九畝斷其首而載之眉見於軾左傳敗狄于鹹獲長狄僑如杜注僑如鄋瞞狄國之君蓋長三丈　在夏爲防風氏在殷爲汪芒氏者左傳釋文引同本書嵎封嵎之山在吳楚之閒汪芒之國左傳釋文亦引作芒魯語吳伐越墮會稽獲骨焉節專車吳子使好來聘且問之仲尼曰敢問骨何爲大仲尼曰邱聞之昔禹致羣神於會稽之山防風氏後至禹殺而戮之其骨節專車此爲大矣客曰防風氏何守也仲尼曰汪芒氏之君也守封隅之山者也爲漆姓在虞夏商爲汪芒氏於周爲長翟今爲大人客曰人長之極幾何仲尼曰僬僥氏長三尺短之至也長者不過十十數之極也韋昭云封　封山隅山在今吳郡永安縣周世其國北遷爲長翟也　春秋傳曰鄋瞞侵齊者文十一年左傳文注云鄋瞞狄國名防風之後漆姓

說文解字義證　卷十九　七十八

xǔ 鄦

鄦 炎帝太嶽之胤甫侯所封在潁川從邑無聲讀若許 虛呂切

考古圖有鄦鼎銘　通作許春秋隱十年公及齊侯鄭伯入許杜云許潁川許昌縣正義云譜云許姜姓與齊同祖堯四岳伯夷之後也周武王封其苗裔文叔于許今潁川許昌是也靈公徙葉悼公遷夷一名城父又居析一名白羽許男斯處容城自文叔至莊公十一世始見春秋元公子結元年獲麟之歲也當戰國初楚滅之成十五年左傳許靈公畏偪于鄭請遷于楚楚公子申遷許于葉杜云葉今南陽葉縣也襄十一年傳晉荀罃東侵舊許注云許之舊國鄭新邑正義云謂之舊許明是許之舊國許南遷而鄭得之

炎帝太嶽之胤者顏注急就篇太嶽之胤有姜姓者封於許國其後爲楚所滅末裔姓許隱十一年左傳夫許大岳之胤也杜云大岳神農之後堯四岳也正義云周語稱共工伯鯀二者皆黃炎之後言鯀爲黃帝之後共工爲炎帝之後炎帝則神農之別號周語又稱堯命禹治水共之從孫四岳佐之胙四岳國命爲侯伯賜姓曰姜氏曰有呂賈

逵云共共工也從孫同姓末嗣之孫四岳官名大岳也主四岳之祭焉姜炎帝之姓其後變易至於四岳帝復賜之祖姓以紹炎帝之後以此知大岳是神農之後堯四岳也以其主岳之祀尊之故稱大岳許國是其後也周語申呂雖衰齊許猶在韋注申呂四岳之後商周之世或封於申齊許其族也　甫侯所封者詩崧高維嶽降神生甫及申傳云堯之時姜氏爲四伯掌四嶽之祀述諸侯之職於周則有甫有申有齊有許也箋云四嶽卿士之官掌四時者也因主方嶽巡守之事在堯時姜姓爲之德當嶽神之意而福興其子孫歷虞夏商世有國土周之甫也申也齊也許也皆其苗冑揚之水不與我成甫傳云甫諸姜也又云不與我成許傳云許諸姜也正義云尚書有呂刑之篇禮記引之皆作甫刑書呂刑傳云呂侯見命爲卿後爲甫侯故稱甫刑　在潁川者本書敘曾曾小子祖自炎神縉雲相黃共承高辛太岳佐夏呂叔作藩俾侯於許世祚遺靈自彼徂召宅此汝瀕馥案許在潁川許公則居汝南召陵也地理志潁川郡許縣故國姜姓四岳後大叔所封二十四世爲楚所滅春秋隱十一年公及齊侯鄭伯入許注云許潁川許昌縣正義云漢世名許縣魏武作相改曰許昌括地志許故城在許州許昌縣南三十里本漢許縣故許

國也水經注洧水云許昌縣故許男國也姜姓四岳之後矣　讀若許者史記鄭世家鄦公惡鄭於楚徐廣曰鄦音許

kàng 邟

邟　潁川縣從邑亢聲苦浪切

潁川縣者後漢書黃瓊傳注引同又云漢潁川有周承休侯國元始二年更名曰邟馥案物理論古有邟師之刀此以地爲姓

yǎn 郾

郾　潁川縣從邑匽聲於建切

潁川縣者見漢志通作鄢集韻郾地名在鄭春秋隱元年鄭伯克段於鄢杜注鄢今潁川鄢陵縣成十六年晉侯及楚子鄭伯戰于鄢陵杜注鄢陵鄭地今屬潁川郡

jiá 郟

郟　潁川郡從邑夾聲工洽切

潁川縣者見漢志後漢書光武紀有五鳳皇見於潁川之郟縣注云郟今汝州郟城縣也

qī 郪

郪　新郪汝南縣從邑妻聲七稽切

新郪汝南縣者見漢志應劭曰秦伐魏取郪丘漢興爲新郪章帝封殷後更名宋顏注封於新郪號爲宋國耳戴侗曰按戰國策魏已有新郪馥案魏策大王南有舞陽新郪是也史記魏世家秦拔我郪丘集解徐廣曰郪丘今爲宋公縣水經注潁水云細水逕宋縣故城北縣即所謂郪丘者也秦伐魏取郪丘謂是邑矣漢成帝綏和元年詔封殷後於沛以存三統平帝元始四年改曰宋公章帝建初四年徙邑於此故號新郪爲宋公國也漢書賈誼傳梁起於新郪以北著之河顏注新郪潁川縣也馥案潁川當爲潁州續漢書郡國志汝南郡宋公國周名郪丘漢改爲新郪章帝建初四年徙宋公於此光武郭皇后紀后從兄竟以騎都尉從征伐有功封爲新郪侯注云新郪縣屬汝南郡故城在今潁州汝陰縣西北郪丘城是也

xī 鄎

鄎　姬姓之國在淮北從邑息聲今汝南新鄎相即切

姬姓之國者通作息郡國志汝南郡有新息國隱十一年左傳鄭息有違言息侯伐鄭杜云息國汝南新息縣正義

云世本息國姬姓此息侯伐鄭責其不親親知與鄭國同姬姓也莊十四年傳楚文王滅息其初則不知誰之子何時封也　今汝南新鄎者漢志汝南郡有新鄎縣孟康曰故息國其後東徙故加新云馥案隱十一年左傳正義引作應劭語且辨之云若其後東徙當云故息何以反加新字乎蓋本自他處而徙此也定四年左傳左司馬戌及息而還杜云息汝南新息也後漢書賈復傳南擊召陵新息注云新息縣名屬汝南郡故城在今豫州新息縣西南也

xí 郋

郋　汝南邵陵里從邑自聲讀若奚胡雞切

汝南邵陵里者許沖表作召陵本書敘自彼徂召漢志作邵陵李陽冰以爲許公所居之里案許公居萬歲里非此也

páng 䣊

䣊　汝南鮦陽亭從邑菊聲步光切

jú 郹

郹　蔡邑也從邑狊聲春秋傳曰郹陽封人之女奔之古闃切

dèng 鄧　yōu 鄾　háo 𨚍

蔡邑也者杜注左傳鄍陽蔡邑　春秋傳曰鄍陽封人之女奔之者昭十九年左傳文二十三年傳楚太子建之母在鄍注云鄍鄍陽也

鄧　曼姓之國今屬南陽從邑登聲徒亘切

曼姓之國者顏注急就篇鄧古國名本曼姓也春秋桓二年蔡侯鄭伯會于鄧杜云潁川召陵縣西南有鄧城正義賈服以鄧爲國言蔡鄭會于鄧之國都釋例以此潁川郡城爲蔡地其鄧國則義陽鄧縣也昭十三年傳盟于鄧杜云潁川召陵縣西南有鄧城土地名云鄧義陽鄧縣也馥案晉書地理志義陽郡鄧縣故鄧侯國桓九年左傳巳子使韓服告于楚請與鄧爲好桓十一年傳爲公娶鄧曼注云曼鄧姓昭九年傳巴濮楚鄧吾南土也鄭語申呂應鄧韋云鄧曼姓史記楚世家文王二年伐申過鄧正義故鄧城在襄州安養縣北二十里春秋之鄧國莊十六年楚文王滅之服虔曰鄧曼姓也史記屈原傳魏聞之襲楚至鄧索隱鄧在漢水北故鄧侯城也　今屬南陽者漢志南陽郡鄧縣故國應劭曰鄧侯國翟方進傳傳送鄧獄顏注鄧亦南陽之縣潛夫論曼姓封於鄧後因氏焉南陽有鄧縣

鄾　鄧國地也從邑憂聲春秋傳曰鄧南鄙鄾人攻之於求切

五音集韻鄾戰國時地屬楚昭襄王取韓置南陽郡

鄾國地也者郡國志南陽郡鄧有鄾聚注云左傳桓九年楚師圍鄾水經注淯水又南逕鄧塞東又逕鄾城東古鄾子國也蓋鄧之南鄙也昔巴子請楚于鄧爲好鄾人奪其幣卽是邑也司馬彪以爲鄧之鄾聚矣荆州記樊城西北有鄾城卽春秋所稱鄾子之國光武云宛最强鄾次之卽爲此鄾城西北行十餘里鄧侯國爲楚文王所滅今爲鄧縣通典襄陽郡臨漢下云有鄾城卽鄾子國寰宇記襄州鄧城縣有古鄾城　春秋傳曰鄧南鄙鄾人攻之者桓九年左傳文彼云鄧南鄙鄾人攻而奪之幣杜注鄾在今鄧縣南沔水之北

𨚍　南陽淯陽鄉從邑号聲乎刀切

南陽淯陽鄉者字書𨚍鄉在南陽廣韻𨚍鄉名在淯陽

cháo 鄛　ráng 𨟚　lú 䣚　lǐ 𨛬　yǔ 𨛜　yǐng 郢

鄛　南陽棗陽鄉從邑巢聲鉏交切

南陽棗陽鄉者後漢書宦者傳注引作棘陽漢志南陽郡有棘陽縣郡國志同

𨟚　今南陽穰縣是從邑襄聲汝羊切

今南陽穰縣是者漢志南陽郡穰縣顏注今鄧州穰縣是也徐鍇曰卽秦穰侯魏冉之所封假借穰字

䣚　南陽穰鄉從邑婁聲力朱切

南陽穰鄉者玉篇䣚南陽穰縣鄉馥案史記婁敬當作䣚以地爲姓

𨛬　南陽西鄂亭從邑里聲良止切

𨛜　南陽舞陰亭從邑羽聲王榘切

南陽舞陰亭者徐鍇曰漢書藝文志有別栩陽亭賦栩假借

郢　故楚都在南郡江陵北十里從邑呈聲以整切

故楚都者僖十二年左傳自郢及我九百里杜云郢楚都襄十四年傳楚子囊將死遺言謂子庚必城郢吳語遂至於郢韋云郢楚都也秦策襄郢又云天下乃釋梁郢高注竝云郢楚都也楚詞九章發郢都而去閭兮荒忽其焉極齊策鄢郢者楚之柱國也高云柱國都也越絕書郢者何楚王治處也史記楚世家文王熊貲立始都郢周本紀周絕於秦必入於郢矣正義郢楚都也漢書地理志文王徙郢司馬相如傳鄢郢繽紛李奇曰郢楚都也王觀國曰史記周成王封熊繹於荆蠻爲楚子居丹陽楚文王自丹陽徙郢楚頃襄王自郢徙陳楚考烈王自陳徙壽春命曰郢觀國案前漢地理志曰江陵故楚郢都楚旣屢徙至壽春則去郢遠矣地旣非郢而猶命曰郢者名貴其所自出故也　在南郡江陵北十里者莊子天運篇南行者至於郢釋文　郢楚都也在江陵北史記貨殖傳江陵故郢都正義荆州江陵縣故爲郢楚之都漢書地理志南郡江陵縣故楚郢都楚文王自丹陽徙此後九世平王城之後十世秦拔我郢徙東古文苑楚相孫叔敖碑楚都南郢馥案衛公子郢字子南則古有南郢之名矣夢溪筆談今郢州本謂之北郢亦非古之楚都或曰楚都在今宜城界中有故墟尙在亦不然也此鄢也非郢也據左傳楚成王使鬭宜申

邑

爲商公沿漢泝江將入郢王在渚宮下見之沿漢至於夏口然後泝江則郢當在江上不在漢上也又在渚宮下見之則渚宮葢在郢也楚始都丹陽在今枝江文王遷郢昭王遷都皆在今江陵境中杜預注左傳云楚國今南郡江陵縣北紀南城也謝靈運鄴中集詩云南登宛郢城今江陵北十二里有紀南城卽古之郢都也又謂之南郢寰宇記荆州江陵縣故郢城在縣東北一十二里漢志有郢縣云楚別邑杜預以爲史所言郢者卽州北紀南城是盛宏之荆州記云昭王十年吳通漳水灌紀南入赤湖進灌郢遂破楚則是先攻紀南而後破郢也

郢或省

yān
鄢

鄢 南郡縣孝惠三年改名宜城從邑焉聲 於乾切

南郡縣孝惠三年改名宜城者漢志南郡宜城縣故鄢惠帝三年更名司馬相如傳鄢郢繽紛李奇曰鄢今宜城縣也後漢書光武紀幸宜城注云縣屬南郡楚之鄢邑也故城在今襄州率道縣南吳任臣曰路史國名紀鄢地有三楚之鄢都襄陽之宜城也鄭伯克段于鄢開封之鄢陵也若穆叔如莒及鄢陵則沂之安陵也

說文解字義證 卷十九 卅三

méng
鄳

鄳 江夏縣從邑黽聲 莫杏切

江夏縣者見漢志史記蘇秦傳塞鄳阸集解鄳江夏鄳縣正義申州羅山縣本漢鄳縣申州有平清關葢古鄳縣之阸塞楚世家涉鄳塞徐廣曰今江夏元和志申州鍾山縣本漢鄳縣地屬江夏郡通作冥史記無忌說魏安釐王曰秦不敢攻冥阸之塞徐廣曰卽鄳縣也定四年左傳還塞大隧直轅冥阸高誘曰在楚墨子非攻篇吳闔閭次注林出冥隘之徑戰於柏舉 黽聲者蘇林音盲顏師古萌又音莫耿反

gé
⿰葛阝

⿰葛阝 南陽陰鄉從邑葛聲 古達切

南陽陰鄉者漢志南陽有陰縣廣韻⿰葛阝鄉名在南陽通作葛書仲虺之誥自葛載

è
鄂

鄂 江夏縣從邑咢聲 五各切

江夏縣者見漢志廣韻鄂國名在武昌輿地記今鄂州武昌楚之東鄂也漢爲江夏鄂縣孫權改爲武昌水經注江水云江之右岸有鄂縣故城舊樊楚地世本稱熊渠封其中子紅爲鄂王晉太康地記以爲東鄂矣九州記曰鄂今武昌也孫權以魏黃初元年自公安徙此改曰武昌縣鄂縣徙治于袁山東又以其年立爲江夏郡分建業之民千家以益之馥案南陽有西鄂縣叔虞所封故此稱東鄂

qǐ
邔

邔 南陽縣從邑己聲 居擬切

南陽縣者當作南郡漢志南郡有邔縣玉篇南郡有邔縣廣韻邔縣名在南郡郡國志南郡邔侯國有犂邱城注云朱祐禽秦豐蘇嶺山案岑彭傳云南郡人秦豐據黎邱注引東觀記曰豐邔縣人王歆傳封長子柱爲邔侯注云邔縣屬南郡故城在今襄州史記索隱云邔縣屬南郡習鑿齒襄陽耆舊記襄陽有邔縣潛邱劄記古諺云邔無東以其東逼漢江界促近也 己聲者孟康音忌顏師古音其己反周成雜字解詁云邔音忌

zhū
邾

邾 江夏縣從邑朱聲 陟輸切

江夏縣者漢志江夏郡邾縣衡山王吳芮都史記楚世家陸終生子六人五曰曹姓集解云世本云曹姓者邾是也括地志故邾國在黃州黃岡縣東南百二十一里輿地廣記兖州鄒縣邾文公所遷邑楚滅之遷之江夏故江夏亦

說文解字義證 卷十九 卅四

有邾城今爲黃州黃岡縣元和志黃州黃岡縣故邾城在縣東南一百二十里古邾國也後爲楚所滅漢以爲縣寰宇記復州景陵縣邾縣故城在縣東徐鍇本有一曰魯有小邾國七字鍇曰案杜預曰魯國鄒縣也馥案本書鄒下云魯縣古邾國左氏春秋隱元年公及邾儀父盟于蔑莊五年郳犂來來朝杜云東海昌慮縣東北有郳城後爲小邾子

yún
鄖

鄖 漢南之國從邑員聲漢中有鄖關 羽文切

漢南之國者漢置江夏郡竟陵縣鄖鄉楚鄖公邑郡國志江夏郡竟陵侯國有鄖鄉桓十一年左傳鄖人軍於蒲騷注云鄖國在江夏雲杜縣東南有鄖城襄九年傳使皇鄖命校正出馬定四年傳楚王奔鄖鄖公辛之弟懷將弒王哀十二年傳衛侯會吳於鄖史記吳世家楚昭王亡出郢奔鄖服虔曰鄖楚縣伍子胥傳王走鄖索隱鄖古之鄖國括地志安州安陸縣城本春秋時鄖國城也十道志安州安陸郡春秋鄖子之國後楚滅鄖鬬辛封爲鄖公則其地也元和志安州春秋時鄖國後爲楚所滅漢爲安陸縣通鑑蕭衍曰使鄖城竟陵之粟方舟而下注云安陸春秋鄖

子之國故曰鄖城字或作䢵宣四年左傳若敖娶於䢵注云䢵國名釋文䢵本又作鄖通典安州春秋䢵子之國雲夢之澤在焉後楚滅䢵封鬭辛爲鄖公即其地也又通作員成七年左傳囚鄖公釋文本亦作員音云邑名漢書人表員公辛顏注員讀曰鄖華陽國志漢中志員鄉縣本名長利縣縣有員關漢中有鄖關者漢志漢中郡長利縣有鄖關史記貨殖傳南陽西通武關鄖關徐廣曰按漢中亦作鄖字水經注沔水云漢水東逕鄖鄉縣故城南謂之鄖鄉灘縣故黎也即長利之鄖鄉矣地理志曰有鄖關李奇以爲鄖子國晉太康五年立以爲縣

yōng 鄘

鄘 南夷國從邑庸聲 余封切

南夷國者趙宧光曰春秋楚人秦人巴人滅鄘后經從邑通行公車本但用庸左傳庸蜀羌髳史記楚世家熊渠乃興兵伐庸又云是歲滅庸正義房州竹邑縣今是也括地志房州竹山縣本漢上庸縣古之庸國昔周武王伐紂庸蠻在焉

pí 郫

郫 蜀縣也從邑卑聲 符支切

蜀縣也者漢志蜀郡有郫縣後漢書臧宮傳復攻拔繁郫注云郫縣名屬蜀郡故城在今益州郫縣北寰宇記益州郫縣古郫邑秦滅蜀因而縣之李膺記郫縣益州之勝邑馥案杜甫詩有郫筩用以飲酒細竹長節郫地所生通作稗本書庳讀若稗縣唐宋時貢稗布以郫縣出絲也 卑聲者顏師古音披

chóu 䣂

䣂 蜀江原地從邑壽聲 市流切

蜀江原地者漢志蜀郡江原縣䣂水首受江南至武陽入江

jí 䣢

䣢 蜀地也從邑耤聲 秦昔切

蜀地也者字書䣢鄉在臨邛廣韻昔部䣢下云地名在蜀又鐸部䣢下云地名在蜀亦姓出蒼頡篇

wàn 鄤

鄤 蜀廣漢鄉也從邑蔓聲讀若蔓 無販切

蜀廣漢鄉也者蜀郡無廣漢縣當是廣都

fāng 邡

邡 什邡廣漢縣從邑方聲 府良切

什邡廣漢縣者見漢志漢高帝封雍齒什邡侯廣韻什邡縣在漢州史記功臣侯年表作汁邡如淳曰汁音什

mà 䣕

䣕 𨛫䣕犍爲縣從邑馬聲 莫駕切

𨛫䣕犍爲縣者見漢志本書無𨛫字王篇𨛫𨛫䣕縣在犍爲華陽國志南中志存䣕縣雍闓反結壘於縣山繫馬柳柱生成林今夷言無雍梁夷言馬也寰宇記戎州南溪縣有唐歸順鎮後分𨛫䣕縣就鎮置縣 馬聲者顏師古音莫亞反

bì 鄨

鄨 牂牁縣從邑敝聲讀若鷩雉之鷩 必袂切

牂牁縣者見漢志彼作牂柯玉篇牂牁郡有鄨縣鄨水所出廣韻鄨水名在牂牁地道記不狼山鄨水所出華陽國志蜀志鄨故犍爲地鄨有犍山見保乾圖蜀王本紀有鄨令 讀若鷩雉之鷩者孟康曰鄨音鷩

bāo 䢼

䢼 地名從邑包聲 布交切

地名者廣韻䢼邑名

nuó 那

那 西夷國從邑冄聲安定有朝那縣 諾何切

安定有朝那縣者見漢志應劭曰朝那故戎郡邑也後漢書王常傳常別擊破隗囂將峻於朝那注云朝那縣屬安定郡也史記文帝紀匈奴謀入邊爲寇攻朝那塞殺北地都尉卬馥案北征賦弔尉卬於朝那

pó 鄱

鄱 鄱陽豫章縣從邑番聲 薄波切

鄱陽豫章縣者見漢志括地志饒州鄱陽縣春秋時爲楚東境秦爲番縣屬九江郡漢爲鄱陽縣也 番聲者孟康音婆

líng 酃

酃 長沙縣從邑霝聲 郎丁切

長沙縣者見漢志郡國志長沙郡酃注云荆州記曰有酃湖周迴三里取湖水爲酒酒極甘美 霝聲者孟康音鈴

chēn 郴

郴 桂陽縣從邑林聲 丑林切

桂陽縣者漢志桂陽郡郴縣項羽所立義帝都此史記項羽本紀項王使人徙義帝曰古之帝者地方千里必居上

lèi 郲 mào 鄮 yín 鄞 pèi 邶 bǐng 邴 cuó 䣜

游乃使使從義帝長沙郴縣通典郴州下云項羽徙義帝於長沙都郴即此地也漢初以其地爲桂陽郡縣有郴水字書郴陽縣有郴水下入郴

郲 今桂陽郲陽縣從邑耒聲 盧對切

今桂陽郲陽縣者見漢志彼作耒顏注在耒水之陽也

鄮 會稽縣從邑貿聲 莫候切

會稽縣者見漢志云餘姚本鄮縣之地輿地志邑人以其海中物產於山下貿易因名鄮縣元和志明州鄮縣本漢舊縣屬會稽郡

貿聲者孟康音貿

鄞 會稽縣從邑堇聲 語斤切

會稽縣者見漢志郡國志鄞章安故治閩越地光武更名注云本鄞縣南之迴浦鄉章帝章和元年立又順帝紀注云鄞故城在鄮縣東南

說文解字義證 卷十九 卅七

邶 沛郡從邑市聲 博蓋切

盛君百二曰沛當爲沛郝從朩

沛郡者漢志沛郡故秦泗水郡高帝更名史記高祖本紀高祖沛豐邑中陽里人集解李斐曰沛小沛也孟康曰後沛爲郡索隱云按漢改泗水爲沛郡治相城故注以沛爲小沛也

邴 宋下邑從邑丙聲 兵永切

宋下邑者宋當爲鄭春秋隱八年鄭伯使宛來歸邴公羊傳邴者何鄭湯沐之邑也左傳作祊杜注祊鄭祀泰山之邑在琅邪費縣東南馥案今費縣有祊水因邑名之隸釋漢樊毅脩西嶽廟碑自古太山邴邑猶存

䣜 沛國縣從邑虘聲 昨何切

本書鬻沛人言若虘虘當作䣜

沛國縣者漢志沛郡酇縣莽曰贊治應劭音嵯顏注此縣本爲䣜應音是也中古以來借酇字爲之耳讀皆爲䣜而

shǎo 邺 chén 𨛜 chán 酁 zī 鄑 gào 郜 juàn 鄄 qióng 邛

莽曰爲贊治則此縣亦有贊音馥案沛郡後漢更名沛國許公據當時所稱也寰宇記酇縣漢縣屬沛郡古今地名即酇亭是姚察云南陽酇音贊此沛酇音嵯錢君大昕曰今永城縣東有酇陽集土人讀如嵯即何所封也徐鍇本有今酇縣三字後人加之

邺 地名從邑少聲 書沼切

地名者玉篇邺魯地名

𨛜 地名從邑臣聲 植鄰切

酁 宋地也從邑毚聲讀若讒 士咸切

宋地也者惠棟曰哀十七年左傳宋皇瑗之子麇有友曰田丙而奪其兄酁般邑以與之說文酁宋地也疑般采邑

讀若讒者昭三年左傳讒鼎之銘服虔云讒地名禹鑄九鼎於甘讒之地故曰讒鼎

鄑 宋魯閒地從邑晉聲 即移切

宋魯閒地者春秋莊十一年公敗宋師于鄑范甯云鄑魯地杜注左傳同

說文解字義證 卷十九 卅八

郜 周文王子所封國從邑告聲 古到切

周文王子所封國者漢書人表郜子文王子郡國志濟陰郡成武有郜城桓二年左傳以郜大鼎賂公杜云郜國造器也故繫名於郜濟陰城武縣東南有北郜城正義云劉君以南郜北郜竝宋邑別有郜國以規杜氏

鄄 衛地今濟陰鄄城從邑垔聲 吉掾切

衛地者春秋莊十四年單伯會齊侯鄭伯于鄄范甯云鄄衛地襄十四年左傳公如鄄杜云鄄衛地 今濟陰鄄城者漢志濟陰郡有鄄城魏以臨淄侯植爲鄄城侯元和志濮州在漢爲濟陰郡之鄄城也通雅鄄城古顓頊之墟春秋衛成公都此漢爲濟陰鄄城縣今爲山東濮州屬東昌府

邛 邛地在濟陰縣從邑工聲 渠容切

邛地在濟陰縣者集韻引作地名在濟陰韻會引亦無縣字

邑

kuài 鄶

鄶 祝融之後妘姓所封潧洧之閒鄭滅之從邑會聲 古外切

僖三十三年左傳斂而葬之鄶城之下服注鄶城古鄶國之虛杜注鄶城故鄶國在滎陽密縣東北 括地志故鄶城在鄭州新鄭縣東北三十二里 竹書帝嚳十六年帝使重帥師滅有鄶 周書史記解昔有鄶君嗇儉減爵損祿羣臣卑讓上下不臨後□小弱禁罰不行重氏伐之鄶君以亾

祝融之後妘姓所封者鄭語妘姓鄔鄶路偪陽韋云陸終弟四子曰求言爲妘姓封於鄶鄶今新鄭也通作會史記楚世家陸終生子六人四曰會人索隱云系本云四曰求言是爲鄶人宋忠曰求言名也妘姓所出鄶國也漢書地理志子男之國虢會爲大顏注會讀曰鄶又通作檜詩譜檜者古高辛氏火正祝融之墟 潧洧之閒者史記集解引虞翻曰檜國在禹貢豫州外方之北滎波之南居溱洧之閒水經注洧水云劉楨云鄶在豫州外方之北北鄰於虢都滎之南左濟右洛居兩水之閒食溱洧焉王肅曰周書王封祝融之後於濟洛河潁之閒爲鄶子

yuán 邧

邧 鄭邑也從邑元聲 虞遠切

鄭邑也者徐鍇曰杜預云秦地此云鄭地傳寫誤馥案文四年左傳晉侯伐秦圍邧新城

yán 郔

郔 鄭地從邑延聲 以然切

鄭地者宣三年左傳晉侯伐鄭及郔注云郔鄭地十二年傳楚子北師次于郔注云郔鄭北地通作延隱元年傳大叔又收貳以爲己邑至于廩延杜云廩延鄭邑陳留酸棗縣北有延津

gěng 郠

郠 琅邪莒邑從邑更聲春秋傳曰取郠 古杏切

琅邪莒邑者郡國志琅邪郡莒本國故屬城陽 春秋傳曰取郠者昭十年左傳文注云郠莒邑

yǔ 鄅

鄅 妘姓之國從邑禹聲春秋傳曰鄅人藉稻讀若規榘之榘 王榘切

玉篇鄅國今琅邪開陽縣廣韻鄅子國在琅邪其後以國爲姓 漢志東海郡開陽縣故鄅國 郡國志琅邪國開陽春秋昭十八年邾人入鄅杜注鄅國今琅邪開陽縣 水經注沂水又南逕開陽縣故城東縣故鄅國也春秋左傳昭公十八年邾人襲鄅盡俘以歸鄅子曰余無歸矣從帑於邾是也後更名開陽矣春秋哀公三年經書季孫斯叔孫州仇帥師城啟陽者是矣

妘姓之國者杜注左傳云鄅妘姓國也正義鄅爲妘姓世本文也 春秋傳曰鄅人藉稻者昭十八年左傳文唐詩紀事李百藥七歲能屬文齊中書舍人陸乂嘗過其父德林有說徐陵文者云藉琅邪之稻坐客竝不識其事百藥進曰傳稱鄅人藉稻注云鄅國在琅邪開陽縣人皆驚喜云此兒卽神童 讀若規榘之榘者左傳釋文鄅許慎郭璞皆音矩

zōu 鄒

鄒 魯縣古邾國帝顓頊之後所封從邑芻聲 側鳩切

鄒山記騶山古之嶧山邾文公之所卜山下是鄒縣本是邾國魯穆公改騶山從邑變故謂鄒山 世本邾顏居邾肥徙郳馥案從郳者後封爲小邾子 六書故春秋時邾莒用夷故邾謂之邾婁婁亦兩音力俱切者合邾婁之音爲邾力溝

切者合邾婁之音爲鄒也

魯縣者漢志魯國騶縣故邾國曹姓二十九世爲楚所滅嶧山在北應劭曰邾文公卜遷于嶧者也 古邾國者元和郡縣志鄒縣故邾國魯之附庸魯穆公改邾爲鄒因鄒山以爲縣史記孟子列傳孟軻鄒人也索隱鄒魯地名又云邾邾人從鄒故也春秋宣十年公孫歸父帥師伐邾取繹文十三年左傳邾文公卜遷于繹杜注竝云繹邾邑魯國鄒縣北有繹山正義邾都本在鄒縣北有繹山徙都於彼山旁山旁當有舊邑故曰繹邾邑也史記吳世家爲騶伐魯索隱云左傳騶作邾杜預注左傳亦曰邾今魯國騶縣是也騶邾聲相近自亂耳騶宜作邾 帝顓頊之後所封者玉篇鄒魯縣也古扶風附庸國顓頊之後所封通典邾國黃帝之後陸終之子曹姓所封今鄒縣也齊乘云通志顓頊帝元孫陸終氏第五子晏安賜姓曹封于邾子孫以邾爲姓周武王封晏安之裔邾挾爲附庸自挾至儀父十二世始見春秋儀父附從齊桓定霸有功進爵稱子十四世邾文公遷于繹改稱鄒趙臺卿曰至孟子時改曰鄒矣此說非也

tú 𨙶　shī 邿　zōu 郰　chéng 郕

𨙶 邾下邑地從邑余聲魯東有𨙶城讀若塗 同都切

魯東有𨙶城者昭元年左傳周有徐奄服虔云魯公所伐徐戎也馥案史記齊世家田常執簡公于徐州索隱云徐字從人說文作𨙶竝音舒 讀若塗者本書無塗字易困卦來徐徐子夏傳作荼荼先鄭注考工記荼讀爲舒舒徐也詩荆舒是懲史記建元以來矦表作荆荼

邿 附庸國在東平亢父邿亭從邑寺聲春秋傳曰取邿 書之切

附庸國者公羊春秋取詩傳云詩者何邾婁之邑也孟子天子之制地方千里公矦皆方百里伯七十里子男五十里凡四等不能五十里不達於天子附於諸矦曰附庸 在東平亢父邿亭者六書故引作亢父縣有邿亭玉篇任城亢父縣有邿亭通作詩漢志東平國亢父縣詩亭故詩國 春秋傳曰取邿者襄十三年經文杜云邿小國也任城亢父縣有邿亭左傳邿亂分爲三師救邿遂取之

郰 魯下邑孔子之鄉從邑取聲 側鳩切

魯下邑孔子之鄉者襄十七年左傳郰叔紇杜注叔梁紇檀弓孔子少孤不知其墓問於郰曼父之母或作鄹論語孰謂鄹人之子知禮乎孔安國曰鄹孔子父叔梁紇所治邑也文十五年左傳卞人以告正義云治邑大夫例呼爲人孔子父爲鄹邑大夫謂之鄹人唐后經左傳郰人紇水經注引作鄹通作陬史記孔子世家孔子生魯昌平鄉陬邑集解孔安國曰陬孔子父叔梁紇所治邑索隱陬是邑名昌平鄉號孔子居魯之陬邑昌平鄉之闕里也又通作鄒易是類謀不知聖人姓在鄒注云鄒孔子父叔梁紇所治邑也矣水經注魯國鄒山即嶧山邾文公所遷叔梁紇之邑孔子生此左傳釋文孟子名軻字子輿鄒邑人

郕 魯孟氏邑從邑成聲 氏征切

魯孟氏邑者史記正義引同春秋桓三年公會杞矦于郕注云郕魯地襄十六年左傳齊矦圍郕杜云郕魯孟氏邑列子天瑞篇孔子遊於太山見榮啟期行乎郕之野注云郕魯邑名史記田敬仲完世家取魯之郕正義引括地志故郕城在兗州泗水縣西北五十里通作成漢志泰山有式縣式當爲成春秋桓六年公會紀矦于成杜云成魯地在泰山鉅平縣東南昭二十六年經公圍成杜云孟氏邑昭七年左傳晉人來治杞田季孫將以成與之謝息爲孟孫守不可注云成孟氏邑本杞田定十二年傳仲由爲季氏宰將墮三都公斂處父謂孟孫墮成齊人必至于北門且成孟氏之保障也無成是無孟氏也杜注成在魯北境哀十四年傳孟孺子洩將圉馬於成注云成孟氏邑

yǎn 𨛬

𨛬 周公所誅𨛬國在魯從邑奄聲 依檢切

周公所誅𨛬國在魯者玉篇𨛬周公所誅叛國商奄是也書多方王來自奄鄭注奄國在淮夷之旁周公居攝之時亦叛王與周公征之三年滅之尚書大傳奄君謂祿父曰武王既死矣今王尚幼矣周公見疑矣此百世之時也請舉事又云周公攝政三年踐奄通鑑外紀奄君謂武庚祿父曰此百世之時也請舉事祿父從之率奄淮夷叛周公奉王命興師東伐詩破斧周公東征四國是皇傳云四國管蔡商奄也孟子周公相成王誅紂伐奄昭元年左傳周有徐奄注云二國皆嬴姓昭四年傳成有岐陽之蒐注云周成王歸自奄大蒐于岐山之陽昭九年傳蒲姑商奄吾

東土也正義商奄魯也定四年傳因商奄之民命以伯禽而封於少皞之虛杜云商奄國名也與四國流言或迸散在魯皆令即屬魯懷柔之書序成王東伐淮夷遂踐奄鄭注奄國在淮夷之北

huān 酄　láng 郎　pī 邳

酄 魯下邑從邑雚聲春秋傳曰齊人來歸酄 呼官切

魯下邑者玉篇酄魯下邑濟北蛇邱縣也通作讙春秋桓三年齊矦送姜氏于讙杜云讙魯地濟北蛇邱縣西有下讙亭 春秋傳曰齊人來歸酄者定十年左傳文彼云齊人來歸鄆讙龜陰之田

郎 魯亭也從邑良聲 魯當切

魯亭也者漢因魯邑爲亭也隱元年左傳費伯帥師城郎注云郎魯邑高平方與縣東南有郁郎亭春秋隱九年夏城郎注云郎魯邑桓十年齊矦衛矦鄭伯來戰于郎公羊云郎者何吾近邑也莊三年公次于郎莊三十一年築臺于郎檀弓戰于郎注云郎魯近邑也

邳 奚仲之後湯左相仲虺所封國在魯薛縣從邑丕聲

zhǎng 鄣　hán 邗

敷悲切

奚仲之後云云者顏注急就篇有奚仲者爲夏車正受封於薛後遷于邳而仲虺居薛爲湯左相其後稱爲薛侯及爲楚所并餘族因號薛氏漢志魯國薛縣夏車正奚仲所封國後遷于邳湯相仲虺居之風俗通奚仲爲夏車正自薛封邳竹書外任元年邳人姺人叛河亶甲三年彭伯克邳昭元年左傳商有姺邳注云二國商諸侯邳今下邳縣定元年傳薛之皇祖奚仲居薛以爲夏車正奚仲遷于邳仲虺居薛以爲湯左相杜云邳下邳縣仲虺奚仲之後方言徐土邳圻之閒注云今下邳也寰宇記下邳縣本夏時邳國後屬薛春秋云薛之祖奚仲遷于邳史記高祖紀彭越渡睢水戰于下邳馥案有上邳故曰下漢書諸侯王表有上邳侯郢客風俗通奚仲爲夏車正自薛封邳其後爲氏案史記晉世家有邳鄭

鄣 紀邑也从邑章聲 諸良切

紀邑也者春秋莊三十年齊人降鄣公羊云鄣者何紀之遺邑也穀梁同

邗 國也今屬臨淮从邑干聲一曰邗本屬吳 胡安切

今屬臨淮者胡渭曰邗溝亦曰渠水漢志江都縣有渠水首受江北至射陽入湖是也又名中瀆水水經注中瀆水首受江於江都縣縣城臨江昔吳將伐齊北霸中國自廣陵城東南築邗城城下掘深溝謂之韓江亦曰邗溟溝自廣陵出山陽白馬湖逕山陽城西又東謂之山陽浦又東入淮謂之山陽口是也山陽本漢射陽縣屬臨淮郡晉義熙中改曰山陽縣射陽湖在縣東南八十里縣西有山陽瀆即古邗溝其縣北五里之北神堰即古末口也 一曰邗本屬吳者哀九年左傳吳城邗溝通江淮杜云今廣陵邗江是吳越春秋吳將伐齊自廣陵闕江通淮蕪城賦拖以漕渠李善云漕渠邗溝也左氏傳曰吳城邗溝通江淮杜預曰通糧道寰宇記揚州江都縣蕪城即州城古爲邗溝城也董斯張曰邗在揚州吳夫差闕溝處杜預左傳注云邗溝廣陵韓江是閻若璩曰邗吳地也於其地築城號邗城城下掘深溝引江水東北通射陽湖其城應在大江濱今儀眞縣南有上江口下江口舊江口或者舊江口爲吳夫差所穿故班志廣陵江都縣有渠水首受江是也第代遠城堙無復餘址欒史云江都縣城臨江今圮於水江都既爾邗城可知近志竟實以蜀岡上遺跡豈其然

yí 鄬　hòu 郈　tán 郯　wú 郚

鄬 臨淮徐地从邑義聲春秋傳曰徐鄬楚 魚羈切

臨淮徐地者漢志臨淮郡徐縣故國盈姓至春秋時徐子章禹爲吳所滅 春秋傳曰徐鄬楚者昭六年左傳文彼作儀徐鍇曰杜預但言徐大夫名儀楚不言鄬是地名據許慎所言則以楚是大夫之名鄬是所食之邑若晉郤克魯叔孫之比然則當後漢之時春秋儀楚當作此鄬字但杜預在許慎後故詳畧不同也

郈 東平無鹽鄉从邑后聲 胡口切

東平無鹽鄉者徐鍇本有是字漢志東平國無鹽縣有郈鄉昭二十五年左傳逸奔郈注云郈在東平無鹽縣東南春秋定十年叔孫州仇仲孫何忌帥師圍郈何休云郈叔孫氏所食邑水經注汶水云汶水自桃鄉四分當其派別之處謂之四汶口其左二水雙流西南至無鹽縣之郈鄉城南郈昭伯之故邑也禍起鬬雞矣春秋左傳定公十二年叔孫氏墮郈今其城無南面又云又一汶西逕郈亭北馥案無鹽縣莽曰有鹽亭其後以郈鄉爲郈亭通典鄆州須昌縣下云有郈鄉亭左傳云季郈之雞鬬即此通作厚漢書人表厚昭伯顏注即郈昭伯也

郯 東海縣帝少昊之後所封从邑炎聲 徒甘切

東海縣者漢志東海郡郯縣故國少昊後盈姓律歷志郯子來朝顏注郯國名郯國即東海郯縣是也後漢書光武紀進幸郯注云縣名屬東海郡故城在今泗州下邳縣東北晉書地理志東海郡郯縣故郯子國水經注沂水云郯故國也少昊之後春秋昭公十七年郯子朝魯云云竹書紀年晉烈公四年越子朱句滅郯以郯子鴣歸縣故舊魯也東海郡治 帝少昊之後所封者家語致思篇孔子之郯注云郯國名也少昊之後左傳仲尼學官於郯子王肅云郯少皞之後史記越世家願齊之試兵南陽莒地以聚常郯之境索隱云郯故郯國 炎聲者應劭音談

郚 東海縣故紀侯之邑也从邑吾聲 五乎切

杜注左傳郚在朱虛縣東南 玉篇郚朱虛縣東南魯下邑也 廣韻郚鄉名在東莞 馥案朱虛晉屬東莞 東海縣者漢志東海郡郚鄉縣侯國顏謂本書當云郚鄉東海縣本書於單字縣名則曰某郡縣兩字縣名則全舉

其名而繫以郡如什邡郴鄢之例哀帝紀立魯頃王子郚鄉侯閔爲王蘇林曰郚縣名也屬東海故紀侯之邑也者春秋莊元年齊師遷紀郱鄑郚寰宇記安邱縣郚城在今縣西南六十里即春秋遷紀郱鄑郚是也

xī 鄎

鄎 東海之邑从邑巂聲 戶圭切

東海之邑者當爲北海史記田敬仲完世家自安平以東至琅邪集解云安平在北海正義云括地志云安平城在青州臨淄縣東十九里古紀國之酅邑青州即北海郡也玉篇酅紀邑在安平縣郡國志北海國東安平有酅亭春秋莊三年紀季以酅入于齊穀梁云酅紀之邑也杜注左傳云酅紀邑在齊國東安平縣莊十二年紀叔姬歸于酅范甯云酅紀邑也僖二十六年公追齊師至酅陳岳春秋折衷云酅齊地

céng 鄫

鄫 姒姓國在東海从邑曾聲 疾陵切

春秋僖十四年季姬及鄫子遇于防哀七年公會吳于鄫襄四年左傳公請屬鄫杜注並云鄫今琅邪鄫縣馥案鄫在晉屬琅邪元和志沂州承縣春秋時鄫國也寰宇記沂州承縣本舊縣春秋時鄫國也故鄫城在縣東八十里通作

說文解字義證 卷十九 罣

繒括地志繒縣在沂州承縣魏策繒恃齊而輕越齊和子亂而越人亡繒

姒姓國者徐鍇本作姬姓國鍇曰案杜預繒姬姓與說文同或寫作姒誤馥案僖三十一年左傳衛遷于帝邱衛成公夢康叔曰相奪予享公命祀相甯武子不可曰鬼神非其族類不歆其祀杞鄫何事相之不享於此久矣杜注言杞鄫夏後自當祀相相夏后啟之孫據此則杜不以鄫爲姬姓也史記周本紀申侯怒與繒西夷犬戎攻幽王索隱繒國名夏同姓正義國語云繒姒姓夏禹後括地志云繒縣古侯國禹後 在東海者漢志東海郡繒縣故國禹後

yé 邪

邪 琅邪郡从邑牙聲 以遮切

琅邪郡者九經字樣郎邪郡名郎良也邪道也以地居鄒魯人有善道故爲郡名今經典相承郎字玉篇作琅邪字或作耶者譌馥案伏韜齊地記郎邪城東南十里有郎山即古琅邪臺也秦始皇至郎邪大樂之留三月郎邪臺赤孤山也杜注左傳鄅國今琅邪開陽縣釋文琅本或作郎漢書游於巖郎之上晉灼曰郎堂邊廡周禮注作琅云鐸聲不過琅馥謂此郎邪假借之證也漢志琅邪郡秦置史記秦始皇本紀南登郎邪正義云今兗州東沂州密州即

古琅邪也齊悼惠世家高后割齊琅邪郡立營陵侯劉澤爲琅邪王正義云今沂州也十道志沂州琅邪郡置在臨沂縣禹貢徐州之域也春秋時齊地秦一置琅邪郡郡國縣道記琅邪臺在故城東南十里州東南一百七十里臺上有始皇碑後漢郡國志琅邪國琅邪注云山海經云有琅邪臺在勃海閒琅邪之東郭璞曰琅邪臨海邊有山嶕嶢特起狀如高臺此即琅邪臺齊景公曰吾循海而南放乎琅邪越絕曰句踐徙琅邪起觀臺臺周七里以望東海史記曰秦始皇徙黔首三萬戶琅邪臺下元和志秦幷天下置琅邪郡因琅邪山以爲名也又云諸城縣琅邪山在縣東南百四十里九域志密州諸城縣有琅邪山寰宇記諸城縣秦琅邪故城在今縣東南一百六十里古城是也

fū 邞

邞 琅邪縣一名純德从邑夫聲 甫無切

琅邪縣者見漢志一名純德者莽曰純德本書不引莽地名蓋後人加之

qī 郪

郪 齊地也从邑桼聲 親吉切

齊地也者通作漆春秋襄二十一年邾庶其以漆閭邱來奔

說文解字義證 卷十九 哭

guō 郭

郭 齊之郭氏虛善善不能進惡惡不能退是以亡國也从邑𩫖聲 古博切

齊之郭氏虛者徐鍇曰郭氏當是靖國之後平寰宇記博州聊城縣郭城隋圖經云郭城即亡國郭氏之墟馥案春秋莊二十四年赤歸于曹郭公公羊穀梁皆言郭公失國而歸于曹杜預謂經闕誤二家之說不了易林牛驥同堂郭氏以亡國破爲墟主君奔走又云鶴盜我珠逃於東都鵠怒追求郭氏之墟虛謂故國之虛哀十七年左傳登此昆吾之虛昭十七年傳宋大辰之虛陳大皞之虛鄭祝融之虛衛顓頊之虛僖二十八年傳晉侯登有莘之虛定四年傳伯禽封於少皞之虛康叔封於殷虛唐叔封於夏虛昭十二年傳八索九邱賈逵曰九邱亡國之戒杜注昭四年傳云魯城內有大庭氏之虛僖三十一年經衛遷於帝邱注云故帝顓頊之虛故曰帝邱爾雅釋天顓頊之虛竹書盤庚自奄遷朝歌遂曰殷墟檀弓墟墓之閒注云墟毀滅無後之地史記成王以殷餘民封康叔爲衛君居故商墟魯世家武王既克殷封周公於少皞之墟新序孔子對哀公曰君出魯之四門以望魯之四郊亡國之墟列必有

數矣漢志東郡濮陽縣故帝邱顓頊虛風俗通姚墟在濟陰城陽縣帝顓頊之墟閼伯之墟揚雄解嘲昔三仁去而殷墟　善善不能進惡惡不能退是以亾國也者顏注急就篇齊地有郭氏之虛蓋古國滅之後遂爲郭姓齊有郭榮此其族也新序昔者齊桓公出游於野見亾國故城郭氏之墟問於野人曰是爲何墟野人曰是爲郭氏之墟桓公曰郭氏者何爲墟野人曰郭氏者善善而惡惡桓公曰善善而惡惡人之善行也其所以爲墟者何也野人曰善善而不能行惡惡而不能去是以爲墟也風俗通云傳曰郭氏之墟墟者虛也郭氏古之諸侯善善不能用惡惡不能去故善人怨焉惡人存焉是以敗爲邱墟也新唐書王珪傳臣聞齊桓公之郭問父老曰郭何故亾曰以其善善而惡惡也公曰若子之言乃賢君也何至於亾父老曰不然郭君善善不能用惡惡不能去所以亾

ní 郳

郳　齊地從邑兒聲春秋傳曰齊高厚定郳田五雞切

春秋莊五年郳犂來來朝左傳云名未王命也杜云附庸國也未受爵命爲諸侯傳發附庸稱名例也其後數從齊桓以尊周室王命以爲小邾子正義郳之上世出於邾國世本云邾顏居邾肥徙郳宋仲子注云邾顏別封小子肥於郳爲小

說文解字義證　卷十九　四七

邾子則顏是邾君肥始封郳譜云小邾邾俠之後也夷父顏有功於周其子友別封爲附庸居郳曾孫犂來始見春秋附從齊桓以尊周室命爲小邾子穆公之孫惠公以下春秋後六世而楚滅之世本言肥杜譜言友當是一人僖七年經書小邾子來朝知齊桓請王命命之莊十五年左傳諸侯爲宋伐郳杜注郳附庸屬宋而叛故齊桓爲之伐郳　齊地者廣韻郳城在東海玉篇東海昌慮縣有郳城杜注左傳東海昌慮縣東北有郳城　春秋傳曰齊高厚定郳田者襄六年左傳文彼云遷萊于小郳高厚崔杼定其田正義云郳即小邾也二年傳曰滕薛小邾之不至皆齊故也小邾附屬于齊故滅萊國而遷其君於小邾使之寄居以終身焉

bó 郣

郣　郣海地從邑孛聲一曰地之起者曰郣蒲沒切

郣海地者漢志有郣海郡武帝紀作敦揚雄傳作勃淮南書亦作勃高誘曰勃大也南山經丹水南流注于渤海郭注渤海海岸曲崎頭也本書澥下云勃澥海之別名勃亦當作郣　一曰地之起者曰郣者徐鍇曰周禮土有勃壤借勃字也

tán 鄿

鄿　國也齊桓公之所滅從邑𠁁聲徒含切

玉篇鄿在濟南平陵縣南通作譚急就篇譚平定寰宇記歷城縣譚城在縣東南一十五里說苑桓公曰昔者吾圍譚三年漢書人表譚大夫新序吳有士曰譚夫吾廣韻漢有河南尹譚閎風俗通孟嘗君逐於齊見反譚子迎於齊　國也者郡國志東平陵有譚城故譚國通典齊州全節縣春秋時譚國城在縣西南　齊桓公之所滅者顏注急就篇譚小國也爲齊所滅春秋莊十年齊師滅譚杜注譚國在濟南平陵縣西南左傳齊侯之出也過譚譚不禮焉及其入也諸侯皆賀譚又不至冬齊師滅譚譚子奔莒詩大東序云譚大夫作是詩箋云魯莊公十年齊師滅譚水經注濟水云武原水出譚城南平澤中世謂之武原淵齊桓之出過譚譚不禮焉魯莊公九年即位又不朝十年滅之漢文帝十六年置爲王國景帝二年爲郡王莽更名樂安元和志齊州全節縣本春秋譚國之地齊滅之漢以爲東平陵縣屬濟南郡齊乘東平陵城在濟南東七十五里春秋鄿國齊桓滅之古城在西南龍山鎮相對漢爲東平陵縣

說文解字義證　卷十九　四八

qú 邭

邭　地名從邑句聲其俱切

gāi 郂

郂　陳留鄉從邑亥聲古哀切

zài 𨟻

𨟻　故國在陳留從邑𢦏聲作代切

故國在陳留者字林同郡國志陳留郡考城故菑陳留志曰古戴國地名春秋隱十年宋人蔡人衛人伐戴杜云戴國今陳留外黃縣東南有戴城正義云地理志云梁國甾縣故戴國應劭曰章帝改曰考城古者甾戴聲相近故鄭元詩箋讀假戴爲織甾是其音大同　故漢於戴國立甾縣於晉屬陳留

yān 䣍

䣍　地名從邑燕聲烏前切

襄二十九年左傳齊人立敬仲之曾孫䣍當取此地爲名

qiū 邱

邱　地名從邑丘聲去鳩切

rú 邚

邚　地名從邑如聲人諸切

niǔ ⿰丑阝　地名從邑丑聲　女九切

jǐ ⿰几阝　地名從邑几聲　居履切

xì ⿰翕阝　地名從邑翕聲　希立切

qiú ⿰求阝　地名從邑求聲　巨鳩切　地名者玉篇⿰求阝鄉在陳留

yīng ⿰嬰阝　地名從邑嬰聲　於郢切

dǎng ⿰尚阝　地名從邑尙聲　多朗切　論語闕黨當作此⿰尚阝　廣韻⿰尚阝居也一曰五百家爲⿰尚阝　漢書食貨志五族爲黨五黨爲州

píng 郱　地名從邑并聲　薄經切　地名者玉篇郱地名在東莞臨朐縣東南郡國志齊國臨朐古郱邑注云應劭曰伯氏邑也春秋莊元年齊師遷紀郱鄑郚杜云郱在東莞臨朐縣東南

hǔ ⿰虖阝　地名從邑虖聲　呼古切　地名者玉篇⿰虖阝魯地名

huǒ 邩　地名從邑火聲　呼果切

liǎo 鄝　地名從邑翏聲　盧鳥切　地名者通作鄝漢袁良碑僊脩城之鄝類篇鄝說文作鄝地名

guī 鄬　地名從邑爲聲　居爲切　地名者玉篇鄬地名春秋曰會于鄬杜預云鄬鄭地

cūn 邨　地名從邑屯聲　此尊切

shū ⿰舍阝　地名從邑舍聲　式車切　地名者玉篇春秋曰徐人取⿰舍阝杜預曰今廬江⿰舍阝縣

hé ⿰盍阝　地名從邑盇聲　胡蠟切

gān ⿰乾阝　地名從邑乾聲　古寒切　地名者廣韻⿰乾阝或作鄿

yín ⿰酓阝　地名從邑酓聲讀若淫　力荏切

shān 邖　地名從邑山聲　所閒切

táng ⿰臺阝　地名從邑臺聲臺古堂字　徒郎切　地名者玉篇⿰臺阝下引續漢書廣陵⿰臺阝邑也

féng 鄸　姬姓之國從邑馮聲　房戎切　姬姓之國者通作馮廣韻馮姓畢公高之後食采於馮城因而命氏出杜陵及長樂

kuài ⿰⿱卜冂阝　汝南安陽鄉從邑蔽省聲　苦怪切　汝南安陽鄉者昭二十三年左傳攻蒯蒯潰注云河南縣蒯鄉是也　蔽省聲者當爲叡省聲玉篇廣韻並有叡字本書闕

fǔ 郙　汝南上蔡亭從邑甫聲　方矩切　汝南上蔡亭者廣韻郙亭名在汝南又云在下蔡

lì 酈　南陽縣從邑麗聲　郎擊切　南陽縣者見漢志高帝紀偕攻析酈皆降顏注酈即菊潭縣地理志屬南陽馥案荆州記酈縣北有菊溪源出縣西北五十里石澗山東南流兩岸多甘菊馥謂菊溪即菊潭　麗聲者如滴音蹢躅之蹢

qiān ⿰䙴阝　地名從邑䙴聲　七然切　地名者董逌廣川書跋引字林⿰䙴阝畿內地名

yì 𨛜　xiàng 䣈　xiāng 鄉　xiàng (巷)

𨛜 從反邑䣈字從此闕

文一百八十一　重六

䣈 鄰道也從邑從𨛜凡䣈之屬皆從䣈闕 胡絳切

鄉 國離邑民所封鄉也嗇夫别治封圻之內六鄉六鄉治之從䣈皀聲 許良切

釋名萬二千五百家爲鄉鄉向也衆所向也周禮大司徒五州爲鄉注云鄉萬二千五百家鄉大夫各掌其鄉之政教禁令注云鄭司農云萬二千五百家爲鄉管子小匡篇制五家爲軌軌有長十軌爲里里有司四里爲連連有長十連爲鄉鄉有良人漢書食貨志五家爲鄰五鄰爲里四里爲族五族爲黨五黨爲州五州爲鄉鄉萬二千五百戶也鄰長位下士自此以上稍登一級至鄉而爲卿也

國離邑民所封鄉也嗇夫别治者黃恭交廣記秦兼天下改附庸爲鄉鄉則有族今嗇夫是也鄉之言境言其在人境域內非天王所置故言鄉漢書百官表大率十里一亭亭有長十亭一鄉鄉有三老有秩嗇夫游徼三老掌教化嗇夫職聽訟收賦稅游徼徼循禁賊盜

封圻之內六鄉六鄉治之者周禮大司徒辨其邦國都鄙之數制其畿疆而溝封之小司徒乃頒比灋于六鄉之大夫疏云六鄉大夫皆六命鄉爲之又鄭注序官云司徒掌六鄉又云司勳職曰掌六鄉之賞地六鄉地在遠郊之內則居四同鄭司農云百里內爲六鄉外爲六遂又注司常云師都六鄉六遂大夫也

巷 里中道從䣈從共皆在邑中所共也 胡絳切

里中道者廣雅衖道也三蒼衖里中别道也易睽九二遇主於巷象曰遇主於巷未失道也詩巷無居人傳云巷里塗也又丰俟我乎巷兮傳云巷門外也正義云巷是門外之道與里塗一也楚辭五子用失乎家衖李善注引法言一巷之市今法言作閧

巷 篆文從䣈省

文三　重一

邑 䣈

rì
日

說文解字弟七義證弟二十

曲阜桂馥學

實也太陽之精不虧从囗一象形凡日之屬皆从日 人質切

春秋元命苞一歲三百六十五日四分度之一言陽布散立數合一故立字四合其一　春秋內事日者陽德之母也　尸子夫日圓尺光盈天地　文子上德篇天明日明然後照四方　衛策曰并燭天下者也一物不能蔽也　范子計然日者火精也火者外景　皇甫謐年歷日者衆陽之宗陽精外發故日以晝明名曰曜靈

實也者日實聲相近本書旾下引左傳王室日旾旾焉今左傳日作實詩節南山傳云實滿也廣雅日實也釋名日實也光明盛實也白虎通日之爲言實也常滿有節易蒙卦獨遠實也王弼曰陽稱實也孝經故親生之膝下以養父母曰嚴釋文云日者實也日日行孝故無闕也象日元命包日之爲言實也鹽鐵論論鄒篇天道好生惡殺好賞

惡罰故使陽居於實而宣德施陰藏於虛而爲陽佐輔　太陽之精不虧者陽當爲暘經典用陽字通行已久集韻引李舟說日太陽精也郊特牲兆於南郊就陽位也注云日太陽之精也范子計然日者太陽之精龍魚河圖陽積精爲日河圖叶光篇積精爲日易通卦驗日者衆陽之精也易參同契日爲流珠青龍之俱注云日爲陽陽精爲流珠青龍東方少陽也春秋說題辭陽精爲日春秋感精符日者陽之精耀魄光明所以察下也春秋元命苞日尊故滿滿故明明故精在外日滿者常盛無虧也孝經援神契天地至貴精不兩明宋均日天精爲日地精爲月京房易傳日者陽之精淮南天文訓積陽之熱氣生火火氣之精者爲日又云日者陽之至是以春夏則羣獸除角甘氏星經日者陽宗之精也劉氏正歷日者羣陽之精徐增長歷衆陽之精上合爲日物理論日者太陽之精也夏則陽盛陰衰故晝長夜短冬則陰盛陽衰故晝短夜長後漢書丁鴻傳臣聞日者陽精守實不虧晉書天文志日者陽精之宗顏氏家訓日爲陽精　从囗一象形者本書敘云象形者畫成其物隨體詰詘日月是也衛恆曰象形者日滿月虧效其形也初學記引象形下有又君象也四字御覽引同藝文類聚引無之易傳日者衆陽之精以象人君易說日者至陽之精象君德禮統日者實也形體光實人君之象詩柏舟日居月諸胡迭而微箋云微謂虧傷也君道當常明如日而月有虧盈今君失道而任小人大臣專恣則日如月然春秋感精符羣臣恣則日黃無光羣臣爭則日裂人主排斥則日夜出洪範傳日者照明之大表光景之大紀羣陽之精衆貴之象也故日日出而天下光明日入而天下冥晦此其效也故日者天之象君父夫兄之類中國之應也明王之踐位羣賢履職天下和平黎民康寧則日麗其精明揚其景耀抱珥重光以見吉祥君獲慶賀尸于日五色陽之精象君德也漢書李尋傳夫日衆陽之長暉光所燭萬里同晷人君之表也鄭注尚書大傳日君象也月臣象也後魏書日君象月后象星百官象衛恆書勢日處君而盈其度書品日以君道則字勢圓

古文象形

象形者乙象烏形也本書焉字云烏者日中之禽淮南子日中有踆烏春秋元命苞陽數起於一成於三故日中有三足烏者陽精也

mín
旻

秋天也从日文聲虞書曰仁閔覆下則稱旻天 武巾切

秋天也者纂要秋天曰旻天釋名秋曰旻天旻閔也物就枯落可閔傷也釋天秋爲旻天郭云旻猶愍也愍萬物彫落五經異義今尚書歐陽說春曰昊天夏曰蒼天秋曰旻天冬曰上天總曰皇天鄭駁云春氣博施故以廣大言之夏氣高明故以遠大言之秋氣或生或殺故以閔下言之冬氣閉藏而清察故以監下言之皇天者尊而號之也六籍之中諸稱天者以情所求言之非必於其時稱之楚詞九思旻天兮清涼注云秋天爲旻天　虞書曰仁閔覆下則稱旻天者當爲仁覆閔下王應麟曰此虞書說也徐鍇曰當言虞書說馥案昔人引經師之言即以本經稱之如繫下引詩傳稱詩曰是也古尚書說天有五號各用所宜稱之尊而君之則曰皇天元氣廣大則稱昊天仁覆愍下則稱旻天自上監下則稱上天據遠視之蒼蒼然則稱蒼天大禹謨曰號泣于旻天于父母傳云仁覆愍下謂之旻天多士旻天大降喪于殷馬注秋曰旻天秋氣殺也方言降喪故稱旻天也詩召旻序云旻閔也閔天下無如召公之臣也又閔予小子箋云閔悼傷之言也黍離傳云仁覆閔下則稱旻天釋文旻閔也秋爲旻天正義旻閔也言

其以仁慈之恩覆閔在下則稱旻天哀十六年左傳旻天不弔杜云仁覆閔下故稱旻天春秋繁露王者必法天以天仁覆有萬物

shí
時

時 四時也从日寺聲市之切

書堯典敬授人時論語行夏之時鄉飲酒義三月則成時論衡難歲篇積分爲日累日爲月連月爲時紀時爲歲顧炎武曰古無以一日分爲十二時之說洪範言歲月日不言時周禮馮相氏掌十有二歲十有二月十有二辰十日二十有八星之位不言時若堯典之四時左傳之三時皆謂春夏秋冬也故士文伯對晉侯以歲時日月星辰謂之六物荀子曰積微月不勝日時不勝月歲不勝時亦謂春夏秋冬也自漢以下歷法漸密於是以一日分爲十二時

四時也者本書冬四時盡也案昔人著書義可類推如本書春秋冬皆言時而不及夏青黃赤白皆言方色而不及黑是也玉篇時春夏秋冬四時也孔帖引敬暉表四時之序天地不能變變之則霜露不均水旱交錯又云天地之運必合乎四時寒往則暑來暑退則寒集釋名四時四方各一時時期也物之生死各應節期而止也釋天四時和

說文解字義證《卷二十　三

爲玉燭易革卦天地革而四時成恆卦四時變化而能久成書堯典以閏月定四時論語天何言哉四時行焉百物生焉昭七年左傳歲時日月星辰服注時四時也樂記動之以四時孔子閒居天有四時春秋冬夏無非教也祭法埋少牢於泰昭祭時也注云時四時也六韜天地之經四時所生尸子神農氏治天下立四時之序宋玉九辯皇天平分四時兮孫子兵勢篇死而更生四時是也淮南本經訓四時者春生夏長秋收冬藏又天文訓陰陽之專精爲四時四時之散精爲萬物四時者天之吏也東京賦於是春秋改節四時迭代張華勵志詩四時鱗次寒暑還周歷志四時寒暑無形而運於下孫思邈曰天有四時五行寒暑迭居春秋元命包陽數成於三故時別三月陽數極於九故三月一時九十日宋衷曰四時皆象此類不惟春也韓詩外傳天有四時春夏秋冬周書冬夏致日春秋致月以辨四時之序又周月篇萬物春生夏長秋收冬藏天地之正四時之行不易之道易乾鑿度孔子曰易始於太極太極分而爲二故生天地天地有春夏秋冬之節故生四時又云五行迭終四時更廢公羊解詁昏斗指東方曰春指南方曰夏指西方曰秋指北方曰冬鄉飲酒義東方者春春之爲言蠢也產萬物者聖也南方者夏夏之爲言假也養之長之假之仁也西方者秋秋之爲言愁也愁之以時察守義者也北方者冬冬之爲言中也中者藏也春秋繁露四時者天之四選春者少陽之選秋者少陰之選夏者太陽之選冬者太陰之選故四時成歲者天之道也月令章句天之道陰陽各有少太是生四時少陽爲春太陽爲夏少陰爲秋太陰爲冬也說苑辨物篇古者有主四時者主春者張昏而中可以種穀上告於天子下布之民主夏者大火昏而中可以種黍菽上告於天子下布之民主秋者虛昏而中可以種麥上告於天子下布之民主冬者昴昏而中可以斬伐田獵蓋藏上告於天子下布之民

旹 古文時从㞢日

zǎo
早

早 晨也从日在甲上子浩切

晨也者本書晨早昧爽也詩庭燎夜向晨釋詁晨早也周禮司寤氏掌夜時注云夜時謂夜晚早

從日在甲上者易解卦有攸往夙吉虞云夙早也離爲日爲甲日出甲上故早也

hū
昒

昒 尚冥也从日勿聲呼骨切

說文解字義證《卷二十　四

尚冥也者本書昒旦明也玉篇昒旦明也三蒼解詁昒旦明也廣雅昒冥也漢書郊祀志昒爽注云曰尚冥也書中候握河紀昒明禮備至於日稷莊子冉求問於仲尼曰昔吾昭然而今昒然何也幽通賦昒昕寤而仰思兮曹大家曰昒昕晨旦明也

mèi
昧

昧 爽旦明也从日未聲一曰闇也莫佩切

爽旦明也者徐鍇本爽上有昧字字林同釋言茅明也舍人曰茅昧之明也易屯卦天造草昧鄭注昧爽也書太甲先王昧爽丕顯坐以待旦傳云爽顯皆明也言先王昧明思大明其德坐以待旦而行之正義昭七年左傳云是以有精爽至於神明從爽以至於明是爽謂未大明也昧是晦冥爽是未明謂夜向晨也闇若曚曰昧爽云者欲明未明之時也牧誓時甲子昧爽傳云昧冥爽明早旦正義云蓋雞鳴後也釋文昧爽謂早旦也馬云昧未旦也詩女曰雞鳴士曰昧旦少牢饋食禮旦明行事注云旦明旦日質明內則昧爽而朝昭三年左傳昧旦丕顯注云昧旦早起也吳語昧明王乃秉枹親就論衡詁術篇昧爽時加寅一

一曰闇也者蕭該漢書音義云字林曰旁作未言昧爽旦

明也一日闇昧廣雅昧昧暗也蒼頡篇昧冥也書堯典昧谷傳云昧冥也仲虺之誥兼弱攻昧傳云闇則攻之詩酌傳云晦昧也相鼠傳云猶爲闇昧之行曲禮注云闇冥也禮器逮闇而祭正義云逮至日闇而行祭禮祭義夏后氏祭其闇注云闇昏時也周禮典同微聲韽杜子春讀韽爲闇不明之闇僖二十四年左傳目不別五色之章爲昧宣十二年傳兼弱攻昧杜云昧昏亂宣十四年傳鄭昭宋聾杜云聾闇也淮南俶眞訓至伏羲氏其道昧昧芒芒司馬相如難蜀父老文曶爽闇昧得耀乎光明又案廣韻昧莫撥切星也引易日中見昧今易作沬釋文沬徐武蓋反又亾對反微昧之光也字林作昧亾太反云斗杓後星王肅云音妹鄭作昧服虔云日中而昏也子夏傳云昧星之小者馬同薛云輔星也馥案此言鄭及子夏傳作昧與字林王肅異寫者誤爲昧春秋隱元年公及邾儀父盟于蔑公羊穀梁竝作昧文七年晉先蔑奔秦公羊作昧本書蘱或作株釋名曦末也以聲求之知易公穀竝作昧從本末之末本書無昧字或脫漏

dǔ 睹

睹 旦明也從日者聲當古切

旦明也者李善注七發引同俗作曙玉篇曙東方明也廣雅曙明也管子形勢篇曙戒勿怠楚詞遠游魂煢煢而至曙呂氏春秋重己篇一曙失之終身不復得注云曙明日也馥謂明日當爲旦明淮南天文訓日入乎虞淵之汜曙於蒙谷之浦注云曙明也周禮太宰及祀之日注云日旦明也

zhé 晢

晢 昭晢明也從日折聲禮曰晢明行事旨熱切

昭晢明也者廣雅晢明也曹憲音制文選江淹雜體詩石壁映初晰李善云說文昭晰明也之逝切今協韻以爲之舌切易大有明辨晢也釋文晢章舌反王廣作晰徐李作晢虞作折顧炎武日石經晢字從折從日與詩明星晢晢之晢同音折又音制監本作晢晢之晢非陳君穎日案鄭本作明辨遰也注讀如明星晢晢王弼即用鄭所訓之字作晢唐之注疏石經至北宋諸本皆作晢洪範明作晢鄭注君視明則臣昭晢也又云晢時燠若傳云君能照晢則時燠順之顧炎武謂此晢字下當從日從口非詩庭燎晰晰傳云晰晰明也釋文云晰本又作晢明也祭法瘞埋於泰折祭地也注云折炤晢也必爲炤明之名尊神也韓詩外傳形其仁義謹其教道使民目晰焉而見之使民目晰焉而聞之使民心晰焉而聞之則道不迷而民志不惑矣班婕妤擣素賦煥若荷華之昭晢風俗通載籍昭晢又云爲其飾僞已亦昭晢魏受禪碑皇符昭晰王隱晉書束晳字廣微後漢書馮衍傳況其昭晢者乎注云晢明也馥謂傳寫誤從木文心彫龍正緯篇孝論昭晢本又作晢皆晢之誤史記趙世家吾有所見子晰也索隱誤以爲鄭子晢之晢禮日晢明行事者士冠禮文彼作質

zhāo 昭

昭 日明也從日召聲止遙切

日明也者日當爲旦樂記蟄蟲昭蘇注云昭曉也蟄蟲以發出爲曉更息日蘇易晉卦君子以自昭明德馥案本書晉日出萬物進引易明出地上晉則昭爲旦明審矣廣雅昭明也書堯典百姓昭明傳云昭亦明也益稷以昭受上帝傳云昭明也文侯之命昭升于上馬注昭明也詩既醉介爾昭明訪落率時昭考箋竝云昭明也昭十二年左傳式昭德音注云昭明也祭法埋少牢於泰昭注云昭明也論語摘輔象帝率握昭景飲醴宋均日昭景謂爲景星所昭也洪範五行傳日者昭明之大表又云日出而天下光明

wù 晤

晤 明也從日吾聲詩曰晤辟有摽五故切

明也者廣雅同 詩曰晤辟有摽者邶風柏舟文彼作寤

dì 旳

旳 明也從日勺聲易曰爲旳顙都歷切

明也者一切經音義十四引同詩云彼發有旳傳曰旳射質也謂旳然明見廣雅旳明也新序雜事篇此旳旳然若白黑俗作的淮南說林訓的的者獲高注的明也又通作適後漢書何敞傳奉憲之吏莫適討捕注云適音旳謂無指的討捕也馥案論語無適也亦借適爲之又作約文選七發九寡之珥以爲約李善引字書約亦旳字 易曰爲旳顙者本書馰下引作爲馰顙

huǎng 晄

晄 明也從日光聲胡廣切

明也者廣雅同釋名光晃也晃晃然也魏志徐晃字公明三國典略顏晃字克明

kuàng 曠

曠 明也從日廣聲苦謗切

明也者廣雅同後漢書竇融傳義士則曠若發矇注引本書同謝靈運富春渚詩懷抱旣昭曠

xù 旭

旭 日旦出皃從日九聲讀若勖一曰明也 許玉切

日旦出皃者集韻引字林旭日始出也纂要日初出曰旭玉篇旭日始出昕旦之時詩旭日始旦傳云旭日始出謂大昕之時賈誼書修政語篇君子將入其職則於其民也旭旭然如日之始出也司馬光注太元云旭旭日初出之皃劉氏新論託附篇天之始旭則目察輕烟讀若勖者詩釋文旭說文讀若好字林呼老反集韻旭音好屬晧部孟子畜君者好君也旭畜音同釋訓旭旭憍也郭讀爲好好卽詩驕人好好釋文旭郭呼老反太元從次二方出旭旭朋從爾醜醜好聲相近一曰明也者廣雅同曹憲音勖又呼老反

jìn 晉

晉 進也日出萬物進從日從臸易曰明出地上晉 卽刃切

本書晉籀文作晉一日晉卽奇字晉 進也者釋詁廣雅並同晉進聲相近釋名晉進也又云進引也引而前也太元進陽引而進易晉彖晉進也詩天保如月之恆如日之升傳云言俱進也幽通賦盍孟晉以迨羣兮曹大家注晉進也 日出萬物進者本書出進也文子上德篇日出於地萬物蕃息易曰明出地上晉者晉卦象文鄭注地雖生萬物日出於上其功乃著崔憬曰渾天之義日從地出而升於天故曰明出地上

yáng 暘

暘 日出也從日昜聲商書曰暘谷 與章切

日出也者莊子逍遙游日月出矣而爝火不息不亦勞乎詩天保如日之升傳云升出也箋云日始出而就明漢武帝李夫人賦奄修夜之不暘魏文帝愁霖賦仰皇天而太息悲白日之不暘或借陽字詩湛露匪陽不晞傳云陽日也孟子秋陽以暴之 商書曰暘谷者楊君峒曰此引洪範八庶徵曰暘之文後人以爲堯典加谷字若堯典則稱虞書矣此書凡引洪範皆稱商書也馥案暘下云堣銕暘谷也是暘谷從山不從日又堣下云堣夷在冀州陽谷此陽字傳寫之誤叒下云日初出東方暘谷李燾本集韻類篇並作湯谷淮南亦作湯谷是本無暘谷之名也鄭注洪範云暘金氣也秋物成而堅故金氣爲暘孔傳暘以乾物正義引易說卦日以烜之曰暘也烜乾也又休徵曰乂時

說文解字義證 卷二十 七

暘若咎徵曰僭恆暘若五行傳厥咎僭厥罰恆暘鄭注金主秋秋氣殺殺氣失故常暘也又五行傳言之不從是謂不義厥罰恆暘惟木沴金祭義殷人祭其陽注云陽讀爲曰雨曰暘之暘白虎通太平之時雨時霽不以恆暘而以時暘天地之氣宜也初學記書稱乂時暘若暘以乾物霽景也趙宧光曰洪範曰雨曰暘又曰乂時暘若曰僭恆暘若竝當是霽也從日從易近之徐鍇本作虞書曰至於暘谷繫傳云按尙書洪範乂時暘若暘日暴之也馥案徐氏不釋暘谷而引洪範是其本作曰暘今作虞書云云者後人改之

qǐ 晵

晵 雨而晝姓也從日啟省聲 康禮切

雨而晝姓也者廣韻晵雨而晝止纂要雨而晝晴曰晵

yì 暘

暘 日覆雲暫見也從日易聲 羊益切

日覆雲暫見也者本書霒雲覆日也廣韻暘日無光

xū 昫

昫 日出溫也從日句聲北地有昫衍縣 火于切又火句切

日出溫也者纂要日溫曰昫玉篇昫暖也司馬法鼓旦明五通爲發昫三輔黃圖溫室殿冬處之溫煖也唐王建詩新晴草色煖溫暾或作熅賈誼書地富熅或通作煦廣韻煦溫也韓詩煦煖也樂記天地訢合陰陽相得煦嫗覆育萬物淮南原道訓昫諭覆育高注昫諭溫恤也李嵩述志賦仰朝日之照煦 北地有昫衍縣者見漢地理志應劭音煦

xiàn 晛

晛 日見也從日從見見亦聲詩曰見晛曰消 胡甸切

日見也者見當爲光廣韻晛日光纂要日氣曰晛晉書左貴嬪傳說雪云旣儲旣積待陽而晞曕晛沾濡柔潤中織詩曰見晛曰消者小雅角弓文傳云晛日氣也漢書楚元王傳引詩見晛聿消顏注晛日氣也 見亦聲者當爲見聲

yàn 晏

晏 天清也從日安聲 烏諫切

天清也者賈誼書天清澈地富熅漢書揚雄傳於是天清日晏顏注晏無雲也後漢書陳寵傳數詔羣僚宏崇晏晏

說文解字義證 卷二十 八

注云晏晏溫和也

yàn 曣

曣 星無雲也從日燕聲 於甸切

星無雲也者星當爲日生二字增韻引作日生無雲也洪武正韻同玉篇曣日出也廣雅曣晛溫也又云煗也韓詩曣晛聿消曣晛日出也史記封禪書乃以禮祠迎鼎至甘泉從行上薦之至中山曣嗢有黃雲蓋焉漢書郊祀志作晏溫如淳曰三輔謂日出清濟爲晏馥案濟與霽同書洪範曰霽史記作濟史記孝武本紀亦作晏溫索隱引許君注淮南云晏無雲也淮南謬稱訓暉目知晏高注云暉目鳩鳥也晏無雲也天將晏靜暉目先鳴

jǐng 景

景 光也從日京聲 居影切

釋名景竟也所照處有竟限也 詩公劉既景迺岡傳云考於日景 周禮土方氏掌土圭之法以致日景 大戴禮曾子天圓篇天道曰圓地道曰方方曰幽而圓曰明明者吐氣者也是故外景幽者含氣者也是故內景故火日外景而金水內景 昭元年左傳趙孟視蔭注云蔭日景也 莊子漁父人有畏景惡迹而去之走者不知處陰以休景馥案庚闡

斷酒戒惡迹止步滅影卽陰 西山經長留之山實惟員神磈氏之宮是神也主司反景注云日西入則景反東照 學記引淮南子日西垂景在樹端謂之桑榆 漢書五行志日色青白無景正中時有景無光地理志日南郡有北景如淳曰日中於頭上景在己下故名之 後漢書劉愷傳曲其形而欲景直 魏志劉表字景升 司馬光有日景圖

光也者李善注七啟引同纂要日光日景日西落光反照於東謂之反景景在上日反景在下日倒景注云星月之光通謂之景詩車舝景行行止箋云景明也孝經援神契神靈滋則瑯玕景宋均注事神明得理則瑯玕有光洪範五行傳日者光景之大紀古詩隨時愛景光顏氏家訓書證篇尚書曰惟景響周禮云土圭測景朝景夕孟子曰圖景失形莊子罔兩問景如此等字皆當爲光景之景凡陰景者因光而生故卽謂爲景淮南子呼晷爲景柱廣雅云晷柱景並是也至晉世葛洪字苑始加彡音於景反而世閒輒改治尚書周禮莊孟從葛洪字甚爲失矣郭忠恕曰形景爲影本於稚川字苑馥案唐志有葛洪要用字苑一卷

hào 晧

晧 日出皃從日告聲 胡老切

日出皃者字林作日出光也藝文類聚引纂要晧日晝皃也疑有脫誤釋詁晧光也俗從白詩月出皓兮

hào 暤

暤 晧旰也從日皋聲 胡老切

晧旰也者徐鍇本集韻類篇並作暤旰俗從白史記太暤伏羲氏注云位在東方象日之明故稱太暤或通作皓楚詞歷太皓以右轉注云卽太皞也文選魯靈光殿賦皓皓旰旰李善云盛皃字又作澔史記司馬相如傳采邑澔旰

yè 曄

曄 光也從日從𠌶 筠輒切

光也者廣雅曄明也

從𠌶者徐鍇本作𠌶聲

huī 暉

暉 光也從日軍聲 許歸切

光也者纂要暉日光也易未濟君子之光其暉吉也趙策日月暉於外其賊在於內劉氏新論類感篇太白暉茲雜必夜鳴字或作暈釋天弇日爲蔽雲郭云卽暈氣五彩覆日也釋名暈捲也氣在外捲結之也日月俱然史記天官書兩軍相當日暈如淳曰暈讀曰運呂氏春秋明理篇有暈珥注云暈讀爲君國子民之君氣圍繞日周帀有似軍

營相圍守故日暈也東魏高湛墓志銘日月再明六合更暈玉篇暉或作煇周禮眂祲掌十煇之灋以觀妖祥辨吉凶鄭司農云煇謂日光炁也漢書李尋傳煇光所燭萬里同晷又通作運淮南覽冥訓畫隨灰而月運闕高注運者軍也有軍事相圍守則月運出也

gàn 旰

旰 晚也從日干聲春秋傳曰日旰君勞 古案切

晚也者廣雅小爾雅並同李善注謝朓酬王晉安詩引作日晚也纂要日晚曰旰襄十四年左傳日旰不召服注旰日晏也哀十三年傳日旰矣杜注旰晚也漢書張湯傳日旰天子忘食顏注旰晚也 春秋傳曰日旰君勞者昭十二年左傳文彼作君勤

yí 暆

暆 日行暆暆也從日施聲樂浪有東暆縣讀若酏 弋支切

日行暆暆也者越絕書漁父歌日昭昭浸以暆或借施字詩邱中有麻將其來施施傳云難進之意箋云施施舒行貌也孟子施施從外來 樂浪有東暆縣者見漢志漢書東施令延年 讀若酏者應劭音移

guǐ 晷

晷 日景也從日咎聲 居洧切

日景也者李善注謝惠連詩引同纂要日景日晷玉篇晷以表度日也廣雅晷柱景也釋名晷規也如規畫也聘禮注宮必有碑所以識日景引陰陽也周禮大司徒以土圭之法測土深正日景以求地中日南則景短多暑日北則景長多寒日東則景夕多風日西則景朝多陰日至之景尺有五寸謂之地中易通卦驗冬至之日樹八尺之表日中視其晷之如度者則歲美人民和順晷不如度者則其歲惡人民爲譌言政令爲之不平晷進則水晷退則旱進尺二寸則月食退尺二寸則日食晷進爲贏晷退爲縮又云冬至晷長丈三尺春分晷長七尺二寸四分夏至晷長尺有四寸八分秋分晷長二寸四分鄭注晷者所立人地表陰也史記司馬穰苴傳立表下漏索隱云立表謂立木爲表以視日景漢書李尋傳日者衆陽之長煇光所燭萬里同晷顏注晷景也王莽傳青煒登平考景以晷晉灼曰春秋分立表以正東西東日之始出也故考景以晷屬焉後漢書張衡傳晝長則宵短日南則景北注云夏至日北極而影短晝六十刻夜四十刻冬至日南極而影長夜六十刻晝四十刻也風土記鄭仲師以爲夏至之日立八尺

表景尺有五寸謂之地中續漢書律歷志歷數之生也乃立儀表以校日景郡國志洛州故郟鄏城夏至之景尺有五寸謂之土中晉太康地記河南陽城縣是爲土中夏至之景尺有五寸通典陽城有測影臺通鑑開元十二年於河南北平地測日晷及極星夏至日中立八尺之表同時候之陽城晷長一尺四寸八分弱夜北極出地高三十有四度十分度之四浚儀岳臺晷長一尺五寸微强極高三十四度八分注引項安世曰按日行黃道每歲有差地中亦當隨之故測日景以求地中周在洛邑漢在潁川陽城唐在汴州浚儀也通鑑又云蕭道成自造褚淵款言移晷注云晷日影也漢藝文志日晷書三十四卷隋經籍志元嘉二十六年度日景數一卷梁有晷景記二卷

zè 𣅻

𣅻 日在西方時側也從日仄聲易曰日𣅻之離 阻力切

徐鉉曰今俗別作昗非是案徐鍇本有昗字云日西也從矢日聲齊倉反

日在西方時側也者𣅻側也聲近玉篇𣅻日昳也既夕禮日側注云側昳也謂將過中之時周禮司市大市日𣅻而市注云日𣅻昳中也定十五年公羊傳日下昃注云昃日西也楚語周書曰文王至於日中昃不皇暇食韋云日昳曰昃呂氏春秋察今篇故審堂下之陰而知日月之行陰陽之變注云陰日夕昃也新序雜事篇君平旦而聽朝日昃而退釋宮東北隅謂之宧孫炎曰日側之明字或作昃廣雅昃昳也書無逸自朝至於日中昃傳云從朝至日昳正義云昃亦名昳言日蹉跌而下謂未時也經中昃竝言之傳舉晚時故惟言昳馥案纂要日在未曰昳又省作仄管子白心篇日極則仄月滿則虧周書周祝解故日之中也仄注云仄跌也又借稷字尙書中候考河命舜至於下稷榮光休至宋均曰稷側也握河紀昒明禮備至於日稷鄭注稷讀曰側易豐卦日中則昃釋文昃孟作稷定十五年穀梁傳戊午日下稷范云稷昃也太元應上九君子應以大稷注云大稷日將暮也漢靈臺碑日稷不夏郁閣頌勔勞日稷分費鳳別碑乾乾日稷易曰日𣅻之離者離卦文王云明在將沒荀云初爲日出二爲日中三爲日昃

wǎn 晚

晚 莫也從日免聲 無遠切

莫也者詩抑誰夙知而莫成傳云莫晚也韓詩歲聿其莫薛君曰莫晚也

hūn 昏

昏 日冥也從日氐省氐者下也一曰民聲 呼昆切

日冥也者釋名昏損也陽氣損滅也士昏禮鄭目錄云日入三商爲昏疏云三光靈曜亦日入三刻爲昏不盡爲明淮南天文訓日至於虞淵是謂黃昏至於蒙谷是謂定昏五經要義昏闇也日入後漏三刻爲昏　一曰民聲者五經文字愍下云緣廟諱偏旁準式省從氏凡泯昏之類皆從氏戴侗云唐本說文從民省徐本從氏省晁說之曰因唐諱民改爲氏也盧君文弨曰戴侗此語殊誤昏省氐下一筆而凡字兩合者可省民止一字何由省之馥謂氐省氐者下也一曰八字後人加之當爲民聲本書敃從民猶存原文

luán 曫

曫 日旦昏時從日䜌聲讀若新城䜌中 洛官切

日旦昏時者日當爲且本書莫日且冥也廣韻曫日夕昏時

àn 晻

晻 不明也從日奄聲 烏敢切馥案小字本作烏感切爾雅釋文引字林同

不明也者蕭該引字林同廣韻晻晻日無光廣雅晻晻暗也釋言陪闇也郭云陪然冥皃釋文陪字林或作晻同楚辭九歎日晻晻而下頹荀子不苟篇是姦人將欲盜名於晻世者注云晻與暗同漢書元帝紀今朕晻于王道又云

àn 暗　huì 晦　nài ⿱能日　yì 曀

三光晻昧顏注竝云晻讀與暗同五行志厥異日黑大風起天無雲日光晻董仲舒傳故聖人莫不以晻致明李尋傳君不修道則日失其度晻昧無光文選靈光殿賦霄靄靄而晻曖

暗　日無光也从日音聲　烏紺切

日無光也者賈誼書君子既去其職則於其民暗暗然如日之已入也

晦　月盡也从日每聲　荒內切

月盡也者文選江淹雜體詩寂歷百草晦李善引本書晦盡也脫月字釋名晦月盡之名也晦灰也火死爲灰月光盡似之也洪範五紀二曰月正義云從朔至晦大月三十日小月二十九日所以紀一月僖十五年公羊傳晦者何冥也趙匡集傳云晦者晦朔之晦爾據十六年戊申朔隕石於宋五成十六年甲午晦晉楚戰於鄢陵竝書晦朔則知古史之體應合書日而遇晦朔必書之以爲歷數之證十六年傳是月者何僅逮是月也何以不日晦日也何注是月之幾盡也楊慎曰春秋僖十六年己卯晦公羊穀梁皆以晦爲冥慎案晦月之三十日也春秋晦書者二此及

成公十六年甲午晦是也公羊謂春秋不書何其謬哉善乎劉歆之言曰及朔書朔及晦書晦劉原父曰晦朔天之所有取朔棄晦乖僞之深者成十六年左傳陳不違晦杜云晦月終陰之盡故兵家以爲忌穆天子傳賜語晦注云月終爲晦呂氏春秋貴因篇推歷者視月行而知晦朔續漢書律歷志日月相推日舒月速當其同謂之合朔舒速先後近一遠三謂之弦相與爲衡分天之中謂之望以速及舒光盡體伏謂之晦

⿱能日　埃⿱能日日無光也从日能聲　奴代切

埃⿱能日日無光也者或作曖曃楚辭遠游時曖曃其曭莽兮注云日月晻黮而無光也又作靉靆通俗文雲覆日爲靉靆廣韻靉靆不明皃文選海賦靉靆雲布　能聲者古讀能如耐

曀　陰而風也从日壹聲詩曰終風且曀　於計切

陰而風也者御覽引作天陰沈也陰當爲霒小爾雅廣詁曀冥也釋名陰而風曰曀曀翳也言掩翳日光使不明也釋天陰而風爲曀竹書昭王十九年祭公辛伯從王伐楚天大曀後漢書馮衍傳曰曀曀其將暮兮注云曀曀陰晦

hàn 旱　yǎo 㫐　mǎo 昴

貌也　壹聲者壹壺之意　詩曰終風且曀者邶風終風文傳云陰而風曰曀

旱　不雨也从日干聲　乎旰切

書說命若歲大旱用汝作霖雨　詩大雅旱既太甚　孟子若大旱之望雲霓也　史記天旱意乾封乎　應瑒與廣川長書頃者炎旱日更增甚沙礫銷鑠草木焦卷處涼臺而有鬱烝之煩浴寒水而有熾爛之燥宇宙雖廣無陰以憩雲漢之詩何以過此　曹毗請雨文頃節運錯戾旱亢陰消川竭谷虛后流山燋天無纖雲野有橫飈盛夏應暑而或涼草木無霜而自凋遑遑農夫輟耕田畔悠悠舟人頓棹川岸雲根山積而終披雨足垂零而復散

不雨也者荀子大略篇湯旱而禱曰政不節與使民疾與宮室祟與婦謁盛與苞苴行與讒夫興與何以不雨至斯極也春秋考異郵旱之言悍也陽驕蹇所致也春秋繁露治亂五行篇火干土則大旱物理論陽盈而過故致旱洪範五行傳旱所謂常陽不謂常陽而謂旱者以爲炎也旱之爲言乾萬物傷而乾不得水也

㫐　望遠合也从日匕匕合也讀若窈窕之窈　烏皎切

望遠合也者聲類㫐遠望也論衡說日篇人望不過十里天地合矣遠也非合也　匕合也者匕乃變匕之匕　周禮大宗伯以禮樂合天地之化

昴　白虎宿星从日卯聲　莫飽切

廣雅昴謂之旄頭　史記天官書昴曰髦頭胡星也　星贊昴胡星也一曰旄頭旄頭者天執罕畢前驅者之所罰也　徐爰釋疑乘輿黃麾內羽仗班弓箭左罕右罕執畢者冠熊皮冠謂之髦頭也　列仙傳秦文公時有梓化爲牛以騎擊之不勝或墜冠髻解被髮牛畏之入河故秦因制旄頭騎使先驅　通鑑崔浩日月行掩昴其占大破旄頭之國注云昴爲旄頭胡星也　釋天大梁昴也西陸昴也郭云昴西方之宿別名旄頭孫炎云畢昴之間日月五星出入要道若津梁馥案昭十一年左傳歲及大梁昭四年傳西陸朝覿而出之正義云鄭荅孫皓問曰西陸朝覿謂四月立夏之時天文錄昴者天之耳也主西方故爾雅曰西陸昴也　春秋元命苞昴六星昴之爲言畱言物成就繫畱　尚書考靈曜虛爲秋候昴爲冬期陰氣相佐德乃不邪子助母收母合子符注云虛星北方宿也昴星西方宿也陰指母也

白虎宿星者書堯典日短星昴鄭注昴白虎中宿詩小星維參與昴傳云昴留也釋文云西方宿也甘石星經昴西方白虎之宿太白金星之精漢書天文志昴畢閒爲天街參爲白虎數術記遺余以天門金虎呼吸精泉甄鸞注云按星經云昴者西方白虎之宿太白者金之精也太白入昴金虎相薄法有兵亂　戼聲者趙宧光曰詩維參與昴韻協裯猶說詩者以求韻不得謂當從戼不從丣按小雅朔日辛卯韻協醜則昴何必更張不知古今異讀終不可與于說詩之道馥案或以昴爲西方宿不當從卯案長門賦畢昴出於東方李善云謂五月六月也五臣云晨見東方正秋時也馥謂晨見東方從卯宜矣

xiàng
鄉

曏　不久也从日鄉聲春秋傳曰曏役之三月許兩切

尙書大傳鄉之取於圃中勇力之取也　或借鄉字論語鄉也吾見於夫子而問知莊三十二年左傳鄉者牙曰慶父材穀梁傳鄉曰衛齊惡今日衛侯惡檀弓子鄉者入而哭之　不久也者當爲久也本書曩曏也釋詁曏久也士相見禮曏者吾子辱使某見注云曏曩也莊子秋水篇證曏今古

說文解字義證　卷二十　七十五

崔云曏往也　春秋傳曰曏役之三月者僖二十八年左傳文彼作鄉釋文鄉本又作曏

nǎng
曩

曩　曏也从日襄聲奴朗切

曏也者釋言文廣雅曩鄉也檀弓曩者爾心或開予注云曩曏也襄二十四年左傳曩者志入而已正義曩猶向也晉語曩而言戲乎吳語曩君之言韋竝云曩向也楚詞惜誦猶有曩之態也注云曩曏也

zuó
昨

昨　壘日也从日乍聲在各切

壘日也者集韻類篇竝引作纍馥謂當作絫蒼頡篇昨隔日也廣韻昨日隔一宵

xiá
暇

暇　閑也从日叚聲胡嫁切

閑也者當作閒類篇引作閒釋言偟暇也詩殷其靁莫敢或遑傳云遑暇也箋云無敢或閒暇又何草不黃朝夕不暇伐木迨我暇矣箋云及我今閒暇成十六年左傳好以暇杜云暇閒暇孟子國家閒暇

zàn
暫

暫　不久也从日斬聲藏濫切

不久也者類篇暫須臾也書盤庚暫遇姦宄僖三十三年左傳婦人暫而免諸國注云暫猶卒也

biàn
昪

昪　喜樂皃从日弁聲皮變切

喜樂皃者集韻昪或作忭又借抃字　魏志文帝紀能言之倫莫不抃舞

chāng
昌

昌　美言也从日从曰一曰日光也詩曰東方昌矣尺良切

美言也者書大禹謨禹拜昌言益稷汝亦昌言又云師汝昌言　從日從曰者徐鍇本有曰亦聲三字鍇曰言亦聲後人矣加之非許愼本言也　一曰日光也者廣雅昌光也徐鍇曰晉孝武帝以東方明時生名曰昌明　詩曰東方昌矣者齊風雞鳴文彼作東方明矣朝既昌矣案明古文作朙與古文昌形近故有異

昌　籒文省

徐鍇韻譜作昌　汗簡引作昌

籒文省者小字本作籒文昌

說文解字義證　卷二十　七十六

wàng
暀

暀　光美也从日往聲于放切

光美也者廣韻與旺同云美光釋詁暀暀美也詩泮水烝烝皇皇傳云皇皇美也箋云皇皇當作暀暀暀暀猶往往也禮少儀祭祀之美濟濟皇皇鄭云皇皇讀爲歸往之往

bǎn
昄

昄　大也从日反聲補綰切

大也者釋詁文廣韻昄均大也詩卷阿爾土宇昄章傳云昄大也

yù
昱

昱　明日也从日立聲余六切

魏志程立夢登泰山捧日立以白太祖太祖遂加日於立上因改名昱

明日也者當爲日明玉篇昱日明也廣韻昱日光也廣雅昱明也太元日以昱乎晝月以昱乎夜司馬光云昱明也經典借翼字書武成越翼日傳云翼明也　又借翌字纂要翌日明也書翌日乙丑

nǎn
㬶

㬶　溫溼也从日赧省聲讀與赧同女版切

yē 暍　shǔ 暑　nàn 㬮　xiǎn 㬎

溫溼也者集韻暴㬥溫溼皃

暍　傷暑也從日曷聲於歇切

傷暑也者莊子釋文引字林同徐鍇本作傷熱暑一切經音義十八云暍謂傷熱煩悶欲死也廣雅暍熯也大戴禮千乘篇夏服君事不及暍保傅篇暑而暍俗本作暍或改爲渴莊子則陽篇暍者反冬乎冷風荀子富國篇使民夏不宛暍注云暍傷暑也京房易飛候有雲大如車蓋十餘丈此陽火之氣必暑有暍死者淮南說林訓當暑而不暍者不以其適又云救暍而飲之寒欲救之反爲惡俶眞訓暍者望冷風於秋人閒訓武王蔭暍人於樾下左擁而右扇之高云武王哀暍者之熱故蔭之於樾下漢書武帝紀元封四年夏大旱民多暍死顏注中熱而死也論衡言毒篇盛夏暴行暑暍而死熱極爲毒也魏略文帝獵北山時盛夏炎暑行者或中暍抱朴子指冰室不能起暍死之熱肘後方治暍死方取道中熱塵土以積暍人心下劍活北史齊本紀大熱人或暍死又云武平四年幸南苑從官暍死者六十人杜甫詩被暍味空頻俗本作㵣通鑑翟釗兵往來疲暍注云暍傷暑也又唐昭宗趣南山士民追從

暍死者三之一注云暍死者中熱而死

暑　熱也從日者聲舒呂切

易繫辭日月運行一寒一暑　呂氏春秋貴信篇夏之德暑暑不信其土不肥土不肥則長遂不精　熱也者釋名暑煮也熱如煮物也

㬮　安㬮溫也從日難聲奴案切

安㬮溫也者安㬮雙聲本書㬮讀若水溫㬮汝淟水也淟湯也儒㬮衣廣韻暍㬮煖狀廣雅㬮熯也

㬎　衆微杪也從日中視絲古文以爲顯字或曰衆口皃讀若唫唫或以爲繭繭者絮中往往有小繭也五合切

衆微杪也者廣韻㬎衆明也微妙也隋書律歷志凡日不全爲餘積以成餘者曰杪其有不成杪曰麼　從日中視絲者廣韻作見絲本書顯從見　古文以爲顯字者本書䌨古文從見　或以爲繭者玉藻言容繭繭注云聲氣微

pù 㬥(暴)　shài 曬　hàn 暵　xī 晞

也　絮中往往有小繭也者小繭亦微意

㬥　晞也從日從出從廾從米薄報切

孟子秋陽以暴之　呂氏春秋知接篇戎人見暴布者而問之　新序又當盛暑以縟厚衣拚束三日暴　俗作曝燕策蚌方出曝江賦或曝采以晃淵五臣云曝露出向日也卜了陽園苑疏太液池西有武帝曝衣閣常至七月七日宮女出后衣登樓曝

晞也者一切經音義一引作晞乾也廣韻暴日乾也小爾雅廣言暴曬也淮南時則訓毋暴布注云暴暴之於日也漢書宣帝紀爲取暴室嗇夫許廣漢女顏注暴室者掖庭主織作染練之署故謂之暴室取暴曬爲名耳或云薄室者薄亦暴也今俗語亦云薄曬上林賦偓佺之倫暴於南榮郭璞曰暴謂臥日中也　從米者後漢書高鳳傳曝麥於庭方言曬暴也暴五穀之類秦晉之閒謂之曬又云晞暴也暴五穀之類東齊北燕海岱之郊謂之晞

𣋑　古文暴從日麃聲

曬　暴也從日麗聲所智切

暴也者廣雅同方言曬乾物也揚楚通語也漢書中山靖王傳白日曬光幽隱皆照顏注曬暴也

暵　乾也耕暴田曰暵從日堇聲易曰燥萬物者莫暵于離呼旰切

乾也者詩中谷有蓷正義引作燥也廣韻暵日乾也廣雅暵暴也周禮舞師教皇舞帥而舞旱暵之事注云旱暵之事謂雩也暵熱氣也賈誼書修政語篇君子既入其職則於其民暵暵然如日之正中也　耕暴田曰暵者謂春耕夏種秋耕春種之田吾鄉猶謂之暵　易曰燥萬物者莫暵于離者說卦文彼作莫熯乎火徐鍇本作莫暵乎火火離也

晞　乾也從日希聲香衣切

乾也者字林小爾雅竝同藝文類聚引纂要日昕曰晞注云大明日昕詩曰匪陽不晞晞乾也言日昕乾溼物也廣

雅燥晞乾也方言晞燥也詩蒹葭白露未晞又湛露匪陽不晞傳竝云晞乾也玉藻髮晞用象櫛注云晞乾也楚詞九歌晞女髮兮陽之阿注云晞乾也後漢書張衡傳晞余髮於朝陽注云晞乾也古詩青青園中葵朝露待日晞

xī 昔

昔 乾肉也從殘肉日以晞之與俎同意 思積切

乾肉也者釋名腊乾肉也急就篇肌腸脯腊魚臭腥顏注合骨全乾謂之腊易噬嗑腊肉釋文音昔馬云晞於陽而煬於火曰腊肉虞本作昔云三在膚裏故稱肉离日熯之爲昔周禮腊人掌乾肉凡田獸之脯腊注云大物解肆乾之謂之乾肉若今涼州烏翅矣腊小物全乾者秦策周人謂鼠未腊者璞莊子外物篇任公子得若魚離而腊之釋文腊音昔盧湛祭法冬祀用腊字或作焟廣雅焟曝也　從殘肉日以晞之者五經文字云㳅象肉文得日而乾　與俎同意者俎從半肉也

𦠆 籀文從肉

紀尚書所藏銅鐘銘文玄鏐赤鐳從籀文𦠆

nì 暱

暱 日近也從日匿聲春秋傳曰私降暱燕 尼質切

日近也者釋詁暱近也孫炎云親之近也釋言暱亟也郭云親暱者亦數書說命官不及私昵太誓昵比罪人傳云昵近罪人高宗肜日典祀無豐于昵傳云昵近也詩菀柳無自暱焉傳云暱近也隱元年左傳不義不暱釋文暱親也閔元年傳諸夏親暱注云暱近也僖二年傳君暱之杜云親而狎之僖二十四年傳暱近尊賢成十三年傳暱就寡人昭十六年傳皆昵燕好也杜竝云親也魯語不能分於國而恃諸矦諸矦其誰暱之韋云暱親也齊語野處而不暱韋云暱近也尸子不避遠昵晉中興書王詢與殷仲堪徐邈竝以才學文章爲上所昵文選謝惠連詩遐川阻昵愛　春秋傳曰私降暱燕者昭二十五年左傳文彼作昵宴杜注昵近也

昵 暱或從尼

xiè 暬

暬 日狎習相慢也從日執聲 私列切

日狎習相慢也者詩雨無正曾我暬御傳云暬御侍御也箋云侍御小臣國語居寢有暬御之箴或通作褻易蒙卦再三瀆鄭注瀆褻也又注表記云瀆之言褻也　執聲者當爲埶五經文字廣韻集韻類篇增韻字鑑竝從埶本書褻亦從埶

mì 杳

杳 不見也從日否省聲 美畢切

不見也者玉篇杳或作𣅝廣韻誤作杳案玉篇覓索也覓同上俗覓謂本書當爲覓也寫者誤分作不見兩字魏志管輅傳覓索餘光

kūn 昆

昆 同也從日從比 古渾切

同也者太元昆道尚同

gāi 晐

晐 兼晐也從日亥聲 古哀切

兼晐也者本書垓兼垓八極地也當爲兼晐廣雅晐備也吳語執箕箒以晐姓於王宮韋云晐備也字或作該小爾雅該備也哀元年穀梁傳此該之變而道之也注云該備也離騷甯戚之謳歌兮齊桓聞以該輔王注該備也太元萬物該兼漢書律歷志該藏萬物又或作賅莊子齊物論百骸九竅六藏賅而存焉司馬彪云賅備也又或作姟鄭語行姟極韋云姟備也數極於姟萬萬曰姟

pǔ 普

普 日無色也從日從竝 滂古切

xiǎo 曉

曉 明也從日堯聲 呼鳥切

明也者廣雅小爾雅方言竝同樂記蟄蟲昭蘇注云昭曉也蟄蟲以發出爲曉

xīn 昕

昕 旦明日將出也從日斤聲讀若希 許斤切

旦明日將出也者一切經音義三引作旦明也日將出也韻會引同廣雅昕明也小爾雅昕明也纂要日昕曰晞注云大明日昕詩匏有苦葉旭日始旦傳云旭日始出謂大昕之時士昏禮記凡行事必用昏昕正義昕卽明之始君子舉事尚早故用朝旦也文王世子天子視學大昕鼓徵所以警衆也注云早昧爽擊鼓以召衆也哀十三年公羊傳見于旦也何云旦者日方出時史記彭越傳與期旦日日出會索隱旦日謂明日之朝日出時也漢書敘傳昒

dàn 旦　jì 暨　gàn 倝　gàn 倝　zhāo 朝

昕寤而仰思兮孟康曰昒昕早旦也曹植藉田論晨未昕而即野會稽典錄周昕字大明　斤聲者戴侗曰詩曰斤斤其明侗謂斤昕也趙宧光曰釋言𣈆𣈆斤斤察也故從斤　讀若希者徐鍇本作讀若忻鍇曰禮曰大昕之朝讀若希馥案漢書古今人表曹𥞤時顔云即曹欣時

文七十　重六

旦　明也從日見一上一地也凡旦之屬皆從旦　得案切

明也者釋詁旦早也玉篇引詩信誓旦旦詩板昊天曰旦傳云旦明東門之枌穀旦于差葛生誰與獨旦箋竝云旦明也夜未央王肅云央旦未旦夜半周禮雞人掌大祭祀夜嘑旦以嘂百官馥案禮晰明行事是也僖二十八年左傳詰朝將見杜云詰朝平旦淮南天文訓日至于曲阿是謂旦明高云平旦也五經要義旦明也日出前漏三刻爲明　從日見一上一地也者哀十三年公羊解詁旦者日方出疏云日方出地未相去離之詞蹇臏開評云旦字從日從一一者地也日初出在地上則爲旦故孟子坐以待旦左氏傳云旦而戰月令云昏參中旦尾中古詩亦謂將

旦羣陰伏皆日初出之謂而或者不知乃以日一爲旦謂初一日也此說誤矣又有以日下一爲旦此說尤誤矣

暨　日頗見也從旦既聲　其冀切

后林燕語黃冕仲楊有暨陶者暨字闕下一畫蘇子容言當從旦此唐避睿宗諱流俗遂誤弗改耳

日頗見也者趙宧光曰頗偏也既旦則旁見日故從既旦馥謂頗見略見也廣雅頗少也

文二

倝　日始出光倝倝也從日㫃聲凡倝之屬皆從倝　古案切

倝　闕

徐鍇本旦從三日在㫃中鍇曰李陽冰云從三日旦在㫃中葢籀文許慎闕義旦字下後人加馥案本書乾籀文作𠃃

朝　旦也從倝舟聲　陟遙切

旦也者本書鼂下云杜林以爲朝旦非是釋詁朝早也書無逸自朝至于日中昃詩蝃蝀崇朝其雨傳云崇終也從旦至食時爲終朝正義云以朝者早旦之名故爾雅山東曰朝陽今言終朝故至食時矣左傳曰子文治兵終朝而畢子玉終日而畢是終朝非竟日也馥案杜注云終朝自旦及食時也祭義周人祭日以朝及闇注云朝日出時也新序吾爲子爵與待旦之朝也馥案待旦之朝言其速也

文三

幹　yǎn 㫃　zhào 旐

幹　戴侗曰唐本說文有幹字曰幹溼之幹也居寒切馥案俗以幹爲楨榦故借乾爲乾溼

遺文一

㫃　旌旗之游㫃蹇之皃從屮曲而下垂㫃相出入也讀若偃古人名㫃字子游凡㫃之屬皆從㫃　於幰切

旌旗之游㫃蹇之皃者爾雅釋文凡旌旗之字皆從㫃㫃音偃說文云旌旗得風靡也馥案古文下云象旌旗之游

此不應重言釋文所引當是原文徐鍇曰旌旗之游綴屬於旌旗故有九游七游象其兩游皆下垂從風偃蹇透迤之狀中其綴屬處也通典黃帝振兵教熊羆貔貅貙虎制陣法設五旗五麾夏氏奚仲爲車正建旗斿旐以別尊卑等級殷因之周制司常九旗秦水德旗斿皆尚黑漢制龍旂九斿七仞以象大火鳥旟七斿五仞以象鶉火熊旗六斿五仞以象參伐龜蛇旐四斿四仞以象營室弧旌枉矢以象弧也此諸侯以下之所建也　㫃相出入也者當作入相出入也　古人名倝字子游者顔氏家訓古者名以正體字以表德成九年左傳鄭伯如晉拜成子游相注云子游公子偃又荀偃字伯游鄭駟偃字子游仲尼燕居言游侍注云言游言偃子游也史記仲尼弟子列傳言偃字子游

㫃　古文㫃字象形及象旌旗之游

古文㫃字云云者徐鍇本作古文㫃字如此象旌旗之游及㫃之形

旐　龜蛇四游以象營室游游而長從㫃兆聲周禮曰縣

鄙建旐 治小切

龜蛇四游以象營室者考工記輈人文彼作旐釋天素錦綢杠纁帛縿素陞龍于縿練旐九飾以組維以縷緇廣充幅長尋曰旐郭注帛全幅長八尺釋名旐兆也龜知氣兆之吉凶建之於後察度事宜之形兆也周禮司常龜蛇爲旐詩桑柔旟旐有翩出車設此旐矣傳竝云龜蛇曰旐采芑旂旐央央箋云龜蛇爲旐鄭注輈人營室玄武宿與東壁連體而四星廣雅營室謂之豕韋星經營室二星主軍糧離宮上六星主隱藏木星春夏火秋冬水一名宮二名室周語日月底于天廟韋云天廟營室也邵君晉涵曰史記律書營室者二星相對出離宮六星三向列天官書營室爲清廟曰離宮閣道東壁一星上下相掣曳馥案詩定之方中傳云定營室也釋天營室謂之定郭云定正也作宮室皆以營室之中爲正 游游而長者徐鍇本作悠悠案詩悠悠旆旌 周禮曰縣鄙建旐者春官司常文

qí
旗

旗 熊旗五游以象罰星士卒以爲期從㫃其聲周禮曰率都建旗 渠之切

熊旗五游以象罰星者考工記輈人熊旗六斿以象伐也注云伐屬白虎宿與參連體而六星埤雅說者謂熊旗西方也故象白虎宿之數其游六案義不在游猶之龍旂畫信而荀子曰龍旂九游以養信也許愼曰熊旗五游以參伐案熊旗五游則考工所記六游誤矣徐鍇曰按天文參星旁有伐星五將有征伐士卒期於其下也廣雅熊虎曰旗釋名熊虎爲旗軍將所建其猛如虎與衆期其下也周禮司常熊虎爲旗吳語王親秉鉞載白旗以中陳而立注云熊虎爲旗廣雅營惑謂之罰星星經罰三星在東咸西下西北而列主受金罰贖市布租也夏小正傳參也者伐星也演孔圖參以斬伐公羊傳伐爲大辰注云伐爲參伐疏云伐在參旁與參連體而六星故言伐謂參伐史記天官書罰爲斬艾正義云罰亦作伐春秋運斗樞參伐事主斬艾漢書天文志參爲白虎三星直者是爲衡石下三星銳曰罰孟康曰上小下大故曰銳晉灼曰三星小邪列無銳形也詩小星維參與昴傳云參伐也正義云天文志參白虎宿三星直下有三星銳曰伐則參實三星但伐與參互見皆得相統故周禮熊旗六旒以象伐言六旒以象伐明伐得統參也 士卒以爲期者旗期聲相近周禮大司徒大軍旅大田役以旗致萬民注云旗畫熊虎者也徵衆刻日樹旗期於其下又遂人若起野役則令各帥其所治之民而至以遂之大旗致之注云遂之大旗熊虎又司常凡軍事建旌旗及致民置旗弊之旬亦如之注云始置旗以致民民至仆之又大司馬中春教振旅司馬以旗致民注云以旗者立旗期民於其下也 周禮曰率都建旗者春官司常文彼作師注云師都六鄉六遂大夫也謂之師都都民所聚也疏云師衆也馥案師當爲帥帥率通

pèi
旆

旆 繼旐之旗也沛然而垂從㫃𣎵聲 蒲蓋切

釋名雜帛爲旆以雜色綴其邊爲翅尾也將帥所建象物雜也 覲禮天子乘龍載大旆象日月升龍降龍注云大旆大常也 王建大常縿首畫日月下及旐多畫升龍降龍 僖二十八年左傳狐毛設二旆而退之杜云旆大旗也 宣十二年傳令尹南轅反旆杜云旆軍前大旗定四年傳分康叔以大路少帛綪茷旃旌正義云茷即旆也 繼旐之旗也者釋天繼旐曰旆郭云帛續旐末爲燕尾者莊二十八年左傳不比爲旆注云緇廣充幅長尋曰旐繼旐曰旆陳啟源曰司常九旗不列旆名爾雅長尋曰旐繼旐曰旆注云帛續旐爲燕尾孔仲遠亦謂旆是旐之尾意

無燕尾爲旐有燕尾爲旆此其異乎巾車革路建大白以卽戎注以大白爲殷旂鄭荅趙商以爲王不親將故建先王之正色又釋名白旆殷旌也帛繼旐者也然則白者殷之色繼旐者旆之形也詩之白旆左傳之大旆及諸旆皆戰伐時所建 則旆卽大白無疑詩六月白旆央央傳云白旆繼旐者也 沛然而垂者旆沛聲相近易豐其沛注云沛幡幔也詩出車胡不旆旆傳云旆旆旒垂貌定四年左傳晉人假羽旄於鄭鄭人與之明日或旆以會杜云繼旐曰旆令賤人施其旆執以從會昭十三年傳建而不旆杜云建立旌旗不曳其旆旆游也正義云不曳其旆當纏繼於干頭蓋如禮記所云德車結旌也

jīng
旌

旌 游車載旌析羽注旄首所以精進士卒從㫃生聲 子盈切

五經文字旌從生作旍譌廣韻旍與旌同見禮馥案楚詞孔蓋兮翠旍孫子占云三軍將行其旍旗埶然若雨是爲天霑其帥失旍旗亂於上東西南北無所主方其軍不還後漢書袁紹傳故復援旍擐甲宋書武帝紀旍拂寰內矢及王城又

云追奔逐北揚於江濆北史辛雄傳聞鍾鼓之聲見於旗之列莫不奮激競赴敵場隋書周法尚傳漢武出塞旌旗千里文選劉琨贈盧諶詩於弓騂騂李善引孟子招大夫以旌蜀志陳震傳卽日張旍誥衆諸葛亮兵要先使候騎前行持五色旍於見溝坑揭黃衢路揭白水澗揭黑林藪揭青野火揭赤又云下營以朱雀旍竪午地白獸旍竪酉地元武旍竪子地青龍旍竪卯地招搖旍竪中央晉太康地志旌陽縣魏志作旍陽

游車載旌者周禮司常文彼作斿隋書禮儀志案爾雅注旌首曰旌許愼所說游車載旌襄十四年左傳范宣子假羽毛於齊注云析羽爲旌王者游車之所建詩干旄孑孑干旌傳云析羽爲旌又孑孑干旌傳云旌貌注旌於干首正義云鄉射記云旌總名也爾雅云注旌首曰旌則干旌干旌一也未設旌繸空有析羽謂之旌游車則空載析羽無旒繸也析羽注旌首者先鄭周禮注云羽曰析廣雅析羽曰旌司常析羽爲旌注云全羽析羽皆五采繫之於旞旌之上所謂注旌於干首也鄉射記於郊則閭中以旌獲注云析羽爲旌吳語建旌提鼓注云析羽爲旌楚語皮革羽毛注云羽鳥羽也所以爲旌周書王會青陰羽鳧旌注云鶴鳧羽爲旌旄也又云年饑羽旄不擇鳥襄十四年

說文解字義證 卷二十 五五

左傳正義云言全羽析羽者蓋有全取其翅或析取其翮故有全析二名也孟子大夫以旌注云旌注旄干首者鄭注明堂位綏爲注旄牛尾於杠首所謂大麾又注夏采綏以旄牛尾爲之綴於幢上釋名綏有虞氏之旌也注旄竿首其形燊燊然也詩干旄正義云釋天注旄首曰旌李巡曰旄牛尾著干首孫炎曰析五采羽注旄上也如是則干之首有旄有羽也故周禮夏采注云夏采夏翟羽色禹貢徐州貢夏翟之羽有虞氏以爲綏後世或無故染鳥羽象而用之謂之夏采孔甯子犛牛賦旣作表於禮樂又爲容於軍旅唐書哥舒翰守潼關師始東先驅勻旗觸門墮注旌干折所以精進士卒者旌精聲相近釋名旌精也有精光也宣十二年公羊傳莊王親自手旌管子兵法篇旗所以立兵也所以利兵也所以偃兵也

yú 旟

旟 錯革畫鳥其上所以進士衆旟衆也從㫃與聲周禮曰州里建旟以諸切

錯革畫鳥其上者韻會引徐鍇本無畫字釋天錯革鳥曰旟孫炎云錯置也革急也言畫急疾之鳥於旒周官所謂鳥隼爲旟者釋名鳥隼爲旟旟譽也軍吏所建急疾趨事則有稱譽也司常鳥隼爲旟吳語皆赤常赤旟注云鳥隼爲旟詩干旄孑孑干旟出車彼旟旐斯桑柔旟旐有翩傳竝云鳥隼曰旟六月織文鳥章傳云鳥章錯革鳥爲章也箋云鳥章鳥隼之文章考工記輈人鳥旟七斿以象鶉火也齊策建九游從七星之旟所以進士衆旟衆也者疑進上有聚字旟聚聲相近本書與黨與也黨與亦衆意詩無羊旐維旟矣室家溱溱傳云溱溱旟旟所以聚衆也

周禮曰州里建旟者司常文注云州里縣鄙鄉遂之官互約言之鳥隼象其勇健也鄭荅張逸云畫急疾之鳥隼是也詩干旄箋云州里謂州長之屬

qí 旂

旂 旗有衆鈴以令衆也從㫃斤聲渠希切

旗有衆鈴以令衆也者徐鍇本作有鈴曰旂以令衆盧植禮記注有鈴曰旂釋天有鈴曰旂郭云縣鈴於竿頭李巡云以鈴置旐端詩載見龍旂陽陽和鈴央央傳云鈴在旂上桓二年左傳鍚鸞和鈴昭其聲也杜云鈴在旂孟子士以旂注云旂旂有鈴者尉繚子勤卒令云鈴傳令也

說文解字義證 卷二十 五六

suì 旞

旞 導車所以載全羽以爲允允進也從㫃遂聲徐醉切

導車所以載全羽以爲允允進也者御覽引作導車所載全羽允允而進也廣雅全羽曰旞司常全羽爲旞又云導車載旞注云導車象路也王以朝夕燕出入本書歎從允進也

䢦 旞或從遺

字又作旝釋名全羽爲旝旝猶滑也順滑之貌也

kuài 旝

旝 建大木置石其上發以機以追敵也從㫃會聲春秋傳曰旝動而鼓詩曰其旝如林古外切

建大木置石其上發以機以追敵也者徐鍇本作發其機以磓敵讀書雜鈔左傳釋文六書正譌引竝同廣韻旝木礨石投敵也礨今本作置廣雅礮砙磓也曹憲音對回反漢書隤銅丸以擿鼓注云擿磓也本書無磓字五經文字作磓敵增韻作磓擊御覽引作拒敵案左傳周桓王伐鄭鄭爲三拒命二拒曰旝動而鼓御覽作拒敵是此義也漢

書廿延壽傳投石拔距張晏曰范蠡兵法飛石重十二斤爲機發行二百步延壽有力能以手投之史記王翦傳使人問軍中戲乎對曰方投石超距魏志諸葛誕傳圍上諸軍臨高以發石車火箭逆燒破其攻具弩矢及石雨下晉書陶侃傳先於封口起發石車閒居賦礮石雷駭李注礮石今之拋石也類篇礮機石也廣韻拋拋車也傅元敘扶風馬鈞曰患發石車敵人於樓邊縣溼牛皮中之則墮石不能連屬而至欲作一輪縣大石數十以機鼓輪爲常則以不斷縣石飛擊敵城使首尾電至嘗試以車輪縣瓴甓數十飛之數百步矣通典攻城戰具法云以大木爲牀下安四獨輪上建雙陛陛閒橫檢中立獨竿首如桔槔狀其竿高下長短大小以城爲準竿首以窠盛石大小隨竿力所制人挽其端而投之其車推轉逐便而用之亦可埋腳著地逐便而用其旋風四腳亦可隨事而用謂之拋車唐書竇建德傳宇文化及保聊城乃縱撞車機石四面乘城拔之李光弼傳爲擂石車二百人挽之石所及輒數十人死王方翼傳飛擑擊賊高麗傳李勣列拋車飛大石所當輒潰通鑑秦王世民圍洛陽城中大礮飛石重五十斤擲二百步春秋傳曰擑動而鼓者桓五年左傳文賈逵曰擑發石一曰飛石御覽引魏武本紀上與袁紹軍於官渡

說文解字義證卷二十 毛

賊射營中行者皆被甲衆恐上令傳言擑動而鼓說文曰擑發石車也乃造發石車擊紹樓一日盡壞紹衆號之霹靂車應瑒馳射賦擑動鼓震宋書武帝紀旗擑首塗則八表響震沈約宋侍中趙倫碑擑動則敵氣霧消詩曰其擑如林者大雅大明文彼作會後漢書馬融傳旃擑摻其如林

zhān 旃

旃 旗曲柄也所以旃表士衆從㫃丹聲周禮曰通帛爲旃 諸延切

世本黃帝作旃冕宋均注云通帛爲旃釋天因章曰旃郭云以帛練爲旒因其文章不復畫之釋名通帛爲旃旃戰也戰戰恭己而己也三孤所建象無事也昭八年穀梁傳置旃以爲轅門范云旃旌旗之名僖二十八年左傳晉中軍亡大旆之左旃杜云旃大旆旗名繫旐曰旆通帛曰旃聘禮使者載旜注云旜旌旗屬也載之者所以表識其事也鄉射記於竟則虎中龍旜注云畫龍於旜尚文章也通帛爲旜 隋書其旜勿拄軍亦畫其事號加之以雲氣

旗曲柄也者廣韻世本曰黃帝作旃曲柄旗以招士衆也漢書田蚡傳立曲旃如淳曰旃旗之名也通帛曰旃曲旃借也蘇林曰禮大夫建旃曲柄上曲也 所以旃表士衆者御覽引作所以招士衆也史記索隱引同孟子庶人以旃故云招士衆 周禮曰通帛爲旃者春官司常文彼作旜聘禮使者載旜注云載之者所以表識其事也

旜 旃或從亶

yóu 㫍

㫍 旌旗之旒也從㫃攸聲 以周切

旌旗之旒也者類篇引作旗旒謂之旒本書無旒字羽獵賦青雲爲紛韋昭曰紛旗旒或借攸字詩攸攸旆旌

yǎo 㫏

㫏 旗屬從㫃要聲 烏皎切

shī 施

施 旗皃從㫃也聲齊欒施字子旗知施者旗也 式支切

旗皃者旗旖施也詩葛覃施于中谷傳云施移也皇矣施于孫子箋云施猶易也論語君子不施其親何晏注施易也漢書衛綰傳劍者人之所施易獨至今乎如淳曰施讀曰移言劍者人所好故多數移易貿換之也史記賈生傳庚子日施兮索隱施猶西斜也 齊欒施字子旗者昭八年左傳子旗欲治其室杜云子旗欒施也又鄭豐施字子

說文解字義證卷二十 芺

旗史記仲尼弟子列傳巫馬施字子旗論語家語竝借作期楚司馬子期高注呂氏春秋作子旗秦策中期推琴史記魏世家作中旗 知施者旗也者白虎通聞名即知其字聞字即知其名

yǐ 旖

旖 旗旖施也從㫃奇聲 於离切

旗旖施也者本書檹木檹施六書故旖施旌旗偃靡皃也旖施或作旖旎廣韻旖旎旖舒皃楚詞九辯紛旖旎乎都房洪氏補注旖旎旌旗從風貌史記司馬相如傳旖旎從風洞簫賦形旖旎以順吹兮漢書揚雄傳夫何旟旐郅偈之旖旎也顏注旖旎旌縿之形也又作婀娜韓愈元和聖德詩旂常婀娜又省作旖廣韻旖旌旗旖皃

piāo 旚

旚 旌旗旚繇也從㫃㶾聲 匹招切

旌旗旚繇也者廣韻旚旌旗動皃繇俗作搖玉篇旚旚旗旚搖之皃楚策威王謂蘇秦曰寡人心搖搖然如懸旌而無所薄或借飄字景福殿賦參旗九旒從風飄揚

biāo 㠁

㠁 旌旗飛揚皃從㫃猋聲 甫遙切

旌旗飛揚皃者本書颻扶搖風也扶搖即飛揚又勿部易下云飛揚案勿州里所建旗

游 旌旗之流也从㫃汓聲 以周切

旌旗之旒也者李善注東京賦引作斿於施流也一切經音義一旒字書作䟫同謂旌旗之垂者也本書參旌旗之游也詩長發爲下國綴旒傳云旒章也箋云旒旌旗之垂者也襄十六年公羊傳君若贅旒然何云旒旒旒魏志武帝紀若綴旒然注云公羊傳贅旒贅猶綴也論衡變動篇旌旗垂旒旒綴於杠杠東則旒隨而西詩干旄素絲紕之箋云素絲者以爲縷以縫紕旌旗之旒縿或以維持之正義縿謂繫於旌旗之體旒謂縿末之垂者須以縷縫之使相連釋天云纁帛縿郭璞曰衆旒所箸孫炎曰爲旒于縿是也或以維持者謂旒之垂數非故以縷相綴連之節服氏云六人維王之太常注云維之以縷王旌十二旒兩兩以縷綴連之旁三人持之禮天子旌曳地諸侯旗九旒釋天又曰練旒九維以縷孫炎曰維持以縷不欲其曳地然則諸侯以下旒數少而且短維之以否未可知也禮含文嘉天子之旗九仞十二旒曳地諸侯七仞九旒齊軫卿大夫五仞七旒齊軫士三仞五旒齊首注云旗者旌旗也所

以别尊卑貴賤也軫車後橫木也首頭也周禮巾車建大常十有二斿注云正幅爲縿斿則屬焉大宰八曰斿貢鄭司農云斿貢羽毛桓二年左傳鞶厲游纓注云游旌旗之游昭十年傳請斷三尺焉而用之李雲曰此如芋尹無宇之斷王旌斷其斿也昭十三年傳建而不旆注云旆游也晏子春秋景公畋于署梁望游而馳文選顏延年曲阿後湖詩祥飈被綵斿李注斿旌旗之旒也史記秦本紀其賜爾皁游索隱游音旒謂賜以皁色旌旆之旒

古文游

旇 旌旗披靡也从㫃皮聲 敷羈切

旌旗披靡也者徐鍇韻譜集韻類篇並引作旇靡韻謂旇披聲相近戴侗曰風之所吹披散偃靡也方言披散也昭五年左傳又披其邑注云披析也莊十年傳望其旗靡

旋 周旋旌旗之指麾也从㫃从疋疋足也 似沿切

周旋旌旗之指麾也者周當爲舟本書般下云象舟之旋服下云車右騎所以舟旋麾下云旌旗所以指麾也廣雅旋周旋也玉藻周還中規折還中矩僖二十三年左傳左執鞭弭右屬櫜鞬以與君周旋麾俗作麾書牧誓右秉白旄以麾 疋足也者本書疋足也

旄 幢也从㫃从毛毛亦聲 莫袍切

幢也者本書無幢字鄭注夏采作檀又注鄉師引鄭司農云翿羽葆幢也翿案西京賦都盧尋橦羅君有高曰橦如詩干旄之干廣雅之杠釋名幢童也其貌童童然也晉公卿禮秩結諸王羽葆幢兵書赤幢常在大將不得動搖後魏書猛茂爲中軍執幢時大風諸軍旌旗皆偃仆茂於馬上持幢初不傾倒釋天注旄首曰旌郭云載旄於竿頭如今之幢亦有旒定四年左傳晉人假羽旄於鄭正義羽旄者有五色鳥羽又有旄牛尾也周書王會解樓煩以星施星施者珥旄注云珥旄所以爲旌羽耳漢書司馬相如傳總光耀之采旄張揖曰旄葆也顏注葆即今所謂纛頭也

旛 幅胡也从㫃番聲 孚袁切

釋名旛幅也其貌幅幅然也 御覽三百四十一麟角曰信旛古之麾號也所以題表官號以爲符信故謂之信旛乘輿

則畫白虎取其義而有威信之德也魏朝有青龍朱雀元武白虎黃龍等五旛以詔四方詔東方郡國以青龍信旛南朱鳥西白虎北元武朝廷畿甸則以黃龍 兵書督將已下各自有旛 諸葛亮軍令始出營矛戟舒旛旗鳴鼓角行三里辟矛戟結旛旗鳴鼓角又云聞鼓音舉黃白兩半旛後漢書班超假鼓吹旛麾 鹽鐵論授時篇發春而後懸青旛而策土牛殆非明主勸耕稼之意也 王粲務本論末世之吏員青旛而布春令有勸農之名無賞罰之實 庾翼與慕容皝書今致絳碧畫旛 鄴中記后勒爲后虎諱呼白虎旛爲天鹿旛 俗作幡司馬相如賦垂絳幡之素蜺袁山松後漢書范滂曰𡚶之日願賜一幡埋於首陽山側吳書陶謙獨帛幡乘竹馬而戲王韶之孝子傳周青臨刑謂監殺曰乞樹長竿繫白幡青若殺公姑血入泉不殺血上天血乃緣幡竿上天 又作轓古文苑殷君碑轓鞱竹貢

幅胡也者本書徽袤幅也吳語建肥胡注云肥胡幡也顧炎武曰說文胡牛領垂也旛幅胡也後漢輿服志聖人見鳥獸有冠角頓胡之制是也考工記戈廣二寸內倍之胡三之謂戈鋒之曲而旁出者猶牛胡也周禮大行人侯伯七十步立當前疾注前疾謂駟馬車轅前胡下垂柱地者禮記深衣袂圜以應規注謂胡下也下垂曰胡方言凡戟

鏃胡合羸者郭璞解胡鏑拄於喉下則亦取象於牛胡也或通作弧明堂位載弧韣注云弧旌旗所以張幅也考工記輈人注引覲禮侯氏載龍旂弧韣弧所以張縿之幅

lǚ 旅

軍之五百人爲旅從㫃從从从俱也力舉切

軍之五百人爲旅者司馬法文釋詁旅衆也又云旅陳也周禮司馬五百人爲旅又小司徒五卒爲旅注云卒百人旅五百人詩皇矣爰整其旅箋云五百人爲旅莊八年公羊傳入曰振旅何云五百人曰旅哀元年左傳一旅賈注五百人爲旅孫子謀攻篇全旅爲上破旅次之注云五百人爲旅漢舊儀五百人爲旅旅帥一人　从俱也者禮樂記進旅退旅注云旅猶俱也

古文旅古文以爲魯衞之魯

古文旅者本書者下云𣒚古文旅字與此文異　古文以爲魯衞之魯者書序周公既得命禾旅天子之命作嘉禾史記旅作魯左傳正義云后經古文魯作𣒚秦和鐘款識以受毛魯多釐董逌曰魯古文旅也

zú 族

矢鋒也束之族族也從㫃從矢昨木切

矢鏠也者一切經音義二字林鏃箭鏑也江南言箭鏑江東言箭足釋名云箭本曰足古謂箭足爲箭族爾雅金族翦羽也又十一云關西名箭金山東名箭足或言鏑辨異名也俗作鏃廣雅鏃鏑也釋名齊人謂之鏃鏃族也言其所中皆族滅也方言凡箭鏃胡合羸者四鏃或曰鉤腸三鐮者謂之羊頭其廣長而薄鐮謂之錍或謂之鈀箭其小而長中穿二孔者謂之鉀鑪其三鐮長尺六者謂之飛䖟內者謂之平題家語括而羽之鏃而礪之其入之不益深乎呂氏春秋貴卒篇所爲貴鏃矢者爲其應聲而至注云鏃矢輕利也小曰鏃矢大曰篇矢賈誼過秦論秦無亡矢遺鏃之費春秋決獄矢射不中與無矢同不入與無鏃同漢書晁錯傳中不能入與亡鏃同顏注鏃矢鋒也　束之族族也者詩泮水束矢其搜傳云五十矢爲束搜衆意也周禮大司寇入束矢於朝注云古者一弓百矢其百箇與

文二十三　重五

míng 冥

幽也從日從六冖聲日數十十六日而月始虧幽也凡冥之屬皆從冥莫經切

幽也者字林同李善注魏都賦引作冥幽昧也又注思元賦歎逝賦陶潛塗口詩竝引作窈也案釋言冥幼也孫炎曰深闇之窈也此當引釋言誤稱說文廣雅冥冥暗也釋言晦冥也詩斯干噦噦其冥傳云冥幼也釋文云王如字本或作窈崔音杳正義云爾雅亦或作窈某氏曰詩曰噦噦其冥爲冥窈於義實安馥案郭注謂幼穉者冥昧從王肅說也春秋元命苞幽之爲言窈也言窈冥也潘岳寡婦賦窈冥兮潛翳五臣云窈幽深也士喪禮度茲幽宅兆基注云今謀此以爲幽冥居檀弓望及諸幽求諸鬼神之道也注云鬼神處幽闇大戴禮曾子天圓篇方曰幽而圓曰明明者吐氣者也幽者含氣者也昭二十九年左傳水正曰元冥注云水陰而幽冥僖十五年公羊傳晦者何冥也洪範五行傳日入而天下晦冥鹽鐵論日者陽陽道明月者陰陰道冥風俗通易稱天先春而後秋地先生而後凋日月先光而後幽釋名幽州幽昧之地元命苞幽州言北方太陰故以幽冥爲號通鑑梁詔宗廟用牲有累冥道注云冥幽也　冖聲者當爲冂一切經音義二十四冥字从冂冂音古熒反　日數十者月令章句大橈探五行之情占

斗綱所建於是始作甲乙以名日謂之榦周禮馮相氏掌十有二歲十有二月十有二辰十日二十有八星之位疏云十日者謂甲乙丙丁之等也又太宰挾日而斂之注云從甲至癸謂之挾日凡十日又晳蔟氏以方書十日之號注云日謂從甲至癸禮器日用甲用日之始也盧植注月令云日甲至癸也昭五年左傳日之數十昭七年傳天有十日杜注云甲至癸傳又云歲時日月星辰服虔日日十日也淮南天文訓日之數十地形訓日數十日主人故十月而生　十六日而月始虧幽也者一切經音義二十四引作虧冥徐鍇本作月數始虧幽也鬻子曰有冥有旦有晝有夜然後以爲數月一盈一虧月合月離以數紀書顧命惟四月哉生魄傳云始生魄月十六日也帝王世紀堯有草夾階而生每月朔生一莢月半則生十五莢自十六日一莢落至月晦而盡名曰蓂莢

méng 鼆

冥也從冥黽聲讀若黽蛙之黽武庚切

冥也者廣雅同

文二

jīng
晶

晶 精光也。從三日。凡晶之屬皆從晶。子盈切

宋之問詩八月涼風天氣晶

精光也者晶精聲相近詩倬彼雲漢箋云精光轉運於天文子天變其精天之精日月星辰雷霆風雨也孝經援神契天地至貴精不兩明注云天精爲日地精爲月河圖括地象河精上爲天漢鄭注天河水氣也精光運轉於天漢書京房傳陰霧不精顏云精謂日光清明也

xīng
曐

曐 萬物之精上爲列星。從晶生聲。一曰象形。從○。古○復注中故與日同。桑經切

釋名星散也列位布散也列子天瑞篇天積氣耳日月星宿亦積氣中之有光耀者物理論日月之精爲星辰廣韻引淮南子日月之淫氣精者爲星辰也

萬物之精上爲列星者韓詩星精也樂記在天成象在地成形春秋說題辭星之爲言精也河圖括地象𢇍德布萬

物之精上爲衆星河精上爲天漢京房易傳星者陰陽之精萬物之體五行之形其體在下精耀在天史記經星常宿五星日月皆陰陽之精其本於地而上發於天顏氏家訓日爲陽精月爲陰精星爲萬物之精物理論星者元氣之英水之精也杜牧孫子注水土之氣升爲口宙萬物之精凝爲列緯皆本於地而發於天者也春秋文耀鉤北斗之七星主九州感精符地爲山川山川之精上爲列星各應其州域分野爲國作精神符驗也又云蒼帝之始二十八世滅蒼者翼也滅翼者斗滅斗者參滅參者虛滅虛者房五星之精宋均注云堯翼之星精在南方其色赤舜斗之星精在中央其色黃禹參之星精在西方其色白湯虛之星之精在北方其色黑文王房之星精在東方其色青元命苞五星流爲兗鉤鈴星別爲豫昴畢散爲冀箕星散爲幽營室流爲并參伐流爲益虛危流爲青天氐流爲徐軫星散爲荆牽牛流爲揚洛書甄曜度嶓冢山上爲狼星武開山上爲天高星荆山上爲軒轅星大別山上爲天苑星邙山上爲天麋星桐柏山上爲掩畢星熊耳山上爲畢附耳星靈憲星也者體生於地精成於天列居錯峙各有逌屬在野象物在朝象官在人象事中外之官常明者百有二十四可名者三百二十爲星二千五百微星之數蓋一萬一千五百二十庶類蠢蠢咸得係命不然何以總而理諸抱朴子辨問篇人初受氣皆應列宿之精值聖宿則聖賢宿則賢又雜應篇刀名大房虛星主之弓名曲張氏星主之矢名彷徨熒惑主之劒名失傷角星主之弩名遠望張星主之戟名大將參星主之運斗樞樞星散爲橘散爲蘁散爲雉散爲麏散爲象瑤光散爲雀散爲燕散爲烏散爲鼂散爲鹿玉衡散爲李散爲桃散爲椒散爲荆散爲鴟散爲雞散爲兔元命苞咸池主五穀其星五者各以其職以精委爲穀也宋均注云穀有五故五星主之保乾圖光散爲鷹歲星散爲麟說題辭斗星散爲鼠槐木爲虛星之精典術杏者東方歲星之精桑者虛星之精抱朴子熒惑火星生朱鳥繆襲青龍賦青龍者大辰之精

古○復注中故與日同者文當爲曐似日而非日也

曐 古文曐

前云象形從○者卽謂此文

星 曐或省

春秋說題辭陽精爲日日分爲星故其字日下生爲星

shēn
曑

曑 商星也。從晶㐱聲。所今切

廣雅參謂之實沈晉語君之行歲在大火若以辰出而以參入必獲諸侯淮南天文訓西南方其星觜巂參東井史記天官書參爲白虎正義云觜三星參三星外四星爲實沈於辰在申魏之分野爲白虎形也漢書天文志參爲白虎三星直者爲衡石顏注參三星者白虎宿中東西直似稱衡也

商星也者詩綢繆三星在天傳云三星參也小星維參與昴傳云參伐也正義云天文志參白虎宿三星直下有三星銳曰伐則參實三星但伐與參互見皆得相統演孔圖云參以斬伐公羊傳曰伐爲大辰皆互舉相見之文也昭元年左傳昔高辛氏有二子伯曰閼伯季曰實沈居於曠林不相能也日尋干戈以相征討后帝不臧遷閼伯于商邱主辰商人是因故辰爲商星遷實沈于大夏主參唐人是因以服事夏商其季世曰唐叔虞當武王邑姜方震大叔夢帝謂已余命而子曰虞將與之唐屬諸參而蕃育其子孫及生有文在其手曰虞遂以命之及成王滅唐而封

chén
曟

dié
疊

大叔焉故參爲晉星帝王世紀世衆么契大居番相從商邱衆顓頊之墟故陶唐氏之火正閼伯之所居也故春秋傳曰閼伯居商邱祀大火相因之故商王大火謂之辰故辰爲商星今僕陽是也

曑 曑或省

曟 房星爲民田時者从晶辰聲 植鄰切

房星爲民田時者者本書辰民農時也又云辰房星天時也又辱下云辰者農之時也故房星爲辰田候也徐鍇曰爾雅房星尾爲大辰其中心星亦獨爲大辰注龍星明者以爲時候故曰大辰臣以爲人言不辰者不時也是訓辰爲時也法言農不顓辰無以養身淮南天文訓東方其星房心尾周語農祥晨正又云晨爲農祥也韋注農祥房星也房星晨正而農事起故謂之農祥也馥案釋天天駟房也郭云龍爲天馬故房四星謂之天駟漢書郊祀志高祖制詔御史其令天下立靈星祠張晏曰龍星左角曰天田則農祥也晨見而祭之風俗通左中郎將賈逵說以爲龍第三有天田星靈者神也故祀以報功辰之神爲靈星故以壬辰日祀靈星於東南金勝木爲土相

說文解字義證 卷二十 三五

晨 曟或省

疊 揚雄說以爲古理官決罪三日得其宜乃行之从晶从宜亾新以爲疊从三日太盛改爲三田 徒叶切

本書重夕爲多重日爲疊

揚雄說云云者官府文書謂之疊成卽此義也禮月令命理瞻傷察創視折注云理治獄官也史記循吏傳李離者晉文公之理也漢書東方朔傳皋陶爲大理顏注以其作士士亦理官管子法法篇舜之有天下也皋陶爲李注云古治獄之官作此李官李同理齊語索訟者三禁而不可上下坐成以東矢韋云索求也求訟者之情也三禁禁之三日使審實其辭也而不可上下者辭定不可移也坐成獄訟之坐已成也管子小匡篇無坐抑而獄訟者正三禁之而不直則入一束矢以罰之注云謂其人自無所坐可被抑屈爲訟者正當禁之三日得其不直者則令入束矢也書康誥要囚服念五六日至于旬時丕蔽要囚傳云要囚謂察其要辭以斷獄既得其辭服膺思念五六日至於

yuè
月

shuò
朔

十日至於三月乃大斷之言必反覆思念重刑之至也亾新云云者盛當爲晟徐鍇曰亾新卽王莽也莽疑圖讖漢有再受之象惡重疊字有三日太盛改爲三田則失六書之義馥案本書敘云及亾新居攝使大司空甄豐等校文書之部自以爲應制作頗改定古文馥謂三田當卽此時所改孔龢碑疊字作三日碑在亾新以後仍用正體也

文五 重四

月 闕也太陰之精象形凡月之屬皆从月 魚厥切

闕也者廣雅同釋名作缺月闕缺聲並相近徐鍇本下有十五稍減故曰闕也八字家語禮運篇天秉陽垂日星地秉陰載山川播五行於四時和四氣而後月生是以三五而盈三五而缺注云月陰道不常滿故十五日而滿十五日而缺春秋元命苞月之爲言闕也兩設以蟾蠩與兔者陰陽雙居明陽之制陰陰之倚陽太元中次六月闕其摶不如開明於西白虎通月之爲言闕也有滿有闕也衛恆書勢月勢臣而虧其旁書品月以臣輔君則文體闕太陰之精者顏氏家訓月爲陰甘氏星經月者陰宗之精也春秋感精符月者陰之精地之理也元命苞太陰水精爲

說文解字義證 卷二十 三六

月常誣任而受明陽精在內故金水內景七略京房易說云月與星至陰也有形無光日照之乃有光喻如鏡照日卽有影見月初光見西方望已後光見東皆日所照也論衡順鼓篇衆陰之精月也靈憲月者陰精之宗積而成獸象兔蛤漢書李尋傳月者衆陰之長妃后大臣諸侯之象也後漢書丁鴻傳月者陰精盈毀有常晉書天文志月者陰精之宗文選月賦月以陰靈夢書月者太陰之精也皇甫謐年歷月者羣陰之宗以宵曜名日夜光抱朴子月之精生水是以月盛滿而潮濤大 象形者本書敘象形者畫成其物隨體詰詘日月是也

朔 月一日始蘇也从月屰聲 所角切

士喪禮朔月注云朔月月朔日也

月一日始蘇也者朔蘇聲相近廣雅朔穌也又云朔始也釋名朔月初之名也朔蘇也月死復蘇生也樂記蟄蟲昭蘇戰國策勃然乃蘇喪大記復而後行死事注云復而不蘇可以爲死事楚詞天問夜光何德死則又育注云夜光月也言月何德於天死而復生也尚書大傳朔者蘇也革也白虎通朔之言蘇也明消更生故言朔漢書元朔元年

晶 月

pèi
朏

pò
霸

應劭曰朔蘇也皇侃論語疏月旦爲朔朔者蘇也生也言前月已死此月復生也釋訓朔北方也李巡云萬物盡於北方蘇而復生鶡冠子王鈇篇月信死信生終則有始孫于虛實篇日有短長月有死生後漢書馬融傳月朔西陂注云朔生也

朏 月未盛之明從月出周書曰丙午朏 普乃切又芳尾切

月未盛之明者書召誥正義引同李善注月賦引作月未成光御覽引作月未成明也釋名朏月未成明也馥疑所引皆釋名誤稱說文廣雅朏明也書畢命六月庚午朏傳云六月三日詩天保正義云日月在朔交會俱右行於天日遲月疾從朔而分至三日月去日已當二次始死魄而出楚詞九思時朏朏兮且旦注云日月始出光明未盛爲朏淮南天文訓日登於扶桑爰始將行是爲朏明注云朏明將明也漢書律歷志惟三月丙午朏孟康曰朏月出也通鑑元魏薛謂以爲朔日以朔夕月以朏注云月生明謂之朏月之三日也舊歷說日猶火也月猶水也火則施光水則含影故朏生於向日魄生於背日當日則光盈近日則明滅 從月出者徐鍇本從月出聲 周書曰丙午朏者召誥文彼有惟字傳云朏明也月三日明生之名正義云周書月令云三日粵朏朏字從月出是入月三日明生之名也馥案周書無此文漢書律歷志引古文月采篇三日曰朏

霸 月始生霸然也承大月二日承小月三日從月䨣聲周書曰哉生霸 普伯切

月始生云云者韻會引徐鍇本作霸霸然也增韻同李善注月賦引作魄然書武成釋文引作魄然皃御覽引云月始生魄然也承大月月生二日謂之魄承小月月生三日謂之朏釋名霸月始生霸然也謝惠連秋懷詩頹魄不再圓李注魄月魄也顏延年曲水讌詩朏魄雙交李注謂三日也凡朏魄之交皆在月三日之夕 周書曰哉生霸者康誥文彼作魄漢書律歷志成王即位三十年四月庚戌朔十五日甲子哉生魄此即康誥之哉生魄志以爲十五日案武成惟一月壬辰旁死魄傳云月二日近死魄正義云一月周之正月此月辛卯朔朔是死魄故月二日近死魄魄者形也謂月之輪郭無光之處名魄也朔後明生而魄死望後明死而魄生顧命云惟四月哉生魄傳云始生魄月十六日也月十六日爲始生魄是一日爲始死魄二日近死魄也武成又云丁未祀于周廟越三日庚戌柴望大告武成既生魄庶邦冢君暨百工受命于周傳云魄生明死十五日之後武成又云厥四月哉生明傳云始生明月三日漢書律歷志死魄朔也生魄望也明死魄生從望爲始志又引武成旁死霸孟康曰月二日以往月生魄死故言死魄魄月質也馥謂本書引哉生霸者謂月三日成魄故馬注康誥云魄朏也謂月三日始生兆朏名曰魄鄉飲酒義讓之三也象月之三日而成魄也詩推度災月三日成魄八日成光論衡調時篇月三日魄八日弦十五日望

lǎng
朗

tiǎo
朓[2]

𩂣 古文霸

朗 明也從月良聲 盧黨切

唐張廷珪孔子廟碑作此朖字 玉篇有古文作朖

明也者徐鍇曰月之明爲朖故古樂府有朖月行釋言明朗也詩既醉高朗令終傳云朗明也淮南原道訓新而未朗高云朗明也

朓 晦而月見西方謂之朓從月兆聲 土了切

集韻月朓謂之膭 易賁觀乎天文以察時變虞云日月星辰爲天文也泰震春兌秋賁坎冬离夏巽爲進退日月星辰進退盈縮謂朓側朏也歷象在天成變故以察時變矣 周禮保章氏掌天星以志星辰日月之變動注云月有盈虧朓側匿之變 太元元告日有南有北月有往有來日不南不北則無冬無夏月不往不來則望晦不成聖人察乎朓側匿之變而律乎日月雄雌之序經之于無已也 漢書孔光傳時則有日月亂行謂朓側匿孟康曰朓行疾也側匿行遲也 顏延年元皇后哀策文上清朓側 焦氏筆乘謝朓字元暉知從月不從目其兄名朏可以類推 董斯張曰韻書晦而月見西方謂之朓謝元暉名當從朓不從眺也

晦而月見西方謂之朓者書大傳晦而月見西方謂之朓朓則侯王其荼朔而月見東方謂之側匿側匿則侯王其肅注云朓條也條達行疾貌荼緩也側匿猶縮縮行遲貌肅急也日君象也月臣象也君政急則日行疾月行徐臣

逡遁不進急則矦王其徐徐緩也君政緩日行徐月行疾臣放恣也漢書五行志晦而月見西方謂之朓朔而月見東方謂之仄匿仄匿則矦王其肅朓則矦王其舒劉向以爲朓者疾也君舒緩則臣驕慢故日行遲而月行疾也仄匿者不進之意君肅急則臣恐懼故日行疾而月行遲不敢迫近君也不舒以正失之者會朔日劉歆以爲舒者矦王展意顓事臣下促急故月行疾也肅者矦王縮朒不任事臣下施縱故月行遲也當春秋時矦王率多縮朒不任事故會二日仄匿者十八會晦日朓者一此其效也孟康曰朓者月行疾在日前故早見仄匿者行遲在日後當沒而更見論衡四諱篇三十日日月合宿謂之晦歷志若合於子正則晦日之朝猶朔日之夕也是以月皆不見若合於午正則晦日之晨猶朔日之昏也是以月或皆見之矣　兆聲者馬注康誥云月三日始生朓朏

nǜ 朒

朒　朔而月見東方謂之縮朒從月內聲　女六切

隋書天文志引劉焯歷算有朓朒積法又律歷志夫所謂率者有九流馬七曰盈朒以御隱雜互見　僧一行歷本議云表裏之行朓朒之變皆紀之以用而從月者也

朔而月見東方謂之縮朒者月賦朒朓警闕李善引本書朔而月見東方縮朒然玉篇縮朒不寬伸之皃尚書考靈曜朔而月見東方謂之側匿廣雅側匿縮也初學記月部注云朒縮遲貌也側匿猶縮濡亦遲貌易通卦驗晷進爲贏晷退爲縮史記天官書歲星贏縮其趨舍而前曰贏退舍曰縮漢書天文志凡五星早出爲贏贏爲客晚出爲縮縮爲主人案朓朒亦有歷法不精誤推晦朔者故秦漢日太初斗分太多過天一度又無盈縮遲疾故常以朔日月見西方晦日月見東方差亦至二三日以此布歷則晦朔甲乙安得無忒魄明生亦焉能不舛　內聲者當爲肉聲增韻朒字從肉舊從內誤字鑑此乃諧聲之字以類推之當從骨肉之肉漢書音義服虔音忸怩之忸

qī 期

期　會也從月其聲　渠之切

會也者尚書太誓逸篇八百諸矦不召自來不期同時詩氓鄭箋云且爲會期詩又云秋以爲期桓十年公羊傳會者何期辭也成十六年傳會不當期楚詞天問會鼂爭盟何踐吾期論語孔子弟子目錄叔孫會字子期魏策吾與虞人期獵雖樂豈可不一會期哉史記留矦世家與老人期後何也

古文期從日丌

文八　重二

yǒu 有

有　不宜有也春秋傳曰日月有食之從月又聲凡有之屬皆從有　云九切

不宜有也者春秋莊十八年秋有蜮穀梁云一有一亡曰有何休公羊注言有者以有爲異也桓三年有年賈逵云桓惡而有年豐異之也言有非其所宜有朱新仲曰有年大有年桓宣時也有者不宜有也二公行不宜有此皆貶也春秋二百四十二年之閒豈止此二三年豐熟哉以是知二公不宜有此也釋例劉賈許因有年大有年之經有鸛鵒來巢書所無之傳以爲經諸言有皆不宜有之辭也月令章句菊有黃華有者非所有也季秋草木皆成非榮華之時也故言菊有明他無有也楊愼曰漢書武帝紀建元二年有如日夜出予解之曰不言日夜出日不夜出夜出非日也有不宜有也顧炎武曰文十四年秋七月有星孛入於北斗有者非常之辭徐鍇曰有難者曰春秋傳言有

陶唐氏有虞氏豈是不宜有乎荅云言此自仲尼立例取此一言爲文不通於常詞也春秋傳曰日月有食之者春秋隱三年日有食之穀梁云有內辭也或謂從人加月字何休云不言月食之者其形不可得而覩也

yù 戫

戫　有文章也從有𢦏聲　於六切

有文章也者戫有聲相近詩奄有九有韓詩作九或書微子殷其弗或亂正四方傳云或有也正義引鄭注論語之言有也書洪範無有作好無有作惡韓非引作或通語晉中常侍或弘注云或通作郁郁郁姓也文章當爲彣彰本書彣戫也徐鍇曰按論語郁郁乎文哉本作此戫假借郁字宋王彧字景文又假借或字案廣雅或文也荀彧字文若譙敏碑文武彬彧汗簡云古論語郁作戫南齊書王彧傳子絢讀論語周監於二代何尚之戲曰可改耶耶乎文哉是南齊本尚作彧故謂絢當爲父諱也

lóng 龓

龓　兼有也從有龍聲讀若聾　盧紅切

兼有也者廣雅龓有也玉篇龓馬龓頭馥謂今言籠統是也吳都賦羈龓儹朿

文三

照也從月從囧凡朙之屬皆從朙 武兵切

照也者徐鍇本作昭也廣韻同書堯典百姓昭明易晉象君子以自昭明德本書照明也詩皇矣傳云照臨四方曰明

從囧者徐鍇本作囧聲

古文朙從日

本書盟古文從此易離象明兩作离虞云兩謂日與月也繫辭日往則月來月往則日來日月相推而明生焉又云縣象著明莫大乎日月孟子日月有明容光必照焉史記歷書日月成故明也

翌也從朙亾聲 呼光切

翌也者當爲昱經典借翼字釋言翼明也書顧命越翼日乙丑傳曰明日又延入翼室傳曰明室大誥今翼日傳云今之明日金縢王翼日乃瘳武成越翼日癸巳傳並云翼明漢書引作翌

文二　重一

窗牖麗廔闓明象形凡囧之屬皆從囧讀若獷賈侍中讀與明同 俱永切

窗牖麗廔闓明者囧朙聲相近本書廔屋麗廔也麗當爲儷本書儷棽儷也一切經音義五囧大明也亦章也說文窗牖闓明曰囧文選江淹雜體詩囧囧秋月明李善引倉頡篇囧大明也釋言愷悌發也李孫本俱作闓云闓明廣韻麗下云麗廔綺窗易林牕牖戶房通利明光孟子離婁之明卽儷廔莊子徐無鬼君必無盛鶴列於麗譙之閒案漢書陳勝傳注樓亦名譙故爲美麗之樓爲麗譙馥謂儷廔非美麗李尤高安館銘幟嶢麗館窗闥列周又平樂館銘乃興平樂弘敞麗光層樓通閣禁闥洞房

周禮曰國有疑則盟諸侯再相與會十二歲一盟北面詔天之司愼司命盟殺牲歃血朱盤玉敦以立牛

耳從囧從血 武兵切

黃庭經古者盟用元雲之錦九十尺金簡鳳文之羅四十尺三禮圖盟木方四尺設六色東青西白南赤北黑上元下黃設六玉上圭下璧南方璋西方琥北方璜東方口盟者上上下四方之神明天之司盟　孫權與蜀盟文末云有渝此盟創禍先亂俾墜其師無克祚國　劉琨與段匹磾盟文末云有渝此盟亾其宗族俾墜軍旅無其遺育　沈炯爲陳武帝與王僧辯盟文末云若一相欺負一相違戾天地宗廟是譴是詰

周禮曰國有疑則盟者司盟掌盟載之法凡邦國有疑會同則掌其盟約之載及其禮儀北面詔明神旣盟則貳之注云載盟辭也盟者書其辭於册殺牲取血坎其牲加書於上而埋之謂之載書　諸侯云云者命字衍歃血徐鍇本作喢血立牛耳鍇本作立牛殺其耳鍇曰按春秋左傳曰閒朝而會不協而盟司愼司盟天之二神故魯襄公傳曰敢告天之司愼司盟名山大川先王先公七姓十二國之祖有違此盟明神殛之俾墜其師無克祚國是其辭也謂之載書旣詛而割牲以玉敦承其流血諸侯其插其血主盟者執其牛耳立於槃中然後掘坎埋其牲加載書而埋之也故仲孫羨曰諸侯盟誰執牛耳又曰坎用牲加書焉此言背盟者如此牛也敦器似匳也釋名盟明也告其行事於神明也周禮玉府若合諸侯則共珠槃玉敦又戎右盟則以玉敦辟盟遂役之贊牛耳桃茢詩巧言君子屢盟傳云凡國有疑會同則用盟而相要也箋云屢數也時見曰會殷見曰同非此時而盟謂之數　黃鳥不可與明箋云明當爲盟盟信也吳語以盟爲有益乎前盟口血未乾足以結信矣荀子大畧篇盟詛不及三王注云盟殺牲盟謂殺牲歃血告神以盟約也何注隱元年公羊傳云盟者殺牲歃血詛命相誓以盟約束也范注穀梁傳引鄭君曰盟牲諸侯用牛大夫用豭武君億曰天問會鼂爭盟何踐吾期注云爭一作請案鼂朝同字請淸音相近盟明通用是引詩會朝淸明作問蓋云以甲子日赴膠鬲請盟之期傳箋俱以爲日之淸明不足據也　從血者徐鍇本作皿云皿聲馥謂皿卽朱槃玉敦

篆文從朙

徐鍇本云古文

古文從明　徐鍇本云籀文

文二　重二

xī 夕

夕　莫也。從月半見。凡夕之屬皆從夕。祥易切

莫也者，本書名字云夕者冥也。莊八年穀梁傳：自日入至於星出謂之夕。周禮宮正夕擊柝而比之，注云：夕，莫也。又道僕以朝夕燕出入，注云：朝朝莫夕。漢舊儀注云：晝有朝、禺中、晡、夕。經典或借昔字，洪武正韻：一昔，一夕也；通夕，通宵也。莊子通昔不寐是也。列子周穆篇：昔昔夢爲國君。釋文：夜夜也。馥案孟子昔者疾，王逸楚詞大招注引詩樂酒今昔，管子小匡篇旦昔從事，莊子齊物論今日適越而昔至也，崔云：昔，夕也。說苑：今昔聞梟聲乎。從月半見者，徐鍇曰：月字之半也。月初生則暮見西方，故半月爲夕。馥案禮器爲朝夕必放於日月，注云：日出東方，月生西方。

yè 夜

夜　舍也。天下休舍也。從夕，亦省聲。羊謝切

舍也者，夜舍聲相近。廣韻：夜，舍也，暮也。君子有四時：朝以聽政，晝以訪問，夕以修令，夜以安身。擊壤歌：日出而作，日入而息。詩雨無正：三事大夫，莫肯夙夜。又振鷺：庶幾夙夜，以永終譽。周禮司寤氏：以星分夜。漢舊儀：晝漏盡，夜漏起，省中黃門持五夜。注云：夜有甲乙丙丁戊。

說文解字義證　卷二十　卌三

méng 夢

夢　不明也。從夕，瞢省聲。莫忠切，又亡貢切

不明也者，本書懜：不明也。

yuàn 夗

夗　轉臥也。從夕從卪。臥有卪也。於阮切

轉臥也者，轉謂周轉也。詩關雎：展轉反側。本書蟺：夗蟺也。夗蟺，臥而善轉。

yín 夤

夤　敬惕也。從夕寅聲。易曰：夕惕若夤。翼真切

敬惕也者，經典借寅字。釋詁：寅，敬也。書堯典：寅餞內日。集韻引作夤。史記：敬道出日。即寅賓出日。李仲璇孔子廟碑：夤賓作夤字。舜典：夙夜惟寅。史記作夙夜惟敬。無逸：嚴恭寅畏。史記作敬畏。鄭注：恭在皃，敬在心。東觀漢記：乾乾夕惕，寅畏皇天。後漢書殤帝紀：兢兢寅畏。注云：寅，敬也。易曰夕惕若夤者，乾卦文。彼云：君子終日乾乾，夕惕若厲，无咎。本書鬄讀若易曰夕惕若厲。漢書王莽傳、風俗通、干寶、荀爽並引作厲。淮南人閒訓：終日乾乾，以陽動也；夕惕若厲，以陰息也。思元賦：夕惕若厲以省諐兮。書冏命：怵惕惟厲。傳云：言常悚懼惟危。

籀文夤

qíng 姓

姓　雨而夜除星見也。從夕生聲。疾盈切

本書暒：雨而晝晴也。馥謂晝姓故從日，夜姓故從夕。雨而夜除星見也者，類篇引作雨除夜而星見也。一切經音義五引聲類：姓，雨止也。詩定之方中：星言夙駕。箋云：星，雨止星見。韓詩：星，晴也。韓非說林：楚莊王伐陳，吳救之，雨十日，夜星。說苑指武篇載其語作夜晴。玉篇：暒，雨止也，精明也，無雲也。史記天官書：天精而見景星。漢書作姓，亦作暒。孟康云：暒，精明也。三蒼解詁：暒，雨止無雲也。

說文解字義證　卷二十　卌四

wài 外

外　遠也。卜尚平旦，今夕卜，於事外矣。五會切

易否卦：內君子而外小人。漢書霍光傳：盡外我家。列子仲尼篇：遠在八荒之外。遠也者，玉篇引作表也，遠也。廣韻同。馥案：表也者，本書表下云：古者衣裘以毛爲表。馥謂毛在外也。遠也者，遠於事情也。史記孟軻傳：迂遠而闊於事情。

古文外　從古文卜

sù 夙（夙）

夙　早敬也。從丮持事，雖夕不休，早敬者也。息逐切

本書丮夕爲夙，臼辰爲晨，皆同意。尉氏令鄭君碑：⿰歹几夜在公。案隸體夕變歹，丮變几。早敬也者，本書敬，肅也；苟，自急敕也。釋詁：夙，早也。書舜典：夙夜惟寅。傳云：夙，早也。士昏禮：夙興。注云：夙，早也。詩閔予小子：夙夜敬止。生民：載震載夙。傳云：夙，早。箋云：夙之言肅也。有駜：夙夜在公。傳云：夙，早也。箋云：言臣有餘敬。正義云：臣禮朝朝暮夕，不當常在君所。今夙夜在公，是臣有餘敬也。小星：夙夜在公。行露：豈不夙夜。定之方中：星言夙駕。烝

mò 募　duō 多　huǒ 夥　guài 毲

民夙夜匪解箋竝云夙早也左傳敬恭朝夕賈誼書禮容篇詩曰成王不敢康夙夜基命宥謐夙早也早興夜寐以繼文王之業漢地理志東萊昌陽㚔曰夙敬亭從丮持事雖夕不休者本書丮從又丿握事者也徐鍇曰言夕者持明日之事也馥案論語執事敬哀十四年左傳稱子我夕晉語稱叔向夕皆謂夕見君卽夕持事國語事夕而計過無憾而後卽安

㐲 古文夙從人㐫

𠈖 亦古文夙從人西宿從此

募 宋也從夕莫聲莫白切

宋也者廣韻募靜也本書嗼啾嗼也募亦宋募也

文九　重四

說文解字義證　卷二十　望

多 重也從重夕夕者相繹也故爲多重夕爲多重日爲疊凡多之屬皆從多得何切

重也者本書重厚也考工記弓人是故厚其液注云厚猶多也成二年左傳重器備注云重猶多也　夕者相繹也者本書酉繹酒也酉從酉酉夕也　重夕爲多重日爲疊者東觀漢記蔣疊字伯重

𡖇 古文多

夥 齊謂多爲夥從多果聲呼果切

齊謂多爲夥者本書𧥻讀若楚人名多夥史記陳涉世家夥頤涉之爲王沈沈者索隱云楚人謂多爲夥謂涉爲王宮殿帷帳其物夥多驚而偉之故稱夥頤也方言凡物盛多齊宋之郊楚魏之際曰夥小爾雅廣詁夥多也上林賦萬物衆夥西京賦炙炰夥魏都賦繁富夥夠五臣云夥夠皆多也後漢書張衡傳不恥祿之不夥俗作錗集韻燕人謂多曰錗

毲 大也從多圣聲苦回切

大也者畢君以均曰廣雅𡖋大也曹憲音苦雷反毲本從灰傳寫誤作圣馥案徐鍇云此或音爲恢是楚金亦疑之玉篇𡖋毲竝訓大宋人重修加毲字

zhā 㝯

㝯 厚脣皃從多從尚陟加切

厚脣皃者玉篇嗻大脣皃䏦重脣也廣韻㝯脣下垂皃𡖈哆脣垂皃哆下脣垂皃本書奢籀文作奓徐鉉曰今俗以爲㝯厚之㝯非是案玉篇奓下大也奔上大也

文四　重一

𡖐

𡖐

詩螽斯釋文詵詵所巾反說文作𡖐音同馥案廣雅𡖐多也玉篇𡖐多也本書詵下引詩後人加之

遺文一

說文解字義證　卷二十　巽

guàn 毌　guàn 貫

毌 穿物持之也從一橫貫象寶貨之形凡毌之屬皆從毌讀若冠古丸切

晉姜鼎令俾𢆉通楊南仲釋作毌本書患古文作𢝊卽從古文毌史記齊世家伐衛取毌邸索隱云毌音貫衛之邑也今作毋邸字殘缺目案漢書有曼邸氏顏注曼邸毌邸本一姓馥謂曼毌聲近毋毌形似　穿物持之也者毌穿聲相近蒼頡篇毌穿也通作貫易剝卦貫魚徐云貫穿也成二年左傳自始合而矢貫余手及肘　從一橫貫者貫當爲毌論語吾道一以貫之借貫字　象寶貨之形者本書貝下云古者貨貝而寶龜

貫 錢貝之貫從毌貝古玩切

玉篇古文作𧶠

錢貝之貫者本書百下云數十百爲一貫實下云貫貨貝也埤蒼珠百枚曰𩐉𩐉貫也書太誓商罪貫盈正義云紂之爲惡如物在繩索之貫其惡貫已滿矣詩何人斯及爾如貫箋云如物之在繩索之貫宣六年左傳使疾其民以盈其貫劉炫曰以繩穿物謂之貫韓非說林有與悍者鄰欲賣宅而避之或曰是其貫將滿也子姑待之答曰吾恐

其以我滿貫也史記平準書京師之錢累巨萬貫朽而不可校古文苑僮約爲府掾求用錢推紡惡敗欆索注云欆索所以串錢宋書泰始中通私鑄而錢大壞矣一貫長三寸謂之鵞眼錢減此者謂綖環錢貫之以縷入水不沈通鑑魏任城王澄上言錢之爲用貫繦相屬注云繦亦錢貫也又云唐高宗以滕蔣二王好聚斂給麻兩車以爲錢貫 從貫貝者當云毌亦聲

lǔ
虜

虜 獲也從毌從力虍聲 郎古切

獲也者一切經音義十五虜獲取也戰而俘獲也玉篇虜獲也戰獲俘虜也詩采芑執訊獲醜又泮水在泮獻囚箋云囚所虜獲者檀弓不獲二毛注云獲謂係虜之曲禮獻民虜者操右袂注云民虜軍所獲也白虎通引韓詩內傳師臣者帝友臣者王臣臣者霸魯臣者亾魯卽虜言視臣如臧獲奴虜亘衛青曰爲人奴虜免笞罵足矣風俗通臧者被臧罪沒入爲官奴婢獲者逃亾獲得爲奴婢 從毌從力者徐鍇曰左傳武夫力而拘諸原故從力毌穿之也六書正譌生得者以索貫而拘之故字從毌從力

文三

說文解字第七義證弟二十一

曲阜桂馥學

hàn 马

马 嚨也艸木之華未發圅然象形凡马之屬皆从马讀若含（乎感切）

嚨也者马嚨聲相近本書嚨含深也梁鴻詩麥含含兮先秀　艸木之華未發圅然者本書菡蕳芙蓉華未發爲菡蕳

hán 圅

圅 舌也象形舌體马马从马马亦聲（胡男切）

徐鍇曰李陽冰曰許氏作圅非也當依篆作圅臣詳許慎所說及其字形亦與陽冰所說同但傳寫浸訛以下𠚕字兩𠚕相連與中豎畫相合自然其中成𠚕今正書之則與此同但是輔頰之象非正牙齒之字也

舌也者廣雅圅舌也廣韻圅銜也詩行葦嘉殽脾臄傳云臄圅也疏引服虔通俗文口上曰臄口下曰圅　舌體马

马者徐鍇曰謂舌之出口如華之出拊蕚也

肣 俗圅从肉今

从肉今者當爲今聲

yóu 𠧪

𠧪 木生條也从马由聲商書曰若顛木之有𠧪枿古文言由枿（以州切）

本生條也者詩序由儀萬物之生各得其宜或借柚字釋木柚條又作柚玉篇柚物更生也　商書曰若顛木之有𠧪枿者盤庚文彼作由蘖顛當爲槙枿當爲粹魏了翁曰昭八年左傳今在析木之津猶將復由義如書盤庚若顛木之有由蘖木生條也　古文言由枿者𠧪古作由𠧪下當有古文由字今脫去本書從由諸字本此

yǒng 甬

甬 艸木華甬甬然也从马用聲（余隴切）

艸木華甬甬然也者廣韻甬草木花欲發貌

xián 𢎘

𢎘 艸木马盛也从二马（胡先切）

文五　重一

hàn 東

東 木垂華實从木马马亦聲凡東之屬皆从東（胡感切）

马亦聲者當爲马聲

wéi 𩏂

𩏂 東也从東韋聲（于非切）

文二

tiáo 卤

卤 艸木實垂卤卤然象形凡卤之屬皆从卤讀若調（徒遼切）

艸木實垂卤卤然者或借油字箕子麥秀歌禾黍油油

𠧪 籀文三卤爲卤

lì 㮚（栗）

㮚 木也从木其實下垂故从卤（力質切）

木也者范子計然栗出三輔本草栗生山陰陶云今會稽椅李諸暨栗形大皮厚不美剡及始豐皮薄而甜蜀本圖經云樹高二三丈葉似櫟花青黃色似胡桃花實大者如拳小如桃李嘉祐圖經云今處處有之而兗州宣州者最勝實有房彙若拳將熟則罅拆子出夏小正八月栗零傳云零也者降也詩東門之栗傳云栗行上栗也正義引左傳斬行栗杜云行栗表道樹陸疏栗五方皆有周秦吳楊特饒惟漁陽范陽栗甜美長味他方不及也倭韓國諸島上栗大如雞子亦短味不美春秋說題辭燕地宜栗馥案燕策北有棗栗之利民雖不田作棗栗之實足食於民矣史記貨殖傳燕秦千樹栗以比封侯西京雜記上林苑有侯栗瑰栗魁栗榛栗嶧陽栗王褒僮約南安拾栗采橘注云南安縣名出好栗橘馥案水經注汝南灣中有栗味不[illegible]南安之實也廣志栗有侯栗關中大栗如雞子晉宮閣名華林園中栗一株侯栗六株何晏九州論中山好栗盧諶祭法春秋冬祠皆用栗黃叔琳曰東觀書曰栗駭蓬轉苍栗房秋熟罅發其實驚躍如爆去根榦甚遠所謂栗駭其以此與陸璣栗賦何羣品之浮脆惟此質之久長外刺

同夫拱棘內潔甚於冰霜薦羞則棋榛竝列加籩則菱芡同行金盤兮麗色玉俎兮鮮光周人以之戰懼大官稱於柏梁

古文㮚從西從二卤徐巡說木至西方戰栗

徐巡說木至西方戰栗者西方金也木畏金故戰栗論語哀公問社於宰我宰我對曰周人以栗曰使民戰栗五經異義周都豐鎬宜栗也尚書逸篇西社惟栗莊二十四年左傳女贄不過榛栗棗脩杜皆皆取其名以示敬正義先儒以為栗取其戰栗也

sù 㮚(栗)

㮚 嘉穀實也從卤從米孔子曰㮚之為言續也 相玉切

嘉穀實也者韻會小補粟米之有甲者一切經音義十稷粟也今江東呼粟為稷也陳啟源曰粟乃粱類非稷也陶隱居曰凡粱米皆是粟類此得之又云秬秠黍類也糜杞粱類也郭氏爾雅注釋糜為赤粱粟芑為白粱粟必有本也廣雅粟穀也本草粟米味鹹微寒陶云江東所種及西間皆是其粒細於粱米熟舂令白亦以當白粱呼為白粱粟或呼為粢 孔子曰㮚之為言續也者本書穀續也廣雅粟續也春秋說題辭粟助陽扶性粟之為言續也粟五變一變而以陽生為苗二變而秀為禾三變而粲然謂之粟四變入曰米出甲五變而烝飯可食陽以一立為法故粟積一大分穗長一尺文以七列精以五立故其字西米為粟西者金所立米者陽精故西字合米而為粟宋均注續為陽生長也受五行氣故有變覆 案西米為粟緯書解字多依隸體

𥻆 籀文㮚

文三　重三

qí 齊

齊 禾麥吐穗上平也象形凡齊之屬皆從齊 徂兮切

禾麥吐穗上平也者徐鍇部敘禾麥之實先後必齊一本作禾黍集韻稽稽苗齊等也詩載芟厭厭其苗箋云衆齊等也謝希逸宣貴妃誄聯跗齊穎

qí 齋

齋 等也從齊妻聲 徂兮切

等也者經典多用齊本書婦與夫齊者也孟子地醜德齊漢書食貨志世家子弟富人或鬭雞走狗馬弋獵博戲亂齊民如淳曰齊等也無有貴賤謂之齊民

文二

cì 朿

朿 木芒也象形凡朿之屬皆從朿讀若刺 七賜切

木芒也者白帖盜入桑虞園取瓜虞以園多棘恐刺盜者使奴開道俞乃負瓜出陳留耆舊傳夫棘中心赤外有朿

zǎo 棗

棗 羊棗也從重朿 子皓切

隸變作棗從二朿故東方朔別傳云朿朿棗也 賈誼書棗冬木也 何晏九州論安平好棗 盧諶祭法春祠用棗 羊棗也者凡草木名冠以羊馬牛狗者皆同類而異形孟子曾晳嗜羊棗注云羊棗棗名也釋木遵羊棗注云實小而圓紫黑色今俗呼之為羊矢棗本書樗棗也似柹郭所云紫黑色者本書羊棗別是一物不與郭同劉氏新論言菀篇云文王嗜膽曾晳嗜棗膽苦棗酸聖賢甘之然則曾晳所嗜乃棗之酸者樗棗不酸也

jí 棘

棘 小棗叢生者從竝朿 己力切

漢梁休碑垂棘字從竝朿 周禮大司徒墳衍其植物宜莢物後鄭云莢物薺莢王棘之屬 春秋元命苞樹棘聽訟其下者棘赤心有刺言治人者原心不失其赤實也 馥案陳留耆舊傳魏尚繫詔獄有雀集棫棘上尚占曰棘中心赤外有刺象我言有刺而赤心至誠 賈誼書棘秋木也 劉氏新論觀量篇枳棘之生數寸而抽枝 小棗叢生者者玉篇棘箴也切韻棘小棗也 古今注棘實曰棗小爾雅棘實謂之棗急就篇槐檀荆棘葉枝扶頗注棘酸棗之樹也一名棫九家易坎為叢棘詩園有棘傳云棘棗也凱風吹彼棘心傳云棘難長養者大東有捄棘匕傳云棘赤心也周書樹棘以為位取赤心而外刺孟子養其棫棘戴侗曰棫棘之棘其實似棗而多酸詩云園有棘其實之食又曰湛湛露斯在彼杞棘上喪禮云浚用正王棘若檡棘本草棘鍼陶云白棘酸棗也圖經曰白棘生道旁葉莖實都似棗而有赤白二種楚詞九歎樹枳棘與薪柴注云小棗為棘淮南兵略訓伐棘棗而為矜高云棘棗酸棗也水經注引圈稱曰豫章以樹氏郡酸棗以棘名邦馥案秦拔魏置酸棗縣以其地多棘也詩話棘如棗而多

刺木堅色赤叢生人多以爲藩通鑑矦景幽帝於永福省牆垣悉布枳棘注云棘似棗而多刺從竝朿者通志棘與棗皆有朿故棘文列朿棗文複朿洪邁曰棘與棗類棘之字兩朿相竝棗之字兩朿相承沈括曰棗棘皆有朿棗獨生高而少橫枝棘列生卑而成林以此爲別其文皆從朿朿音刺木芒朿也朿而相戴立生者棗也朿而相比橫生者棘也不識二物觀文可玩古人制字之妙義如此

文三

piàn 片

片 判木也从半木凡片之屬皆从片 匹見切

判木也者廣韻片半也判也析木也論語片言可以折獄者鄭注云片半也五經文字片象半木形

bǎn 版

版 判也从片反聲 布綰切

判也者玉篇版片木也釋名版般也般般平廣也三蒼解詁版築牆上下版也本書牘書版牑牀版也詩枉其板屋正義云民以板爲屋周禮腊人膴胖杜子春讀胖爲版鄭大夫讀爲判本書引周禮亦作判內史王制祿則贊爲之

以方出之鄭司農云以方版書而出之杜子春云方直謂今時牘也聘禮記百名以上書於策不及百名書於方注云方板也論語式負版者孔安國曰負版持邦國之圖籍者也王觀國曰版以木爲之周禮小宰聽閭里以版圖司書掌邦中之版土地之圖司會掌版圖之貳內宰掌書版圖之法而犬胥掌學士之版蓋版以記戶籍圖以記土地論語式負版者謂民數書於版也

bì 腷

腷 判也从片畐聲 芳逼切

判也者本書副判也廣韻腷版出通俗文

dú 牘

牘 書版也从片賣聲 徒谷切

書版也者李善注月賦引本書同本書檠牘樸也釋名牘睦也手執之以進見所以爲恭睦也急就篇簡札檢署槧牘家顏注牘木簡也既可以書又執之以進見於尊者形若今之木笏但不挫其角耳管子霸形篇於是命百官有司削方墨筆明日皆朝於太廟之門朝定令於百史注云方謂版牘也欲書其所定令也莊子漁父篇小夫之知不離苞苴竿牘釋文司馬云牘謂竹簡爲書以相問遺齊策取筆牘受言鮑云牘書版也說苑王滿生精筆牘書之史記絳矦世家吏乃書牘背示之集解韋昭曰牘版漢書韓信傳奉咫尺之書以使燕顏曰八寸曰咫咫尺者言其簡牘或長咫或長尺喻輕率也今俗言尺書或言尺牘蓋其遺語耳外戚傳手書對牘背顏曰牘木簡也原涉傳削牘爲疏顏曰牘木簡也武五子傳持牘趨謁顏曰牘木簡也後漢書北海靖王興傳令作草書尺牘十首注云說文曰牘書版也蓋長一尺因取名焉論衡量知篇斲木爲槧析之爲板力加刮削乃成奏牘古文苑僮約書削代牘魏畧張既爲郡門下小吏工書疏念無以自達乃常畜好刀筆及版奏伺諸大吏有乏者輒給與以是見識焉春秋經傳集解序大事書之於策小事簡牘而已正義簡之所容一行字耳牘乃方版版廣於簡可以并容數行凡爲書字有多有少一行可盡者書之於簡數行可盡者書之於方方所不容者乃書於策

dié 牒

牒 札也从片枼聲 徒叶切

札也者本書札牒也昭二十五年左傳受牒而退正義引本書同齊策乃取所怨五百牒削去之漢書路溫舒傳溫

舒取澤中蒲截以爲牒編用寫書顏曰小簡曰牒編聯次之薛宣傳乃手自牒書顏曰牒書謂書於簡牒也論衡別通篇不通者無一牒之誦量知篇截竹爲筒破以爲牒加筆墨之迹乃成文字大者爲經小者爲傳記文選七命生必輝華名於玉牒褚白馬賦考方載於往牒李善引本書並同

biān 牑

牑 牀版也从片扁聲讀若邊 方田切

牀版也者本書牒編也當作此牑廣雅牒牑版也方言牀其上版衛之北郊趙魏之閒謂之牒或曰牑馥謂牒當作葉廣韻𤗺牑編模模當爲橫集韻𤗺牀橫桄篇海𤗺音光牀橫木也馥謂𤗺牑之橫者也易剝卦剝牀以辨釋文黃云牀簀也馥案崔憬曰辨在笫足之閒是牀梐也續漢書羊茂冬坐白羊皮夏處單板榻

yǒu 牖

牖 穿壁以木爲交窗也从片戶甫譚長以爲甫上日也非戶也牖所以見日 與久切

廣韻牖向也引禮蓽門閨竇蓬戶甕牖 易坎卦納約自牖 詩采蘋宗室牖下 論語自牖執其手

穿壁以木爲交窗也者李善注鸚鵡賦引本書無木交二字本書在牆曰牖在屋曰窗一切經音義三蒼頡解詁窗正牖也牖旁窗也所以助明者也 從片戶甫者徐鍇本作甫聲

tóu
牏

築牆短版也從片俞聲讀若俞一曰若紐 度侯切

築牆短版也者本書栽築牆長版也馥案栽爲長版築牆兩面牏爲短版築牆兩頭廣雅牏版也史記萬石君傳取親中裙廁牏身自浣滌徐廣曰牏築垣短版也 一曰若紐者漢書音義蘇林音投

文八 本書無爿字而有從爿得聲諸字馥謂爿當屬片部與反正爲乏之同例

dǐng
鼎

三足兩耳和五味之寶器也昔禹收九牧之金鑄鼎荆山之下入山林川澤螭魅蝄蜽莫能逢之以協承天休易卦巽木於下者爲鼎象析木以炊也籀文以鼎爲貞字凡鼎之屬皆從鼎 都挺切

三足兩耳和五味之寶器也者和當爲盉寶器藝文類聚引作彝器御覽同急就篇銅鍾鼎鋞鋗鉇銚顏注鼎三足兩耳彝器也易鼎卦鼎黃耳九家易鼎三足以象三台又云鼎者三足一體猶三公承天子也韓康伯曰鼎所以和齊生物成新之器也王弼曰鼎烹飪調和之器曰神曰寶重之極也鄭注易無事曰趾陳設曰足昭七年左傳賜子產莒之二方鼎服虔云鼎三足則圜四足則方周禮掌客四十鼎注云鼎牲器也漢書彭宣傳宣上書言三公鼎足承君一足不任則覆亂美實顏注美實謂鼎中之實也易鼎卦九四爻詞曰鼎折足覆公餗餗食也故宣引以爲言帝王世紀鼎爲和味李尤鼎銘五鼎大和滋味集具 昔禹云云者宣三年左傳昔夏之方有德也遠方圖物貢金九牧鑄鼎象物百物而爲之備使民知神姦故民入山林川澤不逢不若螭魅罔兩莫能逢之郭璞贊九牧貢金鼎出夏后和味養賢以無化有赫赫三事鑒於覆餗 易卦云云者巽當作顨九經字樣引云上從貞省聲下象析木以炊易鼎卦彖鼎象也以木巽火烹飪也九家曰鼎言象者卦也木火互有乾兌乾金兌澤澤者水也爨以木火是鼎鑊烹飪之象虞翻曰六十四卦皆觀繫詞而獨於鼎言象何也象事知器故獨言象也徐鍇曰巽下離上爲鼎巽

木也彖曰鼎以木巽火烹飪也九經字樣易鼎卦巽下離上巽爲木離爲火篆文米如此析之兩向左爲爿右爲片今皆作鼎云象耳足形誤也馥案鬲象三足鼎象析木各有意義藝文類聚引云鼎上大下小馥案此鬵字訓非鼎下文 籀文以鼎爲貞字者徐鍇本從貞省聲古文以貞爲鼎籀文以鼎爲貞馥案貞字當爲貝本書員字籀文作鼎則字籀文作𠟭此皆籀文以鼎爲貝之證蓋因貞下有一曰鼎省聲之文遂以爲貞字不知鼎省聲當作鼎聲後人妄加省字也

zī
鼒

鼎之圜掩上者從鼎才聲詩曰鼐鼎及鼒 子之切

鼎之圜掩上者者本書掩斂也小上曰掩廣雅鼒鼎也釋器圜弇上謂之鼒郭云鼎斂上而小口 詩曰鼐鼎及鼒者周頌絲衣文傳云大鼎謂之鼐小鼎謂之鼒箋云鼎圜弇上謂之鼒

鎡 俗鼒從金從茲

從茲者茲聲也古才茲聲相近詩釋文鼒音茲徐音災郭音才

nài
鼐

鼎之絕大者從鼎乃聲魯詩說鼐小鼎 奴代切

鼎之絕大者者廣雅鼐鼎也釋器鼎絕大謂之鼐

jiōng
鼏

以木橫貫鼎耳而舉之從鼎冂聲周禮廟門容大鼏七箇即易玉鉉大吉也 莫狄切

程君敦曰案儀禮士冠曰設扃鼏注今文扃爲鉉古文鼏爲密士昏注云扃所以扛鼎鼏覆之說文扃字無鼎扛之解鉉字解曰舉鼎具也易謂之鉉禮謂之鼏考之禮古文鉉爲扃不爲鼏鼏是鼎覆不得爲鼎扛不知鉉鼏二解何以混爲一也 王君念孫曰說文鼎部當別有鼏字从鼎冂聲今徐本鼏下所解即鼏字義也蓋鼏鼏二字篆文相近誤去其一耳然鼏字之解遂亾馥案增韻扃鼎鉉周禮廟門容大扃七个扃古作鼏又鼏字云从冂音同與錫韻鼏字不同鼏从冂音覓舊本於錫韻鼏字下注云木貫鼎誤又冋字云古作冂象鉉形五音集韻鉉舉鼎也亦作鼏字鑑鼏涓滎切與扃同上从冂音扃與錫韻鼏字不同鼏音覓匡謬正俗鉉者鼎之耳易稱金鉉玉鉉是也扃者關也禮云入戶奉扃今之宮中猶

片 鼎

呼門戶短關以關鈕者爲門扃又左傳云楚人惎之脫扃莊周云惟恐緘縢扃鐍之不固皆謂鈕屈之內小關者爾而禮器有鼏扃者字亦或作鼏謂橫關之物以扛舉鼎耳所以貫鉉非卽鉉也而先儒說者讀扃爲鉉合作一物失之遠矣若謂鉉非鼎耳者易詞不應云黃耳金鉉據此而言非鼏明矣馥案本書脫鼏字賴此足證而俗本兩鼏字并誤作鼎遂使讀者瞢瞢莫辨易鼎卦金鉉釋文音古冥反一音古螢反馥謂卽鼏字音也禮凡言鼏鼏者今列舉之士冠禮離肺實于鼎設扃鼏注云今文扃爲鉉古文鼏爲密釋文扃古螢反鼎扛也鼏以歷反鼎覆也馥案宋本注云鼎扛所以舉之者也鼏覆之今注疏本闕釋文云云卽據注文聘禮設扃鼏釋文云扃古螢反鼏以狄反士昏禮設扃鼏注云扃所以扛鼎鼏覆之今文扃作鉉鼏皆作密又云除鼏舉鼎入士喪禮右人左執匕抽扃予左手兼執之取鼏委於鼎北加扃注云抽扃取鼏加扃於鼎上皆右手今文扃爲鉉古文鼏爲密士虞禮皆設扃鼏陳之注云今文扃爲鉉古文鼏作密又云左人抽扃鼏注云今文扃爲鉉古文鼏爲密公食大夫禮設扃鼏鼏若束若編注云扃鼏扛所以舉之者也凡鼎鼏蓋以茅爲之長則束短則編其中央今文扃作鉉古文鼏皆作密又云士舉鼎去鼏於外次入陳鼎於碑南右人抽扃特牲饋食禮

說文解字義證 卷二十一 九

陳鼎於門外北面北上有鼏注云古文鼏爲密又云舉鼎鼏告絜又云及執事舉魚腊鼎除鼏又云鼎西面錯右人抽扃委於鼎北又云佐食升肵俎鼏之注云古文鼏皆作密有司徹乃設扃鼏陳鼎於門外注云今文扃爲鉉古文鼏爲密禮器犧尊疏布鼏注云鼏或作幕馥謂禮鼏鼏井舉音義各別本書所說禮之鼏也本書扛橫關對舉也劉昌宗讀鉉音關宣十二年左傳晉人或以廣隊不能進楚人惎之脫扃服注扃橫木投輪閒正義禮扛鼎之木其名曰扃則扃是橫木之名程君敦曰說文鼏讀若鼏鼏聲可知鼎部別有鼏字也馥案玉篇鼏亾狄切覆尊巾也廣韻鼏莫狄切鼏蓋五經文字序例云字帶或體注云若鼏冪同物禮經相舛廣雅鼏幔閣也詩絲衣箋云舉鼎冪告絜釋文云冪亾歷反本亦作鼏此皆鼏字義可補本書之闕

周禮廟門容大鼎七箇者考工記匠人文鼏彼作扃注云大扃牛鼎之扃長三尺 卽易玉鉉大吉也者鼎卦文正義鉉所以貫鼎而舉之也本書鉉舉鼎具也易謂之鉉禮謂之鼏馥謂鼏當爲鼏

文四 重一

當爲文五後人不知脫鼏字改爲四

kè 克

克 肩也象屋下刻木之形凡克之屬皆從克 苦得切

肩也者本書仔克也詩佛時仔肩傳云仔肩克也箋云任也釋詁肩克也又云尅肩勝也舍人云肩強之勝也書盤庚朕不肩好貨傳云肩任也襄二年左傳請息肩於晉論語克己復禮爲仁法言勝己之私謂之克 象屋下刻木之形者克刻聲相近書微子我舊云刻子馬注刻侵刻也廣韻鋟瓜刻鏤版洪範七稽疑曰克傳云兆相交錯案如刻文或作剋吳志賀齊傳注謹以剋心非但書諸紳也後漢書鍾離意傳解徒桎梏與剋期俱至

𠧛 古文克

𠅰 亦古文克

文一 重二

lù 录

彔 刻木彔彔也象形凡彔之屬皆從彔 盧谷切

刻木彔彔也者本書剝從彔彔刻割也釋器木謂之刻詩五楘梁舟傳云楘歷錄也一輈五束束有歷錄馥謂歷錄當爲秝彔易剝卦象剝剝也馥案下剝字當作彔

說文解字義證 卷二十一 十

文一

hé 禾

禾 嘉穀也二月始生八月而孰得時之中故謂之禾禾木也木王而生金王而死從木從𠂹省𠂹象其穗凡禾之屬皆從禾 戶戈切

𥝌當爲𥝌鐘鼎文穆黍等字作𥝌漢印私字作𥝌 廣韻禾粟苗 詩黍離彼稷之苗馥案春秋說題辭粟生爲苗秀爲禾詩碩鼠傳云苗嘉穀也 七月黍稷重穋禾麻菽麥 聘禮門外米禾皆二十車注云禾稾實并刈者也 氾子計然中央多禾 孝經援神契黃白土宜禾 氾勝之書種禾無期因地爲時三月榆莢時雨高地強土可種禾 呂氏春秋審時篇得時之禾長稠長穗大本而莖殺疏機而穗大其粟圓而薄糠其米多沃而食之彊 梁簡文帝謝賚長生米啓

堯禾五尺未足稱珍 程君瑶田曰案禾稟之有稾者也其實稾也其米粱也聘禮及周官掌客之職禾皆言若干車車三秅薪芻倍禾以薪芻例禾是禾爲有稾者矣又聘禮記云四百秉爲一秅鄭氏注此以秉爲刈禾盈手然則秉秅者束稾之名禾爲稾之有稾者故以秉秅數之也聘禮米禾皆兼黍稷稻粱言之以他穀連稾者不別立名卽穀中之實亦無異號惟稾有之遂假借通稱抑以事難件繫有足相包者屬文之法亘非謂禾爲諸穀苗榦大名也管子書桓公觀於野曰何物可比於君子之德乎隰朋曰夫稾丙甲以處中有卷城外有兵刃未敢自恃自命曰稾此其可比於君子之德乎管仲曰苗始其少也眴眴乎何其孺子也至其壯也莊莊乎何其士也至其成也由由乎茲免何其君子也天下得之則安不得則危故命之曰禾此其可比於君子之德矣余案茲免云者免俯也茲益也謂其穗益俯而向根也隰朋內甲之云謂米處殼內卷城謂稃周於甲藏於莖中兵刃者莖在其外也是故管仲言命之曰禾隰朋言自命曰稾一指謂嘉穀之連稾者一指謂嘉穀實也七月之詩云黍稷重穋禾麻菽麥嗟我農夫我稼既同禾爲諸穀中之一物明矣禾有赤苗白苗之異謂之虋芑詩曰維穈維芑是也余細詢農人又以目驗知之是故黍亦禾屬稱嘉穀而知嘉穀之虋芑必非黍者

以黍之苗惟一色而無赤白之異又說文解字云以毳爲繝色如虋故謂之璊虋禾之赤苗也解璊字云禾之赤苗謂之虋言璊玉色如之以說文證說文益知虋芑爲禾而非黍矣爾雅之釋詩也曰虋赤苗芑白苗毛氏據之以爲傳而郭璞注爾雅則曰赤粱粟白粱粟是不知赤白苗爲艸生田中者彼稾之赤白者苗又或不赤白也許氏解苗而不知赤白在稾故益嘉穀字於苗下是又不知苗卽嘉穀初生之名言苗而嘉穀已見也碩鼠之詩無食我苗毛傳曰苗嘉穀也春秋無麥苗何休注公羊傳云苗者禾也生曰苗秀曰禾管子言禾以苗字建首孔子惡莠亂苗亦呼禾爲苗大田之詩毛傳云莠似苗也趙岐孟子注云莠之莖葉似苗然則此一穀也始生曰苗成秀曰禾禾實曰稟稟實曰米米名曰粱其大名則曰嘉穀言其色則曰黃茂而禾稟米粱之次第截說文中又如物之在貫焉以雜廁部居讀者不能察耳

嘉穀也者書呂刑稷降播種農殖嘉穀詩生民種之黃茂傳云黃嘉穀也蔡質漢官典職宮中種嘉禾奇樹禮斗威儀君乘木而王則草木豐茂嘉穀幷生續漢書魯恭爲中牟令嘉禾生便坐庭中

二月始生八月而孰得時之中故謂之禾者藝文類聚引云以二月而種八月始孰齊民要術引云得時之中和李善注思元賦引云二月生八月孰得中和故曰禾五經文字禾之言和也以二月始生八月而孰得時之中名之曰禾馥謂當云得時之中和故謂之禾禾和聲相近或曰中卽中和本書中和也禮記升中於天盧植注升中和之氣於天是也馥案凡故謂之云者皆聲義相兼此本書之例白虎通稷者得中和之氣亦兼言中和徐鍇通論十一月一陽始復故陰陽爭正月二陽生陽氣勝二月陽氣雖勝猶有陰氣存焉微陰輔陽生長萬物陰陽適和至三月三陽生陰氣盡至五月而陽亢極陽極則陰生故五月夏至一陰生陰陽爭七月二陰生八月陰氣雖壯猶有陽氣存焉微陽助陰以成熟萬物陰陽亦適和至九月三陰生無復陽氣至十一月而陰氣盈溢陰極而陽生故十一月冬至一陽生周而復始違則爲沴故傳曰陰不孤立陽不獨存故曰禾二月生八月孰得時之中和服虔左傳注和中和也書序唐叔得禾異畝同穎王命歸周公於東作歸禾周公得命禾旅天子命作嘉禾傳云異畝同穎天下和同之象尚書大傳說嘉禾云三苗爲一穗天下其和爲一乎宋均說題辭注云禾銜滋液以生故以禾爲名續漢志吳黃龍五年嘉禾生於由拳改縣曰禾興後以太子名和改曰嘉興隱三年左傳秋又取成周之禾馥謂八月禾熟時也

禾木也木王而生金王而死者李善注思元賦引作木王而生木衰而死故曰木禾淮南地形篇木勝土土勝水水勝火火勝金金勝木故禾春生秋死注云木王而生金王而死齊民要術雜陰陽書曰禾生於寅壯於丁午長於丙老於戊死於申惡於壬癸忌於乙丑氾勝之書小豆忌卯稻麻忌辰禾忌丑秫忌未小麥忌戌大麥忌子呂氏春秋任地篇五時見生而樹生見死而穫死注云五時五行生殺之時也見生謂春夏種稼而生也見死謂秋冬穫刈收死者也

從木從𠂹省𠂹象其穗者𠂹字頭當左向今向右者寫錯本書亐从𠂹穗廣雅粢黍稻其采謂之禾思元賦既垂穎而顧本兮衛恆書勢禾卉苯蓴以垂穎詩黍離釋文離說文作穲正義云湛露傳曰離離垂然則黍離亦謂秀而垂也淮南子孔子見禾三變乃歎曰狐向邱而死我其首禾乎高注禾穗垂而向根故君子不忘本也思元賦滋令德以正中兮合嘉穀以爲敷既垂穎而顧本兮爾要思乎故居

xiù
秀

秀 上諱

此與孕字同意孕从几又朵樹木垂朵朵也象形與采同意采禾成秀也馥謂朵上卽秀下也禿上象禾粟之形禿上卽

秀上也　釋名秀者物皆成也　釋草不榮而實謂之秀詩生民實發實秀傳云不榮而實曰秀　正義云其實黍稷皆先榮後實出車云黍稷方華是嘉穀之秀必有榮也此傳因彼成文而引之　馥案爾雅釋文云衆家并無不字郭雖不注而音義引不榮之物證之則郭本有不字　馥疑毛傳不字或後人據郭本所加　白帖引爾雅無不字　論語苗而不秀者有矣夫秀而不實者有矣夫　月令秀草不實　尚書大傳有三苗貫桑葉而生同爲一穗　馥案韓詩外傳穗作秀　本書秐茅秀也　廣雅作茅采　淮南時則訓苦菜秀注云不榮而實曰秀　漢書禮樂志含秀垂穎　顏曰不榮而實曰秀　漢書楚元王傳劉歆改名秀字穎叔

上諱者東觀漢記光武以建平元年生於濟陽縣舍時有嘉禾一莖九穗縣境大熟因而曰秀　董彥遠謝除正字啟傳會作九禾之秀　董斯張曰說文秀字不从九故曰傳會

jià 稼

稼　禾之秀實爲稼莖節爲禾從禾家聲一曰稼家事也一曰在野曰稼　古訝切

本書畟治稼畟畟進也　書無逸先知稼穡之艱難　詩伐檀不稼不穡胡取禾三百廛兮　論語樊遲請學稼馬融曰樹五穀曰稼　呂氏春秋審時篇夫稼爲之者人也生之者地也養之者天也是以人稼之容足耨之容耨據之容手此之謂耕道

禾之秀實爲稼莖節爲禾者詩七月十月納禾稼箋云治於場而內之囷倉也甫田曾孫之稼如茨如梁箋云稼禾也謂有藁者也聘禮注云上賓有禾十車禾以秣馬詩七月正義禾稼者苗幹之名禹貢百里賦納總二百里納銍三百里納秸服鄭注賦人總謂入所刈禾也銍謂刈穗斷去藁也秸謂禾又去其穎惟藁秸也馥謂刈穗斷去藁卽稼也去穎惟藁秸卽禾也　一曰稼家事也者徐鍇本無稼字詩桑柔好是稼穡釋文本作家云家王申毛音稼馥案本書家字當作嫁蓋言稼嫁也周禮敘官司稼注云種穀曰稼如嫁也以有所生稻人掌稼下地注云稼者有似嫁女相生皇侃論語義疏稼猶嫁也言種穀欲其滋長田苗如人嫁娶生於子孫也　一曰在野曰稼者周禮司稼巡野觀稼少牢饋食禮宜稼於田注云耕種曰稼鹽鐵論秋稼零落乎野而不得收

sè 穡

穡　穀可收曰穡從禾嗇聲　所力切

穀可收曰穡者玉篇斂曰穡字林穡曰稼收曰穡書洪範土爰稼穡王肅曰種之曰稼斂之曰穡詩桑柔好是稼穡釋文云王申毛謂收穡也信南山曾孫之穡箋云斂稅曰穡桑柔稼穡卒痒箋云耕種曰稼收斂曰穡特牲饋食禮主人出寫嗇於房注云變黍言嗇因事託戒欲其重稼嗇嗇者農力之成功少牢饋食禮宰夫以籩豆嗇黍注云收斂曰嗇襄九年左傳其庶人力於農穡杜云種曰農收曰穡家語在厄篇良農能稼不必能穡注云種之爲稼斂之爲穡言良農能善種之未必能斂穫之也大荒南經有載民之國不稼不穡食也注云言五穀自生也種之爲稼收之爲穡物理論種作曰稼稼猶種也收斂曰穡穡猶收也古今之言云爾稼農之本穡農之末本輕而末重前緩而後急稼欲少穡欲多耨欲緩收欲速此良農之務皇侃論語義疏穡吝嗇也言穀熟而收斂之如慳貪吝嗇之人聚物也孟昶勸農詔望杏敦耕瞻蒲勸穡

zhòng 種

種　埶也從禾童聲　之用切

詩七月黍稷重穋釋文云說文禾邊作重是重穋之字禾邊作童是種埶之字今人亂之已久　甕牖閒評云字說於種字韻中入種字云物生必蒙故从童艸木亦或種之然必種而生之者禾也故从禾是王介甫亦以種字爲種字爲　藝苑雌黃云種植之種其字從童之用切種稑之種其字從重直容切蓋與此意同矣

埶也者急就篇種樹收斂賦稅租顏注種藝也史記五帝本紀藝五種集解藝樹也詩云藝之荏菽索隱藝種也樹也周禮內宰上春詔王后帥六宮之人而生種稑之種而獻之於王注云鄭司農云先種後孰謂之種後種先孰謂之稑玄謂詩云黍稷種稑是也釋文云案如字書禾旁作重是種稑之字作童是種植之字今俗則反之馥案周禮稻人澤草所生種之芒種舍人以歲時縣種稑之種說苑雜言田者擇種而種之豐年必得粟此皆釋文所云反之也

zhí 稙

稙　早種也從禾直聲詩曰稙稚尗麥　常職切

早種也者釋名禾苗先生者曰稙　又云青徐人謂長婦曰稙長爾雅釋親長婦謂稚婦爲娣婦此皆取義於禾之先

後也周禮土方氏以辨土宜土化之法注云土宜謂九穀植稺所宜也齊民要術二月三月種者爲植禾四月五月種者爲稺禾詩黍離正義以稷比黍黍差爲稙故黍秀而稷苗也或借殖字一切經音義六蒼頡篇殖種也襄三十年左傳我有田疇子產殖之注云殖生也昭十八年傳夫學殖也不學將落注云殖生長也列子天瑞篇吾盜天地之時利雲雨之滂潤山澤之產育以生吾禾殖吾稼又借植字廣雅植種也又云早也　詩曰植稺尗麥者魯頌閟宮文彼作稺菽傳云先種曰殖後種曰稺韓詩植長稼也

chóng
種

種　先種後孰也从禾重聲直容切

先種後孰也者五經文字字林以種爲種稑之種韓非內儲說韓昭侯之時黍種常甚貴漢書律歷志君主種物使長大楙盛也種物種生之物音之勇反或借重字詩黍稷重穋傳云後孰曰重呂氏春秋任地篇種稑禾不爲稑種重禾不爲重注云晚種早熟爲稑早種晚熟爲重詩云黍稷重稑稙稺菽麥此之謂也

lù
稑

稑　疾孰也从禾坴聲詩曰黍稷種稑力竹切

疾孰也者詩釋文引作後種先熟曰稑玉篇後種先熟曰稑廣韻同越語范蠡曰不亂民功不逆天時五穀稑熟于實周禮注種晚秔稻之屬稑陵穀黍稷之屬程君瑤田曰毛氏詩傳云先種曰稙後種曰稺後熟曰重先熟曰穋周官內宰職云上春詔王后帥六宮之人而生種稑之種而獻之于王鄭司農說先種後熟謂之種後種先熟謂之稑舍人職云以歲時縣種稑之種以共王后之春獻種司稼職云掌巡邦野之稼而辨穜稑之種周知其名與其所宜地以爲灋而縣于邑閭今北方農人皆知辨種之稙稺者分别藏之以待時雨而播其種之所宜雨應時則播稙者雨後時則播稺者稙者早種稺者遲種也稺之成也卑小而稙者之成則高大也至於種稑之名無知之者矣然其義未嘗不寓於其分别稙稺及因時播種之中余居武邑其俗播種之時嘗聞其畧焉稷稙者淸明前下種其穫也以秋分稺者無正時大率立夏以後夏至以前皆其下種之時也其穫也在立秋白露之間粱與稷相繼下種稷先粱後其稙者以淸明爲正時遲之或至穀雨穫亦以秋分而或稍後於稷焉稺者播穫亦皆與稷畧同又有一種俗呼二耬子耬盛穀播種之器形如斗底中有孔爲三股迆立於前股空其中上通於底孔股端有鐵銳其末於斗兩旁施轅設軛牛駕之行行則股端鐵畫地鐵上皆有小孔向後一人在後扶其斗而搖之穀種從底孔入三孔復自小孔中漏出恰入畫中所謂耩也耩北方播種之名也耩必以耬故呼稙者爲頭耬稍遲旬日種者爲二耬二耬非稺也因别其名曰二耬余曰此種之稑者也蓋稙稺容有同時穫者二耬之穫必在稙者之先非所謂後種先熟者與殆一物而有種稑之别者與　詩曰黍稷種稑者豳風七月文彼作重穋傳云後孰曰重先孰曰穋釋文云先種後熟曰重又作種穋本又作稑

穋　稑或从翏

詩釋文云說文云稑或从翏

zhì
稺

稺　幼禾也从禾犀聲直利切

幼禾也者本書季少稱也从稚省稚當作稺五經文字稺稚幼禾也上說文下字林廣雅稚幼也韓詩稺幼稼也戰國策幽莠之幼也似禾齊民要術四月五日種者爲稺禾詩大田無害我田稺閟宫植稺菽麥傳云先種曰植後種曰稺顏氏家訓問其爲田不必知稷早而黍稺也　犀聲者徐鍇本聲下云晚種後孰者馥案尚書考靈曜五政不失百穀稚孰注晚熟曰稚

zhěn
稹

稹　穜概也从禾眞聲周禮曰稹理而堅之忍切

玉篇稹叢緻也　釋言苞稹也郭云今人呼物叢緻者爲稹孫炎曰物叢生曰苞齊人名曰稹　易繫於苞桑鄭注苞稹也　詩鴇羽集于苞栩傳云苞稹箋云稹者相迫迮相致也　或借縝字禮記玉縝密以栗

種概也者集韻稹禾根相迫也四民月令三月三日可種稹禾　周禮曰稹理而堅者考工記輪人文注云稹致也鄭司農曰稹讀爲眞祭之眞

chóu
稠

稠　多也从禾周聲直由切

多也者玉篇稠密也廣雅稠概也蒼頡篇稠衆也亢倉子得時之禾長稠而大穗三輔黃圖漢文帝霸陵稠種柏桼策書策稠濁高云稠多或借綢字詩小雅綢直如髮傳云密直如髮也

jì 穊

穊 稠也從禾旣聲 己利切

稠也者漢書高五王傳深耕穊種顏曰穊稠也齊民要術小畝一升下子則稀穊得所晉書天文志星辰稠穊

xī 稀

稀 疏也從禾希聲 香衣切

疏也者疏當作延廣雅稀疏也漢書高五王傳立苗欲疏氾勝之書凡黍稷皆如禾欲疏於禾或借希字堯典鳥獸希革鄭注夏時鳥獸毛疏皮見楚詞九歌疏緩節兮安歌王注疏希也　希聲者本書無希字趙宧光曰莃䘊唏欷晞睎脪絺郗俙豨十一字從希竝不言稀省則希爲正文審矣

miè 穖

穖 禾也從禾蔑聲 莫結切

禾也者廣韻穖莊子謂之禾也

mù 穆

穆 禾也從禾㣎聲 莫卜切

玉篇古文作⿰㣎攵

sī 私

私 禾也從禾厶聲北道名禾主人曰私主人 息夷切

fèi 䅹

䅹 稻紫莖不黏也從禾糞聲讀若靡 扶沸切

俗作䆏譌作穳廣韻穳稻不黏者　稻紫莖不黏也者徐鍇曰卽今紫花稻齊民要術引風土記穳稻之紫莖　讀若靡者王君念孫曰靡當爲𪎭𪎭房未切故穳得讀若𪎭𪎭靡形近而譌

jì 稷

稷 齋也五穀之長從禾畟聲 子力切

陶隱居云詩云黍稷稻粱禾麻菽麥此卽八穀也管子曰至七十日陰凍解而蓺稷　尚書考靈曜主春者鳥星昏中可以種稷　盧毓冀州論眞定好稷　說苑五土之宜因其便不失其性高者黍中者稷下者秔　韓詩彼黍離離彼稷之苗詩人求苗不得憂懣不識於物視彼黍離離然反以爲稷之苗乃自知憂之甚也　素問金匱眞言論中央黃色其穀稷王砅注色黃而味甘也

齋也者釋草粢稷郭云今江東人呼粟爲粢馥案粢當爲粢齊民要術引孫炎爾雅注稷粟也爾雅釋文云相承云稷粟也又郭注衆秫云黏粟而說文字林皆云黏稷今秫苗及穀全似粟唯色及黏爲異又衆家釋粢皆爲粟知稷卽粟也急就篇稻黍秫稷粟麻秔顏注稷粟一種但二名耳亦謂之粢漢律稷米一斗得酒一斗爲中尊粟米一斗得酒一斗爲下尊顏注稷卽粟也不當言稷韓詩外傳三斗之稷不足於士而君鴈鶩有餘粟盛君百二日稷一名粢俗云小米者是亦通稱爲粟爲穀穀粟本公名蓋物之廣生習用者例以公名名之如南人呼穀不問而知爲稻也故呼稷爲粟爲穀則可別粟與穀於稷則不可　五穀之長者舊說五穀不同急就篇五穀熟成顏注五穀者黍稷麻菽麥也職方豫州其穀宜五種注云五種黍稷菽麥稻漢書音義韋昭說同詩臣工箋云五穀豐熟正義云五穀五行之穀月令春食麥夏食菽夏食稷秋食麻冬食黍周禮疾醫以五穀養其病注云五穀麻黍稷麥豆是也鄭以五行之穀爲五穀也陳啟源曰言五穀者有二說麻黍稷麥豆五行之五穀也見月令五時之文及周禮疾醫注黍稷菽麥稻九州之五穀也亦名五種見周禮職方氏之文及孟子五穀注馥主九州之說書舜典汝后稷正義云稷是五穀之長立官主此稷事昭二十九年左傳稷田正也正義云周語民之大事在農是故稷爲大官然則百穀稷爲其長遂以稷名爲農官之長晉書天文志稷農正也取乎百穀之長以爲號也何承天社稷頌社實陰祇稷惟穀元越絕書甲貨之戶曰粢爲上物韻會小補粟爲陸種之首馥案五穀之長說者各異有主五行者周禮甸師注穀者稷爲長疏云月令中央土食稷與牛五行土爲尊故知稷爲五穀長是也有主先種者月令孟春行冬令則首種不入鄭云首種謂稷也淮南時則訓首稼不入高云百穀惟稷先種故曰首稼是也有主氣候者白虎通尊稷五穀之長故封稷而祭之也稷者得陰陽中和之氣而用尤多故爲長也後漢書祭祀志孝經援神契曰稷者五穀之長也注云月令章句曰稷秋夏乃熟歷四時備陰陽穀之貴者是也馥謂主氣候者義長

古文稷省

zī 齋

齋 稷也從禾齊聲 卽夷切

稷也者釋草文郭云今江東人呼粟爲粢釋文引字林粢黏稷也桓二年左傳粢食不鑿曲禮稷曰明粢孟子諸侯

耕助以供粢盛注云粢稷楚詞招魂稻粢穱麥挐黃粱些注云粢稷也淮南精神訓糲粢之飯高云粢稷也馥案粢皆當爲粢

秶 𪗋或從次

本書餈或從齊

shú 秫

秫 稷之黏者從禾朮象形 食律切

內則菽麥蕡稻黍粱秫唯所欲 周禮九穀先鄭有秫後鄭去秫 廣志秫有赤有白有胡秫早熟及麥 考工記鍾氏染羽以朱湛丹秫鄭司農云丹秫赤粟 博物志秫鯖以赤秫米飯 養生要集秫米味酸

稷之黏者者匡謬正俗引作稷秔者廣雅秫稬也本草秫米陶云北人以作酒及煮糖者唐本注云此米是稻秫也今大都呼粟糯爲秫稻秫爲糯矣北土亦多以粟秫釀酒而汁少於黍米釋草衆秫郭云謂黏粟也釋文云說文云稷之黏者字林亦云黏稷本草云秫米味甘微寒主止寒熱利大腸治漆創案江東人皆呼稻米爲秫米嚼稻米以

治漆創亦驗然北閒自有秫穀全與粟相似米黏北人用之釀酒其莖稈似禾而麤大也玉燭寶典九月九日倉餔者其時黍秫并收因以黏米嘉味觸類嘗新遂成積習馥案今俗稱秫穀又稱黏穀其米黏故可釀本書酒字云杜康作秫酒廣韻醆秫酒顏注急就篇秫似粟而黏亦可爲酒月令仲冬乃命大酋秫稻必齊陶潛爲彭澤令在縣公田悉種秫曰令吾醉於酒足矣妻子固請種秔乃使二頃五十畝種秫五十畝種秔陳藏源曰凡穀之黏者皆可以釀北土多用黍秫今世猶然 從禾朮象形者徐鍇本從朮聲鍇曰言聲傳寫加之下有朮字不當言聲馥謂皆非也當以朮爲正文訓云稷之黏者從禾省象形秫爲籀文知者本書述從朮籀文從秫

朮 秫或省禾

或省禾者後人亂之此蓋正文之象形者籀文加禾小篆但以朮爲正體今乃以秫爲正體朮爲省體非是

jì 穄

穄 穈也從禾祭聲 子例切

穆天子傳穄麥百載注云穄似黍而不粘 呂氏春秋本味篇飯之美者陽山之穄注云穄關西謂之穈冀州謂之䵚

廣雅䵚穄也 王粲七釋御宿青穄 劉劭七華陽山之穄 後漢書烏丸國其地宜穄馥案唐書北狄傳奚稼多穄奚即烏桓 齊民要術穄有赤白黑青黃鶩鴿凡五種馥案穄之黑者北齊藉田種之見隋書禮儀志 通鑑燕軍至五原收穄田百餘萬斛

穈也者本書穈穄也一切經音義二床字體作穈禾穄也關西謂之床冀州謂之穄也玉篇穄關西曰穈似黍不黏蒼頡篇穄大黍也又云似黍而不黏關西謂之穈是也

dào 稻

稻 稌也從禾舀聲 徒皓切

一切經音義三稻謂有芒穀也 禮記凡祭宗廟之禮稻曰嘉蔬 計倪子內經丁貨之戶曰稻粟令爲上種石四十 春秋說題辭稻之爲言藉也稻冬含水盛其德也故稻太陰精含水漸洳乃能化也江南多稻固其宜也宋均注稻苞甚也稻非水不生故曰陰精也 呂氏春秋審時篇得時之稻大本而莖葆長稠疏機穗如馬尾大粒無芒摶米而薄糠舂之易而食之香 夏本紀令益予衆庶稻可種卑溼 孝經援神契汙泉宜稻 盧毓冀州論河內好稻

稌也者顏注急就篇稻者有芒之穀總名也亦呼爲秫馥案今以大米爲稻非也蓋稻屬非眞稻也黏者爲稻本書稴稻不黏者沛國謂稻曰稬稬黏者也論語食夫稻謂黏者非大米也凡穀以黏者爲上虋紅而黏芑白而黏秬秠皆黏竝稱嘉穀所以貴黏者爲其釀酒且宜養老也餈稻餅也饘熬稻粻餭也二物皆稻爲之

tú 稌

稌 稻也從禾余聲周禮曰牛宜稌 徒古切

寰宇記南劍州稻有一十一種其三曰白稌 周禮六穀注云黍稷粱麥苽

稻也者釋草文注云今沛國呼稌增韻沛國呼稻爲稌利下溼五音集韻稌稬稻也今俗尚爲稌穈酒詩豐年多黍多稌傳云稌稻也內則折稌注云稌稻也山海經南次二經糈用稌注云穛稻也古今注稻之黏者爲稌 周禮曰牛宜稌者天官食醫文鄭司農曰稌稉也

nuò 稬

稬 沛國謂稻曰稬從禾耎聲 奴亂切

沛國謂稻曰稬者字林稬黏稻也本草稻米味苦主溫中令人多熱大便堅掌禹錫曰依說文稻即糯也江東呼稬

禾

乃亂切齊民要術有秫稻秫稻米一名糯米俗云亂米非也馥謂亂稬聲近匡謬正俗本草并別出而體不同陶宏景注秫米云此卽今人以作酒及𥻆者方藥不正用唯嚼以塗漆創及釀酒諸藥膠耳注稻米云道家方藥有俱用稻米秔米卽是兩物云稻米㯥白如霜今江東無此皆通呼稉米爲稻米耳不知其色類復云何案本草所謂秫米者卽今之似黍米而粒小者耳其米亦堪作酒而不及黍所謂稻米者今稬米耳而陶公以稬爲秫不識稻是稬故說之不曉許氏說文解字曰秫稷之黏者稻稌也沛國謂稻爲稬又急就篇云稻秫黍稷左太沖蜀都賦云稉稻漠漠豈知稻卽稉共稉并出矣然後以稻是有芒之穀故於後或通呼稉稉總謂之稻孔子曰食夫稻周官有稻人之職漢置稻田使者并非指屬稻稉之一色所以後人混亂不知稻本是稉耳趙宧光曰稉誤作穤又改作糯讀奴播切三謬馥案增韻糯稻之黏者可以爲酒李含光本草音義糯米其細糠白如雪粒大小似秫米但體性黏滯爲異通志稻有稉糯二種古人謂糯爲稻五穀之類皆有稉糯粟之糯曰粱曰粢黍之糯曰秫曰衆爾雅云衆秫是也程君瑤田曰七月之詩十月穫稻爲此春酒以介眉壽月令仲冬乃命大酋秫稻必齊內則雜

記井有稻醴左傳進稻醴粱糗內經黃帝問爲五穀湯液及醪醴岐伯對曰必以稻米炊之稻薪皆言釀稻爲酒醴是以稻爲黏者之名黏者以釀也內則糝酏用稻米籩人職之飯餈注亦以爲稻米皆取其黏耳馥案此皆指稉言之稉亦偁稻故以稻爲通名也凡耎字隸皆作需行之已久音隨形變爾雅釋文江東人皆呼稻米爲秫米案秫稉皆黏故偁秫偁稉皆謂黏也非謂稻卽秫也玉篇稉黏也廣韻稉秫名是也

𥢆 稻不黏者從禾兼聲讀若風廉之廉 力兼切

稻不黏者者初學記引云稻紫莖不黏者馥疑誤引𥢆字訓集韻𥢆青稻白米風土記𥢆稻之青穟　讀若風廉之廉者廉當爲濂

秔 稻屬從禾亢聲 古行切

劉楨魯都賦秔族垂芒　鄭氏婚禮謁文贊秔米馥芬婚禮之珍　廣志稉有烏稉　四民月令三月多種秔稻　徐幹七喻南土之秔　元和郡縣志饒州貢秔米　本草陳廩米陶云此今久入倉陳赤者以作醋勝於新稉米也又稉米陶云此卽太常所食米前陳廩米亦是此種以廩軍人故曰廩耳馥案匡謬正俗云案陳廩米正是陳倉米廩卽是倉其義無別陶公既已知久入倉故謂之陳而不知呼倉爲廩故易本字妄以廩給爲名殊爲失理

稻屬者此旱稻也內則謂之陸稻管子謂之陵稻顏注急就篇秔謂稻之不黏者以別於稬也掌禹錫曰字林曰糯黏稻也秔稻稻不黏者然秔糯甚相類黏不黏之異耳字書秔稻屬也不黏一切經音義四聲類秔不黏稻也江南呼稉爲秈廣雅秈稉也氾勝之種植書稻是稉穀家語終記解含以疏米三具注云疏稉米禮記云稻曰嘉蔬漢書東方朔傳馳騖禾稼稻秔之地顏曰稻有芒之穀總稱也秔其不黏者也養生要集秔稻屬也稻亦秔之總名也道家方藥有用稻米秔米此則是兩物也稻米粒白如霜味苦主溫服之令人多瘦無肌膚秔米味甘主利五臟長肌膚多顏色

稉 秔或從更聲

或從更聲者亢更聲近漢書枚乘傳殫極之紞晉灼曰紞古綆字

秏 稻屬從禾毛聲伊尹曰飯之美者玄山之禾南海之秏 呼到切

稻屬者廣韻秏稻名出南海　伊尹曰云云者呂氏春秋本味篇文高誘本作南海之種

穬 芒粟也從禾廣聲 右猛切

計倪子內經庚貨之戶曰穬比疏食故無賈　潛夫論治疾當得麥門冬反得蒸穬麥　埤雅麥門冬根有鬚作連珠形似穬麥顆故名麥門冬

芒粟也者當爲粟芒也廣韻穬穀芒一切經音義二云穬穀芒也廣志有黑穬麥黑穬稻赤穬稻紫芒稻晉書皇甫謐傳況臣糠䴬粠之雕胡潘岳馬汧督誄內焚穬火熏之易林夏麥穬穬霜擊其芒周禮稻人澤草所生種之芒種鄭司農曰芒種稻麥也月令正義謂之芒種者言有芒之穀可稼種本草穬麥陶云此是今馬所食者蕭炳云西川人種食之山東河北人正月種之名春穬形狀與大麥相似圖經穬麥有二種一種類小麥一種類大麥皆比大小

麥差大齊民要術春種者穬麥也四民月令惟穬麥早晚無常又云四月可糴穬注云大麥之無皮毛者曰穬魏黃觀奏曰今年麥臨熟多雨悉復揠壞小麥畧盡惟穬麥大麥頗得半收

lí 秜

秜 稻今年落來年自生謂之秜从禾尼聲 里之切

稻今年落來年自生謂之秜者廣韻秜稻死來年自生齊民要術引字林稻今年死來年自生曰秜寰宇記泉州有稻春夏收訖其株又苗生秋薄熟即吳都所云再熟稻徐鍇云即今之穭生稻也語林劉道眞於河側見一老嫗采旅劉調之曰女子何不調機利杼而采旅馥案旅借字正作稆通鑑注稆與穭同埤蒼穭自生也晉書夏統傳采稆求倉

bǎi 稗

稗 禾別也从禾卑聲琅邪有稗縣 旁卦切

六書故稗葉純似稻惟節閒無毛實似贊害稼者也徐鍇曰稗生水田中故謝靈運詩曰蒲稗相因依 本草圖經稗有二種一黃白一紫黑其紫黑者其芑有毛北人呼爲烏禾是也今人不甚珍此惟祠事則用之農家種之以備他穀之

不熟爲 孟子五穀不熟不如稊稗注云蓋稗遇水旱無不熟而五穀則有熟有不熟之時以此不熟方之於稗則爲不如爲 汜勝之書稗既堪水旱種無不熟之時又特滋茂盛易生蕪穢良田畝得二三十斛稗中有米熟擣取米炊食之不減粱米又可釀作酒 潛夫論養稊稗者傷禾稼 鹽鐵論古者燔黍食稗 江表傳孫亮五鳳元年交阯稗草化爲稻 宋靖康之亂沒爲奴婢者使供作務人月支稗子五斗舂得米一斗八升

禾別也者文選七啟芳菰精粺李善云說文曰稗禾別名稗與粺古字通一切經音義二稗草之似穀者 玉篇稗秕也定十年左傳用秕稗也注云稗草之似穀者

琅邪有稗縣者漢志琅邪郡稗縣應劭曰音稗

yí 移

移 禾相倚移也从禾多聲一曰禾名 弋支切

禾相倚移也者倚移猶旖施也本書旖木旖施也旖旗旖施也詩施於中谷傳云施移也史記衛綰傳劍人之所施易注施讀曰移考工記既建而迆鄭司農曰迆讀爲倚移從風之移謂著戈於車邪倚也又弓人居幹之道菑栗不迆則弓不發鄭司農曰迆讀爲倚移從風之移 禮玉藻疾趨則欲發而手足毋移正義移謂靡匜搖動也 多聲者本書芠或从多移从木多聲 一曰禾名者徐鍇本作一曰移禾名故相倚則移也

yǐng 穎

穎 禾末也从禾頃聲詩曰禾穎穟穟 余頃切

漢書禮樂志含秀垂穎 文選應貞詩嘉禾重穎 思元賦發昔夢於木禾既垂穎而顧本 蔡邕篆勢頹若黍稷之垂穎 小爾雅截穎謂之挃 爾雅釋文引作截穎

禾末也者廣韻同又曰穗也李善注魏都賦引本書作穗也詩生民正義所引與本書同小爾雅禾穗謂之穎歸禾序異畝同穎鄭注二苗同爲一穗文選西都賦五穀垂穎五臣注穎穗也詩生民實穎實栗傳云穎垂穎也正義言其穗重而穎垂也 詩曰禾穎穟穟者大雅生民文彼作役傳云役列也非本書義

lái 秾

秾 齊謂麥秾也从禾來聲 洛哀切

齊謂麥秾也者徐鍇本作齊謂麥爲秾集韻通志引同本書來周所受瑞麥來麰一來二縫廣韻秾麰之麥一麥二稃周受此瑞麥出埤蒼

suì 采

采 禾成秀也人所以收从爪禾 徐醉切

本書朵樹木垂朵朵也此與采同意 列子天瑞篇拾遺穗於故畦注云收刈後田中棄穀拾之也 呂氏春秋任地篇子能使穗大而堅均乎 尚書大傳成王之時有三苗貫桑葉而生同爲一穗

禾成秀也者廣韻采禾稷成皃廣雅采䆃采也詩黍離彼稷之穗傳云穗秀也 人所以收從爪禾者與采同意

穗 采或从禾惠聲

diǎo 杓

杓 禾危穗也从禾勺聲 都了切

禾危穗也者程君瑤田曰穎之不垂者謂之杓說文云杓禾危穗也徐鍇曰危謂獨出之穗今言了杓也蓋禾采之成穎也未有不垂而向根者也其不垂者故必異其名焉馥案廣韻杓禾穗垂皃玉篇杓禾危穗亦懸物也則杓非不垂特高出耳本書齊禾麥吐穗上平也𦩡羊角不齊也危在高而懼也釋名船前立柱曰桅桅巍巍高皃也孝經高而不危論語鄭注危猶高也趙宧光曰樹最高枝曰杓褭孤存枝葉曰杓乾是也

suì 穟

穟 禾采之皃從禾遂聲詩曰禾穎穟穟徐醉切

徐鍇本以穟蓫爲采之或體尚書大傳三苗同爲一穗白虎通作穟宋書符瑞志嘉禾同本異穟又沈道虔傳以捃拾自資同捃者爭穟道虔諫之不止悉以其所得與之陳書高祖紀徵子麥穟之歌盧元明劇鼠賦鬚似麥穟半垂凡此皆以穟爲采

禾采之皃者爾雅釋文引作禾垂之皃五經文字穟禾垂貌釋訓穟穟苗也郭云言茂好也　詩曰禾穎穟穟者已見穎下傳云穟穟苗好美也

蓫 穟或從艸

duān 䅳

䅳 禾𠂹皃從禾耑聲讀若端丁果切

禾𠂹皃者程君瑤田曰䅳穎之耑也故說文以爲禾垂皃也　讀若端者今與朵同音彼木垂此禾垂

jié 䅥

䅥 禾舉出苗也從禾曷聲居謁切

禾舉出苗也者玉篇䅥長禾也經典借揭字詩碩人葭菼揭揭傳云揭揭長也

miǎo 秒

秒 禾芒也從禾少聲亡沼切

禾芒也者一切經音義二字林芒禾秒也淮南天文訓秋分而蔈定高注蔈禾穗粟孚甲之芒也古文作秒漢書敘傳造計秒忽劉德曰秒禾芒也程君瑤田曰禾之作穗而成粟也其粟不裸見有芒龙胄以含之是之謂秒隱朋所謂外有兵刃是也

jǐ 穖

穖 禾機也從禾幾聲居稀切

禾機也者程君瑤田曰禾采成實離離若聚珠相連貫者謂之機機與珠璣之璣同意呂氏春秋審時篇得時之禾疏機而穗大得時之稻長桐疏機高注機禾穗果蓏是也徐鍇以爲禾莖失之矣

pī 秠

秠 一稃二米從禾丕聲詩曰誕降嘉穀惟秬惟秠天賜后稷之嘉穀也敷悲切

一稃二米者集韻引字林黑黍一稃二米廣韻秠黑黍一稃二粒詩釋文秠亦黑黍也李巡云秠是黑黍之中一稃有二米者別名之爲秠晉徵祥說王者盛德則嘉禾生嘉禾者仁卉也其大盈箱二稃二米程君瑤田曰生民之詩惟秬惟秠爾雅釋草云秬黑黍秠一稃二米毛傳因之鄭氏鬯人注則曰釀秬爲酒秬如黑黍一稃二米賈氏疏云秬如黑黍據爾雅下文二米之秬其狀如上文黑黍者爾雅秠不言黑黍主於釋詩秬黑黍是卽維秬者秠一稃二米是卽維秠者秠卽黑黍之皮以皮而見秬是以鄭志張逸問云鬯人注秬如黑黍一稃二米爾雅秠一稃二米未知二者同異鄭荅云秠卽其皮稃亦皮爾雅重言以曉人更無異稱也案賈所疏及引鄭志問荅之意未見分曉因稽生民詩孔氏疏閱之乃知孔所見鬯人注作秬如黑黍一秠二米以秠字易爾雅之稃字也其言曰鬯人注言如者以黑黍一米者多秬爲正稱二米則秬中之異故言如以明秬有二等也秬有二等則一米亦可爲酒注必言二米者以宗廟之祭惟祼爲重二米嘉異之物鬯酒宜當用之故以二米解鬯其實秬是大名故云釀秬爲酒爾雅秠一稃二米鬯人注一秠二米文不同者鄭荅張逸云秠卽皮其稃亦皮也爾雅重言以曉人然則秠稃古今語之異

故鄭引爾雅得以稃爲秠也據此則是秬原包一稃二米者而秠卽秬之皮耳但一稃二米不能不異其名故義取諸皮之含米者異而名之爲秠也然鄭氏釋鬯用一稃二米者若但云釀秠爲酒則其義不顯故必須見秬字而又解之云如黑黍一秠二米者言如一米之秬而一秠二米也是爾雅釋詩之意欲見秠爲稃故以稃解秠既上承秬字可不復更見秬字鄭氏之意欲見秠亦秬既直見秬字而秠稃皆皮則不妨易稃爲秠也此屬文之法孔氏得其義矣　詩曰云云者大雅生民文穀彼作種傳云天降嘉種秬黑黍也秠一稃二米也箋云天應堯之顯后稷故爲之下嘉種徐鍇本作嘉種錯引尚書稷降播種閟宮箋云堯時洪水爲災民不粒食天神多予后稷以五穀禹平水土乃教民播種之於是天下大有正義云生民云誕降嘉種者從上而下之辭是天神多與后稷以五穀也言天神與者以種之必長歸功於天非天實與之也孔叢執節篇昔者上天神異后稷而爲之下嘉穀周遂以興孫氏瑞應圖舜時后稷播植天降秬秠

故詩曰天降嘉穀惟秬惟秠

zuó 秨

秨 禾搖皃從禾乍聲讀若昨在各切

禾

禾搖皃者徐鍇本作穌鍇曰穌動搖

biāo 穮

穮 耕禾閒也从禾麃聲春秋傳曰是穮是衮 甫嬌切

耕禾閒也者詩釋文麃說文作穮云耨鉏田也字林云穮耕禾閒也爾疋釋文引同釋訓穌穌穮也郭云言芸耨精詩載芟緜緜其麃傳云麃耘也或作穮廣韻穮除田薉也廣雅穮耕也玉篇穮耕禾開廣韻同　春秋傳曰是穮是衮者昭元年左傳文衮彼作蔉杜注穮耘也壅苗爲蔉晉書束皙傳勸穮蔉於中田文選張華詩穮蔉致功必有豐殷馥案衮或作根再耕也

àn 案

案 轢禾也从禾安聲 烏旰切

轢禾也者言治登場之禾吾鄉治場謂之案場或曰轢田以覆蓋種也今彰德衛輝諸府有田器曰衮以石作之圓如屋柱長四五尺有軸轉之故曰轢

zǐ 秄

秄 壅禾本从禾子聲 即里切

說文解字義證　卷二十一　毛

壅禾本者秄或作耔詩甫田或耘或耔傳云耔壅禾本也呂氏春秋辯土篇稼欲生於塵而殖於堅者慎其種勿使數亦無使疏於其施土無使不足亦無使有餘熟有耰也必務其培其耰也植植者其生也必先其施土也均均者其生也必堅是以晦廣以平則不喪本漢書食貨志后稷始甽田以二耜爲耦廣尺深尺曰甽長終晦一晦三甽一夫三百甽而播種於三甽中苗生葉以上稍耨隴草因隤其土以附苗根故其詩曰或芸或芓黍稷儗儗芸除草也芓附根也言苗稍壯每耨輒附根比盛暑隴盡而根深能風與旱故儗儗而盛也

jì 穧

穧 穫刈也一曰撮也从禾齊聲 在詣切

穫刈也者釋詁穧穫也郭云穫禾爲穧　一曰撮也者廣韻穧刈禾把數詩大田此有不斂穧正義穧者禾之鋪而未束者聘禮記四秉曰筥注云筥穧名也若今萊陽之閒刈稻聚把有名爲筥者考工記輪人注筥讀如棟梠之梠謂一穧也

huò 穫

穫 刈穀也从禾蒦聲 胡郭切

書金縢秋大熟未穫　詩七月八月其穫傳云穫禾可穫也又臣工奄觀銍艾傳云銍穫也釋文釋名云銍穫鐵也說文云銍穫禾短鎌也此則銍器可以穫禾故云銍穫也小爾雅云截穎謂之銍截穎即穫也又生民是穫是畝箋云成熟則穫而畝計之又載芟載穫濟濟傳云濟濟難也箋云難者穗衆難進也吳語以歲之不穫也無有誅焉注云穫收也管子輕重已篇宜穫而不穫風雨將作五穀以削士民零落不穫之害也　刈穀也者一切經音義三引作刈禾也御覽引同玉篇亦作禾廣雅穫刈也急就篇捃穫秉把插捌杷顏注刈取曰穫離騷願俟時乎吾將刈王注刈穫也艸曰刈穀曰穫

zī 穦

穦 積禾也从禾資聲詩曰穦之秩秩 即夷切

詩曰穦之秩秩者周頌良耜文彼作積之挃挃積之栗栗本書挃下又引穫之挃挃與今詩同

jī 積

積 聚也从禾責聲 則歷切

聚也者廣雅同隱元年左傳大叔完聚服虔曰聚禾黍也詩載芟有實其積萬億及秭

說文解字義證　卷二十一　兲

zhì 秩

秩 積也从禾失聲詩曰穦之秩秩 直質切

詩曰穦之秩秩者穦下已引

kǔn 稛

稛 絭束也从禾囷聲 苦本切

增韻混部稛字云苦本切絭束從囷與軫韻內稛字不同軫部稛字云苦隕切滿也國語稛載而歸从倉囷之囷與混韻內稛字不同彼從窮困之困馥據此疑本書從困　絭束也者廣雅困束也通俗文稛麥麴曰㯻或借麇字哀二年左傳羅無勇麇之

huà 稞

稞 穀之善者从禾果聲一曰無皮穀 胡瓦切

穀之善者者廣韻稞淨穀也　一曰無皮穀者四民月令青稞麥與大麥同時熟麪美磨盡無麩

huó 秳

秳 舂粟不潰也从禾昏聲 戶括切

舂粟不潰也者潰當爲潰李燾徐鍇本玉篇集韻竝作潰廣韻秳下亦作潰

hé 秅

秅 秳也從禾气聲 居气切

秳也者，廣韻同。又云春粟不潰也。一切經音義二十二：秅，堅米也。謂米之堅鞕春擣不破者也。今關中謂麥屑堅者爲䴬頭，亦此也。字或作籺，列子釋文引聲類：籺，米不碎。史記曰：陳平食糠籺。孟康云：麥糠中不破者是也。

fū 稃

稃 穭也從禾孚聲 芳無切

穭也者，玉篇同。又云甲也。詩釋文引字書：稃，粗糠也。經典借孚字。鄭注月令：麥實有孚甲。莩實孚甲堅合。大戴禮少閒篇：苟本正則華英必得其節以秀孚矣。夏小正：二月柳稊。傳云：稊也者，發孚也。

粰 稃或從米付聲

kuài 穭

穭 穅也從禾會聲 苦會切

穅也者，一切經音義二引字書：穭，粗穅。通俗文：米皮曰穭。

kāng 穅

穅 穀皮也從禾從米庚聲 苦岡切

宋策：舍其粱肉，鄰有糟糠而欲竊之。鹽鐵論：摶粱齧肥者，不知糠糒之苦也。鄭注周禮太師擊拊云：拊形如鼓，以韋爲之，著之以糠。樂記治亂以相注云：相卽拊也，裝之以糠，糠一名相，因以名焉。續漢書：袁閎飯糠茹菜。漢晉春秋：甄后殯，令以糠塞口。晉中興書：劉寔少貧，供糠飯。晉書：王戎子萬少而肥，大戎令食糠，轉益肥。交州記：合浦海口有糠頭山，相傳越王舂米於此，積糠而成。

穀皮也者，急就篇：糟糠汁滓稾莖芻。顏注：糠，米皮也，亦謂之蠱。釋器：康謂之蠱。郭云：米皮。呂氏春秋任地篇：子欲使粟圜而薄糠乎。論衡自紀篇：滔穀千鍾，糠皮大半。從米康聲者，字鑑引作从米省庚聲。

康 穅或省

越絕書：厥名有米覆之以庚，米覆以庚，康字也。

zhuó 䅞

䅞 禾皮也從禾羔聲 之若切

禾皮也者，本書穌，把取禾若也。秧，禾若秧穰也。若卽䅞之借字。徐鍇曰：呂氏春秋得時之禾，圜粒而薄䅞是也。羔

說文解字義證 卷二十一 廿九

聲者，後漢童謠：嚼復嚼，今年尚可後年鐃。毛詩以虐韻耄，王逸九思以剝韻告，皆此例。

jiē 稭

稭 禾稾去其皮祭天以爲席從禾皆聲 古黠切

廣雅：稭，稾也。本書𪎭，麻藍也，藍卽稭之異文。廣韻：稭，𪎭稈。漢書音義：稭讀曰戛。馥案：禹貢三百里納秸服，地理志作戛。顏云：戛，稾也。

禾稾去其皮祭天以爲席者，席，一切經音義十四引作藉。郊特牲：莞簟之安，而蒲越稾鞂之尚。注云：蒲越、稾鞂，藉神席也。禮器：莞簟之安，而稾鞂之設。注云：穗去實曰鞂。禹貢三百里納鞂服，正義：稾鞂除穗粒，取稈稾爲郊席。史記封禪書：席用葅稭。集解：應劭曰：稭，禾稾也，去其皮以爲席。馥案：馬貢三百里納秸服，傳云：秸，稾也。釋文：秸本或作稭。馥案：馬融曰：去其穎爲稭。

gǎn 稈

稈 禾莖也從禾旱聲春秋傳曰或投一秉稈 古旱切

禾莖也者，玉篇：稈，稾也。穰謂之稈。廣雅：稻穰謂之稈。孫子作戰篇：萁秆一石。杜注：秆，禾稾也。淮南時則訓：令百工審

說文解字義證 卷二十一 卅

金鐵皮革筋角箭幹脂膠丹漆，無有不良。馥案：幹當作稈。長笛賦作箭稾。周禮夏官有稾人，掌弓弩之事。考工記：矢人爲矢，以其笴厚爲之羽深。鄭注：笴讀爲稾，謂矢幹，古文假借字。春秋傳曰或投一秉稈者，昭二十七年左傳文。彼云：或取一秉秆焉。杜注：秆，稾也。

秆 稈或從干

gǎo 稾

稾 稈也從禾高聲 古老切

六書故：稾別作菒。齊語曰：及寒，擊菒除田。

稈也者，韻會引徐鍇本作禾稈也。蒼頡篇同。一切經音義十五：說文：稾，稈也。卽乾草也。廣雅：秆，稾也。小爾雅：藁謂之稈。急就篇：糟糠汁滓稾莖芻。顏注：稾，禾稈也。禹貢：百里賦納緫。傳云：禾稾曰緫。呂氏春秋任地篇：子能稾數節而莖堅乎。易林：螟蟲我稻，驅不我去，實穗無有，但見空稾。漢書蕭何傳：毋收稾爲獸食。貢禹傳：已奉穀租，又出稾稅。趙充國傳：茭稾二十五萬二百八十六石。顏注竝云：稾，禾稈也。

bǐ 秕

秕 不成粟也從禾比聲 卑履切

不成粟也者一切經音義十四秕穀不成者也尙書若粟之有秕是也定十年左傳用秕稗也杜云秕穀不成者後漢書儒林傳君道秕僻注云秕穀不成也或借粃字家語相魯篇是用粃粺注云粃穀之不成者莊子逍遙遊塵垢粃糠呂氏春秋辯土篇凡禾之患不俱生而俱死是以先生者美米後生者爲粃注云粃不成粟也賈誼書鄒穆公有令食鳧鴈者必以粃毋敢以粟後漢書盧植傳發起一粃謬注云粃粟不成通鑑隋燕榮遣元弘嗣監倉粟颺得一糠一粃皆罰之

juān 稍

稍 麥莖也從禾肙聲 古玄切

麥莖也者本書絹繒如麥稍者徐鍇曰潘岳射雉賦窺覘稍葉是也徐爰本作藹注云藹麥稍也李善云藹與稍並同字又作䴇風俗通五月五日織麥䴇懸於門以示農工成注云麥稍麥莖也齊民要術臥麴法先以麥稍布地著麴訖又以麥䴇覆之元和郡縣志河中府貢麥䴇扇

說文解字義證 卷二十一 圭

liè 梨

梨 黍穰也從禾㓷聲 良辥切

程君瑤田曰詩禾役穟穟毛傳云役列也穟穟苗好美也據傳所訓是列爲穰梨省去禾也梨蓋黍穰言其莖末多岐如芀茢故謂之梨今以訓禾苗所謂散文通也而孔穎達以行列疏之失其義矣若以爲行列則穟穟當是形容行列之整齊今日苗好美承用爾雅穟穟苗也之釋則役爲苗之名明矣禹貢三百里納秸服孔傳秸稾也服稾役言服爲稾之役是詩禾役爲苗之一證矣呂氏春秋得時之麥服薄糕而赤色糕爲禾皮而謂之服是又孔傳服稾役之一確證矣而孔穎達之疏孔傳也則以爲有所納之役失彌遠矣

黍穰也者廣雅黍穰謂之梸襄二十九年左傳乃使巫以桃茢先祓殯杜注茢黍穰馥案此桃茢謂葦華非黍穰

ráng 穰

穰 黍梨已治者從禾襄聲 汝羊切

黍梨已治者者一切經音義五引作黍治竟者也齊民要術作肉醬法寒月作之於黍穰積中十六國春秋王延後母遇之無道恆取鋪穰及敗麻頭與延貯衣

唐六典藉田所收九穀穰稾供飼犧牲焉

yāng 秧

秧 禾若秧穰也從禾央聲 於良切

禾若秧穰也者集韻若艸乾也馥案當爲糕借若字東觀漢紀承宮畨精舍門下拾薪執若廣韻秧穰禾稠集韻秧穰禾下葉多

páng 䅊

䅊 䅊䅣穀名從禾旁聲 蒲庚切

䅊䅣穀名者䅊䅣疊韻廣雅䅊䅣穄也

huáng 䅣

䅣 䅊䅣也從禾皇聲 戶光切

䅊䅣也者或借皇字陸機七徵神皇奇徐

nián 秊(年)

秊 穀孰也從禾千聲春秋傳曰大有秊 奴顛切

穀孰也者廣雅同書金縢歲則大熟又云秋大熟穫天周曰秊孫炎曰秊取秊穀一熟也詩自古有年又豐年箋云豐年大有年也文選長楊賦乃時以有年出兵五臣云五穀熟曰有年春秋傳曰大有秊者宣十六年經文桓三年經有年穀梁云五穀皆熟爲有年也

說文解字義證 卷二十一 圭

gǔ 穀

穀 續也百穀之總名從禾㱿聲 古祿切

續也者穀續聲相近本書臬引孔子曰臬之爲言續也馥謂舊穀繼新穀也詩緜緜瓜瓞箋曰繼先歲之瓜馥謂續亦紹繼之義 百穀之總名者易百穀草木麗乎土書暨稷播奏庶艱食鮮食艱馬本作根云根生之食謂百穀詩播厥百穀薛君韓詩章句云穀類非一故言百也襄十九年左傳如百穀之仰膏雨焉宋本正義云穀之種類多言百舉成數也物理論梁者黍稷之總名稻者溉種之總名菽者衆豆之總名三穀各二十種爲六十蔬果之實助穀者各二十凡爲百穀故詩曰播厥百穀也陳啟源曰外傳言烈山氏能殖百穀百蔬易言百果甲坼是穀與蔬果各以百名不得并蔬果於穀方成百數楊說殆非是

rěn 稔

稔 穀孰也從禾念聲春秋傳曰鮮不五稔 而甚切

穀孰也者御覽引作穈也馥案古今注穈稔也穆天子傳天子至赤烏赤烏獻稔麥百載廣志有赤稔有白黑青黃

禾

zū 租　shuì 税　dào 䆃　huāng 穅

燕鴿凡五種後漢書烏丸國其地宜稔是稔爲穀名灼然可據本書闕此義葢後人俏之字林禾熟曰稔廣雅稔年也又云稔穀熟也僖二年左傳不可以五稔杜云稔熟也襄二十七年傳所謂不及五稔者夫子之謂矣注云稔年也吳語不稔於歲注云稔熟也鄭語凡周存亾不三稔矣韋云稔年也後漢書法雄傳歲常豐稔注云稔熟也　春秋傳曰鮮不五稔者昭元年左傳文彼云國無道而年穀和熟天贊之也鮮不五稔

租　田賦也从禾且聲　則吾切

田賦也者論語可使治其賦也漢書刑法志畿方千里有稅有賦稅以足食賦以足兵食貨志賦供車馬甲兵士徒之役充實府庫賜予之用徐鍇引史記趙奢主田租之吏也急就篇種樹收斂賦稅租顏注斂穀曰稅田稅曰租

稅　租也从禾兌聲　輸芮切

租也者李善注閒居秋興二賦引本書竝同廣雅稅租也文十一年左傳宋公於是以門賞耏班使食其征杜云征稅也史記孝文帝紀其除田之租稅馮唐傳軍市之租注云市有稅稅即租也漢書食貨志稅謂公田什一及工商虞

衡之入也

䆃　禾也从禾道聲司馬相如曰䆃一莖六穗　徒到切

廣雅采䆃采也　董彥遠謝除正字啟文於六穗之禾訓同於䆃　董斯張曰後魏弔比干文有䆃字

禾也者玉篇䆃一莖六穗瑞禾也廣韻䆃禾一莖六穗也出字林　司馬相如曰䆃一莖六穗者漢書司馬相如傳䆃一莖六穗於庖注云鄭氏曰導擇也一莖六穗謂嘉禾之米於庖廚以供祭祀也顏氏家訓相如封禪書曰導一莖六穗於庖犧雙觡共抵之獸此導訓擇光武詔云非徒有豫養導擇之勞是也而說文云䆃是禾名引封禪書爲證無妨自當有禾名䆃非相如所用也禾一莖六穗於庖豈成文乎縱使相如天才鄙拙强爲此語則下句當云麟雙觡共抵之獸不得云犧也吾嘗笑許純儒不達文章之體如此之流不足憑信徐鍇曰導訓擇治乃從寸不從禾也漢書百官表少府屬官有導官顏注導官主擇米續漢書百官志導官令主舂御米及作乾餔導擇也

穅　虛無食也从禾荒聲　呼光切

sū 穌　shāo 稍　qiū 秋

范子水之勢勝金陰氣蓄積大盛水據金而死故金中有水如此者歲大敗八穀皆貴金之勢勝木陽氣蓄積大盛金據木而死故木中有火如此者歲大美八穀皆賤金木水火更相勝此天之三表者也

虛無食也者玉篇作𥢶云凶年也空也經典借荒字謚法凶年無穀曰荒釋天果不熟爲荒易泰卦包荒翟元曰荒虛也詩桑柔具贅卒荒傳云荒虛也箋云家家空虛召旻我居圉卒荒箋云荒虛也正義引某氏爾雅注周禮云野荒民散則削之周禮太宰喪荒之式注云荒凶年也司徒以荒政十有二聚萬民注云荒凶年也穀梁傳四穀不升謂之康穅謂康即穅康亦虛也韓詩外傳一穀不升謂之歉二穀不升謂之饑三穀不升謂之饉四穀不升謂之荒五穀不升謂之大侵國語今吳既罷而荒大荐饑市無赤米而囷鹿空虛鹽鐵論水旱天之所爲饑穰陰陽之運也非人力故太歲之數在陽爲旱在陰爲水六歲一饑十二歲一荒

穌　把取禾若也从禾魚聲　素孤切

諸書借蘇字列子周穆王篇積蘇釋文曰樵人　莊子天運篇蘇者取而爨之李頤云蘇草也　離騷蘇糞壤以充幃兮

注云蘇取也　漢書韓信傳樵蘇後爨晉灼曰樵取薪也蘇取草也　王莽時令官作酒賣之其利七分入官其三乃工器薪蘇之價所用宋書羊元保傳貧弱者薪蘇無託　元魏高祖詔漢魏晉諸帝陵百步內禁樵蘇　南齊書東昏侯紀樵蘇路斷　顏氏家訓樵蘇脂燭莫非種殖之物也　元和郡縣志伯夷墓貞觀十一年禁樵蘇

把取禾若也者若當爲稈本草衍若圖經云若即葉也或作箬宋書朱百年傳以伐樵采箬爲業

稍　出物有漸也从禾肖聲　所教切

出物有漸也者一切經音義三漸漸猶稍稍也周禮大府四郊之賦以待稍秣注云稍秣即芻秣也謂稍稍用之物也史記項羽本紀稍稍收其士卒平原君傳賓客門下舍人稍稍引去者過半漢書禮樂志王者必因前王之禮順時施宜有所損益即民之心稍稍制作至太平而大備

秋　禾穀孰也从禾𪓐省聲　七由切

釋名秋緧也緧迫品物使時成也　釋天秋曰收成　尚書大傳萬物非秋不收　三統歷秋爲陰中萬物以成　左傳

chēng 稱　qín 秦

歲云秋矣我落其實而取其材　書盤庚若農服田力穡乃亦有秋　月令麥秋至蔡氏章句云百穀各以其初生爲春孰爲秋故麥以孟夏爲秋　禾穀孰也者御覽引云天地反物爲秋廣雅秋穀孰也昭二十九年左傳金正曰蓐收杜云秋物摧蓐而可收也鄉飲酒義秋之爲言愁也注云愁讀爲揫揫斂也漢書律歷志少陰者西方西遷也陰氣遷落物於時爲秋秋𪏰也物𪏰斂乃成孰　𪏰省聲者御覽引作燋省聲

龝　籒文不省　漢高陽令碑作此龝字

秦　伯益之後所封國地宜禾從禾舂省聲一曰秦禾名　匠鄰切

伯益之後所封國者詩譜秦者隴西谷名於禹貢近雍州鳥鼠之山堯時有伯翳者實皋陶之子佐禹治水水土既平舜命作虞官掌上下草木鳥獸賜姓曰嬴周孝王使其末孫非子養馬於汧渭之閒孝王爲伯翳能知禽獸之言子孫不絕故封非子爲附庸邑之於秦谷馥案地理志秦今隴西秦亭秦谷輿地廣記秦州隴城縣有秦谷列女傳皋子生五歲而佐禹曹大家注皋子皋陶之子伯益也詩秦風正義鄭語公嬴伯翳之後地理志云嬴伯益之後則伯翳伯益聲轉字異猶一人也　地宜禾者韻會引徐鍇曰淮南子洛水輕利宜禾洛水卽出秦地馥案詩維穈維芑爾雅虋赤苗生於秦故虋時雍州貢紫稈粟此言宜禾謂虋類也釋名秦津也其地沃衍有津潤也周禮職方正西曰雍州穀宜黍稷後漢書明帝北征取伊吾盧地置宜禾都尉以屯田晉太康地記宜禾縣屬敦煌郡　一曰秦禾名者當爲木名文選風賦離秦衡李善云秦木名范子計然曰秦衡出於隴西天水案本書榛木也

𥠇　籒文秦從秝

稱　銓也從禾爯聲春分而禾生日夏至晷景可度禾有秒秋分而秒定律數十二秒而當一分十分而寸其以爲重十二粟爲一分十二分爲一銖故諸程品皆從禾　處陵切

易謙象稱物平施　書堯典同律度量衡鄭注稱上曰衡宜十一年左傳稱畚築杜云量輕重　禮記大傳立權度量注云權稱也又經解故衡誠縣不可欺以輕重注云衡稱也縣謂錘也　荀子君道篇衡石稱縣者所以爲平也　楚詞七諫何權衡之能稱　書呂刑輕重諸罰有權　論語謹權量包曰權秤也　呂氏春秋仲秋紀平權衡注云權秤衡也淮南時則訓端權槩注云稱錘曰權　銓也者顏注急就篇銓稱也廣雅稱謂之銓倉頡篇銓稱也　春分而禾生者本書禾二月始生　日夏至晷景可度者徐鍇曰夏至日極北故曰晷景可度廣雅銓度也後漢書班固傳造計秒忽或作翲史記太史公自序閒不容翲忽馥謂此皆以秒爲度也淮南主術訓夫寸生於𥝖𥝖生於日日生於形形生於景此度之本也高云𥝖禾穗𥝖孚榆頭芒也十𥝖爲一分十分爲一寸十寸爲一尺十尺爲一丈故謂之本也　禾有秒秋分而秒定者徐鍇曰禾有秀實則芒生秒也秋萬物成定之時物皆揫縮故曰秒定　律數十二秒而當一分十分而寸者淮南天文訓秋分蔈定蔈定而禾熟律之數十二故十二蔈而當一粟十二粟而當一寸律以當辰音以當日日之數十故十寸而爲尺十尺而爲丈高注蔈禾穗孚甲之芒也古文作秒馥案宋書律志十二𥝖而當一粟十粟而當一寸說苑以粟生之十蔈爲一分十分爲一寸所言各異　其以爲重十二粟爲一分十二分爲一銖者重當爲量宋書律志亦作重呂氏春秋必已篇以禾爲量注云禾兩三變故以爲法也淮南天文訓其以爲量十二粟而當一分十二分而當一銖　故諸程品皆從禾者謂程稷秭秖科秅諸字集韻分寸起於秒秒禾芒也故程品字皆从禾

kē 科　chéng 程

科　程也從禾從斗斗者量也　苦禾切

程也者廣雅科條也劇秦美新金科玉條博弈論設程試之科魏志曹仁爲將嚴整奉法常置科於左右案以從事

程　品也十髮爲程十程爲分十分爲寸從禾呈聲　直貞切

廣雅程量也　書堯典平秩　史記作便程　宣十一年左傳程土物杜云爲作程限　月令命工師效功陳祭器按度程

禾

注云度謂制大小也程謂器所容也　荀子臣道篇程者物之準也程以立數　賈誼書數度之始始於微細有形之物莫細於豪是故立一豪以爲度始十豪爲髮十髮爲氂十氂爲分十分爲寸十寸爲尺　馥案文有譌謬　史記張丞相列傳若百工天下作程品集解如淳曰百工爲器物皆有尺寸斤兩　漢書高帝紀張蒼定章程如淳曰程者權衡丈尺斗斛之平法也

品也者李善注博弈論引同　十髮爲程十程爲分者小字本徐鍇本竝作一程爲分類篇引同藝文類聚引作十髮爲程十程爲寸御覽引同

zōng
稯

稯　布之八十縷爲稯從禾㚇聲　子紅切

本書絩下引漢律綺數謂之絩布謂之總

布之八十縷爲稯者或作緵史記孝景本紀令徒隸衣七緵布注云緵八十縷也與布相似七升布用五百六十縷漢書王莽傳自公卿以下一月之祿十緵布二匹孟康曰緵八十縷也西京雜記鄒長倩遺公孫弘書五絲爲鑷倍鑷爲升倍升爲緎倍緎爲紀倍紀爲緵倍緵爲襚儀禮注布八十縷爲一宗宗讀爲升

說文解字義證〈卷二十一　三七

稯　籒文稯省

zǐ
秭

秭　五稯爲秭從禾𠂔聲一曰數億至萬曰秭　將几切

五稯爲秭者四百之數　一曰數億至萬曰秭者謂萬億曰秭也此與蕙所言皆下數風俗通千生萬萬生億億生兆兆生京京生秭秭生垓垓生壤壤生溝溝生澗澗生正正生載載地不能載也馥以下數計之十億曰兆兆百億也十兆曰京千億也十京曰秭秭萬億也故曰數億至萬曰秭也五經算術詩豐年萬億及秭毛注云數萬至萬曰億數億至億曰秭甄鸞按數萬至萬曰億者此卽是中數萬萬曰億也數億至億曰秭者或有可疑何者按黃帝數術云中數者萬萬曰億萬萬億曰兆萬萬兆曰京萬萬京曰垓萬萬垓曰秭此應云數億至垓曰秭而言數億至億曰秭者有所未詳

chá
秅

秅　二秭爲秅從禾乇聲周禮曰二百四十斤爲秉四秉曰筥十筥曰稯十稯曰秅四百秉爲一秅　宅加切

二秭爲秅者八百之數　周禮曰云云者儀禮聘禮記文彼云十斗曰斛十六斗曰藪十藪曰秉二百四十斗四秉曰筥十筥曰稯十稯曰秅四百秉爲一秅案十斗至曰秉米之量名也二百至一秅禾之權名也二百四十斗斗當爲斤其下脫爲秉二字此秉謂刈禾盈手之秉與下四秉云云由秉加重而至秅也鄭氏於二百四十斗注云謂一車之米秉有五藪以爲斗斛藪秉之總數失之廣雅龠二曰合合十曰升升四曰梪梪四曰區區四曰釜釜十曰鍾鍾十曰斞斞十曰秉秉十曰筥筥十曰稯稯十曰秅　戴君震曰秉十當爲秉四馥案此言量名與權無涉

shí
䄷

䄷　百二十斤也稻一䄷爲粟二十斤禾黍一䄷爲粟十六斤太半升從禾石聲　常隻切

今省作石讀爲擔案後漢書注云今江淮人謂一石爲一擔音丁濫反然則以石爲擔由來舊矣詳其故因儋受一石遂呼石爲儋史記貨殖傳醬千甔漢書作儋孟康曰儋石罌受一石漢書蒯通傳守儋石之祿應劭曰齊人名小罌爲儋受二斛　書五子之歌關石和鈞　燕策王因收印自三石吏而效之子之　馥案顏師古漢書注漢制三公號稱萬石以下遞減至百石　呂氏春秋齊宣王所用之弓不過三石左右以爲九石　馥案三石蓋三百六十斤九石則一千斤又八十斤　史記袁盎傳乃悉以其裝齎置二石醇醪滑稽傳臣飲一斗亦醉一石亦醉　漢書食貨志夫治田百晦歲收晦一石半爲粟百五十石　氾勝之書昔湯有旱災伊尹爲區田教民糞種收至畝百石　勝之試爲之收至畝四十石　桓譚新論河水濁一石水六斗泥

說文解字義證〈卷二十一　三八

百二十斤也者玉篇百二十斤曰䄷鈞衡也四鈞爲一䄷小爾雅廣衡斤十謂之衡衡有半謂之秤秤二謂之鈞鈞四謂之石石四謂之鼓王肅家語注三十斤爲鈞鈞四爲石石四爲鼓馥案昭二十九年左傳遂賦晉國一鼓鐵以鑄刑鼎說者謂用鐵四百八十斤禮記音義隱義云東海樂浪人呼容十二石者爲鼓以量米月令日夜分則同量度鈞衡石石注云百二十斤曰石周語重不過石韋云百二十斤爲石孫子作戰法萁秆一石石注云石百二十斤也孫子算經稱之所起起於黍十黍爲一絫十絫爲一銖二十四銖爲一兩十六兩爲一斤三十斤爲一鈞四鈞爲一石

五經算術所以名斛爲石者以其一斛米重一百二十斤故也呂氏春秋仲春紀鈞衡石仲秋紀正鈞石注竝云百二十斤爲石淮南時則訓鈞衡石注云衡石稱也百二十斤爲石天文訓十二銖而當半兩衡有左右因而倍之故二十四銖爲一兩天有四時以成一歲因而四之四四十六故十六兩而爲一斤三月而爲一時三十日爲一月故三十斤爲一鈞四時而爲一歲故四鈞爲一石史記秦始皇本紀上至以衡石量書集解云石百二十斤漢書刑法志日縣石之一服虔曰石百二十斤也律歷志權者銖兩斤鈞石也所以稱物平施知輕重也本起於黃鐘之重一龠容千二百黍重十二銖兩之爲兩二十四銖十六兩爲斤三十斤爲鈞四鈞爲石石者大也權之大者也始於銖兩於兩明於斤均於鈞終於石物終石大也四鈞爲石者四時之象也重百二十斤者十二月之象也終於十二辰而復於子黃鐘之象也千九百二十兩者陰陽之數也三百八十四爻五行之象也四萬六千八十銖者萬一千五百二十物歷四時之象也而歲功成就五權謹矣馥案枚乘傳夫銖銖而稱之至石必差張晏曰乘所轉四萬六千八十銖而至於石趙充國傳茭槀二十五萬二百八十六石顏曰石百二十斤說苑十粟重一圭十圭重一銖二十

四銖重一兩十六兩重一斤三十斤重一鈞四鈞重一石後漢書馮衍傳棄衡石而意量兮注云三十斤爲鈞四鈞爲石　稻一秭爲粟二十斤禾黍一秭爲粟十六斤大半升者小字本稻一秭爲粟二十升禾黍一秭爲粟十六升太半升陳君增曰集韻引說文云稻一秭爲粟二十外禾黍一秭爲粟十六外太半外增案宋本書凡升字皆與外字相似集韻中升字訛作外者非一說文作二十斤十六斤竝宜改爲二十升十六升馥案斤升二字皆誤當云稻一秭爲粟二十斗禾黍一秭爲粟十六斗太半斗本書粲下云稻重一秭爲粟二十斗糲下云粟重一秭爲十六斗太半斗此可證也斗字譌作斤升者隸書斗作升形相近也漢苦縣老子銘升星楊孟文石門頌上順升極白石神君碑米升五錢皆是斗字顧炎武云倉貨志治田勤謹則畝益三升臣瓚曰當言三斗尚書帝命驗黃日神斗廣雅譌作神升又云字之從斗者漢樊毅復華下民租田口算碑斛作斛涼州刺史魏元丕碑料作科魏受禪碑料敵用兵料作枓王知敬李衛公碑運奇料敵料作枓歐陽通道因法師碑斜作斜韋虛心鄭子春北嶽廟碑史惟則慶唐觀金籙齋頌魁作魁晉書李武帝紀論謝玄之善料事事何超晉義曰枓力弔反一作料後人不知古人書法妄改爲斷而渻化閣帖晉簡文帝書斟字作斟又於升旁加一點以別升字後周華嶽頌斟字亦同馥案唐孔宣公碑科斗作枓升戰國策先生王斗古今人表誤作王升淮南說山訓升之不能大於石也升在石之中升亦當爲斗漢書音義韋昭曰凡數三分有二爲太半算法每萬分其不盡法曰太半少𣂏五千爲半七千五百以上曰太二千五百以下曰少

稘

稘 復其時也從禾其聲虞書曰稘三百有六旬 居之切

廣雅稘季也　通作期釋名四時四方各一時之期也物之生死各應節期而止也易繫辭乾之策二百一十有六坤之策百四十有四凡三百有六十當期之日正義云三百六十日舉其大略不數五日四分日之一也論語舊穀既沒新穀既升鑽燧改火期可已矣又云朞月而已可也皇氏曰朞月爲年一周也僖八年左傳期年狄必至周禮盾人凡治盾射者邦國朞期內聽期外不聽馥案朞即此稘期謂會此兩字異義之證　大戴禮小辨篇夫亦固十稘之變由不可既也而況天下之言乎盧注公於十稘之中變數尙不可盡天下之言其可窮乎馥案先聖大訓稘作棋方愨本改作弈

稘王君聘珍曰十稘之變猶云十年之變也　白虎通歲時何謂春夏秋冬也時者期也陰陽消息之期也　後漢書左雄傳責成於期月注云期匝也謂一歲

復其時也者六書正譌復其時日稘日行三百六十有六日則復其初度謂之稘年月行十有二月而歲周謂之稘月馥案向秀字子期周年禾秀復其時也　虞書曰稘三百有六旬者堯典文彼作朞傳云匝四時曰朞王肅云朞四時

文八十七　重十三

稊

稊 本書稊從艸稊聲易枯楊生稊虞翻云稊穉也楊葉未舒稱稊王肅云稊者楊之秀也夏小正正月柳稊傳云稊也者發孚也文選風賦被稊楊

䅻

䅻

詩黍離釋文云說文作穗廣韻長沙人謂禾二把爲穗

遺文二

秝 稀疏適也從二禾凡秝之屬皆從秝讀若歷 郎擊切

稀疏適也者玉篇秝稀疏秝秝然廣韻秝稀疏滴瀝廣雅秝疏也俗作秝集韻秝艸木疏皃呂氏春秋辯土篇稼疏而不適又借磿字周禮遂人及窆抱磿注云磿者適歷執紼者名也遂人主陳之疏云天子千人分布於六紼之上謂之適歷者分布稀疏得所名爲適歷也　讀若歷者春秋季孫意如會晉荀躒于適歷杜注適歷晉地管子地員篇赤壚歷彊肥注云歷疏也登徒子好色賦齞脣歷齒李善云歷猶疏也

兼 并也從又持秝兼持二禾秉持一禾 古甜切

并也者士冠禮筮人執筴抽上韇兼執之注云兼并也昭八年左傳孺子長矣而相吾室欲兼我也杜云兼并也

文二

黍 禾屬而黏者也以大暑而種故謂之黍從禾雨省聲 舒呂切 孔子曰黍可爲酒禾入水也凡黍之屬皆從黍

詩小雅芃芃黍苗陰雨膏之　月令仲夏之月農乃登黍正義引蔡氏云此時黍新熟今蟬鳴黍是也　周書黍居南方計倪子內經乙貨之戶曰黍爲中物戶六十　韓非外儲說夫黍者五穀之長也祭先王爲上盛　呂氏春秋審時篇得時之黍芒莖而徵下穗芒以長摶米而薄糠舂之易而食之不噮而香　淮南子渭水多力宜黍　孝經援神契黑墳宜麥宜黍　月令注黍秀舒散屬火　蔿庵閒話黍離詩傳黍穀名大似蘆高丈餘穗黑色實圓重此偶誤也黍榦低小卽腴地豐年亦無過五六尺者別有一種蜀秫乃高至丈餘北人謂之高粱得無秫黍二字聲相近致此誤耶

禾屬而黏者也者增韻利高燥者曰黍早熟禾也顏注急就篇黍似穄而黏可以爲酒者也古今注禾之黏者爲黍盛君百二曰黍穗散稷穗專黍稈短稷稈長稷黏者少黍黏者多　以大暑而種故謂之黍者黍暑聲相近夏小正五月初昏大火中大火者心也心中種黍菽糜時也尚書大傳主夏者火火昏中可以種黍菽尚書考靈曜主夏者

說文解字義證　卷二十一　四十

心星昏中可以種黍淮南主術訓大火中則種黍菽泥勝之書黍者暑也種必待暑先夏至二十日此時有雨強土可種黍畝三升四民月令四月可種黍謂之上時易林六月種黍歲晚無雨秋不宿酒神失其所農書黍之言暑也必須暑改得陰乃成也　孔子曰黍可爲酒禾入水也者齊民要術孔子曰黍可以爲酒春秋說題辭精移火轉生黍夏出秋收黍者緒也故其立字禾人水爲黍酒以扶老又云凡黍爲酒陽據陰乃能動故以麥釀黍爲酒注云麥陰也先漬麴黍後入故曰陽相感據陰也相得而沸是其動也凡物陰陽相感非唯作酒

糜 穄也從黍麻聲 靡爲切

穄也者廣雅古今注竝同本書穄糜也一切經音義十四庲字體作糜呂氏春秋飯之美者有陽山之穄高誘曰關西謂之庲冀州謂之穄程君瑤田曰糜一曰穄飯用米之不黏者黏者釀酒及爲餌餈酏粥之屬故簠簋實糜爲之以供祭祀故又異其名曰穄黍之不黏者獨有異名祭尚黍也不黏者有糜與穄之名於是黏者得專稱黍矣聞之農人云黍糜二穀其色皆有黑白黃赤之異及與人索取其種凡持以至者有黑黍白黍又有赤黍雜黑黍中者而獨無黃黍惟糜則類多黃者余因以所目驗難農人農人無以應然則黃黍者糜也穄也內則直呼曰黍而今人乃以爲稷豈不繆哉赤黍白黍宋之蘇頌以冒虋芑是不知虋芑之爲禾之赤白苗也今山西人無論黏與不黏統呼之曰糜黍又冒黃粱之名呼黏者曰軟黃粱不黏者曰硬黃粱太原以東則呼黏者爲黍子不黏者爲糜子余居武邑武邑人亦呼之曰黍子糜子而呼黍之米曰黃米糜之米曰稷米北方稷穄音相邇穄奪稷名承譌日久論者因謂稷穄一物而以黏不黏分黍稷失之矣說文糜穄互釋稷齋互釋其爲二物甚明以穄冒稷稷既非稷矣以釀酒之黏黍充黍之簠簋實其性黏著幾與籩實之餌餈無以異且少牢特牲饋食之禮尸嘏主人本爲炊糜爲飯不相黏著故有摶黍之儀若用黏黍爲之胡爲乎必令佐食者摶之而後授尸哉且糜之爲黍不但內則黍黃黍之注可爲左證周官土訓掌道地圖以詔地事注云說九州所宜若云荊揚地宜稻幽并地宜麻釋文云麻一本作糜余案此糜字必糜字之譌蓋鄭注所謂若云者實據職方氏職方荊揚但云宜稻與此注合而幽州宜三種并州宜五種注皆有黍無麻是麻當作糜糜卽謂黍二字可互通也然糜之譌麻糜黍二字之可互通余亦非以臆見斷之也伏

說文解字義證　卷二十一　四十

bǐ 䵒　nián 黏　hú 黏

生尙書大傳淮南子劉向說苑皆云大火中種黍菽而呂氏春秋則云日至樹麻與菽麻生於二三月夏至後則刈牡麻矣今云日至樹麻其爲樹糜之譌無疑伏生淮南子劉向竝言黍菽呂氏言糜菽是糜黍互通之確證也又夏小正五月初昏大火中種黍菽糜以伏生淮南子劉向書證之糜字爲衍文因下有菽糜之文而衍也菽糜者豆鬻也小正傳云已在經中又言之是何也時食豆鬻而記之言菽字又言之者特著其時食豆鬻耳與上種黍菽文不相複而轉寫者不明傳意謂傳已在經中之云連糜字言之遂於上經妄增一字也近日刻本不知糜爲衍字謂是糜字之譌改糜爲糜失之愈遠矣

䵒　黍屬從禾卑聲 并弭切

黍屬者程君瑤田曰䵒音卑今穀名中無卑音者余以意斷之曰禾別曰稗黍別曰䵒而未敢信也丙申歲居京師苡種後庭中生一本數十莖貼地橫出至生節處乃屈而上聳節如鶴膝莖淡紫色葉色深綠每一莖又節節抽莖成數穗穗疏散至大暑後而穀熟光澤如黍余以爲此必䵒也見農人問之則曰䵒也余曰農家所種稗似粟與此

說文解字義證　卷二十一　四十二

殊不類則對曰此野䵒也亦曰水䵒余乃檢玉篇廣韻中䵒皆有稗音䵒爲黍別無疑也梁太清三年鄱陽王範屯濡須糧乏采菰䵒蔆䵒以自給其所謂䵒即野䵒也

黏　相箸也從黍占聲 女廉切

俗作黏後漢華佗傳黍葉青黏散又作粘通鑑唐太宗曰比多上書言事者朕皆粘之屋壁相箸也者字林同一切經音義七糊物相著曰黏也三蒼黏合也古文苑童約黏雀張鳥爾雅翼雪桃用黍以黍黏去桃毛也

黏　黏也從黍古聲 戶吳切

黏也者字書黏黏也俗作糊唐武后時時人語云糊心存撫使又作餬謝承後漢書羊續臥一幅布裯穿敗糊紙以補裯列女傳說造弓云糊以河魚之膠晉書顧愷之傳以一廚畫糊題其前寄桓玄蕪城賦糊赬壤以飛文五臣注糊黏也

xiāng 香　chī ⿰黍尼　bó ⿰黍畐　lí 黎　nì 䵑

粘　黏或從米

或從米者字書黏粘也

䵑　黏也從黍日聲春秋傳曰不義不䵑 尼質切

黏也者廣雅䵑黏也方言䵑黏也齊魯青徐自關而東或曰䵑釋言䵑膠也郭云膠黏䵑考工記弓人凡昵之類不能方注云鄭司農云故書昵或作樴杜子春云樴讀爲不義不昵之昵或爲䵑䵑黏也束晳餅賦膠黏筋䵑　春秋傳曰不義不䵑者隱元年左傳文彼作暱

⿰黍刃　䵑或從刃

黎　履黏也從黍𥝢省聲𥝢古文利作履黏以黍米 郎奚切

別作黐集韻黐捕鳥具廣韻黐所以粘鳥顏案列子黏蟬即此宋人呼爲黐竿幽明錄淮南太守多置黐以涂壁夕有數蝙蝠集其上不得去

說文解字義證　卷二十一　四十三

履黏也者黏當爲黏爾雅翼古人作履黏以黍米謂之黎

⿰黍畐　治黍禾豆下潰葉從黍畐聲 蒲北切

治黍禾豆下潰葉者玉篇潰亂也廣韻⿰黍畐黍豆潰葉也玉篇作稫云治黍豆也集韻作稫云蹂禾下葉

⿰黍尼　從黍尼聲 勑其切

小字本徐鍇李燾本竝無此文以部數文入計之此在數外且無訓義蓋後人加之

文八　重二

香　芳也從黍從甘春秋傳曰黍稷馨香凡香之屬皆從香 許良切

芳也者本書芳香艸也傅毅七激孟冬香秔上秋膏粱濡潤細滑流澤芬芳　從黍從甘者書洪範稼穡作甘傳云甘味生於百穀呂氏春秋審時篇得時之稼其臭香其味甘其氣章　春秋傳曰黍稷馨香者僖五年左傳黍稷非

xīn 馨　mǐ 米　liáng 粱

馨文明德以薦馨香

馨 香之遠聞者从香殸聲殸籀文磬 呼形切

陸機七徵神皇奇稌嘉禾之穗含滋發馨素穎玉銳王烈之安成記安成郡毛亭往同亭三十里二亭田疇膏腴厥稻馨香飯若凝脂

香之遠聞者者廣雅馨香也詩鳧鷖爾殽既馨傳云馨香之遠聞也椒聊大章遠條且傳云言聲之遠聞也馥宋漢衡方碑耀此聲香卽馨香僖五年左傳引書黍稷非馨明德惟馨注云馨香之遠聞　殸籀文磬者徐鍇本無此文鍇繫傳語也

文二

米 粟實也象禾實之形凡米之屬皆从米 莫禮切

粟實也者徐鍇本穬實也象禾黍之形玉篇米粟實也春秋說題辭粟四變曰米　象禾實之形者禾稷也㮚禾實也米㮚之精者也

粱 米名也从米梁省聲 呂張切

初學記粱者黍稷之總名　物理論黍稷曰粱　氾勝之書粱是秫粟今俗謂之粱古祭祀所用粢盛是也可作飧飡及醲酒亦如糯米　周禮宮伯凡王之饋食用六穀注云六穀稌黍稷粱麥苽大宰三農生九穀後鄭謂九穀有粱　聘禮粱在北又云八壺設于西序注云壺酒尊也酒蓋稻酒粱酒饋謂粱黏故可爲酒內則粱醴清糟是也　曲禮大夫不食粱注云粱加食也正義大夫食黍稷以粱爲加　哀十三年左傳粱則無矣麤則有之正義云食以稻粱爲貴　故以粱表精　晉語夫膏粱之性難正也韋云粱食之精者　廣志遼東赤粱魏武帝以爲御粥　劉粱七舉菰粱之飯　番尼釣賦精以菰粱　崔駰七依玄山之粱張衡七辯冀野之粱桓驎七說雍邱之粱王粲七釋四旅游粱傅巽七誨上秋膏粱　新唐書地理志絳郡貢粱米　寰宇記孟州貢粱米　程君瑤田曰周官倉人職掌粟入之藏注九穀盡藏焉以粟爲主鄭氏注大宰職九穀中無粟此言九穀以粟爲主則是粱卽粟矣史記索隱載三蒼云粱好粟其證也內則言飯有粱又有黃粱是粱者白粱也今北方猶呼粟米之純白者曰粱米禮設簠簋不稱黍稷稻粟而云粱飯必炊米爲之故舉米名耳無米名者乃稱穀名黍稷稻是也是故言簠簋實則稱粱宜言九穀則稱粟宜言稼穡則稱禾宜豳風七月之詩所數者言稼穡之例也倉人職之云言穀之例也凡諸經傳云粱者皆言其米也舍人職掌粟米之出人辨其物注云九穀六米別爲書是以粟主九穀因爲諸穀之總名義與倉人職同賈公彥不知乃云正言粟卽粢也夫粢稷也以粟爲粢是以粟爲稷此說蓋據郭璞爾雅注孫炎注亦如此乃漢世訓詁相承之語孔穎達於曲禮稷曰明粢亦釋之曰稷㮚也蓋承其誤矣氾勝之種殖書不見稷而云粱是秫㮚先鄭注鍾氏丹秫爲赤粟其注九穀亦有稷無粱然於六穀則又稷粱並錄韋昭注國語直曰稷粱也顯然與禮經相畔矣及其注百穀之屬於稷之外又復舉粱孔穎達豈不知稷粱爲二物而用相承之說曰稷粟也者粱既不可以同稷而舍粟別無粱不知欲以何穀當之況稷粱二穀見於經者判然兩事不知秦漢以後何以溷二穀而一之舉粱者輒遺稷舉稷者又遺粱如呂氏春秋審時篇舉粱而遺稷者也至其十二紀中所載又舉稷而遺粱者也月令及淮南子皆因於呂紀文亦同之淮南子天文墬形主術三訓凡四見諸穀之名皆不見

稷字而人閒訓則又云樹黍者不穫稷是可知舉粱者非不知有稷直謂稷卽粱也舉稷者非不知有粱直謂粱卽稷也內經素問金匱真言論東方青色其穀麥南方赤色其穀黍中央黃色其穀稷西方白色其穀稻北方黑色其穀豆五常政大論五運平氣木曰敷和其穀麻火曰升明其穀麥土曰備化其穀稷金曰審平其穀稻水曰靜順其穀豆其不及木曰委和其穀稷稻火曰伏明其穀豆稻土曰卑監其穀豆麻金曰從革其穀麻麥水曰涸流其穀黍稷太過木曰發生其穀麻稻火曰赫曦其穀麥豆土曰敦阜其穀稷麻金曰堅成其穀稻黍水曰流衍其穀豆稷案宋林億等校正內經素問言素問之名張仲景已前無文可見據今世所存之書則素問之名起漢世也史記倉公傳言師陽慶傳黃帝扁鵲之脈書漢書藝文志有黃帝內經十八卷此見於兩漢人所稱述者今觀其所舉諸穀皆見稷而不見粱與秦漢以後諸書脗合疑素問爲周秦閒人之所著論與後鄭知稷粱之不可以相無也而毅然改司農九穀之說吾於是服康成氏之識之卓也然其注疾醫職之五穀曰麻黍稷麥豆蓋據月令之文鄭氏諸所注必有所本無不根之言膳夫王之饋食用六穀从司農說稌黍稷粱麥苽蓋據食醫會膳食之宜而知之於九穀必入粱者据食醫六穀有粱而入之也五穀於六穀中

鈹其一不知宜鈹何穀不能據六穀而意爲增損且五穀養疾宜與藏氣相應故直據月令配五行者爲之注其注職方氏宜五種曰稻黍稷麥菽不據月令者以本經他州所見有稻黍稷麥四種四種有稻而月令五穀無稻不得易本經而就月令故據所已見之四種而益之以菽必以菽者或如疏所云當時目驗而知也綜計諸家言五穀者月令曰麻黍稷麥豆鄭氏據之以注疾醫史記天官書歲正月旦旦至食爲麥食至日昳爲稷昳至餔爲黍餔至下餔爲菽下餔至日入爲麻各以其時雲色占種所宜其所數者葢與月令同物顏師古注漢書食貨志之五種盧辯大戴禮注亦皆同之素問金匱真言論五方之穀曰麥稷黍稻豆鄭氏注職方氏之五種曰黍稷菽麥稻漢書地理志引職方氏師古注之全同後鄭管子書多周秦閒人所傳益其地員篇載五土所宜之種曰黍秫菽麥稻淮南子五穀注菽麥黍稷稻漢書音義韋昭曰五穀黍稷菽麥稻也自金匱真言以下說竝不異而五常政大論則又進麻爲木穀至火穀則麥黍互用以上言五穀者凡十二事雖不能齊一然皆有稷無粱楚辭大招五穀六仞設菰粱只王逸注五穀稻稷麥豆麻也菰粱蔣實謂雕葫也大招於五穀之外明言有菰有粱而王逸則以粱爲菰米之美稱是逸之說亦爲有稷無粱及冢周書言五方之穀曰

麥黍稻粟菽粟粱也是爲有粱無稷凡此皆秦漢後稷粱溷一之證也漢書平當傳注如淳曰律稻米一斗得酒一斗爲上尊稷米一斗得酒一斗爲中尊粟米一斗得酒一斗爲下尊漢律所載稷粟二穀兩不相冒亦可以爲諸經之左證矣而顏師古乃以爲稷即粟中尊當爲黍米夫以稷冒粟是承襲漢魏六朝人之譌改稷爲黍又啟後人黍中求稷之繆師古斯說其誤非一師古又注急就篇云黍似粢而黏用說文黍禾屬而黏之語而改禾字爲粢字者意葢以粟爲稷耳然誤解其注者必曰黍似粢而黏則是黍之不黏者爲粢矣此亦猶陶氏稷與黍相似之云本謂粟似黍也孔穎達生民詩疏以糜芑爲稷本呼穄爲糜芑也而後世以穄爲稷者輒據其說而爲之辭故諸君之論誤稷也而兼誤粱其究且詒誤於黍辨之烏容已哉

米名也者六書故粟之美者爲粱有青白黃而黃粱最美服食書有青粱白粱黃粱本草黃粱米唐本注云黃粱出蜀漢商淅閒亦種之穗大毛長穀米俱粗於白粱而收子少不耐水旱食之香美逾於諸粱人號爲竹根黃又白粱米唐本注云穗大多毛且長諸粱都相似而白粱穀粗扁長不似粟圓也米亦白而大食之香美爲黃粱之亞矣詩雲漢傳歲凶年穀不登則大夫不食粱正義云大夫不得食穀米聘禮注凡酒稻爲上黍次之粱次之漢律稻米一斗得酒一斗爲上尊稷米一斗得酒一斗爲中尊粟米一斗得酒一斗爲下尊馥謂漢律之粟米即鄭注之粱也

zhuō
糕

糕 早取穀也从米焦聲一曰小 側角切

早取穀也者徐鍇本作早收初學記糕生穫也南都賦冬稌夏糕隨時代熟字或作穛內則飯黍稷稻粱白黍黃粱稰穛鄭注熟穫曰稰生穫曰穛又作穱楚詞招魂稻粢穱麥注云穱擇也擇麥中先熟者也　一曰小者玉篇穱小也亦作穛廣雅[illegible]小也本書[illegible]或作[illegible]

càn
粲

粲 稻重一秙爲粟二十斗爲米十斗曰毇爲米六斗太半斗曰粲从米𣦼聲 倉案切

急就篇鬼薪白粲鉗釱髡顏注白粲主擇米取精白粲粲然者也　漢舊儀女爲白粲者以爲祠祀擇米也　漢書惠帝紀及當爲城旦舂者皆耐爲鬼薪白粲應劭曰坐擇米使正白爲粲　宗躬孝子傳何子平爲揚州從事月俸得白米輒

貨市粟麥人問之荅曰尊老在東不辦常得米何容獨食白粲　王粲七釋西旅游粱御宿素粲

lì
糲

糲 粟重一秙爲十六斗太半斗舂爲米一斛曰糲从米萬聲 洛帶切

俗作糲　玉篇糲䊪糲也　五經文字糲粗米也　尸子帝堯糲菜粥　韓子堯糲粢之飯又云孫叔敖爲令尹糲飯菜羹　淮南精神訓糲粢之飯　高云糲音辣粗也　新序進糲餐之食　漢書外戚傳妾誇布服糲食孟康曰糲粗米也　續漢書袁安爲光祿勳鹿袍糲食伏湛自食粗糲分俸祿以賑活鄉里　良吏傳袁彭爲南陽太守糲食縕袍　語林揚州常有糲米以賑孤寡　潛夫論夫粱飯食肉有好於面目不若糲粱蒸之可食於口也　通鑑梁武帝日止一食惟菜羹糲飯而已注云糲粗而不鑿也又云任迪簡設糲飯與上卒共食之注云糲脫粟飯也

粟重一秙云云者爲十六斗當云爲粟十六斗粟重之粟以爲禾之公名也爲粟與粲下爲粟同以粟爲稻禾實之公名也韓策特以爲丈人䊪糲之費鮑云粟十六斗大半斗舂米一斛曰糲史記太史公自序糲粱之食集解云張

jīng 精　bài 粺　cū 粗　bì 粊

晏曰一斛粟七㪷米爲糲臣瓚曰五斗粟三斗米爲糲孫子算經今有粟一斗問爲糲米幾何荅曰六升九章算術米之率糲十粺九鑿八侍御七粟率五十糲米三十粺二十七鑿二十四侍御二十一闞澤九章粟飯五十糲飯七十粺飯五十鑿飯四十八御飯四十二張邱建算經今有惡粟一斛五㪷舂之得糲米七㪷夏矦陽算經粟五斗爲糲米三斗三十乘之五十而一爲粺米二斗七升二十七乘之五十而一爲鑿米二斗四升二十四乘之五十而一爲御米二斗一升二十一乘之五十而一

精 擇也從米青聲 子盈切

擇也者莊子人閒世鼓筴播精注云簡米曰精

粺 毇也從米卑聲 旁卦切

玉篇粺精米也　詩召旻彼疏斯粺傳云彼宜食疏今反食精粺　鹽鐵論匹庶粺飯肉食　孫子算經今有粟二斗一升問爲粺米幾何荅曰一斗一升五十分升之一十七　張邱建算經其一百人日食毇米八斛二百人日食粺米十四斛三百人日食糲米十八斛

毇也者本書毇下云米一斛舂爲八斗也馥案當云糲米一斛舂爲九斗

粗 疏也從米且聲 徂古切

呂氏春秋辯土篇不知稼者其耨也去其兄而養其弟不收其粟而收其粗　俗作麤哀十三年左傳粱則無矣麤則有之魯語吾觀國人其父兄之食麤而衣惡者猶多矣

疏也者論語疏食菜羹詩召旻彼疏斯粺箋云疏麤也謂糲米也雜記孔子食於少施氏祭及飧莅辭曰疏食玉藻客飧主人辭以疏注云疏之言麤也

粊 惡米也從米北聲周書有粊誓 兵媚切

本書秕不成粟也其字從比　儀禮既夕記有柲注古文柲作粊　玉篇棐粊其次在粗下與本書無異又重出粊棐二字在部末馥案輩本從非俗省作北粊亦類是

niè 糱　lì 粒　shì 釋　sǎn 糂

周書有粊誓者五經文字粊周書篇名今文作費書序魯矦伯禽宅曲阜徐夷並興東郊不開作費誓鄭注禮記曾子問云征之作粊誓釋文云粊音祕又注周禮雍氏引書粊誓釋文云粊音祕王觀國曰周禮雍氏春令爲阱擭秋令塞阱杜擭鄭氏注曰書粊誓敷乃擭斂乃阱蓋粊者古文費字也科斗古文尚書用粊字孔安國以隸古定之故變爲費字以至論語爲費宰以費畔春秋帥師圍費季氏城費之類皆變古文爲隸之字也許慎說文曰粊魯東郊地名也史記魯世家曰淮夷徐戎亦並興反伯禽帥師伐之於肸作肸誓裴駰注云尚書作粊誓然則司馬氏假借用肸字非古文粊字也說文作粊爲北下米與比下米一也

糱 牙米也從米辥聲 魚列切

牙米也者牙當爲芽玉篇糱牙生穀也釋名糱缺也漬麥覆之使生芽開缺也本草糱米唐本注云糱者生不以理之名也皆當以可生之物爲之書說命若作酒醴爾惟麴糱禮運故禮之於人也猶酒之有糱也齊民要術作糱法八月中浸小麥日曝之布席上澆以水一日一度芽生便止即散收令乾

粒 糂也從米立聲 力入切

糂也者本書糂粒也通俗文穀曰粒豆曰完書益稷烝民乃粒傳云米食曰粒詩思文立我烝民箋云立當作粒呂氏春秋任數篇七日不嘗粒尉繚子治本篇非五穀無以充腹非絲麻無以蓋體故充腹有粒蓋形有縷

古文粒

釋 漬米也從米睪聲 施隻切

漬米也者漬當爲潰徐鍇本作潰鍇曰釋猶散也六書故亦作潰詩生民釋之叟叟傳云釋淅米也叟叟聲也釋文云叟字又作溲濤米聲也爾雅作溞音同禮運其燔黍捭豚注云中古未有釜甑釋米捭肉加於燒石之上而食之耳古史考神農時民食穀釋米加燒石上而食之

糂 以米和羹也一曰粒也從米甚聲 桑感切

玉篇作糝　齊民要術作糂

以米和羹也者廣韻羹糂墨子曰孔子厄陳藜羹不糂也釋名糝黏也相黏敎也易鼎卦鼎折足覆公餗其刑渥凶鄭注糝謂之餗震爲竹竹萌曰筍筍者餗之爲菜也是八珍之食詩九月叔苴箋云麻實之糝周禮醢人羞豆之實酏食糝食注云鄭司農云糝食菜餗蒸後小切之爲稻米稻米二肉一合以爲餌煎之內則糝取牛羊豕之肉三如一小切之與稻米稻米二肉一合以爲餌煎之六韜帝堯滋味不重糝弗食也荀子宥座篇藜羹不糂注云糂與糝同宗躬孝子傳桑虞喪父日食百粒以糝藜藿一曰粒也者本書粒糂也

糣 籀文糂從朁

糝 古文糂從參

bò 糪

糪 炊米者謂之糪從米辟聲 博戹切

炊米者謂之糪者釋器米者謂之糪郭云飯中有腥李巡云米飯半腥半熟名糪卽論語云失飪不食

mí 糜

糜 糝也從米麻聲 靡爲切

世說新語夙惠篇炊忘箸箄飯今成糜 風土記董勛云七月黍熟七日爲陽數故以糜爲珍今北人唯設湯餅無復有糜矣 陸璣詩疏蓮中的至秋表皮黑的成可爲糜 雜鬼神志尹氏食口數千羅鼎鑊作糜啜糜之聲聞十數里 糝也者李善注荅客難引作爛也本書䭣糜也廣雅糜糏也釋名糜煮米使糜爛也釋言鬻糜也郭云淖糜釋文粥之稠者曰糜越語句踐載稻與脂於舟以行注云稻糜案韻會引徐鍇本有黃帝初教作糜六字集韻同

tán 䊤

䊤 糜和也從米覃聲讀若鄲 徒感切

糜和也者集韻糝䊤糜和也廣韻糝䊤滓也案本書䵤和也廣雅䊤甘也糜疑作䵤

mí 粎

粎 潰米也從米尼聲交阯有粎泠縣 武移切

潰米也者潰當爲𧸖急就篇𥓰磑扇𧸖舂簸揚 交阯有粎泠縣者漢志交阯郡有麊泠縣應劭曰麊音彌孟康曰音螟蛉顏師古曰音麊零水經注江水云僕水東至交州交趾郡麊泠縣南流入于海宋白曰峯州漢麊泠縣地

qū 𥻆

𥻆 酒母也從米𥳘省聲 駈六切

俗作麯 宣十二年左傳有麥麴乎列子子產有兄公孫朝聚酒千鍾積麯成封東觀漢記順帝詔禁民無得酤賣酒麴四民月令七月七日作麴通鑑楊復恭爲尉借度支賣麴崔允欲抑宦官聽酤者自造麴俗又作麯釋名麯朽也鬱之使生衣朽敗也又借鞠字周禮內司服掌王后之六服其四爲鞠衣先鄭云鞠衣黃衣也後鄭云色如鞠塵 酒母也者徐鍇曰酒主於鞠故曰酒母書說命若作酒醴爾惟麴糵傳云酒醴須麴糵以成

麴 鞠或從麥鞠省聲

zāo 糟

糟 酒滓也從米曹聲 作曹切

六韜積糟爲邱以酒爲池 劉伶酒德頌捧甖承槽 集韻醙白酒也古作醩聘禮醙黍清皆兩壺注云醙白酒也以黍閒清白者互相備漢書食貨志醩截灰炭 酒滓也者一切經音義三糟不漉酒也淮南子云古人糟粕許叔重曰糟酒滓急就篇糟糠汁滓稾莖芻顏注糟酒粕也周禮酒正辨四飲之物一曰清二曰醫三曰漿四曰酏注云鄭司農說以內則曰飲重醴稻醴清糟黍醴清糟

粱醴清糟或以酏爲醴漿水醷后致飲于賓客之禮有醫酏糟糟音聲與糟相似醫與臆亦相似文字不同記之者各異耳此皆一物又云糟醫酏不泲者泲曰清不泲曰糟文選漁父何不餔其糟而歠其釃五臣注糟酒滓許注淮南云已漉糟曰粕

醩 籀文從酉

bèi 糒

糒 乾也從米𤰇聲 平祕切

東觀漢記上圍邯鄲彭寵遺米糒以給軍又云賀玄爲九江太守行縣齎持乾糒但就溫湯而已 謝承後漢書沈景爲河閒相恆食乾糒 物理論呂子義常往友人處存省嫌其設酒食懷乾糒而往 出懷中糒求一杯冷水而食之 汝南先賢傳胡定雪中絕穀令遺掾以糒就遺之 益部耆舊傳趙祥除野王令煙火不舉常食乾糒 會稽典錄陳修家貧爲吏恆食乾糒 四民月令四月可以作棗糒䅺案既夕四籩棗糗栗脯 字或作𩜾續漢書導官令主舂御米及作乾糒

qiǔ 糗

乾也者御覽引作乾食也一切經音義十五引作乾飯也李善注陸機弔魏武帝文引同後漢書明帝紀杅水脯糒而已鄧后紀儲峙米糒隗囂傳囂病且餓出城餐糗糒注竝引本書作乾飯也張禹傳注云糒糗也乾飯屑釋名乾飯飯而乾暴之也周禮廩人凡邦有會同師役之事則治其糧注云行道曰糧謂糒也漢書李廣傳持糒醪遺廣王莽傳太官齎糒乾肉顏注竝云糒乾飯也馥案方言熫火乾也凡以火而乾五穀之類關西隴冀以往謂之熫謝承後漢書左雄爲冀州刺史不畢烟火常食乾飯又云羊陟計日受俸常食乾飯茹菜續漢書胡紹爲懷令俸米於閤外炊作乾飯食之不設釜竈

糗 熬米麥也從米臭聲 去九切

廣雅糗糒也釋名糗齲也飯而磨之使齲碎是也書費誓峙乃糗糧傳云糗糒之糧有司徹取糗與服脩注云糗糗餌昭二十五年公羊傳敢致糗于從者何云糗糒也哀十一年左傳進稻醴粱糗杜云糗乾飯也孟子舜之飯糗茹草也注云糗飯乾糒也楚語於是乎每朝設脯一束糗一筐以羞子文韋云糗寒粥也楚詞播江離與滋菊兮願春日以爲糗芳注云糗糒也東觀漢記嚴尤擊江賊世祖奉糗一斛陸翽鄴中記并州俗冬至一百五日爲介子推斷火冷食三日作乾粥是今之糗也玄晏春秋衛倫取糧糗以進予嘗之曰麥也有杏李柰味三果之熟也不同子焉得兼之倫曰杏時將發故糅以杏汁李時將發又糅以李汁柰時將發又糅以柰汁故兼三味熬米麥也者急就篇甘麩殊美奏諸君顏注麩者糗也麩糗聲相近實一物也今人通以熬米麥爲之麩甘麩者以密和糗故其味甘也既夕記凡糗不煎注云以膏煎之則褻非敬馥謂生人所常食則以膏煎明矣周禮羞籩之實糗餌粉餈注云故書餈作茨鄭司農云糗熬大豆與米也粉豆居也茨字或作餈謂乾餌餅之也玄謂此二物皆粉稻米黍米所爲也合蒸曰餌餅之曰餈糗者擣粉熬大豆爲餌餈之黏著以粉之耳餌言糗餈言粉互相足內則糗餌粉酏注云糗擣熬穀也漢書王褒傳羹藜唅糗者不足與論太牢之滋味顏曰糗即今之熬米麥所爲者程君瑤田曰陳藏器曰糗一名麨和水服之河東人以麥爲之麤者爲乾糗糧東人以稉米爲之炒乾磨成也釋名云糗齲也飯而磨之使齲碎是也然則糗有擣粉者有未擣粉者籩實之麷蕡白黑國語設糗一筐以羞子文其糗之未擣

說文解字義證 卷二十一 三十三

jiù 𥻨

粉者與既夕篇之四籩棗糗栗脯直呼糗餌爲糗則已擣之糗粉於餌者也左傳陳轅頗出奔鄭道渴其族轅咺進稻醴粱糗腶脩焉杜氏注糗乾飯也公羊傳魯昭公走之齊高子執簞食與四脡脯國子執壺漿曰吾寡君聞君在外餕饔未就敢致糗於從者何休注糗糒也疏云若今之糒米屈原賦播江離與滋菊兮願春日以爲糗芳王逸注糗糒也洪興祖曰乾飯屑也說文糒乾也蓋即方言火乾之熫也周官廩人職凡邦有會同師役之事則治其糧與其食注云行道曰糧謂糒也止居曰食謂米也然則公劉之詩所云迺裹餱糧者糗糒之謂也其已擣粉之糗可和水而服之者若今北方之麪茶南方之麪麩皆其類也其其未擣粉而亦可和水者則鄭氏注六飲之涼云今寒粥若糗飯雜水是也其已擣粉亦可餅而食之若玉篇以麪麷爲麪廣韻以爲餅是也合諸言糗者而觀之糗之爲言氣也米麥火乾之乃有香氣故謂之糗說文熬米麥之訓最爲得解無論擣與未擣也

𥻨 舂糗也從米臼聲 其九切

舂糗也者擣粉也周禮籩人糗餌粉餈注云鄭司農云糗熬大豆與米也玄謂糗者擣粉熬大豆

說文解字義證 卷二十一 三十四

xǔ 糈

糈 糧也從米胥聲 私呂切

糧也者離騷懷椒糈而要之注云糈精米莊子天道篇鼠壤有餘蔬釋文蔬讀曰糈糈粒也山海經祠諸山神有糈用稌稷稻黍諸米郭注糈祀神之米名或作疏非也

liáng 糧

糧 穀也從米量聲 呂張切

穀也者非古訓後人亂之糧乃行者之乾食詩乃裹餱糧周禮廩人凡邦有會同師役之事則治其糧與其食注云行道曰糧謂糒也止居曰食謂米也僖四年左傳共其資糧屝屨正義云糧謂米粟行道之食莊子逍遙游適百里者宿舂糧適千里者三月聚糧元晏春秋衛倫取糗糧以進予

róu 粈

粈 雜飯也從米丑聲 女九切

宋書鄧琬傳鄧正粈雜何世無之一切經音義三糅粈同說文粈雜飯也今謂異色物相雜曰糅也廣雅糅雜也通俗文靑白雜曰糅鄉射禮旌各以其物無物則以白羽與朱羽糅鄭云糅雜也戰國策下宮糅羅紈離騷芳與

澤其雜糅兮　淮南原道訓所謂天者純粹樸素質直皓白未始有與雜糅者也　史記屈原傳同糅玉戶兮一槩而相量

雜飯也者本書鈕雜飯也枚乘七發滋味雜陳肴糅錯該王粲七釋西旅游粱御宿素粲瓜州紅麴參糅相半晉書皇甫謐傳況臣糠𥻦糅之雕胡

dí 糴

糴 穀也從米翟聲 他弔切

穀也者廣雅同

mò 䊊

䊊 麩也從米蔑聲 莫撥切

麩也者小字本作麧集韻類篇引竝同䊊麩聲近廣雅䊊末也本書䴲或作粖本書無麩字麧下云麥末玉篇麧麥麩麩麧也今呼米屑爲麩廣雅䊊謂之麧

cuì 粹

粹 不雜也從米卒聲 雖遂切

不雜也者廣雅粹純也魏都賦非醇粹之方壯劉注引班固云不雜曰粹

說文解字義證卷二十一　卅五

xì 氣

氣 饋客芻米也從米气聲春秋傳曰齊人來氣諸侯 許既切

饋客芻米也者一切經音義七字書餼餉也埤蒼饋也小爾雅廣言餼饋也考工記玉人之事以致稍餼注云致稍餼造賓客納稟食也餼或作氣杜子春云當爲餼王制告有常餼注云餼稟也僖三十三年左傳居則具一日之積杜云積芻米菜薪桓六年傳於是諸侯之大夫戍齊齊人饋之餼杜云生曰餼桓十四年傳曹人致餼注云熟曰饔生曰餼僖十五年傳是歲晉又饑秦伯又餼之粟僖二十九年傳介葛盧來朝饋之芻米正義周禮掌客天子待諸侯之禮上公饔餼九牢饔五牢餼四牢車禾視牢牢十車則禾五十車車米視生牢牢十車則米四十車侯伯饔餼七牢禾四十車米三十車子男饔餼五牢禾三十車米二十車芻薪皆倍禾也聘禮卿饔餼五牢禾米與子男同其附庸執帛與公之孤同則饔餼亦五牢禾三十車米二十車芻薪倍禾則此饋之芻米芻六十車米二十車襄二十九年傳鄭饑子皮以子展之命餼國人粟戶一鍾昭元年傳子干奔晉叔向使與秦公子同食皆百人之餼哀十二年傳地主歸餼周語膳宰不致餼韋云生曰餼又云稟人獻餼韋云生曰餼禾米也越語生二人公與之餼注云餼食也孟子百官牛羊倉廩備以事舜於畎畝之中趙注倉廩致粟米之餼備具饋禮孔叢子季桓子以粟十鍾餼夫子　春秋傳曰齊人來氣諸侯者桓十年左傳文彼無來字

𥻨 氣或從既

中庸既廩稱事注云既讀爲餼餼廩稍食也

餼 氣或從食

hóng 粠

粠 陳臭米從米工聲 戶工切

玉篇粠或作紅　徐鍇曰漢史太倉之粟紅腐而不可食多借紅字爲之米久則紅也

陳臭米者史記平準書太倉之粟陳陳相因臭當爲殠謂腐气也

說文解字義證卷二十一　卅六

fěn 粉

粉 傅面者也從米分聲 方吻切

墨子禹造粉　淮南子漆不厭黑粉不厭白

傅面者也者急就篇芬薰脂粉膏澤筩顏注粉謂鉛粉及米粉皆以傅面取光潔也釋名釋首飾云粉分也研米使分散也赬粉者赤也染粉使赤以著頰也登徒子好色賦著粉太白施朱太赤漢書惠帝侍中傅脂粉蔡邕女誡心猶首面也是以甚致飾焉加粉則思其心之鮮也孔緯七引拭粉游紅熨黛揚蛾續漢書陳蕃諫桓帝曰宮女數千脂粉之耗不可勝數魏畧邯鄲淳謁臨菑侯植時大暑植取水浴以粉自傅語林何平叔美姿儀而絕白魏文帝疑其傅粉廣志臨川郡有粉水得其水汰粉甚絜荊州記粉水源出房陵縣取其水爲粉鮮絜異於餘水齊民要術作米粉法取米白汁清澄其中心圓如鉢形酷似鴨子白光潤者名曰粉英爆乾以供粧飾案古以米粉傅面後易以鉛粉曹植洛神賦鉛華弗御是也博物志紂燒鉛錫作粉抱朴子民不信黃丹及胡粉是化鉛所作

quǎn 糂

䊎 粉也從米卷聲 去阮切

xiè 糏　sà 𥽕　mí 䊳　qiè 竊

徐鍇本以爲粉之或體

糏 𥽕也從米悉聲 私列切

或借屑字本書𩱯麥覈屑也內則屑薑與桂

𥽕 糏𥽕散之也從米殺聲 桑割切

玉篇𥽕書作蔡字　禹貢二百里蔡傳云蔡法也鄭注蔡之言殺減殺其賦　史記夏本紀二百里蔡集解云馬融曰蔡法也受王者刑法而已　五經文字𥽕放也春秋多借蔡字爲之　昭元年左傳周公殺管叔而蔡蔡叔杜云蔡放也正義云說文云𥽕散之也從米殺聲然則𥽕字殺下米也𥽕爲放散之義故訓爲放也釋文上蔡字音素葛反說文作𥽕音同字從殺下米云糏𥽕散之也　吳仁傑兩漢刊誤補遺骨肉之親𥽕而不殊顏曰𥽕明也又地理志二百里蔡刊誤曰蔡讀如蔡蔡叔之蔡仁傑按左傳正義周公殺管叔而蔡蔡叔蔡字本𥽕字隸書改作𥽕遂失本體說文曰𥽕散之也从米殺聲然則𥽕與蔡皆當作𥽕𥽕於說文訓散而昌邑王傳亦載詔文作析而不殊散析同義則𥽕之爲𥽕審矣　惠棟曰嵇康琴賦新衣翠𥽕李善云子虛賦翕呷萃蔡張揖曰翠𥽕衣聲也案子虛賦又作萃蔡愚謂漢書文選𥽕字皆𥽕字之誤𥽕本與蔡通故又作蔡馥案蔡亦散意本書丰艸蔡也象艸生之散亂也　水經注沙水音蔡許慎正作沙音馥案蔡卽𥽕字音也沙者水散石也沙𥽕皆散意故同音　胡渭曰舜典竄三苗孟子作殺三苗按三苗未嘗伏大辟不得謂之殺殺古本元作𥽕𥽕亦放也與殺聲相近傳寫者遂訛爲殺

糏𥽕散之也者或借殺字方言散殺也晏子春秋穗乎不得穫秋風至兮殫零落風雨之拂殺也太上之靡弊也

䊳 碎也從米靡聲 模臥切

碎也者本書碎䃺也䃺當作此䊳通俗文碎糠曰䊳釋名糗齲也飯而磨之使齲碎也磨當作此䊳

竊 盜自中出曰竊從穴從米禼廿皆聲廿古文疾禼古文偰 千結切

書微子今殷民乃攘竊神祇之犧牷牲馬注往盜曰竊　詩桑中序相竊妻妾箋云竊盜也　周禮山虞凡竊木者有刑罰注云竊盜也　莊十年左傳自雩門竊出　大戴禮曾子立事篇無益而厚受祿竊也

廿古文疾者疾籀文作𤶅童籀文作𥫼云童中與竊中同从廿廿以爲古文疾字　禼古文偰者本書禼讀與偰同

文三十六　重七

huǐ 毇　zuò 糳

毇 米一斛舂爲八斗也從臼從殳凡毇之屬皆從毇 許委切

米一斛舂爲八斗也者徐鍇本米上有糲字六書故引同馥案謂當有糲字觀糳下可證蓋舂爲八斗舂爲九斗皆以糲米一斛爲率也釋文引字林有糲字本書粲稻重一秳爲粟二十斗爲米十六斗曰毇此言糲米一斛舂爲八斗者稻與粟異也糲米謂粟也淮南主術訓粢食不毇高云毇音毀細也張邱建算經其一百人日食毇米八斛卽毇之誤詩生民釋文鑿子洛反精米字林作毇云糲米一石舂爲八斗也子沃反馥案釋文毇本作鑿言與從金之鑿有異也若作毇則不音子沃反矣是字林以鑿爲八斗矣馥謂毇當爲九斗鑿當爲八斗陳啟源曰召旻箋米之

率糲十粺九鑿八侍御七本於九章粟米法信而有徵又左傳粢食不鑿若鑿爲九斗則不鑿者直是糲米用糲米爲齍盛必無是理楚語言天子親舂禘之盛又言禘郊之事皇后親舂穀梁傳亦言宗廟之事夫人親舂而此詩舂簸正以供肇祀之用皆不用糲之證也說文毇糳兩字注互易之爲是

糳 糲米一斛舂爲九斗曰糳從毇丵聲 則各切

糲米一斛舂爲九斗曰糳者禮部韻略引字林作八斗三蒼解詁糳精米也經典借鑿字桓二年左傳粢食不鑿杜云不精鑿釋文云云說見毇下詩生民箋云舂而抒出之簸之又潤溼之將復舂之趣於鑿也召旻箋云米之率糲十粺九鑿八侍御七正義云其術在九章粟米之法彼云粟率五十糲米三十粺二十七鑿二十四侍御二十一言粟五升爲糲米三升以下則米漸細故數益少四種之米皆以三約之得此數也孫子算經今有粟四斗五升問爲鑿米幾何荅曰二斗一升五分升之三張邱建算經今有好粟五斗舂之得鑿米二斗五升楚詞離騷精瓊靡以爲粻注云精鑿也又九章鑿申椒以爲糧崔駰七依萬鑿百淘

文二

jiù 臼

臼 舂也古者掘地爲臼其後穿木石象形中米也凡臼之屬皆從臼 其九切

廣韻曰杵臼世本曰雍父作臼　呂氏春秋勿躬篇赤冀作臼桓譚新論宓義之制杵臼萬民以濟　齊景公宋昭公並名杵臼

舂也者嶺表錄異廣南有臼堂以渾木刳爲槽一槽兩邊約十杵男女間立以舂穀糧　古者掘地爲臼者易繫辭斷木爲杵掘地爲臼　象形者象掘地形也故凶象地穿

chōng 舂

舂 擣粟也從廾持杵臨臼上午杵省也古者雝父初作舂 書容切

擣粟也者玉篇禱舂也廣雅䆃舂也皆擣之異文急就篇碓磑扇隤舂簸揚淮南天文訓日至于虞淵是謂高舂高

舂云高舂時加戌民碓舂時楊愼曰易林解我胷舂即毛詩憂心如擣也　從廾持杵臨臼上者本書杵舂杵也太元守次八曰無杵其碓舉漢書楚元王傳使杵臼雅舂於市晉灼曰高肱舉杵正身而舂之袁山松後漢書公沙穆與吳祐賃舂定交杵臼之閒　古者雝父初作舂者世本雍父作舂杵黃帝臣也郡國志許州雍城即黃帝臣雍父始作杵臼處

pò 𦥑

𦥑 齊謂舂曰𦥑從臼屰聲讀若膊 匹各切

chā 臿

臿 舂去麥皮也從臼干所以臿之 楚洽切

舂去麥皮也者六書故引麥上有穀字廣雅臿舂也黃廷堅注急就篇插舂去皮也方言江淮南楚之閒謂之臿

yǎo 舀

舀 抒臼也從爪臼詩曰或簸或舀 以沼切

抒臼也者廣雅舀抒也一切經音義十九舀韜舀也舀抒也字从臼从爪字意也　詩曰或簸或舀者大雅生民文彼作或舂或揄毛傳云揄抒臼也馥案鄭氏兩引詩皆作舂惠棟曰簸當作舂詩釋文云揄說文作舂舂訓又與揄同明簸當作舂姚令威謂後人改舂爲蹂則是宋時說文已誤舂爲簸矣

抭 舀或從手從宂

或從手從宂者宂㪿也而隴切周禮敘官女舂抌二人注云女奴能舂與抌者抌抒臼也詩云或舂或抌有司徹二手執挑匕枋以挹湆注于疏匕注云挑謂之歃讀如或舂或抌之抌字或作挑者秦人語也此二匕者皆有淺升狀如飯橾挑長枋可以抒物於器中者注猶瀉也今文挑抌疏云讀從詩或舂或抌彼注云抌抒臼也馥案鄭先通韓詩三禮注所引詩皆韓詩也

𦥺 舀或從臼宂

廣韻韜𦥺物也

xiàn 臽

臽 小阱也從人在臼上 戶猎切

篆當作臽入在臼上不在臼中

小阱也者本書阱陷也坎陷也二陷字並當作臽廣雅臽坑也中庸驅而納諸陷阱之中陷亦當爲臽　從人在臼上者徐鍇本下有舂地坎可臽人六字鍇曰若今人作穴以臽虎也

文六　重二

xiōng 凶

凶 惡也象地穿交陷其中也凡凶之屬皆從凶 許容切

惡也者釋言凶咎也疏云謂咎惡也釋名凶空也就空亾也易入坎窞凶

xiōng 兇

兇 擾恐也從人在凶下春秋傳曰曹人兇懼 許拱切

擾恐也者干祿字書兇懼也定十年左傳駟赤宣言於郈中曰侯犯將以郈易于齊齊人將遷郈民衆兇懼漢書翟方進傳羣下兇兇後漢書耿弇傳城中兇懼注云兇恐懼聲或借匈字漢書高帝紀天下匈匈數歲顏曰喧擾之意荀子君子不爲小人匈匈而輟行　春秋傳曰曹人兇懼者僖二十八年左傳文注云兇兇恐懼聲

文二

說文解字第七 義證第二十二

曲阜桂馥學

pìn 朩

朩 分枲莖皮也從屮八象枲之皮莖也凡朩之屬皆從朩讀若髕 匹刃切

分枲莖皮也者廣韻朩麻片陸璣說紵麻云刈便生剝之以鐵若竹挾之表厚皮自脫亢倉子得時之麻疏節而色陽堅枲而小本枲當爲朩言其皮莖堅也氾勝之謂種枲不宜太早是也 從屮八象枲之皮莖也者徐鍇本作入象枲皮覆謂屮象莖入象皮分也

xǐ 枲

枲 麻也從朩台聲 胥里切

周禮有典枲 說苑蓬生枲中不扶自直 鹽鐵論國病篇文表無裏紈袴枲裝又散不足篇古者庶人耋老而後衣絲其餘則麻枲而已故命曰布衣 後漢書崔寔傳五原土宜麻枲而俗不知織績實至官斥賣儲峙爲作紡績織絍綀縕之具以敎之 齊書王文殊終身蔬食布衣枲服麻屨而已 氾勝之書種枲太早則剛堅厚皮多節晚則皮不堅寧失於早不失於晚夏至後二十日漚枲枲和如絲 元和志坊州貢枲麻

麻也者釋草文麻當爲𣏟𣏟葩之總名故籀文從𣏟四民月令牡麻無實一名爲枲案玉篇有子曰苴無子曰枲廣韻有子曰枲無子曰苴一切經音義一枲謂牡麻有子者也本書芓麻母也一曰芓即枲也急就篇綌紵枲縕裏約纏顏注枲粗麻也書禹貢厥貢漆枲絺紵漢書地理志岱畎絲枲顏注枲麻屬也喪服傳牡麻者枲麻也古文苑僮約歸都擔枲注云枲麻也陶注本草引董仲舒曰枲是大麻 台聲者戴侗曰蜀本說文辝省聲馥案籀文辝不省

𣑾 籀文枲從𣏟從辝

文二 重一

pài 𣏟

𣏟 葩之總名也𣏟之爲言微也微纖爲功象形凡𣏟之屬皆從𣏟 匹卦切

葩之總名也者葩當爲萉本書萉枲實也廣韻𣏟麻紵 𣏟之爲言微也微纖爲功者春秋說題辭麻之言微也陰類寢密女作纖微也

qǐng 檾

檾 枲屬從𣏟熒省詩曰衣錦檾衣 去潁切

雜記如三年之喪則既潁其練祥皆行注云潁草名無葛之鄉去麻則用潁 周禮掌葛征草貢之材于澤農注云草貢出澤萯紵之屬可緝績者 本草苘實味苦唐本注云一作𧃒字人取皮爲索者也圖經云北人種以績布及打繩索苗高四五尺或六七尺葉似苧而薄花黃實帶殼如蜀葵中子黑色 陳啟源曰苘麻一名𧃒麻葉大如桐華黃夏開北土最多其皮可績詩碩人褧衣說文云褧檾也檾枲屬檾褧苘𧃒字同 正此麻也 熒省聲者字鑑引作熒省聲 詩曰衣錦檾衣者衛風碩人文彼作褧傳云夫人德盛而尊嫁則錦衣加褧襜箋云褧褌也尚之以褌衣爲其文之大著正義云褌爲絅故知褧褌衣也中庸云衣錦尚絅惡其文之大著是也本書褧檾也引詩衣錦褧衣中庸引詩衣錦絅衣釋文云絅本又作穎詩作褧同玉藻褌爲絅鄭注引詩衣錦絅衣裳錦絅裳

sàn 㪔

㪔 分離也從攴從𣏟𣏟分㪔之意也 穌旰切

分離也者經典借散字易說卦風以散之僖十四年穀梁傳聚而曰散何也大學財聚則民散曲禮積而能散

文三

má 麻

麻 與𣏟同人所治在屋下從广從𣏟凡麻之屬皆從麻 莫遐切

顏注急就篇麻謂大麻及胡麻 陶注本草引董仲舒曰麻是胡麻 說苑辨物篇麻也者何也曰所以爲衣也 晉令其上黨及平陽輸上麻二十二斤下麻三十六斤當絹一疋課應田者枲麻加半畝 郭璞麻贊草皮之良莫貴於麻用無不給服無不加至物在邇求之好遐 呂氏春秋審時篇得時之麻必芪以長疏節而色陽小本而莖堅厚枲以均後熟多榮日夜分復生如此者不蝗 埤雅詩曰藝麻如之何橫從其畝按韓鄂四時纂要云種麻熟耕地從橫七遍已上生則無葉是藝麻欲熟之驗 春秋說題辭麻生於夏夏衣物成禮儀故麻可以爲衣陽成於三物以化故麻三變褸布

加也朱均注云麻須陰以成夏枝葉成謂之衣麻亦夏生可作衣也三變謂麻生成形一變也漚取皮二變也績成爲縷三變也

與𣏟同者徐鍇本上有枲也二字玉篇麻枲屬也 人所治在屋下者本書广因广爲屋故云在屋下詩不績其麻箋云績麻者婦人之事也采蘋箋引內則執麻枲正義云執治絲績之事考工記治絲麻以成之謂之婦功鹽鐵論女子治其麻枲

kū
䔿

䔿 未練治纑也從麻後聲 空谷切

未練治纑也者練當作湅本書練湅繒也纑布縷也孟子妻辟纑廣韻䔿枲未績者 後聲者集韻云徐鉉以爲後非聲疑從復今按沃字韻有𪎭𧅭從沃韻以爲皆非也䔿之空谷切猶粥讀之六切軸讀直六切也集韻𪎭纑未練此即䔿之別體不得據以易䔿字也䔿又作𪎭皆俗體

zōu
𪎭

𪎭 麻藍也從麻取聲 側鳩切

玉篇有古文作𪏣

麻藍也者藍當作稭廣韻藍與稭同麻稈也玉篇藍麻莖也又音皆韻會引徐鍇本𪎭麻蒸也本書蒩麻蒸也楚詞七諫萇菞雜於𪎭蒸兮注云枲翮曰𪎭或借掫字漢書五行志民驚走持稾或掫一枚如淳曰掫麻幹也

tóu
𪎰

𪎰 䊵屬從麻俞聲 度侯切

文四

shū
尗

尗 豆也象尗豆生之形也凡尗之屬皆從尗 式竹切

經典借菽字孝經援神契赤土宜菽夏小正五月種黍菽糜傳曰心中種黍菽糜時也氾勝之書三月榆莢時有雨高田可種大豆夏至後二十日尚可種又云大豆保歲易爲宜古所以備凶年也小豆不保歲難得宜甚黑時種畝五升豆生布葉鋤之生五六葉又鋤之治養美田畝可得十石呂氏春秋審時篇得時之菽長莖而短足其莢二七以爲族多枝數節競葉蕃實大菽則圓小菽則摶以芳稱之重食之息以香如此者不蟲先時者必長以蔓浮葉疏節小莢不實後時者短莖疏節本虛不實春秋說題辭菽者屬也春生秋熟理通體屬也菽赤黑陰生陽大體應節小變赤象陽色也宋均注陰陽謂春夏也大體謂多黑也小變謂時之然也月令食菽與雞注云菽實孚甲堅合淮南地形訓菽夏生冬死注云豆火也夏火王而生冬水王而死韓非外儲說吾馬菽粟多矣 又通作叔莊子列御寇篇食以芻叔釋文叔大豆也 豆也者古但稱尗不言豆豆之名始見於計倪子內經丙貨之戶曰赤豆爲下物戶五十己貨之戶曰大豆爲下物石二十韓策五穀所生非麥而豆史記作非菽而麥物理論菽者衆豆之總名淮南說林訓魚食巴菽而死鼠食之而肥高云菽豆總名廣雅大豆尗也詩生民蓺之荏菽傳云荏菽戎菽也箋云戎菽大豆也正義云釋草云戎菽謂之荏菽孫炎曰大豆也樊光舍人李巡郭璞皆云今以爲胡豆璞又云春秋齊侯來獻戎捷穀梁傳曰戎菽也管子亦云北伐山戎出冬蔥及戎菽布之天下今之胡豆是也即如郭言齊桓之伐山戎始布其豆種則后稷之所種者何時絕其種乎而齊桓復布之程君瑤田曰郭璞因管子北伐山戎出戎菽布之天下之云遂以戎菽之戎爲山戎之戎謂即今之胡豆胡豆豌豆也是不以戎菽爲大豆矣不知釋詁戎壬皆訓大壬荏字相通荏菽戎菽竝大豆之

稱郭璞不據生民之詩與爾雅之本訓而傳會管子以爲豌豆異矣況山戎之戎菽列子張湛注引之言鄭氏云即大豆也晉孔晁注汲冢周書王會篇亦但以巨豆釋之皆不云是豌豆也然即令其實非大豆則是其地別有一種戎菽或即今之豌豆與后稷之所殖大異也豈得緣此而遂欲上改生民之詩與爾雅邪馥案成十八年左傳不能辨菽麥注云菽大豆也莊二十一年穀梁傳戎菽也范云菽豆八十一難經加三菽之重張世賢注菽者豆也呂氏春秋孟夏紀食菽與雞注云菽豆也史記項羽本紀士卒食芋菽索隱菽豆也文選射雉賦稊菽叢糅徐爰注菽豆也陳啟源曰詩所言尗皆大豆也有黑白黃褐青斑數種今用作豉醬腐油者是而黑者更可入藥神農經列於上品皆夏種秋收 象尗豆生之形也者徐鍇曰豆性引蔓故從丨有岐枝非從上下之上也故曰象尗生形小象根也馥案氾勝之書尗戴甲而生

chǐ
𣐃

𣐃 配鹽幽尗也從尗支聲 是義切

惠士奇曰古有鹽而無豉漢始有豉說文所謂配鹽幽尗是也 昭二十年左傳正義云此說和羹而不言豉古人未有

豉也禮記內則楚詞招䰟備論飲食而言不及豉史游急就篇乃有蕪荑鹽豉蓋秦漢以來始爲之耳馥案招䰟注云大苦豉也　釋名豉嗜也五味調和須之而成乃可甘嗜也故齊人謂豉聲同嗜也　食療本草豉以大豆爲黃蒸每一斗加鹽四升椒四兩春三日夏兩日冬五日卽成半熟　齊民要術作豉法先作暖蔭屋坎地深三二尺煮豆內蔭屋中豆悉著白衣豉爲初定從此以後乃生黃衣淘淨內豆於窖中夏停十日春秋十二三日冬十五日便熟　漢書貨殖傳鹽豉千合顏注今西楚荆沔之俗賣鹽豉者鹽豉各一斗則各爲裹而相隨焉此則合也　潛夫論故善者之養天民也猶良工爲麴豉也起居以其時寒溫得其適則一蔭之麴豉盡美而多量其惡拙工則一蔭之麴豉皆臭敗而棄捐　世說載東阿王詩煑豆持作羹漉豉以爲汁又云陸機云有千里蓴羹但未下鹽豉耳馥案未下當爲末下末下地名也後人加但字　束晳餅賦和鹽漉豉　吳均餅說張掖北門之豉　古鹽歒白鹽河東來美豉出魯門　博物志外國有豉法以苦酒浸豆暴令極燥以麻油蒸蒸訖復暴三過乃止然後細擣椒屑篩下隨多少合投之中國謂之康伯能下氣調和者也

配鹽幽尗也者廣雅䤈幽也醢幽也馥案醢孰𪎆𪎆豉皆鬱幽而後孰　釋名𪎆朽也鬱之使生衣朽敗也急就篇蕪黃鹽豉醯酢醬顏注豉者幽豆而爲之也楊愼曰豉本豆也以鹽配之幽閉於甕盎中所成故曰幽尗

豉　俗枝從豆

文二　重一

duān 耑

耑　物初生之題也上象生形下象其根也凡耑之屬皆從耑　多官切

物初生之題也者或借端字文元年左傳先王之正時也履端于始春秋說元者端也端卽春也孟子惻隱之心仁之端也禮運人者天地之心五行之端也戴侗曰說文敱字唐本在耑部曰敱見其耑也　上象生形下象其根也者本書非下云此與耑同意

文一

jiǔ 韭

韭　菜名一種而久者故謂之韭象形在一之上一地也此與耑同意凡韭之屬皆從韭　舉友切

曲禮韭曰豐本鄭云豐茂也　王制庶人春薦韭　論衡地性生草山性生木地種葵韭山種棗栗　劉向別錄尹都尉書有種韭篇　元和志蔚州興唐縣大韭多生於山野及平地長三尺葉廣於馬藺但味少短耳　易稽覽圖政道得則陰物變爲陽鄭注若蔥變爲韭是也　埤蒼䑋㖆韭畦也

菜名者急就篇葵韭蔥䪥蓼蘇薑陶注本草韭菜殊辛臭雖煑食之便出猶奇薰灼不如蔥薤熟卽無氣　一種而久者故謂之韭者徐鍇本李燾本竝作一種而久生者爾雅釋文引作一種而長久韭久韭久聲近埤雅韭者久也一種而永生故禮祭宗廟韭曰豐本爾雅翼諺曰韭者嬾人菜以其不須歲種也顏注急就篇韭之言久也一種久生嘉蔬圖經按許愼說文解字云韭菜名一種而久者故謂之韭故圖人種蒔一歲而三四割之其根不傷至冬壅培之先春而復生信乎一種而久者也　一地也者徐鍇本無此文鍇繫傳辟也

duì 䪹

䪹　㑹也從韭隊聲　徒對切

㑹也者玉篇䪹齏葅廣雅䪹葅也通俗文淹韭曰䪹

jī 韲

韲　䪹也從韭次朿皆聲　祖雞切

楚詞九章懲於羹者而吹虀兮洪注凡醯醬所和細切爲虀一曰擣薑蒜辛物爲之故曰虀曰受辛　東觀漢記王莽將敗北海逄萌戴齏器於市曰辛乎　會稽典錄邯鄲淳字子禮作曹娥碑其後蔡邕題八字曰黃絹幼婦外孫虀臼　語林石崇恆冬月得韭虀王愷貨崇帳下督云是擣韭根雜以麥苗　或省作韲　世說擣韲啖鐵杵

䪹也者一切經音義十九韲醬屬也通俗文淹韭曰韲醢醬所和細切爲韲全物爲葅江南悉爲葅中國悉爲韲　廣雅韲葅也釋名韲濟也與諸味相濟成也　四民月令八月收韭菁擣作韲　周禮醢人以五齊七醢七葅三臡實之注云齊當爲韲凡醯醬所和細切爲韲全物若牒爲葅少儀曰麋鹿爲葅野豕爲軒皆牒而不切麇爲辟雞兔爲宛脾皆牒而切之切蔥若薤實之醯以柔之由此言之則韲葅之稱菜肉通　齊民要術八和韲法蒜一薑二橘三白梅四熟栗黃五粳米飯六鹽七醬八以檀木爲韲臼杵舂之下醋解之右件法止爲膾韲耳

guā 瓜　fán 𩐅　xiān 韱　xiè 䪥

韲或從齊

䪥 菜也葉似韭從韭𣪊聲 胡戒切

五經文字䪥薤上說文下經典相承隸省今爾雅作䪥餘竝用下字 釋草䪥鴻薈郭云卽䪥菜也 通志薤與韭同類雖辛而不葷五藏所以學道之人服之有赤白二種白者補而美赤者主金創不結子一名鴻薈 嘉祐圖經䪥似韭而葉闊多白無實人家種者有赤白二種皆春分蒔之至冬而葉枯 齊民要術種䪥者率七八支爲一本 漢書龔遂爲勃海太守教人種百本薤五十本蔥一畦韭 攝生月令四月勿食生薤 白帖庾亮啖薤留白云可以種陶侃歎日非惟風流兼有爲政之實

菜也葉似韭者 廣韻䪥菫菜也葉似韭 王應麟急就篇補注䪥菫菜葉似韭而無實

韱 山韭也從韭𢦔聲 息廉切

𩐅 小蒜也從韭番聲 附袁切

小蒜也者玉篇𩐅百合蒜 南都賦諸蔗薑𩐅李善引字書𩐅小蒜也

文六　重一

瓜 㼌也象形凡瓜之屬皆從瓜 古華切

劉向別錄云尹都尉書有種瓜篇 齊民要術二月辰日宜種瓜 張載瓜賦羊骹虎掌桂枝蜜筩或元表丹裏呈素含紅豐膚外偉緑𪏭內醲 陸機瓜賦夫其種族類數則有括蔞定桃黃㼉白摶金文蜜筩小青大斑元骭素腕狸首虎蹯東陵出於秦谷桂髓起於巫山五色比象殊形異端或濟貌以表內或惠心而醜顏或擄文以抱緑或披素而懷丹氣洪細而俱芬體修短而必圓 廣志瓜之所出以遼東廬江燉煌之種爲美有烏瓜狸頭瓜蜜筩瓜女臂瓜龍蹄瓜羊體瓜又有魚瓜大如斛出梁州陽城有青登瓜大如三升魁有拄杖瓜長二尺餘蜀地溫食瓜至冬熟有春瓜細小小瓣宜藏正月種三月成有秋泉瓜秋種十月熟形如羊角色蒼黑 陳啓源曰瓜之爲類甚多約之止有二農書云供果者爲果瓜供菜者爲菜瓜是也果瓜古食甘瓜五代始有西瓜菜瓜有胡瓜越瓜諸種詩信南山之瓜剝之以爲菹其菜瓜乎東

bàn 瓣　yáo ⿰䍃瓜　xíng ⿱𤇾瓜　dié 瓞　bó 瓝

山有敦瓜苦瓜有苦瓣亦非果瓜矣七月與緜之瓜則未有以定

㼌也者徐鍇本玉篇廣韻增韻字鑑竝作蓏 漢書食貨志瓜瓠果蓏

瓝 小瓜也從瓜交聲 蒲角切

小瓜也者釋草瓞瓝其紹瓞郭云俗呼瓝瓜爲瓞紹者瓜蔓緒亦著子但小如瓝 舍人曰瓞名瓝小瓜也紹繼謂瓞子 漢中小瓜曰瓞 孫炎曰瓞小瓜子如瓝其本子小紹先歲之瓜曰瓞 釋文瓝字林作瓝云小瓜也 釋草又云瓝九葉 釋文舍人云九枝共一莖 樊本瓝字作駮 釋云瓝也一名九葉

瓞 瓝也從瓜失聲詩曰緜緜瓜瓞 徒結切

瓝也者釋草文彼作瓝 戴君震曰爾雅瓞瓝其紹瓞蓋瓝者小瓜之種瓞者繼本之瓜其小如瓝故以瓝釋瓞而紹者爲瓞非紹者爲瓝故又言其紹瓞以別之紹爲繼本也 陸農師云今驗近本之瓜常小末則復大得之矣 馥案袁紹字本初 詩曰緜緜瓜瓞者大雅緜文傳云瓜紹也瓞瓝也 箋云瓜之本實繼先歲之瓜必小狀似瓝故謂之瓞

𤬪 瓞或從弗

釋文云韓詩瓞小瓜也

⿱𤇾瓜 小瓜也從瓜熒省聲 戶扃切

⿰䍃瓜 瓜也從瓜䍃省聲 余昭切

北人音轉呼爲梢瓜其形長卽拄杖瓜也

瓣 瓜中實從瓜辡聲 蒲莧切

詩碩人齒如瓠犀傳云瓠犀瓠瓣也 東山有敦瓜苦箋云瓜之瓣有苦者 傳元瓜賦細肌密裏多瓤少瓣 謝惠連祭古冢文水中有甘蔗節及梅李核瓜瓣 汜勝之書種瓠破以爲瓢其瓣以作燭致明 搜神記徐光從人乞瓜其主勿與便從索瓣杖地而種之

瓜中實者釋草釋文引字林同 吳氏本草瓜子一名瓣 釋草瓠棲瓣 孫炎云棲瓠中瓣也

yǔ 㼦

㼦 本不勝末微弱也从二瓜讀若庾 以主切

本不勝末微弱也者玉篇㼦勞病也或通作愉窳二字釋詁愉勞也郭云勞苦者多惰愉今字或作窳同七發手足惰窳李善云窳弱也漢書地理志江南民呰窳偷生顏注窳弱也史記五帝紀皆不苦窳又貨殖傳以故呰窳徐廣曰苟且惰嬾之謂 讀若庾者荀子議兵篇械用兵革窳楛不便利者弱注云窳器病也音庾

文七 重一

hù 瓠

瓠 匏也从瓜夸聲凡瓠之屬皆从瓠 胡誤切

詩八月斷壺傳云壺瓠也 鶡冠子中流失船一壺千金劉子隨時篇作瓠 古文苑僮約種瓜作瓠 風俗通八月秋穰可以殺瓠 史記張蒼肥白如瓠謂瓠中白膚 氾勝之書種瓠破以爲瓢其中白膚以養豬致肥 陶注本草苦瓠云今瓠自忽有苦者如膽不可食非別生一種也唐本注云瓠味皆甜時有苦者而似越瓜長者尺餘頭尾相似 易林枯瓠不朽利以濟舟渡踰江海无有溺憂

匏也者本書匏瓠也廣雅同御覽引詩疏匏瓠也古今注瓠壺蘆也壺瓠之無柄者瓠有柄者曰縣匏漢書郊祀志其器陶匏顏注匏瓠也鹽鐵論庶人器用即竹柳陶匏而已

piáo 瓢

瓢 蠡也从瓠省㶾聲 符宵切

玉篇瓢瓠瓜也 廣韻瓠䖎瓢也 廣雅瓠瓢也 論語一瓢飲孔安國曰瓢瓠也皇侃曰瓢瓠片也匏持盛飲也 崔豹古今注瓢瓠也其總曰匏瓠則別名 本草蜀本注引切韻瓢瓠也 謝承後漢書鄭敬瓠瓢盈酒 南齊書王彬傳彬性飲酒以瓠壺瓢勺 符子溺人曰我得一瓢之力則活矣

蠡也者本書蓋蠡也斡蠡柄也 集韻蠡瓠勺也 廣韻蠡以瓠爲飲器也一切經音義十八三蒼瓢瓠勺也江南曰瓢㰒蜀人言㰒蠡 廣雅蠡瓢也 通俗文瓠瓢爲蠡 急就篇蠡升參升半巵觛顏注蠡升瓢蠡之受一升者因以爲名猶今人言勺升百升 方言𥫽陳楚宋魏之閒或謂之簞或謂之㰒或謂之瓢注云𥫽瓠勺也 晉麗廣志海中文蠡數種其大者受一升南人以爲酒杯 周禮鬯人禜門用瓢齎注云瓢謂瓠蠡也齎讀爲齊取甘瓠割去柢以齊爲尊 楚辭九歎瓟瓥蠹於筐簏王注瓟瓠也瓥瓢也 漢書東方朔傳以蠡測海張晏曰蠡瓠瓢也 班昭東征賦諒不登樔而椓蠡兮 曹植遷都賦椓蠡蛩而食蔬 陸倕蠡杯銘用遷羽杯珍愈渠椀寶同蠡測形均撲滿 南齊書東昏本紀馳騁渴乏輒下馬解取腰邊蠡器酌水飲之 楊慎曰今閩廣之地以蠹魚殼爲瓢江淮之閒或用螺之大者爲瓢是以蟲殼代瓜匏用也

文二

mián 宀

宀 交覆深屋也象形凡宀之屬皆从宀 武延切

交覆深屋也者本書[illegible]下云宀宀不見也 馥謂交覆深故不見 春秋內事軒轅氏以土德王天下始有堂室高棟深宇以避風雨 淮南氾論訓古者民澤處復穴冬日則不勝霜雪霧露夏日則不勝暑熱蚊蝱聖人乃作爲之築土構木以爲宮室上棟下宇以蔽風雨以避寒暑百姓安之

jiā 家

家 居也从宀豭省聲 古牙切

居也者易人家釋文引同 玉篇家人所居通曰家 釋宮牖戶之閒謂之扆其內謂之家 郭云今人稱家義出於此 詩緜未有家室傳云室內曰家

家 古文家

漢孔謙碣祖述家業

zhái 宅

宅 所託也从宀乇聲 場伯切

釋名宅擇也擇吉處而營之也 尉繚子天子宅千畝諸侯百畝大夫以下里舍九畝 後漢王符傳注引蘇子人生一世若朝露之宅於桐葉耳

所託也者宅託聲相近 御覽引作人所託也 廣韻引作託也人所投託也 玉篇人之居舍曰宅 士相見禮宅者在邦則曰市井之臣在野則曰草莽之臣注云今文宅爲託 漢書賈山傳聚廬而託處 陶潛詩衆鳥欣有託吾亦愛吾廬 馥謂託當作侂本書侂寄也徐鍇本作所託居也 釋言宅居也鄭注周易宅居也 書堯典宅朔方史記引作居北方

xuān 宣　shì 室

詩皇矣此維與宅閟宮遂荒徐宅傳竝云宅居也小爾雅里度居也方言度凥也案度卽宅漢書音義臣瓚云古文宅度同堯典宅嵎夷后經作度詩宅是鎬京坊記引作度是鎬京此維與宅論衡初稟篇引作此維與度爰究爰度傳云度居也堯典宅西周禮縫人注引作度西舜典五流有宅五宅三居史記五帝本紀宅竝作度禹貢三危旣宅夏本紀亦作度又是降邱宅土風俗通山澤篇引作度土易乾坤鑿度庖氏先文乾鑿庑注云庑古度字

古文宅

惠棟曰易解彖雷雨作而百果草木皆甲坼釋文坼馬陸作宅云根也鄭康成注云木實曰果皆讀如人倦解之解謂坼嘑皮曰甲根曰宅宅居也棟案古文宅作𡧁與坼相似故誤作坼馬鄭皆從古文非改坼爲宅也

厇　亦古文宅

周禮釋文云古文宅與度字相似

室　實也從宀從至至所止也式質切

釋宮宮謂之室室謂之宮　易繫辭傳上古穴居而野處後世聖人易之以宮室　呂氏春秋勿躬篇高元作室　李尤室銘室以安寐寢息幽閒又云室塞空隙遮遏風雨

實也者廣雅同室實聲相近釋名室實也人物實滿其中也曲禮正義曰因其財物充實曰室室之言實也徐鍇曰古者爲堂自半以前虛之謂之堂半以後實之爲室一切經音義六案戶外爲堂戶內爲室論語云由也升堂未入於室是也春秋宣十六年成周宣榭火杜注引爾雅曰無室曰榭謂屋歇前正義云歇前者無壁也馥案爾雅有室曰寢寢乃廟後藏衣冠之處則室有前壁可知是四面皆實也　從宀從至至所止也者徐鍇本從宀至聲室屋皆從至所止也本書屋從至至所至止室屋皆從至

宣　天子宣室也從宀亘聲須緣切

玉篇有古文作亶

天子宣室也者漢宮闕名長安有宣室殿史記賈誼傳孝文帝方受釐坐宣室蘇林曰未央前正室索隱曰三輔故事云宣室在未央殿北三輔黃圖宣室未央前殿正室也淮南子曰周武王殺紂於宣室漢取舊名也漢書曰文帝受釐宣室夜半前席問賈生鬼神之事卽此也又王莽地皇四年城中少年朱弟張魚等燒宮莽避火宣室前殿火輒隨之風俗通文帝平常聽政宣室不居明光宮漢名臣奏丞相薛宣奏漢興以來深考古義推萬變之備於是制宣室出入之儀正輕重之罰帝王世紀紂赴於京自燔於宣室而灰容齋續筆漢宣室有殿有閣皆在未央宮殿北三輔黃圖以爲前殿正室武帝爲竇太主置酒引內董偃東方朔曰宣室者先帝之正處也非法度之政不得入焉文帝受釐于此宣帝常齋居以決事如淳曰布政教之室也然則起於高祖時蕭何所創爲退朝聽政之所而史記龜策傳云武王圍紂象郞自殺宣室徐廣曰天子之居名曰宣室淮南子云武王甲卒三千破紂牧野殺之宣室注云商宮名一曰獄也蓋商時已有此名漢偶與之同黃圖乃以爲漢取舊名非也

xiàng 向

向　北出牖也從宀從口詩曰塞向墐戶許諒切

北出牖也者三蒼向北出戶也或借嚮字淮南說山訓四方皆道之門戶牖嚮也又借鄉字士虞禮記祝從啟牖鄉

如初注云鄉牖一名也明堂位刮楹達鄉注云鄉牖屬謂夾戶窗也　詩曰塞向墐戶者豳風七月文傳云向北出牖也韓詩云北向窗也

yí 宧

宧　養也室之東北隅食所居從宀𦣝聲與之切

養也者釋詁文彼通作頤釋名百年曰期頤頤養也老昏不復知服味善惡孝子期於盡養道而已也易敘卦頤者養也頤彖頤貞吉養正則吉也觀頤觀其所養也自求口實觀其自養也釋文作宧云宧養也此篆文字漢書敘傳禄賜頤賢顏注頤養也魏都賦覯亨頤賓五臣云頤養也幽通賦皓頤志而弗傾項岱曰頤養也通作台方言台養也晉衞燕魏曰台注云台猶頤也　室之東北隅食所居者釋名東北隅曰宧宧養也東北陽氣始出布養物也釋宮東北隅謂之宧釋文李云東北者陽氣始起育養萬物故曰宧宧養也說文訓同與周易頤卦養義同邵君晉涵曰君子之居恆當戶戶在東南則東北隅爲當戶飲食之處在焉

yǎo 窔

窔　戶樞聲也室之東南隅從宀皀聲烏皎切

室之東南隅者本書宧冥也經典借窔字釋名東南隅曰窔窔幽也亦取幽冥也釋宮東南隅謂之窔郭云禮曰埽室聚窔窔亦隱闇御覽引舍人云東方萬物生蟄蟲必出無不由戶突馥案必出當爲畢出戶突當爲戶窔釋文窔本或作窅又作窔同荀子非十二子篇奧窔之間班固荅賓戲守窔奧之熒燭淮南主術訓責之以閨閤之禮奧窔之閒又或作宎莊子徐無鬼篇鶉生於宎司馬云東南隅鶉火地生鶉也

ào 㝔(奧)

㝔 宛也室之西南隅從宀𢍏聲 烏到切

宛也者爾雅釋文引作室也蔡仲尼燕居目巧之室則有奧阼又云室而無奧阼則亂於室也書堯典厥民隩傳云隩室也民改歲入此室處以辟風寒室之西南隅者釋名室中西南隅曰奧不見戶明所在祕奧也釋宮西南隅謂之奧郭云室中隱奧之處論語與其媚於奧孔安國曰奧內也皇侃曰奧謂室中西南角室向東南開戶西南安牖牖內隱奧無事恆尊者所居之處也風俗通宅不西益俗說西者爲上上益宅者妨家長也原其所以不西益者禮記曰南向北向西向爲上爾雅曰西南隅謂之奧尊長之處也不西益者恐掁動之耳詩采蘋宗室牖下王肅云

奧卽牖下曲禮居不主奧注云室中西南隅謂之奧莊子徐無鬼篇吾未嘗爲牧而牂生於奧釋文云奧西南隅未地也新序隩隅有竈呂氏春秋君因隅奧有竈不知寒矣漢書杜鄴傳所白奧內顏注奧內室中隱奧之處也 𢍏聲者五經文字作從釆從廾

wǎn 宛

宛 屈艸自覆也從宀夗聲 於阮切

惌 宛或從心

或從心者徐鍇本作或從怨案廣韻惌惌枉史記倉公傳寒濕氣宛馥謂宛鬱也故從怨

chén 宸

宸 屋宇也從宀辰聲 植鄰切

屋宇也者本書宸屋宇也越語君若不忘周室而爲敝邑宸宇韋注宸屋霤賈注宸室之奧者後人稱帝居曰宸

yǔ 宇

宇 屋邊也從宀于聲易曰上棟下宇 王榘切

屋邊也者一切經音義七引作屋邊檐也左傳失其宇注云於國則四垂爲宇宇亦屋霤也徐鍇曰左傳況衛在君之宇下是爲邊垂也蒼頡篇宇邊也韋注越語宇邊也釋名宇羽也如鳥羽翼自覆蔽也詩八月在宇釋文云屋四垂爲宇韓詩云宇屋霤也士喪禮竹杠長三尺置於宇西注云宇梠也考工記輪人爲蓋上欲尊而宇欲卑注云隤下曰宇春秋內事軒轅氏始有堂廡高棟深宇以避風雨鹽鐵論鸞雀離巢宇而有鷹隼之憂孫登別傳登處邛北山中以石室爲宇編草自覆通鑑臨軒注云宇末曰軒易曰上棟下宇者繫辭文鄭注鄉射記說五架屋云正中曰棟次曰楣前曰庪疏云中脊爲棟棟前一架爲楣楣前接檐爲庪馥謂此卽上棟下宇之說

寓 籒文宇從禹

一切經音義七宇古文寓籒文作㝢同 荀子賦篇精微乎毫毛而充盈乎大寓注云寓與宇同 漢書功臣表大其寓東京賦威振八寓

fēng 寷

寷 大屋也從宀豐聲易曰寷其屋 敷戎切

大屋也者易釋文引同廣雅寷大也方言豐大也凡物之大貌曰豐易序卦豐者大也 易曰寷其屋者豐卦文彼作豐

huán 寏

寏 周垣也從宀奐聲 胡官切

唐書宣宗紀作五王院以處皇子之幼者

襄三十一年左傳繕完葺牆馥謂完卽院

周垣也者四面屏蔽也亦謂之院落廣雅院垣也襄三十一年左傳壞其館之垣是也

院 寏或從𨸏 又爰眷切

本書𨸏部院下云堅也

或從𨸏者徐鍇本作或從𨸏完聲

hóng 宏

宏 屋深響也從宀厷聲 戶萌切

屋深響也者釋詁宏大也樊光引周禮其聲大而宏考工記梓人爲筍虡贏屬大聲而宏則於鍾宜靈光殿賦動滴瀝以成響殷雷應其若驚五臣云凡深閎之室則必多響故檐霤滴瀝之聲已若雷應之驚山元卿蒼龍宮新溪銘

新宮宏宏楊愼曰宏窗屋深響也如空谷之傳聲詩所謂噦噦其冥賦所謂蠛蠓飛而生風尺蠖動而成響也

hóng 弘

屋響也從宀弘聲 戶萌切

玉篇宖安也

wěi 寪

屋皃從宀爲聲 韋委切

kāng 㝩

屋㝩㝗也從宀康聲 苦岡切

屋㝩㝗也者廣雅㝩㝗空虛類篇謂屋閒方言㝩空也注云㝩㝗空皃或通作康史記賈生傳斡棄周鼎兮而寶康瓠集解云康空也又通作㰠梁長門賦施瑰木之欂櫨兮委參差以㰠梁

láng 㝗

㝩也從宀良聲 音良又力康切

㝩也者玉篇㝗空虛也屋㝩㝗也廣韻㝗㝩㝗宮室皃

chéng 宬

屋所容受也從宀成聲 氏征切

屋所容受也者本書容盛也盛當爲宬昭三年左傳景公欲更晏子之宅辭曰君之先臣容焉

níng 寍

安也從宀心在皿上人之飲食器所以安人 奴丁切

安也者釋詁文彼通作寧易乾卦萬國咸寧書無逸不敢荒寧馬注寧安也書大禹謨釋文寧安說文安寧如此詩葛覃歸寧父母傳云寧安也常棣既安且寧生民上帝不寧載芟胡考之寧箋並云寧安也斯干君子攸寧箋云君子所安節南山我王不寧箋云不得安寧殷武壽考且寧箋云壽考且安僖二十八年左傳以君之靈不有寧也杜注云言不以病故自安寧坊記衆而以寧者月令身欲寧注並云寧安也墨子便寧無憂賈誼書詩曰夙夜基命宥謐謐者寧也億也馥案本書億安也張載七命王猷四塞函夏謐寧李尤室銘室以安寧魏志管寧字幼安人之飲食器所以安人者廣韻引人上有皿字

dìng 定

安也從宀從正 徒徑切

本書灋古文作佱形近定書大誥罔敢易法王莽擬云爾不能易定

安也者釋詁安定也詩釆薇豈敢定居箋云定止也不敢止而居處自安也漢有安定郡從正者韻會引徐鍇本作正聲書堯典以閏月定四時史記作正四時申子一言正天下定釋天營室謂之定孫炎云定正也

shí 寔

止也從宀是聲 常隻切

止也者或通作實雜記使某實注云實當爲至此讀周秦之人聲之誤也馥案本書至所止也是聲者詩小星寔命不同傳云寔是也書秦誓是能容之戴記作寔春秋桓六年寔來公羊云是來韋昭注國語曰故實故事之是者

ān 安

靜也從女在宀下 烏寒切

靜也者當爲竫釋名安晏也晏晏然和喜無動懼也易繫辭傳君子安其身而後動書益稷安女止詩凱風序雖有七子之母猶不能安其室從女在宀下者六書故室家之內女所安也故安從女

mì 宓

安也從宀必聲 美畢切

安也者廣雅同通作密釋詁密靜也郭云安靜也易繫辭傳幾事不密則害成鄭注密靜也詩公劉止旅乃密傳云密安也

yì 㝦

靜也從宀契聲 於計切

靜也者當爲竫廣韻偰㝦淨也

yàn 宴

安也從宀𡟭聲 於甸切

安也者本書俟宴也書堯典欽明文思安安考靈曜作宴宴詩谷風宴爾新昏傳云宴安也閔元年左傳宴安酖毒呂氏春秋仲夏紀以定宴陰之所成高注宴安漢書古今人表宴孺子即安孺子或通作燕釋訓燕燕粲粲尼居息也釋文燕字又作宴易中孚虞吉有它不燕干寶陸希聲並云燕安也詩新臺燕婉之求雖燕及皇天傳並云燕安也吉日以燕天子傳云以安待天子北山或燕燕居息傳云燕燕安息皃

jì 宋

無人聲從宀尗聲 前歷切

本書[illegible]宋也

無人聲者方言宋靜也江湘九嶷之郊謂之宋楚辭遠游野宋漠其無人

誌 宋或從言

本書啾嘆也一

chá 察

察 覆也從宀祭 初八切

覆也者徐鍇本作覆審也釋詁覆察審也漢書盧綰傳上乃令人覆按賈誼書道術篇纖微皆審謂之察反察爲眊考工記弓人覆之而角至注云覆猶察也　從宀祭者徐鍇本作祭聲五音集韻引同尚書大傳祭之爲言察也察者至也人事至然後祭楊君峒曰人聲有轉紐與三聲諧凡若此者徐鉉多去聲字非是

qīn 親

親 至也從宀親聲 初僅切

至也者本書親至也詧言微親詧也玉篇寴至也或作親

秦嶧山刻石寴輔遠方

wán 完

完 全也從宀元聲古文以爲寬字 胡官切

戰國策不如伐蜀之完也　史記蔡澤傳子胥智而不能完吳　王粲七哀詩未知身死處何能兩相完

全也者本書全完也漢曹全字景完　元聲者子華子元太初之中氣也天帝得之運乎無窮后土得之溥博無疆人之有元百骸統焉古之制字者知其所以然是故能固其元爲完具之完

fù 富

富 備也一曰厚也從宀畐聲 方副切

本書偆富也惷厚也

備也者富備聲相近書洪範二曰富傳云財豐備郊特牲富也者福也注云或曰福也者備也曲禮不饒富注云富之言備也　一曰厚也者徐鍇本無　畐聲者本書畐象高厚之形

shí 實

實 富也從宀從貫貫貨貝也 神質切

玉篇有古文作[illegible]

富也者哀公問好實無厭注云實猶富也韓詩實有也　貫貨貝也者六書故貫盈于內實之義也表記恥費強實注云實謂財貨也文十八年左傳聚斂積實杜云實財也襄二十八年傳則以其內實遷於盧蒲嫳氏注云內實寶物妻妾也三十一年傳不敢輸幣亦不敢暴露其輸之則君之府實也

bǎo 宲

宲 藏也從宀禾聲禾古文保周書曰陳宲赤刀 博袌切

藏也者廣雅同或借保字鍾鼎款識子孫永保用享又借寶字中庸寶藏興焉　禾聲者徐鍇本作保省聲　周書曰陳宲赤刀者顧命文彼作寶傳云又陳先王所寶之器物

róng 容

容 盛也從宀谷 余封切

盛也者當爲宬通作盛急就篇漢地廣大無不容盛　從宀谷者徐鍇本作谷聲此亦入聲轉紐與平諧者

㝐 古文容從公

廣韻㝐盛也

rǒng 宂

宂 㪔也從宀人在屋下無田事周書曰宮中之宂食 而隴切

韓非和氏篇損不急之枝官何犿注云養樹者必披落其枝爲政者亦損其閒宂　漢書藝文志有鉤盾宂從李步昌八篇　西京雜記方知亮直者不見容於宂輩中矣　荀悅申鑒正貪祿省閒宂

㪔也者漢書成帝紀避水它郡國在所宂食之文穎曰宂散也食貨志其不能出布者宂作縣官衣食之谷永傳流散宂食顏注並云宂散也申屠嘉傳故宂官居其中顏注宂謂散輩也如今之散官後漢書光武紀流宂道路和帝紀舉實流宂魯恭傳人飢流宂申屠剛傳裁與宂職注竝云宂散也　周書曰宮中之宂食者周書無此文周禮槀人掌共外內朝宂食者之食校人宮中之稍食

mián 𡫓

𡫓 𡫓𡫓不見也一曰𡫓𡫓不見省人從宀臱聲 武延切

𡫓𡫓不見也者本書臱宀不見也竝當作𡧍𡧍

bǎo 寶

珍也从宀从玉从貝缶聲 博皓切

書旅獒分寶玉于伯叔之國 詩崧高錫爾介圭以作爾寶 周禮天府凡國之玉鎮大寶器藏焉 禮運地不愛其寶 聘禮凡四器者惟其所寶以聘可也 珍也者本書珍寶也史記留侯世家見穀城下黃石取而葆祠之徐廣曰史珍寶字皆作葆

古文寶省貝

qún 宭

羣居也从宀君聲 渠云切

羣居也者宭羣聲相近論語羣居終日檀弓吾離羣而索居漢食貨志孟春之月羣居者將散

huàn 宦

仕也从宀从臣 胡慣切

仕也者本書仕學也急就篇宦學諷詩孝經論顏注宦仕也宜二年左傳宦三年矣注云宦學也傳又云乃宦卿之適子注云宦仕也越語與范蠡入宦於吳注云宦爲臣隸也曲禮宦學事師注云仕與學皆有師以明道也

說文解字義證 卷二十二 九

zǎi 宰

辠人在屋下執事者从宀从辛辛辠也 作亥切

辠人在屋下執事者者本書卑賤也執事者婢女之卑者也奴婢皆古之辠人引周禮其奴男子入于辠隸女子入于舂槀一切經音義六廣雅宰制也謂制事也廣韻引字林辠事也集韻𢽳執事者 辛辠也者本書辛辠也又云辠从辛从自言辠人蹙鼻苦辛之憂

shǒu 守

守官也从宀从寸寺府之事者从寸寸法度也 書九切

守官也者通志引作寺官也孟子有官守者易繫辭何以守位曰仁周語余一人僅亦守府僖二十四年左傳守藏者也昭二十年傳山林之木衡麓守之澤之萑蒲舟鮫守之藪之薪蒸虞候守之海之鹽蜃祈望守之 寺府之事者从寸寸法度也者本書寺有法度者也从寸

chǒng 寵

尊居也从宀龍聲 丑壟切

尊居也者書周官居寵思危

yòu 宥

寬也从宀有聲 于救切

寬也者易解象君子以赦過宥罪書舜典流宥五刑傳云宥寬也詩昊天有成命夙夜基命宥密傳云宥寬也周禮司刺掌三刺三宥三赦之法注云宥寬也文王世子公曰宥之注云宥寬也成十八年左傳宥罪戾杜注宥寬也成三年傳各懲其忿以相宥也莊二十二年傳幸若獲宥及於寬政杜注云宥赦也或通作侑管子法法篇文有三侑武無一赦史記廉頗傳鄙賤之人不圖將軍寬之至此也

yí 宐(宜)

所安也从宀之下一之上多省聲 魚羈切

易泰象輔相天地之宜 詩桃夭宜其家室 王制齊其政不易其宜 所安也者舊韻篇宜得所也齊語其心安焉不見異物而遷焉

古文宜

亦古文宜 多不省

說文解字義證 卷二十二 十

xiě 寫

置物也从宀舄聲 悉也切

置物也者詩裳裳者華我心寫兮箋云我心所憂寫而去矣昭四年左傳牛弗進則置虛命徹注云寫器令空曲禮御食於君君賜餘器之溉者不寫其餘皆寫注云寫者傳己器中杜甫櫻桃詩數回細寫愁仍破韓愈櫻桃詩色昭銀盤寫未停通鑑劉秉恇擾毀虀寫胷上俗作瀉考工記以澮瀉水

xiāo 宵

夜也从宀宀下冥也肖聲 相邀切

夜也者釋言文舍人云宵陽氣消也書堯典宵中星虛傳云宵夜也史記作夜中詩七月宵爾索綯傳云宵夜周禮司寤氏禁宵行者夜遊者注云宵定昏也桓九年左傳鄭人宵潰注云宵夜也襄三十年穀梁傳宵不下堂范云宵夜 宀下冥也者夜漏下則宀下幽闇也廣雅寖幽也意同

sù 宿

止也从宀㑢聲㑢古文夙 息逐切

宀

止也者，廣雅同。玉篇：宿，夜止也。論語：止子路宿。周禮遺人：三十里有宿，宿有路室。釋名云：宿，宿也，星各止宿其處也。

qǐn 寑

寑 臥也。從宀，侵聲。七荏切

臥也者，五經文字引字林同。釋名：寑，權假臥之名也。寑，侵也，侵損事功也。漢書趙廣漢傳：夜不寑至旦。字或作寑。論語：宰予晝寑。鄭注：寑，臥息也。詩斯干：乃寑乃興。僖二十二年公羊傳：寡人夜者寑而不寐。

籀文寑省

miàn 宵

宵 冥合也。從宀，丏聲。讀若周書若藥不眄眩。莫甸切

冥合也者，本書𡨦下云：宀宀不見也。𡨦下云：𡨦不見也。馥謂竝當作宵。

kuān 寬

寬 屋寬大也。從宀，萈聲。苦官切

本書完古文以爲寬字。屋寬大也者，易乾卦：寬以居之。

說文解字義證 卷二十二 圭

wù 寤

寤 寤也。從宀，吾聲。五故切

寤也者，釋言文。彼作寤。廣雅：寤，覺也。

zǎn 寁

寁 居之速也。從宀，疌聲。子感切

居之速也者，集韻作屋居之速也。釋詁：寁，速也。詩遵大路：不寁故也。傳云：寁，速也。寁聲者，此亦入聲轉紐也。邵君晉涵曰：寁通作簪。易豫九四云：朋盍簪。釋文引子夏傳云：疾也。鄭康成云：速也。寁簪聲之轉也。

guǎ 寡

寡 少也。從宀，從頒。頒，分賦也，故爲少。古瓦切

易謙象：君子裒多益寡。詩思齊：刑于寡妻。箋云：寡有之妻。論語：言寡尤，行寡悔。曲禮：諸侯自稱曰寡人。少也者，顏注急就篇同。釋詁：寡，罕也。鮮，寡也。郭云：謂少。頒，分賦也者，本書𡗞，賦事也，從入八，分之也，讀若頒。書洛誥：乃惟孺子頒。王制：名山大澤不以盼。釋文：盼讀爲頒，賦也。

kè 客

客 寄也。從宀，各聲。苦格切

周禮大行人：掌大賓之禮及大客之儀。僖二十四年左傳：宋先代之後也，於周爲客。楚詞九章：順風波以從流兮，焉洋洋而爲客。

jì 寄

寄 託也。從宀，奇聲。居義切

寄也者，尸子：人生天地之閒，寄也。吳語：民生於地上，寓也。韋注：寓亦寄也。託也者，當爲侂。本書：侂，寄也。廣雅同。王羲之蘭亭序：因寄所託。世說：棲託好佳。史記酷吏傳：請寄無所聽。注云：請寄猶囑託也。漢書鮑宣傳：請寄爲姦。顏注：請寄謂以事私相託也。

yù 寓

寓 寄也。從宀，禺聲。牛具切

寄也者，廣雅同。方言：寓，寄也。齊衛宋魯陳晉汝潁荆州江淮之閒曰庇，或曰寓。喪服傳：寄公爲所寓。注云：寓亦寄也。郊特牲：諸侯不臣寓公。注云：謂失地之君寄寓其國也。曲禮：大夫寓祭器於大夫。注云：寓，寄也。詩序：黎侯寓于衛。箋云：寓，寄也。僖二十八年左傳：得臣與寓目焉。成二年傳：請寓乘。襄二十四年傳：子產寓書於子西。杜注竝云：寓，寄也。

說文解字義證 卷二十二 圭

周語：國無寄寓。韋云：寓亦寄也。孟子：無寓人於我室。趙注：寓，寄也。釋獸有寓屬。又郭注寓鼠云：寓謂獼猴之類寄寓木上。史記莊周傳：著書十餘萬言，大抵率寓言也。

㝢 寓或從广

jù 窶

窶 無禮居也。從宀，婁聲。其榘切

無禮居也者，本書僻，僻窶也。一切經音義一：蒼頡篇：無財備禮曰窶。詩傳曰：窶，無禮。是也。又十三：字書：窶，空也，貧而空無禮也。顏注急就篇：窶，無禮者也。玉篇：窶，貧陋也。藝文類聚引字林：窶，貧空也。楊雄逐貧賦：鄰阻乞兒，終貧且窶，禮薄義弊，相與羣聚。俗作窶。釋言：窶，貧也。郭云：謂貧陋。詩北門：終窶且貧。傳云：窶者，無禮也。貧者，困於財。正月箋：此言小人富而窶陋。曲禮：主人辭以窶。荀子堯問篇：彼其好自用也，是以窶小也。注云：窶，無禮也。說苑：窶人子向敢乃與我亢。漢書霍光傳：又諸儒生多窶人子。顏注：窶，貧而無禮。續漢書：樊車爲馬，號爲窶陋。後漢書桓榮傳：貧窶無資。唐書馬周：家窶狹。王琚傳：至所廬，乃蕭然窶陋。通作屢。論語：回也其庶乎，屢空。注訓屢爲數，非是。

jiù 㝌

㝌 貧病也。從宀，久聲。詩曰：煢煢在㝌。居又切

貧病也者，廣韻引字書同。廣雅：㝌，貧也。通作疚。釋名：疚，久也，久在體中也。釋詁：疚，病也。易履卦：履帝位而不疚，光明也。詩采薇：憂心孔疚。傳云：疚，病。召旻：維今之疚，不如茲。釋文：疚，病也。字或作㝌。雲漢：疚哉冢宰。箋云：疚，病也。釋文本或作㝌。論語：內省不疚。包注：疚，病也。昭二十年左傳：不爲利疚於回。杜注：疚，病。回，邪也。以利故不能去是病身於邪。中庸：行前定則不疚。顏延之庭誥：富則盛，貧則病甚矣，貧之爲病也。詩曰煢煢在㝌者，周頌閔予小子文。彼作嬛嬛在疚。傳云：疚，病也。箋云：嬛嬛，孤特在憂病之中。釋文：嬛本作煢。疚本又作㝌。漢書匡衡傳：詩云煢煢在疚，言成王喪畢，思慕意氣未能平也。顏注：煢煢，憂貌也。疚，病也。

hán 寒

寒 凍也。從人在宀下，以茻薦覆之，下有仌。胡安切

凍也者，琴操：曾子耕於泰山之下，遭天雨雪寒凍。呂氏春秋貴信篇：冬之德寒，寒不信，其地不剛。地不剛則凍閉不開。英雄記：公孫康縛袁尚於凍地，尚曰：未死之時，寒不可忍。以茻薦覆之者，茻當爲艸，上艸爲覆，下艸爲薦。本書：宛，屈艸自覆也。

hài 害

害 傷也。從宀，從口。宀口，言從家起也。丯聲。胡蓋切

釋名：害，割也，如割削物也。易謙卦：鬼神害盈而福謙。繫辭：損以遠害。桓六年左傳：謂其三時不害而民和年豐也。賈誼旱雲賦：畎畝枯槁而失澤兮，壞后相聚而爲害。傷也者，史記屈原列傳：上官大夫與之同列，爭寵而心害其能。索隱：謂心害其能，欲中傷之也。宀口言從家起也者，所謂內言不出也。書曰：惟口出好興戎。古人三緘其口，所以遠害也。

suǒ 索

索 入家搜也。從宀，索聲。所責切

入家搜也者，方言：就室曰搜。通俗文：入室求曰搜。易說卦：震一索而得男。王肅云：索，求也。尚書序：八卦之說，謂之八索，求其義也。正義云：此索謂求。索亦爲搜索。淮南時則訓：仲夏之月，門閭無閉，關市無索。孟冬之月，禁外徙，閉閭大搜客。史記趙世家：趙朔婦免身，生男。屠岸賈聞之，索於宮中。漢書武帝紀：大搜上林。注云：搜，謂索姦人也。

jū 𡨄

𡨄 窮也。從宀，𥷚聲。𥷚與鞫同。居六切

窮也者，釋言文。彼作鞫。本書：𥷚，窮理罪人也。通作鞫。書盤庚：爾惟自鞫自苦。傳云：鞫，窮也。戰國策：事敗而好鞠之。注云：鞫，窮也。𥷚與鞫同者，徐鍇本無此文。

竆 𥷚或從穴。

guǐ 宄

宄 姦也。外爲盜，內爲宄。從宀，九聲。讀若軌。居洧切

姦也者，釋名：宄，佹也，佹易常正也。書牧誓：以姦宄于商邑。外爲盜，內爲宄者，廣韻：宄，內盜也。書舜典：寇賊姦宄。傳云：在外曰姦，在內曰宄。盤庚：暫遇姦宄。傳云：爲姦於外，爲宄於內。讀若軌者，成十七年左傳：臣聞亂在外爲姦，在內爲軌。釋文：軌本又作宄。史記：寇賊姦軌。漢書元帝紀：殷周法行而姦軌服。顏注：軌與宄同。亂在外曰姦，在內曰軌。循吏傳：姦軌不禁。

㝄 古文宄。

𡩪 亦古文宄。

cuì 𡫳

𡫳 塞也。從宀，𣪠聲。讀若虞書曰𡫳三苗之𡫳。麤最切

塞也者，廣雅同。廣韻作𡫳，云：塞外道也。陸贄關中事宜狀：儻有賊臣蹈𡫳。注云：𡫳，塞外道。讀若虞書曰𡫳三苗之𡫳者，舜典作竄。孟子作殺。案：三苗未伏誅，不可言殺。殺當爲𣪠。昭元年左傳：周公殺管叔而蔡蔡叔。杜注：蔡，放也。釋文云：上蔡字，說文作𣪠。𣪠謂𡫳三苗，當是𣪠三苗。史記作遷三苗，亦不言殺。

dàng 宕

宕 過也。一曰洞屋。從宀，碭省聲。汝南有項宕鄉。徒浪切

過也者，後漢書張衡傳注引同。一切經音義七：說文：宕，過也。通俗文：回過曰宕，是也。文十一年穀梁傳：長翟弟兄三人，佚宕中國。水經仇池：過晉壽出宕渠。宕渠者，水所過也。一曰洞屋者，後漢書梁冀傳：連房洞戶。注云：洞，通也。汝南有項宕鄉者，集韻類篇並引作汝南項有宕鄉。案：漢志汝南有項縣。

sòng 宋

宋 居也。從宀，從木。讀若送。蘇綜切

diàn ⿱宀執　zōng 宗　zhǔ 宔　zhòu 宙　寙

從宀從木者本書困
故廬也從木在口中

⿱宀執　屋傾下也從宀執聲 都念切

屋傾下也者廣雅⿱宀執下也或通作墊方言墊下也屋而下曰墊馥案郭林宗墊巾亦此義

宗　尊祖廟也從宀從示 作冬切

尊祖廟也者當云尊也祖廟也一切經音義九字林宗尊也喪服小記尊祖故敬宗敬宗所以尊祖禰也戴侗曰宗祭祖禰之室也故廟曰宗廟祧曰宗祧祊曰宗祊祏曰宗祏器曰宗器主宗廟祭祀者曰宗子曰宗主職宗廟祭祀者曰宗人其正曰宗伯

宔　宗廟宔祏從宀主聲 之庾切

宗廟宔祏者本書祏宗廟主也徐鍇曰以石爲藏主之櫝也春秋左傳曰許公爲反祏主本作此假借主字

宙　舟輿所極覆也從宀由聲 直又切

舟輿所極覆也者史記正義引無覆字馥謂覆則一義當云舟輿所極也覆也鶡冠子天權篇連萬物領天地合膊同根命曰宇宙知宇故無不容也知宙故無不足也莊子庚桑篇有實而無乎處者宇也有長而無本剽者宙也太元是故闔天謂之宇闢宇謂之宙馥案覆也者淮南覽冥訓燕雀佼之以爲不能與之爭於宇宙之閒高注宙棟梁也

文七十一　重十六

寙

詩召旻傳云訿訿寙不供事也釋文作寙云寙音庾說文云嬾也正義云說文云寙嬾也草木皆自豎立惟瓜瓠之屬臥而不起似若嬾人常臥室故字從宀音眠史記貨殖傳呰寙偷生一切經音義十四引承慶云嬾人不能自起如瓜瓠在地不能自立故字從㼌又常在室中故從宀新序梁之邊亭與楚之邊亭皆種瓜梁人劬力數灌其瓜瓜美楚人寙而稀灌其瓜瓜惡東觀漢記吳良爲郡議曹掾無袴門下掾王望曰議曹惰寙自無袴商子墾令篇農無得糶則寙惰之農勉疾韓非南面篇是以愚戇寙惰之民苦小費而忘大利也漢書五行志主寙臣天孟康曰謂君情寙文選七發手足惰寙齊民要術庸人之性率之則自力縱之則惰寙耳馥謂凡從穴作者皆與寙相溷

遺文一

gōng 宮　yíng 營

宮　室也從宀躳省聲凡宮之屬皆從宮 居戎切

呂氏春秋高元作宮室　世本禹作宮室　白虎通黃帝作宮室以避寒溼　釋名宮穹也屋見於垣上穹隆然也　周禮內宰以陰禮教六宮注云婦人稱寢曰宮宮隱蔽之言　春秋隱五年考仲子之宮　僖二十八年左傳令無入僖負羈之宮　周禮注舍猶宮也

室也者釋宮宮謂之室室謂之宮釋文云詩云作于楚宮又云作于楚室傳曰室猶宮也禮云由命士以上父子皆異宮又云杜氏葬入季武子宮不敢哭案古者貴賤同稱宮秦漢以來惟王者所居稱宮焉風俗通論語譬如宮牆夫子之牆數仞禮記季武子入宮不敢哭由是言之宮室一也秦以來尊者以爲帝號乃避之耳室實也弟子職曰

室中握手由此言之宮其外室其內也易繫辭傳上古穴居而野處後世聖人易之以宮室上棟下宇以待風雨蓋取諸大壯禮運昔者先王未有宮室冬則居營窟夏則居橧巢後聖有作以爲臺榭宮室牖戶墨子節用篇古者人之始生未有宮室之時因陵邱掘穴而處焉聖王慮之以爲掘穴冬可以避風寒逮夏下潤溼上熏烝恐傷民之氣於是作爲宮室而利然則爲宮室之法將奈何哉子墨子曰其旁可以圉風寒上可以圉雪霜雨露其中蠲潔可以祭祀宮牆足以爲男女之別則止諸加費不加民利者聖王弗爲禮儒行儒有一畝之宮環堵之室孟子爲巨室趙注巨室大宮也

營　市居也從宮熒省聲 余傾切

市居也者文選五等論譬猶衆目營方則天網自昶李善云營市居也西京賦爾乃廓開九市通闤帶闠薛綜注闤市營也古今注市牆曰闤馥案營謂周垣周書王會其守營牆者王應麟曰營牆壝宮之牆也司儀注宮壝土以爲牆後漢祭祀志爲壝重營

文二

lǚ 呂

呂 𦝠骨也象形昔太嶽爲禹心呂之臣故封呂矦凡呂之屬皆從呂 力舉切

𦝠骨也者廣韻引字林同徐鍇本作𦝠肉也韻會引同本書𦝠背呂也字書呂脊肉也象脊呂之形 昔太嶽爲禹心呂之臣故封呂矦者一切經音義十九引云大岳爲禹心呂之臣故封呂矦因封呂矦顏注急就篇昔者太岳爲禹心呂臣委如心呂因封呂矦以譬身有脊呂骨也其爲字象形非兩口也周語胙四岳國命爲矦伯賜姓曰姜氏曰有呂謂其能爲禹股肱心膂以養物豐民人也韋云氏曰有呂者以四岳能輔成禹功比於股肱心膂呂之爲言膂也齊世家太呂其先祖世爲四岳佐禹平水土甚有功於虞夏之際封於呂魏橫海將軍呂君碑其先四嶽出自炎帝是族毓毓申呂並興水經注淯水云宛西呂城四嶽佐禹治水虞夏之際受封於呂潛夫論炎帝苗胄四嶽伯夷或封於申城在南陽宛北序山之下宛西三十里有呂城括地志故呂城在鄧州南陽縣西三十里

膂 篆文呂從肉從旅

書君牙今命爾子翼作股肱心膂三輔決錄犬馬齒舊既無膂力通作旅書秦誓旅力既愆詩北山旅力方剛韋注周語云呂之爲言膂也急就篇尻髖脊膂腰背呂顏注膂夾脊內肉也呂脊骨也韋顏不以呂膂同文所未能審

gōng 躳

躳 身也從身從呂 居戎切

身也者釋詁文廣雅亦同本書身躳也詩眡躳自悼矣谷風我躬不閱箋並云躳身鄉射禮倍中以爲躳樂記致禮以治躳少儀不疑在躳注並云躳身也

躬 躳或從弓

文二 重二

xué 穴

穴 土室也從宀八聲凡穴之屬皆從穴 胡決切

土室也者詩緜正義引作土屋也覆于地也廣韻穴窟也覆案禮運古未有宮室冬居營窟襄三十年左傳鄭伯有爲窟室續漢郡國志馬邑有土穴出泉卽琴操所謂飲馬長城窟王隱晉書孫登無家屬時人於北山土窟中得之神仙傳李意於城都角作一土窟居之是也易上古穴居而野處後世聖人易之以宮室詩緜陶復陶穴傳云陶其壤而穴之箋云鑿地曰穴墨子辭過篇古之民未知爲宮時就陵阜而居穴而處帝王世紀天地開闢冬穴夏巢崔鴻蜀錄西山范長生巖居穴處項峻始學篇上古皆穴居時有聖人教之巢居

mìng 盜

盜 北方謂地空因以爲土穴爲盜戶從穴皿聲讀若猛 武永切

北方謂地空因以爲土穴爲盜戶者廣雅盜窟也漢百官表司空應劭曰空穴也司空主土古者穴居主穿土爲穴以居人也

yìn 窨

窨 地室也從穴音聲 於禁切

地室也者後漢光武紀注竇室窨室也

yáo 窯

窯 燒瓦竈也從穴羔聲 余招切

本書坄陶竈窗也

燒瓦竈也者字林三蒼解詁並同徐鍇本作燒瓦窯竈也廣雅匋窯也通俗文陶竈曰窯論衡物勢篇今夫陶冶者初埏埴作器必模範爲形然炭生火必調和鑪竈宋書徐羨之傳入陶竈中自剄

fù 𥤭

𥤭 地室也從穴復聲詩曰陶𥤭陶穴 芳福切

地室也者長笛賦嶰窅巖𥤭李善云廣雅曰𥤭窟也字從穴從復通作複鄭注月令古者複穴是以名室爲霤庾蔚云複地上累土穴則穿地也複穴皆開其上取明故雨霤之是以因名中室爲中霤也俗作𡋯玉篇𡋯地窟也 詩曰陶𥤭陶穴者徐鍇本無此文鍇繫傳云詩古公亶父避狄於岐下陶𥤭陶穴謂於地旁巖築下爲室若陶竈也戴君震毛鄭詩考正云陶復陶穴未有家室傳陶其土而復之陶其壤而穴之箋曰復者復於土上鑿地曰穴皆如陶然本其在豳時也案箋直以陶爲窯非也墼謂之陶燒成謂之甓今呼甓爲甎呼陶爲土墼復穴而居僅賴此爲之

說文窫地室也謂在地上穴土室也謂在土中引詩陶窫陶穴以居之陋不可謂有室家故曰未有家室

zào 竈

竈 炊竈也從穴鼀省聲 則到切

莊子仲尼讀春秋老聃踞竈觚而聽注云觚竈額也 李尤竈銘燧人造火竈能以興 王朗雜箴家人有嚴君焉井竈之謂也俾冬作夏非竈孰能俾夏作冬非井孰閑 雜五行書當辰巳閒隙地取土先掘去上五寸以水美酒一升合和泥之以癸亥日修之此日安竈自如也作竈法廣四尺長五尺欲安兩釜長七尺子孫富貴作竈餘泥不可泥井井餘土不可泥竈大凶勿以壬癸庚辛反支九空血忌破危閉建寅日皆凶 淮南時則訓孟夏之月其祀竈注云祝融吳回爲高辛氏火正死爲火神託祀於竈是月火王故祀竈

炊竈也者釋名竈造也創造食物也急就篇門戶井竈廡囷京顏注竈所以炊也論語寧媚於竈皇氏曰竈謂人家爲飲食之處也漢書五行志壞都竈顏注都竈烝炊之大竈也

竈 竈或不省

wā 窐

窐 甑空也從穴圭聲 烏瓜切

甑空也者六書故甑空乃甑底空音孔玉篇窐甑孔也考工記陶人甑七穿鄭注少牢饋食禮云甗如甑一空楚詞哀時命璋珪雜於甑窐兮注云窐甑上孔呂氏春秋任地篇子能以窐爲突乎注云窐容污下也廣韻作𥨪云甑下孔

shēn 突

突 深也一曰竈突從穴從火從求省 式鍼切

深也者詩殷武罙入其阻傳云罙深也 一曰竈突者廣韻𥦚竈突集韻俗謂深黑爲𥦚突淮南修務訓孔子無黔突高注突竈不至於黑漢書敘傳墨突不黔顏注黔黑也孔叢論勢篇竈突炎上棟宇將焚韓非喻老篇百尺之室以突隙之烟焚墨子竈必爲屏心突高出屋四尺史記滑稽傳以壠竈爲椁索隱云皇覽以壠竈爲鬵突也呂氏春秋竈突洩火上棟宇燕雀不知禍將至也桓譚新論託言淳于髡至鄰家見其竈突直而積薪在旁謂曰此有大災即更爲曲突而遠徙其薪劉氏新論愼隙篇寸烟泄突致灰千室通典烽臺屋上置突竈三所字或作堗玉篇堗竈堗魯仲連子竈而五堗也集韻竈囪謂之突 從求省者徐鍇本作求省聲讀若禮三年導服之導鍇曰古無禫字借導字爲之集韻突徒感切音禫馥謂尤以下三部與侵以下九部聲相近故曰求省聲徐鉉昧於音學刪去聲字非是

chuān 穿

穿 通也從牙在穴中 昌緣切

通也者本書川下云貫穿通流水也釜下云斤釜穿也漢書溝洫志穿渠溉田食貨志彭吳穿穢貊朝鮮注云始開通之故言穿司馬遷傳貫穿經傳 從牙在穴中者詩行露誰謂鼠無牙何以穿我墉

liáo 寮

寮 穿也從穴尞聲論語有公伯寮 洛蕭切

穿也者廣雅寮空也一切經音義七引蒼頡篇寮小空也西京賦交綺豁以疏寮五臣注疏刻穿之也 論語有公伯寮者彼云公伯寮愬子路於季孫馬云伯寮魯人史記孔子弟子列傳公伯寮字子周

yuè ⿱穴夬

⿱穴夬 穿也從穴決省聲 於決切

穿也者本書闕自⿱穴夬也㓹突也突當作⿱穴夬廣雅㓹穿也又云⿱穴夬空也通作決後漢書耿恭傳衣屨穿決 決省聲者徐鍇本作夬聲

yuè ⿱穴抉

⿱穴抉 深抉也從穴從抉 於決切

深抉也者玉篇⿱穴抉穴皃也 從抉者當爲抉聲

dòu 竇

竇 空也從穴瀆省聲 徒奏切

空也者顏注急就篇空穴曰竇家語守者曰彼有竇曰君子不竇禮運所以達天道順人情之大竇也注云竇孔穴也廣韻竇水竇也通作瀆四瀆卽四竇襄三十年左傳伯有自墓門之瀆入漢史晨碑孔瀆顏母井

xuè ⿱穴矞

⿱穴矞 空皃從穴矞聲 呼決切

空皃者廣韻⿱穴矞穿皃

kē 窠

窠 空也穴中曰窠樹上曰巢從穴果聲 苦禾切

穴

空也者一切經音義十三字書窠巢也謂窠窟也蜀都賦窠宿異禽劉逵注窠鳥巢也又魏都賦云權惟庸蜀與鴝鵒同窠　穴中曰窠樹上曰巢者本書巢下云鳥在穴上曰窠樹上曰巢小爾雅廣獸鳥之所乳謂之巢雞雉所乳謂之窠

chuāng 窻

窻　通孔也從穴悤聲　楚江切

通孔也者通作蔥定九年左傳載蔥靈正義云賈逵云蔥靈有蔥有靈然則此車兩旁開蔥可以觀望蔥中豎木謂之靈釋文蔥初江反

wā 窊

窊　污衺下也從穴瓜聲　烏瓜切

吳都賦窊隆異等　長笛賦窊隆詭戾　漢任伯嗣碑隤高夷窊　後漢書桓彬傳辭隆從窊　陶潛命子詩運同隆窊或作洼江賦洼淪溛瀤　又通作窳蜀志郤正傳道有隆窳長笛賦窳圖窴𢶍李善云窳圖聲下貌馥案廣韻圖字云圖窊聲下　又或作㼌周禮刑方氏掌制邦國之地域而正其封疆無有華離之地注云華讀爲㼌哨之㼌正之使不㼌

邪離絕疏云㼌者兩頭寬中狹邪者謂一頭寬一頭狹

污衺下也者六書正譌引作污衺下地本書漥窊也洿窳下也窳當作窊廣韻窊㕕下處也釋地下溼曰隰李巡曰下溼謂土地窊下說苑下田洿邪又云山川汙澤陵陸邱阜五土之宜聖王就其勢因其便不失其性高者黍中者稷下者秔廣雅委佗窊衺也六韜汙下沮澤進退漸洳孟子污不至阿其所好趙注污下也史記司馬相如傳案衍壇曼司馬彪曰案衍窊下漢書禮樂志窅窊桂華蘇林曰窊音洼下之窊污通作圩史記孔子世家生而圩頂索隱圩頂言頂上窊也尚書大傳辟之如圩衺水潦集焉菅蒲生焉從上觀之誰知其非源水也大戴禮勸學篇作洿邪又或通作臾荀子大略篇流丸止於甌臾注云甌臾窊下之地史記曰甌窶滿溝汙邪滿車裴駰云甌窶傾側之地汙邪下地也邪與臾聲相近葢同也

qiào 竅

竅　空也從穴敫聲　牽料切

空也者廣韻竅孔也周禮疾醫兩之以九竅之變注云陽竅七陰竅二鍼經人腰下有八窌上窌第一空在腰髁下夾骨兩旁次窌中窌下窌各以其空次第推之禮運地秉陰竅於山川正義云謂地秉持於陰氣爲孔於山川以出納其氣莊子庚桑篇出無本入無竅釋文竅孔也韓非喻老篇空竅者神明之戶牖也

kōng 空

空　竅也從穴工聲　苦紅切

竅也者考工記函人眡其鑽空弟子職志無虛邪鄭司農注周禮韗人引作空邪史記五帝紀瞍使舜穿井爲匿空旁出風俗通空矦取其空中

qìng 窒

窒　空也從穴巠聲詩曰瓶之窒矣　去徑切

空也者釋詁空盡也詩大東杼柚其空史記徙其城下水空　詩曰瓶之窒矣者小雅蓼莪文彼作罄本書罄下引詩瓶之罄矣後人加

yà 穵

穵　空大也從穴乙聲　烏黠切

空大也者廣韻穵手穵爲穴廣雅穵深也詩桑柔有空大谷又白駒在彼空谷傳云空大也

yǔ 窳

窳　污窬也從穴胍聲朔方有窳渾縣　以主切

污窬也者爾雅釋文窳羊主反字林云汙也音烏說文云汙窬也案汙窬猶汙邪也馥案本書窬空中也汙窬謂空窬納污也字或作窊集韻窳窊案深貌　朔方有窳渾縣者漢志朔方郡窳渾縣有道西北出雞鹿塞屠申澤在東史記衛青傳都尉韓說從大將軍出窳渾徐廣云窳渾在朔方音庾水經注河水又北迤西溢於窳渾縣故城東其水積而爲屠申澤闞駰謂窳渾澤矣

dàn 窞

窞　坎中小坎也從穴從臽臽亦聲易曰入于坎窞一曰㫄入也　徒感切

坎中小坎也者李善注長笛賦引同廣雅窞坑也虞翻云坎中小穴稱窞或作窴太元雷推欲窴　易曰入于坎窞者坎卦文釋文云說文云坎中更有坎王肅曰坎底也字林曰坎中小坎一曰㫄入馥案所引坎中更有坎當是字林下引字林云云乃本書之文葢互誤　臽亦聲者當爲臽聲

jiào 窌

窖也從穴丣聲 匹貌切

窖也者廣雅窖窌藏也考工記匠人囷窌倉城注云穿地曰窌荀子富國篇垣窌倉廩者財之末也注云窌窖也掘地藏穀也又議兵篇則必發夫掌窌之粟以食之注云地藏曰窌呂氏春秋季春紀發倉窌注云方者曰倉穿地曰窌仲秋紀穿竇窌修囷倉注云穿窌所以盛穀也史記衞青傳封賀爲南窌侯韋昭云或作窖字

jiào 窖

地藏也從穴告聲 古孝切

孫子筭經今有圓窖下周二百八十六尺深三丈六尺問受粟幾何又云今有方窖廣四丈六尺長五丈四尺深三丈五尺問受粟幾何 漢書蘇武傳迺幽武置大窖中顏注舊藏米粟之窖而空者也 魏太祖賜袁渙穀二千斛一窖 六典太倉令掌九穀廩藏之事凡鑿窖置屋皆銘甎爲庾斛之數 通鑑隋築倉城穿三千窖窖容八千石 地藏也者一切經音義十一通俗文藏穀麥曰窖蒼頡篇窖地藏也月令仲秋之月穿竇窖修囷倉注云爲民將入物當藏也入地隋曰竇方曰窖史記貨殖傳任氏獨窖倉粟徐廣曰窖音校穿地以藏也

yú 窬

穿木戶也從穴俞聲一曰空中也 羊朱切

表記情疏而貌親在小人則穿窬之盜也正義許慎說文云外貌爲好而內懷姦盜馥案本書無此文或出淮南注 說苑所謂誅之者非爲其晝則攻盜暮則穿窬也 宋書彭城王義康傳强楚窺窬於上流 陳書南康王曇朗傳齊人無信窺窬不已

穿木戶也者一切經音義九三蒼窬門邊小竇也說文門旁穿木戶也東方朔云穿窬不繇路是也馥案儒行篳門圭窬注云圭窬門旁窬也穿牆爲之如圭矣據此則當有門旁二字本書篳下引春秋傳篳門圭窬今左傳作竇戴侗曰杜氏云竇小戶穿壁爲戶下方狀如圭也杜氏之說即說文之說小戶僅足往來故謂之竇論語其猶穿窬之盜也與孔注窬窬牆也皇氏曰傳云篳門珪窬竇也字或作鬪潛夫論賢難篇非能本闔闢之行迹 一曰空中也者史記萬石君傳取親中帬廁牏身自浣滌集解駰案孟康曰東南人謂鑿木空中如曹謂之窬馥案本書俞空中木爲舟也

diào 窵

窵窅深也從穴鳥聲 多嘯切

窵窅深也者徐鍇本無深字鍇繫傳云深邃貌也本書窅深目也

kuī 窺

小視也從穴規聲 去隓切

小視也者李善注勸進表引同一切經音義六引字林同 廣雅窺視也李善注西都賦引方言窺視也易豐卦闚其戶釋文引李登云小視

chēng 竀

正視也從穴中正見也正亦聲 敕貞切

正視也者廣雅竀視也 正亦聲者當爲正聲

zhuó 窡

空中見也從穴叕聲 丁滑切

空中見也者見當爲皃下文窋字當即或體廣韻窡穴中出貌

zhuó 窋

物在穴中皃從穴出聲 丁滑切

tián 窴

塞也從穴眞聲 待季切

塞也者本書塡塞也廣雅窴實也天問洪泉極深何以窴之詩東山烝在桑野傳云烝窴也箋云古者聲窴塡塵同也釋文窴字書云塞也從穴下眞正義烝窴釋言文彼作塵故箋云古者窴塡塵三字音同可假借而用之故也

zhì 窒

塞也從穴至聲 陟栗切

塞也者釋言文本書寘窒也經典通用塞字易訟卦有孚窒虞云窒塞止也詩東山洒埽穹窒箋云窒塞論語惡果敢而窒者集解云窒窒塞也徐鍇引解嘲窒隙蹈瑕

tū 突

犬從穴中暫出也從犬在穴中一曰滑也 徒骨切

犬從穴中暫出也者易離卦突如其來如釋文云字林云暫出詩緜傳云駾突也箋云驚走奔突 一曰滑也者滑當爲搰本書搰扚也鄭武公名滑突史記作掘突襄二十五年左傳宵突陳城杜云突穿也袁山松後漢書蘇不韋爲地突入李暠室中徐鍇本有匪突也三字案方言凡猝相見謂之棐相見或曰突顏注漢書棐與匪同

cuàn 竄

竄 匿也。從鼠在穴中。七亂切

匿也者，釋詁：「竄，微也。」郭云：「微謂逃藏也。」定四年左傳：「楚王奔隨，吳人謂隨人曰：天誘其衷，致罰於楚，而君又竄之。」杜云：「竄，匿也。」周語：「不窋自竄於戎翟。」晉語：「可以竄惡。」注云：「竄，隱也。」荀子儒效篇：「惠施、鄧析不敢竄其察。」注云：「竄，匿也。」賈誼弔屈原文：「鸞鳳伏竄兮。」漢書蒯通傳：「奉頭鼠竄。」

sū 窣

窣 從穴中卒出。從穴卒聲。蘇骨切

從穴中卒出者，卒當爲猝。窣、猝聲相近。玉篇：「勃窣，空中出也。」

jiǒng 窘

窘 迫也。從穴君聲。渠隕切

漢書賈誼傳：「愚士繫俗，窘若囚拘。」蘇林曰：「謂人肩傴僂，窘音欺全反。」臣瓚曰：「按說文窘音渠隕反，迫也。」文選李善注：「窘，囚拘之貌。」五臣注：「窘，困也。愚者繫縛俗累，困如囚人拘束。其字井不從人，唯孫強新加字玉篇及開元文字有作僒字，井音窘，疑蘇林音誤，今宜從說文音渠隕反。」

迫也者，李善注七發引同。本書：「遽，窘也。」詩正月：「又窘陰雨。」傳云：「窘，困也。」韓詩薛君章句：「窘，迫也。」管子正世篇：「制民急則民迫，民迫則窘。」列子黃帝篇：「窘於飢寒。」注云：「窘，困也。」韓策：「秦楚挾韓以窘衛。」莊子列禦寇篇：「困窘織屨。」離騷：「夫惟捷徑以窘步。」注云：「窘，急也。」樊毅復華下民租田口算狀：「恐近廟小民不堪役賦，有飢寒之窘。」後漢書鄭炎傳：「窘路狹且促。」孔融傳：「融見其有窘色。」注竝云：「窘，迫也。」晉中興書：「桓元聞義軍起，智慮窘塞。」

tiǎo 窕

窕 深肆極也。從穴兆聲。讀若挑。徒了切

深肆極也者，釋言：「窕，肆也。」郭注：「輕窕者好放肆。」馥案：肆卽深肆，郭注臆說也。詩：「窈窕淑女。」傳云：「窈窕，幽閒也。」正義云：「謂淑女所居之宮形狀窈窕然，故箋言幽閒深宮是也。」淮南兵略訓：「谿肆無景。」高云：「肆，極也。極谿之深，不見景也。」文選歸去來辭：「既窈窕以尋壑。」曹攄贈石荆州詩：「窈窕山道深。」晉書羊祜傳：「深谷肆無景。」

qióng 穹

穹 窮也。從穴弓聲。去弓切

窮也者，詩七月：「穹窒熏鼠。」傳云：「穹，窮。」東山：「洒埽穹窒。」箋云：「穹，窮。」西都賦注引韓詩：「在彼穹谷。」薛君云：「穹谷，深谷。」

jiù 究

究 窮也。從穴九聲。居又切

玉篇宀部[illegible]，古文究。本書九下云：「象其屈曲究盡之形。」

窮也者，釋言文。釋訓：「究究，惡也。」孫炎云：「窮極人之惡。」詩節南山：「以究王訩。」箋云：「究，窮也。」蕩：「靡居靡究。」鴻雁：「其究安宅。」傳竝云：「究，窮也。」史記五宗世家：「所以設詐究變。」索隱：「究，窮也。」

qióng 窮

窮 極也。從穴躳聲。渠弓切

極也者，釋詁：「極，至也。」顏注急就篇：「極，盡也。」楚辭天問：「天極焉加？」呂氏春秋下賢篇：「與物變化而無所終窮。」注云：「窮，極也。」

yǎo 窅

窅 冥也。從穴皀聲。烏皎切

冥也者，王廙注易云：「冥，深也。」本書：「窅窔，深也。」

yào 窔

窔 窅窔，深也。從穴交聲。烏叫切

窅窔深也者，徐鍇本作「窅窔，深篠皃」。字或作窔。大戴禮文王官人篇：「志殷如淺。」注云：「深也。」又或作宎。玉篇：「宎與窔同。」招䰟：「冬有宎廈。」注云：「宎，複室也。」上林賦：「巖宎洞房。」

suì 邃

邃 深遠也。從穴遂聲。雖遂切

深遠也者，本書：「㴱，深也。」廣雅：「邃，深也。」小爾雅廣詁：「邃，深也。」招魂：「高堂邃宇。」注云：「邃，深也。」

yǎo 窈

窈 深遠也。從穴幼聲。烏皎切

深遠也者，廣雅：「窈窈，深也。」釋言：「冥，幼也。」孫炎本幼作窈，云：「冥深暗之窈也。」詩斯干：「噦噦其冥。」傳云：「冥，幼也。」釋文：「幼本或作窈，崔音杳。」史記歷書：「幽者，幼也。」元命苞：「幽之爲言窈也。」詩靜女箋云：「猶貞女在窈窕之處。」

tiǎo 窱

窱 杳窱也。從穴條聲。徒弔切

杳窱也者，廣韻：「窅窱，深邃皃。」廣雅：「窱窱，深也。」西都賦：「步甬道以縈紆，又杳窱而不見陽。」靈光殿賦：「洞房叫窱而幽邃。」西京賦：「望窅窱以逕廷。」

cuì 竁

竁 穿地也從穴毳聲一曰小鼠周禮曰大喪甫竁 充芮切

穿地也者集韻竁壙也廣韻竁葬穿壙也小爾雅廣名壙謂之竁士喪禮既井椁注云既哭之則往施之竁中矣周禮小宗伯卜葬兆甫竁亦如之注云鄭大夫讀竁皆爲穿杜子春讀竁爲毳皆謂葬穿壙也今南陽名穿地爲竁聲如腐脆之脆遂人及窆抱磨共邱籠及蜃車之役注云邱籠之役竁復土也陳琳武軍賦竁深隧下三泉魏司馬景和妻墓銘竁野成邱 一曰小鼠者徐鍇本作一曰小鼠聲玉篇同又囓齧也 周禮曰大喪甫竁者春官冢人文彼云大喪既有日請度甫竁又云及竁以度爲邱隧

biǎn 窆

窆 葬下棺也從穴乏聲周禮曰及窆執斧 方驗切

葬下棺也者廣雅窆下也小爾雅下棺謂之窆易繫辭不封不樹虞云穿土稱封封古窆字也士喪禮乃窆注云窆下棺也今文窆爲封周禮冢人共喪之窆器注下棺豐碑之屬說苑作穿窆宅兆後漢書周磐傳斂形懸封注云懸封謂直下棺不爲埏道封音窆 周禮曰及窆執斧者春官冢人文

說文解字義證 卷二十二 三七

zhūn 窀

窀 葬之厚夕從穴屯聲春秋傳曰窀穸從先君於地下 陟輪切

春秋傳曰窀穸從先君於地下者襄十三年左傳文彼云若以大夫之靈獲保首領以沒於地惟是春秋窀穸之事所以從先君於禰廟者杜云窀厚也穸夜也厚夜猶長夜春秋謂祭祀長夜謂葬埋楊慎曰楚策楚王遊雲夢謂安陵君曰樂矣今日之遊寡人千秋萬歲後誰與樂此矣安陵君泣下數行曰萬歲夜願以身試黃泉蓐螻蟻夜如左傳注窀穸厚夜之夜人臣不敢斥言之意 今本改夜作後不見古人立言之妙矣

xī 穸

穸 窀穸也從穴夕聲 詞亦切

窀穸也者徐鍇本作窀穸夜也後漢書趙咨傳伎巧費於窀穸左貴嬪楊后誄早卽窀穸孔宙碑作窀夕

yā 𥥛

𥥛 入衇刺穴謂之𥥛從穴甲聲 烏狎切

入衇刺穴謂之𥥛者本書砭以石刺病也廣韻𥥛入神脈刺穴五音集韻病在經絡丸散不能消除以鍼刺之方書鍼石刺病唐狄仁傑善鍼術徐鍇曰今人言五臟竅穴有肝竅肺竅是也隋書經籍志明堂孔穴五卷黃帝鍼灸蝦蟇忌一卷華佗枕中灸刺經一卷扁鵲偃側鍼灸圖三卷梁有新撰鍼灸經穴一卷

文五十一 重一

mèng 㝱

㝱 寐而有覺也從宀從爿夢聲周禮以日月星辰占六㝱之吉凶一曰正㝱二曰咢㝱三曰思㝱四曰悟㝱五曰喜㝱六曰懼㝱凡㝱之屬皆從㝱 莫鳳切

經典通用夢字哀十六年左傳衞侯占夢嬖人杜云以能占夢見愛夢書夢者像也精氣動也魂魄離身神來往也夢者告也告其形也目無所見耳無所聞鼻不喘息口不言也魂出游身獨在心所思念忘身也潛夫論本所謂之夢者困不了察之稱而懵憒冒名也又云凡夢有真有象有精有想有人有感有時有反有病有性此十者占夢之大略也又云夫占夢必謹其變故審其徵候內考情意外考王相卽吉凶之符善惡之効庶可見也 又通作瞢晏子景公瞢與二日鬭

說文解字義證 卷二十二 三八

不勝召占夢者至曰請反其書謂反復讀占夢之書

寐而有覺也者玉篇㝱者人精神所寤廣韻㝱楚人呼寐又云寐中神遊莊子其寐也神交周禮太卜掌三夢之法一曰致夢二曰觭夢三曰咸陟注云夢者人精神所寤可占者潛夫論人覺爲陽人寐爲陰 周禮云云者春官占夢文咢彼作噩悟彼作寤杜子春云噩當爲驚愕之愕馥案字書愕驚也釋樂徒擊鼓謂之咢孫炎曰聲驚咢也徐鍇本作三曰觭夢世說衞玠總角時問樂令夢樂云是想衞云形神所不接而夢豈是想邪樂云因也未嘗夢乘車入鼠穴擣齏噉鐵杵皆無想無因故也注云周禮有六夢按樂所言想者蓋思夢也因者蓋正夢也

qǐn 𡪢

𡪢 病臥也從㝱省㑴省聲 七荏切

病臥也者玉篇𡪢寢臥也引論語寢不言本書寑臥也莊三十二年穀梁傳寢疾居正寢正也郭子王長史病篤寢臥

mèi 寐

寐 臥也從㝱省未聲 蜜二切

臥也者，廣雅同。一切經音義二十三：寐謂眠熟也。國語獻公寢而不寐是也。釋名：寐，謐也，靜謐無聲也。詩關雎寤寐求之，傳云：寐，寢也。氓夙興夜寐，箋云：早起夜臥。小弁假寐永歎，箋云：謂不脫衣冠而寐曰假寐。正義引左傳坐而假寐。

wù
寤

寤　寐覺而有信曰寤。从㝱省，吾聲。一曰晝見而夜㝱也。五故切

隸作寤，華山亭碑：休嘉啟寤。俗作寤。小爾雅廣言：寤，覺也。詩關雎寤寐求之，傳云：寤，覺。逸周書：王曰：今朕寤有商驚予。又云：王召左史戎夫曰：今夕朕寤遂事，其驚予。呂氏春秋離俗篇：惕然而寤，徒夢也。曹瞞傳：太祖有幸姬常從晝寢，枕之臥，告之曰：須臾覺我。姬見太祖臥安，未卽寤，及自覺，棒殺之。寐覺而有信曰寤者，一切經音義二引蒼頡篇：覺而有言曰寤。周禮六夢，四曰寤夢，注云：覺時所道之而夢也。魯季寤字子言。詩終風：寤言不寐。考槃：獨寐寤言。陸機承明亭詩：寤言靜交纓。王羲之蘭亭序：寤言一室之內。今據古事疏證於左。史記趙世家：趙簡子疾，五日不知人，醫扁鵲視之出，董安于問，扁鵲曰：在昔秦穆公嘗如此，七日而寤，寤之日，告公孫支曰：子輿曰云云。公孫書而藏之，秦讖於是出矣。此子之所聞。今主君之疾與之同，不出三日疾必閒，閒必有言也。居二日半，簡子寤，語大夫曰云云。董安于受言而書藏之。三國典略：周太祖宇文泰之母王氏，初妊五月，夜夢抱子昇天，纔不至而止，寤以告德皇帝。王隱晉書：戴洋病亾，天神使爲酒藏吏，授符，持旛麾，將上蓬萊諸山，五日更生。晉書劉元海傳：豹妻呼延氏祈子於龍門，有大魚至祭所，夜夢所見魚變爲人，手把一物，大如半雞子，授曰：此是日精，服之生貴子。寤而告豹，豹曰：吉徵也。干寶傳：寶兄嘗病，氣絕積日不冷，後遂悟，云見天地閒鬼神事，如夢覺，不自知死。周書：太姒夢見商之庭產棘，小子發取周庭之梓樹乎闕閒，梓化爲松柏棫柞，寤驚，以告文王。梁書何胤傳：先是胤疾，妻江氏夢神人告之曰：汝夫壽盡，旣有至德，應獲延期，爾當代之。妻覺說焉，俄得患而卒，胤疾乃瘳。隋書辛彥之傳：張元暴死，數日乃蘇，云游天上，見新構一堂，制極崇麗，元問其故，人曰：洛州刺史辛彥之有功德，造此堂以待之。崔鴻前趙錄：麟嘉元年十二月，大將軍東平王約卒，一指猶煖，遂不殯殮，至甲戌乃蘇，言見淵於不

周山，經五日，遂復從至崑崙山，三日而復反於不周，見諸王公卿將相死者悉在，大有人民，宮室甚壯麗，號曰蒙珠離國。淵謂約曰：東北遮須夷國無主，久待汝父爲之，汝後二年當來，後國中大亂，相殺害，吾家亦亾略盡，但可永明輩十數人在耳。汝但還，後年當來見汝，不遲不久。約拜辭而歸，道過一國，曰猗尼渠餘國，引約入宮，與皮囊一枚，曰：爲吾遺漢皇帝。約辭而歸，謂約曰：劉郎後年來必見過，當以女相妻。約歸，置皮囊於機上，俄然而蘇，謂左右曰：機上取囊來。左右取得，有一方白玉，題文曰：猗尼渠餘國天王敬信遮須夷國天王，歲在攝提，當相見。馳使奉呈，聰曰：若當如此，吾不懼死也。及聰以戊寅歲薨，與此王竝葬。劭夢書：受天神戒，還告人也。受戒不精，忿神言也。名之爲寤，告符臻也。搜神記：會稽賀瑀得疾，不知人，惟心下溫，二日蘇，云吏將上天，入曲房，房中有層架，其上層有印，中層有劍，使瑀惟意所取，而短不及上層，取劍出門，吏曰：恨不得印，可策百神，劍惟得使社公耳。異苑：烏傷黃蔡，義熙初，於查溪岸照見水際有物，引弩射之，應弦而中，後至竹落岡，有骨長三丈餘，昔射箭貫其中，拔矢而歸，其夕夢見一長人責誚之曰：我在洲渚之閒，無關人事，而橫見殺害，怨苦莫伸，連時覓汝，今始相得。眠寤乃患腹疾而殞。郭瑀夜夢乘靑龍上天，至屋而止，寤而歎曰：龍飛在天，今止於屋，屋之爲字，尸下至也，龍飛至尸，吾其死也。戴洋將赴洛，夢神人謂之曰：洛中當敗，人盡南渡，後五年揚州必有天子。洋信之，遂不去，旣而皆如其夢。一曰晝見而夜㝱也者，釋名：寤，忤也，能與物相接忤也。

𢨑　籀文寤

rǔ
㝹

㝹　楚人謂寐曰㝹。从㝱省，女聲。依倨切

mǐ
㝥

㝥　寐而未厭。从㝱省，米聲。莫禮切

玉篇：㝥，不覺曰㝥。寐而未厭者，徐鍇本無未字，鍇繫傳曰：㝥則神游，神爲陰氣所厭，不得出也，有若鬼神，其實非也，故人寐臥手注心胷上則多厭也。莊子曰：今夫已陳之芻狗，復取之，遊居寢臥其下，不得㝱，必且㝥焉，是也。又山海經有食之不㝥，借眯字爲之也。五音集韻：㝥，夢魘。廣雅：㝥，厭也。一切經音義一引字苑：厭，眠內不祥也。俗作魘。

jì 𥧾

孰寐也從㝱省水聲讀若悸 求癸切

bìng 寎

臥驚病也從㝱省丙聲 皮命切

臥驚病也者廣雅寎病也

yì 寱

瞑言也從㝱省臬聲 牛例切

瞑言也者廣韻寱睡語與㦖囈并同廣雅寱驚也㦖寱也玉篇囈睡語一切經音義二十一通俗文夢語謂之寱聲類眠內不覺妄言也三蒼寱謊言也馥案本書謊夢言也列子周穆王篇眠中啽囈呻呼注云並寱語也

hū 寣

臥驚也一曰小兒號寣寣一曰河內相評也從㝱省從言 火滑切

臥驚也者玉篇寣下云多睡病也

文十　重一

nè 疒

倚也人有疾病象倚箸之形凡疒之屬皆從疒 女戹切

玉篇有籒文作疒

倚也人有疾病象倚箸之形者徐鍇本作病也人有疾痛象倚箸之形鍇曰病者病气有所倚也馥案詩長發實惟阿衡箋云阿倚增韻偏任爲跛依物爲倚禮器有司跛倚以臨祭注云依物爲倚喪服傳居倚廬昭五年左傳設机而不倚書盤庚倚乃身傳云倚曲

jí 疾

病也從疒矢聲 秦悉切

昭元年左傳天有六氣降生五味發爲五色徵爲五聲淫生六疾六氣曰陰陽風雨晦明也分爲四時序爲五節過則爲菑陰淫寒疾陽淫熱疾風淫末疾雨淫腹疾晦淫惑疾明淫心疾女陽物而晦時淫則生內熱惑蠱之疾杜云淫過也寒過則爲冷熱過則喘渴末四肢也風爲緩急雨溼之氣爲洩注晦夜也爲宴寢過節則心惑亂明晝也思慮煩多心勞生疾　呂氏春秋盡數篇大甘大酸大苦大辛大鹹五者充形則生害矣大喜大怒大憂大恐大哀五者接神則生害矣大寒大熱大燥大溼大風大霖大霧七者動精則生害矣故凡養生莫若知本知本則疾無由至矣又達鬱篇凡人三百六十節九竅五藏六府肌膚欲其比也血脈欲其通也筋骨欲其固也心志欲其和也精氣欲其行也若此則病無所居而惡無由生矣病之留惡之生也精氣鬱也又開春篇飲食居處適則九竅百節千脈皆通利矣注云通利不壅閉無疾病矣　說苑夫寢處不時飲食不節佚勞過度疾共殺之

病也者釋名疾病者客氣中人急疾也病並也與正氣並在膚體中也襄十九年左傳疾病而立之服注疾困也

古文疾

籒文疾

本書童籒文作𥫩云廿以爲古文疾字竊下云廿古文疾

tòng 痛

病也從疒甬聲 他貢切

病也者張揖雜字痛瘳疼也　釋名痛通也通在膚脈中也

bìng 病

疾加也從疒丙聲 皮命切

疾加也者既夕記疾病注云疾甚曰病檀弓曾子寢疾病注云病謂疾困喪大記疾病內外皆埽注云疾病曰困論語子疾病鄭注病謂疾益困也桓五年左傳公疾病而亂作宣十五年傳武子疾命顆曰必嫁是疾病則曰必以爲殉及卒顆嫁之曰疾病則亂吾從其治也呂氏春秋知接篇仲父之疾病矣高注病困也

huì 瘣

病也從疒鬼聲詩曰譬彼瘣木一曰腫旁出也 胡罪切

病也者釋詁虺頹病也釋文引字林瘣病也詩卷耳我馬虺隤傳云虺隤病也釋文虺說文作瘣集韻㿗下引倉頡篇隤病　疑㿗瘣同字　詩曰譬彼瘣木者小雅小弁文彼云譬彼壞木疾用無枝傳云壞瘣也謂傷病也箋云內有疾故無枝也釋文壞說文作瘣云病也一曰腫旁出也瘣木瘤腫也海東經東海度索山大桃樹東北瘣枝名曰鬼門中論藝紀篇木無枝葉則不能豐其根幹故謂之瘣豫章記松陽門內有梓樹大四十五圍舉樹盡枯𡖋孔嘉中一旦忽更榮茂庾仲初揚都賦所云瘣木誓於豫章　一曰腫旁出也者釋木瘣木苻婁郭云謂木病尫傴癭腫無

枝條

ē 疴

疴 病也从疒可聲五行傳曰時即有口疴烏可切

病也者廣雅同李善注閒居賦引同尚書大傳時則有下體生於上之疴注云疴病也或作痾服虔有左氏膏肓釋痾十卷文選謝靈運詩養痾亦園中李善云高彪與馬融書曰公今養痾傲士寰宇記歷陽縣有平痾湯此湯能愈疾故曰平痾五行傳曰時即有口痾者漢書五行志傳曰言之不從是謂不艾時則有口舌之痾

pū 痡

痡 病也从疒甫聲詩曰我僕痡矣普胡切

病也者釋詁孫炎曰人疲不能行之病書泰誓毒痡四海傳曰痡病病也或借鋪字詩雨無正淪胥以鋪江漢淮夷來鋪傳竝云鋪病也正義云釋詁文彼鋪作痡詩曰我僕痡矣者周南卷耳文傳云痡病也釋文本又作鋪同

qín 瘽

瘽 病也从疒堇聲巨斤切

病也者釋詁文

zhài 瘵

瘵 病也从疒祭聲側介切

病也者釋詁文郭云今江東呼病曰瘵易豐卦天際翔也釋文鄭云當爲瘵瘵病也詩瞻卬士民其瘵菀柳無自瘵焉傳竝云瘵病也趙岐孟子題辭心勦形瘵南齊書褚淵傳比雖尫瘵便力出臨哭

diān 瘨

瘨 病也从疒眞聲一曰腹張都季切

病也者方言瘼瘨病也秦曰瘨詩雲漢胡寧瘨我以旱召旻瘨我饑饉箋竝云瘨病也楚策瘨而殫悶一切經音義十三聲類瘨風病也廣雅瘨狂也楊雄曰臣常有瘨眩之疾戶令云瘨狂兩肢廢兩目盲如此之類皆爲篤疾俗作癲顏注急就篇癲疾性理顛倒失常王注云說文作瘨莊子陽氣獨上則爲癲病素問人生而病癲者安得知之岐伯曰在腹時母大驚氣故令子發癲病八十一難經癲病始發意不樂直視僵仆其脈三部陰陽俱盛是也祕方邪入於陽轉則爲癲風俗通俗說臥枕戶砌鬼陷其頭令人病癲語林王右軍少嘗患癲通鑑楊素言太子勇情志昏亂爲癲鬼所著注云狂病而死者爲癲鬼又通作顛漢藝文志客疾五臧狂顛病方十七卷方言朝鮮洌水之閒顛眩謂之賑眩

一曰腹脹者本書瞋起也戴侗曰脹本作張腹滿也史記倉公傳張脈奮興周禮內司服注云以白縛爲裹使之張顯釋文張徐音帳成十年左傳張如廁注云張腹滿也呂氏春秋盡數篇鬱處腹則爲張爲府桓六年左傳隨張必棄小國注云張自侈大也釋文張豬亮反俗作脹埤蒼脝肛腹脹也急就篇寒氣泄注腹臚脹顏注脹謂腹鼓脹也素問濁氣在上則生䐜脹東觀漢紀隗囂餓餒糗腹脹亦宋書張暢傳魏主遺送九種鹽云黑者療腹脹氣滿刮取六銖以酒服之韓詩外傳人主之疾十有二發痿蹷逆脹滿支膈肓煩喘痹風此之曰十二發字又作痮字書玉篇竝云痮滿也

mò 瘼

瘼 病也从疒莫聲慕各切

病也者釋詁文郭云今江東呼病曰瘵東齊曰瘼急就篇癰瘲瘀疼瘼溫病顏注瘼者無名之病常漠漠然也一曰齊人謂瘵病曰瘼方言瘼病也東齊海岱之閒曰瘼詩四月亂離瘼矣傳云瘼病宣十二年左傳引此詩杜注同後漢書仲長統傳亂離斯瘼注云瘼病也桑柔瘼此下民傳云瘼病也

jiǎo 疝

疝 腹中急也从疒丩聲古巧切

腹中急也者廣韻疝腹中急痛方書疝瀸氣感觸邪熱而發

yǔn 㾸

㾸 病也从疒員聲王問切

病也者頭眩病也靈樞經上虛則眩

xián 癇

癇 病也从疒閒聲戶閒切

病也者廣雅同一切經音義十聲類今謂小兒瘨曰癇說文曰風病也六書故癇病忽掣縱顛欬也玉篇癇小兒瘨病後漢書王符傳嬰兒常病傷於飽也哺乳多則生癇病宋書徐羨之傳朱興息男三歲先得癇病隋書許智藏傳疾已入心即當發癇不可救也嶺南異物志鵞毛柔輭而性冷偏宜覆小兒而辟驚癇也本草牛黃療驚癇通作瞯漢書音義瞯小兒癇病也

wù 𤵜

𤵜 病也从疒出聲五忽切

cī 疵

疵 病也從疒此聲 疾咨切

病也者釋詁文廣韻疵黑病疾書大誥知我國有疵鄭注知我國有疵病之瑕禮運是謂疵國注云疵病也呂氏春秋悔過篇是師必有疵注云疵病漢書景十三王傳有司吹毛求疵顏注疵病也老子滌除元覽能無疵乎范應元注疵黑病也王隱晉書趙孟面有疵黯又云賈后眉後有疵或與訾通檀弓故子之所刺於禮者亦非禮之訾也注云訾病也荀子不苟篇正義直指舉人之過惡非毀疵也又與呰通漢書敘傳闒尹之呰穢我明德韋昭曰呰病也西征賦呰孝元於渭舉執奄尹以明貶

fèi 癈

癈 固病也從疒發聲 方肺切

六書故病不可事謂之癈疾急就篇篤癃衺癈迎醫匠顏注癈四肢不收陳書司馬暠傳以中風冷遂致攣癈周禮遂人辨其老幼癈疾襄七年左傳公族穆子有癈疾何休作穀梁癈疾鄭康成作起癈疾王制廢疾注云廢癈於人事語林王藍田少有癈稱王丞相辟之既見云王掾不癈何以云癈戶令云癡瘂侏儒腰折一肢廢如此之類皆爲廢疾

固病也者徐鍇本作痼病顏注急就篇瞿菌舊云是鸛矢所化故其爲藥毒烈而去腹中痼病焉戴侗曰疾之牢不可去者曰固疾月令季冬行春令國多固疾注謂久疾不瘥也論衡變物篇天且雨固疾發曹植髑髏說將嬰茲固疾命殞傾乎神仙傳董仲舒病有固疾體枯氣少

tú 瘏

瘏 病也從疒者聲詩曰我馬瘏矣 同都切

病也者釋詁文孫炎云瘏馬疲不能進之病虺隤馬罷不能升高之病元黃馬更黃色之病郭璞非之云皆人病之通名而說者便謂之馬病失其義也馥案詩元黃亦主馬說孫氏未可非也詩鴟鴞予口卒瘏傳云瘏病也 詩曰我馬瘏矣者周南卷耳文傳云瘏病也

zòng 瘲

瘲 病也從疒從聲 卽容切

病也者玉篇瘛瘲小兒病

shěn 痒

痒 寒病也從疒辛聲 所臻切

寒病也者徐鍇引字書痒寒噤也六書故噤痒感寒健忍之狀也孟郊詩噤毛各噤痒又作瘮馥案玉篇瘮寒病也痒同上廣韻痒瘎惡寒易通卦驗人足太陰脈虛多病振寒案噤玉篇作痓云疾痓惡寒振也

xù ⿸疒或

⿸疒或 頭痛也從疒或聲讀若溝洫之洫 吁逼切

頭痛也者玉篇引作頭痛兒呂氏春秋盡數篇凡食無彊厚味無以烈味重酒是以謂之疾首注云疾首頭痛疾也

xiāo 痟

痟 酸痟頭痛從疒肖聲周禮曰春時有痟首疾 相邀切

酸痟頭痛者列子黃帝篇指擿無痟癢注云痟癢痛癢也說文痟疼痛也管子地員篇終無痟酲注云痟首疾也素問東風生於春病在肝俞在頸項故春氣者病在頭蜀都賦味蠲癘痟劉注痟頭病也 周禮曰春時有痟首疾者天官疾醫文注云痟酸削也首疾頭痛也

bǐ 疕

疕 頭瘍也從疒匕聲 卑履切

頭瘍也者集韻引無頭字一切經音義十八引倉頡篇疕⿸疒瓜禿也馥案玉篇⿸疒瓜瘡也廣韻⿸疒瓜禿瘡廣雅疕痂也廣韻疕瘡上甲顏注急就篇痂瘡上甲也疕謂薄者也韓詩外傳夫癰雖癰腫痂疵疵當爲疕周禮醫師疕瘍者造焉注云疕頭瘍亦謂禿也集韻引有一曰頭痛也五字徐鍇本疕酸痟也韻會同

yáng 瘍

瘍 頭創也從疒昜聲 與章切

頭創也者左傳正義引同晉書音義引字林同通俗文頭瘡曰瘍釋訓鬎瘍爲微郭云瘍瘡也周禮敘官瘍醫注云瘍創癰也襄十九年左傳荀偃癉疽生瘍於頭莊子天地篇有虞氏之藥瘍也釋文李云瘍頭創也通鑑成主雄生瘍於頭注云頭瘡曰瘍

yáng 痒

痒 瘍也從疒羊聲 似陽切

瘍也者集韻痒膚欲搔也玉篇痒痛痒也癢同上釋名癢揚也其氣在皮中欲得發揚使人搔發之而揚出也周禮疾醫夏時有痒疥疾曲禮頭有創則沐身有瘍則浴釋文瘍音恙本又作痒易林頭痒搔跟无益於疾馥案字林痒

病也釋詁痒病也詩正月癙憂以痒傳云痒病也桑柔稼穡卒痒箋云痒病也皆不言瘍字或作癢

mà ⿸疒馬

⿸疒馬 目病也一曰惡气箸身也一曰蝕創從疒馬聲 莫駕切

目病也者謂目病生眵也俗謂之⿸疒馬瞖 一曰惡气箸身也者顏注急就篇注者注易之病一人死一人復得氣相貫注也廣韻疰疰惡病也⿸疒馬牛馬病馥案牛馬多因箸注而病 一曰蝕創者廣雅⿸疒馬創也

xī ⿸疒斯

⿸疒斯 散聲從疒斯聲 先稽切

散聲者廣雅⿸疒斯散也方言⿸疒斯散也東齊聲散曰⿸疒斯周禮典同破聲散注云破則聲離散也魏書元順傳莊帝還宮遣黃門侍郎山偉巡喻京邑臨順喪悲慟無已既還帝怪而問曰黃門何爲聲散偉以狀對字或作嘶周禮疾醫注痟酸削也疏云人患頭痛則有酸嘶而痛酸削則酸嘶也漢書王莽傳大聲而嘶顏注嘶聲破也靈樞經音嘶色脫論衡氣壽篇兒孫號啼之聲鴻朗高暢者壽嘶喝濕下者夭又論死篇人之所以能言語者以有氣力也氣力之盛以能飲食也飲食損減則氣力衰衰則聲音嘶南齊書蕭坦之傳語聲嘶時人號爲蕭痖張瓌傳父永曉音律宋孝武

說文解字義證卷二十二 罡

問永以太極殿前鐘聲嘶永答鐘有銅滓乃扣鐘求其處鑿而去之聲遂淸越北史高允傳崔公聲嘶股戰不能一言通鑑游雅曰司徒聲嘶股栗殆不能言注云聲破曰嘶內則鳥皫色而沙鳴鬱注云沙猶嘶也又通作嘶周禮內饔鳥皫色而沙鳴貍注云沙嘶也又通作斯大戴禮文王官人篇心氣鄙戾者其聲斯醜又或作瘨世本魏文侯名斯史記索隱引作孺子瘨俗又作⿱斯言一切經音義二⿱斯言與⿸疒斯同埤蒼⿱斯言聲散也通俗文凡病而壆壆而聲散曰⿱斯言

wěi ⿸疒爲

⿸疒爲 口咼也從疒爲聲 韋委切

口咼也者後人亂之當爲瘑也玉篇瘑疽瘡也本書疦⿸疒爲也謂瘡疦本書闕瘑字故爲口咼

jué 疦

疦 ⿸疒爲也從疒決省聲 古穴切

集韻瘡大者疦

廣韻疦瘡裏空也

yīn 瘖

瘖 不能言也從疒音聲 於今切

不能言也者一切經音義六瘖不能言埤蒼瘂亦瘖也急就篇痂瘕顛疾狂失響顏注失響者失音不能言也廣雅瘂瘖八疾之一釋名瘖唵然無聲也王制瘖聾跛躃釋文瘖啞也文子皋陶瘖而爲士師晉語嚚瘖不可使言注云瘖不能言者史記刺客列傳吞炭爲啞索隱啞謂瘖病漢書楚元王傳會堪疾瘖不能言而卒外戚傳飲瘖藥顏注瘖不能言也俗作喑淮南地形訓障氣多喑高云音般啼極而無聲也又通作闇文六年穀梁傳下闇則上聾注云臣闇不言君無所聞

yǐng 癭

癭 頸瘤也從疒嬰聲 於郢切

戶令諸一目盲兩目瞽手無二指足無大拇指禿瘡無髮久漏下重大癭腫之類皆爲殘疾 呂氏春秋盡數篇輕水之所多禿與癭人注云癭咽疾 淮南地形訓險阻之氣多癭注云氣衝喉而結多癭疾也 博物志山居之民多癭腫疾由於飲泉之不流者今荊南諸山郡東多此疾 山海經天帝之山有草焉其狀如葵其臭如蘼蕪名曰杜衡食之已癭 魏略賈逵爭公事不得理乃發憤生癭自啟欲割之太祖曰吾聞十人割癭九人必死逵割之竟愈

頸瘤也者莊子釋文引作瘤也釋名癭嬰也在頸嬰喉也易林瘤癭禿疥爲身瘡害

說文解字義證卷二十二 畀

lòu 瘻

瘻 頸腫也從疒婁聲 力豆切

顏注急就篇瘻久瘡也 山海經䲃魚可以爲瘻注云瘻癰屬也中多有蟲 隋書經籍志瘻三十六瘻方一卷

頸腫也者字林同一切經音義十瘻宜作瘻癰屬也中有蟲頸腋急處皆有或作漏血如水下也釋木瘻木苻婁郭注謂木病尫傴癭腫易通卦驗人足少陰脈盛多病上瘵喻腫靈樞經黃帝問於岐伯曰寒熱瘰癧在於頸腋者皆何氣使生岐伯曰此皆鼠瘻寒熱之毒氣也

淮南說山訓雞頭已瘻高云瘻頸腫疾也

yòu ⿸疒又

⿸疒又 顫也從疒又聲 于救切

顫也者本書頄顫也或作疣集韻顫疚頭搖貌

yū 瘀

瘀 積血也從疒於聲 依倨切

積血也者急就篇瘧瘚瘀痛瘼溫病顏注瘀積血之病也楚詞九辯形銷鑠而瘀傷

shàn 疝

疝 腹痛也從疒山聲 所晏切

趙倌光曰俗讀平聲曰疝氣唐女郎李治戲病者劉長卿曰山氣日夕佳八十一難經任之爲病其內若結男子七疝漢書藝文志五藏六府疝十六病方四十卷顔注疝心腹氣病東觀漢記太醫皮巡從獵上林還暮宿殿門下寒疝病發鄧訓往問之巡曰冀得火以熨背求火不得乃以口噓其背復呼同輩卽其更噓至朝遂愈

腹痛也者急就篇補注引作腸痛徐鍇本同急就篇疝瘕顚疾狂失響顔注疝腹中氣疾上下引也釋名陰腫曰隤氣下隤也又曰疝亦言詵也詵詵引小腹急痛也易說白露氣當至不至太陰脈盛人多疝瘕易通卦驗人足陽明脈虛多病泄注腹痛皆離氣不至之病也素問脈急者曰疝瘕少腹痛又云病在少腹腹痛不得大小便病名曰疝又云黃帝曰診得心脈而急此爲何病岐伯曰病名心疝少腹當有形也史記倉公傳齊北宮司空命婦出於病臣意診其脈曰氣疝客於膀胱難於前後溲而溺赤病見寒氣則遺溺使人腹腫又云齊郎中令循病衆醫皆以爲蹷人中而刺之臣意診之曰湧疝也令人不得前後溲

zhǒu 疛

疛 小腹病从疒肘省聲 陟柳切

小腹病也者類篇引作小腸病廣韻引作小腹痛玉篇疛心腹疾也詩小弁惄焉如擣傳云擣心疾也釋文擣韓詩作疛呂氏春秋盡數篇鬱處腹則爲張爲府注云府跳動皆腹疾又先己篇身盡府腫注云府腹疾也馥案府當爲疛玉篇引作疛腫

pì 癟

癟 滿也从疒𦣞聲 平祕切

滿也者廣韻𦣞氣滿本書𦣞讀若詩曰不醉而怒謂之𦣞𦣞當作癟謂氣滿

fù 㽷

㽷 俛病也从疒付聲 方榘切

俛病也者徐鍇曰按爾雅注戚施之疾俯而不能仰也方言桂林之中謂短矲東陽之閒謂之㽷釋木瘣木苻婁樊光云苻婁尩傴䩬謂苻婁卽㽷僂

jū 痀

痀 曲脊也从疒句聲 其俱切

曲脊也者廣韻痀瘻痀曲脊通俗文曲脊謂之傴僂列子黃帝篇見痀僂者承蜩注云痀僂背曲疾也通作鉤趙策武安君曰繓病鉤身大臂短不能及地

jué 瘚

瘚 屰氣也从疒从屰从欠 居月切

屰氣也者急就篇瘧瘚瘀痛瘼溫病顔注瘚者氣從下起上行逆心胷也易通卦驗人足太陰脈盛多病暴屰臚張心痛通鑑漢馬太后曰吾素剛急有匈中氣注云匈中氣今所謂上氣之疾或通作厥釋名厥逆氣從下厥起上行入心脅也素問二陽一陰發病主驚駭背痛善噫善欠名曰風厥又云陽氣者煩勞則張精絕辟積於夏使人煎厥王注以煎迫而氣逆因以煎厥爲名厥謂氣逆也又云秋傷於濕上逆而欬發爲痿厥又云黃帝問曰厥之寒熱者何也岐伯對曰陽氣衰於下則爲寒厥陰氣衰於下則爲熱厥王注厥謂氣逆上也八十一難經頭心之病有厥痛手三陽之脈受風寒伏留而不去者則名厥頭痛其五藏氣相干名厥心痛張仲景方序衛汎少師仲景撰四逆三部厥經山海經太苦之山有草焉其名曰牛傷其根蒼文服者不厥注云厥逆氣病又通作蹷易通卦驗人足少陰脈虛多病蹷逆惕善驚呂氏春秋重己篇室大多陰則蹷高注蹷逆寒疾也史記扁鵲傳太子病血氣不時交錯而

不得泄暴發於外則爲中害精神不能止邪氣邪氣畜積而不得泄是以陽緩而陰急故暴蹷而死倉公傳菑川王病召臣意診脈曰蹷上正義曰蹷逆氣上也

欮 瘚或省疒

列子湯問篇吳楚有大木其名爲櫾食其皮汁已憤厥之疾注云氣疾也

jì 㾊

㾊 气不定也从疒季聲 其季切

气不定也者廣韻㾊病中恐也玉篇㾊氣不定也心動也亦作悸漢書酷吏傳使我至今病悸王莽傳病悸寖劇顔注心動曰悸張奐與孟季衛書素若悸逆頃者谷甚世說殷仲堪父病虛悸聞牀下蟻動云是牛鬭

féi 痱

痱 風病也从疒非聲 蒲罪切

東觀漢記南宮複道多惡風寒老人居之且病痱 靈樞經痱之爲病也身無痛者四肢不收智亂不甚其言微知可治甚則不能言不可治也 風俗通義今人卒得鬼痱殺雄雞以傅其心上馥案鬼痱者北人謂之鬼風皮膚小起痒不及

搔是也

風病也者六書故痱風腫也賈誼曰辟者一面病痱者一方痛玉篇㾐𤸷病痱廣韻痱瘰皮外小起字略痱瘰小腫也釋詁痱病也詩四月百卉具腓玉篇引詩作痱李善注謝靈運戲馬臺詩云韓詩百卉具腓薛君曰腓變也毛萇曰痱病也今本作腓字非也漢書賈誼傳且病痱顏注痱風灌夫傳卽陽病痱顏注痱風病也

liú 瘤

瘤 腫也從疒留聲 力求切

腫也者本書瘻頸瘤也廣韻瘤肉起病也又云赤瘤腫病也出文字集略玉篇瘤腫也瘜肉也一切經音義十六腫結不潰散者爲瘤三蒼瘤小腫也通俗文肉胅曰瘤聲類瘤瘜肉也釋名瘤流也血流聚所生瘤腫也列女傳宿瘤女者項有大瘤故號曰宿瘤魏略晉景帝先苦瘤自割之會毋邱儉反而瘤發三國典略齊徐之才見有人以五斑斕骨作刀把者之才曰此人瘤也問所得處云於塚見髑髏骨長數寸試削之有文理故用之蔡謨表臣先有瘤在腰上十數年初無患苦忽自潰宋書朱齡石舅頭有大瘤齡石伺舅眠密往刮之卽死通作榴易乾坤鑿度注云后舍璞若木含榴榴者癭之類

cuó 痤

痤 小腫也從疒坐聲一曰族絫 昨禾切

魏策范痤漢書古今人表作座顏音才戈反春秋襄二十六年宋世子痤穀梁作座隸書疒多省作广古無座字

小腫也者易通卦驗人足少陽脈盛人多病粟疾疫注云粟痤腫也春秃早成脈盛面結生此病焉脈當爲足少陰素問生氣通天論汗出見溼乃生痤疿王砯注陽氣發泄寒水制之熱怫內餘鬱於皮裏甚爲痤癤微作疿瘡疿風癮也 一曰族絫者桓六年左傳謂其不疾瘯蠡也注云皮毛無疥癬廣韻瘯瘰皮膚病也又云瘰與瘯同瘰瘯病筋結也

jū 疽

疽 癰也從疒且聲 七余切

靈樞經黃帝曰夫子言癰疽何以別之岐伯曰營衛稽留於經脈之中則血泣而不行不行則衛氣從之而不通壅遏而不得行故大熱不止熱勝則肉腐肉腐則爲膿然不能陷骨髓不爲焦枯五藏不能傷故命曰癰黃帝曰何謂疽岐伯曰熱氣淳盛下陷肌膚筋髓枯內連五藏血氣竭當其癰下筋骨良肉皆無餘故命曰疽 襄十九年左傳荀偃癉疽注云癉疽惡創 莊子則陽篇漂疽疥癰 馥案千金方肉中生點大者如豆細者如黍粟劇者如梅李有根痛傷應心久則四面腫泡熱爛壞筋骨遂脈入藏者死名曰瘭疽後漢書鮮卑傳中國之困胸背之瘭疽字林瘭疽病也埤蒼瘭疽也廣蒼瘭癰成也 呂氏春秋盡數篇辛水之所多疽與痤高注疽痤皆惡瘡也 史記太倉公傳齊侍御史成自言病頭痛臣意診其脈告曰此病疽也內發於腸胃之閒後五日當癰腫後八日嘔膿死成之病得之飲酒且內成卽如期死 說苑癰疽死者血氣窮也 論衡幸偶篇氣結閼積聚爲癰潰爲疽 鹽鐵論扁鵲攻於腠理絕邪氣故癰疽不得成形 隋書經籍志梁有甘濬之療癰疽毒惋雜病方三卷

癰也者一切經音義九引作久癰也徐鍇本及後漢書劉焉傳注通鑑注引並同急就篇癰疽瘛瘲痿痹痮顏注癰之久者曰疽淮南說林訓潰小皰而發痤疽高注痤疽癰也史記項羽本紀疽發背而死正義引崔浩云疽附骨癰也漢書陳平傳疽發背而死顏注疽癰瘡也後漢書劉焉傳遂發疽背卒虞詡傳恐其疽食侵淫而無限極

lì 癧

癧 癰也從疒麗聲一曰瘦黑讀若隸 郎計切

癰也者廣雅同 一曰瘦黑者楚辭九辯顏淫溢而將罷兮注云形貌瘦黑無潤澤也通作黧楚辭漁父顏色憔悴注云皯黧黑也又通作黎通俗文面黎黑曰皯又通作犂秦策面目犂黑

yōng 癰

癰 腫也從疒雝聲 於容切

談藪徐摛好爲體語嘗譏一人病癰曰朱血夜流黃膿晝寫紏看紫肺正視紅肝 隋書經籍志療癰經一卷 山海經天嬰可以已痤注云癰痤也

腫也者本書腫癰也釋名癰壅也氣壅否結裏而潰也素問營氣不從逆於肉裏乃生癰腫字或作臃韓策人之所以善扁鵲者爲有臃腫也

xī 瘜

瘜 寄肉也從疒息聲 相卽切

寄肉也者本書腥下云星見食豕令肉中生小息肉也息當作瘜玉篇瘤瘜肉也靈樞經黃帝問曰腸覃何如岐伯

曰寒氣客於腸外與衞氣相搏氣不得榮因有所繫癖而內著惡氣乃起瘜肉乃生其始生也大如雞卵稍以益大至其成如懷子之狀久者離歲按之則堅推之則移馥案瘤者瘜肉之見於外者也腸覃者隱於內者也字或作䐁玉篇䐁䐁肉方言臏䐁也注謂息肉也

xuǎn 癬

癬 乾瘍也從疒鮮聲 息淺切

乾瘍也者一切經音義十五字林癬乾瘍也今有乾溼兩種釋名癬徙也侵淫移徙處日廣也故青徐謂癬為徙也字或作𤺋史記越世家齊與吳疥𤺋也索隱疥𤺋音介勘

jiè 疥

疥 搔也從疒介聲 古拜切

急就篇痂疕疥癘癡聾盲顏注疥小蟲攻齧皮膚灌錯如鱗介也馥案字或作蚧後漢書鮮卑傳手足之蚧搔說苑師曠曰憂夫肉自生蟲而還自失也

搔也者李善注登徒子好色賦引作瘙也內則釋文引作瘙瘍也玉篇疥瘙也瘙疥瘙一切經音義十二瘙疥也易

說文解字義證 卷二十二 五三

通卦驗兌氣不至則歲中多霜草木枯落人民疥瘙注云霜氣加於枝葉故人為疥瘙也內則疾痛苛癢而敬抑搔之注云苛疥也釋名疥齘也癢搔之齒類齘也正論搔癬之為悅先笑而後愁李華雲母泉詩序鄉人飲之皆壽考無癬痼疥搔之疾或通作騷管子地員篇其泉白青其人堅勁寡有疥騷

jiā 痂

痂 疥也從疒加聲 古牙切

疥也者王注急就篇引作乾瘡也徐鍇本作乾瘍也鍇曰今謂瘡生肉所蛻乾為痂南史彭城劉邕嗜瘡痂急就篇痂疕疥癘癡聾盲顏注痂瘡上甲也月令仲冬行春令民多疥癘注云疥癘之病孚甲之象

xiá 瘕

瘕 女病也從疒叚聲 乎加切

急就篇疝瘕顛疾狂失響顏注瘕癥也馥案華氏中藏經癥瘕論云癥者系於氣也瘕者系於血也 易通卦驗人足太陰脈盛多病心脹閉疝瘕注云陽炁未盡強陰脇之為病人足於例當為手 史記倉公傳齊中尉潘滿如病少腹痛臣意診其脈曰遺積瘕也正義云龍魚河圖云犬狗魚鳥不熟食之成瘕病 南山經招搖之山麗麐之水其中多育沛佩之無瘕疾注云瘕蟲病也

女病也者素問任脈為病男子內結七疝女子帶下瘕聚八十一難經女子瘕聚張世賢注云瘕者假物之形也靈樞經石瘕生於胞中寒氣客於子門子門閉塞氣不得通惡血當寫不寫衃以留止日以益大狀如懷子月事不以時下皆生於女子可導而下史記倉公傳臨菑氾里女子薄吾病甚臣意診其脈曰蟯瘕蟯瘕為病腹大臣意飲以芫華一撮即出蟯可數升病已梁四公記交河之間平磧中掘深數尺有末鹽更深一丈下有碧珀黑逾純漆末而食之攻婦人小腹癥瘕諸疾御覽引宋書徐文伯傳明帝宮人患腰痛牽心發醫以為肉瘕文伯曰此髮瘕以油投之即吐得物如髮引之長三尺頭已成蛇懸柱上水滴盡一髮而已病都差馥案隋書經籍志徐文伯療婦人瘕一卷

lì 癘

癘 惡疾也從疒蠆省聲 洛帶切

素問脈風成為癘 風俗通俗說帷帳不可為衣令人病癘氾衞穀梁集解序鬼神為之疵癘 歲時記共工氏有不

說文解字義證 卷二十二 五四

才子以冬至日死為人癘畏赤豆故作粥以禳之

惡疾也者字林同顏注急就篇亦同論語伯牛有疾苞氏曰牛有惡疾論衡刺孟篇伯牛為癘漢書宣元六王傳今迺遭命離於惡疾夫子所痛曰蔑之命矣夫斯人也而有斯疾也襄二十七年左傳崔成有疾而廢之注云有惡疾也昭二十年公羊解詁惡疾謂瘖聾盲癘禿跛傴不逮人倫之屬也莊子逍遙遊篇使物不疵癘而年穀熟釋文癘李音賴惡病也易通卦驗人手太陽脈盛人多病癘疥身瘙韓詩序芣苢傷夫有惡疾也列女傳蔡人之妻既嫁而夫有惡疾帝王世紀夷王有惡疾愆於厥身後魏書世傳崔諶門有惡疾以呼沲為墓田北史長孫幼傳嘗聞惡疾蝮蛇螫之不痛或作厲字釋名厲疾氣也中人如磨厲傷物也淮南精神訓冉伯牛為厲又與痳通廣雅痳癘也玉篇痳惡病也又作癩厲賴聲相近春秋昭四年楚伐吳滅賴公羊傳作厲釋文厲又音賴僖十五年釋文厲舊音賴案桓十三年左傳楚子使賴人追之僖十五年經齊師曹師伐厲厲即賴也方言賴讎也南楚之外曰賴注云賴亦惡名郭氏讀賴為癘也史記南越傳為戈船下厲將軍徐廣曰厲一作瀨漢書祖厲河李斐注祖厲音嗟賴莊子齊

疒

nüè 瘧

物論厲與西施釋文厲如字惡也李音賴司馬云病癩史記刺客列傳豫讓又漆身爲厲索隱癩惡瘡病也凡漆有毒近之多患瘡腫若癩病然故豫讓以漆塗身令其若癩耳然厲賴聲相近古多假厲爲賴今之癩字從疒故楚有賴鄉亦作厲字也戰國策亦作厲易林身多癩疾誰肎媍者古文苑責髯奴辭癩鬚瘦面注云癩癘疾也顏氏家訓爬搔隱疹因爾成癩隋書經籍志老子石室蘭臺中治癩符一卷通鑑薛魏孫欲弑帝符承祖曰吾聞殺天子者身當病癩注云癩惡疾也詩思齊烈假不瑕箋云厲瑕皆病也正義鄭讀烈假爲癘瘕故云皆病也說文云癘疫疾也或作癩馥案詩瞻仰降此大厲傳云厲惡也周禮疾醫四時皆有癘疾注云癘疾氣不和之疾引五行傳六癘作見案五行傳作六沴檀弓斬祀殺厲注云厲疫病周書時訓解半夏不生民多癘疾昭四年左傳癘疾不降杜云癘惡氣也哀元年傳在國天有菑癘杜云癘疾疫也莊二十年公羊傳大瘠者何痢也注云民病疫也案列癘聲相近鶩或作鸝是也山海經西王母是司天之厲注云主知災厲又云英山有鳥焉其名曰肥遺食之已癘注云癘疫病也或曰惡創呂氏春秋仲冬紀行春令則民多疾癘注云水木相干氣不和故民多疾癘也漢書嚴安傳民不夭癘顏

說文解字義證　卷二十二　[illegible]

注癘病也

瘧　寒熱休作從疒從虐虐亦聲　魚約切

玉篇瘥疾瘧惡寒振也　易說立春氣當至不至則多疾瘧易通卦驗人足少陰脈虛多病疫瘧注云坎六四陰爻也屬足也炁不至故令足脈虛立春不至者寒得其節也疫瘧寒亦病此當與火同爲足少陰脈言陽非　素問魄汗未盡形弱而氣爍穴俞以閉發爲風瘧　隋書經籍志有瘧論一卷

寒熱休作者昭二十年左傳正義引作熱寒并作御覽引同玉篇瘧或寒或熱病急就篇瘧瘚瘀痛瘼溫病顏注瘧寒熱休作之病言其酷虐也周禮疾醫秋時有瘧寒疾昭十九年左傳許悼公瘧服虔曰瘧寒疾也月令孟秋之月行夏令寒熱不節民多瘧疾注曰瘧疾寒熱所爲者高注呂氏春秋孟秋紀云金氣火氣寒熱相干不節使民病瘧疾寒熱所生素問帝曰瘧先寒而後熱者何也岐伯曰夏傷於大暑其汗大出腠理開發因遇夏氣淒滄之水藏於腠理皮膚之中秋傷於風則病成矣夫寒者陰氣也風者陽氣也先傷於寒而後傷於風故先寒而後熱也病以時作名曰寒瘧帝曰先熱而後寒者何也岐伯曰此先傷於風而後傷於寒故先熱而後寒也亦以時作名曰溫瘧通鑑劉胡託瘧疾住鵲頭不進注云疾而寒熱迭作爲瘧釋典有祝瘧經祝寒熱病經　從虐者釋名瘧酷虐也凡疾或寒或熱耳而此疾先寒後熱兩疾似酷虐者也　虐亦聲者亦字後人加

shān 痁

痁　有熱瘧從疒占聲春秋傳曰齊侯疥遂痁　失廉切

宋書袁淑傳痁禍洊興　顏延年陶徵士誄狹維痁疾梁邱遲爲柳僕射讓光祿表臣以痁疾登伊或忝

有熱瘧者哀二年左傳痁作而伏杜云痁瘧疾也易說白露當降不降民多溫瘧素問其但熱而不寒者陰氣先絕陽氣獨發則少氣煩冤手足熱而欲嘔名曰癉瘧　春秋傳曰齊侯疥遂痁者昭二十年左傳文注云痁瘧疾　正義云後魏之世嘗使李繪聘梁梁人袁狎與繪言及春秋說此事云疥當爲痎痎是小瘧痁是大瘧疾患積久以小致大非疥也狎之所言梁主之說也案說文疥搔也瘧熱寒幷作痁有熱瘧痎二日一發瘧今人瘧有二日一發亦有頻日發者俗人仍呼二日一發久不差者爲痎瘧則梁主之言信而有徵也是齊侯之疾初二日一發後遂頻日熱

說文解字義證　卷二十二　美

發故曰痎遂痁以此久不差故諸侯之賓問疾者多在者也若其不然疥搔小患與瘧不類何云疥遂痁乎徐仙民音作疥今定本亦作疥顏氏家訓書證篇齊侯痎遂痁說文云痎二日一發之瘧痁有熱瘧也案齊侯之病本是間日一發漸加重乎故爲諸侯憂也今北方猶呼痎瘧音皆而世間傳本多以痎爲疥杜征南亦無解釋徐仙民音疥俗儒就爲通云病疥令人惡寒變而成瘧此臆說也疥癬小疾何足可論寧有患疥轉作瘧乎左傳釋文疥舊音戒梁元帝音該依字則當作痎說文云兩日一發之瘧也後學之徒僉以疥字爲誤案傳例因事曰遂若痎已是瘧疾何爲復言遂痁乎

jiē 痎

痎　二日一發瘧從疒亥聲　古諧切

二日一發瘧者廣雅痎痁瘧也素問夏傷於暑秋爲痎瘧又帝曰時有間二日或至數日發其故何也岐伯曰其間日者邪氣與衛氣客於六府而有時相失不能相得故休數日乃作也洪氏隆興職方乘云嶺南村落有市謂之虛以其不常會多虛日也西蜀曰痎言如痎疾間而復作本草蜀葵花白者療痎瘧左傳釋文痎又音皆字或作瘄本

疒

草老瘧名瘖瘧俗呼妖瘧揚上善云二日一發名瘖瘧

lín 痳

痳　疝病從疒林聲 力尋切

疝病者一切經音義二十痳說文小便病也又聲類小便數也玉篇痳小便難也廣雅痳病也

zhì 痔

痔　後病也從疒寺聲 直里切

尸子秦之良醫爲惠王治痔　西山經天帝之山有鳥焉其狀如鶉黑文而赤翁名曰櫟食之已痔中山經飛魚食之已痔衕

後病也者李善注登徒子好色賦引同一切經音義十一痔匿後病也謂溼匿也匿亦作䘌蟲食後病也釋名痔食也蟲食之也急就篇癉熱瘻痔眵𥇒眼顏注痔蟲食後之病也莊子人閒世篇與人有痔病者釋文司馬云痔隱創也

wěi 痿

痿　痹也從疒委聲 儒隹切

痹也者晉書音義引字林同一切經音義四痿痹也謂不能行玉篇痿不能行也痹溼病也急就篇癰疽瘛瘲痿痹瘀顏注痿不能行也痹風溼不仁也黃注痿溼病兩足不能相及方言委痿謂之隑企注云脚躄不能行也八十一難經骨痿少氣素問陽明虛則宗筋縱帶脈不引故足痿又云五藏因肺熱葉焦發爲痿躄又云因於溼首如裹溼熱不攘大筋緛短小筋弛長緛短爲拘弛長爲痿呂氏春秋重已篇多陽則痿注云痿躄不能行也七發且夫出輿入輦命曰蹷痿之機史記韓王信傳如痿人不忘起索隱張揖云痿不能行漢書哀帝本紀即位痿痹如淳曰病兩足不能相過曰痿顏注痿亦痹病也武五子傳疾痿行步不便顏注痿風痹疾也史記五宗世家端爲人賊戾又陰痿正義云不能御婦人漢書膠西王陰痿一近婦人病數月晉書南陽王模世子保痿疾不能御婦人宋書明帝晚年不能御內馥謂陰痿猶足痿

bì 痹

痹　溼病也從疒畀聲 必至切

溼病也者李善注嵇康與山巨源書引同蒼頡篇痹手足不仁也王應麟曰說文痹溼病溼則營衛氣不至而頑痹一切經音義十八說文痹溼病也今言風痹冷痹皆是也風賦毆溫致溼李善云言此風毆溫氣來令致溼也陳書吳明徹傳城中苦溼多腹疾手足皆腫易通卦驗冥氣退則旨風至萬物不成溼傷人民又云人手少陽脈虛多病筋痹胸痛注云筋痹暑溼之疾盛暑溼而氣不至於人主筋痹之病也素問風寒溼三氣雜至合而爲痹也其風氣勝者爲行痹寒氣勝者爲痛痹溼氣勝者爲著痹也漢書馮立傳後遷爲東海太守下溼病痹晉書皇甫謐得風痹疾因疾學醫遂盡其妙通鑑辛讜病風痹又田興陽爲風痹注並云痹脚冷溼之病也漢藝文志五藏六府痹十二病方三十六卷顏注痹風溼之病

bì 𤸷

𤸷　足气不至也從疒畢聲 毗至切

足气不至也者玉篇𤸷足氣不至轉筋也易通卦驗八足太陽脈虛多病血𤸷注云𤸷者氣不達爲病隋書經籍志梁有徐叔嚮療脚弱方八卷

zhú 瘃

瘃　中寒腫覈從疒豖聲 陟玉切

中寒腫覈者本書骨肉之覈也踊瘃足也一切經音義十二瘃謂手中寒作瘡玉篇瘃手足中寒瘡也漢書趙充國傳將軍士寒手足皸瘃文穎曰瘃寒瘡也又云離霜露疾疫瘃墮之患顏注墮謂因寒瘃而墮指者也陳書司馬暠傳冒履冰霜手足皆皸瘃唐李甘薦楊牢書單縗冬月往來大行閒凍膚皸瘃通鑑魏尉元以沈攸之所喪士卒瘃墮膝行者悉還收之注云瘃寒瘡也楊慎曰龜瘃足跟凍瘡也馥案莊子所謂不龜手之藥

piān ⿸疒扁

⿸疒扁　半枯也從疒扁聲 匹連切

廣韻作⿸疒扁云骨風病也

半枯也者本書髍⿸疒扁病也素問汗出偏沮使人偏枯王注偏枯半身不隨管子入國篇聾盲喑啞跛躄偏枯握遞不耐自生者上收而養之疾官而衣食之尸子禹疏河決江十年未闚其家生偏枯之疾步不相過人曰禹步馥案帝王世紀世傳禹病偏枯足不相過至今巫稱禹步是也荀子非相篇禹跳湯偏注引鄭注尚書大傳云湯半體枯呂氏春秋別類篇魯人有公孫綽者告人曰我能起死人人問其故對曰我固能治偏枯今吾倍所以爲偏枯之藥則

可以起死人矣馥案淮南覽冥訓是猶王孫綽之欲倍偏枯之藥而欲以生殊死之人高云王孫綽以一劑藥愈偏枯之病因欲倍其劑以生已死之人潛夫論賈誼痛於偏枯躄痱之疾皇甫謐表臣以尩弊迷於道趣久嬰篤疾軀半不仁右腳偏小又服寒食藥違諸節度半枯荼毒長沙耆舊傳夏叔患風淫一腳偏枯

zhǒng 瘇

瘇 脛气足腫从疒童聲詩曰既微且瘇 時重切

汗簡云古文作瘴見說文

脛气足腫者俗作瘇一切經音義十瘇又作尰爾雅腫足爲尰今巳蜀極多此疾手臂有者亦呼爲尰也通俗文腫足曰瘇瘇腳病也廣雅尰腫也淮南地形訓岸下氣多腫漢書賈誼傳天下之勢方病大腫一脛之大幾如要一指之大幾如股如淳曰腫足曰瘇吳志薛綜傳加以鬱霧冥其上鹹水烝其下善生流腫轉相洿染成六年左傳於是乎有沈溺重膇之疾杜云沈溺溼疾重膇足腫易通卦驗人足太陽脈盛多病瘇痕脛腫注云足太陰脈起於下其氣盛合脛腫呂氏春秋盡數篇重水所多尰與躄人注云腫足曰尰博物志瘇由踐土之無鹵者今江外諸山縣偏多此病也後漢律歷志驚蟄晷長八尺二寸未當至而至多病癰疽脛腫 詩既微且瘇者小雅巧言文彼作尰傳云骭瘍爲微腫足爲尰箋云此人居下溼之地故生微尰之疾

尰 籀文从尣

爾雅作尰釋文尰本或作瘇同竝籀文瘇字也

è [疒盍]

[疒盍] 跛病也从疒盍聲讀若脅又讀若掩 烏盍切

跛病也者跛當爲疲集韻作疲一切經音義八病短氣曰[疒盍]成十六年左傳奸時以動而疲民以逞釋文疲本亦作罷本書癃罷病也管子小匡篇諸侯以疲馬犬羊爲幣注云疲謂瘦也漢書萬石君傳疲駑無以輔治 又讀若掩者集韻[疒盍]與痷同廣雅痷病也玉篇痷殜半臥半起病也五音集韻痷瘦病

zhǐ 疻

疻 毆傷也从疒只聲 諸氏切

毆傷也者急就篇疻痏保辜謕呼號顏注毆人皮膚腫起曰疻毆傷曰痏漢書薛宣傳遇人不以義而見疻者與痏人之罪鈞

wěi 痏

痏 疻痏也从疒有聲 榮美切

疻痏也者李善注幽憤詩引作瘢也蒼頡篇痏毆傷也漢書薛宣傳注應劭曰以杖手毆擊人剝其皮膚腫起青黑而無創瘢者律謂疻痏西京賦所惡成瘡痏注云瘡痏謂瘢痕也

wěi [疒雋]

[疒雋] 創裂也一曰疾[疒雋]从疒雋聲 以水切

創裂也者廣雅[疒雋]裂也俗作臇玉篇臇瘡也 一曰疾[疒雋]者玉篇一曰疾也

chān [疒𣏟]

[疒𣏟] 皮剝也从疒𣏟聲 赤占切

皮剝也者皮痒搔之則蛻俗謂皮蛀蓋皮中有小蟲也徐鍇本有讀若枏又讀若桕七字

[疒皮] 籀文从皮

从皮者皮當爲𠬝玉篇作痕

nòng 癑

癑 痛也从疒農聲 奴動切

痛也者一切經音義十八疼又作痋𦙶二形聲類作癑馥案廣雅疼痛也

yí 痍

痍 傷也从疒夷聲 以脂切

傷也者廣雅同一切經音義四痍傷金也金謂刀斧傷者三蒼痍傷也通俗文體創曰痍釋名痍侈也侈開皮膚爲創也成十六年公羊傳王痍者何傷乎矢也通作夷易序卦傳夷者傷也成十六年左傳子反命軍吏察夷傷杜云夷亦傷也正義服虔云金創爲夷齊策夷傷者空財而共藥餉云夷亦傷也漢書律歷志夷則言陽氣正法度而使陰氣夷當傷之物也顏注夷亦傷也

bān 瘢

瘢 痍也从疒般聲 薄官切

痍也者玉篇瘢創痕也一切經音義三蒼頡篇瘢痕也釋名瘢漫也生漫故皮也漢書朱博傳長陵大姓尚方禁少時嘗盜人妻見斫創著其頰博間知以宅事召見視其面果有瘢王莽傳誠見君面有瘢美玉可以滅瘢顏注竝云

說文解字義證 卷二十二 卆

hén 痕 jìng 痙 tóng 痋 shòu 瘦 chèn 疢

瘢創痕也北史崔贍傳贍經熱病面多瘢痕 後漢書馬廖傳吳王好劒客百姓多創瘢

痕 胝瘢也從疒艮聲 戶恩切

胝瘢也者本書腄瘢胝也胝腄也晉書音義引字林痕瘡瘢也通俗文瘡瘢曰痕釋名痕根也急相根引也趙壹疾世刺邪賦所惡則洗垢索其瘢痕

痙 彊急也從疒巠聲 其頸切

彊急也者徐鍇曰字書痙中寒體强急也玉篇痙風强病也顏注急就篇痓四體强急難用屈申也字或作疢音義並同王氏補注云說文痙中寒體强急也疢熱病也丑刃反與痓字音義異韻亦不叶疑當作痙六書故醫書以中寒溼發熱惡寒頸項彊急身反張如中風狀或掣縱口噤爲痓有汗爲柔痓爲陰痓無汗爲剛痓爲陽痓且曰痓亦作痓考之說文合之以聲痓乃痙之譌當定爲痙 易通卦驗人足太陽脈虛人多病滿筋急痹痛

說文解字義證　卷二十二

痋 動病也從疒蟲省聲 徒冬切

動病也者痛當爲痛一切經音義十八痋又作胗疼二形同徒冬反聲類作疼 說文痋動痛也

瘦 臞也從疒叜聲 所又切

臞也者淮南原道訓故子夏心戰而臞得道而肥東觀漢記和熹鄧后自遭大憂羸瘦骨立魏明帝詔陳思王曰王顏色瘦弱何意邪腹中調和不今者食幾許米噉肉多少見王瘦吾甚驚宜當節水加餐 三輔決錄注何氏肥人輒貴瘦人輒賤張氏瘦者輒貴肥者輒賤故二族以肥瘦知貴賤

疢 熱病也從疒從火 丑刃切

汗簡古文作疢見說文 詩小弁疢如疾首箋云疢猶病也 襄二十三年左傳季孫之愛我疾疢也又哀五年傳則有疾疢 或作疹越語令孤子寡婦疾疹貧病者納宦其子桓譚新論嘗激一事而作小賦用精思太劇而立發疹思元賦思百憂以自疹 注云疹疾也 熱病也者易通卦驗震氣不至則歲中少雷萬物華而不實人民疾熱莊子有張毅者行年四十而有內熱之病風

dàn 癉 dǎn 疸 qiè 㾜 pǐ 痞 yì 瘍 shù 痳 pí 疲 zǐ 㾴

賊生病 造熱

癉 勞病也從疒單聲 丁榦丁賀二切

勞病也者釋詁癉勞也宋書文帝有虛勞疾意有所想便覺心中痛裂又何尚之患勞疾積年飲婦人乳乃差詩板下民卒癉傳云癉病也正義癉病釋詁文釋文癉沈本作癉顏案釋詁作癉禮記緇衣章善癉惡鄭云癉病也書畢命作癉傳云病其爲惡通作憚詩雲漢我心憚暑傳云憚勞釋文毛音丁佐反

疸 黃病也從疒旦聲 丁榦切

黃病也者玉篇癀癀疸病也素問溺黃赤安臥者黃疸易通卦驗人手心主脈虛多病少炁五疸水腫晉書史脫善診候治黃疸病最爲高手方書疸有五黃胖黃疸酒疸穀疸女勞疸

㾜 病息也從疒夾聲 苦叶切

病息也者本書㾜息也一曰少氣也玉篇作㾜病少氣

說文解字義證　卷二十二

痞 痛也從疒否聲 符鄙切

痛也者御覽引作人病也玉篇痞腹內結病又云痃癥結病也廣雅痡[illegible]痞也釋名痞否也氣否結也八十一難經脾之積名曰痞氣在胃脘覆大如盤久不愈令人四肢不收發黃疸飲食不爲肌膚

瘍 脈瘍也從疒易聲 羊益切

脈瘍也者玉篇瘍脈病也

痳 狂走也從疒朮聲讀若欻 食聿切

狂走也者廣雅痳狂也顏注急就篇狂猶妄動作也漢書藝文志有狂顛病方

疲 勞也從疒皮聲 符羈切

勞也者後漢書光武曰我自樂此不爲疲也 通作罷少儀師役曰罷注云罷之爲言勞也

㾴 瘕也從疒朿聲 側史切

疒

瘕也者廣雅痳病也

qí 疷

疷 病也從疒氏聲 渠支切

顧炎武曰詩祇自疷兮石經作疷從氏宋劉彝以爲當作痻音民病也唐人避太宗諱凡字從民者皆省而爲氏今人書昬爲昏猶其遺法也馥案玉篇痻病也通作閔詩柏舟覯閔既多鴟鴞鬻子之閔斯傳云閔病也

病也者釋詁文釋文疷祈支反或丁禮反本作疲字書云疲病也聲類猶以爲疷字孫炎云滯之病也馥案兩疲字皆疷字之譌徐鍇本作病不翅不翅即不啻孟子奚翅食重洪武正韻云不翅猶言不止是本書啻語時不啻也經典從氏作疷詩白華俾我疷兮無將大車祇自疷兮傳竝云疷病也通作底山海經可以爲底注云爲猶治也外傳曰疾不可爲一作疷猶病愈也又通作祇易復卦无祇悔鄭云祇病也詩何人斯俾我祇也傳云祇病也馥案山海經注云底一作疷故釋文有丁禮反之音

jí ⿸疒及

⿸疒及 病劣也從疒及聲 呼合切

病劣也者徐鍇曰本草苟杞療虛⿸疒及病謂⿸疒及⿸疒及無氣力也本書劣弱也書洪範六曰弱傳云尫劣

ài ⿸疒殹

⿸疒殹 劇聲也從疒殹聲 於賣切

劇聲也者本書醫下云殹病聲玉篇⿸疒殹呻聲也方言南楚凡病少愈而加劇謂之不斟潛夫論思賢篇病以增劇論衡恢國篇微病恒醫皆巧篤劇扁鵲乃良

lóng 癃

癃 罷病也從疒隆聲 力中切

周禮大司徒五曰寬疾注云寬疾若今癃不可事不筭卒可事者半之也小司徒以辨其貴賤老幼廢疾注云廢疾謂癃病也靈樞經酸走筋多食之令人癃晏子公所親見癃老者七十人 淮南覽冥訓平公癃病高云癃病篤疾又地形訓林氣多癃 王羲之帖護軍教其有老落篤癃不堪從役者區分別白 或謂龍鍾即癃字反音案如鄉潘爲就突欒爲團卿令爲精窟籠爲孔

罷病也者廣雅癈癃也蒼頡篇癃病也急就篇篤癃衰癈迎醫匠顏注癃疲病也又減罷軍顏注久從戎役故疲勞也周禮大司寇以圜土聚教罷民疏云罷謂困極罷弊表記中道而廢注云廢謂力極罷頓僖十九年左傳民罷而弗堪成七年傳余必使爾疲於奔命以死襄八年傳民不罷病昭三年傳庶民罷敝昭十九年傳勞罷死轉史記平原君傳臣不幸有疲癃之病索隱罷癃背疾言腰曲而背隆高也漢書高帝紀年老癃病勿遣顏注癃疲病也古今人表楚蘧罷顏注讀若疲

癃 籀文癃省

漢曹全碑羅米粟賜癃盲

yì 疫

疫 民皆疾也從疒役省聲 營隻切

玉篇疫癘鬼也馥案釋名疫役也言有鬼行役也月令季春之月命國難注云此月之中日行歷昴昴有大陵積尸之氣氣佚則厲鬼隨而出行命方相氏帥百隸索室毆疫以逐之王居明堂禮季春出疫於郊 詩節南山天方薦瘥箋云天氣方合又重以疫病 周禮大宗伯以荒禮哀凶札注云札讀爲截謂疫癘又司服大札大荒大烖素服注云大札疫病

也 禮記外傳天以一氣化萬物五帝各行其德餘炁留滯則傷後時謂之不和而災疫興焉 月令仲秋之月天子乃難注引王居明堂禮仲秋九門磔攘以發陳氣禦止疫疾昭元年左傳山川之神則水旱癘疫之災於是乎禁之正義癘疫謂害氣流行歲多疾病 亢倉子溫涼適時則人無病疹人無病疹是疫癘不行疫癘不行咸得遂其天年 易通卦驗乾氣不至則立夏有寒傷禾稼萬物多死人民疾疫呂氏春秋察賢篇雪霜雨露時則萬物育矣人民修矣疾病妖厲去矣 史記天官書氐爲天根主疫索隱宋均云疫疾也三月榆莢落故主疾疫也然此時物雖生而日宿在奎行毒氣故有疫疾也 漢書刑法志鬻棺者欲歲之疫顏注疫癘病也 論衡交動篇天官之書以正月朔占四方之風風從東方來者爲疫 曹植說疫氣曰建安二十二年癘氣流行家家有僵尸之痛室室有號泣之哀或闔門而殪或覆族而喪或以爲疫者鬼神所作夫罹此者悉被褐茹藿之子荊室蓬戶之人耳若夫殿處鼎食之家重貂累蓐之門若是者鮮焉此乃陰陽失位寒暑錯時是故生疫而愚民懸符厭之亦可笑也 雜陰陽書正月七日男吞赤小豆七顆女吞十四枚令疫病不相染 劉根別傳潁川大疫太守從根求消除之術根曰寅戌歲泄在亥今年太歲在寅於廳事之亥地

穿地深三尺取沙三斛著以醇酒三升沃之疫疾遂絕民皆疾也者一切經音義二十一人病相注曰疫字林疫病流行也剛卯文庶疫剛癉庶疫衆疫也周禮司救凡歲時有天患民病則以節巡國中及郊野而以王命施惠月令孟春行秋令則民大疫季春行夏令則民多疾疫仲夏行秋令民殃於疫春秋莊二十年齊大災公羊云大災者何大瘠也大瘠者何痾也何云瘠病也齊人語也痾者民疾疫也論衡命義篇溫氣疫癘千戶滅門後漢書鍾離意傳會稽大疫死者萬數注云疫癘氣也

chì 瘛

瘛 小兒瘛瘲病也從疒恝聲 尺制切

小兒瘛瘲病也者廣韻瘛瘲小兒病玉篇瘛瘛掣縮也戴侗曰謂小兒風驚乍掣乍縱也馥案潛夫論忠貴篇嬰兒常病傷飽也哺乳太多則必掣縱而生癇廣雅瘛瘲也急就篇癰疽瘛瘲痿痹痕顏注瘛瘲小兒之疾即今癇病也漢書藝文志金創瘲瘛方三十卷服虔曰音瘳引之瘳顏注小兒病也字或作瘈素問太陽之脈其終也戴眼反折瘈瘲

duò 疼

疼 馬病也從疒多聲詩曰疼疼駱馬 丁可切

馬病也者廣韻疼力極廣雅疼疼疲也馥謂馬病言疲極也孟子今日病矣亦言力極　詩曰疼疼駱馬者小雅四牡文彼作嘽嘽傳云喘息之貌馬勞則喘息案本書嘽下引詩嘽嘽駱馬嘽疼聲近本書鼉從單聲史記司馬相如傳壇以陸離漢書壇作疼

duó 㾩

㾩 馬脛瘍也從疒兌聲一曰將傷 徒活切

馬脛傷也者齊民要術有治馬瘙蹄方　一曰將傷者徐鍇本作特傷也鍇曰謂駱馬爲特馬所傷也

liáo 療

療 治也從疒樂聲 力照切

治也者一切經音義二止病曰療療謂治病也廣雅療治也三蒼療治病也方言愮療治也江湘交會謂醫治之曰愮或曰療周禮瘍醫凡療瘍以五毒攻之注云止病曰療攻治也襄二十六年左傳不可救療杜云療治也呂氏春秋先己篇用其新去其陳腠理遂通注云用藥物之新棄去其陳以療疾則腠理肌脈遂通利不閉也七發今太子之病可無藥石針刺灸療而已詩衡門可以樂飢釋文樂本又作療沈云舊皆作樂字逸詩本有作疒下樂以形聲言之殊非其義療字當從疒下尞

案說文云療治也療或療字也

療 或從尞

gù 痼

痼 久病也從疒古聲 古慕切

久病也者一切經音義二十四痼久病也說文痼病也馥案玉篇痼久病也痼同上二說不同蓋本書痼痼異體玉篇則以爲同文也潛夫論病日痼而遂死也

là 瘌

瘌 楚人謂藥毒曰痛瘌從疒剌聲 盧達切

楚人謂藥毒曰痛瘌者本書偱下云剌也一曰痛聲爾雅螫蛓虫背有毒毛能螫人俗呼楊瘌蟲說文楚人謂藥毒曰痛瘌音如辛辣之辣馥案玉篇辣辛辣也痛也廣韻瘌痨瘌不調方言凡飲藥傅藥而毒南楚之外謂之瘌北燕朝鮮之間謂之痨東齊海岱之間謂之瞑眩自關而西謂之毒瘌痛也周禮醫師聚毒藥以共醫事注云毒藥藥之

辛苦者抱朴子忍痛苦之藥石者所以除伐命之疾

lào 痨

痨 朝鮮謂藥毒曰痨從疒勞聲 郎到切

朝鮮謂藥毒曰痨者見方言廣雅痨痛也本書嚛下云食辛嚛也

chài 瘥

瘥 瘉也從疒差聲 楚懈切 又才他切

瘉也者廣雅釋名並作癒廣韻瘥病除也通作差方言差愈也南楚病愈者謂之差或謂之瘳書金縢王翼日乃瘳傳云瘳差也論語病間孔安國曰少差曰間襄十年左傳晉侯有間杜云間疾差也釋文差[illegible]反昭十三年傳其何瘳於晉注云瘳差也昭二十年傳爾其勉之相從爲愈注云愈差也魏志張遼傳疾小差通鑑北齊楊愔曰陛下若用高德政爲冀州刺史病常自差注云病差猶言病瘳也

shuāi 瘯

瘯 減也從疒衰聲一曰耗也 楚追切

減也者廣雅同玉篇瘯瘯損通作衰昭三十二年左傳遲速衰序注云衰差也馥案九章筭術差分即衰分漢書禮

chī 癡　chōu 瘳　yù 瘉

樂志是故纖微𤻀瘁之音作注云瘁一作衰䤈謂瘁乃瘵之誤樂記作憔殺殺亦減義論衡書虛篇管仲告諸矦吾君背有疽創不得婦人創不衰愈稽康養生論積損成衰一曰耗也者耗當爲耄一切經音義一衰字體作瘵同所龜反說文瘵減也亦損也禮記年五十始衰瘵懈也今皆作衰耄古文耄耄二形今作耗同莫報反馥案急就篇篤癃瘵癈迎醫匠顏注瘵損耗也此誤以爲虛耗與減義何别論語甚矣吾衰也東方朔七諫壽冉冉而俞衰

瘉 病瘳也從疒俞聲 以主切

病瘳也者漢書高帝紀漢王疾瘉顏注瘉與愈同瘉差也郊祀志神君言曰天子無憂病病少瘉强與我會甘泉於是上病瘉汲黯傳黯多病病且滿三月上常賜告者數終不瘉宋書王鎮之傳宏文就徵會得重疾親舊見其患篤勸表待病瘉廣宏明集佛德篇梁簡文荅湘東王書吾春初卧疾極成委𢢆雖西山白鹿懼不能瘉通作愈詩風雨云胡不瘳傳云瘳愈也周禮醫師十全爲上注云全猶愈也孟子今病小愈又云病愈我且往見又或作癒廣雅瘥癒也

說文解字義證　卷二十二　夳

瘳 疾瘉也從疒翏聲 敕鳩切

疾瘉也者廣雅瘳瘉也書金縢王翼日乃瘳傳云瘳差也說命若藥弗瞑眩厥疾弗瘳傳云如服藥必瞑眩極其病乃除詩風雨云胡不瘳傳云瘳愈也昭七年左傳寡君寢疾於今三月矣幷走羣望有加而無瘳晉語君不度而賀大國之襲於己何瘳注云瘳猶損也

癡 不慧也從疒疑聲 丑之切

不慧也者埤蒼方言竝云癡騃也急就篇痂疕疥癘癡聾音顏注癡不慧也成十八年左傳周子有兄而無慧注云不慧蓋世所謂白癡魏都賦僕黨清狂劉注漢書昌邑王賀傳曰賀清狂不慧注色理清徐而心不慧故曰清狂也五臣云無疾而迷曰清狂馥案玉篇𤸎癡也瘌同上北山經單張之山有鳥名曰白鵺食之可以已瘌又云浭浭之水多人魚食之無癡疾據此則癡乃𤸎病本書譺𢕭竝訓騃乃不慧也

文一百二　重七

瘝　瘭　痠　痟　痼　瘷

瘝

詩卷百我馬虺隤釋文虺說文作瘝

瘭 瘯瘭皮肥也

桓六年左傳謂其不疾瘯蠡也釋文蠡力果反說文作瘭曰瘯瘭皮肥也馥案本書座一曰族絫後人不見瘭字改爲絫

痠 疼痛也

列子黃帝篇釋文引本書痠疼痛也案玉篇痠疼痠先丸切廣韻痠素官切痠疼又瘯字云痠瘯疼痛

痟 疲也

文選謝靈運登臨海嶠詩顧望脰未悁李善云陸彥聲詩相望脰亦悁說文云痟疲也痟與悁通馥案廣韻痟骨節疼也玉篇同集韻痟骨酸也列子楊朱篇鷰以梁肉蘭橘心痟體煩素問痿厥腨痟王砅注疋肚酸疼爲腨痟

痼 久也

說文解字義證　卷二十二　夾

文選劉楨贈五官中郎將詩余嬰沈痼疾李善引本書痼久也五音集韻痼久也一切經音義二十四引本書痁痼病也玉篇癈痼病也漢舉博士狀身無金痍痼疾易林匿痼不醫益部耆舊傳李孟元叔子就有痼疾孝義傳謝𣶏母久嬰痼疾後漢書周章傳鄧太后以皇子勝有痼疾注云痼猶癈也南齊書武帝紀詔被水之鄉賜痼疾篤癃口二斛北史魏太和二十一年詔司州洛陽人年不滿六十而有癈痼之疾窮困無以自療者遣醫救護抱朴子抱痼疾而言精和鵲之伎通鑑漢和帝長子勝有痼疾注痼疾堅久之疾也又云齊晉安王有癈疾注云痼疾不可復用爲癈疾東觀漢記郡國飲醴泉者痼疾皆愈方輿記南鄭縣天池山上有池久飲之可愈痼疾又通作錮檀弓吾欲暴尪而奚若鄭注以尪爲錮疾問喪然則禿者不免傴者不袒跛者不踊非不悲也身有錮疾不可以備禮也漢書賈誼傳失今不治必爲錮疾顏注堅久之疾又通作固魏策是三人皆以太子爲非固相也高注固久也

瘷 㽷气也

一切經音義十一欬瘷經文作咳軟二形竝非體也又卷十說文瘷㽷气也倉頡篇云齊郡謂瘷曰欬

疒

瘠　瘍　瘙　瘻　瘊

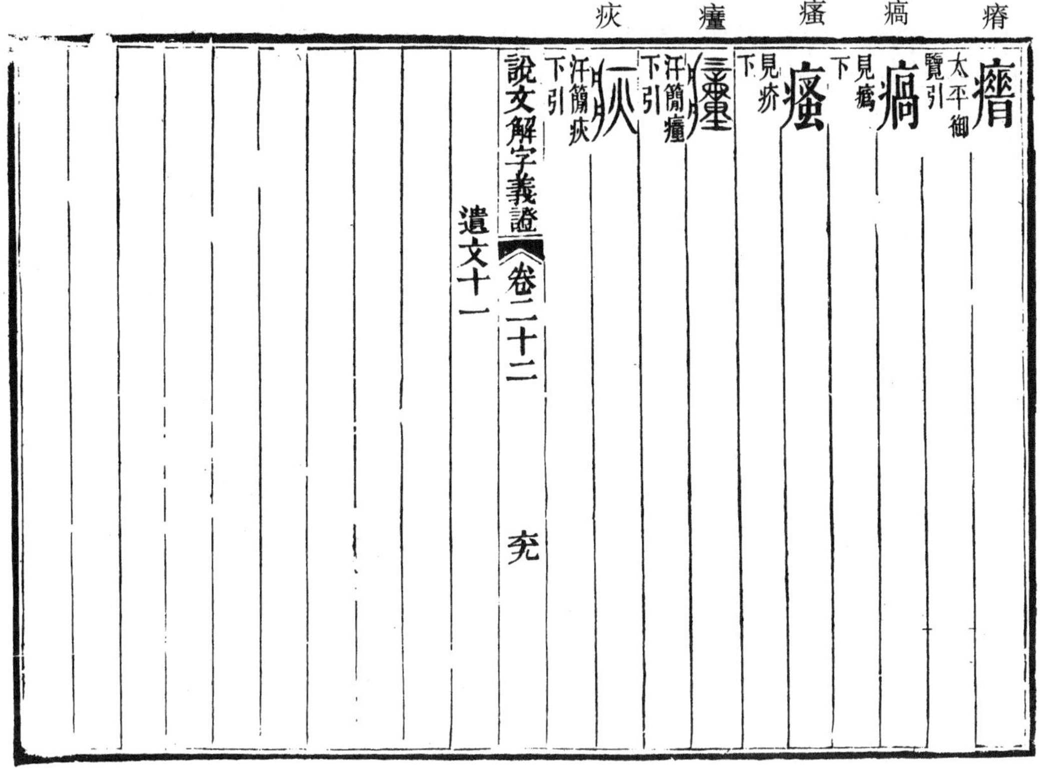

瘠 太平御覽引

瘍 見瘍下

瘙 見疥下

瘻 汗簡引瘻下

瘊 汗簡引瘊下

說文解字義證卷二十二　宄

遺文十一

疒

mì 冖　guān 冠　jù 冣　dù 託

說文解字弟七　義證弟二十三

曲阜桂馥學

冖 覆也從一下垂也凡冖之屬皆從冖 莫狄切

覆也者李善注顏延年詩引同本書數從此云冖尚矇也當爲冡冡覆也　從一下垂也者文字音義冖以巾覆物從一下垂

冠 絭也所以絭髮弁冕之總名也從冖從元元亦聲冠有法制從寸 古丸切

月令章句冠首飾也　周禮敘官弁師注云委貌緇布曰冠三禮圖緇布冠始冠之冠也太古冠布齊則緇之今武冠則其遺象也太古未有絲繒始用廝布耳　董巴輿服志上古穴居野處衣毛而冒皮後代聖人易之見鳥獸有冠角頓胡之制遂作冠冕纓緌

說文解字義證　卷二十三　一

絭也所以絭髮也者冠絭聲相近本書絭冠卷也卷當爲絭白虎通紼冕弁之爲言攀所以攀持其髮也　弁冕之總名也者急就篇冠幘簪簧結髮紐顏注冠者冕之總名備首飾也　從元元亦聲者當爲元聲冠禮祝辭始加元服李尤冠幘銘冠爲元服　冠有法制從寸者本書耐下云諸法度字從寸尉繚子天子玄冠玄纓諸侯素冠素纓大夫以下練冠練纓

冣 積也從冖從取取亦聲 才句切

經典通作聚釋詁揫斂屈收戢蒐裒鳩摟聚也論語聚斂而附益之中庸財聚則民散　積也者冣通作最管子禁藏篇冬收五藏最萬物注最聚也　取亦聲者當爲取聲

託 奠爵酒也從冖託聲周書曰王三宿三祭三託 當故切

周書曰王三宿三祭三託者顧命文彼作咤傳云王三進爵三祭酒三奠爵釋文咤說文作託丁故反奠爵也馬作託與說文音義同

文四

mǎo 冃　tóng 同　què 青　méng 冡　mào 冃

冃 重覆也從冂一凡冃之屬皆從冃讀若艸苺之苺 莫保切

重覆也者冂又加一故曰重也釋言弇同也覆謂同當爲冃字之誤也通作冒易繫辭冒天下之道韓注冒覆也書君奭丕冒海隅出日傳訓覆冒康誥我西土惟時怙冒傳云冒被四表釋文冒覆也馥案冒被即覆被　讀若草苺之苺者當云苺草之苺

同 合會也從冃從口 徒紅切

合會也者易同人天與火同人君子以類族辨物詩車攻會同有繹又吉日獸之所同箋云同猶聚也周禮大宗伯時見曰會殷見曰同襄二十九年左傳弃同即異是謂離德鄭注堯典稽同也先鄭注周禮小宰職稽合也

青 幬帳之象從冃㞢其飾也 苦江切

說文解字義證　卷二十三　二

幬帳之象者六書正譌幬帳旛旗之象象形俗作幢非釋名幢容也施之車蓋童童然以隱蔽形容也集韻潼容車幨帷也本書橦帳極也　㞢其飾也者本書弢下云弢垂飾案弢無飾義蓋謂中也與㞢相似

冡 覆也從冃豕 莫紅切

覆也者冡通作蒙釋言蒙奄也郭云奄奄覆也小爾雅廣詁蒙覆也方言蒙覆也詩君子偕老蒙彼縐絺傳云蒙覆也僖二十八年左傳胥臣蒙馬以虎皮襄十年傳狄虒彌建大車之輪而蒙之以甲注云蒙覆也昭十三年傳晉人執季孫意如以幕蒙之定六年傳今將以小忿蒙舊德杜云蒙覆也哀三年傳蒙葺公屋注云以濡物冒覆公屋楚語今子間而棄之猶蒙耳也韋云蒙覆也漢書衛綰傳郎官有譴常蒙其罪顏注蒙謂覆蔽之

文四

冃 小兒蠻夷頭衣也從冂二其飾也凡冃之屬皆從冃 莫報切

miǎn
冕

小兒蠻夷頭衣也者徐鍇本小兒下有及字通鑑注引作小兒蠻夷蒙頭衣玉篇帽小兒頭衣本作冃寰宇記哀牢邑豪歲輸布貫頭衣二領以爲常賦通作帽風土記爴日村人擊細腰鼓戴胡頭帽

冕 大夫以上冠也邃延垂瑬紞纊從冃免聲古者黃帝初作冕 亾辡切

本書絻冕也兌冕也 釋名祭服曰冕冕猶俛也俛平直兒也亦言文也玄上纁下前後垂珠有文飾也書太甲伊尹以冕服奉嗣王歸于亳傳云冕冠也論語麻冕孔注冕緇布冠也古者績麻三十升布以爲之皇疏周禮有六冕以平板爲主而用三十升麻布衣板上玄下纁昭元年左傳吾與子弁冕端委注云弁冕冠也明堂位冕而舞大武注云冕冠名也 後漢書班固傳鷩冕所興注云蒼頡篇曰冕冠也 三禮圖冕以三十升布染而爲之廣八寸長尺六寸前圜後方前下後高有俛伏之形故謂之冕欲人之位彌高而志彌下故以名焉 五經通義冕制何禮器曰冕冠長六寸廣八寸員前冕緇布衽上五采組十二旒夏殷之冕如周制矣其旒色異夏冕黑白赤組旒殷冕黑黃青組旒 摯虞決疑要注秦除六冕之制漢明帝永平中使諸儒案古文始復造袞冕

大夫以上冠也者周禮弁師掌王之五冕皆玄冕朱裏延紐五采繅十有二就皆五采玉十有二玉笄朱紘諸侯之繅斿九就瑉玉三采其餘如王之事繅斿皆就玉瑱玉笄王之皮弁會五采玉璂象邸玉笄王之弁絰弁而加環絰諸侯及孤卿大夫之冕韋弁皮弁弁絰各以其等爲之而掌其禁令桓二年左傳袞冕黻珽杜云冕冠也正義云阮諶三禮圖漢禮器制度云冕制皆長尺六寸廣八寸天子以下皆同沈引董巴輿服志云廣七寸長尺二寸應劭漢官儀云廣七寸長八寸沈又云廣八寸長尺六寸者天子之冕廣七寸長尺二寸者諸侯之冕廣七寸長八寸者大夫之冕獨斷明帝採尚書皋繇及周官禮記以定冕制皆廣七寸長尺二寸系白珠于其端十二旒三公及諸侯九旒卿七旒 邃延垂瑬紞纊者徐鍇本作纊紞本書瑬垂玉也冕飾紞冕冠塞耳者桓二年左傳衡紞紘綖杜云紞冠之垂者紘纓從下而上者綖冠上覆弁師注合五采絲爲之繩垂於延之前後各十二所謂邃延也魯語加之以紘綖韋昭曰綖冕上之覆也詩葛覃傳公侯夫人紘綖釋文綖音延冕上覆也白虎通紼冕冕所以前後邃延者何示進賢退不能也垂旒者示不見邪纊塞耳示不聽讒也漢官儀周冕與古冕略等周加垂旒天子前後垂眞白珠各十二 古者黃帝初作冕者北堂書鈔引世本黃帝作旃冕宋均曰冕冠之有旒者應劭云周始垂旒也三禮圖黃帝戴黃冕通典黃帝作冕垂旒目不邪視也充纊耳示不聽讒言也事見世本

絻 冕或從糸

大戴禮子張問入官篇古者絻而前旒所以蔽明也

zhòu
冑

冑 兜鍪也從冃由聲 直又切

僖二十二年穀梁傳古者被甲嬰冑非以興國也則以征無道也 韓策被甲冒冑 周遷輿服雜事蜀隊戴貝冑被犀甲此古制也詩云貝冑朱綅謂以貝齒飾冑朱縷綴之也冑插以翟尾垂以紅絮朱綅之象也

兜鍪也者左傳正義引作兜鍪首鎧也案與本書兜下訓同 一切經音義一廣雅冑兜鍪也中國行此音亦言鞮鍪江南行此音顉案韓策甲盾鞮鍪鮑云鍪兜鍪漢書韓延壽傳被甲鞮鞪居馬上顏注鞮鞪卽兜鍪也急就篇弓弩

箭矢鎧兜鉾顏注兜鉾首甲也古謂之冑書說命惟甲冑起戎傳云冑兜鍪也費誓善穀乃甲冑傳云冑兜鍪正義經典皆言甲冑秦世已來始有鎧兜鍪之文古之作甲用皮秦漢已來用鐵鎧鍪二字皆从金蓋用鐵爲之而因以作名也僖二十二年左傳獲公冑縣諸魚門杜云冑兜鍪正義書傳皆云冑無兜鍪之文言兜鍪舉今以曉古蓋秦漢以來語僖三十三年傳左右免冑而下注云冑兜鍪也注國語同曲禮獻甲者執冑儒行儒有忠信以爲甲冑少儀祖櫜奉冑注竝云冑兜鍪也楚詞九歎韓信蒙於介冑兮注云冑兜鍪也史記韓非傳急則用介冑之士正義冑兜鍪也漢書王莽傳甲冑一具顏注冑兜鍪也吳都賦貝冑象弭五臣云冑兜鍪也庾翼與燕王書今致襦鎧一領兜鍪副

䩜 司馬法冑從革

徐鍇韻譜作䩜 一切經音義十六冑古文軸同宇林兜鍪也荀子議兵篇冠軸帶劍注軸與冑同太元爭次七爭干及矛䩜周遷輿服雜事刺校首戴虎皮冑傳日蒙皋貌以犯陳蔡因是有虎皮冑焉

mào 冒　zuì 最

冃 冡而前也從冃從目 莫報切

本書覓突前也　士喪禮冒緇質長與手齊經殺掩足注云冒韜尸者制如直囊上曰質下曰殺質正也其用之先以殺韜足而上後以質韜首而下齊手喪大記曰君錦冒黼殺綴旁七大夫玄冒黼殺綴旁五士緇冒經殺綴旁三

冡而前也者一切經音義十三冒蒙也廣韻冒覆也廣雅冒覆也小爾雅廣詁冒覆也詩日月下土是冒傳云冒覆也西山經河水冒以西流注云冒猶覆也漢書周勃傳太后以冒絮提文帝顏注冒覆也人所以冒其頭王商傳水猶不冒城郭顏注冒蒙覆也釋器罽謂之罬郭云冒其頭也釋文罬本或作茅又音蒙顏謂罬即蒙字書洪範曰蒙恆風若鄭注蒙見冒亂也本書作霿俗作雺荀子禮論篇薦器則冠有鍪而毋縰注云鍪冠捲如兜鍪也鍪之言蒙也冒也所以冒首周禮方相氏掌蒙熊皮注云蒙冒也考工記韗人凡冒鼓必以啟蟄之日注云冒蒙鼓以革成二年左傳狄卒皆抽戈楯冒之襄十四年傳蒙荊棘以來歸我先君注云蒙冒也襄二十六年傳楚王是故昧於一來注云昧猶貪冒六韜勇力冒將之士疾擊其前楚策麋知獵者張罔前而驅己也因還走而冒人鮑云犯人而來

呂氏春秋知接篇蒙衣袂而絕乎壽宮注云蒙冒也以衣覆面而絕淮南主術訓萬人蒙之而不徧高云蒙冒也漢書宣帝紀雖有患禍猶蒙死而存之顏注蒙冒也賈山傳忠臣之所以蒙死而竭知也顏注蒙冒犯也灌夫傳故蒙灌氏姓爲灌孟顏注蒙冒也東方朔傳故伊尹蒙恥顏注蒙冒也犯也王義之誓墓文貪冒苟進宋書王懿傳桓元每冒夜出入陳書侯瑱傳又以牛皮冒蒙衝小船以觸賊艦通鑑苟彧曰自天子蒙塵注云蒙冒也又高歡使軍士皆張弓注矢舉刃按矟夾道羅列命杜弼冒出其間

𡇒 古文冒

趙宧光曰從囧誤當從古文目字作◎覆案本書媢相視也通作貿檀弓蒙袂輯屨貿貿然來注云貿貿目不明之貌

最 犯而取也從冃從取 祖外切

犯而取也者徐鍇本作犯取又曰會本書聚會也冣積也隱元年公羊傳會猶最也注云最聚也最之爲言聚若今聚民日投最樂記會以聚衆注云聚或爲最史記殷本紀大最樂戲於沙邱徐廣曰最一作聚通作撮釋名撮卒也謂暫卒取之也

文五　重三

liǎng 㒳　liǎng 兩　mán 㒼

㒳 再也從冂闕易曰參天㒳地凡㒳之屬皆從㒳 良獎切

再也者㒳通作兩廣雅兩二也易太極生兩儀又云兼三才而兩之周禮大宰以九兩繫邦國之民注云兩猶耦也

易曰參天㒳地者說卦傳文彼作兩

兩 二十四銖爲一兩從一㒳平分㒳亦聲 良獎切

當作兩中丨不出冂半兩錢可證

二十四銖爲一兩者淮南天文訓十二粟而當一分十二分而當一銖十二銖而當半兩衡有左右因倍之故二十四銖爲一兩說苑辨物篇度量權衡以黍生之十六黍爲一豆六豆爲一銖二十四銖爲一兩漢書律歷志一龠重十二銖㒳之爲兩又云兩者㒳黃鐘律之重也二十四銖而成兩者二十四氣之象也李奇曰黃鐘之管重十二銖

㒳十二得二十四也陳無擇曰二十四銖爲兩每兩古文六銖錢四箇開元錢三箇至趙宋廣科以開元錢十箇爲兩今之三兩得漢唐十兩明矣千金本草皆以古三兩爲今一兩

㒼 平也從廿五行之數二十分爲一辰㒳㒼平也讀若蠻 母官切

平也者本書瞞平目也

從廿五行之數二十分爲一辰㒳㒼平也者集韻五行數廿爲一辰有㒳㒼平故從廿從㒳史記日者傳孝武時聚會占家有五行堪輿建除淮南天文訓寅爲建卯爲除辰爲滿巳爲平主生午爲定未爲執主陷申爲破主衡酉爲危主杓戌爲成主少德亥爲收主大德子爲開主太歲丑爲閉主太陰容齋續筆建除十二辰史漢歷書皆不載日者列傳但有建除家以爲不吉一句惟淮南天文訓云云今會元官歷每月逢建平破收日皆不用以建爲月陽破爲月對平收隨陰陽月遞互爲魁罡也酉陽雜俎夢篇云周禮以日月星辰各占六夢謂日有甲乙月有建破今注無此語正義曰按堪輿黃帝問天老事云四月陽建於巳破於亥陰建於未破於癸是爲

yǎn 罨　wǎng 网

陽滅陰陰滅陽今不知何書所載但又以十干爲滅未之前聞也漢書王莽傳以戊辰直定注云以建除之次其日當定又云十一月壬子直建冬至注云其日當建齊民要術雜陰陽書曰凡種五穀用成收滿平定日爲佳馥案歷書以建除滿平定執破危成收開閉十二日周而復始觀所值以定吉凶每月交節則疊兩值其法從月建上起建與斗杓所指相應如正月建寅則寅日起建順行十二辰是也又如正月甲子朔其日爲開五日戊辰爲滿六日己巳爲平至十七日庚辰爲滿十八日辛巳爲平故曰兩滿平也辰當爲譽大宗伯疏云二十八星而有七不當日月之會馥疑七爲十除十星不會餘十八星一星二十日正合三百六十滿歲之數

文三

网 庖犧所結繩以漁從冂下象网交文凡网之屬皆從网 文紡切

夢英篆書千字文网談彼短作网　世本庖犧臣芒作网　抱朴子對俗篇太昊師蜘蛛而結網　夏小正十有二月虞

人入梁傳云虞人官也梁者主設罔罟者也　淮南繆稱訓譬若設網者引其綱而萬目開矣　史記殷本紀湯出見野張網四面祝曰自天下四方皆入吾網湯曰嘻盡之矣乃去其三面祝曰欲左左欲右右不用命乃入吾網

庖犧氏所結繩以漁者御覽引作以田以漁易繫辭古者庖犧氏之王天下也作結繩而爲罔罟以佃以漁釋文黃云取獸曰网取魚曰罟古史考庖犧作卦觀象而作網初學記網罟者結繩以爲之　下象网交文者易繫辭傳以制器者尚其象荀爽注結繩爲网罟蓋取諸離此類是也鹽鐵論少目之網不可以得魚

网或從亡

网或從糸

古文网

籀文网

罨 罕也從网奄聲 於業切

hǎn 罕　juàn 羂　méi 䍙　xuǎn

罕也者玉篇罨罕也以網魚也初學記罨網黨也廣韻罨鳥網風上記罨如翠而小斂口從水上掩而取者也

罕 网也從网干聲 呼旱切

网也者廣雅罕率也後漢書馬融傳罕罔合部注云罕網也史記天官書畢曰罕車主弋獵宋書禮志徐廣車服注以爲九游游車九乘雲罕疑是畢罕詩序曰齊侯田獵畢弋百姓苦之畢罕大施游獵遂爲行飾乎潘岳藉田賦先敘五路九旗次言瓊鈒雲罕若罕爲旗則岳不應頻句於九旗之下又以其物匹鈒戟宜是今畢網明矣此說爲得之

羂 网也從网繯繯亦聲一曰綰也 古眩切

网也者聲類羂以繩係取獸也子華子陽城胥渠問篇陸有羂罝水有網罟而飛羽伏鱗無以幸其生矣戰國策人有置係蹄者而得虎虎怒跌蹯而去延叔堅注云係蹄獸絆也馥謂羂卽系蹄通作繯呂氏春秋上農篇繯網罝學不敢出於門或作羂上林賦羂騕褭西京賦但觀罝羅之所羂結薛綜注羂縚也五臣注羂絆太元翕次八擢其學

絕其羂魏略郝昭以繩繫石磨羂衝車晉書載記呂光傳以革索爲羂策馬擲人多有中者又作罥字書以繩取物曰罥莊子外物篇兔者所以在蹄釋文蹄兔弶也係其腳故曰蹄也韻集施罥於道曰弶今田獵家施弶以張鳥獸其形似弓者也三蒼罥古文作羂謂取獸繩也廣雅罝罟兔罟也其罥謂之犧馥案初學記犧者以綸爲之孟子又從而招之趙注招罥也孫奭音義罥謂羂其足也鮑照蕪城賦荒葛罥塗通鑑盧攜拂衣起枝罥服墮地胡注云罥繫取也挂也又云劉桃枝以弓弦罥斛律光頸拉而殺之通作絹周禮冥氏掌設弧張注云弧張罿罦之屬所以扃絹禽獸翨氏注置其所食之物於絹中鳥來下則掎其腳漢書揚雄傳絹嘄陽後漢書馬融廣成頌絹猑虢注云絹繫也　繯亦聲者當爲繯聲　一曰綰也者本書綰絹也絹當作繯

䍙 网也從网每聲 莫桮切

网也者玉篇䍙雉网也廣韻同

网也從网巽聲 思沇切

网也者廣韻罠罝獸足網

逸周書曰不卵不蹥以成鳥獸蹥者羂獸足也故或

從足

逸周書曰不卵不蹥以成鳥獸者周書文傳解作不麛不卵以成鳥獸之長　蹥者羂獸足也者容齋隨筆麛行草莽中畏人見其迹但循一徑無問遠近也村民結繩爲環置其所行處麛足一絓則倒懸於枝上乃生獲之

mí 罙

罙 周行也从网米聲詩曰罙入其阻 武移切

周行也者詩釋文引作冒也徐鍇本作周也集韻同廣韻罙罟也　罙罙入也冒也周行也竝音武移切馥謂罙罙誤分爲二　詩曰罙入其阻者商頌殷武文彼作罙傳云罙深也箋云罙冒也冒入其險阻馥案戴侗言鄭箋訓冒與說文合是戴所見本作冒也

𦋊 罙或从卤

或从卤者徐鍇本作或从容省

zhào 罩

罩 捕魚器也从网卓聲 都教切

捕魚器也者初學記罩者編細竹以爲之一切經音義三捕魚籠曰罩本書籗罩魚者也釋器籗謂之罩郭云捕魚籠也詩南有嘉魚烝然罩罩傳云罩罩籗也吳都賦罩兩魪劉注罩籗也編竹籠魚者也

zēng 罾

罾 魚网也从网曾聲 作騰切

魚网也者增韻罾魚網有機者廣雅罾罔也初學記罾者樹四木而張網於水車輓之上下風土記罾樹四柱而張網於水車形如蜘蛛之網方而不圓楚詞九歌罾何爲兮水上注云罾魚網也莊子胠篋篇鉤餌網罟罾笱之知多則魚亂於水矣釋文罾魚網也後漢書馬融傳罾弋同曲注云罾魚網也

zuì 罪

罪 捕魚竹网从网非秦以罪爲辠字 徂賄切

捕魚竹网者徐鍇引詩畏此罪罟又瞻卬罪罟不收傳云設罪以爲罟　秦以罪爲辠字者本書辠字云秦以辠字似皇字改爲罪

jì 罽

罽 魚网也从网𠡠聲𠡠籒文銳 居例切

魚网也者廣雅罽罔也

gū 罛

罛 魚罟也从网瓜聲詩曰施罛濊濊 古胡切

魚罟也者釋器魚罟謂之罛郭云最大罟也吳都賦同罛共羅劉注云罛魚網也呂氏春秋上農篇罛罟不敢入於淵高云罛魚罟也或作𦊓淮南說林訓鉤者靜之𦊓者扣舟罩者抑之罣者舉之爲之異得魚一也高云𦊓者以柴積水中以取魚魚聞擊舟聲藏柴下壅而取之也通作罛古文苑蜀都賦枚孤施兮纖繁出注云孤卽罛字舟上網也　詩曰施罛濊濊者衞風碩人文傳云罛魚罟釋文濊濊馬云大魚網目大豁豁也本書大部引作奯奯水部引作濊濊

gǔ 罟

罟 网也从网古聲 公戶切

网也者廣雅罔謂之罟魯語里革斷其罟而棄之注云罟網也淮南說山訓好魚者先具罟與罛詩小明畏此罪罟傳云罟網也魚麗傳云庶人不數罟罟必四寸然後入澤梁孟子數罟不入洿池注云數罟密網也

liǔ 罶

罶 曲梁寡婦之笱魚所畱也从网畱畱亦聲 力九切

曲梁寡婦之笱魚所畱也者罶畱聲相近本書笱曲竹捕魚笱也釋訓凡曲者謂罶郭云凡以薄爲魚笱者名爲罶釋器嫠婦之笱謂之罶孫炎曰罶曲梁其功易故謂之寡婦之笱詩魚麗于罶傳云罶曲梁也寡婦之笱也苕之華三星在罶傳云罶曲梁也寡婦之笱也詩詁古者獺祭魚然後虞人入澤梁川澤之利不使人得專之惟寡婦家上所矜閔使得織薄曲絕水爲梁以笱承之以時得魚若遺秉滯穗之意罶乃曲梁之笱非曲梁也或作⿱罒丣爾雅釋文罶字書作⿱罒丣廣雅曲梁謂之⿱罒丣　罶亦聲者當爲畱聲

⿱罒婁 罶或从婁春秋國語曰溝罛⿱罒婁

春秋國語曰溝罛⿱罒婁者溝當爲講魯語水虞於是乎講罛罶取名魚韋云講習也罛魚網也罶笱也

zhǔ 罜

罜 罜麗，魚罟也。从网，主聲。之庾切

罜麗魚罟也者，廣韻：罜，小罟。魯語：水虞於是乎禁罝麗。注云：罝當爲罜。西京賦：布九罭，設罜麗。五臣注云：罜麗，魚網也。

lù 麗

麗 罜麗也。从网，鹿聲。盧谷切

shèn 罧

罧 積柴水中以聚魚也。从网，林聲。所今切

積柴水中以聚魚也者，古文苑蜀都賦注引同。馥案：罧字衆書異形。廣雅：涔，栫也。江賦：栫澱爲涔。釋器：槮謂之涔。郭云：今之作槮者，聚積柴木於水中，魚得寒入其裏藏隱，因以簿圍捕取之。孫炎曰：積柴養魚曰槮。釋文：槮，爾雅舊文并詩傳竝米旁作，小爾雅木旁作，其文云：魚之所息謂之橬。橬，槮也。積柴水中而魚舍焉。郭因改米從木，字林作罧，山沁反。其義同。又云：涔，郭岑、潛二音。詩作潛，字小爾雅作橬，字亦音潛，又時占反。猶取積柴之義。馥案：小爾雅：鹿之所息謂之潛。鹿乃魚之譌。爾雅疏亦引作潛，是宋本已不作橬矣。詩周頌：潛有多魚。傳云：潛，槮也。釋文：槮，素感反。舊

詩傳及爾雅本竝作米旁參，小爾雅云：魚之所息謂之橬。橬，槮也。謂積柴水中令魚依之止息，因而取之也。郭景純因改爾雅從小爾雅作木旁參，音霜甚反，又疏廕反，又心廩反。字林作罧，音山沁反。義同。陸龜蒙篸詩：斬木置水中，枝條互相蔽。寒魚遂家此，自以爲生計。春冰忽融冶，盡取無遺裔。所託成禍機，臨川一凝睇。韓詩章句：涔，㵾魚池也。馥案：御覽八百三十四引爾雅作槮，引犍爲舍人曰：以米投水中養魚爲涔也。此即韓詩魚池之說。

mín 罠

罠 釣也。从网，民聲。武巾切

釣也者，御覽引作畋也。釋器：彘罟謂之羉。釋文：羉本或作罠。釣也者，七命：爾乃布飛羉，張修罠。李善云：廣雅：罠，兔罟也。劉逵吳都賦注：罠，麋網也。張氏之意蓋同劉。馥案：鄭注禹貢云：蠻者，羈縻其人耳，故云蠻。蠻之言緡也。馥謂鄭意取義於罠。

luó 羅

羅 以絲罟鳥也。从网，从維。古者芒氏初作羅。魯何切

以絲罟鳥也者，釋器：鳥罟謂之羅。郭云：謂羅絡之。詩兔爰：雉離于羅。傳云：鳥網爲羅。周禮羅氏注云：能以羅罔搏鳥者。郊特牲曰：大羅氏，天子之掌鳥獸者。月令：羅網畢翳。注云：鳥罟曰羅網。魯語：獸虞於是乎禁罝羅。韋云：罝，兔罟；羅，鳥罟也。高注呂氏春秋季春紀云：羅，鳥網也。又注淮南時則訓云：羅、罝，皆捕鳥之網。鶡冠子世兵篇：一目之羅不可以得雀。文子上德篇：有鳥將來，張羅而待之，得鳥者羅之一目也。今爲一目之羅，即無時得鳥。易林：羅張目列，圍合有缺，採捕无功，魚鳥得脫。古者芒氏初作羅者，世本：庖羲臣芒作羅網。

zhuó 罬

罬 捕鳥覆車也。从网，叕聲。陟劣切

捕鳥覆車也者，本書：叕讀若捕鳥罬。釋器：罬謂之罦。罦，覆車也。郭云：今之翻車也。有兩轅，中施罥以捕鳥。

輟 罬或从車。

本書車部有輟字。

chōng 罿

罿 罬也。从网，童聲。尺容切

罬也者，釋器：繴謂之罿。罿，罬也。詩兔爰：雉離于罿。傳云：罿，罬也。韓詩：施羅於車上曰罿。法言淵騫篇：抗辭免罿幾矣

哉。注云：鳥罟謂之罿。通作幢。後漢書班固傳：撫鴻幢。注云：本或作罿。罿，鳥網也。馥案：文選作罿。五臣注云：罿，網。

fú 罦

罦 覆車也。从网，包聲。詩曰：雉離于罦。縛牟切

覆車也者，釋器：罦，覆車也。後漢書馬融傳：罦罝羅羉。注云：罦，雉網也。宋書袁淑傳：如有泱罦漏網，逡巡逃穴。詩曰：雉離于罦者，王風兔爰文。彼作罦。傳云：罦，覆車也。

罦 罦或从孚。

wèi 罻

罻 捕鳥网也。从网，尉聲。於位切

魚豢典略：古者兵獄官皆以尉爲稱。尉，罻也。言兵獄羅罻奸非。鹽鐵論後刑篇：弋者覩鳥獸挂罻羅而喜也。

捕鳥网也者，詩魚麗正義引同。又云：罻是羅之別名，蓋其細密者也。王制：鳩化爲鷹，然後設罻羅。注云：罻，小網也。楚詞九章：罻羅張而在下。注云：罻羅，鳥網也。

fú 䍖

䍖 兔罟也。从网，否聲。縛牟切

兔罟也者史記正義引同後漢書注引作兔網也復古編作兔罝也或作罘呂氏春秋季春紀罝罘羅網注云罘射鹿罟也史記司馬相如傳罘罔彌山郭璞曰罘罝也正義今幡車罟也顔注漢書司馬相如傳罘覆車也卽今幡車罔也後漢書班固傳罘罔連紘籠山絡野注引鄭注禮記獸罟曰罘

hù
𦊅

𦊅　罟也從网互聲胡誤切

罟也者廣韻𦊅兔網廣雅𦊅罟兔罟也𦊅卽𦊅俗書互作彑誤爲身

jiē
罝

罝　兔网也從网且聲子邪切

兔网也者一切經音義二十三兔網曰罝釋名云罝遮也遮取兔也釋器兔罟謂之罝郭云罝猶遮也詩肅肅兔罝傳云兔罝兔罟也月令出獵罝罘注云獸罟曰罝罘鬼谷子反應篇其猶張罝網而取獸也多張其會而司之呂氏春秋上農篇繯網罝罦不敢出於門注云罝獸罟也淮南時則訓罝罘注云罝罘皆捕獸之罟漢書貨殖傳豺獺未祭罝網不布於壄澤顔注罝兔網也後漢書簡慎傳以兔罝爲事注云罝兔網也馬融傳罦罝羅羂注云罝兔罟也

𦂱　罝或從糸

夏侯湛獵兔賦罥罝挂於重林疏罝結於通藪

𪉩　籒文從虘

网籒文作网此文网中缺横畫

wǔ
䍢

䍢　𦉭中网也從网舞聲文甫切

𦉭中网也者徐鍇曰所謂网𦉭也或作𦌱玉篇𦌱𦌱窗也

shǔ
署

署　部署有所网屬從网者聲常恕切

部署有所网屬者六書故魯語曰文公欲弛孟文子之宅對曰署位之表也有司來命易臣之署不敢聞命署從网蓋网之在綱各有部屬因以爲位署也一切經音義一署位也謂署置之處敬也國語夫位政之建也署位之表也謂表識也署所以朝夕虔君命也字從网者聲廣韻署書也廨署部署也吳都賦廨署棊布漢書項籍傳部署豪傑顔注分部而署置之

bà
罷

罷　遣有辠也從网能言有賢能而入网而貰遣之周禮曰議能之辟薄蟹切

遣有辠也者本書遣從也通鑑論殺楊惲曰周官司寇之法有議賢議能若廣漢延壽之治民可不謂能乎寬饒惲之剛直可不謂賢乎然則雖有死罪猶將宥之況罪不足以死乎　從网能者本書能獸堅中故稱賢能而彊壯稱能傑也　周禮曰議能之辟者小司寇以八辟麗邦灋附刑罰三曰議賢之辟四曰議能之辟鄭注賢謂有德行者能謂有道藝者鄭司農云若今時廉吏有罪先請是也

zhì
置

置　赦也從网直陟吏切

玉篇有古文作罬

赦也者本書赦置也措置也案漢書文帝紀幾於刑措注云民不犯法無所刑也廣雅縱置也論語隱居放言何晏注放置也漢書朱博傳常刑不舍顔謂舍亦置也　從网直者徐鍇本作直聲錯以爲直非聲鉉因刪聲字非是

ǎn
罯

罯　覆也從网音聲烏感切

覆也者集韻引同廣韻罯魚網

lì
詈

詈　罵也從网從言网辠人力智切

罵也者廣雅同釋名詈歷也以惡言相彌歷也亦言離也以此挂離之也詩桑柔覆背善詈秦策乃使勇士往詈齊王高云詈罵也中山經山膏善詈注云好罵人　网辠人者疑有缺誤本書罰云辠之小者未以刀有所賊但持刀罵詈則應罰

mà
罵

罵　詈也從网馬聲莫駕切

詈也者一切經音義六引蒼頡篇同釋名罵迫也以惡言被迫人也

jī
羈

羈　馬絡頭也從网從馽馽馬絆也居宜切

本書靮馬羈也 廣雅羈勒也 檀弓如皆守社稷則孰執羈靮而從 晉語從者爲羈紲之僕 韋云馬曰羈犬曰紲 魏畧東郡有謠言白馬素羈西南馳 古今樂錄襄陽銅鞮歌龍馬紫金鞍翠毛白玉羈 七發羈堅轡 曹植游俠篇白馬飾金羈 孫綽詩野馬閑於羈 傅元離夏馬賦飾以金羈 孫惠三馬哀辭序所服三馬一時離羈 御覽三百五十九引杜夷幽求曰銜羈之馬伏櫪之駒 摯虞逸驥詩逸驥無鑣轡 騰陵從長川翦落兢羈靮飛軒躡雲烟 晉邑有羈馬見文十二年左傳

馬絡頭也者 左傳正義引同 本書鞥龍頭繞者 玉篇䮍馬襱頭 急就篇轡勒鞅韅靽羈韁 顏注羈絡頭也謂勒之無銜者也 離騷余雖好修姱以鞿羈兮 王注韁在口曰鞿絡在頭曰羈 馥案漢書刑法志是猶以鞿而御駻突 晉灼曰鞿古羈字也 顏師古曰馬絡頭曰羈也 馥謂鞿羈不同物 晉說誤也 史記司馬相如傳其義羈縻勿絕而已 索隱案羈馬絡頭也 漢官儀云馬曰羈牛曰縻 漢書郊祀志天子猶羈縻不絕 顏注馬絡頭曰羈也 後漢書魯恭傳羈縻不絕而已 注云字書曰羈馬絡頭也 西京雜記武帝時身毒國獻連環羈 皆以白玉作之瑪瑙石爲勒白光琉璃爲鞍

桓溫與慕容皝書自滄流以北幽朔以東將軍皆以羈絡而總率之矣 古羅敷行黃金絡馬頭 謝靈運詩金羈相馳逐 通鑑杜讓能步追乘輿得馬無羈勒解帶繫頸而乘之 或作鞲 釋名鞲檢也所以檢持制之也 列女傳夏桀末喜傳鞲其頭而飲之於酒也 馽馬絆也者 左傳正義引同 本書馽絆馬也 或作縶 僖二十四年左傳臣負羈縶 注云羈馬羈 後漢書張衡傳羈要褭以服箱 文選羈作縶 御覽引康泰吳時外國傳加營國王好馬 月支賈人常以船載馬售之 若於路失羈靽 但將頭皮示王 王亦售其半價 士喪禮組綦繫于踵 注云綦讀如馬絆綦之綦 疏云馬有絆名爲綦

䩭或從革

文三十四 重十二

yà 襾

襾 覆也從冂上下覆之凡襾之屬皆從襾讀若晉 呼訝切

從冂上下覆之者 五經文字襾從冂上下相覆之形

fěng 覂

覂 反覆也從襾乏聲 方勇切

反覆也者 徐鍇本無反字 韻會同 廣雅覂覆也 陸子五伯覂駕六國摧輈 顏延之赭白馬賦馬無覂駕之軼 禮記正義序覂駕之馬設銜策以驅之 通作泛 漢書武帝紀夫泛駕之馬 顏注泛覆也 音方勇反 字本作覂 後通用耳 食貨志大命將泛 孟康曰泛音方勇反 泛覆也 張率舞馬賦不泛駕於金輿 通鑑呂后自起泛帝卮 注云泛索隱音捧 余據泛駕之泛其義爲覂 則音覂亦通

hé 覈

覈 實也考事襾笮邀遮其辭得實曰覈從襾敫聲 下革切

實也考事襾笮邀遮其辭得實曰覈者 一切經音義十二引作考實事也 後漢書和帝紀注引同 李善注長笛賦引亦同 玉篇覈考實事 徐鍇曰實謂考之使實也 襾者反覆之也 笮迫也 邀者要其情也 遮者止其詭遁也 所以得實覈也 東觀漢記明帝紀時天下墾田皆不實 詔下州郡檢覈 通作核 漢書總核名實 通鑑引荀悅曰事必核其眞然後修之 注云核與覈同 謂精確得其實也

覈或從雨

fù 覆

覆 覂也一曰蓋也從襾復聲 敷救切

易鼎折足覆公餗 詩小明畏此反覆 檀弓見若覆夏屋者矣 成十三年左傳傾覆我國家 潛夫論潛歎篇何貌惡之若此而覆謂之好也

覂也者 詩雨無正覆出爲惡 桑柔覆俾我悖 傳並云覆反也 抑覆謂我僭 瞻卬女覆奪之 箋並云覆猶反也 小旻不臧覆用 箋云不善者反用之 僖三十三年左傳瑕覆于周氏之汪 杜云車傾覆池水中 二十四年傳沐則心覆 韋昭云沐則低頭故心反覆也 淮南時則訓季春之月舟牧覆舟五覆五反乃言具於天子 注云天子將乘舟而漁故反覆而視之恐有穿漏 一曰蓋也者 廣韻覆蓋也 成二年左傳所蓋多矣 杜云蓋覆也 易井卦井收勿幕 注云幕猶覆也

文四 重一

jīn 巾

巾 佩巾也。從冂丨象系也。凡巾之屬皆從巾。居金切

佩巾也者，本書佩下云佩必有巾，巾謂之飾。丨象系也者，玉篇欅帥下系

fēn 帉

帉 楚謂大巾曰帉。從巾分聲。撫文切

楚謂大巾曰帉者，方言大巾謂之帉，玉篇帉拭物巾也，通作紛，內則左佩紛帨，注云紛帨拭物之佩巾也，今齊人有言紛者

shuài 帥

帥 佩巾也。從巾𠂤聲。所律切

佩巾也者，曹憲文字指歸云帥佩巾也，或作帨，字从巾，今借爲將帥字，廣雅帥巾也，釋名兌上小下大，兌兌然也，或曰映，映折其後也，或曰幘形似幘也，賤者所著曰兌髮，作之裁裹髮也，或曰牛心形似之也，馥謂兌即帨之省文，詩無感我帨兮，傳云帨佩巾也，士昏禮記母施衿結帨，注云佩巾也，有司徹坐挩手，注云挩手者于帨，帨佩巾，曲禮尊卑垂帨，注云帨佩巾也，內則女子設帨於門右，注云帨事人之佩巾也，法言寡見篇又從而繡其鞶帨，注云帨佩巾

也，後漢書何進袁隗欲特表陳寔以不次之位，寔謝曰久絕人事，帥巾待終而已

帨 帥或從兌。又音稅

shuì 㡇

㡇 禮巾也。從巾從執。輸芮切

文當從坴作㡇

禮巾也者，廣雅㡇巾也

bō 帗

帗 一幅巾也。從巾犮聲。讀若撥。北末切

本書妭讀若紱，馥謂紱當爲帗

一幅巾也者，東觀漢記鮑永幅巾而居，又云江革幅巾屣屩，後漢書符融傳融幅巾奮褎，談辭如雲，注云幅巾者以一幅爲之也，馮衍傳永衍審知更始已歿，乃共罷兵，幅巾降於河內，注云不加冠幘，但以一幅巾飾首而已，傳子漢末王公多以幅巾爲雅，是以袁紹之徒雖爲將帥，皆著縑巾，通作鞨帞帓，方言絡頭帞頭也，列子湯問篇鞨巾而裘，釋文鞨音末，方言俗人帞頭是也，帞頭幧頭也，帞又作帓

rèn 帎

帎 枕巾也。從巾刃聲。而振切

枕巾也者，廣雅帎巾也

pán 幋

幋 覆衣大巾。從巾般聲。或以爲首鞶。薄官切

覆衣大巾者，後漢書儒林傳注引無大字，廣雅幋巾也。或以爲首幋者，文選思玄賦注引作或以爲首飾

rú 帤

帤 巾帤也。從巾如聲。一曰幣巾。女余切

巾帤也者，帤當爲絮，方言幏巾也，嵩嶽之南陳穎之閒謂之帤，管寧別傳恒布裳貉裘，惟祠著單衣帤巾，高士傳作帤巾，魏畧趙岐著絮巾入市賣餅，漢舊儀皇后親蠶獻繭織室作祭服，其餘閒以作巾絮而已，博物志蜀人以帤巾爲帽絮，馥案考工記弓人厚其帤則木堅，鄭司農云帤讀爲襦有衣絮之絮，史記絳侯周勃世家太后以冒絮提文帝，集解應劭曰帞額絮也，晉灼曰巴蜀異物志謂頭上巾爲冒絮，通作拏，風俗通怪神篇以拏巾結兩足幘冠之

一曰幣巾者，徐鍇本作一曰幣布，是鍇曰易需有衣帤，又道家黃庭經人閒紛紛臭如帤，皆塞漏孔之故帛也，故以揃煩臭，馥案廣韻帤幡巾，幡拭觚之布，亦故布也

bì 幣

幣 帛也。從巾敝聲。毗祭切

帛也者，廣韻幣幣帛，聘禮記幣美則沒禮，注云幣人所造成以自覆幣，謂束帛也，周禮大宰以九式均節財用，六曰幣帛之式，注云幣帛所以贈勞賓客者

fú 幅

幅 布帛廣也。從巾畐聲。方六切

布帛廣也者，釋天縉廣充幅長尋曰旐，方言周官之法度廣爲尋，幅廣爲充，詩長發幅隕既長，傳云幅廣也，正義幅如布帛之幅，故爲廣也，王制度量數制，注云制布帛幅廣狹也，又云布帛精麤不中數，幅廣狹不中量，不粥於市，襄二十八年左傳且夫富如布帛之有幅焉，爲之制度，使無遷也，淮南天文訓古之爲度量輕重生乎天道，黃鍾之律修九寸，物以三生，三九二十七，故幅廣二尺七寸，漢書食貨志布帛廣二尺二寸爲幅，通作輻，急就篇資貨市贏匹

巾

huāng 幌　dài 帶　zé 幘

輴全顏注兩邊具曰輴

幌 設色之工治絲練者從巾巟聲一曰幌隔讀若荒呼光切

設色之工治絲練者者幌或作幌考工記幌氏湅絲又云設色之工畫績鐘筐幌注云幌讀爲茫茫禹迹之茫一曰幌隔者玉篇幌幏也隔也廣韻幌帣掩謂巾幕之屬可以掩覆者通作荒詩閟宫遂荒大東箋云荒奄也釋言荒奄也郭云奄奄覆也既夕禮商祝飾柩一池紐前經後緇齊三采注云牆有布帷柳有布荒喪大記飾棺君龍帷三池振容黼荒注云荒蒙也在傍曰帷在上曰荒皆所以衣柳也顏案文選陸機挽歌龍幌被廣柳李善云畫龍於幌也被猶衣也

帶 紳也男子鞶革婦人鞶絲象繫佩之形佩必有巾從巾當蓋切

紳也者本書紳大帶也釋名帶蔕也著於衣如物之繫蔕也詩有狐之子無帶傳云帶所以申束衣鳲鳩其帶伊絲

箋云謂大帶也大帶用素絲有雜色飾焉　男子鞶革婦人鞶絲者御覽引作男子鞶帶婦人絲帶類篇引同本書鞶大帶也易曰或錫之鞶帶男子帶鞶婦人帶絲內則男鞶革女鞶絲桓二年左傳帶裳幅舄杜云帶革帶也正義云玉藻革帶博二寸鄭云凡佩繫於革帶白虎通云男子有鞶革者示有金革之事然則示有革事故用革爲帶帶爲佩也　象繫佩之形者謂卌象形　佩必有巾者本書佩下云佩必有巾巾謂之飾　從巾者徐鍇本作從重巾字鑑引同

幘 髮有巾曰幘從巾責聲側革切

方言覆結謂之幘巾或謂之承露或謂之覆䰉皆趙魏之間通語也　李尤冠幘銘幘爲首服　漢舊儀幘耳赤丹紈裏又云凡齋紺幘耕青幘秋貙劉服緋幘　獨斷幘者古之卑賤執事不冠者之所服也孝武帝幸館陶公主家召見董偃偃傅青構綠幘主贊曰主家庖人臣偃昧死再拜謁上爲之起乃賜衣冠引上殿董仲舒武帝時人其止雨書曰執事者皆赤幘知皆不冠者之所服也元帝額有壯髮不欲使人見始進幘服之羣臣皆隨焉然尙無巾如今半頭幘而已王莽無髮乃施巾故語曰王莽禿幘施屋　東觀漢記馬援事寡嫂雖在閫內必幘然後見　獻帝春秋孫堅著赤罽幘　漢書輿服志古者有冠無幘其戴也加首有頍所以安物故詩曰有頍者弁此之謂也三代之世法制滋彰下至戰國文武並用秦雄諸侯乃加其武將首飾爲絳帕以表貴賤其後稍稍作顏題漢興續其顏却摞之施巾連題卻覆之今喪幘是其制也名之曰幘幘者賾也頭首嚴賾也至孝文乃高顏題續之爲耳崇其巾爲屋合後施收上下羣臣貴賤皆服之文者長耳武者短耳稱其冠也　劉盆子傳俠卿爲制絳單衣半頭赤幘注云幘巾所以覆髻也續漢書曰童子幘無屋示未成人也半頭幘卽空頂幘也其上無屋故以爲名東宮故事曰太子有空頂幘一枚卽半頭幘之制也　傳暢晉公卿禮秩曰中書監令著介幘　宋書禮志漢注曰冠進賢者宜長耳今介幘也冠惠文者宜短耳今平巾幘也始時各隨所宜後遂因冠爲別介幘服文吏平上服武官也又有納言幘後收又一重方三寸又有赤幘騎吏武吏乘輿鼓吹所服　趙書徐光奏議以東耕儀親耕宜改服幘　齊書王儉作解散髻斜插簪　南史作解散幘案通鑑注斜插幘簪　隋書崔廓傳藍田令王曇得一玉人著大領衣冠幘奏之詔問羣臣崔賾荅曰謹案漢文已前未有冠幘卽是文帝以來所

制作也　崔元始正論永平中詔令幘工作幘皆二尺五寸圍人頭各有大小不可同度此詔不可從也　通典尙書幘收三寸名曰納言示以忠正明近職也迎氣五郊各如其色從章服也武吏常赤幘成其威也未冠童子幘無屋者示未成人也未入學小童幘句卷屋者示尙幼小未遠冒也喪幘卻摞反本禮也　輟耕錄說文髮有巾曰幘幘卽巾也又方言覆髻謂之幘　漢書卑賤執事不冠者所服或謂之承露按儀禮士冠庶人巾則古者士以上有冠無巾幘惟庶人戴之秦謂民爲黔首漢謂僕隸爲蒼頭漢書謂卑賤者所服此其證也後世上下通用之謂之燕巾

髮有巾曰幘者釋名幘賾也下齊員賾然也急就篇冠幘簪簧結髮紐顏注幘者韜髮之巾所以整賾髮也常在冠下或但單著之冠幘非一稱也

xún 㡒　pèi 帔

㡒 領耑也從巾旬聲相倫切

帔 弘農謂帬帔也從巾皮聲披義切

弘農謂帬帔也者廣韻帔關東人呼襬顏注急就篇帬卽裳也一名帔一曰襬廣雅帔帬也方言帬陳魏之閒謂之

巾

帔自關而東或謂之襬

cháng 常

常 下帬也从巾尚聲 市羊切

下帬也者釋名下曰裳裳障也所以自障蔽也詩綠衣黃裳傳云上曰衣下曰裳有狐之子無裳傳云在下曰裳斯干載衣之裳傳云裳下之飾也宣十二年左傳得其甲裳注云下曰裳桓二年傳帶裳幅舄注云衣下曰裳傳元銘上衣下裳天地則也服從其宜君子德也西河記西河無蠶桑婦女著碧纈裙加細布裳

裳 常或从衣

qún 帬

帬 下常也从巾君聲 渠云切

束晳近游賦裾有三條之殺 繁欽定情詩何以合歡欣紈素三條裙 秦州記婦人著裙制乃三十餘幅 齊民要術序燉煌俗婦女作裙攣縮如羊腸用布一匹皇甫隆禁改之所省復不貲 汝南先賢傳戴良嫁五女皆布裙無緣帬四 車灌等東宮舊事皇太子納妃有絳紗複裙 晉修復山陵故事梓宮衣物有緗絳雙裙六腰

下常也者急就篇袍襦表裏曲領帬顏注帬即裳也釋名裙下羣也連接裾幅也方言繞衿謂之帬郭注俗人呼接下江東通言下裳

廣雅繞領帬也

裠 帬或从衣

sàn 帴

帴 帬也一曰帗也一曰婦人脅衣从巾戔聲讀若末殺之殺 所八切

帬也者本書襹帴也廣韻襹帬也又云帴小兒藉也廣雅襹被帴褷也玉篇褦小兒衣褦謂帴褁小兒之帬也 一曰帗也者廣韻帴二幅又帗一幅巾也 一曰婦人脅衣者宣九年左傳衷其相服解作脅衣字或作袜楊慎日林女人脅衣也隋煬帝詩寶袜楚宮腰盧照鄰詩倡家寶袜蛟龍被謝偃詩細風吹寶袜古今注謂之腰綵 讀若末殺之殺者徐鍇作桀撥之摋廣韻抹摋摩也引公羊注側手曰摋

kūn 幝

幝 幒也从巾軍聲 古渾切

凡將篇黃潤纖美宜制幝 桓階別傳文帝嘗幸其第見諸子無幝使黃門賜衣三十囊曰卿兒能趍可以幝矣 宋書長沙景王道憐傳褻亦庸鄙在郢州暑月露幝上聽事 魏書韓宣爲尚書郎與諸曹受罰殿前皆束縛宜預脫袴纏褌 世說人宰可使婦無幝耶又云韓康伯數歲家酷貧至大寒止得襦母殷夫人自成之令康伯捉熨斗謂康伯曰且著襦尋作複幝兒云已足不須複幝也母問其故答曰火在熨斗中而柄熱今既著襦下亦當煖故不須耳

幒也者五音集韻楚人謂幝曰幒廣韻幝褻衣釋名幝貫也貫兩腳上繫腰中也急就篇襜褕袷複褶袴幝顏注袴之兩股曰襱合襠謂之幝最親身者也廣雅𧝎幝也方言無祠之袴謂之𧝎注云袴無踦者卽今犢鼻幝也史記司馬相如傳相如身自著犢鼻幝韋昭曰以三尺布作形如犢鼻矣既夕記婦人則設中帶注云中帶若今之幝襂

褌 幝或从衣

zhōng 幒

幒 幝也从巾悤聲一曰帗 職茸切

幝也者廣雅松幝也方言褌陳楚江淮之閒謂之松

松 幒或从松

方言作松又或作松鹽鐵論散不足篇庶人則毛絝松形

lán 幨

幨 楚謂無緣衣也从巾監聲 魯甘切

楚謂無緣衣也者方言楚謂無緣之衣曰襤本書襤無緣也

mì 幎

幎 幔也从巾冥聲周禮有幎人 莫狄切

幔也者本書冂覆也廣雅幎覆也小爾雅廣服大巾謂之幂公食大夫記簠有蓋幂鄉飲酒記尊綌幂注云幂覆尊巾士喪禮幎目用緇注云幎目覆面也呂氏春秋知化篇夫差將死曰死者如有知也吾何面以見子胥於地下乃爲幎以冒面而死注云冒覆面也淮南原道訓舒之幎於六合高注幎覆六合言滿天地閒也 周禮有幎人者天官冢宰有幂人掌共巾幂祭祀以疏布巾幂八尊以畫布巾幂六彝注云以巾覆物曰幂 冥聲者鄭注士喪禮云幎讀若詩曰葛藟縈之之縈今讀莫狄切者猶汨從冥省聲

巾

mán 幔

幔 幕也從巾曼聲 莫半切

幕也者廣韻幔帷幔廣雅幔覆也又云帳也釋名幔漫也漫漫相連綴之言也張景陽洛禊賦朱幔虹舒翠幙蜺連

chóu 幬

幬 禪帳也從巾𠷎聲 直由切

禪帳也者鄴中記夏用丹紗羅或縠文羅爲單帳冬用明光錦以白縑爲裏名複帳廣雅幬帳也釋訓幬謂之帳郭云今江東亦謂帳爲幬李陵贈蘇子卿詩微風動單幬後漢書馬融傳施蜺幬注云幬帳也通作裯詩小星抱衾與裯箋云裯牀帳也抱衾與牀帳待進御之次序

lián 㡘

㡘 帷也從巾兼聲 力鹽切

帷也者一切經音義三引蒼頡篇幃㡘也廣韻幌㡘帷也廣雅幌幃㡘也玉篇㡘帳也施之戶外也釋名㡘廉也自障蔽爲廉恥也急就篇承塵戶㡘縧績總顏注戶㡘戶上之幔也新序雜事篇君之臺觀帷㡘錦繡隨風飄飄而弊字或作㡘鶡冠子天權篇所謂蔽者豈必障於帷㡘隱於帷薄哉陸佃注細曰㡘粗曰薄又通作簾聲類簾戶蔽也通俗文戶幃曰簾覲禮疏引禮緯天子外屏諸侯內屏大夫以簾士以帷漢書嚴君平閉肆下簾而授老子崔寔政論文繡弊於幃簾三秦記桂宮有明光殿皆金玉珠璣爲簾箔晉東宮故事簾箔皆以青布緣純南史沈麟士傳居貧織簾誦書鄉里號爲織簾先生

wéi 帷

帷 在旁曰帷從巾隹聲 洧悲切

在旁曰帷者一切經音義三引字林同又云謂張帛障旁也廣雅帷帳也釋名帷圍也所以自障圍也急就篇蒲蒻藺席帳帷幢顏注在旁蔽繞謂之帷帷者圍也詩漸車帷裳正義云以帷障車之旁如裳以爲容飾周禮巾車皆有容蓋鄭司農云容謂幨車山東謂之裳帷幕人掌帷幕幄帟綬之事注云在旁曰帷在上曰幕幕或在地展陳於上帷幕皆以布爲之三禮圖在上曰帟四旁及上曰帷上下四旁悉周曰幄幄大帷也東宮舊事太子納妃用青布碧裹梁下幃各一紺絹青布窗戶幃各一

古文帷

zhàng 帳

帳 張也從巾長聲 知諒切

淮南道應訓齊伐楚市偷請爲君行薄技乃夜解齊將軍之幬帳而獻之　漢舊儀祭天有紺幄帳　漢武故事雜錯天下珍寶爲甲帳其次爲乙帳甲以居神乙以自居　王隱晉書賜鄭袤牀帳簟褥　晉起居注馮紞爲散騎常侍賜牀帳一具

張也者帳張聲相近顏注急就篇自上而下覆謂之帳帳者張也釋名帳張也張施於牀上也歸藏啟筮云昔者女媧筮張雲幕周禮掌舍爲帷宮注云張帷爲宮又幕人共其帷幕幄帟綬注云共之者掌次當以張又掌次掌王次之灋以待張事又內司服注云六服皆袍制以白縳爲裏使之張顯釋文張徐音帳成十六年左傳張幕矣宋玉招魂羅幬張些司馬相如美人賦黼帳高張史記高帝紀復留止張飲三日注云張幃帳也鹽鐵論散不足篇今富者黼繡幃幄中者錦綈高張沈約詠帳詩甲帳垂和璧螭雲張桂宮

mù 幕

幕 帷在上曰幕覆食案亦曰幕從巾莫聲 慕各切

廣雅幕帳也　釋名幕絡也在表之稱也　小爾雅廣服覆帳謂之幄幄幕也　聘禮館人布幕于寢門外官陳幣注云布幕以承幣疏云館人布幕於地官陳幣於其上馥案幕人注云幕或在地展陳於上　三禮圖幕以布地或以陳上　莊二十八年左傳楚幕有烏注云幕帳也昭十年傳私具幄幕器用從者之衣屨　定十年穀梁傳齊人使優施舞於魯君之幕下注云幕帳　吳語就幕而會注云幕帳也或作羃魏策其自羃繫也完矣高云謂冒覆也　又通作莫史記廉頗藺相如傳市租皆輸入莫府索隱崔浩云古者出征爲將帥軍還則罷理無常處以幕帟爲府署故曰幕府則莫當作幕字之誤也又李廣傳莫府省約文書籍事索隱兵門合施帷帳故稱莫府古字通用遂作莫耳

帷在上曰幕者一切經音義三引字林同鄭注周禮敘官幕人云幕帷覆上者又注幕人云在旁曰帷在上曰幕

覆食案亦曰幕者御覽引覆上有冡字廣雅幕覆也方言幕覆也

bǐ 𢁳

𢁳 㡜裂也從巾匕聲 卑履切

㡜裂也者集韻㡜裂帛急就篇𢁳㡜囊橐不直錢顏注𢁳者㡜殘之帛也

巾

xiè ⿰巾祭

⿰巾祭 殘帛也從巾祭聲 先列切又所例切

殘帛也者集韻⿰巾祭縷今時翦繒爲華廣韻⿰巾祭縷桃花今製綾花廣雅⿰巾祭餘也

shū 㡏

㡏 正耑裂也從巾俞聲 山樞切

正耑裂也者正疋作匹李燾本作繒耑裂也五音集韻裂繒曰㡏廣韻㡏裁殘帛也類篇㡏帛邊也漢製以爲關門符信通作繻漢書終軍傳關吏與軍繻蘇林曰繻帛邊也舊關出入皆以傳傳還因裂繻頭合以爲符信也紀于裂繻字子帛

tiè 帖

帖 帛書署也從巾占聲 他叶切

帛書署也者九經字樣作帛署書也本書檢書署也廣韻帖券帖馥案通典北齊武平以後聽人帖賣園田通俗文題賦曰帖釋名書文書檢曰署署予也題所予者官號也通鑑褚淵曰若帖以驍游亦爲不少馥謂署以驍騎將軍游擊將軍

zhí 帙

帙 書衣也從巾失聲 直質切

本書幒一曰帙裛書囊也　廣雅裛謂之袠　華佗別傳佗以錦爲書袠袠中有祕要之方　後漢書楊厚傳吾綈袠中有先祖所傳祕記　拾遺記蘇秦張儀剽樹皮編爲書帙以盛天下良書　謝靈運書帙銘懷幽卷賾戢妙抱密用舍以道舒卷不失亮惟勤玩無或暇逸　梁書昭明太子傳縢帙充積又太子詠書帙詩擢影兔園池抽莖淇水側幸雜緗囊用聊中因班女織　晉中興書傳元盛書有靑縑袠布袠緗袠　晉中經簿盛書有縑帙靑縑帙布帙絹帙　益部耆舊傳廣漢王棠妻文拯其前妻子好寫書拯當爲手自作帙　唐書馬懷素傳校祕書炱朽蟫斷籤帙紛舛　唐兩都聚書其本有正有副軸帶籤帙皆異色以別之　羣碎錄書曰帙者古人書卷外必用帙藏之如今裹袱之類　齊民要術有糊屏風書袠令不生蠹法

書衣也者廣韻帙書帙亦謂之書衣孔稚珪北山移文道帙長擯五臣云帙書衣也

袠 帙或從衣

jiān ⿱前巾

⿱前巾 幡幟也從巾前聲 則前切

幡幟也者幡當爲旛廣韻作旛幟當作識本書識常也常謂旂常大戴禮哀公問五儀篇若天之司莫之能職荀子作若天之嗣其事不可識又哀公問篇寡人惷愚冥煩子識之心也識小戴記作志鄭注讀爲識檀弓銘明旌也以死者爲不可別已故以其旗識之又云孔子之喪公西赤爲志焉注云志謂章識月令以爲旗章注云旗章旌旗及章識也襄十年左傳舞師題以旌夏注云旌夏大旌也題識也漢書王莽傳旌旗表識是也徐鍇引國語戎車侍游車之⿱前巾廣雅⿱前巾幡也宣十二年左傳前茅慮無杜注慮無如今軍行前有斥候蹹伏皆持以絳及白爲幡見騎賊舉絳幡見步賊舉白幡備慮有無也茅明也或曰時楚以茅爲旌識

huī 徽

徽 幟也以絳微帛著於背從巾微省聲春秋傳曰揚徽者公徒 許歸切

幟也者徐鍇韻譜作識本書卒衣有題識者絫徽幟信也廣雅徽幡也周禮大司馬辨號名之用帥以門名縣鄙各

以其名家以號名鄉以州名野以邑名百官各象其事以辨軍之夜事鄭注號名者徽幟所以相別也司常掌九旗之物名各有屬注云物名者所畫異物則異名也屬謂徽識也禮記聖人南面而治天下改正朔易服色殊徽號異器械齊策章子爲變其徽章以雜秦軍高云徽幟名也鮑云徽章旌旗之屬隱元年公羊解詁王者受命必徙居處改正朔易服色殊徽號疏云其殊徽號者即明堂位云有虞氏之旂夏后氏之綏殷之大白周之大赤之屬是也漢書王莽傳殊徽幟顏注徽幟通謂旌旗之屬也後漢書魯恭傳其變者惟正朔服色犧牲徽號器械而已注云徽號旌旗之名也魏都賦徽幟以變閒居賦元幙綠徽古今注信幡古之徽號也所以題表官號以爲符信故謂爲信幡也通作揮東京賦戎士介而揚揮薛綜注揮爲肩上絳幟如燕尾者也陳琳爲袁紹檄豫州文揚素揮以啟降路李善注揮與徽古通用　以絳帛箸於背者一切經音義二十三以絳帛等書箸背上曰徽詩六月織文鳥章箋云織徽織也鳥章鳥隼之文章將帥以下衣皆箸焉正義引司常注今城門僕射所被及亭長著絳衣皆其舊象也

春秋傳曰揚徽者公徒者昭二十一年左傳文彼作徽杜云徽識也正義云徽識制如旌旗書其所任之官與姓名

於上被之於背以備其𠂕知是誰之尸也

biāo 幖

幖 幟也從巾票聲 方招切

幟也者韻會引字林幖識也一切經音義二十三幖頭上幟也所以相別也六書故引字詁幟幖也通俗文徽号曰幖私記曰幟廣雅幖幡也通作剽周禮肆師祭之日表齍盛告絜注云故書表爲剽剽表皆謂徽識也又通作標淸異錄梁祖建大龍標晉書宣帝紀立兩標以別新舊禮投壺司射請爲勝者樹標漢畫象題字隸續謂之標㮟

yuān 帵

帵 幡也從巾夗聲 於袁切

幡也者幡當爲繙莊子天道篇於是繙十二經以說老聃注云繙帵亂取之也玉篇繙冤也本書冤誤作冕類篇繙繽繙風吹旗也馥謂冤即繽繙意

fān 幡

幡 書兒拭觚布也從巾番聲 甫煩切

書兒拭觚布也者觚當爲柧通用觚字本書潁川人名小兒所書寫爲笘笘籥也王觀國曰觚以竹爲之其形有

方角所謂操觚者可持以書也史記酷吏傳破觚爲圜應劭曰觚八棱有隅者徐鍇曰觚八棱木於上學書書已以布拭之趙宧光曰今濉巾曰幡布增韻今人呼幡布內則所謂帉帨是也急就篇急就奇觚與衆異顏注觚者學書之牘或以記事削木爲之蓋簡屬也孔子歎觚卽此之謂其形或六面或八面皆可書觚者棱也以有棱角故謂之之觚班固兩都賦曰上觚棱而棲金爵今俗猶呼小兒學書簡爲木觚章蓋古之遺語也西京雜記傳介子年十四好學書嘗棄觚而嘆文賦或操觚以率爾李善云觚木之方者古人用之以書猶今之簡也初學記古者以縑帛依書長短隨事截之名曰幡紙

là 𢃿

𢃿 剌也從巾剌聲 盧達切

剌也者剌當爲拂玉篇𢃿拂也廣韻𢃿拂箸

jiān 𢅏

𢅏 拭也從巾韱聲 精廉切

拭也者本書無拭字𢅏或作攕集韻攕拭也

chǎn 幝

幝 車獘兒從巾單聲詩曰檀車幝幝 昌善切

車獘兒者詩釋文引作車敝也詩曰檀車幝幝者小雅杕杜文傳云幝幝敝貌韓詩作緂緂本書緂偏緩也

méng 幏

幏 蓋衣也從巾冢聲 莫紅切

蓋衣也者廣韻幏幏穀蓋巾也廣雅幏巾也方言幏巾也嵩嶽之南陳潁之閒謂之帤亦謂之幏郭注巾主覆者故名幏也周書太子晉解若能幏予注云幏覆也尙書大傳下刑墨幏鄭注幏巾也使不得冠飾以恥之也字或作幪史記索隱引方言幪巾南楚之閒云帞頟也御覽六百四十五引愼子有虞之誅以幪巾當墨周禮司圜凡害人者弗使冠飾注云弗使冠飾者著墨幪若古之象刑與隋書康國傳其妻有髻幪以皁巾通作蒙哀十五年左傳二人蒙衣而乘服虔曰蒙衣爲婦人之服巾蒙其頭而共乘也孟子西子蒙不絜趙注蒙不絜以不絜汙巾帽而蒙其頭也初學記引白虎通犯墨者蒙巾七發發蒙解惑漢書汲黯傳至說公孫宏等如發蒙耳淮南王安傳如發蒙耳晉灼曰如發去物上之蒙史記集解引韋昭曰如蒙巾發之甚易

miè 幭

幭 蓋幭也從巾蔑聲一曰禪被 莫結切

蓋幭也者一切經音義三幭帊也方言幭帣謂之幭注云帊幞也馥案玉篇幞巾幞廣韻幞頭周武帝所製裁幍巾出四脚以幞頭

hū 幠

幠 覆也從巾無聲 荒烏切

覆也者廣雅同詩斯干君子攸芋箋云芋當作幠幠覆也君子之所覆蓋士喪禮幠用斂衾注云幠覆也士冠禮周弁殷冔夏收注云冔名出于幠幠覆也言所以自覆飾也釋詁幠有也郭注引詩遂幠大東馥案詩作荒亦奄覆之義也通作無荀子禮論篇無帾絲歶縷翣其貌以象菲帷幬尉也注云無讀爲幠幠覆也

shì 飾

飾 㕞也從巾從人食聲讀若式一曰襐飾 賞隻切

㕞也者本書㕞拭也拭當爲飾佩下云巾謂之飾釋名飾拭也物穢者拭其上使明由他物而後明猶加文於質上也周禮封人凡祭祀飾其牛牲注云飾謂刷治潔清之也內則父母唾洟不見注云輒刷去之宣十二年左傳御下

兩馬杜云兩飾也正義飾馬者謂隨宜刷刮爲漢書賈誼傳簠簋不飾司馬徽別傳劉琮使左右問徽存亾徽鉏園左右問司馬君徽曰我是問者罵曰何等田奴而稱司馬君徽更刷頭飾服而出左右叩頭謝之　從巾從人食聲者疑此與虫部蝕並從飤　一曰襐飾者本書襐飾也急就篇襐飾刻畫無等雙顏注襐飾盛服飾也漢書外戚王后傳襐飾將醫往問疾顏注一曰襐首飾也在兩耳後刻鏤而爲之

wéi 幃

幃　囊也從巾韋聲　許歸切

內則男女未冠笄者總角衿纓皆佩容臭　思元賦纗幽蘭之秋華兮李善云說文曰纍幃曰纗幃一名纗爾雅曰婦人之幃謂之纗今之香囊在男曰幃在女曰纗然則纗者卽繫囊之繩也　通作褘詩東山傳云纗婦人之褘也釋器婦人之褘謂之縭

囊也者玉篇幃香囊也離騷樧又欲充夫佩幃王注幃盛香之囊又蘇糞壤以充幃兮王注幃謂之幐幐香囊也繁欽定情詩何以致叩叩香囊繫肘後晉書謝元少好佩紫羅香囊北堂書抄引劉義七啟承賜金縷琥珀茱萸囊通

說文解字義證　卷二十三　卅九

鑑蕭寅遣人殺王山沙於路吏人於麝幐中得其事注云囊可帶者曰幐以盛麝香故曰麝幐猶今之香袋

juàn 卷

卷　囊也今鹽官三斛爲一卷從巾季聲　居倦切

囊也者廣雅同集韻囊有底曰卷　今鹽官三斛爲一卷者廣韻三石爲一卷

zhǒu 帚

帚　糞也從又持巾埽冂內古者少康初作箕帚秫酒少康杜康也葬長垣　支手切

糞也者李善注王景元詩引同玉篇帚埽除糞穢也急就篇箯箄箕帚筐篋篓顏注箕可以簸揚及去糞帚所以埽刷少儀拚席不以鬣注云鬣謂帚也王隱晉書庾袞刈荆苕爲箕帚戒兄女曰灑埽庭內婦人道也　古者少康云云者世本少康作箕帚本書酒字云杜康作秫酒顏注急就篇古杜康作箕帚文選魏武帝短歌行何以解憂惟有杜康李善云王著與杜康絕交書曰康字仲寧或云黃帝時宰人號酒泉太守

xí 席

席　藉也禮天子諸侯席有黼繡純飾從巾庶省　祥易切

釋名席釋也可卷可釋也馥謂漢書賈誼傳席卷天下　文王世子遠近閒三席可以問注云席之制廣三尺三寸三分　張純席賦席爲冬設簟爲夏施　高士傳老萊子枝木爲牀薦艾爲席　汝南先賢傳鄭欽以茅蒩爲席常隨杞柳之陰

藉也者本書藉祭藉也荐薦席也廣韻席薦席增韻稾秸曰薦莞蒲曰席　禮天子諸侯席有黼繡純飾者周禮司几筵凡大朝覲大饗射設莞筵紛純加繅席畫純加次席黼純諸侯祭祀席蒲筵繢純加莞席紛純書顧命幾席黼純底席綴純豐席畫純筍席元紛純　庶省者徐鍇本作庶省聲馥案席庶乃去入兩聲轉紐

㐁　古文席從石省

從石省者誤也文當爲㐁廣雅㐁席也本書西古文作㐁云竹上皮益用竹皮爲席也

說文解字義證　卷二十三　卌

téng 幐

幐　囊也從巾朕聲　徒登切

方言幐僪也注云今江東呼僪兩頭有物爲幐　趙策贏幐負書擔橐　蜀都賦籯金所過劉注籯幐也

囊也者後漢書注引同一切經音義十三幐謂通徹囊也宋書南郡王義宣傳幐囊盛糧漢書外戚趙后傳中黃門田客持詔記盛綠綈方底顏注方底盛書囊形若今之筭幐耳唐書馬懷素傳是時文籍盈漫籤幐紛舛　通作滕後漢書儒林傳競其割散其縑帛圖書大則連爲帷蓋小乃制爲滕囊注云滕亦幐也

fèn 幩

幩　以囊盛穀太滿而裂也從巾奮聲　方吻切

以囊盛穀太滿而裂也者玉篇作墳賈誼書春秋篇周諺囊漏貯中通作僨大學一人僨事僖十五年左傳張脈僨興

zhūn 㡒

㡒　載米齗也從巾盾聲讀若易屯卦之屯　陟倫切

載米齗也者本書齗㡒也所以載盛米廣雅㡒齗也廣韻布貯曰㡒

gé 㡤

㡤　蒲席齗也從巾及聲讀若蛤　古沓切

蒲席齗也者本書畚𤬪屬蒲器也所以盛種𤬪㡤也杜林以爲竹筥揚雄以爲蒲器玉篇㡤以席載穀

fén 幩

【篆】馬纏鑣扇汗也從巾賁聲詩曰朱幩鑣鑣 符分切

馬纏鑣扇汗也者續漢書輿服志乘輿插翟象鑣赤扇汗 詩曰朱幩鑣鑣者衛風碩人文傳云幩飾也人君以朱纏鑣扇汗且以爲飾釋文云馬銜外鐵也一名扇汗又名排沫

néi ⿰巾夒

【篆】墀地以巾撋之從巾夒聲讀若水溫㬉也一曰箸也 乃昆切

墀地以巾撋之者集韻⿰巾夒以巾拭墀也徐鍇曰漢制以彤柒涂地曰丹墀以黑柒涂地曰元墀撋拭故汙則以巾拭之也通作獶漢書揚雄傳獶人亾則匠石輟斤而不敢妄斵服虔曰獶古之善涂塈者也顏注塈即今之仰泥也獶抆拭也故謂涂者爲獶人 讀若水溫㬉者本書㬉安㬉溫也奴案切顏注漢書獶音乃高反又乃回反集韻奴刀切又奴回切與本書音異 一曰箸也者廣韻⿰巾夒塗著也

tǎng 帑

【篆】金幣所藏也從巾奴聲 乃都切

周禮太府頒其貨於受藏之府 僖二十四年左傳晉侯之豎頭須守藏者也 月令季春命有司開府庫出幣帛聘名士 東觀漢記更始至長安御府帑藏武庫皆安堵如故 齊職儀後漢中藏府令丞掌幣帛金銀 六典右藏令掌邦國寶貨之事凡四方所獻金玉珠貝玩好之物皆藏之

金幣所藏也者後漢書注引同又桓帝紀注引作金布所藏之府也又引作金帛初學記引作金布御覽引作金帛一切經音義七引作金幣所藏之府也玉篇帑金布所藏之府通俗文庫藏曰帑字書帑金帛所藏舍也漢書匈奴傳虛費府帑顏注帑藏金帛之所也後漢書桓帝紀嘉禾生大司農帑藏鄭宏傳八倉不足而帑藏殷積鄧訓傳轉運之費空竭府帑 奴聲者五經文字帑說文乃胡反字林音儻顏案周成難字帑音蕩字書音乇罔反周禮掌節以英蕩輔之杜子春云蕩當爲帑謂以函器盛此節

bù 布

【篆】枲織也從巾父聲 博故切

釋名布布也布列衆縷爲經以緯橫成之也 又太古衣皮女工之始始於是施布其法使民盡用之也 小爾雅廣服麻苧葛曰布布通名也 鄭注鄉射記云今官布幅廣二尺二寸

枲織也者范子計然曰古者庶人老耋而後衣絲其餘則麻枲而已故曰布衣

jià 幏

【篆】南郡蠻夷賨布從巾家聲 古訝切

南郡蠻夷賨布者後漢書注引作南蠻夷布也寰宇記引作南郡蠻夷布也漢志南郡夷道有蠻夷曰道風俗通槃瓠之後輸布一匹二丈是謂賨布廩君之巴氏出幏布八丈魏都賦賨幏積墆五臣云幏布也後漢書巴郡南郡蠻傳其民戶出幏布八丈二尺寰宇記秦惠王并巴中以巴氏爲蠻夷君長其人戶出幏布八丈二尺

xián ⿰巾弦

【篆】布出東萊從巾弦聲 胡田切

布出東萊者徐鍇本有⿰巾弦縣在東萊五字案漢志東萊郡有⿰巾弦縣顏音堅或作⿰扌弦廣韻⿰扌弦縣名在東萊集韻⿰巾弦布名出東萊⿰扌弦縣

mù ⿱敄巾

【篆】髤布也一曰車上衡衣從巾敄聲讀若項 莫卜切

髤布也者猶今之油布可以禦雨 一曰車上衡衣者當云車衡上衣集韻車衡上衣謂之⿱敄巾案衡衣所以遮蓋曲輚韠縛也玉篇⿱敄巾覆車衡衣也廣韻⿱敄巾幭上絲也論語在輿則見其倚於衡也續漢志小使車赤屏泥油漢書黃霸傳別駕主簿車緹油屏泥於軾前

mì 幦

【篆】髤布也從巾辟聲周禮曰駹車犬幦 莫狄切

髤布也者用以覆車笭五經文字幦車覆笭也急就篇革轖髤漆油黑蒼顏注革轖一曰車革之幭所以覆車笭也髤漆者以漆漆之油者以油油之皆所以爲光色而御塵泥其色或黑或蒼故云黑蒼也荀子禮論篇蛟韅絲末彌龍所以養威也注云末與幦同絲幦蓋織絲爲幦昭二十五年公羊傳以幦爲席何云幦車覆笭疏云笭即式也但車式以笭爲之有豎者有橫者故考工記注云輢式之植者橫者也禮君羔幦虎犆大夫士鹿幦豹犆者是也少儀僕者右帶劍負良綏申之面拖諸幦注云幦覆笭也負之由左肩上入右腋下巾之於前覆笭上也詩韓奕鞹鞃淺幭傳云幭覆式也正義幭字禮記作幦周禮作複字異而義同管子小稱篇乃援素幭以裹首而絕注云幭所以覆

輪也。大戴禮三本篇：「大路車之素幭也。」曲禮「素簚」，注云：「簚，覆笭也。」釋文：「簚，本又作幭。」周禮曰駹車犬幦者，春官巾車文。彼云：「王之喪車五乘：木車，蒲蔽，犬榠，尾櫜，疏飾；素車，棼蔽，犬榠，素飾；藻車，藻蔽，鹿淺榠，革飾；駹車，雈蔽，然榠，髹飾；漆車，藩蔽，豻榠，雀飾。」與本書所引不同。注云：「故書駹作龍，髹爲軟。杜子春云：龍讀爲駹，軟讀爲桼垸之垸，直謂髹桼也。鄭司農云：犬榠，以犬皮爲覆笭。」簚案：既夕記：「主人乘惡車，白狗幦。」注云：「幦，覆笭也。以狗皮爲之，取其臑也。」

zhé 幆

幆 領耑也。从巾耴聲。陟葉切

領耑也者，廣韻引作「衣領耑也」。玉篇同。

文六十二 重八

fú 巿

巿 韠也。上古衣蔽前而已，巿以象之。天子朱巿，諸侯赤巿，大夫葱衡。从巾，象連帶之形。凡巿之屬皆从巿。分勿切

說文解字義證 卷二十三

本書㡀下云「一曰蔽厀」，索下云「杜林說朮亦朱巿字」。桼方士絲巿，今譌爲市井之市。易困卦：「朱紱方來，利用享祀。」豐卦「豐其沛」，釋文：「鄭干作芾，云：祭祀之蔽膝。」鄭注玉藻：「韍之言蔽也。」續漢書輿服志：「古者君臣佩玉，尊卑有度；上有韍，貴賤有殊。佩，所以章德，服之衷也；韍，所以執事，禮之共也。」後漢書班固傳「韍冕所興」，注云：「蒼頡篇曰：韍，綬也。」韍案：本書「綬，韍維也」。魏志：「挹婁在夫餘東北，處山林之閒，常穴居，夏則裸袒，以尺布隱其前後，以蔽形體。」韍謂此亦巿之遺象。韠也，上古衣蔽前而已，巿以象之者，本書：「韠，韍也。所以蔽前，以韋，下廣二尺，上廣一尺，其頸五寸。」廣雜韍謂之縪急就篇：「襌衣蔽厀布毋縛。」顏注：「蔽厀者，於衣裳上著之以蔽前也。一名韍，又曰韠，亦謂之襜。」明堂位：「有虞氏服韍，夏后氏山，殷火，周龍章。」注云：「韍，冕服之韠也。舜始作之，以尊祭服。禹湯至周，增以畫文，後王彌飾也。天子備焉，諸侯火而下，卿大夫山，士韎韋而已。」漢書王莽傳：「受綠韍袞冕衣裳。」顏注：「此韍謂蔽膝也。」或謂韍韠。徐廣車服儀制：「古者韍如今蔽膝。戰國連兵，以韍非兵飾，去之。漢明帝復制韍，天子赤皮蔽膝。蔽膝，古韍也。」環濟要略：「凡韍以韋爲之，以象裳色。湯增以畫文，夏山取仁可依，殷火取其光明，周龍章取其變化。」通作黻。桓二年左傳「袞冕黻珽」，杜云：「黻，韋韠，以蔽膝也。」正義：「黻、韠制同而名異，冕服謂之芾，其他服謂之韠。以韋爲之，故云黻，韋韠也。經傳作黻，韍作芾，音義同也。後世用絲，故字或有爲紱者。」易乾鑿度：「孔子曰：紱者，所以別尊卑，彰有德也。故朱赤者，盛色也。是以聖人法以爲紱服，欲百世不易也。」鄭注：「古者田漁而食，因衣其皮。先知蔽前，後知蔽後。後王易之以布帛，而猶存其蔽前者，重古道不忘本也。」或作芾。詩采菽「赤芾在股」，箋云：「芾，太古蔽膝之象也。冕服謂之芾，其他服謂之韠，以韋爲之。其制上廣一尺，下廣二尺，長三尺，其頸五寸，肩革帶傳二寸。」正義：「士冠禮士服皮弁、玄端，皆服韠，是他服謂之韠。」大戴禮公冠篇：「公玄端與皮弁皆韠。」盧辯注：「古者田狩而食其肉，衣其皮，先以兩皮如韠以蔽其前後。及後世聖人易之以布帛，猶存其蔽前，示不忘古。」天子朱巿，諸侯赤巿，大夫葱衡者，玉藻：「韠，天子朱。」又云：「三命赤韍葱衡。」詩「朱芾斯皇」，箋云：「芾者，天子純朱，諸侯黃朱。」候人「三百赤芾」，傳云：「芾，韠也。一命縕芾黝珩，再命赤芾黝珩，三命赤芾葱珩。大夫以上赤芾乘軒。」又通作紱。白虎通紱冕：「紱者何謂也？紱者，蔽也。行以蔽前，紱蔽者，小有事，因以別尊卑，彰有德也。天子朱紱，諸侯赤紱。詩云：朱紱斯皇，室家君王。又：赤紱金舄，會同有繹。又云：赤紱在股。皆謂諸侯也。書曰：黼黻衣，黃朱紱。亦謂諸侯也。竝見衣服之制，故遠別之，謂黃朱亦赤矣。大夫葱衡，別於君矣。天子大夫赤紱葱衡，士韎韐。朱赤者，盛色也，是以聖人法之，用爲紱服，爲百王不易也。」

說文解字義證 卷二十三

𩋡 篆文巿从韋从犮。

jiá 帢

帢 士無巿有帢，制如榼，缺四角。爵弁服，其色韎。賤不得與裳同。司農曰：「裳纁色。」从巿合聲。古洽切

士無巿有帢，制如榼缺四角者，晉書音義引字林：「韐，士服，制如榼，缺四角。」疑脫缺字。士冠禮：「爵弁服，纁裳，純衣，緇帶，韎韐。」注云：「韎韐，縕韍也。士縕韍而幽衡。」詩瞻彼洛矣「韎韐有奭」，傳云：「所以代韠也。」箋云：「韎韐，祭服之韠，合韋爲之。其服爵弁服，紂衣纁裳也。」正義：「士朝服謂之韠，祭服謂之韎韐。」駁異義云：「有韎韐無韠，有韠無韎韐，是韎韐必代韠也。」裴注魏志云：「太祖以天下凶荒，資財乏匱，擬古皮弁，裁縑帛以爲帢，合乎簡易隨時之義，以色別其貴賤。本施軍飾，非爲國容。」爵弁服，其色韎，賤不得與裳同者，韎賤當爲韎淺。一入爲韎，故曰淺。裳纁色，三入也。司農曰裳纁色者

類篇所引司農上有鄭字案本書於前人惟賈逵稱官尊師也今稱司農疑後人所加

韐 韐或從韋

文二　重二

bó 帛

帛 繒也從巾白聲凡帛之屬皆從帛 旁陌切

繒也者顏注急就篇帛總言諸繒也聘禮受享束帛加璧注云帛今之璧色繒也

jǐn 錦

錦 襄色織文從帛金聲 居飲切

急就篇錦繡縵紕離雲爵顏注錦織綵爲文也詩巷伯萋兮斐兮成是貝錦傳云萋斐文章相錯也貝錦錦文也 拾遺記員嶠山有冰蠶霜雪覆之然後成繭其色五采後代效之染五色絲織以爲錦 鄴中記錦有大登高小登高大明光小明光大博山小博山大茱萸小茱萸大交龍小交龍蒲桃文錦斑文錦鳳皇朱雀錦韜文錦桃核文錦或青綈或白綈或黃綈或綠綈或紫綈或蜀綈工巧百數不可盡名也通鑑梁敕織官文錦不得爲仙人鳥獸之形爲其裁翦有乖仁恕 襄色織文者小字本作襄邑集韻御覽引竝同類篇亦同 漢志陳留郡襄邑縣有服官陳留屬禹貢兗州故書曰厥篚織文傳云織文錦綺之屬正義漢世陳留襄邑縣置服官使制作衣服是兗州綾錦美也范子計然錦大文出陳留左思魏都賦錦繡襄邑陳留風俗傳襄邑縣南有渙水北有睢水傳曰睢渙之閒出文章故有黼黻藻錦日月華蟲以章天子郊廟御服論衡程材篇襄邑俗織錦曹洪與子桓書游睢渙者學藻繢之綵任昉述異記睢渙二水波文皆若五色其地多文章故名繢水董巴輿服志虎賁騎衣虎文單衣襄邑歲獻織成虎文又云三公諸侯用山龍九章九卿以下用華蟲七章皆五采刺史公卿九卿以下皆織成襄邑獻之南齊書輿服志袞衣漢世出陳留襄邑所織禹貢厥篚織貝鄭注貝錦名凡爲織者先染其絲乃織之則文成矣禮記曰士不衣織

文二

bái 白²

白 西方色也陰用事物色白從入合二二陰數凡白之屬皆從白 旁陌切

西方色也者釋名白啟也如冰啟時色也抱朴子金行爲白周禮太宗伯以白琥禮西方考工記畫繢之事西方謂之白

古文白

徐鍇韻譜作 汗簡引作

jiǎo 皎

皎 月之白也從白交聲詩曰月出皎兮 古了切

月之白也者廣韻皎月光廣雅皎白也詩曰月出皎兮者陳風月出文傳云皎月光也

xiǎo 曉

曉 日之白也從白堯聲 呼鳥切

日之白也者纂文曉日白也通作皎王褒九懷晞白日兮皎皎又通作皦詩大車有如皦日傳云皦白也

xī 皙

皙 人色白也從白析聲 先擊切

人色白也者廣雅皙白也詩君子偕老揚且之皙也傳云皙白皙襄十七年左傳澤門之皙杜云皇國父白皙而居近澤門定九年傳皙幘注云皙白也昭二十六年傳有君子白皙漢書霍光傳白皙顏注皙潔白也古樂府爲人顏白皙吳錄滕元爲人白皙史記仲尼弟子列傳狄黑字皙陳啟源曰左傳澤門之皙與黔對聖門曾點楚公子黑肱鄭公孫黑皆字子皙各與名反是也俱取白皙之義通作析周禮大司徒其民析而瘠注云析白也通志氏族畧黑背字子析

pó 皤

皤 老人白也從白番聲易曰賁如皤如 薄波切

老人白也者周易釋文文選注後漢書注竝引作老人皃御覽引作老人色也本書老言須髮變白也顥白皃南山四顥白首人也一切經音義八引字林皤白也漢書敘傳營平皤皤顏注皤皤白髮貌也後漢書班固傳皤皤國老樊準傳故朝多皤皤之良注云皤皤白首貌也左思白髮賦皤皤榮期皓首角里通作番史記秦本紀古之人謀黃髮番番正義字當作皤皤白頭皃易曰賁如皤如者賁卦文

帛 白²

皠或從頁

hé 皠

鳥之白也從白隺聲胡沃切

鳥之白也者本書翯鳥白肥澤皃引詩白鳥翯翯何晏景福殿賦皠皠白鳥或作皠廣雅皠皠白也太元內次七皠頭注云白而不純謂之皠

ái 皚

霜雪之白也從白豈聲五來切

霜雪之白也者文選北征賦注引作霜雪白之皃也集韻類篇竝引作霜雪之皃也漢書注後漢書注同徐鍇韻譜皚霜雪皃廣韻皚霜雪白皃廣雅皚白也孟子白雪之白北征賦涉積雪之皚皚兮劉歆遂初賦漂積雪之皚皚兮涉凝露之隆霜劉楨贈五官中郎將詩霜氣何皚皚

pā 皅

艸華之白也從白巴聲普巴切

艸華之白也者本書葩華也皅艸木白華也

說文解字義證卷二十三　毛

jiǎo 皦

玉石之白也從白敫聲古了切

玉石之白也者玉篇皦珠玉白皃孟子白玉之白

xì 𤽊(𤽊)

際見之白也從白上下小見起戟切

際見之白也者本書隙壁際孔也際壁會也玉篇𤽊壁際見白也上下小見者徐鍇本作上下小見之鍇曰際見若門壁之隙縫皦徹上下見之但皆小爾

xiào 皛

顯也從三白讀若皎烏皎切

顯也者顯當爲㬎通俗文通白曰皛廣雅皛白也陶潛赴駕還江陵詩皛皛川上平潘岳關中詩虛皛湎德李善引蒼頡篇皛明也射雉賦望䕻合而翳皛徐注雖翳皛然獨顯

文十一　重二

bì 㡀

敗衣也從巾象衣敗之形凡㡀之屬皆從㡀毗際切

敗衣也者集韻㡀衣壞皃廣雅㡀敗也

bì 敝

帗也一曰敗衣從攴從㡀㡀亦聲毗際切

汗簡㡀下云見說文

帗也者當爲韍韍所以蔽前　一曰敗衣者急就篇帗敝囊橐不直錢顏注敝敗衣也詩緇衣之宜兮敝予又改爲兮論語衣敝緼袍又云敝之而無憾禮緇衣苟有衣必見其敝注云敝敗衣也

文二

zhǐ 黹

箴縷所紩衣從㡀丵省凡黹之屬皆從黹陟几切

箴縷所紩衣者本書箴綴衣箴也䙝紩衣也釋名黻紩也黻當作黹釋言黹紩也郭云今人呼縫紩衣爲黹書益稷絺繡鄭注絺讀爲黹黹紩也謂刺也又注大傳引作黹繡注周禮司服引作希繡云希讀爲絺或作黹字之誤也馥案當云希讀爲黹或作絺字之誤也詩采菽箋云黼黻謂絺衣也正義絺謂刺之言此黼黻刺之於衣

說文解字義證卷二十三　兲

chǔ 𪓐

合五采鮮色從黹虘聲詩曰衣裳𪓐𪓐創舉切

合五采鮮色者詩釋文引作會五采鮮色也廣韻引作會五采鮮皃書益稷作會傳云會五采也以五采成此畫焉通作楚秦策不韋使楚服而見高云楚服盛服漢何太后謂何進曰先帝新棄天下我柰何楚楚與士人共對事乎　詩曰衣裳𪓐𪓐者曹風蜉蝣文彼作楚楚傳云楚楚鮮明貌

fǔ 黼

白與黑相次文從黹甫聲方榘切

白與黑相次文者釋言黼黻彰也郭云黼文如斧黻文如兩己相背釋器斧謂之黼郭云黼文畫斧形因名云書益稷藻火粉米黼黻絺繡傳云黼若斧形黻爲兩己相背正義云半白半黑似斧刃白而身黑黻刺爲兩己字以青黑線繡也詩采菽元衮及黼傳云白與黑謂之黼又文王常服黼冔傳云黼白與黑也桓二年左傳火龍黼黻杜云白與黑謂之黼形若斧黑與青謂之黻兩己相戾周禮典絲凡祭祀共黼畫組就之物注云白與黑謂之黼司几筵王位設黼依注云斧謂之黼其繡白黑采以絳帛爲質考工記畫繢之事白與黑謂之黼月令命婦官染采黼黻文章

fú 黻

zuì 𪓰

fěn 黺

家語五帝德篇作為黼黻注云白與黑謂之黼若斧文黑與青謂之黻若兩己相戾荀子哀公篇黼衣黻裳者不茹葷注云白與黑為黼黑與青為黻非相篇觀人以言美於黼黻文章注云白與黑謂之黼黑與青謂之黻呂氏春秋季夏紀黼黻文章注云白與黑謂之黼淮南說林訓黼黻之美在於杼軸注云白與黑為黼時則訓命婦官染采黼黻文章青黃白黑莫不質良注云白與黑為黼說苑修文篇士服黻大夫黼諸侯火天子山龍德彌盛者文彌縟中彌理者文彌章也漢書禮樂志黼繡周張顏注白與黑畫為斧形謂之黼賈誼傳美者黼繡顏注黼者織為斧形繡者刺為衆文五經要義諸侯黼裘以誓田雜羔狐為黼文也增韻白西方之色黑北方之色西北白黑之交乾陽位焉剛健能斷故畫斧以白黑為文馥案覲禮天子設斧依於戶牖之閒鄭云有繡斧文所以示威也檀弓加斧於椁上注云斧謂之黼白黑文也

是朝覲喪葬皆用斧文也

黻 黑與青相次文從黹犮聲 分勿切

黑與青相次文者詩終南黻衣繡裳傳云黑與青謂之黻考工記畫繢之事黑與青謂之黻漢書韋賢傳黼衣朱紱顏注黼衣畫為斧形而白與黑為彩也朱紱為朱裳畫為亞文也亞古弗字也故因謂之紱字又作黻其音同馥案據此知兩己之誤也高注呂氏春秋季夏紀云黑與赤謂之黻又注淮南時則訓云白與黑為黼青與赤為黻黑與赤為文青與白為章

𪓰 會五采繒色從黹綷省聲 子對切

會五采繒色者綷通作萃易萃卦彖曰萃聚也齊語令夫士羣萃而州處又通作綷史記司馬相如傳綷雲蓋而樹華旗注云綷蓋有五綵也

綷省聲者本書無綷字

黺 衮衣山龍華蟲黺畫粉也從黹從粉省衛宏說 方吻切

衮衣山龍華蟲者周禮司服注玄謂書曰予欲觀古人之象日月星辰山龍華蟲作繢宗彝藻火粉米黼黻希繡此古天子冕服十二章舜欲觀焉又云九章初一日龍次二日山次三日華蟲次四日火次五日宗彝皆畫以為繢次六日藻次七日粉米次八日黼次九日黻皆希以為繡

黺畫粉也者廣韻黺綵文玉篇黺綵也周禮司几筵設莞筵紛純鄭司農云紛文讀為和粉之粉謂白繡也

文六

rén 人

說文解字弟八　義證弟二十四

曲阜桂馥學

人　天地之性最貴者也此籀文象臂脛之形凡人之屬皆從人如鄰切

匕從倒人則人當作匕

天地之性最貴者也者孝經聖治章天地之性人爲貴注云貴其異於萬物也釋名人仁也仁生物也故易曰立人之道曰仁與義易大人者與天地合其德與日月合其明與四時合其序與鬼神合其吉凶書泰誓惟天地萬物父母惟人萬物之靈傳云天地所生惟人爲貴成十三年左傳民受天地之中以生所謂命也中庸天命之謂性大戴禮曾子天圓篇毛蟲毛而後生羽蟲羽而後生毛羽之蟲陽氣之所生也介蟲介而後生鱗蟲鱗而後主介鱗之蟲陰氣之所生也唯人爲倮匈而後生也陰陽之精也盧辯注人受陰陽純粹之精有生之貴也禮運人者天地之心

五行之端也食味別聲被色而生者也又云故人者其天地之德陰陽之交鬼神之會五行之秀氣也管子人水也男女精合而水流形二月而咀咀者五味五味是五藏也酸生脾鹹生肺辛生腎苦生肝甘生心藏已具而後生五肉脾生髓肝生骨腎生筋肝生革心生肉肉已具然後生九竅脾爲鼻肝爲目腎爲耳肺爲口心爲下竅五月而成十月而生文子精氣爲人人受天地變化而生一月而膏二月而脈三月而胚四月而胎五月而筋六月成骨七月成形八月而動九月而躁十月而生形骸乃成五藏乃形白虎通人所以十月者何人天之子者經天地之數五故十月而備乃成人也列子楊朱篇人肖天地之類懷五常之性有生之最靈者也天瑞篇榮啟期曰天生萬物惟人爲貴而吾得爲人是一樂也鬻子天地闢而萬物生萬物生而人爲政焉子華子一人之身爲骨凡三百有六十精液之所朝夕也氣息之所吐吸也心意志慮之所識也手足之所運動而指股之所信屈也皆與天地之大數通體而爲一故曰天地之閒人爲貴公孫尼曰人有三百六十節當天之數形體有骨肉當地之厚也有九竅脈理當川谷也血氣者當風雨也春秋演孔圖正氣爲帝閒氣爲臣秀氣爲人孝經援神契人頭圓象天足方法地五藏象五行四肢法四時九竅法九分目法日月肝仁肺義腎智心禮膽斷脾信膀胱決難髮法星辰節法日歲腸法鈐注云鈐鈎也主鍵閉淮南地形訓天一地二人三三三而九九九八十一主日日數十日主人人故十月而生天文訓蚑行喙息莫貴於人孔竅肢體皆通於天天有九重人亦有九竅天有四時以制十二月人亦有四肢以使十二節天有十二月以制三百六十日人亦有十二肢以使三百六十節故舉事而不順天者逆其生者也精神訓煩氣爲蟲精氣爲人是故精神天之有也而骨骸者地之有也春秋繁露天地陰陽木火土金水九與人而十者天之數畢也故數者至十而止書者以十爲終皆取之此聖人何其貴者起於天至於人而畢畢之外謂之物物者投所貴之端而不在其中以此見人之超然萬物之上而最爲天下貴也又云唯人獨偶天地人有三百六十節偶天之數也形體骨肉偶地之厚也上有耳目聰明日月之象也體有空竅理脈川谷之象也心有哀樂喜怒神氣之類也故小節三百六十六副日數也大節十二分副月數也內有五藏副五行數也外有四肢副四時數也乍視乍瞑副晝夜也乍柔乍剛副冬夏也乍哀乍樂副陰陽也太元天地之所貴曰生物之所尊曰人漢書刑法志夫人肖天地之貌懷五

常之性聰明精粹有生之最靈者也爪牙不足供嗜欲趨走不足避利害無毛羽以禦寒暑必將役物以爲養任智而不恃力此其所以爲貴也鹽鐵論傳曰凡生之物莫貴於人人主之所貴莫重於人故天之生萬物以奉人也人主愛人以順天也論衡奇怪篇天地之性惟人爲貴則通篇倮蟲三百人爲之長天地之性人爲貴貴其識知也潛夫論讚學篇天地之所貴者人也風俗通萬類之中惟人爲貴抱樸子黃白篇人之爲物貴性最靈晉董京詩萬物皆賤惟人爲貴宋書歷志夫天地之所貴者生也萬物之所尊者人也盧思道勞生論生者天地之大德人者有生之最靈所以作配兩儀稱貴羣品　此籀文象臂脛之形者別有奇字儿爲古文

tóng 僮

僮　未冠也從人童聲徒紅切

未冠也者玉篇僮僮幼迷荒者廣雅僮稚也顏注急就篇僮謂僕使之未冠笄者也哀十一年左傳公爲與其嬖僮汪錡乘魯語使僮子備官而未之閒邪韋云僮僮蒙不達也通作童釋名十五曰童牛羊之無角者曰童山無草木曰童言未巾冠似之也易蒙卦匪我求童蒙釋文云字書作僮鄭云未冠之稱書呂刑幼子童孫喪服記童子唯當

室經注云童子未冠之稱也論語闕黨童子將命

bǎo
保(保)

保 養也從人從𤓽省𤓽古文孚 博褒切

古文作𠈃見楚邛仲南和鐘

養也者大戴禮保傅篇保保其身體文王世子立太傅少傅以養之注云養教也又云入則有保出則有師保也者慎其身以輔翼之而歸道者也注云慎其身者謹安護之漢書宣帝紀阿保之功注保養也漢官儀太保保養也北史魏本紀保者以帝體重倍於常見 從𤓽省者徐鍇本作𤓽省聲左傳正義引同 𤓽古文孚者徐鍇本無此文 當云古文孚本書𤓽古文孚六書故亦引作古文孚又案字鑑云𤓽音孚褒字云𤓽古文孚字

古文保

本書宗從宀孚聲

古文保不省

春秋莊六年左氏經齊人來歸衞俘杜云公羊穀梁經傳皆言衞寶此傳亦言寶惟此經言俘疑經誤正義云案說文保從人𤓽省聲古文保不省然則古字通用寶或保字與俘相似故誤作俘耳

rén
仁

仁 親也從人從二 如鄰切

親也者仁親聲相近釋名仁忍也好生惡殺善含忍也一切經音義八周禮云六德一曰仁鄭玄曰愛人及物曰仁上下相親曰仁周語慈惠保民親也荀子不苟篇交親而不比注云親謂仁恩尹文子仁者所以博施於物尸子仁則人親之呂氏春秋愛類篇仁也者仁乎其類者也韓詩外傳愛由情出謂之仁一切經音義六謚法曰貴賢親親曰仁 從二者徐鍇本作二聲鍇通論云二亦聲也春秋元命苞仁者情志好生愛人其立字二人爲仁

古文仁從千心

古文仁或從尸

qì
企

企 舉踵也從人止聲 去智切

舉踵也者李善注求自試表引同韻會引徐鍇本作舉踵望也廣韻企望也通俗文舉跟曰企也玉篇引詩如企斯翼釋名企啟開也目延竦之時諸機樞皆開張也老子企者不立王弼注物尚進則失安故曰企者不立本書趼足企也釋鳥梟雁醜其足蹼其踵企通作跂史記高祖本紀日夜跂而望歸正義說文云跂舉踵也司馬彪云跂望也馥案漢書作企顏注企謂舉足而竦身山海經跂踵國其人行腳跟不著地詩衞風跂予望之傳云跂足則可以望見之檀弓不至焉者跂而及之 止聲者一切經音義十二企字從人從止

古文企從足

廣雅作䟗云立也

rèn
仞

仞 伸臂一尋八尺從人刃聲 而震切

周禮遂人千夫有澮廣二尋深二仞考工記同閒廣二尋深二仞謂之澮 祭義築宮仞有三尺 昭三十二年左傳仞溝洫注云度深曰仞

伸臂一尋八尺者程君敦曰說文筵字云度堂以筵筵一丈以此例之則仞字當云伸臂一尋尋八尺今本脫一尋字本書尋下云度人之兩臂爲尋八尺也禮部韻畧八尺曰仞一切經音義十一八尺曰仞書旅獒爲山九仞傳云八尺曰仞孫子軍形篇勝者之戰若決積水於千仞之谿者形也注云八尺曰仞山海經大華之山其高五千仞注云仞八尺也漢書賈誼傳鳳皇翔於千仞顏注八尺曰仞六書故古以周尺八尺爲仞中人之身長八尺兩臂尋之亦八尺兩足步之亦八尺度高深以仞度長短以尋度地以步馥案說仞者多異有言四尺者史記穰侯列傳守梁七仞之城集解引小爾雅四尺謂之仞倍仞謂之尋有言五尺六寸者漢書賈山傳爲河房之殿殿高數十仞應劭曰五尺六寸曰仞有言七尺者徐鍇韻譜仞七尺廣韻七尺曰仞鄉射記杠長三仞以鴻脰韜上二尋注云七尺曰仞八尺曰尋論語夫子之牆數仞包氏曰七尺曰仞也莊子庚桑楚篇步仞之邱陵釋文七尺曰仞呂氏春秋適威篇若決積水於千仞之谿注云七尺曰仞文選招魂長人千仞五臣云七尺曰仞續漢輿服志天子五路建太常十有二斿九仞曳地注引鄭康成曰七尺曰仞天子之旗六丈三尺顧炎武曰說文仞伸臂一尋八尺家語孔子所謂

鉟肘知尋書爲山九仞孔傳八尺曰仞正義曰考工記匠人有畎遂溝洫皆廣深等而澮云廣二尋深二仞則澮亦廣深等仞與尋同故知八尺曰仞王肅聖證論及注家語皆云八尺曰仞與孔義同鄭元云七尺曰仞與孔義異論語夫子之牆數仞注包云七尺孟子掘井九軔注八尺堂高數仞注亦云八尺當以八尺爲是若小爾雅云四尺漢書應劭注云五尺六寸則竝非矣通作軔孟子掘井九軔

shì 仕

仕　學也從人從士鉏里切

學也者本書宦仕也急就篇宦學諷詩孝經論顏注宦仕也言欲仕學者必當先諷讀詩及孝經論語也書周官學古入官議事以制政乃不迷又云不學牆面莅事惟煩論語學而優則仕仕而優則學又云有民人焉有社稷焉何必讀書然後爲學孔注言治人事神於是而習亦學也宜二年左傳宦三年矣服注宦官學士也襄三十一年傳子皮欲使尹何爲邑子產曰少未知可否子皮曰愿吾愛之不吾叛也使夫往而學焉夫亦愈知治矣子產曰僑聞學而後入政未聞以政學者也曲禮宦學事師非禮不親注云仕與學皆有師以明道也

說文解字義證　卷二十四　五

jiāo 佼

佼　交也從人從交下巧切

交也者廣雅同本書傷交傷詩天作岐有夷之行傳云夷易也箋云有佼易之道交交桑扈箋云交交猶佼佼家語入官篇量之無佼民之辭注云佼猶周也

zhuàn 僎

僎　具也從人㚕聲士勉切

具也者廣雅同通作撰論語異乎三子者之撰孔注撰具也釋文撰鄭作僎讀曰詮詮之言善也馥案本書詮具也僖元年左傳具邢器用而遷之師無私焉注云皆撰具還之無所私取楚詞天問撰體協脅洪注撰具也鶩子篇名撰吏五帝三王傳政乙逢行珪注云撰具也文選藉田賦司農撰播殖之器字又作譔楚詞大招聽歌譔只王注譔具也通作選論語大夫僎漢書人表作選

qiú 俅

俅　冠飾皃從人求聲詩曰弁服俅俅巨鳩切

冠飾皃者釋言俅戴也郭引詩戴弁俅俅字或作頯廣蒼頯戴也　詩曰弁服俅俅者周頌絲衣文彼作載弁俅俅傳云俅俅恭順貌箋云載猶戴也弁爵弁也爵弁而祭於王士服也釋文俅說文作絿馥案釋文爲後人所亂疑陸本詩作絿當云絿說文作俅釋訓俅俅服也郭云謂戴弁服邵君晉涵曰戴弁柱首而謂之服者士冠禮祝辭曰始加元服曰乃申爾服曰咸加爾服鄭注謂緇布冠皮弁爵弁也是弁得稱爲服也

pèi 佩

佩　大帶佩也從人從凡從巾佩必有巾巾謂之飾蒲妹切

董巴輿服志佩以章德　釋名佩倍也言其非一物有倍貳也有珠有玉有容刀有帨巾有觿之屬也　王逸曰行清潔者佩芳德光明者佩玉能解結者佩觿能決疑者佩玦

大帶佩也者御覽引作大冠帶佩也廣韻佩玉之帶也禮曰凡帶必有佩玉馥案詩雜佩以贈之傳云珩璜琚瑀衝牙之類玉藻古之君子必佩玉又云天子佩白玉公侯佩山元玉大夫佩水蒼玉世子佩瑜玉士佩瓀玟　從人凡從巾佩必有巾巾謂之飾者初學記引云佩從人凡聲也佩必有巾從巾本書巾佩巾也帶下云佩必有巾王逸楚詞注佩飾也戴侗曰林罕云說文佩從重巾不知罕所見何本也

說文解字義證　卷二十四　六

rú 儒

儒　柔也術士之偁從人需聲人朱切

柔也者廣雅同儒柔聲相近本書嬬弱也懦駑弱也一切經音義二十四說文儒柔也謂柔愞也方言儒輸愚也注云儒輸猶懦撰也盧君文弨曰案漢書西南夷傳作選耎後漢書西羌傳作選懦音義竝與懦撰相近禮記儒行鄭目錄云名曰儒行者以其記有道德者所行也儒之言優也柔也王粲儒吏論竹帛之儒豈生而迂緩也起於講堂之上游於鄉校之中無嚴猛斷割以自裁雖欲不迂緩弗能得矣先王見其如此是以吏服訓雅儒通文法故能寬猛相濟剛柔自克也北史王憲傳王嶷性儒緩不斷劉芳傳爲政儒緩不能禁止姦盜唐書鄭畋傳賊內輕畋儒柔案需柔以聲相通考工記鮑人欲其柔滑而腥脂之則需注云故書需作劃鄭司農云劃讀爲柔需之需詩時邁懷柔百神釋文柔本亦作濡宋書樂志昭事先聖懷濡上靈莊子以濡弱謙下爲表方言蘇之小者謂之釀菜郎本草之香薷通鑑注魏呼柔然爲蠕蠕南人語轉爲芮芮鄭注周禮大祝云擩讀爲虞芮之芮　術士之偁者所謂儒術也晏子春秋言有文章術有條理禮儒行營道同術周禮太宰以九兩繫邦國之民四曰儒以道得民注云儒諸侯

人

jùn 俊

保氏有六藝以教民者孟子逃墨必歸於楊逃楊必歸於儒法言君子篇通天地人曰儒漢書司馬相如傳列僊之儒顏注儒柔也術士之稱也凡有道術皆爲儒風俗通儒者區也言其區別古今居則翫聖哲之詞動則行典籍之道稽先王之制立當時之事此通儒也若能納而不能出能言而不能行講誦而已無能往來此俗儒也晉書范宣傳庾爰之問宣曰君博學通綜何以太儒宣曰漢興貴經術至於石渠之論實以儒爲弊正始以來世尚老莊逮晉之初競以裸裎爲高僕誠太儒然立不與易羣輔錄八儒云夫子沒後散於天下設於中國成百氏之源爲綱紀之儒居環堵之室蓽門圭竇甕牖繩樞併日而食以道自居者有道之儒子思氏之所行也衣冠中動作順大讓如慢小讓如僞者子張氏之所行也顏氏傳詩爲道爲諷諫之儒孟氏傳書爲道爲疏通致遠之儒漆雕氏傳禮爲道爲恭儉莊敬之儒仲梁氏傳樂爲道以和陰陽爲移風易俗之儒樂正氏傳春秋爲道爲屬辭比事之儒公孫氏傳易爲道爲潔淨精微之儒

俊 才過千人也從人夋聲 子峻切

集韻 肅人之敏謂之俊 堯典克明俊德鄭注俊德賢才兼人者 月令命太尉贊傑俊注云傑俊能者也 王制司徒論選士之秀者而升之學曰俊士 孟子俊傑在位注云俊美才出衆者也萬人者稱傑 申鑒力稱烏獲捷言羌亥勇期賁育聖云仲尼壽稱彭祖物有俊傑不可誣也 謝承後漢書詔遣八使巡行風俗皆選有威名者同日而拜號曰八俊 後漢書黨錮傳俊者言人之英也詩羔裘三英粲兮傳云三英三德也箋以爲剛克柔克正直書立政曰三有俊云能用剛柔正直三德之俊與毛鄭義同

才過千人也者集韻引作才千人也本書初印本亦作才千人俊加過字小字本李燾本竝作材本書协材十人也廣韻智過千人曰儁書皋陶謨俊乂在官鄭注才德過千人爲俊百人爲乂文子智過百人謂之傑十人謂之豪萬人謂之英千人謂之俊楚詞九章誹俊疑傑兮王注千人才爲俊呂氏春秋孟夏紀命太尉贊傑儁注云千人爲俊萬人爲傑孟秋紀練桀儁注云才過萬人曰桀千人曰儁淮南泰族訓故智過萬人者謂之英千人者謂之俊百人者謂之豪十人者謂之傑明於天道察於地理通於人情大足以容衆德足以懷遠信足以一異智足以知變者人之英也德足以教化行足以隱義仁足以得衆明足以照人者人之俊也行足以爲儀表知足以決嫌疑廉足以分財信可使守約作事可法出言可道者人之豪也守職而不廢處義而不比見難不苟免見財不苟得者人之傑也春秋繁露故萬人者曰英千人者曰俊百人者曰傑十人者曰豪一切經音義八智出千人曰傑謂英傑也詩汾沮洳美如英傳云萬人爲英宜十五年左傳酆舒有三儁才注云儁絕異也正義引辨名記倍人曰戎凝作十人曰選倍選曰儁千人曰英倍英曰賢萬人曰傑倍傑曰聖齊策小國英傑之士高云才勝萬人曰英千人曰桀王注楚詞人招云一國之高爲傑又云千人才曰豪萬人才曰傑傑一本作俊鶡冠子博選篇故德萬人者謂之儁德千人者謂之豪德百人者謂之英陸佃注毛詩傳曰萬人曰英記曰五人曰茂十人曰選百人曰俊千人曰英今此又以萬人曰俊百人曰英甚莫可考矣呂氏春秋功名篇人主賢則豪傑歸之注云才過百人曰豪千人曰傑周書蘇綽傳古人云千人之秀曰英萬人之英曰儁

jié 傑

傑 傲也從人桀聲 渠列切

傲也者徐鍇本作執也材過萬人也馥案傑執義相近詩周頌有厭其傑傳云傑苗之先長者荀子非相篇天下之傑也注云倍萬人曰傑儒效篇其通也英傑化之注云倍千人曰英倍萬人曰傑

wén 倱

倱 人姓從人軍聲 吾昆切

jí 伋

伋 人名從人及聲 居立切

人名者玉篇孔鯉子名伋字子思史記仲尼弟子列傳燕伋字思 左傳衛宣公太子急詩二子乘舟序作伋

kàng 伉

伉 人名從人亢聲論語有陳伉 苦浪切

論語有陳伉者論語作亢鄭注子禽弟子陳亢也檀弓作陳子亢注云子亢子車弟孔子弟子

bó 伯

伯 長也從人白聲 博陌切

長也者釋詁文舍人曰伯位之長也禮檀弓幼名冠字五十以伯仲周道也白虎通伯者長也伯者子最長迫近父也釋名伯把也把持家政也

zhòng 仲

仲 中也。從人從中，中亦聲。直衆切

中也者，玉篇引詩「仲氏任只」，仲，中也。釋名：仲，平也，位在中也。白虎通：仲者，中也。韓詩：仲，中也，言位在中也。禮記外傳：周制巡狩皆在仲月。注云：仲者，中也。漢華山廟碑中宗作仲宗。

yī 伊

伊 殷聖人阿衡尹治天下者。從人從尹。於脂切

殷聖人阿衡尹治天下者者，後漢書蔡邕傳「伊摯有負鼎之衒」，注云：摯，伊尹名也。帝王世紀：伊尹名摯，爲湯相，號阿衡。又云：太甲反位，不怨，故尊伊尹曰保衡。書說命「昔先正保衡」，傳云：保衡，伊尹也。太甲「惟嗣王不惠于阿衡」，傳云：阿，倚；衡，平。君奭「成湯既受命，時則有若伊尹，格于皇天。在太甲，時則有若保衡」，鄭注：伊尹名摯，湯以爲阿衡，至太甲改曰保衡。阿衡、保衡，皆三公之官，當時爲之號也。伊尹湯所依倚而取平，以尹天下，故曰伊尹。至太甲改曰保衡，保，安也，言天下所取安，所取平。顧炎武曰：伊尹、保衡，一人也。湯時未爲保衡，至太甲時始爲此官，故變文以稱之也。詩長發「實惟阿衡」，傳云：阿衡，伊尹也。箋云：阿，倚；衡，平也。伊尹湯所依倚而取平，故以爲官名。齊職儀：湯以伊尹爲左相，太甲

時伊尹爲太保。衡方碑：有伊尹在殷之世，號稱阿衡，因而氏焉。又衡立碑：其先出自伊尹，阿衡，官有爲氏。通鑑唐僖宗呼田令孜爲阿父，注云：阿，保也。本書：尹，治也。釋言：尹，正也。春秋繁露：湯受命，變夏作殷，作宮於下洛之陽，名官曰尹。史記殷本紀：伊尹名阿衡。索隱云：孫子兵書伊尹名摯，然解者以阿衡爲官名。呂氏春秋云：有侁氏女採得嬰兒於空桑，後居伊水，命曰伊尹。尹，正也，謂湯使之正天下。

古文伊，從古文死。

本書死古文作𣦸。

xiè 偰

偰 高辛氏之子，堯司徒，殷之先。從人，契聲。私列切

本書竊下云：禼，古文偰。禼，蟲也，讀與偰同。五經文字：殷始祖，經典多借契字爲之，與禼同。高辛氏之子者，本書娀，帝高辛之妃，偰母號也。引詩「有娀方將」。殷本紀：殷契母曰簡狄，有娀氏之女，爲帝嚳次妃，三人行浴，見玄鳥墮其卵，簡狄取吞之，因孕生契。堯司徒者，書舜典「帝曰：契，百姓不親，五品不遜，汝作司徒」。史記司馬相如傳「契不能計」，正義曰：契爲司徒，敷五教，主四方會計。殷之先者，史記殷本紀殷契，索隱云：契是殷家始祖。

qiàn 倩

倩 人字。從人，青聲。東齊壻謂之倩。倉見切

人字也者，漢人猶多以倩爲字，如江充字次倩，蕭望之字長倩，東方朔字曼倩。東齊壻謂之倩者，方言文。史記倉公傳「黃氏諸倩」，徐廣曰：倩者，女壻也。

yú 伃

伃 婦官也。從人，予聲。以諸切

婦官也者，漢書元后傳：立太孫爲太子，以母王妃爲倢伃。昭帝紀：母曰趙倢伃。顏注：倢，接幸也；伃，美稱也，故以名宮中婦官。外戚傳：至武帝制倢伃、娙娥、傛華、充依，各有爵位，倢伃視上卿，比列矦。石林燕語：倢好，史記索隱訓倢爲承，好爲佐，字本皆從人。大抵古人取訓，各以其義適然者，而字多從省。婕，倢，捷也，乃相承敏捷之意，字從省去才；伃爲相予，則訓佐理亦宜，然後以爲婦職，因易人爲女目。

zhōng 伀

伀 志及衆也。從人，公聲。職茸切

志及衆也者，通作公。謚法：立志及衆曰公。禮運「大道之行，天下爲公」，注云：公猶共也。

xuān 儇

儇 慧也。從人，睘聲。許緣切

慧也者，方言文。注云：謂慧了。本書：慧，儇也。譞，譞慧也。荀子非相篇「鄉曲之儇子」，楊倞注：輕薄巧慧之子也。韓非忠孝篇「今民儇詗智慧」。南都賦「儇才齊敏」，五臣注：儇，惠也。惠即慧。

tán 倓

倓 安也。從人，炎聲。讀若談。徒甘切

安也者，一切經音義九引同。廣雅：倓，靜也。荀子仲尼篇「倓然見管仲之能足以託國也」，楊注：倓，安也，安然不疑也。讀若談者，東京賦「剡耜」，郎詩「覃耜」，倓、剡、談、覃聲竝相近。

倓或從剡。

xùn 侚

侚 疾也。從人，旬聲。辭閏切

疾也者，書泰誓「王乃徇師而誓」，傳云：徇，循也。正義云：說文云：徇，疾也；循，行也。徇是疾行之意，故以徇爲循也。馥案：徇

卽此徇據經傳義當作徇或作迿定四年公羊傳朋友相衛而不相迿注云迿出表辭猶先也疏云表謂其戰時旅進旅退之限約迿者謂不顧步伍勉力先往之意

yǒng 傛

傛 **不安也從人容聲一曰華**余隴切

不安也者本書搈動搈也廣韻搈不安又云㨖搈不安 一曰華者玉篇傛華婦官名史記外戚世家容華秩比二千石漢書外戚傳至武帝制倢伃娙娥傛華充依各有爵位傛華視眞二千石比太上造通作容魏志后妃傳太祖建國始命王后其下五等有夫人有昭儀有婕妤有容華有美人

yè 偞

偞 **宋衞之閒謂華偞偞從人葉聲**與涉切

宋衞之閒謂華偞偞者廣韻偞偞輕薄美好皃廣雅偞偞容也方言偞容也宋衞曰偞

jiā 佳

佳 **善也從人圭聲**古膎切

善也者廣雅同又云好也玉篇引楚詞妒佳冶之芬芳兮大招姱脩滂浩麗以佳只淮南脩務訓形夸骨佳揚雄反

騷閨中容競淖約兮想態以麗佳

gāi 侅

侅 **奇侅非常也從人亥聲**古哀切

奇侅非常也者字或作賌淮南兵畧訓明於星辰日月之運刑德奇賌之數背鄉左右之便此戰之助也注云奇賌之數奇祕之數非常術通作晐史記倉公傳受其脈書上下經五色診奇晐注云奇晐言奇祕非常術也又通作胲漢書藝文志五行家有五音奇胲用兵二十三卷五音奇胲刑德二十一卷

guī 傀

傀 **偉也從人鬼聲周禮曰大傀異**公回切

偉也者李善注江賦引同莊子列御寇篇達生之情者傀釋文字林云傀偉也或借魁字廣雅魁大也又云魁岸雄傑也荀子脩身篇倚魁之行非不難也楊倞注倚奇也魁大也倚魁謂偏僻狂怪之行 周禮曰大傀異者春官大司樂文彼作大傀異裁徐鍇本有災字

瓌 **傀或從玉褱聲**

方言作傀云傀盛也傀自關而西秦晉之閒語也玉篇云傀聲類傀字或通作瑰史記司馬相如傳俶儻瑰琦

wěi 偉

偉 **奇也從人韋聲**于鬼切

奇也者李善注魏都賦引作大也廣雅偉大也周禮大卜觭夢杜子春云觭讀爲奇偉之奇史記魯仲連傳好奇偉俶儻之畫策

bīn 份

份 **文質備也從人分聲論語曰文質份份**府巾切

文質備也者文質當爲彣噴本書彣戫也噴野人之言備當爲葡本書葡具也廣雅彬文也揚雄甘泉賦璧馬犀之瞵瞞馥謂卽璘彬張衡西京賦瑀珉璘彬通作邠太元文大四斐如邠如虎豹文如或作斌魏太和初公卿奏言夫歌以詠德舞以象事於文文武爲斌臣等謹製樂舞名曰章斌之武 論語曰文質份份者彼作彬彬包注彬彬文質相半之貌

彬 **古文份從彡林林者從焚省聲**

譙敏碑文武彬彧

liǎo 僚

僚 **好皃從人尞聲**力小切

好皃者詩佼人僚兮傳云僚好貌通作嫽宋玉舞賦貌嫽妙以妖冶

bì 佖

佖 **威儀也從人必聲詩曰威儀佖佖**毗必切

威儀也者廣韻佖威儀備也詩淇奧有斐君子韓詩作邲美貌馥謂邲卽此佖 詩曰威儀佖佖者小雅賓之初筵文彼作怭怭釋文云說文作佖

zhuàn 僝

僝 **具也從人孨聲讀若汝南㳻水虞書曰方鳩僝功**士戀切

具也者李善注魏都賦引同 讀若汝南㳻水者本書無㳻字 虞書曰方鳩僝功者堯典文馬注僝具也惠棟曰引書後人所加非許氏本文馥案述下引書旁逑孱功

liè 儠

儠 長壯儠儠也從人巤聲春秋傳曰長儠者相之良涉切

長壯儠儠也者壯廣韻引作狀廣雅儠長也　春秋傳曰長儠者相之者昭七年左傳文彼作長鬣者相注云鬣須也楚語而使長鬣之士相焉韋云長鬣美須髯也昭十七年傳使長鬣者三人潛伏於舟側注云長鬣多髭鬚馥案傳借鬣字說者望文爲義不見古本也

biāo 儦

儦 行皃從人麃聲詩曰行人儦儦甫嬌切

行皃者詩釋文引同廣雅儦儦行也詩吉日儦儦俟俟傳云趨則儦儦行則俟俟通作麃趙宧光曰鄭風駟介麃麃當用儦　詩曰行人儦儦者齊風載驅文傳云儦儦衆貌

nuó 儺

儺 行有節也從人難聲詩曰佩玉之儺諾何切

詩曰佩玉之儺者衛風竹竿文傳云儺行有節度

wēi 倭

倭 順皃從人委聲詩曰周道倭遲於爲切

順皃者廣韻倭慎皃　詩曰周道倭遲者小雅四牡文傳云倭遲歷遠之貌

tuǐ 僓

僓 嫺也從人貴聲一曰長皃吐猥切又魚罪切

嫺也者玉篇嫺長好貌　一曰長皃者集韻僱僓長大貌廣雅僓長也

qiáo 僑

僑 高也從人喬聲巨嬌切

高也者文十一年左傳獲長狄僑如列子說符篇異伎張注云僑人山海經長股國郭注今伎家僑人象此馥案北方伎人足繫高竿之上跳舞作八僊狀呼爲高橇當作此僑

sì 俟

俟 大也從人矣聲詩曰伾伾俟俟牀史切

詩曰伾伾俟俟者小雅吉日儦儦俟俟韓詩作騃騃魯頌駉以車伾伾釋文云字林作駓走也

tōng 侗

侗 大也從人同聲詩曰神罔時侗他紅切

大也者徐鍇引字書侗長大也莊子庚桑楚釋文引字林侗大也卽此侗　詩曰神罔時侗者大雅思齊文彼作恫

jí 佶

佶 正也從人吉聲詩曰既佶且閑巨乙切

詩曰既佶且閑者小雅六月文傳云佶正也

yǔ 俁

俁 大也從人吳聲詩曰碩人俁俁魚禹切

詩曰碩人俁俁者邶風簡兮文傳云俁俁容貌大也

hóng 仜

仜 大腹也從人工聲讀若紅戶工切

大腹也者本書琟鳥肥大琟琟也琟琟當爲仜仜廣韻仜身肥大也

dàn 僤

僤 疾也從人單聲周禮曰句兵欲無僤徒案切

周禮曰句兵欲無僤者考工記廬人文彼作彈注云故書彈或作但鄭司農云但讀爲彈丸之彈彈謂掉也

jiàn 健

健 伉也從人建聲渠建切

伉也者一切經音義六引字林偈健也本書犺健犬也廣雅犺健也易乾健也天行健君子以自强不息淮南齊俗

訓伉行以違俗

jìng 倞

倞 彊也從人京聲渠竟切

彊也者廣雅同本書就彊也通作競詩秉心無競無競維人

ào 傲

傲 倨也從人敖聲五到切

倨也者本書奡嫚也廣韻倨下云倨傲字書傲倨且傷也一切經音義三傲謂不敬也廣雅傲傷也謂輕傷也慢也字從人釋言傲悔傲也郭云傲慢也書堯典象傲傳云傲侵不友益稷無若丹朱傲曲禮傲不可長文九年左傳楚子越椒來聘執幣傲杜云傲不敬襄二十九年傳直而不倨杜云倨傲成十四年傳衛侯饗苦成叔甯惠子相苦成叔傲甯子曰苦成家其亾乎古之爲享食也以觀威儀省禍福也今夫子傲取禍之道也昭二十五年傳公徒釋甲執冰而踞正義云二十七年傳說此事云豈其伐人而說甲執冰以游則此踞是游也曲禮曰游無倨倨是慢也謂傲慢而游戲馥案本書敖出游也呂氏春秋下賢篇貴爲天子而不驕倨注云倨傲也或作慠後漢書崔駰

傳生而貴者傲

yì 仡

仡 勇壯也從人乞聲周書曰仡仡勇夫 魚訖切

勇壯也者廣雅仡勇也又云仡仡武也宣六年公羊傳仡然從乎趙盾而入何云仡然壯勇貌漢書揚雄傳金人仡仡其承鐘虡兮顏注仡仡勇健狀靈光殿賦仡欺偲以雕眈景福殿賦悍獸仡以儷陳通作矻漢書王褒傳故工人之用鈍器也勞筋苦骨終日矻矻如淳曰矻矻健作貌 周書曰仡仡勇夫者秦誓文傳云仡仡壯勇之夫漢書李尋傳秦穆公任仡仡之勇顏注仡仡壯健也

jù 倨

倨 不遜也從人居聲 居御切

不遜也者遜當為愻戰國策嫂何前倨而後恭也大戴禮曾子立事篇與其倨也寧句盧辯注倨猶慢也史記蔡澤傳及見之又倨酈生傳不宜倨見長者通作居漢書郅都傳丞相條侯至貴居也顏注居息傲讀與倨同

yǎn 儼

儼 昂頭也從人嚴聲一曰好皃 魚儉切

昂頭也者當為卬淮南本經訓盤紆刻儼高注刻儼浮首虎頭之屬 一曰好皃者韻會引徐鍇本下有一曰恭也四字釋詁儼敬也曲禮儼若思詩澤陂碩大且儼傳云儼矜莊貌通作嚴書無逸嚴恭寅畏釋文馬本作儼漢書匡衡傳正躬嚴恪

cān 傪

傪 好皃從人參聲 倉含切

lǐ 俚

俚 聊也從人里聲 良止切

聊也者班馬字類引作賴也廣雅俚聊也又云賴也聊且也聊當作憀本書憀且也通行聊字方言俚聊也注云謂苟且也急就篇謾訑首匿愁勿聊顏注勿聊無聊賴也秦策百姓不聊生高云聊賴楚詞歲暮兮不自聊漢書季布傳其畫無俚之至耳晉灼曰計畫無所聊賴通作理孟子稽大不理於口趙注理賴也

bàn 伴

伴 大皃從人半聲 薄滿切

大皃者詩卷阿伴奐爾游矣傳云伴奐廣大有文章也通作胖大學心廣體胖注云胖猶大也

yàn 俺

俺 大也從人奄聲 於業切

大也者廣雅同

xiàn 僩

僩 武皃從人閒聲詩曰瑟兮僩兮 下簡切

武皃者荀子榮辱篇陋者俄且僩也注云僩與撊同猛也方言晉魏之閒謂猛為撊昭十八年左傳今執事僩然授兵登陴服注僩然猛貌也 詩曰瑟兮僩兮者衛風淇奧文傳云僩廣大也韓詩云僩美貌皆非本書義

pī 伾

伾 有力也從人丕聲詩曰以車伾伾 敷悲切

有力也者徐鍇曰魯有力人曰秦堇父好勇名其子曰丕茲取此義 詩曰以車伾伾者魯頌駉文傳云伾伾有力也

cāi 偲

偲 彊力也從人思聲詩曰其人美且偲 倉才切

彊力也者詩釋文引作彊也廣韻偲多才能也 詩曰其人美且偲者齊風盧令文傳云偲才也

zhuō 倬

倬 箸大也從人卓聲詩曰倬彼雲漢 竹角切

箸大也者詩釋文引作大也詩倬彼甫田韓詩作菿云卓也本書菿下云艸大也爾雅菿大也詩韓奕有倬其道箋云倬然著明桑柔倬彼昊天箋云倬明大貌 詩曰倬彼雲漢者大雅棫樸雲漢竝有此文棫樸傳云倬大也雲漢釋文云倬王云著也

tǐng 侹

侹 長皃一曰箸地一曰代也從人廷聲 他鼎切

長皃者廣韻侹侹直也通俗文平直曰侹韓詩偈桀侹也 一曰箸地者吾鄉謂倒地臥為侹 一曰代也者方言侹代也江淮陳楚之閒曰侹廣雅侹代也

péng 倗

倗 輔也從人朋聲讀若陪位 步崩切

輔也者謂倗比羣輔也釋詁比俌也郭注俌猶輔易比卦彖比輔也論語君子周而不比鄭注阿黨為比管子幼官篇練之以散羣傰署注云傰猶曹也 讀若陪位者本書鄘讀若陪

shàn 傓

傓 熾盛也從人扇聲詩曰豔妻傓方處 式戰切

熾盛也者傓通作煽釋言煽熾也熾盛也又通作扇列子黃帝篇扇赫百里 詩曰豔妻傓方處者小雅十月之交文彼作煽傳云煽熾也釋文煽說文作傓

jǐng 儆

儆 戒也從人敬聲春秋傳曰儆宮 居影切

戒也者廣雅同易震驚百里鄭注驚之言儆戒也書大禹謨儆戒無虞又云洚水儆予傳云儆戒也詩柏舟耿耿不寐傳云耿耿猶儆儆也馥案耿耿警警不安也成十六年左傳申宮儆備杜注申飭宮備又云退舍於夫渠不儆杜注不儆備昭十九年傳商成公儆司宮哀九年傳吳子使來儆師伐齊魯語夜儆百工韋注儆戒也韓策乃儆公仲之行鮑注儆戒備 春秋傳曰儆宮者襄九年左傳文

chù 俶

俶 善也從人叔聲詩曰令終有俶一曰始也 昌六切

善也者通作淑詩關雎窈窕淑女韓奕淑旂綏章傳並云淑善也抑淑慎爾止箋云善慎女之容止君子偕老子之不淑箋云爲不善之行燕燕淑慎其身鳲鳩淑人君子中谷有蓷遇人之不淑矣桑柔其何能淑鼓鐘淑人君子泮水淑問如皋陶箋並云淑善也雜記寡君使某如何不淑注云淑善也 詩曰令終有俶者大雅既醉文傳云俶始也 一曰始也者釋詁文本書埱始也書允征俶擾天紀傳云俶始也詩載芟俶載南畝聘禮燕與羞俶獻無常數注云始獻四時新物無常數也隱元年公羊傳俶甚也何注俶始怒也穀梁俶字亢始

chōng 傭

傭 均直也從人庸聲 余封切

均直也者玉篇傭均也直也釋言傭均也詩節南山昊天不傭傳云傭均柏舟釋文引韓詩直相當值也史記高漸離乃變姓名爲人傭保欒布傳窮困賃傭於齊爲酒家保注云酒家作保傭也鶡冠子伊尹酒保立爲世師史係盧昭美傭爲酒家保後漢書杜根爲宜城山中酒家保注云言爲傭也後周書樂運積年爲人傭保通作庸齊策爲莒太史家庸夫鮑注庸傭同均直也史記司馬相如傳與保庸雜作

ài 僾

僾 仿佛也從人愛聲詩曰僾而不見 烏代切

仿佛也者徐鍇曰見之不明也禮曰僾然有見乎其位集韻僾俙仿佛也廣韻僾俙看不了貌聲類僾音倚僾俙仿佛也又云僾俙一作靉靆僾俙不明莫如雲也通作愛列子黃帝篇不偎不愛釋文不偎不僾謂或隱或見字林云偎仿佛見不審也又通作薆太元瞢瞢之離注云瞢瞢猶薆薆又或作曖楊慎曰班固終南山賦曖𣉙晻靄若鬼若神注曖𣉙音愛逮雲霧吐吞障蔽天日變化殊形也韻會曖曃不明貌一作曖𣉙字書或從雲作靉或從日作曖皆蔽而不見之意宋玉高唐賦𣉙兮若姣姬揚袂障日而望所思以揚袂障日解曖字尤明白 詩曰僾而不見者邶風靜女文彼作愛傳云愛蔽也

fǎng 仿

仿 相似也從人方聲 妃罔切

相似也者一切經音義二仿佛古文作肪胇聲類作髣髴謂相似見不諦也馥案或作彷彿賈誼旱雲賦時彷彿而有似

㑂 籀文仿從丙

易林俩如且饑言仿佛似朝饑

fú 佛

佛 見不審也從人弗聲 敷勿切

見不審也者李善注西京賦引作見不諦也注長門賦引作見不諟也又云諟與諦同注甘泉賦云仿佛相似視不諟也諟卽諦字音帝徐鍇本作諟鍇曰諟諦也漢書敘傳學微術昧或見仿佛

xiè 偞

偞 聲也從人悉聲讀若屑 私列切

聲也者釋言文玉篇偞小聲也廣韻偞偞動也又云動草聲馥謂悉蟹義取此 讀若屑者字書偞與屑同爾雅釋文偞音屑字又作屑馥案漢書武帝紀屑然如有聞郭璞說斯螽切切作聲卽屑屑本書屑動作切切也

jī 僟

僟 精謹也從人幾聲明堂月令歲將僟終 巨衣切

精謹也者玉篇僟精詳也通作幾周禮幾其出入又曰幾出入不物者又曰幾酒謹酒聘義曰幾中而後禮成 明堂月令歲將僟終者歲玉篇作數徐鍇本亦作數集韻類篇引同周禮占夢亦同月令季冬之月曰窮於次月窮於

人

紀星回於天數將幾終周書小開武解九紀一辰以紀日二宿以紀月三日以紀德四月以紀刑五春以紀生六夏以紀長七秋以紀殺八冬以紀藏九歲以紀終

tuó 佗

佗　負何也從人它聲 徒何切

負何也者六書故背負曰佗匈奴奇畜有橐佗肩背有肉峯隆起若橐能佗重載故以名之方言自關而西隴冀以往凡以驢馬馳載物者謂之負佗高注戰國策趙代良馬橐佗通作它新唐書裴伷先傳以橐它載金幣賓客或作駱駝外國圖大秦國人長一丈五尺好騎駱駝

hè 何

何　儋也從人可聲 胡歌切

儋也者一切經音義十四引同又云轂梁傳曰何負也今皆作荷玉篇何克負也廣雅何任也又云擔也小爾雅廣言何任也又云擔也易大畜何天之衢梁武帝音荷云負也鄭注艮爲手手上肩乾爲首首肩之閒何物處噬嗑何校滅耳荀爽曰爲五所何故曰何校孔穎達曰何謂擔何詩無羊何蓑何笠候人何戈與祋傳竝云何揭元鳥百祿

是何傳云何任也箋云謂當儋負天之多福北山或王事鞅掌箋云鞅猶何也掌謂捧之也負何捧持以趨走漢書外戚傳何性命之淑靈顏注何任也負也通作荷釋天何鼓謂之牽牛郭云今荊楚人呼牽牛星爲擔者擔者荷也古今人表何黃論語作荷詩淸人傳云重喬累荷也昭七年左傳其子弗克負荷杜注荷擔也昭二十一年傳廚人濮以裳裹首而荷以走宣六年公羊傳有人荷畚注云荷負也

dān 儋

儋　何也從人詹聲 都甘切

何也者本書儃何也玉篇儋任也何也齊語負任儋何韋云背曰負肩曰儋漢書敘傳儋石之畜蒯通傳守儋石之祿顏注儋者一人之所負擔也世說令婢路上儋糞或作擔釋名擔任也任力所勝也莊二十二年左傳弛於負擔

gòng 供

供　設也從人共聲一曰供給 俱容切

設也者玉篇設置也賈誼書平素而無設儲也後漢章帝紀無得設儲跱本書具共置也共當作供釋詁供具也

一曰供給者本書龔給也釋名恭亦言供給事人也書無逸文王不敢盤于遊田以庶邦惟正之供曲禮供給鬼神檀弓蕢宰夫也非刀匕是供僖元年左傳敢不供給秦策寡人之國貧恐不能給也高云給供通作共書舜典汝共工傳云共謂共其職事隱九年左傳宋公不王杜注不共王職釋文共本亦作供

zhì 偫

偫　待也從人從待 直里切

待也者一切經音義十二引作待也儲偫具也又十三引作儲偫具也亦待也李善注曹子建贈丁翼詩引作偫也一曰具也技玉篇偫待也具也廣韻偫待儲也具也漢書平帝紀天下吏舍亾得置什器儲偫孫寶傳更爲除舍設儲偫外戚傳主見所偫美人顏注偫儲偫也周語偫而畚挶韋云偫具也齊策今君到楚而受象牀所未至之國將何以待君高云云待猶共也獻帝紀我邸國儲偫少羽獵賦器械儲偫論衡祀義篇鬼神自有儲偫邪將以人食爲餼飽也風俗通今語有亭偫蓋行旅宿食之所館也漢張壽碑儲偫非法悉無所留宋書禮志江左御出又載儲偫之物通鑑蕭衍既行舟中兵及儲偫皆虛注云積物以待用謂之偫通作峙釋詁峙具也舍人本作偫書費誓峙乃糗糧傳云皆當儲峙東觀漢記俗每太守將交代添設儲峙輒數十萬北史于翼傳武帝既親萬機將圖東討詔邊

城鎮竝益儲峙又作跱崔寔政論吾乃賣儲跱得二十餘萬又通作庤詩臣工庤乃錢鎛傳云庤具也鄭注考工記引詩作偫

chǔ 儲

儲　偫也從人諸聲 直魚切

偫也者一切經音義三引同又云儲貯也儲亦備也謂畜物以爲備曰儲也釋名桃諸藏桃也諸儲也藏以爲儲待給冬月用之也漢書五行志儲正徒顏注儲偫也西都賦行止朝夕儲不改供五臣云朝夕行止不改易其儲蓄供具也

bèi 備

備　愼也從人葡聲 平祕切

愼也者書說命有備無患僖五年左傳凡分至啟閉必書雲物爲備故也

古文

wèi 位

位　列中庭之左右謂之位從人立 于備切

列中庭之左右謂之位者釋宮文郭云羣臣之側位也

bìn 儐

儐 導也從人賓聲 必刃切

儀禮鄉爲上擯注云擯爲主國之君所使出接賓也周禮大宗伯朝覲會同則爲上相注云相詔王禮也出接賓曰擯入詔禮曰相又云王命諸侯則儐注云儐進之也司儀掌九儀之賓客擯相之禮注云出接賓曰擯入贊禮曰相家語弟子行篇儐相兩君之事 東觀漢記大鴻臚屬官有治禮郎三十七人主齋祠儐贊九賓之禮 漢雜事陳留太守入爲鴻臚不任儐贊還官 齊職儀魏侍中掌儐贊 導也者廣雅同通作賓書堯典寅賓出日徐邈讀爲儐史記作敬道出日舜典賓于四門鄭注賓讀爲儐謂舜爲上儐以迎諸侯漢書律歷志蕤賓之導也言陽氣始導陰氣始養物也武君億曰禮運昔者仲尼與於蜡賓舊讀從賓字絕句攷此宜作與於蜡爲讀賓而退連讀以助祭既畢遂退也賓當作儐鄭注時孔子仕魯在助祭之中既云助祭則當爲相禮也

擯 儐或從手

wò 偓

偓 偓佺也從人屋聲 於角切

偓佺也者李燾本作佺也類篇引同本書初印亦如此後乃加之本書竣偓竣也韻會竣音詮

quán 佺

佺 偓佺仙人也從人全聲 此緣切

偓佺仙人也者史記司馬相如傳偓佺之倫索隱韋昭云古仙人姓偓列仙傳云槐里采藥父也食松柹體生毛數寸方眼能行逮走馬也顏注漢書引郭璞曰偓佺仙人也食松子而眼方甘泉賦雖方征僑與偓佺兮五臣注古仙人名張纘南征賦偶南榮之偓佺抱朴子釋滯篇唐堯之有四海可謂太平也而偓佺不佐焉

chè 㒤

㒤 心服也從人聶聲 齒涉切

心服也者本書懾服也

dí 仢

仢 約也從人勺聲 徒歷切

約也者仢或作彴釋天奔星爲彴約御覽七十三說文榷水上橫木所以渡也亦曰彴今謂之畧彴廣韻彴橫木渡水

chái 儕

儕 等輩也從人齊聲春秋傳曰吾儕小人 仕皆切

等輩也者一切經音義一字林儕等也儕猶輩類也成二年左傳況吾儕乎僖二十三年傳晉鄭同儕杜注竝云儕等也樂記故先王之喜怒各得其儕焉注云儕猶輩類 春秋傳曰吾儕小人者宣十一年左傳文

lún 倫

倫 輩也從人侖聲一曰道也 力屯切

輩也者急就篇名顯絕殊異等倫曲禮儗人必於其倫衞策勝黃城則功大名美內臨其倫鮑云臨其等倫之人漢書甘延壽傳投石超距絕於等倫 一曰道也者本書侖下云侖理也祭統夫祭有十倫焉

móu 侔

侔 齊等也從人牟聲 莫浮切

齊等也者字林同廣雅侔齊也中山策何侔名於我高云侔等沈約詩昔賢侔時雨

xié 偕

偕 彊也從人皆聲詩曰偕偕士子一曰俱也 古諧切

詩曰偕偕士子者小雅北山文傳云偕偕強壯貌 一曰俱也者詩陟岵夙夜必偕擊鼓與子偕老傳竝云偕俱也杕杜卜筮偕止箋云偕俱莊七年左傳星隕如雨與雨偕也僖二十四年左傳與女偕隱杜注竝云偕俱也孟子古之人與民偕樂注云偕俱也

jū 俱

俱 偕也從人具聲 舉朱切

偕也者本書旅下云从俱也案從隨行也齊策衍吾讐也而儀與之俱高云俱偕也

zǎn 儹

儹 最也從人贊聲 作管切

最也者本書最又曰會廣韻儹聚也集韻聚而計事曰最通作纂漢書藝文志揚雄作訓纂篇又通作攢潘岳笙賦歌棗下之纂纂李善注引古咄唶歌棗下何攢攢攢聚貌

bìng 併

併 竝也從人幷聲 卑正切

竝也者本書竝併也大射儀下射升上射揖竝行注云竝併也通作并釋名并者兼并也王制輕任并重任分釋文并本又作併春秋元命苞弁之爲言精合交弁太康地記并州不以衛水爲號不以恆山爲稱而云并者蓋以兩國之閒乎

fù 傅

傅 相也從人尃聲 方遇切

相也者廣韻傅相也玉篇太傅太保相天子也大戴禮保傅篇傅傅之德義僖二十八年左傳鄭伯傅王杜云傅相也馥案漢諸王有傅有相

chì 恜

恜 惕也從人式聲春秋國語曰於其心恜然 恥力切

惕也者廣雅恜慎也玉篇慎心動也春秋國語曰於其心恜然者吳語文彼作戚玉篇引作恜云恜猶惕也

fǔ 俌

俌 輔也從人甫聲讀若撫 芳武切

輔也者埤蒼同釋詁輔俌也郭云俌猶輔也馥謂輔當爲誧本書誧人相助也

yǐ 倚

倚 依也從人奇聲 於綺切

依也者韻集倚侸也集韻侸倚也禮器有司跛倚以臨祭注云依物爲倚秦策北倚河高云倚猶依也

yī 依

依 倚也從人衣聲 於稀切

倚也者書君陳毋依勢作威毋倚法以削論語依於仁何晏曰依倚學記不學博依不能安詩正義謂依倚譬諭也宋玉招魂彷徉無所倚王注倚依也

réng 仍

仍 因也從人乃聲 如乘切

因也者釋詁文類篇仍說文因也關中語本書扔因也書顧命華玉仍几傳云仍因也周禮司几筵凶事仍几鄭司農云仍因也論語仍舊貫鄭注仍因也

cì 佽

佽 便利也從人次聲詩曰決拾既佽一曰遞也 七四切

便利也者漢書宣帝紀應募佽飛射士服虔曰周時渡江越人在船下負船將覆之佽飛入水殺之漢因以材力名官如淯曰呂氏春秋荆有兹非得寶劒於干將渡江中流兩蛟繞舟兹非拔寶劒赴江刺兩蛟殺之荆王聞之任以執圭後世以爲勇力之官兹佽音相近臣瓚曰本秦左弋官也武帝改曰佽飛掌上林苑中結矰繳弋鳧鴈歲萬頭以供祀宗廟許愼曰佽便利也便利矰繳以弋鳧鴈故曰佽飛漢舊儀佽飛具矰繳以射鳧鴈漢書百官公卿表武帝太初元年更名左弋爲佽飛佽飛掌弋射　詩曰決拾既佽者小雅車攻文傳云佽利也　一曰遞也者廣雅佽代也通作恣方言恣代也郭云今俗亦名更代作爲恣作也

èr 佴

佴 佽也從人耳聲 仍吏切

佽也者徐鍇本作次也廣韻佴次也釋言佴貳也郭云佴次爲副貳司馬遷報任安書僕又佴之蠶室如淳曰佴次也若人相次也馥案本書訓佽取更遞副貳意

jié 倢

倢 佽也從人疌聲 子葉切

佽也者廣雅倢疾也方言宋楚之閒謂之倢注云言便倢也通作捷漢書東方朔傳捷若慶忌

shì 侍

侍 承也從人寺聲 時吏切

釋名侍時也尊者不言常於時供所當進者也　孝經曾子侍釋文卑在尊者之側曰侍　詩百兩御之王肅云御侍也

承也者廣雅同徐鍇曰承其不及也故傳曰孔子有云言語不修子貢侍節小失公西華侍是也馥案史記魏世家公仲連進牛畜荀欣徐越畜侍以仁義欣侍以舉賢使能越侍以節財儉用

qīng 傾

傾 仄也從人從頃頃亦聲 去營切

仄也者仄當爲矢本書矢傾頭也玉藻頭容直注云不傾顧也荀悅申鑒仄弁垢顏不鑒於明鏡矣抱朴子明鏡舉則傾冠見矣

cè 側

側 旁也從人則聲 阻力切

書洪範無反無側　曲禮倒筴側龜於君前有誅注云側反側也　詩召南在南山之側　史記平準書公卿請令京師鑄鍾官赤側

㑲也者廣雅同曲禮傾則姦注云辟頭㑲視心不正也傾或爲側馥案側通作仄漢書五行志載董仲舒災異對云視近臣在國中處㑲仄及貴而不正者忍而誅之

ān 侒

侒 宴也從人安聲 烏寒切

宴也者當爲㚣本書㚣安也經典通作安禮表記君子莊敬日强安肆日偷閔元年左傳宴安酖毒僖二十三年傳懷與安實敗名漢書人表齊晏孺子顏云卽安孺子

xù 侐

侐 靜也從人血聲詩曰閟宮有侐 況逼切

靜也者書舜典惟刑之恤哉史記作靜集解引書作謐本書謐靜語也　詩曰閟宮有侐者魯頌閟宮文傳云侐清靜也馥案靜當作靖通行靜字

fù 付

付 與也從寸持物對人 方遇切

與也者當爲与或爲予廣雅付予也玉篇書云皇天既付付与也通作孚書高宗肜日天既孚命正厥德石經作付漢書孔光傳引作付釋之曰民不順德天既付命罰之　從寸持物對人者當云從又持物對人又手也又下一畫卽物也韻會小補引徐鍇曰又手也會意

pīng 俜

俜 使也從人甹聲 普丁切

使也者讀如使酒之使詩桑柔荓云不逮傳云荓使也小毖莫予荓蜂爾雅作甹夅集韻𦁐縡使也本書俜使也縡使也徐鍇本作俠也鍇曰任俠也類篇亦引作俠集韻同本書甹俠也三輔謂輕財者爲甹俠俜也廣雅甹俠也

xiá 俠

俠 俜也從人夾聲 胡頰切

俜也者史記季布傳爲氣任俠集解俠俜也

chán 儃

儃 儃何也從人亶聲 徒干切

儃何也者增韻引作態也廣韻儃態也馥謂增韻本引廣韻誤偁說文

shēn 侁

侁 行皃從人先聲 所臻切

行皃者一切經音義七引作侁侁往來行皃也玉篇侁往來侁侁行聲詩云侁侁征夫也馥案詩作駪駪晉華孟子伊尹耕於有莘之野莘侁聲相近伊尹之母呂氏春秋云有侁氏女是也楚詞招魂往來侁侁些注云侁侁行聲也通作姺上林賦媥姺徶循

yǎng 仰

仰 舉也從人從卬 魚兩切

易繫辭仰以觀於天文　樂記執其干戚習其俯仰詘伸容貌得莊焉

舉也者廣雅同

shù 侸

侸 立也從人豆聲讀若樹 常句切

立也者侸玉篇作佶別有侸字云佔侸輕薄也廣韻佶與尌同無侸字　讀若樹者當爲尌本書尌立也讀若駐

lěi 儽

儽 垂皃從人纍聲一曰嬾解 落猥切

荀子不苟篇窮則弃而儑韓詩外傳作弃而累馥案儑卽此儽㬎累隸通猶㬎水作漯水

垂皃者老子王弼本儽儽兮若無所歸河上公本作垂垂兮　一曰嬾解者徐鍇本作嬾懈玉篇引同廣雅儽嬾也又云儽儽疲也廣韻儽極困也釋言諈諉累也列子力命篇眠娗諈諉勇敢怯疑四人相與游於世注云諈諉煩重貌

zuò 侳

侳 安也從人坐聲 則臥切

安也者侳通作坐樂府詩丈人且安坐

chēng 偁

偁 揚也從人爯聲 處陵切

揚也者廣韻偁宜揚美事通作稱禮祭統銘者自名以稱揚其先祖之美詩七月稱彼兕觥稱觥與揚觶意同漢書季布傳使僕游揚足下名於天下

wǔ 伍

伍 相參伍也從人從五 疑古切

桓五年左傳先偏後伍杜云五人爲伍　司馬法五人爲伍六軺田里相伍　周禮小宰八成一曰聽政以比居先鄭

云比居謂伍籍也比地爲伍因內政寄軍令以伍籍發軍起役者平而無遺脫也　孫子謀攻篇全伍爲上破伍次之又兵勢篇凡治衆如治寡分數是也注云部曲爲分什伍爲數

尉繚子故五人而伍十人而什百人而卒千人而率萬人而將　管子立政篇十家爲什五家爲伍什伍皆有長焉又度地篇令曰常以秋歲末之時閱其民案家人比地定什伍口數覈案周禮小司徒及三年則大比注云大比謂使天下更簡閱民數及其財物也鄭司農云五家爲比爲名今時八月案比是也　周書大聚解五戶爲伍以首爲長十夫爲什以年爲長　漢舊儀五人爲伍伍長一人　說苑堅其行陣連其什伍　史記白起傳於是免武安君爲士伍李衛公問對太宗曰伍家有數法孰者爲要靖曰臣案春秋左氏傳云先偏後伍又司馬法曰五人爲伍尉繚子有束伍令漢制有尺籍伍符後世符籍以紙爲之於是失其制矣臣酌其法自五人而變爲二十五人自二十五人而變爲七十五人此則步卒七十二人甲士三人之制也舍車爲騎則二十五人當八馬此則五兵五當之制也是則諸家兵法唯伍法爲要小列之五人大列之二十五人參列之七十五人又總參其數得三百七十五人三百人爲正六十人爲奇此則百五十人分爲二正而三十人分爲二奇葢左右等也穰苴所謂五

人爲伍十伍爲隊至今因之此其要也　韓詩外傳古者八家而井田方里爲一井廣三百步長三百步爲一里其田九百畝廣一步長百步爲一畝廣百步長百步爲百畝八家爲鄰家得百畝餘夫各得二十五畝家爲公田十畝餘二十畝共爲廬舍各得二畝半八家相保出入更守疾病相憂患難相救有無相貸飲食相召嫁娶相謀漁獵分得仁恩施行是以其民和親而相好詩曰中田有廬疆場有瓜今或不然令民相伍有罪相伺有刑相舉使構造怨仇而民相殘傷和睦之心賊仁恩害士化所和者寡欲敗者多於仁道泯焉詩曰其何能淑載胥及溺

相參伍也者增韻參伍三相參爲參五相伍爲伍易繫辭參伍以變正義參三也伍五也或三或五以相參合以相改變昭元年左傳五乘爲三伍杜云乘車者車三人五乘十五人以五人爲伍分爲三伍韓非子參之以比物伍之以合虛荀子注引作伍之以合參急就篇戎伯總閱什伍鄰顏注戎謂編士卒之列也百人爲伯則置長以總統閱視之也五人爲伍二伍爲什五家爲鄰又依此法各有部署安居服役皆遵制令無乖剌也又云變鬭殺傷捕伍鄰顏注有犯變鬭殺傷者則同伍及鄰居之人皆被收掩也襄三十年左傳廬井有伍注云九夫爲井使五家相保尉

繚子束伍令云五人爲伍共一符收於將吏之所亾伍而得伍當之得伍而亾有賞亾伍不得伍身死家殘漢書馮唐傳安知尺籍伍符李奇曰伍符軍士五五相保之符信也如淳曰伍符亦什伍之符要節度也史記索隱云伍符者命軍人伍伍相保不容姦作也續漢書百官志民有什伍注云什主十家伍主五家以相檢察

shí
什

什　相十保也從人十　是執切

周禮小宰會其什伍而教之道藝注云五人爲伍二伍爲什昭元年左傳以什共車必克杜云更增十人以當一車之用正義云周禮十人爲什襄十三年傳使其什吏正義云什吏謂十人長也　漢舊儀十人爲什什長一人　漢書鼂錯傳什伍俱前顏注五人爲伍二伍爲什　鹽鐵論什伍相連

相什保也者保當爲𠦃本書𠦃相次也徐鍇曰𠦃五家爲𠦃使之相次比也十其總率也周禮大司徒令五家爲比使之相保鄭注保猶任也管子小匡篇故卒伍之人人與人相保家與家相愛吳子圖國篇鄉里相比什伍相保尉繚子伍制令軍中之制五人爲伍伍相保也十人爲什什相保也五十人爲屬屬相保也百人爲閭閭相保也伍有

干令犯禁者揭之免於罪知而弗揭全伍有誅什有干令犯禁者揭之免於罪知而弗揭全什有誅屬有干令犯禁者揭之免於罪知而弗揭全屬有誅閭有干令犯禁者揭之免於罪知而弗揭全閭有誅夫什伍相結上下相聯無有不得之姦無有不揭之罪　史記商君列傳令民爲什伍索隱劉氏云五家爲保十家相連也正義云或爲十保或爲伍保　北史高祐傳設禁賊之方令五五相保若盜發則連其坐

bǎi
佰

佰　相什佰也從人從百　博陌切

顏注急就篇百人爲佰　尉繚子使什伍如親戚卒佰如朋友又分塞令佰有分地營其溝洫而明其塞令使非百人無得通非其百人而入者佰誅之

相什佰也者周書太子晉解士率衆時作謂之曰佰淮南兵畧訓正行伍連什佰史記秦始皇本紀倔起於什佰之中論衡量知篇不曉什佰之陣不知擊刺之術者彊使之軍軍覆師敗無其法也

huó
佸

佸　會也從人𠯑聲詩曰曷其有佸一曰佸佸力皃　古活切

會也者廣韻會計曰佸通作括詩車舝德音來括傳云括會也釋文括本又作佸　詩曰曷其有佸者王風君子于役文傳云佸會也

gé 佮

佮　合也从人合聲　古沓切

合也者廣韻佮併佮聚玉篇佮合取也取當爲聚王制不能五十里者不合於天下注云合會也論語始有曰苟合矣注云合聚也

wéi 散

散　妙也从人从攴豈省聲　無非切

戴侗曰唐本散在耑部曰散見其耑也　通作微成十四年左傳春秋之稱微而顯老子摶之不得名曰微妙也者李善注文賦引同本書無妙字漢書張安世傳宣帝下詔曰朕微眇時張賀輔道朕躳祭義雖有奇邪而不治者則微矣注云微猶少也列子釋文微少也

yuàn 傆

傆　黠也从人原聲　魚怨切

黠也者方言黠慧也通作原論語鄉原德之賊也

zuò 作

作　起也从人从乍　則洛切

起也者釋名同易乾卦聖人作而萬物覩釋文作鄭云起也書無逸作其即位鄭注作起也說命作我先王傳云作起詩桑柔作爲式穀巷伯作爲此詩箋竝云作起也鄉飲酒記以爵拜者不徒作周禮大司馬進興功以作邦國考工記作而行之檀弓孔子蚤作鄭注竝云作起也襄二十三年左傳今君聞晉之亂而後作焉杜云作起兵也通鑑元魏詔罷起部無益之作注云起部掌百工之事書曰百工起哉馥謂起部猶將作大匠釋天太歲在酉曰作噩李巡云作咢皆物芒枝起之皃

jiǎ 假

假　非眞也从人叚聲一曰至也虞書曰假于上下　古疋切又古額切

非眞也者疑後人所加古無言眞假者但曰實曰僞襄十八年左傳使乘車者左實右僞是也本書眞字亦不言假之對自漢高帝謂韓信大丈夫定諸侯即爲眞王耳何以假爲劉歆說書以古文嘉禾假王莅政王莽因稱假皇帝後竟即眞遂有眞假之對偁本書所謂非眞者當作叚字叚借也漢假司馬之類唐謂之借職是也　一曰至也者本書假至也　虞書曰假于上下者堯典文彼作格

jiè 借

借　假也从人昔聲　資昔切

徐鉉所加

qīn 侵

侵　漸進也从人又持帚若埽之進又手也　七林切

漸進也者通作浸易臨卦剛浸而長史記武帝紀天子始巡郡縣侵尋於泰山封禪書作浸尋莊子大宗師浸假而化予之左臂以爲雞浸假而化予之右臂以爲彈浸假而化予之尻以爲輪

yù 儥

儥　賣也从人賣聲　余六切

賣也者集韻作買周禮司市以量度成價而徵儥注云儥買也物有定價則買者來也疏云此字所訓不定案下文所云貴儥者鄭注貴賣之鄭亦望文爲義故注不同也又胥師察其詐僞飾行儥慝者注云鄭司農云儥賣也謂行且賣姦僞惡物者玄謂使人行賣惡物於市巧飾之令欺誑買者疏云此經明儥爲賣不得爲買上文每云賣儥不得爲儥故爲買是鄭望文爲義故不定也又賈師凡天患禁貴儥者注云謂若猪米穀棺木貴賣之又云凡國之賣儥各帥其屬而嗣掌其月注云儥買也馥案此如酤字亦買賣無定訓也徐鍇本作見也釋詁覿見也廣韻覿見也易困卦三歲不覿春秋莊二十四年大夫宗婦覿用幣公羊云覿者何見也禮郊特牲不敢私覿論語私覿

hòu 候

候　伺望也从人侯聲　胡遘切

書禹貢五百里侯服傳云侯候也斥候而服事正義襄十八年左傳稱晉人伐齊使司馬斥山澤之險斥謂檢行之也斥候謂檢行險阻伺候盜賊此五百里主爲斥候而服事天子宣十二年左傳前茅慮無杜云慮無如今軍行前有斥候蹹伏皆持以絳及白爲幡見騎賊舉絳幡見步賊舉白幡備慮有無也成二年傳司馬司空輿師候正亞旅皆受一命之服杜云候正主斥候襄十八年傳晉人使司馬斥山澤之險杜云斥候也　六韜凡帥師之法當先發遠候去敵二十里

人

cháng 償　jǐn 僅　dài 代

審知敵人之所在　秦策韓必爲關中之候而魏亦關內候
矣高云爲秦察諸侯動靜趙策候者來言而王弗聽東周策
告東周之候曰今夕有姦人當入者矣候得而獻東周　孝
經援神契侯候也所以守蕃也　史記律書願且堅邊設候
環濟要畧庶子授八次八舍之職以徼候　衛公兵法畫
日逐高要處安置斥候以視動靜　通鑑王僧達自候道南
奔注云候道伺候邊上警急之道
也今沿路列置烽臺者卽候道
伺望也者本書無伺字廣雅候望也周禮有候人宣十二
年左傳豈敢辱候人杜云候人謂伺候望敵者昭二十三
年傳明其伍候杜云使民有部伍相爲候望史記李將軍
傳然亦遠斥候索隱按許愼注淮南云候視也望也漢書
貢禹傳乘北邊亭塞候望傳介子傳樓蘭王安歸常爲匈
奴候遮漢使者顏注言爲匈奴之閒而候伺後漢書光武
紀築亭候注云亭候伺候望敵之所後周書韓果善伺敵
虛實有潛匿溪谷者果登高之所疑處往必有獲由是以
果爲虞候都督通鑑魏設酒禁增置內外候官伺
察諸曹及州鎭又云隋文帝量置候人以伺動靜

償　還也從人賞聲　食章切

還也者老子以道佐人主者不以兵強天下其事好還本
書負下云受貸不償僖十五年左傳西鄰責言不可償也
杜云不可報償檀弓季子皋葬其妻犯人之禾申祥以告
曰請庚之注云庚償也漢書儁不疑傳或誤持同舍郎金
去同舍郎疑不疑
不疑買金償之

僅　材能也從人堇聲　渠吝切

僖四年穀梁傳以桓公得志爲
僅矣　周語余一人僅亦守府
材能也者字林作才徐鍇本同鍇曰僅能如此是才能如
此才始詞也本書㪅老人行才相逮況財溫水掫刺之財
至也後漢書馬援傳但取衣食裁足廣韻僅纔也纔僅也
華嚴經音義僅纔能也漢書杜欽傳迺爲小冠高廣材二
寸顏注材與纔同漢書鼂錯傳遠縣纔至注云纔淺也猶
云僅至也李陵荅蘇武書僅乃得免李善云何休公羊傳
注僅纔也顏謂材財裁纔
旨同聲假借當以才爲正

代　更也從人弋聲　徒耐切

yí 儀　bàng 傍　sì 佀　pián 便　rén 任　qiàn 俔

更也者方言更代也玉篇引書天工
人其代之莊子尸祝不越俎而代之

儀　度也從人義聲　魚羈切

度也者度謂忖度詩烝民我儀圖之漢書外
戚傳皆心儀霍將軍女顏注心儀卽心擬

傍　近也從人旁聲　步光切

近也者廣雅同李善注邱遲詩引作附也賈誼
書成王之生仁者養之孝者強之四聖傍之

佀　象也從人㠯聲　詳里切

六書故唐本無佀字其
㠯字作叧象也用也
象也者管子七法篇似也類也比也狀也謂之象
賈誼旱雲賦鬼隆崇以崔巍兮時彷彿而有似

便　安也人有不便更之從人更　芳連切

安也者廣雅同墨子天志中篇百姓皆得煖衣飽食便寧
無憂荀子議兵篇汝所謂便者不便之便也所謂仁義者

人便之便也顏注漢書凡言便殿便宮便坐者所以就便
安也　人有不便更之從人更者字統人有不善更之則
安故從
更從人

任　保也從人壬聲　如林切

保也者廣雅同周禮大司徒令五家爲比使之相保注云
保猶任也魏策大王己知魏之急而救不至者是大王籌
策之臣無任矣淮南說山訓不孝弟者必詈父母生子者
所不能任其必孝也然猶養而長之高注任保也漢書欒
布傳窮困賣傭於齊爲酒家保顏注爲保言可任使馥案
廣雅保任竝云使也後漢書杜根傳因得逃竄爲宜城山
中酒家保注云言爲人
傭力保任而使之也

俔　譬諭也一曰閒見從人從見詩曰俔天之妹　苦甸切

譬諭也者詩釋文正義後漢書胡廣傳注引竝同　一曰
閒見者當爲闚俔釋言闚俔也郭云左傳謂之諜卽今之
細作也馥案淮南齊俗訓譬俔之見風無須臾之閒定矣
船上候風羽謂之俔能諜知風信也　詩曰俔天之妹者

人

大雅大明文傳云俔磬也釋文韓詩作磬磬譬也正義此俔字韓詩作磬則俔磬義同也葢如今俗語譬諭物云磬作然也

yōu 優

優　饒也從人憂聲一曰倡也於求切

饒也者詩瞻卬天之降罔惟其優矣傳云優渥也箋云優寬也正義釋傳云以優爲優饒之義故爲渥也釋箋云優饒者寬容之義信南山既優既渥箋云潤澤饒洽馥案優渥字本書作瀀鄭訓爲饒則作此優字解矣周語則享祀時而布施優裕也韋云優饒也　一曰倡也者徐鍇本有又俳優者四字本書倡樂也三蒼優樂也管子小匡篇倡優侏儒在前而賢大夫在後齊策和樂倡優侏儒之笑不之史記滑稽列傳優孟者故楚之樂人也優旃者秦倡侏儒也索隱優者倡優也漢書從關東倡優人五千以爲陵戶賈誼傳倡優下賤司馬遷傳倡優畜之魏志注引曹瞞傳太祖爲人佻易無威重好音樂倡優在側馥案此所言倡優謂樂歌也本書俳戲也急就篇倡優俳笑觀倚庭顏注優戲人也襄六年左傳少相狎長相優杜云優調戲也襄二十八年傳陳氏鮑氏之圉人爲優杜云優俳正義優

者戲名也今之散樂戲爲可笑之語而令人之笑是也宋太尉袁淑取古之文章令人笑者次而題之名曰俳諧集定十年穀梁傳齊人使優施舞於魯君之幕下范云優俳哀二十五年左傳公使優狡盟拳彌杜云優狡俳優也晉語公之優曰施注云優俳也越語信讒喜優注云優謂俳優也通典散樂非部伍之聲俳優歌舞雜奏馥案此所言俳優謂諧戲也

xī 僖

僖　樂也從人喜聲許其切

樂也者一切經音義九引同本書喜樂也

chǔn 偆

偆　富也從人萅聲尺允切

富也者本書惷厚也富厚也廣韻偆厚也富也春秋繁露春之猶言偆也偆者喜樂之貌也

hùn 俒

俒　完也逸周書曰朕實不明以俒伯父從人從完胡困切

完也者廣韻俒全也本書完全也

jiǎn 儉

儉　約也從人僉聲巨險切

約也者廣雅儉縛也玉篇縛約也儉也論語夫子溫良恭儉讓以得之皇疏去奢從約謂之儉又以約失之者鮮矣何注儉約無憂患顏氏家訓治家篇儉者省約爲禮之謂也

miǎn 偭

偭　鄉也從人面聲少儀曰尊壺者偭其鼻彌箭切

鄉也者偭通作面廣韻鄉也鄭注召誥面猶向也周禮撢人使萬民和說而正王面注云面猶鄉也玉藻惟君面尊注云面猶鄉也論語人而不爲周南召南其猶正牆面而立也與注云人而不爲如向牆而立馥案反言之則爲背離騷偭規矩而改錯法言假則偭焉　少儀曰尊壺者偭其鼻者疑後人所加本書不舉戴記篇名

sú 俗

俗　習也從人谷聲似足切

釋名俗欲也俗人所欲也　管子藏於官則爲法施於國則爲俗　鷃冠子化不因民不能成俗　漢書地理志凡民函五常之性而其剛柔緩急音聲不同繫水土之風氣故謂之風好惡取舍動靜亾常隨君王之情欲故謂之俗　後漢書

班固傳痛乎風俗之移人也

習也者玉篇習俗安也廣雅俗習也周禮大司徒以俗教安則民不偷注云俗謂土地所生習也老子安其俗傳奕引鄭說爲注劉氏新論風俗篇風者氣也俗者習也土地水泉氣有緩急聲有高下謂之風焉人居此地習以成性謂之俗焉

bǐ 俾

俾　益也從人卑聲一曰俾門侍人并弭切

益也者本書朇益也埤增也增益也　一曰俾門侍人者釋詁俾使也郭云謂使令馥案本書使伶也詩車鄰寺人之令傳云寺人內小臣也釋文寺本或作侍字寺人奄人令韓詩作伶云使伶玉篇引書有能俾乂俾使也書無逸文王卑服馬本卑作俾云使也詩天保俾爾單厚傳云俾使又日月俾也可忘箋云俾使也文十二年公羊傳俾君于易怠注云俾使也

ní 倪

倪　俾也從人兒聲五雞切

人

yì 億　shǐ 使　kuí 傒　líng 伶　lí 儷　zhuàn 傳

俾也者，謂俾倪也。本書陴城上女牆俾倪也。史記信陵君傳矦生下見其客朱亥俾倪故久立。釋魚左倪不類右倪不若，郭云行頭左庳行頭右庳。邢疏按賈公彥說周禮以倪爲睥睨，則左倪右倪是左顧右顧也。莊子馬蹄篇加之以衡軛齊之以月題而馬知介倪，注云介倪猶睥睨。俾倪、辟倪竝同。宋周朗上疏尚方今造一物小民明已睥睨。

億 安也。從人，意聲。於力切

安也者，通作億。隱十一年左傳寡人惟是一二父兄不能共億。昭二十一年傳心億則樂。昭三十年傳我盇姑億吾鬼神。杜注竝云億安也。晉語億寧百神，吳語億負晉衆庶，韋注竝云億安也。賈誼書議者億也。又云臣民順億。

使 伶也。從人，吏聲。疏士切

伶也者，通作令。急就篇廚宰切割給使令。又云臣妾使令。詩車鄰寺人之令，韓詩作伶，云使伶也。孟子便嬖不足使令於前與。

傒 傒左右兩視。從人，癸聲。其季切

傒左右兩視者，傒字上下疑有闕文。傒通作睽。魯靈光殿賦齳顤顟而睽睢。

伶 弄也。從人，令聲。益州有建伶縣。郎丁切

弄也者，漢書武帝有弄兒，司馬遷傳固主上所戲弄倡優畜之。鹽鐵論耳聽五音目視弄優。

益州有建伶縣者，見漢志，應劭音鈴。徐鍇本縣下有伶倫人名也五字。漢書人表泠倫氏，服虔曰始造十二律者。

儷 棽儷也。從人，麗聲。呂支切

棽儷也者，本書棽木枝條棽儷也。

傳 遽也。從人，專聲。直戀切

遽也者，本書遽傳也。集韻傳驛遽也。增韻驛遽郵馬也。古者以車駕馬乘詣京師謂之傳車，其後又置單馬乘之謂之驛騎者，今之遞馬也。凡四馬高足爲置傳，中足爲馳傳，下足爲乘傳，一馬二馬爲軺傳。漢律諸當乘傳及發駕置傳者，皆持尺五寸木傳信，封以御史大夫印章。其乘傳參封之，參三也。有期會累封兩端，端各兩封，凡四封。乘置馳傳五封之，兩端各二，中央一。軺傳兩馬再封之，一馬一封。以馬駕軺車而乘傳曰一封軺傳。釋言遽傳也，孫炎曰傳車也。詩江漢箋云克勝則使傳遽告功於王，釋文以車曰傳，以馬曰遽。周禮行夫掌邦國傳遽之小事，注云傳遽若今時乘傳騎驛而使者也。玉藻士曰傳遽之臣，注云以車馬給使也。齊策車舍人不休傳，鮑云驛遽也。韓非喻老篇遽傳不用，故曰却走馬以糞。顏案一切經音義七傳驛也。廣韻傳郵馬。成五年左傳晉侯以傳召伯宗，注云傳驛。定十二年傳傳必數日而後及絳。漢舊儀使司馬遷乘傳行天下求古諸侯之史記。又云分遣丞相御史乘傳駕行郡國解四徒，郡國各分遣吏傳廄車馬行屬縣解四徒。鹽鐵論建節馳傳巡省郡國。續漢書种暠爲益州刺史，馳傳上言。謝承後漢書東海兩縣僻在山閒，傳騶不往。又云百里嵩爲徐州刺史，遭旱行部，傳車所經，甘雨輒至。又云周敞與別駕陳茂俱行部，到潁川楊翟傳，傳中置美酒一柙，勑御騶載酒以行。茂取柙擊柱破之，敞問茂，茂曰使君傳車騑驂，載酒非宜也。晉令乘傳曰出使。馥謂此皆言傳車傳馬也。又案釋名傳傳也，人所止息，去後人復來，轉轉相傳，無常人也。魏策今鼻之入秦之傳舍，不足以舍之。史記外戚世家姊去我西時與我決於傳舍中，索隱傳舍謂郵亭傳置之舍。風俗通義祝恬公車徵道病，汲令爲解傳，宿止傳中數十餘日。謝承後漢書李壽爲青州刺史，發璽書於本縣傳舍。後漢書范滂傳閉傳舍，注云傳驛舍也。三輔決錄韋康爲涼州刺史，出止傳舍。陳寔別傳高倫被徵爲尚書，郡中士大夫送至傳舍。魏志陳羣傳昔劉備自成都至白水，多作傳舍。王隱晉書河南尹郡中多怪，後人皆於廊下郵傳中治事。鄭審開元中充館驛使，令傳舍立十二辰候。馥謂此皆言傳舍也。

guān 倌　jiè 价　zī 仔

倌 小臣也。從人，從官。詩曰：命彼倌人。古患切

詩曰命彼倌人者，鄘風定之方中文，傳云倌人主駕者。

价 善也。從人，介聲。詩曰：价人惟藩。古拜切

善也者，釋詁文，彼作介，郭注引詩亦作介。

詩曰价人惟藩者，大雅板文，傳云价善也。

仔 克也。從人，子聲。子之切

克也者，廣雅仔克也。詩敬之佛時仔肩，傳云仔肩克也。

yìng
倂

倂 送也從人灷聲呂不韋曰有侁氏以伊尹倂女古文以爲訓字以證切

送也者釋言文彼作媵後漢書注引孫炎云送女曰媵釋名姪娣曰媵媵承事嫡也急就篇妻婦聘嫁齎媵僮顏注媵送女也易咸象滕口說也鄭虞並作媵云送也燕禮升媵觚于賓注云媵送也莊十九年公羊傳媵者何諸侯娶一國則二國往媵之以姪娣從姪者何兄之子也娣者何弟也諸侯一聘九女諸侯不再聘僖五年左傳以媵秦穆姬杜云送女曰媵春秋成八年衛人來媵杜云古者諸侯取適夫人及左右媵乃有姪娣皆同姓之國國三人凡九女所以廣繼嗣也魯將嫁伯姬於宋故衛來媵之楚詞九歌魚鱗鱗兮媵予注云媵送也灷聲者本書無灷字盼亦從灷聲玉篇灷主倦切火種呂不韋曰有侁氏以伊尹倂女者呂氏春秋本味篇文侁通作莘說苑伊尹故有莘氏媵臣也古文以爲訓字者莊君逵祖曰逸周書王用有監明憲朕命朕當作訓古文訓作倂故譌作朕

xú
徐

徐 緩也從人余聲似魚切

緩也者徐通作徐顏注急就篇云徐者舒緩之稱也孟子謂之姑徐徐云爾釋地濟東曰徐州釋名徐舒也土氣舒緩也史記齊世家田常執簡公於徐州索隱徐字從人又通作余釋天四月爲余孫炎本作舒又通作除詩小明二章昔我往矣日月方除箋云四月爲除馥謂四月日行正緩晝長時也

bìng
偋

偋 僻寠也從人屛聲毗正切

僻寠也者荀子榮辱篇注引同廣韻偋隱僻也無人處或作偋集韻偋旁側也

shēn
伸

伸 屈伸從人申聲失人切

屈伸者本書舒伸也玉篇伸舒也易曰尺蠖之屈以求伸也案繫辭伸作信又云往者屈也來者信也周禮大宗伯侯執信圭伯執躬圭注云信圭刻人形信也躬圭刻人形屈也莊子熊經鳥伸

qū
伹

伹 拙也從人且聲似魚切

拙也者六書故淮南子曰使伹吹竽今俗亦以拙鈍爲伹廣雅伹鈍也離騷理弱而媒拙兮王逸云拙鈍也

rǎn
㒅

㒅 意膬也從人然聲人善切

意膬也者玉篇㒅意急而懼也通俗文警聲曰㒅

ruǎn
偄

偄 弱也從人耎聲奴亂切

弱也者本書𢉖讀若偄弱之偄耎讀若畏偄廣雅偄弱也通作耎一切經音義一物柔曰耎三蒼耎柔弱也楚策鄭魏者楚耎國鮑云耎弱也漢書王吉傳數以耎脆之玉體犯勤勞之煩毒顏注耎柔弱也司馬遷傳僕雖怯耎欲苟活顏注耎柔也劉輔傳精銳銷耎蘇林曰耎弱也後漢書曹襃傳嚴奏襃耎弱或作輭楚策李園輭弱人也漢書賈誼傳坐罷輭不勝任者顏注輭弱也

bèi
倍

倍 反也從人咅聲薄亥切

反也者中庸爲下不倍緇衣信以結之則民不倍孟子師死而遂倍之趙策談語而不稱師是倍也鮑云言背其師又云若與國有倍約者以四國攻之衛策燕趙好倍而貪地鮑云倍謂背約秦策趙厚送遣之是不敢倍德畔施又云魏許寡人以地今戰勝魏王倍寡人也齊策是足下倍先君盟約楚策楚王畏必不敢倍盟淮南子禹作三仞之城諸侯倍之禹知天下叛之乃壞城爲平地賈誼書愛利出中謂之忠反忠爲倍易解卦負且乘虞云負倍也通作背漢書刑罰積而民怨倍大戴禮作背書太甲既往背師保之訓漢書高帝紀君爲秦吏今欲背之楚辭九歎信中塗而叛之王逸曰叛背也

yàn
傿

傿 引爲賈也從人焉聲於建切

引爲賈也者廣韻傿與𠊖同引與爲價廣雅弢賈也弢當爲弘玉篇弘挽弓也弘引聲義同後漢書崔寔傳寔從兄烈因傅母入錢五百萬得爲司徒及拜日天子臨軒百僚畢會帝顧謂親倖者曰悔不小靳可至千萬注云靳或作鄢說文曰鄢引爲價也馥謂鄢即傿價即賈

jiàn
僭

僭 假也從人朁聲子念切

假也者玉篇引作儗也篇海同廣雅假僭也詩抑覆謂我僭箋云僭不信也隱五年公羊傳譏始僭諸公也注云僭

nǐ 儗　piān 偏　chāng 倀　hōng 儚　dào 儔

齊也下倣上之辭穀梁傳始僭樂矣范云下犯上謂之僭僖九年左傳不僭不賊注云僭過差也襄二十七年傳夫以信召人而以僭濟之必莫之與也昭元年傳楚又行僭注云僭不信昭八年傳君子之言信而有徵小人之言僭而無徵昭二十年傳今聞難而逃是僭子也注云使子言不信也又二十年傳外寵之臣僭令於鄙注云詐爲教令於邊鄙昭二十五年傳以卜爲信與僭之吉注云僭不信也公羊傳諸侯僭於天子大夫僭於諸侯久矣段熲上疏誕辭空說僭而無徵通作譖詩瞻卬譖始竟背箋云譖不信也釋文本又作僭桑柔朋友已譖箋云譖不信也釋文譖子念反本亦作僭

儗 僭也一曰相疑從人疑聲 魚已切

僭也者廣韻僭儗也漢析里橋郙閣頌雖昔魯斑亦莫儗象通作疑史記蘇秦傳疑於王者漢書食貨志遠方之能疑者並舉而爭起顏云疑讀曰擬僭也或作擬廣雅僭擬也曲禮不敢與世子同名注云辟僭傚也正義嫌其名自比擬於君漢書公孫弘傳管仲相齊有三國侈擬於君注云擬疑也言相似也後漢書張衡傳吾觀太元方知子雲妙極道數乃與五經相擬

偏 頗也從人扁聲 芳連切

頗也者本書頗頭偏也書洪範無黨無偏又無偏無頗又人用側頗僻民用僭忒無逸爾乃惟逸惟頗大遠王命

倀 狂也從人長聲一曰仆也 褚羊切

狂也者廣雅倀狂也廣韻倀失道禮仲尼燕居譬者無相倀倀乎其何之荀子脩身篇人無法則倀倀然注云倀倀無所適皃也言不知所措履或作猖玉篇猖狂駭也莊子山木篇猖狂妄行離騷何桀紂之猖披

儚 惛也從人夢聲 呼肱切

惛也者本書懜不明也玉篇儚迷惛也字或作儚釋訓儚儚惛也

儔 翳也從人壽聲 直由切

翳也者本書翳翳也玉篇翳隱蔽也廣韻儔隱也

說文解字義證 卷二十四 卅九

zhōu 侜　jiàn 俴　diàn 佃　cǐ 佌　guāng 侊　tiāo 佻

侜 有廱蔽也從人舟聲詩曰誰侜予美 張流切

詩曰誰侜予美者陳風防有鵲巢文傳云侜張誑也釋訓同郭云書曰無或侜張爲幻幻惑欺誑人者

俴 淺也從人戔聲 慈衍切

淺也者釋言文詩小戎俴收傳云俴淺又俴駟孔羣箋云俴淺也考工記鮑人之事則是以博爲帴也注云鄭司農云帴讀爲翦玄謂翦者如俴淺之淺馥案史記李斯傳能薄而材譾張有謂當作俴

佃 中也從人田聲春秋傳曰乘中佃一轅車 堂練切

春秋傳曰乘中佃者哀十七年左傳文彼作衷甸一轅車者乃許公釋傳之義杜注衷甸一轅卿車正義衷中也蓋以四馬爲上乘兩馬爲中乘馥案卿車廣韻作輕車鄭注周禮小司徒甸之言乘也讀如衷甸之甸徐鍇曰佃謂中也古載物大車雙轅乘車一轅當中也

佌 小皃從人囟聲詩曰佌佌彼有屋 斯氏切

小皃者佌或作仳釋訓仳仳小也郭注材器細陋也舍人云仳仳形容小皃通作呰方言呰短也江湘之會謂之呰又通作紫方言凡物生而不長大亦謂之紫　詩曰佌佌彼有屋者小雅正月文彼作仳傳云仳仳小也釋文仳說文作佌音徙廣韻詩云佌佌彼有屋本亦作仳仳

侊 小皃從人光聲春秋國語曰侊飯不及一飡 古橫切

春秋國語曰侊飯不及一飡者徐鍇本下有是侊侊然小也六字類篇引作侊飯不及一餐馥謂飡餐並誤當作飧越語觥飯不及壺飧韋云觥大也大飯謂盛饌未具不能以虛待之不及壺飧之救饑疾也馥案廣韻侊盛皃蓋本此說

佻 偷也從人兆聲詩曰視民不佻 土彫切

偷也者釋言文郭云苟且李巡以爲偷薄之偷本書無偷字李燾本作愉字書佻輕也廣韻佻輕佻楚辭余猶詡其佻巧　詩曰視民不佻者小雅鹿鳴文彼作恌傳云恌愉也昭十年左傳視民不佻服注示民不愉薄東京賦敬慎

說文解字義證 卷二十四 四十

pì 僻　xián 伭　jì 伎　chǐ 侈　ǎi 佁

威儀示民不偷

僻 避也從人辟聲詩曰宛如左僻一曰從旁牽也 普擊切

避也者一切經音義十一引作辟也徐鍇本同鍇曰辟避也玉篇詩云民之多僻僻邪也本書遹回避也避回也詩大明厥德不回論衡引左傳君無回德回與違同謂衺僻也宣九年左傳引詩民之多僻注云辟邪也文十八年傳靖譖庸回注云回邪也史記共工善言其用辟案書堯典靜言庸違違亦回也盤庚迂乃心傳云迂僻案本書迂避也般辟也象舟之旋李巡注爾雅婆娑盤僻舞也詩采薇小人所腓毛訓腓爲辟王肅以辟爲避患宣九年左傳齊侯聞之遽辟之杜云辟去兵也釋文辟婢亦反又音避孟子行辟人可也韓策嚴仲子辟人因爲聶政語詩曰宛如左僻者魏風葛屨文彼作宛然左辟一曰從旁牽也者晉語以傳召伯宗遇大車當道而覆立而避之曰辟傳對曰傳爲速也若俟吾辟之則加遲矣不如捷而行馥案辟傳者使其從旁牽也

說文解字義證　卷二十四　卌一

伭 很也從人弦省聲 胡田切

很也者謂很戾也本書盭弼戾也從弦省

伎 與也從人支聲詩曰籟人伎忒 渠綺切

與也者與讀如臮眾詞與也之與趙宧光曰伎同及漢韓勑碑旁伎皇代郎旁及　詩曰籟人伎忒者大雅瞻卬文彼作忮傳云忮害也廣韻伎傷害也

侈 掩脅也從人多聲一曰奢也 尺氏切

掩脅也者本書侈衣張也崚婦人脅衣　一曰奢也者字林侈大也書周官祿不期侈傳云富不與侈期而侈自來成十年公羊傳婦人以眾多爲侈也何云侈大也昭三年左傳於臣侈矣杜云侈奢也　賈誼書反儉爲侈

佁 癡皃從人台聲讀若騃 夷在切

癡皃者本書顡癡不聰明也氣癡皃集韻佁儗癡皃六書故司馬相如賦曰仡以佁儗張揖曰佁儗不前也按今以驕騃難語使爲佁儗古蓋有此語或作儓廣韻儓儗癡皃讀若騃者本書儗騃也儗騃也訇騃言聲膐騃也廣韻

sāo 𠌶　wěi 僞　yì 伿　kòu 佝　piào 僄　chāng 倡

喬癡皃周禮司刺注云惷愚生而癡騃童昏者通鑑王師範謂盧弘曰師範童騃不堪重任注云騃癡愚也

𠌶 𠌶驕也從人蚤聲 穌遭切

𠌶驕也者謂驕騃

僞 詐也從人爲聲 危睡切

詐也者釋詁文又云詐僞也廣雅僞欺也書周官作僞心勞日拙詩小雅民之訛言箋云僞也小人好詐僞爲交易之言周禮大司徒以五禮防萬民之僞而教之中襄十八年左傳使乘車者左實右僞

伿 惰也從人只聲 以豉切

佝 務也從人句聲 苦候切

務也者廣韻作愗云怐愗愚皃玉篇引楚辭九辯直怐愗以自苦

僄 輕也從人㶾聲 匹妙切

說文解字義證　卷二十四　卌二

輕也者史記索隱引同本書嫖輕也方言僄輕也楚凡相輕薄或謂之僄也荀子議兵篇輕利僄速注云僄亦輕也脩身篇怠慢僄弃注云僄輕也謂自輕其身也後漢書班固傳雖輕迅與僄狡傳僄狡鋒俠史記高祖本紀項羽爲人僄悍猾賊漢書作慓顏注慓疾也字或作僄漢馮煥碑僄輕狡猾通作票後漢書張衡傳去穢累而票輕注云票音匹妙反猶飄飄也又通作剽絳侯世家楚兵剽輕難與爭鋒漢書地理志自全晉時已患其剽悍顏云剽急也輕也魏都賦過以汎剽之單慧曹植白馬篇勇剽若豹螭釋樂大鐘謂之鏞其中謂之剽孫炎曰剽者身輕疾也

倡 樂也從人昌聲 尺亮切

三蒼倡俳也　列子湯問篇臣之所造能倡者注云倡俳優也　史記趙世家趙王遷其母倡也　桓譚新論漢之三主內置黃門工倡馥案馬融長笛賦然後退理乎黃門高廊漢書禮樂志成帝時鄭聲尤甚黃門名倡丙彊景武之屬富顯於世蓺文志黃門倡車忠等歌詩十五篇　樂也者李善注古詩及弔屈原文引同又云謂作妓人也後漢書郭皇后紀注引同本書優倡也顏注急就篇倡樂

人

pái 俳　shàn 僐　chán 儳

入也字林倡優樂也三蒼優樂也聲類倡俳樂記一倡而三歎注云倡發歌句也韓非外儲說宋王與齊仇也築武宮謳癸倡行者止觀築者不倦桓譚新論昔孝成帝時余爲樂府令凡所典倡優伎樂葢且千人漢書佞幸傳身及父母兄弟皆故倡也顏注倡樂人也續漢書大將軍梁商三月上己日會洛水倡樂畢極百官志太子樂令一人掌伎樂後漢書桓譚傳性嗜倡樂注云倡俳優也晉起居注咸和中詔大樂令戴綏教習伎樂續晉陽秋吳曇善倡樂陸機七徵名倡陳於瘠房遮響薄乎華屋袁准招公子云燕倡越舞齊商歌

俳　戲也從人非聲　步皆切

戲也者一切經音義十四引同又云莊子獻笑不及俳案俳者樂人所爲戲笑以自怡悅也急就篇倡優俳笑觀倚庭顏注倡樂人也俳謂優之褻狎者也襄二十八年左傳陳氏鮑氏之圉人爲優注云優俳春秋元命苞翼星主南宮之羽儀文物聲明之所豐茂爲樂庫爲天倡先王以賓于四門而列天庭之衛主俳倡近太微而爲尊漢書霍光傳擊鼓歌吹作俳倡顏注俳優諧戲也倡樂人也枚皋傳皋不通經術詼笑類俳倡皋賦辭中自言爲賦乃俳見視

如倡自悔類倡也景十三王傳令倡俳贏戲坐中顏注並云倡樂人也俳雜戲者也賈誼書大臣奏事則俳優侏儒逃隱聲樂技藝之人不並奏趙書后勒參軍周延每大會使俳優著介幘黃絹單衣劉梁七舉秦俳趙舞宋太尉袁淑取古之文章令人笑者次而題之名曰俳諧集

僐　作姿也從人善聲　常演切

作姿也者廣雅僐態也論語巧言令色包注巧言好其言語令色善其顏色皆欲令人說之

儳　儳互不齊也從人毚聲　士咸切

儳互不齊也者六書故君子不以一日使其躬儳焉如不終日謂苟且不整肅也周禮廛人總市杜子春云總當爲儳謂無肆立持者之稅也馥案市廛正行列若立持則不齊矣僖二十二年左傳宋公及楚人戰于泓司馬子魚曰聲盛致氣鼓儳可也注乘其陣未成列急攻之也周語夫戎翟冒沒輕儳韋云儳進退上下無列也曲禮長者不及毋儳言注云儳猶暫也非類雜一切經音義二十二儳非次而言也後漢書孔僖傳鄰房生梁郁儳和之注云儳謂

yì 佚　é 俄　yáo 傜　jué 㑋　suō 傞

不與之言而傍對也禮記曰無儳言

佚　佚民也從人失聲一曰佚忽也　夷質切

佚民也者孟子遺佚而不怨漢書梅福傳佚民不舉潛夫論賢難篇畎畝佚民山谷隱士通作逸論語舉逸民又夷逸漢石經作夷佚書無逸史記作無佚又通作軼史記管晏列傳贊論其軼事一曰佚忽也者本書訑忩也或作怢文選四子講德論故美玉蘊于碔砆凡人視之怢焉李善引廣蒼怢忩忩也

俄　行頃也從人我聲詩曰仄弁之俄　五何切

行頃也者頃當爲傾傾仄也本書我頃頓也頃亦當爲傾詩曰仄弁之俄者小雅賓之初筵文彼作側箋云側傾也俄傾貌

傜　喜也從人䍃聲自關以西物大小不同謂之傜　余招切

喜也者傜通作繇釋詁繇喜也又通作猶檀弓人喜則斯陶陶斯詠詠斯猶鄭云猶當爲搖謂身動搖也秦人猶搖

聲相近馥謂猶卽傜大戴禮文王官人篇喜色猶然以出又通作搖樂稽耀嘉克殷之後民乃大安家給人足酌酒鬱搖注云鬱搖喜貌自關以西物大小不同謂之傜者字或作傜方言傜裒也自山而西凡物細大不純者謂之傜注云言俄傜也

㑋　徼㑋受屈也從人卻聲　其虐切

徼㑋受屈也者史記司馬相如傳文彼作徼谻司馬彪云谻倦也謂遮其倦者郭璞曰谻疲極也言獸有倦游者則徼而取之本書御勞也玉篇䟟倦䟟廣雅御勞也字書徼遮也亦要也本書徼半遮也漢書趙充國傳徼極遒擊之顏注徼要也要其倦極者也匈奴傳以誘罷漢兵徼極而取之顏注徼要也誘令疲要其困極然後取之司馬相如傳徼谻受詘蘇林曰谻音倦谻之谻顏注言獸有倦極者要而取之傳又云與其窮極倦谻郭璞曰窮極倦谻疲憊也卻聲者當爲谻本書谻相倚谻也方言谻倦也

傞　醉舞皃從人差聲詩曰屢舞傞傞　素何切

醉舞皃者廣雅傞傞舞也　詩曰屢舞傞傞者小雅賓之初筵文傳云傞傞不止也

qī 僛

僛 醉舞皃從人欺聲詩曰屢舞僛僛 去其切

醉舞皃者廣雅僛僛舞也　詩曰屢舞僛僛者小雅賓之初筵文傳云僛僛舞不能自正也馥案本書㛂下引詩屢舞㛂㛂

wǔ 侮

侮 傷也從人每聲 文甫切

傷也者一切經音義一引作傷也又云謂輕傷㒼弄也本書傷輕也𢼄侮也廣雅侮傷也玉篇侮慢也書洛誥惟事其爽侮傳謂侮慢詩𩦺𩦺或敢侮予箋云寍有敢侮慢欲毀之者乎

㑄 古文從母

漢書五行志慢侮之心生

jí 㑵

㑵 妎也從人疾聲一曰毒也 秦悉切

妎也者本書妎妒也廣雅嫉妒也離騷各興心而嫉妒注云害色曰妒害賢曰嫉亢倉子用道篇同道者相愛同藝者相嫉通作疾書秦誓人之有技冒疾以惡之傳云見人之有技藝蔽冒疾害以惡之

嫉 㑵或從女

yì 傷

傷 輕也從人易聲一曰交傷 以豉切

蒼頡篇傷慢也　通作易北堂書鈔慢易以犯節桓十三年左傳見莫敖而告諸天之不假易也杜云言天不借貸慢易之人襄十一年傳晉師敗績易秦故也六韜有肅肅而反易人者史記酈生傳吾聞沛公慢而易人交州名士傳張重舉計漢明帝易重問何短小

輕也者本書㛢侮易也姚易也竝當作傷廣雅傷輕也一切經音義三廣雅傲傷也謂輕傷也樂記外貌斯須不莊不敬而易慢之心入之矣注云易輕易也文十二年公羊傳俾君子易怠注云易怠猶輕惰也襄四年左傳貴貨易土注云易猶輕也昭十八年傳士不可易杜云易輕也秦策願王之勿易也高云易輕也史記禮書能慮勿易注云

易猶輕易也漢書高帝紀高祖爲亭長素易諸吏顏注易輕也竇嬰傳魏其沾沾自喜耳多易張晏曰多易多輕易之行也燕丹子荊軻踞而罵曰吾坐輕易爲豎子所欺一曰交傷者本書換易也貿易財也文選博弈論足以兼棋局而貿博弈矣任昉表陵谷遷貿李注竝云貿傷也易繫辭日中爲市致天下之民聚天下之貨交易而退詩天作岐有夷之行傳云夷易也箋云岐邦之君有佼易之道孟子以粟易械器史記平準書農工商交易之路通趙世家趙與燕易土索隱音亦謂與燕換易縣也通作敡廣雅貿敡也或作易廣韻易交易

xī 俙

俙 訟面相是從人希聲 喜皆切

訟面相是者玉篇俙解也訟也

fèn 僨

僨 僵也從人賁聲 匹問切

僵也者釋言文郭云卻偃舍人曰背踣意也隱三年左傳鄭伯之車僨于濟襄二十四年傳象有齒以焚其身服虔云焚讀曰僨僨僵也爲生齒牙僵仆其身昭十三年傳牛雖瘠僨於豚上其畏不死注云僨仆也晉語重僨可疾韋云僨僵也大戴禮曾子制言篇衡塗而僨盧辯云僨僵也呂氏春秋慎小篇明日有人僨南門之外表者仕長大夫注云僨僵也莊子天運篇一僨一起釋文司馬云僨仆也漢書韓王信傳此伍子胥所以僨於吳世也顏注僨謂僵仆而倒也鼂錯傳輸者僨於道服虔曰僨仆也匈奴傳孤僨之君如淳曰僨仆也猶言不能自立也

jiāng 僵

僵 僨也從人畺聲 居良切

僨也者徐鍇本作偃也韻會同爾雅釋文引同一切經音義十三引亦同又云謂却偃也馥案本書偃僵也呂氏春秋貴卒篇鮑叔御公子小白僵注云僵猶偃也漢書昭帝紀上林有柳樹枯僵自起生顏注僵偃也梁孝王傳郎詐僵仆陽病顏注僵仆倒地也後漢書馬援傳僵死軍事注云僵仆也

pū 仆

仆 頓也從人卜聲 芳遇切

頓也者一切經音義三引同又云謂前覆也廣韻仆前倒玉篇仆傾倒皃廣雅頓仆僵也釋名仆踣也頓踣而前也釋言蹇仆也郭云頓躓倒仆孫炎云前覆曰仆定八年左傳籍邱子鉏擊之與一人俱斃杜云斃仆也正義云吳越

春秋稱要離謂吳王夫差曰臣迎風則偃背風則仆然則仆是前覆偃是却倒漢書貢禹傳誠恐一旦顛仆顏注仆頓也燕書賜章該布百餘匹負而歸重不能勝乃至僵頓

yǎn 偃

偃 僵也從人匽聲 於幰切

僵也者廣雅同一切經音義二十二引說文偃却偃也書金縢禾盡偃論語草上之風必偃孔注偃仆也鄉射禮東面偃旌注云偃猶仆也博物志徐君生而偃故以爲名

shāng 傷

傷 創也從人𥏻省聲 式羊切

本書刱傷也戕傷也痍傷也書說命若跣弗視地厥足用傷莊八年左傳隊于車傷足僖二十二年傳宋公及楚人戰于泓公傷股公曰君子不重傷子魚曰傷未及死如何勿重若愛重傷則如勿傷二十八年傳魏犨傷於胸襄二十三年傳欒魴傷三十一年傳猶未能操刀而使割也其傷實多昭元年傳子南知之執戈逐之及衝擊之以戈子晳傷而歸創也者月令命理瞻傷察創視折注云創之淺者曰傷昭二年左傳鄭公孫黑將作亂傷疾作而不果杜云前年游

楚所擊創 𥏻省聲者韻會引徐鍇本作𥏻聲本書無𥏻字

yáo 倄

倄 刺也從人肴聲一曰痛聲 胡茅切

刺也者刺當爲剌剌戾也 肴聲者肴非聲顏氏家訓蒼頡篇有倄字訓詁云痛而謼也音羽罪反今北人痛則呼之聲類音于耒反今南人痛或呼之此二音隨其鄉俗並可行也馥案廣韻倄痛而叫也于罪切 一曰痛聲者徐鍇本作毒之案本書㾊下云楚人謂藥毒曰痛㾊

kuā 侉

侉 備詞從人夸聲 苦瓜切

備詞也者當作憊小字本李燾本徐鍇韻譜並作憊集韻引同宣十五年公羊傳司馬子反曰嘻甚矣憊廣韻侉痛呼也

cuī 催

催 相擣也從人崔聲詩曰室人交徧催我 倉回切

相擣也者本書擣手椎也椎當作催 詩曰室人交徧催我者邶風北門文彼作摧傳云摧沮也箋云刺譏之言釋文摧或作催韓詩作讙就也馥案就當爲訧

yǒng 俑

俑 痛也從人甬聲 他紅切又余隴切

痛也者俑通作踊檀弓辟踊哀之至也喪服記擗踊注云男踊女擗士喪禮丈夫踊

fú 伏

伏 司也從人從犬 房六切

司也者釋名伏覆也莊十年左傳懼有伏焉隱九年傳君爲三覆以待之史記酈侯世家良與客狙擊秦皇帝應劭云狙伺也一云伏伺也狙之伺物必伏而候之故今云狙候

cù 促

促 迫也從人足聲 七玉切

迫也者廣雅促近也本書迫近也通作趣周禮縣正趣其稼事月令命有司趣民收斂又云乃趣獄刑釋文並音促史記數使之趣齊兵詩左右趣之箋云皆促疾於事

lì 例

例 比也從人𠛱聲 力制切

比也者玉篇例類例也王制必察小大之比以成之注云已行故事曰比比例也後漢書陳忠傳父寵上除漢法溢於甫刑者未施行忠奏上二十三條爲決事比注云比例也

xì 係

係 絜束也從人從系系亦聲 胡計切

絜束也者一切經音義三引作結束也又云亦連綴不絕也吳語係馬舌注云係縛也孟子係累其子弟注云係累猶縛結也顏注漢書張釋之傳云結讀曰係 系亦聲者當爲系聲

fá 伐

伐 擊也從人持戈一曰敗也 房越切

擊也者廣雅同書牧誓不愆於四伐五伐六伐七伐傳云伐謂擊刺詩甘棠勿翦勿伐傳云伐擊也僖二十八年左傳遂伐其木宋玉風賦蹷石伐木李善云伐擊也詩采芑鉦人伐鼓傳云伐擊也禮郊特牲二日伐鼓何居文十五年左傳伐鼓于社杜云伐猶擊也 一曰敗也者廣雅同春秋說題辭伐人者涉人國內行威有所斬壞伐之爲言敗也徐鍇本下有亦所也三字馥案所亦擊也枚乘七發使琴摯斫斬以爲琴謂伐木也

人

fū
俘

俘 軍所獲也。從人，孚聲。春秋傳曰：以爲俘馘。芳無切

軍所獲也者，史記正義：俘，囚也。一切經音義十三：國語而安俘女，賈逵曰：伐國取人曰俘。釋詁：俘，取也。李巡云：囚敵曰俘，伐執之曰取。書典寶序：俘厥寶玉。傳云：俘，取也。僖二十二年左傳：示之俘馘。杜云：俘，所得囚。僖二十八年傳：獻楚俘于王。襄二十五年傳：子美入，數俘而出。杜云：數其所獲人數。昭十年傳：平子伐莒，取郠，獻俘。家語相魯篇：裔夷之俘。注云：俘，軍所獲虜也。漢書昭帝紀：斬虜獲生有功。顏注：俘取曰獲。　春秋傳曰以爲俘馘者，成三年左傳文。

dàn
但

但 裼也。從人，旦聲。徒旱切

裼也者，本書：袒，衣縫解也。裼，但也。增韻：但，偏脫衣袖。通作袒。詩大叔于田：袒裼暴虎。孟子：雖袒裼裸裎於我側。字或作襢。史記呂后紀：爲劉氏左襢。徐鍇本有一曰徒三字。聲類：徒，但也，空也。漢書食貨志：錢府以所入工商之貢但賦之。演繁露：但馬，徒馬也，散馬前行，或曰坐馬，或曰引馬，即但馬。馥案：宋書作誕馬，遼史作麩馬。通作亶。荀子議兵篇：非亶倒縣而已。

yǔ
傴

傴 僂也。從人，區聲。於武切

僂也者，廣雅同。又云：曲也。廣韻：傴，不伸也，尩也。通俗文：曲脊謂之傴僂。昭七年左傳：一命而僂，再命而傴，三命而俯。賈注：俯恭於傴，傴恭於僂。荀子儒效篇：是猶傴伸而好升高也。注云：傴，僂也。韓非安危篇：使傴以天性剖背。宋策：剖傴之背。新序：朱康王剖傴者之背。呂氏春秋明理篇：盲禿傴尩。注云：傴，僂俯者也。盡數篇：苦水所多尩與傴人。注云：傴，傴脊疾也。五代史鄭韜：晚年背傴。通作傴旅。漢書東方朔傳：行步傴旅。顏注：傴旅，曲躬皃也。後漢書趙壹傳：傴嫗名埶。注云：嫗，猶傴僂也。

lóu
僂

僂 尩也。從人，婁聲。周公韈僂，或言背僂。力主切

廣韻：僂，傴疾也。　廣雅：僂，曲也。　成元年穀梁傳：曹公子手僂。馥案：公子名手，五音集韻以爲手病，誤。　燕策：僂行見荆軻。　淮南精神訓：子求行年五十有四而病傴僂，脊管高于頂，腸下迫頤，兩脾在上，燭營指天，匍匐自闚于井，曰：偉哉造化，其以我爲此拘拘邪。　通作婁。釋木：瘣木，苻婁。郭注謂木病尩傴瘻腫。

尩也者，本書：尩，彼曲脛也。此言下僂也。　周公韈僂者，即尩也。　或言背僂者，廣韻引荀子：周公傴背。白虎通：周公背僂。昭四年左傳：黑而上僂。注云：上僂，肩傴。哀十四年左傳：長而上僂。杜云：肩背僂。漢書蔡義傳：行步俛僂。顏注：僂，曲背也。

lù
僇

僇 癡行僇僇也。從人，翏聲。讀若雡。一曰且也。力救切

癡行僇僇也者，通作戮。釋詁：戮，病也。馥謂癡亦病也。僇、戮古通用。荀子非相篇：爲天下大僇。史記田單傳：僇及先人。　一曰且也者，僇通作聊。廣雅：聊，且也。詩素冠：聊與予同歸兮。箋云：聊，猶且也。又泉水：聊與之謀。箋云：聊，且略之辭。離騷：聊逍遙以相羊。王注：聊，且也。晉書阮籍傳：聊復爾爾。又通作憀。本書：憀，憀然也。笙賦：勃慷慨以憀亮。李善引聲類：憀，且也。　一切經音義二引同。

qiú
仇

仇 讎也。從人，九聲。巨鳩切

讎也者，仇、讎聲相近。本書：怨，仇也。一切經音義一：仇，怨也，匹也。三蒼云：怨偶曰仇。廣雅：仇，惡也。釋名：仇，予讎也，所

伐則平如討仇讎也。釋詁：仇，匹也。李巡曰：仇讎怨之匹也。孫炎曰：仇，相求匹也。易鼎卦：我仇有疾。釋文：仇，匹也。鄭云：怨耦曰仇。書仲虺之誥：乃葛伯仇餉。傳云：仇，怨也。五子之歌：萬姓仇予。傳云：仇，怨也。詩無衣：與子同仇。傳云：仇，匹也。箋云：怨耦曰仇。桓二年左傳：嘉耦曰妃，怨耦曰仇，古之命也。楚詞九章：羌衆人之所仇。注云：怨耦曰仇。史記留侯世家：張良爲韓報仇。

léi
儡

儡 相敗也。從人，畾聲。讀若雷。魯回切

相敗也者，李善注西征賦引作壞敗之皃。寡婦賦：容皃儡以頓顇兮。李善引家語：儡儡乎若喪家之狗。禮記：喪容儡儡。鄭云：儡儡，羸皃。

jiù
咎

咎 災也。從人，從各。各者，相違也。其久切

易乾卦：君子終日乾乾，夕惕若厲，无咎。　書大禹謨：天降之咎。　莊二十一年左傳：鄭伯效尤，其亦將有咎。　災也者，本書：殃，咎也。　從人從各各者相違也者，一切經音義九：說文：咎，災也。字體從人從各，各人各相違，即成罪咎。

又二人同心其利斷金
二人相違其禍成災

pǐ 仳

仳 別也从人比聲詩曰有女仳離 芳比切

別也者小爾雅廣言同謝惠連西陵遇風獻康樂詩哲兄感仳別 詩曰有女仳離者王風中谷有蓷文傳云仳別也

jiù 倃

倃 毀也从人咎聲 其久切

毀也者倃通作咎廣雅咎惡也書西伯戡黎序殷始咎周傳云咎惡也或作謍玉篇謍毀也

suī 倠

倠 仳倠醜面从人隹聲 許惟切

仳倠醜面者本書婎醜也廣雅仳倠醜也楚詞九歎仳倠倚於彌楹注云仳倠醜女也淮南修務訓啳脬哆噅籧蒢戚施雖粉白黛黑弗能爲美者嫫母仳倠也高云皆醜貌

zhí 值

値 措也从人直聲 直吏切

措也者本書措置也置當作値徐鍇本有一曰逢遇四字案釋訓逢遇見也郭注行而相値也

tuō 侂

侂 寄也从人宅聲侂古文宅 他各切

寄也者集韻引同又云謂依止也本書託寄也廣雅侂寄也東方朔非有先生論寡人獲先人之功寄於衆賓之上通作託論語可以託六尺之孤玉篇引作侂 侂古文宅者徐鍇本無此文鍇云侂古宅字本書宅所託也古文作厇鄭注士相見禮云今文宅爲託

zǔn 僔

僔 聚也从人尊聲詩曰僔沓背憎 慈損切

聚也者廣雅僔僔衆也離騷紛總總其離合兮王注總總猶僔僔聚皃通作撙漢書揚雄傳齊總總撙撙其相膠葛兮顏注總總撙撙聚皃也 詩曰僔沓背憎者小雅十月之交文彼作噂本書噂聚語也引詩噂沓背憎

xiàng 像

像 象也从人从象象亦聲讀若養 徐兩切

象也者韻會引徐鍇本作似也案鍇曰楚辭像設君室靜閑安謂似而設之也廣韻像似也易繫辭象也者像此者也春秋後語秦謂齊曰宋王無道爲木人以像寡人射其面漢書匈奴畏郅都之威刻木像都之狀交弓射之博物志黃帝仙去其臣削木爲黃帝像帥諸侯奉之史係劉師貞蚤失其母乃作偶人像以事之 象亦聲者當爲象聲

juàn 倦

倦 罷也从人卷聲 渠眷切

罷也者本書券勞也禮少儀師役曰罷注云罷之爲言勞也玉篇引書耄期倦于勤偽行敦行而不倦劉楨魯都賦至於日昃體勞怠倦

zāo 傮

傮 終也从人曹聲 昨曹切

終也者楊倞注荀子富國篇引同

ǒu 偶

偶 桐人也从人禺聲 五口切

桐人也者廣韻偶偶人又云偶木人送葬設關而能跳踊故名之出埤蒼檀弓謂爲俑者不仁注云俑偶人也有面目機發似於生人家語公西赤問篇爲偶者不仁不殆於用人乎注云偶木人也六韜望其壘上多飛鳥而不驚上

無氛氣必知敵詐而爲偶人也江表傳孫權使朱儁喻關羽令降羽乃作像人於城上而潛遁齊策有土偶人與桃梗相與語趙策土梗與木梗鬬曰我者乃土也使我逢疾風淋雨壞阻乃復歸土今汝非木之根則木之枝耳汝逢疾風淋雨漂入漳河東流至海氾濫無所止越絕書桐不爲器用但爲俑當與人俱葬淮南說山訓魯以偶人葬而孔子歎馥案孟子始作俑者其無後乎爲其象人而用之也注云俑偶人也用之送死史記殷本紀帝武乙無道爲偶人正義云偶對以土木爲人對象於人形也酷吏傳匈奴至爲偶人象郅都索隱云漢書作寓人象案寓即偶也謂刻木爲偶類人形也漢書江充傳充將胡巫掘地求偶人又云遂掘蠱於太子宮得桐木人公孫賀傳且上甘泉當馳道埋偶人顏注刻木爲人象人之形謂之偶人偶並也對也鹽鐵論古者明器有形無實示民不用也及其後則有桐馬偶人潛夫論巨家造塋多埋珍寶偶人車馬論衡自然篇偶人千萬不名爲人者何也鼻口耳目非性自然也薄葬篇囚死獨葬魂孤無副故作偶人以侍尸柩史晨後碑飭治桐車馬於瀆上王肅喪服要記魯哀公葬父孔子問曰寧設桐人乎哀公曰桐人起於虞卿虞卿齊人過惡繼母不得養父死不能葬知有過故作桐人吾父生

得供養何桐人爲列士傳羊角哀夢左伯桃求助戰因作三桐人自殺下而從之謝惠連祭古冢文刻木爲人長三尺可有二十餘頭又云撫俑增哀李善云埤蒼俑木人送葬也俑或爲偶偶刻木以像人形隋書帝與柳䛒言宴終日猶恨不能夜召命匠刻木偶人每月下對酒與相酧酢爲懽笑通鑑軍士發呂用之中堂得桐人書高駢姓名於胷桎梏而釘之通作寓漢書郊祀志木寓龍一駟李奇曰寓寄也寄生龍形於木也顧炎武曰此說恐非古文偶寓通用木寓木偶也史記孝武紀作木偶馬而韓延壽傳曰賣偶車馬下里僞物者棄之市道古人用以事神及送死皆木偶人木偶馬今人代以紙人紙馬又史記殷本紀帝武乙無道爲偶人謂之天神索隱曰偶音寓酷吏傳匈奴至爲偶人象郅都索隱曰漢書作寓人可以證寓之爲偶矣又通作禺史記封禪書木禺龍欒車一駟索隱禺音偶謂偶其形於木後漢書袁紹劉表列傳其猶木禺之於人也注云言其如刻木爲人無所知也

diào
弔

弔 問終也古之葬者厚衣之以薪從人持弓會敺禽 多嘯切

說文解字義證　卷二十四　廿三

問終也者玉篇弔生曰唁弔死曰弔曲禮知生者弔知死者哀成十三年左傳無祿文公即世穆爲不弔杜云不見弔傷孟子出弔於東郭氏又云右師往弔古之葬者云云者急就篇喪弔悲哀面目腫顔注弔謂問終者也於字人持弓爲弔上古葬者衣之以薪無有棺槨常苦禽鳥爲害故弔問者持弓會之以助彈射也吳越春秋古者人民朴質死則裹以白茅投於中野孝子不忍見父母爲禽獸所食故作彈以守之絕鳥獸之害酉陽雜俎弔字矢貫弓也古者葬棄中野禮貫弓而弔以助鳥獸之害

zhāo
佋

佋 廟佋穆父爲佋南面子爲穆北面從人召聲 市招切

廟佋穆父爲佋南面子爲穆北面者通作昭詩汾沮洳箋云公族主君同姓昭穆也釋文昭說文作佋中庸宗廟之禮所以序昭穆也周禮小宗伯辨廟祧之昭穆注云父曰昭子曰穆王制天子七廟三昭三穆諸侯五廟二昭二穆大夫三廟一昭一穆祭統夫祭有昭穆昭穆者所以別父子遠近長幼親疏之序而無亂也論語禘自既灌而往者吾不欲觀之矣孔注禘祫之禮爲序昭穆邢疏昭南鄉穆北鄉其餘孫從王父父曰昭子曰穆昭取其鄉明穆取其北面尙敬新序魯哀公爲室公儀子諫曰左昭右穆爲室而大以臨二先君無乃害於孝乎漢舊儀子爲昭孫爲穆昭西面穆東面三年大祫諸帝以昭穆坐於高廟後漢書祭祀志元始五年始行禘禮父爲昭南嚮子爲穆北嚮注云決疑要注曰凡昭穆父南面故曰昭昭明也子北面故曰穆穆順也穆通作繆荀子王制篇分未定也則有昭繆也注云繆讀爲穆父昭子穆

shēn
身

身 神也從人身聲 失人切

神也者身神聲相近廣韻申身也本書申神也玉篇身妊身也

xiān
僊

僊 長生僊去從人從䙴䙴亦聲 相然切

漢書藝文志神僊者所以保性命之眞而游求於其外者也聊以盪意平心同死生之域而無怵惕於胷中稽康養生論夫神僊雖不目見然記籍所載前史所傳較而論之其有必矣似特受異氣稟之自然非積學所能致也 抱朴子論僊篇或問曰神僊不死信可得乎抱朴子曰萬物芸芸何所不有況列僊之人盈乎竹素不死之道曷爲無之僊人以藥

說文解字義證　卷二十四　廿四

物養身以術數延命使內疾不生外患不入雖久視不死而舊身不改苟有其道無以爲難也劉向所撰列僊傳僊人七十有餘誠無其事妄造何爲乎 申鑒或問神僊之術曰誕哉末之也已矣聖人弗學非惡生也終始運也短長數也運數非人力之爲也 曰亦有僊人乎曰僬僥桂莽產乎異俗就有僊人亦殊類矣 或作仙廣雅仙己也桓譚新論天下神人五一曰神仙劉歆七畧方技四家有神仙家司馬光曰老莊之書大指欲同死生輕去就而爲神仙者服餌修鍊以求輕舉鍊草石爲金銀其爲術正相戾是以劉歆七畧敘道家爲諸子神仙爲方技其後復有符水禁呪之術至寇謙之遂合而爲一至今循之其訛甚矣法言君子篇或問人言仙者有諸乎曰吁吾聞伏犧神農歿黃帝堯舜殂落而死文王畢孔子魯城之北獨子愛其死乎非人之所及也仙亦無益子之彙矣或曰聖人不師仙厥術異也聖人之於天下恥一物之不知仙人之於天下恥一日之不生曰生乎生乎名生而實死也或曰世無仙則焉得斯語曰語乎者非囂囂也歟惟囂囂能使無爲有或問仙之實曰無以爲也有與無非問也問也者忠孝之問也忠臣孝子偟乎不偟谷永說漢成帝曰諸言世有仙人服食不終之藥遙興輕舉登遐倒景覽觀縣圃浮游蓬萊黃冶變化皆姦人惑衆挾左道懷詐僞以欺罔

bó 僰

世主

長生僊去者莊子千歲猒世去而上僊桓譚新論聖人皆形解仙去言从示民有終仙經神仙輕舉謂之天仙列位太清度名祕籍玄示經外想宜絕內注玄眞然後長生可保太清眞經一切含氣莫不貴生爲天地之大德德莫過於長生長生者必其外身也不以身害物非惟不害而已乃濟物忘其身忘其身而身不忘是爲善攝生者也眞道養神神能飛化 䙴亦聲者當爲䙴聲

僰 犍爲蠻夷從人棘聲 蒲北切

本書羌下云西南僰人焦僥从人葢在坤地頗有順理之性 廣志曁僰濮在永昌西南 陳琳檄吳文皇中羌僰 呂氏春秋恃君篇氏羌呼唐離水之西僰人野人注云僰人讀如匍匐之匐 漢書地理志犍爲郡僰道 郡國志西夷有荔枝園僰僮爲夷中最賢者古所謂僰僮之富多以荔枝爲業 水經注江水云僰道縣本僰人居之秦紀所謂僰僮之富者也

犍爲蠻夷者史記司馬相如傳會唐蒙使略通夜郎西僰中徐廣曰羌之別種也索隱引文穎曰夜郎僰中皆西南

夷後以爲牂牁犍爲二郡漢書食貨志散幣於邛僰以輯之應劭曰僰屬犍爲顏注本西南夷種僰今僰道縣也伍被傳羌僰貢獻顏注僰西南夷也後漢書杜篤傳搉驅氏僰注云竝西南夷號古文苑蜀都賦馬犀象僰注云僰道有僰人文選長楊賦羌僰東馳五臣云僰夷名 從人棘聲者地理風俗記夷中最仁有人道故字從人 王制西方曰棘注云棘當爲僰僰之言偪使之偪寄於夷戎

xiān 仚

仚 人在山上從人從山 呼堅切

疑此爲僊之或體後人亂之瞽類仙俗僊字廣韻仚輕舉皃釋名老而不死曰仙仙遷也遷入山也故其制字人旁作山也

人在山上者一切經音義十四引作人上山皃也又十六云人在山上皃也

yáo 僥

僥 南方有焦僥人長三尺短之極從人堯聲 五聊切

本書羌下云西南僰人僬僥从人葢在坤地頗有順理之性 廣雅僬僥八疾之一曹憲云說文無立人旁僬 竹書紀年帝堯二十九年春僬僥氏來朝 古文苑短人賦侏儒短人僬僥之後 皇侃論語義疏南有八蠻三曰僬僥 干祿字書僬僥謂南方短人也 酉陽雜俎李章武有人腊長三尺餘頭項髀助成就言是僬僥國人 突厥本末記突厥窟北馬行一月有短人國長者不踰三尺亦有二尺者頭少毛髮若羊胞之狀突厥呼爲羊胞頭國其旁無他種類相侵俗無寇盜但有大鳥高七八尺常伺短人啄而食之短人皆持弓矢以爲之備

南方有焦僥人長三尺短之極者曹注廣雅引作焦僥短人也魯語仲尼曰僬僥氏長三尺短之至也注云僬僥西南蠻之別名晉語僬僥不可使舉注云僬僥長三尺不可使舉重列子湯問篇從中州以東四十萬里得僬僥國人長一尺五寸注云短人國名也韋昭曰西南蠻之別名也按括地志在大秦國北也荀子正論篇以僬僥而戴太山也注云僬僥短人長三尺者也富國篇是猶烏獲與焦僥搏也注云焦僥短人長三尺者大荒南經有小人名曰焦僥之國幾姓嘉穀是食注云皆長三尺海外南經焦僥國在三首東注云外傳云焦僥民長三尺短之至也淮南地形訓西南曰焦僥注云焦僥短人國長不滿三尺郭璞山海經圖贊焦僥極麽靖人唯小四體俱足眉目不了馥案

列子東北極有人名諍人長九寸詩含神霧東北極有人長九寸外國圖焦僥國人長一尺六寸迎風則偃背風則伏眉目俱足但野宿一曰焦僥長三尺其國草木夏死而冬生去九疑三萬里劉氏新論觀量篇夫觀焦僥之節知非防風之脛袁孝政注云焦僥國人長三尺通典焦僥國其人長三尺穴居善游鳥獸懼焉

duì 儯

儯 帀也從人對聲 都隊切

帀也者俗謂圍周曰儯

guàng 俇

俇 遠行也從人狂聲 居況切

遠行也者廣雅俇往也又云俇俇劇也楚辭九歎魂俇俇而南行兮王注惶遽之皃

jiàn 件

件 分也從人從牛牛大物故可分 其輦切

徐鉉所加

文二百四十五　重十四

人

㒚 安也從人㥯聲

韻會引如此廣韻㒚依人也於靳切與懚同徐鉉新附穩字卽㒚之俗體

儈 駔馬也

御覽引如此案本書訬一曰訬儈聲類儈合市人也

遺文二

zhēn 眞(真)　yí 𠤕　huà 匕

曲阜桂馥學

匕　變也從到人凡匕之屬皆從匕　呼跨切

變也者本書老從此云匕言須髮變白也廣雅變匕也經典通作化易繫辭擬議以成其變化禮中庸動則變變則化白虎通火之爲言化也陽氣用事萬物變化也本書𣅀從匕云匕合也周禮大宗伯以禮樂合天地之化

𠤕　未定也從匕𠤕聲𠤕古文矢字　語期切

未定也者當爲定也未字後人加經典通作疑詩桑柔靡所止疑傳云疑定也士昏禮婦疑立於席西注云疑正立自定之貌鄉飲酒禮賓西階上疑立注云疑讀爲仡然從於趙盾之仡疑然立自定之貌鄉射禮賓升西階上疑立注云疑正也有矜莊之色莊子達生篇用志不分乃疑于神

眞　僊人變形而登天也從匕從目從乚八所乘載也　側鄰切

呂氏春秋先已篇凡事之本必先治身嗇其大實用其新棄其陳腠理遂通精氣日新邪氣盡去及其天年此之謂眞人　淮南精神訓所謂眞人者性合於道也故有而若無實而若虛處其一不知其二治其內不識其外明白太素無爲復樸體抱神以游於天地之樊芒然彷徉於塵垢之外而消摇於無事之業浩浩蕩蕩乎機械之巧弗載於心是故死生亦大矣而不爲變雖天地覆育亦不與之抮抱矣　鵩鳥賦眞人恬漠兮獨與道息釋智遺形兮超然自喪　素問黃帝曰余聞上古有眞人者提挈天地把握陰陽呼吸精氣獨立守神肌肉若一故能壽敝天地無有終時其道生　鬼谷子外篇化有五氣也志也思也神也德也神其一長也靜和者養氣養氣得其和四者不衰四邊威勢無不爲存而舍之是謂神化歸於身謂之眞人　莊子老子古之博大眞人哉　文子天地之閒有二十五等人上伍有神人眞人又云得天地之道故謂之眞人也　司馬子坐忘樞翼篇鍊形爲氣名曰眞人　天隱子神解篇本一性而言謂之眞如　抱朴子明本篇昔赤松子王喬琴高老氏彭祖務成鬱華皆眞人　瑞命記采食神芝則延年不終與眞人同　黃庭經積精累氣以爲眞　參同契改形免世厄號之曰眞人　眞誥鍊形於太陰易貌於三官受學化神濯景易氣俯仰四運得爲眞人　太上經混茲之氣變化爲眞人與時翱翔有名無體又云玉清者如玉堅不可毀淨不可污也堅淨無變穢累都盡一而無雜故名爲眞人　太上正法經九眞者九天之眞氣凝而成也上中下三眞生於太清是元始之澄氣也　大洞經從生得道從道得仙從仙得眞從眞得爲上清君　昇元經惟須中直尋道求眞改惡從善得爲眞人　祕要經太清九宮甚高總稱曰道君次稱眞人眞卿　太眞科上品曰聖中品曰眞下品曰仙　登眞隱訣立夏之日日中五帝於紫微宮見四眞人　舊唐書元宗紀天寶元年詔莊子號南華眞人文子號通元眞人列子號沖虛眞人庚桑子號洞虛眞人所著書改爲眞經　寰宇記南昌縣有十二眞君宅　隸續五君栝枰文有眞人君洪氏云六經無眞字獨於諸子見之延熹中蔡邕作王子喬碑及仙人唐公房碑皆有眞人之稱矣　戴侗曰經傳無眞字惟列御寇莊周之書有之自莊列始有眞人之名始有長生不死而登雲天之說　顧炎武曰五經無眞字始見於老莊之書老子曰其中有精其精甚眞莊子漁父篇孔子愀然曰敢問何謂眞客曰眞者精誠之至也大宗師篇曰而已反其眞而我猶爲人猗列子曰精神離

形各歸其眞故謂之鬼鬼歸也歸其眞宅　漢書楊王孫傳曰死者終身之化而物之歸者也歸者得至化者得變是物各反其眞也　說文曰眞僊人變形登天也　徐氏繫傳曰眞者仙也化也從匕匕即化也反人爲匕從目從乚八其所乘也以生爲寄以死爲歸於是有眞人眞君眞宰之名　秦始皇曰吾慕眞人自謂眞人不稱朕　魏太武改元太平眞君而唐元宗詔以四子之書謂之眞經皆本乎此也　馥案漢書楊惲傳眞人所謂鼠不容穴銜窶數者也　李奇曰眞人正人也

僊人變形而登天也者　李善注江賦引作仙人變形也　廣雅仙匕也　淮南齊俗訓今夫王喬赤松子吹嘔呼吸吐故內新遺形去智抱素反眞以游玄眇上通雲天今欲學其道不得其養氣處神而放其一吐一吸時詘時伸其不能乘雲升假亦明矣　參同契惟昔聖賢懷元抱眞伏煉九昇化迹隱淪含精養神通德三光津液腠理筋骨緻堅衆邪辟除正氣常存累積長久變形而仙　眞誥太一主仙變也所謂化遁三辰顛回月精呼吸萬變非復故形者也　抱朴子明本篇夫得僊者或昇太清或翔紫霄　僊藥篇餌丹沙千日司命削去死籍與天地相畢日月相望改形易容變化無常　魏書釋老志乃有白日昇天長生世上　又云謙之厥體引長弟子量之八尺三寸三日已後稍縮至斂量之

huà 化　佁　bǐ 匕

長六寸於是諸弟子以爲尸解變化而去不死也南齊書
顧歡傳佛號正眞眞會無生又云仙變成眞眞變成神神
仙傳壺公將兩弟子去積年兩弟子皆隱變解化西城王
眞人傳解化之道尸不能俱神仙者也玉符經二十四眞
圖五岳之靈寶也能得之必能仙去飛步太清通鑑王僧
虔曰若得同歸九泉猶羽化也注云羽化猶言登仙神仙
家所謂飛昇也通志六書略匕字下云臣按道家謂順行
則爲人逆行則爲道道人死則歸於土道則離人故能變化
而上升從已者淮南精神訓是故眞人之所游若吹呴
呼吸吐故內新熊經鳥伸鳧浴蝯躩鴟視虎顧其養形之
人也不以滑心故形有摩而神未嘗化者以不化應化千
變萬抮而未始有極化者復歸於無形也不化者與天地
俱生也從匕者本書匕匿
也象迟曲隱蔽形讀若隱

𠤎 古文眞

汗簡引作𠤎

化 教行也從匕從人匕亦聲 呼跨切

教行也者華嚴經音義引同五音集韻匕變匕也化教行
也匕之在人增韻凡以道業誨人謂之教躬行於上風動
於下謂之化書大誥肆予大化誘我友邦君樂記化
民成俗老子我無爲而民自化漢書敘傳敗俗傷化

文四 重一

佁

集韻引化古作佁類篇同案
太元陰陽啟佁其變赤白

遺文一

匕 相與比敘也從反人匕亦所以用比取飯一名柶凡
匕之屬皆從匕 卑履切

相與比敘也者本書畺比田也馥謂正畺界卽匕敘意詩
車攻決拾既佽箋云謂手指相佽比也大射儀遂比三耦
注云比選次之也鄉射禮遂以比三耦於堂西注云比選
次其才相近者也周禮宰夫凡禮事贊小宰比官府之具

chí 匙　bǎo 𠤏

注云比校次之疏云校次之使知善惡足否也大行人秋
覲以比邦國之功注云比其功之高下野廬氏比修除道
路者注云比校治道者名若今次金敘丈功昭二十八年
左傳擇善而從之曰比服注比方損益古今之宜而從之
趙策人比然而後知賢不肖注言人必以類相比乃可知
韓詩外傳高比所以廣德也下比所以狹行也比於善者
自進之階比於惡者自退之原漢書儒林傳公孫宏比輯
其義 匕亦所以用匕取飯一名柶者本書皀下云匕頭
項也㿝下云中象米匕所以扱之皀下云象嘉穀在裹中
之形匕所以扱之柶下云禮有柶柶匕也廣雅柶匕也急
就篇槫榼椑榹匕箸籫顏注匕匙也亦謂之柶易震卦不
喪匕鬯王注匕所以載鼎實正義陸績云匕者棘匕撓鼎
之器先儒皆云匕形似畢但不兩岐耳以棘木爲之長二
尺刊柄與末詩云有捄棘匕是也用棘者取其赤心之義
祭祀之禮先烹牢於鑊既納諸鼎而加冪焉將薦乃舉冪
而以匕出之升於俎上故曰匕所以載鼎實也詩大東有
捄棘匕傳云匕所以載鼎實少牢饋食禮雍人摡鼎匕俎
于雍爨廩人摡甑甗匕與敦于廩爨注云匕所以匕黍稷
者也疏云上雍人云匕者所以匕肉此廩人所掌米故云
匕黍稷也字或作朼士喪禮乃朼載載兩髀于兩端注云

古文朼爲匕又或作枇雜記枇以桑長三尺或曰五尺刊
其柄與末注云枇所以載牲體者此謂喪祭也吉祭枇用
棘釋文枇音匕本亦作朼音同陳祥道曰匕之別有四有
黍稷之匕有疏匕有挑匕有喪匕三匕以棘喪匕以桑少
牢廩人之所摡黍稷之匕也饔人之
所摡牲體之匕也牲體之匕挑匕也

匙 匕也從匕是聲 是支切

匕也者廣雅同一切經音義十五通俗文匕或謂之匙方
言匕謂之匙王隱晉書石勒時謠云一杯食有兩匙通鑑
劉備方食失匕箸注云匕匙也字或作鍉後漢書隗囂傳
牽馬操刀奉盤錯鍉遂割牲而盟注云前書漢遣韓昌等
與單于及大臣俱登諾水東山刑白馬單于以徑路刀金
留犁撓酒應劭云留犁飯匕也以匕攪血而歃之今亦奉
盤措匙而歃也又通作提地理志朱
提蘇林曰提音時北方人名匕曰匙

𠤏 相次也從匕從十鴇從此 博抱切

相次也者徐鍇曰五家爲𠤏也使之相次比也十其總率
也昭十六年左傳庸次比耦通作保周禮大司徒令五家

爲比使之相保 從十者本書什相什保也

qì 跂

頃也從匕支聲匕頭頃也詩曰跂彼織女 去智切

匕頭頃也者刺刃匕首似之　詩曰跂彼織女者小雅大東文彼作跂傳云跂隅貌

qīng 頃

頭不正也從匕從頁 去營切

頭不正也者禮記頭容直注云不頃顧也謂必中也詩卷耳不盈頃筐釋文韓詩云頃筐敧筐也

nǎo 𡿺

頭䯕也從匕匕相匕箸也巛象髮囟象𡿺形 奴皓切

頭䯕也者三國典畧俗云五月五日生者𡿺不壞爛俗作腦僖二十八年左傳晉侯夢楚子伏己而盬其腦子犯曰吾且柔之矣杜云腦所以柔物元命苞人精在腦韓詩外傳禽息薦百里奚不見納繆公出當車以頭擊闑腦乃精出　巛象髮者本書𦥛下云巛象髮謂之鬊鬊即巛也子下云古文作𢀇从巛象髮也籀文作𦍒囟有髮　囟象𡿺形者本書囟頭會𡿺葢也

yǎng 卬（卬）

望欲有所庶及也從匕從卪詩曰高山卬止 伍岡切

望欲有所庶及也者庶當爲度廣韻卬望也欲有所度晉語重耳之卬君也若黍苗之仰陰雨也長門賦意慷慨而自卬漢書王章妻謂章不自激卬或通作仰戰國策東周之民可令一仰西周注云有望於上則仰晉段灼上疏張禹低仰於五侯之閒　詩曰高山卬止者小雅車舝文彼作仰箋云有高德者則慕仰之

zhuō 卓

高也早匕爲卓匕卪爲卬皆同義 竹角切

高也者玉篇卓卓高皃也今作卓法言顏苦孔之卓後漢書祭遵傳卓如日月注云卓高也

古文卓

gèn 艮

很也從匕目猶目相匕不相下也易曰艮其限匕目爲艮匕目爲眞也 古恨切

很也者鄭注易艮卦艮之言很也　易曰艮其很者艮卦文釋名艮很也時未可聽物生限止之也　匕目爲艮者當云目匕爲艮　匕目爲眞也者眞從巳不在此部李燾本改作巳亦非曾見古銅印文曰張青旨印疑古有旨字

文九　重一

cóng 从

相聽也從二人凡从之屬皆從从 疾容切

相聽也者徐鍇本作相聽許也本書許聽也西周策寡人請以國聽高注聽从也通作從玉篇許從也禮王制變禮易樂者爲不從孔子閒居氣志既從注云從順也

cóng 從

隨行也從辵從从从亦聲 慈用切

隨行也者本書隨从也从當作從旅下云从俱也俱下云偕也易隨卦釋文隨從也詩丰序男行而女不隨既醉從以孫子箋云從隨也覲禮侯氏遂從之注云遂隨使者以至朝周禮鄰長從于他邑則從而授之注云從猶隨也檀弓如有從而弗及學記又從而庸之注並云從隨也雜記弔非從主人也緇衣言從而行之注並云從猶隨也論語從我於陳蔡者又從我者其由與隱六年左傳從自及也昭二十八年傳欲觀叔向從使之收器者杜注並云從隨

也莊十三年公羊傳曹子手劍而從之注云從隨也

bìng 并

相從也從从幵聲一曰从持二爲并 府盈切

相從也者釋詁拼從也　幵聲者宋玉九辯以并韻甘泉賦以延韻成同例　一曰从持二爲并者當云从持二干爲幷言此說與諸聲異

文三

bǐ 比

密也二人爲从反从爲比凡比之屬皆從比 毗二切

密也者本書周密也案劉向曰禹稷與皋陶轉相汲引不爲比周考工記函人櫜之而約則周也注云周密致也洪範人無有比德傳云比周之德六韜羣邪比周而蔽賢齊策從人朋黨比周荀子强國篇不比周文十八年左傳是與比周注云比近也周密也顏注急就篇云櫛之小而細所以去蟣蝨者謂之比言其齒密比也易序卦訟必有衆故受之以師衆必有所比故受之以比韓康伯曰衆起而不比則爭無息必相親比而後得寧也書伊訓比頑童泰

誓昵比罪人詩椒聊碩大無朋傳朋比也正義朋黨也比謂阿比朋亦比之義故以朋爲比也周禮形方氏大國比小國注云比猶親也緇衣大臣不治而邇臣比矣注云比私相親也論語君子周而不比鄭注忠信爲周阿黨爲比閔元年左傳屯固比入注云比親密所以得入文十七年傳以陳蔡之密邇於楚注云密邇比近也襄三年傳立其子不爲比昭三年傳燕大夫比以殺公之外嬖杜云比相親比哀十六年傳卜人比而告公曰君有大臣在西南隅弗去懼害馥謂密告公也晉語博能上下比之又云事君者比而不黨魏志袁紹傳審配逄紀與辛評郭圖爭權配紀與尚比評圖與譚比莒子密州號犁比

bì 毖

古文比

慎也從比必聲周書曰無毖于卹 兵媚切

慎也者釋詁文書召誥毖祀于上下傳云爲治當慎祀于天地洛誥伻來毖殷傳云使己來慎教殷民大誥天閟毖我成功所傳云天順勞我周家成功所在又云天亦惟用勤毖我民傳云天亦勞慎我民欲安之康誥汝劼毖殷獻臣傳云汝當固慎殷之獻臣信用之詩小毖傳箋并云毖慎也桑柔爲謀爲毖傳云毖慎也　周書曰無毖于卹者大誥文彼作恤

說文解字義證　卷二十五　七

文二　重一

bèi 北

乖也從二人相背凡北之屬皆從北 博墨切

乖也者本書乖戾也馥謂二人相背乖戾之象書武成前徒倒戈攻于後以北桓九年左傳以戰而北杜云北走也釋文北一音佩嵇康音胸背吳語吳師大北注云軍敗奔走曰北北古之背字漢書高帝紀沛公項羽追北服虔曰師敗曰北韋昭曰北古背字也背去而走也顏注北陰幽之處故謂退敗奔走者爲北老子曰萬物向陽而負陰許慎說文解字云北乖也史記樂書曰紂爲朝歌北鄙之音朝歌者不時北者敗也鄙者陋也是知北即訓乖訓敗無勞借音韋昭之徒竝爲妄矣

jì 冀

北方州也從北異聲 几利切

釋地兩河閒曰冀州李巡曰兩河閒其氣清厥性相近故曰冀冀近也　書舜典肇十有二州傳云舜分冀州爲幽州幷州馥案晉地道記舜以冀州南北太廣分燕地北爲幽州爾雅九州有冀幽而無幷郭注以爲殷制葢殷分冀州之東北以爲幽而幷州之地仍屬冀　禹貢冀州既載正義冀州於九州近北　周禮職方河內曰冀州馥案史記正義古帝王之都多在河東河西故河北稱河內河南稱河外河從龍門南至華陰東至衞州東北入海曲繞冀州故言河內胡渭曰古者河北之地皆謂之河內自戰國魏始有河內河東之別而秦漢因之以置郡周禮所謂河內不止河內郡地也　春秋元命苞昴畢閒爲天街散爲冀州分爲趙國立爲常山班彪冀州賦望常山之峩峩登北嶽而高游　揚雄冀州箴洋洋冀州鴻原大陸嶽陽是都島夷皮服孱湲河流表以碣后三后攸降列爲侯伯　盧毓冀州論冀州天下之上國也東河以上西河以來南河以北易水以南膏壤千里天地之所會陰陽之所交所謂神州也　北方州也者韻會引徐鍇本無州字鍇曰北方之州也本書因加州字　增韻冀北方也釋訓朔北方也書五子之歌惟彼陶唐有此冀方

說文解字義證　卷二十五　八

文二

qiū 丠(丘)

土之高也非人所爲也從北從一一地也人居在丠南故從北中邦之居在崐崘東南一曰四方高中央下爲丠象形凡丠之屬皆從丠 去鳩切

徐鍇本邱在㐺下部敘云背而衆故次之以㐺衆依於邱故次之以邱

土之高也者廣雅小陵曰邱易坎卦地險山川邱陵也書禹貢是降邱宅土傳云地高曰邱周禮大司徒辨其山林川澤邱陵注云土高曰邱呂氏春秋季夏紀注邱高也　非人所爲也者釋邱非人爲之邱李巡云謂非人力所爲自然生者　從一一地也者風俗通義謹按尚書民乃降邱度土堯遭洪水萬民皆山棲巢居以避其害禹浚江疏河民乃下邱營度爽塏之場而邑落之故邱之字二人立一上一者地也　人居在邱南故從北中邦之居在崐崘東南者本書無崐崘字河字下作昆侖河圖括地象崑崘在西北其高萬一千里崑崘東南地方五千里名神州中

有五山帝王居之張衡靈憲崑崙東南有赤縣之州風雨有時寒暑有節苟非此土南則多暑北則多寒東則多陽西則多陰故聖王不處馬王嬰古今通論崑崙東南方五千里謂之神州州中有和美鄉方三千里五岳之城帝王之宅聖人所生也一曰四方高中央下爲丘象形者此孔子命名之義也史記孔子世家禱於尼邱得孔子生而首上圩頂故因名曰邱云字仲尼索隱圩頂言頂上窊也故孔子頂如反宇反宇者若屋宇之反中低而四旁高也

古文從土

xū 虛

大丘也崐崘丘謂之崐崘虛古者九夫爲井四井爲邑四邑爲丘丘謂之虛從丘虍聲 邱如切又朽居切

大丘也者大荒經西海之南流沙之濱赤水之後黑水之前有大邱名曰崑崙邱崐崘丘謂之崐崘虛者崐崘山記崐崘山一名崐崘邱釋邱三成爲崐崘邱釋地西北之美者有崐崘虛之璆琳琅玕焉西次三經崑崙之邱是實惟帝之下都海內西經崑崙之虛方八百里高萬仞水經崑崙墟在西北去嵩高五萬里地之中也龍魚河圖崑崙山天中柱也郭璞崑崙邱贊崑崙月精水之靈府惟帝下都西羌之宇傑然中峙號曰天柱古者九夫爲井四井爲邑四邑爲丘者周禮地官小司徒文服虔注左傳引司馬法九夫爲井四井爲邑四邑爲邱有戎馬一匹牛三頭是曰匹馬邱牛孫子作戰篇財竭則急於邱役又云邱牛大車注云邱謂邱邑之牛詩信南山維禹甸之箋云禹治而邱甸之昭四年左傳鄭子產作邱賦哀十一年傳則以邱亦足矣注並云邱十六井禮器唯社邱乘其粢盛注云邱十六井也丘謂之虛者易升卦升虛邑馬云邱也春秋僖三十一年衛遷於帝邱杜云故帝顓頊之虛故曰帝邱漢書賈誼傳凡十三歲而社稷爲虛顏注虛謂邱墟十三州志朱虛丹朱游故虛故云朱虛也虛猶邱也朱猶丹也

ní 屔

反頂受水丘從丘泥省聲 奴低切

反頂受水丘者徐鍇曰頂當高今反下故曰反頂又撰下云傳多言孔子反宇作此頂字云頭頂四崖峻起象尼邱山桓六年左傳申繻說命名之義云以類命爲象注云若孔子首象尼邱論衡詰術篇其立名也以類名爲像若孔子名邱也水經注沂水出尼邱山元和志泗水縣尼邱山在縣南五十里叔梁紇禱尼邱而生孔子顏氏家訓仲尼居三字之中兩字非體三蒼尼旁益邱說文尸下施几後漢書高獲傳爲人尼首方面注云尼首首象尼邱山中下四方高也或通作泥隸釋夏堪碑仲泥釋邱水潦所止泥邱郭云頂上污下者玉篇引作屔云本亦作泥釋名水潦所止曰泥邱其上污水流不去成泥也

文三　重一

yín 㐺

眾立也從三人凡㐺之屬皆從㐺讀若欽崟 魚音切

眾立也者周語人三爲衆漢書功臣表三人爲衆左傳衛人立晉衆也　讀若欽崟者本書崟山之岑崟也李翕碑脩崤嶔之道

zhòng 眾(衆)

多也從㐺目眾意 之仲切

汗簡古文作[illegible]云見說文馥謂當從[illegible]

多也者釋詁文　從㐺目眾意者韻會引徐鍇本從㐺從目目亦衆意馥謂絛目綱目皆衆意

jù 聚

會也從㐺取聲邑落曰聚 才句切

會也者帝王世紀禹會塗山當塗縣有禹聚襄二十八年左傳慶封奔吳吳句餘予之朱方聚其族焉而居之邑落曰聚者徐鍇本有一曰二字本書鄦河東聞喜聚廣雅聚落凥也一切經音義六案聚衆也謂人所聚居也漢書無燔聚落是也管子立政篇五部命之曰聚聚者有市無市則民乏史記五帝本紀一年而所居成聚正義聚謂村落也秦本紀并諸小鄉聚正義聚猶村落之類也漢書平帝紀聚曰序張晏曰聚邑落名也韋昭曰小鄉曰聚史丹傳聚戶千一百如淳曰聚邑居也鼂錯傳調立城邑爲中州虎落鄭氏注虎落者外蕃也顏注以竹蔑相連遮落之古文苑僮約往來市聚注云虛聚也

jì 臮

衆詞與也從㐺自聲虞書曰臮咎繇 其冀切

書禹貢暨魚史記漢書並作臮又朔南暨漢志引作臮　隋書文學傳序四隩咸臮九州攸同

丘(丘) 㐺

衆詞與也者廣韻引作眾與詞也釋詁暨與也書無逸爰暨小人鄭注暨與也春秋昭十年暨齊平定十年宋公之弟辰暨仲佗石彄出奔陳杜注竝云暨與也隱元年公羊傳會及暨皆與也一切經音義七聲類云暨古文作臮字林暨及也馥案西京賦左暨河華薛綜注暨言及也東京賦於斯胥洎又澤汩幽荒薛竝云洎及也　虞書曰臮咎繇者舜典文彼作暨臮陶史記作與臮陶漢書人表作咎繇

古文臮

文四　重一

tǐng
壬

壬 善也從人士士事也一曰象物出地挺生也凡壬之屬皆從壬 他鼎切

善也者本書重從壬厚也廣韻重善也　士事也者本書士下云事也　一曰象物出地挺生也者廣韻挺挺出月令務挺出徐鍇本生下有古文從壬生艸木妄生也

zhēng
徵

徵 召也從微省壬爲徵行於微而文達者卽徵之 陟陵切

召也者釋言文周禮宰夫掌百官府之徵令注云別異諸官以備王之徵召宣九年左傳王使來徵聘注云徵召也宣十七年傳徵會于齊注云徵召也　從微省壬爲徵者字鑑引作從微省從壬六書故同　行於微而文達者卽徵之者韻會引徐鍇本文作聞集韻同本書徵隱行也惠棟曰荀子行微如日月忠誠於內賁於外形於四海所謂行於微而聞達者也馥案論語在家必聞在邦必聞

古文徵

wàng
朢

朢 月滿與日相朢以朝君也從月從臣從壬壬朝廷也 無放切

月滿與日相朢者朢當爲望一切經音義三引作望望聲相近釋名望月滿之名也月大十六日小十五日日在東月在西遙相望也經典通作望書召誥惟二月既望傳云二月十五日日月相望疏云于月之半月當日衝光照圓滿面鄉相當猶人之相望故名望也夏小正傳望也者月之望也淮南子月十五日與日相望易林日月相望法言五百篇月未望則載魄於西既望則終魄於東其遡於日乎論衡四諱篇八日月中分謂之弦十五日日月相望謂之望三十日日月合宿謂之晦詩天保正義日月在朔交會俱右行於天日遲月疾從朔而分至三日月去日已當二次始死魄而出漸漸遠日而月光稍長八日九日大率月體正半昏而中似弓之張而弦直謂上弦也後漸進至十五十六日月體滿與日正相當謂之望云體滿而相望也通鑑注月有弦望後漢律歷志分天之中相與爲衡謂之望謂月望日月正相對其平如衡準望之言義取諸此　以朝君也者六書故引作以徐鍇曰日君也月臣也馥案臣目形近刱誤爲目又改作臣字詩十月之交傳云月臣道日君道柏舟日居月諸箋云日君象也月臣象也東方之日傳云君明於上若日也臣察於下若月也哀公問如日月東西相從而不已也是天道也注云日月相從君臣相朝會也春秋元命包月盈而闕者詘鄉尊宋均曰詘還也尊君也漢書李尋曰夫日者衆陽之長人君之表也月者衆陰之長妃后大臣諸侯之象也白虎通日尊於月也鄭注尚書大傳日君象也

月臣象也公羊解詁月生三日而成魄臣道就也　壬朝廷也者本書朝廷中也風俗通廷者國家朝廷也

古文朢省

太元窺謹其戶卽謹字從古文朢

yín
㸒

㸒 近求也從爪壬壬徼幸也 余箴切

近求也者玉篇㸒濫貪也　壬徼幸也者本書儌幸也中庸作徼

文四　重二

zhòng
重

重 厚也從壬東聲凡重之屬皆從重 柱用切

類篇古文作[illegible]

厚也者玉篇厚重也廣雅重皮厚朴也易繫辭夫茅之爲物薄而用可重也

liáng
量

量 稱輕重也從重省曏省聲 呂張切

廣韻量呂張切量度又力讓切合升斗斛龠謂非器不能量度故名其器曰量義實同也 漢書律歷志量者龠合升斗斛也所以量多少也本起於黃鐘之龠用度數審其容以子穀秬黍中者千有二百實其龠以井水準其槩合龠爲合十合爲升十升爲斗十斗爲斛而五量嘉矣其法用銅方尺而圜其外旁有庣焉其上爲斛其下爲斗左耳爲升右耳爲合龠其狀似爵以縻爵祿上三下二參天兩地圜而函方左一右二陰陽之象也其圜象規其重二鈞備物之數合萬有一千五百二十聲中黃鐘始於黃鐘而反覆焉君制器之象也 書舜典同律度量衡鄭注量斗斛 論語謹權量包注量斗斛也 家語五帝德篇設五量注云五量權衡斗斛尺丈里步十百 昭三年左傳齊舊四量豆區釜鍾四升爲豆各自其四以登於釜釜十則鍾陳氏三量皆登一焉鍾乃大矣以家量貸而以公量收之故人歸之 月令日夜分則同量度鈞衡石注云斗斛曰量 王制度量數制注云量斗斛也 明堂位頒度量而天下大服注云量謂豆區斗斛筐筥所容受 大傳立權度量注云量斗斛也 孫子算術量之所起起於粟六粟爲一圭十圭爲一撮十撮爲一抄十抄爲一勺十勺爲一合十合爲一升十升爲一㪷十㪷爲一斛斛得六千萬粟 淮南時則訓同度量注云量釜鍾 通典魏初

杜夔造斛卽周禮所謂嘉量也深尺方尺實一鬴臀一寸實一豆耳三寸實一升重一鈞聲中黃鍾 稱輕重也者本書料量也洪武正韻量槩度多少也符子朔人獻燕昭以大豕王令衡官橋而量之漢書王莽傳白煒象平考量以銓晉灼曰萬物無不成形於西方大小輕重皆可知故稱量屬焉馮衍遂志賦弃衡石而意量兮

古文量

汗簡引作量屬日部

文二 重一

卧 休也從人臣取其伏也凡卧之屬皆從卧 吾貨切

休也者休息也日出而作日入而息釋名卧化也精氣變化不與覺時同也 從人臣取其伏也者本書臣象屈服之形服伏通左傳既伏其罪矣

監 臨下也從卧䘓省聲 古銜切

書太甲天監厥德傳云監視也 詩賓之初筵既立之監節南山何用不監傳云監視也 皇矣序天監代殷箋云監視也 莊三十二年左傳明神降之監其德也 呂氏春秋季冬紀乃命四監收秩薪柴注云四監者周制天子畿方千里之內分爲百縣縣有四郡郡有一大夫監之 臨下也者方言監察也詩皇矣監觀四方求民之莫節南山何用不監箋云女何用爲職不監察之周禮太宰邦國立其監注云謂公侯伯子男各監一國王制天子使其大夫爲三監監於方伯之國注云使佐方伯領諸侯監臨而督察之也閔二年左傳冢子君行則守有守則從從曰撫軍守曰監國古之制也魯語長監於世靈樞經陽明之上監監然 䘓省聲者五經文字監從卧下血

古文監從言

從言者本書詧亦從言

臨 監臨也從卧品聲 力尋切

監臨也者釋詁臨視也詩大明上帝臨女箋云臨視也昭三十二年左傳韓簡子臨之以爲成命雜記上客臨注云臨視也莊子天運篇監臨下土天下戴之地理志潁川郡臨潁莽曰監潁左馮翊臨晉莽曰監晉西河郡臨水莽曰監水朔方郡臨河莽曰監河安定郡臨涇莽曰監涇鬱林郡臨塵莽曰監塵

𪈮 楚謂小兒嬾𪈮從卧食 尼厄切

楚謂小兒嬾𪈮者玉篇楚人謂小兒嬾曰𪈮本書嬾一曰卧也徐鍇本亦曰卧食馥謂卧食卽𪈮字誤分爲二廣雅𪈮嬾也後漢書桓帝紀監寐寤歎劉陶傳不能監寐袁紹傳監寐悲歎馥疑監爲𪈮之譌高僧傳明讚禪師性嬾而食殘號嬾殘本書詧讀若𪈮

文四 重一

身 躳也象人之身從人厂聲凡身之屬皆從身 失人切

躳也者本書躳身也釋詁躬身也釋名身伸也可屈伸也書呂刑罔有擇言在身表記作躬詩烝民王躬是保箋云

躬身也周禮大宗伯侯執信圭伯執躬圭注云信當爲身聲之誤也身圭躬圭蓋皆象以人形爲瑑飾文有麤縟耳欲其慎行以保身也考工記梓人爲侯上兩个與其身三注云身躬也　厂聲者韻會引徐鍇本作申省聲申籀文作吕省作𠂤白虎通申者身也

qū
軀

軀 體也從身區聲 豈俱切

體也者廣韻軀體四支也釋名軀區也是眾名之大總若區域也荀子勸學篇曷足以美七尺之軀哉

文二

自

自 汗簡古文身云見說文

遺文一

yī
月

月 歸也從反身凡月之屬皆從月 於機切

說文解字義證　卷二十五　圭

歸也者依歸也惠棟曰古依字作月殷從月故讀殷聲如依也馥案中庸壹戎衣鄭注衣讀如殷聲之誤也齊人言殷聲如衣高誘注慎大覽云今兗州人謂殷氏皆曰衣魏書釋老志佛道其始修心則依佛法僧謂之三歸梵書作皈依馥案皈依即歸月唐李頎禪房聞梵詩始覺浮生無住著頓令心地欲歸依

yīn
殷

殷 作樂之盛偁殷從月從殳易曰殷薦之上帝 於身切

作樂之盛偁殷者廣雅殷大也釋名楓望祭曰殷猶所用殷衆也書呂刑惟殷于民傳云殷盛禹貢九江孔殷鄭注殷猶多也詩溱洧殷其盈矣傳云殷衆也成十六年左傳方事之殷也注云殷盛也襄二十二年傳殷以少牢注云殷盛也文二年公羊傳五年而再殷祭注云殷盛也禮記外傳禘祫謂之殷祭注云殷多盛也　易曰殷薦之上帝者豫卦文正義用此殷盛之樂薦祭上帝也釋文殷馬云盛也

文二

yī
衣

衣 依也上曰衣下曰裳象覆二人之形凡衣之屬皆從衣 於稀切

呂氏春秋勿躬篇胡曹作衣　淮南修務訓胡曹爲衣高云胡曹黃帝臣世本胡曹作衣宋衷注黃帝臣也　淮南氾論訓伯余之初作衣也高云伯余黃帝臣世本曰伯余制衣裳

依也者衣依聲相近玉篇上曰衣下曰裳衣者隱也又依也所以形軀依也釋名衣依也人所依以庇寒暑也文子聖人衣足以蓋形以禦風寒　上曰衣下曰裳者詩東方未明顛倒衣裳傳云上曰衣下曰裳白虎通衣者隱也裳者鄣也所以隱形自鄣閉也易曰黃帝堯舜垂衣裳而天下治何以知上曰衣下曰裳以其先言衣也詩曰褰裳涉溱所以合爲衣也弟子職言攝衣而降也帝王世紀黃帝始去皮服爲上衣以象天爲下衣以象地通典上古穴處衣毛未有制度後代以麻易之先知爲上以制其衣後知爲下復制其裳衣裳始備黃帝堯舜垂衣裳蓋取諸乾坤故衣玄而裳黃旁觀翬翟草木之華乃染五色始爲文章以表貴賤而天下理　象覆二人之形者孫觀察星衍曰二人當爲二厶厷古文作厶馥案喪服記衣二尺有二寸注云此謂袂中也言衣者明與身參齊二尺二寸其袖足

說文解字義證　卷二十五　夫

以容中人之肱也本書裔古文作㐊表古文作䙮皆誤

cái
裁

裁 制衣也從衣𢦏聲 昨哉切

釋言裁節也論語不知所以裁之又云不以禮節之廣易泰象傳后以財成天地之道釋文財荀作裁　喪大記衰衾質殺之裁注云裁猶衡也　秦策大王裁其罪高云裁制也楚詞惜誓爲螻蟻之所裁注云裁制也　通作才趙策今有城市之邑七十願拜納之於王惟王才之

制衣也者制衣二字當合爲製字類篇裁製也廣雅裁制也本書製裁也鶡冠子天則篇夫裁衣而知擇其工東京賦服者焉能改裁李善引賈逵國語注裁制也魏舊事楊平善裁袴以官絹百疋作小袴百枚郭子孫興公道曹輔佐才如白地明光錦裁爲負板袴非無文彩然苦無裁製

gǔn
衮

衮 天子享先王卷龍繡於下幅一龍蟠阿上鄉從衣公聲 古本切

身月衣

天子宫先王卷龍繡於下幅者袞卷聲相近周禮司服享先王則袞冕注云鄭司農云袞卷龍衣也玉藻龍卷以祭注云龍卷畫龍於衣字或作袞釋名袞冕袞卷也畫卷龍於衣也考工記畫繢之事五采備謂之繡書益稷予欲觀古人之象日月星辰山龍華蟲作會宗彝藻火粉米黼黻絺繡以五采彰施于五色作服鄭注會讀爲繪絺讀爲黹黹紩也自日月至黼黻凡十二章天子以飾祭服凡畫者爲繪刺者爲繡此繡與繪各有六衣用繪裳用繡覲禮天子袞冕注云袞衣者裨之上也繢之繡之爲九章其龍天子有升龍有降龍郊特牲王被袞以象天釋文袞本又作袞同詩九罭袞衣繡裳傳云袞衣卷龍也采菽玄袞及黼箋云玄衣而畫以卷龍也桓二年左傳袞冕黻珽杜云袞畫衣也正義畫衣謂畫龍於衣祭服玄衣纁裳詩稱玄袞是玄衣而畫以袞龍袞之言卷也謂龍首卷然荀子富國篇故天子袾裷衣冕注云裷字與袞同畫龍於衣謂之袞　一龍蟠阿上鄉者徐鍇本作上鄉鍇曰王之鄉六命周禮公自袞冕而下如王之服侯伯自鷩冕而下如公之服春秋左傳諸侯外於王事加二等於是以袞斂謂以上公禮也然則愼所謂上鄉卽周禮公也馥案上公袞無升龍見覲禮注鄭注司常云諸侯畫交龍一象其升朝一象其

說文解字義證卷二十五　七

下復馥謂交龍故有升有降上鄉袞一龍故有降無升王制三公一命卷注云卷俗讀也其通則曰袞三公八命矣復加一命則服龍袞郭注爾雅龍旂云畫白龍於縿令上向本書或因此致誤　公聲者釋言袞黼也釋文袞古本反說文云從衣從㕣也㕣羊兗反或云從公衣千蘇字書衮袞上通下正佩觿袞從㕣增韻袞兖皆從㕣俗書作公與公ム之公不同魏受禪碑襲衮龍漢韓勑碑兖州從事王純碑君諱詔袞豫督趣軍糧借衮爲兖隸書口ム不分故多變體

zhàn
襢

襢　丹縠衣從衣亶聲知扇切

北堂書鈔引古詩細綺爲上襢　經典借展字周禮內司服掌王后之六服褘衣揄狄闕狄鞠衣展衣緣衣素沙先鄭云展衣白衣也喪大記曰世婦以襢衣襢與展音聲相近似以三禮圖展衣王后以禮見王及賓客之服卿大夫之妻服以助君祭也　馥案本書當有或體作襢玉篇襢與襃同玉藻一命襢衣雜記下大夫以襢衣注云襢周禮作展又注內司服云展衣字當爲襢

襢之言亶亶誠也

丹縠衣者詩君子偕老其之展也傳云禮有展衣者以丹縠爲衣

yú
褕

褕　翟羽飾衣從衣俞聲一曰直裾謂之襜褕羊朱切

翟羽飾衣者周禮內司服掌王后之六服有揄狄注云狄當爲翟翟雉名江淮而南青質五色皆備成章曰搖王后之服刻繒爲之形而采畫之綴於衣以爲文章玉藻夫人揄狄注云揄讀如搖翟雉名也三禮六服圖褕狄王后從王祭先公之服也侯伯之夫人服以從君祭宗廟刻青翟形采畫綴於衣　一曰直裾謂之襜褕者晉書音義引字林直裾曰襜褕急就篇襜褕袷複褶袴褌顏注襜褕直裾褌衣也謂之襜褕者取其襜襜而寬裕也廣雅襜褕襜裕襜褕也小爾雅廣服襜褕謂之童容方言襜褕江淮南楚謂之襜裕自關而西謂之襜褕其短者謂之短褕漢書司馬相如傳曳獨繭之褕袘張揖曰褕襜褕也雋不疑傳衣黃襜褕顏注襜褕直裾襌衣桓譚新論余從長安歸道病蒙絮被絳罽襜褕東觀漢記更始在長安所官爵多羣小或繡衣而錦袴襜褕又云鮑永好文德雖將軍常衣皁襜褕又云王阜爲益州太守大將軍竇憲以絳罽襜褕與阜不受又云耿純率宗族賓客衣縑襜褕奉迎世祖及卽位

說文解字義證卷二十五　八

詔賜純七尺絳襜褕一具　邊讓別傳孔融薦於魏武曰邊讓爲九州之衣被則不足爲單衣襜褕則有餘張衡四愁詩美人贈我貂襜褕

zhěn
袗

袗　玄服從衣㐱聲之忍切

玄服者增韻引作袨服徐鍇本同鍇曰袗黑衣也鄒陽書曰趙人袨服叢臺之下袨服盛服也馥案本書無袨字玉篇袨黑衣也戴侗曰士冠禮曰兄弟畢袗玄注云古文爲均衣裳皆玄也說文曰袗玄服也漢郊祀服皆袀玄蔡邕日袀紺繒也吳都賦曰袀皁服也漢儀注大夫郎諸屬官守令丞皆皁衣京兆尹張敞自稱備皁衣二十餘年倜謂皁近於玄乃玄之變也古人上衣皆玄以象天禮言袗玄漢言袀玄袗與袀相近必有一誤馥案左傳袀服振振服虔曰袀服黑服也閒居賦服振振以齊玄李善云說文曰袀玄服也音均今左傳作均釋文云均字書作袀淮南子尸祝袀袨漢書王莽紺袀服此袀字之證也三禮圖傳毋婚禮從者袗衣月令乘玄路注云今月令曰乘軫路軫卽袗此袗字之證也玉篇袀戎服也吳都賦六軍袀服五經文字袗論語作紾禮記作振案論語當暑袗絺綌孔曰暑

biǎo 表　lǐ 裏　qiǎng 襁

則單服玉藻振絺綌注振讀爲袗孟子被袗衣趙注袗畫也被畫衣黼黻絺繡也此則袀袗不訓玄服各出異義

裖 袗或從辰

或從辰者裖當爲褖彖辰形近誤爲裖參辰聲近遂誤爲袗之或體經典袗袀並見形聲相近未聞作裖也廣韻褖通貫切后衣釋名褖衣褖然黑色也士喪禮褖衣注云黑衣裳赤緣之謂褖褖之言緣也古文褖作緣周禮王后六服有褖衣注云雜記曰夫人服稅衣揄狄又喪大記曰士妻以褖衣言褖者甚衆字或作稅此緣衣者實作褖衣也褖衣御于王之服亦以燕居男子之褖衣黑則是亦黑也緣字之誤也詩綠衣箋云綠當爲褖褖衣黑以素紗爲裏今反以黃爲裏非其禮制也

表 上衣也從衣從毛古者衣裘以毛爲表 陂矯切

上衣也者一切經音義二引三蒼表外也詩小弁不屬于手不離于裏論語必表而出之說苑子思居於衛縕袍無表晉書賜袍表千端　古者衣裘以毛爲表者本書裘與裘同意新序魏文侯出游見路人反裘而負芻文侯曰胡

說文解字義證　卷二十五　九

爲反裘而負芻對曰臣愛其毛文侯曰若不知其裏盡而毛無所恃邪漢書匡衡傳是有狐白之裘而反衣之也顔注反衣之者以其毛在內也裘上有衣謂之裼玉藻君衣狐白裘錦衣以裼之又云裘之裼也見美也左傳衛太子數渾良夫之罪以其袒裘爲不敬五經要義古者著裘於內而以繪衣覆之乃加以朝服會之時袒其朝服見裘裏覆衣謂之裼裼之言露可見之辭所以示美呈好而爲飾加以朝服謂之襲袒謂之裼大裘不覆反本取其質也

䙵 古文表從麃

衣從二人誤

裏 衣內也從衣里聲 良止切

衣內也者顔注急就篇衣外曰表內曰裏廣雅內裏也詩邶風綠衣黃裏漢書賈誼傳白縠之衣薄紈之裏

襁 負兒衣從衣強聲 居兩切

負兒衣者一切經音義五博物志以爲襁織縷爲之廣八寸長尺二寸以負小兒於背上論語襁負其子是也聲類

jí 𧝎　bó 襮　rèn 衽

襁小兒被子也苞注論語負者以器曰襁也皇氏疏曰襁者以竹爲之或云以布爲之今蠻夷猶以布帊裹兒負之背也馥案貴州雲南婦人負兒操作或遠行皆用布裹於背未見用竹者大戴禮保傅篇昔者周成王幼在襁褓之中賈誼書成王生仁者養之孝者襁之漢書宣帝紀曾孫雖在襁褓李奇曰襁絡也以繒布爲之絡負小兒顔注襁即今之小兒繃也後漢書清河孝王慶傳鄧太后以殤帝襁抱注云襁以繒帛爲之即今之小兒繃也魏受禪表襁褓之孤或借強字史記魯世家成王少在強葆之中索隱強葆即襁褓古字可假借用之正義襁闊八寸長八尺用約小兒於背而負行又或作繈墨子明鬼篇鮑幼弱在荷繈之中呂氏春秋明理篇道多褓繈注云繈褸搭上繩也言民繈負其子走道跛而散去漢書王莽傳成繈褓之功後漢書申屠剛傳始免繈褓匡謬正俗按孔子云繈負其子而至謂以繩絡而負之故謂繈褓耳

𧝎 衣領也從衣棘聲詩曰要之𧝎之 己力切

衣領也者廣雅𧝎謂之褗　詩曰要之𧝎之者魏風葛屨文傳云𧝎領也

說文解字義證　卷二十五　十

襮 黼領也從衣暴聲詩曰素衣朱襮 蒲沃切

黼領也者蕭該漢書音義引字林作黼衿按玉篇衿衣衿也方言袒飾謂之直衿謂婦人初嫁上服釋器黼領謂之襮郭云繡刺黼文以褗領士昏禮被纁黼注云卿大夫之妻刺黼以爲領如今偃領矣　詩曰素衣朱襮者唐風揚之水文傳云襮領也諸侯繡黼丹朱中衣又素衣朱繡傳云繡黼也

衽 衣衿也從衣壬聲 如甚切

衣衿也者後漢書傳燮傳注引同玉篇衽裳際也衣衿也蒼頡解詁衽謂裳際所及交列者也馥案列玉藻注作裂釋名衽襜也在旁襜襜然也喪服記衽二尺有五寸注云衽所以掩裳際也二尺五寸與有司紳齊也上正一尺燕尾二尺五寸凡用布三尺五寸成十七年左傳抽戈結衽杜云衽裳際昭二十五年公羊傳以衽受何云衽衣下裳戴君震曰禮玉藻篇衽當旁鄭注云衽謂裳幅所交裂也凡衽者或殺而下或殺而上在屬衣則垂而放之屬裳則縫之以合前後上下相變深衣篇續衽注云續猶屬也衽在裳旁者也屬連之不殊裳前後也

衣

lǚ 褸

褸 衽也從衣婁聲力主切

衽也者廣韻褸衣襟玉篇褸衣裣裳際也廣雅衽謂之褸方言褸謂之衽郭注衣襟也或曰裳際也又云褸謂之袥郭注即衣衽也釋器衣梳謂之稅注云衣褸也齊人謂之攣邢疏云衣褸本或作樓

wèi 褽

褽 衽也從衣尉聲於胃切

衽也者哀十一年左傳置之新篋褽之以玄纁杜云褽薦也顏案廣韻引文字音義衽臥席也士昏禮御衽于奧注云衽臥席也莊子達生篇衽席之上釋文衽臥衣也

qì 褄

褄 裣緣也從衣疌聲七入切

裣緣也者本書緁緶衣也玉篇褄褶緣上也

jīn 裣

裣 交衽也從衣金聲居音切

交衽也者後漢書馬援傳注引同聲類裣交領者也或作衿方言衿謂之交注云衣交領也詩青青子衿傳云青衿青領也顏氏家訓詩言青青子衿傳曰青衿青領也學子之服按古者斜領下連於衿故謂領爲衿孫炎郭璞注爾雅曹大家注列女傳竝云衿交領也又作襟新序衽襟則肘見釋器皆謂之襟郭注交領釋名襟禁也交於前所以禁禦風寒也

說文解字義證 卷二十五 三十二

huī 褘

褘 蔽厀也從衣韋聲周禮曰王后之服褘衣謂畫袍許歸切

蔽厀也者廣雅同方言蔽厀江淮之閒謂之褘自關東西謂之蔽厀或借幃字鄭語王使婦人不幃而譟之韋云裳正幅曰幃急就篇裳韋不借爲牧人王補注韋一作幃裳正幅曰幃　周禮曰王后之服褘衣謂畫袍者天官內司服掌王后之六服褘衣揄狄闕狄鞠衣展衣緣衣素沙注云鄭司農云褘衣畫衣也祭統曰君卷冕立于阼夫人副褘立于東房揄狄闕狄畫羽飾玄謂狄當爲翟褘衣畫翬者揄狄畫搖者闕狄刻而不畫此三者皆祭服從王祭先王則服褘衣祭先公則服揄翟祭羣小祀則服闕翟釋名王后之上服曰褘衣畫翬雉之文於衣也玉藻王后褘衣注云褘讀如翬翟雉名也

fū 衭

衭 襲衭也從衣夫聲甫無切

襲衭也者廣韻衭衣前襟玉篇衭襲袴也

xí 襲

襲 左衽袍從衣龖省聲似入切

左衽袍者李善注王命論引作重衣也又注廣絕交論引作因也按重衣者樂記周還裼襲禮之文也玉藻服之襲也充美也因也者哀十年左傳卜不襲吉曲禮卜筮不相襲是也急就篇襜褕袷複褶袴褌顏注褶謂重衣之最在上者也其形若袍短身而廣袖一曰左衽之袍也

𧞤 籀文襲不省

從二人誤

páo 袍

袍 襺也從衣包聲論語曰衣弊緼袍薄襃切

襺也者釋言文釋名袍丈夫著下至跗者也袍苞也苞內衣也急就篇袍襦表裏曲領帬顏注長衣曰袍下至足跗方言褻明謂之袍注引廣雅褻明長襦也詩無衣與子同袍傳云袍襺也喪大記袍必有表不襌後漢輿服志袍者或曰周公抱成王宴居故施袍禮記孔子衣逢掖之衣縫掖其袖合而縫大之近今袍者也　論語曰衣弊緼袍者彼作敝

說文解字義證 卷二十五 三十三

jiǎn 襺

襺 袍衣也從衣繭聲以絮曰襺以緼曰袍春秋傳曰盛夏重襺古典切

袍衣也者或通作繭雜記子羔之襲也繭衣裳注云繭衣裳者若今大纊也按玉篇纊長襦也　以絮曰襺以緼曰袍者釋名繭幕也貧者著衣可以幕絡絮也玉藻纊爲繭緼爲袍注云衣有著之異名也纊謂今纊及舊絮也　春秋傳曰盛夏重襺者襄二十一年左傳方暑闕地下冰而牀焉重襺衣裘杜注襺緜衣正義襺是袍之別名謂新緜著袍故云緜衣也

dié 褋

褋 南楚謂襌衣曰褋从衣枼聲 徒叶切

南楚謂襌衣曰褋者字或作褋方言襌衣江淮南楚之閒謂之褋關之東西謂之襌衣楚詞九歌遺余褋兮澧浦王注褋襜襦也又借緤字廣雅緤襌衣也

mào 袤

袤 衣帶以上从衣矛聲一曰南北曰袤東西曰廣 莫候切

一曰南北曰袤東西曰廣者後漢書光武紀注引同廣雅小爾雅竝云袤長也史記楚世家從某至某廣袤六里漢書溝洫志袤二百里賈捐之傳廣袤可千里顏注竝云袤長也匈奴傳築長城之固延袤萬里羽獵賦周袤數百里西京賦量經輪考廣袤或借由字韓詩東西耕曰從南北耕曰由

𧝁 籀文袤从楙

guì 襘

襘 帶所結也从衣會聲春秋傳曰衣有襘 古外切

帶所結也者左傳釋文引同 春秋傳曰衣有襘者昭十一年左傳衣有襘帶有結杜注襘領會結帶結

jiǒng 褧

褧 檾也詩曰衣錦褧衣示反古从衣耿聲 去穎切

檾也者中庸衣錦尚絅釋文詩作褧士昏禮被穎黼注云穎襌也疏云此讀爲詩云褧衣之褧故爲襌也又姆加景注云景之制蓋如明衣加之以爲行道禦風塵令衣鮮明也景亦明也疏云詩云衣錦褧衣裳錦褧裳鄭云褧襌也蓋以襌縠爲之詩詁今詳詩之褧記之絅昏禮之穎景音義皆通皆嫁時在塗之衣也玉藻襌爲絅注云有衣裳而無裏呂氏春秋淫辭篇昔吾所亾者紡緇也今子之衣襌緇也以襌緇當紡緇子豈不得哉馥謂紡緇絲也襌緇檾也 詩曰衣錦褧衣者衛風碩人鄭風丰文同碩人傳云錦衣加褧襜箋云褧襌也丰箋云上加襌縠爲其文之大著也本書檾下引詩衣錦檾衣程君瑤田曰國風兩言褧衣鄭氏据玉藻以襌衣釋之於丰之詩又申之以襌縠按釋名狀縠如粟如沙謂其形蹴蹴然也余意古人縠或織絲麻爲之說文一作檾衣一作褧衣而以檾釋褧云示反古蓋中庸尚絅之義宋玉諷賦主人之女翳承日之華披翠雲之裘更被白縠之單衫其衣錦褧衣之謂乎然則褧衣者襌衣而織麻爲之者也與子產所獻紵衣暑同與

dī 袛

袛 袛裯短衣从衣氐聲 都兮切

袛裯短衣也者本書襦短衣也廣雅袛裯襜褕也方言汗襦自關而西謂之袛裯自關而東謂之襦宋楚之閒謂之襜褕或謂之襌襦楚詞九辯被荷裯之晏晏兮注云裯袛裯也若襜褕矣後漢書羊續傳其資藏唯有布衾敝袛裯

dāo 裯

裯 衣袂袛裯从衣周聲 都牢切

衣袂袛裯者六書故引作衣被廣韻被服也淮南人閒訓遇盜拕其衣被本書裯謂之襤褸方言南楚凡人貧衣被醜敝謂之須捷或謂之褸裂或謂之襤褸

lán 襤

襤 裯謂之襤褸襤無緣也从衣監聲 魯甘切

裯謂之襤褸者方言裯謂之襤郭注袛裯敝衣亦謂襤褸宣十二年左傳篳路藍縷杜云藍縷敝衣服虔云言其縷破藍藍然英雄記幽州刺史劉虞藍縷繩履束晳近遊賦服索裙曳藍縷 襤無緣也者本書襤楚謂無緣衣也方言楚謂無緣之衣曰襤又云襜褕以布而無緣敝而紩之謂之襤褸小爾雅襜褕布褐而紩之謂之藍縷

duò 䘤

䘤 無袂衣謂之䘤从衣惰省聲 徒臥切

無袂衣謂之䘤者方言文注云袂衣袖也趙宧光曰半臂衣也武士謂之蔽甲方俗謂之披襖小者曰背子

dū ⿰衤毒

⿰衤毒 衣躳縫从衣毒聲讀若督 冬毒切

衣躳縫者本書裻背縫玉篇⿰衤毒衣背縫也方言繞緍謂之襹裺注云衣督脊也 讀若督者六書故人身督脈當身之中貫徹上下故衣縫當背之中達上下者亦謂之督考工記匠人堂涂十有二分注云分其督旁之脩正義名中央爲督督者所以督率兩旁莊子養生主緣督以爲經注云督中也謂中兩閒而立俗所謂騎縫也

qū 祛

祛 衣袂也从衣去聲一曰祛褱也褱者裛也袂尺二寸春秋傳曰披斬其祛 去魚切

衣袂也者釋名祛虛也詩羔裘豹祛傳云祛袂也釋文云袂末也正義謂定本作袂末遵大路摻執子之祛兮傳云祛袂也檀弓鹿裘衡長祛注云祛謂褎緣袂口也列子周穆王篇王執化人之祛注云祛衣袖也楚詞七諫左袪挂

xiù 褎　mèi 袂　huái 褢　huái 褱

於摶桑注云袪袖也　一曰袪褱也者本書褱一曰橐
褱者衺也者本書衺褱也　袪尺二寸者喪服記袪尺二寸注云袪袖口也尺二寸足以容中人之併兩手也玉藻袂尺二寸注云袂口也儒行注云袂二尺二寸袪尺二寸　春秋傳曰披斬其袪者僖五年左傳文史記集解引服虔曰袪袂也晉語勃鞮斬其袪韋云袪袂也

褎　袂也从衣㮚聲　似又切

袂也者釋名半袖其袂半襦而施袖也方言裪𧝎謂之袖注云衣褾江東呼椀方言又云褕謂之袖注云襦褸有袖者因名云詩羔裘豹褎傳云褎猶袪也

袖　俗褎从由

從由者釋名袖由也手所由出入也

袂　袖也从衣夬聲　彌弊切

袖也者廣雅同字苑袂褾也衣袖也釋名袂掣也掣開也開張之以受臂屈伸也五音集韻引字林袂複襦也按方

說文解字義證　卷二十五　三五

言複襦或謂之筩褹郭注褹即袂字耳易歸妹六五其君之袂不如其娣之袂良王云袂衣袖所以為禮容者也宣十四年左傳投袂而起杜云袂袖也楚詞九歌捐余袂兮江中注云袂衣袖也喪服袂屬幅注云屬猶連也連幅謂不削疏云屬幅者謂整幅二尺二寸不削去其邊取其與衣縱橫皆二尺二寸正方也深衣袂之長短反詘之及肘注云袂屬幅於衣詘而至肘當臂中為節臂骨上下各尺二寸則袂肘以前尺二寸玉藻袂可以回肘長中繼揜尺注云二尺二寸之節其為長衣中衣則繼袂揜一尺若今褎矣雜記凡弁經其衰侈袂注云袂之小者二尺二寸大者半而益之則侈袂三尺三寸

褢　袖也一曰藏也从衣鬼聲　戶乖切

袖也者或借褱懷字古詩藏之褱袖中又云出入君懷袖　一曰藏也者李善注五君詠引同玉篇褢苞也臂捨藏物也抱也在衣曰褢在手曰握論語懷其寶而迷其邦又云邦無道則可卷而懷之曲禮其有核者懷其核

褱　俠也从衣眔聲一曰橐　戶乖切

bào 袌　chān 襜　tuō 袥　xiè 衸　duó 襗

俠也者初刻本作夾本書夾持也徐鍇韻譜作挾釋言挾藏也漢書惠帝紀除挾書律國語注在掖曰挾成十七年左傳瓊瑰盈吾懷乎宣十一年傳所謂取諸其懷而與之也襄三十一年傳叔帶竊其拱璧以與御人納諸其懷而從取之　一曰橐者類篇引作一曰囊橐也方言襌衣有褱者趙魏之閒謂之袏衣郭注前施褱囊也玉篇袏衣包囊也通作懷淮南五位篇包褱覆露無不囊懷

袌　褱也从衣包聲　薄保切

經典借抱字書召誥保抱攜持厥婦子詩抑亦既抱子士相見禮中視抱儒行抱義而處漢書天文志暈適背穴抱珥蚤蜺上林賦大連抱　褱也者本書袪褱也褱者袌也經典借懷字蒼頡篇懷抱也書堯典蕩蕩懷山襄陵論語子生三年然後免於父母之懷

襜　衣蔽前从衣詹聲　處占切

說文解字義證　卷二十五　三六

衣蔽前者廣雅襜蔽厀也顏注急就篇蔽膝者於衣裳上著之以蔽前也亦謂之襜釋名韠蔽也所以蔽厀前也齊人謂之巨巾又曰跪襜跪時襜襜然張也方言襜謂之被注云衣被下也又襜褕江淮南楚謂之𧝓褣馥案玉篇𧝓褣襜襬也又蔽厀魏宋南楚之閒謂之大巾自關東西謂之蔽厀齊魯之郊謂之袡小爾雅蔽厀謂之袡又云襜褕謂之童容李軌注亦云蔽厀爾雅衣蔽前謂之襜郭云今蔽厀也釋文幨本或作襜方言作袡詩采綠不盈一襜傳云衣蔽前謂之襜雜記袡婦人蔽膝晉書肅慎氏傳以布作襜徑尺餘以蔽前後

袥　衣衸从衣石聲　他各切

衣衸者廣雅衸袥𧛓膝也玉篇𧛓下云𧛓膝帬衸也

衸　袥也从衣介聲　胡介切

袥也者徐鍇本字書衸補厀裙玉篇衸刺膝也

襗　絝也从衣睪聲　徒各切

衣

tuó 袉　jū 裾　yú 衧　qiān 褰　lóng 襱

絝也者廣韻釋褻衣廣雅釋長襦也論語紅紫不以爲褻服鄭注褻衣袍襗也周禮玉府注燕衣服者巾絮寢衣袍襗之屬詩無衣與子同澤鄭作襗云褻衣近污垢古文苑班固北征頌寒不施襗

袉　裾也從衣它聲論語曰朝服袉紳　唐左切

裾也者裾當爲袪方言袿謂之裾注云或作袪廣雅云衣袖史記司馬相如傳揚袘卹削集解徐廣曰袘衣袖也又揲獨繭之褕袘索隱袘作袣張揖云袣袖也　論語曰朝服袉紳者彼有加字袉作拖徐鍇本有一曰二字

裾　衣袍也從衣居聲讀與居同　九魚切

衣袍也者袍當爲褎五音集韻衣袤曰裾漢書音義裾直項也釋名裾倨也倨倨然直亦言在後常見踞也釋器衱謂之裾郭云衣後裾也孔叢子儒服篇子高衣長裾振褎袖淮南齊俗訓楚莊王裾衣博袍高云裾褎也衣裾也

衧　諸衧也從衣亏聲　羽俱切

諸衧也者增韻䘿下云方言襜褕短者自關而西謂之䘨䘿郭璞云俗名䘿掖一曰襤褸皃曰䘨䘿一名諸于漢書音義曰諸于大掖衣也馥案後漢書注引漢書音義云如婦人之袿衣檀弓充充如有窮注云孝子心形充屈窮急之容也馥謂䘨䘿即充屈漢書江充傳充衣紗縠禪衣曲裾後垂交輸張晏曰曲裾者如婦人衣也東觀漢記三輔吏士東迎更始見諸將過皆冠幘而服婦人衣諸于襜褕繡擁錦袴

說文解字義證　卷二十五　毛

褰　絝也從衣寒省聲春秋傳曰徵褰與襦　去虔切

絝也者五音集韻引字林同廣雅䙊謂之絝方言絝齊魯之閒謂之䙊　春秋傳曰徵褰與襦者昭二十五年左傳文杜云褰袴

襱　絝踦也從衣龍聲　丈冢切

絝踦也者顏注急就篇袴之兩股曰襱玉篇襱袴襠也踦袴也⿰衤官袴襱也釋名袴跨也兩股各跨別也方言袴齊魯之閒或謂之襱注云今俗呼跨踦爲襱又云無桐之袴謂之襣注云袴無踦者卽今犢鼻褌也桐亦襱字異耳

襩　襱或從賣

此非襱之重文玉篇以爲襡之或體馥謂襡之或體說見本書襡下集韻襡長襦

shào 袑　tǎn 襑　bāo 褒　tì 褅　duān 褍　wéi ⿰衤圍

袑　絝上也從衣召聲　市沼切

絝上也者廣雅襱謂之絝其⿰衤官謂之袑漢書朱博傳敕功曹官屬多褒衣大袑不中節度自今掾吏衣皆令去地三寸顏注袑謂大袴也

襑　衣博大從衣尋聲　他感切

褒　衣博裾從衣保省聲保古文保　博毛切

衣博裾者漢書雋不疑傳褒衣博帶淮南氾論訓褒衣博帶高注褒衣謂方與之衣如今吏人之左衣也俗作襃孔叢儒服篇子高衣長裾振褎袖顏氏家訓梁世士大夫皆尚褒衣博帶大冠高履通鑑孫揆褒衣大蓋擁衆而行注云褒衣大補博裾之衣或借袍字哀十四年公羊傳反袂拭面涕沾袍何云袍衣前襟也墨子公孟篇昔者楚莊王鮮冠組纓絳衣博袍漢王褒字文博見韓勑碑陳褒字聖博見孔宙碑晉女寬庾袞並字叔褒

說文解字義證　卷二十五　夭

褅　緥也從衣啻聲詩曰載衣之褅　他計切

緥也者漢書音義孟康曰緥小兒被也李奇曰小兒大藉也俗作褯廣雅褯謂之緥　詩曰載衣之褅者小雅斯干文彼作裼傳云裼緥也釋文裼韓詩作褅

褍　衣正幅從衣耑聲　多官切

衣正幅者玉篇作正幅衣也經典借端字釋名玄端其袖下正直端方與要接也周禮司服其齊服有玄端素端鄭司農云衣有襦裳者爲端僖三年穀梁傳桓公委端搢笏而朝諸侯注云端玄端之服疏云其色玄而制正幅無殺故謂之玄端

⿰衤圍　重衣皃從衣圍聲爾雅曰⿰衤圍⿰衤圍⿰衤賁⿰衤賁　羽非切

重衣皃者爾雅釋文引字林同　爾雅曰⿰衤圍⿰衤圍⿰衤賁⿰衤賁者釋訓儚儚洄洄惛也郭音義云洄本或作幃音韋馥案玉篇佪佪惛也太元疑初一云疑恛恛失貞矢注云執志不固恛恛從人故失正直之道也馥謂佪恛洄字異義同本書

及玉篇竝無襩字疑作憒憒葢許公解澤襴襴之義漢舊儀五帝初置博士取曉古文爾雅者爲之此或舊說也

fù 複

重衣也從衣复聲一曰褚衣方六切

重衣也者小字本作重衣皃釋名有裏曰複無裏曰單鹽鐵論言邊地苦寒云夏不失複東宮舊事皇太子納妃有絳紗複裙夏侯陽筭經今有紬五千六百二十五匹匹欲作複裙七條　一曰褚衣者本書褚製衣製當爲裝玉篇廣韻竝作裝杜甫詩衣冷欲裝緜顏注急就篇褚之以緜曰複

tí 禔

衣厚禔禔從衣是聲杜兮切

衣厚禔禔者廣韻禔衣服好皃

nóng 襛

衣厚皃從衣農聲詩曰何彼襛矣汝容切

衣厚皃者詩釋文引同文選神女賦襛不短纖不長李善注引同　詩曰何彼襛矣者召南文傳云襛猶戎戎也釋文云韓詩作茙茙韻會茙茙厚貌馥謂茙茙卽茸茸

dú 裻

新衣聲一曰背縫從衣叔聲冬毒切

考工記弓人恆角而短鄭司農云恆讀爲裻緪之緪　新衣聲者類篇襲襲衣聲馥謂襲襲卽裻音　一曰背縫者本書褠衣躬縫閔二年左傳公衣之偏衣服虔曰偏衣偏裻之衣偏異色駁不純裻在中左右各異晉語衣之偏裻之衣韋云裻在中左右異色故曰偏裻禮深衣負繩及踝注云踝謂裻與後幅相當之縫史記趙世家王夢衣偏裻之衣正義裻衣背縫也佞幸傳顧見其衣裻帶後穿魏都賦襲偏裻以讀列

chǐ 袲

衣張也從衣多聲春秋傳曰公會齊侯于袲尺氏切

衣張也者廣韻侈開衣領也經典借移字禮表記衣服以移之注云猶廣大也周禮追師注移袂緣衣之袂也　春秋傳曰公會齊侯于袲者桓十五年經公會宋公衛侯陳侯于袲伐鄭杜云袲宋地在沛國相縣西南馥案公羊作侈

yì 裔

衣裾也從衣冏聲余制切

衣裾也者一切經音義十三說文裔衣裾也以子孫爲苗裔者取下垂義也裔亦遠也字從衣從冏冏音女滑反漢書藝文志合其要歸亦六經之支與流裔顏注裔衣末也

古文裔

從一人誤

fēn 衯

長衣皃從衣分聲撫文切

長衣皃者史記司馬相如傳衯衯裶裶郭璞云衣長皃

yuán 袁

長衣皃從衣叀省聲羽元切

叀省聲者徐鍇繫傳曰叀音專其袪妄篇引作叀省聲其通論篇云叀音丑善反豈得不爲袁之聲馥案叀從幺省其下作〇古文作叀故袁中從〇若叀乃從幺袁無此文徐說謬矣

diāo 裯

短衣也從衣鳥聲春秋傳曰有空裯都僚切

短衣也者方言小袴謂之校衦馥謂校衦卽裯音　春秋傳曰有空裯者今無此文

dié 褺

重衣也從衣執聲巴郡有褺江縣徒叶切

重衣也者字林褺複襦也　巴郡有褺江縣者漢志作墊江孟康音疉疉當爲疊北史外奚傳吐谷渾登其國西疆山觀墊江源問羣臣長史曾和對曰小經仇池過晉壽出宕渠始名墊江

péi 裴

長衣皃從衣非聲薄回切

長衣皃者史記司馬相如傳作裶郭璞曰長衣皃玉篇類篇裴裶竝出誤

shǔ 襡

短衣也從衣蜀聲讀若蜀市玉切

短衣也者短當爲裋本書裋豎使布長襦廣雅襡長襦也晉書夏統傳妓女之徒服袿襡音義云襡連要衣也玉篇作襡與襩同云長襦也連腰衣也釋名襡屬也衣裳上下相連屬也玉篇襩下云短衣也此乃宋人據本書加之不

知本書之襡玉篇作襹實一字也本書襹下有或體作襩玉篇以爲襹之重文卽本書襡之或體也

zhuó 斀

𧝁 衣至地也從衣斲聲 竹角切

衣至地也者類篇𧝁長衣

rú 襦

襦 短衣也從衣需聲一曰㬎衣 人朱切

短衣也者短當爲裋古詩妾有繡腰襦晉令旄頭羽林常著腰襦所謂連腰者也通鑑蕭寶寅著烏布襦又云龐勛解甲服布襦通注竝云襦短衣也短亦裋之誤 一曰㬎衣者本書㬎下云安㬎溫也釋名襦耎也言溫耎也玉篇襫褐也束晳近遊賦繫明襦以御冬梁書安成王秀爲郢州冬月常作襦以賜凍者

biǎn 褊

褊 衣小也從衣扁聲 方沔切

衣小也者廣韻褊衣急本書急褊也詩葛屨維是褊心傳云褊急也昭元年左傳召使者裂裳帛而與之曰帶其褊矣杜云言帶褊盡故裂裳複謂褊亦急也賈誼書反裕爲褊論衡自紀篇形大衣不得褊經典通作褊小隱四年左傳衛國褊小孟子齊國雖褊小史記禮書褊陋之說

jiā 袷

袷 衣無絮從衣合聲 古洽切

衣無絮者李善注秋興賦引同顏注急就篇衣裳施裏曰袷漢書匈奴傳服繡袷綺衣顏注袷者衣無絮也喪大記君褶衣褶衾注云褶袷也玉藻帛爲褶注云有表裏而無著釋文褶裌也玉篇裌袷同

dān 襌

襌 衣不重從衣單聲 都寒切

通作單管子參患篇甲不堅密與俴者同實注云俴謂甲單衣者鍾離意別傳送徒到河北徒以隆冬衣單不能復行後漢書高彪傳家傳單寒魏志管寧傳寧常著布襦袴布裙隨時單複十六國春秋孟卓有一單裳十年不澣宋䌷遺教吾从斂以時服不得造新白袷單衣

衣不重者玉篇褈複也廣雅襌褠也一切經音義四引廣雅作薄也有衣而無裏也玉篇褠襌衣也今爲蒲釋名襌衣言無裏也方言襌衣江淮南楚之閒謂之褋關之東西謂之襌衣又汗襦陳魏宋楚之閒或謂之襌襦注云今或呼衫爲襌襦又覆䘹謂之襌衣偏襌謂之襌襦注云卽衫也又衸繵謂之襌注云今又呼爲涼衣也漢書江充傳衣紗縠襌衣顏注襌衣制若今之朝服中襌也漢官儀曰武賁中郎將衣紗縠襌衣襌音單字從衣顏案急就篇襌衣蔽膝布毋縛顏注襌衣似深衣而褒大亦以其無裏故呼爲襌衣劉逵蜀都賦注引司馬相如凡將篇黃潤纖美宜制襌世說晉孝武冬天晝日不著複衣但著單練衫五六重

xiāng 襄(襄)

襄 漢令解衣耕謂之襄從衣𤕦聲 息良切

漢令解衣耕謂之襄者夏小正二月往耰黍襌傳曰襌單也黃叔琳曰耰農事之勞者也力勞則陽氣憤盈於外故衣襌蓋野者於是已不急衣也複謂二月衣襌已脫複矣逸周書謚法解辟地有德曰襄孔安國孝經注民脫衣就功暴其飢體蕭廣濟孝子傳原平墓下有數十畝田每農月耕者恆裸裼慎曰壤字從襄蓋耕治之土也釋言襄除也詩牆有茨不可襄也出車玁狁于襄傳竝云襄除也複謂解衣除衣也

𡕍 古文襄

bèi 被

被 寢衣長一身有半從衣皮聲 平義切

寢衣也者廣雅寢衣被也釋名被被也被覆人也晉中興書光逸爲博昌小吏冒雨還令不在逸解衣人寢被衾中 長一身有半者論語文鄭注今小臥被是也

qīn 衾

衾 大被從衣今聲 去音切

大被也者一切經音義二十一引字林同廣雅衾被也釋名衾广也其下廣大如广受人也詩小星抱衾與裯傳云衾被也士喪禮幠用斂衾注云衾被也環濟要略孟仁母爲作大被或問其故母曰小兒無德以致賓客學者多貧故爲大被庶可得氣類相接也

xiàng 襐

襐 飾也從衣象聲 徐兩切

飾也者廣雅同本書飾襐飾急就篇襐飾刻畫無等雙顏注襐飾盛服飾也刻畫裁製奇巧也周禮封人飾其牛牲注云剝治潔清之也一曰襐飾漢書外戚傳襐飾將醫往問疾顏注襐盛飾也通作象詩君子偕老象服是宜傳云

象服尊者所以爲飾

yì 衵

日日所常衣从衣从日日亦聲 人質切

日日所常衣者左傳釋文引作日日所衣裳也字林同玉篇衵近身衣也日日所著衣宣九年左傳陳靈公與孔寧儀行父通於夏姬皆衷其衵服以戲於朝杜云衵服近身衣

xiè 褻

私服从衣埶聲詩曰是褻袢也 私列切

私服者蕭該漢書音義引字林褻衷衣也論語紅紫不以爲褻服王肅曰謂私居非公會之服也漢書敘傳思有桓褐之褻顏注褻謂親身之衣也 埶聲者戴侗曰唐本說文从執切曰从埶非 詩曰是褻袢也者鄘風君子偕老文彼作紲

zhōng 衷

裏褻衣从衣中聲春秋傳曰皆衷其衵服 陟弓切

裏褻衣者蒼頡篇衷別內外之詞也閔二年左傳衣身之章也佩衷之旗也杜云旗表也衷中也宣九年穀梁傳或衷其襦注云衷者襦在衷也襄二十七年左傳楚人衷甲杜云甲在衣中馥案後漢書董卓傳肅以戟刺之卓衷甲不入 春秋傳曰皆衷其衵服者宣九年左傳文杜云衷懷也

zhū 袾

好佳也从衣朱聲詩曰靜女其袾 昌朱切

廣韻引字統朱衣曰袾 好佳也者本書姝好也 詩曰靜女其袾者邶風靜女文彼作姝傳云姝美色也

jù 袓

事好也从衣且聲 才與切

事好也者廣雅袓好也

bì 裨

接益也从衣卑聲 府移切

接益也者一切經音義五說文裨增也益也亦補也本書諀益也覲禮侯氏裨冕注云裨冕者衣裨衣而冠冕也裨之爲言埤也天子六服大裘爲上其餘爲裨以事尊卑服之而諸侯亦服焉晉語所以紀綱齊國裨補先君而成霸者也漢書項籍傳籍爲裨將注云裨相輔助也揚愼曰說文裨接益也以小益大曰裨西域傳有裨王漢書有裨將鄒衍書四海之外有裨海環之書名有埤蒼埤雅皆以小益大之義

fán 袢

無色也从衣半聲一曰詩曰是紲袢也讀若普 博幔切

無色也者玉篇作衣無色 一曰詩曰是紲袢也者褻下引詩作褻 讀若普者當云讀若幔寫者亂之廣韻袢附袁切集韻普半切

zá 襍

五采相合从衣集聲 徂合切

五采相合者易文言夫玄黃者天地之雜也考工記畫繢之事雜五色

yù 裕

衣物饒也从衣谷聲易曰有孚裕無咎 羊孺切

衣物饒也者廣雅裕足也書君奭告君乃猷裕傳云告君汝謀寬饒之道漢書賈誼傳禽獸草木廣裕顏注裕饒也 易曰有孚裕無咎者晉卦文彼作罔孚裕无咎

bì 襞

韏衣也从衣辟聲 必益切

韏衣也者晉書音義引字林襞卷衣也徐鍇韻譜同一切經音義十四廣雅襵襞也埤蒼韏衣也今言襵疊是也通俗文緶縫曰襵今裙襵亦作襵本書詘屈襞玉篇襵詘也廣雅襞詘也急就篇履舄鞜裒絨緞紃裒黃本作襞注云韏衣也革中辨謂之韏漢書司馬相如傳襞積褰縐音義曰襞積簡齰也顏注襞積即今之帬襵古所謂皮弁素積者即謂此積也馥案玉篇積襞積也揚雄傳固不如襞而幽之離房顏注襞疊衣也後漢書張衡傳美襞積以酷烈兮注云襞積衣襵也通作辟士冠禮素積注云積辟也以素爲裳辟蹙其要中

gǎn 衦

摩展衣从衣干聲 古案切

摩展衣者本書硟以石扞繒也當作此衦

liè 裂

繒餘也从衣𠛱聲 良辥切

繒餘也者賈誼書繒薄則亟裂廣韻引左傳裂裳帛而與之玉篇裂帛餘也詩都人士垂帶而厲傳云厲帶之垂者

衣

ná 袈　zhàn 袒　bǔ 補　zhǐ ⿰衤黹　chǐ 褫　luǒ 臝

箋云如鞶厲也鞶必垂厲以爲飾厲字當作裂内則注云鞶小囊則是鞶裂與詩云垂帶如厲紀子帛名裂繻字雖今異意實同也正義桓二年傳作鞶厲厲裂義同鞶囊裂帛爲之飾齊語戎車待游車之裂韋云裂殘也字或作䘿廣雅䘿餘也

袈　弊衣從衣奴聲　女加切

弊衣者廣韻玉篇集韻類篇竝作敝本書敝敗衣玉篇别出袽字音女居切所以塞舟漏也袾袽敝衣也案易既濟繻有衣袽王注衣袽所以塞舟漏也

袒　衣縫解也從衣旦聲　丈莧切

衣縫解也者太元天地開闢宇宙祏袒俗作綻急就篇鍼縷補縫綻紩緣顔注縫解謂之綻内則衣裳綻裂紉箴請補綴注云綻猶解也

補　完衣也從衣甫聲　博古切

完衣也者廣雅補完也顔注急就篇脩破謂之補吕氏春秋順說篇田贊衣補衣而見荆王漢書賈誼傳自悉而補中道衣敝應劭曰補縫作衣外戚傳顯因爲成君衣補鹽鐵論夫衣小缺襟裂可以補

說文解字義證　卷二十五　卌五

⿰衤黹　紩衣也從衣黹黹亦聲　諸几切

紩衣也者本書黹箴縷所紩衣

褫　奪衣也從衣虒聲讀若池　直离切

奪衣也者奪當爲敓易訟卦或錫之鞶帶終朝三褫之虞果云褫解也荀子非相篇極禮而褫注云褫解也鄭本周易作三拕之案淮南人間訓秦牛缺遇盜拕其衣被高注拕奪也　讀若池者池當作沱與拕聲相近

臝　袒也從衣臝聲　郎果切

袒也者袒當爲但張有復古編作但經典通作袒廣雅臝袒也廣韻裸赤　列子釋文裸謂不以衣蔽形也孟子雖袒裼裸裎於我側趙策禹袒入裸國漢書王嘉傳裸躬就笞顔注裸露也或借臝字莊子田子方篇則解衣般礴臝

chéng 裎　xī 裼　xié 衺　xié 襭　jié 袺　cáo 褿　zhuāng 裝

漢書高五王傳或白晝使臝顔注臝者露形體也景十三王傳輒令臝立擊鼓顔注臝者露其形也

裸　臝或從果

裎　袒也從衣呈聲　丑郢切

袒也者當爲但後漢書馬融傳裸裎袒裼注引本書裎裸也廣雅裎袒也韓策秦人捐甲徒裎以趨敵

裼　袒也從衣易聲　先擊切

袒也者當爲但廣雅裼袒也釋訓襢裼肉袒也郭云脫衣而見體聘禮裼降立注云裼者免上衣見裼衣玉藻裘之裼也見美也又云君衣狐白裘錦衣以裼之注云袒而有衣曰裼史記張儀傳秦人捐甲徒裼以趨敵索隱裼袒也謂袒而見肉也漢書景十三王傳望卿袒裼顔注袒裼脫衣露其肩背也

衺　褢也從衣牙聲　似嗟切

褢也者當爲亶本書亶衺也徐鍇本作紕也鍇曰紕謂帛文疏紕衺戾也戴侗曰徐本亶也蜀本紕也

說文解字義證　卷二十五　卌六

襭　以衣衽扱物謂之襭從衣頡聲　胡結切

以衣衽扱物謂之襭者本書扱收也趿進足有所擷取也引爾雅扱謂之擷今爾雅作扱廣雅襭謂之褢曲禮扱衽不入公門問喪親始死扱上衽交手哭詩芣苢薄言襭之傳云扱衽曰襭

擷　襭或從手

詩釋文襭一本作擷同

袺　執衽謂之袺從衣吉聲　格八切

執衽謂之袺者釋器文郭云持衣上衽詩芣苢薄言袺之傳云袺執衽也

褿　帴也從衣曹聲　昨牢切又七刀切

帴也者本書帴帬也廣雅褿帬也廣雅褿帔帬也類篇帬被襚帬也

裝　裹也從衣壯聲　側羊切

guǒ 裹　yè 裛　zī 齋　shù 裋

裹也者上當有束也二字一切經音義十八裝揀今中國人謂撩理行具縛揀說文裝束也裹也廣韻裝裝束廣雅裝裹也七發如三軍之騰裝李善云許慎淮南子注曰裝束也稽白馬賦注引同

裹　纏也從衣果聲　古火切

本書胞下云兒生裹也　詩公劉乃裹餱糧　莊十二年左傳以犀革裹之　司馬法衆以合寡則遠裹而闕之注云遠圍而闕其一面　呂氏春秋本生篇其於物無不受也無不裹也注云裹猶囊也　既夕禮苞二注云所以裹羊豕之肉　纏也者本書纏繞也廣韻纏束也馥謂束縛纏繞而裹之

裛　書囊也從衣邑聲　於業切

書囊也者後漢書班固傳裛以藻繡絡以綸連注引說文裛纏也李善注西都賦琴賦引並同玉篇裛囊也纏也亦具二義廣雅裛謂之袠文選序名溢于縹囊卷盈乎緗帙梁書昭明太子傳縢帙充積漢書東方朔傳文帝集上書囊以爲殿帷外戚傳中黃門田客持詔記盛綠綈方底顏注方底盛書囊形若今之筭縢耳東觀漢記制上書以青

布囊素封書王嘉拾遺記張儀蘇秦假食於路剝樹皮爲囊以盛天下良書晉中經簿盛書用皂縹囊布裹書函中皆有香囊

齋　緶也從衣齊聲　即夷切

緶也者本書緶緁衣也廣雅襵緁也釋名期曰齊齊也通作齊太平御覽引禮記外傳齊之言齎也注云加鍼縷其裳縫緶之使齊平也論語攝齊升堂孔安國曰衣下曰齊漢書朱雲傳引作齋曲禮兩手摳衣去齊尺注云齊謂裳下緝也釋文齊本又作齋玉藻足如履齊注云齊裳下緝也增韻禮喪服有齊衰謂裳下緝曰齊孟子齊疏之服趙岐曰卽齊縗也

裋　豎使布長襦從衣豆聲　常句切

豎使布長襦者豎使謂童豎也僖二十四年左傳晉侯之豎頭須注云豎左右小吏成十年傳公夢疾爲二豎子昭四年傳遂使爲豎杜云豎小臣也哀十五年傳孔氏之豎渾良夫六韜賞及牛豎馬洗列子說符篇鄰人以羊請楊

yǔ 褔　hè 褐

子之豎追之史記酈生傳沛公罵曰豎儒注云豎童僕之稱沛公輕之以比奴豎故曰豎儒謝承後漢書苑丹閭里中芻槀僮僕語乃曰吾之微志在僮豎之口宋書周朗傳婢豎無定科廣雅襱襦謂之襜方言襱襦江湘之間謂之襜玉篇裋與襜同裋褕也列子力命篇朕衣則裋褐注云方言裋襱襦也許慎注淮南子云楚人謂袍爲裋說文云粗衣也又敝布襦也又云襜褕短者曰裋褕有作短褐者誤荀子作豎褐楊倞注云僮豎之褐於義亦通馥案粗衣本書褐字訓哀十三年傳余與褐之父睨之杜注褐寒賤之人廣韻裋敝布襦也與列子注引本書同宋策舍其錦繡鄰有裋褐而欲竊之史記秦始皇本紀夫寒者利裋褐集解徐廣曰一作短小襦也索隱蓋謂褐布豎裁爲勞役之衣短而且狹故謂之短褐孟嘗君傳士不得短褐索隱短亦音豎馥謂短皆裋之譌漢書貢禹傳裋褐不完顏注裋者謂僮豎所著布長襦也貨殖傳貧者裋褐不完顏注裋布長襦也後漢書張衡傳士或解裋褐而襲黼黻臧榮緒漢書王承爲湘令易雄爲主簿佐史逃散雄毀服爲僮豎從之親執勞辱馥案褐卽襦南史顧協爲廷尉正冬服單薄寺鄉欲解褐與之謂人曰我願解身上襦與顧郎

褔　編枲衣從衣區聲一曰頭褔一曰次裹衣　於武切又於侯切

編枲衣者顏注漢書同趙注孟子褐枲衣也　一曰頭褔者廣雅褔編枲頭衣　一曰次裹衣者廣韻褔小兒涎衣廣雅緊絡褔次衣也方言緊絡謂之褔注云卽小兒次衣也

褐　編枲韤一曰粗衣從衣曷聲　胡葛切

編枲韤者急就篇韜韈巾角褐韤巾顏注褐謂編枲爲韤也　一曰粗衣者顏注急就篇褐或曰粗衣也孟子許子衣褐注云褐一曰粗布衣也御覽引作短衣廣韻五音集韻引同墨子人不可衣短褐韓非說林篇旌象豹胎必不衣短褐而舍茅茨之下新序齊無鹽女乃披短褐自請於宣王漢書敘傳思有短褐之褻古詩短褐中無絮陶潛五柳先生傳短褐穿結通鑑元魏韓麒麟上表蠶婦乏短褐馥謂此皆裋之誤也玉篇褐馬背祖衣也高注淮南云褐毛布如今之馬衣馥案定八年左傳主人焚衝或濡馬褐以救之杜云馬褐馬衣孟子許子衣褐注云以毳織之若今馬衣也顏注急就篇褐織毛爲衣也詩七月無衣無褐箋云褐毛布也漢書季布傳髡鉗布衣褐顏注褐毛布

衣

之衣也後漢書陳元傳如得以褐衣召見趙典傳身從衣褐之中致位上列注竝云褐織毛布之衣貧者所服七啟子好毛褐集韻毼桓不飾者

yǎn 褗

褗 褗領也從衣匽聲 於幰切

褗領也者玉篇褗极也褗褗也方言极謂之褗注云即衣領也爾雅黼領謂之襮注繡刺黼文以褗領或通作偃士昏禮注刺黼爲領如今偃領

yǎn 裺

裺 褗謂之裺從衣奄聲 依檢切

褗謂之裺者謂緣衣領也玉篇裺緣也方言懸裺謂之緣注云衣縫緣也

suō 衰

衰 艸雨衣秦謂之萆從衣象形 穌禾切

艸雨衣者說苑子贛之承或在塗見道側巾敝布擁蒙而衣衰俗作蓑籉玉篇蓑草衣也洪武正韻六韜蓑薜簦笠是以莎草爲雨衣也詩無羊何蓑何笠傳云蓑所以備雨釋文蓑草衣也既夕記稾車載蓑笠注云籉笠備雨服越

語譬如蓑笠時雨既至必求之西山經三危之山有獸焉其豪如披蓑注云蓑避雨之衣也韓詩外傳楚邱先生披蓑帶索往見孟嘗君定元年公羊傳仲幾之罪何不蓑城也何休注若今以草衣城也案魏揚州刺史劉馥高爲城壘多積木石編作草苫數千萬枚爲備及吳圍合肥天連雨城欲崩於是以苫蓑覆之　秦謂之萆者本書萆雨衣一曰衰衣又䙢字云可作萆廣雅萆謂之衰韋注齊語襏襫蓑草衣也　象形者本書衰象形與𧜯同意

𧘤 古文衰

人象覆。象領𣏟象艸向外

zú 卒(卒)

卒 隸人給事者衣爲卒卒衣有題識者 臧沒切

隸人給事者衣爲卒卒衣有題識者者當云隸人給事者爲卒後人加衣字一切經音義十一說文云隸人給事者曰卒古以染衣題識表其形也增韻所引有故從衣從十五字玉篇卒隸人給事也行鞭也馥謂即伍佰之屬漢舊儀百人爲卒卒史一人本書緻以絳帛箸於背上一切經音義二十三書箸背上曰徽史記淮南王安傳又欲令人

衣求盜衣集解引漢書音義曰卒衣也案顏注云求盜卒之掌逐捕賊盜者定十年左傳叔孫氏之甲有物杜注物識也尉繚子兵教篇卒異其章書其章曰某甲某士

chǔ 褚

褚 卒也從衣者聲一曰製衣 丑呂切

卒也者廣雅同方言卒謂之弩父或謂之褚郭注言衣赤也褚音赭風俗通秦始皇遣蒙恬築長城徒卒皆髡頭衣赭襄三十年左傳取我衣冠而褚之杜云褚畜也馥案上文云上下有服謂別其服之等衣　一曰製衣者製當爲裝玉篇廣韻竝作裝本書複褚衣漢書南粵王傳上褚五十衣中褚三十衣下褚二十衣遺王顏注以綿裝衣曰褚上中下者綿之多少厚薄之差也唐書李愬傳愬雪夜襲元濟吏驚白元濟不信是洄曲子弟來索褚衣爾

zhì 製

製 裁也從衣從制 征例切

裁也者本書裁制衣也制衣誤分製爲二字襄三十一年左傳子有美錦不使人學製焉注云製裁也離騷製芰荷以爲衣兮注云製裁也北山移文焚芰製而裂荷衣漢書叔孫通傳服短衣楚製顏注製謂裁衣之形製白紵歌製

以爲袍餘作巾劉義恭啟事賜臣金獸袍珍製巧飾梁書王暕傳非取製於一狐諒求味於兼采通作制後漢書梁商傳無更裁制

bō 袚

袚 蠻夷衣從衣犮聲一曰蔽厀 北末切

蠻夷衣者玉篇袚蠻衣也與襏同韋注國語襏蠻夷服也裴淵廣記蠻夷取榖樹皮熟搥之以爲褐　一曰蔽厀者廣雅同方言蔽厀江淮之間或謂之袚

suì 襚

襚 衣死人也從衣遂聲春秋傳曰楚使公親襚 徐醉切

衣死人也者左傳釋文引作衣死人衣玉篇襚死人衣也小爾雅廣名饋死者謂之賵衣服謂之襚春秋說題辭衣被曰襚襚遺也白虎通賵襚何謂也襚之爲言遺也衣被曰襚知死者則贈襚所以助生送死追恩重終副至意也士喪禮君使人襚注云襚之言遺也衣被曰襚又云襚者左執領右執要春秋文九年秦人來歸僖公成風之襚杜云衣服曰襚隱元年公羊傳衣被曰襚何云襚猶遺也遺是助死之禮范注穀梁傳云襚者衣服之名故送死之衣

亦名襚也定九年左傳公三襚之注云襚衣也比殯三加襚史記魯仲連鄒陽列傳夗則不得賻襚正義衣服曰襚貨財曰賻皆助生送夗之禮漢書景帝紀王薨遣光祿大夫弔襚祠賵應劭曰衣服曰襚　春秋傳曰楚使公親襚者襄二十九年左傳文彼作楚人

diāo 𧙄

棺中縑裏從衣弔讀若雕 都僚切

從衣弔者當爲弔聲

shuì 祱

贈終者衣被曰祱從衣兌聲 輸芮切

贈終者衣被曰祱者史記索隱引作贈終服也廣韻祱送夗衣也漢書朱建傳辟陽侯迺奉百金祱顏注贈終者之衣被曰祱言以百金爲衣被之具其字從衣鮑宣傳莽太子遣使祱以衣衾顏注贈喪衣服曰祱

yíng 褮

鬼衣從衣熒省聲讀若詩曰葛藟縈之一曰若靜女其袾之袾 於營切

鬼衣者釋器袨謂之褮郭云衣開孔也玉篇袨鬼衣也酉陽雜俎褮鬼衣也阮宣子無鬼論今見者云著生時衣服若人夗有鬼衣服亦有鬼乎　一曰若靜女其袾之袾者王君念孫曰袾當爲孌孌褮聲相近

shān 袩

車溫也從衣延聲 式連切

車溫也者玉篇袩車韞袩本書無韞字論語韞匵鄭注韞裏也

niǎo 褭

以組帶馬也從衣從馬 奴鳥切

以組帶馬也者商子境內篇故爵上就爲簪褭漢舊儀簪褭三爵賜爵三級爲簪褭九章筭術今有大夫不更簪褭上造公士凡五人劉劭爵制三爵曰簪褭御駟馬者要褭古之名馬也駕駟馬者其形似簪故曰簪褭也字或作褭漢書百官公卿表秦爵二十級三簪褭顏注以組帶馬曰褭簪褭者言飾此馬也

文一百一十六　重十一

福

匡謬正俗云副貳之字本爲福從衣畐聲西京賦云仰福帝居傳寫譌舛轉衣爲示讀者便呼福祿之福失之遠矣顏案佩觿福芳又翻衣一幅廣韻福敷救切衣一福今作副漢尹宙碑位不福德魏上尊號碑以福海內欣戴之望隸釋誤作福中鑒政體篇好惡毀譽賞罰參相福也亦誤作福小顏雖未明引說文而云從衣畐聲則本書之文也

遺文一

qiú 裘

皮衣也從衣求聲一曰象形與衰同意凡裘之屬皆從裘 巨鳩切

夏小正九月王始裘傳云始裘何也衣裘之時也　鹽鐵論古者鹿裘皮冒蹄足不去及其後大夫狐貉縫腋羔麑豹袪庶人則毛絝松形樸羝皮傳　郭璞毛詩拾遺士者以素絲飾裘

皮衣也者廣韻引詩取彼狐貍爲公子裘孟子事之以皮幣注云皮狐貉之裘宣十二年公羊傳古者杅不穿皮不蠹則不出於四方何云皮裘也　與衰同意者衰艸之毛亦在外淮南齊俗訓今之裘與蓑孰急見雨則裘不用升

堂則蓑不御此代爲常者也

求 古文省衣

古文省衣者後人亂之裘從求聲裘出於求求省衣豈又出於裘邪徐鍇本作古文裘鍇曰古象衣求形後則加衣也本書休蠡梂莍賕裁捄脙球逑絿郝十二字竝從求詩大東熊羆是裘箋以爲當作求聲相近故也孟子樂正裘漢書人表作求禮記衛獻公與柳莊邑裘氏莊子鄭人緩呻吟裘氏之地考工記有裘氏以地爲姓急就篇有求男弟漢末有求仲顏師古以爲裘氏之族

kè 鬷

裘裏也從裘鬲聲讀若擊 楷革切

裘裏也者玉篇裲裘裏也　讀若擊者長楊賦拮隔鳴球韋昭曰古文隔爲擊

文二　重一

lǎo 老

考也七十曰老從人毛匕言須髮變白也凡老之屬

dié 耋　mào 薹

皆從老 盧晧切

考也者書洪範考終命楚辭九歎身憔悴而考旦兮王注考猶終也　七十日老者宣十八年公羊傳使帥一二耋老而綏焉注云七十稱老疏云七十稱老曲禮文也今曲禮云七十日耋與此異也吳語有父母耆老而無昆弟者以告注云六十日耆七十日老離騷老冉冉其將至兮注云七十日老　從人毛匕者周禮司儀王燕則諸侯毛注云謂以須髮坐也鄭司農云謂老者在上也老者二毛故曰毛　言須髮變白也者本書匕變也

年八十日耋從老省從至 徒結切

年八十日耋者釋名八十日耋耋鐵也皮膚變黑色如鐵也孫炎說爾雅云耋老人面如鐵色耋鐵聲近漢書孔光傳犬馬齒截方言耋老也宋衛兗豫之內日耋注云八十爲耋釋言耋老也郭云八十爲耋易離卦大耋之嗟釋文馬云七十日耋王肅云八十日耋鄭云年逾七十馥案禮記古本云八十日耋九十日耄七年日悼悼與耄有罪不加刑焉今本脫日耋二字王肅言八十日耋猶見善本也詩車鄰逝者其耋傳云耋老也八十日耋僖九年左傳以

說文解字義證卷二十五　墾

伯舅耋老服杜並云七十日耋宣十二年公羊傳使帥一二耋老而綏焉何云六十稱耋七十稱老馥案舍人注爾雅亦言六十　諸家無正文也

年九十日薹從老從蒿省 莫報切

書呂刑王享國百年耄荒釋文耄本作薹馥謂薹即薹寫誤別作　馨玉篇年九十日馨　廣雅作截云老也廣韻截年九十也　或借旄字禮記射義旄期稱道不亂孟子反其旄倪邊韶老子銘琳然老旄曲禮陸德明本作旄云旄本又作耄

年九十日薹者玉篇薹邁也九十日薹曲禮八十九十日耄古本八十日耋九十日耄詩板匪我言耄傳云八十日耄馥案車鄰傳云八十日耋此耄不應重言八十葢後人亂之楚詞七諫心悼怵而耄思注云九十日耄馥謂此皆言九十與本書同者也釋名七十日耄頭髮白耄耄然也書大禹謨耄期倦于勤傳云八十九十日耄隱四年左傳老夫耄矣杜云八十日耄昭元年左傳諺所謂老將至而耄及之者其趙孟之謂乎杜云八十日耄耄亂也楚語女

qí 耆　gǒu 耇

無亦謂我老耄韋云八十日耄家語觀鄉射篇耄期稱道而不亂者注云八十九十日耄馥案此言七十八十皆無正文也

老也從老省旨聲 渠之切

老也者廣雅同釋名六十日耆耆指也不從力役指事使人也詩武耆定爾功皇矣上帝耆之箋並云耆老也荀子臣道篇耆艾而信可以爲師注云五十日艾六十日耆

老人面凍黎若垢從老省句聲 古厚切

老人面凍黎若垢者黎當爲黎耇垢聲相近釋名耇垢也皮色驪悴恒如有垢者也或曰凍黎皮有斑黑如凍黎色也方言黎老也燕代之北鄙曰黎秦晉之郊陳兗之會曰耇鮐注云黎言面色似凍黎鮐言背皮如鮐魚又㳬鯢乾都耇革老也皆南楚江湘之閒代語也注云皆老者皮色枯瘁之形也釋詁耇壽也孫炎云耇面如凍黎色如浮垢老人壽徵也舍人云耇覯也血氣精華覯竭言色赤黑如狗矣書君奭攸罔勖不及耇造德不降鄭注耇老也書

說文解字義證卷二十五　圕

秦誓播棄犂老傳云鮐背之耇稱犂老正義老人面色似犂故稱犂老詩南山有臺遐不黃耇傳云耇老又行葦序外尊事黃耇箋云耇凍黎也士冠禮黃耇無疆注云耇凍黎也僖二十二年左傳雖及胡耇注云胡耇元老之稱周語敬事耇老韋云耇凍黎也吳語播棄黎老注云鮐背之耇稱黎老漢書韋賢傳年其逮耇顏注耇者老人面色如垢也師丹傳德爲國黃耇顏注黃耇老人之稱也黃謂白髮落更生黃者也耇老人面色不淨如垢也後漢書和帝紀可謂老成黃耇矣注云耇亦老也詩序曰外尊事黃耇論衡無形篇人少則髮黑老則髮白白久則黃人少則膚白老則膚黑黑久則黯若有垢矣髮黃而膚有垢故禮曰黃耇無疆

shù ⿱耂易　diàn ⿱耂占

老人面如點也從老省占聲讀若耿介之耿 丁念切

老人面如點也者⿱耂占點聲相近玉篇⿱耂占老人面如墨點也廣韻⿱耂占老人面黑子廣雅⿱耂占老也

老人行才相逮從老省易省行象讀若樹 常句切

行象者當云易行象謂老人行象蜥易　讀若樹者樹當爲尌且行且尌也

shòu 壽　kǎo 考　xiào 孝　máo 毛　rǔn 毴

壽 久也從老省𠳹聲殖酉切

久也者廣雅釋名竝同壽久聲相近漢官儀老者久也舊也董仲舒曰壽者𤰈也壽有短長由養有得失自行可久之道者其壽𤰈於久自行不可久之道者其壽亦𤰈於不久　𠳹聲者本書無𠳹字春秋宣十四年曹伯壽卒三體石經作𠷎

考 老也從老省丂聲苦浩切

老也者本書序轉注者建類一首同意相受考老是也玉篇考壽考延年也詩大雅周王壽考列子釋文考成子一本作老成子

孝 善事父母者從老省從子子承老也呼教切

孝經說孝畜也畜養也

善事父母者者釋名孝好也愛好父母如所悅好也釋訓善父母爲孝詩六月張仲孝友傳云善父母爲孝周禮大司樂中和祗庸孝友注云善父母曰孝大司寇鄉刑上德糾孝注云善父母爲孝賈誼書子愛利親謂之孝　子承老也者徐鍇本下有老省亦聲四字案本書之例凡從部首諸聲者則曰亦聲徐鉉不解而反刪之有非從部首得聲而加亦字者鉉皆存之竝非

文十

說文解字義證〈卷二十五　畢

毛 眉髮之屬及獸毛也象形凡毛之屬皆從毛莫袍切

眉髮之屬者本書眉目上毛也髦髮也釋名毛貌也冒也在表所以別形貌且以自覆冒也莊子逍遙游窮髮之北釋文李云髮猶毛也　及獸毛也者大戴禮有毛之蟲三百六十而麒麟爲之長

毴 毛盛也從毛隼聲虞書曰鳥獸毴髦而尹切又人勇切

毛盛也者六經正誤周禮司裘注中秋鳥獸毴毨釋文毴音毛案尚書仲秋鳥獸毛毨仲冬鳥獸氄毛釋文毨先典反說文云仲秋鳥獸毛盛可選取以爲器用也氄如勇反徐而允反馬云溫柔貌說文毨字注仲秋鳥獸毛盛可選取以爲器用從毛先聲穌典切此毨字音義也其上毴字注毛盛也從毛隼聲虞書曰鳥獸毴髦而尹切又人勇切是毴與氄音義同也玉篇毴而勇而允二切衆也聚也其下氄字注云同上是毴卽氄字也廣韻氄而隴切鳥細毛也亦作氄集韻毴乳勇切注引說文義又云或作毹氄諸家字書毛字竝無作毴者毴字亦無音毛者其誤明矣黃生義府曰說文引書鳥獸氄毛作毴毛鄭注周禮仲秋鳥獸毴毨毴卽氄字之誤疏直音毛非也書文仲秋毛毨仲冬氄毛鄭引釋仲秋獻良裘王乃行羽物此兼詞耳蓋鳥獸毛至冬益豐厚可用故鄭云然經言仲秋未必以秋爲限也後人疑本釋仲秋不當牽仲冬爲說故書氄爲毴卽音毛以就尚書鳥獸毛毨之文此昧理之甚者集韻因收毴字與毛重文韻會亦仍其失凡後世俗字日增皆由輯字書者胷中無涇渭止務博收故也　虞書曰鳥獸毴髦者堯典文彼作氄毛傳云鳥獸皆生耎毳細毛以自溫焉本書⿴衣毛下引虞書作⿴衣毛毛

zhān 氈　mén 璊　xiǎn 毨　hàn 翰

翰 獸豪也從毛倝聲侯幹切

獸豪也者釋畜未成毫狗郭云狗子未生翰毛者釋文翰謂長毛也

說文解字義證〈卷二十五　吳

毨 仲秋鳥獸毛盛可選取以爲器用從毛先聲讀若選穌典切

仲秋鳥獸毛盛可選取以爲器用者毨選聲相近書堯典鳥獸毛毨周禮司裘中秋獻良裘王乃行羽物注云中秋鳥獸毨因其良時而用之

璊 以毳爲𦅾色如虋故謂之璊虋禾之赤苗也從毛㒼聲詩曰毳衣如璊莫奔切

以毳爲𦅾者本書𦅾西胡毳布也　色如虋故謂之璊者璊虋聲相近　虋禾之赤苗也者本書虋赤苗嘉穀也璊下云禾之赤苗謂之虋言璊玉色如之　詩曰毳衣如璊者王風大車文彼作璊傳云璊赬也釋文云說文作璊

氈 撚毛也從毛亶聲諸延切

扶南傳調斯國有青石染氈絳染氈馥案語林云王子敬謂偷兒石染青氈是我家舊物魏武與楊彪書今贈青氈牀褥

cuì 毳　fēi 靟　shī 尸

三具卽青
卮染也
撚毛也者本書撚蹂也方言撚續也韻集氈細㲦也玉篇
氈毛爲席釋名氈旃也毛相著旃旃然也急就篇旃裘䩭
釋蠻夷民顏注以氈爲裘王注匈奴傳彼旃裘與氈同
周禮掌皮共其毳毛爲氈以待邦事淮南子越人見毳不
知其可以爲氈聖主得賢臣頌夫
荷氈被毳者難與道純緜之麗密

文六

毳 獸細毛也从三毛凡毳之屬皆从毳 此芮切

本書㲨下引詩毳衣如㲨 釋言毪罽也李巡本毪作毳
宋玉小言賦纖於毳末之微蔑 韓詩外傳背上之毛腹下
之毳 新序雜事篇君之食客六翮邪將腹背之毳也 韋
誕筆經製筆之法桀者居前毳者居後 虞世南白鹿賦素
毳呈采霜毫應圖 又
師子賦勁毫柔毳
獸細毛也者一切經音義二三蒼毳羊細毛也說文獸細
毛也又十四字林細羊毛也周禮掌皮共其毳毛注云毳

說文解字義證〈卷二十五　四七

毛毛細縟者漢書鼂錯傳
鳥獸毳毛顏注毳細毛也

靟 毛紛紛也从毳非聲 甫微切

文二

尸 陳也象臥之形凡尸之屬皆从尸 式脂切

陳也者釋詁文徐鍇曰李陽冰云尸展是也詩祈父有母
之尸饔傳云尸陳也郊特牲尸陳也曲禮在牀曰尸注云
尸陳也禮統尸之爲言矢也陳也桓十五年左傳祭仲殺
雍糾尸諸周氏之汪杜云殺而暴其尸以示戮也馥案論
語肆諸市朝肆亦陳也莊四年傳楚武王荊尸宣十二年
傳荊尸而舉注竝云尸陳也成十七年傳皆尸諸朝注云
陳其尸於朝又云一朝而尸三卿韓非引厲公語云吾一
朝而夷三卿馥案夷卽尸周禮凌人大喪共夷槃冰鄭注
夷之言尸也晉語秦人殺冀芮而施之韋云陳尸曰施又
云從欒氏者爲大戮施韋云施陳也陳其尸也　象臥之
形者論語寢不尸包注偃
臥四體布展手足似死人

diàn ⿸尸奠　jū 居

⿸尸奠 待也从尸奠聲 堂練切

待也者本書待竢也儲待也⿸尸奠通作奠考工記
匠人凡行奠水磬折以參伍注云奠水渟水也

居 蹲也从尸古者居从古 九魚切

玉篇有古文作㞐汗簡作㞐云見說文 韓詩外傳孟子妻
獨居踞孟子入戶視之白其母曰婦無禮請去之母曰何也
曰踞 漢書沛公踞牀令兩女子洗足而見酈食其 異物
志麠狼角正四據南人因以作踞牀 郭子王恬沐頭散髮
踞坐胡牀 魏志獵者失鹿帝大怒踞胡牀拔刀欲斬之
後漢書魯恭傳蹲夷踞肆 王延壽王孫賦踡兔蹲而狗踞
蹲也者後漢書郭太傳注引本書同玉篇大戴禮曰獨處
而踞踞蹲也廣韻蹲䠒踞大坐論語原壤夷俟馬注夷踞
踞待孔子邢疏說文云踞蹲也蹲卽坐也 古者居从古
者當爲古文居从立汗簡㞐見說文蓋解說古文之辭今
闕古文而其辭
誤入正文下也

踞 俗居从足

類篇作㞐又於足部踞下注云案說文尸部居字云
俗居从足當作㞐今本誤作踞馥案徐鍇本作㞐

說文解字義證〈卷二十五　四八

xiè ⿸尸自　xiè 屑

⿸尸自 臥息也从尸自 許介切

黃君易所藏古
銅印文曰莊⿸尸自
臥息也者本書䵭下音訓竝同一切經音義十一贔屓古
文奰皮冀反下義冀反西京賦云巨鼇贔屓薛綜注作力
怒也說文壯大也奰从三目从大屓說文亦臥息
也字从尸从自聲 从尸自者徐鍇本作自聲

屑 動作切切也从尸肙聲 私列切

動作切切也者廣雅屑屑不安也方言迹迹屑屑不安也
江沅之間謂之迹迹秦晉謂之屑屑郭注皆往來之皃也
又屑往勞也注云屑屑往來皆劬勞也祭義漆漆者容也
注云漆漆讀如朋友切切迹漆切聲竝相近爾雅屑謂之
切昭五年左傳禮所以守其國行其政令無失其民者也
而屑屑習儀以亟不亦遠乎漢書董仲舒傳凡所爲屑屑
夙興夜寐務法上古者又將無補與王莽傳晨夜屑屑顏
注屑屑猶切切動作之意東觀漢記王良以疾歸復徵道

zhǎn 展　jiè 屆　kāo 尻　tún 屍

病過其友人友人不肎見曰不有忠言奇謀而取大位何其往來肩肩不憚煩也後漢書崔駰傳吾亦病子肩肩而不已也注云肩肩猶匾匾也閒居賦佝何能違𨚗下色養而肩肩從斗筲之役乎後魏裴安傳京師遼遠實憚棲肩㑯聲者惠棟曰書多士言桀大淫泆有辭釋文泆又作佾馬本作屑云過也棟謂屑當作肩與佾相近故誤作佾說文云肩動作切切也

展 轉也從尸㠭省聲 知衍切

轉也者經典作輾詩關雎輾轉反側釋文輾亦作展澤陂輾轉伏枕

屆 行不便也一曰極也從尸凷聲 古拜切

行不便也者釋詁艐至也釋文孫云古屆字郭注方言亦云艐古屆字本書艐船著沙不行也 一曰極也者釋言屆極也郭云有所限極詩蕩靡屆靡究節南山君子如屆傳竝云屆極瞻卬靡有夷屆采菽君子所屆箋竝云屆極也陳啟源曰詩小雅後予極焉箋云極誅也魯頌致天之屆箋云屆殛也疏皆以爲釋言文今釋言云殛誅也不云

說文解字義證　卷二十五　兕

極又云屆極也不云殛意極殛二字通用乎然郭注殛誅引書鯀則殛死注屆極則云有所限極二字義竝不相通孔疏所據豈孫李輩讀本異邪

尻 脽也從尸九聲 苦刀切

釋名尻廖也尻所在廖牢深也 少牢饋食禮腊兩髀屬于尻 內則兔去尻 漢書東方朔傳尻益高鄧通傳顧見其衣尻帶後穿顏注衣尻帶後謂衣當尻上而居革帶之下處也 王隱晉書孟尉軍人擘尻面天子 傅元馳射馬賦鞭裁向腹奮尾跳尻 字或作脤呂氏春秋觀表篇古之善相馬者許鄙相脤 注云脤後竅也脤讀如窮穹之穹 脽也者一切經音義十四引作脽也本書脽尻也御覽引作尻也徐鍇本同急就篇尻髖脊膂腰背呂顏注尻脽也 廣雅胐臀尻也 聲類尻臀也 三蒼尻髖也

屍 髀也從尸下丌居几 徒魂切

聲類屍尻也釋名臀殿也高厚有殿遻也字或作臀易夬卦臀無膚考工記其臀一寸急就篇盜賊繫囚榜笞臀顏注臀脽也易困卦臀困于株木干寶曰兌爲孔穴坎爲隱伏隱伏在下而漏孔穴臀之象也周禮鄉師巡其前後之屯故書屯或爲臀鄭大夫讀屯爲課殿杜子春讀爲在後曰殿周語成公之生也其母夢神規其臀以墨韋云臀尻也漢書東方朔傳連脽尻顏注脽臀也崔鴻前燕錄慕容儁夢石虎齧其臀隋書刑法志笞者笞臀錢君大昭曰廣雅豚臀也曹憲音卓玉篇豚尻也案豚聲近涿蜀志張裕饒鬚先主嘲之曰昔吾居涿縣特多毛姓東西南北皆諸毛也涿令稱曰諸毛繞涿居乎裕卽荅曰昔有作上黨潞長遷爲涿令者去官還家時人與書欲署潞則失涿署涿則失潞乃署曰潞涿君先主無鬚故裕以此及之馥案借涿爲豚借潞爲露 髀也者本書髀股也今俗呼尻爲髀股是也

脽 屍或從肉隼

或從肉隼者本書脽尻也馥疑脽卽脽之重出字因聲改爲隼耳

臀 屍或從骨殿聲

說文解字義證　卷二十五　丯

從骨者本書髖臀骨也

qì ⿸尸旨　ní 尼　qì ⿸尸臿　zhé ⿸尸乇　niǎn ⿸尸又

⿸尸旨 尻也從尸旨聲 詰利切

尼 從後近之從尸匕聲 女夷切

從後近之者本書暱日近也或從尼釋詁卽尼也郭云尼者近也尸子曰悅尼而來遠

⿸尸臿 從後相臿也從尸從臿 楚洽切

從後相臿也者玉篇⿸尸臿從後相攝也 從臿者徐鍇本作臿聲

⿸尸乇 ⿸尸臿⿸尸乇也從尸乇聲 直立切

⿸尸臿⿸尸乇也者廣雅⿸尸臿⿸尸乇少也

⿸尸又 柔皮也從申尸之後尸或從又 人善切

柔皮也者本書䩣耎也玉篇⿸尸又或爲耎本本書㾯皮剝也籀文從⿸尸又廣雅⿸尸又弱也

zhěn 屒

屒 伏皃从尸辰聲一曰屋宇 珍忍切

一曰屋宇者本書宸屋宇也

xī 屖

屖 屖遟也从尸辛聲 先稽切

屖遟也者玉篇屖屖遟也今作栖釋詁棲遟息也郭云棲遟游息也舍人云棲遟行步之息也詩衡門可以棲遟傳云棲遟游息也北山或棲遟偃仰漢書揚雄傳靈遟迟兮顔音棲遟陶潛詩栖遟詎爲詘丁公著孟子音釋屖音西義與棲遟同息也久也字從尸下辛或作犀牛字誤也漢費鳳碑栖遟歷稔李翊碑棲迟不就繁陽令楊君碑徲侇樂志婁壽碑徲徥衡門孔耽碑餘暇徲徥竝即屖遟

fèi 屝

屝 履也从尸非聲 扶沸切

履也者玉篇屝草屩也字書草曰屝麻曰屨皮曰履黃帝臣於則所造世本注草曰屝麻曰履廣雅屝履也釋名齊人謂韋屨曰屝屝皮也以皮作之方言屝屨徐兗之郊謂之屝周禮鞮鞻氏注云鞮鞻四夷舞者所屝也今時倡蹋

說文解字義證 卷二十五

鼓沓行者自有屝僖四年左傳其其資糧屝屨注云屝草屨孟子有業屨於牖上注云屨屝屨也慎子有虞之誅以屝屨當刖漢書武帝紀朕聞昔在唐虞畫象而民不犯顔云白虎通云畫象者其衣服象五刑也犯宫者屝屝草屨也或借菲字儀禮喪服菅屨傳曰菅菲也又疏屨傳曰疏屨者藨蒯之菲也又繩屨傳曰繩屨者繩菲也曲禮苞屨注云苞藨也齊衰藨蒯之菲也釋文菲屨也又鞮屨注云無絇之菲也晏子問下篇考菲履漢書刑法志菲履赭衣而不純顔注菲草履也鹽鐵論古者庶人鹿菲草芰杜預喪服要集菲草屨

shī 屍

屍 終主从尸从死 式指切

終主也者玉篇在牀曰屍易師或輿屍后經作尸吳子僵屍而哀之史記魯世家不如殺以其屍與之漢書漢遣使至康居求谷吉等屍師古曰屍尸也東觀漢記董宣爲洛陽卒官帷布被覆屍王治表編戶僵屍藉埋無主通作尸釋名既死曰尸尸舒也骨節解舒不復能自勝斂也周禮凌人大喪共夷槃冰注云夷之言尸也尸之槃曰夷槃牀曰夷牀衾曰夷衾移尸曰夷于堂皆依尸而爲言者也隱元年左傳贈死不及尸杜云尸未葬之通稱哀十四年左傳將以尸入白虎通尸柩者何謂也尸之爲言失也陳也失氣亡神形體獨陳柩之爲言究也久也不復章也曲禮曰在牀曰尸在棺曰柩

tú 屠

屠 刳也从尸者聲 同都切

刳也者一切經音義二十四引同廣雅刳屠也燕策刳子腹及子之腸矣韓策抉眼屠腸尸子屠割肉知牛之長少史記信陵君傳臣乃市井之人鼓刀以屠鹽鐵論屠者解分中理可橫以手而離也至其抽筋鑿骨非行金斧不能淺

xiè 屟

屟 履中薦也从尸枼聲 穌叶切

履中薦也者一切經音義三十二屟鞶腹令空薦足者也又十四云東宮舊事曰絳地文履屜自副今江南婦女猶著屟子制如芭屟而卑下也史記屈賈列傳章甫薦屨兮漸不可久南齊書江泌傳書所屟夜讀書玉篇作屜

wū 屋

屋 居也从尸尸所主也一曰尸象屋形从至至所至止室屋皆从至 烏谷切

說文解字義證 卷二十五

居也者當爲凥本書凥處也从尸得几而止 尸所主也者釋詁尸主也書五子之歌太康尸位傳云尸主也康王之誥序康王既尸天子傳云尸主也詩采蘋誰其尸之傳云尸主隱五年穀梁傳卑不尸大功范云尸主莊二十三年傳以是爲尸女也范云尸主也成十七年左傳殺老牛莫之敢尸襄二十七年傳非歸其尸盟也杜竝云尸主也宣十二年傳彘子尸之杜云主此禍學記當其爲尸則弗臣也注云尸主也爲祭主也延篤戰國策音義尸雞中之主 一曰尸象屋形者本書屝扇下竝云尸屋也 從至至所至止者本書室下云從至至所止也廣韻引風俗通屋止也 室屋皆從至者本書臺與室屋同意

𡲠 籀文屋从厂

𡱂 古文屋

本書握古文作𡱂釋言握具也釋文李本作幄云居位處之具也案本書無幄字詩權輿夏屋渠渠箋云屋具也正義以

píng
屏

爲釋言文

屏 屏蔽也。從尸，并聲。必郢切

論語蕭牆之內鄭注蕭之言肅也蕭牆謂屏也君臣相見之禮至屏而加肅敬焉是以謂之蕭牆　吳語王背屏而立夫人向屏韋云屏寢門內屏也　孫卿子天子外屏諸侯內屏禮也外屏不欲見於外內屏不欲見於內也　大戴禮踐阼篇負屏而立盧注樹謂之屏　雜記旅樹而反坫注云旅樹門屏也　明堂位疏屏注云屏謂之樹今桴思也刻之爲雲氣蟲獸如今闕上爲之矣　漢官典職省闕下大屏稱曰丹屏尚書郎含雞舌香伏其下奏事　皇侃論語義疏樹塞門謂立屏以障隔門別外內禮天子諸侯竝有之也臣來朝君至屏而起敬天子尊遠故外屏於路門之外爲之諸侯尊近故內屏於內門之內爲之今黃閣板障是也鄉　大夫以簾士以帷又竝不得施之於門故當在庭階之處耳　顧炎武曰陳氏禮書曰古者門皆有屏天子設之於外諸侯　設之於內禮臺門而旅樹旅道也當道而設屏此外門之屏也治朝在路門之外天子當宁而立宁在門屏之閒此路門之屏也國語曰王背屏而立夫人向屏此寢門內之屏也魯廟疏屏天子之廟飾此廟門之屏也月令天子田獵整設於屏外此田防之屏也晉天文志屏四星在端門之內近右執法然則先王設屏非苟然也

屏蔽也者本書屏蔽也釋宮屏謂之樹李巡云垣當門自蔽名曰樹詩桑扈萬邦之屏傳云屏蔽也論語邦君樹塞門鄭注人君別內外於門樹屏以蔽之昭二十七年左傳屏王之耳目使不聽明月令整設於屏外注云屏門外之蔽郊特牲臺門而旅樹反坫注云屏謂之樹樹所以蔽行道管氏樹塞門塞猶蔽也呂氏春秋季秋紀輿受車以級整設於屏外注云屏樹垣也爾雅云屏謂之樹論語曰樹塞門者也又愼行篇屏王之耳目注云屏蔽也淮南時則訓皆正設於屏外注云屏樹垣也又主術訓天子外屏所以自障注云屏樹垣也爾雅曰門內之垣謂之樹諸侯在內天子在外故曰所以自障也白虎通所以設屏何所以自障也示不極臣下之敬故也天子德大故外屏諸侯德小所照見近故內屏風俗通屏卿大夫以帷士以簾稍有第以自障蔽也示臣臨見自整屏氣處也晉書阮籍爲東平相徹去屏障使內外相對又天文志屏四星在端門之內屏所以壅蔽帝庭也

céng
層

屋

層 重屋也。從尸，曾聲。昨棱切

重屋也者本書樓重屋也

文二十三　重五

屋 汗簡引

遺文一

說文解字弟八　義證弟二十六

曲阜桂馥學

chǐ
尺

尺　十寸也人手卻十分動脈爲寸口十寸爲尺尺所以指尺規榘事也從尸從乙乙所識也周制寸尺咫尋常仞諸度量皆以人之體爲法凡尺之屬皆從尺 昌石切

漢書律歷志尺者蒦也　晉書摯虞傳將作大匠陳勰掘地得古尺尚書奏今尺長於古尺宜以古爲正潘岳以爲習用已久不宜復改虞駮曰昔聖人有以見天下之賾而擬其形容象物制器以存時用故參天兩地以正算數之紀依律計分以定長短之度其作之也有則故用之也有徵考步兩儀則天地無所隱其情準正三辰則懸象無所容其謬施之金石則音韻和諧措之規矩則器用合宜一本不差而萬物皆正及其差也事皆反是今尺長於古尺幾於半寸樂府用之

律呂不合史官用之歷象失占醫署用之孔穴乖錯此三者度量之所由生得失之所取徵皆絓閡而不得通故宜改今而從古也　王制古者以周尺八尺爲步今以周尺六尺四寸爲步注云周尺之數未詳聞也按禮制周猶以十寸爲尺蓋六國時多變亂法度或言周尺八寸則步更爲八八六十四寸　韓邦奇曰今尺惟車工之尺最準萬家不差豪氂少不同則不利載是孰使之然哉古今相沿自然之度也然今之尺則古之尺二寸也所謂尺二之軌天下皆同是也以本工尺去二寸則周尺也

十寸也者　淮南道應訓終日行不離咫尺高云八寸爲咫十寸爲尺　人手卻十分動脈爲寸口十寸爲尺者本書寸十分也人手卻一寸動脈謂之寸口徐鍇曰十分一寸也人所診脈處五藏脈所會也趙宧光曰醫家有全身尺說文所稱則全身尺也　尺所以指尺規榘事也者指尺當爲指斥尺斥聲相近取聲以爲況也集韻斥指名後漢書孔融傳擬斥乘輿注云斥指也　乙所識也者乙即丨部之乚鉤識也音居月切徐鍇曰漢書武帝讀東方朔上書輒乙其處是以乙爲記識也考工記輪人凡斬轂之道必矩其陰陽注云矩謂刻識之也　周制寸尺咫尋常仞諸度量皆以人之體爲法者本書咫下云中婦人手長八寸謂之咫尋下云度人之兩臂爲尋八尺也仞下云伸臂一尋八尺夫下云人長八尺故曰丈夫　史記夏本紀聲爲律身爲度　易曰近取諸身　大戴禮主言篇布指知寸布手知尺舒肘知尋　家語布指知尺舒肱知尋　考工記車人之事半矩謂之宣注云矩法也所法者人也人長八尺而大節三頭也腹也脛也以三通率之則矩二尺六寸三分寸之二半矩尺三寸三分寸之一人頭之長也

zhǐ
咫

咫　中婦人手長八寸謂之咫周尺也從尺只聲 諸氏切

中婦人手長八寸謂之咫者中謂中人　喪服記袂二尺有二寸注云其袖足以容中人之肱也又云袪尺二寸注云足以容中人之併兩手也　士喪禮苴絰大鬲注云鬲搤也中人之手搤圍九寸　曲禮注中人之迹尺二寸　漢書律歷志取秬黍之中者此皆中字義也　僖九年左傳天威不違顏咫尺杜云八寸曰咫　魯語其長尺有咫韋云八寸曰咫　家語辯物篇其長尺有咫注云咫八寸也　漢書五行志長尺有咫張晏曰八寸曰咫　列子湯問篇其劍長尺有咫釋文八寸曰咫　鄭志趙商問天子巡守禮制丈八尺純四衹何荅云咫八寸　後漢書崔駰傳夫欲千里而咫尺未發注

云八寸爲咫　文選長楊賦且盲者不見咫尺五臣云八寸曰咫　周尺也者本書夫下云周制以八寸爲尺　獨斷夏以十寸爲尺殷以九寸爲尺周以八寸爲尺　通典禮十五引白虎通夏法日日數十也日無不照尺所度無所不卷故以十寸爲尺殷法十二月言一歲之中無所不成故以十二寸爲尺周據地而生地者陰也以婦人爲法婦人大率奄八寸故以八寸爲尺　通鑑外紀夏禹十寸爲尺成湯十二寸爲尺武王八寸爲尺　陳祥道曰周法十寸八寸皆爲尺考工記十寸尺也說文王制八寸尺也

文二

wěi
尾

尾　㣲也從到毛在尸後古人或飾系尾西南夷亦然凡尾之屬皆從尾 無斐切

乇爲正毛𣬶爲到毛觀㐬爲到子則知到毛矣隸變從正毛非六書義　莊子天下篇丁子有尾釋文李云世人謂右行曲波爲尾今丁子二字雖左行曲波亦是尾也　馥謂右行曲波亦指隸書言也　戴侗曰垔之義鳥自上而下故顛倒之義

取焉

敚也者廣雅同史記五帝本紀鳥獸字微集解云向書微作尾字說文云尾交接也馥案交接者謂鳥獸雌雄相交也釋名尾微也承脊之末稍微殺也戰國策尾生高尾生高誘以爲魯人卽論語之微生高古今人表有尾生高尾生晦顏注卽微生畝 生高 狂尸後者易遯卦遯尾厲王云尾之爲物最在體後者也秦策王若能爲此尾高云尾後也

zhǔ 屬

屬 連也從尾蜀聲 之欲切

詩干旄素絲祝之箋云祝當作屬屬著也桑柔具贅卒荒傳云贅屬也正義云贅猶綴也謂繫綴而屬之孟子曰太王屬其耆老書傳云贅其耆老是贅爲屬 淮南覽冥訓地黃主屬骨 新序義勇篇夫子絕知伯而去之三年矣今反从之是絕屬無別也 吳書虞翻謂孫策明府試鞭馬翻能疏步屬之

連也者釋名云屬續也恩相連續也喪服記袂屬幅注云屬猶連也淮南說林訓親莫親於骨肉節族之屬連也通作聯漢書張耳陳餘列傳築甬道屬河顏注屬聯及也西域傳其南山東出金城與漢南山屬焉顏注屬聯也

qū 屈(屈)

屈 無尾也從尾出聲 九勿切

無尾也者本書趉讀若無尾之屈 埤倉屈短尾 廣韻屈短尾鳥 一切經音義十二淮南子屈奇之服許叔重曰屈短也奇長也馥案古詩我牛尾禿速禿速卽屈之反語

niào 尿(尿)

尿 人小便也從尾從水 奴弔切

人小便也者一切經音義十一矢溺正體作屎經文作溺假借耳廣韻屎小便也或作溺廣雅屎溲也玉篇溲小便也字林尿小便也通俗文出脬曰屎襄十五年左傳師慧過宋朝將私焉杜云私小便定三年傳夷射姑旋焉杜云旋小便韓非內儲說刖跪因捐水郎門霤下類溺者之狀莊子知北游篇在屎溺史記范睢傳賓客飲者醉便溺睢太倉公傳難於大小溲溺赤漢書高帝紀溺儒冠張安世傳郎有醉便殿上者韓安國傳安國曰外灰獨不復然乎甲曰然卽溺之顏注溺讀曰尿周仁傳常衣弊補衣溺袴故爲不潔清顏注溺讀曰尿尿袴者爲小袴以藉其尿襄

陽者舊傳木蘭橋者今豬闌橋也劉和季於此養豬太守曰作此豬尿臭當易名作豬闌橋耳豬叔夜與山巨源書每常小便而忍不起令胞中略轉乃起耳通鑑魏主就臧質求酒質封溲便與之又云魏㯶崔浩置鑑內衛士溲其上注云溲小便也又云慕容翰陽狂酣飲或臥自便利注云便溲也

文四

lǚ 履

履 足所依也從尸從彳從夂舟象履形一曰尸聲凡履之屬皆從履 良止切

字書草曰屝麻曰屨皮曰履黃帝臣於則造 世本於則作履注云於則黃帝臣 古今注履者屨之不帶者也 方言絲作之者謂之履 急就篇履舄鞜裒絨緞紃顏注單底謂之履或以絲爲之複底而有木者謂之舄 三禮圖複下曰舄單下曰履夏葛冬皮 賈子天子黑方履諸侯素方履大夫大素圓履 宋書五行志昔初作履者婦人員頭男子方頭員者順從之義所以別男女也 晉令履曰士卒百工履色無過綠青白奴婢履色無過純青古儈賣者皆當著巾帖額

題所儈賣者姓名一足著黑履一足著白履 徐乾古禮議謹案今時所謂履者自漢以前皆名屨左傳曰踊貴屨賤禮曰戶外有二屨不言二履賈誼曰冠雖敝不以苴履言履者猶足所履踐耳詩云糾糾葛屨可以履霜易者一物之別名履者足踐之通稱

足所依也者小爾雅廣服在足謂之履釋名履禮也飾足所以爲禮也 從夂者本書夂象人兩脛有所躧也 舟象履形者有舟旋之義易履卦視履考祥其旋元吉

𨙵 古文履從頁從足

jù 屨

屨 履也從履省婁聲一曰鞮也 九遇切

履也者廣雅同玉篇屨履屬麻作謂之屨也釋名屨拘也所以拘足也方言自關而西謂之屨中有木者謂之複舄鄭注周禮屨人云複下曰舄襌下曰屨古人言屨以通於複今人言屨以通於襌俗易語反與蝦耕錄按屨無別制說文屨履也從履省婁聲古今注以木置履下乾腊不畏泥溼故曰舄以是知屨舄履之異名也但有襌下複下用

尾履

木之異耳

lì
𡳐

𡳐 履下也從履省歷聲郎擊切

履下也者本書䩱下云補履下也徐鍇曰周禮注繶者以采絲礫履之下臣以爲履牆下連底處采絲編刺之歷歷然作礫假借當作此𡳐馥案史記東郭先生履有上無下足盡著地又案聲類𡳐鞮屬本書履下云一曰𡳐也疑此𡳐下訓

xù
𡳃

𡳃 履屬從履省予聲徐呂切

juē
屩

屩 屐也從履省喬聲居勺切

屩有耳有鼻宋書劉敬宣傳空中有放一隻芒屩於坐中墜敬宣食盤上已經人著耳鼻間竝欲壞　鹵簿令羊車小吏十四人竝青目屩　廣頭屩草履也　廣雅屝屩也　釋名屩蹻也出行著之蹻蹻輕便因以爲名也　急就篇屐屩素麤贏寠貧顏注屩即今之鞋也　史記平準書布衣屩而牧羊韋昭曰屩草履也又孟嘗君傳躡屩而見之　字或作繑

管子輕重戊篇䋼繑而踵相隨　又或作鞽管子輕重甲篇北郭者盡屨縷之甿也請以令禁百鍾之家不得事鞽　又通作蹻韓非外儲說此其稱功猶贏勝而履蹻何犿注云猶贏勝之人履草屩也淮南汜論訓乃爲鞮蹻而超千里高云鞮蹻鞮履也史記虞卿傳躡蹻擔簦徐廣曰蹻草履也說苑知地道者履蹻風俗通義足常木蹻漢書卜式傳布衣中蹻而牧羊顏注蹻即今之鞋也南方謂之蹻王褒傳離疏釋蹻而享膏粱應劭曰釋此木蹻也臣瓚曰以繩爲蹻也顏注蹻即今之鞋耳瓚說是也

屐也者莊子天下篇以跂蹻爲服釋文李云麻曰屩木曰屐屐與跂同屩與蹻同

jī
屐

屐 屩也從履省支聲奇逆切

古文苑僮約當作俎几木屐注云屐木履也　顏注急就篇屐者以木爲之而施兩齒所以踐泥　宋書謝靈運常著木屐上山則去前齒下山則去後齒　釋名屐搘也爲兩足搘以踐泥也又云帛屐以帛作之如屩者不曰帛屩者屩不可踐泥者也屐踐泥者也此亦可以步泥而浣之故謂之屐也風俗通延熹中京師長者皆著木屐婦女始嫁作漆畫屐

五色采作系　汝南先賢傳戴良嫁女布裳木屐　世說阮遙集好屐或有詣阮見自吹火蠟屐因歎曰未知一生當著幾量屐　義熙起居注兼黃門郎徐應禎出爲散騎著屐出省閣有司奏免官　晉中興徵祥說舊爲屐者齒皆達名露卯泰元中忽不復徹名陰卯亦服妖也　搜神記屐婦人圓頭男子方頭　通鑑郗超稱謝元雖履屐間未嘗不得其任注云履以皮爲之屐以木爲之　或通作芰鹽鐵論散不足篇古者庶人鹿菲草芰

屩也者一切經音義十四說文屐屩也然則屐屩古時同類也漢書袁盎傳屐行七十里是也三蒼屐木屩也孔叢曰孔穿曳長裾振方屐見平原君此似木屐也異苑云介子推抱樹燒死晉文公伐以制屐也律文有革屐莊子有竹跂

文六　重一

zhōu
舟

舟 船也古者共鼓貨狄刳木爲舟剡木爲楫以濟不通象形凡舟之屬皆從舟職流切

白帖古者觀落葉以爲舟　詩汎彼柏舟傳云柏木所以宜爲舟也馥案吳記孫皓問中書令張尚曰詩言汎彼柏舟惟柏中舟乎尚曰詩云檜楫松舟松亦中也　墨子辭過篇古之民未知爲舟車時重任不移遠道不至故聖王作爲舟車以便民之事其爲舟車也全固輕利可以任重致遠其爲用材少而爲利多是以民樂而利之

船也者廣雅同方言舟自關而西謂之船　詩谷風方之舟之傳云舟船也

古者共鼓貨狄刳木爲舟剡木爲楫以濟不通者北堂書鈔引世本共鼓化狄作舟注云二人黃帝臣也易繫辭刳木爲舟剡木爲楫舟楫之利以濟不通墨子節用篇古者聖王爲大川廣谷之不可濟於是利爲舟楫馥案始作舟者諸說各異海內經番禺是始爲舟墨子非儒篇巧垂作舟呂氏春秋勿躬篇虞姁作舟物理論以爲化狐發蒙記以爲伯益

yú
俞

俞 空中木爲舟也從亼從舟從巜巜水也羊朱切

空中木爲舟也者本書窬空中也淮南汜論訓乃爲窬木方版以爲舟航高云窬空也漢書音義孟康曰東南人謂鑿木空中如槽謂之俞　巜水也者五經文字巜音工外反

chuán 船 chēn 彡 zhú 舳 lú 艫 wù 𦨲 zōng 艐

船　舟也。從舟，鉛省聲。食川切

舟也者，周處風土記：小曰舟，大曰船。釋名：船，循也，循水而行。又曰舟，言周流也。通俗文：吳船曰艑，晉船曰舶，長二十丈，載六七百人者是也。

彡　船行也。從舟，彡聲。丑林切

船行也者，集韻：吳楚謂船行曰彡。

舳　艫也。從舟，由聲。漢律名船方長爲舳艫。一曰舟尾。直六切

艫也者，唐書楊元琰傳：與張柬之共乘艫江中。一曰舟尾者，徐鍇本作一曰尾。鍇曰：尾，船尾。方言：後曰舳，舳制水也。注云：今江東呼柁爲舳。漢書武帝紀：舳艫千里。李斐曰：舳，船後持柂處也；艫，船前頭刺櫂處也。鹽鐵論：執舳者非其人，則馬奔馳；執舳非其人，則船覆傷。或作䑧。周憬功勳銘：䑧老唱兮艫人歌。隸變作䑧。小爾雅廣器：船頭謂之舳，尾

謂之艫。吳都賦：宏舸連舳，巨檻接艫。五臣云：舳，船前也；艫，船後也。此皆與本書異。

艫　舳艫也。一曰船頭。從舟，盧聲。洛乎切

舳艫也者，宋武帝詩：舳艫引江飛。一曰船頭者，李善注謝瞻詩、江淹詩引竝同。方言：首謂之閤閭。注云：今江東呼船頭屋謂之飛閭是也。馥謂艫、閭聲相近。廣韻：艫，舟後。玉篇：艫在船後。此與小爾雅同。

𦨲　船行不安也。從舟，刖省。讀若兀。五忽切

船行不安也者，玉篇：船在水不安謂之𦨲。刖省者，當爲刖省聲。廣雅：刖，危也。讀若兀者，方言：僞謂之扤，扤，不安也。郭注：船動搖之皃。馥案：玉篇：僞謂之仡，仡，不安也。考工記輪人：則是以大扤。注云：扤，動搖皃。張協七命：搖𦨲峻挺。李善注：搖𦨲，危皃。

艐　船著不行也。從舟，㚇聲。讀若䔞。子紅切

船著不行也者，廣韻引著下有沙字，集韻、增韻竝同。廣韻溢下云：船著沙也。漢書司馬相如傳：踏以艐路兮。張揖曰：踏，下也；艐，著也。皆下著道也。讀若䔞者，方言：艐，至也。釋詁：艐，至也。孫炎云：艐，古屆字。本書：屆，行不便也。顏注漢書：艐音居。史記集解引徐廣曰：艐音介。通作戒。詩烈祖：既介既平。傳云：戒，至也。

zhèn 𦨵(朕) fǎng 舫 pán 般

𦨵　我也。闕。直禁切

我也者，釋詁文。郭注：古者貴賤皆自稱朕。馥案：離騷：朕皇考曰伯庸。

舫　船師也。明堂月令曰：舫人，習水者。從舟，方聲。甫妄切

明堂月令曰舫人者，通作榜。子虛賦：榜人歌。張揖曰：榜，船也。月令：命榜人。榜人，船長也。淮南時則訓：令榜人入材葦。習水者者，許公解釋舫人之文。廣韻：舫，舫人，習水者也。

般　辟也。象舟之旋，從舟，從殳。殳，所以旋也。北潘切

辟也者，禮投壺：主人般還曰辟。李巡注爾雅：婆娑，盤辟舞也。論語：足躩如也。苞氏曰：盤辟皃也。漢書儒林傳注：蘇林曰：不知經，但能盤辟爲禮容。象舟之旋者，本書：恆，上下一心以舟施。馥謂施當爲旋字之誤也。本書：旋，周旋旌旗

之指麾也。風俗通：舟人相櫂，猶尙畏怖，不敢迎上與之周旋。六書故：舟在水土，旋莫易焉，故取類於舟。釋言：般，還也。釋文云：還音旋。易明夷：明夷于左股。馬融、王肅作般，云：旋也。日隨天左旋也。大射儀：且左還，毋周。注云：左還，反其位；毋周，右還而反東面也。文十八年左傳：奉以周旋。定十五年傳：將左右周旋。玉藻：周還中規。釋文：還本亦作旋。漢書賈誼傳：般紛紛其離此鄉兮。顏注：般，反也。趙充國傳：明主般師罷兵。鄧展曰：般，還也。地理志：平原郡般縣。如淳曰：般音如回般之般。顏云：爾雅說九河云鉤般，郭璞以爲水曲如鉤，流般桓也。抱朴子廣譬篇：般旋之儀，見憎於裸踞之鄉。通作盤。廣雅：盤桓，不進也。後漢書張楷傳：前此徵命，盤桓未至。易屯卦：盤桓，利居貞。馬注：盤桓，旋也。漢仲秋下旬碑作般桓。薛綜注西京賦：盤桓，便旋也。通鑑：爾朱榮每見天子射中，叫將相卿士悉皆盤旋。或作跘。賈誼書容經篇：旋以微磬之容，其始動也，穆如驚倏；其固復也，旄如濯絲。跘旋之容也。通作班。易屯卦：乘馬班如。正義引馬融云：班旋不進也。釋文云：鄭本作般。周書：乃班。孔晁云：還鎬京也。襄十年左傳：水潦將降，懼不能歸，請班師。杜云：班，還也。哀二十四年傳：役將班矣，晉師乃還。又或作洀。管子小問篇：意者君乘駁馬而洀桓。注云：洀，古盤字。

fú 般(服)

𦨈 古文般從支

用也一曰車右騎所以舟旋從舟𠬝聲 房六切

用也者易繫辭服牛乘馬正義云服用其牛書說命旨哉說乃言惟服傳云美其所言皆可服行 一曰車右騎所以舟旋者騎當爲騑小字本徐鍇本集韻六書故竝作騑詩鄭風兩服上襄箋云兩服中央夾轅者正義云馬在內兩服者馬之上駕也僖十五年左傳晉與秦戰乘小駟慶鄭曰進退不可周旋不能君必悔之晉戎馬還濘而止注云還便旋也小駟不調故墮泥中僖二十三年傳其左執鞭弭右屬櫜鞬以與君周旋陳啟源曰服雖從舟旁然製字之義會意在車其以車得名者亦有二 四馬外二爲驂內二爲服一也詩兩服上襄兩服齊首是也兩軶謂之牝服二也詩不以服箱是也箱以容物在兩較之內故服箱相屬成文矣

古文服從人

從人者六書故以爲從卜案卜古文作卜誤爲人益卜聲也

文十二 重二

⿰舟周

⿰舟周 小船

詩河廣曾不容刀正義及釋文竝云說文作⿰舟周小船音刀詩鞞琫容刀釋文云說文作⿰舟周一切經音義九引郭注方言艇⿰舟周也廣雅⿰舟周舟也釋名三百斛曰⿰舟周⿰舟周貂也貂短也江南所名短而廣安不傾危者也

遺文一

fāng 方

方 併船也象兩舟省總頭形凡方之屬皆從方 府良切

鄉射記左足履物不方足注云方猶併也 史記蘇秦列傳車不得方軌正義云言不得兩車竝行 後漢書蔡邕傳速方轂注云蓋謂小人乘寵方轂而行 魯靈光殿賦方二軌而竝入 併船也者高注淮南氾論訓云方竝也齊語方舟設泭韋云方併也說苑江水出於岷山其始也大足以濫觴及至江之津不方舟不可渡也漢書酈食其傳蜀漢之粟方船而下顏注方併也後漢書班固傳方舟竝鶩注云方舟竝兩舟也馬融傳然後方餘皇連艅舟注云方猶竝也吳志呂蒙傳獲馬三百匹方船載還宋書武帝紀方艦而下臧質傳賦更方舫爲桁吳都賦方舟結駟五臣注方舟竝舟也景福殿賦水方輕舟五臣注方竝也元和志後魏刁雍上表論漕運欲造船二百艘二船爲一舫方舟順流五日而至或作舫一切經音義二通俗文連舟曰舫併兩舟也釋言舫舟也注云竝兩船史記張儀傳舫船載卒索隱云謂竝兩船也王隱晉書顧榮紀贍被徵行至彭城見王路塞絕遂解舫爲單舸而歸通作放荀子子道篇不放舟不避風則不可涉也注云放讀爲方

汸 方或從水

汗簡作汸以爲古文云見說文

háng 航

航 方舟也從方亢聲禮天子造舟諸矦維舟大夫方舟士特舟 胡郎切

或作互顏氏家訓書證篇何法盛中興書乃以舟在二間爲舟航字謬也董彥遠謝除正字啟誤存舟二間之爲航 又通作杭詩河廣一葦杭之傳云杭渡也郡國志餘杭舍杭登陸因以爲名也

方舟也者後漢書李南傳向度宛陵浦里航注云航以舟濟水也杜篤傳造舟於渭北航涇流注云爾雅曰天子造舟竝也以舟相竝而濟也航舟度也說文航字在方部今流俗不解遂與杭字相亂者誤也又或作航方言舟自關而東或謂之舟或謂之航管子小匡篇遂至於西河方舟設泭楚詞七諫將方舟而下流兮注云大夫方舟後漢書張衡傳譬臨河而無航注云航船也 禮天子造舟諸矦維舟大夫方舟士特舟者禮無此文釋水天子造舟諸矦維舟大夫方舟士特舟庶人乘泭郭云比船爲橋孫云比舟爲梁李云比其舟而渡曰造釋文云郭圖云天子併七船諸矦四大夫二士一詩大明造舟爲梁傳云天子造舟諸矦維舟大夫方舟士特舟箋云天子造舟周制也殷時未有等制昭元年左傳造舟於河杜云造舟爲梁正義云比舟以爲橋也

文二 重一

rén 儿

儿 仁人也古文奇字人也象形孔子曰在人下故詰屈

舟方儿

凡儿之屬皆從儿 如鄰切

仁人也者當云仁也人字衍古文仁字二在尸下此儿亦在下故曰仁也廣雅人仁也釋名人仁也仁生物也故易曰立人之道曰仁與義周語言仁必及人韋云博愛於人爲仁莊子愛人利物謂之仁賈誼書心兼愛人謂之仁說苑人而不愛則不能仁白虎通仁者不忍也施生愛人也 古文奇字人也者本書序奇字卽古文而異者也 在人下故詰屈者玉篇作人在下五音集韻同

凡從儿之字皆以儿爲下體故曰人在下

wù
兀

兀 高而上平也從一在人上讀若夐茂陵有兀桑里 五忽切

高而上平也者本書長從此云兀者高遠意也 讀若夐者廣雅夐遠也漢書司馬相如傳儵夐遠去典引上哉夐乎

ér
兒

兒 孺子也從儿象小兒頭囟未合 汝移切

孺子也者徐鍇本作孩子也本書孺乳子也孩小兒笑也廣韻兒嬰兒一切經音義二三蒼女曰嬰男曰兒 象小兒頭囟未合者本書囟頭會𡿺蓋也內則男角女羈注云夾囟曰角正義云囟是首腦之上縫故說文云兒其字象小兒腦不合也魏校曰囟頂門也子在母胎諸竅尚閉惟臍內氣囟爲之通氣骨獨未合既生則竅開口鼻內氣尾閭爲之洩氣囟乃漸合陰陽升降之道也

yǔn
允

允 信也從儿㠯聲 余準切

信也者釋詁文書堯典允恭克讓傳云允信也又允釐百工史記作信飭百官皋陶謨庶尹允諧鄭注允信也堯典惟明克允馬注當明其罪能使信服之說命允懷于茲傳云信懷此學志詩定之方中終焉允臧傳云允信車攻允矣君子箋云允信禮緇衣允也君子注云允信也小毖肇允彼桃蟲常武王猶允塞時邁允王維后箋並云允信也文四年左傳君子是以知出姜之不允於魯也文十八年傳明允篤誠襄五年傳成允成功杜注並云允信也晉語辱君之允令韋云允信也馥案兗從允亦爲信春秋元命包五星流爲兗州兗信也李巡注爾雅沇州厥惟信謹故曰沇沇信也

duì
兑
(兌)

兌 說也從儿㕣聲 大外切

說也者兌說聲相近易說卦兌說也兌正秋也萬物之所說也王弼曰萬物成所以說也尚書說命禮記作兌命呂氏春秋勸學篇凡說者兌之也

chōng
充

充 長也高也從儿育省聲 昌終切

長也者長讀知亮切玉篇充滿也韓愈詩得時方長王管子內業篇凡食之道大充腸而形不藏注云大充謂過飽也周禮序官充人注云充猶肥也 高也者徐鍇曰𠫓在儿上也

文六

亮

亮 明也從儿從高省

六書故引唐本

遺文一

xiōng
兄

兄 長也從儿從口凡兄之屬皆從兄 許榮切

長也者玉篇兄昆也引爾雅男子先生爲兄廣雅兄大也釋名兄荒也荒大也故青徐人謂兄爲荒也論語長幼之節書伊訓立敬惟長曲禮十年以長則兄事之詩克長克君箋云教誨不倦曰長是也 從儿從口者集韻從人口以制下白虎通兄者況也況父法也

jīng
兢

兢 競也從二兄二兄競意從丯聲讀若矜一曰兢敬也 居陵切

汗簡兢見尚書說文通爲小篆

競也者襄十年左傳師競已甚杜云競爭競也襄二十六年傳臣不心競而力爭昭十三年傳國不競亦陵注云不競爭則爲人所侵陵 從二兄競意者二兄爭長也 從丯聲者丯非聲有誤 讀若矜者大禹謨汝惟不矜天下

儿 兄

莫與汝爭能僖九年公羊傳矜之者何猶曰莫若我也
一曰兢敬也者通作兢本書肅持事振敬也戰戰兢兢也
釋訓兢兢戒也書臯陶謨兢兢業業詩雲漢兢兢業業傳
云兢兢恐也漢書外戚傳唯婚姻爲兢兢又通作矜韋孟
詩矜矜先王孟子使諸
大夫國人皆有所矜式

文二

zēn 先

先 首笄也從儿匕象先形凡先之屬皆從先 側琴切

本書夫下云從大一以象簪也　夢書簪者己之尊也　燕
書張華脫所著幘簪以遺高祖　通俗文幘導曰簪　釋名
導所以導擽鬢髮使入巾幘之裏也　御覽引諸葛恢集詔
答恢曰今送一犀導小物百　史記平原君誇楚爲玳瑁簪
韓詩外傳有婦人哭甚哀孔子使問之婦人曰鄉者刈著
薪而亾吾著簪吾是以哀也非傷亾簪也蓋不忘故也　班
固與弟超書今遺仲升玳瑁黑犀簪
江表傳魏文帝遣使於吳求通犀簪
首笄也者本書笄簪也廣雅笄簪也蒼頡篇簪笄也所以
持冠也釋名簪兓也以兓連冠於髮也又枝也因形名之

也隋書禮儀志引釋名簪建也所以建冠於髮也一曰笄
笄係也所以拘冠使不墜也急就篇冠幘簪簧結髮紐顏
注簪一名笄士冠禮皮弁笄注云笄者今之簪文選謝惠
連擣衣詩簪玉出北房李善云魏臺訪議曰以玉爲笄也
古曰笄
今曰簪

簪 俗先從竹從簪

jīn 兓

兓 兓兓銳意也從二先 子林切

兓兓銳意也者玉篇作兓
兓本書鐕可以綴著物者

文二　重一

mào 皃

皃 頌儀也從儿白象人面形凡皃之屬皆從皃 莫教切

楚詞九章情與貌其不變注云顏色爲貌　秦策不韋使楚
服而見王后悅其狀高云狀皃　說苑修文篇書曰五事一
曰貌貌者男子之所以恭敬婦人之所以姣好也行步中矩
折旋中規立則磬折拱則抱鼓其以入君朝尊以嚴其以入
宗廟敬以忠其以入鄉曲和以順其以入州里鄉黨之中和
以親　漢書王莽傳皃很自臧顏注皃古貌字也又古今人
表昆辯郎齊貌辯
本作皃譌爲昆
頌儀也者本書頌皃也儀當爲義本書義己之威義也經
典通用儀詩鳲鳩其儀不忒柏舟威儀棣棣周禮司儀以
詔儀容辭令
揖讓之節

貌 皃或從頁豹省聲

本書䫉從
此云美也

貌 籀文皃從豹省

從豹省者徐鍇本作從豸　鍇
曰豸獸豸豸然皃之嚴毅

biàn 覍

覍 冕也周曰覍殷曰冔夏曰收從皃象形 皮變切

玉篇覍攀也所以攀持髮也以鹿皮爲之　釋名弁如兩手
相合抃時也以爵韋爲之謂之爵弁以鹿皮爲之謂之皮弁

小爾雅廣服弁髦太古布冠冠而敝之者也　世本魯昭
公作弁宋均曰制素弁也　書金縢王與大夫盡弁傳云皮
弁　詩甫田突而弁兮傳云弁冠也頍弁傳云弁皮弁也絲
衣載弁俅俅箋云弁爵弁也　士冠禮三王共皮弁　周禮
司服視朝則皮弁服夏官叙官弁師注云弁者古冠之大稱
委貌緇布曰冠弁師職王之皮弁會五采玉璂象邸玉笄王
之弁絰弁而加環絰諸侯及孤卿大夫之冕韋弁皮弁弁絰
各以其等爲之而掌其禁令　馥案魏臺訪議五采玉一玉有
五色者也　邸以象骨周緣弁下根柢如魏武帝所作弁抵凡
有弁無纓　僖二十八年左傳楚子玉自爲瓊弁玉纓杜云
弁以鹿子皮爲之　昭元年傳弁冕端委釋文本亦作弁端委
無冕字　馥案杜注弁冕冠也以冕冠訓弁則冕字衍文明矣
孟子以皮冠注云皮冠弁也　董巴輿服志爵弁一名冕
廣八寸長尺二寸如爵形前小後大繒其上似爵頭色有收
持笄所謂夏收殷冔者也祠天地五郊明堂雲翹舞樂人服
之皮弁與委貌同制長七寸高四寸制如覆杯前高廣後卑
銳所謂夏之毋追殷之章甫者也行大射禮辟雍公卿諸侯
大夫行禮者冠委貌執事者冠皮弁　五經通義皮弁冠前
後玉飾　梁正三禮圖弁縫十二　三禮圖爵弁　士助君祭
之服服以祭其廟無旒韋弁王及諸侯其服也　三禮冠弁

圖皮弁以鹿皮淺毛黃白色者爲之高尺二寸春三月習大射冠之行事　李孟悊儀禮章疏委貌與弁皆天子始冠之冠齊永明中高麗使臣冠折風中書郎王融戲之曰頭上定是何物荅曰此則古弁之遺象也　隋書李子雄傳新羅遣使朝貢子雄問其冠制所由使者曰皮弁遺像安有大國君子而不識皮弁也　通典上古衣毛帽皮後代聖人見鳥獸冠角乃作冠纓黃帝造旒冕始用布帛唐虞以上冠布無緌夏后以牟追以收收所以收斂髮殷制章甫或以冔冔覆也自覆飾形制竝無文至周六冕章數始備故孔子曰服周之冕言中禮也

冕也者本書冕大夫以上冠也㮣弁飾　論語見冕者釋文鄭本作弁　周日覍殷日冔夏日收者　廣雅收冔冠也釋名收夏后氏冠名也言收斂髮也　詩文王常服黼冔傳云冔殷冠也夏后氏日收周日冕釋文冔字林作冔士冠禮記周弁殷冔夏收注云弁名出於槃槃大也言所以自光大也冔名出於幠幠覆也言所以自覆飾也收言所以收斂髮也郊特牲委貌周道也章甫殷道也毋追夏后氏之道也周弁殷冔夏收檀弓周人弁而葬殷人冔而葬王制夏后氏收而祭殷人冔而祭周人冕而祭內則夏后氏收而祭燕衣而養老殷人冔而祭縞衣而養老周人冕而祭

元衣而養老宣元年公羊傳已練可以弁冕注云弁禮所謂皮弁爵弁也皮弁武冠爵弁文冠夏曰收殷曰冔周曰弁加旒曰冕獨斷冕冠周曰爵弁殷曰冔夏曰收皆以三升漆布爲殼廣八寸長尺二寸加爵弁其上周黑而赤如爵頭之色天子十二旒三公九諸侯卿七其纓與組各如其綬之色

（籀文）籀文覍从廾上象形

（篆）或覍字

隸變作下

文二　重四

gǔ 兜

兜（篆）廱蔽也从儿象左右皆蔽形凡兜之屬皆从兜讀若瞽　公戶切

本書盻瞢兜兜當作兜

dōu 兜

兜（篆）兜鍪首鎧也从兜从皃省皃象人頭也　當侯切

廱蔽也者杜篤論都賦廱偃西戎通作雝詩無將大車維塵雝兮箋云雝猶蔽也晉書地理志雝州以其四山之地故以雝名焉亦謂西北之位陰陽所不及陰陽氣雝閼也又作壅楚辭不忍見君之蔽壅韓詩外傳所友者十有二人足以袪壅蔽矣說苑是故古者君始聽治大夫而一言士而一見庶人有謁必達公族請問必語四方至者勿距可謂不壅蔽矣陸機演連珠是以明哲之君時有壅蔽之累通鑑魏靈太后務爲壅蔽不使帝知外事又通作擁內則女子出門必擁蔽其面注云擁猶障也潛夫論此奸雄所以逐黨進而處子所以愈擁蔽也　讀若瞽者史記趙高瞽惑二世又通作蠱釋詁蠱疑也杜注昭元年左傳云蠱惑疾正義云心志惑亂之疾

集韻眊兜鍪上毛飾　孝經援神契欲去惡鬼須具五刑五人持大斧箸鐵兜鍪驅之　淮南氾論訓古者有鍪而綣領以王天下者矣高云鍪頭著兜鍪帽　東觀漢記馬武與衆將上隴擊隗囂身被兜鍪鎧甲又云祭遵薨遺校尉發騎士四百人被元甲兜鍪送葬　吳志太史慈與孫策鬬得策兜鍪　獻帝春秋孫策獲太史慈謂曰孤昔與卿神亭之役若

爲卿先如何慈曰不敢面欺若兜鍪帶不斷未可量也　吳歷諸葛恪使丁奉等皆解鎧但箸兜鍪北軍見裸身皆大笑　晉令軍列營步騎士以下皆箸兜鍪　陶侃荅溫嶠書奉所送帳下得蘇峻兜鍪制作之巧用功殊多戰器不須似此　宋書柳元景傳乃脫兜鍪解所帶鎧惟箸絳納兩當　王琰宋書陳伯紹討劉思道紹髻解兜鍪墜地見禽　南齊書周盤龍傳世祖戲之日卿箸貂蟬何如兜鍪　吳越春秋令三百人被甲兜鍪而立　廣志大戎皆以朱漆皮作兜鍪　御覽引庾翼書今致兜鍪白毦百副又　通鑑齊永明中交州刺史李叔獻求獻十二隊純銀兜鍪又云楊立感取帆布爲牟甲注云牟兜牟也又云秦主登將士皆列鉾鎧爲从休字注云鉾頭鉾　寰宇記突厥有金山狀如兜鍪俗呼兜鍪爲突厥因以爲號　或作鞮鍪長楊賦鞮鍪生蟣蝨　廣韻漢書鞮鍪即兜鍪韓策甲盾鞮鍪鮑注鍪兜鍪

兜鍪首鎧也者本書胄兜鍪也初學記引本書曰首鎧謂之兜鍪集韻鏤首箸兜鉾也莊子鏤頭曹植表兩當鎧二十領兜鍪自副長楊賦鞮鍪生蟣蝨李善引本書鞮鍪首鎧也顏謂因賦而順稱鞮鍪

文二

xiān 先

先 前進也從儿從㞢凡先之屬皆從先 穌前切

前進也者論語先進於禮樂漢書百官公卿表太子太保少傅屬官有先馬如淳曰前驅也國語曰句踐親爲夫差先馬先或作洗也續漢書百官志太子洗馬比六百石本注曰舊注云太子出則當直者在前導威儀　從㞢者本書㞢出也

出進也

shēn 兟

兟 進也從二先贊從此闕 所臻切

進也者通作贊書大禹謨益贊於禹曰馥謂進言於禹家語游夏不能贊一辭亦謂不能進一辭臯陶謨贊贊襄哉正義王肅云贊贊猶贊奏也案奏亦進意趙策秦攻趙鼓鐸之音聞於北堂希卑曰夫秦之攻趙不宜急如此此召兵也必有大臣欲衡者耳王欲知其人旦日贊羣臣而訪之先言橫者則其人也馥謂贊羣臣言進羣臣也漢書東方朔傳朔自贊曰孔光傳己刻侯印書贊顏注竝云贊進也

文二

說文解字義證　卷二十六　七

tū 秃

秃 無髮也從儿上象禾粟之形取其聲凡秃之屬皆從秃王育說蒼頡出見秃人伏禾中因以制字未知其審 他谷切

玉篇毛籀文秃字　洪武正韻引文字音義秃籀文作毛　一切經音義十八蒼頡篇瘣秃也韻集瘣瘡病也春發謂之㿕瘣秋發謂雁瘣張揖雜字作㾑　成元年穀梁傳季孫行父秃　禮記秃者不髽馥案秦書苻堅徵張巨和至長安賜以冠巨和以秃辭　御覽三百七十四引孫卿子曰傅說之狀秃無鬚眉　呂氏春秋盡數篇輕水之所多秃與癭人易林瘤癭秃疥爲身痛害　漢書灌夫傳與長孺共一秃翁張晏曰嬰年老又嗜酒頭秃　劉氏新論隨時篇玉笄所以飾首而秃嫗以之挂杖　顏氏家訓或問俗名傀儡子爲郭秃有故實乎荅曰風俗通云諸郭皆諱秃當是前代人有姓郭而病秃者滑稽戲調故後人爲其象呼爲郭秃

無髮也者本書頿秃也鬜鬢秃也釋名秃無髮沐秃也呂氏春秋明理篇旨秃傴尫注云秃無髮定命錄貲直言妻十五載一沐其髻墮終爲秃婦　上象禾粟之形取其聲者謂取粟聲也秃粟聲近　王育說云云者廣韻引文字音義文同案王育漢章帝時人作大篆解說見唐元度十體書

tuí 穨

穨 秃皃從秃貴聲 杜回切

詩卷耳我馬虺隤傳云虺隤病也釋文隤說文作穨馥案穨傳寫誤也釋詁虺隤病也

文二

jiàn 見

見 視也從儿從目凡見之屬皆從見 古甸切

韓詩外傳人生三月微的而後見

視也者廣雅同華嚴經音義上引蒼頡篇示見也案視示通詩視民不恌箋云視古示字

shì 視

視 瞻也從見示 神至切

釋名視是也察是非也　書太甲視遠惟明洪範五事二曰視

說文解字義證　卷二十六　十六

瞻也者本書瞻臨視也

從見示者徐鍇本作示聲

𥄎 古文視

眡 亦古文視

漢啟母廟石闕銘昭眡後昆

lì 觀

觀 求也從見麗聲讀若池 郎計切

求也者當云求視也集韻觀求視也玉篇觀索視之皃吳都賦觀海陵之倉李善引蒼頡篇觀索視之皃通作麗釋名麗離也言一目視天一目視地目明分離所視不同也

wēi 覣

覣 好視也從見委聲 於爲切

nì 覞

覞 旁視也從見兒聲 五計切

旁視也者本書睨衺視也徐鍇本作內視鍇曰內視自視也鍇韻譜亦作內視

先秃見

luó 覼

覼 好視也从見𤔔聲 洛戈切

玉篇覼縷委曲也吳都賦嗟難得而覼縷唐書柳宗元傳秉筆覼縷不能成章類篇覼俗從爾非是 好視也者集韻覼視貌 𤔔聲者𤔔非聲覼聲如維晉書傅咸疏臣所以不羅縷者冀因結奏得從私願也

lù 䚄

䚄 笑視也从見彔聲 力玉切

笑視也者廣韻䚄眼曲䚄也通作睩宋玉招魂蛾眉曼睩目騰光些

xuǎn 𧢄

𧢄 大視也从見爰聲 況晚切

大視也者本書奱下音義並同

lián 覝

覝 察視也从見㶿聲讀若鎌 力鹽切

㶿从羊說見㶿下

察視也者玉篇覝今作廉戴侗曰廉問廉察之廉別作覝徐鍇曰漢書多言廉得某情廉察視也當作此覝漢高帝詔且廉問有不如吾詔者以重論之續漢書螟不入中牟河南尹袁安遣掾往察廉之洞簫賦廉察其賦歌李善云廉亦察也通典官制有廉訪使漢乙瑛碑乙君察舉守宅除吏孔子十九世孫麟廉請置百石卒史一人隸釋以麟廉爲人名非是

說文解字義證 卷二十六 丸

yùn 䚋

䚋 外博衆多視也从見員聲讀若運 王問切

guān 觀

觀 諦視也从見雚聲 古玩切

諦視也者廣雅觀視也釋名觀翰也望之延頸翰翰也馥謂翰當爲翰本書翰睎也睎望也成六年左傳視流而行速杜云視流不端諦本書禘諦祭也論語禘自既灌而往者吾不欲觀之矣

𡕒 古文觀从囧

畢君以珣曰當從古文目作囼 馥案趙宧光曰古目作囼譌同囧

dé 㝵

㝵 取也从見从寸寸度之亦手也 多則切

本書得古文作㝵 取也者一切經音義一說文㝵取也尚書高宗夢㝵說是也案衛宏詔定古文官書㝵得二字同體馥案曲禮臨財毋苟得當作㝵 亦手也者韻會引徐鍇本下有見而手取之五字

lǎn 覽

覽 觀也从見監監亦聲 盧敢切

觀也者廣雅同離騷皇覽揆余于初度兮王注覽觀也 監亦聲者當爲監聲

lài 䚅

䚅 内視也从見來聲 洛代切

内視也者本書睞目睞謹也詛讀若反目相睞蒼頡篇内視曰睞並當作䚅

tí 題

題 顯也从見是聲 杜兮切

顯也者廣韻題現也

piǎo 覭

覭 目有察省見也从見𤽄聲 方小切

說文解字義證 卷二十六 亍

目有察省見也者見集韻引作皃廣韻引字林覭目有所察本書瞟瞭也瞭察也

cī 䚬

䚬 覻覰闚觀也从見朿聲 七四切

覻覰闚觀也者玉篇覻盜視皃也又䀎䀎盜視案方言凡相竊視南楚謂之闚自江而北謂之覻覻即覻之或體廣韻覻覰也一切經音義十二云字林覻窺觀也亦覻也廣雅覻視也相候視也通俗文伏覻曰覻覻通作狙管子七臣七主篇從狙而好小察注云狙伺也史記留侯世家良與客狙擊秦皇帝博浪沙中集解服虔曰狙伺候也索隱應劭云狙伺也顏注漢書云狙謂密伺之

qù 覰

覰 拘覰未致密也从見虘聲 七句切

míng 覭

覭 小見也从見冥聲爾雅曰覭髳弗離 莫經切

爾雅曰覭髳弗離者釋詁文彼作茀離郭云謂草木之叢茸翳薈也茀離即彌離彌離者蒙蘢耳

dān 䙴

䙴 内視也从見甚聲 丁含切

內視也者漢張壽碑覿覿虎視

gòu 覯
覯 遇見也從見冓聲 古后切
遇見也者詩草蟲亦既覯止傳云覯遇抑莫予云覯公劉乃覯于京傳並云覯見也裳裳者華我覯之子車舝鮮我覯爾箋並云覯見也

kuī 覽
覽 注目視也從見歸聲 渠追切
注目視也者玉篇覽目駐視也

chān 覘
覘 窺也從見占聲春秋傳曰公使覘之信 敕豔切
窺也者廣韻引作闚視也廣雅覘視也檀弓晉人之覘宋者返注云覘闚視也魏氏春秋太祖常夜微出覘察諸吏或作貼方言貼視也凡相竊視南楚謂之闚或謂之貼自江而北或謂之覗通作佔學記呻其佔畢注云佔視也又通作沾檀弓我喪也私沾注云沾讀曰覘覘視也 春秋傳曰公使覘之信者成十七年左傳文注云覘伺也

說文解字義證 卷二十六 三三

wéi 覹
覹 司也從見微聲 無非切
司也者廣雅覹覗也通作微晉語公使覘之韋云覘微視也漢書郭解傳使人微知賊處顏注微伺問之也

xū 覢
覢 暫見也從見炎聲春秋公羊傳曰覢然公子陽生 失冉切
暫見也者一切經音義十六說文覢暫見也不定也又卷六電關中名覢電韻謂電暫見者也釋名電殄也乍見則殄滅也本書睒暫視皃玉篇覢暫覢也廣雅覢見也蒼頡篇覢覢視皃 春秋公羊傳曰覢然公子陽生者哀六年傳文彼作闖注云出頭貌

bìn 覾
覾 暫見也從見賓聲 必刃切
暫見也者廣韻覾覾暫見也

fán ⿰樊見
⿰樊見 覾⿰樊見也從見樊聲讀若幡 附袁切
覾⿰樊見也者類篇引作覾⿰樊見暫見也

mí ⿰氐見
⿰氐見 病人視從見氐聲讀若迷 莫兮切

yóu ⿰卣見
⿰卣見 下視深也從見卣聲讀若攸 以周切
下視深也者玉篇⿰卣見下目也

chēn ⿰彤見
⿰彤見 私出頭視也從見彤聲讀若郴 丑林切

mào ⿱冃見
⿱冃見 突前也從見冃 莫紅亡洪二切
突前也者一切經音義九⿱冃見云北反⿱冃見浸猶抵觸也又云⿱冃見莫勒反國語⿱冃見浸輕儳賈逵曰⿱冃見浸猶輕觸也又十二說文云⿱冃見突前也猶輕觸直進也字從冃從見今皆作冒馥案本書蠢下云吏抵冒取民財則生漢書禮樂志民人抵冒顏注抵忤也冒犯也趙充國傳抵冒渡湟水顏注抵冒犯突而前也冒音莫北反周禮太史若約劑亂則辟法注云謂抵冒盟誓者又云辨事者攷焉不信者誅之注云謂抵冒其職事又司約注云治者理其相抵冒上下之差差也洪範咎徵曰蒙恆風若正義引鄭注蒙見冒亂 從見冃者冃當依戴侗引唐本作冃

說文解字義證 卷二十六 三三

jì 覬
覬 钦幸也從見豈聲 几利切
钦幸也者李善注冊魏公九錫文引作幸也一切經音義二引同本書豈欲也钦希也檀弓幸而至於旦注云幸覬也又云吾欲暴尪注云尪者面鄉天覬天哀而雨之後漢書盧芳傳臣非敢有所貪覬注云覬望也後魏書程駿對顯祖曰臣雖才謝呂望而陛下尊過西伯覬天假餘年竭六韜之效通作驥廣雅驥企也

yú 覦
覦 欲也從見俞聲 羊朱切
欲也者李善注冊魏公九錫文引同廣韻覦覬覦欲得華嚴經音義覦謂有所冀望也桓二年左傳是以民服事其上而下無覬覦杜云下不冀望上位襄十五年傳能官人則民無覦心杜云無覬覦以求幸陳書蕭摩訶傳窺覦江左

chuāng ⿱舂見
⿱舂見 視不明也一曰直視從見舂聲 丑龙切

見

yào 䚊　jué 覺　jí 䚐　jìng 靚　qīn 親　jìn 覲

䚊 視誤也從見龠聲弋笑切

視誤也者廣韻䚊視不定也

覺 寤也從見學省聲一曰發也古岳切

寤也者有二義一曰知覺本書斆覺悟也釋名覺告也昭三十一年公羊傳叔術覺焉何云覺悟也孟子使先覺覺後覺是也一曰睡覺本書寤寐覺而有言曰寤一切經音義三覺寤也謂眠後覺也詩王風尚寐無覺周禮六夢三曰思夢四曰寤夢注云覺時所思念之而夢覺時道之而夢成十年左傳晉矦夢大厲又云公覺列子周穆王篇古之眞人其覺自忘其寢不夢又云西極之南隅有國名古莽其民多眠五旬一覺以夢中所爲者實覺之所見者妄莊子齊物論且有大覺而後知此大夢也史記高祖本紀後人至高祖覺注云覺謂寤寐而寤也東觀漢記上曰我昨夜夢乘赤龍上天覺悟心中動悸三國典略高歡夢履衆星而行覺而內喜晉書張華夢見屋壞覺而惡之前燕錄慕容儁夢石虎齧其臂覺遂痛惡之博物志文王夢覺召太公傳子夢攀日月覺而不上天庭夢入九泉寤而不

及地下是也一曰發也者廣韻覺發也漢書高帝紀有而勿言一覺免顏注發覺者免其官

䚐 目赤也從見𩏂省聲才的切

目赤也者孫觀察星衍曰玉篇䚐見也疑說文作目䚐　𩏂省聲者聲字衍

靚 召也從見靑聲疾正切

召也者釋言召靚也廣雅召靚也又云靚呼也通作請廣韻靚古奉朝請亦作此字呂氏春秋分職篇今召客者酒酣高注召請也

親 至也從見亲聲七人切

至也者本書寴至也廣韻儭至也

覲 諸矦秋朝曰覲勞王事從見堇聲渠吝切

諸矦秋朝曰覲者詩韓奕韓矦入覲以其介圭入覲于王箋云諸矦秋見天子曰覲儀禮有覲禮鄭目錄云秋見曰

tiào 覜　máo 覒　miè 覕

覲周禮大行人秋覲以比邦國之功注引司馬法秋以禮覲諸矦比同功馬融曰在西方者覲秋曲禮天子當依而立諸矦北面而見天子曰覲僖二十八年左傳出入三覲杜云凡三見王昭三十二年穀梁傳諸矦不享覲范云覲見也鄭駁異義云朝通名也秋之言覲據時所用禮　勞王事者勞上當有勤字覲勤聲相近

覜 諸矦三年大相聘曰覜覜視也從見兆聲他弔切

諸矦三年大相聘曰覜者聘義故天子制諸矦比年小聘三年大聘注云比年小聘所謂歲相問也三年大聘所謂殷相聘也周禮典瑞瑑圭璋璧琮繅皆二采一就以覜聘注云大夫衆來曰覜寡來曰聘大行人殷覜以除邦國之慝注云殷覜謂一服朝之歲也昭五年左傳享覜有璋杜云覜見也管子小匡篇美爲皮幣以極聘覜於諸矦魏都賦侈所覜之博大　覜視也者釋詁文彼作覜釋文作覜齊語以驟聘覜於諸矦韋云覜視也周禮大宗伯殷覜曰視注云殷覜謂一服朝之歲以朝者少諸矦乃使卿以大禮衆聘焉一服朝在元年七年十一年考工記玉人之事瑑圭璋八寸璧琮八寸以覜聘注云覜視也聘問也衆來曰覜特來曰聘論語宗廟之事如會同鄭注諸矦時見曰

會殷見曰同皇氏疏曰周禮六服各隨服而來是正朝有數也而時見曰會此無常期諸矦有不庭服者王將有征討之事則因朝覲王命爲壇於國外合諸矦而發禁亦隨其方若東方不服則命與東方諸矦共征之此是時見曰會也又王十二年一巡狩若王有事故則六服諸矦竝來京師朝王受法此是殷覜曰同也而鄭元注云殷覜曰同者周禮又有時聘曰問殷覜曰視竝是諸矦遣臣來京師也王有事故諸矦不得自來而遣臣來聘王此亦無定時是時聘曰問也又元年六服惟矦服獨來朝京師人少故諸矦竝遣臣來京師覜王是殷覜曰視也鄭元云殷見曰同者廣覜見之言通也

覒 擇也從見毛聲讀若苗莫袍切

擇也者玉篇引詩左右覒之通作芼今詩作芼傳云芼擇也釋言芼搴也孫炎曰皆擇菜也

覕 蔽不相見也從見必聲莫結切

蔽不相見也者玉篇覕覓也莊子徐無鬼譬之猶一覕也司馬彪注覕暫見皃

shī 覗　dōu 䚀　yào 覞　qiān 覼　xì 𩆤　qiàn 欠　qīn 欽

覗　司人也從見它聲讀若馳式支切

䚀　目蔽垢也從見𥃩聲讀若兜當侯切

目蔽垢也者一切經音義九引本書蔽下云一曰瞢兜兜並當作䚀顔注急就篇眵謂眵䚀目之蔽垢也　讀若兜者小字本作讀若兜

文四十五　重三

覞　竝視也從二見凡覞之屬皆從覞弋笑切

竝視也者廣韻作普視

覼　很視也從覞肩聲齊景公之勇臣有成覼者苦閑切

齊景公之勇臣有成覼者孟子作成覸

𩆤　見雨而止息從覞從雨讀若欷虛器切

見雨而止息者本書需遇雨不進止頦也愒息也

文三

欠　張口气悟也象气從人上出之形凡欠之屬皆從欠去劒切

本書奄欠也從大從申申展也　詩終風釋文崔云毛訓嚏爲㰦今俗人云欠欠㰦㰦是也　士相見禮君子欠伸注云志倦則欠體倦則伸　素問二陽一陰發病主驚駭背痛善噫善欠　八十一難經假令得腎脈其外證面黑善恐欠張世賢注云欠氣相引也　張口氣悟也者御覽引作張口出氣也悟六書正譌作㑀玉篇㰦下云欠㰦張口也通俗文張口運氣謂之欠㰦

欽　欠皃從欠金聲去音切

欠皃者山海經剛山多神其音如欽通作嶔釋名欠嶔也開張其口脣聲嶔嶔也

luán 𣤶　xì 欯　chuī 吹　xū 欨　hū 歑　yù 㰲　yú 歟　xié 歙　pēn 歕　xiē 歇

𣤶　欠皃從欠䜌聲洛官切

欯　喜也從欠吉聲許吉切

喜也者廣雅同　廣韻欯笑也

吹　出气也從欠從口昌垂切

本書口部有吹字

出气也者水東日記今人以大舒氣作聲爲打吹氣

欨　吹也一曰笑意從欠句聲況于切

吹也有玉篇欨吹欨　一曰笑意者李善注琴賦引作笑皃廣蒼欨欷樂也

歑　溫吹也從欠虖聲虎烏切

溫吹也者廣韻歑溫吹氣息也玉篇歑出氣息也出曰歑入曰哈通作吁尚書大傳陽盛則吁荼萬物而養之外也

陰盛則呼吸萬物而藏之內也故曰吁吸也者陰陽之交接萬物之終始注云吁荼氣出而溫呼吸氣入則寒

㰲　吹气也從欠或聲於六切

集韻作㰲

歟　安气也從欠與聲以諸切

安气也者本書余語之舒也　廣韻歟歎也玉篇歟語末詞通作與論語歸與歸與皇氏疏與不定之詞也

歙　翕气也從欠脅聲虛業切

翕气也者翕當爲歙

歕　吹气也從欠賁聲普魂切

吹气也者李善注東都賦引同玉篇歕歕氣也口含物歕散也顏氏家訓見馬嘶歕陸梁莫不震慴

歇　息也一曰气越泄從欠曷聲許謁切

huān 歡　xīn 欣　shěn 弞　kuǎn 款

息也者本書愒息也廣韻歇休息也通作猲齊策恫疑虛猲高云猲喘息懼皃　一曰气越泄者本書喝㵣也㵣當作歇玉篇喝嘶聲也廣韻歇氣洩也玉篇歇臭味消息散也方言歇涸也注云歇泄气釋詁歇竭也宣十二年左傳憂未歇也杜云歇盡也顏延之和謝靈運詩芬馥歇蘭若徐鍇本有讀若香息盡歇六字鍇引鮑照曰薰歇燼滅

歡　喜樂也從欠雚聲　呼官切

本書歡從欠與歡同

喜樂也者李善注七命引同廣韻歡喜也廣雅歡樂也孟子而民歡樂之通作驩書無逸言乃雍史記作讙裴駰引鄭注讙喜悅也檀弓言乃讙注云讙喜說也坊記言乃讙注云讙當爲歡聲之誤也其既言天下皆歡樂其政教也

欣　笑喜也從欠斤聲　許斤切

笑喜也者本書听笑皃訢喜也漢書萬后君傳注晉灼曰許愼云訢古欣字廣雅欣欣喜也釋詁欣樂也詩鳧鷖旨酒欣欣傳云欣欣然樂也孟子舉欣欣然有喜色楚辭九歌君欣欣兮樂康王云欣欣喜皃樂動聲儀人情喜則笑

矣或作忻東觀漢記上與鄧晨說故舊平生爲忻樂

弞　笑不壞顏曰弞從欠引省聲　式忍切

笑不壞顏曰弞者一切經音義四哂字書作吲或作弞論語夫子哂之馬融曰哂笑也三蒼哂小笑檀弓未嘗見齒鄭注言笑之微又注曲禮笑不至矧云齒本曰矧大笑則見矣案鄭破矧爲齗非本書義鄭子心悅者顏不能不笑晉書載記千秋一言致相匈奴矧之孫綽游天台山賦哂夏蟲之疑氷通鑑唐太宗與羣臣論止盜或請重法上哂之注云笑不壞顏曰哂或作矧曲禮笑不至矧　引省聲者疑弞省聲

款　意有所欲也從欠𥝌省　苦管切

意有所欲也者荀子注引同廣雅款款愛也荀子修身篇愚款端愨則合之以禮樂通之以思索注云款誠款也文選謝靈運詩語往實款然李善云款款然謂如其所欲江淹雜體詩款睇在何辰謝惠連詠牛女詩款顏難久悰李善竝引字林款誠也意有所欲漢書司馬遷傳誠欲効其款款之愚宋書禮志塞神祇之款望　𥝌省者徐鍇本作𥝌

jì 欯　yù 欲　gē 歌　chuǎi 歂　wū 歍　zú 歜

省聲

款　款或從柰

欯　㚔也從欠气聲一曰口不便言　居气切

㚔也者本書覬钦㚔也小爾雅非分而得曰幸通作冀僖三十三年左傳鄭有備矣不可冀也　一曰口不便言者本書吃言蹇難也玉篇钦口不便也亦作吃

欲　貪欲也從欠谷聲　余蜀切

貪欲也者曲禮欲不可從正義云心所愛爲欲六韜義勝欲則昌欲勝義則亡

歌　詠也從欠哥聲　古俄切

本書哥下云古文以爲謌字

詠也者藝文類聚引作詠詩曰歌月令章句樂聲曰歌書舜典詩言志歌詠言聲依永律和聲玉篇歌詠聲也釋名

人聲曰歌歌柯也所歌之言是其質也以聲吟詠有上下如草木之有柯葉也故兗冀言歌聲如柯也急就篇五音總會歌謳聲顏注長言謂之歌詩園有桃我歌且謠傳云曲合樂曰歌劉碧世祖登歌議歌所以詠德

謌　歌或從言

歂　口气引也從欠耑聲讀若車輇　市緣切

口气引也者廣韻引字林同鄭有駟歂字子然然當爲嘫

歍　心有所惡若吐也從欠烏聲一曰口相就　哀都切

心有所惡若吐也者大荒北經共工臣相繇九首蛇身其所歍所尼即爲源澤注云歍嘔猶噴吒太元竈次七脂牛正肪不濯釜而烹則歐歍之疾至注云歐歍吐逆聲　一曰口相就者集韻引作一曰口呴也

歜　歍歜也從欠鼀聲　才六切

歍歜也者聲類作嗚𠸄廣韻歜取氣皃又歜欪聲又喊歍喊

欠

俗歗從口從就

從就者廣韻噈歍噈口相就也

zú 欶

愁然也從欠尗聲孟子曰曾西欶然 才六切

愁然也者玉篇欶欶悲皃　孟子曰曾西欶然者彼作蹵然注云蹵然猶蹵踖也非本書義

qiān 欦

含笑也從欠今聲 丘嚴切

含笑也者本書㰼善笑皃

yí 歋

人相笑相歋瘉從欠虒聲 以支切

人相笑相歋瘉者徐鍇韻譜作歋揄玉篇作歋歈廣韻歋歈手相弄人後漢書王霸傳市人皆大笑舉手邪揄之注云說文曰歋歈手相笑也歋音弋支反歈音踰或音由此云邪揄語輕重不同馥案本書人當爲手瘉當作歈續晉陽秋羅友桓温府乞祿許而不用同府人有得郡者温爲作別友亦被命至尤晚温問之荅曰民守旦出門於中路遇一鬼大見邪歈曰見汝送人作郡不見人送汝作郡民始怖終慙不覺淹緩

xiāo 歊

歊歊气出皃從欠高高亦聲 許嬌切

歊歊气出皃者李善注寶鼎詩引作氣上出皃張揖字詁同集韻敿歊氣上烝漢書揚雄傳涍潰雲而散歊烝敘傳曲陽歊歊亦朱其堂左思吳都賦歊霧漨涍　高亦聲者當爲高聲

xū 欻

有所吹起從欠炎聲讀若忽 許物切

有所吹起者李善注赭白馬賦引同玉篇欻暴起也一切經音義六引蒼頡篇欻猝起也思元賦欻神化而蟬蛻兮舊注欻輕舉貌元包經廖侘侘趯欻欻通作忽王褒九懷霾土忽兮𡻕𡻕　讀若忽者徐鍇本作讀若忽飛韓愈詩指畫變怳欻注音忽馥案怳欻卽怳忽亦作慌忽一切經音義二十五引漢書音義怳忽眼亂也又卷三引漢書音義慌忽眼亂也西京賦欻從背見薛綜注欻之言忽也

xī 欯

欯欯戲笑皃從欠㞢聲 許其切

欯欯戲笑皃者或作歖文賦或受歖於拙目李善云或於拙目受歖笑也又作嗤後漢書樊宏傳時人嗤之

yáo ⿰䍃欠

⿰䍃欠⿰䍃欠气出皃從欠䍃聲 余昭切

xiào 歗

吟也從欠肅聲詩曰其歗也謌 穌弔切

本書嘯籀文作歗　吟也者徐鍇本作吹錯曰歗者吹氣出聲也成公綏嘯賦動脣有曲發口成音觸類感物因歌隨吟　詩曰其歗也謌者召南江有汜文彼作嘯箋云嘯蹙口而出聲

tàn 歎

吟也從欠鷬省聲 他案切

吟也者廣雅同樂記一唱而三歎又云長言之不足故嗟歎之注云嗟歎和續之也文選曹子建與吳季重書鳳歎虎視李善云歎猶歌也趙岐光曰後代歌詞有歎卽吟也

籀文歎不省

xī 歖

卒喜也從欠從喜 許其切

本書喜古文作歖　卒喜也者或作嘻易家人卦婦子嘻嘻鄭云驕佚喜笑之意漢書灌夫傳夫怒因嘻笑曰顏注嘻強笑也音許其反

xiè 欸

訾也從欠矣聲 烏開切又凶戒切

訾也者當爲呰玉篇欸呰也一曰恚聲案本書呰苛也法言始皇方獵六國而翦牙欸注云牙欸切齒而怒也通作唉史記項羽紀亞父受玉斗置之地拔劍撞而破之曰唉豎子不足與謀索隱唉歎恨發聲之詞

zì 㰣

歐也從欠此聲 前智切

歐也者玉篇㰣嘔也嘔下引老子終日號而不嘔嘔氣逆也集韻引蒼頡篇嘔㰣也

ǒu 歐

吐也從欠區聲 烏后切

吐也者一切經音義十歐欲吐也江南或謂歐爲嗀新序節士篇袁旌目曰嘻汝乃盜也何爲而食我兩手據地而

歐之不出喀喀然馥案喀或作峈晉語五伏弢峈血漢書丙吉傳醉歐丞相車茵申屠嘉傳因歐血而死山海經薄魚其音如歐注云如人嘔吐聲也或作嘔釋名嘔傴也將有所吐脊曲傴也顏注急就篇嘔逆吐而不下食也

xū 歔

歔　欷也從欠虛聲一曰出气也（朽居切）

欷也者一切經音義五字林欷歔涕泣皃也蒼頡篇泣餘聲也亦悲也離騷曾歔欷余鬱邑兮東方朔七諫泣歔欷而霑衿　一曰出气也者通作嘘莊子齊物論仰天而嘘釋文云吐氣爲嘘漢書王襃傳呴嘘呼吸如喬松注云呴嘘皆開口出氣也

xī 欷

欷　歔也從欠稀省聲（香衣切）

歔也者玉篇欷悲也泣餘聲也漢書景十三王傳臣聞悲者不可爲㮣欷顏注欷歔欷也　稀省聲者徐鍇本作希聲

chù 歜

歜　盛气怒也從欠蜀聲（尺玉切）

yǒu ⿰卣欠

⿰卣欠　言意也從欠從卣卣亦聲讀若酉（與久切）

kě ⿰渴欠

⿰渴欠　欲歠也從欠渴聲（苦葛切）

欲歠也者通作渴哀十一年左傳陳轅頗出奔鄭道渴孟子渴者易爲飲交州記浮石體虛而輕煮飲止渴杜夷幽求召渴者以臨河不待鞭策而自至

jiào ⿰敫欠

⿰敫欠　所謌也從欠噭省聲讀若叫呼之叫（古弔切）

噭省聲者當作敫省聲噭從此敫　讀若叫呼之叫者徐鍇本作讀若噭

xì ⿰嗇欠

⿰嗇欠　悲意從欠嗇聲（所力切）

悲意者一切經音義九埤蒼⿰嗇欠恐懼也通俗文小怖曰⿰嗇欠公羊傳⿰嗇欠然而駭是也

jiào ⿰樵欠

⿰樵欠　盡酒也從欠樵聲（子肖切）

盡酒也者本書釂下聲義同　樵聲者樵疑作潐本書潐盡也从水易譌

jiān ⿰緘欠

⿰緘欠　監持意口閉也從欠緘聲（古咸切）

監持意口閉也者小字本李燾本廣韻玉篇竝作堅　字通作緘家語孔子觀於周廟有金人三緘其口

shèn ⿰辰欠

⿰辰欠　指而笑也從欠辰聲讀若蜃（時忍切）

指而笑也者或作囅吳都賦東吳王孫囅然而咍劉注云囅大笑皃莊周云齊桓公囅然而笑

kūn ⿰鰥欠

⿰鰥欠　昆干不可知也從欠鰥聲（古渾切）

昆干不可知也者馥謂猶漫滬廣韻漫滬不可知也又作⿰昆欠云不可知也通作鯀楚詞天問舜閔在家父何以鱞堯與所謂父頑楚詞所謂鯀婞直以亾身是也

shà 歃

歃　歠也從欠臿聲春秋傳曰歃而忘（山洽切）

歠也者本書醋歃酒也一切經音義八埤蒼及聲類皆作唼鴨食也離騷云鳧鴈皆唼粱藻兮上林賦云唼喋菁藻皆是也字書唼喋也書亦作歃所洽反謂以口微吸之也亦歃血也玉篇歃歃血也廣雅啐歃也有司徹二手執

挑匕枋以挹湆注云挑謂之歃讀如或舂或抗之抗字或從挑者秦人語也晉語宋之盟楚人固請先歃韋云歃飲血也淮南齊俗訓胡人彈骨越人契臂中國歃血所由各異其於信一也史記平原君傳毛遂謂楚王之左右曰取雞狗馬之血來毛遂奉銅盤而跪進之楚王曰王當歃血而定從晉吳隱之飲貪泉詩古人云此水一歃懷千金或作喢後漢書馮衍傳喢血昆陽　春秋傳曰歃而忘者隱七年左傳文而彼作如服虔曰如而也

shuò 欶

欶　吮也從欠束聲（所角切）

吮也者李善注風賦引同三蒼亦同本書吮欶也廣韻欶口噏也通俗文含吸曰欶釋名欶促也用口急促也或作嗽漢書鄧通傳文帝嘗病癰通常爲上嗽吮之汝南先賢傳蔡順母生瘡出膿順以口嗽之

kǎn 歁

歁　食不滿也從欠甚聲讀若坎（苦感切）

食不滿也者本書顑飯不飽面黃起行也廣韻歁食未飽也玉篇歁下云歁歁不滿皃廣雅歁貪也方言晉魏河內之北謂惏曰殘楚謂之貪南楚江湘之間謂之歁注云言歁惏難猒也匡謬正俗問曰今人謂物少不充爲欠義何

所取苦曰許氏說文解字云歁食不滿也李登聲類呂忱字林竝音口感反今爲欠者本爲歁耳

kǎn 欿

欿 欲得也從欠臽聲讀若貪他含切

詩坎坎伐輪兮漢石經作欿欿

欲得也者字林字書竝同玉篇貪惏曰欿廣雅欿欲也孟子如其自視欿然趙注欿然不以足

hē 欱

欱 歠也從欠合聲呼合切

歠也者李善注東都賦引同一切經音義十二引作啜也本書啜嘗也廣韻欱嘗也

qiàn 歉

歉 歉食不滿從欠兼聲苦簟切

歉食不滿者禮記無吒食謂歉薄之集韻䜺歉食也玉篇䜺歉食皃管子形勢篇䜺食者不肥體廣雅歉少也又云貪也通作嗛杜子春說周禮酒正引弟子職周旋而貳唯嗛之視賈疏云謂弟子侍師飲酒之時周旋而貳者欲副益酒尊之時嗛謂不滿唯酒尊不滿者視之更益通作慊漢書文帝詔人民未有慊志史記作嗛

說文解字義證《卷二十六　三三

wā 歄

歄 咽中息不利也從欠骨聲烏八切

咽中息不利也者一切經音義十一引息上有氣字玉篇氣息誤作氣氣甚通俗文大咽曰歄

yì 欭

欭 嚘也從欠因聲乙冀切

嚘也者集韻欭氣逆老子終日號而不嚘

kài 欬

欬 屰气也從欠亥聲苦蓋切

廣韻欬欬瘶玉篇欬上欶也釋名欬刻也氣奔至出入不平調若刻物也顏注急就篇欬嗽也蒼頡篇齊郡謂欶曰欬昭二十四年左傳余左顧而欬曲禮車上不廣欬月令季夏行春令國多風欬周書時訓解立秋又五日白露降白露不降民多欬病易說立秋氣未當至而至則少陽脈盛人病欬春秋繁露人君好戰貪城邑則民病欬嗽後趙錄楊津入侍左右忽欬逆失聲遂吐數升藏之衣袖史記仲尼弟子列傳樂欬字子聲屰气也者一切經音義二引同通俗文利喉曰謦欬字林欬瘶也案一切經音義十引本書瘶屰气也周禮疾醫冬時有嗽上氣疾注云嗽欬也上氣逆喘也素問秋傷於溼上逆而欬又黃帝問曰肺之令人欬何也岐伯對曰五藏六府皆令人欬非獨肺也此皆聚於胃關於肺使人多涕唾而面浮腫氣逆也呂氏春秋季夏紀國多風欬注云民病風欬上氣也南陽活人書欬逆者噦也後漢書和熹鄧后紀自力上原陵加欬逆唾血或作咳易通卦驗人足少陽脈盛多病咳嗽上炁咽喉腫注云立秋則陰炁勝陽炁未服故咳嗽咽喉腫也皇甫謐疏當暑煩悶加以咳逆

xì 歑

歑 且唾聲一曰小笑從欠毄聲許壁切

xī 歙

歙 縮鼻也從欠翕聲丹陽有歙縣許及切

縮鼻也者一切經音義五歙說文內息也引也謂引气息入也或作噏老子將欲噏之必固張之又通作翕漢書揚雄傳翕肩顏注翕斂也吳王濞傳脅肩絫足鄒陽傳脅肩低首顏注竝云脅翕也謂斂之也劉義慶幽明錄松上有雙白鳥下有大蛇張口翕之鳥不能去

yǒu 欲

欲 蹴鼻也從欠咎聲讀若爾雅曰麔豭短脰於糾切

說文解字義證《卷二十六　三四

蹴鼻也者本書皋下云言皋人蹙鼻苦辛之憂廣韻欲歐吐廣雅欲吐也或作咯哀二年左傳吾伏弢嘔血杜云嘔吐也釋文嘔本又作咯吐也讀若爾雅曰麔豭短脰者釋獸文豭彼作麚

yǒu 𣢾

𣢾 愁皃從欠幼聲於虯切

本書呦或作𣢾

chù 欪

欪 咄欪無慙一曰無腸意從欠出聲讀若屮丑律切

yù 欥

欥 詮詞也從欠從曰曰亦聲詩曰欥求厥寧余律切

詮詞也者廣雅欥詞也漢書敘傳欥中龢爲庶幾兮顏注欥古聿字韓詩歲聿其莫薛君章句聿詞也馥案書聿求元聖詩聿修厥德皆即欥字從曰者詩載見曰求厥章七月曰爲改歲漢書引作聿抑曰喪厥國釋文云韓詩作聿喪緜予曰有先後予曰有奔奏王注楚辭竝引作聿角弓見晛曰消釋文云韓詩作聿消劉向同馥案漢書楚元王傳引作聿消荀子非相篇引作晏然聿消大明曰嬪于京郭注爾雅引作聿戴君震毛鄭詩考正云蟋蟀首章傳

欠

聿遂震案文選注引韓詩薛君章句云聿詞也春秋傳引詩聿懷多福杜注云聿惟也皆以爲詞助詩中聿曰遹三字互用爾雅遹自也述也禮記引詩聿追來孝今詩作遹七月篇曰爲改歲釋文云漢書作聿角弓篇見晛曰消釋文云韓詩作聿劉向同傳於歲聿其莫釋之爲遂於聿修厥德釋之爲述箋於聿來胥宇釋之爲自於我征聿至聿懷多福遹駿有聲遹求厥寧遹觀厥成遹追來孝竝釋之爲述今考之皆承明上文之詞曰非空爲詞助亦非發語詞而爲遂爲述爲自緣詞生訓皆非也說文有欥字注云詮詞也從欠從曰曰亦聲引詩欥求厥寧然則欥葢本文省作曰同聲假借用聿與遹詮詞者承上文所發端詮而釋之也　詩曰欥求厥寧者大雅文王有聲文彼作遹　曰亦聲者當爲曰聲

㳄　不前不精也從欠二聲　七四切

不前不精也者本書趑下云趑趄行不進也莊三年穀梁傳次止也趙匡光曰春秋公次於滑左傳凡師一宿爲舍再宿爲信過信爲次故曰不前馥案精擇也不擇者次之

㳄　古文次

歉　歉虛也從欠康聲　苦岡切

歉虛也者廣雅四穀不升曰歉通作㝩方言㝩空也注云㝩或作歉虛字也又通作濂釋詁濂虛也釋文字又作歉同又通作康襄二十四年穀梁傳四穀不升謂之康注云康虛也釋文引爾雅音義康本或作荒荒亦邱虛之空無　馥案易包荒鄭讀爲康

欺　詐欺也從欠其聲　去其切

詐欺也者本書諆欺也論語吾誰欺大學毋自欺也賈誼書道術篇仁義修立謂之任反任爲欺史記循吏傳子產治鄭民不能欺子賤治單父民不忍欺西門豹治鄴民不敢欺

歆　神食气也從欠音聲　許今切

神食气也者李善注七命引同字林亦同徐鍇曰禮周人上臭灌用鬱鬯又曰有飶其香神靈先享其气也詩生民

歆攸介攸止傳云歆饗又云其香始升上帝居歆箋云馨香上行上帝則安而歆饗之楚茨神嗜飲食箋云神乃歆嗜君之飲食少牢饋食禮以某妃配某氏尚饗注云饗歆也少儀洗盥執食飲者勿氣注云示不敢歆臭也僖十年左傳神不歆非類注云歆饗也僖三十一年傳鬼神非其族類不歆其祀注云歆猶饗也襄九年傳使其鬼神不獲歆其禋祀襄二十七年傳能歆神人注云歆享也定五年傳死者若有知也可以歆舊祀論衡祀義篇歆者內氣也薄葬篇閔死獨葬邱墓閉藏穀物乏匱故藏食物以歆精魂士虞禮聲三注云聲者噫歆也曾子問祝聲三告曰注云聲噫歆警神也馥謂歆從欠從音當有聲義

文六十五　重五

廞

後漢書王霸傳注引見廞下廣韻廞厥廞以手相弄

遺文一

㱃　歠也從欠酓聲凡㱃之屬皆從㱃　於錦切

歠也者㱃或作飲玉篇飲咽水也釋名飲奄也以口奄而引咽之也論語飯疏食飲水周禮膳夫飲用六清又酒正辨四飲之物一曰清二曰醫三曰漿四曰酏

㕧　古文㱃從今水

𩚜　古文㱃從今食

歠　㱃也從㱃省叕聲　昌說切

本書欼歠也䛞歠也　曲禮毋流歠注云大歠嫌欲疾　越語國之孺子之遊者無不餔也無不歠也　燕策酒酣樂進取熱歠廚人進斟羹　孟子歠粥面深墨　飲也者李善注七發引同廣韻歠大飲江表傳典韋每賜食大飯長歠左右相屬數人益乃供

吷　歠或從口從叏

xián 次　xiàn 羨

文二　重三

次 慕欲口液也從欠從水凡次之屬皆從次 叙連切

慕欲口液也者一切經音義二涎諸書作次字林慕欲口液三蒼作涎小兒唾也又十四云江賦濆淚飛㳄時有本作涎說文作次慕欲口液也賈誼新書垂㳄相告束皙餅賦行人失涎於下風郭璞注爾雅云涎沫也方言繄格謂之樞注云即小兒次衣也樂記咏嘆之淫液之正義云其聲淫液是貪羨之貌靈樞經黃帝曰人之涎下者何氣使然岐伯曰飲食者皆入于胃之中有熱則蟲動蟲動則胃緩胃緩則廉泉開故涎下魏文帝詔蒲萄醸以爲酒道之固已流涎咽唾況親食之

次或從侃

籒文次

羨 貪欲也從次從羑省羑呼之羑文王所拘羑里 似面切

貪欲也者一切經音義十二引作願欲也又十一引字林慕欲曰羨廣雅羨欲也詩皇矣無然歆羨曹植七啟羨此永生孫綽賦亦何羨乎層城　從羑省羑呼之羑者本書羨相誘呼也　文王所拘羑里者本書羊部羑下云文王所拘羑里在湯陰書序殷始咎周鄭注咎惡也紂聞文王斷虞芮之訟後又三伐皆勝而始畏而惡之拘于羑里竹書帝辛二十三年囚西伯於羑里尸子文王幽於羑里琴操崇侯虎與文王列爲諸侯德不及文王常嫉妒之乃譖文王於紂曰西伯昌聖人也長子發中子旦皆聖人也三聖合謀君其慮之乃囚文王於羑里淮南道應訓屈商乃拘文王於羑里高云屈商紂臣羑里在河內湯陰史記殷本紀紂囚西伯羑里正義羑里城在相州湯陰縣北九里紂囚西伯城也周本紀帝紂乃囚西伯於羑里注云河內湯陰有羑里城西伯所拘處賈誼書紂作梏數千睨諸侯之不諂已者杖而梏之文王桎梏於羑里七年而後得免易林夏臺羑里文王所厄漢書地理志河內湯陰有羑里城西伯所拘處續漢書郡國志河內郡蕩陰有羑里城注云韋昭曰羑音酉文王所拘處隋圖經湯陰縣有防城即紂囚文王於羑里築此城以防之後因曰防城通典相州湯陰古羑里城紂拘周文王之所漢蕩陰縣或通作牖尚

dào 盜　yí 㳄

書大傳作牖趙策紂醢鬼侯脯鄂侯文王聞之喟然而歎故拘之於牖里之庫百日而欲令之死班彪賦嗟西伯於牖城後漢書延篤傳文王牖里閎散懷金魏書地形志鄴縣有牖里城元和志湯陰紅牖里一名羑城在縣北九里紂拘西伯之所也封演聞見記相州湯陰縣北有羑里城周回可三百餘步其中平實高於城外地丈餘此開一門相傳文王演易之所曹子建誥紂文云崇侯何功乃用爲輔西伯何辜囚之囹圄囹圄既成負土既盈興立炮烙賊害忠貞觀此意是文王見囚之地紂使負土實此城也未詳子建所據

㳄 歠也從次厂聲讀若移 以支切

盜 私利物也從次次欲皿者 徒到切

詩巧言君子信盜傳云盜逃也正義云風俗通亦云盜逃也言其晝伏夜奔逃避人也

私利物也者私當爲厶僖二十四年左傳竊人之財猶謂之盜文十八年傳竊賄爲盜定八年穀梁傳非其所取而取之盜荀子修身篇竊貨曰盜　次欲皿者者五經文字盜從皿利於物欲器皿者盜之

文四　重二

jì 旡　huò 禍　liàng 琼

旡 㱃食气屰不得息曰旡從反欠凡旡之屬皆從旡 居未切

㱃食气屰不得息曰旡者玉篇廣韻竝作屰气旡通作僾釋言僾唈也荀子禮論篇偉兓唈僾而不能無時至焉詩如彼遡風亦孔之僾箋云使人唈然如鄉疾風不能息

古文旡

禍 屰惡驚詞也從旡咼聲讀若楚人名多夥 乎果切

五行傳雞禍牛禍竝借此禍字

讀若楚人名多夥者史記陳涉世家楚人謂多爲夥

琼 事有不善言琼也爾雅琼薄也從旡京聲 力讓切

次旡

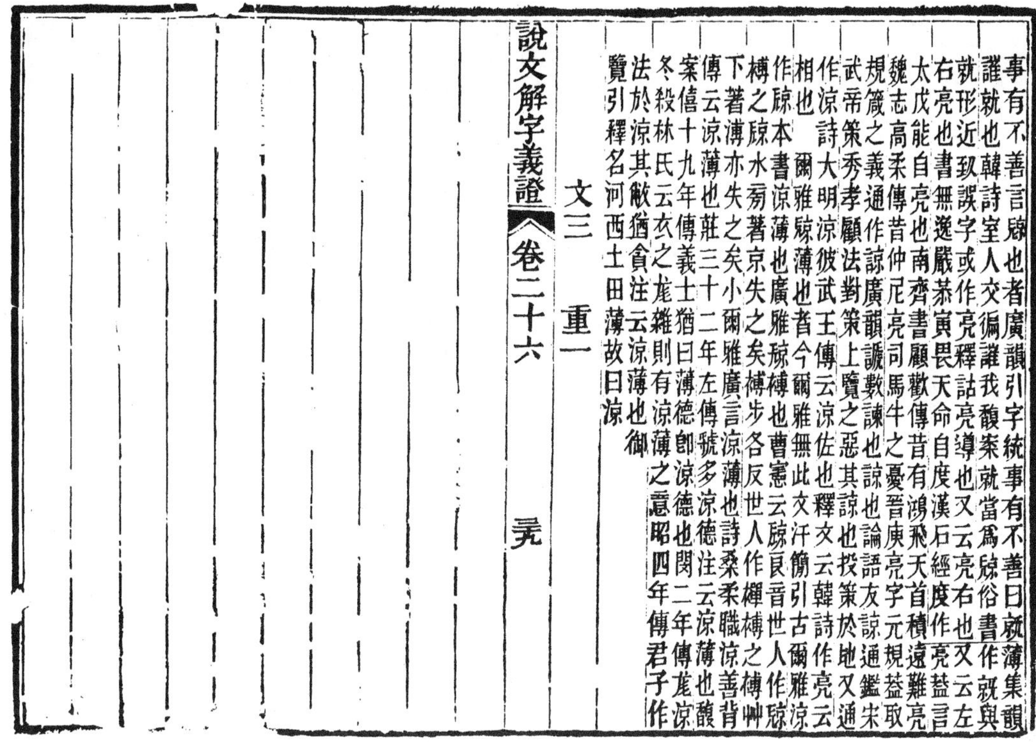

事有不善言⿸广京也者，廣韻引字統事有不善曰就薄。集韻諒就也。韓詩室人交徧謫我。馥案就當爲⿸广京，俗書作就，與就形近致誤。字或作亮。釋詁亮導也，又云亮右也，又云左右亮也。書無逸嚴恭寅畏天命自度，漢石經度作亮，蓋言太戊能自亮也。南齊書顧歡傳昔有鴻飛天首積遠難亮。魏志高柔傳昔仲尼亮司馬牛之憂。晉庾亮字元規，蓋取規箴之義。通作諒。廣韻讁數諫也，諒也。論語友諒。通鑑宋武帝策秀孝顧法對策，上覽之惡其諒也，投策於地。又通作涼。詩大明涼彼武王，傳云涼佐也。釋文云韓詩作亮，云相也。

爾雅⿸广京薄也者，今爾雅無此文。汗簡引古爾雅涼作⿸广京。本書涼薄也。廣雅⿸广京𨍏也。曹憲云⿸广京良音，世人作𨍏之𨍏水旁著京，失之矣。𨍏步各反，世人作欂𨍏之𨍏艸下著溥，亦失之矣。小爾雅廣言涼薄也。詩桑柔職涼善背，傳云涼薄也。莊三十二年左傳虢多涼德，注云涼薄也。馥案僖十九年傳義士猶曰薄德，郎涼德也。閔二年傳尨涼冬殺，林氏云衣之尨雜則有涼薄之意。昭四年傳君子作法於涼，其敝猶貪，注云涼薄也。御覽引釋名河西土田薄故曰涼。

文三　重一

說文解字義證　卷二十六　卅九

說文解字弟九　義證弟二十七

曲阜桂馥學

頁 頭也從𦣻從儿古文𩑋首如此凡頁之屬皆從頁𦣻者𩑋首字也 胡結切

頭也者本書𩠐下云頁首也王君念孫曰頁卽首字不知何故轉爲胡結切說文𩒨卽從頁聲馥謂頁頭聲相近

古文𩑋首如此者徐鍇本作頁者𩑋首字

頭 首也從頁豆聲 度侯切

春秋元命苞頭者神所居上圓象天氣之府也歲必十二月故人頭長一尺二寸

首也者廣雅首謂之頭釋名頭獨也於體高而獨也

急就篇頭額頞頗𩑋目耳顏注頭者首之總名也

顏 眉目之閒也從頁彦聲 五姦切

詩君子偕老子之清揚揚且之顏也　僖九年左傳天威不違顏咫尺　素問心熱病者顏先赤　古文苑大理箴天鑒扗顏

眉目之閒也者本顯字訓今脫顯字誤屬顏下又失顏字訓也集韻顯眉目閒也引詩猗嗟顯兮馥案引詩者謂說文引詩也韻會顯說文眉目閒也引詩猗嗟顯兮廣韻顯眉目閒也玉篇顯詩云猗嗟顯兮顯眉目閒也字或作𩕀眉閒謂之䫎又或作睸西京賦睸藐流眄注云睸眉睫之閒是也至顏字義見於諸書者如廣雅顏頟也小爾雅廣服顏顙也方言顏顙也東齊謂之顙汝潁淮泗之閒謂之顏詩君子偕老揚且之顏也傳云廣揚而顏角豐滿馥謂顏角卽頟角也增韻頟角曰顏宋策爲無顏之冠鮑云冠不覆額曰無顏春秋元命苞扗天爲文昌扗人爲顏額太一之謂也顏之言氣畔也陽立於五故顏博五寸

史記高祖紀隆準而龍顏集解應劭曰顏頟顙也

𩕢 籀文

玉篇作𩕢屬𩑋部

頌 皃也從頁公聲 余封切又似用切

漢楊統碑庶考斯之頌儀　通作容冠義禮文之始扗於正容體玉藻君子之容舒遲見所尊者齊遬足容重手容恭目容端口容止身容靜頭容直氣容肅立容德色容莊賈誼書容有四起朝廷之容師師然翼翼然整以敬祭祀之容遂遂然粥粥然敬以婉軍旅之容湢然肅然固以猛喪紀之容怮然慑然若不還容經也

皃也者本書皃頌儀也廣韻頌形頌玉篇頌形容也釋名頌容也敘說其成功之形容也周禮鄉大夫退而以鄉射之禮五物詢衆庶四曰和容杜子春讀和容爲和頌謂能爲樂也管子有國頌篇注云頌容也詩序頌者美盛德之形容正義云易稱聖人擬諸形容象其物宜則形容者謂形狀容貌也漢書儒林傳魯高堂生傳士禮十七篇而魯徐生善爲頌蘇林曰漢舊儀有二郎爲此頌貌威儀事有徐氏徐氏後有張氏不知經但能盤辟爲禮容天下郡國有容史皆詣魯學之顏注頌讀與容同馥案王觀國曰史記魯徐生善爲容以容爲禮官大夫按字書頌字亦音容而頌亦作額有形容之義故詩序曰頌者美盛德之形容史記用容字漢書用頌字其義一也

額 籀文

本書松或從容

頊 顱也從頁乇聲 徒谷切

顱也者集韻頊腦𩨨　廣雅頊顱謂之髑髏

顱 頊顱首骨也從頁盧聲 洛乎切

頊顱首骨也者字書顱腦蓋也淮南說林訓牛蹏彘顱亦骨也後漢書馬融傳頭陷顱碎注云顱額也文選射雉賦擬靑顱而點項徐爰注顱頭也海賦顱骨成嶽五臣云顱骨頭骨也通鑑賊取武元衡顱骨而去注云顱首骨也晏氏類要澤州頭顱臺秦拉趙卒收頭顱築臺通作盧漢書武五子傳頭盧相屬於道顏注盧額骨也一切經音義十三當盧字宜作顱言馬面當顱刻金爲之所謂鏤鍚也詩注云眉上陽刻金飾之今當盧是

顚 顚頂也從頁[illegible]聲 魚怨切

diān
顛

顛 頂也。从頁眞聲。都秊切

墨子修身篇華髮隳顛 齊語班序顛毛 頂也者釋言文郭云頭上方 言顛頂上也後漢書蔡邕傳爾有務世公子誨於華顛胡老注云顛頂也華顛謂白首也

dǐng
頂

頂 顛也。从頁丁聲。都挺切

顛也者蒼頡篇同廣韻頂頂顛頭上易大過過涉滅頂虞云頂首也

或从𩑋丁

小字本作或从𩑋作徐鍇本作或从𦣻作

籒文从鼎

从鼎者丁鼎聲相近

sǎng
顙

顙 頟也。从頁桑聲。蘇朗切

易說卦震其於馬也爲的顙 其於人也爲廣顙 詩猗嗟抑若揚兮傳云揚廣揚正義云揚是顙之別名顙貴闊故言廣揚 士喪禮主人哭拜稽顙注云頭觸地無容 頟也者廣雅小爾雅竝同方言頟顙也中夏謂之頟東齊謂之顙孟子其顙有泚注云顙頟也

tí
題

題 頟也。从頁是聲。杜兮切

頟也者李善注謝惠連擣衣詩引同廣雅亦同詩麟之定傳云定題也釋言顁題也郭云題頟也趙策黑齒雕題鮑云刻其頟楚詞招魂彫題黑齒注云題頟也山海經后者之山有獸焉文題注云題頟也漢書司馬相如傳赤首圜題張揖曰題頟也揚雄傳徒角搶題顏注題頟也吳都賦雕題之士五臣云題頟也小爾雅廣服題頭也開元文字題頭也詩淸人箋云矛矜近上及室題釋文題頭也孟子榱題數尺戴侗曰猶今言椽頭也史記優孟傳楩楓豫章爲題湊集解蘇林曰以木累棺外木頭皆內向故曰題湊漢書董賢傳剛柏題湊霍光傳梓宮便房黃腸題湊各一具蘇林曰以柏木黃心致累棺外故曰黃腸木頭皆內向故曰題湊

é
頟

頟 顙也。从頁各聲。五陌切

釋名頟鄂也有垠鄂也故幽州人則謂之鄂也 漢書地理志平原郡龍頟縣顏注今書本頟字或作額而崔浩云有龍頟村作頟者非 東觀漢記鄧后年五歲太夫人爲翦髮夫人年老目冥翦中后頟雖痛忍不言 一頟盡傷 謝承後漢書城中好廣眉四方畫半頟 劉謐之龐郎賦其頭也頟平而承枕四起 通鑑劉秉父子走至頟檐湖頟齊書誤作頟 顙也者急就篇頭頟頞頞眉目耳顏注頟顙也

è
頞

頞 鼻莖也。从頁安聲。烏割切

釋名頞鞍也偃折如鞍也 呂氏春秋遇合篇文王嗜菖蒲菹孔子聞而服之縮頞而食之 漢書揚雄傳顩頤折頞 王粲羽獵賦潰頸破頞頞音遏 當即此頞 吳書諸葛恪折頞廣顙 汝南先賢傳周燮㪘頤折頞貌甚醜 古文苑王孫賦寀高匡而曲頞 梁書劉峻傳夫龐顏膩理哆嘱顣頞形之異也

鼻莖也者後漢書周燮傳注引同字林顏注急就篇竝同廣韻頞頞也玉篇頞下云漢高祖隆頞龍顏今漢書作隆準李斐曰準鼻也列子釋文頞鼻上也孟子舉疾首蹙頞而相告趙注蹙頞愁貌疏云頞鼻頸也皆蹙其鼻頸而愁悶也李善曰孟子曰嚬蹙而言謂人嚬眉蹙頞憂皃也程君瑤田曰孟子疾首蹙頞之字說文曰鼻莖也蹙其鼻莖乃與疾首相貫是憂之形於面目者若作頞顙之字與伸眉連文則可人有所思輒伸眉以蹙其頞蹙頞非憂之容也馥案衛策若其眉目準頞 鮑云頞頟也鮑說亦非準謂鼻頭頞謂鼻莖

或从鼻曷

或从鼻曷者安曷聲相近餲食臭敗胺肉臭敗 史記蔡澤傳魋顏蹙齃索隱蹙齃謂鼻蹙眉

kuí
頯

頯 權也。从頁𠔏聲。渠追切

權也者韻會引徐鍇本作面權也 本書䪼面頯也廣韻頯面秀骨 玉篇漢高祖隆頯龍顏 顏注急就篇頯兩頰之權也 集韻頯頰骨 廣韻作頄云頄頰間骨也 易夬卦壯於頄王注頄面權也 鄭作頯頯夾面也 蜀才作仇 中山策若其眉

目準頰權衡鮑云權輔骨莊子大宗師篇其顙頯塊然也釋文頯權也洛神賦靨輔承權張敏頭責子羽文雙權隆起權或作顴集韻輔骨曰顴廣雅顴頔也周易釋文頄顴也翟云面顴頰閒骨也

jiá 頰

頰 面旁也從頁夾聲 古叶切

本書輔頰也膱頰肉也鬢頰髮也聯耳連於頰也 家語困誓篇河目隆顙注云顙頰也 世說郗公含飯著兩頰吐與二小兒

𩓌 籀文從貲

面旁也者釋名頰夾也兩旁稱也亦取挾斂食物也急就篇頰頤頸項肩臂肘顏注面兩旁曰頰

gěn 頣

頣 頰後也從頁艮聲 古恨切

頰後也者俗謂之耳頣

hàn 頜

頜 顄也從頁合聲 胡感切

說文解字義證 卷二十七 五

顄也者集韻頜頤旁廣雅顄頜也宣六年公羊傳絕其頜注云頜口長揚賦皆稽顙樹頜五臣云頜耳下骨也通作頷漢書班超虎頭燕頷方言頷頷也南楚謂之頷秦晉謂之頷頤其通語也莊子千金之珠必在九重之淵驪龍頷下

hán 顄

顄 頤也從頁函聲 胡男切

頤也者本書匠顄也胡牛顄垂也釋名輔車其骨強所以輔持口也或曰牙車牙所載也或曰頷頷含也口含物之車也或曰頰車亦所以載物也或曰䫴車䫴鼠之食積於頰人食似之故取名也凡繫於車皆取在下載上物也頷案頷當爲顄漢書王莽傳莽爲人侈口蹷顄顏注顄頤也或作嗛洞簫賦頔嗛呐以紆鬱李善引說文顄頤也通作函通俗文口上曰臄口下曰函

jǐng 頸

頸 頭莖也從頁巠聲 居郢切

本書亢人頸也象頸脈形 廣雅頸項也 釋名頸徑也徑挺而長也 玉藻頭頸必中 史記天官書七星頸爲員官宋均云頸朱鳥頸也 頭莖也者顏注急就篇同

lǐng 領

領 項也從頁令聲 良郢切

項也者廣雅同風俗通楚王好廣領國人沒項詩碩人領如蝤蠐傳云領頸也正義云領一名頸故禮記曰其頸五寸又名項士冠禮云緇布冠頍項是也詩桑扈有鶯其領傳云領頸也

xiàng 項

項 頭後也從頁工聲 胡講切

頭後也者頭當爲頸玉篇項頸後也廣韻頸在前項在後顏注急就篇項謂頸後頭下也釋名項确也堅确受枕之處也

zhěn 煩

煩 項煩也從頁冘聲 章枉切

頭煩也者小字本李燾本集韻類篇並作項枕也廣韻煩頭骨後

說文解字義證 卷二十七 六

chuí 頯

頯 出額也從頁隹聲 直追切

出額也者一切經音義五引作額出也又云今江南言頯頭胅額乃以頯爲後枕高胅之名也

péi 頼

頼 曲頤也從頁不聲 薄回切

曲頤也者或作頊集韻頊曲頤兒

yǎn 顩

顩 𩑺兒從頁僉聲 魚檢切

𩑺兒者𩑺當爲顳本書顳頭頰長也頰當爲陜蒼頡篇顩狹面銳頤之兒蕭該漢書音義云字林顩醜也狹面銳頤之兒也

yǔn 䫇

䫇 面目不正兒從頁尹聲 余準切

面目不正兒者廣韻䫇面斜玉篇䫇面不平也

yūn 頵

頵 頭頵頵大也從頁君聲 於倫切

頁

kuī 顝　qiāo 䫞　yóng 顒　bān 頒　shuò 碩　yán 顩　hùn 顐

頭顝顝大也者李善注長笛賦引作頭顝也徐鍇本同鍇曰頭大也

顐 面色顐顐皃從頁員聲讀若隕 于閔切

面色顐顐皃者徐鍇本李燾本廣韻集韻類篇竝作顚顚皃面色篇海引作面急玉篇顐下引說文面急顚顐也顐同上廣韻顚與顐同集韻顚顐面急也玉藻色容顚顚鄭注云憂思皃也又注周禮保氏引鄭司農云車馬之容顚顚堂堂

顩 頭頰長也從頁兼聲 五咸切

頭頰長也者當云頭陜長也玉篇顩頭頰面長皃頰亦當爲陜廣韻顩面長皃

碩 頭大也從頁石聲 常隻切

方言碩大也齊宋之閒曰碩詩簡兮碩人傳云碩人大德也白華碩人傳云妖大之人 頭大也者御覽引作大頭也 石聲者漢書律歷志石大也魏都賦碩畫精通李注云漢書揚雄上疏曰石畫之臣

說文解字義證卷二十七　七

甚衆阮瑀爲曹公作書與孫權明棄碩交李注云史記蘇秦謂齊王曰此棄仇讎而得石交者也碩與石古字通

頒 大頭也從頁分聲一曰鬢也詩曰有頒其首 布還切

大頭也者類篇引作大首皃玉藻大夫以魚須文竹崔靈恩何允本竝作頒廣韻頒魚大首通作墳詩苕之華牂羊墳首又通作汾詩韓奕汾王之甥傳云汾大也 一曰鬢也者洪武正韻領兩旁曰頒孟子頒白注頒斑也頭半白曰頒馥案王制斑白不提挈注云雜色曰斑 詩曰有頒其首者小雅魚藻文傳云頒大首皃

顒 大頭也從頁禺聲詩曰其大有顒 魚容切

大頭也者詩釋文引同 詩曰其大有顒者小雅六月文傳云顒大皃

䫞 大頭也從頁羔聲 口幺切

大頭也者集韻廣額謂之䫞廣韻䫞顟大皃廣雅䫞大也碁頗篇䫞頭大也

顝 大頭也從頁骨聲讀若魁 苦骨切

kuò 頢　kě 顆　guī 䫌　wán 頑　wài 顡　líng 𩕢　mèi 𩔁　yuè 頶　ào 䫜　yáo 顤　yuàn 願

大頭也者廣韻顝首大骨廣雅顝大也 讀若魁者骨魁聲不相近恐譌

願 大頭也從頁原聲 魚怨切

大頭也者集韻願面短皃

顤 高長頭從頁堯聲 五弔切

高長頭者玉篇䫜顤頭長皃

䫜 䫜顤高也從頁敖聲 五到切

䫜顤高也者廣韻䫜高頭也又云頭長廣雅顤䫜高也

頶 面前岳岳也從頁岳聲 五角切

面前岳岳也者龍龕手鑑引作面前頶頶玉篇頶下云頶頶猶岳岳也

𩔁 昧前也從頁㫚聲讀若昧 莫佩切

說文解字義證卷二十七　八

𩕢 面瘦淺𩕢𩕢也從頁霝聲 郎丁切

顡 頭蔽顡也從頁豙聲 五怪切

頭蔽顡也者集韻引同又云謂頭癡徐鍇引字書顡頭惡也馥案此卽衞太子蒯聵名也字或作顡廣韻聉顡癡癡皃

頑 㮯頭也從頁元聲 五還切

㮯頭也者成十年左傳鄭人立髡頑髡頑卽㮯頭

䫌 小頭䫌䫌也從頁枝聲讀若規 己恚切

小頭䫌䫌也者或與頍通廣韻頍小頭 讀若規者䫌䫌謂小而圜也廣雅䫌圜也

顆 小頭也從頁果聲 苦惰切

頢 短面也從頁昏聲 五活切又下栝切

tǐng 頲　wěi 頠　hàn 頷　yuǎn ⿰爰頁　kuǐ 頍　mò ⿰𠬛頁　gù 顧　shùn 順

短面也者本書婚面醜也廣韻顯小頭兒

狹頭頲也從頁廷聲 他挺切

狹頭頲也者韻會引無頲字狹當爲陜本書侹長兒

頭閑習也從頁危聲 語委切

頭閑習也者廣韻頠頭也一曰閑習又云閑習容止馥案閑當爲嫻

面黃也從頁含聲 胡感切

面黃也者離騷長顑頷亦何傷本書顑飯不飽面黃起行也

面不正也從頁爰聲 于反切

舉頭也從頁支聲詩曰有頍者弁 邱弭切

舉頭也者詩頍弁釋文引作舉頭兒玉篇頍舉頭兒詩曰有頍者弁者小雅頍弁文傳云頍弁皃士冠禮緇布冠

缺項青組纓屬于缺注云缺讀如有頍者弁之頍緇布冠無笄者著頍圍髮際結項中隅爲四綴以固冠也項中有緇亦由固頍爲之耳今未冠笄者著卷幘頍象之所生也滕薛名蔮爲頍

內頭水中也從頁𠬛𠬛亦聲 烏沒切

內頭水中也者本書𠬛人水有所取也沒沈也　𠬛亦聲者當爲𠬛聲

還視也從頁雇聲 古慕切

還視也者書正義引同玉篇眱下云顧也古字謂左右視也書太甲先王顧諟天之明命傳云顧謂常目載之鄭注書序顧命回首曰顧臨終出命故謂之顧顧將去之意也詩蓼莪顧我復我箋云顧旋視也匪風顧瞻周道箋云迴首曰顧昭十二年左傳無所還忌杜云還猶顧也蜀志先主顧自見其耳阮籍詠懷詩還顧望大梁

理也從頁從川 食閏切

理也者本書循行順也廣雅理順也釋名順循也循其理也釋詁順敘也漢書藝文志順敘倉頡易說卦和順於道

zhěn ⿰㐱頁　lǐn ⿰粦頁　zhuān 顓　xū 頊　ǎn 顉　dùn 頓　fǔ 頫

德而理於義樂記理發諸外而民莫不承順　從川者徐鍇本作川聲

顏色⿰㐱頁⿰粦頁慎事也從頁㐱聲 之忍切

顏色⿰㐱頁⿰粦頁慎事也者⿰㐱頁⿰粦頁雙聲廣雅⿰㐱頁慙也⿰粦頁恥也

⿰㐱頁⿰粦頁也從頁粦聲一曰頭少髮 良刃切

一曰頭少髮者廣韻須⿰粦頁頭少髮玉篇⿰㐱頁⿰粦頁頭少髮兒

頭顓顓謹兒從頁耑聲 職緣切

頭顓顓謹兒者世本昌意生高陽是爲帝顓頊顓者專也項者正也言能專正天之道也馥案本書叀下云專小謹也

頭頊頊謹兒從頁玉聲 許玉切

低頭也從頁金聲春秋傳曰迎于門者顉之而已 五感切

低頭也者本書趍低頭疾行也集韻顉頷俯首又云噤吟顉頤兒列子湯問篇顉其頤則歌合律注云顉曲頤也馥謂低頭則頤曲　春秋傳曰迎于門者顉之而已者襄二十六年左傳文彼作頷杜注頷搖其頭釋文頷本又作顉

徐鍇曰點頭以應也

下首也從頁屯聲 都困切

下首也者楊注荀子王制篇引同周禮大祝九拜三曰頓首注云頓首拜頭叩地也燕策太子避席頓首通鑑沈約未至牀而憑空頓於牀下注云蹐而首先至地爲頓又云劉曜常乘赤馬無故跼頓注云頓首低下不能舉也

低頭也從頁逃省太史卜書頫仰字如此楊雄曰人面頫 方矩切

低頭也者集韻俯首而聽謂之頫廣韻頫下引薛琮云低頭聽漢書賈誼傳頫首係頸或作俯宣六年公羊傳俯而

闞其戶何注俯俛頭樂記進俯退俯或通作府列子王府
而視之　逃省者徐鍇本作逃省聲韻會引作兆聲　太
史卜書頫仰字如此者廣韻引作太史公書
五音集韻同漢書鼂錯傳作俛仰之閒耳

俛 頫或从人免

古今字詁頫府今俛俯也　成二年
左傳韓厥俛定其右杜云俛俯也

shěn 頣

頣 舉目視人皃从頁臣聲 式忍切

舉目視人皃者廣韻頣舉
眉視人馥案舉眉揚眉也

zhǎn 顫

顫 倨視人也从頁善聲 旨善切

xié 頡

頡 直項也从頁吉聲 胡結切

漢書楚元王傳封
其子信爲羹頡侯

直項也者本書亢直項莽亢皃詩燕燕于飛頡之頏之傳
云飛而上曰頡飛而下曰頏馥案頏人頸也依字義當謂

燕飛上下
項頸之皃

zhuō 頔

頔 頭頡頔也从頁出聲讀又若骨 之出切

讀又若骨者集韻頔古忽切音骨　面顴也廣韻頔面秀骨

素問齒
痛頔腫

玉篇漢高祖隆頔龍顏馥案漢書作隆準應劭曰準權頰
準也廣雅顴頄頔也急就篇頭頟
頟頔眉目耳顏注頔兩頰之權也

hào 顥

顥 白皃从頁从景楚詞曰天白顥顥南山四顥白首人
也 胡老切

白皃者後漢書班固傳注引同字林亦同李善注李陵詩
引作白首皃也馥案聲類顥白首皃也　楚詞曰天白顥
顥者大招文蕭該漢書音義引楚詞昊白顥顥廣雅西方
顥天呂氏春秋天有九野西方顥天淮南原道訓所謂天者
純粹樸素質直皓白漢書敘傳超忽荒而躆顥蒼也顏注
顥顥天也元氣顥汗故曰顥天禮樂志西顥沆碭秋氣肅

殺韋昭曰西方少昊也顏注沆碭白氣之皃也馥案白位
西方故少顥曰金天氏太皞位東方象日之明故曰伏犧
氏司馬相如封禪書肇自顥穹生民魏王基碑皋天素皓
爾之質案文選幽通賦皓爾太素曷渝色兮六臣注引曹
大家曰皓白也素質也渝變也言人能篤信好學守死善
道不漸染於流俗是爲白爾天質何有渝變之色馥謂注
言白爾天質碑言天素皓爾之質是太素當爲天素皓即
此顥宋人秋日啓金顥平分碧虛如拭　南山四顥白首
人也者皇甫謐高士傳園公綺里季夏黃公角里先生並
河內軹人當秦之末俱隱上洛商山寰宇記商州上洛縣
楚山帝王世紀曰南山曰商山又名地肺山亦稱楚山史
記留侯世家顧上有不能致者天下有四人四人者年老
矣索隱曰四人四皓也謂東園公綺里季夏黃公角里先
生漢書張良傳四人者從太子年皆八十有餘須眉皓白
顏注所以謂之四皓顏之推觀我生賦慙四白之調護左
思白髮賦皓首角里羣輔錄注云園公姓園名秉字宣明
陳留襄邑人見陳留志夏黃公姓
崔名廓字少通齊人見崔氏譜

fán 顲

顲 大醜皃从頁樊聲 附袁切

jìng 䫆

䫆 好皃从頁爭聲詩所謂䫆首 疾正切

詩所謂䫆首者衛風碩人螓首蛾
眉　螓䫆聲相近本書澮水即詩溱水

yǔ 頨

頨 頭妍也从頁翩省聲讀若翩 王矩切

頭妍也者徐鍇本作頨妍也廣韻頨妍美頭又云頨孔子
頭也徐鍇曰書傳多言孔子反宇作此頨字云頭頂四崖
峻起象尼邱山　翩省聲者集韻引無聲字
讀若翩者翩當爲詡廣韻集韻並音王矩切

yǐ 顗

顗 謹莊皃从頁豈聲 魚豈切

謹莊皃者釋詁顗
靜也廣韻作靖

qiān 顅

顅 頭鬢少髮也从頁肩聲周禮數目顅脰 苦閑切

頭鬢少髮也者本書鬝禿也聲亦同　周禮數目顅脰者
考工記梓人爲筍虡文注云顅長脰皃故書顅或作牼鄭
司農云牼讀爲
鬝頭無髮之鬝

kūn ⿰囷頁

⿰囷頁 無髮也一曰耳門也從頁囷聲苦昆切

無髮也者集韻⿰囷頁顝秃無髮也玉篇⿰囷頁顝秃通作髡孟子淳于髡　一曰耳門也者通作囷樊氏相法人耳囷長寸三分壽百二十歲一寸壽百歲如豆生郇众耳門前有仙人杖四理一百歲三理八十二理六十瀨鄉記老子耳有三門

kū ⿰气頁

⿰气頁 秃也從頁气聲苦骨切

秃也者考工記釋文引同一切經音義六三蒼⿰气頁頭秃無毛也通俗文白秃曰⿰气頁廣雅⿰气頁秃也考工記作其鱗之而注云之而頰頜也通作扢淮南齊俗訓親母爲其子治扢秃而血流至耳見者以爲其愛之至也

lèi 頛

頛 頭不正也從頁從耒耒頭傾也讀又若春秋陳夏齧之齧盧對切

耒頭傾也者耒曲故頭傾　讀又若春秋陳夏齧之齧者當云春秋傳本書每引經文皆曰傳

pǐ ⿰卑頁

⿰卑頁 傾首也從頁卑聲匹米切

傾首也者一切經音義八引作傾頭也又云蒼頡篇不正也廣雅衺也淮南子云左⿰卑頁右倪是也

qì ⿰契頁

⿰契頁 司人也一曰恐也從頁契聲讀若禊胡計切

一曰恐也者通作契詩大東契契寤歎考工記輈人馬不契需注云契怯　讀若禊者徐鍇本作禊本書初刻亦作楔改爲禊本書無禊字

kuǐ ⿰鬼頁

⿰鬼頁 頭不正也從頁鬼聲口猥切

頭不正也者廣韻⿰鬼頁大頭廣雅⿰鬼頁大皃

pō 頗

頗 頭偏也從頁皮聲滂禾切

本書詖古文以爲頗字

頭偏也者本書偏頗也昭二年左傳君刑已頗何以爲盟主杜云頗不平十六年傳刑之頗類服注頗偏也定十年傳子分室以與獵也而獨卑魋亦有頗焉通作陂易泰卦無平不陂釋文徐甫寄反傾也又破河反偏也樂記商亂則陂注云陂傾也書洪範無偏無陂遵王之義傳云偏不平陂不正案唐元宗詔曰每讀尚書洪範至無偏無頗遵王之誼三復斯文竝皆協韻唯頗一字實則不倫又周易泰卦中無平不陂釋文陂字亦有頗音陂之與頗訓詁無別爲陂則文亦會意爲頗則聲不成文兼訪諸儒僉以爲然終非獨斷宜改頗爲陂馥案王逸注楚詞引易亦作頗唐人不曉皮之古音妄改經文斯爲專輒

yòu ⿰尤頁

⿰尤頁 顫也從頁尤聲于救切

顫也者一切經音義十五引同又卷七云謂掉動不定也又十一通俗文四支寒動謂之顫⿰尤頁

疣 ⿰尤頁或從疒

本書疣顫也

chàn 顫

顫 頭不正也從頁亶聲之繕切

頭不正也者蒼頡篇同顫謂掉動故不正淮南說山訓故寒顫懼者亦顫此同名而異實

kǎn 顑

顑 飯不飽面黃起行也從頁咸聲讀若戇下感下坎二切

飯不飽面黃起行也者本書顉面黃也廣韻作顑云面虛黃色又作𩟾云食不飽也

lǎn 顲

顲 面顑顲皃從頁⿱㐭回聲盧感切

面顑顲皃者集韻顑顲不飽廣韻顑顲瘦也又云面色黃皃聲類顲面瘠皃通作顲頷離騷長顑頷亦何傷王注顑頷不飽皃

fán 煩

煩 熱頭痛也從頁從火一曰焚省聲附袁切

熱頭痛也者本書懣煩也玉篇煩憒悶煩亂也昭元年左傳至於煩乃舍也已無以生疾杜云煩不舍則生疾繁欽暑賦翕翕盛熱烝我層軒溫風洪涊動靜增煩

wài 顡

顡 癡不聰明也從頁豪聲五怪切

癡不聰明也者廣韻引作癡顡不聰明也又云顡䫌顡又䫌下云䫌顡癡頑皃又䫀下云䫀顡無所聞也集韻顡䫀癡不能聽又䵏顡愚皃

lèi 頪

頪 難曉也從頁米一曰鮮白皃從粉省 盧對切

難曉也者通作迷易坤卦先迷後得詩小雅俾民不迷列子魯之君子迷之郵者 從頁米者戴侗引唐本從迷省晉闕 一曰鮮白皃從粉省者謂傳粉也本書粉傳面者也𢿣畫粉也

qiáo 顦

顦 顦顇也從頁焦聲 昨焦切

徐鉉所加

cuì 顇

顇 顦顇也從頁卒聲 秦醉切

釋詁顇病也 大戴禮五帝德篇舜之少也惡顇勞苦 文子神農形顇䵟瘦將欲利萬人也 或作瘁詩瞻卬邦國殄瘁傳云瘁病也漢書王莽傳引作顇蓼莪生我勞瘁箋云瘁病也出車僕夫況瘁箋云御夫則益憔悴北山或盡瘁事國

箋云盡力勞病也韓子必子賤治單父有子見之曰何瘁也日官事急憂之故臞苔資戚夕而焦瘁歎逝賦慼貌瘁而鮮歡 又作悴王隱晉書劉伶貌甚醜悴

顦顇也者顦當爲醮本書醮面焦枯小也集韻關中謂瘦弱爲顦顇孟子民之顦顇於虐政鹽鐵論妻子好合子孫保之不知老母之顦顇東觀漢記鄧閶顦顇形於顏色或作憔悴昭七年左傳或憔悴事國國語曰以憔悴楚詞漁父形容憔悴淮南說林訓有榮華者必有憔悴通鑑爾朱榮見高歡憔悴未之奇也又作蕉萃成九年左傳雖有姬姜無棄蕉萃注云蕉萃陋賤之人

mén 䫒

䫒 繫頭殟也從頁昏聲 莫奔切

繫頭殟也者集韻引同又云謂頭被繫無知也廣韻䫒頭多殟顛玉篇莊子云問焉則䫒然顛不曉也馥案廣韻殟烏渾切病也又陀骨切心悶

hái 頦

頦 醜也從頁亥聲 戶來切

醜也者廣雅同

qī 䫏

䫏 醜也從頁其聲今逐疫有䫏頭 去其切

醜也者廣雅同本書娸下引杜林說娸醜也淮南精神訓倛毛嬙西施猶䫏醜也高云䫏頭也方相氏黃金四目衣赭稀世之䫏貌非生人也但具像耳目䫏醜言極醜也列子仲尼篇見南郭子果若欺魄而不可與接釋文云字書作䫏頪人面醜也字或作魌鄭注周禮方相氏云如今魌頭也劉氏新論嫫好篇軒皇愛嫫母之魌醜袁孝政注云魌醜貌也風俗通俗說亾人魂氣游揚故作魌頭以存之言頭魌魌然盛大也或謂魌頭爲觸壙殊方語也字又作倛荀子非相篇仲尼之狀面如蒙倛注云倛方相也其首蒙茸然故曰蒙倛子虛賦曰蒙公先驅韓侍郎云四目爲方相兩目爲倛慎子曰毛嬙西施天下之至姣也衣之以皮倛則見之者皆走也 今逐疫有䫏頭者幽明錄廣陵露白村人每夜見鬼怪異形醜惡因相率十人掘地得一朽爛方相頭故老云有人冒雨葬遇劫一時散走方相頭陷沒泥中續漢書先臘一日大儺逐疫鬼荆楚歲時記十二月八日戴胡頭及作金剛力士以逐疫論衡解除篇昔

顓頊氏有子三人生而皆亾一居江水爲虐鬼一居若水爲魍魎一居歐隅之閒主疫病人故歲終事畢驅逐疫鬼因以送陳迎新內吉也

yù 籲

籲 呼也從頁籥聲讀與籥同商書曰率籲衆戚 羊戍切

呼也者書泰誓無辜籲天傳云籲呼也民皆呼天告冤無辜召誥以哀籲天王肅注以悲呼天也 商書曰率籲衆戚者盤庚文彼作感

xiǎn 顯

顯 頭明飾也從頁㬎聲 呼典切

頭明飾也者廣雅顯明也釋詁顯光也詩假樂顯顯令德箋云顯光也抑無曰不顯箋云顯明也曲禮不顯諫注云顯明也

zhuàn 顨

顨 選具也從二頁 士戀切

選具也者選當爲巺本書巺具也顨巺也

文九十二　重八

顯 xiǎn（顯）說見顛下

顛 說見顛下

頎 徐鍇本頎頭佳也從頁斤聲讀又若鬢鍇曰詩曰頎人其頎巨希反集韻引作頭佳皃六書故同

遺文三

shǒu 百

百 頭也象形凡百之屬皆從百 書九切

頭也者玉篇引作人頭也廣韻同莊十二年公羊傳碎其首何云首頭禮含文嘉注云首頭也

róu 脜

脜 面和也從百從肉讀若柔 耳由切

面和也者玉篇䩞䩞面柔也釋訓作戚施李巡云戚施和顏悅色以誘人是謂面柔也釋文戚施字書作䩞䩞詩新臺得此戚施傳云戚施不能仰者箋云戚施面柔下人以色故不能仰也　從肉者當爲肉聲　讀若柔者玉篇野王案柔色以藴之是以今爲柔字

文二

miàn 面

面 顏前也從百象人面形凡面之屬皆從面 彌箭切

顏前也者顏額也面在額前故曰顏前釋名面漫也

tiǎn 靦

靦 面見也從面見見亦聲詩曰有靦面目 他典切

本書䩄徐鍇本云古文以爲靦　曹植表必以有靦之容瞻見穆穆之顏　宋書徐湛之傳靦然視息忍此餘生　顏氏家訓靦冒人閒

面見也者詩正義引作面見人顏謂當爲面皃也釋言靦姡也舍人云靦面皃也謂自專擅之皃李巡云靦人面姡然也吳語余雖靦然而人面哉吾猶禽獸也韋注靦面目之貌也後漢書樂成靖王黨傳有靦其面而放逸其心注云靦姡也言面姡然無媿　見亦聲者當爲見聲　詩曰有靦面目者小雅何人斯文傳云靦姡也

䩄 或從旦

埤蒼作此䩄字書作䩄玉篇又作䩄

fǔ 酺

酺 頰也從面甫聲 符遇切

頰也者易咸其輔頰舌虞翻作酺云耳目之閒稱酺馬融云酺上頷也淮南說林訓靨酺在頰則好在顙則醜高云靨酺者頰上窐窐者脩務訓奇牙出靨酺注云將笑故好齒出靨酺頰邊文婦人之媚也通作輔廣雅輔頰也通俗文頰輔謂之嫵媚詩碩人巧笑倩兮傳云倩好口輔楚詞大招靨輔奇牙宜笑嘕只注云言美女頰有靨輔口有奇牙嘕然而笑尤媚好也馥案洛神賦靨輔承權王粲神女賦美姿巧笑靨輔奇牙應瑒神女賦離朱脣而耀雙輔

傳元詩巧美露靨輔

jiāo 醮

醮 面焦枯小也從面焦 即消切

面焦枯小也者本書顦顇也當作此醮廣韻醮面醮枯也玉篇引楚詞顏色醮顇案漁父形容憔悴顏色枯槁　從面焦者當爲焦聲

文四　重一

miǎn 丏

丏 不見也象壅蔽之形凡丏之屬皆從丏 彌兗切

不見也者本書𥃩𥃩不見也𥃩讀若丏　象壅蔽之形者壅當爲廱四面皆蔽也此與兆同意

文一

shǒu 首

首 百同古文百也巛象髮謂之鬊鬊即巛也凡𩠐之屬皆從𩠐 書九切

qǐ 䭫　tuán 䰉　jiāo 県

廣雅首君也釋名首
始也釋詁首始也
𦣻同者本書𦣻下云𦣻者䭫首字也　巛象髮謂之鬊鬊
即巛也者本書古文𦣻從巛象髮也𡿺下云巛象髮鬊下
云鬊髮也廣
雅髮謂之鬊

䭫 下首也從𩠐旨聲 康禮切

下首也者周禮大祝辨九𢷎一曰䭫首注云稽首拜頭至
地也尚書大傳八伯咸進䭫首而和漢書諸侯王表厥角
䭫首應劭曰䭫首至地也通作稽字詁稽首古作䭫首
一切經音義八稽古文䭫同苦禮反碁頭篇稽首頓首也
書舜典禹拜稽首傳云稽首首至地召誥拜手稽首傳云
拜手首至手稽首首至地士相見禮士大夫則奠摯再拜
稽首僖二十八年左傳重耳敢再拜稽首杜云稽首首至
地宣六年公羊傳趙盾逡巡北面再拜稽首注云頭至地
曰稽首穆天子傳再拜䭫首注云古稽字荀子大畧篇平
衡曰拜下衡曰稽首史記晉世家晉侯三辭然後稽首受
之集解賈逵曰稽首首至地長楊賦再拜稽首五臣云稽
首首至地玉藻君賜稽首注云致首於地穀梁哀十七年

左傳公會齊侯盟于蒙孟武伯相齊侯稽首公拜齊人怒
武伯曰非天子寡君無所稽首又襄三年傳公稽首知武
子曰天子在而君辱稽首寡君懼矣注云稽首首至地事
天子之禮士昏禮婦拜扱地注云扱地手至地也婦人扱
地猶男
子稽首

䰉 䵵也從𩠐從斷 大丸旨沇二切

䵵也者本書䵵斷
也廣雅䵵斷也

剸 或從刀專聲

通俗文䵵斷曰剸　長笛賦剸㨋度擬李善引字林剸截也
又注聖主得賢臣頌引字林作䵵也　文王世子其刑罪則
纖
剸

文三　重一

県 到首也賈侍中說此斷首到縣県字凡県之屬皆從県 古堯切

到首也者一切經音義十六引同又云謂縣首於木上竿
頭以肆其辜也　賈侍中說此斷首到縣県字者廣韻県
倒縣首漢書曰三族令先黥劓斬左右止県首葅其骨謂
之具五刑玉篇野王謂縣首於木上竿頭以肆大辠秦刑
也廣雅県磔也鉅鹿郡鄡縣地理志作鄡通作梟史記高
祖紀梟故塞王欣頭櫟陽市索隱梟縣首於木也漢書五
行志劉屈氂妻子梟首廷尉決事河內太守上民張太有
狂病病發殺母弟應梟首遇赦謂不當除之梟首如故後
漢書桓帝紀梁冀逆梟夷注云梟縣首於木也冊魏公九錫
文袁譚高幹咸梟其首魏志高柔傳叛逆之類誅梟縣
晉律注云梟斬棄之於市者斬頭也令上不及天下不及
地也張裴上律表梟首者惡之長魏書宋鴻貴不達律令
見律有梟首之罪乃生斷人手以水澆之然後斬決陳書
文帝紀臨川太守駱文牙斬周迪傳首京師梟於朱雀航

xuán 縣　xū 須　zī 頿

縣 繫也從系持県 胡涓切

詩有瞽應田縣鼓　燕禮樂人縣　周禮小胥正樂縣之位
漢書元帝紀縣䜌夷邸門顏注縣古懸字也　或作懸孟

子猶解
倒縣
繫也者易繫辭縣象著明莫大
平日月禮中庸日月星辰繫焉

文二

須 面毛也從頁從彡凡須之屬皆從須 相俞切

面毛也者俗說有人詣謝益云向在劉陽坐見一客殊毛
謝曰正是我家阿瞻瞻多鬚故云爾易賁卦賁其須正義
須是上附於面喪大記小臣爪手翦須漢書高帝紀美須
髯顏注在頤曰須在頰曰髯後漢書蔡邕傳攝須理髯鄧
粲晉紀劉𤊹稱桓溫鬚似蝟毛磔又云湞陽令羊嗣貪而
不治縣功曹吏共逐嗣嗣饒須乃以嗣內羊闌中釋名頤
下曰鬚鬚秀也物成乃秀人成而鬚生也亦取須體幹長
而後生也春秋元命苞髮精散爲鬚髯三國典畧李庶無
鬚髯人
謂天閹

頿 口上須也從須此聲 即移切

rán 顊　bēi 顛　pī 頿　shān 彡　xíng 形

口上須也者昭二十六年左傳至於靈王生而有頾或作髭洪武正韻在口上曰髭在下曰鬚在頰曰髯釋名口上曰髭髭姿也爲姿容之美也史記趙世家鬢麋髭髯班固幽通賦注衛亂子羔滅髭鬢衣婦人衣逃得出

顊 頰須也从須从冄冄亦聲 汝鹽切

頰須也者漢書霍光傳美須顊顏注顊頰毛也或作頹後漢輿服志後世聖人見鳥獸有冠角頹胡之象遂作冠冕纓蕤以爲首飾或作髯廣韻髯頷毛一切經音義九髯頰毛也郭注山海經髯咽下須毛也釋名在頰耳旁曰髯隨口動搖冄冄然也　從冄者本書冄毛冄冄也　冄亦聲者當爲冄聲

顛 須髮半白也从須卑聲 府移切

須髮半白也者聲類顊䰈兒

頿 短須髮兒从須否聲 敷悲切

短須髮兒者宣二年左傳宋城者謳于思于思棄甲復來馥謂思即䰄借思字　否聲者玉篇作頿馥謂當作䫇本書䰄髮兒

文五

彡 毛飾畫文也象形凡彡之屬皆从彡 所銜切

毛飾畫文也者文當爲彣本書彤下云丹飾也彡其畫也𦘔下云聿飾也从彡鬱下云彡其飾也彪下云虎文也彡象其文也鬽下云彡鬼毛集韻鞘飾謂之彡上林賦靚妝刻飾郭璞曰刻畫鬋鬢也

形 象形也从彡幵聲 戶經切

易乾卦品物流形繫辭在地成形　書說命乃審厥象俾以形旁求于天下　桓十四年穀梁傳遠者察其貌而不察其形

象形也者釋名形有形象之異也周禮六書二曰象形

幵聲者當爲井聲魏王基碑綜析無形齊隴東王感孝頌炳煥存形夢英篆書千文形端表正唐孫師範隸書孔廟碑臣聞形氣肇分形字竝从井

zhěn 㐱　xiū 修　zhāng 彰

㐱 稠髮也从彡从人詩曰㐱髮如雲 之忍切

稠髮也者左傳正義詩釋文所引竝同馥謂稠當爲鬋本書鬋髮多也易既濟婦喪其茀虞作髴云髴髮謂鬒髮也一名婦人之首飾昭二十六年左傳有君子白皙鬒鬚眉南荒錄新州男子婦人皆鬒髮如雲每沐以灰投水中遂就水而沐之以堯膏涂其髮五六月秫秫未獲時民饑盡髡取髮鬻於市既髡即復以堯膏涂之至來年又可鬻矣字或作黰昭二十八年傳有仍氏生女黰黑而甚美光可以鑑杜云美髮爲黰正義黰即鬒也服注髮美爲鬒或作縝廣雅黰黑也謝朓詩有情知望鄉誰能縝不變　從人者徐鍇本作人聲　詩曰㐱髮如雲者鄘風君子偕老文彼作鬒傳云鬒黑髮也如雲言美長也

鬒 㐱或从髟真聲

修 飾也从彡攸聲 息流切

飾也者玉篇飾修飾也周禮隸僕祭祀修寢大宰祀五帝則掌百官之誓戒與其具修注云修埽除糞洒祭義宮室既修注云謂埽除及黝堊檀弓人於其廄而修容焉

彰 文彰也从彡从章章亦聲 諸良切

本書䋐采彰也　廣雅山龍彰也　釋言黼黻彰也　書益稷以五采彰施于五色　通作章易姤卦品物咸章書皋陶謨五服五章哉傳云尊卑彩章各異論語斐然成章學記水無當於五色五色弗得不章荀子法行篇故雖有珉之雕雕不若玉之章章注云章章素質明著也

文彰也者增韻說文彰从章从彡彡音杉毛髮貌然則說文以彰爲文章者謂鳥獸羽毛之文也如夏翟虎豹之屬通作章本書彣䟃也䟃有文章也詩六月織文鳥章又裳裳者華維其有章矣箋云章禮文也載見曰求厥章龍旂陽陽傳云言有文章也棫樸追琢其章傳云追彫也金曰彫玉曰琢箋云追琢玉使成文章考工記畫繢之事青與赤謂之文赤與白謂之章又云雜四時五色之位以章之謂之巧注云章明也繢繡皆用五采鮮明之是爲巧緇衣引詩出言有章注云文章也隱五年左傳昭文章杜云車服旌旗閔二年傳與夫人繡衣杜云取其文章順序宣十

四年傳於是有容貌采章杜云采章車服文章也襄三十一年傳動作有文言語有章昭二十五年傳爲九文六采五章以奉五色注云青與赤謂之文赤與白謂之章秦策文章不成者不可以誅罰高云文章旌旗文章青與赤謂之文赤與白謂之章文子昔者中黃子曰色有五色文章文心彫龍章者明也詩云爲章于天謂文明也其在文物赤白曰章 章亦聲者當爲章聲

diāo
彫

彫 琢文也從彡周聲 都僚切

書五子之歌峻宇彫牆 考工記刮摩之工有雕人 禮有彫簋彫几彫弓

琢文也者徐鍇本作琢文也案漢書董仲舒傳良玉不琢注云謂琢刻爲文也廣雅彫畫也釋詁彫畫也一切經音義二引三蒼彫飾也釋言彫鏤也釋器玉謂之彫又云彫謂之琢郭云治玉名也通作雕書顧命雕玉仍几傳云彫刻鏤孟子則必使玉人雕琢之少儀國家靡敝則車不雕幾宣二年左傳厚斂以雕牆尉繚子治本篇夫無雕文刻鏤之事又通作錭荀子富國篇必將錭琢刻鏤又或作琱漢書郊祀志黼黻琱戈顏注琱戈刻鏤之戈也貢禹傳牆塗而不琱抱朴子駑蹇飾首於琱輦

jìng
彰

彰 清飾也從彡青聲 疾郢切

清飾也者清當爲青此與彤同意彤丹飾也趙宧光曰青寶石名詩充耳以青乎而方書空青曾青與凡玉石中鴉青西青之類皆是也

mù
㣎

㣎 細文也從彡㝵省聲 莫卜切

ruò
弱

弱 橈也上象橈曲彡象毛氂橈弱也弱物并故從二𢎗 而勺切

王君念孫曰龍之爲物至健故反皀爲𢎗

橈也者本書橈曲木玉篇弱㑭劣也釋名弱衄也又言委也昭七年左傳孟縶之足不良弱行

文九 重一

wén
彣

彣 䘵也從彡從文凡彣之屬皆從彣 無分切

䘵也者本書䘵有文章也當作彣彰通作文釋名文者會集衆采以成錦繡會集衆字以成辭義如文繡然也僖二十四年左傳言身之文也僖二十三年傳曰犯曰吾不如衰之文也杜云有文辭也禮器先王之立禮也有本有文忠信禮之本也義理禮之文也玉藻笏大夫以魚須文竹注云文猶飾也䘵通作郁論語郁郁乎文哉

yàn
彥
(彦)

彥 美士有文人所言也從彣厂聲 魚變切

美士有文人所言也者彥言聲相近文當爲彣樂記禮減而進以進爲文樂盈而反以反爲文注云文猶美也善也爾雅釋訓美士爲彥郭云人所彥詠舍人云國有美士爲人所言道書太甲旁求俊彥傳云美士曰彥詩羔裘邦之彥兮傳云彥士之美稱

文二

wén
文

文 錯畫也象交文凡文之屬皆從文 無分切

易繫辭物相雜故曰文韓云剛柔交錯玄黃錯雜 樂記五色成文而不亂 中庸文理密察 桓二年左傳火龍黼黻昭其文也杜云火畫火龍畫龍

錯畫也者釋天錯革鳥曰旗本書旗錯革畫鳥其上詩采芑約軝錯衡傳云錯衡文衡也哀十三年穀梁傳祝髮文身注云文身刻畫其身以爲文也齊策文車二駟鮑云文彩繪也史記越世家翦髮文身錯臂左衽注云錯臂亦文身謂以丹青錯畫其臂

fěi
斐

斐 分別文也從文非聲易曰君子豹變其文斐也 敷尾切

分別文也者本書𩇨別也論語斐然成章不知所以裁之也孔安國曰妄穿鑿以成文章不知所以裁制魏畧顏斐字文林通作匪考工記且其匪色注云匪采貌也詩淇奧有匪君子傳云匪文章貌釋文云本又作斐釋訓有斐君子郭云斐文貌 易曰君子豹變其文斐也者革卦文彼作蔚也釋文云說文作斐

bān
辬

辬 駁文也從文辡聲 布還切

彡 彣 文

駁文也者廣韻辨駁也文也一切經音義十二蒼頡篇辬文皃也雜色爲辬廣雅辬文也西京賦上辬華以交紛纂文辬華文麗也或作斑檀弓貍首之斑然淮南說林訓見虎一文不知其武高云一文一斑也又通作般內則馬黑脊而般臂漏注云般臂前脛般般然也周禮內饔馬黑脊而般臂螻注云般臂臂毛有文郭注山海經引作斑臂又通作貣易貣釋文傳氏云貣古斑字文章貌鄭云文飾之貌王肅云有文飾黃白色高注呂覽貣色不純也引詩鶉之貣貣

lí 嫠

嫠 微畫也從文𠩺聲 里之切

微畫也者廣韻引字統同本書𠩺劃也

文四

biāo 髟

髟 長髮猋猋也從長從彡凡髟之屬皆從髟 必凋切又所銜切

長髮猋猋也者髟猋聲相近李善注秋興賦云通俗文曰髮垂而髟匹料切說文曰白黑髮雜而髟字林亦同匡謬

正俗云秋興賦云班鬢髟以承弁素髮颯以垂領讀者皆以髟爲杉音按許氏說文解字云彡毛飾畫之文也象形字林音山廉反此字既訓形飾所以形及彫字並從彡說文解字解髟字云長髮猋猋也從彡字林音方周反此字既指訓髮貌所以鬢髮之屬字皆從髟字安仁之辭正合義訓今讀秋興賦當音方周反不得謂之彡也玉篇髟長髮髟髟也長笛賦特麚昏髟李善云髟長髦也

fà 髮

髮 根也從髟犮聲 方伐切

廣韻髮頭毛也　玉篇髮首上毛也引孝經身體髮膚豬白馬賦垂梢植髮李善云髮額上毛也　素問腎之華在髮草木子血之榮以髮

根也者本書茇從犮云草根也

犮聲者釋名髮拔也拔擢而出也

𩬊 髮或從首

𩑶 古文

bìn 鬢

鬢 頰髮也從髟賓聲 必刃切

晉語美鬢長大則賢注云鬢髮類也蔡邕女誡攝鬢則思其心之整也

頰髮也者釋名鬢峻也所生高峻也又云其上連髮曰鬢鬢濱也濱崖也爲面額之崖岸也

mán 鬗

鬗 髮長也從髟㒼聲讀若蔓 母官切

髮長也者漢書禮樂志掩回轅鬗長馳如淳曰鬗音樠鬗鬗長貌也

lán ⿱髟監

⿱髟監 髮長也從髟監聲讀若春秋黑肱以濫來奔 魯甘切

髮長也者六書故⿱髟監鬖髮垂散皃馥案通俗文毛長曰鬖鬖廣韻⿱髟監鬖髮疏皃玉篇⿱髟監髮多也

cuǒ ⿱髟差

⿱髟差 髮好也從髟差聲 千可切

髮好也者廣韻⿱髟差髮多皃

quán 鬈

鬈 髮好也從髟𢍏聲詩曰其人美且鬈 衢員切

雜記燕則鬈首

髮好也者詩釋文引同

詩曰其人美且鬈者齊風盧令文傳云鬈好貌

máo 髦

髦 髮也從髟從毛 莫袍切

漢舊儀宂從僕射一人領旄頭又云中郎將一人施旄頭案旄卽髦也漢書東方朔傳羽爲旄頭注引應劭曰旄頭今以羽林爲之髮正向上而長

髮也者一切經音義四引同又云髮中豪者也爾雅釋文毛中之長豪者髦列子釋文髦垂髮也馥案昭九年左傳登如弁髦而因以敝之注云童子垂髦曲禮乘髦馬注云不鬄落也正義髦馬與童子垂髦同廣雅髦毛也釋名髦冒也覆冒頭頸也詩角弓如蠻如髦傳云髦美髮也　從毛者徐鍇本作毛聲

mián ⿱髟臱

⿱髟臱 髮皃從髟臱聲讀若宀 莫賢切

髮皃者復古編⿱髟臱別作鬘非　一切經音義一案西國結鬘師多用蘇摩那華行列結之以爲條貫無問男女貴賤皆

此壯嚴或首或身以爲飾好則諸經中有華鬘市天鬘寶鬘等同其事也字體從髟音所銜反㚒聲㚒音彌然反讀若宀者本書㚒宀宀不見也𥇑目旁薄緻宀宀也

tiáo 髫

髫 髮多也從髟周聲直由切

髮多也者本書㐱稠髮也稠當作𩯔通作稠詩都人士綢直如髮傳云密直如髮

nǐ 鬜

鬜 髮皃從髟爾聲讀若江南謂酢母爲鬜奴禮切

髮皃者鄭注既夕記云兒生三月鬜髮爲鬌 讀若江南謂酢母爲鬜者集韻作䤍云𪎊䴷謂之䤍

póu 䯽

䯽 髮皃從髟咅聲步矛切

髮皃者玉篇䯽髮好也字或作髱西京賦猛毅髱𩯔

máo 髳

髳 髮至眉也從髟敄聲詩曰紞彼兩髳亾牢切

髮至眉也者通作髦既夕禮既殯主人脫髦注云兒生三月翦髮爲鬌男角女羈否則男左女右長大猶爲之飾存之謂之髦所以順父母幼小之心至此尸柩不見喪無飾可以去之髦之形象未聞內則子事父母笄總拂髦未冠笄者拂髦總角注云髦者用髮爲之象幼時鬌其製未聞玉藻親沒不髦喪大記小斂主人脫髦 詩曰紞彼兩髳者鄘風柏舟文彼作髧彼兩髦傳云髦者髮至眉

髳 或省漢令有髳長

呂氏讀詩記引釋文云韓詩作髳

漢令有髳長者徐鍇曰髳羌地名髳地之長也戴侗曰牧誓及庸蜀羌髳詩如蠻如髦或夷多被髮覆案詩角弓如蠻如髦傳云髦夷髦也箋云髦西夷別名武王伐紂其等有八國從焉

jiǎn 鬋

鬋 女鬢垂皃從髟前聲作踐切

女鬢垂皃者楚詞招魂盛鬋不同制注云鬋鬢也郭璞注上林賦刻飾刻畫鬋鬢也

lián 鬑

鬑 鬋也一曰長皃從髟兼聲讀若慊力鹽切

鬋也者徐鍇韻譜鬑鬑垂皃戴侗曰今人有髮簾覆額鬑鬑者用之蓋鬑之類玉篇鬑鬑鬢髮疏薄皃 一曰長皃者玉篇鬑鬑長皃

jié 䰉

䰉 束髮少也從髟截聲子結切

束髮少也者廣韻引作束髮少小也又云婦人束小髻也又云露髻

xī 鬄

鬄 髲也從髟易聲先彳切又大計切

髲也者廣雅鬄謂之髲易既濟婦喪其茀釋文薰作髢詩君子偕老不屑髢也箋云髢髲也少牢饋食禮主婦被錫注云被錫讀爲髲鬄古者或剔賤者刑者之髮以被婦人之紒爲飾因名髲鬄焉此周禮所謂次也周禮追師掌王后之首服爲副編次注云次次第髮長短爲之所謂髲鬄曲禮斂髮毋髢注云髢髲也毋垂餘如髲也哀十七年左傳公自城上見己氏之妻髮美使髡之以爲呂姜髢杜云髢髲也莊子天地篇有虞氏之藥瘍也禿而施髢司馬云髢髲也漢書揚雄傳資娵娃之珍髢鬄兮孟康曰髢髲也

髢 鬄或從也聲

bì 髲

髲 鬄也從髟皮聲平義切

釋名髲被也髮少者得以被助其髮也案詩采蘩被之僮僮傳云被首飾也 吳志薛綜上事漢朱崖叛以長吏覩其人好髮髡取爲髲故百姓怨叛 世說陶侃母頭髮委地下爲二髲賣得數斛米 南越志開平縣出髲 酉陽雜俎狒狒髮可爲髲

鬄也者詩君子偕老正義引作益髮也又云言人髮少聚他人髮益之

cì 髮次

𩭛 用梳比也從髟次聲七四切

用梳比也者本書梳理髮也玉篇首飾爲髮通作次釋名次次第髮也士昏禮女次注云次首飾也今時髲也周禮追師掌王后之首服爲副編次注云次次第髮長短爲之所謂髲髢

kuò 髺

髺 潔髮也從髟昏聲古活切

kuì 鬢　mà 鬕　fù 髴　pán 鬆

潔髮也者篇海引作絜髮也徐鍇韻譜同字林竝同五經文字髺絜也一切經音義十一髺謂括束髮也廣韻髺結髺莊子人閒世見櫟社樹絜之百圍音義云絜約束也禮記大學絜矩之道注云絜猶結也挈也爾雅釋水絜九河之一注云水多約絜也南史王敬則以絳糾髺謂以絳絲絜髮也詩氓總角之宴傳云總角結髮也君子偕老不屑髢也傳云屑潔也箋云髢髲也不潔者不用髲爲善正義云不潔髢者言婦人髮美不用他髮爲髲而自潔美故云不用髲爲善馥案潔當爲絜不潔髢者不須絜髢而髮好自美也鄭注周禮挈壺氏云挈讀如絜髮之絜士喪禮主人髺髮注云髺髮者去笄纚而紒古文髺作括通作括宜十八年左傳旣復命袒括髮注云以麻約髮莊子人閒世支離疏者會撮指天注云項椎也會音活向秀讀馥案士喪禮髺用組乃笄注云古文髺爲括

臥結也從髟般聲讀若槃薄官切

臥結也者徐鍇曰古今注所謂槃桓髻廣韻鬆鬆頭曲髮爲之

結也從髟付聲方遇切

結也者宋本作髻玉篇髴髻也廣韻髴露髻廣雅髴髻也通作副釋名王后首飾曰副副覆也以覆首亦言副貳也兼用衆物成其飾也詩君子偕老副笄六珈傳云副者后夫人之首飾編髮爲之周禮追師掌王后之首服爲副編次注云副之言覆所以覆首爲之飾其遺象若今步搖矣明堂位夫人副褘立於房中注云副首飾也今之步搖是也後漢書注副婦人首服三輔謂之假紒廣雅假結謂之髻續漢書皇后服有假結東觀漢記章帝詔東平王蒼以光烈皇后假髻帛巾各一衣一篋遺王晉中興書泰元中公主婦女緩鬢假髻以爲盛飾用髮豐多不可行戴乃先於籠上裝之名曰假髻

帶結飾也從髟莫聲莫駕切

帶結飾也者李善注西京賦引作帶結頭飾也廣韻鬕婦人結帶類篇鬕袜額也西京賦朱鬕鬣髽植髮如竿薛綜注絳帕額露頂髻植髮如竿

屈髮也從髟貴聲邱媿切

lú 鬛　liè 鬣　jiè 䯰

屈髮也者廣雅鬢髻也急就篇冠幘簪簧結髮紐顏注結髮謂作結也紐謂結之鬢也

簪結也從髟介聲古拜切

簪結也者玉篇䯰與髻同髮結也東觀漢記明德后美髮爲四起大髻字或作紒士冠禮將冠者采衣紒注云紒結髮古文紒爲結雜記燕則鬈首注云猶若女有簪紒也干寶晉記初賈后造首紒之繪縛其髻天下化之名纈子髻也搜神記元康中婦人結日纈子者旣成以繒急束其環名曰纈子髻文選運命論椎紒而守敖庾海陵之倉李善云紒卽髻字也于子正文引此而爲髻字王君念孫曰廣雅䯰髻也䯰與髻同字或作結又作紒二徐說文本皆有䯰字無髻字䯰字注云簪結也古拜切徐鉉本髻字收入新附云古通作結此字後人所加案曹憲此注云說文髻卽籀文䯰字太平御覽引說文云髻結髮也則是說文原有髻字而䯰卽髻之重文士冠禮將冠者采衣紒鄭注云紒結髮也古文紒爲結結紒之或作結猶髻之或作䯰今說文䯰字訓爲簪結乃後人所改徐鉉不察反以髻字爲後人所加誤矣玉篇髻字注云結髮也䯰字注云同上此皆本於說文其下文云說文古拜切簪結也則宋人以誤本說文竄入者耳馥案枚乘梁苑賦靡㩮長髻漢書尉佗魋髻東觀漢記梁鴻妻椎髻續漢書五行志京師婦女作墮馬髻側在一邊自梁冀家所爲人皆放之梁冀別傳冀未誅時婦人作不聊生髻又長安謠城中好高髻四方高一尺蔡邕女誡立髻則思其心之正也

髮鬣鬣也從髟巤聲良涉切

髮鬣鬣也者集韻引作髮鬣鬣也案鬣當爲鬛五音集韻鬛與鬣同鬛鬛亂髮皃廣雅鬣毛也毛當爲髦曲禮豕曰剛鬣士虞禮敢用絜牲剛鬣明堂位夏后氏駱馬黑鬣周人黃馬蕃鬣

鬣或從毛

或從豕

鬣也從髟盧聲洛乎切

鬣也者廣韻鬛毛也毛當爲髦篇海髮鬛髮起皃

fú 髴

髴若似也從髟弗聲 敷勿切

髴若似也者疑後人亂之廣韻髴婦人首飾類篇髣髴髮亂皃

róng 髶

亂髮也從髟茸省聲 而容切

亂髮也者廣韻髶髮多亂皃

chuí 鬌

髮隋也從髟隋省 直追切

髮隋也者徐鍇本作墮六書故引李陽冰本鬌墮也集韻鬌髮落也又云子生三月翦髮也又云剃餘髮玉篇小兒翦髮爲鬌廣雅鬌墮也方言鬌盡也注云鬌毛物漸落去之名既夕記主人說髦注云兒生三月鬌髮爲鬌男角女羈否則男左女右內則三月之末擇日翦髮爲鬌男角女羈注云鬌所遺髮也夾囟曰角午達曰羈也匡謬正俗問曰關中俗謂髮落頭禿爲椎何也答曰按許氏說文解字云鬌髮墮也呂氏字林玉篇唐韻並直垂反今俗呼鬌音訛故爲椎耳 隋省者徐鍇本作墮省聲

shùn 鬊

鬌髮也從髟春聲 舒閏切

鬌髮也者本書𦣻下云巛象髮謂之鬊鬊卽巛也廣雅髮謂之鬊士喪禮巾櫛鬊蚤埋於坎 喪大記君大夫鬊爪實于綠中注云鬊亂髮也漢書天文志日出時有黑雲狀如炎風亂鬊

qiān 鬜

鬢禿也從髟閒聲 苦閑切

鬢禿也者字林同本書顧頭鬢少髮也廣韻鬝禿鬜也廣雅鬜禿也考工記數目顧脰注云故書顧或作牼鄭司農云牼讀爲鬜頭無髮之鬜

tì 鬄

鬀髮也從髟從刀易聲 他歷切

鬀髮也者本書髲鬄也通作鬄曲禮乘髦馬注云髦馬不鬄落也詩泮水狄彼東南箋云狄當作剔剔治也釋文引韓詩作鬄云除也又通作剔後漢書馮魴傳褒等聞帝至皆自鬄剔注云剔音他狄反聲類曰亦鬄字音他計反謂剃去髮也王隱晉書蘇峻夢見鹵簿行列甚肅曰鄉犯鹵簿應髡刑節俛受剔 從刀易聲者徐鍇本作從髟剔聲本書刀部剔字徐鉉所加

kūn 髡

鬄髮也從髟兀聲 苦昆切

鬄髮也者急就篇鬼薪白粲鉗鈦髡顏注鬄髮曰髡楚詞九章接輿髡首兮注云髡剔也張斐律序髡者刑之威秋凋落之象

或從元

或從元者本書軏字論語作軏

tì 鬀

鬄髮也從髟弟聲大人曰髡小兒曰鬀盡及身毛曰鬄 他計切

鬄髮也者韻會引徐鍇本作鬀髮也增韻同或作剃通鑑魏主親爲沙門師賢等下髮注云下髮剃髮也 大人曰髡者通鑑來歙下獄諸生守闕至有自髡剔者注引毛晃曰剃髮曰髡 小兒曰鬀者鄭注周禮薙氏云薙讀如鬀小兒頭之鬀 盡及身毛曰鬄者趙宧光曰盡及身毛今回回國夷法有之

bàng 髼

髼也從髟並聲 蒲浪切

髼也者廣韻髼鬡亂毛玉篇髼鬡鬤髮亂

fèi 𩮀

髴也忽見也從髟彔聲彔籀文魅亦忽見意 芳未切

彔聲彔籀文魅亦忽見意者彔當爲彔魅不常見故曰亦忽見意

zhuā 髽

喪結禮女子髽衰弔則不髽魯臧武仲與齊戰于狐鮐魯人迎喪者始髽從髟坐聲 莊華切

廣雅髽髻也 淮南齊俗訓三苗髽首高云髽音撾以枲束髮 喪結也者禮記外傳髽者婦人有喪者結去纚而紒曰髽有布髽有麻髽挫折開散之名也 禮女子髽衰者衰當爲縗通作衰儀禮喪服布總箭笄髽衰三年注云髽露紒也猶男子之括髮斬衰括髮以麻則髽亦用麻也蓋以麻

hòu 后　　髻

自項而前交於額上卻繞紒如著幓頭焉小記曰男子冠而婦人笄男子免而婦人髽士喪禮婦人髽于室注云始死婦人將斬衰者去笄而纚將齊衰者骨笄而纚今言髽者亦去笄纚而紒也齊衰以上至笄猶髽髽之異於髻髮者既去纚而以髮爲大紒如今婦人露紒其象也檀弓曰南公縚之妻之姑之喪夫子誨之髽曰爾毋從從爾爾毋扈扈爾其用麻布亦如著幓頭然弔則不髽魯臧武仲與齊戰于狐駘魯人迎喪者始髽檀弓魯婦人之髽而弔也自敗於臺駘始也注云敗於臺駘魯襄四年秋也臺當爲壺字之誤也春秋傳作狐駘時家家有喪髽而相弔去纚而紒曰髽禮婦人弔服大夫之妻錫衰士之妻則疑衰與皆吉笄無首素總襄四年左傳臧紇敗于狐駘國人逆喪者皆髽魯於是乎始髽杜云髽麻髮合結也正義髽之形制禮無明文先世儒者各以意說鄭衆以爲枲麻與髮相半結之馬融以爲屈布爲巾高四寸著於額上鄭元以爲去纚而紒杜以鄭衆爲長故用其說

文三十八　重七

髻 結髮也

說見系下

遺文一

后 繼體君也象人之形施令以告四方故厂之從一口發號者君后也凡后之屬皆從后 胡口切

繼體君也者徐鍇通論引書嗣先人宅丕后釋詁后君也詩元鳥商之先后箋云后君也尚書大傳維王后元祀注云后君也鄭注曲禮后之言後書召誥越厥後王後民傳云謂先智王之後繼世君臣祭法夏后氏亦禘黃帝而郊鯀正義云夏云后氏者后君也受位於君故稱后春秋元命包繼體守文之君不害聖人之主文九年公羊傳繼文王之體守文王之法度范注文十二年穀梁傳引譙周曰國不可久無儲貳故天子諸侯十五而冠十五而娶禮十五爲成童以次成人欲人君之早有繼體史記外戚傳繼體守文之君易林睽之萃繼體守藩西京賦高祖創業繼體承基說苑修文篇春秋公羨於高寢高寢者始封君之寢也二路寢者繼體之君寢也繼體君世世不可居高祖之寢故高寢立中路寢左右然則天子之寢奈何曰亦三承明繼體守文之君之寢曰左右大路寢謂之承明何曰承乎明堂之後者也漢匡衡上疏云受命之王務在創業垂統傳之無窮繼體之君心存於承宣先王之德而襃大其功梁統上疏云至哀平繼體卽位日淺潛夫論述赦篇古者惟始受命之君承大亂之極被前王之惡其民乃並爲敵讎罔不寇賊消義姦宄奪攘以革命受祚爲之父母故得一赦繼體以下則無違焉又三式篇先王之制繼體立諸侯以象賢也又釋難篇帝王繼體之君父事天王者爲子故父事天也崔寔政論繼體之君欲立中興之功者曷嘗不賴賢哲之謀乎漢劉瑜上書言中官不當比肩裂土競立胤嗣繼體傳爵蔡邕上疏臣聞孝文皇帝制喪服三十六日雖繼體之君父子至親不敢踰越獻帝傳雖有繼體守文之君不害聖人受命而王魏志高堂隆傳夏商之季皆繼體也又云三王可邁五帝可越非徒繼體守文而已也袁宏三國名臣贊劉后授之無疑心武侯受之無懼色繼體納之無貳情百姓信之無異辭馥案繼體謂後主禪晉穆帝詔繼體承基古今常道宋書禮志諸王子繼體爲王者婚姻吉凶悉依諸國公侯之禮南齊書文惠太子傳內外百司咸謂旦暮繼體文選謝脁詩昏風淪繼體李善云繼體謂鬱林王昭業也齊書鬱林王文惠太子長子武帝崩王卽位通鑑宋明帝詔以世祖繼體陷寃無遺以皇子智隨爲世祖子　施令以告四方者易姤象后以施命誥四方　故厂之從一口者徐鍇通論厂垂衣之象旁達之形馥案上文云象人之形謂尸爲橫𠆢也此又云故厂之從一口所未能詳　發號者君后也者本書君發號故從口令字云發號也北堂書鈔君以出令晉悼公曰臣之求君以出令也坊記高宗云三年其惟不言言乃讙注云其既言天下皆歡喜樂其政教馥謂言卽發號令鄭注洪範云孔子說春秋曰政以不由王出不得爲政則是王君出之號也申子曰君之所以尊者令令不行是無君也故明君愼令樂動聲儀臣者當以發明君之號令賈誼書天子之言曰令令甲令乙是也潛夫論先王將發號施令諄諄如也

hǒu 㖃

㖃 厚怒聲從口后后亦聲 呼后切

厚怒聲者通作詬唐書劉文靖傳君雅詬曰反人欲殺我耳音義云詬怒也

文二

sī 司　cí 詞　zhī 卮

司 臣司事於外者從反后凡司之屬皆從司息茲切

臣司事於外者者集韻引同又云與后相反一曰后道寬惠司家徧急違於君也增韻古文反后爲司言后王之道寬與有司相反也出納之吝謂之有司非君道也君道貴寬大廣雅有司臣也書酒誥勿辯乃司民湎于酒傳以司民爲主民之吏周禮夏官司馬秋官司寇內則衆子則使有司名之注云有司臣有事者也

詞 意內而言外也從司從言似茲切

意內而言外也者易釋文引同韻會引徐鍇本作音內而言外也錯通論曰詞者音內而言外在音之內在言之外也何以言之惟也思也曰也兮也斯也若此之類皆詞也語之助也詩曰惟此文王又曰在城闕兮又曰神之格思不可度思矧可斁思書曰曰雨曰霽詩曰今我來斯皆詞也聲成文曰音此詞直音內之助聲不出於音故曰音之內聲成文之內一助聲也言之外者直言曰言又一字曰言惟思曰兮斯之類皆在句之外爲助楚詞曰魂兮歸來些些亦詞也在句之外也故曰音之內言之外爲詞六書正譌詞音內而言外也在音之內言之外也一切經音義

二十五直言曰言言己事也荅述爲詞爲人說也禮記三年之喪言而不詞是也說文詞者意內而言外也亦審言語也本書意察言而知意也從心從音𩔡案言當爲音徐錯通論云心音者察音以知其心也　從司從言者徐鍇本作從言司聲𩔡謂當云從司從言司亦聲

文二

卮 圜器也一名觛所以節飲食象人卪在其下也易曰君子節飲食凡卮之屬皆從卮章移切

玉藻母沒而杯圈不能飲焉注云圈屈木所爲謂卮匜之屬韓非子堂溪公謂韓昭侯曰今有白玉之卮無當有瓦卮有當君寧何取　齊策楚有祠者賜其舍人卮酒　新序賤人希見長者願請一卮酒　論衡自紀篇盆盎酌卮大小失宜

圜器也者玉篇卮酒漿器也受四升急就篇蠡升參升半卮觛顏注卮飲酒圜器也莊子寓言篇卮言日出釋文云字畧云卮圓酒器也　一名觛者漢書音義應劭曰卮飲酒禮器也古以角作受四升𩔡案本書觛小觶也觶受四升　易曰君子節飲食者頤象文彼云君子以慎言語節飲食

shuàn 䏝　zhuǎn 腨　jié 卩

䏝 小卮有耳蓋者從卮專聲市沇切

小卮有耳蓋者者急就篇槫榼椑榹七箸籫顏注槫小卮也上有蓋王注椑本作槫字當從卮說文䏝小卮也有耳蓋者劉氏新論隨時篇明鏡所以照形而巵者以之蓋卮

腨 小卮也從卮耑聲讀若捶擊之捶旨沇切

小卮也者廣雅腨卮也　讀若捶擊之捶者本書揣一曰捶之

文三

卪 瑞信也守國者用玉卪守都鄙者用角卪使山邦者用虎卪土邦者用人卪澤邦者用龍卪門關者用符卪貨賄用璽卪道路用旌卪象相合之形凡卪之屬皆從卪子結切

通作節釋名節赴也執以赴君命也襄二十五年左傳司馬致節杜云節兵符三禮義宗節長尺二寸秦漢以下改爲旌旛之形夢溪筆談古之節如今之虎符其用則有圭璋龍虎之別皆櫝將之英蕩是也漢人所持節乃古之旄也　瑞信也者易序卦節而信之故受之以中孚韓云既已有節則宜信以守之周禮敘官掌節注云節猶信也行者所執之信玉藻凡君召以三節注云節所以明信輔君命也今漢使者擁節文八年左傳司馬握節以死注云節國之符信也文十二年傳不腆先君之敝器使下臣致諸執事以爲瑞節注云節信也哀六年公羊傳與之玉節而走之何云節信也西周策秦閒之必大怒而焚周之節高云節符信也墨子大將使人行守操信符鶡冠子節璽相信如月應日　守國者云云者周禮掌節掌守邦節而辨其用以輔王命守邦國者用玉節守都鄙者用角節凡邦國之使節山國用虎節土國用人節澤國用龍節皆金也以英蕩輔之門關用符節貨賄用璽節道路用旌節皆有期以

反節小行人達天下之六節山國用虎節土國用人節澤國用龍節皆以金爲之道路用旌節門關用符節都鄙用管節皆以竹爲之司市凡通貨賄以璽節出入之注云璽節印章如今斗檢封矣 象相合之形者徐鍇曰象半分之形守國者其卩半在內半在外孟子若合符節荀子儒效篇張法而度之則晻然若合符節注云符節相合之物也周禮門關用符節葢以全竹爲之剖之爲兩各執其一合之以爲驗也

令 lìng

令 發號也從亼卩 力正切

本書序假借者本無其字依聲託事令長是也 釋名令領也理領之使不得相犯也 釋詁令告也 月令命相布德和令 趙策臣敬循衣服以待令甲 賈誼書天子之言曰令令甲令乙是也 風俗通時所制日令漢書著於甲令 發號也者本書君下云發號故從口后下云發號者君后也易渙卦渙汗其大號書冏命發號施令罔有不臧文十七年左傳居大國之閒而從於强令杜云令號令也魏志武帝征蜀有歸志軍中請號因令曰雞肋

𠨐 bì

𠨐 輔信也從卩比聲虞書曰𠨐成五服 毗必切

說文解字義證 卷二十七 毛

輔信也者玉篇同又云今作弼本書弼輔也通作比釋詁比俌也易比彖比輔也詩杕杜胡不比焉箋云比輔也又通作毗書微子之命毗余一人 虞書曰𠨐成五服者益稷文彼作弼鄭注廣輔五服之教而成之

㔭 chǐ

㔭 有大度也從卩多聲讀若侈 充豉切

有大度也者通作奓西京賦心奓體泰成公綏天地賦偉二儀之奓闊 讀若侈者書周官𥹋不期侈

𠨘 bì

𠨘 宰之也從卩必聲 兵媚切

卲 shào

卲 高也從卩召聲 寔召切

高也者廣雅同法言種蠡不彊諫而山棲賢不足卲也

厄 ě

厄 科厄木節也從卩厂聲賈侍中說以爲厄裹也一曰厄蓋也 五果切

科厄木節也者科厄雙聲猶婐妸也木有節者俗謂之厄節晉書和嶠傳嶠森森如千丈松雖磥砢多節目施之大廈有棟梁之用 賈侍中說以爲厄裹也者玉篇厄果也無肉骨也 一曰厄蓋也者當爲厄蓋本書𩞧小卮有耳蓋者

厀 xī

厀 脛頭卩也從卩桼聲 息七切

脛頭卩也者素問厀者筋之府俗作膝急就篇股腳膝臏脛爲柱顏注膝脛頭節也

卷 juǎn

卷 厀曲也從卩𠔉聲 居轉切

厀曲也者釋名厀伸也可曲伸也

卻 què

卻 卩欲也從卩谷聲 去約切

卩欲也者廣韻卻節也玉篇卻節卻也墨子辭過篇夫婦節而天地和風雨節而五穀熟衣服節而肌膚和

卸 xiè

卸 舍車解馬也從卩止午讀若汝南人寫書之寫 司夜切

舍車解馬也者本書夜舍也天下休舍也周禮敘官掌舍注云舍行所解止之處司戈盾及舍注云舍止也月令耕

說文解字義證 卷二十七 关

者少舍注云舍猶止也方言發稅舍車也馥案發即詩齊子發夕稅即稅駕周禮典路辨其名物與其用說注云說謂舍車也趣馬掌駕說之頒釋文云說始銳反挈壺氏挈轡以令舍鄭司農云縣轡於所當舍止之處使軍望見知當舍止於此轡所以駕舍故以轡表舍宣十二年左傳雞鳴而駕日中而說注云說舍也襄二十五年傳行及弇中將舍又云遂舍枕轡而寢食馬而食駕而行定八年公羊傳皆說然息注云說解舍吳子馬疲人倦而不解舍漢章帝詔騑馬可輟解輟解之通鑑劉湛每入雲龍門御者解駕 從卩止午者王君念孫曰韻會引徐鍇本從卩止午聲則是鍇本原有聲字徐鉉去之 讀若汝南人寫書之寫者郭注方言云舍宜音寫顧炎武曰今人謂馬去鞍曰寫貨物去舟車亦曰寫與器之瀉者不寫義同後漢書皇甫規傳旋車完封寫之權門晉書潘岳傳發槅寫鞍皆自所憩說文作卸舍車解馬也讀若汝南人寫書之寫

𠬧 zhuàn

𠬧 二卩也巽從此闕 士戀切

二卩也巽從此者本書選遣也從辵巽巽遣之馥謂二卩所以遣也本書罷遣有罪也言有賢能人网而貫遣之遣

zòu 卪

之當有巳也

卪 巳也闕 則候切

此巳之分半也

文十三

yìn 印

印 執政所持信也從爪從卪凡印之屬皆從印 於刃切

漢舊儀諸侯王印黃金橐駝鈕文曰璽列侯黃金印龜鈕文曰印丞相將軍黃金印龜鈕文曰章中二千石銀印龜鈕文曰章千石六百石四百石銅印鼻鈕文曰印 傅元印銘往昔先王配天垂則乃設印章作信萬國 李尤印銘赤紱在服非印不明棨傳符節非印不行龜鈕犢鼻用爾作程

執政所持信也者一切經音義七引作玉信也玉篇印執政所持之也又信也釋名印信也所以封物爲信驗也亦言因也封物相因付也蒼頡篇印驗也三蒼印信也檢也

yì 归

𠨍 按也從反印 於棘切

書無逸厥亦惟我周太王王季克自抑畏 襄十年左傳子駟抑尉止曰爾車非禮也 後漢書明帝紀章奏若有過稱虛譽尙書宜抑而不省 方言抑安也廣雅同燕策其民力竭也安猶取哉趙策秦與韓爲上交秦禍按移於梁矣秦與梁爲上交秦禍按攘於趙矣一本按作安荀子上不能好其人下不能隆其禮安特將學雜識志順詩書而已耳注云安語助猶言抑也或作案顏謂詩抑磬控忌抑此皇父呂氏春秋吳起謂商文曰今置質爲臣其主安主釋璽辭官其主安輕皆以抑安爲語助 或通作意論語抑與之與漢石經作意大戴禮武王問師尙父曰黃帝顓頊之道存乎意亦忽不可得見與

按也者內則疾痛苛癢而敬抑搔之注云抑按魏策乃按其行楚詞九章情沈抑而不達兮注云抑按也史記三王世家塞恩寬忍抑案不揚漢書賈誼傳上不使人捽抑而刜之也顏注抑謂按之也易林抑按捫灸疢人復起梁觴文帝箏賦陸離抑按汜勝之區種大豆法覆土勿厚以掌抑之

𢪔 俗從手

文二 重一

sè 色

色 顏气也從人從卪凡色之屬皆從色 所力切

顏气也者玉篇禮記云色容顛顛色容厲肅此謂人面顏色也詩魯頌載色載笑傳云色溫潤也哀六年公羊傳色然而駭哀十三年左傳司馬寅曰肉食者無墨孟子歎然面深墨逸周書喜色油然以出怒色厲然以侮欲色嫗然以愉懼色薄然以下憂悲之色瞿然以靜

𡔲 古文

bó 艴

艴 色艴如也從色弗聲論語曰色艴如也 蒲沒切

色艴如也者韻會引徐鍇本作色怒也韓策語曰怒於室者色於市玉篇引孟子曾西艴然不悅通作怫莊子天地篇佛然作色又通作勃孟子王勃然變乎色 論語色艴如也者彼云君召使擯色勃如也又過位色勃如也本書孛下引論語色孛如也

pīng 艵

艵 縹色也從色并聲 普丁切

縹色也者廣雅艵色也字或作頩楚詞玉色頩以脕顏兮玉篇引作艵宋玉神女賦艴薄怒以自持兮李善引廣雅頩色也又引方言注頩怒色青皃又作恲淮南齊俗訓仁發恲以見容高云恲色也

文三 重一

qīng 卯

卯 事之制也從卪𠂎凡卯之屬皆從卯闕 去京切

事之制也者書洪範謀及卿士鄭注卿士六卿掌事者隱三年左傳爲平王卿士賈逵曰卿士之有事者六卿也

從卪𠂎者戴侗曰唐本反卪爲𠂎林罕曰卪止𠂎進也

qīng 卿

卿 章也六卿天官冢宰地官司徒春官宗伯夏官司馬秋官司寇冬官司空從卯皀聲 去京切

章也者廣雅同鄉章聲相近釋名鄉章也言貴盛章著也白虎通鄉之爲言章也章善明理也書堯典平章百姓鄭注章明也　六鄉云云者見周禮書周官六鄉分職各帥其屬　皀聲者本書皀又讀若香

文二

bì 辟

辟 法也從卩從辛卩制其辠也從口用法者也凡辟之屬皆從辟　必益切

法也者釋詁文顏注急就篇字林廣雅竝同詩板無自立辟雨無正辟言不信傳竝云辟法也抑辟爾爲德箋云辟法也周禮鄉師以攷司空之辟鄭司農云辟法也曲禮夫曰皇辟注云辟法也宣九年左傳孔子曰詩云民之多辟無自立辟其洩冶之謂乎顧炎武曰以上辟爲僻下辟爲法當時有此解昭二十八年晉司馬叔游引此詩亦同漢張衡思元賦覽蒸民之多僻兮畏立辟以危身正用此也襄十年傳子孔當國爲載書以位序聽政辟杜訓辟爲法昭六年傳民知有辟則不忌於上杜云權移於法故民不畏上　從卩從辛卩制其辠也口用法也者本書辠犯法

也從辛從自言辠人蹙鼻苦辛之憂一切經音義九辟字從尸口辛者制其罪口用法也釋詁辟辠也文六年左傳辟刑獄正義云依法斷治也檀弓品節斯注云制斷也

bì 𨐨

𨐨 治也從辟從井周書曰我之不𨐨　必益切

治也者書釋文引作法也本書刑下引易井法也周書曰我之不辟者金縢文彼作弗辟傳云辟法也

yì 𨐬

𨐬 治也從辟乂聲虞書曰有能俾𨐬　魚廢切

治也者釋詁文彼作乂釋文云字又作𨐬諡法解乂治也書君奭巫咸乂王家史記作治王家金樓子說蕃篇引同又保乂有殷王肅云乂治也禹貢雲土夢作乂傳云可爲耕作畎畝之治又淮沂其乂傳云二水已治正義乂訓治也故云二水已治洪範從作乂鄭注君言從則臣職治馬注出令而從所以爲治也晉書五行志言之不從是爲不乂又乂治也召誥亦敢殄戮用乂民傳云用治民泰誓天其以予乂民傳云用我治民通作艾漢書五行志引洪範艾用三德應劭云艾治也顏注艾讀曰乂詩小旻或肅或艾傳云艾治也又通作辟洛誥其基作民明辟傳訓辟爲治

虞書曰有能俾𨐬者堯典文彼作乂傳云乂治也史記作有使治者

文三

bāo 勹

勹 裹也象人曲形有所包裹凡勹之屬皆從勹　布交切

裹也者玉篇裹包也詩公劉乃裹餱糧莊子大宗師裹飯而往食之通作包書禹貢包匭菁茅詩野有死麕白茅包之樂記包之以虎皮　象人曲形有所包裹者勹包聲相近廣韻勹包也象曲身皃

jū 𥷚

𥷚 曲脊也從勹籒省聲　巨六切

曲脊也者六書正譌云此卽𥷚躬之𥷚俗用鞠廣韻𥷚曲脊皃𥷚謹敬之皃玉篇𥷚巨六邱六二切曲脊也又𥷚邱六切又邱弓切𥷚匔謹敬皃又匔巨弓切𥷚匔𥨍案𥷚匔者卽論語鞠躬廣雅𥷚匔謹敬也曹憲上音邱六反下音邱弓反史記魯世家及七年後還政成王北面就臣位𥷚匔如畏然集解徐廣曰𥷚匔謹敬貌也見三蒼音窮窮一本作藭藭也馥案匔者卽𥷚匔之誤非重文也論語執圭鞠躬如也如不勝包曰鞠躬者敬慎之至聘禮記執圭入門鞠躬焉如恐失之釋文躬劉音弓本亦作躳通俗文體不申謂之趜本書趜窮也

pú 匍

匍 手行也從勹甫聲　薄乎切

手行也者一切經音義十左傳正義引同字林亦同徐鍇本作裹也手裹行也釋名匍匐小兒時也匍猶捕也藉索可執取之言也匐伏也伏地行也人雖長大及其求事盡力之勤猶亦稱之詩生民誕實匍匐傳云兒以手行也谷風匍匐救之箋云盡力也問喪故匍匐而哭之注云匍匐猶顚蹷春秋後語伍子胥坐行匍匐莊子秋水篇且子獨不聞夫壽陵餘子之學行於邯鄲與未得國能又失其故行矣直匍匐而歸耳後漢趙壹曰趙女善舞行步媥蠱效者不獲匍匐失步通作蒲伏漢書韓信傳俛出袴下蒲伏又作扶服檀弓扶服救之漢書霍光傳扶服叩頭又作蒲服史記范雎傳膝行蒲服

fú 匐

匐 伏地也從勹畐聲　蒲北切

伏地也者左傳正義引同秦策嫂蛇行匍伏高注匍曳地昭二十五年左傳懷錦奉壺飲冰以蒲伏焉正義云令司

jū 匊　yún 勻　jiū 勼　xún 旬

鞸射竊往飲季孫之所似小兒伏地而手行

（匊）在手曰匊從勹米 居六切

在手曰匊者一切經音義十一引作撮也玉篇匊撮也詩椒聊蕃衍盈匊采綠不盈一匊傳竝云兩手曰匊或作掬釋名掬局也使相局近也小爾雅廣量一手之盛謂之溢兩手謂之掬曲禮受珠玉者以掬注云掬手中宣十二年公羊傳晉衆之走者舟中之指可掬矣何云以兩手曰掬劉氏新論利害篇銷金在爐盜者弗掬

（勻）少也從勹二 羊倫切

少也者本書酌下云少少飲也

（勼）聚也從勹九聲讀若鳩 居求切

聚也者釋詁文彼作鳩釋文鳩說文作勼釋名鳩聚也風俗通鳩者聚也書堯典共工方鳩僝功傳云鳩聚隱八年左傳君釋三國之圖以鳩其民襄十六年傳敢使魯無鳩乎杜注竝云鳩集也襄二十五年傳鳩藪澤昭十七年傳

五鳩鳩民者也杜注竝云鳩聚也淮南地形訓濁滑出發包包當爲勼字之誤也山海經作發鳩東京賦悉率百禽鳩諸靈囿薛綜注鳩聚也後漢書馬融傳揫斂九藪之動物繯橐四野之飛征鳩之乎茲囿之中注云鳩聚也洪武正韻九聚也與鳩同說文作勼莊子禹親自操橐耜而九雜天下之川

（旬）徧也十日爲旬從勹日 詳遵切

徧也者釋言文彼作徇郭謂周徧馥案墨子公孟篇思慮徇通史記五帝本紀幼而徇齊索隱云幼而才智周徧詩江漢來旬來宣傳云旬徧也易豐卦雖旬无咎王云旬均也馥案本書均平徧也周禮均人豐年則公旬用三日焉注云旬均也讀如畇畇原隰之畇易坤爲均今書亦有作旬者漢書翟方進傳方進旬歲閒免兩司隸顏注旬徧也滿也旬歲猶言滿歲也若十日之一周十日爲旬者書堯典期三百有六旬有六日大禹謨三旬傳云旬十日也五子之歌十旬弗反傳云十日日旬周禮小宰旬終則令正日成注云旬十日也曲禮旬之外曰遠某日注云旬十日也宣十一年左傳事三旬而成注云十日爲旬呂氏春秋季春紀行之是令而甘雨至三旬注云十日爲旬

bào 勹　xiōng 匈　zhōu 匊　gé 㔩　jiù 匓

（𠣐）古文

通作宣本書歲下云宣徧陰陽釋言宣徧也詩大雅既順迺宣傳云宣徧也文王宣昭義問淮南時則訓必宣以明

（勹）覆也從勹覆人 薄皓切

覆也者或作菢禮雜記羽菢正義云菢謂葢也莊子齊物論此之謂葆光

（匈）膺也從勹凶聲 許容切

膺也者小字本作聲也玉篇匈匈沸撓聲僖二十八年左傳曹人兇懼兇兇聲也釋名胸猶啌也啌氣所衝也急就篇胂腴胷脇喉咽髃顏注胷膺上也僖二十八年傳犨傷於胸束胸見使者昭二十六年傳鈹交於胷唐石經初刻作匈說苑夫言者所以抒其匈而發其情也又云楚王曰楚國之有不穀也由身之有匈脇也孫楚反金人銘有后人大張其口而書其匈漢校官碑野無叩匈之結

（𦙄）匈或從肉

（匊）帀徧也從勹舟聲 職流切

帀徧也者廣雅同通作周本書帀周也小爾雅廣言周帀也易益釋文徧辭孟作徧云周帀也詩崧高周邦咸喜箋云周徧也周禮司會以周知四國之治司徒周知九州之地域廣輪之數司稼周知其名大祝辨九祭四日周祭鄭注竝云周猶徧也檀弓四者皆周注云周帀也隱十一年左傳周麾而呼杜云周徧也成二年傳齊師敗績逐之三周華不注昭十三年傳棄疾使周走而呼注云周徧也昭二十年傳吾將死之以周事子注云周猶終竟也韋注國語周帀也淮南時則訓星周於天高云謂二十八舍更見南方至是月周帀也漢書劉向傳周回五里有餘舟聲者漢孟郁脩堯廟碑委曲舟帀鄭箋詩大東云舟當作周又注考工記云故書舟作周

（㔩）帀也從勹從合合亦聲 矦閤切

帀也者廣雅同廣韻㔩周帀也通作合纂要天地四方曰六合莊子齊物論六合之外聖人存而不論

（匓）飽也從勹𣪘聲民祭祀曰厭匓 已又切又乙庶切

勹

fù 復　zhǒng 冢　bāo 包

飽也者陳啟源曰左傳飫賜杜解飫爲饜唐韻飫飽也厭也案厭飫字本作餇餇飽也民祭祀曰厭餇者小字作祭祀集韻同徐鍇曰禮有陰厭陽厭厭餇也今禮作飫饇謂厭當作猒

重也從勹復聲 扶富切

重也者重當爲緟通作復詩大明序文王有明德故天復命武王也史記秦始皇本紀爲復道自阿房渡渭屬之咸陽漢書高帝紀上從復道上望見諸將往往偶語注云上下有道故謂之復

或省彳

高墳也從勹豕聲 知隴切

高墳也者釋名冢腫也象山頂之高腫起也釋詁冢大也疏云冢者封之大也釋山山頂冢疏云小雅山冢崒崩毛傳山頂曰冢周禮冢人注云冢封土爲邱壠象冢而爲之疏云山頂曰冢故云象冢而爲之也楚漢春秋惠帝崩太后欲爲高墳使從未央宮坐而見之東陽侯曰日夜見惠帝冢悲哀流涕無乃傷生也揚雄家諜子雲卒弟子侯芭負土作墳號曰揚冢

說文解字義證　卷二十七

文十五　重三

象人褢妊巳在中象子未成形也元气起於子子人所生也男左行三十女右行二十俱立於巳爲夫婦褢妊於巳巳爲子十月而生男起巳至寅女起巳至申故男秊始寅女秊始申也凡包之屬皆從包 布交切

象人褢妊巳在中象子未成形也者妊徐鍇本作任鍇曰任懷任也巳爲四月萬物含實故象人懷子也馥案本書孛人包也從子　元气起於子子人所生也者本書子下云十一月陽气動萬物滋人以爲偁徐鍇曰子在北方冬至夜半一陽所起故曰子人所生　男左行三十云云者徐鍇曰男自子左數次寅次卯爲左行凡三十得巳女自子右數次亥次戌次酉爲右行凡二十亦得巳至此會合夫婦懷任之義巳爲子謂所生子也巳初懷子男左行自巳次午次未凡十月得寅女右行自巳次辰次卯凡十月得申寅在東北爲夏正月萬物微孚甲而出陽初出故爲男年之始申在西南爲夏七月陰气至此始出故爲女年之始也漢書律歷志人生自寅成於申離騷惟庚寅吾以降注云寅爲陽正故男始生而立於寅庚爲陰正故女始生而立於庚太平廣記引玉經天門子云陽生立於寅純木之精陰生立於申純金之精容齋續筆今之五行家學凡男子小運起於寅女子小運起於申莫知何書所載淮南子氾論訓篇云禮三十而娶許叔重注曰三十而娶者陰陽未分時俱生於子男從子數左行三十年立於巳女從子數右行二十年亦立於巳合夫婦故聖人因是制禮使男子三十而娶女二十而嫁其男子自巳數左行十得寅故人十月而生於寅故男子數從寅起女自巳數右行十得申亦十月而生於申故女子數從申起此說正爲起運也馥案孫子筭術今有孕婦行年二十九難九月未知所生替曰生男術曰置四十九加難月減行年所餘以天除一地除二人除三四時除四五行除五六律除六七星除七八風除八九州除九其不盡者奇則爲男耦則爲女

bāo 胞　páo 匏

兒生褢也從肉從包 匹交切

說文解字義證　卷二十七

兒生褢也者一切經音義九引同又卷三說文兒生褢衣者曰胞也馥案今猶謂之衣胞廣雅人一月而膏二月而脂三月而胎四月而胞莊子外物篇胞有重閬注云胞腹中胎春秋說題辭人生於陰宋均注人生陰謂胞胎中詩小弁箋獨不處母之胞胎乎漢書外戚傳善藏我兒胞顏注胞胎之衣也東方朔傳同胞之徒蘇林曰胞音胞胎之胞也言親兄弟論衡四諱篇子生與胞俱出人之有胞猶木實之有扶也包褢兒身因與俱出若鳥卵之有㲉宋書王敬則母爲女巫嘗謂人云敬則生時胞衣紫色會稽先賢傳闞澤在母胞八月叱聲震外　從包者當有包亦聲三字

瓠也從包從夸聲包取其可包藏物也 薄交切

瓠也者本書瓠匏也古今注匏瓠也懸瓠可以爲笙詩公劉酌之用匏匏有苦葉傳云匏謂之瓠魯語夫苦匏不材於人共濟而已漢書郊祀志其器陶匏顏注匏瓠也　從夸聲者當云從瓠省　包取其可包藏物也者玉篇匏取其團圓可包藏物也馥謂下當有包亦聲三字

jì 苟

苟 自急敕也從羊省從包省從口口猶慎言也從羊羊與義善美同意凡苟之屬皆從苟 己力切

自急敕也者釋言悈急也郭云急狹釋文悈本或作極又作亟同紀力反詩采薇豈不日戒玁狁孔棘箋云戒警勑軍事也棘急也馥案經師說此字多誤爲從艸之苟燕禮記賓爲苟敬注云苟且也假也聘禮記賓爲苟敬注云苟敬者主人所以小敬也大射禮注云阼階上近君近君則親寵苟敬私昵之坐詩抑無易由言無曰苟矣莫捫朕舌言不可逝矣箋云無曰苟且如是馥案苟逝聲相近若苟且之苟則音不協矣韓詩外傳論語曰君子於其言無所苟而已矣詩曰無易由言無曰苟矣此亦以爲苟且大學苟日新卽此苟今亦誤讀苟且字通作亟廣雅亟敬也方言自關而西秦晉之閒凡相敬愛謂之亟 從羊羊與義善美同意者本書美下云與義善同意譱下云與義美同意

古文羊不省

古文羊不省者李燾本作古文苟不省書洪範敬用五事古文作苟用五事漢書因苟譌爲羞

jìng 敬

敬 肅也從攴苟 居慶切

王隱晉書后苞拜大司馬舊參軍於都督無敬故孫楚抗衡於苞苞以楚傲更相表牌參軍有敬 隋書文學潘徽傳隋遣魏澹聘於陳陳人使徽接對之澹將反命爲啟於陳主曰敬奉弘慈曲垂餞送徽以爲伏奉爲重敬奉爲輕卻其啟而不奏澹立議曰曲禮注曰禮主於敬詩曰維桑與梓必恭敬止孝經曰宗廟致敬又云不敬其親謂之悖禮孔子敬天之■成湯聖敬日躋宗廟極重上天極高父極尊君極貴四者咸同一敬五經未有異文不知以敬爲輕竟何所據徽難之曰向所論敬字本不全以爲輕但施用處殊義成通別禮主於敬此是通言猶如男子冠而字之注云成人敬其名也春秋有冀缺夫妻亦云相敬既於子則有敬名之義在夫亦有敬妻之說此可復並謂極重乎至若敬謝諸公固非尊地公子敬愛止施賓友敬問敬報彌見雷同敬德敬酬何關貴隔當知敬之爲義雖是不輕但敬之於語則有時混漫今云敬奉所以成疑聊舉一隅未爲深據澹不能對遂從而改焉 南齊書張敬兒本名苟兒宋明帝以其名鄙改焉 南史何敬容署名敬字則大作苟小爲文容字大爲父陸倕戲之曰公家苟既奇大父亦不小馥謂此雖戲言亦誤爲從艸之苟 夢溪筆談象數二今姓敬者或更姓文或更姓苟以文考之皆非也敬本從苟[illegible]從攴今乃謂之苟與文 邵博聞見後錄文潞公本姓敬其曾大父避后晉諱更姓文至漢復姓敬本朝避翼祖諱又更姓文初敬氏避諱各用其一偏或爲文氏或爲苟氏然敬字從苟音棘非苟也從攴非文也俱非其一偏也 肅也者本書肅持事振敬也釋名敬警也恆自肅警也賈誼書接遇肅正謂之敬反敬爲慢洪範恭作肅傳云心敬

文二 重一

guǐ 鬼

鬼 人所歸爲鬼從人象鬼頭陰气賊害從厶凡鬼之屬皆從鬼 居偉切

人所歸爲鬼者文六年左傳正義云字有聲相近而爲訓者鬼之爲言歸也春之爲言蠢也其類多矣玉篇天曰神

地曰祇人曰鬼鬼之言歸也釋訓鬼之爲言歸也祭法人死曰鬼注云鬼之言歸也祭義衆生必死死必歸土此之謂鬼骨肉斃於下陰爲野土禮運列於鬼神注云鬼者精魂所歸郊特牲魂氣歸於天形魄歸於地昭七年左傳鬼有所歸乃不爲厲列子天瑞篇晏子曰善哉古之有死也仁者息焉不仁者伏焉死也者德之徼也古者謂死人爲歸人注云徼者歸也韓詩外傳死者爲鬼鬼者歸也精氣歸於天肉歸於土血歸於水脈歸於澤聲歸於雷動作歸於風眼歸於日月骨歸於木筋歸於山齒歸於石膏歸於露毛歸於草呼吸之氣復歸於人漢書楊王孫傳精神者天之有也形骸者地之有也精神離形各歸其眞故謂之鬼鬼之爲言歸也論衡論死篇人死精神升天骸骨歸土故謂之鬼鬼者歸也風俗通義死者澌也鬼者歸也精神消越骨肉歸於土也曹植髑髏說夫死之爲言歸也李善注文選引老萊子曰人生於天地之閒寄也寄者固歸 成伯璵禮記外傳壽者百二十過此不死爲失歸 陰气賊害從厶者小字本陰气土有鬼字徐鍇曰魂氣升於天其陰氣薄然獨存無所依也故純陰底滯之氣著人爲害賊者有所傷也厶音私

古文從示

汗簡引作䰟與本書由頭合

shēn
䰠

神也從鬼申聲 食鄰切

山海經䰠武羅司

神也者易繫辭精氣爲物游魂爲變鄭注游魂謂之鬼物終所歸精氣謂之神物生所信也詩聊樂我員員韓詩作魂薛君章句云魂神也家語哀公問政篇孔子曰人生有氣有魄氣者神之盛也衆生必死死必歸土此謂鬼魂氣歸天此謂神大戴禮陽之精氣曰神文子太上養神其次養形列子天瑞篇精神者天之久骨骸者地之久屬天清而散屬地濁而聚精神離形各歸其眞故謂之鬼鬼歸也歸其眞宅釋文久當爲有漢書楊王孫曰精神者天之有骨骸者地之有淮南有精神訓高云精者人之氣神者人之守也樂動聲儀神守於心游於目竆於耳洪範五行傳陽曰神陰曰靈潛夫論人之所以爲人者非以此八尺之身也乃以其有精神也七啟可以和神可以娛腸李善云

神人之精爽也太平經曰眞人云人之精神常居空閒之處不居污濁之門也欲思還神皆當齋戒不齋戒則精神不宜返人也皇極經世天之神棲乎日人之神棲乎目 申聲者本書申神也風俗通義傳曰神者申也

hún
魂

陽气也從鬼云聲 戶昆切

吳季札葬其子曰骨肉復歸於土命也若魂氣則無不之也 楚詞九歌身既死兮神以靈子魂魄分爲鬼雄 王注招魂云魂者身之精也 詩推度災曰物本爲魂 宋均注云本即原也魂者亦言未有形也無兆朕故謂之氣 白虎通魂魄者何謂也魂猶伝伝也行不休於外也主於情 魄者迫然著人主於性也魂者芸也情以除穢魄者白也性以治內 鄭注大傳陰陽之神曰精氣情性之神曰魂魄 內觀經動以營身之謂魂靜以鎭形之謂魄

陽氣也者玉篇魂陽游氣也人始生化曰魂 昭七年左傳人生始化曰魄既生魄陽曰魂注云陽神氣也孔子荅宰我曰骨肉斃於下陰爲野土其氣發揚於上爲昭明焄蒿悽愴魯菴徐氏曰陽氣爲魂附於體貌而人生焉骨肉斃於下其氣無所附麗則發散飛揚於上蓋陽氣輕清故升而上浮以從陽也文子天氣爲魂易乾鑿度雄含物魂注獨言雄主於陽故也呂氏春秋禁塞篇費神傷魂高云魂人之陽精也陽精爲魂陰爲魄淮南說山訓魄問於魂高云魄人陰神魂人陽神精神訓其魄不抑其魂不騰高云魄陰神魂陽神范應元注老子魂屬陽魄屬陰成伯璵禮記外傳人之精氣曰魂形體謂之魄合陰陽二氣而生也

pò
魄

陰神也從鬼白聲 普百切

宣十五年左傳天奪之魄矣 子華子生之所自謂之精兩精相薄謂之神隨神往反謂之魂並精出入謂之魄

陰神也者文子地氣爲魄昭七年左傳人生始化曰魄杜注魄形也傅遜曰左氏所謂魄不專指形而言如下文所云魂魄能憑依於人及前所云奪伯有魄皆非形也說文曰魄陰神也韻書云魂神也陽也氣也魄精也陰也形也則形亦可以言魄而魄則不可以訓形矣 昭十五年宋樂祁曰心之精爽是謂魂魄

chì
魅

厲鬼也從鬼失聲 丑利切

玉篇魅魑彪之類也 禮緯顓頊有三子生而亡去爲魅鬼 西山經剛山是多神𩴆其狀人面獸身一足一手其音

如欽注云𩴆或作魅

厲鬼也者玉篇厲虐也廣韻厲烈也猛也孟子厲民以自養禮表記不厲而威白帖當有道之日物不爲妖而棄常之人鬼或爲厲士喪禮疾病禱於五祀司命與厲祭法王爲羣姓立七祀有泰厲諸侯爲國立五祀有公厲大夫立三祀有族厲成十年左傳晉侯夢大厲被髮及地搏膺而踊注云厲鬼也襄十七年傳爾父爲厲注云厲惡鬼襄二十六年傳厲之不如注云厲惡鬼也昭七年傳匹夫匹婦強死其魂魄猶能馮依於人以爲淫厲晉語今夢黃能入於寢門不知人殺乎抑厲鬼邪韋云厲鬼惡鬼也賈誼書天地調和神民順億鬼不厲祟民不謗怨星經女嬬居南斗食厲東京賦爾乃卒歲大儺毆除羣厲或作禲廣韻禲無後鬼也

xū
魖

秏鬼也從鬼虛聲 朽居切

秏鬼也者李善注東京賦引同集韻引作秏玉篇秏減也敗也廣雅秏減也王制視年之豐秏唐石經作秏漢書董仲舒傳秏矣哀哉顏注秏虛也詩秏斁下土釋文引韓詩秏惡也後漢書章德竇皇后紀家既廢壞數呼相工問息

鬼

耗注云息耗猶言善惡也七啟耗精神乎虛廓李善引蒼頡篇耗消也襄二十八年左傳玄枵虛中也枵耗名也淮南時則訓秋行冬令耗注云零落也唐以正月十六日爲大耗張說詩上月今朝減人傳耗磨辰至宋猶沿此俗嘉祐雜錄云正月十六日大耗令京師局務休務一日本書夔神魖也漢書揚雄傳梢夔魖而抶獝狂孟康曰魖耗鬼也通作虛王延壽夢賦批鬻毅斫魅虛

bá
魃

魃 旱鬼也从鬼犮聲周禮有赤魃氏除牆屋之物也詩曰旱魃爲虐（蒲撥切）

旱鬼也者大荒北經有係昆之山者有人衣青衣名曰黃帝女魃蚩尤作兵伐黃帝黃帝乃令應龍攻之冀州之野應龍畜水蚩尤請風伯雨師縱大風雨黃帝乃下天女曰魃雨止遂殺蚩尤魃不得復上所居不雨注云旱氣狂也後漢書張衡傳夫女魃北而應龍翔注云女魃旱神也鄭志韋曜問傳曰魃天旱鬼也箋曰旱氣生魃天有常神人死爲鬼不審旱氣生魃奈何荅曰魃鬼人形眼在頂上天生此物則將旱天欲爲災何所不生而云有常神者邪易林魃爲蓾虐風吹雲卻神異經南方有人長二三尺袒身目在頂上走行如風其名曰魃所見之國大旱赤地千里一名旱母遇者得之投溷中即死通鑑開元八年春會天旱有魃注云魃旱神也寰宇記托跋氏仕堯時逐女魃於弱水北人賴其勳舜命爲田祖或作妭文字指歸女妭禿無髮所居之處天不雨後漢書注妭亦魃也 周禮有赤魃氏除牆屋之物也者徐鍇曰周禮赤魃氏掌除牆屋謂除自埋之物若蠹及蝎之屬今周禮作犮 詩曰旱魃爲虐者大雅雲漢文 傳云魃旱神也

mèi
彪

彪 老精物也从鬼彡彡鬼毛（密祕切）

老精物也者左傳釋文引同李善注蕪城賦引作老物精也一切經音義六引同通俗文山澤怪謂之魑魅漢書王莽傳投諸四裔以御魑魅顏注魅老物精也論衡訂鬼篇鬼者老物之精也物之老者其精爲人抱朴子金丹篇凡小山皆無正神爲主多是木石之精千歲老物血食之鬼登涉篇萬物之老者其精悉能假託人形以眩惑人目而常試人惟不能於鏡中易其眞形耳老魅若來其去必卻行可轉鏡對其後而視之若是老魅者必無踵也金樓子志怪篇夜在山中見胡人者銅鐵精也見秦人者百歲木也通鑑黃門從官騶罵陳蕃曰死老魅注云物老而能爲精怪曰魅易繫辭精氣爲物漢書宣元六王傳或明鬼神信物怪周禮春官凡以神仕者曰夏日至致地示物彪注云百物之神曰彪宣三年左傳螭魅罔兩杜云魅怪物文十八年傳以禦螭彪服注彪人面獸身四足好惑人山林異氣所生以爲人害庾信枯樹賦木魅睗睒山精妖孽風俗通汝陽西門亭有鬼魅宿者輒死北部督郵密以劍帶繫魅腳呼燈照之乃一老貍晉書韓友傳劉氏女病彪友作皮囊縛口懸樹開視有二斤狐毛或作祙海內北經祙其爲物人身黑首從目注云祙即魅也

魅 或从未聲

或从未聲者徐鍇本無聲字

𩲡 古文

古文者當云籀文从彖省从尾省聲本書𩲸下云忽見也彖籀文魅亦忽見意又𧰨下云从彖彖籀文彪字馥謂彖當爲彖

𩲡 籀文从彖省从尾省聲

籀文者當爲古文

jì
魃

魃 鬼服也一曰小兒鬼从鬼支聲韓詩傳曰鄭交甫逢二女魃服（奇寄切）

一曰小兒鬼者集韻魃童鬼急就篇射魃辟邪除羣凶顏注射魃神獸名也魃小兒鬼也射魃言能射去魃鬼易林且生夕死名曰嬰鬼東京賦八靈爲之震慴況魃蜮與畢方薛綜注魃小兒鬼 韓詩傳曰鄭交甫逢二女魃服者薛君章句游女謂漢神也言漢神時見不可求而得之初學記引韓詩鄭交甫過漢皋遇二女妖服佩兩珠交甫與之言曰願請子之佩二女解佩與交甫而懷之去十步探之則亡矣回顧二女亦不見神仙傳江妃二女游于江濱逢鄭交甫交甫不知何人也目而挑之女遂解佩與之交甫行數步空懷無佩女亦不見蜀都賦娉江斐與神游吳

說文解字義證　卷二十七

chǒu 醜 pín 𩵯 nuó 䰐 huà 魤 rú 𩱉 qí 𩴾 hū 魖

都賦江妃於是往來五臣云江妃解珮與鄭交甫者江賦感交甫之喪珮洛神賦感交甫之棄言兮悵猶豫而狐疑阮籍詩二妃遊江濱逍遙順風翺交甫懷玉佩婉孌有芬芳

魖 鬼皃從鬼虎聲 虎烏切

𩴾 鬼俗也從鬼幾聲淮南傳曰吳人鬼越人𩴾 渠希切

鬼俗也者始安記吳越之境其人好巫鬼重淫祀陸機辨亾論術數則吳範趙達以禨祥協德 淮南傳曰吳人鬼越人𩴾者集韻南方之鬼曰𩴾一說吳人曰鬼越人曰𩴾字或作禨列子說符篇楚人鬼而越人禨注云禨祥也史記索隱按埤蒼云禨祅祥也列子云荆人鬼越人禨謂楚信鬼神越信禨祥者也淮南人閒訓孫叔敖將死謂其子曰有寢邱者其地确石而名醜荆人鬼越人禨人莫之利也高云禨祥也漢書音義引呂氏春秋荆人鬼而越人禨漢書景十三王傳彭祖不好治宮室禨祥顏注禨鬼俗也字或作𩴾淮南子曰荆人鬼越人𩴾禨祥總謂鬼神之事也

𩱉 鬼鬽聲𩱉𩱉不止也從鬼需聲 奴豆切

鬼鬽聲𩱉𩱉不止也者通作啾杜甫詩天陰雨濕聲啾啾

魤 鬼變也從鬼化聲 呼駕切

鬼變也者論衡訂鬼篇鬼者本生於人時不成人變化而去天地之性本有此化非道術之家不能論辯

䰐 見鬼驚詞從鬼難省聲讀若詩受福不儺 諾何切

見鬼驚詞者纂文䰐人值鬼驚聲玉篇䰐驚驅疫癘之鬼也徐鍇曰歲終大儺侲子口呼䰐䰐也 讀若詩受福不儺者小雅桑扈文彼作那

𩵯 鬼皃從鬼賓聲 符眞切

醜 可惡也從鬼酉聲 昌九切

本書㽞古文以爲醜字

yù 禺 wèi 畏 fú 由 䰫 tuí 魋

可惡也者本書亞醜也釋名醜臭也如臭穢也詩山有扶蘇乃見狂且傳云狂醜之人十月之交亦孔之醜傳云醜惡也昭二十八年左傳惡直醜正實蕃有徒戰國策又身自醜於秦注云與秦惡也史記殷本紀既醜有夏復歸于亳

魋 神獸也從鬼隹聲 杜回切

徐鉉所加

文十七 重四

䰫 健也

一切經音義十二勦仕交反便捷也謂勁速勦健也說文作䰫健也廣雅䰫捷也聲類䰫疾也古文苑夢賦撲苕蕘注引玉篇䰫剽輕爲害之鬼

遺文一

由 鬼頭也象形凡由之屬皆從由 敷勿切

畏 惡也從由虎省鬼頭而虎爪可畏也 於胃切

惡也者本書誋畏亞䪞謂當爲畏惡廣雅畏惡也書序般始咎周鄭注咎惡也始畏而惡之 鬼頭而虎爪可畏也者韻會引作徐鍇語九經字樣畏，鬼頭虎爪人可畏也上說文下隸省

𤰞 古文省

禺 母猴屬頭似鬼從由從禸 牛具切

母猴屬者本書禺下云禺猴屬獸之愚者玉篇禺獸似獮猴也目赤尾長本草獮猴數種都名禺屬禪獸寓鼠曰嗛郭云寓謂獮猴之類寄寓木上頰裹藏食謂寓即說文之禺周禮司尊彝注引作禺南山經招搖之山有獸焉其狀如禺注云禺似獮猴而大赤目長尾今江南山中多有

文三 重一

sī
厶

厶 姦衺也韓非曰蒼頡作字自營爲厶凡厶之屬皆從厶 息夷切

通作私書周官以公滅私禮孔子閒居天無私覆地無私載日月無私照荀子臣道篇朋黨比周以環主圖私爲務賈誼書兼覆無私謂之公反公爲私

姦衺也者本書姦私也又鬼下云陰气賊害從厶 韓非曰蒼頡作字自營爲厶者五蠹篇古者蒼頡之作書也自環者謂之私背私謂之公公私之相背也乃蒼頡固以之之矣漢官儀今太尉司徒下書州郡事文皆稱公蓋蒼頡作書自環者謂之私背私者謂之公

cuàn
篡

篡 屰而奪取曰篡從厶算聲 初宦切

屰而奪取曰篡者一切經音義二引同方言自關而西秦晉之間凡取物而逆謂之篡釋詁篡取也郭云篡者奪取也莊子秋水篇帝王殊禪三代殊繼差其時逆其俗者謂之篡夫釋文篡取也史記陸賈曰湯武逆取而以順守之

說文解字義證 卷二十七 垂

漢書成帝紀篡囚徒梁孝王傳謀篡死罪囚衛青傳大長公主執囚青其友騎郎公孫敖與壯士往篡之故得不死顏注竝云逆取曰篡趙廣漢傳杜建素豪俠賓客爲姦利廣漢收案致法宗族賓客謀欲篡取後漢書梁冀傳壽伺冀出多從蒼頭篡取通期歸法言問明篇鴻飛冥冥弋人何篡焉注云篡取也後漢書逸民傳注云篡字諸本或作篡法言作篡宋衷曰篡取也鴻高飛冥冥薄天雖有弋人何施巧而取也然今人謂以計數取物爲篡篡亦取也韓愈詩久嫌弋者篡謝靈運山居賦篡槿高林自注云槿味似菰菜而勝刊木而作之謂之篡馥謂篡當爲篡 從厶者一切經音義二盜位曰篡字從算從厶音私弒君之法理無外聲故從厶也

yòu
羑

羑 相訹呼也從厶從羑 與久切

相訹呼也者本書訹誘也又羨從羑省羑呼之羑馥謂當作此羑書費誓誘臣妾僖十年左傳幣重而言甘誘我也文子去其誘慕史記句踐世家吳太宰嚭貪可誘以利魏毋邱儉作亂鄧艾督軍至樂嘉誘之因名誘城宋書廬陵王義眞傳引誘情性導達聰明詩草蟲箋云草蟲鳴阜螽躍而從之異種同類猶男女嘉時以禮相求呼通作牖詩板天之牖民正義云牖與誘通又牖民孔易樂記引作誘

誘 或從言秀

䛻 或如此

羑 古文

本書羊部羑進善也

文三 重三

wéi
嵬

嵬 高不平也從山鬼聲凡嵬之屬皆從嵬 五灰切

高不平也者楊倞注荀子非十二子篇引同李善注南都賦引作山石崔嵬高而不平也本書隗陮隗也玉篇陮隗不平也又崴下云崴嵬猶崔嵬不平也釋山石戴土謂之崔嵬案詩卷耳傳云崔嵬土山之戴石者釋名土戴石曰崔嵬因形名之也皆與爾雅異

說文解字義證 卷二十七 奚

wēi
巍

巍 高也從嵬委聲 牛威切

張有曰世俗以從山者爲巍不從山者爲魏非也二字皆當從山蓋一字而兩音爾楊慎曰後漢人好作隱語魏伯陽參同契後序云委時去害依託邱山循游寥廓與鬼爲鄰古巍字作魏故云依託邱山馥案易運期說魏字云鬼在山禾女連隸作巍故云鬼在山

高也者方言巍高也論語巍巍乎其有成功或作魏閔元年左傳魏大名也服注魏喻巍巍高大也周禮冢宰正月之吉縣治象之法于象魏鄭司農云象魏闕也淮南本經訓魏闕之高上際靑雲高云門闕高崇嵬嵬然故曰魏闕春秋保乾圖漢以魏徵當塗在世獻帝紀太史丞許芝奏故白馬令李雲上事曰許昌氣見於當塗高者魏也當代漢後漢書袁術傳少見讖書言代漢者當塗高注云當塗高者魏也獻帝傳當塗高者魏也象魏者兩觀闕是也梁書何胤傳闕謂之象魏象者法也魏者當塗而高大貌也字或作巋莊子天下篇巋然而有餘釋文巋本或作魏魯靈光殿賦巋然獨存又云巋崔穹崇

厶 嵬

文二

説文解字義證　卷二十七　三

曲阜桂馥學

山 宣也宣气散生萬物有石而高象形凡山之屬皆從山 所閒切

宣也者廣雅同山宣聲相近徐鍇通論山所以鎮地出雲雨以宣地氣故曰山宣也昭元年左傳宣汾洮注云宣猶通也傳又云節宣其氣注云宣散也春秋說題辭一歲三十六雨天地之氣宣晉書天地之有四瀆所以宣洩其氣馥謂山澤通气是也公羊傳山川有能潤千百里者天子秩而祭之注云此皆助天宣氣布功故祭天及之春秋說題辭陰含陽故石疑爲山山之爲言宣也含澤布氣調五行也 宣气散生萬物者釋名山產也產生物也韋昭國語注山河所以宣地氣而出財用詩天作高山傳云作生也天生萬物於高山箋云天生此高山使興雲雨以利萬物孔叢子論書篇仁者何樂於山孔子曰夫山者巋然高子張曰高則何樂爾孔子曰夫山草木植焉鳥獸蕃焉財

用出焉興吐風雲以通乎天地之閒陰陽和合雨露之澤萬物以成百姓咸饗此仁者之所以樂乎山也 有石而高者廣雅土高有石山山產也鄭注周禮司徒云積石曰山詩小弁莫高匪山管子形勢篇山者物之高者也說苑山固以石爲身春秋元命苞山者氣之苞所以含精藏雲故觸石而出春秋說題辭周易艮爲山爲小石石陰中之陽陽中之陰陰精輔陽故山含石石之爲言託也託立法也易乾坤鑿度山外陽內陰聖人以山含元氣積陽之氣成石可感天雨降石

潤然山澤通元氣

嶽 東岱南靃西華北恆中泰室王者之所以巡狩所至從山獄聲 五角切

詩崧高維嶽傳云嶽四嶽也東嶽岱南嶽衡西嶽華北嶽恆正義云經典羣書多云五岳此傳惟言四岳者以堯之建官而立四伯主四時四方之岳而已不主中岳故堯典每云咨四岳而不言五也 周禮大宗伯以血祭祭社稷五祀五嶽注云五嶽東曰岱宗南曰衡山西曰華山北曰恆山中曰嵩高山又大司樂凡日月食四鎮五嶽崩注云四鎮山之重大者謂揚州之會稽青州之沂山幽州之醫無閭冀州之霍山五嶽岱在兗州衡在荆州華在豫州嶽在雍州恆在并州馥案職方氏九州山鎮有嶽山無崧高爾雅釋山首列五山河南華河西嶽河東岱河北恆江南衡與鄭所稱五嶽同鄭志云周都豐鎬故以吳岳爲西岳周家定以岳山爲西岳不數崧高此鄭氏與古合者也 風俗通義東方泰山詩云泰山巖巖魯邦所瞻尊曰岱宗岱者長也萬物之始陰陽交代雲觸石而出膚寸而合不崇朝而徧雨天下其惟泰山乎故爲五嶽之長南方衡山一名霍霍者萬物盛長垂枝布葉霍然而大西方華山華者華也萬物滋然變華於西方也北方恆山恆者常也萬物伏藏於北方有常也中央曰嵩高嵩者高也詩云嵩高惟嶽峻極於天 昭四年左傳四嶽三塗杜注東嶽岱西嶽華南嶽衡北嶽恆 正義云釋山云河南華河東岱河北恆江南衡李巡曰華西嶽華山也岱東嶽泰山也恆北嶽恆山也衡南嶽衡山也釋例土地名云東嶽泰山奉高縣泰山也南嶽長沙湘南縣衡山也西嶽宏農華陰縣西南華山也北嶽中山曲陽縣西北恆山也郭璞注恆山名常山避漢文帝諱耳爾雅於釋山發首言此四山明其卽是四嶽故注者皆以嶽解之且諸書史傳讖緯皆以岱衡華恆爲四嶽四嶽卽是此四山也釋山又云泰山爲東嶽華山爲西嶽

霍山爲南嶽恆山爲北嶽岱泰衡霍二文不同者此二嶽者皆一山而二名也白虎通云嶽者何嶽之爲言桷也桷功德也應劭風俗通云嶽桷也桷考功德黜陟也然則四方方有一山天子巡狩至其下桷考諸侯功德而黜陟之故謂之嶽也風俗通又云泰山山之尊者一曰岱宗岱始也宗長也萬物之始陰陽交代故爲五嶽長王者受命恆封禪之衡山一名霍山言萬物霍然大也華變也萬物成變由於西方也恆常也萬物伏北方有常也是解衡之與霍泰之與岱皆一山有二名也張揖云天柱謂之霍山漢書地理志云天柱在廬江灊縣風俗通亦云霍山廟在廬江灊縣如彼所云則霍山在江北而得與江南衡山爲一者本江南衡山一名霍山漢武帝移嶽神於天柱又名天柱爲霍山故漢魏以來衡霍別耳郭璞注爾雅云霍山今廬江灊縣灊水出焉別名天柱山漢武帝以衡山遼曠故移其神於此今其土俗人皆呼之爲南嶽南嶽本自以兩山爲名非從近來也而學者多以霍山不得爲南嶽又云從漢武帝來始乃名之卽如此言謂武帝在爾雅之前乎斯不然也是解衡霍二名之山也書傳多云五岳此傳云四嶽者中嶽嵩高卽太室是也下別言之故此云四嶽也馥案 風俗通謂衡霍一山二名本屬臆說孔氏沿其謬而不知也 詩崧高正義云孝經鉤命決云五岳東岳

岱南岳衡西岳華北岳恆中岳崧高是五岳又數崧高之文也故王肅之注尚書服虔之注左傳鄭於大宗伯注皆然春官大司樂云五岳四鎮崩令去樂注云四鎮山之重大者謂揚州之會稽青州之沂山幽州之醫無閭山冀州之霍山五岳岱在兖州衡在荆州華在豫州岳在雍州恆在幷州司樂宗伯同是周禮而司樂之注不數崧高者葢鄭有所案據更見異意也釋山發首云河南華河西岳河東岱河北恆江南衡陳此五山之名不復更言餘山雖不謂此五山爲五岳明有爲岳之理鄭緣此旨以司樂之文連言四鎮五岳幷之正九當九州各取一山以充之而夏官職方氏九州皆云其山鎮曰某山每州曰其大者而其文有岳山無崧高爾雅河西岳在五山之例取岳山與岱衡恆華爲五岳之數以其餘四者爲四鎮今司樂職方自相配足見一州之內最大山者其或崩圮王者當爲之變容岳山得從五岳之祀故傳會爾雅職方之文以見此意非謂五岳定名取岳山也其正名五岳必取崧高宗伯之注是定解也馥案鉤命決所稱五岳乃漢人之說太司樂注所稱乃周之五岳作崧高詩者雖未指中岳何名其爲岳山無疑孔氏謂必取崧高是定解失之　王觀國曰案南嶽者衡山也而爾雅以霍山爲南嶽者前漢郊祀志曰武帝巡南郡至江陵而東登禮灊之天柱山號曰南

嶽顏師古注曰灊廬江縣也葢廬江有霍山卽天柱山之別名灊水出焉所謂灊霍者也漢武南巡憚衡山之遠而東至霍山卽祀以爲南嶽爾雅當舉衡山以爲南嶽而反舉霍山者非古也是以知爾雅非周公之作也　胡渭曰爾雅釋山云江南衡李巡曰南岳衡山也下文又云霍山爲南岳郭璞曰霍山今在廬江灊縣灊水出焉別名天柱山漢武帝以衡山遼曠故移其神於此今彼土俗人皆呼之爲南岳南岳本自以兩山爲名非從近來也而學者多以霍山不得爲南岳又云漢武帝來始乃名之卽如此言謂武帝在爾雅前乎斯不然矣謂按徐靈期記云衡山爲南岳其來尚矣至於軒轅乃以灊霍之山爲其副焉故爾雅云霍山爲南岳此葢本方氏家言漢武信之遂移衡山之祭於灊霍其實南岳曰衡山初無二名釋山後一條當是漢人所附益璞據不經之言以衡山一名霍山自古已然非由漢武不亦謬乎　閻若璩曰崧高維嶽非當時以太室山爲嶽乃詩人借嶽來贊美之曰有崧然而高者維是四嶽之山其山高大上至於天維是至天之大嶽降其神靈和氣以生甫國之侯及申國之伯爾雅撰於三百篇後緣此遂指實嵩高爲中嶽太史公又出於爾雅後幷補注堯典曰中岳嵩高也是始認却禹貢之太岳矣將堯有二中岳邪漢武登禮太室易曰崈高中嶽名益顯皆

爲爾雅所誤者或曰然則周竟無中岳乎余曰周仍以唐虞時霍山爲中岳矣觀職方河內曰冀州山鎭曰霍山可知葢自有宇宙便有此山黃帝正名百物蚤已定五嶽之稱禹主名山川又從而奠之下訖周秦悉不敢移豈有如武帝以衡山遠移南嶽之祀於灊霍山者乎　邵君晉涵曰合經傳而總核之冀州之霍山與泰衡華恆唐虞之五嶽也華嶽泰恆衡周之五嶽也泰衡華恆嵩高漢初相傳之五嶽也泰華霍恆嵩高武帝所定之五嶽也知漢以前五嶽無定名則不惑於羣說之膠轕矣　丁君杰西嶽華山廟碑跋四嶽之稱見虞書毛詩序左傳五嶽之稱見周禮禮記東嶽所在古今無異辭矣南嶽秦漢之時有二說始皇渡淮水先之衡山南郡後浮江至湘山祠項羽立鄱君吳芮爲衡山王都邾孝武帝登禮灊之天柱山號曰南嶽是也北嶽金元以後亦有二說金世宗大定閒或言今旣都燕當別議五嶽名明馬文升胡來貢屢請改祠北嶽於渾源州是也西嶽中嶽異說滋多甚或一篇之文一人之書一書之注而前後不同大都以嵩高太華吳嶽太岳四山爲進退爾雅釋山旣云河南華河西嶽別言山大而高崧則五嶽無嵩高矣又云華山爲西嶽嵩高爲中嶽豈不數河西之嶽與史記帝堯本紀述舜事曰五月南巡狩八月西巡狩十一月北巡狩皆如初則唐虞無中嶽

矣封禪書釋尚書巡狩四嶽之名增其文曰中嶽嵩高也又云昔三代之君皆在河洛之閒故嵩高爲中嶽公羊傳隱公八年注引尚書亦曰十有一月朔巡守至於北嶽如西禮還至嵩如初禮豈尚書傳本有二與鄭注書康誥云岐鎬之域處五嶽之外注周禮大宗伯五嶽云西曰華山中曰嵩高山則西周畿內無西嶽矣注大司樂又云華在豫州嶽在雍州雜問志亦云周都豐鎬故以吳嶽爲西嶽將大宗伯五嶽爲周以前之制與漢魏以來言四嶽者如毛氏詩崧高傳李巡爾雅注古文尚書舜典傳杜氏左傳昭公四年集解及春秋釋例言五嶽者如孝經鉤命決尚書虞夏傳水經說苑白虎通德論說文解字風俗通義服虔左傳解誼王肅尚書注京相璠春秋土地名郭璞山海經傳於南嶽之名或不同而中嵩西華無不同者趙宋山齋易氏周禮總義竹埜葉氏禮經會元秀巖李氏周禮五嶽辨出主康成後說謂周都豐鎬以太華爲中嶽嶽山爲西嶽而不數嵩高元初仁山金氏資治通鑑前編出又就李說推之謂堯都冀州以嶽山爲西嶽太岳爲中嶽而不數太華近日朱氏鶴齡閻氏若璩胡氏渭生厭故喜新或同山齋竹埜秀巖或同仁山其說益岐其辨也亦益力吾謂禹本紀及水經皆云崑崙墟在西北去嵩高五萬里地之中也穆王之里西土也自瀍水禹之測崑崙也自

嵩高崑崙地之中嵩高中國之中中嶽之名所由來也唐虞有中嶽而書云咨四嶽國語云胙四嶽國中嶽不建官猶九州而八伯畿內不置伯也周亦有云四岳者詩序般巡守而祀四嶽河海左傳昭公四年司馬侯曰四嶽三塗陽城太室荆山中南九州之險不得云周無中嶽也禹貢之太岳職方爾雅之嶽山非嶽瀆之嶽猶五等諸侯之公之伯非公孤之公牧伯之伯職方渾言山鎮升雝之嶽冀之霍以爲嶽揚之會稽青之沂幽之醫無閭何一非嶽也改河西之嶽爲西嶽唐肅宗至德二年事周無明文秦漢亦無明文也史記漢書雖云武帝登禮中嶽太室猶隋文帝開皇十四年唐元宗天寶十載以霍山爲冀州鎮非漢以前嵩不名嶽隋以前霍不名鎮也且隋唐二帝旣尊禮霍山霍山本爲嶽而降之鎮亦必無之理也顏氏匡謬正俗歐陽氏集古錄朱氏墨池編趙氏金石錄洪氏隸釋婁氏漢隸字原無名氏古文苑載漢碑有永和元年西嶽后關銘延熹八年西嶽華山廟碑光和二年西嶽華山亭碑修西嶽廟碑修西嶽廟復民賦碑又有不知何年西嶽華山堂闕碑銘皆以華爲西嶽此碑爲延熹八年立文云周禮職方氏河南山鎮曰華謂之西嶽而光和二年修嶽廟碑文亦云周禮職方氏華謂之西嶽尤可證康成大司樂注之誤其云唐虞巡狩四嶽皆以四時之中月若不

知有中嶽者然則所見尚書本不同故禮記王制明言五嶽視三公其敘巡狩亦止四嶽也其辭又云崇冠二州古曰雝梁與引職方河南豫州之文若相牴牾吾謂唐虞有梁州故禹貢華陽爲梁周無梁州故職方華山入豫漢兼夏周之制而改雝曰涼改梁曰益其時州無雝梁之名故尊之曰古山在華陰縣南縣屬京兆尹後屬宏農郡皆領於司隸山亦不在涼益之部故歸之古曰雝梁也何以不言豫漢實有豫州不可云古也何以云遂荒華陽何以云馮於幽岐華山之陽則梁其陰則雝高祖初封南鄭後都長安故以周之文武爲比也何以云奄有河朔曰王存元豐九域志云華山四州之際東北冀東南豫西南梁西北雝十字分之四隅爲四州碑言河南言河朔言雝梁舉四隅也

東岱南霍西華北恆中泰室者此漢制也武帝所定之五嶽也據當時所祠者言之也釋山云泰山爲東嶽華山爲西嶽霍山爲南嶽恆山爲北嶽嵩高爲中岳此亦漢人所增益郭景純信爲爾雅原文不知武帝以前無此說也釋山首云河南華河西嶽河東岱河北恆江南衡此乃周之五嶽鄭注大司樂五嶽岱在兖州衡在荆州華在豫州岳在雍州恆在幷州是也漢書地理志扶風汧縣吳山在西古文以爲汧山禹貢導岍及岐職方雝州其山鎮曰嶽山蓋禹貢本名岍山古文謂之吳山爾雅職方謂之嶽山國語稱虞山即吳山史記稱吳嶽以其爲西嶽合而稱之也尚書大傳五嶽謂岱山霍山華山恆山嵩山也漢書郊祀志宣帝改元神爵令祠官以禮爲歲事東嶽泰山于博中嶽泰室于嵩高南嶽灊山于灊西嶽華山于華陰北嶽常山于上曲陽說苑五嶽者何謂也泰山東嶽也霍山南嶽也華山西嶽也常山北嶽也嵩高山中嶽也水經禹貢山水澤地嵩高爲中嶽在潁川陽城縣西北泰山爲東嶽在泰山博縣西北霍山爲南嶽在廬江灊縣西南華山爲西嶽在宏農華陰縣西南恆山爲北嶽在中山上曲陽縣西北博物志五嶽華岱恆衡嵩纂要嵩泰衡華恆謂之五嶽

東岱者書舜典歲二月東巡狩至于岱宗五經通義泰山五嶽之長羣神之主詩時邁及河喬嶽傳云喬高也高岳岱宗也白虎通東方爲岱宗者言萬物更相代於東方也

南霍者白虎通南方霍山者霍之爲言護也言萬物護也太陽用事護養萬物也廣雅天柱謂之霍山漢志廬江郡灊縣天柱山在南有祠史記封禪書上巡南郡至江陵而東登禮灊之天柱山號曰南岳集解云應劭曰灊縣屬廬江南岳霍山文穎曰天柱山在灊縣南有祠宋書世祖紀霍山是曰南嶽實維國鎮寰宇記壽州六安縣霍山

一名衡山一名天柱山在縣南五里隋開皇九年以江南衡山爲南岳廢霍山爲名山邵君晉涵曰史記封禪書云上巡南郡至江陵而東登禮灊之天柱山號曰南嶽太史公意以天柱山本非南嶽武帝強號曰南嶽爾太平御覽引徐靈期南岳記云衡山者五嶽之南嶽也其來尚矣至於軒轅乃以灊霍之山爲副焉故爾雅曰霍山爲南嶽蓋因其副焉至漢武南巡又以衡山遼遠道隔江漢於是乃徙南嶽之祭於廬江灊山亦承軒轅副義也按軒轅以灊霍爲副於古籍無徵此海上怪迂之士妄引黃帝不足爲信漢武所據讖緯大率類此矣郭云南岳本自以兩山爲名非從近者郭意以衡霍爲一山也尚書大傳有中祀霍山及鄭南方霍山之文大傳爲後人裒集不盡可據應劭謂衡一名霍傅會漢制實則衡之與霍自爲兩山通典引三禮義宗云唐虞以衡山爲南嶽周氏以霍山爲南嶽此見爾雅前後異文求其故而不得強爲之詞然未嘗不以衡山霍山爲二山也水經釋禹貢山水澤地云霍山爲南岳在廬江灊縣西南衡山在長沙湘南縣南是亦以霍山衡山爲二山也以爾雅前後覈之釋地所云梁山即爲衡山此山於譽之轉也釋山上云江南衡下云霍山爲南嶽即使衡山別名霍山不得一篇之中互舉其名況夫霍之

爲義由於大山宮小山也今天柱山中峯小而四圍有大山以宮繞之衡州之衡山則中峯獨高而前後左右諸山皆在其下撲諸雅訓天柱可名之曰霍衡山不得名之曰霍此可以目驗而知也馥案毛晃禹貢指南曰案霍山有二在冀州者又謂太岳在荆州者又謂大柱山灊水出焉禹貢既修太原至于岳陽又云壺口雷首至于太岳水經太岳山在河東永安縣南夏官職方氏河內曰冀州其山鎮曰霍山注云霍山在彘史記趙世家晉伐霍霍公求奔齊晉大旱卜之曰霍太山爲崇召霍君於齊復之徐廣曰霍泰山在河東永安縣寰宇記霍邑縣霍山一名太岳在縣東三十里馥謂此皆言冀州之霍山也　西崋者漢崋山廟碑云周禮職方氏河南山鎮曰崋謂之西嶽白虎通西方爲崋山者崋之爲言穫也言萬物成熟可得穫也　北恆者白虎通北方爲恆山恆者常也萬物伏藏於北方有常也書禹貢太行恆山舜典十有一月朔巡狩至于北岳傳云北岳恆山周禮職方正北曰幷州其山鎮曰恆山注云在曲陽管子恆山北臨代南俯趙春秋元命苞昴畢閒爲天街散爲冀州分爲趙國立爲常山注云常山即恆山也是畢昴之精史記夏本紀常衛既從索隱曰此文改恆山恆皆作常避漢文帝諱故也漢書地理志常山郡上

曲陽恆山北岳在西北幷州山常山圖經北岳恆山在縣西北一百四十里尚書禹貢太行恆山至于碣石有恆水出焉隋圖經大茂山恆山之異名寰宇記定州曲陽縣北岳恆山在縣西北一百四十里　中泰室者泰室即嵩高山後漢書靈帝紀建寧五年夏四月復崇高山名爲嵩高山注云前書武帝祠中嶽改嵩高爲崇高東觀記曰使中郎將堂谿典請雨因上言改之名爲嵩高山廣雅外方謂之嵩白虎通中央爲嵩山言其後大之也地理志潁川郡崈高縣武帝置以奉太室山是爲中嶽古文以崇高爲外方山也馥案武帝紀元封元年登禮嵩高置奉邑名曰崇高韋昭曰嵩高有太室少室之山山有石室故名西征記嵩山東曰太室西曰少室相去十七里嵩其總名也謂之室者以其下各有石室焉仙經云嵩高山東南大巖下石孔方圓一丈西方北入五六里有太室高三十餘丈周員三百步自然明燭相見如日月無異郭璞太室山贊嵩維嶽宗華岱恆衡氣通元漠神洞幽明嵬然中立衆山之英昭四年左傳周幽爲太室之盟注云太室中嶽馥案傳又云四嶽三塗陽城太室於四嶽外別言太室是周時不爲嶽矣何休注公羊引尚書四嶽乃云還至嵩如初禮此沿史記之誤也　王者之所以巡狩所至者天子五載一巡狩至其方嶽尚書言四嶽而不及中嶽以非巡狩所至也至周禮始備五嶽之名舜典歲二月東巡狩至于岱宗五月南巡狩至于南岳八月西巡狩至于西岳十有一月朔巡狩至于北岳傳云岱宗泰山爲四岳所宗南岳衡山西岳華山北岳恆山史記封禪書歲二月東巡狩至於岱宗岱宗泰山五月巡狩至南嶽南嶽衡山也八月巡狩至西嶽西嶽華山也十一月巡狩至於北嶽北嶽恆山中嶽嵩高也馥案舜典不及中嶽疑史記爲人所亂白虎通巡狩所以四時出何當承宗廟故不踰時也以夏之仲月者同律度當得其中也二月八月晝夜分五月十一月陰陽終尚書曰二月東巡狩至于岱宗柴五月南巡狩至于南嶽八月西巡狩至于西嶽十有一月朔巡狩至于北嶽者何謂也嶽之爲言桷桷功德隱八年公羊解詁巡猶循也守猶守也循行守視之辭亦不可國至人見爲煩擾故至四嶽足以知四方之政而已詩序般巡狩而祀四嶽河海也正義云岳實有五而稱四者天子巡狩遠適四方至於其方之岳有此祭禮於中岳無事故序不言焉楊愼曰尚書舜陟方家語作五十載陟方岳左思吳都賦梁岷豈有陟方之館行宮之基歟以陟方對行宮蓋以爲天子巡狩事也

古文象高形

dài
岱

岱 太山也從山代聲 徒耐切

太山也者廣雅岱宗謂之泰山郭注方言云岱泰山釋地中有岱岳與其五穀魚鹽生焉釋山河東岱郭云岱宗泰山書舜典至于岱宗傳云岱宗泰山爲四嶽所宗禹貢海岱惟青州鄭注東嶽曰岱山古尚書說岱爲山宗周禮職方氏河東曰兗州其山鎮曰岱山注云岱山在博桓十六年公羊傳越在岱陰齊何云岱岱宗泰山也僖三十一年傳觸石而出膚寸而合不崇朝而徧雨乎天下者惟太山爾郭注東山經云泰山即東岳岱宗也今在泰山奉高縣西北從山下至頂四十八里三百步也詩含神霧五岳視三公岱宗爲之長高注淮南地形訓云泰山在泰山郡是爲東嶽史記五帝本紀登丸山及岱宗正義泰山東岳也在兗州博城縣西北三十里也漢地理志泰山郡博岱山在西北求山上馥案職方之山漢志皆爲注明岱爲五岳長何獨無注求山上三字當爲兗州山括地志泰山一曰岱宗東岳也在兗州博城縣西北三十里風俗通岱始也泰山山之尊者一曰岱宗宗長也萬物之始陰陽交代故

dǎo 島

爲五岳之長後漢書安帝紀幸太山柴告岱宗注云太山王者告代之處爲五岳之宗故曰岱宗三禮義宗東岳所以謂之岱者代謝之義陽春用事除故生新萬物更相生代故岱爲名也伍輯之從征記泰山於所經諸山非最高而岑嶬軒舉夌跨衆阜雲霞草木藹然靈異卬淵之齊記泰山東岳也瀛博二縣共界漢武封禪割此縣以供祀泰山故曰奉高寰宇記乾封縣泰山一曰岱宗在縣西北三十里尸子曰太山中有神房阿閣三十六天之一也

島 海中往往有山可依止曰島從山鳥聲讀若詩曰蔦與女蘿 都皓切

海中往往有山可依止曰島者初學記海中山曰島釋名海中可居者曰島島到也人所奔到也書禹貢島夷皮服傳云海曲謂之島正義云島是海中之山九章筭術所云海島邈絕不可踐量是也史記司馬相如傳正義水中山曰島揚雄解嘲渤澥之島文選吳都賦島嶼縣邈五臣云海中有山曰島謝靈運山居賦島嶼綢沓自注云蒲洲有山謂之島嶼括地志百濟國西南渤海中有大島十五所皆置邑落有人居屬百濟又倭國武皇后改曰日本國在百濟南隔海依島而居凡百餘小國隋書倭國在大海之中依山島而居史記正義按海州東海縣有島山去岸八十里通鑑垣崇祖遣羸弱入島注云島海中山也齊乘沙門島其相聯屬則有鼉磯島牽牛島太竹島小竹島歷歷海中蒼秀如畫或作鳴漢書田儋傳與其徒屬五百餘人入海居鳴中韋昭曰海中山曰鳴司馬相如傳阜陵別鳴郭璞曰水中山也敘傳伏於海鳴又作隯西京賦薛綜本長風激於別隯注云水中之洲曰隯　鳥聲者釋名島亦言鳥也物所赴如鳥之下也

dǎo 嶋

嶋 山在齊地從山狃聲詩曰遭我于嶋之閒兮 奴刀切

山在齊地者詩釋文引無地字齊乘臨淄南十五里嶋山字或作巎廣韻巎平巎山名在齊與嶋同漢志臨淄名營邱故齊詩曰子之營兮遭我虖巎之閒兮顏注巎山名也字或作嶩亦作嶁音皆乃高反盧君文弨曰元史有嶁嶁其署名或作猱嶁猱之本字音乃刀反嶁音亦同今人誤書作夔龍之夔讀亦因之而誤馥案嶁嶁字子山觀其表德當以嶋爲正　詩曰遭我于嶋之閒兮者齊風還文彼于作乎傳云嶋山名崔集注本作巎水經注引詩誤作峱

yì 嶧

嶧 葛嶧山在東海下邳從山睪聲夏書曰嶧陽孤桐 羊益切

葛嶧山在東海下邳者釋山屬者嶧釋文引本書同漢志東海郡下邳縣葛嶧山在西古文以爲嶧陽續漢書郡國志下邳國下邳葛嶧山本嶧陽山注云山出名桐伏滔北征記曰今檗根往往而存晉書地理志下邳國下邳縣葛嶧山在西古嶧陽也水經禹貢山水澤地嶧陽山在下邳縣之西元和郡縣志下邳縣嶧陽山在縣西六里九域志下邳縣有嶧陽山寰宇記嶧陽山在下邳縣西六里西征記下邳城西五里有葛嶧山禹貢所謂嶧陽山也馥案自唐以後多誤爲鄒嶧山通典引禹貢嶧陽孤桐注云嶧山在今魯郡鄒縣也鄒山記鄒山古之嶧山言絡繹相連屬也今猶多桐樹封氏聞見記兗州鄒嶧山其處生梧桐傳以爲禹貢嶧陽孤桐者也土人云此桐所以異於常桐者諸山皆發地兼土惟此山大石攢倚石閒周回皆通人行山中空虛故桐木絕響以是珍而入貢也按漢書地理志下邳縣西有葛嶧山古之嶧陽下邳也郭緣生述征記云嶧山在下邳西北多生梧桐則禹貢嶧陽下邳者是也胡渭曰林少穎云禹貢嶧山即詩所謂保有鳧繹漸按漢志東海下邳縣葛嶧山在西古文以爲嶧陽魯國騶縣故邾國嶧山在北嶧繹古字通今兗州府鄒縣東南有嶧山一名邾繹亦曰鄒嶧此即鳧繹之繹左傳邾文公卜遷於繹史記秦始皇刻石頌功德者也水經注泗水歷下邳縣逕葛嶧山東即奚仲所遷之邳繹元和志謂之嶧陽山邳州新志云俗名距山以其與沂水相距也此乃禹貢之嶧陽漢志極其分明林氏混而一之大謬　夏書曰嶧陽孤桐者禹貢徐州文傳云嶧山之陽特生桐中琴瑟正義云地理志云東海下邳縣西有葛嶧山即此山也鄭注嶧山今在下邳西葛嶧山也

yú 嵎

嵎 封嵎之山在吳楚之閒汪芒之國從山禺聲 噳俱切

封嵎之山在吳楚之閒汪芒之國者本書鄋北方長狄國也在夏爲防風氏在殷爲汪芒氏玉篇嵎山在吳越也通典湖州春秋時屬吳吳滅屬越越滅屬楚兼得古之防風國焉史記曰汪罔氏之君守封禺之山注罔氏即防風國魯語客曰防風氏何守也仲尼曰汪芒氏之君也守封嵎之山者也韋注封封山嵎嵎山在今吳郡永安縣輿地志

山

嵎山古防風氏之都寰宇記湖州武康縣古防風氏之國
防風山在縣東一十八里先名封嵎山唐天寶六年敕改
焉

yí
嶷

嶷 九嶷山舜所葬在零陵營道从山疑聲 語其切

九嶷山舜所葬在零陵營道者大荒南經赤水之東有蒼梧之野舜與叔均之所葬也注云舜巡狩死於蒼梧而葬之墓今在九嶷之中海內經南方蒼梧之邱蒼梧之淵其中有九嶷山舜之所葬在長沙零陵界中注云山今在零陵營道縣南其山九谿皆相似故云九疑古者總名其地爲蒼梧也楚詞九歌九疑繽兮竝迎注云九疑山名舜所葬也九懷道幽路兮九疑注云過舜墓也洪興祖補注云山海經蒼梧山舜葬於陽丹朱葬於陰禮記舜葬於蒼梧之野如淳曰舜葬九嶷九嶷在蒼梧馮乘縣故或曰舜葬蒼梧也史記五帝本紀舜葬於江南九嶷是爲零陵秦始皇本紀望祀虞舜於九疑山貨殖傳九疑蒼梧以南集解徐廣曰九疑山在營道縣南漢書武帝紀望祀虞舜於九疑文穎曰九嶷山半在蒼梧半在零陵顏注嶷音疑其山九峯形勢相似故曰九嶷山地理志零陵郡營道縣九嶷

山在南諸侯王表亘九嶷顏注九嶷山名有九峯在零陵營道續漢書郡國志零陵郡營道南有九嶷山注云舜之所葬論衡實知篇始皇出游至雲夢望祀虞舜於九嶷古文苑九嶷山碑逮於虞舜聖德光明太階以平八亦有終遂葬九嶷解體而升崔駰南巡頌顧九嶷嘆虞舜之風郭注方言云九嶷山名今在零陵營道縣帝王世紀帝有虞氏崩於鳴條殯以瓦棺葬於蒼梧九嶷山之陽是爲零陵在今營道皇覽舜冢在零陵營浦縣其山九谿皆相似故曰九嶷水經注湘水云營水西流逕九嶷山下基蟠蒼梧之野峯秀數郡之閒羅巖九舉各導一谿岫壑負阻異嶺同勢游者疑焉故曰九疑山大舜窆其陽商均葬其陰湘中記九嶷山在營道縣北九山相似行者疑惑故名之曰九嶷山又云衡山九嶷皆有舜廟遥望衡山如陣雲沿湘千里九向九背乃不復見溫子昇舜廟碑陟方之駕遂往蒼梧之窆不歸又云疑山永逝湘水長違謝靈運后首城詩游湘歷九嶷李善云九嶷山在長沙零陵舜帝所葬也王歆之神境記九嶷山望見舜廟張謂虞帝廟碑九嶷嵯峨湘雲五色通典延唐縣下云漢泠道縣有九嶷山其山九谿皆相似故名之舜所葬括地志九嶷山在永州唐興縣東南一百里九域志道州寧遠縣有九嶷山營道縣有

營道山元和志道州延唐縣本漢泠道縣地九嶷山在縣東南一百里舜所葬也九山形相似見者疑惑故爲名舜廟在山下

mín
𡽉

𡽉 山在蜀湔氐西徼外从山𢿌聲 武巾切

山在蜀湔氐西徼外者字或作㟩廣雅蜀山謂之㟩山漢書地理志𡺎嶓既蓺水經注大江逕汶江道汶出徼外㟩山西玉輪阪下又或作岷禹貢岷嶓既藝岷山導江詩江有沱箋云岷山道江東別爲沱釋文岷山名在蜀荀子子道篇昔者江出於岷山海內東經岷三江首中山經岷山江水出焉東北流注於海注云岷山今在汶山郡廣陽縣西大江所出馥案此說與漢志本書俱不合廣陽晉所更漢汶江縣名漢書郊祀志瀆山蜀之岷山也顏注岷山在湔氐道水經禹貢山水澤地岷山在蜀郡湔氐道西鄙注云漢書以爲瀆山者也又注江水云岷山即瀆山也又謂之汶阜山在徼外江水所道也河圖括地象曰岷山之精上爲井絡帝以會昌神以建福華陽國志岷山一名汶焦山其跗曰羊膊江水所出任豫益州記大江源始發羊膊嶺下括地志岷山在岷州溢洛南一里連綿至蜀二千里

皆名岷山郭璞岷山贊岷山之精上絡東井始出一勺終至淼溟作紀南夏天清地靜王羲之與謝安書蜀中山川如岷山夏含霜雪玫之前聞崑崙之中也閻若璩曰元和志汶山縣載岷山而樂史因之蔡沈又因之蔡傳引地志岷山在蜀郡湔氐道西徼外在今茂州汶山縣江水所出也豈不大謬漢湔氐道縣在唐爲松州廣德初陷吐蕃宋亦爲吐蕃地今爲松潘衞在成都府西北七百六十里岷山又在衞西北二百二十里曰大分水嶺江源出焉或曰即古羊膊嶺云相距五百八十餘里豈一地乎或通作汶管子霸形篇望汶山注云汶音岷岷山江水所從出魏策昔者三苗之居汶山在其南燕策蜀地之甲輕舟浮於汶乘夏水而下江楚策秦西有巴蜀方船積粟起於汶山循江而下史記夏本紀汶嶓既蓺索隱汶一作岷在蜀郡湔氐道西徼外江水所出封禪書自華以西名山七有瀆山蜀之汶山也漢樊毅修西岳廟碑堯命伯禹浚江開汶蜀志秦宓曰蜀有汶阜之山江出其腹元和志汶山縣下云按汶山即岷山也列子湯問篇釋文周禮云貉踰汶則死鄭元云汶水在魯城北先儒相因以爲魯之汶水皆大誤也案史記汶與㟩同武巾切謂汶江也非音問之汶案山海經大江出汶山郭云東南逕蜀郡東北經巴東江夏至

jǐ 屼　jié 巀　niè 嶭　huà 崋

廣陵入海韓詩外傳云昔者江出於汶山其始也足以濫
觴是也又楚詞云隱汶山之清江固可明矣且列子與周
禮通言水上性異則遷移有傷故舉四瀆以言之案今魯
之汶水濶不踰數十步源不過二百里揭厲皆渡斯須往
還登狐貉暫遊生欣頓隔矣楊慎曰史記秏驍爲汶山郡
司馬溫公類篇曰汶音岷鄭中記引禹貢岷嶓既藝及岷
山之陽岷山導江皆作汶蓋古字通用也三國志蜀後主
至湔登觀坂觀汶水之流王右軍與周益州書曰要欲
一遊目汶嶺五代史蜀主王建貶衛尉少卿李綱爲汶川
尉徐無黨注汶讀作岷而今汶川縣誤呼作問音蜀焉得
齊南魯北
之水乎

屼　山也或曰弱水之所出從山几聲居履切

山也或曰弱水之所出者弱當作溺本書溺水自張掖刪
丹西至酒泉合黎餘波入于流沙此屼山即楚詞之窮石
十六國春秋謂之蘭門山漢張掖刪丹西南山也廣韻屼
女屼山名弱水所出馥案此誤也九域志女屼山在河南
府壽安縣神仙傳葛仙翁於女几山
學仙馥謂別是一山非弱水所出

巀　巀嶭山在馮翊池陽從山截聲才葛切

巀嶭山在馮翊池陽者池陽今爲涇陽縣在西安府北五
十里巀嶭山又在縣北七十里史記司馬相如傳九嵕巀
嶭集解引漢書音義巀嶭山在池陽縣北漢志左馮翊池
陽縣巀嶭山在北顏注巀嶭即今俗呼嵳峩山是也揚雄
傳椓巀嶭而爲弋顏注巀嶭即所謂嵳峩山也在京師之
北晉書地理志扶風郡池陽縣有巀嶭山晉地道記池陽
有巀嶭山在北郡國縣道記巀嶭山在雲陽縣東北十里
一名慈峨山俗呼嵯峨山頂有雲起即雨里人以爲黃帝
鑄鼎於此山元和志三原縣本漢池陽縣巀嶭山在今縣
西北六十里字或作嶻後漢書馮衍傳陟九嵕而臨嶻嶭
兮注云嶻嶭山一名
嵳峩在今三原縣北

嶭　巀嶭山也從山辥聲五葛切

崋　山在弘農崋陰從山𠌶省聲胡化切

通作華廣雅華山謂之太華書武成所過名山大川傳云名
山華岳秦策天下有比志而軍華下高云華山之下又云見

guō 崞　yáng 崵

說趙王於華屋之下高云華山名言趙王屋清高似山也易
是類謀西嶽凶玉芊鄭注玉芊華山之精郭璞華山贊華嶽
靈峻削成四方爰有神女是挹玉漿其誰游之龍駕雲裳名
山記華岳有三峯直上數千仞基廣而峯峻疊秀迄於嶺表
有如削成今博山
香鑪形實象之

山在弘農崋陰者釋山河南華郭云華陰山周禮職方氏
河南曰豫州其山鎮曰華注云華山在華陰僖十五年左
傳南及華山注云華山在弘農華陰縣西南西山經太華
之山削成而四方其高五千仞其廣十里注云即西岳華
陰山也今在弘農華陰縣西南呂氏春秋慎大覽乃稅馬
於華山高注華山在華陰南西嶽也又注淮南時則訓云
大華今弘農華陰山是爲西嶽史記夏本紀終南敦物索
隱云華山古文以爲敦物在扶風武功縣東漢書地理志
京兆尹華陰縣太華山在南括地志華山在華州華陰縣
南八里古文以爲敦物辛氏三秦記華山在長安東三百
里不知幾千仞如半天之雲胡渭曰禹貢華陽黑水惟梁
州正義云周禮職方氏華山在豫州界內此梁州境東據
華山之南不得其山故言陽山之西則雍州境也竊謂職
方九州之山川與禹貢不同雍既有嶽山爲鎮故華屬豫

今以禹貢之太華爲豫州山彼兗之鎮曰岱亦將以禹貢
之岱爲兗州山乎其不可也明矣蓋境上之山非一州所
得專青徐共是岱荆豫共是荆而太華則雍梁豫共之華
北爲雍華南爲梁華東爲豫豫雖不言西界觀雍梁可見
也九域志云華山四州之際東北冀東南豫西南
梁西北雍十字分之四隅爲四州此言實獲我心

崞　山在鴈門從山𩫏聲古博切

山在鴈門者漢志鴈門郡有崞縣後漢書王霸傳霸及諸
將還入鴈門攻盧芳將尹由於崞注云崞縣名屬鴈門郡
有崞山馬通鑑魏主畋於崞山注云崞山縣即漢晉鴈門
之崞縣魏曰崞山天平二年分屬繁畤郡隋志鴈門崞縣
有崞山據水經注山在
繁畤之西㶟水之南

崵　崵山在遼西從山昜聲一曰嵎銕崵谷也與章切

崵山在遼西者崵上脫首字本書凡山之單名者則云山
在某處雙名則曰某山在某處此當云首崵山與巀嶭山
同例玉篇首崵山在遼西通作陽史記伯夷列傳隱於首
陽山集解馬融曰首陽山在河東蒲坂華山之北河曲之

中正義曹大家注幽通賦云夷齊餓於首陽山在隴西首陽又戴延之西征記洛陽東北首陽山有夷齊祠今在偃師縣西北又孟子云夷齊避紂居北海之濱首陽山說文云首陽山在遼西史傳及諸書夷齊餓於首陽凡五所各有案據先後不詳 一曰嵎銕暘谷也者本書堣堣夷在冀州陽谷立春日日值之而出引尚書宅嵎夷馥案列子作嵎夷又作隅夷廣韻作嵎峡書堯典釋文云尚書考靈曜及史記作禺銕夏本紀嵎夷索隱云今文尚書及帝命驗並作禺鐵徐鍇曰古文尚書夷作銕古文鐵金旁夷作銕故與夷相亂後人訛作鐵

hù 岵

岵 山有草木也從山古聲詩曰陟彼岵兮 侯古切

山有草木也者釋名山有草木曰岵岵怙也人所怙取以爲事用也釋山多草木岵 詩曰陟彼岵兮者魏風陟岵文傳云山無草木曰岵與本書異王肅說詩依爾雅

qǐ 屺

屺 山無草木也從山己聲詩曰陟彼屺兮 墟里切

詩終南有紀有堂釋文云紀本亦作屺

說文解字義證 卷二十八 十五

山無草木也者釋名山無草木曰屺屺圮也無所出生也或作峐釋山無草木峐釋文云三蒼字林聲類並云猶屺字音起 詩曰陟彼屺兮者魏風陟岵文傳云山有草木曰屺與本書異

xué 嶨

嶨 山多大石也從山學省聲 胡角切

山多大石也者字或作礐釋名山多大石曰礐礐學也大石之形學學然也釋山多大石礐郭云多礐石

áo 嶅

嶅 山多小石也從山敖聲 五交切

山多小石也者字或作磝釋名山多小石曰磝磝堯也每石堯堯獨處而出見也釋山多小石磝郭云多礓礫或通作敖宣十二年左傳晉師在敖鄗之閒注云敖鄗二山在滎陽縣西北晉語范獻子聘於魯問具山敖山括地志滎澤縣西南殷之敖地在敖山之陽閻若璩曰敖山在河陰縣皇甫謐曰仲丁自亳徙囂即敖也

qū 岨

岨 石戴土也從山且聲詩曰陟彼岨矣 七余切

石戴土也者字或作砠釋名石戴土曰砠砠臚然也釋山土戴石爲砠郭云土山上有石者與本書異 詩曰陟彼岨矣者周南卷耳文彼作砠傳云石山戴土曰砠陳啟源曰砠岨實同一字今本詩及爾雅皆作砠說文引詩作岨爾雅云土戴石爲砠而毛傳反之疏以爲傳寫之誤今案說文釋名皆與毛同劉許皆漢人時毛學未盛而二書之釋岨皆合於傳則傳寫之誤當在爾雅

gāng 岡

岡 山脊也從山网聲 古郎切

山脊也者釋名山脊曰岡岡亢也在上之言也釋山山脊岡郭云謂山長脊 書允征火炎崐岡傳云山脊曰岡詩卷耳陟彼高岡傳云山脊曰岡公劉迺陟南岡箋云山脊曰岡後漢書周燮傳有仙人草廬結之於岡畔注云山脊曰岡謝靈運山居賦自注山脊曰岡鄧德明南康記贛縣有馬脊岡其形如馬脊故以爲名也

cén 岑

岑 山小而高從山今聲 鉏箴切

山小而高者釋山文郭注言岑崟釋名山小而高曰岑岑嶃也嶃嶃然也方言岑高也注云岑崟峻皃也

yín 崟

崟 山之岑崟也從山金聲 魚金切

說文解字義證 卷二十八 十六

山之岑崟也者岑崟疊韻本書嚴崟也廣雅岑崟高也張協雜詩周文走岑崟羽獵賦玉石嶜崟李善引李彤單行字曰嶜崟高大皃字或作嶔玉篇嶔下云嶔崟山勢也一切經音義十三嶔崟謂山阜之勢高倚傾也僖三十三年公羊傳爾即死必於殽之嶔巖李翕黽池碑脩崤嶔之道後漢書注崤山一名嶔岑山文選招隱士嶔崟碕礒兮注云山阜嶮峨也海賦沙石之嶔李善曰沙石嶔岑也思元賦慕歷阪之嶔崟又或作嶔崯蜀都賦嶔崯乎數州之閒又通作唫穀梁傳女死必於殽之巖唫之下釋文唫本作崟

zú 崒

崒 崒危高也從山卒聲 醉綏切

崒危高也者廣雅崒高也釋山山未及上翠微郭云近上旁陂陁謂翠微崒危聲相近又云山頂冢崒者厜㕒郭云謂峯頭巉巖詩十月山冢崒崩箋云崒者崔嵬後漢書班固傳巖峻崔崒通作卒詩漸漸之石惟其卒矣箋云卒者崔嵬謂山巔之石也

luán 巒

巒 山小而銳從山䜌聲 洛官切

山

mì 密　xiù 岫　jùn 陖　duò 隓

山小而銳者埤蒼巒山小而銳韓詩外傳山銳則不高楚詞七諫登巒山而四望漢書揚雄傳籤邱跳巒顏注山小而銳曰巒

密 山如堂者从山宓聲 美畢切

山如堂者者廣韻引作山脊也釋山山如堂者密郭云形如堂室者尸子曰松柏之鼠不知堂密之有美樅詩終南有紀有堂大荒東經有大人之堂注云亦山名形狀如堂室耳後漢書鍾皓傳歸隱密山元和志密縣下云爾雅曰山如堂者密因以爲名

岫 山穴也从山由聲 似又切

山穴也者本書𡿪巖穴也釋山山有穴爲岫郭云謂巖穴張協雜詩幽岫峭且深李善云說文曰山有穴曰岫馥謂此引爾雅誤稱說文七啓出山岫之潛穴吴都賦倒岬岫五臣云山有穴曰岫薛注東京賦云山有穴曰岫葉大慶攷古質疑云陶淵明雲無心以出岫稽中散幽憤詩采薇山阿散髮岩岫亦謂散髮於岩穴之閒耳魏徐幹七喻云

說文解字義證　卷二十八　七

栖遲乎窮谷之岫陸士衡詩王鮪懷河岫抱朴子藏夜光於嵩岫又云攻美玉不於荊山之岫不得連城之尺璧也既曰山又曰岫是其意皆如爾雅之言所謂山之穴也馥案陸詩之河岫言地穴也

窋 籀文从穴

陖 高也从山陖聲 私閏切

高也者小爾雅廣詁峻高也通作駿詩駿極于天孔子閒居作峻詩駿命不易大學作峻又通作陖史記司馬相如傳經陖赴險漢書作峻

峻 陖或省

隓 山之墮墮者从山从憜省聲讀若相推落之墮 徒果切

山之墮墮者者字林墮山之施墮者玉篇崩巃山卑長也釋山巒山墮郭云謂山形長狹者御覽引爾雅山狹而高曰巒小曰墮詩般墮山喬嶽傳云墮山山之墮墮小者也

zhàn 𡹫　jué 崛　lì 巁　fēng 峯　yán 巖　yán 喦　lěi 㠑　zuì 𡾋　gào 嵪　duò 𡼖

𡹫 尤高也从山棧聲 士限切

尤高也者當爲危高玉篇𡹫危高皃廣韻𡹫山皃也

崛 山短高也从山屈聲 衢勿切

山短高也者廣韻崛山高而短又云危崛山皃玉篇崛特起也埤蒼崛特立也史記崛然獨立

巁 巍高也从山蠆聲讀若厲 力制切

巍高也者玉篇作巁云巍也馥案古有巁山氏

峯 山耑也从山夆聲 敷容切

徐鉉所加

巖 岸也从山嚴聲 五緘切

岸也者六書故引作厈廣韻巖險也隱元年左傳制巖邑也虢叔死焉注云恃制巖險而不修德鄭滅之正義云鄭

說文解字義證　卷二十八　八

語史伯爲桓公詐謀云虢叔恃勢鄶仲恃險

喦 山巖也从山品讀若吟 五咸切

山巖也者李善注江淹擬古詩引本書同又注琴賦引字林同　从山品者徐鍇本作品聲

㠑 𡾋也从山絫聲 落猥切

𡾋也者廣韻㠑𡾋山狀靈光殿賦作纍集韻嵔㠑山貌

𡾋 山皃从山辠聲 徂賄切

山皃者靈光殿賦嵯峨𡾋嵬又云巋𡾋穹崇

嵪 山皃一曰山名从山告聲 古到切

𡼖 山皃从山隓聲 徒果切

疑與墮同

山

cuó 嵯　é 峨　zhēng 崝　róng 嶸　kēng ⿰山巠　bēng 崩

嵯 山皃。从山𢀩聲。昨何切

山皃者，玉篇嵯嵯峨高皃。又巃下云巃嵸嵯峨皃。廣雅嵯峨高也。楚詞招隱士山氣巃嵸兮石嵯峨。史記司馬相如傳崔嵬嵳峩。後漢書馮衍傳瞰太行之嵳峩兮，注云嵳峩大皃。衛恆書勢山岳嵳峩而連岡。陸機從軍行崇山鬱嵳峩。寰宇記普康縣乾峨山，其山四面嵯峨。

峨 嵯峨也。从山我聲。五何切

崝 嶸也。从山青聲。七耕切

嶸也者，玉篇崝嶸高峻皃。方言崝高也，注云崝嶸高峻之皃也。淮南繆稱訓岸崝者必陀，高注崝峭也。漢書揚雄傳陟西岳之嶢崝，顏注嶢崝謂嶕嶢而崝嶸也。地有崝嶸洲，見宋書臨川王傳。或作崢。廣韻崢嶸山峻。楚筴上崢山踰深谿。楚辭遠遊下崢嶸而無地兮。史記司馬相如傳刻削崢嶸。漢書西域傳臨崢嶸不測之深，顏注崢嶸深險之皃也。後漢書班固傳金石崢嶸，注云崢嶸高峻也。馮衍傳觀壺口之崢嶸，注云崢嶸深邃皃。陳紀傳將有累卵之危，崢嶸之險也。張協七命其居也崢嶸幽藹。

嶸 崝嶸也。从山榮聲。戶萌切

崝嶸也者，字或作嵤。廣雅崢嵤深冥也。又作巆。漢白石神君碑陟景山登崢巆。

⿰山巠 谷也。从山巠聲。戶經切

谷也者，玉篇⿰山巠石谷也。廣韻作硎，云谷名，在驪山，昔秦密種瓜處。

崩 山壞也。从山朋聲。北縢切

論語邦分崩離析，孔安國曰欲去曰崩。又君子三年不爲禮，禮必壞；三年不爲樂，樂必崩。成五年左傳梁山崩，將召伯宗謀之，問將若之何。曰山有朽壤而崩，可若何。國主山川，故山崩川竭，君爲之不舉，降服乘縵，徹樂出次，祝幣，史辭以禮焉。

山壞也者，釋名崩，壞之形也。詩閟宮不虧不崩，箋云虧崩皆謂毀壞也。隱三年穀梁傳高曰崩，范注梁山崩。京房易復卦傳自上下者爲崩，厥應大山之石顚而下。

fú 岪　wù 嵍　yáo 嶢　qiáng 𡵝　zōng 嵏

𡽏 古文从𨸏。

岪 山脅道也。从山弗聲。符勿切

山脅道也者，謂阪上道也。廣韻岪山曲。楚詞招隱士山曲岪。

嵍 山名。从山敄聲。亡遇切

山名者，玉篇嵍亡刀切，丘也。堥亡勞、莫柔二切，前高後下。丘名。釋丘前高旄丘，釋文旄字林作堥。詩旄丘釋文旄字林作堥，云堥丘也。山部又有嵍字，亦云嵍丘，亡付反，又音旄。顏氏家訓書證篇柏人城東北有一孤山，世俗或呼爲宣務山，或呼爲虛無山，莫知所出。余嘗爲趙州佐，共太原王邵讀柏人城西門內碑，碑是漢桓帝時柏人縣民爲縣令徐整所立，銘曰山有巏嵍，王喬所仙。方知此巏嵍山也。巏字遂無所出。嵍字依諸字書卽旄丘之旄也。旄字字林一音亡付反，今依附俗名，當音權務耳。入鄴，爲魏收說之，收大嘉歎。值其爲趙州莊嚴寺碑銘，因云權務之精，卽用此也。隋書禮儀志後齊所祭山川有宣務山。新唐書地理志韓定辭爲鎭州王鎔書記，聘燕帥劉仁恭，劉命馬彧延接。彧贈詩云邃林芳草緜緜思，盡日相攜步麗譙，別後巏嵍山上望，羨君時復見王喬。後彧荅聘常山，王命定辭接於公館。定辭問謹嵍山在何處，彧曰此隋郡之故事，何謙光而下問也。

嶢 焦嶢，山高皃。从山堯聲。古僚切

焦嶢山高皃者，字林同。焦嶢疊韻。玉篇嶕下云嶕嶢山高。廣韻嶕嶢山危。廣雅嶕嶢高也。方言嶢高也，注云嶕嶢高峻之貌也。漢書揚雄傳泰山之高不嶕嶢，則不能浡滃雲而散歊烝，顏注嶕嶢高皃也。九域志河南府永寧縣有嶕嶢山。

𡵝 山陵也。从山戕聲。慈良切

嵏 九嵏山在馮翊谷口。从山㚇聲。子紅切

九嵏山在馮翊谷口者，漢志左馮翊谷口縣九嵏山在西。史記司馬相如傳九嵏巀嶭，集解引漢書音義云九嵏山

cuī 崔　chóng 崇　jié 岊

在左馮翊谷口縣西顏注漢書九嵕山今在醴泉縣界蜀都賦秦嶺九嵕西都賦前乘秦嶺後越九嵕西京賦其遠則有九嵕甘泉羽獵賦迺乃虎落三嵕後漢書班固傳其陰則冠以九嵕注云九嵕山尤高峻故偁冠云三輔黃圖咸陽在九嵕山渭水北三秦記長安城西有九嵕山元和志醴泉縣本漢谷口縣地在九嵕山東九域志醴泉縣有九嵕山寰宇記醴泉縣谷口城漢縣城也在今縣東北四十里古城是也屬左馮翊九嵕山高六百五十丈周迴十五里按四夷郡國縣道記云九嵕山東連仲山西當涇水出處故謂之谷口通鑑唐高祖獵於九嵕注云九嵕山在雍州醴泉縣

岊 陬隅高山之節從山從卪 子結切

陬隅高山之節者劉逵注吳都賦引作陬隅兩山之節也一切經音義七引作陬隅兩高山之節也本書陬阪隅也廣韻陬下云陬隅又㟁下云㟁嵎玉篇㟁下云㟁嵎高崖也山石相向初學記陬隅高者曰岊符子東海有鼇焉海中隱淪如岊其高概天詩節彼南山傳云節高峻貌陳啓源曰趙凡夫以詩節字爲岊之譌此有理也說文岊字注

與毛傳高峻義元不相背釋文云節在切反又如字又音截凡三音其如字乃岊之音也後儒專讀爲截音詩詁遂以池陽嶻嶭山當之誤矣 從卪者徐鍇曰巹從卪卪亦高也

崇 嵬高也從山宗聲 鉏弓切

藝文類聚七引俗說昔傳亮北征在河中流或人問之曰潘安仁作懷舊賦前瞻太室旁眺嵩邱嵩邱太室一山何云前瞻旁眺哉亮對曰有嵩邱山去太室七十里此是寫書誤耳馥案李善文選注引作小說河南郡圖經嵩邱在縣西南十五里即亮所云崇邱崇通作嵩隸變爲崧詩崧高維嶽毛傳崧高皃釋山山大而高崧釋名山大而高曰嵩嵩竦也亦高稱也

嵬高也者本書高崇也釋詁崇高也大射儀大侯之崇注云崇高也魯語若爲小而崇韋云崇高也後漢書杜篤傳故因爲述大漢之崇注云崇高盛也

崔 大高也從山隹聲 昨回切

tú 嵞　shēn 屾

此字後人所加徐鍇說崖字云今俗作崔省厂也又疑義篇曰案說文有摧漼等字而無此字此當是崖字之省也

文五十三　重四

屾 二山也凡屾之屬皆從屾 所臻切

二山也者僖三十二年左傳其北陵文王之所辟風雨也注云兩山相嶔故可以辟風雨

嵞 會稽山一曰九江當嵞也民以辛壬癸甲之日嫁娶從屾余聲虞書曰予娶嵞山 同都切

會稽山者水經注淮水云國語曰吳伐楚墮會稽獲骨焉節專車吳子使來聘且問之客執骨而問曰敢問骨何爲大仲尼曰邱聞之昔禹致羣神於會稽之山防風氏後至禹殺之其骨專車此爲大也蓋邱明親承聖旨錄爲實證矣又按劉向說苑辨物王肅之敘孔子二十二世孫孔猛所出先人書家語竝出此事故塗山有會稽之名　一曰九江當嵞也者漢書地理志九江郡當塗縣應劭曰禹所娶塗山侯國也有禹虛輿地志當塗即夏禹所娶塗山氏

之國也晉書地理志當塗縣古塗山國續漢書郡國志九江郡當塗注云帝王世紀曰禹會諸侯塗山元和志濠州鍾離縣下云塗山在縣西九十五里又云當塗縣故城本塗山氏國在縣西南一百十七里禹娶於塗山即此也寰宇記濠州鍾離縣漢屬九江郡塗山在縣西九十五里文字音義嵞山古國名夏禹娶之今宣州當塗縣也　民以辛壬癸甲之日嫁娶者徐鍇曰尚書傳禹方治水以辛日娶甲日復往治水在家三日耳嵞山民其先俗以辛日嫁娶亦或後人見禹之聖其後有天下因以成俗也水經淮水云又東過當塗縣北酈注云淮水自莫邪山東北逕馬頭城北魏馬頭郡治也故當塗縣之故城也呂氏春秋曰禹娶塗山氏女不以私害公自辛至甲四日復往治水故江淮之俗以辛壬癸甲爲嫁娶日也禹墟在山西南縣即其地也　虞書曰予娶嵞山者益稷文彼云予創若時娶于塗山楚詞天問禹之力獻功降省下土四方焉得彼嵞山女而通之於台桑閔妃匹合厥身是繼胡維嗜欲不同味而快鼂飽注云言禹治水道娶者憂無繼嗣耳何特與衆人同嗜欲苟欲飽快一朝之情乎故以辛酉日娶甲子日去而有啓也呂氏春秋音初篇塗山氏之女候禹於塗山之陽乃作歌曰候人兮猗實始作爲南音周公召公取

風焉以爲周南召南史記外戚世家夏之興也以塗山索隱韋昭云塗山國名禹所娶在今九江大戴禮云禹娶塗山氏之女謂之女僑生啓也夏本紀禹曰予辛壬娶塗山癸甲生啓予不子正義云禹辛日娶至甲四日往理水及生啓不入門我不得名予以故能成水土之功吳越春秋禹年三十未娶行塗山恐時暮失嗣曰吾之娶也必有應矣乃有白狐九尾而造於禹禹曰白者吾服也九尾者其證也於是塗山人歌曰綏綏白狐九尾龐龐成於家室我都攸昌於是娶塗山女帝王世紀禹始納塗山女合婚於台桑有白狐九尾之瑞至是爲攸女故連山易曰禹娶塗山之子名攸漢書古今人表女趫禹妃塗山氏女生啓史記索隱引世本塗山氏女名女嬌史記正義引同閻若璩曰說文所引書重在字多約其成文如重盦字則約予創若時娶于塗山爲予娶盦山重𢦏字則約有大艱于西土西土人亦不靜越茲蠢爲我有𢦏於西非眞有是句他可類推

文二

è 屵

屵 岸高也從山厂厂亦聲凡屵之屬皆從屵 五葛切

岸高也者廣韻屵高山狀

厂亦聲者當爲厂聲

àn 岸

岸 水厓而高者從屵干聲 五干切

水厓而高者者小爾雅廣詁岸高也釋邱重厓岸郭云兩厓累者爲岸又云望厓洒而高岸郭云厓水邊洒謂深也視厓峻而水深者曰岸馥案孫炎李巡俱訓洒爲陗詩新臺有洒傳云洒高峻也楚詞九章上高巖之峭岸兮峭與陗同詩氓淇則有岸皇矣誕先登於岸傳云岸高位也襄二十五年左傳牧隰皋注云隰皋水厓下溼爲芻牧之地正義云詩九皋毛鄭以爲澤之坎是皋爲水岸也荀子勸學篇淵生珠而崖不枯注云崖岸也宥坐篇三尺之岸注云岸崖也三十國春秋殷仲堪見流棺於水乃接焉門前之溝忽起爲岸有人通夢於仲堪曰水中之岸其名爲州君將爲州也通作顏顧炎武曰河渠書引洛水至商顏下服虔曰顏音崖崖當作岸漢書古今人表屠岸賈作屠顏賈是也

yá 崖

崖 高邊也從屵圭聲 五佳切

高邊也者本書㡿崖也隩水隈崖也邊行垂崖也徐鍇曰崖水邊地有垠堮也無垠堮而平曰汀襄二十八年左傳伯有廷勞於黃崖杜云黃水名莊子山木篇君其涉於江而浮於海望之而不見其崖秋水篇涇流之大兩涘渚崖之閒不辨牛馬通作厓釋邱涘爲厓郭注謂水邊

duī 崔

崔 高也從屵隹聲 都回切

高也者李善注南都賦引作高大也或作崔詩南山崔崔傳云崔崔高大也

pǐ 𡺃

𡺃 崩也從屵肥聲 符鄙切

崩也者集韻𡺃壞也通作肥列子黃帝篇口所偏肥晉國黜之注云按說文字林竝作𡺃又作圮皆毀也字從其省

pèi ⿱屵配

⿱屵配 崩聲從屵配聲讀若費 蒲沒切

崩聲者五音集韻𡷛山哆聲 配聲者本書圮或從手從非配省聲

文六

yǎn 广

广 因广爲屋象對刺高屋之形凡广之屬皆從广讀若儼然之儼 魚儉切

洪武正韻㯳頭曰广本書㡿從此云人所治在屋下馥謂广卽庵字隸嫌其空故加奄變象形爲諧聲黃山谷張謙中楊升庵謂古無庵字坐不識此广字也广變爲庵猶𨺅變隧𨺅本象形隧則諧聲矣漢衡方碑有庵字廣雅庵舍也釋名衾广也其下廣大如广受人也又云草圓屋曰蒲蒲敷也總其上而敷下也又謂之庵庵奄也所以自覆奄也廣雅屠蘇庵也通俗文屋平曰屠蘇魏畧李勝爲河南尹廳事前屠蘇壞令人治之屠蘇卽蒲聲之轉拾遺記漢任末編茅爲庵或作菴郭沖條孔明五事敕軍門臥旗息鼓不得妄出菴幔後漢書皇甫規持節監關中兵會軍中大疫死者十三四規親入菴廬巡視通典周武帝攻高齊齊兵去之後齊人謂柏菴爲帳幙不疑兵退又周使孔昌公椿屯雞栖原伐柏爲菴以立營通作闇書無逸乃或亮陰鄭本作闇云闇廬也論語高宗諒闇鄭注闇謂凶廬也喪服四制引書高宗諒闇注云闇讀如鶉鴿之鴿闇謂廬也尚書大傳高宗梁闇鄭注闇讀如鴿謂廬也

因广爲屋者趙宧光曰當是因广爲屋佩觽引作因巖爲屋稪案因就也洪武正韻引同廣韻亦同後漢書申屠蟠傳因樹爲屋傳子管寧因山爲廬墨子辭過篇古之民未知爲宮時就陵阜而居十道志馬援征武溪蠻取壺頭山穿岸爲室以避炎氣馥案武陵記山邊有石窟卽馬援所穿室也魏書鄭修傳依巖結宇北史李謐傳結宇依巖憑崖鑿室韓愈詩開廊架崖广象對刺高屋之形者刺廬達切埤蒼庵庳也玉篇庵廟也廟庵也廣雅易廟庵也

fǔ 府

府 文書藏也從广付聲方矩切

昭二十五年左傳公居於長府杜云長府官府名定元年傳吾視諸故府注云求故事定四年傳其載書云藏在周府可覆視也 魏策手受大府之憲 漢官儀宰尹下曰少府言別爲小藏故曰少府 韓揚天文要集離珠五星在須女北離珠爲藏府也

文書藏也者一切經音義九說文府藏也三蒼府文書財物藏也風俗通府聚也公卿牧守文書財賄所聚也馥謂府不專主文書凡藏皆爲府爾雅九府釋文府猶庫藏也書禹貢六府孔修金履祥曰府官府也六府水火金木土穀之府也立政百司庶府傳云百官有司主券契藏吏論語魯人爲長府鄭注長府藏名也藏財貨曰府成七年左傳囚諸軍府杜云軍藏府也襄九年傳使西鉏吾庀府守杜云府六官之典襄十一年傳夫賞國之典也藏在盟府杜云司盟之府有賞功之制賈公彥云凡物所聚皆曰府官人所聚曰官府在人身飲食所聚謂之六府廣雅府官也曲禮在官言官在府言府注云官謂版圖文書之處府謂寶藏貨賄之處也王制天子百里之內以共官注云官謂其文書財用其言文書者周禮冢宰府六人史十有二人注云府治藏史掌書者又宰夫五曰府掌官契以治藏注云治藏藏文書及器物內則閽史書爲二其一藏諸閭府其一獻諸州史州史獻諸州伯州伯命藏諸州府僖五年左傳勳在王室藏於盟府杜云盟府司盟之官周書嘗麥解太史乃藏之於盟府以爲歲典大聚解乃召昆吾治而銘之金版藏府而朔之史記高祖本紀沛公入咸陽蕭何收秦丞相府圖籍文書趙世家簡子書而藏之府老子列傳周守藏室之史也馥案漢書東觀爲老氏藏室注云老子爲柱下史四方所記文書皆歸於柱下言東觀多經籍鹽鐵論藏於紀府中論凡亾國之君其府未嘗無先王之書也漢成帝時劉歆校祕書見府中古文春秋左氏大

好之魏志文帝紀其以此詔藏之宗廟副在尚書祕書三府陳矯傳車駕嘗卒至尚書門矯跪問帝曰陛下欲何之帝曰欲案行文書耳江淹表府之延閣注云閣書府也劉歆七畧武帝廣獻書之路百年之閒書積如邱山故外有太常博士之職內則延閣廣內祕室之府通鑑臺軍焚燒江陵府舍官曹文書一時蕩盡

yōng 廱

廱 天子饗飲辟廱從广雝聲於容切

廣韻辟廱天子教宮 詩靈臺於樂辟廱傳云水旋邱如璧曰辟廱以節觀者又泮水箋云辟廱者築土雝水之外圓如璧四方來觀者均也又振鷺于飛于彼西雝先儒謂辟雝在西郊故曰西雝馥案王制殷人養國老於右學養庶老於左學周人養國老於東郊養庶老於虞庠虞庠在國之西郊是則西郊乃周之小學 王制天子曰辟廱注云辟明也廱和也所以明和天下也 五經異義古春秋左氏說天子靈臺在大廟雍之靈沼謂之辟廱韓詩說辟廱者天子之學圓如璧壅之以水示圓言辟取辟有德不言辟水言辟廱者取其雝和也所以教天下春射秋饗尊事三老五更在南方七里之內蓋以茅葺取其潔清也 史記封禪書天子曰明堂辟雍集解韋昭曰水外四周圓如辟雍蓋以節觀者也封禪書

又云豐滈有昭明天子辟池索隱云卽周天子辟雍之地故周文王都酆武王都滈旣立靈臺則亦有辟雍耳張衡亦以辟池爲雍也 桓譚新論王者作圓池如璧形實水其中以圜壅之名曰辟雍言其上承天地以班教令流轉王道周而復始 白虎通天子立辟雍辟雍何所以行禮樂宣德化也辟者璧也象璧圓又以法天於雍水側象教化流行也辟之言積也積天下之道德也雍之言壅也壅天下之殘賊故謂之辟雍也 漢有河閒古辟雍記見張純傳 蔡邕月令論取其周水圜如璧則曰辟廱又明堂論辟雍外圓內方擬王者動作法天地圜水四周德廣四海也 三輔黃圖文王辟雍在長安西北四十里 三輔決錄辟雍水四周於外象四海也 李尤辟雍銘惟王所建方中圓外清流四帀蕩滌濁穢 王沈辟雍頌唐虞三代咸崇辟雍養老之制也 楊愼曰辟雍非學名說文廱牆也廱天子饗宴辟廱也以說文觀之則與詩鎬京辟雍於樂辟雍之義皆合矣辟雍爲天子學名自王制始有此說王制漢文帝時曲儒之說而可信乎孟子曰夏曰校殷曰序周曰庠學則三代共之使天子之學曰辟雍爲周之制則孟子固言之矣 戴君震曰詩靈臺四章於論鼓鐘於樂辟廱傳云水旋邱如璧曰辟廱以節觀者震案辟廱於經無明文漢初說禮者規放故事始援大雅魯頌立

說謂天子曰辟廱諸侯曰頖宮如誠學校重典不應周禮不一及之而但言成均瞽宗孟子陳三代之學亦不涉乎此他國且不聞有所謂泮宮者周鼎銘曰王在辟宮獻工錫章左氏春秋曰鄭伯享王於闕西辟史記曰豐鎬有天子辟池譙周曰成王作辟上宮此單言辟者也周頌曰于彼西雝傳云雝澤也古銘識有曰王在雝上宮此單言雝者也其曰辟上雝上則以名池名澤而作宮其上宮因水爲名也趙岐注孟子雪宮云離宮之名也宮有苑囿臺池之飾禽獸之饒此詩靈臺靈沼靈囿與辟廱連稱抑亦文王之離宮乎閒燕則游止肄樂於此不必以爲太學於詩辭前後尤協矣

天子饗飲辟廱者洪武正韻辟廱說文作廦廱李稽明日辟雍說文作廦廱藝文類聚引作辟廱天子饗飲處也馥案饗當爲鄉說苑辟雍天子鄉飲之處宋書禮志晉武帝太始六年帝臨辟廱行鄉飲酒之禮傳元有辟廱鄉飲酒賦五經通義天子立辟廱者何所以行禮樂宣德化教導天下之人使爲士君子養三老事五更與諸侯行禮之處也續漢書禮儀志明帝率羣臣躬養三老五更於辟雍行大射之禮

xiáng 庠

庠 禮官養老夏曰校殷曰庠周曰序从广羊聲 似陽切

鄉射禮注云序無室庠之制有堂有室也　鄉飲酒義主人拜迎賓於庠門之外注云庠鄉學也明堂位注云庠之言詳也於以考禮詳事也

禮官養老者王制有虞氏養國老於上庠養庶老於下庠夏后氏養國老於東序養庶老於西序殷人養國老於右學養庶老於左學周人養國老於東膠養庶老於虞庠虞庠在國之西郊注云周之小學爲有虞氏之庠制是以名庠云夏曰校殷曰庠周曰序者漢書公孫所奏與本書同孟子夏曰校殷曰序周曰庠

lú 廬

廬 寄也秋冬去春夏居从广盧聲 力居切

寄也者小爾雅廣言同釋名寄止曰廬廬慮也取自覆慮也急就篇室宅廬舍樓殿堂顏注廬別室也一曰田野之室也漢書食貨志在野曰廬周禮遺人十里有廬注云廬若今野候徙有房也詩信南山中田有廬箋云中田田中也農人作廬焉以便其田事公劉于時廬旅傳云廬寄也襄三十年左傳廬井有伍閔二年傳立戴公以廬於曹杜注竝云廬舍也正義云言隨宜寄舍耳管子小匡篇狄人攻衛衛人出旅於曹詩序東徙渡河野處漕邑齊語衛人出廬於曹韋云廬寄也周語國無寄寓韋云不爲廬舍可以寄羈旅之客　秋冬去春夏居者一切經音義三廬別舍也釋名云寄止曰廬案黃帝爲廬以避寒暑春秋去之冬夏居之故云寄止也宣十五年公羊解詁在田曰廬在邑曰里又云春夏出田秋冬入保城郭月令孟夏之月命農勉作毋休於都注引王居明堂禮毋宿於國又季秋之月乃命有司曰寒氣繼至民力不堪其皆入室王居明堂禮仲秋農隙民畢入於室楊慎曰說文廬寄舍也秋冬去春夏居蓋古者一夫五畝之宅二畝半在邑城中之貧居二畝半在田野外之寄居詩云中田有廬是也

tíng 庭

庭 宮中也从广廷聲 特丁切

易節卦不出戶庭无咎　詩抑洒埽庭內又山有樞子有庭內弗洒弗埽　周禮閽人掌埽門庭　莊子逍遙遊大有徑庭

宮中也者本書序令說文字未央庭中魏書江式傳作宮中玉篇庭堂堦前也

liù 廇

廇 中庭也从广畱聲 力救切

中庭也者楚詞九歎𦉚讒賊於中廇兮注云中廇堂中央也通作霤郊特牲家主中霤而國主社祭法王爲羣姓立七祀諸侯爲國立五祀皆有中霤注云中霤主堂室居處月令中央土其祀中霤注云中霤猶中室也土主中央而神在室古者復穴是以名室爲霤雜記𥓓者降受爵弁服於門內霤將命玉藻頤霤正義云霤屋簷身俯故頭臨前垂頤如屋霤哀六年公羊傳至於中霤注云中央曰中霤又或作溜宣二年左傳三進及溜

dùn 庉

庉 樓牆也从广屯聲 徒損切

yǎ 房

房 廡也从广牙聲周禮曰夏房馬 五下切

廡也者房廡聲相近廣韻房廳也通俗文客堂曰房一切經音義十七今言廳房是也劉逵注蜀都賦廡房也廣雅房舍也釋名房正也屋之正大者也　周禮曰夏房馬者夏官圉師文注云故書房爲訝鄭司農云當爲房元謂房廡也廡所以庇馬涼也又趣馬辨四時之居治以聽馭夫注云居謂牧房所處疏云牧房者放牧之處皆有房廄以蔭馬也吳子治兵篇夫馬必安其處所冬則溫廄夏則涼廡

wǔ 廡

廡 堂下周屋。從广，無聲。文甫切

春秋内事軒轅氏以土德王天下始有堂廡 東觀漢記馬援初見帝引入上在宣德殿南廡下

堂下周屋者後漢書梁鴻傳注李善注雪賦懷舊賦引竝同一切經音義四引亦同又十七云說文堂下周屋曰廡

幽冀之人謂之房玉篇廡堂下周屋也幽冀人曰房釋名大屋曰廡廡幠也幠覆也并冀人謂之房聲類廡堂下周屋也急就篇門戶井竈廡囷京顏注廡周屋也謂幠覆之也漢書召信臣傳覆以屋廡顏注廡周室也後漢書張酺傳可作槀蓋廡注云廡屋也矦覽傳高廡百尺注云廡廊下周屋也

（籒文）籒文從舞

lǔ ⿸广虜

⿸广虜 廡也。從广，虜聲。讀若鹵。郎古切

廡也者廣韻⿸广虜庵舍玉篇⿸广虜府也庵也廣雅⿸广虜庵也通作廬戰國策蘇秦說魏襄王曰廬廡之數也

páo 庖

庖 廚也。從广，包聲。薄交切

說文解字義證 卷二十八 卅九

廚也者史記司馬相如傳正義引作廚屋廣韻庖倉廚也廣雅庖廚也王制天子諸矦無事則歲三田三曰充君之庖注云庖今之廚也魯語以實廟庖韋云庖廚也孟子是以君子遠庖廚也一切經音義十七庖之言包也周禮敘官庖人注云庖之言苞也裹肉曰苞苴疏云庖者今之廚轉作包者欲取庖人主六獸六禽以借庖廚有裹肉之意也

chú 廚

廚 庖屋也。從广，尌聲。直株切

庖屋也者一切經音義十七引本書同蒼頡篇主食者也急就篇廚宰切割給使令顏注廚庖屋也陸該字林廚帳也似廚形

kù 庫

庫 兵車藏也。從車在广下。苦故切

六書故古有庫門門旁蓋藏車故謂之庫門古稱廄庫車馬竝言也

兵車藏也者初學記說文曰庫兵車所藏也帑金布所藏也故藏之爲名也謂之庫藏凡安國治民從近制遠者必先實之故天有天庫藏府之星春秋文曜鉤曰軫南衆星曰天庫韓揚天文要集曰天積者天子藏府也馥案荊州星占五車一名庫文曜鉤咸池曰天潢五帝車舍也宋均注云舍庫也五帝車之庫府釋名庫舍也物所在之舍也故齊魯謂庫曰舍也急就篇壍壘廥廄庫東箱顏注庫兵車所藏也月令審五庫之量蔡氏章句一曰車庫二曰兵庫三曰祭器庫四曰樂器庫五曰宴器庫曲禮在庫言庫注云庫謂車馬兵甲之處也樂記車甲衅而藏之府庫檀弓軍有憂則素服哭於庫門之外又云所舉於晉國管庫之士注云庫物所藏商君書湯武破桀紂海內無患遂築五庫藏五色兵偃武也曹毗魏都賦白藏之庫戎儲攸歸注云白藏庫在西城有屋一百七十四閒爾雅秋爲白藏因以爲名漢書蕭何立東闕前殿武庫三輔黃圖武庫蕭何造以藏兵器呂后改庫曰靈金藏拾遺錄大上皇以寶劍賜高祖及呂后藏於瑶庫守者見白氣從戶中出如龍蛇呂氏更瑶庫名曰靈金藏及諸呂擅權白氣亦滅惠帝即位以此貯禁兵名曰靈金府馥案當作靈金舍

jiù 廄

廄 馬舍也。從广，𣪘聲。周禮曰：馬有二百十四匹爲廄，廄有僕夫。居又切

說文解字義證 卷二十八 卌

馬舍也者顏注急就篇廄生馬所聚也韋昭辨釋名長水校尉其廄近水故以爲名詩鴛鴦乘馬在廄論語廄焚皇氏曰廄養馬之處也莊二十九年左傳春新作延廄書不時也凡馬日中而出日中而入杜云日中春秋分也治廄當以秋分因馬向入而脩之今以春作故曰不時漢舊儀天子六廄未央廄承華廄皆萬匹又云太僕牧師苑分養三十萬頭擇取給六廄東觀漢記漢安元年始置承華廄舍晉中興書王尼出微賤以門役送護軍府養馬諸名士齎羊酒坐廄下與尼炙羊飲酒而去

周禮曰馬有二百十四匹爲廄廄有僕夫者夏官校人文彼云乘馬一師四圉三乘爲皁皁一趣馬三皁爲繫繫一馭夫六繫爲廄廄一僕夫注云鄭司農云四匹爲乘元謂二耦爲乘自乘至廄二百一十六匹徐鍇曰凡二百十六應乾之筴此二百十四傳寫誤馥案一切經音義九亦作十四是唐本已誤

玉篇廄二百六十匹馬也六十當爲十六

（古文）古文從九

xù 序　bì 廦　guǎng 廣

[illegible]即叀之古文本書叀下云叀者如叀馬之鼻　釋名廄勼也勼聚也牛馬之所聚也

序　東西牆也從广予聲徐呂切

仲尼燕居立則有序　大戴禮曾子退負序而立

東西牆也者釋宮東西牆謂之序郭注所以序別內外畢君以珣曰牆當作廂書顧命傳云東西牆謂之序正義曰釋宮文彼作東西廂此變言之也顏棻古詩鳴鶴散立東西廂顏注急就篇東廂東序之屋也鄭注禮亦作牆士冠禮主人玄端爵韠立于阼階下直東序西面大射儀賓升立於西序鄉飲酒禮主人坐奠爵於序端燕禮賓升立於序內注並云東西牆謂之序

廦　牆也從广辟聲北激切

牆也者徐鍇韻譜廦廦廱鍇繫傳云廦所謂廦廱通作廦戴延之西征記洛陽南有平昌門道東辟雍牆去靈臺三里莊二十一年左傳鄭伯享王於闕西辟昭二十五年公羊傳以人爲菑何云菑周埒垣也所以分別內外衛威儀今大學辟雍作側字疏云猶言周帀爲埒牆漢時大學辟雍所讀者作側字

說文解字義證　卷二十八

廣　殿之大屋也從广黃聲古晃切

殿之大屋也者廣雅廣大也孟子居天下之廣居檀弓見若覆夏屋者矣注云今之門廡旁廣而卑漢書王吉傳夫廣夏之下顏注廣夏大屋也僖二十八年左傳西廣東宮杜云楚有左右廣又太子有宮甲復謂廣者初爲大屋以藏甲後因以表兵如庫藏兵車也本書堂殿也御覽引云殿堂之高大者也釋名殿有殿鄂也漢書霍光傳鴞數鳴殿前樹上顏注古者室屋高大則通呼爲殿耳非止天子宮中黃霸傳丞相請與中二千石博士雜問郡國上計長吏守丞爲民興利除害者爲一輩先上殿顏注殿丞相所坐屋也後漢書蔡茂傳夢坐大殿注云屋之大者古通呼爲殿也魏志張遼傳爲起第舍又特爲遼母作殿葉大慶攷古質疑嘗攷許慎說文殿堂之高大者也唐徐堅初學記引蒼頡篇曰殿大堂也商周以前其名不載史記始皇紀始曰作前殿石林燕語謂初未有稱殿皆起於秦者其本於堅之所記而云乎大慶續見高承事物紀原云禮記與白虎通俱曰天子之堂史記秦始皇作朝宮謂南宮先作前殿阿房商君書有言天子之殿則是秦自孝公已然矣蓋秦始曰殿也大慶亦嘗攷之通鑑外紀晉平公布蒺藜於殿下師曠刺足曰五鼎之具不當烹藜藿人主堂殿不當生蒺藜齊景公怒有罪者縛至置殿下說苑齊大旱晏子曰君誠避宮殿暴露與靈山河伯共憂其幸而雨乎又云晉平公爲馳逐之車立之於殿下又魏文侯御廩災文侯素服避正殿戰國策要離之刺慶忌也蒼隼擊于殿上家語楚王將游荊臺司馬期諫王怒之令尹子西賀於殿下又齊有一足鳥下止於殿前景公使問孔子孔子曰此鳥名商羊水祥也又史記優孟傳楚莊王欲以棺槨葬馬優孟入殿門仰天大哭諸書殿之名已見於春秋戰國不始於秦也況六韜五將篇太公曰凡國有難君避正殿此其來也遠矣然則徐堅石林燕語高承皆謂起於秦者其然豈其然乎

kuài 廥　yǔ 庾

廥　芻稾之藏從广會聲古外切

芻稾之藏者後漢書蘇不韋傳注引同顏注急就篇廥芻稾所居也廣雅廥倉也韓非內儲說昭奚恤之用荊也有燒倉廥窌者而不知其人昭奚恤令吏執販茅者而問之果燒也史記平準書虛郡國倉廥以振貧民趙世家邯鄲

說文解字義證　卷二十八

廥燒索隱云廥積芻稾之處天官書胃爲天倉其南衆星曰廥積正義云芻稾六星在天苑西主積稾草者漢書音義如淳曰芻稾積爲廥也晉書天文志天廩四星一曰天廥姜師度爲陝州刺史太原倉水陸所湊師度使依高爲廥唐高宗征討四夷京師養廄馬萬匹帑廥寢虛肅宗至平涼朔方畱後杜鴻漸條上士馬倉廥

庾　水槽倉也從广臾聲一曰倉無屋者以主切

水槽倉也者集韻引作漕復古編亦誤作槽廣雅庾倉也魏都賦京庾流衍五臣云庾倉也漢書文帝紀發倉庾應劭曰水漕倉曰庾胡公曰在邑曰倉在野曰庾續漢書百官志太倉令主受郡國轉漕穀　一曰倉無屋者者三蒼解詁庾倉無屋也釋名庾裕也言盈裕也露積之言也盈裕不可勝受所以露積之也詩甫田曾孫之庾箋云庾露積穀也楚茨我庾維億傳云露積曰庾正義云甫田言曾孫之稼如茨如梁此聚稼也又曰曾孫之庾如坻如京是積粟也下言乃求千斯倉乃求萬斯箱欲以萬箱載稼千倉納庾是庾未入倉矣故曰露積言露地積聚之九章筭術平地委粟是也周語野有庾積韋云露積穀也計倪子內經野無積庾廩糧則不屬漢官儀太倉之粟充溢露積

bìng
庰

cì
廁

庰 蔽也從广并聲 必郢切

蔽也者李善注洞簫賦引同廣韻庰隱僻也無人處字統云廁廣雅庰廁也通作屏急就篇屏廁清溷糞土壤顏注屏僻宴之名也屏廁清溷其實一耳思元賦坐太陰之屏室兮李善曰說文曰庰蔽也屏與庰古字通

廁 清也從广則聲 初吏切

玉篇辵部邊云古文廁成十年左傳晉侯如廁陷而卒哀十五年傳迫孔悝於廁史記李斯見吏舍廁中鼠食不潔漢書朱虛侯殺呂產於郎中府吏廁易林腫脛病腹陷廁污辱晉書王戎僞藥發墮廁周景式孝子傳管寧經海遇風思惟無覺念嘗如廁不冠襄陽記劉季和上廁從香烟上過洛陽要記陳宛盛其居止廁上沉湯盥手槐枕覆蔽糞穴爲都城第一輟耕錄今寺觀創木爲籌置溷圊中名曰廁籌北史齊文宣王嗜酒淫泆肆行狂暴雖以楊愔爲相使進廁籌然則愔所進者豈即此與挍說文廁清也從广則聲廣韻初吏切闕也雜也次也圊也居高臨垂邊曰廁高岸夾水曰廁史記太倉公傳豎奉劒從王之廁汲黯傳衞青大將軍侍中上踞廁見之注如淳曰廁音則謂牀邊據牀

視之一云溷廁也廁牀邊側漢書注如淳曰廁溷也孟康曰廁邊側也師古曰如說是也仲馮曰廁當從孟說愚意古者見大臣則御坐爲起夫武帝固以奴隸待青亦不應踞溷圊而見之然漢文居霸北臨廁使愼夫人鼓瑟注韋昭曰高岸夾水爲廁即此推之則凡廁者皆取其在兩物閒爲義又郅都傳賈姬如廁有野彘入廁命都擊之則此之如廁亦恐非是溷圊他如劉安別傳謫守都廁三年莊子庚桑篇適其偃注偃屏廁也屏廁則以偃溲儀禮旣夕禮甸人築坅坎隸人溫廁塞廁萬石君傳建取親中裙廁牏身自澣洒注孟康曰廁行清牏行中受糞函也至於晉侯食麥脹如廁陷而卒趙襄子如廁執豫讓高祖鴻門會如廁召樊噲等及如廁見柏人金日磾如廁擒莽何羅范睢佯死置廁中李斯如廁見鼠陶侃如廁見朱衣王敦如廁食棗劉寔誤入后崇廁郭璞被髮廁上劉季和廁上置香鑪沈慶之夢鹵簿入側中崔浩焚經投廁中錢義廁神李赤廁鬼蒯瞶盟孔悝於廁曹植戒露頂入廁之類則眞溷圊矣馥案曹毗戒張頤不宜露頂入廁此云曹皆誤也

清也者廣韻引作圊也五音集韻同六書故說文曰廁清也今人作圊玉篇圊溷也字林圊七情反廣雅圊圂廁也皆廁之別名也釋名廁言人雜在上非一也或曰圂言溷濁也或曰圊至穢之處宜常修治使潔清也或曰軒前有伏似殿軒也急就篇屏廁清溷糞土壤顏注廁之言側也亦謂僻側也清言其處特異餘所常當加潔清也八十一難經平人日再至圊馬融尚書注清絜也思元賦澄淟涊而爲清舊注清靜也宣三年公羊傳養帝牲三牢之處謂之滌何休云滌者取其蕩滌潔清周禮凌人秋刷注云刷清也秋涼冰不用可以清除其室玉府注云褻器清器虎子之屬漢書武五子傳廁中豕羣出壞大官竈顏注廁養豕圂也桓譚新論博士弟子譚生居東寺連三夜有惡夢以問人教以晨起清中說之風俗通義魯相右扶風臧仲英孫女年三四歲亾之求之不能得二三日乃於清中糞下啼通鑑隋文帝曰我爲下利昨夜欲近廁注云廁圊也

chán
廛

廛 一畝半一家之居從广里八土 直連切

一畝半一家之居者廣韻引作一晦半也一家之居也案一畝半當爲二畝半宣十五年穀梁傳古者三百步爲里名曰井田井田者九百畝公田居一注云出除公田八十畝餘八百二十畝故井田之法八家共一井八百畝餘二

十畝家各二畝半爲廬舍公羊解詁聖人制井田之法而口分之一夫一婦受田百畝公田十畝廬舍二畝半凡爲田一頃十二畝半八家而九頃共爲一井故曰井田韓詩外傳古者八家而井田方里爲一井廣三百步長三百步爲一里其田九百畝廣一步長百步爲一畝廣百步長百步爲百畝八家爲隣家得百畝餘夫各得二十五畝家爲公田十畝餘二十畝共爲廬舍各得二畝半廣雅廛凥也方言廛凥也東齊海岱之閒或曰廛或曰踐注云周官云夫一廛宅也周禮遂人夫一廛田百畝注云廛城邑之居孟子所云五晦之宅樹之以桑麻者也廛人注云廛民居區域之稱載師以廛里任國中之地注云廛民居之區域也孟子願受一廛而爲氓又云廛無夫里之布則天下之民皆悅而願爲之氓矣詩伐檀胡取禾三百廛兮傳云一夫之居曰廛釋文古者一夫田百畝別受都邑五畝之地居之故孟子云五畝之宅是也通作壇鄭注廛人云故書廛爲壇杜子春讀壇爲廛或作壥漢書揚雄傳有田一壥

從广里八土者何休注宣十五年公羊傳說井田之制云一里八十戶八家共一巷馥謂此從里八土之義

huán
𢇛

𢇛 屋牝瓦下一曰維綱也從广閱省聲讀若環 戶關切

cōng ⿸广悤

⿸广悤 屋階中會也從广悤聲 倉紅切

屋牝瓦下者所謂屋棧也急就篇板柞所產谷口斜顏注板謂木瓦也柞屋棧也亦謂之簀王氏補注爾雅屋上薄謂之筄注屋笮棧六書故椽上必設笮然後安瓦今人謂之棧集韻鑠鐶也櫟屋笮板本書笮在瓦之下棼之上玉篇瓪牝瓦甑瓻牡瓦九章筭術今有一人三日爲牡瓦三十八枚一人二日爲牝瓦七十六枚戴侗曰牝瓦仰蓋者也仰瓦受覆瓦流所謂瓦溝也　一曰維綱也者本書絹持綱紐也聲義相近　閔省聲者當從弋聲後人以環弋音異改爲閔省聲說見閔下

屋階中會也者徐鍇曰階東西階也會者其中階相向處

chǐ ⿸广侈

⿸广侈 廣也從广侈聲春秋國語曰俠溝而⿸广侈我 尺氏切

廣也者廣當爲廣本書廣闊也廣雅⿸广侈大也　春秋國語曰俠溝而⿸广侈我者吳語齊宋徐夷曰吳旣敗矣將夾溝而⿸广侈我我無生命矣注云旁擊曰⿸广侈

說文解字義證　卷二十八　壹

lián 廉

廉 仄也從广兼聲 力兼切

仄也者本書玉下云銳廉而不忮開元文字廉棱也廣雅廉棱也書臯陶謨簡而廉傳云有廉隅顧命夾兩階戺傳云堂廉曰戺正義云廉者棱也所立在堂下近於堂棱詩抑維德之隅傳云隅廉也鄉飲酒禮設席於堂廉注云側邊曰廉儒行砥厲廉隅樂記廉以立志注云廉廉隅也韓詩外傳其廉不可劌也漢書賈誼傳廉遠地則堂高顏注廉側隅也揚雄自敘不修廉隅以徼名當世晉令鞕用牛皮生革去四廉

chá ⿸广秅

⿸广秅 開張屋也從广秅聲濟陰有⿸广秅縣 宅加切

集韻秺漢侯國名在成武通作秺秺縣名在濟陰漢書功臣表秺侯商邱成史記建元以來侯者年表亦作秺　或作垞輿地志垞古嵩國王維詩有南垞北垞

開張屋也者開張卽⿸广秅張本書⿸广秅卻屋也　濟陰有⿸广秅縣者漢書地理志作秺通鑑魏尉元軍于秺注云秺縣漢屬濟陰郡後漢省其地當在唐曹州界

páng 龐

龐 高屋也從广龍聲 薄江切

高屋也者顏注急就篇龐者高屋之名龐氏之先皆產般富好爲室屋鄉黨榮慕謂之龐家遂以立氏通作櫳廣雅櫳室也

dǐ 底

底 山居也一曰下也從广氐聲 都禮切

一曰下也者本書下底也易困卦困于株木王肅注謂最處底下也釋器邸謂之柢郭云根柢皆物之邸邸卽底通語也

zhì 庢

庢 礙止也從广至聲 陟栗切

礙止也者易訟卦有孚窒馬讀爲躓猶止也廣韻躓礙也本書疐礙不行也從叀引而止之也文選七發發怒庢沓注云言初發怒礙止而涌沸漢有盩庢縣元和志山曲曰盩水曲曰庢釋詁庢待也郭云庢止也止亦待也昭元年左傳勿使有所壅閉湫底注云底滯也晉語戾久將底底箸滯淫

說文解字義證　卷二十八　美

yǐng 廮

廮 安止也從广嬰聲鉅鹿有廮陶縣 於郢切

鉅鹿有廮陶縣者見漢志廣韻廮陶縣名在趙州

bá 废

废 舍也從广犮聲詩曰召伯所废 蒲撥切

舍也者詩釋文引作草舍也玉篇废草舍也通作茇劉芳詩義疏茇草舍也又通作拔僖十五年左傳反首拔舍杜注拔草舍止　詩曰召伯所废者召南甘棠文彼作茇傳云茇草舍也正義云周禮仲夏教茇舍注云舍草止也軍有草止之法然則茇者草也草中止舍故云茇舍

bì 庳

庳 中伏舍從广卑聲一曰屋庳或讀若逋 便俾切

一曰屋庳者玉篇庳卑下屋也襄三十一年左傳宮室卑庳通作埤漢書五行志塞埤擁下

bì 庇

庇 蔭也從广比聲 必至切

蔭也者釋言文舍人曰庇蔽也孫炎曰庇覆之蔭也玉篇庇覆蔭也一切經音義九通俗文自蔽曰庇淮南人閒訓

shù 庶　zhì 庤　yì 廙　lóu 廔

蔭暍人於樾下考工記輪人弓長六尺謂之庇軹表記雖有庇民之大德鄭注並云庇覆也文七年左傳公族公室之枝葉也若去之則本根無所庇廕矣襄三十一年傳大官大邑身之所庇也晉語若君實庇廕膏澤之周語用足則族可以庇韋云庇覆也宗族可以覆廕字或作庇襄八年左傳以待彊者而庇民焉

庶 屋下衆也從广炗炗古文光字 商署切

屋下衆也者本書品衆庶也𣱵從卌卌數之積也與庶同意釋詁庶衆也堯典庶績咸熙史記作衆功皆興禹貢庶土交正鄭本作衆土皋陶謨庶明勵翼鄭云庶衆也詩天保以莫不庶傳云庶衆也抑庶人之愚雞鳴無庶予子憎生民庶無罪悔小明我事孔庶箋並云庶衆也靈臺庶民子來箋云衆民各以子成父事而來攻之論語庶矣哉孔注庶衆也言衛人衆多論衡藝增篇尚書曰毋曠庶官庶衆也西都賦於是既庶且富五臣注庶衆也　從炗者本書桄充也庶亦充滿意

庤 儲置屋下也從广寺聲 直里切

儲置屋下也者本書儲偫也偫待也詩臣工庤乃錢鎛傳云庤具也通作峙釋詁峙具也書費誓峙乃芻茭又峙乃楨榦詩崧高以峙其粻又通作跱後漢書章帝紀所經道上郡縣無得設儲跱注云跱具也

廙 行屋也從广異聲 與職切

行屋也者字或作帟廣雅帟帳也釋名小幕曰帟張在人上帟帟然也周禮幕人設重帟注云重帟復帟也鄭司農云帟平帳也

廔 屋麗廔也從广婁聲一曰種也 洛侯切

屋麗廔也者本書囧下云麗廔猶靡麗也冏下云窗牖麗廔闓明徐鍇曰廲廔猶玲瓏也漏明之象玉篇廲下云廲廔綺窻通作婁孟子離婁即麗廔又通作樓長門賦離樓梧而相撐顏注急就篇樓謂重屋離樓然也又䉼者疏曰之籠亦言其孔樓樓然也釋名樓謂牖戶之閒有射孔婁婁然也　一曰種也者謂種廔也本書䅳下云種樓也崔寔云漢趙過教民耕殖其法三犂共一牛一人將之下種挽樓皆取備焉

tuí 𢈲　fèi 廢　yǒu 庮　jǐn 廑　miào 廟

𢈲 屋從上傾下也從广隹聲 都回切

屋從上傾下也者玉篇𢈲厭也

廢 屋頓也從广發聲 方肺切

屋頓也者定三年左傳邾子自投於牀廢於鑪炭注云廢墮也

庮 久屋朽木從广酉聲周禮曰牛夜鳴則庮臭如朽木 與久切

久屋朽木者月令孟春之月其臭羶注云木之味臭也列子饗香以爲朽　周禮曰牛夜鳴則庮者天官內饔文臭如朽木者許公解說之文鄭司農云庮朽木臭也內則牛夜鳴則庮注云惡臭也

廑 少劣之居從广堇聲 巨斤切

少劣之居者本書𡪗無禮居也廣韻廑小屋漢書董仲舒傳廑能勿失賈誼傳其次廑得舍人顏注廑與僅同劣也

通作僅桓三年公羊傳僅有年也注云僅猶劣也僖十六年傳僅逮是月也注云劣及是月也又通作墐廣雅墐少也漢書地理志豫章出黃金然堇堇物之所有或作勤射義蓋勤有存者釋文勤又音僅少也

廟 尊先祖皃也從广朝聲 眉召切

書堯典受終于文祖王肅注文祖廟名　士喪禮巫止於廟門外注云凡宮有鬼神曰廟　曾子問大廟火注云大廟始祖廟　一切經音義十四韓詩鬼神所居曰廟　漢舊儀廟者所以藏主　齊職儀周有守禮之官掌先王之宗廟也　幽明錄廟方四丈不作墉

尊先祖皃也者本書祖始廟也廣雅廟皃也釋名廟貌也先祖形貌所在也祭法設廟祧壇墠而祭之注云廟之言貌也宗廟者先祖之尊貌也孝經爲之宗廟以鬼享之舊注云宗尊也廟貌也親雖亡沒事之若生爲立宮室四時祭之若見鬼神之容貌孝經援神契廟者所以尊祖也荀子禮論篇疏房檖貌注云貌廟也尚書大傳廟者貌也白虎通廟者貌也象先祖之尊貌也所以有屋何所以象生之居也詩清廟箋云廟之言貌也死者精神不可得而見

但以生時之居立宮室象貌爲之耳服注左傳云明堂祖廟五經異義明堂盛皃也桓二年公羊解詁廟之爲言貌也思想儀貌而事之故曰齋之思其居處思其笑語思其志意思其所樂思其所嗜祭之日入室僾然必有見乎其位周旋出入肅然必有聞乎其容聲出戶而聽愾然必有聞乎其嘆息之聲孝子之至也三輔黃圖宗廟宗尊也廟貌也所以髣髴先人尊貌也蔡邕月令論取其宗祀之貌則曰清廟取其正室之貌則曰太廟魏氏春秋夫謚以表行廟以存容王嬰古今通論周曰宗廟尊其生存之貌

古文

士冠禮筮于庿門釋文庿古廟字詩淸廟釋文廟本又作庿古今字也孝經釋文廟本或作庿

jū 宜

人相依宜也從广且聲 子余切

人相依宜也者通作徂釋詁徂存也

yè 㢊

屋迫也從广曷聲 於歇切

說文解字義證 卷二十八 晃

chì 㡿(斥)

卻屋也從广屰聲 昌石切

卻屋也者廣韻引作卻行也一切經音義二十二引作卻屋也趙宧光長箋引同或作斥漢書東方朔傳斥而營之顏注斥却也思元賦斥西施而弗御兮舊注斥却也昭十六年左傳大國之求無禮以斥之何饜之有馥案斥謂卻之也史記淮南王傳王使郎中令斥免注云屏斥苟子榮辱篇恭儉者偋五兵也注云偋當爲屏卻也

xīn 廞

陳輿服於庭也從广欽聲讀若歆 許今切

陳輿服於庭也者周禮司裘大喪廞裘飾皮車注云皮車遣車之革路故書廞爲淫鄭司農云淫裘陳裘也司服大喪共其廞衣服注云故書廞爲淫鄭司農云淫讀爲廞廞陳也大師大喪帥瞽而廞作匶謚注云故書廞爲淫鄭司農云淫陳也陳其生時行迹爲作謚司兵大喪廞五兵注云故書廞爲淫鄭司農云淫陳也淫讀爲廞圉人凡賓客喪紀牽馬而入陳廞馬亦如之

liáo 廫

空虛也從广膠聲 洛蕭切

復古編廫寥從广膠寥從雨郭別作寥廓非 洪武正韻廫寥開朗貌

空虛也者五音集韻廫空中虛皃字或作廖楚辭九辯泬廖兮天高而氣淸又作寥埤蒼寂寥無人也釋名疏寥也寥寥然也楚辭遠游上寥廓而無天司馬相如難蜀父老文猶鷦鵬已翔乎寥廓之宇李善云空廓寥寥也陸機歎逝賦或寥廓而僅半謝朓詩寥廓已高翔

文四十九 重三

hǎn 厂

山石之厓巖人可居象形凡厂之屬皆從厂 呼旱切

山石之厓巖人可居者本書广因厂爲屋廣雅厈厓也

籀文從干

yá 厓

山邊也從厂圭聲 五佳切

山邊也者本書隒厓也廣雅隒厓方也御覽引本書巖者厓也山邊謂之厓

說文解字義證 卷二十八 罕

zuī 厜

厜㕒山顛也從厂垂聲 姊宜切

厜㕒山顛也者釋山山頂冢孫炎曰謂山巔也又崒者厜㕒郭注謂山峯頭巉巖詩十月山冢崒崩傳云山頂曰冢箋云崒者崔嵬釋文崔徂回反爾雅作厜才規反嵬五回反爾雅作㕒五規反

wéi 㕒

厜㕒也從厂義聲 魚爲切

yín 㕁

崟也一曰地名從厂敢聲 魚音切

崟也者㕁崟聲相近玉篇㕁山石下五音集韻崟㕁山厓狀也 一曰地名者僖三十三年穀梁傳巖唫之下顏謂郎㕁崟

guǐ 厬

仄出泉也從厂晷聲讀若軌 居洧切

仄出泉也者韻會厬下云爾雅水醮曰厬注謂水醮盡也禮韻舊注泉仄出誤氿下云仄出泉也爾雅氿泉穴出注仄出也從旁出也禮韻舊注水厓土誤案說文厬字注仄出泉也氿字注水厓土徐鍇曰案爾雅氿泉穴出作此氿

广厂

zhǐ 厎 jué 厥 lì 厲

字水醮曰㕓作此㕓字以明說文舊注之交迕也舊韻承用說文舊注今依徐說以爾雅釋文互正之䙴寀詩大東有洌氿泉傳云側出曰氿泉釋名側出曰氿泉氿軌也流狹而長如車軌也此皆借氿爲㕓㕓氿聲相近後漢書黃憲傳譬諸氿濫雖清而易挹注云爾雅曰側出氿泉正出濫泉覆謂爾雅之氿泉本是氿泉亦側出猶槃泉亦側出也爾雅水醮曰㕓者後人既誤讀氿泉爲氿泉不得不改水醮之氿爲㕓矣此互誤之原委也

厎 柔石也從厂氐聲 職雉切

柔石也者廣雅砥礪也曹憲注砥細於礪釋名脂砥也著面柔滑如砥石也急就篇治禮掌故砥厲身顏注細石曰砥禹貢礪砥砮丹傳云砥細於礪皆磨石也正義云鄭云礪磨刀刃石也精者曰砥穀梁傳天子之桷斲之礱之加密石焉范注以細石磨之晉語斲其椽而礱之加密石焉韋云密密理石謂砥也先粗礱之加以密砥齊策身被甲厎劒鮑云厎砥同礪也西山經苕水其中多砥礪注云磨石也精爲砥麤爲礪也秦詛楚文飾甲厎兵尸子夫昆吾之金而銖父之鐵使于越之工鑄之以爲劒而弗加砥礪則以刺不入以擊不斷磨之以礱礪加之以黃砥則刺也

無前擊也無下孔叢雜訓篇厲必由砥所以致其刃也尙書大傳其桷天子斲其材而礱之加密石焉注云密石砥之也淮南地形訓黑水宜砥說林訓鏌邪斷割砥礪之力說山訓厲利劒者必以柔砥漢書梅福傳故爵祿束帛者天下之厎石高祖所以厲世摩鈍也顏注厎細石也王褒傳越砥斂其咢晉灼曰砥石出南昌故曰越也王尊傳砥節首公顏注砥厲也說苑砥礪之旁多頑鈍又云晉人已勝智氏歸而繕甲砥兵鹽鐵論砥所以致於刃張協劒銘淬以清波礪以越砥李尤金馬書刀銘礪以越砥

砥 厎或從石

厥 發石也從厂欮聲 俱月切

發石也者本書𧥄從此云角有所觸發也廣韻作厥云發石漢律有蹶張士蹶發石張挽強

厲 旱石也從厂蠆省聲 力制切

旱石也者一切經音義二厲磨石也砥細於厲皆可以磨刀刃急就篇治禮掌故砥厲身顏注黑石曰厲詩公劉取厲取鍛箋云取鍛厲斧斤之石可以利器僖三十三年左傳則束載厲兵秣馬矣哀十六年傳勝自厲劒秦策綴甲厲兵高云厲利也利其兵器史記梁孝王世家褚先生補曰視其劒新治問長安中削厲工工曰梁郎某子來治此劒韓詩外傳劒雖利不厲不斷漢書枚乘傳磨礱厎厲顏注厎柔石也厲旱石也皆可以磨者蕭望之傳厎厲鋒鍔顏注厎柔石厲旱石梅福傳引論語必先厲其器蕪城賦飢鷹厲吻李善曰厲摩也或作礪玉篇礪下云崦嵫礪石可磨刃廣雅礪磨也詩公劉釋文厲本又作礪書費誓礪乃鋒刃傳云磨礪鋒刃說命若金用汝作礪傳云鐵須磨以成利器中山經陰山多礪石注云礪石石中磨者荀子勸學篇金就礪則利韓非內儲說援礪砥刀利猶干將也說苑建本篇礪可以致刃也鹽鐵論於越之鋌不礪匹夫賤之廣志礪石出首陽山有紫白彩色出南昌者最善今武庫有數枚治御刀金履祥曰礪砥今郢石是也元和郡縣志肅州貢礪石 蠆省聲者本書蠇從虫萬聲力制切此厲本從蠆當作蠇省聲

𠪚 或不省

變蠇爲蠆非從蠆也漢郭旻碑策書褒厲是也校官碑初厲清肅劉熊碑賞進厲頑變從蠆隸省也

lán 厱 lì 厤 xǐ 廙

厱 厱諸治玉石也從厂僉聲讀若藍 魯甘切

厱諸治玉石也者或作礛䃴一切經音義九通俗文細厲謂之礛䃴礛䃴治玉礛䃴治金淮南云待礛䃴而成器是也廣韻礛䃴青礪玉篇礛䃴治玉之石也青礪也或作厱廣雅礛䃴礪也淮南脩務訓玉堅無敵鏤以爲獸首尾成形礛諸之功說林訓璧瑗成器礛諸之功高云礛諸治玉之石魏文帝典論造百辟寶劒淬以清漳厲以礛䃴注云礛䃴青礪石也曹植寶刀賦礪以五方之石礛以中黃之壤劉氏新論慎言篇斯言一玷非礛䃴所磨通作斂易林斂諸攻玉 讀若藍者淮南說山訓玉待礛諸而成器高云礛諸攻玉之石礛音藍又注說林訓云礛一讀曰廉

厤 治也從厂秝聲 郎擊切

治也者本書磨從麻麻調也麻當作厤

廙 石利也從厂異聲讀若枲 胥里切

hù 居

美石也從厂古聲侯古切

tí 厗

唐厗石也從厂屖省聲杜兮切

唐厗石也者玉篇厗古銻字本書鏞下云鏞銻火齊漢志厗奚縣孟康音題

lā 厃

石聲也從厂立聲盧荅切

yì 厇

石地惡也從厂兒聲五歷切

石地惡也者集韻䃈厇石地

qín 厱

石地也從厂金聲讀若紟巨今切

字或作㕂左傳魯有費㕂父

fū ⿸厂甫

石閒見從厂甫聲讀若敷芳無切

石閒見者玉篇⿸厂甫石文見也五音集韻⿸厂甫石文見皃

cuò 厝

厲石也從厂昔聲詩曰他山之石可以爲厝蒼各切又七互切

厲石也者詩鶴鳴釋文引同又云字林同一切經音義九說文厝厲石也厝摩也通作錯廣雅錯摩也禹貢錫貢磬錯正義治玉石曰錯法言有刀者礲諸有玉者錯諸不礲不錯焉攸用後漢書隗囂傳牽馬操刀奉盤錯鍉遂割牲而盟馥案玉篇鍉鋒也錯鍉言摩刀刃也字或作礪左傳衛大夫石礪又作磋本書甐下云磋垢瓦石詩淇奧如切如磋傳云象曰磋釋訓如切如磋郭云骨象須切磋而爲器又或作剒釋器犀謂之剒釋文剒本或作厝

詩曰他山之石可以爲厝者小雅鶴鳴文彼作錯傳云錯石也可以琢玉

máng 厖

石大也從厂尨聲莫江切

石大也者集韻類篇引作石大皃方言厖深之大也自關而西秦晉之閒凡大皃謂之厖釋詁厖大也成十六年左傳民生敦厖杜云厖大也周語敦厖純固通作龐淮南俶眞訓逌乎無壑而復往於敦龐或作硥篇海硥石貌

yuè 屵

岸上見也從厂從之省讀若躍以灼切

廣韻屵下云大脣屵屵皃屵魚偃切集韻屵下云逆約切屵屵大脣皃屵即屵之俗體

從之省者徐鍇本作從屵省聲馥案此諧聲字也當從出省聲出篆作㞢與屮形近易誤廣韻屵岸上見也說文作屵此[illegible]未集韻屵岸上出見皃此從出之證徐鉉削去聲字因出聲不相近也

xiá ⿸厂夾

辟也從厂夾聲胡甲切

辟也者本書陜隘也

zè 仄

側傾也從人在厂下阻力切

側傾也者本書傾仄也陋仄也廣雅仄陋也書洪範無反無側馬注側傾側也考工記車人行山者仄輮注云故書仄爲側鄭司農云側當爲仄論語孟之反卽左傳孟之側成十六年春秋公子側卽子反慧遠廬山記高崖仄宇漢書五行志昌邑王賀遣中大夫之長安多治仄注冠顏注言形側立而下注也

籀文從夨夨亦聲

pì 辟

仄也從厂辟聲普擊切

仄也者小字本作仄玉篇廣韻同廣雅辟幽也通作僻曲禮辟咡詔之注云謂傾頭與語也徐鍇曰春秋左傳辟陋在夷當作此辟字馥謂辟陋卽堯典側陋

fèi 厞

隱也從厂非聲扶沸切

隱也者釋言文士虞禮几在南厞用席注云厞隱也于厞隱之處從其幽闇特牲饋食禮厞用筵注云厞隱也喪大記甸人取徹廟之西北厞薪用爨之正義引熊氏云厞謂西北隅厞隱之處東京賦厞司旗五臣注厞隱也或作悱楚詞九歌隱思君兮悱側

yā 厭

笮也從厂猒聲一曰合也於輒切又一琰切

笮也者本書鎮博壓也壓當爲厭周禮巾車厭翟注云次其羽使相迫也漢書劉向傳抑厭遂退顏注厭謂不伸也

一曰合也者一切經音義一蒼頡篇伏合人心曰厭字從厂厂音呼旱反猒聲山東音於葉反

厃 仰也從人在厂上一曰屋梠也秦謂之桷齊謂之厃魚毀切

一曰屋梠也秦謂之桷齊謂之厃者本書梠楣也櫋梠也檐梍也楣秦名屋櫋聯也齊謂之檐楚謂之梠櫋秦名爲屋椽周謂之榱齊魯謂之桷馥案屋梠謂檐梍與桷異物此云秦謂之桷桷當爲榱類篇厃余廉切梍也通作危春秋後語魏人將殺范痤痤登危而說

文二十七　重四

qī ⿰危支　wēi 危　fàn 奿　nuó 䎡　wěi ⿰丸咼　wán 丸

說文解字弟九　義證弟二十九

曲阜桂馥學

丸　圜傾側而轉者。從反仄。凡丸之屬皆從丸。胡官切

莊子徐無鬼市南宜僚弄丸　宣二年左傳晉靈公從臺上
彈人而觀其避丸也　束皙餅賦四時從用無所不宜唯牢
丸乎　或借桓字　烏桓即烏丸　又借垸字
列子黃帝篇痀僂承蜩者纍五垸而不墜
圜傾側而轉者者淮南時則訓圜而不垸高注垸轉也漢
書蒯通傳猶如阪上走丸也　從反仄者徐鍇曰仄一面
敧而不可回也是故仄而
可反爲丸丸可左可右也

⿰丸咼　鷙鳥食已吐其皮毛如丸。從丸咼聲。讀若骫。於跪切

鷙鳥食已吐其皮毛如丸者今
獵者飼鷹必待吐丸而後放

䎡　丸之孰也。從丸而聲。奴禾切

奿　闕。芳萬切

文四

危　在高而懼也。從厃自卪止之。凡危之屬皆從危。魚爲切

在高而懼也者釋名危阢也阢阢不固之言也論語危言
危行鄭注危猶高也　從厃自卪止之者韻會引徐鍇本
作從厃人在厂上自卪止之也鍇繫傳云孝經曰
在上不驕高而不危制節謹度滿而不溢故從卪

⿰危支　⿰危支䧢也。從危支聲。去其切

⿰危支䧢也者一切經音義十一引作⿰危支䧢傾側不安也字從
危支聲本書䧢⿰危支也玉篇⿰危支傾低不正亦作敧　敧字云今
作不正之⿰危支　又𢿱字云𢿱䧢不正韓詩外傳三孔子觀於
周廟有⿰危支器焉使子路取水試之滿則覆中則正虛則敧
荀子宥坐篇注云⿰危支器傾⿰危支易覆之器魏都賦蹀⿰危支其中
宋書廬江王禕傳徼幸⿰危支䧢僅得自免　或作崎嶇　廣雅崎
嶇傾側也玉篇崎嶇山路不平南都賦下蒙籠而崎嶇鸚
鵡賦崎嶇重阻李善引埤蒼崎嶇不平也陶潛歸去來辭

shí 石　gǒng 磺

亦崎嶇而經邱李善引埤蒼崎嶇不安也又作踦𨃨
魏都賦山阜猥積而踦𨃨西征賦軌踦𨃨以低仰

文二

石　山石也。在厂之下，口象形。凡石之屬皆從石。常隻切

禮記外傳社主用石注云石土中堅者　物理論土精
爲石石氣之核也氣之生石猶人筋絡之生爪牙也
山石也者字鑑引作山骨也增韻亦訓山骨本書山有石
而高賈逵左傳注石山岳之物春秋說題辭周易艮爲山
爲小石石陰中之陽陽中
之陰陰精輔陽故山含石

磺　銅鐵樸石也。從石黃聲。讀若穬。古猛切

管子地數篇上有鉛者其下有鉒銀上有丹砂者其下有鉒
金上有慈石者其下有銅金此山之見榮者也　通雅鉒金
鉒銀皆礦也　漢書地理志豫章郡鄱陽縣下云武陽右十
餘里有黃金采　顏云采者謂采取金之處　俗作礦華陽國
志廣漢涪水有金銀之礦太康地志梅根鐵冶出綠礬礦　寰
宇記龍焙監所出礦石曰白礦曰黃礁礦曰黑牙礦曰松礦

曰水礦礦曰黑牙礁礦曰光牙礦曰土卯白礦曰馬肝礁礦
曰桐梅礁礦曰紅礁夾生白礦曰赤生銅礦通鑑雲南王異
牟尋齎生金詣臯臯注云金礦未經鍛鍊者爲生金　又作
鑛元和郡縣志雅州榮經縣銅山在縣北三里即文帝賜鄧
通鑄錢之所後以山假與卓王孫其山今出銅鑛邛州臨溪
縣孤石山有鐵鑛大如蒜子　魏書食貨志崔亮奏恆農郡銅
青谷有銅鑛計一斗得銅五兩四銖葦池谷鑛計一斗得銅
五兩鸞帳山鑛計一斗得銅四兩河內郡王屋山鑛計一斗
得銅八兩南青州苑燭山齊州商山竝是往昔銅官舊跡見
在又云延昌三年有司奏長安驪山有銀鑛二石得銀七兩
恆州又上言白登山有銀鑛八石得銀七兩錫三百餘斤詔
竝置銀官常令采鑄　又作鉚元和郡縣志伊陽縣銀鉚窟
在縣南五里今每歲稅銀一千兩太原縣牢山出金鉚萬泉
縣絳山出銅鉚交城縣狐突山出鐵鉚隋書食貨志晉王廣
聽於鄂州白紵山有銅鉚處錮銅鑄錢　鶴頂新書丹砂始生
鉚石二百年成丹砂三百年而成鉛又二百年而成銀又二
百年化而爲金本艸錫恡脂　李
時珍曰此乃波斯國銀鉚也
銅鐵樸石也者江賦其下則金礦丹礫李善引本書作銅
鐵樸也廣韻礦金璞也廣雅鐵朴謂之礦四子講德論精

nú 砮　ruǎn 碝　dàng 碭

錬藏於礦朴庸人視之忽焉巧冶鑄之然後知其幹也淮南子脩務訓苗山之鋌許注鋌銅鐵璞也昭二十九年左傳遂賦晉國一鼓鐵以鑄刑鼎杜注鼓石爲鐵計令一鼓而足南齊書劉悛傳獻蒙山銅一斤又銅石一斤

卝 古文礦周禮有卝人

周禮有卝人者地官敘官卝人注云卝之言礦也金玉未成器曰礦俗作卝曲禮注司貨卝人也釋文云卝人掌金玉錫石未成器者

碭 文石也从石昜聲 徒浪切

文石也者漢書地理志梁國碭縣山出文石顏注碭文石也其山出焉故以名縣司馬相如傳瑉玉旁唐顏注旁唐文石也唐字本作碭續漢書郡國志梁國碭山出文石晉書地理志梁國下邑縣有碭山山出文石

碝 石次玉者从石耎聲 而沇切

釋地西南之美者有華山之金石焉郭注黃金礝石之屬釋文礝本或作碝　詩青青子佩傳云士佩瓀珉瓀釋文作碝

玉藻士佩瓀玟　管子揆度篇陰山之礝碈　中山經扶豬之山其上多礝石郭注今雁門中出礝石　石次玉者者廣雅碝石之次玉漢書司馬相如傳碝石碱玞張揖曰皆石之次玉者碝石白者如冰半有赤色傳又云蜀石黃碝郭璞曰碝石黃色後漢書班固傳碝碱采緻注云碝石次玉者

砮 石可以爲矢鏃从石奴聲夏書曰梁州貢砮丹春秋國語曰肅慎氏貢楛矢石砮 乃都切

石可以爲矢鏃者鏃當爲族廣雅砮鏑也書禹貢傳砮石中矢鏃呂氏春秋貴直篇立於矢石之所及高注矢箭石砮也異物志夷州土無銅鐵磨礪青石以作矢此石砮楛矢之類　夏書曰梁州貢砮丹者禹貢荆州貢砮丹梁州貢砮磬蜀都賦碧砮芒消劉注云砮可作箭鏃禹貢梁州厥貢砮石華陽國志蜀志臺登縣山有砮石火燒成鐵剛利禹貢厥賦砮是也元和郡縣志鐵石山在臺登縣東三十五里有砮石火燒成鐵極剛利　春秋國語曰肅慎氏貢楛矢石砮者魯語仲尼在陳有隼集於陳侯之庭而死楛矢貫之石砮其長尺有咫陳惠公使人以隼如仲尼之館問之仲尼曰隼之來也遠矣此肅慎氏之矢也昔武王克商通道於九夷百蠻使各以其方賄來貢使無忘職業於是肅慎氏貢楛矢石砮其長尺有咫賈逵注云砮矢鏃之石也家語辨物篇石砮注云砮箭鏃漢書五行志石砮應劭曰砮鏃也昭九年左傳肅慎燕亳吾北土也注云肅慎北夷在玄菟北三千餘里竹書帝舜二十五年息慎氏來朝貢弓矢周書王會解稷慎大麈注云稷慎肅慎也又云夷用閭木注云夷東北夷也木生水中黑色而光其堅若鐵大荒北經大荒之中有山名曰不咸有肅慎氏之國注云今肅慎國去遼東三千餘里其人皆工射弓長四尺勁強箭以楛爲之長尺五寸青石爲鏑此春秋時隼集陳侯之庭所得矢也書序成王既伐東夷肅慎來賀馬本肅作息注云北夷也肅慎國記其檀弓三尺五寸楛矢長尺有咫石砮晉書肅慎氏傳肅慎氏一名挹婁在不咸山北土無鹽鐵有石砮皮骨之甲檀弓三尺五寸楛矢長尺有咫其國東北有山出石其利入鐵將取之必先祈神周武王時獻其楛矢石砮魏志明帝紀肅慎氏獻楛矢陳留王紀肅慎國獻其國弓三十張長三尺五寸楛矢一尺八寸石砮三百枚宋書武帝紀肅慎國重譯獻楛矢石砮王沈魏書東夷矢用楛青石爲鏃魏志挹婁弓長四尺力如弩

矢用楛長尺八寸青石爲鏃古肅慎氏之國也括地志靺鞨國古肅慎也在京東北萬里已下東及北各抵大海其人多勇力善射弓長四尺如弩矢用楛長一尺八寸青石爲鏃隋書靺鞨傳自拂涅以東矢皆石鏃即古之肅慎氏也通典挹婁魏時通焉云即古肅慎之國也周武王及成王時皆貢楛矢石砮唐書黑水靺鞨居肅慎地其矢石鏃長二寸蓋楛砮遺法寰宇記挹婁國即古肅慎之國其人善射弓長四尺力如弩矢用楛長尺八寸青石爲鏃皆施毒中人即死又云勿吉國亦古肅慎地矢皆石鏃長二寸通鑑挹婁獻楛矢石弩於趙注云挹婁古肅慎氏之國也其國東北有山出石其利如鐵取以爲砮李心傳曰鴨綠水之源蓋古肅慎氏之地王明逸曰女眞即古肅慎之地今產楛矢石砮石砮出黑龍江口名木花石堅利如鐵蘇軾石砮記余自儋耳北歸江上得古箭鏃槊鋒而劒脊其廉可劇而其質即石此即所謂楛矢石砮容齋隨筆東坡作石砮記云禹貢荆州礪砥砮丹及箘簵楛梁州貢砮磬至春秋時隼集於陳廷楛矢貫之石砮長尺有咫問於孔子孔子不近取之荆梁而遠取之肅慎則荆梁之不貢此久矣顏師古曰楛木堪爲笴今幽以北皆用之以此考之用楛爲矢至唐猶然而用石爲砮則自春秋以來莫識矣

yù
礜

按晉書挹婁傳有石砮楛矢國有山出石其利入鐵周武王時獻其矢砮魏景元末亦來貢晉元帝中興又貢石砮後通貢於石虎虎以夸李壽者也唐書黑水靺鞨傳其矢石鏃長二寸蓋楛砮遺法然則東坡所謂春秋以來莫識恐不考耳予家有一砮正長二寸豈黑水物乎閻若璩曰肅愼氏卽今寧古塔東去一千里曰混同江江邊有榆樹松樹枝既枯墮入江爲波浪所激盪不知幾何年化爲石可取以爲箭鏃榆化者上松次之西南去六百里曰長白山山巔之陰及黑松林徧生楛木可取以爲矢質堅而直不爲燥溼所移馥案今青州都統慶霖贈余以器言得自黑龍江色黑而堅似木似石謂之木變石蓋卽砮石也

礜 毒石也出漢中从石與聲 羊茹切

淮南子墬形訓弱土之氣御於白天白天九百歲生白礜白礜九百歲生白澒白澒九百歲生白金　急就篇黃芩伏苓礜茈胡顏注云礜礜石也　述征記洛水底有礜石故上無冰　博物志鸛水鳥也伏卵時數入水卵冷取礜石周圍繞卵以助煖氣方術家取鸛巢中礜石爲眞也　庚辛玉冊礜陽石也生山谷水中濯出似礬有文理橫截在其中爲佳

新唐書地理志太原郡貢礜　吳興記長成縣有白石山出白礜石極精好　湘州記湘東山多礜石　荆州記湖縣鹿山多礜石每至嚴冬其上不得停霜雪　抱朴子取一把礜石內一活魚口中與無藥者俱投沸膏中其啣藥石浮戲游滯不死馥案曹植辯道論云甘始言取鯉魚一雙令一者含藥俱投沸膏中有藥者奮尾鼓腮游行沈浮有若處淵其一者已熟而可噉余時問可試不言是藥去此萬里非自行不能得也馥謂此方士欺人語所謂藥卽礜石耳

毒石也者周禮瘍醫注云今醫方有五毒之藥作之合黃堥置石膽丹砂雄黃礜石慈石其中燒之西山經臯塗之山有白石焉其名曰礜可以毒鼠注云今礜石殺鼠蠶食之而肥淮南說林訓人食礜石而死蠶食之而不饑注云礜石出陰山一曰能殺鼠容齋四筆讀黃伯思東觀餘論內評王大令書一節曰靜息帖云礜石深是可疑事兄熹患散輒發癰散者寒食散之類散中蓋用礜石是石性極熱有毒故云深可疑也劉表在荆州與王粲登障山見一岡不生百草粲曰此必古冢其人在世服生礜石熱蒸出外故草木焦滅鑿看果墓礜石滿塋又今洛水冬月不冰古人謂之溫洛下亦有礜石今取此石置甕水中水亦不冰又鸛伏卵取以助煖氣其烈酷如此固不宜餌服子敬之語實然淮南子曰人食礜石而死蠶食之而不饑予仲兄文安公鎮金陵因秋暑減食當塗醫湯三益敎以服礜石圓已而飲啖日進遂加意服之越十月而毒作鼻衄血出斗餘自是數數不止竟至精液皆竭迨於捐館偶見其語使人追痛因書之以戒未來者　出漢中者范子計然礜石出漢中色白者善本草礜石一名青分石一名立制石一名固羊石名醫一名白礜石一名太白石一名澤乳一名食鹽生漢中山谷及少室陶云今蜀漢亦有而好者出南康南野溪及彭城界中洛陽城南塹常取少室生礜石內水中令水不冰蘇恭曰今漢川武當西遼坂名礜石谷卽是眞出處圖經云漢中者外形紫赤內白如霜中央有臼形狀如齒其塊小於白礜石而肌粒大數倍乃如小豆許白礜石粒細才若粟米耳吳氏本草白礜石一名鼠鄉一名太白一名澤乳一名食鹽神農岐伯辛有毒桐君有毒黃帝甘有毒李氏大寒主溫熱生漢中或生魏興或生少室十二月采

jié
碣

碣 特立之石東海有碣石山从石曷聲 渠列切

特立之石者詩百夫之特正義云孤特秀立後漢書馬融廣成頌顧介特之實功注云介特謂孤介特立也漢書揚

雄傳碣以崇山師古曰碣特立貌　東海有碣石山者東海當爲勃海史記天官書中國山川東北流其維首在隴蜀尾沒於勃碣漢書地理志燕地勃碣之間師古曰碣碣石也郭璞江賦往來勃碣注云伏琛齊地記勃海郡東有碣石謂之勃碣寰宇記幽州薊縣勃海碣石皆郡界漢志右北平郡驪成大揭石山在縣西南遼西郡絫縣有揭石水禹貢太行恆山至于碣石入于海又云夾右碣石入于河史記河作海索隱曰地理志云碣石山在北平驪成縣西南太康地理志云樂浪遂城縣有碣石山長城所起又水經云在遼西臨渝縣南水中蓋碣石山有二此云夾右碣石入于海當非北平之碣石漢書武帝紀元封元年復東巡海上至碣石注文穎曰在遼西絫縣絫縣今罷屬臨榆此石著海旁師古曰碣然特立之貌也晉太康地記遼西郡肥如縣有碣石山碣然而立在海旁故名文選高唐賦若浮海而望碣石五臣注碣石海畔山半在水中後漢書班固傳揚波濤於碣石注云碣石海畔山也馮衍傳徇碣石與洞庭注云碣石海畔山也在今平州東通典平州盧龍縣下云有碣石山碣然而立在海旁故名之高適燕歌行摐金伐鼓下渝關旌旆逶迤碣石間通鑑魏主至黃山宮登碣石山觀滄海案魏收地形志遼西郡肥如縣

lián 磏

有黃山碣石又案通鑑地理通釋秦築長城所起自碣石此碣石在高麗界中當名爲左碣石其在平州南三十餘里者卽古大河入海處爲禹貢之碣石亦曰右碣石水經碣石山在遼西臨渝縣南水中酈注云大禹鑿其石右夾而納河秦始皇漢武帝皆嘗登之海水西侵歲月逾甚而苞其山故言水中矣又云漢司空掾王璜言往昔天嘗連北風海水溢西南出侵數百里故張君云碣石在海中蓋淪於海水也昔燕齊遼曠分置營州今城届海濱海水北侵城垂淪者半王璜之言信而有徵碣石入海非無證矣又云濡水逕樂安亭南東與新河故瀆合又東南至絫縣碣石山文穎曰碣石在遼西絫縣絫縣竝屬臨渝地理志曰大碣石山在右北平驪成縣西南王莽改曰揭石也漢武帝亦嘗登之以望巨海而勒其石於此今枕海有石如甬道數十里當山頂有大石如柱形往往而見立於巨海之中潮水大至及潮波退不動不没不知深淺世名之天橋柱也狀若人造要亦非人力所就韋昭亦指此爲碣石閻若璩曰蘇秦說燕曰南有碣石之饒秦始皇三十二年之碣石使燕人盧生求羨門高誓刻碣石門二世元年春東行郡縣李斯從到碣石刻始皇所立刻石封禪書竝海上北至碣石巡遼西貨殖傳夫燕勃碣之閒一都會也尙

說文解字義證卷二十九 七

得謂碣石不在昔平州今昌黎等縣處邪胡渭曰漢志右北平驪成縣下云大揭石山在縣西南莽曰揭石遼西郡絫縣下云有揭石水南入官不言有山也及文穎注武紀曰碣石在遼西絫縣絫縣今罷入臨渝此石著海旁謂此山臨渝海旁之孤石與班固異自穎始水經有魏晉閒人所附益故亦云碣石在臨渝後漢志無驪成劉昭補注遂於臨渝言碣石晉省臨渝入肥如故後魏志碣石在肥如隋省肥如入新昌尋又改新昌曰盧龍故隋志碣石在盧龍自後漢迄隋言此山之所在曰絫縣曰臨渝曰肥如曰盧龍縣名四變而山則一要皆在今昌黎縣東絫縣故城之西也

古文

磏 厲石也一曰赤色從石兼聲讀若鎌 力鹽切

徐鍇引管子曰不赦者痤疽之磏石

韓詩外傳君子磏乎其廉而不劌也

厲石也一曰赤色者徐鍇本無一曰二字廣雅磏礪也玉篇磏赤礪石名醫別錄越砥陶云今細礪石也出臨平李時珍曰俗稱爲羊肝石因形色也

案[illegible]爲黑厲廉爲青厲各以色別

xiá 碬

碬 厲石也從石叚聲春秋傳曰鄭公孫碬字子石 乎加切

厲石也者增韻平聲九麻無碬字去聲二十九換有之注云礪石詩作鍛廣韻碬礪石丁貫切玉篇碬都亂切礪石也廣雅碬礪也曹憲音都玩反王觀國曰鍛碬𥓝椴之類皆從段毛居正六經正誤詩公劉取厲取鍛作鍛誤鍛從段段徒亂反非從叚也叚音櫝陳啓源曰詩取鍛釋文云鍛丁亂反本又作碫說文碫厲石字林大喚反案今說文作碬徐音乎加切陸徐不同當必有一誤矣案廣雅釋器云𩁹碬礪也曹憲音都玩反可見唐以前說文元作碫故音與陸同釋文當不誤也春秋傳鄭公孫碬今本作段亦作段印段亦段段迭見宋槠師段作叚部段字此三子皆字子石名亦宜同而今監本注疏二文錯出近世書都無善本俗人溷寫其多譌固宜王君引之曰九經字樣碫音霞見春秋案陸德明毛詩音義鍛丁亂反引說文云碫礪石又引字林大喚反則碫之音段相承自古唐以前未聞有音霞者也碫從石段聲故鄭公孫碫左傳止作段則所謂見春秋者亦必音段而不音霞矣玉篇碬都亂切礪

說文解字義證卷二十九 八

石也碬下加切磍碬高下也碬碬字體各異音義俱別又安可讀碬厲之碬爲磍碬之碬乎徐鍇徐鉉音說文碬字爲乎加切蓋沿唐元度之誤而不知耳李君威曰說文譚長說段或作叚與段相似因譌以碫爲碬或借叚字袁淑眞隱傳河上丈人其子得千金之珠丈人曰取石來段之春秋傳曰鄭公孫碬字子石者襄二十七年左傳公孫段賦桑扈急就篇萬段卿顏注言其厚重如石之段爲卿也春秋鄭有印段字子石公孫段字伯石孫子曰如段之投卵王應麟補注本作碬說文春秋傳鄭公孫碬乎加反廣韻段徒玩反碬礪石丁貫反宋槠師段字子石碬案水經注沁水引左傳作公孫段昭三年傳鄭伯如晉公孫段相晉侯嘉焉授之以策伯石再拜稽首受策以出襄二十二年傳鄭公孫黑肱有疾歸邑於公召室老宗人立段注云段子石三十年傳子石人注云子石印段二十九年經仲孫羯會鄭公孫段城杞注云公孫段伯石也三十年傳子產爲政有事伯石注云伯石公孫段馥案印段字子石公孫段字伯石本書以子石爲公孫段字者襄二十七年左傳二子石從杜云二子石印段公孫段

lì 礫

礫 小石也從石樂聲 郎擊切

石

zhuì 䃍　bēi 碑　qì 磧　gǒng 䂬

韓詩外傳泰山不讓礫石韓非內儲說下僖侯浴湯中有礫小石也者爾雅序劉其瑕礫釋文云小礰石釋山多小石礮郭注多礰礫通俗文地多小石謂之礰礫釋名小石曰礫礫料也小石相枝柱其間料料然出內氣也楚詞惜誓相與貴夫礫石注云小石爲礫

䂬　水邊石从石巩聲春秋傳曰闕䂬之甲 居竦切

水邊石者廣韻䂬水邊大石又云水島石也　春秋傳曰闕䂬之甲者傳借䂬字昭十五年左傳闕䂬之甲杜云闕䂬國所出鎧定四年傳分唐叔以闕䂬杜云甲名

磧　水陼有石者从石責聲 七迹切

水陼有石者者晉書音義引字林磧小渚有石也玉篇磧水渚石水淺石見廣雅磯磧也三蒼磧水中沙灘也吳都賦翫其磧礫而不窺玉淵注云磧礫淺水見沙石之貌說文曰磧水渚有石也

碑　豎石也从石卑聲 府眉切

大戴禮諸侯釁廟篇雍人拭羊宰夫入廟門碑南北面東上顧炎武曰聘禮賓自碑內聽命又曰東面北上上當碑南注云宮必有碑所以識日景引陰陽也凡碑引物者宗廟則麗牲焉以取毛血其材宮廟以石窆用木祭義君牽牲既入廟門麗於碑注云麗繫也謂牲入廟繫著中庭碑也雜記宰夫北面於碑南東上此注家所指在宮廟之中一爲賓指之碑一爲麗牲之碑者也碑之字本從石窆用木者取其便於事也　豎石也者五音集韻引作豎石紀功德徐鍇本同鍇曰古宗廟立碑以繫牲耳非石也後人因於其上紀功德則此從石碑字秦以來製也史記秦始皇本紀刻石頌秦功德玉篇碑銘石又臥石後案臥當爲豎豎石謂宮廟之碑銘石謂墓隧之碑釋名碑被也此本葬時所設也施轆轤以繩被其上以引棺也臣子追述君父之功美以書其上後人因焉故建於道陌之頭顯見之處名其文就謂之碑也

䃍　陊也从石豙聲 徒對切

陊也者陊從高陊也廣韻䃍礧䃍物墜也漢書敘傳薄姬䃍魏師古曰䃍古墜字徐鍇新附墜字云古通用䃍釋詁

kēng 硻　kài 磕　qià 硈　què 礐　láng 硠　què 硞　suǒ 䃇　yǔn 磒

墜落也

磒　落也从石員聲春秋傳曰磒石于宋五 于敏切

落也者釋詁文本書隕從高下也廣韻磒石落列子周穆王篇王若磒虛焉注云磒墜也　春秋傳曰磒石于宋五者僖十六年經文彼作隕杜云隕落也

䃇　䃇石隕聲从石炙聲 所責切

䃇石隕聲者隕當爲磒廣韻䃇石墮聲也

硞　石聲从石告聲 苦角切

硠　石聲从石良聲 魯當切

石聲也者韻會引徐鍇本作硠硠石聲廣雅硠聲也玉篇硠磕石聲史記司馬相如傳礧石相擊硠硠礚礚若靁霆之聲

礐　石聲从石學省聲 胡角切

石聲者廣韻礐礐硞水石聲也江賦礐硞礐礭注云皆水激石嶮峻不平之貌

硈　石堅也从石吉聲一曰突也 格八切

石堅也者廣韻硈石狀釋言硈鞏也郭云硈然堅固釋詁劼固也釋文云劼或作硈字

磕　石聲从石盍聲 口太切又苦盍切

石聲者一切經音義十八說文磕石聲也今江南凡言打物破爲磕破廣韻硠磕石聲磕案王逸九思雷霆兮硠磕字林磕大聲也楚詞九懷東注兮磕磕洪注云磕石聲俗作礚廣雅礚聲也楚詞九章憚涌湍之礚礚九懷鉅寶遷兮砏磤王注聲礚磑也尚書大傳百川趨於海洶洶礚礚藉田賦鼓鼙硡隱以砰礚李善引字指曰礚大聲也吳都賦濞焉洶洶隱焉礚礚　盍聲者徐鍇作盇省聲

硻　餘堅者从石堅省 口莖切

餘堅者者樂記石聲磬磬以立辨史記樂書石聲硜硜以立別論語子擊磬于衛荷蕢曰鄙哉硜硜乎何注此硜硜者謂此磬聲也釋名磬磬也其聲磬磬然堅緻也馥案磬硜器名磬謂器空皆非聲當作此磬與釋名聲堅義合論語鏗爾玉篇音口耕切亦即此磬本書臤堅也讀若鏗鏘之鏗或作臏太元臏陽氣微動動而臏臏物生之難也又閑云陽氣閑於陰臏然物咸見閑又閑次五臏而閑而拔我奸而非石如石厲測曰臏閑如石其敵堅也　堅省者徐鍇本作堅省聲

lì 磿

磿 石聲也從石厤聲 郎擊切

石聲也者玉篇磿磿石小聲馥案當爲小石聲

chán 磛

磛 礹石也從石斬聲 鉏銜切

礹石也者玉篇磛礹山皃本書嵒磛嵒也或作嶄上林賦嶄巖參差又借漸字詩漸漸之石維其高矣傳云漸漸山石高峻箋云山石漸漸然高峻不可登而上

yán 礹

礹 石山也從石嚴聲 五銜切

石山也者經典借巖字詩泰山巖巖又節彼南山維石巖巖傳云巖巖積石貌

kè 嗀

嗀 堅也從石㱿聲 楷革切

堅也者磬郎磽确磽确堅也

què 确

确 磬石也從石角聲 胡角切

玉篇确 磽确 文選吳都賦庸可共世而論巨細同年而議豐确乎 通鑑天德故城僻處确瘠注云确磽确也瘠土薄也 易林咸之益耕石不生馥案哀十一年左傳猶獲石田也生肅云石田不可耕韓詩外傳云豐膏不獨樂磽确不獨苦說苑正諫篇譬猶石田無所用之孝經援神契九州凡九百十萬八千二十四頃磽确不墾者千五百萬二千頃俗作埆詩邱中有麻傳云邱中磽埆之處瞻彼阪田箋云阪田崎嶇磽埆之處宜十二年公羊傳錫之不毛之地注云墝埆不生五穀曰不毛淮南原道訓舜耕歷山田者爭處墝埆以封壤肥饒相讓物理論地有堉墝埆注云墝埆薄地也後漢書陳龜傳今西州邊鄙土地堉埆注云埆音覺又音確謂薄土也

磬石也者謂堅也一切經音義一引通俗文物堅鞕謂之确淮南人間訓有寢邱者其地确石而名醜後漢書寇榮傳尚書背繩墨案空劾不復質确其過注云确實也說文云确音胡角反此苦角反馥案此即確字磬石堅故爲确實

𥕢 确或從㱿

qiāo 磽

磽 磬石也從石堯聲 口交切

本書墽磽也 孟子則地有肥磽注云磽薄也 漢書景帝紀郡國或磽陿師古曰磽謂磽确瘠薄也賈山傳地之磽者雖有善種不能生焉師古曰磽确瘠薄也 易林巽之蹇礉磽不白不生黍稷 唐書大食傳土磽磧不可耕 俗作墝呂氏春秋辨土篇樹肥無使扶疏樹墝不欲專生而族居肥而扶疏則多粃墝而專居則多死

磬石也者玉篇磽堅硬也廣韻磽石地

é 硪

硪 石巖也從石我聲 五何切

石巖也者玉篇硪峨硪山高皃郭璞江賦陽侯砐硪以岸起

yán 嵒

嵒 磛嵒也從石品 周書曰畏于民嵒讀與巖同 五銜切

磛嵒也者嵒當爲嵒或作巉巖字林巉巖山皃玉篇巉巖高危後漢書班彪傳注巉巖山石高峻之貌 從石品者徐鍇本作品聲 周書曰畏于民嵒者召誥文彼作用顧畏于民嵒困學紀聞云說文引書顧畏于民嵒多言也尼輒切馥案嵒字引左傳次于嵒北不引書

qìng 磬

磬 樂石也從石殸象縣虡之形殳擊之也古者毋句氏作磬 苦定切

急就篇鍾磬鞀簫鼙鼓鳴顏注云鍾則以金磬則以石皆所用合樂也古者毋句作磬 書禹貢泗濱浮磬傳云泗水涯水中見石可以爲磬 抱朴子浮磬息音未別於衆石顧炎武曰石生於土而得夫水火之氣火石多水石少泗濱磬

石得水之精者也故浮 水經注泗水過呂縣南水上有石梁曰呂梁晉太康地記云水出磬石書所謂泗濱浮磬者也江賦浮磬肆乎陰濱五臣云浮磬石也可爲磬石生南岸故云陰濱水北曰陽 括地志泗水至彭城呂梁出石磬九域志下邳縣有磬石山 寰宇記下邳縣磬石山在縣西南八十里禹貢泗濱浮磬孔安國注云水中見石可以爲磬案泗水中無此石其山在泗水之南四十里今取磬石上供樂府其山出石大小擊之其聲清亮與孔說不同後周書高琳母嘗祓禊泗濱見一石光彩朗潤遂持以歸是夜夢一人謂之曰此浮磬之精若能寶持必生令子俄而有娠生子因名琳 禹貢梁州貢砮磬金履祥 曰磬石磬漢於犍爲水濱得古磬十六枚蓋其土人所琢也 中山經共水其中多鳴石注云晉永康元年襄陽郡上鳴石似玉色青撞之聲聞七八里 九州要記青石縣有青石山天下青石無佳於此可爲磬 元和郡縣志愛州九眞縣安鎭山出石磬勝於湘洲零陵者 通禮義纂天地尙質用石磬宗廟及殿庭尙文用玉磬必用之者磬清正直陰陽之察主於金石也 五經要義磬立秋之樂也 沈文阿左傳義疏按樂緯坤主立秋樂用磬樂叶圖徵撞鐘以知君鐘音調則君道得擊磬以知民磬音調則民道得鐘磬之音能動千里也 白虎通禮樂

篇磬者夷則之氣也象萬物之成也其氣磬故曰磬有貴賤焉有親疏焉有長幼焉朝廷之禮貴不讓賤所以明尊卑也鄉黨之禮長不讓幼所以明有年也宗廟之禮親不讓疏所以明有親也此三者行然後王道得王道得然後萬物成天下樂之故樂用磬也

樂石也者集韻類篇並引作樂名也西山經小華之山其陰多磬石注云可以爲樂石匡謬正俗或問曰秦始皇嶧山刻石文云刻茲樂石樂石何也荅曰許愼說文解字曰磬樂石也樂石即磬也禹貢稱徐州嶧陽孤桐泗濱浮磬言泗水之濱有石可以爲磬蓋秦之所刻即是磬石近泗濱故謂之樂石所以獨嶧山之文以稱之他刻石文則無此語也馥案秦所刻者磬石故稱樂石而本書樂石二字則當爲石樂觀訓義縣虡殳擊云云皆釋器不及樂石石爲八音之一故磬曰石樂也籀文不從石知非石名矣廣韻磬石樂器書舜典於予擊石拊石傳云石磬也宋書樂志八音二曰石石磬也 殸象縣虡之形者殸當爲屮程君瑤田曰尸磬之形屮所以縣者綰結股上必橫厥股斯形求惟肖焉曲禮立則磬折垂佩以磬折狀立容若今縣磬如覆矩則是偂偂之容非立容矣三禮圖股廣三寸長尺三寸半十六枚同一笥虡謂之編磬 古者毋句氏作磬者毋當爲毋風俗通引世本毋句作磬郭注山海經引世本同廣雅毋句氏磬十六枚注云毋句堯臣也明堂位叔之離磬注云叔未聞也世本作曰無句作磬皇侃義疏云無句叔之別名

殸 籀文省

籀文省者後人加省字篆文因籀文加石非籀文省石作殸也阮侍郎元曰殸之爲字声象形殳指事從石乃後人所加其形象石之虛縣物虛縣未有不空者故從缶爲罄器中空也釋詁罄空盡也左傳曰室如縣罄國語作磬正此義也

硜 古文從巠

樂記石聲磬磬以立辨史記樂書作石聲硜硜以立別

àì
礙

礙 止也從石疑聲 五溉切

本書濊礙流也軔礙車也 法言君子篇子未覩禹之行水歟一東一北行之無礙也 隸變作㝵梁設無㝵大會言來者無止也

止也者廣韻礙距也通俗文限至曰礙法言問道篇礙諸以禮樂吳注礙止也

chè
硩

硩 上擿山巖空青珊瑚墮之從石折聲周禮曰有硩蔟氏 丑列切

上擿山巖空青珊瑚墮之者墮當爲隓吳都賦硩陊山谷劉注云硩者言其如硩擿而陊落山谷者李善引本書釋之云珠玉潛伏土石閒隨四時長故硩毀陊落山谷之土石也五臣云硩摘也陊落也言寶玉生於山谷爲人之所摘落也 周禮曰有硩蔟氏者衍曰字秋官敘官硩蔟氏注云鄭司農云硩讀爲擿元謂硩古字從石折聲

chàn
硟

硟 以石扞繒也從石延聲 尺戰切

以石扞繒也者扞玉篇五音集韻並作衦案玉篇衦硟也廣韻衦衦擊集韻硟擣繒石衦硟石又云帛已湅衦者曰

縞方言䧺機陳魏宋楚自關而東謂之梴䃭謂此言擣擊非本書義扞當爲衦本書衦摩展衣廣韻梴衦繒石也又云展繒石徐鍇繫傳今俗所謂碾也急就篇縹綟綠紈皁紫梴顏注梴以石輾繒色尤光澤也

碎 䃺也從石卒聲 蘇對切

䃺也者䃺當爲縻本書縻碎也或作靡楚辭招魂靡散而不可止些王注靡碎也

破 石碎也從石皮聲 普過切

石碎也者碎破也子華子韋革雖柔擴之則裂纊石雖堅攻之則碎故古之制字字爲之破而文亦如之馥疑末二語有闕謬

礱 䃺也從石龍聲天子之桷椓而礱之 盧紅切

䃺也者䃺當爲摩摩俗作磨詩如琢如磨釋文本又作摩昭十二年左傳摩厲以須漢書梅福傳厲世摩鈍是也廣雅礱磨也荀子性惡篇鈍金必將待礱厲然後利法言學行篇夫有刀者礱諸説苑建本篇砥礪琢磨非金也而可以利金　天子之桷椓而礱之者晉語趙文子爲室斲其椽而礱之韋注礱磨也莊二十四年穀梁傳引禮天子之桷斲之礱之尚書大傳其桷天子斲其材而礱之注云礱礪之也

研 䃺也從石幵聲 五堅切

䃺也者䃺當爲摩廣韻研磨也後漢書蘇竟傳昔以磨研編削之才與國師公校定祕書

礳 石磑也從石靡聲 模臥切

諸書借磨字晉書天文志周髀家云天圓如張蓋地方如棊周天旁轉如推磨而左行日月右行隨天右轉故日月實東行而天牽之以西沒譬之於蟻行磨石之上磨左旋而蟻右去磨疾而蟻遲故不得不隨磨以左迴焉　吳均說餅云安定噎鳩之麥洛陽董德之磨　嵇含八磨賦外兄劉景宣作爲磨奇巧特異策一牛之任轉八磨之重因賦之曰方木矩峙圓質規旋下靜以坤上轉以乾巨輪內建八部外連　袁淑俳諧集廬山公九錫文嘉麥既熟寔須精麪負磨回衡迅若飛電　盛宏之荆州記當陽縣有麥城東有驢磨城傳云伍員造此城以攻麥城故假之驢磨之名　鄴中記石虎又

有磨車置石磨于車上行十里輒磨麥一斛　輟耕錄尚食局進御麥麪其磨在樓上於樓下設機軸以旋之驢畜之蹂踐人役之往來皆不能及且無塵土臭穢所侵乃巧工瞿氏造焉　石磑也者淮南原道訓攻大礳堅高云礳磑也

磑 䃺也從石豈聲古者公輸班作磑 五對切

䃺也者一切經音義十五磑北土名也江南呼磨也釋名磑磨也急就篇碓磑扇隤舂簸揚顏注磑所以礳也古者魯班作磑方言磑或謂之𥗺注云即磨也　古者公輸班作磑者廣韻磑磨也世本曰公輸般作之

碓 舂也從石隹聲 都隊切

廣韻引廣雅碻碓也　字林杻碓衡　周禮封人注鍏于圜如碓頭大上小下　太元守次八日無杵其碓舉　晉諸公讚征南杜預作連機碓　王隱晉書石崇水碓有三千餘區　孔融肉刑論水碓之巧勝於斷木掘地　鄴中記石虎又有舂車木人乃作行碓于車上車動則木人踏碓舂行十里成米一斛

舂也者玉篇碓所以舂也顏注急就篇同李善長笛賦注引本書同

䃊 舂已復擣之曰䃊從石沓聲 徒合切

舂已復擣之曰䃊者玉篇䃊再舂也廣雅䃊舂也

磻 以石箸隿繁也從石番聲 博禾切

以石箸隿繁也者後漢書馬融傳注引同徐鍇韻譜磻石可爲鏃纂文磻射石也謝靈運山居賦繒綸不投罝羅不披磻弋靡用蹄筌誰施自注云八種皆是漁獵之具西京賦磻不特絓往必加雙薛綜注沙石膠絲爲磻李善注引說文磻以石著繳也嵇叔夜贈秀才入軍詩流磻平皋李善引說文與前同楚策被礛磻引微繳折淸風而抎矣姚伯聲云磻以石維繳也馥案玉篇磻以石維繳也皇氏論語義疏云解繳射者多家一云古人以細繩系丸而彈謂之繳射也集韻磻通作碆碆石可爲矢鏃廣韻碆纜繳石史記楚世家若王之於弋誠好而不厭則出寶弓碆新繳集解云徐廣曰以石傅弋繳曰碆索隱云碆作磻音播

zhuó 䃗

䃗 斫也。從石箸聲。張略切

斫也者本書櫡字云斫謂之櫡

yàn 硯

硯 石滑也。從石見聲。五甸切

白帖吳都有硯石山　寰宇記雍州萬年縣硯石西川水出硯山之硯盤谷　釋名硯研也研墨使和濡也

石滑也者當爲滑石也江賦緑苔鬖髿乎研上李善曰說文硯滑石也研與硯同本書滑利也玉篇硯石滑所以研墨

biān 砭

砭 以石刺病也。從石乏聲。方廉方驗二切

以石刺病也者本書剽字云砭刺也窌字云入脈刺穴謂之窌一切經音義十八攻病曰藥石古人以石爲針今人以鐵皆謂療病者也廣雅石鍼謂之策急就篇灸刺和藥逐去邪襄四年左傳官箴王闕宋本正義每官各爲箴辭以戒王若箴之療疾故名箴焉馥案文選序箴興於補闕五臣注箴所以攻疾防患亦猶針石之針以療疾也洪武正韻箴誠醫者以箴石刺病故有所諷刺而救其失者謂之箴古者以石爲箴左傳美疢不如惡石是也今人多以鐵爲之襄二十三年左傳藥石也服注云石砭石也傳又云美疢不如惡石夫石猶生我杜注云愈己疾也管子法法篇痤雎之礦石東山經高氏之山其下多箴石注云可以爲砭針治癰腫者素問異法方宜論東方之域魚鹽之地海濱傷水其病爲癰瘍其治宜砭石故砭亦從東方來王砯注云砭石如玉可以爲鍼秦策扁鵲怒而投其石高云石砭所以砭彈人臃腫也史記扁鵲傳疾在血脈鍼石之所及也馥案新序作疾在肌膚鹽鐵論所貴良醫者貴其審消息而退邪氣也非貴其下鍼石而鑽肌膚也又云拙醫不知脈理之腠血氣之分妄刺而無益於疾傷肌膚而已矣非扁鵲之用鍼石文選七發今太子之病可無藥石針刺灸療而已韓詩外傳扁鵲砥鍼礪石易林針頭刺手百病瘳愈漢書藝文志用度鍼石湯火所施師古曰石謂砭石即石箴也古者攻病則有砭今其術絕矣後漢書趙壹傳鍼石運乎手爪注云古者以砭石爲鍼凡鍼之法右手象天左手法地彈而怒之搔而下之此運手爪也潛夫論治身有黃帝之術治世有孔子之經然病不愈而亂不治者唯鍼石之法誤而五經之言誣也南史王僧孺多

識古事侍郎金元起欲注素問訪以砭石僧孺荅曰古人當以石爲針必不用鐵說文有此砭字許慎云以石刺病也東山經高氏之山多針石郭璞云可以爲砭針春秋美疢不如惡石服子慎注云石砭石也季世無佳石故以鐵代之耳新唐書糾謬云孫思邈傳導以藥石救以鈘劑案字書無鈘字當作砭說文云以石刺病也或作矾玉篇矾刺也以石刺病也砭同上

hé 䃒

䃒 石地惡也。從石鬲聲。下革切

石地惡也者玉篇䃒石也埆也馥案左傳所謂如得石田無所用之

luǒ 砢

砢 磊砢也。從石可聲。來可切

磊砢也者玉篇磊砢衆小石皃上林賦水玉磊砢郭璞注磊砢魁礨貌也

lěi 磊

磊 衆石也。從三石。落猥切

衆石也者字林同本書隗磊也蒼頡篇磊磊砢也古詩磊磊澗中石

文四十九　重五

磉

磉 柱下石

一切經音義十一引又云即柱礎也

礩

礩 柱下石也

太平御覽引

今見徐鉉新附廣雅礎碣磌礩也尚書大傳大夫有石材庶人有石承注云石材柱下質也戰國策董安于之治晉陽以黃銅爲柱礩廣志曰石有五色者光澤以爲柱礩

磾

磾 染繒黑石出瑱邪山

廣韻十二齊引

集韻磾黑石可染繒出瑱邪

cháng 長　sì 肆

遺文三

〔長〕久遠也從兀從匕兀者高遠意也久則變化亾聲𠂆者倒亾也凡長之屬皆從長 直良切

本書序假借者本無其字依聲託事令長是也馥案此字借義獨多書咸建五長周禮乃施則於都鄙而建其長此借爲官長也書立敬惟長借爲長幼也易元者善之長借爲宗長也孟子無物不長借爲生長也易君子道長借爲消長也孟子今交九尺四寸以長借爲長短也論語長一身有半借爲冗長也釋文音直亮反文選文賦故無取乎冗長世說王恭曰恭作人無長物皆此音　久遠也者廣韻長久也遠也廣雅長久也詩商頌長發其祥箋云長猶久也老子天地所以能長且久者以其不自生故能長生詩魯頌順彼長道箋云長遠也文選古詩道路阻且長　兀者高遠意也者本書兀高而上平也　久則變化者化當爲匕　亾聲者李陽冰曰亾非聲徐鍇曰說文傳寫實多聲字馥謂聲字當有

〔古文〕古文長

〔古文〕亦古文長

〔肆〕極陳也從長隶聲 息利切

極陳也者𨽸經典作肆書牧誓昏棄厥肆祀弗荅傳云肆陳也正義詩云肆筵設席肆者陳設之意毛傳以肆爲陳也詩楚茨或肆或將傳云肆陳行葦或肆之筵傳云肆陳也正義肆陳釋詁文馥案今釋詁無此文時邁肆于時夏箋云肆陳也周禮小胥凡縣鐘磬半爲堵全爲肆注云鐘磬者編縣之二八十六枚而在一虡謂之堵鐘一堵磬一堵謂之肆鄭司農云以春秋傳曰歌鐘二肆馥案襄十一年左傳歌鐘二肆注云肆列也縣鐘十六爲一肆二肆三十二枚周禮士師協日刑殺肆之三日疏云肆陳也殺訖陳尸也馥案論語疏引鄭注肆猶申也陳也今無此文論語吾力猶能肆諸市朝鄭云有罪既刑陳其尸曰肆書序肆命徂后鄭注肆命者陳政教所當爲也袁宏三國名臣贊嘉謀肆庭王觀國曰周禮宗伯以肆獻祼享先王鄭氏云肆者進所解牲體也觀國案肆者解牲體而陳之故陳牲

mí 镾　dié 镻　wù 勿

之官又有肆師

〔篆〕或從髟

〔镾〕久長也從長爾聲 武移切

久長也者玉篇镾今作彌廣雅彌久也爾雅釋言彌終也詩生民誕彌厥月傳云彌終也書顧命既彌留傳云已久留周禮眡祲掌十煇之法七曰彌注云彌者白虹彌天也哀二十三年左傳以肥之得備彌甥也杜云彌遠也宋玉招魂容態好比順彌代些王逸注彌久也

〔镻〕蛇惡毒長也從長失聲 徒結切

蛇惡毒長也者惡當爲蝁本書蝁虵屬張次立本蝁镻也玉篇镻蝁也蛇毒長也釋魚镻蝁郭云蝮屬大眼最有毒今淮南人呼蝁子釋文镻說文云蛇毒長也

文四　重三

〔勿〕州里所建旗象其柄有三游雜帛幅半異所以趣民故遽稱勿勿凡勿之屬皆從勿 文弗切

州里所建旗者經典借物字周禮大司馬鄉遂載物注云鄉遂鄉大夫也　象其柄有三游者本書㫃字古文从勿蓋象旗旗之㫃也　雜帛幅半異者釋名雜帛爲物以雜色綴其邊爲燕尾將帥所建象物色雜也鄉射禮記旌各以其物無物則以白羽與朱羽糅杠長三仞以鴻脰韜上二尋註云旌總名也雜帛爲物大夫士之所建也無物者謂小國之州長也其鄉大夫一命其州長士不命不命者無物此翿旌也翿亦所以進退衆者士喪禮爲銘各以其物亾則以緇長半幅經末長終幅廣三寸書于末注云銘明旌也雜帛爲物大夫之所建也以死者爲不可別故以其旗識識之今文銘爲旐也周禮司常雜帛爲物注云雜帛者以白素飾其側白殷之正色又云大夫士建物注云

鶡冠子王鈇篇伍人有勿故不奉上令有餘不足居處之狀而不輒以告里有司謂之亂家其罪伍長以同　隋書其㡇勿在軍亦畫其事號加之以雲氣

yáng 昜

大夫士雜帛言以先王正道佐職也　故遽稱勿勿者韻會引徐鍇本故亢遽稱勿勿本書悤多遽悤悤也禮祭義勿勿乎其欲饗之也注云勿勿猶勉勉也大戴禮曾子立事篇君子終身守此勿勿也盧辯注勿勿猶勉勉也馥案詩黽勉從事漢書引作密勿顏氏家訓勉學篇世中書翰多稱勿勿相承如此不知所由或有妄言此怱怱之殘缺㠯案說文勿者州里所建之旗也象其柄及三斿之形所以趣民事故悤遽者稱爲勿勿楊慎曰今世流俗妄於勿勿中斜加一點謂爲匆字失其眞矣案杜牧之詩浮生長勿勿趙宧光曰晉人行書每稱勿勿王廙頓乏勿勿王劭勞悴勿勿義之吾勿勿不知堪臨始終否又吾頃至勿勿又氣乏之勿勿猷之勞益勿勿又頃比復勿勿

㫃 勿或从㫃

昜 開也从日一勿一曰飛揚一曰長也一曰彊者衆皃 與章切

開也者韻會引徐鍇曰日開明也勿旌旗也得風開展一所以開也馥案開謂明也尚書明四目韓詩外傳作開四目當云從旦勿旦者開陽也勿在日旁爲冥勿在旦下爲開春秋運斗樞斗第六星曰開陽廣韻北斗七星六爲開陽　一曰飛揚者本書㫃旌旗飛揚皃揚飛舉也颺風所飛揚也廣雅陽揚也釋名陽揚也陽氣在外發揚也釋言越揚也郭注謂發揚詩沔水載飛載揚大明時維鷹揚傳云如鷹之飛揚也考工記矢人中強則注注云揚飛也漢高帝歌大風起兮雲飛揚　一曰長也者漢書董仲舒傳陽常居大夏而以生育養長爲事書洪範曰燠傳云燠以長物正義云易繫辭云寒往則暑來暑往則寒來寒暑相推而歲成焉是言天氣有寒有暑暑長物而寒成物也

文二　重一

rǎn 冄(冉)

冄 毛冄冄也象形凡冄之屬皆从冄 而琰切

毛冄冄也者本書頿从此云頰須也釋名在頰旁曰髯隨口動搖冄冄然也筆墨法作筆當以纖梳去穢毛使不冄茹

文一

ér 而

而 頰毛也象毛之形周禮曰作其鱗之而凡而之屬皆从而 如之切

本書耑从此云艸多葉　釋名輿棺之車曰輀輀耏也縣於左右前後銅魚搖絞之屬耏耏然也馥案耏當爲而輀本作輀

頰毛也者俗作髵西京賦猛毅髬髵薛綜注髬髵作毛鬣也或借耏字孟康漢書注師子有頰耏師古曰耏亦頰旁毛也音而後漢書章帝紀冒而之類注云字書曰耏多須貌音而言須鬢多蒙冒其面　周禮曰作其鱗之而者考工記梓人爲筍虡文注云之而頰頜也

nài 耏

耏 罪不至髡也从而从彡 奴代切

禮記故聖人耐以天下爲一家鄭注耐古能字傳書世異古字時有存者則亦有今誤矣正義曰案說文云耐者鬚也鬚謂頤下之毛象形字也古者犯罪以髡其鬚謂之耐罪故字從寸寸爲法也以不虧形體猶堪其事故謂之耐漢書惠帝

紀中具有其事古之能字爲此耐字取堪能之義故古之能字皆作耐字後來能字乃假借龞三足爲能是後世傳書世人姝異耐字悉作能也故云傳書世異今書雖悉作能或有作耐字者則此耐以天下爲一家及樂記云人不耐無樂仍作耐字是古字時有存者云則亦有今誤矣者今書雖存古字爲耐亦有誤不安寸直作而字則易屯彖云利建侯而不寧及劉向說苑能字皆爲而也是亦有今誤矣案鄭注樂記耐古能字後世變之此獨存焉古以能爲三台字兩注雖異其意同矣彼云後世變之此傳書世異也彼云此獨存焉卽此云古字時有存者云古以能爲三台字者謂今世以能字爲堪能之能古者以能字爲三台字是古今異也馥案引本書耐者鬚也耐當爲而先言而爲鬚下言髡其鬚謂之耐　後漢書光武紀耐罪亡命吏以文除之注云　耐輕刑之名前書音義曰一歲刑爲罰作二歲刑已上爲耐　論衡四諱篇　象刑重者髡鉗之法也若完城旦以下施刑綵衣系躳冠帶　漢書刑法志諸當完者完爲城旦舂臣瓚曰文帝除肉刑皆有以易之故以完易髡今旣曰完不復云以完代完也此當言髡者完也　史記索隱云王粲詩云許歷爲完士一言猶敗秦江遂曰漢令稱完而不髡曰耐　後漢書明帝紀完城旦舂注云完者謂不加髡鉗

罪不至髡也者趙宧光曰古耏刑髡罪已輕耏又其輕者
而彡毛皆全故曰罪不至髡　從而從彡者徐鍇本作從
彡從而
而亦聲

耐　或從寸諸法度字從寸
或從寸者三蒼耐字本從刀杜林改從寸漢書高帝紀令
郎中有罪耐以上請之應劭曰輕罪不至於髡完其耐鬢
故曰耏古耐字從彡髮膚之意也杜林以爲法度之字皆
從寸後改如是　諸法度字從寸者韻會引作徐鍇語

文二　重一

豕　彘也竭其尾故謂之豕象毛足而後有尾讀與豨同
按今世字誤以豕爲彘以彘爲豕何以明之爲啄琢
從豕蠡從彘皆取其聲以是明之凡豕之屬皆從豕
式視
切

說文解字義證　卷二十九　二十三

彘也者小爾雅廣獸豕彘也急就篇六畜蕃息豚豕豬顏
注豕者彘之總名也方言豬關東西或謂之彘或謂之豕詩漸漸之
石有豕白蹢傳云豕豬也　竭其尾故謂之豕者豕尾聲
相近韻會引徐鍇曰竭舉也　按今世字云云者類篇不
載龥謂當云按今世字誤以豕爲豕以彖爲豕何以明之
爲啄琢從豕蠡從彖皆取其聲以是明之此非許公之文
蓋後人因辨俗體加之從豕者
俗多從豕漢書蠡吾侯作蠡

古文　古文

豬　豕而三毛叢居者從豕者聲　陟魚切
豕而三毛叢居者者本草嘉祐圖經犀其皮每一孔生三
毛此卽三毛叢居義也但豬非三毛叢居當是豭字訓錯
入豬下而脫豭篆文也定十四年左傳盍歸吾艾豭釋文
云艾字林作豭三毛聚居者顏案玉篇豭老豬也廣韻豭
豭猳豕又案方言豬關東西或謂之彘或謂之豕
釋獸豕子豬郭云今亦曰彘江東呼豨皆通名

𧰰　小豚也從豕𣪊聲　步角切

小豚也者左傳晉先穀
當作此𧰰故稱彘子

豯　生三月豚腹豯豯皃也從豕奚聲　胡雞切
字或作貕周禮職方氏
幽州其澤藪曰貕養
生三月豚者玉篇豕生三月曰豯廣韻豯豚也方言豬其
子或謂之豯　腹豯豯皃也者豯豯當爲奚奚本書奚大
腹也

豵　生六月豚從豕從聲一曰一歲豵尙叢聚也　子紅切
生六月豚者小爾雅廣獸豕小者謂之豵　一曰一歲豵
尙叢聚也者豵叢聲相近字林豵豕生六月也一曰一歲
曰豵詩騶虞壹發五豵傳云一歲曰
豵七月言私其豵傳云豕一歲曰豵

豝　牝豕也從豕巴聲一曰二歲能相把拏也詩曰一發五豝　伯加切

說文解字義證　卷二十九　二十四

牝豕也者增韻豝婁豬牝豕顏案字說豝所謂婁豬巴猶
婁也顏注急就篇豕其牝曰豝詩吉日發彼小豝箋云豕
牝曰豝字或作豝釋獸豕牝豝　一曰二歲能相把拏也
者豝把聲相近拏當爲挐字林豝牝豕也一曰二歲豕鄭
司農注大司馬云二歲爲豝　詩曰一
發五豝者召南騶虞文傳云豕牝曰豝

豜　三歲豕肩相及者從豕幵聲詩曰並驅從兩豜兮　古賢切
三歲豕肩相及者者豜肩聲相近廣韻豜豕三歲廣雅嘼
一歲爲豵二歲爲豝三歲爲肩四歲爲特後漢書馬融傳
鏦特肩注云韓詩齊風曰並驅從兩肩兮薛君傳曰獸三
歲曰肩詩七月獻豜于公傳云三歲曰豜伐檀傳又云三
歲曰特周禮大司馬注云鄭司農云一歲爲豵二歲爲豝
三歲爲特四歲爲肩五歲爲愼字或作猏晏子春秋公孫
接曰接一搏特猏呂氏春秋知化篇譬之猶懼虎而刺猏
注云獸三歲曰猏也　詩曰並驅從兩豜兮者齊風還文
彼作肩傳云獸三歲曰肩釋文云本亦作
豜夏官大司馬注鄭司農引詩亦作肩

fén 豶

豶 羠豕也從豕賁聲 符分切

易林豶豕童牛 朱穆絕交論游豶蹂稼而莫之禁也 墨子非儒篇豶彘起以其善突也 羠豕也者趙宧光曰羠訓騬羊騬訓犗馬犗訓騬牛豶訓羠豕豶羠騬犗皆割勢異名方言讀若問或讀若敦皆豶譌也易豶豕之牙崔憬曰說文豶劇豕今俗猶呼劇豬是也然以豕本剛突劇乃性和雖有其牙不足害物是制於人也馥案虞翻云劇豕稱豶令不害物一切經音義十六說文豶羠豕也羠騬也謂犍豕也玉篇豶犗也廣雅豶犗也爾雅釋文豶謂犍豬易釋文引劉云豕去勢曰豶陸希聲易傳豶豕之去勢者字或作豮韓非十過篇公姤而好內豎刁自豶以爲治內 何休注云豶虧勢也

jiā 豭

豭 牡豕也從豕叚聲 古牙切

春秋繁露求雨篇以豭豬一置之於里北門之外 史記中尼弟子列傳冠雄雞佩豭豚 韓非內儲說斲之以雞豭馥案豕亥形近誤從亥俗又作猳 說苑斲之以猳 易林牝牛牡猳

說文解字義證 卷二十九 三十五

牡豕也者廣雅豰豭牡也急就篇豭豶狡犬野雞雛顏注豭牡豕也隱十一年左傳鄭伯使卒出豭行出犬雞以詛射潁考叔者正義豭謂豕之牡者祭祀例不用牝且朱人謂宋朝爲艾豭明以雄豬喻也定十四年左傳既定爾婁豬盍歸吾艾豭釋文云豭牡豕也哀五年左傳與豭從之正義豭是豕之牡者史記秦始皇本紀夫爲寄豭索隱豭牡豬也漢書翟方進傳與豭豬連繫都亭下顏注豭牡豕也

yì 豛

豛 上谷名豬豛從豕役省聲 營隻切

上谷名豬豛者初學記太平御覽引豬下竝有曰字廣韻豛豬之別名

wéi ⿰豕隋

⿰豕隋 豶也從豕隋聲 以水切

豶也者釋獸文郭云俗呼小豶豬爲⿰豕隋子玉篇⿰豕隋豕俗呼爲豶豬也顏注急就篇豶犗豕亦謂之⿰豕隋

kěn 豤

豤 齧也從豕㫐聲 康很切

齧也者本書齦齧也玉篇豤豕齧地豤豬豤地廣韻豤豕食貌

yì 豷

豷 豕息也從豕壹聲春秋傳曰生敖及豷 許利切

春秋傳曰生敖及豷者襄四年左傳文彼作生澆及豷本書奡字云虞書曰若丹朱奡讀若傲論語奡盪舟馥案書無若丹朱傲劉向引作敖管子若敖之在堯

fū 豧

豧 豕息也從豕甫聲 芳無切

huàn 豢

豢 以穀圈養豕也從豕𢍏聲 胡慣切

以穀圈養豕也者本書圈養畜之閑也廣雅檻圈也月令案芻豢注云養牛羊曰芻犬豕曰豢樂記豢豕爲酒注云以穀食犬豕曰豢昭二十九年左傳故國有豢龍氏賈注云豢養也穀食曰豢哀十一年傳是豢吳也夫杜云豢養也荀子榮辱篇今使人生而未嘗睹芻豢稻粱也注云豢圈也以穀食於圈中莊子齊物論篇民食芻豢釋文云司馬云牛羊曰芻犬豕曰豢以所食得名也淮南時則訓案芻豢注云草養曰芻穀養曰豢潛夫論司原氏遇夫俗惡之豨盡芻豢㹠困倉以養之袁淑俳諧集大蘭王九錫文資豢養於人主雖無爵而有秩俗作豢莊子達生篇吾將三月豢汝釋文云司馬云豢養也

說文解字義證 卷二十九 三十六

chú 豠

豠 豕屬從豕且聲 疾余切

豕屬者廣雅豠豕也

huán 豲

豲 逸也從豕原聲周書曰豲有爪而不敢以撅讀若桓 胡官切

俗作貆北山經乾山有獸焉其狀如牛而三足其名曰豲其鳴自詨 逸也者當云豕屬逸者誤也戴侗曰唐本說文豲豕屬也廣韻豲豕屬廣雅豕屬有豲 周書曰豲有爪而不敢以撅者閻若璩曰出周書周祝解說文脫逸字馥案本係逸周書傳寫升逸字於注首故周書上脫逸字

xī 豨

豨 豕走豨豨從豕希聲古有封豨脩蛇之害 虛豈切

纂文梁州以豕爲豬河南謂之彘吳楚謂之豨 廣雅豨豕也 方言豬南楚謂之豨 釋草茢薽豕首郭注今江東呼

豨首馥案藥草豨苓今呼豬苓豕韋氏又稱豨韋氏韓鐖
是公擇豨而割也　通鑑或謂高駢曰蠻寇逼近成都萬一
豨突柰何注云豨豕也豕健於突　袁淑俳諧集大蘭王九
錫文北燕伯使使者豪豨冊命大蘭王字俗作豨玉篇豨楚
人呼豬聲墨子耕柱篇狗豨猶有鬬列子黃帝篇倉豨如倉
人注云楚人呼豬作豨莊子知北游篇正獲之問於監市履
豨也注云豨大豕也史記田敬仲完世家豨膏棘軸所以爲
滑也索隱云豨膏豬脂也　潛夫論賢難篇昔有司原氏者燎
獵中野鹿斯東奔司原縱譟之西方之衆有逐豨者聞司原
之譟也競舉音而和之　南齊書扶南國傳鬬雞及豨爲樂
豕走豨豨者韻會引徐鍇本作豕走豨豨聲也字書豨東
方名豕也一曰豕走也　漢書食貨志豬突豨勇師古曰東
方名豕曰豨一曰豨豕走也　古有封豨脩蛇之害者淮
南本經訓逮至堯之時封豨脩蛇皆爲民害堯乃斷脩蛇
於洞庭擒封豨於桑林　高云封豨大豕脩蛇大蛇吞象三
年而出其骨定四年左傳吳爲封豕長蛇以荐食上國昭
二十八年傳生伯封實有豕心謂之封豕杜注封大也大
荒北經有封豕注云大豬也羿射殺之史記天官書奎曰
封豕漢書天文志作封豨漢書楊雄傳昔有彊秦封豕其
士應劭曰淮南子云堯之時窫窳封豨鑿齒皆爲民害後

說文解字義證　卷二十九　三七

漢書馬融傳扶封豨注云豨豬也吳都賦封豨蔟五臣云
封豨大豬也魏文帝校獵賦躙封豨郭璞封豕贊有物貪
婪號曰封豕荐食無饜肆其
殘毀羿乃飲羽獻帝效技

豖　豕絆足行豕豖豖從豕繫二足　丑六切

豕絆足行豕豖者廣韻引作豕絆足行豖豖然
也玉篇彡字云豕絆行皃馥案豖與馽同意

豦　鬬相丮不解也從豕虍豕虍之鬬不解也讀若蘮蒘
艸之蘮司馬相如說豦封豕之屬一曰虎兩足舉　強魚切

本書虡或從金從豦漢書賈山傳縣石鑄鐘虡師古曰虡猛
獸之名後漢書董卓傳注引前書音義虡鹿頭龍身神獸也
馥案漢書本作鐻顏注
及音義謂豦爲猛獸也
豕虍之鬬不解也者集韻引作豕虍之鬬不相捨馥案豕
虍當合作豦字寫者分爲虍豕又因上文改作豕虍虍非

獸名　讀若蘮蒘艸之蘮者釋艸蘮蒘竊衣本書無蘮蒘
字蘮非聲當讀若蘮蒘艸之蒘　司馬相如說豦封豕之
屬者玉篇豦
封豦豕屬也

豙　豕怒毛豎一曰殘艾也從豕辛　魚既切

豕怒毛豎者爾雅翼說豪豬云見人則怒其豪白色盡露
蓋是怒氣所發　一曰殘艾也者艾當爲𢦏本書脫𢦏字
寫者改作艾　從豕辛者六書
正譌云辛者剛也故爲剛毅字

豩　二豕也豳從此闕　伯貧切又呼關切

文二十二　重一

⿰豕犮　說見豬下

豥

說文解字義證　卷二十九　三八

釋獸豕四蹢皆白豥釋文豥字林下才反詩漸漸之石有豕
白蹢箋云四蹢皆白曰駭釋文駭爾雅說文皆作豥古哀反

遺文二

㣇　脩豪獸一曰河內名豕也從彑下象毛足凡㣇之屬
皆從㣇讀若弟　羊至切

脩豪獸者㣇或作肆釋獸肆脩豪郭云豪毛長　一曰河
內名豕也者趙宧光曰當是河內偁豕曰㣇也　下象毛
足者當云下象毛足尾

（篆）　籀文

（篆）　古文

⿱曰㣇　豕屬從㣇曶聲　呼骨切

從㣇者從
籀文也

sì 𢑚　wèi 彙　háo 豪

豪 豕鬣如筆管者出南郡从希高聲 乎刀切

豕鬣如筆管者者戴侗曰此所謂豪豬也今人謂之箭豬玉篇豪豬毛如笄而端黑也北山經譙明之山有獸焉其狀如貆而赤豪注云貆豪豬也西山經鹿臺之山其獸多白豪注云豪貆豬也又云竹山有獸焉其狀如豚而白毛大如笄而黑端名曰豪彘注云貆豬也夾髀有麄豪長數尺能以脊上豪射物亦自爲牝牡漢書揚雄傳拕豪豬師古曰豪豬一名希貗也自爲牝牡者也郭璞豪彘贊剛鬣之族號曰豪豨毛如攢錐中有激矢厥體兼資自爲牝牡新唐書南詔傳尋傳蠻射豪豬生食其肉

豪 籒文从豕

彙 蟲似豪豬者从希胃省聲 于貴切

一切經音義十八蝟有兔蝟鼠蝟等也廣雅虎王蝟也炙轂子刺端分兩岐者蝟如棘針者蝚也本草蝟皮條下陶隱居云田野中時有此獸人犯近便藏頭足毛刺人不可得捉能跳入虎耳中而見鵲便自仰腹受啄物有相制不可思

說文解字義證　卷二十九　无

議爾　淮南子鵲矢中蝟易林虎飢欲食爲蝟所伏又云如蝟見鵲不敢拒格史記龜策傳蝟辱於鵲集解云郭璞曰蝟能制虎見鵲仰地淮南萬畢曰鵲令蝟反腹者蝟憎其意而心惡之也　字俗作猬說苑鵲食猬猬食鵕鸃西京賦摣狒猬薛注云猬其毛如刺　又作彙釋獸彙毛刺郭云今蝟狀似鼠爾雅翼彙之爲獸小小耳其狀似鼠而毛刺大者如小㹠小者如瓜脚短刺尾長寸餘蒼白色見人則藏面腹下圜輥如栗房攢毛外刺不可搏執漢元封二年大雪深數尺牛馬蹉縮如蝟蓋似此也

蟲似豪豬者者廣韻引作蟲也似豪豬而小馥案此即爾雅翼所言大者如小㹠是也通志蝟有兩種一種作豬蹄一種作鼠脚漢書賈誼傳反者蝟毛而起師古曰蝟蟲名也其毛爲刺通鑑淮陽王道玄飛矢集其身如蝟毛注云蝟蟲似豪豬而小馥案此注與廣韻引本書同

蝟 或从虫

𢑚 希屬从二希 息利切

𢑚 古文𢑚虞書曰𢑚類于上帝

虞書曰𢑚類于上帝者舜典文彼作肆馥案類當爲禷

文五　重五

jì 彑　zhì 彘　chǐ 㣇　xiá 𢑝　tuàn 彖

彑 豕之頭象其鋭而上見也凡彑之屬皆从彑讀若罽 居例切

豕之頭者廣韻彑彙頭玉篇彑彙類也馥謂類當作頭　象其鋭而上見也者彑鋭聲相近　讀若罽者罽當爲罽罽即古文鋭也

彘 豕也後蹏廢謂之彘从彑矢聲从二匕彘足與鹿足同 直例切

豕也者纂文豕河南謂之彘廣雅彘豕也方言豬關東西或謂之彘　後蹏廢謂之彘者謂上脫故字彘廢聲相近

說文解字義證　卷二十九　丰

天文家謂牽牛六星其蹏廢士喪禮廢敦注云廢敦敦無足者　從二匕彘足與鹿足同者本書鹿象頭角四足之形鹿篆作𠤎彘亦從𠤎故云從二匕左從反匕者即後蹏廢也

㣇 豕也从彑从豕讀若弛 式視切

本書蠡㦥竝從此寫者誤從彖　豕也者居易錄彖似犀而角小知吉凶耳大如掌目常含笑生於兩粵東曰茅犀西曰豬神遇之則吉馥案當作此彖世俗誤爲彖

𢑝 豕也从彑下象其足讀若瑕 乎加切

豕也者或與豭通方言豬北燕朝鮮之閒謂之豭吳揚之閒謂之豬

彖 豕走也从彑从豕省 通貫切

豕走也者玉篇彖豕走捝也廣雅彖捝也

文五

tún (豚)

𧰼 小豕也從彖省象形從又持肉以給祠祀凡𧰼之屬皆從𧰼 徒魂切

小豕也者玉篇豚豕子也急就篇六畜蕃息豚豕豬顏注豚謂豕之始生者也方言豬其子或謂之豚小爾雅廣獸豕彘也彘豬也其子曰豚論語歸孔子豚孔注豚豕之小者 從彖省者彖當作彖 從又持肉以給祠祀者本書祉以豚祠司命祭以手持肉以从之誤

豚 篆文從肉豕

wèi

豚屬從𧰼衞聲讀若罽 于歲切

文二 重一

zhì 豸

豸 獸長脊行豸豸然欲有所司殺形凡豸之屬皆從豸 池爾切

bào 豹

豹 似虎圜文從豸勺聲 北教切

陸璣詩疏毛赤而文黑謂之赤豹毛白而文黑謂之白豹 廣志狐死首邱豹死首山是性之異也 詩羔裘豹飾傳云豹飾緣以豹皮也 似虎圜文者急就篇豹狐距虛豺犀兕顏注豹似貘塗而圜文字林豹似虎貝文馥案貝文卽錢文也本草衍義豹毛赤黃其紋黑如錢而中空比比相次此獸猛健過虎

chū 貙

貙 貙獌似貍者從豸區聲 敕俱切

周禮注今立秋有貙劉疏云漢時苑中有貙劉卽爾雅貙似貍劉殺也云立秋貙殺物 漢儀注立秋貙膢蘇林曰貙虎屬常以立秋日祭獸王者亦以此日出獵還以祭宗廟故有貙膢之祭 鹽鐵論涼風至殺氣動天子行微刑始貙劉以順天氣 蔡邕曰貙獸常以立秋日還飼母猛摶摯王者亦以此日出獵還以祭宗廟謂之貙膢 貙獌似貍者者本書獌字引爾雅貙獌似貍字林貙似貍而大一名獌釋獸貙獌似貍郭云今山民呼貙虎之大者爲貙犴馥案漢書司馬相如傳蟃蜒貙犴郭璞曰貙似貍而大釋獸又云貙似貍郭云今貙虎也大如狗文如貍

tán 貚

貚 貙屬也從豸單聲 徒干切

貙屬也者卽貙貚也漢書作貙犴周禮射人士以三耦射犴侯鄭司農云犴者獸名也獸有貙犴

pí 貔

貔 豹屬出貉國從豸毘聲詩曰獻其貔皮周書曰如虎如貔貔猛獸 房脂切

漢書司馬相如傳生貔豹郭璞曰貔執夷虎屬也 陸璣詩疏貔似虎或曰似羆一名執夷一名白狐其子爲豰遼東人謂之白羆馥案玉篇豰貔子廣韻豰似豹而小 豹屬者字林貔豹屬一曰白狐釋獸貔白狐郭云一名執夷虎豹之屬郭璞贊書稱猛士如虎如貔貔蓋豹屬亦曰執夷白狐之云似是而非 出貉國者詩韓奕傳云追貊之國來貢 詩曰獻其貔皮者大雅韓奕文 周書曰如

虎如貔者牧誓文鄭注云貔一名白豹虎類也 貔猛獸者詩韓奕傳云貔猛獸也曲禮前有摯獸則載貔貅注云貔貅亦摯獸也書曰如虎如貔

豼 或從比

chái 豺

豺 狼屬狗聲從豸才聲 士皆切

一切經音義十一引蒼頡解詁豺似狗白色有爪牙迅捷善搏噬也 易說卦爲黔喙之屬馬云黔喙肉食之獸謂豺狼之屬黔黑也 四子講德論牧獸者不畜豺 劉氏新論言荒篇豺形似犬而健於犬 王制豺祭獸然後田獵 文子上仁篇豺未祭獸置罦不得通於野 周書時訓解霜降之日豺乃祭獸 西京賦剛蟲搏摯五臣注剛蟲鷹豺也候殺氣以祭鳥獸 呂氏春秋季秋紀豺則祭獸戮禽注云豺獸也似狗而長毛其色黃於是月殺獸四圍陳之世所謂祭獸 狼屬者釋獸豺狗足郭云腳似狗釋文引字林狼屬狗足 顏注急就篇豺深毛而狗足史記司馬相如傳搏豺狼正義曰杜林云豺似狗白色說文云狼爪馥謂當云狼屬狗爪 狗聲者爾雅字林皆作狗足文元年左傳蠭目而豺

yǔ 貐　mò 貘

聲忍人也昭二十八年左傳伯石始生子容之母走謁諸姑姑視之及堂聞其聲而還曰是豺狼之聲也史記秦始皇本紀秦王爲人豺聲

貐　猰貐似貙虎爪食人迅走從豸俞聲　以主切

猰貐似貙虎爪食人迅走者爪當爲叉本書無猰字釋獸猰貐類貙虎爪食人迅走郭云迅疾釋文猰字亦作猰或作窫窳案本書宀部有窫字或是邪薛綜注西京賦窫窳窳也類貙虎爪食人漢書揚雄傳窫窳其民應劭曰窫窳類貙虎爪食人淮南子本經訓堯之時猰貐爲民害高云猰貐獸名狀若龍首或曰似貍善走而食人物類相感志引孫炎云猰貐獸中最大者龍頭馬尾虎爪長四尺善走以人爲食遇有道君隱藏無道君出食人矣

貘　似熊而黃黑色出蜀中從豸莫聲　莫白切

本草圖經豹白色者別名貘唐世多畫貘作屏白居易有贊序之　白居易貘屏贊序貘者象鼻犀目牛尾虎足生南方山谷中寢其皮溫圖其形辟邪贊云邈哉奇獸生於南國其名曰貘非鐵不食　漢書司馬相如傳其獸則庸旄貘犛郭

璞曰貘似熊庳脚銳鬐骨無髓食銅鐵貘音貊　神異經南方有獸名曰齧鐵大如水牛色如漆食鐵飲水其糞可作兵器其利如鋼也　劉氏新論姝好篇走貊美鐵　袁孝政注云獸好食鐵　居易錄貘生銅坑中食銅鐵鍊糞爲兵可以切玉接溺爲水可以銷鐵

似熊而黃黑色者白帖引郭知元韻貘食鐵獸似熊黃黑色一曰白豹一切經音義十九貘又作貊字林似熊黃黑出蜀一曰白豹也六書故引字林貘似熊而白又引廣志色蒼白周書王會不令支玄貘注云貘曰狐玄貘則黑狐列子釋文尸子云程中國謂之豹越人謂之貘按爾雅熊虎醜其子豹豹熊虎之子也山海經云南山多貘豹郭注云貘是豹之白者豹即虎生非類也據程是貘之別名也按貘似熊毛又黃而黑有光澤者古文苑蜀都賦羆犛貊貘注云貊說文作貘似熊而黃黑色出蜀中馥案貊貘聲相近詩貊其德音韓詩作莫管子制分篇屠牛坦朝解九牛而刀可以莫鐵注云莫猶削也釋獸貘白豹郭云似熊小頭庳脚黑白駮能舐食銅鐵及竹骨骨節强直中實少髓皮辟溼或曰豹白色者別名貘釋文引字林似熊而白黃出蜀郡一曰白豹　出蜀中者蜀都賦戟食鐵之獸劉

yōng ⿰豸庸　jué 貜　nà 貀

注貊獸毛黑白臆似熊而小以舌舐鐵須臾便數十斤出建寧郡也埤雅貘獸似熊象鼻犀目師首豺髮小頭庳脚黑白駮雜能舐食銅鐵蜀都賦云戟食鐵之獸即貘是也南中八郡志貊大如驢狀頗似熊多力食鐵所觸無不拉華陽國志南中志永昌郡古哀牢國有貊獸食鐵西山經南山獸多猛豹注云猛豹似熊而小毛淺有光澤能食蛇食銅鐵出蜀中爾雅翼貘今黔蜀中時有之象鼻犀目牛尾虎足土人鼎釜多爲所食頗爲山居之患寰宇記雅州嚴道縣邛崍山有獸名豹似熊而斑能食銅鐵

⿰豸庸　猛獸也從豸庸聲　余封切

猛獸也者史記司馬相如傳獸則㺊旄貘犛徐廣曰㺊音容獸類也

貜　⿱癶犬貜也從豸矍聲　王縛切

⿱癶犬貜也者本書⿱癶犬犬屬腰已上黃腰已下黑食母猴或曰⿱癶犬似猈芊出蜀北囂山中犬首而馬尾字或作獾西山經皋塗之山有獸焉其狀如鹿而白尾馬足人手而四角名曰貜如郭注貜如前兩脚似人手音猳貜之貜又讚云貜如之獸鹿狀四觡馬足人手其尾則白貌兼三形攀木緣石古文苑蜀都賦獑胡雖貜猨蠝猓猣案雖當爲蜼上林賦蜼貜飛蠝

貀　獸無前足從豸出聲漢律能捕豺貀購百錢　女滑切

唐書長慶中河東節度使李聰貢貀三頭貀猛健之獸也防虞籠檻甚於豺虎及至林苑往往噬人　字或作豽玉篇豽與貀同爾雅釋文貀本又作豽魏書鮮卑有貂豽皮毛柔懦故天下以爲名裘晉書夫餘國出貂豽唐書黠戛斯國服貴貂豽又云開元時于闐獻豽

獸無前足者釋獸貀無前足郭云晉太康七年召陵扶夷縣檻得一獸似狗豹文有角兩足即此種類也或說貀似虎而黑無兩足釋文引字林云獸無前足似虎而黑玉篇貀似豹無前足廣韻豽獸名似貍蒼黑無前足善捕鼠

漢律能捕豺貀購百錢者集韻引漢律捕虎購錢三百其狗半之狗熊虎子爾雅熊虎醜其子狗郭注引律曰捕虎一購錢三千其狗半之馥案列子釋文說白豹云爾雅熊虎醜其子豹豹熊虎之子也是豹狗皆豹之譌昭七年

hé 貈

àn 豻

左傳正義引李巡亦作狗

貈 似狐善睡獸从豸舟聲論語曰狐貈之厚以居 下各切

經典作貉字列子湯問篇貉踰汶則死矣釋文云周禮貉踰汶則死鄭玄云汶水在魯城北先儒相因以爲魯之汶水皆大誤也案史記汶與崏同武巾反謂汶江也山海經大江出汶山韓詩外傳云昔者江出于汶山又楚詞隱汶山之淸江固可明矣且列子與周禮通言水土性異則遷移有傷故舉四瀆以言之今魯之汶水闊不踰數十步源不過二百里揭厲皆渡斯須往還豈狐貉暫遊生死頓隔矣說文云貉狐類也皆生長邱陵旱地今江邊人云狐不渡江是明踰越大水則傷本性遂致死也　似狐善睡獸者列子注貉音鶴似狐善睡獸也埤雅引字林貈似貍善睡本草衍義貉形如小狐毛黃褐色毛詩義問貉狐之類漢書楊惲傳古與今如一邱之貉師古曰貉獸名似狐而善睡墨客揮犀貉狀似兔人或擊之行數十步輒睡字林貍雌貈玉篇貍似狐善睡　舟聲者本書洄或作瀊讀若狐貈之貈集韻引舊說說文从舟誤當从元聲覆案集韻以貆貈爲一故有是說　論語曰狐貈之厚以居者貈論語作貉釋文云貉依字作貈論語與衣狐貉者立釋文云貉依字當作貈考工記貉踰汶則死釋文云貉獸名依字作貈爾雅莫貈太平御覽引鄭志荅王瓚作莫貉詩七月一之日于貉取彼狐貍爲公子裘

豻 胡地野狗从豸干聲 五旰切

胡地野狗者爾雅釋文引字林同又引陳國武注子虛賦云豻胡地野犬似狐黑喙周禮射人士以三耦射豻侯注云大射禮豻作干讀如宜豻宜獄之豻豻胡犬也三禮射侯圖豻侯者以胡犬皮爲鵠亦以爲飾玉藻麛裘青豻褎注云豻胡犬也惟南道應訓青豻白虎高云豻音岸胡地野犬漢書司馬相如傳蟃蜒貙豻郭璞曰豻胡地犬也似狐而小

犴 豻或从犬詩曰宜犴宜獄

詩曰宜犴宜獄者小雅小宛文彼作岸傳云岸訟也釋文云韓詩作犴云鄉亭之繫曰犴集韻犴野犬也犬所以守故謂獄爲犴後漢書崔駰傳獄犴塡滿漢書刑法志犴不平之所致也韋昭曰鄉亭之繫曰犴朝廷曰獄

說文解字義證　卷二十九　卅五

mò 貉

diāo 貂

貂 鼠屬大而黃黑出胡丁零國从豸召聲 都僚切

一切經音義四今人謂黑貂爲鴨盧貂　玉篇貂鼠如犬爾雅翼貂好在木上亦謂之栗鼠　漢官儀侍中金蟬左貂貂內勁悍而外溫潤其色紫蔚而不耀　廣志貂出扶餘挹婁魏志烏丸傳挹婁國出好貂今所謂挹婁貂是也　東觀漢記建武二十五年烏桓獻貂皮又云蔡彤爲遼東太守鮮卑奉貂裘二領　山海經注今扶餘卽濊貊故地出貂皮梁元帝謝齎貂蟬啟挹婁之毳曲降鴻恩江總華貂賦貴豐貂於挹婁　鼠屬大而黃黑者後漢書東平王蒼傳帝以蒼冒涉寒露遣謁者賜貂裘注引本書同　出胡丁零國者通鑑注丁零種落本居中山爾雅翼丁零國今人謂之貂零魏書丁令在康居北出貂鼠皮鼲子皮通典丁令魏時聞焉在康居北出名鼠皮或以爲此丁令卽匈奴北丁令而此丁令在烏孫西似其種別也

貉 北方豸種从豸各聲孔子曰貉之爲言惡也 莫白切

玉篇貉蠻貉也　史記趙世家奄有河宗至于休溷諸貉正義云貉音陌戎狄之地也　經典作貊案周禮甸祝表貉杜子春讀貉爲百爾所思之百又肆師鄭注貉讀爲十百之百又大司馬表貉卽詩既伯既禱　急就篇戎伯總閱什伍鄰顏注篇本伯字或作貉貉卽蔡貉之類者也　書武成華夏蠻貊　論語蠻貊之邦　列子貊越之東　風俗通貊者略也言無禮法　字俗作貉

史記天官書胡貉月氏

北方豸種者詩韓奕其追其貊傳云追貊戎狄國也釋文貊說文作貉云北方人也論語蠻貊釋文云說文作貉云北方人也字林貉北方人也本書羌下云東方貉覆案言東北方也漢書高帝紀北貉燕人來致梟騎助漢應劭曰北貉國也師古曰貉在東北方三韓之屬皆貉類也後漢書光武紀遼東徼外貊人注云貊人穢貊國人也陳啟源曰孟子言貊五穀不生此北方氣寒之證說文亦以貊爲北方詩其追其貊又與奄受北國文連其爲北垂荒裔無疑矣　孔子曰貉之爲言惡也者書肅愼之命序海東諸夷駒麗扶餘馯貊之屬釋文貊說文作貉北方豸種孔子曰貉之爲言貊貊惡也書周官釋文引同　白虎通禮樂篇言貉擧惡也

說文解字義證　卷二十九　卅六

huán 貆　lí 貍　tuān 貒　huān 貛

狟 貉之類从豸亘聲 胡官切

貉之類者貉當爲貈釋獸貈子貆詩胡瞻爾庭有縣貆兮箋云貉子曰貆釋文貉依字作貈周書王𩒹傳𩒹語使人日老𩒹當道卧狟于安得過郎子云孫秀降晉武帝妻以姨妹妻嘗怒秀罵爲貉子

貍 伏獸似貙从豸里聲 里之切

廣韻貍野猫 廣雅豾貍也 急就篇貍兔飛鼯狼麋麐顏注貍一名豾亦謂之貔江淮陳楚謂之𧳏其子貄王氏補注貍者狐之類狐口銳而尾大貍口方而身文黃黑彬彬蓋次於豹故稱聖人虎別君子豹別辯人貍別山鬼乘赤豹從文貍也 大射儀奏貍首注云貍之言不來也 史記封禪書設射貍首 漢書郊祀志作設射不來 徐廣曰貍一名不來桓譚新論鄙人謂狐爲貍以瑟爲箜篌此非徒不知狐與瑟乃不知貍與箜篌也 魏志清河令徐季龍使人獵令管輅筮其所得輅曰當獲小獸雖有爪牙微而不彊雖有文章蔚而不相非虎非雉其名曰貍獵人暮歸果如輅言 字俗作貍 寰宇記桂嶺縣貍多品類有囊貍屯貍𤝞貍雷貍掘螺貍狗貍通額貍豨貍嬰貍

說文解字義證　卷二十九　三五

伏獸似貙者 埤雅貍似貙而小文彩斑然 春閟有黑貍一道 周禮射人若王大射則以貍步張三侯注云玄謂貍善搏者也行則止而擬度焉 樂記左射貍首舊說貍之取物則伏下其頭然後必得言射亦必中如貍之取物矣 夏小正七月貍子肇肆傳曰肇始也肆遂也言其始遂也 其或曰肆殺也 金履祥曰貍伏獸蓋至此時而始肆也

貒 獸也从豸耑聲讀若湍 他耑切

廣雅貒貛也 釋獸貒子貗郭云貒豚也一名貛 本草圖經貒狐之類似犬而矮尖喙黑足褐色與貛貉三種而大抵相類頭足小別 本草衍義貒肥矮毛微灰色頭連脊毛一道黑觜尖黑尾短闊烝食之極美 周禮草人鹹潟用貆注云貆貒也 淮南齊俗訓貆貉得埵防弗去而緣高云貆貆豚貛案貆貆並即貛字獸也者釋獸釋文云貒說文字林云獸似豕而肥 楚詞九思貒貉兮蟫蟫 洪注貒似豕而肥

貛 野豕也从豸雚聲 呼官切

淮南子貛貉爲曲穴 馥案貉當爲貈魏百官名三公拜賜貛皮褥一

yòu 貁　sì 𤉡

野豕也者方言貛關西謂之貒注云貛豚也 郭注爾雅貆貆狀如貛貒

貁 鼠屬善旋从豸穴聲 余救切

鼠屬者一切經音義二十一引作禺屬其鼠屬乃獸也 洪武正韻狖獸似猿卬鼻長尾 舊云鼠屬誤 一切經音義六狖古文蜼字林余繡反江東名也又音余季反建平名也山海經鬲山多蜼 郭璞曰似獼猴而大蒼黑色尾長四尺似獺尾頭有兩岐天雨即倒懸於樹以尾塞鼻 江東養之捕鼠爲物捷健 爾雅蜼卬鼻而長尾 是也又二十一引蒼頡篇狖似猫搏鼠出河西 爾雅翼蜼狖也蜼讀如贈遺之遺又讀如橘柚之柚 其作柚音者或爲狖 馥案狖即貁之俗體 廣雅狖蜼也尾長四五尺 曹憲音柚 謝靈運入彭蠡湖口詩乘月聽哀狖 李善云狖蜼也 玉篇狖黑猿也 類篇引字林貁獸名如猴卬鼻長尾 子華子崇櫨積栱猱狖逃焉 楚詞九歌猿啾啾兮狖夜鳴 淮南齊俗訓深谿峭岸峻木尋枝猿狖之所樂也 覽冥訓猿狖顛蹶而失木枝 高云狖猿屬 說林訓蝯狖之捷來格 高云狖蝯屬仰鼻而長尾吳都賦狖鼯猓然 五臣云異物志曰狖猿類露鼻尾長四五尺樹上居雨則以尾塞鼻 建安臨海皆有之 西京賦猿

說文解字義證　卷二十九　三六

狖超而高援 揚雄反離騷猿狖擬而不敢下 後漢書班固傳猿狖失木 注云蒼頡篇曰狖似狸音以救反 吳錄地理志安陽縣多狖似猿而露鼻雨則以尾反塞鼻 劉氏新論姝好篇谷后巉巖輪菌糺結猿狖之所便也 寰宇記鮮卑有貂貁鼲子貂鼲並鼠屬狖猴屬也 術數家以三十六禽配辰每辰而三之其配申者爲猿猴狖 善旋者北山經歸山有獸焉名曰驒善還 注云還旋旋舞也 一切經音義二十一引作善遊 水經注江水云燹道縣山多猶猢似猴而短足好游巖樹一騰百步乘空若飛 穴聲者穴當爲宂散之宂本書䢨從宂 廣韻貁䢨同音余救切

文二十　重二

𤉡 如野牛而青象形與禽离頭同凡𤉡之屬皆从𤉡 徐姊切

本書卷首標目作𤉡 徐鍇李燾本並同 蓋象其足尾之形 玉篇作兕 急就篇豹狐距虛豻犀兕 顏注云兕似野牛而色青重千斤一角角甚大 釋獸兕似牛 郭云一角青色重千斤 詩何草不黃匪兕匪虎 傳云兕虎野獸也 鄉射記大

夫兕中注云兕獸名似牛一角 論語虎兕出於柙 宣二年左傳犀兕尙多 晉語昔吾先君唐叔射兕於徒林 韋云兕似牛而靑善觸人 南山經禱過之山其下多犀兕注云兕似水牛靑色一角重三千斤 史記司馬相如傳兕象野犀正義曰兕狀如水牛 古文苑蜀都賦其旁則有期牛兕旄注云兕如水牛角在額上古人以爲爵謂之兕觥 郭璞山海經圖贊兕惟壯獸似牛靑黑力無不傾自焚以革皮充武備角助文德 范應元老子注兕猛獸狀如牛靑色一角虎鼻識神物 劉欣期交州記兕出九德有一角角長三尺餘形如馬鞭柄 南越志西鞏縣東暨於海其中多水兕形似牛 廣志兕角斑似瑇瑁足有十爪也

如野牛而靑者藝文類聚引作如野牛而靑皮堅厚可以爲鎧御覽引作如野牛靑毛其皮堅厚可爲鎧詩左傳論語正義所引並同一切經音義十九南州異物志兕角長二尺餘形似馬鞭柄其皮堅可爲鎧甲蔡氏月令章句犀兕水牛之屬以爲甲盾鼓鞞 與禽离頭同者本書禽字云禽离兕頭相似

兕 古文从儿

與獸頭同

文一 重一

yì 易

易 蜥易蝘蜓守宮也象形祕書說日月爲易象陰陽也一曰从勿凡易之屬皆从易 羊益切

蜥易蝘蜓守宮也者本書蝘字云在壁曰蝘蜓在草曰蜥易漢書東方朔傳是非守宮卽蜥蜴顏注云爾雅蠑螈蜥蜴蝘蜓守宮是則一類耳楊雄方言云其在澤中者謂之蜥蜴故朔曰是非守宮則蜥蜴也 象形者本書㑥从易省勿行象徐鍇曰易象析易行也 祕書說日月爲易象陰陽也者陰陽當爲霒昜易繫辭易者象也參同契日月爲易虞翻注云字从日下月洪武正韻引大傳四營而成易於文日月爲易白虎通日月之光明則如易矣參同契又云離巳日精坎戊月光覆案易上經以坎離終下經旣濟未濟亦坎離也此卽日月爲易之義董彥遠謝除正字啟定經之名誤合日月之爲易祕書緯書也鄭志張逸問禮注曰書說者何書也答曰尙書緯也當爲注時在文罔中嫌引祕書故諸所牽圖讖皆謂之說三蒼讖祕密書也漢書藝文志有圖書祕記十七篇百官表蘇昌爲太常坐籍霍山書泄祕書免山本傳云山坐寫祕書西京賦匪惟翫好乃有祕書小說九百本自虞初五臣注祕書道術書後漢書楊厚傳厚祖父春卿善圖讖學戒子統曰吾綈袠中有先祖所傳祕記爲其修之晉書陳訓傳少好祕學天文算歷陰陽占候無不畢綜 一曰从勿者書堯典平在朔易尙書大傳史記並作伏物

文一

xiàng 象

象 長鼻牙南越大獸三季一乳象耳牙四足之形凡象之屬皆从象 徐兩切

春秋運斗樞搖光之星散而爲象 釋地南方之美者有梁山之犀象焉郭云象牙骨 詩泮水元龜象齒 周禮職方氏其利丹銀齒革注云齒象齒也 襄二十四年左傳象有齒以焚其身 淮南說林訓見象牙乃知其大於牛 釋氏書象牙生必因雷 沈懷遠南越志象牙長一丈餘脫其牙則藏之 元和郡縣志驩州貢象牙 南州異物志象身倍

數牛而目則如豕其鼻長七八尺其所食物皆鼻取之性馴良爲人所養夷人服乘之 郭璞贊象實魁梧體巨貌詭身兼十牛目不踰豨鼻爲口役望頭若尾馴良承教聽言則跪素牙玉潔載籍所美服重致遠行如邱徙 通鑑注安南出象處曰象山歲一捕之縛欄道旁中爲大穽以雌象前行爲媒遺甘蔗於地傳藥蔗上雄象來食蔗漸引入欄閉其中就穽中教習馴擾之始甚咆哮穽深不可出牧者以言語諭之久則漸解人意 湻化中上苑一馴象斃太宗命取膽不獲使問徐鉉鉉曰當在前左足剖足果得問其故鉉曰象膽隨四時今其斃在春故知左足也

長鼻牙者南山經禱過之山其下多象注云象獸之㝡大者長鼻大者牙長一丈性姤不畜淫子史記司馬相如傳兕象野犀正義曰象大獸長鼻牙長一丈吳都賦猰貐貆象五臣注象生九眞日南山中大者其牙鼻長一丈 南越大獸者太康地記秦滅六國南開百越置象郡漢書地理志日南郡故秦象郡論衡物勢篇長仞之象爲越僮所鉤吳錄地理志九眞郡龐縣多象生山中郡內及日南饒足晉諸公讚南越致馴象於皐澤中養之爲作車黃門鼓吹數十人令越人騎之每正朝大會皆入充庭帝行則以象車導引以試橋梁後象以鼻擊害人悉送還越 三季

一乳者白帖引作五歲一乳太平廣記古訓云象孕五歲始產　象目牙四足之形者當云象目牙足尾之形

豫　象之大者賈侍中說不害於物從象予聲羊茹切

象之大者者老子豫兮若冬涉川范應元注豫象屬先事而疑或借與字曲禮定猶與也正義云說文云猶獸玃屬與亦是獸名象屬此二獸皆進退多疑人多疑惑者似之也

豫　古文

文二　重一

mǎ 馬

說文解字弟十　義證弟三十

曲阜桂馥學

馬　怒也武也象馬頭髦尾四足之形凡馬之屬皆從馬　莫下切

漢書石奮傳建爲郎中令奏事下建讀之驚恐曰書馬者與尾而五今迺四不足一獲譴死矣服虔曰作馬字下曲者五建時上書誤作四顏注馬字下曲者爲尾並四點爲四足凡五　春秋說題辭地精爲馬十二月而生應陰紀陽以合功故人駕馬任重致遠利天下月行度疾故馬善走　魚豢典畧神馬者河之精也代馬陰之精　鄭注尚書大傳馬畜之疾行者也　東觀漢記閒武帝歌天馬沾赤汗今親見其然血從前髆上小孔中出　神異經西南大宛宛邱有良馬日行千里至日中而汗血　洪武正韻馬生於午稟火氣而生火不能生木故有肝無膽　膽木之精氣也木臟不足故食其肝者死　相馬經伯樂曰馬頭爲王欲得方目爲丞相欲得明脊爲將軍欲得强腹爲城郭欲得張四下爲令欲得長眼

說文解字義證　卷三十　一

欲得高匡鼻孔欲得大鼻頭有王火字口中欲得赤膝骨員而張百欲得相近而前豎小而厚凡相馬之法先除三羸五駑乃相其餘大頭小頸一羸弱脊大腹二羸小頸大蹄三羸其五駑者大頭緩耳一駑長頸不折二駑短上長下三駑大路短脇四駑淺髖薄髀五駑

怒也者馬怒聲相近趙宧光曰釋名之法解聲之所自出也馬字古音明古切與怒諧匡謬正俗怒字古讀有二音今山東河北人讀書但知怒有去聲失其眞矣馥案高誘讀怒如彊弩之弩玉篇馬武獸也怒也急就篇騏驪馳驟怒步超定八年左傳林楚怒馬後漢書第五倫傳鮮車怒馬顏氏家訓建康令王復性既儒雅未嘗乘騎見馬嘶歕陸梁莫不震懾乃謂人曰正是虎何故名爲馬乎　武也者馬武聲相近釋名馬武也韋昭辨釋名大司馬馬武也大總武事也周禮司馬鄭注馬者武也言爲武者也襄六年左傳司武而梏於朝難以勝矣杜云司武司馬少儀不擢馬正義云投壺立籌爲馬馬有威武射者所尚也白虎通大司馬主兵不言兵言馬者馬陽物乾之所爲行兵用馬不以傷害爲名故言馬也鴻範論馬者兵象也馥案廣雅武怒並云健也漢書高祖紀北貉燕人來致梟騎助漢應劭曰梟健也馥謂馬訓武怒言其健也

古文

㝵者誤加彡與籀文無別籀文有髦謂加彡是古文無彡矣

籀文馬與影同有髦

當云籀文馬與冡同有髦

zhì 騭

騭　牡馬也從馬陟聲讀若郅　之日切

牡馬也者詩騶釋文云牡馬草木疏云騭馬也說文同廣雅騭雄也釋畜牡曰騭郭云今江東呼駁馬爲騭馥案史記平準書作父馬顏氏家訓詩云駉駉牡馬江南書皆作牝牡之牡河北本悉爲放牧之牧鄴下博士見難云駉頌既美僖公牧於坰野之事何限騲騭乎或借陟字夏小正執陟攻駒卽月令執騰駒

huán 馬

馬　馬一歲也從馬一絆其足讀若弦一曰若環　戶關切

說文解字義證　卷三十　二

馬一歲也者御覽引作馬一歲曰馬篆文馬一歲爲馬二歲爲駒八歲爲馬八別作駭玉篇駭馬一歲白帖齒色歲齒也毛色也　從馬一絆其足者與豕同意趙宧光曰馬一歲稍稽絆其足未就銜勒也左傳魯子家羈字駒魏武雜令蹄人者絆其足廄律畜生嚙人者絆之

jū 駒

駒　馬二歲曰駒三歲曰駣從馬句聲　舉朱切

急就篇㹀犙特犗羔犢駒　顏注馬子曰駒　詩漢廣傳云六尺以上曰馬五尺以上曰駒　淮南時則訓執騰駒高注馬五尺以下曰駒　夏小正四月執陟攻駒傳云執也者始執駒也執駒也者離之去母也執而升之君也攻駒也者敎之服車數舍之也

馬二歲曰駒三歲曰駣者御覽引同小字本作三歲曰駣此因本書無駣字改作駣也周禮校人執駒鄭司農云二歲曰駒三歲曰駣又廋人教駣攻駒鄭司農云馬三歲曰駣二歲曰駒

bā 馬八

馬八　馬八歲也從馬從八　博拔切

xián 騆 qí 騏 lí 驪 xuān 駽 guī 騩

馬八歲也者御覽引作八歲曰馯本書馯下云馬八歲曰馯也 從八者徐鍇本作八聲

騆 馬一目白曰騆二目白曰魚從馬閒聲 戶閑切

馬一目白曰騆二目白曰魚者釋畜文彼作騆張協七命天驥之駿眸騆黑照注云騆馬目也詩騆有驔有魚傳云二目白曰魚

騏 馬青驪文如博棊也從馬其聲 渠之切

馬青驪文如博棊也者博當爲簙韻會引徐鍇本文作色馥案孔叢執節篇犬馬之名皆因其形色而名焉一切經音義四引作馬文如棊也文選七發將爲太子馴騏驥之馬李善引作馬驪文如棊也急就篇騏騮馳騁怒步超顏注騏者青驪之馬文如棊也書顧命四人棊弁馬本棊作騏云騏青黑色詩鳲鳩其弁伊騏傳云騏騏文也正義云馬之青黑色者謂之騏駟有騂有騏傳云蒼祺曰騏馥案祺當爲綦小戎駕我騏馵傳云騏綦文也正義云色之青黑者名爲綦馬名爲騏知其色作綦文

說文解字義證 卷三十 三

驪 馬深黑色從馬麗聲 呂支切

馬深黑色者史記匈奴傳北方盡烏驪馬索隱云說文云驪黑色詩駉有驪有黃傳云純黑曰驪釋文云說文字林云深黑色馬也小爾雅廣詁驪黑也急就篇騂騩騅駁驪駵驢顏注深黑色曰驪檀弓戎事乘驪注云馬黑色曰驪穆天子傳盜驪注云驪黑色也後漢書李忠傳卽以所乘大驪馬及繡被衣物賜之注云馬色黑而青曰驪

駽 青驪馬從馬肙聲詩曰駜彼乘駽 火玄切

青驪馬者釋畜青驪駽郭云今之鐵驄馥案北方謂之鐵青 詩曰駜彼乘駽者魯頌有駜文傳云青驪曰駽

騩 馬淺黑色從馬鬼聲 俱位切

馬淺黑色者卽盜驪也顏注急就篇騩淺黑色也後漢書班超傳漢使有騧馬注云續漢及華嶠書騧字竝作騩說文馬淺黑色音京媚反晉書輿服志騩馬淺黑色漢舊儀有天地大變天下大過皇帝使侍中持節乘四白馬賜上尊十斛着牛一頭策告殃咎使者去半道丞相上病使者還未白事尙書以丞相不起聞丞相不勝任使者奉策書

liú 騮 xiá 騢 zhuī 騅 luò 駱 yīn 駰

駕騩騂馬卽時布衣步出府免爲庶人丞相有他過使者奉策書駕騅騩馬卽時步出府乘棧車牝馬歸田里思過馥案所駕馬皆素色騩淺黑騅蒼黑騂白色

騮 赤馬黑毛尾也從馬畱聲 力求切

赤馬黑毛尾也者毛當爲髦顏注急就篇赤馬黑髦曰騮詩駉有騮有雒傳云赤身黑鬣曰騮釋文云字林云赤馬黑髦尾也詩小戎騏騮是中箋云赤身黑鬣曰騮呂氏春秋孟夏紀駕赤騮注云騂馬黑尾曰騮史記秦本紀騂騮騄耳之駟集解郭璞曰今名馬驃赤者爲棗騮騮赤馬也史記又云乃用騮駒徐廣云赤馬黑髦曰騮漢書郊祀志其牲用騮駒顏注騮赤馬黑鬣尾也字或作騮齊民要術騮馬驪肩善馬也

騢 馬赤白雜毛從馬叚聲謂色似鰕魚也 乎加切

馬赤白雜毛者釋畜彤白雜毛騢郭云卽今之赭白馬彤赤馥案顏延之有赭白馬賦詩駉有駰有騢傳云彤白雜毛曰騢 謂色似鰕魚也者玉篇騢赭白色似鰕魚也

說文解字義證 卷三十 四

騅 馬蒼黑雜毛從馬隹聲 職追切

馬蒼黑雜毛者釋畜蒼白雜毛騅詩駉有騅有駓毛傳同顏注急就篇蒼白雜色曰騅漢書項籍傳駿馬名騅顏注蒼白雜毛曰騅葢以其色名之戴侗曰爾雅蒼白雜毛徐本說文蒼黑雜毛按蒼黑之說近是馥謂烏騅是也

駱 馬白色黑鬣尾也從馬各聲 盧各切

馬白色黑鬣尾也者集韻引作黑髦尾釋畜白馬黑鬣駱郭引明堂位夏后氏駱馬黑鬣詩駉釋文云樊孫爾雅竝作白馬黑髦尾也馥案高注淮南時則訓白馬黑毛曰駱毛當爲髦詩四牡嘽嘽駱馬傳云白馬黑鬣曰駱月令駕白駱注云白馬黑鬣曰駱呂氏春秋孟秋紀注同周書王會青馬黑鬣王注鬣卽鬣字馥案廣雅作朱鬣獨與衆異

駰 馬陰白雜毛也從馬因聲詩曰有駰有騢 於眞切

馬陰白雜毛也者釋畜文郭云陰淺黑今之泥驄集韻引作馬陰白雜毛黑類篇韻會引同徐鍇本作馬陰白黑喙詩皇皇者華我馬維駰傳云陰白雜毛曰駰

馬

馬

cōng 驄

驄 馬青白雜毛也從馬悤聲 倉紅切

東觀漢記桓典爲御史常乘驄馬京師畏憚爲之語曰行行且止避驄馬御史

馬青白雜毛也者唐書吐谷渾傳嘗得波斯草馬放入青海因生驄駒通鑑王琬乘隋煬帝驄馬注云馬青白曰驄

悤聲者六書故云驄馬蔥青色馥案本書繱帛青色爾雅青謂之蔥此驄當從蔥省聲

yù 驈

驈 驪馬白胯也從馬矞聲詩曰有驈有騜 食聿切

驪馬白胯也者釋畜文彼作跨郭云驪黑色跨髀閒廣韻驈黑馬白髀

詩曰有驈有騜者魯頌駉文彼作皇傳云驪馬白跨曰驈

馥案本書無騜字

máng 駹

駹 馬面顙皆白也從馬尨聲 莫江切

馬面顙皆白也者史記正義引同廣韻駹黑馬白面顏注急就篇面顙皆白謂之駹釋畜面顙皆白惟駹郭云顙額史記匈奴傳東方盡青駹馬索隱青駹青色馬也周禮巾車革路龍勒注云龍駹也以白黑飾韋雜色爲勒易說卦震爲龍釋文虞干作駹虞云蒼色干云雜色

說文解字義證卷三十 五

guā 騧

騧 黃馬黑喙從馬咼聲 古華切

宋明帝以騧字旁似禍改作䯄裒字記唐太宗十驥八曰流金䯄

黃馬黑喙者釋畜白馬黑脣駩黑喙騧郭云今之淺黃色者爲騧馬釋文云毛詩傳說文字林皆云黃馬黑喙曰騧駩孫本作犉云與牛同稱馥案本書犉黃牛黑脣以此證之騧是黃馬詩小戎騧驪是騧傳云黃馬黑喙曰騧

籀文騧

籀文當作彩旁

piào 驃

驃 黃馬發白色一曰白髦尾也從馬𤏲聲 毗召切

黃馬發白色一曰白髦尾也者史記衞青傳以冠軍侯去病爲驃騎將軍正義云說文云驃騎黃馬髲白色一曰髦尾馥疑此文有誤本書𩣡馬頭有發赤色者儵青黑繒發白色也與此發字義同

pī 駓

駓 黃馬白毛也從馬丕聲 敷悲切

黃馬白毛也者戴侗曰唐本作黃馬白雜毛馥案當云馬黃白雜毛也釋畜黃白雜毛駓郭云今之桃華馬詩駉有騅有駓傳云黃白雜毛曰駓釋文駓字又作駓字林作駓馥案字林別有駓字云走也此當爲駓

tiě 驖

驖 馬赤黑色從馬𢧜聲詩曰四驖孔阜 他結切

馬赤黑色者玉篇驖馬如鐵赤黑色月令冬駕鐵驪

詩曰四驖孔阜者秦風駟驖文彼作駟傳云驖驪漢書地理志車轔四驖小戎之篇亦作四

àn 𩣡

𩣡 馬頭有發赤色者從馬岸聲 五旰切

馬頭有發赤色者者徐鍇本作馬頭有白發色鍇曰所謂白發言色有淺處若將起然玉篇𩣡馬白額至脣

dí 馰

馰 馬白頟也從馬的省聲一曰駿也易曰爲馰顙 都歷切

覲禮匹馬卓上九馬隨之注云卓讀如卓王孫之卓卓猶的也以素的一馬以爲上書其國名後當識其何產也

說文解字義證卷三十 六

馬白頟也者相馬經馬白頟名曰的盧齊民要術白從頟上入口名俞膺一名的顱奴乘客死主乘棄市大兇馬也襄沔記劉備依劉表表欲取備備覺僞如廁潛遁出所乘馬名的顱從襄陽城西檀溪水中而渡被溺不得出備既急乃曰的顱今日危矣可不努力乎的顱乃一踴三丈遂得過溪而去晉書庾亮傳亮所乘馬有的顱馥案本書所言馬色曰頟曰頭曰鬣曰面顙曰尾而不及耳隋西域圖記云大宛馬烏馬騮馬多白耳口馬驄馬多赤耳黃馬赤馬多黑耳惟耳色自別餘色與常馬不異是則耳色惟大宛馬有之也

一曰駿也者字林作駿

易曰爲馰顙者說卦傳文彼作的虞云的白顙也本書的下引易爲的顙釋畜的顙白顛舍人云的白也顙額也額有白毛今之戴星馬也詩車鄰有馬白顛傳云白顛的顙也

bó 駁

駁 馬色不純從馬爻聲 北角切

馬色不純者一切經音義十七字林斑駁色不純也通俗文黃白雜謂之駁犖顏注急就篇色不純曰駁易說卦傳乾爲駁馬宋衷注云天有五行之色故爲駁馬釋畜宗廟齊毫郭云尚純釋畜又云駵白駁淮南說林訓駵駁不入

牲注云犧牲以純色也詩東山皇駁其馬傳云騂白曰駁正義云謂馬色有騂處有白處孫炎曰騂赤色也李善注赭白馬賦引劉芳詩義證曰彤白雜毛曰駁彤赤也卽赭白也或通作駮寰宇記駮馬國在結骨之北其馬色竝駮故以名云

zhù 馵

馵 馬後左足白也从馬二其足讀若注 之戍切

馬後左足白也者釋畜後右足白驤左白馵郭云後左脚白陳啓源曰釋畜有二馵一䮑上皆白惟馵一左足白馵孔氏詩疏引郭注云馬䮑上白爲惟馵後左足白者眞名馵今郭注無此二句詩小戎駕我騏馵傳云左足白曰馵齊民要術馬後左右足白不利人廣韻作㺍云馬左足白 讀若注者徐鍇本下有易曰爲馵足五字案虞翻云馬白後左足爲馵震爲左爲足初陽爲白也

diàn 驔

驔 驪馬黃脊从馬覃聲讀若簟 徒玷切

驪馬黃脊者與騽下訓互誤此當云馬豪骭也增韻五音集韻洪武正韻竝云驔馬豪骭陳啓源曰詩駉有驔有魚傳云豪骭曰驔正義云釋畜云四骹皆白驓無豪骭白之名傳言豪骭白者謂豪毛在骭而白長也如正義言則傳豪骭下當有一白字否則曰字當作白馥案聲類豪長毛也六韜得犬戎氏文馬豪毛穆天子傳天子之豪馬豪牛

yàn 驠

驠 馬白州也从馬燕聲 於甸切

馬白州也者釋畜白州驠郭云州竅廣韻驠馬竅白廣雅州臀也北山經倫山有獸焉其川在尾上注云川竅也馥案川爲州之誤

xí 騽

騽 馬豪骭也从馬習聲 似入切

馬豪骭也者本驔字訓此當云驪馬黃脊玉篇騽驪馬黃脊又馬豪骭馥謂又云者乃宋人據本書增入釋畜驪馬黃脊騽郭云脊背毛黃釋文云騽說文作驔音簟字林云又音譚今爾雅本亦有作驔者據此則驔騽二訓唐本已誤

hàn ⿰倝馬

⿰倝馬 馬毛長也从馬倝聲 侯旰切

馬毛長也者廣韻駭鶾蕃中大馬出異字苑馥謂蕃馬毛長故名鶾

fēi 騑

騑 馬逸足也从馬从飛司馬法曰飛衛斯輿 甫微切

馬逸足也者玉篇騑兔古之駿馬也廣韻騑兔馬而兔走呂氏春秋離俗覽飛兔要褭古之駿馬也或借飛字漢書袁盎傳騁六飛馳不測山 從飛者徐鍇本作飛聲 飛衛斯輿者集韻類篇竝引作騑

ào 驁

驁 駿馬以壬申日死乘馬忌之从馬敖聲 五到切

駿馬者高注呂覽云驁千里馬名也荀悅漢紀成帝諱驁驁之字曰俊馥案廣韻駿馬之俊

jì 驥

驥 千里馬也孫陽所相者从馬冀聲天水有驥縣 几利切

千里馬也者論語驥不稱其力釋文驥古之善馬也離騷乘騏驥以馳騁兮注云騏驥駿馬也言乘駿馬一日可致千里呂氏春秋貴卒篇所謂驥者爲其一日千里也桓譚新論夫畜生賤也然有尤善者皆見記識故馬稱驊騮驥騄 孫陽所相者者徐鍇曰孫陽卽伯樂也舊多云驥長鳴於蒲坂伯樂見而識之也馥案隋書經籍志有伯樂相

馬經

jùn 駿

駿 馬之良材者从馬夋聲 子峻切

韓非十過篇屈產之乘寡人之駿馬也 七發此亦天下之至駿也太子能彊起乘之乎 前秦錄姚襄有駿馬日行千里 劉恢詩東皋有一駿名曰千里駒

馬之良材者者一切經音義二引作馬之才良者也穆天子傳天子之駿注云駿者馬之美稱楚詞七諫駑駿雜而不分兮注云良馬爲駿也

xiāo 驍

驍 良馬也从馬堯聲 古堯切

良馬也者赭白馬賦品驍騰李善引本書同一切經音義十三引作良馬駿名也戴侗曰漢書梟騎借用梟

zuī ⿰馬垂

⿰馬垂 馬小皃从馬垂聲讀若箠 之壘切

本書[illegible]從[illegible]馬旁在右

jiāo 驕　lái 騋　huān 驩　yàn 驗　cǐ 䮂　xiū 䮌　wén 馼

籀文從𡕥

驕 馬高六尺爲驕從馬喬聲詩曰我馬維驕一曰野馬 舉喬切

馬高六尺爲驕者公羊解詁天子馬曰龍高七尺以上諸矦曰馬高六尺以上卿大夫士曰駒高五尺以上馥案駒卽驕高注淮南修務訓馬五尺以下爲駒 詩曰我馬維驕者小雅皇皇者華文彼作駒釋文云本亦作驕 一曰野馬者不受控制故爲驕縱莊子在宥篇僨驕而不可係者其惟人心乎史記司馬相如傳天蟜㨮以驕驁兮

騋 馬七尺爲騋八尺爲龍從馬來聲詩曰騋牝驪牡 洛哀切

馬七尺爲騋八尺爲龍者釋畜曰馬八尺爲駥郭云周禮曰馬八尺以上爲駥馥案後漢書注引爾雅作龍周禮廋人馬八尺以上爲龍七尺以上爲騋六尺以上爲馬漢舊儀大宛汗血馬皆高七尺 詩曰騋牝驪牡者詩無此文

蓋說詩者之言爾雅騋牝驪牡郭注詩云騋牝三千馬七尺以上爲騋見周禮又元駒褭驂郭注元駒小馬別名褭驂百鄭注檀弓引爾雅騋牝驪牡元以元字上屬又注周禮廋人引爾雅騋牝驪牡元駒褭驂賈疏云騋中所有牝則驪色牡則元色兼有駒褭驂是賈疏亦與郭異又案論語敢用元牡亦牡元連文本書所引無元字或脫漏非與鄭不同也

驩 馬名從馬雚聲 呼官切

驗 馬名從馬僉聲 魚窆切

䮂 馬名從馬此聲 雌氏切

䮌 馬名從馬休聲 許尤切

馼 馬赤鬣縞身目若黃金名曰媽吉皇之乘周文王時犬戎獻之從馬從文文亦聲春秋傳曰媽馬百駟畫馬也西伯獻紂以全其身 無分切

馬赤鬣縞身目若黃金名曰媽吉皇之乘者媽字衍當云名曰吉皇之乘博物志文馬赤鬣身白目若黃金名古黃之乘馥案古當爲吉周書王會犬戎文馬而赤鬣縞身目若黃金名吉皇之乘符瑞圖王者車馬有節則見騰黃騰黃者神馬也其色黃一名乘黃亦曰飛黃或曰吉黃東京賦擾澤馬與騰黃李善云山海經曰大封國有文馬縞身朱鬣名曰吉良瑞應圖曰騰黃神馬一名吉光然則吉良騰黃一馬而異名也馥案抱朴子騰黃之馬吉光之獸海外西經奇肱之國其人乘文馬注云文馬卽吉良也纂文媽黃目之馬也宋書符瑞志白馬朱鬣王者任賢良則見枓堅時大宛獻天馬朱鬣五色 周文王時犬戎獻之者文王當爲成王漢書王莽傳天重以三能文馬晉灼曰許愼說文馬縞身金精周成王時犬戎獻之海內北經犬封國曰犬戎國有文馬縞身朱鬣目若黃金名曰吉量之乘壽千歲注云周書曰犬戎文馬赤鬣白身目若黃金名曰吉黃之乘成王時獻之六韜曰文身朱鬣眼若黃金項若雞尾名曰雞斯之乘大傳曰駁身朱鬣雞目山海經亦有吉黃之乘壽千歲者惟名有不同說有小錯其實一物百

今博舉之以廣異聞也 文亦聲者當爲文聲 春秋傳曰媽馬百駟畫馬也者宣二年左傳文彼作文馬百駟杜注云畫馬爲文正義云謂文飾彫畫之朱其尾鬣之類也馥案定十年左傳公子地有白馬四公嬖向魋魋欲之公取而朱其尾鬣以與之齊策倣邑有文馬二駟 西伯獻紂以全其身者六韜商王拘周伯昌於羑里太公與散宜生以金千鎰求天下珍物以免君之罪於是得犬戎氏文馬毫毛朱鬣目如黃金名雞斯之乘以獻商王 尚書大傳西伯旣戡耆紂囚之牖里散宜生遂之犬戎氏取美馬駁身朱鬣雞目者取九匹馬陳於紂之廷紂出見之還而觀之曰此何人也散宜生趨而進曰吾西蕃之臣昌之使者紂曰非子辠也崇侯也遂遣西伯伐崇禮說文王得白馬朱鬣淮南道應訓散宜生乃以千金求天下之珍怪得騶虞雞斯之乘史記周本紀紂囚西伯於羑里閎夭之徒乃求驪戎之文馬而獻之紂乃赦西伯正義按駮馬赤鬣縞身目如黃金文王以獻紂也琴操崇侯虎譖文王於紂乃囚文王於羑里將欲殺之於是文王四臣散宜生等周流海內經歷風土得美女二人水中大貝白馬朱鬣以獻於紂陳於中庭紂立出西伯古今樂錄紂囚文王於羑里欲殺之於是文王四臣太顚宏夭散宜生南宮适

之屬周流海內經歷風土得白馬朱鬣以獻於紂陳其中庭紂見之仰天而嘆曰嘻哉此誰寶散宜生趨而進曰是西伯之寶以贖判罪紂曰於寡人何其厚也立出西伯金樓子箴戒篇殷帝紂囚西伯羑里西伯乃獻獸黃金目毛如織錦

zhī 駤

駤 馬彊也從馬支聲 章移切

馬彊也者通俗文彊健曰駤廣雅駤強也

bì 駜

駜 馬飽也從馬必聲詩云有駜有駜 毗必切

馬飽也者飽當爲肥徐鍇韻譜玉篇廣韻五經文字並作肥　詩云有駜有駜者魯頌有駜文傳云駜馬肥彊貌

jiōng 駫

駫 馬盛肥也從馬光聲詩曰四牡駫駫 古熒切

馬盛肥也者玉篇駫馬肥壯盛貌　詩曰四牡駫駫者後人亂之當云駉駉牧馬陳啟源曰詩駉敘下釋文云駉古熒反說文作驍又作駫今說文駉字引詩在駉之野牧馬苑也駫字引詩四牡駫駫馬盛肥也二字徐皆古熒切然則駫乃詩之駉字驍乃別字馥案玉篇駉與駫同可與釋文互證詩駉駉牧馬在坰之野傳云駉駉良馬腹幹肥張也卽本書盛肥詩借駉字或通作洸詩武夫洸洸釋訓洸洸武也

péng 騯

騯 馬盛也從馬旁聲詩曰四牡騯騯 薄庚切

馬盛也者或借旁字詩清人駟介旁旁釋文云王云旁旁彊也　詩曰四牡騯騯者小雅車攻文彼作龐龐傳云龐龐充實也

àng 駠

駠 駠駠馬怒皃從馬卬聲 吾浪切

駠駠馬怒皃者廣韻駠馬怒驚騖駠也或借昂字楚辭卜居寧昂昂若千里之駒乎

xiāng 驤

驤 馬之低仰也從馬襄聲 息良切

馬之低卬也者戴侗曰漢書交龍襄首借襄字

mò 驀

驀 上馬也從馬莫聲 莫白切

qí 騎

騎 跨馬也從馬奇聲 渠羈切

玉篇馬下云黃帝臣相乘馬　周禮大司馬師帥執提注云提謂馬上鼓有曲木提持鼓立馬髦上者故謂之提疏云先鄭蓋據當時已有單騎擧以況周其實周時皆乘車無輕騎法也　昭二十五年左傳左師展將以公乘馬而歸正義古者服牛乘馬馬以駕車不單騎也至六國之時始有單騎蘇秦所云車千乘騎萬匹是也劉炫謂此左師展將以公乘馬而歸欲共公單騎而歸此騎馬之漸也　曲禮前有車騎則載飛鴻正義古人不騎馬經典無言騎者今言騎者當是周末時禮　論語策其馬皇氏曰六籍唯用馬乘車無騎馬之文唯曲禮云前有車騎是騎馬目今云策其馬不知爲騎馬爲乘車也　顧炎武曰詩云古公亶父來朝走馬古者馬以駕車不可言走曰走者單騎之稱程大昌雍錄曰恐此時或已變乘爲騎不暇駕車按王應麟謂六韜言騎戰其書當出於周末又引公羊傳齊侯唁公以鞍爲几公羊亦周末之書也　史記樊噲傳沛公留車騎獨騎馬噲等四人步從

跨馬也者釋名騎支也兩腳枝別也

jià 駕

駕 馬在軛中從馬加聲 古訝切

呂氏春秋勿躬篇乘雅作駕

馬在軛中者一切經音義十四引字林馬在軛中曰駕又二十二引三蒼載曰乘馬曰駕

𩣡 籀文駕

fēi 騑

騑 驂旁馬從馬非聲 甫微切

襄八年左傳騑也受其咎杜云騑子駟名

驂旁馬者李善注洛神賦引作驂駕一切經音義五驂旁馬曰騑詩小戎騧驪是驂箋云驂兩騑也檀弓脫驂而賻之注云騑馬曰驂覲禮使者降以左驂注云騑馬曰驂後漢書章帝紀騑馬可輟解輟解之注云夾轅者爲服馬服馬外爲騑馬徐廣曰馬在中曰服在外曰騑騑亦名驂

pián 駢

駢 駕二馬也從馬并聲 部田切

五經異義天子駕數易孟京春秋公羊說天子駕六毛詩說天子至大夫同駕四士駕二詩云四騵彭彭武王所乘龍旂承祀六轡耳耳魯僖所乘四牡騑騑周道倭遲大夫所乘謹案禮王度記曰天子駕六諸矦與卿同駕四大夫駕三士駕二庶人駕一說與易春秋同　說苑天子乘馬六匹諸矦四匹大夫三匹元士二匹下士一匹　哀十七年左傳良夫乘衷甸兩牡正義四馬爲上乘兩馬爲中乘其諸矦大夫士惟駕二無四二十七年陳成子以乘車兩馬賜顏涿聚之子士喪禮云賵以兩馬是惟得駕兩無上乘也韓詩外傳古者命於其君然後得乘飾車駢馬未得命者不得乘飾車駢馬

駕二馬也者詩小戎駕我騏馵釋文引王肅注駕兩馬者肅又云古者一轅之車夏后氏駕兩馬謂之麗殷益以一騑謂之驂周人又益以一謂之駟馥謂麗卽駢也故凡對偶謂之駢麗容齋續筆漢功臣表許盎以駢鄰說衛駢鄰者二馬曰駢謂竝兩騎爲軍翼也

cān 驂

驂 駕三馬也从馬參聲 倉含切

駕三馬也者李善注北征賦引作旁馬也一切經音義八說文驂駕三馬也旁馬曰驂居右爲驂乘者備非常也詩

大叔于田兩驂如舞傳云在旁曰驂桓三年左傳驂絓而止注云驂騑馬正義云說文云騑驂旁馬是騑驂爲一也初駕馬者以二馬夾轅而已又駕一馬與兩服爲參故謂之驂又駕一馬乃謂之駟故說文云驂駕三馬也駟一乘也兩服爲主以漸參之兩旁二馬遂名爲驂故總舉一乘則謂之駟指其騑馬則謂之驂衛策拊驂無答服高云兩旁曰驂轅中曰服

sì 駟

駟 一乘也从馬四聲 息利切

一乘也者左傳正義引同玉篇駟四馬一乘也詩清人駟介旁旁箋云駟四馬也詩干旄良馬六之傳云四馬六轡正義上章四之謂服馬之四轡也加一驂馬益一轡故言五之也又加一驂更益一轡故六之也穆天子傳獻良馬十駟郭云四馬爲駟謂四十匹也馥案四馬一乘因以乘爲四數少儀乘壺酒孟子發乘矢是也

fù 駙

駙 副馬也从馬付聲一曰近也一曰疾也 符遇切

副馬也者後漢書曾恭傳賜駙馬從駕注云駙副也非正所乘皆爲副說文曰駙副馬也漢舊儀中黃門駙馬漢書蘇武傳宦騎與黃門駙馬爭船顏注駙副也百官公卿表駙馬都尉掌駙馬顏注駙副馬也非正駕車皆爲副馬通鑑魏王珪問諸將若殺副馬爲三日食足乎注云凡北人用騎兵各乘一馬又有一馬爲副馬通鑑又云賀拔勝追高歡段韶射勝馬斃之比副馬至歡已逸去　一曰近也者文選求通親親表駙馬奉車李善引本書同本書近附也附當爲駙俗作附廣雅附近也

xié 䮥

䮥 馬和也从馬皆聲 戶皆切

馬和也者廣韻䮥馬性和也

ě 騀

騀 馬搖頭也从馬我聲 五可切

pǒ 駊

駊 駊騀也从馬皮聲 普火切

駊騀也者玉篇駊騀馬搖頭也廣韻駊騀馬惡行

tāo ⿰馬舀

⿰馬舀 馬行皃从馬舀聲 土刀切

馬行皃者纂文作⿰匋鳥云馬行也或借陶字詩清人駟介陶陶傳云陶陶驅馳之皃

dǔ 篤

篤 馬行頓遲从馬竹聲 冬毒切

kuí 騤

騤 馬行威儀也从馬癸聲詩曰四牡騤騤 渠追切

馬行威儀也者儀當爲義玉篇騤馬強行　詩曰四牡騤騤者小雅采薇文傳云騤騤彊也

wò ⿱𦥯馬

⿱𦥯馬 馬行徐而疾也从馬學省聲 於角切

集韻⿱𦥯馬羊諸切說文馬行徐而疾引詩四牡⿱𦥯馬⿱𦥯馬類篇同玉篇⿱𦥯馬馬行徐而疾⿱𦥯馬馬腹下聲廣韻⿱𦥯馬馬行皃⿱𦥯馬馬腹下鳴類篇馬鳴腹謂之⿱𦥯馬馥案本書有⿱𦥯馬⿱𦥯馬兩字傳寫脫⿱𦥯馬字今以⿱𦥯馬之注闕入⿱𦥯馬下而闕⿱𦥯馬字注也

qīn 駸

駸 馬行疾也从馬侵省聲詩曰載驟駸駸 子林切

馬行疾也者廣雅駸駸疾也阮籍詩青驪逝駸駸陸機詩駸駸策素騏　詩曰載驟駸駸者小雅四牡文傳云駸駸驟貌釋文引字林與本書同

sà 馺

馺 馬行相及也從馬從及讀若爾雅小山馺大山𡵌 蘇荅切

馬行相及也者本書𧼜行皃一曰此與馺同馥案廣韻迨遝行相及也遝即𧼜字玉篇馺𩣡馬行皃廣雅馺及也方言馺馬馳也郭注馺馺疾皃也文選甘泉賦輕先疾雷而馺遺風三輔黃圖馺娑宮馺娑馬行疾皃馬行迅疾一日之閒徧宮中言宮之大也 從及者徐鍇本作及聲 讀若爾雅小山馺大山𡵌者釋山文彼作岌

píng 馮

馮 馬行疾也從馬仌聲 房戎切

niè 馻

馻 馬步疾也從馬耴聲 尼輒切

sì 騃

騃 馬行仡仡也從馬矣聲 五駭切

馬行仡仡也者本書仡勇壯也𧻚直行也漢書司馬相如傳仡以佁儗兮張揖曰仡舉頭也西京賦羣獸駓騃薛君韓詩章句云趪曰駓行曰騃或借俟字詩吉日儦儦俟俟傳云趨則儦儦行則俟俟後漢書馬融傳注引韓詩駓駓俟俟

zhòu 驟

驟 馬疾步也從馬聚聲 鉏又切

馬疾步也者廣雅驟犇也急就篇騏驍馳驟怒步超顏注疾步曰驟成十八年左傳杞伯於是驟朝於晉正義驟是疾行之名國語驟救傾危以時賈注驟疾也宋書傳弘之傳弘之姚弘馳道內緩服戲馬或馳或驟

gě 駒

駒 馬疾走也從馬匃聲 古達切

fān 颿

颿 馬疾步也從馬風聲 符嚴切

qū 驅

驅 馬馳也從馬區聲 豈俱切

馬馳也者玉篇驅驟也奔馳也廣雅驅犇也詩山有樞弗馳弗驅正義走馬謂之馳策馬謂之驅馥謂本書馬馳當爲馳馬

敺 古文驅從攴

易比卦王用三驅鄭作敺 說苑君道篇當堯之時益掌敺禽 漢書禮樂志不示以大化而獨敺以刑罰賈誼傳或敺之以法令田叔傳孟舒豈敺之哉顏注並云敺與驅同 又借敺字史記趙世家敺代地漢書食貨志敺民而歸之農 從攴者顏師古曰敺字從攴攴音普木反也

chí 馳

馳 大驅也從馬也聲 直离切

大驅也者廣韻馳驟也疾驅也一切經音義十七疾走曰馳廣雅馳犇也莊十年左傳公將馳之詩車攻不失其馳孫子作戰篇馳車千駟孟子好馳馬試劍史記絳侯世家上自勞軍至霸上及棘門軍直馳入又云將軍約軍中不得驅馳

wù 騖

騖 亂馳也從馬敄聲 亡遇切

亂馳也者一切經音義七騖疾馳也廣雅騖犇也齊策邯鄲之中騖鮑注騖亂馳也韓非外儲說牽馬推車則不能進代御執轡持策則馬咸騖矣後漢書光武紀今此誰賊而馳騖擊之乎注引前書音義直騁曰馳亂馳曰騖蔡邕釋誨前車已覆襲軌而騖文選射雉賦彼游田之致獲或乘危以馳騖

liè 鴷

鴷 次弟馳也從馬㫚聲 力制切

次弟馳也者就列不亂也集韻鴷馴也

chěng 騁

騁 直馳也從馬甹聲 丑郢切

直馳也者廣雅騁犇也韓詩章句騁馳也襄二十六年左傳而騁告公定八年傳林楚怒馬及衢而騁杜注並云騁馳也

tuì 駾

駾 馬行疾來皃從馬兌聲詩曰昆夷駾矣 他外切

馬行疾來皃者廣韻駾奔突也 詩曰昆夷駾矣者大雅緜文彼作混夷傳云駾突正義云說文云駾馬疾行皃引詩混夷駾矣

yì 駃

駃 馬有疾足從馬失聲 大結切

馬有疾足者玉篇駃馬疾走也廣韻駃馬行疾也詩駉傳云驛驛善走也釋文作善足漢律置傳有高足中足下足尸子夫買馬不論足力以白黑爲儀必無走馬矣

hàn 駻

駻 馬突也從馬旱聲 侯旰切

馬突也者當爲突馬也漢書刑法志是猶以鞿而御駻突如淳曰駻突惡馬也字或作馯淮南氾論訓是猶無鏑銜橜策錣而御馯馬也高注馯馬突馬也

dòng 駧

駧 馳馬洞去也從馬同聲 徒弄切

馳馬洞去也者集韻類篇竝引作馳駧去也玉篇駧馬疾走易乾鑿度駈駧元化

jīng 驚

驚 馬駭也從馬敬聲 舉卿切

馬駭也者吳子治兵篇戢其耳目無令驚駭習其馳逐閑其進止國策宣子至橋馬驚

hài 駭

駭 驚也從馬亥聲 侯楷切

驚也者廣雅駭驚起也蒼頡篇駭驚也哀六年公羊傳諸大夫見之皆色然而駭孔叢嘉言篇馬方駭鼓而驚之六轡不禁周禮大司馬鼓皆駴釋文駴本亦作駭敵案英雄記整兵駭鼓

huāng ⿰馬巟

⿰馬巟 馬奔也從馬巟聲 呼光切

qiān 騫

騫 馬腹縶也從馬寒省聲 去虔切

馬腹縶也者縶當爲熱徐鍇本作熱鍇曰馬腹病字書騫馬病廣韻騫馬腹熱韻會云舊韻注作縶誤

zhù 駐

駐 馬立也從馬主聲 中句切

本書遾馬不行也讀若住

馬立也者釋名駐株也如株木不動也蒼頡篇駐止也漢書韓延壽傳今旦明府早駕久駐未出東觀漢記梁商門無駐馬請謁之賓英雄記呂布駐馬青瑣門外招王允曰公可以去乎魏文帝臨渦賦駐馬書鞭晉中興書元帝至河陽爲津吏所止從者以馬鞭拂之曰宮禁貴人而彼汝駐邪

xún 馴

馴 馬順也從馬川聲 詳遵切

馬順也者文選鸚鵡賦能馴擾以安處李善引說文馴順也列子黃帝篇無不柔馴者釋文馴順也一切經音義二十廣雅馴擾也善也亦從也淮南說林訓馬先馴而後求良鹽鐵論馴馬不馴御者之過也史記五帝紀能明馴德徐廣曰馴古訓字小司馬曰史記馴字徐廣皆讀曰訓訓順也言聖德能順人也案洪範于帝其訓史記作順馬融同故注云于天爲順也

zhēn 駗

駗 馬載重難行也從馬㐱聲 張人切

馬載重難行也者玉篇駗驙馬載重難行也

zhān 驙

驙 駗驙也從馬亶聲易曰乘馬驙如 張連切

駗驙也者猶趁𧼨也廣雅驙難也 易曰乘馬驙如者屯卦文彼作邅如乘馬班如馬融作驙云驙如難行不進之皃震爲馬馬足故驙如也

zhì 騺

騺 馬重皃從馬執聲 陟利切

集韻騂騺馬行不前皃案莊子在宥篇天下始喬詰卓騺釋文卓騺行不平皃

馬重皃者史記晉世家惠公馬騺不行索隱謂馬重而陷之於泥秦本紀晉君棄其軍與秦爭利還而馬騺國語晉師潰戎馬還濘而止韋謂馬重易陷陷則益重

jú 駶

駶 馬曲脊也從馬鞠聲 巨六切

本書躹曲脊也趜窮也通俗文體不申謂之趜

chéng 騬

騬 犗馬也從馬乘聲 食陵切

犗馬也者本書羠騬羊也廣雅騬犗也周禮校人攻特先鄭云攻特謂騬之庾人教駣攻駒後鄭云攻駒騬其蹄齧者後唐郭崇韜謂魏王繼曰騬馬亦不可乘

jiè 馻

馻 系馬尾也從馬介聲 古拜切

zhí 馽　sāo 騷

系馬尾也者玉篇馻結馬尾廣韻馻馬馬尾結也

騷 擾也一曰摩馬從馬蚤聲 穌遭切

擾也者廣雅騷擾也詩常武徐方驛騷傳云騷擾動也 一曰摩馬者俗謂搔馬廣韻爬搔也

馽 絆馬也從馬口其足春秋傳曰韓厥執馽前讀若輒 陟立切

襄二十五年左傳子展執縶而見 呂氏春秋仲夏紀游牝別其羣則縶騰駒 淮南子是猶兩絆騏驥而求其致千里也韓詩外傳如皆守社稷則孰負羈縶而從 東觀漢記光武雖發師旁縣人馬席薦羈靽皆有成賈 漢獻帝春秋申服就羈縶足入絆 吳時外國傳月支賈人以船載馬到加營國售之若於路失羈絆但將頭皮示之亦售半價 揚偉時務論雖剛怒奄戾蹢躅之馬若足拘靽縶口銜轡勤箠策畢至則蹢躅循軌 杜夷幽求瑞羈鏤絆 絆馬也者韻會引徐鍇本絆馬足也本書絆馬縶也馽字云馽馬絆也楚辭九思赴崑山兮馽騄王注馽騄馬而絆之莊子馬蹄篇連之以羈馽釋文崔云馽絆前兩足也經典竝用縶字一切經音義一縶絆也拘執也顏注急就篇在足曰靽廣雅縶絆也詩白駒縶之維之傳云縶絆有客言授之縶以縶其馬箋云縶絆也成九年左傳南冠而縶者誰也杜注縶拘執襄十五年公羊傳夫負羈縶何注縶馬絆也楚辭九歌霾兩輪兮縶四馬王注縶絆也莊子秋水篇東海之鼈左足未入而右膝已縶矣釋文引三蒼縶絆也思元賦縶騕褭以服箱舊注縶羈也通鑑尒朱榮廢有悍馬高歡不加羈絆而翦之注云縶足曰絆 春秋傳曰韓厥執馽前者成二年左傳文彼作韓厥執縶馬前杜注縶馬絆也 讀若輒者昭二十年穀梁傳輒者何也兩足不能相過齊謂之綦楚謂之踂衛謂之輒釋文輒本亦作縶劉兆云如見絆縶也鄭注士喪禮綦讀如馬絆綦之綦

𩣵 馽或從糸執聲

與縶同意秦公子縶字子顯盧植曰顯作驛 或從糸執聲者徐鍇本作或從執糸

zǎng 駔　tái 駘

駘 馬銜脫也從馬台聲 徒哀切

馬銜脫也者後漢書崔寔傳御委其轡馬駘其銜注引本書同

駔 牡馬也從馬且聲一曰馬蹲駔也 子朗切

牡馬也者類篇引作馬壯也五音集韻引作壯馬也戴侗曰徐本說文曰牡馬也唐本說文曰奘馬也集韻奘或作駔五音集韻駔與奘同大也玉篇駔猶麤也駿馬也方言秦晉之閒凡人之大謂之奘或謂之壯魏都賦冀馬塡廏而駔駿李善引說文駔壯馬也五臣云駔壯也謂冀北所生馬塡溢廏中而呈壯駿也赭白馬賦於時駔駿充階街兮李善引說文駔壯也王融曲水詩序駔駿函列廣綖之論附駔驥之旌端李善引說文駔壯馬也七發鍾岱之牡齒至之車又駕飛軨之車乘牡駿之乘馥謂兩牡字竝當作壯畢君以珣曰廣雅粗麤弁大也說文奘駔大也釋言奘駔也郭注今江東呼大爲駔駔猶麤也廣雅訓大之粗麤字卽駔字張揖郭璞俱溷駔麤粗爲一義或魏晉時有此語非古訓也說文原訓奘馬初譌爲壯又譌爲牡廣韻麆大也駔駿馬案駔大字本作駔卽魏都賦所云駔駿者是廣韻以駔爲駿馬而別出麆字訓大尤謬說文音子朗切徐鍇韻譜音徂朗切駔從且聲不應有朗音爾雅釋文駔在魯反又子朗反沈集注本作奘音同孫樊二本幷作將且而無奘駔沈集衆本合爲一字據釋文此言是沈合將且爲一字因有子朗之音此諸書踵誤之由也集韻奘在朗切或作駔大也以駔爲奘之或體襲沈本爾雅之誤又云奘大也通作駔麆坐五切奘卽釋文所云沈合將且爲一字者其通作麆則承廣韻也玉篇駔猶麤也在古切此訓與爾雅郭注同無子朗之音說文麆麢子也與爾雅同可證廣韻集韻之誤復案爾雅郭注當歸似蘄而麆大釋文云麆本今作麤此亦駔麆相溷李善讀駔爲于助反後人或於子朗之音改助爲朗周禮典瑞駔圭璋璧琮琥璜之渠眉鄭注駔讀爲組考工記玉人駔琮五寸鄭注駔讀爲組釋文駔音祖此可定駔之本音而知子朗之謬矣

一曰馬蹲駔也者本書怚驕也淮南氾論訓注云駔驕駔類篇引本書一曰市會後漢書注引本書駔會也御覽駔儈類引本書駔馬也此有闕誤廣韻駔會馬市人淮南子段干木晉國之大駔注云駔市儈也史記貨殖傳駔儈會兩家交易者

如今之度市

zōu 騶　yì 驛

騶 廄御也從馬芻聲 側鳩切

廄御也者玉篇騶養馬人名成十八年左傳程鄭爲乘馬御六騶屬焉杜注乘馬御乘車之僕也六騶六閑之騶襄二十三年傳豐點爲孟氏之騶月令季秋天子乃教田獵命僕夫七騶咸駕楚策使人發騶徵莊辛於趙韓非說林有欲以御見荊王者衆騶妒之外儲說韓宣子曰吾馬菽粟多矣甚臞何也周市對曰使騶盡粟以食雖無肥不可得也漢書敘傳滕公廄騶東方朔傳朔紿騶朱儒顏注騶本廄之御騶也後以爲騎謂之騶騎後漢書梁冀傳使黃門令具㠭將左右廄騶注云騶騎士也宋均傳令兩騶扶之注云騶養馬者亦曰騶騎張讓趙忠傳凡詔所徵求皆令西園騶密約勑注云騶養馬人王隱晉書嵇喜爲太僕廄騶

驛 置騎也從馬睪聲 羊益切

置騎也者廣雅驛置驛也文十六年左傳楚子乘驛會師于臨品杜注驛傳車也襄二十七年傳子木使驛謁諸王杜注驛傳也孟子速於置郵而傳命許白雲云馬遞曰置步遞曰郵史記孝文本紀太僕見馬遺財足餘皆以給置

傳索隱案廣雅云置驛也續漢書云驛馬三十里一置故樂彥亦云傳置一也言乘傳者以傳次受名乘置者以馬取匹如淳云律四馬高足爲傳置四馬中足爲馳置下足爲乘置一馬二馬爲軺置急乘一馬曰乘也漢書劉屈氂傳乘疾置以聞顏注置謂所置驛也李陵傳因騎置以聞顏注騎置謂驛騎也西域傳事有便宜因騎置以聞顏注騎置卽今之驛馬也馮奉世傳燔燒置亭顏注置謂置驛之所也顧炎武曰史記張敖傳要之置置驛也如曹相國世家取祁善置田橫傳至尸鄉廄置之置漢書馮奉世傳燔燒置亭是也東觀漢記衛颯爲桂陽太守列亭置驛風俗通漢改郵爲置置者度其遠近之間置之也漢有廄律魏改爲郵驛令李衛公問對陛下勑自突厥至回紇部落凡置驛六十六處以通斥堠斯已得策矣後漢書西域傳十里一亭三十里一置魏畧大秦國郵驛亭置如中國十里一亭三十里一置後唐輿服志驛馬三十里一置顧炎武曰古人以三十里爲一舍左傳楚子入鄭退三十里而許之平注以爲退一舍而詩言我服既成于三十里周禮遺人三十里有宿宿有路室然則漢人之驛馬三十里一置有自來矣漢書陳湯傳段會宗爲烏孫兵所圍驛騎上書東觀漢記東平王蒼病上置馬傳起居以千里爲程魏新律序秦世舊有廄置乘傳副車食廚漢初承秦不改後以費廣稍省故後漢但設騎置而無車馬北史周本紀行幸洛陽帝親御驛馬四皇后及文武侍衛竝乘馹以從顧炎武曰漢書高帝紀乘傳詣雒陽師古曰傳若今之驛古者以車謂之傳車其後又單置馬謂之驛騎竊疑此法春秋時當已有之如楚子乘驛會師於臨品祁奚乘驛而見范宣子楚子以馹至於羅汭子木使馹謁諸王楚人謂游吉曰吾將使驛奔問諸晉而以告國語晉文公乘馹自下脫會秦伯於王城呂氏春秋齊君乘馹而自追晏子及之國郊皆事急不暇駕車或是單乘驛馬而注疏家未之及也馥案漢王溫舒爲河內守具私馬五十匹自河內至長安以奏事此亦單騎之證也或借繹字詩常武徐方繹騷箋云繹當作驛徐國傳遽之驛

rì 馹　téng 騰

馹 驛傳也從馬日聲 人質切

驛傳也者本書傳遽也釋言馹傳也郭注傳車驛馬之名舍人曰馹尊者之傳也馥案昭五年左傳楚子以馹至於羅汭晉語晉侯乘馹自下脫會秦伯於王城晏子春秋齊君乘馹而自追晏子此皆尊者之傳

騰 傳也從馬朕聲一曰騰犗馬也 徒登切

傳也者一切經音義十二說文騰傳也傳音知戀反謂傳遞郵驛也後漢書隗囂傳因數騰書隴蜀注引本書同一曰騰犗馬也者去勢曰犗經典皆以騰爲牡故有乘匹之說未聞其爲犗也詩閟宮不震不騰傳云騰乘也易屯卦乘馬班如鄭注馬牝牡曰乘呂氏春秋季春紀是月也乃合纍牛騰馬游牝于牧高注纍牛父牛也騰馬父馬也皆將羣游從牝于牧之野風合之又注淮南時則訓云騰馬騰駒跳踶善將羣者也

hé 䮤　jiōng 駉　shēn 駪

䮤 苑名一曰馬白頟從馬隺聲 下各切

駉 牧馬苑也從馬冋聲詩曰在駉之野 古熒切

詩曰在駉之野者魯頌駉文彼云駉駉牧馬在坰之野薄言駉者傳云駉駉良馬腹幹肥張也坰遠野也牧之坰野則駉駉然案駉駉當爲駪駪說見駪下詩以駉代駪以坰代駉

駪 馬衆多皃從馬先聲 所臻切

bó 駁　jué 駃

馬衆多皃者詩皇皇者華駪駪征夫傳云駪駪衆多之皃

駁獸如馬倨牙食虎豹從馬交聲 北角切

郭璞贊駮惟馬類實畜之英驤首騰旄嘘天雷鳴氣無不凌吞虎辟兵　李白賦別有白貂飛駮牙若錯劒

獸如馬倨牙食虎豹者釋畜文詩晨風隰有六駮傳云駮如馬倨牙食虎豹正義倨牙者蓋謂其牙倨曲也後漢書馬融傳倨牙黔口或作居牙淮南本經訓句爪居牙張揖注子虛賦作鋸牙陳書武帝紀鉤爪鋸牙之獸文選七命句爪摧鋸牙捭虞世南師子賦鉤爪鋸牙藏鋒畜銳周處風土記猲獢五魚狠牙鋸齒一切經音義十七駮獸名鋸牙食虎豹者也郭知元韻駮獸名似馬鋸牙食虎豹逸周書王會篇義渠以玆白玆白者若白馬鋸牙食虎豹孔注玆白一名駮博物志玆白狀如酋耳尾長參其身食虎豹海外北經北海有獸焉其名曰駮狀如白馬鋸牙食虎豹西山經中曲之山有獸焉其狀如馬而白身黑尾一角虎牙爪音如鼓其名曰駮是食虎豹可以御兵管子小問篇桓公問曰今者寡人乘馬虎望見而不敢行其故何也管仲對曰意者君乘駮馬而洀桓迎日而馳乎公曰然管仲

說文解字義證　卷三十　卅三

曰此駮象也駮食虎豹故虎疑焉說苑[illegible]漢書司馬相如傳楚王乃駕馴駮之駟劉原父使契丹時順州山中有獸如馬食虎豹北人不識原父曰此所謂駮也馥案今河陜之閒有此獸俗呼馬頭所在無虎或借駮字易說卦爲駮馬正義言此馬有牙如鋸能食虎豹王廣云駮馬能食虎豹取其至健也

駃駃騠馬父贏子也從馬夬聲 古穴切

廣韻駃馬日行千里　一切經音義二駃騠駿馬也列女傳日生月超其母是也　白帖燕王食樂毅以駃騠良馬肉也　廣雅駃騠馬屬也　逸周書正北請令以駃騠爲獻淮南齊俗訓六騏驥駟駃騠高注駃騠北翟之良馬也史記李斯傳駿良駃騠不實外廄　漢書司馬相如傳駃騠驢騾郭璞曰駃騠生三日而超其母　鄒陽傳食以駃騠孟康曰駃騠駿馬也生七日而超其母　鹽鐵論騊駼駃騠實於外廄　後漢書杜篤傳鞭駃騠注云駃騠駿馬也生七日而超其母也　董卓傳卓孫年七歲爲作小鎧使騎駃騠馬隋六閑五曰左右駃騠閑　通典駃騠駿馬也生十日而超其母　發蒙記駃騠刳其母腹而生　蘇源明上疏至有乘馬駃驢入宣政紫宸者　廣志作浚蹄

tí 騠　luó 贏　lǘ 驢

駃騠馬父贏子也者白帖引作驢子爾雅翼引作驢母史記索隱引作贏子又引字林馬父贏子北狄之良馬也

騠駃騠也從馬是聲 杜兮切

驘驢父馬母從馬𣎆聲 洛戈切

呂氏春秋愛士篇趙簡子有兩白騾而甚愛之　史記匈奴傳其奇畜則有驢贏　漢書西域傳驢非驢馬非馬若龜玆王所謂贏也　鹽鐵論贏驢之用不中牛馬之功　唐書藩鎮傳吳少誠地少馬乘騾以戰號騾子軍尤悍銳

驢父馬母者古今注驢爲牡馬爲牝卽生騾騾楚辭九歎同駑贏與乘駔兮王注馬母驢父生子曰贏漢書霍去病傳單于遂乘六贏顏注贏者驢種馬子堅忍齊民要術驢覆馬生贏則準常以馬覆驢所生贏形容壯大彌復勝馬通典贏驢種而馬生之也通鑑魏主飼橐駝及騾胡注騾驢父馬母堅耐健走爾雅翼贏者馬牝驢牡所生似驢而健於馬昔非中國所產故漢書以爲匈奴奇畜也馬力在前髆驢力在後髀贏力在腰騎乘者隨其力所在而進退之贏股有鎖骨故不能生其肰大骨若臼而口小小骨若杵而頭大小口銜大頭故不可出也贏所以不滋息

𣎆聲者韻會引徐鍇本作贏省聲驘字云或不省

說文解字義證　卷三十　卅四

贏或從贏

驢似馬長耳從馬盧聲 力居切

袁淑廬山公九錫文音隨時興晨夜不默仰契元象俯協漏刻應更鳴聲豪分不易摯壺著稱未足比德斯爾之智也青脊隆身長頰廣額脩尾後垂巨耳雙磔斯又爾之形也嘉麥既孰實維精麪圓磨回衡迅若風轉惠我衆庶神祇獲薦斯又爾之能也　顧炎武曰自秦以上傳記無言驢者嘗考驢之爲物至漢而名至孝武而得充上林至孝靈而貴幸後漢書五行志靈帝於宮中西園駕四白驢躬自操轡驅馳周旋以爲大樂於是公卿貴戚轉相放效至乘輜軿以爲騎從互相侵奪賈與馬齊然其種大抵出於塞外自趙武靈王騎射之後漸資中國之用

似馬長耳者急就篇補注驢似馬長耳其毛厖褐能旋磨及馱負孔帖帝謂李忠臣卿耳大眞貴兆對曰臣驢耳大龍耳小詩話咸通中以進士車服僭差不許乘馬皆跨長耳或嘲之曰今年敕下盡騎驢

馬

méng 驝　tuó 驒　xī 騱　táo 騊　tú 駼　biāo 驫

驝 驢子也從馬冢聲 莫紅切

驢子也者急就篇補注驢其子名驝纂文驢一曰漢驪其子曰驝蟲異賦注引總龜曰牛父驢母所生謂之驕驝集韻歊歅蠓鳴

驒 驒騱野馬也從馬單聲一曰青驪白鱗文如鼉魚 代何切

驒騱野馬也者漢書司馬相如傳蛩蛩驒騱郭璞曰驒騱駏驉類也傳又云軼野馬轊天子傳野馬日走五百里鹽鐵論驒騱騵馬盡爲我畜通鑑張說曰血非野馬必不畏刺注云非人家及廄牧所畜而自孳生於野者謂之野馬　一曰青驪白鱗文如鼉魚者釋畜青驪驎驒郭注色有深淺斑駁隱粼今之連錢驄釋文驒說文云馬文如鼉魚韓詩字林皆云白馬黑髦史記匈奴傳驒騱索隱云說文云野馬屬一云青驪白鱗文如鼉魚

騱 驒騱馬也從馬奚聲 胡雞切

說文解字義證《卷三十　圭

騊 騊駼北野之良馬從馬匋聲 徒刀切

海外北經北海內有獸其狀如馬名曰騊駼郭注陶塗兩音揚雄解嘲後陶塗注云北方國名出良馬因以爲名郭璞贊騊駼野駿產自北域交頸相摩分背翹陸雖有孫陽終不在服　漢舊儀天子六廄有騊駼廄　三輔黃圖騊駼廄在長安城外　隋六閑四曰左右騊駼閑

騊駼北野之良馬者字林騊駼北狄良馬也一曰野馬　馥案釋畜騊駼馬下文云野馬郭注野馬如馬而小出塞外據字林則騊駼野馬爲一物衛策遺衛君野馬四百高注野馬騊駼也淮南主術訓騎騵馬而服騊駼高注騊駼野馬也通典騊駼野馬類也周書王會解禺氏騊駼注云騊駼馬屬又云請令以騊駼駃騠爲獻漢書司馬相如傳轊騊駼史記集解徐廣曰騊駼似馬而青

駼 騊駼也從馬余聲 同都切

驫 眾馬也從三馬 甫虬切

眾馬也者御覽引字林驫眾馬行也玉篇驫驫走皃廣韻驫驫眾馬走皃吳都賦驫駥飍矞李善注眾馬走皃

文一百一十五　重八

⿱𦥯馬　駂　駣　驏　zhì 廌

⿱𦥯馬 馬行徐而疾詩曰駟牡⿱𦥯馬⿱𦥯馬

說見鷽下

駂 黑馬驪白雜毛

釋畜驪白雜毛駂郭注今之烏驄釋文駂音保說文云黑馬驪白雜毛詩大叔于田乘乘鴇傳云驪白雜毛曰鴇釋文鴇音保驪白雜毛曰鴇依字作駂

駣

御覽引云馬一歲曰馬二歲曰駒三歲曰駣八歲曰馱玉篇廣韻竝云駣馬四歲也

驏 馬臥土中也 張扇反

說文解字義證《卷三十　美

藝文類聚引案字林驏馬臥土中也玉篇驏馬轉臥土中廣韻驏馬土浴

遺文四

廌 解廌獸也似山牛一角古者決訟令觸不直象形從豸省凡廌之屬皆從廌 宅買切

解廌獸也者或借豸字宣十七年左傳庶有豸乎注云豸解也釋文解音蟹董巴輿服志獬豸神羊也金樓子興王篇常年之人得神獸若羊名曰獬豸隋書禮儀志引蔡邕曰解豸如麟一角　似山牛一角者神異經有獸如牛一角名曰獬豸　古者決訟令觸不直者太元堅次八惟用解蛶之貞注云解蛶好直之獸也又難上九角解豸終以直其有施注云解豸直獸也有疑則以角觸之終能爲人別曲直故可施行困學紀聞引作角觟觽論衡是應篇儒者說云觟觽者一角之羊也性知有罪皋陶治獄其罪疑者令羊觸之有罪則觸無罪則不觸斯蓋天生一角聖獸助獄爲驗故皋陶敬羊起坐事之神異經東北荒中有獸如牛一角毛青四足似熊見人鬭則觸不直聞人論則咋

不正名曰獬豸一名任法獸故立獄皆東北依所在也漢書司馬相如傳弄解廌張揖曰解廌似鹿而一角人君刑罰得中則生於朝廷主觸不直者宋書符瑞志獬豸知曲直獄訟平則至東晳元居釋朝餋觸邪之獸廷有指佞之艸唐書侯思止傳高元禮教曰上如問君不識字宜對獬豸不學而能觸邪胡廣注漢官篇御史法冠一名獬豸獬豸獸名知人曲直觸邪佞漢官儀左傳南冠而縶楚冠也秦滅楚以其冠賜近臣御史服之卽今解廌冠也古有解廌獸觸不直者故執憲以其形用爲冠令觸人也續漢書輿服志法冠一曰柱後或謂之獬豸冠獬豸神羊能別曲直楚王常獲之故以爲冠牛僧儒象化解解豸之性觸而瑰飾獬豸冠足以象觸邪

xiào [廌孝]

[篆] 解廌屬从廌孝聲闕 古孝切

篇海作𪊟云瑞獸也

jiàn 薦

[篆] 獸之所食艸从廌从艸古者神人以廌遺黃帝帝曰何食何處曰食薦夏處水澤冬處松柏 作甸切

漢書景帝紀廣薦大莽唐書南詔傳越賧之西多薦艸

獸之所食艸者管子問篇馬牛之肥膌其老而死者皆舉之其就山藪林澤食薦者幾何注云薦艸之美者八觀篇薦艸多衍則六畜易繁也注云薦茂艸也莊子齊物論麋鹿食薦釋文司馬云美艸也崔云甘艸也郭璞云六畜所食曰薦韓非內儲說若如臣者猶獸鹿也惟薦艸而就漢書終軍傳北胡隨畜薦居蘇林曰薦艸也後漢書馬融傳其土毛則摧牧薦艸注引莊子麋鹿食薦或借荐字定四年左傳吳爲封豕長蛇以荐食上國襄四年左傳戎狄荐居正義服虔云荐艸也言狄人逐水艸而居徙無常處劉炫案莊子云麋鹿食荐卽荐是艸也服言是　古者神人云云者御覽引作春夏處水澤秋冬處竹箭松筠白帖獬廌神奇之獸一名任法狀如牛古者決訟令之以觸不直黃帝時有遺者帝問何食飮曰食薦春夏處水澤秋冬處松柏宗懍引風俗通獬豸食楝蘱𦾨薦楝聲誤

fǎ 灋

[篆] 刑也平之如水从水廌所以觸不直者去之从去 方乏切

釋名法逼也莫不欲從其志逼正使有所限也　文子問老法安所生曰法生於義義生於衆適合乎人心此治之要也愼子治國無其法則亂守法而不變則衰有法而行私謂之不法以力役法者百姓也以死守法者有司也以道變法者君長也

刑也者刑當從井爲刑本書荆下引易井法也經典皆用刑字釋詁刑法也書呂命惟作五虐之刑曰法　平之如水從水者本書水準也瀐議辠也與法同意桓子新論治獄如水習鑿齒曰夫水至平而邪者取法鏡至明而醜者忘怒水鏡之所以能窮物而無怨者以其無私也水鏡無私猶以免謗況大人君子懷樂生之心流矜恕之德法行於不可不用刑加乎自犯之罪爵之而非私誅之而不怨天下有不服者乎續漢書百官志廷尉平一人掌平決詔獄華嶠後漢書吳雄以明法律斷獄平爲廷尉魏志高柔曰廷尉天下之平也安得以至尊喜怒而毀法乎天文錄平星主天下之獄事若今廷尉之象故星贊曰平星執法正綱紀也

[篆] 今文省

[篆] 古文

文四　重二

lù 鹿

[篆] 獸也象頭角四足之形鳥鹿足相似从匕凡鹿之屬皆从鹿 盧谷切

獸也者韻會引徐鍇本作山獸爾雅疏引作解角獸也衛波傳鹿生三年其角自墮　鳥鹿足相似从匕者鳥當爲𠃓形誤本書云𠃓足與鹿同又云𥝌从二匕與鹿足同

jiā 麚

[篆] 牡鹿从鹿叚聲以夏至解角 古牙切

牡鹿者顏注急就篇鹿牡者曰麚釋獸鹿牡麚又礜麚短脰俗作麚中山王文木賦麚宗驥旅通鑑魏改元神麚注云麚牡鹿也　以夏至解角者月令仲夏之月鹿角解易通卦驗鹿者獸之陰也應陰解角也夏至太陽始虧陰氣始升

lín 麟　nuàn ⿸鹿耎　sù ⿸鹿速　mí 麛　jiān 麉　qí 麒

麟 大牝鹿也從鹿粦聲 力珍切

大牝鹿也者牝當爲牡玉篇麟大麚也東京賦解罘放麟薛注大鹿曰麟陸璣詩疏今并州界有麟大小如鹿非瑞應麟也故司馬相如賦射麋脚麟謂此麟也

⿸鹿耎 鹿麛也從鹿耎聲讀若偄弱之偄 奴亂切

鹿麛也者鹿字衍吳都賦翳薈無⿸鹿耎鷚李善引說文⿸鹿耎麛也集韻⿸鹿耎麛也廣雅麛⿸鹿耎也揚雄蜀都賦⿸鹿耎麌與鹿麛韻謂⿸鹿耎卽⿸鹿耎之省文　讀若偄弱之偄者曹憲⿸鹿耎音奴矦反集韻音奴亂切隸體需耎變作需與耎通魏書鮮卑有貂豽鼲子皮毛柔蠕後漢書作蝡

⿸鹿速 鹿迹也從鹿速聲 桑谷切

鹿迹也者字林同　速聲者速當爲速釋獸鹿其迹速亦當作速釋文作遬音素卜反似誤本書迹籀文作速廣雅䟁迹也䟁卽速變辵從足傳寫誤從束此如楝字郭璞音霜狄反廣韻作楝音桑谷切其誤正同玉篇䟁獸迹也

䟁速音相近字林⿸鹿速一曰鹿子⿸鹿速謂本書亦當有此義今脫周禮迹人禁麛卵者

麛 鹿子也從鹿弭聲 莫兮切

鹿子也者一切經音義四麛䴢鹿之子也釋獸鹿其子麛呂氏春秋孟春紀無麛無卵高注鹿子曰麛也淮南時則訓注同漢書貨殖傳蝝魚麛卵顏注麛鹿子也字或作麑魯語獸長麑麌韋注鹿子曰麑淮南主術訓不取麑夭鹽鐵論撢捕麑鷇後漢書劉陶傳虎豹窟於麑場古今人表鉏麑左傳作麑論語麑裘玉藻注引作麛

麉 鹿之絕有力者從鹿幵聲 古賢切

鹿之絕有力者者釋獸鹿絕有力麉又云麠絕有力豣釋文豣郭音與上麉字同詩七月獻豣于公正義云釋獸釋鹿與麠皆云絕有力麉箋意蓋以麉爲鹿麠有力者也

麒 仁獸也麋身牛尾一角從鹿其聲 渠之切

本書弄字云杜林以爲麒麟字　春秋保乾圖歲星散爲麟　春秋運斗樞機星得則麟生　孝經援神契德至鳥獸則麒麟臻　白帖麟者麕身狼尾馬足含仁戴義雄鳴曰游聖雌鳴曰歸昌王者不刳胎則在郊　廣雅麒麟狼題肉角含仁懷義音中鐘呂步行中規折還中榘游必擇土翔必後處不履生蟲不折生艸不羣居不旅行不入穽陷不羅罘罔文章彬彬故呼爲大角之獸　說苑麒麟含仁懷義音中律呂行步中規折旋中矩擇土而踐位平然後處不羣居不旅行紛兮其有質文也幽閒則循循如也動則有容儀　孔叢子記問篇叔孫氏之車子曰鉏商樵於野而獲獸焉衆莫之識以爲不祥棄之五父之衢冉有告夫子曰麕身而肉角豈天之妖乎夫子曰今何在吾將觀焉遂往謂其御高柴曰若求之言其必麟乎到視之果信　鶡冠子度萬篇麒麟者元枵之獸陰之精也　春秋孔演圖麟木精也宋均注云木精生水故曰陰木氣好土土黃木青故麟色青黃　五經異義今春秋公羊說麐者木精一角赤目爲火候古春秋左氏說麐生於火而游於中央軒轅大角之獸奉德侯陳欽說麐西方毛蟲金精也　京房易傳麟有五采腹下黃高丈二　月令章句天官五獸中有大角軒轅之信凡麟生于火游于土故脩其母致其子五行之精也視明禮脩則麒麟臻又頌云皇矣大角降生靈獸視明禮脩麒麟來孚　郭璞贊麟惟靈獸與麕同體智在隱蹤仁表不抵孰爲來哉宜尼揮涕　薛綜

頌懿哉麒麟惟獸之伯世平覿景否則戢足德以衛身不布牙角　瑞應圖麟王者嘉祥也羊頭狼蹄圓頂身有五彩腹下黃高一丈二尺含仁抱義不羣居不旅行彬彬乎其有文章音中嘉禾之實飲珠玉之英　何法盛徵祥記麟麏身牛尾狼頭一角黃色馬足

仁獸也者哀十四年春秋經西狩獲麟杜注麟者仁獸公羊傳麟者仁獸也何注狀如麕一角而戴肉設武備而不爲害所以爲仁也周書王會麟者仁獸也春秋孔演圖麟仁獸木之精也曹植仁孝論禽獸惟白虎麒麟稱仁獸者以其明盛衰知治亂也何法盛徵祥記麒麟者毛蟲之長仁獸也　麋身牛尾一角者麋當爲麇初學記引作麕身牛尾肉角御覽引作馬身牛尾肉角一切經音義二引作麇身牛尾一角角頭有肉釋獸麐麕身牛尾一角郭注角頭有肉陸璣詩疏麟麕身牛尾馬足黃色員蹄一角角端有肉牟子麟麕身牛尾鹿蹄馬背京房易傳麟麕身牛尾狼額馬蹄說苑麒麟麕身牛尾圓頂一角詩麟之角傳云麟角所以表其德也箋云麟角之末有肉示有武而不用家語辨物篇有麕而角者何也孔子往觀之曰麟也劇秦美新肉角之獸李善云麟也漢書武帝紀獲白麟顏注麟

lín 麐　mí 麋　chén 麎

麇身牛尾馬足黃色圜蹄一角角端有肉勸進表一角之獸李善引感精符曰麟一角明海內共一主也古文苑大赦賦捫麒麟之肉角注云麒麟瑞獸一角角端有肉後漢書班固傳肉角馴毛注云肉角謂麟也搜神記麟如麕羊頭頭上有角其末有肉西涼武昭王麒麟頌一角圓蹄行中規矩史記司馬相如傳獸則麒麟角觤索隱郭璞云麒似麟而無角馥案傳記言一角皆曰麟不曰麒或有麒麟竝舉而無單屬麒者據郭氏說則麇身牛尾一角六字當在麐下後人改移於此

麐 牝麒也從鹿吝聲 力珍切

牝麒也者白帖牡曰麒牝曰麟史記司馬相如傳獸則麒麟角觤索隱引張揖云雄曰麒雌曰麟何法盛徵祥記麒麟者牡曰麒牝曰麟牡鳴曰游聖牝鳴曰歸昌

麋 鹿屬從鹿米聲麋冬至解其角 武悲切

春秋運斗樞搖光星散爲麋　本艸麋生南山山谷及淮海邊陶云今海陵閒最多千百爲羣多牝少牡其角大益人事

說文解字義證　卷三十　三十二

出彭祖傳中　急就篇貍兔飛鼯狼麋麐顏注麋似鹿而大冬至則解角目上有眉因以爲名也馥案鐘鼎款識眉壽多作麋壽　類從麋目下有竅夜即能視　漢五行志麋之爲言迷也蓋牝獸之淫者也

鹿屬者字林同西山經西皇之山其獸多麋鹿郭注麋大如小牛鹿屬也楚辭九歌麋何食兮庭中王注麋獸名似鹿也　麋冬至解其角者一切經音義八蒼頡篇麋以冬至解角　者也字林麋以冬至日解角夏小正十有一月隕麋角傳云隕墜也日冬至陽氣至始動諸向生皆蒴符矣故麋角隕記時焉爾周書時訓解冬至又五日麋角解麋角不解兵不藏淮南時則訓仲冬之月麋角解高注應微陽天文訓毛羽者飛行之類也故屬於陽日者陽之主也是故春夏則羣獸除日至而麋角解高注冬至麋角解夏至鹿角解

麎 牝麋也從鹿辰聲 植鄰切

牝麋也者釋獸麋牝麎顏注急就篇麋其牝者曰麎詩吉日其祁孔有箋云祁當作麎麎麋牝也某氏爾雅注引詩作麎與鄭同周禮大司馬注鄭司農云五歲爲慎元謂慎讀爲麎麋牝曰麎

jǐ 麂　jūn 麇　zhāng 麞　jiù 麔

麂 大麋也狗足從鹿旨聲 居履切

山海經女几之山多麖麂郭注麂似麞而大猥毛豹腳　本艸麂生東南山谷圖經云今有山林處皆有而均房湘漢閒尤多實麞類也其皮作履舄勝於衆皮衍義云麂小於麞但口兩邊有長牙好鬬其聲如擊破錢鈸

大麋也者麋當爲麞釋獸麐大麕　狗足者釋獸麐旄毛狗足一切經音義十三麐似麞而大猥毛狗足也

或從几

急就篇貍兔飛鼯狼麋麐黃注麐即麂也

麇 麞也從鹿囷省聲 居筠切

詩吉日傳云麕牝陸本作牡音茂　詩野有死麕釋文作麏云本亦作麕又作麇獸名也　郭璞爾雅音麕或作麏或作麇　哀十四年公羊傳有麏而角者釋文麏本又作麇亦作麕　李善曰麏與麇音義同五臣云桂林有麇

麞也者陸璣詩疏麏麞也青州謂之麏伏侯古今注麞一名麕青州人謂麕爲麞急就篇麋麞麇麃皮給履顏注麇

說文解字義證　卷三十　三十三

即今之麞也哀十四年左傳逢澤有介麇焉釋文麇麞也蕪城賦階鬭麏鼯李善云公羊傳有麏而角者劉兆曰麏麞也

籀文不省

麞 麋屬從鹿章聲 諸良切

麋屬者麋當爲麇麇廣雅麇麞也麇亦麞之譌韋昭曰楚人謂麕爲麃郭璞曰麃即麞釋草麇舌本草作麋舌音徂倫切圖經云麞類甚多麕其總名也有有牙者有無牙者然其牙不能噬齧崔豹古今注麞有牙而不能噬鹿有角而不能觸是也俗作獐考工記注齊人謂麕爲獐呂氏春秋博志篇使獐疾走馬弗能至已而得者其時顧也高注反顧稽其時故見得也

麔 麋牝者從鹿咎聲 其久切

釋獸麔麎短脰

麋牝者者牝當爲牡釋獸麋牡麔顏注急就篇麋其牡者曰麔

jīng 麠

麠 大鹿也牛尾一角从鹿畺聲 擧卿切

大鹿也牛尾一角者釋獸文彼作麖郭注麖卽麠馥案本書麃麠屬玉篇麠大麃中山經歷山其獸多麖郭注似鹿而小黑色漢書地理志山多麈麖顏注麖似鹿而小吳都賦穎麖麋麖五臣云麖大麋也史記封禪書郊雝獲一角獸若麃然有司曰陛下肅祗郊祀上帝報享錫一角獸蓋麟云索隱引韋昭云體若麕而一角楚人謂麕爲麃

麖 或从京

或从京者本書䲔或从京

páo 麃

麃 麠屬从鹿𤰈省聲 薄交切

麠屬者字林同陸璣詩疏林慮山下人語曰四足之美有麃兩足之美有鶡麃似鹿而小

zhǔ 麈

麈 麋屬从鹿主聲 之庾切

名苑鹿之大者曰麈羣鹿隨之皆視麈所往麈尾所轉爲準於文主鹿爲麈古之談者揮焉

許詢有黑白麈尾兩銘

華陽國志郪縣宜君山出麈尾

九州要記元武山有麈尾入貢

麋屬者御覽引作鹿屬也大而一角戴侗引唐本大力一角玉篇麈獸似鹿一切經音義十六引字林麈似鹿而大一角也周書王會稷愼大麈注云麈似鹿漢書司馬相如傳沈牛麈麋張揖曰麈似鹿而大顏注地理志麈似鹿而大又注急就篇麈似鹿尾大而一角談說者飾其尾而執之以爲儀夏小正十有二月隕麈角傳云蓋陽氣且睹也

ní 麑

麑 狻麑獸也从鹿兒聲 五雞切

狻麑獸也者釋獸狻麑如虦貓食虎豹郭注卽師子也或作狻猊廣韻狻猊師子屬一走五百里穆天子傳狻猊野馬走五百里

xián 麙

麙 山羊而大者細角从鹿咸聲 胡毚切

揚雄蜀都賦獸則麙羊野麋

山羊而大者者釋畜羊六尺爲羬郭注引尸子大羊爲羬六尺釋文本亦作麙西山經錢來之山有獸焉其狀如羊而馬尾名曰羬羊郭注今大月氐國有大羊如驢而馬尾爾雅六尺爲羬謂此羊也又作䍮廣韻䍮羊有力也

líng 麢

麢 大羊而細角从鹿霝聲 郎丁切

大羊而細角者玉篇麢麢羊也角入藥釋獸麢大羊郭注麢羊似羊而大角圓銳好在山崖閒西山經翠山其陰多旄牛麢麝郭注麢似羊而大角細上林賦足壄羊張揖云壄羊麢羊也似羊而青宋衹初山川記九眞有麢羊大如犊牛俗作羚本草羚羊角生石城山川谷及華陰山陶云今出建平宜都諸蠻中及西域多兩角一角者勝角甚多節蹙蹙圓繞圖經云其形似羊色青而大其角長一二尺有節如人手指握痕又至堅勁陳藏器云羚羊夜宿以角挂木不著地元和郡縣志當州貢羚羊又借靈字後漢書西南夷傳有靈羊可療毒

guī ⿸鹿圭

⿸鹿圭 鹿屬从鹿圭聲 古攜切

shè 麝

麝 如小麋臍有香从鹿䠶聲 神夜切

如小麋臍有香者麋當爲麋御覽引云黑色麞如小麋臍有香釋獸麝父麕足郭注脚似麕有香又注西山經麝似獐而小有香本草麝香陶云麝形似麞常食柏葉又噉蛇五月得香往往有蛇皮骨談苑商汝山中多麝絕愛其臍每爲人所逐勢且急卽自投高巖舉爪裂出其香就縶而死猶拱四足以保其臍秦嘉與婦書今奉麝香一片可以辟惡氣趙辟公雜說西北之麝噬虺而食柏故其香結唐書杜鴻漸傳獻麝麝臍五石元和郡縣志同州貢麝香寰宇記歸州秭歸縣麝香山在縣東南多麝

yù 䴢

䴢 似鹿而大也从鹿與聲 羊茹切

蜀都賦䴢麌鹿麝

似鹿而大也者集韻郊羊大者曰羬麌

lì 麗

麗 旅行也鹿之性見食急則必旅行从鹿丽聲 郎計切

禮麗皮納聘蓋鹿皮也

旅行也者埤雅云說文麗旅行也詩曰儦儦俟俟或羣或友則以鹿性旅行故趨則儦儦行則俟俟也說苑麒麟不旅行鹿之性見食急則必旅行者服虔左傳注鹿得美草呦呦相呼毛詩草蟲經鹿飲食則皆鳴相召志不相忌也淮南泰族訓鹿鳴興於獸而君子大之者取其見食而相呼也　禮麗皮納聘蓋鹿皮也者三五歷紀古者麗皮爲禮雀翺婚禮文委禽奠鴈配以鹿皮經典作儷士冠禮主人酬賓束帛儷皮注云儷皮兩鹿皮也士昏禮納徵元纁束帛儷皮注云儷兩也皮鹿皮聘禮上介奉幣儷皮注云儷猶兩也皮麋鹿皮公羊解詁儷皮者鹿皮古史考伏犧制嫁娶以儷皮爲禮南齊書裴昭明傳禮納徵儷皮爲庭實鹿皮也成十一年左傳鳥獸猶不失儷又不能庇其伉儷而亡之杜注儷耦也淮南繆稱訓與俗儷走而內行無繩

古文

汗簡引作丽案本書麗從丽聲聲字後人加之蓋從古文

籒文麗字

汗簡引作[illegible]

yōu 麀

牝鹿也從鹿從牝省 於虯切

莊君述祖曰夏小正鹿人從當作麀從鹿字從反人誤作正人故一字分爲兩字

牝鹿也者顏注急就篇鹿牝者曰麀釋獸鹿牝麀詩靈臺麀鹿攸伏傳云麀牝也孟子趙注麀鹿牝鹿也襄四年左傳忘其國恤而思其麀牡釋文麀鹿牝也一切經音義九牝牸也

或從幽聲

文二十六　重六

cū 麤

行超遠也從三鹿凡麤之屬皆從麤 倉胡切

行超遠也者隱元年公羊釋文引說文麤大也馥案玉篇廣雅竝云麤大也本書闕此義

chén [麤土]

鹿行揚土也從麤從土 直珍切

鹿行揚土也者鹿旅行故揚土玉篇[麤土]埃[麤土]也昭三年左傳湫隘囂塵杜注塵土

籒文

文二　重一

chuò 㲋

獸也似兔青色而大象形頭與兔同足與鹿同凡㲋之屬皆從㲋 丑略切

獸也似兔青色而大者玉篇或作㲋顏延之自陳表息㲋庸徵中山經綸山其獸多㲋郭注㲋似兔而鹿脚青色　頭與兔同足與鹿同者本書兔字云兔頭與㲋頭同鹿字云鳥鹿足相似鳥當作㲋

籒文

chán 毚

狡兔也兔之駿者從㲋兔 士咸切

鮑昭擬古詩伐木青江湄設罝守毚兔　夏侯湛獵兔賦覘毚兔之所隱乃精望而審發　廣志兔大者曰毚　蒼頡解詁毚大兔也

狡兔也者狡當爲訬經典竝作狡詩巧言躍躍毚兔傳云毚兔狡兔也韓詩趯趯毚兔謂狡兔數往來逃匿其迹秦策引詩躍躍毚兔高注毚狡也齊策狡兔有三窟史記淮陰侯傳狡兔死西京賦毚兔聯猭薛綜注毚狡兔也　兔之駿者者玉篇毚駿兔也馥案駿猶良也新序雜事篇昔者齊有良兔曰東郭逡齊策夫韓國盧天下之駿狗也東郭逡海內之狡兔也或曰駿兔大兔也詩爲下國駿厖傳云駿大也

xiě [㲋吾]

獸名從㲋吾聲讀若寫 司夜切

讀若寫者王君念孫曰寫古讀若湑故詩蓼蕭裳裳者華車舝三篇與湑語處爲韻說文御從卸聲卸從午聲讀若汝南人寫書之寫是則寫卸御午吾聲竝相近也

jué [㲋夬]

獸也似狌狌從㲋夬聲 古穴切

獸也者廣雅[㲋夬][犭央]也曹憲[㲋夬]音決[犭央]音鳥郎反郭璞曰今江東呼貉爲[犭央]獉廣雅獉猍也字林猍謂之獉玉篇獉[犭央]

獏也或作𥜿𥜿獸似貍似狌狌者周書王會都郭狌狌狌狌若黃狗人面能言海內南經狌狌知人名其爲獸如豕而人面或作猩猩釋獸猩猩小而好啼大荒北經有青獸人面名曰猩猩

文四　重一

tù
兔

兔 獸名象踞後其尾形兔頭與㲋頭同凡兔之屬皆從兔 湯故切

春秋運斗樞玉衡星散而爲兔 玉篇兔毛可爲筆 古今注兔口有缺尻有九孔 論衡兔舐豪而孕及其生子從口而出

象踞後其尾形者兔好踞乀象後其尾也

兔頭與㲋頭同者本書㲋頭與兔同

yì
逸

逸 失也從辵兔兔謾訑善逃也 夷質切

失也者逸失聲相近廣雅逸失也北史齊高祖紀見一赤兔每搏輒逸桓八年左傳隨侯逸杜注逸逃也宣十七年

說文解字義證　卷三十　卅七

傳晉人緩之逸杜注緩不拘執使得逃去也成十六年傳乃逸楚囚成二年傳馬逸不能止荀子哀公篇其馬將失或與佚通論語逸民本書作佚民夷逸漢后經作夷佚書無逸史記作無佚盤庚惟予一人有佚罰傳云佚失也成二年公羊傳佚獲也何注佚獲者已獲而逃亾也論衡賞罰篇王良之善御也鞭策不載而千里可期然不可以無鞭策者以馬之有佚也 兔謾訑善逃也者集韻謾訑縱意馥案本書謾欺也 沇州謂欺曰訑言兔陽不動乘虛而逃以欺人也

yuān
冤

冤 屈也從兔從冂兔在冂下不得走益屈折也 於袁切

屈也者一切經音義四冤猶屈也或借苑字詩都人士我心苑結傳云苑猶屈也屈或作曲廣雅冤曲也 兔在冂下不得走益屈折也者益九經字樣作善一切經音義十九同輟耕錄善訓多詩載馳女子善懷鄭箋善猶多也漢書岸善崩善亦多也莊子庚桑楚尋常之溝巨魚無所還其體而鯢鰌爲之制注云制折也小魚得曲折也馥謂兔在冂下猶小魚在溝

fàn
娩

娩 兔子也娩疾也從女兔 芳萬切

兔子也者廣雅娩兔子也釋獸兔子嬔郭注俗呼曰嬎釋文作娩云本或作嬎玉篇嬔娩也字林嬔兔子也顏注急就篇兔其子曰嬎 娩疾也者本書⿱兔⿰兔兔疾也 從女兔者當云兔聲盧君文弨曰說文娩從女兔芳萬切萬當爲遇娩從兔得聲形近譌爲萬廣韻娩在赴細下是矣而又出孚万一切宋人加之

fù
⿱兔⿰兔兔

⿱兔⿰兔兔 疾也從三兔闕 芳遇切

疾也者玉篇⿱兔⿰兔兔急疾也今作趛趛疾也亦作赴

文五

huán
萈

萈 山羊細角者從兔足苜聲凡萈之屬皆從萈讀若丸 寬字從此 胡官切

山羊細角者者孟喜易萈山羊也張揖子虛賦注野羊麢羊也顏師古曰野羊今所謂山羊非麢羊矣杜預奏事臣

說文解字義證　卷三十　卅八

前在南閒魏興北山有野羊大者數百斤試令求今者得牝牡一其形不異土羊然是野獸土所稀有馥案萈麢皆細角而形大 讀若丸者論語夫子莞爾而笑釋文莞作萈易萈陸夬夬虞翻曰萈如夫子莞爾而笑之萈

文一

quǎn
犬

犬 狗之有縣蹏者也象形孔子曰視犬之字如畫狗也 凡犬之屬皆從犬 苦泫切

狗之有縣蹏者也者縣蹏在前足上徐鍇曰縣蹏足趾高顏注急就篇狡少犬也謂狗之有縣蹏者也廣志狗有縣蹏短尾之號傳元走狗賦足縣鉤爪甯戚相牛經縣蹏欲得如八字五音集韻采獸縣蹏馥案易剝牀以辨虞注指閒稱辨辨卽釆字曲禮正義通而言之狗犬通名若分而言之則大者爲犬小者爲狗故月令皆爲犬而周禮有犬人職無狗人職也

gǒu
狗

狗 孔子曰狗叩也叩气吠以守從犬句聲 古厚切

兔 萈 犬

釋畜未成豪狗郭注狗子未生䩃毛者　九家易斗爲犬斗詘故犬臥詘也春秋考異郵七九六十三陽氣通故斗運狗三月而生也宋均注狗陽至於三故狗各高三尺斗之精所生也孔子曰狗叩也叩气吠以守者狗叩守三字聲相近爾雅釋文引字林狗家獸也餘與本書同玉篇狗家畜以吠守白帖犬有守禦之勞包氏論語章句犬以守禦易說卦傳艮爲狗九家云艮止主守禦也周禮犬人疏云艮卦在丑艮爲止以能吠守止人則屬艮昭二十三年左傳吏人之與叔孫居於箕者請其吠狗正義云狗有吠守者檀弓仲尼之畜狗死注云畜狗馴守鄭注大傳犬畜之以口吠守者也漢書五行志犬以吠守晉書天文志狗二星主吠守張淵觀象賦天狗接狼以吠守通鑑東魏楊愔日畜狗求吠今以數吠殺之恐將來無復吠狗

sōu 獀

獀 南越名犬獿獀從犬叜聲 所鳩切

玉篇獀秋獵也經典作蒐隱五年左傳春蒐夏苗又案論語人焉廋哉方言廋隱也文十八年左傳服讖蒐慝注云蒐隱也是獀廋竝借蒐字

南越名犬獿獀者名犬六書故引作犬名五音集韻南越人謂犬爲獿獀

máng 尨

尨 犬之多毛者從犬從彡詩曰無使尨也吠 莫江切

犬之多毛者者增韻犬獿毛者爲尨釋畜絕有力狣尨狗也穆天子傳天子之豪馬豪牛尨狗豪羊注云尨尨昔謂猛狗或曰尨亦狗名顏案僖五年左傳狐裘尨茸杜注尨茸亂貌七修類稿唐武后時藥王韋善俊有犬名烏尨或借厖字說苑如厖之守戶　詩曰無使尨也吠者召南野有死麕文傳云尨狗也

jiǎo 狡

狡 少狗也從犬交聲匈奴地有狡犬巨口而黑身 古巧切

少狗也者玉篇狡獸名少狗也淮南俶眞訓狡狗之死也割之有濡高注狡少也詩彼狡童兮傳云昭公有壯狡之志　匈奴地有狡犬巨口而黑身者白帖匈奴獻豹犬雉口赤身四尺急就篇猳貑狡犬野雞雛顏注狡犬匈奴中大犬也鉅口赤身周書王會匈奴狡犬狡犬者巨身四足馥謂當爲四尺

kuài 獪

獪 狡獪也從犬會聲 古外切

狡獪也者狡當爲訬本書訬訬獪方言央亾嘿杘婚獪也江湘之閒或謂之無賴或謂之瀏凡小兒多詐而獪謂之央亾或謂之嘿杘或謂之婚婚娗也或謂之猾皆通語也

nóng 獿

獿 犬惡毛也從犬農聲 奴刀切

犬惡毛也者廣韻獿長毛犬纂文獿𣰦皆多毛犬也字林獿多毛犬也爾雅旄毛郭注旄毛獿長

xiē 猲

猲 短喙犬也從犬曷聲詩曰載獫猲獢爾雅曰短喙犬謂之猲獢 許謁切

短喙犬也者玉篇作獥云獥獢犬短喙也周處風土記猲獢五魚狼牙鋸齒蔡氏淸論短喙之犬脩頭之馬　詩曰載獫猲獢者秦風駟鐵文彼作歇驕傳云歇驕田犬也短喙曰歇驕釋文歇本又作猲　爾雅曰短喙犬謂之猲獢者釋畜短喙猲獢

xiāo 獢

獢 猲獢也從犬喬聲 許驕切

詩作驕釋文本又作獢

xiǎn 獫

獫 長喙犬一曰黑犬黃頭從犬僉聲 虛檢切

長喙犬者釋畜長喙獫詩毛傳長喙曰獫　一曰黑犬黃頭者初學記引作黃頭

zhù 狂

狂 黃犬黑頭從犬主聲讀若注 之戍切

狂見廣雅

bài 猈

猈 短脛狗從犬卑聲 薄蟹切

短脛狗者脛當爲脛玉篇猈狗短脛廣韻猈犬短頭徐鍇韻譜猈短頸狗

yī 猗

猗 犗犬也從犬奇聲 於离切

犗犬也者廣韻猗犗犬出字林趙宧光曰猗犗竝割勢異名

jú 狊

狊 犬視皃從犬目口 古闃切

闕處是瞀字徐鍇本可證本書㑢從攸聲讀若叔是其例

yān 猗

竇中犬聲從犬從音音亦聲 乙咸切

mò 默

犬暫逐人也從犬黑聲讀若墨 莫北切

犬暫逐人也者戴侗引唐本暫作潛

cù 猝

犬從艸暴出逐人也從犬卒聲 麤沒切

犬從艸暴出逐人也者玉篇猝犬從草中暴出也言倉猝暴疾也突也今作卒馥案廣韻卒急也司馬相如上書卒然遇軼才之獸史記秦本紀不可以應卒

xīng 猩

猩猩犬吠聲從犬星聲 桑經切

xiàn 㺌

犬吠不止也從犬兼聲讀若檻一曰兩犬爭也 胡黯切

犬吠不止也者徐鍇本作不正韻會同鍇繫傳曰謂小犬學吠聲未正玉篇作不出㺌與⿰犭監義同廣韻⿰犭監惡犬吠不止也

說文解字義證卷三十

hǎn 㺖

小犬吠從犬敢聲南陽新亭有㺖鄉 荒檻切

小犬吠者玉篇㺖小犬馥謂當有吠字廣韻㺖小犬聲南陽新亭者兩漢志南陽無新亭或新野新都之誤

wěi 猥

犬吠聲從犬畏聲 烏賄切

犬吠聲者集韻猥犬衆吠也

nǎo 獿

獿⿰犭翏也從犬夒聲 女交切

獿⿰犭翏也者類篇獿⿰犭翏謂犬吠廣韻獿犬驚集韻犬驚吠皃

xiāo ⿰犭翏

犬獿獿咳吠也從犬翏聲 火包切

犬獿獿咳吠也者咳當爲駭玉篇⿰犭翏犬擾駭也五音集韻獿⿰犭翏犬駭吠聲

shǎn ⿰犭參

犬容頭進也從犬參聲一曰賊疾也 山檻切

犬容頭進也者增韻作頤進一曰賊疾也者廣雅⿰犭參賊也

jiǎng 獎

嗾犬厲之也從犬將省聲 卽兩切

嗾犬厲之也者廣韻嗾使犬宣二年左傳公嗾夫獒焉厲當爲勱本書勱勉力也俗作勵小爾雅獎厲勸也

chǎn ⿰犭戔

齧也從犬戔聲 初版切

齧也者史記晉世家先縱齧狗

shàn 狦

惡健犬也從犬刪省聲 所晏切

惡健犬也者廣韻狦獸名似狼廣雅狦狠也

yán 狠

吠鬭聲從犬艮聲 五還切

吠鬭聲者玉篇集韻並作犬鬭聲

fán ⿰犭番

犬鬭聲從犬番聲 附袁切

說文解字義證卷三十

yí 狋

犬怒皃從犬示聲一曰犬難得代郡有狋氏縣讀又若銀 語其切

犬怒皃者玉篇狋犬怒也兩犬爭也漢書東方朔傳狋吽牙者兩犬爭也　一曰犬難得者集韻類篇並引作犬難附　代郡有狋氏縣者見漢志　讀又若銀者孟康音權

yín ⿰犭斤

犬吠聲從犬斤聲 語斤切

犬吠聲者玉篇⿰犭斤與狺同楚辭九辯猛犬狺狺而迎吠兮賈岱宗大狗賦夜吠狺狺

shuò 獡

犬獡獡不附人也從犬舄聲南楚謂相驚曰獡讀若愬 式略切

爾雅釋文引廣雅般虞晉獒楚獚韓獹宋⿰犭足皆良犬也⿰犭足音鵲馥案⿰犭足卽獡　桓譚新論犬首韓盧宋⿰犭足　鄭注少儀畜養者當呼之名謂若韓盧宋鵲之屬　魏文帝云狗於古則韓盧宋鵲　博物志宋有駿犬曰鵲　孔叢執節篇韓盧宋

鶡盧黑色鵲白色　賈岱宗大狗賦昔宋人有鵲子之譽大荒北經叔歜國有黑蟲如熊狀名曰猎猎注云或作猲同犬猲猲不附人也者玉篇猲猲犬不附人而驚皃　南楚謂相驚曰猲讀若愬者徐鍇本讀若南楚相驚曰猲方言猲驚也宋衛南楚凡相驚曰猲

guǎng
獷

獷　犬獷獷不可附也從犬廣聲漁陽有獷平縣　古猛切

犬獷獷不可附也者一切經音義二獷彊也說文獷犬不可附也劇秦美新狃獷而不臻李善引說文獷犬不可親附也漢書敘傳獷獷亾秦滅我聖文顏注獷獷麤惡之貌言無親也劉騊駼與李子堅書吏民彊獷南齊書顧歡傳戎氣強獷陳書南康王子方泰傳少麤獷與諸惡少年羣聚覆棊玉篇獷狳犬不伏牽即不可附意　漁陽有獷平縣者見漢志服虔音鞏魏志武帝紀攻鮮于輔於獷平裴注引續漢書郡國志獷平縣名屬漁陽郡

zhuàng
狀

狀　犬形也從犬爿聲　鉏亮切

犬形也者視犬之字如畫狗後漢書馬援傳畫虎不成反類於狗言似狗形也

zàng
奘

奘　妄彊犬也從犬從壯壯亦聲　徂朗切

國策韓盧者天下之壯犬也即此奘

áo
獒

獒　犬如人心可使者從犬敖聲春秋傳曰公嗾夫獒　五牢切

犬如人心可使者者如當爲知釋畜狗四尺爲獒釋文引說文作知左傳釋文及正義字林集韻增韻韻會通志竝同使如左傳使鶴之使廣韻嗾使犬周處風土記犬則馴良捷警難狎易使也宣六年公羊傳靈公有周狗謂之獒何注周狗可以比周之狗所指如意　春秋傳曰公嗾夫獒者宣二年左傳文杜注獒猛犬也

nóu
獳

獳　怒犬皃從犬需聲讀若槈　奴豆切又乃侯切

怒犬皃者玉篇獳犬怒也　讀若槈者易需卦歸藏作溽廣韻擩擩謳譳竝屬槈紐

tà
狧

狧　犬食也從犬從舌讀若比目魚鰈之鰈　他合切

犬食也者玉篇𤞣犬食也與狧同　九家易犬火之精畏水不敢飲但舌舐水百本書䛩歠也　漢書吳王濞傳狧糠及米　從舌者徐鍇本作舌聲　讀若比目魚鰈之鰈者本書無鰈字釋地東方有比目魚其名謂之鰈玉篇狧𤞞同

xiá
狎

狎　犬可習也從犬甲聲　胡甲切

賈誼書欲以刑罰慈民辟猶以鞭狎狗雖久弗親矣

犬可習也者字林狎習也釋詁狎習也襄四年左傳民狎其野杜注狎習也襄六年傳少相狎杜注狎親習也周語未狎君政韋注狎習也曲禮賢者狎而敬之鄭注狎習也又不好狎注云人則習爲好狎經典借甲字詩芃蘭能不我甲傳云甲狎也箋以爲狎習釋文云韓詩作狎書多方甲于內亂釋文引鄭王竝作狎

niǔ
狃

狃　犬性驕也從犬丑聲　女久切

犬性驕也者左傳正義引作狃也徐鍇本作犬性忕也鍇繫傳曰忕慣習也廣韻狃習也相狃也釋言狃復也郭注狃伏復爲馥謂伏當爲忕忕從小大之大俗從犬故誤爲伏書君陳狃于姦宄傳云習于姦宄詩大叔于田將叔無狃傳云狃習也桓十三年左傳莫敖狃於蒲騷之役杜注狃忕也正義云說文狃狎也忕習也郭璞云貫忕也今俗語皆然則狃忕皆貫習之義晉語今我不擊歸必狃一夫不可狃況國乎韋注狃忕也不擊而歸秦必狃忕而輕我也後漢書馮異傳忸忕小利注云忸忕慣習也或作忸荀子議兵篇忸之以慶賞注云忸與狃同

fàn
犯

犯　侵也從犬㔾聲　防險切

書大禹謨茲用不犯于有司　論語其爲人也孝弟而好犯上者鮮矣　曲禮介胄則有不可犯之色　侵也者廣韻犯干也侵也廣雅犯侵也釋詁犯勝也郭注陵犯得勝也史記灌夫起舞屬丞相丞相不起夫從坐上語侵之

cāi
猜

猜　恨賊也從犬青聲　倉才切

恨賊也者廣韻猜疑也恨也玉篇同小爾雅廣言猜恨也方言猜恨也僖九年左傳耦俱無猜杜注兩無猜恨史記吳起傳猜忍人也

犬

mĕng 猛　kàng 犺　qiè 狤　lín 獜　juàn 獧　shū 倏　huán 狟

猛 健犬也從犬孟聲 莫杏切

郊特牲虎豹之皮示服猛也地理志西河郡有虎猛縣健犬也者廣雅猛健也韓策齊大夫諸子有犬大猛

犺 健犬也從犬亢聲 苦浪切

健犬也者廣雅犺健也

狤 多畏也從犬去聲 去劫切

多畏也者經典用怯字釋名怯脅也見敵恐脅後漢書光武紀見小敵怯見大敵勇賈誼書反勇爲怯易林鷙鳥遇怯如猬見鵲偃示怒腹不敢拒格

𢛁 杜林說狤從心

獜 健也從犬粦聲詩曰盧獜獜 力珍切

健也者廣韻獜獜犬健也出說文廣雅獜健也 詩曰盧獜獜者齊風盧令文彼作令令傳云盧田犬令令纓環聲非本書義漢志金城郡有令居縣令音力延切令獜聲近借令字

獧 疾跳也一曰急也從犬睘聲 古縣切

疾跳也者玉篇獧跳也廣韻獧躍也或借僄字方言僄宋楚之閒謂之倢郭注言便倢也 一曰急也者本書懁急也廣雅獧急也玉篇獧與狷同續漢書范丹自以狷急不能從容常佩韋後漢書陰興傳豐亦狷急孫嚴宋書少帝幼而狷急

倏 走也從犬攸聲讀若叔 式竹切

走也者韻會引作犬走疾也字鑑引同廣韻倏忽犬走疾也 讀若叔者莊子大宗師儵然而往徐邈音叔

狟 犬行也從犬亘聲周書曰尚狟狟 胡官切

玉篇狟武皃也今作桓 漢桓道縣魏志作狟道 廣雅桓桓武也 釋訓桓桓烈烈威也郭注皆嚴猛之貌 詩周頌桓桓武王箋云桓桓有威武之武王魯頌桓桓于征傳云桓桓威武皃漢書地理志河南郡原武莽曰原桓隴西郡襄武莽曰相桓安定郡安武莽曰安桓左馮翊武城莽曰桓城西河郡武車莽曰桓車五原郡武都莽曰桓都鴈門郡武州莽曰桓州遼東郡武次莽曰桓次河陽國武隧莽曰桓隧 周書曰尚狟狟者牧誓文彼作桓桓鄭注桓桓威武皃

bó 犻　zhé 狦　yìn 猌　bá 犮　lì 戾　dú 獨　yù 𤞞

犻 過弗取也從犬巿聲讀若孛 蒲沒切

過弗取也者當云過也拂取也玉篇犻犬過集韻祓拂取也犻祓竝犻之異文

狦 犬張目皃從犬易聲 陟革切

犬張目皃者朱君文藻曰徐鍇本作犬開張目皃開當爲闢

猌 犬張齗怒也從犬來聲讀又若銀 魚僅切

讀又若銀者左傳厥憖公羊作屈銀

犮 走犬皃從犬而丿之曳其足則剌犮也 蒲撥切

走犬皃者玉篇廣韻九經字樣竝作犬走皃 從犬而曳之者本書丿抴也 曳其足則剌犮也者 本書癶足剌癶也

戾 曲也從犬出戶下戾者身曲戾也 郎計切

曲也云云者字林戾曲也從犬出戶而身曲戾也

獨 犬相得而鬭也從犬蜀聲羊爲羣犬爲獨也一曰北嚻山有獨𤞞獸如虎白身豕鬣尾如馬 徒谷切

犬相得而鬭也者犬好鬭故難朋聚 羊爲羣犬爲獨也者羣從羊獨從犬詩吉日或羣或友傳云獸三曰羣曲禮大夫不揜羣正義羣謂禽獸共聚也廣韻獨單獨詩毛傳獨單也方言一蜀也南楚謂之獨 一曰北嚻山云云者北山經北嚻之山有獸焉其狀如虎而白身犬首馬尾彘鬣名曰獨𤞞集韻獸𤞞獸名如虎而豕鬣

𤞞 獨𤞞獸也從犬谷聲 余蜀切

xiǎn 獮

獮 秋田也從犬璽聲 息淺切

釋天秋獵爲禰釋文獮說文從繭或作禰從示玉篇獮與獮同秋日獮殺也又璽與繭同蠶繭也徐鍇本禰秋畋也從示爾聲馥案獮爲禰之誤獮爲獮之誤禰爲祢之異文本書闕璽字史記魯世家作肹誓徐廣曰一作鮮一作獮索隱鮮獮也言於肹地誓衆因行獮田之禮以取鮮獸而祭故字或作鮮或作獮徐鍇曰按經義獮少也取禽獸少也馥謂徐讀爲鮮少不如索隱之說義長

秋田也者釋詁獮殺也郭注秋獵曰獮應殺氣也管子小匡篇秋以田曰獮齊語秋以獮治兵韋注秋田曰獮周禮肆師獮之日涖卜來歲之戒鄭注秋田爲獮大司馬遂以獮田鄭注秋田爲獮獮殺也秋田主用罔中殺者多也隱五年左傳故春蒐夏苗秋獮冬狩杜注獮殺也以殺爲名順秋氣也周語獮於既烝韋注秋田曰獮獮殺也順時始殺也漢書刑法志秋治兵以獮顏注治兵觀威武也獮應殺氣也主父偃傳春蒐秋獮諸侯春振旅秋治兵所以不忘戰也顏注春爲陽中其行木也秋爲陰中其行金也金木兵器所資故於此時蒐獮治兵也獮應殺氣也西京賦

白日未及移晷已獮其十七八薛注獮殺也宋書禮志獮者殺也從秋氣所殺多也

禰 獮或從豕宗廟之田也故從豕示

經典作獮字

宗廟之田也者徐鍇說禰字云獵者所以爲宗廟之事也左傳曰鳥獸之肉不登於俎則君不射故從示廣雅王者以四時畋以奉宗廟白虎通王者諸侯所以田獵何爲苗除害上以共宗廟下以簡集士衆也穀梁傳四時之田皆爲宗廟之事也

liè 獵

獵 放獵逐禽也從犬巤聲 良涉切

尸子宓犧氏之世天下多獸故教民以獵也

放獵逐禽也者集韻韻會引作效獵類篇引作校獵

liáo 獠

獠 獵也從犬尞聲 力照切

獵也者文選七啓獠徒雲布李善引本書同釋天宵田爲獠郭注管子曰獠獵畢弋今江東亦呼獵爲獠或曰即今夜獵載鑪照也馥案詩大叔于田火烈具舉正義云此爲宵田故持火炤之漢書司馬相如傳於是乃羣相與獠於蕙圃文穎曰宵獵爲獠

shòu 狩

狩 犬田也從犬守聲易曰明夷于南狩 書究切

犬田也者類篇引作火田也韻會同釋天火田爲狩孫炎曰放火燒艸守其下風周禮羅氏蜡則作羅襦鄭注今俗放火張羅其遺教王制昆蟲未蟄不以火田春秋桓七年焚咸邱杜注焚火田也正義云以火焚地明爲田獵定元年左傳田於大陸焚焉杜注火田竝見燒也周語遂田於大陸焚而死韋注田以火田也管子輕重甲篇齊之北澤燒火光照堂下注云獵而行火曰燒列子黃帝篇趙襄子率徒十萬狩於中山藉芿燔林扇赫百里韓非內儲說魯人燒積澤天北風火南倚恐燒國哀公懼自將衆趣救火者左右無人盡逐獸而火不救漢書刑法志冬大閱以狩顏注狩火田文選七發徼墨廣博望之圻李善云墨燒田也言逐獸於燒田廣博之所而觀望之有圻堮也 易曰

明夷於南狩者明夷九三文

xiù 臭

臭 禽走臭而知其迹者犬也從犬從自 尺救切

禽走臭而知其迹者犬也者玉篇犬逐獸走而知其迹故字從犬徐鉉曰犬走以鼻知臭故從自馥案禽走者野禽走逃也走屬野禽不屬犬徐語未了賈岱宗大狗賦逆風長厲野禽是覓鼻嗅微香眼裁輕迹周禮迹人鄭注迹之言迹知禽獸處馥在嶧縣見夜獵者放犬入山隨其後犬臭露草知貛狸所在

huò 獲

獲 獵所獲也從犬蒦聲 胡伯切

獵所獲也者本書捷獵也軍獲得也月令章句獵者捷取之名也韓詩趯趯毚兔遇犬獲之獲得也謂狡兔數往來逃匿其迹有時遇犬得之周禮大司馬獲者取左耳鄭注獲得也得禽獸者取左耳當以計功山虞及獘田植虞旗于中致禽而珥焉鄭注田上樹旗令獲者皆致其禽而校其耳以知獲數也襄二十四年左傳收禽挾囚杜注禽獲也馥案展獲字季禽是也襄三十一年傳譬如田獵射御貫則能獲禽若未嘗登車射御則敗績厭覆是懼何暇思

犬

bì 獘

獲定九年傳得用焉曰獲杜注若麟爲田獲俘爲戰獲公羊傳旗獲而過我也何注旗獲建旗縣所獲得以過魯也子虛賦烏有先生問曰今日畋樂乎又問獲多乎又與使者出田乃欲勠力致獲以娛左右又釣繳者之所得獲西京賦置互擺牲頒賜獲鹵七命叩鉦數校舉麾旌獲宋書禮志殿中郎率其屬收禽以實獲車

獘 頓仆也从犬敝聲春秋傳曰與犬犬獘 毗祭切

頓仆也者一切經音義四引作仆也踣也釋言獘踣也孫炎曰前覆曰踣襄三十年左傳泰侈者因而斃之杜注因其罪而斃踣之隱元年傳必自斃閔元年傳難不已將自斃襄二十七年傳單斃其死哀二年傳鄭人擊簡子中肩斃于車中杜注竝云斃踣也晉語不與皆斃韋注斃踣也于金序晉朝南移士族不習水土皆患軟脚之疾染者莫不斃踣此皆本爾雅者也釋木木自獘柛郭注獘踣顛衆柛卽槇字仆木也又立死甾蔽者翳詩皇矣毛傳孔疏俱作獘獘與立死對言亦踣也周禮獸人及獘田大司馬獘旗誅後至者司常及致民置旗獘之鄭注始置旗以致民民至仆之檀弓射之斃一人又吾得正而斃焉斯已矣表記斃而後已鄭注竝訓仆也僖七年左傳既不能彊又不能弱所以斃也僖十四年傳失援必斃襄二十四年傳象有齒以焚其身服注焚讀曰僨僨僵也爲生齒焉僵其身定八年傳與一人俱斃杜注斃仆也哀八年傳魯雖無與立必有與斃范式碑潤枯斃於荆漢　春秋傳曰與犬犬獘者僖四年左傳文彼作斃晉語犬斃韋注斃死也

斃 獘或从死

xiàn 獻

獻 宗廟犬名羹獻犬肥者以獻之从犬鬳聲 許建切

宗廟犬名羹獻者曲禮犬曰羹獻　犬肥者以獻之者釋詁享獻也本書亯獻也周禮宰夫膳獻

yàn 犴

犴 獟犬也从犬幵聲一曰逐虎犬也 五旬切

獟犬也者廣韻獟狂犬類篇獟獷也史記匈奴傳誅獟驛　一曰逐虎犬也者初學記引字林犴逐虎犬也廣韻犴逐獸犬

yào 獟

獟 犴犬也从犬堯聲 五弔切

犴犬也者玉篇獟猘狗也狂狗也廣雅獟狂也纂文獟屈尾犬也

zhì 狾

狾 狾犬也从犬折聲春秋傳曰狾犬入華臣氏之門 征例切

狾犬也者狾或作猘折制聲相近莊子尋常之溝而鯢鰌爲之制注云制折也纂文猘狂犬也本草拾遺猘犬狂犬也淮南說林訓猘狗不自投於河吳歷曹公聞孫策平定江南常呼猘兒難與爭鋒宋書張暢傳弟收嘗爲猘犬所傷醫者云食蝦蟇可療北史王晞傳獨孤信署爲開府記室晞稱先被犬傷不赴有故人疑其所傷非猘書勸令赴通鑑東魏斛律羌舉曰黑獺舉國而來欲一死決譬猘狗或能噬人字又作狾後漢書馬融傳獄狾熊注云狾亦狂也又作猘廣韻猘狂犬別名　春秋傳曰狾犬入華臣氏之門者襄十七年左傳文彼云國人逐瘈狗瘈狗入於華臣氏之門釋文瘈字林作狾云狂犬也漢書五行志引作狾顏注狾狂也呂氏春秋適威篇遂應猘狗而弒子陽高注國人有逐狾狗之擾哀十二年左傳國狗之瘈無不噬也杜注瘈狂也

kuáng 狂

狂 狾犬也从犬㞷聲 五王切

晉書五行志旱歲犬多狂死

㹟 古文从心

从心者書微子我其發出狂正義狂生於心而出於外應璩詩積念發狂癡是其事也廣雅狂癡也韓非解老篇心不能審得失之地則謂之狂　老子馳騁田獵令人心發狂

lèi 類

類 種類相似唯犬爲甚从犬頪聲 力遂切

玉篇類種類也　荀子禮論先祖者類之本也楊注類種類也　後漢劉平傳平抱弟仲女曰仲不可以絕類

dí 狄

狄 赤狄本犬種狄之爲言淫辟也从犬亦省聲 徒歷切

赤狄本犬種者初學記御覽竝引云狄赤犬也案此三字當在赤狄上春秋宣三年赤狄侵齊宣十五年晉滅赤狄潞氏十六年滅赤狄甲氏及留吁杜注皆赤狄別種成三年左傳晉郤克衛孫良夫伐廧咎如討赤狄之餘焉　狄

犬

之爲言淫辟也者狄辟聲近本書孔子曰貉之爲言惡也此亦應出孔子廣雅狄辟也白虎通狄者易也辟易無別也大戴禮千乘篇北辟之民曰狄肥以戾

suān 狻

狻 狻麑如虦貓食虎豹者從犬夋聲見爾雅 素官切

狻麑如虦貓食虎豹者釋獸文御覽引云狻小狗也馥謂是狻字本義狻麑又一義廣韻狻猊師子猛獸薛綜注西京賦狻狻猊也一曰師子郭璞注穆天子傳狻猊師子亦食虎豹 見爾雅者後人加之本書無此文例

jué 玃

玃 母猴也從犬矍聲爾雅云玃父善顧攫持人也 俱縛切

古今注猴五百歲化爲玃 抱朴子對俗篇獮猴壽八百歲變爲猨猨壽五百歲變爲玃 陸璣詩疏獮猴楚人謂之沐猴老者爲玃 漢書司馬相如傳蛙玃飛蠝張揖曰玃似獮猴而大 字或作蠼史記相如傳其上則有赤猿蠼蝚正義蠼蠼蚼猿猴類

母猴也者廣韻爾雅釋文一切經音義五並引作大母猴也呂氏春秋察傳篇狗似玃玃似母猴母猴似人 爾雅

說文解字義證 卷三十 至

云玃父善顧者釋獸文彼作玃郭注好顧眄 玃持人也者玃攫聲相近郭注爾雅玃能攫持人賈誼書攫齧搏擊之獸鮮鄭注尚書其威當如獸之將攫搏也考工記凡攫緞狻簭之類羽獵賦熊羆之挐攫靈光殿賦奔虎攫拏五臣注攫舉爪也拏以手持也易林南山大玃盜我媚妾爾雅翼博物志云蜀山南高山上有物如猴長七尺人行健走名曰猴玃或曰猳玃又名馬化伺行道婦女有好者輒盜之以去

yóu 猶

猶 玃屬從犬酋聲一曰隴西謂犬子爲猶 以周切

玃屬者史記索隱引云獸名多疑玉篇猶猨屬也崔浩云猶猨類也卬鼻長尾性多疑釋獸猶如麂善登木老子猶兮若畏四鄰范應元注猶玃屬水經注江水云夾道縣山多猶猢似猴而短足好游巖樹一騰百步或三百丈順往倒反乘空若飛 一曰隴西謂犬子爲猶者初學記引纂文同一切經音義六案說文隴西謂犬子爲猶猶性多豫在人前故凡不決者謂之猶豫也顏氏家訓書證篇禮云定猶豫決嫌疑離騷曰心猶豫而狐疑先儒未有釋者案尸子曰五尺犬爲猶說文云隴西謂犬子爲猶吾以爲人將犬行犬好豫在人前待人不得又來迎候如此往還至於終日斯乃豫之所以爲未定也故稱猶豫

jū 狙

狙 玃屬從犬且聲一曰狙犬也暫齧人者一曰犬不齧人也 親去切

玃屬者廣雅狙獮猴也列子黃帝篇宋有狙公者愛狙養之成羣注云好養猿猴者因謂之狙公也莊子齊物論猨猵狙以爲雌司馬注狙一名獦牂似猿而狗頭喜與雌猿交也崔注猵狙一名獦牂其雄喜與雌猿爲牝牡玉篇玃狙獸名馥案文十四年左傳邾人辭曰齊出貜且長貜且邾定公名也借且字貜狙卽玃狙 一曰狙犬也暫齧人者者暫謂伏伺而猝出也三蒼狙伺也通俗文伏伺曰狙漢書諸侯王表贑狙詐之兵應劭曰狙伺也史記留侯世家良與客狙擊秦皇帝博浪沙中服虔云狙伺候也應劭云狙伺也一云狙伏伺也謂狙之伺物必伏而候之故今云狙候是也 一曰犬不齧人者者玉篇作犬不絜也

hóu 猴

猴 夒也從犬侯聲 乎溝切

說文解字義證 卷三十 圭

玉篇猴獮猴也 史記項羽紀人言楚人沐猴而冠耳張晏曰沐猴獮猴也 王延壽王孫賦有王孫之狡獸形陋觀而醜儀顏狀類乎老公軀體似乎小兒眼睢䀹以眈䀎視瞰睫以䀢睉鼻䩠䩵以䫶䫵耳聿役以嗝知口嗛呥以齡齵脣皴皺以柀䀝齒崖崖以髟髟嚼唯唉而囁呪儲糧食於兩頰稍委輸於胃脾踡兔蹲而狗踞聲歷鹿而喔咿或嗝嗝而嗀嗀又嗁嚶其若啼

夒也者廣韻猴獮猴猱也廣雅猱獮猴也

hù 㱿

㱿 犬屬要已上黃要已下黑食母猴從犬㱿聲讀若構或曰㱿似牂羊出蜀北囂山中犬首而馬尾 火屋切

犬屬云云者本書玃㱿玃也玉篇㱿似犬惡也上黃下黑風土記后㱿似狢而形短常捕取猴猿字或作㲄廣韻㱿獸名似豹而小食獮猴又名黃腰釋獸貔白狐其子㲄釋文㱿本又作㲄漢書司馬相如傳獑胡㲄蛫郭璞曰㲄似貍而大要以後黃一名黃要食獮猴南都賦㲄玃猱㹶戲其巔李善引說文㱿類犬腰以上黃以下黑 或曰云云

犬

者古文苑蜀都賦猶轂畢方注引本書同西山經皋塗之山有獸焉其狀如鹿而白尾馬足人手而四角名曰玃如馥謂人手當爲犬首

láng 狼

狼 似犬銳頭白頰高前廣後從犬良聲魯當切

急就篇貍兔飛鼯狼麋麐　釋獸狼牡貛牝狼　詩還竝驅從兩狼兮傳云狼獸名陸璣疏其鳴能小能大善爲小兒啼聲以誘人去數十步其猛捷者雖善用兵者不能免也其膏可煎和其皮可爲裘故禮記狼臅膏又曰君之右虎裘厥左狼裘　豳風狼跋其胡載疐其尾草蟲經云老狼項下有袋求食滿腹向前行乃觸之退後又自踏踐上疐其尾進退有患故詩以況跋前疐後　吳子莫不梟視狼顧　史記蘇秦傳秦雖欲深入則狼顧正義云狼性怯走常還顧馥案呂氏春秋說獐云已而得者其時顧也高注反顧稽其時故見得也

似犬者廣韻狼犲狼字林狼獸似犬玉篇亦有獸字顏注急就篇狼似青狗酉陽雜俎狼大如狗蒼色

pò 狛

狛 如狼善驅羊從犬白聲讀若蘗甯嚴讀之若淺泊匹各切

說文解字義證　卷三十　卅三

如狼者玉篇狛獸如狼與狀同廣韻狀似狼　善驅羊者史記譬使犲狼之逐羣羊也　甯嚴讀之若淺泊者泊當爲洦本書洦淺水也

màn 獌

獌 狼屬從犬曼聲爾雅曰貙獌似貍舞販切

狼屬者字林同謝靈運山居賦自注獌似貛而長狼之屬　爾雅曰貙獌似貍者釋獸文字林獌一曰貙也山居賦注狼一曰貙

hú 狐

狐 䄏獸也鬼所乘之有三德其色中和小前大後死則丘首從犬瓜聲戶吳切

本草陶注江東無狐皆出北方及益州形似貍而黃亦善能爲魅　周書王會青丘狐九尾　海內經元狐蓬尾郭注蓬叢也說苑曰蓬狐文豹之皮　古詩狐欲渡河無柰尾何　述征記北風勁河冰始合要須狐行云此物善聽聽冰下無水聲然後過河

䄏獸也者孟子釋文狐狢妖獸也顏注急就篇狐妖獸也　易小狐汔濟干寶曰狐野獸之妖者封德彝贊妖禽孽狐當晝則伏抱朴子玉策記狐滿三百歲暫變爲人形元中記千歲之狐爲淫婦百歲之狐爲美女道士　鬼所乘之者顏注急就篇狐鬼所乘馥案乘猶馮也左傳后不能言或馮焉　有三德云云者白帖御覽所引丘首下有謂之三德四字馥案其色黃故曰中和鼻尖尾大故曰小前大後廣志狐死首丘豹死守山白虎通狐死首丘不忘本也禮記狐死正丘首仁也楚辭九章鳥飛反故鄉兮狐死必首丘　文子飛鳥反鄉兔走歸掘狐死首丘寒螿翔水各依所生　瓜聲者埤雅引作從孤省恐屬臆改

tǎ 獺

獺 如小狗也水居食魚從犬賴聲他達切

本草衍義獺四足俱短頭與身尾皆褊毛色若故紫帛大者身與尾長三尺餘食魚居水中出水亦不死亦能休於大木上世謂之水獺嘗縻置大水甕中於其間旋轉如風水爲之成旋瀧起四面高中心凹下觀者駭目其皮西戎將以飾毳

說文解字義證　卷三十　卅四

服領袖問之云塵垢不著如風霾翳目即就袖口拭目中口即出又毛端果不著塵亦一異也　馥案通鑑王琨攀車獺尾痛哭　胡注獺毛可以辟塵故懸之於車　援神契獸蟄伏獺祭魚　王制獺祭魚然後虞人入澤梁　夏小正正月獺獻魚　周書時訓解獺不祭魚國多盜賊　月令孟春之月獺祭魚　鄭注此時魚肥美獺將食之先以祭也　淮南時則訓孟春之月獺祭魚高注獺獱水禽也取鯉魚於水邊四面陳之謂之祭魚又有柴獺遁甲開山圖霍山南岳其獸多柴獺注云山邊水故有柴獺

如小狗也者徐鍇本作小狗也無如字馥謂小字誤當云水狗也廣韻獺水狗　水居食魚者徐鍇本無水居二字既稱水狗自不應復言水居矣　玉篇獺如猫居水食魚也　淮南子獺穴知水之高下　月令章句獺毛蟲西方白虎之屬水居而殺魚者也　漢書賈誼傳偭蟂獺以隱處兮應劭曰蟂獺水蟲害魚者也文選補亡詩有獺有獺在河之涘凌波赴汨噬魴捕鯉　獺又有白者　續齊諧記魏明帝於洛水見白獺不可得侍臣曰聞獺嗜鯔魚乃不避死可以此候之

biān 猵　biāo 猋　狌　yín 㹜　sī 𤞞

猵 獺屬從犬扁聲 布玄切

博物志猵頭如馬腰已下似蝙蝠毛嫩大可五斤 蜀都賦其深則有猵獺沈鱓 鹽鐵論水有猵獺而池魚勞宋書索虜傳誊魚者除其猵獺

獺屬者本草圖經獺有兩種有獱獺獱音賓或音編形大頭如馬身似蝙蝠淮南子云養池魚者不畜猵獺許慎注猵獺類是也

獱 或從賓

漢書揚雄傳蹈獱獺 廣雅獱獺也 三蒼解詁獱似青狐居水中食魚 孟子爲淵敺魚者獺也趙注獺獱也

猋 犬走皃從三犬 甫遙切

衛殤公剽漢書古今人表作猋

犬走皃者楚辭九歌猋遠舉兮雲中王注猋去疾也

說文解字義證〈卷三十　卅五

文八十三　重五

狌

見本書鼪下

遺文一

㹜 兩犬相齧也從二犬凡㹜之屬皆從㹜 語斤切

𤞞 司空也從㹜臣聲復說獄司空 息茲切

一切經音義十四伺埤蒼作覗字林音𤞞或作司廣雅伺候也亦察也狙也 周禮師氏司王朝鄭注司猶察也 方言凡相竊視自江而北謂之覗 漢書文三王傳左右弄口積使上下不和更相眄伺

司空也者𤞞司聲相近吳志周魴傳看伺空隙漢印有營司空丞地理志京兆尹船司空顏注本主船之官遂以爲縣淮南兵略訓隧路亟行輜治賦丈均處軍輯井竈通此司空之官也高注司空補空修繕者 復說者復益人名上脫其姓 獄司空者廣韻𤞞辨獄相察玉篇𤞞辨獄官也察也今作伺覗書汝作士鄭注士察也主察獄訟之事月令正義引焦氏荅崇精問曰獄漢曰若盧魏曰司空容齋續筆漢獄名有水司空掖受祕獄之名文選潘岳關中詩當乃明實否則證空李善注其言當者明示以事實其理否者顯告之獄空

yù 獄

獄 确也從㹜從言二犬所以守也 魚欲切

确也者獄确聲近釋名獄确也實确人之情僞也春秋元命苞獄者核确也或作埆集韻埆獄也顏注急就篇獄之言埆也取其堅牢也詩行露誰謂女無家何以速我獄傳云獄埆也釋文盧植云相質觳爭訟者也崔云埆者埆正之義一云獄名鄭駁異義獄者埆也囚證於角核之處周禮謂之圜土 從言者鄭駁異義從言者謂以言相爭也 二犬所以守也者顏注急就篇獄從二犬所以守備也荀子宥坐篇獄犴不治楊注獄從二犬象所以守者

文三

shǔ 鼠　fán ⿰鼠番　hé ⿰鼠各　fén 鼢

鼠 穴蟲之總名也象形凡鼠之屬皆從鼠 書呂切

說文解字義證〈卷三十　卅六

春秋運斗樞玉衡星散而爲鼠 盧元明劇鼠賦須似麥穟半垂眼如豆角中劈耳類槐葉初生尾若杯酒餘瀝

穴蟲之總名也者猶隹爲鳥之短尾總名鳥爲長尾禽總名白帖穴蟲鼠也此言鼠之總名也書禹貢鳥鼠同穴襄二十三年左傳夫鼠晝伏夜動不穴於寢廟畏人故也盧元明賦跡實排虛巢居穴處莊子應帝王篇鼷鼠深穴乎神邱之下墨子非儒篇鼸鼠藏藏於穴也夏小正田鼠出出於穴也皆言鼠爲穴蟲也 象形者徐鍇曰上象齒下象腹爪尾鼠好齧傷故象齒

⿰鼠番 鼠也從鼠番聲讀若樊或曰鼠婦 附袁切

鼠也者玉篇⿰鼠番白鼠廣雅白⿰鼠番 或曰鼠婦者本書蟠鼠婦蝮謂⿰鼠番之於蟠猶鼢作蚡也玉篇⿰鼠番一名負底蟲

⿰鼠各 鼠出胡地皮可作裘從鼠各聲 下各切

皮可作裘者鹽鐵論中者罽衣金縷燕貂代黃

鼢 地行鼠伯勞所作也一曰偃鼠從鼠分聲 房吻切

廣志鼢鼠深目短尾　本草拾遺蚡鼠是野田中尖觜鼠也
方言蚍蜉犂鼠之場郭注犂鼠蚡鼠也　周禮草人墳壤
用麋故書墳作蚡鄭司農云墳壤多
蚡鼠也　爾雅釋文鼢字林作鼢
地行鼠者爾雅釋文引作地中行鼠廣韻引字林同釋獸
鼢鼠郭注地中行者　伯勞所作也者初學記引云伯勞
之所化也廣韻引字林百勞所化白帖亦是化字玉篇蚡
伯勞所化　一曰偃鼠者莊子釋文引本書同字或作鼴
廣雅鼹鼠鼢鼠本草鼹鼠在土中行陶注俗中一名隱鼠
一名鼢鼠形如鼠大而無尾黑色長鼻甚強常穿耕地中
行討掘即得衍義云鼹鼠鼢鼠也今京畿田中甚多脚
絕短尾長寸許目極小項尤短字又作鼴玉篇鼴大鼠

蚡 或從虫分

píng 䶄

䶄 䶄令鼠從鼠平聲 薄經切

䶄令鼠者玉篇䶄䶄鼢鼠鼢鼩屬鼩斑鼠也廣韻鼩鼢斑
鼠廣雅鼢鼠鼮鼠玉篇鼢音如勇切御覽引爾雅鼮鼠音
䶄甚謂䶄即
鼮以其斑也

sī 鼶

鼶 鼠也從鼠虒聲 息移切

鼶鼠也者釋獸鼶鼠郭注引夏小正鼶鼬則穴今大戴禮作
鼬鼶則穴類篇鼶鼬鼠名淮南時則訓季春之月田鼠化
爲鴽高注田鼠鼢鼶鼠也馥謂鼶
卽鼶字又作鼶集韻鼶鼶鼬鼠名

liú 䶉

䶉 竹鼠也如犬從鼠畱省聲 力求切

竹鼠也者廣韻䶉食竹根鼠　如犬者劉欣期交州記竹
鼠如小狗子食竹根出封溪縣閩中呼之爲䶉馥於大理
見一鼠似鼢而花面土人呼竹鼠　畱省聲者字或作䶉
漢書鮮卑國以豹貉䶉子皮毛爲裘新唐書地理志房陵
郡貢竹䶉又或作貓莊子天地篇執畱之狗釋文畱本又
作貓司馬云竹鼠也肥美人多珍之玉篇作䶉從寅卯之
卯食物本草䶉鼠食竹根居土
穴中大如兔人多食之味如鴨

shí 鼫

鼫 五技鼠也能飛不能過屋能緣不能窮木能游不能渡谷能穴不能揜身能走不能先人從鼠石聲 常隻切

五技鼠也云云者游當爲浮勸學篇作泅藝文類聚引作
浮㳄汓之誤釋獸鼫鼠釋文孫云五技鼠也字林同蔡伯
喈勸學篇云五技者能飛不能上屋能緣不能窮木能泅
不能渡瀆能走不能絕人能藏不能覆身是也許氏說文
亦云然易晉如鼫鼠正義引勸學篇鼫鼠五能不成一技
九家云碩鼠喻貪謂四也體离欲升體坎欲降游不度瀆
不出坎也飛不上屋不至上也緣不極木不出离也穴不
揜身五坤薄也走不先足外震在下也五技皆劣四爻當
之故曰晉如碩鼠也荀子勸學篇梧鼠五技而窮注云梧
當爲鼫蓋本誤爲鼯傳寫誤爲梧耳鼫所本補詁暇馥案顏氏
家訓引諺云多爲少善不如執一鼫鼠五能不成伎術其
字作鼫大戴禮勸學篇作鼫經典多借碩字九家易見前
易林碩鼠四足飛不上屋古今注碩鼠有五能而不成伎
術擬所鼫補貼詩碩鼠正義云釋獸有鼫鼠孫炎曰五技鼠舍
人樊光同引此詩以碩鼠爲彼五
技之鼠許慎云云此謂之五技

zhōng 鼨

鼨 豹文鼠也從鼠冬聲 職戎切

豹文鼠也者釋獸鼨鼠豹文鼮鼠郭注於鼨鼠云未詳於
鼮鼠云鼠文彩如豹者漢武帝時得此鼠孝廉郎終軍知

之賜絹百匹釋文鼨說文字林皆云豹文鼠也黃生義府
曰說文鼨豹文鼠也與郭注爾雅異按爾雅豹文二字在
鼨鼠之下鼮鼠之上郭以爲鼮鼠是以二字下屬也許以
爲鼨鼠是以二字上屬也然詳前後文勢上屬爲是郭因
終對而誤說文不誤也馥案鼮鼠爲竇攸事郭屬終軍亦
誤謝承後漢書竇攸爲郎世祖會百寮於靈臺得鼠如豹
文問羣臣攸曰鼮鼠詔曰何以知曰見爾雅案書如攸言
賜帛三百匹勑諸王子從攸受爾雅竇氏家傳及摯虞三
輔決錄注竝同徐陵謝賚燭監賞苔齊國移文啓云竇攸
之對鼮鼠馥謂鼮爲鼮之誤唐書盧藏用傳其弟若虛在
隴西有獲異鼠者豹文虎臆大如拳職方辛怡諫謂爲鼮
鼠而賦之若虛曰非也此許慎所謂鼨鼠豹文而形小者
一坐驚服馥案鼨鼮皆有
斑彩鼨小鼮大鼮即䶄鼠

鼨 籒文省

è 䶠

䶠 鼠屬從鼠益聲 於革切

玉篇別作𪖐
屬易部下

或從豸

xī 鼷

鼷 小鼠也从鼠奚聲 胡雞切

春秋成七年鼷鼠食郊牛角 小鼠也者字林同玉篇鼷小鼠也螫毒食人及鳥獸皆不痛今之甘口鼠也博物志鼷鼠之最小者或謂之甘鼠謂其口甘爲其所食者不知覺也釋獸鼷鼠郭注小螫毒者左傳正義引爾雅色黑而小有毒漢書景十三王傳臣聞社鼷不灌顏注鼷小鼠

qú 鼩

鼩 精鼩鼠也从鼠句聲 其俱切

精鼩鼠也者精玉篇作鼱釋獸鼩鼠郭注小鼱鼩也亦名鼨鼩李巡曰一名鼷鼠漢書東方朔傳猶鼱鼩之襲狗如湻曰鼱鼩小鼠也

xiàn 鼸

鼸 䶄也从鼠兼聲 邱檢切

釋名鼸鼠之食積於頰 䶄也者釋獸鼸鼠郭注以頰裹藏食釋文引字林即䶄鼠也馥謂鼢爲䶄之誤夏小正二月田鼠出田鼠者嗛鼠也玉篇鼸田鼠也月令田鼠化爲鴽即鼸鼠

hán 䶄

䶄 鼠屬从鼠今聲讀若含 胡男切

鼠屬者徐鍇本作鼸屬 讀若含者廣雅䶄作䶃曹憲音胡貪反

yòu 鼬

鼬 如鼠赤黃而大食鼠者从鼠由聲 余救切

如鼠云云者一切經音義十一引字林鼬似鼠赤黃而大爾雅釋文引同徐鍇本鼬如鼦赤黃色尾大食鼠者釋獸鼬鼠郭注今鼬似鼦赤黃色大尾啖鼠江東呼爲鼪莊子徐無鬼篇藜藋柱乎鼪鼬之逕馥案鼬即鼠狼或稱黃鼬或稱狼猫取其豪製筆謂之狼豪鼠須

zhuó 䶂

䶂 胡地風鼠从鼠勺聲 之若切

胡地風鼠者爾雅釋文引字林䶂鼠出胡地廣韻䶂鼠屬能飛食虎豹出胡地周書王會渠叟以䶂犬䶂犬者露犬也能飛食虎豹馥謂䶂犬即䶂鼠

rǒng 䶗

䶗 鼠屬从鼠冗聲 而隴切

鼠屬者玉篇䶗鼲鼠也

zī 鼭

鼭 鼠似雞鼠尾从鼠此聲 即移切

鼠似雞鼠尾者玉篇鼭似雞而鼠尾見即大旱字或作鴜東山經栒狀之山有鳥焉其狀如雞而鼠毛其名曰蚩鼠

hún 鼲

鼲 鼠出丁零胡皮可作裘从鼠軍聲 乎昆切

集韻鼲鼲鼠屬 劉楨荅魏文帝啓鼲貂之尾綴侍臣之幘邢子才讓侍中表貂鼲映首 曹植上疏鼲鼬讙譁於林木

鼠出丁零胡者徐鍇本作先零胡馥案先零羌也本書貂下亦云出胡丁零國或作丁令冊魏公九錫文鮮卑丁令

重譯而至魏書丁令在康居北出貂鼠皮鼲子皮或借昆字魏略丁令國在康居北出名鼠皮白昆子青昆子皮 皮可作裘者鹽鐵論鼲貂狐貉充於內府又云今富者鼲鼯狐白鳧翁後漢書鮮卑傳又有貂豽鼲子皮毛柔蝡故天下以爲名裘注云貂鼲並鼠屬魏文帝與東吳書今賜遺吞白鼲子裘一領吳書吳王解所著鼲子裘以賜陸遜晉令山鹿白豹白狐黃貂斑白鼲子渠搜國裘皆禁服也夏侯孝若羊太常辛夫人傳琇上夫人鼲子帔䋚以鎦不冒服字或作獋江表傳魏文帝遣使之吳求獋皮張纘謝賚果然縟啓元豹青獋未能逾體

hú 𪕾

𪕾 斬𪕾鼠黑身白要若帶手有長白毛似握版之狀類蝯蜼之屬从鼠胡聲 戶吳切

斬𪕾鼠云云者徐鍇本作獑𪕾鍇繫傳云版手版也廣雅作鼸鼬玉篇𪕾鼸𪕾鼠也黑身白胥廣韻鼬鼸似猨黑身白胥手有長白毛善超坂絕巖也或作獑胡陸璣詩疏猨之白胥者爲獑胡漢書司馬相如傳獑胡縠蛫張揖曰獑胡似獮猴頭上有髮要以後黑史記作蟖胡徐廣曰似猨黑身又作獑猢廣韻獑猢獸名似猿毛詩草蟲經猱獮

鼠

猴也老者爲獑猢獑猢駿捷也其鳴嗷嗷而悲西京賦擭獑猢薛注獑猢猿類而白腰以前黑蜀地志獑猢似猴爲獸奇捷常在樹上欻焉騰躍百五十步若鳥寰宇記引郡國志僰道有獸名獑猢似猿而足短一騰一百五十步如迅鳥之飛取此皮爲狐白之用盈百方成

文二十　重三

néng
能

能 熊屬足似鹿从肉㠯聲能獸堅中故稱賢能而彊壯稱能傑也凡能之屬皆从能 奴登切

能屬足似鹿者廣韻能獸名熊屬足似鹿晉語今夢黃能入於寢門韋注能似熊　㠯聲者能與台耐聲相近禮運故聖人耐以天下爲一家鄭注耐古能字樂記故人不耐無樂鄭注耐古書能字也漢書鼂錯傳揚粵之人性耐暑顏注能讀曰耐揚雄逐貧賦堪寒能暑史記天官書魁下六星兩兩相比名曰三能注云即三台天文錄三台星一名三能玉篇能三足鼈也釋魚鼈三足能並讀奴臺切離騷又重之以修能與下文佩爲韻東方朔畫贊若乃遠心

曠度瞻志宏才倜儻博物觸類多能與才爲韻陸機挽歌三秋猶足收萬世安可思殉没身易忘殺子非所能與思爲韻潘尼瑇瑁椀賦包神藏智備體兼才高下斯處水陸皆能文若綺波背負蓬萊與才來爲韻　能獸堅中故稱賢能者玉篇能多技藝也徐鍇曰堅中骨節實也郭注爾雅貘白豹云骨節彊直中實少髓韓非十過篇隰朋其爲人也堅中而廉外夫堅中則足以爲表廉外則可以大任馥案此言人之堅中可爲賢能也本書罷从能言有賢能而入网而貫遣之周禮大宰以八柄詔王馭萬民四曰使能鄭注能多才藝者孟子能者在職楚策今富摯能鮑注言有材能離騷又重之以修能洪注能本獸名熊屬故有絕人之材者謂之能　而彊壯稱能傑也者增韻能本健獸名故凡稱有才力者皆曰能急就篇晏奇能王應麟注能獸名熊屬多力故有絕人之才者謂之能月令贊傑俊鄭注傑俊能者也古文苑蜀都賦戶豹能黃注云說文能獸名堅中而彊壯

文一

xióng
熊

熊 獸似豕山居冬蟄从能炎省聲凡熊之屬皆从熊 羽弓

切

獸似豕者本草圖經熊形類大豕史記正義熊犬身人足黑色頷謂犬身當爲豕身　山居冬蟄者一切經音義二引下有其掌似人掌名曰蹯八字疑非本書之言詩斯干維熊維羆箋云熊羆在山周禮穴氏掌攻蟄獸鄭注蟄獸熊羆之屬冬藏者也夏小正九月熊羆貊貉鼶鼬則穴山海經熊山有穴焉夏啓而冬閉易通卦驗小雪陰寒熊羆入穴淮南地形訓熊羆蟄藏史記正義熊羆冬至入穴而蟄迨春而出也異苑熊獸藏於山穴之裏不得見穢續搜神記熊無穴或居大樹孔中徐鍇曰熊陽物故冬蟄馥謂陽獸故爲男子之祥　炎省聲者猶風从凡聲昭七年左傳正義云張叔皮論云賓爵下化田鼠上騰牛哀虎變鯀化爲熊久血爲燐積灰生蠅傳元潛通賦云聲伯忌瓊瑰而弗占兮晝言諸而暮終嬴正沈璧以祈福兮鬼告凶而命窮黃母化而爲黿兮鯀殛變而成熊二者所韻不同或疑張叔爲能著作郎王劭云古人讀雄與熊者皆于陵反張叔用舊音傳元用新音張叔亦作熊也按詩無羊正月及襄十年衛卜禦寇之繇皆以雄韻陵劭言是也

pí
羆

羆 如熊黃白文从熊罷省聲 彼爲切

如熊黃白文者釋獸文郭注似熊而長頭高腳猛憨多力能拔樹木關西呼曰貑羆西山經嶓冢之山獸多熊羆郭注羆似熊而黃白色史記正義羆大於熊黃白色陸璣詩疏羆有黃羆有赤羆大於熊

𧆑 古文从皮

文二　重一

能　熊

huǒ 火

說文解字弟十　義證弟三十一

曲阜桂馥學

火　燬也南方之行炎而上象形凡火之屬皆從火（呼果切）

洪範五行二曰火　春秋考異郵火者陽之精也　河圖陽精散而分布為火　鹽鐵論春生夏長故火生於寅　古史考燧人氏初作火　尸子燧人上觀星辰下察五木以為火　禮含文嘉燧人始鑽木取火　燬也者火燬聲相近易林魁行搖尾逐雲吹火又從風吹火牽騏驥尾釋名火亦言燬也物入中皆毀壞也元命苞火之為言委隨也故其字人散二者為火也　南方之行者易說卦離為火正義取南方之行也子華子南方陽極而生熱熱生火鶡冠子泰鴻篇以火照物天下盡火也使居南方主夏計倪子祝融治南方僕程佐之使主火白虎通火在南方南方者陽在上萬物垂枝火之為言委隨也言萬物布施火之為言化也陽氣用事萬物變化也漢書五行志火南方揚光輝為明者也申鑒南方火也居之不燋　炎而上者洪範火曰炎上昭十七年左傳炎帝以火紀子華子陽之氣為火陰之氣為水火則上炎水則下注易乾坤鑿度火內弱外剛外威內暗性上不下聖人知炎光不入於地

dá 炟

炟　上諱（當割切）

後漢書肅宗孝昭皇帝炟注引伏侯古今注炟之字曰著

huǐ 焜

焜　火也從火尾聲詩曰王室如焜（許偉切）

火也者焜火聲相近玉篇火焜也方言煤火也楚轉語也猶齊言焜火也注云焜音燬煤呼隗反　詩曰王室如焜者周南汝墳文彼作燬傳云燬火也釋文燬音毀齊人謂火曰燬字書作焜音毀說文同一音火尾反或云楚人名火曰煤齊人曰燬吳人曰焜此方俗訛語也馥按後漢書列女傳引詩亦作焜韓詩薛君章句焜烈火也

huǐ 燬

燬　火也從火毀聲春秋傳曰衛侯燬（許偉切）

火也者釋言文燬　聲相近詩汝墳釋文云燬郭璞又音貨廣韻燬火盛晉書溫嶠傳至牛渚磯燬犀角而照之　春秋傳曰衛侯燬者僖二十五年經文

xiǎn 燹

燹　火也從火豩聲（穌典切）

火也者廣韻引字統燹野火也玉篇同五音集韻引字林燹逆燒

jùn 焌

焌　然火也從火夋聲周禮曰遂籥其焌焌火在前以焞焯龜（子寸切又倉聿切）

然火也者徐鍇本無火字韻會同　周禮曰遂籥其焌者春官菙氏文彼作歈云凡卜以明火爇燋遂歈其焌契以授卜師注云焌讀如戈鐏之鐏謂以契柱燋火而吹之也契既然以授卜師用作龜也周禮大卜凡國大貞卜立君卜大封則眡高作龜注云鄭司農云作龜謂鑿龜令可爇也玄謂作龜謂以火灼之以作其兆也　焌火在前以焞焯龜者許公說禮之文士喪禮楚焞置於燋在龜東注云楚荊也荊焞所以鑽灼龜者燋炬也所以然火者也三禮圖楚焞以荊為之然以灼龜必以荊者凡木心皆圓而荊心方是以用之

liào 尞（寮）

尞　柴祭天也從火從昚昚古文慎字祭天所以慎也（力照切）

柴祭天也者本書柴下云燒柴燓燎以祭天神燎當為尞玉篇尞柴尞祭天也釋天祭天曰燔柴郭云既祭積薪燒之觀禮祭天燔柴祭法燔柴於泰壇祭天也或通作燎馬融東巡頌祇燎乎羣神呂氏春秋季冬紀乃命四監收秩薪柴以供寢廟及百祀之薪燎注云燎者積聚柴薪置璧與牲於上而燎之升其煙氣

rán 然

然　燒也從火肰聲（如延切）

本書肰古文作𦝫亦從火　燒也者廣雅爇爇也孫炎字叔然

⿱艸難　或從艸難

或從艸難者當為或從⿱艸難文當作⿱難灬本書⿱艸難草也諸書省艸作⿱難灬集韻然古作⿱難灬廣韻⿱難灬下引陸佐公石闕銘抑酈

ruò 爇　fán 燔　shāo 燒　liè 烈　zhuō 炪

難炭淮南說林訓槁竹有火弗鑽不難漢書地理志上郡高奴有洧水可難五行志見巢難盡墮地顏注並云難古然字後漢書矦瑾傳暮還輒難柴以讀書注云難古然字劇秦美新難除仲尼之篇籍

爇　燒也從火蓺聲春秋傳曰爇僖負羈 如劣切

一切經音義十一焫古文爇而悅反通俗文然火曰焫焫亦燒也　郊特牲既奠然後焫蕭合羶薌　秦策秦且燒焫獲君之國　補注云焫即爇字　廣雅焫爇也　馥謂以爇訓焫則焫爇不同文徐鉉謂本書無蓺字不知艸部蓺即蓺之譌　燒也者蒼頡篇爇燒然也昭二十七年左傳遂令攻郤氏且爇之國人弗爇令曰不爇郤氏與之同罪或取一編菅焉或取一秉秆焉國人投之遂弗爇也令尹炮之杜云爇燒也邵寶曰國人取菅秆投之而弗舉火令尹乃舉火然之淮南兵畧訓毋爇五穀高云爇音熱燒也東觀漢記遇大風雨引車入道旁舍馮異抱薪鄧禹爇火光武對竈燎衣後漢書廉范傳令軍士各交縛兩炬三頭爇火後魏書崔浩夜夢秉火爇李順寢室或通作熱淮南說林訓握火提人反先之熱高云猶以火投人先自熱爛也　春秋傳曰爇僖負羈者僖二十八年左傳文彼有氏字杜云爇燒也

燔　爇也從火番聲 附袁切

爇也者釋天祭天曰燔柴郭注積薪燒之列子黃帝篇藉芿燔林注云燔燒也

燒　爇也從火堯聲 式昭切

爇也者廣雅同　廣韻爇燒也

烈　火猛也從火𠛱聲 良辥切

火猛也者方言烈暴也　馥按蔡中郎聞燒桐火烈聲知爲良木火烈即暴也戰國策聞弦者音烈而高飛注云烈猛也書允征天吏逸德烈于猛火漢書鼂錯傳天下明知禍烈及己也顏注猛火曰烈賈逵左傳注烈山炎帝之號

炪　火光也從火出聲商書曰予亦炪謀讀若巧拙之拙 職悅切

bì 熚　fú 𤏲　zhēng 烝　fú 烰　xù 煦

火光也者類篇引作火不光也不字後人加　商書曰予亦炪謀者盤庚文彼作拙傳云是我拙謀成汝過　馥按上文云予若觀火拙當爲炪借拙字

熚　熚𤏲火皃從火畢聲 卑吉切

熚𤏲火皃者徐鍇本作熚熚王篇同熚𤏲聲相近集韻熚𤏲火不時出而滅一曰火盛皃

𤏲　熚𤏲也從火𤇾聲𤇾籀文悖字 敷勿切

籀文悖字者悖當爲誖悖或體

烝　火气上行也從火丞聲 煑仍切

火气上行也者本書饙饎气蒸也蒸當爲烝詩烝之浮浮特牲饋食禮棗烝栗擇集韻烝氣之上達也釋天冬祭曰烝何休說烝氣盛皃或通作蒸內則魴鱮蒸列子汪溫蒸同乎炎火唐九成宮醴泉銘無無鬱蒸之氣

烰　烝也從火孚聲詩曰烝之烰烰 縛牟切

烝也者釋訓烰烰烝也郭云氣出盛孫炎曰炊之氣詩韓奕炰鼈鮮魚箋云炰鼈以火孰之也正義按字書炰毛燒肉也缹烝也服虔通俗文曰熮煑曰缹然則炰與缹別而此及六月云炰鼈者音皆作缹然則炰與缹以火熟之謂烝煑之也　馥按缹炰截然二義不得强同炰字音皆作缹者釋文炰徐音甫九反此即缹字音也玉篇缹火熟也鄭箋炰以火熟之亦缹字義是詩本作缹也字書炰毛燒肉與本書炰毛炙肉同陳啟源曰毛燒不可施於鼈炰作缹爲當　馥按缹鼈者烝鼈也缹即烰之異文烰轉爲炰者孚包聲相近𦊿罦捊抱脬胞可證隱八年公羊經公及莒人盟於包來左氏作浮來呂氏春秋烰人即庖人漢書楚元王傳浮邱伯鹽鐵論作包邱子是也內則魴鱮烝雛燒皇氏疏云魴鱮二魚皆烝孰之雛是小鳥火中燒之觀此則魚烝鳥燒原自判然廣雅熚謂之缹鹽鐵論古者燔黍食稗而熚豚以相饗熚豚烝豚也傳元七謨炰珠崖之鼈劉劭七華炰南海之蠵竝當作烰　詩曰烝之烰烰者大雅生民文彼作浮浮傳曰浮浮氣也釋文浮爾雅說文竝作烰云烝也

煦　烝也一曰赤皃一曰溫潤也從火昫聲 香句切

烝也者方言煦熱也廣雅同　一曰溫潤也者詩小宛箋云煦嫗養之樂記天地訢合陰陽相得煦嫗覆育萬物注云氣曰煦體曰嫗

hàn 熯

熯 乾皃從火漢省聲詩曰我孔熯矣 人善切

乾皃者廣韻熯火乾本書熯乾也高注戰國策乾燥也淮南說林訓一膊炭熯掇之則爛指初學記引本書作烝火也馥謂烝火燥火也通俗文燥煮曰焦是也論衡熯一炬火爨一鑊水　詩曰我孔熯矣者小雅楚茨文傳云熯敬也釋詁熯敬也　本書戁敬也

fú 炥

炥 火皃從火弗聲 普活切

集韻沸與[illegible]同

liáo 熮

熮 火皃從火翏聲逸周書曰味辛而不熮 洛蕭切

火皃者廣韻熮火爛　玉篇熷熮也集韻熷燥也

說文解字義證　卷三十一　五

lìn 焛

焛 火皃從火㒼省聲讀若粦 良刃切

火皃者集韻燗息火存謂之焛

yàn 㷳

㷳 火色也從火雁聲讀若鴈 五晏切

jiǒng 熲

熲 火光也從火頃聲 古迥切

火光也者釋詁熲光也詩無將大車不出于熲箋云熲光也楚詞九思神光兮熲熲秋興賦珥金貂之熲熲五臣云熲熲光明皃　段熲字紀明

yuè 爚

爚 火飛也從火龠聲一曰熱也 以灼切

火飛也者誤與下熛字訓同　一切經音義八初學記李善注琴賦景福殿賦竝引作火光也玉篇爚光也廣韻爚煜燿光明又爚爚光皃呂氏春秋期賢篇今夫爚蟬者務在乎明其火振其樹而已按荀子作燿蟬　一曰熱也者廣韻爍下云爚爍或通作灼廣雅灼熱也漢書霍光傳灼爛者在於上行詩節南山箋云憂心如火灼爛之矣

biāo 熛

熛 火飛也從火𤐫聲讀若摽 甫遙切

本書𤐫下訓同　呂氏春秋突泄一熛焚宮燒積　淮南說林訓一家失熛百家皆燒　史記淮陰侯傳熛至風起　漢書敘傳勝廣熛起　陳琳檄吳文與熛俱滅

火飛也者甘泉賦熛訛碩麟風賦激颺熛怒李善引本書竝同後漢書張衡傳揚芒熛而絳天兮注引字林熛飛火也廣韻熛飛火三蒼熛迸火也　讀若摽者徐鍇本作瘭

hè 熇

熇 火熱也從火高聲詩曰多將熇熇 火屋切

火熱也者當作大熱　一切經音義二十埤蒼熇熱皃也或借嗃字易家人嗃嗃釋文云鄭云苦熱之意劉作熇熇　詩曰多將熇熇者大雅板文傳云熇熇然熾盛也

jiǎo 烄

烄 交木然也從火交聲 古巧切

交木然也者玉篇交木然之以燎柴天也燎當爲𡙯本書𡙯柴祭天也

說文解字義證　卷三十一　六

chán 𤆍

𤆍 小熱也從火干聲詩曰憂心𤆍𤆍 直廉切

小爇也者玉篇𤆍燎也　干聲者畢君以珣曰覣從𤆍聲讀若鎌則非干聲矣　羊音　王當作羊羊聲方言茨脈明也亦由羊而譌覣當作覣　詩曰憂心𤆍𤆍者當爲憂心如炎節南山憂心如惔傳云惔燔也釋文云說文作𤆍方廉反　𤆍當爲羙本書羨釋文引作燅亦當爲燅

jiāo 燋

燋 所以然持火也從火焦聲周禮曰以明火爇燋也 卽消切

所以然持火也者玉篇燋炬火也所以然火也集韻持荊然火以灼龜也士喪禮卜人抱龜燋先奠龜西面又云楚焞置於燋在龜東注云燋炬也所以燃火者也莊子逍遙遊篇日月出矣而爝火不息釋文云爝本亦作燋燋所以然持火者　周禮曰以明火爇燋也者春官菙氏文注云杜子春云明火以陽燧取火於日玄謂以契柱燋火而吹之也契既然以授卜師用作龜也

火

tàn 炭

炭 燒木餘也從火岸省聲 他案切

淮南時則訓季秋之月草本黃落乃伐薪爲炭古文苑僮約焚薪作炭抱樸子至理篇柞柳速朽者也而燔之爲炭則可億載而不敗焉

燒木餘也者徐鍇本作燒木未炭也一切經音義二十二引釋名火所燒餘木曰炭急就篇薪灰萑葦炊孰生顏注木之已燒者曰炭

岸省聲者徐鍇本作屵聲

zhǎ 羨

羨 束炭也從火差省聲讀若齹 楚宜切

束炭也者未詳其義廣雅羨曝也

jiǎo 敥

敥 交灼木也從火教省聲讀若狡 古巧切

玉篇與烄同

bá 炦

炦 火气也從火犮聲 蒲撥切

火气也者玉篇炦氣上也

說文解字義證 卷三十一 七

huī 灰

灰 死火餘𤇾也從火從又又手也火既滅可以執持 呼恢切

死火餘𤇾也者廣韻引作死火也玉篇九經字樣竝同月令毋燒灰注云火之滅者爲灰漢書韓安國傳死灰獨不復然乎

tái 炱

炱 灰炱煤也從火台聲 徒哀切

灰炱煤也者本書無煤字玉篇煤炱煤也炱炲煤烟塵也廣韻煤炱煤灰集屋也通俗文積烟以爲炱煤呂氏春秋任數篇嚮者煤炱入甑中高云煤炱煙塵也素問黑如炲者死王砅云炲謂炱煤也白帖顏回炊有炲煤入甑中回乃拾之

wēi 煨

煨 盆中火從火畏聲 烏灰切

遼東有盆中火者玉篇煨盆中火熝也通俗文熱灰謂之𤎅煨煨𤎅煨池亦熝也廣韻𤎅煨火集韻熝煨也戰國策犯白刃蹈煨炭

xī 熄

熄 畜火也從火息聲亦曰滅火 相即切

畜火也者謂火種也故子女稱息

亦曰滅火者徐鍇本無此文易革卦水火相息釋文云馬云滅也李斐注漢書同說文作熄孟子猶以一杯水救一車薪之火也不熄則謂之水不勝火莊子逍遙遊日月出矣而爝火不息

wēi 烓

烓 行竈也從火圭聲讀若冋 口迥切

行竈也者字林同玉篇烓煁也廣韻煁烓行竈

讀若冋者李燾本作同音口迥切徐鍇本音烏攜反爾雅釋文郭音恚字林口頰反顧口井烏攜二反詩白華釋文音恚又邱珣反呂忱音口頰反馥按郭注方言音口類反乃知頰爲類之誤本書耿從耳炯省聲李燾本改作烓省聲此皆王子韶陸佃重修之繆李燾仍其失耳

chén 煁

煁 烓也從火甚聲 氏任切

烓也者釋言文郭云今之三隅竈舍人云煁烓竈也詩白華卬烘于煁傳云煁烓竈也

說文解字義證 卷三十一 八

chǎn 燀

燀 炊也從火單聲春秋傳曰燀之以薪 充善切

炊也者廣雅小爾雅竝同

春秋傳曰燀之以薪者昭二十年左傳文杜云燀炊也

chuī 炊

炊 爨也從火吹省聲 昌垂切

東觀漢記梁鴻比舍先炊已呼鴻及熱釜炊鴻曰鴻不因人熱者也滅竈更然火

爨也者月令注云薪施炊爨急就篇薪炭萑葦炊孰生顏注炊孰生者謂烝煮生物使之爛孰也宣十五年左傳析骸以爨史記宋世家作析骨而炊漢書郊祀志晉巫祠五帝東君雲中君巫社巫祠族人炊之屬顏注炊謂饎爨也

hōng 烘

烘 尞也從火共聲詩曰卬烘于煁 呼東切

尞也者釋言文彼作燎郭云謂燒燎舍人云烘以火燎也集韻烘火乾物馥謂當爲燎

詩曰卬烘于煁者小雅白華文傳云烘燎也

jì 齌

齌 炊餔疾也從火齊聲 在詣切

炊餔疾也者餔當爲釜玉篇作釜離騷反信讒而齌怒王注齌疾也案九歌吾與君兮齌速借齌爲齌注訓齌戒非是

xī 熹

熹 炙也從火喜聲 許其切

炙也者玉篇熺熾也月令湛熾必潔淮南時則訓作湛熹考工記鍾氏染羽以朱湛丹秫三月而熾之昭十年左傳柳熾炭於位樂記天地訢合注云訢讀爲熹熹猶烝也李善注歸去來辭引聲類熹亦熙字廣雅熙熾也吳書陳熾字公熙

jiān 煎

煎 熬也從火前聲 子仙切

熬也者方言煎火乾也凡有汁而乾謂之煎內則滫瀡煎醢加於陸稻上沃之以膏曰淳熬注云熬亦煎也魏策易牙乃煎熬燔炙新序管仲善斷割之隰朋善煎熬之

áo 熬

熬 乾煎也從火敖聲 五牢切

乾煎也者本書鬻熬也方言熬火乾也凡以火而乾五穀之類自山而東齊楚以往謂之熬周禮舍人共飯米熬穀內則爲熬捶之去其皽編萑布牛肉焉屑桂與薑以洒諸上而鹽之乾而食之注云熬於火上爲之也今之火脯似矣後漢書邊讓傳傳曰函牛之鼎以烹雞多汁則淡而不可食少汁則熬而不可熟

䵅 熬或從麥

或從麥者本書䵂熬米麥也廣雅從黍作㯹云乾也

páo 炮

炮 毛炙肉也從火包聲 薄交切

禮含文嘉燧人始鑽木取火炮生爲熟令人無腹疾 古史考古者茹毛飲血燧人鑽火而人始裹肉而燔之曰炮 禮運以炮注云裹燒之也

毛炙肉也者本書炙炮肉也從肉在火上玉篇炮炙肉也廣韻炮合毛炙物也詩瓠葉炮之燔之傳云毛曰炮閟宮毛炰胾羹傳云毛炰豚也周禮封人注云毛炰豚者爓去其毛而炰之家語問禮篇以炮以燔注云毛曰炮楚詞招魂胹鱉炮羔洪注炮合毛炙物漢書楊惲傳亨羊炰羔顏注炰毛炙肉也即今所謂爊也

ēn 㶣

㶣 炮肉以微火溫肉也從火衣聲 烏痕切

炮肉者廣韻玉篇竝作炮炙也廣雅㶣煨也玉篇與煾同廣雅煾煨也 以微火溫肉也者五音集韻㶣𤏳物灰中令其熱也

zēng 熷

熷 置魚筩中炙也從火曾聲 作縢切

置魚筩中炙也者廣韻熷蜀人取生肉於竹中炙

bì 煏

煏 以火乾肉從火福聲 符逼切

以火乾肉者徐鍇本作焙肉案本書無焙字周禮籩人注云鮑者於煏室中糗乾之戴侗引作楅室集韻煏或作焙煏亦作㷶方言㷶火乾也凡以火而乾五穀之類關西隴冀以往謂之㷶初學記引方言㷶作煏廣雅煏㬥也馥謂㬥當作爆 煏聲者當爲䵁省聲故籀文下云不省

𤓯 籀文不省

徐鍇本無此文一切經音義七䵁古文㷶䵁二形

bào 爆

爆 灼也從火暴聲 蒲木切

灼也者廣雅㬥爇也

yàng 煬

煬 炙燥也從火昜聲 余亮切

炙燥也者一切經音義二十引同集韻煬燥也方言煬炙也注云今江東呼火熾猛爲煬

hú 㸌

㸌 灼也從火隺聲 胡沃切

làn 爤

爤 孰也從火蘭聲 郎旰切

孰也者廣雅同篇海引作火孰廣韻爤火熟方言爤熟也自河以北趙魏之閒火熟曰爛顏注急就篇爛烝煮生物

使之爛孰也詩生民載燔載烈箋云烈之言爛也正義云說文云烈火猛也爛火孰也俱是火孰之意故箋云烈之言爛也

燗 或從閒

mí 爢

爢 爤也從火靡聲 靡爲切

爤也者玉篇爢孰也廣雅爢孰也釋名糜煮米使糜爛也馥謂糜爛當作爢或借糜字孟子糜爛其民而戰之漢書賈山傳無不糜滅又借靡字淮南人閒訓夫鴻鵠之未孚於卵也一指篾之則靡而無形矣盧諶贈劉琨詩序意氣之閒靡軀不悔李善注靡爛也又客難至則靡耳李云說文靡爛也馥謂客難借靡字李引爢義以釋之

wèi 尉(㷉)

㷉 從上案下也從𡰥又持火以尉申繒也 於胃切

歐陽詹同州韓城縣西尉廳壁記云說文曰尉𡰥也亦慰也主也故字從𡰥示寸寸者寸量禮度以敬上示者示陳教令以諭下𡰥者典職司以居位敬上所謂𡰥論下所謂慰居位所謂主全茲三者以莅王爵則仕義周是以古之人嘉用尉

字爲官號馥按此說與本書大異或誤引他書之文 通俗文火斗曰尉 淮南子炮烙始乎爇斗注云爇斗尉斗也紂見尉斗爛人手遂作炮烙之刑馥按帝王世紀紂欲重刑乃先作大尉斗以火爇之使人舉不能勝輒爛手 晉書韓伯傳母爲伯作襦令伯捉尉斗伯曰火在斗中而柄尙熱 東觀漢記大醫皮巡寒疝病發冀得火以尉背俗作熨新序扁鵲曰疾在腠理湯熨之所及也齊民要術染潢治書法其新寫者須以熨斗縫縫熨而潢之范成大驂鸞錄銛鏵熨斗也從上案下也者漢書百官公卿表太尉應劭曰自上安下曰尉龔遂傳尉安牧養焉車千秋傳尉安衆庶顏注尉安之字本無心也是以漢書往往存古體字焉韋昭辨釋名廷尉縣尉皆古官也以尉尉民心也隋書李遠奉尉斗於高祖曰願以此尉安天下又云李穆奉尉斗於楊堅曰願公執威柄以尉安天下 從𡰥者玉篇𡰥古文夷字夷平也後漢書光武紀注云廷尉尉平也杜甫詩美人細意尉帖平 以㷉申繒也者本書奄下云申展也魏策衣焦不申玉篇尉申帛也

廣韻尉火展帛也

jiāo ⿱龜灬

⿱龜灬 灼龜不兆也從火從龜春秋傳曰龜⿱龜灬不兆讀若焦 即消切

灼龜不兆也者雜記卜人作龜注云作龜謂揚火灼之以出兆太元童次二錯於靈蓍焯於龜資六韜武王與周公旦望紂之陣引軍止之太公曰君何不馳也周公曰天時不順龜燋不兆魏書諸帝子孫列傳昔軒轅卜兆龜焦通鑑魏主曰黃帝卜而龜焦天老曰吉黃帝從之注引字書灼龜不兆爲焦 從龜者徐鍇本作龜聲 春秋傳曰龜⿱龜灬不兆者定九年左傳衛侯將如五氏卜過之龜焦又哀二年傳從之卜戰龜焦杜竝云兆不成

jiǔ 灸

灸 灼也從火久聲 舉友切

廣雅灸爇也 莊子盜跖篇丘所謂無病而自灸也 史記倉公傳不當關灸鑱石 鹽鐵論灸刺稽滯開利百脈 七發今太子之病可無藥石針刺灸療而已 宋書徐羨之傳謝晦久病連灸不堪見客 會稽後賢記吳歸命侯宋謝仙女充後宮仙乃灸面 北齊藥方陣云灸兩手又云灸瘡三壯又云巴豆和艾作炷灸瘡 隋書趙王杲傳蕭后當灸杲請先試炷

灼也者本書卜下云灼剝龜也象灸龜之形急就篇灸刺和藥逐去邪顏注灸以火艾灼病也後漢書光武紀敢灸灼奴婢論如律通鑑田興陽爲風痺灸灼滿身注云灸灼艾也

zhuó 灼

灼 灸也從火勺聲 之若切

灸也者當爲灸本書灸灼也楚詞七諫厝處點灼而毀議注云灼灸也詩憂心如熏傳云熏灼也或通作焯太元焯於龜資

liàn 煉

煉 鑠冶金也從火柬聲 郎電切

鑠冶金也者本書鍊冶金也廣雅鍊爇也

zhú 燭

燭 庭燎火燭也從火蜀聲 之欲切

庭燎火燭也者御覽引作庭燎火炬也藝文類聚引作庭燎大燭施注蘇詩引同詩庭燎之光傳云庭燎大燭一切經音義二十二蒼頡篇燭照也然火爲照也士喪禮燭俟於饌東注云燭燋也火在地曰燎執之曰燭燕禮甸人執

大燭於庭閽人爲大燭於門外注云燭燋也疏云古者無麻燭而用荊燋故少儀云主人執燭抱燋鄭云未爇曰燋但在地曰燎執之曰燭於地廣設之則曰大燭其燎亦名大燭故詩云庭燎之光毛云庭燎大燭也鄭云夜未央而於庭設大燭毛鄭竝指此甸人執大燭之文也周禮閽人設門燎注云燎地燭也司烜氏共墳燭庭燎注云墳大也樹於門外曰大燭於門內曰庭燎皆不以照衆爲名雜記君堂上二燭下二燭大夫堂上一燭下二燭士堂上一燭下一燭注云滅燎而設燭正義有喪則於中庭終夜設燎至曉滅燭而日光未明故須燭以照祭饌也周語設庭燎韋云設大燭於庭謂之庭燎

zǒng 熜

熜 然麻蒸也從火悤聲 作孔切

然麻蒸也者五音集韻引作然麻莖也本書菆麻蒸也黀麻藍也廣雅熜炬也既夕禮二燭俟於殯門外注云燭用蒸周禮司烜氏共墳燭庭燎注云故書墳爲蕡鄭司農云蕡麻燭也漢書蒯通傳卽束縕請火於亾肉家注云縕亂麻七諫菎蕗雜於黀蒸王逸注枲翮曰黀爓竹曰蒸言持菎蕗香直之草雜於黀蒸燒而然之甘泉賦樵蒸焜上五

臣注樵蒸炬火也梁書劉峻傳自課讀書常燎麻炬從夕達旦詩毛傳顔叔子使鄰婦執燭放於乎旦蒸盡搚屋而繼之

xiè 灺

灺 燭夷也從火也聲 徐野切

燭夷也者廣雅夷灺也

jìn 夷

夷 火餘也從火聿聲 徐刃切

火餘也者經典作燼孝經序得之者皆煨燼之餘正義引本書同一切經音義九引作火之餘木也玉篇夷火餘木也成二年左傳請收合餘燼杜云燼火餘木廣雅燼餘木小爾雅廣詁燼餘也詩桑柔具禍以燼箋云災餘曰燼吳語安受其燼韋云燼餘也徐鍇本有一曰薪也四字馥按張景陽雜詩尺燼重尋桂李善引本書燼薪也方言藎餘也自關而西秦晉之閒炊薪不盡曰藎李善注長笛賦云藎與燼同

cuì 焠

焠 堅刀刃也從火卒聲 七內切

荀子解蔽篇有子惡臥而焠掌注云焠灼也子虛賦脟割輪焠韋昭曰焠謂割鮮焠輪也

堅刀刃也者本書刃堅也三蒼解詁焠作刃鋻也廣雅焠鋻也史記天官書火與水合爲焠刺客傳得趙人徐夫人匕首取之百金使工以藥焠之漢書王褒傳及至巧冶鑄干將之樸清水焠其鋒顏注焠謂燒而內水中以堅之也鋒刃芒端也崔實政論鐵焠醯中令脆易治馥按醯能敗鐵故脆也以水焠之則堅矣字或作淬集韻焠下云灼鐵淬之蔡邕勸學水以繩直金以淬剛聖主得賢臣頌清水淬其鋒太平廣記有蒲元者常爲孔明鑄刀劍言蜀惟江水爽烈是天分其野大金之元精也漢水鈍弱及涪江水皆不任淬刀劍典論造百辟劍淬以清漳晉太康地記汝南西平縣有淵水可用淬刀劍特堅利

rǒu 煣

煣 屈申木也從火柔柔亦聲 人久切

屈申木也者申當爲曲玉篇煣以火屈曲木廣韻煣烝木使曲也易繫辭煣木爲耒耒頭曲也通作揉考工記揉輈必齊注云揉謂以火槁之李善注長笛賦引作以火橋之晏子今夫車輪山之直木也良匠揉之其圓中規虞世南

公子先生論夫木之性直匠者揉以爲輪新序揉桑以爲樞

柔亦聲者當爲柔聲

fán 燓

燓 燒田也從火棥棥亦聲 附袁切

燒田也者廣雅焚燒也字或作焚集韻燓從火焚也郊特牲季春出火爲焚也注謂焚萊也

棥亦聲者當爲棥聲

廣韻熑煣軔

lián 熑

熑 火煣車網絕也從火兼聲周禮曰煣牙外不熑 力鹽切

火煣車網絕也者增韻引作火爆廣韻集韻竝引作車輞馥疑火爆輮輞絕也本書無輞字徐鍇韻譜熑燒車輞繫傳棟下云車輞卽車輪外圍也廣雅輮輞也考工記輪人牙也者以爲固抱也鄭司農以牙爲輮書亦或爲輮世閒謂之輞書顧命釋文車渠車輞也後漢輿服志天子獵車重輞釋名輞罔也謂罔羅周輪之外也周禮曰煣牙外不熑者考工記輪人文彼云凡揉牙外不廉而內不挫旁不腫謂之用火之善注云廉絕也牙當爲枒本書枒車輞會也集韻篤籆規車輞則也鹽鐵論古者椎車無柔

火

liǎo 燎

燎 放火也從火尞聲 力小切

放火也者詩釋文引同字林亦同書盤庚若火之燎于原後漢書周紆傳熉火雖微卒能燎野詩旱麓民所燎矣箋云熂燎除其旁草又正月燎之方揚箋云火田曰燎張華詩燎獵野獸盡潘尼火賦及至焚野燎原陸火赫羲林木摧拉沙粒並麋騰光絕覽雲散霓披去若風驅疾若電逝芬輪行轉倏忽橫厲震響達乎八冥流光燭乎四裔庾肩吾遠看放火詩風前細塵起月裏黑烟生發燄看喬木侵光識遠城

biāo 㶾(票)

㶾 火飛也從火䙴與䙴同意 方昭切

火飛也者一切經音義十三引同 與䙴同意者徐鍇本與䙴䙴同意闕鍇曰䙴從臼囟䙴從囟䙴從臼取其捧以上之意

zāo ⿰火曹

⿰火曹 焦也從火曹聲 作曹切

焦也者廣韻⿰火曹火餘木也 字林⿰火曹燒木焦也廣雅⿰火曹炪也蒼頡篇⿰火曹燒木餘也

說文解字義證　卷三十一　十五

jiāo ⿱雥火

⿱雥火 火所傷也從火雥聲 即消切

火所傷也者廣韻焦傷火也搜神記吳人有燒桐以爨者蔡邕請其材削以爲琴燒不盡因名焦尾宗躬孝子傳吳人陳遺爲郡吏母好食鍋底焦飯遺在役恒帶一囊每煮食取焦者以貽母或借燋字詩雲漢箋草木燋枯如見焚燎韓詩外傳抱羽毛而赴烈火八則燋也 雥聲者徐鍇曰雥音雜旁紐所謂古字音與今小異馥謂⿱雥火古音屬尤幽侯韻雥爲侵以下九部之入聲古韻當分尤幽侯之字與侵以下九部入聲之字相配

焦 或省

本書譙𤏣蕉噍鷦醮樵穛鐎醮等字並從此

zāi 烖

烖 天火曰烖從火𢦏聲 祖才切

天火曰烖者宣十六年左傳文春秋桓十四年御廩災僖二十年西宮災襄九年宋災昭九年陳災昭十八年宋衛陳鄭災定二年雉門及兩觀災哀三年桓宮僖宮災杜注並云天火曰災周語火無災燀魏志延康二年天火燒萬餘家

灾 或從宀火

扗 古文從才

災 籀文從巛

易復卦有災眚釋文作灾云本又作災鄭作烖

yān 煙

煙 火气也從火垔聲 烏前切

梁簡文帝詠煙詩乍如落霞發頗似巫雲登映光飛百仞從風散九層 淮南天文訓壬午冬至甲子受制木用事火煙青七十二日戊子受制土用事火煙黃七十二日庚子受制金用事火煙白七十二日丙子受制火用事火煙赤七十二日壬子受制水用事火煙黑七十二日而歲終

火气也者本書熏火煙上出也增韻煙火鬱氣陸機演連珠煙出夫火非火之和周禮大宗伯注禋之言煙也周人尚臭煙氣之臭聞者

說文解字義證　卷三十一　十六

烟 或從因

⿱宀垔 古文

⿱宀煙 籀文從宀

從宀者本書禋字籀文亦從宀

yè 焆

焆 焆焆煙皃從火肙聲 因悅切

焆焆煙皃者本書炔下云讀若煙火炔炔 篇海炔與焆同焆焆煙皃廣韻焆煙氣

yūn 熅

熅 鬱煙也從火𥁕聲 於云切

鬱煙也者一切經音義四引同又云絪縕光氣也集韻熅烰煙鬱皃詩雲漢蘊隆蟲蟲釋文云蘊本又作熅韓詩作鬱同易天地絪縕班固典引作烟熅本書作壹壹廣韻壹鬱也史記賈生傳煙鬱漢書作壹鬱

dí 焍

焍 望火皃從火皀聲讀若馰顙之馰都歷切

望火皃者玉篇焍望見火五音集韻焍望見火光

tán 燂

燂 火熱也從火覃聲大甘切又徐鹽切

火熱也者當爲大熱廣雅燂煗也內則五日則燂湯請浴釋文云燂溫也

tūn 焞

焞 明也從火𦎫聲春秋傳曰焞燿天地他昆切

明也者廣雅同 春秋傳曰焞燿天地者傳無此文國語以湻燿惇大天明地德

bǐng 炳

炳 明也從火丙聲兵永切

明也者廣韻炳煥明也李善注兩都賦序引蒼頡篇炳著明也字或作昞廣雅昞明也又通作邴莊子大宗師邴邴乎梁簡文注邴邴明貌

zhuó 焯

焯 明也從火卓聲周書曰焯見三有俊心之若切

說文解字義證 卷三十一 十七

明也者或借灼字琴賦華容灼爚發采揚明李善引本書灼明也書呂刑灼于四方陳書儒林鄭灼字茂昭 周書曰焯見三有俊心者立政文彼作灼

zhào 照

照 明也從火昭聲之少切

中庸日月所照 莊二十二年左傳有山之材而照之以天光

明也者本書明照也易乾鑿度清靜炤哲鄭注炤明也宋書鮑照字明遠

wěi 煒

煒 盛赤也從火韋聲詩曰彤管有煒于鬼切

盛赤也者一切經音義十八引作煒盛明貌也亦赤也廣韻煒光煒漢書王莽傳青煒登平如湻曰青氣之光煇也

鄭注周易朱深曰赤 詩曰彤管有煒者邶風靜女文傳云煒赤貌箋云彤管筆赤管也

chǐ 㶴

㶴 盛火也從火從多昌氏切

從多者徐鍇本作多聲馥按侈移諸字皆從多聲

yì 熠

熠 盛光也從火習聲詩曰熠燿宵行羊入切

盛光也者笙賦阤韡煜熠李善引本書同一切經音義七字林熠光盛也 詩曰熠燿宵行者豳風東山文傳云熠燿燐也燐螢火也正義熠燿者螢火之蟲飛而有光之貌馥按毛傳未嘗言熠燿爲螢火之名而本草云螢火亦名熠燿此誤讀毛傳而附會者詩又云倉庚于飛熠燿其羽豈倉庚亦名熠燿邪

yù 煜

煜 燿也從火昱聲余六切

燿也者一切經音義三引同又引埤蒼光燿熾盛貌也廣雅煜熾也

yào 燿

燿 照也從火翟聲弋笑切

照也者廣雅燿照也昭三年左傳焜燿寡人之望服虔云燿照也賈逵國語注燿明也字或作耀莊二十二年左傳光遠而自他有燿者也荀子致仕篇夫燿蟬者務在明其火振其樹而已

huī 煇

煇 光也從火軍聲況韋切

說文解字義證 卷三十一 十八

光也者玉篇煇燿光也詩庭燎有煇傳云煇光也周禮眡祲掌十煇之法鄭司農云煇謂日光炁也保章氏注云日有薄食暈珥釋文暈本又作煇易剛健篤實煇光唐石經作煇 軍聲者惠棟曰與君音威同例馥案集韻煇亦音許云切西京賦金戺玉階彤庭煇煇珊瑚林碧瓀珉璘彬

huáng 煌

煌 煌煇也從火皇聲胡光切

煌煇也者韻會引徐鍇本作煌煌煇也廣雅煌煌光也蒼頡篇煌光也詩大明檀車煌煌傳云煌煌明也史記封禪書煥炳煇煌宋玉高唐賦煌煌熒熒奪人光精字或作熿戰國策炫熿於道

kūn 焜

焜 煌也從火昆聲胡本切

煌也者急就篇靳靷韉鞊色焜煌顏注色焜煌者言其光采盛也甘泉賦樵蒸焜上李善引字書焜煌火貌馥按廣韻焜火光

jiǒng 炯

炯 光也從火同聲古迥切

火

yè 爗 yàn 爓 xuàn 炫 guāng 光 ruò 熱 chì 熾

光也者廣雅烔烔光也蒼頡篇烔明也或借扃字襄五年左傳引逸詩我心扃扃杜云扃扃明察也馥按玉篇烔烔明察也本此

爗 盛也從火𬋖聲詩曰爗爗震電 筠輒切

詩曰云云者小雅十月之交文本書䨘下云䨘䨘震電皃

爓 火門也從火閻聲 余廉切

火門也者李善注蜀都賦引作火爓也一切經音義一引作火爓爓也戴侗曰唐本說文作火爓爓也玉篇爓火焰也西都賦光爓朗以景彰李善引字林爓火貌也

炫 爓燿也從火玄聲 胡畎切

爓燿也者一切經音義三引作炫燿也玉篇炫燿光也埤蒼炫光貌史記田單傳牛尾炬火光明炫燿

光 明也從火在儿上光明意也 古皇切

明也者廣雅同釋名光晃也晃晃然也亦言廣也所照廣遠也釋詁緝熙烈顯昭皓頻光也詩敬之學有緝熙于光明又南山有臺邦家之光箋云光明也

𤉶 古文

𤐫 古文

熱 溫也從火埶聲 如列切

溫也者釋名熱爇也如火所燒爇也易稽覽圖夏至之後三十日極溫周書周祝解天地之間有滄熱五經通義日在牽牛則寒在東井則暑牽牛宿外遠人故寒東井宿內近人故溫天收其聲地藏其熱方士傳燕有谷地美而寒鄒衍吹律而溫氣至續漢書太原舊俗一月寒食老小不堪周舉爲并州宣示愚民使還溫食東晳近遊賦脅汗衫以當熱

熾 盛也從火戠聲 昌志切

ào 燠 xuān 煖 nuǎn 煗 jiǒng 炅 kàng 炕

盛也者釋言文詩六月玁狁孔熾傳云熾盛也解嘲二老歸而周熾

𤈷 古文熾

汗簡引作熾

燠 熱在中也從火奧聲 烏到切

熱在中也者廣雅燠煗也釋言燠煖也郭云今江東通言燠舍人曰燠溫煖也詩無衣安且燠兮傳云燠煖也桓十四年穀梁傳無冰時燠也書洪範曰燠傳云煖以乾物或省作奧詩小明日月方奧傳云奧煖也或借隩字堯典厥民隩釋文馬云煖也

煖 溫也從火爰聲 況袁切

俗作暖楚辭天問何所冬暖

溫也者廣雅煖煗也又說月衝云正月不溫七月不涼樂記煖之以日月東晳餅賦三春之初陰陽交際寒氣既除

溫不至熱三輔黃圖溫室殿冬處之溫煖也王褒聖主得賢臣頌襲狐貉之溫者不憂至寒之悽愴琛緯三月三日詩溫風煖煖劉峻廣絕交論敘溫郁則寒谷成暄

煗 溫也從火耎聲 乃管切

魯語海多大風冬煗文選賓戲孔席不煗

溫也者廣雅溫煖也

炅 見也從火日 古迥切

見也者見當爲光廣韻炅光也類篇作㷡云火光

炕 乾也從火亢聲 苦浪切

乾也者一切經音義三蒼頡篇炕乾極也鴻範五行傳有炕陽之應謂大旱也漢書五行志炕陽暴虐顏云炕陽者枯涸之意

zào 燥

燥 乾也從火喿聲 穌到切

易乾卦火就燥說卦燥萬物者莫熯乎火 鬼谷子摩篇抱薪趨火燥者先然 乾也者玉篇燥乾燥也廣雅燥乾也釋名燥燋也晉灼注漢書云大官常以十月作沸湯燖羊胃以末椒薑坋之訖暴使燥則謂之脯

miè 威

威 滅也從火戌火死於戌陽氣至戌而盡詩曰赫赫宗周褒姒威之 許劣切

滅也者廣雅同容齋續筆火衰於戌故威爲滅 從火戌者詩釋文引作戌聲增韻火物也戌諧聲也 火死於戌陽氣至戌而盡者本書戌滅也九月陽气微萬物畢成陽下入地也 詩曰赫赫宗周褒姒威之者小雅正月文傳云威滅也

kù 焅

焅 旱气也從火告聲 苦沃切

旱气也者廣雅焅謂之熇廣韻熇焅熱或作酷烈史記曹相國世家百姓離秦之酷酷吏傳皆以酷烈爲聲漢書公孫弘傳若湯之旱則桀之餘烈也

dào 燾

燾 溥覆照也從火𠷎聲 徒到切

溥覆照也者周禮司几筵每敦二几注云敦讀爲燾燾覆也列子天瑞篇燾育釋文云燾覆也或通作幬中庸無不覆幬注云幬亦覆也幬或作燾襄二十九年左傳如天之無不幬也賈本作燾云燾覆也後漢書朱穆傳夫天不崇大則覆幬不廣注云幬亦覆幬與燾同

guàn 爟

爟 取火於日官名舉火曰爟周禮曰司爟掌行火之政令從火雚聲 古玩切

鄭玄別傳玄在家見大風起詣縣曰某時當有火災宜祭爟廣設禁備 衛公兵法諸軍馬擬停三五日即須去軍一二百里安置爟烽 或通作權漢書郊祀志通權火高誘注呂氏春秋讀爟如權 取火於日官名舉火曰爟周禮曰司爟掌行火之政令者畢君以珣曰周禮夏官司爟掌行火之政令秋官司烜氏掌以夫遂取明火於日說文以司爟司烜氏涵而爲一後人亂之徐鍇本爟下無或烜字而別出烜字云或與爟同據此則取火於日官名六字當在烜下即秋官司烜氏是也而烜義亦與爟同用故云或與爟同也馥按玉篇爟舉火也廣雅爟炬也廣韻爟下無烜字重文

烜 或從亘

徐鍇本云臣鍇按說文烜字在爟字下注云或從亘今此特出而注云或與爟同又別無切音疑傳寫之誤馥按此非徐鍇語乃張次立之說傳寫誤稱臣鍇也玉篇烜況遠切火盛皃釋訓赫兮烜兮陸德明本作烜云吁遠反烜者光明宣著今並作咺字音同馥按此皆不言烜與爟同也

fēng 熢

熢 燧候表也邊有警則舉火從火逢聲 敷容切

淮南泰族訓縣烽未轉而日在其前高云縣烽邊候見虜舉烽轉相受行道里最疾者也 甘氏天文占權舉烽表遠近沈浮權四星在軒轅尾而邊地警備烽候相望寇至則舉烽火十丈如今之井桔槔大錘其頭若警急然火放之權重本低則末仰人見烽火 史記周本紀幽王爲烽燧大鼓有寇至則舉燧火正義云晝日然燧以望火煙夜舉燧以望火光也燧土魯也燧炬火也皆山上安之有寇舉之又司馬相如傳夫邊郡之士聞烽舉燧燔皆攝弓而馳荷兵而走集解云漢書音義曰烽如覆米䉛縣著桔槔頭有寇則舉之燧積薪有寇則燔然之索隱曰烽見敵則舉燧有難則焚烽主晝燧主夜 漢書韓安國傳置燧隧然後敢牧馬又賈誼傳斥候望烽燧不得臥文穎曰邊方備寇作高土櫓櫓上作桔皋桔皋頭兜鈴以薪草置其中常低之有寇即火燃舉之以相告曰烽又多積薪寇至即燃之以望其烟曰燧晝則燔燧夜乃舉烽 東觀漢記馬城繕治障塞起烽燧十里一候 晉令誅舉烽燧罰金一斤八兩故不舉者弃市 丹陽記江寧縣北白馬城吳時爲烽火之所 庾闡揚都賦注烽火以炬置於孤山頭皆緣江相望或百里或五十里或三十里寇至則舉以相告一夕可行萬里孫權時會暮舉於西陵鼓三竟達吳都 蔡謨與弟書軍中耳目當用鼓烽烽可遙見鼓可遙聞形聲相傳須臾百里非人所及想得先知耳 通典烽臺於高山四顧險絕處置之無山亦於孤迥平地置下築羊

馬城高下任便常以三五爲準臺高五丈下闊二丈上闊一丈形圓上建圓屋覆之屋徑闊一丈六尺一面跳出三尺以板爲上覆下棧屋上置突竈三所臺下亦置三所竝以石灰飾其表裏復置柴籠三所流火繩三條在臺側近上下用屈膝梯上收下乘屋四壁開覘賊孔及安視火筒置旗一口鼓一面弩兩張抛石壘木停水食乾糧麻蘊火鑽火箭蒿艾狼糞牛糞每晨及夜平安舉一火聞警舉二火見煙塵舉三火見賊燒柴籠如每晨及夜平安火不來卽烽子爲賊所捉一烽六人五人爲烽子遞如更刻觀視動靜一人烽率知文書符牒轉牒　唐兵部烽式云寇賊不滿五百人放烽一炬得蕃界事宜知欲南入放兩炬蕃賊五百騎以上放三炬千人放四炬餘寇萬人亦四炬其放烽一炬至所管州縣鎭止兩炬以上者竝至京元放烟火處卽錄狀馳驛奏聞若依式放烽至京訖賊回者放烽一炬報平安凡放烽報賊者三應三滅告平安者兩應兩滅

燧候表也者燧當作𨻐或作隧廣雅隧虞候望也方言隧虞望也注云今云烽火是也史記李將軍傳然亦遠斥候索隱云按許愼注淮南云斥度也候視也望也蔡邕成邊上書曰既到徙所乘塞守烽職在候望𨻐按本書𨻐塞上

說文解字義證　卷三十一　卅三

亭守隧火者隧訓燧候表義取互見也

爝　苣火祓也從火爵聲呂不韋曰湯得伊尹爝以爟火釁以犧豭　子肖切

苣火祓也者楚策君獨無意湔祓僕也莊子逍遙遊篇日月出矣而爝火不息釋文云字林云爝炬火也呂氏春秋舉難篇桓公郊迎客夜開門爝火甚盛淮南道應訓爝火甚熾高云爝炬火也後漢書周紆傳爝火雖微卒能燎野

呂不韋曰湯得伊尹爝以爟火釁以犧豭者呂氏春秋本味篇湯得伊尹祓之於廟爝以爟火釁以犧豭注云周禮司爟掌行火之政令火者所以祓除其不祥置火於桔皋爝以照之釁以牲血涂之曰釁爟讀曰權衡之權又贊能篇管夷吾至齊境桓公使人以朝車迎之祓以爟火釁以犧豭焉注云火所以祓除其不祥也周禮司爟掌行火之政令故以爟火祓之也淮南汜論訓洗之以湯沐祓之以爟火劉氏新論妄瑕篇齊桓深知甯戚乃夜舉火而爝之以爲卿相

㷉　暴乾火也從火彗聲　于歲切

暴乾火也者徐鍇本無火字玉篇㷉曝乾也廣韻㷉曬乾廣雅㷉曝也六韜日中不㷉是謂失時漢書賈誼傳黃帝日日中必㷉孟康曰㷉音衛日中盛者必暴㷉也顏氏家訓河閒邢芳語吾云賈誼傳云日中必㷉注㷉暴也曾見人解云此是暴疾之意正言日中不須臾卒然便昃耳此釋爲當乎吾謂邢曰此語本出太公六韜案字書古者暴曬字與暴疾字相似唯下少異後人專輒加傍日耳言日中時必須暴曬不爾者失其時也晉灼已有詳釋芳笑服而退

熙　燥也從火巸聲　許其切

燥也者盧諶答劉琨詩仰熙丹崖李善引本書同郭璞鹽池賦熙金葩之融炎蕭賦發徵則隆冬熙烝閒居賦熙春寒往李善引廣雅熙熾也吳書陳熾字公熙

文一百一十二　重十五

說文解字義證　卷三十一　卅四

徐鍇本有炙字云炙也從火夕聲旨石反長孫訥言曰差之一畫詎惟千里見炙從肉莫究厥由輒意形聲固當從夕及其晤矣彼乃乖斯若靡馮焉他皆倣此

炎　火光上也從重火凡炎之屬皆從炎　于廉切

火光上也者李善引字林無上字洪範火曰炎上王肅注火之性炎盛而升上允征火炎崑岡玉石俱焚釋訓炎炎熏也詩雲漢赫赫炎炎傳云炎炎熱氣也六韜熒熒不救炎炎奈何蔡邕釋誨懼煙炎之毀熸

燄　火行微燄燄也從炎臽聲　以冉切

火行微燄燄也者一切經音義七引燄燄下有然字玉篇燄火行貌廣韻燄燄火初著也書洛誥無若火始燄燄厥攸灼敘弗其絕傳云無令若火始然燄燄尚微其所及灼然有次敘不其絕莊十四年左傳人之所忌其氣燄以取之注引書無若火始燄燄漢書梅福傳引書作庸庸注云庸庸微小貌也

㷔　火光也從炎舌聲　以冉切

lǐn ⿱炎㐭 shǎn 煔 xián 燅 xiè 燮 lín 粦

⿱炎㐭 侵火也從炎㐭聲讀若桑葚之葚 力荏切

侵火也者未詳其義廣韻⿱炎㐭火舒玉篇⿱炎㐭火皃

煔 火行也從炎占聲 舒贍切

火行也者廣韻煔火上行皃玉篇煔火光也

燅 於湯中爚肉從炎從熱省 徐鹽切

於湯中爚肉也者廣韻引無於字六書故同一切經音義四引作熱湯瀹肉也通俗文以湯煮物曰瀹韻會引徐鍇本亦作瀹玉篇燅湯中瀹肉也韓詩瀹瀹也既夕記普曾三其實皆瀹注云米麥皆湛之湯郊特牲爓祭注云爓或爲燂玉篇燂瀹也生熟半也廣韻瀹與鬻同鬻內肉及菜湯中薄出之通俗文以湯去毛曰燅楚詞大招炙鴰烝鳧鮎鶉敶只注云鮎爚也馥案鮎當作燅或借爓字周禮封人注云毛炮豚者爓去其毛而炮之禮器郊血大饗腥三獻爓一獻熟注云爓沈肉於湯也祭義爓祭注云湯肉曰爓釋文云爓音尋郊特牲有虞氏之祭也尚用氣血腥爓

說文解字義證 卷三十一 卅五

祭用氣也注云爓或爲燖晉書載記苻生傳活爓雞豚鵝三五十爲羣放之殿中有司徹乃爇尸俎注云爇溫也古文爇皆作尋記或作燖春秋哀十二年左傳夏公會吳於槖皋吳子使太宰嚭請尋盟子貢對曰今吾子曰必尋盟若可尋也亦可寒也賈注尋溫也中庸溫故而知新注云溫讀如燖溫之溫論語集解云溫尋也漢書蒯通傳昨暮夜犬得肉爭鬬相殺請火治之顏注治謂尋治火炙犬 從熱省者徐鍇本作熱省聲

⿰炙尋 或從炙

一切經音義四字詁古文⿰炙尋今作燅同陸氏釋文引作⿰炙尋從炙尋聲按廣韻燅下有⿰炙尋字云說文同上玉篇⿰炙尋湯瀹肉饌按炙當作炎

燮 大孰也從又持炎辛辛者物孰味也 蘇俠切

此即又部燮之籀文重出於此羊講從辛說見燮下

粦 兵死及牛馬之血爲粦粦鬼火也從炎舛 良刃切

hēi 黑 lú 黸 wèi ⿰黑會 àn 黯

兵死及牛馬之血爲粦粦鬼火也者列子天瑞篇馬血之爲轉鄰也人血之爲野火也注云說文作粦又作燐皆鬼火也淮南子云久血爲燐也案淮南氾論訓久血爲燐高云血精在地久則爲燐遙望炯炯若然火詩東山正義亦引作燐又說林訓抽簪招燐有何爲驚高云燐血精似野火招之應聲而至論衡論死篇人之兵死也世言其血爲燐血者生時之精氣也人夜行見燐不象人形渾沌積聚若火光之狀燐死人之血也其形不類生人之血也 從炎舛者當爲舛聲

文八 重一

黑 火所熏之色也從炎上出囪囪古窗字凡黑之屬皆從黑 呼北切

本書赤白青黃各訓方色此黑獨不及玉篇引韓康伯云北方陰色善補前人之闕 抱朴子水行爲黑 釋名黑晦也如晦冥時色也

說文解字義證 卷三十一 卅六

火所熏之色也者本書熏火煙上出也 從炎上出囪者廣韻囪竈突 囪古窗字者徐鍇本無此文鍇繫傳語也

黸 齊謂黑爲黸從黑盧聲 洛乎切

齊謂黑爲黸者增韻云說文引方言文也廣雅黸黑也法言彤弓黸矢或通作盧孔叢執節篇申叔問曰犬馬之名皆因其形色而名焉唯韓盧宋鵲獨否何也子順荅曰盧黑色鵲白色非色而何書文侯之命盧弓一盧矢百傳云盧黑也荀子大略篇大夫黑弓定四年公羊傳注士盧弓字又作玈僖二十八年文四年左傳皆云玈弓矢千

⿰黑會 沃黑色從黑會聲 惡外切

沃黑色者鄭瑗井觀瑣言閩南人謂雨淋曰沃玉篇⿰黑會淺黑也廣雅⿰黑會黑也

黯 深黑也從黑音聲 乙減切

深黑也者韻會引徐鍇本作深慘色慘當爲黲廣雅黯黑也楚詞九辨彼日月之照明兮尚黯黮而有瑕史記孔子世家黯然而黑王隱面有疵黯晉蔡黯字墨

yǎn 黶　yī 黳　dá 䵣　jiān ⿰黑箴　yàng ⿰黑昜　cǎn 黲　yǎn 黤　yǒu 黝

黶 中黑也從黑厭聲 於琰切
中黑也者一切經音義九引作面中黑子也玉篇黶黑子廣韻黶面有黑子廣雅黶黑也莊子庚桑楚篇有生黬也釋文司馬云黬黶有疵也史記高祖本紀左股有七十二黑子正義許北人呼爲黶子吳楚謂之誌誌記也漢書賈誼傳壓如黑子之著面顔注黑子今所謂黶子也

黳 小黑子從黑殹聲 烏雞切
小黑子者廣雅黳黑也

䵣 白而有黑也從黑旦聲五原有莫䵣縣 當割切
古今人表熊亶即楚世家熊䵣功臣表有翕侯僕䵣　白而有黑也者字統黑而有⿰黑僉曰䵣　五原有莫䵣縣者見漢志如淳音切怛

⿰黑箴 雖皙而黑也從黑箴聲古文名⿰黑箴字皙 古咸切

古人名⿰黑箴字皙者史記仲尼弟子列傳曾蒧字皙奚容箴字子皙左傳楚公子黑肱鄭公孫黑並字子皙

⿰黑昜 赤黑也從黑昜聲讀若煬 餘亮切
赤黑也者昭十五年左傳吾見赤黑之祲

黲 淺青黑也從黑參聲 七感切
淺青黑也者玉篇今謂物將敗時顏色黲黲也廣雅黲黑也

黤 青黑也從黑奄聲 於檻切
青黑也者一切經音義十一纂文黤黮深黑也漢書引詩有黤淒淒

黝 微青黑色從黑幼聲爾雅曰地謂之黝 於糾切
微青黑色者廣雅黝黑也小爾雅廣詁黝黑也釋器黑謂之黝郭云黝黑貌周禮牧人陰祀用黝牲毛之注云黝讀爲幽幽黑也又守祧其祧則守祧黝堊之注云鄭司農云黝讀爲幽幽黑也莊二十三年穀梁傳禮天子諸侯黝堊注云黝堊黑色玉藻幽衡注云幽讀爲黝黑謂之黝或借幼字大戴禮誥誌篇幽幼也　爾雅曰地謂之黝者釋宮文郭云黑飾地也

tūn 黗　diǎn 點　qián 黚　jiān ⿰黑金　yuè 黦　chuā ⿱算黑　jiǎn ⿱幵黑　xiá 黠

黗 黃濁黑從黑屯聲 他衮切
黃濁黑也者水經注濁水上承大黑泉廣韻黗黑狀廣雅黗黑也

點 小黑也從黑占聲 多忝切
小黑也者本書者老人面如點也漢書司馬遷傳適足以發笑而自點耳顏注點汙也釋器滅謂之點郭云以筆滅字爲點

黚 淺黃黑也從黑甘聲讀若染繒中束緅黚 巨淹切
淺黃黑也者玉篇黚淺黃色又黑也廣雅黚黑也　讀若染繒中束緅黚者本書無緅字黚當如論語之紺

⿰黑金 黃黑也從黑金聲 古咸切

黃黑也者玉篇⿰黑金黃黑如金也

黦 黑有文也從黑冤聲讀若飴盌字 於月切
黑有文也者玉篇黦與黦同廣雅黦黑也周禮染人夏纁玄注云故書纁作⿱熏黑　讀若飴盌字者盌當作盌本書盌豆飴也

⿱算黑 黃黑而白也從黑算聲一曰短黑讀若以芥爲齏名曰芥荃也 初刮切
一曰短黑者廣韻⿱算黑短黑貌也集韻體瘁謂之⿱算黑　讀若以芥爲齏名曰芥荃也者本書荃芥脃也

⿱幵黑 黑皴也從黑幵聲 古典切
黑皴也者徐鍇本作皺本書無皴皺字當爲皯木書皯面黑气也廣韻⿱幵黑黑貌廣雅⿱幵黑黑也

黠 堅黑也從黑吉聲 胡八切

黑

qián 黔 dǎn 黕 dǎng 黨 dú 黷

堅黑也者集韻引作堅固也玉篇黚堅也黑也漢書趙充國傳以尤桀黠皆斬之顏注桀堅也黠惡也爲惡堅也顏謂當爲黠堅也桀惡也

黔 黎也從黑今聲秦謂民爲黔首謂黑色也周謂之黎民易曰爲黔喙 巨淹切

小爾雅廣詁黔黑也 襄十七年左傳邑中之黔實慰我心注云子罕黑色而居邑中 莊子天運篇烏不日黔而黑司馬云黔黑也 墨子今聲曰黔者黑也雖明目者無以易之 淮南修務訓孔子無黔突 漢書敘傳墨突不黔顏注黔黑也 古今人表禽敖卽檀弓黔敖 黎也者徐鍇本作黧本書無黧字釋鳥倉庚黧黃也本書作黧黃黧該漢書音義引字林黔黧黑也廣雅黎黑也釋名釋土青曰黎似黎艸色也 秦謂民爲黔首謂黑色也者史記秦本紀更名民曰黔首應劭曰黔亦黎黑也秦繹山刻石文黔首康定廣雅黔首民也墨子貴義篇黔首黑也祭義以爲黔首則正義云凡人以黑巾覆頭故謂之黔首

魏策先王必欲少留而扶社稷安黔首也 秦謂之黎民者詩雲漢周餘黎民箋云黎衆也非本書義 易曰爲黔喙者說卦文彼云爲黔喙之屬馬云黔黑也

黕 滓垢也從黑冘聲 都感切

滓垢也者楚詞九辯或黕點而汙之洪注引本書同本書沈一曰濁黕也一切經音義七黕垢濁也玉篇黕黕點垢濁藉田賦翠幕黕以雲布李善曰魏文帝愁霖賦玄雲黕其四塞黕黑貌也

黨 不鮮也從黑尚聲 多朗切

不鮮也者鮮當爲鱻黨或作曭楚辭遠游時曖曭其曭莽兮注云日月晻黮而無光也

黷 握持垢也從黑賣聲易曰再三黷 徒谷切

書說命黷于祭祀時謂弗欽 公羊傳亟則黷黷則不敬注云黷渫黷也 漢書枚皋傳媟黷貴幸顏云黷垢濁也 後漢書陳元傳媟黷微詞注云黷垢濁也 陸機漢功臣贊上黲下黷 北山移文或先貞而後黷 宋書禮志祭不欲數

dǎn 黵 méi 黴 chù 黜 pán 䵘 dài 黱

數則黷

握持垢也者李善注頭陁寺碑引字林黷持垢也又注江淹雜體詩引蒼頡篇黷垢黷也 易曰再三黷者蒙卦文彼作瀆崔憬云瀆古黷字表記引易再三瀆注云瀆之言褻也 洪範五行傳若煩數溷瀆或不精嚴神不告也

黵 大污也從黑詹聲 當敢切

大污也者廣韻黵大污垢黑集韻黵黑污也通典梁制劫身皆斬遇赦降死者黵面爲劫字

黴 中久雨青黑從黑微省聲 武悲切

中久雨青黑者韻會引徐鍇本作物中久雨玉篇黴敗也廣韻黴黧垢腐貌廣雅黴黑也又云敗也淮南說山訓文公棄荏席後黴黑高云晉文公棄其臥席之下黴黑者黴音梅王褎九懷菀蘊兮黴黧

黜 貶下也從黑出聲 丑律切

貶下也者玉篇黜退也貶也下也書舜典黜陟幽明傳云黜退其幽者書序周公相成王將黜殷作大誥鄭注黜貶

退也論語三黜或借絀字 王制不孝者君絀以爵

䵘 䵘姍下色從黑般聲 薄官切

䵘姍下色者玉篇䵘姍下色貌䵘謂俯下其顏色

黱 畫眉也從黑朕聲 徒耐切

六書故云唐本說文或從代徐本無黛字 通俗文染青石謂之點黛 隋書漕國出青黛 本草青黛從波斯國來及太原并盧陵南康等染澱

畫眉也者韻會引徐鍇本作畫眉墨也玉篇黱畫眉黑也列子周穆王篇粉白黛黑楚策彼周鄭之女粉白墨黑一本作黱楚詞大招粉白黛黑施芳澤只注云黛畫眉黑而光淨韓非顯學篇故羨毛嬙西施之美無益吾面用脂澤粉黛則倍其初賈誼書嘗傳白黱黑鹽鐵論傳白黛青者衆東觀漢記明德馬后眉不施黛獨左眉角小缺補之如粟蔡邕協初賦粉弛黛落郭璞上林賦注黛黑也趙宧光日漢宮中妝有遠山眉妝粉白

shū 儵
儵 青黑繒發白色也從黑攸聲 式竹切
青黑繒發白色也者本書驂下云黃馬發白色發字義同廣雅儵黑也　攸聲者式竹切音爲攸之入聲

yù 黬
黬 羔裘之縫從黑或聲 于逼切
羔裘之縫者釋訓文彼作緎郭注縫飾羔皮之名詩召南羔羊之革素絲五緎傳云緎縫也正義孫炎曰緎縫之界緎然則縫合羔羊皮爲裘縫卽皮之界緎因名裘縫爲緎初學記引郭氏毛詩拾遺云羔裘晏兮三英粲兮毛詩注曰三英三德也英謂古者以素絲英飾裘卽上文素絲五紽也馥按詩傳云古者素絲以英裘是郭說所本黬俗作黬玉篇黬羔裘縫

diàn 黗
黗 黗謂之垽垽滓也從黑殿省聲 堂練切
黗謂之垽者釋器文彼作澱郭云滓澱也今江東呼垽　垽滓也者本書澱滓垽也垽澱也

dǎn 黮
黮 桑葚之黑也從黑甚聲 他感切

說文解字義證《卷三十一　圭

廣雅黮黑也　聲類黮深黑也　家語辨樂解黮而黑注云黮黑貌　淮南主術訓問瞽師黑何若曰黮然桑葚之黑也者一切經音義六引作桑甚之色黑也又十三云黮黮不明淨也玉篇黮黯黮不明淨也詩泮水食我桑黮傳云黮桑實也　王觀國曰詩用黮字取其色也

yǎn 黭
黭 果實黭黯黑也從黑弇聲 烏感切
果實黭黯黑也者六書故引唐本果實黭黮也荀子彊國篇黭然而雷擊之注引本書黭黑色一切經音義十九纂文黭黮深黑也五音集韻黭黮果實壞貌

qíng 黥
黥 墨刑在面也從黑京聲 渠京切
墨刑在面也者易睽卦其人天且劓虞云黥額爲天書呂刑墨辟疑赦傳云刻其額而涅之曰墨刑又爰始淫爲劓刵椓黥鄭注黥謂羈黥人面周禮司刑掌五刑之法墨罪五百注云墨黥也先刻其面以墨窒之書傳曰非事而事之出入不以道義而誦不祥之辭者其刑墨秦策黥劓其傅高云刻其顙以墨實其中曰黥漢書刑法志其次用鑽鑿韋昭曰鑿黥刑也志又云墨罪五百顏注墨黥也鑿其面以墨涅之後漢書朱穆傳臣願黥首繫趾注云黥首謂鑿額涅墨也晉令奴婢亾加銅青若墨黥黥兩眼後再亾黥兩頰上三亾橫黥目下皆長一寸五分廣五分

剠 黥或從刀
易睽卦注四剠釋文說文或作黥字馥案當云或作剠字

yǎn 黬
黬 黬者忘而息也從黑敢聲 於檻切
黬者忘而息也者玉篇黬黬然忘也廣韻黬黬然自得方言黬忘也廣雅同

yī 黟
黟 黑木也從黑多聲丹陽有黟縣 烏雞切
多聲者與炵同例　丹陽有黟縣者漢志郡作丹揚縣作丹陽晉書地理志作丹楊注云丹楊山多赤柳在西九域志歙州歙縣有黟山圖經新安貢柹心黑木黟之名縣職此之由馥案顏注漢志云黟音伊字與黟同元和郡縣志黟縣貢柹心木縣由此得名說文黟字從黑旁多後傳誤遂寫黟字

說文解字義證《卷三十一　圭

文三十七　重一

黛
黛
戴侗引唐本黱或從代

遺文一

chuāng 囪
囪 在牆曰牖在屋曰囪象形凡囪之屬皆從囪 楚江切
在牆曰牖在屋曰囪者本書牖穿壁以木爲交窻也窻通孔也釋名窗聰也於內窺外爲聰明也蒼頡解詁窗正牖也牖旁窗也所以助明者也考工記匠人營國四旁兩夾窻注云窻助戶爲明每室四戶八窻李尤銘天設窻牖開光照陰施於明堂以象八風或借葱字定九年左傳載葱靈賈逵云葱靈衣車也有葱有靈

窗 或從穴

⿴ 古文

cōng 悤　yàn 焱　yíng 熒　shēn 燊　zhì 炙

本書𤇾從炎上出囪

悤 多遽悤悤也從心囪囪亦聲 倉紅切

多遽悤悤也者本書遽窘也勿下云故遽稱勿勿顏氏家訓引云故悤遽者稱勿勿晉書王彪之傳無故悤悤先自猖蹶衛恆四體書勢張伯英下筆必爲楷則號悤悤不暇艸

文二　重二

焱 火華也從三火凡焱之屬皆從焱 以冉切

玉篇燿火焱也漢書鑿坎寘熖火顏云火無焱也 謝靈運撰征賦嗟殘賊之將糜熾餘焱於海濟 續搜神記高榮見山中火起樹顛火焱響動 殷臣火浣布賦葉與焰潔翹與炎敵焱榮華實焚灼蒍珠 火華也者後漢書班固傳焱焱炎炎注引本書同文選七啟風厲焱舉 思元賦焱回回其揚靈 李善引本書竝同甘泉賦焱歘黃龍兮 李善引字林焱火光也楚詞九章陽焱焱而復顧洪注焱火華也 魯公西赤晉羊舌赤竝字華

說文解字義證　卷三十一　卅三

熒 屋下鐙燭之光從焱冂 戶扃切

玉篇熒熒猶灼灼也 高唐賦煌煌熒熒奪人光精 說苑熒熒不滅炎炎奈何 屋下鐙燭之光者徐鍇繫傳引秦嘉詩熒熒華燭漢書敘傳守突奧之熒燭顏云熒熒小光之燭也 從焱冂者徐鍇曰冂猶室也馥案本書勞下云熒火燒冂隋書王劭傳熒字三火明火德之盛也

燊 盛皃從焱在木上讀若詩曰莘莘征夫一曰役也 所臻切

盛皃者廣韻燊熾也 讀若詩曰莘莘征夫者小雅皇皇者華文彼作駪駪國語韓詩外傳竝作莘莘本書無莘字廣韻侁行皃引詩侁侁征夫 一曰役也者徐鍇本一曰嶷一曰役馥謂嶷當爲薿薿盛也役者征夫行役也

文三

炙 炮肉也從肉在火上凡炙之屬皆從炙 之石切

fán 繙　liǎo 爒

廣雅炙炙爇也馥案當是炙炙二字一從久一從肉 東觀漢記羌人炙肉未熟長跪前割血流指間進於竇固固輒爲啗不穢也 漢書武五子傳炙胡巫上林中服虔曰炙燒也 炮肉也者家語問禮篇以亨以炙注云炮之曰炙 從肉在火上者急就篇膹膾炙胾各有形顏注炙謂炙之於火上也詩瓠葉燔之炙之傳云炕火曰炙正義炕舉也謂以物貫之而舉於火上以炙之禮運以炙注云貫之火上

𤏫 籀文

廣韻𤏫炙具馥謂𤏫即𤏫字

繙 宗廟火孰肉從炙番聲春秋傳曰天子有事繙焉以饋同姓諸侯 附袁切

廣雅繙肉也 蔡邕與袁公書酌醨醴繙乾魚 經典借燔字廣韻炙下引周書黃帝始燔肉爲炙古史考古者茹毛飲血燧人初作燧火人始燔炙魏策易牙乃煎熬燔炙周禮內饔注肉物胾膰之屬釋文云膰音燔本亦作燔

說文解字義證　卷三十一　卅四

宗廟火孰肉者詩行葦或燔或炙箋云燔肉也生民載燔載烈傳云傅火曰燔瓠葉炮之燔之傳云毛曰炮加火曰燔襄三十二年左傳與執燔焉釋文燔又作膰祭肉也成十二年傳祀有執膰注云膰祭肉定十四年穀梁傳脤者何也俎實也祭肉也生曰脤孰曰膰異義古春秋左氏說祳社祭之肉盛之以蜃宗廟之肉名曰膰今春秋公羊穀梁說生居俎上曰祳孰居俎上曰膰禮運以燔注云加於火上少儀燔亦如之注云燔炙也家語問禮篇以炮以燔注云加火曰燔也子路初見篇致膰於大夫注云膰祭肉也孟子燔肉不至趙注膰炙者爲燔詩云燔炙芬芬史記周本紀顯王致文武胙於秦孝公注云胙膰肉也 春秋傳曰天子有事繙焉者僖二十四年左傳宋先代之後也於周爲客天子有事膰焉注云有事祭宗廟也膰祭肉尊之故賜以祭胙釋文膰周禮又作繙字 以饋同姓諸侯者周禮大宗伯以脤膰之禮親兄弟之國注云脤膰社稷宗廟之肉以賜同姓之國同福祿也

爒 炙也從炙尞聲讀若爊燎 力照切

炙也者一切經音義十三引作火炙之也又卷七云今江北謂炙手足爲炙爒廣韻爒火炙字林爒炙也 讀若爊

囪 焱 炙

燎者或通作燎後漢書光武於竈上燎衣

文三　重一

赤 南方色也從大從火凡赤之屬皆從赤 昌石切

南方色也者洪武正韻易乾爲大赤至陽也釋名赤赫也太陽之色也周禮大宗伯以赤璋禮南方考工記畫繢之事南方謂之赤淮南天文訓太陰在丑曰赤奮若高注赤陽色易通卦驗離南方也夏至日中赤氣出直離此正氣也鄭注周易南方赤色抱朴子火行爲赤東觀漢記建武四年皇子陽生顏赤色上以色赤名之曰陽

烾 古文從炎土

書禹貢厥土赤埴墳釋文埴鄭作戠讀曰熾馥案蜀都賦丹砂赩熾劉淵林注引禹貢李善注引鄭注熾赤也馥謂丹砂赤土此從土之義

赨 赤色也從赤蟲省聲 徒冬切

詩雲漢蘊隆蟲蟲釋文徐徒冬反爾雅作爞案爞即赨變赤從火而蟲則不省韓詩作烔廣韻烔熱氣烔烔出字林廣雅烔熱也或作赨類篇赨赤色烔變爲赨猶赨變爲爞爞烔皆赨之別體赨又烔之別體也

赤色也者管子地員篇其種大苗細苗赨莖黑秀箭長注云赨即赤也太元蜹黃凝金

𧹞 日出之赤從赤穀省聲 火沃切

赧 面慙赤也從赤𠬝聲周失天下於赧王 女版切

面慙赤也者方言赧愧也秦晉之閒凡愧而見上謂之赧注云小爾雅曰面赤愧曰赧孟子觀其色赧赧然注云面赤心不正之皃也韓詩外傳孟嘗君赧然汗出至踵後漢書延篤傳可不慙赧注云色愧曰赧　周失天下於赧王者自魯哀公十四年至周赧王五十九年凡二百二十有四年秦昭襄王滅周集韻墨狐邑在洛南百五十里秦遷周赧王於此文選西征賦踰十葉以逮赧邦分崩而爲二五臣云自敬王元王定王哀王思王考王威烈王安王而及赧王十代周分爲二史記周本紀周君赧王卒劉伯莊音義云赧是慙恥之甚輕微危弱寄住東西足爲慙赧故號之曰赧漢書人表赧王延僞謚王子帝王世紀赧王名誕雖居天子之位號爲諸侯之所役逼與家人無異名負責於民無以得歸乃上臺避之故周人名其臺曰逃責臺赧非謚謚法無赧正以微弱竊鈇逃責赧然慙愧故號曰赧

百

赬 赤色也從赤巠聲詩曰魴魚赬尾 敕貞切

赤色也者本書璊玉赬色也廣雅赬赤也釋器再染謂之赬郭云染赤陳啟源曰爾雅注以赬爲淺赤又諸侯赤芾而斯干傳謂諸侯黃朱是黃朱乃赤也據此二文則赤淺於朱赬又淺於赤然細分則異概舉則通說文云赬赤色也亦以赬赤爲一矣士喪禮赬裏注云赬赤也喪大記大夫以元赬注云赬赤也射雉賦鷩綺翼而赬撾徐爰注赬赤也　詩曰魴魚赬尾者周南汝墳文傳云赬赤也韓詩同哀十七年左傳如魚竀尾杜注竀赤色

䞓 赬或從貞

南方草木狀赬桐花連枝萼皆紅之極者俗呼貞桐花貞音訛也

朾 或從丁

浾 赬棠棗之汁或從水

泟 浾或從正

玉篇廣韻赬下無浾泟重文玉篇水部浾側加切浾澤也又棠木汁泟恥京切赤也亦作赬類篇水部浾資辛切棠棗木汁可以染又莊加切棠木汁泟丑成切棠棗之汁集韻赬與赬莉同文引本書赤色也浾與泟同文引本書浾棠棗之汁並音癡貞切馥謂浾泟二字自爲一義本書誤爲赬之重文浾棠棗之汁改浾爲赬又加或從水三字

赭 赤土也從赤者聲 之也切

范子計然曰赭出齊郡赤色者善蜀赭出蜀郡　本草代赭生齊國山谷赤紅青色如雞冠有澤染爪甲不渝者良唐本注云靈州鳴砂縣界河北平地掘深四五尺得者皮上赤滑中紫如雞肝大勝齊代所出者　寰宇記武安縣赭山在縣東南十八里出赭土徐州彭城縣赭土山在縣北三十五里禹貢徐州厥貢惟土五色漢書郊祀志王莽使徐州貢五色

土卽此山也

赤土也者一切經音義十四引三蒼同廣雅赭赤也詩頍如渥丹釋文云丹韓詩作沰沰赭也簡兮赫如渥赭箋云赫然如厚傅丹尉繚子敵白者堊之赤者赭之史記司馬相如傳其土則丹青赭堊張揖曰赭赤土也出少室山漢書張敞傳偷長以赭汙其衣裾顏注赭赤土也南都賦赭堊流黃注引山海經若之山其上多赭郭璞曰赭赤土也馥案西山經石鄧之山其陰灌水出焉而北流於禺水其中有流赭以涂牛馬無病郭注赭赤土也

gàn 䞓

䞓 赤色也從赤倝聲讀若浣 胡玩切

讀若浣者本書瀚或作浣

hè 赫

赫 火赤皃從二赤 呼格切

火赤皃者方言炖焃爀也注云皆火盛熾之皃

文八　重五

說文解字義證《卷三十一

dà 大

大 天大地大人亦大故大象人形古文大也凡大之屬皆从大 徒蓋切

天大地大人亦大者本書三下云天地人之道也易繫辭易之爲書也廣大悉備有天道焉有人道焉有地道焉老子故道大天大地大王亦大域中有四大而王居其一焉人法地地法天天法道道法自然大戴禮曾子大孝篇天之所生地之所養人爲大矣文七年左傳正德利用厚生賈逵曰正德人德利用地德厚生天德淮南地形訓天一地二人三蔵倜曰天以氣覆乎上地以形載乎下人立乎其中獨以心知故人者天地之心而氣之帥也能盡其心則可以與天地參與天地參則可以爲天地萬物之主宰矣斯之爲大人馥案大人者與天地合其德故曰人亦大故大象人形者本書夷下云從大大人也羌下云東夷從大大人也九經字樣大象人形　古文大也者徐鍇本作古文人也鍇曰古文亦以此爲人字也

kuí 奎

奎 兩髀之閒從大圭聲 苦圭切

兩髀之閒者廣雅胯奎也莊子徐無鬼豕蝨擇奎蹏曲隈乳閒股腳自以爲安室利處天文書西方十六星象兩髀故曰奎

jiā 夾

夾 持也從大俠二人 古狎切

僖二十六年左傳夾輔成王　俠二人者顏注漢書云俠之言挾以權力俠輔人也書多方爾曷不夾介乂我周王法言作俠介

yǎn 奄

奄 覆也大有餘也又欠也從大從申申展也 依檢切

覆也者本書㨼覆也釋言蒙荒奄也郭云奄覆也詩閟宮奄有下國又奄有龜蒙遂荒大東箋竝云奄覆　大有餘也者廣雅奄大也詩皇矣奄有四方傳云奄大也　又欠也者謂欠伸也曲禮君子欠伸正義志疲則欠體疲則伸　申展也者莊子刻意篇熊經鳥伸

說文解字義證《卷三十一

kuā 夸

夸 奢也從大亏聲 苦瓜切

奢也者集韻夸夸奄自大廣雅夸大也呂氏春秋下賢篇富有天下而不騁夸注云夸詫而自大也漢書賈誼傳夸者死權臣瓚曰謂夸泰也字或作侉書畢命驕淫矜侉傳云矜其所能以自侉大

huán 查

查 奢查也從大亘聲 胡官切

奢查也者玉篇查大口也或借宣字秦詛楚文宣奓競縱

gū 㚉

㚉 㚉大也從大瓜聲 烏瓜切

㚉大也者俗作摦徐鉉新附摦橫大也廣韻摦寬也昭二十一年左傳小者不窕大者不摦注云窕細而不滿摦橫而不入也

huò 奯

奯 空大也從大歲聲讀若詩施罟濊濊 呼括切

空大也者玉篇奯空也大目也廣韻奯大開目也　讀若詩施罟濊濊者徐鍇本作泧泧本書濊下引詩後人加之本書無濊字此當爲詩曰施罟奯奯謂罟目大也後人加讀若字

zhì ⿱𢦏大

⿱𢦏大 大也從大𢦏聲讀若詩𢧢𢧢大猷直質切

讀若詩𢧢𢧢大猷者小雅巧言文彼作秩秩書堯典平秩東作史記作便程東作本書𧽒讀若詩威儀秩秩

pào 奅

奅 大也從大卯聲匹貌切

大也者謂空大也木工鑿空曰奅或借卯字晉書古展皆陰卯今露卯

yǔn 奆

奆 大也從大云聲魚吻切

徐鍇本有讀若鄖三字疑鄖當爲䡝

dī 奃

奃 大也從大氐聲讀若氐都兮切

漢樊毅修華岳碑受茲奃福

jiè ⿱大介

⿱大介 大也從大介聲讀若蓋古拜切

大也者釋詁文彼作介方言⿱大介大也東齊海岱之閒曰⿱大介通作介易晉卦受茲介福虞翻云介大也兌卦介疾有喜釋文馬云介大也書多方爾曷不夾介乂我周王傳訓介爲大詩小明介爾景福傳云介大也生民歆攸介攸止傳云介大也昭二十四年左傳士伯立於乾祭而問於介衆注云介大也哀十四年傳逢澤有介麇焉注云介大也

xiè ⿱大此

⿱大此 瞋大也從大此聲火戒切

瞋大也者玉篇引作瞋大聲也廣韻同

bì ⿱大弗

⿱大弗 大也從大弗聲讀若予違女弼房密切

大也者廣雅同 讀若予違女弼者詩佛時仔肩釋文云佛鄭音弼

chún ⿱大屯

⿱大屯 大也從大屯聲讀若鶉常倫切

qì 契

契 大約也從大從㓞易曰後代聖人易之以書契苦計切

本書券契也券別之書以刀判契其旁故曰契券 釋名契刻也刻識其數也 周禮質人掌稽市之書契注云書契取予市物之券也其券之象書兩札刻其側 老子是以聖人執左契 管子大匡篇客與有司別契注云別契謂分別其契以知眞僞也 列子說符篇宋人有游於道得人遺契者歸而藏之密數其齒告鄰人曰吾富可待矣 愼子書契所以立公信也 荀子君道篇合符節別契券者所以爲信也 易林符左契右相與合齒 東觀漢記樊重臨終遺令焚削文契 晉中興書閔帝在關中與氐羌破鐵券約不役使 文選晉紀總論如室斯構而去其鑿契五臣云鑿契也 馥案箋卽木工命箋刻有鉏鋙也 隋書突厥無文字刻木爲契 魏書帝紀敘不爲文字刻木紀契而已 唐制殿門啟閉設魚契刻檀爲魚別刻檀板爲坎足以容魚一置門使所一留宮中發鑰較勘相同始開謂之勘契

大約也者集韻約契也詩擊鼓死生契濶韓詩契濶約束也鄭箋云與其伍約周禮小宰聽取予以書契先鄭云書契符書也後鄭云書契謂出予受入之凡要凡簿書之最目獄訟之要辭皆曰契小宰又云聽稱責以傅別注云傅別謂券書也傳傳著約束於文書司會凡在書契版圖者之貳注云書謂簿書契其最凡也疏云最凡謂計要之多少以爲契要太史凡邦國都鄙及萬民之有約劑者藏焉注云約劑要盟之載辭及券書也司約凡大約劑書於宗彝小約劑書於丹圖曲禮獻粟者執右契注云契券要也學記大信不約襄十年左傳使王叔氏與伯輿合要王叔氏不能舉其契注云要契之辭正義合要者使其各爲要約言語兩相辨答哀十四年傳使季路要我吾無盟矣注云子路信誠故欲得與相要誓哀十一年傳請三刻而踰之注云與衆三刻約信燕策必得約契以報太子易林言無要約不成券契文心彫龍券者束也明白約束古文苑有僮約 從㓞者徐鍇本作㓞聲 易曰後代聖人易之以書契者繫辭文彼作後世鄭注書之於木刻其側爲契各持其一後以相考合

yí 夷

夷 平也從大從弓東方之人也以脂切

平也者老子遺道若纇范應元注引本書夷正也馥謂正爲平之譌詩草蟲我心則夷又出車玁狁于夷節南山式夷式已召旻實靖夷我邦桑柔亂生不夷傳並云夷平也 從大者本書羌下云唯東夷從大大人也 東方之人也者王制東方曰夷公羊解詁同後漢書東夷傳夷者抵也言仁而好生萬物抵地而出論語子欲居九夷馬融注九夷東方之夷有九種也皇侃疏東有九夷一元菟二樂浪三高麗四滿飾五鳧臾六索家七東屠八倭人九天鄙

文十八

yì 亦

亦人之臂亦也從大象兩亦之形凡亦之屬皆從亦 羊益切

人之臂亦也者本書掖臂下也玉篇亦臂也胳也今作掖此亦兩臂也又書云亦行有九德埤蒼亦在肘後有司徹司馬枇羊亦注云亦簪脊脅皆一骨也董斯張曰蜀夾江縣酒官碑云南由市人爲闔北抵湖出爲厶楊用修僅引唐韻厶即亦字未詳其義按說文人之臂亦也即掖門也馥案廣韻亦俗作厶程君瑤日書亦行有九德謂以九德扶掖其行也今人以亦爲亦然之亦而別作掖漢書人表曹嚴公亦姑或作夜姑詩衡門敘以誘掖其君釋文掖音亦后經作亦釋名腋繹也言可張翕尋繹也馥按漢有張掖郡五臣文選注掖庭在天子左右如肘掖輟耕錄慍甈謂腋氣也教坊記范漢女開元二十一年出內有姿媚而微慍羝 從大者大人也詩噫嘻亦服爾耕箋云亦大也馥謂從大故有大義

shǎn 夾

夾盜竊褱物也從亦有所持俗謂蔽人俾夾是也弘農陝字從此 失冉切

盜竊褱物也者本書褱俠也初刻作夾後改俠 從亦有所持俗謂蔽人俾夾是也者當爲俾挾本書挾俾持也 弘農陝字從此者本書陝弘農陝也漢書弘農有陝縣九域志雷首山今在陝州陝音閃中從兩入與陝字不同陝音狎中從兩人

文二

zè 夨

夨傾頭也從大象形凡夨之屬皆從夨 阻力切

傾頭也者本書仄側傾也籀文從夨作仄玉篇夨今並作側廣韻夨左日夨也或通作吳長笛賦傾吳倚伏

jié ⿱吉夨

⿱吉夨頭傾也從夨吉聲讀若子 古屑切

頭傾也者類篇奊奊頭褱態或借頡字莊子胠篋篇頡滑堅白李云頡滑不正之語也

xié 奊

奊頭褱骫奊態也從夨圭聲 胡結切

類篇奊或作奊玉篇奊別爲字云奊奊也

頭褱骫奊態也者本書骫骨曲骫奊也廣雅奊褱也賈誼書奊苟無節

wú 吳(吴)

吳姓也亦郡也一曰吳大言也從夨口 五乎切

姓也亦郡也者後人加之李君威曰說文惟女部解入姓邑部解郡名凡假借字皆不解 一曰吳大言也者一日吳三字亦後人加之方言吳大也詩絲衣不吳不敖傳云吳譁也陸德明本作虞云說文作吳吳大言也何承天云吳字誤當作吳從口下大故魚之大口者名吳胡化反音話此音恐驚俗也馥案詩本作吳史記武帝紀引詩作虞假借字陸謂說文作吳是本書有引詩之文今闕也詩泮水不吳不揚箋云吳譁也釋文云吳鄭如字讙也又作吳音話同馥謂吳六朝別體字漢書郊祀志引詩不吳不敖顏云吳讙譁也後漢書戴就傳爊鋘斧使就挾於肘腋鋘郎鍒字

吳古文如此

疑作吙從口從夰夰籀文大字

徐鍇本有吳字云日西也從夨日聲臣鍇按易日日吳之離作此字會意齊倉反馥案本書厢下臣鉉等曰今俗別作吳非是

文四 重一

yāo 夭

夭屈也從大象形凡夭之屬皆從夭 於兆切

屈也者本書走從夭止夭止者屈也 從大象形者一切經音義二云字從大丿形不申也韻會引徐鍇本從大丿象形

qiáo 喬

喬高而屈也從夭從高省詩曰南有喬木 巨嬌切

高而屈也者釋詁喬高也釋木上句曰喬又云句如羽喬又云如木楸曰喬郭云楸樹性上竦又云槐棘醜喬郭云枝皆翹竦又云小枝上繚爲喬郭云謂細枝皆翹繚上句者名爲喬木書禹貢厥木惟喬傳云喬高也詩伐木遷于

喬木傳云喬高也孟子非謂有喬木之謂也注云喬高也山海經竹山其上多喬木注云枝上竦者謝靈運山居賦說木云麥剛上而喬竦邵君晉涵曰釋木云句如羽喬又云小枝締上爲喬是樹枝盤曲而小枝銳上者爲喬山之銳而高者似之故釋山云銳而高嶠嶠卽喬字之或體也馥案或借橋字詩山有橋松釋文云橋本作喬王云高也周書周公三撻伯禽往見商子商子曰南山有橋父道也北山有梓子道也盍往觀之而伯禽往觀橋梓明日朝伯禽俯而趨周公迎而撫之又借驕字史記顏高字子驕　詩曰南有喬木者周南漢廣文傳云喬上竦也

xìng 㚔(幸)

㚔　吉而免凶也从屰从夭夭死之事故死謂之不㚔　胡耿切

小爾雅非分而得謂之幸　中庸小人行險以徼幸　宣十六年左傳善人在上則國無幸民諺曰民之多幸國之不幸也　晉語趙襄子曰吾聞之德不純而福祿竝至謂之幸　荀子富國篇朝無幸位民無幸生　吉而免凶也者論語罔之生也幸而免　夭死之事故死謂之不㚔者論語不幸短命死矣論衡幸偶篇顏回早夭孔子曰不幸短命死矣短命稱不幸則知長命者幸也短命者不幸也檀弓幸而至於旦僖十九年左傳得死爲幸　馥案言得考終卽爲大幸

bēn 奔

奔　走也从夭賁省聲與走同意俱从夭　博昆切

走也者釋言文一切經音義七奔疾走也釋名奔變也有急變奔赴之也　釋宮中庭謂之走大路謂之奔書武成駿奔走漢官儀虎賁古官也書稱武王伐紂虎賁三百人言其猛怒如虎之奔赴平帝元始元年更名虎賁郎古有勇者孟賁改奔爲賁　賁省聲者徐鍇本作卉聲　俱从夭者後人加之

文四

jiāo 交

交　交脛也从大象交形凡交之屬皆从交　古爻切

交脛也者本書尥行脛相交也王制南方曰蠻雕題交趾漢書地理志有交趾郡交州記南定縣人足骨無節臥者更扶始得起故山海經云交脛國人腳脛曲戾相交所以謂之交趾

說文解字義證　卷三十一　四十七

wéi ⿱韋交

⿱韋交　衺也从交韋聲　羽非切

衺也者本書衺⿱韋交也徐鍇云所謂僻違　馥案通作違　桓二年左傳昭德塞違正義塞違謂閉塞違邪　又昭二十六年傳君無違德論衡引作回德文十八年傳靖譖庸回注云回邪也　詩大明厥德不回傳云回違也　又常武徐方不回箋云回猶違也

jiǎo 絞

絞　縊也从交从糸　古交切

縊也者廣雅縊絞也急就篇纍繘繩索絞紡纑顏注絞卽糾也士喪禮絞橫三縮一廣終幅析其末注云絞所以收束衣服爲堅急者也喪服斬衰裳苴絰杖絞帶傳曰絞帶者繩帶也昭元年左傳公子圍入問王疾縊而弑之杜云縊絞也孫卿曰以冠纓絞之哀二年傳若其有罪絞縊以戮杜云絞所以縊人物蔡邕廣連珠桑絲之絞以彈琴晉陽秋桓溫送星人絹一匹星人詣主簿習鑿齒曰賜絹令僕自絞通鑑陳霸先以手巾絞杜稜悶絕於地　从交从糸者當云交亦聲

說文解字義證　卷三十一　四十八

文三

wāng 尢

尢　尪曲脛也从大象偏曲之形凡尢之屬皆从尢　烏光切

尪曲脛也者本書瘇脛气足腫籀文从尢九經字樣大字象人形曲其右足爲尢尪曲脛人也

⿺尢㞷　古文从㞷

易大有匪其尪虞云足尪體行不正書洪範六曰弱傳云尪劣　馥案昭七年左傳孟縶之足不良弱行注云跛也或借匡字荀子正論篇是猶傴巫跛匡大自以爲有知也注云匡讀爲尪廢疾之人又或作尫荀子王霸篇是故百姓賤之如尫注云字書無尫字蓋當爲尪病人也

hú 尳

尳　厀病也从尢从骨骨亦聲　戶骨切

厀病也者聲類尳骨差也　骨亦聲者當爲骨聲

bǒ ⿺尢皮

⿺尢皮　蹇也从尢皮聲　布火切

夭交尢

蹇也者本書跛行不正也蹇跛也𧽃跛病也集韻𡰖𡯽足橫皃玉篇𡰖蹇也今為跛易離卦釋文跛依字作𡰖或作骳漢書枚乘傳其文骫骳曲隨其事

zuǒ 𡯽

𡯽 𡰖𡯽行不正從尢左聲 則箇切

𡰖𡯽行不正者本書齹下云齹差跌皃徐鉉謂當從𡯽增韻𡰖𡯽足偏廢五音集韻𡰖𡯽足橫皃

yào 𡯌

𡯌 行不正也從尢皀聲讀若耀 弋笑切

gān 尲

尲 不正也從尢兼聲 古咸切

不正也者玉篇尲尬 尬行不正廣韻同

jiè 尬

尬 尲尬也從尢介聲 公八切又古拜切

liào 尥

尥 行脛相交也從尢勺聲牛行腳相交為尥 力弔切

行脛相交也者本書了尥也 牛行腳相交為尥者集韻牛行足外出也玉篇牛行後脛相交

說文解字義證 卷三十一 墨

dī 𡰖

𡰖 𡰖不能行為人所引曰𡰖𡰝從尢從爪是聲 都兮切

𡰖不能行為人所引曰𡰖𡰝者本書提挈也攜提也曲禮長者與之提攜注云提攜牽將行 從爪者覆手提攜也

xié 𡰝

𡰝 𡰖𡰝也從尢從爪巂聲 戶圭切

𡰖𡰝也者玉篇𡰝下云不能行為人所引

yū 𡯄

𡯄 股尪也從尢亏聲 乙于切

股尪也者集韻引李陽冰曰尪體屈曲

léi 𡰣

𡰣 𠞬中病也從尢從羸 郎果切

𠞬中病也者本書羸瘦也玉篇𡰣𠞬疾也集韻𡰣𡰣膝病廣韻𡰣𡰣腰膝痛也 從羸者當為羸聲

文十二 重一

hú 壺

壺 昆吾圜器也象形從大象其蓋也凡壺之屬皆從壺 戶姑切

玉篇有籗文作曲

昆吾圜器也者急就篇甀缶盆盎甕䓅壺顏注壺圜器也腹大而有頸三禮圖圜壺受一斛腹方足口圓方壺受一斛腹圜足口方聘禮入壺注云壺酒尊也燕禮兩方壺兩圜壺周禮掌客四十有二壺注云壺酒器也禮器門內壺注云壺大一石襄二十八年左傳以俎壺投殺人昭十五年傳樽以魯壺注云魯所獻壺樽昭二十五年公羊傳國子執壺漿何云壺禮器腹方口圓曰壺反之曰方壺有爵飾漢書東方朔傳壺者所以盛也徐鍇曰昆吾紂臣作瓦器馥案尸子夏桀臣昆吾作陶本書匋下云古者昆吾作匋詩長發昆吾夏桀傳云有昆吾國者箋云昆吾已姓也鄭語昆吾為夏伯昭十八年左傳是昆吾稔之日也注云昆吾夏伯也家語夏桀昆吾自滿而無極亢意而不節斬刈黎民如草芥焉天下討之如誅匹夫呂氏春秋昆吾作陶高云昆吾為夏伯制作陶冶埏埴為器史記天官書昔之傳天數者有夏昆吾殷本紀諸侯昆吾氏為亂湯乃興師自把鉞以伐昆吾楚世家陸終生子六人其長一曰昆吾昆吾氏夏之時嘗為侯伯桀之時湯滅之集解虞翻曰昆吾名樊為己姓封昆吾說苑昆吾自臧而滿意窮高而不衰故當時而虧敗迄今而逾惡漢書人表昆吾顏注湯所誅也左傳注言昆吾以乙卯日與桀同誅博物志周書云昆吾氏獻切玉刀符子適昆吾之邱世本昆吾者衛是也哀十七年左傳衛侯夢於北宮見人登昆吾之觀杜云衛有觀在古昆吾之虛今濮陽城中括地志濮陽縣古昆吾國故城在縣西三十里

說文解字義證 卷三十一 巽

yūn 壹

壹 壹壺也從凶從壺不得泄凶也易曰天地壹壺 於云切

壹壺也者廣韻壹鬱也史記賈生傳堙鬱漢書作壹鬱壹通作絪大戴禮少閒篇所謂失政者疆蔞未虧人民未變鬼神未亾水土未絀盧辯注絪猶亂韓詩外傳曰陰陽相勝氛祲絪氳也壹通作縕漢朱龜碑星精壹縕 從壺不得泄凶也者五音集韻壹鬱不得泄也 易曰天地壹壺者繫辭文彼作絪縕虞本作氤氳班固典引作烟熅廣雅同

文二

yī 壹

壹 專壹也从壺吉聲凡壹之屬皆从壹 於悉切

專壹也者專當爲嫥本書嫥壹也僖九年穀梁傳壹明天子之禁注云壹猶專也商子農戰篇國大民衆不淫於言則民樸壹

yì 懿

懿 專久而美也从壹从恣省聲 乙冀切

專久而美也者釋詁懿美也詩烝民好是懿德傳云懿美也文十八年左傳忠肅共懿僖二十四年傳不廢懿親杜注竝云懿美也

文二

niè 卒

卒 所以驚人也从大从羊一曰大聲也凡卒之屬皆从卒一曰讀若瓠一曰俗語以盜不止爲卒卒讀若籋 尼輒切

所以驚人也者五經文字卒所以犯驚人也 一曰大聲也者大當爲羊集韻引作笑笑爲羊之譌 一曰讀若瓠者當云讀若瓠讘謂卒聲如讘也本書讘下云河東有狐讘縣漢書功臣表瓡讘侯扜者顏注瓡讀與狐同王子侯年表陽城項王子劉息封瓡侯顏注瓡即狐字是瓡讘即狐讘

yì 睪

睪 司視也从橫目从卒令吏將目捕辠人也 羊益切

司視也者玉篇睪伺人也捕罪也 令吏將目捕辠人也者令五音集韻引作今蓋舉當時所見也凡吏出捕輒將兩人一通信息謂之線一能識認謂之眼

zhí 執

執 捕辠人也从丮从卒卒亦聲 之入切

釋名執懾也使畏懾已也 韓詩執競執服也 僖十七年左傳齊人以爲討而止公杜云內諱執皆言止 孟子執之而已 孔叢子刑論篇孟氏之臣叛自歸武伯將執之夫子曰今其自反罪以反除又何執焉

捕辠人也者書名誥徂厥亾出執傳云出見執殺昭七年左傳爲章華之宮納亾人以實之無宇之閽入焉無宇執之有司弗與曰執人於王宮其罪大矣無宇曰若從有司是無所執逃臣也檀弓肆諸市朝而妻妾執

yǔ 圉

圉 囹圄所以拘辠人从卒从囗一曰圉垂也一曰圉人掌馬者 魚舉切

囹圄所以拘辠人者本書囹獄也釋言圉禁也郭云禁制秦詛楚文拘圉其叔父周禮校人執駒注云執猶拘也漢書東方朔傳囹圄空虛王褒聖主得賢臣頌昔周公躬吐捉之勞故有圉空之隆經典通作圄釋名獄又謂之囹圄囹領也圄御也領錄囚徒禁御之也初學記囹令也圄悟也令罪人入其中自悔悟也宣四年左傳圄伯嬴於轑陽而殺之杜云圄囚也月令省囹圄注云圄止也所以止罪人出入於舍蔡邕章句囹牢也圄止也所以止出入皆罪人所舍也尉繚子今夫決獄小圄不下十數中圄不下百數大圄不下千數馥案圉圄聲相近禹貢朱圉漢志作朱圄顏注圄與圉同公羊傳衛孔圄左傳作圉樂汁圖柷圉即柷敔 一曰圉垂也者釋詁文郭云宇圉在外垂也舍人曰圉邊垂也詩桑柔孔棘我圉召旻我居圉卒荒傳竝云圉垂也隱十一年左傳亦聊以固吾圉也杜云圉邊垂

也 一曰圉人養馬者者既夕禮圉人夾牽之注云圉人養馬者周禮敘官圉師注云養馬曰圉又圉人掌養馬芻牧之事又校人乘馬一師四圉鄭司農云養馬爲圉檀弓圉人浴馬注云圉人掌養馬者莊三十二年左傳圉人犖注云圉人掌養馬者僖十七年傳故名男曰圉注云圉養馬者二十八年傳誰扞牧圉注云馬曰圉襄二十六年傳左師見夫人之步馬者問之圉人歸以告夫人二十七年傳使圉人駕注云圉人養馬者昭七年傳馬有圉注云養馬曰圉二十九年傳御龍氏服虔曰御養也養馬曰圉哀十四年傳將圉馬於成注云圉畜養也管子小問篇桓公觀於廄問廄吏曰廄何事最難廄吏未對管仲對曰夷吾嘗爲圉人矣傳馬棧最難晏子景公使圉人養所愛馬尉繚子賞及牛童馬圉淮南覽冥訓所徒馬圉高云牛曰牧馬曰圉說苑景公有馬其圉人殺之齊職儀諸廄有圉師牧人養馬之官通鑑柳公綽所乘馬踶殺圉人注云圉人掌養馬者

zhōu 盩

盩 引擊也从卒攴見血也扶風有盩厔縣 張流切

引擊也者擊當爲毄本書盭從盩徐鍇曰盩者毄辠人見血也 扶風有盩厔縣者見漢志元和郡縣志盩厔漢舊

jū 𥷔 bào 報

縣武帝置屬右扶風山曲曰盩水曲曰厔

報 當辠人也從㚔從𠬝𠬝服辠也 博号切

徐鍇繫傳引尚書報以庶尤史記張湯爰書論訊鞫報漢書胡建傳知吏賊傷奴辟報故不窮審蘇林曰報論也斷獄爲報

當辠人也者急就篇乏興猥逮詗讂求輒覺沒入檄報畱顏注報者處當罪人也言有乏興猥逮及詗讂者其事發覺身則沒入爲奴婢或沒其家財則爲檄書處當其罪而畱之也史記張釋之傳廷尉奏當一人犯蹕當罰金索隱崔浩云當謂處其罪也路溫舒緩刑書奏當之成𠬝服辠也者𠬝當爲𠬝徐鍇音展馥案本書𠬝從尸從又赧從此故曰𠬝服罪也謂慙赧而服也

鞫 窮理辠人也從㚔從人從言竹聲 居六切

窮理辠人也者理玉篇作治月令詰誅暴慢注云問其罪窮治之也周禮大司馬制軍詰禁注云詰猶窮治也康誥

既道極厥辜疏云以窮治其罪詩篤公劉芮鞫之卽傳以鞫爲究案究亦窮也漢書張湯傳李文事下減宣宣嘗與湯有隙及得此事窮竟其事經典或作鞫集韻鞫問謂之嗌釋言鞫窮也書呂刑獄成而孚輸而孚傳云謂上其鞫劾文解正義云漢世問罪謂之鞫詩谷風昔育孔育鞫傳云鞫窮也雲漢鞫哉庶正瞻卬鞫人忮忒箋並云鞫窮也周禮小司寇讀書用法先鄭云如今讀鞫已乃論之漢書張湯傳爰書訊鞫顏注鞫窮也謂窮覈之也後漢書和帝紀復置若盧獄官注云漢舊儀曰主鞫將相大臣也蔡邕橋公碑臨淄令賂財贓多罪正受鞫就刑晉令獄結竟呼四鞫語罪狀四若稱枉欲乞鞫者許之也宋書謝莊傳孝宜立鞫訊之法又借鞫字集韻嗌鞫訊也廣韻鞫推窮也盤庚爾惟自鞫自苦傳云鞫窮也詩南山曷又鞫止傳云鞫窮也文王世子其刑罪則纖剸亦告於甸人注云告讀爲鞫讀書用法曰鞫齊策事敗而好鞫之鮑云鞫窮也史記李斯傳於是羣臣諸公子有罪輒下高令鞫治之漢書刑法志今遣廷史與郡鞫獄李奇曰鞫窮也獄事窮竟也酷吏傳縱一切捕鞫顏注鞫窮也謂窮治也敘傳許相理而鞫條應劭曰鞫窮也後漢書鄧騭傳罪無伸證獄不訊鞫注云鞫窮也

gǎng 𡗣 gāng 亢 duǒ 奲 shē 奢

𥷔 或省言

文七 重一

奢 張也從大者聲凡奢之屬皆從奢 式車切

張也者御覽引下有反儉曰奢四字本書侈奢也夸奢也左傳張吾軍以臨之

奓 籀文

秦詛楚文宣奓競縱 宋書五行志桓元飲食恣奓 劉劭趙都賦愛及富人郭侯之倫貴衍閹衛奓溢无垠 舊唐書陸贄傳奓言無驗不必用 西京賦心奓體忲李善引聲類奓侈字也昌氏切馥案東京賦奢未及奓亦分奢奓爲二

奲 富奲奲皃從奢單聲 丁可切

富奲奲皃者玉篇奲寬大也廣雅奲大也 單聲者本書鼉單聲嘽下引詩嘽嘽駱馬痑下引詩痑痑駱馬

文二 重一

亢 人頸也從大省象頸脈形凡亢之屬皆從亢 古郎切

人頸也者廣韻頏咽頏蒼頡篇亢咽也漢書張耳陳餘列傳絕亢而死蘇林曰亢頸大脈也俗所謂胡脈也顏注亢者總謂頸耳婁敬傳夫與人鬬不搤其亢拊其背未能全勝張晏曰亢喉嚨也後漢書隗囂傳士至投死絕亢而不悔者矣注云亢喉嚨也顧炎武曰史記批亢擣虛索隱曰亢言敵人相亢拒也非也此與劉敬傳搤其肮之肮同釋鳥亢鳥嚨郭云嚨謂喉嚨亢卽咽樊光云亢鳥之頸也俗作吭蜀都賦弄吭清渠舞鶴賦引負吭之纖婉

頏 亢或從頁

詩燕燕于飛頡之頏之本書頡直項也

𡗣 直項莽𡗣皃從亢從夋夋倨也亢亦聲 岡朗切又胡朗切

直項莽𡗣皃者項玉篇引作頸莽亢以聲爲義本書沆莽沆大水也 夋倨也者本書夋倨也

文二 重一

tāo 夲

夲 進趣也從大從十大十猶兼十人也凡夲之屬皆從夲 夲讀若滔 土刀切

進趣也者莊君述祖曰柳宗元陸文通墓表後之學者窮老盡氣左視右顧莫得而夲音土刀切人或誤讀本末之本　大十猶兼十人也者大郎人也

hū 𠦬

𠦬 疾也從夲卉聲拜從此 呼骨切

疾也者𥱨𠦬俗作倏忽

bào 暴

暴 疾有所趣也從日出夲廾之 薄報切

疾有所趣也者詩終風且暴傳云暴疾也廣雅暴猝也荀子富國篇暴如邱山注云卒起之貌史記項羽紀何興之暴也　從日出者釋天日出而風爲暴　夲廾之者趣而承之也暴本是及時急事之義自周易稱暴客周禮有禁暴氏遂專爲酷虐一義矣

yǔn 𡴎

𡴎 進也從夲從中允聲易曰𡴎升大吉 余準切

進也者本書㫃下云導車所以載全羽以爲允允進也　易曰𡴎升大吉者升卦文彼作允

zòu 奏

奏 奏進也從夲從廾從中中上進之義 則候切

奏進也者玉篇作進奏也文心雕龍奏者進也廣雅奏進也急就篇甘𦳝殊美奏諸君顏注奏進也言此殊絕甘美之會且進之於君上小爾雅廣詁奏進也書敷奏以言奏庶艱食鮮食敷同日奏同功傳竝訓進漢書丙吉傳數奏甘毳食物韓延壽傳爭奏酒炙景十三王傳或有先祖舊書多奉以奏獻王者顏注竝云奏進也論衡逢遇篇以夏進鑪以冬奏扇　從夲從廾從中者江君聲曰夲中皆進也廾則奉而進之此於六書爲會意　中上進之義者本書中艸木初生也丨象出形

古文

亦古文

gāo 皋

皋 气皋白之進也從夲從白禮祝曰皋登謌曰奏故皋奏皆從夲周禮曰詔來鼓皋舞皋告之也 古勞切

東觀漢記馬援上書成皋令印白下羊丞印四下羊尉印白下人入下羊一縣長吏印文不同馥案繆篆與隸相通不守六書故文無定形　气皋白之進也者進字鍇六書故竝引作道馥謂當爲進　從夲從白者徐鍇本作從白從夲聲馥謂當爲夲亦聲　禮祝曰皋者士喪禮始死復魂之辭云皋某復鄭云皋長聲也周禮大祝來瞽令皋舞注云皋讀爲卒嘷呼之嘷來嘷者皆謂呼之入楊愼曰史記漢高祖紀爲亭長告歸之田服虔音嘷呼之嘷按東觀漢記田邑傳邑年三十歷卿大夫號罷歸嘷與號同古者當有此音又左傳魯人之皋說文禮祝曰皋皆可互證　登謌曰奏者詩樂具入奏桓九年左傳樂奏服注云樂奏人上堂也　周禮曰詔來鼓皋舞者春官樂師文彼作瞽鄭司農云瞽當爲鼓皋當爲告呼擊鼓者又告當舞者持鼓與舞俱來也　皋告之也者許公說禮之文皋告聲相近春秋定四年盟於皋鼬

鹽鐵論作詰鼬

文六　重二

gǎo 夰

夰 放也從大而八分也凡夰之屬皆從夰 古老切

放也者玉篇放散也

jù 𡘋

𡘋 舉目驚𡘋然也從夰從䀠䀠亦聲 九遇切

舉目驚𡘋然也者集韻𡘋驚而舉目視經典借瞿字玉藻視容瞿瞿梅梅正義云瞿瞿驚遽之貌雜記見似目瞿聞名心瞿注云瞿然驚變也檀弓曾子聞之瞿然又云瞿如有求而弗得又云瞿然失席荀子非十二子篇學者之鬼瞿瞿然史記吳王濞傳王瞿然曰索隱劉氏瞿音九具反又說文云矍遠視貌音九縛反馥謂二說竝非當作𡘋漢書東方朔傳吳王瞿然易容又借矍字東都賦矍然失容李善注引本書驚視貌也又或作戄史記晏子戄然攝衣冠謝　䀠亦聲者當爲䀠聲

ào 奡　hào 昦

奡 嫚也從百從夰夰亦聲虞書曰若丹朱奡讀若傲論語奡盪舟 五到切

嫚也者本書嫚侮易也　虞書曰若丹朱奡者益稷文彼作無若丹朱傲釋文云傲字又作奡本書緜下云虞書丹朱如此　讀若傲者本書傲倨也嫯侮易也蕩下引春秋傳生敖及蕩　論語奡盪舟者孔注奡多力能陸地行舟離騷澆身被服強圉兮洪注論語曰奡盪舟奡卽澆也聲轉字異天問惟澆在戶何求於嫂王注澆古多力者也論語澆盪舟漢書人表奡顏注楚詞所謂澆者也

昦 春爲昦天元气昦昦從日夰夰亦聲 胡老切

釋天春爲蒼天夏爲昊天　鄭箋詩云昊天天大號也黍離悠悠蒼天傳云蒼天以體言之尊而君之則稱皇天元氣廣大則稱昊天仁覆閔下則稱旻天自上降監則稱上天據遠視之蒼蒼然則稱蒼天正義云爾雅釋天以四時異名此傳言天各用所宜爲稱鄭君和合二說故異義天號今尙書歐陽說春曰昊天夏曰蒼天秋曰旻天冬曰上天爾雅亦云古尙書說與毛同謹按尙書堯典羲和以昊天總勑以四時故知昊天不獨春也左傳夏四月孔邱卒稱曰旻天不弔非秋也玄之閒也爾雅者孔子門人所作以釋六藝之言蓋不誤也春氣博施故以廣大言之夏氣高明故以遠大言之秋氣或生或殺故以閔下言之冬氣閉藏而淸察故以監下言之皇天者至尊之號也六藝之中諸稱天者以情所求言之矣非必於其時稱之浩浩昊天求天之博施悠悠蒼天求天之高明旻天不弔求天之生殺當得其宜上天同雲求天之所爲當順其時也此之求天猶人之說事各從其主耳若察於是則堯命羲和欽若昊天孔邱卒稱旻天不弔無可怪耳是鄭君和合二說之事也爾雅春爲蒼天夏爲昊天歐陽說春爲昊天夏爲蒼天鄭既言爾雅不誤當從爾雅而又從歐陽之說以春昊夏蒼者鄭爾雅與孫郭本異故許愼既載今尙書說卽言爾雅亦云明見爾雅與歐陽說同

春爲昦天者九經字樣昦春天也尙書考靈曜東方昊天其星房心高彪碑恩如皓春楚詞九思惟昊天兮昭靈陽氣發兮淸明風習習兮和煖百草萌兮華榮注云昊天夏天也馥案旣曰陽氣發又曰和煖又曰百草萌則春天明矣　元气昦昦者堯典欽若昊天傳云昊天言元氣廣大詩雨無正浩浩昊天漢書敘傳超忽荒而躆顥蒼也顏注顥顥天也元氣顥昦故曰顥天物理論元氣浩大則稱皓天皓天元氣也皓然而已無他物焉

guǎng 臩

臩 驚走也一曰往來也從夰臦周書曰伯臩古文臦古文冏字 具往切

驚走也者廣韻作驚走貌廣雅臩臩走也　一曰往來也者廣韻引作往來皃玉篇類篇竝同　周書曰伯臩者書序穆王命伯冏爲周太僕正作冏命傳云伯冏臣名也釋文云冏字亦作臩馥案臩卽臩之誤史記周本紀乃命伯臩申誡太僕國之政作臩命集解云孔安國曰伯冏名姚立方曰紀謂太僕國之政非太僕正也命伯臩申誡之非命伯冏爲太僕也與書序絕不相侔漢書人表伯臩顏云穆王太僕也臩音居永反馥案卽此臩寫譌帝王世紀穆王卽位命伯臩爲太僕今尙書君牙伯冏二篇是也焦氏筆乘冏命伯冏說文冏作臩唐杜依奏省官疏伯景爲太僕同音相借　古文臦古文冏字者當云臩古文冏字

文五

dà 亣　yì 奕　zàng 奘

亣 籒文大改古文亦象人形凡亣之屬皆從亣 他達切

籒文大改古文者大古文也言籒文改大爲亣也本書爽篆文作𤕟蓋一從古文一從籒文　亦象人形者本書大象人形言此籒文亦然本書央從亣云亣人也

奕 大也從亣亦聲詩曰奕奕梁山 羊益切

大也者方言文詩巧言奕奕寢廟傳云奕奕大貌嘻嘻亦服爾耕箋云亦大也正義釋詁作奕奕音義同王觀國學林引本書大也行也美容也馥案詩新廟奕奕箋云奕美也方言奕僷容也自關以西凡美容謂之奕或謂之僷　詩曰奕奕梁山者大雅韓奕文傳云奕奕大也

奘 駔大也從亣從壯壯亦聲 徂朗切

駔大也者方言奘大也秦晉之閒凡人之大謂之奘釋言奘駔也郭云今江東呼大爲駔駔猶麤也經典通作壯釋詁壯大也易大壯大者壯也昭二十二年左傳陳大夫齧壯而頎　壯亦聲者當爲壯聲

gǎo 臭

臭 大白澤也从亣从白古文以爲澤字 古老切

大白澤也者臭經典通作臯襄十七年左傳澤門之皙詩正義引作臯門詩鶴鳴于九臯薛君韓詩章句以臯爲九折之澤孫叔敖碑收九臯之利漢隸字源以爲九澤服虔漢書注臯澤也　古文以爲澤字者澤當爲臯隸體臯作睪故誤爲澤馬伏波所謂四下羊者即睪字所謂白下人人下羊者變臭爲臯

xī 奚

奚 大腹也从亣𦕒省聲𦕒籒文系字 胡雞切

大腹也者本書豯從奚云生三月豚腹豯豯皃䵤從奚黽類皆大腹者也晉祁奚字黄羊按釋畜𤛞羊黄腹山海經丹熏之山有耳鼠食之不脒注云脒大腹也見埤倉音采　𦕒籒文系字者本書𦕒從爪絲

ruǎn 耎

耎 稍前大也从亣而聲讀若畏偄 而沇切

讀若畏偄者本書偄弱也考工記輈人行數千里馬不契需鄭司農云需讀若畏需之需按隸體需變作需故耎亦爲需

yàn 奰

奰 大皃从亣𡇒聲或曰拳勇字一曰讀若傿 乙獻切

𡇒聲者本書𡇒讀若書卷之卷　或曰拳勇字者拳當爲捲本書捲气勢也國語曰有捲勇

bì 奰

奰 壯大也从三亣三目二目爲𡇒三目爲奰益大也一曰迫也讀若易虙羲氏詩曰不醉而怒謂之奰 平祕切

壯大也者一切經音義七贔古文奰同說文奰壯大也謂作力怒也詩云不醉而怒曰奰淮南地形訓食木者多力而奰水經注說孟門云渾洪贔怒又引華嚴鬭山圖曰巨靈胡者所謂巨靈贔屭首冠靈山者也　二目爲𡇒者𡇒當爲奰　三目爲奰益大也者一切經音義十一西京賦巨靈贔屭薛綜注云作力怒也說文壯大也從三目從大三目益大也　讀若易虙羲氏詩曰不醉而怒謂之奰者謂讀若虙或若奰也詩無此文大雅蕩篇內奰于中國傳云奰怒也不醉而怒曰奰按本書㵟滿也玉篇㵟氣滿也馥謂氣滿怒也詩當爲㵟本書言讀若㵟

文八

fū 夫

夫 丈夫也从亣一以象簪也周制以八寸爲尺十尺爲丈人長八尺故曰丈夫凡夫之屬皆从夫 甫無切

丈夫也者本書男丈夫也玉篇丈丈夫也顏注急就篇夫者丈夫之謂也尚書太誓逖篇勉哉夫子鄭注夫子丈夫之稱曲禮若夫注云言若欲爲丈夫也檀弓夫夫也注云猶言此丈夫也郊特牲夫也者夫也注云夫之言丈夫也大戴禮本命篇男者任也子者孳也男子者言在天地之道如長萬物之義也故謂之丈夫丈者長也夫者扶也言長扶萬物也宣十二年左傳非夫也杜云非丈夫昭元年傳抑子南夫也注云言丈夫定八年公羊傳如丈夫何注云丈夫大人稱也論衡氣壽篇譬猶人形一丈正形也名男子爲丈夫尊公嫗爲丈人不滿丈者失其正也雖失其正猶乃爲形也夫形不可以不滿丈之故謂之非形　從亣一以象簪也者集韻引作從一大御覽引云從一大象人形也一象簪形冠而既簪人二十而冠成人也故成人曰丈夫冠義章甫殷道也注云章明也殷質言以表明丈夫喪服小記丈夫冠而不爲殤文十二年穀梁傳男子二十而冠冠而列丈夫　周制以八寸爲尺十尺爲丈者本書咫八寸曰咫周尺也丈十尺也　人長八尺故曰丈夫者考工記人長八尺崇於戈四尺殳長尋有四尺崇於人四尺國策鄒忌修八尺淮南天文訓古之爲度量輕重生乎尺道黃鐘之律修九寸物以三生三九二十七故幅廣二尺七寸音以八相生故人修八尺馥案八寸爲尺人長八尺則是八八六尺四寸也孟子曹交曰交聞文王十尺湯九尺今交九尺四寸以長是曹交較常人修一尺二寸湯修八寸文王修一尺六寸

guī 規

規 有法度也从夫从見 居隨切

通俗文書圓曰規　世本倕作規榘準繩　援神契春執規夏持衡秋執矩冬持權　漢書王莽傳考圜合規　律歷志衡運生規規圜生矩規者所以規圜器械令得其類也矩者所以矩方器械令不失其形也規矩相須陰陽位序圜方乃成　後漢書馬援傳埶如轉規注云規圓也　有法度也者本書巨規巨也詩序河水規宣王也箋云規者正圓之器也淮南時則訓規者所以員萬物也規之爲度也轉而不復員而不垸優而不縱廣大以寬感動有理發通有紀優優簡簡百怨不起規度不失生氣乃理　從

夫從見者一切經音義二十五規模也字從夫從見言丈夫之見必合規矩字統丈夫識用必合規矩故規從夫也

bàn 扶

扶 竝行也從二夫輦字從此讀若伴侶之伴 薄旱切

竝行也者廣雅儷扶也玉篇儷與儷同偶也通作伴楚詞九章衆駭遽以離心兮又何以爲此伴也 輦字從此者本書輦從扶扶在車前引之馥謂引輦者皆竝行 讀若伴侶之伴者扶卽伴之正文本書伴大皃不言伴侶本書亦無侶字聲類侶伴侶也 陸璣詩疏麟不侶行

文三

lì 立

立 住也從大立一之上凡立之屬皆從立 力入切

釋名立林也如林木森然各駐其所也 曲禮立必正方 賈誼書固頤正視平肩正背臂如抱鼓足閒二寸端面攝纓端股整足體不搖肘曰經立因以微磬曰共立因以磬折曰肅立因以垂佩曰卑立立容也 住也者本書無住字侸下云立也尌下云立也駐下云馬立也

lì 竦

竦 臨也從立從隶 力至切

戴侗曰隸書傳皆借用涖亦借用蒞 陳士元韻注論語莊以涖之當如說文作隸 徐鍇曰又有本字湮沒假借獨行若春秋蒞盟本宜作隸今爲蒞是也 老子以道蒞天下釋文蒞本無此字說文作隸 北魏李仲璇孔子廟碑作此隸字

臨也者臨視也釋詁涖視也 書周官蒞事惟煩傳云臨政事必煩詩采芑方叔涖止傳云涖臨 士冠禮吾子將蒞之注云蒞臨也周禮鄉師以涖匠師注云故書涖作立鄭司農云立讀爲涖涖謂臨視也又州長凡州之大祭祀大喪皆涖其事又黨正以歲時涖校比注竝云涖臨也曲禮涖官行灋緇衣恭以涖之祭統必身親涖之檀弓苟無禮義忠信誠慤之心以涖之坊記故君子信讓以涖百姓注竝云涖臨也大戴禮曾子本孝篇祭祀則蒞之以敬盧辯注云蒞臨春秋僖三年左氏經公子友如齊涖盟杜注涖臨也隱四年傳陳人執之而請涖于衛杜注請衛人自臨討之隱七年傳陳五父如鄭涖盟杜注涖臨也成十一年傳郤犫來聘且涖盟杜注公請受盟故使大夫來臨之襄二十八年傳嘗於太公之廟慶舍涖事杜注臨祭事昭十五年傳其在涖事乎二十四年傳晉侯使士景伯涖問周故定元年傳魏子涖政杜注竝云涖臨也晉語使奚齊涖事韋注涖臨也秦策蒞政有頃高注蒞臨也孟子蒞中國而撫四夷也趙注蒞臨也 從隶者徐鍇本作隶聲

duì 竨

竨 磊竨重聚也從立臺聲 丁罪切

磊竨重聚也者廣韻竨木實垂皃或借敦字詩行葦敦彼行葦傳云敦聚皃

duān 端

端 直也從立耑聲 多官切

直也者廣雅端直正也孟子端人也漢書賈誼傳選天下之端士

zhuǎn 竱

竱 等也從立專聲春秋國語曰竱本肇末 旨兗切

等也者廣雅竱齊也 春秋國語曰竱本肇末者齊語文彼作肇韋云竱等也肇正也 謂先等其本以正其末也漢衡方碑□本肇末闕處當是竱字

sǒng 竦

竦 敬也從立從束束自申束也 息拱切

敬也者廣韻引國語竦善抑惡漢書東方朔傳寡人將竦息而覽焉或借聳字楚語昔殷武丁能聳其德至於神明注云聳敬也 束自申束也者本書申七月陰气成體自申束 釋名竦從也體皮皆從引也

jìng 竫

竫 亭安也從立爭聲 疾郢切

亭安也者徐鍇韻譜作停安廣韻同本書無停字亭卽停也本書甹定息也讀若亭釋名亭定也定於所在也文選神女賦立躑躅而不安呂氏春秋貴因篇竫立安坐而至者注云竫正也後漢書崔駰傳竫潛思於至賾兮或與靜通廣雅安靜也書堯典靜言庸違詩氓靜言思之箋云靜安柏舟靜言思之傳云靜安也大學知止而后有定定而后能靜靜而后能安漢帝堯碑竫恭祈福蔡邕王子喬碑作靜躬祈福又與靖通盤庚自作弗靖馬注靖安也詩昊天有成命肆其靖之傳云靖和也箋云終能和安之僖九年左傳君務靖亂文十八年傳以靖國人又云靖譖庸回注云靖安也昭元年傳將恃大國之安靖已又云不靖其能其誰從之注云安靖賢能則衆附從史記秦本紀文公

太子卒賜謚爲竫公謚法柔德安衆曰靖

jìng 靖

立竫也。从立，青聲。一曰細皃。疾郢切

立竫也者，本書婧竦立也，集韻靖竦立也。一曰細皃者，山海經有小人國名靖人，郭璞贊僬僥極麽，靖人惟小，四體俱足，創目方了。馥案：列子東北極有竫人，長九寸。或借婧字，思元賦舒訬婧之纖腰兮，舊注訬婧細腰貌。

sì 竢

待也。从立，矣聲。牀史切

待也者，釋詁文。孟子可立而待也，晉語質將善而賢良贊之，則濟可竢也，漢書彭宣傳竢寘溝壑，顏注竢古俟字，賈誼傳竢罪長沙，顏注竢古俟字，竢待也。經典作俟。書顧命諸侯出廟門俟，傳云待王後命，金縢歸俟爾命，馬注待汝命。詩相鼠不死何俟，靜女俟我于城隅，傳並云俟待也。鄉射禮執旌負侯而俟，注云俟待也，今文俟爲立。論語原壤夷俟，馬注俟待也。春秋莊八年師次於郎以俟陳人蔡人，穀梁云俟待也。字或作竢，高彪碑竢期朝莫。

或从巳。

qǔ 竘

健也。一曰匠也。从立，句聲。讀若齲。逸周書有竘匠。丘羽切

huā 竵

不正也。从立，𠢶聲。火鼃切

不正也者，廣韻竵物不正。

jié 竭

負舉也。从立，曷聲。渠列切

負舉也者，禮運五行之運迭相竭也，注云竭猶負戴也。

xū 頿

待也。从立，須聲。相俞切

五經文字須今借爲須待字，本作頿，今不行已久。張揖上廣雅表以頿方徠。士昏禮記某固敬具以須。成十二年左傳曰云莫矣，寡君須矣。韓策獻書大王御史，須以決事。史記張儀傳立須之有頃，又仲尼弟子列傳樊須字子遲。馥案：易歸妹遲歸有時，陸績云遲待也。東觀漢記郭伋行部，還入美稷界，先期一日，遂止於野亭，須期乃入。或借胥字，史記趙世家太后盛氣而胥之，人集解云胥猶須也。

待也者，釋詁文。漢書翟方進傳又出逢帝舅成都侯商道路，下車立頿，過迺就車，顏注頿待也。易歸妹以須，釋文須待也。書顧命伯相命士須材，傳訓須爲待。多方天惟五年須暇之子孫，鄭訓須爲待，簡須古文尚書作頿。詩匏有苦葉卬須我友，傳云我獨待之。士昏禮某敢不敬須，士喪禮擯者出告須，注並云須待也。吳語晉既執諸侯之柄以臨我，將成其志以見天子，吾須之不能，注云不能待見天子。荀子王制篇須而待之。漢書食貨志詔書且須後，吳王濞傳治次舍須大王，楊惲傳須富貴何時，顏注並云須待也。後漢書何敞傳上書須報，朱浮傳今軍資未充，故須後麥耳，注並云須待也。魏志趙儼傳觀聽者必謂我顧望有所須待也。通鑑魏元帝紀斯須城外倚梯登城，注云須待也，言其閒無多時，於此可待也。

或从芻。

或从芻者，小字本、李燾本並有聲字。

luò 𥫔

痿也。从立，臝聲。力臥切

痿也者，本書瘻卿中病也。類篇𥫔羸弱立貌。

jùn 竣

偓竣。从立，夋聲。國語曰：有司已事而竣。七倫切

偓竣也者，本書偓佺仙人也，偓佺即偓竣，後人加仙人字。廣雅竣止也。或借偓佺字，書皋陶謨夙夜浚明有家，傳云浚須也。國語曰有司已事而竣者，齊語文，彼司下有於字，韋云竣退伏也。或借逡字，釋言逡退也，郭注引外傳已復於事而逡。又借踆字，東京賦千品萬官已事而踆，李善引管仲曰有司已事而踆，踆與竣同。

fú 𥩭

見鬼鬽皃。从立从彔。彔，籒文鬽字。讀若虙羲氏之虙。房六切

見鬼鬽皃者，集韻𥩭𥩭鬼見也。彔籒文鬽字者，本書鬽古文作彔，籒文作彔。讀若虙羲氏之虙者，本書𢍀讀若易虙羲氏，琴下又作庖犧。

què 䇬　bà 𥪝　céng 竲　bìng 竝(並)　tì 暜

䇬 驚皃從立昔聲 七雀切

驚皃者集韻䇬竦也

𥪝 短人立𥪝𥪝皃從立卑聲 傍下切

短人立𥪝𥪝皃者集韻𥪝與矲同廣雅矲短也
韻謂卽矲𥏫也方言桂林之閒謂人短爲矲𥏫

竲 北地高樓無屋者從立曾聲 七耕切

北地高樓無屋者者趙宧光曰北地多以磚石壘壁作庫
樓以避火盜外不見屋望之如臺故曰北地高樓無屋廣
韻竲巢高也或作橧禮運先王未有宮室夏則居橧巢晏
子春秋古者嘗有處橧巢窟穴而不惡西京賦橧桴重棼

文十九　重二

竝 倂也從二立凡竝之屬皆從竝 蒲迥切

倂也者釋言文郭引詩竝坐鼓瑟本書
倂竝也禮運竝於鬼神鄭注竝倂也

說文解字義證　卷三十一　坴

暜 廢一偏下也從竝白聲 他計切

焦氏筆乘竝下曰爲普竝下白爲暜
鄭知元曰白頭蘇苑不知普暜之分
廢一偏下也者戴侗引唐本暜廢也經典皆作替釋詁替
廢止也郭云替廢皆止住也釋言替廢也李巡曰去之廢
也書大誥不敢替上帝命傳云不敢廢天命詩楚茨勿替
引之名昊胡不自替傳竝云替廢也僖七年左傳君盟替
矣僖二十四年傳王替隗氏杜竝云替廢也昭二十六年
傳攜王奸命諸侯替之定十五年傳驕近亂替近疾通鑑
諸葛殷病風疽搔捫
不替手注云替廢也

替 或從曰

朁 或從兟從曰

少牢饋食禮勿替引之　書大誥
不敢替上帝命三體石經作朁

文二　重二

xìn 囟　liè 巤　pí 毗

囟 頭會匘蓋也象形凡囟之屬皆从囟 息進切

九經字樣囟音信上說文下隸變䪿腦等字從之
細思等字亦從之今隸省從田䪿謂猶田省作由
頭會匘蓋也者一切經音義十二引作頭會腦蓋也顉空
也史記張耳陳餘列傳頭會箕斂韓詩外傳人生三年腦
合而後能言廣韻囟亦作顖家語本命解三年顖合然後
能言方書頂中央旋毛中爲百會百會前一寸半爲前頂
百會前三寸卽囟門張仲景方序衛汎好醫術少師仲景
撰小兒顱顖方三卷　象形者內則男角女羈注云夾囟
曰角正義囟是首腦之上縫故說文云從乂其字
象小兒腦不合也馥案本書兒象小兒頭囟未合

𦞤 或從肉宰

集韻頣
腦脖

𠕒 古文囟字

巤 毛巤也象髮在囟上及毛髮巤巤之形此與籀文子字同 良涉切

毛巤也者毛當爲髦通俗文豬毛曰巤或借鬣字廣雅鬣
髦也士虞禮敢用絜牲剛鬣曲禮豕曰剛鬣明堂位夏氏
駱馬黑鬣孔叢雜訓篇子思適齊齊君之嬖臣美須眉齊
君曰假貌可相易寡人不惜此之須眉於先生也子思曰
無此須鬣非伋所病也　象髮在囟上及毛髮巤巤之形
者玉篇引作象髮在囟上及毛巤之形也馥案巤巤當爲
鬣鬣本書鬣髮鬣鬣也　此與籀文子字同者
同下當有意字本書子籀文作𢀈云囟有髮

說文解字義證　卷三十一　圭

毗 人臍也從囟囟取气通也從比聲 房脂切

人臍也者本書臍朏臍也朏當作毗　從囟囟取气通也
從比聲者玉篇引作從囟從比取其氣所通也魏校六書
精蘊囟頂門也子在母胎諸竅尚閉惟臍內氣囟爲之通
骨獨未合旣生則竅開口鼻內氣尾閭爲之洩囟乃漸合
陰陽升降
之道也

文三　重二

sī 思

lǜ 慮

恖 容也從心囟聲凡恖之屬皆從恖 息茲切

本書囟下云䴉顖鴦思思卽今腮字後古篇思別作腮顋䪻竝非

容也者春秋繁露王者貌曰恭言曰從視曰明聽曰聰思曰容容者言無不容容作聖聖者設也王者心寬大無不容則聖能施設事各得其宜也漢書五行志思心之不容是謂不聖思心者心思慮也睿寬也孔子曰居上不寬吾何以觀之哉言上不寬大包容臣下則不能居聖位馥案睿本作容故曰寬大曰包容後人因尚書作睿疑容字誤故作睿幸容字之形未盡沒也尚書大傳五事曰心惟思思之不容是謂不聖鄭注云容當爲睿睿通也書洪範思曰睿傳云必通於微正義云王肅云睿通也思慮苦其不深故必深思使通於微也書釋文引馬云睿通也是馬鄭王竝作睿字鄭注洪範以凶短折爲思不睿之罰馥案凶短折皆促迫之象正與寬容反對吳太元元年八月朔大風華覈以爲役繁賦重區霧不容之罰也晉書五行志引此於思心不容下是吳時讀洪範猶作思曰容易臨卦象君子以教思无窮容保民无疆書有容德乃大又云其心休休焉其如有容論語寬則得衆管子形勢解人主之裁大故容物多而衆人得比焉樂動聲儀宮爲君君者當寬大容衆故其聲宏以舒其和淸以柔韓詩外傳寬而容衆百姓信之詩譜天子之德光被四表格於上下無不覆燾無不持載此之謂容堯典欽明文思安安考靈曜作晏晏釋名安晏也天地以溫和覆載萬物故寬容覆載爲晏馥案此承上文思字釋晏字義

慮 謀恖也從恖虍聲 良據切

釋名慮旅也旅衆也易曰一致百慮慮及衆物以一定之也 周禮大司馬大役與慮事

謀思也者方言慮謀思也釋詁慮謀也釋言謀心也郭云謀慮以心書洪範汝則有大疑謀及乃心傳云先盡汝心以謀慮之漢書五行志思心者心思慮也詩雨無正弗慮弗圖箋云慮謀也周禮朝士令邦國都家縣鄙慮刑貶鄭云慮謂謀也謂當圖謀緩刑宣十一年左傳使封人慮事杜云慮事謀慮計功鬼谷子謀篇御覽引作謀慮篇秦策願大王有以慮之也高云慮謀也韓非內儲說越王慮伐吳何休注慮謀也禮含文嘉五祀南郊北郊西郊東郊中兆正謀注云謀者方欲迎氣齋戒自端正謀慮其事也漢書哀帝紀詔將軍中二千石舉明兵法有大慮者顏注慮謂謀策思慮賈誼傳慮亡不帝制而天子自爲者顏注慮大計也

文二

思

說文解字弟十　義證弟三十二

曲阜桂馥學

心　人心土藏在身之中象形博士說以爲火藏凡心之屬皆從心　息林切

釋名心纖也所識纖微無物不貫心也　文子心者形之主也神者心之寶也　淮南子夫心者五藏之主也所以制使四支流行血氣　史記正義心重十二兩中有七孔三毛盛精汁三合主藏神

土藏者高注呂氏春秋季夏紀云心火也一曰心土異義今文尚書歐陽說肝木也心火也脾土也肺金也腎水也古尚書說脾木也肺火也心土也肝金也腎水也謹按月令春祭脾夏祭肺季夏祭心秋祭肝冬祭腎與古尚書同

在身之中者顏注急就篇心最在中央爲諸藏之所主

博士說以爲火藏者漢書百官表博士秦官也事通古今漢舊儀博士秦官博者通於古今辨於然否漢官解詁博士稽合同異講語五始魏志博士者道之淵藪六蓺所宗晉中興書博士之職博習舊聞訓教學徒急就篇腸胃腹肝肺心主顏注心火藏也夏小正傳曰大火者心也馥案堯典日永星火馬注謂心星襄九年左傳古之火正或食於心是故心爲大火馥案釋天大火謂之大辰郭注大火心也素問升明之紀其類火其藏心又云南方生熱熱生火火生苦苦生心又云岐伯曰夏脈者心也南方火也八十一難經心南方火也子華子心之精爲火其氣爲離其色赤其狀如覆蓮其神爲朱鳥其氣上通於舌又云火宿於心炎上而排下其神躁而無準人之暴急以取禍者心使之然也春秋元命苞心者火之精成於五故人心長五寸淮南時則訓季夏之月祭先心高注心火也白虎通心所以爲禮何心火之官也南方尊陽在上卑陰在下禮有尊卑故心象火色赤而銳也華氏中藏經心者屬於火王於夏鄭駁異義今醫病之法以肝爲木心爲火脾爲土肺爲金則有瘳也若反其術不死爲劇馥案本書脾土藏腎水藏肺金藏肝木藏獨無火藏脾旣爲土則心不應復爲土博士說是也

息　喘也從心從自自亦聲　相卽切

喘也者本書喘疾息也玉篇息喘息也方言䭒喙呬息也廣雅喙息也詩桑柔箋使人唈然如鄉疾風不能息也正義息謂喘息史記張耳陳餘列傳時閒不容息索隱云時機之迅速其閒不容一喘息頃也

情　人之陰气有欲者從心靑聲　疾盈切

易觀其所感而天地萬物之情可見矣　楚詞九章情與貌其不變注云志願爲情　參同契性主處內立置鄞鄂情主營外築垣城郭　陸機演連珠情生於性非性之適故性充則情說　賀瑒曰性之與情猶波之於水靜則是水動則是波靜時是性動則是情

人之陰气有欲者者廣韻引作人之陰气有所欲也本書魄陰神也書仲虺之誥惟天生民有欲無主乃亂傳云無君主則恣情欲必致禍亂周書文酌解民生而有欲文子人之情欲平嗜慾亂之樂記人生而靜天之性也感於物而動性之欲也又云小人樂得其欲注云欲謂邪辟也禮運何謂人情喜怒哀懼愛惡欲七者弗學而能孝經援神契性者魂之使情者魄之主情生於陰以計念性生於陽以理契淮南原道訓人生而靜天之性也感而後動性之害也物至而神應知之動也知與物接而好憎生焉好憎成形而知誘於外不能反己而天理滅矣故達於道者不以人易天外與物化而內不失其情高注謂不失其無欲之本情白虎通情性者何謂也性者陽之施情者陰之化也人稟陰陽氣而生故內懷五性六情情者靜也性者生也此人所稟六氣以生者也故鉤命決曰情生於陰欲以時念也性生於陽日以就理也陽氣者仁陰氣者貪故情有利欲性有仁也漢書董仲舒傳性者生之質也情者人之欲也申鑒雜言篇或曰仁義性也好惡情也仁義常善而好惡或有惡故有情惡也曰不然好惡者性之取舍也實見於外故謂之情爾必本乎性矣仁義者善之誠者也何嫌其常善好惡者善惡未有所分也何怪其有惡凡言神者莫近於氣有氣斯有形有神斯有好惡喜怒之情矣故人有情猶氣之有形也氣有白黑神有善惡形與白黑偕情與善惡偕故氣黑非形之咎情惡非情之罪也易稱乾道變化各正性命是言萬物各有性也觀其所感而天地萬物之情可見矣是言情者應感而動者也昆蟲草木皆有性焉不盡善也天地聖人皆稱情焉不主惡也又曰爻彖以情言亦如之凡情意心志者皆性動之別名也情見乎辭是稱情也言不盡意是稱意也中心好之是稱心

也以制其志是稱志也惟所宜各稱其名而已情何主惡之有故曰必也正名又云凡陽性升陰性降升難而降易善陽也惡陰也故善難而惡易繼民之情使自由之則降於下者多矣後漢書張衡傳夫情勝其性流遯忘反豈惟不肖中才皆然注云性者生之質情者性之欲性善情惡情勝則荒淫也周書蘇綽傳人受陰陽之氣以生有情有性性則爲善情則爲惡北史李公緒傳古人有言性情生於慾又曰人之性靜慾實汩之然則性也者所受於天神識是也故爲形骸之主情也者所受於性嗜慾是也故爲形骸之役由此言之性情之辨斷焉殊異揚愼曰劉書言烟生於火而鬱火者烟也情生於性而害性者情也李善曰性者本質也情者外染也易曰利貞者性情也王弼注云不性其情何能久行其正字義云寂然不動爲性感而遂通爲情然感有不同通亦有異感而中節則是性其情感而乖戾則是情其性羣動息而夜氣淸輿秋冬歸根復命無異故曰利貞者性情也

xìng 性

人之陽气性善者也從心生聲 息正切

廣雅性質也 孝經援神契性者生之質 論語孔注性者人之所受以生也鄭注性謂人受血氣以生有賢愚吉凶

人之陽气性善者也者本書魂陽气也論衡本性篇董仲舒覽孫孟之書作情性之說曰天之大經一陰一陽人之大經一情一性性生於陽情生於陰陰氣鄙陽氣仁曰性善者是見其陽也謂惡者是見其陰者也白虎通人之六情所以扶成五性六情喜怒哀樂愛惡五性仁義禮智信性屬陽所以五五陽數情屬陰所以六六陰數

zhì 志

意也從心㞢聲 職吏切

徐鉉所加

yì 意

志也从心察言而知意也從心從音 於記切

志也者後漢宋意字伯志 从心察言而知意也者徐鍇本無从心二字本書詧字云言微親詧也詞字云意內而言外也馥案言者心之聲也墨子云信言合於意也晉韓不信字伯音

zhǐ 恉

意也從心旨聲 職雉切

本書敍曉學者達神恉

意也者廣雅恉意也或借旨字易繫辭傳其旨遠王制有旨無簡不聽注云有其意無其誠者不論以爲罪公羊疏問曰春秋說云春秋設三科九旨其義如何荅曰旨者意也晉書阮瞻傳諷誦遺言不若親承音旨又借指字書大誥率寧人有指疆土王肅注云有旨意孟子言近而指遠史記張湯傳承上指漢書景十三王傳文約指明嚴助傳令助論意風指於南越顏注云以天子之意指諷告也司馬遷傳即以此指推言陵功顏注云指意也李廣傳豈朕之指哉顏注云指意也鹽鐵論議者貴其辭約而指明揚愼曰何休公羊注以手通指曰指謂指以敬人以手通意也指意也又云以目通指曰瞚史云頤指氣使亦是以頤通指也陸佃易文觀我朶頤注云以頤通指曰朶劉敞漢書補注蹻足附耳注云以足通指曰蹻

dé 悳

外得於人內得於己也從直從心 多則切

漢北海相景君碑銘蓄道修悳 漢書地理志平原郡有安悳縣 經典借德得二字詩莫我肯德高誘引作得論語民無得而稱焉釋文云本亦作德又何德之衰漢石經作得史記孟嘗君傳齊湣王不自得素隱云得一作德後漢書西域

傳和得漢書全碑作和德

外得於人內得於己也者悳得聲相近本書得行有所得也釋名德得也得事宜也周禮師氏敏德以爲行本注云德行內外在心爲德施之爲行韓非解老篇德者內也得者外也上德不德言其神不淫於外也神不淫於外則身全身全之謂德德者得身也鶡冠子環流篇所謂德者能得人者也學記禮樂皆得謂之有德德者得也鄉飲酒義德也者得於身也故曰古之學術道者將以得身也賈誼書施行得理謂之德說苑夫德者得於我又得於彼故可行

古文

直古文作㯻此從四未詳

漢鄭固碑悳能簡乎聖心

yīng 應

當也從心雁聲 於陵切

當也者釋詁文一切經音義六引字林應當也詩賚我應受之僖十年左傳應乃懿德

kǎi 愷　kuài 快　miǎo 䫉　què 愨　zhōng 忠　shèn 慎

慎 謹也從心眞聲 時刃切

謹也者本書謹慎也廣雅慎謹也書益稷慎乃在位正義當謹慎汝所在之位也

古文

忠 敬也從心中聲 陟弓切

敬也者論語季康子問使民敬忠以勸如之何周禮小宰三曰廉敬注云敬不解於位也書伊訓爲下克忠傳云事上竭誠也大戴禮小辨篇知忠必知中賈誼書愛利出中謂之忠

愨 謹也從心𣪊聲 苦角切

謹也者本書䪭愨也廣雅愨僅也荀子正名篇故其民愨愨則易使易使則公故壹於道法而謹於循令矣禮器是故七介以相見也不然則已愨注云愨愿貌東京賦民去末而反本咸懷忠而抱愨後漢書竇融傳非忠孝愨誠孰能如此注引本書同

說文解字義證 卷三十二 五

䫉 美也從心貇聲 莫角切

美也者䫉經典借藐字釋詁藐藐美也詩瞻卬藐藐昊天箋云藐藐美也崧高既成藐藐傳云藐藐美貌

快 喜也從心夬聲 苦夬切

方言自關而西曰快　易旅象得其資斧心未快也　孟子然後快於心與　秦策君侯何不快甚也　太元拂繫絕繻心誠快也

喜也者一切經音義十三字林快喜也馥案後漢書華陀傳體有不快言不悆也悆喜也

愷 樂也從心豈聲 苦亥切

本書豈部有愷字云康也

樂也者釋詁文賈逵文十八年左傳注愷和也經典借豈字詩魚藻豈樂飲酒箋云豈亦樂也青蠅豈弟君子箋云豈弟樂易也載驅齊子豈弟傳云言文姜於是樂易然又借凱字孔子閒居凱弟君子注云凱弟樂易也

dūn 惇　yùn 惲　zhòng 憧　xīn 忻　nǎn 戁　chéng 憕　xiàn 憲　fū 怤　niàn 念　qiè 㥦

㥦 快也從心匧聲 苦叶切

快也者一切經音義三字林㥦快也漢書文帝紀天下人民未有㥦志顏注云㥦快也

念 常思也從心今聲 奴店切

釋名念黏也意相親愛心黏著不能忘也　釋訓勿念勿忘也　詩文王無念爾祖傳云無念念也　書大禹謨念茲在茲

常思也者方言文釋詁念思也哀二十七年左傳他日請念杜注云言季孫不能用子贛臨難而思之

怤 思也從心付聲 甫無切

憲 敏也從心從目害省聲 許建切

敏也者謚法博聞多記曰憲

憕 平也從心登聲 直陵切

平也者玉篇憕心平也

說文解字義證 卷三十二 六

戁 敬也從心難聲 女版切

敬也者釋詁文彼作戁釋文云戁郭音䎸　詩楚茨我孔戁矣傳云戁敬也

忻 闓也從心斤聲司馬法曰善者忻民之善閉民之惡 許斤切

憧 遲也從心重聲 直隴切

惲 重厚也從心軍聲 於粉切

重厚也者或借渾字方言渾盛也注云們渾肥滿也

惇 厚也從心𦎫聲 都昆切

厚也者釋詁文書舜典惇德允元史記作厚內則皆有惇史注云惇史史惇厚晉語守學彌惇韋注云惇厚也後漢

心

書第五倫傳省其奏議惇惇歸諸寬厚注云惇惇純厚之貌也經典借敦字易臨卦敦臨吉正義敦厚也詩閟宮敦商之旅釋文敦王徐都門反厚也樂記及夫敦樂而無憂注云敦厚也中庸敦厚以崇禮

kàng 忼

忼 慨也從心亢聲一曰易忼龍有悔 苦浪切又口朗切

慨也者集韻忼志滿燕策復為羽聲忼慨史記項羽本紀悲歌忼慨漢書鄒陽傳陽為人有志畧忼慨不苟合字或作慷後漢書齊武王縯傳性剛毅慷慨有大節楊震傳乃慷慨謂其諸子門人注云慷慨悲歎長門賦意慷慨而自卬魏武帝短歌行慨當以慷成公綏嘯賦中矯厲而慨慷一曰易忼龍有悔者九經字樣引易同

kǎi 慨

慨 忼慨壯士不得志也從心既聲 古溉切

忼慨壯士不得志也者一切經音義四云說文忼慨壯士不得志於心情憤恚也文選樂府詩忼慨惟平生李善引本書忼慨壯士不得志於心也洞簫賦注引同馬汧督誄注引與今本同秋興賦注引字林同

kǔn 悃

悃 愊也從心困聲 苦本切

愊也者玉篇悃志純一也

bì 愊

愊 誠志也從心畐聲 芳逼切

誠志也者當為至誠廣韻悃愊至誠漢書楚元王傳發憤悃愊顏注云悃愊至誠也後漢書章帝紀安靜之吏悃愊無華注引本書悃愊至誠也論衡明雩篇禮之心悃愊樂之意歡欣悃愊以玉帛效心歡欣以鐘鼓驗意雩祭請祈人君精誠也

yuàn 愿

愿 謹也從心原聲 魚怨切

謹也者廣雅愿慤也小爾雅廣言愿謹也書皋陶謨愿而恭鄭注云愿謂容貌恭正周禮大司寇國刑上愿糾暴注云愿慤愼也襄三十一年左傳愿吾愛之不吾叛也杜注云愿謹善也楚語吾有妾而愿韋注云愿慤也詩衡門敘愿而無立志釋文愿謹也後漢書湻于恭傳辭氣愿款注云愿謹也梁冀傳豈以其地居亢滿而能以愿謹自終者乎注云愿慤也宋齊語錄虞愿字士恭

huì 慧

慧 儇也從心彗聲 胡桂切

成十八年左傳周子有兄而無慧 大戴禮慧種生聖 賈誼書亟見窕察謂之慧

儇也者本書儇慧也方言儇慧也注云謂慧了古文論語好行小慧鄭注云小慧謂小小之才知魯讀慧為惠今從古馥案列子逹氏有子少而惠漢書昌邑王清狂不惠亦借惠字

liǎo 憭

憭 慧也從心尞聲 力小切

慧也者本書惛不憭也一切經音義二十一引作不了也廣韻憭不明了也玉篇憭意精明也韋昭國語敘侍中賈君敷而衍之其所發明大義畧舉為已憭矣或通作了後漢書孔融傳小而了了大未必奇宋書戴法興傳彭城王覓一了了令史

xiáo 恔

恔 憭也從心交聲 下交切又古了切

類篇作悏引方言悏快也今方言作恔後漢書葢勳傳欲得快司隸校尉誰可作者

憭也者玉篇恔點也廣韻恔憭慧也

yì 瘱

瘱 靜也從心瘞聲 於計切

本書嫕靜也於計切 文選五臣本神女賦澹清靜其愔瘱兮注云瘱一計切李善本作嫕字毛晉刻李善本作嫕注云淑善也說文曰嫕靜也蒼頡篇嫕密也馥案嫕傳寫之誤而此瘱字亦誤本書嫛婗也從女殹聲瘱當為嫕從心嫛省聲廣韻嫕於計切婉嫕柔順皃張華女史箴婉嫕淑愼李善云漢書曰孝平王皇后為人婉嫕有節操服虔曰嫕音翳桑之翳曹大家列女傳注婉柔和嫕深邃也通鑑漢和帝紀南陽樊調妻婉嫕又案文選洞簫賦其妙聲則清靜厭瘱李善引曹大家列女傳注瘱深邃也五臣本作瘱注云李善本作瘱字據此則嫕瘱混淆久矣

靜也者本書靜審也方言瘱諦審也齊楚曰瘱秦晉曰諦

zhé 悊

悊 敬也從心折聲 陟列切

本書口部有悊字此當作悊字之誤也玉篇悊先歷切憋也廣韻悊先擊切敬也

心

cóng 悰

樂也。從心宗聲。藏宗切

樂也者，廣雅：悰，樂也。漢書廣陵王胥歌曰：出入無悰爲樂亟。韋昭曰：悰，樂也。魏文帝折楊柳行：端坐苦無悰。謝脁遊東田詩：戚戚苦無悰。

tián 恬

安也。從心，甛省聲。徒兼切

安也者，方言：恬，靜也。注云：恬淡安靜。吳語：今大夫老而又不自安恬逸。注云：恬猶靜也。漢書嚴安傳：心既和平，其性恬安。賈誼傳：因恬而不知怪。顏注云：恬，安也。宣元六王傳：天子普覆，德布於朝，而恬有博言。顏注云：恬，安也。聞博邪言，安而受之。洞簫賦：時恬惔以綏肆。李善引本書同。

huī 恢

大也。從心灰聲。苦回切

老子：天網恢恢。文選出師表：恢志士之氣。

大也者，類篇云：說文：恢，大也。謂志大也。一切經音義七引字林：恢，大也。又卷三引蒼頡解詁：恢亦大也。襄四年左傳：用不恢於夏家。杜注云：恢，大也。

說文解字義證卷三十二　九

gōng 恭

肅也。從心共聲。俱容切

或借共字。漢書王褒傳：共惟春秋法五始之要。服虔曰：共，敬也。顏師古曰：共讀曰恭。又借龔字。梁元帝檄：龔行天罰。肅也者，廣雅：恭，肅也。釋訓：肅肅，恭也。釋詁：恭，敬也。洪範：恭作肅。賈誼書：接遇慎容謂之恭。

jǐng 憼

敬也。從心從敬，敬亦聲。居影切

敬也者，廣雅：憼，敬也。

shù 恕

仁也。從心如聲。商署切

一切經音義二：蒼頡篇：恕，如也。聲類：以心度物曰恕。論語：子貢問曰：有一言而可以終身行之者乎？子曰：其恕乎！己所不欲，勿施於人。離騷：羌內恕己以量人兮。注云：以心揆心爲恕。子華子：人之心莫便乎恕。陵波而先濟，跂而望乎後之人，便於恕故也。古之制字者，如心爲恕。賈誼書：以己量人謂之恕。仁也者，廣雅：恕，仁也。

古文省

yí 怡

和也。從心台聲。與之切

論語：兄弟怡怡。內則：下氣怡色。

和也者，方言：紛怡，喜也。湘潭之閒曰紛怡。一切經音義一：爾雅：怡、懌，樂也。舊注：怡，心之樂也；懌，意解之樂也。

cí 慈

愛也。從心茲聲。疾之切

子華子：人之心莫隱乎慈。赤子匍匐，使我心惻隱於慈故也。古之制字者，茲心爲慈。賈誼書：惻隱憐人謂之慈，反慈爲忍。

愛也者，玉篇：慈，愛也。引左氏傳：父慈子孝。釋名：慈，字也，字愛物也。內則：慈以甘旨。注云：慈謂愛敬進之也。文十八年左傳：宣慈惠和。服注：上愛下曰慈。杜注：慈者，愛出於心，恩被於物也。韓非子：愛子者慈於子。

說文解字義證卷三十二　十

qí 忯

愛也。從心氏聲。巨支切

愛也者，釋訓：忯忯，愛也。李巡曰：忯忯，和適之愛也。

yǐ ⿰忄虒

忯⿰忄虒，不憂事也。從心虒聲。讀若移。移爾切

忯⿰忄虒不憂事也者，忯或作傂。集韻：恃事曰傂。

quān 悛

謹也。從心全聲。此緣切

謹也者，廣雅：悛，謹皃。集韻：悛，慬也。廣雅：悛，慬也。

ēn 恩

惠也。從心因聲。烏痕切

惠也者，詩鴟鴞：恩斯勤斯。傳云：恩，愛。馥案：本書：㤅，惠也。書皋陶謨：安民則惠。禮月令：行慶施惠。

dì 慸

高也。一曰極也。一曰困劣也。從心帶聲。特計切

高也者，慸或借帶字。鄭駟帶字子上。一曰極也者，慸或作殢。玉篇：殢，極困也。廣雅：殢，極也。一曰困劣也者，慸又

心

作備集韻備僃困劣貌或借滯字成十八年左傳命百官振廢滯

yìn 慭

慭問也謹敬也從心猌聲一曰說也一曰甘也春秋傳曰昊天不慭又曰兩君之士皆未慭 魚覲切

詩十月之交不慭遺一老箋云慭者心不欲自彊之辭也正義曰說文云慭肯從心也言初時心所不欲後始勉彊而肯從故云心不欲自彊之辭馥案本書今闕此訓小爾雅慭願也楚語吾慭寘之於耳以慭御人慭庇州犂韋注竝訓願字或作憖漢平輿令薛君碑不憖遺君 問也者玉篇引作閒也廣韻慭閒也字林慭閒也 謹敬也者謹韻會作慎 一曰說也者張揖字詁慭笑皃也思元賦戴勝慭其既歡兮舊注慭笑皃詩十月之交釋文引韓詩慭閒也 一曰甘也者甘玉篇引作且廣韻慭且也字書慭且也詩釋文引爾雅慭且也杜注左傳慭且也應劭曰慭且詞也 春秋傳曰昊天不慭者哀十八年左傳文彼云昊天不弔不慭遺一老 又曰兩君之士皆未慭者文十二年左傳文杜注慭缺也釋文引方言慭傷也

kuàng 懬

懬闊也一曰廣也大也一曰寬也從心從廣廣亦聲 苦謗切

經典借曠字詩率彼曠野孟子曠安宅而弗居晉師曠字子野 闊也者漢書元帝紀衆僚久懬顏注懬古曠字曠空也不得其人則職事空廢書皋陶謨無曠庶官傳曠空也昭十年左傳棄德曠宗杜注曠空也莊二十八年傳狄之廣莫杜注廣莫狄地之曠絕也漢書賈山傳曠日十年顏注曠空也論衡藝增篇尚書曰毋曠庶官曠空也毋空衆官寘非其人與空無異故言空也文選謝惠連詩修渚曠淸容劉楨詩彌曠十餘旬李善竝引蒼頡篇曠疏曠也漢書五行志師出過時之謂廣 一曰廣也者周禮車僕廣車之萃注云廣車橫陳之車也釋文廣古曠反大司徒周知九州之地域廣輪之數疏云馬融云東西爲廣南北爲輪釋文廣古曠反士冠禮素韠上廣一尺下廣二尺釋文度廣狹曰廣古曠反通鑑凡言廣若干胡注俱音古曠反 大也者廣雅曠曠大也淮南繆稱訓故言之用者昭昭乎小哉不言之用者曠曠乎大哉史記鄭世家居曠林集解引賈逵曰曠大也魏志論文帝無曠大之度或借廣字荀子王霸篇人主胡不廣焉注云廣開泰貌 一曰寬也者寬當爲覺韓詩獷彼淮夷薛君曰獷覺悟之貌今詩憬彼淮夷釋文云憬說文作懬音獷本書矍字云讀若詩穬彼淮夷之穬據釋文所引當作懬

jiè 悈

悈飾也從心戒聲司馬法曰有虞氏悈於中國 古拜切

飾也者飾當爲飭增韻作飭龔君麗正曰爾雅釋言悈褊急也郭注皆急狹謹案整飭之則斂束說文述其本義爾雅述其引伸之義也馥案本書諽飾也讀若戒飾亦當爲飭又案本書誡敕也飭讀若敕 司馬法曰有虞氏悈於中國者中國當爲國中司馬法有虞氏戒於國中欲民體其命也夏后氏誓於軍中欲民先成其慮也殷誓於軍門之外欲民先意以待事也周將交刃而誓之以致民志也

yǐn 𢟪

𢟪謹也從心𢀩聲 於靳切

謹也者謹當爲慬本書無慬字寫者改作謹廣韻慬憂哀也公羊傳慬然後得免𢟪經典借隱字詩柏舟如有隱憂傳云隱痛也檀弓拜稽顙哀戚之至隱也稽顙隱之甚也書盤庚尚皆隱哉隱三年公羊傳過時而日隱之也何云隱痛也穀梁傳故隱而卒之范云隱猶痛也隱十一年穀梁傳隱之不忍地也范云隱猶痛也莊元年公羊傳隱之也何云隱痛莊四年穀梁傳失國故隱而葬之范云隱痛也定三年左傳君以弄馬之故隱君身杜云隱憂約也孟子王若隱其無罪而就死地又云皆有怵惕惻隱之心荀子儒效篇隱隱兮其恐人之不當也楊云隱隱憂戚貌漢書韓安國傳此仁人之所隱也崔瑗座右箴隱心而後動

qìng 慶

慶行賀人也從心從夊吉禮以鹿皮爲贄故從鹿省 邱竟切

行賀人也者徐鍇曰夊行也廣雅慶賀也大宗伯以賀慶之禮親異姓之國疏云謂侯國有喜王使大夫以物慶賀之也公羊傳慶子家駒注云慶賀淮南本經訓當此之時無慶賀之利 吉禮以鹿皮爲贄者本書麗字云禮麗皮納聘蓋鹿皮也

心

xuǎn 愃　xùn 愻　sè 塞　xún 恂

愃 寬嫺心腹皃。從心，宣聲。詩曰：赫兮愃兮。況晚切

寬嫺心腹皃者，玉篇：愃，寬心也。方言注：今江東人呼快爲愃。列子力命篇：墨㞙、單至、嘽咺、憋懯四人相與游於世，胥如志也。注云：鄭元注禮記云：喧，寬綽皃。說文云：恆，寬閒衣腹皃。馥案：殷敬順釋文引作寬閒心腹皃。詩曰赫兮愃兮者，衛風淇奧文。彼作咺，傳云：咺，威儀容止宣著也。馥案：禮記引詩作喧，皆借字。

愻 順也。從心，孫聲。唐書曰：五品不愻。蘇困切

順也者，一切經音義十五：字林：愻，順也。經典借遜字。書多士：臣我多遜。傳云：多爲順事。太甲：有言遜于汝心。說命：惟學遜志。劉脩碑：鄉黨遜遜如也。又借孫字。論語：奢則不孫。又：近之則不孫。不孫。僖十五年左傳：不孫。卜右，慶鄭吉，弗使。杜云：惡其不孫。不以爲車右。內則：孫友視志。注云：孫，順也。學記：不陵節而施之謂孫。注云：孫，順也。又：孫其業也。注云：孫猶恭順也。緇衣：恭以蒞之，則民有孫心。注云：孫，順也。惠棟曰：緇衣孫心當作愻，一字誤分爲二。說文：愻，順也。又借巽字。堯典：汝能庸命，巽朕位。鄭訓巽爲順。唐書曰五品不愻者，舜典文。彼作孫。閻若璩曰：案伏生今文以下，王肅、鄭

說文解字義證　卷三十二　十三

康成古文以上，統名虞夏書，無別而稱之者。茲說文於引今堯典、舜典、臯陶謨、益稷之文，皆曰虞書；於引禹貢、甘誓之文，皆曰夏書。固魏晉閒本之所由分乎？惟於今舜典五品不愻，作唐書，與大傳說堯典謂之唐傳同。四引洪範，皆曰商書，與左氏傳同。却與賈氏所奏異，豈慎也自亂其例與？抑有誤。

塞 實也。從心，塞省聲。虞書曰：剛而塞。先則切

實也者，堯典：欽明文思安安。鄭本作文塞。注云：道德純備謂之塞。尚書考靈燿：堯聰明文塞晏晏。經典借塞字。中庸：不變塞焉。鄭注中庸：塞猶實也。書舜典：溫恭允塞。詩燕燕：其心塞淵。釋文引崔集注：塞，實。常武：王猷允塞。箋云：守信自實滿。定之方中：秉心塞淵。箋云：塞，充實也。禮孔子閒居：志氣塞乎天地。注云：塞，滿也。祭義：致禮樂之道而天下塞焉。注云：塞，充滿也。塞省聲者，當作塞聲，疑後人改之。虞書曰剛而塞者，臯陶謨文。彼作塞，孔傳云：剛斷而實塞。馥案：冀缺謂陽處父剛而不實。

恂 信心也。從心，旬聲。相倫切

chén 忱　wéi 惟　huái 懷　lún 惀　xiǎng 想

信心也者，列子釋文：恂，信也。漢書李廣傳：李將軍恂恂如鄙人，口不能出辭，及死之日，天下知與不知，皆爲流涕。彼其中心誠信士大夫也。顏注：恂恂，誠謹貌也。敘傳：李廣恂恂，實獲士心。或借詢字。釋詁：詢，信也。注引方言：宋衛曰詢。今方言作恂。又借洵字。詩宛邱：洵有情兮。傳云：洵，信也。靜女：洵美且異。有女同車：洵美且都。叔于田：洵美且仁。溱洧：洵訏且樂。箋並云：洵，信也。釋文云：韓詩作恂。戴侗曰：詩于嗟洵兮，洵有情兮，皆信也。

忱 誠也。從心，冘聲。詩曰：天命匪忱。氏任切

誠也者，書湯誥：尚克時忱。大誥：越天棐忱。康誥：天畏棐忱。說命：王忱不艱。盤庚：爾忱不屬。多方：爾曷不忱裕之于爾多方。傳並訓爲誠。詩大明：天難忱斯。傳云：忱，信也。詩曰天命匪忱者，大雅蕩文。彼作其命匪諶，傳云：諶，誠也。

惟 凡思也。從心，隹聲。以追切

凡思也者，方言文。釋詁：惟，思也。詩生民：載謀載惟。箋云：惟，思也。書盤庚：人惟求舊。又盤庚作：惟涉河以民遷。王肅並訓爲思。後漢書橋元傳：懷舊惟顧。注云：惟，思也。文選求通親親表：臣伏自惟省。

說文解字義證　卷三十二　十四

懷 念思也。從心，褱聲。戶乖切

念思也者，方言：懷，思也。釋詁：懷，思也。詩野有死麕：有女懷春。常棣：兄弟孔懷。南山：曷又懷止。傳並云：懷，思也。東山：伊可懷也。載馳：女子善懷。蝃蝀：懷婚姻也。小明：豈不懷歸。大明：聿懷多福。箋並云：懷，思也。宣八年左傳：辟不懷也。宣十四年傳：懷於魯矣。昭十二年傳：宴語之不懷。杜注並云：懷，思也。謚法解：懷，思也。魏文帝苦寒行：遠行多所懷。

惀 欲知之皃。從心，侖聲。盧昆切

欲知之皃者，皃疑作思。玉篇：惀，思也。廣韻：惀，欲曉知也。集韻：思求曉知謂之惀。或借論字。詩靈臺：於論鼓鐘。傳云：論，思也。又借綸字。易繫辭：故能彌綸天地之道。釋文引京房云：綸，知也。

想 冀思也。從心，相聲。息兩切

冀思也者，徐鍇曰：希冀而思之也。故司馬遷曰：讀其書，想見其爲人。玉篇：想，思也。後漢書王霸傳：夢想賢士。晉書謝安傳：悠悠遐想。

suì 㥞

㥞 深也從心㒸聲 徐醉切

深也者玉篇㥞意思深也

xù 慉

慉 起也從心畜聲詩曰能不我慉 許六切

起也者玉篇慉興也漢韓勑後碑憤慉之思戴君震曰詩蓼莪拊我畜我箋訓畜爲起起如晉語世相起也之起韋注云起扶持也詩畜我承拊我下拊撫摩也畜扶持也畜當作慉慉 詩曰能不我慉者邶風谷風文彼作不我能慉傳云慉養也釋文云毛興也王肅養也說文起也馥案孫毓引毛傳亦曰慉興也

yì 意

意 滿也從心啻聲一曰十萬曰意 於力切

漢張納功德敘光乎意年或借意字樊毅修華嶽碑垂曬意軨又作億張表碑億載㒖以新又借億字李翕西狹頌倉庾惟億億卽億省

滿也者意或借臆字方言臆滿也廣雅同一日十萬曰意者經典借億字易震卦億喪貝鄭注十萬曰億書洛誥

公其以予萬億年敬天之休傳云十千爲萬十萬爲億疏云楚語云百姓千品萬官億醜每數相十是古十萬曰億今之筭術乃萬萬爲億也詩胡取禾三百億兮傳云萬萬曰億箋云十萬曰億正義云萬萬曰億今數然也傳以時事言之故今九章筭術皆以萬萬爲億箋以詩書古人之言故合古數言之知古億十萬者以田方百里於今數爲九百萬畝而王制云方百里爲田九十億畝是億爲十萬也五經筭術甄鸞案黃帝爲法數有十等及其用也乃有三焉十等者謂億兆京垓秭壤溝澗正載也三等者爲上中下也其下數者十十變之若言十萬曰億十億曰兆十兆曰京也中數者萬萬變之若言萬萬曰億萬萬億曰兆萬萬兆曰京也上數者數窮則變若言萬萬曰億億億曰兆兆兆曰京也據此而言鄭用下數毛用中數矣詩豐年萬億及秭傳云數萬至萬曰億楚茨我庾維億傳云萬萬曰億箋云十萬曰億假樂子孫千億箋云十萬曰億王制方一里者爲田九百畝方十里者爲方一里者百爲田九萬畝方百里者爲方十里者百爲田九十億畝注云億今十萬楚語官有十醜爲億醜韋注十萬曰億古數也今人乃以萬萬爲億鄭語出千品具萬方計億事材兆物收經入行姟極韋注賈唐說皆以萬萬爲億鄭後司農云十萬曰億十億曰兆從古數也後漢書王景傳景雖簡省役費然猶以百億計注云十萬曰億也

籒文省

guàn 悹

悹 憂也從心官聲 古玩切

憂也者廣韻悹悹憂無告也詩傳云悹悹無所依廣雅悹憂也後漢書桓帝紀中常侍左悺注云說文曰悹憂也音工奐反今作心旁官卽悹字或作痯釋訓痯痯病也郭注賢人失志懷憂病也

liáo 憀

憀 憀然也從心翏聲 洛蕭切

憀然也者玉篇憀賴也廣韻憀無憀賴也淮南兵略訓上下不相寧吏民不相憀高注憀賴也或借聊字秦策上下相愁民無所聊高注愁則民無所聊賴漢書張耳傳使天下父子不相聊張升與任彥堅書今將老窮處於窮澤漸漬汀濘當何聊賴劉孝儀謝酒啟歲暮不聊在陰卽慘

kè 愙

愙 敬也從心客聲春秋傳曰以陳備三愙 苦各切

漢帝堯碑魯峻碑魏孔羨碑竝作愙

敬也者釋詁文彼作恪一切經音義三恪古文愙同字林愙恭也亦敬也書盤庚恪謹天命傳云敬謹天命詩那執事有恪傳云恪敬也襄二十三年左傳敬共朝夕恪居官次昭七年傳叔父陟恪杜注恪敬也昭十六年傳苟有位於朝無有不共恪魯語引詩執事有恪韋注恪敬也春秋傳曰以陳備三恪者襄二十五年左傳文彼云庸以元女大姬配胡公而封諸陳以備三恪杜注周得天下封夏殷二王後又封舜後謂之恪幷二王後爲三國其禮轉降示敬而已故曰三恪孔叢荅問篇封夏殷之後以爲二紹虞帝胄備爲三恪恪敬也禮之如賓客也非謂特有二代別有三恪也

sǒng 愯

愯 懼也從心雙省聲春秋傳曰駟氏愯 息拱切

懼也者字林愯惶遽也千字文愯懼恐惶蒼頡篇愯驚也字或作⿰忄雙漢書刑法志⿰忄雙之以行昭六年左傳作聳周語身聳除潔韋注聳懼也又作戄說苑於是戄然大恐又作矍魏都賦矍焉相顧原注矍懼也左傳曰駟氏矍懼李善

心

wù 悟　cóng 慒　shì 恃　hù 怙　jù 懼

日張以懮先攏反今本竝爲矆矆大視呼縛反馥案李所
謂張蓋張孟陽注今作劉淵林注　春秋傳曰駟氏懮者
昭十九年左傳文彼
作聳注云聳懼也

懼 恐也從心瞿聲 其遇切
恐也者本書恐懼也廣
韻懼怖懼方言懼驚也

古文

怙 恃也從心古聲 侯古切
恃也者釋言文廣韻怙恃怙書康誥我西土惟時怙冒傳
云怙恃也宣十五年左傳怙其儁才而不以茂德茲益罪
也昭元年傳怙富而卑其上定四年傳無怙富無恃寵逸
周書謚法解怙恃也魏略王淩既蒙赦加怙舊好不復自
疑宋略以謝靈運王僧達之才華
輕躁重以怙其庇廕召禍宜哉

恃 賴也從心寺聲 時止切

賴也者廣雅賴恃也一切經音義一韓詩無父何怙怙賴
也無母何恃恃負也書大禹謨萬世永賴正義云萬代常
所恃賴論語則以爲厲己也鄭注厲讀爲賴恃賴也隱七
年左傳不賴盟矣桓三年公羊傳恃有年也何注恃賴也
襄二十四年左傳若吾子賴之杜注賴恃用之
通鑑吳朱后曰宗廟有賴可矣胡注賴恃也

慒 慮也從心曹聲 藏宗切
慮也者釋言文郭注謂謀慮也釋文慒音囚
字書作悰馥案悰俗又作誴集韻誴謀也

悟 覺也從心吾聲 五故切
覺也者本書斆覺悟也玉篇悟覺悟也心解也廣韻悟心
了書顧命今天降疾殆弗興弗悟文選江淹詩寤寤心永
悟李善引聲類悟心解也或借寤字漢書元后傳天子感
寤曹植周成王贊初疑周公終寤克寤又借晤字顧炎武
言唐道因法師碑才
晤聰晤竝是悟字

古文悟

chóu 怞　chóu 𢡸　cuì 𢡃　wèi 慰　xǔ 㥠　ài 㤅　wǔ 憮

憮 愛也韓鄭曰憮一曰不動從心無聲 文甫切
愛也者廣雅憮愛也　韓鄭曰憮者方言文又云陳楚江
淮之閒曰憐宋衛邠陶之閒曰憮或曰俺釋訓矜憐撫掩
之也郭注撫掩猶撫拍謂慰恤也馥案
撫掩當爲憮俺集韻俺衣廉切愛也

㤅 惠也從心旡聲 烏代切
惠也者釋詁惠愛也昭二十年左傳古之遺愛也賈注
愛惠也　旡聲者從旡之古文旡反旡也古文作㤅

古文

㥠 知也從心胥聲 私呂切
知也者本書諝知也玉篇㥠才智之稱也字林
忬㥠知也通俗文多意謂之忬㥠廣雅忬智也

慰 安也從心尉聲一曰恚怒也 於胃切
安也者廣雅慰安也書呂刑今爾罔不由慰日勤傳訓安
詩凱風莫慰母心傳云慰安也緜迺慰迺止傳云慰安烝

民以慰其心箋云以慰安其心漢書車千秋傳慰安黎庶
隋書李遠奉尉斗於高祖曰願以此慰安天下　一曰恚
怒也者本書訫慰也詩車舝以慰我心傳云慰安也安釋
文作怨王申爲怨恨之意韓詩作以慍我心慍恚也本或
作慰安也是馬融義馥案孫毓載毛傳作慰怨也王肅述
毛亦云新昏指褒姒大夫不遇賢女徒見褒姒讒巧嫉妒
故其心
怨恨

𢡃 謹也從心毳聲讀若毳 此芮切
謹也者謹當爲慬勇也列子說符篇無以
立慬於天下　讀若毳者本書毳精毳也

𢡸 𢡸箸也從心籌聲 直由切
𢡸箸也者史記請借前箸爲陛下籌之或曰箸當爲蓍龜
策傳上有擣蓍下有神龜擣借字當作𢡸　籌聲者本書
無籌字籌
壺矢也

怞 朗也從心由聲詩曰憂心且怞 直又切

wǔ 㥪　mín 忞　mù 慔　miǎn 愐　yì 怈　mào 懋

訓義未詳玉篇怞憂恐也王襃九懷孔余思兮怞怞　詩曰憂心且怞者小雅鼓鐘文彼作妯

㥪 撫也從心某聲讀若侮 亡甫切

㥪撫也者玉篇廣韻類篇引作撫也無㥪字撫當爲憮釋詁㥪愛也郭注㥪韓鄭語今江東通呼爲憐方言㥪憐也

忞 彊也從心文聲周書曰在受德忞讀若旻 武巾切

彊也者玉篇忞自勉強也經典借暋字釋詁暋強　康誥暋不畏死傳云暋強也　周書曰在受德忞者立政文彼作其在受德暋傳訓彊

慔 勉也從心莫聲 莫故切

勉也者釋訓慔慔勉也

愐 勉也從心面聲 彌殄切

勉也者釋詁文彼作勔方言自關而東周鄭之閒曰勔釗郭注勔亦訓勉也

說文解字義證　卷三十二　廿九

怈 習也從心曳聲 余制切

習也者一切經音義十二引字林同或借裔字方言裔習也郭注謂玩習也廣雅裔習也或作忕釋詁貫習也郭注貫貫忕也釋文忕音逝張揖雜字音曳云狃忕過度馥案詩大叔于田傳云狃習也桓十三年左傳莫敖狃於蒲騷之役注云狃忕也後漢書馮異傳狃忕小利注云狃忕慣習也公山不狃字子洩洩借字當作怈

懋 勉也從心楙聲虞書曰時惟懋哉 莫候切

勉也者釋詁文彼作茂郭注書曰茂哉茂哉字又作懋亦作⿱矛心同釋訓懋懋勉也書盤庚懋建大命鄭注訓勉康誥懋不懋傳云不勉者勉東京賦咸懋力以耘耔五臣注懋勉也經典借茂字易无妄先王以茂對時育萬物釋文引馬云茂勉也詩節南山方茂爾惡傳云茂勉也昭八年左傳引周書茂不茂注云茂勉也　虞書曰時惟懋哉者舜典文彼作惟時懋哉史記作惟是勉哉

⿱矛心 或省

mù 慕　quān 悛　tuì 㥆　yǔ 𢝊　tāo 慆　yān 懕

慕 習也從心莫聲 莫故切

習也者徐鍇曰愛而習玩模範之也馥案史記司馬相如慕藺相如之爲人習其爲人也所謂心慕之手追之

悛 止也從心夋聲 此緣切

書泰誓惟受罔有悛心　韓非難四篇過而不悛亡之本也　鄭康成書敘贊猶復疑惑未悛　止也者小爾雅廣詁悛止也方言悛改也自山而東或曰悛隱六年左傳長惡不悛注云悛止也成十三年傳康猶不悛襄五年傳羿猶不悛襄七年傳孫子無辭亦以容昭三年傳君日不悛杜注並云悛改也襄二十八年傳予家弗聽亦無悛志杜注悛改寤也魯語夙之事君也不敢不悛吳語無使失悛韋注並云悛改也周書嵩艮夫解遂失悛注云悛改

㥆 肆也從心隶聲 他骨切

肆也者方言肆欲爲㥆

說文解字義證　卷三十二　卅

𢝊 趣步𢝊𢝊也從心與聲 余呂切

趣步𢝊𢝊也者本書趣安行也韓愈詩𢝊𢝊江南子或作懙漢書敘傳長倩懙懙蘇林曰懙懙行步安舒也又借譽字昭二年左傳季氏有嘉樹焉宣子譽之服虔注譽游也宣子游其下夏諺曰一游一譽爲諸侯度馥案孟子作豫趙注豫亦游也引左傳爲證孫子兵法惟優游暇譽令猶行也

慆 說也從心舀聲 土刀切

說也者玉篇慆喜也廣韻慆說樂昭元年左傳於是有煩手淫聲慆堙心耳又云君子之近琴瑟以儀節也非以慆心也尚書大傳師乃慆前歌後舞鄭注慆喜也經典借陶字釋詁鬱陶喜也檀弓人喜則斯陶注云陶鬱陶也詩王風君子陶陶傳云陶陶和樂貌後漢書杜篤傳粳稻陶遂注引韓詩陶暢也

懕 安也從心厭聲詩曰懕懕夜飲 於鹽切

安也者廣雅懕安也釋訓懕懕安也經典借厭字方言厭安也詩小戎厭厭良人傳云厭厭安靜也　詩曰懕懕夜

心

歆者小雅湛露文彼作厭厭傳云厭厭安也韓詩作愔愔薛君云愔愔和說之貌馥案昭十二年左傳祈昭之愔愔嵇康琴賦愔愔琴德皆安和意

dàn
憺

憺 安也從心詹聲 徒敢切

安也者一切經音義六說文憺安也謂憺然安樂也憺亦恬靜也廣韻憺安緩楚辭九歌蹇將憺兮壽宮注云憺安也或借澹字廣雅澹安也漢書賈誼傳澹虖若深淵之靚顏注澹安也司馬相如傳澹乎自持顏注安靜意也楊雄傳海內澹然又云澹泊爲德顏注澹泊安靜也又借淡字後漢書班彪傳何其守道恬淡之篤也注云恬淡猶清靜也

bó
怕

怕 無爲也從心白聲 匹白切又葩亞切

無爲也者一切經音義二十一怕靜也謂恬然寂靜也憺怕無爲也廣雅憺怕靜也祝睦後碑怕然執守老子我獨怕兮其未兆范應元注怕靜也說文無爲也或借泊字漢書司馬相如傳泊乎無爲後漢書蔡邕傳明哲泊焉不失所守注云泊猶靜也

xù
恤

恤 憂也收也從心血聲 辛聿切

憂也者釋詁文本書卹憂也易小畜血去惕出馬云當作恤憂也書舜典惟刑之恤哉釋文恤憂也大誥無毖于恤傳云無勞于憂詩杕杜而多爲恤祈父胡轉予于恤傳竝云恤憂也谷風遑恤我後桑柔告爾憂恤蓼莪出則銜恤箋竝云恤憂也周禮大司徒以誓教恤則民不怠注云恤謂災危相憂民有凶患憂之則民不解怠又孝友睦婣任恤注云恤振憂貧者昭十二年左傳且言曰恤恤乎晉語君欲勿恤其可乎韋注恤憂也 收也者收當爲救玉篇恤救也孫炎說爾雅恤憂云恤救之憂也

gān
忓

忓 極也從心干聲 古寒切

極也者本書㦗憖也玉篇㦗極也憖極也馥案極疲也世說顧和詣王導導小極對之疲睡商芸小說載問沐啟云沐伏久勞極不審尊體何如帝荅之曰去垢甚佳身不極也

guàn
懽

懽 喜款也從心雚聲爾雅曰懽懽愮愮憂無告也 古玩切

喜款也者玉篇款悅也廣雅款愛也晉語款之故也韋注款愛此女之故又君之使我非款也韋注非款愛我也馥案此借款字秦策許楚漢中以懽之高注與楚漢中以書之也趙策敝邑寡君使下臣三至王廷而使不得通使若無罪願大王無絕其懽衛策智伯欲伐衛遺衛君野馬四百璧一南文子有憂色衛君曰大國大懽而子有憂色何或借讙字韓策故直進百金者以交足下之讙又借灌字詩板老夫灌灌傳云灌灌猶款款也 爾雅曰懽懽愮愮憂無告也者釋訓文彼作灌灌釋文云灌本或作懽愮本又作搖樊本作遙馥案詩中心搖搖傳云憂無所愬玉篇愮憂也引詩憂心愮愮

yú
偶

偶 懽也琅邪朱虛有偶亭從心禺聲 噳俱切

懽也者偶與娛同西京賦竊款極娛 琅邪朱虛有偶亭者漢志琅邪有朱虛縣

nì
惄

惄 飢餓也一曰憂也從心叔聲詩曰惄如朝飢 奴歷切

飢餓也者釋言惄飢也郭注惄然飢意 一曰憂也者詩小雅惄焉如擣 詩曰惄如朝飢者周南汝墳文傳云惄飢意也李燾本作輖與今詩同韓詩作朝李巡說爾雅惄宿不食之飢也郭璞引詩作調

jǐ
㤂

㤂 勞也從心卻聲 其虐切

勞也者玉篇㤂疲力也本書御徼御受屈也方言御傍也廣雅御極也本草勞極洒洒注云極㤂倦也史記司馬相如傳徼谻受屈集解引郭璞曰谻疲極也索隱司馬彪云谻倦也說文云谻勞也燕人謂勞爲谻漢書司馬相如傳徼谻受詘蘇林曰谻音倦谻之谻傳又云與其窮極倦谻郭璞曰窮極倦谻疲憊也馥案蘇林以㤂爲御音小司馬以㤂御爲一字

xiān
憸

憸 憸詖也憸利於上佞人也從心僉聲 息廉切

憸詖也者廣韻憸憸詖也書立政國則罔有立政用憸人馬注憸利佞人也又注盤庚云憸利見事小小之人經典借險字詩卷耳敘無險詖私謁之心崔靈恩云險詖不正也漢書敘傳趙敬險詖禮樂志民漸漬惡俗貪饕險詖不

心

閑義理顏注言行險曰詖南齊書王奐傳險詖之性自少及長梁書王亮傳成茲險詖呂氏春秋審分篇諂諛詖賊巧佞之人宋書劉湛傳奸詖夙著南齊書張敬兒傳足下猥含禍詖文選顏延之詩徒遭良時詖李善引蒼頡篇詖諂佞也或借陂字荀子讒人罔極險陂傾側注云陂與詖同憸或作譣廣雅譣詖也

愒 qì

愒 息也從心曷聲 去例切

息也者釋詁文彼作愒舍人云臥之息也釋文愒本或作愒同周禮野廬氏宿息井樹注云賓客所宿及晝止者也詩民勞汔可小愒菀柳不尚愒焉傳竝云愒息也宋書陶潛傳策扶老以流愒謝靈運山居賦愒曾臺兮陟雲根詩甘棠召伯所憩傳云憩息也釋文本又作愒息也孟子安居而天下息徐幹七喻作憩一切經音義二憩說文作愒蒼頡篇作[illegible]同馥案玉篇[illegible]息也或借塈字詩假樂民之攸塈傳云塈息也成二年左傳引詩作曁杜注曁息也字又作偈漢書揚雄傳度三巒兮偈棠棃顏注偈讀曰憩

毳 hū

毳 精戇也從心毳聲 千短切

精戇也者集韻戇呼骨切戇也本書毳謹也讀若毳謹當爲慬毳卽此毳

說文解字義證 卷三十二 卅三

思 xiān

思 疾利口也從心從册詩曰相時思民 息廉切

疾利口也者書周官無以利口亂厥官畢命商俗靡靡利口惟賢立政國則罔有立政用憸人釋文憸本又作思冏命爾無昵于憸人釋文憸本亦作思 詩曰相時思民者集韻引作商書類篇同盤庚文彼作憸后經作徹假借

急 jí

急 褊也從心及聲 居立切

褊也者釋言褊急也郭注謂急狹釋名急及也操切之使相逮及也淮南繆稱訓极於不己知者不自知也高注极急也後漢書范冉傳以狷急不能從俗常佩韋於朝詩魏風維是褊心陸機詩憂深使心褊

辡 biǎn

辡 憂也從心辡聲一曰急也 方沔切

憂也者廣雅辯憂也 一曰急也者辯或作褊玉篇愊褊性狹也莊子山木篇有虛船來觸舟雖有褊心之人不怒

又借卞字定三年左傳莊公卞急而好潔杜注卞躁急也

極 jí

極 疾也從心亟聲一曰謹重皃 己力切

疾也者釋詁文彼作亟列子力命篇㥌㤼情露𧫷極淩誶四人相與游於世注引方言極急也又云疾也淮南覽冥訓安之不極高注極急也龔君麗正曰釋言悈急也釋文曰本或作極又作亟謹案經典或作戒如詩六月我是用戒鹽鐵論所引可證或作棘詩采薇玁狁孔棘文王有聲匪棘其欲鄭箋竝云棘急也正義曰棘急釋言文素冠棘人欒欒兮毛傳棘急也正義曰棘急釋言文彼棘作悈儀禮音義同是也或作革禮器引詩匪革其猶鄭注革急也正義曰革急釋言文是也然則悈極亟戒棘革六字古同音假借通用馥案本書亟敏疾也䩯急也檀弓柳莊寢疾公曰若疾革雖當祭必告注云革急也釋文革本又作亟 一曰謹重皃者本書苟自急敕也極苟聲相近

懁 juàn

懁 急也從心瞏聲讀若絹 古縣切

急也者玉篇懁心急也廣韻懁急性史記貨殖傳民俗懁急集解云徐廣曰懁急也或借獧字孟子獧者有所不爲

說文解字義證 卷三十二 卅四

不屑不潔是獧也又作狷論語不得中行而與之必也狂狷乎孟子予豈若是小丈夫然哉趙注我豈若狷狷急小丈夫後漢書范冉傳狷急不能從俗 讀若絹者莊子列御寇篇有順懁而達者釋文懁徐音絹三蒼云腹急也史記環淵楚人埶文志作蜎字

悻 xìng

悻 恨也從心巠聲 胡頂切

恨也者恨當爲很孟子悻悻然趙注引論語悻悻然小人悻當爲婞本書婞很也論語作硜硜硜當爲悻

慈 xián

慈 急也從心從弦弦亦聲河南密縣有慈亭 胡田切

急也者本書趑急走也趙宧光曰內經有慈脈通借弦字史記倉公傳脈長而弦 河南密縣有慈亭者漢志河南有密縣廣韻慈亭名在密縣

慓 piào

慓 疾也從心票聲 敷沼切

疾也者廣韻慓性急又云急疾廣雅慓急也史記高祖本紀項羽爲慓悍猾賊漢書作慓

nuò 懦

駑弱者也。從心，需聲。 人朱切

駑弱者也者，本書無駑字，女部嬬弱也。禮記正義引說文：懦，柔也。案本書儒，柔也。方言：儒輸，愚也。郭注：儒輸猶懦撰也。僖元年左傳：懦而不能强諫。杜注：懦，弱也。釋文云：字林愞音乃亂反，愞音讓朱反，云弱也。襄三十一年傳：韓子懦弱。釋文：懦，乃亂反。昭元年傳：晉少懦矣。杜注：懦，弱也。釋文：懦，乃亂反。馥案字林別出愞字，凡釋文音乃亂反者，皆當作愞。玉篇：愞，乃亂、乃過二切，弱也。廣韻：愞，而兗切，弱也。漢書武帝紀：太守坐畏愞棄市。如淳曰：軍法行逗畱畏愞者要斬。愞音如掾反。通鑑注於懦字亦音乃亂反，懦愞通借，故形聲相淆也。僖二年穀梁傳：達心而懦。范注：懦，弱。昭二十三年左傳：不懦不耆。杜注：懦，弱。列子周穆王篇：觀彤懦夫也。注云：懦，弱也。或借需字，哀六年左傳：需，事之下也。賈注：需，下也。秦策：需弱者用，而健者不用矣。又云：其需弱者來使。鮑注：需即懦。

rèn 恁

下齎也。從心，任聲。 如甚切

本書飪古文作恁。

下齎也者，徐鍇曰：心所齎卑下也，俗言如此也。後漢書班固傳：宜亦勤恁旅力以充厥道。注云：說文曰：恁，念也。音人甚反。馥案玉篇：恁，念也。廣韻同。廣雅：恁，思也。據此則唐本說文訓念。

tè 㥂

失常也。從心，代聲。 他得切

失常也者，㥂，經典作忒。書洪範：民用僭忒。或借貸字，月令：大酋監之，毋有差貸。注云：差貸謂失誤，有善有惡也。又借慝字，樂記：世亂則禮慝而樂淫。莊二十五年左傳：唯正月之朔，慝未作。傳云：夏六月朔，日有食之，鼓用牲于社，非常也。秋大水，鼓用牲于社、于門，亦非常也。

jù 怚

驕也。從心，且聲。 子去切

驕也者，廣韻：怚與嫭同，憍也。方言注：怚音驕怚。嵇康詩：恃愛肆驕怚。淮南氾論訓：段干木，晉國之大駔也。高注：駔，驕怚。

yì 悒

不安也。從心，邑聲。 於汲切

不安也者，一切經音義四：字林：悒，不安也。蒼頡篇：悒悒，不舒之皃也。大戴禮曾子立事篇：君子終身守此悒悒。盧注：悒悒，憂念也。離騷：忳鬱悒余侘傺兮。韓詩外傳：於是楚王惎悒如也。鹽鐵論：大夫視文學，悒悒而不言也。文選求自試表：是以於悒而竊自痛者也。魏志杜襲傳：悒悒於此，欲兼之乎。吳志虞翻傳：孫策好馳騁游獵，翻諫止，策曰：君言是也，然時有所思，端坐悒悒，是以行耳。或借邑字，楚辭九章：氣於邑而不可止。宋玉風賦：憿溷鬱邑。史記商君傳：安能邑邑待數十百年。魏上尊號奏：臣等伏讀詔書，於邑益甚。又云：大夏必鬱邑於會稽之山陰。

yù 悆

忘也，嘾也。從心，余聲。周書曰：有疾不悆。悆，喜也。 羊茹切

忘也者，廣雅：悆，忘也。　嘾也者，嘾當為憛，寫者以本書闕憛字，改為嘾。集韻：憛，憂意。類篇：憛，遑遽也。楚辭七諫：心悇憛而煩冤兮。王注：悇憛，憂愁貌。賈誼書：佳態佻志，從容為說焉，則雖王公大人，孰能無悇憛養心而巔一視之。馮衍顯志賦：終悇憛而洞疑。李賢注引廣倉：悇憛，禍福未定也。梁書裴子野傳：性不憛憛，情無汲汲。或省作覃，廣雅：覃悇，懷憂也。　周書曰有疾不悆者，金縢文。彼云：王有疾弗豫。傳云：武王有疾，不悅豫。釋文：豫本又作忬。正義云：顧命云：

王有疾不懌。懌，悅也。故不豫為不悅豫也。馥案忬，俗字，予余通借，故悇變為忬。玉篇：忬，安也。東京賦：膺多福以安悆。薛注：悆，寧也。陳書廢帝紀：自前朝不悆，任總邦家。隋書劉昉傳：及帝不悆，召昉屬以後事。　悆喜也者，集韻：悇，樂也。琴賦：若和平者聽之，則怡養悅悆。汗簡：悆，古文尚書豫。釋詁：豫，樂也。易雜卦傳：豫，怡也。鄭注：豫，行出而喜之意。孟子：夫子若有不豫色然。趙注謂孟子去齊，有恨心，顏色不悅也。又：吾何為不豫哉。注云：何為不悅豫乎。俗又作預，杜預字元凱，凱即愷字，樂也。又作愉，廣雅：愉，喜也。爾雅釋詁：愉，樂也。祭義：必有愉色。荀子王霸篇：安重閒靜莫愉焉。注云：愉愉，樂也。詩山有樞：他人是愉。傳云：安閒之樂也。東京賦：其樂愉愉。漢書樂志：高賢愉愉，民所懷。注云：愉愉，懌也。

tè 忒

更也。從心，弋聲。 他得切

更也者，釋言：爽，忒也。孫炎云：變雜不一。易豫卦：四時不忒。虞注：忒，差迭也。馥案本書：迭，更迭也。孝經引詩：其儀不忒。鄭注：忒，差也。詩抑：昊天不忒。箋云：不差忒也。瞻卬：鞫人忮忒。傳云：忒，變也。閟宮：享祀不忒。箋云：忒，變也。馥案本書：變，更也。書洪範：衍忒。鄭本作貣，云：卦象多變，故言衍貣也。管子：如四時之不貣。

心

xián 憪　yú 愉　miè 懱　yú 愚　zhuàng 戇　cǎi 悉　chōng 惷

憪 愉也从心閒聲 戶閒切

愉 薄也从心俞聲論語曰私覿愉愉如也 羊朱切

薄也者詩鹿鳴視民不恌傳云恌愉也周禮大司徒以俗教民則民不愉注云愉謂朝不謀夕也疏云愉苟且也經典借偷字釋言恌偷也論語則民不偷包注不偷薄也昭十六年左傳晉國韓子不可偷也杜注偷薄也又借媮字廣雅媮㜋也襄三十年左傳晉未可媮也杜注媮薄也晉語媮居幸生賈山至言媮合取容韋孟諷諫詩烝民以匱我王以媮

懱 輕易也从心蔑聲商書曰以相陵懱 莫結切

輕易也者一切經音義六引作相輕傷也本書傷輕也廣韻懱輕懱玉篇懱輕也易也侮也廣雅懱輕也經典借蔑字易剝卦蔑貞鄭云蔑輕慢成十三年左傳蔑死我君正義云輕蔑文公以爲死無知矣 商書曰以相陵懱者今書無此文

愚 戇也从心从禺禺猴屬獸之愚者 麌俱切

戇也者一切經音義四愚癡也戇愚也論語古之愚也直 禺猴屬獸之愚者者本書禺母猴屬史記項羽紀人言楚人沐猴而冠耳

戇 愚也从心贛聲 陟絳切

愚也者玉篇戇愚戇廣韻悻戇愚也字林戇愚也荀子大略篇悍戇好鬭似勇而非注云戇愚也史記汲黯傳甚矣汲黯之戇也索隱云戇愚也三王世家愚戇而不逮事廣韻憧戇憧兇頑皃集韻戇憧愚皃漢書王陵少戇顏注戇愚也後漢書董卓傳唯孫堅小戇注引說文同字書憨愚也馥案憨卽戇 戇有淦音

悉 姦也从心采聲 倉宰切

姦也者本書姦私也集韻悉與猜同案管子君臣篇止詐拘姦厚國之道也

惷 愚也从心舂聲 丑江切

ài 懝　zhì 忮　hàn 悍　tài 態　guài 怪

愚也者蒼頡解詁惷愚也戇也廣雅惷愚也周禮司刺三赦曰惷愚注云惷愚生而癡騃童昏者表記惷而愚淮南道應訓惷乎若新生之犢而無求其故

懝 騃也从心从疑疑亦聲一曰惶也 五溉切

騃也者本書譺騃也癡不慧也佁癡皃讀若騃方言癡騃也玉篇㾊癡疾也 一曰惶也者史記龜策傳齋戒以待譺然索隱曰求龜者齋戒以待佪譺然也馥案譺然者恐求之不得也

忮 很也从心支聲 之義切

很也者玉篇忮不媢劲很詩雄雉不忮不求莊子天下篇不忮於衆釋文竝引字書忮很也漢書地理志民俗懻忮顏注忮很也外戚傳宦吏忮很酷吏傳汲黯爲忮顏云忮意堅也通鑑陸佚曰長安風俗豪忮胡注忮很也漢唐扶頌柬粤拂攄忮强難化

悍 勇也从心旱聲 侯旰切

勇也者一切經音義三蒼頡篇悍桀也說文悍勇也有力也字从心廣雅悍猛悍周禮大宗伯注楚性急悍後漢書烏桓鮮卑傳其性悍塞注引說文同或借旱字史記賈誼傳木激則旱注云讀與悍同

態 意也从心从能 他代切

意也者玉篇態意美也司馬相如封禪書旼旼穆穆君子之態 从心从能者徐鍇本從心能聲 馥謂當爲能聲能讀如耐

㑷 或从人

一切經音義五態又作能同意恣也謂度人情兒也

怪 異也从心圣聲 古壞切

異也者一切經音義六怪異也驚怪也凡奇異非常皆曰怪白虎通異之言怪也凡行之詭異曰怪長笛賦波散廣衍實可異也蒭距劫遷又足怪也周禮大司樂大傀異烖注云傀猶怪也

dàng
𢢊

放也從心象聲 徒朗切

放也者廣韻𢢊放𢢊或作婸馥案本書婸放也

màn
慢

惰也從心曼聲一曰慢不畏也 謀晏切

惰也者廣韻慢怠也或作優集韻慢舒遲也荀子不苟篇君子寬而不優修身篇由禮則治通不由禮則勃亂提優

一曰慢不畏也者本書暬日狎習相慢也玉篇慢輕侮也不畏也釋名慢漫也漫漫心無所限忌也謝惠連詩雖好相如達不同長卿慢

dài
怠

慢也從心台聲 徒亥切

慢也者書湯誓有衆率怠弗協馬注怠惰也周禮小宰去其淫怠注云怠解慢也檀弓吉事雖不怠注云怠惰也文十二年公羊傳俾君子易怠注云易怠猶輕惰也六韜敬勝怠則吉怠勝敬則滅或借殆字論語思而不學則殆釋文云依義當作怠

xiè
懈

怠也從心解聲 古隘切

怠也者釋言文玉篇怠懈怠也史記商君傳事末利及怠而貧者舉以爲收孥索隱云怠者懈也以言懈怠不事事之人經典借解字詩烝民夙夜匪解箋云不解倦者雜記三日不怠三月不解桓八年公羊傳疏則怠何注怠解文十五年左傳君窮不可以怠襄二十八年左傳無怠於德杜注竝云怠解也趙策使君疑二君之心而解於攻趙也

duò
憜

不敬也從心𡐦省春秋傳曰執玉憜 徒果切

不敬也者韋元成戒子孫詩供事靡憜 春秋傳曰執玉憜者僖十一年左傳文彼云天王使召武公內史過賜晉侯命受玉惰過歸告王曰晉侯其無後乎王賜之命而惰於受瑞先自棄也已而何繼之有禮國之幹也敬禮之輿也不敬則禮不行禮不行則上下昏何以長世

憜或省𨸏

玉篇惰怠也易也 書益稷股肱惰哉 曲禮臨祭不惰 玉藻惰游之士

古文

本書嫷或省作媠 郭注爾雅鶉鷃一名隋羿釋文云隋字又作媠字書云古以爲懈惰字 漢書兩龔傳媠嫚無狀谷永傳車馬媠游之具

sǒng
慫

驚也從心從聲讀若悚 息拱切

驚也者西京賦怵悼慄而慫兢或借聳字成十四年左傳無不聳懼襄四年傳邊鄙不聳杜注聳懼 讀若悚者本書無悚字當爲竦釋詁竦懼也詩長發不戁不竦傳云竦懼也

fú
怫

鬱也從心弗聲 符弗切

鬱也者玉篇怫意不舒治也字林怫鬱心不安也楚辭七諫心怫鬱而內傷漢書鄒陽傳太后怫鬱泣血無所發怒顏注怫鬱蘊積也後漢書來歷傳歷怫然注引字林怫鬱也魏樂府詩中心何怫鬱琴賦怫悁煩冤李善云聲蘊積不安貌風賦日勃鬱煩冤或借拂字劉向九歎憂心展轉愁拂鬱兮又借茀字漢書景十三王傳內茀鬱憂哀積顏注茀音佛又借沸字溝洫志魚沸鬱兮柏冬日史記河渠書作沸鬱

xiè
忦

忽也從心介聲孟子曰孝子之心不若是忦 呼介切

忽也者玉篇㥌字云語爲人所忦疑也馥案忦疑忽忽不省也晏子春秋忽忽矣若之何漢書揚雄傳時人多忽之或借挈字文選封禪文挈三神之歡又借契字漢書毋將隆傳契國威器 孟子曰孝子之心不若是忦者彼云夫公明高以孝子之心爲不若是恝趙注恝無愁之貌

hū
忽

忘也從心勿聲 呼骨切

忘也者廣雅忽忘也史記司馬相如傳芒芒恍忽俗作惚老子惟恍惟惚七發恍兮惚兮法言神心惚恍又借芴字莊子至樂篇芒乎芴乎

wàng
忘

不識也從心從亾亾亦聲 武方切

書微子之命予嘉乃德曰篤不忘　士冠禮壽考不忘　周禮司刺三宥一曰遺忘　莊子大宗師回坐忘達生篇氣下而不上則使人善忘　不識也者列子病忘釋文云不記事也漢有程不識高不識

mán 𢝈

𢝈　忘也。𢝈兜也。從心㒼聲。毋官切

忘也者玉篇廣韻同　𢝈兜也者𢝈兜卽驩兜或作讙兜

zì 恣

恣　縱也。從心次聲。資四切

縱也者玉篇縱恣也七發縱恣於曲房隱閒之中詩隰有萇楚序疾恣也箋云恣謂淫戲不以禮也書太甲縱敗禮或借從字漢書王吉傳放從自若

dàng 愓

愓　放也。從心昜聲。一曰平也。徒朗切

放也者廣韻愓不憂廣雅婬愓嬉游戲也方言婬愓游也江沅之閒謂戲爲婬或謂之愓或謂之嬉荀子榮辱篇愓

愓悍暴修身篇加愓悍而不順注云韓侍郎云愓與蕩同字作心遏易謂放蕩兇悍也或借蕩字廣雅蕩置也馥案論語隱居放言包注放置也書畢命以蕩陵德傳云放蕩也莊四年左傳楚武王將伐齊入告夫人鄧曼曰余心蕩鄧曼歎曰王祿盡矣盈而蕩天之道也先君其知之矣故臨武事將發大命而蕩王心焉漢書東方朔傳指意放蕩後漢書孔融傳跌蕩放言注云無儀檢也又借湯字詩子之湯兮傳云湯蕩也箋云言游蕩無不爲也　一曰平也者經典借蕩字書洪範王道蕩蕩詩載驅魯道有蕩論語君子坦蕩蕩

chōng 憧

憧　意不定也。從心童聲。尺容切

意不定也者玉篇憧行意往來不定皃廣雅憧憧往來也易咸卦憧憧往來趙策今王憧憧乃輦建信以與强秦角逐

kuī 悝

悝　啁也。從心里聲。春秋傳有孔悝。一曰病也。苦回切

啁也者卽調也玉篇嘲言相調也世說王丞相每調之東京賦由余以西戎孤臣而悝秦穆公於宮室注云悝猶嘲也與詼同廣雅詼調也漢書東方朔傳頗復詼諧又云朔與枚皋郭舍人俱在左右詼啁而已枚乘傳枚皋詼笑類俳倡蜀志馬忠傳詼啁大笑　春秋傳有孔悝者哀十五年左傳衛孔圉取太子蒯聵之姊生悝　一曰病也者玉篇悝疾也字或作㾕釋詁㾕病也舍人云猶德之病也又借里字詩雲漢云如何里釋文云本亦作㾕爾雅作悝竝同王曰㾕病也馥案陸氏所見爾雅作悝

jué 憰

憰　權詐也。從心矞聲。古穴切

權詐也者本書譎權詐也玉篇憰變詐也廣韻憰妄語也

guàng 𢘅

𢘅　誤也。從心狂聲。居況切

誤也者本書誤謬也謬狂者之妄言也馥謂狂當作𢘅

huǎng 怳

怳　狂之皃。從心況省聲。許往切

狂之皃者廣雅怳狂也廣韻怳㦤怳玉篇㦤怳驚皃

guǐ 恑

恑　變也。從心危聲。過委切

變也者變下脫詐字一切經音義三說文恑變詐也謂變異詐妄也玉篇恑異也或通作詭陸機辨亡論古今詭趣注云詭變也後漢書班固傳殊形詭制注云詭異也漢書劉輔傳此其言必有卓詭切至當聖心者顏注詭異於衆也莊子齊物論是其言也其名爲弔詭注云弔詭至怪也文六年穀梁傳詭辭而出注云不以實告人東京賦瑰異譎詭晉中興書錢鳳疑溫嶠王敦曰太眞昨醉豈得以此相詭貳

xié ⿰忄巂

⿰忄巂　有二心也。從心巂聲。戶圭切

有二心也者廣韻⿰忄巂離心也廣雅⿰忄巂離也釋詁貳疑也郭注有貳心者詩大明無貳爾心白華二三其德莊十四年左傳傳瑕貳杜云有二心於己僖九年傳吾與先君言矣不可以貳襄二十四年傳夫諸侯之賄聚於公室則諸侯貳杜注貳離也襄二十六年傳吾受命於先人不可以貳又云臣不能貳通外內之言以事君昭十三年傳貳偷之不暇杜注貳不壹晉語⿰忄巂民國移心焉韋注⿰忄巂離也楚語民之精爽不⿰忄巂貳者韋注⿰忄巂離也貳二也趙策恐天下之

鶩覺故徼伐韓以貳之鮑注貳疑也經典借攜字謚法怠政交外曰攜桓八年左傳偏敗衆乃攜矣閔元年傳間攜貳僖七年傳招攜以禮杜注攜離也僖十三年傳重施而不報其民必攜杜注不義故民離僖二十八年傳不如私許復曹衛以攜之杜注攜離也文七年傳親之以德皆股肱也誰敢攜貳成十八年傳逞姦而攜服杜注攜離也襄四年傳我德則睦否則攜貳二十六年傳且人曰弱兵而我弗許則固攜吾民矣二十九年傳遠而不攜杜注攜貳昭十三年傳諸侯事晉未敢攜貳周語百姓攜貳韋注攜離也貳二心也魏志袁術傳其兄弟攜貳司馬彪戰畧誘閒攜貳思元賦結精遠游使心攜舊注攜離也通鑑荀勖謂司馬昭曰宜杖正義以伐違貳注云貳攜貳也

jì 悸

悸 心動也從心季聲 其季切

心動也者字林同方言㥦悸也郭注謂悚悸也集韻㥦與悸同心動也馥案大禹謨夔夔齋慄卽㥦㥦或借痵字靈光殿賦心猑猑而發痵

jiāo 憿

憿 幸也從心敫聲 古堯切

說文解字義證 卷三十二 [illegible]

幸也者檀弓幸而至於旦注云幸覬也玉篇憿行險也經典借儌字中庸小人行險以儌幸漢書高帝紀願大王以幸天下晉灼曰臣民被其德以爲儌幸也又或作僥一切經音義八儌冀冀幸也說文從心作憿又借僥字班固弈旨優者有不遇劣者有僥幸

kuò 懖

懖 善自用之意也從心銛聲商書曰今女懖懖 古活切

善自用之意也者書盤庚釋文引作拒善拒當爲歫玉篇懖愚人無知也廣韻懖愚懖無知桓十三年左傳莫敖狃於蒲騷之役將自用也又云莫敖使徇於師曰諫者有刑馥謂此卽歫善自用 商書曰今女懖懖者盤庚文彼作今汝聒聒傳云聒聒無知之貌正義云王肅云聒聒拒善自用之意也

𢜝 古文從耳

從耳者有耳無聞也鄭注尚書聒讀如聒耳之聒聒聒難告之貌

wàn 忨

忨 貪也從心元聲春秋傳曰忨歲而㵣日 五換切

貪也者廣雅同廣韻忨忨貪 春秋傳曰忨歲而㵣日者昭元年左傳文彼作主民翫歲而愒日杜注翫愒皆貪也晉語今忨日而㵣歲怠偷甚矣韋注忨偷也㵣遲也徐鍇本作愒釋言懊忨也愒貪也本書翫下引春秋傳翫歲而愒日又作渴詩雲漢箋云時天旱渴雨釋文作愒云貪也魏畧董遇教學者先讀百偏學者云苦渴無日遇言當以三餘

lán 惏

惏 河內之北謂貪曰惏從心林聲 盧含切

河內之北謂貪曰惏者方言晉魏河內之北謂惏曰殘楚謂之貪南楚江湘之閒謂之歁注云言歁惏難猒也方言又云叨惏殘也陳楚曰惏左傳釋文引方言殺人而取其財曰惏正義引同五經文字殺人而取其財曰惏玉篇惏貪也僖二十四年左傳狄固貪惏成七年傳爾以讒慝貪惏事君昭二十八年傳貪惏無饜大戴禮保傅篇饑而惏盧辯注惏貪殘也本書婪貪也

mèng 懜

懜 不明也從心夢聲 武亘切

說文解字義證 卷三十二 [illegible]

不明也者本書夢不明也儚惛也廣韻夢心悶閽也賈誼書行充其宜謂之義反義爲懜或借夢字釋訓夢夢亂也孫炎云昏昏之亂也詩抑視爾夢夢傳云夢夢亂也又視天夢夢傳云王者爲亂夢夢然俗作懵文選江淹擬古詩沿媟懵浮賤李善引本書懵不明也又作瘮集韻瘮瘟癡也又作懞晉涼武昭王述志賦哀餘類之忪懞遡靡依而靡仰周禮遂人以下劑致甿注云甿猶懵懵無知貌釋文懵本又作懜同莫崩反

qiān 愆

愆 過也從心衍聲 去虔切

過也者釋言文彼從籀又作䇂一切經音義三引有失也二字按哀十六年左傳失所爲愆本書遡過也易歸妹愆期虞云愆過也書大禹謨帝德罔愆說命其永無愆傳竝云愆過也秦誓尚猷詢茲黃髮則罔所愆傳云今我庶幾以道謀此黃髮賢老則行事無所過矣詩㕧匪我愆期傳云愆過也假樂不愆不忘蕩既愆爾止楚茨式禮莫愆箋竝云愆過也伐木乾餱以愆箋云獲愆過於人論語侍於君子有三愆孔安國曰愆過也俗作僁漢武帝齊王策文厥有僁不臧注云僁與愆同

或從寒省

籀文

廣韻愆過也辛古文諐籀文寒本書辛辠也讀若愆詩蕩釋文愆本又作諐緇衣引詩不諐于儀注云諐過也漢書蕭望之傳帥意亾諐顏注諐古愆字文選北征賦猶數功而辭諐五臣云諐過也盧湛覽古詩負荆謝厥諐李善云尚書曰思免厥諐孔安國曰諐過也古文苑詁青衣賦秦繆思諐諐與愆同周景武孝子傳管寧泛海遇風思惟諐咎

xián 慊

疑也從心兼聲 戶兼切

疑也者本書嫌疑也漢書趙充國傳媮得避慊之便顏注慊亦嫌字詩采薇正義云易文言曰陰疑於陽必戰爲其嫌於無陽故稱陽焉鄭云嫌讀如羣公慊之慊古書篆作立心與水相近讀者失之故作溓溓雜也

huò 惑

亂也從心或聲 胡國切

亂也者廣雅同廣韻惑迷惑騖于知善不行者謂之狂知惡不改者謂之惑夫狂與惑者聖人之戒也大戴禮曾子立事篇喜怒異慮惑也經典通作或易乾卦文言或之者疑之也正義云經稱或是疑惑之辭孟子無或乎王之不智也論語辨惑釋文云本亦作或

說文解字義證《卷三十二 叁

mín 怋

怓也從心民聲 呼昆切

怓也者詩民勞釋文引同本書怓亂也廣韻怋亂也集韻怋與惛同詩以謹惛怓釋文惛說文作怋云怓也或借泯字書呂刑泯泯棼棼傳云泯泯爲亂棼棼同惡逸周書祭公解泯泯芬芬孔注泯芬亂也

náo 怓

亂也從心奴聲詩曰以謹惛怓 女交切

亂也者詩民勞釋文引同廣韻怓心亂廣雅怓亂也 詩曰以謹惛怓者大雅民勞文傳云惛怓大亂也

chǔn 惷

亂也從心舂聲春秋傳曰王室日惷惷焉一曰厚也 尺允切

亂也者廣雅同或借蠢字釋言蠢不遜也郭云蠢動爲惡不謙遜也 春秋傳曰王室日蠢蠢焉者昭二十四年左傳文彼作今王室實蠢蠢焉 一曰厚也者本書偆富也廣雅偆厚也

hūn 惛

不憭也從心昏聲 呼昆切

釋訓僔僔洄洄惛也 管子四時篇五漫漫六惛惛孰知之哉 孟子吾惛不能進於是矣趙注王言我情思惛亂不能行此仁政 莊子知北游惛然若亡而存 大戴禮曾子立事篇怒之而觀其不惛也 賈誼書彼世主不學道理則嘿然惛於得失不知治亂存亡之所由忳忳然猶醉也 通鑑宋南郡王義宣惛怛無復神守

不憭也者廣韻惛不明了也廣雅惛癡也秦策惛於教高注惛不明也燕策心惛然恐不能須臾鮑注憂思昏瞀

昏聲者當從民作昬

xì 忥

癡皃從心气聲 許既切

癡皃者气或作疙廣雅疙癡也

wèi ⿱衛心

寱言不慧也從心衛聲 于歲切

說文解字義證《卷三十二 吴

寱言不慧也者廣韻⿱衛心寱言廣雅⿱衛心寱也管子形勢解推譽不小之謂衛譽哀二十四年左傳是躗言也杜注躗過也釋文云字林作⿱衛心云夢言意不慧也

kuì 憒

亂也從心貴聲 胡對切

亂也者後漢書何進傳天下憒憒亦非獨我曹罪也注引本書同廣雅憒憒亂也蜀志蔣琬傳事不當理則憒憒矣幽通賦周賈盪而貢憒兮曹大家曰貢潰也憒亂也潰亂於善惡馥案貢憒當爲愩憒玉篇愩心動也廣韻愩憒也曹注潰當爲憒廣雅愩憒也愩亦憒之譌

或借潰字召旻潰潰回遹傳云潰潰亂也

jì 忌

憎惡也從心己聲 渠記切

憎惡也者惡當爲⿰言亞經典通行惡字廣韻憚忌惡也本草某草惡某草本書惎忌也禁吉凶之忌也詩序螽斯不妒忌箋云忌有所諱惡於人瞻卬維予胥忌傳云忌怨也檀弓爲懿伯之忌鄭注忌怨也昭三年左傳遇懿伯之忌杜注忌怨也

fèn 忿

忿 悁也從心分聲敷粉切

論語今之矜也忿戾孫子謀攻篇將不勝其忿而蟻附之注云將忿不待攻器成又九變篇忿速可侮注云忿疾急之人楚詞九章懲違改忿兮注云忿恨也

悁也者戰國策張儀曰秦忿悁含怒之日久也史記魯仲連鄒陽列傳棄忿悁之節後漢書竇融傳忿悁之閒改節易圖

yuān 悁

悁 忿也從心肙聲一曰憂也於緣切

忿也者一切經音義五引作恚也後漢書陳蕃傳有何悁悁注引本書悁恚忿通鑑注引同漢書賈捐之傳今陛下不忍悁悁之忿思元賦舊注引字林悁忿恨也李善引字林悁含怒也

一曰憂也者憂當爲𢝊經典承用憂字後漢書張衡傳情悁悁而思歸注引本書同洞簫賦哀悁悁之可懷兮李善引本書悁悒憂貌一切經音義二十聲類悁憂皃也詩澤陂中心悁悁傳云悁悁猶悒悒也考工記盧人刺兵欲無蜎鄭司農讀爲悁邑之悁吳質荅東阿王書乃質之所以憤積於胸臆懷眷而悁邑者也

籀文

lí 黎

黎 恨也從心黎聲一曰怠也郎尸切

一曰怠也者徐鍇繫傳黎遲也故爲怠馥案本書邌徐也

huì 恚

恚 恨也從心圭聲於避切

恨也者詩緜正義引作怒也廣韻恚怒恨也玉篇恚恨怒也

yuàn 怨

怨 恚也從心夗聲於願切

恚也者本書訧慰也慰謂恚怒詩思齊神罔時怨箋云神明無是怨恚

古文

nù 怒

怒 恚也從心奴聲乃故切

匡謬正俗怒有二音詩小雅君子如怒大雅逢天僤怒讀爲上聲邶風逢彼之怒小雅畏此譴怒讀爲去聲今山東河北人但知怒有去聲不知有上聲失其真矣

恚也者詩正義引本書恚怒也

duì 憝

憝 怨也從心敦聲周書曰凡民罔不憝徒對切

怨也者本書譈怨也晉書音義引字林憝惡也法言重黎篇楚憞羣策而自屈其力注云憞惡也通作諄方言諄憎所疾也宋魯凡相惡謂之諄憎若秦晉言可惡矣

周書曰凡民罔不憝者康誥文彼云凡民自得罪寇攘姦究殺越人于貨暋不畏死罔弗憝傳云自强爲惡而不畏死人無不惡之者經又云元惡大憝傳云大惡之人猶爲人所大惡孟子引作凡民罔不譈

yùn 慍

慍 怒也從心𥁕聲於問切

怒也者一切經音義十說文慍怨也又卷二慍恚也怨也恨也又卷五說文慍怒也蒼頡篇慍恨也又十三說文慍

怒也恚也廣雅慍怒也爾雅釋訓慘慘慍也李巡云慘慘憂怒之慍也易夬卦若濡有慍釋文慍恨也詩柏舟慍于羣小傳云慍怒也韓詩以慍我心薛君章句慍恚也檀弓舞斯慍注云慍猶怒也襄二十三年左傳季氏以公鉏爲馬正慍而不出吳語吳王若慍而又戰韋注慍怒也孫子火攻篇主不可以怒而興師將不可以慍而致戰論語人不知而不慍釋文鄭云怨也詩緜肆不殄厥慍傳云慍恚也正義云說文云慍怨也恚怒也有怨者必怒之故以慍爲恚馥據此知本書作怨字諸書則兼怒意南風歌可以解吾民之慍兮此謂民氣蘊結不作怒解

è 惡

惡 過也從心亞聲烏各切

過也者論語不念舊惡定五年左傳吾以志前惡杜注惡過也

zēng 憎

憎 惡也從心曾聲作滕切

惡也者當爲譄本書譄相毀也經典承用惡字廣雅憎惡也方言宋魯凡相惡謂之諄憎詩雞鳴無庶予子憎傳云無見惡於夫人隱三年左傳周鄭交惡杜注兩相疾惡也

pèi 怫

怫 恨怒也。從心巿聲。詩曰：視我怫怫。蒲昧切

怫怒也者，當爲很。廣雅：怫，怒也。詩曰視我怫怫者，小雅白華文。彼作邁邁。傳云：邁邁，不說也。釋文：邁，韓詩及說文竝作怫。韓詩云：意不說好也。許云很怒也。

yì 忍

忍 怒也。從心刀聲。讀若顡。魚既切

從心刀聲者，集韻引舊說从刀心會意。鍇謂刀顡聲不相近。本書瘛，尺制切。徐鍇謂說文無恝字，蓋疑忍卽恝之誤。詩大東：契契寤歎。傳云：契契，憂苦也。論語有心哉，何晏云：謂契契然也。劉向九歎：孰契契而委棟兮。王逸云：契契，憂貌也。契當作恝。玉篇：恝，心事也。集韻：恝，心有事也。又云：忿與恝同。本書忦，憂也。

xié ⿰忄彖

⿰忄彖 怨恨也。從心彖聲。讀若膎。戶佳切

怨恨也者，玉篇：⿰忄彖，恚也，恨也，怨也。廣雅：⿰忄彖，恨也。彖聲者，彖當爲豙。本書豙讀若弛。類篇：⿰忄彖，玄圭切。讀若膎者，⿰忄彖、膎音義同。類篇：⿰忄彖，戶佳切。憒⿰忄彖，心不平。又乃計切，恨也。

hèn 恨

恨 怨也。從心㫐聲。胡艮切

怨也者，廣韻：怨，恨也。

duì 懟

懟 怨也。從心對聲。丈淚切

怨也者，釋言文。字林同。本書：怏，不服懟也。列子黃帝篇釋文：懟，怨也。孟子以懟父母，趙注：以怨懟於父母也。莊三十一年穀梁傳：財盡則怨，力盡則懟。注云：懟，恚恨也。孫子地形篇：大吏怒而不服，遇敵懟而自戰。

huǐ 悔

悔 悔恨也。從心每聲。荒內切

悔恨也者，廣雅：悔，恨也。詩雲漢：宜無悔怒。傳云：悔，恨也。史記李廣傳：王朔謂廣曰：將軍自念，豈嘗有所恨乎？廣曰：羌降者八百餘人，吾詐而盡殺之，至今大恨。漢書劉向傳：前吾邱壽王死，陛下至今恨之。今殺寬，後將復大恨矣。

chì ⿰忄壴

⿰忄壴 小怒也。從心壴聲。充世切

壴聲者，本書壴，中句切，聲不相近。

yàng 怏

怏 不服懟也。從心央聲。於亮切

不服懟也者，一切經音義二引作心不服也。玉篇：怏，懟也。廣雅：怏，懟也。蒼頡篇：怏，懟也。史記白起傳：白起之遷，其意尚怏怏不服，有餘言。高祖本紀：此常怏怏，今乃事少主。絳侯世家：此怏怏者非少主臣也。或借鞅字。方言：鞅，懟也。郭注：鞅猶怏也。史記伍子胥傳：常鞅鞅怨望。淮陰侯傳：由此日怨望，居常鞅鞅，羞與絳灌等列。

mèn 懣

懣 煩也。從心從滿。莫困切

煩也者，李善注雪賦引同。字林亦同。廣韻：懣，煩悶。方言：朝鮮洌水之閒煩懣謂之漢漫。楚詞：獨便悁而煩毒。思元賦：會煩毒以迷惑兮。史記倉公傳：故煩懣食不下，則絡脈有過。皇甫謐上疏曰：隆冬裸袒食冰，當暑煩悶。琴賦：懲躁雪煩。李善云：雪，蕩煩懣也。御覽引華陀事云：廣陵太守陳登得胃中煩懣。魏志作煩懣。漢書佞幸傳：憂滿不食。顏注：滿讀曰懣，音悶。賈誼旱雲賦：羣生悶滿而愁憒。四子講德論：傳曰：詩人感而後思，思而後積，積而後滿，滿而後作。案：下文云是以刺史感懣，舒音而詠至德。兩滿字竝卽懣字。從滿者，徐鍇本作滿聲。

fèn 憤

憤 懣也。從心賁聲。房吻切

懣也者，一切經音義三引同。又云：憤，怒氣盈盛也。情感也。方言：鬱顡，懣也。郭注：謂憤懣也。論語：不憤不啟。皇氏曰：憤謂學者之心思義未得而憤憤然也。楚詞九章：發憤以抒情。注云：憤，懣也。莊子盜跖篇：富人侅溺於馮氣，若負重行而上也。釋文：馮音憤。憤，滿也。馥案：集韻：馮與憤同，懣也。漢章帝詔：朕思遲直士，側席異聞，其先至者，各已發憤吐懣。後漢書桓譚傳：不勝憤懣。陸機弔魏武帝文：於是遂憤懣而獻弔云爾。宋書南郡王義宣傳：臨書憤懣。僖十五年左傳：亂氣狡憤。鄭注：憤，怒氣充實也。或借賁字。禮記：廣賁之音作而民剛毅。

mèn 悶

悶 懣也。從心門聲。莫困切

易乾卦：遯世无悶。楚策：瘨而殫悶，旄不知人。宋書晉平王傳：馬驚墮地，頓悶不識人。嵇康與山巨源書：又有心悶疾，頃轉增篤。嚴夫子哀時命：遂悶歎而無名。

懣也者，一切經音義十二：蒼頡篇：懣，悶也。廣雅：惛，懣也。孟子：阨窮而不憫。注云：憫，懣也。廣韻：惛，懣忽疾皃也。呂氏春

chóu 惆　chàng 悵　xì 愾　cǎo 懆

秋本生篇下爲匹夫而不惛高注惛讀憂悶之悶義亦然也論威篇殀婚之地高注婚音悶謂絕氣之悶

惆 失意也从心周聲 敕鳩切

失意也者一切經音義二引作惆悵失志也玉篇惆悵悲愁也荀子禮論惆然不嗛注云惆然悵然也楚辭九辯惆悵而自悲又云惆悵兮而私自憐字或作怊廣韻怊悵恨莊子怊乎若嬰兒之失其母注云怊悵也

悵 望恨也从心長聲 丑亮切

望恨也者釋名望惘也視遠惘惘也

愾 太息也从心从氣氣亦聲詩曰愾我寤歎 許既切

太息也者五音集韻通志及小字本竝作大釋名氣愾也愾然有聲而無形也祭義出戶而聽愾然必有聞乎其太息之聲王僧儒與何炯書愾其長息　詩曰愾我寤歎者曹風下泉文箋云愾歎息之意　氣亦聲者當爲氣聲

懆 愁不安也从心喿聲詩曰念子懆懆 七早切

戴君震毛鄭詩考正月出三章勞心慘兮震案慘七感切方言云殺也說文云毒也音義皆與詩不協蓋懆字轉寫譌爲慘耳懆千到切故與照燎紹韻說文懆愁不安也引詩念子懆懆今詩中正月篇憂心慘慘北山篇或慘慘劬勞抑篇我心慘慘皆懆懆之譌釋文於北山篇云字亦作懆於白華篇念子懆懆云亦作慘慘蓋未能決定二字音義　顧炎武詩本音案漢人文多以喿字作參墨子一人奉水將灌之一人摻火將益之操字作摻靜夜聞鼓聲而謲譟字作謲大戴禮摻泥而就家人晏子春秋擁札摻筆操字作摻漢書王莽傳郭欽封剗胡子西域傳作劖胡子禮記玉藻注幧頭儀禮士喪禮注作幓頭李翕析里橋郙閣頌幓字作幓荊州從事范鎮碑藻字作蔘而檀弓縿幕魯也讀爲綃蓋亦繰之異文矣　陳第毛詩古音考按說文懆愁不安也從心喿聲孫愐以七早反音之又慘毒也從心參聲孫愐以七感反音之此其文形既異音義不同宜易辨也迨後俗書既勝音釋亦淆懆之與慘彼此互錯雖通人不能釐正矣故北山之慘慘劬勞慘慘畏咎宜讀懆白華之念子懆懆宜讀懆月出之勞心慘兮抑之我心慘慘皆宜改而從懆因文求義以義酌文庶得之矣　增韻謹案詩小雅白華篇念子懆懆陸音七感反又引說文七倒反云亦作慘慘北山詩或慘慘劬勞陸音七感

說文解字義證　卷三十二　四十一

chuàng 愴　dá 怛　cǎn 憯

反字亦作懆蓋俗書懆與慘更互譌舛陸氏不加辨正而互音之非也白華詩懆字當作草懆二音不當作七感反字作慘者亦非北山詩慘字當作七感反字不當作懆又陳風月出詩勞心慘兮當作懆誤作慘　楊氏談苑江左吳淑爲校理古樂府中有摻字者淑多改爲操蓋章草之變　馥案釋詁慘憂也釋訓悄悄慘慘慍也郭云皆賢人愁恨李巡云慘慘憂怒之慍也漢校官碑德之絕摻議郎元賓碑卽有殊慘此皆變喿爲參也雜記總服繰纓注云繰當爲澡麻帶經之澡聲之誤也釋文繰依注音繰所銜反詩江漢箋云非可以兵急躁切之也正義本或作慘慼之者誤也定本云非可急躁切之公羊爲躁字則慘非也顏謂陸孔此說於喿參之辨不誤　愁不安也者六經正誤引作愁不申也詩白華釋文亦引作申一切經音義二十二引作憂兒也　詩曰念子懆懆者小雅白華文

愴 傷也从心倉聲 初亮切

傷也者琴賦愀愴傷心李善引本書同廣韻愴悽愴祭義必有悽愴之心王逸九思余感時兮悽愴後漢書喬元傳

說文解字義證　卷三十二　四十二

曹操過其墓輒悽愴

怛 憯也从心旦聲 得案切又當割切

列子黃帝篇怛然內熱　風賦中心慘怛　李陵答蘇武書祇令人增忉怛耳　潘岳寡婦賦怛驚悟兮無聞　嵇康幽憤詩怛若創痏

憯也者廣韻怛悲慘也方言怛痛也詩甫田勞心怛怛又匪風中心怛兮傳云怛傷也漢書王吉傳引作悤

悬 或从心在旦下詩曰信誓悬悬

或從心在旦下者徐鍇本從心旦聲詩曰信誓悬悬悬晃散反鍇以悬自爲音義不作怛之或體謂此如恰忩各爲義意　詩曰信誓悬悬者衛風氓文彼作旦旦傳云信誓旦旦然箋云我其以信相誓旦旦耳言其懇惻款誠釋文旦說文作悬釋訓旦旦悔爽忒也郭注傷見絕棄恨士失也釋文旦本或作悬

憯 痛也从心朁聲 七感切

心

詩雨無正憯憯日瘁老子咎莫憯於欲得痛也者李善注風賦引本書同廣雅憯痛也郭注方言憯憯小痛也漢書鼂錯傳法令煩憯顏注憯痛也通鑑齊顯祖因暴內外憯憯各懷怨毒注云憯憯痛毒之意成十三年左傳斯是用痛心疾首

cǎn 慘

慘 毒也從心參聲七感切

毒也者廣雅同李善注琴賦引字林亦同史記酷吏傳雖慘酷斯稱其位矣

qī 悽

悽 痛也從心妻聲七稽切

痛也者玉篇悽悽愴也傷也釋訓哀哀悽悽懷報德也郭注悲苦征役思所生也史記秦本紀寡人思念先君之意常痛於心祭義霜露既降君子履之必有悽愴之心

tōng 恫

恫 痛也一曰呻吟也從心同聲他紅切

痛也者釋言文廣雅同本書侗痛也書盤庚乃奉其恫傳云恫痛也詩思齊神罔時恫傳云恫痛也桑柔哀恫中國箋云恫痛也史記燕世家百姓恫怨索隱恫猶痛也後漢書張衡傳恫後辰而無及注云恫痛也思元賦舊注同一日呻吟也者匡謬正俗闕中謂呻吟爲呻恫

bēi 悲

悲 痛也從心非聲府眉切

詩七月女心傷悲淮南原道訓憂悲多恚病乃成積 痛也者廣雅同漢書楚元王傳言多痛切 從心非聲者子華子古之惻字者非其心也則失類而悲

cè 惻

惻 痛也從心則聲初力切

痛也者廣雅同易井卦行惻也釋文引本書同一切經音義二說文惻痛也謂惻然心中痛也

xī 惜

惜 痛也從心昔聲思積切

痛也者廣雅同

mǐn 愍

愍 痛也從心敃聲眉殞切

痛也者廣雅同秦策天下莫不傷高注傷愍也字詁古文愍今作閔詩載馳序閔衛之亾釋文閔一本作愍魯閔公史記漢書並作愍又或作慜歎逝賦慜城闕之邱荒

yīn 慇

慇 痛也從心殷聲於巾切

痛也者廣雅同詩正月憂心慇慇傳云慇慇然痛也或通作殷詩北門憂心殷殷釋文本又作慇

yǐ 㤅

㤅 痛聲也從心依聲孝經曰哭不㤅於豈切

痛聲也者孝經釋文引同廣韻㤅念痛聲也字或作偯一切經音義三偯於豈反哭餘聲也禮閒傳大功之哭三曲而偯注云偯餘聲從容也雜記童子哭不偯又云中道嬰兒失其母焉何常聲之有注云所謂哭不偯釋文偯說文作㤅漢李翊夫人碑誰不切兮作偯聲 依聲者釋訓哀哀懷報德也裴瑜云哀音依甘氏星經依烏漢書天文志作哀烏白居易詩坐依桃葉妓自注依音哀文心雕龍哀者依也悲實依心故曰哀也 孝經曰哭不㤅者喪親章文彼作偯注云氣竭而息聲不委曲顏氏家訓引亦作偯桓譚新論古孝經千八百七十二字今異者四百餘字

jiǎn 簡

簡 簡存也從心簡省聲讀若簡古限切

簡存也者釋訓存存萌萌在也郭注萌萌未見所出簡音萌爾雅邢疏云萌字書作蕄說文作簡 讀若簡者徐鍇繫傳引書簡在上帝之心

sāo 慅

慅 動也從心蚤聲一曰起也穌遭切

動也者釋詁文彼作騷隋書李德林傳軍中慅慅人情大異經典用騷字詩常武徐方繹騷孫子用閒篇內外騷動漢書賈誼傳作離騷賦顏注憂動曰騷王莽傳天下騷動思元賦拂雲岫之騷騷李善云騷騷風動貌

gǎn 感

感 動人心也從心咸聲古禫切

動人心也者釋詁感動也詩野有死麕無感我帨兮傳云感動也易咸卦彖聖人感人心而天下和平樂記其感人心昭二十一年左傳心是以感 咸聲者易咸彖咸感也臨卦咸臨虞云咸感也

yòu 忧

忧 不動也從心尤聲讀若祐于救切

不動也者不字誤玉篇忧心動也廣韻忧動也或通作尤昭二十一年左傳司馬乃與公謀逐華貙公飲之酒厚酬之賜及從者司馬亦如之張匄尤之曰必有故杜云尤怪賜之厚馥謂怪其厚而心動也

qiú 㤹

怨仇也從心咎聲 其久切

怨仇也者玉篇㤹怨㤹也或通作咎書敘殷始咎周傳云咎惡也馥謂怨惡也

yún 愪

憂皃從心員聲 王分切

憂皃者愪俗作忶集韻忶心悶也

yōu 怮

憂皃從心幼聲 於虯切

憂皃者廣韻怮怮憂也玉篇怮憂懣也

jiá 忦

憂也從心介聲 五介切

憂也者廣雅同五音集韻忦慬也

yàng 恙

憂也從心羊聲 余亮切

憂也者釋詁文郭注今人云無恙謂無憂也古文苑夢賦轉禍爲福永無恙兮注引本書同周禮司儀注問君曰君不恙乎問大夫曰二三子不恙乎呂氏春秋異用篇孔子之弟子從遠方來者孔子荷杖而問之曰子之公不有恙乎搏杖而揖之問曰子之父母不有恙乎置杖而問曰子之兄弟不有恙乎杙杖而倍之問曰子之妻子不有恙乎賈誼書容經篇孔子問子貢曰子之兄弟亦得無恙乎世說行人安穩布帆無恙匡謬正俗風俗通義釋無恙云上古之時草居露宿恙噬人蟲也善食人心人恆苦患之凡相問曰無恙乎非謂疾也按爾雅云恙憂心也楚辭九辯云還及君之無恙此言及君之無憂豈謂不被蟲噬乎漢元帝詔貢禹曰今生有疾何恙不已乃上疏乞骸骨此言病何憂不差而乞骸骨豈又被蟲食心邪凡言無恙謂無憂耳安得食人之蟲總名恙乎

zhuì 惴

憂懼也從心耑聲詩曰惴惴其慄 之瑞切

憂懼也者釋訓惴惴懼也廣韻惴憂心也詩小宛惴惴小心孟子吾不惴焉注云惴懼也後漢書王吉傳郡中惴恐注云惴懼也耑專音相近或讀惴爲諸延切太公金匱黃帝居人上惴惴如臨深淵惴淵爲韻爾雅博博憂也即惴惴　詩曰惴惴其慄者秦風黃鳥文本書無慄字

qióng 憌

憂也從心鈞聲 常倫切

憂也者集韻憌或作忳離騷忳鬱邑余侘傺兮王注忳憂貌也

bǐng 怲

憂也從心丙聲詩曰憂心怲怲 兵永切

憂也者廣韻怲憂心也釋訓怲怲憂也　詩曰憂心怲怲者小雅頍弁文傳云怲怲憂盛滿也

tán 惔

憂也從心炎聲詩曰憂心如惔 徒甘切

憂也者詩雲漢如惔如焚傳云惔燎之也釋文惔音談燎也說文云炎燎也馥謂炎乃惔之誤陸氏所見本訓燎不訓憂　詩曰憂心如惔者小雅節南山文傳云惔燔也箋云憂心如火灼爛之矣釋文惔說文作炎本書炎下引詩憂心炎炎卽節南山之文此所引詩後人加之

chuò 惙

憂也從心叕聲詩曰憂心惙惙一曰意不定也 陟劣切

憂也者釋訓惙惙憂也易訟卦患至掇也鄭作惙云憂也　詩曰憂心惙惙者召南草蟲文傳云惙惙憂也

shāng 慯

憂也從心殤省聲 式亮切

憂也者廣雅同或通作傷方言悼惄悴慭傷也釋詁傷思也郭注感思也釋文傷字書作慯釋訓傷憂思也詩卷耳維以不永傷傳云傷思也小弁我心憂傷張衡四愁詩何爲懷憂心煩傷　殤省聲者當爲傷本書殤從傷省

chóu 愁

憂也從心秋聲 士尤切

憂也者本書恖愁也

nì 愵

憂皃從心弱聲讀與惄同 奴歷切

憂皃者一切經音義四愵思也傷也　讀與惄同者本書惄憂也方言愵憂也自關而西秦晉之閒或曰惄詩惄如調飢釋文本又作愵韓詩作愵馥案愵當爲惄

kǎn 惂

惂 憂困也從心臽聲 苦感切

憂困也者惂俗作䫡集韻䫡不得志也又作轗廣韻轗軻坎壈也軻轗軻不遇也孟子居貧轗軻故名軻字子居

yōu 悠

悠 憂也從心攸聲 以周切

憂也者釋訓悠悠思也郭注皆憂思詩關雎悠哉悠哉傳云悠思也雄雉悠悠我思十月悠悠我里傳云悠悠憂也 或通作攸漢書五行志御於怵攸釋訓儵儵嘒嘒羅禍毒也釋文儵樊本作攸引詩攸攸我思

cuì 悴

悴 憂也從心卒聲讀與易萃卦同 秦醉切

憂也者蒼頡篇同方言悴傷也宋謂之悴

hùn 慁

慁 憂也從心圂聲一曰擾也 胡困切

憂也者廣雅同　一曰擾也者史記范雎傳是天以寡人慁先生徐廣曰亂先生也音溷漢書陸賈傳無久慁公為也文選風賦注引字林溷亂也賦借溷字注所引實慁字訓也

lí 悡

悡 楚潁之閒謂憂曰悡從心𥝢聲 力至切

楚潁之閒謂憂曰悡者釋詁文彼作悝郭引詩悠悠我悝今詩作里釋文本或作瘇廣韻悡憂也方言悡傷也楚潁之閒謂之悡　馥謂悡當爲悡

xū 忓

忓 憂也從心亐聲讀若吁 況于切

憂也者釋詁文彼作盱郭引詩云何盱矣按卷耳云何吁矣傳云吁憂也郭蓋引此而作盱字釋文盱本或作忓同

chōng 忡

忡 憂也從心中聲詩曰憂心忡忡 敕中切

憂也者釋訓忡忡憂也擊鼓憂心有忡傳云憂心忡忡然或作爞楚詞九歌極勞心兮爞爞王注爞爞憂心貌洪氏補注引本書同　詩曰憂心忡忡者召南草蟲文小雅出車文同

qiǎo 悄

悄 憂也從心肖聲詩曰憂心悄悄 親小切

憂也者廣韻悄悄憂貌詩月出勞心悄兮傳云悄憂也　詩曰憂心悄悄者邶風柏舟文傳云悄悄憂貌

qī 慽

慽 憂也從心戚聲 倉歷切

僖十五年左傳二三子何其慼也　昭十一年左傳葬齊歸公不慼　後漢書王商傳居喪哀慽　千字文慽謝歡招漢平都相蔣君碑終以哀慼　或借慼字檀弓哀慼之至趙策愚者之笑賢者慼焉

憂也者廣雅慼慼憂也釋言懆慼也郭注戰懆者憂慼書盤庚率籲衆慼傳云率和衆憂之人多方不肯慼言于民傳云不肯憂言於民金縢未可以慼我先王鄭注慼憂也詩小明自詒伊慼傳云慼憂也宣二年左傳引作慼易復卦注頻蹙之貌釋文作慼千寂反憂也楚策汗明蹙焉

yōu 𢝊

𢝊 愁也從心從頁 於求切

愁也者玉篇引作𢝊愁也本書愁憂也釋詁𢝊思也邢疏憂者愁思也　從頁者戴侗曰蜀本作頁聲馥謂頁即首字本書頁古文䭫首字如此曲禮下于帶則憂鄭注憂則低也

huàn 患

患 憂也從心上貫吅吅亦聲 胡丱切

憂也者孝經正義引同又云廣雅曰患惡也經傳之稱患者多矣論語不患人之不已知又曰不患無位又曰不患貧而患不均左傳曰宜子患之皆是憂惡之詞也孟子然後知生於憂患而死於安樂也謝惠連秋懷詩少小嬰憂患　從心上貫吅者當爲從心上毌毌古文毌詩皇矣串夷即緜之混夷昆毌聲相近本書𤥨或作瓚　吅亦聲者後人所加

㦙 古文從關省

𢚱 亦古文患

kuāng 恇

恇 怯也從心匡匡亦聲 去王切

後漢書張步傳時國無嗣主內外恇懼又梁鴻傳口囂囂兮余訕嗟恇恇兮誰留　宋書盧陵王義真傳下令遠近恇然失圖又張邵傳朝廷恇懼又劉鐘傳計其人情恇撓必不久安　王儉褚淵碑羣后恇動於下

怯也者廣雅恇怯也魏志袁紹傳韓馥素恇怯宋書謝晦傳庾登之恇怯隋書虞世基傳卿是書生定猶恇怯韓愈

詩恇怯頻窺覘或通作匡禮器衆不匡懼注云匡猶恐也

qiè 悏

悏 思皃從心夾聲苦叶切

思皃者一切經音義十二引作恐息也

shè 慴

慴 失气也從心聶聲一曰服也之涉切

失气也者史記衛靑傳慴慴者弗取索隱引本書同一切經音義十二字書慴失常也廣韻慴失常也曲禮貧賤而知好禮則志不慴注云慴猶怯惑樂記柔氣不慴注云慴猶恐懼也陳書戚袞傳諸人慴氣皆失次序　一曰服也者廣雅字林竝同本書偄心服也

dàn 憚

憚 忌難也從心單聲一曰難也徒案切

通俗文旁驚曰憚　僖十五年左傳不憚征繕以立圉也宣四年左傳畜老猶憚殺之　襄二十八年傳其何勞之敢憚　大戴禮曾子立事篇君子終身守此憚憚　或作𢠢集韻𢠢狐邑名在洛南百五十里秦遷周赧王於此

忌難也者難當爲惡廣韻憚忌惡也本書忌憎惡也一切經音義三憚畏也詩雲漢我心憚暑箋云憚猶畏也　一曰難也者一切經音義三憚難也方言荆吳之人相難謂之展若秦晉之言相憚矣詩緜蠻豈敢憚行箋云憚難也論語過則勿憚改鄭注憚難也僖七年左傳何憚於病杜注憚難也魯語不憚以吾故韋注憚難也

dào 悼

悼 懼也陳楚謂懼曰悼從心卓聲徒到切

懼也者一切經音義三惶憂悼在心之皃也　陳楚謂懼曰悼者方言悼哀也陳楚之閒曰悼䫉謂哀當爲懼方言又云灼驚也郭注猶恐灼也廣雅灼驚也一切經音義七灼惕者謂憂懼也䫉謂灼灼竝當爲悼

kǒng 恐

恐 懼也從心巩聲邱隴切

懼也者釋詁文素問腎在志爲恐注云恐所以懼惡也

𢖶 古文

zhé 慴

慴 懼也從心習聲讀若疊之涉切

懼也者釋詁文史記項羽本紀一府中皆慴伏七發恐虎豹慴鷙鳥　讀若疊者詩時邁莫不震疊傳云疊懼也正義云釋詁文彼疊作慴音義同鹽鐵論引詩作慴廣絕交論四海疊其燻灼

chù 怵

怵 恐也從心朮聲丑律切

恐也者玉篇怵悚懼也廣雅怵懼也

tì 惕

惕 敬也從心易聲他歷切

敬也者一切經音義五引作驚也又卷七惕怵惕悚懼也玉篇惕懼也易乾卦夕惕若厲釋文惕怵惕也鄭云懼也廣雅同書冏命怵惕惟厲傳云怵惕懷懼也襄二十二年左傳無日不惕杜注惕懼也

悐 或從狄

漢書王商傳無怵愁憂

或從狄者易狄聲近　本書逖古文作逷

gǒng 供

供 戰慄也從心共聲戶工切又工恐切

戰慄也者本書無慄字徐鍇韻譜作栗釋詁戰慄懼也廣雅供懼也方言蛩供戰慄也荆吳曰蛩供蛩供恐也

hài 核

核 苦也從心亥聲胡槩切

苦也者廣雅同廣韻核患苦玉篇核恨苦也一切經音義十二通俗文患愁曰核核亦苦也恨也本書該讀若心中滿該當作濿核

huáng 惶

惶 恐也從心皇聲胡光切

恐也者廣雅蒼頡篇竝同本書懝惶也漢書朱博傳王卿得敕惶怖李尤函谷關賦戾伯過而震惶

bù 悑

悑 惶也從心甫聲普故切

惶也者廣韻悑惶懼也淮南詮言訓故福至則喜禍至則怖後漢書郎顗傳匹營惶怖第五倫傳其巫祝有依託鬼神詐怖愚民

zhí 慹　qì 𢟖　bèi 憊　jì 惎　chǐ 恥　tiǎn 㥏

或從布聲

慹 悑也從心執聲 之入切

悑也者莊子田子方篇慹然似非人釋文引本書同漢書朱博傳以是豪彊慹服

𢟖 憊也從心𣪠聲 苦計切

憊也者廣雅𢟖憊極也 玉篇𢟖極也通作磬郭注爾雅云今江東呼厭極爲磬 陸佃新義引作罄

憊 𢟖也從心𤰇聲 蒲拜切

𢟖也者廣韻憊疲劣玉篇憊極也疲勞也廣雅憊羸困也俗作𢟖一切經音義七通俗文疲極曰憊憊疲劣也馥案憊病也病如孟子今日病矣之病易遯卦遯之厲有疾憊也鄭注憊困也既濟三年克之憊也虞云坎爲勞故憊也檀弓曾子聞之瞿然曰呼注云呼虛憊之聲釋文憊羸困也列子晝則呻呼即事夜則昏憊而熟寐莊子山木篇何先生之憊邪又云貧也非憊也宣十五年公羊傳華元曰憊矣司馬子反曰嘻甚矣憊漢書樊噲傳又何憊也顔注

說文解字義證卷三十二

憊力極也又借敗字荀子解蔽篇惡敗而出妻

𢞬 或從𤰈

惎 毒也從心其聲周書曰來就惎惎 渠記切

毒也者僖二十八年左傳其余毒也已宣十二年傳楚人惎之傳遽曰楚人將毒害之宣四年傳箴祭啓商惎閒王室杜注惎毒也以毒亂王室哀元年傳惎澆能戒之二十七年傳趙襄子由是惎知伯杜注並云惎毒也 周書曰來就惎惎者今無此文疑即秦誓未就予忌左傳釋文惎音忌

恥 辱也從心耳聲 敕里切

辱也者論語遠恥辱也周禮司救恥諸嘉石鄭注恥辱之也昭五年左傳恥匹夫不可以無備況國乎杜注言不可辱也

㥏 青徐謂慙曰㥏從心典聲 他典切

tiǎn 忝　cán 慙　nǜ 恧　zuò 怍　lián 憐　lián 𢜩

青徐謂慙曰㥏者方言㥏慙也荊陽青徐之閒曰㥏若梁益秦晉之閒言心內慙矣徐鍇繫傳引左思賦㥏墨而謝

忝 辱也從心天聲 他點切

書堯典否德忝帝位 詩瞻卬無忝皇祖 韓詩外傳故養身者忘家養志者忘身身且不愛孰能忝之 辱也者釋言文書太甲忝厥祖傳云忝辱也詩小宛無忝爾所生傳云忝辱也

慙 媿也從心斬聲 昨甘切

書仲虺之誥惟有慙德 孟子吾甚慙於孟子 媿也者小爾雅不直失節謂之慙慙媿也

恧 慙也從心而聲 女六切

慙也者一切經音義十九引三蒼同方言山之東西自媿曰恧小爾雅心慙曰恧漢書王莽傳處之不慙恧顔注恧媿也後漢書張衡傳苟中情之端直兮莫吾知而不恧注云恧慙也或作忸書五子之歌顔厚有忸怩孟子鬱陶思

說文解字義證卷三十二

君爾忸怩又作𥉂埤蒼𥉂慙也

怍 慙也從心作省聲 在各切

慙也者廣韻怍慚怍釋言愧慙也莊子釋文引作怍慙也論語其言之不怍馬融曰怍慙也宣六年公羊傳靈公心怍焉何注怍慙貌後漢書劉玄傳更始羞怍俛首刮席不敢視注云怍顔色變也禰衡傳顔色不怍注云怍羞也王霸妻傳沮怍不能仰視注云怍慙也字或作㤰荀子儒效篇無所儗㤰注云謂無疑滯慙㤰也賈誼書道語談說不怍於朝廷又借迮字 說苑翟黃迮然而慚

憐 哀也從心粦聲 落賢切

哀也者廣雅方言並同玉篇憐矜之也呂氏春秋人主胡可以不務哀士字或作怜集韻憐說文哀也或作怜

𢜩 泣下也從心連聲易曰泣涕𢜩如 力延切

泣下也者易釋文引同經典借漣字詩氓泣涕漣漣釋文云漣漣泣貌 易曰泣涕𢜩如者屯卦文彼作泣血漣如

rěn 忍

忍 能也從心刃聲 而軫切

太公金匱武王書鋒云忍之須臾乃全女軀　昭元年左傳魯以相忍爲國

能也者能讀爲耐樂記故人不耐無樂注云耐古書能字也禮運故聖人耐以天下爲一家注云耐古能字錢君大昭曰廣雅忍耐也皇侃論語疏忍猶容耐也楊倞荀子注耐忍也高誘呂氏春秋注忍能也能耐也詩漸漸之石箋云豕之性能水釋文能奴代反本又作耐漢書食貨志能風與旱鼂錯傳其性能寒其性能暑趙充國傳漢馬不能冬西域傳不能饑渴顏師古皆讀能爲耐

mǐ 㥓

㥓 厲也一曰止也從心弭聲讀若沔 彌兗切

厲也者集韻同玉篇㥓厲也　一曰止也者廣韻同或通作弭玉篇弭止也襄二十五年左傳自今以往兵其少弭矣後漢書趙壹傳銷弭時災又借彌字周禮彌災兵

yì 忩

忩 懲也從心乂聲 魚肺切

懲也者或借乂字後漢書竇融傳其後匈奴懲乂注云懲創也說文云忩亦懲也又借艾字詩小毖予其懲而毖後患傳云懲艾也釋文艾字或作忩閟宮荆舒是懲箋云懲艾也禮表記以怨報怨則民有所懲鄭注懲謂創艾楚詞離騷非余心之可懲注云懲艾也九歎悲余性之不可改兮屢懲艾而不迻

chéng 懲

懲 忩也從心徵聲 直陵切

忩也者廣雅同一切經音義八詩傳曰懲止也又革也案改革前失曰懲也楚詞九歌首雖離兮心不懲注云懲忩也漢書傅介子傳樓蘭龜茲數反覆而不誅無所懲忩楚元王傳引詩胡憯莫懲顏注懲忩也又與承通哀四年左傳諸大夫恐其又遷也承杜注承音懲蓋楚言

jǐng 憬

憬 覺寤也從心景聲詩曰憬彼淮夷 俱永切

此文後人所加故在部末詩憬彼淮夷釋文云憬說文作懬音獷馥案韓詩作獷薛君曰獷覺寤之貌本書[illegible]下引詩作獷本作懬後人改爲獷又誤爲穬

文二百六十三　重二十三

怢

怢 習也

詩四月廢爲殘賊傳云廢怢也正義云說文云怢習也匪爲惡行是慣習之義釋文怢時世反詩蕩箋此言時人怢於惡釋文怢市制反又時設反說文云習也桓十三年左傳正義引同後漢書馮異傳忸怢小利註云忸怢慣習也

懂

懂

本書急謹也當爲懂寫者因本書無懂改爲謹玉篇懂憂也廣韻懂憂哀也定八年公羊傳懂然後得免

遺文二

suǒ 惢

惢 心疑也從三心凡惢之屬皆從惢讀若易旅瑣瑣 才規又方累二切

心疑也者魏都賦神惢形茹李善引本書同

ruǐ 繠

繠 垂也從惢糸聲 如壘切

垂也者盧諶時興詩繠繠芬華落李善引字書繠垂也馥謂詩借蘂字注依詩作蘂字而所引則繠字也

文二

shuǐ
水

說文解字弟十一　義證弟三十三

曲阜桂馥學

水　準也北方之行象衆水竝流中有微陽之气也凡水之屬皆从水　式軌切

玉篇水流準也　春秋元命苞水之爲言演也陰化淖濡流施潛行也故其立字兩人交一以中出者爲水一者數之始兩人譬男女言陰陽交物以一起也　淮南天文訓積陰之寒氣爲水　鹽鐵論秋生冬死故水生於申　管子水地篇水者地之血氣如筋脈之通流者也　元中記天下之多者水焉浮天載地高下無不至萬物無不潤　抱朴子黄帝曰天在地外水在天外浮天而載地者水也　物理論所以立天地者水也吐元氣發日月經星辰皆由水而興又曰九州之外皆水也　顧子水有四德沐浴羣生深流萬世是仁也揚清激濁蕩去滓穢是義也柔而難犯弱而難勝是勇也道江疏河惡盈流謙是智也　韓詩外傳問者曰夫智者何以樂於水也曰夫水者緣理而行不遺小閒似有智者動而之

下似有禮者蹈深不疑似有勇者障防而清似知命者歷險致遠卒成不毀似有德者天地以成羣物以生國家以寧萬事以平品物以正此智者所以樂於水也

準也者水準聲相近集韻準數軌切本書灋刑也平之如水從水廣韻水準也釋名水準也準平物也爾雅疏引白虎通水之爲言準也考工記輈人輈注則利準鄭注故書準作水栗氏爲量權之然後準之鄭注準故書或作水輪人水之以眂其平沈之均也釋言坎銓也樊光注坎水也水性平銓亦平也易繫辭易與天地準鄭注準平也管子水地篇水者萬物之準也尚書大傳非水無以準萬里之平淮南齊俗訓視高下不差尺寸明主弗任而求之乎浣準高注浣準水望之平說林訓水靜則平平則清清則見物之形弗能匿也故可以爲正尚書帝命驗五府黑曰元矩注云黑帝汁光紀之府名曰元矩元矩法也水精元昧能權輕重故謂之元矩漢書律歷志以井水準其槩李尋傳水爲準平王道公正修明則百川理落脈通說苑夫水者至量必平盈不求槩韋昭辨釋名平準令主平物價使相依準通鑑注準揆平之物漢有水衡官史記有平準書

北方之行者白帖水冠五行之始易說卦坎爲水正義云取其北方之行也書洪範五行一曰水春秋元命苞水者天地之包幕五行之始焉萬物之所由生元氣之津液也計倪子內經元冥治北方白辯佐之使主水鶡冠子泰鴻篇以水沈物天下盡水也使居北方主冬子華子北方陰極而生寒寒生水申鑒北方水也蹈之不沈白虎通水位在北北方者陰氣在黄泉之下任養萬物水之爲言準也也陰化沾濡漢書五行志水北方終藏萬物者也又李尋傳五行以水爲本其星元武婺女天地所紀終始所生抱朴子水行爲智爲黑　象衆水竝流中有微陽之气也者爾雅釋文引作象衆泉竝流著微陽之氣也本書乁坎支流也馥謂水字中畫從乁坎古文作三中畫陽也元命苞水者元氣之腠液也周語川氣之導也乾坤鑿度水內剛外柔性下不上恒附於氣也子華子陰之正氣其色黑水陽也而其伏爲陰書洪範正義五行之體水最微

bīn
汃

汃　西極之水也从水八聲爾雅曰西至汃國謂四極　府巾切

西極之水也者廣韻汃西極水名　爾雅曰西至汃國謂四極者釋地文彼作邠釋文邠說文作汃字音同廣韻汃

西方極遠之國列子湯問篇西行至豳人民猶是也注引爾雅爲證漢書司馬相如傳右西極郭璞曰西極國也文穎曰爾雅曰西至於豳國爲西極在長安西故言右離騷朝發軔於天津兮夕余至乎西極淮南地形訓西方曰西極之山曰閶闔之門

hé
河

河　水出焞煌塞外昆侖山發原注海从水可聲　乎哥切

釋名河下也隨地下處而通流也　春秋說題辭河之爲言荷也荷精分布懷陰引度也　孝經援神契河者水之伯上應天漢　史記大宛傳于窴之西則水皆西流注西海其東水東流注鹽澤鹽澤潛行地下其南則河源出焉　漢書西域傳西域在匈奴之西烏孫之南南北有大山中央有河其河兩原一出蔥嶺山一出于闐于闐在南山下其河北流與蔥嶺河合東注蒲昌海蒲昌海一名鹽澤者也去玉門陽關三百餘里廣袤三百里其水亭居冬夏不增減皆以爲潛行地下南出於積石爲中國河云　禹貢導河積石　淮南地形訓河水出昆侖東北陬貫勃海入禹所導積石山高注勃海大海也河水自昆侖由地中行禹導而通之至積石山海外北經禹所導積石之山河水所入注云河出昆侖而潛

行地下至蔥嶺復出注鹽澤從鹽澤復行南出於此山而爲中國河遂注海也書曰導河積石言時有壅塞故導利以通之　西山經積石之山其下有石門河水冒以西流郭注積石山今在金城河關西南羌中河水行塞外東入塞內括地志大積石山在吐谷渾界小積石山在枹罕縣西北後漢書段熲傳自張掖追西羌且鬬且行四十餘日至河首積石山出塞三千餘里　唐書吐谷渾傳君集道宗行空荒二千里閱月次星宿川達柏海上望積石山覽觀河源　元和郡縣志積石山一名唐述山今名小積石山在枹罕縣西北七十里按河出積石山在西南羌中注於蒲昌海潛行地下出於積石爲中國河故今人目彼山爲大積石山此山爲小積石山按禹貢導河積石至于龍門又曰導洛自熊耳按洛水出上洛　西山經熊耳之北所言導者皆謂紀所施功不必自其源也　胡渭曰水經崑崙墟在西北去嵩高五萬里地之中也其高萬一千里河水出其東北陬屈從其東南流入於渤海又東與于闐河合南河又東逕于闐北又東北逕扜彌國北又東逕且末國北北河又東北流分爲二水枝流出焉北河自疏勒逕流南河之北又東逕莎車國南又東南逕温宿國又東逕姑墨國南又東逕注賓城南又東逕樓蘭城南又東注於泑澤又出海外南至積石山下有石門河水冒以西南流潛按此二十字錯在蔥嶺今移置於此簡又東入塞過敦煌酒泉張掖郡南按水經敘西域兩源較漢書尤爲明備惟是積石一山錯簡在渤海之下蔥嶺之上遂來後人之彈射而不知此非其本文乃妄庸人之所竄易也　春秋釋例河出西平西南二千里從西平東北經金城故北地朔方五原至故雲中南經平陽河東之西界東經河東河內之南界東北經汲郡頓邱陽平平原樂陵之東南入海馥案此河道與禹貢不同蓋據當時言之　釋水河出崑崙虛色白所渠并千七百一川色黃百里一小曲千里一曲一直　文十二年公羊傳河曲疏矣河千里而一曲也　物理論河色黃赤衆川之流蓋濁之也百里一小曲千里一大曲　河圖絳象黃河出昆侖山東北流千里折西而行至於蒲山南流千里至於華山之陰東流千里至植雍北流千里至於下津河水九曲長九千里入於渤海　史紀殷本紀載湯誥之言曰東爲江北爲濟西爲河南爲淮四瀆已修萬民乃有居　博物志　四瀆河出昆侖墟江出岷山濟出王屋淮出桐柏

水出焞煌塞外昆侖山者山當爲虛本書崐崘邱謂之崐崘虛　釋地西北之美者有崐崘虛之璆琳琅玕焉　釋水河出崑崙虛河圖括地象崐崘之墟有五城十二樓河水出四維多玉　水經崑崙墟在西北　博物志地部之位起形高大者有昆侖墟其泉南流入中國名曰河也河圖始開圖黃帝問風后曰余欲知河之始開風后曰河凡有五皆始開乎崑崙之墟海內西經海內崑崙之墟在西北北山經敦薨之山敦薨之水出焉而西流注於泑澤出於昆侖之東北隅實惟河原郭注卽河水出昆侖之墟淮南子崑崙虛中有增城九重凡此諸說皆偁昆侖虛亦或偁邱如西山經昆侖之邱是實惟帝之下都河水出焉大荒經西海之南流沙之濱赤水之後黑水之前有大山名曰昆侖之邱古文苑靈河賦咨靈川之遐源兮於崑崙之神邱是也其偁山者廣韻泑崑崙山下澤也崑崙山記崑崙山一名崑崙邱風俗通義河出燉煌塞外崑崙山發源注海此卽據本書之文亦偁山爲可疑也易林泉出崑崙流爲九河十洲記崑陵卽崑崙中狹上廣故曰崑崙博物志崑崙出五色流水東南流黃水入中國爲河成公綏大河賦覽百川之宏壯莫尙美於黃河潛崑崙之峻極出積石之嵯峨　發原注海者廣雅崑崙虛河水出其東北陬入東海漢書地理志金城郡河關縣積石山在西南羌中河水行塞外東北入塞內至章武入海過郡十六行九千四百里禹貢導河積石至于龍門南至于華陰東至于底柱又東至于孟津東過洛汭至于大伾北過降水至于大陸又北播爲九河同爲逆河入于海　釋水江河淮濟爲四瀆四瀆者發源注海者也　釋名瀆獨也各獨出其所而入海也　許敬宗曰瀆者獨也獨能赴海也　淮南說山訓江出岷山河出昆侖濟出王屋潁出少室漢出嶓冢分流舛馳注於東海所行則異所歸者一　管子水有大小有遠近水出山而流入海者命曰經水引他水及歸於大水入海者命曰枝水　可聲者　本書序形聲者以事爲名取譬相成江河是也賈公彥說周禮六書云書有六體形聲實多若江河是左形右聲鳩鴿是右形左聲草藻是上形下聲婆娑是下形上聲圃國是外形內聲闠衡或辦衾颪是內形外聲此形聲之等有六也

yōu
泑

泑　澤在昆侖下從水幼聲讀與𣹢同　於糾切

澤在昆侖下者御覽引作澤在崑崙虛下廣韻泑崑崙山下澤也水經河水又東注於泑澤酈注卽所謂蒲昌也史記大宛列傳于窴之西則水皆西流注西海其東水東流注鹽澤鹽澤潛行地下其南則河源出焉鹽澤去長安可五千里正義漢書云鹽澤去玉門關三百餘里廣袤三四百里其水皆潛行地下南出於積石山爲中國河括地志

云蒲昌海一名泑澤一名鹽澤亦名輔日海亦名穿蘭亦名臨海杅沙州西南漢書地理志敦煌郡正西關外有白龍堆沙有蒲昌海西山經不周之山北望諸毗之山臨彼嶽崇之山東望泑澤河水所潛也其原渾渾泡泡郭注河南出昆侖潛行地下至葱嶺出于闐國復分流岐出合而東流注泑澤已復潛行南出於積石山而爲中國河也泑澤卽蒲澤一名蒲昌海廣三四百里其水停冬夏不增減去玉門關三百餘里卽河之重源所謂潛行也又長沙之山泚水出焉北流注於泑水注云水色黑也馥案大荒經所謂赤水之後黑水之前有崑崙邱者黑水卽泑也西山經槐江之山邱時之水出焉而北流注於泑水南望崑崙其光熊熊其氣魂魂馥案經言南望是崑崙在黑水之前矣

dōng
涷

涷　水出發鳩山入於河从水東聲 德紅切

此水當與漳沁相次

水出發鳩山入於河者水經注濁漳水云漳水又東陳水注之水西出發鳩山東逕余吾縣故城南又東逕屯留縣

故城北又東流注於漳故許慎曰水出發鳩山入關從水章聲也馥案陳水當爲涷水章聲當爲東聲入關當爲入壺關漳水徑壺關縣故城西也本書今作入於河後人亂之寰宇記八十川水出潞州長子縣界發鳩山西南合沁水此川長八十里因名八十川馥謂卽涷水

fú
涪

涪　水出廣漢剛邑道徼外南入漢从水咅聲 縛牟切

水出廣漢剛邑道徼外南入漢者邑當爲氐漢書百官表縣有蠻夷曰道漢書音義徼塞也以木柵水爲蠻夷界地理志廣漢郡剛氐道涪水出徼外南至墊江入漢過郡二行千六十九里又涪縣莽曰統睦應劭曰涪水出廣漢南入漢華陽國志漢中志剛氐縣涪水所出水經涪水出廣魏涪縣西北南至小廣魏與梓潼水合酈注涪水出廣漢屬國剛氐道徼外東南流逕涪縣西又東南逕綿竹縣北又東南逕南安郡南又南枝津出焉西逕廣漢五城縣爲五城水又西至成都入於江又水經梓潼水出其縣北界西南入於涪又西南至小廣魏南入於墊江酈注亦言涪水至此入漢水元和志涪州武龍縣涪江水在縣南屈北流注於蜀江又云射洪縣有梓潼水與涪江合流急如箭奔射江口蜀人謂水口曰洪因名射洪九域志緜州巴西縣有涪水

tóng
潼

潼　水出廣漢梓潼北界南入墊江从水童聲 徒紅切

水出廣漢梓潼北界南入墊江者墊當爲褺本書褺下云巴郡有褺江縣地理志廣漢郡梓潼縣應劭曰潼水所出南入墊江元和志梓州因梓潼水爲名也又云岐江水下流卽梓潼水寰宇記梓州鹽亭縣梓潼水源出劍州陰平縣豆圖山石穴東南經緜州鹽泉縣流入當縣又云開州新浦縣墊江水源自縣高梁山東北流於縣南入常渠水

jiāng
江

江　水出蜀湔氐徼外崏山入海从水工聲 古雙切

釋名江公也小水流入其中公共也　廣雅江貢也風俗通江者貢也所出珍物可貢獻也　江源記平康縣有羊腸嶺大江發源之所馥案腸當爲膊李膺益州記羊膊嶺水分二派一東南流爲大江一西南流爲大渡河寰宇記羊膊山在平康縣山下有二神湫大江始發之所金履祥尙書注岷山數百峯大西山爲最大雪山峯闞其後冬夏如爛銀一谷名鐵豹嶺者有西岳廟廟下名羊膊石江水正源也　詩四月滔滔江漢南國之紀箋云江也漢也南國之大水紀理衆

川使不壅滯　禹貢三江既入鄭注左合漢爲北江會彭蠡爲南江岷江居其中則爲中江故書稱東爲中江者明岷江至彭蠡與南北合始得稱中也　楊愼曰江出岷山其源實自蜀西戎萬山來至嘉州而沫水自嶲州合大渡河穿夷界十山以會之至敘州而馬湖江會之又十五里而南廣江會之至瀘州而內江又自資簡會之至重慶而嘉陵江自利閬果合等州會之至涪州而黔江合南夷諸水會之至萬縣而開江水自開達等州會之夫然後總而入峽是江自峽而西受大水凡八及出峽而下岳陽則會之洞庭湖所受湖南北諸水也又自是而下鄂渚則會之漢口所受興元諸水也又自是而下黃州東四十五里則會之巴河也又自是而下九江則會之者彭蠡今名鄱陽湖所受江東西諸郡水也又自是而下則會之者皖水所受淮西諸水也夫然後總而入海是以自峽而東又受大水凡五畧計天下之水會於江者居天下之半其名稱之大而可考者凡十有三故曰江源其出如甕而能滔滔萬里達海所受者衆也　胡渭曰華陽國志李冰穿郫江檢江檢江卽流江自漢以來皆以郫江爲沱水流江爲大江水經所敘江水自都安以至成都者致其原委皆流江也然流江實非大江江原縣鄣水近世謂之大阜江者則岷江之正流也而班氏以爲首受江故鄭康成

云沱之類鄗與郫俱爲沱而流江於是乎爲大江矣

水出蜀湔氐徼外㟭山入海者㟭當作駱氐下當有道字地理志蜀郡湔氐道禹貢㟭山在西徼外江水所出東南至江都入海過郡七行二千六百六十里胡渭曰江自松潘至泰州行七千九百六十里自泰州至海門入海又四百里通計得八千三百餘里二當作入或是七閻若璩曰漢志言江行二千二百六十里案水經江水東過夷陵縣南注說宜昌縣流頭灘而引袁山松曰自蜀至此五千餘里干寶晉紀吳使紀陟如魏司馬昭問吳戍備幾何對曰西陵至江都五千七百里宜昌今宜都縣在西陵之東自江發源松潘至此四千四五百里西陵今宜昌府治東湖縣自此至江都不過四千里山松與陟言皆誇然共計亦當有入千餘里二當作八馥案過郡七者蜀郡犍爲巴郡南郡江夏廬江廣陵也地理志又云會稽毗陵縣江在北東入海又地理志㟭山之陽顏注㟭山在蜀郡湔氐西江所出經典用岷字禹貢岷山導江家語夫江始於岷山其源可以濫觴郡國志蜀郡湔氐道岷山在西徼外括地志江水源出岷州南岷山南流至益州卽東南流入蜀至瀘州東流經三硤過荆州與漢水合風俗通義江出蜀郡湔

氐徼外岷山入海海內東經岷三江首大江出汶山郭注今江出汶山郡升遷縣岷山東南經蜀郡犍爲至江陽東北經巴東建平宜都南郡江夏弋陽安豐至廬江南界東北經淮南下邳至廣陵郡入海楚詞九章隱岷山以清江王注岷山江所出也高誘注呂氏春秋有始篇江水云江水出岷山在蜀西徼外淮南地形訓江出岷山東流絕漢入海左還北流至於開母之北右還東流至於東極高注開母山名在東海中地形訓又云何謂六水曰河水赤水遼水黑水江水淮水注云江出岷山在蜀西徼外荆州記江出岷山其源若甕口可以濫觴在益州建寧漏江縣潛行地底數里至楚都遂廣十里陸游入蜀記嘗登岷山欲窮江源而不可得蔡自蜀郡之西大山廣谷谽谺起伏西南走蠻箐中皆岷山也則江所從來遠矣范成大吳船錄江源自西戎來由岷山澗壑中出而合於都江今世所云止自中國言耳或借汶字禹貢岷嶓既藝岷山導江史記並作汶海內東經大江出汶山輿地廣記汶山在茂州汶山縣西俗謂之鐵豹嶺禹之導江發迹於此管子霸形篇望汶山注云汶音岷岷山江水所從出予華子江之源出於汶山其大如甕口其流可以濫觴順沿而下控諸羣荆廣袤數千里方舟然後可以濟此無他故也所受於下流

tuó
沱

者非一壑也春秋釋例江水出汶山升遷縣岷山經南郡江夏至廣陵入海元和志大江一名汶江至汶山故郡乃廣二百步又云茂州汶山縣汶江北自翼州南流經縣西二里九域志茂州汶山縣有汶山岷江六經正誤考工記貉踰汶則死注汶水在魯北釋文汶音問水名按列子湯問篇鸜鵒不踰濟貉踰汶則死矣殷敬順釋文汶母巾反鄭元云汶水在魯城北先儒相因以爲魯之汶水皆大誤也按史記汶與㟭同母巾反謂汶江也非音問之汶案山海經大江出汶山郭云東南逕蜀郡東北逕巴東江夏至廣陵入海韓詩外傳云昔者江出於汶山其始也足以濫觴是也又楚辭云隱汶山之清江固可明矣且列子與周禮通言水土異性則遷移有傷故舉四瀆以言之案今魯之汶水潤不踰數十丈源不過二百里揭厲皆渡斯須往還豈狐貉暫游生死頓隔乎說文云貉狐類也皆生長邱陵旱地今江邊人云死不渡江是明踰越大水則傷本性遂致死也三國志蜀後主至湔登觀坂看汶水之流五代史王建貶衛尉少卿李綱爲汶川尉徐無黨注汶讀作岷　工聲者本書序形聲者以事爲名取譬相成江河是也

沱　江別流也出㟭山東別爲沱从水它聲　徒何切

江別流也者初學記引作陂也從水它聲馥案本書陂沱也蓋沱有二義一爲陂一爲江沱今脫陂義出岷山東別爲沱者出上當有江字釋水江爲沱郭璞音義沱水自蜀郡都安縣揃山與江別而更流禹貢岷山導江東別爲沱毛晃曰按地理志南郡枝江縣江沱在西此荆州之沱也蜀郡郫縣江沱在西北此梁州之沱也凡江水別出皆名爲沱此言東別爲沱繼於岷山導江之下是江始出而別流者則當在梁州詩言江有沱其荆州之沱歟胡渭曰河渠書蜀守冰穿二江二江一是流江乃冰所創造一是郫江卽禹貢之沱時必淤淺冰復從而濬之遂幷數爲二江地理志蜀郡郫縣禹貢江沱在西東入大江括地志繁江水受郫江禹貢曰岷山導江東別爲沱源出益州新繁縣通典彭州唐昌縣下云禹貢岷山導江東別爲沱沱水在此寰宇記益州沱水在州西南唐隆縣界皁里江是也晉太康地記江沱在新繁縣蕭廣濟注江賦云觸玉壘山東回爲沱李膺益州記沱水入都田江胡渭曰郫江卽禹貢梁州之沱郫江號北江惟東合湔濰又東南至江陽入江者爲禹貢之江沱餘皆後人所穿鑿

zhè 浙

浙 江水東至會稽山陰爲浙江從水折聲 旨熱切

史記秦始皇本紀至錢唐臨浙江虞喜志林注錢唐江口浙山正居江中潮水投山下折而曲 江水東至會稽山陰爲浙江者江水當作漸江水水經漸江出三天子都注云山海經謂之浙江寰宇記引顧野王云今永康縉雲山是三天子之都今在績谿縣東九十里案績谿屬安徽今水出安徽歙縣者爲漸江流至會稽山陰爲浙江本書脫去漸字遂不知爲何江之水矣孔稚珪北山移文馳妙譽於浙右李善引字書與本書同廣韻浙江名在東陽玉篇浙發源東陽至錢塘入海地理志丹陽郡黟縣漸江水出南蠻夷中東入海又后城縣分江水首受江東至餘姚入海胡渭謂分江水在今池州府貴池縣馥案丹陽郡故鄣郡在漢初屬會稽郡地此水自首受至入海皆不出會稽一郡卽浙江也莊子外物篇自制河以東釋文制依字應作浙漢書音義音逝河亦江也北人名水皆曰河浙江今在餘杭郡後漢以爲吳會分界司馬云浙江今在會稽錢塘馥案浙或作淛論語片言可以折獄者鄭注魯讀折爲制是也海內東經浙江出三天子都在蠻東在閩西北入海注云案地理志浙江出新安黟縣南

蠻中東入海今錢塘浙江是也蠻卽歙也水經漸江水出三天子都北過餘杭東入於海酈注山海經謂之浙江也地理志云水出丹陽黟縣南蠻中呂氏春秋曰越王之栖於會稽也有酒投江民飲其流而戰氣自倍所投卽浙江也許慎晉灼竝言江水至山陰爲浙江

é 涐

涐 水出蜀汶江徼外東南入江從水我聲 五何切

水出蜀汶江徼外東南入江者趙宧光曰汶當爲崏崏改作岷元和志嘉州玉津縣涐江在縣城下水經注江水云渽水出徼外徑汶江道呂忱曰渽水出蜀許慎以爲涐水也出蜀汶江徼外從水我聲南至南安入大渡水大渡水又東入江胡渭曰禹貢和夷厎績水經注引鄭說云和夷和上夷所居之地和水卽涐水和涐聲相近字從而變地理志云青衣縣禹貢蒙山谿大渡水東南至南安入渽渽水出汶江縣徼外南至南安東入江過郡三行三千四十里渽乃涐字之誤說文涐水出蜀汶江徼外東南入江從水我聲故知渽當作涐和夷者涐水南之夷也又曰大渡河卽涐水羊膊嶺卽汶江徼外之山涐水所出水經江水東南過犍爲武陽縣青衣水沫水從西南來合而注之此卽二水會涐水入江處也以今輿地言之涐水自茂州徼外南流經黎大所西折而東經所南又東經建昌衛越巂營北又東經峨眉縣南又東至嘉定州南合青衣沫水又東入大江此水之南蓋卽經所謂和夷也禹導和水使入江而其地已厎績矣或曰何以知不在水北曰古者桓有和音故鄭康成厎和爲桓晉地道記云梁州自桓水以南爲夷書所謂和夷厎績此說是也但不當破和爲桓百覈案玉篇廣韻涐渽竝見渽出說文渽出字林而不知爲一字也我哉易誤尚書洛誥公無困哉漢書元后傳杜欽傳竝引作困我

jiān 湔

湔 水出蜀郡緜虒玉壘山東南入江從水前聲一曰手瀚之 子仙切

水出蜀郡緜虒玉壘山東南入江者地理志蜀郡緜虒玉壘山湔水所出東南至江陽入江過郡三行千八百九十里又廣漢郡雒縣章山雒水所出南至新都谷入湔郡國志蜀郡緜虒道注云華陽國志曰有玉壘山出璧玉湔水所出水經注湔水出緜虒道元和志茂州汶川縣玉壘山在縣東北四里又云彭州導江縣玉壘山在縣西北二十

九里灌口山在縣西北二十六里漢蜀文翁穿湔江溉灌故以灌口名山九域志茂州汶川縣有玉壘山寰宇記永康軍導江縣玉壘山湔水所出郭璞江賦云玉壘作東別之標是也李膺益州記云在沈黎郡去蜀城南八百里在導江縣西北二十九里古文苑蜀都賦湔山巖巖注云湔山湔水所出一名玉壘山在成都西北晏氏類要玉壘山湔水所出或借煎字僮約蜀郡王子淵以事到煎上注云玉壘山在成都西北湔水出焉亦名湔山湔水所經行之地故名煎上煎與湔同 一曰手瀚之者集韻引作手瀚也廣韻湔洗也三蒼湔濯也字林湔浣也水經注引作半浣水也半當爲手戰國策汗明見春申君曰君獨無意湔被臣也說苑汙辱難湔灑漢書武五子傳以湔洒大王顏色湔瀚也洒濯也魏志華佗傳病若在腸中便斷腸湔洗北史竇泰傳渡河湔裙産子必易玉燭寶典元日至月晦士女悉湔裳酹酒於水湄以爲度厄通鑑烏承玼說史思明曰若歸款朝廷以自湔洗易於反掌百又高仁厚使阡能諜語寨中人曰尚書欲拯救湔洗汝曹注云湔滌也亦洗也言百姓爲賊所污染湔洗與維新

mò 沫

沫 水出蜀西徼外東南入江從水末聲 莫割切

水出蜀西徼外東南入江者史記索隱引云水出蜀西南徼外與青衣合東南入江馥案徐鍇本亦有南字顏注漢書溝洫志沫水出蜀西南徼外東南入江文選江賦注引作水出蜀西塞外東南入江武蓋切九經字樣沫水出蜀水經沫水出廣柔徼外東南過旄牛縣北又東至越巂靈道縣出蒙山南東北與青衣水合東入於江又云青衣水出青衣縣西蒙山東與沫水合也地理志蜀郡青衣縣禹貢蒙山谿大渡水東南至南安入涐案蒙山谿卽水經之青衣水大渡水卽此沫水二水合流會涐水入江非自入江也涐水卽涐水續漢書郡國志蜀郡屬國漢嘉下云沫水從西來史記河渠書蜀守冰鑿離碓辟沫水之害司馬相如傳西至沫若水索隱張揖曰沫水出蜀廣平徼外與青衣水合也華陽國志漢嘉縣有沫水音妹又音末蜀都賦演以潛沫劉逵注有水出岷山之西東流過漢嘉南流有高山上合下開水經其中曰沫水水潛行曰演此二水伏流故曰演以潛沫唐書李德裕傳由清溪下沫水而左盡爲蠻有九域志嘉州龍游縣有沫水寰宇記嘉州羅目縣大渡河一名沫水在縣南一百八十步末聲者顏注溝洫志沫音本末之末

wēn
溫

溫 水出犍爲涪南入黔水从水𥁕聲 烏魂切

水出犍爲涪南入黔水者涪當爲符地理志犍爲郡符縣溫水南至鄨入黚水黚水亦南至鄨入江顏注黚音紀炎反馥案涪屬廣漢郡非犍爲也黔黚涪符音相近水經注延江水云溫水一曰煖水出犍爲符縣而南入黚水黚水亦出符縣南與溫水會闞駰謂之闞水俱南入鄨水鄨水於其縣而東注延江水又云酉水北岸有黚陽縣許慎曰溫水南入黚蓋鄨水以下津流沿注之通稱也故縣受名焉元和志成都府溫江縣大江俗謂之溫江

qián
灊

灊 水出巴郡宕渠西南入江从水鬵聲 昨鹽切

水出巴郡宕渠西南入江者灊經典借潛字或借涔字書禹貢沱潛既道地理志作灊史記夏本紀沱涔已道水經潛水出巴郡宕渠縣又南入於江馥案酈氏誤以爲禹貢梁州之潛故注多不合

jū
沮

沮 水出漢中房陵東入江从水且聲 子余切

水出漢中房陵東入江者水經沮水出漢中房陵縣東南過臨沮縣界又東南過枝江縣東南入於江酈注云沮水出東汶陽郡沮陽縣西北景山卽荆山首也故淮南子曰沮出荆山高誘云荆山在左馮翊懷德縣蓋以洛水有漆沮之名故也斯謬證百杜預云水出新城郡之西南發阿山蓋山異名也沮水與漳水合焉又東南逕長城東又東南流注於江謂之沮口也中次八經荆山之首曰景山雎水出焉東南流注於江注云今雎水出新城魏昌縣東南發阿山東南至南郡枝江縣入江也初學記云荆州記沮縣西北半里有雁浮山是山海經所謂景山沮水之所出也元和志永清縣本漢房陵縣地沮水出縣西南景山東南入於漢江左傳曰江漢沮漳楚之望也應劭曰沮水出漢中房陵東入江毛晃曰荆州沮水在房陵左傳所謂江漢沮漳楚之望也導川云漆沮既從卽雍州之沮也徐鍇繫傳云王粲所謂倚曲沮之長洲

diān
滇

滇 益州池名从水眞聲 都年切

益州池名者池徐鍇韻譜作沱馬注禹貢沱湖也廣韻滇池在建寧地理志益州郡滇池縣滇池澤在西北十道志姚州雲南郡蓋夷越之地漢武開之置益州部有滇池澤華陽國志南中志滇池縣故滇國也有澤水周迴二百里

所出深廣下流淺狹如倒流故曰滇池長老傳言池中有神馬或交馬卽生駿駒俗稱之曰滇池駒日行五百里譙周異物志滇池在建寧界有大澤水周二百餘里水乍深廣乍淺狹似如倒池故俗云滇也通鑑諸葛亮遂至滇池注云滇池縣屬益州郡池周回二百餘里水源深廣而末益淺狹有似倒流故謂之滇池滇音顚或借顚字子虛賦文成顚歌注云益州顚池縣其人能西南夷歌顚與滇同

tú
涂

涂 水出益州牧靡南山西北入澠从水余聲 同都切

水出益州牧靡南山西北入澠者本書無澠字當爲繩地理志益州郡牧靡縣南山臘谷涂水所出西北至越巂入繩過郡二行千二十里李奇曰靡音麻郎升麻殺毒藥所出也又越巂郡遂久縣繩水出徼外東至僰道入江又蜀郡旄牛縣若水南至大莋入繩水經注若水云繩水出徼外山海經曰巴遂之山繩水出焉東南流分爲二水其一水枝流東出逕廣柔縣東流注於江其一水南逕旄牛道至大莋與若水合自下亦通謂之爲繩水矣又云繩水又東涂水注之水出建寧郡之牧靡南山縣山竝卽草以立名山在縣東北烏句山南五十里山生牧靡可以解毒百

水

ruò 溺　yān 淹　yuán 沅

冄方盛鳥多誤食鳥喙口中毒必急飛往牧靡山啄牧靡以解毒也涂水導源臘谷西北流至越巂入繩寰宇記巂州臺登縣有繩水

沅　水出牂牁故且蘭東北入江从水元聲　愚袁切

水出牂牁故且蘭東北入江者本書無牁字當爲柯地理志牂柯郡故且蘭沅水東南至益陽入江過郡二行二千五百三十里顔注牂柯係船杙也華陽國志云楚頃襄王時遣莊蹻伐夜郎軍至且蘭椓船於岸而步戰既滅夜郎以且蘭有椓船牂柯處乃改其名爲牂柯又武陵郡臨沅縣應劭曰沅水出牂柯入於江郡國志武陵郡臨沅注云荆州記曰縣南臨沅水水源出牂牁且蘭縣至郡界分爲五谿故曰五谿蠻後漢書南蠻傳乘船泝沅水入武溪擊之注云沅水出牂牁故且蘭東北經辰州潭州嶽州經洞庭湖入江也海内東經沅水出象郡鐔城西東注江入下巂西合洞庭中注云象郡今日南也鐔城縣今屬武陵水經沅水出牂柯且蘭縣爲旁溝水又東至鐔城縣爲沅水東逕無陽縣又東北過臨沅縣南又東至長沙下巂縣西北入於江寰宇記沅水出牂牁故且蘭東北經靈溪長沙

説文解字義證　卷三十三　十三

巴陵郡入洞庭通江也

淹　水出越巂徼外東入若水从水奄聲　英廉切

水出越巂徼外東入若水者玉篇作東南入若水漢志蜀郡旄牛縣鮮水出徼外南入若水若水亦出徼外南至大莋入繩過郡二行千六百里水經淹水出越巂遂久縣徼外東南至青蛉縣又東過姑復縣南東入於若水酈注呂忱曰淹水一曰復水也韻疑復水當爲姑復水又案酈注葉榆水逕姑復縣西與淹水合是淹先會葉榆而後入若也水經若水至會無縣淹水東南流注之酈注繩水又逕三絳縣西又逕姑復縣北對三絳縣淹水注之三絳一曰小會無故經曰淹至會無注若水

溺　水自張掖刪丹西至酒泉合黎餘波入于流沙从水弱聲桑欽所說　而灼切

本書氿下云或曰弱水之所出　禹貢導弱水釋文弱本或作溺　廣雅崑崙虛弱水出其西南陬入南海　楚詞九懷浮溺水兮舒光哀時命弱水汩其爲難兮路中斷而不通　水經注河水云漢書西域傳犂靬條支臨西海長老傳聞條支有弱水西王母亦未嘗見自條支乘水西行可百餘日近日所入也或河水所通西海矣　魏畧前世謬以爲弱水在條支西今弱水在大秦西　新唐書高仙芝傳娑夷河弱水也

水自張掖刪丹者郡國志張掖郡刪丹弱水出括地志弱水在張掖縣南山下十道志今張掖有合黎水淮南地形訓弱水出自窮石至於合黎餘波入於流沙絕流沙南至南海注云窮石山名在張掖北元和志刪丹縣弱水在縣南山下胡渭曰案近志弱水出山丹衛西南窮石山離騷夕次於窮石卽此淮南子云弱水出窮石山也北流逕其衛西又西北逕甘州衛北又西逕合黎山與張掖河合張掖河古羌谷水也一名合黎水出衛西吐谷渾界北流逕張掖縣北合弱水爲張掖河自下通兼弱之目又曰漢志觻得縣下云寰宇記甘州張掖縣本漢觻得縣羌谷水出羌中東北至居延入海過郡二行二千二百里案羌谷水者張掖河之上源也其下流與弱水合則弱水入居延海可知矣過郡二者張掖酒泉也自合黎山至居延海行千五百里泝其水而計之則有二千二百里矣就禹貢言出刪丹者爲弱水

説文解字義證　卷三十三　十四

之正源出觻得者爲弱水之別源正源主也別源客也志家徇今而忘古遂進主客易位故云羌谷水入居延海而刪丹弱水之下則闕而不言讀者以意會可也　西至酒泉合黎者禹貢弱水旣西鄭注衆水皆東此獨西流故紀其西下也又導弱水至于合黎正義云顧氏云地說書合黎山名鄭元亦以爲山名韻案禹貢山水澤地合離山在酒泉會水縣東北注云合黎山也元和志甘州張掖縣合黎山俗名要塗山在縣西北二百里禹貢導弱水至于合黎鄭注禹貢云凡言導者發源於上未成流凡言自者亦發源於上未成流凡言至于者或山或澤皆非水名史記夏本紀弱水至於合黎餘波入於流沙正義括地志云合黎一名羌谷水一名鮮水一名覆表水今名副投河亦名張掖河南自吐谷渾界流入甘州張掖縣今案合黎水出臨路松山東而北流歷張掖故城下又北流經張掖縣二十三里又北流經合黎山折而北流經流沙磧之西入居延海行千五百里集解云鄭元曰地理志流沙居延西北名居延澤地記曰弱水西流入合黎山腹餘波入於流沙通於南海馬融王肅皆言合黎流沙是地名索隱云廣志流沙在玉門關外有居延澤居延城又山海經云流沙出鍾山西南行昆侖墟入海案是地兼有水故一云地名一

云水名馬鄭不同亦有由也地理志張掖郡刪丹縣桑欽以爲道弱水自此西至酒泉合黎馥案欽字君長見漢書儒林傳唐書以水經爲欽作今水經無此文儒林傳孔安國數傳至桑欽蓋欽說尙書之文也漢書司馬相如傳經營炎火而浮弱水兮杭絕浮渚涉流沙應劭曰弱水出張掖刪丹西至酒泉合黎餘波入於流沙　餘波入于流沙者禮記王制自西河至流沙千里而遙楚詞招魂西方之害流沙千里些注云流沙沙流而行也尙書曰餘波入於流沙地理志居延縣居延澤在東北古文以爲流沙元和志居延海卽居延澤古文以爲流沙者風順流行故曰流沙禹貢山水澤地流沙地在張掖居延縣東北酈注尙書所謂流沙者也形如月生五日也弱水入流沙流沙沙與水流行也廣志流沙在玉門關外南北二千里東西數百里有三斷后日三隴晉書地理志西海郡居延澤尙書所謂流沙也周書鄯善西北有流沙數百里唐書西域傳吐谷渾西北有流沙數百里通典合黎水弱水並在張掖縣界其北又有居延澤卽古流沙地又云燉煌卽古流沙地其沙風吹流行五代史晉天福三年高居誨使于闐還言自靈州過黃河三十里始涉沙入党項界日細腰沙神樹沙至三公沙自此沙行四百餘里至黑堡沙沙尤廣

táo 洮

洮　水出隴西臨洮東北入河從水兆聲　土刀切

水出隴西臨洮東北入河者地理志隴西郡臨洮縣洮水出西羌中北至枹罕東入河禹貢西傾山在縣西南馥案十三州志枹罕縣在郡西二百一十里水經河水又東過隴西河關縣北洮水從東南來流注之酈注沙州記曰洮水與墊江水俱出嵹臺山山南卽墊江源山東則洮水源山海經曰白水出蜀郭景純注云從臨洮之西傾山東南流入漢而至墊江故段國以爲墊江水也洮水同出一山故知嵹臺西傾之異名也寰宇記洮州臨潭縣洮水源出西傾山亦曰嵹臺山在縣西南二百三十六里卽吐谷渾界元和志洮州臨潭縣洮水出縣西南三百里

jīng 涇

涇　水出安定涇陽幵頭山東南入渭雝州之川也從水巠聲　古靈切

廣雅涇徑也　詩六月侵鎬及方至于涇陽　元和志雲陽縣本漢舊縣屬左馮翊涇水在縣西南二十五里　胡渭曰周禮雍州其川涇汭詩大雅曰淠彼涇舟烝徒楫之邶風曰涇以渭濁湜湜其沚皆禹貢之涇水也水經無涇水之目渭水篇中於入渭處僅附見一語而寰宇記原州平高縣笄頭山一名崆峒山下引水經注云盖大隴山之異名莊子謂黃帝學道於廣成子葢在此山百泉縣涇水下引水經涇水出安定涇陽縣高山注云山海經曰高山涇水出焉東流注於渭入關謂之入水彈箏峽下引水經注云涇水徑都盧山山路之內常有如彈箏之聲行者聞之鼓舞而去又云弦歌之山峽口水流風吹滴崖響如彈箏之韻因名涇州靈臺縣蒲川下引水經注云蒲川水出南山蒲谷東北合細川水又東北合且氏川水邠州宜祿縣芮水下引水經注云汭水又東逕宜祿川謂之宜祿川水芹川下引水經注云出羅山縣千子山一名千子嶺東流逕宜祿縣北眞寧縣大陵水下引水經注云大陵小陵水出逕和南殊川西南逕寧陽城故豳詩云夾其皇澗陵水卽皇澗也乾州永壽縣高泉下引水經注云甘泉卽高泉山也耀州雲陽縣涇水下引水經注云涇水東流歷峽謂之涇峽五龍谷泉下引水經注云五龍水出雲陽宮西南雍州醴泉縣谷口城下引水經注云九嵕山東仲山西謂之谷口卽寒門也此皆言涇水而今本無之是水經元有涇水篇宋初尙存後乃亾之耳

水出安定涇陽幵頭山者地理志安定郡涇陽縣幵頭山在西禹貢涇水所出東南至陽陵入渭過郡三行千六十

里雍州川顏注幵音苦見反又音牽此山在今靈州東南土俗語訛謂之汧屯山馥案六十里鄭注尙書引作六百里又案幵括地志作笄與地志作雞並與顏讀異史記五帝本紀西至於空桐登雞頭索隱山名也後漢王孟塞雞頭道在隴西一日空桐山之別名正義括地志云笄頭山一名崆峒山在原州平高縣西百里禹貢涇水所出輿地志云或卽雞頭山也淮南地形訓涇出薄落之山高注薄落之山一名笄頭山在安定臨涇縣西廣雅薄落謂之幵頭寰宇記雍州長安縣涇水出薄落山括地志涇水源出原州百泉縣西南笄頭山涇谷後漢書隗囂傳王孟塞雞頭道注云雞頭山道也雞或作笄圖經笄頭山在涇陽西禹貢涇水所出淮南子云薄落山一名笄頭山水經注云大隴之山異名耳莊子謂廣成子學道於崆峒山未詳孰是今此見有柏堂在山頂上不知何代所置也後漢書隗囂使王孟塞雞頭道謂此山也通典涇水出今平涼郡平高縣元和志笄頭山一名崆峒出在縣西一百里卽黃帝謁廣成子學道之處又平涼縣下云涇水源出縣西南涇谷南流經都盧山山路之中常如彈箏之聲故行旅因謂之彈箏峽九域志渭州平涼縣有笄頭山涇水寰宇記原州百泉縣漢朝那縣地涇水源出縣西南涇谷又渭州平

wèi
渭

涼縣可藍山一名都盧山皆涇水源與开頭山相連亘又涇州保定縣彈箏峽在原州百泉縣界都盧山涇水所出南流山谷之間水聲清響有如彈箏 東南入渭者水經注渭水云涇谷水東北流注於渭山海經曰涇谷之山涇水出焉東南流注於渭是也急就篇涇水注渭街術曲顏注涇水出安定汧頭山至陽陵而入渭禹貢涇屬渭汭鄭注涇水渭水發源皆幾二千里然而涇小渭大屬於渭而入於河地理志云涇水出今安定涇陽西开頭山東南至京兆陽陵行千六百里入渭詩谷風涇以渭濁傳云涇渭相入而清濁異箋云涇水以有渭故見渭濁成十三年左傳師還濟涇杜云涇水出安定東南經扶風京兆高陵縣入渭也襄十四年傳及涇不濟釋例涇水出安定朝那縣西東南經新平扶風至京兆高陵縣入渭漢書司馬相如傳出入涇渭顏注涇水出安定涇陽开頭山東至陽陵入渭西山經高山涇水出焉而東流注於渭海內東經涇水出長城北山山北入渭郭注今涇水出安定朝那縣西笄頭山東南經新平扶風至京兆高陵縣入渭三輔黃圖涇水出安定涇陽开頭山東至陽陵入渭三秦記涇渭合流三百里清濁不雜 雝州之川也者周禮職方氏正西曰雍州其川涇汭注云涇出涇陽馥案本書載職方之浸其書

川者惟此一見疑後人加之

渭 水出隴西首陽渭首亭南谷東入河从水胃聲杜林說夏書以爲出鳥鼠山雝州浸也 云貴切

廣雅渭偝也 春秋說題辭渭之爲言布也渭渭流行貌

水出隴西首陽渭首亭南谷者廣韻秦始置隴郡後魏置渭州水經渭水出隴西首陽縣渭谷亭南鳥鼠山東入於河注云渭水出首陽縣首陽山渭首亭南谷山在鳥鼠山西北此縣有高城嶺嶺上有城號渭源城渭水出焉通典渭水出今隴西郡渭源縣渭源縣志鳥鼠山在縣西二十里又西五里爲南谷山 東入河者地理志渭水東至船司空入河高注淮南地形訓渭水東會於灃又入河春秋閔二年虢公敗犬戎於渭汭釋例曰渭水出隴西狄道縣鳥鼠同穴山東經南安天水洛陽扶風始平京兆宏農華陰縣入河西山經鳥鼠同穴之山渭水出焉而東流注於河海內東經渭水出鳥鼠同穴山東注河郭云鳥鼠同穴山今在隴西首陽縣渭水出其東經南安天水略陽扶風始平京兆宏農華陰縣入河括地志渭有三源竝出鳥鼠山東流入河三輔黃圖渭水出隴西首陽縣鳥鼠同穴山東北至華陰入河顏注司馬相如傳渭水東北至華陰入河 胃聲者徐鍇本作謂省聲 杜林說夏書以爲出鳥鼠山者禹貢導渭自鳥鼠同穴地理志隴西郡首陽縣禹貢鳥鼠同穴山在西南渭水所出史記夏本紀涇屬渭汭索隱云渭水出首陽縣鳥鼠同穴山郡國志隴西郡首陽有鳥鼠同穴山渭水出淮南地形訓渭出鳥鼠同穴高注鳥鼠同穴山在隴西首陽西南渭水所出馥案此皆鳥鼠同穴竝稱括地志渭水源出渭源縣西七十六里鳥鼠山今名青雀山博物志渭出鳥鼠隋書豆盧勣傳鳥鼠山俗呼爲高武隴其下渭水所出元和志鳥鼠山今名青雀山在渭源縣西七十六里渭水所出凡有三源竝下此皆単稱鳥鼠不連同穴鄭注禹貢鳥鼠之山有鳥焉與鼠飛行而處之又有止而同穴之山焉此則以鳥鼠與同穴爲二山也水經注渭水三源合注東北流逕首陽縣西與別源合水南出鳥鼠山渭水谷尚書禹貢所謂渭出鳥鼠者也地說曰鳥鼠山同穴之枝榦也渭水出其中東北流過同穴枝閒馥案此與鄭同 雝州浸也者周禮職方氏正西曰雍州其浸渭洛地理志渭水雝州浸高誘注淮南以

渭爲雍州川似誤

yàng
漾

瀁 水出隴西柏道東至武都爲漢从水羕聲 余亮切

水出隴西柏道東至武都爲漢者楊君峒曰酈道元所見本作豲道豲以聲誤爲桓桓又以形誤爲相宋本及小字本作相毛晉本又誤爲柏也馥案豲道地理志屬天水郡國志屬漢陽亦非隴西不知何由誤也地理志隴西郡氐道禹貢養水所出至武都爲漢郡國志隴西郡氐道養水出此鄭注禹貢瀁水出隴西氐道至武都爲漢博物志瀁出嶓冢水經瀁水出隴西氐道縣嶓冢山東至武都沮縣爲漢水又東南至廣魏白水縣西又東南至葭萌縣東北與羌水合又東南過巴郡閬中縣又東南過江州縣東東南入於江酈云常璩華陽國志曰漢水有二源東源出武都氐道縣瀁山爲瀁水禹貢導瀁東流爲漢是也西源出隴西西縣嶓冢山會白水逕葭萌入漢始源曰沔案沔水出東狼谷逕沮縣入漢漢中記曰嶓冢以東水皆東流嶓冢以西水皆西流卽其地勢源流所歸故俗以嶓冢爲分水嶺卽此推沔水無西入之理劉澄之云有水從阿陽縣南至梓潼漢壽入大穴暗通岡山郭景純亦言是矣岡山

穴小本不容水水成大澤而流與漢合庾仲雍又言漢水自武遂川南入蔓葛谷越野牛逕至關城合西漢水故諸言漢者多言西漢水至葭萌入漢又曰始源曰沔是以經云漾水出氐道縣東至沮縣爲漢水東南至廣魏白水診其沿注似與三說相符而未極西漢之源矣然東西兩川俱受沔漢之名者義或在茲矣班固地理志司馬彪袁山松郡國志竝言漢有二源東出氐道西出西縣之嶓冢山闞駰云漢或爲漾漾水出昆侖西北隅至氐道重源顯發而爲漾水又言隴西西縣嶓冢山在西西漢水所出南入廣魏白水又云漾水出豲道東至武都入漢許慎呂忱竝言漾水出隴西豲道東至武都爲漢水不言氐道然豲道在冀之西北又隔諸川無水南入疑出豲道之爲謬矣又曰漢漾也東爲滄浪水山海經曰嶓冢之山漢水出焉而東南流注於江然東西兩川俱出嶓冢而同爲漢水者也孔安國曰泉始出爲漾其猶濛耳而常璩專爲漾山漾水當是作者附而爲山水之殊目矣川流隱伏卒難詳照地理潛閟變通無方復不可全言闞氏之非也雖津流派別枝渠勢懸原始要終潛流或一故俱受漢漾之名納方土之稱是其有漢川漢陽廣漢漢壽之號或因其始或據其終雖異名互見猶爲漢漾矣川共目殊或亦在斯蒐地形志華陽郡嶓冢縣有嶓冢山漢水出焉庾仲雍漢水記漢水出廣漢漾水出嶓冢東流至武都而與漢水合巴漢志漢水二源東源出縣之養山名養西漢出隴西之嶓冢山會白水經葭萌入漢始源曰沔故曰漢沔梁州記漢水發源隴西之氐道嶓冢山南都賦注漢水源出隴西嶓冢山經武都至武關山歷南陽界出沔口入江元和志嶓冢山在興元府金牛縣東二十八里漢水出焉經南鄭縣南去縣一百步禹貢嶓冢導漾東流爲漢是也寰宇記三泉縣本漢葭萌縣地漾水一名漢水一名沔水源出縣東二十八里嶓冢山今縣南有故漾水關卽漢李固解印綬處通鑑劉璋將扶禁帥萬餘人由閬水上注云閬水卽西漢水禹貢所謂嶓冢導漾東流爲漢者也黃度曰漢有沔漾之名皆東漢水也地理志西漢水出西縣嶓冢山南入廣漢白水葢潛漢也經不著其所出自古皆以爲東西兩漢俱出嶓冢則或然矣而西漢固無沔漾之名地理志漾水出隴西氐道至武都爲漢武都東漢水受氐道水名沔則是沔漾俱爲東漢矣獨氐道武都脈絡不通川渠阻隔武都受漾爲不可據而桑欽遂徙氐道漾水爲西漢之源由是愈紛錯酈道元委曲遷就通之以潛伏之流證之以難驗之論更覺齟齬故當廢諸說而一之以經文杜佑通典秦

州上邽縣嶓冢山西漢水所出經嘉陵曰嘉陵江經閬中曰閬江漢中金牛縣嶓冢山禹導漾水東流爲漢水亦曰沔水其說爲可據新城王尙書蜀道驛程記出沔縣西門曲折行亂山中沔水流經其中至金牛驛北望見嶓冢山一小水自西東流卽所謂嶓冢導漾者也合五丁峽東流爲沔自甯羌州行十里渡水過百牢關關下有分水嶺嶺東水皆北流至五丁峽北合漾水入沔嶺西水皆南流逕七盤關龍洞合嘉陵水爲川江常璩言沔出嶓冢合白水爲西漢明與導漾之文相悖閻若璩曰氐道無考參以元和志鳳州兩當河池二縣竝云永嘉之後地沒氐羌縣名絕矣晉永嘉末氐人楊茂搜自號氐王據武都自後郡縣荒廢則氐道縣之不知所在豈得已哉然郭璞注山海經嶓冢今在武都氐道縣南常璩撰漢中志東漢水源出武都氐道又竝隸氐道於武都郡與漢制不同闞氏又曰班志最亂道者武都縣下注東漢水受氐道水七字試問漢武都縣爲郡治傍仇池山遠在東漢發源處三四百里之上豈有反下受漾水之理胡渭曰漢志隴西西縣下云禹貢嶓冢山西漢水所出南入廣漢白水東南至江州入江過郡四行二千七百六十里此與氐道養水全無交涉水經非一時一手作漾水篇首云漾水出隴西氐道縣嶓冢山東至武都沮縣爲漢水此不過依漢志氐道一條以立文惟加嶓冢沮縣爲不同耳其所謂漢水卽東漢也亦與西縣之西漢全無交涉及觀下文東南逕白水葭萌閬中至江州入江則又雜西漢水與武都一條全無交涉矣首尾橫決必魏晉閒人所續也胡氏又曰嶓冢山孔傳不言所在之郡縣而正義引地理志以實之曰隴西郡西縣嶓冢山西漢水所出夫此水卽嘉陵水之上源非禹貢之所謂嶓冢導漾東流爲漢者也而班固以西縣之嶓冢爲禹貢之嶓冢謬矣自是以後言嶓冢者率依班氏如張衡西京賦云終南太一連岡乎嶓冢潘岳西征賦云面終南而背雲陽跨平原而連嶓冢玩其辭意皆主隴西而言司馬彪郡國志亦云漢陽郡西縣有嶓冢山無異議也自後魏正始中析沔陽地置嶓冢縣以表其山而名始著酈道元卒於孝昌二年上距正始置縣之時凡二十餘歲本朝典故生所親見而注水經不言豈事在成書之後不及追改抑亦因其晚出而疑之乎然漾水注引漢中記曰嶓冢以東水皆東流嶓冢以西水皆西流故俗以嶓冢爲分水嶺作者亦似知班氏之謬而以禹貢嶓冢爲當在漢中也者不然於漢中記奚爲詳及隴西之山邪由此觀之則魏收以前已有知嶓冢在漢中者不待地形志出而後知也

穎達豈未之考乎然班志雖以西縣嶓冢爲禹貢之山而養水則自繫氐道之下不言出某山自水經云漾水出氐道縣嶓冢山而氐道亦有嶓冢矣常璩華陽國志云東源出武都氐道縣漾山爲漾水而氐道之嶓冢且有漾山之目矣郭璞注山海經云嶓冢今在武都氐道縣南酈注水經云東西兩源俱出嶓冢而同爲漢水則似一山跨二縣之境而在西縣者爲西源在氐道者爲東源矣輾轉迷惑愈久愈訛說經者不能出其窠臼而禹貢之嶓冢幾不可問矣西縣故城在秦州西南常璩郭璞皆云氐道屬武都而晉志武都郡無之則此縣之不可考久矣要之二縣在隴西皆古雍州域也而禹貢嶓冢乃梁州之山不應闌入雍域故惟魏收所言爲得其實又曰禹貢以嶓冢繫梁州而漢志嶓冢在雍域之隴西一誤也禹貢云嶓冢導漾而漢志以嶓冢所出爲西漢水其漾水則出氐道二誤也禹貢之潛乃漾水枝津西出爲西漢水而漢志西漢水出西縣之嶓冢三誤也漢志不言漾水出何山而水經云出氐道縣嶓冢山是氐道亦有嶓冢四誤也漾者東漢之源而續水經者以西漢接漾水爲一川五誤也漾沔枝津皆自東入西酈注從舊說云西漢水至葭萌入漢六誤也川流離合地上灼然可見而酈注惑闞駰之說以爲原始要終潛流或一故東西俱受漢漾之名七誤也羣言淆亂學者靡所折衷今說漢水當排棄諸家專主禹貢以沮沔爲漢之別流以西漢爲漾之枝津而氐道水則存而不論是亦理亂絲解連環之術也又曰氐道漾水至武都爲東漢水卒莫有能言其所經者今案酈注濁水出濁城北東流與丁令溪水會又東逕武街城南又東宏休水注之又東逕白石縣南又東南濜陽水注之又東南與仇鳩水合又東與河池水合又東南兩當水注之水出陳倉縣之大散嶺西南流入故道川謂之故道水西南逕故道城東又西南入廣業郡界與沮水枝津合謂之兩當溪水上承武都沮縣之沮水瀆西南流注於兩當溪又西南注於濁水濁水南逕槃頭郡東而南合鳳溪水又東注於漢水觀此文則漢志以沮水枝津上承氐道水下爲東漢水可知也氐道雖未詳其處所以地望度之當在西縣之東河池之西上邽之南下辨之北濁水所受有丁令溪水宏休水濜陽水皆出其北蓋自氐道來也其中或有漢志所謂養水者但今無可攷耳然沮水枝津上承沮瀆自東入西非自西入東也昔之觀水作記者不察地勢之高下不辨川流之去來遂以爲氐道養水合濁水兩當溪由枝津以達沮沔是爲東漢之源而不知其非也班固因之故有此誤水經於

武都下加沮縣二字蓋亦以氐道水下通沮水爲東漢之源也然漢志不言養水出何山而水經復附會之曰嶓冢則氐道亦有嶓冢山矣常璩知其非是故又因水以名其山曰漾山而爲之殊目要之氐道水所出別是一山非嶓冢也近世言漢水者皆知班固之誤而不知其誤所由來故詳著其原委如此又曰案通典嶓冢山有二一在天水上邽一在漢中金牛雍大記云西漢水在西和縣源出嶓冢山西流與馬池水合此乃上邽之嶓冢在今秦州又云漢江源出沔縣嶓冢山東流入金州此乃金牛之嶓冢禹貢嶓冢導漾乃沔縣之嶓冢非秦州之嶓冢知嶓冢有二則東西二漢源流各自了然漾之與沔本爲一流與隴西之嶓冢都無交涉

瀁 古文從養

禹貢鄭本史記夏本紀竝作瀁 地理志作養顏注養音弋向反字本作漾或作瀁

漢 漾也東爲滄浪水從水難省聲 呼旰切

廣雅漢達也 十道志江漢二水會於鄂州之西界 元和志裴秀云漢氏釋淮水改秩漢水爲四瀆以其國所氏

漾也者禹貢嶓冢導漾東流爲漢傳云泉始出山爲漾水東南流爲沔水至漢中東流爲漢水地理志隴西郡西縣禹貢嶓冢山西漢所出南入廣漢白水東南至江州入江過郡四行二千七百六十里馥案過郡四者隴西武都廣漢巴郡也郡國志漢陽郡西縣故屬隴西有嶓冢山西漢水莊四年左傳漢汭釋例云漢出武都沮縣經襄陽至江夏安陽縣入江僖四年傳漢水以爲池杜注漢水出武都至江夏南入江西山經嶓冢之山漢水出焉而東南流注於沔郭注嶓冢今在武都氐道縣南至江夏安陸縣入江卽沔水海內東經漢水出鮒魚之山郭注書曰嶓冢導漾東流爲漢案水經漢水出武都沮縣東狼谷經漢中魏興至南鄉東經襄陽至江夏安陸縣入江別爲沔水又爲滄浪之水淮南地形訓漢出嶓冢高注嶓冢漢陽縣西界漢水所出南入廣漢東南至雒州入江博物志漢出嶓冢括地志漢水源出梁州金牛縣東二十八里嶓冢山華陽國志漢中志漢有二源東源出武都氐道漾山因名漾禹貢流漾爲漢是也西源出隴西嶓冢山會白水經葭萌入漢始源曰沔故曰漢沔地形志華陽郡嶓冢縣有嶓冢山漢水出焉元和志秦州上邽縣嶓冢山在縣西南五十八里漾水之所出也東流爲漢水又金牛縣本漢葭萌縣地嶓

làng
浪

冢山在縣口二十八里漢水所出黃度曰漢有沔漾之名皆東漢水也陸游曰嘗登嶓冢山有泉涓涓出山閒是爲漢水之源通典天水郡上邽縣嶓冢山西漢水所出今經嘉陵曰嘉陵江經閬中曰閬中江漢中郡金牛縣地有嶓冢山禹導漾水至此爲漢水亦曰沔水顏師古云漢上曰沔馥案西漢出上邽之嶓冢東漢出金牛之嶓冢分屬二郡遠不相涉葢因東漢出於嶓冢俗以西漢所出之山亦名嶓冢後人不知有兩嶓冢故諸說多誤惟通典可據周禮職方氏荊州其川江漢林之奇曰江漢發源梁州而職方爲荊州川則荊亦兼梁地　東爲滄浪水者顏注地理志云漾出隴西氐道東流過武關山南爲漢出荊山東南爲滄浪之水卽漁父所歌者也水經注沔水云漢水中有洲名滄浪洲庾仲雍漢水記謂之千齡洲非也是世俗語譌音與字變矣地說曰水出荊山東南流爲滄浪之水是近楚都故漁父歌曰滄浪之水清兮可以濯我纓滄浪之水濁兮可以濯我足余按尚書禹貢言導漾水東流爲漢又東爲滄浪之水不言過而言爲者明非他水決入也葢漢沔自下有滄浪通稱耳纏絡鄀鄢地連紀郢咸楚都矣漁父歌之不違水地考按經傳宜以尚書爲正爾古文苑漢津賦發源自乎嶓冢引漾澧而東征又云願乘流以上

說文解字義證　卷三十三

下臨滄浪乎三澨永初山川記夏水古文以爲滄浪卽漁父所云滄浪之水清今滄浪水合流出鐘城北界山此葢後人名之非古滄浪也禹貢鄭注滄浪之水今謂之夏水來同故世變名焉庾仲雍漢水記云武當縣西四十里漢水中有洲名滄浪洲也史記索隱馬融鄭元皆以滄浪爲夏水卽漢河之別流也漁父歌曰滄浪之水清兮可以濯我纓是此水也荊州圖經武當縣西北四十里有滄浪洲長四里廣十三里禹貢稱漢水東流爲滄浪水疑此洲是也元和志均州武當縣漢水去縣西北四十里水中有洲名滄浪洲則禹貢云又東爲滄浪之水寰宇記漢陽縣漢水一名沔水西自汊川縣界流入劉澄之永初山川記云沔口古文以爲滄浪水卽屈原遇漁父所云滄浪之水是也林之奇曰張平子南都賦流滄浪而爲隍廓方城而爲墉李善注引左氏傳屈完所謂楚國方城以爲城漢水以爲池則是滄浪卽漢水也葢漢水至於楚地則其名爲滄浪之水也

古文

浪 滄浪水也南入江從水良聲 來宕切

miǎn
沔

滄浪水也者括地志均州武當縣有滄浪水隋圖經漢水經琵琶谷至滄浪洲卽漁父棹歌處九域志鼎洲龍陽縣有滄浪水寰宇記均州鄖鄉縣有滄浪洲　南入江者永初山川記沔口古以爲滄浪水屈原遇漁父處括地志嶓冢山水始出山沮洳故曰沮水東南爲滄水又爲沔水至漢中爲漢水至均州爲滄浪水始欲出大江爲夏口又爲沔口漢江一名沔江也通鑑地理通釋漢入江處謂之沔口廣輿記沔口在漢陽府城西

沔 水出武都沮縣東狼谷東南入江或曰入夏水從水丏聲 彌兖切

水出武都沮縣東狼谷者郡國志武都郡沮縣沔水出東狼谷地理志武都郡沮縣沮水出東狼谷南至沙羨南入江過郡五行四千里荊州川元和志興州順政縣本漢沮縣地沮水出縣東北八十二里以其初出沮洳然故名沮水寰宇記興州順政縣本漢沮縣地沔水一名沮水源出縣東北八十二里山谷下通典興州順政縣地沔水發源於此一名沮水胡渭曰漢郊祀志秦祠沔於漢中地理志漢中有沔陽縣武都下云東漢水一名沔則沔漢互稱其

說文解字義證　卷三十三

來已久而沮縣下又云沮水出東狼谷南至沙羨南入江荊州川按周禮荊州川曰江漢而無沮是沮卽沔也胡氏又曰沔水一名沮水出武都沮縣東狼谷東南流至沮口與漾水合漾於是兼有沔稱故傳云漢上曰沔凡水有隨地異名者漾東流爲漢又東爲滄浪之水是也有因他水決入而互受通稱者漢上曰沔是也廣韻沔漢水別名博物志沔出月台郭注方言云沔水今在襄陽禹貢逾于沔鄭注或謂漢爲沔漢書郊祀志沔祠漢中顏注沔漢水之上名也後漢書岑彭傳彭乃潛兵度沔水注云沔水源出武都東狼谷中卽漢水之上源也梁州記漢發源隴西氐道縣之嶓冢山東至於夏口合江縣帶四州之域經途五千餘里謂之沔水水經沔水出武都沮縣東狼谷中東南逕江夏雲杜縣東夏水從西來注之又南至江夏沙羨縣北南入於江酈注沔水一名沮水闞駰曰以其初出沮洳然故曰沮水也縣亦受名焉又東南逕沮水戍而東南流注漢曰沮口所謂沔漢者也尚書曰嶓冢導漾東流爲漢山海經所謂漢出鮒嵎山也東北流得獻水口庾仲雍云是水南至關城合西漢水漢水又東北合沮口同爲漢水之源也故如淳曰此方人謂漢水爲沔水孔安國曰漾水東流爲沔葢與沔合也至漢中爲漢水是互相通稱矣

huáng
湟

qiān
汧

東南入江者地理志武都郡武都縣東漢水受氐道水一名沔過江夏謂之夏水入江應劭曰沔水出武都東南入江又曰河水自江別至南郡華容爲夏水過郡入江故曰江夏禹貢傳云漾東南流爲沔水至漢中東流爲漢水正義應劭云沔水自江別至南郡華容縣爲夏水過江夏郡入江既云江別明與此沔別也依地理志漢水之尾變爲夏水是應劭所云沔水下尾亦與漢合乃入於江也或曰入夏水者鄭注尙書引地理志瀁水至武都爲漢至江夏謂之夏水馥案卽此沔水然夏入沔非沔入夏漢志南郡華容夏水首受江東入沔水經沔水過江夏雲杜縣東夏水從西來注之又夏水云夏水東至江夏雲杜縣入於沔酈注鄭元注尙書滄浪之水言今謂之夏水來初山川記夏水古文以爲滄浪因此言之水應由沔今按夏水是江流沔非沔入夏假使沔注夏其勢西南非尙書又東之文余亦以爲非也

湟　水出金城臨羌塞外東入河從水皇聲　乎光切

水出金城臨羌塞外者地理志金城郡臨羌縣西北至塞外有西王母石室僊海鹽池北則湟水所出趙充國傳先零豪言願時渡湟水北顏注湟水出金城臨羌塞外東入河後漢桓帝紀段熲擊當煎羌於湟中注云湟水名在今鄯州湟水縣寰宇記鄯州湟水縣四望山有水出其陽一名湟河亦謂樂都水西自吐谷渾界入漢破匈奴取西河地開湟中處月氏卽此湟水　東入河者地理志湟水東至允吾入河元和志湟水出靑海東北亂山中東南流至蘭州西南入黃河

汧　水出扶風汧縣西北入渭從水幵聲　苦堅切

水出扶風汧縣者當如漆下稱右扶風地理志右扶風汧縣吳山在西古文以爲汧山雍州山北有蒲谷鄉弦中谷雍州弦蒲藪汧水出西北入渭芮水出西北東入涇詩芮阬雍州川也郊祀志汧洛二淵爲小山川後漢書隗囂傳復使來歙至汧注云汧水名因以爲縣屬右扶風釋水汧出不流郭云水泉潛出便自停成污池邢疏云以其初出不流停成弦蒲澤藪故曰汧出不流也水經注汧水出汧縣之蒲谷鄉弦中谷決爲弦蒲藪爾雅曰水決之澤爲汧三輔舊事初秦都渭北渭南作長樂宮橋通二宮閒表河以爲秦東門表汧以爲秦西門二門相去八百里關駟十

láo
澇

qī
漆

三州志汧水出汧縣西北九域志隴州汧源縣有汧水馥案卽今之汧陽河也字或作岍禹貢導岍及岐釋文岍字又作汧史記夏本紀道九山汧及岐索隱汧一作岍按有岍水故其字或從山或從水猶岐山然也馥案山因水得名當作水旁括地志汧山在隴州汧源縣西六十里其山東鄰汶岫西接隴岡汧水出焉　西北入渭者水經注汧水又東南逕隃麋縣故城南歷慈山逕郁夷縣平陽故城南又東流注於渭

澇　水出扶風鄠北入渭從水勞聲　魯刀切

水出扶風鄠者當稱右扶風郊祀志霸產豐澇涇渭長水皆不在大山川數顏注豐澇出鄠元和志鄠縣牛頭山在縣西南二十三里南接終南在上林苑中西京賦云繞黃山而款牛首是也澇所自出潘岳關中記涇渭霸滻豐鎬澇潏上林賦所謂八川分流也史記司馬相如傳作潦字索隱姚氏云潦或作澇　北入渭者水經渭水又東過槐里縣南又東澇水從南來注之酈注澇水出南山澇谷北逕漢宜春觀東又北逕鄠縣故城西北注甘水而亂流入於渭顏注漢書司馬相如傳潦音牢水名也出鄠縣西南山潦谷而北流入於渭史記索隱引姚氏曰澇水出鄠縣北注渭

漆　水出右扶風杜陵岐山東入渭一曰入洛從水桼聲　親吉切

玉篇有古文作淕　穆天子傳天子舍于漆澤

水出右扶風杜陵岐山者杜陵當爲杜陽水經漆水出扶風杜陽縣俞山東北入於渭酈云山海經曰羭次之山漆水出焉北流注於渭蓋自北而南矣尙書禹貢太史公禹本紀云導渭水東北至涇又東過漆沮入於河孔安國曰漆沮一水名矣亦曰洛水也出馮翊北周太王去邠度漆踰梁山止岐下故詩云民之初生自土沮漆又曰率西水滸至于岐下是符禹貢本紀之說許愼說文稱漆水出右扶風杜陽縣岐山東入渭從水桼聲又云一曰漆城池也潘岳關中記曰關中有涇渭灞滻酆鄗漆沮之水酆鄗漆沮四水在長安西南鄠縣漆沮皆南注酆鄗水北注開山圖曰麗山西北有溫池溫池西南八十里岐山在杜陽北長安西有渠謂之漆渠班固地理志云漆水在漆縣西關

水

騆十三州志又云漆水出漆縣西北至岐山東入渭今有水出杜陽縣岐山北漆溪謂之漆渠西南流注岐水但川土音與今說互出考之經史各有所據識淺見浮無以辨之矣又云十三州志曰馮翊萬年縣西有涇渭北有小河謂漆水也又注渭水云雍水又東南流與橫水合水出杜陽山其水南流謂之杜陽川東南流左會漆水水出杜陽縣之漆溪謂之漆渠故徐廣曰漆水出杜陽之岐山者是也書禹貢漆沮既從灃水攸同傳云漆沮之水已從入渭灃水所同同之於渭又又東過漆沮入于河傳云漆沮二水名亦曰洛水出馮翊北正義地理志云漆水出扶風漆縣依十三州記漆水在岐山東入渭則與漆沮不同矣此云會於涇又東過漆沮是漆沮在涇水之東故孔以爲洛水一名漆沮水經云鄭渠在太上皇陵東南濁水入焉俗謂之漆水又謂之漆沮其水東流注於洛水志云出馮翊懷德縣東南入渭以水土驗之與毛詩古公自土沮漆者別也彼漆即扶風漆水也詩緜自土沮漆傳云沮水漆水也又潛猶與漆沮傳云漆沮岐周二水也史記夏本紀漆沮既從索隱漆水出右扶風漆縣西地理志扶風郡漆縣下云水在縣西不言所出蓋謂縣以水得名非謂水出於此縣也杜陽下云杜水南入渭顏注大雅緜之詩曰人之初生自土沮漆齊詩作自杜言公劉避狄而來居杜與漆沮之地郡國志右扶風漆縣有漆水注云地道記曰水在縣西耿弇傳屯兵於漆注云漆縣名屬右扶風故城在今豳州新平縣也漆水在西晉書地理志新平郡漆縣漆水在西晉書地道記漆水在漆縣西寰宇記鳳翔府普潤縣漆水源出縣東南漆溪馮氏名物疏漆水出自鳳翔府麟游縣西普潤廢縣故漢漆縣也流經岐山北大樂水自西北注之與杜水合齊詩所謂自杜沮漆是也胡渭曰扶風有二漆水漢志漆縣下云水在縣西不言其所出入水經云出杜陽縣俞山東北入於渭說文云出杜陽岐山東入渭闞騆云出漆縣西北岐山東入渭酈道元云周太王去邠度漆踰梁山止岐下故詩曰民之初生自土沮漆又曰率西水滸至于岐下此一漆也闞騆云有水出杜陽縣岐山北漆溪謂之漆渠西南流注岐水酈道元云杜水出杜陽山東南流合漆水水出杜陽之漆谿謂之漆渠南流合岐水至美陽縣注於雍水隋志扶風普潤縣有漆水此又一漆也元和志云漆水在新平縣西九里北流注於涇今麟游縣東南亦有漆水與此異寰宇記云按注水經曰漆水自宜祿界來又東過漆縣北即今邠州所治也今縣西九里有白土川東北流經白土原東陳陽原西又東北注涇水恐是漢之漆水但古今異名耳麟游之漆水南流與杜陽水合非漢之漆水也胡氏又曰詩大雅自土沮漆傳云沮水漆水也周頌猗與漆沮傳云漆沮岐周二水也此皆謂扶風之漆沮程大昌雍錄謂禹貢漆沮惟富平后川河正當其地確不可易 東入渭者水經漆水出杜陽縣俞山東北入於渭十三州志漆水出縣西北岐山東入渭括地志漆水源出岐州普潤縣東南岐山漆溪東入渭西山經輸次之山漆水出焉北流注於渭詩地理考引段氏曰漆沮有二皆出雍州東入於渭特有上流下流之別詩漆沮入於渭之上流書漆沮入於渭之下流 一曰入洛者會洛入渭也十三州志漆沮即洛水水經渭水又東過華陰縣北酈注洛水入焉闞駰以爲漆沮之水也地理志漆沮既從顏注漆沮即馮翊之洛水也五行志引史記周幽王二年三川皆震顏注涇渭洛也洛即漆沮也雍錄漆在沮東洛在漆沮東漆至華原而西合沮漆沮又東南至同州白水縣乃合乎洛而南流合渭三水雖分而自水縣溷爲一流故孔安國班固皆指懷德入渭之水爲洛水而曰洛即漆沮也通典漆沮之水今京兆府華原富平界亦曰洛水顏案徐鍇本下有一曰漆城池五字水經注引同

chǎn
滻

滻 水出京兆藍田谷入霸從水產聲 所簡切

水出京兆藍田谷者當云京兆尹南陵本書以水所出之縣屬於郡下此獨無縣非例也地理志京兆尹南陵沂水出藍田谷北至霸陵入霸水霸水亦出藍田谷北入渭師古曰茲水秦穆公更名以章霸功視子孫沂音先歷反顏按沂當爲泝正作滻玉篇滻大也充滿也秦穆公欲以章霸功之開拓充盛故名滻水後世讀滻爲桑故切但主滻泂一義遂不解先歷反爲何字矣師古曰茲水者師字衍文寰宇記云古謂之茲水即本漢志顏謂志當云古曰產水滻作產猶滻作養產茲形近致誤視子孫下當有師古曰三字蓋先歷反乃顏所釋字音也司馬相如傳終始霸產顏注霸水出藍田谷西北而入渭產水亦出藍田谷北至霸陵入霸顏案所說產水與泝水同郊祀志霸產豐澇顏注霸產出藍田顏案當云藍田谷入灞者小字本作霸水經滻水出京兆藍田谷北入於灞 三輔黃圖產水出藍田谷北至霸陵入霸水經渭水又東過霸陵縣北霸水從西北流注之寰宇記藍田縣灞水源出藍田谷即秦嶺水之下流東南自商州上洛縣界流入又西北流合滻水入渭

水

luò 洛

洛 水出左馮翊歸德北夷界中東南入渭从水各聲 盧各切

水出左馮翊歸德北夷界中東南入渭者地理志左馮翊褱德縣洛水東南入渭雍州浸又北地郡歸德縣洛水出北蠻夷中入河馥案本書兼兩說後人亂之也周禮職方氏雍州其浸渭洛鄭注洛出懷德冀州其浸汾潞鄭注潞出歸德是歸德所出乃潞水非洛水漢志歸德之洛潞之譌也本書當云水出左馮翊褱德東南入渭雝州浸徐鍇本有雝州浸三字其歸德北夷界中六字本潞下訓瀾入於此漢書音義晉灼曰洛水在馮翊懷德縣東南入渭詩瞻彼洛矣傳云洛宗周漑浸水也周語幽王三年西周三川皆震韋注三川涇渭洛關中記渭與涇洛一名漆沮水一名洛水出馮翊爲關中三川周幽王時三川震是也與涇灞滻澇潏澧滈爲八水通鑑陽休之對高歡曰河洛伊爲三川涇渭洛亦爲三川注云涇渭洛之洛指關中洛水史記河渠書臨晉民願穿洛以漑重泉正義洛漆沮水也初學記周禮雍州其川洛汭此洛一名漆沮出馮翊此關輔之水非河南洛水寰宇記馮翊縣洛水自西北澄城縣界流入亦曰沮水王應麟詩地理考易氏曰按漢志左馮翊懷德縣即彊梁原之洛水北條荆山在縣西正洛水之源也應麟按懷德即京兆之富平縣今屬耀州即馮翊之地

yù 淯

淯 水出宏農盧氏山東南入沔从水育聲或曰出酈山西 余六切

本書鄂南陽淯陽鄉緒育陽染也

水出宏農盧氏山者當云盧氏熊耳山地理志宏農郡盧氏熊耳山在東伊水出東北又有育水南至順陽入沔過郡二行六百里又南陽郡育陽縣應劭曰育水出宏農盧氏南入於沔元和志宏農縣熊耳山在縣南五十里南都賦淯水盪其胷李善引山海經攻離之山淯水出焉南流注於漢郭璞曰今淯水在淯陽縣南馥案注漢者所謂沔漢也　東南入沔者水經沔水東過襄陽縣北又從縣東屈西南淯水從北來注之酈注襄陽城東有東白沙白沙北有三洲東北有宛口即淯水所入也　或云出酈山西者文有脫譌晉書音義引字林淯水出酈縣西北山中南入漢地理志南陽郡酈縣育水出西北南入漢中山經支離之山淯水出焉南流注於漢注云今淯水出酈縣西北山中南入漢

rǔ 汝

汝 水出宏農盧氏還歸山東入淮从水女聲 人渚切

釋名汝南在汝水南也汝陰在汝水陰也　閻若璩四書釋地或謂汝水絕迹於禹貢而孟子言決汝得毋近鑿空余曰觀爾雅從釋地已下至九河皆禹所制名中有曰水自汝出爲濆又曰汝有濆此豈禹一無所事於汝而被以是名與又豈汝自天然入於淮而無須禹力與故決汝二字正可補經文之不備善乎太史公言書缺有閒矣其軼乃時時見於他說洵有味哉但難得會心人於千載之下耳　胡渭曰孟子言決汝而經絕無其事不知孟子於此何以獨多誤竊謂此文當云禹疏九河瀹濟漯決江漢排淮泗而注之海則字字與禹貢相符矣

水出宏農盧氏還歸山者地理志汝南郡女陽縣應劭曰汝水出宏農入淮又定陵縣高陵山汝水出東南至新蔡入淮過郡四行千三百四十里成十七年左傳楚公子申救鄭師於汝上釋例汝水出南陽魯縣大盂山東北至河南梁縣東南經襄城潁川汝南至汝陰褒信縣入淮海內東經汝水出天息山南入淮極西北注云今汝水出南陽魯陽縣大盂山東北至河南梁縣東南經襄城潁川汝南至汝陰褒信縣入淮淮極地名春秋說題辭汝出猛山汝之爲言女也宋均注云女取其生孕也淮南地形訓汝出猛山高注猛山一名高陵山在汝南定陵縣汝水所出東南至新蔡入淮括地志汝水源出汝州魯山縣西伏牛山亦名猛山至豫州郾城縣名濆博物志汝出燕泉晉書地道記高陵山汝水所出元和志汝州魯山縣汝水出縣西一百五十里天息山一名伏牛山水經汝水出河南梁縣勉鄉西天息山酈云地理志曰出高陵山即猛山也亦言出南陽魯陽縣之大盂山又言出宏農盧氏縣還歸山博物志汝出燕泉山並異名也今汝水西出魯陽縣之大盂山蒙柏谷西即盧氏界也　東入淮者水經汝水東至原鹿縣南入於淮酈注所謂汝口水側有汝口戍淮汝之交會也

yì 潩

潩 水出河南密縣大隗山南入潁从水異聲 與職切

水出河南密縣大隗山者縣字衍按後有瀷字聲義竝同益一字也徐鍇韻譜潩水名瀷同六書故云潩說文作瀷

晏氏類要瀷水音翼廣韻瀷水名在河南密縣出文字音義地理志河南郡密縣大騩山潩水所出南至臨潁入潁元和志河南府密縣下云大騩山在縣東南五十里本具茨山黃帝見大隗於具茨之山故亦謂之大騩山潩水源出於此寰宇記文同字作潩九域志東京開封府陽陵縣有潩水水經潩水出河南密縣大騩山酈注大騩卽具茨山也潩水出其阿流而爲陂俗謂之玉女池又云時人謂之敕水非也敕潩音相類故字從聲變耳淮南本經訓淌游瀷減高注瀷讀燕人強春言敕之敕覽冥訓潦水旬月不雨則涸而枯澤受瀷而無源者高注瀷讀燕人強春言敕同也元和志許州長社縣瀷水俗名敕水經縣西其源出密縣大騩山南入潁者水經瀷水東南入於潁又潁水云潁水過汝南濦強縣北消水從河南密縣東流注之酈注瀷水入焉非消水也元和志馬嶺山在密縣南十五里消水所出覈謂此亦瀷水也

fén
汾

汾 水出太原晉陽山西南入河从水分聲或曰出汾陽北山冀州浸 符分切

昭元年左傳昔金天氏有裔子曰昧爲玄冥師生允格臺駘臺駘能業其官宣汾洮障大澤以處太原帝用嘉之封諸汾川沈姒蓐黃實守其祀今晉主汾而滅之矣由是觀之則臺駘汾神也

水出太原晉陽山者詩彼汾沮洳傳云汾水也晉語景霍以爲城而汾河涑澮以爲淵 西南入河者郭注方言云汾水出太原經絳北西南入河 僖十六年左傳涉汾注云汾水出太原南入河成六年傳有汾澮以流其惡注云汾水出太原經絳北西南入河水經汾水又西至汾陰縣北西注於河括地志汾水西南流入絳州至蒲州入河也

或曰出汾陽北山者地理志太原郡汾陽縣北山汾水所出西南至汾陰入河過郡二行千三百四十里冀州寖覈案過郡二太原河東也桓三年左傳逐翼侯於汾隰釋例云汾水出太原故汾陽縣東南至晉陽縣西南經西河平陽至河東汾陰縣入河晉語吾命之以汾陽之田百萬韋云賈侍中云汾水名海內東經汾水出上窳北而西南注河注云今汾水出太原晉陽故汾陽縣東南經晉陽西南經西河平陽至河東汾陰入河北山經管涔之山汾水出焉而西流注於河注云山今在太原郡故汾陽縣北秀容山水至汾陰縣北西入河晏氏類要管岑山在宜芳縣北一百三十里本漢汾陽縣前趙錄劉曜嘗隱於管岑山水經汾水出太原汾陽縣管涔山隋圖經大業十六年敕於汾州北臨汾水起汾陽宮卽管涔山汾河源所出之處括地志汾水源出嵐州靜樂縣北百三十里管涔山北東南流入并州卽西南流入絳州至蒲州入河也通典嵐州靜樂縣下云有管涔山汾水所出元和志嵐州靜樂縣本漢汾陽縣地管涔山在縣北一百三十里汾水源出焉九域志憲州靜樂縣有管涔山汾水寰宇記嵐州靜樂縣管涔山在縣北一名管涔山山海經云汾水所出涔音岑管音姦土人云其山多菅草或以爲名又爲管字淮南地形訓汾出燕京高云燕京山在太原汾陽汾水所出西南至汾陰入河冀州浸前趙錄汾水出管岑山之陽十三州記汾水出周武縣之燕京山蓋管岑之異名也 冀州浸者周禮職方氏河內曰冀州其浸汾潞注云汾出汾陽

guì
澮

澮 水出霍山西南入汾从水會聲 古外切

竹書紀年晉出公五年澮絕於梁

水出霍山者徐鍇本作水出河西霍山馥案河西當爲河東地理志河東郡彘縣霍大山在東冀州山玉篇澮水出

平陽絳縣西元和志霍邑縣霍山一名太岳在縣西東三里禹貢曰壺口雷首至于太岳鄭元注曰今河東彘縣霍太山是也水經澮水出河東絳縣東澮交東高山酈注澮水東出絳高山亦曰河南山又曰澮山西南與諸水合謂之澮交元和志絳州翼城縣澮高山在縣東南二十五里澮水出焉九域志絳州翼城縣有澮水馥案澮水西逕翼城南不出於翼城故曰有 西南入汾者春秋釋例澮出平陽絳縣西南入汾水經澮水又西至王澤注於汾水

qìn
沁

沁 水出上黨羊頭山東南入河从水心聲 七鴆切

水出上黨羊頭山者徐鍇本作水出上黨穀遠地理志上黨郡穀遠縣羊頭山世靡谷沁水所出郡國志上黨郡穀遠下注云上黨記曰有羊頭山沁水所出晏氏類要羊頭山在上黨壺關縣九域志潞州長子縣有羊頭山元和志潞州長子縣羊頭山在縣東五十六里後漢安帝時羌寇河東以任尚爲御史擊破於羊頭山謂此也寰宇記澤州高平縣本漢涅氏縣屬上黨郡羊頭山在縣北三十五里山海經云神農嘗五穀之所山形象羊頭水經沁水出上黨涅縣謁戾山酈注沁水卽涅水也或言出穀遠縣羊頭山世靡谷地理志上黨郡涅氏縣涅水也顏注涅水出焉

故以名縣也北山經謁戾之山沁水出焉南流注於河郭注謁戾山在上黨郡涅縣沁水至滎陽縣東北入河或出穀遠縣羊頭山也馥案寰宇記緜上縣本漢穀遠縣地屬上黨郡羊頭山一名謁戾山在縣東北五十里沁水所出此以謁戾羊頭爲一山與郭說異元和志緜上縣本漢穀遠縣地羊頭山在縣東北五十里沁水所出又云沁水一名少水出縣東南二十四里覆甑山左傳曰齊侯伐晉封少水爲京觀也馥案水經注引京相璠曰少水今沁水也廣韻沁州本漢穀遠縣後魏置沁源縣武德初置州因沁水以名通鑑安慶緒聞李嗣業在河內涉沁水攻之注云沁水出沁州沁源縣東南出山而東流過河內縣北慶緒自鄴屯河內須度沁水郡縣釋名沁河源出沁源縣有二一自縣西北緜山東谷南流一自縣東北馬圈溝南流俱至交口郇合流入黃河魏司馬孚請造石門表曰臣被明詔興河內水利臣既到檢行沁水源出銅鞮山屈曲周迴水道九百里魏土地記河內郡野王縣西七十里有沁水左逕沁水城西附城東南流也東南入河者海內東經沁水出井陘山東東南注河水經沁水東南至滎陽縣北東入於河入河水云又東北過武德縣東沁水從西北來注之地理志沁水東南至滎陽入河顏注今沁水至懷州

武陟縣界入河此云至滎陽疑轉寫錯誤馥案郭注山海經亦云沁水至滎陽縣北東入河

zhān
沾

沾　水出壺關東入淇一曰沾益也從水占聲　他兼切

水出壺關者徐鍇本作水出上黨壺關地理志上黨郡壺關縣沾水東至朝歌入淇又沾縣下應劭曰沾水出壺關郡國志注壺關今名無睪馥謂睪當作睪卽臯東入淇者見地理志　一曰沾益也者廣雅同俗作添玉篇添益也庾信橙賦香添然蜜梁簡文帝七勵若乃越梅變實楚醴方添

lù
潞

潞　冀州浸也上黨有潞縣從水路聲　洛故切

冀州浸也者周禮職方氏冀州其浸汾潞鄭注潞出歸德圖經後周於襄垣縣立潞州以其浸汾潞爲名馥謂冀州上黨有水出北地歸德北夷界中入河十二字今淵入洛字下諸言潞者竝作洛字地理志北地郡直路縣沮水出東西入洛禹貢正義引水經沮水出北地直路縣東入洛水淮南地形訓洛出獵山高云獵山在北地西北夷中西山經泰冒之山洛水出焉晉灼引水經云洛水出上郡雕陰泰冒山過華陰入渭地理志上郡故匈歸顏注匈歸者言匈奴歸附其郡有雕陰道又有洛都襄洛二縣西山經白於之山洛水出於其陽而東流注於渭括地志洛水源出慶州洛源縣白於山東南流經鄜丹同三州至華陰北南流入渭雍錄洛水出於塞後經鄜坊同三州乃入渭元和志慶州洛源縣本漢歸德縣地屬北地郡大業元年改爲洛源縣因洛水所出爲名洛水源出白於山一名女郎山在縣北三十里寰宇記洛水源出白於山經上郡雕陰縣泰望山南過襄樂郡又東南過馮翊衙縣地也寰宇記坊州下云洛水在州東四十里按山海經云出自枏山地理志云出北地歸德縣北蠻夷中從鄜州洛川縣西南入中部鄜城二縣過入同州白水縣陳啟源曰漢歸德今慶陽府合水縣隋置洛源於其東北蓋指洛水之初入塞爲源以名縣也山海經白於之山洛水出其陽東流以注於渭寰宇記白於山一名女郎山在合水縣北三十里亦謂洛出合水縣與隋洛源意同皆言洛之源也上黨有潞縣者地理志上黨郡潞縣故潞子國郡國志上黨郡潞縣注引上黨記潞濁漳也縣城臨潞十三州志潞縣潞水出焉九域志潞州潞城縣有潞水元和志潞州潞城縣本漢潞縣屬上黨郡漳水一名潞水在縣北闞駰曰潞水在縣北爲冀州浸卽漳水也按王猛與慕容評相樂於潞州評鸞

水與軍人絹疋水二后則此無他大川可以爲浸所有惟漳水耳故世俗尙謂濁漳爲潞水也

zhāng
漳

漳　濁漳出上黨長子鹿谷山東入清漳清漳出沾山大要谷北入河南漳出南郡臨沮從水章聲　諸良切

濁漳出上黨長子鹿谷山者地理志上黨郡長子縣鹿谷山濁漳水所出周禮職方氏河內曰冀州其川漳注云漳出長子翁君樹培曰古布文有𨛬予卽長子古文長從邑寰宇記潞州長子縣鹿谷山冀州圖經山在縣西有大道入壺口東出達襄國西登奚斯巨嶺以達河東經阻千里郡國志上黨郡屯留下注引上黨記有鹿谷山濁漳所出北山經發鳩之山漳水出焉東流注於河郭注漳濁漳元和志潞州長子縣發鳩山在縣西南六十五里濁漳水出焉寰宇記上黨縣下引河北記濁漳源出發鳩山地理志信都國信都縣故漳河虖池河皆在北東入海禹貢絳水亦入海胡渭曰漢志雜采古記故漳絳二水竝存實一川也漳絳本入河及河徙之後漳絳循河故道而下故酈元云水流閒關所在著目信都復見絳名而東入於海也然漢志信都之絳水則又有別志云故漳河在北東入海

禹貢絳水亦入海蓋縣北故漳卽禹河之故道而絳水出其南則漳水之徙流酈元所謂絳瀆者也濁漳注云漳水自南宮縣故城西又北絳瀆出焉今無水故瀆東南逕九門城南又東南逕南宮城北又東南逕繚城縣故城北左逕安城南又東北逕辟陽亭又北逕信都城東散入澤渚西至於信都城東連於廣川縣之張甲故瀆同歸於海故地理志曰禹貢絳水在信都東入於海也蓋漢時信都之漳水徙從其縣南故地志以爲絳水而目縣北之瀆曰故漳河其後漳又復北道故水經敘漳水仍自信都縣西東北過下博縣胡氏又曰水經注濁漳所經以今輿地言之皆禹貢降水之所經也又曰宋張洎云降水卽濁漳也地理志上黨屯留縣下云桑欽言降水出西南東入海酈道元引此文作入漳云絳水發源屯留下亂漳津與漳俱得通稱也水經所敘漳水自平恩以下皆禹河之故道河自斥漳又東北逕平恩曲周以至鉅鹿其西畔爲大陸也毛晃禹貢指南濁漳水一名降水導河序北過降水至于大陸是也九域志河北北東路冀州信都郡定武軍有昌亭城水經云漳水東北至昌亭今滹沱衡漳水今長盧河則其故瀆也鄴縣圖經濁漳水在縣西木東北津有汎樂蒲蒲西五里俗謂紫陌河此處卽俗巫爲河伯娶婦處也　東

入清漳者地理志濁漳水東至鄴入清漳又魏郡武始縣漳水東至邯鄲入漳郭注北山經或曰濁漳出長子縣鹿谷山而東至鄴入清漳水經濁漳水出上黨長子縣西發鳩山過平舒縣東南入海顏案水經以濁漳流長清漳入於濁漳蓋以合流之下屬濁漳也潛邱劄記云漢志濁漳入清漳清漳東北至阜城入大河阜城在今阜城縣東二十里此與禹貢漳入河處不合蓋河既徙後之新道也水經清漳入於濁漳濁漳東北過平舒縣南東入海平舒乃東平舒今霸州大城縣此又河既徙班氏以後之新道也

清漳出沾山大要谷者沾下卝上有闕文蓋言沾縣之某山也據水經山海經當是少山地理志上黨郡沾縣大黽谷清漳水所出東北至邑成入大河過郡五行千六百八十里冀州川馥案黽卽要字北地郡大黽顏注黽卽古要字也叜仁傑曰古文要作叜與黽相近水經注清漳水出大黽谷注云大要谷是也邑成當爲昌成鄭注禹貢言至安平阜成入河續漢志安平國故信都延光元年改其屬縣有阜成故昌城應劭曰前志作昌成是也過郡五者上黨郡魏郡廣平國鉅鹿郡信都國也鄭注禹貢漳水在上黨沾縣大要谷東北至安平阜成入河水經清漳水出上黨沾縣西北少山大要谷東至武安縣南黍窖邑入於濁漳酈注漳水出鹿谷山與發鳩連麓而在南淮南子謂之發苞山故異名互見也又云淮南子曰清漳出謁戾山高誘云山在沾縣今清漳出沾縣故城東北俗謂之沾山其山亦曰鹿谷山水出大要谷寰宇記平定軍樂平縣卽漢沾縣清漳水出縣西南少山少山一名河逢山福地記曰河逢山在樂平沾縣高八百丈可避兵水此卽恆山之佐命也玉海引薛氏曰濁漳出潞州長子縣東至磁州武安縣入清漳清漳出平定軍樂平縣合虖池易水東北至滄州清池入海清漳卽衡水也信都記衡水亦曰長蘆水卽濁漳之下流也水有袁譚渡歷下博城北而逶迤東注謂之九爭曲水味鹹苦俗稱苦河亦謂之黃漳河是也元和志潞州涉縣清漳水一名涉河在縣南一里九域志遼州遼山縣有清漳水

北入河者地理志清漳水東北至邑成入大河又廣平國斥章縣下應劭曰漳水出沾北入河禹貢至于衡漳鄭注橫漳漳水橫流入河北山經少山清漳之水出焉東流於濁漳之水注云清漳出少山大要谷至武安縣南黍窖邑入於濁漳或曰東北至邑成入於大河也淮南地形訓清漳出楬戾濁漳出發包高云楬戾山在上黨發包山一名鹿苦山亦在上黨長子二漳合流經魏郡入清河

南漳出南郡臨沮者不及所入疑有闕

漏地理志南郡臨沮縣禹貢南條荊山在東北漳水所出東至江陵入陽水陽水入河行六百里水經漳水出臨沮縣東荊山又南至枝江縣北烏扶邑入於沮酈云地理志曰東至江陵入陽水注於沔非也今漳水於當陽縣之東南百餘里而右會沮水也宣四年左傳師於漳澨釋例云漳水出新城沶鄉縣南至荊山東南經襄陽南郡當陽縣入沮哀六年傳江漢沮漳楚之望也土地名云漳經襄陽至南郡當陽入沮中山經荊山漳水出焉而東南流注於雎注云荊山今在新城沶鄉縣南漳水出荊山至南郡當陽縣入沮水寰宇記漳沮二水竝出建安界而合流於當陽縣北王粲登樓賦挾清漳之通浦倚曲沮之長洲贈士孫文始詩遷於荊楚在漳之湄

qí
淇

淇 水出河內共北山東入河或曰出隆慮西山從水其聲　渠之切

水出河內共北山者地理志河內郡共縣周共故國北山淇水所出晉書地理志汲郡共縣北山淇水所出詩毖彼泉水亦流于淇桑中送我乎淇之上矣傳竝云淇水名也禹貢北過降水鄭注今河內共縣北山共水出焉東至魏

郡黎陽縣入河近所謂降水也降讀當如郕降於齊師之降聲轉爲共葢周時國於此地者惡言降故改謂之共耳十三州記昔共伯復歸於國逍遥得意於共山之首寰宇記淇口水出共山東至衛縣西一里過又南流二十三里與清水合入河謂之淇水口馥案所稱共山卽北山東入河者地理志淇水東至黎陽入河隋圖經清淇西自魏郡朝歌界入分爲二派一在郡東一在郡西俱南流入河通典衛州衛縣下云淇水出共山東至今縣界入河謂之淇水口　或曰出隆慮西山者玉篇淇水出林慮山水經淇水出河內隆慮縣西大號山東過內黃縣南爲白溝屈從縣東北與洹水合又東北過廣宗縣東爲清河又東北過漂楡邑入於海淮南地形訓淇出大號高注大號山在河內共縣北或曰在臨慮西北山經沮洳之山淇水出焉南流注於河注云今淇水出汲郡隆慮縣大號山東過河內縣南爲白溝元和志衛州共城縣漢屬河內郡淇水源出縣西北沮洳山

dàng
蕩

蕩 水出河內蕩陰東入黃澤从水蕩聲 徒朗切

水出河內蕩陰者地理志河內郡蕩陰蕩水東至內黃澤西山羑水所出亦至內黃入蕩水經蕩水出河內蕩陰縣

西山東九域志大名府內黃縣有蕩水或借湯字趙策魏安釐王使將軍救趙止於湯陰寰宇記湯陰縣湯水在縣治北源出縣西牟山去縣三十五里又云湯陰縣古羑里之地在七國時魏之蕩陰漢以爲湯陰縣屬河內郡因蕩水爲名集韻云或從竹通作湯廣韻簜吐郎切水名在鄴今蕩陰縣單作湯又蕩徒朗切水名出湯陰馥案從艸之蕩朱人重修所加　東入黃澤者水經蕩水東北至內黃縣入於黃澤程君瑤田曰字林林慮黃水發源神囷之山谷按林慮卽漢志河內郡屬之隆慮隆慮之下文以蕩陰云蕩水東至內黃澤然則內黃澤者疑卽林慮黃水來至此滙爲澤也魏郡內黃縣下應劭曰春秋吳子晉侯會於黃池今黃澤在西臣瓚以爲陳畱郡屬之外黃有黃溝則黃澤不得在魏郡師古是瓚說余謂黃池自非黃澤而黃澤當爲林慮黃水之所滙足證字林之說矣

yǎn
沇

沇 水出河東東垣王屋山東爲泲从水允聲 以轉切

漢書天文志角亢氐沇州　春秋元命苞五星流爲沇州葢取沇水以爲名焉　通典兗之爲言端也信也端言陽精端端故其氣纖殺也　禹貢濟河惟兗州史記作沇　葉盛水東日記崑山盧熊通篆籀之學嘗爲兗州知州既視篆卽具奏以印文兗字誤類衮字官署印款時尚循宋制云馥案隸作兖兖卽允字一橫爲水之中畫二爲中畫之上下今書作兗全失隸體矣

水出河東東垣王屋山者地理志河東郡垣縣禹貢王屋山在東北沇水所出東南至武德入河軼出滎陽北地中又東至琅槐入海過郡九行千八百四十里郡國志河東郡垣縣有王屋山兗水出馥案兩漢志並單作垣不稱東垣鄭注職方兗水出東垣史記集解引鄭注禹貢沇水出河東東垣王屋山郭注山海經亦稱東垣劉昭注郡國志引博物記曰山在東狀如垣然則東字不誤疑漢志傳寫脫漏晉書地理志河東郡垣縣王屋山在東北沇水所出通典絳州垣縣下云東北有王屋山沇水所出元和志河南府王屋縣王屋山在縣北十五里週迴一百三十里高三十里禹貢底柱析城至于王屋是也寰宇記澤州陽城縣本漢濩澤縣屬河東郡王屋山在縣南五十里括地志兗水出懷州王屋縣北十里王屋山頂崖下石泉渟不流其深不測至縣西北二里平地其源重發而東南流爲溴水水經云溴東至溫縣西北爲泲或借聯字北山經王屋之山聯水出焉而西流注於泰澤注云王屋山今在河東

東垣縣北書曰至于王屋也地理志王屋山沇水所出聯沇聲相近殆一水耳沇卽濟也又謂爲衍水經注濟水又東逕原城南東合北水亂流東南注分爲二水一水東南流俗謂之爲衍水卽沇水也衍沇聲相近轉呼失實也　東爲泲者廣韻沇濟水別名地理志導沇水東流爲泲顏注泉出王屋山名爲沇流去乃爲泲也寰宇記沇水出王屋山東流至濟源縣而名濟水

𣴎 古文沇

本書下有㕣字口部㕣讀若沇州之沇

jǐ
泲

泲 沇也東入於海从水𠂔聲 子禮切

徐鍇繫傳泲今多作濟故與常山濟水相亂此則四瀆之濟　廣雅泲濟也　釋名泲濟也源出河北濟河而南也　水經注風俗通曰濟出常山房子縣贊皇山廟在東郡臨邑縣　今按二濟同名所出不同鄉源亦別斯乃應氏之非矣　釋名濟南濟水在其南也濟北濟水在其北也濟陰在濟水之陰也馥案陰當爲陽後人改之水以北爲陽　隱三年左傳

鄭伯之車僨於濟　吳語西屬之濟注云濟宋水也馥案此謂河南之濟　燕策齊有清濟濁河注秦策濟清河濁高注濟水清河水濁　述征記河內溫縣有濟入於黃河謂之濟源　唐書許敬宗傳帝曰書稱浮于濟漯今濟與漯斷不相屬何故而然對曰夏禹導沇水東流爲濟入於河今自漯至溫而入河水自此洑地過河而南出爲滎又洑而至曹濮散出於地合而東汶水自南入之所謂泆爲滎東出于陶邱北又東會于汶是也古者五行皆有官水官不失職則能辨味與色潛而出合而更分皆能識之　夢溪筆談古說濟水伏流地中今歷下凡發地下皆是流水東阿亦濟水所經取井水煑膠謂之阿膠其性趨下清而且重用攪濁水則清故以治淤濁及逆上之疾也　通典濟水因王莽末旱渠涸不復截河過今東平濟南淄川北海界中有水流入於海謂之清河實菏澤汶水合流而曰濟河蓋因舊名非本濟水也　元和志濟水自王莽末入河同流於海知河南之地無濟水矣自後所說皆襲舊名如鄆州之須昌濟州之長清盧縣齊州之臨邑豐齊全節臨濟章邱淄州之濟陽長山鄒平高苑青州之博昌諸縣界中並有濟水其後則不經博昌而改從棣州之蒲臺入海是皆襲舊名而實非濟也　潛邱劄記以水經注元和志寰宇記諸書考之濟水最南漯水在中河水最

北今者小清所經自歷城以東如章邱鄒平長山新城高苑博興樂安諸縣皆古濟水所行而大清所經自歷城以上至東阿固皆濟水故道而自歷城東北如濟陽齊東青城諸縣則皆古漯水所行蒲臺以北則古河水所經蓋唐宋時河行漯川其後大清兼行河漯二川其小清所行則斷爲濟水故道也　盛君百二曰地理志卞縣下云泗水至方與入泲蕃縣下云梁水至胡陵入泲郡國志臨邑有泲瀆廟諸泲字竝譌作沛水經泗水篇菏水過沛澢作縣酈道元曰菏即濟水之苞注以成湖澤昔許由隱於沛澢作澤即是縣也縣蓋取澤爲名夫縣因澤名非沛而何又地理志秦泗水郡漢改沛郡沛亦當作泲泲即泗也蓋泲至乘氏縣分爲二其一東北流至博昌入海其一東南流爲菏水注泗以入淮注泗之後泲泗亦復通稱矣泲雖別爲菏而仍以濟名漢胡陵縣有魯侯觀魚臺下臨菏水春秋公矢魚於棠即此而公羊傳以棠爲濟上邑是也按水經濟水篇自乘氏以至湖陸陛驎鄡即分泲之上菏自沛澢作縣以至睢陵即入淮之泗而皆以爲濟水又云菏水東至湖陸南東入於泗又東過沛縣東北酈氏曰濟與泗亂故濟納互稱矣互稱者縣臨泗水乃曰沛故特釋之猶泗水郡之爲沛郡也漢高爲泗上亭長而稱沛公亦然合此參之沛之當爲泲明矣左傳齊侯田於沛杜云沛澤

名此亦泲之譌蓋在泲水旁博昌相近之處也

沇也者地理志東郡臨邑縣有泲廟顏注泲亦濟水字也禹貢導沇水東流爲濟傳云泉源爲沇流去爲濟水經濟水出河東垣縣東王屋山爲沇水又東至溫縣西北爲濟水酈注河水云成皋大伾山在河內修武武德之界濟沇之水與滎播澤出入自此即經所謂濟水從北來注之者周禮職方氏河東曰兗州其川河泲莊三十年春秋公及齊侯遇於魯濟注云濟水歷齊魯界在齊界爲齊濟在魯界爲魯濟　漢官解詁兗衛濟河胡廣注引濟河惟兗州楊雄兗州牧箴悠悠濟河兗州之寓九州記濟水一名沇水出濟源山　元和志兗州在濟河之閒因濟水發源爲名博物志濟出王屋山　爾雅釋文濟出河東垣縣王屋山或云出河內溫西北平地　淮南地形訓濟出王屋高注王屋山在河東東垣縣東北　史記夏本紀浮於濟漯索隱云濟水出河東東垣縣王屋山東其流至濟陰故應劭云濟水出平原濟陰縣東　元和志濟水有二源其東源週迴七百步深不測西源週迴六百八十五步深一丈皆繚之以周牆源出王屋山　後漢書王景傳建武十年陽武令張汜上言河決積久日月侵毀濟渠所漂數十許縣注云濟水出

今洛州濟源縣西北東流經溫縣入河度河東南入鄭州又東入滑曹鄆濟齊青等州入海即此渠也王莽末旱因枯涸但入河內而已　西征記濟水自大伾入河與河水鬬而東流　東入於海者禹貢導沇水東流爲濟入于河溢爲滎東出于陶邱北又東至于菏又東北會于汶又北東入于海　顏師古云沇水而爲濟截河內爲滎澤陶邱今在曹州定陶西南過菏澤又與汶水會北折而東入於海僖三十一年左傳分曹地自洮以南東傅於濟釋例濟自滎陽卷縣東經陳留至濟陰北經高平東經濟北東北經濟南至樂安博昌縣入海　海內東經濟水出共山南東邱絕鉅鹿澤注渤海　唐書許敬宗傳帝曰天下洪流巨谷不載祀典濟甚細而在四瀆何哉對曰瀆之爲言獨也不因餘水獨能赴海者也狀雖微細獨而尊也　元和志博昌縣海浦在縣東北二百八里即濟水東流入海之處水口謂之海浦　胡渭曰濟瀆入海之道自唐以來亦數變初經高苑縣北又東北至博昌入海其後則不由博昌通典云舊濟合在今博昌縣界今無元和志蒲臺縣下云海在縣東一百四十里海畔有一沙阜俗呼爲鬬口淀是濟水入海之處海潮與濟相觸故名蓋其時濟水改道從蒲臺東北入海也宋南渡後劉豫導濼水東行入濟水故道爲小清河

wéi 洈　zhā 溠　kuāng 洭

仍經高苑縣北至樂安縣入海及金皇統中縣令高通改由縣南長沙溝至博興合時水又東北至樂安由馬車瀆入海

洈 水出南郡高城洈山東入繇從水危聲 過委切

水出南郡高城洈山者地理志南郡高成縣洈山洈水所出東入繇繇水南至華容入江寰宇記荆州滋滋縣洈山下云地理志高城縣洈山洈水所出東入繇卽爲此也中山經宜諸之山洈水出焉而南流注於漳注云今洈水出南郡東洈山至華容縣入江也　東入繇者或作油字水經注洈水出高城縣洈山東逕其縣下東至孱陵縣入油水也

溠 水在漢南從水差聲荆州浸也春秋傳曰脩涂梁溠 側駕切

水在漢南者後漢書馬融傳浸以波溠注云水經注云溠水出黃山在今隨州棗陽縣東北元和志隨縣斷虵邱在

縣北二十五里溠水在邱西四十里九域志隨州唐城縣有溠水　荆州浸也者周禮職方氏河南曰豫州其浸波溠鄭注春秋傳曰楚子除道梁溠營軍臨隨則溠宜屬荆州在此非也丁君杰曰溠實豫州浸疑後人改說文以合職方注　春秋傳曰修涂梁溠者莊四年左傳文彼作除道梁溠注云溠水在義陽厥縣西東南入鄖水正義云釋例曰義陽厥縣西有潹水源出縣北從縣西東南至隨縣入鄖水杜以潹解溠蓋聲相近而字轉耳水經注溳水云溠水出隨縣西北黃山南逕瀙西縣西又東南逕隨縣故城西楚武王伐隨除道梁溠謂此水也又南流注於溳

洭 水出桂陽縣盧聚山洭浦關爲桂水從水匡聲 去王切

水出桂陽縣盧聚山者縣山二字竝衍方言南楚瀑洭之閒郭注洭水出桂陽縣水經洭水出桂陽縣盧聚依離俗本洭作洭東南過含洭縣南出洭浦關爲桂水酈注云水出桂陽縣西北上驛山盧谿爲盧谿水東南流逕桂陽縣故城謂之洭水地理志曰洭水出桂陽南至四會是也寰宇記英州浛洭縣地有洭浦地理志南海郡中宿縣有洭浦官馥謂此如雲夢官樓船官陂官湖官之官水經作關酈注洭水出關右合溱水謂之洭口元和志廣州湞陽縣洭浦故關在

hùi 潓　guàn 灌　jiàn 漸

縣西南四十五里地理志桂陽郡含洭縣下應劭曰洭水所出東北入沅馥案水經注云瓚注漢書沅在武陵去洭遠又隔湘水不得入沅　洭浦關爲桂水者當如水經云南出洭浦關爲桂水海內東經湟水出桂陽西北山東南注肄水水經注洭水山海經謂之湟水漢武帝元鼎元年路博德爲伏波將軍征南越出桂陽下湟水卽此水矣桂水其別名也地理志桂陽郡桂陽縣下應劭曰桂水所出東北入湘水經鍾水出桂陽南平縣都山北過其縣東又北過鍾亭與灌水合酈注鍾水卽嶠水也庾仲初曰嶠水南入始興溱水注於海北入桂陽湘水注於江是也𤡪睹埔以湘溱豬鄉林灌水卽桂水也灌桂聲相近故字隨讀變經仍其非矣桂水出桂陽縣北界山山壁高聳三面特峻加泉縣注瀑布而下北經南平縣而東北流屆鍾亭右會鍾水通爲桂水也故應劭曰桂水出桂陽東北入湘馥案灌當爲滙元和志郴州臨武縣雞水在縣南卽桂水也

潓 水出盧江入淮從水惠聲 胡計切

水出盧江者玉篇集韻竝引作盧江洪君亮吉曰漢志盧江之決水疑卽說文之潓水以音近而淆馥案徐鍇讀決

爲古惠反則與潓聲近矣　入淮者當爲入灌此沿漢志之誤漢志云決水北至蓼入淮淮乃灌之譌

灌 水出廬江雩婁北入淮從水雚聲 古玩切

水出廬江雩婁者地理志廬江郡淮水出又雩婁縣下云決水北至蓼入淮又有灌水亦北至蓼入決二淮字竝當爲灌水經注決水云灌水導源廬江金蘭縣西北東陵鄉大蘇山卽淮水也許慎曰出雩婁縣俗謂之澮水楮先生所謂神龜出於江灌之間嘉林之中蓋謂此水也馥案澮水卽決水字異聲同酈元謂灌水卽淮水蓋舍灌水不能別尋一淮水又惑於誤本之漢志難除淮水之目遂遷就其說以爲一水　北入淮者當爲北入潓水經注灌水東北逕蓼縣故城西而北注決水故地理志曰決水北至蓼入淮灌水亦至蓼入決馥謂決水卽潓水北至蓼入淮者當爲入灌

漸 水出丹陽黟南蠻中東入海從水斬聲 慈冉切

李燾本漸次也

案廣雅漸次也

水出丹陽黟南蠻中者李燾本無南蠻中三字地理志丹陽郡黟漸江水出南蠻夷中東入海顏注黟音伊字本作黟其音同羅願新安志謂夷字衍又謂蠻中二字亦誤當作率山水經漸江水出三天子都北過餘杭東入於海酈云山海經謂之浙江也元和志休寧縣漸江一名浙江源出縣東南橫鄣山東流經歙縣又東南入睦州界　東入海者李本作南入海水經注浙江又東注於海故山海經曰浙江在閩西北入海

líng 泠

泠 水出丹陽宛陵西北入江从水令聲 郎丁切

水出丹陽宛陵者地理志丹陽郡宛陵縣清水徐鍇曰清泠同也　西北入江者地理志清水西北至蕪湖入江

pài 渒

渒 水在丹陽从水箄聲 匹卦切

玉篇廣韻竝作渒

水在丹陽者箄或省作渒宋書長沙景王道憐傳芍陂有舊溝引渒水入陂寰宇記壽州六安縣渒水枕縣西門外三十步源出多智山

lì 溧

溧 水出丹陽溧陽縣从水栗聲 力質切

水出丹陽溧陽縣者縣字衍地理志丹陽郡溧陽下應劭曰溧水所出南湖也徐鍇引作南入湖晉書地理志丹陽郡溧陽縣溧水所出元和志溧陽縣溧水在縣西六里寰宇記溧陽縣溧水西自溧水縣界流入九域志江寧府溧陽縣有溧水廣韻溧水縣在宣州吳越春秋伍子胥奔吳至溧陽山謙之丹陽記江寧烈洲吳舊津所也亦曰溧洲

馥案栗列聲相近

xiāng 湘

湘 水出零陵陽海山北入江从水相聲 息良切

湘中記湘水至清雖深五六丈見底了了石子如摴蒱矢五色鮮明白沙如霜雪赤岸如朝霞

水出零陵陽海山者地理志零陵郡零陵縣陽海山湘水所出北至酆入江過郡二行二千五百三十里郡國志零陵陽朔山湘水出郭注方言云湘水名今在零陵水經湘水出零陵始安縣陽海山海內東經湘水出舜葬東南陬西環之入洞庭下郭注今湘水出零陵營道縣陽朔山入江史記屈原傳浩浩沅湘兮正義云說文云沅水出牂柯東北流入江湘水出零陵縣陽海山北至酆入江案二水皆經岳州而入大江也王觀國曰今全桂二州之間有陽海山有水自山出至山下則分流爲二其一向南流者爲離水其一向北流者爲湘水其地在漢屬零陵郡寰宇記桂州興安縣陽海山在縣城北一百七十里注水經云陽海山一名陽朔山其山自永州零陵縣西南迤邐岡巒連亘不絕此山即湘灕二水之源又云桂州臨桂縣湘水今名小湘江源出臨源縣陽海山湘灕同源分爲二水水在全義嶺上南流爲灕水北流爲湘水元和志桂州全義縣本漢始安縣之地屬零陵郡湘水縣東南八十里陽朔山下經零陵郡西十里陽朔山即零陵山也其初則觴爲之舟至洞庭日月若出入其中　北入江者史記正義引有至酆二字與漢志同水經湘水北至巴邱山入於江元和志湘水北入青草湖即巴邱湖周迴二百六十五里俗云即古雲夢澤也

mì 汨

汨 長沙汨羅淵屈原所沈之水从水冥省聲 莫狄切

長沙汨羅淵者九域志岳州平江縣有汨水庾闡弔賈誼文涉湘川而觀汨水佩鷫集汨莫的翻汨羅江應劭曰汨

水在羅故曰汨羅昭五年左傳楚子以馹至於羅汭杜注羅水名楚詞七諫測汨羅之湘水兮注云汨水在長沙羅縣下注湘水史記索隱云地理志長沙有羅縣羅子之所徙荆州記羅縣北帶汨水水經注湘水云湘水又北汨水注之水東出豫章艾縣桓山西南逕吳昌縣又西逕羅縣北亦謂之羅水又西逕玉笥山又西爲屈潭即汨羅淵也又西逕汨羅戍南西流注於湘春秋之羅汭矣世謂之汨羅口一統志汨羅江名在湘陰縣北十里源出豫章流經湘陰分二水一南流曰汨水一經古羅城曰羅水至屈潭復合故曰汨羅西流入湘　屈原所沈之水者玉篇引作屈平廣韻汨羅水名在豫章　屈原所沈之處史記屈原傳於是懷石遂自投汨羅以死賈誼弔屈原文側聞屈原兮自沈汨羅造託湘流兮敬弔先生新序屈原自投湘水汨羅之中而死風俗通懷王佞臣上官子蘭斥遠忠臣屈原作離騷之賦自投汨羅水水經注汨水又西爲屈潭即汨羅淵也屈原懷沙自沈於此故淵潭以屈爲名荆州記羅縣北帶汨水水源出豫章艾縣界西流注湘沿汨西北去縣三十里名爲屈潭屈原自沈處宋書顏延之傳道經汨潭爲湘州刺史張紀祭屈原以致其意曰弭節羅潭艤舟汨渚又云望汨心欷瞻羅思越抱朴子屈原投汨羅之日

tán 潭　shēn 深　zhēn 溱

人竝命舟楫以迎之至今以爲競渡　荆楚歲時記　五月五日俗爲屈原投汨羅日傷其死所竝命舟檝以拯之　續齊諧記　屈原以五月五日投汨羅而死楚人哀之每於此日以筒貯米投水祭之　通典　湘陰縣下云縣北有汨水卽屈原懷沙自沈之處俗謂之羅江　元和志　湘陰縣汨水東北自洪州建昌縣界流入　西經玉笥山　又西經羅國故城爲屈潭卽屈原懷沙自決之處　又西流入於湘水

冥省聲者與㝠從冥聲同

溱　水出桂陽臨武入匯从水秦聲　側詵切

水出桂陽臨武者　地理志　桂陽郡臨武縣秦水東南至湞陽入匯行七百里　元和志　溱水一名始興大江　馥案　桂陽縣後割屬始興也　水經　洭水南出洭浦關爲桂水　酈注　關在中宿縣洭水出關右合溱水謂之洭口　又　水經　溱水出桂陽臨武縣南繞城西北屈東流東至曲江縣安聶邑東屈西南流過湞陽縣出洭浦關與桂水合南入於海　酈注　溱水導源縣西南北流逕縣西而北與武谿合　山海經曰　肄水出臨武西南而東南注於海入番禺西　肄水蓋溱水之別名也　又云溱水又西南洭水入焉　山海經所謂湟水出桂陽西北山東南注肄入敦浦西者也　又云溱水又南注於鬱而入於海　海內東經　肄水出臨晉西南而東南注海　馥案　水經注引作臨武　云肄卽溱水別名　入匯者　地理志　桂陽縣匯水南至四會入鬱林過郡二行九百里　應劭曰　桂水所出東北入湘　水經注洭水云　徐廣曰湟水一名洭水出桂陽通四會亦曰灌水也　水經溱水出洭浦關與桂水合　馥案　桂爲洭之下流卽匯水

深　水出桂陽南平西入營道从水罙聲　式針切

水出桂陽南平者　水經　深水出桂陽盧聚西北過零陵營道縣南　又西北過營浦縣南　又西北過泉陵縣西北七里至燕室邪入於湘　酈注　呂忱曰　深水一名邃水　導源盧溪西入營水亂流營波同注湘津　許慎云　深水出桂陽南平縣也　經書桂陽者　縣本隸桂陽郡　後割屬始興縣有盧溪盧聚山在南平縣之南九疑山東也

西入營道者　趙一淸曰　據水經當云西至營道入湘

潭　水出武陵鐔成玉山東入鬱林从水覃聲　徒含切

水出武陵鐔成玉山者　地理志　武陵郡鐔成玉山潭水所出東至阿林入鬱過郡二行七百二十里　馥案　阿林縣屬

yóu 油　mì ⿰氵買　zhēn 湞　liù 溜

鬱林郡　水經注溫水云　潭水出武陵郡鐔成縣玉山東流逕鬱林郡潭中縣　又逕中留縣東阿林縣西右入鬱水　方言　湘潭之原　注云　潭水名出武陵音譚亦音淫　元和志　韶州曲江縣玉山在縣東南十里

東入鬱林者　林字衍　謂入鬱水也　應劭曰　潭水東至阿林入鬱　元和志　鬱水一名西江水　九域志　貴州鬱林縣有鬱江　地理志　鬱林郡廣鬱縣鬱水首受夜郎豚水東至四會入海　又牂柯郡夜郎縣豚水東至廣鬱

油　水出武陵孱陵西東南入江从水由聲　以周切

水出武陵孱陵西者　水經注　孱陵縣有白石山油水所出　又江水注云　公安縣有油水　水東有景口卽武陵郡界

東南入江者　水經　油水出武陵孱陵縣西界東過其縣北　又東北入於江　又江水云　油水從東南來注之　馥案　從東南來與本書東南入不合　疑本書作東北

⿰氵買　水出豫章艾縣西入湘从水買聲　莫蟹切

水出豫章艾縣者　縣字衍　玉篇　漢書云　⿰氵買水出豫章　馥案　漢志豫章郡不言此水　水經　⿰氵買水出豫章艾縣西過長沙羅縣西

西入湘者　徐鍇本作西北入湘　水經　⿰氵買水西至累石山入於湘水　酈注　累石山在羅口北　⿰氵買水又在羅水南流注於湘謂之東町口者也　又注湘水云　湘水又北逕白沙戍西　又北右會東町口　⿰氵買水也

湞　水出南海龍川西入溱从水貞聲　陟盈切

水出南海龍川者　吳錄　湞石山湞水所出　元和志　廣州湞陽縣湞石山在縣北四十里湞水所出　又韶州曲江縣湞水在縣東一里　元鼎五年征南越樓船將軍下橫浦入湞水卽此水　寰宇記　韶州曲江以湞水回曲因以名之

西入溱者　漢志　桂陽郡湞陽縣下應劭曰湞水出南海龍川西入秦　馥案　臨武溱水字亦作秦　水經　溱水過湞陽縣　酈注　溱水又西南歷皐口太尉二山之閒是曰湞陽峽　溱水出峽左則湞水注之　水出南海龍川縣西逕湞陽縣南右注溱水

溜　水出鬱林郡从水畱聲　力救切

水出鬱林郡者　徐鍇本無郡字　地理志　鬱林郡有中畱縣　顏注　畱音力救反　水名　郡國志作溜　水經注溫水云　鬱水

右則留水注之水南出布山縣下逕中留入鬱

yì 瀷

瀷水出河南密縣東入潁從水翼聲 與職切

與前瀷字同六書故瀷亦作瀷

wǔ 潕

潕水出南陽舞陰東入潁從水無聲 文甫切

水出南陽舞陰者小字本作舞陽水經潕水出潕陰縣西北扶予山東過其縣南又東過西平縣北又東過郾縣南又東過定潁縣北東入於汝酈注山海經曰朝歌之山潕水出焉東南流注於滎經書扶予者其山之異名乎滎水於潕陰縣北左會潕水其道稍西不出其縣南且邑號潕陰故無出南之理出南則爲陽也非直不究又不思矣地理志潁川郡舞陽縣下應劭曰舞水出南寰宇記舞陰縣舞水在縣北六十里字或作潕九域志沅州黔陽縣有潕水東入潁者水經謂入汝彼注汝水云汝水又東南流逕郾城西又東南流潕水注之

áo 㵚

㵚水出南陽魯陽入城父從水敖聲 五勞切

水出南陽魯陽者水經注汝水云汝水又逕郟縣故城南㵚水注之水出魯陽縣之將孤山東南流許愼云水出南陽魯陽入父城從水敖聲呂忱字林亦言在魯陽入城父者酈氏注汝水引作父城彼注又云汝水又東南與龍山水會水出龍山龍溪北流際父城縣故城東昔楚平王大城城父以居太子建馥案昭十九年左傳費無極言於楚子曰若大城城父而寘太子焉以通北方王收南方是得天下也王說從之故大子建居於城父注云城父今襄城城父縣戴君震曰城父縣當爲父城縣考楚之城父邑漢置縣改曰父城屬潁川郡晉屬襄城郡晉譙郡有城父縣漢屬沛郡是襄城郡之父城漢晉皆不稱城父也

qìn 瀙

瀙水出南陽舞陽中陽山入潁從水親聲 七吝切

水出南陽舞陽中陽山者舞陽當爲舞陰中陽山水經注引同地理志作中陰山玉篇瀙水出南陽舞陰五音集韻引字林瀙水名在豫州地理志南陽郡舞陰縣中陰山瀙水所出東至蔡入汝中山經葴山視水出焉東南流注於汝水郭注或曰視宜爲瀙瀙水今在南陽也水經瀙水出潕陰縣東上界山東過吳房縣南又東過瀙陽縣南又東過上蔡縣南東入汝酈注郭景純曰出葴山許愼云出中陽山皆山之殊目也九域志蔡州遂平縣有瀙水　入潁者漢志山海經水經並云入汝

huái 淮

淮水出南陽平氏桐柏大復山東南入海從水隹聲 戶乖切

水出南陽平氏桐柏大復山者地理志南陽郡平氏縣禹貢桐柏大復山在東南淮水所出東南至淮陵入海過郡四行三千二百四十里青州川胡渭曰淮陵故城在今盱眙縣西北八十五里距海甚遙淮何得於縣界入海淮陵乃淮陰之訛三千字亦太遠馥案淮陵水經作淮浦臨淮郡有淮浦縣又按過郡四者南陽汝南九江臨淮也地理志淮沂其乂顏注淮出大復山又復陽縣下應劭曰在桐柏大復山之陽郡國志南陽郡平氏桐柏大復山淮水出注云荆州記曰桐柏淮源涌發其中潛流三十里東出大復山南荆州副圖桐柏山禹貢所謂導淮自桐柏者也其山則雲峯秀峙林惟椅柏潛潤吐雷伏流數里水經淮水出南陽平氏縣胎簪山東北過桐柏山東至廣陵淮浦縣

入於海酈注風俗通曰南陽平氏縣桐柏大復出在東南淮水所出也淮均也春秋說題辭曰淮者均其勢也釋名曰淮圍也圍繞揚州北界東至於海也爾雅曰淮爲滸然淮水與醴水同源俱導西流爲醴東流爲淮潛流地下三十許里東出桐柏之大復山南謂之陽口海內東經淮水出餘山餘山在朝陽東義鄉西入海淮浦北讌注云今淮水出義陽平氏縣桐柏山東北經汝南汝陰淮南譙國下邳經淮陰縣入海朝陽縣今屬新野春秋說題辭淮出桐柏高注呂氏春秋淮水云淮水出桐柏山在南陽平氏縣也古文苑桐柏廟碑淮出平氏始於大復潛行地中見於陽口鄭注尙書桐柏山在南陽平氏東南風俗通淮出南陽平氏桐柏大復山東南入海禹貢海岱及淮淮沂其乂詩云淮水湯湯晉書地理志義陽郡西平氏縣桐柏山在南通典唐州桐柏縣下云因山爲名淮水所出元和志桐柏縣桐柏山在縣西南九十里淮水出桐柏山一名大復山寰宇記桐柏縣淮水出廢平氏縣桐柏山東流桐柏山其陽有淮瀆祠胎簪山在桐柏縣西北三十里九域志唐州桐柏縣有桐柏山淮水壽春府有淮瀆禹貢指南淮水出胎簪山東北過桐柏胎簪益桐柏之旁小山也在南陽平氏縣　東南入海者見釋名山海經風俗通馥案淮

爲四瀆之一白虎通巡狩篇瀆者濁也中國垢濁發源東注海佳聲者顧炎武曰淮從鳥佳之佳後人誤讀爲淮沂其乂之淮而呼爲槐河按淮字當從佳人之佳乃得聲今本說文亦誤馥謂此說非也淮之從佳猶槐之從鬼顧氏於從鬼之槐又何說邪按昭十二年左傳有酒如淮有肉如坻寡君中此爲諸侯師顏延之和謝監靈運詩惜無爵雉化何用充江淮去國還故里幽門樹蓬藜古不讀戶乖切也故釋名云淮圍也

zhì 滍

滍 水出南陽魯陽堯山東北入汝從水蚩聲 直几切

水出南陽魯陽堯山者地理志南陽郡魯陽縣魯山滍水所出東北至定陵入汝郡國志南陽郡雉縣下注引博物記滍水出水經滍水出南陽魯陽縣之堯山東北過潁川定陵縣西北又東過郾縣南東入於汝酈注堯山在太和川太和城東北滍水出焉張衡南都賦曰其川瀆則滍澧灢濜發源巖穴布濩漫汗漭沆洋溢總括急趣箭馳風疾者也九域志汝州魯山縣有滍水晉書杜預傳激用滍淯諸水以浸原田萬餘頃襄十八年左傳涉於魚齒之下杜注魚齒山之下有滍水故言涉東觀漢記上與王尋戰大破之卦水溺死者以萬數滍水爲之不流元和志魯山縣

本漢魯陽縣屬南陽郡滍水出縣西大和山寰宇記舞陽縣滍水在縣北四十五里水經云滍水出魯陽縣西東北過定陵入於汝定陵在今縣北六十里集韻泜與滍同注引本書同僖三十三年左傳晉陽處父侵蔡楚子上救之與晉師夾泜而軍杜注泜水出魯陽縣東經襄城定陵入汝　東北入汝者水經注滍水東逕西不羹亭南亭北背汝水於定陵城北東入汝又注汝水云又東南逕定陵縣故城北水右則滍水左入焉

lǐ 澧

澧 水出南陽雉衡山東入汝從水豊聲 盧啟切

水出南陽雉衡山者地理志南陽郡雉縣衡山澧水所出東至郾入汝後漢書馬融傳面據衡陰注云衡陰衡山之北山海經曰雉山澧水出焉東曰衡山地理志云雉縣衡山澧水所出在今鄧州向城縣北中山經雉山澧水出焉東流注於視水馥案雉山漢書注引作雉山視水水經注作涀水蓋澧與涀合而後入汝涀即芹溝水水經注汝水云芹溝水導源葉縣東逕㵋陽城北又東逕定陵縣南又東南流注醴即呂忱所謂𡵉水又云汝水又東得醴水口水出南陽雉縣亦云導源雉衡山即山海經云衡山也郭景純以爲南岳非也馬融廣成頌曰面據衡陰指謂是山在雉縣界故世謂之雉衡山依山海經不言有水然醴水東流歷居山下即高鳳所隱之山也醴水又東南與臯水合又東南逕唐城北又屈而東南流逕葉縣故城北又逕其城東與燒車水合又東逕葉公廟北又東與葉西陂水會又東注葉陂又東逕郾縣故城南左入汝山海經曰醴水東流注於涀水也又注㵋水云又東北澧水注之水出雉衡山東南逕建城東建當爲卷字讀誤耳郡國志云葉縣有卷城其水又東流入於㵋王粲贈孫文始詩悠悠澧澧十道志澧州在澧水之北故取爲名寰宇記唐州方城縣衡山漢志衡山澧水所出即桐柏之連岡也史記夏本紀汝山導江東別爲沱又東至于澧索隱云按騷人所歌濯余佩於醴浦明醴是水虞喜志林以醴是江沅之別流而醴字作澧也禹貢指南楚詞云遺予佩兮澧浦澧音禮今澧州澧水在焉澧字從水從豊豊音禮豆登之屬與豐字不同漢地理志作醴

東入汝者見水經注

yún 溳

溳 水出南陽蔡陽東入夏水從水員聲 王分切

水出南陽蔡陽者水經溳水出蔡陽縣東南過隨縣西又南過江夏安陸縣西又東南入於夏酈注溳水出縣東南

大洪山山在隨郡之西南竟陵之東北溳水出於其陰時人以溳水所導故亦謂之爲溳山矣寰宇記安州汊川縣溳水在縣東十七里源自隨州東陽縣大紅山經雲夢縣界左傳定四年吳從楚師及清發清發溳水之別名九域志安州安陸縣有溳水隨州隨縣有溳水　東入夏水者見水經

pèi 淠

淠 水出汝南弋陽垂山東入淮從水畀聲 匹備切又匹制切

水經注泄水自濡谿逕安豐縣北流注於淠

水出汝南弋陽垂山者或誤爲淠字寰宇記光州固始縣淠水在縣西五十里源出光山縣陰山馥案酈注言出垂山西北流歷陰山關　東入淮者水經注淮水又東北淠水注之水出弋陽縣南垂山

yì 澺

澺 水出汝南上蔡黑閭澗入汝從水意聲 於力切

文當作澺

水出汝南上蔡黑閭澗者水經注汝水云汝水又東南左會澺水水上承汝水別流於奇領城東東南流爲練溝逕

召陵縣西東南流注至上蔡西岡北爲黃陂陂水東流於上蔡岡東爲蔡塘又東逕平輿縣故城南爲濦水九域志蔡州汝陽縣有濦水　入汝者水經注濦水又東南左迤爲葛陂陂水東出爲鮦水濦水自葛陂東南逕新蔡縣故城東而東南流注於汝　意聲者集韻引作⿰氵雷當爲雷聲因篆誤也隸體乃作濦

xì
⿰氵囟

⿰氵囟　水出汝南新鄭入潁從水囟聲　穌計切

水出汝南新鄭者或借細字地理志汝南郡細陽顏注居細水之陽故曰細陽細水本出新鄭水經注潁水云細水上承陽都陂陂水枝分東南出爲細水細水又南逕細陽縣又東南逕細陽縣故城南又東南積而爲陂謂之次塘又東南流屈而西南入潁　入潁者水經注引地理志細水出細陽縣東南入潁今漢志無此文

qú
灈

灈　水出汝南吳房入瀙從水瞿聲　其俱切

水出汝南吳房者地理志汝南郡灈陽下應劭曰灈水出吳房東入瀙也後漢書吳漢傳成子且爲灈陽侯注云灈陽縣名屬汝南郡在灈水之陽因以爲名其地今豫州吳房縣也水經灈水出汝南吳房縣西北奧山東過其縣北

說文解字義證　卷三十三　垩

入於汝　入瀙者水經作入汝酈注灈水東逕灈陽縣故城西東流入瀙水亂流逕其縣南又東入於汝水

yǐng
潁

潁　水出潁川陽城乾山東入淮從水頃聲豫州浸　余頃切

或借洞字高士傳卞隨投洞水而死

水出潁川陽城乾山者寰宇記引本書作陽乾山括地志晉地道記竝作陽乾山地理志潁川郡陽城縣陽乾山潁水所出東至下蔡入淮元和志潁陽縣陽乾山在縣東二十五里潁水一源出陽乾山水經潁水出潁川陽城縣西北少室山酈云山海經曰潁水出少室山地理志曰出陽城縣陽乾山今潁水有三源奇發右水出陽乾山之潁谷中水導源少室通阜東南流逕負黍亭東與右水合左水出少室南溪東合潁水故作者互舉二山言水所發也昭元年左傳勞趙孟於潁注云潁水出陽城縣襄十年傳與楚師夾潁而軍注云潁水出陽城至下蔡入淮宣十年傳逐楚師於潁北釋例云潁水出河南陽城縣陽乾山東南經潁川汝陰至淮南下蔡縣入淮釋水潁爲沙馥按易需卦需于沙正義云沙水旁之地詩大雅鳧鷖在沙是也邵君晉涵曰水經注潁水自臨潁縣西流注小濦水出焉爾雅曰潁別爲沙是小濦水即沙水矣呂氏春秋離俗篇乃自投於潁水而死注云潁出於潁川陽城西山中也史記鄭世家潁谷之考叔正義云括地志云潁水源出洛州嵩高縣東南三十里陽乾山今俗名潁山泉源出山之東谷其側有古人居處俗名潁墟故老云是考叔之故居即酈元注水經所謂潁谷也釋名潁川因潁水以爲名也博物志潁出少室晉地道記潁水出陽乾山　東入淮者水經潁水東南至慎縣東南入於淮酈云春秋昭公十二年楚子狩于州來次于潁尾蓋潁水之會淮也海內東經潁水出少室山入淮注云今潁水出河南陽城縣乾山東南經潁川汝陰至淮南下蔡入淮　豫州浸者漢志引職方荊州浸曰潁湛顏云潁水出陽城陽乾山宜屬豫州許慎又云湛水豫州浸竝未詳也通典周禮職方荊州浸曰潁湛潁水出陽城乾山宜屬豫州在此非也

wěi
洧

洧　水出潁川陽城山東南入潁從水有聲　榮美切

水出潁川陽城山者地理志潁川郡陽城縣陽城山洧水所出東南至長平入潁過郡三行五百里詩褰裳涉洧傳云洧水名也成十七年左傳公會尹武公單襄公及諸侯伐鄭自戲童至於曲洧杜注今新汲縣治曲洧城臨洧水

說文解字義證　卷三十三　至

襄元年傳敗其徒兵於洧上昭十九年傳龍鬬於時門之外洧淵杜注洧水出滎陽密縣東南至潁川長平入潁三國典畧東魏慕容紹宗高岳等堰洧水以灌潁川括地志洧水在鄭州新鄭縣北三里古新鄭城南九域志河南府登封縣有陽城山洧泉　元和志告成縣本漢陽城縣陽城山在縣東北三十八里　東南入潁者水經洧水出河南密縣西南馬領山東過習陽城西折入於潁春秋釋例洧水出滎陽密縣西北陽城山東南至潁川長平縣入潁史記蘇秦列傳東有宛穰洧水正義云在新鄭東南流入潁顏注漢書洧水出滎陽密縣東南至潁川長平入潁也

yīn
濦

濦　水出潁川陽城少室山東入潁從水㥯聲　於謹切

水出潁川陽城少室山者廣韻作濦云水名在潁川地理志汝南郡濦強下應劭曰濦水出潁川陽城水經濦水出濦強縣南澤中東入潁酈注濦水出潁川陽城縣少室山東流注於潁水元和志登封縣少室山在縣西十里高十六里周迴三十里潁水源出焉潁水有三源右水出陽乾山中水導源少室左水出少室南溪東合潁水竹書紀年顯王二十三年孫何取濦陽水經注潁水云中水導源少室通阜東南流逕負黍亭東或謂是水爲濦水字或作

水

潁元和志陳州潁水縣本漢汝陽縣屬汝南郡潁水經縣北去縣三里又蔡州郾城縣下云大潁水上承汝水自襄城至岐頟城分流南爲汝水北爲潁水小潁水在縣西北六十里至縣合爲大潁水 東入潁者水經潁水過南頓縣北濦水從西來流注之酈注濦水於樂嘉縣入潁不至於頓寰宇記商水縣潁水從西華縣南來經縣西四里過入潁水

guō
過

渦 水受淮陽扶溝浪湯渠東入淮從水過聲 古禾切

水受淮陽扶溝浪湯渠者浪徐鍇本作狼水經注引本書作蒗蕩渠僖十九年左傳正義云凡水首從水出謂之受流歸他水謂之入漢書之例爲然過經典作渦地理志淮陽國扶溝縣渦水首受狼湯渠東至向入淮過郡三行千里顏注狼音浪又陳留魯渠水首受狼湯渠東至陽夏入渦渠蓺文類聚引地理書滎陽有浪蕩渠通俗文渠在浚儀日莨蕩也寰宇記莨宕渠即汴河之別名水經河水東過滎陽縣北蒗蕩渠出焉又後漢書王景傳永平十二年議修汴渠夏發卒數十萬遣景與王吳修渠築堤自滎陽東至千乘海口千餘里明年夏渠成覆按水經注載王景

事於蒗蕩渠下後漢書注云汴渠即蒗蕩渠也水經潁水至新陽縣北蒗蕩渠水從西北來注之酈注經云蒗蕩渠者百尺溝之名別也水經又云陰溝水出河南陽武縣蒗蕩渠東南至沛爲過水又東南至下邳淮陵縣入於淮酈注陰溝始亂蒗蕩終別於沙而過水出焉過水受沙水於扶溝縣許慎又曰過水首受淮陽扶溝縣蒗蕩渠不得至沛方爲過水也爾雅曰過爲洵郭景純曰大水泆爲小水也呂忱曰洵過水也通典河陰縣下云汴渠在縣南二百五十步坤元錄曰亦名莨蕩渠今名通濟渠首受黃河漢書有滎陽漕渠如淳曰今礫溪口是也水經云河水又東過滎陽北莨蕩渠出焉酈元注云大禹塞滎澤開渠以通淮泗後漢書云初平帝時河汴決壞明帝永平中乃令王景理渠隄坤元錄又云自宋武北征之後復皆湮塞隋煬帝大業元年更令開導名通濟渠西通河洛南達江淮煬帝巡幸每泛舟而往江都焉又亳州譙縣下云有渦水魏黃初中文帝自譙循渦入淮老子內傳生於陳國渦水李樹下魏文帝集建安十八年至譙州余兄弟拜墳墓乘馬游觀經東園渦水乃駐馬書鞭作臨渦賦王粲浮淮賦從王師以南征浮淮水而遐逝背渦浦之曲流望馬邱之高澨三國典畧侯景衆大潰争赴渦水水爲之不流後魏孝文帝於漢山桑縣地置渦州北臨渦水魏書地形志南譙郡有渦陽縣九域志開封府太康縣有渦水寰宇記開封府太康縣渦水首受蔡水東流經縣正北 又借過字晉后苞鎮淮南聞吳欲爲寇築壘過水以自固 東入淮者水經淮水云又東過當塗縣北過水從西北來注之酈注淮水又北沙水注之經所謂蒗蕩渠也淮水於荆山北過水東南注之魏志武帝紀軍至譙作輕舟自渦入淮馥案漢淮陵縣有渦口晉揚州刺史牽宏擊吳丁奉於渦口即過水入淮處

yì
泄

泄 水受九江博安洵波北入氐從水世聲 余制切

水受九江博安洵波者博安當爲博鄉洵波當爲芍陂地理志廬江郡灊縣沘水北至壽春入芍陂水經泄水出博安縣北過芍陂西與沘水合西北入於淮酈注博安縣地理志之博鄉縣也泄水自縣上承沘水於麻步川西北出歷濡谿謂之濡水水經淮水云又東北至九江壽春縣西沘水泄水合北注之酈注沘水云又東北逕博安縣泄水出焉 北入氐者趙一清曰九江不聞有氐水蓋泄水合沘水以入淮而或誤以爲入沘水經沘水篇云泄水從南來注之善長糾之曰沘陽無泄水蓋誤引壽春之沘泄百因沘訛而爲氐

biàn
汳

汳 水受陳留浚儀陰溝至蒙爲雝水東入于泗從水反聲 皮變切

後漢書明帝紀十三年詔曰自汴渠決敗六十餘歲加頃年以來雨水不時汴流東侵日月益甚水門故處皆在河中漭瀁廣溢莫測圻岸蕩蕩極望不知綱紀今兗豫之人多被水患迺曰縣官不先人急好興它役又或以爲河流入汴幽冀蒙利故曰左隄彊則右隄傷左右俱彊則下方傷宜任水埶所之使人隨高而處公家息壅塞之費百姓無陷溺之患議者不同南北異論朕不知所從久而不決今既築隄理渠絕水立門河汴分流復其舊迹陶邱之北漸就壤墳故薦嘉玉潔牲以禮河神

水受陳留浚儀陰溝者地理志河南郡滎陽縣卞水在西南馥案卞今作汴俗寫飯字亦作飰皆惡反字也宋書謝靈運傳次師於汳上猶存篆之正體陳留風俗傳浚儀周時梁伯所居國都竹書紀年梁惠王爲大溝以行圃田之

水

水水經汳水出陰溝於浚儀縣北又東至梁郡蒙縣爲獲水酈注陰溝即蒗蕩渠也汳承旃然而東自王賁灌大梁水出縣南不逕其北夏水洪泛則是瀆津通故渠即陰溝也於大梁北又曰浚水矣故圏稱著陳留風俗傳曰浚水逕其北者也又東汳水出焉故經云汳出陰溝于浚儀縣北也又注濟水云出河之濟即陰溝之上源也史記秦始皇二十二年王賁攻魏引河溝灌大梁元和志河陰縣本漢滎陽縣地汴渠在縣南二百五十步亦名莨蕩渠禹塞滎澤開渠以通淮泗後漢初河汴決壞明帝永平中命王景修築渠隄十里立一水門令更相洄注無復潰漏之患曾鞏曰昔禹於滎澤下分大河爲陰溝出之淮泗至浚儀西北復分二渠或曰鴻溝始皇疏之以灌魏郡者是也或曰浪宕渠自滎陽五池口來注鴻溝者是也或曰浚儀渠漢明帝時循河流故瀆作渠渠成流注浚儀者是也宋至道中上問汴水疏鑿之由張洎對曰禹於滎澤下分大河爲陰溝引注東南以通淮泗至大梁浚儀復爲二渠一渠東經陽武中牟臺下爲官渡水一渠始皇鑿川灌郡謂之鴻溝即出河之溝亦曰莨菪渠今莨菪渠是也 至蒙爲雝水東入於泗者寰宇記宋城縣蒙澤在縣北三十五里左氏傳宋萬弒閔公於蒙澤杜注云蒙澤宋地蒙縣也雝水當爲獲水地理志梁國蒙縣獲水首受甾獲渠東北至彭城入泗過郡五行五百五十里水經獲水出汳水於梁郡蒙縣北又東過蕭縣南睢水北流注之又東至彭城縣北東入於泗又泗水又東南過彭城縣北注云泗水又南淮水入焉馥案淮當爲獲水經濟水又東過彭城縣北獲水從西來注之是也或曰汳入獲獲受睢睢入泗雝水當爲睢水水經睢水出梁郡鄢縣東過睢陽縣南又東過相縣南屈從城北東流當蕭縣南入於陂酈注睢水出陳留縣西蒗蕩渠東北流經言出鄢非矣睢水東南流入於泗謂之睢口經言止蕭縣非也地理志陳留郡浚儀縣睢水首受狼湯水東至取慮入泗僖十九年左傳宋公使邾文公用鄫子於次睢之社注云睢水受汴東經陳留梁譙沛彭城縣入泗寰宇記陳留縣睢溝在縣東南五里輿地志云汴水自滎陽受睢水東至陳留彭城南入泗水

zhēn
潧

潧 水出鄭國從水曾聲詩曰潧與洧方渙渙兮 側詵切

水出鄭國者後人加國字本謂山陽郡之鄭縣也詩釋文引本書亦無國字本書鄭下云宗周之滅鄭徙潧洧之上鄫下云妘姓所封潧洧之閒水經潧水出鄭縣西北平地酈注潧水出鄶城西北雞絡塢下南注於洧詩所謂溱與洧者也世亦謂之爲鄶水也詩褰裳涉溱傳云溱水名也馥案潧作溱者猶螓首作蠑首也元和志新鄭縣溱水源出縣西北三十里平地寰宇記新鄭縣溱洧二水溱水在縣北洧水在縣南 詩曰潧與洧方渙渙兮者鄭風溱洧文彼作溱傳云溱洧鄭兩水名

líng
淩

淩 水在臨淮從水夌聲 力膺切

水在臨淮者地理志泗水國淩縣淩水出南入淮

pú 濮　luò 濼　kuò 漷

說文解字弟十一　義證弟三十四

曲阜桂馥學

濮 水出東郡濮陽南入鉅野从水僕聲 博木切

水出東郡濮陽者水經注瓠子河云秦始皇置東郡治濮陽縣濮水逕其南故曰濮陽也又引京相璠曰濮水故道在濮陽南水經瓠子河出東郡濮陽縣北河東至濟陰句陽縣爲新溝又東北過廩邱縣爲濮水馥案此乃濮之枝渠地理志陳留郡封邱縣濮渠水首受泲東北至都關入羊里水酈注瓠子北有都關縣故城縣有羊里亭瓠河逕其南爲羊里水釋例土地名哀二十七年傳濮下注云濮自陳留酸棗縣受河東北經濟陰至高平鉅野縣入濟史記衛世家石碏與陳侯共謀因殺州吁于濮索隱曰賈逵云濮陳地按濮水首受河又受汴汴亦受河東北至離狐分爲二俱東北至鉅野入泲則濮在曹衛之閒賈言陳地非也若據地理志陳留封邱縣濮水受泲當言陳留水也春申君傳王又割濮磨之北集解云徐廣曰濮水北於鉅野入濟馥謂此皆濮渠也　南入鉅野者地理志東郡濮陽縣下應劭曰濮水南入鉅野

說文解字義證　卷三十四　一

濼 齊魯閒水也从水樂聲春秋傳曰公會齊侯于濼 盧谷切

齊魯閒水也者五經文字濼齊水名玉篇濼水在濟南寰宇記歷城縣濼水在縣西南二百步曾鞏齊州二堂記歷城之西有泉涌出高或至數尺其旁之人名之曰趵突之泉蓋泉自渴馬之崖潛流地中而至此復出也其注而北則謂之濼水水經注濟水云濟水又東北濼水入焉水出歷城縣故城西南泉源上奮水涌若輪又北流注于濟謂之濼口也　春秋傳曰公會齊侯于濼者桓十八年經文杜注濼水在濟南歷城縣西北入濟

漷 水在魯从水郭聲 苦郭切

水在魯者春秋襄十九年取邾田自漷水杜注漷水出東海合鄉縣西南經魯國至高平湖陸縣入泗哀二年季孫斯叔孫州仇仲孫何忌帥師伐邾取漷東田及沂西田范甯云漷沂皆水名九域志兗州鄒縣有漷水寰宇記費縣漷水源出縣西南連青山下左氏襄十九年取邾田自漷水今按水發源自山下東北流又折而西南流入徐州滕縣界水經泗水云又西過瑕邱縣東屈從縣東南流漷水從東來注之酈注漷水出東海合鄉縣其水西南流入邾又逕魯國鄒山東南而西南流春秋左傳所謂嶧山也又西南逕蕃縣故城南又西逕薛縣故城北又西逕仲虺城北又西至湖陸縣入于泗故京相璠曰薛縣漷水首受蕃縣西注山陽湖陸是也經言瑕邱東誤百

chéng 淨　tà 濕

淨 魯北城門池也从水爭聲 士耕切 又才性切

魯北城門池也者顧炎武曰公羊閔公二年傳桓公使高子將南陽之甲立僖公而城魯或曰自鹿門至于爭門者是也或曰自爭門至於吏門者是也注爭門吏門並魯北城門池也从水爭聲士耕切是淨門卽以此水名省文作爭爾後人以瀞字省作淨音才性切而梵書用之自南北史以下俱爲才性之淨而魯之爭門不復知矣馥案字或作埩廣韻埩魯城北門池也

說文解字義證　卷三十四　二

濕 水出東郡東武陽入海从水㬎聲桑欽云出平原高唐 他合切

水出東郡東武陽者郡國志東郡東武陽濕水出又平原郡高唐濕水出又平原有濕陰縣應劭曰東武陽在武水之陽水經注以武水卽濕水六書故云濕漢志作漯禹貢浮于濟漯達于河孟子瀹濟漯而注諸海是也史記夏本紀浮於濟漯索隱漯水出東郡東武陽縣北至千乘縣而入于海地理志東郡東武陽禹治漯水東北至千乘入海過郡三行千二十里穆天子傳天子自五鹿東征釣于漯水又云天子飲於漯水之上注云漯水今濟陰漯陰縣音沓揚雄兗州箴濟漯既通水經注河水云故瀆又東北入東武陽縣東入河又有漯水出焉戴延之謂之武水也鄭注尚書漯水出東郡東武陽陳琳爲袁紹檄豫州文青州涉濟漯太康地記漯沃縣屬樂陵國元和志齊州臨邑縣漯水北去縣七里通典漯水在漢之東郡東武陽縣今魏郡莘縣有東武陽城無此水矣漯音他合反又棣州蒲臺縣下云漢漯沃縣漢志千乘郡溼沃水經注河水作漯沃又引地理風俗記曰千乘縣西北五十里有大河河北有漯沃城又與隰溷後漢書襄楷傳平原隰陰人注云隰陰縣在隰水之南漢書王子侯表濕成侯忠史記作隰郎西

河之隰城縣哀二十三年左傳戰於犂邱杜云犂邱隰也釋文作濕云本又作隰隸變從㬎北魏鄭義碑原隰生光又變從累建城鄉侯劉靖碑隰作隰釋地下溼曰隰陸德明本作隰云隰本或作隰音習後魏武德于府君義橋碑隰又作隰荀子不苟篇窮則弃而儑楊注儑當爲濕字書無儑字韓詩外傳作弃而累也五經文字濕兗州水名經典相承以爲燥溼之溼別以漯爲此字華嚴經音義溼失入反經本有作濕者音他合反此乃平原郡之水名耳廣川書跋郙閣頌醳散關之嶃漯從朝陽之平燥漯當作濕燥當作㵽韓敕碑下濕㵽确皆以濕爲溼字 入海者地理風俗記漯水東北至千乘入海唐高宗問許敬宗曰書稱浮于濟漯今濟漯斷不相屬敬宗曰不言合漯者漯自東武陽至千乘入海也 桑欽云出平原高唐者此出欽所作地理志班志平原郡漯陰下應劭曰漯水出東武陽東北入海又高唐下桑欽言漯水所出功臣表駟望侯冷廣以濕沃公士又濕陰定侯昆邪魏書地形志樂陵郡有濕沃縣平原郡博平縣有濕水宗俱碑陰平原濕陰郭巨石室畫象平原濕陰韓勅後碑陰平原濕陰王宣蘇衡等題名平原濕陰馬象黃度曰以水經注元和志寰宇記諸書考之濟水最南漯水在中河水最北今者小

清所經自歷城以東如章邱鄒平長山新城高苑博興樂安諸縣皆古濟水所行而大清所經自歷城以上至東阿固皆濟水故道而自歷城東北如濟陽齊東青城諸縣則皆古漯水所行蒲臺以北則故河水所經蓋宋時河嘗行漯瀆及河去則大清兼行河漯二瀆其小清所行則斷爲濟水故道也胡渭曰漢志東郡東武陽縣下云禹治漯水東北至千乘入海又平原郡高唐縣下云桑欽言漯水所出今按禹引河自大伾山而折而北循大陸東畔入海而漯首受河自黎陽宿胥口始不起東武陽也水經注所敘河水自宿胥口又東右逕滑臺城又東北逕黎陽縣南又東北逕涼城縣又東北逕伍子胥廟南又東北爲長壽津河之故瀆出焉河水又東逕鐵邱南又東北逕濮陽縣北又東北逕衛國縣南又東逕鄄城縣北又東北逕范縣之秦亭西又東北逕委粟津皆古漯水也自周定王五年河徙從宿胥口東行漯川至長壽津始與漯別其津以西漯水之故道悉爲河所占而上游較短矣然河之故瀆不經東武陽亦不經高唐迨漢成帝建始末河決館陶由東武陽絕漯水而東北至高唐又絕漯水東北至千乘入海雖嘗塞治而故道猶存王莽始建國三年復決於此莽爲元城冢墓計不隄塞明帝永平中王景脩之遂爲大河之經流自是委粟津以西漯水之故道又爲河所占上游益短矣漯水 出於武陽再出於高唐據成帝後言之耳

pāo
泡

泡 水出山陽平樂東北入泗從水包聲 匹交切

水出山陽平樂者地理志山陽郡平樂侯國泡水東北至沛入泗沛本或作泲水經注泗水云泡水即豐水之上源也水上承大薺陂東逕已氏縣故城北又東逕平樂縣右合泡水又東逕豐縣故城南又東合黃水水上舊有梁謂之泡橋元和志沛縣泡水即豐水也西去縣百五十步九域志徐州沛縣豐縣俱有泡水或通作苞通鑑步尼公引兵趣苞橋沛縣民燒苞橋夜於林中擊鼓魏以宋兵大至爭渡苞水 東北入泗者水經注泡水又東逕沛縣故城南述征記曰城極大四周壍通豐水豐水於城南東注泗即泡水也

gē
菏

菏 菏澤水在山陽胡陵禹貢浮于淮泗達于菏從水苛聲 古俄切

菏澤水在山陽胡陵者胡當爲湖禹貢釋文引作水出山陽湖陵南玉篇菏澤水在山陽湖陵南禹貢山水澤地菏

水在山陽湖陸縣南禹貢豫州導菏澤被孟豬傳云菏澤在湖陵地理志泲陰郡禹貢菏澤在定陶東案括地志謂之龍池又名九鄉陂非菏水也鄭注禹貢云自導弱水已下言過言會者皆是水名言至于者或山或澤皆非水名覆案經云又東至于菏然則菏爲澤名也傅寅禹貢集解云許氏說文云菏澤水在山陽胡陵而班固以爲在定陶何也蓋在定陶者其澤也在湖陵者其流也其流東與泗合在今單州之魚臺魚臺在單之東北百里而近正古胡陵地也水經泗水又屈東南過湖陸縣南酈注地理志故湖陵縣也菏水在南王莽改曰湖陸應劭曰尚書一名湖陵章帝封東平王蒼子爲湖陸侯更名湖陸也戴震曰今漢書地理志山陽郡湖陵下云禹貢浮于泗淮通于河水在南莽曰湖陸應劭曰尚書一名湖章帝封東平王倉子爲湖陵侯更名湖陵此條舛誤者八泗淮當作淮泗一也通于河當作通于菏二也水在南當作菏水在南三也尚書二字當在禹貢二字上不當在應劭曰下四也應劭時稱湖陸已久所引應劭語宜爲地理風俗記湖陸縣之文一名湖當是一名湖陵校漢書者妄刪陵字以起下文有陵字爲更名耳五也倉當作蒼六也爲湖陵侯當作爲湖陸侯七也更名湖陵當作更名湖陸八也道元此注亦

有尚書二字葢校書者據漢志誤本增入說文菏字下云菏澤水在山陽湖陵引禹貢浮于淮泗達于菏而水經濟水內敘菏水云又東南過湖陸縣南東入於泗水道元注亦引尚書浮于淮泗達于菏今尚書本皆譌作達于河以附書及前後漢書水經注互有舛誤彼此紛糾僅就一處訂正終難了徹故備論之漢志泗水至方與入泲實入菏故謂之菏泲水經泗水又南過方與縣東菏水從西來注之酈注菏水即泲水之所苞注以成湖澤也而東與泗水合于湖陵縣西六十里穀庭城下水經泲水又東過方與縣北爲菏水菏水又東過湖陸縣南東入于泗水案由淮達泗由泗達菏禹貢之故道如此元和志魚臺縣下云菏水即濟水也一名五丈溝西自金鄉縣界流入去縣十里又東南流合泗水胡渭曰菏澤在陶邱之東北相去不遠濟水伏流至陶邱北上奮馳跋跳洙東北匯于菏澤又東北絶鉅野至垻槐入海者爲濟瀆其一枝東南流至湖陵入泗者後人目之曰菏水漢志湖陵縣下云菏水在南者是湖陵今爲魚臺縣地也許愼云菏澤水在湖陵謂澤之下流入泗者亦未爲誤自孔傳襲其文曰菏澤在湖陵而遺一水字則在湖陵者爲澤矣釋至于菏又增一水字曰菏澤之水則定陶之菏澤與湖陵之菏水無別矣酈道元

時孔傳已盛行故宗其說言尚書有導菏澤之說自陶邱北東至於菏水又以湖陵入泗爲澤水所鍾而不知此特菏澤之下流其所鍾則在定陶也且豫州導菏澤被孟豬乃導菏澤之餘波南入于孟豬非謂東南至湖陵入泗之菏水酈乃混而爲一種種紕繆皆爲孔傳所誤禹貢浮于淮泗達于菏者禹貢當作夏書今書作河韻會浮于淮泗達于河說者牽合傳會或指鴻溝引河入泗爲禹迹或謂當時必有可達之理今按說文菏字注引禹貢此文則是達于菏非達于河許愼所見葢古文尚書後人傳寫例以上下文達于河之句改菏爲河陸德明又以河音如字遂啟後人淮泗不能達河之疑然其下復云說文作菏工可切水出山陽湖陵南則非九河之河明矣如字之音陸氏誤也金履祥曰浮于淮泗達于河古文尚書作達于菏說文引書亦作菏菏澤與濟水相通而泗水上可以通菏下可以通淮徐州浮淮入泗自泗達菏也閻若璩曰浮于淮泗達于河陸德明引說文作菏葢菏者澤名爲濟水所經又東至于菏者是在豫之東北郎徐之西北舟則自淮而泗自泗而菏然後由菏入濟以達于河此徐之貢道也或曰曷不詳言之余曰以上文兖州浮于濟漯達于河文青州便浮于汶達于濟不復言達于河矣又文徐州浮于淮泗達于菏亦不復言達于濟矣至揚州則沿于江海達于淮泗且不復言達于菏不復言者蒙上文也一脣脫鉏一脣雖由當日本道之自然而其敘法從變字法從簡眞屬聖經之筆

sì
泗

泗　受泲水東入淮從水四聲息利切

地理志魯國卞縣泗水西南至方與入泲過郡三行五百里青州川　水經泗水出魯卞縣北山酈注地理志曰出濟陰乘氏縣又云出卞縣北經言北山皆爲非矣山海經曰泗水出魯東北余昔因公事沿歷徐沇路逕洙泗因令尋其源流水出卞縣故城東南桃墟西北墟有漏澤澤西連岡通阜西北四十許里岡之西際便得泗水之源也博物志曰泗出陪尾蓋斯阜者矣　括地志泗水源在兖州泗水縣東陪尾山其源有四道因以爲名　元和志泗水源出陪尾山其源有四四泉俱導因以爲名馥案此皆發源之泗　魯語宣公夏濫於泗淵注云泗在魯城北馥案此謂與洙合流之泗　地理志泲陰郡乘氏縣泗水東南至睢陵[illegible]入淮過郡六行千一百一十里馥案此受泲之泗泗之末流　受泲水者徐鍇本作水受泲水馥案受泲水者郎菏水也　閻若璩曰或問王伯厚謂漢志有兩泗水其一濟陰郡乘

氏縣注泗水東至睢陵入淮又一泗水魯國卞縣注西南至方與入泲泲自泲之譌其說信乎余曰殆王氏考之不審泗一而已安得復出乘氏乘氏漢縣寰宇記在鉅野縣西南五十七里班固祇當於卞縣下注曰禹貢泗水出陪尾山西南至方與與菏合又東南至睢陵入淮只此已足更進一層睢陵仍當作淮陰泗入淮在今淸河縣東南謂之泗口亦名淸口睢陵則今睢寧縣治耳馥案水經濟水又東至乘氏縣西分爲二其一水東南流其一水從縣東北流入鉅野澤酈注南爲菏水北爲濟瀆馥案漢志乘氏之泗水郎泲水泗旣入泲泲又南流爲菏則並受泗之通稱矣說文受泲水泲水郎東南流之菏水漢志言入說文言受實不相背說文泗次菏下固有意也水經泗水又南過方與縣東菏水從西來注之酈注菏水郎濟水之所苞注以成湖澤也而東與泗水合於湖陵縣西六十里穀庭城下馥謂此條若不與泲水參看則漢志說文皆不可通閻氏謂泗不得復出乘氏疏矣又案漢志出卞者泗之源也入泲者乃其中流非末流也乘氏有泗者言入泲之後與泲合而東入淮其合泲在乘氏非謂泗出乘氏也葢泲郎菏故金仁山謂泗水上可通菏下可入淮也說文祇言其受泲入淮而不及其出卞一節者或因此一節與洙水合

流故就其分流受泲處舉之與東入淮者地理志乘氏泗水東南至睢陵入淮馥案乘氏以下之泗水經以爲泲水乃泲之枝流合於泗而自乘氏入淮者泗之經流也本書謂受泲水東入淮者泲之枝流隨泗入淮實泗入淮也郭注海內東經云今泗水至高平湖陸縣東南經沛國彭城下邳至臨淮下相縣入淮胡渭曰說文泗受泲水東入淮其所謂泲卽荷水也酈善長云泲在湖陸西而左注泗泗泲合流地記或言泲入泗泗亦言入泲故有入泲之文渭按班固謂泗入濟許愼謂泗受濟而不言荷以荷卽濟也水經濟水篇所敘自乘氏以至湖陸卽分濟之荷自沛縣以至睢陵卽入淮之泗也通典兗州刺史劉遐自彭城退屯泗口寰宇記宿遷縣有泗口馥案淮水經宿遷縣界卽泗入淮之處故曰泗口

huán 洹

洹 水在齊魯閒從水亘聲 羽元切

趙策相與會於洹水之上 韓非子初見秦篇昔紂爲天子甲兵百萬左飲於淇谿右飲於洹谿淇水竭而洹水不流 竹書紀年文丁三年洹水一日三絕 魏志武帝紀留蘇由審配守鄴公進軍到洹水 北史齊高祖紀同會鄴挾洹水而軍 隋書禮儀志後齊所祭山川有洹水 圖經安陽紂都在淇洹二水之閒

水在齊魯閒者齊當爲晉水經洹水出上黨泫氏縣東過隆慮北又東北出山過鄴縣南又東過內黃縣北東入于白溝酈注水出洹山山在長子縣也又云許愼說文呂忱字林竝云洹水出晉魯之閒馥案河朔訪古記亦引作晉字此水出漳德府林縣東北流至安陽縣城北折而東南流入衞河去齊地遠矣廣韻洹水名在鄴玉篇洹水出汲郡隆慮縣成十七年左傳初聲伯夢涉洹杜注洹水出汲郡林慮縣東北至魏郡長樂縣入清水釋例洹出汲郡林慮縣東北至信城入張甲河北山經神囷之山黃水出焉而東流注于洹注云洹水出汲郡林慮縣東北至魏郡長樂入清水隋圖經洹水出隆慮縣西北俗謂之安陽河卽聲伯夢涉之水源出林慮山下平地九域志相州林慮縣有洹水寰宇記林慮縣漢隆慮縣屬河內郡洹水出縣西北俗謂安陽河卽聲伯夢涉之所源出林慮山東平地林慮山在縣西二十里輿地廣記相州臨漳縣本鄴縣後周分東北界置洹水縣

yōng 灉

灉 河灉水在宋從水雝聲 於容切

河灉水在宋者釋水水自河出爲灉又云灉反入郭云卽河水決出而復入者河之有灉猶江之有汜廣韻作澭云水名在宋又作雍淮南人閒訓楚莊王勝晉於河雍之閒列子黃帝篇雍水之潘爲淵注云雍音擁河水決出還復入也釋名水從河出曰雍沛言在河岸限內時見雍出則沛然也

chán 澶

澶 澶淵水在宋從水亶聲 市連切

澶淵水在宋者玉篇澶淵在頓丘縣南十三州志澶水在頓丘西南三十五里伏流至繁城西南郡國志沛國杼秋有澶淵聚水經注河水云大河之北卽東武陽縣也左會浮水故瀆故瀆上承大河于頓丘縣而北出東逕繁陽縣故城南應劭曰縣在繁水之陽張晏曰縣有繁淵春秋襄公二十年經書公與晉侯齊侯盟于澶淵杜預曰在頓丘縣南今名繁淵澶淵卽繁淵也亦謂之浮水焉馥案今本杜注繁淵作繁汙云此衞地又近戚田范甯亦云衞地九域志澶州臨河縣有澶淵寰宇記澶淵在臨河縣東南十七里在黎州東北八十里馥案臨河縣魏東黎縣地魏分汲郡置黎陽郡所領有東黎縣此非宋地

zhū 洙

洙 水出泰山蓋臨樂山北入泗從水朱聲 市朱切

水出泰山蓋臨樂山者地理志泰山郡蓋縣臨樂子山洙水所出西北至蓋入池水池當爲泗池本作沱與泗形近譌也戴侗曰太山蓋縣今沂水縣寰宇記沂水縣本漢東莞縣漢蓋縣城在縣西北入十里本齊邑漢以爲縣景帝封王皇后兄信爲蓋侯後漢屬泰山郡隋開皇十六年於此城置東安縣屬莒州後廢入沂水縣又云艾山一名樂山在新泰縣東北三十里馥案水經沂水出蓋縣艾不當在新泰臨樂山一名雕崖山在蒙陰縣東北一百三十里沂水縣西北一百七十里水經洙水出泰山蓋縣臨樂山西南至卞縣入于泗酈注地理志臨樂山洙水所出西北至蓋入泗水或作池字蓋字誤也洙水西南流于卞城西西南入泗水亂流西南至魯縣東北又分爲二水水側有故城兩水之分會也洙水西北流逕孔里北是謂洙泗之閒矣春秋之後洙非謂始導矣蓋深廣之耳馥案經言西南譌酈注亦沿其誤春秋莊九年冬浚洙杜注洙水在魯城北下合泗釋例洙水出魯國東北西南入沂水下合泗馥案出字誤當云經魯國東北也入沂水者入泲也泗泲合流故曰合泗 北入泗者泗在洙南而云北入者臨樂

水

shù
沭

yí
沂

山在陪尾之東南洙水西北流以入泗至魯城北復分流洙在北泗在南

沭 水出青州浸从水术聲 食聿切

水出者下有闕文地理志琅邪郡東莞縣術水南至下邳入泗過郡三行七百一十里青州寖顔注術水卽沭水也音同水經沭水出琅邪東莞縣西北山東南過其縣東又東南過莒縣東又南過陽都縣東入於沂馥謂山當是沂山或轉寫脫沂字廣韻沭水名在琅琊今沭陽縣在海州通典沭水出東海郡沭陽縣沭音述元和志泗州漣水縣下云沭水俗名漣水西南自海州沭陽縣界流入寰宇記沂水縣沭水出縣西北沂山南職方氏青州其浸沂沭在縣界七十里又東南入於泗水又云沭陽縣沭水在城東南七十步引東流七十里入車路湖齊乘水經注大弁山與小泰山連麓沭水出焉漢志謂之術水元和志云俗名漣水出沂山東麓又云沭水自厚丘縣分爲二今名南漣北漣也胡渭曰以今輿地言之沭水出沂水縣歷莒州沂州郯城至沭陽縣西北分爲二水其一南至邳州入泗卽齊乘所謂南漣水也其一爲左瀆北至海州與安東之游水合自下游沭通稱又北至贛榆入海卽齊乘所謂北漣水也字或作潚玉篇潚水在琅邪任褚釣魚處 青州浸者周禮職方氏正東曰青州其浸沂沭注云沭出東莞

沂 水出東海費東西入泗从水斤聲一曰沂水出泰山蓋青州浸 魚衣切

水出東海費東者水經注許慎說文云沂水出東海費縣東西入泗从水斤聲呂忱字林亦言是矣淮南地形訓時泗沂出臺台術高云時泗沂皆水名臺台術皆山名玉篇沂水出泰山琅琊縣通典沂山在今琅琊郡沂水縣卽沂水所出也馥案水經注云鄭玄云沂出沂山亦或云臨樂山水有二源南源所導世謂之柞泉北水所發俗謂之魚窮泉俱東南流合成一川齊乘云鄭康成云沂水出沂山按今蒙陰縣東北地名南河川小阜之下有曰狗泉此沂源也東南逕馬頭固山有泉東流與之合北望沂山五十里殊無別源疑沂山水源古流今竭耳胡渭云按沂山在今青州府沂水縣北一百十里無沂源又雕崖山在縣西北一百七十里沂水於此發源是謂狗泉蓋卽康成所謂沂山也臨樂艾山雕崖疑卽沂山支阜之異名齊乘所謂狗泉者卽北源之魚窮泉其出馬頭固山者卽南源之柞泉也 西入泗者御覽引無西字水經作南入泗寰宇記沂水經下邳縣北分爲二水一水於城北西南入泗水一水經城東屈曲從縣南亦注泗謂之小沂水通鑑注泗水東南流過下邳縣西沂水南流亦至下邳縣西而南入於泗 一曰沂水出泰山蓋者地理志泰山郡蓋縣沂水南至下邳入泗過郡五行六百里青州浸又引書淮沂其乂顔注沂出泰山郡國志泰山郡蓋沂水出廣韻沂水名出太山博物志沂出太山水經沂水出泰山蓋縣艾山南過下邳縣西南入於泗襄十八年左傳東侵及濰南及沂土地名沂水出東莞蓋縣艾山南逕琅邪東海至下邳縣入泗吳語闕爲深溝於商魯之閒北屬之沂注云沂水名出泰山蓋縣南至下邳入泗鄭注職方沂山沂水所出也在蓋 青州浸者周禮職方氏青州其出鎮曰沂山其浸沂流馥案漢官解詁徐魯惟沂禹貢沂屬徐至周則徐入青矣故曰青州浸

xiáng
洋

洋 水出齊臨朐高山東北入鉅定从水羋聲 似羋切

水出齊臨朐高山者徐鍇本作石膏山地理志齊郡臨朐石膏山洋水所出東北至廣饒入鉅定顔注洋音祥馥案

洋當爲洋音瀰水經巨洋水出朱虛縣泰山北過其縣西又北過臨朐縣東又北過劇縣西又東北過壽光縣西又東北入於海酈注泰山卽東小泰山也巨洋水卽國語所謂具水矣袁宏謂之巨昧王韶之以爲巨蔑亦或曰朐瀰皆一水也而廣其目焉巨洋水自朱虛北入臨朐縣又東北逕委粟山又東北洋水注之水西出石膏山西北石溝口東南逕逢山祠西又東南歷逢山下卽石膏山也而東北流世謂之石溝水東北流出於委粟山北而東注於巨洋謂之石溝口地理志石膏山洋水所出是也巨洋水又西北流而注於巨淀矣東北逕望海臺西東北流又東北注於海也馥案巨洋水竝當作洋巨洋卽朐瀰也巨蔑卽巨昧之轉音也皆與洋聲相近齊語使海於有蔽渠弭於有渚賈侍中云海海濱也渠弭裨海也馥謂渠弭卽巨昧朐瀰之異稱亦與洋聲相近後漢書耿弇傳追至鉅昧水上注云鉅昧水名一名巨洋水在今青州壽光縣西九域志青州臨朐縣有洱水齊乘云洋水今謂之洱河出沂山西麓卽東泰山也馥謂洋洱聲亦相近玉篇洋亾爾切亦瀰字類篇瀰瀰水盛皃或作洋馥謂二書雖不以洋爲水名實有從羋之字矣益都楊君峒曰世謂陽水卽洋水案陽水導源漢之廣縣非出臨朐川土不同自非一水詩泌

之洋洋河水洋洋竝當爲洋洋卽新臺之河水瀰瀰也周禮萍氏禁川游者注云備波洋卒至沈溺也此洋字亦當爲洋或曰洋字見於經傳豈得無其字馥曰山海經西山經昆侖之邱洋水出焉而西南流注于醜塗之水水經注沔水云洋水導源巴山東北流入漢寰宇記洋州眞符縣本漢安陽縣地洋水出縣東巴嶺據此則固有洋水矣本書或有洋洋二文形相類遂去其一今以洋當洋字之訓猶鼎當鼏字之訓矣　北入鉅定者先入巨洋合巨洋以入鉅定也水經注淄水又東逕巨淀縣故城南征和四年漢武帝幸東萊臨大海三月耕巨淀卽此也縣東南則巨淀湖蓋以水受名也

zhuó
濁

濁 水出齊郡厲嬀山東北入鉅定從水蜀聲直角切

水出齊郡厲嬀山者厲當作廣嬀山當作爲山地理志齊郡廣縣爲山濁水所出玉篇濁水出齊郡廣縣水經注淄水云呂忱曰濁水一名溷水出廣縣爲山世謂之峕嶺山北流注巨淀　東北入鉅定者地理志濁水東北至廣饒入鉅定水經注　淄水又東北馬車瀆水注之受巨淀淀卽濁水所注也馥案鉅定卽鉅澱濁水所注故成鉅澱釋名

說文解字義證　卷三十四　十一

濁瀆也汁滓演瀆也

gài
漑

漑 水出東海桑瀆覆甑山東北入海一曰灌注也從水旣聲古代切

水出東海桑瀆覆甑山者東海當爲北海地理志北海郡桑犢縣覆甑山漑水所出九域志濰州北海縣有漑水寰宇記濰州北海縣漑源山在州東南六十里山形如塔舊名塔山地理志云覆甑山漑水所出水經云漑水出塔山是山有二名天寶六年敕改爲漑源山　東北入海者地理志漑水東北至都昌入海　一曰灌注也者洞簫賦迴江流川而漑其山李善引本書漑猶灌也本書浸川澤所仰以灌漑也莊子逍遙游時雨降矣而猶浸灌秋水篇百川灌河注云灌注也史記河渠書西門豹引漳水漑鄴漢書溝洫志此渠皆可行舟有餘則用漑顏注漑灌也養生論夫爲稼於湯之世偏有一漑之功者雖終歸於燋爛必一漑者後枯然則一漑之益固不可誣也梁典到漑字茂灌或借槩字七發於是澡槩胷中李善云槩與漑同

wéi
濰

濰 水出琅邪箕屋山東入海徐州浸夏書曰濰淄其道從水維聲以追切

水出琅邪箕屋山者地理志琅邪郡箕縣禹貢濰水北至都昌入海過郡三行五百三十里青州寖也鄭注禹貢引地理志濰水出琅邪箕屋山本書屋山二字據漢志也齊乘濰水水經云出琅邪箕縣濰山許愼呂忱云箕屋山淮南子云覆舟山廣異名百實一山也卽今淸風山在莒州莒縣北百里漢箕侯國地胡渭曰說文濰水出琅邪箕屋山謂琅邪郡箕縣之屋山非名箕屋也水經濰水出琅邪箕縣濰山襄十八年左傳東侵及濰注云濰水在東莞東北至北海都昌縣入海漢書韓信傳與信夾濰水陳顏注濰水出琅邪北箕縣東北經臺昌入海卽禹貢所云濰淄其道者也寰宇記莒縣下云箕漢縣宣帝封城陽荒王子文爲侯卽此邑後漢省併東莞據郡國縣道記引漢志云濰水北至都昌入海又許愼說文呂忱字林竝云濰水出琅邪箕屋山入海又水經云濰水出琅邪箕縣東今按箕山在今縣北八十里箕縣蓋因山爲名今故城在縣東北一百餘里其山在濰水之西是也又云濰水源出縣東北

說文解字義證　卷三十四　十二

濰山去縣八十三里東北流入諸城縣界禹貢濰淄其道淮南子濰出覆舟山皆濰之異名括地志密州莒縣濰山濰水所出隋志濰水在北海郡下密縣元和志輔唐縣濰山在縣東北八十三里濰水所出也顧炎武曰濰水其字或省水作維或省糸作淮又或從心作惟總是一字漢書地理志琅邪郡朱虛下箕下作維靈門下橫下折泉下作淮上文引禹貢惟甾其道又作惟一卷之中異文三見古人之文或省或借其旁竝從鳥隹之隹則一爾後人誤讀爲淮沂其乂之淮而呼此水爲槐河失之矣又曰馬文煒曰漢書王子侯表城陽頃王子東淮侯類封北海接北海郡別無淮水蓋濰字之異文又曰通鑑梁武帝紀魏李叔仁擊邢杲於惟水胡三省注惟當作濰　東入海者水經濰水又東北過都昌縣東又東北入於海徐廣曰濰水出東莞而東北流至北海都昌縣入海　徐州浸者周禮職方氏無徐州地理志作青州　夏書曰濰淄其道者禹貢青州文本書無淄字濰地理志引作維顏注維水出琅邪箕屋山

wú
浯

浯 水出琅邪靈門壺山東北入濰從水吾聲五乎切

水

水出琅邪靈門壺山者地理志琅邪郡靈門縣壺山浯水所出水經注濰水云浯水出浯山世謂之巨平山也地理志曰靈門縣有高原山壺山浯水所出今是山西接浯山許慎說文言水出靈門壺山世謂之浯汶矣三齊記昔者堰浯水灌田數萬頃今尚有餘堰而稻田畦畛存焉寰宇記按郡國縣道記靈門在今縣西南六十里當沂水縣東北一百里有巨平山在縣北浯水側近其山一名浯山浯水源出此山東北入濰者地理志浯水東北入維水經注浯水東北流而注於濰水寰宇記浯水東北至密州北流入濰胡渭曰浯水世謂之浯汶浯合東汶入濰故有此名

wèn
汶

汶 水出琅邪朱虛東泰山東入濰从水文聲桑欽說汶水出泰山萊蕪西南入泲亾運切

述征記泰山郡水皆名汶有北汶嬴汶柴汶牟汶皆源別流同　詩地理攷董氏曰出萊蕪者今須城之汶是也出朱虛者今濰之東南有大汶小汶是也曾氏曰汶水有二出萊蕪縣原山入濟者徐州之汶也出朱虛泰山北又東北入濰者

青州之汶也

水出琅邪朱虛東泰山者地理志琅邪郡朱虛縣東泰山汶水所出東至安邱入維括地志朱虛故城在青州臨朐縣東周禮職方青州其山鎭曰沂山寰宇記云卽東泰山也齊乘臨朐縣沂山卽公玉帶請漢武所封之東泰山也馥案此爲東汶吳語遵汶之上韋注汶齊水名是也沂山在今沂州府沂水縣北一百十里唐爲東鎭今山無汶源水經汶水出朱虛縣泰山酈注伏琛晏謨竝言水出縣東南峿山山在小泰山東　東入濰者水經汶水北過淳于縣西又東北入於濰酈注故夏后氏之斟灌國也其城東北則兩川交會也寰宇記濰州北海縣汶水在縣東南六十里源出沂水縣小泰山入縣界合濰水入海　桑欽說汶水出泰山萊蕪者地理志泰山郡汶水出萊蕪西入濟又萊蕪縣下云禹貢汶水出西南入泲桑欽所言又浮下汶顏注汶水出泰山郡萊蕪縣原山水經注泲水云李欽曰汶水出泰山萊蕪縣西南入濟馥案李欽當爲桑欽郡國志泰山郡萊蕪有原山潘水出注云杜預曰汶水出水經汶水出泰山萊蕪縣原山酈注汶出牟縣故城西南阜下俗謂之胡盧堆牟縣古牟國俗謂是水爲牟汶也括地志淄州淄川縣東南七十里原山元和志乾封縣汶水源出縣東北原山西有流經縣理南去縣三里僖元年左傳公賜季友汶陽之田杜注汶水出泰山萊蕪縣西入濟後漢章帝紀宗祀五帝於汶上明堂注云汶水出太山朱虛縣萊蕪山從征記汶水出萊蕪西南流通典汶水出今魯郡萊蕪縣界　西南入泲者禹貢浮于汶達于濟又導沇水云又東北會于汶傳云泲與汶合許敬宗對高宗曰沇濟自溫入河伏地南出爲滎澤又伏而出曹濮之閒汶水從入之故書又言浮汶達濟水經泲水又東北過壽張縣西界安民亭南汶水從東北來注之淮南地形訓汶出弗其流合於濟高誘云弗其山在北海朱虛縣東水經注云余按誘說是乃東汶非經所謂入濟者也蓋其誤證耳春秋釋例汶水出泰山萊蕪縣西南經濟北至東平須昌縣入濟寰宇記萊蕪縣汶水出此邑卽閔子騫所謂則吾必在汶上矣是也西南流入泲詩地理攷引曹氏曰汶在齊南魯北閔子在汶上者欲北如齊也

chí
治

治 水出東萊曲城陽邱山南入海從水台聲直之切

水出東萊曲城陽邱山者玉篇作陽曲山地理志東萊郡曲城縣陽邱山治水所出　南入海者地理志治水南至

沂入海

jìn
寖

寖 水出魏郡武安東北入呼沱從水㝱聲㝱籒文寑字子鴆切

廣韻浸下云寖上同出字林馥案漢書作寖

水出魏郡武安者玉篇寑水出武安縣東　東北入呼沱者地理志魏郡武安寖水東北至東昌入虖沱河周禮職方氏并州其川虖池元和志繁畤縣本漢舊縣屬雁門郡秦戲山一名武夫山在縣東南九十里滹沱水出焉　㝱聲者宋本作㝱　籒文寑字者宋本作寑

yú
渪

渪 水出趙國襄國之西山東北入寖從水禺聲噳俱切

水出趙國襄國之西山者之字衍寰宇記邢州龍岡縣秦以爲信都縣項羽更名襄國漢因不改渪水一名澧水俗謂之百泉河源出縣東南平地以其導源總納衆泉合成一川故也又云百泉河在州東南八里水自平地而出其

泉無數故曰百泉是澧河之上源也又沙河縣本漢襄國縣地沙河卽湡水也湡水在縣西北七十一里俗名沙河水郡國志牛缺遇盜於沙湡之閒玉篇湡水出襄國縣東今作虞　東北入寖者地理志趙國襄國西山渠水所出東北至任入寖渠水卽湡水

sī 虒

虒　水出趙國襄國東入湡從水虒聲息移切

水出趙國襄國東入湡者地理志趙國襄國虒水東至朝平入湡湡水卽虒水不知何以譌爲湡

zhǔ 渚

渚　水在常山中丘逢山東入湡從水者聲爾雅曰小州曰渚章與切

水在常山中丘逢山者地理志常山郡中丘逢山長谷諸水所出諸卽渚　東入湡者地理志諸水東至張邑入濁濁當爲湡　爾雅曰小州曰渚者釋水文彼作陼釋文云陼字又作渚李巡曰四方有水獨高可處故曰渚釋邱如渚者陼邱郭云水中洲爲陼本書如渚者陼邱水中高者也聲類陼或作渚釋邱又云澤中有邱都邱馥案鄭注檀

弓云南方謂都爲渚釋名小洲曰渚渚遮也體高能遮水使從旁回也廣雅渚處也馥案州居也孫炎注九河覆鬴云水中多渚往往而有可居之處狀如覆釜之形詩召南江有渚傳云渚小洲也水岐成渚文十年左傳王在渚宮注云小洲曰渚齊語渠弭於有渚韋注水中可居者曰渚中山經南望墠渚高注水中小洲名渚漢書司馬相如傳且齊東陼鉅海蘇林曰小洲曰陼顏注東有大海之陼字與渚同也吳都賦洲渚憑隆五臣云小洲曰渚馥案潯陽記有鵲渚卽杜預所云廬江舒縣東南鵲尾洲也

xiáo 洨

洨　水出常山石邑井陘東南入於泜從水交聲祁國有洨縣下交切

水出常山石邑井陘者徐鍇本作井陵山鍇曰漢書石邑縣西有井陵山洨水所出今或作井陘誤也馥案地理志常山郡井陘縣應劭曰井陘山在南音刑又石邑縣井陘山在西洨水所出寰宇記石邑縣水一名童水　東南入於泜者於字衍地理志洨水東南至廮陶入泜　祁國有洨縣者地理志沛郡洨縣注云洨水所出南入淮馥案此

別是一水

jǐ 濟

濟　水出常山房子贊皇山東入泜從水齊聲子禮切

春秋說題辭濟齊也齊度也直也

風俗通濟者齊也齊其度量也

水出常山房子贊皇山者地理志常山郡房子縣贊皇山石濟水所出郡國志常山國房子贊皇山濟水所出晏氏類要贊皇縣本漢鄗縣之地有贊皇山元和志贊皇縣贊皇山在縣東南二十六里穆天子傳至房子登贊皇山是也濟水源出贊皇山西北流去縣南十里北山經敦與之山槐水出焉而東流注於泜澤寰宇記贊皇縣槐水隋圖經云槐水出贊皇山一曰渡水亦曰濟水　東入泜者地理志濟水東至廮陶入泜風俗通謂入沮或稱泜爲沮

chí 泜

泜　水在常山從水氐聲直尼切

水在常山者有闕文地理志常山郡元氏縣泜水首受中邱西山窮泉谷東至堂陽入黃河北山經敦與之山泜水出於其陰而東流注於彭水注云今泜水出中邱縣西窮泉谷東注於堂陽縣入於漳水馥案隋書地理志房子有

彭水元和志趙州臨城縣漢屬常山郡敦與山在縣西南七十里泜水所出漢書張耳韓信擊破趙井陘斬陳餘泜水上吳質在元城與魏太子箋重以泜水漸漬疆宇

rú 濡

濡　水出涿郡故安東入漆涑從水需聲人朱切

水出涿郡故安者廣韻濡水名出涿郡乃官切地理志涿郡故安縣閻鄉易水所出東至范陽入濡也水亦至范陽入涑顏注言易水又至范陽入涑也濡音乃官反馥案顏注易水乃濡水之譌謂濡水亦至范陽入涑也水經濡水從塞外來東南過海陽縣西南入於海昭七年左傳盟于濡上注云濡水出高陽縣東北至河閒鄚縣入易水水經注易水云其水又東南流歷故安縣北而南注濡水濡水又東南流於容城縣西北大利亭東南合易水而注巨馬水也故地理志曰故安縣閻鄉易水所出至范陽入濡水闞駰亦言是矣又注巨馬水云地理志曰涑水東南至容城入於河河卽濡水也又注濡水云汗水西北入難河濡難聲相近北俗語譌耳寰宇記易縣本漢故安縣濡水源出縣西北窮獨山南谷馥案或稱聖女水通鑑元嘉九年秋七月魏主至濡水注音乃官反濡水卽灤水廣輿記灤

lěi 灅　gū 沽　pèi 沛　pèi 浿

河在永平府又云永平府灤州商孤竹國漢海陽縣馥案水經注玄水又西南逕孤竹城北西入濡水通鑑開元二年薛訥繫契丹行至灤水山峽中爲伏兵所敗卽濡水也　東入漆涑者漆涑當爲涞渠水經注易水云濡水合渠許愼曰濡水入涞涞渠二號卽巨馬之異名又注、巨馬水云卽涞水也又云巨馬河亦曰渠水也

灅　水出右北平浚靡東南入庚從水畾聲　力軌切

水出右北平浚靡者徐鍇本作浚靡南玉篇水出浚靡縣南水經注鮑邱水云庚水又西南流灅水注之水出右北平俊靡縣王莽之俊麻也東南流世謂之車奮水又東南流謂之北黃水又屈而爲南黃水魏書道武帝西幸馬邑觀灅源通鑑魏主珪規度灅南將建新都注云自灅水南抵夏屋山皆灅南地也　東南入庚者當云東入庚以南字屬浚靡下地理志右北平郡浚靡縣灅水南至無終東入庚又無終縣浭水西至雍奴入海顏注浭音庚卽所云入庚者同一水也馥案志云灅水入庚顏謂浭庚同也水經注灅水又西南入於庚水庚水世亦謂之爲柘水也

沽　水出漁陽塞外東入海從水古聲　古胡切

水出漁陽塞外者地理志漁陽郡漁陽縣沽水出塞外東南至泉州入海水經沽河從塞外來南過漁陽狐奴縣北西南與濕餘水合爲潞河酈注沽河出禦夷鎭西北九十里丹花嶺下寰宇記潞縣漢屬漁陽郡潞河一名沽河一名鮑邱水水經注鮑邱水入潞通得潞河之稱矣　東入海者水經沽水與淸河合東入於海

沛　水出遼東番汗塞外西南入海從水巿聲　普蓋切

水出遼東番汗塞外者汗當爲汗顏師古注漢志音寒　西南入海者地理志遼東郡番汗縣沛水出塞外西南入海

浿　水出樂浪鏤方東入海從水貝聲一曰出貝水縣　普拜切

水出樂浪鏤方者應劭曰樂浪故朝鮮國也朝鮮傳復修遼東故塞至浿水爲界顏注浿水在樂浪水經浿水出樂浪鏤方縣隋書來護兒傳遼東之役率樓船指滄海入自浿水唐書李勣爲浿江道大總管　一曰出貝水縣者地理志樂浪郡浿水縣水西至增地入海水經注云許愼云浿水出鏤方一曰出浿水縣十三州志曰浿水縣在樂浪東北鏤方縣在郡東蓋出其縣南逕鏤方也　東入海者水經浿水東南過臨浿縣東入于海

huái 瀤　lěi 㶟　jū 沮

瀤　北方水也從水褱聲　戶乖切

北方水也者北山經獄法之山瀤澤之水出焉而東北流注於泰澤

㶟　水出鴈門陰館纍頭山東入海或曰治水也從水纍聲　力追切

水出鴈門陰館纍頭山者水經㶟水出鴈門陰館縣至漁陽雍奴縣西入笥溝酈注笥溝潞水之別名也水經沽河云南過漁陽狐奴縣北西南與濕餘水合爲潞河又東南至雍奴縣西爲笥溝酈注㶟水入焉俗謂之合口也寰宇記代州鴈門縣本漢廣武縣地屬太原郡後漢屬鴈門郡纍頭山在縣西北六十里卽句注陘西北三十五里山也後漢書王霸傳可從溫水漕注云水經注曰溫餘水出上谷居庸關東又東過軍都縣南又東過薊縣北益通以運

漕也馥案溫餘水卽水經之濕餘水濕當爲㶟隸書濕作漯故誤爲濕又誤爲溫地理志上谷郡軍都縣溫餘水卽水經濕餘水出上谷居庸關東者也霸所漕者溫水非溫餘水注引溫餘水誤也溫水卽㶟水　東入海者地理志㶟水東至泉州入海　或曰治水也者地理志鴈門郡陰館縣纍頭山治水所出水經注㶟水出於纍頭山一曰治水胡渭曰漢志代郡平舒縣有祁夷水北至桑乾入治治卽㶟水亦名桑乾河治或通作台漢書燕刺王旦傳使人祠葭水台水晉灼曰地理志台水在鴈門

沮　水出北地直路西東入洛從水虘聲　側加切

水出北地直路西者經典借沮字地理志北地郡直路縣沮水出東西入洛馥案水經注引作出西東入洛水經沮水出北地直路縣東過馮翊祋祤縣北東入於洛酈注濁水與沮水合分爲二水一水東南出卽濁水也至白渠與澤泉合俗謂之漆水又謂之爲漆沮水入於渭水其一水東出卽沮水也寰宇記耀州華原縣沮水自邠州入縣界合漆水入富平石川河　東入洛者水經注沮水逕粟邑縣故城北又東北流注於洛水也

水

gū 泒

泒 水起鴈門葰人戍夫山東北入海從水瓜聲古胡切

水起鴈門葰人戍夫山者地理志葰人屬太原郡魏志武帝紀將征烏桓鑿渠自呼沲入泒水名平虜渠馥案司馬懿征公孫淵至饒陽鑿滹沱入泒水以運糧通鑑慕容麟追長孫肥至泒水注云泒水在中山馥案水經注滱水云唐水出中山城言城中有山故曰中山也輿地志盧奴城北臨滱水面泒河馥案水經注滱水云漢高祖立中山郡魏皇始二年破中山立安州天興三年改曰定州治水南盧奴縣之故城　東北入海者水經沽河云沽河與清河合東入於海清河者泒河尾也

kòu 滱

滱 水起北地靈邱東入河從水寇聲滱水即漚夷水并州川也苦候切

水出北地靈邱者靈邱不屬北地地理志代郡靈邱縣滱河東至文安入大河過郡五行九百四十里并州川水經滱水出代郡靈邱縣高氏山寰宇記定州安喜縣滱水亦名唐河在縣北八里西北自唐縣界流入隋圖經云唐河

說文解字義證　卷三十四　十九

即滱馥案水經注滱水又東逕左人城南城在唐縣西北亦或謂之爲唐水也又東恆水從西來注之即禹貢所謂恆衛既從也唐書賈敦頤傳瀛州瀕滹沱滱二水歲湓溢壞室廬浸洳數百里馥案水經注滱水歷安國縣東分爲二水一水枝分流入滹沱　東入河者北山經高是之山滱水出焉東流注於河郭注滱水過博陵縣南又東北入於易水水經注滱水至長城注於易水馥案酈注易水云逕鄚縣故城北東至文安縣與滹沱河合是以班固闞駰之徒咸以斯水謂之南易馥謂滱所入即南易長城在今文安縣界　滱水即漚夷水并州川也者周禮職方氏并州其川虖池漚夷注云漚夷祁夷與出平舒胡渭曰按漢志代郡平舒縣有祁夷水北至桑乾入治治即㶟水亦名桑乾河漢桑乾縣故城在今山西大同府蔚州西北平舒則州屬廣靈縣也縣南有壺流河即古祁夷水源出縣西東北流至蔚州入桑乾河不經曲陽縣界鄭說非是水經注云滱水即漚夷之水也元和志靈邱縣本漢舊縣屬代郡漚夷水一名滱水出縣西北高是山周禮曰并州其川漚夷謂此也錢君大昕曰地理志川曰虖池漚夷注漚夷出平舒按師古之注本於鄭氏周禮注蓋以祁夷當漚夷也然孟堅實以滱水爲漚夷故於代郡靈邱縣云滱河東至文安入大河并州川而於平舒之祁夷水不云并州川是班與鄭異也顏注宗鄭却失孟堅之旨

lái 淶

淶 水起北地廣昌東入河從水來聲并州浸洛哀切

水起北地廣昌者廣昌不屬北地地理志代郡廣昌縣淶水東南至容城入河過郡三行五百里并州寖通典淶水在今安邊郡飛狐縣界元和志淶水縣淶水一名巨馬河在東北二里袁紹崔巨業攻固安不下公孫瓚敗之於淶水死者六七千人即此水也　東入河者玉篇淶水出代郡東南入河　并州浸者周禮職方氏正北曰并州其浸淶易注云淶出廣昌

ní 泥

泥 水出北地郁郅北蠻中從水尼聲奴低切

水出北地郁郅北蠻中者地理志北地郡郁郅縣泥水出蠻夷中又泥陽縣應劭曰泥水出郁郅北蠻中晉地道記泥水出郁郅北蠻中史記酈商傳蘇駔軍於泥陽正義泥谷水源出羅川縣東北泥陽源側有泉於泥中潛流二十餘步而流入泥谷寰宇記坊州中部縣泥水水經云泥水出翟道縣泥谷今按圖經泥谷水在縣西北五十里源自

說文解字義證　卷三十四　二十

栲栳谷來通鑑後秦主萇軍於泥源

nǎn 湳

湳 西河美稷保東北水從水南聲乃感切

西河美稷保東北水者初印本無北字水經注河水云河水又左得湳水口水出西河郡美稷縣東南流羌人因水以氏之漢沖帝時羌湳狐奴歸化蓋其渠帥也其水俗亦謂之爲遄波水東流入於河文選潘岳關中詩虛皛湳德李善注湳羌號也說文曰湳水出西河美稷縣故羌人因水爲姓

yān 溤

溤 水出西河中陽北沙南入河從水焉聲乙乾切

水出西河中陽北沙者水經汾水云又南過大陵縣東酈注汾水於縣左迆爲鄔澤廣雅曰水自汾出爲汾陂其陂東西四里南北十餘里陂南接鄔地理志曰九澤在北并州藪也呂氏春秋謂之大陸又名之曰漚洟之澤俗謂之鄔城泊許愼說文曰溤水出西河中陽縣北沙南入河即此水也　焉聲者焉當爲烏酈注所謂鄔澤也廣韻鴻水鴻集韻鴻水名篆譌從焉音隨形變讀乙乾切實應讀安古切鄔引本書原作鴻後人據誤本說文改爲溤　南入

tuō 涶 yú 瀩 xún 洵 shè 涻 niàn 汈 chì 淔 qiè 淁 jū 涺 jì ⿰氵臮 yóu 沋 yīn 洇

河者中陽潁河故潙入河也

涶 河津也在西河西從水垂聲土禾切

瀩 水也從水旟聲以諸切

洵 過水中也從水旬聲相倫切

過水中也者集韻引作渦水經注陰溝水云過水受沙水於扶溝縣爾雅曰過爲洵呂忱曰洵過水也九域志金州洵陽縣有洵水

涻 水出北嚻山入邙澤從水舍聲始夜切

水出北嚻山者廣韻引文字音義涻水出北嚻山也入邙澤者徐鍇本作邛澤北山經北嚻之山涻水出焉而東流注於邛澤蘐案旄水亦云注邛澤

汈 水也從水刃聲乃見切

水也者集韻引有出上黨三字 刃聲者廣韻汈式羊切音商水名蘐謂當從刅轉寫譌從刃音隨形變矣

淔 水也從水直聲恥力切

水也者集韻引同又云一曰出潁川

淁 水也從水妾聲七接切

涺 水也從水居聲九魚切

⿰氵臮 水也從水臮聲其冀切

沋 水也從水尤聲羽求切

水也者廣韻沋水名在高密

洇 水也從水困聲苦頓切

困聲者初印本作因音於眞切宋本小字本李燾本竝同集韻洇伊眞切說文水名

guǒ 淉 suǒ ⿰氵貨 máng 浝 nǒu 湪 zhōng 汷 pò 洦

淉 水也從水果聲古火切

⿰氵貨 水也從水貨聲讀若瑣穌果切

浝 水也從水尨聲莫江切

水也者浝或作瀧水在梁鄒縣水經注謂郎古之袁水

湪 水也從水乳聲乃后切

汷 水也從水夂聲夂古文終職戎切

水也者廣韻作泈云水名在襄陽

洦 淺水也從水百聲匹白切

玉篇作泊

淺水也者當爲淺水皃本書狛甯嚴讀之若淺泊廣韻洦水淺皃顏氏家訓嘗游趙州見柏人城北有一小水土人

亦不知名後讀城西徐整碑云洦流東指衆皆不識吾按說文洦淺水皃皃古貌字也此水漢來無名矣直以淺貌目之或當郎以洦爲名乎

qiān 汘 sì 洍 xiè 澥

汘 水也從水千聲倉先切

洍 水也從水𦣞聲詩曰江有洍詳里切

詩曰江有洍者徐鍇本作一曰詩江有洍廣韻引同

澥 勃澥海之別名也從水解聲一說澥即澥谷也胡買切

勃澥海之別名也者初印本作郣澥海之別也無名字宋本集韻類篇竝同別者猶江別爲沱本書郣郣海地梁張驁詠躍魚詩何用游冥澥且躍天淵池漢書音義勃澥海別枝名也齊都賦注海旁曰勃斷水曰澥或作㴾澥子華子琅邪之東渤澥稽天非一水之鍾也子虛賦浮渤澥五臣云渤澥海分支水名陳書徐陵傳譬渤澥而俱深周書武帝紀守廎𤬪者悟渤澥之泓澄漢書揚雄傳作勃解又作勃海戰國策蘇秦說齊曰北有勃海齊都賦海旁出爲

勃勃海亦曰薄海薄即勃聲之轉史記索隱曰崔浩云勃㫄跌也㫄跌出者横在齊北應劭曰海之横出者曰勃史記天官書中國山川東北流其維首在隴蜀尾没於勃碣漢書天文志作勃海碣石武帝紀元光三年河水徙從頓邱東南流入勃海地理志薊南通齊趙勃碣之閒顔注勃勃海也又勃海郡顔注在勃海之濱因以爲名又稱渤海列子殷湯篇箕畚運於渤海之尾初學記按東海之別有渤澥出說文故東海共稱渤海禹貢又北播爲九河同爲逆河入于海傳云同合爲一大河名爲逆河而入於渤海史記河渠書同爲逆河入於渤海溝洫志同王粲爲荀或與孫權檄云昨令將帥戰士就渤海七八百里演習舟楫魏志張郃從擊袁譚於渤海圖經渤海實滄州之地屬趙分居多寰宇記幽州薊縣渤海碣石皆郡界胡注通鑑楊僕從齊浮渤海以討朝鮮云僕浮渤海蓋自青萊以北幽平以南皆濱於海其海通謂之渤海非指渤海郡而言也齊乘海岱惟青州謂東北跨海西南距岱跨小海也本名渤海亦謂之渤澥海別枝名也北自平州碣石南至登州沙門島是謂渤海之口闊五百里西入直沽幾千里焉又稱少海韓非子齊景公與晏子游於少海登柏寢之臺又稱北海僖四年左傳楚子使於齊侯曰君處北海又謂之

裨海齊語渠弭於有渚韋注渠弭裨海是也列子曰勃海之中有大壑名曰歸墟歸墟者尾閭也閭若璩曰按齊都賦云海㫄出爲渤今海自山東登州成山折而西徑寧海州福山蓬萊招遠縣又西徑萊州掖縣昌邑濰縣又西徑青州壽光樂安諸城縣北界折而西北徑濟南利津霑化海豐縣又北徑直隸河間鹽山滄州靜海縣東界又北至天津衛折而東徑順天寶坻豐潤縣又東徑永平灤州樂亭盧龍昌黎縣又東出山海關徑遼東寧遠廣寧衛南界折而南徑海蓋復金四衛西界又折而東徑金州南界有旅順口南與登州海口相對皆謂之渤海歷覽太史公書如河渠書同爲逆河入於渤海謂永平府之渤海也封禪書四曰陰主祠三山五曰陽主祠之罘六曰月主祠之萊山皆在齊北竝渤海謂登萊兩府之渤海也蘇秦列傳說齊宣王未嘗倍泰山絕淸河涉渤海張守節正義曰渤海滄州也則指天津衛之海言朝鮮列傳遣樓船將軍楊僕從齊浮渤海至王險王險城名非海之在遼東而何皆渤海也柰何有臣瓚者徙知漢以渤海名郡遂狹視渤海謂禹貢河入海乃在碣石武帝元光三年河移徙東郡更注渤海禹時不注也若以太史公增禹貢原文一渤字爲誤不知非誤也正謂碣石邊之渤海也胡渭曰漢書臣瓚曰

禹貢夾右碣石入于河則河入海乃在碣石武帝元光三年河徙從東郡更注渤海禹時不注也今按武帝紀元光三年春河水徙從頓邱東南流入渤海用此四字以足上句文勢非河先不入勃海至元光從流而始入勃海也尋瓚之意蓋以禹貢九河同爲逆河自碣川入於海故云禹時不注而不知漢人所謂勃海者其北一半即逆河之故道也河豈能越勃海而至碣石哉總之勃海甚廣占漢遼西右北平勃海千乘北海東萊六郡之境跨古冀兗青三州之界自禹時以迄唐宋河之所入皆勃海也濟漯濰淄之所入亦勃海也　一說澥即澥谷也者本書澥水衡官谷也玉篇澥亦作嶰吳都賦說竹云梢雲無以踰嶰谷弗能連李善注嶰谷崑崙北谷也漢書律歷志黃帝使泠綸自大夏之西昆侖之陰取竹之解谷生其竅厚均者斷兩節閒而吹之以爲黃鐘之宮孟康曰解谷一說昆侖之北谷名也

mò
漠

漠　北方流沙也一曰清也从水莫聲　慕各切

北方流沙也者李善注雪賦朝漠飛沙引本書同釋名北方沙漠平廣淮南時則訓雁北鄉高云將至北漠中也易

林沙漠北塞純無水泉地理志張掖郡居延縣居延澤在東北古文以爲流沙胡渭曰沙漠自西而東且迤北居延澤雖非禹貢之流沙亦即此沙漠之地李陵歌經萬里兮度沙漠注云匈奴沙漠地劉歆宗廟議單于遠通漠北鹽鐵論處沙漠之中生不食之地盧諶贈崔溫詩北眺沙漠垂鮑昭舞鶴賦憐霜雁之違漠五臣云謂雁背沙漠以就溫也成公綏嘯賦又似鴻雁之將雛羣鳴號乎沙漠又鴻雁賦賓弱水之陰岸兮有沙漠之絕渚魏書雍狂地無山有沙漠流水新唐書狄仁傑傳東距滄海西隔流沙北横大漠南阻五嶺天所以限中外也通鑑柔然追敕勒至西漠注云西漠者大漠之西偏也又云自陰山以北皆大漠有白漠黑漠石漠或作幕字漢書武帝紀衛青將六將軍絕幕顔注幕者今之突厥中磧耳應劭曰幕匈奴之南界臣瓚曰沙土曰幕程大昌北邊備對幕者漠也言沙磧廣莫望之漠漠然也　一曰清也者釋詩文樊光曰漠然清兒李善注勵志詩引本書作寂也又引作無爲也楚詞遠游漠虛靜以恬愉兮又云野寂漠其無人鵬鳥賦眞人恬漠兮五臣云至眞之人其性靜漠或借莫字昭二十八年左傳引詩莫其德音說云德正應和曰莫杜注莫然清靜

水

hǎi 海

海 天池也以納百川者從水每聲 呼改切

廣雅海晦也　釋名海晦也主承穢濁其水黑如晦也　尚書考靈曜海之言晦昏無所睹也　五經異義古尚書說六宗云海爲澤宗　易林海爲水宗聰明且聖

天池也者初學記海一云天池莊子逍遙遊南溟者天池也又云窮髮之北有溟海者天池也史記日者傳地不滿東南以海爲池晉書天文志九坎閒十星曰天池一曰天海　以納百川者者玉篇海大也受百川萬谷流入禹貢江漢朝宗于海傳云百川以海爲宗老子滄海所以能爲百谷王者以其下之月令章句受衆流注曰海鄉飲酒義洗之在阼其水在洗東祖天地之左海也注云海水之委也淮南氾論訓百川異源皆歸於海易林水流趨下遂成東海吳都賦百川派別歸海而會傳元詩百川皆赴海又釋法篇浩浩大海百川歸之

pǔ 溥

溥 大也從水尃聲 滂古切

大也者詩北山溥天之下傳云溥大又車攻東有甫草韓作圃薛君云圃博也有博大之茂草也中庸溥博淵泉

ǎn 灪

灪 水大至也從水闇聲 乙感切

水大至也者徐鍇韻譜玉篇廣韻竝作大水至

hóng 洪

洪 洚水也從水共聲 戶工切

洚水也者本書州下云昔堯遭洪水民居水中高上書堯典湯湯洪水方割傳云洪大孟子洚水者洪水也趙注洪大也又云昔者禹抑洪水而天下平史記河渠書作鴻水

jiàng 洚

洚 水不遵道一曰下也從水夅聲 戶工切又下江切

水不遵道者廣韻洚水流不遵道水經注河水云不遵其道曰降書堯典湯湯洪水方割蕩蕩懷山襄陵浩浩滔天傳云言水奔突有所滌除包山上陵盛大若漫天孟子水逆行謂之洚水又云書曰洚水警余趙注水逆行洚洞無涯故曰洚水又云洪水橫流氾濫於天下　一曰下也者本書降下也大禹謨降水儆予傳云水性流下故曰下水

yǎn 衍

衍 水朝宗于海也從水從行 以淺切

水朝宗于海也者徐鍇本作水朝宗于海皃也廣雅衍達也梁書高祖諱衍字叔達易需于沙衍在中也虞云衍流也　從水從行者字統水朝宗于海故從水行

cháo 淖

淖 水朝宗于海從水朝聲 直遙切

水朝宗于海者淖朝聲相近御覽引作朝也禹貢江漢朝宗于海鄭注江漢合爲一共赴海猶諸侯之同心尊天子而朝事之周禮大宗伯以賓禮親邦國春見曰朝夏見曰宗鄭注朝猶朝也欲其來之早也宗尊也欲其尊王也馥案言水赴海亦如諸侯之見天子也詩沔彼流水朝宗于海箋云水流而入海小就大也尚書大傳大水小水東流歸海也荀子宥坐篇孔子觀於東流之水曰夫水其萬折也必東李尤盟津銘洋洋河水朝宗於海徐幹齊都賦川瀆則洪河洋洋發源崑崙九流分逝北朝滄淵

yǐn 濥

濥 水脈行地中濥濥然從水寅聲 弋刃切

水脈行地中濥濥然者初印本然作也字本書巠水脈也從川在一下一地也廣韻濥引水也江賦潛濥之所汩淈

或通作演周語夫水土演而民用也韋注水土氣通爲演演猶潤也演則生物民得用也說苑夫水土演而民用足也土無所演民乏財用蜀都賦演以潛沫劉注水潛行曰演

tāo 滔

滔 水漫漫大皃從水舀聲 土刀切

水漫漫大皃者徐鍇本作水漫天皃韻譜滔水漫天馥案堯典浩浩滔天傳云浩浩盛大若漫天詩四月滔滔江漢傳云滔滔大水貌漢書后奮傳閼者河水滔陸晉灼曰滔漫也

juān 涓

涓 小流也從水肙聲爾雅曰汝爲涓 古玄切

小流也者一切經音義十二引字林水小流涓涓然也六韜涓涓不塞將爲江河荀子法行篇涓涓源水不雝不塞後漢書丁鴻傳夫壞崖破巖之水源自涓涓陶潛歸去來辭泉涓涓而始流潘岳射雉賦泉涓涓而吐溜　爾雅曰汝爲涓者釋水汝爲濆又云汝有濆馥案爲濆之濆因有濆而誤也當作涓

hùn 混

混 豐流也從水昆聲 胡本切

dàng 潒

豐流也者廣雅混混流也孟子源泉混混漢書司馬相如傳汨乎混流顏注混流豐流也郭璞水泉讚㳖出同歸混混東會集韻混與滚同杜甫詩不盡長江滚滚來

潒 水潒瀁也從水象聲讀若蕩 徒朗切

水潒瀁也者李善注西京賦引字林同廣韻潒水大之貌瀁混瀁水貌玉篇瀁瀁瀁無涯際也集韻瀁滉瀁水貌廣雅浩浩潒潒流也淮南覽冥訓潦水不泄瀇瀁極望漢明帝詔漭瀁廣溢莫測圻岸吳志薛綜傳加又洪流滉瀁有成山之難吳都賦湞溶沆瀁海賦沖瀜沆瀁修張亙廓致淵流浩瀁詩維水泱泱傳云泱泱深廣貌馥謂泱即瀁讀若蕩者玉篇潒今作蕩廣雅漭潒浩盪也書堯典蕩蕩懷山襄陵

chí 漦

漦 順流也一曰水名從水𠩺聲 俟甾切

ruì 汭

汭 水相入也從水從內內亦聲 而銳切

水相入也者水經注引字林同玉篇廣韻竝引作水相入見史記五帝本紀正義引作水涯曰汭五音集韻汭小水入大水也郭注方言汭水口也書堯典釐降二女于嬀汭水經注河水云歷山有舜井嬀汭二水出焉南曰嬀水北曰汭水尚書所謂釐降二女于嬀汭也孔安國曰居嬀水之內皇甫謐曰納二女于嬀水之汭馬季長曰水所出曰汭然則汭似非水名而今見有二水異源同歸渾流西注入於河馥謂異源同歸即水相入也引馬注水所出當作水所入禹貢雍州涇屬渭汭馬注屬人也水所入曰汭又至于龍門西河會于渭汭閻若璩曰禹貢渭汭與洛汭之汭同一解蓋河之南洛之北其兩閒爲汭也在今鞏縣河自北來渭自東注實交會於今華陰縣故曰渭汭汭字解有作水北者有作水之隈曲者有作水曲流者有作水中州者總不若說文汭水相入也於此處爲確解左氏一書莊四年曰漢汭閔二年曰渭汭宣八年曰滑汭昭元年曰雒汭四年曰夏汭五年曰羅汭二十四年曰豫章之汭二十七年曰沙汭定四年曰淮汭哀十五年曰桐汭水名下繫以汭者眾矣又何疑於禹貢哉詩谷風涇以渭濁湜湜其沚傳云涇渭相入而清濁異昭四年左傳楚沈尹射奔命於夏汭杜云夏汭漢水曲入江今夏口也昭二十七年傳令尹子常以舟師及沙汭而還水經注渠水云沙水東流注於淮謂之沙汭又注河水云洛水于鞏縣東

說文解字義證 卷三十四 毛

sù 潚　yǎn 演　huàn 渙　bì 泌　guō 活　jiē 湝

逕洛汭北對琅邪渚入於河謂之洛口矣馥案昭元年左傳館於雒汭即此是也又水經注渭水云左傳閔公二年虢公敗犬戎於渭隊服虔曰隊謂汭也王肅云汭入也內亦聲者當爲內聲書禹貢渭汭正義引鄭云汭之言內也堯典嬀汭釋文汭水之內也莊四年左傳漢汭杜注汭內也閔二年傳渭汭正義汭字以內爲聲明是水之隈曲之內也

潚 深清也從水肅聲 子叔切

深清也者李善注思元賦引字林同玉篇潚水深清也廣雅潚清也

演 長流也一曰水名從水寅聲 以淺切

長流也者廣韻演水長流貌釋名演延也言蔓延而廣也海賦東演析木 一曰水名者集韻演音引水名

渙 流散也從水奐聲 呼貫切

流散也者易風行水上渙正義渙者散釋之象詩訪落繼猶判渙傳云渙散也老子渙兮若冰之將釋郭璞水泉讚川瀆綺錯渙瀾流帶

說文解字義證 卷三十四 夭

泌 俠流也從水必聲 兵媚切

俠流也者李善注魏都賦引作水駛流也廣韻泌水浹流釋言浹徹也江賦長波浹渫注云浹渫水湧漕也詩衡門泌之洋洋正義云泌者泉水涓流不已乃至廣大也或借毖字廣雅毖流也詩邶風毖彼泉水本書毖下引詩作泌魏都賦泉毖湧而自浪李善云毖與泌同

活 水流聲從水𠯑聲 古活切

水流聲者詩碩人北流活活傳云活活流也長笛賦汩活澎濞

𣽂 活或從聒

湝 水流湝湝也從水皆聲一曰湝湝寒也詩曰風雨湝湝 古諧切

水流湝湝也者詩鼓鐘淮水湝湝　詩曰風雨湝湝者鄭風風雨文彼作淒淒廣韻湝風雨不止淒俗作凄玉篇凄寒也邶風淒其以風嚴氏詩緝謂淒從仌故寒聽說也

xuàn 泫

泫　湝流也從水玄聲上黨有泫氏縣　胡畎切

湝流也者徐鍇本作泫湝流水後漢書張衡傳水泫沄而涌濤注云泫沄並水流貌　上黨有泫氏縣者見地理志寰宇記澤州高平縣本漢泫氏縣屬上黨郡

biāo 滮

滮　水流皃從水彪省聲詩曰滮池北流　皮彪切

水流皃者滮經典作淲廣雅淲淲流也　詩曰滮池北流者小雅白華文傳云淲流貌物印本作滮沱

yù 淢

淢　疾流也從水或聲　于逼切

疾流也者本書惑水流也六書故引作水流疾惑惑也淮南本經訓淌游瀷淢高注皆文畫擬象水勢之皃南都賦漻淚淢汨江賦潩淢瀘湏

liú 瀏

瀏　流清皃從水劉聲詩曰瀏其清矣　力久切

流清皃者廣韻瀏水清　詩曰瀏其清矣者鄭風溱洧文傳云瀏深貌馥案言深清也

huò 濊

濊　礙流也從水薉聲詩曰施罛濊濊　呼括切

礙流也者韓詩濊濊流貌廣雅泧泧流也馥謂泧即濊詩泮水鑾聲噦噦本書引作鉞鉞　詩曰施罛濊濊者衛風碩人文彼作施罛濊濊馥謂此引詩後人加之本書奯讀若詩施罛濊濊本書無濊字當作詩曰施罛奯奯後人加讀若二字釋文引馬融說云濊大魚網目大豁也與本書奯空大也義合是詩作奯奯不作濊濊明矣

pāng 滂

滂　沛也從水旁聲　普郎切

沛也者玉篇澎字云澎浡滂沛也廣雅滂滂沛沛流也楚辭九歎波逢洶湧濆滂沛兮吳都賦包湯谷之滂沛

wāng 汪

汪　深廣也從水㞷聲一曰汪池也　烏光切

深廣也者玉篇汪水深廣也廣韻亦有水字後漢書黃憲傳汪汪若千頃陂淮南俶眞訓汪然平靜　一曰汪池也者一切經音義四通俗文亭水曰汪池之泥濁者也小爾雅廣器汪池也方言楚謂之汪桓十四年左傳尸諸周氏之汪杜注汪池也僖三十三年傳瑕覆于周氏之汪杜注車傾覆池水中

liáo 漻

漻　清深也從水翏聲　洛蕭切

清深也者玉篇漻浩漻清水廣雅漻清也莊子天地篇漻乎其清也徐鍇本有讀若牢三字

cǐ 泚

泚　清也從水此聲　千禮切

清也者謝脁始出尚書省詩寒流自清泚李善引本書同廣韻泚水清也

kuàng 況

況　寒水也從水兄聲　許訪切

寒水也者佩觿作況云寒水

chōng 沖

沖　涌搖也從水中聲讀若動　直弓切

或作沖海賦沖瀜沆瀁

fàn 汎

汎　浮皃從水凡聲　孚梵切

浮皃者詩二子乘舟汎汎其景傳云如乘舟而無所薄汎汎然迅疾而不礙也史記司馬相如傳羣浮乎其上汎淫氾濫隨風澹淡索隱曰郭璞云皆鳥任風波自縱漂皃廣雅汎汎氾氾浮也詩溱與洧方渙渙兮釋文渙說文作汎汎音父弓反馥案陸氏所見本當有引詩之文父弓反者如風鳳芃皆從凡得聲廣韻汎房戎切集韻符風切

yún 沄

沄　轉流也從水云聲讀若混　王分切

轉流也者釋言沄沆也釋文引說文云沄轉流也一曰沆馥案今闕下三字柳宗元懲咎賦泝湘流之沄沄　讀若混者集韻混淪流水轉皃

hào 浩

浩　澆也從水告聲虞書曰洪水浩浩　胡老切

澆也者類篇引作饒也禮記王制用有餘曰浩　虞書曰洪水浩浩者堯典湯湯洪水方割蕩蕩懷山襄陵浩浩滔天

水

hàng 沆

沆 莽沆大水也從水亢聲一曰大澤皃胡朗切

莽沆大水也者玉篇沆漭沆廣皃一切經音義七引通俗文水廣大謂之漭沆也釋言沆沆也郭注水流漭沆水經注引風俗通沆漭也言乎淫淫漭漭無涯際也高唐賦步漭漭南都賦漭沆洋溢西京賦滄池漭沆薛注漭沆猶洸瀁亦寬大也江賦沆瀁皛溔海賦沖瀜沆瀁羽獵賦鴻濛沆茫魯都賦又有鹽池漭沆　一曰大澤皃者博物志停水東方曰都一名沆積逝征記齊人謂湖爲沆

jué 泬

泬 水從孔穴疾出也從水從穴穴亦聲呼穴切

水從孔穴疾出也者釋水氿泉穴出馥按濟水一名沇水以其湧出也　穴亦聲者當爲穴聲

pì 濞

濞 水暴至聲從水鼻聲匹備切

水暴至聲者吳都賦濞焉洶洶五臣注濞水暴至聲也上林賦滂濞沆溉史記司馬相如傳澎濞沆瀣索隱曰司馬彪云滂濞水聲長笛賦汨活澎濞

說文解字義證　卷三十四　圭

zhuó 灂

灂 水小聲從水爵聲士角切

水小聲者史記司馬相如傳瀺灂霣墜索隱引本書灂水之小聲也高唐賦巨石溺溺之瀺灂兮

xī 潝

潝 水疾聲從水翕聲許及切

水疾聲者韻會引徐鍇本水流疾聲也集韻潝或作㴔上林賦汨㴔漂疾

téng 滕

滕 水超涌也從水朕聲徒登切

水超涌也者本書涌滕也玉篇詩曰百川沸滕氷上涌也或通作騰史記司馬相如傳橫流逆折轉騰潎洌後漢書荀彧傳山東騰沸吳都賦濆薄沸騰五臣注波浪湧起爲沸騰也

jué 潏

潏 涌出也一曰水中坻人所爲爲潏一曰潏水名在京兆杜陵從水矞聲古穴切

涌出也者本書矞滿有所出也廣韻潏泉出皃李巡注爾雅云水泉從下上出曰涌泉漢書音義潏水聲而非水也馥案水聲涌出之聲　一曰水中坻人所爲爲潏者釋水小沚曰坻人所爲爲潏郭云人力所作御覽引舍人云人力於水中爲居止釋文云按郭圖水中自然可居者爲洲人亦於水中作洲而小不可止住者名潏潏水中地也釋名人力所爲之曰潏潏衞也堰使水鬱衞也魚梁水碓之謂也　一曰潏水名在京兆杜陵者地理志右扶風鄠縣酆水出東南又有潏水皆北過上林苑入渭三輔黃圖潏水在杜陵從皇子陂西北流經昆明池入渭水經注渭水云沈水上承皇子陂于樊川其地即杜之樊鄉也西北流逕杜縣之杜原西又北逕長安城西與昆明池水合又北流注渭亦謂是水爲潏水也故呂忱曰潏水出杜陵縣史記司馬相如傳酆鄗潦潏索隱曰姚氏云潏水出杜陵今名沈水自南山皇子陂西北流注昆明池入渭顏注漢書云地理志鄠縣有潏水北過上林苑入渭而今之鄠縣則無此水許慎云潏水在京兆杜陵此即今所謂沈水從皇子陂西北流經昆明池入渭者也蓋爲字或作水旁穴與沈字相似俗人因名沈水乎將鄠縣潏水今則改名人不識也寰宇記雍州萬年縣沈水說文云潏水出杜陵今名沈水自南山皇子陂西北流入又云長安縣潏水即沈水也東自萬年縣界流入亦謂潏水亦謂高都水漢末王氏

說文解字義證　卷三十四　圭

五侯大修池沼引高都水入城即此水

guāng 洸

洸 水涌光也從水從光光亦聲詩曰有洸有潰古黃切

水涌光也者徐鍇韻譜洸水湧　玉篇洸水皃集韻洸與滉同水深廣貌江賦瀇滉囦泫　從光光亦聲者當云光聲　詩曰有洸有潰者邶風谷風文傳云洸洸武也此本爾雅非本書義

bō 波

波 水涌流也從水皮聲博禾切

水涌流也者釋水大波爲瀾小波爲淪直波爲徑

yún 澐

澐 江水大波謂之澐從水雲聲王分切

江水大波謂之澐者通作沄杜甫詩沄沄逆素浪

lán 瀾

瀾 大波爲瀾從水闌聲洛干切

大波爲瀾者釋水文郭注言渙瀾釋文作灡孟子觀水有術必觀其瀾注云瀾水中大波也海賦洪濤瀾汗

水

漣 瀾或从連

釋水河水清且瀾漪釋文云李依詩作漣釋名風吹水波成文曰瀾瀾連也波體汜流相連及也詩漸漸之石箋云與衆豕涉入水之波漣釋文漣一本作瀾

lún 淪

淪 小波爲淪从水侖聲詩曰河水清且淪漪一曰沒也 力連切

小波爲淪者釋水文郭注言蘊淪薛君韓詩章句從流而風曰淪釋名水小波曰淪淪倫也小文相次有倫理也長笛賦波瀾鱗淪詩曰河水清且淪漪者魏風伐檀文漪彼作猗傳云小風水成文轉如輪也馥謂漪當爲猗語詞也上文漣猗直猗皆釋漣直而不釋猗是也莊子大宗師而已反其眞而我猶爲人猗 一曰沒也者廣雅同書微子今殷其淪喪水經注碭石淪沒於洪波

piāo 漂

漂 浮也从水票聲 匹消切又匹妙切

浮也者洞簫賦漂乍弃而爲他李善引本書同廣雅浮漂也孫子兵勢篇激水之疾至於漂石者勢也

fú 浮

浮 汜也从水孚聲 縛牟切

汜也者玉篇水上曰浮禹貢浮于濟漯傳云順流曰浮詩小雅載沈載浮論語乘桴浮于海穆天子傳天子浮於滎水越語范蠡遂輕舟而浮於五湖淮南說山訓百人抗浮

làn 濫

濫 汜也从水監聲一曰濡上及下也詩曰畢沸濫泉一曰清也 盧瞰切

汜也者後漢書班固傳注引作泛也宋祁校漢書敘傳引字林濫汜濫也家語三恕篇夫江始出於岷山其源可以濫觴管子地圓篇濫車之水注云其水深渺能汜車楚詞九辨何汜濫之浮雲兮 一曰濡上及下也者集韻引作濡土濡漬也魯語宣公夏濫於泗淵注云濫漬也 詩曰畢沸濫泉者小雅采菽觱沸檻泉傳云觱沸泉出貌濫泉正出也初印本作觱沸濫泉宋本作觱本書沸下又引詩畢沸濫泉大雅瞻卬觱沸檻泉箋云檻泉正出涌出也觱沸出貌涌泉之源所由者深釋水濫泉正出正出涌出也釋名水正出曰濫泉濫銜也如人口有所銜口闓則見也漢書敘傳懷氿濫而測深乎重淵應劭曰側出曰氿泉正出曰濫泉 一曰清也者郭泰別傳奉高之器譬諸汜濫雖清而易挹

fàn 汜

汜 濫也从水巳聲 孚梵切

濫也者楚詞卜居將汜汜若水中之鳧乎漢書賈誼傳汎乎若不繫之舟

hóng 泓

泓 下深皃从水弘聲 烏宏切

下深皃者一切經音義十七引作下深大也吳都賦泓澄奫潫李善引本書亦作下深大也廣雅泓泓深也江賦極泓量而海運

wéi 湋

湋 回也从水韋聲 羽非切

回也者本書淵回水也旋回泉也徐鍇本一曰水名廣韻湋水名漢書溝洫志關中靈軹成國湋渠注云水出韋谷元和志武德三年分岐山縣置圍川縣取湋川水爲名近代訛作圍

cè 測

測 深所至也从水則聲 初側切

深所至也者玉篇廣深曰測釋言潛深測也郭注測亦水深之別名淮南說林訓以篙測江篙終而以水爲測惑矣班固荅賓戲懷氿濫而測深乎重淵

tuān 湍

湍 疾瀨也从水耑聲 他耑切

疾瀨也者許注淮南云湍水疾也廣韻湍急瀨也廣雅湍瀨也御覽湍下引謚陽縣關羽瀨永嘉郡百簿瀨桂陽耒陽兩瀨華嚴經音義湍疾瀨也淺水流於砂上曰湍一切經音義四水流沙上曰瀨瀨淺水也楚詞九章長瀨湍流泝江潭兮王注湍亦瀨也漢書溝洫志水湍悍顏注急流曰湍吳都賦混濤幷瀨劉逵注瀨急湍也劉德明南康記贛水奔流二百餘里橫波嶮瀨二十四處

cóng 淙

淙 水聲也从水宗聲 藏宗切

水

水聲也者，沈約詩百丈注懸淙，韓愈詩東流水淙淙。

jī 激

激 水礙衺疾波也。從水，敫聲。一曰半遮也。古歷切

水礙衺疾波也者，一切經音義十一引作水文礙邪疾急曰激也。又十四引莊子汙者激，司馬彪曰：流急曰激。孟子激而行之，可使在山。一曰半遮也者，或通作徼。字書：徼，遮也。史記司馬相如傳徼卻受詘，索隱曰：司馬彪云：徼，遮也。

dòng 洞

洞 疾流也。從水，同聲。徒弄切

疾流也者，本書：馴，馳馬洞去也。西都賦濆渭洞河，李注引本書同。馥案：水經有洞過水，亦謂其流疾也。

fān 瀋

瀋 大波也。從水，旛聲。孚袁切

大波也者，元結引東泉詩此流又高懸，瀋瀋在長空。

xiōng 洶

洶 涌也。從水，匈聲。許拱切

說文解字義證 卷三十四 卅五

涌也者，上林賦洶涌澎湃，吳都賦濞焉洶洶，高唐賦濞洶洶其無聲兮，李善云：說文曰洶洶，涌也，謂水波滕皃。

yǒng 涌

涌 滕也。從水，甬聲。一曰涌水，在楚國。余隴切

滕也者，釋名：水上出曰涌泉。釋水：濫泉正出，正出，涌出也。李巡云：水泉從下上出曰涌泉。詩瞻卬觱沸檻泉，箋云：檻泉正出，涌出也。昭五年公羊傳：濆泉者何？直泉也。直泉者何？涌泉也。呂氏春秋本味篇：高原之山，其上有涌泉焉。論衡狀留篇：泉暴出者曰涌。七發：波涌而濤起。或借騰字，詩十月之交百川沸騰，後漢馮衍傳風騰波涌。一曰涌水在楚國者，方言沅涌澆幽之語，注云：涌水今在南郡華容縣也。莊十八年左傳閻敖游涌而逸，杜云：涌水在南郡華容縣。水經江水云：又東南當華容縣南，涌水入焉。酈注：水自夏水南通於江，謂之涌口，二水之閒，春秋所謂閻敖游涌而逸者也。盛弘之荊州記：江津東十餘里中有夏洲，又二十餘里有涌口，所謂閻敖游涌而逸。寰宇記：荊州江陵縣東南五十里有涌水，源東行百餘里會於江。

chì 湁

湁 湁湒，鬵也。從水，拾聲。丑入切

湁湒鬵也者，本書：湒，沸涌皃。湒或作㵫。玉篇、上林賦云湁㵫鼎沸，鼎沸謂水微轉細涌也。顏注：言水之流外爨鼎沸也。周成雜字：湁㵫，水沸之貌也。海賦濆淳㵫涾。

kōng 涳

涳 直流也。從水，空聲。哭工切，又苦江切

zhuó 汋

汋 激水聲也。從水，勺聲。井一有水一無水，謂之瀱汋。市若切

激水聲也者，釋名：井一有水一無水曰瀱汋。瀱，竭也。汋，有水聲汋汋也。井一有水一無水謂之瀱汋者，釋水文。中山經：視山有井焉，名曰天井，夏有水，冬竭。又超山其陽有井，冬有水而夏竭。玄中記：貴州有漏汋，一日百盈百竭，應漏刻。

jì 瀱

瀱 井一有水一無水，謂之瀱汋。從水，罽聲。居例切

hún 渾

渾 混流聲也。從水，軍聲。一曰洿下皃。戶昆切

說文解字義證 卷三十四 卅六

混流聲也者，渾、混聲相近。史記司馬相如傳汩乎渾流，文選作混流。七命溟海渾濩涌其後，李善引本書：渾，流聲也。玉篇：渾，水濆涌之聲也。一曰洿下皃者，謂渾濁也。老子：渾兮其若濁。

liè 洌

洌 水清也。從水，列聲。易曰：井洌寒泉食。良辥切

水清也者，李善注長笛賦引作清也。廣雅：洌，清也。易曰井洌寒泉食者，井卦文。本書初刻無食字，後乃補入。御覽、玉篇、風俗通引易竝無食字。

shū 淑

淑 清湛也。從水，叔聲。殊六切

清湛也者，廣雅：淑，清也。

yǒng 溶

溶 水盛也。從水，容聲。余隴切，又音容

水盛也者，甘泉賦溶方皇于西清，李注：溶，盛貌。

chéng 澂

澂 清也。從水，徵省聲。直陵切

滄也者廣雅方言同後漢書張衡傳潡溔瀎而爲清注云潡清也又儒林傳贊淵源誰潡俗作澄易損卦君子以懲忿窒欲釋文鄭云猶清也蜀才作澄賈誼書澄五湖而定東海吳志孫靜傳頃連雨水濁兵飲之多腹痛令促具甖缶數百口澄水通鑑成都乏水取摩訶池泥汁澄而飲

qīng 清

清 朖也澂水之皃從水青聲七情切

朖也者釋名清青也去濁遠穢色如青也文子清之爲明杯水見眸子濁之言闇河水不見泰山詩大明會朝清明正義晚則塵昏旦則清故謂朝旦爲清明古詩曰清晨登隴首是清亦古今之通語也　澂水之皃者玉篇清澄也考工記㡛氏湅帛清其灰而盝之注云清澄也於灰澄而出盝晞之

shí 湜

湜 水清底見也從水是聲詩曰湜湜其止常職切

水清底見也者詩釋文引作水清見底徐鍇韻譜湜水見底玉篇湜水清也廣雅湜清也　詩曰湜湜其止者邶風谷風文彼作沚箋云湜湜持正皃非本書義

mǐn 潣

潣 水流浼浼皃從水閔聲眉殞切

水流浼浼皃者潣浼聲相近廣韻潣與浼同水流平皃

shèn 滲

滲 下漉也從水參聲所禁切

下漉也者徐鍇本漉水下皃繫傳云水下所謂滲漉一切經音義四滲盡也下漏曰滲廣雅漉滲也方言漉極也注云滲漉極盡也淮南主術訓不涸澤而漁高注涸澤漉池也史記司馬相如傳滋液滲漉通鑑到彥之自淮入泗水滲日行纔十里注云說文水下漉爲滲漉或作盝考工記㡛氏清其灰而盝之

wéi 潿

潿 不流濁也從水圍聲羽非切

不流濁也者廣韻潿水不流濁皃

hùn 溷

溷 亂也一曰水濁皃從水圂聲胡困切

亂也者字林同玉篇楚辭云世溷濁而不分兮溷亂也易噬嗑注不溷乃明釋文溷雜也亂也秦策書策稠濁高云濁亂也通作渾漢書劉向傳賢不肖渾淆　一曰水濁皃者老子渾兮其若濁風賦憞溷鬱邑李注憞溷煩濁之貌

gǔ 淈

淈 濁也從水屈聲一曰滒泥一曰水出皃古忽切

濁也者法言吾子篇書惡淫辭之淈法度也注云淈濁也　一曰滒泥者本書滒多汁也廣韻淈淈泥廣雅滒淖也楚辭漁父何不淈其泥而揚其波　一曰水出皃者史記樗里子傳滑稽多智正義云滑讀爲淈水流自出言其智計宜吐如泉流出無盡

xuán 淀

淀 回泉也從水旋省聲似沿切

回泉也者一切經音義十八引作洄淵也廣韻淀洄淀釋水過辨回川郭注旋流李善注江賦引淮南子注九旋之淵至深荀子臣道篇水深則回注云回旋流也水深不湍峻則多旋流也華嚴經音義三蒼澓深也謂河海中洄旋之處是也

cuǐ 漼

漼 深也從水崔聲詩曰有漼者淵七罪切

詩曰有漼者淵者小雅小弁文傳云漼深也

yuān 淵

淵 回水也從水𣶒象形左右岸也中象水皃烏玄切

回水也者本書𠬛從又在回下回古文回回淵水也華嚴經音義水洄曰淵禹貢東匯澤爲彭蠡鄭注匯回也漢與江鬬轉東成其澤矣考工記匠人欲爲淵則句於矩注云大曲則流轉流轉則其下成淵魯語宣公夏濫於泗淵管子度地篇出地而不流者命曰淵水列子黃帝篇鯢桓之潘爲淵止水之潘爲淵流水之潘爲淵濫水之潘爲淵沃水之潘爲淵氿水之潘爲淵雍水之潘爲淵汧水之潘爲淵肥水之潘爲淵殷敬順釋文潘本作蟠蟠洄流也張協雜詩回淵可比心陸機漢高帝功臣頌大畧淵回史記仲尼弟子列傳顏回字子淵急就篇褚回池顏注回池猶顏回字子淵之義也南齊書褚淵字彥回陶氏家傳陶回字公淵

𣶒 淵或省水

或省水者後人亂之九經字樣𣶒古文淵本書肅從𦘒在𣶒上前云從水𣶒此云或省水先有淵字正文而後有省

mǐ 瀰　dàn 澹　xún 潯　píng 泙　zhú 泏　jiàn 瀳　zhí 潪

體豈淵之從𣶒正文反從省體邪斯不然矣前象形云云即解此字川左右岸也𡿧中象水皃也

[篆] 古文從口水

古文從口水者當作〇水舊刻李燾本篆作[篆]

瀰 滿也從水爾聲 奴禮切

滿也者玉篇作瀰深也盛也詩新臺河水瀰瀰傳云瀰瀰盛貌釋文云說文云水滿也馥案俗言美滿葢瀰滿譌也

澹 水搖也從水詹聲 徒濫切

水搖也者李善注高唐賦琴賦引同又注東京賦引作水搖貌也玉篇澹水動皃史記天官書水澹澤竭漢書司馬相如傳汎淫氾濫隨風澹淡與波搖蕩奄薄水陼又難蜀父老文灑沈澹災蘇林曰言分其沈澹搖動之災也七發湍流遡波又澹淡之李善注澹淡搖蕩之貌也東都賦西盪河源東澹海漘魏武帝樂府水何澹澹

潯 旁深也從水尋聲 徐林切

旁深也者江淹雜體詩秋榮冒水潯李善引本書潯旁深也又注江賦引許注淮南云潯水涯也又注七發引字林潯水涯也廣韻旁深水涯二義兼收

泙 谷也從水平聲 符兵切

泏 水皃從水出聲讀若窋 竹律切又口兀切

水皃者玉篇泏水出皃廣韻同倉頡篇泏水通皃文子通原篇原流泏泏沖而不盈　讀若窋者廣韻泏苦骨切漚池

瀳 水至也從水薦聲讀若尊 又在甸切

水至也者徐鍇本作水至皃易坎卦水瀳至唐石經作洊　讀若尊者集韻瀳徂昆切

潪 土得水沮也從水晢聲讀若䵂 竹隻切

土得水沮也者集韻潪水土和也月令地氣沮泄是謂發天地之房

mǎn 滿　huá 滑　sè 濇　zé 澤　yín 淫

滿 盈溢也從水㒼聲 莫旱切

盈溢也者本書盈滿器也溢器滿也廣韻滿盈也廣雅滿充也書大禹謨不自滿假傳云滿謂盈實

滑 利也從水骨聲 戶八切

利也者周禮食醫調以滑甘疏云滑者通利往來考工記輈有三理三者以為利也注云利滑密也內則滫瀡以滑之注云齊人謂滑曰瀡

濇 不滑也從水嗇聲 色立切

不滑也者本書澀不滑也一切經音義七濇古文澀今作澁不滑也東方朔別傳新雨生枝滑枯枝澀故鵠立枯枝上後漢書周磐傳嗇神養和不以榮利滑其生術

澤 光潤也從水睪聲 丈伯切

光潤也者廣韻潤澤也徐鍇繫傳引山海經濁澤而有光釋名下而有水曰澤言潤澤也易潤之以風雨虞云潤

澤也書畢命澤潤生民考工記弓人瘠牛之角無澤注云少潤氣少儀澤劍首注云金器弄之易以汗澤正義云澤謂光澤玩弄劍首則生光澤聘義溫潤而澤襄二十八年左傳獻車於季武子美澤可以鑑僖三十一年公羊傳河海潤于千里注云潤澤及于千里定元年穀梁傳毛澤未盡注云言秋百穀之潤澤未盡也孟子若夫潤澤之又君子之澤趙注澤者滋潤之澤文子水之道也上天則為雨露下地則為潤澤子華子水函太一之中精故能潤澤百物而行乎地中說苑潤澤草木崔瓊七依加以脂粉潤以滋澤春秋經傳集解序若江海之浸膏澤之潤姚規注易云澤則流潤意林引鬼谷子天生草木以雨潤澤之蔡邕女訓澤則思其心之潤也博物志酒泉延壽縣有山出泉著器中如凝膏然極明謂為石澤學師宋恩等題名張澤字君潤三國典略王潤字子澤會稽先賢傳闞澤字德潤

淫 浸淫隨理也從水㸒聲一曰久雨為淫 余箴切

浸淫隨理也者徐鍇曰隨其脈理而浸漬也釋名淫浸也浸淫旁入之言也廣韻浸浸淫也列子因復指河曲之淫

yì 泆　jiān 瀸

限書無逸則其無淫于觀于逸于遊于田鄭注淫者侵淫不止周禮小宰去其淫怠注云淫放濫也考工記匠人爲溝洫善防者水淫之注云淫讀爲淫液之淫㡛氏湅帛淫之以蜃曲禮毋淫視正義謂流移也樂記聲淫及商又云咏歎之淫泆之莊二十二年左傳君子曰酒以成禮不繼以淫義也以君成禮弗納於淫仁也襄二十八年傳慶封好田而耆酒……

星紀而淫於元枵昭元年傳淫生六疾陰淫寒疾陽淫熱疾風淫末疾雨淫腹疾晦淫惑疾明淫心疾詩賓之初筵序云沈湎淫液韓子神不淫放則身全史記孝武本紀侵尋於泰山矣索隱侵尋即浸淫也小顏云浸淫漸染之義葢尋淫聲相近假借用耳漢書司馬相如傳浸淫促節上林賦封疆畫界者非爲守禦所以禁淫也郭璞曰欲以杜絕淫放以長門賦神怳怳而外淫論衡自紀篇淫讀古文論語浸潤之譖鄭注譖人之言如水之浸潤漸以成之離騷謠諑謂余以善淫陳啟源曰古之言淫者多矣於星言淫於雨言淫於水言淫於刑言淫於遊觀田獵言淫皆言過其常度以樂之五音十二律長短高下皆有節焉鄭聲靡曼幼渺無中正和平之致使聞之者導欲增悲沈溺而忘反故曰淫也　一曰久雨爲淫者月令淫雨蚤降注云淫霖也雨三日以上爲霖莊十一年左傳天作淫雨害於

涑盛字或作霪淮南修務訓禹沐浴霪雨

瀸 漬也從水韱聲爾雅曰泉一見一否爲瀸 子廉切

漬也者字林廣雅並同通俗文漬謂之瀸御曲禮四足曰漬注云漬謂相瀸汙而死春秋莊十七年齊人瀸于遂公羊云瀸者何瀸積也釋文云積本又作漬樊毅復華下民租田口筭狀仍雨甘雪瀸潤宿麥或借漸字考工記注漚漸也詩既漸車帷裳史記貨殖傳漸漬於失教漢書郊祀志漸臺高二十餘丈顏注漸浸也三輔黃圖瀸臺在太液池中瀸浸也言爲池水所浸也董仲舒傳漸民以仁摩錯傳丈五之溝漸車之水顏注漸讀曰瀸謂浸也　爾雅曰泉一見一否爲瀸者釋水文郭注瀸纔有貌廣韻瀸泉水出微皃

泆 水所蕩泆也從水失聲 夷質切

水所蕩泆也者蕩當爲潒釋名水泆出所爲澤曰掌水停處如手掌中也今兗州人謂澤曰掌也禹貢溢爲滎鄭本作泆

nào 淖　shěng 渻　zhǐ 洔　qiǎn 淺　lì 沴　kuì 潰

潰 漏也從水貴聲 胡對切

漏也者徐鍇本有亦決也三字字林潰旁決也漢書文帝紀大水潰出顏注旁決曰潰後漢書班固傳潰渭洞河注引蒼頡篇曰潰旁決也文三年左傳沈潰凡民逃其上曰潰杜云潰衆散流移若積水之潰自壞之象也

沴 水不利也從水㐱聲五行傳曰若其沴作 郎計切

水不利也者五音集韻引作水不和也莊子陰陽之氣有沴釋道安諫苻堅曰東南卑濕沴氣易構　五行傳曰若其沴作者漢書孔光傳引洪範五行傳六沴之作顏注沴惡氣也音戾谷永傳傳曰六沴作見若不共御六罰既浸六極其下顏注此洪範之傳也沴災氣也五行志唯金沴木服虔曰沴害也如淳曰沴音拂戾之戾義亦同尚書大傳維金沴木注云沴殄也凡六氣相傷謂之沴王觀國曰沴者相違之義也五行之性相違而不相爲用則災禍由之以生古之論五行者有六沴謂金沴木也木沴金也水沴火也火沴水也金木水火沴土也金木水火土沴天也六沴之作皆緣五事之不修故五行爲之相違而沴焉

淺 不深也從水戔聲 七衍切

不深也者詩匏有苦葉深則厲淺則揭

洔 水暫益且止未減也從水寺聲 直里切

水暫益且止未減也者益當爲溢謂水少少溢出即止未減損也

渻 少減也一曰水門又水出丘前謂之渻丘從水省聲 息井切

少減也者本書媘減也釋名省嗇也約少之言也鄉飲酒義拜至獻酬辭讓之節繁及介省矣注云小減曰省僖二十一年左傳貶食省用史記集解序殊恨省畧漢書李廣傳莫府省文書注云省少也　又水出丘前謂之渻丘者釋丘水出其前渻丘

淖 泥也從水卓聲 奴教切

水

泥也者字林濡甚曰淖蒼頡篇淖深泥也通俗文和泥曰淖廣雅溏淖也成十六年左傳有淖於前杜注淖泥也漢書韋元成傳天雨淖不駕駟馬車而騎至廟門顏注淖泥也

zuǐ 濢

濢 小溼也從水翠聲 遵誄切

小溼也者小當爲下玉篇濢下溼也廣韻同本書㬎阪下溼也

rù 溽

溽 溼暑也從水辱聲 而蜀切

溼暑也者廣韻溽溽暑濕熱廣雅溽溼也月令季夏之月土潤溽暑江賦林無不溽

niè 涅

涅 黑土在水中也從水從土日聲 奴結切

黑土在水中也者論語釋文引同玉篇涅水中黑土廣雅涅黑也論語不曰白乎涅而不緇孔安國曰涅可以染皁者言至白者染之涅而不黑山海經孟門之山其下多黃堊涅石淮南說山訓流言雪汙譬猶以涅拭素也高云涅黑也史記屈原傳皭然泥而不滓索隱曰泥音涅 日聲者聲不相近五經文字云從曰從土馥案本書隉從毀省五結切隉涅亦從圼

zī 滋

滋 益也從水茲聲一曰滋水出牛飲山白陘谷東入呼沱 子之切

益也者昭三年左傳庶民罷敝而宮室滋侈二十六年傳吾滋不從也杜注竝云滋益也定三年傳邾子怒命執之弗得滋怒 茲聲者茲當爲𢆶本書𢆶艸木多益 一曰滋水出牛飲山白陘谷者地理志常山郡南行唐牛飲山白陸谷滋水所出趙一清曰漢志白陸谷說文作白陘谷俗本漢書誤也寰宇記無極縣資河從鎮州九門縣東北界入無極界東南入滹沲河兩岸高阜無堤說文云出牛飲山白陘谷馥案滋資聲近 東入呼沱者北山經高是之山滋水出焉而南流注於虖沱寰宇記引水經滋水又東至新市縣入滹沱河

hū 淴

淴 青黑色從水曶聲 呼骨切

廣韻作潪 集韻云隸作淴 書益稷在治忽史記作來始滑骨卽曶之譌

青黑色者廣韻引作青黑皃集韻淴去色曰淴呂氏春秋水之性清上者搰之高云搰濁也

yì 浥

浥 溼也從水邑聲 於及切

溼也者玉篇浥溼潤也廣雅浥溼也釋名溼浥也詩厭浥行露傳云厭浥溼意也漢書司馬相如傳踰波趨浥郭璞曰浥宂陷也齊民要術收子薄布陰乾勿令浥鬱

shā 沙

沙 水散石也從水從少水少沙見楚東有沙水 所加切

水散石也者詩鳧鷖正義引作水中散石也馥謂如散木之散文子水之性欲清沙石穢之 楚東有沙水者水經注渠水云新溝又東北流逕牛首鄉北謂之牛建城又東北注渠卽沙水也音蔡許慎正作沙音言水散石也從水少水少沙見矣楚東有沙水謂此水也昭二十七年左傳令尹子常以舟師及沙汭而還注云沙水名士地名沙汭楚東地

𣲡 譚長說沙或從尐 尐子結切

易需卦需于沙釋文沙鄭作沚馥案沚卽此𣲡形誤水經注云音蔡蔡當爲察察尐聲近

lài 瀨

瀨 水流沙上也從水賴聲 洛帶切

水流沙上也者李善注月賦引同華嚴經音義引作淺水流沙上也一切經音義四說文水流沙上曰瀨瀨淺水也字林瀨水流沙上也水淺流曰瀨也漢書司馬相如傳北揭石瀨顏注石而淺流曰瀨魏都賦石瀨湯湯五臣云石瀨有石而淺流史記南越傳爲戈船下厲將軍徐廣曰厲一作瀨應劭曰瀨水流沙上也論衡書虛篇溪谷之深流者安詳淺多沙石激揚爲瀨又狀留篇湍瀨之流沙石轉而大石不移景福殿賦瀨戲鰋鯈謝靈運過七里瀨詩石淺水潺湲又山居賦瀨排沙以積邱元和志建德縣七里瀨在縣東北十里

fén 濆

濆 水厓也從水賁聲詩曰敦彼淮濆 符分切

水厓也者釋水汝爲濆本書涓下引作汝爲涓括地志汝水至豫州郾城縣名濆經典作墳周禮大司徒辨其山林川澤邱陵墳衍原隰之名物注云水厓曰墳廣雅墳厓也釋地墳莫大於河墳郭云墳大防李巡曰墳謂厓岸狀如

墳墓名大防也詩遵彼汝墳傳云墳大防也楚詞九章登大墳以遠望兮注云水中高者爲墳詩云遵彼汝墳後漢書百官志司空浚溝洫修墳防之事馥案本書坋大防也諸書借墳爲坋李巡謂狀如墳墓失之胡渭曰詩汝墳傳曰汝水名墳大防也箋以爲汝水之側涯濆傳云濆涯也箋以爲淮水大防毛鄭彼此互異正義遂謂濆從水墳從土故其義有別而實不然爾雅釋邱濆大防康成注大司徒墳衍云水厓曰墳酈道元以滋爲水側之濆是知濆與墳字別而義同其互異者乃所以互相備耳　詩曰敦彼淮濆者大雅常武文彼作鋪敦淮濆傳云濆厓　馥案汝墳正義引此作墳厓後漢書馮緄傳敦敦淮濆注云水涯曰濆

sì 涘

涘　水涯也從水矣聲周書曰王出涘　牀史切

水涯也者本書無涯字類篇引作厓小字本徐鍇韻譜竝作厓釋邱涘爲厓郭云謂水邊馥案本書邊行垂厓也詩葛藟在河之涘蒹葭在水之涘大明在渭之涘傳竝云涘厓也僖元年公羊傳自南涘何注涘水涯莊子秋水篇兩涘渚崖之閒釋文云涘涯也江賦檝杞稹薄於潯涘五臣注潯涘皆岸也或借汜字幽通賦芊𤕤大於南汜曹大家

曰汜涯也閒居賦或禊於汜五臣云汜水岸也　周書曰王出涘者太誓逸篇文彼云太子發升舟中流白魚入於王舟王跪取出涘以燎鄭注涘涯也王出於岸上燔魚以祭

hǔ 汻

汻　水厓也從水午聲　呼古切

水厓也者經典作滸廣韻滸水岸釋邱岸上滸郭注岸上地釋水淮爲滸又滸水厓郭注水邊地邢疏謂水邊厓岸之地詩葛藟在河之滸傳云水厓曰滸緜率西水滸傳云滸水厓也趙注孟子滸水涯也江漢江漢之滸箋云滸水涯也後漢書馮衍傳秣吾馬於潁滸注引字林滸水涯也

guǐ 氿

氿　水厓枯土也從水九聲爾雅曰水醮曰氿　居洧切

水厓枯土也者廣韻同　爾雅曰水醮曰氿者釋水文彼作厬釋文云厬字又作漸　馥案釋水氿泉穴出穴出仄出也厬氿二訓與本書互異釋名側出曰氿泉氿軌也流狹而長如車軌也詩大東有冽氿泉傳云側出曰氿泉列子黃帝篇氿泉之潘爲淵注云氿音軌水泉從旁出也應劭注漢書側出曰氿泉此皆與爾雅同

chún 漘

漘　水厓也從水脣聲詩曰寘河之漘　常倫切

水厓也者許注淮南同本書脣水阜也廣雅漘厓也釋邱夷上灑下曰漘郭云厓上平坦而下水深者爲漘孫炎云平上削下故名曰漘詩葛藟在河之漘傳云漘水陳也正義云陳是山岸漘是水岸故曰水陳後漢書班固傳東澹海漘注云漘水涯　詩曰寘河之漘者魏風伐檀文彼作寘之河之漘兮傳云漘厓也

pǔ 浦

浦　瀕也從水甫聲　滂古切

瀕也者詩釋文藝文類聚白帖竝引作水瀕也徐鍇本同本書瀕水厓人所賓附玉篇水源枝注江海邊曰浦廣雅浦厓也詩常武率彼淮浦傳云浦涯也楚詞望涔陽兮極浦呂氏春秋召類篇堯戰於丹水之浦注云浦岸也一曰崖也漢書司馬相如傳行乎洲淤之浦顏注浦水涯也地理志臨淮郡淮浦縣應劭曰浦涯也風土記大水有小口別通曰浦江夏記南浦在縣南三里離騷曰送美人兮南浦以其在縣之南故稱南浦述異記上虞縣有魚馳步吳中有瓜步江中有魚步湘中有靈妃步按吳楚謂浦爲步蓋語訛耳　馥案廬江箏笛浦亦稱步

zhǐ 沚

沚　小渚曰沚從水止聲詩曰于沼于沚　諸市切

小渚曰沚者釋水文彼作陼釋邱水出其右正邱釋名作沚邱釋名小渚曰沚沚止也小可以止息其上也詩蒹葭宛在水中沚傳云小渚曰沚鳧鷖在渚傳云渚沚也箋云水中之有渚猶平地之有邱也谷風湜湜其沚箋云小渚曰沚隱三年左傳澗谿沼沚之毛杜注沚小渚也楚詞九懷淹低佪兮京沚注云水中可居爲洲小洲爲渚小渚爲沚或借詩字穆天子傳以飲於枝詩之中郭注水岐成詩詩小渚也音止　詩曰于沼于沚者召南采蘩文傳云沚渚也

fèi 沸

沸　畢沸濫泉從水弗聲　分勿切又方未切

畢沸濫泉者宋本及類篇竝作滭徐鍇本濫下引詩亦作滭詩采菽觱沸檻泉傳云觱沸泉出貌檻泉正出也瞻卬作觱沸檻泉箋云檻泉正出涌出也觱沸出貌釋水濫泉正出正出涌出也釋名水正出曰濫泉濫銜也如人口有所銜口闓則見也詩十月之交百川沸騰傳云沸出隋書地理志襄陵郡梁縣有濫泉元和志絳水一名沸泉水出絳

山東谷縣流奔瀣一十許丈異苑白容縣延陵季子廟前井恆自涌沸故曰沸井或借弗字漢書司馬相如傳瀵弗宓汩顏注瀵弗盛皃也

cóng 濼

濼 小水入大水曰濼從水從眾詩曰鳧鷖在濼徂紅切

小水入大水曰濼者廣韻濼水會也 從眾者徐鍇本作眾聲 詩曰鳧鷖在濼者大雅鳧鷖文傳云濼水會也

pài 派

派 別水也從水從𠂢𠂢亦聲匹賣切

別水也者當爲水別也本書𠂢水之衺流別也廣韻派分流也吳都賦百川派別五臣注引字說水別流爲派廣雅水自汾出爲派

sì 汜

汜 水別復入水也一曰汜窮瀆也從水巳聲詩曰江有汜詳里切

水別復入水也者徐鍇本作水別復入也韻會同釋水決復入爲汜郭注水出去復還釋名水決復入爲汜汜巳也

如出有所爲畢已而還入也水經注濟水云菏水東北出於定陶縣北屈左合汜水汜水西分濟瀆東北逕濟陰郡南爾雅曰濟別爲濋呂忱曰水決復入爲汜廣異名也汜水又東合於菏瀆昔漢祖既定天下即帝位於定陶汜水之陽張晏曰汜水在濟陰界取其汜愛弘大而潤下也汜水之名於是乎在矣馥案汜愛是讀爲孚梵切與釋名異顧炎武曰開封之汜水左傳本音凡從巳而今呼爲祀汜之汜音祀以字形之似而譌也 一曰汜窮瀆也者瀆當爲隫本書隫通溝也古文作𧮫釋邱窮𧮫汜郭注水無所通者容齋續筆水絕於已故汜字之訓說文以爲窮瀆 詩曰江有汜者召南江有汜文傳云決復入爲汜本書洍下引詩江有洍漢書敘傳芈彊大於南汜顏注汜江水之別也荊州記江津東十餘里中有夏洲洲之首江之汜也故屈原云經夏首而西浮

guǐ 湀

湀 湀辟深水處也從水癸聲求癸切

湀辟深水處也者徐鍇本作流水鍇韻譜作流川釋水湀闢流川郭注通流玉篇湀闢流泉廣韻湀泉水通川

nìng 濘

濘 滎濘也從水寧聲乃定切

滎濘也者七命何異促鱗之游汀濘李善引本書濘絕小水也此引滎字訓爲之或作濎濴漢書揚雄傳梁弱水之濎濴兮顏注濎濴小水之皃也

xíng 滎

滎 絕小水也從水熒省聲戶扃切

絕小水也者李善注甘泉賦引字林同韓詩外傳滎澤之水無吞舟之魚字或作瀅集韻瀅絕小水也

wā 洼

洼 深池也從水圭聲一佳切又於瓜切

深池也者方言洼洿也自關而東或曰洼莊子齊物論似洼者注訓深

yǐng 漥

漥 清水也一曰窊也從水窐聲一穎切又屋瓜切

清水也者一切經音義七引作小水也馥謂清當爲積集韻洿漥也玉篇漥牛蹄積水也 一曰窊也者一切經音義引字林音隱云漥或作溛一瓜反廣雅漥下也老子漥則盈范應元注當作窊凹也汙下也地之窊下者水趨之必盈

huáng 潢

潢 積水池從水黃聲乎光切

積水池者集韻引作積水也增韻同一切經音義十七說文潢久積水池也大曰潢小曰洿濁水也又十一云潢池也積水曰潢也小曰洿大曰潢方言氾洿瀾洼洿也注云皆洿池也荊州呼潢也隱三年左傳潢汙行潦之水杜注潢汙渟水漢書敘傳應龍潛於潢汙顏注潢汙渟水也後漢書杜篤傳彼埳井之潢汙注云潢汙渟水也孫子行軍篇軍旁有險阻潢井注云潢者池也文選海賦決陂潢而相波字或作湟夏小正湟潦生苹傳云湟下處也有湟然後有潦

zhǎo 沼

沼 池水從水召聲之少切

池水者一切經音義二十三引作小池也廣韻沼池沼蒼頡解詁沼池也廣雅沼池也風俗通孫子有金城湯池之說後人因此開地爲池以畜魚鼈圓曰池曲曰沼詩采繁于沼于沚正月魚在于沼傳並云沼池也禮運龜龍在宮沼注云沼池也隱三年左傳澗谿沼沚之毛杜注沼池也孟子王立於沼上趙注沼池也

hú
湖

湖 大陂也從水胡聲揚州浸有五湖浸川澤所仰以灌溉也 戶吳切

大陂也者廣雅湖池也風俗通義謹按傳曰陂者繁也言因下鍾水以繁利萬物也今陂皆以灌溉續漢書郭泰謂黃叔度汪汪若萬頃陂　揚州浸有五湖者莊子逍遙游大浸稽天周禮職方氏東南曰揚州其浸五湖注云五湖在吳南鄭注禹四海異物云五湖揚州浸也今屬吳管子夏人之王鑿五湖墨子兼愛篇禹治天下南為江漢淮汝東流注之五湖吳語伍子胥曰與我爭五湖之利者非越乎越語興師伐吳至於五湖呂氏春秋禹通三江五湖淮南子要略禹剔河而導九岐鑿江而通九路辟五湖而定東海賈誼書大禹鬱河而道之九牧鑿江而導之九路澄五湖而定東海史記河渠書於吳則通渠三江五湖貨殖傳夫吳有三江五湖之利說苑君道篇禹灑五湖而定東海吳地記吳王起臺於姑蘇山太史公云余登姑蘇望五湖五湖去此臺二十餘里越絕書越王既往平吳春祭三江秋祭五湖馥案世之說五湖者有三一曰五湖各有其名也義興記太湖射湖貴湖陽湖洮湖是為五湖吳中志五湖謂貢湖游湖胥湖梅梁湖金鼎湖為五也二曰震澤即太湖也禹貢震澤傳云吳南太湖名正義云五湖即震澤吳錄書云三江既入震澤底定震澤吳西南太湖也釋地吳越之閒有具區郭注今吳縣南太湖即震澤是也三曰太湖為五湖也程大昌禹貢論太湖一湖而得名五湖張勃吳錄五湖者太湖之別名以其周行五百餘里故以五湖為名虞翻川瀆記太湖東通松江南通霅溪西通荆溪北通滆湖東連韭溪凡五道謂之五湖韋昭曰五湖者胥湖蠡湖洮湖滆湖就太湖而五實一湖也陸龜蒙曰太湖上象咸池五車之氣故一水五名葉少蘊云周官九州有澤藪有川有浸揚州澤藪為具區其浸為五湖既以具區為澤藪則震澤即具區也太湖乃五湖之總名耳胡渭云揚州澤藪曰具區其川三江其浸五湖浸即後世所謂湖也澤藪之水淺或盈或縮湖則渟蓄淵深四時不改今太湖自包山以西水極淵深即古之五湖而平望八赤震澤之閒水瀰漫而甚淺則古之具區也澤浸之別以此雲夢澤方八九百里獨巴邱湖常滿而不涸是亦浸也馥謂此三說以太湖為五湖者是　浸川澤所仰以灌溉也者鄭注職方云浸可以為陂灌溉者地理志竊曰五湖顔注浸謂引以灌溉者風俗通曰湖者川澤所仰以灌溉也

說文解字義證　卷三十四　兕

zhī
汥

汥 水都也從水支聲 章移切

水都也者廣韻汥水都名風俗通水澤所聚謂之都亦曰瀦或作豬禹貢大野既豬檀弓洿其宮而豬焉鄭注南方謂都為豬

xù
洫

洫 十里為成成閒廣八尺深八尺謂之洫從水血聲論語曰盡力乎溝洫 況逼切

十里云云者考工記匠人文地官遂人百夫有洫注云遂溝洫澮皆所以通水襄十年左傳子駟為田洫注云洫田畔溝也襄三十年傳田有封洫注云洫溝也莊子庚桑楚篇夫尋常之溝釋文八尺曰尋倍尋曰常尋常之溝則周禮洫澮之廣深也洫廣深八尺或借淢字詩文王有聲築城伊淢傳云淢成溝也箋云方十里曰成淢其溝也廣深各八尺正義淢洫音同史記夏本紀致費於溝淢　論語曰盡力乎溝洫者包注方里為井井閒有溝溝廣深四尺十里為成成閒有洫洫廣深八尺也

gōu
溝

溝 水瀆廣四尺深四尺從水冓聲 古侯切

水瀆者呂氏春秋季春紀導達溝瀆釋名水注谷曰溝田閒之水亦曰溝溝搆也縱橫相交搆也　廣四尺深四尺者考工記匠人九夫為井井閒廣四尺深四尺謂之溝地官遂人十夫有溝注云遂廣深各二尺溝倍之

dú
瀆

瀆 溝也從水賣聲一曰邑中溝 徒谷切

溝也者本書隋通溝也　一曰邑中溝者一切經音義十二引云又邑中曰瀆也六書故邑屋中水竇也禮運城郭溝池以為固史晨碑修通邑中大溝說苑昔者莊王代陳舍於有蕭氏謂路室之人曰巷其不善乎何溝之不浚也

qú
渠

渠 水所居從水渠省聲 彊魚切

玉篇渠溝渠　史記有河渠書　地理志朔方郡渠搜莽曰溝搜又北地郡義渠道莽曰義溝　水所居者渠居聲相近風俗通謹按傳曰渠者水所居也秦時韓人鄭國穿渠孝武帝時趙中大夫白公復穿渠故其語曰田於何所池陽谷口趙國在前白渠起後舉鍤為雲決渠為雨涇水一石其泥數斗且溉且糞長我禾黍衣

說文解字義證　卷三十四　卒

倉京師數百萬口又鄭當時穿渠以利漕道若此非一官民俱賴其饒焉

lín 瀶

瀶 谷也從水臨聲讀若林一曰寒也力尋切

一曰寒也者本書澟寒也瀶澟聲相近

méi 湄

湄 水艸交爲湄從水眉聲武悲切

水艸交爲湄者釋水文李巡曰水中有草木交會曰湄釋名水草交曰湄湄眉也臨水如眉臨目也詩蒹葭在水之湄傳云湄水嗛也字或作堳廣雅堳厓也又借麋字詩巧言居河之麋傳云水草交謂之麋釋文麋本又作湄僖二十八年左傳余賜女孟諸之麋杜注水草之交曰麋寰宇記麋城孟諸澤俗呼爲湄臺

xíng 洐

洐 溝水行也從水從行戶庚切

溝水行也者周禮稻人以溝蕩水注云謂以溝行水也 從行者當云行聲

jiàn 澗

澗 山夾水也從水閒聲一曰澗水出弘農新安東南入洛古莧切

山夾水也者釋山文廣雅澗閒也釋名山夾水曰澗澗閒也言在兩山之閒也詩考盤在澗又于以采蘩于澗之中傳並云山夾水曰澗匡謬正俗詩傳曰山夾水曰澗此引爾雅正文言兩山夾水名之爲澗居然可曉而劉周之徒又音夾爲頰於義無取亦爲專輒易漸卦鴻漸于干釋文詩傳云涯也又澗也荀王肅云山閒澗水也 一曰澗水出弘農新安者禹貢伊洛瀍澗傳云澗出澠池山胡渭曰新安澠池本二縣澗水出新安穀水出澠池流同而源異今乃云澗出澠池山是以穀源爲澗源也毛晃禹貢指南按地理志弘農郡黽池縣注穀水出穀陽谷東北至穀城入雒新安縣注禹貢澗水在東南入雒二水異縣各源同入洛則水經謂穀澗通稱未必然也馥案夏本紀伊雒瀍澗索隱澗水出弘農新安縣東與本書合 東南入洛者山海經白石之山澗水出其陰北流注於穀地理志新安縣禹貢澗水在東南入洛水經澗水出新安縣白石山東南入於洛括地志澗水源出洛州新安縣東白石山東北與穀水合流經洛州郭內東流入洛也胡渭曰新安無雒漢志云澗入雒要其歸也其實澗東合穀至河南入雒

yù 澳

澳 隈厓也其內曰澳其外曰隈從水奧聲於六切

隈厓也者本書隩水隈厓也爾雅釋文隩本或作澳廣雅澳厓也水經注淇水云肥泉博物志謂之澳水詩云瞻彼淇澳毛言澳隈也申鑒時事篇若亂之墜於澳也注云澳厓內近水之地或借奧字詩瞻彼淇奧禮記引作澳 其內曰澳其外曰隈者徐鍇曰淮南子漁者以其隈隩曲岸相讓內謂岸內曲隈外曲也詩曰汭鞫之即書堯典厥民隩鄭注隩內也釋邱隩隈厓內爲隩外爲隈邢疏云隈當作鞫傳寫誤也詩公劉芮鞫之即傳云芮水厓也鞫究也箋云芮之言內也水之內曰隩水之外曰鞫正義釋邱云隩隈也厓內爲隩外爲鞫李巡曰厓內近水爲隩其外爲鞫孫炎云內曲裏也外曲表也是水之內曰隩水之外曰鞫也馥案鄭注職方引詩作芮汭畢君以珣曰說文其外曰隈隈字誤當作鞫爾疋隩隈厓內爲隩外爲鞫釋文鞫如字居六反字林作垠云隈厓外也九六反是爾疋原本作鞫無疑說文用爾疋成文今作隈者後人依爾疋譌本改之也徐鍇引詩汭鞫之即則鍇本作鞫今作隈者後人又依說文譌本改之也馥案玉篇垠居六切涯也水外爲垠廣韻垠與阢同曲岸水外曰阢

xué 澩

澩 夏有水冬無水曰澩從水學省聲讀若學胡角切

夏有水冬無水曰澩者釋山文集韻夏上有山字

澩或不省

tān 灘

灘 水濡而乾也從水難聲詩曰灘其乾矣呼旰切又它干切

水濡而乾也者濡如濡濡之濡乾如旱乾水溢乾封縣之乾春秋莊九年戰于乾時杜注時水旱則竭涸故曰乾時釋天在申曰涒灘李巡曰灘單盡也字或作潬釋水潬沙出一切經音義十引郭注今江東呼水內沙堆爲潬洛陽北河中有中潬池是也五音集韻潬水中沙出通作灘河陽縣南有水潬城 詩曰灘其乾矣者王風中谷有蓷文彼作暵傳云暵菸貌釋文暵徐音漢說文云水濡而乾也字作灘又作灘皆他安反

灘 俗灘從隹

shàn 汕

汕 魚游水皃從水山聲詩曰烝然汕汕所晏切

魚游水皃者廣韻汕魚乘水上　詩曰烝然汕汕者小雅南有嘉魚文傳云汕汕樔也箋云樔者今之橑罟也釋文引本書同馥案釋器罺謂之汕毛傳本此

jué
決

決　行流也從水從夬廬江有決水出於大別山古穴切

行流也者一切經音義二引作下流也管子君臣下篇決之則流塞之則止襄三十一年左傳不如小決使道孟子性猶湍水也決諸東方則東流決諸西方則西流　從夬者徐鍇本作夬聲　廬江有決水者本書肤讀若決水之決地理志廬江郡雩婁縣決水北至蓼入淮水經決水出廬江雩婁縣南大別山北過其縣東又北過安豐縣東又北入於淮寰宇記壽州霍邱縣決水在縣南二百五十里說文云行流也從水夬聲廬江有決水出大別山又蘇林解地理志云雩婁縣有決水北至蓼入淮今據在雩婁縣城南屈曲至光州固始縣入淮今呼史水即爲訛謬也又云光州固始縣決水在縣東三里源出霍山縣版石山流入縣界　出於大別山者當云雩婁大別山水經注引許慎曰出雩婁縣書內方至于大別寰宇記壽州六安縣大別山在新縣西南三百七十里

說文解字義證　卷三十四

luán
灓

灓　漏流也從水䜌聲洛官切

漏流也者集韻引有一曰漬也四字本書𣂑抒滿也滿當爲漏魏策昔王季歷葬於楚山之尾灓水齧其墓姚伯聲云說文灓漏流也一曰漬也墓爲漏流所漬故曰灓水齧其墓

dī
滴

滴　水注也從水啇聲都歷切

水注也者本書涿流下滴也瀝水下滴瀝靈光殿賦動滴瀝以成響

zhù
注

注　灌也從水主聲之戍切

灌也者洞簫賦聲磕磕而注渊李善引本書同一切經音義一引作灌也瀉也廣韻注灌注也詩文王有聲豐水東注

wò
渶

渶　溉灌也從水芺聲烏鵠切

溉灌也者本書澆渶也經典作沃一切經音義四通俗文溉灌曰沃沃亦澆也漬也書說命啟乃心沃朕心正義當開女心所有以灌沃我心也成六年左傳沃饒而近盬服注下平有溉曰沃襄二十五年傳井衍沃賈注下平曰衍有溉曰沃列子黃帝篇沃水之潘爲淵注云沃水泉從上流下也史記周本紀猶其有原隰衍沃也集解引唐固曰有溉曰沃

zé
𣶒

𣶒　所以攤水也從水昔聲漢律曰及其門洒𣶒所責切

所以攤水也者徐鍇本作廱漢書五行志廱河三日不流王莽傳作邕廣雅𣶒隁也　漢律曰及其門洒𣶒者史記貨殖傳洒削薄技也洒削即洒𣶒

shì
澨

澨　埤增水邊土人所止者從水筮聲夏書曰過三澨時制切

埤增水邊土人所止者者水經注清水左右舊有二澨所謂南澨北澨者水側之濆聚楚詞九歌夕濟兮西澨王注澨水涯也宣四年左傳師于漳澨杜注漳澨漳水邊成十五年傳聘而從之則決睢澨杜注澨水涯胡渭曰水邊即隄埤增之土即大防防大故爲人所止也左傳成十五年華元決睢澨睢即睢水澨則其防也故曰決　王逸注西澨云水涯杜預注漳澨云水邊義皆與說文合　夏書曰過三澨者禹貢文傳云三澨水名入漢鄭注在江夏竟陵縣界史記索隱云水經云三澨地名在南郡邔縣北孔安國鄭玄以爲水名今竟陵有三參水俗云是三澨水寰宇記安州汉州縣汉水源出郎州長壽縣磨石山東南流名澨水至復州景陵縣界名汉水禹貢山水澤地三澨地在南郡邔縣北沱酈注尙書曰導漢水過三澨地說曰沔水東行過三澨合流觸大別山阪故馬融鄭玄王肅孔安國等咸以爲三澨水名也許慎言澨者埤增水邊土人所止也按春秋左傳文公十有六年楚軍次於句澨以伐諸庸宣公四年楚令尹子越師於漳澨定公四年左司馬戌敗吳師於雍澨昭公二十三年司馬薳越縊於薳澨服虔或謂之邑又謂之地京相璠杜預亦云水際及水邊地名也今南陽淯陽二縣之間淯水之濱有南澨北澨矣而諸儒之論水陸相半又無山源出處之所津途關路惟鄭玄及劉澄之言在竟陵縣界經云邔縣北沱然沱流多矣論者疑焉而不能辨其所在

說文解字義證　卷三十四

jīn 津(津)

津 水渡也從水𦘔聲 將鄰切

水渡也者古文苑漢津賦注云都道所湊爲津說文曰津渡也釋水九河有鬲津郭注水多阨狹可隔以爲津而橫渡書泰誓大會于孟津正義津是渡處論語使子路問津焉鄭注津濟渡之處晉語亦爲君之東游津梁之上離騷麾蛟龍使梁津兮注云以蛟龍爲橋乘之以渡王隱晉書杜豫啟建河橋於富平津續漢志河東大陽縣有茅津北屈縣有采桑津甘氏星經天津九星在虛北河中主津瀆津梁

𦨈 古文津從舟從淮

píng 淜

淜 無舟渡河也從水朋聲 皮冰切

無舟渡河也者玉篇徒涉曰淜經典借馮字釋訓馮河徒涉也李巡曰無舟而渡水曰徒涉釋文馮河依字當作淜易泰卦包荒用馮河正義無舟渡水馮陵於河詩小旻不敢馮河傳云馮陵也徒涉曰馮河論語暴虎馮河孔注馮河徒涉哀九年左傳是謂如川之滿不可游也杜注不可馮游詩百朋六韜作百馮

héng 潢

潢 小津也從水橫聲一曰以船渡也 戶孟切

小津也者或借潢字天官書旁有八星絕漢曰天潢一曰以船渡也者玉篇方舟謂之潢潢航也廣韻潢方舟也一曰荊州人呼渡津舫爲潢或作𦪗廣雅潢筏也方言方舟謂之潢郭注揚州人呼渡津舫爲杭荊州人呼潢音橫或借杭字詩誰謂河廣一葦杭之傳云杭渡也又借橫字六韜大船一名天橫以濟大水又借桄字廣雅艞謂之桄集韻艞船前桄也

fū 泭

泭 編木以渡也從水付聲 芳無切

編木以渡也者集韻泭併木以渡廣韻泭小木筏也筏下云大曰筏小曰桴乘之渡水方言泭謂之簰簰謂之筏筏秦晉之通語也馥案三國志注引郭注方言云泭水中簰也簰或作箄後漢書岑彭傳乘枋箄下江關注云枋箄以竹木爲之浮於水上鄧訓傳縫革爲船置於箄上以渡河注云箄木筏也釋言舫泭也郭注水中簰筏孫炎云方木置水中爲泭筏也釋水庶人乘泭郭注併木以渡詩漢廣不可方思傳云方泭也釋文泭本亦作㳇又作桴或作柎竝同谷風方之舟箋云方泭也齊語方舟設泭韋注編木曰泭楚詞九章乘氾泭以下流兮注云編竹木曰泭楚人曰泭秦人曰撥也吳志妃嬪傳宜代蘆葦以爲泭佐船渡軍字或作䈏廣雅䈏筏也又作柎管子輕重甲篇梁者冬不爲杠夏不束柎以觀凍溺又作桴一切經音義二桴編竹木也大者曰筏小者曰桴江南名簰論語乘桴浮於海馬曰編竹木大者曰栰小者曰桴

dù 渡

渡 濟也從水度聲 徒故切

濟也者釋言濟渡也詩匏有苦葉濟有深涉或借度字方言過度謂之涉濟注云猶今云濟度漢書賈誼傳度江河亾維楫

yán 沿

沿 緣水而下也從水㕣聲春秋傳曰王沿夏 與專切

緣水而下也者沿緣聲相近一切經音義二十二字林從水而下曰沿順流也沿亦緣也禹貢沿于江海古文作均鄭注均讀曰沿沿順水行也文十年左傳沿漢泝江杜注沿順流定四年傳子沿漢而與之上下杜注沿緣也或借巡字祭義陰陽長短終始相巡注云巡讀如沿漢之沿春秋傳曰王沿夏者昭十三年左傳文王當爲王杜注順流爲沿

sù 泝

𣵽 逆流而上曰𣵽洄𣵽向也水欲下違之而上也從水㡿聲 桑故切

逆流而上曰𣵽洄者釋水文孫炎曰逆渡者逆流也俗作泝文十年左傳沿漢泝江杜注泝逆流哀四年傳吳將泝江入郢杜注逆流曰泝吳語率師沿海泝淮以絕吳路韋注逆流而上曰泝後漢書班固傳泝測其源李注逆流曰泝吳都賦泝洄順流五臣注泝逆流上也宋書張興世傳乃令輕舸泝流而上 𣵽向也水欲下違之而上也者向當爲回一切經音義十九三蒼逆流之水曰泝泝洄也馥案違之而上卽解回字義回猶違也昭二十六年左傳君無違德論衡變虛篇引作回德

遡 𣵽或從辵朔

詩蒹葭遡洄從之傳云逆流而上曰遡洄七發湍流遡波李注遡波逆流之波也本書訴或作𧩼愬

huí 洄

洄 㴑洄也從水從回 戶灰切

㴑洄也者宋書張興世傳舫入洄洑從回者徐鍇本作回聲

yǒng 泳

泳 潛行水中也從水永聲 爲命切

潛行水中也者釋水潛行爲泳郭注水底行也列子黃帝篇因復指河曲之淫隈曰彼中有珠泳可得也注云泳潛行水中也詩漢之廣矣不可泳思傳云潛行爲泳谷風泳之游之箋云潛行爲泳晉書謝玄傳小將田泓乃沒水潛行

qián 潛

潛 涉水也一曰藏也一曰漢水爲潛從水朁聲 昨鹽切

涉水也者玉篇潛水中行也廣雅潛沒也宋書胡藩傳全鎧入水潛行三十許步方得登岸晏子治少不能游潛行逆流百步順流九里一曰藏也者易文言陽氣潛藏又曰潛之爲言也隱而未見行而未成書洪範沈潛剛克詩

說文解字義證 卷三十四 芼

正月潛雖伏矣一曰漢水爲潛者釋水漢爲潛郭注書曰沱潛既道音義云有水從漢中沔陽南流至梓潼漢壽入大穴中通峒山下西南潛出一名沔水舊俗云即禹貢之潛也水經注潛水云劉澄之云有水從阿陽縣南至梓潼漢壽入大穴中暗通岡山郭景純亦言是矣岡山穴小本不容水水成大澤而流與漢合又注潛水云潛水蓋漢水枝分潛出故受其稱耳今爰有大穴潛水入焉通岡山下西南潛出謂之伏水或以爲古之潛水鄭玄曰漢別爲潛其穴本小水積成澤流與漢合大禹自導漢疏通即爲西漢水也故書曰沱潛既道馥案此注在水經潛水下經之潛當爲灊酈氏誤以爲禹貢之潛故與經不符而說此潛水則了了矣禹貢浮于潛逾于沔鄭注或謂漢爲沔史記夏本紀沱涔已道集解云漢爲涔索隱云涔亦作潛潛出漢中安陽縣西北入漢蜀都賦演以潛沫劉注禹貢梁州云沱潛既道有水從漢中沔陽縣南流至梓潼漢壽縣入穴中通岡山下西南潛出今名復水舊說云禹貢潛水也郡國志犍爲郡江陽下注云潛從縣南流至漢嘉縣入大穴中通剛山下西南潛出庾仲雍云墊江有別江出長壽縣即潛水也括地志潛水一名復水今名龍門水源出利州緜谷縣東龍門山大石穴下也元和志緜谷縣本漢葭萌縣地潛水出縣東北龍門山書曰沱潛既道是也又云龍門山在利州緜谷縣東北八十二里潛水所出寰宇記引梁州記蔥嶺山有石穴高數十丈其狀如門號爲龍門輿地紀勝龍門洞在緜谷縣北凡爲洞者三有水自第二洞發源貫通兩洞下合嘉陵江此即潛水也胡渭曰梁州之潛一而已漢廣漢郡有葭萌縣蜀改曰漢壽屬梓潼郡故郭璞云西南至梓潼漢壽縣入大穴中即樂史所謂三泉故縣南有大寒水西流至龍門山入大石穴者也晉改漢壽曰晉壽故庾仲雍云墊江有別江出晉壽即潛水太元中分晉壽置興安縣隋改曰緜谷唐因之故隋志云緜谷縣有龍門山元和志云潛水出緜谷縣龍門山明改曰廣元縣故近志縣東北有龍門山潛水出焉縣名五變其地一也今縣北有龍門洞王象之輿地紀勝曰龍門洞在緜谷縣北凡爲洞者三自朝天程入谷十五里有石洞及第二第三洞有水自第三洞發源貫通兩洞下合嘉陵江渭按此即禹貢之潛水也然廣元舊志云源出縣北一百三十餘里木寨山流經神宣驛又南二十里經龍洞口至朝天驛北穿穴而出入嘉陵江與括地元和志不同意者木寨山乃水自沔陽來之所經而人誤以爲出歟元和志龍門山在縣東北八十里今以舊志所言考之木寨山

說文解字義證 卷三十四 芙

南十餘里爲神宣驛又南二十里爲龍洞口又南二十里爲朝天驛去縣八十里恰與龍門之里數相符蓋朝天驛之穴即龍門山之穴也其輿地紀勝所謂自第三洞發源貫通兩洞者即舊志所謂經龍洞口至驛北穿穴而出郭璞所謂入大穴通峒山下西南潛出者也自此以下歷昭化劒州蒼溪閬中南部蓬州南充合州至巴縣入大江禹通謂之潛後人稱爲西漢水至唐又稱嘉陵江而潛之名遂晦其水出隴西西縣嶓冢山者自爲嘉陵江之發源下流與潛水合而潛水實不出於彼也

gàn 淦

淦 水入船中也一曰泥也從水金聲 古暗切

一曰泥也者本書沈濁黕也諸書借沈字莊子達生篇沈有履注云沈水汙泥也漢書刑法志山川沈斥顏注斥即斥鹵沈即川澤風俗通山澤篇沈澤之無水斥鹵之類也或通作涵廣韻涵水入船

泠 淦或從今

fàn 泛

泛 浮也從水乏聲

浮也者漢書郊祀志泛泛滇滇從高斿

qiú
汓

汓 浮行水上也從水從子古或以汓爲沒 似由切

浮行水上也者廣韻汓人浮水上一切經音義十七江南言拍浮爲汓淮南說林訓舟覆乃見善汓經典借游字華嚴經音義游浮於水上也列子釋文浮水曰游廣雅浮游也爾雅順流而下曰泝游孫炎曰順渡者順流也書君奭若游大川正義游者入水浮渡之名詩蒹葭遡游從之傳云順流而涉曰遡游周禮萍氏禁川游者注云備波洋卒至沈溺也祭義舟而不游細衣故大人不倡游言注云游猶浮也莊十八年左傳閻敖游涌而逸杜注游涌水而走列子黃帝篇能游者可教也注云浮水曰游文子善游者必溺矜子惠子曰有一人溺流而下呼施救之施應曰吾不善游方將爲子告急於東越之王簡其善游者以救子可乎韓非說林篇假人於越而救溺子越人雖善游子必不生矣淮南地形訓食水者善游能寒高注魚鼈鸕鷀之屬齊俗訓游者不能拯溺手足有所急也詮言訓渡水而無游數雖强必沈有游數雖羸必遂說林訓游者以足蹷以手抻不得其數愈蹷愈敗及其能游者非手足者矣說

說文解字義證 卷三十四 五九

苑今舟中水而運甚紿治裝衣而下游乎後漢書馬援傳男兒溺死何傷而拘游哉注云游浮也劉氏新論貴速篇湍波漂人必奔游拯之南州異物志合浦有民善游兒年十餘便教人水求珠又云合浦之習水者善游人如沈黿出如輕鳧唐書柏良器傳擇弩手善游者沿汴渠夜入通鑑商胡以巨舟濟河北兵至中流悉殺之有歡醫游水得免又云高仁厚募善游者鑿賊舟又云李歸仁爲郭子儀伏兵所敗游水而逸又云韓晃將王栖曜游汴水夜入寧陵城古或以汓爲沒者方言潛沈也游也郭注潛行水中亦曰游釋言沇游也郭注云潛行游水底

泅 汓或從囚聲

一切經音義十一泅正字作汓說文云浮水上者也列子說符篇人有濱河而居者習於水勇於泅申鑒政體篇濟大川者太上乘舟其次泅泅者勞而危乘舟者逸而安南齊書張敬兒傳乘舴艋過江中江遇風船覆左右丁壯者各泅走御覽引袁山松白鹿詩序荆門山臨江北岸有一白鹿泅過注云泅音四言浮過也顧炎武曰越世家乃發習流二千習流謂士卒中之善泅者別爲一軍索隱乃曰流放之罪人非也庾信哀江南賦彼鋸牙而鉤爪又循江而習流

lì
砅

砅 履石渡水也從水從石詩曰深則砅 力制切

履石渡水也者楚詞九歎櫂舟杭以橫濿兮注云濿渡也由膝以上爲濿也經典通作厲詩有狐在彼淇厲列子說符篇有一丈夫方將厲之注云厲涉水也史記司馬相如傳橫厲飛泉以正東正義厲渡也後漢書班超傳超更從它道厲渡注云由帶以上爲厲馥案諸書皆本爾雅與本書異詩曰深則砅者邶風匏有苦葉文彼作厲傳云以衣涉水爲厲謂由帶以上也釋文引韓詩至心曰厲釋水濟有深涉深則厲淺則揭揭者揭衣也以衣涉水爲厲繇膝以下爲揭繇膝以上爲涉繇帶以上爲厲馥案鄭注論語由膝以上爲厲戴君震曰詩之意以水深必依橋梁乃可過喻禮義之大防不可犯若淺水則褰衣而過尚不濡衣水經注云段國沙州記吐谷渾於河上作橋謂之河厲此可證橋有厲之名衞詩淇梁淇厲並舉厲固梁之屬也就兹一字爾雅失其傳說文得其傳

濿 砅或從厲

còu
湊

湊 水上人所會也從水奏聲 倉奏切

說文解字義證 卷三十四 卆

水上人所會也者一切經音義十一字林湊水上人所會也湊亦聚也廣雅湊聚也賈注國語湊聚也王注楚詞湊聚也周書作雒解以爲天下之大湊注云湊會也燕策士爭湊燕漢書溝洫志水行地下湊潤上徹謝靈運山居賦衆流所湊

chén
湛

湛 沒也從水甚聲一曰湛水豫章浸 宅減切

沒也者論衡明雩篇變復之家以久雨爲湛久陽爲旱旱應亢陽湛應沈溺漢書五行志左氏昭公二十四年十月癸酉王子鼂以成周之寶圭湛于河史記河渠書搴長茭兮湛美玉經典借沈字廣雅沈沒也小爾雅沈沒也書洪範沈潛剛克詩菁菁者莪載沈載浮襄十八年左傳沈玉而濟定三年傳執玉而沈尚書大傳沈四海周禮太宗伯以貍沈祭山林川澤覲禮祭川沈釋天祭川曰浮沈戰國策城之不沈者三板又學者沈於所聞一曰湛水豫章浸者周禮職方氏正南曰荆州其浸潁湛鄭注潁宜屬豫州在此非也湛未聞馥案本書豫章浸當爲豫州與鄭說合地理志荆州藪曰潁湛顏注潁水宜屬豫州許慎又云湛水豫州浸竝未詳也丁君杰曰職方荆州其浸潁湛豫

州其浸波溠䜭豚周地理志因之鄭康成注周官未聞溠水所在又誤以波爲滎播而疑潁宜屬豫溠宜屬荆於地形頗合不知說文已證周官地理志之誤矣說文潁豫州浸湛豫州浸溠荆州浸是許氏所見周官最爲善本至水經卷六之湛水出河内軹縣卽河水篇中所云東逕平陰縣北湛水從北來注之者與豫州之浸渺不相涉襄十六年左傳楚公子格帥師及晉師戰于湛阪注云襄陽昆陽縣北有湛水東入汝土地名昆陽縣北有蒲城蒲城北有湛水水經注汝水云湛水出犨縣北魚齒山西北東南流歷魚齒山下爲湛浦方五十餘步春秋襄公十六年晉伐楚報楊梁之役楚公子格及晉師戰於湛阪楚師敗績遂侵方城之外今水北悉枕翼山阜於父城東南湛水之北山有長阪葢卽湛水以名阪故有湛阪之名也湛水又東南逕蒲城北京相璠曰昆陽縣北有蒲城蒲城北有湛水者是也湛水又東於汝水九曲北東入汝杜預亦以是水爲湛水矣周禮荆州其浸潁湛鄭玄云未聞葢偶有不照也今考地則不乖其土言水則有符經文矣郡國志潁川郡昆陽有湛水元和志汝州龍興縣湛水在縣東三十里

古文

yīn 湮

沒也從水垔聲於眞切

沒也者集韻湮沒水中也廣雅湮沒也釋詁湮落也郭注湮沈落也

nì 休

沒也從水從人奴歷切

沒也者玉篇引孔子曰君子休於日小人休於水今禮記緇衣作溺注云覆沒不能自理出也方言出休爲抍又云湼休也廣雅湼沒也又云溺沒也釋名死於水曰溺溺弱也不能自勝之言也詩桑柔載胥及溺樂記姦聲以濫溺而不止眞誥有人拜河水何伯教以水行不溺注徐鍇本有讀與溺同四字

mò 沒

沈也從水𠬛聲莫勃切

沈也者沈當爲湛本書湛沒也𠬛入水有所取也𩑋內頭水中也小爾雅沈沒也僖四年左傳昭王南征而不復高注戰國策引作沒而不復唐石經剜增沒字襄二十四年傳何沒沒也杜注沒沒沈滅之言莊子達生篇若乃夫沒人則未嘗見舟而便操之也注云沒人謂能鶩沒於水底說苑不臨於深淵何以知沒溺之患

wēi 渨

沒也從水畏聲烏恢切

沒也者廣韻渨渨沒廣雅渨沒也

說文解字弟十一　義證弟三十五

曲阜桂馥學

wěng 滃

滃 雲气起也從水翁聲 烏孔切

雲气起也者玉篇滃鬱川谷吐氣皃易林潼滃蔚薈江賦氣滃浡以霧杳

yāng 泱

泱 滃也從水央聲 於良切

滃也者集韻引同又云謂雲氣起皃徐鍇引漢武內傳七月七日泱鬱雲起詩白華英英白雲傳云英英白雲皃釋文英韓詩作泱射雉賦天泱泱以垂雲通作盎釋名盎齊盎滃也滃滃然濁色也周禮酒正辨五齊之名三曰盎齊注云盎猶翁也成而翁翁然蔥白色如今酇白矣

qī 淒

淒 雲雨起也從水妻聲詩曰有渰淒淒 七稽切

雲雨起也者初學記引作雨雲起也御覽同初學記雨雲曰油雲雪雲曰同雲馥按廣韻淒雲皃五音集韻𣹟雲興皃皆專言雲　詩曰有渰淒淒者徐鍇本無此文

yǎn 渰

渰 雲雨皃從水弇聲 衣檢切

雲雨皃者御覽引作雨雲皃也纂要雨雲曰渰雲亦曰油雲初學記渰雲陰皃引孟子曰油然作雲沛然下雨張協雜詩淒風起東谷有渰興南岑雖無箕畢期膚寸自成霖徐鍇本有詩曰有渰淒淒六字小雅大田文也彼作萋萋傳云萋萋雲行貌呂氏春秋引詩有晻淒淒興雲祁祁段君玉裁曰雲自下而上雨自上而下故素問曰地氣上爲雲天氣下爲雨諸書皆言興雲作雲斷無言興雨者錢君大昕曰漢書食貨志引詩有渰淒淒興雲祁祁按韓詩外傳引詩亦作興雲漢無極山碑亦有興雲祁祁之文蓋漢世經師傳授皆然顏之推家訓云詩有渰萋萋興雲祁祁毛傳渰陰雲貌萋萋雲行貌渰已是陰雲何勞復云興雲雲當爲雨俗寫誤爾班固靈臺詩云習習祥風祁祁甘雨此其證也之推仕南北朝雖疑雲爲誤字不聞據他本以正之則六朝本亦皆作興雲矣大雅韓奕篇云祁祁如雲可證祁祁爲雲行貌非轉寫之誤後漢書左雄傳作興雨祁祁或後人校改

míng 溟

溟 小雨溟溟也從水冥聲 莫經切

小雨溟溟也者玉篇溟濛小雨太元少上九密雨溟沐潤於枯瀆

sè 涑

涑 小雨零皃從水束聲 所責切

小雨零皃者零當爲霝

bào 瀑

瀑 疾雨也一曰沫也一曰瀑賈也從水㬥聲詩曰終風且瀑 平到切

疾雨也者纂要疾雨曰驟雨通作暴釋天暴雨謂之涷郭注今江東呼夏月暴雨爲涷雨離騷云令飄風兮先驅使涷雨兮灑塵是也思元賦涷雨沛其灑塗舊注涷雨暴雨也巴郡謂暴雨爲涷雨淮南覽冥訓降扶風雜涷雨高注涷雨暴雨也韓詩外傳國無道則飄風厲疾暴雨折木說苑飄風暴雨須臾而畢法言晨風陵雨李軌注陵雨暴雨也詩頍弁先集維霰傳云霰暴雪也　一曰沫也者玉篇作沫一切經音義十蒼頡解詁水濆起曰瀑也　一曰瀑

賈也者李善注江賦引同　㬥聲者當作暴本書㬥疾有所趣也　詩曰終風且瀑者邶風終風文彼作暴傳云暴疾也玉篇瀑疾風也

shù 澍

澍 時雨澍生萬物從水尌聲 常句切

時雨澍生萬物者一切經音義六三蒼澍時雨也百卉霑洽也說文上古時雨所以澍生百物者也又卷一澍時雨也謂潤生百穀者也說文上古時雨所以澍生百物者是也馥按所引數見皆有上古二字李賢注後漢書李善注魏都賦所引皆有所以二字尸子神農氏治天下欲雨則雨五日爲行雨旬爲穀雨旬五日爲時雨馥按此即上古之時雨通鑑漢明帝謝公卿百僚遂應時澍雨注云說文曰雨所以澍注萬物故曰澍音注淮南泰族訓若春雨之灌萬物也渾然而流沛然而施無地而不澍無物而不生馥謂胡身之引作澍注即淮南所云灌也澍注聲相近釋名雨輔也言輔時生養也邱季彬禮統雨者輔時生養均徧故謂之雨東觀漢記陽嘉元年嘉澍沾渥後漢書明帝紀長吏各絜齋禱請冀蒙嘉澍注云說文云時雨所以澍生萬物鍾離意傳遂應時澍雨焉注云說文云時雨所以

jí 湒　cí 澬　lǎo 潦　huò 濩　zhuó 涿

澍生萬物故曰澍謝承後漢書百里嵩爲徐州刺史出巡處甘雨輒澍司馬彪續漢書北海靜王興遷宏農太守甘雨降澍鹽鐵論時雨澍澤論衡雷虛篇天施氣氣渥爲雨故雨潤萬物名曰澍又自然篇汲井決陂灌溉園田物亦生長霈然而雨物之莖葉根荄莫不洽濡程量澍澤孰與汲井決陂哉月令正義謂之穀雨者言雨以生百穀漢朱龜碑養善䌛時雨之澍品物

湒　雨下也從水咠聲一曰沸涌皃姊入切

雨下也者廣雅湒湒雨也一切經音義十二字林湒雨聲湒湒也　一曰沸涌皃者沸當爲灪木書湁湁湒灪也集韻湒湆沸聲一切經音義十二字林湒灪也或作潗漢書司馬相如傳湁潗鼎沸

澬　久雨涔資也一曰水名從水資聲才私切又卽夷切

久雨涔資也者玉篇涔資久雨也淮南主術訓時有涔旱災害之患高注涔久雨水潦也　一曰水名者廣韻資水名在邵陵水經資水出零陵郡梁縣路山

潦　雨水大皃從水尞聲盧皓切

雨水大皃者一切經音義一說文潦雨水也謂聚雨水爲涔涔潦也長笛賦秋潦漱其下趾兮曹攄思友人詩霖潦淹庭除李善注並引作雨水也無大皃二字纂要雨水曰潦詩采蘋于彼行潦傳云行潦流潦也隱三年左傳潢汙行潦之水杜注潦流潦服虔云行潦道路之水孟子河海之於行潦注云行潦道傍流潦也王勃滕王閣序潦水盡而寒潭清

濩　雨流霤下皃從水蒦聲胡郭切

雨流霤下皃者七命溟海渾濩涌其後李善注引本書濩霤下貌也潘尼苦雨賦聽長霤之涔涔

涿　流下滴也從水豖聲上谷有涿縣竹角切

流下滴也者廣雅涿漬也方言瀧涿謂之霑漬周禮有壺涿氏　上谷有涿縣者徐鍇本有鹿字漢志上谷郡涿鹿縣應劭曰黃帝與蚩尤戰於涿鹿之野又涿郡涿縣應劭曰涿水出上谷涿鹿縣十三州志涿郡南有涿水北至上

lóng 瀧　nài 渿　hào 滈　lǚ 漊　wēi 溦　méng 濛　chén 沈

谷爲涿鹿河水經注㶟水云涿水出涿鹿山世謂之張公泉東北流逕涿鹿縣故城南黃帝與蚩尤戰於涿鹿之野留其民於涿鹿之阿卽于是也

奇字涿從日乙

瀧　雨瀧瀧皃從水龍聲力公切

雨瀧瀧皃者廣韻瀧瀧涷沾漬方言瀧涿謂之霑漬

渿　渿沛也從水柰聲奴帶切

渿沛也者五音集韻引同宋小字本李燾本並作沛之也廣韻集韻類篇並同玉篇渿渿沛水波皃司馬相如上林賦奔揚滯沛蓋渿譌作滯

滈　久雨也從水高聲乎老切

久雨也者本書沈陵上滈水也

漊　雨漊漊也從水婁聲一曰汝南謂飲酒習之不醉爲漊力主切

雨漊漊也者漊漊猶縷縷也　一曰汝南謂飲酒習之不醉爲漊者玉篇漊飲酒不醉增韻漊習醉不醉似誤

溦　小雨也從水微省聲無非切

小雨也者五音集韻作溦云涹溦小雨也

濛　微雨也從水蒙聲莫紅切

微雨也者初學記引作溦雨曰濛玉篇濛微雨皃字或作霿廣雅霿霿雨也

沈　陵上滈水也從水冘聲一曰濁黕也直深切又尸甚切

陵上滈水也者徐鍇本滈作滴韻會及吳均增修復古編並同元和志茂州汶川縣濕坂樹木森沈常有水滴未嘗暫燥故曰濕坂或通作涔潘尼苦雨賦聽長霤之涔涔　一曰濁黕也者莊子達生篇沈有履注云沈水汙泥也漢

刑法志除山川沈斥注云斥卽斥鹵沈卽川澤風俗通沈澤之無水斥鹵之類也

zài 洅

洅 雷震洅洅也從水再聲 作代切

雷震洅洅也者集韻引同玉篇洅雷聲震徐鍇繫傳謂雷聲震屋霤水聲散也

hàn 淊

淊 泥水淊淊也一曰繅絲湯也從水臽聲 胡感切

泥水淊淊也者玉篇淊淊泥也廣韻淊水和泥集韻淊淊水淖

hán 涵

涵 水澤多也從水圅聲詩曰僭始既涵 胡南切

水澤多也者涵通作淊廣韻灌淊水滿也詩曰僭始既涵者小雅巧言文傳云涵容也

rù 洳

洳 漸溼也從水挐聲 人庶切

漸溼也者漸當為瀸通俗文淹漬謂之瀸洳玉篇洳與洳同廣韻沮洳漸溼白帖得沮洳之澤無旱暵之憂廣雅漸洳溼也三蒼沮漸也釋地下溼曰隰李巡云謂土地窊下常沮洳名為隰也禹貢厥土惟塗泥鄭注塗泥漸洳也詩

說文解字義證 卷三十五 五

魏風彼汾沮洳傳云沮洳其漸洳者僖四年公羊傳大陷於沛澤之中注云漸洳曰澤孫子軍爭篇不知山林險阻沮澤之形者不能行軍注云水草漸洳者為沮孝經援神契萊沛所生注云沛水旁漸洳不可耕者法言問道篇露頂漸襟堯舜乎潘岳懷舊賦水漸軔以凝洹寰宇記酸棗縣汝池爾雅沮洳也其地下濕水潦曰洳後人音訛呼為汝溝通鑑崔浩曰南方下濕注云東南之地卑濕沮洳漢鄐閣頌醳散關之嶃漯卽漸濕

yōu 瀀

瀀 澤多也從水憂聲詩曰既瀀既渥 於求切

澤多也者通作優廣雅優渥也詩瞻卬天之降罔維其優矣傳云優渥也易林春多膏澤夏潤優渥詩曰既瀀既渥者小雅信南山文箋云成王之時陰陽和風雨時冬有積雪春而益之以小雨潤澤則饒洽釋文云優說文作瀀

cén 涔

涔 漬也一曰涔陽渚在郢中從水岑聲 鉏箴切

漬也者江賦栫澱為涔通作湛考工記鍾氏染羽以朱湛丹秫鄭司農云湛漬也內則湛諸美酒注云湛亦漬也月令湛熾必絜注云湛漬也或者日漬當為積淮南俶眞訓夫牛蹏之涔無尺之鯉高注涔潦水水潦之年大道上之積水又說林訓宮池涔則溢旱則涸 一曰涔陽渚在郢中者楚詞九歌望涔陽兮極浦注云涔陽江碕名洪氏補注今澧州有涔陽浦胡渭曰江陵縣西南二十里有虎渡口南江從此東南流注於澧水同入洞庭巷卽所謂涔水也澧州志云涔水為岷江別派從公安入境為四水口又東南流過焦圻一箭河至匯口入澧故稱涔澧楚詞望涔陽兮極浦今公安舊縣東南有涔陽鎭卽其地也馥按集韻作涔郎丁切水名引楚詞望涔陽兮極浦未知何據

zì 漬

漬 漚也從水責聲 前智切

漚也者通俗文水浸曰漬考工記㡃氏湅絲以涚水漚其絲注云漚漸也

òu 漚

漚 久漬也從水區聲 烏候切

久漬也者廣雅漚漬也詩東門之池可以漚麻傳云漚柔也哀八年左傳拘鄫人之漚菅者曰何故使吾水滋氾勝之書夏至後二十日漚枲漢書揚雄傳棍申椒與菌桂兮赴江湖而漚之顏注漚漬也今漚麻也

zhuó 浞

浞 濡也從水足聲 士角切

說文解字義證 卷三十五 六

濡也者徐鍇本作小濡皃也馥謂小當為水廣韻浞水濕玉篇浞漬也廣雅濡漬也詩匏有苦葉濟盈不濡軌傳云濡漬也易林浼浼促促塗泥至轂促當為浞

wò 渥

渥 霑也從水屋聲 於角切

霑也者本書霑雨䨱也䨱濡也玉篇渥霑濡皃廣雅渥漬也詩簡兮赫如渥赭傳云渥厚漬也終南顏如渥丹箋云渥厚漬也信南山既優既渥既霑既足考工記㡃氏渥湻其帛注云渥讀如縉人渥菅之渥釋文渥與漚同

què 潅

潅 灌也從水隺聲 口角切又公沃切

灌也者灌猶浸也莊子時雨降矣而猶浸灌玉篇潅霑也漬也

qià 洽

洽 霑也從水合聲 侯夾切

霑也者書大禹謨好生之德洽于民心正義洽謂霑漬優渥洽於民心言潤澤多也

nóng 濃

濃 露多也從水農聲詩曰零露濃濃 女容切

水

霧多也者字或作䨲廣韻䨲露多廣雅䨲䨲露也詩曰零露濃濃者小雅蓼蕭文傳云濃濃厚貌

biāo
瀌

瀌　雨雪瀌瀌從水麃聲甫嬌切

雨雪瀌瀌者詩小雅角弓文箋云雨雪之盛瀌瀌然廣韻瀌雪皃廣雅瀌瀌雪也

lián
濂

濂　薄冰也一曰中絕小水從水兼聲力鹽切

宋濂曰許慎說文解字唐人所鈔舊本則曰濂力簟反从水从兼或从廉薄冰也一云中絕小水又云淹也徐鉉所定新本則又曰濂力鹽反從水兼聲薄冰也一日中絕小水不言或從廉以予觀之冰必水字之誤繩必絕字之訛所謂濂則水之淺薄者爾由其淺薄小水故中絕也若試作繩作冰則於義難爲訓矣雖曰郭璞山海經傳有山河無險四徹中繩及酈道元水經注有水自下通爲繩之語終不若絕字爲暢意者鉉見唐本之謬爲之校定如此亦未可知也又按顧野王云濂與溓同里兼里忝合鹽三反薄也大水中絕小水出也其說與鉉正合豈鉉之所校定者實有本如此耶馥謂宋說非是當作薄冰

薄冰也者素問夏三月之病至陰不過十月陰陽交期在溓水馥案此言水始冰即死也潘岳寡婦賦水溓溓以微凝李善注引本書同丁儀妻寡婦賦水溓溓而晨結一曰中絕小水者玉篇廣韻竝作大水中絕小水出也

lè
泐

泐　水石之理也從水从阞周禮曰石有時而泐盧則切

水石之理也者本書阞地理也玉篇泐石散泐博物志地以石爲之骨川爲之脈管子水者地之血氣如筋脈之通流者也春秋元命包神農世白阜圖地形脈道注云白阜爲神農畫地形通水道之脈　從阞者徐鍇本作阞聲

周禮曰石有時而泐者考工記文而彼作以鄭司農云泐謂石解散也

zhì
滯

滯　凝也從水帶聲直例切

凝也者楚詞九章淹回水而凝滯漁父聖人不凝滯於物

zhǐ
泜

泜　箸止也從水氏聲直尼切

箸止也者本書坻箸也徐鍇引左傳物乃泜伏

guó
漍

漍　水裂去也從水虢聲古伯切

水裂去也者方言漷激水也

sī
澌

澌　水索也從水斯聲息移切

水索也者一切經音義十二引字林同難蜀父老文灑沈澹災李善注灑或作澌字書澌水索也集韻水索曰澌五經文字澌盡也玉篇澌水盡又云索散也蒼頡解詁索盡也方言澌索也注云盡也廣雅索盡也書牧誓惟家之索傳云索盡也鄉射禮取矢不索注云索猶盡也檀弓吾離羣而索居注云索猶散也襄八年左傳悉索敝賦杜云索盡也史記貨殖傳此有知盡能索耳終不餘力而讓財矣滑稽傳冠纓索絕索隱按索訓盡言冠纓盡絕也孔衍春秋後語亦作冠纓盡絕也漢書外戚傳倢伃自見索言之顏注索盡也說苑索也者盡也論衡論死篇禽獸之死也其肉盡索古文苑僮約奴老力索注云索盡也北征記有索水水易索盡因名劉琨與丞相箋覩此哀歎使人氣索通鑑馬援曰年迫日索注云索盡也通作斯檀弓我喪也斯沾注云斯盡也

qì
汽

汽　水涸也或曰泣下從水气聲詩曰汽可小康許訖切

水涸也者廣韻汽水盡涸廣雅汔盡也集韻今謂去飲水爲汽易未濟小狐汔濟濡其尾无攸利干寶曰說文曰汔涸也小狐力弱汔乃可濟水既未涸而乃濟之故尾濡而无所利也　或曰泣下者疑爲立下孟子其涸也可立而待也　詩曰汽可小康者大雅民勞文傳云汔危也箋云汔幾也昭二十年左傳引詩杜注汔期也

hé
涸

涸　渴也從水固聲讀若狐貈之貈下各切

月令八月水始涸　周書時訓解水不始涸甲蟲爲害

渴也者廣雅涸盡也方言盪歇涸也注云謂渴也釋詁涸竭也釋文作渴云音竭本或作歇史記封禪書秋涸凍索隱按字林涸竭也賈逵國語注涸竭也呂氏春秋愼大覽商涸旱注云涸枯也

𣹟　涸亦或從水鹵舟

卤當爲鹵玉篇作𣹟

xiāo
消

盡也從水肖聲 相邀切

盡也者釋名消削也言減削也易泰卦小人道消 通作脩詩中谷有蓷嘆其脩矣傳云脩且乾也

jiào
潐

盡也從水焦聲 子肖切

盡也者釋水水醮曰厬郭注謂水醮盡釋文醮盡也字或作潐同 通作湫廣雅湫盡也

kě
渴

盡也從水曷聲 苦葛切

經典釋文條例水旁作曷俗以爲飢渴字字書以爲水竭之字

盡也者廣雅同書泰誓傳云吉人渴日以爲善凶人渴日以行惡通作竭月令毋竭川澤宣十二年左傳盈而以竭天且不整注云水遏天塞不得整流則竭涸也又通作歇方言歇涸也宣十二年左傳憂未歇也襄二十九年傳難未歇也注並云歇盡也

kāng
漮

水虛也從水康聲 苦岡切

水虛也者釋詁康虛也郭引方言云漮之言空也釋文引說文云水之空也通作康詩賓之初筵酌彼康爵箋云康虛也襄二十四年穀梁傳四穀不升謂之康注云康虛諡法解康虛也淮南天文訓十二歲一康高注康空也字又作䡖急就篇輜軺轅軸輿輪䡖顏注䡖之言空也

shī
溼

幽溼也從水一所以覆也覆而有土故溼也㬎省聲 失入切

幽溼也者廣韻溼水霑也釋名溼浥也詩厭浥行露傳云厭浥溼意也釋地下者曰溼鬼谷子摩篇平地注水溼者先濡詩中谷有蓷嘆其溼矣傳云鵻遇水則溼馥按傳意謂幽溼也故訓嘆爲菸貌 一所以覆也覆而有土故溼也者風賦毆溫致溼素問中央生溼溼生土也

qì
湆

幽溼也從水音聲 去急切

幽溼也者佩觿集湆幽溼五經文字湆幽深也廣雅湆溼也

wū
洿

濁水不流也一曰窊下也從水夸聲 哀都切

濁水不流也者李善注荅賓戲引同一切經音義十八大曰潢小曰洿說文濁水不流池也三蒼停水曰洿又十二字林濁水不流曰洿謂行潦之水也洿池也廣雅洿深也濁也方言氾浼潤洼洿也注云皆洿池也孟子數罟不入洿池淮南精神訓苦洿之家池洿而注之江漢書敘傳振拔洿塗顏注洿停水也晉書東晳傳汲郡吳澤汙水停洿 一曰窊下也者窊當爲㝊本書渾洿下皃北史齊皇甫亮所居宅洿下標牓賣之將買者問其故荅云爲宅中水淹不泄雨卽流入牀下

měi
浼

汙也從水免聲詩曰河水浼浼孟子曰女安能浼我 武辠切

汙也者方言浼洿也東齊海岱之間曰浼易林浼浼促促塗泥至轂字或作䤄廣雅䤄汙也 詩曰河水浼浼者邶風新臺文傳云浼浼平地也李文仲字鑑引本書云又水流平貌詩河水浼浼馥按廣韻浼水流平貌 孟子曰汝

安能浼我者彼作爾焉能浼我哉

wū
汙

薉也一曰小池爲汙一曰涂也從水亏聲 烏故切

薉也者一切經音義三字林汙穢也釋名汙洿也如洿泥也宣十五年左傳川澤納汙杜注受汙濁或借洿字方言氾浼潤洼洿也廣雅作汙文六年左傳治舊洿注云治理洿穢齊策必以其血洿其衣論衡譴告篇屈原疾楚之臭洿故稱香潔之辭 一曰小池爲汙者漢書王莽傳豬其宮室以爲汙池納垢濁焉翟方進傳莽盡壞義弟宅汙池之顏注汙停水也說苑汙池水潦注焉昔蒲生之從上觀之知其非源也隱三年左傳潢汙行潦之水杜注潢汙停水服虔云不流謂之汙周語猶塞川原而爲潢汙也韋注大曰潢小曰汙呂氏春秋達鬱篇水鬱則爲汙注云水淺不流曰汙史記莊子傳我寧游戲汙瀆之中自快索隱汙瀆潢汙之小渠也賈生傳彼尋常之汙瀆兮索隱汙潢也顏注漢書云水不泄爲汙論衡效力篇潢汙兼日不雨泥輒見者無所通也荀子非相篇是以終身不免埤汙傭俗楊倞注埤汙皆下也豬水處謂之汙亦地之下者也史記滑稽傳汙邪滿車 一曰涂也者本書杇所以涂也字書

汙涂也

湫 隘下也一曰有湫水在周地春秋傳曰晏子之宅湫隘安定朝那有湫泉從水秋聲 子了切又即由切

隘下也者昭十二年左傳湫乎攸乎杜注湫愁隘 春秋傳曰晏子之宅湫隘者昭三年左傳文彼云景公欲更晏子之宅曰子之宅近市湫隘囂塵不可以居杜注湫下隘小 安定朝那有湫泉者泉當爲淵唐人避諱改之漢地理志安定郡朝那有湫淵祠郊祀志湫淵祠朝那蘇林曰湫淵在安定朝那縣方四十里停水不流冬夏不增不減不生草木元和志朝那湫泉今周回七里葢近代減耗水經注河水云高平川水有五源咸出隴山西東水發源縣西南二十六里湫淵淵在四山中湫水北流西北出長城北與次水會

潤 水曰潤下從水閏聲 如順切

水曰潤下者書洪範文王肅注水之性潤萬物而退下漢書溝洫志水行地下湊潤上徹

說文解字義證《卷三十五 十一

準 平也從水隼聲 之允切

平也者廣雅同本書水準也易繫辭傳易與天地準鄭注準平也月令先定準直正義準謂輕重平均祭義推而放諸東海而準注云準猶平也莊子天道篇平中準大匠取法焉尚書大傳非水無以準萬里之平漢武帝置平準官史記有平準書漢書律歷志繩直生準準者所以揆平取正也韋昭辨釋名平準令主平物價使相依準宋順帝名準沈約宋書省作准

汀 平也從水丁聲 他丁切

平也者集韻引同又云謂水際平也玉篇汀水際平沙也文字集畧汀水際平地楚詞九歌搴汀洲兮杜若注云汀平也

泙 汀或從平

沑 水吏也又溫也從水丑聲 人九切

水吏也者當爲水文玉篇沑女六切泥也泥當爲泦泦居六切水文也沑泦音義同集韻淑沑水皃廣韻𤄷沑水文聚海賦葩華蹙沑李善注蹙沑蹴聚也 又溫也者溫當爲溼集韻沑溼也溼俗作濕與溫形誤沑別作𤄷玉篇𤄷溼也

瀵 水浸也從水糞聲爾雅瀵大出尾下 方問切

水浸也者李善注江賦引同按浸者讀如揚州浸有五湖之浸郭注爾雅云今河東汾陰縣有水口如車輪許濆沸涌出其深無限名之爲瀵馮翊郃陽縣復有瀵亦如之相去數里而夾河河中陼上又有一瀵瀵原皆潛相通在汾陰者人壅其流以爲陂種稻呼其本所出處爲瀵魁東山經䟆踵之山有水焉廣員四十里皆涌郭注今河東汾陰縣有瀵水源在地底濆沸涌出其深無限即此類也隋書楊尚希傳出拜蒲州刺史引瀵水立隄防開稻田數千頃 糞聲者徐鍇本下有讀若粉三字 爾雅曰瀵大出尾下者徐鍇本無此文繫傳所引也

漼 新也從水辠聲 七辠切

說文解字義證《卷三十五 十二

新也者廣韻漼新水狀也徐鍇曰詩新臺有漼本此字馥按詩作洒釋文洒此罪反韓詩作漼音同云鮮貌

瀞 無垢薉也從水靜聲 疾正切

無垢薉也者顏注急就篇沐浴揃搣寡合同云言其妍靜少對偶也思元賦澄淟涊而爲清舊注清靜也通作靜詩既醉籩豆靜嘉箋云籩豆之物潔清而美東京賦滌濯靜嘉薛綜注靜潔也周語靜其巾幕韋注靜潔也楚詞遠遊漠虛靜以恬愉兮漢舊儀靜官令車駕在前先驅靜清所徼以示重慎賈注左傳云肅然清靜謂之清廟鄭注雜記雍人拭羊云拭靜也又通作靚漢書王莽傳清靚無塵俗作淨詩閟宮有洫傳云洫清淨也齊策清淨貞正以自虞宋書庾炳之傳性好潔時殷沖亦好淨

瀎 拭滅皃從水蔑聲 莫達切

拭滅皃者本書無拭字徐鍇本作滅瀎拭滅皃鍇曰左傳三數叔魚之惡不爲瀎滅本此字今作末假借馥按滅瀎當爲㓕瀎廣韻瀎瀎㓕集韻㓕瀎瀎拭㓕本書㓕瀎㓕也

sà 泧　jì 洎　tāng 湯　nuǎn 渜　àn 洝　ér 洏　shuì 涚

泧　瀎泧也從水戉聲讀若椾檖之檖又火活切馥按玉篇泧桑結切又呼括許月二切本書祇一切何以言又

瀎泧也者玉篇作泧瀎讀若椾檖之檖者史記倉公傳望之殺然黃徐廣曰殺音蘇葛反馥按瀎泧卽字林所謂抹摋也釋名摩娑猶末殺也漢書谷永傳末殺災異

洎　灌釜也從水自聲其冀切

灌釜也者史記封禪書水而洎之徐廣曰灌水於釜中曰洎音冀呂氏春秋應言篇市邱之鼎以烹雞多洎之則淡而不可食少洎之則焦而不熟襄二十八年左傳公膳日雙雞饔人竊更之以鶩御者知之則去其肉而以其洎饋正義說文云洎灌釜也周禮士師職云祀五帝則洎鑊水鄭元云洎謂增其沃汁也然則洎者添釜之名添水以爲肉汁遂名肉汁爲洎

湯　熱水也從水昜聲土郎切

熱水也者月令如以熱湯孟子冬日則飲湯楚詞九歌浴蘭湯兮沐芳華列子湯問篇及其日中如探湯

渜　湯也從水耎聲乃管切

湯也者廣韻渜浴餘汁也士喪禮渜濯棄於坎注云沐浴餘潘水

洝　渜水也從水安聲烏旰切

洏　洝也一曰煮孰也從水而聲如之切

洝也者徐鍇本作安通作濡莊子徐無鬼有濡需者注云濡需謂偷安須臾之頃　一曰煮熟也者本書胹爛也玉篇洏不熟而煮內則濡豚注云凡濡謂烹之以汁和也

涚　財溫水也從水兌聲周禮曰以涚漚其絲輸芮切

財溫水也者趙宧光曰財才裁纔通借馥按馬援傳但使衣食財足　周禮曰以涚漚其絲者考工記文彼作以涚水漚其絲注云故書涚作湄鄭司農曰湄水溫水也

guàn 涫　tà 涾　tài 汏　jiǎn ⿰氵簡　xī 淅　jiàng 滰　sǒu 溲

涫　灊也從水官聲酒泉有樂涫縣古丸切

灊也者荀子解蔽篇涫涫紛紛孰知其形注云涫涫沸貌楚詞哀時命氣涫灊其若波春秋繁露繭待繰以涫湯而後能爲絲史記龜策傳腸如涫湯索隱涫沸也　酒泉有樂涫縣者地理志同

涾　涫溢也今河朔方言謂灊溢爲涾從水沓聲徒合切

涫溢也者玉篇涾沸溢也

汏　淅⿰氵簡也從水大聲徒蓋切又代何切

淅⿰氵簡也者李善注策秀才文引作⿰氵簡也廣韻洮清汏也莊子天下篇泠汏於物注云猶沙汏也後漢書陳元傳洮汏學者之累惑注洮汏猶洗濯也晉書孫綽傳沙之汏之瓦礫在後齊民要術作醬法熱湯浸豆黃良久淘汏漉而烝之

⿰氵簡　淅也從水簡聲古限切

淅也者淮南要畧訓所以洮汏滌蕩至意高注洮汏潤也馥案潤當爲⿰氵簡通作簡秦策簡練以爲揣摩高注簡汏也

淅　汏米也從水析聲先擊切

汏米也者詩生民正義引同通俗文淅米謂之洮汏纂要籅淅箕也士喪禮祝淅米于堂南面用盆注云淅汏也

滰　浚乾漬米也從水竟聲孟子曰夫子去齊滰淅而行其兩切

浚乾漬米也者廣雅滰盪也淮南兵畧訓百姓開門而待之淅米而儲之高注淅漬也馥謂滰者漉淅米使乾　孟子曰夫子去齊滰淅而行者彼云孔子之去齊接淅而行注云淅漬米也不及炊避惡亟也詩生民正義孟子曰孔子去齊接淅而行謂洮米未炊漉之而去言其疾也

溲　浸沃也從水叜聲疏有切

浸沃也者小字本作茯馥謂沃當爲汏詩生民釋之叟叟傳云釋淅米也叟叟聲也釋文叟字又作溲濤米聲也爾

jùn 浚　lì 瀝　lù 漉　pān 潘　lán 灡　gān 泔

雅作溞溞音同釋訓溞
溞淅也郭注淅米聲

浚 抒也從水夋聲 私閏切

抒也者徐鍇曰抒取出之也本書抒挹也襄二十四年左傳而謂子浚我以生乎杜注浚取也

瀝 浚也從水歷聲一曰水下滴瀝 郎擊切

浚也者瀝通作歷詩魚麗于罶傳云麗歷也馥案麗卽籭一曰水下滴瀝者靈光殿賦動滴瀝以成響江淹擬謝臨川詩乳竇旣滴瀝李善引本書竝同拾遺記甘雨濛濛似露委草木則滴瀝兩也史記滑稽傳時賜餘瀝馥按餘瀝餘滴也通鑑鄭漢章命取酒割臂血瀝酒共飲之又云周岌與楊復光瀝酒爲盟注引史炤曰以酒滴瀝也

漉 浚也從水鹿聲 盧谷切

浚也者月令仲春之月毋漉陂池釋文漉竭也漉或作盝釋詁盝竭也方言盝涸也廣雅盝盡也

渌 漉或從录

潘 淅米汁也一曰水名在河南滎陽從水番聲 普官切

淅米汁也者一切經音義九引同蒼頡篇潘泔汁也士喪禮祝淅米于堂南面用盆管人盡階不升堂受潘煑于垼用重鬲又云外御受沐入注云沐管人所煑潘也喪大記御者差沐于堂上注云差淅也淅飯米取其潘以爲沐也王制湯沐之邑注云沐用潘釋文潘米汁也哀十四年左傳使疾而遺之潘沐注云潘米汁可以浴頭齊民要術芹藘忌潘泔異苑有人成瘕病醫令服秫米潘新唐書南詔傳越賧產馬歲中飲以米潘字或作㵗廣韻㵗米汁　一曰水名在河南滎陽者顏注急就篇耿潘屠云潘水名也在滎陽廣韻周文王畢公之季孫食采於潘因氏焉出廣宗河南二望馥按地因水名故望出河南

灡 潘也從水蘭聲 洛干切

潘也者周禮槀人注云雖其潘灡戔餘不可褻也通作瀾廣雅潘瀾也內則面垢燂潘請靧注云潘米瀾也

泔 周謂潘曰泔從水甘聲 古三切

xiū 滫　diàn 澱　yū 淤　zǐ 滓

周謂潘曰泔者一切經音義九江北名泔江南名潘廣雅泔瀾也趙宧光曰通謂之泔瀾定命錄賈直言妻髽髻絕音沐迨十五載始一沐髻墮於泔盆

滫 久泔也從水脩聲 息流切又思酒切

久泔也者戴侗曰泔久則酢故今人謂飲食之酢氣爲滫本書䤈滫米器也玉篇滫米泔也史記三王世家漸之滫中徐廣曰滫者淅米汁也內則滫瀡以滑之注云秦人溲曰滫荀子勸學篇蘭槐之根是爲芷其漸之滫君子不近庶民不服楊倞注滫溺也馥按溺當爲溲以溲爲小便故變爲溺耳淮南人閒訓申菽杜茝美人之所懷服也及漸之於滫則不能保其芳矣高注滫臭汁也水經河水注香醪之色淸白若滫漿焉或作糔內則爲稻粉糔溲之注云糔讀與滫瀡之滫同

澱 滓垽也從水殿聲 堂練切

滓垽也者本書䑋謂之垽垽滓也廣雅澱謂之滓爾雅澱謂之垽郭注滓澱也今江東呼垽夢溪筆談澱字書亦作

埿蒲濫反廣韻埿蒲鑑切與澱同淖也風俗通諺云涇水一石其埿數斗江賦涔澱爲涔水經注汶水又西合一水西南入茂都澱陂水之異名也又云易水又東埿水注之水上承二陂于容城縣東南謂之大埿澱小埿澱漢志齊郡鉅定水經注作巨淀馥按縣東南有巨澱湖定淀皆澱也一切經音義十二滦陂池也山東名爲滦鄴東有鸛鵜滦是也幽州呼爲淀音殿魏都賦掘鯉之淀五臣云淀者如淵而淺也顏氏家訓江陵高偉向幽州淀中捕魚盧思道孤鴻賦且夷心於澠淀或借奠考工記匠人凡行奠水磬折以參伍鄭司農云奠讀爲停謂行停水

淤 澱滓濁泥從水於聲 依據切

澱滓濁泥者後漢書杜篤傳畎瀆潤淤注引作澱滓也廣韻淤濁水中泥也玉篇淤水中泥草又濁也一切經音義二字林淤澱滓也今謂水中泥爲淤是也上林賦行乎洲淤之浦

滓 澱也從水宰聲 阻史切

澱也者李善注長笛賦江淹擬殷東陽興矚詩引竝同釋名泥之黑者曰滓急就篇糟糠汁滓槀莝芻顏注滓澱也

水

niǎn 淰　yuè 瀹　jiǎo 灑　qǐng 漀　xǔ 湑　miǎn 湎

史記屈原傳不獲世之滋垢皭然泥而不滓者也鹽鐵論文學死守渣滓之語而終不移

濁也從水念聲乃忝切

漬也從水龠聲以灼切

漬也者既夕菅筲三其實皆瀹注云皆湛之湯蔽謂猶內則湛諸美酒

釃酒也一曰浚也從网從水焦聲讀若夏書天用勦絶子小切

釃酒也者詩伐木傳云以筐曰釃廣雅灑盪也　讀若夏書天用勦絶者勦當爲剿本書剿下引書天用剿絶其命

側出泉也從水殸聲殸籀文磬字去挺切

側出泉也者玉篇漀出酒也釋名漀猶傾也側器傾水漿也馥按本書上下文皆言酒疑此亦言側出酒玉篇必有所受後人以爾雅有側出泉改之也

莤酒也一曰浚也一曰露皃從水胥聲詩曰有酒湑我又曰零露湑兮私呂切

莤酒也者廣雅湑盪也士冠禮旨酒既湑注云湑清也詩鳧鷖爾酒既湑箋云湑酒之泲者也　一曰露皃者詩蓼蕭傳云湑湑然蕭上露皃　詩曰有酒湑我者小雅伐木文傳云湑莤之也馥按上章釃酒有萸傳云以筐曰釃以藪曰湑正義藪草也釃酒者或用筐或用草於今猶然用草者用茅也　詩曰零露湑兮者小雅蓼蕭文

沈於酒也從水面聲周書曰罔敢湎于酒彌兗切

沈於酒也者沈漢書作湛鹽鐵論酒足以合歡而不湛詩蕩天不湎爾以酒釋文云飲酒齊色曰湎賓之初筵序云沈湎淫液韓詩夫飲之禮不脫屨而即序者謂之禮跣而上坐者謂之宴能飲者飲之不能飲者已謂之醧齊顏色均衆寡謂之沈閉門不出客謂之湎故君子可以宴可以醧不可以沈不可以湎典論孝靈帝末百司皆湎於酒李德裕納誨箴漢鸞流湎舉白浮鍾書無逸惟耽樂之從論衡引此而釋之云長夜之飲糟邱酒池不舍晝夜書又曰則其無淫于觀于遊于田漢書谷永傳引云其無淫于酒無逸于遊田　通作沔史記樂書流沔沈佚漢書樂志湛沔自若　周書曰罔敢湎于酒者酒誥文傳云無敢沈湎于酒

jiāng 漿　liáng 涼　dàn 淡　tūn 涒　jiāo 澆　yè 液

酢漿也從水將省聲即良切

酢漿也者通用漿字釋名漿將也飲之寒溫多少與體相將順也詩大東或以其酒不以其漿公食大夫禮飲酒漿飲注云飲酒清酒也將飲截漿也玉藻五飲上水漿酒醴酏韓詩外傳鮑叔有疾管仲爲之不食不內漿史記信陵君列傳薛公藏於賣漿家袁子歲在申酉乞漿得酒禮記外傳共王后及世子食後之六飲其次曰漿

古文漿省

薄也從水京聲呂張切

薄也者本書䣼下云爾雅䣼薄也廣雅䣼薄也莊三十二年左傳虢多涼德杜注涼薄也

薄味也從水炎聲徒敢切

薄味也者顏延之五君詠向秀甘淡薄通作啖史記叔孫通傳呂后與陛下攻苦食啖索隱按孔文祥云與帝共攻冒苦難俱食淡也按說文云淡薄味也顏注漢書啖當作淡淡謂無味之食也

食已而復吐之從水君聲爾雅曰太歲在申曰涒灘他昆切

食已而復吐之者孫炎說爾雅云涒灘萬物吐秀傾垂之貌　爾雅曰太歲在申曰涒灘者釋天文淮南天文訓太陰在申歲曰涒灘歲星舍東井輿鬼以五月與之晨出東方斗牽牛爲對

沃也從水堯聲古堯切

沃也者小字本作茯一切經音義三引作灌漬也氾勝之書湯有旱災伊尹作爲區田教民糞種負水澆田

盡也從水夜聲羊益切

盡也者徐鍇本作津琴賦蒸靈液以播雲洞簫賦玉液浸潭而承其根李善注竝引作津也一切經音義二引作津

xì 洒　yì 溢　hào 灝　gē 滒　zhī 汁

潤也玉篇液津也字書津液也蒼頡篇津汁也黃庭經外應兩百百液津郊祀志莽起八風臺於宮中順風作湯液素問有湯液醪醴論藝文志湯液經法三十二卷事物紀原湯液經出於商伊尹皇甫謐曰仲景論伊尹湯液為十數卷

汁 液也從水十聲 之入切

液也者字林液汁也顏注急就篇汁瀋也方言斟汁也史記張儀列傳廚人進斟索隱斟謂羹汁公食大夫禮大羹湆不和注云大羹湆煮肉汁也今文湆為汁士昏禮大羹湆在爨注云大羹湆煮肉汁也今文湆皆作汁有司徹羊肉湆注云肉湆肉在汁中者馥按佩觿集湆大羹禮少儀凡有湆者不以齊字或作脏廣雅羹謂之脏

滒 多汁也從水哥聲讀若哥 古俄切

多汁也者本書㴱泥廣雅滒淖也淮南原道訓甚淖而滒高注滒亦淖也饘粥多瀋者謂滒

灝 豆汁也從水顥聲 乎老切

豆汁也者玉篇灝煮豆汁趙宧光曰釋氏以灝浴身故四月八日以豆浴佛

說文解字義證 卷三十五 十九

溢 器滿也從水益聲 夷質切

器滿也者一切經音義十六字林溢滿也廣雅溢滿也爾雅溢盈也孝經滿而不溢所以長守富也

洒 滌也從水西聲古文為灑埽字 先禮切

滌也者李善注謝朓始出尚書省詩引同一切經音義八字林洒濯也玉篇洒濯也滌也今為洗馥按書酒誥厥父母慶自洗腆致用酒傳以洗為潔賈謐贈陸機詩吾子洗然李善引莊子吾洒然異之禮月令律中姑洗注引周語所以脩絜百物漢書律歷志洗絜也言陽氣洗物辜絜之也古文為灑埽字者周禮隸僕掌五寢之埽除糞洒之事注云洒灑也鄭司農云洒當為灑玄謂論語曰子夏之門人小子當洒埽應對七發灑練五藏大射儀射人宿視滌注云滌謂溉器埽除射宮詩七月十月滌場傳云滌埽也抑篇洒埽庭內傳云洒灑東山洒埽穹窒箋云洒灑論語釋文洒正作灑晉語父生不得供備洒埽之臣韋注洒灑也孟子願比死者壹洒之漢書平帝紀洒心自新徐邈

cāng 滄　jiǒng 泂　shù 漱　shà 㵪　mǐ 渳　shěn 瀋　jí 濈　dí 滌

荅王琚曰洗馬出則在馬前清道故曰洗馬馥按清道亦灑埽也

滌 洒也從水條聲 徒歷切

洒也者詩正義華嚴經音義並引作洗也玉篇洒今為洗漢書司馬相如傳滌器於市中顏注滌洒也

濈 和也從水戢聲 阻立切

和也者詩無羊其角濈濈

瀋 汁也從水審聲春秋傳曰猶拾瀋也 昌枕切

汁也者釋名宋魯人皆謂汁為瀋方言斟汁也注云或曰瀋汁檀弓為榆沈注云以水澆榆白皮之汁釋文沈本又作瀋春秋傳曰猶拾瀋也者哀三年左傳文注云瀋汁也釋文北土呼汁為瀋

渳 飲也從水弭聲 緜婢切

飲也者廣雅同徐鍇本作飲歃也弭聲者本書曆讀若渳水

說文解字義證 卷三十五 廿

㵪 飲歃也一曰吮也從水算聲 巽倦切又先活切

玉篇作㵪

飲歃也者玉篇㵪飲也歃也

漱 盪口也從水欶聲 所右切

盪口也者李善注思元賦引同江賦漱壑生浦五臣云漱蕩也通鑑梁武帝日止一食或遇事繁日移中則嗽口以過注云嗽當作漱滌口也又引音隱云漱飯畢盪口也

泂 滄也從水同聲 戶褧切

滄也者字或作泂集韻北燕謂禁曰泂玉篇泂冷也禁寒極也廣韻泂寒也

滄 寒也從水倉聲 七岡切

寒也者本書滄寒也逸周書天地之道有滄熱列子湯問篇日初出滄滄涼涼

水

qìng 瀞

瀞 冷寒也從水靚聲 七定切

冷寒也者本書凊寒也集韻楚人謂冷曰瀞廣雅瀞寒也通作淨方言淬寒也注云淬猶淨也方言又云瀙淨也注云皆冷貌也廣韻瀴瀞令也瀞誤爲瀞

cuì 淬

淬 滅火器也從水卒聲 七內切

mù 沐

沐 濯髮也從水木聲 莫卜切

釋名沐秃也沐者髮下垂秃者無髮皆無上貌之稱也 僖二十四年左傳沐則心覆正義韋昭云沐則低頭故心反覆也

濯髮也者急就篇沐浴揃搣寡合同顏注濯髮曰沐書顧命王乃洮頮水馬曰洮洮髮也鄭曰洮頮爲濯詩采綠予髮曲局薄言歸沐伯兮自伯之東首如飛蓬豈無膏沐誰適爲容

huì 沬

沬 洒面也從水未聲 荒內切

說文解字義證 卷三十五

玉篇頮火內切洒面也沬同上又莫貝切水名沬亾活莫荅二切水名廣韻沬無沸切水名𣶒𧨴沬莫撥切水名在蜀又武泰切案二書沬下竝云水名沬下莫荅武泰二切即沬字音也檀弓瓦不成味注云味當作沬沬靧也釋文味依注音沬亾曷反靧音悔洗面覆謂此以沬爲洗面則沬爲水名矣而顏注漢書三言沬從午未之未所未能詳

洒面也者李善注解嘲引同內則面垢燂潘請靧漢書律歷志王乃洮沬水顏注沬洗面也沬即頮字也禮樂志霑赤汗沬流赭李奇曰沬音靧面之靧顏注沬者言被面如頮也字從水旁午未之未音呼內反淮南厲王傳高帝蒙霜露沬風雨顏注沬亦頮字也沬洗面也音胡內反從午未之未外戚傳弟子增欷洿沬悵兮音灼曰沬音水沬面之沬言涕淚洿集覆面下也顏注沬音呼內反字從午未之未也

頮 古文沬從頁

書顧命王乃洮頮水釋文頮說文作沬云古文作頮馬云頮頮面也漢書司馬遷傳士無不起躬流涕沬血飲泣孟康曰沬音頮顏注沬古頮字頮洒面也言流血在面如盥頮馥案釋文引本書頮爲沬之古文顏注則以沬爲頮之古字孟康之音又不以沬頮同文而皆不言湏爲古文玉篇頮爲正文沬爲同文湏爲古文廣韻靧爲正文頮爲同文諸說不同未能審定

yù 浴

浴 洒身也從水谷聲 余蜀切

洒身也者顏注急就篇澡身曰浴論衡譏日篇沐去首垢洗去足垢盥去手垢浴去身垢

zǎo 澡

澡 洒手也從水喿聲 子皓切

洒手也者李善注長笛賦引作洗手也本書盥澡手也華嚴經音義引蒼頡篇澡盥也風俗通俗說二人共澡手令人爭鬬魏志管寧傳夏時詣水中澡灑手足

xiǎn 洗

洗 灑足也從水先聲 穌典切

灑足也者灑御覽引作洒小字本同內則足垢燂湯請洗漢書黥布傳王方踞牀洗顏注洗濯足也酈食其傳沛公方踞牀令兩女子洗注洗足也音先典反

說文解字義證 卷三十五

jí 汲

汲 引水於井也從水從及及亦聲 居立切

引水於井也者本書綆下云汲井綆也井下云 罋之象也罋下云汲缾也易井卦可用汲王明竝受其福莊子至樂篇綆短者不可以汲深

chún 淳

淳 淥也從水𦎫聲 常倫切

淥也者襄二十五年左傳表淳鹵鹵謂鹹地淳謂漏地

lín 淋

淋 以水茨也從水林聲一曰淋淋山下水皃 力尋切

以水茨也者字林同玉篇淋水澆也 一曰淋淋山下水皃者徐鍇本作山水下也韻會同李善注七發洪淋淋焉引作山下水也 三蒼解詁淋漉水下也

xiè 渫

渫 除去也從水枼聲 私列切

除去也者李善注南都賦引作去除也易井渫不食荀云渫除去穢濁清潔之意也釋文黃云治也馥案治除義通

水

huàn 澣　zhuó 濯　sōu 涑　pì 潎

萃卦君子以除戎器釋文本又作治王肅姚陸云除猶修治向秀易義渫者浚治去泥濁也風俗通不停污曰井渫

澣　濯衣垢也从水𩏡聲 胡玩切

濯衣垢也者通作𩏡宋書汪湛傳嘗爲上所召值𩏡衣稱疾經日衣成然後赴俗作澣玉篇澣濯也三蒼澣洗也詩葛覃薄澣我衣箋云澣謂濯之耳柏舟如匪澣衣箋云衣之不澣則憒辱無照察

浣　澣或从完

濯　澣也从水翟聲 直角切

澣也者玉篇濯澣濯詩泂酌可以濯罍傳云濯滌也

涑　澣也从水束聲河東有涑水 速侯切

澣也者廣雅同玉篇涑濯生練也一切經音義一濯生練曰涑去舊垢曰浣一云以手曰涑以足曰浣也通作漱莊三十一年公羊傳臨民之所漱浣也注云無垢加功曰漱去垢曰浣齊人語也曲禮諸母不漱裳注云漱澣也內則

將御者齊漱澣又云冠帶垢和灰請漱注云手曰漱河東有涑水者廣韻涑水名在河東成十三年左傳伐我涑川注云涑水出河東聞喜縣西南至蒲坂縣入河水經涑水出河東聞喜縣東山黍葭谷西南注于張陽池酈注涑水一名洮水按昭元年左傳宣汾洮即此涑水又注河水云涑水又西南流注於河春秋左傳謂之涑川者也九域志解州聞喜縣安邑縣俱有涑水元和志夏縣本漢安邑地屬河東郡涑川在縣北四十里左傳晉侯使呂相絕秦曰伐我涑川按川東西三十里南北七里寰宇記涑川在夏縣北四十里從聞喜縣界接河中猗氏縣東北有青原南距安邑沃野彌望一百餘里又云蒲州河東縣涑水冀州圖云東從絳郡界流入至長陽城南爲陂

潎　於水中擊絮也从水敝聲 匹蔽切

於水中擊絮也者集韻引同玉篇潎漂潎也廣韻漂水中打絮韓信寄食於漂母廣雅漂潎也方言潎清也鄭司農注考工記弓人云剽讀爲湖漂絮之漂越絕書子胥至溧陽界中見一女子擊絮於瀨水之中史記淮陰侯列傳諸母漂集解引韋昭曰以水擊絮爲漂莊子逍遙游篇宋人有善爲不龜手之藥者世世以洴澼絖爲事馥案玉篇無

lǒng ⿰氵⿱尨土　sǎ 灑　xùn 汛　rǎn 染　tài 泰

澼字洴下云水澼也澼卽潎之異文本書箔蔽絮簀也蔽當作潎廣韻箔漂絮簀

⿰氵⿱尨土　涂也从水从土尨聲讀若隴 又亾江切

本書土部有⿰土尨字玉篇引作木貢切乃是本音

涂也者廣雅同通俗文泥塗謂之[illegible]頭釋名塗杜也杜塞孔穴也

灑　汛也从水麗聲 山豉切

汛也者李善注陸機演連珠引淮南注灑猶汛也一切經音義八通俗文以水掩塵曰灑謂以水灑散之也晉語公子使奉匜沃盥既而揮之韋注揮灑也

汛　灑也从水卂聲 息晉切

灑也者廣韻汛灑玉篇汛洒埽也劇秦美新況盡汛埽前聖數千載功業

染　以繒染爲色从水杂聲 而琰切

以繒染爲色者周禮天官有染人虞溥厲學篇工人之染先修其質後事其色質修色積而染工畢矣呂氏春秋當染篇墨子見染素絲者而歎曰染於蒼則蒼染於黃則黃所以入者變其色亦變五入而以爲五色矣故染不可不慎也　杂聲者本書無杂字漢銅印文作⿰氵朵從朵

泰　滑也从廾从水大聲 他蓋切

滑也者廣韻太過也宣四年左傳伯棼射王汏輈杜注汏過也箭過車轅上賈誼書道術篇厚志隱行謂之潔反潔爲汏是汏卽泰字惠棟曰左傳汏輈唐石經作汏說文曰泰滑也昭廿六年傳云齊子淵射洩聲子中楯瓦繇朐汏輈入者三寸杜云汏矢激明汏爲滑也蘇軾詩以我兩足爲四蹄聳踴滑汏如梟鷙徐鉉云本音他達切案本書𡕭滑也引詩𡕭兮達兮玉篇達滑也廣韻澾泥滑韓愈詩磴蘚澾拳跼廣韻汏足滑洞簫賦順敘卑汏李善引字林汏滑也

夳　古文泰

水

yán 潤

潤 海岱之閒謂相汙曰潤從水閻聲 余廉切

海岱之閒謂相污曰潤者廣雅潤汙也方言潤洿也東齊海岱之閒或曰浼或曰潤

zàn 濽

濽 污灑也一曰水中人從水贊聲 則旰切

污灑也者玉篇濽相污灑也一切經音義三濽又作濺囋二形同子旦反說文濽相污灑也史記五步之內以血濺大王衣作濺楊泉物理論云恐不知味而唾囋作囋江南行此音山東音湔子見反廣韻濽水濺集韻濽或作濺湔濺鄭注士虞禮云槃以盛棄水爲淺洿人也玉篇湔水湔也通俗文旁沾曰湔僖二十三年左傳奉匜沃盥既而揮之杜注揮湔也正義以溼手揮之使水湔污其衣齊策臣請以臣之血湔其衽高注湔污也湔灑一曰水中人者中讀如中酒之中

chóu ⿰氵愁

⿰氵愁 腹中有水气也從水從愁愁亦聲 士九切

愁亦聲者當爲愁聲

dòng 湩

湩 乳汁也從水重聲 多貢切

乳汁也者一切經音義八通俗文乳汁曰湩今江南亦呼乳爲湩也玉篇江南人呼乳爲湩廣雅湩謂之乳列子力命篇乳湩有餘注云湩乳也周穆王篇具牛馬之湩以洗王之足注云湩乳汁也史記匈奴傳得漢食物皆去之以示不如湩酪之便美也集解湩乳汁也謝承後漢書李善本李元家奴元亦有孤孫續奴婢謀殺續善抱續逃親自哺養乳爲生湩唐書回鶻傳具羣馬湩內待使客通鑑程名振襲鄴閱婦人乳有湩者悉縱遣之

tì 洟

洟 鼻液也從水夷聲 他計切

鼻液也者李善注長笛賦引同易萃卦齎咨涕洟鄭云自目曰涕自鼻曰洟桓譚新論鄙人得脠醬而美之惡與人共食小唾其中而共者因洟其醬遂棄而俱不得食焉通鑑齊帝之爲太原公也與永安王浚皆見世宗帝洟出浚責左右曰何不爲二兄拭鼻或通用涕素問注涕者腦也腦者陰也髓者骨之充也故腦滲爲涕王冰注云鼻竅通腦故腦滲爲涕流於鼻中矣古文苑僮約鼻涕長一尺字又作⿰鼻弟三蒼⿰鼻弟鼻液也

說文解字義證 卷三十五 [illegible]

shān 潸

潸 涕流皃從水㪔省聲詩曰潸焉出涕 所姦切

涕流皃者一切經音義十九字林潸涕淚下皃也詩曰潸焉出涕者小雅大東文傳云潸涕下皃

hàn 汗

汗 人液也從水干聲 矦旰切

人液也者御覽引作身液也馥案洟爲鼻液唾爲口液則汗爲身液也釋名汗涅也出在於表涅涅然也後漢書胡廣傳政令猶汗往而不反注云易曰渙汗其大號劉向曰汗出而不反者也

qì 泣

泣 無聲出涕曰泣從水立聲 去急切

無聲出涕曰泣者易屯卦泣血漣如九家易掩目流血泣之象也詩雨無正鼠思泣血傳云無聲曰泣血正義說文云哭哀聲也泣無聲出淚也則無聲謂之泣矣連言血者以淚出於目猶血出於體故以淚比血禮記曰子皐執親之喪泣血三年注云無聲而血出是也魯語無洵涕韋注無聲涕出爲洵涕也

tì 涕

涕 泣也從水弟聲 他禮切

說文解字義證 卷三十五 [illegible]

泣也者一切經音義三涕淚也玉篇目汁出曰涕字林涕泣也無聲而淚曰泣詩澤陂涕泗滂沱傳云自目曰涕自鼻曰泗襄二十三年左傳臧孫入哭甚哀多涕

liàn 湅

湅 ⿰氵簡也從水柬聲 郎甸切

⿰氵簡也者或通作練七發灑練五藏李善注練猶汏也

niè ⿰氵獻

⿰氵獻 議辠也從水獻與法同意 魚列切

議辠也者易中孚君子以議獄緩死或通作獻詩泮水淑問如臯陶在泮獻囚正義所囚者服辠之人察獄之吏當受其辭而斷其罪故使善聽獄如臯陶者獻之字又作讞玉篇讞獄也廣韻讞正獄文王世子獄成有司讞於公晏子春秋獄讞不中漢書于定國傳冬月治請讞飲酒益精明顏注讞平議也張湯傳上所是受而著讞法廷尉挈令顏注書於讞法挈令以爲後式也論衡定賢篇事之難者莫過於獄獄疑則有請讞風俗通建寧中京師長者皆以方葦笥爲裝具時有識者竊言葦方笥郡國讞篋也今用之天下皆當有罪讞於理官也後黨錮皆讞廷尉人名悉

水

八章方罰中斯爲驗矣東觀漢記緱氏女爲父報讐縣令
欲論殺申屠蟠進諫乃爲讞得減死論續漢書百官志治
書侍御史注云選明法律者爲之凡天下諸讞疑掌以法
律當其是非後漢書襄楷傳州郡翫習又欲避請讞之煩
注云廣雅曰讞疑也謂罪有疑者讞於廷尉也謝承後漢
書橋元遷齊國相有孝子爲父報讐橋懸其至孝欲上讞
減死從水獻者徐鍇本作獻聲
與法同意者本書灋刑也平之如水

渝 變污也從水俞聲一曰渝水在遼西臨渝東出塞羊朱切

韻會引徐鍇本有易曰渝安貞五字

變污也者釋言渝變也易豫卦冥豫成有渝无咎王注必
渝變然後無咎詩羔裘舍命不渝傳云渝變也板篇敬天
之渝箋云渝變也隱六年左傳鄭人來渝平桓元年傳盟
曰渝盟無享國僖四年傳專之渝二十八年傳有渝此盟
杜注竝云渝變也二十四年傳又渝周召杜注變周召親
兄弟之道齊策以色交者華落而愛渝韓詩外傳夫五色

雖明有時而渝後漢書班固傳光藻朗而不渝爾注云渝
變也 一曰渝水在遼西臨渝者地理志遼西郡臨渝縣
渝水首受白狼東入塞外又交黎縣渝水首受塞外南入
海水經注小遼水云白狼水又東北出東流分爲二水右
水疑即渝水也西南循山逕一故城西世以爲河連城疑
是臨渝縣之故城王莽曰馮德者矣渝水又東南逕一故
城東俗曰女羅城又南逕營邱城西其水東南入海東
出塞者酈注謂白狼水分爲二一爲渝水一水東北出塞
爲白狼水

減 損也從水咸聲古斬切

損也者廣韻減減耗詩巧言僭始既涵釋文涵韓詩作
減減少也文十七年左傳克減侯宣多杜注減損也

滅 盡也從水威聲亾列切

盡也者釋詁文本書威滅也陽氣至戌
而盡詩桑柔滅我立王箋云滅盡也

漕 水轉轂也一曰人之所乘及船也從水曹聲在到切

水轉轂也者轂當爲穀本書轉運也庾水漕倉廣韻水運
曰漕王隆小學篇以水通輸曰漕僖十三年左傳秦於是
乎輸粟于晉自雍及絳相繼命之曰汎舟之役杜注從渭
水運入河汾周書文傳解是故土多發政以漕四方四方
流之管子輕重戊篇齊即令隰朋漕粟於趙魏策粟糧漕
庾不下十萬趙策秦以牛田水通糧餽云通糧漕也史記
殷本紀盈鉅橋之粟集解許慎曰鉅鹿水之大橋有漕粟
也蕭相國世家轉漕給軍索隱漕水運也司馬相如傳郡
又多爲發轉漕萬餘人漢書武帝紀穿漕渠通渭如淳曰
水轉運曰漕張良傳河渭漕輓天下西給京師鹽鐵論中
土罷於轉漕東觀漢記李熊說公孫述曰蜀地有浮水轉
漕之便古今注永平十年作常山呼沱蒲吾渠通漕船也
後漢書章帝紀罷常山呼沱石臼河漕班固傳東郊則有
通溝大漕注竝云漕水運也王霸傳委輸可從溫水漕以
省陸轉輸之勞鄧艾爲尚書郎大積軍糧又通漕運乃著
濟河論虞詡擊羌運糧艱澀詡燒石翦木開漕於是水運
通利徐陵丹陽上庸路碑儲蓄者因於轉漕水經注汾水
云漢永平中治呼沱石臼河藍資承呼沱之水轉山東之
漕自都慮至羊腸倉將憑汾水以漕太原用實秦晉魏書
食貨志刳木爲舟用興上代鑿渠通運利盡中古是以漕

輓河渭留侯以爲偉談方舟蜀漢酈生稱爲口實豈直張
純之奏見美東都陳勰之功事高晉世其爲利益所從來
久矣白帖盧承慶典選校百官考有坐漕舟溺者中上承
慶以失所載考中下顏案此皆水運也史記秦本紀卒輿
之粟以船漕車轉自雍相望至絳漢書枚乘傳轉粟西鄉
陸行不絕水行滿河如淳曰言漢京師仰須山東漕運以
自給百吳都賦唱櫂轉轂李善注言遠人唱歌樀船乘車
轉轂以向吳都漢書曰轉轂百數顏案唱櫂水運轉轂陸
運此皆水陸竝進也韻會引徐鍇本作轉轂六書故同廣
韻漕水運穀史記平準書漕轉山東粟以給中都官索隱
說文云漕水轉穀也顏案轉轂車運故史記云轉粟於邊
者拜爵漕乃船運故曰水轉穀蕪城賦拖以漕渠李善注
漕渠邗溝也左氏傳曰吳城邗溝通江淮杜預曰通糧道
說文曰漕水轉穀也五臣云引水轉穀曰漕張納碑洊流
轉漕穀恒輸沮續漢書百官志太倉令主受郡國轉漕穀
唐書韋挺傳作漕艫轉糧 一曰人之所乘及船也者漢
書趙充國傳臣前部士入山伐材木大小六萬枚
皆在水次冰解漕下顏注漕下以水運木而下也

泮 諸侯鄉射之宮西南爲水東北爲牆從水從半半亦

lòu
漏

聲普半切

諸侯鄉射之宮者徐鍇本作饗射泮或作頖明堂位頖宮周學也注云頖之言班也於以班政教也禮器故魯人將有事於上帝必先有事於頖宮注云頖宮郊之學也詩所謂頖宮也又通作畔顧炎武曰史晨碑飲酒畔宮者泮之異文也益州太守高眹修周公禮殿記亦作畔宮　西南爲水東北爲牆者五經通義諸侯不得觀四方故缺以東南半天子之學故曰泮宮泮之言半也天子曰辟雍以土雍水外員如辟故曰辟雍義取四方來觀者平均耳泮宮水雍其半半蓋東西門以南通水北無水也白虎通諸侯曰泮宮者半於天子宮也明尊卑有差所化少也半者象璜也獨南面禮儀之方有水耳其餘壅之言垣宮名之別尊卑也明不得化四方也詩泮水傳云泮水泮宮之水也天子辟雍諸侯泮宮箋云泮之言半也半水者蓋東西門以南通水北無水也　泮半亦聲者當爲半聲

漏以銅受水刻節晝夜百刻從水屚聲盧后切

周禮夏官敘官挈壺氏注云世主挈壺水以爲漏　喪大記君喪虞人出木角狄人出壺雍人出鼎注云木給爨竈角以

爲斛水斗壺漏水之器也冬漏以火爨鼎沸而後沃之　易乾鑿度注八卦生物謂載之八節一卦生三氣各得十五日今言晝六爻則中分之大史司漏刻者每氣兩箭由是生焉　史記司馬穰苴傳立表下漏索隱下漏謂下滴漏以知刻數也　桓譚新論余爲郎典刻漏燥濕寒溫輒異度故有昏明晝參以晷景暮夜參以星宿則得其正　漢書王莽傳考星以漏應劭曰推五星行度以漏刻也　漢雜事鼓以動衆夜漏鼓鳴則起晝漏壺乾鐘鳴則息　後漢書律歷志孔壺爲漏浮箭爲刻下漏數刻以考中星昏明生焉　張衡漏水轉渾天儀制以銅爲器再疊差置實以清水下各開孔以玉虬吐漏水八兩壺右爲夜左爲晝又云鑄金銅仙人居左壺爲金胥徒居右壺皆以左手把箭右手指刻以別天時早晚　陸機漏刻賦爾乃挈金壺以南羅藏幽水而北戢擬洪殺於編鐘順卑高而爲級激懸泉以遠射跨飛途而遙集伏陰蟲以承波吞恆流其如挹　王廙洛都賦挈壺司刻漏尊瀉流仙臾秉尺隨水沈浮指日命分應則唱籌　鮑照觀漏刻賦歷玉階而升陝訪金壺之盈闕觀騰波之吞瀉視金箭之登沒箭既沒而後登波長瀉而弗歸注沈穴而海漏射懸途而電飛　孫綽漏刻銘乃制妙器挈壺是銓累筒三階積水成淵器滿則盈乘虛赴下靈虬吐注陰蟲承瀉　陸倕新漏刻銘序今之宮漏出自會稽漏水違方導流乖則六日無辨五夜不分於是俯察旁羅登臺升庫測於地四參以大一建武遺臺咸和餘舛金箭方員之制飛流吐納之規變律改經一皆懲革以考辰正晷測表候陰不謬圭撮無乖黍累　殷夔漏刻法爲器之重圓皆徑尺差立於水輿踟躕之上爲金龍口吐水轉注入踟躕經緯之中流於衡渠之下自午至子亦五十刻壺口上有蓋其中天浮載箭出於蓋蓋上鑄金爲司辰具衣冠以兩手執箭　李蘭漏刻法以銅爲渴烏以引器中水於銀龍口中吐之　以玉壺玉管流珠馬上奔馳行漏流珠者水銀之別名　唐書官品志挈更令掌漏刻

以銅受水刻節晝夜百刻者　藝文類聚引作盛水　李善注劉琨荅盧諶詩序引作以銅盆受水分時晝夜百刻也　洪武正韻刻鍥也鍥漏以候日晷日刻故因謂晷度日刻日時分八刻晝夜共百刻馥案李善所引分時即時分八刻當於分時絕句詩東方未明傳云挈壺氏掌漏刻者正義刻謂置箭壺內刻以爲節而浮之水上令水漏而刻下以記晝夜昏明之度數也馥案刻以爲節即本書刻節本書當有闕文周禮挈壺氏凡軍事縣壺以序聚欜凡喪縣壺以代哭者皆以水火守之分以日夜鄭注以火守壺者夜則明火視刻數也分以日夜者異晝夜漏也漏之箭晝夜共

百刻冬夏之閒有長短焉太史立成法有四十八箭　樂記百度得數而有常注云百度百刻也春秋莊七年左氏經夜中星隕如雨杜注夜中者以水漏知之正義漏者晝夜百刻於時春分之月夜當五十刻二十五刻而夜半也鬻子有冥有旦有晝有夜然後以爲數逢行珪注云天有三百六十度一日一度三百六十日一周天一日之中晝夜百刻以定之爲數也靈樞經漏水下百刻以分晝夜　漢書哀帝紀漏刻以百二十爲度顏注舊漏晝夜百刻今增其二十此本齊人甘忠可所造今賀良等重言遂施行之　馥案後以良等所言無驗復鐫除宣帝紀神光並見燭燿齋宮十有餘刻又云鸞皇集長樂宮東闕樹上飛下止地留十餘刻馥案此言晝漏昌邑王傳夜漏未盡一刻東方朔傳微行以夜漏下十刻乃出馥案此言夜漏　漢舊儀冬至晝四十一刻後九日加一刻至立春晝四十六刻夜五十四刻後漢書律歷志永元十四年待詔太史霍融上言官漏刻率九日增減一刻不與天相應或時差至二刻半不如夏歷密詔書下太常令史官與融以儀校天課度遠近太史令舒承梵等對案官所施漏法令甲第六常符漏品孝宣皇帝三年十二月乙酉下建武十年二月壬午詔書施行漏刻以日長短爲數率日南北二度四分而增減一

刻一氣俱十五日日去極各有多少今官漏率九日移一刻不隨日進退夏歷漏隨日南北爲長短密近於官漏分明可施行詔令計吏到班予四十八箭邯鄲五經析疑漢制又以先冬至三日晝冬至後三日晝漏四十五刻夜五十五刻先夏至三日晝夏至後三日晝漏六十五刻夜三十五刻元嘉起居注以日出入定晝夜冬至晝四十刻夏至夜亦宜四十刻夏至晝六十刻冬至夜亦宜六十刻春秋分晝夜各五十刻今減夜限日出前日入後昏明際各二刻半以益晝夏至晝六十五刻冬至晝四十五刻二分夜五十五刻而已梁漏刻經漏刻之作肇於黃帝之日宜平夏商之代冬至晝漏四十五刻冬至之後日長九日加一刻夏至晝漏六十五刻夏至之後日短九日減一刻脩天文志黃帝創觀漏水制器取則以分晝夜其法總以百刻分於晝夜冬夏二至春秋二分減益昏旦隨氣增損冬夏二至之閒晝夜長短凡差二十刻每差一刻爲一箭冬至互起其首凡有四十一箭晝有朝有禺有中有晡有夕夜有甲乙丙丁戊昏旦有星中每箭各有其數皆所以分時代守更其作役梁天監六年武帝以晝夜百刻分配十二辰辰得八刻仍有餘分乃以晝夜爲九十六刻一辰有全刻八焉五代史馬重績傳重績言漏刻之法以中星考

晝夜爲一百刻八刻六十分刻之二十爲一時時以四刻十分爲正此自古所用也今失其傳以午正爲時始下侵未四刻十分而爲午由是晝夜昏曉皆失其正請依古改正堯典正義馬融云古制刻漏晝夜百刻晝長六十刻夜短四十刻晝短四十刻夜長六十刻晝中五十刻夜亦五十刻融之此言據日出見爲說天之晝夜以日出入爲分人之晝夜以昏明爲限日未出前二刻半爲明日入後二刻半爲昏損夜五刻以裨於晝則晝多於夜復校五刻古今歷術與太史所候皆云夏至之晝六十五刻夜三十五刻冬至之晝四十五刻夜五十五刻春分秋分之晝五十五刻夜四十五刻此其不易之法也然今太史細候之法則校常法半刻也從春分至於夏至晝漸長增九刻半夏至至於秋分所減亦如之從秋分至於冬至晝漸短減十刻半從冬至至於春分其增亦如之又於每氣之閒增減刻數有多有少不可通而爲率漢初未能審知率九日增減一刻和帝時待詔霍融始請改之鄭注書緯考靈曜仍云九日增減一刻猶尚未覺誤也詩東方未明正義太史之官立爲法定作四十八箭以一年有二十四氣每一氣之閒又分爲二通率七日強半而易一箭故周年而用箭四十八也歷言晝夜考以昏明爲限馬融王肅注尚書以

hòng
澒

爲日永則晝漏六十刻夜漏四十刻日短則晝漏四十刻夜漏六十刻日中宵中則晝夜各五十刻者以尚書有日出日入之語遂以日見爲限尚書緯謂刻爲商鄭作士昏禮目錄云日入三商爲昏舉全數以言百其實日見之前日入之後距昏明各有二刻半減晝五刻以裨夜故於歷法皆多校五刻也鄭於堯典注云日中宵中者日見之漏與不見者齊也日永者日見之漏五十五刻日不見之漏四十五刻又與馬王不同者鄭言日中宵中者其漏齊則可矣其言日永日短之數則與歷甚錯馬融言晝漏六十夜漏四十減晝以裨夜矣鄭意謂其未減又減晝五刻以增之是鄭之妄說百漏刻之數見在史官古今歷算莫不符合鄭君獨有此異不可強爲之辭顧炎武曰一日十二時計刻則以百刻爲日今歷家每時有十刻則一百二十刻矣何以謂之百刻平日歷家有大刻有小刻初一初二初三初四正一正二正三正四謂之大刻合一日計之得九十六刻其不盡者置一初初於初一之上置一正初於正一之上謂之小刻每刻只當大刻六分之一合一日計之爲初初者十二爲正初者十二又得四大刻合前爲百刻宋王逵蠡海集言百刻之說每刻分爲六十分百刻共得六千分散於十二時每時得五百分如此則一時占八

刻零二十分將八刻截作初正各四刻卻將二十分零數分作初初正初微刻各一十分也困學紀聞所載易氏之說亦同

澒　丹沙所化爲水銀也從水項聲　呼孔切

丹沙所化爲水銀也者玉篇水銀謂之澒徐鍇引淮南子云壯土之氣御於赤天赤天七百歲生赤丹赤丹七百歲生赤澒赤澒七百歲生赤金又云正土之氣生黃澒偏土之氣生青澒壯土之氣生赤澒弱土之氣生白澒史記集解引越絕書澒池六尺索隱云澒以水銀爲池俗作汞廣韻汞水銀滓廣雅水銀謂之汞本草水銀一名汞生符陵平土出於丹砂陶云今水銀有生熟此云生符陵平土者是出朱砂腹中亦別出砂池皆青白色最勝出於丹砂者是今燒粗末朱砂所得色小白濁不及生者甚能消化金銀使成泥人以鍍物是也圖經云今出秦州商州道州邵武軍而秦州乃來自西羌界經云出於丹砂者乃是山石中採粗次朱砂作爐置砂於中下承以水上覆以盆器外加火煅養則烟飛於上水銀溜於下其色小白濁按廣雅水銀謂之澒丹竈家乃名汞蓋字亦通用耳其爐蓋上灰

亦名澒粉是也

萍 píng

萍　苹也水艸也從水苹苹亦聲薄經切

苹也者後人加之　水艸也者廣韻萍水上浮萍玉篇萍艸無根水上浮釋艸萍蓱郭注水中浮萍江東謂之薸詩采蘋正義引釋草苹萍舍人曰苹一名蓱月令季春之月蓱始生注云蓱萍也其大者曰蘋呂氏春秋季春紀萍始生注云萍水藻周書時訓解榖雨之日萍始生萍不生陰氣憤盈周禮秋官敍官萍氏注云鄭司農云萍讀爲蛢或爲萍號起雨之萍玄謂今天問萍號作蓱爾雅曰萍蓱其大者蘋讀如小子言平之平萍氏主水禁萍之草無根而浮取名於其不沈溺楚詞九懷竊哀兮浮萍汎淫兮無根王注自比如蘋隨水浮游天問靡蓱九衢王注言寧有蓱草生於水中無根乃蔓衍於九交之道淮南子萍樹根於水萬畢術老血爲萍注云聚血之精至黃泉也郭璞贊萍之在水猶卉植地靡見其布漠爾鱗被物無常託孰知所寄杜篤怨論夫萍之浮與菱之浮相似菱植根萍隨波夏侯湛浮萍賦流息則寧濤擾則動浮輕善移勢危易盪司馬彪萍詩汎汎江漢萍漂蕩永無根何晏詩願爲浮萍草託身寄清池劉繪咏萍詩微根無所綴細葉詎須莖北史馮元興浮蓱詩有草生碧池無根水上蕩夏小正七月湟潦生苹傳云湟下處也有湟然後有潦有潦而後有苹草也馥按浮萍生於三月此言七月生別是一草家語致思篇此所謂萍實者也注云萍水草也庾肩吾賦得池萍詩本欲歎無根還驚能有實馥案結實者非浮萍庾詩誤也范子計然水萍出三輔色青者善元和志袁州萍鄉縣以地多生萍草因以爲名馥謂此皆非浮萍　苹亦聲者當爲苹聲

濊 huì

濊　水多皃從水歲聲呼會切

水多皃者李善注長笛賦引同

汨 gǔ

汨　治水也從水曰聲于筆切

治水也者釋詁淈治也郭云淈書序作汨音同耳詩泮水屈此羣醜箋云屈治也正義云屈治釋詁文彼屈作淈某氏引此詩是音義同也書敍帝釐下土方設居方別生分類作汨作傳云汨治詩黍苗泉流既清傳云水治曰清周語決汨九川韋云汨通也書洪範鯀陻洪水汨陳其五行傳云汨亂也治水失道亂陳其五行馥謂以汨爲亂與正義反

文四百六十五　重二十三

本書㑣讀若汝南㑣水今無㑣字玉篇亦無徐鍇本湰大水也從水夆聲胡翁反本書有洚無湰韻會引徐鍇本潙水名從水爲聲又云出河東虞鄉縣歷山西西流至蒲阪本書有嬀無潙

zhuǐ 林　liú 㳅　shè 𣥊　pín 瀕

說文解字弟十一　義證弟三十六

曲阜桂馥學

［篆］二水也闕凡林之屬皆從林 之壘切

集韻閩人謂水曰林

［篆］水行也從林㐬㐬突忽也 力求切

本書次籀文作㳅此與𣻎皆本籀文水行也者字林同詩常武如川之流

［篆］篆文從水

從水者變籀文

［篆］徒行厲水也從林從步 時攝切

徒行厲水也者當作濿本書砅或作濿履石渡水也廣韻涉徒行渡水也廣雅涉渡也方言過度謂之涉濟注云猶今云濟度釋水濟有深涉深則厲淺則揭揭者揭衣也以衣涉水爲厲繇膝以下爲揭繇膝以上爲涉繇帶以上爲厲詩濟有深涉傳云由膝以上爲涉劉向九歎擢舟杭以橫濿兮又云橫汨羅以下濿王注濿渡也通作厲列子說符篇縣水三十仞圜流九十里有一丈夫方將厲之上林賦越壑厲水大人賦橫厲飛泉以正東

［篆］篆文從水

文三　重二

［篆］水厓人所賓附瀕蹙不前而止從頁從涉凡瀕之屬皆從瀕 符眞切

水厓人所賓附者瀕賓聲相近後漢書張衡傳䠊儐處彼湘瀕注云瀕水涯也宋書何尚之傳袁淑與尚之書舍南瀕之操尚之宅在南澗寺側故書云南瀕毛詩所謂于以采蘋南澗之瀕也詩召旻池之竭矣不云自頻傳云頻厓也箋云頻當作濱厓猶外也釋文案張揖字詁云瀕今濱則瀕是古濱字一切經音義七字林濱水厓也廣雅濱厓也方言江濱謂之思注云濱水邊書禹貢海濱廣斥傳云濱涯也泗濱浮磬漢志作瀕詩北山率土之濱傳云濱涯也宣十二年左傳其俘諸江南以實海濱楚世家作濱之南海僖四年傳君其問諸水濱公羊傳濱海而東注云濱涯也漢書后奮傳歷山瀕海顏注瀕海者循海涯而行也西都賦郭杜瀕其足五臣注瀕水涯也　瀕蹙不前而止者瀕當作顰本書無蹙字皐字云言皐人蹙鼻苦辛之憂易復卦頻復注云頻蹙之貌釋文作戚憂也馥謂當作感孟子已頻顣注云不悅廣韻顣頞鼻顣促皃集韻顣頻顣鼻也

pín 顰

［篆］涉水顰蹙從瀕卑聲 符眞切

涉水顰蹙者廣韻顰眉蹙也玉篇顰蹙憂愁不樂之狀也通作頻易巽卦頻巽吝王注頻頻蹙不樂而窮不得已之謂也正義頻者頻蹙憂戚之容也字或作嚬陸機百年歌呼吸嚬蹙反側難通鑑秦彥畢師鐸嚬蹙而已注云攢眉爲嚬皺頞爲蹙又或作顰方言顰瀕也注音頻又或作矉通俗文蹙頞曰矉莊子至樂篇髑髏深矉蹙頞天運篇西

施病心而矉其里　從瀕卑聲者當爲從瀕從卑瀕亦聲

文二

quǎn く

［篆］水小流也周禮匠人爲溝洫梠廣五寸二梠爲耦一耦之伐廣尺深尺謂之く倍く謂之遂倍遂曰溝倍溝曰洫倍洫曰巜凡く之屬皆從く 姑泫切

水小流也者詩節南山正義云匠人注云壟中曰甽說文云甽小流也言水小不能自通須人甽引之則甽是壟中小水之名　周禮云云者考工記匠人文彼云匠人爲溝洫耜廣五寸二耜爲耦耦之伐廣尺深尺謂之甽田首倍之廣二尺深二尺謂之遂九夫爲井井閒廣四尺深四尺謂之溝方十里爲成成閒廣八尺深八尺謂之洫方百里爲同同閒廣二尋深二仞謂之澮馥案甽當爲畎遂人凡治野夫閒有遂遂上有徑十夫有溝溝上有畛百夫有洫洫上有涂千夫有澮澮上有道萬夫有川川上有路以達于畿注云遂溝洫澮皆所以通水於川也遂廣深各二

尺溝倍之洫倍溝澮廣二尋深二仞漢書食貨志以趙過爲搜粟都尉過能代田一晦三甽歲代處故曰代田古法也后稷始甽田以二耜爲耦廣尺深尺曰甽長終晦一晦三甽一夫三百甽而播種於三甽中顏注甽壟也楊愼曰呂覽引后稷書曰能使吾土靖而甽浴土乎又曰上田棄畞下田棄甽又耜博八寸所以成甽也又曰畞欲廣以平甽欲小以深以此證之則漢志言甽田始於后稷有徵

甽 古文𡿨從田從川

古文𡿨從田從川者徐鍇本作古文𡿨从田川自田之川也後漢書章帝紀注引作田中之溝馥案鄭注書益稷云畎田間溝也禹貢羽畎夏翟鄭注周禮染人引作畖呂氏春秋辨土篇故晦欲廣以平甽欲小以深下得陰上得陽然後咸生稽康養生論或益之以甽澮

畎 篆文𡿨從田犬聲六畎爲一畞

書益稷濬畎澮距川傳云一畞之閒廣尺深尺曰畎

六畎爲一畞者程君瑤田曰猶云六尺爲一畞也又曰溝洫廣深之度起於畖考工記匠人爲溝洫耜廣五寸二耜爲耦一耦之伐廣尺深尺謂之畖此人力所爲在田間者然田間之畖又分爲兩事一爲百畞行列之畖因以爲田閒水道之始一夫百畞中容萬步司馬法六尺爲步步百爲畞然則畞廣六尺長六百尺詩所謂禾易長畞是也百畞則百畖矣陸德明釋文引司馬云壟上曰畞壟中曰畖指謂此畖也壟阪阪之名平地中之高者也有畖然後有壟有壟斯有畞故曰壟上曰畞兩壟之中則畖故曰隴中曰畖也周書曰若稽田既勤敷菑惟其陳脩爲厥疆畎按爾雅田一歲曰菑方言云反草曰菑然則敷菑者以耜發田爲初耕反草之事既耕去其草矣然後陳其行列而脩治之以爲疆畎此古人爲畎之事也信南山之詩我疆我理南東其畞畫其經界之謂疆分其地理之謂理是故疆之以成井所以別夫也理之以成畞所以爲畖也畞有東南故畖有縱橫順其地理以分之而已矣故左傳賓媚人曰先王疆理天下物土之宜而布其利今吾子疆理諸侯而曰盡東其畞而已無顧土宜所謂土宜者東南之宜所謂物而布之者相其地理之順以分畫之云爾此古人爲畖之道也一爲播種行列之畖漢書食貨志趙過能爲代田一畞三畖歲代處故曰代田古法也后稷始爲畖田以二耜爲耦廣尺深尺爲畖長終畞一夫三百畖而播種於畖中苗生葉以上稍耨壟草因隤其土以附苗根故其詩曰或芸或芓黍稷儗儗芸除草也秄附根也言苗稍壯每耨輒附根比盛暑壟盡而根深能風與旱故儗儗而盛也夫畞廣六尺畖廣尺畞三畖三尺也餘三尺與畖相閒分高下所謂壟也以長畞平列百行是爲一夫百畞廣六百尺其始也畞一壟蓋百畞百壟今更爲畖以播種一夫三百畖亦三百壟耨壟草隤其土於畖以附根則畖浸高壟浸下屢隤屢附壟與畖平故曰壟盡而根深也古人畖田芸芓之法畧具於此

文一　重二

kuài 巜

巜 水流澮澮也方百里爲巜廣二尋深二仞凡巜之屬皆從巜古外切

徐鍇本有讀若澮同四字

水流澮澮也者巜澮聲相近釋名注溝曰澮澮會也小溝之所聚會也釋水水注川曰谿注谿曰谷注谷曰溝注溝曰澮注澮曰瀆郭注此皆道水轉相灌注所入之處名周禮稻人以澮寫水注云澮田尾去水大溝孟子溝澮皆盈鄭注尚書畎田閒溝也澮所以通水於川也崔氏集崔瑗爲汲令有澤田不殖五穀瑗爲開澮興造民賴其利方百里爲巜廣二尋深二仞者周禮遂人千夫有澮注云澮廣二尋深二仞書益稷傳云方百里之閒廣二尋深二仞曰澮考工記匠人爲溝洫方百里爲同同閒廣二尋深二仞謂之澮莊子庚桑楚篇夫尋常之溝釋文八尺曰尋倍尋曰常尋常之溝則周禮洫澮之廣深也洫廣深八尺澮廣二尋深二仞也

lín 粼

粼 水生厓石閒粼粼也從巜粦聲力珍切

水生厓石閒粼粼也者李善注江賦引作水生崖閒粼粼然也廣韻粼水在石閒詩揚之水白石粼粼傳云粼粼清澈也

文二

chuān 川

川 貫穿通流水也虞書曰濬く巜距川言深く巜之水會爲川也凡川之屬皆從川 昌緣切

貫穿通流水也者川穿聲相近貫當爲毌玉篇川流也貫穿也通也釋名川穿也李巡注爾雅水流而分交錯相穿故曰川也李蕭遠曰水通之斯爲川塞之斯爲淵考工記匠人爲溝洫專達於川注云謂澮直至於川復無所注入左傳宣汾洮馥謂宣卽貫穿通流之意不流則爲巛矣虞書曰濬く巜距川者益稷文彼作畎澮鄭注澮所以通水於川也言深く巜之水會爲川也者呂祖謙曰川流畎澮轉相入以達於海所以使之有所歸也金履祥曰禹貢不曰通流而曰滌源者所謂濬畎澮距川則田里無水潦壅塞之患也

jīng 巠

巠 水脈也從川在一下一地也壬省聲一曰水冥巠也 古靈切

水脈也者本書永下云象水巠理之長 從川在一下一地也者本書瀕下云水脈行地中瀕瀕然 一曰水冥巠

也者或作溟涬玉篇溟涬水盛皃

巠 古文巠不省

huāng 巟

巟 水廣也從川亾聲易曰包巟用馮河 呼光切

水廣也者通作荒桓十三年左傳莫敖縊于荒谷盛宏之荊州記江陵縣東有三湖湖東有水名長谷水經注湖水東通荒谷 易曰包巟用馮河者泰卦文彼作荒釋文漢書𢍰作巟馮當爲淜

huò 𡿧

𡿧 水流也從川或聲 于逼切

水流也者六書故引作水流疾𡿧𡿧也本書淢疾流也

yù 𡿫

𡿫 水流也從川曰聲 于筆切

水流也者廣雅𡿫𡿫流也或作汩徐鍇引相如賦汩乎順流楚辭九章浩浩沅湘兮分流汩兮王注汩流也九歎江湘油油長流汩兮 南都賦漻淚淢汩

liè 𡿪

𡿪 水流𡿪𡿪也從川列省聲 良辥切

水流𡿪𡿪也者𡿪𡿪分流也本書㳊水裂去也裂當爲𡿪 列省聲者徐鍇本作歺省聲

yōng 邕

邕 四方有水自邕城池者從川從邑 於容切

徐鍇本有讀若雝三字

四方有水自邕城池者者城廣韻引作成漢書王莽傳邕河水不流通作雍周禮敘官雍氏注云雍謂隄防止水者也僖九年穀梁傳毋雍泉詩泮水箋辟廱築土雝水之外圓如璧桓譚新論辟雍實水其中以圓雍之地理志右扶風雍縣應劭曰四面積高曰雍水經注雍奴縣四方有水曰雍不流曰奴歸藏上有高臺下有雝池淮南時則訓補決竇塞蹊徑遏溝瀆止流水雝谿谷又作廱漢書五行志廱河三日不流俗作壅史記秦本紀河決不可復壅巴陵有邕湖趙冬曦詩序云邕湖者沅湘澧汨之餘波夏潦奔注則泆爲此湖馥案范氏岳陽風土記作灉湖失其義矣

𨙵 籒文邕

zāi 𡿦

𡿦 害也從一雝川春秋傳曰川雝爲澤凶 祖才切

害也者玉篇天反時爲災通作災玉篇災害也書堯典眚災肆赦傳云過而有害當緩赦之僖十三年左傳天災流行中庸災害竝至史記龜策傳身乃無災班固幽通賦爾五辟而成災又通作烖釋詁烖危也詩大雅不烖我躬中庸烖及其身者也又通作甾史記秦始皇本紀甾害絕息又通作菑詩大雅無菑無害 從一雝川者雝當爲邕五經文字巛象川不通形國語爲川者決之使導晉書四瀆者天地之所以宣洩其氣不可塞也 春秋傳曰川雝爲澤凶者宣十二年左傳文彼作川壅爲澤無凶字

kǎn 侃

侃 剛直也從㐰㐰古文信從川取其不舍晝夜論語曰子路侃侃如也 空旱切

剛直也者廣韻侃強直也論語吾未見剛者又云友直 從㐰㐰古文信者本書剛古文作㓻亦從古文信 從川 取其不舍晝夜者馥謂當有川亦聲三字論語子在川上曰逝者如斯夫不舍晝夜 論語曰子路侃侃如也者彼

云子路行行如也冄有子貢侃侃如也

zhōu 州

州 水中可居曰州周繞其旁從重川昔堯遭洪水民居水中高土故曰九州詩曰在河之州一曰州疇也各疇其土而生之 職流切

水中可居曰州者釋水文李巡云四方皆有水中央獨可居孫炎曰水有平地可居者也廣雅州居也釋名水中可居者曰州州聚也人及鳥物所聚息之處也方言水中可居爲州王注楚詞水中可居者曰州孔晁注周書王會水中可居曰州漢書司馬相如傳行乎州淤之浦顏注水中可居者曰州晉書殷仲堪傳水中有岸其名爲州南史盆州市橋忽生一州俗作洲書舜典流共工于幽洲傳云水中可居者曰洲說命入宅于河傳云河洲也正義水不可居而入宅於河知在河之洲也海外北經范林方三百里在三桑東洲環其下注云洲水中可居者楚語雲連徒洲韋注水中之可居曰洲墨子尙賢篇昔者傅說居北海之洲圜土之上淮南地形訓樂民拏閭在昆崙弱水之洲高注水中可居曰洲漢書賈捐之傳皆在南方海中洲居顏注水中可居者曰洲地理志北地郡靈州顏注水中可居者曰洲此地在河之洲隨水高下未嘗淪沒故號靈洲文選吳都賦洲渚憑隆五臣注水中可居曰洲　周繞其旁者周當爲匌州匌聲相近　昔堯遭洪水民居水中高土故曰九州者書堯典帝曰咨四岳湯湯洪水方割蕩蕩懷山襄陵浩浩滔天下民其咨新語四瀆未通洪水爲害禹乃決江疏河通之四瀆致之於海大小相引高下相受百川順流各歸其所然後人民得去高險處平土禹貢是降邱宅土鄭注水害既除於是不邱居土舜典肇十有二州傳云肇始也禹治水之後舜分冀州爲幽州幷州分靑州爲營州始置十二州馬注禹平水土置九州舜以冀州之北廣大分置幷州燕齊遼遠分燕置幽州分齊爲營州於是爲十二州在九州之後也鄭氏曰舜以靑州越海分齊爲營冀州南北太遠分魏爲幷燕以北爲幽揚愼曰淮南子神農大九州桂州迎州神州等是也至黃帝以來惟於神州之內分爲九州黃帝以後少昊高辛皆仍九州惟舜時暫置十二州故書曰肇十有二州肇之爲言始也前此九州而今爲十二州也至夏還爲九州馥案堯遭洪水之時十二州尙未肇作仍是黃帝以來之九州故曰九州魯語共工氏之子曰后土能平九土韋昭云九州之土春秋命歷敘入皇氏分九州是也惟班固皇甫謐別爲一說地理志堯遭洪水懷山襄陵天下分絕爲十二州使禹治之水土既平制九州帝王世紀堯遭洪水分爲十二州今虞書是也及禹平水土還爲九州今禹貢是也馥案此皆謂堯爲十二州與馬鄭異　詩曰在河之州者關雎文彼作洲傳云水中可居者曰洲　一曰州疇也各疇其土而生之者風俗通周禮五黨爲州州疇也本書疇耕治之田也

〔古文州〕 古文州

文十　重三

quán 泉

泉 水原也象水流出成川形凡泉之屬皆從泉 疾緣切

河圖九州殊題水泉剛柔各異靑徐其泉鹹以酸荊揚其泉酸以苦梁州其泉苦以辛兗豫其泉甘以酸雍冀其泉辛以鹹

水原也者一切經音義十二水自出爲泉孟子源泉混混　象水流出成川形者泉布上字中畫皆斷作泉上象水原下象川形甘氏星經天泉十星主灌溉溝渠之事馥案書益稷濬畎澮距川泉通於畎澮流出會爲川也禹貢九川滌源疏滌泉源無使閉塞則九州之川通流以入於海也文子邱夷而泉塞僖九年穀梁傳毋雍泉周語晉聞古之長民者不防川

fàn ⿱緐泉

⿱緐泉 泉水也從泉緐聲讀若飯 符萬切

泉水也者徐鍇曰阪泉本此字僖二十五年左傳遇黃帝戰於阪泉之兆

文二

yuán 厵　xún 灥

灥 三泉也闕凡灥之屬皆從灥 詳遵切

厵 水泉本也從灥出厂下 愚袁切

水泉本也者玉篇徐鍇韻譜復古編洪武正韻竝作水原本也一切經音義三原水之本也昭九年左傳大水之有本原孟子有本者如是文子原泉所出也委泉所聚也漢書司馬相如傳乃堙洪原顏注水本曰原傳又云梁孫原

李奇曰於孫水之本作橋梁俗作源北堂書鈔水背源而流竭禹貢九川滌源史記作原詩竹竿泉源在左傳云泉源小水之源月令命有司爲民祈祀山川百源注云衆水始所出爲百源學記或源也或委也注云源泉所來也典引斟酌道德之淵源蔡邕注云水本曰源

𠙌 篆文從泉 篆文從泉則從灥者本籀文

文二　重一

yǒng 永

永 長也象水巠理之長詩曰江之永矣凡永之屬皆從永 于憬切

長也者釋詁文方言同書堯典曰永星火傳云永長也舜典歌永言史記作歌長言馬本同詩卷耳維以不永懷常棣況也永歎文王永言配命傳竝云永長也考槃永矢弗護振鷺以永終譽既醉永錫爾類楚茨永錫爾極箋竝云永長周禮大祝求永貞注云永長也士冠禮永乃保之注云永長也中庸引詩以永終譽注云永長也尚書中候配永循機注云永長也三輔黃圖永巷永長也宮中之長巷東觀漢記鮑永字君長　象水巠理之長者徐鍇本象水巠理之長永也字鑑同　詩曰江之永矣者後人加之羕下引詩作羕

yàng 羕

羕 水長也從永羊聲詩曰江之羕矣 余亮切

水長也者釋詁羕長也齊侯鎛鐘銘子子孫孫羕保用亯蜀志彭羕字永年通作養夏小正時有養日時有養夜養長也　詩曰江之羕矣者周南漢廣文彼作永傳云永長通作羕文選登樓賦川既漾而濟深李善引韓詩江之漾矣薛君云漾長也馥案韓詩本作羕因賦羕字亦寫作漾李注多如此

文二

pài 𠂢

𠂢 水之衺流別也從反永凡𠂢之屬皆從𠂢讀若稗縣 匹卦切

水之衺流別也者本書派別水也集韻𠂢水邪流五經文字𠂢象邪流之形　從反永者徐鍇曰反卽分𠂢也　讀若稗縣者徐鍇本作讀若蜀稗縣馥案稗縣屬項郫蜀無稗縣有郫縣

mài 衇

衇 血理分衺行體者從𠂢從血 莫獲切

血理分衺行體者者徐鍇本作行體中者釋名腎主引水氣灌注諸脈也文子人生一月而膏二月而脈注云漸生筋脈鹽鐵論扁鵲撫息脈而知疾所由生拙醫不知脈理之腠血氣之分妄刺而無益於疾傷肌膚而已矣僖十五年左傳亂氣狡憤陰血周作張脈僨興外彊中乾公孫尼日人有九竅脈理當川谷也春秋繁露體有空竅理脈川谷之象也易通卦驗每卦六爻既通於四時二十四炁人之四支二十四脈亦存於期燕丹子脈勇之人怒而面青史記扁鵲過齊桓侯曰君有疾在血脈不治恐深漢書張敖傳仰絕亢而死蘇林曰亢頸大脈也三國典略周武帝不豫柳昇私問姚僧坦曰至尊貶膳日久脈候何如潛夫論凡治病者必先知脈之虛實氣之所結然後爲之方故疾可愈而壽可長也高湛養生論王叔和撰成脈經十卷唐書許允宗言古之上醫惟是別脈脈既精別然後識病

輟耕錄人稟天地五行之氣以生手三陽三陰足三陽三陰合爲十二經以環絡一身往來流通無少間斷其脈應於兩手三部焉夫脈者血也脈不自動氣實使之故有九候之法內經云脈者血之府說文云血理分衺行體者從𠂢從血亦作脈通釋云五藏六府之氣血分流四體也釋名云脈幕也幕絡一體字從肉從𠂢𠂢音普拜切水之邪流也脈字從𠂢取脈行之象無求子云脈之字從肉從𠂢又作衇蓋脈以肉爲陽衇以血爲陰華佗云脈者血氣之先也氣血盛則脈盛氣血衰則脈衰血熱則脈數血寒則脈遲血微則脈弱氣血平則脈緩晉王叔和分爲七表八裏可謂詳且至矣史記正義手三陽之脈從手至頭長三尺五六合三丈手三陰之脈從手至胷中長三尺五寸三六一丈八尺五六三尺合二丈一尺足三陽之脈從足至頭長八尺六八合四丈八尺足三陰之脈從足至胷長六尺五寸六六三丈六尺五六三尺合三丈九尺人兩足蹻脈從足至目長七尺五寸二七一丈四尺二五一尺合一丈五尺督脈各長四尺五寸二四八尺二五一尺合九尺凡脈長一十六丈二尺也此所謂十二經脈長短之數也寸口脈之大會手太陰之動也人一呼脈行三寸一吸脈行三寸呼吸定息脈行六寸人一日一夜凡一萬三千五

百吸脈行五十周於身漏水下百刻營衛行陽二十五度行陰二十五度爲一周也故五度復會於手太陰寸口者五藏六腑之所終始故法於寸口也

衇 衇或从肉

脈 籀文

mì 覛

覛 衺視也从𠂢从見 莫狄切

衺視也者廣雅覛視也釋詁覛相也郭注覛謂相視也周語古者太史順時覛土韋注覛視也文選西京賦覛往昔之遺館薛綜注覛視也後漢書杜篤傳覛平樂注云覛視也宋書周朗傳覛我周之彰迹

覛 籀文

文三 重三

gǔ 谷

谷 泉出通川爲谷从水半見出於口凡谷之屬皆从谷 古祿切

泉出通川爲谷者一切經音義九引作泉之通川者曰谷本書瀆通溝也古文从谷急就篇輸屬詔作谿谷山顏注山瀆無所通曰谿泉出通川曰谷僖九年穀梁傳毋雍泉范注專水利以障谷僖三年公羊傳無障谷何注無障斷川谷專水利也水注川曰溪注溪曰谷漢書司馬相如傳振溪通谷文子川竭而谷虛說苑武王伐紂過谷發梁示民無返志也釋水注川曰谿注谿曰谷李巡云水出於山入於川爲谿水相屬曰谷 从水半見者本書𧮰从酉水半見於上 出於口者鄭子眞居谷口

xī 谿

谿 山瀆無所通者从谷奚聲 苦兮切

山瀆無所通者者釋山文郭注所謂窮瀆者釋邱窮瀆汜郭注水無所通者廣雅谿谷也定七年左傳敗尹氏於窮谷隱三年左傳澗谿沼沚之毛注云谿亦澗也老子爲天下谿王注谿不求物而物自歸之呂氏春秋愼行篇行不可不孰不孰如赴深谿高注有水曰澗無水曰谿春秋說題辭谿者隱也深虛遶山宋均注無水曰谷有水曰谿管子度地篇山之溝一有水一毋水者命曰谷水

huò 𧮫

𧮫 通谷也从谷害聲 呼括切

通谷也者玉篇無所不流曰通也上林賦谽呀豁閜宜春宮賦通谷𧮫乎谽𧯋水經注引爾雅通谷者微郭景純曰微水邊通谷也

liáo 𧯎

𧯎 空谷也从谷翏聲 洛蕭切

空谷也者廣雅𧯎空也詩白駒在彼空谷韓作穹谷薛君章句穹谷深谷也又桑柔有空大谷

lóng 豅

豅 大長谷也从谷龍聲讀若聾 盧紅切

大長谷也者集韻谾豅潤谷空皃漢書司馬相如傳巖巖深山之谾谾兮晉灼曰谾音籠古豅字也蕭該音義曰谾或作豅長大貌也吳徽浮邱仙賦谾𧯋奧竇

hóng 谹

谹 谷中響也从谷厷聲 戶萌切

谷中響也者法言問道篇或問大聲曰非雷非霆隱隱谹谹久而愈盈王巾頭陀寺碑夫幽谷無私有至斯響高僧傳谷之應聲語雄而響厲孫楚笑賦亢洪聲於通谷一切經音義二敘字从谷取響應不窮也

jùn 容

容 深通川也从谷从𣦵𣦵殘地阬坎意也虞書曰容畎澮距川 私閏切

本書叡从𣦵从谷此容叡之半體

深通川也者書舜典濬川傳云有流川則深之使通利釋言濬深也舍人云濬下之深也鄭氏易恆初六濬恆象曰始求深也通作浚詩小弁莫浚匪泉莊九年春秋浚洙 从谷从𣦵𣦵殘地阬坎意也者韻會引徐鍇本从𣦵谷𣦵殘也谷阬坎意也 虞書曰容畎澮距川者益稷文本書川下引作容く巜距川

濬 容或从水

𣳚 古文容

qiān
谸

谸　望山谷谸谸青也从谷千聲倉絢切

望山谷谸谸青也者高唐賦仰視山顛肅何芊芊李善云說文曰谸望山谷芊芊青也千芊古字通馥案當云望山谷谸谸青也谸芊古字通楊慎曰陸機文賦清麗千眠注光色盛貌一作谸緜望山谷青谸谸也見說文轉作芊緜韋莊詩可憐芳草更芊緜列子美哉國乎鬱鬱芊芊潘岳藉田賦碧色肅其芊芊又通作仟顏延年觀北湖田收詩積翠亦蔥仟

文八　重二

bīng
仌

仌　凍也象水凝之形凡仌之屬皆从仌筆陵切

凍也者廣韻仌水凍也玉篇仌冬寒水結也韓詩說仌者窮谷陰氣所聚　象水凝之形者考工記水有時以凝周書時訓解立冬之日水始冰月令孟冬之月水始冰淮南子水冬則凝而爲冰漢書五行志劉向以爲冰者陰之盛而水滯者也潘岳寡婦賦水瀩瀩而微凝本書瀩薄冰也論衡論死篇隆冬之月寒氣用事水凝爲冰文子冬冰可折夏條可結馥案本書籒文𣂺云从草在仌中仌寒故折

níng
冰

冰　水堅也从仌从水魚陵切

王覺九經明音後人以冰代仌以凝代冰　顧炎武曰仌於隸楷不能獨成文故後人加水焉　水堅也者增韻字鑑洪武正韻竝作冰堅懷舊賦水漸軔以凝沍李善引字林凝冰也馥謂冰下脫堅字當云凝仌堅也七命霜鍔水凝李善引字書凝冰之絜也馥謂水始仌仌未堅也水澤腹堅乃爲堅仌故曰堅仌至易坤卦象曰履霜堅冰陰始凝也月令季冬之月冰方盛水澤腹堅注云腹厚也此月日在北陸冰堅厚之時也詩七月傳冰盛水腹堅則命取冰於山林昭四年左傳夫冰以風壯杜注冰因風寒而堅列子湯問篇堅冰立散莊子在宥篇其寒凝冰陸機苦寒行渴飲堅冰漿又飲馬長城窟行俯涉堅冰川樂府鴈后篇冰堅可蹈王嘉拾遺記井池冰堅可琢張衡髑髏賦冬冰之凝何如春冰之消淮南說山訓冰之泮愈其凝也晏子陰冰凝陽冰厚五寸者寒溫節也尸子朔方之寒冰厚六尺又云大寒凝冰裂地淮南詮言訓大寒地坼冰凝論衡變動篇北方至寒凝冰坼土劉氏新論大質篇大寒慘悽凝冰裂地戴延之西征記淩雲臺有冰井以六月持去經日猶堅梁武帝詩白水凝澗谿雪賦湯谷凝溫泉冰隋書律歷志十一月大雪節冰益壯盧思道傳壯冰云厚晉書庾冰字季堅漢繁陽令楊君碑陰李冰元固

凝　俗冰从疑

釋器冰脂也孫炎本作凝脂　書臯陶謨庶績其凝古文作冰　考工記凝土以爲器注云凝堅也　漢書五行志工冶鑄金鐵金鐵冰滯涸堅不成者衆劉敞日冰音凝　陸機演連珠沈寒凝海

lǐn
凜

凜　寒也从仌廩聲力稔切

寒也者李善注寡婦賦引同本書瀶寒也俗作凜廣韻凜寒狀閒居賦於是凜秋暑退李善引字書凜寒也文選序增冰爲積水所成積水曾微增冰之凜何哉五臣注凜冷也風俗通暑則鬱烝寒則凜凍

qìng
凊

凊　寒也从仌青聲七正切

寒也者廣雅同本書灑冷寒也曲禮凡爲人子之禮冬溫而夏凊注云溫以禦其寒凊以致其涼呂氏春秋仲春紀大熱在上民凊是走有度篇冬不用翣非愛翣也凊有餘也注云凊寒也通作清莊子人閒世篇爨無欲清之人釋文清字宜從冫從氵者假借也

dòng
凍

凍　仌也从仌東聲多貢切

仌也者廣韻凍凍凌月令孟冬地始凍初學記引風俗通冰壯曰凍馥案左傳冰以風壯

líng
𠗲

𠗲　仌出也从仌朕聲詩曰納于𠗲陰力膺切

仌出也者詩七月三之日納于淩陰四之日其蚤孫皓問藏之既晚出之又蚤何鄭荅幽土晚寒故夏正月納冰夏二月仲春大蔟用事陽氣出地始溫故禮應開冰先薦寢廟此詩言冰出之候也天官凌人春始治鑑夏頒冰掌事此周禮冰出之候也月令仲春天子乃獻羔開冰先薦寢廟此禮記冰出之候也昭四年左傳古者日在北陸而藏冰西陸朝覿而出之又云祭寒而藏之獻羔而啓之此春秋冰出之候也或云出當爲窗玉篇𠗲仌室也天官凌人

谷仌

掌冰正歲十有二月令斬冰三其凌注云凌冰室也呂氏春秋季冬紀冰方盛水澤復命取冰冰已入注云入凌室也詩云二之日鑿冰冲冲三之日納于凌陰此之謂也漢書成帝紀大官凌室火惠帝紀未央宮凌室災顏注茲云凌室藏冰之室也三輔黃圖凌室在未央宮鄴中記冰井臺則凌室也乂云冰井臺有冰室三水經注河水云朝廷又置冰室於斯阜室內有冰井春秋左傳曰日在北陸而藏冰常以十二月采冰於河津之隘峽石之阿北陰之中即邠詩二之日鑿冰冲冲矣而納于井室所謂納于凌陰者也　詩曰納于滕陰者豳風七月文彼作凌傳云凌陰冰室也釋文云說文作滕

滕　滕或從夌

sī 澌

澌　流仌也從仌斯聲　息移切

流仌也者晉書音義引字林同玉篇澌解仌也廣韻澌凌澌御覽引風俗通積冰曰凌又云冰流曰澌楚詞九歌流澌紛兮將來下王注流澌解冰也七諫赴湘沅之流澌兮王注與流澌俱浮劉歆遂初賦激流澌之漻淚兮後漢書

說文解字義證　卷三十六　十五

王霸傳及至虖沱河候吏還白河水流澌崔鴻後趙錄石勒統步卒四萬濟河先是流澌風猛軍至冰泮濟畢流澌大至

diāo 凋

凋　半傷也從仌周聲　都僚切

半傷也者廣韻凋凋落木華海賦爲凋爲瘵通作彫廣雅彫傷也曹憲曰說文凋落之字从仌論語歲寒然後知松柏之後彫也何晏謂松柏小彫傷釋文依字當作凋昭八年左傳民力彫盡杜云彫傷也通鑑李茂貞遺朱全忠書僕以弊甲彫弓從公陳力注云半殘爲彫又通作雕晉書李重傳雕弊之迹

dōng 冬

冬　四時盡也從仌從夂夂古文終字　都宗切

月令天氣上騰地氣下降天地不通閉塞而成冬　周書時訓解小雪之日虹藏不見又五日天氣上騰地氣下降又五日閉塞而成冬　呂氏春秋貴信篇冬之德寒寒不信其地不剛地不剛則凍閉不開

四時盡也者御覽引作終也盡也玉篇冬終也廣雅冬終也白虎通五行篇冬之爲言終也尸子冬爲信北方爲冬冬終也漢書律歷志冬終也月令章句冬終也萬物於是終也三禮義宗十月立冬爲節者冬終也立冬之時萬物終成本書時四時也廣韻冬四時之末也隱六年公羊傳春秋編年四時具然後爲年六韜春道生萬物榮夏道長萬物成秋道斂萬物盈冬道藏萬物靜盈則藏藏則復起其知所終莫知所始史記歷書物乃歲具生於東次順四時卒於冬分時索隱冬盡之後分爲來春故曰冬分也陸機感時賦歷四時以迭感悲此歲之已寒傳元大寒賦五行條而竟騖兮四節紛而電逝諒暑往而寒來十二月而成歲

㚇　古文冬從日

yě 冶

冶　銷也從仌台聲　羊者切

銷也者一切經音義二說文冶燒也三蒼冶銷鑠也遭熱即流遇冷即合與冰同意故字從仌海賦陽冰不冶五臣注冶銷也新論書水鑠冰與時銷釋

cāng 凔

凔　寒也從仌倉聲　初亮切

說文解字義證　卷三十六　十六

寒也者本書凔寒也廣雅凔寒也漢書枚乘傳欲湯之凔一人炊之百人揚之無益也不如絕薪止火而已鄭氏曰凔寒也通作滄列子湯問篇日初出滄滄涼涼注云滄本又作凔周書曰天地之閒有凔熱善用道者終無竭孔晁注凔寒也釋文云桓譚新論亦述此事作滄涼

lěng 冷

冷　寒也從仌令聲　魯打切

hán 涵

涵　寒也從仌圅聲　胡男切

寒也者　廣雅同

bì 滭

滭　風寒也從仌畢聲　卑吉切

風寒也者廣韻滭寒風詩七月釋文觱說文作滭

fú 泼

泼　一之日滭泼從仌犮聲　分勿切

一之日滭泼者詩豳風七月文彼作觱發傳云觱發風寒也顏謂飄風發發匪風發兮皆此泼字

lì 凓　lài 瀨　冽　yǔ 雨

凓　寒也。從仌㮚聲。力質切

寒也者，徐鍇本作寒皃也。鍇曰：寒使人戰栗也。玉篇：凓凓，冽寒皃。通作慄。方言：蛩烘，戰慄也。釋詁：戰慄，懼也。釋言：凌，慄也。樊光注云：冰凜也。書舜典：夔夔齋慄，后經作栗。湯誥：慄慄危懼。詩黃鳥：惴惴其慄。莊子大宗師：登高不慄。史記義縱傳：其後郡中不寒而慄。漢書楊惲傳：眾毀所歸，不寒而慄。又通作栗。史記齊悼惠世家：股戰而栗。戴侗曰：論語使民戰栗，寒凜恐懼振搖不自止也。

瀨　寒也。從仌賴聲。洛帶切

玉篇無瀨字。

文十七　重三

冽

詩大東：有冽氿泉。傳云：冽，寒意也。正義：說文冽，寒皃，故字从仌。又下泉正義云：冽字當從仌。玉篇：冽，寒氣也。栗冽，寒皃。嘯

賦：冽飄眇而清昶。李善引字林：冽，寒皃。長笛賦：正瀏栗以風列。聖主得賢臣頌：虎嘯而谷風冽。詩七月：二之日栗烈。傳云：栗烈，寒氣也。馥案：栗烈即凓冽。冽彼下泉，傳云：冽，寒也。本書：颲，列風也。列亦當爲冽。又案：詩東山箋云：古者聲栗裂同。是栗冽雙聲也。

遺文一

雨　水從雲下也。一象天，冂象雲，水霝其閒也。凡雨之屬皆從雨。王矩切

大戴禮曾子天圓篇：陰陽之氣，各盡其所則靜矣。偏則風，俱則雷，交則電，亂則霧，和則雨。陽氣勝則散爲雨露，陰氣勝則凝爲霜雪。　春秋元命苞：陰陽和而爲雨。　素問：淸陽爲天，濁陰爲地。地氣上爲雲，天氣下爲雨。　春秋說題辭：一歲三十六雨，天地之氣宣。十日小雨，應天文。十五日大雨，以升運也。　京房易飛候：太平之時，十日一雨，凡歲三十六雨，此休徵之祥，時若之應。

水從雲下也者，隱九年左傳正義引同。又云：然則雨者，天上下水之名。御覽引釋名：雨，羽也，如鳥羽動則散矽。學記引釋名：雨，水從雲下也。雨者，輔也，言輔時生養。詩雨無正序云：雨自上下者也。董仲舒雨雹對：二氣之初蒸也，若有若無，若虛若實，若方若圓，攢聚相合，其體稍重，故雨乘虛而墜。　一象天者，文子：水之道，上天爲雨露，下地爲江河。　冂象雲者，垂覆之象。　水霝其閒也者，丰水也。后鼓文作雨，丨不出冂。

𠕲　古文

當有古文作𠕲。

léi 靁

靁　陰陽薄動，靁雨生物者也。從雨，畾象回轉形。魯回切

物理論：積風成雷。孫子：急電無停光，疾雷無餘聲。　洪範論：陽用事百八十三日而終，陰用事百八十三日而終。雷出地百八十三日而入地，入地百八十三日而復出地，是其常經也。　論語讖：雷震百里，聲相附。宋均注：雷動百里，故因以制國。雷聲相附，謂諸侯之政教所至相附也。　鄺炎對事：或問古者封建諸侯皆云百里，取象於雷，雷何取也？炎曰：易震

爲雷，亦爲諸侯。雷震驚百里，日何以知之？炎曰：以其數知之。夫陽動爲九，其數卅六；陰爲八，其數卅二。震一陽動二陰靜，故曰百里。

陰陽薄動，靁雨生物者也者，呂氏春秋開春篇：開春始雷，則蟄蟲動矣。韓詩外傳：天施地化，陰陽和合，動以雷霆，潤以風雨。穀梁傳：陰陽相薄，感而爲雷。淮南天文訓：陰陽相薄，感而爲雷，激而爲霆，亂而爲霧。易繫辭：雷風相薄。又：動萬物者莫疾乎雷。又：天地解而雷雨作，雷雨作而百果草木皆甲坼。又：雷以動之。又：鼓之以雷霆，潤之以風雨。又：天下雷行，物與无妄。九家易：物受之以生，无有災妄。又云：雷雨者，興養萬物。乾坤鑿度：雷能鼓萬物，息者起之，閉者啟之。洪範五行傳：雷於天地爲長子，以其首長萬物，爲出入也。雷二月出地，百八十日雷出則萬物出；八月入地，百八十日雷入則萬物入。入則除害，出則興利，人君之象也。漢書五行志：於易，雷以二月出，其卦曰豫，言萬物隨雷出地，皆逸豫也。以八月入，其卦曰歸妹，言雷復歸入地，則孕毓根核，保藏蟄蟲，避盛陰之害；出地則養長華實，發揚隱伏，宣盛陽之德。入能除害，出能興利，人君之象也。後漢書郎顗傳：雷者所以開發萌芽，避陰除害，萬物須雷而解，資雨

而潤故經曰雷以動之雨以潤之五經通義天所以有雷霆風雨霜雪霧露何欲以成歲潤萬物因以見災異也畾象回轉形者趙宧光曰說文櫑壘纍瓃儡㽼罍蠱竝言畾聲而獨靁言形他文不言靁省闕畧審矣

古文靁

亦古文靁

本書櫑籀文作罍云刻木作雲靁象雲从云象雲回轉形古文作の又㘣从云回也是云亦回意畾間二回當爲回卽古文の字因下籀文誤爲回

籀文靁間有回回靁聲也

籀文雨當有上一橫

籀文靁間有回者當云籀文靁畾間有回然則古文畾間非回矣　回靁聲也者詩終風虺虺其雷傳云暴若震雷之聲虺虺然覆謂虺虺猶回回也釋名雷硍也如轉物有所硍雷之聲也

yǔn 霣

霣　雨也齊人謂雷爲霣从雨員聲一曰雲轉起也于敏切

雨也者雨當爲靁本書瀑疾雨也一曰霣也覆案一日者別爲一義非疾雨矣盞謂靁也廣雅霣雷也　从雨員聲者徐鍇本有讀若混三字　一曰雲轉起也者玉篇霣雷起出雨也馥謂當爲雲起

古文霣

tíng 霆

霆　靁餘聲也鈴鈴所以挺出萬物从雨廷聲特丁切

靁餘聲也鈴鈴所以挺出萬物者霆挺聲相近易繫辭鼓之以雷霆釋文京云霆者雷之餘气挺生萬物也說文同馥謂挺生當爲挺出一切經音義二蒼頡篇霆霹靂也說文雷餘聲所以挺出萬物者也霆亦雷也釋天疾雷爲霆霓郭注雷之急擊者謂霹靂北堂書鈔引作疾雷謂之霆公羊傳霆擊夷伯之廟五經通義震與霆皆霹靂也漢書賈山傳雷霆之所擊無不摧折者顏注霆疾雷也楚元王傳雨雪靁霆顏注霆雷之急者也

zhá 霅

霅　霅霅震電皃一曰眾言也从雨嘉省聲丈甲切

霅霅震電皃者蕭該漢書音義引字林同詩十月之交爗爗震電傳云爗爗震電貌漢書敘傳游說之徒風颺電激竝起而救之其餘猋飛景附煜霅其間者葢不可勝載春秋隱九年大雨震電　一日眾言也者本書譶多言也霅讀聲近

diàn 電

電　陰陽激燿也从雨从申堂練切

五經通義電雷光也　物理論風晴熱熱氣散爲電　釋名電殄也乍見則殄滅也　易通卦驗立夏電見　周書時訓解始電不始電君無威振　夏侯孝若電賦攢雲開而飛火絳煙起於雲中

陰陽激燿也者說苑同一切經音義二十一電陰陽激燿也關中名覢電今吳人名礦磹十州記猛獸兩目如礦磹之光春秋公羊經隱九年大雨震電何注電者陽氣也有聲名曰雷無聲名曰電易稽覽圖雷有聲名曰雷有光名曰電曾子陰陽交則電河圖陰陽相薄爲雷陰激陽爲電春秋元命苞陰陽激爲電呂氏春秋仲春紀雷乃發聲始電高注震氣爲雷激氣爲電董仲舒雨雹對運動抑揚更相動薄則薰蒿歊烝而風雨雲霧雷電雪雹生焉氣上薄爲雨下薄爲霧風其噫也雲其氣也雷其相擊之聲也電其相激之光也　从申者御覽引作申聲本書虹籀文从申云申電也

zhèn 震

震　劈歷振物者从雨辰聲春秋傳曰震夷伯之廟章刃切

古文

廣雅震雷也　隱九年穀梁傳震雷也　詩十月之交爗爗震電傳云震雷也常武震驚徐方如雷如霆徐方震驚　蜀志先主方食失匕箸裴注引華陽國志於時正當雷震先主曰一震之威何至於此　成二年左傳畏君之震

劈歷振物者者隱九年左傳正義引同震振聲相近詩時邁薄言震之韓作振書舜典震驚朕師史記作振僖九年公羊傳震之者何猶曰振振然唐郭震字元振鄭注易震卦震動也國語陰陽分布震雷出滯釋名震戰也所擊輒破若攻戰也又曰辟歷辟析也所歷皆破析也史記天官書天雷電蝦虹辟歷夜明者陽氣之動者也後漢書蔡邕傳辟歷數發五經通義震與霆皆霹靂也釋天疾雷爲霆霓郭云雷之急擊者謂霹靂昭四年左傳雷出不震正義

言有雷而不爲霹靂也後漢書張衡傳豐隆軒其震霆兮注云震霆霹靂也文選七發夏則雷霆霹靂之所感也羽獵賦霹靂列缺吐火施鞭晉中興書義熙三年六月霹靂震太廟鴟尾徹壁柱法苑珠林師曠占曰春雷始起其音格格霹靂者所謂雄雷旱氣也其鳴依依不大霹靂者所謂雌雷水氣也洪邁曰辟歷二字古不從雨　春秋傳曰震夷伯之廟者僖十五年經文杜注震者雷電擊之

籀文震

xuě
雪

凝雨說物者從雨彗聲 相絕切

凝雨說物者者雪說聲相近釋名雪綏也水下遇寒氣而凝綏綏然也御覽引曾子陰氣勝則凝爲雪春秋元命包陰凝爲雪淮南天文訓陽氣勝則散而爲雨露陰氣勝則凝而爲霜雪董仲舒雨雹對其寒月則雨凝於上體尙輕微而因風相襲故成雪焉五經通義春泄氣爲雨寒凝爲雪李顒雪賦何時雪之嘉澤亦應變而俱凝隨同雲而下降固霑渥之所興沈約雪贊獨有凝雨姿貞婉而無殉劉璠雪賦天地否閉凝而成雪伏系之雪賦結陰凝雪夏矦

孝若寒雪賦玄澤閉凝歷義疏大雪十一月節月之初氣也言太陰之氣以大水凝爲雪故曰大雪夏小正農及雪澤易說卦說萬物者莫說乎澤樊毅復華下民租田口筭狀仍雨甘雪滋潤宿麥西岳記甘雪滋禾黍氾勝之書雪爲五穀之精

xiāo
霄

雨霓爲霄從雨肖聲齊語也 相邀切

雨霓爲霄者釋天文彼作雨霓爲霄雪郭注詩曰如彼雨雪先集維霰霰冰雪雜下者謂之霄雪疏云霄卽消也詩頍弁釋文云霰消雪也韻會霄雪今人所謂溼雪也著物則消

xiàn
霰

稷雪也從雨散聲 穌甸切

釋名霰星也冰雪相搏如星而散也　詩頍弁如彼雨雪先集維霰傳云霰暴雪也箋云將大雨雪始必微溫雪自上下遇溫氣而搏謂之霰久而寒勝則大雪矣韓詩章句霰霙也馥案玉篇霙雨雪雜下　曾子陰之專氣爲霰　春秋穀梁說雹者陰脅陽之象霰者陽脅陰之符也　董仲舒雨雹對寒有高下上煖下寒則上合爲雨下凝爲冰霰雪是也　洪範五行傳盛陰雨雪凝滯而冰寒陽氣薄之不相入則散而爲霰故沸湯之在閉器而湛於寒泉則爲冰及雪之消亦冰解而散此驗也　夏矦孝若寒雪賦集洪霰之淅瀝　文選雪賦霰淅瀝而先集雪紛糅而遂多

稷雪也者御覽廣韻並引作積雪也埤雅霰閩俗謂之米雪言其霰粒如米所謂稷雪義葢如此馥案雲南亦呼雪米書益稷藻火粉米傳云粉若粟冰

霰或從見

báo
雹

雨冰也從雨包聲 蒲角切

釋名雹跑也其所中物皆摧折如人所蹴跑也　昭四年左傳申豐對季武子言藏冰不以時則雷風爲害而雨雹　僖二十九年大雨雹范甯曰雹者陰脅陽臣侵君之象陽氣之在水雨則溫熱陰氣薄而脅之不相入轉而成雹　曾子陽之專氣爲雹雹者氣之化也　白虎通雹之爲言合也陰氣專精積合爲雹　魏書靈徵志洪範論曰陽之專氣爲雹陰之專氣爲霰此言陽專而陰脅之陰專而陽薄之不能相入則轉而爲雹　相雨書以天方雨時視雲有五色黑赤

並見者卽雹　風角占徵動羽有雹　陸璣詩惟徵動羽惟陰脅陽雨冰作沴凝氣爲祥　西京雜記元光元年七月京師雨雹鮑敞問董仲舒曰雹何物也何氣而生之仲舒曰陰氣脅陽氣天地之氣陰陽相半和氣周回朝夕不息陽德用事則和氣皆陽建巳之月是也故謂之正陽之月陰德用事則和氣皆陰建亥之月是也故謂之正陰之月十月陰雖用事而陰不孤立此月純陰疑於無陽故謂之陽月詩人所謂日月陽止者也四月陽雖用事而陽不獨存此月純陽疑於無陰故亦謂之陰月自十月已後陽氣始生於地下漸冉流散故云息也陰氣轉收故言消也日夜滋生遂至四月純陽用事自四月已後陰氣始生於天上漸冉流散故云息也陽氣轉收故言消也日夜滋生遂至十月純陰用事二月八月陰陽正等無多少也以此推移無有差慝運動抑揚更相動薄則熏蒿歊烝而風雨雲霧雷電雪霰生焉氣上薄爲雨下薄爲霧風其噫也雲其氣也雷其相擊之聲也電其相擊之光也二氣之初烝也若有若無若實若虛若方若圓攢聚相合其體稍重故雨乘虛而墜風多則合速故雨大而疏風少則合遲故雨細而密其寒月則雨凝於上體尙輕微而因風相襲故成雪焉寒有高下上煖下寒則上合爲大雨下凝爲冰霰雪是也雹霰之流也陰氣暴上雨則凝結成雹焉太平

líng 霝　luò ⿱雨各　líng 零　sī ⿱雨鮮

之世則風不鳴條開甲散萌而已雨不破塊潤葉津莖而已雷不驚人號令啟發而已電不眩目宣示光耀而已霧不塞望浸淫被洎而已雪不封條淩殄毒害而已雲則五色而為慶三色而成矞露則結味而成甘結潤而成膏此聖人之在上則陰陽和風雨時也政多紕繆則陰陽不調風發屋雨溢河雪至牛目雹殺驢馬此皆陰陽相盪而為祲沴之妖也

雨氷也者雨凝也月令仲夏行冬令則雹凍傷穀注云陽為雨陰起脅之凝為雹蔡邕章句雨凝為雹春秋考異郵陰氣之專精凝合生雹雹之為言合也漢含孳專以精并氣凝為雹宋均注謂若魯僖公脅於齊以妾為妻尊重脅縢無回曲之心感陰水氣乃使結而不解散禮統雨凝曰雹造化權輿雹者雨之氷也

䨶 古文雹

雨當作𠕲⁂象形雹中心凹故○中加

霝 雨零也從雨吅象零形詩曰霝雨其濛 郎丁切

雨零也者廣韻引作雨零也石鼓文霝雨奔流經典相承以零代霝詩小明涕零如雨又定之方中靈雨既零傳云

零落也野有蔓草零露漙兮箋云零落也夏小正八月栗零傳云零也者降也曹植湯禱桑林贊皇靈感應時雨以零雪賦微霰零密雪降　吅象零形者廣韻引作吅象雨零形　詩曰霝雨其濛者豳風東山文彼作零箋云歸又道遇雨濛濛然

⿱雨各 雨零也從雨各聲 盧各切

雨零也者零當為霝張揖上廣雅表墳典散零廣雅零零雨也

零 餘雨也從雨令聲 郎丁切

餘雨也者御覽引作徐雨也玉篇廣韻同初學記引纂要徐雨曰零雨

⿱雨鮮 小雨財⿱雨各也從雨鮮聲讀若斯 息移切

小雨財⿱雨各也者初學記引作小雨纔落曰⿱雨鮮御覽引作小雨裁落也趙宧光曰世知纔借訓僅而不信財才裁之聲同習與不習爾韻會引徐鍇本作小雨裁霽也　讀若斯者釋詁鮮善也釋文鮮本或作⿱斯言沈云古斯字詩瓠葉有

mài 霢　mù 霂　suān 䨘　jiān ⿱雨戔　zhōng ⿱雨眾　chén 霃　lián 䨬　hán ⿱雨函　lín 霖

免斯首箋云斯白也今俗語斯白之字作鮮齊魯之閒聲近斯禹貢析支大戴記作鮮支

霢 霢霂小雨也從雨脈聲 莫獲切

霢霂小雨也者釋名霢霂小雨也言裁霢歷霑漬如人沐頭惟及其上枝而根不濡也釋天小雨謂之霢霂詩信南山益之以霢霂傳云小雨曰霢霂

霂 霢霂也從雨沐聲 莫卜切

霢霂也者通作沐太元少上九密雨溟沐潤於枯瀆

䨘 小雨也從雨酸聲 素官切

⿱雨戔 微雨也從雨戔聲又讀若芟 子廉切

微雨也者微當為溦本書溦小雨也⿱雨戔或作⿱雨韱集韻細雨謂之⿱雨韱

⿱雨眾 小雨也從雨眾聲明堂月令曰⿱雨眾雨 職戎切

明堂月令曰⿱雨眾雨者禮記月令淫雨早降鄭注今月令作衆雨

霃 久陰也從雨沈聲 直深切

久陰也者初學記御覽竝引作雲久陰也通鑑注引作久陰日霃通作沈月令季春行秋令則天多沈陰通鑑魏陸叡上言沈雨炎陽自成厲疫洪範沈潛剛克馬注沈陰也陰伏之謀謂賊臣亂子非一朝一夕之漸文五年左傳史記宋世家竝作沈漸

䨬 久雨也從雨兼聲 力鹽切

久雨也者纂要久雨曰苦雨

⿱雨函 久雨也從雨圅聲 胡男切

久雨也者廣雅⿱雨函霖也

霖 雨三日已往從雨林聲 力尋切

liù 霤　rǎn 䨣　zhān 霑　jiān 䨘　yǔ 䨞　zī 𩂣　yín 𩃬

雨三日已往者徐鍇本作凡雨三日已上爲霖釋天久雨謂之淫淫謂之霖郭注雨三日以上爲霖書說命若歲大旱用汝作霖雨傳云霖三日雨隱九年左傳大雨霖凡雨自三日以往爲霖月令淫雨蚤降注云淫霖也雨三日以上爲霖漢書高帝紀七月大霖雨顏注雨三日以上爲霖纂要久雨曰苦雨亦曰愁霖後漢書安帝紀夫霖雨者人怨之所致初學記漢應瑒魏文帝繆襲晉傅玄陸雲竝有喜霽賦嵇含有悅晴詩以苦陰霖而喜悅晴霽也

𩃬 霖雨也南陽謂霖雨曰𩃬從雨𠂢聲銀箴切

霖雨也者𩃬通作淫釋天久雨謂之淫淫謂之霖月令淫雨早降注云淫霖也左傳天作淫雨害於粢盛南陽謂霖雨曰𩃬者小字本李燾本竝作南陽謂霖𩃬集韻引同本書初印亦同後乃改之御覽引作南陽名霖雨曰𩃬

𩂣 雨聲從雨眞聲讀若資卽夷切

雨聲者御覽引同讀若資者玉篇𩂣雨聲𩂣同上本書濱久雨涔濱也

䨞 雨皃方語也從雨禹聲讀若禹王矩切

方語也者集韻北方謂雨曰䨞呂靜說　讀若禹者徐鍇本作讀若瑀

䨘 小雨也從雨僉聲子廉切

小雨也者卽䨘　⿱雨戔通作⿱雨兼䨘

霑 雨䨣也從雨沾聲張廉切

雨䨣也者一切經音義二霑濡也三蒼霑漬也法言問道篇霑項漸襟堯舜乎通鑑李克用朱全忠罷酒從者皆霑醉注云霑醉言飲酒大醉賀襟霑溼通作沾史記陳丞相世家汗出沾背滑稽傳置酒而天雨陛楯者皆沾寒

䨣 濡也從雨染聲而琰切

濡也者詩匏有苦葉濟盈不濡軌傳云濡漬也文賦終流離於濡翰五臣云濡染也通作染廣雅染汙也書允征舊染汙俗

霤 屋水流也從雨留聲力救切

lòu 屚　gé 䨝　jì 霽　qī 𩄰　kuò 霩

屋水流也者潘岳悼亾詩晨霤承檐滴李善引霤屋承水也琴賦據神淵而吐溜李善引溜水流也寡婦賦霤泠泠而夜下兮李善引霤屋水也一切經音義十五引作屋水流下也玉篇霤雨屋水流下也釋名霤流也水從屋上流下也

屚 屋穿水下也從雨在尸下尸者屋也盧后切

屋穿水下也者徐鍇本作屋穿水入也詩何以穿我屋屚通作漏釋名西北隅曰屋漏禮每有親灾者輒撤屋之西北隅薪以爨竈煮沐供諸喪用時若値雨則漏遂以名之也釋宮西北隅謂之屋漏舍人云古者徹屋西北扉以炊浴汲者訖而復之古謂之屋漏也詩抑相在爾室尚不愧于屋漏傳云西北隅謂之屋漏應璩與韋誕書夫以原憲懸磬之居而値皇天無已之雨室宇漸而作漏堂館洽而爲泥　尸者屋也者本書屋下云尸象屋形

䨝 雨濡革也從雨從革讀若膊匹各切

雨濡革也者革當爲䨝濡䨝謂溦滓霑濡也集韻⿰氵革陂濼也又云濼或作⿰氵䨝玉篇⿰氵䨝雨也濼陂濼也山東名濼幽州

名濼　從革者徐鍇本作革聲　讀若膊者集韻⿰氵革音粕

霽 雨止也從雨齊聲子計切

雨止也者李善注江文通詩引同字林亦同一切經音義七通俗文雨止曰霽今南陽人呼雨止爲霽初學記引纂要雨晴曰霽洪範曰霽鄭注如雨止之雲氣在上者也後漢書安帝紀連雨未霽注云霽雨止也陳忠傳常雨大水必當霽止注云霽亦止也

𩄰 霽謂之𩄰從雨妻聲七稽切

霽謂之𩄰者釋天文彼作濟謂之霽

霩 雨止雲罷皃從雨郭聲苦郭切

雨止雲罷皃者六書正譌廖霩闊朗皃別作寥廓竝非廣雅廓空也楚辭遠游上寥廓而無天七啟令子廓爾身輕若飛通鑑漢章帝報東平王書得王深策恢然意解注云恢然猶廓然也

lù 露

露 潤澤也從雨路聲 洛故切

潤澤也者玉篇露天之津液下所潤萬物也釋名露慮也覆慮物也詩蓼蕭零露湑兮箋云露者天所以潤萬物月令章句露者陰之液也晉語是先王覆露子也韋云露潤也春秋元命包露以潤草謝承後漢書陵零甘露降膏潤草木五經通義和氣津液凝爲露露從地出晉中興書甘露者仁澤也陸機詩寒露垂鮮澤顧愷之湘川賦宵露潤澤應瑒車渠盌銘浸瓊露以潤彤論衡是應篇爾雅言甘露時降萬物以嘉謂之醴泉醴泉乃謂甘露也必謂其降下時適潤養萬物未必露味甘也欲驗爾雅之甘露以萬物豐熟災害不生此則甘露降下之驗也甘露下是則醴泉矣

shuāng 霜

霜 喪也成物者從雨相聲 所莊切

詩蒹葭白露爲霜傳云白露凝戾爲霜 詩含神霧陽氣終白露凝爲霜宋均注白露行露也陽終陰用事故曰白露凝爲霜也 曾子陰氣勝則凝爲霜 月令章句露凝爲霜白虎通霜之爲言亾也陽以散亾 孝經援神契霜以挫物

春秋元命包霜以殺木威精符霜殺伐之表季秋霜始降鷹隼擊王者順天行誅以成肅殺之威 韓詩外傳天霜雪雨露殺生萬物者也 辨命論嚴霜夜零蕭艾與芝蘭並盡五經通義寒氣凝以爲霜霜從地升也 傅元釋法篇秋霜肅殺 顧愷之湘川賦朔霜夜凝

喪也者霜喪聲相近釋名霜喪也其氣慘毒物皆喪也成物者者京房氣候霜成就萬物春秋考異郵霜者陰精冬令也四時代謝以霜收殺霜之爲言亾也物以終也

wù 霚

霚 地气發天不應從雨敄聲 亡遇切

俗作霧釋名霧冒也氣蒙亂覆冒物也春秋元命包霧陰陽之氣也陰陽怒而爲風亂而爲霧氣蒙冒覆地之物也甘泉賦翕赫曶霍霧集而蒙合兮五經通義陰亂則爲霧霧從地升也晉書天文志霧者衆邪之氣陰來冒陽

地气發天不應者釋天地氣發天不應曰霧霧謂之晦郭注言晦冥釋文字林作霧音同本亦作霧

霧 籒文省

釋天天氣下地不應曰雺地氣發天不應曰霧霧謂之晦郭注雺言蒙昧霧言晦冥玉篇雺與霿同天氣下地不應也霿與霧同地氣發天不應也與爾雅同廣韻雺與霿同莫紅切天氣下地不應曰雺又莫候切注同霿與霧同亾遇切引元命包陰陽亂爲霧又引爾雅地氣發天不應曰霧五經文字云霧雺霧三同竝莫候反地氣發天不應上說文中籒文下經典相承隸變霿莫弄反天氣下地不應霿晦也馥案雺當依廣韻與霿同非霧之籒文也洪範曰蒙傳云蒙陰闇正義雺聲近蒙王肅云雺天氣下地不應闇冥也鄭注雺者氣不釋鬱鬱冥冥也周禮注引作曰蟊尚書大傳厥咎雺注云雺冒也君臣心有不明則相蒙冒矣易稽覽圖雺者霧也李善文選注雺與蒙同袁宏三國名臣贊以雺與用控棟爲韻唐書李宗閔傳人人駭栗連月雺晦惠棟曰尚書曰蒙徐邈音亾鉤反明字本作雺凡此皆雺與霿同之證也

mái 霾

霾 風雨土也從雨貍聲詩曰終風且霾 莫皆切

風雨土也者釋名風而雨土曰霾霾晦也言如物塵晦之色也釋天風而雨土爲霾孫炎曰大風揚塵土從上下也古今注漢昭帝元鳳三年天雨黃土晝夜昏霾 晉書天文志凡天地四方昏濛若下塵十日五日以上或一月或一

時雨不沾衣而有土名曰霾

詩曰終風且霾者邶風終風文傳云霾雨土也

méng 霿

霿 天气下地不應曰霿霿晦也從雨瞀聲 莫弄切

洪範乃命卜筮鄭注卜五占之用謂雨濟圉霧克也 史記宋微子世家曰涕曰霧徐廣曰一作曰洟曰被馥案霧當爲霿被當爲霿 漢書五行志傳曰思心之不睿是謂不聖厥咎霿

天气下地不應曰霿者廣韻五經文字晉書音義竝同范子計然曰風爲天氣雨爲地氣風順時而行雨應風而下命曰天氣下地地氣上陰陽交通萬物成矣素問清陽爲天濁陰爲地地氣上爲雲天氣下爲雨雨出地氣出天馥謂反乎此則爲霿矣 霿晦也者釋言晦冥也春秋僖十五年九月己卯晦公羊云晦冥也漢書五行志心區霿則冥晦霿通作蒙洪範曰蒙釋名蒙日光不明蒙蒙然也京房易傳蒙如塵雲臣私祿及親茲謂罔辟厥異蒙大臣厭小臣茲謂蔽蒙微日不明若解不解後漢書黃瓊傳蒙氣數興日闇月散注云蒙陰闇也郎顗傳正月以來陰闇連日易內傳久陰不雨亂氣也蒙之比也蒙者君臣上下相冒亂也易稽覽圖日食之比陰得陽蒙之比也陰冒陽也鄭

ní
霓

元注蒙氣也比非一也邪臣謀覆冒其君先霧從夜昏起
或從夜半或平旦君不覺悟日中不解遂成蒙君復不覺
悟下爲霧也吳志孫亮傳風四轉五復蒙霧連日晉書天
文志凡連陰十日晝不見日夜不見月亂風四起欲雨而
無雨名曰蒙 稽晉者爾雅釋文霧字林作霧本亦作霧
馥案霧當爲霿 玉篇霿亂明爾雅以霧爲霿故釋文云霧
字林作霿也
本書無晉字

霓 屈虹青赤或白色陰气也從雨兒聲 五雞切

本書𡎸讀若虹蜺之蜺 釋天蜺爲挈貳郭注蜺雌虹也見
離騷挈貳其別名見尸子音義虹雙出色鮮盛者爲雄雄曰
虹闇者爲雌雌曰霓馥案楚辭建雄虹之采旄處雌霓之標
顛 孟子若大旱之望雲霓也趙注霓虹也雨則虹見蓄疏
引爾雅雲出天之正氣霓出地之正氣雄謂之虹雌謂之霓
則雲陽物也陰陽和而旣雨則雲散而霓見矣 河圖塡星
爲虹蜺 春秋演孔圖蜺者斗之亂精也斗失度則蜺見
京房易傳蜺日旁氣也其占云妻乘夫則見之陰勝陽之表
也 月令章句陰陽不
和婚姻失序則生此氣

屈虹青赤或白色者孔帖天復三年三月庚申有曲虹在
日東北河圖稽耀鉤霓者氣也起在日側其色青赤白黃
張璠漢紀光和元年虹晝見色青赤尚書考靈曜注日旁
白者爲虹日旁青赤者爲霓潘尼雨賦收絳霓於漢陰史
記刺客傳白虹貫日楚詞天問白蜺嬰茀注云蜺雲之有
色似龍者也楊文雲賦浮素霓之逶迤 陰气也者御覽
引作陰陽气也春秋元命包虹霓者陰陽之精 兒聲者
廣韻霓五結切南史王筠傳沈約製郊居賦示筠草筠讀
至雌霓連蜷約撫掌欣忭曰僕常恐人呼爲霓 增韻范忠
文公鎮試學士院詩用彩霓字學士以沈約郊居賦雌霓
連蜷讀霓爲入聲謂鎮爲失韻釋名霓齧也其體斷絕見
於非時此災氣也傷害於物如有所食齧也馥案此亦讀
五結
切

diàn
⿱雨埶

⿱雨埶 寒也從雨埶聲或曰早霜讀若春秋傳墊阨 都念切

寒也者寒當爲塞本書阨塞也 讀若春秋傳墊阨者成
六年襄九年左傳竝作墊隘本書墊下亦引作墊隘九經
字樣云傳⿱雨埶隘經典相承作墊馥案本書當云
春秋傳曰⿱雨埶阨後人加讀若字又改⿱雨埶爲墊

yú
雩

雩 夏祭樂于赤帝以祈甘雨也從雨亏聲 羽俱切

春秋繁露大雩者何旱祭也 祭法雩宗祭水旱也注云雩
之言吁嗟也馥案漢盧江雩婁縣讀爲吁閭 春秋大雩賈
逵曰言大雩者別於山川之雩左傳啟蟄而郊龍見而雩服
注一說郊祀天祈農事雩祭山川而祈雨也 梁書許懋傳
降敕問凡求陰陽應各從其類今雩祭燔柴以火祈水意以
爲疑懋荅曰雩祭燔柴經無其文良由先儒不思故也按周
宜雲漢之詩曰上下奠瘞靡神不宗毛注云上祭天下祭地
奠其幣瘞其物以此而言爲旱而祭天地竝有瘞埋之文不
見有燔柴之說若以祭五帝必應燔柴者今明堂之禮又無
其事且禮又云埋少牢以祭時時之功是五帝此又是不用
柴之證矣昔雩壇在南方正陽位有乖求神而已移於東實
柴之禮猶未革請停用柴其牲牢等物悉從坎瘞以符周宜
雲漢之說詔竝從之 馥案阮湛三禮圖雩壇在巳梁之壇在
正南故許懋以爲乖 范注定元年穀梁傳載其禱詞曰方
今大旱野無生稼寡人當死百姓何謗
不敢煩民請命願撫萬民以身塞無狀
夏祭者服注左傳雩夏祭天名也雩遠也遠爲百穀求膏
雨也淮南時則訓仲夏之月大雩帝注云雩者吁嗟其聲

以求雨之祭詩正義云月令仲夏大雩雩以龍見爲之當
在孟夏之日爲月令者錯至於仲夏失正雩之月 爲樂于
赤帝者樂謂舞也本書舞樂也月令仲夏之月大雩帝用
盛樂春秋文耀鉤太微宮有五帝坐星赤帝曰赤熛怒五
經通義天神之大者曰昊天上帝其佐曰五帝南方赤帝
赤熛怒家語五帝篇季康子問於孔子曰舊聞五帝之名
而不知其實請問何謂五帝孔子曰昔邱也聞諸老聃曰
天有五行木火金水土分時化育以成萬物其神謂之五
帝王肅注云五帝五行之神佐天生物者後世讖緯皆爲
之名亦爲妖怪妄言月令注云雩祀五精之帝司巫注云
雩旱祭也天子於上帝諸侯於上公之神高注淮南時則
訓帝者天之主宰詩序噫嘻春夏祈穀於上帝也箋云月
令孟春祈穀於上帝夏則龍見而雩是與馥謂祈穀春祭
祭上帝啟蟄而郊也雩夏祭祭赤帝龍見而雩也所謂上
公者定元年穀梁傳雩者爲旱求者也求者請也焉請哉
請乎應上公古之神人有應上公者通乎陰陽君親帥諸
大夫道之而以請焉 以祈甘雨也者月令大雩帝注云
雩吁嗟求雨之祭也春秋桓五年大雩范甯云雩者旱祭
請雨之名左傳龍見而雩服注龍角亢也謂四月昏龍星
體見萬物始盛待雨而大故雩祭以求雨也荀子彊國篇

雩而雨何也曰無何也猶不雩而雨也注云
雩求雨之禱也說苑大旱則雩祭而請雨

或從羽雩羽舞也

雩羽舞也者集韻䨀䨀羽也雩祭所執釋訓舞號雩也郭注雩之祭舞者吁嗟而請雨孫炎云雩之祭有舞有號周禮司巫若國大旱則帥巫而舞雩注云雩旱祭也又女巫旱暵則舞雩注云使女巫旱祭從陰也又舞師敎皇舞帥而舞旱暵之事注云皇舞象羽舞旱暵之事謂雩也暵熱氣也馥案皇本書作翌云樂舞以羽翿自翳其首以祀星辰也讀若皇桓五年公羊傳大雩者何旱祭也何注雩旱請雨祭名君親之南郊以六事謝過自責曰政不一與民失職與宮室榮與婦謁盛與苞苴行與讒夫倡與使童男女各八人舞而呼雩故謂之雩漢儀郡國旱公卿官長以次行雩禮舞童二佾莊子有桑林之舞淮南云湯旱以身禱於桑山之林馥謂此雩舞之始論語風乎舞雩皇氏曰舞雩請雨之壇處也請雨祭謂之雩雩吁也民不得雨故吁嗟也祭而巫舞故謂爲舞雩也

xū 需

䇓也遇雨不進止䇓也從雨而聲易曰雲上於天需 相俞切

哀六年左傳需事之下也杜注需疑也十四年傳需事之賊也杜注言需疑則害事

䇓也者廣雅同本書䇓待也京房易傳需待也䇓通作須易需卦彖需須也又歸妹以須虞注須需也干寶曰需坤之游魂也雲深在天而雨未降翱翔東西須之象也遇雨不進止䇓也者本書靈見雨而止息易序卦需不進也書序太康失邦昆弟五人須於洛汭馬注須止也後漢書張衡傳雖老氏曲全進道若退然行亦以需而聲者顧炎武曰說文需从雨而聲葢讀而爲如也古而字即讀爲如故耎字說文曰从大而聲馥案需鄭氏易作秀云陽氣秀而不直前歸藏易作溽本書㦢讀若懦是需秀溽聲相近 易曰雲上於天需者需卦象文

yù 䨞

水音也從雨羽聲 王矩切

水音也者集韻䨞通作羽玉篇羽北方名羽音在冬時周禮大司樂姑洗爲羽樂記羽爲物月令其音羽注云羽數四十八屬水者以爲最清物之象也六韜敵人驚動則聽之間人嘯呼之音者羽也注云羽屬水水聲清亮嘯呼之聲似之管子地員篇二七十四尺而至於泉呼音中羽其泉鹹鬼谷子中經徵羽不相配注云徵火羽水性氣不同燕策復爲羽聲炕慨漢書律歷志五聲羽爲水劉歆鐘律書羽五行爲水

文四十六 重十一

yún 雲

山川气也從雨云象雲回轉形凡雲之屬皆從雲 王分切

廣雅雲運也 釋名雲猶云云衆盛意也又言運也運行也 禮統雲者運氣布恩普博也 春秋說題辭雲之爲言運也觸石而起謂之雲 含陽而起以精運也 初學記引春秋元命包陰陽聚爲雲 河圖帝通紀雲者天地之本也 洪範五行傳雲者起於山彌於天 呂氏春秋應同篇山雲草莽水雲魚鱗 河圖始開圖黃泉之埃上爲黃雲青泉之埃上爲青雲赤泉之埃上爲赤雲白泉之埃上爲白雲元泉之埃上爲元雲 兵書韓雲如布趙雲如牛楚雲如日宋雲如車魯雲如馬衛雲如犬周雲如輪秦雲如美人魏雲如鼠齊雲如絳衣越雲如龍頭蜀雲如囷

山川气也者御覽引同本書气雲气也易繫辭山澤通氣禮孔子閒居天降時雨山川出雲成公綏雲賦山澤通氣華岱興雲 云象雲回轉形者本書沄轉流也囩回也詩正月昏姻孔云傳曰云旋也

古文省雨

秦策楚燕之兵云翔不敢校史記作雲翔 古文省雨者徐鍇本作古文雲

亦古文雲

yīn 霒

雲覆日也從雲今聲 於今切

雲覆日也者相雨書曰上有冠雲四方黑者大雨馥案天文要集斗不欲雲覆之黑雲覆之大雨此言雲覆日亦如雲覆斗也玉篇霒沈雲皃釋天弇日爲蔽雲楚詞九辨㸒霒曀而莫達洪注云霒雲覆日也大戴禮文王官人篇生民有霒陽盧辯注言人含陰陽之氣通作陰洪範惟天陰隲下民釋文陰馬云覆也詩鴟鴞迨天之未陰雨月令天

多沈陰蔡氏章句陰者密雲也沈者雲之重也

古文或省　本書陰從此

亦古文雩　史記朝鮮列傳朝鮮相路人相韓陰漢書作韓陶馥疑㠯加𠂤作陰誤爲陶

文二　重四

yú
魚

魚　水蟲也象形魚尾與燕尾相似凡魚之屬皆從魚　語俱切

莊子朽瓜化爲魚物之變也

水蟲也者玉篇魚水中蟲　特牲饋食記魚十有五注云魚水物以頭枚數陰中之物取數於月十有五日而盈　魚尾與燕尾相似者本書燕枝尾又云角與刀魚相似

duò
鰖

鰖　魚子已生者從魚憜省聲　徒果切

魚子已生者者集韻魚初生曰鰖　憜省聲者當爲陏聲

籀文

ér
鮞

鮞　魚子也一曰魚之美者東海之鮞從魚而聲讀若而　如之切

魚子也者魯語魚禁鯤鮞韋注鯤魚子鮞未成魚也南史吉玢傳鯤鮞螻蟻尙貪其生　一曰魚之美者東海之鮞者呂氏春秋本味篇文高注鮞魚名

qū
魼

魼　魚也從魚去聲　去魚切

魚也者玉篇魼亦作鰈鰈比目魚鰨同上廣韻魼與鰈同比目魚別名本書狧讀若比目魚鰈之鰈釋地東方有比目魚焉不比不行其名謂之鰈郭注狀似牛脾鱗細紫黑色一眼兩片相合乃得行今水中所在有之江東又呼爲王餘魚上林賦禺禺魼鰨郭璞曰魼比目魚狀似牛脾細鱗紫色兩相合乃得行馥疑魼下有或體鰈字傳寫脫漏

nà
魶

魶　魚似鼈無甲有尾無足口在腹下從魚納聲　奴荅切

魚似鼈者廣雅魶鯢也類篇鰕魚有四足如龜而行疾戴侗曰鰕魚類鮎而四足按如龜之說未然里中漁人屢嘗獻此目擊其狀乃類鮎郡城中嘗因大水獲此以爲蛟龍爲召巫祝禳而送之江寰宇記云爾雅云鯢似鮎四足聲如小兒今商州山溪內亦有此魚謂之納魚　無足者當爲四足史記司馬相如傳禺禺鱋魶徐廣曰魶一作鰨郭璞曰鰨鯢魚也似鮎有四足聲如嬰兒廣韻魶鯢也玉篇鯢大魚似鮎四足陳藏器本草業鯢魚一名王鮪在山溪中似鮎有四脚長尾能上樹天旱則含水上山以葉覆身來飲水因而取之伊洛閒亦有聲如小兒啼故曰鯢魚一名鱯魚一名人魚膏然燭不滅秦始皇冢中用之史記秦始皇本紀以人魚膏爲燭徐廣音義云人魚似鮎四脚北山經決決之水其中多人魚其狀如鯑魚四足其音如嬰兒注云或曰人魚即鯢魚也似鮎而四足聲如小兒啼

水經注洛水云廣志曰鯢魚聲如小兒嗁有四足形如鯪鱧可以治牛出伊水也釋魚鯢大者謂之鰕異物志鯢魚有四足如龜而行疾有魚之體而以足行故曰鰕魚含水仰天不動小鳥就飲因而吞之

tǎ
鰨

鰨　虛鰨也從魚㬎聲　土盍切

虛鰨也者字書鰨魚似鮎四足北戶錄引唐韻鰨魚名四足戴侗曰薄魚㬎土而行者今謂之鰨鱫漢書司馬相如傳禺禺魼鰨

zùn
鱒

鱒　赤目魚從魚尊聲　慈損切

赤目魚者字林同釋魚鮅鱒郭注似鯶子赤眼孫炎云鱒好獨行爾雅翼鱒魚目中赤色一道橫貫瞳魚之美者今謂之赤眼鱒食螺蚌喜獨行極難取見網輒通詩九罭之魚鱒魴傳云鱒大魚也御覽引陸璣疏云鱒似鯶魚而鱗細於鯶赤眼多細文

lín
鱗

鱗　魚也從魚粦聲　力珍切

yóng 鰫

鰫 魚也從雨容聲 余封切

魚也者集韻鰫似鰱而黑五音集韻鰫似鱒而黑

xū 䱬

䱬 魚也從魚胥聲 相居切

魚也者北山經滑水其中多滑魚其狀如鱓赤背其音如梧注作䱬魚

wěi 鮪

鮪 鮥也周禮春獻王鮪從魚有聲 榮美切

鮥也者當爲鮥說見鮥下詩潛有鱣有鮪傳云鮪鮥也釋文鮪似鱣大者名王鮪小者名叔鮪沈云江淮閒曰叔伊洛曰鮪海濱曰鮥陸機疏鮪魚形似鱣而色青黑頭小而尖似鐵兜鍪口在頷下其甲可以摩薑大者不過七八尺益州人謂之鱣鮪大者爲王鮪小者爲鮛鮪一名鮥肉色白味不如鱣也今東萊遼東人謂之尉魚或謂之仲明仲明者樂浪尉也溺死海中化爲此魚又云河南鞏縣東北崖上山腹有穴舊說此穴與江湖通鮪從此穴而來北入河西上龍門入漆沮故張衡賦云王鮪岫居山穴爲岫謂此穴也薛綜注西京賦云王鮪居山穴中

長老言王鮪之魚由南方來出此穴中入河水見日月眩浮水上流行七八十里釣人見而取之以獻天子用祭其穴在河南小平山水經河水又東過鞏縣北酈注縣北有山臨河謂之崟原邱其下有穴謂之鞏穴言潛通淮浦北達於河直穴有渚謂之鮪渚成公綏大河賦曰鱣鯉王鮪春暮來游周禮春薦鮪然非時及佗處則無故河自鮪穴已上又兼鮪稱呂氏春秋稱武王伐紂至鮪水紂使膠鬲候周師卽是處矣博物志河陰岫穴出鮪魚焉後漢書馬融傳春獻王鮪注云鮪鱣屬也大者爲王鮪小者爲叔鮪周禮春獻王鮪者天官漁人文夏小正二月祭鮪不必記記鮪何也鮪之至有時美物也鮪者魚之先至者也而其至有時謹記其時馥案他書皆作三月月令季春之月薦鮪於寢廟呂氏春秋季春紀薦鮪於寢廟注云鮪魚似鯉而小淮南時則訓季春薦鮪於寢廟注云鮪魚似鯉而大馥案古今注鱣之大者曰鮪

gèng 䱍

䱍 鯇也周禮謂之䱍從魚恆聲 古恆切

鯇也者䱍省作䱍玉篇䱍鱛鮪也吳都賦筌䱍鱛注云䱍鱛鮪也東山經碧陽其中多鱣鮪注云鮪卽鱏也似鱣而長鼻體無鱗甲別名䱍鱛一名鱑也史記司馬相如傳䱍鱛漸離郭璞曰䱍鱛鮪也李奇注周洛曰鮪蜀曰䱍鱛出鞏山穴中三月遡河上能度龍門之限則爲龍矣

méng 鯍

鯍 䱍鯍也從魚巟聲 武登切

䱍鯍也者字或作䲛玉篇䲛䱍鱛魏武四時食制䲛一名黃魚大數百斤骨軟可食出江陽犍爲古文苑蜀都賦后鱛水螭注云䱍鱛魚名后鱛猶后燕后蟹之類

luò 鮥

鮥 叔鮪也從魚各聲 盧各切

叔鮪也者釋魚文彼作鮛郭注鮪鱣屬也大者名王鮪小者名鮛鮪今宜都郡自京門以上江中通出鱏鱣之魚有一魚狀似鱣而小建平人呼鮥子卽此魚也釋文鮥字林作鮥巨救反又云鮥字林作鮥音格本書鮥鮥二字與字林異或後人據爾雅改之

gǔn 鯀

鯀 魚也從魚系聲 古本切

魚也者玉篇鯀大魚也或作鯤列子殷湯篇有魚焉其廣數千里其長稱焉其名爲鯤莊子逍遙游北冥有魚其名爲鯤

guān 鰥

鰥 魚也從魚眔聲 古頑切

魚也者詩敝笱其魚魴鰥傳云鰥大魚孔叢抗志篇衛人釣於河得鰥魚焉其大盈車

lǐ 鯉

鯉 鱣也從魚里聲 良止切

鱣也者釋魚鯉鱣舍人曰鯉一名鱣郭璞曰鯉今赤鯉魚鱣大魚似鱏而短鼻口在頷下體有邪行甲無鱗肉黃大者長二三丈今江東呼爲黃魚馥案舍人與本書合郭以爲二魚其說云先儒及毛詩訓傳皆謂此魚有兩名今此魚種類形狀有殊無緣强合之爲一物詩魚麗于罶鱨鯊釋文毛及前儒皆以鮎釋鰋鱧爲鯇鱣爲鯉唯郭注爾雅是六魚之名今目驗毛解與世不協或恐古今名異逐世移耳馥謂此說最爲平愼毛傳說文舍人孫炎竝同未可據今而疑古也鯉本鱣屬今之鯉魚謂之赤鯉猶鱓本大魚今之鱓魚謂之蛇鱓皆冒大魚之名高注淮南云鮪似鯉

zhān 鱣　zhuǎn 鱄　tóng 鮦

而大李奇注史記鮪能度龍門之限則爲龍䫉謂俗說以赤鯉上龍門也古今注䱷之大者曰鱣歸藏占開有黃耳利得鱣鯉詩衡門豈其食魚必河之鯉成公綏大河賦鱣鯉王鮪暮春來游臨海異物志鯉魚長百步俗傳有七里鱣魚孫綽望海賦文鯉黃鱣大魏諸州記小平津有洞穴鯉魚從穴中出入河大者重千斤色青皮如鮫魚皮有珠文口在頷下

鱣 鯉也從魚亶聲 張連切

鯉也者一切經音義十五鱣大黃魚也口在頷下體無鱗甲肉黃大者長二三丈江東呼爲黃魚是也古今注鱣之大者曰鱣鱣之大者曰鮪詩碩人鱣鮪發發傳云鱣鯉也釋文鱣大魚口在頷下長二三丈江南呼黃魚又四月匪鱣匪鮪箋云鱣鯉也又潛有鱣有鮪傳云鱣大鯉也陸璣疏出江海三月中從河下頭來上身形似龍銳頭口在頷下背上腹下皆有甲縱廣四五尺今於盟津后磧上釣取之大者千餘斤可烝爲臛又可爲鮓魚子可爲醬鄭注大傳鱣鯉也郭注山海經鱣魚大魚也口在頷下體有連甲也江賦叔鮪王鱣李善云王鱣鱣之大者猶曰王鮪南越志鱣鱏屬也長鼻軟骨長數丈而骨可啖水經注河水云河水又南得鯉魚澗爾雅曰鱣鮪也出鞏穴三月則上渡龍門得渡爲龍矣否則點頷而還

籀文鱣

魚當作魚

鱄 魚也從魚專聲 旨兗切

魚也者廣韻鱄魚名出洞庭湖呂氏春秋本味篇魚之美者洞庭之鱄

鮦 魚名從魚同聲一曰鱶也讀若絝襱 直隴切

魚名者玉篇鯔鮦也馥案萊沂海中有蟹大者徑尺殼有兩錐呼爲鮦蟹即此魚也　一曰鱶也者韻會引作鱧玉篇鮦鱧魚也釋魚鱧大鮦小者鮵注云今青州呼小鱺爲鮵　讀若絝襱者地理志汝南郡鮦陽孟康曰鮦音紂紅反廣韻集韻皆與紂同音誤矣

lǐ 𩽼　lóu 䱾　qiàn 鰜　chóu 鯈　tǒu 鮋　biān 鯾

𩽼 鮦也從魚蠡聲 盧啟切

鮦也者詩魚麗魴鱧傳云鱧鮦也御覽引陸璣疏爾雅曰鱧鮦也許慎以爲鯉魚璣以爲似鯉頰狹而厚字或通作蠡本草蠡魚一名鮦魚生九江池澤陶云今皆作鱧字舊言是公蠣蛇所變然亦有相生者至難死猶有蛇性韓詩外傳蠡躍鯨奮戴侗曰𩽼魚之摯者鱗黑駁首左右各有竅如七星雌雄相隨將子咲食衆魚埤雅諸魚中惟此魚膽甘可食有舌鱗細有花文一名文魚與蛇通氣其首戴星夜則北嚮蓋北方之魚也

䱾 魚名一名鯉一名鰜從魚婁聲 洛侯切

魚名者玉篇䱾大青魚　一名鯉者所謂青鯉也古今注兗州人謂青鯉爲青馬此謂三十六鱗之鯉　一名鰜者玉篇鰜䱾也集韻鰜魚名大而青

鰜 魚名從魚兼聲 古甛切

魚名者玉篇鰜䱾也　集韻鰜魚名大而青

鯈 魚名從魚攸聲 直由切

魚名者廣韻鯈與鮋同云鮂鮋小魚廣雅鮷鯈也釋魚鮂黑鰦郭注即白鯈魚江東呼爲鮂爾雅翼鯈白鰷也其形纖長而白今人謂之參埤雅鯈江淮之閒謂之鱻本草鰲注云長數寸狀如柳葉今俗呼鰲鰷莊子秋水篇鯈魚出游釋文白魚也何晏景福殿賦瀨戲鰋鯈荀子榮辱篇鯈鉢者浮陽之魚也楊倞注鯈鉢魚名浮陽謂此魚好浮於水上就陽也秋興賦玩游鯈之潎潎何敬祖詩流目玩鯈魚字或作鰷詩潛鰷鱨鰋鯉箋云鰷白鰷也又借儵字淮南覽冥訓不得其道若觀儵魚高注儵魚小魚可觀見而不可得後漢書樊儵字長魚

鮋 魚名從魚豆聲 天口切

鯾 魚名從魚便聲 房連切

魚名者玉篇鯾魴魚也爾雅釋文鯿字又作鯾字林云魚也案魚似魴而大頸細而長爾雅翼宋張敬兒爲刺史獻齊高帝一千八百頭即此也海內北經大鯾居海中注云鯾即魴也後漢書馬融傳魴鱮鱒鯿注云鯿魴之類也襄

fáng 魴　xù 鱮　lián 鰱　pī 鮍

陽耆舊傳峴山下漢水中出鯿魚味極肥而美襄陽人采捕遂以槎斷水因謂之槎頭縮項鯿魚

鯿 鯾又從扁

魴 赤尾魚從魚方聲 符方切

釋魚魴魾郭注江東呼魴魚爲鯿一名魾 詩魚麗于罶魴鱧又衡門豈其食魚必河之魴陸璣疏魴今伊洛濟潁魴魚也廣而薄肥恬而少力細鱗魚之美者遼東梁水魴特肥而厚尤美於中國魴故其鄉語曰居就糧梁水魴 說苑夫投綸錯餌迎而吸之者陽橋也其爲魚也薄而不美若亡若存若食若不食者魴也其爲魚也博而厚味 廣州記魴魚廣而肥䏰魚之美者也

楚公子魴字子魚

赤尾魚者字林同 一切經音義十九魴赤尾魚也詩汝墳魴魚赬尾傳云魚勞則尾赤正義魴魚尾本不赤赤故爲勞也馥案此誤也曾在沅江得一魚鱗白肉細而尾赤眞魴也

鰟 魴或從旁

說文解字義證　卷三十六　卅九

玉篇鰟籀文

鱮 魚名從魚與聲 徐呂切

魚名者埤雅鱮魚亦或謂之鰱也爾雅翼鯇食草鱮食螺蚌鱮乃食鯇矢宜其味之不美爾詩敝笱其魚魴鱮箋云鱮似魴而弱鱗陸璣疏似魴厚而頭大魚之不美者故俚語曰网魚得鱮不如啗茹華陽國志沔陽縣度水有二源一曰清檢二曰濁檢有魚穴清水出鱮濁水出鮒常以二月八月取後漢書馬融傳魴鱮鱓鯿潘岳西征賦素鱮揚鬐 內則魴鱮蒸

鰱 魚名從魚連聲 力延切

魚名者廣雅鰱鱮也陸璣疏鱮其頭尤大而肥者徐州人謂之鰱寰宇記湞昌縣鰱水多鰱魚因名鰱水

鮍 魚名從魚皮聲 敷羈切

魚名者玉篇鮍鰯魚也 王褒雜章云奉鮍皮

yǒu ⿰魚幼　fù 鮒　qíng ⿰魚巠　jì 鰿

⿰魚幼 魚名從魚幼聲讀若幽 於糾切

魚名者玉篇⿰魚幼鱮魚也

鮒 魚名從魚付聲 符遇切

魚名者玉篇鮒鰿魚廣雅鮒鰿也顏注急就篇鮒今之鰿魚也亦呼爲鯽易井谷射鮒王肅注鮒小魚少牢禮魚用鮒十有五而俎莊子外物篇周顧視車轍中有鮒魚焉神異經東南海中有恆洲有溫湖鮒魚生焉長八尺荊州記荊州有美鮒踰於洞庭溫湖水經注度口水有二源一曰濁檢出好鮒晉羊舌鮒字叔魚

⿰魚巠 魚名從魚巠聲 仇成切

魚名者尚書大傳大都⿰魚巠魚 注云⿰魚巠魚今江南以爲鮑

鰿 魚名從魚脊聲 資昔切

魚名者玉篇鰿鮒也廣韻鰿鮒也唐本草鯽魚一名鮒魚蜀本注云形亦似鯉色黑而體促肚大而脊隆所在池澤皆有之

說文解字義證　卷三十六　卌

lí 鱺　mán 鰻　huà 鱯

鱺 魚名從魚麗聲 郎兮切

魚名者戴侗曰鱺鰻也玉篇鱺魚似蛇無鱗甲其氣辟蟲也廣雅鱺鮦也類篇鱺小鮦也本草鰻鱺魚陶隱居云能緣樹食藤花形似鱓又有鰌亦相似而短也圖經云似鱓而腹大青黃色云是蛟蜃之類善攻碕岸使輒頹阤近江河居人酷畏之趙辟公雜說凡聒抱者鶴鸛雀也影抱者黿鼉也有鰻鱺者以影漫於鱧魚則其子皆附鱧之鬐鬣而生故謂之鰻鱺也馥案有赤色者玉篇鰯赤鱺也

鰻 魚也從魚曼聲 母官切

魚也者廣韻鰻鱺魚也集韻鰊鰻鰊魚也鰊字林作鰊戴侗曰魚無鱗而摶長腹白決物如蛇

鱯 魚名從魚蒦聲 胡化切

徐鍇本有讀若瓠三字

魚

魚名者玉篇鱯似鮎而大廣韻鱯魚名似鮎白大廣志鱯魚似鮎大口本草蜀本圖經鮧魚有二種口腹俱大者名鱯背青而口小者名鮎北山經洧水其中有鱯黽注云鱯似鮎而大白色也水經注度口水有二源一曰淸檢出佳鱯

pī 魾

魾 大鱯也其小者名鮡从魚丕聲 敷悲切

大鱯也其小者名鮡者釋魚魾大者鱯郭注鱯似鮎而大白色釋魚又云鯬鰊郭注未詳釋文鯬廣雅云魾鯬埤蒼云鯬鰊魾也字林鰊作⿰魚桼音七

lǐ 鱧

鱧 鱯也从魚豊聲 盧啟切

鱯也者字林鱧鱯也唐注本草蚺蛇其形似鱧魚或言鱧魚變爲之也

huà 鱳

鱳 鱧也从魚果聲 胡瓦切

鱧也者廣韻鱳魚似鮎也廣雅鮎鱳也大鱳謂之鱯詩魚麗鲂鱧傳云鱧鮦正義釋魚云鱧鯇舍人曰鱧名鯇郭璞

說文解字義證　卷三十六　四十一

曰鱧鮦偏檢諸本或作鱧鱺或作鱧鯇若作鮦似與郭璞正同又與舍人有異或有本作鱧鱳者馥案毛傳郭注以鱧爲鱺故釋爲鮦

cháng 鱨

鱨 揚也从魚嘗聲 市羊切

揚也者集韻類篇引作揚徐鍇本同字書鱨黃頰魚也玉篇鱨黃鱨魚林朝儀蟲異賦注鱨今黃鱨魚也性浮而善飛躍故一名揚詩魚麗鱨鯊傳云鱨揚也陸疏鱨一名揚今黃頰魚似燕頭魚身形厚而長大頰骨正黃魚之大而有力解飛者徐州人謂之揚黃頰通語也今江東呼黃鱨魚亦名黃揚魚尾微黃大者長尺七八寸許陳啟源曰孟詵食療本草有黃顙魚即魚麗之鱨也亦名黃鱨魚又名黃頰魚無鱗而色黃羣游作聲軋軋故又名⿰魚央軋又名黃軋陸元恪以爲名黃揚正以色黃而性揚也馥案說苑夫投綸錯餌迎而吸之者陽橋也宓子賤廟碑作陽鱎荀子榮辱篇儵鉢者浮陽之魚也注云浮陽謂此魚好浮於水上就陽也此皆作陰陽之陽初學記引毛詩義疏鮪魚益州人謂之鮪鱨案薛綜云王鮪出穴見日月眩浮水上流行七八十里馥謂其浮似鱨故曰鮪鱨

xún 鱏

鱏 魚名从魚覃聲傳曰伯牙鼓琴鱏魚出聽 余箴切

魚名者一切經音義十七鱏魚鼻長七八寸重千斤玉篇鱏鮪也字林鱏長鼻魚也重千斤後漢書馬融傳鲂鱮鱏鯿注云鱏口在頷下大者長七八尺長笛賦鱏魚喁於水鬵字或作鱘陳藏器本草鱘魚生江中背如龍長一二丈鼻上肉作脯名鹿頭一名鹿肉新唐書地理志丹陽郡貢鱘鮓趙宧光曰鱏大鼻魚也外無鱗內無骨其鼻如冠等身之半皆鯛脆也大者千斤觸網即仰身待縛人言其惜冠也海虞方言讀若鰭婁東方言讀若尋或改作鱘因聲而謬遂其譌也　傳曰伯牙鼓琴鱏魚出聽者荀子昔者瓠巴鼓瑟而鱏魚出聽伯牙鼓琴而六馬仰秣通作淫淮南說山訓瓠巴鼓瑟而淫魚出聽高注淫魚喜音出頭於水而聽之淫魚長頭身相半長丈餘鼻正白身正黑口在頷下似鬲獄魚而身無鱗出江中也白帖瓠巴鼓琴鱏魚出聽江淹雜體詩淵魚猶伏浦聽者未云疲李注淵魚鱏魚也韓詩外傳昔伯牙鼓琴而淵魚出聽蜀都賦感鱏魚劉注鱏魚出江中頭與身正半口在腹下淮南子曰瓠巴鼓瑟鱏魚出聽伯牙鼓琴駟馬仰秣

說文解字義證　卷三十六　四十二

ní 鯢

鯢 刺魚也从魚兒聲 五雞切

刺魚也者集韻作鬻音秫宋玉對楚王問尺澤之鯢莊子庚桑楚尋常之溝巨魚無所還其體而鯢鰌爲之制注制折也謂小魚得屈折也又云趣灌瀆守鯢鮒

xí 鰼

鰼 鰌也从魚習聲 似入切

鰌也者釋魚文郭注今泥鰌孫炎云鰼尋也尋習其泥厭其清水

qiū 鰌

鰌 鰼也从魚酋聲 七由切

鰼也者埤雅今泥鰌也似鱓而短無鱗以涎自染難握與魚爲牝牡莊子所謂麋與鹿交鰌與魚游一名鰼玉篇鰌狀如鱧而小字林鰌似鱓短小也莊子達生篇養鳥者食之以委蛇司馬彪云委蛇泥鰌通鑑注鰌魚今江淮閒湖蕩河港皆有之春二月時人取食之其味甘美至三月人不甚食謂之楊花鰌史鰌字子魚

huàn 鯇

鯇 魚名从魚完聲 戶版切

魚名者類篇鯇與鯶同郭注爾雅鯇今鯶魚似鱒而大陳藏器本草鯇魚似鯉生江湖間嶺表錄異新龍等州山田開爲町畽貯水先買鯇魚子散於田內一二年後魚兒長大食草根竝旣盡爲熟田爾雅翼雲南牂柯人以桐葉飼魚鄉人養鯇魚者每春以草養之頓能肥大秋後食以桐葉以封魚腹則不復食亦不復瘦以待春復食也

哆口魚也從魚乇聲 他各切

哆口魚也者玉篇魠名黃頰廣雅鰊鯭河鯳魧鱄魠也韓詩外傳魚之哆口垂腴者魚畏之史記司馬相如傳鰅鰫鰬魠徐廣曰魠音託哆口魚也漢書音義郭璞曰魠鹹也一名黃頰馥案集韻鹹魠也一曰黃頰

飲而不食刀魚也九江有之從魚此聲 徂禮切

玉篇鮤鮆魚也鱽蔑鱽魚鄭注周禮鼈人貍物鱴刀含漿之屬　南山經苕水北流注於具區其中多鮆魚注云鮆魚狹薄而長頭大者尺餘太湖中今饒有之一名刀魚　江賦鯼鮆順時而往還李善曰常以三月八月出故曰順時　爾雅翼鮆魚長頭而狹薄其腹背如刀刃故以爲名大者長尺餘可以爲膾　臧佪曰鮆魚生江河鹹淡水中春則上側薄

類刀其大者曰母鮆宜膾　趙宧光曰今江南在在有之海出者佳而孕子江出大而不孕湖出有大小二種竝味薄不珍　異苑蝴蝶變作鮆　爾雅釋文鮆字或作鱭齊民要術注鱭一名刀魚　馥案方言凡物生而不長大謂之鮆又曰鱭

飲而不食刀魚也者釋魚鮤鱴刀郭云今之鮆魚也亦呼爲魛魚釋文刀字亦作魛字林云刀魚飲而不食漢書貨殖傳鮐鮆千斤顏注鮆魛魚也飲而不食者　九江有之者廣韻鮆魚名常以春時出九江

鮎也從魚它聲 徒何切

鮎也者齊民要術有作鮀臛湯法本草蜀本圖經云有二種口腹俱大者名鱯背青而口小者名鮎口小背黃腹白者名鮠一名河豚三魚竝堪爲臛美而且補　祝鮀字子魚

鰋也從魚占聲 奴兼切

鰋也者釋魚鰋鮎孫炎曰鰋一名鮎詩魚麗鰋鯉傳云鰋鮎也楚詞九思鱣鮎兮延延王注鮎鰋也詩詁今詳鮎狀腹平著地故得偃名永嘉郡記溹湖溪中多大鮎有流得一夶者鬚大五六圍魏武四時食制烝鮎

鮀也從魚晏聲 於幰切

鰋或從匽

大鮎也從魚弟聲 杜兮切

大鮎也者廣雅鮷鮎也字或作鮧廣韻鮧鮎也類篇鮧魚名鮎也江東語戴侗曰鮎魚無鱗哆口豕頰長須多次江東謂之鮧其大者謂之吳言其哆口也字又作鯷類篇鯷魚名鮎鯷廣雅鯷鮎也郭注爾雅鮎別名鯷江東通呼鮎爲鮧爾雅翼鮧魚偃額兩目上陳口方頭大尾小身滑無鱗謂之鮎魚言黏滑也一名鯷魚善登竹以口銜葉而躍於竹上大抵能登高其有水堰處輒自下騰上愈高遠而未止諺曰鮎魚上竹謂是故也本草鮧魚陶云此是鯷也今人皆呼慈音卽是鮎魚作臛食之云補本草綱目鯷魚古曰鰋今曰鮎北人曰鰋南人曰鮎趙策鯷冠秫縫鮑注鯷大鮎以其皮爲冠地理志會稽海外有東鯷人孟康音題晉灼音鞮字又作鯑山海經人魚其狀如鯑魚

魚名從魚賴聲 洛帶切

魚名者通作賴本草黃賴魚一名鉠軋無鱗埤雅鉠軋魚其膽春夏近上秋冬近下馥案卽黃頰魚羣游作聲軋軋故又名鉠軋

魚名從魚朁聲 鉏箴切

魚名者南越志鱸鱏屬也韓詩外傳弧巴鼓瑟鱏魚出聽

魚名從魚翁聲 烏紅切

魚名者本草漳州海中有海鰯魚取其糞乾之盛器可碎蠅

魚名從魚臽聲 戶賺切

魚名者山海經雷水南流注於河其中有䱤父之魚其狀如鮒魚而彘身食之已嘔　異苑諸魚欲產䱤魚輒以頭衝其腹䱤魚自生亦更相撞觸俗謂衆魚之生母

魚名從魚厥聲 居衛切

zōu 鯫　shàn 鱓　miǎn 鮸

魚名者玉篇鰂魚大口細鱗斑彩爾雅翼鰂魚巨口而細鱗鬐鬣皆圓黃質黑章皮厚而肉緊特異常魚其斑文尤鮮明者雄也稍晦昧者雌也凡牛羊之屬有肚故能嚼魚無肚不嚼鰂有肚能嚼本草鰂魚背有黑點味尤重昔仙人劉憑常食石桂魚今此魚猶有桂名恐是此也生江溪閒山海經注鰂魚大口大目細鱗有斑彩戴侗曰鰂魚之摯者決吻鋸齒箴鬣豹文雌雄將子啖食衆魚　魚之美者張志和漁父詞桃花流水鰂魚肥

鯫 白魚也從魚取聲（士垢切）

白魚也者史記貨殖傳鯫千石鮑千鈞正義鯫謂雜小魚也鮑白也馥案當云鮑謂雜小魚也鯫白魚也字或作鰶

玉篇鯫白魚也

鱓 魚名皮可爲鼓從魚單聲（常演切）

魚名者本書鼉下云水蟲似蜥易長大驒下云文如鼉魚史記索隱引作鱓魚禹四海異物江鱓鄭注鱓或作鼉鼉狀如蜥蜴長六七尺呂氏春秋古樂篇顓頊令鱓先爲樂倡鱓乃偃浸以其尾鼓其腹史記太史公自序鼉鱓與處

馥案今人所食鱓魚其形似蛇者名爲蛇鱓本書蟤下云非蛇鱓之穴無所庇後漢楊震傳蛇鱓卿大夫服之象也其形似鱓又小如蛇故名蛇鱓本草蜀本圖經云生湖畔土窟中形似守宮而大長丈餘背尾俱有鱗甲今江南諸州皆有之　皮可爲鼓者古文苑蜀都賦注引同夏小正二月剝鱓以爲鼓也李斯上書樹靈鼉之鼓通作鼉詩靈臺鼉鼓逢逢周書王會會稽以鼉注云其皮可以冒鼓月令季夏伐蛟取鼉注云甲類皮可以冒鼓高注淮南時則訓鼉魚屬皮可以作鼓上林賦樹靈鼉之鼓張指注以鼉皮爲鼓也通作鮀本草鮀魚生南海池澤陶云鮀皮可以冒鼓　單聲者後漢書馬融傳右提蛟鼉與淵鼉爲韻注云鼉音壇

鮸 魚名出薉邪頭國從魚免聲（亡辨切）

魚名者戴侗曰鮸海魚似鱸而肉粗杜寶大業拾遺錄吳郡獻海鮸乾膾帝以示羣臣曰今日之膾來數千里亦是一時奇味又云鮸魚大者長四五尺鱗細紫色無細骨不腥　出薉邪頭國者薉邪頭東夷也徐鍇曰廣韻濊貊夫餘國名或作獩貊漢志樂浪郡有邪頭昧周書王會北有稷慎東則濊㠯魏志濊南與辰韓北與高句麗沃沮接後

fén 魵　lǔ 鱸　qū 鰸　qiè 鯜　bèi ⿰魚市　jú ⿰魚匊

漢書東夷傳濊及沃沮句驪本皆朝鮮之地寰宇記濊國亦朝鮮之地自謂與句麗同種言語法俗大抵相類山海經貊國在漢水東北郭注今扶餘國卽濊貊故地魏志夫餘國其印文言濊王之印國有故城名濊城葢本濊貊之地而夫餘王其中後漢書東夷傳夫餘國在玄菟北千里北有弱水地方二千里本濊地也

魵 魚名出薉邪頭國從魚分聲（符分切）

魚名者釋魚魵鰕郭注魵出薉邪頭國見呂氏字林通作斑魚豢魏畧濊國出斑魚皮漢時恆獻之郭義恭廣志斑文魚出東夷濊國獻其皮通典濊亦朝鮮之地東窮大海西至樂浪其海出斑魚皮漢時常獻之

鱸 魚名出樂浪潘國從魚虜聲（郎古切）

出樂浪潘國者樂浪卽周書王會之良夷潘徐鍇本作番漢志樂浪郡無潘國隋書新羅國在高麗東南居漢時樂浪之地

鰸 魚名狀似蝦無足長寸大如叉股出遼東從魚區聲（豈俱切）

狀似蝦無足長寸大如叉股者無字衍集韻引作狀如鰕足長寸大如叉股

鯜 魚名出樂浪潘國從魚妾聲（七接切）

魚名者或通作妾釋魚鰝鮬鱖鯞郭注小魚也似鮒子而黑俗呼爲魚婢江東呼爲妾魚居易錄白妾魚一名婢妾臉如芙蕖膚如凝脂有天然肉結長四尺五寸臍下有帶白光映人作膾香脆水陸無方者馥案或云此魚行以三爲率一前二後

⿰魚市 魚名出樂浪潘國從魚巿聲（博蓋切）

魚名者北山經敦水其中多⿰魚市⿰魚市之魚食之殺人

⿰魚匊 魚名出樂浪潘國從魚匊聲一曰⿰魚匊魚出江東有兩乳（居六切）

yōng 鱅　yóng 鰅　xiān 鮮　lì 鱳　shā 魦

魚名出樂浪潘國一曰鰅魚出江東有兩乳者晉書音義引云鰅魚出樂浪潘國一名江豚多膏少肉一曰出江有兩乳字林鰅魚有兩乳出樂浪一曰出江徐鍇本一曰鰅出九江有兩乳一曰溥浮廣雅鱄鮃鰅也玉篇鱄鮃魚一名江豚欲風則踊本草江豚別名鯆魚魏武帝食制謂之鮃鰆史記伍子胥傳縣東門之上正義東門鰆門謂鮃門也郭注爾雅鱀魚尾如鰅魚廣韻鯆鮃魚名亦作鰆又江豚別名天欲風則見埤蒼鮃鰅魚也王隱晉書夏統常學戲船登舟作鮃鯆之狀楊愼曰說文鰅魚葉子奇曰奔鮃也名瀏非魚非鮫色如鮎有兩乳在腹下雌雄陰陽類人

魦 魚名出樂浪潘國從魚沙省聲 所加切

魚名云云者六書故引同又云鯊海中所產以其皮如沙而得名哆口無鱗胎生其類尤多大者伐之盈舟寰宇記漳州出魦魚皮

鱳 魚名出樂浪潘國從魚樂聲 盧各切

鮮 魚名出貉國從魚羴省聲 相然切

鰅 魚名皮有文出樂浪東暆神爵四年初捕收輸考工周成王時揚州獻鰅從魚禺聲 魚容切

魚名皮有文者史記司馬相如傳鰅鰫鰬魠徐廣曰鰅音娛皮有文出樂浪又禺禺鱋魶徐廣曰禺禺魚牛也漢書注郭璞曰禺禺皮有毛黃地黑文閔二年左傳歸夫人魚軒服虔曰魚獸名詩采薇象弭魚服傳云魚服魚皮也陸璣疏魚服魚獸之皮也魚獸似豬東海有之一名魚貍其皮背上斑文腹下純青今以爲弓鞬步乂者也 出樂浪東暆者本書暆下云樂浪有東暆縣漢志同 周成王時揚州獻鰅者周書王會揚州禺禺

鱅 魚名從魚庸聲 蜀容切

魚名者史記鰅鱅鰬魠張融海賦魚則何儺鱅鮨戴侗曰今海魚肉如蟲謂之鱅東山經樕螽之山食水出焉而東北流注於海其中多鱅鱅之魚其狀如犂牛其音如彘鳴陳藏器本草鱅魚嶺南人作鮑魚劉元紹云其臭如屍海人食之所謂海上有逐臭之夫也

zéi 鰂

鰂 烏鰂魚名從魚則聲 昨則切

鰞鰂魚名者鰞小字本作烏玉篇作鰞晉書夏統傳操柂正櫓折旋中流初作鯔鰞躍後作鯆鮃引鰞鰂烏鰂也字又作鯀周書伊尹受命於湯賜鯀鰂之醬是也爾雅翼鰞鰂狀如革囊兩帶極長腹中有墨背上獨一骨形如樗蒲子而長名海螵蛸古今注烏鰂一名河伯度事小史一切經音義十七埤蒼鰞鰂魚腹中有骨出南郡背有一骨闊二寸許有鬐甚長口中有墨瞋則潠人臨海記云以其懷板含墨故號小史魚也戴侗曰鰞鰂形如革囊口在腹下下足生口旁兩須如纜又名纜魚腹有墨又名墨魚嶺表錄異烏賊魚只有骨一片如龍骨而輕虛以指甲刮之即爲末亦無鱗而肉翼前有四足每潮來即以二長足捉石浮身水上有小蝦魚過其前即吐涎惹之取以爲食廣州邊海人往往探得大者率如蒲扇煠熟以薑醋食之極脆美或入鹽渾淹爲乾槌如脯亦美吳中好食之元和郡縣志明州貢烏鰂骨玉篇鰂又作鱡諸書通作賊曹毗揚都賦魚則琵琶烏賊南越志烏賊魚常自浮水上烏見以爲死便往啄之乃卷取烏故謂之烏賊今雖烏化爲之又云烏賊魚有矴遇風浪便起虯前一鬚下矴而住腹中血及

膽正黑中書世謂烏賊懷墨而知禮故俗曰是海君白事小史江東人或取其墨書契以紿人物書迹如淡墨逾年墨消空紙耳本草烏賊魚生東海池澤陶隱居云此是鷃烏所化作今其口腳具存猶相似耳其魚腹中有墨今作好墨用之圖經云能吸波噀墨以溷水所以自衛使水匿形不爲人所害又云性嗜烏每曝水上有飛烏過謂其已死便啄其腹則卷取而食之以此得名言爲烏之賊害也形若革囊口在腹下八足聚生口旁只一骨厚三四分似小舟輕虛而白又有兩鬚如帶可以自纜故別名纜魚萬震烏賊魚贊魚有烏賊絕短入足集足在口縮喙在腹形類鞋囊其名烏賊吸波噀墨迷射水匿字又作鰞鰂夢溪筆談宋明帝好食蜜漬鰞鰂乃今之烏鰂腸也

鯽 鰂或從即

tái 鮐

鮐 海魚名從魚台聲 徒哀切

海魚名者史記正義李善注七命所引竝同古文苑蜀都賦注引亦同顏注急就篇鮐海魚也鹽鐵論萊黃之鮐不可勝食釋詁鮐背耇老壽也舍人曰背若鮐魚也釋名九十曰鮐背詩行葦黃耇台背箋云台之言鮐也大老則背

有鮎文

bà 鮊

鮊 海魚名從魚白聲 旁陌切

徐鍇本有讀若書白不黑六字　海魚名者廣韻作鮁集韻音杷廣雅鮊鱎也馥案此魚無鱗燕尾大者長七八尺肉不美其子可鹽藏登萊人重之新字林云魚子脯曰膭子

fù 鰒

鰒 夏當作复 海魚名從魚复聲 蒲角切

海魚名者戴侗曰鰒肉似蠃肉漢書王莽傳啗鰒魚顏注鰒海魚也音雹曹植表先王喜鰒魚臣前以表徐州臧霸遺鰒魚二百枚足以供事魏志末盧國人好捕鰒魚水無深淺皆沈沒取之後漢書伏隆傳張步遣使隨隆詣闕上書獻鰒魚注云郭璞注三蒼云鰒似蛤偏著石廣志曰鰒無鱗有殼一面附石細孔雜雜或七或九本草云石決明一名鰒魚焦氏筆乘顏之推云鰒卽石決明肉旁一年一孔至十二孔而止以合歲數登州所出其味珍絕然漢以前未聞其貴至王莽欲敗時但飲酒啗鰒魚而光武時張步據青徐遣使詣闕上書獻鰒魚又臨淄太守吳良賜鰒魚百枚則兩漢時已自珍之

jiāo 鮫

鮫 海魚皮可飾刀從魚交聲 古肴切

海魚者玉篇鯊鮫魚陳藏器本草沙魚一名鮫魚子隨母行驚卽從口入母腹其魚狀皃非一皮上有沙堪揩木如木賊也李時珍云鮫魚長丈許腹有兩洞貯水養子一腹容三四子朝從口出暮還入母腹楊孚交州異物志鮫之爲魚其子既育驚必歸母還入其腹小則如之大則不復陳啟源曰鮫魚一名沙魚背皮粗錯如眞珠辮有鹿沙虎沙鋸沙諸種出東南近海郡任昉述異記虎魚老則爲鮫漢書司馬相如傳其中則有神龜蛟鼉張揖曰蛟狀魚身而蛇尾皮有珠顏師古曰張說蛟者乃是鮫魚非蛟龍之蛟也　皮可飾刀者廣韻鮫魚名皮有文可飾刀戴侗曰海魚鯊類其皮麤錯堅厚可飾刀室蟲異賦注鮫海魚也似鼉而無足背紋粗錯皮閒有珠可以飾刀本草鮫魚皮卽裝刀靶鯌魚皮也異物志鮫魚皮可以飾刀其子驚則入腹中劉欣期交州記鮫魚出合浦長三尺背上有甲珠文堅强可以飾刀口又可以鑢物山海經漳水多鮫魚注云鮫鮒魚類也皮有珠文而堅尾長三四尺末有毒螫人皮可飾刀劍口錯治材角今臨海郡亦有之湯四方獻令請令以魚皮之鞞孔注鞞刀削尙書大傳南海魚革注云魚革今以飾小車之纏兵室之口後漢輿服志佩刀乘輿黃金通身貂錯半鮫魚鱗金漆錯雌黃室五色罽隱室華吳都賦扈帶鮫函五臣云鮫函者以鮫皮飾刀馥案其皮又可爲甲荀子議兵篇楚人鮫革犀兕以爲甲注云以鮫魚皮及犀兕爲甲是也又可飾旗孝經援神契鮫珠旗宋均曰鮫魚之珠有光燿可以飾旗是也其須又可飾笏三禮圖大夫笏飾以魚須初學記注云鮫魚須是也新唐書地理志永嘉郡臨海郡漳浦郡俱貢鮫革通典永嘉郡貢鮫魚皮三十張漳浦郡二十張潮陽郡十張臨海郡百張元和郡縣志溫州貢鮫魚皮三十張

jīng 鱷

鱷 海大魚也從魚畺聲春秋傳曰取其鱷鯢 渠京切

海大魚也者吳都賦於是乎長鯨吞航脩鯢吐浪海賦魚則橫海之鯨莊子逍遙遊北冥有魚其名爲鯤釋文鯤大魚名也崔譔云鯤當爲鯨簡文同　風土記海中有鯨魚長數千里穴處海底出則潮下入則潮上出入有時故有上下　魏武四時食制東海有大魚如山長五六里謂之鯨鯢次有如屋者時死岸上膏流九頃其鬚長一丈廣三尺厚六寸瞳子如三升椀大骨可爲方臼　寰宇記惠州海豐縣多鯨魚其大吞舟漁人於海嶼上得鯨頭骨如數百斛圖頂上一孔大於甕俗以爲珠穴　異物志鯨魚長數十里或死沙中得之者皆無目俗云其目化爲明月珠也　廣州記鯨鯢長百丈大亦稱之雌曰鯢雄曰鯨目卽明月珠死不見有眼睛而噴浪騎於雲日　崔豹古今注鯨海魚也大者長千里小者數十丈一生數萬子常以五月六月就岸邊生子至七八月導引其子還入海中鼓浪成雷噴沫成雨水族驚畏之皆逃匿莫敢當其雌曰鯢大者亦長千里眼睛爲明月珠　曹毗觀濤賦於是神鯨來往乘波躍鱗噴氣合霧噫水成津骸喪成島嶼之墟目落爲明月之珍　吳筠檄江神文按驪龍取其頷下之珠搦鯨魚拔其眼中之寶　任昉述異記南海有珠卽鯨目瞳夜可以鑒謂之夜光　唐書黑水靺鞨傳大拂涅開元天寶閒獻鯨睛　春秋孔演圖海精死彗星出注云海精鯨魚春秋考異郵鯨魚死彗星合注云鯨魚陰物生於水今出而死是將有兵相殺之祥也故天應之以妖彗　淮南覽冥

魚

訓鯨魚死而彗星出高注鯨魚大魚也長數里海大魚也者一切經音義十九許叔重注淮南子云鯨魚之王也李善注吳都賦魚大者莫若鯨也楚詞九懷鯨鱏兮幽潛注云鯨鱏大魚也後漢書班固傳於是發鯨魚注云海岸中有大魚名鯨　春秋傳曰取其鱷鯢者宣十二年左傳文彼云取其鯨鯢而封之杜注鯨鯢大魚名後漢書薛宣傳古者明王伐不敬取其鱷鯢

鱷或從京

本書鱷或从京

gěng 鯁

鯁　魚骨也從魚更聲　古杏切

魚骨也者後漢書來歙傳注引同又云食骨留咽中爲鯁集韻引字林亦同

lín 鱗

鱗　魚甲也從魚粦聲　力珍切

魚甲也者玉篇鱗魚龍之鱗也管子四時篇陰生金與甲注云陰氣凝結堅實故生金爲爪甲也呂氏春秋孟春紀其蟲鱗高注鱗魚屬也龍爲之長許注淮南時則訓鱗龍之屬也

xīng 鮏

鮏　魚臭也從魚生聲　桑經切

魚臭也者當爲殠鮏或作鯹廣雅鯹臭也通作胜通俗文魚臭曰胜又作腥呂氏春秋水居者腥急就篇肌膀脯腊魚臭腥顏注腥者魚之臭

sāo 鱢

鱢　鮏臭也從魚喿聲周禮曰膳膏鱢　穌遭切

鮏臭也者玉篇鱢鮏鱢也廣雅鱢臭也晏子春秋倉魚無反則惡其鱢　周禮膳膏鱢者天官庖人文彼作臊鄭司農云膏臊豕膏也杜子春云膏臊犬膏非本書義

qí 鮨

鮨　魚胎醬也出蜀中從魚旨聲一曰鮪魚名　旨夷切

玉篇有古文從示

魚胎醬也者本書脂豕肉醬也博物志西羌仲秋月取赤頭鯉以爲鮨陸氏詩疏鱣魚子可爲醬晉武帝與山濤書兼致魚醬一斗齊民要術作魚醬法鮐魚鯖魚第一鯉魚亦中大率魚一斗黃衣三升白鹽二升乾薑一升橘皮一合調均內甕子中泥封日暴熟以酒解之廣雅鮨鱟也釋器魚謂之鮨郭注鮨鮓屬也公食大夫禮牛鮨注云內則謂鮨爲膾然則膾用鮨　出蜀中者集韻蜀以魚爲醬曰鮨廣志武揚小魚大如鍼號一斤千頭蜀人以爲醬脂通作浩續漢書犍爲郡南安縣有魚浩津通鑑建武十二年吳漢破公孫述將魏黨公孫永於魚浩津注云浩音浮　一曰鮪魚名者集韻引作一曰魚名鮪也爾雅釋文鮥字林作鮥巨救反鮥字林作鮥音格云當鮪也本書鮥叔鮪鮥當互馥案當依字林作鮥叔鮪鮥當互鮨即當互或有謂鮥爲鮪者故鮨一曰鮪魚名

zhǎ 鮺

鮺　藏魚也南方謂之魿北方謂之鮺從魚差省聲　側下切

玉篇有籀文作[illegible]

藏魚也者周禮膳夫共祭祀之好羞注云若荊州之鮺魚字或作鮓世說有人遺張華鮓者華見之曰此龍肉也遂以苦酒沃之鮓中有五色光吳司徒孟宗爲雷池監以鮓餉母世說以爲陶侃事唐書地理志孟州貢黃魚鮓又通作差衛庾公差字子魚俗作鮓釋名鮓菹也以鹽米釀魚而爲菹也楊泉五湖賦鹹鹽白糝雜以菜菓連㶌柳鮓積如陵邱陶侃故事蘇峻上成帝十斛鮓陸璣詩疏鱣魚大者千餘斤可爲鮓南越志鱣魚大如五斗匳長丈黃肥唯以作鮓謝元與兄書手釣所獲魚爲二坩鮓今奉送唐書地理志潤州土貢鱘鮓齊民要術凡作鮓取新鯉魚去鱗使臠別有皮水浸漉著盤中以白鹽散之迮去水炙一斗炊秔米飯爲糝并茱萸橘皮好酒合和之布魚於甕中一行魚一行糝赤漿出傾卻白漿出味酸便熟　南方謂之魿者集韻南方謂鮺曰鰽馥謂魿鰽聲相近

qín 魿

魿　鮺也一曰大魚爲鮺小魚爲魿從魚今聲　徂慘切

鮺也者魿或作鯵廣雅鯵鮺也　一曰大魚爲鮺小魚爲魿者玉篇魿大魚爲鮓小魚爲鯵戴侗曰鮺鹵魚也越人以大者爲鮺細者爲鮺

bào 鮑

鮑　饐魚也從魚包聲　薄巧切

饐魚也者戴侗引唐本作瘞魚也馥案釋名鮑魚鮑腐也埋藏奄使腐臭也玉篇鮑漬魚也今謂裛魚陶注本草鮑

魚

líng 鯪　xiā 鰕　hào 鰝　jiù 鯦　háng 魧

魚俗人呼爲鮑魚字似鮑又言鹽鮑之以成故也顏注急就篇鮑亦海魚加之以鹽而不乾者也戴侗曰鮑浥魚也以鹽浥而暴藏之海魚惟浥藏能久家語與不善人居如人鮑魚之肆久而不聞其臭易林敗魚鮑室臭不可息史記秦始皇本紀棺載轀涼車中會暑上轀車臭乃載一石鮑魚以亂其臭論語讖漸於蘭則芳漸於鮑則臭說苑顏淵曰回聞鮑魚蘭芷不同篋而藏馥案乾魚亦爲鮑周禮籩人膴鮑魚鱐注云鮑者於楅室中糗乾之出於江淮也史記貨殖傳鮐千鈞索隱鮑䱭魚也謂破開中頭尾不相離爲鮑謂之䱭關者也

鯪 蟲連行紆行者從魚令聲 郎丁切

蟲連行紆行者者馥謂者當爲皃廣韻鯪魚連行皃鄭注考工記云連行魚屬紆行蛇屬

鰕 魵也從魚叚聲 乎加切

魵也者本書騢下云馬赤白雜毛謂色似鰕魚也馥案魵一名斑魚馬色似之

鰝 大鰕也從魚高聲 胡到切

大鰕也者吳都賦鰝鰕五臣云鰝鰕大魚名也釋魚鰝大鰕郭注鰕大者出海中長二三丈鬚長數尺今青州呼鰕魚爲鰝馥案郭以爲長須之蟲非本書義

鯦 當互也從魚咎聲 其久切

玉篇無此字

當互也者釋魚文彼作魱郭云海魚也似鯿而大鱗肥美多鯁今江東呼其最大長三尺者爲當魱釋文鯦字林作鮥音格云當魱也馥案本書應與字林同今同爾雅者或後人改之也今猶謂鰲魚爲鮥魚類篇魱魚出有時吳人以爲珍即今鰣魚戴侗曰魱魚似鯿而大生江海中四五月大上肥美而多骨江南珍之以其出有時又謂時魚馥謂鰣時二字當爲鮨張融海賦魚則何羅鱅鮨集韻鮥與鰽同按異物志鰽魚鰽鳥所化故腹中有鳥腎二枚

魧 大貝也一曰魚膏從魚亢聲讀若岡 古郎切

大貝也者釋魚貝大者魧釋文字林作蚢云大貝也江賦紫蚢如渠注引爾雅大貝曰蚢　一曰魚膏者淮南萬畢

bǐng 鮩　jí 鮚　bì 鮅　qú 鱹　hóu 鯸　diāo 鯛

術取蚢脂爲鐙置水中即見諸物楊慎曰魧魚即鱦婦魚也多膏以爲燈照酒食則明照紡績則暗佛經謂之饞燈云

鮩 蚌也從魚丙聲 兵永切

蚌也者廣韻鮩蛤鮩與螷蠯同本書螷蜌也

鮚 蚌也從魚吉聲漢律會稽郡獻鮚醬 巨乙切

蚌也者集韻鮚大蛤抱朴子小蟹不歸而鮚敗漢書地理志會稽鄞縣有鮚埼亭顏注鮚音結蚌也長一寸廣二分有一小蟹在其腹中埼曲岸也其中多鮚故以名亭字或作蛣述異記淮海之人呼璅蛣爲蟹奴江賦璅蛣腹蟹注云南越志璅長寸餘大者長二三寸腹中有蟹子如榆莢合體共生俱爲蛣取食　漢律會稽郡獻鮚醬者徐鍇本有三斗二字王應麟漢制考引同

鮅 魚名從魚必聲 毗必切

魚名者釋魚鮅鱒郭注似鯶子赤眼

鱹 魚名從魚瞿聲 九遇切

玉篇無此字

鯸 魚名從魚侯聲 乎鉤切

魚名者廣志鯸魚一名河豚輟耕錄類篇引博雅云鯸鮐鮀也背青腹白觸物即怒其肝殺人正今人名爲河豚者也然則豚當爲鮀馥案今廣雅鮀誤作魠玉篇鯸鮐鮰也食其肝殺人本草集解河豚一名鯸鮧戴侗曰亦謂之鯢又謂鳥狼亦謂採魚其黃者謂之黃鯢尤毒生淡水者謂之河豚本草橄欖療鯸鮐毒人誤食此魚肝迷悶者可煮汁服之必解

鯛 骨耑脃也從魚周聲 都僚切

骨耑脃也者徐鍇本作魚骨耑脃鍇曰小魚也玉篇鯛魚名馥謂魚名鯛其骨耑脃本書脫魚字

zhuó 鯙 bō 鱍 fū 鮇 qí 鯕 zhào 鮡 huà 魤 xiān 鱻

鯙 烝然鯙鯙從魚卓聲 都教切

玉篇無此字

烝然鯙鯙者詩作罩徐鍇曰鯙鯙衆也廣雅淖淖衆也

鱍 鱣鮪鱍鱍從魚犮聲 北末切

玉篇無此字

鱣鮪鱍鱍者詩碩人作發發傳云發發盛貌釋文馬云魚著罔尾發發然韓詩作鱍呂氏春秋注引作潑潑荀子榮辱篇鯈䱁者浮陽之魚也注云鯈䱁魚名今字書無䱁字蓋當爲鱍說文云卽鱣鮪鱍鱍字蓋鯈魚一名鯈鱍

鮇 鯕魚出東萊從魚夫聲 甫無切

鯕魚者趙宧光曰鯕上當有鮇字馥案廣韻鮇下云鮇鯕魚名 出東萊者今萊州三四月間此魚極多大頭豐脊色微紅萊人謂之夾鯕

鯕 鯕魚名從魚其聲 渠之切

魚名者玉篇鯕鮇鯕

鮡 魚名從魚兆聲 治小切

魚名者本書魾大鱯也其小者名鮡爾雅同廣韻鮡魚名似鮎而大集韻鮡魚名似鮎白色

魤 魚名從魚匕聲 呼跨切

匕聲者或作魮廣韻魮五禾切魚名又或作鮀集韻鮀與魤同

鱻 新魚精也從三魚不變魚 相然切

新魚精也者精或作鯖西京雜記婁護遊五侯之門每旦五侯餽餉之婁合所餉爲鯖稱五侯鯖周禮䲣人辨魚物爲鱻薧注云鱻生也薧乾也又膳夫凡其死生鱻薧之物鄭司農云鮮謂生肉薧謂乾肉又庖人冬行鱻羽膳膏羶杜子春云鱻魚也江賦食惟蔬鱻通作鮮書益稷暨稷播奏庶艱食鮮食鄭本作鱻云鱻食謂魚鼈也詩韓奕炰鼈鮮魚箋云鮮魚中膾者也蜀都賦鮮以紫鱗劉逵注鮮魚膾也內則冬宜鮮羽膳膏羶注云鮮生魚也顧炎武曰史記陸賈傳數見不鮮必秦時人語猶今人所謂常來之客不殺雞也

文一百三 重七

yú 𩺰 yú 𤃛

𩺰 二魚也凡𩺰之屬皆從𩺰 語居切

二魚也者徐鍇本下云闕

𤃛 捕魚也從𩺰從水 語居切

捕魚也者易繫辭以佃以漁馬云取獸曰佃取魚曰漁詩魚麗傳獺祭魚然後漁正義謂獺取其魚以祭先然後可捕魚互釋文漁本或作䲣同取魚也馥案周禮有䲣人隱五年左傳遂往陳魚而觀之杜注陳設張也公大設捕魚之備而觀之文子堯使水處者漁尸子燧人之世天下多水故教人以漁魯連子古善漁者宿沙瞿子漢書地理志舜漁雷澤顏注漁捕魚也江賦或漁或商五臣注漁謂捕魚人也初學記漁之爲事也有釣網罟筌罛罶罺罩涔罾笱蓋梁罨箄籗銛之類各以用之得魚一也 從𩺰從水者當云𩺰亦聲

漁 篆文𤃛從魚

從魚者爲篆文是𤃛本籀文

文二 重一

yàn 燕

燕 玄鳥也籋口布翄枝尾象形凡燕之屬皆從燕 於甸切

釋鳥嶲周下云燕燕鳦本書嶲下云周燕也以上燕字屬嶲下燕字屬鳦或曰詩燕燕于飛漢童謠燕燕尾涎涎皆連言之馥案左傳疏云或單呼燕或重名燕燕異方語也馥謂雙飛則稱燕燕古詩思爲雙飛燕銜泥巢君屋 春秋運斗樞瑤光星散爲燕 莊子山木篇鳥莫知於鷾鴯司馬彪云鷾鴯燕也 陶注本草鷰有兩種有胡有越紫胷輕小者是越鷰胷斑黑聲大者是胡鷰 禽經燕背飛向宿又云燕以狂昕 夏小正二月來降燕乃睇燕乙也降者下也言來者何也莫能見其始出也故曰來降言乃睇何也睇者眄也眄者視可爲室者也 魏明帝短歌行翩翩春燕端集余堂陰匿

魚 𩺰 燕

lóng
龍

陽顯節運自常厥貌淑美元衣素裳銜土繕巢有式宮房不規自圓無矩而方傅咸燕賦序有言燕今年巢在此明歲故復來者其將逝翦爪識之其後果至焉馥案蘄詮詠銜泥燕詩爪截還猶短 夏小正陟玄鳥蟄陟升也元鳥者燕也陟而後蟄也馥案晉中興書郄鑒與千餘家避難於魯國嶧山掘野鼠蟄燕而食之古詩翩翩堂前燕春藏夏來見夏侯湛玄鳥賦順陰陽以出處隨寒暑而游蟄又云及至大火西景商風吹衣遂匿形於深穴斂六翮而不飛寰宇記壽陽縣鷰嶺隋圖經曰嶺多蟄鷰因以名之 玄鳥也者本書乙玄鳥也初學記燕一名玄鳥齊人呼乙廣雅玄鳥燕也戴侗曰燕乙意而皆因其聲而命之玄則以其色也夢溪筆談世以玄爲淺黑色不然也玄乃赤黑色鷰羽是也故謂之玄鳥周書時訓解春分之日玄鳥至月令仲春之月玄鳥至以其色玄故謂之玄鳥蔡氏章句玄鳥燕也月令仲秋之月玄鳥歸注云玄鳥燕也五經鉤沈桃林披華而玄鳥入宇 籋口布翄枝尾者御覽引作岐尾本書籋箝也西都賦列棼橑以布翼詩燕燕箋云差池其羽謂張舒其尾翼正義賓翼也而兼言尾者以飛時尾亦舒張故也 象形者本書燕者請子之候作巢避戊己所貴者故象形

文一

龍 鱗蟲之長能幽能明能細能巨能短能長春分而登天秋分而潛淵從肉飛之形童省聲凡龍之屬皆從龍 力鐘切

莊君述祖曰鐘鼎文龍字从辰巳之巳右邊作㔾巳爲蛇象龍蛇同類 河圖黃金千歲生黃龍青金千歲生青龍赤金千歲生赤龍白金千歲生白龍玄金千歲生玄龍 抱朴子有自然之龍有蛇蠋化成之龍 春秋元命包龍之言萌也陰中之陽故言龍舉而雲興 初學記引淮南子夫蛟龍伏潛於川而卵剖於陵其雄鳴上風其雌鳴下風而化者形精之至也人不見龍之飛舉而能高者風雨奉之也 管輅別傳龍者陽精以潛於陰幽靈上通和氣感神二物相扶故能興雲 韓非說難夫龍之爲蟲也可慣狎而騎也然其喉下有逆鱗徑尺人有嬰之則必殺人

kān líng
龕 靇

鱗蟲之長者後漢書注引同曾子問諸夫子鱗蟲之精者曰龍任子龜龍爲介蟲之長論衡龍虛篇傳言鱗蟲三百龍爲之長星經注凡有鱗之類皆屬於水故 龍爲鱗蟲之長淮南時則訓其蟲鱗注云鱗蟲龍爲之長 能幽能明云云者初學記引云能幽能明能小能大能長能短春分而登天秋分而入川後漢書注引云能幽能明能小能巨能短能長春分而登天秋分而入川白帖龍能幽能明能大能長能短春分而登天秋分而入池順也玉篇龍能幽明大小登天潛水也廣雅龍能高能下能小能巨能幽能明能短能長淵深是藏敷和其光管子水地篇龍生於水被五色而遊故神欲小則化如蠶蠋欲大則藏於天下欲上則凌於雲氣欲下則入於深泉變化無日上下無時謂之神鄭注太傳龍蟲之生於淵行於無形游於天者也瑞應圖黃龍者四龍之長四方之正色神靈之精也能巨能細能幽能明能短能長乍存乍亡賈誼書龍之神也其惟茲乎能與細細能與巨巨能與高高能與下下吾故曰龍變無常能幽能章說苑神龍能爲高能爲下能爲大能爲小能爲幽能爲明能爲短能爲長昭乎其高也淵乎其下也薄乎天光高乎其著也一有一亡忽微哉斐然成章虛無則精以和動作則靈以化於戲允哉君子辟神也法言

問神篇或曰龍必欲飛天乎曰時飛則飛時潛則潛既飛且潛食其不妥形其不可得而制也歟易林龍生於淵因風昇天後漢書張衡傳夫玄龍迎夏則陵雲而奮鱗樂時也涉冬則淈泥而潛蟠避害也傅元龍贊麗哉神龍誕應陽精潛景九淵飛曜天庭屈伸從時變化無形偃伏汙泥上凌太清劉琬神龍賦大哉龍之爲德變化屈伸隱則黃泉出則升雲 從肉飛之形童省聲者韻會引作从肉𢀖肉飛之形戴侗引唐本从肉从飛及童省馥案古人制字凡貴者象形魚既象形則龍不應諧聲王君念孫曰古龍字當作𢀖上象其角下象其飛騰之形

靇 龍也從龍霝聲 郎丁切

龕 龍皃從龍含聲 口含切

含聲者本書初刻作合改爲含小字本李燾徐鍇本包希魯補義竝作合戴侗曰徐本合聲唐本今聲玉篇作龕从今九經字樣龕從龍從今聲作龕訛增韻龕上从今俗从合誤五音集韻龕俗作龕六書正譌龕從龍合聲俗作龕非字鑑說文龕从龍侖聲增韻上从今古字誤古銅印作龕从合釋言洵龕也釋文字或作含本今作龕顧炎武唐

jiān 龘　tà 龖　fēi 飛　yì 翼　fēi 非　fěi 靟

韻正說文龕从龍合聲合平聲則音含釋名含合也合口停之也續漢輿服志鳳皇闟戟薛綜曰闟之言函也韻謂當依唐本從今本書龤讀若含謝朓詩西龕收組練李善云龕與戡音義同韻案戡本作戓從今聲廣韻覃部字如含於貪或須攱皆從今聲

龘 龍耆脊上龘龘從龍幵聲 古賢切

龍者脊上龘龘者徐鍇韻譜玉篇廣韻竝作鬐集韻鬐龘背堅骨

龖 飛龍也從二龍讀若沓 徒合切

飛龍也者當爲皃玉篇龖飛龍皃廣韻龖龍飛之狀易乾卦飛龍在天

文五

飛 鳥翥也象形凡飛之屬皆從飛 甫微切

鳥翥也者白虎通鳥所以飛者何鳥者陽也飄輕故飛也象形者徐鍇曰上旁飛者象鳥頸長毛韻案卂從飛而羽不見是飛之左右皆象羽

說文解字義證〈卷三十六　兲

翼 翄也從飛異聲 與職切

翄也者易明夷于飛垂其翼書皋陶謨庶明勵翼正義言如鳥之羽翼而奉戴之

䎀 篆文翼從羽

篆文從羽則從飛者本籀文徐鍇本翼籀文翼玉篇同

文二　重一

非 違也從飛下翄取其相背凡非之屬皆從非 甫微切

違也者廣雅同書說命無恥過作非從非下翄取其相背者隸作非卽飛之下體

靟 別也從非己聲 非尾切

別也者本書斐分別文也周禮大宰匪頒之式先鄭云匪分也廩人掌九穀之數以待國之匪頒後鄭云匪讀爲分

mǐ 靡　kào 靠　bī 陛　xùn 卂　qióng 熒

靡 披靡也從非麻聲 文彼切

披靡也者本書旇旌旗披靡也史記項羽本紀項王大呼馳下漢軍皆披靡

靠 相違也從非告聲 苦到切

相違也者玉篇靠相違也

陛 牢也所以拘非也從非陛省聲 邊兮切

牢也者所以拘非也者一切經音義十三引同又云家語犬子周陛執之王肅曰陛獄牢也字從非陛省聲洪武正韻陛犴牢獄所以拘非也玉篇陛牢也所以拘罪人也俗作狴禮部韻狴犴獄名

文五

卂 疾飛也從飛而羽不見凡卂之屬皆從卂 息晉切

疾飛也者戴侗曰唐本說文隼从卂省韻案爾雅鷹隼醜其飛也翬詩采芑箋云隼急疾之鳥也或通用迅後魏書諸曹走使謂之鳧鴨取飛之迅疾也

說文解字義證〈卷三十六　卆

熒 回疾也從卂營省聲 渠營切

回疾也者徐鍇本作回飛疾也廣韻熒回飛也

文二

龍 飛 非 卂

〔清〕桂馥撰

説文解字義證

下

附音序、筆畫、四角號碼檢字

中華書局

yǐ 乙　kǒng 孔

說文解字弟十二　義證弟三十七

曲阜桂馥學

乙　玄鳥也齊魯謂之乙取其鳴自呼象形凡乙之屬皆從乙　烏轄切

玄鳥也者徐鍇本作燕燕玄鳥也本書燕玄鳥也釋鳥燕燕鳦詩燕燕于飛傳云燕燕鳦也玄鳥傳云玄鳥鳦也南齊書顧歡傳昔有鴻飛天首積遠難亮越人以爲鳧楚人以爲乙　齊魯謂之乙者初學記燕一名玄鳥齊人呼乙郭注爾雅齊人呼鳦　取其名自呼者　呼當依徐鍇本作謼戴侗曰燕乙意而皆因其聲而命之　象形者本書焉下云燕者請子之候作巢避戊己故象形

鳦　乙或從鳥

孔　通也從乙從子乙請子之候鳥也乙至而得子嘉美之也古人名嘉字子孔　康董切

通也者本書龠三孔道德經孔德之容注云謂空虛能容也史記舜本紀爲匿空旁出注云空音孔　太玄羡次五孔道夷如注云通道也考工記注好璧孔也　乙請子之候鳥也乙至而得子嘉美之也者本書焉下云燕者請子之候嘉下云美也周書時訓解春分之日玄鳥至玄鳥不至婦人不娠詩天命玄鳥降而生商傳云春分玄鳥降湯之先祖有娀氏女簡狄配高辛氏帝帝率與之祈于郊禖而生契商頌譜有娀氏之女名簡狄者吞鳦卵而生契離騷簡狄在臺嚳何宜玄鳥致貽女何嘉注云言簡狄侍帝嚳於臺上有飛燕墮其卵嘉而吞之因生契鄭注月令高禖云後王以爲禖官嘉祥而立其祠焉　古人名嘉字子孔者啖助曰春秋時名嘉者多字孔顧炎武曰桓二年孔父嘉爲司馬杜氏以孔父名而嘉字非也孔父字而嘉其名按家語本姓篇曰宋湣公熙生弗父何何生宋父周周生世子勝勝生正考父考父生孔父嘉嘉其後以孔爲氏然則仲尼氏孔正以王父之字而楚成嘉鄭公子嘉皆字子孔亦其證也鄭康成注喪禮曰某甫字也若言山甫孔甫是亦以孔父爲字說文孔從乙從子乙至而得子嘉美之也

rǔ 乳

古人名嘉字子孔容齋隨筆三代之時天下書同文故春秋左氏所載人名字不以何國大抵皆同鄭公子歸生魯公孫歸父蔡公孫歸生楚仲歸齊析歸父皆字子家楚成嘉鄭公子嘉皆字子孔鄭公孫段印段宋褚師段皆字子石鄭公子喜宋樂喜皆字子罕楚公子黑肱鄭公孫黑孔子弟子狄黑皆字子晳魯公子翬鄭公孫揮皆字子羽邾子克楚鬭克周王子克宋司馬之臣克皆字曰儀晉籍偃荀偃鄭公子偃吳言偃皆字曰游晉羊舌赤魯公西赤皆字曰華楚公子側魯孟之側皆字曰反魯冉耕宋司馬耕皆字曰牛顏無繇仲由皆字曰路　馥案宋司馬耕本書作牼引春秋傳宋司馬牼字牛

乳　人及鳥生子曰乳獸曰產從孚從乙乙者玄鳥也明堂月令玄鳥至之日祠于高禖以請子故乳從乙請子必以乙至之日者乙春分來秋分去開生之候鳥帝少昊司分之官也　而主切

人及鳥生子曰乳者書堯典釋文引同本書字乳也㝅乳也孿一乳兩子也孚卵孚也玉篇乳生也字也鳥之生子曰乳一切經音義二蒼頡篇乳字也字養也謂養子也廣雅乳生也書堯典鳥獸孳尾傳云乳化曰孳史記倉公傳菑川王美人懷子而不乳索隱乳生也月令季冬雉雊雞乳周書時訓解大寒之日雞始乳　獸曰產者獸當爲嘼方言凡人嘼乳而雙產謂之釐孳　明堂月令玄鳥至之日祠於高禖以請子者五經異義王者一歲七祭天地仲春后妃郊禖亦祭天也盧植注禮云高禖居明顯之處故謂之高月令仲春之月玄鳥至至之日以太牢祠於高禖天子親往注云玄鳥燕也燕以施生時來巢人堂宇而孚乳娶嫁之象也媒氏之官以爲候高辛氏之世玄鳥遺卵娀簡吞之而生契後王以爲媒官嘉祥而立其祠焉變媒言禖神之也鄭志王權問以注言之先商之時未有高禖生民詩曰克禋克祀以弗無子傳以爲古者必以高禖爲姜嫄禋祀上帝而生稷是則郊禖之祀非以生契之後立也譙喬荅曰先商之時自必有禖氏祓除之祀位在南郊蓋以元鳥至之日然其禋祀乃於上帝也娀簡狄吞乙子有子之後後王以爲禖官嘉祥祀之以配帝謂之高禖呂氏春秋仲春紀是月也玄鳥至至之日以太牢祀于高禖

注云玄鳥燕也春分而來秋分而去傳曰玄鳥氏司啟者也周禮禖氏以仲春之月合男女於時也奔則不禁因祭其神於郊謂之郊禖郊音與高相近故或言高禖王者后妃以玄鳥至日祈繼嗣於高禖詩玄鳥傳云玄鳥鳦也春分玄鳥降湯之先祖有娀氏女簡狄配高辛氏帝帝率與之祈于郊禖而生契故本其為天所命以玄鳥至而生焉詩生民傳云弗去也去無子求有子古者必立郊禖焉玄鳥至之日以太牢祠于郊禖天子親往后妃率九嬪御乃禮天子所御帶以弓韣授以弓矢于郊禖之前韣案禮當為醴謂醴酒也月令章句高禖祀名高猶尊也吉事先見之象蓋謂人所以祈子孫之祀也玄鳥感陽而至其來主為字乳蕃滋故重其至日因以用事簡娀以玄鳥至之日有事高禖而生契焉故詩云天命玄鳥降而生商后率九嬪御后者天子適妻也妃命也嬪婦也御妾也周禮天子一后三妃九嬪二十七世婦八十一御妾以應外朝公卿大夫之數也世婦不見卑者文畧御妾皆行世婦可知也后妃將九嬪女御皆為禖祭以祈孕姙乃醴天子所御帶以弓韣天子所御謂后妃以下至妾姙有萌芽者也韣弓衣也祝以高禖之命飲以醴酒帶以弓韣尚使得男也授以弓矢于高禖之前弓矢者男子之事也漢書枚皐傳武

說文解字義證　卷三十七　三

帝春秋二十九廼得皇子羣臣喜故皐與東方朔作皇太子生賦及立皇子禖祝顏注禮記月令祀於高禖高禖求子之神也武帝晚得太子喜而立此禖祠而令皐作祭祀之文也　請子必以乞至之日云云者本書戼下云二月萬物冒地而出象開門之形故二月為天門鄭注月令謂燕以施生時來故云開生之候鳥昭十七年左傳玄鳥氏司分者也注云玄鳥燕也以春分來秋分去呂氏春秋仲秋紀玄鳥歸注云玄鳥燕也春分而來秋分而去淮南地形訓燕雁代飛注云燕春分而來雁春分而去燕秋分而北雁秋分而南故曰代飛注言問明篇或曰奚取於朱鳥哉曰時來則來時往則往能來能往者朱鳥之謂歟注云朱鳥燕別名也廣雅朱鳥燕也夏侯湛玄鳥賦順陰陽以出處魏明帝短歌行翩翩春燕端集余堂陰匿陽顯節運自常信五年左傳正義云春秋之半稱春秋分文子上仁篇陰陽調日夜分故萬物春分而生秋分而成生與成必得和之精故積陰不生積陽不化陰陽交接乃能成和注云此天地之氣和平故萬物得以生成也論衡說日篇日道夏北至東井冬南至牽牛故冬夏節極皆謂之至春秋未至故謂之分

fǒu 不　fǒu 否　zhì 至　dào 到

文三　重一

不　鳥飛上翔不下來也從一一猶天也象形凡不之屬皆從不　方久切

鳥飛上翔不下來也者釋詁下落也呂氏春秋羣鳥翔而不下沈約詠湖中雁詩懸飛竟不下周禮有服不氏　一猶天也者詩有鳥高飛亦傅于天　象形者徐鍇本作朩象形

否　不也從口從不不亦聲　方久切

本書口部有否字　不也者玉篇否可否也集韻否口不許也

文二

至　鳥飛從高下至地也從一一猶地也象形不上去而

說文解字義證　卷三十七　四

至下來也凡至之屬皆從至　脂利切

鳥飛從高下至地也者易小過彖有飛鳥之象焉王注不宜上宜下即飛鳥之象詩有駜鷺于下周禮翨氏注鳥來下則掎其足淮南畢萬術人面擊地飛鳥自下注云取蘗木為人形以鳥血涂人面以擊地飛鳥自下春秋文三年雨螽于宋何休云本飛從地上而下至地易臨卦至臨虞云至下也　一猶地也者本書氐至也从氏下箸一一地也　不上去者丌上翔之象　而至下來者𡊱下來之象樂記物至知知注云至來也雜記大功將至注云至來也本書來天所來也書太誓逸篇有火自上復于下至于王屋流為雕五至以穀俱來中候合符后注云赤烏五至猶五來夏小正來降燕乃睇降者下也言來者何也莫能見其始出也

古文至

從土與篆文從一猶地意同

到　至也從至刀聲　都悼切

至也者釋詁文詩韓奕靡國不到

zhēn
臻

至也從至秦聲 側詵切

至也者釋詁薦摯臻也郭注薦進也摯至也故皆爲臻臻至也易坎象傳水洊至釋文引京房本作水臻至詩泉水遄臻于衛傳云臻至雲漢饑饉薦臻傳云臻至也雨無正則靡所臻箋云行而無所至菀柳于何其臻箋云臻至也考工記嘉量銘允臻其極漢書武帝紀何施而臻此與司馬相如傳及臻厥成顏注竝云臻至也王吉傳則福祿其轃而社稷安矣顏注轃與臻同至也

chì
𡋯

忿戾也從至至而復遜遜遁也周書曰有夏氏之民叨𡋯𡋯讀若摯 丑利切

忿戾也者廣韻𡋯叨𡋯也 至而復遜遜遁也者本書遜遁也遜字徐鍇本竝作孫春秋莊元年夫人孫于齊閔二年夫人姜氏孫于楚公羊穀梁云孫猶孫也禮學記入學鼓篋孫其業也論語孫以出之皆以孫爲遜字或作跮

集韻跮作前卻也 周書曰有夏氏之民叨𡋯者多方文彼云亦惟有夏之民叨懫傳云有夏之民貪叨忿懫而逆命釋文懫說文之二反馥案當云說文作𡋯之二反 𡋯讀若摯者既夕禮注云輖摯也釋文作𡋯引字林竹二反

tái
臺

觀四方而高者從至從之從高省與室屋同意 徒哀切

釋宮闍謂之臺孫炎云闍積土如水渚所以望氣祥也月令可以處臺榭注云闍者謂之臺禮器天子諸侯臺門鄭注闍者謂之臺疏云兩邊築闍爲基是其形四方也 定四年左傳郲子在門臺杜云門上有臺 古今注城門皆築土爲之累土曰臺故亦謂之臺門也 五經異義公羊說天子有靈臺以觀天文有時臺以觀四時施化有囿臺以觀鳥獸魚鼈諸侯當有時臺囿臺諸侯卑不得觀天文無靈臺皆在國之東南二十五里東南少陽用事萬物著見用二十五里者吉行五十里朝行暮反也

觀四方而高者者觀卽左傳雉門兩觀之觀本書觀門觀也釋名觀者於上觀望也月令可以居高明注云高明謂樓觀也襄三十一年左傳宮室卑庳無觀臺榭服虔注天子曰靈臺諸侯曰觀臺哀十七年傳衛侯夢于北宮見人登昆吾之觀杜注衛有觀在於昆吾氏之虛宋玉賦昔者楚襄王與宋玉游於雲夢之臺望高唐之觀曹植七啟崇景山之高臺迎清風而立觀玉篇臺四方高也釋名臺持也築土堅高能自勝持也釋宮四方而高曰臺公羊解詁四方而高曰臺書泰誓惟宮室臺榭陂池侈服傳云土高曰臺詩大雅經始靈臺傳云四方而高曰臺僖五年左傳公既視朔遂登觀臺以望杜注觀臺臺上構屋可以遠觀者也哀元年傳宮室不觀杜注觀臺榭傳又云今闔夫差次有臺榭陂池焉注云積土爲高曰臺呂氏春秋仲夏紀可以處臺榭注云積土四方而高曰臺魏志王觀字偉臺從之者當爲從㞢 從高省者本書高崇也象臺觀高之形 與室屋同意者本書室從至至所止也屋從至至所至止

rì
臸

到也從二至 人質切

本書遷晉竝從此

文六 重一

xī
西

鳥在巢上象形日在㢴方而鳥棲故因以爲東㢴之㢴

凡㢴之屬皆從㢴 先稽切

魏李仲璇孔子廟碑棲作西漢嚴發碑西遲衡門

鳥在巢上象形者弓象鳥囪象巢 日在㢴方而鳥棲者廣韻引作鳥西徐鍇本同 故因以爲東㢴之㢴者詩自西自東淮南時則訓孟秋之月招搖指申其位西方白虎通五行篇西方者遷方也萬物遷落也本書引徐巡說木至西方戰栗

㢴或從木妻

詩可以棲遲 史記越世家保棲於會稽鄒誕云保山曰棲猶鳥棲於木以避害也 秦策猶連雞之不能俱止於棲字或作栖後漢書陳蕃傳車如雞栖馬如狗

古文㢴

xī 𧟮　lǔ 鹵

本書訊古
文從此

籀文𠧧

𧟮姓也從𠧧圭聲 戶圭切

姓也者徐鍇引張說
梁四公記有𧟮闖

文二　重三

鹵西方鹹地也從𠧧省象鹽形安定有鹵縣東方謂之
㡿西方謂之鹵凡鹵之屬皆從鹵 郎古切

釋言滷矜鹹苦也矜集韻引作
㱃玉篇㱃苦也廣雅作𪉈大也
𠧧方鹹地也者左傳正義一切經音義九引並同襄二十
五年左傳表淳鹵杜云淳鹵埆薄之地賈逵云淳鹹也天
生曰鹵人生曰鹽鹽在正東方鹵在正西方也春秋昭元
年晉荀吳帥師敗狄于大鹵注云大鹵大原晉陽縣左傳

說文解字義證　卷三十七　七

晉中行穆子敗無終及羣狄于大原注云即大鹵也公羊
經作大原傳云此大鹵也穀梁經作大原傳云中國曰大
原夷狄曰大鹵服謂大原西方也玉篇鹵鹹也釋名地不
生物曰鹵鹵鑪也如鑪火處也易說卦其於地也為剛鹵
虞云澤水潤下故鹹釋文鹵鹹土也鹽鐵論輕重篇邊郡
寒凍裂地衝風飄鹵晉書楊方傳荒萊之特苗鹵田之善
秀崔氏家傳崔瑗為汲令開溝造稻田薄鹵之地更為沃
壤寰宇記滄州鹽山縣鹹土在縣東七十里東西南北一
百五十里　地帶海濱其土鹹鹵海潮朝夕所及百姓取而
煎之為鹽　從𠧧省當從鹵省　安定有鹵縣者地理志
同徐鍇曰左傳晉有大鹵之地安定在晉也　東方謂之
㡿𠧧方謂之鹵者左傳正義引同　一切經音義九天生曰之
鹵人生曰鹽鹽在正東方鹵在正西方也爾雅十藪齊有
海隅郭注海濱廣斥地理志齊地負海舄鹵釋言滷苦也
郭云滷苦地也玉篇滷苦地也引書海濱廣滷字林滷鹽
地書禹貢海濱廣斥鄭注斥謂地鹹鹵史記夏本紀作廣
潟徐廣曰一作澤又作斥周禮草人凡糞種鹹潟用貆注
云潟鹵也管子輕重丁篇故山地者山也水地者澤也薪
芻之所生者斥也呂氏春秋魏文侯時吳起為鄴令引漳
水以灌田民歌之曰決漳水以灌鄴旁終古斥鹵生稻粱

yán 鹽　xián 鹹　cuó 䶖

史記河渠書溉澤鹵之地索隱澤一作舄本或作斥史記
貨殖傳山東食海鹽山西食鹽鹵又云太公望封於營丘
地潟鹵徐廣曰潟鹵鹹地也漢書宣帝紀常困於蓮勺鹵
中如淳云蓮勺縣有鹽池縱廣十餘里其鄉人名為鹵中
顏注鹵者鹹地也今在櫟陽縣東其鄉人謂此中為鹵鹽
池也刑法志除山川沈斥顏注斥鹹鹵之地食貨志原陵
淳鹵之地晉灼曰易鹵之田不生五穀也地理志廣平國
有斥章縣應劭曰其國斥鹵故曰斥章魏郡有斥丘縣闞
駰曰地多斥鹵故曰斥丘論衡書解篇地無毛則為潟土
晉書束晳傳舄鹵成原其利甚重水經注沮水云溉澤鹵
之地四萬餘頃白帖變雲雨於黃污化膏腴於舄鹵
通鑑魏宏農王謂涼州土地鹵瘠注云鹹地曰鹵

䶖鹹也從鹵差省聲河內謂之䶖沛人言若虘 昨何切

鹹也者廣雅同　河內謂之䶖者類篇䶖鹹也河內語曲
禮鹽曰鹹鹺注云大鹹曰鹺今河東云　沛人言若虘者
沛國有酇縣
與䶖聲近

鹹銜也北方味也從鹵咸聲 胡毚切

說文解字義證　卷三十七　八

銜也者廣雅同鹹銜聲相近釋言鹹苦也郭注苦即大鹹
淮南地形訓鍊苦生鹹洪範潤下作鹹傳云鹹水鹵所生
史記主父偃傳地固澤鹹鹵　北方味
也者月令孟冬之月其味鹹盛德在水

文三

鹽鹹也從鹵監聲古者宿沙初作煮海鹽凡鹽之屬皆
從鹽 余廉切

周禮鹽人祭祀共其苦鹽散鹽注云鄭司農云散鹽湅治者
元謂散鹽鬻水為鹽禮又云凡齊事鬻鹽以待戒令注云鬻
鹽湅治之　管子輕重甲篇今齊有渠展之鹽請君伐菹薪
煮沛水為鹽注云渠展齊地泲水所流入海之處可煮鹽之
所也　郡國志鬲州地邊大海俗織竹為釜以蠣殼屑泥之
煮鹽轉久彌密　本草圖經東海北海南海鹽者今滄密楚
秀溫台明泉福廣瓊化諸州官場煮海水作之以給民食者
又謂之澤鹽其煮鹽之器漢謂之牢盆今或鼓鐵為之或編
竹為之上下周以蜃灰廣丈深尺平底寘於竈背謂之鹽盤
南越志所謂鐵篾為鼎和以牡蠣是也然後於海濱掘地為

坑上布竹木覆以蓬茅又積沙於其上每潮汐種沙鹵鹹淋於坑中水退則以火炬照之鹵氣衝火皆滅因取海鹵注盤中煎之頃刻而就覆案宋黃魯直得巴官鐵盆今山東登州有古銅盆即煮鹽之器　延篤與李文德書歡晉國郇瑕之鹽　鹽鐵論錯幣篇文帝時縱民得煮鹽又通有篇云若各居其處食其食則是朐鹵之鹽不出　益州記汶山越嶲煮鹽法各異汶山有鹹石先以水漬既而煎之越嶲先燒炭以鹽井水沃炭刮取鹽　廣志鹽體因於水故多產於海濱　齊地記齊有皮邱坑民煮坑水爲鹽色如白石　魏畧漢令哀牢民家出鹽一斛以爲賦　晉令凡民不得私煮鹽犯者四歲刑主吏二歲刑　魏書食貨志自遷鄴後於滄瀛幽青四州之境傍海煮鹽　魏土地記勃海郡高城縣東北一百里北盡漂榆東臨巨海民咸煮海水借鹽爲業　文心彫龍宗經篇是仰山而鑄銅煮海而爲鹽也　元和郡縣志萊州膠水縣有平度故城城西北有土山古今煮鹽處　寰宇記諸城縣濱海有鹵澤九所皆海潮侵蕩久成鹹土以土煮鹽多收其利蒲臺縣海畔有一沙阜俗呼爲鬭口淀淀上有井可食百姓於其下煮鹽鹽城監古之鹽亭也歷代海岸煎鹽之所

鹹也者鹽鹹聲相近　古者宿沙初作煮海鹽者水經注引字林作夙沙徐鍇本同急就篇蕪荑鹽豉醯酢醬顏注鹽生於鹹水者也古者夙沙氏初煮海爲鹽其後又出河東大鹵臨邛火井焉世本宿沙作煮鹽宋衷注宿沙齊靈公臣齊濱海故得爲魚鹽之利孔融肉刑議夙沙亂齊魯連子宿沙瞿子善煮鹽使煮積沙雖十宿沙不能得也宋志宿沙衛在齊地齊居海濱故多魚鹽之利寰宇記安邑縣鹽宗廟在縣東南十里按呂忱云宿沙氏煮海謂之鹽宗尊之也以其滋潤生人可得置祠

gǔ
盬

盬　河東鹽池袤五十一里廣七里周百十六里从鹽省古聲　公戶切

范守己曰盬者苦鹽之名　周禮鹽人祭祀共其苦鹽杜子春讀苦爲盬謂出鹽直用不湅治　宋史食貨志鹽類有二引池而成者曰顆鹽周官所謂盬鹽也鬻海鬻井鬻鹻而成者曰末鹽周官所謂散鹽也　潛夫論志氏姓苦城城名也在鹽池東北後人書之或爲枯齊人聞其音則書之曰車燉煌見其字呼之曰車城其在漢陽者不喜枯苦之字則更書

之曰古城氏　竹書穆王十五年冬王觀於鹽澤　後漢書章帝紀幸安邑觀鹽池靈帝紀遣守宮令之鹽監穿渠爲民興利注云前漢地理志及續漢郡國志竝無鹽監今蒲州安邑縣西南有鹽城也覆案鹽監即監鹽縣　北魏元雍奏云鹽池天藏也　御覽鹽池鹽生水中夕取朝復千車萬驢適意多少　集韻陳楚謂鹽池爲盬　成六年左傳晉謀去故絳大夫曰郇瑕之地沃饒而近盬服虔曰盬鹽池也　漢書貨殖傳猗頓用盬鹽起顏注盬鹽池也於盬造鹽故曰盬鹽　唐博士崔敖曰鹽池乃黃河陰潛之功浸淫中條融爲巨浸　涇野呂氏曰鹽池之成以大河北自蒲州折而東向轉曲之間漸漬畜匯有此奧衍　七修類稿天地之元氣寓之於水故水能載乎地也然水體輕清者則上浮而淡重濁者則沒下而鹹故曰海鹹河淡鹽井有深至五六十丈者東南卑下煮海爲鹽易成而最廣所謂斥鹵潤下水泉鹹淖積而成鹽耳沙漠有鹽澤河東有鹽池者又非是歟　郭璞鹽池賦水潤下以作鹹莫斯鹽之最靈傍峻嶽以發源池茲爾而海渟嗟玄液之潛洞羌莫知其所生　王冀洛都賦東有鹽池玉潔冰鮮不勞煮沷成之自然　續漢書民曹主繕功作鹽池苑囿　陳啟源曰呂氏讀詩記引董氏曰說文煮海爲鹽煮池爲盬今說文竝無董氏所云況池鹽乃風結成不用煮煮池語尢爲妄說

河東鹽池者徐鍇本河東上有古字覆謂古當爲苦也二字盬苦聲相近周禮苦鹽杜子春讀苦爲盬漢地理志河東郡安邑縣鹽池在西南晉地理志河東郡解縣有鹽池　穆天子傳戊子至于盬注云盬鹽池今在河東解縣北山經景山南望盬販之澤郭注即鹽池也今在河東猗氏縣　史記貨殖傳猗頓用盬鹽起正義云河東鹽池是畦鹽作畦若種韭一畦天雨下池中鹹淡得均即畎池中水上畔中深一尺許以日暴之五六日則成鹽若白礬石大小如雙陸呼爲畦鹽東觀漢記賈復爲縣掾迎鹽河東水經注河水又東北流注鹽池地理志曰鹽澤在東北者也今鹽池西南去沃陽縣故城六十五里池水澂渟淵而不流東西三十里南北二十里又注湅水云湅水西南逕監鹽縣故城城南有鹽池上承鹽水水出東南薄山西北流逕巫咸山北其水又逕安邑故城南又西流注于鹽池地理志曰鹽池在安邑西南許慎謂之盬長五十一里廣七里周百一十六里从鹽省古聲呂忱曰夙沙初作煮海鹽河東鹽池謂之盬今池水東西七十里南北十七里紫色澂渟潭而不流水出石鹽自然印成朝取夕復終無減

hù 戶　jiǎn 鹼

損惟山水暴至雨澍潢潦奔泆則鹽池用耗故公私共堨水徑防其淫濫謂之鹽水亦謂之爲堨水山海經謂之鹽販之澤也本草圖經河東鹽池今解州安邑兩池所種鹽最爲精好解人取鹽於池旁耕地沃以池水每得鹽南風急則宿夕成鹽滿畦彼人謂之種鹽太康地記鹽池在河東安邑縣有司鹽都尉唐會要安邑解縣兩池置榷鹽使新唐書食貨志蒲州安邑解縣有池五總曰兩池歲得鹽萬斛以供京師元和志解縣鹽池在縣東十里女鹽池在縣西北三里東西二十五里南北二十里鹽味少苦不及縣東大池鹽俗言此池亢旱鹽即凝結如逢霖雨鹽則不生寰宇記解縣鹽池在縣東五里安邑縣鹽池在縣南五里其池周迴一百一十四里許慎謂之鹽鹽呂忱曰宿沙氏煮海謂之鹽河東謂之鹽通鑑漢章帝幸安邑觀鹽池注云安邑屬河東郡鹽池在縣西南又云大歷十二年秋霖河中府池鹽多敗注云河中府管下安邑解縣皆有鹽池閻若璩曰解縣與安邑縣鹽總謂之兩池官置使以領之每歲收利納一百六十萬貫　衺五十一里廣七里周百十六里者水經注後漢書注引竝同御覽引作衺五十里廣六里周一百十四里左傳正義引作周總百一十六里魏都賦注倚氏南有鹽池東西六十四里楊佺期雒陽

說文解字義證　卷三十七　十一

記河東鹽池長七十里廣七里水氣紫色元和志安邑縣鹽池在縣南五里即左傳郇瑕氏之地沃饒近鹽是也今案池東西四十里南北七里西入解縣界

鹼　鹵也从鹽省僉聲　魚欠切

鹵也者鹹地之人於日未出看地上有白若霜者掃而煎之便成鹼矣字或作鹻戴侗曰鹻鹵之凝著者幷州末鹽刮鹽煎煉味最下者通作鹹本草鹵鹹生河東鹽池唐本注云此是鹹土名鹵鹹今人熟皮用之

文三

戶　護也半門曰戶象形凡戶之屬皆从戶　侯古切

易節卦不出戶庭　詩豳風塞向墐戶　論語誰能出不由戶

護也者廣雅同戶護聲相近釋名戶護也所以謹護閉塞也宣十二年左傳屈蕩戶之杜注戶止也漢書樊噲傳詔戶者無得入羣臣王嘉傳坐戶殿門失闌免顏注掌守殿門止不當入者而失闌入之　半門曰戶者御覽同六書

fēi 扉　shàn 扇　fáng 房　tì 戾

精蘊戶室之口也凡室之口曰戶堂之口曰門內曰戶外曰門一扉曰戶兩扉曰門字書一扉曰戶兩扉曰門在於堂室曰戶在於宅區域曰門玉篇戶所以出入也一扉曰戶兩扉曰門急就篇門戶井竈廡囷京顏注大曰門小曰戶

床　古文戶从木

汗簡引作床　廣韻床牖也一曰小戶　通俗文小戶曰床

扉　戶扇也从戶非聲　甫微切

戶扇也者一切經音義十一說文戶扇謂之扉集韻以木曰扉以葦曰扇襄二十八年左傳子尾抽桷擊扉三注云扉門闔也

扇　扉也从戶从翄省　式戰切

扉也者廣雅同韻會引徐鍇本作戶扉也月令乃修闔扇注云用木曰闔用竹葦曰扇荀子華門不扇呂氏春秋知

說文解字義證　卷三十七　十二

接篇蓋以揚門之扇注云揚門門名扇扉也東觀漢記應奉嘗詣袁賀賀時將出行閉門造車匠於閤內開扇出半面視奉通鑑侯景以長柯斧斫東掖門羊侃鑿扇爲孔以槊刺殺二人注云扇門扇也　從翄省者戴侗曰唐本从羽徐本翄省聲

房　室在旁也从戶方聲　符方切

室在旁也者房旁聲相近六書故房室旁夾室也釋名房旁也室之兩旁也成九年左傳季文子如宋致女復命公享之穆姜出於房再拜尚書大傳古后夫人侍於君前息燭後舉燭至於房中釋朝服襲燕服然後入御於君馥案古者宮室之制前堂後室前堂之兩頭有夾室後室之兩旁有東西房顧命在西房是也

戾　輜車旁推戶也从戶大聲讀與釱同　徒蓋切

輜車旁推戶也者字林輧車有衣蔽無後轅者謂之輜馥謂有衣蔽故有旁推戶也射雉賦裹料戾以徹鑿杜注定九年左傳蔥靈輜車名正義此車前後有蔽兩旁開蔥可以觀望蔥中豎木謂之靈今人猶名蔥木爲靈子

è 戹　zhào 肁　yǐ 扆　qù ⿸戶去

戹 隘也從戶乙聲 於革切
隘也者本書隘陋也陋陝也阸當爲戹經典通作阸史
記律書後且擁兵阻阸漢書諸侯王表至虖阸陿河洛之
閒應劭曰阸者狹也吳都賦邦有湫阸而踡跼俗又作阨
昭元年左傳彼徒我車所遇又阨注云地險不便車定四
年傳還塞大隧直轅冥阸注云二者漢
東之隘道史記秦始皇本紀閉關據阸

肁 始開也從戶聿 治小切
始開也者廣韻肁開也離騷肁錫余以嘉名王注肁始
也通作肇釋詁肇始也書舜典肇十有二州仲虺之誥肇
我邦于有夏傳竝訓始詩生民以歸肇祀維清肇禋傳竝
云肇始也小毖肇允彼桃蟲箋云肇始也夏小正貍子肇
肆肇始也逸周書謚法解肇始也漢書古今人表榮聲期
顏注即榮啓期馥案聲當作肁肁與启竝訓開隸體启作
啓肁作肇與聲形近致誤後漢書班固傳肇自高而終乎
世注云肇始也晉尙書郎樂肇字永初後漢和帝紀帝諱
肇伏侯古今注肇之字曰
始馥案帝名乃從戈之肇

說文解字義證 卷三十七 圭

扆 戶牖之閒謂之扆從戶衣聲 於豈切
戶牖之閒謂之扆者釋宮文彼作牖戶郭注窗東戶西也
禮云斧扆者以其所在處名之音義云禮有斧扆者形如
屛風畫爲斧文置於扆也因名爲斧扆御覽引本書亦作
牖戶通俗文奧內曰扆釋名扆倚也在後所依倚也華嚴
經音義引珠叢天子施扆於戶牖以爲障蔽也顧命狄設
黼扆綴衣牖閒南嚮傳云扆屛風畫爲斧文置戶牖閒荀
子儒效篇負扆而坐注云戶牖之閒謂之扆通作依詩公
劉既登乃依箋云既登堂負扆而立覲禮天子設斧依于
戶牖之閒注云依如今綈素屛風也有繡斧文所以示威
也斧謂之黼士虞禮佐食無事則出戶負依南面注云戶
牖之閒謂之依據此則士亦有扆惟天子畫斧文耳周禮
司几筵王位設黼依依前南鄉鄭云依其制如屛風然曲
禮天子當依而立明堂位天子負斧依南鄉而立注斧依
爲斧文屛風於戶牖之閒周書明堂解天子之位負斧扆
南面立魏書李謐明堂制度論引鄭氏三禮圖
云扆縱廣八尺畫斧文於其上今之屛風也

⿸戶去 閉也從戶劫省聲 口盍切

jiōng 扃　mén 門　chāng 閶

閉也者廣韻閉戶曰⿸戶去士喪禮徹帷⿸戶去注云徹帷⿸戶去之雜記
朝夕哭不帷注云緣孝子心欲見殯肂也既出則施其⿸戶去
鬼神尙幽闇也釋文⿸戶去字林戶臘反閉也纂文云古闔字
玉篇羌據公苔二反皆云閤也馥案今玉篇云閉戶聲

扃 外閉之關也從戶冋聲 古熒切
外閉之關也者李善引作外閉門之關也本書𨷺外閉也
廣韻扃戶外閉關曲禮入戶奉扃注云扃門關木也莊子
胠篋篇固扃鐍釋文崔李云扃關也呂氏春秋君守篇中
欲不出謂之扃外欲不入謂之閉後漢書東夷傳門不夜
扃注云
扃關也

文十 重一

門 聞也從二戶象形凡門之屬皆從門 莫奔切
半門曰戶亦象開門當作門 玉篇有古
文作門 唐解庄書浮圖贊碑俯蔭雲門
聞也者門聞聲相近廣韻門問也聞也馥案問當爲開書
闢四門玉篇門人所出入也在堂房曰戶在區域曰門釋
名門捫也在外爲人所捫摸也
從二戶者廣韻門字從兩戶

說文解字義證 卷三十七 古

閶 天門也從門昌聲楚人名門曰閶闔 尺量切
天門也者夏小正四月初昏南門正南門者星也王希明
曰南門天之外門也楚詞九歌廣開兮天門易林登崑崙
入天門樂府詩天門開詄蕩蕩前綏聲歌淸輝溢天門
楚人名門曰閶闔者玉篇閶闔天門也楚詞叫帝閽使開
關兮倚閶闔而望予王注閶闔天門也吳越春秋子胥爲
吳造大城立閶門者象天門通閶闔風也御覽引吳地記
昌門者吳王闔閭所作也名曰閶闔門孫權記注閶門吳
西郭門夫差作以天門通閶闔故名之馥案西方曰閶闔
風故以名西門淮南原道訓排閶闔鑰天門高注閶闔始
升天之門也天文大象賦儼閶闔以洞開注云宮牆兩藩
正南門如門象者名閶闔西京賦表嶢闕於閶闔五臣注
閶闔天門也大人賦排閶闔而入帝宮後漢書杜篤傳排
閶闔寇恂傳閶闔九重張衡傳出閶闔兮降天塗注竝云
閶闔天門三輔黃圖宮之正門曰閶闔注云閶闔天門也
宮門名閶闔者
以象天門也

戶門

wéi 闈

闈 宮中之門也從門韋聲 羽非切

宮中之門也者釋宮宮中之門謂之闈郭注謂相通小門也周禮保氏使其屬守王闈注云闈宮中之巷門明堂月令論禮記古大明堂之禮曰膳夫是相禮日中出南闈見九侯反問於相日側出西闈視五國之事日入出北闈視帝節猷爾雅曰宮中之門謂之闈王居明堂之禮又別陰陽門東南稱門西北稱闈故周官有門闈之學師氏教以三德守王門保氏教以六藝守王闈然則師氏居東門南門保氏居西門北門也月令問荅問者曰中冬令曰奄尹申宮令謹門閭今曰門閭何也曰閽尹者內官也主宮室出入宮中宮中之門曰闈閽尹之職也閭里門非閽尹所主知當作闈也士虞禮記主婦亦拜賓注云拜之於闈門之內闈門如今東西掖門閔二年左傳賊公于武闈注云宮中小門謂之闈哀十四年傳攻闈與大門服注宮中之門曰闈吳語乃闟闔將入輮闈注云闈門也漢書敘傳皆及昔君之門闈應劭曰宮中門謂之闈三輔黃圖闈闥宮中小門也西京賦天梁之宮寔開高闈薛綜注宮中之門謂之闈張淵觀象賦注闈門宮中之門也

說文解字義證 卷三十七 廿五

yán 䦨

䦨 䦨謂之樀樀廟門也從門詹聲 余廉切

䦨謂之樀者釋宮文彼作檐本書樀下引作檐玉篇引語林大夫向䦨而立

hóng 閎

閎 巷門也從門厷聲 戶萌切

巷門也者玉篇閎巷頭門也釋宮衖門謂之閎孫炎曰衖舍閒道也李巡曰閎衖頭門也郭注左傳曰盟諸僖閎閎閧頭門纂要巷門謂之閎襄三十一年左傳高其閈閎杜注閎門也成十七年傳蒙衣乘輦而入于閎杜注閎巷門

guī 閨

閨 特立之戶上圜下方有似圭從門圭聲 古攜切

特立之戶者一切經音義十九引作特立之門也玉篇宮中門小者曰閨特立之門也洪武正韻引漢文翁傳出入閨閤釋宮宮中之門謂之闈其小者謂之閨宣六年公羊傳有人荷畚自閨而出者何云宮中之門謂之闈其小者謂之閨晏子內篇寡人欲朝夕見爲夫子築室于閨內可乎離騷閨中既邃遠兮注云小門謂之閨楊愼曰梁戴暠從軍行長安夜刺閨謂有急報投刺於宮門也南史陳文帝每夜刺閨覆案大夫亦有閨史記晉世家使鉏麑刺趙盾盾閨門開文選七發今大夫貴人之子必宮居而閨處上圜下方有似圭者本書圭上圜下方荀子解蔽篇俯而出城門以爲小之閨也注云閨小門也淮南氾論訓夫醉者俛入城門以爲七尺之閨也覆謂城門上圜下方似閨故醉者誤以爲閨

gé 閤

閤 門旁戶也從門合聲 古沓切

史記汲黯爲東海太守臥閤內不出　漢書韓延壽閉閤思過爲謝承後漢書幸晃使收縛鍾離意彭修排閤直入又華松爲司隸校尉閉閤不通私書獻帝春秋伍孚詣董卓語畢辭出卓送至閤　漢官舊儀問君侯應閤奴名白事以方尺板叩閤大呼奴名

門旁戶也者釋宮小閨謂之閤說苑正諫篇景公正晝被髮乘六馬御婦人以出正閨覆謂正閨別於旁戶也朱鶴齡曰說文閤與閣異閤門旁小戶也漢公孫宏開東閣以延賢人蓋避當門而東向開一小門引賓客以別於官屬也顧炎武曰閤者門旁小戶也因設館於其旁郎謂之閤漢書公孫宏傳開東閤以延賢人師古曰閤者小門也東

說文解字義證 卷三十七 廿六

向開之避當庭門而引賓客以別於掾史官屬如今官署角門旁有延賓館是也故蕭望之傳言自引出閤而雋不疑傳暴勝之爲直指使者不疑至門勝之開閤延請毛晃曰唐制天子日御前朝見羣臣曰常參朔望御便殿見羣臣謂之入閤前殿之立仗自東西閤而入故曰入閤

tà 闟

闟 樓上戶也從門翕聲 徒盍切

樓上戶也者廣韻闟門樓上屋也司馬法鼓聲不過閶鼙聲不過闟

hàn 閈

閈 門也從門干聲汝南平輿里門曰閈 侯旰切

門也者左傳釋文爾雅釋文玉篇廣韻增韻後漢書注文選注竝引作閭一切經音義二十三閈門也謂巷門也廣雅閈里也御覽引風俗通閈城外郭內之里門也閈扞也言爲人藩屏以扞難也漢書敘傳綰自同閈應劭曰閈音扞楚名里門爲閈後漢書馬援傳援素與述同里閈又成武孝侯順傳順與光武同里閈注云閈里門也通鑑唐高祖令里閈相從立社注云閈閭也里門謂之閈汝南平輿里門曰閈者郡國志汝南郡平輿注云見說文

lǘ
閭

閭　里門也從門呂聲周禮五家爲比五比爲閭閭侶也二十五家相羣侶也力居切

月令孟夏門閭無閉　書武成式商容閭　呂氏春秋期賢篇魏文侯過段干木之閭而軾之　齊策女朝出而晚來則吾倚門而望女暮出而不還則吾倚閭而望　公羊解詁田作之時春父老及里正旦開門坐塾上晏出後時者不得出莫不持樵者不得入　說苑正諫篇景公飲酒移於晏子家前驅報閭曰君至　干寶晉紀總論外閭不閉　晉書賈充字公閭父逵謂充後當有充閭之慶故以爲名字焉

里門也者書武成正義引作族居里門也史記曹世家云令軍毋入釐負羈之宗族閭廣雅閭里也字林閭里門也急就篇閭里鄉縣趣辟論顏注里門曰閭周禮秋官敘官脩閭氏注云閭謂里門成二年公羊傳相與踦閭而語何云閭當道門史記萬石君傳萬石君徙居陵里內史慶醉歸入外門不下車漢書陳勝傳發閭左戍漁陽九百人顏注閭里門也張敞傳吏坐里閭閭出者顏注閭謂里之門也于定國傳始定國父于公其閭門壞父老方共治之于

公謂曰少高大門閭令容駟馬高蓋車後漢書安帝紀甄表門閭注云里門謂之閭西都賦閭閻且千五臣注閭里門也昭十三年左傳遇諸棘闈杜云棘里名闈門也周禮五家爲比五比爲閭者地官大司徒文彼云地官令五家爲比使之相保五比爲閭使之相受又族師五家爲比十家爲聯五人爲伍十人爲聯四閭爲族八閭爲聯　閭侶也二十五家相羣侶也者一切經音義二十二引作伴侶閭侶聲相近周禮閭胥鄭司農云二十五家爲閭成元年穀梁傳相與立胥閭而語范云胥閭門名疏云卽周禮二十五家也詩將仲子無踰我里傳云二十五家爲里

yán
閻

閻　里中門也從門臽聲余廉切

里中門也者顏注急就篇同廣雅閻謂之衖　後漢書班固傳閭閻且千注云閻里中門也

壛　閻或從土

huì
闠

闠　市外門也從門貴聲胡對切

市外門也者御覽引云闠市門也本書闤闠字廣韻闤闤市門纂要市巷謂之闤市門謂之闠古今注市牆曰闤市門曰闠西京賦通闤帶闠注云闤市營也市門曰闠吳都賦開市朝而普納橫闠闠而流溢五臣云闤闠市門也劉逵注蜀都賦闠市巷也闠市外內門也三輔黃圖長安城南北爲會市闠門環列商賈居之庾信荅移市教賣卜屠羊請辭新闠史記孟嘗君傳君獨不見夫朝趨市者乎明旦側肩爭門而入兩京記東京豐都市四面各開三門邸凡三百一十二區

yīn
闉

闉　城內重門也從門垔聲詩曰出其闉闍於眞切

城內重門也者內當爲曲文選謝瞻詩分手東城闉顏延之登巴陵城樓詩登闉訪川陸李善注並引作城曲重門也詩正義云說文云闉闍城曲重門謂闉爲曲城九經字樣闉城曲重門也孫子謀攻篇攻城之法距堙三月而後已注云距堙者踊土稍高而前以附其城也馥案築土攻城有似於闉故曰距堙堙卽闉尉繚子乘闉發機是也詩曰出其闉闍者鄭風出其東門文傳云闉曲城也正義闉是門外之城卽今之門外曲城是也

dū
闍

闍　闉闍也從門者聲當孤切

闉闍也者集韻引作闉闍城門臺也玉篇闍城門臺也釋言闍臺也郭注城門臺釋宮闍謂之臺郭注積土四方孫炎云積土如水渚所以望氣祥也詩出其闉闍傳云闍城臺也禮器天子諸侯臺門鄭云闍者謂之臺

què
闕

闕　門觀也從門欮聲去月切

廣雅象魏闕也　周禮大宰正月之吉縣治象之法于象魏使萬民觀治象鄭云象魏闕也　莊二十一年左傳鄭伯享王于闕西辟杜云闕象魏也服虔曰西辟西偏也　哀三年傳魯災季桓子御公立于象魏之外命藏象魏曰舊章不可亡也杜云象魏門闕　淮南俶眞訓身處江湖之上而神游魏闕之下高注魏闕王者門外闕也所以縣教象之書于象魏也巍巍高大故曰魏闕　蜀志譙周嘗問杜瓊曰昔周徵君以爲當塗高者魏也其義何也瓊荅曰魏闕名也當塗而高聖人取類而言　爾裴注引李雲上事云當塗高者魏也象魏者兩觀闕是也　白虎通門必有闕者何闕者所以飾門別尊卑也　漢官典職司徒府與蒼龍闕對厭於尊者不敢稱府　三輔舊事未央宮東有蒼龍闕北有元武闕　關中記未央宮東有青龍闕北有元武闕漢書所謂北闕者也又曰建章宮闕鳳在上故號鳳闕　繁欽建章鳳闕賦上規圜

xiè ⿵門介　biàn 閞

以穹隆下矩折而繩直長楹森以駢停修桷揭以舒翼水經注引穎容曰闕者上有所失下得書之於闕所以求論譽于人故謂之闕又水經注孔廟東南五百步有雙后闕 元和郡縣志伊闕山兩山相對望之若闕故名 門觀也者水經注穀水下後漢書班固傳注引竝同徐鍇曰爲二臺於門外作樓觀於上上員下方以其闕然爲道謂之闕以其上可遠觀謂之觀六書故宮城上爲樓觀闕其下爲門所謂闕門也釋名闕缺也在門兩旁中央缺然爲道也觀者於上觀望也釋宮觀謂之闕孫炎云宮門雙闕舊章懸焉使民觀之因謂之觀古今注闕觀也古每門樹兩觀於其前所以標表宮門也其上可居登之則可遠觀故謂之觀人臣將至此則思其所闕故謂之闕其上皆丹堊其下皆畫雲氣仙靈奇禽怪獸以昭示四方焉水經注引風俗通魯昭公設兩觀於門是謂之闕禮記昔者仲尼與於蜡賓事畢出游於觀之上注云觀闕也月令可以居高明注云高明樓觀之屬昭二十五年公羊傳設兩觀注云禮天子外闕兩觀諸侯內闕一觀春秋定二年雉門及兩觀災杜云兩觀闕也哀元年左傳宮室不觀杜注觀臺榭穀梁傳諸母兄弟不出闕門注云闕兩觀也韋述兩京新記東京紫微宮城正南承天門外闕觀相夾三輔黃

說文解字義證　卷三十七　九

圖闕觀也周置兩觀以表宮門其上可居登之可以遠觀故謂之觀李尤闕銘皇上尊嚴萬姓載依國都攸處建設端闈表樹兩觀雙闕巍巍魏志明帝作凌霄觀始構有鵲巢其上侍中高堂隆曰起闕而鵲巢不得居之像后氏星經闕邱二星在南河主天子門闕諸侯之兩觀也梁書何允傳允謂王果曰吾昔於齊朝欲樹雙闕世傳晉室欲立闕王丞相指牛頭山云此天闕也是則未明立闕之意闕者謂之象魏縣象法於其上浹日而收之象者法也魏者當塗而高大皃也今梁德告始不宜遂因前謬沈約上建闕表萬雉之外兩觀弗興空指南峯縣法無所邱仲孚傳初起雙闕以仲孚領大匠 欮聲者風俗通同徐鍇本作厥省聲

閞 門欂櫨也從門弁聲 皮變切

門欂櫨也者門與柱皆有欂櫨本書榕欂櫨也枅屋櫨也櫨柱上柎也廣韻閞欂櫨戶上木釋宮閞謂之槉郭注柱上欂也亦名枅又曰楮舍人云朱儒下小方木覆案下當爲上閞或作栟玉篇栟門柱上欂櫨也

⿵門介 門扇也從門介聲 胡介切

門扇也者徐鍇本作門扉也廣雅⿵門介扉也

hé 闔　niè 闑　yù 閾

闔 門扇也一曰閉也從門盍聲 胡臘切

門扇也者御覽引作門扉也徐鍇本作門扉釋宮闔謂之扉月令仲春之月乃修闔扇注云用木曰闔用竹葦曰扇呂氏春秋仲春紀乃修闔扇注云闔扇門扇也僖二十年左傳凡啓塞從時服虔云闔扇所以開鍵閉所以塞月令仲春修闔扇孟冬修鍵閉莊十二年公羊傳齒著乎門闔何注闔扇襄十八年左傳以枚數闔杜注闔門扇也二十八年傳子尾抽桷擊扉三杜注扉門闔也禮少儀排闔疏云推門扇也史記樊噲傳排闔直入荀子儒效篇故外闔不閉注云闔門扇也呂氏春秋行論篇乃爲却四十里而舍於盧門之闔注云盧門宋城門闔扉也通鑑東魏高永樂不納高敖曹敖曹拔刀穿闔未徹而追兵至 一曰閉也者本書閉闔門也纂文居古闔宇玉藻闔月則闔門左扉襄十七年左傳吾儕小人皆有闔廬以辟燥溼寒暑注云闔謂門戶閉塞定八年傳築者闔門注云閉門吳語乃闔左闔填之以土楚詞天問何闔而晦何開而明注云言天何所闔閉而晦冥何所開發而明曉乎吳越春秋王出

說文解字義證　卷三十七　十

宮夫人送王不過屏因反闔其門韓詩外傳學而不已闔棺乃止蜀志杜瓊闔門自守不與世事後漢書班固傳張千門而立萬戶順陰陽以開闔後漢書鄧騭傳闔門靜居注云闔閉也

闑 門梱也從門臬聲 魚列切

門梱也者廣韻闑門中礙也釋宮橛謂之闑郭注門闑又樴謂之杙在地者謂之臬郭注即門橜也曲禮出入君門由闑右注云闑門橜玉藻君入門介拂闑又云公事自闑西私事自闑東字或作槷士冠禮布席于門中闑鄭注闑門橜也古文作槷昭八年穀梁傳以葛覆質以爲槷范注槷門中臬詩車攻傳裘纏質以爲槸釋文云槸門中臬中論虛道篇聽不過闑槷之內

閾 門榍也從門或聲論語曰行不履閾 于逼切

門榍也者本書榍限也限門榍也門榍玉篇閾門限也釋宮柣謂之閾郭注閾門限士冠禮闑西閾外注云閾閫也曲禮不踐閾注云閾門限也玉藻賓入不中門不履閾注云閾門限僖二十二年左傳見兄弟不踰閾杜注閾門限襄二十

門

七年傳牀第之言不踰閾杜注閾門限魯語闟門與之言皆不踰閾韋云閾門限也漢書王莽傳思不出乎閾顏注閾門橛也後漢書和熹鄧皇后紀思不踰閾注云閾門限也班固傳仍增崖而衡閾注云閾門限　論語曰行不履閾者孔注閾門限鄭注不當棖闑之中央

𨵽　古文閾從洫

從洫者洫或聲相近

làng 閬

閬　門高也從門良聲巴郡有閬中縣來宕切

門高也者本書閌閬也馥謂閌閬猶康㝗玉篇閬閬高門皃思元賦集太微之閬閬李善引字林閬高貌詩緜皋門有伉傳云伉高貌漢書揚雄傳閌閬閬其寥廓兮似紫宮之崢嶸　巴郡有閬中縣者地理志同

pì 闢

闢　開也從門辟聲房益切

開也者廣雅小爾雅竝同釋言開闢也書舜典闢四門傳云開闢四方之門未開者宜二年左傳晨往寢門闢矣國語作辟韋注辟開也

𨳲　虞書曰闢四門從門從𠬞

此古文尚書字當以古文書之古今字詁闢古開字𨳲古闢字

wěi 闟

闟　闟門也從門爲聲國語曰闟門而與之言韋委切

闟門也者廣韻闟斜開門一切經音義七字詁闟今作闢同三蒼闟小開門也字林闟開也闢也廣雅闟開也　國語曰闟門而與之言者魯語公父文伯之母季康子之從祖叔母也康子往焉闟門與之言皆不踰閾韋注闟闢也

chǎn 闡

闡　開也從門單聲易曰闡幽昌善切

開也者廣雅蒼頡篇竝同聲類闡大開也後漢書班固傳紹天闡繹者注云闡開也呂氏春秋決勝篇隱則勝闡矣注云闡布也　易曰闡幽者繫辭文韓注闡明也

kāi 開

開　張也從門從幵苦哀切

張也者道德經將欲翕之必故張之孔子弟子琴牢字子開亦字張

𨳍　古文

書費誓序東郊不開　徐邈本作闢音開

kǎi 闓

闓　開也從門豈聲苦亥切

開也者本書忻闓也司馬法曰善者忻民之善閑民之惡廣雅闓開也方言開戶楚謂之闓注云亦開字也易繫辭開物成務王肅本作闓詩載驅齊子豈弟箋云豈讀當爲闓考工記知者創物注云謂始闓端造器物若世本作者是也吳志孫權傳童謠曰闓昌門出天子

xiǎ 閜

閜　大開也從門可聲大杯亦爲閜火下切

大開也者廣韻閜大裂廣雅閜開也　大杯亦爲閜者方言閜桮也其大者謂之閜急就篇稱杅槃案桮閜盌顏注閜大桮也字或作㼤廣雅㼤杯也又通作雅東觀漢記今日歲首請上雅壽注雅酒閜也別作㼤劉景升皃設有三杯命曰伯雅仲雅季雅

yā 閘

閘　開閉門也從門甲聲烏甲切

bì 閟

閟　閉門也從門必聲春秋傳曰閟門而與之言兵媚切

閉門也者詩閟宮又載馳我思不閟傳竝云閟閉也閔二年左傳今命以時卒閟其事也注云冬十二月閟盡之時莊三十二年傳見孟任從之閟注云閟不從公　春秋傳曰閟門而與之言者今無此文

gé 閣

閣　所以止扉也從門各聲古洛切

所以止扉也者釋宮所以止扉謂之閣郭云門辟旁長橛也左傳曰高其閈閎閎長杙卽門橜也左傳釋文引爾雅云衖門謂之閎是也爾雅又云所以止扉謂之閎然爾雅本止扉之名或作閣釋宮又云樴謂之杙大者謂之栱長者謂之閣廣雅閣止也

jiàn 閒

閒　隙也從門從月古閑切

說文解字義證《卷三十七　圭

門

隟也者乃隙之誤小字本誤同李燾本徐鍇本不誤小爾雅廣詁閒隙也襄三十一年左傳逢執事之不閒而未得見昭十三年傳諸侯有閒矣哀二十七年傳故君臣多閒注竝云閒隙也

閒 古文閒

ě 閜

閜 門傾也從門阿聲烏可切

門傾也者廣韻閜砢欲傾貌上林賦坑衡閜砢郭璞曰閜砢相扶持也

è 閼

閼 遮攤也從門於聲烏割切

遮攤也者攤當爲廱列子楊朱篇勿壅勿閼釋天太歲在甲曰閼逢李巡曰萬物鋒芒欲出擁遏未通故曰閼逢漢書景十三王傳今臣雍閼不得聞顏注雍讀曰壅雍塞也閼猶止也召信臣傳開通溝瀆起水門提閼顏注閼所以壅水高頤碑閼䟫苞組錢君大昕曰後漢書杜篤傳廱偃西戎偃與閼同廱偃猶壅遏也馥案諸書通作遏釋天在卯曰單閼李巡曰閼止也淮南天文訓作單遏高注遏止也左傳虞閼父陳球碑作遏父呂氏春秋古樂篇民氣鬱

說文解字義證　卷三十七　卅三

閼而滯著注云閼讀曰遏止之遏春秋繁露引書閼密八音晉太康地記西北之位陽所不及陰氣壅閼太平御覽引作壅遏

zhuǎn 䦩

䦩 開閉門利也從門緐聲一曰縷十紘也旨沇切

開閉門利也者徐鍇本門下有戶字本書䪿弓便利也馥謂緐隨從也隨從故利　緐聲者當作繇當云從門從繇門亦聲　一曰縷十紘者本書緯十縷爲綹

yà ⿵門曷

⿵門曷 門聲也從門曷聲乙鎋切

門聲也者廣韻⿵門曷門扇聲韓愈征蜀聯句詩技門呀拗⿵門曷

xiàng 闀

闀 門響也從門鄉聲許亮切

門響也者當爲鄉釋宮兩階閒謂之鄉注云人君南鄉當階門也吳都賦肅肅階鄉注云兩階閒曰鄉

lán 闌

闌 門遮也從門柬聲洛干切

門遮也者字鑑引作門越也本書橫闌木也廣雅闌遮也戰國策無河山以闌之孝經鉤命決先立春七日勑門闌無關籥以迎春之精史記楚世家雖儀之所甚願爲門闌之廝者亦無先大王通作蘭孟子既入其苙趙注苙蘭也方言苙圂也郭注謂蘭圂也漢書王莽傳與牛馬同蘭顏注蘭謂遮蘭之若牛馬蘭圈也

xián 閑

閑 闌也從門中有木戶閒切

木部重出閑字後人加之

闌也者本書牢閑養牛馬圈也梱闌足也廣雅闌閑也閑止也易乾卦閑邪存其誠宋衷曰閑防也家人閑有家馬融曰閑闌也書畢命雖收放心閑之維艱論語大德不踰閑小德出入可也昭六年左傳是故閑之以義杜注閑防也桓二年穀梁傳孔父閑也范云閑謂扞禦漢書百官表龍馬閑駒注閑闌養馬之所也夏小正五月頒馬將閑諸則馥謂閒當作閑詩比物四驪閑之維則是也　從門中有木者韻會引繫傳閑猶闌也以木距門也

說文解字義證　卷三十七　卅四

bì 閉

閉 闔門也從門才所以距門也博計切

闔門也者易坤卦天地閉釋文引字林云闔也桓五年左傳閉蟄而烝注云建亥之月昆蟲閉戶文子聖人法蠡蚌而閉戶　才所以距門也者月令修鍵閉正義引何氏曰鍵是門扇之後樹兩木穿上端爲孔閉者謂將扃關門以內孔中

ài 閡

閡 外閉也從門亥聲五溉切

外閉也者本書扃外閉之關也廣雅礙閡也易大畜閑輿衛王注閑閡也乾鑿度凡五十所以大閡物而出之者也漢書律歷志該閡萬物而雜陽閡種也孟康曰閡臧塞也陰雜陽氣臧塞爲萬物作種也晉灼曰外閉曰閡後漢書隗囂傳又多設支閡注云支柱障閡文選求通親親表隔閡之義殊於胡越

àn 闇

闇 閉門也從門音聲烏紺切

閉門也者梁書樂藹傳王巖爲荊州刺史藹領州主簿或譖藹廨門如市巖遣覘之方見藹閉閤讀書

guān 關

關 以木橫持門戶也從門𢇇聲古還切

以木横持門戶也者今呼腰關玉篇關扃也廣韻楗橫關柱聲類關所以閉也方言關閉也三國典畧東魏以孫騰兼尚書左僕射府庫關鑰一以委之顧炎武曰關者所以拒門之木說文關以木橫持門戶也左傳臧孫紇斬鹿門之關呂氏春秋孔子之勁舉國門之關而不肎以力聞賈誼書豫讓曰我事中行之君與帷而衣之與關而枕之魯連子譬若門關舉之以便則可以一指持中而舉之非便則兩手不能關非益加重手非加罷也彼所起者非舉勢也漢書楊惲傳有犇車抵殿門門關折馬死趙廣漢傳斬其門關而去宋書少帝紀突走出昌門追者以門關踣之王鎮惡傳軍人緣城得入門猶未及下關唐書李訓傳閽者欲扃鑠之爲中人所叱執關而不能下

yuè 闟

闟　關下牡也從門龠聲以灼切

闟下牡也者本書摽擊闟牡也一切經音義十六說文摼關下牡也案爲牝牡所以封固關令不可開也馥案所引數見並同未審何字之誤趙宧光曰闟今之鎖牡也釋典謂之戶鉤天官書有鉤鈐鍵閉二星玉篇闟固闟令不可開廣雅闟戶牡也小爾雅廣服鍵謂之闟月令修鍵閉注云鍵牡閉牝也正義云凡鏁器入者謂之牡受者謂之牝

俗云鍵鎖須閉者鎖筒也蔡邕章句云鍵關牡也所以止扉或謂之剡移顏氏家訓亦作剡移廣韻扊扅戶牡所以止扉也百里奚妻琴歌烹伏雌炊扊扅淮南說林訓盜跖見飴曰可以黏牡高注牡門戶籥牡也漢書司馬遷傳大道之要去健羨服虔曰門戶鍵牡也翟方進傳闟門牡開五行志章城門門牡自亾顏注牡所以下閉者也谷永傳闟動牡飛辟爲無道臣爲非通作鑰纂文牡出鑰者也人作鑰子鑰母非也方言戶鑰自關而東陳楚之閒謂之鍵自關而西謂之鑰一切經音義十四引作闟漢書天文志鍵閉一星近鉤鈐主關鑰謂之天鍵東宮舊事守鑰四人對番上下南史梁元帝紀江夏宮南門鑰牡飛又載法輿傳法輿臨死封閉庫藏使家人謹錄鑰牡通鑑齊鬱林王別作鑰鉤夜開西州後閤注云鉤所以啓鑰今謂之鑰匙抱朴子堅玉鑰于命門又通作籥書金縢啓籥見書鄭注籥開藏之管也王肅云籥開藏占兆書管也月令愼管籥注云管籥搏鍵器也周禮司門掌授管鍵以啓閉國門鄭司農云管謂籥也鍵謂牡僖三十二年左傳鄭人使我掌其北門之管杜注管籥也越語請委管籥注云管籥取鍵器也引月令修鍵閉愼管籥趙策齊閔王將之魯魯人投其籥不果納易乾鑿度易者爲道德苞籥鄭注齊魯之閒名門戶及藏器之管爲籥淮南時則訓修楗閉愼管籥注云楗鎖須閉鎖筒管籥鎖匙史記蕭相國世家高祖出征何每居守管籥通鑑梁臨川王宏庫屋垂百閒關籥甚嚴注云籥關牡也

tián 闐

闐　盛皃從門眞聲待年切

盛皃者當云闐闐盛皃本書嗔盛氣也引詩振旅嗔嗔今詩作闐爾雅釋天亦作闐廣雅闐闐盛也玉藻盛氣顛實揚休注云顛爲闐揚讀爲陽聲之誤也盛身中之氣使之闐滿其息若陽氣之體物也通作填籍田賦震震填填

táng 闛

闛　闛闛盛皃從門堂聲徒郎切

闛闛盛皃者通作堂論語堂堂乎張也

yān 閹

閹　豎也宮中奄閽閉門者從門奄聲英廉切

豎也者御覽引云門豎也內豎倍寺人之數注云豎未冠者又月令命奄尹申宮令注云奄尹主領奄豎之官也僖二十八年左傳曹伯之豎侯獳杜云豎掌通內外者成十六年傳穀陽豎獻飲於子反杜注內豎通鑑祖珽執政欲

黜諸奄豎注云豎童僕未冠者也新唐書姚崇傳后氏臨朝喉舌之任出閹人之口臣願宦豎不與政可乎袁楚客上魏元忠書閹豎者給宮掖掃除事古以奴隸畜之南史傅縡傳小人在側宦豎弄權　宮中奄閽閉門者一切經音義十說文閹豎宮中閽昏閉門者也周禮閽十人鄭玄曰閹精氣閉藏者今謂之宦人也主閉門戶故曰閹玉篇閹宦人也閉門者也詩巷伯箋云巷伯奄官奄官上士四人掌王后之命於宮中爲近故謂之巷伯周禮天官敘官內小臣奄上士四人又酒人奄十人注云奄精氣閉藏者今謂之宦人守祧奄八人注云奄如今之宦者呂氏春秋仲冬紀命閹尹高注閹宮官襄十七年左傳齊侯使夙沙衛唁臧堅堅曰使其刑臣禮於士注云夙沙衛奄人故謂之刑臣二十七年傳寺人御而出注云寺人奄士襄二十九年公羊傳閽者何門人也刑人也注云以刑爲閽韓非外儲說因令奄將宮人之美妾二十人并遺季也西都賦閽尹閽寺五臣注閽寺皆刑餘人掌宮禁門戶後漢書宦者列傳易曰天垂象聖人則之宦者四星在皇位之側故周禮置官亦備其數閽者守中門之禁寺人掌女宮之戒又云王之正內者五人月令仲冬命閹尹審門閭謹房室詩之小雅亦有巷伯刺讒之篇然宦人之在王朝者其

門

來舊矣將以其體非全氣情志專良通關中人易以役養乎崔鴻前秦錄張蚝割陰自誓遂爲閹人後漢書楊秉傳臣案國舊典宦豎之官本在給使省闥司昏守夜竇武傳武白太后曰故事黃門常侍但當給事省內典門戶

hūn
閽

閽 常以昏閉門隸也從門從昏昏亦聲 呼昆切

常以昏閉門隸也者御覽閹昏也門常昏閉故曰閽郎守門隸人也易說卦爲閽寺宋衷曰閽人主門天官閽人掌守王宮之中門之禁注云閽人司昏晨以啟閉門者刑人墨者使守門中門於外內爲中若今宮闕門詩召旻昏椓靡共箋云昏椓皆奄人也昏其官名也正義云掌戮墨者使守門宮者使守內刖者使守囿則墨刖皆亦爲閽非獨宮刑者矣但內門則用奄以守之其外門則用墨頁天子五門雉門爲中門是雉門以內用奄庫門以外用墨其囿則用刖也內則深宮固門閽寺守之注云閽掌守中門之禁也春秋襄二十九年閽弑吳子餘祭杜注閽守門者唐書許康佐傳帝讀春秋至閽弑吳子餘祭問閽何人耶李訓曰古閽寺小宦人也董巴輿服志禁門曰黃闥中人主之通鑑燕宋夫人矯詔絕內外遣閽寺傳問而已論語晨門曰奚自何晏曰晨門者閽人也皇侃曰晨門守后門晨

說文解字義證 卷三十七 毛

昏開閉之吏也莊十九年左傳鬻拳弗納杜注鬻拳楚大閽釋文閽守門人也昭五年傳若吾以韓起爲閽定二年傳閽乞肉焉釋文閽守門人也祭統閽者守門之賤者也離騷吾令帝閽開關兮注云閽主門者也易艮爲薰心虞翻本作閽漢官解詁光祿勳勳猶閽也易曰爲閽寺詩雨無正論胥以鋪韓詩作薰漢書敘傳烏乎史遷薰胥以刑蕧謂遷受宮刑薰卽閽也

昏亦聲者當爲昏聲

kuī
闚

闚 閃也從門規聲 去隓切

閃也者本書覞下云覞覷闚觀也玉篇覞盜視貌也字林闚傾頭門內視也方言闚視也凡相竊視南楚謂之闚易觀卦闚觀利女貞虞云竊觀稱闚豐卦闚其戶闃其无人釋文引李登云小視覆案本書窺小視也論語何晏本闚見室家之好成二年公羊傳踊于棓而闚客楚詞九歎望南郢而闚之注云闚視也韓非子喻老篇不闚於牖可以知天道老子作窺莊子秋水篇用管闚天

lán
闌

闌 妄入宮掖也從門䜌聲讀若闌 洛干切

妄入宮掖也者初學記內至禁省爲殿門外出大道爲掖門應劭注漢書掖者言在司馬門之旁掖雒陽故宮名有南掖門北掖門東掖門西掖門三輔黃圖掖門在兩旁如人臂掖也漢宮中謂之禁中謂宮中門閤有禁非侍衛通籍之臣不得妄入傳元詩我家近宮掖玉篇闌妄也無符傳出入爲闌春秋淩獄兵所居比司馬闌入者髡周禮士師一曰宮禁注云古之禁書亾矣今宮門有符籍又宮正幾其出入鄭司農云若今時宮中有罪禁止不得出亦不得入及無引籍不得入宮司馬殿門也 讀若闌者賈誼書等齊篇天子宮門曰司馬闌入者爲城旦漢書成帝紀闌入尙方掖門景十三王傳相彊劾繫倡闌入殿門汲黯傳而文吏繩以爲闌出財物如邊關乎應劭曰闌妄也臣瓚曰無符傳出入爲闌也王嘉傳坐戶殿門失闌免顏注戶止也嘉掌守殿門止不當入者而失闌入之故坐免也外戚傳闌入殿中下獄當死酷吏傳譴責延年何以不移書宮殿門禁止大司農而令得出入宮於是覆劾延年闌內罪人法至死西域傳今邊塞未正闌出不禁顏注言邊塞有闌出逃亾之人而主者不禁續漢書五行志注引風俗通南宮中黃門寺有一男子長九尺服白衣黃門解步呵問汝何等人白衣妄入宮掖又云天戒若曰董卓不當

說文解字義證 卷三十七 关

專制奪矯如白衣無宜闌入宮也唐書宦者傳有五局二曰宮闈扃門闌

zhèn
𨳇

𨳇 登也從門二二古文下字讀若軍敶之敶 直刃切

二古文下字者戴侗曰徐本从丁唐本從丄

shǎn
閃

閃 闚頭門中也從人在門中 失冉切

闚頭門中也者一切經音義十七引作窺頭貌也又作字書作睒

yuè
閱

閱 具數於門中也從門說省聲 弋雪切

具數於門中也者本書算從具巽具也昭元年左傳弗去懼選注云選數也恐數其罪藊該漢書音義引字林閱具數也廣雅閱數也書呂刑閱實其罪正義云簡練核實多方克閱于乃邑謀介正義云謂簡閱其事春秋桓六年大閱賈逵云簡車馬於廟也襄九年左傳商人閱其禍敗之釁必始於火杜注閱猶數也商人數所更歷恆多火災襄二十四年傳齊社蒐軍實杜注因閱數軍器二十五年傳數甲兵杜注閱數之昭十四年傳然丹簡上國之兵鄭康

門

成日簡謂比數之周禮大田之禮簡衆也疏云簡閱也謂閱其車徒之數遂大夫簡稼器注云簡猶閱也又鄭長若歲時簡器與有司數之注云簡稼器也大司馬中冬致大閱注云大閱簡軍實郊特牲然後簡其車賦而歷其卒伍注云簡歷謂算具陳列之也

說省聲者徐鍇本作兌聲

què 闋

事已閉門也從門癸聲 傾雪切

事已閉門也者一切經音義七引說文事已曰闋闋亦止息也終也史記留侯世家歌數闋索隱云謂曲終也說文云闋事已也馥案所引皆無閉門字詩節南山俾民心闋傳云闋息後漢書楊璇傳不闋時月注云闋息也燕禮記賓拜酒主人荅拜而樂闋文王世子有司告以樂闋注云闋終也大射儀樂闋注云闋止也呂氏春秋古樂篇投足以歌八闋注云闋終廣雅闋訖也文選七命繁肴既闋李善引蒼頡篇闋訖也漢書王莽傳轉掠求食日闋而已顏注闋盡也

隨日盡也

kàn 闞

望也從門敢聲 苦濫切

望也者廣雅同或作瞰東都賦瞰四裔而抗棱李善引字書瞰望也

kuò 闊

疏也從門活聲 苦括切

疏也者廣雅同詩擊鼓于嗟闊兮漢書王莽傳闊其租賦注云闊寬也諸葛豐傳開何闊後漢書馬融傳憲令寬賒文禮簡闊成公綏天地賦偉二儀之參闊虞翻別傳公試策馬前行臣疏步能及之馥謂疏步闊步也

mǐn 閔

弔者在門也從門文聲 眉殞切

弔者在門也者劉向與子歆書董生有言弔者在門賀者在閭玉篇傷痛為閔詩汝墳序婦人能閔其君子東山序序其情而閔其勞鴟鴞鸞子之閔斯箋云當哀閔之僖三年穀梁傳一時言不雨者閔雨也范云閔憂也宣十二年左傳寡君少遭閔凶杜云閔憂也

古文閔

上從古文民當作[illegible]

chèn 闖

馬出門皃從馬在門中讀若郴 丑禁切

馬出門皃者哀六年公羊傳開之則闖然公子陽生也何注闖出頭皃釋文引字林云馬出門皃

文五十七 重六

闠

見闠下

遺文一

ěr 耳

主聽也象形凡耳之屬皆從耳 而止切

釋名耳耏也耳有一體屬著兩邊耏耏然

主聽也者當云主聽者也急就篇頭領頰頤眉目耳顏注耳主聽者也

zhé 耴

耳巠也從耳下巠象形春秋傳曰秦公子輒者其耳下巠故以為名 陟葉切

耳巠也者列子湯問篇貊越之東有輒休之國釋文輒說文作耴耳垂也蓋儋耳之類是也 春秋傳云云者案左傳有晉靈公輒衛出公輒魯叔輒叔孫輒而無秦公子耴秦公子當是鄭公子襄九年左傳公孫輒杜云子耳

diān 貼

小巠耳也從耳占聲 丁兼切

小巠耳也者玉篇引作小耳垂篇海引作小耳垂皃廣韻貼耳小垂馥案貼耳小垂耽耳大垂

dān 耽

耳大巠也從耳冘聲詩曰士之耽兮 丁含切

老耼呂氏春秋不二篇作老耽

耳大巠也者淮南地形訓夸父耽耳在其北方高云耽耳耳垂在肩上 詩曰士之耽兮者衛風氓文傳云耽樂也作酖字解

dān 聃

耳曼也從耳冄聲 他甘切

耳曼也者廣韻耼耳漫無輪本書鋑讀若老耼藝文類聚引抱朴子老子耳長七寸史記老子名耳字伯陽謚曰耼索隱云許慎云耼耳漫也故名耳字耼今作字伯陽非正也瀨鄉記老子名耳號曰聃神仙傳老子一名重耳外字耼老子碑銘耼然老旄之貌也曾子問吾聞諸老耼注云老耼古壽考者之號也晉中興書孝宗穆皇帝諱耼字彭子

聃或從甘

dān
聸

聸 垂耳也從耳詹聲南方聸耳之國 都甘切

史記鄭世家祝聸當作聸左傳作耼 南方聸耳之國者玉篇引作南方有聸耳之國字或作儋大荒北經有儋耳之國任姓注云其人耳大下儋垂在肩上朱崖儋耳鏤畫其耳亦以放之也漢書武帝紀儋耳郡應劭曰儋耳者種大耳渠率自謂王者耳尤緩下肩三寸顏注字本作聸後漢書南蠻傳珠崖儋耳二郡其渠帥貴長耳皆穿而縋之垂肩三寸杜篤傳連緩耳瑣雕題注云

說文解字義證 卷三十七 三十二

緩耳耳下垂卽儋耳也楊孚異物志儋耳南方夷生則刻鏤其頰皮連耳匡分爲數支狀如雞腸纍纍下垂至肩九州記哀牢人皆儋耳穿鼻其渠帥自謂王者耳皆下肩三寸庶人則至肩而已水經注溫水云山海經曰離耳國彫題國皆在鬱水南林邑記曰漢置九郡儋耳與焉民好徒跣耳廣垂以爲飾然則儋耳卽離耳也呂氏春秋任數篇南撫多顆北懷儋耳

gěng
耿

耿 耳箸頰也從耳炯省聲杜林說耿光也從光聖省凡字皆左形右聲杜林說非也 古杏切

耳箸頰也者楚詞曾頰倚耳曲眉規只 炯省聲者集韻類篇通志六書故竝引作烓省聲小字本作烓案本書烓從火圭聲讀若回口迥切小字本作讀若同口迥切此卽元豐初王子韶陸佃重修所改又據以改炯爲烓爾雅釋文烓口頴反顧口井烏攜二反王陸改烓字之音者據此也案郭注方言烓音口類反類誤爲頴又轉爲口井王陸不審輒改舊音失之 杜林說耿炎也從炎聖省者書立政以覲文王之耿光又丕釐上帝之耿命傳云耿光也晉語其光耿于民矣注云耿猶照也 凡字皆左形右聲杜說非也者後人加之本書不駁舊說

lián
聯

聯 連也從耳耳連於頰也從絲絲連不絕也 力延切

連也者廣雅同聯連聲相近一切經音義三聯亦連也謂相續不斷也周禮八灋治官府三日官聯以會官治鄭司農云聯讀爲連古書連作聯聯謂連事通識 從耳耳連於頰也者擊頰謂之掌耳 從絲絲連不絕也者 一切經音義二引同本書綴聯也緜聯微也聲類聯緜不絕也非有先生論緜緜聯聯殆哉世之不絕也

liáo
聊

聊 耳鳴也從耳丣聲 洛蕭切

耳鳴也者蔡邕廣連珠臣聞目瞤耳鳴近夫小戒也楚辭耳聊啾而戃慌注云聊啾耳鳴字或作膠廣韻膠耳中鳴也埤蒼膠耳鳴也集韻膠與聊同 膠嘈耳鳴王延壽夢賦作聊嘈

shèng
聖

聖 通也從耳呈聲 式正切

通也者廣雅同藝文類聚引風俗通聖者聲也通也言其聞聲知情通於天地調暢萬物白虎通聖人篇聖者通也

說文解字義證 卷三十七 三十三

道也聲也道無所不通明無所不照聞聲知情與天地合德日月合明四時合序鬼神合吉凶洪範睿作聖傳云於事無不通謂之聖無逸此厥不聽漢石經聽作聖汗簡卽字釋云聽亦作聖多方罔可念聽傳云事無可念言無可聽案上文惟聖罔念作狂惟狂克念作聖則念聽當爲念聖謂紂不念作聖也說命后從諫則聖馥謂從諫不逆於耳大傳思之不容是謂不聖注云心明曰聖孔子說休徵曰聖者通也大戴禮有倮之蟲三百六十而聖人爲之長鄉飲酒義仁義接賓主有事俎豆有數曰聖注云聖通也所以通賓主之意也家語聖者德合天地變通無方也傳子聖人之通如天地諸子之異如四時四時相反天地合而通之神異經西南大荒中有人知河海水斗斛識山石多少知天下鳥獸言語知百穀可食識草木鹹苦名曰聖一名先通一名無不達姚信士緯曰聖人窮神知化獨見先識王觀國曰古之人精通一事者亦或謂之聖漢張芝精草書謂之草聖隋劉臻精兩漢書謂之漢聖唐衛大經邃於易謂之易聖嚴子鄉馬綏明皆善圍棋謂之棋聖張衡馬忠皆善刻削謂之木聖蓋言精通其事而它人莫能及也 從耳者楊愼曰聲入心通之謂聖故其字从耳諡法聖聞周達曰昭

耳

cōng 聰 tīng 聽 líng 聆 zhí 職 guō 聒

聰 察也從耳悤聲倉紅切

察也者釋名聾聽不察也書洪範五事四曰聽傳云察是非又聽曰聰傳云必微諦詩兔爰尙寐無聰傳云聰聞也又小旻或哲或謀傳云有明哲者有聰謀者箋引書聰作謀又敬之不聰敬止箋云耳不聰達於敬之之意秦策王何不聽乎高云聽察也楚詞七諫遭値君之不聰注云聽遠曰聰

聽 聆也從耳㥁壬聲他定切

聆也者釋名聽靜也靜然後所聞審也書太甲聽德惟聰士昏禮命之曰敬恭聽宗爾父母之言

聆 聽也從耳令聲郎丁切

聽也者廣雅同廣韻聆以耳取聲一切經音義二十二引蒼頡篇聆聽也耳所聽曰聆淮南齊俗訓所居聆聆高注聆聆意曉解也漢書敘傳姚聆呱而刻石兮

職 記微也從耳戠聲之弋切

記微也者白虎通智者知也獨見前聞不惑於事見微者也經典通用從言之識以此職爲官職又以幟代識行之既久遂爲借義所奪今人不知識爲幟之正文職爲識之本字矣本書箋表識書也一切經音義十三引字林作表職書也本書史下云記事者也事下云從史職也馥案廣雅疏識也釋名記紀也紀識之也易大畜君子以多識前言往行以畜其德書益稷書用識哉周禮保章氏掌天星以志星辰日月之變動注云志古文識識記也內則記有成注云記猶識也檀弓小子識之論語默而識之又云賢者識其大者又云女以予爲多學而識之者與史記孝武紀鼎文鏤無款識索隱識猶表識漢書劉向傳不可不識也元后傳尙頗識之顏注識記也後漢書虞詡傳以采綖縫賊裾爲幟注云幟記也崔駰達旨大庭尙矣赫胥罔識凡識並當作職言出驚俗不遑顧矣

聒 讙語也從耳昏聲古活切

讙語也者李善注長笛賦江賦引並同廣韻聒聲擾一切經音義二十聒蒼頡篇擾亂耳孔也字林讙語也鄭注盤庚聒讀如聒耳之聒王逸注九思多聲亂耳爲聒襄二十六年左傳聒而與之語服注聒讙也莊子天下篇雖天下

說文解字義證 卷三十七 卅三

jǔ 聥 shēng 聲 wén 聞 pìn 聘 lóng 聾 sǒng 聳

不取強聒而不舍者也釋文云謂強聒其耳而語之也抱朴子春蛙長譁而醜音見患於聒耳

聥 張耳有所聞也從耳禹聲王矩切

張耳有所聞也者蒼頡篇聥驚也馥謂聞聲而驚也

聲 音也從耳殸聲殸籒文磬書盈切

音也者本書音聲也生於心有節於外謂之音宮商角徵羽聲也絲竹金石匏土革木音也書舜典聲依永律和聲傳云聲謂五聲宮商角徵羽也樂記仲夏之月止聲色注云聲謂樂也詩白華鼓鐘于宮聲聞于外

聞 知聞也從耳門聲無分切

知聞也者玉篇廣韻一切經音義十四並引作知聲也廣雅聞智也馥謂智卽知字玉篇知覺也易繫辭百姓日用而不知書舜典予欲聞六律五聲八音論語子在齊聞韶三月不知肉味馥謂知聲忘味孟子聞其樂而知其德

䎽 古文從昏

從昏者昏不能察聞則可知

聘 訪也從耳甹聲匹正切

訪也者玉篇訪問也書洪範王訪于箕子傳云就而問之釋言聘問也聘禮小聘曰問詩采薇靡使歸聘傳云聘問也隱九年穀梁傳聘問也荀子大略篇聘問也

聾 無聞也從耳龍聲盧紅切

無聞也者釋名聾籠也如在蒙籠之內聽不察也急就篇痂疕疥癘癡聾盲顏注耳不聞聲曰聾僖二十四年左傳耳不聽五聲之和爲聾晉語聾聵不可使聽注云耳不別五音之和曰聾文選七命百籟羣鳴聾其山李善引蒼頡篇聾耳不聞韓詩外傳太平之時無瘖聾禮記王制作瘖聾

聳 生而聾曰聳從耳從省聲息拱切

生而聾曰聳者俗作聳玉篇引國語聽無聳也廣雅聳聾也方言生而聾陳楚江淮之閒謂之聳荆揚之閒及山之

說文解字義證 卷三十七 卅四

耳

東西雙聾者謂之聳𦗛繁陽令
楊君碑有司聳昧莫能識察

⿰耳宰　益梁之州謂聾爲⿰耳宰秦晉聽而不聰聞而不達謂之⿰耳宰從耳宰聲 作亥切

益梁之州謂聾爲⿰耳宰者廣雅⿰耳宰聾也廣韻⿰耳宰半聾方言半聾梁益之閒謂之⿰耳宰　秦晉云云者字林方言竝同

聵　聾也從耳貴聲 五怪切

聾也者徐鍇本作生聾也鍇曰謂從生卽聾也一切經音義一國語聵不可使聽賈逵曰生聾曰聵一云聾無識曰聵廣雅聾聵八疾之一

⿰耳叡　聵或從叡

本書顡下云頭蔽顡也蔽當作顡徐鍇本下有⿰耳豙字云或从豙作

聉　無知意也從耳出聲讀若孼 主滑切

無知意也者廣韻聉無所聞也集韻聉顡無志皃郭注方言秦晉謂之聵注云言無所聞知也

⿰耳闋　吳楚之外凡無耳者謂之⿰耳闋言若斷耳爲盟從耳闋聲 五滑切

吳楚之外凡無耳者謂之⿰耳闋言若斷耳爲盟者盟當爲明方言聾之甚者秦晉之閒謂之⿰耳闋吳楚之外郊凡無耳者亦謂之⿰耳闋其言⿰耳闋者若秦晉中土言墮耳者明也明俗本譌作明

聅　軍法以矢貫耳也從耳從矢司馬法曰小罪聅中罪刖大罪剄 恥列切

軍法以矢貫耳也者貫當爲毌僖二十七年左傳子玉復治兵於蔿鞭七人貫三人耳正義云耳助句也馥謂貫耳卽聅也　司馬法曰小罪聅中罪刖大罪剄者廣韻司馬法曰小罪聅聅謂以箭貫耳馥謂刖當爲刵本書刵斷耳也

聝　軍戰斷耳也春秋傳曰以爲俘聝從耳或聲 古獲切

軍戰斷耳也者玉篇引作戰而斷耳也本書取下引司馬法載獻聝聝者耳也一切經音義四生獲斷耳曰聝廣韻聝截耳釋詁聝獲也郭注今以獲賊耳爲聝詩泮水在泮獻聝箋云聝所格者之左耳正義云謂臨陣格殺之而取其耳也皇矣攸馘安安傳云馘獲也不服者殺而獻其左耳曰馘僖二十二年左傳示之俘馘杜云馘所截耳二十八年傳獻俘授馘宣二年傳俘二百五十人馘百人十二年傳右入壘折馘杜云折馘斷耳家語致思篇搴旗執聝注云馘截耳也以效獲也王制出征執有罪反釋奠於學以訊馘告注云訊馘所生獲斷耳者馘或爲國馥案斥彰長田君碑討暇畔夷隸續云卽馘字漢書律歷志乃以庶國祀馘於周廟顏注截耳曰馘　春秋傳曰以爲俘馘者成三年左傳文彼作馘本書俘下引作聝

馘　聝或從首

典論馘首虜以萬計詩釋文引字林截耳則作耳旁獻首則作首旁

⿰耳月　墮耳也從耳月聲 魚厥切

墮耳也者方言凡無耳者謂之⿰耳月其言⿰耳月者若言墮耳者也

⿸麻耳　乘輿金飾馬耳也從耳麻聲讀若湎水一曰若月令靡艸之靡 亡彼切

乘輿金飾馬耳也者廣韻⿸麻耳乘輿金耳又云金飾馬耳

⿰耳今　國語曰回祿信於聆遂 巨今切

國語曰回祿信於聆遂者周語文彼遂作隧韋注回祿火神再宿爲信聆隧地名

聑　安也從二耳 丁帖切

安也者李善注長笛賦引同通作攝漢書嚴助傳天下攝然孟康曰攝安也或作怗廣韻怗安也晉書謝鯤傳羣情怗然北史柳崇傳境內怗然崔亮傳百姓怗然袁翻傳求皆允怗南齊書陸厥傳岨峿妥怗之談北魏高湛墓志全

帖民境又譌爲從巾之帖僖四年公羊傳卒帖荆晉書載記王猛至鄴遠近帖然南齊書劉係宗傳百姓安帖王逸楚辭敘事不妥帖陸機文賦或妥帖而易施又作貼通鑑李泌曰泌到自妥貼矣注引史炤云貼伏也亦作帖

聶 附耳私小語也從三耳 尼輒切

附耳私小語也者本書無附字史記天官書畢曰罕車其大星旁小星爲附耳本書咠聶語也廣韻詀讘細語魏其武安侯傳乃效女兒呫囁耳語集解云韋昭曰呫囁附耳小語聲通鑑崔咸舉觴罰裴度曰丞相不應許所由官呫囁耳語注云呫囁細語口動而聲不遠聞

文三十二　重四

聄 告也從耳㐱聲

韻會引又云或作眂通作眕禮記眕于鬼神注云告致也馥案玉篇眂之忍切埤蒼云告也禮記曰眂于鬼神亦作眕廣韻眂告也集韻眕眂告也

眂

睩 見蠵下

遺文三

𦣝 顄也象形凡𦣝之屬皆從𦣝 與之切

顄也者本書顄頤也急就篇頰頤頸項肩臂肘顏注下頷曰頤方言頷頤頷也南楚謂之頷秦晉謂之頷頤其通語也齊策太子相不仁過頤豕視鮑注言頤過豐漢書東方朔傳擢項頤顏注頤頷下也江表傳孫權生而方頤大口姚信昕天論今人頤前多臨胷而項不能覆背釋名頤養也動於下止於上上下咀物以養人也易頤卦自求口實鄭云頤口中車輔之名也口車動而上因輔嚼物以養人故謂之頤頤養也

頤 篆文𦣝

此爲篆文是𦣝爲古文小篆因而未變者

𦣞 籀文從首

從首卽古文百也文當作𦣞

巸 廣𦣝也從𦣝巳聲 與之切

廣𦣝也者經典但取廣義又通作熙書堯典庶績咸熙傳云熙廣也舜典有能奮庸熙帝之載傳云廣堯之事者益稷百工熙哉傳云百官之業乃廣多方爾曷不惠王熙天之命傳云廣天之命襄二十九年左傳廣哉熙熙乎周語熙廣也

戺 古文巸從戶

九經字樣雜辨部戺巸上說文下經典相承隸謂唐本戶在巳上

文二　重三

手 掌 拇 指

說文解字弟十二 義證第三十八

曲阜桂馥學

手 拳也象形凡手之屬皆從手 書九切

易說卦艮爲手 釋名手須也事業之所須也 拳也者本書拳手也急就篇捲捥節爪拇指手顔注及掌謂之手

古文

掌 手中也從手尚聲 諸兩切

釋名掌言可以排掌也馥案排掌當爲排堂堂俗作菐譌爲掌 手中也者玉篇論語曰指其掌掌手中也指韻掌手心也謂指本也中庸治國其如示諸掌乎

拇 將指也從手母聲 莫厚切

將指也者徐鍇曰所謂將指者爲諸指之率也左傳正義將者言其將領諸指也玉篇拇手拇廣韻拇大拇指也顏注急就篇拇大指也一名將指釋訓履帝武敏武迹也敏拇也郭云拇迹大指處詩生民履帝武敏箋云敏拇也易咸卦咸其拇釋文馬鄭薛云足大指也解卦解而拇陸云足大指王云手大指定十四年左傳姑浮以戈擊闔廬闔廬傷將指杜注其足大指見斬楚語有首領股肱至於手拇毛脈韋注拇大指也楚詞招魂敦脄血拇注云拇手母指也鄉射記凡挾矢於二指之閒橫之注云二指謂左右手之第二指此以食指將指挾之疏云以左擘指拓弓右擘指鉤弦故知挾矢以弟二弟三指爲食指將指左傳子公之食指動是也弟三指爲將指左傳吳王闔閭傷於將指是也定四年左傳正義云定十四年傳闔閭傷將指注云其足大指見斬足之用力大指爲多手之取物中指最長故足以大指爲將指手以中指爲將指馥謂此曲說也手足皆以拇爲將指手之大指爲拇指二指爲食指三指爲中指四指爲無名指五指爲小指此南北之通語也

指 手指也從手旨聲 職雉切

拳 掔 攕 ⿱削手 摳

手指也者顏注急就篇指總謂衆指也

拳 手也從手𢍏聲 巨員切

手也者本書手拳也玉篇拳屈手也漢書鉤弋倢伃傳武帝巡守過河閒召至女兩手皆拳上自披之手卽時伸號日拳夫人

掔 手掔也揚雄曰掔握也從手取聲 烏貫切

手掔也者釋名腕宛也言可宛屈也呂氏春秋本味篇伊尹曰肉之美者述蕩之掔高注掔讀如棬椀之椀通作掔士喪禮設決麗於掔自飯持之設握乃連掔注云掔手後節中也古文掔作捥釋文掔烏亂反旣夕記設握裹親膚繫鉤中指結於掔注云掔掌後節中也考工記弓人注云樊讀如鞶人名手足掔爲骹之骹玉篇掔與捥擥竝同集韻掔或作腕捥一切經音義腕又作捥謂手後節也左傳拔衛侯之手及捥顏注急就篇腕手臂之節也魏志陳泰傳蝮蛇螫手壯士解其腕稽康琴賦攘皓腕顏氏家訓所得盜者輒截手腕宋本作掔 揚雄曰掔握也者三蒼掔亦牽字苦田反引前也商子君臣篇瞋目扼腕淮南主術訓瞋目扼掔高音捭戰國策天下之士莫不扼腕瞋目切齒史記刺客列傳樊於期偏袒搤捥而進索隱捥音烏亂反字書作拏掌後曰腕勇者奮厲必先以左手扼右捥也漢郊祀志莫不搤掔游俠傳搤掔而游談顏注掔古手腕字江淹麗色賦不掔蘅帶漢婁壽碑捥髮傳業

攕 好手皃詩曰攕攕女手從手韱聲 所咸切

好手皃者通作纖古詩纖纖出素手 詩曰攕攕女手者魏風葛屨文彼作摻摻傳云摻摻猶纖纖也本書㦰下引詩同韓詩作纖纖薛君章句纖纖女手皃

⿱削手 人臂皃從手削聲周禮曰輻欲其⿱削手 所角切

人臂皃者玉篇⿱削手長臂皃 周禮曰輻欲其⿱削手者考工記輪人文彼云望其輻欲其⿱削手爾而纖也注云⿱削手纖殺小皃也鄭司農云⿱削手讀爲紛容⿱削手參之⿱削手玄謂如桑螵蛸之蛸

摳 繑也一曰摳衣升堂從手區聲 口侯切

繑也者本書繑綺紐也一曰摳衣升堂者五經文字摳攝衣也玉篇摳挈衣曲禮摳衣趨隅注云摳提也又兩手摳齊尺　摳衣去

qiān 攐

攐　摳衣也從手褰聲去虔切

摳衣也者廣雅攐摳也淮南人閒訓江之始出於岷山也可攐裳而越也通作褰廣韻摳褰裳詩褰裳涉溱箋云揭衣匏有苦葉釋文揭揭衣一本作揭褰衣新序褰衣將就鼎

yì 撎

撎　舉手下手也從手壹聲於計切

舉手下手也者左傳正義引同李善注西征賦引作拜舉手下手也玉篇同程君瑤田曰字林撎舉首下手案周官大祝辨九拜九曰肅拜鄭司農說但俯下手今時撎是也言但俯下手則不舉手可知舉首者對䭫首頓首空首諸拜皆必俯首今撎則舉首不俯但俯下手而已說文舉手字爲轉寫之譌無疑成十六年左傳敢肅使者杜云肅手至地若今撎釋文撎揖也正義其勢如今揖之小別晉宋儀注貴人待賤人賤人拜貴人撎潘岳賦率軍禮以長

撎通作揖漢書高帝紀酈生不拜長揖注云手自上而極下馥案鄭注鄉飲酒禮云推手曰揖引手曰厭疏云引手曰厭者以手向身引之秋官疏云凡揖皆推手至於撎卽引手爲異也馥謂撎卽厭也

yī 揖

揖　讓也從手咠聲一曰手著胷曰揖伊入切

讓也者論語釋文引作攘也小字本李燾本竝同玉篇攘揖也廣韻引文字指歸攘揖攘漢書禮樂志盛揖攘之容經典通用讓士冠禮賓盥卒壹揖壹讓升聘禮賓入門皇升堂讓論語揖讓而升漢書王莽傳揖大福之恩顏注揖謂讓而不當也魏張揖字稚讓僖二年公羊傳獻公揖而進之何云以手通指曰揖馥案指當爲恉謂通意也論語揖巫馬期而進之趙策太后盛氣而揖之鄉射禮揖弓注云揖猶推之也鄉飲酒禮賓厭介注云推手曰揖引手曰厭周禮司儀土揖庶姓時揖異姓天揖同姓注云土揖推手小下之也時揖平推手也天揖推手小舉之王幼學曰古兵有鉤有鑲引來曰鉤推去曰鑲馥謂此亦引手推手一曰手著胷曰揖者論語上如揖鄭注聘禮讓謂舉手平衡也

ràng 攘

攘　推也從手襄聲汝羊切

推也者本書予下云推予也漢書藝文志合於堯之克攘司馬遷傳小子何敢攘焉又進攘之道顏注竝曰攘古讓字經典通作讓書堯典允恭克讓鄭注推賢尚善曰讓晉語讓推賢也周官推賢讓能論語夫子溫良恭儉讓以得之皇氏曰推人後己謂之讓曲禮君子恭敬撙節退讓以明禮正義應受而推曰讓文元年左傳卑讓德之基也襄十三年傳讓禮之主也詩角弓受爵不讓史記淮陰矦傳推食食我梁書曹景宗傳雖公卿無所推揖許遜別傳遜與寡嫂共田桑推讓好者自取其荒

gǒng 拱

拱　斂手也從手共聲居竦切

斂手也者斂當爲撿通用斂字漢書黥布傳陰拱而觀其孰勝顏注斂手曰拱禮玉藻凡侍於君垂拱正義沓手也身俛則宜手沓而下垂也書武成垂拱而天下治書序亳有祥桑穀共生於朝鄭本共作拱注云兩手搤之曰拱漢書郊祀志有桑穀生於廷一暮大拱顏注合兩手曰拱孟子拱把之桐梓僖三十二年左傳爾墓之木拱矣杜云合

手曰拱何休云拱可以手對抱襄二十八年傳與我其拱璧杜云大璧正義云拱謂合兩手也此璧兩手拱抱之故爲大璧老子雖有拱璧

liǎn 撿

撿　拱也從手僉聲良冉切

bài 𢷎

𢷎　首至地也從手𠦪𠦪音忽博怪切

首至地也者首當爲手增韻拜手至地若首至地是䭫首矣重文從兩手下可知首字之誤賈誼書拜以磬折之容吉事上左凶事上右隨前以舉項衡以下寧速無遲背項之狀如屋之立拜容也

從手𠦪者本書𠦪下云拜從此

𠦪音忽者後人加之

𢱭　楊雄說𢷎從兩手下

本書𠬞竦手也楊雄說𠬞從兩手作𢱭馥謂𠬞從兩手𢱭從兩手下

古文𢷎

汗簡作𢱭云出說文古文攑者徐鍇本作有從二手三字

wò 捾

捾 搯捾也從手官聲一曰援也 烏括切

搯捾也者本書䀝捾目也埤蒼搯抓也三國典畧劉慤常有飛書謗毁梁主怒曰劉慤似衣中蝨必須搯之世說顧雍以爪搯掌流血霑襟魏志程昱傳昱於武帝前忿爭過人搯之乃止通鑑劉道隆搯蔡興宗手曰蔡公勿多言注云搯以爪搯之也魯語無搯膺韋注搯叩也長笛賦搯膺擗摽一曰援也者廣韻捾取也增韻捾取也援也詩皇矣無然畔援正義援是引取

tāo 搯

搯 捾也從手舀聲周書曰師乃搯搯者拔兵刃以習擊刺詩云左旋右搯 土刀切

捾也者一切經音義二十五引同又云中國言搯江南言挑 周書曰師乃搯者尚書太誓逸篇文大傳作慆鄭注

慆喜也非本書義 拔兵刃以習擊刺者詩釋文引作抽刃以習擊刺詩云左旋右搯者鄭風清人文彼作抽傳云右抽抽矢以射箋云右車右也車右抽刃

gǒng 掔

掔 攤也從手巩聲 居竦切

本書巩下重文作掔 攤也者廣韻掔抱持

tuī 推

推 排也從手隹聲 他回切

排也者左傳正義引同玉篇推排也引易剛柔相推公羊傳父受誅子復讐推刃之道也注云一往一來曰推刃漢書朱買臣傳相推排成列地理志上郡推邪縣莽曰排邪南齊書王僧彌傳吾枉世雖乏德素要復推排人閒數十許年

zùn 捘

捘 推也從手夋聲春秋傳曰捘衛侯之手 子寸切

推也者古文苑夢賦捘撩子注云捘猶擠也 春秋傳曰捘衛侯之手者定八年左傳文杜云捘擠也正義說文云推排也排擠也捘是推排之義故爲擠也昭十三年傳言擠於溝壑謂被推入坑也

pái 排

排 擠也從手非聲 步皆切

擠也者左傳正義引同廣雅排推也禮少儀排闔正義排推門扇也史記樊噲傳乃排闥直入魯仲連傳爲人排患釋難解紛而無取也主父偃傳齊諸儒生相與排擯不容於齊晉書王徽之從桓沖行值暴雨徽之排入車中謂曰公豈得獨擅一車

jǐ 擠

擠 排也從手齊聲 子計切

排也者字書同廣雅擠推也昭十三年左傳小人老而無子知擠於溝壑矣荀子解蔽篇不好辭讓不敬禮節而好相推擠淮南兵畧訓推其擠擠其揭揭高注擠排漢書項籍傳漢軍卻爲楚所擠臣瓚曰擠排也薛宣傳擠排宗室

dǐ 抵

抵 擠也從手氐聲 丁禮切

擠也者廣雅抵推也夏小正傳抵猶推也漢書田延年傳抵曰無有是事注云抵拒諱也馥案推而不承也

cuī 摧

摧 擠也從手崔聲一曰挏也一曰折也 昨回切

擠也者廣雅摧推也史記季布傳能摧剛爲柔 一曰折也者五經文字廣雅竝同楚詞九思魁壘擠摧兮常困辱注云擠摧折屈也

lā 拉

拉 摧也從手立聲 盧合切

摧也者史記索隱引同一切經音義七引作敗也馥案本書搚敗也摺也一曰拉也玉篇拉折也引左氏傳拉公幹而殺之史記齊世家使力士彭生抱上魯君車因拉殺魯桓公漢書鄒陽傳范睢拉脅折齒索隱摺音力荅反應矦傳作折脅摺齒是也前秦錄王猛曰臣奉陛下之神擊垂亾之虜若摧枯拉朽南中志貊所觸無不拉馥案貊獏也

cuò 挫

摧也從手坐聲則臥切

摧也者一切經音義三引同李善注文賦引作折也一切經音義十二挫折也楚語夫申胥華登簡服吳國之士於甲兵而未嘗有所挫也韋云挫[illegible]折也詩鴛鴦摧之秣之傳云摧莝也箋云摧今莝字也[illegible]案莝挫皆摧折意本書剉折傷也

fú 扶

佐也從手夫聲防無切

佐也者集韻引作左也小字本同本書左手相左助也廣韻漢三輔有扶風郡扶助也釋名扶傅也傅近之也論語顚而不扶漢書高帝紀不如更遣長者扶義而西注云以義自助也

古文扶

jiāng 𢪏

扶也從手爿聲七良切

扶也者玉篇𢪏扶也今作將釋名將救護之也方言扶護也郭注扶挾將護詩無將大車箋云將猶扶進也莊二十一年左傳鄭伯將王自圉門入史記司馬相如傳補過將美鄭注曲禮提攜謂牽引將行

chí 持

握也從手寺聲直之切

握也者本書握搤持也釋名持跱也跱之於手中也禮射義持弓矢審固

qiè 挈

縣持也從手㓞聲苦結切

縣持也者廣韻挈提挈釋名挈結也結束也束持之也禮王制班白不提挈襄十五年公羊傳挈其妻子何云挈猶提也荀子勸學篇若挈裘領注云挈舉也史記淮陰矦傳挈其手漢書張耳陳餘列傳以兩賢王左提右挈注云相扶持也

qián 拑

脅持也從手甘聲巨淹切

脅持也者東萊謂持物曰拑

shé 揲

閱持也從手枼聲食折切

閱持也者易繫辭揲之以四釋文揲猶數也說文云閱持也程君瑤田曰說文揲閱持也四四丈也八揲一匹不有說文則易繫傳揲之以四以象四時不知揲爲閱持兩手閱容五尺矣通作擛漢書揚雄傳擛之以三策

zhì 摯

握持也從手從執脂利切

續漢書郡國志汝南平輿下注云有摯亭見說文

握持也者釋詁拱執也執卽摯 從執者徐鍇本作執聲本書搏下云一曰至也此四字當在摯下釋詁摯臻也注云摯執也所以表至也書西伯戡黎大命不摯傳云言受大命者何不至也詩關雎傳雎鳩摯而有別箋云摯之言至也

cāo 操

把持也從手喿聲七刀切

把持也者釋名操抄也手出其下之言也襄三十一年左傳猶未能操刀而使割也注云操持也通作躁詩兔爰箋云急者有所躁蹙也正義躁定本作操覈謂持之蹙也

jú 擢

爪持也從手瞿聲居玉切

爪持也者一切經音義三引同本書𠬪亦持也亦當爲爪𠬪擢古今字本書擢下云母猴也玃父善顧擢持人也爲下云母猴也其爲禽好爪爪下云丮也覆手曰爪通俗文手把曰擢擢通作攫文選射雉賦啾攫地以厲響徐爰注引埤蒼攫爪持也禮儒行鷙蟲攫搏戰國策徐子之狗猶將攫公孫子之腓而噬之也淮南覽冥訓鷙鳥攫老弱高云攫擷也說山訓熊羆之動以攫搏高云攫撥也熊羆多力故能撥攫有所搏也鹽鐵論虎兕所以能執熊羆服羣獸者爪牙利而攫便也字又作𢴬一切經音義三𢴬字宜作擢同蒼頡篇擢搏也荀子哀公篇鳥窮則啄獸窮則擢莊子徐無鬼篇委蛇攫抓釋文引三蒼攫搏也史記田敬仲完世家攫之深徐廣曰攫以爪持也漢書黃霸傳使吏食於道旁烏攫其肉顏注攫搏持之揚雄解嘲攫挐者存

qín 捦

急持衣捦也從手金聲巨今切

急持衣捦也者玉篇捦急持衣[illegible]也又揕下云右手揕其胷揕擽也本書鈙持也埤蒼捦[illegible]也三蒼捦手捉物也

通作禽僖三十三年左傳禽之以獻

捦或從禁

bó 搏

索持也一曰至也从手尃聲 補各切

索持也者莊十一年左傳公右顓孫生搏之杜注搏取也僖二十八年傳晉侯夢與楚子搏杜注搏手搏僖元年穀梁傳屏左右而相搏釋文搏手搏也孟子善搏虎六韜猛獸將搏弭耳俯伏呂氏春秋首時篇伍子胥說之半王子光舉帷搏其手注云搏執子胥之手史記李斯傳鑠金百鎰盜跖不搏索隱搏猶攫也漢書甘延壽傳試弁爲期門注云弁手搏哀帝紀時覽卞射蘇林曰手搏爲卞蓺文志有手搏六篇

jù 據

杖持也从手豦聲 居御切

杖持也者廣雅據杖也論語據於德何晏云據杖也晉語無所據依韋注據杖也

shè 攝

引持也从手聶聲 書涉切

引持也者昭二十六年左傳晉爲不道是攝是贊杜注攝持也魯語故能攝固不解以久晉語若下攝上與上攝下韋注並云攝持也漢書張耳陳餘列傳吏嘗以過笞餘餘欲起耳攝使受笞顏注攝謂引持之後漢書馮緄傳久不討攝注云攝持也

nán 抩

并持也从手冄聲 他含切

并持也者玉篇廣韻並作併廣雅抩持也

bù 抪

捫持也从手布聲 普胡切

捫持也者一切經音義十六引作布也又云字書抪數也數舒之也廣韻抪展舒也又布也

xié 挾

俾持也从手夾聲 胡頰切

俾持也者釋名挾夾也在旁也齊語挾其槍刈耨鎛以旦莫從事於田野吳語挾經秉枹韋注並云在掖曰挾聲者本書夾持也又夾下云盜竊褱物也從亦有所持俗謂蔽人俾夾是也馥謂俾夾卽俾持疑挾從夾劉熙言在旁韋昭言在掖皆從夾之義

mén 捫

撫持也从手門聲詩曰莫捫朕舌 莫奔切

撫持也者一切經音義三聲類捫摸也字林捫撫持也案捫持謂手把執物也馥案廣韻捫以手拊持本書拊揗也詩曰莫捫朕舌者大雅抑文傳云捫持也

lǎn 擥

撮持也从手監聲 盧敢切

撮持也者廣韻擥手擥取詩都人士臺笠緇撮正義小撮持其髻而已制小故言撮樂記竹聲濫濫以立會注云濫之意猶擥聚也離騷擥木根以結茝兮注云擥持也史記袁盎傳擥轡漢書刑法志總擥英雄以誅秦項典畧太祖擥筆欲有所定字或作擥漢書陳湯傳擥城郭之兵顏注擥總持之也王莽傳莽自見前顓權以得漢政故務自擥衆事後漢書光武紀總擥權綱又作攬廣雅攬持也釋名攬斂也斂置手中也

liè 擸

理持也从手巤聲 良涉切

理持也者玉篇擸擇持也通作獵史記日者傳獵纓正襟危坐索隱獵攬也又通作躐後漢書崔駰傳當其無事則躐纓整襟注云此字宜從手廣雅云擸持也言持纓整襟修其容止

wò 握

搤持也从手屋聲 於角切

搤持也者本書持握也廣雅握持也詩小宛握粟出卜鄉射禮箭籌長尺有握注云握本所持處也漢書律歷志算法用竹徑一分長六寸二百七十一枚而成六觚爲一握

古文握

李善注任昉出郡傳舍哭范僕射詩引淮南子臺無所鑒謂之狂生高誘曰臺持也臺古握字也

dàn 撣

提持也从手單聲讀若行遲驒驒 徒旱切

提持也者廣雅撣提也集韻引作提荷也荷當爲何太元何福滿肩提禍撣撣

bǎ 把

握也从手巴聲 博下切

è 搹

握也者一切經音義十二引云握也持也單手曰把孟子拱把之桐梓燕策左手把其袖淮南繆稱訓交拱之木無把之枝高注把握也史記殷本紀湯自把鉞以伐昆吾

把也從手鬲聲於革切

把也者搹通作鬲士喪禮苴絰大鬲注云鬲搤也中人之手搤圍九寸徐鍇本有讀若戹三字

搹或從戹

喪服苴絰大搹注云盈手曰搹搹扼也馥案扼當依士喪禮注作搤搤扼聲近相通後漢書班固傳扼猛噬注云說文曰搤捉也音戹搤與扼通

ná 拏

牽引也從手奴聲女加切

牽引也者史記霍去病傳漢匈奴相紛拏注云相牽也後漢書馮衍傳禍拏未解兵連不息注云拏謂相連引也長笛賦挼拏捘臧李善引蒼頡篇拏捽也引也通作挐莊子漁父杖挐而引其船宋玉九辨枝煩挐而交橫王逸九思散亂兮紛拏漢書嚴安傳禍拏而不可解顏注拏相連引也揚雄解嘲攫拏者存注云安有搏執牽引也韻會引徐鍇本一曰已也馥謂已爲把本書䂓下云能相把拏也

xié 攜

提也從手巂聲戶圭切

提也者廣雅同本書䟃讀若攜手又𨘢𨘢𢓮不能行爲人所引書立政左右攜僕召誥保抱攜持厥婦子詩板如取如攜曲禮長者與之提攜注云提攜謂牽引將行

tí 提

挈也從手是聲杜兮切

挈也者廣雅挈提也釋名提地也臂垂所持近地也曲禮提者當帶正義屈臂當帶而提挈其物吳語建旌提鼓注云提挈也或作摕詩抑匪手攜之箋云非但以手攜摕之

zhé 𢪃

拈也從手耴聲丁愜切

拈也者六書故𢪃俗作捻青瑣高議明皇時有獻牡丹者時貴妃勻面口脂在手印於花上來歲花開瓣有指印名爲一捻紅馥案徐鉉新附有捻字葢不知與𢪃同也

niān 拈

𢪃也從手占聲奴兼切

𢪃也者玉篇拈指取也釋名拈黏也兩指翕之黏著不放也列子湯問篇汝何蚩而三招予注云招一本作拈指取物也五燈會元世尊在靈山會上拈花示衆

chī 摛

舒也從手离聲丑知切

舒也者爾雅釋文後漢書班固傳注引並同廣雅亦同漢書敘傳摛藻如春華顏注摛布也字或作攡宋祁漢書校本引字林攡舒也太元幽攡萬類而不見形

shě 捨

釋也從手舍聲書冶切

釋也者通作舍論語不舍晝夜春秋僖十五年左傳服而舍之釋文舍如字又音捨孟子姑舍是趙注且置是列子舍然大喜

yè 擪

一指按也從手厭聲於協切

一指按也者廣雅擪按也韓子田連成竅天下善鼓琴者也然而田連鼓上成竅擫下而不成曲淮南泰族訓所以貴扁鵲者貴其擪息脈血知病之所從生也南都賦彈琴擫籥洞簫賦挹抐擫擫隋書樂志彈弦擫管以上一萬八千人通作厭笙賦厭焉乃揚李善云厭亦作擫謂指擫也又通作壓莊子外物篇壓其顪釋文壓本亦作擪字林云擪一指按也

àn 按

下也從手安聲烏旰切

下也者通作案本書抑案也尉從上按下也廣雅案下也史記案灌夫項令謝

kòng 控

引也從手空聲詩曰控于大邦匈奴名引弓控弦苦貢切

引也者廣雅小爾雅並同襄八年左傳無所控告杜注控引也漢書賈誼傳何足控揣孟康曰控引也　詩曰控于

shǔn 揗　yuàn 掾　pāi 拍　fǔ 拊　póu 掊　luō 捋

大邦者鄘風載馳文傳云控引也　匈奴名引弓控弦者一切經音義二十二引作突厥名引弓曰控弦也漢書婁敬傳控弦四十萬騎注云皆引弓也

揗 摩也從手盾聲 食尹切

摩也者廣韻揗手相安慰漢書高帝紀因拊其背外戚傳主拊其背顏注竝云拊謂摩揗之也藝文志黃帝岐伯按摩十卷通作循史記晉世家子反收餘兵拊循欲復戰漢書蕭何傳拊循免百姓趙充國傳拊循和輯

掾 緣也從手彖聲 以絹切

緣也者掾緣聲相近義未聞

拍 拊也從手百聲 普百切

拊也者一切經音義三拊猶拍也玉篇拊拍也廣雅拍擊也釋名拍搏也手搏其上也書益稷予擊石拊石又搏拊琴瑟琴集大胡笳十八拍小胡笳十九拍陳暘樂書九部樂有拍板唐書曹確傳優人李可及能新聲自度曲少年

爭慕之號爲拍彈釋名撫敷也敷手以拍之也郭注爾雅撫掩猶撫拍謂慰卹也鄉射禮左右撫矢而乘之鄭注撫拊之也賈疏撫者撫拍之義士喪禮婦人拊心不哭文選求自試表未嘗不拊心而歎息也

拊 揗也從手付聲 芳武切

揗也者詩蓼莪拊我畜我宣十二年左傳王巡三軍拊而勉之杜注拊撫慰勉之通作附史記趙世家簡子由此能附趙邑而懷晉人

掊 把也今鹽官入水取鹽爲掊從手咅聲 父溝切

把也者史記索隱引作抱也戴侗引唐本作捊也本書剭掊把也一切經音義二通俗文手把曰掊釋名把播也所以播除物也漢書郊祀志掊視得鼎注云掊手把土也貢禹傳農夫捽草把土注云把手掊之也　今鹽官入水取鹽爲掊者後漢書百官志鹽官掊坑而得鹽

捋 取易也從手寽聲 郎括切

liáo 撩　cuò 措　chā 插　lún 掄

取易也者本書寽五指捋也詩桑柔捋采其劉芣苢薄言捋之傳云捋取也徐鍇本有一曰劣也四字

撩 理也從手尞聲 洛蕭切

理也者一切經音義十四引同又云謂撩捋整理也廣雅撩理也通作繚莊子盜跖篇繚意絕體而爭此釋文繚理也一切經音義十四通俗文理亂謂之繚理通作料晉書王羲之傳比當相料理桓沖傳沖謂徽之曰卿在府日久當相料理周顗傳王導料檢中書故事宋書王僧綽傳料檢太祖巾箱六朝歌謠皂莢相料理列子釋文料音聊理也韓愈詩爲逢桃樹相料理杜甫詩詩酒尚堪驅使在未須料理白頭人皆平聲料量亦平聲漢書賈誼傳臣竊料匈奴司馬遷傳竊不自料其卑賤馮奉世傳數不料敵竝音聊

措 置也從手昔聲 倉故切

置也者五經文字字林廣雅蒼頡篇竝同按漢書文帝紀幾於刑措注云民不犯法無所刑也論語舉直措諸枉包注廢置邪枉中庸學之弗能弗措也正義學不至於能不措置休廢也禮器措則正注云措置也鄭語不建立卿士

而妖試幸措韋注措置也後漢書獨行傳措之則事或有遺注云措置也通作錯易繫辭苟錯諸地則可矣正義錯置也齊策其錯之勿言也高注錯置荀子彊國篇順者錯之注云錯置也史記周本紀刑錯四十餘年不用注云錯置也後漢書隗囂傳牽馬操刀奉盤錯鍉遂割牲而盟書序般既錯天命馬注錯廢也

插 刺肉也從手從臿 楚洽切

刺肉也者玉篇廣韻竝云刺入也魏武奏事今邊有警輒露檄插羽急就篇捃穫秉把插捌杷顏注插者擔也兩頭鐵銳所以插刺禾束而擔之也

掄 擇也從手侖聲 盧昆切

擇也者廣韻引云擇也一曰貫也徐鍇本有一曰以手貫也四字廣雅掄擇也又云掄貫也周禮山虞凡邦工入山林而掄材不禁注云掄猶擇也晉語君掄賢人之後有常位於國者而立之亦掄逞志虧君以亂國者之後而去之韋注掄擇也通作論呂氏春秋仲春紀勞於論人而佚於官事高注論猶擇也

zé 擇

擇 柬選也從手睪聲 文伯切

柬選也者本書柬分別簡之也選擇也玉篇選簡擇也釋詁柬擇也書呂刑罔有擇言在躬論語擇不處仁襄二十九年左傳季札謂叔孫穆子好善而不能擇人吾聞君子務在擇人中庸擇善而固執之者也孟子君請擇於斯二者又選擇而使子

zhuō 捉

捉 搤也從手足聲一曰握也 側角切

搤也者釋名捉促也使相促及也一曰握也者廣韻捉搦也徐鍇引左傳叔武聞君至捉髮走出漢書王褒傳周公躬吐捉之勞注云一飯三吐食一沐三捉髮古詩君子行一沐三握髮裴注蜀志趙雲傳云先主捉手而別馥謂即握手

è 搤

搤 捉也從手益聲 於革切

捉也者詩南山釋文引同史記周本紀養由基釋弓搤劒曰客安能教我射乎劉敬傳搤天下之肮漢書揚雄傳搤熊羆顏注搤捉持之也後漢書荀彧傳搤其喉而不得盡注云搤謂捉持之也北史齊高祖本紀有款軍門者訪之則以力聞嘗於并州市搤殺人者

shān 挻

挻 長也從手從延延亦聲 式連切

長也者廣雅同老子挻埴以爲器釋文引字林挻長也 延亦聲者當爲延聲

jiǎn 揃

揃 搣也從手前聲 即淺切

搣也者字林同急就篇沐浴揃搣寡合同顏注揃搣謂鬄拔鬒髮也蓋去其不齊整者莊子揃搣拔除士喪禮蚤揃如他日注云斷爪揃鬚也

miè 搣

搣 批也從手威聲 亡列切

批也者字林同廣韻搣手拔一切經音義七捉頭曰搜除毀曰搣字統搜搣也俗謂之捉頭廣雅搣捽也通作媙莊子外物篇皆媙可以休老釋文媙本亦作搣

zǐ 批

批 捽也從手此聲 側氏切

捽也者一切經音義三引作擮也又云謂擮取也本書掮執持也玉篇擮下引漢書注擮謂拘持之也廣雅批捽也一切經音義三又云批謂取著也通俗文掣挽曰批西京賦批獄狻注云搏撮猛獸兒

jí 揤

揤 捽也從手即聲魏郡有揤裴侯國 子力切

魏郡有揤裴侯國者地理志魏郡即裴侯國莽曰即是馥案揤裴音即非故莽改即是廣韻揤裴縣在魏郡應劭地理風俗記列人縣西南六十里有即裴城故縣也漢書王子侯表揤裴戴侯道顏注在肥鄉縣南五里

zuó 捽

捽 持頭髮也從手卒聲 昨沒切

持頭髮也者荀子正論篇詈侮捽搏注云捽持頭髮也楚策吾將深入吳軍若扑一人若捽一人鮑注捽持頭髮也呂氏春秋忠廉篇王子慶忌與要離俱涉於江中要離拔劒以刺王子慶忌王子慶忌捽之投之於江漢書賈誼傳上不使人捽抑而刑之也顏注捽持頭髮也武五子傳即捽善屬衛士長行法王遵傳利家捽搏其頰顏注竝云捽持頭也金日磾傳日磾捽胡投何羅殿下晉灼曰胡頸也捽其頭而投殿下也漢書西域傳張翕捽主頭罵詈顏注捽持其頭淮南說林訓故解捽者不在於捌格在於批肮氾論訓至其溺也則捽其髮而拯劉氏新論明權篇孝子之事親和顏卑體及其溺也則攬髮而拯之故曰溺而捽父吳越春秋三捽其頭於水中魏略弘農太守苛虐吏過無輕重輒捽其頭亂杖楇之後魏書古弼捽劉頭掣下牀通鑑魏主以長孫嵩固爭命武士頓辱之注云捽其首使頓地又高歡令彭樂伏地親捽其頭連頓之注云捽持其髮也又朱友裕詣汴州見朱全忠全忠命左右捽抑將斬之注云捽者持其鬐抑者按其頸

cuō 撮

撮 四圭也一曰兩指撮也從手最聲 倉括切

四圭也者一切經音義十三六十四黍爲一圭四圭曰撮漢書音義孟康曰六十四黍爲圭中庸今夫地一撮土之多陸倕漏刻銘不謬圭撮劉氏新論從化篇鈞后雖平不能無抄撮之較孫子算經量之所起起於粟六粟爲一圭十圭爲一撮十撮爲一抄十抄爲一勺十勺爲一合十合爲一升十升爲一斗十斗爲一斛馥案隋書引作六粟爲

圭十圭爲抄十抄爲撮夏侯陽筭經十粟爲一圭一曰兩指撮也者兩指當爲三指兩指爲拈三指爲撮玉篇撮三指取也一切經音義六引字林撮手小取也漢書律歷志量多少者不失圭撮應劭曰圭自然之形陰陽之始也四圭曰撮三指撮之也莊子秋水篇鴟鵂夜撮蚤淮南作夜聚蚤許注鴟夜聚食蚤蝨不失也

jū 𢹂

𢹂 撮也從手鞫省聲 居六切

撮也者本書在手曰匊廣韻鞫與掬同韻會匊本作掬詩詁兩手曰臼屈掌曰匊

dì 摕

摕 撮取也從手帶聲讀若詩曰螮蝀在東 都計切

撮取也者廣韻摕捎取埤蒼捺挑取也釋名撮捽也暫捽取之也孔叢荅問篇陽由怒杖其妻妻授以背而自撮其陰由乃仆地氣絕而不能興晉書張載傳青骹繁霜摯於籠中何以效其撮東郭於韝下也西京賦摕飛鼯帶聲者文賦意徘徊而不能摕李善云說文摕取也什狄切協韻佗帝切案本書無揥字玉篇揥與捺同撮取也與戴所見唐本同

說文解字義證　卷三十八　七

𢫧 摕或從折從示兩手急持人也

徐鍇本下有𢫧字云古文摕從止辵張次立曰今說文并李舟切韻不載朱君文藻曰徐鍇次欽多與說文移易說文撫下接揗繫傳揗上接𢫧撫之古文作𢫧其形類𢫧或傳寫錯簡以撫之古文係於𢫧下而又譌其文爲𢫧後人不審遂定爲摕之古文也

póu 捊

捊 引取也從手孚聲 步矦切

引取也者詩緜捄之陾陾箋云捄捊也築牆者捊聚壤土盛之以虆釋文捊薄矦反爾雅云聚也說文云引取土𩂣案取土當合爲堅字本書堅土積也禮運人情以爲田注云田人所捊治正義謂以手捊聚玉篇捊說文曰引聚也詩曰原隰捊矣捊聚也本亦作裒𩂣案徐鍇本引詩原隰捊矣今詩作裒釋詁裒聚也釋文裒本或作捊易謙卦君子以裒多益寡釋文鄭荀董蜀才作捊云取也𩂣案虞云捊取也孟氏亦作捊集韻捊說文引取也或从包从不又云捊掬也漢書張釋之傳假令愚民取長陵一抔土顏注抔音步矦反謂手掬之也其字從手史記索隱云案禮運汙尊而抔飲鄭氏云抔手掬之字從手

抱 捊或從包

或從包者一切經音義十五捊或作抱說文引取也通俗文作掊手把曰掊

yǎn 揜

揜 自關以東謂取曰揜一曰覆也從手弇聲 衣檢切

自關以東謂取曰揜者方言揜索取也關東曰揜關西曰索廣韻揜手揜物也通作掩曲禮大夫不掩羣正義不可掩取之漢書貨殖傳搏掩顏注掩襲取人物也　一曰覆也者本書弇蓋也奄覆也禮器豚肩不揜豆聘義瑕不揜瑜瑜不揜瑕　月令處必掩身

shòu 授

授 予也從手從受受亦聲 殖酉切

予也者廣雅同玉篇授付也詩緇衣還予授予之粲兮曲禮男女不親授魯語今日必授韋注授予也史記留矦世家沛公殆天授　受亦聲者當爲受聲

說文解字義證　卷三十八　六

chéng 承

承 奉也受也從手從卪從廾 署陵切

易坤卦萬物資始乃順承天　書說命后克聖臣不命其承　詩鹿鳴承筐是將

奉也者本書奉承也書多方不克靈承于旅傳云不能善奉於人衆喪大記主人二手承衾而哭孔子閒居弟子敢不承乎注云承奉承不失隊也　受也者易師卦開國承家虞翻曰承受也齊語余敢承天子之命韋注承受也禮運是謂承天之祜正義言承受天之祜福也　從手從卪從廾者戴侗曰唐本從手從丞張參曰從手從丞張參之說必有所本𩂣案本書無承字五經文字云承時證反唐嵩陽觀碑陛下孝紫氣之眞宗承字上從丞下從手

zhèn 挋

挋 給也從手臣聲一曰約也 章刃切

給也者或作賑廣韻賑贍也給也史記平準書虛郡國倉廥以賑貧民通作振士喪禮注古文挋皆作振　一曰約也者未聞案挋當有拭義五經文字挋拭也釋詁挋清也喪大記挋用浴衣注云挋拭也士喪禮乃沐櫛挋用巾注云挋晞也清也

手

jìn 㨷

㨷　拭也從手堇聲居焮切

拭也者拭當爲飾通用拭玉篇㨷清也字林㨷抆拭也集韻㨷與拒同

dǎng 攩

攩　朋羣也從手黨聲多朗切

朋羣也者本書𢿛侵也書益稷朋淫于家傳云朋羣也通作黨洛誥孺子其朋其朋傳云少子慎朋黨後漢書爰延傳周公戒成王曰其朋其朋言慎所與也洪範無偏無黨鄭注黨朋黨泰誓朋家作仇傳云臣下朋黨自爲仇怨論語羣而不黨又吾聞君子不黨孔注相助匿非曰黨又各於其黨孔注黨黨類也吳語請王厲士以奮其朋勢注云朋羣也六韜友之友謂之朋朋之朋謂之黨黨之黨謂之羣又云多黨者進少黨者退荀子強國篇不比周不朋黨離騷惟黨人之偷樂兮注云黨朋也黃石公三畧羣吏朋黨各進所親招舉姦枉抑挫仁賢漢書劉向傳分曹爲黨往往羣朋後漢書有黨錮傳

jiē 接

接　交也從手妾聲子葉切

交也者易蒙卦子克家剛柔接也正義陽居卦內接待羣陰聘禮賓稱面注云舉相見之辭以相接表記君子之接如水正義如兩水相交尋合而已孟子其交也以道其接也以禮漢書執韓信使武士反接之

pō 抪

抪　攩也從手𣎵聲普活切

攩也者疑推之譌徐鍇韻譜抪推也玉篇抪引推也廣韻抪推抪

dòng 挏

挏　攡引也漢有挏馬官作馬酒從手同聲徒總切

攡引也者字書挏擁也引也玉篇引呂氏春秋百官挏擾挏動也淮南俶眞訓撢掞挺挏注云擁引來去不定也漢有挏馬官作馬酒者馬酒即酪釋名酪澤也乳汁所作使人肥澤也春秋元命苞文王四乳葢法酒旗宋均曰乳酒也漢書地理志太原郡有家馬官臣瓚曰漢有家馬廄一廄萬匹時以邊表有事故分來在此家馬後改曰挏馬也百官公卿表武帝太初元年更名家馬爲挏馬應劭曰主乳馬取其汁挏治之味酢可飲因以名官也如淳曰主乳馬以韋革爲夾兜受數斗盛馬乳挏取其上肥因名曰挏馬禮樂志丞相孔光奏省樂官七十二人給大官挏馬酒今梁州亦名馬酪爲馬酒禮樂志給大官挏馬酒李奇曰以馬乳爲酒撞挏乃成也顏注挏音動馬酪味如酒而飲之亦可醉故呼馬酒也顏氏家訓撞挏二字並從手此謂撞擣挺挏之今爲酪酒亦然

zhāo 招

招　手呼也從手召聲止搖切

手呼也者呼當爲評本書評召也通作呼字玉篇招要也廣雅招手呼也詩雄雉招招舟子傳云招招號召之貌正義號召必手招之楚辭招魂注云招者召也以手曰招以言曰召

fǔ 撫

撫　安也從手無聲一曰循也芳武切

安也者一切經音義三撫持也安也廣雅撫安也一曰循也者一切經音義三撫亦存恤也釋訓矜憐撫掩之也郭注撫掩猶撫拍謂慰恤也書臯陶謨撫于五辰傳云言百官皆撫順五行之時馥案本書循行順也王逸注楚詞九章撫循也史記歷書撫十二節正義撫猶循也閔二年左傳從曰撫軍服虔曰助君撫循軍士宣十二年傳王巡三軍拊而勉之注云拊撫慰勉之齊策內牧百姓循撫其志

𢓊　古文從辵亡

本書攺撫也

mín 捪

捪　撫也從手昏聲一曰摹也武巾切

一曰摹也者謂規摹也書畫家摹仿是也故摹本一曰撫本

chuǎi 揣

揣　量也從手耑聲度高曰揣一曰捶之初委切

本書椯椯度也　方言揣試也注云揣度試之　昭三十二年左傳計丈數揣高卑　秦策期年揣摩成高注揣定也定諸侯使雔其術以成六國之從也　孟子不揣其本而齊其末鬼谷子摩者揣之也又云測深揣情　史記陸賈傳生揣我何念集解引孟康曰揣度也　王隱晉書愍懷太子令人曆肉自揣輕重斤兩不差　通鑑周福房植二家賓客互相譏揣注云揣度也量也度量其輕重長短而爲譏議也　老子揣而梲之傳奕本作敾

量也者李善注雪賦引同一切經音義九揣量也度也秦策簡練以爲揣摩鮑云揣量也鬼谷子揣篇古之善用天

下者必量天下之權而揣諸侯之情　耑聲者一切經音義十四揣音都果反北人行此音又初委反江南行此音案本書㷋量也所以有都果之音　度高曰揣者徐鍇本作度高下曰揣玉篇同方言度高爲揣昭三十二年左傳揣高卑注云度高曰揣　一曰捶之者六書故作捶也本書揣箠也淮南氾論訓是猶無鏑銜橛策錣而御馯馬也高注錣揣頭箴也又道應訓倒杖策錣上貫頤高注策馬捶端有針以刺馬謂之錣本書捶以杖擊也讀若捶擊之捶集韻捎揣擊也揣治擊也老子揣而梲之注云揣治擊也梁簡文讀御覽六百四十引風俗通南郡讞女子何侍爲許遠妻侍父何陽素酗酒從遠假求不悉如意陽數駡詈遠謂侍汝翁復駡者吾必揣之侍曰類作夫妻柰何相辱揣我翁者搏若母矣其後陽復駡遠遂揣之

zhǐ
扻

扻　開也從手只聲讀若抵掌之抵諸氏切

開也者扻或作搘廣雅搘開也

guàn
摜

摜　習也從手貫聲春秋傳曰摜瀆鬼神古患切

習也者釋詁文彼作貫郭云貫貫忕也本書遺習也華嚴經音義云鄭箋詩曰摜習也字宜從才今經本從豎心者俗通用也通作貫宣六年左傳以盈其貫杜云貫猶習也正義詩稱射則貫兮先儒亦以爲習魯語晝而講貫韋注貫習也尙書大傳貫之者習之也大戴禮保傅篇少成若天性習貫之爲常漢書賈誼傳習貫如自然顏注貫亦習也字或作串一切經音義九串古文作摜遺二形又作慣爾雅串習也舍人曰串心之習也鄭注周禮庾人云後遂串習不復驚也　春秋傳曰摜瀆鬼神者昭二十六年左傳文彼作貫杜云貫習也

tóu
投

投　擿也從手從殳度侯切

本書㲉繇擊也古文殺如此玉篇繇作遙殺作投可證本書之誤曲禮無投與狗骨賈誼書令殷之民投撤桎梏而流之於河民輸梏者以手撤之弗敢隊也跪八之水弗敢投也日昔者文王常擁此　戴侗曰傳者投棊以賭勝負故博棊因謂之投

擿也者詩抑投我以桃箋云投猶擲也昭五年左傳受其書而投之杜云投擲也楚詞招魂投之深淵些注云投擿也　從殳者當云殳聲

zhì
擿

擿　搔也從手適聲一曰投也直隻切

搔也者廣雅同本書髗骨擿之可會髮者史記張儀列傳因摩笄以自刺集解騆案笄婦人之首飾如今象牙擿後漢輿服志簪以瑇瑁爲擿長一尺端爲華勝上爲鳳皇爵以翡翠爲毛羽下有白珠垂黃金鑷左右一橫簪之以安蔮結其擿有等級焉通作摘釋名摘摘也所以摘髮也詩君子偕老象之揥也傳云揥所以摘髮也釋文摘本又作擿陳啟源曰案西京雜記言武帝宮中搔頭皆用玉後世詩詞亦有玉搔頭之語搔頭正摘髮之義豈揥之遺制與馥案廣韻揥佩飾又揥字云揥枝整髮釵也董巴輿服志太皇太后入廟服紺上皂下簪以瑇瑁爲擿喪服傳笄有首者惡笄之有首也惡笄者櫛笄也折笄首者折吉笄之首也吉笄者象笄也注云櫛笄者以櫛之木爲笄或曰榛笄有首者若今時刻鏤摘頭矣　一曰投也者廣雅同本書敲橫擿也字林擿投擿也釋名手戟手所持擿之戟也魏志董卓拔手戟擿呂布莊子胠篋篇擿玉毀珠崔云猶投弃之也史記刺客列傳乃引其匕首以擿秦王漢書史

丹傳曠銅丸以擿鼓顏注擿投也東觀漢記太守遣吏捕逢萌民相率以石擿吏魏畧閻行嘗刺馬超矛折因以矛擿超范甯注穀梁云瓦石打擿不能虧損或作擲史記索隱擿與擲同古字旨詩王事敦我箋敦猶投擲也韓詩外傳果園梨栗後宮婦人以相提擲晉中興書王國寶因酒怒右丞祖台之以盤蓋樂器擲台之晉書潘安仁至美每行於道羣嫗以果擲之盈車孫綽傳卿試擲地當作金石聲通作摘趙雲別傳先主敗人有言雲已北去者先主以戟擿之王隱晉書賈后酷妒或以戟擿孕妾

sāo
搔

搔　括也從手蚤聲穌遭切

括也者一切經音義十二引作刮也又云搔亦抓也廣韻搔爬刮詩靜女搔首踟躕內則疾痛苛癢而敬抑搔之注云搔摩也漢書枚乘傳足可搔而絕顏注搔謂抓也通作騷西京雜記武帝過李夫人就取玉簪騷頭

jiá
扴

扴　刮也從手介聲古黠切

刮也者本書刮掊把也廣韻扴揩扴物也韓愈進學解刮垢摩光廣雅揩摩拭也馥案五音集韻揩一音訖黠切劀

扲音易豫卦介於石馬作扲云䃒小石聲鄭作砎云謂磨砎也

piāo 摽

摽 擊也從手㶾聲一曰挈闟壯也 符少切

擊也者字統摽擊也詩柏舟寤辟有摽傳云摽拊心貌哀十二年左傳長木之斃無不摽也杜云長木斃踣於地不擇物而後摽擊楚詞九懷寤辟摽兮永思張協七命䇓發爲之擗摽通作彯袁淑詩彯節去函谷李善云公羊傳曰曹子摽劒而去之劉兆曰摽辟也彯與摽字同或作拋後漢書袁紹傳曹操發石車擊紹注云卽今拋車也馥案字從九俗誤從九 一曰挈闟壯也者壯當爲牡集韻所引不誤本書闟闟下牡也

tiāo 挑

挑 撓也從手兆聲一曰摷也國語曰郤至挑天 土凋切

撓也者徐鍇韻譜挑輕弄也莊子大宗師登天游霧撓挑無極漢書高帝紀卽漢王欲挑戰愼勿與戰臣瓚曰挑戰擿撓敵求戰也吳語今夕必挑戰孫子軍行篇遠而挑戰者欲人之進也史記司馬相如傳是時卓王孫有女文君新寡好音故相如以琴心挑之索隱張揖云挑嬈也以琴中嬈之挑音徒了反嬈音如了反文選七發目窕心與李

說文解字義證 卷三十八 三三

善云窕當爲挑史記曰目挑心招張晏漢書注曰挑撓也馥案本書嬥嬈也嬈擾戲弄也 一曰摷也者徐鍇本作一曰摷爭也本書摷拘擊也又搯下云搯者拔兵刃以習擊刺一切經音義二十五中國言搯江南言挑案通俗文捊取曰摷晉新野莊王歆上言妖賊挑刀走戟 國語曰郤至挑天者周語文彼云晉之克也天有惡於楚也故儆之以晉而郤至佻天以爲己力不亦難乎韋云佻偷也偷天功以爲己力非本書義

jué 抉

抉 挑也從手夬聲 於說切

挑也者字林同一切經音義一聲類挑抉也謂以手抉取物也史記吳世家抉吾眼置之吳東門以觀越之滅吳也通作觖漢書孫寶傳故欲擿觖以揚我惡注云擿抉謂挑發也

náo 撓

撓 擾也從手堯聲一曰捄也 奴巧切

擾也者聲類撓攪也成十三年左傳撓亂我同盟吳語撓亂百度注云撓擾也莊子駢拇篇自虞招仁義以撓天下也商子農戰篇故諸侯撓其弱乘其衰淮南說林訓使水濁者魚撓之漢書鼂錯傳則匈奴之衆易撓亂也顏注撓撓也匈奴傳單于以徑路刀金留犂撓酒應劭曰撓和也案士冠禮注攝酒猶整也整酒謂撓之顏注撓攪也書呂刑矯虔鄭注謂撓擾 一曰捄也者本書捄擾也

rǎo 擾

擾 煩也從手夒聲 而沼切

煩也者廣雅煩擾也書胤征俶擾天紀襄四年左傳德用不擾杜云德不亂漢書鼂錯傳以齊獄市爲寄愼勿擾也

jū 挶

挶 戟持也從手局聲 居玉切

戟持也者詩鴟鴞正義襄九年左傳正義引並同戟卽丮字本書丮持也讀若戟集韻挶撠撮也漢書揚雄傳則不能撠膠葛注云撠挶也蕭該音義引字林挶撠持也晉書音義引作擊持擊撠聲近易誤漢書音義又引云撠挶也是字林有撠字

jū 据

据 戟挶也從手居聲 九魚切

戟挶也者詩鴟鴞予手拮据傳云拮据撠挶也釋文撠本作戟正義撠挶謂以手爪挶持草也

說文解字義證 卷三十八 三四

qià 擖

擖 刮也從手葛聲一曰撻也 口八切

刮也者廣雅擖搔也廣韻擖刮聲也

zhāi 摘

摘 拓果樹實也從手啻聲一曰指近之也 他歷切又竹厄切

拓果樹實也者當云拓樹果實也廣韻摘手取也字林摘除也蒼頡篇摘以指摘取也後漢書張衡傳拓若華而躊躇楚詞拓若木以拂日顏氏家訓風操篇陸襄父被刑襄終身布衣蔬飯雖薑菜有切割皆不忍食居家惟以掐摘供廚唐書建寧王倓傳一摘使瓜好再摘令瓜稀杜甫詩擇子摘楊梅通作擿漢書宣帝紀毋得以春夏擿巢探卵陶淵明讀山海經詩擿我園中蔬謝靈運南樓中望所遲客詩蘭苕已屢擿 一曰指近之也者列子黃帝篇指擿無痟癢舞賦擿齊行列李善云指擿行列使之齊整通鑑唐昭宗召敬翔宴內殿朱全忠擿翔使去曰翔亦醉矣

xiá 搳

搳 擖也從手害聲 胡秸切

cán 摲

摲 暫也從手斬聲 昨甘切

暫也者暫當爲槧削也禮器有撕而播也注云撕之言芟也

xié 協

劦 摺也從手劦聲一曰拉也 虛業切

摺也者或作擠廣雅擠折也 一曰拉也者徐鍇本作擸韻會引作拉本書邋協也𡶷都賦拉擸雷硠注云拉擸木摧傷之聲莊元年公羊傳擠幹而殺之何云擠折聲也釋文擠本又作協亦作拉史記齊世家襄公使彭生拉殺魯桓公漢書鄒陽傳范雎拉脅折齒於魏

zhé 摺

摺 敗也從手習聲 之涉切

敗也者廣雅摺折也史記魯世家使公子彭生抱魯桓公因命彭生摺其脅范雎傳魏齊使舍人笞擊雎折脅摺齒漢書揚雄傳范雎以折摺而危穰侯晉灼曰摺古拉字

jiū 揫

揫 束也從手秋聲詩曰百祿是揫 即由切

本書韏下重文作揫

說文解字義證 卷三十八 丟

束也者方言斂物而細謂之揫廣韻揫固也通作愁鄉飲酒義秋之爲言愁也鄭注愁讀爲揫揫斂也 詩曰百祿是揫者商頌長發文彼作遒傳云遒聚也傳意訓作揂字破斧傳云遒固也

lōu 摟

摟 曳聚也從手婁聲 洛侯切

曳聚也者徐鍇本作曳也聚也廣韻摟曳也玉篇詩曰弗曳弗摟摟亦曳也釋詁摟聚也郭注摟猶今言拘摟聚也孟子五霸者摟諸侯以伐諸侯者也趙注五霸强牽摟諸侯以伐諸侯又踰東家牆而摟其處子趙注摟牽也琴賦或摟挽擽捋李善云劉向孟子注曰摟牽也馥案劉向當爲劉熙通作婁詩角弓式居婁驕箋云婁斂也月令正義降婁婁斂也言萬物降落而收斂又通作柳書堯典昧谷大傳作柳谷鄭注柳聚也周禮縫人衣翣柳之材注云柳之言聚諸飾之所聚又通作蔞檀弓設蔞翣注云蔞翣棺之牆飾又通作僂莊子達生篇亦得於腞楯之上聚僂之中釋文謂殯於菆塗蔞翣

yǔn 抎

抎 有所失也春秋傳曰抎子辱矣從手云聲 于敏切

有所失也者廣雅抎失也墨子天志篇抎失社稷齊策寡人愚陋守齊國惟恐失抎之呂氏春秋秦穆公之甲抎者七札通作耘史記東越列傳不戰而耘漢書作殞 春秋傳曰抎子辱矣者成二年左傳文彼作隕注云隕見禽獲馥案抎隕相通楚策引微繳折淸風而抎矣鮑注抎失墜也呂氏春秋季夏紀昭王抎於漢中高注抎隊音曰顛隕之隕

pī 披

披 從旁持曰披從手皮聲 敷羈切

從旁持曰披者釋名兩旁引之曰披披擺也各於一旁引擺之備傾倚也周禮司士大喪作六軍之士執披鄭司農云披者扶持棺險者也天子旁十二諸侯旁八大夫六士四疏云披者車兩旁使人持之檀弓孔子之喪設披注云披柩行夾引棺者正義設之於旁所以備傾虧也

chì 𢫬

𢫬 引縱曰𢫬從手瘛省聲 尺制切

引縱曰𢫬者爾雅釋文引作引而縱之玉篇𢫬牽也摯𢫬拉同一切經音義十二掣又作𢫬掣挽也詩板釋文𢫬本

說文解字義證 卷三十八 关

又作掣六韜風馳電掣釋訓甹夆掣曳也郭注謂牽挽釋文掣本或作𢫬詩小毖莫予荓蜂傳云荓蜂𢫬曳也王肅云莫之藩援孫毓云無肯牽引扶助我或作摞通俗文機汲謂之摞槔莊子天運篇作桔槔云引之則俯舍之則仰 瘛省聲者徐鍇本作瘛聲漢書音義服虔曰瘛音𢫬引之𢫬

zì 𢱭

𢱭 積也詩曰助我舉𢱭𢷾頰旁也從手此聲 前智切

詩曰助我舉𢱭者小雅車攻文彼作柴傳云柴積也釋文云說文作𢱭 𢷾頰旁也者徐鍇本有一曰二字廣韻引同 此聲者詩釋文云說文𢱭士賣反

diào 掉

掉 搖也從手卓聲春秋傳曰尾大不掉 徒弔切

搖也者一切經音義二引字林同楚語夫邊境者國之尾也譬之如牛馬處暑之既至䖟䗌之既多而不能掉其尾賈注掉搖也史記孟嘗君傳過市朝者掉臂而不顧漢書蒯通傳掉三寸舌顏注掉搖也長楊賦掉八列之舞 春秋傳曰尾大不掉者昭十一年左傳文

yáo 搖

動也从手䍃聲余招切

動也者廣雅同考工記矢人夾而搖之以眡其豐殺之節也昭二十三年左傳乃搖心矣月令以搖養氣䍃聲者當爲䍃聲漢天文志星搖者民勞也史記建元以來王子侯者年表千鍾侯劉搖漢表作劉揺俗本誤爲擔

róng 搈

動搈也从手容聲余隴切

動搈也者廣韻搈不安

zhì 擳

當也从手貳聲直異切

當也者廣雅同玉篇擳亦作値馥案史記甯成傳無値甯成怒項羽紀直夜潰圍注云直讀曰値當也

jiū 揂

聚也从手酋聲卽由切

聚也者揂通作遒詩長發百祿是遒傳云遒聚也釋木枹遒木魁瘣郭注謂樹木叢生根枝節目盤結磈磊馥案叢生亦聚也又通作揫釋詁揫聚也後漢書馬融傳揫斂九藪之動物注云揫聚也

qiān 掔

固也从手臤聲讀若詩赤舄掔掔苦閑切

固也者釋詁文郭注掔然亦牢固之意莊子徐无鬼君將黜耆欲掔好惡則耳目病矣或作慳增韻慳固也恪也說文作掔 讀若詩赤舄掔掔者本書舄下引詩赤舄己己今詩作几几

féng 捀

奉也从手夆聲敷容切

奉也者漢官有奉車都尉或作捧集韻捧兩手承也與捀同又作摓史記龜策傳摓策定數注云摓謂兩手執蓍分而扐之

yú 擧

對舉也从手輿聲以諸切

對舉也者本書舁共舉也廣韻舁與擧同一切經音義十六蒼頡篇擧舉也對舉曰擧也或作轝廣雅轝舉也後漢書張讓趙忠傳監奴乃率諸蒼頭迎拜於路遂共轝車入門宋書陶潛傳使一門生二兒轝籃輿唐書李綱有腳疾太宗特賜步輿乘至閤下又令轝入東宮通鑑爾朱榮執醉郎以牀轝向中常侍省注云轝車爲轝華佗別傳有人病兩脚蹩不能行轝詣佗徐鍇本有一曰輿也四字鍇曰輿輂也增韻擧兩手對擧之車洪武正韻江南謂轎爲肩輿輿通作轝干寶注周禮云對轝曰輂鄭注既夕禮云於今之轝也又注特牲云於之制如今大木轝矣晉書王忱傳桓玄詣忱乘轝直進通鑑北齊帝以倉轝密迎祖珽

yáng 揚

飛舉也从手昜聲與章切

飛舉也者李善注南都賦引作高舉也本書易飛揚廣雅揚舉也小爾雅廣言揚舉也書堯典明明揚側陋史記云堯舉貴戚及疏遠隱匿者鄉射禮南揚弓注云揚猶舉也檀弓杜蕢洗而揚觶明堂位各揚其職鄭注竝云揚舉也詩揚之水傳云揚激揚也正義謂水急激而飛揚魚麗傳云鱨揚也陸璣疏云魚之大而有力解飛者徐州人謂之揚

古文

jǔ 舉

對舉也从手與聲居許切

對舉也者本書扛橫關對舉也廣韻擡舉也

xiān 掀

舉出也从手欣聲春秋傳曰掀公出於淖虛言切

舉出也者左傳正義引同釋文引字林同廣韻掀以手高舉廣雅掀舉也春秋傳曰掀公出於淖者成十六年左傳文彼云乃掀公以出於淖杜注掀舉也

qì 揭

高舉也从手曷聲去例切又基竭切

高舉也者廣雅揭舉也漢書陳項列傳揭竿爲旗西京賦豫章珍館揭焉中峙海賦儵勁風揭百尺

zhěng 抍

上舉也从手升聲易曰抍馬壯吉蒸上聲

上舉也者易釋文引無上字李善注七啟修張良廟教冊魏公九錫文謝靈運詩竝引本書作出溺爲拯字林與本書同廣雅抍舉也方言抍拔也出休爲抍或作拯易艮卦不拯其隨馬本作抍云抍舉也宣十二年左傳目於眢井而拯之杜云出溺爲拯昭十二年傳是以無拯邵寶曰出溺爲拯孟子民以爲將拯己於水火之中也注云拯拔也

難蜀父老文拯民於沈溺馥案周禮注賓鼎曰脀疏云脀升也宣十六年左傳殽烝注云烝升也是烝有升義故作拯又或作承玉篇承下引聲類云拼字又通作承易不拯其隨釋文作承音拯救之拯列子黃帝篇使弟子竝流而承之注云承音拯諸家直作拯 易曰拼馬壯吉者渙卦文彼作拯釋文拯救之拯馬云舉也子夏作拼拼取也馥疑取作救王肅云拔也明夷用拯馬壯釋文鄭云承也子夏作拼顧炎武曰孔彪碑有云拼馬者易明夷六二渙初六皆曰用拯馬壯拯字子夏傳說文字林竝作拼音升一音承上舉也漢時所傳如此而今作拯者唐開成以後所定也

撜 拼或從登

淮南齊俗訓子路撜溺高注撜拯同舉也升出溺人列子注拯又作撜

zhèn
振

振 舉救也從手辰聲一曰奮也 章刃切

舉救也者一切經音義四引作舉也李善注陸雲詩引同華嚴經音義振舉也本書隶下云坐作隶柖以振民也易

蠱卦君子以振民育德周禮職幣振掌事者之餘財注云振猶拼也大司徒三曰振窮注云振窮拼救天民之窮者也月令振乏絕注云振猶救也昭十四年左傳分貧振窮杜注振救也昭二十六年傳且爲後人之迷敗傾覆而溺入于難則振救之周語古者天災降戾於是乎量資幣權輕重以振救民韋注振拯也荀子堯問篇天使夫子振寡人之過也注云振舉燕策禍必不振矣鮑注振救也韓詩外傳家富厚者不以振窮救不足而反以侈靡無度通作震易繫辭震无咎者存乎悔釋文周云震救也詩薄言震之匡謬正俗許愼說文解字曰振舉救也諸史籍所云振給振貸其義皆同盡當爲振字今人之作文書者以其事涉貨利輒改振爲賑按說文解字今賑富也左思魏都賦云白藏之藏富有無隄同賑大內控引世資此則訓不相干何得輒相混雜言振給振貸者竝以其饑饉窮厄將就困斃故舉救之使得存云耳寧有富事乎 一曰奮也者廣雅奮振也釋言振訊也郭注振者奮迅釋蟲螽醜奮郭注好奮迅作聲馥案卽詩傳所云莎雞羽成而振訊之月令蟄蟲始振又云奮木鐸以令兆民韓詩薛君章句振猶奮也周禮大祝辨九祭五曰振祭注云擩肝鹽中振之曲禮奮衣由右上取貳綏注云奮振去塵也又云振書端書

於君前有誅注云振去塵也纂文振去爲揮釋詁揮竭也郭注揮振去水馥案本書揮奮也

gāng
扛

扛 橫關對舉也從手工聲 古雙切

橫關對舉也者後漢書虞延傳注引同又注費長房傳引作兩人對舉爲扛本書鈕舉鼎具也儀禮釋文鈕劉昌宗音關鼐傳引神仙傳扛鼎之士廣韻引秦武王與孟說扛龍文之鼎廣雅扛舉也史記項羽本紀力能扛鼎集解韋昭曰扛舉也或作㧏文字集略相對舉物曰㧏匡謬正俗或問曰吳楚之俗謂相對舉物爲㧏有舊語否荅曰扛舉也音江字或作舡史記云項羽力能扛鼎張平子西京賦云烏獲扛鼎竝是也彼俗音訛故謂扛爲剛耳既不知其義乃有造㧏字者固爲穿鑿也

fěn
扮

扮 握也從手分聲讀若粉 房吻切

讀若粉者徐鍇本作讀若蚡

jiǎo
撟

撟 舉手也從手喬聲一曰撟擅也 居少切

舉手也者李善注吳趨行引同一切經音義十二亦同釋歎人曰撟郭注頻伸夭撟馥案人每欠伸輒舉兩手晏子撟魯國化而爲一心韓非作舉魯國盡化爲一 一曰撟擅也者一切經音義十二又云撟擅也假詐也字從手今皆作矯也周禮士師撟邦令注云稱詐以有爲者漢書武帝紀撟虔吏因乘埶以侵蒸庶耶韋昭曰稱詐爲撟顏注撟與矯同其字從手矯託也元帝紀撟發戊己校尉屯田吏士顏注撟與矯同矯託也實不奉詔詐以上命發兵故言矯發也高五王傳撟制以令天下顏注撟託也託天子之制詔也劉屈氂傳太子亦遣使者撟制顏注撟與矯同其字從手撟制託稱詔命也匈奴傳詐撟單于令顏注撟與矯同矯託也武五子傳可矯以節收捕充等顏注矯託也託詔命也書呂刑奪攘矯虔傳云矯稱上命史記秦始皇本紀矯王御璽華嚴經音義序撟書矯形正斜反覆

shāo
捎

捎 自關已西凡取物之上者爲撟捎從手肖聲 所交切

自關已西凡取物之上者爲撟捎者方言撟捎選也自關而西秦晉之閒凡取物之上謂之撟捎注云此妙擇積聚者也集韻撟捎畧取上物也廣雅撟捎選擇也張衡西京賦摕飛鼯鼪綜注摕捎取之也

yǒng 擁

擁 抱也從手雝聲 於隴切

抱也者抱當爲褢通用抱字本書捫下云擁引也吳語擁鐸拱稽注云擁抱也漢書金日磾傳弄兒或自後擁上項顏注擁抱也玉藻肆束及帶勤者有事則收之走則擁之正義擁謂抱之於懷也通作雍漢書夏侯嬰傳面雍樹馳注云南方謂抱小兒爲雍雍讀曰擁

rǔ 擩

擩 染也從手需聲周禮六曰擩祭 而主切

染也者宣四年左傳染指於鼎史記司馬相如傳鶩於鹽浦割鮮染輪郭璞曰鮮生肉也染擩也擩之於輪鹽而食之傳又云脟割輪淬郭璞曰脟膊淬染也淬漢書作焠顏注焠亦擩染之義互言臠割其肉擩車輪鹽而會之公食大夫禮賓升席坐取韭菹以辯擩於醢上豆之閒祭注云擩猶染也 周禮六曰擩祭者春官大祝文鄭司農云擩祭以肝肺菹擩鹽醢中以祭也士虞禮尸取奠左執之取菹擩於醢祭於豆之閒祝命佐食墮祭字或作挼特牲饋食禮祝命挼祭尸左執觶右取菹挼於醢祭於豆閒注云挼醢者染於醢少牢饋食禮尸取韭菹辯挼於三豆祭於

豆閒有司徹其綏祭注云綏皆當作挼讀爲藏其情之情古文爲挼

yú 揄

揄 引也從手俞聲 羊朱切

引也者後漢書班固傳注李善注長門賦引竝同廣雅亦同韓詩外傳遭齊君重鞇而坐吾君單鞇而我從十三行之後趨而進揄其一鞇而去之史記貨殖傳揄長袂漢書禮樂志神之揄臨壇宇顏注揄引也言神引來降臨之也司馬相如傳揄紵縞張揖曰揄引也揚雄傳揄六莖顏注揄引也七發揄流波李善注引流波以自潔西都賦敘雍容揄揚注云揄引

pán 搫

搫 搫擭不正也從手般聲 薄官切

搫擭不正也者玉篇搫手不正也

wò 擭

擭 搫擭也一曰布擭也一曰握也從手蒦聲 一號切

一曰布擭也者廣韻布擭猶分解也 一曰握也者一切經音義十二引廣雅擭持也西京賦擭獑胡薛綜曰謂握取之也徐鍇本有一曰搤也四字案本書搤捉也捉搤也一曰握也握搤持也一切經音義十三擭亦搤也

biàn 拚

拚 拊手也從手弁聲 皮變切

拊手也者李善注求自試表引作拊也注長笛賦引作撫手也後漢書張衡傳注引作拊手也一切經音義十引作拊手曰抃又云拊擊拍也廣韻拚拊手楚辭天問鼇戴山抃何以安之注云手拍曰抃呂氏春秋古樂篇帝嚳乃令人拚注云兩手相擊曰拚陳暘樂書帝嚳命人作唐歌有抃以爲節注云兩手相擊也董卓別傳呂布殺卓百姓相對欣喜抃舞晉書王筠傳沈約示筠郊居賦筠讀至雌蜺連蜷約撫掌欣抃宋書何承天傳歌拚就路通作弁漢書酷吏傳吏皆股弁顏注股戰若弁弁謂撫手也

shàn 擅

擅 專也從手亶聲 時戰切

專也者李善注長笛賦秀才文引竝同專當爲嫥通用專字廣雅專擅也桓十五年左傳祭仲專鄭伯患之成十三年傳秦大夫不詢於我寡君擅及鄭盟晉語未獲專也韋云專擅也禮坊記父母在饋獻不及車馬示不敢專也

冠義尊重事而不敢擅重事戰國策趙攻中山取扶柳五年以擅呼沱詩狡童序云權臣擅命也箋云擅命專也史記范雎傳擅國之謂王彭越傳擅將其兵略定梁地索隱擅猶專也西京賦秦政利觜長距終得擅場思專其侈以莫己若也

kuí 揆

揆 葵也從手癸聲 求癸切

葵也者揆葵聲相近終葵廣雅作柊揆釋言葵揆也郭引詩天子揆之詩作葵又板篇則莫我敢葵箋云葵揆也戴侗引唐本作度也本書癸冬時水土平可揆度也揆度也廣韻揆度也釋言揆度也郭云商度禹貢三百里揆文教傳云揆度也詩定之方中揆之以日傳云揆度也文十八年左傳以揆百事注云揆度也昭二十八年傳心能制義日度服注言善揆度事也大戴禮文王官人篇推其往言以揆其來行

nǐ 擬

擬 度也從手疑聲 魚己切

度也者一切經音義十七引作比也度也廣雅擬度也玉篇引易擬諸形容易繫辭擬之而後言正義擬度之而後

言也通作疑鼎象傳君子以正位凝命翟本凝作擬云度也又通作疑士相見禮不疑君注云疑度也覆案比也者通作儗曲禮儗人必於其倫

sǔn
損

損 減也從手員聲穌本切

減也者廣雅同玉篇損減少也易損卦損下益上正義下自減損以奉於上也

shī
失

失 縱也從手乙聲式質切

縱也者玉篇引作縱逸也本書逸失也荀子哀公篇其馬將失莊子應帝王自失而走

tuō
挩

挩 解挩也從手兌聲他括切

解挩也者玉篇易釋文竝引作解也廣雅彖挩也本書彖豕走也方言解輸挩也通作脫老子善抱者不挩范應元注挩一作脫昭十九年公羊傳復加一飯則脫然愈史記趙世家奄父曰公仲周宣王時爲御及千畝戰奄父脫宣王漢書高五王傳自以爲不得脫長安又通作說易小畜輿說輻釋文馬云解也詩瞻卬彼宜有罪女覆說之傳云

說赦也又說於農郊傳云說舍也鄉射禮司馬命弟子說矦之左下綱而釋之注云說解也宣十二年左傳雞鳴而駕日中而說杜云說舍也又通作稅釋詁稅舍也莊九年左傳管仲請囚鮑叔受之及堂阜而稅之杜注東莞蒙陰縣西有夷吾亭或曰鮑叔解夷吾縛於此成九年傳晉矦見鍾儀問之曰南冠而縶者誰也有司對曰鄭人所獻楚囚也使稅之杜云稅解也史記李斯傳我未知所稅駕注云稅駕猶解駕

bō
撥

撥 治也從手發聲北末切

治也者廣雅同詩長發元王桓撥傳云撥治也哀十四年公羊傳撥亂世反諸正何注撥猶治也謝承後漢書謝夷吾遷鉅鹿太守上勑曰鉅鹿劇郡難治以君有撥煩之才故特授任

yì
挹

挹 抒也從手邑聲於汲切

抒也者廣雅同本書斛挹也一切經音義九挹酌也華嚴經音義珠叢凡以器斗酌於水謂之挹詩大東維北有斗不可以挹酒漿傳云挹斛也韓詩外傳受子貢觴迎流而挹之

shū
抒

抒 挹也從手予聲神與切

挹也者一切經音義九引同又引廣雅抒渫也通俗文汲出謂之抒也廣韻抒渫水篡文抒水斗也管子禁藏篇抒井易水

zhā
担

担 挹也從手且聲讀若樝棃之樝側加切

挹也者方言担取也南楚之閒凡取物溝泥中謂之担　讀若樝棃之樝者方言注同

jué
攫

攫 扟也從手矍聲居縛切

扟也者列子說符篇昔齊人有欲金者適鬻金者之所因攫其金而去莊子讓王篇左手攫之則右手廢釋文李云攫取也

shēn
扟

扟 從上挹也從手卂聲讀若莘所臻切

從上挹也者一切經音義十五引作從上挹取也廣韻從上擇取物也通俗文從上取曰扟

zhí
拓

拓 拾也陳宋語從手石聲之石切

拾也者廣雅摭取也禮器有順而摭也正義猶拾取也史記十二諸矦年表各往往捃摭春秋之文以著書漢書藝文志捃摭遺逸顏注捃摭謂拾取之後漢書馮衍傳摭仁智之英華兮注云摭拾也史記集解序至於采經摭傳索隱按字書摭拾也　陳宋語者方言摭取也陳宋之閒曰摭

摭 拓或從庶

jùn
攈

攈 拾也從手麇聲居運切

拾也者方言攈取也漢書刑法志攈摭秦法宇或從廲晉語收攟而烝聿注攟拾也賈注拾穗也管子小匡篇諸矦之使垂櫜而入攟載而歸注攟收拾也或作捃急就篇捃穫秉把插捌杷顏注拾遺曰捃或作攟音義皆同說苑楚文王使王子革王子靈共捃菜東觀漢記范丹捃拾自資桓榮遭倉卒與族人元卿俱捃拾晉書夏統每採捃求食宋書沈道虔居武康以捃拾自資傳子及其捃拾不取大穗

shí 拾　duó 掇　huàn 擐　gēng 揯　suō 摍　qián 摢　yuán 援　chōu 擂

拾 掇也從手合聲是執切

掇也者昭三年左傳猶拾瀋也漢書夏侯勝傳其取青紫如俛拾地芥

掇 拾取也從手叕聲都括切

拾取也者易訟卦釋文引同王肅云若手拾掇物然廣韻掇拾也小爾雅廣詁掇拾也詩芣苢薄言掇之傳云掇拾也列子黃帝篇見痀僂者承蜩猶掇之也注云掇拾也鹽鐵論詔聖篇錢刀在路匹婦掇之後漢書陳元傳以年數小差掇爲巨謬注云掇拾也

擐 貫也從手睘聲春秋傳曰擐甲執兵胡慣切

貫也者當爲毌通用貫字廣韻擐貫也出文字指歸成十三年左傳躬擐甲冑吳語乃令服兵擐甲注云擐貫也後漢書何進傳帝躬擐甲介馬注云擐貫也　春秋傳曰擐甲執兵者成二年左傳文注云擐貫也

揯 引急也從手恆聲古恆切

引急也者本書緪急也廣雅揯引也急也通作恆考工記弓人恆角而短注云恆讀爲揯揯竟也

摍 蹴引也從手宿聲所亦切

蹴引也者本書縮蹴也廣雅摍引也通作縮詩巷伯傳云蒸盡縮屋而繼之釋文縮又作摍正義縮謂抽也乃抽取屋草以繼之也周語縮取備物以鎮撫百姓韋注縮引也

摢 相援也從手虔聲巨言切

援 引也從手爰聲雨元切

引也者成二年左傳正義引同廣雅亦同詩皇矣以而鉤援傳云所以鉤引上城者又無然畔援正義援是引取禮儒行舉賢援能哀二十五年左傳鄅子士請禦之彌援其手曰子則勇矣將若君何

擂 引也從手畱聲敕鳩切

引也者宣十二年左傳每射抽矢菆杜云抽擢也文選文賦思軋軋其若抽雪賦抽子祕思陳書文帝紀每有一言

zhuó 擢　bá 拔　yà 揠　dǎo 擣　luán 攣　tǐng 挺

入聽片善可求何嘗不襃奬抽揚通作紬漢書谷永傳燕見紬繹以求咎愆顏注紬讀曰抽紬繹者引其端緒也馥案本書繹抽絲也高唐賦紬大弦而雅聲流注云紬引也新唐書韋述傳助述紬績

抽 擂或從由

㨨 擂或從秀

擢 引也從手翟聲直角切

引也者廣雅同一切經音義十三蒼頡篇擢抽也

拔 擢也從手犮聲蒲八切

擢也者廣韻擢拔也小爾雅拔根曰擢方言擢拔也自關而西或曰拔或曰擢蒼頡篇拔引也擢出也戰國策擢之乎賓客之中漢書枚乘傳手可擢而拔公孫宏傳天子擢對爲第一文選七發所擢拔者詩甘棠勿翦勿拜箋云拜之言拔也

揠 拔也從手匽聲烏黠切

拔也者廣雅同小爾雅拔心曰揠方言揠拔也東齊海岱之閒曰揠注云今呼拔草心爲揠孟子宋人有閔其苗之不長而揠之者趙注揠挺拔之欲亟長也

擣 手推也一曰築也從手𠷎聲都皓切

手推也者推當爲摧本書摧相擣也詩小弁惄焉如擣　一曰築也者本書築擣也鄭注內則糗擣熬穀

攣 係也從手䜌聲呂員切

係也者玉篇攣綴也易中孚有孚攣如正義相牽繫不絕之名也易林一牛九鎖更相牽攣漢書鄒陽傳越攣拘之語後漢書曹褒傳帝知羣僚拘攣注云拘攣猶拘束也齊民要術敦煌俗婦女作裙攣縮如羊腸論語雖在縲紲之中何晏云縲攣也

挺 拔也從手廷聲徒鼎切

拔也者史記索隱引同吳語挺鈹搢鐸注云挺拔也史記陳涉世家尉劒挺廣起奪而殺尉漢書師丹傳乃者以挺力田議改幣章示君顏注挺引拔也儒林傳先毆旄頭劒挺墮墜顏注挺引也劒自然引拔出也

qiān 搴

搴 拔取也南楚語從手寒聲楚詞曰朝搴批之木蘭 九輦切

拔取也者史記索隱引作取也釋言芼搴也郭注拔取菜也或作攓列子天瑞篇攓蓬而指注云攓拔也莊子至樂篇攓蓬而指之釋文司馬云攓拔也又作搴廣雅搴拔也取也郭璞爾雅序搴其蕭稂楚詞七諫拔搴玄芝兮史記叔孫通傳故先言斬將搴旗之士贊曰拔取曰搴漢書司馬遷傳有斬將搴旗之功顏注搴拔也拔取敵人之旗也賈誼傳搴兩朝之器如淳曰搴取也顏注搴拔也後漢書杜篤傳搴旗四麾注云搴拔也 南楚語者方言搴取也南楚曰攓 楚詞曰朝搴批之木蘭者離騷文彼作朝搴阰之木蘭兮王注搴取也阰山名馥案埤蒼阰山在楚音毗本書無批阰二字

說文解字義證 卷三十八

tān 探

探 遠取之也從手突聲 他含切

遠取之也者一切經音義一引作手遠取曰探蕭該漢書音義引字林探遠取也釋詁探取也郭注探者摸取也易繫辭探賾索隱書多方則惟爾多方探天之威傳訓探爲取列子天瑞篇手目所及亾不探也漢書董仲舒傳春秋深探其本

tàn 撢

撢 探也從手覃聲 他紺切

探也者戴侗引唐本作掬也一切經音義十四串戸通俗文作串門串也蒼頡篇作撢撢持也王彪關中賦云外戸不撢是也易是類謀撢思王綸注云撢猶秉持也周禮撢人注云撢人主撢序王意以語天下釋文撢他南反與探同張揖上廣雅表撢撢羣藝

ruó 挼

挼 推也從手委聲一曰兩手相切摩也 奴禾切

推也者玉篇廣韻增韻五音集韻韻會一切經音義十李善注長笛賦竝引作摧也玉篇挼摧物也揻揻挼也集韻挼撋也又揉也關中語詩生民或簸或蹂箋云蹂之言撋也考工記鮑人進而握之注謂親手煩撋之詩葛覃薄污我私薄澣我衣傳云污煩也箋云煩煩撋之用功深釋文阮孝緒字畧云煩撋猶挼莏也或作挼特牲饋食禮祝命挼祭晉書劉毅傳東府聚摴蒲大擲劉裕挼五木久之即成盧焉又通作綏有司徹其綏祭注云綏皆當作挼又通作墮士虞禮祝命佐食墮祭 一曰相切摩也者廣韻挼手摩物也集韻挼抄手相切摩也曲禮共飯不澤手注云澤謂挼莏也郊特牲汁獻注云獻讀爲莏秬鬯中有煮鬱摩莏出其香汁謂之汁莏大射儀兩壺獻酒注云獻讀爲沙沙酒濁特泲之必摩沙者也通鑑王志取庭中樹葉挼服之注云挼兩手相切摩也今俗語云挼莏又王摩沙注云沙讀曰莏

piē 撆

撆 別也一曰擊也從手敝聲 芳滅切

別也者別當爲引廣韻撆引也 一曰擊也者廣雅同本書嫳讀若擊撆廣韻撆小擊晉書音義引字林撆擊也韻會引徐鍇本有一曰拂也四字案甘泉賦浮蠛蠓而撆天李善引三蒼注曰撆拂也顏注漢書揚雄傳撆拂也洞簫賦撆洟抆淚李善引本書撆拭也案集韻撆拭也

說文解字義證 卷三十八

hàn 撼

揻 搖也從手咸聲 胡感切

搖也者李善注長門賦引同

nuò 搦

搦 按也從手弱聲 尼革切

按也者字林捺字云搦捎也漢書敘傳搦朽摩鈍顏注搦按也魏都賦搦秦起趙

jǐ 掎

掎 偏引也從手奇聲 居綺切

偏引也者後漢書班固傳注引同李善注琴賦引同注陳琳檄引作戾足也司馬彪注上林賦引作偏引一腳也廣韻掎牽一腳增韻掎其足曰掎掎偏引也史記司馬相如傳射麋腳麟郭璞云腳掎足韋昭云腳謂持一腳也陳琳爲袁紹檄豫州文大軍汎黃河而角其前荆州下宛葉而掎其後李善云征伐軍有前後猶如捕獸一人捉角一人戾足周禮翨氏掌攻猛鳥各以其物爲媒而掎之注云鳥來下則掎其腳襄十四年左傳譬如捕鹿晉人角之諸戎

掎之與晉踣之杜注掎其足也漢書息夫躬傳躬掎㮚曰顏注掎從後引之也敘傳昔秦失其鹿劉季逐而掎之顏注掎偏持其足也後漢書崔寔傳故言事者雖合聖德輒見掎奪注云賈逵注國語曰從後牽曰掎徐鍇本有一曰踦也四字案廣雅踦蹇也廣韻踦跛也

huī 揮

揮　奮也從手軍聲許歸切

奮也者李善注七啟七命劉休元詩引並同一切經音義四引亦同又云謂奮振去之也本書振奮也纂文振去爲揮釋詁揮竭也郭注揮振去水曲禮飲玉爵者弗揮鄭注振去餘酒曰揮僖二十三年左傳奉匜沃盥既而揮之杜注揮湔也秦策揮汗成雨高注揮振也

mó 摩

摩　研也從手麻聲莫鄱切

研也者本書擘摩也劘摩也一切經音義十爾雅厎謂之摩郭璞曰玉厎被摩猶人自修飾也易剛柔相摩注云相切摩也學記相觀而善之謂摩注云摩相切磋也廣韻摩按摩孟子爲長者折枝注云折枝按摩折手節解罷枝也

pī 𢱧

𢱧　反手擊也從手𣬈聲匹齊切

反手擊也者李善注琴賦引同本書記𢱧擊也字林𢱧擊也琴賦或摟𢱧擽捋通作批釋名批裨也兩相裨助共擊之也莊十二年左傳批而殺之注云手批之也玉篇一切經音義十九並引左傳作𢱧燕策柰何以見陵之怨欲批其逆鱗哉莊子養生主批大郤淮南道應訓智伯與趙襄子飲而批襄子之首史記蔡澤傳批患折難索隱批患謂擊而却之漢書司馬相如傳批巖衝擁顏注批反擊也文選七啟批熊碎掌通鑑北齊王於諸貴戚家角力批拉注云批手擊也

jiǎo 攪

攪　亂也從手覺聲詩曰祇攪我心古巧切

亂也者廣雅同廣韻攪手動字書攪撓也潛夫論作煩攪擾陸機歎逝賦豈茲情之足攪　詩曰祇攪我心者小雅何人斯文傳云攪亂也

rǒng 搑

搑　推擣也從手茸聲而隴切

推擣也者玉篇搑推而擣也廣韻搑推擣貌也高注淮南覽冥訓云䡆推也䡆讀楫拊之拊馥謂楫當爲揖當云讀若揖付之揖本書䡆反推車令有所付也讀若茸通作茸漢書司馬遷傳而僕又茸之蠶室顏注茸推也推置蠶室之中或作搣廣雅搣推也

zhuàng 撞

撞　丮擣也從手童聲宅江切

丮擣也者一切經音義五引作戟擣也秦策迫則杖戟相撞漢書樊噲傳乃持盾入營衛止噲噲直撞入顏注謂以盾撞擊人華嶠後漢書明帝性褊察嘗以事怒郎藥崧以杖撞崧西京賦竿殳之所揘畢薛注揘畢謂撞挃也又徒搏之所撞挃注云撞挃猶揘畢也學記善待問者如撞鐘列子仲尼篇學聽者先聞撞鐘漢書薛廣德傳陛下日撞亾秦之鐘魏志杜襲傳萬石之鐘不以莛撞起音或作撜文十一年左傳撜其喉以戈

yīn 捆

捆　就也從手因聲於眞切

就也者本書因就也

rēng 扔

扔　因也從手乃聲如乘切

因也者本書仍因也老子則攘臂而扔之釋文扔因也

kuò 括

括　絜也從手昏聲古活切

絜也者戴侗引蜀本有結也二字廣雅括結也鄭注大學絜猶結也易坤卦括囊无咎詩車舝德音來括傳云括會也薛君韓詩章句括約束也檀弓袒括髮本書髻絜髮也

hē 抲

抲　撝也從手可聲周書曰盡執抲虎何切

抲撝也者本書撝手指撝也　周書曰盡執抲者酒誥文彼作拘案本書敘云苛之字止句也句亦可之誤徐鍇本作盡執抲獻

bò 擘

擘　撝也從手辟聲博厄切

撝也者玉篇擘裂也內則塗皆乾擘之少儀羞濡魚者進尾注云擗之由後鬐肉易離也乾魚進首擗之由前理易

析也楚詞九歌擗蕙櫋兮既張注云擗析也韓詩外傳伯牙擗琴絕弦劉劭趙都賦割擗纖理通作辟孟子妻辟纑皇甫謐高士傳作擗喪大記絞一幅爲三不辟正義古字假借讀辟爲擘也

huī 撝

撝 裂也從手爲聲一曰手指撝也 許歸切

裂也者一切經音義十三撝裂也謂手擗開也馬融廣成頌撝介鮮 一曰手指撝也者玉篇集韻引同宋本小字本李燾本竝作手指也本書棱讀若指撝本書敘云會意者比類合誼以見指撝一切經音義一指麾字詁今作撝同手指曰麾易謙卦撝謙王云指撝皆謙釋文指撝也義與麾同書云右秉白旄以麾是也宣十二年公羊傳左右撝軍退舍七里淮南覽冥訓武王左操黃鉞右秉白旄瞋目而撝之典引靡號師矢敦奮撝之容李善云撝與麾音義同後漢書鄧晨傳光武單馬遁走前行復見元趣令上馬元以手撝曰行矣不能相救無爲兩沒也皇甫嵩傳指撝足以震風雲陳書高祖紀一朝指撝六合淸晏隋書韓擒虎傳陳人欲戰蠻奴撝之曰老夫尙降諸君何事通鑑軍旅指撝一決於羊侃又宇文融爲御史中丞事無大小待融指撝

huò 捇

捇 裂也從手赤聲 呼麥切

裂也者廣雅同通作赤周禮秋官敘官赤犮氏注云赤犮猶捇拔也主除蟲豸自埋者

lè 扐

扐 易筮再扐而後卦從手力聲 盧則切

易筮再扐而後卦者玉篇易曰歸奇於扐凡數之餘謂之扐易繫辭大衍之數五十其用四十有九分而爲二以象兩掛一以象三揲之以四以象四時歸奇於扐以象閏五歲再閏故再扐而後掛韓康伯云奇凡四揲之餘不足復揲者也分而爲二既揲之餘合掛於一故曰再扐而後掛釋文馬云指閒也易乾鑿度五歲再閏故再扐而後卦以應律歷之數論衡卜筮篇案易之文觀揲蓍之法二分以象天地四揲以象四時歸奇於扐以象閏月以象類相法以立卦數耳張轅周易啟元初揲一先扐右手一著於左小指閒以倣人第三揲復於左手取一蓍扐於左手無名指閒以象閏又云初揲掛一次兩揲不掛揲左手不揲右手但以右手之蓍足滿左手之餘初揲餘一餘二足滿五餘三餘四足滿九次兩揲餘一餘二足滿四餘三餘四足滿八爲九爲六者各八爲七爲八者各二十四通作芀太元凡筮有道不精不筮不疑不筮不軌不筮不以其占不若不筮神靈之曜曾越卓三十有六而筮視焉天以三分終於六成故十有八策天不施地不成因而倍之地則虛三以扮天十八也別一以挂於左手之小指中分其餘以三搜之幷餘於芀一芀之後而數其餘七爲一八爲二九爲三六筭而策道窮也

jì 技

技 巧也從手支聲 渠綺切

巧也者本書巧技也姸技也顏案謂姸巧也玉篇禮記曰毋作奇技淫巧技藝也思元賦舊注手技曰技引書作奇技淫巧以說婦人大學人之有技注云有技才藝之士也坊記尙技而賤車則民興藝注云技猶藝也王制作奇技奇器以疑衆六韜爲彫文刻鏤技巧華飾而傷農事漢書藝文志兵技巧十三家百九十九篇技巧者習手足便器械積機關以立攻守之勝者也刑法志云齊愍以技擊彊字或作伎法言重黎篇湣于越可謂伎矣注云伎才也漢書桓譚傳小才伎數之人注云伎方伎也

mó 摹

摹 規也從手莫聲 莫胡切

規也者李善注長笛賦引同玉篇摹規摹也漢書高帝紀規摹弘遠矣鄧展曰若畫工規摹物之摹韋昭曰正員之器曰規摹者如畫工未施采事摹之矣

zhuō 拙

拙 不巧也從手出聲 職說切

不巧也者玉篇引書作僞心勞日拙廣雅拙鈍也釋名拙屈也使物否屈不爲用也老子大巧若拙國策教人而不能則謂之拙

tà 揩

揩 縫指揩也一曰韜也從手沓聲讀若眔 徒合切

縫指揩也者徐鍇曰今射揩縫衣所用捍鍼以韋爲之也一曰韜也者一切經音義十四引作一曰韋揩也又云今之射韜是也玉篇揩韋韜也御覽引本書韝射臂揩也今作決

tuán 摶

摶 圜也從手專聲 度官切

圜也者廣韻引同又云謂以手圜之一切經音義九引通俗文手團曰摶考工記矢人凡相笴欲生而摶弓人紾而

手

摶廉梓人爲筍簴摶身而鴻盧人刺兵摶注竝云摶圜也輪人倖以行山則是摶以行石也注云摶圜厚也漢書韓信傳刻印刓忍不能予蘇林曰刓音刓角之刓刓與摶同手弄角刓不忍授也後漢書寵參傳摶手困窮注云兩手相摶

hú 㨡

㨡 手推之也從手圂聲 戶骨切

手推之也者推當作椎集韻掴或作捆孟子捆屨趙注捆猶叩椓也或作揔方言南楚凡相推搏曰㧾或曰揔案推摶當爲椎摶

jū 捄

捄 盛土於梩中也一曰擾也詩曰捄之陾陾從手求聲 舉朱切

盛土於梩中也者詩正義引作盛土於器也 一曰擾也者本書撓擾也一曰捄也 詩曰捄之陾陾者大雅緜文傳云捄虆也箋云捄捊也築牆者捊聚壤土盛之以虆而投諸版中釋文虆字或作樏或作蔂劉熙云盛土籠也或作筞廣韻筞籠也

jié 拮

拮 手口共有所作也從手吉聲詩曰予手拮据 古屑切

手口共有所作也者五音集韻拮据口手營作也 詩曰予手拮据者豳風鴟鴞文釋文韓詩云口足爲事曰拮据

hú 搰

搰 掘也從手骨聲 戶骨切

掘也者哀二十六年左傳掘褚師定子之墓釋文掘本作搰馥案玉篇引作搰云掘也吳語狐埋之而狐搰之是以無成功韋云搰發也或作扣列子說符篇俄而扣其谷而得其鈇注云扣古掘字馥案玉篇扣亦搰字穿也廣雅扣掘也

jué 掘

掘 搰也從手屈聲 衢勿切

搰也者增韻引孟子有爲者辟若掘井玉篇引易掘地爲臼聲類挑掘也文十八年左傳乃掘而刖之漢書貨殖傳掘冢摶掩

yǎn 掩

掩 斂也小上曰掩從手奄聲 衣檢切

小上曰掩者本書鼒鼎之圜掩上者通作弇周禮典同弇聲鬱注云弇謂中央寬也考工記鳧氏弇則鬱左傳正義云考工記輿人云棧車欲弇弇者謂上狹下闊也

gài 摡

摡 滌也從手旣聲詩曰摡之釜鬵 古代切

滌也者五經文字摡滌也玉篇詩云傾筐摡之滌也少牢饋食禮雍人摡鼎匕俎于雍爨廩人摡甑甗匕與敦于廩爨周禮世婦帥女官而濯摡注云摡拭也楚詞哀時命摡塵垢之枉攘兮除穢累而反眞通作溉特牲饋食禮反告濯具注云濯溉也 詩曰摡之釜鬵者檜風匪風文彼作溉傳云溉滌也釋文溉本又作摡

xū 揟

揟 取水沮也從手胥聲武威有揟次縣 相居切

取水沮也者類篇引作取水具也徐鍇韻譜廣韻玉篇竝同 武威有揟次縣者見地理志孟康曰揟子如反次音恣

bō 播

播 種也一曰布也從手番聲 補過切

種也者書益稷暨稷播奏庶艱食鮮食傳云敎民播種之呂刑稷降播種農殖嘉穀大誥厥父菑厥子乃弗肯播矧肯穫傳云其父已菑耕其田子乃不肯播種況肯收穫之乎詩七月其始播百穀載芟播厥百穀箋云播猶種也孟子播種而耰之郭璞木禾贊爰有嘉穀號曰木禾匪植匪埶自然靈播或作𢿱楚詞九歌匊芳椒兮成堂洪注匊古播字本作𢿱馥案朱龜碑口𢿱徽聲 一曰布也者舜典播時百穀傳云播布也盤庚王播告之修傳云王布告人以所修之政布穀鳥亦稱播穀

𢿱 古文播

zhì 挃

挃 穫禾聲也從手至聲詩曰穫之挃挃 陟栗切

穫禾聲也者釋訓挃挃穫也郭云刈禾聲孫炎曰穫聲也或作銍小爾雅截穎謂之銍釋名銍銍斷穗聲也 詩曰穫之挃挃者周頌良耜文傳云挃挃穫聲也本書積秩兩字下引詩積之秩秩

手

zhì [扌致]

[扌致] 刺也。從手，致聲。一曰刺之財至也。陟利切

刺也者，本書𢆉，撴也。又象人兩脛後有撴之者。一曰刺之財至也者，廣雅撴，至也。方言撴，到也。漢書揚雄傳撴北極之嶟嶟，應劭曰撴，至也。史記孝文本紀太僕見馬遺財足，索隱財字與纔同。漢書杜欽傳乃爲小冠高廣財二寸，顏注財與纔同。漢西狹頌財容車馬，孫叔敖碑陰各遺一子財八九歲。

wù 扤

扤 動也。從手，兀聲。五忽切

動也者，廣雅扤，動也。詩正月天之扤我，傳云扤，動也。考工記輪人輻廣而鑿淺，則是以大扤，雖有良工，莫之能固，注云扤，搖動貌。王褒講德論鷙邊扤士。長笛賦動扤其根者。舞賦扤動赴度，五臣云扤然而動以赴節度。

yuè 抈

抈 折也。從手，月聲。魚厥切

折也者，太元羨上九車軸折其衡抈。晉語其爲德也深矣，其置本也固矣，故不可抈也，韋注抈，動也。

jiū 摎

摎 縛殺也。從手，翏聲。居求切

縛殺也者，本書闕經繆殺也，繆當爲摎。玉篇摎，絞也。廣韻摎，絞縛殺也。一切經音義五蒼頡篇摎，束也。廣雅摎，束也。儀禮喪服殤之經不樛垂，注云不絞其帶之垂者。

tà 撻

撻 鄉飲酒，罰不敬，撻其背。從手，達聲。他達切

鄉飲酒罰不敬撻其背者，一切經音義八撻，笞也，以荊捶之。玉篇撻，笞也。書說命其心愧恥，若撻于市。鄉射禮射者有過則撻之。大射儀遂取扑搢之，注云扑所以撻犯教者也。周禮閭胥凡事掌其比觵撻罰之事，注云觵者失禮之罰也，撻，扑也。小胥巡舞列而撻其怠慢者，注云撻猶抶也，抶以荊扑。文十八年左傳歜以支抶職。學記夏楚二物，收其威也，注云夏，稻也，楚，荊也，二者所以扑撻犯禮者。晉大康起居注王基子沖尙書郎中，雖在淸途，猶未免楚撻。

古文 古文撻。周書曰：遽以記之。汗簡引作繾

周書曰遽以記之者，虞書益稷文也，彼作撻，傳云當行射侯之禮，以明善惡之教，笞撻不是者，使記識其過。

líng 掕

掕 止馬也。從手，夌聲。里甑切

止馬也者，廣雅掕，止也。或作[夌力]，集韻[夌力]，止馬也。

pēng 抨

抨 撣也。從手，平聲。普耕切

撣也者，一切經音義九引作彈也，又云猶言抨毛、抨弓等也。又十四云今謂彈繩墨爲抨，仲長統昌言繩墨得抨彈是也，江南名抨。廣韻抨，彈也。爾雅釋文抨字從手，彈也。御覽引字林彈抨也，抨使戰動，掉彈也。廣雅彈，抨也。開元文字彈，抨也。玉篇抨與拼同。韓愈城南聯句箭出方驚抨。李賀猛虎吟強弩莫抨。覆案劾有罪曰抨彈。鄭注周禮里宰云街彈之室，疏云漢時在街置室，檢彈一里之民。漢書杜周傳業因勢而抵陒，注云罪敗而復抨彈之。後漢書史弼傳州司不敢彈糾。唐書陽嶠傳其意不樂彈抨事。

quán 捲

捲 气勢也。從手，卷聲。國語曰：有捲勇。一曰捲，收也。巨員切

气勢也者，本書勫，气也。昭二十三年左傳楚師熸，杜注其軍人無復氣勢。捲或作拳，宋書黃回傳回拳捷果勁，勇力兼人。隋書崔弘度傳嘗與宇文訓登樓，欻然擲下，至地無損傷，訓以其拳捷，大奇之。通作鬈、權，詩盧令其人美且鬈，箋云鬈讀爲權，權，勇壯也。國語曰有捲勇者，徐鍇本作春秋國語曰予有捲勇，廣韻同。齊語有拳勇股肱之力。本書曩或曰拳勇字。詩巧言無拳無勇，傳云拳，力也。史記孫吳列傳夫解雜亂紛糾者不控捲，索隱捲卽拳也。晉中興書石勒謂李陽曰鄉亦飽孤老拳。一曰捲收也者，五經文字捲，捲衣也。秦策桑戶捲樞之士，高注捲揉桑條，假以爲戶樞。史記張儀傳席捲常山之險。通作卷，鄭注大司樂云卷者，卷聚之義。論語邦無道則可卷而懷之。

xī 扱

扱 收也。從手，及聲。楚洽切

收也者，廣雅同。本書襭下云以衣衽扱物謂之襭，皀下云象嘉穀在裹中之形，匕所以扱之。集韻扱，斂持也。案本書斂，收也。方言扱，擭也。詩芣苢薄言襭之，傳云扱衽曰襭。大射儀搢三挾一个，注去搢扱也。曲禮以箕自向而扱之。

jiǎo 摷

摷 拘擊也。從手，巢聲。子小切

拘擊也者，一切經音義一引作相擊也。廣雅摷，擊也。

āi 挨

挨 擊背也从手矣聲 於駭切

擊背也者廣韻挨打也廣雅挨擊也列子黃帝篇攩拯挨抌注云挨推也抌方言擊背也馥案此注轉寫致誤當云挨擊背也抌方言推也

pū 撲

撲 挨也从手菐聲 蒲角切

挨也者一切經音義十四通俗文連杖曰撲華嶠後漢書尚書近臣乃至垂撲牽曳謝承後漢書劉據爲大司農以職事被譴召將加捶撲左雄諫曰孝明皇帝始有撲罰皆非古典帝從之其後九卿無復捶撲者字或作撲太元不庫其體撲注云撲擊也申鑒桎梏鞭撲以加小人又或作扑書舜典扑作教刑傳云扑榎楚也不勤道業則撻之周禮司市大刑扑罰注云扑撻也閭胥掌其撻罰之事注云撻扑也國策若扑一人若捽一人

qiào 撽

撽 旁擊也从手敫聲 苦弔切

旁擊也者莊子釋文引同廣雅撽擊也莊子至樂篇撽以馬捶注云撽擊也或作摮宣六年公羊傳公怒以斗摮而

說文解字義證 卷三十八 四十

殺之何注云摮猶擊也摮謂旁擊頭項

diǎo 扚

扚 疾擊也从手勺聲 都了切

疾擊也者廣韻扚扚擊廣雅扚擊也

chì 抶

抶 笞擊也从手失聲 丑栗切

笞擊也者廣雅抶擊也周禮小胥撻其怠慢者注云撻猶抶也抶以荊扑襄十七年左傳子罕親執扑以行築者而抶其不勉者文十年傳抶其僕以徇注云抶撻也文十八年傳歜以扑抶職注云抶擊也莊子則陽篇然後抶其背釋文三蒼抶擊也漢書揚雄傳捎夔魖而抶獝狂顏注抶笞也五行志使其徒抶魋而奪之顏注抶擊也羽獵賦神抶電擊李善引埤蒼抶笞擊也李賀詩抶馬蟠桃鞭

zhǐ 抵

抵 側擊也从手氏聲 諸氏切

側擊也者後漢書隗囂傳注宼榮傳注引並同廣韻增韻並引作側手擊也徐鍇韻譜同本書抧讀若抵掌之抵音書音義引字林抵側擊也秦策抵掌而談鮑云抵側擊也漢書朱博傳奮髯抵几

yǎng 抰

抰 以車鞅擊也从手央聲 於兩切

以車鞅擊也者鞅有馬鞅牛鞅車鞅隋煬帝幸江都宮女攀車惜別指血染鞅此車鞅也廣雅抰擊也

bǔ 㨐

㨐 衣上擊也从手保聲 芳苟切

衣上擊也者集韻引作衣上攴也廣雅㨐擊也

bǎi 捭

捭 兩手擊也从手卑聲 北買切

兩手擊也者李善注七命引同一切經音義十九引作兩手振擊也廣雅捭擊也吳都賦拉捭摧藏注云兩手擊絕也鬼谷子有捭闔篇

chuí 捶

捶 以杖擊也从手垂聲 之壘切

以杖擊也者李善注司馬遷報任安書引同廣雅捶擊也趙注孟子可使國人作杖以捶敵國堅甲利兵鄭注月令

說文解字義證 卷三十八 四十一

掠謂捶治人荀子正論篇捶笞臏腳東觀漢記劉據爲大司農以職事被譴詔詣尚書將加捶撻後漢書杜篤傳捶驅氐僰注云捶擊也魏志何夔傳加其捶扑之罰晉書庾冰傳子襲嘗貸官絹十匹冰怒捶之梁書沈瑀傳富吏皆鮮衣美服瑀怒使著芒屩麤布侍立終日足有蹉跌輒加榜捶周書王羆傳多被勞捶高士傳可食以酒肉者可隨而鞭捶

què 搉

搉 敲擊也从手隺聲 苦角切

敲擊也者廣雅搉擊也定二年左傳奪之杖以敲之漢書五行志搉其眼以爲人彘注云搉謂敲擊去其精也莊子徐無鬼篇則可不謂有大揚搉乎釋文三蒼云搉敲也

yǐng 摬

摬 中擊也从手竟聲 一敬切

中擊也者中讀爲射中之中玉篇摬傷擊也廣雅摬擊也

fú 拂

拂 過擊也从手弗聲 敷勿切

過擊也者通鑑斛律金欲急向河東高歡據鞌未動金以鞭拂馬乃馳去

kēng 摼

摼擣頭也從手堅聲讀若鏗爾舍瑟而作口莖切

擣頭也者玉篇摼撞也讀若鏗爾者本書無鏗字

dǎn 抌

抌深擊也從手冘聲讀若告言不正曰抌竹甚切

深擊也者本書㪗下擊上也廣韻㪗深擊列子黃帝篇攩㧙挨抌

huǐ 擊

擊傷擊也從手從毀毀亦聲許委切

傷擊也者廣韻擊手擊傷也毀亦聲者當爲毀聲

jī 擊

擊攴也從手毄聲古歷切

攴也者本書攴小擊也玉篇引書擊石拊石論語子擊磬於衛史記叔孫通傳拔劒擊柱

hàn 扞

扞忮也從手干聲矦旰切

忮也者忮當作枝禮記大學之法禁於未發之謂豫發然後禁則扞格而不勝馥案格當爲挌本書挌枝挌也

kàng 抗

抗扞也從手亢聲苦浪切

扞也者既夕禮抗橫三縮二注云抗禦也蔡邕釋誨帶甲百萬非一勇所抗

杭抗或從木

bǔ 捕

捕取也從手甫聲薄故切

取也者本書取捕取也急就篇變鬭殺傷捕伍鄰顏注捕收掩也

cè 簎

簎刺也從手籍省聲周禮曰簎魚鼈士革切

刺也者後漢書馬融傳注引同列子牢藉釋文作簎謂竹木圍繞又刺也國語云矠魚也通作措淮南繆稱訓猿狖之捷來措高注措刺也又或作擉莊子則陽篇冬則擉鼈於江初學記銛取黿鼉也見何承天纂文銛鐵有距施竹頭以之擲黿鼉馥謂此即簎魚鼈之具周禮曰簎魚鼈者天官鼈人文鄭司農云簎謂以杈刺泥中搏取之周禮徐鍇本作春秋國語案魯語矠魚鼈以爲夏槁韋注矠擉也槁乾也夏不得取故此時擉刺魚鼈以爲夏儲馥案廣韻矠以叉矛取物也東京賦毒瑁不簎辥綜曰不叉矠取之也廣蒼胡餅家用簎簎刺也

niǎn 撚

撚執也從手然聲一曰蹂也乃殄切

執也者執當爲丮白居易琵琶行輕攏漫撚撥復挑廣韻撚以手撚物也通俗文手捏曰撚顏注急就篇索總謂切撚之令緊者也一曰蹂也者蹂當爲猱本書氈撚毛也

guà 挂

挂畫也從手圭聲古賣切

畫也者挂畫聲相近釋名畫挂也以五色挂物上也馥疑畫作劃本書袿下云袿又可以劃麥臧伺引唐本作縣也徐鍇韻譜同易繫辭挂一以象三少牢饋食禮挂於季指

tuō 拕

拕曳也從手它聲託何切

曳也者爾雅釋文後漢書班固傳注引並同廣雅拕引也釋訓粤夆掣曳也郭注謂牽挽釋文挽作拖云本或作拕

釋名柁拕也在後見拕曳也論語加朝服拖紳漢書嚴助傳拕舟而入水揚雄傳拕蒼豨顏注並云拕曳也

tú 捈

捈臥引也從手余聲同都切

臥引也者廣雅捈引也法言問神篇捈中心之所欲注云捈引也

yè 抴

抴捈也從手世聲余制切

捈也者一切經音義五引作引也又云謂牽引也徐鍇韻譜抴臥引本書厂抴也象抴引之形廣韻抴亦作拽拕也集韻拽拖也山東語荀子非相篇故君子之度己則以繩接人則以抴注云抴牽引也

biàn 揙

揙搏也從手扁聲婢沔切

搏也者宋本作撫廣韻揙揙擊

jué 撅

撅从手有所把也從手厥聲居月切

从手有所把也者从當依集韻作以廣雅撅搔也把或作爬廣韻爬搔也或作把

手

lú 攎　ná 挐　wèn 搵　péng 搒　gé 挌　gǒng 拲　zōu 掫

攎 挐持也從手盧聲 洛乎切

挐持也者廣韻攎斂集韻挵攎收斂也釋名攎叉也五指俱往也

挐 持也從手如聲 女加切

持也者挐通作拏拘捕有罪曰拏今俗作拿徐鍇本有一曰誣也四字馥謂卽誣詉

搵 沒也從手𥁕聲 烏困切

沒也者廣雅搵抐擩也字林搵抐沒也廣韻搵抐按物水中一切經音義七搵亦入也謂以物入水中曰搵也中庸溫故而知新鄭注溫讀如尋溫之溫馥案燖溫卽燖搵燖本作𤎩內肉於湯中也

搒 掩也從手旁聲 北孟切

挌 擊也從手各聲 古覈切

擊也者後漢書陳寵上疏斷獄者急於篣格酷烈之痛注云篣卽榜也古字通用聲類曰笞也說文曰格擊也馥謂

兩格字竝當作挌

拲 兩手同械也從手從共共亦聲周禮上辠梏拲而桎 居竦切

兩手同械也者廣韻拲兩手共梏漢書刑法志凡囚上罪梏拲而桎顏注兩手同械曰拲晉令犯罪械加拲手趙書後叵擒邵續於靑邱鉗頸拲手隋書刑法志凡犯罪枷而拲流罪枷而梏徒罪枷鞭罪桎　周禮上辠梏拲而桎者秋官掌囚文鄭司農云拲者兩手共一木也　共亦聲者當爲共聲

𣐀 拲或從木

掫 夜戒守有所擊從手取聲春秋傳曰賓將掫 子侯切

夜戒守有所擊也者襄二十五年左傳陪臣干掫杜注干掫行夜正義說文云掫夜戒守有所擊從手取夜扞寇盜手有所擊故以干掫爲行夜官名也秦策釋剟掫鮑注掫夜戒有所擊引也新唐書糾繆康承訓傳晉婦弱持陬案

juān 捐　bīng 掤　yū 扜　huī 攠

陬阪隅也今此云云義不可曉當爲掫字說文掫夜戒守有所擊也　春秋傳曰賓將掫者昭二十年左傳文賈注掫謂行夜周禮鎛師凡軍之夜三鼜皆鼓之杜子春云春秋傳所謂賓將趨者音聲相似疏云賓將掫子春云趣讀八音與云音聲相似者趨與鼜皆是夜戒守也六經正誤周禮掌固釋文將趣莊九反劉祖侯反杜七柱反案春官鎛師釋文左傳作掫音莊九反杜注云行夜當從左傳音字亦當作掫掫訛作趣趣又訛作趨

捐 棄也從手肙聲 與專切

棄也者李善注文賦引同蒼頡篇廣雅竝同列子楊朱篇生相憐亦相捐孔叢儒服篇陳從性多穢嘗每得酒食必先撥捐之然後乃食子高告之曰昔君子之於酒食有率嘗之義無捐放之道漢書竇嬰曰侯自我得之自我捐之無所恨

掤 所以覆矢也從手朋聲詩曰抑釋掤忌 筆陵切

所以覆矢也者廣雅掤矢藏也北堂書鈔引毛詩義問掤所以覆矢也謂箙箭䈉通作冰昭二十六年左傳豈其伐

人而說甲執冰以遊昭二十五年傳公徒釋甲執冰而踞賈逵云冰櫝丸蓋也　詩曰抑釋掤忌者鄭風大叔于田文傳云掤所以覆矢釋文掤音冰

扜 指麾也從手亏聲 億俱切

指麾也者麾當爲攠

攠 旌旗所以指麾也從手靡聲 許爲切

旌旗所以指麾也者麾當爲攠或作攡後漢書杜篤傳東攡烏桓字書攡亦麾字通用麾本書旋下云周旋旌旗之指麾也集韻以旌旗示之曰麾一切經音義九舉手曰麾案以旌旗指麾衆因以名焉御覽引麟角曰高貴鄉公討晉文自秉黃龍檣以麾號令古今注麾所以指麾武王右執白旄以麾是也乘輿以黃諸公以朱刺史二千石以纁公羊解詁旗各有色與金鼓俱舉使士卒望而爲陳者月令章句麾烏翼以爲幢麾也明堂位有虞氏之旂夏后氏之綏注云綏當爲緌緌爲注旄牛尾於杠所謂大麾六韜將必先明告吏士申之以三令以教操兵起居旌旗指麾

之變法書牧誓右秉白旄以麾傳云右手把旄示有事於教博物志武王伐紂渡河大風波武王秉麾麾之風波立濟鷟子武王率兵車以伐紂紂虎旅百萬陳於商郊武王乃命太公把白旄以麾之紂軍反走荀子成相篇呂尚招麾注云昭麾指揮也帝王世紀武王乃以大白旗麾諸侯入般都詩宛邱值其鷺羽箋云舞者所持以指麾周禮旄入注云旄旄牛尾舞者所持以指麾鄉師及葬執纛以與匠師御匶而治役鄭司農云翿羽葆幢也爾雅曰纛翳也以指麾輓柩之役正其行列進退隱十一年左傳瑕叔盈又以蝥弧登周麾而呼杜云麾招也桓五年傳旝動而鼓杜云今大將之麾也執以爲號令成二年傳師之耳目在吾旗鼓進退從之成十六年傳楚人謂夫旌子重之麾也莊二十五年穀梁傳天子救日置五麾范甯集解麾旌幡也宣十二年公羊傳莊王親自手旌管子兵法篇旗所以立兵也所以利兵也所以偃兵也吳子治兵篇左右應麾論將篇將之所麾莫不從移將之所指莫不前死尉繚子鼓鳴旗麾麾之左則左麾之右則右淮南主術訓譬如軍之持麾者妄指則亂矣東都賦羽旄掃霓五臣云羽旄可以麾衆也思元賦前祝融而使舉麾兮纚朱鳥以承旗舊注云尚書曰右秉白旄以麾案執麾以指揮也秦漢以來

說文解字義證　卷三十八

即以所執之旄名曰麾謂麾幢曲蓋者也袁宏與范曾書指六合以倒戈望崑崙以舉麾三國志魏武帝紀注引王麥等勸進文云暫把旄鉞一時指麾語林諸葛武侯持白毛扇指麾三軍皆隨其進止晉令兩頭進戰視麾所指晉諸公讚楚王瑋矯詔書汝南王亮其夜帝臨東堂張華唱議乃遣左右以白虎旛麾之然後衆散宋書武帝紀大軍將戰公所執麾竿折顏延年五君詠一麾乃出守李善注麾指麾也齊宣德皇后令白羽一麾黃鳥底定隋書有繼旗四以施軍旅一曰麾以供軍將唐書李光弼傳望吾旗麾若緩可觀便宜若三麾至地諸軍畢入生死以之退者斬太白陰經聽音望麾以出四奇軍令弩獨前戰視麾所指而發之又云凡戰臨陣皆無諠譁明聽鼓音謹視旛麾麾前則前麾後則後麾左則左麾右則右通典大唐衛公李靖兵法曰如兵數校多軍營復衆若以異色認旗遠看難辨卽每營各別畫禽獸自爲標記亦得不然旗身旗腳但取五方色回互爲之則更易辨唯須營營自別務使指麾分明通鑑陶侃疾篤送所假節麾注云節麾者臨敵之際三軍視以爲進退者也魏王基碑朱旗所麾前無交兵或通作戲史記項羽紀諸侯罷戲下各就國淮南子桀之力能推移大戲注云大戲軍之大旗

jié 捷

捷　獵也軍獲得也從手疌聲春秋傳曰齊人來獻戎捷　疾葉切

獵也者月令章句獵捷也言以捷取之　軍獲得也者本書獲獵所獲也春秋僖二十一年楚人使宜申來獻捷穀梁云捷軍得也　春秋傳曰齊人來獻戎捷者莊三十一年經文杜注捷獲也穀梁云軍得曰捷

kòu 扣

扣　牽馬也從手口聲　苦后切

牽馬也者襄十八年左傳大子與郭榮扣馬呂氏春秋仲秋紀爲韓原之戰晉人已環繆公之車矣晉梁由靡已扣繆公之左驂矣史記趙世家大戊午扣馬集解呂忱曰扣牽馬通作叩伯夷列傳叩馬而諫

hùn 掍

掍　同也從手昆聲　古本切

同也者本書昆同也方言掍同也宋衛之間曰掍漢書揚雄傳形之美者不可掍於世俗之目顏注掍亦同也洞簫賦掍其會合注云同於會合之處通作混管子侈靡篇告堯之時混吾之美在下注云混同也後漢書班固傳混建

說文解字義證　卷三十八

章而外屬注云混同也文選作掍曹植求自試表誠欲混同宇內

sōu 搜

搜　衆意也一曰求也從手叜聲詩曰束矢其搜　所鳩切

衆意也者廣雅搜衆也　一曰求也者莊子釋文引同本書索下云入家搜也方言搜求也秦晉之閒曰搜漢書武帝紀大搜上林莊子秋水篇搜於國中釋文李云索也字或作廋廣雅廋求也　詩曰束矢其搜者魯頌泮水文彼作搜傳云搜衆意也釋文依字作搜

huàn 換

換　易也從手奐聲　胡玩切

易也者易當爲傷通用易字小爾雅廣詁換易也漢書敘傳項氏畔換孟康曰換易也晉書阮孚傳嘗以金貂換酒

yè 掖

掖　以手持人臂投地也從手夜聲一曰臂下也　羊益切

以手持人臂投地也者左傳釋文引作以手持人臂曰掖正義引作持臂也僖二十五年左傳二禮從國子巡城掖以赴外殺之正義謂持其臂投之城外也詩衡門序以誘掖其君箋云掖扶持也　一曰臂下也者本書亦人之臂

yán 𢱭　扺　捂　押　揩　捍

亦也左傳正義云掖本持臂之名遂謂臂下脅上爲掖是因名轉而相生也史記商君傳千羊之皮不如一狐之掖漢書地理志張掖郡應劭曰張國臂掖故曰張掖高后紀入未央宮掖門顏注非正門而在兩旁若人之臂掖也字或作腋廣雅胳謂之腋文選盧湛苔魏子悌詩珍褒非一腋注云埤蒼曰腋在肘後

𢱭 摩也從手研聲 禦堅切

初印本無此文毛扆據徐鍇本加之案集韻類篇𢱭下引說文則原有此文寫漏也本書摩下云研也本作𢱭後人因闕𢱭字遂去手作研

摩也者本書研䃺也廣雅𢱭磨也又云𢱭𢶃也廣韻𢱭研治也易繫辭聖人之所以極深而研幾也釋文蜀才作𢱭吳越春秋研營種之術後漢書蘇竟傳走昔以摩研編削之才范甯穀梁傳集解敘研講六籍陸雲贈顧尚書詩靡妙不研

文二百六十六　重十九

說文解字義證卷三十八　壹

扺 本書瓬讀若扺破之扺

捂 相當也

徐鍇曰詩可與晤言傳云晤對也考之說文則當作捂字捂相當也葢詩假借晤字馥案既夕禮若無器則捂受之疏云對面相逆受也

押 署也從手甲聲

韻會引徐鍇本又引鍇曰今人言文字押署是也

揩 摩拭也

一切經音義二十引馥案韻集揩𢶃摩也

捍 抵也

摻　攌　揵　guāi 𠦬　jǐ 脊

莊子釋文引

摻

詩遵大路摻執子之祛兮傳云摻擥正義以摻字從手又與執共文故爲擥也說文摻字參此音反聲訓爲斂也操字喿此遙反聲訓爲奉也二者義皆小異釋文摻所覽反徐所斬反玉篇摻所斬切反執袂也方言斂物而細謂之揫或曰摻

攌 大木柵也

史記索隱引案集韻音戶版切玉篇廣韻無此文

揵 豎也

李善注思玄賦引後漢書張衡傳注云揵豎也廣韻揵舉也

遺文八

𠦬 背呂也象脅肋形凡𠦬之屬皆從𠦬 古懷切

說文解字義證卷三十八　羙

戴侗曰唐本作𠦬從𠆢李陽冰曰𠦬背心也手足之所不及故謂之𠦬从背文从冈文

脊 背呂也從𠦬從肉 資昔切

背呂也者本書呂脊骨也玉篇脊背脊也釋名脊積也積續骨節終上下也春秋元命苞陽立於三故人脊三寸而結朱均曰結節結也

文二

說文解字第十二　義證第三十九

曲阜桂馥學

女　婦人也象形王育說凡女之屬皆從女　尼呂切

當有古文作𠨰

婦人也者廣雅女子謂之婦人　易繫辭坤道成女

姓　人所生也古之神聖母感天而生子故稱天子从女从生生亦聲春秋傳曰天子因生以賜姓　息正切

人所生也者白虎通姓名姓者生也人稟天氣所以生者也詩云天生烝民尚書曰平章百姓昭四年左傳所宿庚宗之婦人獻以雉問其姓對曰余子長矣杜注問有子否釋文女生曰姓姓謂子也昭十一年傳歸姓也杜注姓生也曲禮納女於天子曰備百姓注云姓之言生也漢書田蚡傳晚起如子姓顏注姓生也言同子禮若己所生喪大

記注子姓謂衆子孫也列子說符篇秦穆公謂伯樂曰子姓有可使求馬者乎顧炎武曰姓之爲言生也左傳昭四年問其姓對曰余子長矣詩曰振振公姓天地之化專則不生兩則生故叔詹言男女同姓其生不蕃晉語曰同姓不昏懼不殖也而子產之告叔向云內官不及同姓美先盡矣則相生疾晉司空季子之告公子曰異德合姓鄭史伯之對桓公曰先王聘后於異姓務和同也聲一無聽物一無文是知禮不娶同姓者非但防嫌亦以戒獨也故曲禮納女於天子曰備百姓吳語句踐請一介嫡女執箕帚以晐姓於王宮易曰男女睽而其志通也是以王御不參一族其所以合陰陽之化而助嗣續之功者微矣古之神聖母感天而生子故稱天子者御覽引作神聖人母徐錯本同鄭注喪服傳始祖者感神靈而生若稷契也喪服小記王者禘其祖之所自出以其祖配之注云始祖感天神靈而生祭天則以祖配之禮記大傳王者禘其祖之所自出以其祖配之注云王者之先祖皆感太微五帝之精以生五經異義詩齊魯韓春秋公羊說聖人皆無父感天而生左氏說聖人皆有父謹案堯典以親九族卽堯母慶都感赤龍而生堯堯安得九族而親之禮讖云唐五廟知不感天而生鄭駁曰玄之聞也諸言感生得無父有父則不感生此皆偏見之說也商頌曰天命玄鳥降而生商謂娀簡吞鳦子生契是聖人感生見於經之明文劉媼是漢太上皇之妻感赤龍而生高祖是非有父感神而生者也且夫蒲盧之氣嫗煦桑蟲成爲己子況乎天氣因人之精就而神之反不使子賢聖乎是則然矣又何多怪莊三年穀梁傳獨陰不生獨陽不生獨天不生三合然後生故曰母之子也可天之子也可徐鍇曰據少典氏妻附寶感大霓繞斗星而生黃帝顓頊母感瑤光貫月而生顓頊也尚書中候姬昌蒼帝子春秋元命包黃帝時大星如虹下流華渚女節夢接意感生白帝河圖湯母扶都見白氣貫月意感而生湯河圖著命瑤光之星如蜺貫月正白感女樞於幽房之宮生黑帝顓頊河圖握矩附寶之郊野大電繞斗樞星耀感附寶生軒轅拾遺記庖犧之母有青虹繞身郎覺有娠歷十二年而生庖犧帝王世紀燧人之世有大迹出雷澤華胥履之生庖犧氏於成又云神龍感女登於常羊生炎帝又云電光繞北斗樞星照郊野感附寶孕二十月生黃帝於壽邱又云黃帝時有大星如虹下流華渚女節夢接之意感生少昊又云陶唐之世握登見大虹意感生舜於姚墟又云修己山行見流星貫昴意感慄然又吞神珠薏苡胷坼而生禹金樓子興王篇少典娶有蟜女

附寶見大電光繞北斗樞星照郊野感附寶孕二十四月生黃帝詩含神霧赤龍感女媼劉季興　生亦聲者當爲生聲　春秋傳曰天子因生以賜姓者隱八年左傳文彼云天子建德因生以賜姓胙之土而命之氏杜注立有德以爲諸侯因其所由生以賜姓謂若舜由嬀汭故陳爲嬀姓報之以土而命氏曰陳史記集解駰案鄭元駁五經異義曰春秋左傳無駭卒羽父請謚與族公問族於衆仲衆仲對曰天子建德因生以賜姓胙之土而命之氏諸侯以字爲謚因以爲族官有世功則有官族邑亦如之公命以字爲展氏以此言之天子賜姓命氏諸侯命族族者氏之別名也姓者所以統繫百世使不別也氏者所以別子孫之所出故世本之篇言姓則在上言氏則在下也馥案今左傳作諸侯以字爲謚傳寫誤也以字爲氏者如鄭之國氏本子國之後駟氏本子駟之後是也史記索隱因生賜姓若舜生姚墟以爲姚姓封之於虞卽號有虞氏是也系本篇言姓則在上言氏則在下故五帝本紀云虞禹姓姒氏契姓子氏棄姓姬氏是也論衡詰術篇古者因生以賜姓因其所生賜之姓也若夏吞薏苡而生則姓爲苡氏商吞燕子而生則姓爲子氏周履大人迹則姬氏禹貢錫土姓鄭注天子建其國諸侯胙之土賜之姓命之氏昭二

十九年左傳帝賜之姓曰董氏曰豢龍封諸鬷川鬷夷氏其後也周語帝嘉禹德賜姓曰姒氏曰有夏胙四岳國賜姓曰姜氏曰有呂晉語黃帝之子二十五人其得姓者十四人帝王世紀皋陶生於曲阜曲阜偃地故帝賜姓曰偃潛夫論志氏姓昔堯賜契姓姬賜禹姓似氏曰有夏伯夷爲姜氏曰有呂下及三代官有世功則有官族邑亦如之後世微末因是以爲姓則不能改也故或傳本姓或氏號邑謚或氏於爵或氏於志若夫五帝三王之世所謂號也文武昭景成宣戴桓所謂謚也齊魯吳楚秦晉燕趙所謂國也王氏侯氏王孫公孫所謂爵也司馬司徒中行下軍所謂官也伯有孟孫子服叔孫所謂字也巫氏匠氏陶氏所謂事也東門西門南宮東郭北郭所謂居也三烏五鹿青牛白馬所謂志也御覽引風俗通春秋左氏傳官有世功卽有官族邑亦如之公羊譏衛滅邢論語貶昭公娶於吳諱同姓也蓋姓有九或氏於號或氏於謚或氏於爵或氏於國或氏於官或氏於字或氏於居或氏於事或氏於職以號唐虞夏殷也以謚戴武宣穆也以爵王公侯伯也以國曹魯宋衛也以官司馬司徒司寇司空司成也以字伯仲叔季也以居城郭園池也以事巫卜陶匠也以職三烏五鹿青牛也魏書官氏志自古天子立德因生以賜姓

胙之土而命之氏諸侯則以家與謚官有世功則有官族邑亦如之姓則表其所由生氏則記族所由出其大略然也新唐書張說傳后嘗問諸儒言氏族皆本炎黃之裔則上古乃無百姓乎說曰古未有姓自炎帝之姜黃帝之姬始因所生地而爲之姓其後天子建德因生以賜姓黃帝二十五子而得姓者十四德同者姓同德異者姓殊其後或以官或以國或以王父之字始爲賜族久乃爲姓降唐虞抵戰國姓族漸廣周衰列國旣滅其民各以舊國爲之氏下及兩漢人皆有姓故姓之以國者韓陳許鄭魯衛趙魏爲多胡渭曰晉語黃帝以姬水成炎帝以姜水成成而異德故黃帝爲姬炎帝爲姜此因生賜姓之始也黃帝之子二十五宗其得姓者十四人爲十二姓姬酉祁己滕蔵任荀僖佶儇依是也韋昭曰得姓以德居官而賜之姓也謂十四人而二人爲姬二人爲己故十二姓也蔡墨言五行之官皆列受氏姓封爲上公實少皞顓頊之後史伯言黎爲高辛氏火正其後八姓歷事夏商曰己董彭秃妘曹斟芈黎卽祝融五官之一也然則高辛之世賜姓命氏之事槩可知已堯時洪水初平大封以褒明德故禹貢特書自是之後唯舜賜飂叔安裔子之姓曰董氏曰豢龍著在左傳丹朱之後爲貍姓見於周語蓋亦舜賜之夏商之世無聞焉周之賜姓獨一嬀滿餘無可考而諸姬無一賜姓者蓋周道同姓雖百世而昏姻不通苟賜之姓則不能禁其通昏矣叔詹曰男女同姓其生不蕃子產曰內官不及同姓其生不殖先王敬宗收族旣欲防嫌亦期廣嗣故不復賜也

姜 神農居姜水以爲姓從女羊聲 居良切

高注戰國策神農炎帝號也少典之子也 通鑑梁許懋云神農卽炎帝也而管夷吾分爲二人馥案古史考亦以炎帝神農各一人 漢書律歷志易曰炮犧氏沒神農氏作以火承木故爲炎帝敎民耕農故天下號曰神農氏 六藝論神農斲木爲耒耜揉木爲耨始敎天下種五穀故號爲神農氏也

神農居姜水以爲姓者世本炎帝姜姓昭十七年左傳炎帝氏注云炎帝神農氏姜姓之祖也正義云帝系世本皆爲炎帝卽神農氏炎帝身號神農代號也哀九年左傳炎帝爲火師姜姓其後也晉語昔少典娶於有蟜氏生黃帝炎帝黃帝以姬水成炎帝以姜水成故黃帝爲姬炎帝爲姜又云二帝用師以相濟也韋注濟當爲擠擠滅也史記

稱黃帝伐炎帝之後于阪泉之野炎帝卽神農也鄭語姜伯夷之後也韋注伯夷堯秩宗炎帝之後四岳之族也司馬貞三皇本紀炎帝神農氏長於姜水因以爲姓帝王世紀神農氏姜姓也長於姜水以火承木位在南方故謂之炎帝水經注渭水云岐水又東逕姜氏城南爲姜水按世本炎帝姜姓帝王世紀曰炎帝神農氏姜姓母女登游華陽感神而生炎帝長于姜水是其地也三輔舊事姜泉在岐山縣新唐書宰相世系表姜姓本炎帝生於姜水因以爲姓昭十年左傳姜氏任氏實守其地注云姜齊姓齊國侯爵譜姜姓太公望之後廣韻姜姓也出天水齊姓本自炎帝居於姜水因爲氏漢初以豪族徙關中遂居天水也前趙錄孟姜字天水

姬 黃帝居姬水以爲姓從女𦣞聲 居之切

黃帝居姬水以爲姓者昭十七年左傳黃帝氏注云黃帝軒轅氏姬姓之祖也晉語黃帝爲姬帝王世紀黃帝有熊氏少典之子姬姓也生壽邱長於姬水

姞 黃帝之後百鰍姓后稷妃家也從女吉聲 巨乙切

yíng
嬴

黃帝之後百鰷姓者徐鍇本作伯鰷左傳作伯鯈一切經音義九姞南燕姓也范甯曰南燕姞姓在鄭衞之閒隱五年左傳衞人以燕師伐鄭杜云南燕國今東郡燕縣正義世本燕國姞姓桓十一年傳宋雍氏女於鄭莊公曰雍姞賈逵云雍氏姞姓黃帝之孫姞姓之後漢書地理志東郡燕縣南燕國姞姓黃帝之後也寰宇記雍邱縣古雍國黃帝之後姞姓潛夫論周先姞氏封於燕漢河東有郅都汝南有郅君章音與古姞同而書其字異　后稷妃家也者史記鄭世家吾聞姞姓乃后稷之元妃漢書人表姞人棄妃宣三年左傳鄭文公有賤妾曰燕姞夢天使與己蘭曰余爲伯鯈余而祖也以是爲而子既而文公見之與之蘭而御之生穆公名之曰蘭后癸曰吾聞姬姞耦其子孫必蕃姞吉人也后稷之元妃也今公子蘭姞甥也天或啓之杜云姞南燕姓伯鯈南燕祖姞姓之女爲后稷妃周是以興故曰吉人詩都人士謂之尹吉箋云吉讀爲姞周室昏姻之舊姓也

嬴　少昊氏之姓從女羸省聲　以成切

少昊氏之姓者當云少昊氏之後姓帝王世紀少昊帝名摯字青陽昭十七年左傳少皞氏注云少皞金天氏黃帝

之子己姓之祖也鄭語嬴伯翳之後也韋云伯翳舜虞官少皞之後伯益也史記索隱按左傳郯國少昊之後而嬴姓蓋其族也則秦趙宜祖少昊氏春秋隱二年莒人入向杜注莒國今城陽莒縣廣韻莒嬴姓之後史記秦本紀秦之先爲嬴姓其後分封以國爲姓有莒氏僖十五年左傳爲嬴敗姬杜云嬴秦姓史記鄭世家秦嬴姓伯翳之後也潛夫論高陽氏之世有才子八人天下之人謂之八凱後嗣有臯陶事舜其子伯翳能議百姓以佐舜禹擾馴鳥獸舜賜姓嬴後生惡來季勝季勝之後有造父封於趙城因以爲氏惡來後有非子封於秦其後列於諸侯五世而稱王六世而始皇生於邯鄲故曰趙政皆臯陶之後也閻若璩曰余嘗問人秦始皇何姓或對曰嬴或對曰姜皆非也此自出史記始皇本紀生於邯鄲姓趙氏蓋秦猶近古深得古者天子建德因生以賜姓之義猶黃帝以姬水成遂姓姬舜生於姚墟遂姓姚是也降至於漢人皆識其爲姓陸賈曰秦任刑法不變卒滅趙氏燕王旦曰尉佗入南陳涉呼楚近狎作亂內外俱發趙氏無炊火焉正指始皇之姓言太史公遽謂秦以其先造父封趙城爲趙氏豈其然哉馥案嬴通作盈漢書地理志城陽莒縣下云故國盈姓三十世爲楚所滅　嬴省聲者盧君文弨曰案嬴力爲反與盈聲殊不近凡籯瀛攍等字未有從嬴者

yáo
姚

姚　虞舜居姚虛因以爲姓從女兆聲或爲姚嬈也史篇以爲姚易也　余招切

虞舜居姚虛因以爲姓者世本舜姓姚氏顏注急就篇姚舜姓也陟方之後末嗣稱焉鄭有姚句耳漢有姚平潛夫論帝舜姓虞又爲姚哀元年左傳虞思於是妻之以二姚注云姚虞姓大荒南經帝俊妻娥皇生此三身之國姚姓注云姚舜姓也史記趙世家吳廣閒之因夫人而內其女娃嬴孟姚也索隱孟姚舜之後崔鴻後秦錄姚氏其先有虞氏之苗裔孝經援神契帝舜生于姚虛帝王世紀帝舜有虞氏姚姓也瞽瞍妻曰握登生舜於姚墟故姓姚氏溫子昇舜廟碑虹氣降靈姚墟誕聖括地志姚墟在濮州雷澤縣東十三里元和志雷澤縣姚墟在縣東十三里舜生於姚墟風俗通山澤謹案尙書舜生姚墟在濟陰城陽縣寰宇記金州禹貢梁州之域昔虞舜嘗居之謂之嬀墟帝王世紀謂之姚墟卽此也十道志餘姚古爲舜餘姚之墟史記正義越州餘姚縣顧野王云舜後支庶所封之地舜

姚姓故云餘姚元和志餘姚縣舜後所封之地舜姚姓故曰餘姚風土記舜支庶所封故曰餘姚　或爲姚嬈也者荀子非相篇莫不美麗姚冶注引本書姚美好皃廣韻姚姚悅美好皃本書嬥嬈也詩佻佻公子韓詩作嬥嬥馥謂佻佻當作姚姚通作窕荀子禮論篇故其立文飾也不至於窕冶注云窕讀爲姚姚冶妖美也詩窈窕淑女釋文引王肅云善心曰窈善容曰窕　史篇以爲姚易也者易當爲傷本書傷輕也集韻春秋傳楚師輕窕或作姚錢君大昕曰史記司馬相如傳眇閻易以戌削閻易猶姚易也

guī
嬀

嬀　虞舜居嬀汭因以爲姓從女爲聲　居爲切

虞舜居嬀汭因以爲姓者玉篇嬀水名亦姓堯典釐降二女于嬀汭傳云於所居嬀水之汭正義嬀水在河東虞鄉縣歷山西西流至蒲坂縣南入於河舜居其旁周武王賜陳胡公之姓爲嬀爲舜居嬀水故也史記五帝本紀舜飭下二女於嬀汭正義引括地志云嬀汭水源出蒲州河東南山許愼云水涯曰汭陳世家昔舜爲庶人時堯妻之二女居於嬀汭其後因爲氏姓姓嬀氏漢書王莽傳虞帝之先受姓曰姚其在陶唐曰嬀元后傳舜起嬀汭以嬀爲姓

女

shēn 姺　yún 妘

顏注嬀水名也水曲曰汭因水爲姓也風土記舜東夷之人生於姚邱嬀水之汭昭八年左傳及胡公不淫故周賜之姓使祀虞帝杜注胡公滿事周武王賜姓曰嬀封諸陳紹舜後正義云世本舜姓姚氏哀元年傳稱夏后少康奔虞虞思妻之以二姚虞思猶姓姚也至胡公周乃賜姓爲嬀百因昔虞舜居嬀水故周賜以嬀爲姓也隱八年傳因生以賜姓杜云謂若舜由嬀汭故陳爲嬀姓隱三年傳其娣戴嬀杜注嬀陳姓也昭三年傳姜族弱矣而嬀將始昌杜注嬀陳氏莊二十二年傳有嬀之後將育于姜杜注嬀陳姓姜齊姓漢書地理志漢中郡西城縣應劭曰世本嬀虛在西北舜之居郡國志漢中郡成固嬀墟在西北水經注沔水云漢水又東逕嬀虛灘世本曰舜居嬀汭在漢中西城縣或言嬀虛在西北舜所居也或作姚虛故後或姓姚或姓嬀嬀姚之異是妟未知所從地記河東郡首山之東北山中有二泉水南流者曰嬀水北流曰汭水二水西經歷山下異流同歸渾流西注入於河潁容釋例舜居西城水曰嬀汭耆舊傳嬀州卽舜釐降二女於嬀汭之所外城中有舜井城北有歷山山上有舜廟通典金州虞舜嘗居之謂之嬀墟帝王世紀謂之姚墟本曰嬀汭元和志河東縣嬀汭水源出縣南雷首山尙書曰釐降二女于嬀汭

寰宇記蒲州河東縣嬀汭水源出縣南三十里雷首山此二泉南流者曰嬀北流者曰汭異源同歸渾流西注而入於河卽釐降二女之所今有舜祠存焉通鑑注唐置嬀州以嬀水名州括地志嬀州有嬀水源出城中

妘 祝融之後姓也從女云聲 王分切

祝融之後姓也者潛夫論祝融之孫分爲八姓妘姓之後封於鄢鄢娶仲任爲妻貪冒愛恡蔑賢簡能是用亾邦襄十年左傳偪陽妘姓也正義依鄭語及世本皆云偪陽妘姓是祝融之孫陸終弟四子求言之後漢志楚國傳陽縣故偪陽國顏注左傳所云偪陽妘姓者也古今人表福陽子妘姓顏注卽偪陽

籀文妘從員

女部籀文[illegible][illegible]從屮女[illegible]從女其古文[illegible][illegible]從屮[illegible]從女當有譌誤

姺 殷諸侯爲亂疑姓也從女先聲春秋傳曰商有姺邳 所臻切

niàn 嬿　hào 㚻　qī 娸　chà 奼　méi 媒

殷諸侯爲亂疑姓也者篇海引作疑姓也廣韻姺古國名通作侁路史侁殷諸侯爲亂者呂氏春秋本味篇有侁氏以伊尹媵女又通作莘孟子伊尹耕於有莘之野說苑尊賢篇伊尹故有莘氏之媵臣也又通作㜪漢書外戚傳殷之興也以有娀及有㜪顏注㜪音詵春秋傳曰商有姺邳者昭元年左傳文杜注二國商諸侯竹書紀年外壬元年邳人姺人叛河亶甲五年姺人入於班方彭伯韋伯伐班方姺人來賓

嬿 人姓也從女然聲 奴見切

人姓也者姓苑蒼梧有嬿氏

㚻 人姓也從女丑聲商書曰無有作㚻 呼到切

人姓也者纂文㚻姓也馥案高麗有㚻姓　商書曰無有作㚻者洪範文彼作好馬云好私好也文二年左傳凡君卽位好舅甥杜注謂諒闇既終嘉好之事通云外內釋文好呼報反

娸 人姓也從女其聲杜林說娸醜也 去其切

人姓也者廣韻娸姓　娸醜也者廣雅同本書䫑醜也漢書枚皋傳故其賦有詆娸東方朔顏注娸醜也敘傳朱雲作娸顏注雲欲斬張禹是爲醜惡之娸

奼 少女也從女乇聲 坼下切

少女也者玉篇奼美女也廣韻奼嬌奼也

媒 謀也謀合二姓從女某聲 莫桮切

謀也者廣雅同媒謀聲相近一切經音義二十二媒謀也謀合異姓使相成也周禮媒氏注云媒之言謀也謀合異類使和成者又媒氏掌萬民之判注云判半也得偶爲合主合其半成夫婦也喪服傳曰夫妻判合字林胖合合其半以成夫婦也詩南山娶妻如之何匪媒不得箋云媒者能通二姓之言定人室家之道管子入國篇凡國都皆有掌媒丈夫無妻曰鰥婦人無夫曰寡取鰥寡而合和之燕策周地賤媒爲其兩譽也之男家曰女美之女家曰男美然而周之俗不自爲取妻且夫處女無媒老且不嫁舍媒而自衒弊而不售順而無敗售而不弊者唯媒而已矣易

林嗌嗑之家人折薪熾酒使媒求婦和合齊宋姜子悅喜

shuò 妁

妁 酌也斟酌二姓也从女勺聲 市勺切

酌也者廣雅同妁酌聲相近孟子媒妁之言丁公著云謂媒氏酌二姓之可否故謂之媒妁也

jià 嫁

嫁 女適人也从女家聲 古訝切

女適人也者玉篇適女子出嫁也增韻送女歸夫曰嫁嫁者家也女以去爲家故婦人謂嫁曰歸言若歸其家然急就篇妻婦聘嫁齎媵僮顏注嫁謂自家而往適人也白虎通嫁娶嫁者家也婦人外成以出適人爲家方言嫁往也自家而出謂之嫁由女而出爲嫁也釋詁嫁往也郭云方言云自家而出謂之嫁猶女出爲嫁董仲舒決獄嫁之者歸也隱二年公羊傳婦人謂嫁曰歸注云婦人生以父母爲家嫁以夫爲家故謂嫁曰歸桓十八年左傳女有家男有室注云女安夫之家夫安妻之室

qǔ 娶

娶 取婦也從女從取取亦聲 七句切

取婦也者娶取聲相近白虎通嫁娶娶者取也 取亦聲者當爲取聲

hūn 婚

婚 婦家也禮娶婦以昏時婦人陰也故曰婚從女從昏昏亦聲 呼昆切

婦家也者字林同後漢書注妻父曰婚釋親婦之父爲婚士昏禮記某以得爲外昏姻注云女氏稱昏壻氏稱姻隱十一年左傳如舊昏媾杜注婦之父曰昏昭二十五年傳昏媾姻亞杜云妻父曰昏 禮娶婦以昏時者一切經音義二引作取婦以昏時入釋名婦之父曰婚言壻親迎用昏又恆以昏夜成禮也白虎通嫁娶婚姻者何謂也昏時行禮故謂之婚也所以昏時行禮何示陽下陰也婚亦陰陽交時也士昏禮鄭目錄云士娶妻之禮以昏爲期因而名焉必以昏者陽往而陰來禮記經解昏姻之禮所以明男女之別也注云昏姻謂嫁娶也壻曰昏妻曰姻正義案爾雅釋親云壻之父爲姻婦之父爲昏此云壻曰昏妻曰姻者爾雅據男女父母此據男女之身壻則昏時而迎婦則因而隨之故云壻曰昏妻曰姻詩東門之楊昏以爲期箋云親迎之禮以昏時 婦人陰也故曰婚者周禮司徒以陰禮教親則民不怨注云陰禮謂男女之禮昏姻以時則男不曠女不怨春秋漢含孳妻象大陰注云水能純柔純柔妻象也 從昏者當作昏 昏亦聲者當爲昏聲

䨮 籀文婚

yīn 姻

姻 壻家也女之所因故曰姻從女從因因亦聲 於眞切

壻家也者字林同釋名壻之父曰姻姻因也女往因媒也釋親壻之父爲姻後漢書注壻父曰姻詩節南山瑣瑣姻亞我行其野不思舊姻箋竝云壻之父曰姻昭二十五年左傳昏媾姻亞杜云壻父曰姻定十三年傳荀寅范吉射之姻也注云壻父曰姻荀寅子娶吉射女 從因者白虎通嫁娶婦人因夫而成故曰姻詩云不惟舊因謂夫也 因亦聲者當爲因聲

婣 籀文姻從𣶒

qī 妻

妻 婦與夫齊者也從女從屮從又又持事妻職也 七稽切

婦與夫齊者也者夫玉篇引作己風俗通妻者齊於己妻齊聲相近廣韻妻齊也廣雅妻齊也顏注急就篇妻者齊夫之稱釋名士庶人曰妻妻齊也夫賤不足以尊稱故齊等言也曲禮庶人曰妻注云妻之言齊內則聘則爲妻注云妻之言齊也以禮聘問則得與夫敵體郊特牲壹與之齊終身不改故夫死不嫁注云齊謂共牢而食同尊卑也詩十月之交豔妻煽方處箋云敵夫曰妻當次宗注喪服云言妻以明其齊荀子君子篇天子無妻告人無匹也注云妻者齊也天子尊無與二故無匹也蔡邕月令問荅妻者齊也惟一適人稱妻其餘皆妾位最在下是以不得言妻也後漢書樊英傳英嘗有疾妻遣奴婢拜問英下牀荅拜陳寔怪而問之英曰妻齊也共奉祭祀禮無不荅 從屮者徐鍇本作屮聲

𡛷 古文妻從肖女肖古文貴字

玉篇作[illegible] 汗簡引作[illegible]

fù 婦

婦 服也從女持帚灑埽也 房九切

服也者婦服聲相近本書嬪服也釋訓嬪婦也顔注急就篇婦者服也服於家事事舅姑之稱廣雅婦服也白虎通嫁娶婦者服也服於家事事人者也曲禮士曰婦人正義婦之言服也服事於夫也　從女持帚者趙宧光曰婦從女持帚妻從又持中可以觀女人之職

fēi 妃

妃　匹也從女己聲芳非切

本書姑后稷妃家也　桓二年左傳嘉耦曰妃　詩衛風有狐序喪其妃耦焉　曹植謝妻改封表璽書令以東阿王妃爲陳思王妃　荀爽對策後宮采女未幸御者一皆遣出使成妃合　韓勑禮器碑并官聖妃　匹也者釋詁文孫炎云相求之匹也商子畫策篇夫婦妃匹之合秦策貞女工巧天下願以爲妃鮑注妃匹也史記外戚世家妃匹之愛通作配易豐卦遇其配主釋文鄭作妃大戴記配以及配小戴作妃詩皇矣天立厥配樊光注爾雅引作天立厥妃文十四年左傳子叔姬妃齊昭公釋文妃本亦作配

pì 媲

媲　妃也從女毘聲匹計切

妃也者釋詁妃媲也郭云相偶媲也五經文字媲配也類篇引字林媲配也

rèn 妊

妊　孕也從女從壬壬亦聲如甚切

孕也者本書壬象人褱妊之形玉篇妊身懷孕也廣雅妊傳也字或作姙後漢書章帝紀令諸懷姙者賜胎養穀人三斛伏皇后紀帝以貴人有姙注竝引本書同又通作任大戴禮保傅篇周后妃任成王於身漢書律歷志懷任于壬方書督脈屬陽循脊而上至鼻任脈屬陰循膈而上至咽女子二十任脈通則有子　壬亦聲者當爲壬聲

shēn 娠

娠　女妊身動也從女辰聲春秋傳曰后緍方娠一曰宫婢女隸謂之娠失人切

女妊身動也者娠身聲相近一切經音義一懷胎爲娠漢書孟康曰娠音身今多以娠作身兩通也詩云大任有娠是也釋詁娠動也郭云娠猶震也漢書高帝紀已而有娠應劭曰娠懷任之意通作震詩生民載震載夙傳云震動也昭元年左傳當武王邑姜方震大叔注云懷胎爲震釋文震本又作娠懷任也昭三十二年傳始震而卜正義震動也懷妊始動　春秋傳曰后緍方娠者哀元年左傳文注云娠懷身也潛夫論五德志后羿自鉏遷於窮后因夏民以代夏政滅相妃后緍方娠逃出自竇奔於有仍生少康焉　一曰宫婢女隸謂之娠者方言燕齊之閒官婢女廝謂之娠注云女廝婦人給使者

chú 媰

媰　婦人妊身也從女芻聲周書曰至于媰婦側鳩切

婦人妊身也者廣韻引作妊娠廣雅媰㑳也崔瑗清河王誄惠于媰孀或作㑳玉篇㑳任身也　周書曰至于媰婦者梓材文彼作屬媰屬聲相近

fàn 嬔

嬔　生子齊均也從女從生免聲芳萬切

生子齊均也者一切經音義一引同纂要齊人謂生子曰嬔通作娩思玄賦偃蹇夭矯娩以連卷兮舊注云說文曰生子二人俱出爲娩廣韻娩生也玉篇產娩也纂文娩妊也或作嬎方言抱嬎耦也荆吳江湖之閒曰抱嬎宋穎之閒或曰嬎注云嬎孚萬反一作嬔徐鍇本有讀若幡三字一切經音義一蕃息蕃謂滋多也息塞滿也今中國謂蕃息爲嬔息音芳萬反又卷九尚書庶草蕃廡孔安國曰蕃滋也謂滋多也周禮以蕃鳥獸鄭玄曰蕃息也釋名云息塞也言物滋息塞滿也今中國謂蕃息爲嬔息音疋萬反周成難字曰嬔息也同時爲一嬔亦作此字也馥案廣韻嬔息也周語民之蕃庶于是乎生韋注蕃息也　從生免聲者徐鍇本作𤯓聲本書無𤯓字

yī 嫛

嫛　婗也從女殹聲烏雞切

婗也者釋名人始生曰嬰兒胷前曰嬰抱之嬰前以乳養之故曰嬰兒或曰嫛婗嫛是也言是人也婗其啼聲也故因以名之也

ní 婗

婗　嫛婗也從女兒聲一曰婦人惡皃五雞切

嫛婗也者徐鍇韻譜婗兒始生玉篇始生曰嫛婗集韻嫛婗小兒　一名婦人惡皃者此六字當在嫛下殹爲惡皃猶坙下以坙爲朝廷也本書醫下云殹婦人惡姿也集韻媞婗無媚

mǔ 母

母　牧也從女象褱子形一曰象乳子也莫后切

牧也者廣雅同母牧聲相近方言牧飢也 象褱子形者褱當爲褱釋名母冒也含生己也 一曰象乳子也者廣韻引蒼頡篇母其中有兩點象人乳形五經文字母從女象乳形

yù 嫗

嫗 母也從女區聲 衣遇切

母也者本書媪嫗也漢書音義文穎曰幽州及漢中皆謂老嫗爲媪史記高祖本紀有一老嫗夜哭漢書蔡義傳短小無須眉貌似老嫗嚴延年傳東海莫不賢知其母號曰萬石嚴嫗外戚傳傳太后既尊後尤驕與成帝母語至謂之嫗馥案趙王謂趙括母曰母置之吾已決矣韓信傳有漂母

ǎo 媪

媪 女老偁也從女𥁕聲讀若奧 烏皓切

女老偁也者徐鍇本作母老稱廣韻媪老女稱韋昭云媪婦人長老之稱史記索隱媪是婦人之老者通號故趙太后自稱媪及劉媪衛媪之屬是也趙策老臣竊以爲媪之愛燕后賢於長安君漢書高帝紀母媪孟康曰媪長老尊稱也禮樂志后土富媪張晏曰媪老母稱也坤爲母故稱媪徐鍇本有武威有媪圍縣六字漢志武威郡有媪圍縣

xǔ 姁

姁 嫗也從女句聲 況羽切

嫗也者廣韻姁姁嫗

jiě 姐

姐 蜀謂母曰姐淮南謂之社從女且聲 茲也切

蜀謂母曰姐者廣韻姐羌人呼母廣雅姐母也集韻毑母也或作姐 淮南謂之社者淮南說山訓西家子謂其母曰社徐鍇本有讀若左三字

gū 姑

姑 夫母也從女古聲 古胡切

夫母也者釋名夫之母曰姑亦言故也釋親婦稱夫之父曰舅稱夫之母曰姑白虎通三綱六紀稱夫之父母謂之舅姑何尊如父而非父者舅也親如母而非母者姑也故稱夫之父母爲舅姑也又云舅者舊也姑者故也舊故之者老人之稱也昭二十八年左傳走謁諸姑魯語吾聞之先姑韋注夫之母曰姑沒曰先姑詩氓三歲爲婦傳云有舅姑曰婦

wēi 威

威 姑也從女從戌漢律曰婦告威姑 於非切

姑也者廣雅姑謂之威馥案威姑君姑也本書䛬讀若威易順以從君也與蔚爲韻詩采芑蠻荆來威與狁爲韻逸周書合閒立教以威爲長以閒胥爲君也釋親姑舅在則曰君舅君姑釋名婦於舅姑在則稱之曰君舅君姑士昏禮敢告於皇姑某氏注云皇君也禮喪服問公子之妻爲其皇姑注云皇君也諸侯妾子之妻爲其君姑齊衰與

bǐ 妣

妣 歿母也從女比聲 卑履切

歿母也者釋名母死曰妣妣比也比之於父亦然也釋親父爲考母爲妣郭注禮記曰生曰父母妻死曰考妣嬪今世學者從之案尚書曰大傷厥考心事厥考厥長聰祖考之彝訓如喪考妣公羊傳曰惠公者何隱之考也仲子者何桓之母也蒼頡篇曰考妣延年書曰嬪于虞詩曰聿嬪于京周禮有九嬪之官明此非死生之異稱矣馥案釋親又云父之妣爲王母王父之妣爲曾祖王母曾祖王父之妣爲高祖王母妣者母及諸祖母之通稱廣雅妣母也易云過其祖遇其妣左傳邑姜晉之妣又云且姜氏君之妣也冀州從事郭君碑哀哀考妣追惟貴靈卜商號咷喪

子失明此則父母在亦稱考妣其稱先妣者猶先姑也周禮大司樂以享先妣注云先妣姜嫄也周之先母也詩斯干似續妣祖箋云妣先妣姜嫄也周語謂之皇妣太姜

籒文妣省

zǐ 姊

姊 女兄也從女𠂔聲 將几切

女兄也者釋名姊積也猶日始出積時多而明也白虎通謂之姊妹何姊者恣也釋親男子謂女子先生爲姊後生爲妹詩泉水遂及伯姊傳云先生曰姊碩人邢侯之姨傳云妻之姊妹曰姨孟子彌子之妻與子路之妻兄弟也

mèi 妹

妹 女弟也從女未聲 莫佩切

女弟也者釋名妹昧也猶日始入歷時少尚昧也白虎通三綱六紀妹者末也詩碩人東宮之妹傳云女子後生曰妹徐鍇本作夫之女弟也鍇曰曹大家女誡所謂嫂妹也馥案釋親女子謂兄之妻爲嫂晉語獻公獲驪姬以歸立以爲夫人生奚齊其娣生卓子注云女子同生謂後生爲娣於男則言妹也新序內史謂悼惠王曰魯元公主太后

女

之女大王之弟也

dì 娣

娣 女弟也從女從弟弟亦聲 徒禮切

女弟也者白虎通嫁娶娣者何女弟也釋親女子同出謂先生爲姒後生爲娣郭云同出謂俱嫁事一夫公羊傳曰諸侯娶一國二國往媵之以姪娣從娣者何弟也此卽其義也詩韓奕諸娣從之士昏禮雖無娣媵先注云古者嫁女必姪娣從之謂之媵姪兄之子娣女弟也易歸妹歸以娣春秋隱七年叔姬歸于紀范甯云叔姬伯姬之娣隱三年左傳衛莊公娶于陳曰厲嬀其娣戴嬀哀十一年傳其娣嬖杜注所娶女之娣儀禮喪服娣姒婦者弟長也注云娣姒婦者兄弟之妻相名也長婦謂稺婦爲娣婦娣婦謂長婦爲姒婦 弟亦聲者當爲弟聲

wèi 媦

媦 楚人謂女弟曰媦從女胃聲公羊傳曰楚王之妻媦 云貴切

楚人謂女弟曰媦者玉篇媦楚人呼妹廣雅媦妹也纂文河南人云妹媦也 公羊傳曰楚王之妻媦者桓二年左

傳文彼云若楚王之妻媦注云媦妹也

sǎo 嫂

嫂 兄妻也從女叜聲 穌老切

兄妻也者釋親女子謂兄之妻爲嫂釋名嫂叟也叟者老稱也儀禮喪服謂弟之妻婦者是嫂亦可謂之母乎注云嫂者尊嚴之稱嫂猶叟也叟老人稱也

zhí 姪

姪 兄之女也從女至聲 徒結切

兄之女也者字林姪兄女釋名姑謂兄弟之女爲姪姪迭也共行事夫更迭進御也馥謂公羊傳以姪娣從是也白虎通姪者何兄之子也釋親女子謂晜弟之子爲姪郭引左傳姪其從姑儀禮喪服姪者何也謂吾姑者吾謂之姪莊十九年公羊傳姪者何兄之子也襄十九年左傳齊侯娶于魯曰顏懿姬無子其姪鬷聲姬生光杜注兄子曰姪又二十三年傳臧宣叔娶于鑄生賈及爲而死繼室以其姪生紇杜注女子謂兄弟之子爲姪周語我皇妣太姜之姪孔晁云女子謂昆弟之子曰姪潘岳哀永逝文嫂姪兮慞惶戴侗曰今人謂兄弟之丈夫子亦曰姪非也古者兄弟之子皆曰子漢書疏廣與其兄子受父子竝爲師傅馥案後漢書蔡邕與其叔父質得罪上書自陳亦曰言事者欲陷臣父子晉書謝安傳安與兄子玄父子皆著大勳世說江左殷太常父子亦謂殷融與其兄子浩

yí 姨

姨 妻之女弟同出爲姨從女夷聲 以脂切

妻之女弟同出爲姨者釋親文彼作姊妹郭云同出謂俱已嫁引詩邢侯之姨莊十年左傳蔡哀侯娶于陳息侯亦娶焉息嬀將歸過蔡蔡侯曰吾姨也杜注妻之姊妹曰姨呂氏春秋長攻篇蔡侯曰息夫人吾妻之姨也注云妻之女弟爲姨傳曰吾姨也此之謂也

ē 娿

娿 女師也從女加聲杜林說加教於女也讀若阿 烏何切

女師也者廣韻娿女師以教女子詩毛傳曰古者女師教以婦德婦言婦容婦功祖廟未毀教於公宮三月祖廟既毀教於宗室 三禮圖古者傳母選無夫與子而老賤曉習婦道者 杜林說加教於女也者解從加之意 讀若阿者史記范雎傳不離阿保之手倉公傳故濟北王阿母

mǔ 娒

娒 女師也從女每聲讀若母 莫后切

女師也者詩釋文引字林同字或作姆玉篇姆女師也娒同上內則姆教婉娩聽從鄭注婦人五十無子出不復嫁以婦道教人若今時乳母也襄三十年左傳宋大災宋伯姬卒待姆也杜注姆女師列女傳有魯母師

gòu 媾

媾 重婚也從女冓聲易曰匪寇婚媾 古候切

重婚也者五經文字重婚曰媾一切經音義四國語今將婚媾賈逵曰重婚曰媾媾厚也隱十一年左傳如舊昏媾昭二十五年傳昏媾姻亞杜注竝云重昏曰媾通作覯詩亦既覯止箋云既覯謂已昏也易曰男女覯精萬物化生 易曰匪寇婚媾者屯卦文馬云重婚曰媾

chǐ 姼

姼 美女也從女多聲 尺氏切

美女也者美當爲媄通用美字漢書敘傳姼姼公主迺女烏孫顏注姼姼好貌也

㛅 或從氏

bá 妭

妭 婦人美也。從女犮聲。蒲撥切

婦人美也者，玉篇引作美婦也，廣韻引作婦人美貌。

xī 嫨

嫨 女隸也。從女奚聲。胡雞切

女隸也者，新序臣之父殺人而不得臣之母得而爲公家隸。漢書刑法志鬼薪白粲一歲爲隸臣妾，顏注男子爲隸臣，女子爲隸妾。通作奚，周禮敘官守祧奚四人，注云奚女奴也。酒人奚三百人，注云古者從坐男女沒入縣官爲奴，其少才知以爲奚，今之侍史官婢或曰奚宦女。漢官儀給尚書郎女侍史二人。宋書元凶傳有女巫嚴道育，夫爲劫坐沒入奚官。通鑑孟景妻周氏曰事之不成，當於奚官中奉養大家，注云此言事若敗沒爲官婢，當於奚官中養姑。

bì 婢

婢 女之卑者也。從女從卑，卑亦聲。便俾切

女之卑者也者，婢卑聲相近，本書卑賤也執事者。廣韻婢女之下也。僖二十二年左傳寡君之使婢子服，注婢子婦人之卑稱。曲禮自世婦以下自稱曰婢子，注云婢之言卑也。檀弓使吾二婢子夾我，注云婢子妾也。史記晉世家秦使婢子侍。卑亦聲者，當爲卑聲。

nú 奴

奴 奴婢皆古之辠人也。周禮曰：其奴男子入于辠隸，女子入于舂槀。從女從又。乃都切

奴婢皆古之辠人也者，初學記引作男入罪曰奴，女入罪曰婢。本書童下云男有罪曰奴。廣韻奴人之下也。急就篇奴婢私隸枕牀杠，顏注奴婢男女賤者之稱也。初學記風俗通古制本無奴婢，即犯事者或原之臧者被臧罪沒入爲官奴婢，獲者逃亡獲得爲奴婢也。襄二十三年左傳初裴豹隸也著於丹書，注云蓋犯罪沒爲官奴，以丹書其罪。史記季布爲朱家鈐奴，欒布爲人所略賣爲奴，衛青爲侯家奴。魏志毛玠傳漢律罪人妻子沒爲奴婢黥面。魏志又云護軍營士竇禮近出不還，營以爲亡，沒其妻及男女爲官奴婢。晉中興書邵廣盜官布四十匹，廣息二人自沒爲官奴婢以贖父。梁書扶桑國犯罪之身男女相配，生男八歲爲奴，生女九歲爲婢。通鑑元魏咸陽王禧隸戶爲室，注云隸戶謂沒入爲奴隸之戶。輟耕錄今蒙古色目人之臧獲，男曰奴，女曰婢，總曰驅口。蓋國初平定諸國曰以俘到男女匹配爲夫婦，而所生子孫永爲奴婢。奴婢男女只可互相婚嫁，不許聘取良家。按周禮其奴男子入于辠隸，女子入于舂槀。說文奴婢皆古罪人。夫今之奴婢，其父祖初無罪惡，而世世不可逃，亦可痛已。馥案漢以來呼奴爲蒼頭，後漢詔討彭寵者封侯，寵蒼頭子密殺寵，建武時李善本李元蒼頭。風俗通龐儉少失父，後穿井得錢，行求蒼頭乃父也，時人語曰鑿井得銅，買奴得翁。又雄翹爲后崇蒼頭，廉直有士風，潘岳見而稱異，勸崇免之，乃還鄉里。又鄧方回有蒼頭善知文章，王羲之愛之，稱奴於劉惔，惔問何如方回，養之曰小人百何得比鄧公，惔曰不如方回故常奴百。周禮曰其奴男子入于辠隸女子入于舂槀者，秋官司厲文，注鄭司農云謂坐爲盜賊而爲奴者，輸于罪隸舂人槀人之官也。由是觀之，今之爲奴婢，古之罪人也。故書曰予則奴戮女，論語曰箕子爲之奴，罪隸之奴也。故春秋傳曰斐豹隸也，著於丹書，請焚丹書，我殺督戎，耻爲奴欲焚其籍也。玄謂奴從坐而沒入縣官者，男女同名。呂氏春秋開春篇晉誅羊舌虎，叔嚮爲之奴而腴，注云奴戮也，律坐父兄沒入爲奴。周禮曰其奴男子入于罪隸，此之謂也。漢書刑法志其奴男子入于罪隸，女子入于舂槀，李奇曰男女徒總名爲奴，韋昭曰舂舂人，槀槀人也，給此

二官之役。漢官舊儀凡有罪男髡鉗爲城旦，城旦者治城也；女爲舂，舂者治米也，皆作五歲。完四歲鬼薪，鬼薪者男當爲祠祀鬼神伐山之薪蒸也；女爲白粲者，以爲祠祀擇米也。

㣽 古文奴從人。

yì 妷

妷 婦官也。從女弋聲。與職切

婦官也者，廣韻妷婦官也，漢有鉤妷夫人居鉤妷宮。通作弋，漢書外戚傳孝武鉤弋趙倢伃號曰拳夫人，居鉤弋宮。車千秋傳鉤弋夫人，注云鉤弋宮名，趙婕妤居之，故號鉤弋夫人。

qián 媊

媊 甘氏星經曰：太白上公妻曰女媊，女媊居南斗，食厲，天下祭之，曰明星。從女前聲。昨先切

甘氏星經者，御覽引甘氏天文占。周禮保章氏以十有二歲之相觀天下之妖祥，注云其妖祥之占，甘氏歲星經其遺象也。史記天官書在齊甘公，徐廣曰或云甘公名德也，本是魯人。正義七錄云楚人，戰國時作天文星占八卷。案

wā
媧

隱天官書云齊甘公藝文志云楚有甘公齊楚不同未知孰是劉歆七略云公一名德漢書藝文志六國時楚有甘公又云甘德長柳占夢二十卷續漢天文志魏石申夫齊國甘公皆掌天文之官晉書天文志其諸侯之史則魯有梓慎晉有卜偃鄭有裨竈宋有子韋齊有甘德楚有唐昧趙有尹臯魏有石申夫皆掌著天文各論圖驗其巫咸甘石之說後代所宗抱朴子辨問篇子韋甘均占候之聖也隋經籍志甘氏四七法一卷董斯張曰星經傳漢甘石書其敘須女四星有台州婺州之目與爾雅之零陵長沙何異馥案漢書張耳陳餘列傳甘公曰漢王之入關五星聚東井文穎曰善說星者甘氏也晉灼曰齊人據此則甘公秦漢閒人非六國楚之甘公矣疑是二甘公在楚者名均在齊者名德　太白上公妻曰女嬃者徐鍇本作太白號上公玉篇作妻號女嬃集韻太白星妻曰女嬃徐鍇曰太白陰也故爲上公妻　女嬃居南斗食厲者戴侗曰惡鬼爲厲鬼馥案本書魃厲鬼也左傳鬼有所歸乃不爲厲明星者爾雅明星謂之啓明詩毛傳曰旦出謂明星爲啓明日既入謂明星爲長庚

媧　古之神聖女化萬物者也從女咼聲　古蛙切

說文解字義證　卷三十九　十九

本書女媧作簧　明堂位女媧之笙簧注云女媧三皇承宓義者　帝王世紀女媧氏風姓也蛇身人首一號女希是爲女皇承庖義制度始作笙簧　帝系譜女媧氏命娥陵氏制都良管以一天下之音命聖氏爲班管以合日月星辰名曰充樂又令隨作笙簧春秋運斗樞差德序命宓義女媧神農爲三皇歸藏昔女媧筮張雲幕而枚占神明　馥案風俗通言天地初開未有人女媧摶黃土爲人淮南覽冥訓又言女媧鍊五色石以補天斷鼇足以立四極殺黑龍以濟冀州積蘆灰以止淫水論衡談天篇力辨其誣寰宇記言女媧墓自秦漢以來皆繫祀典唐乾元二年虢州刺史王奇光奏所部閿鄉界女媧墓自天寶末失其所在今月一日夜河上側近忽聞風雷聲曉見墓踴出上有雙柳樹下有巨石其柳各高丈餘鄆城縣下又言女媧陵在縣東南三十九里元和志言任城縣承注山在縣東南七十六里女媧生處女媧陵在縣東南三十九里城冢記言女媧墓有五馥謂此皆涉於傳會存而不論可也

古之神聖女者史記索隱引世本塗山氏女名女媧漢書司馬相如傳使靈媧鼓琴而舞馮夷張揖曰靈媧女媧也論衡順鼓篇俗圖畫女媧之象爲婦人之形殆謂女媧古婦人帝王者也靈光殿賦女媧蛇軀張載注云女媧亦三皇也李善注云列子曰伏羲女媧蛇身而人面有大聖之德　化萬物者也者淮南說林訓黃帝生陰陽上駢生耳目桑林生臂手此女媧所以七十化也曹植女媧贊古之國君造簧作笙禮物未就軒轅纂成或曰二皇人首蛇形神化七十何德之靈大荒西經有國名曰淑士顓頊之子有神十人名曰女媧之腸化爲神處栗廣之野注云女媧古神女而帝者人面蛇身一日中七十變其腸化爲此神

𡡈　籀文媧從𤔔

sōng
娀

娀　帝高辛之妃偰母號也從女戎聲詩曰有娀方將　息弓切

帝高辛之妃偰母號也者偰經典作契帝系高辛氏爲帝嚳帝嚳次妃有娀氏之女生契世本帝嚳次妃有娀氏之女簡狄是產契詩玄鳥傳云有娀氏女簡狄配高辛氏帝帝率與之祈于郊禖而生契詩含神霧契母有娀浴于元邱之水睇玄鳥啣卵過而墜之契母得而吞之遂生契詩商頌譜有娀氏之女名簡狄者吞鳦卵而生契離騷見有

說文解字義證　卷三十九　二十

娀之佚女注云有娀國名謂帝嚳之妃契母簡狄也尚書中候元鳥翔水遺卵於流娀簡拾吞生契封商呂氏春秋音初篇有娀氏有二佚女爲之九成之臺飲食必以鼓帝令燕往視之鳴若謚隘二女愛而爭搏之覆以玉筐少選發而視之燕遺二卵北飛遂不反注云帝天也天令燕降卵於有娀氏女吞之生契詩云天命玄鳥降而生商又曰有娀方將立子生商此之謂也淮南子有娀在不周之北長女簡翟少女建疵史記殷本紀殷契母曰簡狄有娀氏之女爲帝嚳次妃三人行浴見玄鳥墮其卵簡狄取吞之因孕生契外戚世家殷之興也以有娀索隱有娀國名其女簡狄吞燕卵而生契漢書禮樂志昔殷周之雅頌迺上本有娀姜原應劭曰簡狄有娀之女吞燕卵而生契列女傳契母簡狄者有娀氏之長女也當堯之時與其妹娣浴于元邱之水有元鳥啣卵過而墜之五色甚好簡狄與其妹娣競往取之簡狄得而含之誤而吞之遂生契焉帝王世紀帝嚳高辛氏納四妃卜其子皆有天下次妃有娀氏女曰簡翟生卨潛夫論五德志娀簡吞燕卵生子契爲堯司徒曹植姜嫄簡狄讚元鳥大跡殷周美祥稷契既生翊化虞唐　詩曰有娀方將者商頌長發文傳云有娀契母也正義有娀契母之姓婦人以姓爲字故云有娀契母也

女

yuán 嫄　é 娥

娥 帝堯之女舜妻娥皇字也秦晉謂好曰娙娥從女我聲 五何切

帝堯之女舜妻娥皇字也者史記五帝本紀於是堯妻之二女正義二女娥皇女英也漢書人表娥皇舜妃女罃舜妃地理志陳倉有舜妻旨冢祠案旨當爲育竹書稱娥皇曰后育山海經帝俊妻娥皇尸子堯聞舜賢徵之草茅之中妻之以媓媵之以娥曹植畫贊序昔明德馬后嘗從觀畫像過虞舜廟見娥皇女英帝指之戲后曰恨不得如此爲妃帝王世紀舜年二十始以孝聞堯以二女娥皇女英妻之列女傳有虞二妃者帝堯之二女也長曰娥皇次曰女英四岳薦舜於堯堯乃妻以二女以觀厥內水經注灤水俗謂爲娥英水泉源有舜妃娥皇女英廟　秦晉謂好曰娙娥者史記索隱引作秦晉之閒方言娥好也秦曰娥秦晉之閒凡好而輕者謂之娥馥謂輕娙之譌廣雅娥美也列子楊朱篇鄉有處子之娥姣者初學記漢內職有夫人美人之號武帝加婕妤娙娥史記外戚世家邢夫人號娙娥索隱云說文云娙長也好也又方言云美貌謂之娙娥漢書外戚傳至武帝制倢伃娙娥傛華充依各有爵位

顏注娙娥皆美貌也陸機擬古詩秦娥張女彈李善引應瑒神女賦夏姬曾不足以供妾御況秦娥與吳娃北史齊武平五年置左右娥英各一人七林七娥三粲百嬪千嬌玄居賦夕宿七娥之房

嫄 台國之女周棄母字也從女原聲 愚袁切

台國之女周棄母字也者徐鍇本作台矦台當爲邰本書邰炎帝之後姜姓所封周棄外家國玉篇姜嫄帝嚳元妃世本帝嚳元妃有邰國之女曰姜嫄是產后稷詩生民時維姜嫄傳云姜姓也后稷之母配高辛氏帝焉箋云姜姓者炎帝之後有女名嫄當堯之時爲高辛氏之世妃本后稷之初生故謂之生民詩又云即有邰家室傳云邰姜嫄之國也韓詩章句姜姓嫄字詩斯干似續妣祖箋云妣先妣姜嫄也周禮大司樂以享先妣注云先妣姜嫄也周之先母也春秋元命苞姜嫄游閟宮履大人迹生稷潛夫論五德志姜嫄履大人迹生姬棄帝王世紀帝嚳高辛元妃有邰氏女曰姜嫄生后稷金樓子興王篇帝嚳高辛氏元妃有邰氏女曰姜嫄生后稷大戴禮帝繫篇帝嚳卜其四妃之子而皆有天下上妃有邰氏之女也曰姜嫄氏產后稷次妃有娀氏之女也曰簡狄氏產契馥案此言簡狄產

jié 婕　xū 嬃　ē 妸　yàn 嬿

棄與本書異通作原漢書禮樂志昔殷周之雅頌迺上本有娀姜原顏注姜原后稷之母也

嬿 女字也從女燕聲 於甸切

妸 女字也從女可聲讀若阿 烏何切

嬃 女字也楚詞曰女嬃之嬋媛賈侍中說楚人謂姊爲嬃從女須聲 相俞切

楚詞曰女嬃之嬋媛者離騷文王注女嬃屈原姊也通作須鄭志荅泠剛云須才智之稱故屈原之姊以爲名郡國志秭歸縣屈原鄉里屈原暫歸其姊女須聞原還亦來喻之因曰姊歸也荊州圖屈原放歸有姊聞原還亦來歸鄉因名其南岸曰歸鄉岸北岸曰姊歸岸　楚人謂姊爲嬃者集韻洪興祖楚詞補注竝引作楚人謂女爲嬃案天文有須女星

婕 女字也從女疌聲 子葉切

è 姶　zhōu 婤　yī 㛄　liáo 嫽　líng 孁　yú 嬩

徐鍇本有讀若接三字

嬩 女字也從女與聲讀若余 以諸切

孁 女字也從女霝聲 郎丁切

嫽 女字也從女尞聲 洛蕭切

女字也者漢書西域傳楚主侍者馮嫽

㛄 女字也從女衣聲讀若衣 於稀切

婤 女字也從女周聲 職流切

女字也者謂婤姶

姶 女字也從女合聲春秋傳曰嬖人婤姶一曰無聲 烏合切

jǐ 改

春秋傳曰嬖人婤姶者昭七年左傳文彼云衛襄公夫人姜氏無子嬖人婤姶生孟縶

改 女字也從女已聲 居擬切

史記殷本紀嬖於婦人愛妲改

tǒu 妵

妵 女字也從女主聲 天口切

jiǔ 妏

妏 女字也從女久聲 舉友切

èr 娸

娸 女號也從女耳聲 仍吏切

shǐ 始

始 女之初也從女台聲 詩止切

女之初也者言初生也釋名始息也言滋息也檀弓君子念始之者也注云始猶生也

mèi 媚

媚 說也從女眉聲 美祕切

說也者書泰誓作奇技淫巧以說婦人論語君子易事而難說也周語厲王說榮夷公韋昭注說好也詩駟驖公之

媚子箋云使君臣和合也史記上林賦嫵媚姌嫋索隱引埤蒼嫵媚悅也山海經帝女死化爲䔄草服之媚於人

wǔ 嫵

嫵 媚也從女無聲 文甫切

媚也者廣韻嫵媚通俗文妍美曰嫵媚字或作娬廣雅娬媚好也上林賦娬媚姌嫋又通作憮漢書張敞傳長安中傳張京兆眉憮蘇林曰憮音嫵

měi 媄

媄 色好也從女從美美亦聲 無鄙切

色好也者顏氏字樣媄顏色姝好也通用美字襄二十一年左傳叔向之母妒叔虎之母美而不使 美亦聲者當爲美聲

xù 嫿

嫿 媚也從女畜聲 丑六切

媚也者嫿通作畜呂氏春秋離俗覽周書曰民善之則畜也不善則讎也高注畜好也孟子畜君者好君也御覽引通俗文不媚曰嫿不字恐誤或曰媚當爲娟廣雅嫿妒也顏氏家訓書證篇太史公論英布云禍之興自愛姬生於妒媚以至滅國漢書外戚傳成結寵妾妒媚之誅二媚字並當作娼

duò 嫷

嫷 南楚之外謂好曰嫷從女隋聲 徒果切

南楚之外謂好曰嫷者李善注七啓引作南楚之外謂好也方言嫷美也南楚之外曰嫷郭注言婑嫷也廣雅嫷好也神女賦嫷被服或作媠通俗文形美曰媠列子楊朱篇穆之後庭比房數十皆擇稚齒婑媠者以盈之郭若虛圖畫見聞志士女宜秀色婑媠之態

shū 姝

姝 好也從女朱聲 昌朱切

好也者廣韻姝美好一切經音義六字林姝好貌也華嚴經音義上姝色美也方言娥嬿好也趙魏燕代之閒曰姝詩彼姝者子又靜女其姝傳云姝美色也韓詩外傳閭姬子都楚策作閭姝子奢孟子至於子都天下莫不知其姣也尹文子大道上黃公好謙故毀其子不姝美登徒子好色賦此郊之姝華色含光太元視次四粉其題頯雨其渥須視無姝注云如粉飾其題額而遇雨沾渥其須他人視之安有好乎司馬彪九州春秋崔烈入錢五百萬得爲司

徒帝曰恨不小靳可至千萬程夫人曰反不知姝耶注云姝美也言反不知斯事之美耶

hǎo 好

好 美也從女子 呼皓切

美也者釋名好巧也如巧者之造物無不皆善人好之也方言自關而西秦晉之閒凡美色或謂之好淮南修務篇不待脂粉西施陽文也許注陽文楚之好人也王褒講德論毛嬙西施善毀者不能蔽其好

xìng 嬹

嬹 說也從女興聲 許應切

說也者李善注潘岳關中詩引同爾雅熙興也興當爲嬹熙當爲媐本書媐說樂也廣雅嬹喜也通作興九江錄庾亮在武昌秋夜登樓曰老子於此興復不淺

yān 嬮

嬮 好也從女厭聲 於鹽切

好也者廣雅嬮好也廣韻嬮嬽美好

shū 𡛷

𡛷 好也從女殳聲詩曰靜女其𡛷 昌朱切

女

詩曰靜女其娖者，邶風靜女文。彼作姝。本書姝下又引作靜女其姝。

huà 嫿　miáo 媌　tuì 娧　yuān 嬽　jiǎo 姣

姣　好也。從女，交聲。胡茅切

好也者，方言：姚嫷，好也。自關而東河濟之閒或謂之姣。郭注言姣潔也。孟子至於子都，天下莫不知其姣也。趙注子都古之姣好者也。晏子內篇景公曰寡人有女少且姣。列子楊朱篇豐屋美服厚味姣色。慎子毛嬙西施天下之至姣也。楚詞九章嫫母姣而自好。又九歌靈偃蹇兮姣服。又大招滂心綽態姣麗施只。王注竝云姣好也。漢書東方朔傳左右言其姣好。顏注姣好美麗也。南都賦男女姣服。五臣注姣好也。通作佼。詩月出佼人僚兮。釋文佼字又作姣。好也。月令仲夏養壯佼。注云佼形容佼好。荀子成相篇治之道美不老。君子由之佼以好。鄭注洪範考終命云謂皆生佼好以至老也。說苑建本篇士女所以佼好。論衡齊世篇侗長佼好。後漢書劉盆子傳卿所謂庸中佼佼。

嬽　好也。從女，䁣聲。讀若蜀郡布名。委員切

好也者，玉篇：嬽，美女也。廣韻：嬽，媚容也。上林賦柔橈嬽嬽。史記作嬛嬛。索隱骨體耎弱長豔貌。張揖云嬛嬛猶婉婉也。引廣雅嬽嬽容也。今廣雅作嬽。徐鍇曰此今人所書娟字也。馥案神女賦眉聯娟以蛾揚兮。漢武帝悼李夫人賦美連娟以脩嫮。讀若蜀郡布名者，蜀布有筩中黃潤。蓋讀若潤。

說文解字義證　卷三十九　丟

娧　好也。從女，兌聲。杜外切

好也者，廣韻：娧，美好。廣雅：娧，好也。方言：姚娧，好也。郭注謂姅娧也。馥案姅當為姅字，或作倪。神女賦倪薄裝。

媌　目裏好也。從女，苗聲。莫交切

目裏好也者，通俗文：容麗曰苗。方言：娥媌，好也。自關而東河濟之閒謂之媌。注云：今關西人呼好為媌。列子周穆王篇簡鄭衛之處子娥媌靡曼者。注云：娥媌，妖好也。字或作妙。廣雅：妙，好也。

嫿　靜好也。從女，畫聲。呼麥切

靜好也者，李善注魏都賦、琴賦引同。又引作靖好貌。洛神賦儀靜體閑。神女賦既姽嫿於幽靜兮。廣韻：嫿，分明好貌。廣雅：嫿，好也。

dòng 侗　wǎn 婉　wǎn 妴　luǎn 孌　zàn 𡢃　xíng 娙　wān 婠

婠　體德好也。從女，官聲。讀若楚郤宛。一完切

體德好也者，神女賦志解泰而體閑。洛神賦儀靜體閑。李善曰謂膚體閑暇也。通俗文：容媚曰婠。廣雅：婠，好也。

娙　長好也。從女，巠聲。五莖切

長好也者，史記索隱引作長也，好也。本書豔，好而長也。集韻：女身長謂之娙。玉篇：娙，身長好貌。廣韻：娙，女長貌。廣雅：娙，好也。史記蘇秦傳後有長姣美人。馥案長謂孅細也。

𡢃　白好也。從女，贊聲。則旰切

白好也者，一切經音義七引同。聲類：𡢃，綺也。通俗文：服飾鮮盛謂之𡢃。玉篇：𡢃，好容貌。廣雅：𡢃，好也。徐鍇本有或曰不謹也五字。廣韻：𡢃，不謹也。集韻：𡢃，一曰不恭。類篇：𡢃，一曰不謹。

孌　順也。從女，𤔔聲。詩曰：婉兮孌兮。力沇切

順也者，廣韻：孌，從也。詩曰婉兮孌兮者，齊風甫田文。彼作孌。傳云：婉孌，少好貌。徐鍇本孌下有孌字，云籀文孌如此。小字本同。李燾本孌下云：說文舊於孌字下重出此字。六書故云：說文孌兩出，孌慕也，又孌順也，以孌為籀文。馥案今闕孌字者，寫者刪之。

說文解字義證　卷三十九　丟

妴　婉也。從女，夗聲。於阮切

玉篇：婉，妴同。

婉　順也。從女，宛聲。春秋傳曰：太子痤婉。於阮切

順也者，廣雅同。詩新臺燕婉之求，傳云：婉，順也。昭二十六年左傳姑慈而從，婦聽而婉。杜注：婉，順也。吳語故婉約其辭。韋注：婉，順也。晉書武悼楊后傳婉嫕有婦德。春秋傳曰太子痤婉者，當有謬誤。襄二十六年左傳：嬖生佐，惡而婉。太子痤美而狠。杜注：佐貌惡而心順，痤貌美而心狠戾。

侗　直項皃。從女，同聲。他孔切

直項皃者，玉篇、廣韻竝作項直貌。通作侗。論衡齊世篇：上世之人侗長佼好。洛神賦延頸秀項。

yān 嫣

嫣 長皃。从女焉聲。於建切

長皃者，玉篇：嫣，長美皃。

rǎn 姌

姌 弱長皃。从女冄聲。而琰切

弱長皃者，廣韻：姌，長好皃。廣雅：姌姌，弱也。上林賦：嫵媚姌嫋。俗作娜。杜甫詩：連笮動嫋娜。

niǎo 嫋

嫋 姌也。从女从弱。奴鳥切

姌也者，玉篇：姌嫋，長也。廣韻：嫋，長弱皃。廣雅：嫋嫋，弱也。楚詞九歌：嫋嫋兮秋風。鮑照詩：嫋嫋柳垂條。傅毅舞賦：蜲蛇姌嫋。或作嬝。李白詩：花腰呈嬝娜。從弱者，徐鍇本作弱聲。

xiān 孅

孅 銳細也。从女韱聲。息廉切

銳細也者，細謂細腰。漢書司馬相如傳：嫵媚孅弱。顏注：孅，細也。通作纖。神女賦：穠不短，纖不長。洛神賦：穠纖得中。廣韻：姌纖，細。思元賦：舒紗婧之纖腰兮。

míng 嫇

嫇 嬰嫇也。从女冥聲。一曰嫇嫇，小人皃。莫經切

嬰嫇也者，廣韻：嫈嫇，新婦皃。集韻：嫈嫇，幼婦。又云：嫈嫇，下俚婦人皃。韓愈詩：彩伴颭嫈嫇。又作瑩嫇。楚詞九思：蘅芷凋兮瑩嫇。一曰嫇嫇小人皃者，小人當作小心。一切經音義九引字林：嫈嫇，小心態也。本書：嫈，小心態也。

yáo 媱

媱 曲肩行皃。从女䍃聲。余招切

曲肩行皃者，廣雅：媱，戲也。方言：媱，游也。江沅之閒謂戲爲媱。楚詞九思：音晏衍兮要媱。注云：要媱，舞容也。中山經：姑媱之山，帝女死焉，化爲䔄草，服之媚於人。

xuān 嬛

嬛 材緊也。从女睘聲。春秋傳曰：嬛嬛在疚。許緣切

材緊也者，本書儇獧竝云急也。徐鍇曰：張衡賦所謂嬛材也。春秋傳曰嬛嬛在疚者，哀十六年左傳文，彼作煢煢余在疚。史記孔子世家：哀公誄曰：煢煢余在疚。周禮大祝作六辭，六曰誄。鄭司農云：春秋傳曰：孔子卒，哀公誄之曰：嬛嬛予在疚。釋文：嬛，求營反。本書睘音渠營切。詩杕杜釋文：睘睘，本亦作煢煢。案書洪範正義引詩作煢煢。詩閔予小子：嬛嬛在疚。箋云：嬛嬛然孤特在憂病之中。釋文：嬛，其傾反，崔本作煢。漢書匡衡傳引詩：煢煢在疚。言成王喪畢思慕，意氣未能平也。後漢書和帝紀：今皇帝以幼年煢煢在疚。注云：煢或作嬛。詩周頌云：嬛嬛在疚。本書無疚字。詩釋文：疚，本又作宊。本書宊下引詩：煢煢在宊。

guǐ 姽

姽 閑體行姽姽也。从女危聲。過委切

閑體行姽姽也者，閑當爲閑。洛神賦：儀靜體閑。神女賦：既姽嫿於幽靜兮。

wěi 委

委 委隨也。从女从禾。於詭切

委隨也者，釋名：委，萎也，萎蕤就之也。劉熊碑：卷舒委隨。或作委蛇。莊子庚桑楚：與物委蛇而同其波。襄七年左傳：衡而委蛇必折。詩羔羊：委蛇委蛇。箋云：委曲自得之皃。又作委佗。君子偕老：委委佗佗。傳云：委委者，行可委曲從迹也；佗者，德平易也。釋訓：委委佗佗，美也。郭云：皆佳麗美豔之貌。李巡云：皆寬容之美也。孫炎云：委委，行之美；佗佗，長之美。又作委虵。費鳳碑：君有逶虵之節。又作逶迆。逢盛碑：當遂遹迆。又作逶隨。唐扶頌：在朝逶隨。又作褘隋。衡方碑：褘隋在公。從禾者，徐鍇本作禾聲。顧炎武曰：委古音於戈反，說文從禾乃聲也。馥案本書：捼，奴禾切；婐，讀若委。

wǒ 婐

婐 姬也。一曰女侍曰婐。讀若騧，或若委。从女果聲。孟軻曰：舜爲天子，二女婐。烏果切

姬也者，古樂府：珠佩婐姬戲金闕。韓愈元和聖德詩：曰君月妃，煥赫婐姬。錯本有「一日婐敢也」五字。馥案：論語：由也果。左傳：殺敵爲果。倉頡篇作惈。孟軻曰舜爲天子二女婐者，引此爲女侍之證。彼作果，注云：果，侍也。以堯二女自侍。讀或若委者，玉篇：婐姬，委皃也。

nuǒ 姬

姬 婐姬也。一曰弱也。从女厄聲。五果切

婐姬也者，集韻：婐姬，好皃。廣雅：姽，好也。曹憲音牛委、五果二切，當爲姬字。玉篇：歈飲猶歈姬。一曰弱也者，廣韻：婐姬，身弱好皃。太元萶次六：萶萶之離，不宜熒且。姬注云：姬，小皃。御覽三百八十一引通俗文：肌骨柔弱曰婐娜。

chān 姑

姑 小弱也。一曰女輕薄善走也。一曰多技藝也。从女占

chān 㚲　xiān 妗　jiǎo 𡣍　jìng 婧　jìng 姘　fá 妀　xuán 嫙　qí 齌　huá 姡

聲或讀若占齒𪗨切

一曰女輕薄善走也者廣韻姼下云姑姼輕薄貌

㚲 妗也從女沾聲丑廉切

妗也者集韻㚲妗女輕薄貌通作沾史記竇嬰傳魏其者沾沾自喜注云沾沾輕薄也

妗 㚲妗也一曰善笑皃從女今聲火占切

一曰善笑皃者類篇引作喜笑貌廣韻㚲妗喜貌玉篇㚲妗美笑貌也本書欦含笑也

𡣍 竦身也從女篕聲讀若詩糾糾葛屨居天切

竦身也者玉篇𡣍竦身貌　讀若詩糾糾葛屨者廣雅𡣍糾材也

婧 竦立也從女青聲一曰有才也讀若韭菁七正切

竦立也者李善注思元賦引作妍婧也後漢書張衡傳注婧謂妍婧也　一曰有才也者集韻婧女有才也

姘 靜也從女井聲疾正切

靜也者靜當爲竫廣雅姘竫潔也釋言井絜靜也井即姘靜亦當作竫廣韻姘女人貞絜也詩靜女傳云貞靜也女德貞靜而有法度

妀 婦人皃從女乏聲房法切

婦人皃者徐鍇韻譜妀好皃廣雅妀好也

嫙 好也從女旋聲似沿切

好也者廣雅同徐鍇本作好女也玉篇嫙好貌通作還詩齊風子之還兮釋文還韓詩作嫙嫙好貌

齌 材也從女齊聲祖雞切

材也者廣雅齌好也玉篇引詩有齌季女

姡 面醜也從女昏聲古活切

面醜也者當爲面醜廣韻姡姡醜也釋言醜姡也釋文孫李云醜人面姡然也後漢書樂成靖王黨傳有醜其面注云醜姡也言醜姡然無媿陳啓源曰詩有醜面目傳云醜姡也釋文姡面醜也說文亦同疏引說文姡面醜也案箋云姡然有面目疏云醜姡皆面見人之貌孫炎爾雅注云醜人面姡然又越語范蠡曰余雖醜然而人面哉韋昭注云醜面目之貌說文亦以醜爲面見廣雅又訓姡爲醜皆不及醜義況經云有醜面目視人罔極但言其與人相見無窮極亙泣無可醜之意也今本說文必有誤當以疏引爲正

tiǎo 嬥　guī 嫢　shì 媞　wù 婺　xián 嫺

嬥 直好皃一曰嬈也從女翟聲徒了切

直好皃者廣雅嬥嬥好也廣韻引聲類嬥細腰貌一曰嬈也者本書嬈一曰嬥也廣韻嬥嬥嬈不仁

嫢 媞也從女規聲讀若癸秦晉謂細腰爲嫢居隨切

媞也者本書媞諦也　秦晉謂細腰爲嫢者方言嫢細也自關而西秦晉之閒凡細而有容謂之嫢或曰徥郭注嫢字云嫢嫢小成貌注徥字云言徥偕也

媞 諦也一曰妍黠也一曰江淮之閒謂母曰媞從女是聲承旨切

諦也者本書嫢媞也集韻嫢婦人審諦貌楚詞七諫西施媞媞而不得見兮王注媞媞好貌也引詩好人媞媞詩葛屨作提提傳云提提安諦也正義以爲釋訓文釋訓媞媞安也郭云好人安詳之容傳元詩有女懷芬芳媞媞步東廂　一曰妍黠也者廣韻媞美好貌方言姣媞欺謾也　一曰江淮之閒謂母曰媞者廣韻媞江淮呼母也

婺 不繇也從女敄聲亡遇切

嫺 雅也從女閑聲戶閑切

雅也者史記索隱後漢書注引同廣韻嫺雅嫺雅也玉篇雅儀也嫺雅也漢書司馬相如傳雍容嫺雅後漢書馬援傳辭言嫺雅注云嫺雅猶沈靜也論衡逢遇篇形佳骨嫺皮媚色稱曹植靜思賦夫何美女之嫺妖通作僩詩淇奧瑟兮僩兮韓詩云僩美貌又通作閑文選登徒子好色賦玉爲人體貌閑麗琴賦若乃閑舒都雅史記張耳雅游韋昭

女

曰雅素也又通作閑詩有女同車洵美且都傳云都閑也樂府羨女篇美女妖且閑李善引本書同尙書大傳戰鬭不可不習故於蒐狩以閑之也閑之者貫之也貫之者習之也惠棟曰荀子榮辱篇塞者俄且通也陋者俄且僩也愚者俄且知也注云僩與撊同猛也案通塞知愚僩陋皆相反則僩者文雅貌非猛也馥案修身篇多見曰閑少見曰陋賈誼書道術篇辭令就得謂之雅反雅爲陋

yí 嫛

嫛 說樂也從女配聲 許其切

說樂也者通作熙爾雅熙興也本書嬹說也老子異俗篇衆人熙熙閑居賦熙春寒往

qiān 婜

婜 美人從女臤聲 苦閑切

yú 娛

娛 樂也從女吳聲 虞俱切

樂也者廣雅字林竝同詩聊可與娛傳云娛樂也楚詞九章設張辟以娛君兮注云娛樂也通作虞一切經音義三引字詁古文虞今作娛同白虎通號曰虞者樂也言天下有道人皆樂也釋名虞謂虞樂安神使還此也齊策淸淨

說文解字義證 卷三十九 圭

貞正以自虞鮑云虞娛同樂也楚策王戚於虞樂詩蟋蟀序欲其及時以禮自虞樂也孟子霸者之民驩虞如也漢書禮樂志神嘉虞又合好効歡虞秦一魏相傳君安虞而民和睦

xī 娭

娭 戲也從女矣聲一曰卑賤名也 遏在切

戲也者楚詞招魂娭光眇視目曾波些王注娭戲也九章屬貞臣而日娭王注委政忠良而游息也洪氏補注娭音嬉嬉戲也九思遇神孈兮宴娭漢書禮樂志神來宴娭庶幾是聽顏注娭戲也言庶幾神來宴戲聽此樂也楊雄傳娭淵門顏注娭戲也一曰卑賤名也者本書毐人無行也讀若娭通俗文醜稱曰娭廣韻娭婦人賤稱出蒼頡篇廣雅娭婢也

dān 媅

媅 樂也從女甚聲 丁含切

樂也者釋詁文彼作妉經典通作湛詩鹿鳴和樂且湛傳云湛樂之久常棣和樂且湛釋文湛荅南反韓詩云樂之甚也賓之初筵子孫其湛箋云湛樂也通作耽中庸引詩和樂且耽詩氓無與士耽傳云耽樂也

wěi 娓

娓 順也從女尾聲讀若媚 無匪切

順也者廣雅同詩誰侜予美釋文韓詩作娓美也干旄彼姝者子傳云姝順貌

dí 嫡

嫡 孎也從女啻聲 都歷切

孎也者集韻嫡孎女審諦貌

zhú 孎

孎 謹也從女屬聲讀若人不孫爲不孎 之欲切

謹也者集韻孎女謹順貌廣韻孎謹孎 讀若人不孫爲不孎者宋本作人不孫爲孎本書初刻亦無不字後乃加之

wǎn 婉

婉 宴婉也從女冤聲 於願切

宴婉也者釋訓宴宴柔也郭注和柔玉篇婉婉美也廣韻婉婉媚也六書故婉又作婉說文曰宴婉也詩燕婉之求亦作婉馥案本書暥下引詩作暥婉冤與宛通周禮染人夏纁玄故書纁作窼案即甗字漢冤句縣封禪書作宛朐

說文解字義證 卷三十九 圭

干祿字書宛或作惌故婉今作婉後漢書邊讓傳展中情之孅婉注云孅安也婉美也婉協韻音於願反韓詩孅婉好貌內則姆教婉娩聽從注云婉謂言語娩謂容貌鄭注九嬪云婦容婉娩張華永懷賦懷婉娩之柔情謝朓爲諸姊祭阮夫人文婉娩嬪德

yǎn 嬐

嬐 女有心嬐嬐也從女僉聲 衣檢切

rǎn 媣

媣 諟也從女染聲 而琰切

諟也者玉篇廣韻竝作媞蓋謂妍黠也

zhuān 嫥

嫥 壹也從女專聲一曰女嫥嫥 職緣切

經典通用專韓詩窈窕貞專貌莊十年左傳衣食所安弗敢專也必以分人孟子不專心致志則不得又通作剸荀子榮辱篇信而不見敬者好剸行也漢書蕭何傳上以此剸屬任何關中事顏注剸讀與專同又通作摶易繫詞其靜也專釋文陸作摶昭二十年左傳若琴瑟之專一釋文專本作摶音同管子內業篇一意摶心史記秦始皇本紀摶心揖志索

xiān 嬐　chuò 娕　zé 嫧　rú 如

隱摶古專字史記田完世家韓馮因摶三國之兵徐廣音專又通作顓漢書樊噲傳高后時用事顓權壹也者本書壹專壹也昭二十年左傳若琴瑟之專壹十六年傳壹行不若注云壹專也僖九年穀梁傳壹明天子之禁范云壹猶專也公羊傳惟一介斷斷焉注云斷斷猶專一也表記欲民之有壹也注云壹謂專心於善詩南有嘉魚傳云壹宿之鳥箋云壹宿者壹意於其所宿之木也莊三十二年左傳神聰明正直而壹者也成十三年傳不穀惡其無成德是用宣之以懲不壹襄二十一年傳酒濯其心壹以待人二十六年傳子展儉而壹昭七年傳民心不壹通作一書酒誥小子惟一傳云子孫惟專一詩都人士序云民德歸一箋云壹者專也容齋五筆古書及漢人用字如一之與壹其義皆同鳲鳩序刺不壹也又云用心之不壹也而正文其儀一兮表記節以壹惠注言聲譽雖有衆多者節以其行一大善者爲謚百漢華山碑五載壹巡狩祠孔廟碑恢崇壹變祝睦碑非禮壹不得犯而後碑云非禮之常一不得當則與壹通用也馥案詩都人士序云民德歸一箋云壹者專也亦壹一通　一曰女嫥嫥者五音集韻嫥嫩也玉篇嫥可愛之皃

說文解字義證　卷三十九　三三

如　從隨也從女從口　人諸切

從隨也者玉篇女者如也如男子之教釋名女如也婦人外成如人也故三從之義少如父教嫁如夫命老如子言白虎通嫁娶女者如也如從人也在家從父母既嫁從夫天般從子也傳曰婦人有三從之義也大戴禮本命篇女者如也子者孳也女子者言如男子之教而長其義理者也故謂之婦人婦人伏於人也是故無專制之義有三從之道教令不出閨門事在饋食之閒而已矣

嫧　齊也從女責聲　側革切

齊也者集韻嫧嫧齊謹也顏注急就篇嫧所以整嫧髮也

娕　謹也從女束聲讀若謹敕數數　測角切

謹也者廣韻娕恭謹貌

嬐　敏疾也一曰莊敬皃從女僉聲　息廉切

shàn 嬗　yàn 晏　tà 㜑　zhì 摯　pín 嬪

敏疾也者司馬相如大人賦嬐侵潯而高縱兮紛鴻涌而上厲　一曰莊敬皃者廣韻嬐嬐然齊也馥謂謹齊卽莊敬

嬪　服也從女賓聲　符真切

服也者釋詁文彼作賓周禮天官注故書嬪作賓釋名天子妾有嬪嬪賓也諸妾之中見賓敬也釋親嬪婦也本書婦服也書堯典嬪于虞傳云嬪婦也通作濱通典引琴操上曰池言其平下曰濱濱者服也

摯　至也從女執聲周書大命不摯讀若摯同一曰虞書雉摯　脂利切

至也者字統摯至也經典通用摯字釋詁摯臻也郭注摯至也臻至也詩關雎傳鳥摯而有別箋摯之言至周禮大宗伯以禽作六摯注云摯之言至至也考工記函人凡甲鍛不摯則不堅疏云謂熟之至極商書曰大命不摯者西伯戡黎文彼作摯釋文摯本又作摯馥案史記作至本書𢦏戔二字引西伯戡黎之文竝稱商書　讀若摯同者徐鍇本作執　一曰虞書雉摯者徐鍇本無一曰二字舜典一死贄釋文贄本又作摯

說文解字義證　卷三十九　三四

㜑　俛伏也從女沓聲一曰伏意　他合切

俛伏也者廣韻㜑安貌　一曰伏意者廣韻引作一曰意伏也集韻類篇竝作服意

晏　安也從女日詩曰以晏父母　烏諫切

安也者本書宴安也　從女日者徐鍇本作晏省聲　詩曰以晏父母者詩無此文

嬗　緩也從女亶聲一曰傳也　時戰切

緩也者嬗通作嘽列子力命篇嘽咺憋懯注云嘽咺迂緩之狀也樂記其樂心感者其聲嘽以緩注云嘽寬綽貌釋文寬緩也或曰緩當爲媛廣韻五音集韻竝作媛離騷女嬃之嬋媛兮王注嬋媛猶牽引也本書媛人所援也故王云牽引本書嬃下引楚詞亦作媛　一曰傳也者漢書律歷志堯嬗以天下顏注嬗古禪讓字也賈誼傳形氣轉續變化而嬗蘇曰相傳與也顏注此卽禪代字王莽傳拜受金匱神嬗顏注嬗古禪字言有神命使漢禪位於莽也淮

女

南精神訓以不同形相嬗也高注嬗傳也秦策孝公欲傳商君辭不受高云傳猶禪也孟子唐虞禪通作儃楚辭九章欲儃佪以干傺兮莊子田子方儃儃然不趨法言問明篇允哲堯儃舜之重注儃與禪同又通作擅荀子正論篇堯舜擅遜注云擅同禪又通作襢漢書異姓諸侯王表舜禹受襢

gū 嫴

嫴 保任也從女辜聲 古胡切

保任也者一切經音義六引說文保當也任保也言可信也通作辜急就篇疻痏保辜謕呼號顏注毆人皮膚腫起曰疻毆傷曰痏保辜者各隨其狀輕重令毆者以日數保之限內致死則坐重辜也新唐書裴潾傳曲元衡杖民柏公成母死有司以死在辜外推元衡父蔭贖金蒿庵閒話保辜字見公羊傳襄公七年鄭伯髡原如會未見諸侯卒於操傳云傷而反未至乎舍而卒也注云古者保辜諸侯卒名故于如會名之明如會時爲大夫所傷以傷辜死也君親無將見辜者辜內當以弒君論之辜外當以傷君論之疏云知古者保辜者亦依漢律

pó 媻

媻 奢也從女般聲 薄波切

奢也者言奢張也或作婆晉書大司馬府有老槐樹殷仲堪對而歎曰此樹婆娑生意盡矣馥案樂府楊婆兒謂爲楊叛兒西戎有朱俱波國亦名諸居槃國此般波相通之證徐鍇本有一曰小妻也五字六書故廣韻竝同馥案北人謂妾曰小婆子

suō 娑

娑 舞也從女沙聲詩曰市也媻娑 素何切

通作沙詩閟宮犧尊將將傳云犧尊有沙飾也正義沙即娑之字也 舞也者釋訓婆娑舞也郭注舞者之容李巡云婆娑盤辟舞也詩婆娑其下傳云婆娑舞也 詩曰市也媻娑者陳風東門之枌文媻彼作婆釋文云說文作媻音同

yòu 姷

姷 耦也從女有聲讀若祐 于救切

耦也者廣雅侑耦也馥案俗作酭相醻報故爲耦

侑 姷或從人

jūn 姰

姰 鈞適也男女併也從女旬聲 居匀切

鈞適也者鈞當爲均姰今作匀玉篇匀齊也杜甫詩肌理細膩骨肉匀徐鍇本有讀若旬三字

zī 姕

姕 婦人小物也從女此聲詩曰屢舞姕姕 即移切

婦人小物也者集韻姕妓婦人小物僖二十二年左傳戎事不邇女器謂女子所御之物 詩曰屢舞姕姕者小雅賓之初筵文彼作傞傳云傞傞舞不能自正也本書傞下引詩屢舞傞傞

jì 妓

妓 婦人小物也從女支聲讀若跂行 渠綺切

讀若跂行者跂當爲蚑

yīng 嬰

嬰 頸飾也從女賏賏其連也 於盈切

頸飾也者文選樂府豫章行遠節嬰物淺曹植責躬詩頑凶是嬰謝惠連秋懷詩少小嬰憂患天台山賦序方解纓絡李善竝引作嬰繞也一切經音義二十一嬰猶纏繞也漢書嬰城固守音義曰以城自繞也 賏其連也者趙宧光曰其連當是貝連古人連貝爲嬰

càn 㛑

㛑 三女爲㛑㛑美也從女奴省聲 倉案切

三女爲㛑者通作粲詩綢繆見此粲者傳云三女爲粲釋文云粲字林作妿廣韻妿下引詩傳三女爲妿 㛑美也者周語密康公遊於涇有三女奔之其母曰必致之王女三爲粲粲美物也或通作餐王儉褚淵碑餐東野之祕寶李善云餐美也 奴省聲者徐鍇本作占聲

yuàn 媛

媛 美女也人所援也從女從爰爰引也詩曰邦之媛兮 玉眷切

美女也者釋訓美女爲媛陳琳止欲賦媛哉逸女王粲閑邪賦夫何英媛之麗女貌洵美而豔逸應瑒正情賦夫何媛女之殊麗兮姿溫惠而明哲 人所援也者媛援聲相近徐鍇本作人所欲援也孫炎說爾雅云君子援援助鄭氏箋詩云媛者邦人所依倚以爲援助也釋文云韓詩作援廣韻嬋媛枝相連引離騷女嬃之嬋媛兮王注嬋媛猶牽

引也 從爰者徐鍇本作爰聲 爰引也者本書文
詩曰邦之媛兮者鄘風君子偕老文傳云美女爲媛

pìn 娉

娉 問也從女甹聲 匹正切
問也者本書娉不娉也一切經音義二娉今作聘問婚也集韻娉謂婚禮問名韓詩外傳血脈澄靜娉內以定之尹文子齊有黃公者二女皆國色以其美也常謙辭毀之醜惡之名遠布而一國之人無敢娉者後漢書樂成靖王黨傳娉取人妻魏志武帝紀天子娉公三女爲貴人王隱晉書惠帝爲皇太子娉王夷甫小女朱書周朗傳特雜可以娉妻妾搜神記越王娉李誕女爲后述異記庾遐與女子約俱不婚娉通作聘急就篇妻婦聘嫁齎媵僮顏注聘謂因媒而問也爾雅聘問也內則聘則爲妻注云聘問也成十一年左傳聲伯之母不聘杜云不聘無媒禮釋文聘本亦作娉文選謝脁詩掖庭聘絕國李善注娶女曰聘

lù 娽

娽 隨從也從女彔聲 力六切
隨從也者史記平原君傳公等錄錄所謂因人成事者也索隱王劭云錄錄借字耳說文云娽娽隨從之貌也容齋

三筆史記毛遂云公等錄錄因人成事唐韻以爲娽娽漢書蕭何贊云錄錄未有奇節顏師古注錄錄猶鹿鹿言在凡庶之中也馬援傳今更共陸陸莊子漁父篇祿祿而受變於俗後生或不盡知晉書周嵩母李氏謂三子曰爾等並貴列吾目前吾復何憂嵩起曰恐不如尊旨伯仁志大而才短名重而識闇好乘人之弊此非自全之道嵩性抗直亦不容於世唯阿奴碌碌當在阿母目下耳

zhuāng 妝

妝 飾也從女牀省聲 側羊切
飾也者後漢書梁冀傳妻作愁眉啼妝鮑照芙蓉賦對妝則色殊字或作裝廣雅裝飾也俗作粧文選古詩娥娥紅粉粧

liàn 孌

孌 慕也從女䜌聲 力沇切
慕也者李善注陸機承明亭詩引同詩車舝思孌季女逝兮檀弓其往也如慕孟子大孝終身慕父母或通作戀後漢書姜肱傳兄弟相戀又通作攣漢書外戚李夫人傳攣攣顧念我顏注攣讀曰戀

xiè 媟

媟 嬻也從女枼聲 私列切
嬻也者廣雅同本書暬曰狎習相慢也私列切一切經音義十四媟嬻今作褻黷謂鄙媟也說文媟嬻也廣韻媟狎也慢也方言媟狎也通俗文相狎習謂之媟嬻也賈誼書道術篇接遇慎容謂之恭反恭爲媟漢書敘傳應龍潛於潢汙魚黿媟之顏注媟謂侮狎之也賈山傳古者大臣不媟顏注媟狎也中論禍敗之由也則有媟慢以爲階晉陽秋周顗正情嶷然雖一時儕類皆無敢媟近詩賓之初筵序云幽王荒廢媟小人宋書少帝紀加復日夜媟狎羣小慢戲梁典東昏郎位媟近羣小通鑑宋武帝令崑崙奴以杖擊羣臣惟惲蔡興宗方嚴不敢侵媟孟子武王不泄邇丁公著云案注泄狎也媟訓狎今注以泄訓狎借聲訓耳

dú 嬻

嬻 媟嬻也從女𧶠聲 徒谷切
媟嬻也者本書瀆媟瀆也通作黷廣雅黷狎也書說命黷于祭祀時謂弗欽傳云黷則不敬桓八年公羊傳亟則黷黷則不敬何云黷瀆也穀梁傳烝冬事也春夏興之黷祀也志不敬也昭二十六年左傳不可黷也服注黷易也

國語敬而不黷賈逵曰黷媟也後漢書班彪傳舊制太子五日一朝因坐東廂省視膳食其非朝日使僕中允旦旦請問而已明不媟黷廣其敬也朱穆傳蓋孔子稱上交不謟下交不黷陳蕃傳且祭不欲數以其易黷故也注云黷媟也爰延傳陛下以河南尹鄧萬有龍潛之舊封爲通侯恩重公卿惠豐宗室加頃引見與之對博上下媟黷有虧尊嚴又通作瀆桓十八年左傳女有家男有室無相瀆也謂之有禮昭元年傳尋盟未退而魯伐莒瀆齊盟杜云瀆慢也昭二十六年傳貫瀆鬼神杜云瀆易也又云國有外援不可瀆也服注瀆易也杜注瀆侵也

zhuó ⿱窡女

⿱窡女 短面也從女窡聲 丁滑切
短面也者玉篇作⿱窡女短面貌集韻䫂頭短本書頢短面也

bì 嬖

嬖 便嬖愛也從女辟聲 博計切
便嬖愛也者玉篇引作便僻無愛字徐鍇本便辟也愛也隱三年左傳公子州吁嬖人之子也杜注嬖親幸也釋文賤而得幸曰嬖詩綠衣箋母嬖而州吁驕釋文謚法云賤而得愛曰嬖嬖卑也媟也成十七年左傳晉厲公侈多外

qì 嫛　hài 妎　dù 妒

嬖杜注外嬖愛幸大夫昭三年傳燕簡公多嬖寵又云女富溢尤杜注女嬖寵之家哀九年傳鄭武子賸之嬖許瑕文十六年傳衞侯占夢嬖人杜注以能占夢見愛楚策左抱幼妾右擁嬖女又云願王召所便習而觴之王乃召南后鄭褎而觴之孟子便嬖不足使令於前與又云嬖人臧倉者注云嬖人愛幸小人也通作辟尚書無以巧言令色便辟側媚傳云便辟足恭論語友便辟馬曰便辟巧辟人之所忌以求容媚荀子儒效篇事其便辟注云左右親信齊策今王治齊非左右便辟無使也趙策所謂桑雍者便辟左右之人及夫人優愛孺子也又通作僻家語入官篇邇臣便僻者羣僕之倫也注云僻宜爲嬖便嬖執事在君之左右者

嫛 難也從女殹聲苦賣切

難也者廣韻嫛意難

妎 妒也從女介聲胡蓋切

妒也者廣雅同本書嫉妎也五音集韻引字林妎疾害妒也釋言苛妎也郭注煩苛者多嫉妎

說文解字義證　卷三十九　旲

妒 婦妒夫也從女戶聲當故切

婦妒夫也者白帖害色謂之妒玉篇妒爭色也襄二十一年左傳叔向之母妒叔虎之母美而不使離騷各興心而嫉妒王注害賢爲嫉害色爲妒史記常山憲后妒媢漢書景十三王傳王后以妒媢不常在典論上洛都尉王琰以功封其妻哭於家爲琰富貴更取妾故也妒記王丞相曹夫人性甚忌禁制丞相不得有侍從時有妍少必加誚責王公不能久堪乃密營別館衆妾羅列男女成行後元會日夫人於青疏中觀望忽見兩三小兒騎牛背端正夫人語婢云汝出問此是誰家兒奇可念給使不達旨乃云此是第四五等諸郎曹氏驚恚不能自忍乃命駕車將黃門及婢二十人持食刀欲自出尋討王公亦飛轡出門猶患遲乃以左手攀車欄右手提麈尾以柄打牛狼狽奔馳方得先至蔡司徒聞之乃謂王曰朝廷欲加九錫公知否王爲信自敘謙志蔡曰不聞加餘物惟聞短轅犢車長柄麈尾爾王大羞愧又曰謝大傅劉夫人不令公有別房公既深好聲樂後遂頗欲立妓妾兄子外甥等微達此旨共問訊劉夫人因方便稱關雎螽斯有不忌之德夫人知以諷己乃問誰撰此詩荅云周公夫人曰周公是男子相爲爾

mào 媢　yāo 媄　nìng 佞

若是周姥撰詩當無此也韓子內儲說衞人有夫妻禱者而祝曰使我無故得百束布其夫曰何少也妻曰益則子將取妾矣梁張纘有妒婦賦俗作妬詩小星序夫人無妬忌之行箋云以色曰妒以行曰忌關雎箋后妃之德不嫉妒釋文以色曰妬又作媢集韻女妒男曰媢

媢 夫妒婦也從女冒聲一曰相視也莫報切

廣雅媢妒也大學引秦誓媢疾以惡之鄭注媢妒也周書皇門解是人斯乃讒賊媢嫉以不利于厥家國顏氏家訓書證篇太史公論英布曰禍之興自愛姬生於妒媢以至滅國又漢書外戚傳亦云成結寵妾妒媢之誅此二媢竝當作媢媢亦妒也義見禮記三蒼且五宗世家亦云常山憲王后妒媢王充論衡云妒夫媢婦生則忿怒鬬訟益知媢是妒之別名

夫妒婦也者五經文字媢夫妒也三蒼解詁媢丈夫妒也又云妒女爲媢史記騶布傳妒媢生患索隱一云男妒曰媢漢書五行志桓有妒媢之心顏注媢謂夫妒婦也潛夫論賢難篇夫國不乏於妒男也猶家不乏於妒女也

說文解字義證　卷三十九　卌

曰相視也者韻會引作目不相視也徐鍇本作梅目相視也錢君坫曰禮記視容梅梅是也馥案本書瞗低目視也

媄 巧也一曰女子笑皃詩曰桃之媄媄從女芺聲於喬切

巧也者俗作妖上林賦妖冶嫺都李善引字書妖巧也廣雅妖巧也一曰女子笑皃者本書無笑字此即笑之本字漢書作芺省女旁也艸隸作𠂹其下從夭中山經蘋服之不芺郭云或作芺馥案不芺謂不夭也陸雲有芺疾是也此如帝休服之不怒詩曰桃之媄媄者周南桃夭文彼作夭本書枖下引詩桃之枖枖

佞 巧讇高材也從女信省乃定切

釋詁任佞也孫炎云似可任之佞也書舜典而難任人傳云任佞論語色厲而內荏孔注云謂外自矜厲而內柔佞者也昭二十五年公羊傳喪人不佞何注不善孟子惡佞恐其亂義也注云佞人作飾似有義者莊子漁父篇莫之顧而進之謂之佞論衡荅佞篇諸非皆惡惡中之逆者謂之無道惡中之巧者謂之佞人聖王形憲佞在惡中聖王賞勸賢在善中純潔之賢善中殊高賢中之聖也善中大佞惡中之雄也又云人君好辯佞人言利人主好文佞人辭麗

女

yīng 嫈

成十三年左傳寡人不佞正義服注佞才也不才者自謙之辭也論語云焉用佞禦人以口給屢憎於人則佞非善事而以不佞爲謙者佞是口才捷利之名本非善惡之稱但爲佞有善有惡耳爲善敏捷是善佞爲惡敏捷是惡佞但君子欲訥於言而敏於行言之雖多情或不佞故云焉用佞耳

巧調高材也者一切經音義三佞諂媚也說文口材也亦德之稱也又二十四說文巧媚高材曰佞本書憸下云憸詖也憸利于上佞人也諞下云便巧言也廣韻佞諂也一曰才也玉篇佞口材也廣雅佞巧也又云偲佞也詩其人美且偲傳云偲才也箋云才多才也小爾雅廣言佞才也韓詩外傳佞諂也書呂刑非佞折獄傳云非口才可以斷獄論語不有祝鮀之佞孔注佞口才也又是故惡夫佞者孔注疾其以口給應遂己非而不知窮者也又友便佞鄭注便辯也謂佞而辯又焉用佞禦人以口給屢憎於人孔注佞人口辭捷給數爲人所憎惡成十六年左傳君幼諸臣不佞昭二十年傳臣不佞不能苟貳杜注並云佞才也晉語夷吾不佞其誰能恃乎韋注佞才也後漢書史弼傳父敞以佞辯至尚書郡守注云敞爲京兆尹化有能名尤善條教見稱於三輔也 信省者釋詁允佞也郭注佞人

說文解字義證 卷三十九 四一

似信說苑佞而不巧則不能信徐鍇本作仁聲韻會同徐鍇通論佞者女子之仁故於文女仁爲佞五經文字佞從仁六書故佞從女仁聲晉語之謠曰佞之見佞果喪其田案引此以證佞從仁聲田陳也洪武正韻佞從仁從女一切經音義二十四僞善曰佞字從女從仁論語惡夫佞者此則從女之義左傳寡人不佞不能事父兄此則從仁之義也論語或曰雍也仁而不佞又云夫聞也者色取仁而行違居之不疑馬曰此言佞人也佞人假仁者之色行之則違安居其僞而不自疑者也仲尼燕居恭而不中禮謂之給給奪慈仁注云巧言足恭之人似慈仁實鮮仁淮南人閒訓聞倫爲人佞而不仁書金縢予仁若考能多材多藝能事鬼神乃元孫不若旦多材多藝不能事鬼神馥謂周公若自以仁勝武王斷無是理亦非告三王之辭此仁字有佞意似自譽實自貶祝佗之佞能多才多藝能事鬼神者也

嫈 小心態也從女熒省聲 烏莖切

小心態也者一切經音義九引字林嫈嫇小心態也集韻嫈嫇下俚婦人貌

lào 嫪　hù 婟　zī 姿　jù 嫭

嫪 婟也從女翏聲 郎到切

婟也者一切經音義十三嫪者說文嫪婟也聲類嫪惜也謂戀不能去也韓愈薦士詩感物增戀嫪廣韻嫪悋物玉篇嫪難也

婟 嫪也從女固聲 胡誤切

嫪也者玉篇婟嫪也戀也廣韻婟婟嫪戀惜也出聲類釋鳥鶩澤虞郭注今婟澤鳥疏云說文云婟嫪也聲類云婟嫪戀惜也以比鳥戀惜池澤見人不去因名婟澤鳥也釋文廣雅婟妒也聲類婟嫪戀惜也字書作嫭同馥案今廣雅作嫭人物志犯其所乏則婟以惡犯婟則妒

姿 態也從女次聲 即夷切

態也者釋名姿資也資取也形貌之稟取爲資本也

嫭 嬌也從女虘聲 將預切

說文解字義證 卷三十九 四二

fáng 妨　wàng 妄　tōu 媮

嬌也者李善注琴賦引同本書無嬌字徐鍇本作驕廣韻嫭與怚同憍也本書怚驕也通作姐稽康幽憤詩恃愛肆姐不訓不師李善云姐與嫭同繁欽與魏文帝箋自左顯史妠謇姐名倡李善云說文嫭字或作姐古字假借也廣雅嫭妒也馥謂妒生於驕也

妨 害也從女方聲 敷方切

害也者廣雅同

妄 亂也從女亾聲 巫放切

亂也者易无妄釋文引同廣雅同哀二十五年左傳彼好專利而妄杜云妄不法

媮 巧黠也從女俞聲 託侯切

巧黠也者廣雅媮巧也通鑑注黠慧也字書鬼黠偭㤥也三蒼猾黠惡也文十八年左傳齊君之語媮通作偷襄三十一年傳趙孟之語偷

女

hù 𡜵

𡜵 𡜵鹵貪也从女污聲 胡古切

𡜵鹵貪也者鹵玉篇作擄𡜵通作污急就篇依溷污然貪者辱新書道術篇放理潔靜謂之行反行為汙漢書貢禹傳孝文時貴廉絜賤貪污焉奉世傳池陽令並素行貪汙晉書劉波傳貪汙者謂之清勤慎法者謂之怯劣阮籍達莊論又安知貪汙之為罰而貞白之為名乎

shào 娋

娋 小小侵也从女肖聲 息約切

小小侵也者玉篇作小娋侵也廣韻同廣雅娋侵也趙宧光曰詩敘曰以侵娋通用削孟子魯之削也滋甚

duò 㛊

㛊 量也从女朵聲 丁果切

量也者本書揣量也聲義與㛊同集韻㛊或作挅廣雅挅量也玉篇㛊量也揣也馥案北人言揣㛊又言敁㛊是也

chōu 妯

妯 動也从女由聲 徒歷切

動也者釋詁文詩鼓鐘憂心且妯傳云妯動也方言妯擾也人不靜曰妯注云謂躁擾也

xián 嫌

嫌 不平於心也一曰疑也从女兼聲 戶兼切

不平於心也者嫌與慊通廣韻慊恨也玉篇慊切齒恨也坊記貴不慊於上注云慊恨不滿之貌也慊或為嫌通作嗛史記外戚世家景帝恚心嗛之而未發也一曰疑也者本書慊疑也曲禮禮者所以定親流決嫌疑也坊記使民無嫌注云嫌嫌疑也後漢書馮異傳將軍何嫌何疑而有懼意通作謙管子仲尼篇信而不處謙注云言得信於上不處嫌疑使人疑其作威福也

shěng 媘

媘 減也从女省聲 所景切

減也者本書消少減也徐鍇疑義減省之字本當從女今之媘字世所不行通作省林罕曰蔡邕於國學所立石經或云隸省者即隸減也少減曰省乃是隸書於篆書中減省點畫而已釋名省瘦也臞瘦約少之言也又云眚省也如病者省瘦也月令省囹圄注云省減也鄉飲酒義及介省矣注云小減曰省僖二十一年左傳貶食省用宜六年公羊傳是子之易也何云易猶省也昭元年左傳大國省穡而用之杜注省愛用之又云四姬有省猶可正義減省公之寵愛昭三十年傳舊有豐有省通鑑漢文帝詔務省繇費以便民注云省減也

chuò 婼

婼 不順也从女若聲春秋傳曰叔孫婼 丑略切

不順也者玉篇婼不從也春秋傳曰叔孫婼者曰當為有昭七年經叔孫婼如齊涖盟

xìng 婞

婞 很也从女幸聲楚詞曰鮌婞直 胡頂切

很也者王僧達祭顏光祿文性婞剛潔梁書陸杲傳杲性婞直無所顧望徐鍇本有一曰見親婞五字馥案類篇婞一曰親也玉篇幸御所親愛也或作婞漢書有佞幸傳楚詞曰鮌婞直者離騷文彼云鮌婞直以亾身兮王注婞很也

piè 嫳

嫳 易使怒也从女敝聲讀若擊擊 匹滅切

易使怒也者廣雅嫳怒也字或作憋方言憋急性也列子力命篇嘽咺憋懯釋名驚憋也性急憋憋不可生服

zhǎn 嫸

嫸 好枝格人語也一曰靳也从女善聲 旨善切

好枝格人語也者枝格當為枝格一曰靳也者廣韻嫸偏枝

zhuó 娺

娺 疾悍也从女叕聲讀若唾 丁滑切

疾悍也者廣韻娺疾也玉篇娺怒也

ǎn 媕

媕 含怒也一曰難知也从女酓聲詩曰顧大且媕 五感切

含怒也者廣韻媕害惡性也詩曰顧大且媕者陳風澤陂文彼作儼釋文韓詩作媕

ē 娿

娿 媕娿也从女阿聲 烏何切

媕娿也者集韻謂媕娿不決子華子媕娿脂韋者日至於君之前韓愈石鼓歌詎肎感激徒媕娿通作阿集韻譿阿語不決方言誣譿與也與猶秦晉言阿與注云相阿與者所以致誣譿也月令是察阿黨則罪無有掩蔽注云阿黨謂治獄吏以私恩曲撓相為也昭二十年左傳阿下執事吳語句踐願諸大夫言之皆以情告無阿孤韋注阿曲從也孟子汙不至阿其所好賈誼書官人篇職之所守君不得以阿私託者大臣也申鑒雜言篇從上之非謂之阿晉

女

陽秋周伯仁枉朝雖無謇諤亦無所阿黨崔鴻十六國春秋段凱爲御史中丞無所阿避

yán 妍

技也一曰不省錄事一曰難侵也一曰惠也一曰安也從女幵聲讀若研 五堅切

技也者技謂妍巧 一曰惠也者徐鍇本作慧文選文賦注引作慧增韻慧妍黠也釋名妍研也研精於事宜則無蚩謬也蚩癡也

wā 娃

圜深目皃或曰吳楚之閒謂好曰娃從女圭聲 於佳切

圜深目皃者別作眭廣韻眭目深惡視 或曰吳楚之閒謂好曰娃者玉篇娃美貌廣雅娃好也服虔通俗文南楚以好爲娃方言娃美也吳楚衡淮之閒曰娃故吳有館娃之宮左思吳都賦幸乎館娃之宮劉逵注吳俗謂好女爲娃史記趙世家吳廣內其女娃嬴漢書揚雄傳資娵娃之珍髢兮孟康曰娃吳娃也顏注娵娃皆美女也

shǎn ⿱夾女

不媚前卻陝陝也從女陝聲 失冉切

不媚前卻陝陝也者玉篇作陝云女子態廣韻陝前卻陝媚也詩無爲夸毗傳云夸毗體柔人也正義便僻其足前却爲恭以形體順從於人故云以體柔人史記司馬相如傳踁踱蝎容以委麗兮張揖曰踁踱疾行互前却也釋名轞棍在車軸上正輪之祕齧前却也通鑑趙王虎中書監王波曰若有前却不過失一亾命之人注云一前一却猶今人言心懷進退也又魏主珪曰今國家草創人情未壹愚者固宜前却又張存誠曰將士在道前却注云憚敵不壹敢進故爲之一前一却又乞伏馬居說禧斷河■爲河南天子衆情前却不壹又隋王伽送流囚脫其枷鎖約日某日當至京師如致前却吾當爲汝受死注云謂或前或却不能如期又神策軍與節度使相視如平交左右前却莫肎用命董斯張曰人來而避曰閃說文云陝不媚前却陝也閃當作陝馥案通作陝後漢書曹世叔妻傳若夫動靜輕脫視聽陝輸注云陝輸不定貌

yuè 妜

鼻目閒皃讀若煙火炔炔從女決省聲 於說切

鼻目閒皃者廣韻鼻目閒輕薄曰妜 讀若煙火炔炔者本書無炔字篇海炔與焆同焆焆烟貌馥案廣韻妜娟也

決省聲者徐鍇本作叏聲

huì 嫿

愚戇多態也從女巂聲讀若隓 式吹切

huì ⿰女恚

不說也從女恚聲 於避切

不說也者徐鍇本作不說貌

mò 嫼

怒皃從女黑聲 呼北切

怒皃者廣韻嫼嫉怒通作赫詩王赫斯怒箋云赫怒意

yuè 娍

輕也從女戉聲 王伐切

輕也者廣雅同本書⿰足戉輕也徐鍇韻譜娍輕足馥謂輕足本是⿱輕足字誤分爲二

piào 嫖

輕也從女𡘋聲 匹招切

輕也者本書僄輕也 廣韻嫖身輕便也

qiē ⿰女坐

訬疾也從女坐聲 昨禾切

訬疾也者訬當爲眇本書眇一目小也眭目小也

yāng 姎

女人自偁我也從女央聲 烏浪切

女人自偁我也者後漢書南蠻傳注引作女人自偁姎我也通典引同爾雅釋文引作女人稱我曰姎廣韻姎女人自稱姎我本書我施身自謂也通作卬釋詁卬我也郭云卬猶姎也語之轉邶詩有苦葉人涉卬否白華卬烘于煁生民卬盛于豆傳並云卬我也又通作婸陽楊愼曰漢書西南夷傳西南之夷人自稱曰婸徒方言巴濮之人自呼曰阿陽陽之言我也爾雅引魯詩有美一人陽如之何言我奈之何也

wéi 媁

不說皃從女韋聲 羽非切

huī 婎

姿婎姿也從女佳聲一曰醜也 許惟切

姿婎姿也者當云姿婎恣也本書恣縱也集韻姿婎自縱貌 一曰醜也者本書倠仳倠醜面

xián 㜗

㜗 有守也從女弦聲胡田切

有守也者廣韻婆婦人守志

piān 媥

媥 輕皃從女扁聲芳連切

輕皃者廣韻媥身輕便皃廣雅媥輕也

màn 嫚

嫚 侮易也從女曼聲謀患切

侮易也者易當爲傷通用易字史記季布傳單于嘗爲書嫚呂后呂后不遜漢書高帝紀陛下嫚而侮人顏注嫚易也元后傳此人嫚神多矣賈誼傳今匈奴嫚娒侵掠至不敬也顏注娒古侮字佞幸傳戲侮許后嫚易無不言注云嫚褻忓也易輕也字或作僈荀子修身篇不由禮則勃亂提僈

chā 㛼

㛼 疾言失次也從女臿聲讀若懾丑聶切

疾言失次也者廣雅㛼怯也本書當有怯義今闕

rú 嬬

嬬 弱也一曰下妻也從女需聲相俞切

弱也者本書懦駑弱也　一曰下妻也者廣雅妻謂之嬬荀爽易歸妹以嬬陸績云嬬妾也襄二十三年左傳下妾不得與郊弔杜注下猶賤也昭八年傳二妃生公子留下妃生公子勝漢書王莽傳立國將軍建奏言不知何一男子遮臣建車前自稱漢氏劉子輿成帝下妻子也後漢書光武紀吏人遭饑亂及爲青徐賊所略爲奴婢下妻欲去留者恣聽之唐書楊慎矜傳御史崔器索讖書於慎矜下妻臥內得之楚詞九歌湘君曰采芳洲兮杜若將以遺兮下女馥案下女謂湘夫人

pōu 娝

娝 不肖也從女否聲讀若竹皮箁匹才切

不肖也者廣雅娝醜也　否聲者當爲咅聲故讀若箁徐鍇韻譜否部娝從否匹才反厚部婄從咅蒲后反不肖也馥案否部從否者徐鉉加之

tái 嬯

嬯 遲鈍也從女臺聲闒嬯亦如之徒哀切

遲鈍也者玉篇嬯鈍劣也或作儓集韻儓與嬯同儓欸㦝悅也又作儓廣韻儓儗㦝貌方言儓農夫之醜稱也南楚凡罵庸賤謂之田儓注云㑋儓駑鈍貌或曰僕臣儓亦至賤之稱也　闒嬯亦如之者玉篇闒䦧不肖也馥案不肖言醜也莊子德充符衛有惡人焉曰哀駘它釋文云李云哀駘醜貌廣韻駘疲也鈍也駘嬯聲相近

niǎn 嫸

嫸 下志貪頑也從女覃聲讀若深乃忝切

下志貪頑也者集韻嫸貪頑也一曰志下

cǎn 嬠

嬠 婪也從女參聲七感切

婪也者玉篇嬠婪嬠也徐鍇韻譜嬠貪也或作慘廣雅慘貪也

lán 婪

婪 貪也從女林聲杜林說卜者黨相詐驗爲婪讀若潭盧含切

貪也者本書惏下云河內之北謂貪曰惏廣雅婪貪也離騷眾皆競進而貪婪兮王注愛財曰貪愛食曰婪侯白酒

律屠蘇酒巡帀到末連飲三杯亦名婪尾馥案唐人河東紀中屠澄遇老翁留飲澄讓曰始自主人翁即巡澄當婪尾婪貪也婪尾即貪杯

lǎn 嬾

嬾 懈也怠也一曰臥也從女賴聲洛旱切

懈也怠也者懈怠義同當云懈怠也玉篇嬾懈惰也廣雅嬾嫛也方言庸謂之㑋轉語也注云㑋猶保㑋也今隴右人名嬾爲㑋馥案懶嬾古今字後漢書王丹傳每歲農時輒載酒肴於田間候勤者而勞之其墮嬾者恥不致丹皆兼功自厲　一曰臥也者徐鍇本作一曰臥食馥案臥食乃饕字誤分爲二本書饕楚謂小兒嬾饕

lóu 婁

婁 空也從毋中女空之意也一曰婁務也洛侯切

空也者顏師古曰婁古屢字論語回也其庶乎屢空本書有窶無屢後人於婁上加尸與窶義同窶從宀婁聲音其榘切此婁音洛侯切讀者不知爲屢矣　空之意也者徐鍇本作婁空之意也　一曰婁務也者徐鍇本作一曰婁務愚也馥案玉篇恂愁愚貌楚詞九辯直恂愁以自苦恂愁即婁務左傳莒有務婁

xiè 娎 qiè 婡 niǎo 嬈 huǐ 㜻 shān 姍

古文

汗簡引作皃

籒文婁從人中女

娎婡也從女折聲 許列切

娎婡也者廣韻娎婡喜皃廣雅娎喜也

得志婡婡一曰婡息也一曰少气也從女夾聲 呼帖切

得志婡婡者娎婡喜意也本書愜快也 一曰婡息也者本書瘱病息也集韻欬喘息 一曰少气也者集韻婡氣劣皃玉篇瘱病少氣

苛也一曰擾戲弄也一曰嬥也從女堯聲 奴鳥切

苛也者廣雅同廣韻嬈苛酷也唐書循吏傳革苛嬈之風 一曰擾戲弄也者本書譊嬈譊也一切經音義三引三蒼嬈弄也說文嬈苛也苛煩也擾也謂煩擾戲弄也纂文嬈嬈戲弄也字林嬈擾也廣雅嬈戲也淮南原道訓其魂不躁其神不嬈高注嬈煩嬈也史記索隱引張揖曰挑嬈也漢書挑戰臣瓚注擿嬈敵求戰鼂錯傳除苛解嬈文穎曰嬈煩嬈也一切經音義八嬈煩也文姝傳曰嬲賣藏經等作嬲或作嬲音同馥案嵇康與山巨源書足下若嬲之不置李善曰嬲擿嬈也音義與嬈同玉篇嬲嬈嬲也 一曰嬥也者本書嬥一曰嬈也集韻嬈不仁也廣韻嬥下云嬥嬈不仁

惡也一曰人皃從女毀聲 許委切

惡也者本書譭毀也毀當爲㜻惡當爲證通用毀惡字玉篇惡憎惡也論語吾之與人也誰毀誰譽又叔孫武叔毀仲尼孟子有不虞之譽有求全之毀

誹也一曰翼便也從女刪省聲 所晏切

誹也者本書訕謗也漢書佞幸傳顯恐天下學士姍己顏注姍古訕字訕謗也異姓諸侯王表秦自任私智姍笑三代 一曰翼便也者子虛賦便姍嫳屑徐鍇本有一曰女臭也五字

cù 媨 mó 嫫 fēi 婓 ráng 孃

醜也一曰老嫗也從女酋聲讀若蹴 七宿切

醜也者媨或作𡟬廣雅媨惡也馥案惡謂醜也 一曰老嫗也者廣韻媨醜老嫗皃

嫫母都醜也從女莫聲 莫胡切

嫫母都醜也者玉篇引作嫫醜也篇海同徐鍇本嫫母古帝妃都醜也馥謂都醜卽新序所謂極醜無雙都者大也漢書五行志壞都竈顏注都竈大竈也鄭吉傳都護顏注都猶大也總也應劭曰騎馬都尉都謂總領又作篤字晉書葛洪傳飾嫫母之篤陋吹史黃帝妃嫫母帝王世紀黃帝立四妃嫫母班在三人之下通鑑韓瑗上疏嫫母輔佐黃帝呂氏春秋遇合篇嫫母執乎黃帝漢書古今人表悔母黃帝妃生蒼林顏注悔音謨字從巾卽嫫母也馥案通鑑注引作嫵母廣韻嫫母黃帝妻貌甚醜纂文嫫母醜人也黃帝愛幸之楚策閭姝子奢莫知媒兮嫫母求之又甚喜之兮鮑注言美女不知求媒以娶之醜女反樂以匹之韓詩外傳閭娵子都莫之媒嫫母力父是之喜楚詞七諫

嫫母勃屑而日侍王注嫫母醜女也荀子賦篇嫫母力父注云嫫母醜女黃帝時人闕子嫫母自窺於井以爲媚於西施淮南修務訓啳睽哆鳴籧篨戚施雖粉白黛黑弗能爲美者嫫母仳倠也說山訓嫫母有所美西施有所醜高注嫫母古之醜女列女傳黃帝妃嫫母於四妃之班居下貌甚醜而最賢心每自退易林嫫母衒嫁又云嫫母爲媒請求不得又云東家中女嫫母取醜三十無室媒伯勞苦鹽鐵論殊路篇譬若飾嫫母畫土人也又云香澤不能化嫫母又大論云嫫母飾姿而矜夸西子彷徨而無家論衡逢遇篇或以醜面惡色稱媚於上嫫母無鹽是也譏日篇沐書曰子日沐令人愛之使醜如嫫母以子日沐能得愛乎王褒講德論嫫母倭傀善譽者不能揜其醜劉思眞醜婦賦才質陋且儉姿容劇嫫母劉氏新論妹好篇軒皇愛嫫母之驍醜不易落英之麗容

往來婓婓也一曰醜皃從女非聲 芳非切

往來婓婓也者漢書揚雄傳婓婓遲遲而周邁顏注婓婓往來貌也 一曰醜皃者玉篇婓大醜也

煩擾也一曰肥大也從女襄聲 女良切

女

yín 婬　ào 嫯　làn 㜮　yàn 媕　ruǎn 媆　huì 嬒

煩擾也者當有恇孃二字一切經音義十三引說文云恇孃煩擾也謂煩恐惶遽也楚辭九辯遭此世之恇孃字或作攘漢書陳平傳傾側擾攘楚魏之閒　一曰肥大也者本書益州鄙言人盛諱其肥謂之𦟝

嬒 女黑色也從女會聲詩曰嬒兮蔚兮 古外切

女黑色也者通俗文可惡曰嬒　詩曰嬒兮蔚兮者本書薈下引詩薈兮蔚兮

媆 好皃從女耎聲 而沇切

好皃者廣雅媆好也

媕 誣挐也從女奄聲 依劍切

誣挐也者媕或作諂廣雅諂挐也方言挐或謂之諂郭注諂言誣諂也

㜮 過差也從女監聲論語曰小人窮斯㜮矣 盧瞰切

過差也者廣韻㜮貪也失禮也通作濫樂記狄成滌濫之音作而民淫亂注云濫僭差也昭八年左傳后不能言或

馮焉不然民聽濫也注云濫失也昭二十六年傳士不濫注云不失職呂氏春秋權勳篇虞公濫於寶與馬而欲許之注云濫貪也　論語小人窮斯濫矣者彼作濫注云濫溢也

嫯 侮易也從女敖聲 五到切

侮易也者易當爲傷本書傲倨也玉篇嫯侮慢也又媢下云嫯媢也字或作慠會稽頌貪戾慠猛

婬 私逸也從女㸒聲 余箴切

私逸也者本書雇下云九雇農桑候鳥扈民不婬者也方言婬惕也游也江沅之閒謂戲爲婬或謂之惕釋言逸過也郭注引書汝則有逸罰五經文字婬泆之婬經典多用淫字書大禹謨罔淫于樂西伯戡黎惟王淫戲用自絕多士誕淫厥泆馬注紂大淫樂其逸伊訓敢有殉于貨色恆于游畋時謂淫風論語好佚游桓六年穀梁傳陳矦熹獵淫獵于蔡與蔡人爭禽蔡人不知其是陳君也而殺之范注淫獵謂自放恣遺失徒眾襄四年左傳不修民事而淫于原獸杜云淫放原野襄二十九年傳遷而不淫杜云淫過蕩昭六年傳嚴斷刑罰以威其淫杜云淫放也魯語季

bàn 姅　jiān 奸　pīn 姘

氏之婦不淫矣漢書五行志魯夫人淫失於齊覆案失卽佚字荀子哀公篇其馬將失謂馬逸也司馬相如傳封疆畫界者非謂守禦所以禁淫也郭璞曰欲以杜絕淫放百瑣語周宣晏起姜后乃脫簪珥待罪於永巷曰妾之淫心見矣至使君王失禮而晏起以見君王之樂色而忘德也說苑政理篇奪淫民之祿以來四方之士其父有功而祿其子無功而食之出則乘車馬衣美裘以爲榮華入則修竽瑟鐘后之聲而安其子女之樂以亂鄉曲之敎如此者奪其祿以來四方之士此之謂奪淫民也儒行幽居而不淫正義常自修整不傾邪也覆謂淫非傾邪言不敢私逸

姘 除也漢律齊人予妻婢姦曰姘從女幷聲 普耕切

除也者姘通作屛書金縢我乃屛璧與圭　漢律齊人予妻婢姦曰姘者齊當爲齋謂齋日不近女廣韻齋與女交罰金四兩曰姘蒼頡篇男女私合曰姘

奸 犯婬也從女從干干亦聲 古寒切

犯婬也者後人加婬字五經文字奸犯也小爾雅廣言奸犯也宣十二年左傳事不奸矣杜注奸犯也襄十四年傳

君制其國臣敢奸之杜注奸猶犯也史記龜策傳寒氣不和賊氣相奸漢書溝洫志使神人各得其所而不相奸劉向傳數奸[illegible]亾之誅　干亦聲者當爲干聲

姅 婦人污也從女半聲漢律曰見姅變不得侍祠 博幔切

婦人污也者史記五宗世家索隱引作女污也徐鍇本作婦人汙見也神仙服食經婦人十五已上下爲月客有身月客絕上爲乳汁漢書景十三王傳景帝召程姬程姬有所避不願進顏注謂月事史記索隱云姚氏按釋名云天子諸矦羣妾以次進御有月事者止不御更不口說故以丹注面曰的的爲識令女史見之王察神女賦以爲脫桂裳免簪笄施元的結羽釵的卽釋名所云也覆案今釋名云以丹注面曰勺勺灼也此本天子諸矦羣妾當以次進御其有月事者止而不御重以口說故注此於面灼然爲識女史見之則不書其名於第錄也張泌裝樓記月運紅潮婦人之桃花癸水也亦名曰汛又名姅變漢律姅變不得侍祠姅音半說文云婦人污也一名入月王建宮詞密奏君王知入月喚人相伴洗帬裾輟耕錄天癸曰月事黃帝內經女子二七而天癸至月事以時下又云女子不月

jiān 姦　nuán 奻　kuì 媿　nǎo 㛴　zhuì 娷　nào 婥　tǐng 娗

史記濟北王侍者韓女病月事不下診其腎脈嗇而不屬故日月不下廣韻姅傷孕集韻姅褱子傷也馥案今謂之小產其汙亦見　漢律曰見姅變不得侍祠者史記索隱引同楊慎曰漢律姅變謂月事也續漢書禮儀志齋日內有汙染解齋

娗 女出病也從女廷聲 徒鼎切

女出病也者趙宧光曰方書女媥下疾陰娗又云婦人帶下有出病當卽⿸疒廷字史記倉公傳齊北宮司空命婦出於病臣意診其脈曰氣疝客於膀胱難於前後溲而溺赤病見寒氣則遺溺

婥 女病也從女卓聲 奴教切

女病也者俗作⿸疒卓傷也

娷 諉也從女垂聲 竹恚切

諉也者本書諈下云諈諉累也

說文解字義證《卷三十九　五三

㛴 有所恨也從女𡿺聲今汝南人有所恨曰㛴 奴皓切

有所恨也者一切經音義十三引作有所恨痛也玉篇廣韻五音集韻六書正譌竝同徐鍇韻譜㛴恨痛　𡿺聲者徐鍇本作𡿺省聲　今汝南人有所恨曰㛴者一切經音義十三引作今汝南人有所恨言大㛴徐鍇本同

媿 慙也從女鬼聲 俱位切

慙也者釋言文廣雅媿恥也小爾雅不直失節謂之慙慙媿也漢書龔遂傳郎中令善媿人顏注媿古愧字愧辱也秦策狀有歸色高注歸當作媿媿慙也

愧 媿或從恥省

奻 訟也從二女 女還切

從二女者易睽象二女同居其志不同行

姦 私也從三女 古顏切

ǎi 毐　wú 毋　⿺尢女　嬉

禮學記刑以防其姦　莊二年左傳夫人姜氏會齊侯于禚書姦也文十八年傳竊賄爲盜盜器爲姦宣三年傳使民知神姦成十七年傳臣聞亂在外爲姦在內爲軌　管子君臣篇止詐拘姦厚國之道也　列女傳有虞二妃傳母憎舜而愛象舜猶內治靡有姦意

𢘇 古文姦從心旱聲

私也者廣雅同私當爲厶本書云姦衺也釋名姦奸也言奸正法也

文二百三十八　重十三

嬉 樂也

一切經音義七引文選洞簫賦春禽羣嬉琴賦以遨以嬉鸚鵡賦故其嬉游高峻李善引竝同蒼頡篇嬉戲笑也廣雅嬉戲也史記孔子世家嬉戲常陳俎豆漢書文帝紀七八十翁嬉戲如小兒狀唐辛替否上疏云廣池籞以嬉之通作熙宋玉登徒子好色賦出咸陽熙邯鄲李善注熙戲也

說文解字義證《卷三十九　五四

⿺尢女

集韻⿺尢女下云李舟曰說文闕馥案本書⿺尢女下注一闕字舟引之也

遺文二

毋 止之也從女有奸之者凡毋之屬皆從毋 武扶切

止之也者檀弓曰噫毋注云毋禁止之辭論衡譴告篇舜戒禹曰毋若丹朱敖周公勑成王曰毋若殷王紂毋者禁之也丹朱殷紂至惡故曰毋以禁之夫言毋若孰與言必若哉故毋必二辭聖人審之　從女有奸之者五經文字從女象有奸者止之形曲禮毋不敬釋文引云止之詞其字從女內有一畫象有姦之形禁止之勿令姦古人云毋猶今人言莫也正義依說文止毋是禁辭故說文毋字從女有人從中欲干犯故禁約之詩角弓毋教猱升木箋云毋禁辭正義說文云毋止之也從女象有奸之者言止其奸而稱毋

毐 人無行也從士從毋賈侍中說秦始皇母與嫪毐淫

坐誅故世罵淫曰嫪毐讀若娭遏在切

人無行也者漢書五行志太后淫於呂不韋及嫪毐顏注嫪或音居蚪反嫪姓也毐名也許愼說以爲嫪毐士之無行者嫪音郎到反毐音烏改反與今史記漢書本文不同馥案唐竇懷貞與太平公主謀逆投水死既戮其尸改姓毐氏　賈侍中說秦始皇母與嫪毐淫坐誅故世罵淫曰嫪毐者史記秦始皇本紀嫪毐封爲長信侯正義云嫪音躬虬反索隱云嫪姓毐字王劭云賈侍中說秦始皇母予嫪毐淫坐誅故世人罵淫曰嫪毐也馥案戰國策韓有嫪⿱覀田史記建元以來侯者年表有嫪世樂南越傳嬰齊取邯鄲樛氏女漢書作摎廣韻魏有河內太守摎尚佩觿摎毐變嫪其順非有如此者注云摎音劉是作嫪郎翻非又曰毐烏改翻摎毐又曰摎音畱摎毐人名史記呂不韋傳始皇帝益壯太后淫不止呂不韋恐覺禍及己乃私求大陰人嫪毐以爲舍人時縱倡樂使毐以其陰關桐輪而行令太后聞之以啗太后太后聞果欲私得之呂不韋乃進嫪毐詐令人以腐罪告之不韋又陰謂太后曰可事詐腐則得給事中太后乃陰厚賜主腐者吏詐論之拔其鬚眉爲宦者遂得侍太后太后私與通絕愛之有身太后恐人

知之詐卜當避時徙宮居雍嫪毐常從始皇九年有告嫪毐實非宦者常與太后私亂生子二人皆匿之於是秦王下吏治具得情實九月夷嫪毐三族殺太后所生兩子而遂遷太后於雍魏策秦自四境之內執法以下至於長輓者故畢曰與嫪氏乎與呂氏乎今王割地以賂秦以爲嫪毐功卑體以尊秦以因嫪毐王以國贊嫪毐以嫪毐勝矣王以國贊嫪氏太后之德王也深於骨髓王之交最爲天下上矣楚策是歲秦始皇立九年矣嫪毐亦爲亂於秦覺夷三族秦策威不掩於山東而掩於母高注秦王以母婬通於嫪毐閉之於雍門宮御覽引說苑秦始皇太后不謹幸郎嫪毐封爲長信侯長信侯生兩子毐專國事驕奢與侍中左右貴人棊博飲酒醉爭言而鬭瞋目大呼曰吾迺秦皇之假父也寠人子何敢與我抗鬭者走行白始皇始皇大怒毐因作亂戰咸陽宮始皇取毐四支車裂之取兩弟囊撲殺之皇太后置之棫陽宮張晏注漢書人表云毐上蒸昏亂惡不忍聞乃在第七據張說則人表中原有嫪毐今闕

文二

mín 民　méng 氓　piě 丿　yì 乂

說文解字弟十二　義證弟四十

曲阜桂馥學

民　衆氓也从古文之象凡民之屬皆从民 彌鄰切

衆氓也者宋本小字本李燾本廣韻集韻類篇並作萌釋名氓萌也賈誼書大政篇民之爲言萌也漢書民萌何以勸勉詩緜緜其麃釋文韓詩作民民云衆皃

𢀩　古文民

本書閔字古文从此莊君述祖曰夏小正納卵蒜當作納民祘古文民作𢀩隸訛作卵經師求其說而不得加艸作蒜

氓　民也从民亡聲讀若盲 武庚切

民也者廣雅方言並同孟子君之於氓也注云氓民也讀若盲者郭注方言氓音萌一切經音義一案氓冥昧貌也言衆庶無知也漢書氓氓羣黎也書呂刑苗民弗用靈鄭注民者冥也言未見仁道詩氓之蚩蚩傳云氓民也蚩

說文解字義證　卷四十　一

蚩者敦厚之貌靈臺序箋云民者冥也其見仁道遲論語民可使由之鄭注民冥也其見人道遠孝經援神契民者冥也春秋繁露深察名號篇民者瞑也又曰米出禾中而禾未全米善出性中而性未全善民之號取之瞑也賈誼書大政篇夫民之爲言萌也萌之爲言盲也故惟上之所扶而以之民無不化也故曰民萌民萌哉直言其意而爲之名也

文二　重一

丿　右戾也象左引之形凡丿之屬皆从丿 於小切

乂　芟艸也从丿从乀相交 魚廢切

芟艸也者本書芟刈艸也鏺兩刃木柄可以刈草禹貢三百里納銍傳云銍刈詩是刈是濩韓詩云刈取也宣三年左傳刈蘭而卒哀元年傳亦不艾殺其民釋文艾魚廢反吳語而又刈亾之韋注艾草曰刈管子小匡篇挾其槍刈耨鎛以旦暮從事於田野注云刈鎌也離騷願俟時乎吾將刈注云刈穫也草曰刈穀曰穫通作艾詩臣工奄觀銍

fú 弗　fú 乀　yì 厂　yì 弋

艾釋文艾音刈大東無浸穫薪傳云穫艾也釋文作刈昭十六年左傳庸次比耦以艾殺此地斬之蓬蒿藜藋而共處之釋文艾魚廢反哀二年傳斬艾百姓釋文艾魚廢反昭八年穀梁傳艾蘭以爲防釋文艾魚廢反莊二十八年傳年不艾而百姓饑疏引麋信云艾穫也月令令民毋艾藍以染大戴禮保傅篇其視殺人若艾草菅然漢書地理志五原郡成宜莽曰艾虜顏注艾讀曰刈公羊解詁金主芟艾

刈　乂或从刀

弗　撟也从丿从乀从韋省 分勿切

顏注漢書韋賢傳朱紱爲朱裳畫爲亞文也亞古弗字馥案玉篇弗古文作亞鄭所謂兩己相背者已當爲弓

撟也者洪武正韻弗撟也逆也周禮士師掌士之八成五曰撟邦令詩采菽紼纚維之正義定本及集注以毛云紼弗也通作拂釋名轡拂也牽引拂戾以制馬也御覽引鬼谷子事暴君有補削無撟拂易頤卦顛頤拂經於邱詩皇矣四方以無拂箋云拂猶佹也言無復佹戾者吳語吾將許越成而無拂吾慮又通作佛曲禮獻鳥者佛其首注云

說文解字義證　卷四十　二

佛戾也大學引書人之彥聖而違之俾不通鄭注違猶戾也佛戾賢人所爲使功不通於君也又通作咈堯典吁咈哉大禹謨罔咈百姓以從己之欲傳並云咈戾也又通作費中庸君子之道費而隱鄭注費猶佹也

乀　左戾也从反丿讀與弗同 分勿切

文四　重一

厂　抴也明也象抴引之形凡厂之屬皆从厂虒字从此 余制切

抴也者本書抴捈也捈臥引也爭从厂引也犮从犬而厂之曳其足則刺犮也弟曳並从厂　明也者五音集韻厂施明也本書后从厂云施令以告四方故厂之

弋　橜也象折木衺銳著形从厂象物挂之也 與職切

橜也者本書橜橛並云弋也方言橜燕之東北朝鮮洌水之閒謂之椵注云揭杙也史記司馬相如傳猶時有銜橜

之變集解徐廣曰鉤逆者謂之檕索隱曰周遷輿服志云鉤逆上者爲檕釋宮雞棲於弋爲榤李巡曰弋檕也考工記匠人置槷以縣注云故書槷或作弋杜子春云槷當爲弋司馬彪戰畧其近水沙地不得作圍壍而囗車輪以大弋椓穿中隋書元弘嗣傳每推鞫囚徒或椓弋其下竅吳志賀齊傳募輕捷士爲作鐵戈密於隱險處以戈扳斬山爲緣道夜令潛上蘊案二戈字竝當作弋弋可頼以上也斬山當是塹字誤分爲二六韜委環鐵弋長三丈三尺釋典東天竺去蜀不遠有山限之渡徼外者四弋更代插石壁間爲梯山具字或作杙釋宮樴謂之杙在牆者謂之揮在地者謂之臬大者謂之栱長者謂之閣郭注杙橜也詩兎罝椓之丁丁傳云丁丁椓杙聲周禮牛人以授職人注云職讀爲樴樴謂之杙可以繫牛內則不敢縣於夫之楎椸注云楎杙也襄十七年左傳以杙抉其傷而死莊子人閒世其栱把而上者求狙猴之杙者斬之呂氏春秋節喪篇譬之若瞽師之避柱也避柱而疾觸杙也尚書大傳椓杙者有數注云杙者繫牲者也　象折木衺鋭著形者韻會引徐鍇本作象折木鋭衺著形　象物挂之也者玉篇弋橜也所以挂物也

文二

yí 乁

乁　流也從反厂讀若移凡乁之屬皆從乁　弋支切

流也者釋言流覃也疏云謂水之流必相延及通作移禮大傳絕族無移服正義在旁而及曰移言不延移及之　讀若移者玉篇乁移也

yě 也

也　女陰也象形　羊者切

女陰也者老子元牝之門釋典入地三昧經見海神女根神異經東南隅大荒之中有樸父焉天謫其夫妻竝立東南男露其勢女彰其殺注云勢殺陰陽　象形者徐鍇本作乁聲

𢎘　秦刻石也字

秦權也字如此

文二　重一

shì 氏

氏　巴蜀名山岸脅之㫄箸欲落墮者曰氏氏崩聲聞數百里象形乁聲凡氏之屬皆從氏楊雄賦響若氏隤　承旨切

字從乀音移篆當爲氏

巴蜀名山岸脅之㫄箸欲落墮者曰氏者御覽引云巴蜀山岸脅之堆㫄欲落者曰氏徐鍇本亦有堆字鍇曰巴堆之形字書巴蜀名山堆落曰坻玉篇巴蜀謂山岸欲墮曰氏崩聲也本書𡾊嶏也從厂厂之性嶏　氏崩聲聞數百里者小字本李燾本類篇竝無聲字本書初刻亦無後乃增之應劭曰天水有大坂名曰隴坻其山堆傍著崩落作聲聞數百里故曰坻隤顏注漢書謂應說天水隴坻失之辛氏三秦記小隴山一名隴坻又名分水嶺漢書揚雄解嘲云響若坻頹晉書地道記漢陽有大阪名隴坻一名隴山郡處其西故曰隴西其山堆㫄崩聲聞數百里揚雄所謂響若坻頹者也水經注渭水又北逕狄道故城西又北隴水注之即山海經所謂濫水也水出鳥鼠山西北高城

嶺西逕隴坻其山岸崩落者聲聞數百里故揚雄稱響若坻頹是也馥案此皆言隴坻與應劭同　揚雄賦響若氏隤者徐鍇曰解嘲之文古通謂之賦漢書揚雄傳響若阺隤顏注阺音氏巴蜀人名山㫄堆欲墮落曰阺

jué 氒

氒　木本從氏大於末讀若厥　居月切

木本也者列子黃帝篇厥株駒釋文厥本或作橛說文作氒木本也李頤云厥豎也株駒亦枯樹本也馥案集韻橛株山名橛即氒　大於末者戴侗曰蜀本作大於本

文二

dǐ 氐

氐　至也從氏下箸一一地也凡氐之屬皆從氐　丁禮切

至也者史記天官書氐四星東方之宿氐者言萬物皆至也通作底書康王之誥底至齊馬讀絕句詩祈父靡所底止傳云底至也小旻伊于胡底箋云底至也成十六年左傳人恤所底襄九年傳無所底告十年傳其能來東底乎昭二十六年傳未有攸底杜注竝云底至也徐鍇本作至也本也本也者釋訓文彼作柢郭注謂根本廣雅氐柢也

yìn 㲳　xiào ⿱臼氐　dié ⿰氐失　gē 戈

釋天天根氐也郭音丁禮反注云角亢下繫於氐若木之有根一切經音義九爾雅音義曰天根爲天下萬物作根也故曰天根也孫炎曰角亢下繫於氐若木之有根也詩節南山維周之氐傳云氐本通作邸釋器邸謂之柢郭注根柢皆物之邸邸卽底通語也周禮典瑞四圭有邸鄭司農云爾雅曰邸本也圭本著於璧故四圭有邸圭末四出故也馥案玉人注邸謂之柢　一地也者本書至下云鳥飛從高下至地也從一一猶地也

【篆】卧也從氐垔聲於進切

卧也者集韻㲳卧也玉篇㲳仆也廣韻㲳赴也疑赴字誤

【篆】觸也從氐失聲徒結切

【篆】闕

徐鍇本有家本無注四字　廣雅⿱臼氐誤也曹憲音乎孝反玉篇引聲類⿱臼氐誤也

文四

說文解字義證　卷四十　五

【篆】平頭戟也從弋一橫之象形凡戈之屬皆從戈古禾切

平頭戟也者增韻戟偏距曰戈玉篇戈平頭戟長六尺六寸詩無衣修我戈矛傳云戈長六尺六寸考工記廬人爲廬器戈柲六尺有六寸馥謂廬借字當爲籚本書籚積竹矛戟矜也呂氏春秋仲夏紀戈戟長六尺六寸釋名戈句孑戟也戈過也所刺擣則決過所鉤引則制之弗得過也小爾雅廣器戈句孑戟也方言戟楚謂之釨吳揚之閒謂之戈東齊秦晉之閒謂其大者曰鏝胡其曲者謂之鉤釨鏝胡注云卽今雞鳴鉤釨戟也考工記冶氏戈廣二寸內倍之胡三之援四之注云戈今句孑戟也或謂之雞鳴或謂之擁頸內謂胡以內接柲者也長四寸胡六寸援八寸又云戈句兵也主於胡也書顧命執戈上刃鄭注卽今之句孑戟牧誓稱爾戈傳云戈戟周禮夏官敘官司戈盾注云戈今時句孑戟文王世子春夏學干戈注云戈句孑戟也論語而謀動干戈於邦內孔安國曰戈戟也孟子干戈朕注云戈戟也楚詞九歌操吳戈兮被犀甲注云戈戟也韓詩外傳直兵將推之曲兵將鉤之晉東宮舊事東列崇福門門各雞鳴戟十張崔鴻後趙錄冉閔執鉤戟斬鮮卑三百餘級束晳發蒙記師子惟畏鉤戟漢陳勝項籍傳不敵於鉤戟長鎩顏注鉤戟戟刃鉤曲者也馥案此皆言句孑戟也少儀戈有刃者櫝正義謂戈之有刃者以櫝韜之馥案方言凡戟而無刃秦晉之閒謂之孑吳揚之閒謂之戈是戈有有刃無刃之別陳啟源曰戈戟皆句兵但小枝向上爲戟平之爲戈微有不同故戈亦蒙戟名而以句孑別之句孑者以其橫安刃不向上而鉤也且其字篆體本象戈形說文謂之平頭戟云从一橫之象形是已又莊四年左傳楚武王授師孑焉杜引方言云孑者戟也疏云方言戟楚謂之孑郭注云取名於句孑也戟有上刺之刃又有下句之刃故以句孑爲名是戈戟之用俱在句孑大類而小別也方言又云凡戟而無刃秦晉之閒謂之孑吳揚之閒謂之戈東齊秦晉之閒謂其大者曰鏝胡其曲者謂之句孑鏝胡郭注云句孑鏝胡卽今之雞鳴句孑戟也夫戟而無刃始郎所謂橫安刃不向上者正指戈而言然則孑者本以名戈而楚獨以名戟杜特據楚語釋孑目故冶氏疏引左傳注云孑句孑此非杜注當是服賈諸家語不言是戟與杜異程君瑤田曰記云已倨則不入謂援倨於外博太向上也戈啄人蓋橫用之太向上是以不能入也已句則不決謂援句於外博橫啄之雖可入然太向下與胡相迫是以入而難決斷也倨句外博則二病除長內則

說文解字義證　卷四十　六

折前前謂援也內長則重而援轉輕輕則爲重者所累故易掉折亦啄而不能入也短內則不疾內短則輕而不足以爲援助故入之而不疾也二病弗除雖倨句外博戈亦未盡善也又云戈戟所以謂之句兵者其用橫擊故廬人職又變言擊兵也矛所以謂之刺兵者其用直刺故說文云刺直傷也鄭氏用司農說援直刃也胡其孑是以援爲直傷之刺而謂胡爲孑然橫出者誤也援在上而橫援之言引也開弓曰引引義由橫出而生胡在援下如嚨胡之下垂故說文謂之平頭戟言其無直刺也戟則有一枝是橫之兵而又能直刺故冶氏呼枝爲刺馥案文二十一年左傳獲長狄僑如富父終甥摏其喉以戈殺之文二年傳狼瞫取戈以斬囚昭元年傳擊之以戈二十六年傳苑子剸林雍斷其足摏者以平頭之平刃摏之也斬者以胡之曲刃斬之也擊者以平頭之銳刃擊之也剸亦擊也　從弋一橫之象形者華嚴經音義戈形旁出一刃也戟形旁出兩刃也

zhào 肈

【篆】上諱

上諱者東觀漢記孝和皇帝諱肇後漢書和帝紀孝和皇帝諱肇伏侯古今注曰肇之字曰始肇音兆臣賢案許愼

說文肇音大可反上諱也但伏侯許慎並漢時人而帝諱不同蓋應別有所據馥案本書肁始也肈擊也此二字並音兆肇大可反當是從戈從肁戈亦聲釋言肇敏也郭引書肇牽車牛是則肇與肁肈聲義迥殊李舟切韻訓肇爲擊音直小切案詩良耜其鎛斯趙傳云趙刺也或借趙爲肇耶

戎 兵也从戈从甲 如融切

兵也者書惟口出好興戎詩雨無正戎成不退傳云戎兵中庸壹戎衣而有天下注云戎兵也明堂位越棘大弓天子之戎器也月令以習五戎注云五戎弓殳矛戈戟也七經義綱格論步卒五兵戈殳車戟酋矛矢

戣 周制侍臣執戣立於東垂兵也从戈癸聲 渠追切

周制侍臣執戣立於東垂者顧命引在癸聲之下書顧命一人冕執戣傳云戣戟屬正義鄭元云戣蓋今三鋒矛

兵也者廣韻戟戣

兵器字林戣兵也

戰 盾也从戈旱聲 侯旰切

盾也者廣雅同通作干方言盾自關而東或謂之瞂或謂之干釋言干扞也孫炎曰干盾自蔽扞也書大禹謨舞干羽于兩階傳云干楯牧誓比爾干傳云干楯也正義楯並以扞敵故言比詩兔罝公侯干城傳云干扞也箋云干也城也皆以禦難也正義干者言以武夫自固爲扞蔽如盾公劉干戈戚揚樂記干戚羽旄注云干盾也又云總干而山立注云總干持盾也明堂位朱干玉戚注云朱干赤大盾也宣八年公羊傳萬者何干舞也何注干謂楯也能爲人扞難而不使害人故聖王貴之以爲武樂又昭二十五年傳朱干注云干楯也以朱飾楯

戟 有枝兵也从戈榦周禮戟長丈六尺讀若棘 紀逆切

六韜春以長矛在前夏以大戟在前 陶侃表奉獻金鈴大戟五十張 陸機要覽東弓南矛西劒北戟 唐尹思貞於魏其家坎地獲古戟十二 釋名手戟手所持擿之戟也 吳志呂布傳董卓拔手戟擲布 吳志太史慈傳策刺慈馬而擥得項上手戟 張勃吳錄嚴白虎弟興與長沙王會王以手戟投之立死 晉起居注作將軍手戟四枚 孫盛異同雜語太祖嘗私入張讓室讓覺之乃舞手戟於庭前踰垣而出 江表傳典韋所持手戟長幾一尋軍中語曰帳下壯士有典君手提雙戟八十斤 吳書凌統以刀舞甘寧起曰寧能雙戟舞 周處風土記戟長一丈二尺奮揚俯抑乍跪乍立兼五兵之能又曰教學講武戒遠慮戎首元戈奮長雄迎來送往所徵橫從扶强頓弱唯敵所從植則龍虎交亙神變無常去者厚餞來者不攘注云首先也元戈北斗杓端招搖之內貫索之外獨星也戟爲五兵雄蓋取威奮振也凡用戟法先小振動之後攝上連下收功於中恆在首頰之間來迎去送順而不逆也又言用雙戟之法交軼相向左手爲龍右手爲虎更出更入更上更下上下無常隨變而改顛倒入懷轉如回風敵縈孤勝攝戟徐反可謂上下無常非謂邪也進退無恆非離羣也蓋進足奮手欲及機也如敵來輕去疾進而送之敵來重進疾開而待之

有枝兵也者字林同枝如莊子枝指之枝 增韻雙枝爲戟單枝爲戈廣韻戟矛戟枝也釋名戟格也旁有枝格也急就篇鈒戟鈹鎔劒鐔鍭顏注戟枝刃之矛也楚謂之孑淮南時則訓孟夏之月其兵戟注云戟有枝幹象陽布散也後漢書呂布傳乃令軍候植戟於營門布彎弓顧曰諸君觀布射戟小支注云小支謂胡也即今之戟旁曲支廣韻綮戟支玉篇戟三刃戟也方言三刃枝南楚宛郢謂之匽戟注云今戟中有小孑刺者所謂雄戟也考工記冶氏戟

廣寸有半寸內三之胡四之援五之倨句中矩注云今三鋒戟也廣雅匽謂之雄戟漢書建干將之雄戟張揖曰雄戟胡中有鮔者史記索隱引周禮圖謂戟反曲下爲胡也莊四年左傳楚武王荊尸授師孑焉以伐隨正義方言云戟謂之孑郭璞云取名於鉤孑也戟是擊刺之兵有上刺之刃又有下鉤之刃故以鉤孑爲名也史記楚世家楚國折鉤之喙足以爲九鼎正義云凡戟有鉤喙鉤口之尖也言楚國戟之鉤口尖有折者足以爲鼎御覽引劉向別傳當是揚雄別傳雄疑易羝羊觸藩子烏曰大人何不云荷戟入榛馥案此以戟比羊角也晉書載記厍閔左杖雙刃矛右執鉤戟呂氏春秋知分篇直兵造胷句兵鉤頸注云直矛也句戟也襄二十三年左傳或以戟鉤之斷肘而死東觀漢記楊政以車駕出伏道邊持車叩頭旄頭以戟叉政傷胷前又郭鎮以劒擊閻景墮車左右以戟叉其胷之郭頌世語舊制三公領兵入見皆交戟叉頸而前

從戈榦者徐鍇本作榦聲 周禮戟長丈六尺者考工記車戟常注云八尺曰尋倍尋曰常字林戟長丈六尺詩無衣修我矛戟箋云戟車戟常也正義常長丈六 馥案柄長故狂狡倒戟出鄭人於井

讀若棘者隱十一年左傳子都拔棘以逐之注云棘戟也明堂位越棘大弓天子之戎器

也注云棘戟也漢書陳勝項籍傳鉏櫌棘矜顔注棘戟也徐樂傳奮棘矜顔注棘戟也矜戟之把也嚴安言世務書起閭巷杖棘矜吳都賦吳鉤越棘張協手戟銘名配越棘昭十年左傳而反棘焉注云戟里亭周禮掌舍戟門亦謂之棘

jiá
戛

戛 戟也從戈從百讀若棘 古黠切

戟也者東京賦立戈迆戛

zéi
賊

賊 敗也從戈則聲 昨則切

敗也者文十年左傳臣歸死於司敗也杜注陳楚名司寇爲司敗十八年傳毀則爲賊杜注毀則壞法也孟子賊仁者謂之賊六書故今俗書从貝从戎俗說貝戎爲賊葢誤以賊爲盜書曰怙終賊刑又曰賊虐諫輔傳曰毀則爲賊竊賄爲盜今人習聞盜賊之稱因合而爲一盜賊二字本未嘗同也

shù
戍

戍 守邊也從人持戈 傷遇切

說文解字義證 卷四十 九

守邊也者本書幾下云戍兵守也廣雅戍守也詩序采薇遣戍役也遣戍役以守衛中國箋云戍守也揚之水與我戍申傳云戍守也桓六年左傳於是諸侯之大夫戍齊莊八年傳戍葵邱十三年傳齊人滅遂而戍之僖十三年傳爲戎難故諸侯戍周杜注竝云戍守也莊十七年公羊解詁以兵守之曰戍西周策今王許戍三萬人與溫囿齊策以戍梁絳安邑高注竝云戍守也司馬法古者戍兵三年不典觀民之勞也尉繚子軍無功者戍三歲

從人持戈者本書役戍邊也古文從殳從人廣韻戍從人荷戈也

zhàn
戰

戰 鬭也從戈單聲 之扇切

鬭也者當爲鬥本書鬥下云兩士相對兵杖在後象鬥之形春秋桓十七年及齊師戰於奚杜注皆陳曰戰

xì
戲

戲 三軍之偏也一曰兵也從戈䖒聲 香義切

三軍之偏也者史記項羽本紀諸侯罷戲下僖二十八年左傳晉中軍亾大旆之左旃正義謂之左旃蓋是左軍所建者襄三年左傳舉其偏杜注偏屬也正義偏者半廂之名故傳多云東偏西偏軍師屬已分之別行謂之偏師傳云彘子以偏師陷是偏爲廂屬之名也馥案傳云師偏以修封疆又云司馬令尹之偏杜注偏佐也易師左次无咎崔憬曰偏將軍居左左次常備師也一曰兵也者太平御覽引作弄也僖九年左傳夷吾弱不好弄注云弄戲也二十八年傳謂與君之士戲

dié
戜

戜 利也一曰剔也從戈呈聲 徒結切

利也者本書鐵或從戜

yù
或

或 邦也從口從戈以守一一地也 于逼切

邦也者廣雅域國也鄭注周禮太宰大曰邦小曰國惠棟曰大戴禮大道邦或書微于殷其弗或亂正四方皆訓域也從口者五經文字口音圍

以守一者宋本作又从一

域 或又從土

jié
截

截 斷也從戈雀聲 昨結切

說文解字義證 卷四十 十

斷也者本書斷截也詩常武截彼淮浦王師之所箋云截王師而斷之後漢書陸續傳母嘗截肉未嘗不方江表傳孫權曰令人氣湧如山不自截鼠子頭以擲於海無顔復臨萬國通鑑魏人凡破六州丁壯者即加斬截

kān
戡

戡 殺也從戈今聲商書曰西伯既戡黎 口含切

殺也者書釋文引同通作戡釋詁戡克也郭引公羊傳克之者何殺之也墨子湯在鑣宮夢神謂之曰夏桀無道汝克戡之又通作龕謝朓詩西龕收組練李善云尚書序曰西伯戡黎龕與戡音義同

商書西伯既戡黎者彼作戡傳云戡亦勝也本書𢧐下引商書西伯𢧐耆尚書大傳西伯既𢧐耆

qiāng
戕

戕 槍也他國臣來弑君曰戕從戈爿聲 在良切

槍也者疑作搶戕搶聲相近搶言自外來也春秋左氏經桓十八年公薨于齊杜注不言戕諱之也襄三十一年傳閽戕戴吳馥案二十九年傳吳人伐越獲俘焉以爲閽使守舟吳子餘祭觀舟閽以刀弑之宣十八年秋七月邾人戕鄫子于鄫賈逵云邾使大夫往殘殺之左傳凡自虐其君曰弑自外曰戕釋例云戕者卒暴之名有國之君當重

戈

門設險而輕近暴客變起倉卒亦因事而見戒也春秋弒君多矣其戕唯此一事

lù 戮

戮 殺也。从戈翏聲。力六切

殺也者廣雅同周禮秋官敘官掌戮注云戮猶辱也既斬殺又辱之晉語殺其生者而戮其死者韋注陳尸爲戮

kān 戡

戡 刺也。从戈甚聲。竹甚口含二切

刺也者或作揕史記刺客列傳臣左手把其袖右手揕其匈索隱揕謂以劍刺其胷也

yǎn 戭

戭 長槍也。从戈寅聲。春秋傳有擣戭。弋刃以淺二切

長槍也者玉篇槍下云木兩頭鋭也或作鎗方言凡戟而無刃秦晉之閒謂之釨或謂之鏔　春秋傳有擣戭者文十八年左傳文釋文擣作檮直由反韋昭音桃馥案玉篇戭檮也漢書人表檮戭顏音疇演而韋昭讀已震反

zāi 𢦏

𢦏 傷也。从戈才聲。祖才切

jiǎn 戩

戩 滅也。从戈晉聲。詩曰：實始戩商。即淺切

滅也者通作翦鄭注周禮翦氏云翦斷滅之言也書成王政序成王東伐淮夷遂踐奄傳云遂滅奄而徙之正義鄭元讀踐爲翦翦滅也　詩曰實始戩商者魯頌閟宮文彼作翦傳云翦齊也箋云斷也非本書義

jiān 㦰

㦰 絕也。一曰田器。从从持戈。古文讀若咸。讀若詩云攕攕女手。子廉切

絕也者通作韱禮文王世子其刑罪則韱剸馥案韱剸謂斬絕也又通作殲趙宧光曰夏書殲厥渠魁當用㦰絕之㦰　讀若詩云攕攕女手者徐鍇本有一日二字

wǔ 武

武 楚莊王曰：夫武，定功戢兵，故止戈爲武。文甫切

本書會意者比類合誼以見指撝武信是也　釋名武舞也征伐動行如物鼓舞也故樂記曰發揚蹈厲太公之志也　楚莊王云云者宣十二年左傳楚子曰夫文止戈爲武又云夫武禁暴戢兵保大定功安民和衆豐財者也漢書武五子傳是以倉頡作書止戈爲武聖人以武禁暴整亂止息兵戈非以爲殘而興縱之也顏氏家訓客有難主人曰

今之經典子皆謂非說文所言子皆云是然則許慎勝孔子乎主人撫掌大笑應之曰今之經典皆孔子手迹邪客曰今之說文皆許慎手迹乎答曰許慎檢以六文貫以部分使不得誤誤則覺之孔子存其義而不論其文也先儒尚得臨文從意何況書寫流傳邪必如左傳止戈爲武反正爲乏皿蟲爲蠱亥有二首六身之類後人自不得輒改也安敢以說文校其是非哉

jí 戢

戢 藏兵也。从戈咠聲。詩曰：載戢干戈。阻立切

藏兵也者本書鞬所以戢弓矢隱四年左傳夫兵猶火也弗戢也將自焚也襄二十四年傳兵不戢必取其族杜注戢藏也　詩曰載戢干戈者周頌時邁文傳云戢聚也　宣十二年左傳引此詩杜注戢藏也

zhī 戠

戠 闕。从戈从音。之弋切

易豫卦朋盍簪釋文虞作戠戠叢合也　書禹貢厥土赤埴墳釋文埴鄭作戠徐鄭王皆讀曰熾正義戠埴音義同　周禮牛人以授職人鄭云職讀爲樴疏云充人置樴入地之時樴樴然作聲故以聲名其官馥據賈說疑職樴竝當作戠以

戠從音也

cán 戔

戔 賊也。从二戈。周書曰：戔戔巧言。昨千切

漢校官碑禽姦戔猾

賊也者通作殘易賁束帛戔戔虞云戔爲帛爲縷艮手持故束帛以艮斷巽故戔戔馥案子夏傳作殘本書殘賊也　周書曰戔戔巧言者今無此文秦誓惟截截善諞言文十二年公羊傳引作惟諓諓善竫言王注楚詞引作諓諓靖言鹽鐵論憏憏者褊也諓諓者賊也

文二十六　重一

yuè 戉

戉 斧也。从戈𠄌聲。司馬法曰：夏執玄戉，殷執白戚，周左杖黃戉，右秉白髦。凡戉之屬皆从戉。王伐切

經典通作鉞　釋名鉞豁也所向莫敢當前豁然破散也史記紂賜西伯弓矢斧鉞馥案後漢書郭躬傳既無斧鉞何

得專殺人乎古今注得賜黃鉞則斬持節將也

漢書刑法志大刑用甲兵其次用斧鉞

斧也者蒼頡篇廣雅開元文字廣韻御覽一切經音義二尙書釋文後漢書注竝引作大斧也字林戉玉斧也通作鉞書牧誓王左杖黃鉞釋文鉞本又作戉漢書天文志東井西曲星曰戉史記天官書作鉞文選冊魏公九錫文是用錫君鈇鉞各一六韜大柯斧刃長八寸重八斤柄長五尺以上一名天鉞詩公劉干戈戚揚傳云揚鉞也黃生義府曰呂氏春秋甯戚淮南子作甯越乃知戚當作戉　即古鉞字以音相近故借用越戚字則後人傳寫之譌也　司馬法曰夏執玄戉者史記周本紀斬以玄鉞集解司馬法曰夏執玄鉞宋均曰玄鉞用鐵不磨礪　殷執白戚者六書精蘊戚戉之白者爲之錫劑以文之不專用武也司馬法殷執白戚　周左杖黃戉右秉白髦者尙書作旄秉韻會引徐鍇本作把司馬法周左執黃鉞右執白旄所以示不進者審察斬殺之威也古今注金斧黃鉞鐵斧玄鉞三代通用之以斷斬今以黃鉞爲乘輿之飾玄鉞諸王公得建之武王以黃鉞斷紂故王者以爲戒太公以玄鉞斬妲己故婦人以爲戒漢制諸公建玄鉞以太公秉之助武王斷斬故爲諸侯之飾大將出征特加黃鉞者以銅爲之

黃金涂刃及木柄不得純金也易旅卦得其資斧釋文資衆家竝作齊張軌云齊斧蓋黃鉞斧也牧誓王左杖黃鉞傳云黃鉞以黃金飾斧昭十五年左傳鍼鉞秬鬯杜注鉞金鉞後漢書馮勤傳黃鉞一下無處所注云鉞斧也以黃金飾之吳錄假陸遜黃鉞唐書黃鉞古來以金爲飾金者應五行之數有肅殺之威去金稱黃理或未當其鉞宜改爲金鉞副威武之義焉

qī 戚

戚 戉也从戉尗聲　倉歷切

戉也者廣雅戚斧也釋名戚慼也斧以斬斷見者皆慼懼也詩公劉干戈戚揚傳云戚斧也禮文王世子大樂正學舞干戚樂記干戚羽旄明堂位朱干玉戚鄭注竝云戚斧也呂氏春秋仲夏紀執干戚戈羽高注戚斧漢書司馬相如傳建干戚郭璞曰戚斧也或作鏚小爾雅廣器鏚鉞斧也昭十二年左傳君王命剝圭以爲鏚柲杜云鏚斧也昭十五年傳鏚鉞秬鬯杜云鏚斧也

文二

wǒ 我

我 施身自謂也或說我頃頓也從戈從手手或說古𠂹字一曰古殺字凡我之屬皆從我　五可切

施身自謂也者本書吾下云我自偁也廣雅我己稱也易觀卦觀我生虞注我身也太玄出我入我注云我音如台小子之台馥案釋詁台我也史記仲尼弟子列傳宰予字子我論衡詰術篇其立字也展名取同義名予字子我

或說我頃頓也者本書俄行頃也仆頓也荀子禮論篇儋說其所敦惡之文也注云敦讀爲頓頓困躓也　手或說古𠂹字者手五經文字作手當作𠂹𠂹字其首左向而下𠂹篆當作𠂹　一曰古殺字者書泰誓我伐用張孟子引作殺

[illegible] 古文我

或云本書古文殺作[illegible]此當作[illegible]馥謂古文𠂹作[illegible]此當作[illegible]

yí 義

義 己之威儀也從我羊　宜寄切

己之威儀也者儀當爲義通用儀字本書皃頌儀也釋名儀宜也得事宜也釋詁儀榦也郭注儀表亦體榦書文矦之命王若曰父義和鄭注義讀爲儀呂刑鴟義姦宄鄭注訓義爲狀周禮司徒以儀辨等則民不越注云故書儀或爲義肆師治其禮儀以佐宗伯注云故書儀爲義鄭司農云義讀爲儀古者書儀但爲義今時所謂義爲誼大戴禮哀公問五義荀子作五儀禮記出如舒鴈注云舒鴈鵞也威儀自然而有行列少儀言語之美朝廷之美祭祀之美車馬之美注云美皆當爲儀字之誤也文六年左傳引之表儀杜注表儀猶威儀成十三年傳成子受脤於社不敬劉子曰吾聞之民受天地之中以生所謂命也是以有動作禮義威儀之則以定命也能者養之以福不能者敗以取禍今成子惰棄其命矣襄三十一年傳何謂威儀對曰有威而可畏謂之威有儀而可象謂之儀君有君之威儀其臣畏而愛之則而象之故能有其國家令聞長世臣有臣之威儀其下畏而愛之故能守其官職保族宜家順是以下皆如是是以上下能相固也衛詩曰威儀棣棣不可選也言君臣上下父子兄弟內外大小皆有威儀也周詩曰朋友攸攝攝以威儀言朋友之道必相教訓以威儀也昭五年傳公如晉自郊勞至於贈賄無失禮女叔齊曰是

qín 琴　jué ㇄　jué 亅

儀也不可謂禮昭二十五年傳子太叔見趙簡子簡子問揖讓周旋之禮焉對曰是儀也非禮也通鑑臣光曰夫禮非威儀之說也然無威儀則禮不可得而行矣　從我羊者韻會引云從我美省我者已也人言之已歸之爲美也馥案本書美與善同意羛與義美同意苟从羊羊與義善美同意

羛　墨翟書義從弗魏郡有羛陽鄉讀若錡今屬鄴本內黃北二十里

魏郡有羛陽鄉者續漢書郡國志魏郡內黃有羛陽聚後漢書光武紀帝自將征五校幸內黃大破五校於羛陽降之注云羛陽聚名屬魏郡故城在今相州堯城縣東諸本有作弟者誤也左傳云晉荀盈如齊逆女還卒於戲陽杜預注云內黃縣北有戲陽城戲與羛同音許宜反水經注淇水云白溝自縣北逕戲陽城東世謂之羛陽聚寰宇記永定縣本漢內黃縣也羛陽聚故城在今縣東　本內黃北二十里者徐鍇本作本內黃北二十里鄉也

文二　重二

亅　鉤逆者謂之亅象形凡亅之屬皆從亅讀若橜　衢月切

㇄　鉤識也從反亅讀若捕鳥罬　居月切

鉤識也者本書尺從此云乚所識也趙宧光曰凡點閱經史用鉛槧左直平鉤向右或先上平向右直下如乚字形皆鉤識義也馥案史記武帝讀東方朔上書輒乚其處本書，有所絕止，而識之也與乚同意　從反亅者廣韻所引下有象形二字

文二

珡　禁也神農所作洞越練朱五弦周加二弦象形凡珡之屬皆從珡　巨今切

桓譚新論八音之中惟絲最密而琴爲之首又云琴隱長四寸五分隱以前長八分　七發九寡之珥以爲約李善云字書約亦的字也的琴徽也　琴書自堯相傳善琴者八十餘人有八十餘㩦雖少有差大體相似皆長三尺六寸法朞之數也上圓而斂象天也下方而平法地也十三徽配十二律餘一象閏也本五弦宮商角徵羽也加二弦文武也至後漢蔡邕又加二弦象九星在人法九竅其㩦有異傳於四代所象鳳首翅足尾南方朱雀爲樂之主也五分其身以三爲上以二爲下三天兩地之義也上廣下狹尊卑之象也中翅八寸象八風腰廣四寸象四時軫圓象陽轉而不窮也臨樂承露用棗膏用梓未達先賢深意也

禁也者廣雅琴禁也風俗通聲音篇雅琴者樂之統也故琴之爲言禁也雅之爲言正也言君子守正以自禁也白虎通禮樂篇琴者禁也所以禁止淫邪正人心也長門賦援雅琴以變調兮李善引七畧雅琴琴之言禁也雅之言正也君子守正以自禁也李尤琴銘存雅却鄭浮侈是禁趙宧光曰琴訓禁何聲解也古今南北疑似相襲醫之爲意東之爲動類也至若馬訓怒龜訓舊亦類也　神農所作洞越者急就篇竽瑟空侯琴筑箏顏注琴神農所作也風俗通謹案世本神農作琴桓譚新論神農氏繼而王天下於是始削桐爲琴繩絲爲弦以通神明之德合天人之和焉帝王世紀炎帝神農氏作五弦之琴曹植神農贊正爲雅琴以暢風俗嵇康琴讃昔在黃農神物以臻傳玄琴賦序神農氏造琴所以協和天下人性爲至和之主通典琴之始作或云伏羲或云神農諸家所說莫能詳定初學記引琴操曰伏犧作琴注云又案世本說文桓譚新論並云神農作琴二說不同宋書樂志琴馬融笛賦云宓羲造琴世本云神農所造廣雅伏羲氏琴長七尺二寸上有五弦注云見世本馥案長七尺二寸者瑟也大荒北經帝俊生晏龍晏龍是爲琴瑟郭注世本云伏羲作琴神農作瑟馥案所引世本與他書異晉書樂志農瑟羲琴魏書樂志伏羲弦琴漢書司馬相如傳使靈媧鼓琴而舞馮夷張揖曰伏羲作琴使女媧鼓之馥案此皆言伏羲作與本書異

洞越者樂記清廟之瑟朱弦而疏越鄉飲酒禮二人皆左何瑟後首挎越燕禮小臣左何瑟面鼓執越注並云越瑟下孔也　練朱五弦周加二弦者廣雅神農氏琴長三尺六寸六分上有五弦曰宮商角徵羽文王增二弦曰少宮商隋書樂志絲之屬四一曰琴神農制爲五弦周文王加二弦爲七者也桓譚新論五弦弟一弦爲宮其次商角徵羽文王武王各加一弦以爲少宮少商琴操琴長三尺六寸六分象三百六十六日廣六寸象六合文上曰池池者水也言其平下曰濱濱者服也前廣後狹象尊卑也上圓下方法天地也五弦象五行大弦爲君小弦爲臣文王

亅琴

sè 瑟

武王加二弦以合君臣之恩釋智匠樂錄
文王加一武王加一今稱二弦爲文武弦

鑒 古文珡從金

汗簡作鑿又作鋈云竝見
說文玉篇闕璧竝古文

瑟 庖犧所作弦樂也從珡必聲 所櫛切

釋名瑟施弦張之瑟瑟然也 易通卦驗冬至鼓黃鍾之瑟
瑟用槐木長八尺一寸 夏至瑟用桑木注云瑟用桑木者柳
槐條取其垂象烝下也 莊子徐無鬼篇說調瑟云鼓之二
十五弦皆動 文子瑟二十五弦各以其聲應 呂氏春秋
古樂篇瞽叟乃拌五弦之瑟作以爲十五弦之瑟命之曰大
章以祭上帝舜立仰延乃拌瞽叟之所爲瑟益之八弦以爲
二十三弦之瑟 白虎通禮樂篇瑟者嗇也閑也所以懲忿
窒欲正人之德也故曰瑟有君父之節臣子之法君父有節
臣子有義然後四時和四時和然後萬物生故謂
之瑟也 月令章句瑟前其柱則清却其柱則濁
庖犧氏所作弦樂也者徐鍇本作弘樂馥案當爲孔越猶
琴之洞越熊安生禮記義疏瑟兩頭有孔畫疏之疏通也

說文解字義證 卷四十 七

使兩頭孔相連而通孔小則聲急孔大則聲遲庖犧本書
琴字下作虙羲顏注急就篇瑟庖犧氏所作也長七尺二
寸二十七弦今則二十四 北堂書鈔引世本庖犧氏作瑟
瑟潔也使人精潔于心淯一于行也 風俗通謹按世本宓
義作瑟八尺一寸四十五弦黃帝書泰帝使素女鼓瑟而
悲帝禁不止故破其瑟爲二十五弦今瑟長五尺五寸非
正器也 史記封禪書或曰大帝使素女鼓五十弦瑟悲帝
禁不止故破其瑟爲二十五弦於是賽南越禱祠太一后
土始用樂舞益召歌兒作二十五弦 世本云庖犧
作五十弦黃帝使素女鼓瑟哀不自勝乃破爲二十五弦
具二均聲 禮圖云雅瑟長八尺一寸廣一尺八寸二十三
弦其常用者十九弦頌瑟長七尺二寸廣尺八寸二十五
弦盡用之 楚詞大招伏戲駕辯楚勞商只注云伏戲古王
者也始作瑟駕辯勞商皆曲名也 古史考伏犧作瑟帝王
世紀太昊帝庖犧氏風姓也蛇身人首有聖德都陳作瑟
三十六弦黃帝損爲二十五弦長七尺二寸 曹植庖犧贊
瑟以象時神德通玄 隋書樂志絲之屬四二曰瑟二十七
弦伏羲所作者也 司馬貞三皇本紀太皞庖犧氏作三十
五弦之瑟馥案或以瑟爲神農作 淮南子神農之初作瑟
以歸神反望及其天心也 長笛賦神農造瑟 魏書樂志農

皇制
瑟

爽 古文瑟

汗簡作𤨾又作
鋈云竝見說文

文二　重二

yǐn 乚

乚 匿也象迟曲隱蔽形凡乚之屬皆從乚讀若隱 於謹切

匿也者廣韻匿隱也隱乚古今字通作隱論語
隱者也僖二十四年左傳身將隱焉用文之

zhí 直 (直)

直 正見也從乚從十從目 除力切

正見也者廣雅直正也易坤卦直其正也詩碩鼠爰得我
直箋云直猶正也小明正直是與傳云正直爲正能正人
之曲曰直襄七年左傳正直爲正正曲爲直郊特
牲告之以直信注云直猶正也蜀志法正字孝直

𣅡 古文直

說文解字義證 卷四十 六

囧當作囧
古文目字

文二　重一

wáng 亡 (亡)

亡 逃也從人從乚凡亡之屬皆從亡 武方切

逃也者本書逃亡也書牧誓乃惟四方之多罪逋逃是崇
是長是信是使傳云紂尊長逃亡罪人晉語離桓之罪以
亡於楚注云亡奔也尉繚子兵戍邊一歲遂亡不候代者
法比亡軍史記張耳亡命晉灼曰命者名也謂脫名籍而
逃匿則削除名籍故爲亡也韓詩外傳齊桓公出游遇一
丈夫褒衣應步帶著桃殳桓公怪而問之丈夫曰是名二
桃桃之爲言亡也夫日日慎桃何患之有故
亡國之社以戒諸侯庶人之戒在於桃殳

zhà 乍

乍 止也一曰亡也從亡從一 鉏駕切

止也者爲一所礙而止也
徐鍇本云一有所礙也

wàng 望

望 出亡在外望其還也從亡朢省聲 巫放切

wú 橆(無)

一切經音義三望無方反說文出亾在外望其還也字從亾朢省聲若音無放反說文月滿與日相望也字從月從臣從壬但此二字音體人多不辨故此兩釋

出亾在外望其還也者釋名望惘也視遠惘惘也詩小戎方何爲期胡然我念之箋云方今以何時爲還期乎言望之也中庸遠之則有望注云相思若其將來也齊策女朝出而晚來則吾倚門而望女暮出而不還則吾倚閭而望

橆 亾也從亾無聲 武扶切

老子萬物生於有有生於無　世說王輔嗣弱冠詣裴徽徽問曰夫無者誠萬物之所資聖人莫肯致言而老子申之無已何邪弼曰聖人體無無又不可以訓故言必及有老莊未免於有恆訓其所不足　後漢書馮衍傳飢者毛食注云衍集毛作無今俗語猶然或古亦通乎馥案佩觿云河朔謂無曰毛然則方俗語也

亾也者本書撫古文從辵亾舞古文從羽亾攴撫也從攴亾聲讀與撫同詩衛風何有何亾坊記則亂益亾注云亾無也襄九年左傳姜曰亾杜注亾猶無也

无 奇字無通於无者虛無道也王育說天屈西北爲无

奇字無者本書敘及亾新居攝時有六書二曰奇字卽古文而異者也　通於无者者徐鍇本作元韻會引同鍇曰元謂萬物之始小字本增韻洪武正韻竝作元盧君文弨曰通於元者卽乾元坤元自無而之有者也元字左戾上徹爲无故言通於元公羊解詁變一爲元元者氣也無形以起有形以分造起天地天地之始疏云春秋說元者端也氣泉注云元爲氣之始如水之有泉泉流之原無形以起有形以分窺之不見聽之不聞子華子混茫之中是名太初實生三氣上氣曰始中氣曰元下氣曰玄玄資於元元資於始始資於初　虛無道也者宋本小字本無此文周易釋文增韻竝作虛无廣韻元虛无之道聲類虛無也釋詁虛無之閒也易繫辭正義引何氏云上篇明无故曰易有太極太極卽无也乾坤鑿度天數一一者無也韓康伯曰道者无之稱也寂然无體不可爲象必有之用極而无之功顯故至乎神无方而易无體　王育說天屈西比爲无者周易釋文作王述徐鍇亦偁王述本書爲下禿下竝引王育說唐玄度十體書曰周宣王太史籒始變古文著大篆十五篇秦焚詩書唯易與史篇得全逮王莽亂此篇亾失建武中獲九篇章帝時王育爲作解說所不通者十有二三山海經天不足西北無陰陽消息春秋元命包天不足西北陽極於九故天周九九八十一萬里

gài 匃

匃 气也逯安說亾人爲匃 古代切

气也者今作乞一切經音義三蒼頡篇乞行請求也通俗文求願曰匃字體從人從亾言人有亾失則行求匃也昭六年左傳不強匃釋文匃本或作丐乞也說文作匃宣二年傳閻乞肉焉趙策爲乞人而往乞史記王翦傳將軍之乞貸亦已甚矣漢書文帝紀匃以啟告朕顏注匃亦乞也陳湯傳匃貣無節顏注匃乞也西域傳我匃若馬顏注匃乞與也後漢書班超傳匃超餘年注云匃乞也寇榮傳願陛下匃兄弟死命注云匃乞也陳琳爲袁紹檄豫州文乞匃攜養梁書王僧孺傳愍其留賃憐此行乞唐書李德裕傳帝息荒於政故惑里多所請匃　逯安說亾人爲匃者昭六年左傳釋文引同

文五　重一

xì 匸

匸 衺徯有所俠藏也從乚上有一覆之凡匸之屬皆從匸讀與傒同 胡禮切

衺徯有所俠藏也者廣雅衺徯竝云道也通俗文衺道曰徯月令塞徯徑俠玉篇作挾釋言挾藏也　從乚上有一覆之者文當爲匸不與上横連轉五經文字云說文作匸　讀與傒同者傒當爲徯

qū 區

區 踦區藏匿也從品在匸中品眾也 豈俱切

踦區藏匿也者昭七年左傳作僕區之法服虔云僕隱也區匿也爲隱亾人之法也荀子大畧篇言之信者在乎區蓋之閒注云區藏物處　品眾也者九經字樣品是眾物也

nì 匿

匿 亾也從匸若聲讀如芊騶箠 女力切

亾也者釋詁匿微也郭云微謂逃藏也文十八年左傳掩賊爲藏杜注掩匿也　讀如芊騶箠者當云讀如芊騶箠笍本書笍羊車騶箠音陟衛切詩瞻卬三章鞫人忮忒譖始竟背豈曰不極伊胡爲慝隱從匿聲與背爲韻

lòu 㔷

㔷 側逃也從匚丙聲一曰箕屬盧候切

側逃也者通作陋釋言陋隱也書堯典明明揚側陋傳云明舉明人在側陋者舜典序虞舜側微正義此云側微即堯典側陋也書帝命驗虞舜聖在側陋光耀顯都說苑晏子曰嬰仄陋之人也　丙聲者丙疑爲㐁本書㐁他念切讀若三年導服之導㐁丙聲相近

yǎn 匽

匽 匿也從匚妟聲於蹇切

匿也者廣韻匽隱也周禮宮人爲其井匽鄭司農云匽路廁也燕策鑄諸侯之象使侍屏匽

yì 医

医 盛弓弩矢器也從匚從矢國語曰兵不解医於計切

盛弓弩矢器也者玉篇医所以蔽矢也廣雅医矢藏也國語曰兵不解医者齊語文彼云甲不解纍兵不解翳弢無弓服無矢韋注纍所以盛甲也翳所以蔽兵也弢弓衣服矢服也

pǐ 匹

匹 四丈也從八匚八揲一匹八亦聲普吉切

四丈也者李籍九章算術音義引同急就篇資貨市贏匹幅全顏注四丈曰匹小爾雅五尺謂之墨倍墨謂之丈倍丈謂之端倍端謂之兩倍兩謂之匹雜記納幣一束束五兩兩五尋注云八尺曰尋五兩五尋則每卷二丈也合之四十尺今謂之匹猶匹偶之云與閔二年左傳重錦三十兩杜注以二丈雙行故曰兩三十兩三十匹也昭二十六年傳以幣錦二兩杜注二丈爲一端二端爲一兩所謂匹也淮南天文訓有形則有聲音之數五以五乘八五八四十故四丈而爲匹匹者中人之度也一匹而爲制說苑天子束帛五匹玄三纁二各五十尺諸侯玄三纁二各三十尺大夫玄一纁二各三十尺元士玄一纁一各二丈下士綵縵各一匹庶人布帛各一匹漢書食貨志布帛廣二尺二寸爲幅長四丈爲匹晉令舊制人閒所織絹布等皆幅廣二尺二寸長四十尺爲一端宋書沈慶之傳慶之炊時年八十夢有人以兩匹絹與之謂曰此絹足度慶之謂人曰老子今年不免兩匹八十尺也足度無盈餘矣唐制布帛四丈爲匹六丈爲端通鑑嶺南獻八筒細布一端八丈宋高祖惡其精麗勞人馥案此以一端兼四端之長通鑑又云高歡以諸州綢絹不依舊式奏令悉以四十尺爲匹襄十九年左傳賄荀偃束錦注云五匹爲束周易束帛戔戔賈誼服虔並云束帛五匹容齋五筆今人謂縑帛一匹爲一端或總言端匹案左傳幣錦二兩注云二丈爲一端二端爲一兩所謂匹也二兩二匹也然則以端爲匹非矣　八揲一匹者廣韻揲摺揲馥謂四丈而八揲之揲凡五尺程君瑤田曰說文揲閱持也又曰匹四丈也八揲一匹不有說文則易繫傳揲之以四以象四時不知揲爲閱持兩手間容五尺矣　八亦聲者當爲八聲

文七

fāng 匚

匚 受物之器象形凡匚之屬皆從匚讀若方府良切

受物之器者廣韻一斗日匚聘禮夫人使下大夫勞以二竹簋方注云竹簋方者器名也以竹爲之狀如簋而方如今寒具筥筥者圜此方耳

𠥫 籒文匚

jiàng 匠

匠 木工也從匚從斤斤所以作器也疾亮切

木工也者考工記有攻木之工又云夏后氏上匠又云審曲面埶以飭五材以辨民器謂之百工隱十一年左傳山有木工則度之　斤所以作器也者孟子匠人斲而小之

qiè 匧

匧 藏也從匚夾聲苦叶切

藏也者徐鍇本作椷藏也韻會引同本書椷篋也玉篇匧緘也緘當爲椷本書䡈下云車笭間皮篋古使者奉玉以藏之漢書張安世傳武帝行幸河東嘗亡書三篋顏注急就篇篋長笥也言其狹長篋篋然也李君威曰文選注引云笥也按儀禮注隋方曰篋後漢書張衡傳珍蕭艾於重笥兮注云笥篋也馥案李善注應璩謝惠連詩並引作笥也

篋 匧或從竹

kuāng 匡

𠥂 飯器筥也從匚㞷聲去王切

飯器者集韻引作飲器　筥也者筥當爲籧本書籧飲牛筐也方曰筐圜曰籧籧通作筥方言筥淇衛之間謂之牛

yí 匜

匜或或竹

似羹魁柄中有道可以注水从匸也聲移尒切

似羹魁柄中有道可以注水者本書魁羹斗也一切經音義一匜似杓柄中有道可以注水也廣韻匜杯匜似榼可以注水纂文匜水器也梁正三禮圖匜受一斗流長六寸漆赤中諸侯以象飾天子以黃金既夕槃匜匜實於槃中南流注云槃匜盥器也流匜口也公食大夫禮小臣具槃匜注云爲公盥也僖二十三年左傳奉匜沃盥注云匜沃盥器也徐鍇本作可以注水酒馥案內則敦牟卮匜注云卮匜酒漿器

suǎn 匴

渌米籔也从匸算聲穌管切

渌米籔也者本書籔炊籅也籅漉米籔也或作匴方言炊籅或謂之匴集韻匴與匴同盪米籔

gòng ⿷匸贛

小桮也从匸贛聲古送切

小桮也者本書桮⿷匸贛也⿷匸贛桮笿也顏注急就篇杯酒器也一名⿷匸贛廣雅⿷匸贛杯也釋器小罌謂之坎馥謂坎⿷匸贛聲相近廣韻四十八感有⿷匸贛字五音集韻⿷匸贛又音感

⿷匸贛或從木

fěi 匪

器似竹筐从匸非聲逸周書曰實玄黃于匪非尾切

器似竹筐者通作篚廣韻篚竹器方曰筐圓曰篚書禹貢厥篚織文鄭注其實于篚者入于女功正義歷檢篚之所盛皆供衣服之用入于女功如鄭言矣馥案禹貢厥篚織貝鄭注貝錦名引詩成是貝錦又厥篚玄纖縞鄭注祭服之材尚細漢書地理志引書厥棐織文顏注棐與篚同篚竹器筐屬詩鹿鳴承筐是將傳云筐篚屬箋引書篚厥玄黃馥案三禮舊圖篚以竹爲之長三尺廣一尺深六寸足高三寸如今小車笭士冠禮有篚實注云篚竹器如笭者周禮肆師共設匪罋之禮注云豆實實于罋簠實實于篚匪其篚字之誤與馥案此所言皆非衣服之用似別是一器其字從竹與車笭之篚同

cāng 𠥏

古器也从匸倉聲七岡切

tiáo ⿷匸攸

田器也从匸攸聲徒聊切

田器也者廣雅⿷匸攸畚也案論語以杖荷蓧本書引作莜

yì ⿷匸異

田器也从匸異聲與職切

hū 匫

古器也从匸曶聲呼骨切

yǔ 匬

甌器也从匸俞聲度矦切

甌器也者徐鍇本作甌匬器也玉篇匬器受十六斗

guì 匱

匣也从匸貴聲求位切

匣也者史記夏矦嬰傳索隱引同御覽引作匱也廣雅匱謂之匱楚詞七諫玉與石而同匱兮王注匱匣也書金縢乃納冊于金縢之匱中李尤匱銘國有都邑家有匣匱字或作鐀漢書司馬遷傳紬石室金鐀之書

dú 匵

匱也从匸賣聲徒谷切

匵也者論語韞匵而藏諸鄭注匵匱也後漢書周榮傳蘊匱古今注云匵匱也五經文字匵與櫝同匱也本書櫝匵也論語龜玉毀於櫝中

xiá 匣

匵也从匸甲聲胡甲切

匵也者一切經音義十五引同又云今謂盛刀劍者也御覽引作匱也史記刺客列傳荆軻奉樊於期頭函而秦舞陽奉地圖匣以次進索隱匣亦函也魏武上雜物疏銀鏤漆匣四枚通作柙曹丕與鍾繇書鄴騎既到寶玦初至捧柙跪發五內震駭繩窮柙開爛然滿目

huì 匯

器也从匸淮聲胡罪切

jiù 柩

棺也从匸从木久聲巨救切

玉篇匛棺也亦作柩馥案本書正文當作匛或从木作柩

棺也者廣雅柩棺也釋名尸已在棺曰柩柩究也送終隨身之制皆究備也白虎通柩之爲言究也久也不復章也曲禮曰在牀曰尸在棺曰柩小爾雅廣名空棺謂之櫬有尸謂之柩漢書薛宣傳其以府決曹掾書立之柩以顯其魂

（籀文柩）籀文柩

周禮大師帥瞽而廞作匶謚疏云匶卽柩也古字通用之

匰 宗廟盛主器也周禮曰祭祀共匰主從匚單聲 都寒切

宗廟盛主器也者本書祏宗廟主也 周禮曰祭祀共匰主者春官司巫文杜子春云匰器名主謂木主也

文十九　重五

曲 象器曲受物之形或說曲蠶薄也凡曲之屬皆從曲 丘玉切

象器曲受物之形者仰匚爲凵 或說曲蠶薄也者本書𥳑蠶薄也詩豳風八月萑葦傳云豫畜萑葦可以爲曲也月令季春具曲植籧筐注云時所以養蠶器也曲薄也筐子輕重甲篇陽春蠶桑且至請以給其口食筥曲之彊呂氏春秋季春紀具挾曲䈂筐注云曲薄也青徐謂之曲受桑器也淮南時則訓季春之月具撲曲筥筐注云皆受桑器史記絳侯世家勃以織薄曲爲生索隱謂勃本以織蠶薄爲生業也韋昭云北方謂薄爲曲許慎注淮南云曲葦薄也楊泉蠶賦闓紆卷薄灑埽宮庭蠶母須飾從容自寧古文苑元后誄蠶於繭館躬筐執曲注云筐曲皆育蠶之具集韻𧍙蠶易曲也類篇吳人謂蠶曲爲䈞字或作笛玉篇笛養蠶具也又作䈞集韻吳人謂育蠶竹器曰䈞薄或作箔方言宋魏陳楚江淮之閒箔謂之笛自關而西謂之箔司馬徵別傳有人臨蠶求簇箔者徵自棄其蠶而與之

（古文曲）古文曲

漢無極山碑窈窕𠃊隈

𠙹 𣪠曲也從凵王聲 丘玉切

𣪠曲也者廣雅同漢斥彰長田君碑夏陽令漢官印有騎部𠙹督通作曲釋名曲局也相近局也

𤮊 古器也從凵㕣聲 土刀切

古器也者或作筶纂文趙代以筥爲筶玉篇筶牛筐也

文三　重一

甾 東楚名缶曰甾象形凡甾之屬皆從甾 側詞切

本書畁從此今譌爲畀

東楚名缶曰甾者本書𠚋下云甾缶也六書故引李陽冰曰大腹而斂今曰𠙴缶與𠙴小變形玉篇古文作甾卽甾字寫誤

（古文甾）古文

疀 𣂇也古田器也從甾疌聲 楚洽切

文十四年左傳晉姬生捷菑按卽疌甾

𣂇也者本書𣂇利也引爾雅𣂇謂之疀 古田器也者釋器𣂇謂之疀郭注皆古鍬鍤字玉篇疀古文臿集韻鍤鍬也釋名鍤插也插地起土也方言臿或謂之鍏鹽鐵論秉耒抱插

畚 𤰈屬蒲器也所以盛種從甾弁聲 布忖切

𤰈屬者廣雅𤰈畚也 蒲器也所以盛種者宣二年左傳正義引作盛糧玉篇畚盛糧器也宣六年公羊傳有人荷畚何云畚草器若今市所量穀者是也齊人謂之鐘周禮挈壺氏挈畚以令糧注云鄭司農云縣畚于所當稟假之處令軍望見知當稟假於此下也畚所以盛糧之器故以畚表稟馥案亦用以盛土宣十一年左傳稱畚築注云畚盛土器襄九年傳陳畚挶注云畚簣籠正義宣二年注云畚以草索爲之其器可以盛糧又可以盛土也論語稱爲山用簣是簣爲盛土之器故以畚爲簣籠也周語侔而畚挶韋注畚器名土籠也列子黃帝篇假糧荷畚注云畚簣籠也殷湯篇荷擔者三夫叩石墾壤箕畚運于渤海之尾韓子五蠹篇禹之王天下也身執耒畚以爲民先呂氏春

píng 缾

秋不屈篇今之城者或者操大築乎城上或負畚而
赴乎城下鹽鐵論畚土之基雖良匠不能成其高

缾 吸也從甾并聲杜林以爲竹筥楊雄以爲蒲器讀若輧 薄經切

楊雄以爲蒲器者本書吸蒲席鮩也廣韻鮩
織蒲爲器 讀若輧者徐鍇本讀若輧車

lú 𠧸

𠧸 䍈也從甾虍聲讀若盧同 洛乎切

䍈也者廣韻引作𦈈也𦈈乃甀之譌玉篇𠧸飲器也通作
盧急就篇甒甗甌瓨甖盧顏注盧小甖今之作盧酒者
取名於此漢書食貨志官作酒以二千五百斛爲一均率
開一盧以賣如淳曰酒家開肆待客設酒盧故以盧名肆
臣瓚曰盧酒瓮也言開一瓮酒也趙廣漢傳椎盧罌司馬
相如傳乃令文君當盧郭璞曰盧酒盧或作壚世說王戎
過黃公酒壚謂客曰吾
與叔夜嗣宗酣飲此壚

𥃫 篆文𠧸

𤭈 籒文𠧸

玉篇罏罌也
廣雅罏缶也

文五 重三

wǎ 瓦

瓦 土器已燒之總名象形凡瓦之屬皆從瓦 五寡切

廣韻引周書神農作瓦器 博物志桀作瓦 古史考昆吾
作瓦 釋名瓦踝也踝確堅貌也亦言踝也在外踝見也
土器已燒之總名者
抱朴子燒泥爲瓦

fǎng 瓬

瓬 周家摶埴之工也從瓦方聲讀若抵破之抵 分兩切

周家摶埴之工也者摶當爲摶考工記摶埴之工陶旊注
云摶之言拍也埴黏土也釋文摶李音團劉音摶戴君震
曰釋名拍摶也手摶其上也又云摶博也四指廣博亦似
擊之也則摶當音博不音團而釋文列團博兩音且團音
在前是直不辨摶摶之爲二字廣韻周禮有旊人爲簋者
蓋摶埴之工曲禮天子之六工有土工注云土工陶旊也

昭十七年左傳五雉爲五工正賈逵曰東方曰鶅雉摶埴
之工也尉繚子聖人食於土飲於土故埏埴以爲器老子
埏埴以爲器河上公注埏和也埴土也和土爲食飲之器
也一切經音義十三引淮南子陶人之剋埏埴許注埏揉
也埴土也新唐書地理志河南郡貢埏埴盎缶管子任法
篇猶埴之在埏也唯陶之所以爲君臣篇如冶之於金陶
之於埴制在工也 從瓦方聲者當爲從瓦方瓦亦聲鄭
司農讀瓬爲甫始之甫 讀若抵破之抵者本書無抵字
瓦甫聲
相近

zhēn 甄

甄 匋也從瓦垔聲 居延切

匋也者玉篇陶人作瓦器謂之甄土也漢書董仲舒傳猶
泥之在鈞唯甄者之所爲顏注甄作瓦之人也後漢書班
固傳甄殷陶周注引前書音義陶人作瓦器
謂之甄齊職儀左右甄官署掌塼瓦之作

méng 甍

甍 屋棟也從瓦夢省聲 莫耕切

六韜甍桷椽楹不斲 桓譚新論王莽起九廟甍
帶金銀錯鏤其上 文選鮑照詩繡甍結飛霞

屋棟也者襄二十八年左傳解其左肩猶援廟桷動於甍
杜云甍屋棟正義張衡西京賦曰甍宇齊平言諸屋棟簷
高下等也說文云甍屋棟也梁也是又名爲梁此是屋上
之長材椽所以憑依者也今俗謂之屋脊馥案本書闕梁
也二字釋名屋脊曰甍甍蒙也在上覆蒙屋也廣雅甍謂
之甂方言甂謂之甗注云即屋檼也今字作甍音萌晉語
譬之如室既鎮其甍矣又何加焉韋注甍棟也九章算術
今有芻甍李籍音義云芻刈草也甍屋棟也芻甍之形似
屋蓋上苫也後漢書謝夷吾傳大漢之棟甍注云甍亦棟
也魏韓顯宗上言至於度地居民則清濁連甍注云甍屋
棟所以承瓦西京賦鳳騫翥於甍標五臣注甍棟也景福
殿賦若乃高甍崔嵬五臣注甍屋櫚也雪賦始緣甍而冐
棟蜀都賦比屋連
甍劉注甍棟也

zèng 甑

甑 甗也從瓦曾聲 子孕切

古史考黃帝始造釜
甑 聲類甑又作䰝

甗也者字林甑炊器也顏注急就篇甑一名甗
亦謂之鬵又呼爲鉹方言甑自關而東謂之甗

yǎn 甗　wèng 瓮

籀文甑從弜　本書鬵鬵屬

甗也。一曰穿也。从瓦鬳聲。讀若言。魚蹇切

甑也者，考工記陶人爲甗，鄭司農云：甗無底甑。成二年穀梁傳以紀侯之甗來，注云：甗，玉甑。漢書司馬相如傳巖陁甗錡，郭璞曰：甗錡，隆屈窊折皃。西京賦陵重巘，釋山重甗隒，郭云謂山形如累兩甑，甗甑也。山狀似之，因以名云。詩公劉陟則在巘，傳云巘小山別於大山也。釋文巘本又作甗。甗字或作巘。釋名小山別大山曰甗。甗甑也。甑一孔，甗形孤出處似之也。一曰穿也者，當云一穿也，衍曰字。鄭注考工記甗如甑一空，又注少牢饋食禮甗如甑一孔。讀若言者，郭注方言甗音言。詩釋文甗又音言。

yí 瓵

甌瓿謂之瓵。从瓦台聲。與之切

甌瓿謂之瓵者，釋器文。郭注：瓿甊，小甖，長沙謂之瓵。玉篇：瓵，小甖也。史記貨殖傳集解引孫叔然曰：瓵，瓦器，受斗六升。六書故：瓵與瓻同。聞見錄：俗語借書與人爲一癡，還書爲一癡。嘗疑借書還書理也，何癡之云。後見王樂道與錢穆父書云：出師頌最絕妙，古語借書一瓻，還書一瓻，乃知今人訛以瓻爲癡也。

dàng 瓽

大盆也。从瓦尙聲。丁浪切

大盆也者，本書鐺，瓽也。顏注急就篇：瓽，大盆也。廣韻：瓽，大甕。集韻：瓽、瓽，大瓮。或作党。吳越春秋句踐送吳王甘蜜九党。徐天祐云：党當爲瓽。

ōu 甌

小盆也。从瓦區聲。烏侯切

小盆也者，字林同。三蒼：甌，瓦盂也。顏注急就篇：甌，小盆也。廣雅：㼜、甌，甂也。方言：甌、甂，陳魏宋楚之閒謂之㼜，自關而西謂之甂，其大者謂之甌。注云：今河北人呼小盆爲㼜子。淮南說林訓：狗彘不擇甂甌而食。荀子大略篇：流丸止於甌臾。

瓮

罌也。从瓦公聲。烏貢切

罌也者，方言：瓮，罌也。自關而東趙魏之郊謂之瓮，或謂之罌。或作甕。顏注急就篇：甕謂盛酒漿米粟之甕也。又通作罋。既夕禮：罋三。注云：罋，瓦器，其容一㲄。

xiáng 瓨　wǎn 㼝　líng 瓴

瓨

似罌長頸。受十升。讀若洪。从瓦工聲。古雙切

似罌長頸者，本書缸，瓨也。顏注急就篇：瓨，短頸長身之罌也。史記貨殖傳：醯醬千瓨。徐廣曰：瓨，長頸罌。字又作䍃。齊民要術有蒲桃瓨。

㼝

小盂也。从瓦夗聲。烏管切

小盂也者，本書盌字聲義同。

瓴

瓮似瓶也。从瓦令聲。郎丁切

瓮似瓶也者，漢書音義引作甖似瓶者。廣韻：瓴，瓴甋。一曰似罌有耳。史記高祖本紀：譬猶居高屋之上建瓴水也。集解如淳曰：瓴，盛水瓶也。淮南修務訓：夫救火者汲水而趍之，或以甕瓴，或以盆盂。

pí 㼰　biān 甂　bù 瓿

㼰

罌謂之㼰。从瓦卑聲。部迷切

罌謂之㼰者，方言文。彼作䍌。徐鍇韻譜：㼰，䍌也。廣雅：㼰，䍌也。

甂

似小瓿，大口而卑。用食。从瓦扁聲。芳連切

似小瓿大口而卑者，卑當爲庳。顏注急就篇：甂，瓦杅也，其形大口而庳，腹案小瓿者。方言：缶謂之瓿㼜，其小者謂之瓶。䍌，楚詞七諫：甂甌登於明堂兮，王注：甂甌，瓦器名也。家語致思篇：盛之土型之器。注云：型，瓦甂。用食者，說苑反質篇：魯有儉者，瓦鬲煮食，食以進孔子，孔子歡然而悅。弟子曰：瓦甂陋器也，煮食薄膳也，而先生何喜如此乎。

瓿

甂也。从瓦音聲。蒲口切

甂也者，東觀餘論引同。廣韻：甌瓿，瓶也。急就篇：甀缶盆盎甕䍌壺。顏注：缶字或作瓿。瓿甊，小罌也。方言：瓿甊，罌也。自關而西，晉之舊都河汾之閒，其大者謂之甀，其中者謂之瓿甊。漢書揚雄傳：吾恐後人用覆醬瓿也。顏注：瓿，小罌也。晉書五行志：瓿甊，瓦器，小於甖。增韻：瓿，甊也。甀卽罌也。

róng 㼸　pì 甓　zhòu 甃　qì 甈　chuǎng ⿰爽瓦

㼸　器也從瓦容聲（與封切）

器也者五音集韻㼸罌也廣雅㼸瓶也

甓　瓴甓也從瓦辟聲詩曰中唐有甓（扶歷切）

瓴甓也者徐鍇本作瓴甋也本書墼瓴適也廣雅瓴甋甓甗甎也釋宮瓴甋謂之甓郭云甗甎也今江東呼瓴甓鄭注禮運云瓦瓴甓考工記匠人堂涂十有二分注云謂階前若今令甓裓也疏云令甓則今之塼也裓則塼道者也九章算術今有出錢一百六十買瓴甓十八枚李淳風注云瓴甓塼也長門賦緻錯石之瓴甓兮通鑑高駢築城都羅城蜀土疏惡以甓甃之注云甓甎也晉書陶侃在廣州無事輒朝運百甓於外暮運於內謝惠連祭古冢文冢上無封域不用塼甓兩京記豐都市掘得古冢土藏無磚甓輿地志古墓中甓有隱起字謝靈運取甓至京師諸貴傳觀之述異記陳留周氏婢見一朽棺頭穿壞以甓塞穿詩曰中唐有甓者陳風防有鵲巢文傳云甓瓴甋也徐鍇本有讀若檗三字

甃　井壁也從瓦秋聲（側救切）

玉篇有古文作⿰巾瓦郭璞井賦爾乃冠玉檻甃鱗錯江淹井賦穿重壤之千仞兮搆玉甃之百節井壁也者字林同韻會引徐鍇本作井甓也玉篇甃瓬井甃也五經文字甃甎壘井風俗通甃井聚塼修井也易井甃釋文馬云爲瓦裏下達上也干云以甎壘井曰甃馥案虞翻云以瓦甓壘井稱甃

甈　康瓠破罌從瓦臬聲（魚列切）

康瓠破罌者釋器康瓠謂之甈釋文康字書作𤬪同李本作光字林作甈口光反史記賈誼傳斡棄周鼎兮而寶康瓠漢書音義鄭氏曰康瓠瓦盆底也廣雅甈裂也法言先知篇甄陶天下者其在和乎剛則甈柔則壞注云甈破瓦又破罌也廣雅甈甂甈也方言甂謂之盎自關而西或謂之盆或謂之盎其小者謂之升

𤮹　甈或從埶

⿰爽瓦　䃈垢瓦石從瓦爽聲（初兩切）

liè ⿰列瓦　hán ⿰今瓦

䃈垢瓦石者類篇引作瑳當作厝玉篇⿰爽瓦半瓦也廣韻𥗩瓦石洗物⿰爽瓦同又𤭦⿰爽瓦屑瓦洗器廣雅𤭦磨也或作𥗩西山經錢來之山其下多洗石郭注澡洗可以𥗩體去垢圿江賦奔溜之所𥗩錯韓愈元和聖德詩㴽濯剗𥗩又通作爽宋玉招魂賦露雞臛蠵厲而不爽

⿰列瓦　蹈瓦聲從瓦耎聲（零帖切）

蹈瓦聲者一切經音義十一引作蹈瓦聲𨅝𨅝也馥謂甄𨅝聲相近玉篇甄甄蹋瓦聲通俗文瓦破聲曰甄

⿰今瓦　治橐榦也從瓦今聲（胡男切）

治橐榦也者五音集韻引作冶橐榦也廣韻䃈排橐柄也瓦月形近致誤一切經音義十一火排又作橐同蒲拜反所以冶鍛家用吹火者也又卷八鼓橐又作鞴排二形同蒲戒反謂鍛家用吹火者也又卷十二鼓鞴宜作橐蒲戒反謂橐橐也鍛家用吹火令熾者也又卷十一排筒埤蒼作鞴又卷十四橐橐埤蒼作鞴又作排同蒲戒反王弼注老子云橐橐也東觀漢記因水爲排音義曰鍛家排也玉篇橐吹火橐鞴韋橐也可以吹火令熾亦作橐老子天地之閒其猶橐籥乎注云橐者外之櫝所以受籥也籥者內之管所以鼓橐也王弼云橐排橐也范應元注云冶煉之處用籥以接橐囊之風氣吹鑪中之火老子又云若橐籥有意於爲聲也則不足以共吹者之求也又云將欲翕之必固張之范注鑪之有鞴方可冶煉夫鞴之將欲翕也必固張之張之不固則不能翕也昭二十九年左傳遂賦晉國一鼓鐵以鑄刑鼎注云共鼓石爲鐵計令一鼓而足正義冶石爲鐵用橐扇火動橐謂之鼓今時俗語猶然吳越春秋干將造劍使僮子三百鼓橐裝炭金鐵乃濡薛燭說劍云當造此劍時雨師灑塵雷公擊橐淮南齊俗訓鑪橐埵坊設非巧冶不能以冶金本經訓鼓橐吹埵以銷銅鐵論衡量知篇銅錫未採在眾石之閒工師鑿掘鑪橐鑄鑠乃成器未更鑄橐名曰積石典論余好擊劍選茲良金命彼國工精而煉之巨橐自鼓世說稽康大樹下鍛向子期爲佐鼓排後漢書杜詩傳水排鑄農器注云冶者爲排以吹炭今激水鼓之馥案安陽西四十里有地名水冶即此義也焦氏筆乘排當作橐冶鑄者爲橐以吹炭即老子所謂橐籥也魏志韓暨爲監冶謁者舊時冶作馬排更作人排又費功力暨乃因長流水爲水排年計其利益三倍於前元和郡縣志朱鳶江馬援鑄銅船於此揚排然火冢

船頭令赤北史韋叔裕傳敵人有在地道內者便下柴火以皮韛吹之通鑑高歡攻玉壁韋孝寬掘長塹邀其地道又於塹外積柴貯火敵有在地道內者塞柴投火以皮排吹之一鼓皆焦爛注云排讀與韛同韋囊也所以吹火鼓排吹之火氣入地道故敵人在其中者皆焦爛謝承後漢書楊璇爲零陵太守猾賊攻璇乃製馬車數十以排囊盛石灰於車上會戰乃令馬車在前從風鼓灰賊不得視字或作擒集韻檜冶橐韛

甐 破也從瓦卒聲 穌對切

破也者通作碎廣雅碎壞也又云碎散也

瓪 敗瓦也從瓦反聲 布綰切

敗瓦也者集韻引作敗也一曰牝瓦馥案本書初刻無瓦字後增玉篇瓪牝瓦也本書㼰屋牝瓦下

文二十五　重二

⿰瓦僉

本書⿰瓦僉廣韻誤作⿰瓦僉云說文同上上閱三字有⿰瓦僉字云似瓶有耳玉篇⿰瓦僉似瓶有耳⿰瓦僉⿰瓦僉訓同所謂說文同上者⿰瓦僉⿰瓦僉同也

說文解字義證　卷四十　三十三

遺文一

弓 以近窮遠象形古者揮作弓周禮六弓王弓弧弓以射甲革甚質夾弓庾弓以射干侯鳥獸唐弓大弓以授學射者凡弓之屬皆從弓 居戎切

急就篇弓弩箭矢鎧兜鉾顏注以角曰弓以木曰弧一曰有緣謂之弓無緣謂之弭　釋名弓穹也張之穹隆然也其末曰簫言簫梢也又謂之弭以骨爲之滑弭弭也中央曰弣弣撫也人所持撫也簫弣之閒曰淵淵宛也言曲宛也　韓詩外傳此弓者太山之南烏號之柘騂牛之角荊麋之筋河魚之膠也四物者天下之練材也　兵書弓十分弦三副箭一百五十分一萬二千五百張弓三萬七千五百條弦三十七萬五千隻箭

以近窮遠者弓窮聲相近考工記幹也者以爲遠也太白陰經發弩圖篇自近及遠張瑨漢記陳球爲零陵太守弦大木爲弓引機發之遠射千餘步　古者揮作弓者世本文宋衷注云黃帝臣也玉篇黃帝臣揮作弓顏注急就篇古者揮作弓廣韻張姓本自軒轅第五子揮始造弦唐書世系表少昊第五子揮始制弓矢子孫賜姓張氏初學記世本揮始作弓又孫卿子曰倕作弓墨子曰羿作弓三說不同　周禮云云者夏官司弓矢掌六弓四弩八矢之法王弓弧弓以授射甲革椹質者夾弓庾弓以授射豻侯鳥獸者唐弓大弓以授學射者使者勞者注云往體寡來體多曰王弧往體多來體寡曰夾庾往體來體若一曰唐大考工記弓人往體多來體寡謂之夾庾之屬利射侯與弋往體寡來體多謂之王弓之屬利射革與質往體來體若一謂之唐弓之屬利射深

弴 畫弓也從弓𦎫聲 都昆切

畫弓也者詩行葦作敦弓傳云畫弓也劉氏新論貴言篇楚柘質勁必資楊檗以成弴弓荀子大畧篇天子雕弓注云雕謂雕畫爲文飾馥案弴雕聲近詩敦琢其旅釋文敦徐又音雕周禮司几筵每敦二几注云敦讀爲燾

說文解字義證　卷四十　三十四

弭 弓無緣可以解轡紛者從弓耳聲 緜婢切

弓無緣者釋器弓有緣者謂之弓無緣者謂之弭孫炎曰緣謂繳束而漆之弭謂不以繳束骨飾兩頭者也郭注緣者繳纏之即今宛轉也馥案宛轉乃無緣之弭御覽引淮南云宛轉弓今之弭弓是也鄴中記石虎女騎皆手持雌黃宛轉角弓角弓亦弭也既夕記弓矢之新沽功有弭飾焉注云無緣者謂之弭弭以骨角爲飾僖二十三年左傳其左執鞭弭注云弭弓末無緣者楚語龜珠齒角注云齒象齒所以爲弭禮記右手執簫注云簫弭頭也吳都賦貝胄象弭五臣云弭弓弭　可以解轡紛者者御覽引作可以解驂觚也當有誤字詩采薇象弭魚服傳云象弭弓反末也所以解紛也箋云弭弓反末彆者以象骨爲之以助御者解轡紒宜滑也釋文紒音計又音結本又作紛芳云反

𢐀 弭或從兒

弲 角弓也洛陽名弩曰弲從弓肙聲 烏玄切

hú 弧　chāo 弨　quán 彏　kōu 彄

角弓也者也當爲皃廣韻弴角弓皃詩騂騂角弓釋文騂說文作弲音火全反陳啟源曰按說文弲下不引詩觲下引詩觲觲角弓或唐本說文與今有異也　洛陽名弩曰弲者字或作卷漢書司馬遷傳張空弮李奇曰弮弓也顏注弮音邱權反又音眷

弧 木弓也從弓瓜聲一曰往體寡來體多曰弧 戶吳切

逢行珪注鬻子黃帝作弧矢　吳錄揮觀弧星始制弧　晉書天文志弧九星天弓也

木弓也者易繫辭弦木爲弧釋文引本書同鄭注考工記弧木弓也又注覲禮弧所以張縿之弓也鄭語檿弧箕服韋注弧弓也漢書五行志檿弧桑弓也韓安國傳弧弓射獵顏注以木曰弧以角曰弓家語觀鄉射篇懸弧之義注云弧弓也賈誼書爲王太子懸弧之禮東方之弧以梧南方之弧以柳中央之弧以桑西方之弧以棘北方之弧以棗遁甲開山圖河東有獨頭山多青檀可以爲良弓稽含木弓銘烏號之樸豐條足理弦弧走括徵飛駭止風俗通烏號弓者柘桑之林枝條暢茂烏登其上下垂著地烏適飛去從後撥殺取以爲弓因名烏號古史考烏號柘樹

枝長而烏集將飛枝彈烏烏乃號呼以柘爲弓因名烏號　一曰往體寡來體多曰弧者考工記弓人往體寡來體多謂之王弓之屬王觀國曰王弓弧弓合九而成規往體寡而來體多强弓也趙宧光曰今之筋角合成之弓反彎如規此往體多也木性堅直往屈不多故曰往體寡弦以强攀庶幾稍進故曰來體多也

弨 弓反也從弓召聲詩曰彤弓弨兮 尺招切

弓反也者詩彤弓釋文引同廣韻弨弓反曲玉篇弨弓弛皃詩騂騂角弓翩其反矣傳云不善紲檠巧用則翩然而反　詩曰彤弓弨兮者小雅彤弓文傳云弨弛也

彏 弓曲也從弓雚聲 九院切

弓曲也者廣韻彏卷曲也

彄 弓弩耑弦所居也從弓區聲 恪侯切

弓弩耑弦所居也者蔡邕黃鉞銘弓不援彄周禮繕人抉拾注云詩家說或謂抉爲引弦彄也馥案彄管弦者也筆

yáo 繇　zhāng 張　jué 彏　péng 弸　qiáng 彊　wān 彎　yǐn 引

管亦謂之彄內則右佩玦捍管注云管筆彄

繇 弓便利也從弓繇聲讀若燒 弋招切

張 施弓弦也從弓長聲 陟良切

施弓弦也者廣雅張施也詩吉日既張我弓考工記弓人寒奠體則張不流曲禮張弓尚筋弛弓尚角雜記張而不弛文武弗能也弛而不張文武弗爲也注云弓弩久張之則絕其力久弛之則失其體春秋佐助期天弓主弓弩之張論語釋文王弼注朱張字子弓

彏 弓急張也從弓矍聲 許縛切

弓急張也者廣韻彏弓弦急皃尸子鴻鵠在上扞弓彏弩待之漢書揚雄傳彏天狼之威弧顏注彏急張也

弸 弓彊皃從弓朋聲 父耕切

弓彊皃者太元止次八絕弸破車注云弸弦彊皃

彊 弓有力也從弓畺聲 巨良切

弓有力也者六韜太彊必折太張必缺史記絳侯世家材官引彊注云能引彊弓官如今挽彊司馬也

彎 持弓關矢也從弓䜌聲 烏關切

持弓關矢也者彎關聲相近廣雅彎引也昭二十一年左傳將注豹則關矣注云注傳矢關引弓釋文關本或作彎孟子越人關弓而射之新序楚熊渠子夜行見寢石以爲伏虎關弓射之淮南原道訓彎棊衛之箭高注彎引也東觀漢記蓋延彎弓三百斤通鑑魏主謂崔浩秪纖懦弱不能彎弓持矛惠棟曰鄉射禮不貫不釋注云古文貫作關呂氏春秋中關而止謂關弓弦正半而止即儀禮所謂不貫也史記五子胥傳五胥貫弓執矢嚮使者後漢祭肜傳能貫三百斤弓

引 開弓也從弓丨 余忍切

開弓也者玉篇引同又弘挽弓也考工記維體防之引之中參後漢書趙壹傳羿子彀左注云彀引弓也　從弓丨

wū 弙　hóng 弘　xǐ 𢐅　chí 弛　tāo 弢　nǔ 弩

者當爲丨聲

弙 滿弓有所鄉也從弓亏聲 哀都切

滿弓有所鄉也者集韻引作滿挽弓有所向也廣韻類篇同廣雅弙張也通作扜尸子扜弓彏弩大荒南經有人方扜弓射黃蛇注云扜挽也音紆史記五子胥傳五胥貫弓執矢嚮使者

弘 弓聲也從弓𠃋聲𠃋古文肱字 胡肱切

𢐅 弛弓也從弓璽聲 斯氏切

弛 弓解也從弓從也 施氏切

弓解也者通鑑建武二十六年令中郎將將弛刑五十人隨單于所處注引說文弓解曰弛曲禮弛弓尙角雜記張而不弛文武弗能也鄉射禮右加弛弓于其上注云執弛弓言不能用之也北史蘇威傳所爲者正如張弓非平世法也後之君子誰能弛乎月賦弛淸縣李善引字林弛解也 從也者徐鍇本作也聲字鑑同

𢐂 弛或從虒

汗簡作𢐂云出說文

弢 弓衣也從弓從𡕒𡕒垂飾與鼓同意 土刀切

弓衣也者字林同詩大叔于田抑鬯弓忌傳云鬯弓弢弓成十六年左傳中項伏弢杜注弢弓衣哀二年傳吾伏弢嘔血杜注弢弓衣齊語弢無弓韋注弢弓衣莊子知北游解其天弢新唐書王忠嗣傳有弓每弢之示無所用集韻櫜𡕒也𡕒卽弢又通作韜廣韻韜弓藏也 𡕒垂飾與鼓同意者廣韻𡕒䇓鼓大頭名馥案鼓從𡕒今譌從支

弩 弓有臂者周禮四弩夾弩庾弩唐弩大弩從弓奴聲 奴古切

古史考黃帝作弩 書太甲若虞機張往省括于度則釋傳云機弩牙也機有度以準望馥案潘岳射雉賦筭分銖商遠近曾見一弩機有金錯尺後又見數器皆有尺卽度也故可算尺之分銖以開弩而定遠近考古圖云元祐三年北使射於玉津園其首所用弩有度蓋宋時北中猶存此制 漢官解詁魏氏瑣連孫吳之法注云兵書有黃氏瑣連之器蓋弩射法也 魏氏春秋諸葛亮損益連弩以鐵爲矢矢長八寸一弩十矢俱發 晉陽秋馬隆討凉州虜隆募限腰引弩四十六鈞弓限四鈞已上覆案四十六鈞重千三百八十斤四鈞重百二十斤 孫盛奏事諸違令私作角弩力七斤以上一張弃市 李尤弩銘前聖制弓後聖造弩機牙發矢爰戚醜虜 阮子世多善弩而拙於弓弓無法準故任巧由意弩有法準故易有善 兵書弩二分弦三副箭一百分二千五百張弩七千五百條弦二十五萬隻箭 華嶠後漢書陳愍王寵善射弩其祕法以天覆地載參連爲奇又有三微三小三微爲經三小爲緯經緯相將萬勝之方然要在機牙其射至十發十中 太白陰經發弩圖篇弩者怒也言其聲勢威響如怒故名弩也穿剛達堅自近及遠守險塞口破驍陷堅非弩不尅也 發伐令張弩後左廂丁字立當弩八字立高擡手屈衫襟左手承檯右手迎上當心看張張有濶狹左胜右髆還覆當心安箭高舉射敵遠擡弩頭敵近平身放敵在左右回身放敵在高上挈腳放 教射經今有絞車弩中七百步攻城拔壘用之擘張弩中三百步步戰用之馬弩中二百步馬戰用之弩張遲臨敵不過三發所以戰陣不便於弩

非弩不利於戰而將不明於弩也不可雜於短兵當別爲隊攢箭注射則前無立兵對無橫陣復以陣中張陣外射番次輪回張而復出射而復入則弩不絕聲敵無薄我 夫置弩必處其高爭山奪水守隘塞口破驍陷果非弩不克 武經總要弩者中國之勁兵四夷之所畏服也古者有黃連百竹八擔雙弓之號絞車擘張馬弩之差今有參弓合蟬手射小黃皆其遺法若乃射堅及遠爭險守隘怒聲勁勢過衝制突者非弩不克 弓有臂者者顏注急就篇弓之施臂而機發者曰弩釋名弩怒也有勢怒也其柄曰臂似人臂也鉤弦者曰牙似齒牙也牙外曰郭爲牙之規郭也下曰懸刀其形然也合名之曰機言如機之巧也亦言如門戶之樞機開闔有節也吳越春秋諸侯相伐兵刃交錯弓矢之威不能制服琴氏乃橫弓著臂施機設樞加之以力 周禮四弩云云者夏官司弓矢掌六弓四弩八矢之灋又云凡弩夾庾利攻守唐大利車戰野戰

gòu 彀

彀 張弩也從弓𣪊聲 古候切

張弩也者一切經音義十六李善注七命並引作張弓弩也玉篇同史記絳侯世家彀弓弩持滿馥案此皆兼言弓

彀詩行葦正義引作張弓也釋文引作張弓曰彀廣韻彀張弓列子釋文彀張弓也新序梁君出獵見白雁羣彀弓欲射之魏文帝校獵賦形弓斯彀赭白馬賦環彀騎而淸路五臣云彀騎弓騎也通鑑元吉張弓射世民再三不彀馥案此皆言張弓孟子羿之教人射必至於彀注彀張弩付的者六韜力能彀八石弩射前後左右皆便習者名曰武車之士漢書馮奉世傳迹射佽飛彀者劉德曰彀者謂能張弩者也匈奴傳平城之下亦誠苦七日不食不能彀弩顏注彀張也沈約謝賜雉啟黃閒所彀矢無虛發馥案此皆言張弩

guō 彉

彉 弩滿也从弓黃聲讀若郭 苦郭切

弩滿也者玉篇引作滿弩也徐鍇本五音集韻竝同字或作彍孫子兵勢篇勢如彍弩節如發機漢書吾邱壽王傳民不得挾弓弩十賊彍弩百吏不敢前顏注引滿曰彍新序彍谿子隨時鳥嬉游乎高蔡之囿北史崔亮傳不解書計惟可彍弩前驅新唐書兵志有彍騎通鑑開元十三年更命宿衛之士曰彍騎注云引滿曰彍 讀若郭者漢書音義張晏曰彍音郭釋名弩牙外曰郭爲牙之規郭也

說文解字義證 卷四十 羌

bì 彃

彃 䠶也从弓畢聲楚詞曰芎焉彃日 卑吉切

楚詞曰芎焉彃日者天問羿焉彃日烏焉解羽注云淮南言堯時十日竝出草木焦枯堯命羿仰射十日中其九日日中九烏皆死墮其羽翼故留其一日也馥案歸藏羿善射彃十日

dàn 彈

彈 行丸也从弓單聲 徒案切

本書彄弓彄也 廣雅彄謂之彈 玉篇青州人謂彈曰彄 吳越春秋陳音對越王曰臣聞弩生於弓弓生於彈 說苑善說篇惠子曰今有人於此而不知彈者曰彈之狀何若應曰彈之狀如彈則諭乎王曰未諭也於是更應曰彈之狀如弓而以竹爲弦則知乎王曰可知矣 潛夫論浮侈篇丁夫世不傳犁鋤懷丸挾彈攜手遨遊或取好土作丸賣之於彈外不可以禦寇內不可以禁鼠晉靈好之以增其惡未嘗聞志義之士喜操以遊者也唯無心之人羣豎小子接而持之妄彈鳥雀百發不得一而反中面目此最無用而有害也 元和郡縣志賀州貢斑竹彈弓面

行丸也者開元文字引云彈之謂行丸者也御覽引字林彈行丸者宣二年左傳從臺上彈人而觀其辟丸也公羊傳引彈而彈之己趨而避丸楚策左挾彈右攝丸韓詩外傳黃雀將欲食螳螂不知童子挾彈丸在榆下仰而欲彈之說苑正諫篇舍人有少孺子者懷丸操彈游於後園易林公子王孫把彈攝丸摶鳩彈雀獵兔山北丸盡日暮失獲無得西京記長安五陵人柘木爲彈眞珠爲丸以彈鳥鵲西京雜記韓嫣好彈以金爲丸東方朔對驃騎將軍難日以金丸彈不如泥丸各有所用李尤彈銘昔之造彈起意弦木以丸爲矢合竹爲樸漆飾膠治弗用筋鐵丸彈之利以弋鳧鶩夏侯孝若纖彈賦望大羣以送丸魏書齊王芳喜以彈彈人盛宏之荆州記始安郡山坎中有彈丸因以名彈丸山北史魏本紀諸郡大人詣陰館迎帝酒酣帝仰視飛鳥飛丸落之時國俗無彈衆大驚日太子引空弓而落飛鳥隋書長孫晟賜射於武安殿時有鳶羣飛上日公善彈爲我取之一發俱中應丸而落

弙 彈或从弓持丸

御覽引桂苑彈行丸弓又作弙 汗簡作弓云出說文

fā 發

發 䠶發也从弓癹聲 方伐切

䠶發也者釋名發撥也撥使開也楚策其君好發者其臣決拾鮑注發發矢管子形勢解羿古之善射者也調和其弓矢而堅守之其操弓也審其高下有必中之道故能多發而多中漢書地理志南郡有發弩官顏注主教放弩也陳琳對魏武云矢在弦上不得不發

說文解字義證 卷四十 罕

yì 芎

芎 帝嚳䠶官夏少康滅之从弓开聲論語曰芎善䠶 五計切

帝嚳䠶官者賈逵曰帝嚳賜芎弓形弓素矢封之於鉏歷虞夏帝王世紀羿有窮氏未聞其姓其先帝嚳以世掌射故於是加賜以弓矢封之於鉏爲帝司射歷唐及虞夏馥案此言帝嚳時之芎也文心雕龍歸藏之經大明迂怪乃稱羿斃十日常娥奔月淮南本經訓堯乃使羿誅鑿齒於疇華之野殺九嬰於凶水之上繳大風於青邱之澤上射十日而下殺猰貐斷脩蛇於洞庭擒封豨於桑林氾論訓羿除天下之害而死爲宗布高注羿堯時之諸侯河伯溺殺人羿射其左目風伯壞人屋室羿射中其膝又誅九嬰窫窳之屬有功於天下故死託於祀海外南經羿與鑿齒戰

彆

於壽華之野羿射殺之覆案此言堯時之羿也海內經帝
俊賜羿彤弓素矰以扶下國羿是始去恤下之百艱覆案
此言舜時之羿也　夏少康滅之者本書羿亦古諸侯也
一曰射師增韻后羿有窮國君少康所滅者論語羿善射
注羿有窮國之君是有窮后羿亦善射也从羽羽箭也古
善射者以名其官子孫世其業皆以爲名至少康而滅耳
楚詞天問帝降夷羿革孽夏民胡䠶夫河伯而妻彼雒嬪
馮珧利決封豨是䠶何獻蒸肉之膏而后帝不若浞娶純
狐眩妻爰謀何羿之䠶革而交吞揆之覆案淮南注云羿
堯時諸侯河伯溺殺人羿射其左目是射河伯者爲堯時
羿矣淮南又云堯時封豨脩蛇皆爲民害堯使羿斷脩蛇
擒封豨是射封豨者亦堯時羿也按左傳樂正后夔生伯
封實有豕心貪惏無厭忿纇無期謂之封豕有窮后羿滅
之此則以射豨爲有窮后羿與天問合也書五子之歌太
康尸位以逸豫滅厥德黎民咸貳乃盤遊無度畋於有洛
之表十旬弗反有窮后羿因民弗忍距于河傳云有窮國
名羿諸侯名距太康於河不得入國遂廢之襄五年左傳
昔有夏之方衰也后羿自鉏遷于窮石因夏民以代夏政
恃其射也不脩民事而淫於原獸棄武羅伯因熊髡尨圉
而用寒浞寒浞伯明氏之讒子弟也伯明后寒棄之夷羿

說文解字義證《卷四十　四七

收之信而使之以爲己相浞行媚于內而施賂于外愚弄
其民而虞羿于田樹之詐慝以取其國家外內咸服羿猶
不悛將歸自田家衆殺而亨之以食其子其子不忍食諸
死于窮門靡奔有鬲氏浞因羿室生澆及豷恃其讒慝詐
僞而不德于民使澆用師滅斟灌及斟尋氏處澆于過處
豷于戈靡自有鬲氏收二國之燼以滅浞而立少康少康
滅澆于過后杼滅豷于戈有窮由是遂亡　論語曰羿善
䠶者彼云羿善射奡盪舟俱不得其死然孔注羿有窮國
之君篡夏后相之位其臣寒浞殺之因其室而
生奡奡多力能陸地行舟爲夏后少康所殺

文二十七　重三

彆 弓戾也

詩象弭箋云弓末反彆者釋文彆說文方血反又邊之入聲　玉
埤蒼云弓末反戾也正義說文云彆方結反云弓戾也
篇藏卑結卑計二
切弓戾也亦作彆

遺文一

jiàng 弜　bì 弼　xián 弦　lì 盭

弜 彊也从二弓凡弜之屬皆从弜 其兩切

彊也者弜彊聲相近廣韻弜弓有力也華陽國志秦昭襄
王時白虎爲害於是夷作白竹弩射殺白虎世號白虎夷
今所謂弜頭
虎子者也

弼 輔也重也从弜㐁聲 房密切

輔也者本書𠨿輔信也玉篇𠨿今作弼釋詁弼俌也郭注
俌猶輔也荀子臣道篇注弼所以輔正弓弩者也書大禹
謨以弼五教傳云弼輔皋陶謨謨明弼諧史記作謀明輔
和益稷予違汝弼傳云我違汝當以義輔周官弼予一人
傳云以輔我一人之治大誥弼我丕丕基傳云輔我大大
基越語憎輔遠弼韋注相道爲輔矯過爲弼尚書大傳古
者天子左曰輔右曰弼可正而不正責之輔可揚而不揚
責之弼孔叢抗志篇中正弼非則君疏之矣魏志陳矯字
季弼重也者釋詁文　㐁聲者本書㐁古文西一曰讀
若誓弼字从此是弼從㐁今省從西讀若誓與弼聲相近

𢐀 弼或如此

㢸 並古文弼

弼弗聲相近詩敬之佛時仔肩箋云佛輔也論語佛肸亦讀
如弼廣雅拂輔也孟子入則無法家拂士荀子臣道篇有能
抗君之命竊君之重反君之事以安國之危除君之辱功伐
足以成國之大利謂之拂大戴禮保傅篇絜廉而切直匡過
而諫邪者謂之弼弼
者拂天子之過者也

說文解字義證《卷四十　四七

文二　重三

弦 弓弦也从弓象絲軫之形凡弦之屬皆从弦 胡田切

弓弦也者鄉射禮有司左執弣右執弦而授弓呂氏春秋
具備篇今有羿蠭蒙繁弱於此而無弦則必不能中也中
非獨弦也而弦爲弓中之具也元和郡縣志坊州貢弓弦
麻　象絲軫之形者軫疑爲紾集韻紾音展轉繩也又音
緊纏絲
急也

盭 弼戾也从弦省从盩讀若戾 郎計切

yāo 玅 yì ⿰糸曷 xì 系 sūn 孫 mián 緜

弼戾也者猶弗盭也廣雅盭偝也書堯典帝曰吁咈哉傳云咈戾詩皇矣四方以無拂箋云拂猶佹也言無復佹戾者曲禮獻鳥者佛其首注云佛戾也學記其施之也悖其求之也佛正義佛戾也馥謂咈拂佛竝與弼聲相近從盭者徐鍇本盭引戾之也讀若戾者漢書張耳陳餘列傳何鄉者慕用之誠後相背之盭也顏注盭古戾字戾違也賈誼傳其有中罪者聞命而自弛上不使人頸盭而加也蘇林曰不戾其頸而親加刀鋸也

玅 急戾也從弦省少聲於霄切

急戾也者五音集韻引有又曰小意四字按玉篇紗㾄小貌也

⿰糸曷 不成遂急戾也從弦省曷聲讀若瘞葬於罽切

不成遂急戾也者五音集韻⿰糸曷紗⿰糸曷不成絢而急

文四

系 繫也從糸丿聲凡系之屬皆從系胡計切

繫也者周禮小史奠繫世廣雅系連也釋名系繫也相連繫也易繫辭釋文徐胡詣反本系也又音係續也越語若以越國之罪爲不可赦也將焚宗廟係妻孥注云係繫也夂生同命不爲臾所禽虜後漢書張衡傳系曰注云系繫也通作係釋詁係繼也東都賦注引作系僖二十五年左傳秦人過析隈入而係輿人注云係縛輿人說苑尊賢篇親舉五穀大夫於係縲之中賈誼書上弗使執縛係引而行也丿聲者從抴引之丿非右戾之乀

𣪠 系或從毄處

𦃃 籀文系從爪絲

孫 子之子曰孫從子從系系續也思魂切

子之子曰孫者釋親子之子爲孫郭注孫猶後也釋名孫遜也遜遁在後生也史記孟嘗君傳文承閒問其父嬰曰子之子爲何曰爲孫系續也者一切經音義二十三系繼也世本有帝系篇謂子孫相繼續也東都賦系唐統

緜 聯微也從系從帛武延切

聯微也者本書聯从絲絲連不絕也詩載芟緜緜其麃王肅云其衆緜緜然不絕也釋訓緜緜麃也孫炎曰緜緜言詳密也詩緜緜瓜瓞正義微細之辭禮玉藻言容繭繭疏云言緜緜聲氣微細說苑緜緜不絕將成網羅

yáo 繇

繇 隨從也從系䍃聲余招切

隨從也者戴侗引唐本䍃從也从言从肉肉亦聲馥案玉篇廣韻竝云䍃從也史記高祖本紀常繇咸陽應劭曰繇役也漢書文帝紀省繇費以便民詩大雅民亦勞止箋云繇役煩多漢律民不繇貲錢二十二鹽鐵論中國困於繇役薛瑩漢紀悉省繇賦綏靜兆民韓勑碑復顏氏并官氏邑中繇發通作由論語民可使由之注云由從也詩君子陽陽右招我由房箋云由從也禮祭義陶陶遂遂如將復入然注云陶陶遂遂相隨行之貌釋文陶音遙

文四 重二

說文解字第十三　義證第四十一

曲阜桂馥學

mì 糸

糸　細絲也象束絲之形凡糸之屬皆從糸讀若覛　莫狄切

細絲也者本書細微也廣雅糸微也　象束絲之形者本書總聚束也聘禮賄用束紡司馬彪輿服志凡先合單紡爲一糸四糸爲一扶五扶爲一首五首爲一文

古文糸

jiǎn 繭

繭　蠶衣也從糸從虫黹省　古典切

蠶衣也者蛹下云繭蟲也蜸下云或以爲繭繭者絮中往往有小繭也一切經音義十四繭蠶縈絲也呂氏春秋季春紀蠶事既登分繭稱絲效功孟夏紀蠶事既畢后妃獻繭乃收繭稅以桑爲均太元將上九紅蠶緣於枯桑其繭不黃漢書元后傳春幸繭館顏注漢官閣疏云上林苑有繭觀蓋蠶繭之所也後漢書光武紀野蠶成繭被於山阜人收其利焉論衡無形篇蠶食桑老績而爲繭齊民要術引春秋考異郵蠶陽物火惡水故食而不飲陽立於三春故蠶三變而消死於七三七二十一日而繭玉篇重文作蠒漢書王莽傳或蠒不蠶自成論衡自紀篇蟲蠒重厚稱其出絲孰者爲多尸子夫蠒舍而不治則腐蠹　從糸從虫者干祿字書蠶頡解詁魏受禪碑並作繭左虫右糸　黹省者趙宧光曰當從芇相當也讀若宀繇芇聲譌作黹故加省字馥案字鑑引作芇聲戴侗曰唐本從芇五經文字繭從芇芇音緜干祿字書作繭從芇馥謂芇誤作芇蒼頡解詁繭字從虫從糸芇聲芇音眠魏受禪碑作䌨蓋隸體增筆補空

仍從芇字

絸　古文繭從糸見

一切經音義十四繭古文絸同

sāo 繅

繅　繹繭爲絲也從糸巢聲　穌遭切

繹繭爲絲也者禮記釋文引作抽繭出絲也本書繹抽絲沼繅絲湯也春秋繁露實性篇繭待繅以涫湯而後能爲絲淮南泰族訓繭之性爲絲然非得工女煑以熱湯而抽其統紀則不能成絲顏注急就篇抽引精繭出緒者曰絲孟子夫人蠶繅以爲衣服祭義夫人繅三盆手注云三盆手者三淹也凡繅每淹大總而手振之以出緒也詩魏風言采其莫陸璣疏莫葉厚而長有毛刺今人繅以取繭緒釋草蘇馬羊齒郭注細葉羅生而毛有似羊齒繅者以取繭緒字或作繰蒼頡解詁繭下云未繰也尸子夫蠒舍而不治則腐蠹使紅女繰之爲美錦大君朝而服之四民月令四月繭既入蔟趨繰剖線齊民要術糞種剉馬骨煑之若無骨煑繰蛹汁和溲神仙傳園客得蠒大如甕每一蠒繰六七日絲乃盡劉氏新論崇學篇夫蠒繰以爲絲織爲縑紈則王侯服之詩瞻卬釋文繅亦作繰馥案繅隸作𦃃

yì 繹

繹　抽絲也從糸睪聲　羊益切

抽絲也者一切經音義九三蒼繹抽也廣雅繹擂也方言絲曰繹之通作紬漢書谷永傳燕見紬繹注云紬繹者引其端緒也釋名紬抽也抽引絲端出細緒也

xù 緒

緒　絲耑也從糸者聲　徐呂切

絲耑也者廣雅耑緒末也方言緤末紀緒也南楚皆曰緤或曰端或曰紀或曰末皆楚轉語也釋詁敘緒也孫炎曰謂端緒也易林兌之坎絲多緒亂端不可得南都賦白鶴飛兮繭曳緒

miǎn 緬

緬　微絲也從糸面聲　弭沇切

微絲也者六書故今之絡者別其絲最細者爲緬次曰大緬字或作緬玉篇緬與緬同廣雅緬微也

chún 純

純　絲也從糸屯聲論語曰今也純儉　常倫切

絲也者廣雅同漢書王褒傳難與道純緜之麗密王應麟補注急就篇純絲也　論語曰今也純儉者孔注冕緇布冠也古者績麻三十升布以爲之純絲也絲易成故從儉

xiāo 綃

綃　生絲也從糸肖聲　相幺切

生絲也者後漢書向栩傳注引同韻會引作生絲繒廣韻綃生絲繒也通俗文生絲繒曰綃顏注漢書綃今之輕紗也禮玉藻元綃衣以裼之注云綃綺屬也少牢饋食禮衣侈袂注云大夫妻尊亦衣綃衣而侈其袂曰洛神賦曳霧

kǎi ⿰糸皆　huāng 絖　hé 紇　dī ⿰糸氐　huà 絓　yào 纅　suì 繀

緗之輕𦂰李善注緗輕縠也晉令第六品已下不得服羅緗通作宵士昏禮姆纚笄宵衣注云宵讀爲詩素衣朱綃之綃魯詩以綃爲綺屬也特牲饋食禮宵衣注云宵綺屬也此衣染之以黑其繒本名曰宵詩有素衣朱宵記有玄宵衣又通作繡郊特牲繡黼丹朱中衣注云繡讀爲綃綃繒名也詩素衣朱繡箋云繡當爲綃魯詩作綃云綃綺屬劉芳義疏繡當爲綃綃綺頟案廣雅綃綃謂之綃此與生絲繒義合又云𦂰綌綃也案綌粗緒𦂰未練治纑此與生絲義合

⿰糸皆 大絲也從糸皆聲 口皆切

絖 絲曼延也從糸巟聲 呼光切

紇 絲下也從糸气聲春秋傳有臧孫紇 下没切

春秋傳有臧孫紇者襄二十三年左傳訪於臧紇

⿰糸氐 絲滓也從糸氐聲 都兮切

說文解字義證 卷四十一 三

絓 繭滓絓頭也一曰以囊絮練也從糸圭聲 胡卦切

繭滓絓頭也者廣韻絓惡絲玉篇𦄂絓𦄂也釋名絓挂也挂於杖端振舉之也黃庭堅注急就篇絓絲結也馥案繭絲未盡者互相連結抽其粗緒織爲緜紬故顏注急就篇云紬之尤粗者曰絓繭滓所抽也御覽引云一曰牽縭案釋名煑繭曰莫莫幕也貧者著衣可以幕絡絮也或謂之牽離煑熟爛牽引使離散如緜然也廣韻繫𦄂惡絮馥謂牽縭牽離牽𦄂一也

纅 絲色也從糸樂聲 以灼切

繀 箸絲於筟車也從糸崔聲 穌對切

箸絲於筟車也者本書筟筳也筳維絲筦也六書故筟車紡車也著絲於筳著筳於車踏而轉之所謂紡也通俗文織纖謂之維受緯曰筟玉篇維車亦名鼓車亦名軌車廣雅維車謂之厤鹿道軌謂之鹿車方言維車趙魏之閒謂之轣轆車東齊海岱之閒謂之道軌又云車下銕鐵陳宋淮楚之閒謂之畢注云鹿車也戴君震曰鹿車維車也

jīng 經　zhī 織　zhì ⿰糸式　rèn 紝　zòng 綜

考工記天子圭中必鄭云必讀如鹿車縪之縪謂以組約其中央爲執之以備失隊圭中必爲組鹿車縪爲索其約束相類故讀如之孫得施維車賦微風輿於輪端霧雨散於較輻制以靈木絡以奇竹口朝日以投圜兮準暈月以造象若洪輪之枉口兮似蜘蛛之結網

經 織也從糸巠聲 九丁切

織也者御覽引作織從絲也案從如詩衡從其畝之從本書緯織橫絲也縢機持經者玉篇經經緯以成繒帛也禮月令毋失經紀漢書五行志厥風絕經紀如淳曰壞絕四帛之屬韓非外儲說吳起使其妻織組而幅狹於度吳子使更之其妻曰吾始經之而不可更也論衡量知篇恆女之手紡績織經

織 作布帛之總名也從糸戠聲 之弋切

作布帛之總名也者小爾雅廣服治絲曰織織繒也禹貢厥篚織文傳云織文錦綺之屬易林困之中孚絲紵布帛人所衣服摻搔女手紡績緒織

說文解字義證 卷四十一 四

⿰糸式 樂浪挈令織從糸從式

方言趙魏閒呼經而未緯者曰機⿰糸式

樂浪挈令者吳都賦名𦂶奪乎樂浪魏畧文帝詔曰代郡黃布爲細樂浪練爲精漢書溝洫志內史稻田租挈重其議減注云租挈收田租之約令也張湯傳上所是受而著讞法廷尉挈令韋注挺板挈也顏注挈獄訟之要也史記作絜又有光祿挈令見燕王旦傳注

紝 機縷也從糸壬聲 如甚切

機縷也者通俗文單展曰紝禮內則織紝組紃成二年左傳賂之以執斲執鍼織紝皆百人服注織紝治繒帛者嵇康高士傳接輿負釜甑妻戴紝器莫知所之

絍 紝或從任

綜 機縷也從糸宗聲 子朱切

jì 紀　tǒng 統　huì 繢　yùn 緷　wěi 緯　liǔ 綹

機縷也者趙宧光曰分經受緯令絲成文機法也六書故合絲爲縷機所用提經也楊愼曰綜機縷也所以持經而施緯使不失條理者也三蒼解詁綜理經也謂能統理衆務爲綜理漢宣帝綜核名實晉陶侃綜理微密是也一切經音義一三蒼綜理經也謂機縷紀領絲者也綜理也領理之也又卷二綜謂機縷持絲交者屈繩制經令得開合也太玄經乃綜於名宋衷曰所以紀綜之也列女傳魯季敬姜傳推而往引而來者綜也馬鈞別傳鈞巧思絕世舊綾機五十綜者五十躡六十綜者六十躡鈞乃易以十二躡異文奇變自然成形晏氏類要濰州貢綜絲

綹　緯十縷爲綹從糸咎聲讀若柳 力九切

緯十縷爲綹者集韻絲十爲綸綸倍爲綹沈佺期曝衣詩上有仙人長命綹即長命縷也

緯　織橫絲也從糸韋聲 云貴切

織橫絲也者本書杼機持緯者六書故緯杼所持絲也經從而緯衡廣雅緯橫也昭二十四年左傳嫠不恤其緯注云織者常苦緯少莊子列禦寇江上有家貧緯蕭而食者釋文緯織也易林否之中孚老妾踞機緯絕不知女功不

成冬寒無衣趙希鵠洞天清錄集河北絹經緯一等故無背面江南絹則經粗而緯細有背面

緷　緯也從糸軍聲 王問切

繢　織餘也從糸貴聲 胡對切

織餘也者御覽引作繢餘也

統　紀也從糸充聲 他綜切

紀也者廣雅同齊語班序顛毛以爲民紀統注云統猶經也淮南泰族訓繭之性爲絲然非得工女煑以熱湯而抽其統紀則不能成絲

紀　絲別也從糸己聲 居擬切

絲別也者僖二十四年左傳正義引同又云紀者別理絲縷詩棫樸正義引作別絲也亦有紀者別理絲縷六字玉篇紀緒也絲別名也馥案名字後人加之禮器紀散而眾亂注云紀絲縷之數有紀說苑權謀篇袁氏之婦絡而失

qiǎng 繈　lèi 纇　dài 紿　nà 納　fǎng 紡　jué 絕

其紀史記索隱紀理也絲縷有紀裴松之史目紀者理也方言緤末紀緒也南楚皆曰緤或曰端或曰紀或曰末皆楚轉語也

繈　觕類也從糸強聲 居兩切

觕類也者本書無觕字莊十年公羊傳觕者曰侵精者曰伐何注觕麤也月令其器高以粗呂氏春秋作高以觕漢書藝文志庶得麤觕敘傳觕舉僚職顏注觕粗略也廣韻繈絲有類纇粗絲也

纇　絲節也從糸頪聲 盧對切

絲節也者一切經音義十一引通俗文多節曰纇玉篇纇絲節不調也廣雅纇節也老子夷道若纇范應元注纇絲節也昭二十八年左傳忿纇無期注云纇戾也唐書李遜傳治條疏纇昭十六年傳制之頗類服虔讀類爲纇云不平也楊愼曰左傳制之頗類獄之放紛言制之頗偏而類戾獄之放縱而紛亂紛與類對作纇誤也

紿　絲勞即紿從糸台聲 徒亥切

絲勞即紿者本書緫絲勞也增韻作絲紫

納　絲溼納納也從糸內聲 奴荅切

絲溼納納也者老子夷道若類王弼注類納也

紡　網絲也從糸方聲 妃兩切

網絲也者戴侗曰蜀本作拗絲急就篇纍繘繩索絞紡纑顏注紡謂紡切麻絲之屬爲纑縷也昭十九年左傳託於紀鄣紡焉崔寔政論寔爲五原太守土地不知緝績寔迎織師使巧手作機及紡以教民織

絕　斷絲也從糸從刀從卩 情雪切

斷絲也者釋名絕截也如割截也孟子絕長補短王制作斷長

𢇍　古文絕象不連體絕二絲

漢書路溫舒傳𢇍者不可復屬顏注𢇍古絕字

jì 繼　xù 續　zuǎn 纘　shào 紹

繼 續也從糸㡭一曰反㡭爲繼古詣切

續也者釋詁續繼也月令振乏絕正義不續曰絕漢文帝除內刑詔絕者不可復續也 從糸㡭本書無㡭字而云從㡭者從古文也本書𢇍蠿蠿爾雅作次蠿𢇍當作𢇍與次聲相近綱蠿不應從㡭 一曰反㡭爲繼者當有古文作㡭訓云古文反㡭爲㡭

續 連也從糸賣聲似足切

連也者廣韻連續也禮深衣續衽鉤邊注云續猶屬也

賡 古文續從庚貝

書益稷乃賡載歌傳云賡續釋文賡說文以爲古續字錢君大昭曰春秋說題辭粟之爲言續也古文續作賡爾雅釋詁賡續也郭注引書乃賡載歌孔傳亦訓賡爲續賡從庚庚亦有續義小雅大東西有長庚傳云庚續也疏云日入後有明星言其長能續日之明是也說文庚位西方象秋時萬物庚庚有實也粟與穀皆於秋時庚庚有實故說文皆以續釋之馥案通作更史記平準書悉巴蜀租賦不足以更之韋昭曰更續也

纘 繼也從糸贊聲作管切

繼也者釋詁文彼作纂周語纂修其緒禮祭統纂乃祖服竝通作纂書仲虺之誥纘禹舊服傳云繼禹之功詩七月載纘武功大明纘女維莘傳竝云纘繼也崧高王纘之事箋云纘繼也中庸武王纘太王王季文王之緒鄭注纘繼也

紹 繼也從糸召聲一曰紹緊糾也市沼切

繼也者釋詁文書盤庚紹復先王之大業康誥紹聞衣德言傳云繼其所聞詩抑弗念厥紹傳云紹繼也訪落紹庭上下箋云紹繼也常武匪紹匪游傳云不敢繼以敖游也聘禮士爲紹擯注云紹繼也樂記紹者繼也注云舜樂名也言舜能繼紹堯之德晉語使寡君之紹續昆裔隱悼播越韋注紹繼也後漢書班固傳紹天闡繹者注云紹繼也芙蕖根有蔤紹續

chǎn 䌫　tīng 縕　zòng 縱　shū 紓　rán 繎

𥿋 古文紹從邵

張次立本作𥿋玉篇作綤

䌫 偏緩也從糸羨聲昌善切

偏緩也者廣雅䌫䌫緩也陳啓源曰詩檀車嘽嘽釋文云嘽韓詩作䌫案說文嘽車敝兒䌫偏緩也然則偏緩者正車敝之兒覆謂偏則有餘矣通作羨孟子以羨補不足詩四方有羨傳云羨餘也史記司馬相如傳功羨於五帝司馬彪曰羨溢也貨殖傳中國委輸時有奇羨索隱奇羨謂時有餘衍也漢書食貨志以收奇羨顏注羨饒益也通鑑唐憲宗問李絳故事戶部侍郎皆進羨餘又通作衍沙衍即沙羨易衍在中也古本作羨漢書溝洫志河災之羨溢中國也尤甚顏注羨讀與衍同

縕 緩也從糸盈聲讀與聽同他丁切

緩也者廣雅同謂縕餘也與䌫同意通作盈祭義樂主其盈注云盈猶溢也史記蔡澤傳進退盈縮越語盈縮轉化

又通作嬴班固幽通賦故遭羅而嬴縮

綎 縕或從呈

縱 緩也一曰舍也從糸從聲足用切

緩也者李善注七啓引同 一曰舍也者本書失縱也廣雅縱置也

紓 緩也從糸予聲傷魚切

緩也者本書舒緩也詩采菽彼交匪紓傳云紓緩也莊三十年左傳以紓楚國之難僖三十三年傳遲速唯命不然紓我文十六年傳姑紓死焉成二年傳我亦得地而紓於難成三年傳二國圖其社稷而求紓其民成九年傳爲將改立君者而紓晉使成十六年傳我偽逃楚可以紓憂杜注竝云紓緩也後漢書龐參傳季子來歸魯人喜其紓難注云紓緩也通鑑錢鏐次子傳瓘曰紓國家之難安敢愛身注云紓緩也通作抒文六年左傳難必抒矣服本作紓

繎 絲勞也從糸然聲如延切

糸

絲勞也者集韻絲難理曰絲勞廣韻繎絲難理急就篇烝栗絹紺縉紅繎黃注繎絲勞也

yū 紆

紆 詘也從糸亏聲一曰縈也 憶俱切

詘也者一切經音義二十一引作屈也李善注北征賦引同漢書敘傳紆體衡門顏注紆屈也玉藻齊則綪結佩而爵韠既夕器西南上綪士喪禮綪絞橫三縮一鄭注竝云綪屈也馥案綪當爲紆小爾雅詘而戾之曰紆廣雅紆紆索也一曰縈也者李善注西都賦引同本書紆紆未縈繩

xìng 緈

緈 直也從糸幸聲讀若陘 胡頂切

直也者義與婞通楚詞鯀婞直

xiān 纖

纖 細也從糸韱聲 息廉切

細也者方言纖小也自關而西秦晉之郊梁益之閒凡物小者或曰纖繒帛之細者謂之纖禹貢厥篚玄纖縞注云纖細也祭服之材尚細又厥篚纖纊傳云細緜通作孅大戴禮曾子立事篇禍之所由生自孅孅也漢書王吉傳孅介有不具者食貨志古之治天下至孅至悉也

說文解字義證　卷四十一　九

xì 細

細 微也從糸囟聲 穌計切

微也者廣雅同

miáo 緢

緢 旄絲也從糸苗聲周書曰惟緢有稽 武儦切

旄絲也者廣韻緢旄也又絲名又云旄絲也六書故緢細而毛也旄集韻作旋云絲旋曰緢　周書曰惟緢有稽者呂刑文彼作貌薛季宣書古文訓作緢

cī 縒

縒 參縒也從糸𦍒聲 楚宜切

參縒也者類篇引同又云謂絲亂皃廣韻縒綜亂也通作差韻會參差亂絲皃廣雅㠭離參差也襄二十二年左傳而何敢差池杜云差池不齊一

fán 繙

繙 冕也從糸番聲 附袁切

冕也者徐鍇韻譜刻本作冤寫本誤作冕三篇繙冤也廣韻繙繙風吹旗皃馥謂旗受風冤屈也本書帤幡也幡當作繙莊子天道篇於是繙十二經以說老聃注云繙帤亂取之也

suō 縮

縮 亂也從糸宿聲一曰蹴也 所六切

亂也者釋詁縱縮亂也郭注縱放擊縮皆亂法也馥案縱緩也縱縮猶縱縮皆不中度故亂而難理也通俗文不申曰縮　一曰蹴也者本書摍蹴引也周語縮取備物

wèn 紊

紊 亂也從糸文聲商書曰有條而不紊 亡運切

亂也者集韻亂紊也　商書曰有條而不紊者盤庚文傳云紊亂也正義紊是絲亂故爲亂也

jí 級

級 絲次弟也從糸及聲 居立切

絲次弟也者廣韻引作次序

zǒng 總

總 聚束也從糸悤聲 作孔切

聚束也者廣雅總聚也離騷紛總總其離合兮注云總聚也釋名總束髮也總而束之也顏注急就篇總以絲縷爲之所以束髮也喪服傳布總注云總束髮詩齊風總角丱兮正義總聚其髮以爲兩角

說文解字義證　卷四十一　十

jú ⿱具糸

⿱具糸 約也從糸具聲 居玉切

約也者廣雅⿱具糸連也廣韻⿱具糸靴⿱具糸子纏連者

yuē 約

約 纏束也從糸勺聲 於略切

纏束也者顏注急就篇約猶束縛也玉篇約束也纏也廣雅約束也詩斯干約之閣閣傳云約束也管子樞言篇先王不約束不結紐約束則解結紐則絕

liǎo 繚

繚 纏也從糸尞聲 盧鳥切

纏也者一切經音義六引作繞也纏也本書丩繚也廣雅繚纏也楚詞九歌繚之兮杜衡注云繚縛束也後漢書班固傳繚以周牆注云繚猶繞也

chán 纏

纏 繞也從糸廛聲 直連切

繞也者玉篇纏約也 廣韻纏纏繞物也

rào 繞

繞 纏也從糸堯聲 而沼切

纏也者廣雅同

zhěn 紾

紾 轉也從糸㐱聲 之忍切

轉也者李善注七發引同廣韻紾轉繩也淮南精神訓千變萬紾高注紾轉也考工記老牛之角紾而昔注云鄭司農云紾讀爲抮抮縛之抮釋文紾劉徒展反許慎尙展反又徒展反與注抮縛之抮同角絞縛之意又云抮縛竝與紾同縳又徒轉反通作軫許注淮南云軫轉也方言軫戾也注云相了戾也盧君文弨曰西陽雜俎云野牛高丈餘其頭似鹿其角了戾又導引經云乂手項上左右自了戾不息復三此亦紾轉之意了戾卽繚戾劉向九歎繚戾宛轉阻相薄兮

xuàn 繯

繯 落也從糸睘聲 胡畎切

落也者後漢書注引同國語曰繯於山有罕賈注繯還也馥謂落如杝落之落

biàn 辮

辮 交也從糸辡聲 頻犬切

交也者一切經音義十五引作交織也通俗文織繩曰辮蒼頡篇辮交織也思元賦辮貞亮以爲鞶兮舊注辮交織也宋書王敬弘傳左右嘗使二老婢戴五絛五辮著青紋袴襦通鑑梁蕭方諸以五色綵辮鮑泉髯注云辮交結也鹵簿令羊車小吏竝辮髮通作編漢書終軍傳解編髮

jié 結

結 締也從糸吉聲 古屑切

締也者漢書五行志帶有結注云締結之結

gǔ 縎

縎 結也從糸骨聲 古忽切

結也者玉篇縎結不解廣雅結縎不解也楚辭九思心結縎兮折摧或作愲漢書息夫躬傳心結愲兮傷肝

dì 締

締 結不解也從糸帝聲 特計切

結不解也者廣雅締結也老子善結無繩約而不可解史記秦始皇本紀合從締交注云締結也

fù 縛

縛 束也從糸尃聲 符钁切

束也者小爾雅廣言同本書束縛也洛神賦纖腰如束素釋名縛薄也使相薄著也昭二十六年左傳以幣錦二兩縛一如瑱

bēng 綳

綳 束也從糸崩聲墨子曰禹葬會稽桐棺三寸葛以綳之 補盲切

束也者廣雅同 墨子云云者節葬篇文彼云禹東教乎九夷道死葬會稽之山衣衾三領桐棺三寸葛以緘之御覽引作綳帝王世紀亦作綳案緘卽綳也釋名棺束曰緘緘函也古者棺不釘也喪大記大夫以咸注云咸讀爲緘齊人謂棺束爲緘說苑反質篇昔堯之葬者空木爲櫝葛藟爲緘尸子禹之葬法死於陵者葬於陵死於澤者葬於澤桐棺三寸制喪三日舜西教乎七戎道死葬於南巴之中衣衾三領款木之棺葛以緘之北史李彥傳昔人以窾木爲櫝葛虆爲緘又或作綳廣韻綳束棺下之

qiú 絿

絿 急也從糸求聲詩曰不競不絿 巨鳩切

急也者廣韻絿急引也 詩曰不競不絿者商頌長發文傳云絿急也

jiōng 絅

絅 急引也從糸冋聲 古熒切

急引也者廣雅絅急也

pài 𥿋

𥿋 散絲也從糸𠂢聲 匹卦切

散絲也者當爲㯑廣韻𥿋未緝麻也新唐書禮儀志始死浴尸之儀沐巾一浴巾二用絺若𥿋案緖玉篇作緒云𥿋結

luò 𦆝

𦆝 不均也從糸羸聲 力臥切

jǐ 給　chēn 綝　bì 縪　wán 紈　zhōng 終

不均也者集韻𦃃絲有節廣韻𦃃不細也

給 相足也从糸合聲 居立切

相足也者僖十三年左傳敢不供給襄九年傳車服從給杜注足給事也穆天子傳盛姬求飲天子命人取漿而給漢書禮樂志曰不暇給顏注給足也漢舊儀太僕牧師苑分養三十萬頭擇取給六廄漢官儀給事於中故曰給事中揚雄上林苑令箴國以殷富民以家給

綝 止也从糸林聲讀若郴 丑林切

止也者廣雅同

縪 止也从糸畢聲 卑吉切

考工記釋文縪劉府結反沈音畢云劉音非也按北俗今猶有此語音如劉音蓋古語乎劉音未失

止也者通作畢廣雅畢竟也書大誥予曷敢不于前寧人攸受休畢月令以畢春氣注云所以畢止其災也莊二十九年左傳日至而畢杜注日南至微陽始動故土功畢

說文解字義證 卷四十一 卅三

紈 素也从糸丸聲 胡官切

素也者許注淮南同廣雅亦同顏注急就篇紈即素之軟細者釋名紈渙也細澤有光渙渙然也古詩被服紈與素樂府怨歌行新裂齊紈素范子紈素出齊荀悅漢紀齊國獻紈素天子爲三官服也漢書罷齊三服官李斐曰紈素爲冬服地理志織作冰紈綺繡純麗之物臣瓚曰冰紈紈細密堅如冰者也顏注冰謂布帛之細其色鮮絜如冰者也紈素也東觀漢記楚王英奉送白紈五匹又云建初二年詔齊相其止勿復送冰紈方縠後漢書章帝紀詔齊相省冰紈注云紈素也冰言鮮潔如冰賈逵說左傳肅霜云色如霜紈

終 絿絲也从糸冬聲 職戎切

絿絲也者釋詁求終也周禮牛人求牛注云求終也終事之牛謂所以繹者也馥案以求爲終事與絿絲義異

𠔃 古文終

本書𢇍从此周史頌鼎作𠔃吳敦作八案本書冬从此今終又从冬當有一誤

zēng 繒　jié 䌖　wèi 緭　tiào 絩

䌖 合也从糸从集讀若捷 姊入切

繒 帛也从糸曾聲 疾陵切

帛也者一切經音義二引同又云謂帛之總名曰繒也本書繒帛也三蒼雜帛曰繒雪賦倮壤垂繒李善引字林繒帛總名也急就篇服瑣緰幣與繒連顏注繒者帛之總名謂以絲織者也漢書灌嬰傳睢陽販繒者顏注繒者帛之總名續漢書明德皇后馬氏衣大帛禿帛不緣諸王望見后裙極麤疏以爲綺就視乃笑后曰此繒染色好故用之耳

辞 籀文繒从宰省揚雄以爲漢律祠宗廟丹書告

漢律祠宗廟丹書告者禮說丹圖者丹繒也

緭 繒也从糸胃聲 云貴切

繒也者廣韻謂緭繒也

說文解字義證 卷四十一 卅四

絩 綺絲之數也漢律曰綺絲數謂之絩布謂之總綬組謂之首从糸兆聲 治小切

通作兆算經黃帝爲法數有十等謂億兆京垓秭壤溝澗正載也書五子之歌予臨兆民周官綏厥兆民傳並云十億曰兆閔元年左傳天子曰兆民諸侯曰萬民成二年傳大誓所謂商兆民離昭二十年傳豈能勝億兆人之詛杜注並云萬億曰兆內則降德於衆兆民注云萬億曰兆漢書京兆尹張晏曰十萬曰兆應璩報東海相書足下頓彌天之網收萬仞之魚罣之以谿谷數之以陔兆

布謂之總者當作稯本書布之八十縷爲稯通作總詩素絲五總又通作鬷詩東門之枌越以鬷邁傳云鬷數正義鬷謂麻縷每數一升而用繩紀之故鬷爲數王肅云鬷數績麻之縷也

綬組謂之首者董巴輿服志黃赤綬五百首赤綬三百首綠綬二百四十首紫綬百八十首青緺綬百二十首黑綬八十首黃綬六十首先合單紡爲一絲四

qǐ 綺

絲爲一扶五扶爲一首五首成一文

綺 文繒也從糸奇聲 袪彼切

文繒也者後漢書王符傳注引同玉篇綺有文繒廣雅綺綵也急就篇青綺綾縠靡潤鮮顏注綺卽今之繒釋名綺敧也其文敧邪不順經緯之縱横也有杯文形似杯也有長命其綵色相閒皆横終幅此之謂也言長命者服之使人命長本造意之意也有棋文者方文如棋也東宮舊事太子納妃有七綵杯文綺被一絳石杯文綺被一七綵杯文綺袴一長命杯文綺袴一干寶晉紀初洛中名服有白石綺識者尤之曰石非繒綵之稱晉令第三品已下得服雜杯文綺第六品已下得服七綵綺漢書貨殖傳文采千匹顏注文文繒也地理志織作冰紈綺繡顏注綺文繒也卽今之所謂細綾也鹽鐵論散不足篇文繒薄織不粥於市後漢書班固傳綺組繽紛注云綺文繒也邊讓傳組綺繽紛注云綺綾也劉楨魯都賦妖服既工刻畫綺紗曹植詩西北有織婦綺縞何繽紛清晨秉機杼日昃不成文任君大椿曰西都賦提封五萬疆埸綺分溝塍刻鏤原隰龍鱗又云周廬千列徼道綺錯然則古之綺文多爲交錯之狀矣此卽釋名所云不順經緯者也又云漢書敘傳在於綺襦紈袴之閒晉灼曰白綺之襦冰紈之袴云白綺則繒素之明證也樂府陌上桑云緗綺爲下裳紫綺爲上襦蓋綺質本素而染之以緗與紫則又名緗綺紫綺矣又云有文而不采者織素爲文曰綺是也有采而不文者爾雅練旒九注練絳練說苑衣練紫之衣狐白之裘蓋練雖無文而得染絳紫也有文采兼者如南齊書上報扶南國以絳紫地黃碧綠紋綾之類是也

hú 縠

縠 細縛也從糸㱿聲 胡谷切

細縛也者廣雅縠絹也案聲類以縛爲絹字顏注急就篇縠今梁州白縠釋名縠粟也其形足足而踧視之如粟也又謂之沙縠亦取踧踧如沙也周禮內司服注云素沙者今之白縛也今世有沙縠者名出於此董巴輿服志羽林左右監左右虎賁皆紗縠單衣宋玉諷賦更被白縠之單衫漢書賈誼傳白縠之表薄紈之裏江充傳衣紗縠襌衣顏注紗縠紡絲而織之也輕者爲紗縐者爲縠通鑑注縠縐紗也一切經音義二十二縠似羅而疏似紗而密者也有霧縠言細如霧也法言吾子篇或曰霧縠之組麗曰女工之蠹矣史記司馬相如傳垂霧縠郭璞曰言細如霧也文選神女賦動霧縠以徐步兮李云縠今之輕紗薄如霧也後漢書章帝紀方空縠注云釋名曰縠紗也方空者紗薄如空也或曰空孔也卽今之方目紗也馥案縠亦有綵者三禮圖五綵方山冠以綵縠爲之

說文解字義證 卷四十一 十五

juàn 縳

縳 白鮮色也從糸專聲 持沇切

白鮮色也者儀禮釋文引同馥案鮮色當爲鮮支急就篇注絹一名鮮支廣雅鮮支絹也聲類縳今作絹字本書縠細縳也廣雅縠絹也玉篇綮縳也廣雅綮絹也縳絹通稱周禮內司服王后六服素紗注云素紗者今之白縳也六服皆袍制以白縳爲裏使之張顯聘禮賓楊迎大夫賄用束紡注云紡紡絲爲之今之縳也

jiān 縑

縑 幷絲繒也從糸兼聲 古甜切

東觀漢記賜來歙妻縑千匹又云詔書賜馬援鉅鹿縑三百匹又云楚王英奉送黃縑三十五匹又云東海頃王肅上縑萬匹以助國費又云王丹懷縑一匹陳於主人前曰如丹此縑出自機杼 晉令輸縑當絹者縑一匹當絹六丈 晉書辰韓傳俗饒蠶桑又作縑布 荀勖爲晉文王與孫皓書餉細縑十匹 後趙錄劉芳爲諸僧寫經論筆迹稱善卷直一縑 何晏九州論清河縑總馥案隋圖經清河絹爲天下第一

幷絲繒也者李籍九章算術音義引同廣雅兼縑幷也又云幷兼也釋名縑兼也其絲細緻數兼於布絹也急就篇縑絡縑練素帛蟬顏注縑之言兼也幷絲而織甚緻密也漢書外戚傳媼爲翁須作縑單衣顏注縑卽今之絹也通鑑唐太宗嘉安市城固守賜縑百匹注云縑幷絲繒也魏書食貨志專以單絲之縑疏縷之布狹幅促度不中常式

tí 綈

綈 厚繒也從糸弟聲 杜兮切

范子計然綈出河東 西京雜記漢制天子玉几冬則加綈錦其上謂之綈几 鹽鐵論散不足篇素綈錦冰 漢舊儀印綬盛以篋篋以綈綈白表赤裏

厚繒也者史記匈奴傳索隱引同後漢書楊厚傳注引同演繁露繒厚帛也蔡邕女誡繒貴厚而色尚深爲其堅韌也釋名綈似蝊蟲之色綠而澤也顏注急就篇綈厚繒之滑澤者也重三斤五兩今謂之平細管子輕重戊篇魯梁之民俗爲綈注云繒之厚者謂之綈史記范雎傳乃取其一綈袍以賜之索隱綈厚繒也蓋今之絁也漢書文帝紀

說文解字義證 卷四十一 十六

liàn
練

身衣弋綈賈誼傳且帝之身自衣皁綈顏注𦬚云綈厚繒也通作緹後漢書宦者傳序土木被緹繡注云緹厚繒也又通作地魏志倭人傳今以絳地交龍錦五匹裴注地應爲綈漢文帝著皂衣謂之弋綈是也此字不體非魏朝之失則傳寫者誤也鄴中記石虎中尚方御府中巧工作錦織成署皆數百人有青綈或白綈或緋綈或黃綈或綠綈或紫綈任君大椿曰錦織五色而皆以綈爲地禮記雜記素錦以爲屋喪大記素錦褚爾雅曰素錦綢杠郭注以白地錦韜旗之竿也其云白地錦當即所謂白綈錦也三國魏志倭人傳有絳地交文錦紺地句文錦裴松之謂地應爲綈蓋錦多以綈爲地故松之破地爲綈且綈爲厚繒錦施功多故以厚繒爲質

練 湅繒也從糸柬聲 郎甸切

襄三年左傳被練三千賈注以帛綴甲 韓非十過篇秦得韓之都而驅其練甲 漢書王莽傳太后宜且衣繒練 子思子管仲續錦也雖惡而登朝子產練絲也雖美而不尊 鹽鐵論散不足篇繭紬縑練者婚姻之嘉飾也 庾翼與燕王書今致細練十端 語林蘇峻新平帑藏空虛猶餘數千端粗練恐賣不售諸賢各製練服之賣遂大售 顏氏家訓

說文解字義證 卷四十一 七

風操篇梁武小名阿練子孫皆呼練爲絹

湅繒也者本書湅瀾也蓋用浙米汁漚煮也玉篇練煮漚也本書繺未練治纑也顏注急就篇練者煮縑而孰之也釋名練爛也煮使委爛也秦策簡練以爲揣摩高注練濯治馥謂當作瀾湅考工記㡛氏湅絲以涗水漚其絲七日去地尺暴之又曰是爲水湅樂記朱弦而疏越注云朱弦練朱弦練則聲濁正義練則絲熟而聲濁論衡率性篇白紗入緇不練自黑又云湅染布帛名之曰采無湅染之治名曰穀纑玉藻士練帶正義士用熟帛練爲帶廣韻練白練周禮染人凡染春暴練注云暴練練其素而暴之淮南說林訓墨子見練絲而泣之爲其可以黃可以黑高注練白也賈誼書連語篇練絲染之藍則青染之緇則黑九章算術今有絡絲一斤爲練絲十二兩練絲一斤爲青絲一斤十二銖任君大椿曰練爲熟帛言其功也質則未詳考廣雅云縞練也顏師古急就篇注練者煮縑而熟之然則練爲縑縞之熟者曰小爾雅素之精者曰縞釋名縑絲細緻則練亦帛之細者也廣雅又云阿練也然則阿亦熟帛而練爲細繒尤可互證後漢書以馬皇后服大練裙爲儉既云大練則爲練之粗厚者故服之以崇儉也

gǎo
縞

縞 鮮色也從糸高聲 古老切

鮮色也者當爲鮮支漢書地理志厥棐玄纖縞司馬相如傳揄紵縞顏注𦬚云縞鮮支也今之所謂素者也李善注子虛賦云縞鮮支今所謂素本書約白約縞也集韻引武玄之說帛已湅研者曰縞廣韻縞素也又云白繒廣雅縞練也小爾雅廣服繒之精者曰縞李善引作細者詩鄭風縞衣綦巾傳云縞衣白色禮王制縞衣而養老注云殷尚白而縞衣裳正義縞是生絹曰縞玉藻縞冠素紕既祥之冠也正義縞是生絹韓非說林魯人身善織屨妻善織縞而徙於越或謂之曰子必窮矣屨爲履之也而越人跣行縞爲冠之也而越人被髮淮南主術訓問瞽師曰白素何如曰縞然楚詞九章因縞素而哭之史記高帝本紀高祖爲義帝發喪諸侯皆縞素酸棗周禮齋服有素端即縞素漢書高帝紀兵皆縞素顏注縞白素也食貨志履絲曳縞顏注縞皓素也繒之精白者也韓安國曰彊弩之末力不能入魯縞顏注縞曲阜之地俗善作之曹洪與魏文帝書我軍入漢中若奔兕之觸魯縞李斯上秦始皇書阿縞之衣李善引徐廣曰齊之東阿縣繒帛所出者也史記夏本紀其篚玄纖縞正義縞白繒以細繒染爲黑色鹽鐵論非鞅篇縞素不能自分於緇墨

說文解字義證 卷四十一 八

shī
𦇧

𦇧 粗緒也從糸璽聲 式支切

粗緒也者玉篇𦇧粗紬經緯不同者夏侯陽算經輸絹𦇧者縣三兩字或作纚顏注急就篇絡即今之生纚也又或作絁史記索隱綈今之絁也後周制麻土調布絹桑土調絹絁唐六典凡織紝之作有十三曰絁唐書食貨志丁歲出綾絁二丈輿服志文官之巾則以紫黑絁爲之又云奴婢則服紬絹絁布

chóu
紬

紬 大絲繒也從糸由聲 直由切

大絲繒也者玉篇紬大絲作顏注急就篇抽引麤繭能紡而織之曰紬任君大椿曰唐六典織染署凡織紝之作有十一曰布二曰絹三曰絁四曰紗五曰綾六曰羅七曰錦八曰綺九曰繝十曰褐紬線之作有四一曰紬二曰線三曰絃四曰網別紬於織紝之作而紬線自爲作紬與線爲類未識當時制作之意考急就篇注紡而織之曰紬又急就篇纍繘繩索絞紡纑注紡謂紡切麻絲之屬爲纑縷也紬既先紡而後織則是先爲縷而後織貲近於線故唐制

qǐ 綮　líng 綾　màn 縵　xiù 繡

細與線同作今時有線紬或其遺制歟

綮 撴繒也一曰徵幟信也有㡭從糸殹聲 康禮切

撴繒也者韻會引作繳六書故徐鍇韻譜增韻玉篇並同本書無繳字徐鉉加之纂文都致布名集韻雙縛繳繒也紡熟絲爲之本書素曰繳繒也　一曰徵幟信也者本書棨傳信也韻會棨形如戟有旛書之吏執爲信後漢書竇武傳取棨信閉諸禁門　有㡭者漢書文帝紀注棨者刻木爲合符也

綾 東齊謂布帛之細曰綾從糸夌聲 力膺切

玉篇綾文繒也　釋名綾淩也其文望之如冰淩之理也晉書虞志傳帝賜志鶴綾袍一領　符丕荅謝玄書今往大文羅大文綾各五匹　北齊書祖珽傳出山東大紋綾令諸姬樗蒲賭之　北史畢衆敬傳獻仙人紋綾一百匹　任君大椿曰綾以文得名也布之細文亦似綾唐六典山南道貢閣干布華陽國志謂閣干文如綾錦是布與綾皆以多文得通名也馥案綾貴文唐袍襖之制三品以上服綾以鶻銜瑞草雁銜綬帶及雙孔雀四品五品服綾以地黃交枝六品以

下小窠無文輿服志六品以上服絲布交梭雙紃綾地理志徐州貢雙絲綾　元島先生傳舊綾機五十綜爲五十躡先生易以十二奇文異變因而作成　東齊謂布帛之細曰綾者方言文

縵 繒無文也從糸曼聲漢律曰賜衣者縵表白裏 莫半切

周禮磬師縵樂注云縵讀爲縵錦之縵　韓非十過篇縵帛爲茵　春秋繁露制度篇庶人衣縵　說苑修文篇下士采縵各一匹　鹽鐵論本議篇夫中國一端之縵得匈奴累金之物　繒無文也者一切經音義六引作繒帛無文者也急就篇錦繡縵紝離雲爵顏注縵無文之帛也周禮巾車卿乘夏縵疏云縵者亦如縵帛無文章成五年左傳降服乘縵杜注車無文管子霸形篇君何不廢虎豹之皮文錦以聘使諸侯以縵帛鹿皮報莊子武士之纓亦以縵名注云謂纓無文太元袷楨何縵文在裏也

繡 五采備也從糸肅聲 息救切

xuàn 絢　huì 繪　qī 緀

范子計然能繡細文出齊上價匹二萬中萬下五千也　尚書大傳未命爲士不得衣繡　五采備也者李善注文賦引作五色彩備也顏注急就篇繡刺綵爲文也釋名繡修也文修修然也書益稷絺繡傳云五色備曰繡詩終南黻衣繡裳傳云五色備謂之繡考工記畫繢之事五采備謂之繡初學記周官曰五色備謂之繡此言刺繡衣所用也晏子春秋諫下公衣黼黻之衣素繡之裳一衣而五采具焉孫卿子正論篇衣被則服五采雜閒色重文繡呂氏春秋仲秋紀乃命司服具飭衣裳文繡有常高注青與赤五色備謂之繡淮南主術訓絺紛綺繡高注五采具曰繡論衡量知篇繡之未刺錦之未織恆絲庸帛何以異哉加五采之巧施針鏤之飾文章炫爛張率繡賦總五色而極思藉羅紈而發想

絢 詩云素以爲絢兮從糸旬聲 許掾切

字林文成曰絢　聘禮皆玄纁繫長尺絢組注云采成文曰絢　潘岳夏侯常侍誄如彼緐繢列素點絢　詩云素以爲絢兮者論語巧笑倩兮美目盼兮素以爲絢兮馬注絢文貌馥案上二句衛風碩人文下句逸　旬聲

者九經字樣絢絢下云上說文從旬聲

繪 會五采繡也虞書曰山龍華蟲作繪論語曰繪事後素從糸會聲 黃外切

會五采繡也者繪會聲相近小爾雅廣訓雜彩曰繪馥案諸書並以繪爲畫不爲繡玉篇繪五采畫也字又作繢周禮司几筵蒲筵繢純注云繢畫文也考工記畫繢之事雜五色曲禮飾羔鴈者以繢正義畫布爲雲氣漢書食貨志緣以繢爲皮幣顏注繢繡也繢五采而爲之言繡者惟此一事字又作槓太元袷槓何縵王貞注云槓有文采之象　虞書曰山龍華蟲作繪者益稷文彼作會傳云會五采也以五采成此畫焉釋文會馬鄭作繪馥案鄭云繪謂畫也　論語曰繪事後素者鄭注繪畫文也凡繪畫先布衆色然後以素分布其閒以成其文

緀 白文皃詩曰緀兮斐兮成是貝錦從糸妻聲 七稽切

白文皃者白當爲帛廣韻類篇增韻韻會洪武正韻並作帛　詩曰緀兮斐兮成是貝錦者小雅巷伯文彼作萋傳

云䙌斐文章相錯也

mǐ 絉

絉 繡文如聚細米也从糸从米米亦聲 莫禮切

繡文如聚細米也者玉篇絉畫文若聚米本書黺畫粉也玉篇黺黺絉也鄭注尚書大傳引書藻火黺絉今書作粉米傳云米若聚米釋文云說文作黺絉徐本作絉音米

juàn 絹

絹 繒如麥稍从糸肙聲 吉掾切

廣韻絹縑也 玉篇絹生繒也 顏注急就篇絹生白繒似縑而疏者也 釋名絹絚也其絲絚厚而疏也 晉令輸絹一匹當緜三斤 繒如麥稍者絹稍聲相近謂絹如麥莖之色不染而色自成

lǜ 綠

綠 帛青黃色也从糸彔聲 力玉切

帛青黃色也者本書黂青黃色也又云莨草可以染留黃 環濟要略正色有五謂青赤黃白黑也閒色有五謂紺紅

縹紫流黃也 釋名綠瀏也荊泉之水於上視之瀏然綠色此似之也 急就篇縹綟綠紈皂紫硟 顏注綟青黃色也 詩綠衣傳云綠閒色 釋文綠東方之閒色 雜記大夫不揄絞注云采青黃之閒曰絞字或作綵 廣雅綵青也

piǎo 縹

縹 帛青白色也从糸𤇾聲 敷沼切

楚辭九章翠縹兮爲裳 後漢書輿服志賈人縹緗而已 帛青白色也者本書絶縹色也 一切經音義三縹帛之青白色也 顏注急就篇縹青白色也 字林縹青白色 廣雅縹青也 釋名縹猶漂漂淺青色也有碧縹有天縹有骨縹各以其色所象言之也 文選序名溢於縹囊 五臣注縹青白色 李善注縹綠色而微白也

yù ⿰糸育

⿰糸育 帛青經縹緯一曰育陽染也从糸育聲 余六切

帛青經縹緯者玉篇⿰糸育青經白緯也 一曰育陽染也者育當爲淯 本書邗南陽淯陽鄉 淯出酈山西 案地理志南陽酈縣淯水出西北

zhū 絑

絑 純赤也虞書丹朱如此从糸朱聲 章俱切

純赤也者通作朱 廣雅朱赤也 詩七月我朱孔陽傳云朱深纁也 又說載云天子純朱 鄭注周易朱深曰赤 論語惡紫之奪朱也 胡渭曰考工記鍾氏染羽三入爲纁五入爲緅七入爲緇 鄭謂六入爲玄 合諸爾雅惟四入不知爲何色 吳幼清云四入爲朱理或然也 虞書丹朱如此者薛季宣書古文訓作丹絑 本書𢍶下引書若丹朱𢍶 子朱啟明 尚書大傳堯爲天子丹朱爲太子

xūn 纁

纁 淺絳也从糸熏聲 許云切

淺絳也者顏注急就篇纁絳赤色也 古謂之纁 鄭注周易黃而兼赤爲纁 廣雅纁謂之絳 釋器三染謂之纁 李巡云三染其色已成爲絳 釋天纁帛縿 郭注纁帛絳也 考工記鍾氏染羽三入爲纁 注云染纁者三入而成 禹貢厥篚玄纁璣組傳云此州染玄纁色善故貢之 正義考工記云三入爲纁五入爲緅七入爲緇玄色在緅緇之閒其六入者是染玄纁之法也 顧命麻冕彤裳傳云彤纁也 正義彤赤也禮祭服纁裳纁是赤色之淺者故以彤爲纁 士冠禮纁裳

注云纁裳淺絳裳 周禮染人夏纁玄 注云鄭司農云纁謂絳也 玄謂考工記鍾氏則染纁術也 蔡邕女誡禮女始出行服纁纁絳也上正色也 紅紫不以爲褻服緗綠不以爲上

chù 絀

絀 絳也从糸出聲 丑律切

絳也者集韻引作縫 類篇縫謂之絀 玉篇絀紩也 廣韻絀縫也 史記趙世家郄冠秫絀 徐廣曰戰國策作秫縫 絀亦縫紩之別名也 古字多假借故作秫絀耳此蓋言其女工箴縷之粗拙也 覆案秫即鉥 謂鉥也 絀字不當次於此因縫誤爲絳後人移就纁絳二文之閒

jiàng 絳

絳 大赤也从糸夅聲 古巷切

大赤也者猶言深纁也 吳都賦綸組紫絳 劉注絳絳草也出臨賀郡可以染 釋名絳工也染之難得色以得色爲工也

wǎn 綰

綰 惡也絳也从糸官聲一曰絹也讀若雞卵 烏版切

惡也者惡當爲毋玉篇縮貫也淮南子縮袍而鼓許注縮毋也史記貨殖傳東綰穢貉朝鮮眞番之利注云綰者統其要津絳也者類篇縮絳淺色一曰絹也者絹當爲纚本書纚縮也纚或作羅玉篇縮羂也上林賦羂騕褭西京賦但觀罝羅之所羂結又或作罥蕪城賦荒葛罥塗又通作絹鄭注周禮翨氏云罝其所食之物於絹中鳥下來則掎其腳後漢書馬融傳絹猥號注云絹繫也廣韻縮繫也

jìn 縉

縉 帛赤色也春秋傳曰縉雲氏禮有縉緣从糸晉聲 即刃切

帛赤色也者後漢書蔡邕傳注引作赤白色也玉篇縉帛赤白廣韻縉淺絳色急就篇烝栗絹紺縉紅燃顏注縉淺赤色也 春秋傳曰縉雲氏者文十八年左傳文正義云字書縉赤繒也服注黃帝以雲名官春官爲青雲氏夏官爲縉雲氏秋官爲白雲氏冬官爲黑雲氏中官爲黃雲氏馥案本書赤南方之色也南方夏令 禮有縉緣者戴侗曰按禮止有緅緣縓縉聲相近豈即一字與

qiàn 綪

綪 赤繒也以茜染故謂之綪从糸青聲 倉絢切

赤繒也者廣韻綪青赤色賈逵左傳注綪大赤也 以茜染故謂之綪者綪茜聲相近本書茜茅蒐也茅蒐茹藘可以染絳定四年左傳綪茷旃旌注云綪茷大赤取染草名也通作精雜記其精有裧注云精讀如蒨旆之蒨蒨染赤色者也正義左傳定四年祝鮀云封康叔以綪茷謂以蒨草染施爲赤色故讀此精與彼同是亦蒨草以染布也 以茜染故謂之綪者廣韻綪精倩精鯖諸從青之字皆與茜同紐 青聲者士喪禮注綪讀爲猙

tǐ 緹

緹 帛丹黃色从糸是聲 他禮切

帛丹黃色者御覽引同後漢書竇憲傳張酺傳注引竝同一切經音義三引作帛赤黃色也廣韻緹纁顏注急就篇緹黃赤色也廣雅緹赤也周禮草人赤緹用羊注云赤緹縓色也楚詞九懷襲英衣兮緹䌷注云重我絳袍采色鮮也漢官典職德陽殿柱韜以赤緹

衹 緹或从氏

或從氏者朱君蓀曰當云或從衣從氏

quàn 縓

縓 帛赤黃色一染謂之縓再染謂之䞓三染謂之纁从糸原聲 七絹切

帛赤黃色者爾雅釋文引作帛黃赤色本書䵚赤黃也廣韻縓絳色廣雅縓謂之紅喪服記麻衣縓緣注云縓淺絳也一染謂之縓既夕記縓綼緆注云一染謂之縓今紅也檀弓黃裏縓緣注云縓纁之類葛洪喪服變除縓者紅之多黃者也 一染云云者釋器文䞓彼作赬郭注縓今之紅也赬淺赤纁絳也馥案考工記注作再染謂之竀左傳正義云一染謂之縓謂一入赤爲淺赤色也

zǐ 紫

紫 帛青赤色从糸此聲 將此切

韓非子外儲說齊桓公好服紫一國盡服紫當時十素不得一紫 帛青赤色者釋名紫疵也非正色五服之疵瑕以惑人者也急就篇縹綟綠紈皁紫硟顏注紫青赤也論語紅紫不以爲褻服孔注紅紫閒色不正論語又云惡紫之奪朱也戴侗曰仁宗時有紫帊爲油所漬其色竊元因命染人放而爲之謂之油紫今四品以上朝服用此其染之以紫草色近元昔之紫近絳謂之北紫亂朱者北紫也楊愼曰禮注紅南方之姦色紫北方之姦色五方皆有姦色蓋正色之外雜互而成者曰姦色姦色卽閒色

hóng 紅

紅 帛赤白色从糸工聲 戶公切

帛赤白色者顏注急就篇紅色赤而白也釋名紅絳也白色之似絳者也馥案紅絳以聲相通漢書外戚恩澤侯表有紅侯小顏疑爲絳侯

cōng 繱

繱 帛青色从糸蔥聲 倉紅切

帛青色者李善注藉田賦引同徐鍇韻譜繱帛青白玉篇繱青白色也廣雅繱青蒼色通作蔥釋器青謂之蔥郭注淺青玉藻三命赤韍蔥衡注云青謂之蔥揚雄蜀都賦鬱平青蔥

gàn 紺

紺 帛深青揚赤色从糸甘聲 古暗切

帛深青揚赤色者李善注七命引作深青而赤也注鸚鵡賦引作深青而揚赤也注藉田賦又引作染青而揚赤色也一切經音義六引作帛染青而揚赤色趙宧光曰色深青發赤光故曰揚赤色馥案淮南修務訓抑黑質揚赤文華嚴經音義珠叢深青之色而伴赤色者謂之紺顏注急就篇紺青而赤色也字林紺青赤色也廣雅紺青也釋名紺含也青而含赤色也漢書王莽傳時莽紺袀服顏注紺深青而揚赤色也陶隱居云藍染𦄵碧所用也馥案顏氏家訓書證篇吳人呼紺爲禁

qí 綥

綥 帛蒼艾色從糸畁聲詩曰縞衣綥巾未嫁女所服一曰不借綥 渠之切

帛蒼艾色者六書故引作艾蒼色通作綦書顧命四人綦弁傳云綦文鹿子皮弁正義鄭元云青黑曰綦　詩曰縞衣綦巾者鄭風出其東門文彼作綦　未嫁女所服者詩毛傳云綦巾蒼艾色女服也　一曰不借綥者士喪禮夏葛屨冬白屨皆繶緇絇純組綦繫於踵注云綦屨係也所以拘止屨也廣雅不借履也其紟謂之綦古今注不借者草履也以其輕賤易得故人人自有不假借於人故名不借也漢文帝履不借視朝釋名不借言賤易有宜各自蓄之不假借人也急就篇裳韋不借爲牧人顏注不借者小屨也以麻爲之其賤易得人各自有不須假借因爲名也方言絲作之者謂之履麻作之者謂之不借喪服傳繩屨者繩菲也注云繩菲今時不借也孟子敝蹝趙注蹝草履也敝喻不借鹽鐵論散不足篇古者庶人鹿菲草芰縮絲尚韋而已及其後則綦下不借鞔鞮革舄四民月令十月作白履不借注云草履之賤者曰不借風俗通怪神篇操一量不借五音集韻屐粗履不借也　陸游詩游山雙不借周禮弁師王綦注云綦讀如薄借綦之綦馥案薄借即不借語有輕重耳

綦 綥或從其

徐鉉所加

zǎo 繰

繰 帛如紺色或曰深繒從糸喿聲讀若喿 親小切

帛如紺色者廣韻紺色曰繰廣雅繰青也　或曰深繒者廣雅繰謂之縑字或作縿檀弓縿幕魯也注縿縑也縿讀

如綃詩揚之水素衣朱綃正義綃是繒名郊特牲繡黼丹朱中衣注云繡讀如綃綃繒名也

zī 緇

緇 帛黑色也從糸甾聲 側持切

玉篇緇與紂同案周禮媒氏注古緇以才爲聲禮記玉藻注緇字或作糸旁才詩行露傳云昏禮紂帛不過五兩檀弓爵弁經紂衣

帛黑色也者增韻引作黑紺色徐鍇韻譜緇黑紺色廣韻緇黑色繒也廣雅緇謂之皂釋名緇滓也泥之黑者曰滓此色然也釋天緇廣充幅孫炎云緇黑繒也詩緇衣傳云緇黑色士冠禮緇帶注云緇帶黑繒帶也考工記鍾氏染羽七入爲緇

shān 纔

纔 帛雀頭色一曰微黑色如紺纔淺也讀若讒從糸毚聲 士咸切

帛雀頭色者士冠禮爵弁服注云爵弁者冕之次其色赤而微黑如爵頭然或謂之緅周禮巾車漆車雀飾注云雀黑多赤少之色韋也疏云鄭以目驗雀頭黑多赤少雀即緅也考工記鍾氏染羽三入爲纁五入爲緅注云染纁者三入而成又再染以黑則爲緅緅今禮俗文作爵言如爵頭色也馥案纔緅聲相近猶禫服作導服　一曰微黑色如紺纔淺也者言淺於紺也六書故纔一色之淺也引之則甫爾爲纔漢書鼂錯傳遠縣纔至顏注纔淺也猶言僅至也

tǎn 緂

緂 帛騅色也從糸剡聲詩曰毳衣如緂 土敢切

帛騅色也者韻會引作騅本書菿一曰騅釋言菼騅也郭注云詩曰毳衣如菼菼草色如騅在青白之閒釋文云如騅馬色也　詩曰毳衣如緂者王風大車文彼作菼傳云菼騅也蘆之初生者箋云菼薍也毳衣之屬衣繢而裳繡皆有五色焉其青者如騅鄭荅張逸云騅鳥青非草名薍亦青故其青者如騅

lì 綟

綟 帛戾艸染色從糸戾聲 郎計切

戾艸染色者戾當爲莀本書莀可以染留黃廣韻綟草色衣也玉篇綟綠也顏注急就篇綟蒼艾色也東海有草其

fóu 紑　tān 緂　xū 繻　rù 縟　xǐ 纚

名曰莫以染此色因名綟云廣雅綠綟紫綟綠也後漢輿服志注徐廣曰金印綠綟綬綟音戾草名也以染似綠晉官品令三公綠綟綬

齊職儀相國綠綟綬

紑　白鮮衣皃從糸不聲詩曰素衣其紑 匹邱切

白鮮衣皃者玉篇紑鮮絜皃廣韻紑鮮也五音集韻紑緒色鮮文　詩曰素衣其紑者周頌絲衣文彼作絲衣傳云絲衣祭服也

紑絜鮮皃

緂　白鮮衣皃從糸炎聲謂衣采色鮮也 充彡切

謂衣采色鮮也者玉篇緂衣采色鮮也

繻　繒采色從糸需聲讀若易繻有衣 相俞切

繒采色者玉篇繻綵也廣雅繻色也左傳有紀裂繻字子帛　讀若易繻有衣者本書絮下引易需有衣絮考工記弓人注引作襦有衣絮

縟　繁采色也從糸辱聲 而蜀切

繁采色也者李善注文賦引同又注七啟西京賦並引作繁采飾也後漢書延篤傳注亦引作飾　鹽鐵論散不足篇今富者縟繡羅紈　辱聲者鄭注儀禮云以白造緇曰辱

纚　冠織也從糸麗聲 所綺切

冠織也者集韻引同又云謂以緇帛韜髮釋名纚以韜髮者也以纚爲之因以爲之名通俗文幘裹曰纚續漢輿服志長冠一曰齊冠促漆纚爲之士昏禮姆纚笄宵衣在其右注云纚緇髮笄今時簪也士冠禮緇纚廣終幅長六尺注云纚今之幘梁也纚一幅長六尺足以韜髮而結之矣漢書江充傳冠禪纚步搖冠顏注纚織絲爲之即今方目紗是也徐幹齊都賦纖纚細纓輕配蟬翼通典古者冠下有纚以緇爲之後世施幘於冠因裁纚爲帽自乘輿宴居下至庶人無爵者皆得服之字或作縰揚雄解嘲戴縰垂纓李善云縰與纚同禮內則櫛縰笄總注云縰韜髮者也新論魏牟見趙王王方使冠工制冠於前問治國於牟對曰大王誠能重國若此二尺縰則國治且安王曰社稷至重而比之二尺縰何也牟曰大王制冠不使親近而必求良工者非爲其敗縰而冠不成歟李斐注漢書云齊國舊有三服之官春獻冠幘縰爲首服顏注縰與纚同續漢輿服志法冠高五寸以纚爲展筩注云纚今之縰

hóng 紘　dǎn 紞　yīng 纓

紘　冠卷也從糸厷聲 戶萌切

冠卷也者李善注歐陽建詩引作維也玉篇紘冠卷維也續漢書輿服志法冠以纚爲展筩鐵柱卷玉藻縞冠玄武注云武冠卷也古者冠卷殊通鍇王儉監試諸生巾卷在庭注云卷冠武也詩葛覃傳云公侯夫人紘綖釋文紘纓之無緌者從下仰屬於冠士冠禮緇組紘注云屈組爲紘又云贊者卒紘注云紘謂繫屬之周禮弁師玉笄朱紘注云朱紘以朱組爲紘也紘一條屬兩端於武雜記管仲鏤簋朱紘注云冠有笄者爲紘紘在纓處兩端上屬下不結家語正論解加之紘綖注云纓屈而上者謂之紘桓二年左傳衡紞紘綖杜注紘纓從下而上者魯語加之以紘綖韋注冕曰紘紘纓之無緌者也從下而上不結

紭　紘或從弘

紞　冕冠塞耳者從糸冘聲 都感切

冕冠塞耳者者詩葛覃傳古者王后織玄紞釋文紞織五采加緇狀用縣瑱也詩著充耳以素乎而箋云我視君子則以素爲充耳謂所以縣瑱者或名爲紞織之人君五色臣則三色而已又充耳以青乎而箋云青紞之青又充耳以黃乎而箋云黃紞之黃正義所謂縣瑱言縣瑱之繩用素非謂瑱耳王后親織玄紞織線爲之即今之條繩必用雜綵線爲之故言織之周禮追師追衡笄鄭云衡維持冠者後鄭云王后之衡笄皆以玉爲之唯祭服有衡垂於副之兩旁當耳其下以紞縣瑱桓二年左傳衡紞紘綖注云紞冠之垂者正義紞者縣瑱之繩垂於冠之兩旁故云冠之垂者魯語王后親織玄紞韋注說云紞冠之垂前後者昭謂紞所以縣瑱當耳者王基曰紞今之條豈有一色之條色不雜不成爲條王后織玄紞者舉夫色尊者言之　耳字或作髡本書髧下引詩紞彼兩髦詩作髧

纓　冠系也從糸嬰聲 於盈切

冠系也者李善注七啟引同後漢書楊彪傳注引作冠索也玉藻玄冠朱組纓天子之冠也尉繚子天子玄冠玄纓

諸矦素纓士大夫以下皆皁冠皁纓史記衛世家子路曰君子死冠不免結纓而死正義纓冠綏也通鑑趙義陽公鑒拔文武髮爲冠纓注云纓冠系也

yǎng 紻

紻 纓卷也從糸央聲 於兩切

纓卷也者類篇纓謂之紻廣韻紻冠纓

ruí 緌

緌 系冠纓也從糸委聲 儒隹切

系冠纓也者五音集韻引同又云散而下垂謂之緌也徐鍇韻譜刻本作繼冠纓玉篇同詩南山冠緌雙止禮檀弓范則冠而蟬有緌董巴輿服志上古穴居野處衣毛而冒皮後代聖人易之見鳥獸有冠角𩑶胡之制遂作冠冕纓緌以爲首飾

gǔn 緄

緄 織帶也從糸昆聲 古本切

織帶也者李善注七啓引作織成帶也後漢書南匈奴傳注引同高注戰國策十首謂之緄漢律綬組謂之首續漢

書輿服志五扶爲首東觀漢記鄧遵破匈奴上賜金剛鮮卑緄帶一具語林桓宣武性儉著故褌上馬不調緄敗五形遂露

shēn 紳

紳 大帶也從糸申聲 失人切

大帶也者廣雅申帶也內則端韠紳搢笏注云紳大帶所以自紳約也玉藻大夫大帶又云紳長制士三尺有司二尺有五寸子游曰參分帶下紳居一焉又云凡侍於君紳垂正義紳大帶也身直則帶倚磬折則帶垂雜記廞者不紳注云麻謂絰也紳大帶也論語子張書諸紳孔注紳大帶也又加朝服拖紳苞注紳大帶也尚書大傳皆莫不依紳端冕以奉祭祀者注云紳大帶也後漢書第五倫傳書諸紳帶注云紳謂大帶垂之三尺

chǎn 繟

繟 帶緩也從糸單聲 昌善切

帶緩也者廣韻繟寬綽廣雅繟緩也通作嘽樂記其樂心感者其聲嘽以緩

shòu 綬

綬 韍維也從糸受聲 植酉切

漢官儀綬者有所承受也所以別尊卑彰有德也長一丈二尺法十二月闊三尺法天地人舊用赤韋示不忘古也秦漢易之以綵至今以爲常制續漢輿服志古者君臣佩玉尊卑有度上有韍貴賤有殊佩所以章德服之衷也韍所以執事禮之共也故禮有其度威儀之制三代同之五伯迭興兵不息佩非戰器韍非兵旗於是解去韍佩留其係璲以爲章表故詩曰鞙鞙佩璲此之謂也韍佩既廢秦乃以采組連結於璲光明章表轉相結受故謂之綬董巴輿服志乘輿黃赤綬五采黃赤縹紺湻黃圭長二丈九尺五百首諸矦王赤綬四采赤黃縹紺湻赤圭長二丈八尺三百首諸國貴人相國綠綬三采綠紫紺湻綠圭長二丈一尺二百四十首公矦將軍紫綬二采紫白湻紫圭長丈七尺百八十首九卿中二千石青緺綬二千石青綬三采青白紅湻青圭長丈七尺百二十首自青綬以上縌皆長三尺二寸與綬同采而首半之縌者古佩璲也佩縌相迎受故曰縌紫綬以上縌綬之閒得施玉環玦千石六百石黑綬三采青赤紺湻青圭長丈六尺八十首四百三百二百石皆黃綬一采湻黃圭長丈五尺六十首自黑綬以下縌長三尺與綬同采而首半之百石青紺綬一采宛轉繆織圭長丈二尺凡先合單紡爲一絲四絲爲一扶五扶爲一首五首成一文文采湻爲一圭首多者絲

細少者絲粗皆廣尺六寸隋書禮儀志古者君臣佩玉尊卑有序綬者所以貫佩相承受也又上下施韍如蔽膝貴賤亦各有殊五霸之後戰兵不息佩非兵器韍非戰儀於是解去佩韍留其繫璲而已韍佩既廢秦乃以采組連結於璲轉相結受又謂之綬漢承用之至明帝始復制佩而漢末又亾絕魏侍中王粲識其形乃復造焉今之佩粲所制也博物志太僕朱浮言詔書云百官皆帶王莽時綬文又不齊因前袁安故綬李涉等六家所織綬不能具丙丁文募能爲綬作丙丁文者六安都尉晉應募能爲丙丁文上圖畫一綬丙丁制度武庫給倉三十日綬成賜帛五十匹

韍維也者字林綬紱也蒼頡篇紱綬也小爾雅廣服紱謂之綬急就篇論組縌綬以高遷顔注綬者受也所以承受環印也亦謂之縌漢書陳遵傳羞汙印韍顔注此韍謂印之組也

zǔ 組

組 綬屬其小者以爲冕纓從糸且聲 則古切

綬屬者李善注七啓引同廣雅組綬也禹貢厥篚玄纁璣組傳云組綬類士冠禮緇組紘注云有笄者屈組爲紘垂爲飾無笄者纓而結其條玉藻天子佩白玉而玄組綬公矦佩山玄玉而朱組綬大夫佩水蒼玉而純組綬世子佩

guā 緺　nì 縌　zuǎn 纂　niǔ 紐

瑜玉而綦組綬士佩瓀玟而緼組綬漢書元后傳奉上皇太后璽紱顏注此紱謂璽之組也後漢書班固傳綺組繽紛注云組綬也長門賦張羅綺之幔帷兮垂楚組之連綱五臣云組綬類楚人善爲之故用以連繫帷幔也　其小者以爲冕纓者李善注七啟引作小者以爲冠纓又注蔫禰衡表引作組綦小者爲冠纓顏注急就篇組亦綬類也其小者以爲冠纓顏謂本書冕當爲冠其當爲綦玄冠綦組纓士之齊冠

緺 綬紫青也從糸咼聲 古蛙切

漢舊儀丞相列侯將軍金印紫緺綬　獨斷皇后赤綬玉璽貴人緺綬金印　應璩報平陸長書何敢復飛蟬於惠文鳴玉於緺組哉

綬紫青也者後漢書西域傳注引作紫青色也玉篇緺綬紫青色也續漢輿服志注紫綬名緺緺音瓜其色青紫何承天云緺音媧青紫色綬　中山王文木賦青緺紫綬

縌 綬維也從糸逆聲 宜戟切

綬維也者顏注急就篇縌者綬之系也言其迎逆綬也董巴輿服志自青綬以上縌皆長三尺二寸與綬同采而首半之縌者古佩璲也佩綬相迎受故曰縌自黑綬以下縌皆長三尺與綬同采而首半之漢書翟方進傳遣使者持黃金印朱韍縌服虔曰縌卽今之綬也顏注韍所以繫印也縌者系也謂逆受之也

纂 似組而赤從糸算聲 作管切

似組而赤者漢書景帝紀錦繡纂組臣瓚曰許慎云纂赤組也齊語纓纂以爲奉韋注纂織文也尉繚子治本篇女無繡飾纂組之作淮南修務訓㮰纂組雜奇彩抑黑質揚赤文釋天練旒九飾以組郭注用綦組飾旒之邊釋文綦本亦作纂

紐 系也一曰結而可解從糸丑聲 女久切

系也者李善注三都賦序引同本書䌍櫜紐也玉藻并紐約用組正義紐謂帶之交結之處以屬其紐約者謂以物穿紐約結其帶管子樞言篇先王不約束不結紐約束則解結紐則絕莊子人閒世禹舜之所紐也釋文崔云系而

bó 䌟　suì 繐　huán 絙　tīng 綎　guān 綸

行之曰紐　周書王會玄繚璧綦十二注云玄繚謂以黑組紐之　一曰結而可解者急就篇冠幘簪簧結髮紐顏注凡結之可解者曰紐

綸 青絲綬也從糸侖聲 古還切

青絲綬也者後漢書仲長統傳注引同李善引作糾青絲綬也御覽引同顏注急就篇綸糾青絲綬也郭注爾雅綸今有秩嗇夫所帶糾青絲綸後漢書班固傳絡以綸連注云綸糾青絲綬也續漢輿服志百石青紺綸一采宛轉繆織長丈二尺顏謂繆織卽糾也　釋名綸倫也作之有倫理也

綎 系綬也從糸廷聲 他丁切

系綬也者後漢書蔡邕傳端委縉綎注云綎系綬也或作鞓集韻鞓系綬也又作裎方言佩紟謂之裎注云所以系玉佩帶也

絙 緩也從糸亘聲 胡官切

緩也者張次立本作綬也玉篇絙綬也

繐 細疏布也從糸惠聲 私銳切

細疏布也者一切經音義八凡布細而疏者謂之繐增韻繐疏布一曰布縷細也釋名繐惠也齊人謂涼爲惠言服之輕細涼惠也喪服繐衰者何以小功之繐也注云凡布細而疏者謂之繐今南陽有鄧繐檀弓綌繐繐裳非古也注云非時尙輕涼慢禮正義繐布疏漢時南陽鄧縣能作之士冠禮繐屨注云繐喪屨也縷不灰治曰繐疏云喪服記繐衰四升有半斬衰冠六升傳云鍛而勿灰則四升半不灰治可知襄二十七年左傳公喪之如稅服注云稅卽繐也喪服繐縗裳縷細而希魏武遺令銅雀臺上安六尺牀施繐帳玉篇綌下云䌷絺繐廣韻䌷絺一百升類篇絺細涑爲綌布細涑爲繐

䌟 頸連也從糸暴省聲 補各切

頸連也者玉篇䌟領連也亦作襮本書襮黼領也引詩素衣朱襮毛傳襮領也晉書輿服志皇太子五時朝服朱衣

糸

綷紗𦄏皁緣

jīn 紟

紟 衣系也從糸今聲 居音切

衣系也者廣韻紟紟帶方言佩紟謂之裎郭注所以系玉佩帶也少儀甲不組縢注云組縢以組飾之及紟帶也玉篇紟與紟同結帶也廣韻紟衣小帶也釋名紟亦禁也禁使不得解散也釋器衿謂之袸郭注衣小帶又佩衿謂之褑郭注佩玉之帶二屬士昏禮母施衿結帨庶母曰視諸衿鞶內則衿纓注云衿猶結也釋文衿本又作紟襄十八年左傳皆衿甲面縛杜云不解甲也吳語吳王為帶甲三萬注云帶甲衿鎧漢書揚雄傳衿芰茄之綠衣兮應劭曰衿音紟系之紟

䋫 籀文從金

從金者玉篇籀文作䋫疑本書篆文金乃侌之譌

yuàn 緣

緣 衣純也從糸彖聲 以絹切

衣純也者急就篇鍼縷補縫綻紩緣顏注純邊謂之緣釋器緣謂之純郭注衣緣飾也士冠禮服纁裳純衣注云純衣絲衣也曲禮冠衣不純素注云純緣也齊策下宮糅羅紈曳綺縠而士不得以為緣䱽注緣衣純也席亦有緣書顧命篾席黼純傳云白黑雜繒緣之鄉射禮蒲筵緇布純注云純緣周禮司尊彝設莞筵紛純注云純讀為均服之均純緣也

pú 纀

纀 裳削幅謂之纀從糸僕聲 博木切

裳削幅謂之纀者釋器文郭注削殺其幅深衣之裳鄭注深衣云裳六幅幅分之以為上下之殺又注玉藻云衽謂裳幅所交裂也凡衽者或殺而下或殺而上是以小要取名焉衽屬衣則垂而放之屬裳則縫之以合前後上下相變正義裳幅下廣尺二寸上闊六寸狹頭嚮上交裂一幅而為之

kù 絝

絝 脛衣也從糸夸聲 苦故切

脛衣也者急就篇襜褕袷複褶袴褌顏注袴脛衣也本書襗袴也詩無衣與子同澤箋云澤褻衣近污垢釋文云澤說文作襗云袴也本書袑絝上也襱絝踦史記趙世家趙朔夫人置兒絝中漢書景十三王傳短衣大絝貢禹傳衣服履絝刀劒顏注絝古袴字外戚傳雖宮人使令皆為窮絝多其帶顏注絝古袴字也窮絝即今之緄襠袴也後漢書廉范傳平生無襦今五絝字或作袴白帖賈逵貧無袴晨著妻兄柳季袴而去時人謂之通健釋名袴跨兩股各跨別也方言袴齊魯之閒謂之襱或謂之襱關西謂之袴注云今俗呼袴踦為襱又大袴謂之倒頓小袴謂之校衦楚通語也注云倒頓今雹袴也校衦今襣袴也小爾雅廣服袴謂之褰昭二十五年左傳徵褰與襦杜注褰袴釋文袴說文作絝內則衣不帛襦袴韓非外儲說齊有狗盜之子與刖危子戲而相誇危子曰吾父獨冬不失袴何猕注刖足者不衣袴漢官儀司空騎吏以下皁袴因秦水行今漢家火行宜絳袴鹵簿令駕士大口袴論衡趙武藏於袴中謝承後漢書秦護衣服單露鄉人歌之曰冬無袴有秦護董巴輿服志祀宗廟絳袴示赤心奉神也東宮舊事皇太子納妃有絳直文羅袴七緣杯文綺袴長命杯綺袴魏舊事楊平善裁綺以官絹百匹作小綺百枚吳時外國傳大秦國人皆著袴褶絡帶晉中興書顧颺以郭文舉山行或須皮衣與韋袴褶一具義熙起居注百官更服侍官不

衛采衣袴褶魏書韓宜與諸曹受罰殿前皆束縛宜預脫袴纏褌趙書徐光奏請親耕宜服青纁袴褶北疆記虜主南郊著皁斑褶繡袴

qiāo 繑

繑 絝紐也從糸喬聲 牽搖切

本書㩰繑也通作譑荀子富國篇則必有貪利糾譑之名

bǎo 緥

緥 小兒衣也從糸保聲 博抱切

小兒衣也者列子釋文引博物志緥織縷為之廣八寸長尺二以約小兒於背上呂氏春秋直諫篇不穀免衣繈緥注云緥小兒被也漢書宣帝紀曾孫雖在襁緥李奇曰緥小兒大藉也孟康曰緥小兒被也後漢書申屠剛傳始免繈緥注云前書音義曰緥被也字或作褓詩載衣之裼傳云裼褓也箋云褓夜衣也釋文齊人名小兒被為褓正義褓縛兒被也庾蔚云褓制方列子天瑞篇人生有不見日月不免繈褓者呂氏春秋明理篇道多繈褓漢書王莽傳成繈褓之功又通作保司馬相如傳是以業隆於繈保後漢書桓郁傳云昔成王幼小越在繈保又通作葆史記魯

zūn 繜

世家成王少在強葆之中正義葆小兒被也趙世家謀取他人嬰兒負之衣以文葆集解徐廣曰小兒被曰葆馥案襁緥異制異用襁制長負兒於背用之書者也緥制方縛兒於薦用之夜者也

繜 蔵貉中女子無絝以帛為脛空用絮補核名曰繜衣狀如襜褕從糸尊聲 子昆切

蔵貉中女子云云者廣韻濊貉夫餘國名急就篇襌衣蔽膝布毋繜顏注布毋繜者蔵貉女子以布為脛空用絮補核狀如襜褕蔵貉者東北之夷也說者或云毋繜布名非也黃注江東謂鶻鵃為布毋布毋繜小衣也猶犢鼻

bō 紴

紴 絛屬從糸皮聲讀若被或讀若水波之波 博禾切

或讀若水波之波者玉篇紴水波錦文

tāo 絛

絛 扁緒也從糸攸聲 土刀切

扁緒也者廣韻絛編絲繩也廣雅編緒絛也急就篇承塵戶嫌絛繢總顏注絛一名偏諸織絲縷為之所以懸係承

塵戶嫌因為飾也鄭注士冠禮云無笄者纚而結其絛漢書賈誼傳為之繡衣絲履偏諸緣服虔曰加牙絛以作履緣傳又云白縠之表薄紈之裏緁以偏諸王基曰色不雜不成為絛唐書李德裕傳元霽天馬柳豹盤絛通作條周禮巾車革路龍勒條纓五就注云條讀為絛其樊及纓以絛絲飾之晏子春秋盆成适脫衰絰冠條纓

yuè 絾

絾 采彰也一曰車馬飾從糸戉聲 王伐切

采彰也者廣雅章彰采也書以五采彰施於五色鄭注性曰采施曰色未用謂之采已用謂之色通作越鹽鐵論散不足篇紈裏紃下越端縱緣一曰車馬飾者急就篇履舄鞜裒絾緞紃顏注絾織綵為之一名車馬飾即今之絾成也詩韓奕王錫韓侯淑旂綏章箋云綏所以登車有采章也

zōng 縱

縱 絾屬從糸從從省 足容切

絾屬者顏注急就篇總一曰絾屬也所以緣飾衣裳也字或作縱音義皆同或通作縱鹽鐵論越端縱緣

xún 紃

紃 圜采也從糸川聲 詳遵切

圜采也者廣韻紃環綵絲也字林紃圜緣縚也廣雅紃絛也顏注急就篇紃緣履之圜絛也賈誼諫曰今人賣僮僕者為之繡衣絲履偏諸緣又曰美者黼繡庶人之妾以緣其履是則古之履飾通用紃之屬也一曰紃者屬五綵而為之若今之刺繡䪅矣內則織紝組紃注云紃條雜記紃以五采注云紃施諸縫中若今時條也士冠禮青絇繶純注云繶縫中紃也淮南說林訓絛可以為繶不必以紃高注紃亦繶也婉轉數也

chóng 緟

緟 增益也從糸重聲 直容切

增益也者通作重離騷紛吾既有此內美兮又重之以修能

rǎng 纕

纕 援臂也從糸襄聲 汝羊切

援臂也者本書絭攘臂繩也攘當作纕玉篇纕收衣袖絭廣雅絭謂之纕通作攘廣韻揎袂出臂曰攘魏畧鮑出母為賊所畧乃攘臂結袵獨追之漢書鄒陽傳攘袂而正議注云攘袂猶今人言捋臂馥案捋當為捋顏氏家訓書證篇禮王制云贏股肱鄭注云謂捋衣出其臂脛今書皆作擐甲之擐國子博士蕭該云擐當作捋音宣擐是穿著之

名非出臂之義案字林蕭該是徐爰音患非也馥案廣韻捋與揎同手發衣也

zuī 纗

纗 維綱中繩從糸巂聲讀若畫或讀若維 戶圭切

維綱中繩者本書戍維綱也廣韻纗細繩周禮馬質綱惡馬注云以縻索維綱狎習之太玄樂次四拂其繫絕其纗李善注文選思玄賦云繫幃曰纗幃一名縭爾雅曰婦人之幃謂之縭今之香囊在男曰幃在女曰縭然則纗者即系囊之繩也說文曰纗綱中繩讀若畫者廣韻纗胡卦切

gāng 綱

綱 維紘繩也從糸岡聲 古郎切

維紘繩也者詩棫樸綱紀四方箋云以網罟喻為政張之為綱理之為紀正義說文云綱維紘也然則綱者網之大繩故盤庚云若網在綱有條而不紊是其事也以舉綱能張網之目故張之為綱也鹽鐵論刺復篇維綱不張禮義不行公卿之憂也淮南地形訓八殥之外有八紘注云紘維也原道訓紘宇宙而章三光注云紘綱也吳書張紘字子綱

古文綱

yún 緷

持綱紐也從糸員聲周禮曰緷寸爲贇切

持綱紐也者集韻緷射侯綱紐考工記梓人上綱與下綱出舌尋注云綱連侯繩也鄉射禮乃張侯下綱不及地武注云綱持舌繩也又云不繫左下綱中掩束之注云射事未至故且不繫左下綱並綱與舌向東掩束之待司馬命張侯乃脫束繫綱也又云司馬命弟子說侯之左下綱而釋之大射儀中離維綱注云侯有上下綱其邪制躬舌之角者爲維或曰維當爲絹絹綱耳釋文絹劉傒犬反又于貧反馥案于貧卽緷字音也 周禮曰緷寸者考工記梓人文鄭司農云緷籠綱者緷讀爲竹中皮之筠

qīn 綅

絳綫也從糸侵省聲詩曰貝冑朱綅子林切

絳綫也者絳當爲縫徐鍇韻譜作縫廣韻綅縫綫也玉篇綅綫也縫綫也黑經白緯也 詩曰貝冑朱綅者魯頌閟宫文彼作綅傳云朱綅以朱綅綴之

說文解字義證 卷四十一 三七

lǚ 縷

綫也從糸婁聲力主切

綫也者急就篇鍼縷補縫綻紩緣顏注縷線也或作褸方言紩衣謂之褸

xiàn 綫

縷也從糸戔聲私箭切

縷也者一切經音義二十綫謂縫衣縷也周禮縫人掌王宫之縫線之事鄭司農云線縷也考工記鮑人察其線欲其藏也注云故書線或作綜杜子春云綜當爲糸旁泉讀爲絤謂縫革之縷馥案隸法泉作泉與宗形近故誤漢書功臣表不絕如綫晉灼曰綫今線縷字

古文綫

xué ⿰糹穴

縷一枚也從糸穴聲乎決切

縷一枚也者集韻⿰糹穴縷也或作⿰糹夬玉篇⿰糹夬細絲也

féng 縫

以鍼紩衣也從糸逢聲符容切

周禮天官有縫人詩摻摻女手可以縫裳昭二年左傳敢拜子之彌縫敝邑注云彌縫猶補合也楚詞天問女歧縫裳魏兖州刺史上雜物縫帳二絲縷十斤後漢書虞詡傳詡爲朝歌長及到官潛遣貧人能縫者傭作賊衣以綵綖縫其裾爲幟

以鍼紩衣也者御覽引云線也本書鍼下云所以縫也箴下云綴衣箴也廣韻縫紩也玉藻縫齊倍要注云縫紩也

qiè 緁

緶衣也從糸疌聲七接切

緶衣也者本書緁襟緣也漢書賈誼傳緁以偏諸晉灼曰以偏諸緁著衣也顏注謂以偏諸緶著之也

緁或從習

zhì 紩

縫也從糸失聲直質切

縫也者一切經音義十一引作縫衣也玉篇同本書黹箴縷所紩衣顏注急就篇納刺謂之紩廣雅紩著納也方言紩衣謂之褸秦謂之緻

說文解字義證 卷四十一 三八

ruǎn 緛

衣戚也從糸耎聲而沇切

衣戚也者戚集韻類篇引作縬徐鍇韻譜作縬玉篇作蹙鄭注鄉飲酒禮云古文縮作蹙

zhàn 組

補縫也從糸旦聲丈莧切

補縫也者廣雅組縫也崔寔政論補組缺壞古豔歌故衣誰當補新衣誰當綻賴得賢主人覽取爲吾組

shàn 繕

補也從糸善聲時戰切

補也者一切經音義七引同又引三蒼繕治也繕之言善也華嚴經音義珠叢曰凡治故造新皆謂之繕也廣雅繕補也禮月令繕囹圄詩叔于田序繕甲治兵箋云繕之言善也周禮繕人注同僖十五年左傳征繕以輔孺子成十六年傳繕甲兵杜注並云繕治也哀二十四年傳軍吏令繕將進杜注繕治戰備漢書息夫躬傳繕修干戈注云繕備也

xiè 絬

論語曰絬衣長短右袂從糸舌聲私列切

絬 玉篇絬堅也 廣韻絬堅絬 論語曰絬衣長短右袂者彼云褻裘長孔注私家裘長主溫

léi 纍

纍 綴得理也一曰大索也從糸畾聲 力追切

綴得理也者本書綴合箸也樂記纍纍乎端如貫珠 一曰大索也者蕭該漢書音義引字林同廣雅纍索也急就篇纍繘繩索絞紡纑顏注纍大索也漢書李廣傳以劍斫絕纍顏注纍索也通作纝易大壯羝羊觸藩羸其角釋文馬云大索也鄭虞作纍或作纝一切經音義七纝紲纝索紲繫也所以拘罪人也論語雖在縲絏之中孔安國曰縲黑索也皇侃曰古者用黑索以攣係罪人也六韜環利小徽縲長二丈以上史記管晏列傳在縲紲中太史公自敘幽於縲絏馥案纍所以繫囚因謂纍爲繫僖三十三年左傳君之惠不以纍臣釁鼓杜注纍囚繫也成三年傳兩釋纍囚杜注纍繫也襄二十五年傳使其眾男女別而纍以待於朝杜注纍自囚係以待命新序節士篇晏子之晉見披裘負芻息於途者使人問焉對曰齊人纍之晏子解左驂以贖之字又作累六韜人民繫累爲敵所虜孟子係累其子弟戰國策係累吾民荀子成相篇箕子累注云累讀爲縲書曰釋箕子之囚通作壘荀子大略篇不憂其係壘也 畾聲者本書闕畾字

lí 縭

縭 以絲介履也從糸离聲 力知切

以絲介履也者釋言縭介也釋文介音界李孫顧舍人本竝云縭羅也介別也郭注縭者繫也介猶閡馥案此縭與釋器釋水之縭不同郭氏竝訓爲繫失之周禮屨人注云屨有約有繶有純者飾也又赤繶黃繶注云以赤黃之絲爲下緣鹽鐵論散不足篇婢妾韋沓絲履

gōu 緱

緱 刀劍緱也從糸侯聲 古侯切

刀劍緱也者集韻緱刀劍首飾六書故刀劍柄當把處以索纏之爲其血染漬而滑也史記孟嘗君傳馮先生甚貧猶有一劍耳又蒯緱集解云蒯茅之類可爲繩言其劍把無物可裝以小繩纏之也緱謂把劍之處

yī 緊

緊 戟衣也從糸殹聲一曰赤黑色繒 烏雞切

戟衣也者古今注所謂油帛而韜之 一曰赤黑色繒者集韻引無色字玉篇作青黑繒

shān 縿

縿 旌旗之游也從糸參聲 所銜切

旌旗之游也者釋天纁帛縿郭注縿眾旒所著鄭注巾車云太常九旗之畫日月者正幅爲縿旒則屬焉詩長發爲下國綴旒箋云綴猶結也如旌旗之旒縿著焉干旄素絲紕之箋云素絲者以爲縷以縫紕旌旗之旒縿或以維持之正義縿謂繫於旌旗之體旒謂縿末之垂者須以縷縫之使相連或以維持者謂旒之垂數非一故以縷相綴連之字或作幓漢書司馬相如傳垂旬始以爲幓兮張揖曰幓旒也又通作襂繢漢書輿服志自皇后以下皆不得服諸古麗圭襂閨緣加上之服注云司馬相如賦曰重旬始以爲襂注云襂下旒也則襂之容如旌旗也

huī 徽

徽 衺幅也一曰三糾繩也從糸微省聲 許歸切

衺幅也者周禮巾車注云正幅爲縿斿謂衺幅所謂幅胡禮記大傳殊徽號王肅曰徽謂旌旗斿也周禮司常掌九旗之物名各有屬注云屬謂徽識也揚雄校獵賦徽車輕武注云有徽幟之車也 一曰三糾繩也者後漢書西羌傳注引無三字疑脫漏本書糾繩三合也易坎卦係用徽纆釋文劉云三股曰徽兩股曰纆揚雄解嘲徽以糾纆梁書王僧孺傳既貽疵辱方致徽纆文選西征賦注引作大索也玉篇徽大索也廣雅徽索也漢書揚雄傳免於徽索陳遵傳觀瓶之居居井之眉不得左右牽於纆徽顏注纆徽井索也馥疑本書脫去大索一訓

biē 𥿭

𥿭 扁緒也一曰弩要鉤帶從糸折聲 并列切

扁緒也者集韻𥿭編緒 一曰弩要鉤帶者玉篇𥿭結也

rèn 紉

紉 繟繩也從糸刃聲 女鄰切

繟繩也者繟當爲撣廣韻作單玉篇紉繩縷也展而續之馥案方言續楚謂之紉字林單繩曰紉楚詞惜誓并紉茅絲以爲索注云單爲紉合爲索

shéng 繩

繩 索也從糸蠅省聲 食陵切

索也者廣雅繩索也小爾雅大者謂之索小者謂之繩急就篇纍繘繩索絞紡纑顏注繩謂紨兩股以上總而合之

者也索總謂切撚之令緊者也一曰麻絲曰繩草謂之索　蠅省聲者當爲黽聲

zhēng 繜

繜　紆未縈繩一曰急弦之聲从糸爭聲讀若旌　側莖切

紆未縈繩者一切經音義十五引作縈繩也又云江沔之閒謂縈收繩爲繜戴侗引蜀本作紆木縈索也本書紆縈也廣雅繜紆索也通作綪士喪禮陳襲事于房中西領南上不綪注云綪讀爲繜屈也江沔之閒謂縈收繩爲繜史記楚世家王綪繳蘭臺集解徐廣曰綪縈也音爭馥謂紆未當依蜀本作紆木謂縈繩之屈木也

yíng 縈

縈　收韏也从糸熒省聲　於營切

收韏也者玉篇作收卷通俗文收績曰縈

qú 絇

絇　纑繩絇也从糸句聲讀若鳩　其俱切

纑繩絇也者集韻紗緺理絲未成絇急戾也司空圖云鄰女自嬉補袖而舞色絲屨空纑以麻絇

zhuì 縋

縋　以繩有所縣也春秋傳曰夜縋納師从糸追聲　持僞切

以繩有所縣也者一切經音義十八引作以繩有所縣鎮也又十六云謂縣重曰縋也通俗文縣鎮曰縋是也僖三十年左傳夜縋而出杜注縋縣城而下昭十九年傳子占使師夜縋而登杜注縋繩登城　春秋傳曰夜縋納師者昭十九年左傳文

quàn 絭

絭　攘臂繩也从糸𢍏聲　居願切

攘臂繩也者攘廣韻作纕玉篇纕收衣袖絭廣雅絭謂之纕亦當作纕絭通帣史記湻于髡傳帣韝鞠䠗徐廣曰帣收衣褏也

jiān 緘

緘　束篋也从糸咸聲　古咸切

束篋也者一切經音義十六後漢書陽球傳注李善注謝惠連擣衣詩引竝同字林亦同鄭注書金縢凡藏祕書藏之於匱必以金緘其表莊子胠篋篇則必攝緘縢釋文崔云約也漢書外戚傳滿一篋緘封顏注緘束篋也又云使客子解篋緘顏注緘束篋之繩也魏文帝與鍾繇書寶玦初至捧匣跪發繩窺匣開爛然滿目皇甫謐立晏春秋以三時之務卷帙生塵篋不解緘釋名棺束曰緘漢書楊王孫傳窾木爲匱葛藟爲緘顏注緘束也後漢書王符傳葛采爲緘注云緘束也通作咸喪大記君封以衡大夫士以咸鄭注咸讀爲緘今齊人謂棺束爲緘繩又注周禮冢人云凡封用紼大夫以咸

téng 縢

縢　緘也从糸朕聲　徒登切

緘也者廣雅同書金縢序武王有疾周公作金縢傳云爲請命之書藏之於匱緘之以金不欲人開之詩小戎竹閉緄縢傳云縢約也閟宮朱英綠縢傳云縢繩也正義約之以繩非訓縢爲繩魏都賦窺玉策於金縢五臣云縢緘也通鑑陳主與任忠金兩縢注云以繩約物曰縢詩采菽邪幅在下箋云邪幅如今行縢也偪束其脛一切經音義十四引禮記注云幅行縢也江南斯役皆有此物亦謂之行纏釋名云言以裹腳可跳騰輕便也秦策嬴縢履蹻鮑注縢行纏也樂府新羅繡行纏

biān 編

編　次簡也从糸扁聲　布玄切

次簡也者後漢書蘇竟傳走昔以摩研編削之才注云說文曰編次也削謂簡也一曰削書刀也廣韻編次也字林以繩次物曰編編聲類同史記孔子世家讀易韋編三絕漢書諸葛豐傳編書其罪顏注編謂聯次簡牘也又注儒林傳云編所以聯次簡也周禮磬師擊編鐘杜子春讀編爲編書之編馥謂六枳編籬編樹木爲柵皆編也蒼頡篇編織也

wéi 維

維　車蓋維也从糸隹聲　以追切

車蓋維也者本書轑蓋弓也維謂繫蓋之繩也字林維持也釋天維以縷鄭注周禮大司馬云維猶連結也

bèi 絥

絥　車絥也从糸伏聲　平祕切

車絥也者字或作鞴釋名鞴伏也在前人所伏也急就篇鞇鞴靯鞲鞍鑣鍚顏注鞴韋囊在車中人所憑伏也今謂之隱囊又或作𩌂　廣雅𩌂謂之軾

茯　絥或从艸

zhēng 紅　xié 綊　fán 緐　jiāng 繮　fēn 紛　zhòu 紂

此與茵從艸同

鞧 緧或從革葡聲

此與茵或從革同

紅 乘輿馬飾也從糸正聲 諸盈切

乘輿馬飾也者韻會引作乘輿馬頭飾也徐鍇韻譜同

綊 紅綊也從糸夾聲 胡頰切

緐 馬髦飾也從糸每聲春秋傳曰可以稱旌緐乎 附袁切

馬髦飾也者或作繁成二年左傳請曲縣繁纓以朝杜注繁纓馬飾　春秋傳曰可以稱旌緐乎者哀二十三年左傳文彼云其可以稱旌繁乎杜注繁馬飾繁纓也

𦅻 緐或從𢍏𢍏籀文弁

說文解字義證　卷四十一　卌三

繮 馬紲也從糸畺聲 居良切

馬紲也者玉篇繮馬緤也廣韻繮馬組廣雅靮謂之繮字或作韁釋名韁疆也繫之使不得出疆限也急就篇鞶勒鞅韅靽羈韁顏注韁馬紖也既夕記革靾注云靾韁也

紛 馬尾韜也從糸分聲 撫文切

馬尾韜也者本書弢下云弓無緣可以解轡紛者釋名紛放也防其放弛以拘之也書費誓敿乃干傳云施汝楯紛王肅云敿楯當有紛繫持之

紂 馬緧也從糸肘省聲 除柳切

五音集韻甁紂餘靼也

馬緧也者廣雅緧紂緧也方言車紂自關而東周洛韓鄭汝潁而東謂之緻或謂之曲綯或謂之曲綸自關而西謂之紂六經正誤考工記必緧其牛後注云故書緧作鱫鄭司農云鱫讀爲緧關東謂紂爲緧鱫魚字今觀釋文作緮

qiū 緧　bàn 絆　xǔ 綇　zhèn 紖

是元注故書緧作緮字誤作鱫又云緮與緧同是元注鄭司農云緮讀爲緧誤寫緮作鱫又多鱫魚字三字

緧 馬紂也從糸酋聲 七由切

馬紂也者本書鞧馬尾鞧也今之般緧字或作鞧釋名鞧遒也在後遒迫使不得卻縮也又作鞦王隱晉書潘岳作謠曰閣道東有大牛王濟鞅裴楷鞦通鑑楊行密從者斷馬鞦取其金注引史炤曰鞦馬紂也

絆 馬縶也從糸半聲 博幔切

馬縶也者顏注急就篇拴足曰絆詩白駒縶之維之傳云縶絆有客以縶其馬箋云縶絆也襄二十八年左傳慶氏之馬善驚士皆釋甲束馬杜注束絆之也揚雄交州牧箴爰自開闢不羈不絆北史齊高祖本紀廄有惡馬神武乃不加羈絆而蒴字或作靽釋名靽半也拘使半行不得自縱也僖二十八年左傳晉車七百乘韅靷鞅靽杜注在後曰靽釋文靽音半一云縶也

綇 絆前兩足也從糸須聲漢令蠻夷卒有綇 相主切

說文解字義證　卷四十一　卌四

絆前兩足也者徐鍇韻譜綇絆牛馬前足集韻獸前絆謂之綇廣雅綇絆也或作綇蜀都賦綇麀麌注云綇半前兩足也莊子馬蹄篇連之以羈馽釋文馽司馬向崔本並作綇崔云絆前兩足也通作胥錢君大昭曰綇卽胥靡之胥呂氏春秋傳說殷之胥靡漢書楚元王傳二人諫不聽胥靡之師古曰綇使相隨而服役之故謂之胥靡又或作絤類篇綇或從西玉篇絤絆前兩足也

紖 牛系也從糸引聲讀若矤 直引切

牛系也者一切經音義十五引作牛索也五經文字紖牛索也廣雅紖索也晉書武帝紀有司嘗奏御牛青絲紖斷詔以青麻代之音義引字林紖牛系也聘禮牽牛以致之注云執紖牽之祭統及迎牲君執紖疏云紖牛鼻繩周禮封人凡祭祀飾其牛牲設其楅衡置其絼鄭司農云絼著牛鼻繩所以牽牛者今時謂之雉與古者名同後鄭云絼字當以豸爲聲疏云自漢以前皆謂之絼少儀云牛則執紖紖則絼之別名釋文絼本又作紖䋈案檀弓申生雉經正義雉牛鼻繩也申生以牛繩自縊而死也

糸

xuàn 縼　mí 縻

縼 以長繩繫牛也從糸旋聲 辭戀切

以長繩繫牛也者李善注長笛賦引同玉篇縼以長繩繫牛馬放之廣雅縼係也

縻 牛轡也從糸麻聲 靡爲切

牛轡也者本書牽象引牛之縻也牂藙可以作縻緶晉書音義縻牛轡也廣雅縻係也小爾雅廣言縻縛也史記司馬相如傳其義羈縻勿絕而已索隱案縻牛靷也漢官儀云馬云羈牛云縻漢書郊祀志天子猶羈縻不絕顏注牛靷曰縻後漢書曾恭傳羈縻不絕而已注引蒼頡篇縻牛繮也周憬功勳銘狂牛無縻潘岳耤田賦洪縻在手劉氏新論思順篇今使孟說引牛之尾尾斷臏裂不行十步若環桑之條以貫其鼻縻以尋絢被髮童子騎而策之風於廣澤恣情所趨

紉 縻或從多

或從多者多聲也與移移同

xiè 紲

紲 系也從糸世聲春秋傳曰臣負羈紲 私列切

系也者一切經音義七紲馬韁也所以繫制畜牲者皆曰紲紲繫也玉篇紲馬韁也凡繫縲牛馬皆曰紲廣雅紲係也釋名紲制也牽制之也詩小戎竹閉緄縢傳云閉紲緄縢約也正義言閉紲者說文云紲繫也謂置弓韔裏以繩紲之因名韔爲紲考工記弓人注云紲弓韔也角長則送矢不疾若見紲於韔矣是紲爲繫名也晉語從者爲羈紲之僕韋注馬曰羈犬曰紲史記管晏列傳在縲紲中正義紲繫也漢書王莽傳是猶紲韓盧而責之獲也顏注紲繫也後漢書荅勳傳夫紲倉鷹蔦注云紲繫也仲長統傳乃始羈首係頸就我之銜紲耳注云紲韁也離騷登閬風而緤馬注云緤馬繫馬也新序使之遙見而指屬則雖韓盧不及衆兔之塵若躡迹而縱緤則雖東郭䶵亦不能離漢書賈誼傳若夫束縛之係緤之顏注緤謂長繩係之也後漢書張衡傳縱余緤乎不周注云緤馬韁也馬融傳緤墳羊注云緤繫也左太沖詠史詩臨組不肯緤李善引王逸楚詞注緤繫也字或作韘既夕記革韘注云韘韁也或作絏五經文字絏本從世緣廟諱偏旁今經典共準式例變小爾雅廣器繆而紾之爲絏論語雖在縲絏之中孔云絏攣也襄二十六年左傳臣不佞不能負羈絏以從扞牧圉定八年傳羣臣之子敢不皆負羈絏以從　春秋傳曰臣負羈紲者僖二十四年左傳文彼作絏注云絏馬韁服虔注犬韁曰紲古者行則有犬馥案少儀犬則執緤牛則執紖馬則執靮服說爲長傳又云居者爲社稷之守行者爲羈絏之僕

緤 紲或從枼

mò 纆

纆 索也從糸黑聲 莫北切

索也者廣雅同或作纆華嚴經音義珠叢纆繩索也五經文字徽纆皆繩也三股曰徽兩股曰纆文選孫楚詩吉凶如糾纆李善云糾兩股索纆三股索五臣注鵩鳥賦引字林糾兩合繩纆三合繩易坎卦係用徽纆虞云徽纆黑索也馬云徽纆索也劉表云三股爲徽兩股爲纆皆索名鶡冠子世兵篇禍與福如糾纆也莊子天地篇外重纆繳駢拇篇約束不以纆索韓策馬千里之馬也服千里之服也而不能取千里何也曰子纆牽長鮑注纆索也以牽馬易林絞黑大索困於請室漢書賈誼傳何異糾纆瓚曰纆索也史記索隱引韋昭云纆徽也張華荅何劭詩纓緌爲徽

纆通作墨史記南越傳成敗之轉譬若糾墨楚詞九章章畫志墨兮前圖未改注云言工明於所畫念其繩墨修前人之法不易其道則曲木直而惡木好也漢書揚雄傳徽以糾墨顏注徽糾墨皆繩也

gēng 緪

緪 大索也一曰急也從糸恆聲 古恆切

大索也者字林同一切經音義十二引通俗文大索曰緪緪亦繩也廣雅緪索也或作絚魏志王昶傳兩岸引竹絚爲橋北史魏本紀帝征衛辰時河冰未成帝乃以葦絚約澌俄然冰合通鑑魏人以鉤車鉤城樓城內繫以彊絚注云絚大索也　一曰急也者本書搄引急也楚詞九歌絚瑟兮交鼓王注　絚急張弦也淮南繆稱訓大弦絚則小弦絕矣高注絚急也

yù 繘

繘 綆也從糸矞聲 余聿切

綆也者廣雅同本書繫繘耑木也玉篇繘綆也用以汲水也廣韻繘汲綆小爾雅廣器綆繘也急就篇纍繘繩索絞紡纑顏注繘汲索也一名綆方言繘自關而東周洛韓魏之閒謂之綆或謂之絡關西謂之繘注云汲水索也易井

卦井收勿幕虞云收謂以轆轤收繘也又汔至亦未繘井羸其瓶鄭云繘綆也士喪禮管人汲不說繘屈之太元法次五繘陸陸缾窴腹井潰洋終不得食

䋊 古文從絲

䌎 籀文繘

gěng 綆

綆 汲井綆也從糸㪅聲 古杏切

汲井綆也者一切經音義二引作汲井繩也玉篇綆汲繩也繘也廣韻綆井索襄九年左傳具綆缶杜注綆汲索莊子至樂篇綆短者不可以汲深釋文綆汲索也古詩後園鑿井銀作牀金瓶素綆汲寒漿

ǎi 絠

絠 彈彄也從糸有聲 弋宰切又古亥切

彈彄也者廣雅彄謂之絠

zhuó 繳

繳 生絲縷也從糸敫聲 之若切

生絲縷也者生絲繳細不黏箸故惟射用之左傳正義引作生絲也詩正義云說文繳謂生絲爲繩也考工記弓人約之不皆約注云纏之繳不相次也漢書司馬相如傳孅繳施顏注繳生絲縷也列仙傳赤將子者時於市中賣繳亦謂之繳父

bì 繴

繴 繴謂之罿罿謂之罬罬謂之罦捕鳥覆車也從糸辟聲 博戹切

繴謂之罿云云者釋器文彼云繴謂之罿罿罬也罬謂之罦罦覆車也郭注今之翻車也有兩轅中施罥以捕鳥本書罿罬也罬捕鳥覆車也罦覆車也

mín 緍

緍 釣魚繁也從糸昏聲吳人解衣相被謂之緍 武巾切

釣魚繁也者本書民釣也釋言緍綸也郭注詩曰維絲伊緍緍繩也江東謂之綸詩何彼襛矣其釣維何維絲伊緍傳云緍綸也釆綠之子于釣言綸之繩箋云綸釣繳也正義釣繳者謂繫繩於釣竿也六韜緍微餌明小魚食之緍

說文解字義證卷四十一 兲

調餌香中魚食之緍隆餌豐大魚食之夫魚食其餌乃牽於緍宋玉釣賦夫元洲之釣也以三尋之竿八絲之綸吳人解衣相被謂之緍者詩抑荏染柔木言緍之絲傳云緍被也馥案此言以緍被木是緍有衣被義

xù 絮

絮 敝緜也從糸如聲 息據切

盧毓冀州論房子好緜地產不爲無珍也　水經注房子城西出白土細滑如膏可用濯緜霜鮮雪曜異於常緜世俗言房子之纊也　蕭廣濟孝子傳朱百年母冬月無絮自此不衣緜　王隱晉書董京乞於市得殘碎繒絮結以自覆佳緜則不肯受　鄧粲晉紀王敦籍周顗家筒籠中有故絮　語林若畏寒無勝緜者

敝緜也者韻會引徐鍇曰精者曰緜繭內衣護蛹者與其外膜緒雜爲之曰絮集韻絲絮曰絮廣韻絮絲結亂也釋名絮胥也胥久能解落也顏注急就篇漬繭擘之精者爲緜麤者爲絮今則謂新者爲緜故者爲絮四民月令八月擘絲治絮漢書文帝紀絮三斤顏注絮緜也

luò 絡

絡 絮也一曰麻未漚也從糸各聲 盧各切

絮也者楚辭招魂秦篝齊縷鄭緜絡些

kuàng 纊

纊 絮也從糸廣聲春秋傳曰皆如挾纊 苦謗切

絮也者御覽引作縕也華嚴經音義引作緜也顏注急就篇古亦謂緜爲纊小爾雅廣服纊緜也絮之細者曰纊禹貢厥篚纖纊傳云纊細緜史記作纖絮既夕記屬纊注云纊新絮玉藻纊爲繭注云纊謂今之新緜喪大記屬纊注云纊今之新緜士喪禮瑱用白纊注云纊新緜大戴禮入官篇絖絖塞耳雜記注絖爲繭釋文絖又作纊莊子逍遙游世世以洴澼絖爲事釋文李云絖絮也祝睦後碑臨絕絖族　春秋傳曰皆如挾纊者宣十二年左傳文杜注纊緜也

絖 纊或從光

zhǐ 紙

紙 絮一苫也從糸氏聲 諸氏切

釋名紙砥也謂平滑如砥石也　崔子玉與葛元甫書送許子十卷貧不及素但以紙耳　傅咸紙賦既作契以代繩又

說文解字義證卷四十一 哭

造紙以當冊又云取彼之微以爲此新 後漢書宦者蔡倫傳自古書契多編以竹簡其用縑帛者謂之爲紙縑貴而簡重並不便於人倫乃造意用樹膚麻頭及敝布魚網以爲紙元興元年奏上之帝善其能自是莫不從用焉故天下咸稱蔡侯紙注云湘州記曰耒陽縣北有漢黃門蔡倫宅宅西有一石臼云是倫春紙臼也 董巴記曰東京有蔡侯紙卽倫也用故麻名麻紙木皮名穀紙用故魚網作紙名網紙也盛弘之荆州記棗陽縣一百許步蔡倫宅其中具存其旁有池卽名蔡子池倫漢順帝時人始以魚網造紙縣人今猶多能作紙蓋倫之遺業也 王隱晉書魏太和六年博士河閒張揖上古今字詁其巾部云紙今帋也其字從巾古以縑帛依書長短隨事截絹枚數重沓卽名幡紙字從糸此形聲也後漢和帝元興中中常侍蔡倫以故布擣剉作紙故字從巾是其聲雖同糸巾爲殊不得言古之紙爲今紙

絮一苫也者苫當爲箈本書箈蔽絮一簀也通俗文方絮曰紙

fǔ 紑

紑 治敝絮也從糸咅聲 芳武切

治敝絮也者廣韻紑紑緜

rú 絮

絮 絜緼也一曰敝絮從糸奴聲易曰需有衣絮 女余切

一曰敝絮者當爲敝絮集韻絮絲絮相箸皃 易曰需有衣絮者本書繻下引易繻有衣今易作繻有衣袽虞云敗衣也釋文云說文袽作絮京作絮子夏作茹考工記弓人厚其帑則木堅注云鄭司農云帑讀爲襦有衣絮之絮複謂兩絮子竝當爲絮

jì 繫

繫 繫縼也一曰惡絮從糸毄聲 古詣切

繫縼也者廣韻繫縛繫 一曰惡絮者廣韻繫繂縼惡絮集韻吳俗謂縼絮曰緆玉篇縼絓縼也

lí 縼

縼 繫縼也一曰維也從糸虒聲 郎兮切

jī 緝

緝 績也從糸咠聲 七入切

績也者孟子妻辟纑趙注緝績其麻曰辟僮約結葦臘纑注云臘緝治也

cì 䋮

䋮 績所緝也從糸次聲 七四切

績所緝也者廣韻䋮績所未緝者增韻同

jì 績

績 緝也從糸責聲 則歷切

緝也者字林同

詩東門之枌不績其麻七月八月載績傳云載績絲事畢而麻事起矣 魯語公父文伯退朝朝其母其母方績

lú 纑

纑 布縷也從糸盧聲 洛乎切

布縷也者字林同本書纔未練治纑也顏注急就篇已紡而成謂之纑又注兔盧云兔盧一名兔縷盧亦縷也廣雅縷纑也方言纑謂之縝注云謂纑縷也馥案縝玉篇作縝云纑也周禮典枲掌布緦縷紵之麻草之物孟子妻辟纑劉熙注練絲曰纑趙注練麻曰纑昭十九年左傳紡焉以度而去之劉炫云紡謂紡麻作纑爲布作纑之法有小繩紀其升縷尉繚子治本篇非五穀無以充腹非絲麻無以蓋形故充腹有粒蓋形有縷史記貨殖傳夫山西饒材竹穀纑集解紵屬可以爲布僮約結葦臘纑注云治麻以作布

fū 紨

紨 布也一曰粗紬從糸付聲 防無切

一曰粗紬者廣雅紨紬也類篇大絲曰紨

suì 繐

繐 蜀細布也從糸彗聲 祥歲切

蜀細布也者一切經音義八引作蜀白細布也廣韻繐布縷細也史記張騫曰臣在大夏時見邛竹杖蜀布鹽鐵論本議篇郡國或令民作布絮吏留難與之爲市吏之所入非獨齊陶之縑蜀漢之布也亦民閒之所爲耳

chī 絺

絺 細葛也從糸希聲 丑脂切

詩綠衣絺兮綌兮淒其以風箋云絺綌所以當暑今以待寒喻其失所也 墨子夏服絺綌之服輕且清 越絕書葛山者句踐種葛使越女織治葛布獻於吳 吳越春秋令我采葛以作絲女工織兮不敢遲弱於羅兮輕霏霏號絺素兮將獻之 劉楨瓜賦承之雕盤羃以纖絺 左思吳都賦蕉葛升越弱於羅紈 夏侯孝若大暑賦珠汗沾夫絺葛 段氏蜀記邛州鎮南蕉葛上者一匹直十千

xì 綌 zhòu 縐 quán 絟 zhù 紵

細葛也者本書葛絺綌艸也通俗文細葛謂之羝綎小爾雅廣服葛之精者曰絺麤者曰綌書益稷𫄨黹絺繡傳云葛之精者曰絺禹貢厥貢漆枲絺紵又云厥貢鹽絺傳云絺細葛詩葛覃爲絺爲綌傳云精曰絺麤曰綌大射儀冪用錫若絺注云絺細葛也士虞禮冪用絺布注云絺布葛屬曲禮巾以絺正義細葛也爲巾論語當暑袗絺綌孔注絺綌葛也越語冬則資絺注云絺葛也精曰絺麤曰綌穆天子傳絺紵三十篋注云絺葛精者呂氏春秋孟夏紀天子始絺注云絺細葛也論語曰當暑袗絺綌此之謂也史記五帝本紀堯乃賜舜絺衣正義絺細葛布衣也漢書地理志貢鹽絺顏注葛之精者曰絺江表傳魏文帝遣使於吳求細葛淮南主術訓絺綌綺繡高注葛精曰絺粗曰綌

綌 粗葛也從糸谷聲 綺戟切

粗葛也者急就篇綌紵枲緼裹約纏顏注綌謂葛之粗者士昏禮綌冪注云綌粗葛士喪禮沐巾一浴巾二皆用綌於笄注云綌麤葛稀康高士傳夏服綌葛

𢄼 綌或從巾

或從巾者曲禮巾以綌

縐 絺之細也詩曰蒙彼縐絺一曰𥈞也從糸芻聲 側救切

絺之細也者玉篇縐纖也詩正義絺者以葛爲之其精尤細靡者縐也言細而縷縐 詩曰蒙彼縐絺者鄘風君子偕老文傳云絺之靡者爲縐 一曰𥈞也者類篇縐緊文也詩鄭箋縐絺絺之蹙蹙者史記司馬相如傳襞積褰縐注云褰縐縮蹙之也

絟 細布也從糸全聲 此緣切

細布也者一切經音義十四引作細葛布也廣韻絟細布別名通作荃漢書景十三王傳繇王閩侯亦遺建荃葛蘇林曰荃音詮細布屬也顏注許慎云荃細布也字本作絟蓋今南方筩布之屬皆爲荃也

紵 檾屬細者爲絟粗者爲紵從糸宁聲 直呂切

檾屬者一切經音義十四引同又云布白而細曰紵亦草名也廣韻紵麻紵玉篇紵麻屬所以緝布也魏都賦油油

sī 緦

麻紵五臣云紵似麻可以爲布詩東門之池可以漚紵陸璣疏紵亦麻也科生數十莖宿根在地中至春自生不歲種也荆揚之閒一歲三收今官園種之歲再割割便生剝之以鐵若竹挾之表厚皮自脫但得其裏韌如筋者謂之徽紵今南越紵布皆用此麻或作苧南都賦其原野則有桑漆麻苧李善引說文曰苧麻屬賦又云其草則藨苧薠莞本草苧麻陶云即今績苧蜀本注云苗高丈已來南人剝其皮爲布王褒僮約多取蒲苧益作繩索 細者爲絟粗者爲苧者五音集韻紵檾之粗者地理志引書厥貢漆枲絺紵顏注紵織紵爲布及練也馥案練本或誤作練練布屬爾衡著練布是也樂府白紵歌白紵質如月輕如雲色如銀製以爲袍餘作巾程君瑤田曰說文云細者爲絟粗者爲紵絟細布也以絟爲細布則是以紵爲粗布矣周官典枲職掌布緦縷紵之麻草之物注云緦十五升抽其半者白而細疏曰紵蓋亦以紵爲布矣而詩漚紵與漚麻竝言紵實麻類今乃以爲布名或者卽以其物之名而名其布與抑檾紵與麻亦自有別典枲麻草分舉注云草葛薠之屬是薠紵爲草而別於麻矣又掌葛職掌以時徵絺綌之材於山農徵草貢之材於澤農注云草貢出澤薠紵之屬可緝績者疏云葛出於山薠紵出於澤也夫出於山

澤則與麻有不得不別者矣

𦁪 紵或從緒省

或從緒省者亦通作緒通典云晉俳歌云交交白緒節節爲雙吳音呼緒爲紵宜卽白紵也字又作縩韓詩曾子褐衣緼緒未嘗完任昉竟陵文宣王行狀華袞與緼緒同歸

緦 十五升布也一曰兩麻一絲布也從糸思聲 息茲切

十五升布也者王制布帛精麤不中數注云數升數多少古文苑鄒長倩遺公孫賢良書五絲爲䋊倍䋊爲升倍升爲緎倍緎爲紀倍紀爲緵倍緵爲襚皆自少之多自微至著也魯語衣不過七升之布韋注八十縷爲升戴德喪服變除白布深衣十五升閒傳斬衰三升齊衰四升五升六升大功七升八升九升小功十升十一升十二升緦麻十五升去其半喪服傳緦者十五升抽其半有事其縷無事其布曰緦注云謂之緦者治其縷細如絲也成伯璵曰有事其縷者先加灰錫治其麻縷爲布則不治周禮典枲掌布緦縷紵之麻草之物注云緦十五升布抽其半者司服

xī 緆

爲諸侯緦衰鄭司農云緦亦十五升去其半雜記朝服十五升去其半而緦加灰錫也注云緦精麤與朝服同去其半則六百縷而疏也喪大記絞紟如朝服正義二者皆以布俱十五升布也馥案升本作稯本書布之八十縷爲稯又通作宗鄭注儀禮云布八十縷爲一宗宗讀爲升 一曰兩麻一絲布也者釋名緦絲也績麻緦如絲也

𦃇 古文緦從糸省

緆 細布也從糸易聲 先擊切

細布也者玉篇緆治麻布也淮南齊俗訓弱緆羅紈高注弱緆細布寰宇記藉細布一號鬱林布比蜀黃潤古稱云筒中黃潤一端數金淮南子云弱緆細布也漢書云白越即此布也通作錫燕禮冪用綌若錫注云今文錫爲緆大射儀冪用錫若絺注云錫細布也今文錫或作緆列子周穆王篇鄭衛之處子衣阿錫注云錫細布愼子毛嬙先施天下之美姣也衣之以供皮則見者皆走易之以玄錫則行者皆止淮南修務訓衣阿錫漢書司馬相如傳被阿錫張揖曰錫細布也郊祀志曳阿錫顏注阿細繒錫細布也新唐書地理志雲安郡夔州貢錫布釋名錫緆也錫易也治

說文解字義證 卷四十一 卅三

其麻使滑易也雜記加灰錫也注云取緦以爲布又加灰治之則曰錫言錫然滑易也周禮司服王爲三公六卿錫衰鄭司農云錫麻之滑易者十五升去其半有事其布無事其縷喪服記大夫弔於命婦錫衰傳曰錫者何也麻之有錫者也錫者十五升抽其半無事其縷有事其布曰錫注云謂之錫者治其布使之滑易也喪服小記諸侯弔必皮弁錫衰皇覽逸禮君使大夫弔於國君錫衰摯虞決疑要注古素冠錫衰爲弔服錫細麻疏也謝玆喪服圖天王弔三公及三孤弁絰錫衰賀循喪服要記大夫弔於大夫士人成服而往則皮弁絰而加錫衰也

緆或從麻

tóu 緰

緰 緰貲布也從糸俞聲 度侯切

潛夫論浮侈篇孝子衣必細緻履必麕麂組必文采飾必機緰或作帤急就篇服瑣緰帤與繒連顏注緰帤緆布之尤精者也言此二種雖曰布類其質精好與繒相連次也

cuī 縗

縗 服衣長六寸博四寸直心從糸衰聲 倉回切

服衣者釋名二曰不生生者成服曰縗縗催也言傷催也襄十七年左傳齊晏桓子卒晏嬰麤縗斬杜注斬不緝之也縗在胸前麤三升布傳子陳寔亾制縗麻者以百數任昉齊竟陵王行狀縗麤非隆殺之要費鳳碑縗杖其未除又別碑蓬首斬縗杖高頤碑縗絰墳側通作衰喪服小記斬衰括髮以麻齊衰惡笄以終喪聘禮赴者至則衰而出注云於是可以凶服將事也鄭注雜記云春秋傳曰齊晏桓子卒晏嬰麤衰斬麤衰斬者其縷在齊斬之閒謂縷如三升半而三升不緝也斬衰以三升爲正微細焉則屬於麤也然則士與大夫爲父服異者有麤衰斬其爲母五升縷而四升爲兄弟六升縷而五升乎僖六年左傳大夫衰絰襄三十一年傳比及葬三易衰釋文衰本又作縗新序節士篇趙武服衰三年說苑脩文篇必而後治凶服衣衰飾東觀漢記丁鴻父綝卒既葬乃挂衰絰於冢廬而去桂陽先賢讚成武丁以疾終妻知其仙去遂除衰絰而心喪之 長六寸博四寸直心者皇侃禮記義疏以三升半布爲衰長六寸廣四寸綴於衣前當胸上後又有負版長一尺六寸廣四寸趙宧光曰禮縗長六寸博四寸蓋獨指當頤下拭淚佩巾也

說文解字義證 卷四十一 卅四

dié 絰

絰 喪首戴也從糸至聲 徒結切

喪首戴也者釋名絰實也傷催之實也檀弓絰也者實也成伯璵禮記外傳斬衰首絰圍九寸向下皆五分去一齊衰首絰七寸五分之一大功首絰五寸八分小功首絰三寸七分緦首絰三寸七分儀禮喪服苴絰杖絞帶注云麻在首在要皆曰絰絰之言實也明孝子有忠實之心首絰象緇布冠之缺項要絰象大帶

biàn 緶

緶 交枲也一曰緁衣也從糸便聲 房連切

交枲也者玉篇緶交枲縫衣也 一曰緁衣也者本書緁緶衣也玉篇繄云紻緶也廣雅緶緁也玉藻士練帶率下辟注云率緶也正義繂謂緶緝也

huà ⿱户糸

⿱户糸 履也一曰青絲頭履也讀若阡陌之陌從糸戶聲 亾百切

履也者廣韻⿱户糸繩履玉篇⿱户糸扉屣也馥案廣韻從尸玉篇亦當作⿱尸糸廣雅⿱尸糸屩也方言西南梁益之閒或謂之屩或

謂之屝屨其通語也　一曰青絲頭屨也者玉篇絇屨頭飾也士冠禮黑屨青絇繶純注云絇之言拘也以爲行戒狀如刀衣鼻在屨頭士喪禮乃屨綦結於跗連絇注云絇屨飾如刀衣鼻在屨頭上以餘組連之止足坼也　讀若阡陌之陌者本書無阡陌字漢書匡衡傳南以閩佰爲界顏注佰者田東西界

bĕng 䋽

䋽 枲履也從糸封聲 博蠓切

枲履也者急就篇屐屩繋麤羸窶貧顏注繋圓頭掩上之履也荀子正論篇菲對屨注云菲草屨也對當爲紨傳寫誤曰紨枲也慎子作紨　馥案慎子君人篇有虞氏之誅以緶紨當刖

liǎng 緉

緉 履兩枚也一曰絞也從糸從兩兩亦聲 力讓切

履兩枚也者緉兩聲相近廣韻緉履屐雙也秦嘉與婦淑書今致龍虎組緹履一緉東宮舊事太子納妃有絳地文履一緉高文惠婦與文惠書今聊奉組生履一緉通作兩詩南山葛屨五兩釋文沈音亮說苑脩文篇親迎其禮奈何曰諸侯以屨二兩加琮大夫庶人以屨二兩加束脩二又通作量匡謬正俗或問曰今人呼屨舄屐屩之屬一具

爲一量於義何邪荅曰字當作兩詩云葛屨五兩者相偶之名屨之屬二乃成具故謂之兩兩音轉變故爲量耳劉向列仙傳安期先生以赤玉舄一量爲報風俗通操一量不借晉書五行志有敗屩自聚於道四五十量宋元嘉起居注劉禎彈廣州刺史有自擲屐六七十量抱朴子極言篇以赤玉舄一量爲報世說未知一生當著幾量屐搜神記估客見二女子云可爲買兩量絲履自厚相報曹植賀冬表獻文履七量　馥案足所著皆稱量皇甫規與馬融書謹上襪一量秦嘉婦與嘉書今奉細布襪二量慕容皝與顧和書今致繡襪一量魏武與楊彪書今遺足下織成花靴一量晉惠帝起居注愍懷太子賜典兵中郎將複絝靴一量　一曰絞也者通志引作一曰緉絞也廣雅緉絞也方言緉絞也關之東西或謂之緉或謂之絞絞通語也注云絞謂履中絞也　從糸從兩者本書㒳再也此緉當從㒳篆誤從兩訓詞兩枚亦當爲㒳　兩亦聲者當爲㒳聲

jié 絜

絜 麻一耑也從糸㓞聲 古屑切

麻一耑也者字林同　玉篇𪎭麻一絜也

móu 繆

繆 枲之十絜也一曰綢繆從糸翏聲 武彪切

枲之十絜也者廣韻絜絲十絜　一曰綢繆者詩綢繆束薪傳云綢繆猶纏緜也莊子則陽篇聖人達綢繆釋文綢繆猶纏緜

chóu 綢

綢 繆也從糸周聲 直由切

繆也者楚詞九歌薜荔拍兮蕙綢王注綢縛束也詩曰綢繆束楚是也

yùn 縕

縕 紼也從糸昷聲 於云切

紼也者一切經音義十二引說文云縕紼亂麻也急就篇絡紵枲縕裹約纏隱四年左傳猶治絲而棼之也杜注絲見棼縕益所以亂列子田夫衣縕黂韓詩外傳曾子褐衣縕緒未嘗完也漢書東方朔傳衣縕無文顏注縕亂絮也本書以絮曰襺以縕曰袍論語衣敝縕袍孔曰縕枲著也皇侃曰枲麻也以碎麻著裘也故麻曰縕故絮亦曰縕玉藻縕爲袍注云縕謂今纊及舊絮也

fú 紼

紼 亂系也從糸弗聲 分勿切

亂系也者集韻引作亂絲也徐鍇韻譜同　一切經音義十二引作亂麻也玉篇同

bēng 絣

絣 氐人殊縷布也從糸并聲 北萌切

氐人殊縷布也者漢書揚雄傳絣之以象類宋祁校本引字林絣𦄼布也一切經音義十四引字林絣無文綺也

bǐ 紕

紕 氐人𦋺也讀若禹貢玭珠從糸比聲 卑履切

氐人𦋺也者後漢書西南夷傳其人能作旄氊班罽青頓毞𣯧羊羧之屬注云周書伊尹爲四方獻令曰請令以丹青白旄紕罽龍角神龜爲獻纂文紕氐罽也音卑𣯧反毞即紕也

jì 𦋺

𦋺 西胡毳布也從糸罽聲 居例切

字林𦋺之方文者曰𣯧　通俗文𦋺邪交曰𣯧　漢書扶南傳安息國出五色𦋺　班固與弟書竇侍中前寄錢八十萬市得雜𦋺十餘張也　吳歷魏文帝賜吳王太子𦋺二張　干寶晉紀孫皓遣使詔書賜班𦋺五十張絳𦋺二十張紫青

罽各十張　十六國春秋西秦錄沮渠道武罽千匹　或作
罽漢書西域傳罽賓國其民巧織罽刺文繡西京雜記溫室
規弟以罽賓氍毹東觀漢記桓帝黃老祠於濯龍淵中以文
罽爲壇飾續漢書輿服志皇太后出則乘紫罽軿車鹽鐵論
采旃文罽充於內府華陽國志猩猩血可以染朱罽鄴中記
石虎御府有雜頭文罽鹿子罽花罽　又作罽西京雜記公
矦皆以竹木爲几冬則以細罽爲橐以憑之魏報倭女王詔
地絳粟罽十張細班華罽五張　又作毲玉篇毲方文者晉
書張軌傳獻
毲布三萬匹
西胡毳布也者本書緰以毳爲罽顏注漢書高帝紀罽織
毛若今氍毹及氍毹之類也東方朔傳狗馬被繢罽顏注
罽織毛也即氍毹之屬通俗文織毛曰罽釋言毲罽也郭
注毛毲所以爲罽李巡本毲作毳舍人曰毲謂毛罽也胡
人績羊毛作衣孫炎曰毛毲爲罽禹貢熊羆狐狸織皮正
義織毛而言皮者毛附於皮故以皮表毛耳顏師古曰言
貢四獸之皮又貢雜罽蘇軾曰以罽者曰織以裘者曰皮
曾皎曰獸皮制之可以爲裘其毳毛可以織之爲罽後漢
書杜篤傳燒罽帳注云罽毛布也李恂傳西域諸國侍子
及督使賈胡數遺恂奴婢宛馬金銀香罽之屬注云罽織

說文解字義證　卷四十一　耆

毛爲布者魏畧大秦國有織成細布言用水羊毳名曰海
西布詩韓奕正義云罽者織毛爲之若今之毛氍毹韋輝
光毛詩問云褐賤者之所服也今罽亦用爲之通鑑黃帝
祠老子以文罽爲壇飾注云西夷織毛爲布曰罽又梁於
臺城築土山起芙蓉層樓飾以
錦罽注云罽毳布也織毛爲之

yì 縊

縊 經也從糸益聲春秋傳曰夷姜縊　於賜切

釋名懸繩曰縊縊阨也阨其頸也　周書克殷解適二女之
所乃既縊　吳語王縊申亥負王以歸　後漢書吳祐傳因
投繯而死注云謂以
繩爲繯投之而縊也
經也者廣韻縊自經死也桓十三年左傳莫敖縊於荒谷
杜注縊自經也晉語申生乃雉經於新城之廟楚詞天問
伯林雉經荀子彊國篇救經而引其足也注云經縊也釋
蟲蜆縊女郭注書自縊死文王世子公族其有死罪則磬
於甸人鄭注縣縊殺之曰磬　春秋傳曰夷姜
縊者桓十六年左傳文杜注失寵而自縊死

suī 綏

綏 車中把也從糸從妥　息遺切

車中把也者玉篇引作車中靶也廣韻增韻篇海並同本
書靶轡革也廣雅靶謂之綏詩韓奕淑旂綏章箋云綏所
引以登車有采章也士昏禮壻御婦車授綏既夕記約綏
鄭注並云綏所以引升車曲禮僕人之禮必授人綏又云
獻車馬者執策綏少儀僕於君子升下則授綏又云僕者
右帶劍負良綏注云良綏君綏也論語升車必正立執綏
皇氏曰綏牽以上車之繩也文十三年左傳乃皆出戰交
綏李衛公曰綏亦轡總也謂軍不戰但交綏而退猶云交
馬而還哀二年傳子良授太子綏而乘之司馬法古者逐
奔不過百步縱綏不過三舍史記司馬相如傳繆繞玉綏
郭璞曰綏所執以登車張儀傳詳失綏墮車　從妥者本
書無妥字轉寫脫漏釋詁妥止也又安坐也詩楚茨以妥
以侑傳云妥安坐也士虞禮主人及祝拜妥尸特牲饋食
禮主人拜妥尸少牢饋食禮主人皆拜妥尸檀弓文子其
中退然注云退爲妥通作綏詩樛木福履綏之傳云綏安
也士相見禮妥而後傳言注云妥安坐也古文妥爲綏曲
禮國君綏視注云綏讀爲妥又云大夫則綏之注云綏讀
曰安宣十二年公羊傳使帥一二耋老而綏焉注云綏安
也東都賦遂綏哀
牢五臣注綏安也

說文解字義證　卷四十一　叐

yí 彝

彝 宗廟常器也從糸糸綦也廾持米器中實也彑聲此
與爵相似周禮六彝雞彝鳥彝黃彝虎彝蜼彝斝彝
以待祼將之禮　以脂切

宗廟常器也者釋器彝卣罍器也郭云皆盛酒尊彝其總
名六書故古者德善勳勞銘諸鼎彝紀于太常故彝常皆
有常久之義詩烝民民之秉彝傳云彝常也韓非喻老篇
康誥曰毋彝酒者彝酒常酒也書序武王既勝殷邦諸矦
班宗彝作分器鄭注宗彝宗廟尊也襄十九年左傳且夫
大伐小取其所得以作彝器注云彝常也謂鐘鼎爲宗廟
之常器昭十五年傳諸矦之封也皆受明器於王室以鎮
撫其社稷故能薦彝器於王注云彝常也謂可常寶之器
定四年傳官司彝器注云彝器常用器漢書王莽傳官司
彝器顏注彝器常用之器也一曰彝祭宗廟酒器也周禮
有六彝彝法也言器有所法象之貌百　糸綦也者綦當
爲素古文從素省玉篇彝屬素部　周禮六彝云者春
官小宗伯辨六彝之名物以待果將注云六彝雞彝鳥彝
斝彝黃彝虎彝蜼彝司尊彝春祠夏禴祼用雞彝鳥彝秋

糸

zhì 緻　盭　綷　緅　sù 素

嘗冬烝祼用斝彝黃彝凡四時之閒祀追享朝享祼用虎彝蜼彝注云雞彝鳥彝謂刻而畫之爲雞鳳皇之形鄭司農云斝讀爲稼稼彝畫禾稼也黃彝黃目尊也玄謂蜼禺屬卬鼻而長尾明堂位灌尊夏后氏以雞夷殷以斝周以黃目注云夷讀爲彝書日月星辰山龍華蟲作會宗彝傳云宗廟彝尊亦以山龍華蟲爲飾正義周禮彝器所云犧象雞鳥者鄭玄皆爲畫飾與孔意同也

皆古文彝

緻 密也從糸致聲 直利切

汗簡引作[illegible]

徐鉉所加

文二百四十九　重三十一

說文解字義證卷四十一　兲

盭

說見繺下

綷

本書辮從𢀩綷省聲方言綷同也玉篇誤作周也

緅

本書纔讀若染繒中束緅紺字林緅帛青色廣雅緅青也周禮五入爲緅鄭注緅今禮俗文作爵言如爵頭色也又注士冠禮云爵弁如爵頭然或謂之緅論語君子不以紺緅飾

遺文三

素 白緻繒也從糸𠂹取其澤也凡素之屬皆從素 桑故切

漢碑作𦃃其首左向　易白賁無咎干寶曰白素也　詩羔羊素絲五紽傳云素白也　古詩故人工織縑新人工織素　班婕妤詩新製齊紈素鮮潔如霜雪又有擣素賦急就篇絺絡縑練素帛蟬顔注素謂絹之精白者即所用寫書之素

jú 䊮　yuè 約　lù 𦆽　chuò 繛

也　風俗通劉向爲孝成皇帝典校書籍皆先書竹爲易栞定可繕寫者以上素也今東觀書竹素也　蜀都賦烏策篆素　文賦非尺素之所擬　古詩呼兒烹鯉魚中有尺素書　胡冲吳歷魏文帝以素書所著典論餉孫權又以紙寫一通與張昭　崔瑗與葛元甫書送許子十卷貧不及素但以紙耳

白緻繒也者本書無緻字古作致本書覶下云拘覶未致密也纂文都致布名禮器德產之致也精微注云致致密也呂氏春秋孟冬紀必功致爲上漢書酷吏傳按其獄皆文致不可得反顔注致至密也詩假樂箋云威儀致密無所失都人士箋云性情密致鴇羽傳云不攻緻正義定本皆作致釋文本或作致九經字樣素白緻繒也釋名素樸素也已織則供用不復巧飾也范子計然白素出三輔匹八百班固與弟超書今齎白素三匹欲以市月氏馬徐幹團扇賦惟合歡之奇扇肇伊洛之白素　從糸𠂹取其澤也者釋名紈渙也細澤有光渙渙然也　馥案紈素同類故素亦取其澤也

䊮 素屬從素廾聲 居玉切

說文解字義證卷四十一　卒

約 白約縞也從素勺聲 以灼切

白約縞也者小爾雅縞之粗者曰素廣雅約練也急就篇鬱金半見湘白約顔注白約謂白素之精者其光約約然也黃注約縞也王注引禹貢厥篚元纖縞通作約莊子逍遙遊淖約若處子荀子宥坐篇淖約微達似察

𦆽 素屬從素率聲 所律切

素屬者廣雅𦆽素也

繛 緩也從素卓聲 昌約切

汗簡繛見古論語馥按論語孟公綽釋文本又作繛

緩也者釋訓綽綽緩緩也書無逸不寬綽厥心傳云不寬緩其心詩淇奧寬兮綽兮傳云綽緩孟子則吾進退豈不綽綽然有餘裕哉注云豈不綽綽然舒緩有餘裕乎漢書司馬相如傳便嬛繛約禮樂志克綽永福顔注綽緩也通作淖莊子淖約若處子又通作逴祝睦碑懿德逴優

糸 素

繛或省

huǎn 緩

𦁼 繛也從素爰聲胡玩切

繛也者廣韻緩舒也釋名緩浣也斷也持之不急則動搖浣斷自放縱也

緩 緩或省

文六　重二

sī 絲

絲 蠶所吐也從二糸凡絲之屬皆從絲息兹切

蠶所吐也者徐鍇韻譜絲蠶所作急就篇絳緹絓紬絲絮緜顏注抽引精繭出緒者曰絲詩抱布貿絲傳云季春始蠶孟夏賀絲周禮典絲掌絲入而辨其物寰宇記益州貢柘蠶絲

pèi 轡

轡 馬轡也從絲從軎與連同意詩曰六轡如絲兵媚切

一切經音義三引字書轡馬縻也所以制牧車馬也字從絲從叀馥案叀當爲叀玉篇作叀云一本作叀馥謂叀省作叀

說文解字義證　卷四十一　卆

轡亦從叀省本書疐礙不行也從叀引而止之也叀者如叀馬之鼻從此與牽同意按鼻下脫一字當云叀從此漢書陳遵傳一旦叀礙顏注或以叀爲疐本書廏從殸殸下云皀古文叀字　李陽冰說疐字云車前重不前合從車宜上畫平不從屮馥謂轡今從車皆陽冰之說惑之也　石鼓文作轡周愼功勳銘作轡夏承碑作轡隸變止爲心後魏文帝弔比干墓文作轡唐李邕岳麓寺碑娑羅樹碑竝作轡明毛晉刻左傳禮記韓詩外傳作轡惟宇文周豆盧恩碑作轡

馬轡也者釋名轡咈也牽引咈戾以制馬也急就篇轡勒鞅韅靽羈韁顏注羈首曰轡亦謂之勒劉芳毛詩箋音義證轡是御者所執者也不得以轡爲勒且舊語云馬勒不云轡以勒爲轡者葢是北人避石勒名也今南人皆云馬勒而以鞚爲轡反覆推之此爲明證詩稱執轡如組又云六轡在手以所執爲轡審矣今俗儒仍以轡爲勒而曾無寤者鹽鐵論刑德篇轡銜者御之具也得良工而調執轡非其人則馬奔馳　從叀者五經文字轡轡上說文下經典相承隸變廣韻轡說文作䜌是唐宋本作叀不作叀矣　與連同意者連當爲叀　詩曰六轡如絲者小雅皇皇者華

文

guān 𢇇

𢇇 織絹从糸貫杼也從絲省丱聲古還切

織絹从糸貫杼也者从當爲以玉篇𢇇織絹以絲貫杼也廣韻以絲貫杼爲𢇇後漢書樂羊子妻傳此機生自蠶繭成於機杼一絲而累以至於寸累寸不已遂成丈匹丱聲者丱卽卝字五經文字云丱古患反見詩風按齊風南山丱字宋本釋文作丱

文三

shuài 率

率 捕鳥畢也象絲罔上下其竿柄也凡率之屬皆從率所律切

捕鳥畢也者廣韻率鳥網也廣雅罼率也

文一

說文解字義證　卷四十一　夳

素絲率

huǐ 虫

說文解字弟十三　義證弟四十二

曲阜桂馥學

一名蝮，博三寸，首大如擘指。象其臥形。物之微細，或行或毛或蠃，或介或鱗，以虫爲象。凡虫之屬皆从虫。許偉切

本書它虫也通作虺爾雅虺牀郭注蛇牀本草蛇牀子一名虺牀子吳語爲虺弗摧爲蛇將若何韋注虺小蛇大也通鑑高道穆說爾朱榮曰此所謂養虺成蛇　又通作蜆顏氏家訓勉學篇吾初讀莊子蜆二首韓非子曰虫有蜆者一身兩口爭食相齕遂相殺也茫然不識此字何音逢人輒問了無知者後見古今字詁此亦古之虺字積年凝滯豁然霧解　又通作蛕廣韻土蛕毒蟲

一名蝮博三寸首大如擘指者諸書所引並無指字通作虺釋魚蝮虺博三寸首大如擘郭注身廣三寸頭大如人擘指此自一種蛇名爲蝮虺釋文作蝮虫云此蛇色如綬鼻上有針大者百餘斤又一名反鼻鼻一孔虫即虺字也說文云虫一名蝮博三寸首大如擘字林同舍人亦云蝮一名虺案蝮大蛇也非虺之類故郭云別自一種蛇名蝮虺本今作虺博廣也謂身廣三寸孫云頭如拇指郭注三蒼云擘大指也案手足大指俱名擘也漢書田儋傳蝮蠚手則斬手蠚足則斬足何者爲害於身也顏注云爾雅及說文皆以爲蝮即虺也博三寸首大如擘而郭璞云各自一種蛇其蝮蛇細頸大頭焦尾色如綬文文閒有毛似豬鬣鼻上有針大者長七八尺一名反鼻非虺之類也以今俗名證之郭說得矣虺若土色所在有之俗呼土虺其蝮惟出南方史記正義按蝮毒蛇長二三丈嶺南北有之虺長一二尺頭腹皆匾說文云虺博三寸首大如擘擘手大指也　物之微細或行或毛或蠃或介或鱗以虫爲象者爾雅釋文引作或行或飛王篇虫物之微細或飛行或毛甲皆以象之集韻韻會引作或羽或毛李陽冰曰虫蟲裸毛羽鱗介之總稱周禮大司徒所稱動物曰毛鱗羽介蠃大司樂亦云致羽物致蠃物致鱗物致毛物致介物注云羽物既飛又走月令孟春之月其蟲鱗孟夏之月其蟲羽中央土其蟲倮孟秋之月其蟲毛孟冬之月其蟲介管子春蠥以羽獸之火夏蠥以毛獸之火秋蠥以介蟲之火冬蠥以鱗蟲之火中央蠥以倮蟲之火子華子鱗蟲三百有六十震宮蒼龍爲之長羽蟲三百有六十離宮朱鳥爲之長毛蟲三百有六十兌宮麒麟爲之長介蟲三百有六十坎宮伏龜爲之長倮蟲三百有六十盈宇宙之閒人爲之長呂氏春秋觀表篇毛羽裸鱗未嘗息也注云毛蟲虎狼之屬也羽蟲鳳皇鴻鵠鶩之屬也裸蟲麒麟麋鹿牛羊之屬也蹏角裸見皆爲裸蟲鱗蟲蛇鱗之屬大戴禮曾子天圓篇毛蟲毛而後生羽蟲羽而後生毛羽之蟲陽氣之所生也介蟲介而後生鱗蟲鱗而後生介鱗之蟲陰氣之所生也毛蟲之精者曰麟羽蟲之精者曰鳳介蟲之精者曰龜鱗蟲之精者曰龍后氏星經東方青帝其精蒼龍司鱗蟲三百六十北方黑帝其精元武司介蟲三百六十西方白帝其精白虎司毛蟲三百六十南方赤帝其精朱鳥司羽蟲三百六十中宮黃帝其精黃龍司倮蟲三百六十

fù 蝮

虫也。从虫，复聲。芳目切

虫也者爾雅釋文引舍人云蝮一名虺廣志蝮蛇與土色相亂長三四尺其中人以牙擽之裁斷皮出血則身盡痛九竅流血而死馥案孫炎所謂有牙最毒者是也陳藏器云蝮蛇形短鼻反錦文亦有與地同色者著足斷足著手斷手不爾合身糜潰馥案與地同色者即本書之虫名爲土虫郭注爾雅言此自一種蛇名爲蝮虺釋文案蝮大蛇也非虺之類故郭云別自一種蛇名蝮虺郭氏音義別載一種蛇云細頸大頭色如綬文文閒有毛似豬鬣鼻上有針大者長七八尺一名反鼻此則釋文所謂大蛇也郭恐人誤爲一物故兩疏之通作蝠後漢書崔琦傳蝠蛇其心注以爲蝙蝠非是

téng 螣

神蛇也。从虫，朕聲。徒登切

神蛇也者字林同釋魚螣螣蛇郭注龍類也能興雲霧而遊其中中山經柴桑之山多飛蛇郭注即螣蛇乘霧而飛者通作騰文子騰蛇無足而騰慎子蜚龍乘雲騰蛇遊霧荀子勸學篇騰蛇無足而飛星經騰蛇二十二星在室北近河主蟲蛇淮南覽冥訓前白螭後奔蛇高注奔蛇騰蛇許注奔蛇馳蛇是也或曰淮南人呼此蛇爲蟒蟒義亦通馥謂即九懷騰蛇兮後從也說林訓騰蛇游霧而殆於蝍蛆高注蝍蛆蟋蟀上蛇蛇不敢動史記龜策傳作即且集

qǐn 蠸　rán 蚦

解云卽且似蝗大腹食蛇腦司馬相如傳騰遠射干索隱司馬彪云騰遠蛇也說苑騰蛇遊於霧露乘於風雨而行非千里不止然則暮託宿於鰌鱣之穴所以然者何也用心不一也魯靈光殿賦騰蛇蟉虯而遶榱論衡狀留篇蛇騰便於神龍郭璞贊騰蛇配龍因霧而躍雖欲登天雲罷陸莫材非所任難以久託宋書建平王傳騰蛇鬐躍而沈雲鬱冥劉氏新論託附篇騰蛇附於春霧志希凌霄之游類感篇騰蛇雄鳴於上風雌鳴於下風而化成形

蚦　大蛇可食從虫冄聲人占切

唐注本草蚦蛇其形似鱧魚頭若鼉頭尾圓無鱗異物志蚦蛇食鹿出骨與巴蛇同郭注大荒南經今南山蚦蛇吞鹿北戶錄蚦蛇大者長十餘丈圍可七八尺多在樹上候麞鹿過者吸而吞之至鹿銷卽纏大樹上出其頭角乃不復動夷人伺之以竹籤籤殺之取其膽也晉中興書顏含嫂病困得蚦蛇膽爲藥卽愈　南齊書虞愿傳出爲晉平太守郡舊出髯蛇膽可爲藥有餉愿者愿不忍殺放三十里外元和郡縣志福州貢蚦蛇膽　新唐書地理志南海郡貢蚦蛇膽

大蛇者字林同玉篇蚦大蛇也陶注本草蚦蛇出晉安大者三二圍嶺表錄異蚦蛇大者長五六丈圍四五尺次者亦不下三四丈圍亦稱是身有斑文如故錦纈寰宇記蚦蛇長十丈以婦人衣投之則蟠身長六七寸碎不祥　可食者字林同玉篇蚦肉可以食唐注本草蚦蛇今出桂廣已南高賀等州亦有將肉爲膾以爲珍味難死似鼉稍截食之字或作䖤淮南精神訓越人得䖤蛇以爲上肴高注䖤蛇大蛇也其長數丈俗以爲上肴字又作髯水經注葉榆水云交州山多大蛇名曰髯蛇長十丈圍七八尺常在樹上伺鹿獸過便低頭繞之有頃鹿死先濡令溼訖便吞頭骨角皆鑽皮出山夷始見蛇不動時便以大竹籤籤蛇頭至尾殺而食之以爲珍異故楊氏南裔異物志曰髯惟大蛇既洪且長采色駁犖其文錦章食豕吞鹿腴成養創賓享嘉宴是豆是觴言其養創之時肪腴甚肥搏之以婦人衣投之則蟠而不起走便可得也

蠸　螾也從虫堇聲弃忍切

螾也者廣韻蠸蚯蚓也本草蚯蚓一名曲蟺一名土龍爾雅謂之蠸螾巴人謂之朐䏰釋蟲蠸蚓堅蠶郭注卽蛩蟺

xiǎng 蠁　zōng 蜙　wēng 蝓　yǐn 螾

也江東呼寒蚓漢書賈誼傳注螾今之蠸螾也顏注螾與蚓同易通卦驗苡種蚯蚓出大戴禮易本命篇食土者無心而不息盧辯云蚯蚓之屬

螾　側行者從虫寅聲余忍切

五音集韻蚓蚯蚓也吳楚呼爲寒蟺　孟子夫蚓上食槁壤下飲黃泉趙注蚓蚯蚓之蟲也　荀子勸學篇螾無爪牙之利筋骨之彊上食埃土下飲黃泉用心一也注云螾與蚓同蚯蚓也　孝經援神契螾無食無勢故無心　史記封禪書黃龍地螾見集解引應劭曰螾邱蚓也又賈生傳夫豈從螘與蛭螾集解引韋昭曰螾邱螾也　郭璞贊蚯蚓土精無心之蟲交不以分淫於阜螽觸而感物無乃常雄　宋玉釣賦善釣者其餌非螾也　月令孟夏之月蚯蚓出仲冬之月蚯蚓結正義引蔡邕章句結猶屈也　周書時訓解蚯蚓不出嬖奪后　尙書大傳時則有華孽注云華當爲夸夸蚓蟲之生於土而游於土者

側行者者玉篇蠸螾仄行卽寒蚓也馥案考工記注以爲卻行六書故蚯蚓土中無足蠃蟲也側行蟥蟥故謂朐䏰

又謂曲蟮蚯朐曲同聲馥案漢志巴郡朐忍縣顏注朐音劬曹全碑亦作朐徐鉉新附字云朐䏰蟲名從肉句聲如順切後漢書吳漢傳亦作朐䏰注引十三州志朐音春其地下溼多朐䏰蟲因以名縣此皆音隨字變不如戴氏得其實也

蚓　螾或從引

或從引者寅引聲相近釋名引演也漢書律歷志引達於寅

蝓　蟲在牛馬皮者從虫翁聲烏紅切

蟲在牛馬皮者者爾雅釋文引字林無馬字玉篇蝓蜙牛馬皮中蟲也廣韻蝓蜙小蟲生牛馬皮中也

蜙　蝓蜙也從虫從聲子紅切

蝓蜙也者爾雅釋文引字林蝓蜙似蟒

蠁　知聲蟲也從虫鄉聲許兩切

diāo 蛁　yǒngcuì 蠿 蛹　guī 螝　huí 蛕

知聲蟲也者玉篇蠁禹蟲也洪武正韻蠁禹蟲知聲者蟲異賦注蠁知聲蟲也能令人不迷類從云帶蠁醒迷 鄉聲者韻會云蠁從響省

司馬相如蠁從向

司馬相如者如下脫說字從向者蠁令人不迷故從向

蛁 蟲也從虫召聲 都僚切

蟲也者廣韻蛁蟟茆中小蟲

蠿 蟲也從虫叕聲 祖外切

蛹 繭蟲也從虫甬聲 余隴切

廣志凡草木蟲以蛹化爲蛾荀子蠶賦蛹以爲母蛾以爲父

繭蟲也者玉篇蛹老蠶也廣韻蛹蠶化爲之埤雅蛹者蠶之所化蛾者蛹之所化淮南繆稱訓小人在上位如寢關暴纊不得須臾寧高注纊繭也暴繭蛹動搖不休亦乃止也四民月令四月繭既入蔟趨繰剖線具機杼敬經絡是月也可作棄蛹以御賓客通作踊古文苑短人賦繭中踊兮蠶蠕須注云踊今作蛹

螝 蛹也從虫鬼聲讀若潰 胡罪切

蛹也者集韻螝蠶蛹也釋蟲螝蛹郭注蠶蛹孫炎云螝即是雄蛹即是雌顏氏家訓案爾雅諸書蠶蛹名螝蟲異賦注螝蛾蛹所化也博物志曰食桑者有緒而蛾蛾先孕而後交集韻原蠶其蛹螳蜩玉篇螳螝也廣韻螳蛹也通作虺廣韻虺螳也古今字譜螝與虺同

讀若潰者爾雅釋文云字林音潰

蛕 腹中長蟲也從虫有聲 戶恢切

腹中長蟲也者一切經音義十一引蒼頡訓詁蛕腹中蟲也字或作蛔關尹子我之一身內變蟯蛔外蒸蝨蚤又作蚘玉篇蚘與蛕同廣韻蚘人腹中長蟲本草篇竹煑汁飲小兒療蚘蟲齊書秣陵人張景腹脹面黃徐嗣伯云此石蚘極難療當取死人枕煑飲之依語煑枕以投之得大痢杵蚘蟲頭堅如石者五升病即差靈樞經心腸痛憹往來

náo 蟯　suī 雖　huǐ 虺　xī 蜥

上下行痛有休止腹熱喜渴涎出者是蛟蛕也

蟯 腹中短蟲也從虫堯聲 如招切

腹中短蟲也者柳宗元罵尸蟲文修蛕養心短蟯穴胃華氏中藏經蟲有伏蛇白肉肺胃赤弱蟯之九名也史記倉公傳臨菑氾里女子薄吾病甚臣意診其脈曰蟯瘕蟯瘕爲病腹大上膚黃麤循之戚戚然臣意飲以芫華一撮即出蟯可數升病已三十日如故病蟯得之於寒溼寒溼氣宛篤不發化爲蟲正義云蟯人腹中短蟲

雖 似蜥易而大從虫唯聲 息遺切

似蜥易而大者五音集韻雖蟲名似蜥蜴而有文馥案此蟲能致雨禱旱者宜求之

虺 虺以注鳴詩曰胡爲虺蜥從虫兀聲 許偉切

書仲虺之誥荀子堯問篇作中蘬史記殷本紀作中㽌聲皆相近

虺以注鳴者玉篇虺戶虺今以注鳴者戶當作后本草所稱后蜴也山海經鳥首虺尾郭注虺尾銳考工記以注鳴

者注云注咮也史記律書西至於注張注張柳張兩星之閒南方朱鳥七宿柳爲之咮漢書天文志柳爲鳥喙是也

詩曰胡爲虺蜥者小雅正月文蜥彼作蜴陸璣疏云虺蜴一名蠑螈水蜴也或謂之蛇醫如蜥蜴青綠色大如指形狀可惡正義云如陸意虺蜴與螈形狀相類水陸異名曰陳啟源曰詩釋文云蜴星歷反字又作蜥詩緝辨之謂蜥音析蜴音亦陸氏誤以蜴爲蜥然說文引詩亦云胡爲虺蜥是古本多有作蜥者意釋文經本元作蜥當云蜥星歷反字又作蜴後人傳寫據今本爲正遂互易蜥蜴兩字以致音與字違

蜥 蜥易也從虫析聲 先擊切

蜥易也者御覽引作蜥易守宮也李燾本蜥易上有蟲名二字古今注蝘蜓其長細五色者名爲蜥易本草石龍子一名蜥蜴一名山龍子一名守宮一名石蜴生平陽川谷及荆山石閒陶隱居云其類有四種一大形純黃色爲蛇醫次似蛇醫小形長尾見人不動名龍子次有小形而五色尾青碧可愛名蜥蜴並不螫人一種喜緣籬壁名蝘蜓形小而黑乃言螫人必死而未常聞中人按東方朔云是非守宮則蜥蜴如此蝘蜓名守宮矣唐本注云此言四種

yǎn 蝘

者蛇師生山谷頭大尾短小青黃或白斑者是蝘蜓似蛇師不生山谷在人家屋壁閒荊楚江淮人名蝘蜓河濟之閒名守宮亦名榮螈又名蠶虎以其常在屋壁故名守宮亦名壁宮其名龍子及五色者並名蜥蜴以五色者爲雄色不備者爲雌皆細長尾與身相類似蛇著四足去足便直蛇形也蛇醫則不然

蝘 在壁曰蝘蜓在草曰蜥易從虫匽聲 於殄切

在壁曰蝘蜓在草曰蜥易者李善注解嘲引同一切經音義二十引作守宮在壁曰蝘蜓在草曰蜥易釋魚釋文蜴說文字林作易云在壁曰蝘蜓在草曰蜥易廣韻引字林在草作在洲本書易蜥蜴蝘蜓守宮也博物志蜥蜴或名蝘蜓方言守宮其在澤中者謂之蜥易顏注漢書楊雄傳蝘蜓蜥蜴也郭義恭廣志蝘蜓有屋壁閒者有草野者卮上者漢書東方朔傳臣以爲龍又無角謂之爲虵又有足跂跂脈脈善緣壁是非守宮卽蜥蜴一切經音義六守宮此在壁者江南名蝘蜓山東謂之蝀蜆陝以西名爲壁官在草者曰蜥蜴曹叔雅異物志魚跳躍則蜥易從草中下稍相依近便其浮水上而相合事竟魚還水底蜥還草中馥案此蟲見鼈各不動少傾鼈死而空蒸以氣制之故名

說文解字義證 卷四十二 七

鼈虎

蝘 蝘或從蚰

diàn 蜓

蜓 蝘蜓也從虫廷聲一曰螾蜓 徒典切

蝘蜓也者淮南精神訓視龍猶蝘蜓高音堰廷蜥蜴也五音集韻蜓或作蛉篇海蛉守宮異名 廷聲者本書鄭從貟聲鑋從熒省聲讀若銑虫讀若騁音丑善切祭義注云檀當爲馨聲之誤也詩釋文云町他典反郊特牲注社或爲省釋文云省思淺反漢書五行志童謠燕燕尾涏涏張公子時相見顏讀涏爲徒見反玉篇涏徒冷切又徒見切涏涏好貌

yuán 蚖

蚖 榮蚖蛇醫以注鳴者從虫元聲 愚袁切

榮蚖蛇醫者韋注國語云蚖蜥蜴也象龍法言問神篇龍蟠於泥蚖其肆矣注云蚖蜥蜴也史記周本紀漦化爲玄黿索隱云亦作蚖玄蚖蜥蜴也淮南萬畢術取蚖脂爲鐙置水中卽見諸物馥案庾信鐙賦蚖膏照灼李時珍云蛇醫又名蛇師蛇舅母水蜥蜴蛇有傷則銜草以敷之又能入水與魚合孕或作螈一切經音義六蚖案字義古文作螈字林五官反蛇醫也漢書玄蚖韋昭曰玄黑蚖蜥蜴也方言守宮蜥易南楚謂之蛇醫或謂之榮螈又云守宮東齊海岱謂之螔𧒂郭注似蜥易而大有鱗今所在通言蛇醫耳釋魚蠑螈蜥蜴蜥蜴蝘蜓蝘蜓守宮也釋文云螈字林作蚖云蠑螈蛇醫也說文同詩正月胡爲虺蜴傳云蜴螈也古今注蝘蜓一名龍子一曰守宮善上樹捕蟬食之其長細五色者名爲蜥蜴短大者名蠑螈一曰蛇醫大者長三尺其色玄紺者善螫人一名玄螈一曰綠螈也 以注鳴者考工記以胷鳴者注云胷鳴榮原屬疏云此記本不同馬融以爲胃鳴干寶本以爲骨鳴楊愼曰考工記以脰鳴者以注鳴者以旁鳴者以翼鳴者以股鳴者以胷鳴者鄭元注脰鳴䵷黽之屬注鳴精列屬旁鳴蜩蟬屬翼鳴蟋蟀屬股鳴蚣蝑屬胷鳴榮原屬許氏說文蜩䵷詹諸以脰鳴者榮蚖蛇醫以注鳴者蟬以旁鳴者蟜蟥以翼鳴者蚣蝑以股鳴者蠵大龜以胷鳴者二家解不同可以參考

quán 蠸

蠸 蟲也一曰大蟄也讀若蜀都布名從虫雚聲 巨員切

蟲也者玉篇蠸食瓜蟲釋蟲蠸輿父守瓜郭注今瓜中黃甲小蟲喜食瓜葉故名守瓜莊子至樂篇瞀芮生乎腐蠸釋文云司馬云蠸亦蟲名也爾雅云一名守瓜一云蚡鼠也 讀若蜀都布名者本書嬽讀若蜀郡布名案楊雄蜀都賦筒中黃潤一端數金言讀若潤也

說文解字義證 卷四十二 八

míng 螟

螟 蟲食穀葉者吏冥冥犯法卽生螟從虫冥聲又螟蛉 莫經切

陸璣詩疏螟似虸蚄而頭不赤 月令仲春行夏令蟲螟爲害 尚書大傳時則有倮蟲之孽鄭注蠶螟蟲之類 蟲食穀葉者者藝文類聚引作蟲食穀心者集韻菸螟食苗心夾也春秋隱五年螟杜注螟蟲食苗心者爲災故書正義云釋蟲云食苗心螟舍人曰食苗心者名螟言冥冥然難知也李巡曰食禾心爲螟言其姦冥冥難知也陸璣疏云舊說螟螣蟊賊一種蟲也如言寇賊姦宄內外言之耳故犍爲文學曰此四種蟲皆蝗也實不同故分別釋之然則螟非以虫名以食苗之處爲名耳呂氏春秋仲春紀蟲螟爲害高注蟲食稼心謂之螟仲冬紀行春令則蟲螟

虫

tè
蟘

爲敗高注食穀心曰螟明理篇有螟集其國高注食心爲螟漢書武帝紀五年八月螟顔注食苗心之蟲也楚元王傳水旱饑蝝螽螟螽午並起顔注螟蟲之食苗心者也詩詁螟食苗心者今禾始發有蟲生苗心中如蠶而細仍能吐絲包纏其心使不生穗爾雅翼今食苗心者乃無足小青蟲既食其葉又以絲纏集衆葉使穗不得展江東謂之蟘蟲漢孔臧蓼蟲賦曰爰有蠕蟲厥狀似螟是螟爲無足蟲也程君瑤田曰爾雅螟食心賊食節心節之義殊異心言莖之末生穗處節言莖之中閒生葉處也心正其生意所聚凡草未華時莖末生無數瘁葉其滋長也在是其作華也亦在是所謂心也　吏冥冥犯法卽生螟者螟冥聲相近孫炎說爾雅云政貪所致春秋隱五年螟何休云先是隱公張百金之魚設苛令急法以禁民之所致春秋漢含孳螟應苛刻類聚引呂氏春秋亂國之妖有螟集其地淮南天文訓枉法令則多蟲螟高注蟲食苗心曰螟京房易傳臣安祿位茲謂貪厥災蟲食根德無常茲謂煩蟲食葉不紬無德蟲食本與東作爭茲謂不時蟲食莖蔽惡生孼蟲食心易林上政搖擾蟲螟並起害我嘉穀季歲无稷又云苛政日作螟食華葉削下啖上民被其賊秋無所得漢書五行志棄正作淫茲謂惑厥風溫螟蟲起又云嚴公

六年秋螟董仲舒劉向以爲先是衛侯朔出奔齊齊侯會諸侯納朔許諸侯賂齊人歸衛寶魯受之貪利應也漢郎中審忠上疏曰州牧郡守承順風旨辟召選舉釋賢取愚故蟲蝗爲之生夷寇爲之起論衡順鼓篇月令之家蟲食穀稼取蟲所類象之吏笞擊僇辱以滅其變商蟲篇變復之家謂蟲食穀者部吏所致也貪則侵漁故蟲食穀身黑頭赤則謂武官頭黑身赤則謂文官使加罰於蟲所象類之吏則蟲滅息不復見矣後漢書明帝紀政失於上人受其咎有司其勉順時氣勸督農桑去其螟蜮以及蝥賊晉書五行志永寧元年七月梁益涼三州螟是時齊冏執政貪苛之應也新唐書狄仁傑傳政不行則害氣作害氣作則蟲螟生埤雅靈芝朱草秬秠之鍾其美與螟蟘之鍾其惡雖不同其繫王者之政一也淮南子曰枉法令卽多蟲螟其以此乎馥案京房災異對君賢臣職五穀豐滋馬援爲武陵太守飛螟赴海後漢書魯恭傳建初七年郡國螟傷稼犬牙緣界不入中牟濟北先賢傳弘農有螟蟲太守請以身禱雨下滂沱此皆德政之應也　又螟蛉者張次立本無此文蛉當爲蟘蟘桑蟲也

蟘 蟲食苗葉者吏乞貸則生蟘从虫从貸貸亦聲詩曰去其螟蟘徒得切

埤雅引作蟘　詩釋文螣說文作蟘　左傳正義引爾雅作蟘　五經文字蟘音特　唐公房碑去其螟蟘　孫叔敖碑野無螟蟘　隸釋云以蟘爲蟘　王氏字說蟘食苗葉無傷於實若蟘可貣也　玉篇蟘譌爲蟘大戴禮萬變不亂貣之則喪荀子作貣亦譌作貳諸書貣多通作貸孟子又稱貸而益之當爲貣月令無或差貸呂氏春秋作忒忒與貣古字通易四時不忒京房作貣書衍忒史記作貣　左傳糾逖王慝漢張表碑作糾剔荷岱隸釋云岱卽忒字　五經文字貣相承或借爲貣字　凡從朕者變爲代螣或作蟘是也　螣又因蟘而變　蟲食苗葉者者爾雅釋文引作蟲食草葉者案本書蟲亦云蟲食草根者廣韻蟘食禾葉蟲釋蟲食葉蟘釋文作貣云字又作蟘廣韻貣食禾葉蟲蟘上同方言蟒宋魏之閒謂之蟘南楚之外謂之蟅蟒或謂之蟒或謂之螣郭注蟒卽蝗也蟘音代蟅音近詐亦呼吒陌馥案蟘貸當爲貣蟅蟒卽蚱蜢廣雅蟅蟒蟘也蟘亦當爲貣字或作螣商子螟螣春生秋死而民失食呂氏春秋仲夏紀百螣時起注云百螣動股之屬也螣讀近殆兗州人謂蝗爲螣不屈篇

蝗螟農夫得而殺之奚故爲其害稼也高注蝗螽也食心曰螟食葉曰螣今兗州謂蝗爲螣漢書五行志溫臭主蟲故有蠃蟲之孼謂螟螣之類顔注螟食苗心螣食苗葉之蟲也呂氏春秋任地篇又無螟蜮注云蜮或作螣食心曰螟食葉曰蜮兗州謂蜮爲螣音相近也春秋莊十八年有蜮沙隨春秋例目云有蜮或考隸古春秋作蟘蟘音特　吏乞貸則生蟘者趙宦光曰乞貸當用貣貸謂貣蟘聲相近諸書通用貸字惠棟曰吏乞貸者周書所謂奸吏乞貸也鹽鐵論疾貪篇縣吏相遣官庭攝追小計權吏行施乞貸長吏侵漁上府下求之縣縣求之鄉鄉安取之哉又執務篇上不苛擾下不煩勞各修其業安其性則螟蟘不生而水旱不起吏不奉法以存撫倍公私任各以其權充其嗜欲人愁苦而怨思上不恤理則惡政行而邪氣作邪氣作則螟蟘生而水旱起詩大田箋云此四蟲者恒害我田中之稺禾故明君以正己而去之漢書五行志桓公五年秋螽劉歆以爲貪虐取民則螽介蟲之孼也　貸亦聲者當爲貣聲　詩曰去其螟蟘者小雅大田文彼作螣傳云食心曰螟食葉曰螣陸璣疏云螣蝗也

jǐ
蟣

蟣 蝨子也一曰齊謂蛭曰蟣从虫幾聲居狶切

zhì 蛭　róu 蝚　jié 蛣　qū 蚰

蝨子也者集韻類篇並引作蝨之子淮南說林訓湯沐具而蟣蝨相弔漢書嚴安傳介冑生蟣蝨一曰齊謂蛭曰蟣者玉篇蛭水蟣字林蟣齊人名蛭也釋魚蛭蟣郭注今江東呼水中蛭蟲入人肉者爲蟣爾雅翼爾雅蛭蟣其讀如祈今人呼水蛭大者呼馬蛭亦呼馬蜞蜞卽古語蟣也六書故水中蟲蝡動如血片攻食馬牛血著其肉中斷之寸寸皆能蝡動牛馬飲水吞之則孕育其腸胃中故用爲破血藥草中㡿中泥中亦有之爾雅曰蛭蟣說文曰齊謂蛭曰蟣按今人亦謂之馬蟥本草作馬蚑蚑亦作蜞蜞蟣蚑蟥聲相近

蛭　蟣也從虫至聲　之日切

裴顧崇有論蛭以空中而生　博物志水蛭三斷而成三物　賈誼書楚惠王食寒葅而得蛭遂吞之是夕也惠王之後而蛭出其久病心腹之積皆愈　寰宇記蔡州貢水蛭

蟣也者釋魚文一切經音義十一蛭謂入人皮中食血者也江東名蟣漢書賈誼傳夫豈從蝦與蛭螾服虔云蛭水蟲本草水蛭一名蚑圖經云今近處河池中多有之一名蜞此有數種生水中者名水蛭亦名馬蟥著人及牛馬腦

說文解字義證　卷四十二　十一

脛閒齧咂其血甚者入肉中產育爲害益大水蛭有長尺者論衡商蟲篇下地之釋其蟲曰蛭蛭食人足

蝚　蛭蝚至掌也從虫柔聲　耳由切

蛭蝚至掌也者釋蟲文李燾本無至掌二字本書初刻亦無後復加之廣韻蛭蛭蝚爾雅釋文蛭本草謂之水蛭一名蚑一名至掌案說文今俗呼爲馬蜞亦名馬耆卽楚王食寒葅所得而吞之能去結積也然釋蟲已有蛭蝚至掌依本草卽是水蛭也

馥案說文下有脫誤

蛣　蛣蚰蝎也從虫吉聲　去吉切

蛣蚰蝎也者釋蟲蝎蛣蚰郭注木中蠹蟲又蝎桑蠹郭注卽蛣蚰論衡商蟲篇桂有蠹桑有蝎曹植藉田論封人有以輕鑿修鉤去樹之蝎者嵇康客難養生論蝎盛則木朽劉勰新論身之有慾如樹之有蝎

蚰　蛣蚰也從虫出聲　區勿切

爾雅作蝠

yín 蟫　xīng 蛵　hàn 蜭　jiǎo 蟜　cì 蛓　kuí 蛙

蟫　白魚也從虫覃聲　余箴切

白魚也者釋蟲文郭注衣書中蟲一名蛃魚廣雅曰蛃魚也本草衣魚一名白魚一名蟫生咸陽平澤陶隱居云衣中乃有而不可常得多在書中吳氏本草衣中白魚一名蟫本草衍義衣魚多在故書中久不動帛中或有之不若故紙中多也身有厚粉手搐之則落亦嚙毳衣其形稍似魚其尾又分二岐唐書馬懷素傳是時文籍盈漫皆炱朽蟫斷陸璣詩疏蘭藏衣著書中可辟白魚酉陽雜俎壁魚條下云補闕張周封言嘗見壁上白瓜子化爲白魚因知列子言朽瓜爲魚之義

蛵　丁蛵負勞也從虫巠聲　戶經切

丁蛵負勞也者丁蛵二字疑後人所加釋蟲莫貈螳蜋蛑虰蛵負勞郭注以蛑爲螳蜋云孫叔然以方言說此義亦不了案方言螳蜋謂之髦或謂之虰是孫氏以虰屬螳蜋從方言也郭氏始以虰屬下許氏漢人無此讀也原祗負勞二字後人按郭注爾雅加虰蛵又因本書無虰字改爲丁玉篇蛵負勞無丁蛵二字徐鍇韻譜同

說文解字義證　卷四十二　十二

蜭　毛蠹也從虫臽聲　乎感切

毛蠹也者釋蟲文郭注卽載廣韻蜭有毛之蟲字或作蛿類篇蛿毒蟲名集韻蛿本作蜭馥案此蟲螫人卽腐腫故曰毒蟲

蟜　蟲也從虫喬聲　居夭切

蟲也者李善注七發同玉篇蟜毒蟲也蕭該漢書音義引呂靖韻集蟜毒蟲也鄭公孫蠆字子蟜

蛓　毛蟲也從虫𢦏聲　千志切

毛蟲也者廣韻蛓毛蟲有毒通志蛓蟲曰蛅其毛能螫人故爾雅曰蛅毛蠹楚詞九思蛓緣兮我衣洪注云說文蛓毛蟲有毒螫人郭璞洞林周稚珪封蠶蛾蛓蟲使璞射之璞曰射覆得此大落度必是蠶蛾及毛蠹陶隱居注本草云蛅斯蛓蟲也蛓亦作蛓葱實條下唐本注云胡葱主惡蛓等毒爾雅釋文引有讀若笥三字御覽引同

蛙　蠆也從虫圭聲　烏蝸切

史記律書北至於奎奎者主毒螫殺萬物也徐廣曰奎一作畫

蟦也者一切經音義七引同

qí 蚔

畫也從虫氏聲 巨支切

畫也者一切經音義七引同毒蟲也

chài 蠆

毒蟲也象形 丑芥切

或作蠆春秋考異郵土勝水故守宮食蠆宋均曰守宮生於土蠆藏物屬於坎坎水也魏志華佗傳彭城夫人夜之廁蠆螫其手秕含遇蠆賦序諺云過滿百爲蠆所螫斯言信哉唐景龍文館記上巳日上賜侍臣柳棬各一云帶之免蠆毒

毒蟲也者一切經音義十八同又十六引字林蠆行毒蟲也廣雅蠆蠍也通俗文云長尾爲蠆短尾爲蠍僖二十二年左傳蠭蠆有毒正義云說文云蠭飛蟲螫人者也蠆毒蟲也通俗文云蠆長尾謂之蠍蠍毒傷人曰蛆張列反字或作蜇昭四年傳已爲蠆尾注云謂子產重賦毒害百姓楚詞九思下堂兮見蠆注云蠆土蝨也有螫毒馥案玉篇

作土蝨論衡言毒篇天地之間萬物之性含血之蟲有蝮蛇蜂蠆咸懷毒螫孝經援神契蜂蠆垂芒爲其毒在後齊公孫蠆字子尾一切經音義二蠍毒蟲尾有刺也詩都人士卷髮如蠆箋云蠆螫蟲也尾末揵然莊子天運篇其知憯於厲蠆之尾釋文云或云依字上當作蠆下當作蠍

蠆或從䖵

詩都人士箋云或名蠆蠍或名蝎也馥案廣雅作蠆 漢李翊夫人碑飛蠭蠆兮害仁良

qiú 蝤

蝤蠐也從虫酋聲 字秋切

蝤蠐也者玉篇蝤蝤蠐蝎木中蟲也詩碩人領如蝤蠐傳云蝤蠐蝎蟲也陳啟源曰蝤蠐非蠐螬也蝤蠐一名蝎爾雅蝤蠐蝎是也身長足短生腐木中穿木如錐至春雨後化爲天牛蠐螬一名蟦爾雅蟦蠐螬是也生糞土中以背行身短足長如足大指從夏入秋又化爲蟬郭氏注爾雅己分爲二物陶貞白與蘇恭以爲一蟲誤也陳藏器拾遺辨之當矣

qí 蠐

蠐蠤也從虫齊聲 徂兮切

列子天瑞篇烏足之根爲蠐螬 淮南萬畢術黍成蠐螬祖台志怪盛仲母失明婢取蠐螬炙食之母甚以爲美問之婢服曰實是蠐螬母目豁然立開

蠐蠤也者釋蟲蟦蠐螬郭注在糞土中孫炎云謂之蟦蠐本草蠐螬一名蟦蠐一名𧐐齊一名教齊生河內平澤及人家積糞草中反行者良陶隱居云大者如足大指以背行乃駛於腳稽聖賦蠐螬行以其背博物志蠐螬以背行駛於用足也方言蟦螬謂之蟦自關而東謂之蝤蠐或謂之卷蠾或謂之蝖轂梁益之間謂之蛒或謂之蝎或謂之蛭蛒秦晉之間謂之蠹或謂之天螻四方異語而通者也注云案爾雅云轂天螻謂螻蛄耳而方言以爲蝎未詳其義也

hé 蝎

蝤蠐也從虫曷聲 胡葛切

本書遏讀若桑蟲之蝎 玉篇蝎桑中蠹蟲也 陳藏器本草拾遺木蠹一如蠐螬節長足短生腐木中穿木如錐刀至

春羽化一名蝎爾雅云蝎蛣𧎥注云木蠹也 晉語雖蝎譖焉避之韋注蝎木蟲也譖從中起如蝎食木木不能避也 新史記蔡澤傳先生蝎鼻巨肩索隱蝎鼻謂鼻如蝎蟲也 新語資執篇梗柟豫章天下之名木精捍直理密緻博通蟲蝎不能穿水溼不能傷 孔臧與子琳書蝎蟲至弱木爲之弊論衡商蟲篇桂有蠹桑有蝎 曹植藉田論封人有能以輕鑿修鉤去樹之蝎者樹得以繁茂 劉氏新論防慾篇身之有慾如樹之有蝎樹抱蝎則還自鑿身抱慾而反自害故蝎盛則木折慾熾則身亾

蝤蠐也者釋蟲蝤蠐蝎郭注在木中

qiáng 强

蚚也從虫弘聲 巨良切

蚚也者釋蟲文通志強牛蟲蠅類噉牛馬血釋蟲強醜捋郭注以腳自摩捋釋文引李巡孫炎云以口捋其翅

籀文强從䖵從彊

qí 蚚

強也從虫斤聲 巨衣切

強也者類篇引同又云蛬蠅類

shǔ 蜀

蜀 葵中蠶也從虫上罒象蜀頭形中象其身蜎蜎詩曰蜎蜎者蜀 市玉切

葵中蠶也者廣韻引作葵中蟲也詩釋文引作桑中蟲也玉篇蜀桑蟲也楚詞九思蠋入兮我懷韓非內儲說蟺似蛇蠶似蠋人見蛇則驚駭見蠋則毛起然而婦人拾蠶漁者握蟺利之所在則忘其所惡皆爲孟賁淮南說林訓蠶之與蠋狀相類而愛憎異戴侗曰蜀似蠶色多青墳首瞑目葵藿胡麻蹲鴟多產之莊子庚桑楚奔蜂不能化藿蠋釋文引司馬彪云藿蠋豆藿中小青蟲也廣志藿蠋有五色者蟲異賦注蜀蟲如指似蠶其色隨葉釋蟲蚅烏蠋郭注大蟲如指似蠶詩韓奕鞗革金厄傳云厄烏蠋也馥案釋蟲欒藟欒木不生蠶當作欒欒舄葵也其蠶卽此蜀我葵亦名蜀葵當因蜀蠶得名楊愼曰注疏中有蜀才姓名蜀音葵 中象其身蜎蜎者玉篇蜎蜀貌考工記廬人刺兵欲無蜎 馥案刺兵貴直不貴屈蜀行屈中故曰中象其身蜎蜎 詩曰蜎蜎者蜀者豳風東山文彼作蠋傳云蜎

說文解字義證 卷四十二 十五

蜎蠋貌桑蟲也詩詁蜀本從虫又加虫俗字也爾雅翼葵中蟲亦食於藿似蠶不食桑詩云桑野者葵藿之下亦桑野之地也

juān 蠲

蠲 馬蠲也從虫罒益聲勹象形明堂月令曰腐草爲蠲 古玄切

馬蠲也者釋蟲蛝馬蝬郭云馬蠲蚼俗呼馬蝬 釋文蚼音均馬蝬字林云蝬馬馥案所引字林馬下脫一字當是蚿蝬蠲蚰等字玉篇蝬馬蚿也廣雅馬蝬蠲蛆也又云蛆蝶馬蝬馬蚿也方言馬蚿北燕謂之蛆蝶其大者謂之馬蚰本草馬蚿形如蜓蚓紫黑色觸之卽側臥如環故又名刀環本草又云馬陸一名百足一名馬軸生玄菟川谷唐本注云此蟲大如細筆管長三四寸斑色一如蚰蜒襄陽人名爲馬蚿亦呼馬軸亦名刀環蟲以其亦側臥狀如刀環也通志馬陸似蜈蚣而小尢多腳不能毒人曰百足曰馬軸所謂百足之蟲至死不僵者此也莊子秋水篇夔憐蚿蚿憐蛇釋文引司馬彪云蚿馬蚿蟲也夔一足蚿多足蚿無足蛇子又云是猶使蚉負山商蚷馳河也釋文司馬云商蚷蟲名北燕謂之馬蚿淮南兵畧訓故良將之卒若蚈之足注云蚈馬蠸也博物志馬蚿一名百足中斷則首尾異行而去家語六本篇馬蚿斬足而復行何也以其輔之者衆魯仲連子諺云百足之蟲三斷不蹶持之者衆也文子上德篇若蚈之足衆而不相害淮南氾論訓蚈足衆而走不若蛇 從虫罒益聲勹象形者韻會從虫益聲罒象形 明堂月令曰腐草爲蠲者爾雅釋文引同御覽馬蚿下引明堂月令呂氏春秋季夏紀腐草化爲螢蚈高注蚈馬蚿也蚈讀如蹊徑之蹊幽州謂之秦渠一曰螢火也淮南時則訓季夏之月腐草爲蚈注云蚈馬蚿一曰螢火蚈音谿又注氾論訓云馬蚈一名螢火廣韻蠲古奚切螢火本草緇目螢有三種一種能飛有光乃茅根所化呂氏月令腐草爲螢是也一種長如蠶尾後有光無翼乃竹根所化亦名蠲明堂月令腐草爲蠲是也一種水螢居水中楊愼曰螢火有二種有草螢有水螢梁蕭和賦云聊披書以娛性悅草螢之夜翔此草螢也唐李子卿水螢賦云彼何爲而化草此何事而居泉腹可自持故無恥於蟹足能自運亦自鄰於蛇此水螢也馥於雲南見草蠲亦有三種小者身圓長半寸色黃大理有之中者身扁長寸許色黑順寧有之大者如蠶長寸半色白永昌有之其光竝在尾而

說文解字義證 卷四十二 十六

不似馬蠲之多足

bī 螕

螕 齧牛蟲也從虫𣬉聲 邊兮切

齧牛蟲也者字林同戴侗曰扁蟲著牛馬食其血者也產薦蓐之閒者差小噆人膚俗謂薦螕亦曰芆蟲也玉篇螕牛蝨也本草牛蝨一名牛螕一切經音義十七今牛馬雞狗皆有螕也通俗文狗蝨曰螕

huò 蠖

蠖 尺蠖屈申蟲也從虫蒦聲 烏郭切

一切經音義九蠖桑蟲也 纂文吳人以步屈名桑闔一名蝍蝛 廣雅尺蠖蠀蝛也 方言蠀蝛謂之蚇蠖郭注又呼步屈御覽引郭注云尺蠖又呼步屈其色青而細小或在草木葉上今蝶贏所負以爲子者 釋蟲蠖尺蠖郭注今蝍蝛一切經音義九引郭注蝍蝛也一名步屈又引舍人曰宋地曰尋桑也 說苑夫尺蠖食黃則其身黃食蒼則其身蒼 文選七命尺蠖動而成蠁

尺蠖屈申蟲也者爾雅翼尺蠖狀如蠶而絕小行則促其腰使首尾相就乃能進步屈中有伸故曰屈申如人以手

虫

度物移後指就前指之狀古所謂布指知尺者故謂之尺蠖漢書律歷志尺者蒦也則蒦亦自有尺之義矣易繫辭尺蠖之屈以求信也曹植長歌行尺蠖屈伸體道窮達郭璞爾雅圖讚嗟茲尺蠖體此屈伸鮑昭賦智哉尺蠖觀機而作申非向厚詘非今薄傅奕潛通賦尺蠖屈體以求信或作斥考工記弓人麋筋斥蠖灂注云斥蠖屈蟲也

yuán 蝝

蝝 復陶也劉歆說蝝蚍蜉子董仲舒說蝗子也從虫彖聲 與專切

復陶也者釋蟲文彼作蝮陶李巡云蝮陶一名蝝國語蟲舍蚳蝝韋注蝝復陶也可食北堂書鈔引博物志閩越江北山閒蠻夷啖邸蝝脯 劉歆說蝝蚍蜉子者韻會云劉歆以蝝爲蚍蜉之有翼者食穀爲災黑眚也祭統陸產之醢注云蚳蝝之屬說苑說叢篇蠹蝝仆柱梁 董仲舒說蝗子也者李巡說爾雅云蝝蝗子也郭注蝗子未有翅者漢書五行志董仲舒劉向以爲蝝螟始生春秋宣十五年冬蝝生注云蝅子以冬生遇寒而死故不成蝅何休云蝝即蝝也始生曰蝝大曰蝗尚書大傳時則有介蟲之孽注云蝝蝅蛹蟬之類蟲生於火而藏於秋者也漢書楚元王

說文解字義證 卷四十二 十七

傳水旱饑蝝螽螟蠭午竝起西京賦蚳蝝盡取五臣注云蝝蝗子晉夫論蝥螣蝝蝗莫不氣之所爲也後漢書陳忠傳兗豫蝗蝝滋生注云蝝蝅子也陳留耆舊傳蝝蝗爲災沈約齊安陸昭王碑蝝蝗弗起

lóu 螻

螻 螻蛄也從虫婁聲一曰螜天螻 洛侯切

螻蛄也者本書蠹螻蛄也廣雅蛞螻螻姑也方言蛄詣謂之杜蛒螻螲謂之螻蛄或謂之蟓蛉南楚謂之杜狗或謂之蛞螻楚詞惜誓爲螻蟻之所裁注云螻螻蛄也淮南時則訓孟夏之月螻蟈鳴注云螻螻蛄周書時訓解立夏之日螻蟈鳴漢書賈誼傳固將制於螻蟻顏注螻謂螻蛄也司馬遷傳與螻蟻何異顏注螻螻蛄也廣志小學篇螻蛄會稽謂之蟪蛄 一曰螜天螻者螜李燾本作螜廣韻螜胡谷切螻蛄本書無螜字傳寫漏畧古今注螻蛄一名天螻一名螜本草螻蛄一名蟪蛄一名天螻一名螜生東城平澤釋蟲螜天螻郭注螻蛄也夏小正三月螜則鳴傳云螜天螻也方言蟦蠐自關而東或謂之蝖螜秦晉之閒或謂之天螻郭注云未詳

gū 蛄

蛄 螻蛄也從虫古聲 古乎切

lóng 蠪

蠪 丁螘也從虫龍聲 盧紅切

丁螘也者釋蟲文彼作朾郭注赤駮蚍蜉玉篇蠪下云蠪虰蟲虰下云蠪虰也廣韻蟜下云蠪蟜螘也

yǐ 蛾

蛾 羅也從虫我聲 五何切

羅也者釋蟲文郭注蠶蛾釋草有莪蘿舍人云以聲近爲名顏謂此蛾羅亦聲近也但此螘非蠶蛾爾雅釋文螘魚綺反本亦作蛾俗作蟻字音同案說文蟻羅也蟻或作義蛾蠶化飛蛾也竝非螘字顏案此文自說文以下多誤當云案說文蛾羅也蛾或作𧕚蠶化飛𧕚也竝非螘字本書䖵部𧕚爲蠶𧕚此蛾乃蟻也方言蚍蜉燕謂之蛾蛘學記蛾子時術之注云蛾蚍蜉也僖十五年左傳蛾析釋文云本或作蟻晉語蜹蛾蜂蠆皆能害人宋庠云蛾音蟻通作蟻楚詞天問蠭蛾微命力何固鶡冠子王鈇篇虎狼殺人烏蒼從上螾蛾從下聚之海內北經朱蛾其狀如蛾注云蛾蚍蜉也史記五帝本紀淯化鳥獸蟲蛾正義云蛾蚍蜉也長楊賦扶服蛾伏李善曰蛾古蟻字後漢書皇甫嵩傳時人謂之黃巾亦名爲蛾賊注云蛾音魚綺反即蟻字也漢仲秋下旬碑蛾附隸釋云以蛾爲蟻顏謂我義聲近

說文解字義證 卷四十二 十六

詩蓼莪漢碑作儀是也蛾蟻古今字聲隨時變蟻音魚綺切古讀義與我近史記正義蛾音豸直起反此後世之轉音也本書無蟻字其作蟻者一切經音義七蟻一名蚍蜉爾雅釋文引字林北燕人謂蚍蜉曰蟻蛘博物志蟻知將雨廣志有飛蟻有木蟻古曰元駒者也古今注河內人名蟻曰元駒楚詞惜誓爲螻蟻之所裁注云蟻蚍蜉也檀弓蟻結於四隅

yǐ 螘

螘 蚍蜉也從虫豈聲 魚綺切

蚍蜉也者本書𧖊蚍蜉大螘也蠹蚍蠹也廣雅蛾蛘玄蚼蚼蟓蟞蜉螘也釋蟲蚍蜉小者螘郭注齊人呼螘爲蛘夏小正十有二月玄駒賁傳云玄駒也者螘也楚詞招魂赤螘若象王注螘蚍蜉也小者爲螘大者爲蚍蜉也漢書司馬遷傳與螻螘何異顏注螘蚍蜉也顏案今齊人呼螘爲蟻蛘

chí 蚳

蚳 螘子也從虫氐聲周禮有蚳醢讀若祁 直尼切

螘子也者釋蟲蚍蜉大螘小者螘其子蚳郭注蚳蟻卵內則蚳醢注云蚳蚍蜉子也祭統陸產之醢鄭注蚳蝝之屬

fán 蠜　shuài 䗐

周禮醢人祭祀共屬鱻蚳注云蚳蛾子夏小正二月抵蚳傳云蚳蝭卵也爲祭醢也魯語蟲舍蚳蝝韋注蚳蝭子也可以爲醢西京賦蚳蝝盡取五臣云蚳蟻子　周禮有蚳醢者天官醢人饋食之豆有蜃蚳醢注云蚳蛾子　讀若祁者郭注方言建平人呼蚳音侈

籀文蚳從蚰

古文蚳從辰土

自蠜也從虫樊聲 附袁切

自蠜也者釋蟲皀螽蠜郭注引詩趯趯阜螽草螽負蠜郭注引詩喓喓草蟲又云謂常羊也詩草蟲傳云阜螽蠜也陸疏今人謂蝗子爲螽子兗州人謂之螣蝮案李巡曰蠜蝗子也詩草蟲傳云常羊也陸疏小大長短如蝗也奇音青色好在茅草中蝮案徐鍇韻譜蠜自螽玉篇蠜阜螽也卽蚣蝑諸書皆作自螽疑本書自蠜爲自螽之譌

悉䗐也從虫帥聲 所律切

悉䗐也者悉當爲僁本書僁聲也讀若屑馥謂此蟲切切作聲切切卽屑屑也或作蟋集韻蟋䗐蟲名促織也釋蟲蟋蟀蛬郭云今促織也亦名青蛚釋文蟀本或作䗐說文同古今注蟋蟀一名吟蛬秋初生得寒則鳴噪濟南謂爲嬾婦又云促織謂鳴聲如急織也促織一名促機漢書王褒傳蟋蟀俟秋吟顏注蟋蟀今之促織劉芳毛詩義箋蟋蟀今促織也一名蜻蛚楚謂之蟋蟀或謂之蛬南楚謂之王孫謝惠連擣衣詩肅肅莎雞羽李善注云毛詩曰六月莎雞振羽一名促織一名絡緯一名蟋蟀月令季夏之月蟋蟀居壁蔡邕章句蟋蟀蟲名斯螽莎雞之類世謂之蜻蛚周書時訓解小暑之日溫風至又五日蟋蟀居辟蟋蟀不居辟急迫之暴春秋元命苞孟秋趣織鳴注云趣織蟋蟀也春秋考異郵立秋趣織鳴宋均曰趣織蟋蟀也立秋女工急故趣之呂氏春秋季夏紀蟋蟀居宇高注蟋蟀蜻蛚爾雅謂之蛬陰氣應故居宇鳴似促織易通卦驗蟋蟀之蟲隨陰迎陽居壁向外趣婦女織績女工之象今失節不居壁女工不成有淫佚之行因夜爲姦故爲門戶夜開詩唐風蟋蟀在堂傳云蟋蟀蛬也九月在堂陸疏蟋蟀似蝗而小正黑有光澤如漆有角翅一名蛬一名蜻蛚楚人謂之王孫幽州人謂之趨織里語曰趨織鳴嬾婦驚是

mián 蝒　dāng 蟷　náng 蠰　láng 蜋

也馥案陸說乃居野者其居壁者小而不正黑無光澤

馬蜩也從虫面聲 武延切

馬蜩也者釋蟲文郭注蜩中最大者爲馬蟬方言蟬其大者謂之蟧或謂之蝒馬郭注云爾雅蝒者馬蜩非別名蝒馬也方言誤耳馥案玉篇蝒與蚄同本書蚄次於蜩蟬諸字下以類相從而蝒獨廁於此疑後人亂之蝒當爲蚄之正文

蟷蠰不過也從虫當聲 都郎切

蟷蠰不過也者釋蟲不過蟷蠰郭注蟷蠰螗蜋別名

蟷蠰也從虫襄聲 汝羊切

堂蜋也從虫良聲一名蚚父 魯當切

楚詞九思㒰多兮蟷蜋　易通卦驗夏至螳蜋生螳蜋搏蟬之蟲乘寒而殺物自隱蔽而有所害捕搏之象也　月令章句螳蜋蟲名食蟬殺蟲　周書時訓解芒種之日螳蜋生螳蜋不生是謂陰息　呂氏春秋仲夏紀螳蜋生注云螳蜋一曰天馬一曰齕疣兗州謂之拒斧也　戴君震曰月令仲夏之月螳蜋生鄭注云螳蜋螵蛸母也　歐陽詢藝文類聚云王瓚問曰爾雅云莫貈螳蜋同類物也今沛魯以南謂之螳蜋三河之域謂之蟷蠰燕趙之際謂之食肬齊濟以東謂之馬敫然名其子則同云螵蛸是以注云螳蜋螵蛸母也此所引蓋鄭志文唐時猶存而孔穎達正義於月令引方言云譚魯以南謂之蟷蠰三河之域謂之螳蜋燕趙之際謂之食尨齊杞以東謂之馬穀然名其子同云螵蛸也所引亦卽鄭志當是不知者妄改爲方言譚卽沛之譌馬穀爾雅疏作馬谷馥案肬尨竝當爲肬　淮南人閒訓齊莊公出獵有一蟲舉足將搏其輪問其御曰此何蟲也對曰此所謂螳蜋者也其爲蟲也知進而不知卻不量力而輕敵莊公曰此爲人而必爲天下勇武矣迴車而避之　郭璞贊螳蜋氣蟲揮斧奮臂當轍不迴句踐是避勇士致死厲之以義馥案句踐式怒蛙未聞避螳蜋郭氏或別有據　成公綏螳蜋賦冠角峩峩足翹岐岐尋喬木而上綴從蔓草而下垂戢翼鷹峙延頸鵠望推騁徐翹舉斧高抗鳥伏蚍騰鶻擊隼放俯飛蟬而奮猛臨螗蛣而遲壯距車輪而軒翥固齊侯之所佝

堂蜋也者廣雅羋羋蚻肬螳蜋也爾雅釋蟲莫貈螳蜋蛑郭注蟷蜋有斧蟲江東呼爲石蜋孫叔然以方言說此義亦不了馥案方言螳蜋謂之髦或謂之虰或謂之蛑蛑郭注有斧蟲也江東呼爲石蜋又名蚻肬案爾雅螳蜋蛑虰義自應下屬方言依此說失其指也馥案釋蟲蟷蜋蛑下云虰蛵負勞方言以虰爲螳蜋孫叔然據以說爾雅是楊孫皆不以虰蛵連讀也方言之髦當爲髳卽爾雅之蛑也肬當爲肬　一名蚚父者御覽螳蜋不過也一名蟷蠰一名蚚父廣韻蝺蚑螳蜋別名

xiāo
蛸

蟲蛸堂蜋子從虫肖聲　相邀切

蟲蛸堂蜋子者字或作蜱釋蟲不過蟷蠰其子蜱蛸郭注一名蟳蟭蟷蠰卵也又作螵蛸廣雅蟳蟭鳥洟冒焦螵蛸也月令螳蜋生注云螳蜋螵蛸母也本草桑螵蛸一名蝕肬生桑枝上螳蜋子也陶云俗呼螳蜋爲蚚蜋逢樹便產以桑上者爲好蜀本圖經云此物多在小桑樹上叢荊棘閒竝螳蜋卵也三月四月中一枝出小螳蜋數百枚范子計然螵蛸出三輔上價三百

說文解字義證《卷四十二　圭

píng
蛢

蟜蝗以翼鳴者從虫幷聲　薄經切

蟜蝗者蝗當爲蟥集韻引作蟥釋蟲蛂蟥蛢郭注甲蟲也大如虎豆綠色今江東呼黃蛢　以翼鳴者者考工記梓人以翼鳴者注云翼鳴發皇屬馥案發皇蟜蟥蛂蟥一物也郭謂江東呼黃蛢則是蛂名黃蛢矣玉篇蛂蟥蛢也竝與本書異

yù
蟜

蟜蟥也從虫喬聲　余律切

huáng
蟥

蟜蟥也從虫黃聲　乎光切

shī
䗐

姑䗐強蛘也從虫施聲　式支切

姑䗐強羋也者釋蟲文彼作蛄郭注今米穀中蠹小黑蟲是也建平人呼爲蛘子釋文蛘郭音羋亡婢反本或作羋說文作羋字林作蛘弋丈反云搔蛘也御覽引郭注作羋子音米趙宧光長箋引本書作羋音緜婢切集韻六書故張次立本竝同滋陽范氏有舊刻李燾本作強羋蛄小字本作蛄張次立本類篇六書故竝同方言蛄䗐謂之強蛘

注云米中小黑甲蟲也江東謂之賀建平人呼蛘子音羋羋卽姓也

zhān
蛅

蛅斯墨也從虫占聲　職廉切

蛅斯墨也者釋蟲蟔蛅蟴郭注蛓屬也今青州人呼蛓爲蛅蟴本草別錄雀甕生樹枝閒蛅蟴房也陶云蛅蟴蚝蟲也其背毛螫人生卵形如雞子大如巴豆陳藏器云蚝蟲好在果樹上大小如蠶身面背上有五色斑文毛有毒能螫人欲老者口吐白汁凝聚如雀卵其蟲以甕爲繭在中成蛹夏月羽化而蛾生於葉閒如蠶子

xiàn
蜆

縊女也從虫見聲　胡典切

縊女也者釋蟲文孫炎云小黑蟲赤頭三輔謂之縊女此蟲多自縊死御覽引異苑縊女蟲也一名蜆長寸許頭赤身黑恆吐絲自懸

féi
蜰

盧蜰也從虫肥聲　符非切

盧蜰也者釋蟲蜚蠦蜰郭注蜚卽負盤臭蟲隱元年左傳正義引舍人李巡皆曰蜚蠦一名蜰廣雅蟿蜆蜰也

說文解字義證《卷四十二　主

jué
蝍

渠蝍一曰天社從虫卻聲　其虐切

渠蝍者集韻引作渠蝍蜋御覽引作蜣蜋廣韻蝍天神蟲類篇蝍蟲名矢甲也馥謂矢甲當爲天申玉篇蝍與蜣同蜣蜋啖糞蟲也廣韻蝍弋雀切又邱良切釋蟲蛣蜣蜣蜋郭注黑甲蟲噉糞土古今注蜣蜋能以土苞糞推轉成九圓正無斜角莊周曰蛣蜣之智在於轉九　一曰天社者集韻引同廣雅天社蜣蜋也御覽誤作天柱

guǒ
蜾

蜾蠃蒲盧細要土蠭也天地之性細要純雄無子詩曰螟蠕有子蜾蠃負之從虫㒳聲　古火切

蜾蠃蒲盧者釋蟲文蜾彼作果郭注卽細腰蠭也俗呼爲蠮螉韓偓詩案頭筠管長蒲盧　細要土蠭也者廣雅土蜂蠮螉也方言蠭燕趙之閒謂之蠓螉其小者謂之蠮螉郭注小細腰蠭也爾雅釋文云案今俗呼細腰小蠭爲蠮螉在物中作房用土爲隔是也　天地之性細要純雄無子者續古今注蜂蝶之類無雌列子天瑞篇純雄其名稺蜂注云司馬彪云稺蜂細要者取桑蟲祝之使似己子也莊子天運篇細要者化釋文云細要蜂之屬也司馬云取

桑蟲祝使似已也淮南原道訓蚑蟯貞蟲高云貞蟲細要之屬地形訓凡人民禽獸萬物貞蟲各有以生注云貞蟲諸細要之屬博物志細要無雌蜂類也取桑蠶阜螽子呪而成子搜神記土蜂名曰蜾蠃細腰之類也其爲物純雄而無雌不交不產常取桑蟲之子而育之則皆成已子焉林朝儀蟲畀賦注蒲盧似蜂而細腰純雄無子取桑蟲呪之久則肖之矣爾雅翼天地之性細腰純雄大腰純雌純雄謂蜂純雌謂䵷黽之屬也列子亦曰純雌其名大腰純雄其名穉蜂言無雌雄而自化故淮南子以蜂之類爲貞蟲言其無欲也郭注爾雅尺蠖又呼布屈其色青而細小或在草葉土今蜾蠃所負以爲子者詩曰螟蠕有子蠕蠃負之者小雅小宛文蠕彼作蛉蠃彼作蜾傳云螟蛉桑蟲也蜾蠃蒲盧也箋云蒲盧取桑蟲之子負持而去煦嫗養之以成其子陸璣疏云螟蛉者桑上小青蟲也似步屈其色青而細小或在草萊上蜾蠃土蜂也似蜂而小腰取桑蟲負之於木空中七日而化爲其子中庸夫政也者蒲盧也鄭注蒲盧蜾蠃謂土蜂也詩曰螟蛉有子蜾蠃負之螟蛉桑蟲也蒲盧取桑蟲之子去而變化之以成爲已子家語哀公問政篇天道敏生人道敏政地道敏樹夫政者猶蒲盧也待化以成注云蒲盧蜾蠃也謂土蜂也取螟蛉

而化之以爲子大元親次三螟蛉不屬蜾蠃取之法言學行篇螟蛉之子殪而逢蜾蠃祝之曰類我類我久則肖之矣本草蠮螉一名土蜂生熊耳川谷及牂牁或人屋間陶云此類甚多雖名土蜂不就土中爲窟謂摙土作房爾今一種黑色腰甚細銜泥於人室及器物邊作房如併竹管者是也其生子如粟米大置中乃捕取草上青蜘蛛十餘枚滿中仍塞口以擬其子大爲糧也其一種入蘆竹管中者亦取草上青蟲一名蜾蠃詩人云螟蛉有子蜾蠃負之言細腰物無雌皆取青蟲教祝便變成已子斯爲謬矣造詩者乃可不詳未審夫子何爲因其僻邪聖人有闕多皆類此圖經云謹按郭璞注爾雅蜾蠃蒲盧云卽細腰蜂也俗呼爲蠮螉又詩小雅云螟蛉有子蜾蠃負之注螟蛉桑蟲也蜾蠃蒲盧也言蒲盧取桑蟲之子負持而去嫗養之以成其子又楊雄法言云螟蛉之子殪而逢蜾蠃祝之曰類我類我注云蜾蠃遇螟蛉而受化久乃變成蜂余據諸經傳皆言此蜂取他蟲而化爲已子陶隱居乃謂生子如粟米大在其房中乃捕取草蟲以擬其子大爲糧耳又有人壞其房而看之果見有卵如粟在死蟲之上皆如陶之說又段成式云書齋中多蠮螉好作窠於書卷或在筆管中祝聲可聽有時開卷視之悉是小蜘蛛大如蠅虎旋以泥隔之乃知不獨負桑蟲也數說不同人或短之然物類變化固不可度蚱蟬生於轉丸衣魚生於瓜子鼈生於蛇蛤生於雀白䳄之相視負蟲之相應其類非一若桑蟲蜘蛛之變爲蜂不爲異矣如陶所說卵如粟者未必非祝蟲而成之也宋齊邱所謂蠮螉之蟲孕螟蛉之子傳其情交其精混其氣和其神隨物大小俱得其眞蠢動無定情萬物無定形斯言得之矣通志諸蟲在蟄尚不食況其形體未定猶在窠中時何得有飢飽也壞其房而見卵與死蟲者是變與未變耳將其故房看之其蟲殼皆如蛻形則非爲物所食明尒

蜾 蠇或從果

luǒ 蠃

蠃 蜾蠃也從虫羸聲一曰虒蝓 郎果切

一曰虒蝓者本書蝸蝸蠃也爾雅蚹蠃螔蝓郭注卽蝸牛也廣雅蠡蠃蝸牛螔蝓也易說卦離爲蠃爲蚌士冠禮蠃醢注云蠃醢螔蝓醢周禮醢人蠃醢注云蠃螔蝓鼈人祭祀共蠯蠃注云蠃螔蝓

líng 蠕

蠕 螟蠕桑蟲也從虫霝聲 郎丁切

螟蠕桑蟲也者釋蟲文彼作蛉郭注俗謂之桑蟃亦曰戎女玉篇蟃螟蛉蟲也

jiá 蛺

蛺 蛺蜨也從虫夾聲 兼叶切

酉陽雜俎白蛺蝶尺蠖蠒所化也　白帖木蠹生蟲羽化爲蝶　陸龜蒙曰橘之蠹大如小指一旦視之弗食弗動明日復往則蛻爲蝴蝶矣　搜神記朽葦爲蛬麥爲蝴蝶　列子天瑞篇烏足之根爲蠐螬其葉爲蝴蝶蝴蝶者胥也

蛺蜨也者廣雅蛺蜨蟞蛈也古今注蛺蝶一曰野蛾一名鳳蝶江東呼爲撻末色白背青者是也其大如蝙蝠者或黑色或青斑名爲鳳子一名鳳車一名鬼車生江南柑橘園中莊子齊物論昔者莊周爲胡蝶釋文胡蝶司馬崔云蛺蝶也古詩胡蝶胡高飛暮宿桑樹間

dié 蜨

蜨 蛺蜨也從虫疌聲 徒叶切

chī 蚩

蚩 蟲也從虫㞢聲 赤之切

bān 螌

螌 螌蝥毒蟲也從虫般聲 布還切

蠿蝥毒蟲也者陳藏器曰蠿蝥蟲有小毒或作蠿蟊廣雅蠿蟊旻青也又作斑猫本草斑猫有毒一名龍尾生河東川谷陶云甲上黃黑斑色如巴豆大者是也吳氏本草斑猫一名斑蚝一名龍蚝神農辛岐伯鹹桐君有毒扁鵲甘有大毒生河內川谷又作斑芧古今注毒藥種有五物五曰斑芧戎鹽解之

máo 蝥

蝥 蠿蝥也從虫敄聲 莫交切

古文蝥

fán 蟠

蟠 鼠婦也從虫番聲 附袁切

鼠婦也者釋蟲文彼作負郭注瓮器底蟲御覽引作蟠蟅鼠婦也本書蟅或曰鼠婦通志鼠負瓮底白粉蟲也

yī 蛜

蛜 蛜威委黍委黍鼠婦也從虫伊省聲 於脂切

蛜威委黍者釋蟲文彼作蛜郭注舊說鼠婦別名然所未詳詩東山伊威在室傳云伊威委黍也陸璣疏云伊威一名委黍一名鼠婦在壁根下甕底土中生似白魚者是也鼠婦也者廣韻蛜蝛蟠負蟲也本草鼠婦一名負蟠一

說文解字義證 卷四十二 五十五

名伊威一名委黍陶注多在鼠坎中鼠背負之

sōng 蜙

蜙 蜙蝑以股鳴者從虫松聲 息恭切

蜙蝑者玉篇蜙蝑斯螽廣韻蚣蟲螽蟲一切經音義二十五今江北通謂螽蝗之類曰蠅亦曰簸蠅一名螽蜇一名蚣蝑俗名春黍釋蟲蜇螽蜙蝑郭注蜙蜙也俗呼春黍釋文云蜇本又作蟴蝮案蜙方言作蜤以股鳴者者酉陽雜俎蜙蝑股鳴考工記注云股鳴蚣蝑動股屬詩七月斯螽動股陸璣疏云螽蜙蝑也楊雄云春黍也幽州人謂之春箕春箕即春黍蝗類也長而青長角長股股鳴者也或謂似蝗而小斑黑其股似蝳蝐文五月中以兩股相切作聲聞數十步御覽引毛詩題綱螽斯名蚣蝑一名春黍似蝗而小青色長股而鳴

蚣 蜙或省

xū 蝑

蝑 蜙蝑也從虫胥聲 相居切

蜙蝑也者詩釋文蝑一名斯螽七月詩云斯螽動股是也楊雄許慎皆云春黍馥案本書當有春黍二字方言春黍謂之蚣蝑廣雅蚣蝑春黍也

zhè 蟅

蟅 蟲也從虫庶聲 之夜切

蟲也者玉篇蟅鼠婦負蠜也廣韻蟅蟒蟥蟲名廣雅負蠜蟅也馥案本書以蟠爲鼠婦蠶爲負蠜故此蟅但訓蟲也本草䗪蟲一名地鼈一名土鼈生河東川澤及沙中人家牆壁下土中溼處陶隱居云形扁扁如鼈故名土鼈而有甲不能飛小有臭氣今人家亦有之唐本注云此物好生鼠壤土中及屋壁下狀似鼠婦而大者寸餘形小似鼈無甲但有鱗也周禮赤犮氏凡隙屋除其貍蟲注云貍蟲䗪肌蛷之屬集韻蟅一曰蝗類馥案方言所謂蟅蟒是也本書次於蟠蝗之閒或主此義

huáng 蝗

蝗 螽也從虫皇聲 乎光切

急就篇災蝗不起顏注蟲食苗曰蝗 月令孟夏行春令則蝗蟲爲災 漢名臣奏張文上疏曰春秋義曰蝗者貪擾之氣所生天意若曰貪狠之人蠶食百姓若蝗食禾稼而擾萬民宜敕正衆邪清審選舉退屏貪暴 後漢書和帝紀京師

說文解字義證 卷四十二 五十六

蝗吏民言事者多歸責有司注云洪範五行傳曰貪利傷人則蝗蟲損稼 五行志光和元年詔策問曰連年蝗蟲至冬踊其咎焉在蔡邕對曰臣聞易傳曰大作不時天降災厥咎蝗蟲來河圖祕徵篇曰帝貪則政暴而吏酷酷則誅深必殺主蝗蟲蝗蟲貪苛之所致也

螽也者詩正義引同一切經音義四蝗螽也謂蝗蟲也小曰蝩大曰蝗魚子化作也漢書文帝紀六年夏四月大旱蝗顏注蝗即螽也食苗爲災今俗呼爲簸蝩五行志介蟲孳者謂小蟲有甲飛揚之類陽氣所生也於春秋爲螽今謂之蝗皆其類也蔡邕月令章句蝗螽類乳於土中深埋其卵江東謂之蚱蜢善害田稼 皇聲者爾雅釋文蝗字林音皇說文榮庚反范宣禮記音橫聲類韻集竝以蝗協庚韻

tiáo 蜩

蜩 蟬也從虫周聲詩曰五月鳴蜩 徒聊切

蟬也者廣韻蜩大蟬本草蚱蟬生楊柳上陶隱居云蟬類甚多此云生楊柳樹上是詩云鳴蜩嘒嘒者形大而黑此蜩五月便鳴釋蟲蜩蜋蜩螗蜩舍人云三輔以西爲蜩梁宋以東謂蜩爲蝘陳啟源曰爾雅蜩蜋蜩螗蜩首一蜩總

諸蜩也蜋蜩與螗蜩七蜩中之二也詩疏引之云蜩蜋蜩螗蜩去一蜩字豈舍人句讀然乎不如郭注之當矣又云良蜩螗蜩夏小正皆以五月鳴月令仲夏之月蟬始鳴周書時訓解云夏至又五日蜩始鳴其兼指兩蜩與方言蟬楚謂之蜩宋衛之閒謂之螗蜩陳鄭之閒謂之蜋蜩秦晉之閒謂之蟬詩小弁鳴蜩嘒嘒傳云蜩蟬也嘒嘒聲也蕩如蜩如螗傳云蜩蟬也內則爵鷃蜩范注云蜩蟬也檀弓范則冠而蟬有緌注云蟬蜩也緌爲蜩喙長在腹下列子黃帝篇釋文承蜩音條一本作蜩蟬也莊子逍遙游蜩與鷽鳩笑之釋文蜩音條司馬云蟬達生篇見痀僂者承蜩釋文蜩蟬也　詩曰五月鳴蜩者豳風七月文傳云蜩螗也

蜩　蜩或從舟

chán
蟬

蟬　以旁鳴者從虫單聲　市連切

論衡蟬生於復育開背而出　漢官儀蟬居高食潔口在掖下　淮南子蟬無口而鳴三十日而死　徐廣車服雜注侍中加貂蟬者取其清高飲露而不食也　酉陽雜俎蟬未蛻時名復育相傳蛣蜣所化韋翾莊在杜曲嘗冬中掘樹根見

說文解字義證　卷四十二　三七

復育附於朽處怪之郡人言蟬固朽木所化也翾因剖一視之腹中猶實朽木　曹植蟬賦惟夫蟬之清素潛厥類於太陰在炎陽之中夏始游豫乎芳林內含和而弗食與衆物而無求栖高枝而仰首漱朝露之清流　郭璞贊蟲之精絜可貴惟蟬潛蛻棄穢飲露恆鮮萬物皆化人胡不然　梁昭明太子贊茲蟲清絜惟露是餐寂寞秋序咽嘶夏闌豈伊不美曜彼華冠

以旁鳴者者玉篇蟬蜩也以旁鳴者蟬連系續之言也酉陽雜俎蜩屬旁鳴考工記注旁鳴蜩蜺屬

ní
蜺

蜺　寒蜩也從虫兒聲　五雞切

陸雲寒蟬賦序夫頭上有緌則其文也含氣飲露則其清也黍稷不享則其廉也處不巢居則其儉也應候守常則其信也加以冠冕

取其容也

寒蜩也者釋蟲文郭注寒螿也似蟬而小青色馥案許注淮南云寒螿蟬屬也方言黑而赤者謂之蜺蜩月令孟秋之月寒蟬鳴注云寒蟬寒蜩謂蜺也蔡邕章句寒蟬應陰而鳴鳴則天涼故謂之寒蟬方言蟪謂之寒蜩寒蜩瘖蜩也郭注案爾雅以蜺爲寒蜩月令亦曰寒蜩鳴知寒蜩非瘖者也

xī
螇

螇　螇鹿蛁蟟也從虫奚聲　胡雞切

螇鹿蛁蟟也者本書無蟟字六書故引字林蛁亦作蟟青徐謂之螇螰陶隱居云七月八月鳴者名蛁蟟色青廣韻螇螇螰似蟬玉篇螇螰卽蟪蛄一名蛁蟧亦蜓蚞也陸璣詩疏鳴蜩蟬也一名蛁蟟青徐謂之螇螰廣雅蛉蛄蟪蟧蛁蟟也爾雅釋蟲蜓蚞螇螰郭注卽蝭蟧也一名蟪蛄齊人呼螇螰夏小正寒蟬鳴傳云寒蟬也者蝭蠑也楚詞招隱士蟪蛄鳴兮啾啾王注蜩蟬得夏喜呼號也秋節將至悲嘹噍也家語子路初見篇遠山十里蟪蛄之聲猶在於耳注云蟪蛄蛁蟟也蛁蟟之聲去山十里猶在於耳以其鳴而不已莊子逍遙游蟪蛄不知春秋釋文云司馬云惠蛄寒蟬也一名蝭蟧春生夏死夏生秋死崔云蛁蟧也太元飾次八蛁鳴喁喁漢書五行志引詩如蜩如螗顏注螗蝘也卽蛁蟧也鹽鐵論諸生獨不見季夏之螇乎音聲入耳秋風至而聲無

jué
蚗

蚗　蛥蚗蛁蟟也從虫夬聲　於悅切

說文解字義證　卷四十二　三八

蛥蚗蛁蟟也者或作伊蚗楚詞九思伊蚗兮噍噍注云促寒將蟄故噍噍鳴或作蛥蚗陸璣詩疏鳴蜩蟬也楚人名之蟪蛄秦燕謂之蛥蚗方言蛥蚗楚謂之蟪蛄秦謂之蛥蚗玉篇蛥蚗亦蟪蛄也

mián
蝒

蝒　蛥蚗蟬屬讀若周天子赧從虫丏聲　武延切

蛥蚗蟬屬者廣韻引作蛥蚗玉篇蝒與蝒同

liè
蛚

蛚　蜻蛚也從虫𠛱聲　良辥切

蜻蛚也者字林蜻蛚蟋蟀也廣雅蛬趨織蛩孫蜻蛚也方言蜻蛚楚謂之蟋蟀或謂之蛬南楚之閒謂之蛩孫注云卽趨織也梁國呼蛬易通卦驗立秋蜻蛚鳴鄭注蜻蛚蟋蟀之名也此紀其鳴之時也蔡邕月令章句蟋蟀蟲名俗謂之蜻蛚鹽鐵論引月令涼風至殺氣動蜻蛚鳴衣裘成論衡變動篇夏末蜻蛚鳴寒螿啼感陰氣也楚詞九辨哀蟋蟀之宵征注云見蜻蛚之夜行

jīng
蜻

蜻　蜻蛚也從虫青聲　子盈切

líng 蛉

蛉　蜻蛉也從虫令聲一名桑根郎丁切

蜻蛉也者玉篇蛉蜻蛉六足四翼陶注本草蜻蛉一名諸乘俗呼胡黎一名蜻蜓蜀本注云蜻蜓六足四翼好飛溪渠側衍義云蜻蛉其中一種最大京師名爲馬大頭者是身綠色雌者腰一閒一遭碧色此物生化於水中故多飛水上古今注蜻蛉一名蜻亭一名胡蝶色青而大者是也小而黃者名胡黎一曰胡離小而赤者曰赤卒一名絳騶一名赤衣使者好集水上亦名赤弁丈人釋蟲虰蛵負勞郭云或曰即蜻蛉也江東呼狐黎所未聞廣雅蜻蛉蝍蛉倉螘也方言蜻蛉謂之蝍蛉郭注六足四翼蟲也江東名爲狐黎淮南人呼蠊蛜列子天瑞篇厥昭釋文云會子云狐蔾一名厥昭恆翔繞其木不能離之師說云孤蔾蜻蛉蟲也尸子荆莊王命養由基射蜻蛉欲生得之養由基射之拂左翼焉楚策王獨不見夫蜻蛉乎六足四翼飛翔乎天地之閒呂氏春秋精諭篇海上之人有好蜻者安居海上從蜻游蜻之至者百數而不止前後左右盡蜻也注云蜻蜻蜓小蟲細腰四翅一名白宿淮南說林訓水蠆爲蟌注云水蠆化爲蟌蟌青蜓也又齊俗訓水蠆爲蟌莣注云青蛉也馥案蟌即蟌之譌玉篇蟌蜻蛉也　一曰桑根者李蠹本無此文集韻引作桑根爾雅釋文引字林蜻蛉一名桑根六書故引同

měng 蠓

蠓　蠛蠓也從虫蒙聲莫孔切

蠛蠓也者本書無蠛字廣韻蠛蠓似蚊釋蟲蠓蠛蠓郭注云小蟲似蜹喜亂飛一切經音義八引郭注云小蟲似蜹風舂雨磴者也文選甘泉賦注引孫炎云蠛蠓蟲小於蚊列子湯問篇春夏之月有蠓蚋者因雨而生見陽而死注云謂蠛蠓蚊蚋也二者小飛蟲也古文苑小言賦附蠛蠓而遨遊注云蠛蠓飛蟲形微於蚋抱朴子蠓蚋之育於醯雞或作蔑蒙漢書司馬相如傳蔑蒙踊躍或謂之蜚鴻史記周本紀蜚鴻滿野索隱按高誘曰蜚鴻蠛蠓也言飛蟲蔽田滿野故爲災非是鴻鴈也

lüè 蜋

蜋　聶蜋也一曰蜉蝣朝生莫死者從虫京聲離灼切

聶蜋也者即渠畧　一曰蜉蝣朝生莫死者者蝣小字本作游玉篇蜉蝣渠蜋朝生夕死也廣韻亦作蜉蝣五音集韻作蜉蝤方言蜉蝣秦晉之閒謂之蝶蜸注云似天牛而小有甲角出糞土中朝生夕死釋蟲蜉蝣渠畧郭云似蛣蜣身狹而長有角黃黑色叢生糞土中朝生暮死豬好啖之詩曹風蜉蝣之羽傳云蜉蝣渠畧也朝生夕死陸璣疏云蜉蝣方土語也通謂之渠畧似甲蟲有角大如指長三四寸甲下有翅能飛夏月陰雨時地中出今人燒炙啖之美如蟬也樊光謂之糞中蝎蟲隨陰雨時爲之朝生而夕死夏小正五月蜉蝣有殷傳云蜉蝣者渠畧也朝生而暮死荀子大畧篇不飲不食者蜉蝣也注云蜉蝣渠畧朝生夕死蟲也淮南說林訓蜉蝣不食不飲三日而死詮言訓蜉蝣不過三日高注蜉蝣渠畧也生三日死漢書王襃傳蜉蝤出以陰孟康曰蜉蝤渠畧也顏注蜉蝤甲蟲也好叢聚而生也朝生而夕死蝤音由字亦作蝣其音同也廣志蜉蝣可燒啖美於蟬蜉蝣在木中翕然生覆水上尋死隨流傳咸蜉蝣賦有生之薄是曰蜉蝣育微微之陋質羌采采而自修不識晦朔無意春秋取足一日尙又何求戲渟淹而委餘何必江湖之是游

ruì 蜹

蜹　秦晉謂之蜹楚謂之蚊從虫芮聲而銳切

秦晉謂之蜹楚謂之蚊者一切經音義三引作秦人謂之蜹楚人謂之蚊後漢書崔駰傳蟲蚋之趣大沛注云蚋小蟲蚊之類說文曰秦謂之蚋楚謂之蚊通俗文小蚊曰蚋華嚴經音義引字林蚋小蚊也鶡冠子天權篇一蚋噆膚不寐至旦孟子蠅蚋姑嘬之或作蚋漢書枚乘傳譬猶蠅蚋之附羣牛顏注蚋蚊屬也夏小正八月丹鳥羞白鳥丹鳥也者謂丹良也白鳥也者謂蚊蚋也馥案皇侃說丹良螢火古今注螢食蚊蚋荀子勸學篇醯酸而蚋聚焉論衡商蟲篇天將雨螘出蚋蜚爲與氣相應也馥案此所言蚋謂蠓

xiāo 蠨

蠨　蠨蛸長股者從虫肅聲穌彫切

蠨蛸長股者者或作蟰古今注長蚑蠨蛸也身小足長故謂之長蚑釋蟲蠨蛸長蟜郭注小鼅鼄長脚者俗呼爲喜子西京雜記蜘蛛集而百事喜曹植曰得蟢者莫不馴而放之爲利人也劉氏新論鄙名篇今野人晝見蟢子者以爲有喜樂之瑞胡震亨曰權德輿詩昨夜裙帶解今朝蟢子飛鉛華不可棄莫是藁砧歸韓翃詩少婦北來多遠望應知蟢子上衣巾俗說蟢子緣人衣有喜事其來蓋遠詩東山蠨蛸在戶傳云蠨蛸長蟜也陸璣疏云蠨蛸長蟜一名長脚荆州河內人謂之喜母此蟲來著人衣當有親客至有喜也幽州人謂之親客亦如蜘蛛爲羅網居之　蠨

聲者詩釋文蠨音蕭說文作蠨音夙

shěng 蛸

蛸　蟲也從虫省聲　息正切

蟲也者類篇蛸蟲名似蟬

liè 蛶

蛶　商何也從虫寽聲　力輟切

商何也者釋蟲文彼作螪釋文螪失羊反字林之亦反何本或作蚵音河馥案集韻螪音隻引字林蟲名螪尸羊切引爾雅蛶螪何一曰蜥蜴類廣韻蛶蚵蛶蟲玉篇蚵蚵蠪蜥蜴馥謂當依字林作螪本書無螪字蓋脫

qù 蜡

蜡　蠅胆也周禮蜡氏掌除骴從虫昔聲　鉏駕切

蠅胆也者李燾本蜡蟲名也一日年終祭名馥案此宋人重修所改　周禮蜡氏掌除骴者秋官蜡氏注云蜡骨肉腐臭蠅蟲所蜡也　蜡讀如狙司之狙

ruǎn 蝡

蝡　動也從虫耎聲　而沇切

動也者後漢書馬融傳注引同廣雅蝡動也字或作蠕荀子勸學篇蠕而動注云蠕微動也韓詩外傳蜎飛蠕動各樂其性新語道基篇蜎飛蠕動之類論衡齊世篇蜎蜚蠕動跂行喙息漢書匈奴傳蠕動之類顏注蠕蠕動貌杜佑曰柔然後魏大武以其無知狀類於蟲故改其號曰蠕蠕

qí 蚑

蚑　行也從虫支聲　巨支切

行也者李善注琴賦引云蚑行也凡生之類行皆曰蚑又注七發七命洞簫賦所引竝同是本書原有凡生之類行皆曰蚑八字一切經音義八蚑謂蟲行貌也玉篇蚑行喙息麢鹿之類八十一難經諸蚑行喘息淮南原道訓澤及蚑蟯而不求報高注蚑蚑行修務訓蚑行蟯動之蟲俶眞訓夫與蚑蟯同乘天機高注蚑行蟯動論微細也成公綏天地賦蚑行蠕動方聚類分馥案樂記方以類聚注云方謂行蟲有識性故稱方漢嚴訢碑蚑行蠕動咸守厥常通作跂周書周祝解跂動噦息新語道基篇跂行喘息漢書匈奴傳跂行喙息顏注跂行凡有足而行者禮樂志跂行畢逮顏注凡有足而行者稱跂行也東方朔傳跂跂脈脈善緣壁顏注跂跂行貌也古文苑篆勢若行若飛跂跂翾翾注云跂蟲行也衛恆四體書勢蟲跂跂以若動通典江左猶有跂行鼈龜之伎又或作歧文選笙賦翾翾歧歧李善云歧歧飛行貌漢書音義歧歧將行貌

xuān 蠉

蠉　蟲行也從虫瞏聲　香沇切

蟲行也者淮南原道訓蠉飛蝡動高注蟲行動貌

chǎn 蚩

蚩　蟲曳行也從虫屮聲讀若騁　丑善切

蟲曳行也者類篇引作蟲名曳行也玉篇蚩蟲伸行廣韻同　屮聲者本書蚩亦從屮聲　讀若騁者本書䩄讀若騁蜃

yú 螸

螸　蠭醜螸垂腴也從虫欲聲　余足切

蠭醜螸者釋蟲文　垂腴也者郭注釋蟲云垂其腴孝經援神契蜂蠆垂芒腴注云毒在後故言垂芒腴

shàn 蝙

蝙　蠅醜蝙搖翼從虫扇聲　式戰切

蠅醜蝙者釋蟲文彼作扇　搖翼者廣韻蝙蠅動翅也郭注釋蟲云好搖翅

tuì 蛻

蛻　蛇蟬所解皮也從虫稅省　輸芮切

蛇蟬所解皮也者後漢書陽球傳注引作蟬蛇所解皮也一切經音義十九引同又十二引作蟬蛻所解皮也後漢書竇融傳注張衡傳注所引竝同字林蛻蟬皮也廣雅復育蛻也楚詞九懷濟江海兮蟬蛻列子天瑞篇是天地委蛻也注云氣自委結而蟬蛻曰淮南說林訓蟬飲而不食三十日而蛻史記屈原傳蟬蛻於濁穢論衡論死篇蟬之未蛻也爲復育已蛻也去復育之體更爲蟬之形夏侯湛東方朔畫贊蟬蛻龍變謝靈運山居賦羨蟬蛻之匪日馥案此皆專屬蟬晉書張華傳武庫有雉雊華曰此必蛇化爲雉也開視雉側果有蛇蛻焉吳氏本草蛇蛻一名蛇附一名蛇筋一名弓皮馥案此乃屬蛇淮南精神訓蟬蛻蛇解顏氏家訓夫神滅形消遺聲餘價亦猶蟬殼蛇皮耳莊子寓言篇予蜩甲也蛇蛻也馥案此皆蟬蛇竝舉　稅省者當爲稅省聲

hē 蠚

蠚　螫也從虫若省聲　呼各切

虫

shì 螫

螫也者字林蓋蟲行毒也或作蛅楚詞天問蠭蛾微命力何固注云言蠭蛾有蛅毒之蟲以喻蠻夷自相毒蛅又或作蠚漢書刑法志百姓新免毒蠚王莽傳毒蠚竝作嚴助傳蝮蛇蠚生蒯通傳故猛虎之猶與不如蠭蠆之致蠚顏注蠚毒也

蟲虫行毒也從虫赦聲 施隻切

蟲虫行毒也者小字本無虫字玉篇集韻同一切經音義三螫式亦反字林蟲行毒也關西行此音又音呼各反山東行此音蛆知列反南北通語也詩小毖自求辛螫箋云徒自求辛苦毒螫之害耳桑柔寧爲荼毒正義毒者螫蟲中山經穀城之山有神焉其狀如人而二首名曰驕蟲是爲螫蟲郭注爲螫蟲之長老子蜂蠆虺蛇不螫文子野有螫蟲葵藿爲之不采鬼谷子權篇螫蟲之動也必以毒螫淮南兵畧訓有毒者螫　赦聲者螫通作赦詩小毖釋文辛螫韓詩作赦鹽鐵論蜂蠆赦人致死不能息其毒也玉篇螫同螫馥案本書赦或從亦

è 蝁

虺屬從虫亞聲 烏各切

虺屬者集韻類篇引作䖧也張次立本小字本竝同釋魚䖧蝁郭注蝮屬大眼最有毒今淮南人呼蝁子

yǎng 蛘

搔蛘也從虫羊聲 余兩切

搔蛘也者爾雅釋文引字林同玉篇舊刻本作蛘蝨張氏本作蛘搔也一切經音義十二蛘餘掌反說文搔蛘也禮記寒不敢襲蛘不敢搔是也字從虫從羊又卷六蛘今皆作癢近字也又作痒音似羊反病名也痒非字意釋名癢揚也其氣狂皮中欲得發揚使人搔發之而揚出也顏眞卿麻姑山仙壇記麻姑手似鳥爪蔡經心中念言背蛘時得此爪以杷背乃佳也

shí 蝕

敗創也從虫人食食亦聲 乘力切

敗創也者本書瘍蝕創洪武正韻日月虧日蝕韻會蝕今文省作蝕漢書日月薄蝕韋昭曰氣往迫日薄虧敗曰蝕馥案玉篇蝕日月蝕也論語何晏本如日月之蝕也晉書天文志十煇五曰闇謂日月蝕劉氏新論妄瑕篇日月有謫蝕之變又通作食易月盈則食春秋日有食之釋名日月虧曰食稍稍侵虧如蟲食草木葉也　從虫人食食亦聲者當云從虫飤聲寫者因本書無飤字以意改之玉篇飤夕恣切食也與飼同

jiāo 蛟

龍之屬也池魚滿三千六百蛟來爲之長能率魚飛置笱水中卽蛟去從虫交聲 古肴切

廣雅有鱗曰蛟龍　一切經音義五有鱗曰蛟龍　抱朴子母龍曰蛟子曰虯其狀魚身而蛇尾　中山經翼望之山貺水出焉東南流注于漢其中多蛟郭注似蛇而四脚小頭細頸頸有白癭大者十數圍卵如一二石甕能吞人　呂氏春秋知分篇有兩蛟夾繞其船高注魚滿二千斤爲蛟　廣州記新寧郡東溪甚饒蛟及時害人嘗於魚梁上得之其長丈餘形廣如楯修頸小頭胸前赭背上靑斑脇邊若錦　郭璞贊匪蛇匪龍鱗采暉煥騰躍濤波蜿蜒江漢漢武飲羽飲飛疊斷

龍之屬也者顏注漢書武帝紀引無之字藝文類聚引亦無埤雅蛟龍屬也眉交故謂之蛟述異記曰蛟眉連生海內西經開明南有蛟郭注蛟似蛇四脚龍類也南山經禱過之山浪水出焉其中有虎蛟郭注蛟似蛇四足龍屬楚

詞九歌蛟何爲兮水裔王注蛟龍類也九思乘六蛟兮蜿蟬注云龍無角曰蛟　池魚滿三千六百蛟來爲之長能率魚飛者藝文類聚引作魚滿三千六百年蛟爲之長率魚而飛去御覽引作魚滿三千六百歲西京雜記漢武昆明池養魚往往飛去齊民要術陶朱公養魚經云魚池所以內鼈者魚滿三百六十則蛟龍爲之長而將魚飛去內鼈則魚不復去爾雅翼陶朱公養魚之法以六畝地爲池求懷子鯉魚長三尺者二十頭牡鯉四頭以二月上庚日納池中至四月納一神守六月納二神守八月納三神守神守謂鼈也所以納鼈者魚及三百六十則蛟龍爲之長而將魚飛去納鼈則魚不復去

chī 螭

若龍而黃北方謂之地螻從虫离聲或云無角曰螭 丑知切

若龍而黃北方謂之地螻者字林同荀子賦篇螭龍爲蝘蜓注云地螻呂氏春秋舉難篇螭食乎淸而游乎濁注云螭龍之別也後漢書馬融傳逐罔螭注云螭龍屬論衡訂鬼篇說螭者謂之龍物也馥案亦有赤色者漢書司馬相

虫

如傳蛟龍赤螭又云驂赤螭青虯之蟉蟉蜿蜒字或作彲史記齊世家非龍非彲又作虬廣雅無角曰虬龍玉篇虬今作螭

qiú 虯

虯 龍子有角者從虫丩聲渠幽切

此卽今之虬字隸體丩變爲乚後漢書蘇章傳莫敢糾問卽糾問 楚辭天問焉有虯龍負熊以游 熊氏瑞應圖虯龍黑身無鱗甲淮南子女媧之時服應龍驂青虯是也 龍子有角者者李善注甘泉賦引無子字韻會引同離騷駟玉虬以乘鷖兮注云有角曰龍無角曰虬漢書馮衍傳駟素虯而馳騁顏注虯龍之無角者廣雅有角曰蘢龍文選注引作虬漢書司馬相如傳六玉虯張揖曰龍子有角曰虯

lún 蜦

蜦 蛇屬黑色潛于神淵能興風雨從虫侖聲讀若戾艸力屯切

蛇屬黑色潛于神淵者江賦神蜧蝹蜦以沈游李善云說文曰蜧蛇屬也許注淮南云黑蜧神蛇也潛於神泉張景陽雜詩黑蜧躍重淵劉孝儀爲臨川王解司空表今水蜧不躍旱而爲災 能興風雨者韻會引作雲雨廣韻蜦神蛇能興雲雨江賦蜦蟫鼈蝙李善曰蜦音倫說文曰蜦蛇屬也黑色潛於神泉之中能興雲致雨淮南齊俗訓犧牛騂毛宜於廟牲其於致雨不若黑蜧高注黑蜧黑蛇也潛於神淵能致雲雨 讀若戾艸者戾當爲菮

蜧 蜦或從戾

lián 蠊

蠊 海蟲也長寸而白可食從虫兼聲讀若嗛力鹽切

海蟲也者本書蠣似蠊字或作螊廣韻螊蟲名集韻螊蜮水蟲名似蚌 長寸而白可食者玉篇螊小蚌可食晉書音義引字林螊蛽海蟲長寸可食晉書夏統傳或至海邊拘螊蛽以資養

shèn 蜃

蜃 雉入海化爲蜃從虫辰聲時忍切

鄭注周禮醢人鼈人地官敘官竝云蜃大蛤 周書王會且甌文蜃注云蜃大蛤也

雉入海化爲蜃者廣韻引作雉入水所化字林蜃雉入海所化也搜神記千歲之雉入海爲蜃周書時訓立冬十月節野雞化蜃若不化蜃卽時多婬婦易通卦驗小雪雉入水爲蜃昭十七年左傳丹鳥氏司閉者也杜注丹鳥鷩雉也入大水爲蜃釋鳥鷩雉樊光曰丹雉也少皞氏以鳥名官丹鳥氏司閉以立秋來立冬去入水爲蜃七修類稿萬物隨天地之氣以生殺變化之道寓焉若春夏之氣飛揚也故青蟲化蝴蝶水蟲化蜻蜓秋冬之氣降潛也故雀入大水爲蛤雉入大水爲蜃舉此則凡物可知月令雉入大水爲蜃注云大水淮也大蛤曰蜃晉語雀入於海爲蛤雉入於淮爲蜃韋注小曰蛤大曰蜃夏小正十月雉入於淮爲蜃蜃者蒲盧也中山經青要之山北望河曲是多僕纍蒲盧馥案蒲盧卽蒲蠃一聲之轉

gé 蛤

蛤 蜃屬有三皆生於海千歲化爲蛤秦謂之牡厲又云百歲燕所化魁蛤一名復累老服翼所化從虫合聲古沓切

周書王會東越海蛤注云蛤文蛤 漢書地理志果蓏蠃蛤食物常足顏注蛤似蚌而圓 南越志凡蛤之屬開口聞雷鳴不復閉口 寰宇記密州貢海蛤出琅邪臺常以三月候海潮上下方採

蜃屬者考工記㡛氏湅之以蜃注云鄭司農云士冠禮曰素積白屨以魁柎之說曰魁蛤也周官亦有白盛之蜃蜃蛤也 有三云云者文多脫誤爾雅釋文說文云蛤有三皆生於海蛤厲千歲雀所化秦人謂之牡厲海蛤者百歲燕所化也魁蛤一名復絫老服翼所化蓺文類聚引云有三種皆生於海蛤蠣千歲雀所化也海蛤百歲燕所化也魁蛤一名復累老服翼所所化本草圖經按說文曰千歲鷰化爲海蛤魁蛤卽是伏翼所化故一名伏老搜神記百年之雀入江爲蛤夏小正九月雀入於海爲蛤周書時訓解寒露又五日爵入大水化爲蛤月令鴻雁來賓爵入大水爲蛤呂氏春秋季秋紀高注作賓爵云賓爵老爵也栖宿於人堂宇之間有似賓客故謂之老爵賓字屬下與今讀異張叔皮論賓爵下化田鼠上騰字林蛤燕雀所化也秦曰牡蠣大戴禮易本命篇鳥魚皆生於陰而屬於陽故鳥魚皆卵魚游於水鳥飛於雲故冬燕雀入於海化而爲蚧易通卦驗立冬燕雀入水爲蛤梁元帝謝賚蛤蜊啟雀文

始化燕羽猶在陶隱居云燕窠戶有北向及尾倔色白者皆是數百歲燕列子天瑞篇燕之爲蛤也淮南子燕入水爲蜃釋魚魁陸郭注云本草云魁狀如海蛤圓而厚外有理縱橫卽今之蚶也釋文云字書云蚶蛤也出會稽可食本草魁蛤一名魁陸一名活東生東海正圓兩頭空表有文陶注云形似紡軖小狹長外有縱橫文理云是老蝙蝠所化圖經云形圓長似大腹檳榔兩頭有孔江賦洪蚶專車注引臨海水土記蚶徑四尺背似瓦壟有文集韻蚶蚌屬魁陸也橫縱其理又云蜌海蛤員厚而有文玉篇蜌魁蜌也六書故蚶似蛤而厚殼殼文鱗差似瓦屋俗亦謂瓦屋也亦謂魁陸海物異名記瓦壟魁陸海蛤也嶺表錄異瓦屋子南中舊呼爲蚶子以其殼上有棱故名焉殼中有肉紫色而滿腹夢溪筆談魁蛤卽車螯也馥案復累山海經作僕纍又作蜈螺

pí
蠯

蠯 階也脩爲蠯圓爲蠇從虫庳聲 蒲猛切

廣韻蠯與螷同本書螷蚌也徐鍇曰爾雅作蠯 字或作蜱東京賦供蝸蜱與菱芡 旣夕禮蜱醢注云蜱蜯也

階也者韻會引作陛也張次立本同集韻六書故引作蜌字林蜌小蛤也玉篇蜌蚌長者廣雅蜌蠯蒲盧也釋魚蜌

蠯郭注今江東呼蚌長而狹者爲蠯本草馬刀一名蛑生江漢長六七寸食其肉似蚌今人多不識大抵似今蝏蛾周禮醢人蠯醢注云蠯蛤也鼈人祭祀共蠯蠃蚳注云鄭司農云蠯蛤也杜子春云蠯蜯也六書故蟶蛤類修長如指馥案蟶卽蠯閩越人以田種之謂之蟶田

圓爲蠇者復古編集韻增韻爾雅疏竝引作蟜

wō
蝸

蝸 蝸蠃也從虫咼聲 古華切

江賦鸚螺蜁蝸 內則蝸醢而苽食 西山經邸時之水其中多蠃母郭注螺螺也 中山經青要之山北望河曲是多僕纍蒲盧郭注僕纍蝸牛也 南山經洵水南流注于閼之澤其中多茈蠃注云紫色螺也 漢書地理志果蓏蠃蛤食物常足 鹽鐵論越人美蠃蚌而簡太牢

蝸蠃也者六書故蠃其種不一水產之別尤多皆旋殼有口大者如斗陸生者謂之土蝸土蠃以其善緣又謂附蝸附蠃陵蠃以有肉角又謂蝸牛蠡牛通志蝸牛曰蛞蝓曰陵蠡曰土蝸曰附蝸爾雅附蠃螔蝓凡蠃之類皆負殼惟此能脫殼而行頭有兩角故曰蝸牛一切經音義二蠃蚌也廣韻旋蝸蝸螺也土冠禮蠃醢注云今文蠃爲蝸吳語

其民必移就蒲蠃於東海之濱韋注蒲深蒲也蠃蚌蛤之屬馥案蒲蠃卽夏小正之蒲盧蒲盧蠃聲轉王沈魏書袁術在江淮取給蒲蠃莊子則陽篇有所謂蝸者君知之乎釋文李云蝸蟲有兩角俗謂之蝸牛三蒼云小牛螺也一云俗名黃犢尚書大傳鉅定螺鄭注螺蝸牛也陶注本草蝸牛云蝸牛字是力戈反而俗呼爲瓜牛生山中及人家頭形如蛞蝓但背負殼爾古今注蝸牛陵螺也形如蜾蝓殼如小螺熱則自懸於葉下野人結圓舍如蝸牛之殼故曰蝸舍裴松之曰魏畧云焦先及楊沛竝作瓜牛廬以爲瓜當作蝸蝸牛螺蟲之有角者也俗或呼爲黃犢先等作圜舍形如蝸牛蔽故謂之蝸牛廬爾雅翼蝸牛似小蠃白色生池澤草木閒頭有兩角行則出驚則縮首尾俱能藏入殼中盛夏日中則自懸樹葉下往往升高涎沫旣盡隨卽槁死以其有兩角故以牛名

bàng
蚌

蚌 蜃屬從虫丰聲 步項切

異物志蚌似車螯潔白如玉 符子鏡以曜明故鑒人蚌以合珠故內照 呂氏春秋精通篇月也者羣陰之本也月望則蚌蛤實羣陰盈月晦則蚌蛤虛羣陰虧夫月形乎天而羣陰化乎淵注云羣陰蚌蛤也隨月盛衰虛實也 郭璞贊萬

物變蛻其理無方雀雉之化含珠懷璫與月盈虧協氣晦望字林蚌燕雀所化也月望則蚌蛤實月晦則蚌蛤虛也

蜃屬者釋魚蚌含漿郭注蚌卽蜃

lì
蠇

蠇 蚌屬似蠊微大出海中今民食之從虫萬聲讀若賴 力制切

集韻蠇百歲化爲蠇

蚌屬者寰宇記海州朐山縣蠇山在縣東南二百里山在海中故其山多蠇卽螺蚌之屬也 似蠊微大出海中者字或作蜊本草蛤蜊生東南海中白殼紫脣大二三寸者閩浙以其肉充海錯 今民食之者一切經音義二十引作人食之也馥案唐諱民改作人論衡士食合蜊之肉無精輕之驗安能縱體而升謝靈運游名山志新溪蠇味偏甘有過紫溪者永嘉郡記樂成縣新溪口有蠇方圓數十畝四面皆蠇其味偏好南史王融傳不知許事且食蛤蜊

yú
蝓

蝓 虒蝓也從虫俞聲 羊朱切

虒蝓也者字書虒蝓蝸牛也廣雅蠡蠃蝸牛螔蝓也爾雅釋魚蚹蠃螔蝓郭注即蝸牛也本草蛞蝓一名陵蠡一名土蝸一名附蝸生大山池澤及陰地沙石垣下衍義云蛞蝓蝸牛二物矣蛞蝓其身肉止一段蝸牛背上別有肉以負殼行顯然異矣以蛞蝓是蝸牛之老者甚無謂蛞蝓有二角蝸牛四角兼背有負殼冈豈得爲一物也士冠禮蠃醢注云蠃螔蝓醢今文蠃爲蝸淮南俶眞訓蠃蝸𤠫睆高注蝸牛即螔蝓也蠓也李湻風引詩緯十五國星野云鄁國當虒蝓之宿注云虒蝓蝸牛也爾雅翼螔蝓入三十六禽又是四種角之例營室之精楊愼曰術數家以三十六禽配十二辰其配已則蛇蚓蛞蝓蛞蝓今之蝸牛亦穴居者故與蛇同類

yuān 蜎

蜎也從虫肙聲狂沇切

蜎也者蜎當爲蠉本書蠉蟲行也字林蜎蟲貌也玉篇蜎蜀兒本書蜀象其身蜎蜎引詩蜎蜎者蜀程君瑤田曰記日刺兵欲無蜎先鄭蜎謂橈也案下記云凡試廬事置而搖之以眡其蜎也蜎謂不直皃如蜀身之蜎蜎然也釋魚蜎蠉郭注井中小蛣蟩赤蟲馥案蛣蟩本名肙作𧈢者謂蟲動非蟲名又案蜎蠉聲相近戰國策范環史記甘茂

傳作范蜎漢書藝文志蜎子即楚人環淵淮南原道訓又作蜎蠉

shàn 蟺

夗蟺也從虫亶聲常演切

夗蟺也者集韻引作蛩蟺廣韻作蜿蟺揚雄傳作冤延風俗通冷溜比如寒蜓一切經音義十三曲蟺即蚯蚓亦名蛩蟺今江東呼爲寒蚓古今注蚯蚓一名蜿蟺一名曲蟺善長吟於地中江東謂之歌女或謂之鳴砌廣雅蛩蟺蚯蚓也又云蚯蚓蜿蟺引無也方言蟥場謂之坦注云蟥蟺蟮也釋蟲螼蚓豎蠶郭注即蛩蟺也嵇康琴賦蛩蟺相糾

yōu 蛐

蛐蟉也從虫幽聲於虯切

蛐蟉也者玉篇蛐與蚴同蛐虯龍皃漢書司馬相如傳青龍蚴蟉於東廂顏注蚴蟉行動皃又大人賦驂赤螭青虯之蛐蟉蜿蜒

liú 蟉

蛐蟉也從虫翏聲力幽切

zhé 蟄

藏也從虫執聲直立切

釋詁蟄靜也易繫辭龍蛇之蟄以存身也哀十二年左傳火伏而後蟄者畢夏小正正月啓蟄傳曰啓蟄言始發蟄也周書時訓解蟄蟲不振陰姧陽呂氏春秋孟春紀蟄蟲始振注云蟄讀如詩文王之什蟄伏之蟲乘陽始振動蘇生也淮南地形訓介鱗者夏食而冬蟄山海經冬死而夏生注云此亦蟄類也謂之死者言其蟄無所知如死且藏也者一切經音義十三說文蟄藏也蟲至冬即蟄隱不出也獸有猳毛亦蟄熊羆等也

fú 蚨

青蚨水蟲可還錢從虫夫聲房無切

青蚨水蟲可還錢者廣雅蟱蠋魚伯青蚨也稽聖賦涂青蚨而還錢鬼谷子若蚨母之從其子也注云蚨水蟲用其血染子母錢則常不相離淮南萬畢術青蚨還錢注云以其子母各置瓮中埋東行陰垣下三日後開之即相從以母血涂八十一錢以子血涂八十一錢以其錢更互市置子用母置母用子皆自還也搜神記南方有蟲名蠍蠋形如蟬大味辛美可食其子著草葉如蠶種得其子則母飛來雖潛取必知處殺其母涂錢子涂貫用錢貨去旋則自還陳藏器本草青蚨生南海狀如蟬其子著木用以涂錢皆歸本處海藥云謹按異物志青蚨生南海諸山雄雌常

處不相捨與青金色相似人採得以法末之用涂錢以貨易晝用夜歸亦是人間難得之物也或作青蚥白帖漢時有青蚥錢以血涂之去又來寰宇記賓州有蠍蠋蟲郡國志云形如蟬辛美可食子如蠶種著草葉中得其子則母飛來就之謂之青蚥東哲云青蚥可以還錢或云青蚨

jú 𧑓

𧑓鼀詹諸以脰鳴者從虫匊聲居六切

𧑓鼀詹諸者本書圥鼀詹諸也廣韻鼀𧑓鼀釋蟲不𧑓王蚥蝮謂𧑓鼀不𧑓聲相近王蚥當爲去蚥詹諸謂之去蚥以脰鳴者者鄭注考工記梓人云脰鳴鼃黽屬釋文云脰頸也

há 蝦

蝦蟆也從虫叚聲乎加切

顏注急就篇蝦蟆一名蟼大腹而短腳釋蟲蟼蟆郭云蛙類易通卦驗夏至小暑蝦蟆無聲蝦蟆也者本書蝦蟆一名蟾蜍一名䶂一名去甫一名苦蠪生江湖池澤陶隱居云此是腹大皮上多痱磊者陳藏器云蝦蟆蟾蜍二物各別蝦蟇背有黑點身小能跳接百蟲解作呷呷聲在陂澤閒舉動極急蟾蜍身大背黑無點

虫

多痱㾆不能跳不解作聲行動遲緩在人家涇處本經云蝦蟆一名蟾蜍誤矣

蟆　蝦蟆也從虫莫聲　莫遐切

胡注通鑑眉州眉山東有蟆頤山狀如蟆頤因名

蠵　大龜也以胃鳴者從虫巂聲　戶圭切

郭璞山海經圖贊水圓三方潛源溢沸靈龜爰處掉尾養氣莊生是感揮竿敖貴　大龜也者本書蟕蟕鼊當爲蠵玉篇蠵蟕蠵似蝳蝐而薄有文郭注爾雅涪陵郡出大龜甲可以卜緣中文似蝳蝐俗呼爲靈龜即今蟕蠵龜一名靈蠵能鳴東山經深澤其中多蠵龜郭注蠵蟕蠵大龜也甲有文彩似蝳蝐而薄楚詞招䰟露雞臛蠵注云蠵大龜也西京賦淵游龜蠵五臣注蠵龜類也漢書揚雄傳怯靈蠵應劭曰蠵大龜也雄曰毒冒雌曰蟕蠵禮樂志馮蠵切和疏寫平晉灼曰蠵蟕蠵龜屬也　以胃鳴者者鄭注考工記梓人云胷鳴榮原屬釋文胷賈馬作胃賈云靈蠵也

蠰　司馬相如說蠵從夐

本書瓊或從巂

螹　螹離也從虫漸省聲　慈染切

螹離也者廣韻螹蠏蟲名漢書司馬相如傳䱭䲛螹離通作漸史記有高漸離

蠏　有二敖八足旁行非蛇鱓之穴無所庇從虫解聲　胡買切

太元蠏之郭索心不一也　傅肱蠏譜蠏鶻眼𪖏足蚏腦蜩腹其爪類拳丁其螯類執鉞生於濟鄆者其色紺紫產於江南者其色靑白　容齋四筆文登呂亢多識草木蟲魚守官台州臨海命工作蠏圖凡十有二種一曰蝤蛑乃蠏之巨者兩螯大而有細毛如苔八足亦皆有微毛二曰撥棹子狀如蝤蛑螯足無毛後兩小足薄而微濶類人之所食者然亦頗異其大如升南人皆呼爲蠏八月間盛出人採之與人鬭其螯甚巨往往能害人三曰擁劍狀如蠏而色黃其一螯偏長三寸餘有光四曰彭螖螯微毛足無毛以鹽藏而貨於市爾雅曰螖蠌小者蟧云小蠏也蠌音澤蟧音勞吳人呼爲彭越搜神記言此物嘗通人夢自稱長卿今臨海人多以長卿呼之五曰竭朴大於彭螖殼黑斑有文章螯正赤常以大螯障目小螯取食六曰沙狗似彭螖壤沙爲穴見人則走屈折易道不可得七曰望潮殼白色居則背坎外向潮欲來皆出坎舉螯如望不失常期八曰倚望亦大如彭螖居常東西顧睨行不四五又舉兩螯以足起望惟八穴乃止九曰石𧊅大於常蠏八足殼通赤狀若鶩卵十曰蜂江如蠏兩螯足極小堅如石不可食十一曰蘆虎似彭蜞正赤不可食十二曰彭蜞大於螖小於常蠏呂君云此皆常所見者北人罕見故繪以爲圖又海商言海中𪓰鼊島之東一島多蠏種名甚異有虎頭者有翅能飛者有能捕魚者有殼大兼尺者以非親見故不畫李履中得其一本爲作記予家楚宦遊二浙閩廣所識蠏屬多矣亦不悉與前說同而所謂黃甲白蠏蟳蠘諸種呂圖不載豈名謂或殊乎故紀其詳以示博雅者　釋魚螖蠌小者蟧郭注或曰即蟚螖也似蠏而小世說新語紕漏篇蔡司徒渡江見彭蜞大喜曰蟹有八足加以二螯令烹之既食吐下委頓方知非蟹後向謝仁祖說此事謝曰卿讀爾雅不熟幾爲勸學死注云大戴禮勸學篇曰蟹二螯八足非蛇蟺之穴無所寄託者用心躁也故荀卿爲勸學章取義焉爾雅曰螖蠌小者蟧郭注即彭蜞也似蟹而小今彭蜞小於蟹而大於彭螖即爾雅所謂螖蠌也然此三物皆八足二螯而狀甚相類蔡謨不精審其小大食而致斃故謂讀爾雅不熟也

有二螯八足旁行者一切經音義十六引作水蟲也八足二螯旁行也廣韻蟹水蟲玉篇蟹二螯八足急就篇鯉鮒蟹鱓鮐鮑鰕顏注蟹八足二螯旁行大戴禮勸學篇蟹二螯八足晉書畢卓傳左手持酒杯右手持蟹螯廣韻䗉蟹大腳也敬齋古今黈蟹八足而二螯天下人無不識者而荀卿子謂蟹六跪而二螯楊倞云跪足也韓子以刖足爲刖跪螯蟹首上如鉞者許慎說文亦云蟹六足而二螯荀卿子趙人仕齊三爲祭酒後適楚爲蘭陵令趙齊皆有蟹而楚又蟹之鄉也荀子大儒而謂蟹六跪何邪許叔重嘗撰五經異義當時號爲博物而亦以蟹爲六足者非不識蟹葢循荀子之說而忘其所以爲誤耳馥案此所見本作六足埤雅蟹旁行故今里語謂之旁蟹孝經援神契蟹二螯兩端旁行注云螯猶兵也小蟲而欲兩端自衛故使旁行也鄭注考工記梓人云仄行蟹屬　非蛇鱓之穴無所庇者荀子勸學篇蟹非蛇蟺之穴無所寄託者用心躁也纂文鱓蛇魚也集韻蛇蟬黃質黑文爾雅翼鱓似蛇亦名

蛇鱓淮南子曰赤螭青虯之游冀州也天清地定嚽味含甘步不出頃畝之區而蛇鱓輕之以爲不能與之爭於江海之中急就篇鯉鮒蟹鱓鮐鮑鰕顔注鱓似蛇周書王會甌人食蛇鱓攝生月令四月勿食虵鱓郭注山海經鱓魚似蛇音善淮南説林訓今鱓之與蛇狀相類而愛憎異四子講德論鱧鱓竝逃九罭不以爲虛抱朴子田地既有自然之鱓而又有荇莖芩根土龍之屬化爲鱓異苑鱓亦人髮化也顔氏家訓歸心篇江陵劉氏以賣鱓羹爲業字或作鉭廣韻鱓與鉭同魚似蛇南齊書周顒傳鉭之就脯驟於屈伸梁書邵陵王綸攝南徐州事問賣鉭者刺史何如對言操虐綸怒令吞鉭以死周處風土記陽羨俗五月以菰黍鉭魚食凡鉭魚夏出冬蟄亦以將陽氣和時節也胡注通鑑云鉭與鱓同鱓魚似蛇今江東溝港皆有之又通作鱣韓非內儲説鱣似蛇蠶似蠋人見蛇則驚駭見蠋則毛起然而婦人拾蠶漁者握鱣利之所在則忘其惡説苑騰蛇暮託宿於鰌鱣之穴後漢書楊震傳後有冠雀銜三鱣魚飛集講堂前都講取魚進曰蛇鱣者卿大夫服之象也數三者法三台也先生自此升矣注云鱣音善韓子云鱣似蛇臣賢案續漢及謝承書鱣字皆作鱓然則鱣鱓古字通也鱓魚長者不過三尺黃地黑文故都講云蛇鱓卿

大夫服之象也郭璞云鱣魚長二三丈音知然反安有鸛雀能勝二三丈乎此爲鱓明矣顔氏家訓書證篇後漢書云鸛雀銜三鱣魚多假借爲鱣鮪之鱣俗之學士因謂之爲鱣魚案魏武四時食制鱣魚大如五斗匳長一丈郭璞注爾雅鱣長二丈安有鸛雀能勝一者況三頭乎鱣又純灰色無文章也鱓魚長者不過三尺大者不過三指黃地黑文故都講云蛇鱓卿大夫服之象也續漢書及搜神記亦説此事皆作鱓字孫卿云魚鼈鰌鱣及韓非説苑皆曰鱣似蛇蠶似蠋竝作鱣字假鱣爲鱓其來久矣馥案杜甫夔府詠懷詩求飽或三鱣押人先韻形聲竝誤或作鱔白帖漢昭帝時釣得蛟長三丈帝曰此魚鱔之類命大官爲鮓

（篆）蠏或從魚

guǐ 蛫

（篆）蠏也從虫危聲 過委切

蠏也者集韻蛫蠏六足者本草圖經蟹之類甚多六足者名蛫有大毒不可食廣雅蜅蠏蛫也其雄曰鯢鱧其雌曰博帶

yù 蜮

（篆）短狐也似鼈三足以气射害人從虫或聲 于逼切

洪範五行傳蜮如鼈三足生於南越南越婦人多淫故其地多蜮淫女惑亂之氣所生也 埤雅蜮畏鵞禽經鵞飛則蜮沈 臨海異物志鸂鶒水鳥食短狐

馥案杜臺卿淮賦鸂鶒尋邪而逐害

短狐也似鼈三足以气射害人者玉篇蜮似鼈含沙射人爲害如狐也廣雅射工短狐蜮也詩何人斯爲鬼爲蜮傳云蜮短狐也陸璣疏云一名射影江淮水皆有之人在岸上影見水中投人影則殺之故曰射影南人將入水先以瓦石投水中令水濁然後入或曰含沙射人皮肌其瘡如疥周禮壺涿氏掌除水蟲注云水蟲狐蜮之屬竹書惠王二年鄭人入王府多取玉玉化爲蜮射人楚詞大招魂乎無南蜮傷躬只王注蜮短狐也洪氏補注引孫眞人云江東江南有蟲名短狐谿毒亦名射工其蟲無目而利耳能聽在山源谿水中聞人聲便以口中毒射人大荒南經有蜮民之國射蜮是食注云蜮短狐也似鼈含沙射人中之則病死博物志江南山谿中射工甲蟲類也長一二寸口中有弩形氣射人影隨所著處發瘡不治則殺人論衡言毒篇夫毒太陽之熱氣也太陽火氣常爲毒螫氣熱也太

陽之地人民促急促急之人口舌爲毒故楚越之人口唾射人則人脈胎腫而爲瘡南郡極熱之地其人祝樹樹枯唾鳥鳥墜故南道名毒曰短狐干寶搜神記有物處於江水其名曰蜮一曰短狐能含沙射人所中者頭痛發熱劇者至死以方術抑之則得沙石於肉中玄中記短狐者視影蟲也其氣乃鬼也長三四寸其色黑廣寸許背上有甲厚三分許其頭有角向前如角狀見人則氣射人去二三步卽射中人十人六七人死鵞鶩鶩蟾蜍悉食之抱朴子登涉篇短狐一名蜮一名射工一名射影其實水蟲也狀如鳴蜩狀爣作似三合盃有翼能飛無目而利耳口中有橫物如角弩聞人聲以氣爲矢則因水而射人中人身者卽發瘡中影者亦病而不卽發瘡不曉治之者殺人其病似大傷寒不十日皆死射工冬天蟄於山谷閒大雪時素之此蟲所在其雪不積留氣起如灼烝掘之不過入地一尺則得也陰乾末帶之夏天自辟射工也後漢書馬融傳走蜮祥注云洪範五行傳曰蜮射人生於南越謂之短狐詩蟲魚疏曰一名射景如鼈三足今俗謂之水弩也南齊書孝義傳鄭舍人有中溪蜮毒者柳宗元嶺南詩射工巧伺游人影春秋莊十八年秋有蜮服注蜮短狐南方盛暑所生其狀如鼈古無今有含沙射入人皮肉中其瘡如

疥徧身中濩濩蜮蜮故曰災禮曰惑君則有京房易傳忠臣進善君不識厥咎國生蜮漢書五行志劉向以爲有蜚有蜮不言來者氣所生所謂眚也楚元王傳有蜮蜚顏注蜮短尾狐也馥案春秋之蜮螟蝗類

蟈　蜮又從國

陳藏器本草鸂鶒鳥主蟈短狐等病將鳥來病人邊則能唼人身訖以物承之當有砂石出也其砂即是含砂射人砂是此蟲之箭也

è ⿰虫屰

⿰虫屰　似蜥易長一丈水潛吞人即浮出日南從虫屰聲五各切

字或作鰐博物志南海有鰐魚狀似鼉斬其頭而乾之去齒更生如此者三乃止又作鱷赤雅鱷魚一名忽雷經云海有大魚厥名曰鱷其骨已朽其齒三作馥案韓滉製二琵琶進文宗名曰大忽雷小忽雷言其器音響如⿰虫屰魚之鳴也又案韓愈在潮州爲文驅逐⿰虫屰即徙去宋陳堯佐捕得一尾戮之有文記其事

似蜥易長一丈者寰宇記鰐魚狀如鼉四足身長二丈口長四尺齒如鋸食人爲窠生卵如鵞子大成後骨已枯齒落更生朽盡乃止廣州異物志鰐魚長者一丈餘有四足喙長七尺齒甚利虎及鹿渡水鰐擊之皆中斷及成斷喙去齒旬日更生吳都賦鼉鼊鯖鰐五臣注鰐魚長二丈餘有四足似鼉喙長三尺甚利齒虎及大鹿渡水鰐擊之皆中斷生子則出在沙上乳卵卵如鴨子亦有黃白可食　水潛吞人即浮者爾雅翼鰐魚能食人既飽浮出水上若昏醉之狀　出日南者他處亦有之梁書林邑國於城溝中養鰐魚門外園猛獸有罪者輒以餧猛獸及鰐不食爲無罪三日乃放之鰐大者長二丈餘狀如鼉一目四足喙長六七尺兩邊有齒如刀劒魚常遇得麞鹿及人亦噉之蒼梧以南及外國皆有吳時外國傳鰐魚大者長二三丈有四足似守宮常吞食人扶南王范尋敕捕取置溝壍中尋有所忿者縛以食若無罪鰐不食便解放嶺表錄異鰐魚其身土黃色有四足修尾形狀如鼉而舉止趫疾口森鋸齒往往害人南中鹿多最懼此物如鹿走崖岸之上羣鰐嘷叫其下鹿必怖懼落崖多爲鰐魚所得亦物之相攝伏也寰宇記惠州歸善縣鰐池池中多鰐魚因以爲名

wǎng 蛧

蛧　蛧蜽山川之精物也淮南王說蛧蜽狀如三歲小兒赤黑色赤目長耳美髮從虫网聲國語曰木石之怪夔蛧蜽文兩切

蛧蜽山川之精物也者李善注西京賦引作水神一切經音義二說文蛧蜽從虫字書從鬼同通俗文木石怪謂之魍魎言木石之精也馥案又作罔兩宣三年左傳故民入川澤山林不逢不若螭魅罔兩莫能逢之杜注罔兩水神服虔注罔兩木石之怪又作方良周禮方相氏敺方良注云方良罔兩也又作罔閬史記孔子世家木石之怪夔罔閬　淮南王說云云者一切經音義二引淮南說狀如二歲小兒赤黑色赤目赤爪長耳美髮也　國語曰木石之怪夔蛧蜽者魯語文韋注蛧蜽山精好斆人聲而迷惑人也賈逵注罔兩罔象言有夔龍之形而無實體皆虛無也

liǎng 蜽

蜽　蛧蜽也從虫兩聲良獎切

yuán 蝯

蝯　善援禺屬從虫爰聲雨元切

一切經音義十蝯五百歲化爲玃玃壽千歲　新序子獨不見夫元蝯乎當其居桂林之中峻叢之上從容游戲超騰往來龍興而鳥集悲嘯長吟當此之時雖羿逢蒙不得正目而視也　淮南說林訓漢書景十三王傳竝作此蝯字或作猿玉篇猿似獮猴而大能嘯也陸璣詩疏長臂者爲猿列子天瑞篇老羭之爲猿也莊子天地篇猿狙之便自山林來釋文司馬云言便捷見捕楚詞哀時命置猿狖於櫺檻兮夫何以責其捷巧南山經堂庭之上多白猿注云今猿似獮猴而大臂腳長便捷色有黑有黃鳴聲甚哀說苑猿得木而挺　通作爰漢書李廣傳爲人長爰臂如淳曰臂如猨臂通肩也　善援者釋獸猱蝯善援郭注便攀援釋文援猶引也考工記凡攫閷援簭之類管子形勢解緣高出險蝚蝯之所長而人之所短也故曰墜岸三仞人之所大難也而蝚蝯飲焉漢書揚雄傳蝯狖擬而不敢下顏注蝯善攀援　禺屬者御覽引作寓屬音扶沸切孝子傳猿寓屬也或黃或黑通胛輕勦善緣能於空處輪轉

zhuó 蠗

蠗　禺屬從虫翟聲直角切

禺屬者當如釋獸作寓屬史記司馬相如傳蛭蜩蠗蝚字或作獾玉篇獾似獮猴而黃

wèi 蜼

蜼 如母猴卬鼻長尾從虫隹聲 余季切

史記索隱蜼今狖 一切經音義八狖古文蜼字林餘繡反江東名也又音餘季反建平名也 爾雅圖讚寓屬之才莫過於蜼雨則自縣塞鼻以尾厥狀雖陋列象宗彝

如母猴卬鼻長尾者集韻引字林蜼獸名如猴卬鼻長尾廣雅猱狙獮猴也集韻引作獮狖馥案狖卽蜼之別體玉篇狖似獮猴釋獸蜼卬鼻而長尾郭注蜼似獮猴而大黃黑色尾長數尺似獺尾末有岐鼻露向上雨卽自縣於樹以尾塞鼻或以兩指江東人亦取養之爲物捷健中山經鬲山其獸多蜼郭注與爾雅注畧同漢書司馬相如傳蜼玃飛蠝張揖曰蜼如母猴卬鼻而長尾周禮司尊彝蜼彝注云蜼禺屬卬鼻而長尾馥謂當作寓屬

gǒu 蚼

蚼 北方有蚼犬食人從虫句聲 古厚切

北方有蚼犬食人者海內北經蚼犬如犬青色食人從首始注云音陶或作蚼音鉤

qióng 蛩

蛩 蛩蛩獸也一曰秦謂蟬蛻曰蛩從虫巩聲 渠容切

說文解字義證 卷四十二 咢

蛩蛩獸也者急就篇豹狐距虛豻犀兕顏注距虛卽蛩蛩也似馬而有靑色一曰距虛似鸁而小一切經音義十三駏驉似騾而小牛父馬子者也周書王會孤竹距虛注云距虛野獸驢騾之屬劉氏新論審名篇蛩蛩巨虛其實一獸因其詞煩分而爲二穆天子傳邛邛距虛走百里注云尸子曰距虛不擇地而走山海經云蛩蛩距虛竝言之耳漢書司馬相如傳蹵蛩蛩轔距虛張揖曰蛩蛩靑獸狀如馬距虛似鸁而小郭璞曰距虛卽蛩蛩變文互言耳海外北經北海有素獸焉狀如馬名曰蛩蛩注云卽蛩蛩距虛也音邛楚詞九懷飛駏兮步旁注云駏驉奮飛承轂輪也文選七發前似飛鳥後類距虛李善注范子曰千里必有距虛呂氏春秋曰距虛鼠後而兔前潛夫論蛩蛩距虛更相持仰乃俱安存阮籍詠懷詩蛩蛩亦念飢韓愈醉留東野詩願得終始如駏蛩名醫別錄菴蕳子駏驉食之神仙

一曰秦謂蟬蛻曰蛩者玉篇蛩蟬蛻也字或作蛬廣韻蛬蟬脫蛬皮

jué 蟨

蟨 鼠也一曰西方有獸前足短與蛩蛩巨虛比其名謂之蟨從虫厥聲 居月切

鼠也者集韻蟨姑衛切鼠也

一曰西方有獸前足短與蛩蛩巨虛比其名謂之蟨者釋地西方有比肩獸焉與邛邛岠虛比爲邛邛岠虛齧甘草卽有難邛邛岠虛負而走其名謂之蟨郭云呂氏春秋曰北方有獸其名爲蟨鼠前而兔後趨則頓走則顚然則邛邛岠虛亦宜鼠後而兔前前高不得取甘草故須蟨食之今鴈門廣武縣夏屋山中有獸形如兔而大相負共行土俗名之爲蟨鼠周書王會獨鹿邛邛距虛善走也注云獨鹿西方之戎也邛邛獸似鼠距虛負蟨而走淮南道應訓北方有獸其名曰蟨鼠前而兔後趨則頓走則顚常爲蛩蛩駏驉取甘草以與之蟨有患害蛩蛩駏驉必負而走此以其所能託其所不能高注鼠前足短兔後足長故謂之蟨蛩蛩駏驉前足長後足短故能乘虛而走不能止也韓詩外傳西方有獸名曰蟨前足鼠後足兔得甘草必銜以遺蛩蛩距虛其性非能蛩蛩距虛將爲假之故也說苑復恩篇孔子曰北方有獸其名曰蟨前足鼠後足兔食得甘草必齧以遺蛩蛩巨虛蛩蛩距虛見人將來必負蟨以走蟨非性之愛蛩蛩巨虛也爲其假足之故也二獸者亦非性之愛蟨也爲其得甘草而遺之故也郭璞比肩獸贊蟨與岠虛乍兔乍鼠長短相濟彼我俱舉有若自然同心共膂夢溪筆談契丹北境有

說文解字義證 卷四十二 哭

跳兔形皆兔也但前足纔寸許後足幾一尺行則用後足跳一躍數尺止則蹶然仆地生於契丹慶州之地大漠中予奉使日捕得數兔持歸蓋爾雅所謂蟨兔也亦曰蛩蛩巨驉也劉氏新論託附篇蟨鼠附於蛩蛩以攀追日之步

biān 蝙

蝙 蝙蝠也從虫扁聲 布玄切

郭氏元中記百歲之鼠化爲蝙蝠 陸詩曾不如老鼠鼫飛成蝙蝠 吳婁縣記太湖東邊別有小山名小洞庭有三穴中有大蝙蝠如鳥 臨海記黃石山泄水東南五峴路口有鍾乳穴中伏翼大如鶩鴨 古今注蝙蝠一名仙鼠一名飛鼠五百歲色白腦重集物則頭垂故謂之倒挂蝙蝠食之神仙 曹植蝙蝠賦吁何姦氣生茲蝙蝠形殊性詭每變常式行不由足飛不假翼明伏暗動盡似鼠形謂鳥不似二足謂毛飛而含齒巢不哺鷇空不乳子不容毛羣斥逐羽族下不蹈陸上不馬木

fú 蝠

蝠 蝙蝠服翼也從虫畐聲 方六切

蝙蝠服翼也者釋鳥文郭注齊人呼爲蟙䘃或謂之仙鼠廣韻引作伏翼變化論蝙蝠應値庚申乃伏故說文一名

伏翼孝經援神契蝙蝠伏匿故夜食廣雅伏翼飛鼠仙鼠蟙蠌也易通卦驗雨水蝙蝠出注云蝙蝠伏翼本草伏翼一名蝙蝠唐本注云伏翼以其晝伏有翼爾方言一名仙鼠在山孔中食諸乳石精汁皆千歲頭上有冠淳白大如鳩鵲食之令人肥健長年其大如鶉未白者皆已百歲而並倒懸吳氏本草伏翼或生人家屋閒方言蝙蝠自關而東謂之服翼或謂之飛鼠或謂之老鼠或謂之仙鼠自關而西秦隴之閒謂之蝙蝠北燕謂之蟙蠌新序黃鵠白鶴一舉千里使之與燕服翼試之堂廡之下廬室之閒其便未必能過燕服翼也

mán 蠻

蠻 南蠻蛇種從虫䜌聲 莫還切

書禹貢三百里蠻馬注蠻慢也禮餙怠慢來不距去不禁鄭注蠻者聽從其俗羈縻其人耳故云蠻蠻之言緡也　南蠻者廣韻蠻南夷名王制南方曰蠻雕題交趾有不火食者矣皇氏論語義疏南有八蠻一天竺二咳首三僬僥四跛踵五穿胸六儋耳七狗軹八旁脊　蛇種者本書羌下云南方蠻閩從虫白虎通蠻虫難化執心違邪

mǐn 閩

閩 東南越蛇種從虫門聲 武巾切

東南越者史記東越傳閩越王無諸注云東越之別名周禮職方氏四夷八蠻七閩鄭荅趙商入蠻在南方閩其別也　蛇種者廣韻閩閩越蛇種也漢書高帝紀亾諸身帥閩中兵以佐滅秦顏注閩越今泉州建安是其地也其人本蛇種故其字從虫

hóng 虹

虹 螮蝀也狀似蟲從虫工聲明堂月令曰虹始見 戶工切

一切經音義二十一天弓亦言帝弓卽天虹俗云絳　裴松之三國志注虹音降　爾雅音虹雙出色鮮盛者爲雄雄曰虹闇者爲雌雌曰霓　釋名虹攻也純陽攻陰氣也又曰蝃蝀其見每於日在西而見於東啜飲東方之水氣也見於西方曰升朝日始升而出見也又曰美人陰陽不和婚姻錯亂淫風流行男美於女女美於男恆相奔隨之時則此氣盛故以盛時名之也　漢書燕王旦傳天雨虹下屬宮中飲井水　文子天有二氣則成虹　詩義問虹有赤色在上者陰乘陽氣也　尚書考靈曜注云日旁氣白者爲虹　易通卦驗注云虹者陰陽交接之氣陽唱陰和之象　春秋元命苞陰陽交爲虹霓　春秋運斗樞樞星散爲虹霓　河圖稽曜鉤鎮星散爲虹霓

螮蝀也者郭注山海經虹螮蝀也漢書天文志抱珥垂蜺如淳曰垂或作虹螮蝀謂之虹表云雄爲虹雌爲蜺　明堂月令曰虹始見者月令季春之月虹始見注云螮蝀謂之虹　蔡氏章句虹螮蝀也陰陽交接之氣著於形色者也雄曰虹雌曰蜺虹常依陰雲而晝見於日衝無雲不見太陰亦不見率以日西見於東方故詩云螮蝀在東蜺常依蒙濁見日旁白而直者日白虹凡日旁者四時常有之惟雄虹起季春見至孟冬乃藏周書時訓解虹不見婦人苞亂呂氏春秋季春紀虹始見注云虹螮蝀也兗州謂之訂　京房易傳蜺四時有之惟雄虹見藏有月

䖳 籀文虹從申申電也

本書陳古文作𨻼

從申申電也者釋天疾雷爲霆霓春秋震電穀梁以電爲霆霓案從申卽霆霓之義

dì 螮

螮 螮蝀虹也從虫帶聲 都計切

螮蝀虹也者釋天文郭注俗名美人虹字或作蝃詩鄘風蝃蝀在東傳云蝃蝀虹也正義云此與爾雅字小異音實同詩又云朝隮于西崇朝其雨箋云朝有升氣於西方終其朝則雨氣應自然正義云視祲注云隮虹也詩云朝隮于西則隮亦虹也由升氣所爲故號虹爲隮鄭司農亦云隮者升氣是也

dòng 蝀

蝀 螮蝀也從虫東聲 多貢切

niè 蠥

蠥 衣服歌謠艸木之怪謂之祅禽獸蟲蝗之怪謂之蠥從虫辥聲 魚列切

衣服歌謠云云者一切經音義四引云衣服歌謠之怪謂之妖禽獸蟲蝗之怪謂之蠥蠥災也廣韻蠥祅蠥釋名蠥蘖也遇之如物見髡蘖也通作孽白虎通孽者何謂也日介蟲生非常尚書大傳日時則有介蟲之孽時則有龜孽漢書五行志凡草物之類謂之妖妖猶夭胎言尚微蟲豸之類謂之孽孽則牙孽矣禮樂志妖孽休息昭十年左傳蘊利生孽注云孽妖害也吳語以妖孽吳國大戴禮四代篇委利生孽中庸必有妖孽何休膏肓昔周公之隆天不出妖地不出孽

文一百五十三　重十六

螢見蝮下

蛤䨓貝廣韻引

蟎說見蚒下

遺文三

說文解字弟十三　義證弟四十三

曲阜桂馥學

kūn 䖵

䖵　蟲之總名也从二虫凡䖵之屬皆从䖵讀若昆 古魂切

蟲之總名也者凡从䖵者皆小蟲夏小正䖵小蟲也䖵魂也魂魂然小蟲動也　讀若昆者經典通用昆字夏小正傳昆者衆也王制昆蟲未蟄不以火田禮運故無水旱昆蟲之災荀子富國篇然後昆蟲萬物生其閒注云昆蟲蚳蝝蜩范之屬也

cán 蠶

蠶　吐絲蟲从䖵朁聲 昨含切

釋蟲蟓桑繭郭注食桑葉作繭者即今蠶　書禹貢桑土既蠶又云厥貢漆絲傳云宜桑蠶　春秋考異郵陽物火惡水故蠶食而不飲陽立於三春故蠶三變而後消死於三七二十一日故二十一日而繭　淮南說林訓蠶食而不飲二十一日而化　東方朔別傳天公問臣下方人何衣臣對曰衣蟲蟲何若臣對曰蟲喙頳頳類馬色邠邠類虎天公大怒以臣爲謾使使下問還報名曰蠶天公乃出臣　荀子賦篇帝占之曰此夫身女好而頭馬首者與屢化而不壽者與善壯而拙老者與有父母而無牝牡者與冬伏而夏游食桑而吐絲前亂而後治夏生而惡暑喜溼而惡雨蛹以爲母蛾以爲父三俯三起事乃大已夫是之謂蠶理

吐絲蟲者小字本李燾本張次立本復古編集韻字鑑六書故竝作任絲也本書初刻亦作任絲後復改之廣韻類篇增韻作吐絲蟲元中記漢人曰吾國有蟲大如小指名曰蠶食桑葉爲人吐絲外國復不信有之淮南覽冥訓蠶弭絲而商弦絕高注蠶上下絲於口爲弭絲

é 蠽

蠽　蠶化飛蟲从䖵我聲 五何切

蠶化飛蟲者通作蛾大戴禮易本命篇食桑者有絲而蛾古今注元帝永元四年東萊郡東牟山有野蠶爲繭繭生蛾蛾生卵論衡無形篇蠶食桑老績而爲蠒蠒又化而爲蛾蛾有兩翼變去蠶形唐書于闐傳初無桑蠶丐鄰國不肯出其王卽求婚許之自是始有蠶女刻石約無殺蠶蛾飛盡得治繭廣志有蠶蛾有天蛾凡草木蟲以蛹化爲蛾甚衆

蛾　或从虫

或从虫者本書虫部有蛾字

zǎo 蚤

蚤　齧人跳蟲从䖵叉聲叉古爪字 子皓切

關尹子六匕篇我之一身內變蟯蛔外烝蝨蚤　易林坤之漸探懷得蚤　趙壹解擯賦丹鴻可殺蚤蝨　淮南萬畢術昌羊去蚤蝨　字或作蚤論衡遭虎篇蚤蝨閩蝱皆食人案卽蚤蝨蟁蝱

齧人跳蟲者莊子釋文引作跳蟲齧人者也曹植口得蚤者莫不糜之齒牙爲害身也杜夷幽求蠲蚊絆蚤　叉古爪字者徐鍇本無此文

蚤　或从虫

shī 蝨

蝨　齧人蟲从䖵卂聲 所櫛切

易林萃之大過亂頭多憂搔蝨生愁　或作虱抱朴子今頭虱著身皆稍變而白身虱處頭皆漸化而黑釋家論積數云七蟣一虱七虱成一穬麥　杜夷幽求剡蟣屠虱

齧人蟲者一切經音義十七同又云山東及會稽人皆音色抱朴子論仙篇蝨羣攻則臥不得安

zhōng 螽

螽　蝗也从䖵夂聲夂古文終字 職戎切

蝗也者廣雅同本書蝗螽也玉篇螽蜙蝑屬也郭注山海經螽蝗類也釋蟲蜇螽蜙蝑春秋桓五年螽穀梁云蟲災也范云蜙蝑之屬列子仲尼篇臣之力能折春螽之股注云螽一曰蝗也

蝩　螽或从虫衆聲

爾雅釋文螽本或作蝩音終　春秋公羊經桓五年螽傳云記災也何云螽者煩擾之所生　春秋佐助期螽之爲蟲赤頭甲身而翼飛行陰中陽也螽之爲言衆暴寡也　盧君文弨曰余友丁希曾解詩衆維魚矣謂衆乃螽字之省說文作蝩與螽同左氏穀梁春秋經桓五年螽公羊經作蝩蝩實蝗類凡池湖陂澤中魚嘯子皆近岸傷淺水處若遇歲旱水不

能復其故處土爲風日所燥魚子蠕蠕而出卽變爲蝗蟲以害苗自大河以北土人皆知之今蝝爲魚故以爲豐年之徵

zhǎn

蟲也從䖵展省聲 知衍切

jié 蠽

小蟬蜩也從䖵截聲 子列切

小蟬蜩也者釋蟲蠽茅蜩郭注江東呼爲茅截似蟬而小青色方言蜩蟧謂之蠽蜩郭注江東呼爲蠽蠽也楚詞九思蠽蠽兮號西通作札夏小正四月鳴札釋蟲蚻蜻蜻郭注如蟬而小方言蟬其小者謂之麥蚻釋名札截也周禮大宗伯注札讀爲截昭四年左傳民不夭札釋文札一音截

zhuō 蠿

蠿蟊作罔蛛蟊也從䖵𢇍聲𢇍古絕字 側八切

蠿蟊作罔蛛蟊也者爾雅釋文引同本書鼅鼅鼄蟊也廣雅蛛蝥冈工蠨蛸蟰蛸也方言鼅鼄鼄蝥也自關而西秦晉之閒謂之鼄蝥注云今江東呼蝃蝥陶注本草蜘蛛云懸網如魚罾者亦名蚰蟱釋蟲次畫鼅鼄鼅鼄鼄蝥郭注今江東呼蝃蝥關尹子三極篇聖人師蜘蛛立網罟抱朴子對俗篇太昊師蜘蛛而結網易林未濟之蠱蜘蛛作網

說文解字義證 卷四十三 三

以伺行旅張望蜘蛛賦伊蜘蛛之爲蟲纖微性乎天稟吐自然之纖緒先皇羲而結網漢書律歷志造計秒忽注云忽起於蜘蛛絲言其微也

máo 蟊

蠿蟊也從䖵矛聲 莫交切

爾雅作蝥釋文蝥說文作蟊音茅

níng

蟲也從䖵寍聲 奴丁切

蟲也者廣韻蠠螻蛄

cáo 蠤

齏蠤也從䖵曹聲 財牢切

齏蠤也者說見齏下

xiá

螻蛄也從䖵叚聲 胡葛切

釋蟲蟍蛖螻郭注蛖螻螻蛄類通作蛞方言螻蛄或謂之蛞螻

pí 蠯

蠯蛸也從䖵卑聲 匹標切

蠯蛸也者本書蛸蠯蛸堂蜋子集韻蠯蛸蟷蠰卵字或作螵一切經音義四螵與蜱同螗螂子也

蠯或從虫

fēng 蠭

飛蟲螫人者從䖵逢聲 敷容切

飛蟲螫人者者字林同一切經音義十二引作螫人者也廣韻引作螫人飛蟲也玉篇蠭螫人飛蟲也方言蠭燕趙之閒謂之蠓螉孝經援神契蠭蠆垂芒字或作蜂論衡言毒篇江北地燥故多蜂蠆江南地濕故多蝮蛇生高燥比陽陽物懸垂故蜂蠆以尾刺生下濕比陰陰物柔伸故蝮蛇以口齰

古文省

徐鍇韻譜作蠭按夊當爲夂

mì 蠠

蠭甘飴也一曰螟子從䖵鼏聲 彌必切

說文解字義證 卷四十三 四

釋詁蠠沒勉也釋文云蠠本或作蠠說文曰蠠古蜜字馥案詩谷風黽勉同心文選注引韓詩作密勿同心十月之交黽勉從事漢書劉向傳作蜜勿從事士冠禮設扃鼏注云古文鼏爲密玉篇蠠與蠠同勉也又蠭甘飴也今作蜜

蠭甘飴也者廣韻蠠蜂所作食韻集蜜蜂采百草華所作也裴松之上三國志注表蜜蠭以兼采爲味故能甘踰本質劉根墨子枕中記百花釀蜜風俗記有蚍蜞居孕靈生息挹采衆華以釀甘澤通鑑吳主使黃門至中藏取蜜注云蜜蜂糖也博物志遠方諸山出蜜蠟其處人家有養蜂者其法以木爲器開小孔纔容蜂出入以蜜蠟涂器安著簷前春月此蜂有時來過人家圍垣者捕取得三兩頭便內著器中數宿出蜂飛去尋將伴來還經日漸益不可復數至夏開器取蜜蠟所得多少隨歲中所宜豐儉郭璞蜜蜂賦咀嚼華滋釀以爲蜜自然靈化莫識其術散似甘露凝如割肪冰鮮玉潤髓滑蘭香百藥須之以諧和扁鵲得之而術良爾雅翼今宛陵有黃連蜜色黃而味小苦雍洛閒有梨花蜜色如凝脂亳州太清宮有檜花蜜色小赤南京柘城縣有何首烏蜜色更赤各隨所采花色而性之溫良亦相近孔帖蜀中有竹蜜其蜂好於野竹上結窠與蜜竝紺色可愛甘倍於常蜜本草石蜜一名石飴味甘杜陽

蚰

qú 蠷　wén 蟁　méng 蝱　dù 蠹

編貞元八年吳明國貢鸞蜂蜜蜂之聲有如鸞鳳其蜜色碧常貯之於白玉椀表裏徹如碧琉璃魏文帝詔蜀人作食喜著飴蜜魏略新城孟太守道蜀豬豚雞鶩味皆淡故蜀人作食喜著飴蜜以助味

𧖴或從宓

蠷蠰也從䖵巨聲 強魚切

蠷蠰也者說見蠰下

齧人飛蟲從䖵民聲 無分切

漢書景十三王傳聚蟁成雷顏注蟁古蚊字通俗文蜎化爲蚊淮南說林訓孑孓爲蟁東方朔別傳郭舍人曰願問朔一事朔得臣願榜百朔窮臣當賜帛曰客從東方來歌謳且行不從門入踰我垣牆游戲中庭上入殿堂擊之柏柏死者攘攘格鬭而死主人被創是何物也朔曰長喙細身晝亾夜存嗜肉惡煙爲掌指所捫臣朔愚戇名之曰蟁舍人辭窮當復脫褌

齧人飛蟲者本書蟁蝱也傅選蚊賦噆味銳於秋毫刺鋸利於芒錐無胎卵而化孕有薄翼而能飛肇孟夏以朋起迄季秋而不衰衆繁熾而無數動羣聲而成雷肆慘毒於有生饕膚體以療飢金樓子齊威公臥於柏寢白鳥營飢而求飽因開翠紗之幬進蚊子焉其蚊有知禮者不食公之肉而退有知足者巢公之肉而退有不知足者遂長噓短吸而食之及其飽也腹爲之潰

蟁或從昏以昏時出也

俗蟁從虫從文

齧人飛蟲從䖵亡聲 武庚切

廣雅蟁䖟蝱也楚語蝱蟻之既多韋注大曰蝱小曰蟻蝱牛者呼牛蝱說苑說叢篇蚊蝱走牛羊史記項羽本紀夫搏牛之蝱不可以破蟣蝨牟子昔公明儀爲牛彈清角之操伏食如故轉爲蟁蝱之聲則翹尾而蹀躞

木中蟲從䖵橐聲 當故切

lǐ 蠡　qiú 蝨　fú 蠹

木中蟲者廣韻蠹食木蟲也一切經音義七引字林蠹木中蟲也襄三十一年左傳其暴露之則恐燥溼之不時而朽蠹秦策秦之有韓若木之有蠹呂氏春秋達鬱篇樹鬱則爲蠹高注蠹蝎木中之蟲也文子木生蠹還自食說苑辯物篇師曠曰木自生蠹而還自刻也商子修權篇蠹衆而木折顏延之廷誥文蠹壯則桂折韓非亾徵篇木之折也必通蠹史記范雎傳譬如木之有蠹也易林木生內蠹上下相賊四子講德論樹木者憂其蠹後漢書皇后紀遂亾淄蠹注云蠹食木蟲漢書南粵傳桂蠹一器論衡商蟲篇桂有蠹桑有蝎

蠹或從木象蟲在木中形譚長說

蟲齧木中也從䖵彖聲 盧啟切

蟲齧木中也者集韻蠡蟲名玉篇蠡蠡薄之而欲破也孟子以追蠡趙注追鐘鈕也鈕擘齧處深矣蠡蠡欲絕之皃也馥謂蟲齧木木欲折之象也

彖聲者當從彖誤作彖

古文

汗簡引作蠡

多足蟲也從䖵求聲 巨鳩切

多足蟲也者聲類同戴侗曰螻蛷似小蜈蚣色青黑足長溺人則瘡熱沸說文作蝨一切經音義九通俗文務求謂之蚑蛷關西呼蛩溲爲蚑蛷廣雅蛷蛷蛷螋蟰蛷也周禮赤友氏凡隙屋除其貍蟲注云貍蟲䗪肌蛷之屬酉陽雜俎古蠷螋短狐踏影蟲皆中人影爲害博物志蛷螋溺人景隨所著處生瘡盧氏曰塗以雞腸草經日即愈段氏曰治以莎衣淮南說林訓曹氏之裂布蛷者貴之高云楚人名命爲曹今俗閑以始織布繫著其旁謂之曹布燒以傅蠷蛷瘡則愈故蛷者貴之

蝨或從虫

蚍蠹也從䖵橐聲 縛牟切

郭璞爾雅圖讚蚍蜉瑣劣蟲之不才感陽而出應雨構臺物之無懷自然知來又蚍蜉賦感萌陽以潛出知將雨而封穴

伊斯蟲之愚昧
乃先識而似哲

蚍蠹也者本書螘蚍蜉也𧖴蚍蜉大螘也方言蚍蜉齊魯之閒謂之蚼蟓西南梁益之閒謂之元蚼燕謂之蛾蛘釋蟲蚍蜉大螘郭注俗呼爲馬蚍蜉

𧖴 𧖴或從虫從孚

juǎn ⿱雋蚰

⿱雋蚰 ⿱雋蚰食也從蚰雋聲 子兗切

⿱雋蚰食也者集韻作⿱雋蚰食創也馥謂食當爲蝕本書蝕敗創也

chǔn 蠢

蠢 蟲動也從蚰春聲 尺尹切

蟲動也者釋詁蠢動也又蠢作也注云蠢動作也方言蠢作也注云謂動作也書大禹謨蠢茲有苗傳云蠢動詩采芑蠢爾蠻荊傳云蠢動也釋名春蠢也萬物蠢然而生也鄉飲酒義春之爲言蠢也鄭注蠢動生之貌也考工記梓人張皮侯而棲鵠則春以功注云春讀爲蠢蠢作也出也八十一難經萬物之始生諸蚑行喘息蜎飛蠕動當生之

物莫不以春而生吳都賦萬物蠢生五臣云蠢動也昭二十四年左傳今王室實蠢蠢焉杜注蠢蠢動擾貌

𢦏 古文蠢從𢦏 周書曰我有𢦏于西

廣雅𢦏出也 魏三體石經勇茲𢦏今王室實𢦏𢦏焉

周書曰我有𢦏于西者大誥文彼云有大艱於西土西土人亦不靜越茲蠢鄭注周民亦不定其心騷動言以兵應之閻若璩曰按說文所引書重在字多約其成文如重𢦏字則約有大艱于西土西土人亦不靜越茲蠢爲我有𢦏于西非眞有是句他可類推

文二十五　重十三

螱

螱

釋蟲螱飛螘陸德明本作螱云說文字林從蚰

遺文一

chóng 蟲

蟲 有足謂之蟲無足謂之豸從三虫凡蟲之屬皆從蟲 直弓切

文子九守篇精氣爲人粗氣爲蟲 王逸九思蟲豸兮夾余

有足謂之蟲無足謂之豸者釋蟲文漢書五行志蟲豸之類顏注有足謂之蟲無足謂之豸史記黃帝本紀淯化鳥獸蟲蛾正義蛾音豸直氏反爾雅曰有足曰蟲無足曰豸顧炎武曰莊子在宥篇災及草木禍及止蟲止當作豸古止豸通用左傳宣十七年庶有豸乎豸止也

從三虫者爾雅釋文三虫爲蟲有足者也

máo 蟊

蟊 蟲食艸根者從蟲象其形吏抵冒取民財則生 莫浮切

蟲食艸根者者藝文類聚引作蟲食苗根者也廣韻蟊食穀蟲成十三年左傳帥我蝥賊以來蕩搖我邊疆杜注蝥賊食禾稼蟲名昭三十二年傳蝥賊遠屏杜注食根曰蝥食節曰賊文選謝靈運詩信能定蝥賊李善云食根曰蝥食節曰賊通作蟊釋蟲蟊食根蟊釋文本亦作蛑說文作蟊蛑古蟊字詩桑柔降此蟊賊箋云蟲食苗根曰蟊食節曰

賊後漢書馮衍傳攘其蟊賊岑彭傳輿人歌曰我有蟊賊岑君遏之注並云蟊賊食禾稼蟲名 象其形者當云矛聲本從古文矛傳寫譌謬後人不識遂改諧聲爲象形 吏抵冒取民財則生者抵冒當爲抵冒通作冒京房易傳臣安祿茲謂貪厥災蟲蟲食根李巡曰蟊食禾根者言其稅取萬民財貨故云蟊也文十八年左傳貪于飲食冒于貨賄注云冒亦貪也成十二年傳諸侯貪冒襄四年傳在帝夷羿冒于原獸杜云冒貪也周語其君貪冒辟邪韋注冒抵冒也晉語有冒上而無忠下韋注冒抵冒言貪也史記伯夷列傳衆庶馮生索隱鄒誕生作每生每者冒也冒即貪之義文選運命論古之仕者蓋以官行其義不以利冒其官也御覽七百九十四引風俗通氏羌抵冒貪饕至於好利晉書賈模傳貪冒聚斂宋書鄧琬傳抵冒王咸隋書楊素傳素貪冒財貨盛宏之荊州記飲貪泉者輒冒於財賄漢書趙充國傳抵冒渡湟水顏注冒音莫北反馥案冒通作墨謚法貪以敗官曰墨冒墨聲相近

⿱敄蚰 蟊或從敄

本書虫部有蝥字

pí 蠯　lìn　fěi　gǔ 蠱

古文蟊從虫從牟

本書虫部以蛑爲蟊之古文　詩大田及其蟊賊傳云食根曰蟊釋文本又作蛑　漢張壽碑蛑賊不起王元賓碑蛑賊遠屏

蚍蜉大螘也從䖵妣聲房脂切

蚍蜉大螘也者釋蟲文廣雅蟞蜉螘也

蠯或從虫比聲

蟁也從䖵兩聲武巾切

臭蟲負蠜也從䖵非聲房未切

臭蟲負蠜也者廣韻蜚蜚盧蟲也一名蟦即負盤臭蟲也玉篇蟦蠦蟦即負盤臭蟲廣雅負蠜蜰也爾雅釋蟲蜚蠦蟦郭注蟦即負盤臭蟲左傳正義引作蠦蜚隱元年左傳有蜚注云蜚負蠜也顏注漢書五行志蜚謂負蠜也蜚亦作蟦其音同耳又注楚元王傳蜚負蠜也郭注山海經蜚負盤也爾雅翼蜚者負盤臭蟲也似䗪而輕小能飛生草中好以淸旦集稻上食稻花田家率以䘩作掇拾置他所至日出則皆散去不可得矣既食稻花又其氣臭惡能熯稻使不蕃春秋書之當由此爾今人謂之蜚盤蟲亦曰香娘子本草蜚蠊生晉陽山澤及人家屋閒陶云形亦赤似䗪蟲而輕小能飛本在草中八月九月知寒多入人家屋裏逃爾有兩三種以作廉薑氣者爲眞南人亦噉之唐本注云此蟲味辛辣而臭漢中人食之言下氣名曰石薑一名盧蜰一名負盤別錄云形似蠶蛾腹下赤此即南人謂之滑蟲者也蜀圖經云金州房州等山人噉之謂之石薑多在林樹閒百十爲聚陳藏器云蘇云戎人重薰渠猶巴人重負蠜按飛廉一名負盤蜀人食之辛辣也

蜚或從虫

腹中蟲也春秋傳曰皿蟲爲蠱淫溺之所生也梟磔死之鬼亦爲蠱從蟲從皿皿物之用也公戶切

宣八年左傳晉胥克有蠱疾　風俗通祀典篇雞頭可以治蠱

腹中蟲也者一切經音義二引說文蠱腹中蟲也謂蠱行毒也又引聲類蠱蠱物病害人也周禮庶氏掌除毒蠱注云毒蠱蟲物而病害人者宋書顧覬之傳時沛郡相縣唐賜往北郵飲酒還因得病吐蠱蟲十餘枚顧野王輿地志江南數郡有畜蠱者主人行之以殺人行食飲中人不覺也其家絕滅者則飛游妄走中之則斃　春秋傳曰皿蟲爲蠱淫溺之所生也者昭元年左傳文彼云晉侯求醫於秦秦伯使醫和視之曰疾不可爲也是謂近女室疾如蠱非鬼非食惑以喪志趙孟曰何謂蠱對曰淫溺惑亂之所生也於文皿蟲爲蠱穀之飛亦爲蠱在周易女惑男風落山謂之蠱皆同物也杜注文字也皿器也器受蟲害者爲蠱晉語平公有疾秦景公使醫和視之出曰不可爲也是謂遠男而近女惑以生蠱非鬼非食惑以喪志又云物莫伏於蠱莫嘉於穀故食穀者晝選男德以象穀明宵靜女德以伏蠱慝今君一之是不饗穀而食蠱也是不昭穀明而皿蠱也夫文蟲皿爲蠱吾是以云馥案本書淫溺張次立本作晦淫小字本李燾本韻會竝同六書故晦淫近女者生內熱惑亂之疾爲蠱病尸注者蟲食其五藏亦謂之蠱一切經音義二一蠱聲類弋者反周易作冶冶容誨姪劉瓛曰冶妖冶也謂恣態之皃也揚愼曰易冶容誨淫太平廣記引作蠱容誨姪左傳女惑男曰蠱國語蠱女繼欲張平子西京賦妖蠱豔夫南都賦侍者蠱媚五臣注作冶媚馬融廣成頌古冶子作蠱字馥案釋詁蠱疑也左傳注蠱惑疾故訓疑　梟磔死之鬼亦爲蠱者史記封禪書秦德公作伏祠磔狗邑四門以禦蠱菑索隱按樂彥云左傳皿蟲爲蠱梟磔之鬼亦爲蠱故月令云大儺旁磔注云磔攘也厲鬼亦爲蠱將出害人旁磔於四方之門秦本紀德公二年初伏以狗禦蠱馥案蠱蟲也風動蟲生故磔狗止風以禦蠱鄭司農注大宗伯云若今時磔狗祭以止風郭注爾雅云今俗當大道中磔狗云以止風　皿物之用也者釋器康謂之蠱易蠱卦虞翻曰蠱者事也備物治用詩鴇羽王事靡盬傳云盬不攻緻也正義云盬爲蠱字異義同昭元年左傳云於文皿蟲爲蠱穀之飛亦爲蠱杜預云皿器受蟲害者爲蠱穀久積則變爲飛蟲名曰蠱然蟲害器敗穀者皆謂之蠱是蠱爲不堅牢不攻緻之意也此云盬不攻緻四牡傳云盬不堅固其義同也馥案采薇箋亦云盬不堅固也通作苦史記禹本紀器不苦窳子華子佼麗之苦窳也而醜則堅牢

文六　重四

（篆）八風也東方曰明庶風東南曰清明風南方曰景風西南曰涼風西方曰閶闔風西北曰不周風北方曰廣莫風東北曰融風風動蟲生故蟲八日而化从虫凡聲凡風之屬皆从風 方戎切

釋名風兗豫司橫口合脣言之風氾也其氣博氾而動物也青徐言風踧口開脣推氣言之風放也氣放散也 五經通義陰陽散爲風風氣無根也 孫子火攻篇月在箕壁翼軫凡此四宿風起之日也 夏小正正月時有俊風傳云俊者大也大風南風也何大於南風也日合冰必於南風解冰必於南風生必於南風收必於南風故大之也 漢書五行志傳曰思心之不容是謂不聖厥咎霿厥罰恆風厥極凶短折時則有脂夜之妖一曰夜妖者雲風並起而杳冥故與常風同象也溫而風則生螟螣有裸蟲之孽劉歆思心傳曰時則有蠃蟲之孽謂螟螣之屬也庶徵之常風京房易傳曰賦斂不理茲謂禍厥風絕經緯止即溫溫即蟲公常於利茲謂亂厥風微而溫生蟲蝗害五穀棄正作淫茲謂惑厥風溫螟蟲起害有益人之物 魏志和洽傳太和中散騎常侍高堂隆奏時風不至而有休廢之氣必有司不勤職事以失天常也 八風也者易說卦傳巽爲雞九家易云應八風也風應節而變變不失時雞時至而鳴與風相應也 樂記八風從律而不姦 昭二十年左傳五聲六律七音八風 杜注八方之風 襄二十九年傳五聲和八風平 杜注八方之氣謂之八風 襄十八年傳吾驟歌北風又歌南風南風不競 杜注歌者吹律以詠八風 禮說風萌也養物成功所以八風象八卦也 五經通義八風者八卦之風八風以時至則陰陽變化之道成萬物得以時育生也 符瑞圖八風循通八方之風應時而至也 孝經援神契德至八方則祥風至 河圖括地象天有八氣地有八風 太元元掜篇剛割匏竹革木土金擊彈石絲以和天下 掜擬之八風 文選補亡詩八風代扇 江賦八風不翔 北史封軌傳明堂八窗者通八風 東方至東北云云者 廣雅八風東北條風東方明庶風東南清明風南方景風西南方涼風西方閶闔風西北方不周風北方廣莫風 隱五年左傳夫舞所以節八音而行八風 服注八卦之風乾音石其風不周坎音革其風廣莫艮音

匏其風融震音竹其風明庶巽音木其風清明離音絲其風景坤音土其風涼兌音金其風閶闔 賈注兌爲金爲閶闔風也乾爲石爲不周風也坎爲革爲廣莫風也艮爲匏爲融風也震爲竹爲明庶風也巽爲木爲清明風也離爲絲爲景風也坤爲土爲涼風也 周語如是而鑄之金磨之石繫之絲木越之匏竹節之鼓而行之以遂八風 韋注正西曰兌爲金爲閶闔西北曰乾爲石爲不周正北曰坎爲革爲廣莫東北曰艮爲匏爲融風正東曰震爲竹爲明庶東南曰巽爲木爲清明正南曰離爲絲爲景風西南曰坤爲瓦爲涼風 易稽覽圖冬至十一月中廣漠風春分二月中明庶風夏至五月中凱風秋分八月中閶闔風立春正月節條風立秋七月節涼風 馥案八風闕二文不完也 易通卦驗東北曰條風東方曰明庶風東南曰清明風南方曰景風西南曰涼風西方曰閶闔風西北曰不周風北方曰廣莫風 條風又名融風 景風一名凱風 又云冬至廣莫風至誅有罪斷大刑 立春條風至赦小罪出稽留 春分明庶風至正封疆修田疇 立夏清明風至出幣帛禮諸侯 夏至景風至辨大將封有功 立秋涼風至報土功祀四鄉 秋分閶闔風至解懸垂琴瑟不張 立冬不周風至修宮室完邊城 八風以時則陰陽變化道成萬物得以育生王當順八風行八政當八卦也 注云明庶昭達庶物之風清明風景清潔之風景風長大萬物之風涼風風有寒烝昌盍蓋藏物之風不周風周達萬物之不及時者 易乾元序制記坎初六冬至廣莫風六四立春條風震初九春分明庶風九四立夏溫風離初九夏至景風九四立秋涼風兌初九秋分閶闔風霜下九四立冬始冰不周風 春秋考異郵陽立于五極于九五九四十五日一變風以陰合陽故八卦主八風相距各四十五日 又云八風殺生以節翱翔距冬至四十五日條風至條者達生也 四十五日明庶風至明庶者迎衆也 四十五日清明風至清明者精芒挫收也 四十五日景風至景者強也強以成之 四十五日涼風至涼風者寒以閉也 四十五日閶闔風至閶闔者當寒天收也 四十五日不周風至不周者不交也陰陽未合化也 四十五日廣莫風至廣莫者精大滿也 風之爲言萌也其立字虫動於几中者爲風 注云距猶起也自冬至後四十五日而立春此風應其方而來生萬物明庶春分之候言衆庶也陽以施惠之恩德迎衆物而生之清明立夏之候也挫猶止也時薺麥之屬秀出已備故挫止其鋒芒收之使成實景風夏至之候也強言萬物強盛也涼風立秋之候也閶闔秋分之候也閶闔盛也閉收也言陰寒收成萬物也

時盛收物蓋藏之閒或爲常不周立冬之候也未合化言消息純坤無陽也月令曰天地不通而閉塞成冬也廣莫冬至之後也言冬物無見者風精大滿美無偏虫動於凡中言陽氣無不周也明昆蟲之屬得陽乃生遇陰則伏故風爲陰中之陽者也呂氏春秋有始篇何謂八風東北曰炎風東方曰滔風東南曰熏風南方曰巨風西南曰淒風西方曰飂風西北曰厲風北方曰寒風高注炎風艮氣所生一曰融風滔風震氣所生一曰明庶風熏風或作景風巽氣所生一曰清明風巨風離氣所生一曰凱風詩曰凱風自南淒風坤氣所生一曰涼風飂風兌氣所生一曰閶闔風厲風乾氣所生一曰不周風寒風坎氣所生一曰廣莫風淮南天文訓何謂八風距日冬至四十五日條風至條風至四十五日明庶風至明庶風至四十五日清明風至清明風至四十五日景風至景風至四十五日涼風至涼風至四十五日閶闔風至閶闔風至四十五日不周風至不周風至四十五日廣莫風至高注條風艮卦風一名融明庶風震卦風清明風巽卦風景風離卦風涼風坤卦風閶闔風兌卦風不周風乾卦風廣莫風坎卦風又地形訓何謂八風東北曰炎風東方曰條風東南曰景風南方曰巨風西南曰涼風西方曰飂風西北曰麗風北方曰寒

風高注炎風艮氣所生條風震氣所生景風巽氣所生巨風離氣所生涼風坤氣所生飂風兌氣所生麗風乾氣所生寒風坎氣所生地形訓又云諸稽攝提條風之所生也通視明庶風之所生也赤奮若清明風之所生也共工景風之所生也諸比涼風之所生也皋稽閶闔風之所生也隅強不周風之所生也窮奇廣莫風之所生也史記律書不周風居西北主殺生廣莫風居北方廣莫者言陽氣在下陰莫陽廣大也故曰廣莫條風居東北主出萬物條之言條治萬物而出之故曰條風明庶風居東方明庶者明衆物盡出也清明風居東南維主風吹萬物而西之軫景風居南方景者言陽氣道竟故曰景風涼風居西南維主地地者沈奪萬物氣也閶闔風居西方閶者倡也闔者藏也言陽氣道萬物闔黃泉也白虎通八風者何謂也風之之爲言萌也養物成功所以象八卦陽立於五極於九五九四十五日變變以爲風陰合陽以生風也距冬至四十五日條風至條者生也四十五日明庶風至明庶者迎衆也四十五日清明風至清明者清芒也四十五日景風至景大也陽氣長養也四十五日涼風至涼寒也行陰氣也四十五日昌盍風至昌盍者戒收藏也四十五日不周風至不周者不交也陰陽未合化也四十五日廣莫風至廣

莫者大也開陽氣也故曰條風至地暖明庶風至萬物產清明風至物形乾景風至棘造實涼風至黍禾乾昌盍風至生薺麥不周風至蟄蟲匿廣莫風至則萬物伏是以王者承順之條風至則出輕刑解稽留明庶風至則修封疆理田疇清明風至出幣帛使諸侯景風至則爵有德封有功涼風至報地德化四鄉昌盍風至則申象刑飭囷倉不周風至則築宮室修城郭廣莫風至則斷大辟行獄刑物理論風者陰陽亂氣激發而起者也猶人之內氣因喜怒哀樂激越而發也故春氣溫其風溫以和喜風也夏氣盛其風熛以怒怒風也秋氣勁其風清以貞清風也冬氣實其風慘以烈固風也此四正之風也又有四維之風東北明庶庶物出幽入明也東南融風其道以長也西南清明百物備成也西北不周方潛藏也此八風者方土異氣徐疾不同和平則順違逆則凶非有使之者也氣積自然怒則飛沙揚礫發屋拔樹喜則不搖枝動草順物布氣天性自然之體也劉氏新論辨樂篇調八風之韻袁孝政注云東北方條風東方明庶風東南方清明風南方景風西南方涼風西方閶闔風西北方不周風北方廣漠風通典八音者八卦之音卦各有風謂之八風也一曰乾之音石其風不周二曰坎之音革其風廣莫三曰艮之音匏其風融

四曰震之音竹其風明庶五曰巽之音木其風清明六曰離之音絲其風景七曰坤之音土其風涼八曰兌之音金其風閶闔馥案此皆總言八風又有散見者禮斗威儀王者乘火而王其政昇平則祥風至宋均云即景風也其來長養萬物符瑞圖翔風者瑞風也注云一名景風又立冬北方廣莫風至注云一名寒風又冬至東北融風至注云一名猋風後漢書和帝紀須景風紹封以章厥功馮異傳將及景風章敘舊德京房易占立秋坤王涼風用事立冬乾王不周風用事冬至坎王廣莫風用事月令孟秋之月涼風至月令占候圖立秋晡時申西南涼風至易通卦驗涼風至而鶴鳴閶闔風至而蜻蛚吟李尤廣陽門銘廣陽位孟厥月在申涼風從時白露已紛易說秋分閶闔風至吳越春秋子胥爲吳造大城陸門八象天之八風立閶闔者象天門通閶闔風也羽獵賦帝將惟田於靈之囿開北根受不周之制五臣云不周西北之風其風殺物故王者取之以爲制法也鄉飲酒義天地嚴凝之氣始於西南而盛於西北此天地之尊嚴氣也李尤夏門銘夏門值孟位月在亥不周用事元明幽晦西山經不周之山注云此山形有缺不周帀處因名云西北不周風自此山出朱震曰連山首艮者八風始於不周實居西北之方七宿之次是

xuè 颫　liáng 䬙

爲東壁營室於辰爲亥於律爲應鐘於時爲立冬此顓帝之歷所以首十月也詩北風傳云北風寒涼之風江賦廣莫颸而氣整海賦廣莫至而北征五臣云廣莫北風也風至則北行世說鼻如廣莫長風注云蓋北風也一曰寒風昭十八年左傳丙子風梓慎曰是謂融風杜注東北曰融風正義融風易緯作調風俱是東北風一風有二名張晏曰融風立春木風也火之母也火所始生也淮南子曰東北曰炎風高誘以爲艮氣所生也炎風一曰融風後漢書蔡邕傳融風動而魚上冰注云融風艮之風也　李尤上東門銘上東少陽厥位在寅條風動物月惟孟春　風動蟲生故蟲八日而化者一切經音義七八風中南方曰景風風動蟲生也春秋考異郵二九十八八主風精爲蟲八日而化風烈波激故其命字從虫虫之爲言屈中也論衡商蟲篇夫蟲風氣所生蒼頡知之故凡虫爲風蟲之字取氣於風故八日而化生馥案或誤爲八月大戴禮易本命篇二九十八八主風風主蟲故蟲八月化也家語本命解亦作八月淮南地形訓凡人民禽獸萬物貞蟲各有以生或奇或偶或飛或走莫知其情惟知通道者能原本之天一地二人三三三而九九九八十一一主日日數十日主人人故十月而生八九七十二二主偶偶以承奇奇主辰

辰主月月主馬馬故十二月而生七九六十三三主斗斗主犬犬故三月而生六九五十四四主時時主彘彘故四月而生五九四十五五主音音主猨猨故五月而生四九三十六六主律律主麋鹿麋鹿故六月而生三九二十七七主星星主虎虎故七月而生二九一十八八主風風主蟲蟲故八月而化馥案前皆言生故以月計此獨言化當以日計螟蠕化爲蜾蠃實八日也

古文風

北風謂之䬙从風涼省聲　呂張切

北風謂之䬙者釋天文彼作涼釋文云涼本作古䬙字廣雅䬙風也詩北風其涼傳云北風寒涼之風　涼省聲者當爲京聲

小風也从風朮聲　翾聿切

小風也者玉篇颫小風皃廣韻同

biāo 飆

扶搖風也从風猋聲　甫遙切

扶搖風也者初學記引作疾風也一切經音義十六颷暴風也字从猋从大非火也廣雅颷風也後漢書張衡傳迅颷潚其媵我兮注云颷風也莊子逍遙游摶扶搖羊角而上者九萬里淮南原道訓扶搖抮抱羊角而上高注扶搖如羊角曲縈而上也覽冥訓降扶風雜凍雨高注扶風疾風琴賦淩扶搖兮憩瀛洲通鑑權翼諫苻堅曰譬如鷹每聞風飆之起常有淩霄之志注云飆扶搖風也疾風自上而下曰飆通作猋漢書刑法志猋起雲合韓安國傳至如猋風顏注云猋疾風也司馬相如傳歷駭猋顏注猋謂疾風從下而上也易林屯之坎朽根倒樹花葉落去卒逢火猋隨風偃仆江表傳猋火所焚前無生寇思元賦乘猋忽兮馳虛無桓麟七說猋風激其崖李尤七款高風猋厲魏都賦丹墀臨猋釋天扶搖謂之猋李巡曰扶搖暴風從下升上故曰猋猋上也陳啟源曰猋从下而上頹从上而下是李巡孫炎之說而郭璞因之目據爾雅正文未見其必然也扶搖謂之猋即南華之扶搖信从下而上矣焚輪謂之頹焚取象於火火乃炎上之物安得自上而下乎陸農師曰風之銳而上者爲猋風之旋而上者爲頹莊子

曰摶扶搖羊角而上者九萬里扶搖即猋是也羊角即頹是也今羊角旋轉而上如燄焚輪之象也案莊子釋文引司馬彪云風上行謂之扶搖風曲上行若羊角然謂之羊角陸義應本此合之爾雅則上行如焚旋轉如輪名義允協可證景純之誤又通作飄詩何人斯其爲飄風傳云飄風暴起之風釋文飄避搖反疾風也老子故飄風不崇朝韓詩外傳國無道則飄風厲疾說苑飄風暴雨須臾而畢傅元詩飛蓬隨飄起

飆或从包

一切經音義二十二颮又作飑同　後漢書班固傳風颮雷激又云颮颮紛紛注云說文曰颮古飆字

piāo 飄

回風也从風票聲　撫招切

回風也者釋天迴風爲飄郭注旋風也詩匪風飄兮傳云迴風爲飄卷阿飄風自南傳云飄風迴風也楚詞九歌令飄風兮先驅注云迴風爲飄九章悲迴風之搖蕙兮注云迴風謂之飄風長門賦飄風迴而赴閨兮魏志管輅傳有飄風高三尺餘幢幢同轉晉中興書泰寧元年五月大回風吹劉曜太廟瓦垣外數十步隋書蕭吉傳有迴風從艮

地鬼門來或借飆曹植詩何意迴飆舉五臣本文選曹顏遠思友人詩心與迴飆俱注云李善本作飄字又通作猋月令猋風暴雨總至注云迴風爲猋釋文猋本又作飄

sà 颯

翔風也從風立聲 穌合切

翔風也者李善注風賦引作風聲廣韻颯風聲楚辭風颯颯兮木蕭蕭江賦八風不翔春秋考異郵八風殺生以節翱翔馥案翔亦回也禮三年問過其故鄉回翔焉考工記矢人後弱則翔注云翔回顧也通作拉羽獵賦猋拉雷厲李善注拉風聲也

liú 飂

高風也從風翏聲 力求切

高風也者玉篇飂高風皃廣雅飂飂風也潘岳西征賦吐清風之飂戾通作翏莊子齊物論而獨不聞之翏翏乎釋文翏翏長風聲也李本作飂

hū 颮

疾風也從風從忽忽亦聲 呼骨切

玉篇有古文作𩗓

疾風也者玉篇颮與𩗓同廣雅𩗓風也通作忽思元賦乘猋忽兮馳虛無風賦飄忽淜滂 忽亦聲者當爲忽聲

wèi 颹

大風也從風胃聲 王勿切

大風也者廣雅颹風也廣韻颹風聲

yù

大風也從風日聲 于筆切

大風也者庾闡海賦回䬆泱漭江淹恨賦但聞悲風䬆起

yáng 颺

風所飛揚也從風昜聲 與章切

風所飛揚也者颺揚聲相近風賦激颺熛怒晉書孫綽傳簸之颺之穅粃在前

lì

風雨暴疾也從風利聲讀若栗 力質切

風雨暴疾也者暴當爲瀑本書瀑疾雨也引詩終風且瀑玉篇颲颲暴風詩魚麗傳云不風不暴不行火正義云風暴者謂氣寒其風疾通作栗詩七月二之日栗烈

liè 颲

冽風也從風冽聲讀若冽 良辥切

冽風也者小字本作烈廣韻集韻同玉篇颲惡風也初學記引風俗通猛風曰颲書舜典烈風雷雨弗迷正義云論語稱孔子曰迅雷風烈必變書傳稱越裳之使久矣天之無烈風淫雨則烈風是猛疾之風非善風也枚乘七發冬則烈風漂霰風雪之所激也詩四月冬日烈烈箋云烈烈猶栗烈也七月二之日栗烈釋文云說文作颲颲

文十三 重二

tā 它

虫也從虫而長象冤曲垂尾形上古艸居患它故相問無它乎凡它之屬皆從它 託何切

鄭注考工記云紆行蛇屬 抱朴子登涉篇或問隱居山澤治蛇蝮之道曰昔員邱多大蛇又生好藥黃帝將登焉廣成子教之佩雄黃而衆蛇皆去今帶武都黃色如雞冠者五兩以入山林則不畏蛇蛇若中人以少許末抹之雄黃內瘡中

立愈 寰宇記光州土地有毒蛇自夏至秋水草中多此物傷害於人療蛇傷用反息草

虫也者集韻關中謂毒蟲曰蛇 上古艸居患它故相問無它乎者韓非五蠹篇上古之世人民少而禽獸衆不勝禽獸蟲蛇有聖人作構木爲巢以避羣害藝文類聚引風俗通無恙俗說疾也凡人相見及書問者曰無疾耶按上古之時草居露宿恙噬人蟲也食人心凡相勞問者曰無恙乎非爲疾也馥案神異經北方大荒中有獸咋人則疾名曰獇獇恙也嘗入人室屋黃帝殺之人無憂疾謂之無恙此應說所本非本書義

蛇

它或從虫

文一 重一

guī 龜

舊也外骨內肉者也從它龜頭與它頭同天地之性廣肩無雄龜鼈之類以它爲雄象足甲尾之形凡龜之屬皆從龜 居追切

淮南地形訓清水宜龜 南越志神龜出於江水中廬江郡常獻生龜於大卜 春秋運斗樞瑤光星散爲龜 白帖龜介蟲之長水族之靈 嚴君平注老子云介者澤處而靈龜主之 淮南時則訓其蟲介注云介甲也甲蟲龜爲之長 釋魚一曰神龜二曰靈龜三曰攝龜四曰寶龜五曰文龜六曰筮龜七曰山龜八曰澤龜九曰水龜十曰火龜 爾雅圖贊天生神物十朋之龜或游於火或游於蓍雖云類殊象二一歸壹壹致用極數盡幾 李顒龜賦質應離象位定坎居 楚語龜足以憲臧否則寶之注云憲法也取善惡之法 禮統神龜之象上員法天下方法地背上有盤法邱山元文交錯以成列宿五光昭若元錦文運轉應四時長尺二寸明吉凶不言而信 洛書靈龜者元文五色神靈之精也上隆法天下平法地能見存亡明於吉凶王者無偏黨尊耆老則出 說苑辯物篇靈龜文五色似玉似金背陰向陽上隆象天下平法地槃衍象山四趾轉運應四時文著象二十八宿蛇頭龍翅左精象日右精象月千歲之化下氣上通能知吉凶存亡之變寍則信信如也動則著矣 柳隆龜經龜有五色依時用之青靈之龜春宜用之西坐東向赤靈之龜夏宜用之北坐南向 史記龜筴傳龜千歲乃游蓮葉之上江旁人家常畜龜飲食之以爲能導引致氣有益於助衰養老

抱朴子對俗篇千歲之龜五色具焉其額上兩骨起似角解人之言浮於蓮葉之上或在叢蓍之下 曹植神龜賦赴芳蓮以巢居 北齊趙儒宗詠龜詩不能蓍下伏强從蓮上游 逸禮龜三千歲游於卷耳之上 舊也者龜舊聲相近本書𪚴從龜龝從𪚴廣韻龜居求切 漢書地理志龜茲應劭音邱詩抑箋舊久也書大誥爾惟舊人傳云久老之人漢官儀老者久也舊也書無逸舊爲小人史記作久 書又云時舊勞于外鄭注舊猶久也隋書王劭傳龜亦久固逸禮龜者陰蟲之老也老者先知故君子舉事必考之白虎通蓍龜篇龜之爲言久也又云蓍龜者天地間之壽考物也洪範龜筮共違于人五行傳云龜之言久也千歲而靈此禽獸草木之久而能知吉凶者也博物志龜蓍以老故知吉凶劉向易繫辭義云蓍之言耆龜之言久龜千歲而靈蓍百年而神以其長久故能辨吉凶也論衡卜筮篇子路問孔子曰豬肩羊膊可以得兆雚葦藁芼可以得數何必以蓍龜孔子曰不然蓋取其名也夫蓍之爲言耆也龜之爲言舊也明狐疑之事當問耆舊也 外骨內肉者也者考工記梓人爲筍虡外骨注云外骨龜屬易說卦離爲龜正義云取剛在外也風土記龜甲表肉裏陽內陰外之形 龜頭與它頭同者說苑辯物篇龜蛇頭龍翅 天地之性廣肩無雄龜鼈之類以它爲雄者列子天瑞篇純雌其名大腰注云司馬彪曰大腰龜鼈之類也博物志大腰無雄龜鼉類也無雄與蛇通氣則孕續古今注龜鼈之類無雄思元賦舊注龜與蛇交曰元武埤雅廣肩無雄與蛇爲匹故龜與蛇合謂之元武 爾雅翼大腰純雌故龜與蛇爲牝牡龜之性妬或遇雌蛇相趁鬬嗌力小者或至斃

古文龜

莊君逆祖曰逸周書嘗麥篇宰乃承王中升自客階又云作筴執筴從中又云宰坐尊中案三中字並當作𠁴王中謂玉𠁴

tóng 𪚮

𪚮 龜名從龜夂聲夂古文終字 徒冬切

龜名者字書𪚮龜名 趙宧光曰龜無聲𪚮有聲山龜也𪚮入水即溺其鳴自嘷亦似悲角可以遠聞鳴則多旱其腹甲中折與背相闔闢力能掩蛇俗夾蛇龜

rán 𪚩

𪚩 龜甲邊也從龜冄聲天子巨𪚩尺有二寸諸侯尺大夫八寸士六寸 汝閻切

龜甲邊也者邊緣也郭璞注爾雅云涪陵郡出大龜緣中文似瑇瑁定八年公羊傳龜青純注云謂緣甲頓也千歲之龜青頓明于吉凶禮雜記其輤有裧注云輤載柩將殯之車飾也裧謂鼈甲邊緣緇布裳帷圍棺者也 天子巨𪚩云云者巨當爲歫漢書食貨志元龜歫冉長尺二寸孟康曰冉龜甲緣也歫至也度背兩邊緣尺二寸也通作巨論衡狀留篇龜生三千歲青邊緣巨尺二寸白虎通蓍龜篇引禮三正記天子龜長一尺二寸諸侯一尺大夫八寸士六寸逸禮天子龜尺二寸諸侯八寸大夫六寸士民四寸書禹貢荊州九江納錫大龜傳云尺二寸曰大龜出九江水中史記龜策傳神龜出於江水中廬江郡常歲時生龜長尺二寸者二十枚輸太卜官又云龜千歲乃滿尺二寸書西伯戡黎格人元龜鄭注大龜也長尺二寸金縢今我即命于元龜馬注元龜大龜也長尺二寸詩泮水元龜象齒傳云元龜尺二寸禮統神龜長尺二寸明吉凶不言而信

mĕng 黽

文三　重一

黽鼃黽也從它象形黽頭與它頭同凡黽之屬皆從黽 莫杏切

鼃黽也者玉篇黽蝦蟇屬似青蛙而大腹廣雅鼃蟈長股也爾雅釋魚在水者黽郭注耿黽也似青蛙大腹一名土鴨周禮蟈氏掌去鼃黽鄭注齊魯之閒謂鼃爲蟈黽耿黽也又注考工記云脰鳴鼃黽屬北山經洧水其中有鱯黽郭注鼃黽似蝦蟆小而青

籒文黽 象其股

biē 鼈

鼈甲蟲也從黽敝聲 并列切

文子上德篇鼈無耳而目不可以蔽精於明也　陸機鼈賦鼻嘗氣而忌脂耳無聽而受響　酉陽雜俎鼈無耳爲守神

周書王會長沙鼈注云特大而美故貢也　論衡無形篇禮曰水潦降不獻魚鼈何則雨水暴下蟲蛇變化化爲魚鼈離本眞暫變之蟲臣子謹愼故不敢獻　淮南萬畢術青涅殺鼈得莧復生

甲蟲也者藝文類聚引作介蟲也月令其蟲介鄭注介甲也龜鼈之屬又注周禮云介物龜鼈之屬陸機賦其狀也穹脊連脅元甲四周字或作鱉鄭注考工記云內骨鱉屬

yuán 黿

黿大鼈也從黽元聲 愚袁切

酉陽雜俎黿腸屬於頭　月令季夏命漁師伐蛟取鼉登龜取黿　晉書佛圖澄傳黃河中舊不生黿　淮南萬畢術燒黿致鼈注云取黿燒之鼈自至

大鼈也者宣四年左傳正義引同三蒼黿似鼈而大也楚詞九歌乘白黿兮逐文魚王注大鼈爲黿魚屬也漢書司馬相如傳毒冒鼈黿張揖曰黿似鼈而大字或作魭韓詩外傳越處江海之陂與魭鱣魚鼈爲伍尚書大傳河魭鄭注魭當作黿黿狀如鼈而大

wā 鼃

鼃蝦蟇也從黽圭聲 烏媧切

本草鼃一名長股生水中圖經云似蝦蟇而背青綠色俗謂之青蛙亦有背作黃文者人謂之金線鼃陶隱居云大腹而脊青者俗名土鴨其鳴甚壯卽爾雅所謂在水曰黽者是也黑色者南人呼爲蛤子食之至美卽今所謂蛤子亦名水雞是也小形善鳴喚者名鼃子卽藥中所用鼃是也馥案此一種小者曾於順甯見之身長寸許後股極長善綠木天將雨則鳴聲如雄鴨故亦名后鴨色青土人呼青蛙　嶺表錄異嶺南呼蝦蟇爲蛤蘇軾嶺南詩稻涼初吠蛤韓愈初南食貽元十八詩蛤卽是蝦蟇同實浪異名　呂氏春秋孟夏紀螻蟈鳴注云螻蟈蝦蟇也是月陰氣動於下故陰類鳴　月令孟夏之月螻蟈鳴注云螻蟈蛙也　周禮蟈氏鄭司農云蟈讀如蜮蝦蟇也後鄭云蟈今御所食蛙也　御覽引風俗通俗說蝦蟇一跳八尺再跳丈六從春至夏裸袒相逐　尹文子越王句踐路逢怒鼃下車而揖之

蝦蟆也者楚詞七諫鼃黽游乎華池王注鼃蝦蟆也晉語沈竈產鼃韋注鼃黽蝦蟆也越語鼃黽之與同渚韋注鼃黽蝦蟆也後漢書張衡傳吾感去鼃附鳴注云鼃蝦蟆也馥案鼃蝦蟆類而不同物晉書音義引字林鼃似蝦蟆廣韻

蛙蝦蟇屬也急就篇水蟲科斗鼃蝦蟆顏注鼃一名螻蟈色青小形而長股荀子正論篇坎井之鼃注云鼃蝦蟆類也漢書武帝紀鼃蝦蟆鬭顏注鼃黽也似蝦蟆而長腳其色青東方朔傳水多鼃魚顏注鼃卽蛙字也似蝦蟆而小長腳蓋人亦取食之

cù 鼀

鼀圥鼀詹諸也其鳴詹諸其皮鼀鼀其行圥圥從黽從圥圥亦聲 七宿切

一切經音義十二蚱蜢字書云淮南名去父也卽蟾蠩也又引郭璞曰蝦蟆類居陸地也

圥鼀詹諸也其鳴詹諸其皮鼀鼀其行圥圥者本書蝌鼀詹諸以脰鳴者戴君震曰詩新臺三章傳戚施不能仰者箋云戚施面柔下人以色故不能仰也案傳本國語箋本爾雅然未詳戚施所由名說文引詩作得此䵼䵶䵼七宿切䵶式支切又名鼀䵼鼀力竹切說文誤併鼀與䵼爲一字竝讀七宿切於鼀字下云圥當作鼀鼀當作䵼詹諸也詹諸卽蟾蠩其鳴詹諸其皮鼀鼀當作䵼䵼其行圥圥當作鼀鼀於䵶字下云䵼䵶詹諸也言其行䵶䵶鼀䵼之鼀

說文但用先今爾雅轉寫譌作鼁釋魚篇云鼁䵷詹諸陸氏釋文鼁起據反䵷音秋竝非也䵷鼀古字通用戚施戚當讀七宿切以其皮戚戚其行施施故名詹諸爲物狀卑俛故不可使仰之疾似之本物名因以爲疾名又因疾名而爲面柔之名馥謂其行行字誤鼀下云其行鼀鼀不應復言其行先先按先菌先詹諸之形相似當云其形先先　李巡注爾雅蟾諸蝦蟆也樊光注科斗蟾諸子也王應麟王會補注引尚書大傳濟中瞻諸鄭注瞻諸鼁黽也後漢書張衡傳下有蟾蜍張口承之注云蟾蜍蝦蟆也　先亦聲者當爲先聲

䵷　鼀或從酋

鼀或從酋者此誤以爲鼀之或體當云鼁䵷也從黽酋聲

shī
𪓰

𪓰　𪓰鼀詹諸也詩曰得此𪓰鼀言其行鼀鼀從黽爾聲　式支切

𪓰鼀詹諸也者廣韻𪓰鼀蟾蜍別名尚書大傳濟中詹諸注云詹諸𪓰鼀也文子上德篇蟾諸辟兵壽盡五月之望

說文解字義證　卷四十三　三三

詩曰得此𪓰鼀者邶風新臺文彼作戚施薛君韓詩章句戚施蟾蜍喻醜惡也　言其行鼀鼀者孟子施施從外來

tuó
鼉

鼉　水蟲似蜥易長大從黽單聲　徒何切

陳藏器本草鼉長一丈者能吐氣成霧致雨力至猛能攻陷江岸性嗜睡恆閉目形如龍大長者自嚙其尾極難死聲甚可畏人於穴中掘之百人掘亦須百人牽一人掘亦須一人牽不然終不可出梁周興嗣常食其肉後爲鼉所噴便爲惡瘡此物靈强不可食　晉安海物記鼉宵鳴如桴鼓江淮間謂之鼉更以其夜鳴也　元和郡縣志緜谷縣穿山有山空鼉伏於空處皮可爲甲刀箭不能入　唐書鄧景山傳有鼉集城門鄧琎曰鼉介物也其有兵乎

水蟲似蜥易者三蒼鼉似蛟而大山海經江水多鼉注云似蜥蜴大者長二丈有鱗彩皮可以冒鼓漢書司馬相如傳其中則有神龜蛟鼉張揖曰鼉似蜥蜴而大身有甲皮可作鼓詩靈臺鼉鼓逢逢傳云鼉魚屬陸璣疏云鼉形似蜥蜴四足長丈餘生卵大如鵝卵甲如鎧甲今合藥鼉魚甲是也其皮堅厚可以冒鼓馥案本書鱓皮可爲鼓　長大者類篇引作長丈御覽引作長丈所廣韻引作似蜥蜴而長大大字旣誤又加而字　單聲者詩嘽嘽駱馬本書引作痑痑驒从單聲音丁可切

xí
䵹

䵹　水蟲也薉貉之民食之從黽奚聲　胡雞切

水蟲也薉貉之民食之者集韻䵹鼀類似蜘蛛山遼東土人食之馥案寰宇記所稱蝦蟆脂是也馥曾食之

qú
䵶

䵶　䵹屬頭有兩角出遼東從黽句聲　其俱切

隋書流求國傳有鼅鼊嶼　臨海有鼅鼊島

䵹屬者臨海水土異物志鼅碎似鼅鼊廣韻鼅鼊似黽而漫胡無指爪其甲有黑珠文如瑇瑁可飾物集韻鼅鼊水蟲名似黽皮有文

yíng
蠅

蠅　營營青蠅蟲之大腹者從黽從虫　余陵切

張叔皮論積灰生蠅　方言蠅東齊謂之羊陳楚之閒謂之蠅自關而西秦晉之閒謂之羊注云此亦語轉亙今江東人

說文解字義證　卷四十三　三四

呼羊聲如蠅　傅咸青蠅賦無纖介之微用信作害之不輕旣反白而爲黑恆懷蛆以自盈穢美厚之鮮潔蠹嘉肴之芳馨滿堂室之薨薨孰閒寓之得清

營營青蠅者本書營下引詩營營青蠅玉篇蠅青蠅蟲虞翻別傳翻放棄南方云生無可與語死以青蠅爲弔客酉陽雜俎蠅類有蒼者聲雄壯負金者聲清聒其聲在翼身青者能敗物　從黽從虫者當云從虫從黽黽亦聲

zhī
鼅

鼅　鼅鼄鼅也從黽智省聲　陟离切

御覽引夢書鼅鼄爲大腹其性然也　符子公子重耳奔齊與五臣游乎大澤之中見蜘蛛布網曳繩執豸而食之公子重耳乃撫僕之手駐驅而觀之顧其臣咎犯曰此蟲也知之德薄矣而猶役其智布其網曳其繩執豸以食之況乎人之智而不能廓垂天之網布絡地之繩以供方丈之御是曾不如蜘蛛之智　成公綏蜘蛛賦獨星懸于浮處遂設網于四隅南連大廡北接華堂左憑廣廈右依高廊吐絲屬絡布網引綱纖羅絡幎綺錯交張於是蒼蚊夕起青蠅昏歸營營羣衆蒙蒙亂飛挂翼繞足羁絲罥圍衝突必獲犯者無遺易林末濟之蠱蜘蛛作網以伺行旅青蠅嘬嗽以求膏腴觸我

zhū 鼄　cháo 鼂　luǎn 卵

羅域爲網所得夗於網國　廣志草蜘蛛在草上色青土蜘蛛在地上春行草閒秋系在草有在器下者有以絲布於籬壁閒緣壁捕蠅者

鼅鼄蝥也者本書蝥下云蠿蝥也蠿下云蠿蝥作罔蛛蝥也釋蟲鼅鼄鼄蝥方言鼅鼄鼄蝥也自關而東趙魏之郊謂之鼅鼄或謂之蠾蝓蠾蝓者侏儒語之轉也北燕朝鮮冽水之閒謂之蝳蜍注云齊人又呼社公亦言罔工

䵹 或從虫

鼄 鼅鼄也從黽朱聲 陟輸切

蛛 鼄或從虫

鼂 匽鼂也讀若朝揚雄說匽鼂蟲名杜林以爲朝旦非是從黽從旦 直遙切

匽鼂也者臨海水土異物志鼂似鼅鼄一名匽鼂一枚有三斛膏異魚圖贊鼂鼄海鯨名曰匽鼂一枚剖之有三斛

膏腹案廣韻鼂鼊似鼅鼄生海邊沙中肉甚美多膏郭注江賦鼂鼊與鼅鼄相似大如蓤生乳海邊白沙中　揚雄說匽鼂蟲名者玉篇蝘鼂蟲名廣韻引蒼頡篇鼂蟲名　讀若朝者史記鼂錯漢書作朝錯　杜林以爲朝旦者楚辭九章甲之鼂吾以行王注鼂旦也天問胡維嗜欲不同味而快鼂飽王注何特與衆人同嗜欲苟飽快一朝之情乎漢書嚴助傳鼂不及夕字或作晁羽獵賦於是天子乃以陽晁始出乎元宮李善云陽晁陽明之朝朝晁古字同也

𪓰 篆文從皀

文十三　重五

卵 凡物無乳者卵生象形凡卵之屬皆從卵 盧管切

凡物無乳者卵生者莊子知北游故九竅者胎生八竅者卵生淮南時則訓季冬之月雞呼卵高注雞呼鳴求卵魯語鳥翼鷇卵韋注未孚曰卵白帖鳥生於陰屬於陽故卵之呂氏春秋水味篇流沙之西丹山之南有鳳之卂高注

duàn 毈

卂古卵字也謂二處有鳳皇之卵

毈 卵不孚也從卵段聲 徒玩切

卵不孚也者本書孚卵孚也玉篇不成子曰毈廣韻毈卵壞法言先知篇雌之不才其卵毈矣注云毈敗也淮南天文訓戊子干甲子胎夭卵毈原道訓鳥卵不毈高注卵不成鳥曰毈韓詩外傳卵之性爲雛不得良雞覆伏孚育積日累久則不成爲雛字或作㲉北史蕭寶夤傳謠言鸞生十子九子㲉一子不㲉關中亂通作段管子五行篇然則羽卵者不段

文二

黽卵

說文解字弟十三 義證弟四十四

曲阜桂馥學

èr 二

二 地之數也從耦一凡二之屬皆從二 而至切

地之數也者本書𠮟下云二陰數易繫辭天一地二乾坤鑿度地數二二者有偶也周禮典瑞兩圭有邸以祀地注云兩圭者以象地數二也說苑二三四五之數取之天地而制奇偶劉歆曰易繫辭天數五地數五天數一三五七九地數二四六八十漢書律歷志地之數始於二終於三十后渠禮議偶數起於二終於三十陰數之偶也三禮義宗黃琮所以禮地其二尺以法地數唐歷十二議天數始於一地數始於二司馬貞曰火是地正亦稱北正者火數二二地數地陰主北方故火正亦稱北方王褘洛書辨云論其數則一三五七九凡二十五天數也皆白文而爲陽爲奇二四六八十凡三十地數也皆黑文而爲陰爲偶此其陰陽之理奇偶之數生成之位推而驗之於易無不合者從耦一者小字本李燾本並云從耦無一字本書凡下云從二二偶也易繫辭陽卦奇陰卦耦注云陽卦二陰

故奇爲之君陰卦二陽故耦爲之主禮郊特牲鼎俎奇而籩豆偶陰陽之義也

弍 古文 本書貳從此

jí 亟

亟 敏疾也從人從口從又從二二天地也 紀力切又去吏切

敏疾也者本書極疾也極急也釋詁亟疾也廣雅亟急也又云敏亟也詩七月亟其乘屋箋云亟急北風既亟只且傳云亟急也隱元年左傳亟請於武公成十六年傳我先君之亟戰也有故襄二十四年傳公孫之亟也杜注亟急也定五年傳歸粟于蔡以周亟杜注亟急也宣九年公羊傳諱亟也何注亟疾也宋策欲霸之亟成高注亟速後漢書王龔傳帝命亟自實注云亟急也王觀國曰詩靈臺經始勿亟七月亟其乘屋何人斯爾之亟行隱十一年左傳乃亟去之昭五年傳屑屑焉習儀以亟史記秦楚之際月表未始有受命若斯之亟也如此類亟字其義則皆急也

héng 恆

恆 常也從心從舟在二之閒上下一心以舟施恆也 胡登切

常也者詩小明無恆安處箋云恆常也廣雅常山謂之恆山大戴禮踐阼篇惡有藏之約行之萬世可以爲子孫恆者乎通鑑外紀作行之恆可以爲子孫常 上下一心以舟施恆也者小字本李燾本集韻並云上下心無一字本書初刻亦無後復加之施當爲旋 本書般象舟之旋服所以舟旋

𠄨 古文恆從月詩曰如月之恆

從月者本書誤從夕汗簡引作𠄨屬月部 詩曰如月之恆者小雅天保文傳云恆弦箋云月上弦而就盈陳啓源曰古文恆從月則恆字原以月取義上弦未必非本訓也馥案玉篇作𣌿云月弦也

xuān 亘

亘 求亘也從二從回回古文回象亘回形上下所求物也 須緣切

通作桓易屯卦盤桓利居貞馬融曰旋也漢仲秋下旬碑作般桓書禹貢西傾因桓是來鄭注桓是隴阪名其道盤桓旋曲而上故名曰桓

象回回形者韻會引徐鍇本象風回回形鍇曰回風回轉所以宣陰陽也馥案尚書大傳八風回回

dǔ 竺

竺 厚也從二竹聲 冬毒切

厚也者釋詁文竺厚聲相近本書管厚也厚當爲𠪚本書𠪚山陵之厚也竺從二二地數故爲厚魏畧邯鄲淳一名竺書微子之命曰篤不忘釋文篤本又作竺論語君子篤於親汗簡古論語篤作竺

fán 凡

凡 最括也從二二耦也從乃乃古文及 浮芝切

徐鍇云凡本從二從古文及左旁不當引筆下垂 方言枚凡也 三蒼凡數之總名也 詩常棣凡今之人 周禮宰夫二曰師掌官成以治凡注云治凡若月計也御史掌贊書凡數注云自公卿以下胥徒凡數及其見在空缺者職金入其要注云要凡數也庖人凡其死生鱻薧之物注云凡計數之 公羊傳一事而再見者前目而後凡也 漢書食貨志天下大氐無慮皆鑄金錢又云大氐皆遇告顏注氐讀曰低歸也大低猶言大凡也 揚雄傳請略舉凡顏注凡大指也

鹽鐵論公卿總要執凡而已　春秋釋例稱凡
者五十隋書經籍志有春秋五十凡義疏二卷
最括也者徐鍇本作最括而言也馥謂最當作冣本書冣
積也通作最本書儹最也詩葛覃釋文叢木一本作最公
羊傳會猶最也何休云最聚也漢書刑法志提封萬井臣
瓚案舊說提最凡言大數也申鑒時事篇最凡有二十一
首晉起居注武帝以王恭領詹事恭表曰豈臣最庸所可
叨忝馥案最庸即凡庸或作撮家語始誅篇其居處足以
撮徒成黨注云撮聚淮南主術訓鴟夜撮蚤莊子釋文引
作聚蚤劉向別錄鐸椒作抄撮八卷授虞卿虞卿作抄撮
九卷授荀卿漢書司馬遷傳撮名法之要注云撮總取也
又作蕞潘岳西征賦蕞芮于城隅者百不處一注云蕞聚
貌　了古文及者
本書及古文作弓

文六　重二

亙

亙

汗簡二部亙出說文顏氏家訓案彌亙字從二閒舟詩云亙
之秬秠是也今之隸書轉舟爲日而何法盛中興書乃以舟
在二閒爲舟航字謬也馥案廣韻亙古鄧切通也遍也竟
也出方言馥案恆從舟在二之閒此又單作亙所未能詳

遺文一

tǔ
土

土 地之吐生萬物者也二象地之下地之中丨物出形
也凡土之屬皆從土　它魯切

廣韻土田地主也　釋言土田也　子華子陽中之陽者火
是也陰中之陰者水是也陽中之陰者木是也陰中之陽者
金是也土居二氣之中閒以治四維在陰而陰在陽而陽故
物非土不成人非土不生　韓詩外傳夫土者掘之得甘泉
焉樹之得五穀焉草木
植焉鳥獸魚鼈遂焉

地之吐生萬物者也者玉篇類篇引無萬字宋本小字本
李燾本竝同本書初刻亦無後復加之土吐聲相近釋名
土吐也能吐生萬物也白虎通中央者土土主吐含萬物
土之爲言吐也周禮大司徒辨十有二壤之物注云壤亦
土也變言耳以萬物自生焉則言土土猶吐也以人所耕
而樹藝焉則言壤壤和緩之貌郊特牲社祭土王肅曰五
行之主能吐生百穀者也御覽引元命苞土之爲言吐也
言子成父道也吐氣精以輔也陽立於三故成生其立字
十加一爲土馥疑此文有脫謬鄭注禹貢地當陰陽之中
能吐生萬物者曰土聖證論孔鼂云能吐生百穀謂之土
易坤卦至哉坤元萬物資生離卦百穀草木麗乎土漢書
五行志土中央生萬物者也物理論地發氣黃泉周伏迴
轉以生萬物　二象地之下地之中丨物出形也者玉篇
引無丨字小字本同馥謂當云二象地之下地之上中物
出形也中
謂直畫

dì
地

地 元气初分輕清陽爲天重濁陰爲地萬物所陳列也
從土也聲　徒四切

春秋元命苞地者易也言養物懷任交易變化含吐應節故
其立字土力於乙者爲地注云地土加以力又加乙者言奉
太乙也又云地所以右轉者氣濁精少含陰而起遲故轉右
迎天佐其道　春秋說題辭地之爲言施也承天行其義也
故其立字土力於一者爲地注云力勤也一即天也　書品
一力增土地卑可審本於緯書也　物理論地者底也底之
言著也陰體下著也　博物志地以名山爲之輔佐石爲之
骨川爲之脈草木爲其毛土爲其肉三尺以上爲糞三尺以
下爲地重陰之性也　孝經援神契地順受澤謙虛開張注
云開張九竅受沭洒潤是其謙虛也　月令章句總卬陵原
隰阪險曰地　廣雅神農度四海內東西九十萬里南北八
十一萬里帝堯所治九州地二千四百三十萬八千二百四
頃其墾者九百一十萬八千二十四頃夏禹所治四海內地
東西二萬八千里南北二萬六千里出水者八千里受水者
八千里　河圖括地象地廣東西二萬八千南北二萬六千
有君長之州有九阻中土之文德及而不治　孝經援神
契計校九州之別土壤山陵之大川澤所注萊沛所生鳥獸
所聚九百一十萬八千二十四頃磽埆不墾者千五百萬二
十頃

元气初分輕清陽爲天重濁陰爲地者纂要凡天地元氣
之所生孫楚后人銘大象無形元氣爲母杳兮冥兮陶冶
衆有禮統天地者元氣之所生萬物之所自焉河圖括地
象易有太極是生兩儀兩儀未分其氣混沌清濁既分仰
者爲天偃者爲地班固典引太極之元兩儀始分烟烟熅
熅有沈而奧有浮而清沈浮交錯庶類混成蔡邕注言兩

儀始分之時其氣和同沈而濁者爲地浮而淸者爲天章懷注後漢書云奧濁也庶類萬物也老子曰有物混成先天地生易乾鑿度淸輕者爲天濁沈者爲地又云乾坤相竝俱生天地既分乾升坤降故乾坤定矣易說元氣初分淸輕上爲天濁重下爲地論衡談天篇說易者曰元氣未分渾沌爲一儒書又言溟涬濛澒氣未分之類也及其分離淸者爲天濁者爲地廣雅太初氣之始也生於酉仲淸濁未分也太始形之始也生於戌仲淸者爲精濁者爲形也太素質之始也生於亥仲已有素樸而未散也三氣相接至於子仲剖判分離輕淸者上爲天重濁者下爲地中和爲萬物淮南天文訓天地未形馮馮翼翼洞洞屬屬故曰大昭道始於虛霩虛霩生宇宙宇宙生氣氣有漢垠淸陽者薄靡而爲天重濁者凝滯而爲地淸妙之合專易重濁之凝竭難故天先成而地後定三五歷紀淸輕者上爲天濁重者下爲地沖和氣者爲人故天地含精萬物化生詩推度災上淸下濁號曰天地大戴禮少閒篇先淸而後濁者天地也盧辯注云淸濁謂陰陽也姚信昕天論地形立於下天象運乎上顏氏家訓天爲積氣地爲積塊邱長春曰輕淸者上騰爲天重濁者下凝爲地萬物有形重濁皆附於地三光無質輕淸悉上於天　萬物所陳列也者

陳當爲敶釋地郊外謂之牧釋文李本牧作田字釋云田敶也謂敶列種穀之處釋名地者底也其體底下載萬物也六韜天之爲天遠矣地之爲地久矣萬物在其閒各自利馥謂利當爲列郊特牲地載萬物洪範五行傳地者成萬物者也越語唯地能包萬物以爲一其事不失生萬物容畜禽獸然後受其名而兼其利文子地承天故定寧地定寧萬物形地廣厚萬物聚定寧無不載廣厚無不容樂動聲儀下元者地氣也爲始萬物生育長養葢藏之主也

墬　籒文地從㒸

漢書郊祀志周官天墬之祀　從㒸者北征賦登鄣隧而遙望兮李善云隧或爲墬說文曰墬古文地字也據此則㒸當爲隊徐鍇本作從𨸏土彖聲據此則彖當爲彖

kūn 坤

坤　地也易之卦也從土從申土位在申　苦昆切

地也者易坤卦應地無疆王注地也者形之名也坤也者用地者也說卦坤也者地也萬物皆致養焉故致役乎坤

乾鑿度坤者地之道也晉語坤土也漢書杜鄴傳坤以法地爲土爲母洪邁曰歸藏以純坤爲首坤爲地萬物莫不歸而藏於中故名爲歸藏　易之卦也者物理論地者其卦曰坤　土位在申者易坤卦西南得朋王注西南致養之地與坤同道者也易乾鑿度陰始於巳形於未據正立位故坤位在西南陰之正也

gāi 垓

垓　兼垓八極地也國語曰天子居九垓之田從土亥聲　古哀切

兼垓八極地也者垓當爲晐本書晐兼晐也垓晐聲相近淮南本經訓紀綱八極經緯六合馥案釋地以四方爲四極加以四隅故稱八極　國語曰天子居九垓之田者彼作晐鄭語故王者居九晐之田韋注九晐九州之極數也楚語天子之田九晐以食兆民韋注九晐九州之內有晐數也

ào 墺

墺　四方土可居也從土奧聲　於六切

四方土可居也者李善注西都賦引作四方之土可定居者也徐鍇本作四方上下可居者廣韻墺四墺四方土通

作隩書禹貢四隩既宅傳云四方之宅已可居又通作奧漢書地理志引書四奧既宅

墺　古文墺

玉篇垗坄竝古文本書闕垗字

yú 堣

堣　堣夷在冀州陽谷立春日日值之而出從土禺聲尚書曰宅堣夷　噳俱切

堣夷在冀州陽谷者史記禹本紀堣夷既略列子亦作堣夷胡渭曰說文暘山在遼西一曰嵎銕暘谷也既在遼西則冀域而非靑域不可以當禹貢之嵎夷馥案後漢書以嵎夷爲遼東樂浪三韓之地陽谷及下作陽谷　立春日日值之而出者廣韻堣夷日所出處　尚書曰宅嵎夷者堯典文彼作嵎傳云東表之地稱嵎夷馥案本書不偁尚書疑後人引書加之

mù 坶

坶　朝歌南七十里地周書武王與紂戰于坶野從土母

土

聲莫六切廣韻坶野殷近郊地名說文作坶 詩大明箋引書牧野釋文作坶馥案坶牧聲相近本書毋牧也又案周書酒誥明大命于妹邦馬注妹邦卽牧養之地周禮載師以牧田任遠郊之地釋地邑外謂之郊郊外謂之牧牧外謂之野朝歌南七十里地者書釋文引云地名在朝歌南七十里書牧誓王朝至于商郊牧野正義皇甫謐云在朝歌南七十里不知出何書也書序武王與受戰于牧野鄭注牧野紂南郊地名史記殷本紀周武王於是遂率諸侯伐紂紂亦發兵距之牧野集解牧野紂南郊地名也魯世家伐紂至牧野正義衞州卽牧野之地東北去朝歌七十三里括地志紂都朝歌故城在衞州東北七十三里今衞州城卽殷牧野之地周武王伐紂築也水經注淸水云自朝歌以南南暨淸水土地平衍據臯跨澤悉坶野矣郡國志曰朝歌縣南有坶野竹書紀年日周武王率西夷諸侯伐殷敗之于坶野詩所謂坶野洋洋檀車煌煌者也元和志衞縣朝歌故城在縣西二十一里殷之故都也九域志汲城本牧野之地漢爲縣通典衞州汲縣牧野之地禮記大傳牧之野武王之大事也旣事而退柴於上帝祈於社奠於牧室注云牧室牧野之室也馥案詩大明正義云牧禮記作坶今作牧者後人改之 周書武王與紂戰于坶野者牧誓武王伐紂至于牧野玉篇引作坶野大傳武王與紂戰于坶之野

說文解字義證 卷四十四 七

pō 坡

坡 阪也從土皮聲滂禾切

阪也者徐鍇本作陂也鍇曰謂陂陀也

píng 坪

坪 地平也從土從平平亦聲皮命切

地平也者廣雅坪平也趙宧光曰蜀峨山有雷洞坪

jūn 均

均 平徧也從土從勻勻亦聲居勻切

平徧也者急就篇遠取財物主平均字林均均田也易說卦坤爲均正義云以其地道平均也豐卦雖旬无咎王注旬均也馥案本書旬徧也詩節南山秉國之均傳云均平周禮大司徒以土均之法均齊天下之政又均人掌均地政均地守均地職均人民牛馬車輦之力政注云均猶平也夏小正正月農率均田均田者治除田也言農夫急除田也月令均琴瑟管簫正義均平其聲蔡氏章句乃修籩稅以桑爲均以桑爲平者用桑多則蠶多少則蠶少也年無尊卑老壯各以用桑爲平論語不患貧而患不均穆天子傳萬民平均大荒北經禹鯀是始布土均定九州韓詩外傳君人者以禮分施均徧而不偏漢書律歷志衡平也所以任權而均物百官表大司農屬官有均輸平準令丞鹽鐵論平準則民不失職均輸則民齊勞逸故平準均輸所以平萬物而便百姓唐六典市令以之價均平市宋郭諮攝肥鄉令以千步方田法四出量括遂得其數收逋賦八十萬通典方田卽均田也歸藏易昔女媧筮張雲幕枚占之日吉平均土地和合四國書禹貢沿于江海沿馬本作均云均平蜀志王平字子均通作鈞詩行葦四鍭旣鈞傳云得平均也成六年左傳善鈞從衆杜云鈞等也襄二十六年傳多鼓鈞聲杜云鈞同其聲

rǎng 壤

壤 柔土也從土襄聲如兩切

東方朔曰汧隴以東商洛以西厥壤肥饒 史記五帝本紀老人擊壤而歌於路 山海經鮌竊帝之息壤以堙洪水馥案史記秦本紀甘茂曰息壤在彼栁宗元有永州龍興寺息壤記

說文解字義證 卷四十四 八

柔土也者一切經音義八無塊曰壤玉篇地之緩肥曰壤釋名壤瀼也肥濡意也急就篇屛廁淸溷糞土壤顏注柔土曰壤書禹貢厥土惟白壤馬注壤天性和美也又咸則三壤傳云無塊曰壤漢書地理志厥土惟白壤顏注柔土曰壤詩信南山畇畇原隰傳云畇畇墾辟貌正義墾辟貌者謂墾耕其地辟除草萊以成柔田也周禮大司徒辨十二壤之物而知其種以敎稼穡樹蓺注云壤亦土也變言耳以萬物自生焉則言土土猶吐也以人所耕而樹蓺焉則言壤壤和緩之皃後漢書公孫述傳土壤膏腴注云無塊曰壤九章算術穿地四爲壤五爲堅注云壤謂息土堅謂築土張華曰凡土三尺已上爲壤三尺已下爲土

què 塙

塙 堅不可拔也從土高聲苦角切

徐鍇韻譜作墧集韻亦引作墧

堅不可拔也者通作確易乾卦確乎其不可拔繫辭夫乾確然示人易矣釋文馬韓云剛皃莊子應帝王確乎能其事注云堅貌又通作确後漢書崔寔傳言辯而确注云确堅正也

qiāo 墽

墽 墝也從土敫聲 口交切

墝也者淮南地形訓䂵水陸肥墽高下之宜孟子則地有肥墝雨露之養

lú 壚

壚 剛土也從土盧聲 洛乎切

剛土也者類篇引作黑剛土也韻會書釋文引同洪注楚詞引亦同楚詞九歎倘佯壚阪王注壚黃黑色土也圖經俗謂黑爲盧尚書下土墳壚然則壚黑也本書齊謂黑爲驢夢溪筆談夷人謂黑爲盧關中記長安地皆黑壤顏注漢地理志壚謂土之剛黑者也釋名土黑曰盧盧然解散也四民月令正月地氣上騰上長冒橛陳根可拔急菑強土黑壚之田齊民要術引氾勝之書春地氣通可耕堅硬強地黑壚土本書堅下云耕以臿浚出下壚土也呂氏春秋辯土篇凡耕之道必始於壚爲其寡澤而後枯注云壚埴壚地也本書堅剛也從臤從土廣雅堅土也月令可以美土疆注云土疆強㯺之地釋文彊其丈反正義強是不軟㯺是墟關也竝謂隰壢鬲䰟之地也草人職云彊㯺用蕡彊㯺強堅者也金履祥云其壤者無塊而柔其下者或剛而疏

xīng 垶

垶 赤剛土也從土觲省聲 息營切

赤剛土也者玉篇垶赤堅土也周禮大司徒以土均之灋辨五物九等注云九等騂剛赤緹之屬又草人騂剛用牛杜子春云謂地色赤而土剛強也觲省聲者徐鍇疑義云案說文垶字注云從土騂省聲而無騂字亦脫誤馥案本書以騂字改爲觲

zhí 埴

埴 黏土也從土直聲 常職切

黏土也者范應元注老子引同一切經音義十黏土曰埴釋名土黃細密曰埴埴膩也黏胒如脂之膩也書禹貢厥土赤埴墳傳云土黏曰埴史記夏本紀其土赤埴墳徐廣曰埴黏土也周禮草人埴壚用豕注云埴壚黏疏者考工記摶埴之工二注云埴黏土也老子道經埏埴以爲器釋文引杜弼云埴黏土也荀子性惡篇故陶人埏埴而爲器注云埴黏土也尉繚子治本篇木器液金器腥聖人飲於土食於土故埏埴以爲器天下無費莊子馬蹄篇陶者曰我善治埴圓者中規方者中矩釋文引司馬云埴土可以爲陶器六韜圯下漸澤黑土黏埴者車之勞地也

lù 坴

坴 土塊坴坴也從土圥聲讀若逐一曰坴梁 力竹切

土塊坴坴也者廣韻坴大塊本書埶從坴謂種於土塊中也讀若逐者徐鍇本作讀若速一曰坴梁者通作陸甘泉賦飛蒙茸而走陸梁五臣云陸梁亂走貌

hún ⿱軍土

⿱軍土 土也洛陽有大⿱軍土里從土軍聲 戶昆切

土也者五音集韻引作墣也 洛陽有大⿱軍土里者集韻大⿱軍土里名在洛陽呂靜說

pú 墣

墣 塊也從土菐聲 匹角切

塊也者吳語王寐疇枕王以墣而去之注云墣塊也淮南人閒訓塘漏若鼷穴一墣之所能塞也說林訓土勝水者非以一墣塞江也許注墣塊

圤 墣或從卜

kuài 凷

凷 墣也從土一屈象形 苦對切

墣也者一切經音義七引作堅土也三蒼凷土凷也禮運蕢桴而土鼓注云蕢讀爲凷聲之誤也凷堛也喪大記寢苫枕凷後漢書蔡邕傳夫九河盈溢非一凷所防

塊 凷或從鬼

莊子釋文說文塊俗凷字 一切經音義二十五塊古文凷同結土也土塊也 釋言塊堛也郭注土塊也晉語野人舉塊以語之韋注塊墣也 莊子大塊噫氣司馬彪注大塊大墣之皃 鹽鐵論大塊之閒無美苗 徐整長歷黃帝時雨不破塊

bì 堛

堛 凷也從土畐聲 芳逼切

凷也者玉篇堛土塊也釋言塊堛也孫炎云堛土塊也既夕記堊用塊注云塊堛也

zōng 堫

堫 種也一曰內其中也從土㚇聲 子紅切

種也者韻會引徐鍇本作䅵也或作稯廣韻稯種也與堫同 一曰內其中也者韻會引徐鍇本一曰內其中一曰

yuán 垣　jī 基　yì 坄　bá 坺　chéng 塍

不耕而種集韻不
耕而種謂之塍

塍 稻田畦也。从土，朕聲。食陵切

稻田畦也者，一切經音義九引同。爾雅釋文引作稻田畦
隄埒畔。後漢書班固傳注引作田畦也。集韻、類篇引作稻
中畦也。字鑑同。韻會引徐鍇本塍稻中畦埒也。廣雅塍隄
也。蒼頡篇塍畔也。氾勝之書始種稻欲濕，濕者缺其塍，令
水道相直；夏至後大熱，令水道錯。釋邱如
乘者乘邱，郭注或云乘者謂稻田塍埒。

坺 治也。一曰臿土謂之坺。詩曰：武王載坺。一曰塵皃。从土，犮聲。蒲撥切

治也者，疑作厽。本書厽下云：絫坺土爲牆壁。一曰臿土
謂之坺者，一切經音義十九引同。集韻作垡，亦作墢，云耕
起土也。玉篇坺與墢同。一切經音義十九墢又作坺。考工
記耜廣五寸，二耜爲耦，一耦之坺廣一尺深一尺。鄭元曰：
兩人併發之，其壠中曰甽，甽上曰墢。墢之言發也。周語王
耕一墢，韋注一墢一耜之墢也。王無耦，以一耜耕。宋庠云：

說文解字義證　卷四十四　十一

墢與坺同。顏氏家訓未嘗目覩起一墢土，耘一株苗。廣韻
坺一臿土也。釋名鍤插地起土也。詩曰武王載坺者，商
頌長發文。彼作旆。案周禮大司馬中夏教茇舍，鄭注茇讀
若萊沛之沛。馥謂坺、旆聲相近。荀子引詩作發。坺、發聲亦
相近。公孫文子名拔，或作發，見檀弓注。一曰塵
皃者，廣雅坺塵也。博物志吳人謂塵土爲坺坱。

坄 匋竈窗也。从土，役省聲。營隻切

匋竈窗也者，本書窯燒瓦竈也。廣雅窖謂之竈，其窻謂之
坄。或作垼。士喪禮爲垼于西牆下，注云垼塊竈。喪大記甸
人爲垼于西牆下，注云取西牆土
爲塊竈。又或作炈。玉篇炈陶竈囪。

基 牆始也。从土，其聲。居之切

牆始也者，類篇引作牆也，一曰始也，本也。玉篇基始也。釋
詁基始也。詩南山有臺邦家之基，傳云基本也。本書阯基
也。

垣 牆也。从土，亘聲。雨元切

bì 壁　dǔ 堵　yì 圪

牆也者，本書牆垣蔽也。一切經音義九垣謂四周牆也。釋
名垣援也，人所依阻以爲援衛也。急就篇泥塗堊墍壁垣
牆。書梓材若作室家既勤垣墉，釋文引馬云卑曰垣，高曰
墉。詩板大師維垣，傳云垣牆也。襄三十一年左傳子產使
盡壞其館之垣而納車馬焉，釋文垣牆也。吳語君有短垣
而自踰之。漢書蕭何傳爲家不治垣屋，顏注垣牆也。漢書
地理志上郡桼
垣，莽曰桼牆。

𩫏垣 籒文垣从𩫏。

圪 牆高皃。詩曰：崇墉圪圪。从土，气聲。魚迄切

牆高皃者，一切經音義十三引作高大皃也。廣雅圪圪高
也。詩曰崇墉圪圪者，大雅皇矣文。彼作仡仡。釋文仡仡，
說文作圪。陳啓源曰：毛傳以仡仡爲高大，鄭箋以爲將壞
皃。案左傳宋子魚言文王伐崇，三旬不降，後伐之，因壘而
降，則文王之於崇，乃降服之，非破滅之也，固無事壞
其城矣。傳義得之。說文云牆高皃，引此詩，正與傳合。

堵 垣也。五版爲一堵。从土，者聲。當古切

說文解字義證　卷四十四　十二

垣也者，廣韻堵，垣堵。漢書高帝紀吏民皆按堵如故，應劭
曰堵，牆堵也。五版爲一堵者，儒行環堵之室，注云環堵
面一堵也，五版爲堵，五堵爲雉。家語相魯篇邑無百雉之
城，注云高丈長丈曰堵，三堵曰雉。詩鴻鴈之子于垣，百堵
皆作，傳云一丈爲板，五板爲堵。箋云春秋傳曰五板爲堵，
五堵爲雉，雉長三丈，則板六尺。隱元年左傳都城過百雉，
國之害也。杜注方丈曰堵，三堵曰雉，一雉之牆長三丈高
一丈。正義云：定十二年公羊傳曰雉者何，五板而堵，五堵
而雉。何休以爲堵四十尺，雉二百尺。許慎五經異義，戴禮
及韓詩說八尺爲板，五板爲堵，一堵爲雉，板廣二尺，積高
五板爲一丈，五堵爲雉，雉長四丈。古周禮及左氏說一丈
爲板，板廣二尺，五板爲堵，一堵之牆長丈高丈，三堵爲雉，
一雉之牆長三丈高一丈，以度其長者用其長，以度其高
者用其高也。諸說不同。賈逵、馬融、鄭元、王肅之徒爲古學
者，皆云雉長三
丈，故杜依用之。

𩫖 籒文从𩫏。

壁 垣也。从土，辟聲。比激切

垣也者急就篇泥塗堊墍壁垣牆釋名壁辟也辟禦風寒也

liáo 𡒄

𡒄 **周垣也從土尞聲** 力沼切

周垣也者廣雅𡒄垣也吳語周軍飭壘韋注周繞也通作繚西都賦繚以周牆西京賦繚垣緜聯四百餘里薛綜注繚垣猶繞了也

yè 堨

堨 **壁間隙也從土曷聲讀若謁** 魚列切

壁閒隙也者堨隙聲相近通作郄史記張釋之傳雖錮南山猶有郄漢書作隙莊子批大郤

liè 埒

埒 **卑垣也從土寽聲** 力輟切

卑垣也者增韻引作庳徐鍇本作庳本書隊道邊庳垣也急就篇頃町界畝畦埒封顏注埒者田閒堳道也一說謂庳垣也今之圍或為短牆蓋埒之謂也覲禮為宮方三百步注云宮謂壝土為埒以象牆壁也周禮掌舍為壇壝宮注云謂王行止宿平地築壇又委壝土起堳埒以為宮昭二十五年公羊傳以人為菑何注菑周埒垣也疏云猶言

說文解字義證 卷四十四 十三

周市為埒牆釋邱水潦所還埒邱郭注謂邱邊有界埒水繞環之世說王武子好馬射買地作埒五音集韻馬埒謂於外作短垣繞之也

kān 堪

堪 **地突也從土甚聲** 口含切

kū 堀

堀 **突也詩曰蜉蝣堀閱從土屈省聲** 苦骨切

突也者掘地之土突也　詩曰蜉蝣堀閱者曹風蜉蝣文彼作掘箋云掘閱掘地解閱謂其始生時也戴君震曰案掘說文引作堀云突也突者堀起之意卽箋所謂掘地也馥案本書無蜉蝣字

táng 堂

堂 **殿也從土尚聲** 徒郎切

急就篇室宅廬舍樓殿堂顏注凡正室之有基者則謂之堂　演義堂當也當正向陽之屋

殿也者御覽引本書殿堂之高大者也本書廣殿之大屋也廣雅堂墍也釋宮無室曰榭孫炎云但有堂也李巡云但有大殿無室摯虞決疑要注殿則有階陛堂有階無陛

坣 **古文堂**

臺 **籀文堂從高省**

從高省者釋名堂猶堂堂高顯貌也李尤堂銘因邑制宅爰興殿堂夏屋渠渠高敞清涼

duǒ 垛

垛 **堂塾也從土朵聲** 丁果切

堂塾也者本書無塾字釋宮門側之堂謂之塾郭注夾門堂也釋宮又云垝謂之坫郭注在堂隅坫墆也釋文墆或作墆丁果反馥謂墆卽垛之別體通俗文積土曰垛纂文吳人以積土為垛皇侃論語義疏坫者築土為之形如土堆在於兩楹之閒飲酒行獻酬之禮更酌酌畢則各反其酒爵於坫上故謂此堆為反坫

diàn 坫

坫 **屏也從土占聲** 都念切

屏也者爾雅釋文引作屏牆本書屏屏蔽也郭注爾雅坫墆也玉篇墆墆翳隱蔽皃士虞禮饌於西坫上注云坫在堂角疏云坫有二若明堂位云崇坫反圭及論語云兩君之好有反坫之等在廟中有之以亢反爵之屬此言坫者

說文解字義證 卷四十四 十四

皆據堂上角為名故云堂角也馥案本書謂堂角之坫非兩楹之坫也

lǒng 壟

壟 **涂也從土瀧聲** 力踵切

本書水部有塗字

涂也者或作塗釋名塗杜也杜塞孔穴也本書䑩下引書惟其斁丹雘書正義云斁卽古塗字馥謂斁古杜字

xiàn 垷

垷 **涂也從土見聲** 胡典切

涂也者廣雅同

jìn 墐

墐 **涂也從土堇聲** 渠吝切

涂也者廣雅同內則塗之以謹塗注云謹當為墐聲之誤也墐塗塗有穰草也月令季秋之月蟄蟲咸俯在內皆墐其戶注云墐為塗閉之又仲冬之月塗闕廷門閭詩七月塞向墐戶傳云墐塗也

xì 塈

塈 **仰涂也從土既聲** 其冀切

仰涂也者書釋文引同周書梓材若作室家既勤垣墉惟其塗墍茨馬注墍堊色廣雅墍塗也急就篇泥塗堊墍壁垣牆顏注墍仰塗也喪服既練舍外寢注云舍外寢於中門之外屋下壘墼爲之不塗墍所謂堊室也淮南子高陽魋將爲室匠人曰未可也木尚生加塗其木必將撓生材任重塗今雖成後必將敗漢書谷永傳凶年不塈塗顏注塈如今仰泥屋也揚雄傳獿人亾則匠石輟斤而不敢妄斲服虔曰獿古之善塗墍者也施廣領大袖以仰塗而領袖不汙顏注塈即今之仰泥也獿抆拭也故謂塗者爲獿人

è 堊

堊 白涂也從土亞聲 烏各切

六韜宮垣屋室不堊 韓非十過篇四壁堊墀說林篇宮有堊器有滌則潔矣用人篇夫人主不塞隙穴而勞力於赭堊暴雨疾風必壞 一切經音義十一引蒼頡篇堊白土也列子周穆王篇赭堊之色注云堊白土也 西山經大次之山其陽多堊注云堊似土色甚白 史記司馬相如傳其土則丹青赭堊張揖云堊白堊 東京賦赭堊流黃 魏畧徐庶爲人報讐白堊突面被髮而走 玉篇白堊曰墡 一切經音義十四墡字林音善土名也即白土也亦名堊案吳普本草云白堊一名白墡是也 馥案堊本白土可以涂牆故曰涂謂之堊其別色可涂者遂亦謂之堊山海經孟門之山其下多黃堊涅石尉繚子敵白者堊之赤者赭之新序諸侯牆有黑堊之色無丹青之彩又案白涂或用粉漢官儀明光殿省皆胡粉塗壁或用蜃灰周禮掌蜃共白盛之蜃鄭注謂飾牆使白之蜃也疏云白盛主於宗廟堊牆也考工記匠人白盛注云蜃灰也盛之言成也以蜃灰堊牆所以飾成宮室

白涂也者顏注急就篇堊白塗也釋名堊亞也次也先泥之次以白灰飾之也釋宮牆謂之堊郭注白飾牆也周禮守祧其祧則守祧黝堊之鄭司農云堊白也喪大記既祥黝堊注云地謂之黝牆謂之堊靈光殿賦皓壁暠曜以月照

chí 墀

墀 涂地也從土犀聲禮天子赤墀 直尼切

涂地也者李善注鮑昭詩引同廣雅墀塗也 禮天子赤墀者華嚴經音義墀謂以丹塗地魏都賦丹墀臨猋劉注丹墀以丹與蔣離合用涂地也漢官儀天子赤泥殿上曰丹墀又云尚書郎趣走丹墀奏事漢官典職以丹漆地故

曰丹墀西京賦青瑣丹墀五臣注丹墀階也以丹漆涂之漢書梅福傳願登文后之殿陟赤墀之途元后傳曲陽侯根僭上赤墀青瑣 馥案後庭則黑墀釋宮地謂之黝郭注黑飾地也西都賦於是玄墀釦砌五臣注玄墀以漆飾墀
墀階
也

jī 墼

墼 瓴適也一曰未燒也從土毄聲 古歷切

玉篇墼土墼也 顏注急就篇墼者抑泥土爲之令其堅激也 後漢書周紆傳紆廉潔無資常築墼以自給 汝南先賢傳袁宏臨卒勑其子以五百墼爲藏 舊唐書李光弼傳躬率士卒百姓於城外掘壕以自固作塹數十萬 馥謂塹穿誤 通鑑作墼注云墼範土爲之 隸續有永初官墼文作墼

瓴適也者本書甓瓴甓也玉篇瓴甋甓也廣雅瓴甋甎瓿也釋宮瓴甋謂之甓郭注甗甎也今江東呼瓴甓詩中唐有甓傳云甓令適也張協詩瓴甋夸璵璠唐書新語張說曰墓中不置瓴甋瓷以其近於火 一曰未燒也者韻會引徐鍇本一日未燒甎也本書無甎字

fèn 坌

坌 埽除也從土弁聲讀若糞 方問切

或作拚詩東山洒埽穹窒箋云埽拚釋文拚甫問反少儀前曰拚注云拚除穢也周禮隸僕掌五寢之埽除糞洒之事注云汎埽曰埽席前曰拚管子弟子職凡拚之紀必由奧始俯仰磬折拚毋有徹拚前而退聚於戶內坐板排之以葉適已實帚於箕先生若作乃興而辭坐執而立遂出弃之既拚反立是協是稽 又作撲詩伐木於粲洒埽箋云粲然已洒撲矣釋文撲本又作拚

埽除也者一切經音義十六引作糞除埽棄也徐鍇本作棄埽除也馥謂棄上脫糞字 弁聲者當作弃本書棄古文作弃此從之也後人加聲字 讀若糞者玉篇古文作[土糞]

sǎo 埽

埽 棄也從土從帚 穌老切

棄也者廣雅埽除也周禮閽人掌埽門庭或作掃詩抑洒掃庭內論語洒掃應對又通作騷史記李斯傳竈上騷除 從帚者徐鍇本作帚聲

土

zài 在

在 存也從土才聲 昨代切

存也者釋詁文釋訓存存在也聘禮記子以君命在寡君大戴禮曾子立事篇存往者在來者盧辯注在猶存也論語父母在僖九年左傳其在亂乎杜注在存也襄二十六年傳吾子獨不在寡人杜注在存問之晉語牀笫之不安邪抑驪姬之不存側也周語目不在體韋注在存也徐鍇本有此與坐同意五字

zuò 㘴 (坐)

㘴 止也從土從畱省土所止也此與畱同意 徂臥切

曲禮坐如尸 釋名坐挫也骨節挫屈也又云腳卻也以其坐時卻在後也 高士傳管寧常坐一木榻上積五十年未嘗箕股其榻上當膝處皆穿 賈誼書容經篇坐以經立之容肘不差而足不跌視平衡曰經坐微俯視尊者之膝曰共坐仰首視不出尋常之內曰肅坐廢首低肘曰卑坐 止也者廣雅同釋詁安坐也又云安安止也馥謂坐與凥同本書凥処也從尸得几而止処止也得几而止樂記居吾語女孟子坐我明語子其意同也 從畱省者畱本從丣坐亦從丣集韻坐作㘴從卯李陽冰云坐從丣丣時人不臥釋夢英千字文坐朝問道篆作㘴五經文字序云說文體包古今先得六書之要自注云若古文作坐篆文作㘴之類隸作坐隸書卯字皆變作丣故貿亦作貿 土所止也此與畱同意者徐鍇本作坐止也從畱省從土所止也桂姿篇云坐說文從畱省從土土所以止此與在同意韻會說文㘴止也從土從畱省徐曰土所止也與畱同意馥案桂姿與在同意韻會與畱同意已自不同又以土所止也八字爲徐語與二徐本竝異

坐 古文㘴

zhǐ 坻

坻 箸也從土氏聲 諸氏切

箸也者韻會引徐鍇本作箸止也本書汦箸止也昭二十九年左傳物乃坻伏杜注坻止也

tián 填

填 塞也從土眞聲 陟鄰切今待年切

塞也者本書窴塞也玉篇引賈逵曰填塞也北征賦攡填塞之阨災東都賦填流泉而爲沼博物志炎帝女溺死東海中化爲鳥曰精衛常取西山之木石以填東海漢書溝洫志令羣臣從官皆負薪填河貢禹傳又多取好女以填後宮

tǎn 坦

坦 安也從土旦聲 他但切

安也者易履卦釋文引同管子坦坦之利不以功坦坦之備不爲用故存國家定社稷在卒謀之閒百

bì 坒

坒 地相次比也衛大夫貞子名坒從土比聲 毗至切

地相次比也者玉篇廣韻集韻類篇五音集韻通志竝引作次坒徐鍇本同廣雅坒次也漢書諸侯王表諸侯比境周帀三垂顏注比謂相接次也吳都賦𧷤賈騈坒李善引許注淮南云坒相連也五臣注坒次也漢書儒林傳公孫宏比輯其義太玄陰陽坒參

dǐ 堤

堤 滯也從土是聲 丁禮切

滯也者堤與底義同玉篇底滯也昭元年左傳勿使有所壅閉湫底杜注底滯也晉語戾久相底韋注滯淫佩觿堤滯之堤爲隄防其順非有如此滯或作墆漢書食貨志富商賈或墆財役貧蜀都賦賈貿墆鬻

xūn 壎

壎 樂器也以土爲之六孔從土熏聲 況袁切

或作塤本書勳古文從員 釋名塤喧也聲濁喧喧然也長笛賦暴辛爲塤李善引世本暴辛爲塤 宋書樂志塤世本云暴新所造亦不知何代人也周畿內有暴國豈其時人乎 通典引宋均曰爲塤久矣此掌其官也 樂器也者宋書樂志八音三曰土土塤也詩何人斯伯氏吹壎傳云土曰壎沈文阿左傳義疏按樂緯民主立春樂用壎白虎通禮樂篇壎在十一月壎之爲言熏也陽氣於黃泉之下熏蒸而萌 以土爲之六孔者廣雅塤象稱錘以土爲之有六孔釋樂大塤謂之嘂郭注塤燒土爲之大如鵝子銳上平底形如稱錘六孔小者如雞子世本注塤圍五寸半長三寸半凡六孔周禮小師掌教鼓鼗柷敔塤簫管弦歌注云塤燒土爲之大如鴈卵鄭司農云塤六孔呂氏春秋仲夏紀調竽笙塤箎注云壎以土爲之大如鴈子其上爲六孔漢書律歷志八音土曰塤應劭曰塤燒土爲之其形銳上而平底六孔吹之顏注塤字或作壎其音同耳風俗通詩云天之誘民如塤如篪塤燒土也圍五寸半長三寸半有四孔其二通凡爲六孔

土

fēng
封

封 爵諸侯之土也從㞢從土從寸守其制度也公侯百里伯七十里子男五十里 府容切

爵諸侯之土也者字林封爵諸侯也聲類建國以土地曰封周禮封人凡封國設其社稷之壝封其四疆注云封國建諸侯立其國之封褚先生書史記三王世家後云所謂受此土者諸侯王始封者必受土於天子之社歸立之以爲國社以歲時祠之春秋大傳曰天子之國有泰社東方青南方赤西方白北方黑上方黃故將封於東方者取青土封於南方者取赤土封於西方者取白土封於北方者取黑土封於上方者取黃土各取其色物裹以白茅封以爲社此始受封於天子者也此之謂主土主土者立社而奉之也　從㞢者㞢往也書蔡仲之命往即乃封　從寸守其制度也者徐鍇本作從土之寸寸其制度也　公侯百里云云者孟子天子之制地方千里公侯皆方百里伯七十里子男五十里凡四等

㞢土 古文封省

𡉘 籀文從半

徐鍇本牡籀文封從半土㞢古文封省　復古編㞢從半省從土籀文牡不省馥案徐鍇本先籀後古本書先古後籀又改原注

xǐ
璽

璽 王者印也所以主土從土爾聲 斯氏切

王者印也者此秦漢之制非古訓也漢書高帝紀封皇帝璽符節應劭曰璽信也古者尊卑共之左傳襄公在楚季武子使公冶問璽書追而與之秦漢尊者以爲信羣下乃避之魯語追而與之璽書韋注璽印也古者大夫之印亦稱璽璽書璽封書也韓非外儲說潘壽見燕王曰今王將傳國子之太子之人盡懷印璽子之之人無一人在朝廷者王因收吏璽自三百石已上皆効之子之又云西門豹爲鄴令居期年上計君收其璽豹願請璽復以治鄴又云梁車新爲鄴令刖其子足趙成侯以爲不慈奪之璽而免之令馥謂此古者印璽通名之證　所以主土者御覽引作以守土元崔或進傳國璽箋云許慎說文璽王者印也以守土故爲文從爾從土其義蓋曰天付爾此器俾寶之以守爾土也

壐 籀文從王

籀文從王者古印有梁后之璽其文從王崔或曰周太史籀易爲從爾從王義取天付爾此玉寶以爲天下君也衛宏曰秦以前民皆以金玉爲印惟其所好自秦以來惟天子之印獨稱璽又以玉羣臣莫敢用也玉璽謂始皇初定天下所刻之璽其玉出藍田丞相李斯所書博袤四寸魚鳥爲文漢官舊儀皇帝六璽皆白玉螭虎鈕文曰皇帝行璽皇帝之璽皇帝信璽天子行璽天子之璽天子信璽凡六璽皇帝行璽凡封命用之皇帝之璽賜諸侯王書皇帝信璽發兵其徵大臣以天子行璽策拜外國事以天子之璽事天地鬼神以天子信璽

mò
墨

墨 書墨也從土從黑黑亦聲 莫北切

本書赤古文作烾馥謂墨與烾同意　廣雅墨黑也　釋名墨痗也似物痗墨也　傅元少傅箴近朱者赤近墨者黑　書墨也者范子計然墨出三輔王嘉拾遺記張儀蘇秦傭力寫書行遇聖人之文無以題記則以墨書於掌夜還更

以竹寫之新序墨筆操牘隨君之後司君之過而書之汲太子妻與夫書曰并致上書墨十螺西京雜記尚書令僕承郎月給隃麋墨漢官儀賜尚書郎赤管大筆一雙分墨一丸戴延之西征記石墨山北五十里山多墨可以書顧微廣州記懷化郡掘壍得石墨甚多精好可寫書潯陽記盧山有石墨可書輿地志上洛山有石墨可書寰宇記虔州贑縣上洛山有石墨可書元和志壽安縣石墨山在縣西南三里山石如墨可以書又云黟縣有墨領出墨石寰宇記黟縣墨領山領有穴中有墨石軟膩土人取爲墨色碧甚鮮明可以記文字又有石墨井昔人采墨之所輟耕錄上古無墨竹挺點漆而書中古方以石磨汁或云是延安石液楊慎曰魏都賦墨井鹽池玄液素滋注鄴西高陵西伯楊城西有墨井今在彰德府南郭村井產石墨可以書陸士龍與兄書云三台上有曹公石墨數十斤云燒此復消可用然煙中人不知兄頗見之否今送二螺即此物也又宜陽縣有石墨山淅陽縣有石墨洞贑州興國縣上洛山皆產石墨廣東始興縣小溪中亦產石墨婦女取以畫眉名畫眉石按古者漆書之後皆用石墨以書大戴禮所謂石墨相著則黑是也漢以後松煙桐煤既盛故石墨遂湮廢并其名人亦罕知之顧炎武曰今人謂石炭爲墨

huán 垸　xíng 型　zhǔn 埻

按水經注氷井臺井深十五丈藏氷及石墨焉石墨可書又然之難盡亦謂之石炭是知石炭石墨一物也有精麤爾　從土從黑者蘇易簡文房四譜墨者黑土也字從黑土　黑亦聲者當爲黑聲

垸 以桼和灰而髤也從土完聲一曰補垸 胡玩切

以桼和灰而髤也者徐鍇本作以桼和灰丸而髤也考工記輪人旣摩革色青白謂之轂之善注云謂丸桼之乾而以石摩平之列子桼垸以爲丸本書䵷桼垸已復桼之一切經音義十八通俗文燒骨以桼曰垸蒼頡訓詁垸以桼和之今中國人言垸江南言䯤周禮角人掌以時徵齒角凡骨物於山澤之農注云骨入桼垸者巾車髤飾注云故書髤爲軟杜子春云軟讀爲桼垸之垸字或作䯤一切經音義二十江南名䯤北人名䯤又通作睆檀弓華而睆釋文孫炎云睆桼也　一曰補垸者廣韻垸桼補垸也

型 鑄器之法也從土刑聲 戶經切

傳元太子少傅箴夫金木無常方圓應型

鑄器之法也者本書鑲作型中腸也玉篇型鑄器之法模也廣韻型鑄鐵模也集韻引舊說以土爲法曰型以金爲法曰範以木爲法曰模淮南齊俗訓鑪橐埵坊設非巧冶不能以治金高注坊土型也通作刑詩儀刑文王又刑于寡妻傳竝云刑法也

埻 射臬也從土𦎧聲讀若準 之允切

射臬也者後漢書注引同一切經音義一通俗文射堋曰埻埻中木曰的說文埻射臬也射矦也以能虎之皮飾其側方制之以爲埻太元晉師或導軼豚其埻注云埻軼的也通鑑吳元濟殺楊元卿妻以埻射堋注云堋射埻也呂氏春秋本生篇萬人操弓共射其一招招無不中注云招埻的也盡數篇射而不中反修于招何益於中注云于招埻蓺也別類篇射招者欲其中小也注云招埻蓺也中小謂剖微不失毫分射之工也馥案蓺卽臬寱或作㙯是也後漢書齊武王縯傳使長安中官署及天下鄉亭皆畫伯升像于㙯旦起射之注云蕭該音義亦作㙯東觀記續漢書竝作埻馥謂㙯乃蓺之譌程君瑤田曰周官司裘注矦以皮飾其側又方制之以爲𦎧釋文𦎧亦作準而毛詩疏

shí 塒　chéng 城　yōng 墉

引鄭注譌作質且云質者正也是鄭注刊本字畫已譌而尙存其似詩疏更譌而易其文與義不有說文則皆莫能是正之矣　讀若準者廣韻埻射的周禮或作準本書臬射準的也

塒 雞棲垣爲塒從土時聲 市之切

雞棲垣爲塒者廣韻塒穿垣栖雞釋宮雞栖於弋爲榤鑿垣而栖爲塒郭注今寒鄉穿牆栖雞詩君子于役雞棲于塒傳云鑿牆而棲曰塒

城 以盛民也從土從成成亦聲 氏征切

世本鮌作城　呂氏春秋君守篇夏鮌作城注云鮌禹父也築作城郭　淮南子鯀作九仞之城　吳越春秋鮌築城以衞君造郭以守民　博物志處士東里𪓰責禹亂天下事禹退作三城强者攻弱者守敵者戰城郭蓋禹始也　五經異義天子之城高九仞公矦七仞伯五仞子男三仞　公羊解詁天子之城千雉高七雉公矦百雉高五雉子男五雉高三雉

以盛民也者盛當爲宬通作盛釋名城盛也盛受國都也古今注城者盛也所以盛受民物也水經注引風俗通城盛也從土成聲尙書大傳聖人者民之父母也爲之城郭以屋之春秋隱七年城中丘穀梁云城爲保民爲之也僖十八年左傳梁伯益其國而不能實也命曰新里杜注多築城邑而無民以實之成十二年傳此公矦之所以扞城其民也襄二十九年穀梁傳古者天子封諸矦其地足以容其民其民足以滿城以自守也史記宋世家四曰司空集解引馬融曰司空掌營城郭空土以居民漢書食貨志是以聖王域民築城郭以居之　成亦聲者當爲成聲

𩫨 籒文城從𩫖

墉 城垣也從土庸聲 余封切

城垣也者當云城也垣也廣韻墉城也垣也鄭注王制云小城曰墉易解卦公用射隼于高墉之上馬云墉城也詩良耜其崇如墉皇矣以伐崇墉傳竝云墉城也韓奕實墉實壑傳云高其城深其壑也襄九年左傳祝宗用馬于四墉杜注墉城也後漢書班固傳陵墱道而超西墉注云墉城也或通作庸尙書大傳天子賁庸鄭注牆謂之庸漢書

土

翟義傳封桓譚爲明告里附城顏注云如古附庸也又王莽傳當賜爵關內侯者更名曰附城詩崧高以作爾庸傳云庸城也又通作鄘昭二十一年左傳宋城舊鄘注云舊鄘故城也釋文鄘本或作墉昭十八年傳祈于四鄘杜注鄘城也馥案此皆訓墉爲城也玉篇墉牆也釋名墉容也所以蔽隱形容也釋宮牆謂之墉書梓材既勤垣墉馬曰卑曰垣高曰墉禮器君南鄉於北墉下注云牆謂之墉晉語猶無基而厚墉也其壞也無日矣韋注墉牆也顧炎武曰唐任恭碑末挂東都之冠先覆北墉之首按論語伯牛有疾注禮病者居牖下仁山金氏曰牖字誤當作墉蓋室中北墉而南牖墉牆也

馥案此皆訓墉爲牆也

古文墉

籀文城字𩫖旁加成堵字𩫖旁加者陴字𩫖旁加卑此亦當𩫖旁加庸玉篇𩫖部有𩫑字云古文墉

dié 堞

堞 城上女垣也从土枼聲 徒叶切

城上女垣也者宣十二年左傳正義引同或作堞初學記說文所謂堞者亦女牆也字書堞女牆也廣雅堞女牆也

說文解字義證 卷四十四 三三

埤蒼堞城上小垣也一切經音義二釋名或言女牆言其卑小比於城若女子之於丈夫也或言堞取其重疊之義也襄六年左傳堙之環城傅於堞杜注堞女牆也襄二十五年傳吳子門焉牛臣隱於短牆以射之襄二十七年傳崔氏堞其宮而守之杜云堞短垣正義云謂新築女牆而守之淮南兵略訓莫不設渠壍傅堞而守高注堞城上土牆魏都賦於是崇墉濬洫嬰堞帶涘五臣注堞城上女牆也

kǎn 坎

坎 陷也从土欠聲 苦感切

陷也者當爲臽本書臽小阱也玉篇引易坎陷也釋名坎險也晉太康地記坎欿聚在犖西晉書地道記作坎埳馥案當作坎臽

diàn 墊

墊 下也春秋傳曰墊隘从土執聲 都念切

下也者蒼頡篇同莊子外物篇然則廁足而墊之致黃泉釋文司馬崔云墊下也釋名下溼曰隰隰蟄也蟄溼意也馥案蟄當作墊字苑作凹云陷也書臯陶謨下民昏墊鄭注墊陷也漢書王莽傳武功中水鄉民三舍墊爲池顏注墊陷也後漢書郭太傳行遇雨巾一角墊　春秋傳曰墊隘者成六年襄二十五年左傳文同本書霸下引作墊阨

chí 坻

坻 小渚也詩曰宛在水中坻从土氐聲 直尼切

篆當作坘

小渚也者玉篇水中可居曰坻釋水小洲曰陼小陼曰沚小沚曰坻本書渚下引作小州曰渚白帖釣魚不得由守坻不堅韓非難一篇河濱之漁者爭坻何休注坻水中高地釣者依之詩甫田如坻如京箋云坻水中之高地也史記賈生傳乘流則逝兮得坻則止集解駰案張晏曰坻水中小州也正義坻水中沙微起出水者也漢書司馬相如傳下磧歷之坻顏注坻水中高處也傳又云臨坻注壑顏注坻謂水中隆高處也思元賦伏靈龜以負坻兮五臣注坻洲也易坎祗既平鄭注當爲坻小邱也字或作泜釋名小沚曰泜泜遲也能遏水使流遲也又或作汷楚詞九懷淹低佪兮京汷王注小渚爲汷　詩曰宛在水中坻者秦風蒹葭文傳云坻小渚也

汷 坻或从水从夂

說文解字義證 卷四十四 三四

坻或从水从耆

zhí 𡒄

𡒄 下入也从土㬎聲 敕立切

下入也者本書隰阪下溼也玉篇𡒄墊也或作坙廣雅坙下也

hè 垎

垎 水乾也一曰堅也从土各聲 胡格切

水乾也者廣韻垎土乾也　一曰堅也者齊民要術凡下田停水處燥則堅垎溼則汙泥

cí 垐

垐 以土增大道上从土次聲 疾資切

古文垐从土即虞書曰龍朕堲讒說殄行堲疾惡也

虞書曰龍朕堲讒說殄行者舜典文傳云堲疾言我疾讒說

zēng 增

增 益也从土曾聲 作滕切

益也者釋言文郭云今江東通言增本書曾下云曾益也緟增益也孟子增益其所不能說苑以一累壤增太山不

益其高

pí 埤

增也從土卑聲 符支切

增也者本書灖下云埤增水邊土人所止者廣雅埤益也鄭注玉藻云紕讀如埤益之埤詩北門政事一埤益我漢王純碑陰共出義錢埤后碑直言出錢增益后碑之價直

fù 坿

益也從土付聲 符遇切

益也者廣雅同呂氏春秋孟冬紀坿城郭高注坿益也又孟秋紀坿牆垣高注坿猶培也通作附論語季氏富於周公而求也爲之聚斂而附益之孟子附之以韓魏之家趙注附益也漢書諸侯王表設附益之法王莽傳莽皆傳致其罪顔注傳讀曰附附益而引致之令入罪又通作坏月令仲秋蟄蟲坏戶鄭注坏益也周書時訓解作附戶又孟冬坏城郭鄭注坏益也又呂氏春秋坿牆垣月令作坏牆垣

sài 塞

隔也從土從𡨄 先代切

隔也者李善注西京賦引作隔塞也葢倒互之誤本書阸塞也隔障也月令季春開通道路無有障塞史記蘇秦傳秦四塞之固披山帶渭 從𡨄者當爲𡨄聲

kū 圣

汝潁之閒謂致力於地曰圣從土從又讀若兔窟 苦骨切

汝潁之閒謂致力於地曰圣者或作⿰骨力廣韻⿰骨力力作也 讀若兔窟者徐鍇本作兔鹿窟

jì 垍

堅土也從土自聲讀若臮 其冀切

chù 埱

气出土也一曰始也從土叔聲 昌六切

气出土也者通作俶釋詁俶作也 一曰始也者本書俶始也

duǒ 埵

堅土也從土垂聲讀若朵 丁果切

堅土也者一切經音義六字林埵聚土也廣韻埵土埵淮南說林訓窟穴者託埵防便也論衡說日篇太山之高參天入雲去之百里不見埵塊或作垛篡文吳人以積土爲垛垛堅也廣韻堅垛也又射垛唐六典武舉有長垛馬射讀史方輿紀要井陘射垛山在縣東南六十里秦王翦伐趙嘗射垛於此

jīn 㙦

地也從土㬱聲 子林切

jù 埾

土積也從土從聚省 才句切

土積也者詩緜釋文引本書捊引取土蘽案取土即埾字誤分爲二葢引埾也禮運人情以爲田注云田人所捊治正義云謂以手捊聚蘽謂此引埾之義 從聚省者徐鍇本作聚省聲

dǎo 壔

保也高土也從土𠷎聲讀若毒 都皓切

保也者玉篇引作堡也集韻類篇同九章算術今有方堢壔李淳風注云堢城也壔謂以土擁木也唐書哥舒翰傳拔連城堡廣雅壔隄也 高土也者徐鍇本有一曰二字 讀若毒者李淳風云壔音丁老反又音纛

péi 培

培敦土田山川也從土咅聲 薄回切

培敦土田山川也者玉篇培益也老子或培或墮傅奕引字林培益也徐鍇曰左傳分之土田培敦命以伯禽封于少昊之虛注培增也詩曰錫之山川土田附庸此總兩說也

zhēng 埩

治也從土爭聲 疾郢切

治也者玉篇埩耕治也通作整莊十三年左傳夫禮所以整民也正義云整理天下之民

zhàng 墇

擁也從土章聲 之亮切

擁也者擁當爲雝或作壅廣韻墇壅也史記秦本紀河決不可復壅王篇引國語鄣境洪水通作障釋言障畛也郭注謂壅障昭元年左傳障大澤杜注陂障呂氏春秋季春紀開通道路無有障塞高注障壅也

cè 㘖

遏遮也從土則聲 初力切

yín 垠

地垠也一曰岸也從土艮聲 語斤切

玉篇有古文作⿱斦土

shàn 墠　chǐ 垑　lěi 壘　guǐ 垝

地垷也者一切經音義七引作地圻咢也李善注七發引作地圻咢也後漢書班固傳注引作界也史記賈生傳坱軋無垠索隱案無垠謂無有際畔也說文云垠圻也馥案圻下脫咢字廣韻垠圻咢玉篇圻圻咢也集韻土有起迹曰垠七命旌拂霄堮軌出蒼垠淮南俶眞訓四達無竟通於無圻　一曰岸也者一切經音義八引同廣韻圻曲岸廣雅垠厓也淮南于出於無垠鄂之門許注垠鄂端崖也謝靈運富春渚詩遡流觸驚急臨圻阻參錯李善云埤蒼曰碕曲岸頭也碕與圻同馥案靈運又有入彭蠡湖口詩云州島驟迴合圻岸屢崩奔

圻 垠或從斤

或從斤者艮斤聲相近左傳介根城漢志作計斤

墠 野土也從土單聲 常衍切

野土也者周禮大司馬暴內陵外則壇之注云壇讀如同墠之墠王霸記曰置之空墠之地

垑 恃也從土多聲 尺氏切

恃也者垑恃聲相近廣韻垑恃土地也

壘 軍壁也從土畾聲 力委切

六韜設營壘則有天羅武落行馬蒺藜又云壘門拒守矛戟小櫓十二具絞車連弩用以自副又云三軍齊整陣勢以固深溝高壘　拾遺錄中壘校尉掌軍壘門

軍壁也者曲禮四郊多壘注云壘軍壁也周禮量人營軍之壘舍注云軍壁曰壘僖十九年左傳因壘而降釋文壘軍壘宜十二年傳摩壘而還鄭注軍壁曰壘史記白起傳趙軍築壘壁而守之又云趙軍逐勝追造秦壁又云趙戰不利因築壁堅守正義秦壁一名秦壘趙壁今名趙東壘漢書高帝紀帝晨馳入韓信張耳壁奪之軍又周亞夫傳堅壁而守後漢書杜詩傳今若使公卿郡守出於軍壘注云壘軍壁

垝 毀垣也從土危聲詩曰乘彼垝垣 過委切

毀垣也者廣韻垝垣毀垣也毛居正曰凡垣墉圮壞皆曰垝垝猶毀也圮也釋詁垝毀也管子霸形篇水深滅垝注云垝敗牆也　詩曰乘彼垝垣者衛風氓文傳云垝毀也

pǐ 圮　yīn 垔　qiàn 塹

陒 垝或從𨸏

圮 毀也虞書曰方命圮族從土己聲 符鄙切

毀也者釋詁文釋文圮岸毀也釋言圮覆也郭注謂毀覆列子黃帝篇注引字林圮毀也書序祖乙圮于耿釋文引馬云圮毀也孫子九變篇圮地無舍杜注水毀曰圮漢書敘傳將圮絕而罔階顏注圮毀也　虞書曰方命圮族者堯典文史記作負命毀族

[illegible] 圮或從手從非配省聲

從非配省聲者徐鍇本作配省非聲廣韻[illegible]覆也或作嶏案本書嶏崩也

垔 塞也尚書曰鯀垔洪水從土㢴聲 於眞切

塞也者當爲窴通作塞廣雅垔塞也史記秦始皇本紀塹山堙谷宋書鄧琬傳推此義銳滄海可堙漢書后蒼傳閼

者河水滔陸泛濫十餘郡隄防勤勞弗能堙塞顏注堙塡也或作堙襄六年左傳晏弱城東陽而遂圍萊甲寅堙之環城傳於堞襄二十五年傳當陳隧者井堙木刊杜注堙塞也漢書司馬相如傳乃堙洪原顏注堙塞也後漢書張儉傳然儉以區區一掌而欲獨堙江河注云堙塞也又通作湮昭二十九年左傳鬱湮不育杜注湮塞也又通作闉周禮掌蜃以共闉壙之蜃鄭注闉猶塞也　尚書曰鯀垔洪水者洪範文彼作陻傳云陻塞案本書不稱尚書當是商書後人以孔傳爲周書改商爲尚孔穎達曰洪範以爲周書以箕子至周商人所陳而傳引之則曰商書也馥案本書㷉下引商書彝倫攸㷉

[illegible] 古文垔

塹 阬也一曰大也從土斬聲 七豔切

阬也者或作坑廣雅穽坑也潘岳西征賦儒林塡於坑穽僖十九年左傳乃溝公宮賈注溝塹也史記秦本紀塹山堙谷秦始皇本紀乃自除犯禁者四百六十餘人皆阬之咸陽又白起傳趙卒四十萬人降武安君乃挾詐而盡坑

殺之又司馬相如傳隤牆塡壍襄十八年左傳塹防門而守之廣里杜注於門外作塹橫行廣一里昭十七年傳環而塹之及泉昭二十九年傳塹而死杜注隓塹死也字或作壍史記高祖本紀深壍而守廣韻壍坑也遶城水也壍上同出說文一曰大也者本書壙一曰大也

gěng 埂

埂 秦謂阬爲埂从土更聲讀若井汲綆古杏切

秦謂阬爲埂者廣韻埂秦人謂坑也廣韻埂坑也蒼頡篇埂小坑也

kuàng 壙

壙 塹穴也一曰大也从土廣聲苦謗切

塹穴也者廣韻壙墓穴通俗文邱冢謂之壙埂廣雅藏謂之壙釋名壙曠也藏於空曠處也小爾雅廣名壙謂之窾周禮喪祝及壙說載除飾注云壙謂穿中也檀弓弔于葬者必執引若從柩及壙皆執紼雜記四十者待盈坎注云坎或爲壙列子天瑞篇望其壙睪如也宰如也墳如也鬲如也注云壙墓穴也　一曰大也者本書懬大也

kǎi 塏

塏 高燥也从土豈聲苦亥切

說文解字義證　卷四十四　宂

高燥也者廣韻塏爽塏高地昭三年左傳請更諸爽塏者杜注塏燥

huǐ 毀

毀 缺也从土毇省聲許委切

缺也者釋詁虧壞圮垝毀也禮儒行毀方而瓦合孝經不敢毀傷釋文云蒼頡篇云毀破也廣雅云虧也秦策今王妬楚之不毀也鮑注謂無傷白虎通男八歲毀齒女七歲毀齒

𣫭 古文毀从壬

yā 壓

壓 壞也一曰塞補从土厭聲烏狎切

壞也者一切經音義六引作壞也鎮也覆案本書鎮博壓也蒼頡解詁壓鎮也笮也

huài 壞

壞 敗也从土褱聲下怪切

敗也者當爲退本書退數也廣韻壞自破也春秋文十三年大室屋壞

𡊅 古文壞省

𣫞 籒文壞

爾雅釋文說文云壞敗也籒文作𣫞字林云壞自敗也下怪反𣫞毀也公壞反覆案本書攴部𣫞毀也

kě 坷

坷 坎坷也梁國寧陵有坷亭从土可聲康我切

坎坷也者玉篇坎坷不平漢書揚雄傳澵南巢之坎坷兮顏注坎坷不平貌　梁國寧陵有坷亭者漢地理志寧陵屬陳留郡郡國志屬梁國坷通作柯蔡邕於柯亭見好竹取作笛材是也

xià ⿰土虖

⿰土虖 坼也从土虖聲呼訝切

坼也者本書罅裂也集韻⿰土虖壁隙也周易雷雨作而百果草木皆甲拆鄭本作甲宅注云皆讀如人倦解之解謂坼⿰土虖皮曰甲根曰宅蘱

案蜀都賦百果甲宅

𨼣 ⿰土虖或从𨸏

chè 坼

坼 裂也詩曰不坼不疈从土㡿聲丑格切

說文解字義證　卷四十四　丯

本書𤕫坼也厂之性坼果孰有味亦坼故謂之𤕫　周禮占人之䣠卜人占坼注云坼兆璺也　竹書顯王二十三年絳中地坼西絕于汾　齊策嬴博之閒地坼至泉　史記趙世家代地大動地坼東西百三十步　後漢書安帝紀日南地坼長百餘里又云京師及郡國四十二地震或坼裂水泉涌出　說苑湯之時大旱七年雒坼川竭　王隱晉書何曾烝餅上不坼作十字不食

裂也者易解卦釋文引同廣雅字林並同本書𠧞灼龜坼也月令土地分裂注云地隆坼也莊子宋人有善不龜手之藥者注云其藥能令人手不龜文坼裂也呂氏春秋仲冬紀地始坼高注凍裂也淮南本經訓天旱地坼注坼燥裂也　詩曰不坼不疈者大雅生民文彼作拆釋文作坼　史記楚世家陸終生子六人坼剖而產焉帝王世紀禹母吞神珠薏苡胸坼而生禹干寶搜神記前志所傳修己背坼而生禹簡狄胸剖而生契詩云不坼不副無災無害原詩人之旨明古之婦人常有坼剖而產者矣

yǎng 坱

坱 塵埃也从土央聲於亮切

méi 塺　lǒu 塿　fèn 坋　fèi 𡋯　āi 埃　yī 堅　yìn 垽　gòu 垢

塵埃也者博物志吳人謂塵土爲坺坱

塺　塵也從土麻聲亡果切

塵也者廣雅同一切經音義十二通俗文埶土曰塺塺亦塵也淮南子揚堁而弭塺許注堁塺塵也劉向九歎念氛霧其如塺王注塺塵也王褎九懷霾土忽兮塺塺

塿　塺土也從土婁聲洛侯切

塺土也者廣雅塿土也

坋　塵也從土分聲一曰大防也房吻切

塵也者後漢書東夷倭傳注引同廣雅同一切經音義三通俗文埲土曰坌一曰大防也者或作墳釋邱墳大防郭注謂隄又釋地墳莫大於河墳郭注墳大防詩遵彼汝墳傳云墳大防也又通作濆本書濆水厓也詩常武鋪敦淮濆箋云淮水大防之上郊特牲祭坊與水庸事也經解以舊坊爲無所用而壞之者必有水敗

說文解字義證　卷四十四　三十二

𡋯　塵也從土非聲房未切

塵也者玉篇𡋯塵也

埃　塵也從土矣聲烏開切

塵也者廣雅同一切經音義十七通俗文灰塵曰埃埃亦塵也蒼頡篇埃風揚塵也楚詞離騷溘埃風余上征王注埃塵也漁父安能以皓皓之白而蒙世俗之塵埃乎莊子野馬也塵埃也漢書景十三王傳杳冥晝昏塵埃抪覆

堅　塵埃也從土殹聲烏雞切

塵埃也者廣雅堅塵也

垽　澱也從土沂聲魚僅切

澱也者本書澱滓垽也又黗下云黗謂之垽垽滓也釋器澱謂之垽郭注滓澱也今江東呼垽江賦垽淪溛瀤

垢　濁也從土后聲古厚切

濁也者本書淤下云澱滓濁泥

yì 𡔷　pī 坏　dié 垤

𡔷　天陰塵也詩曰𡔷𡔷其陰從土壹聲於計切

天陰塵也者玉篇引作天陰塵起也篇海同詩曰𡔷𡔷其陰者邶風終風文彼作曀韓作𡔷

坏　邱再成者也一曰瓦未燒從土不聲芳桮切

邱再成者也者徐鍇韻譜作山一成水經注河水云河又東逕成皋大伾山下爾雅曰山一成謂之伾許慎呂忱等並以爲邱一成也孔安國以爲再成曰伾亦或以爲地名非也馥案酈氏所見說文作邱一成今作再成者後人據書傳改之顏注地理志山再重曰伾亦據書傳孔氏正義云鄭玄云大岯在修武武德之界張揖云成皋縣山也漢書音義有臣瓚者以爲修武武德無此山也成皋縣山又不一成今黎陽縣山臨河豈不是大岯乎瓚言當然馥案薛士龍曰大伾山許慎說今黎陽之黎山薛引許說或出淮南注又在瓚之前矣隋書地理志黎陽縣有大伾山元和志黎陽縣大伾山南去縣七里即黎山也寰宇記黎陽縣大伾山在縣南七里尚書云至于大伾又名青檀山

說文解字義證　卷四十四　三十三

馥案此皆在贊後而從其說者一曰瓦未燒者一切經音義十五引字林瓦未燒者曰坯華嚴經音義坯未燒瓦也齊民要術凡釀七月坯爲上後漢書崔駰傳坯冶一陶注云坯土器之未燒者字或作坏考工記旊人膊崇四尺注云凡器高於此則坏不能相勝或作瓬集韻瓬瓦未燒者又作阫莊子庚桑楚正晝爲盜日中穴阫釋文引裴云阫牆也馥謂以坏爲牆也

垤　螘封也詩曰鸛鳴于垤從土至聲徒結切

螘封也者一切經音義一垤蟻堆也玉篇垤螘冢也廣雅垤封場也方言蚍蜉其場謂之坻或謂之垤注云亦言冢也方言又云垤封場也楚郢以南蟻土謂之封垤中齊語也博物志蟻知將雨易林蟻封戶穴大雨將集韓詩章句天將雨而蟻出壅土淮南修務訓螘知爲垤孟子泰山之於邱垤注云垤蟻封也法言問神篇太山之與螘垤韓非姦劫篇猶螘垤之比大陵也學記蛾子時術之注云蛾蚍蜉也蚍蜉之子微蟲耳時術蚍蜉之所爲其功乃復成大垤呂氏春秋愼小篇人之情不蹶於山而蹶於垤注云垤蟻封也郭璞蚍蜉賦感萌陽以潛出將知水而封穴臧燥

qū 坥　juǎn 埍　kū 壡　yì 瘞　bèng 堋

緒晉書王湛以王濟馬與督郵馬當蟻封內試之 詩曰鸛鳴于垤者豳風東山文傳云垤螘塚也馥案鸛當爲雚本書雚下引詩作雚

坥 益州部謂螾場曰坥從土且聲 七余切

益州部謂螾場曰坥者玉篇螾曲蟺也方言坻坥場也梁宋之閒蚍蜉犂鼠之場謂之坻螾場謂之坥注云螾蛐蟺也其糞名坥

埍 徒隸所居也一曰女牢一曰亭部從土肙聲 古泫切

徐鍇本有讀若寰三字

壡 四突出也從土叡聲 胡八切

瘞 幽薶也從土㾜聲 於罽切

幽薶也者本書薶瘞也釋言瘞幽也郭注幽亦薶也釋天祭地曰瘞埋孫炎曰瘞者翳也既祭翳藏地中祭法瘞埋於泰折祭地也周禮司巫凡祭祀守瘞注云瘞謂若祭地祇有埋牲玉者也山海經用一璋玉瘞注云瘞薶也漢書武帝紀祠常山瘞玄玉鄧展曰瘞埋也楚元王傳多其瘞藏顏注瘞埋也後漢書杜篤傳瘞后土注云瘞埋也

堋 喪葬下土也從土朋聲春秋傳曰朝而堋禮謂之封周官謂之窆虞書曰堋淫于家 方鄧切

喪葬下土也者徐鍇本作喪葬不下土也馥謂不當爲才小爾雅下棺謂之窆塡竁謂之封釋言薶塞也郭注謂塞孔穴　春秋傳曰朝而堋者昭十二年左傳文彼云司墓之室有當道者毀之則朝而堋注云堋下棺　禮謂之封周官謂之窆者易繫辭不封不樹虞翻曰穿土稱封封古窆字也王制庶人縣封注云縣封當爲縣窆檀弓縣棺而封注云封當爲窆窆下棺也春秋傳作堋曾子問遂既封而歸注云封當爲窆又遂既封改服而往注云封亦當爲窆喪大記凡封用綍去碑負引注云封周禮作窆窆下棺也此此封或皆作斂檀弓曰公輸若方小斂般請以機封謂此斂也然則棺之入坎爲斂與斂尸相似記時同之耳周禮鄉師及窆執斧以涖匠師鄭司農云窆謂葬下棺也春

說文解字義證《卷四十四　卅三

zhào 垗

秋傳日日中而堋禮記所謂封者又遂入及窆陳役鄭司農云窆謂下棺時禮記謂之封春秋謂之堋皆葬下棺也聲相似又大僕大喪始崩戒鼓傳達于四方窆亦如之鄭司農云窆謂葬下棺也春秋傳所謂日中而堋禮記謂之封皆葬下棺也音相似窆讀如慶封汜祭之汜　虞書曰堋淫于家者益稷文彼作朋徐鍇本作虞書曰堋淫于家亦如是閻若璩曰安國傳朋羣也穎達疏言羣娶妻妾恣意淫之無男女之別余謂丹朱之惡尚未至此蓋古文本作堋說文云堋喪葬下土也此如楚王戊爲薄太后服私姦服舍詔削其支郡之事亦與上文罔水行舟一例于義爲長

垗 畔也爲四時界祭其中周禮曰垗五帝於四郊從土兆聲 治小切

廣雅宅垗營域葬地也　士喪禮掘四隅外其壤掘中南其壤所謂垗也　通作兆周禮小宗伯掌兆中廟中之禁令注云兆壇塋域樂記綴兆舒疾注云兆其外營域也郊特牲郊之祭也迎長日之至也大報天而主日也兆於南郊就陽位也文十八年左傳其器則姦兆也杜注兆域也周書作洛解設丘兆於南郊以祀上帝配以后稷農星先王皆與食晏子景公爲路寢之臺晏子令吏遠其兆東觀漢記上都雒陽制兆於城南七里北郊四里文選冊魏公九錫文設官兆祀不失舊物天地鬼神於是獲乂釋言兆域也郭注謂塋界士喪禮兆南北面鄭注兆域也新營之處孝經卜其宅兆而安措之哀二年左傳無入于兆杜注兆葬域又通作肇書堯典肇十有二州大傳作兆鄭注兆域也爲營域以祭十二州之分星也詩生民以歸肇祀箋云肇郊之神位也正義云言神位之兆肇宜作兆周禮小宗伯云兆五帝於四郊是也表記引詩后稷兆祀注云兆四郊之祭處也詩元鳥肇域彼四海箋云肇當作兆兆域正天下之經界正義云箋以肇域共文當爲界域營兆故轉肇爲兆

畔也者禮含文嘉注云兆者作封畔兆域也　爲四時界祭其中者本書畤天地五帝所基址祭地馥謂凡郊祀大小皆有垗　周禮曰垗五帝於四郊者春官小宗伯文彼作兆注云兆爲壇之營域五帝蒼曰靈威仰太昊食焉赤曰赤熛怒炎帝食焉黃曰含樞紐黃帝食焉白曰白招拒少昊食焉黑曰汁光紀顓頊食焉賈逵周禮解詁東郊木

說文解字義證《卷四十四　卅四

帝太皞八里南郊火帝炎帝七里西郊金帝少皞九里北郊水帝顓頊六里中兆黃帝之位幷南郊之季故云兆五帝於四郊也春秋文耀鉤太微宮有五帝坐星漢書郊祀志天神貴者泰一泰一佐曰五帝史記天官書其內五星五帝坐五經通義天神之大者曰昊天上帝其佐曰五帝唐補闕王仲邱曰五帝者五行之精九穀之宗也五經異義引滘于登說周公祀文王於明堂以配上帝上帝五精之帝太微之庭中有五帝座星禮器因吉土以饗帝于郊注云以四時所兆祭於四郊者也周禮典祀掌外祀之兆守皆有域注云外祀謂所祀於四郊者域兆表之塋域宣三年公羊解詁孝經宗祀文王於明堂以配上帝上帝五帝在太微之中迭生子孫更王天下南齊書禮志引馬融曰郊天之祀咸以夏正五氣用事有休有王各以其時兆於方郊梁書許懋傳小宗伯云兆五帝於四郊此即月令迎氣之郊也續漢書迎氣五郊之兆四方之兆各依其位月令注云迎春祭蒼帝靈威仰於東郊之兆也迎夏祭赤帝赤熛怒於南郊之兆也迎秋者祭白帝白招拒於西郊之兆也迎冬者祭黑帝叶光紀於北郊之兆也文耀鉤春起青受制其名靈威仰夏起赤受制其名赤熛怒秋起白受制其名白招拒冬起黑受制其名叶光紀季夏六月火

受制其名含樞紐隋書禮儀志禮天子每以四立之日及季夏各於其方之近郊爲兆迎其帝而祭之所謂燔柴於泰壇掃地而祭者也春迎靈威仰者三春之始萬物稟之而生莫不仰其靈德服而畏之也夏迎赤熛怒者火色熛怒其靈炎口至明盛也秋迎白招拒者招集拒大也言秋時集成萬物其功大也冬迎叶光紀者叶拾光華紀法也言冬時收拾光華之色伏而藏之皆有法也中迎含樞紐者含容也樞機有開闔之義紐者結也言土德之帝能含容萬物開闔有時紐結有法也然此五帝之號皆以其德而名焉漢書郊祀志泰一佐曰五帝顏注謂青帝靈威仰赤帝赤熛怒白帝白招矩黑帝叶光紀黃帝含樞紐也一說蒼帝名靈符赤帝名文祖白帝名顯紀黑帝名玄矩黃帝名神斗楚詞九章令五帝以折中王注五帝謂五方神也東方爲太皞南方爲炎帝西方爲少昊北方爲顓頊中央爲黃帝漢書魏相傳東方之神太昊乘震執規司春南方之神炎帝乘離執衡司夏西方之神少昊乘兌執矩司秋北方之神顓頊乘坎執權司冬中央之神黃帝乘坤艮執繩司下土茲五帝所司各有時也禮含文嘉五祀南郊北郊西郊東郊中兆正謀注云東郊去都城八里南郊九里北郊六里中郊西郊去城五里正謀者方欲迎氣齋戒自端正謀慮其事也續漢書祭祀志建武二年初制郊兆於雒陽城南爲圓壇八陛中又爲重壇天地位其上其外壇上爲五帝位青帝位在甲寅之地赤帝位在丙巳之地黃帝位在丁未之地白帝位在庚申之地黑帝位在壬亥之地

yíng
塋

塋 墓也從土熒省聲 余傾切

墓也者李善注齊敬皇后哀策文引作墓地通鑑馬援妻孥不敢以喪還舊塋注引本書塋墓地玉篇增韻篇海所引竝作墓地廣韻塋墓域廣雅塋域葬地也周禮冢人守墓禁注云禁所爲塋限漢書楚元王傳太夫人薨賜塋顏注塋冢也謂爲界域如淳曰塋冢田也後漢書謝夷吾傳墓不起墳注云墓謂塋域墳謂築土後魏書劉昶尚三公主及終與三公主同塋異穴顏延之拜陵廟詩崇樹加園塋　熒省聲者徐鍇本作營省亦聲

mù
墓

墓 邱也從土莫聲 莫故切

廣雅墓冢也　釋名墓慕也孝子思慕之處也　鄭注墓大夫云墓冢塋之地孝子所思慕之處　急就篇哭泣祭醊墳

墓冢顏注墓壙穴也謂之墓者言其幽暗當昏暮也　曲禮適墓不登壟注云壟冢也墓塋域檀弓墓而不墳注云墓謂兆域今之封塋也

邱也者御覽引作兆域也釋名邱象邱形也方言冢大者謂之邱凡葬而無墳謂之墓注云言不封也墓猶慕也周禮冢人以爵等爲邱封之度注云別尊卑也王公曰邱諸臣曰封六韜必依草木邱墓險阻春秋說題辭邱者墓也宋高祖修楚元王墓詔曰邱封翳然墳塋莫翦任昉代卞彬謝修卞忠貞墓啓遂使碑表蕪滅邱樹荒毀楊惲報孫會宗書豈得全其首領復奉先人之邱墓乎荊州圖記江陵縣東南七十里有楚莊王墓高四丈餘王粲登樓賦所謂西接昭邱是也馥案趙武靈王墓謂之靈邱吳闔閭墓謂之虎邱

fén
墳

墳 墓也從土賁聲 符分切

墓也者顏注急就篇墳封土而高之也廣雅墳冢也方言冢秦晉之閒謂之墳詩葛生歸于其居箋云居墳墓也檀弓墓而不墳注云上之高者曰墳思元賦覩有黎之圮墳注云楚靈王之世衡山崩而祝融之墓壞北堂書鈔引揚

雄家錄子雲葬安
陵侯芭負土作墳

lǒng
壠

壠 丘壠也從土龍聲 力踵切

小爾雅廣名壟塋也 方言冢或謂之壠注云有界埒似耕壠以名之 曲禮適墓不登壟 檀弓吾見封之若堂者矣見若坊者矣見若覆夏屋者矣見若斧者矣注云封築土爲壟 管子侈靡篇巨瘞培所以使貧民也美壟墓所以文明也 列子周穆王篇指壠曰此若先人之冢 齊策曾不若死士之壟也 呂氏春秋權勳篇掘若壟注云壟冢也 文選求爲諸孫置守冢人表掃除塋壟 寡婦賦墓門兮肅肅修隴兮峨峨 任昉劉先生夫人墓誌長扃幽隴 顏延之拜陵廟詩山煙冒壠生 呂氏春秋孟冬紀營丘壟之小大高卑薄厚之度貴賤之等級注云丘墳壟冢也度其制度貴者高大賤者卑小故曰等級也 含文嘉天子墳高三仞樹以松諸侯半之樹以柏大夫八尺樹以欒士四尺樹以槐庶人無墳樹以楊柳 漢律列侯墳高四丈關內侯以下至庶人各有差 鹽鐵論古者不封不樹及其後則封之庶人之墳半仞其高可隱

邱壠也者御覽引作邱也李善注懷舊賦引同徐鍇韻譜亦同廣雅壠冢也鄭注周禮冢人云冢封土爲邱壠曲禮爲宮室不斬於邱木注云邱壠也楚詞七諫封比干之邱壟王注小曰邱大曰壟漢書劉向傳皆無邱隴之處魏志崔琰傳士卒橫暴掘發邱壠宋孝武置自古帝王守冢戶詔曰邱壠殘毀樵牧相趨塋兆堙蕪封樹莫辨通鑑李神福遣人守衛錢鏐祖考邱壟

tán
壇

壇 祭壇場也從土亶聲 徒干切

祭壇場也者集韻類篇並引作祭場也小字本李燾本同本書初刻亦無壇字後復加之獨斷壇謂築土起堂書金縢爲三壇同墠馬注壇土堂祭法設廟祧壇墠而祭之注云封土曰壇除地曰墠又燔柴於泰壇祭天也注云壇之言坦也坦明貌也漢書高帝紀於是漢王齊戒設壇場顏注築土而高曰壇莊十三年公羊傳莊公升壇何云土基三尺土階三等曰壇

cháng
場

場 祭神道也一曰田不耕一曰治穀田也從土昜聲 直良切

祭神道也者史記文帝紀其廣增諸祀壇場應璩書述祈雨云拜請靈場 一曰田不耕者徐鍇本作一曰山田不耕者 一曰治穀田也者玉篇引作一曰治穀處廣韻場治穀地也詩七月九月築場圃傳云春夏爲圃秋冬爲場箋云場圃同地自物生之時耕治之以種菜茹至物盡成熟築堅以爲場正義云種樹菜果則謂之圃蹂踐禾稼則謂之場

guī
圭

圭 瑞玉也上圜下方公執桓圭九寸侯執信圭伯執躬圭皆七寸子執穀璧男執蒲璧皆五寸以封諸侯從重土楚爵有執圭 古畦切

瑞玉也者周禮大宗伯以玉作六瑞以等邦國聘禮記所以朝天子圭與繅皆九寸注云圭所執以爲瑞節也春秋文元年天王使毛伯來錫公命杜注諸侯卽位天子賜以命圭合瑞爲信郭璞贊玉作五瑞辯章有國說苑諸侯以

圭爲贄圭者玉也薄而不撓廉而不劌有瑕於中必見於外故諸侯以玉爲贄 上圜下方者本書闔上圜下方有似圭鄭注聘禮記圭剡上象天圜地方也應劭曰圭自然之形陰陽之始也 公執桓圭云云者周禮大宗伯以玉作六瑞以等邦國王執鎮圭公執桓圭侯執信圭伯執躬圭子執穀璧男執蒲璧注云鎮圭者蓋以四鎮之山爲瑑飾圭長尺有二寸桓圭蓋亦以桓爲瑑飾圭長九寸信當爲身聲之誤也身圭躬圭蓋皆象以人形爲瑑飾文有麤縟耳欲其慎行以保身圭皆長七寸穀所以養人蒲爲席所以安人二玉蓋或以穀爲瑑飾或以蒲爲瑑飾璧皆徑五寸典瑞公執桓圭侯執信圭伯執躬圭繅皆三采三就子執穀璧男執蒲璧繅皆二采再就大行人上公之禮執桓圭九寸諸侯之禮執信圭七寸諸伯執躬圭諸子執穀璧諸男執蒲璧考工記玉人之事命圭九寸謂之桓圭公守之命圭七寸謂之信圭侯守之命圭七寸謂之躬圭伯守之注云子守穀璧男守蒲璧不言之者闕耳楚詞大招三圭重侯王注三圭謂公侯伯也公執桓圭侯執信圭伯執躬圭故言三圭也重侯謂子男也子男共一爵故言重侯也雜記贊大行曰圭公九寸侯伯七寸子男五寸博三寸厚半寸剡上左右各寸半玉也注云子男執璧作此贊

者失之矣三禮射侯圖信圭七寸謂圭上琢人頭身之形侯所執也躬圭七寸謂圭上琢爲四禮之形伯所執也郭注西山經云禮記曰瑱密以粟玉有粟文所謂穀璧也史記五帝本紀正義孔文祥云宋末會稽修禹廟於廟庭山土中得五等圭璧百餘枚形與周禮同皆短小此卽禹會諸侯於會稽執以禮山神而埋之其圭璧今猶有在也以封諸侯者春秋定八年盜竊寶玉大弓穀梁云寶玉者封圭也范云始封之圭漢書司馬相如傳析珪而爵如湻曰析中分也白藏天子青在諸侯也　楚爵有執圭者楚策封之執珪又云通侯執珪東周策君謂景翠曰公爵爲執珪鮑注景翠楚將齊策陳軫問昭陽楚之法覆軍殺將其官爵何也昭陽曰官爲上柱國爵爲上執珪呂氏春秋荆有茲非渡江兩蛟繞舟茲非拔劒刺殺兩蛟荆王聞之任以執圭淮南道應訓子發攻蔡踰之宣王郊迎列田百頃而封之執圭高注楚爵功臣賜以圭謂之執圭比附庸史記張儀傳楚人不勝列侯執珪死者七十餘人說苑鄂君子皙官爲令尹爵爲執珪

珪　古文圭從玉

圯　東楚謂橋爲圯從土巳聲　與之切

東楚謂橋爲圯者廣韻圯土橋名在泗州史記留侯世家良嘗閒從容步游下邳圯上徐廣曰圯橋也東楚謂之圯李奇曰上下邳人謂橋爲圯漢書音義服虔曰圯音頤楚人謂橋曰圯郭緣生述征記秦梁圯名也或云秦始皇東巡弗行舊道過此水牽百官以石塡之俄而梁成

垂　遠邊也從土𠂹聲　是爲切

遠邊也者釋詁疆界邊衛圉垂也宣十二年公羊傳寡人無良邊垂之臣秦策今大國之地半天下有二垂鮑注西北二邊字或作陲荀子臣道篇邊境之臣處則疆垂不喪注云垂與陲同成十三年左傳虔劉我邊陲史記律書連兵於邊陲

堀　兔堀也從土屈聲　苦骨切

兔堀也者文子尙德篇兔走歸堀狐死首邱各依所生夏侯湛獵兔賦墟之於堀中通作窟玉篇窟兔窟也一切經

音義三小爾雅兔之所息謂之窟兔不穴居時有而憩也戰國策云狡兔三窟通俗文鳥居曰巢獸穴曰窟齊策狡兔有三窟顏延之宋郊祀歌月竁來賓李善引甘泉賦西壓月䶂服虔曰音窟兔窟月所生也

文一百三十一　重二十六

陻　徐鍇本𨸏下有或體作陻

壂　御覽引云殿堂之高大者也　葉大慶考古質疑嘗考許愼說文殿堂之高大者也　玉篇壂堂也　廣雅堂堭壂也初學記引蒼頡篇壂大堂也　漢朱龜碑前設大壂孟郁修堯廟碑成陽靈臺碑西嶽華山廟碑高眹修周公禮殿記並書作壂唐慶湯名頌亦作壂

遺文二

垚　土高也從三土凡垚之屬皆從垚　吾聊切

土高也者韻會垚積纍而上象高形廣韻垚土高皃

堯　高也從垚在兀上高遠也　吾聊切

高也者廣韻堯至高之皃風俗通堯者高也言其隆興煥炳最高明也廣雅堯嶢也白虎通堯猶嶢嶢至高之皃

㚁　古文堯

文二　重一

堇　黏土也從土從黃省凡堇之屬皆從堇　巨斤切

黏土也者蕪城賦糊赬壤以飛文五臣云糊黏也赬壤赤土也以黏和之通鑑楊行密圍廣陵城中無食以堇泥爲餅食之注云堇泥黏土也

皆古文堇

jiān 艱

艱 土難治也從堇艮聲 古閑切

土難治也者釋名艱根也如物根也

囏 籀文艱從喜

史記楚世家熊囏立索隱囏古艱字

文二 重三

lǐ 里

里 居也從田從土凡里之屬皆從里 良止切

居也者廣雅小爾雅竝同釋名五鄰爲里居方千里之中也徐鍇引書百姓里居風俗通五家爲軌十軌爲里里者止也五十家共居止也詩將仲子無踰我里傳云里居也二十五家爲里又十月悠悠我里箋云里居也周禮遂人五家爲鄰五鄰爲里載師以廛里任國中之地注云里居也又縣師郊里之地域注云郊里郊所居也又遺人鄉里之委積注云鄉里鄉所居也論語里仁爲美鄭注里者民之所居宣十五年穀梁傳古者三百步爲里名曰井田又

說文解字義證 卷四十四

云古者公田爲居孟子廛無夫里之布注云里居也漢書食貨志在壄曰廬在邑曰里 從土者徐鍇本有一曰土聲也三字所未能詳

lí 釐

釐 家福也從里𠩺聲 里之切

家福也者通志引作蒙福也玉篇釐祭餘肉也漢書文帝紀祠官祝釐加注曰釐福也韋昭曰祭鬼神之餘肉曰釐史記賈誼傳孝文帝方受釐徐廣曰祭祀福胙也應劭云釐祭餘肉也

薛尚功鐘鼎款識盄和鐘銘以受屯魯多釐

yě 野

野 郊外也從里予聲 羊者切

郊外也者釋地邑外謂之郊郊外謂之牧牧外謂之野本書冂下云邑外謂之郊郊外謂之野詩魯頌傳云邑外曰郊郊外曰野俱無郊外爲牧之文詩野有蔓草傳云野四郊之外又野有死麕干旄在浚之郊叔于田叔適野傳竝云郊外曰野周禮遂人掌邦之野注云郊外曰野委人掌斂野之賦斂薪芻注云野謂遠郊以外也旅師掌聚野之勦粟屋粟閒粟注云野謂遠郊之外也呂氏春秋季春紀周視原野注云郊外曰野

壄 古文野從里省從林

漢書地理志畫壄分州顏注壄古野字顏謂壄亦從予俗誤作矛

從林者野外謂之林故從林

文三 重一

tián 田

田 陳也樹穀曰田象四口十阡陌之制也凡田之屬皆從田 待季切

陳也者廣雅同田陳聲相近史記田敬仲完世家敬仲之如齊以陳字爲田氏索隱云以陳田二字聲相近賈誼書陳單即田單本書地萬物所陳列也陳當爲敶釋地郊外謂之牧釋文李本牧作田字釋云田敶也謂敶列種穀之處 樹穀曰田者顏注急就篇樹殖也孟子樹藝五穀周書大聚解陂溝道路藂苴邱墟不可以樹穀者樹以材木

說文解字義證 卷四十四

月令章句穀田曰田釋名已耕者曰田田填也五稼填滿其中也書禹貢厥田惟中中鄭注能吐生萬物者曰土據人功作力競得而田之則謂之田周語田疇荒蕪韋注穀地爲田 象四口阡陌之制也者齊民要術引云田陳也樹穀曰田象形從口從十阡陌之制也篇海引同本書無阡陌字史記商君傳爲田開阡陌封疆風俗通南北曰阡東西曰陌又云河東以東西爲阡南北爲陌漢書地理志作仟佰

tīng 町

町 田踐處曰町從田丁聲 他頂切

田踐處曰町者襄二十五年左傳町原防正義引作田踐處曰町案杜注云隄防閒地不得方正如井田別爲小頃町亦謂不方正即殘也一切經音義八蒼頡篇町田區也急就篇頃町界畝畦埒封

ruán 㽜

㽜 城下田也一曰㽜郤也從田耎聲 而緣切

城下田也者玉篇㽜城外隍內地也博物志海陵縣多麋千萬爲羣掘食草根其處成泥名曰麋㽜民隨而種不耕而穫其收百倍字或作堧漢書翟方進傳城郭堧及園田過更張晏曰堧城郭旁地申屠嘉傳南出者太上皇廟堧

堇 里 田

垣也服虔曰宮外垣餘地也字又作壖史記鼂錯傳此非廟垣乃壖中垣正義壖者廟內垣外游地也漢書食貨志過試以離宮卒田其宮壖地顏注壖餘也宮壖地謂外垣之內內垣之外也諸言河壖地廟垣壖地其義皆同臨江王榮傳侵廟壖為宮後漢書桓帝紀若無親屬可於官壖地葬之注云壖官之餘地也

chóu 疇

疇 耕治之田也從田象耕屈之形 直由切

耕治之田也者本書州疇也各疇其土而生之蒼頡篇疇耕地也　象耕屈之形者徐鍇本作象耕溝田詰屈也

𠃬 疇或省

本書𠷎下云𠷎與疇同𠷎下云𠷎古文疇汗簡引作𠷎屬工部

liú 疁

疁 燒種也漢律曰疁田茠艸從田翏聲 力求切

燒種也者玉篇疁田不耕燒種也周禮水火處之可以美土疆月令季夏土潤溽暑大雨時行乃燒薙行水利以殺草可以糞田疇可以美土疆漢武帝詔江湖之地火耕水耨齊民要術凡開荒山澤田皆七月芟艾之草乾卽放火

說文解字義證　卷四十四

越絕書吳北野胥主疁者吳王女胥主田也晉書殷浩傳開江西疁田千餘頃以為軍儲宋書豫章王子尚傳時東土大旱鄞縣多疁田

yú 畬

畬 三歲治田也易曰不菑畬□從田余聲 以諸切

唐書東謝蠻土宜五穀不以牛耕但為畬田每歲一易馥案畬燒種廣韻畬燒榛種田

三歲治田也者易釋文六書故並引作二歲徐鍇韻譜亦作二歲坊記易曰不耕穫不菑畬凶注云田一歲曰菑二歲曰畬三歲曰新田虞翻云田在初一歲曰菑在二二歲曰畬詩詁一歲為菑始反艸也二歲為畬漸和柔也三歲為新謂已成田而尚新也馥案釋地三歲曰畬詩臣工采芑傳並云一歲曰菑二歲曰新三歲曰畬　易曰不菑畬□者无妄文釋文引馬曰田三歲也闕處集韻類篇李燾本並作田馥據坊記引易當是凶字

róu 畼

𤱶 和田也從田柔聲 耳由切

和田也者孫炎爾雅注新田新成柔田也徐鍇本有鄭有𤱶地名也六字鍇曰國語依𤱶歷莘四邑名也馥案鄭詩諸引國語作疇

jī 畸

畸 殘田也從田奇聲 居宜切

殘田也者徐鍇曰謂田奇零也杜預長歷月日行十三度十九分度之有畸莊子大宗師畸人者畸於人而侔於天荀子彊國篇墨子有見於齊無見於畸注云畸謂不齊也通鑑唐中宗元年戶六百一十五萬口三千七百一十四萬有畸趙孟頫書蘇汝舟政績記糧二萬六百一十頃有畸通作奇易繫辭陽卦奇亦零數也又歸奇于扐以象閏鄉射禮一算為奇注云奇猶虧也史記李廣傳李廣老數奇李衛公問對太宗曰黃帝兵法世傳握奇文或謂為握機文何謂也靖曰奇音機故或傳為機其義則一奇餘零也因此音機

cuó 㽨

㽨 殘田也詩曰天方薦㽨從田差聲 昨何切

殘田也者集韻引作殘薉田也廣韻同韻會引徐鍇本亦同　詩曰天方薦㽨者小雅節南山文彼作瘥徐鍇本引詩下有殘也二字馥案殘當為疫詩傳云瘥病箋云疫病

說文解字義證　卷四十四

mǔ 畮

畮 六尺為步步百為畮從田每聲 莫厚切

六尺為步步百為畮者司馬法文馬融注論語引云六尺為步步百為畝畝百為夫夫三為屋屋三為井井十為通通十為城城出革車一乘考工記匠人營國野度以步梓人為侯注云張足六尺鄉射禮下綱不及地武注云武迹也中人之迹尺二寸疏云漢禮云五武成步步六尺或據此而言也李衛公問對方生於步是以步數定於地范注穀梁云廣一步長百步為一畝釋邱如畝畝邱孫炎云方百步也釋名畝邱邱體滿一畝之地也禮儒行儒有一畝之宮疏云徑一步長百步為畝漢書食貨志理民之道地著為本故必建步立畮正其經界六尺為步步百為畮夏侯陽筭經田曹以六尺為步三百步為一里此古法王制古者以周尺八尺為步今以周尺六尺四寸為步古者百畝當今東田百四十六畝三十步注云周尺之數未詳聞也按禮制周猶以十寸為尺蓋六國時多變亂法度或言周尺八寸則步更為八八六十四寸以此計之古者百畝當今百五十六畝二十五步徐鍇本有秦田二百四十步為畮九字一位筭法云案千乘之國周之制度司馬法六尺為步步百為畝是古之制也秦孝公時商鞅獻三術內

田

一開道阡陌以五尺爲步二百四十步爲畝

畮 晦或從田十久

論語微生畝漢書古今人表作晦　詩生民履帝武敏釋文引犍爲舍人敏作畝馥案晦敏聲相近敏古讀毋鄙切漢書敘傳宣之四子淮陽聰敏舅氏蘧篨幾陷大理今讀晦作莫厚切者誤也徐氏以畝爲久聲久古音苟起切宋玉招魂久與里韻詩旄邱久與以韻是也

diàn 甸

甸 天子五百里地從田包省　堂練切

天子五百里地者徐鍇本作天子五百里内田書禹貢五百里甸服傳云規方千里之内謂之甸服爲天子服治田去王城四面五百里王制千里之内曰甸注云服治田出穀稅周禮天官敘官甸師注云郊外曰甸

jī 畿

畿 天子千里地以遠近言之則言畿也從田幾省聲　巨衣切

天子千里地者詩元鳥邦畿千里傳云畿疆也箋云王畿千里之内隱元年穀梁傳寰内諸侯釋文寰内畿内也周禮大司徒制其畿疆而溝封之注云千里曰畿大行人邦畿方千里職方氏方千里曰國畿注云畿猶限也漢書刑法志地方一里爲井井十爲通通十爲成成方十里成十爲終終十爲同同方百里同十爲封封十爲畿畿方千里地理志初洛邑與宗周通封畿東西長南北短短長相覆千里韋昭云通在二封之地共千里也臣瓚按西周方八百里八八六十四爲方百里者六十四東周方六百里六六三十六爲方百里者三十六二都方百里者百方千里也詩正義云周禮每言王畿千里者制禮設法據方圓而言其實地形不可如圖也蓋以西都先王所居東都貢賦所均不可竝爲二畿故通數之共爲千里通作圻襄二十五年左傳天子之地一圻杜注方千里尚書大傳圻者天子之境也天子游不出封圻注云周禮方千里曰王圻詩曰邦圻千里惟民所止又通作祈詩祈父箋云祈圻畿同正義云此職掌封畿兵甲當作畿字古者祈圻畿同字得通用故此作祈尚書作圻

qí 畦

畦 田五十畝曰畦從田圭聲　戶圭切

集韻畦田有埒　一切經音義十七畦埒也埒封也道徑也

田五十畝曰畦者蒼頡篇同離騷畦畱夷與揭車分王注五十畝爲畦劉熙注孟子今俗以五十畝爲大畦二十五畝爲小畦

wǎn 畹

畹 田三十畝也從田宛聲　於阮切

田三十畝也者集韻田畝三十爲畹魏都賦下畹高堂李善引班固曰畹三十畝也離騷余既滋蘭之九畹兮王注十二畝爲畹或曰田之長爲畹也玉篇秦孝公二百三十步爲畝三十步爲畹馥謂三十步即田之長也

pàn 畔

畔 田界也從田半聲　薄半切

田界也者廣雅畔界也白帖農必有畔地豈無圖急就篇疆畔畷伯耒犂鋤顔注畔分半田之際也書梓材爲厥疆畎傳云爲其疆畔畎壟襄二十五年左傳行無越思如農之有畔新語道基篇后稷乃列封疆畫畔界以分土地之所宜史記五帝本紀舜耕歷山歷山之人皆讓畔正義云韓子歷云農相侵略舜往耕朞年耕者讓畔也後漢書杜

篤傳爰初開畔注云畔疆界也夏侯湛賦察田疇之疆畔九章筭術衺田正廣六十五步一畔從一百步一畔從七十二步通作泮詩氓隰則有泮箋云泮讀爲畔畔厓也

jiè 畍

畍 境也從田介聲　古拜切

境也者當爲竟廣雅畍竟也漢裴岑碑邊竟艾安曲禮入竟而問禁莊二十七年左傳卿非君命不越竟本書畺界也從畕三其界畫也畫象田四界徐鍇韻譜畍田畔顔注急就篇田邊謂之界

gǎng 畖

畖 境也一曰陌也趙魏謂陌爲畖從田亢聲　古郎切

境也者當爲竟廣雅畖竟也　趙魏謂陌爲畖者玉篇畖趙魏陌名也

zhuì 畷

畷 兩陌閒道也廣六尺從田叕聲　陟劣切

兩陌閒道也者集韻畷井田閒道顔注急就篇畷兩佰閒豎道也郊特牲饗農及郵表畷注云郵表畷謂田畯所以督約百姓於井閒之處也　廣六尺者吳都賦其四野則畛畷無數李善注畛畷謂地廣道多也舊井田閒有畷有

zhěn 畛

畛 井田閒陌也從田㐱聲 之忍切

此從㐱髮如雲之㐱

井田閒陌也者集韻畛溝上塗也田界也廣韻畛田界小爾雅廣詁畛界也宋衷注太玄云畛界也馥案畷畛皆道也釋言障畛也釋文畛田閒道詩載芟徂隰徂畛箋云畛謂舊田有徑路者周禮遂人十夫有溝溝上有畛注云溝廣深各四尺畛容大車定四年左傳封畛土略杜注畛塗所經也莊子齊物論爲是而有畛也注云畛謂封域畛陌也楚詞大招田邑千畛人皋昌只王注畛田上道也

zhì 畤

畤 天地五帝所基址祭地從田寺聲右扶風有五畤好畤鄜畤皆黃帝時祭或曰秦文公立也 周市切

天地五帝所基址祭地者徐鍇本作基止鍇云祭地所祭之地也漢書音義孟康曰畤音止神靈之所止也漢官解詁太常掌社稷郊畤漢舊儀元年祭天二年祭地三年祭五帝於五畤 右扶風有五畤者徐鍇本作右扶風雍有五畤漢書地理志右扶風雍有五畤武帝紀行幸雍祠五畤帝王世紀雍初有五畤壇後漢書馮衍傳陟雍畤而消搖兮括地志漢有五畤在岐州雍縣南則鄜畤吳陽上畤下畤密畤北畤秦文公夢黃蛇自天而下屬地其口止於鄜衍作畤郊祭白帝曰鄜畤秦宣公作密畤於渭南祭青帝秦靈公作吳陽上畤祭黃帝作下畤亦祠黃帝漢高帝曰天有五帝今四何也待我而具五遂立黑帝曰北畤是也史記封禪書唯雍四畤上帝爲尊索隱案四畤據秦舊而言秦襄公始列爲諸侯而作西畤文公卜居汧渭之閒而作鄜畤皆非雍也至秦德公卜居雍而後宣公作密畤祠青帝靈公作上畤祠黃帝下畤祠炎帝獻公作畦畤祠白帝是爲四畤高祖增黑帝而五也 好畤鄜畤皆黃帝時祭者韻會引徐鍇本祭作築史記封禪書秦襄公既侯居西垂自以爲主少皞之神作西畤祠白帝其牲用駵駒黃牛羝羊各一云其後十六年秦文公東獵汧渭之閒卜居之而吉文公夢黃蛇自天下屬地其口止於鄜衍文公問史敦敦曰此上帝之徵君其祠之於是作鄜畤用三牲郊祭白帝焉自未作鄜畤也而雍旁故有吳陽武畤

雍東有好畤皆廢無祠或曰自古以雍州積高神明之隩故立畤郊上帝諸神祠皆聚云蓋黃帝時嘗用事雖晚周亦郊焉其語不經見搢紳者不道作鄜畤後七十八年秦德公立德公立二年卒其後六年秦宣公作密畤於渭南祭青帝漢書敘傳侯伯僭畤應劭曰僭畤秦襄公造西畤祭天是也馥案黃帝所用事故侯伯爲僭 或曰秦文公立也者史記秦本紀文公十年初爲鄜畤

lüè 略

略 經略土地也從田各聲 離約切

經略土地也者書禹貢嵎夷既略胡渭曰略字必有精義按左傳曰天子經略諸侯正封古之制也封略之內何非君土又曰封畛土略又曰侵敗王略皆訓界經略猶言經界也隱五年左傳吾將略地焉注云略總攝巡行之名莊二十一年傳王與之武公之略注云略界也僖十五年傳東盡虢略注云東盡虢界也僖十六年傳會于淮謀鄫且東略也宣十一年傳略基趾注云略行也宣十五年傳晉侯治兵于稷以略狄土成二年傳侵敗王略注云略經略法度昭七年傳天子經略諸侯正封古之制也封略之內何非君土杜注經營天下略有四海故曰經略昭二十四年傳楚子爲舟師以略吳疆注云略行也史記南越尉佗傳秦以并天下略定揚越漢書地理志自昔黃唐經略萬國變定東西疆理南北吳都賦故其經略上當星紀拓土畫疆卓犖兼并五臣云左傳曰天子經略土地略分界也一曰遠界爲經略也宋武帝詔二宮諸王不得封略山湖注云略封界也

dāng 當

當 田相值也從田尚聲 都郎切

田相值也者值當爲直廣雅當直也韓詩實維我直相當直也國語史黯謂趙簡子曰臣敢煩當日韋注當日直日也

jùn 畯

畯 農夫也從田夋聲 子峻切

農夫也者釋言文郭注今之嗇夫是也孫炎曰農夫田官也考工記飭力以長地財謂之農夫詩七月田畯至喜傳云田畯田大夫也甫田田畯至喜傳云田大夫也箋云司嗇今之嗇夫噫嘻率時農夫箋云率是主田之吏郊特牲饗農注云農田畯也周禮籥章龡豳雅擊土鼓以樂田畯鄭司農云古之先教田者馥案古有田畯之名周因之也

méng 甿

甿 田民也從田亡聲 武切

田民也者李善注吳都賦引作田人也案唐諱民改爲人周禮遂人以田里安甿又云凡治野以下劑致甿注云變民言甿異外內也甿猶懵懵無知貌也或通作氓秦策不憂民氓高注野民曰氓孟子則天下之民皆悅而願爲之氓矣又云願受一廛而爲氓

lìn 𤳹

𤳹 轔田也從田粦聲 良刃切

轔田也者本書蹸轔也汜勝之書望杏華落復耕之輒藺之馥案藺卽躪省作藺又或作轢漢書灌夫傳轢轔宗室顏注轢轔謂蹈踐之也按本書蔆司馬相如說作蓤又通作凌陵史記凌轢漢書惠帝紀作陵轢

liú 留

畱 止也從田丣聲 力求切

止也者徐鍇本作土也錯曰田猶土也韻會引作止鍇意謂坐從土爲止畱從田亦爲止故云田猶土也非謂畱訓土也離騷又何可以淹畱史記越世家可疾去矣愼勿畱

丣聲者當爲丣聲裴松之注虞翻傳云翻言古大篆卯字讀當言柳古柳卯同字竊謂翻言爲然故劉畱聊柳同用此字以從聲故也與日辰卯字字同音異馥案裴說則此畱當從丣不從丣也日辰之卯亦讀爲柳詩朔日辛卯與醜爲韻薄采其茆徐邈音柳維參與昴傳云昴畱也成二年左傳子之后窌窌音畱爾雅凡曲者爲罶釋文罶本或作罶廣雅曲梁謂之罶釐婦之笱謂之罶釋文罶字書作罶史記律書北至於畱索隱畱卽卯也驊騮地理志作華聊晉書音義作騮漢書律歷志畱孰於卯哀二十七年左傳及畱舒鄭康成引作柳舒古泉布畱字作畱漢碑作畱漢印作畱或作畱

說文解字義證 卷四十四 畀

chù 畜

畜 田畜也淮南子曰玄田爲畜 丑六切

田畜也者本書堉下云讀若畜牧之畜廣韻畜養也易小畜鄭注養也師象君子以容民畜衆論語君賜生必畜之通鑑隋文帝罵太子曰畜生何足付大事注云畜生待畜養而生者也戴侗曰周官牧人掌牧六牲而阜蕃其物小司徒經土地而井牧其田埜鄭司農曰井牧者春秋傳所謂井衍沃牧隰皋也按古人言井牧猶漢人言田畜也上古畜而不田中古田畜兼之故言井牧知田而不知畜故騎者之馬耕者之牛學者亦不知其說夫衍遲之地宜稼故井之隰皋水草所生則牧焉司徒司空之典旣隊井牧之制亡矣 淮南子曰玄田爲畜者徐鍇作淮南王唐書高駢傳駢修城訖功筮之得大畜曰畜者養也吉孰大焉文宜去下存上因名大玄城

蓄 魯郊禮畜從茲田口茲益也

文當爲[illegible]

從茲田口者廣韻引作從田從茲

茲益也者艸部茲下云艸木多益

tuǎn 畽

畽 禽獸所踐處也詩曰町畽鹿場從田童聲 土短切

禽獸所踐處也者釋名踐殘也使殘壞也詩行葦牛羊勿踐履 詩曰町畽鹿場者豳風東山文彼作疃傳云町疃鹿迹也釋文疃本作畽釋獸麋其迹躔郭注腳所踐處博物志海陵縣多麋獸千百爲羣掘食草根其處成泥名麋畯民人隨此畧種稻不耕而穫其收百倍

chàng 暘

暘 不生也從田昜聲 丑亮切

不生也者當爲才生本書薚從此云艸茂也廣雅暘長也或作暢月令命之曰暢月注云暢猶充也按本書充長也潘岳西征賦桑麻條暢七發使師堂操暢李善引琴道堯暢達則兼善天下無不通暢故謂之暢

文二十九 重三

說文解字義證 卷四十四 辛

jiāng 畕

畕 比田也從二田凡畕之屬皆從畕 居良切

比田也者顏注急就篇疆比田之界也

凡畕之屬皆從畕者徐鍇本下有一闕字

jiāng 畺

畺 界也從畕三其界畫也 居良切

漢白石神君碑萬壽無畺張公神碑畺界家靜樊敏碑華南西畺朱龜碑綏我土畺呂君碑愼守畺易字或作壃易乾坤鑿度天有太極地有太壃

界也者廣雅畺竟也小爾雅廣詁疆界也易坤卦坤厚載物德合無疆詩楚茨萬壽無疆傳云疆竟也箋云疆畫竟界也信南山我疆我理傳云疆畫經界也緜迺疆迺理箋云乃疆理其經界士冠禮黃耇無疆注云疆竟也周禮司

徒制其畿疆而溝封之注云疆猶界也又載師以大都之田任疆地注云疆五百里王畿界也夏官敘官掌疆注云疆界也雜記婦人非三年之喪不踰封而弔注云踰封越竟也或爲越疆春秋昭元年叔弓帥師疆鄆田穀梁云疆之爲言猶竟也范云爲之境界桓十七年左傳夏及齊師戰于奚疆事也杜注爭疆界也莊二十八年傳蒲與二屈君之疆也韋昭曰疆竟也文元年傳晉侯疆戚田杜云正其疆界宣八年傳楚子疆之杜注正其界也成二年傳先王疆理天下杜注疆界也襄十九年傳疆我田注云正邾魯之界也哀元年傳使疆于江汝之閒杜云楚欲使蔡徙國在江水之北汝水之南周語畺有寓望韋注畺境也孟子域民不以封疆之界又云夫仁政必自經界始經界不正井田不均史記商君列傳爲田開阡陌封疆正義云疆界也謂界上封記也三其界畫也者本書畫界也象田四界聿所以畫之古今注封疆畫界者封土爲臺以表識疆境也畫界者於二封之閒又爲壝埒以畫分界域也漢書溝洫志故畫河堧棄地民茭牧其中

疆 畺或從彊土

或從彊土者通作彊賈誼書衛侯名辟彊辟彊天子之事也

文二　重一

畾

畾

本書壘櫑勵藟儡幷從畾王莽改疊爲疊是原有三田之畾字故從之也玉篇畾音雷田閒也馥謂田閒當爲回閒古靁字有田有回

遺文一

huáng 黃

黃 地之色也從田從炗炗亦聲炗古文光凡黃之屬皆從黃乎光切

地之色也者玉篇黃中央色也纂要地方而色黃釋名黃晃也猶晃晃象日光色也易坤卦文言天玄而地黃書禹貢厥土惟黃壤厥田惟上上杜之奇日物得其常性者最貴土色本黃故黃壤爲田之上上詩綠衣黃裏傳云黃正色正義云黃中央之正色考工記畫繢之事地謂之黃隱元年左傳不及黃泉服注天玄地黃泉注地中故曰黃泉也司馬法說三代之旂色云周黃地之道也注云地之體黃故也史記倉公傳黃者土色也高堂隆曰黃於五行中央土也王肅家語序孔子曰堯以土德王天下而色尚黃黃土德抱朴子土行爲黃元魏高祖詔云夫土者黃中之色萬物之元也

𡕛 古文黃

xiān 𪏰

𪏰 赤黃也一曰輕易人𪏰姁也從黃夾聲許兼切

文當作𪏰

一曰輕易人𪏰姁也者輕易當爲輕傷𪏰姁卽佔侸字書佔侸輕薄也佔丁兼切侸丁侯切夾聲者夾當爲夾

tuān 黇

黇 黃黑色也從黃耑聲他耑切

黃黑色也者廣雅黇黃也商子禁使篇今夫幽夜山陵之大而離婁不見清朝日黇則上別飛鳥下察秋毫故目之見也託日之勢也

wěi 䵋

䵋 青黃色也從黃有聲呼辠切

青黃色也者廣雅䵋黃也

tiān 黇

黇 白黃色也從黃占聲他兼切

白黃色也者廣雅黇黃也

huà 黊

黊 鮮明黃也從黃圭聲戶圭切

鮮明黃也者集韻黈黊黃也廣雅黊黃也一切經音義十八黊鮮明也詩倉庚于飛熠燿其羽傳云羽鮮明也馥案倉庚色黃

文六　重一

黌

黌

後漢書儒林傳乃更修黌宇注云說文曰黌學也馥案徐鉉以爲俗書云黌學堂也從學省黃聲本書無學部當從黃從學省黃亦聲

遺文一

男 丈夫也從田從力言男用力於田也凡男之屬皆從男 那含切

九經字樣𤰇男上說文下隸變馥案今篆作男後人因甥舅二字改之 丈夫也者本書夫丈夫也周制以八寸爲尺十尺爲丈人長八尺故曰丈夫 言男用力於田也者男主耕古者無一夫不耕書盤庚若農服田力穡周禮大司寇野刑上功糾力注云功農功力勤力方言宋魯謂力曰旅旅田力也

舅 母之兄弟爲舅妻之父爲外舅從男臼聲 其久切

母之兄弟爲舅者釋親文彼作舅弟釋名夫之父曰舅舅久也久老稱也母之兄弟曰舅亦如之也詩渭陽我送舅氏傳云母之昆弟曰舅鄭注儀禮喪服云舅母之兄弟晉書王忱傳嘗造其舅范甯甯曰卿風流儁望眞後來之秀忱曰不有此舅焉有此甥 妻之父爲外舅者釋親文孟子帝館甥於貳室趙注禮謂妻父曰外舅堯以女妻舜故謂舜甥 從男者當爲從男篆文移田於力上耳

說文解字義證 卷四十四 至

甥 謂我舅者吾謂之甥也從男生聲 所更切

謂我舅者吾謂之甥也者釋親文彼又云姑之子爲甥舅之子爲甥妻之晜弟爲甥姊妹之夫爲甥郭云四人體敵故相爲甥甥猶生也今人相呼蓋依此又云謂我舅者吾謂之甥然則亦宜呼壻爲甥孟子曰帝館甥于貳室是也釋名舅謂姊妹之子曰甥甥亦生也出配他男而生故其制字男旁作生也詩載驅展我甥兮傳云外孫曰甥箋云姊妹之子曰甥詩頍弁兄弟甥舅箋云謂吾舅者吾謂之甥儀禮喪服甥者何也謂吾舅者吾謂之甥

文三

力 筋也象人筋之形治功曰力能圉大災凡力之屬皆從力 林直切

筋也者本書筋肉之力也曲禮老者不以筋力爲禮 象人筋之形者徐鍇曰象人筋竦其身作力勁健之形 治功曰力者周禮夏官司勳文 能圉大災者許公解說周禮之文

勳 能成王功也從力熏聲 許云切

能成王功也者釋詁勳功也書堯典放勳傳云勳功周禮司勳王功曰勳明堂位成王以周公爲有勳勞於天下注云王功曰勳事功曰勞襄二十一年左傳引書聖有謩勳杜注勳功也昭四年傳孟孫爲司空以書勳杜注勳功也漢官儀光祿勳勳功也史記高祖功臣年表以德立宗廟定社稷曰勳

勛 古文勳從員

功 以勞定國也從力從工工亦聲 古紅切

說文解字義證 卷四十四 壽

以勞定國也者釋詁績勳功也郭云謂功勞也詩民勞無棄爾勞箋云勞猶功也周禮司勳國功曰功注云保全國家若伊尹事功曰勞注云以勞定國若禹又司約治功之約次之注云功約謂王功國功之屬史記高祖功臣年表用力曰功 工亦聲者當爲工聲

助 左也從力且聲 牀倨切

左也者本書左手相左助也釋詁助勴也左或作佐小爾雅廣詁助佐也唐書吳助字叔佐

勴 助也從力從非慮聲 良倨切

助也者或作勴 釋詁助勴也

勑 勞也從力來聲 洛代切

勞也者徐鍇本作勞勑也曲禮君勞之則拜宣三年左傳定王使王孫滿勞楚子經典釋文條例云來旁作力俗以爲約勑字說文以爲勞徠之字馥案通作來釋詁勞來勤也郭引詩職勞不來釋文來本又作勑詩碩鼠莫我肯勞

jié 劼　wù 務　qiǎng 勥　mài 勱

箋云不肎勞來我江漢來旬來宣箋云來勤也釋文鄭音賚旱麓神所勞矣傳云勞勞來孟子放勳曰勞之來之漢書勞來不怠顔注勞來者言慰勉而招延之也小雅鴻鴈之詩序曰勞來還定安集之勞音盧到反來音盧代反王莽傳力來農事顔注力來勸勉之也來音郎代反釋詁敕勞也郭注倫理事務以相約敕亦爲勞釋文案說文字林來旁作力是勞來之字東旁作攴是治音丑力反一切經音義十二爾雅勑勞也郭璞曰相約勑亦爲勞也㨗爲舍人曰勞力極也勑强事也廣雅勑謹也勤也詩云神所勞矣箋云勞勑猶佑助也漢書勞勑不怠也馥案隸借勑爲敕故郭訓約敕

俗本因誤作敕

劼　慎也從力吉聲周書曰女劼毖殷獻臣巨乙切

周書曰女劼毖殷獻臣者酒誥文徐鍇本有讀若畢三字

務　趣也從力敄聲亡遇切

趣也者一切經音義六引作趣疾也昭六年左傳教之以務杜注時所急昭二十五年傳爲政事庸力行務以從四

時杜注務其時要昭三十二年傳是之不務而又焉從晏子春秋景公起大臺役者皆東晏子執朴鞭其不務者淮南脩務訓聖人知時之難得務可趣也魏志袁偘當興廢之閒人所趣務者常謙退不爲也

勥　迫也從力強聲巨良切

迫也者通作彊孟子彊而後可

彊　古文從彊

勱　勉力也周書曰用勱相我邦家讀若萬從力萬聲莫話切

勉力也者一切經音義七勱彊也謂自勸彊也字或作勵埤蒼勵強也勉也釋名勵勸也小爾雅勵勸也後漢書祭彤傳璽書勉勵又通作厲哀十一年左傳宗子　明與閭邱明相厲也注云相勸厲漢書宣帝紀厲精更始　周書曰用勱相我邦家者立政文彼作國家傳云用勉治國家釋文勱音邁馥案莊八年左傳引夏書皋陶邁種德杜注稱

jué ⿸厥力　qíng 勍　jìng 勁　miǎn 勉　shào 劭

皋陶能勉種德邁勉也僖二十八年傳距躍三百曰杜注百猶勵也陸德明本作勱音邁　萬聲者本書厲邁竝從蠆省聲馥謂厲邁亦當云萬聲

⿸厥力　勥也從力厥聲瞿月切

勥也者玉篇廣韻篇海竝引作強力也徐鍇韻譜同廣雅⿸厥力強也元包經⿸厥力佐佐趯欲欲通作屈漢書陸賈傳乃欲以新造未集之越屈強於此通鑑注屈強梗戾不順從貌又通作倔宋史秦檜謂趙鼎曰此老倔強猶昔

勍　彊也春秋傳曰勍敵之人從力京聲渠京切

彊也者本書倞彊也廣雅勍勍武也晏子此皆力攻勍敵之人也魏都賦至乎勍敵糺紛英雄記呂布勍虜也　春秋傳曰勍敵之人者僖二十二年左傳文杜注勍強也

勁　彊也從力巠聲吉正切

彊也者字林廣雅竝同宣十二年左傳中權後勁秦策不如與魏以勁之宋策夫梁兵勁而權重高注竝云勁强也

呂氏春秋慎大篇孔子之勁舉國門之關而不肎以力聞高注勁彊也淮南時則訓角力勁

勉　彊也從力免聲亡辨切

彊也者一切經音義五引同又云謂力所不及而彊行事也又卷六引國語云父勉其子兄勉其弟勉猶勸彊也謂勸教之也小爾雅勸勉力也月令勉諸侯注云勉猶勸也宣十五年公羊傳勉之矣注云勉猶努力中庸或勉强而行之孟子强爲善而已矣通作免漢書谷永傳閔免遁樂顔注閔免猶黽勉也薛宣傳宣因移書勞免之又通作俛潘岳詩黽俛恭朝命

劭　勉也從力召聲讀若舜樂韶寔照切

學林南史宋元凶傳元凶名劭字休遠初命之曰劭在文召刀爲劭後惡焉改刀爲力觀國案字書劭字從召從力不從刀也所謂在文召刀爲劭者蓋初未嘗考究字義而遽爲臆說耳馥案廣雅劭勸也集韻音丁聊切卽所謂召刀爲劭也後改劭故字休遠應劭字仲遠是也

勉也者釋詁文廣韻劭自強也漢書成帝紀先帝劭農胥灼云劭勸勉也魏志明帝詔曰大中大夫韓曁年逾七十守道彌固可謂純篤老而益劭者也

xù 勖

勖 勉也周書曰勖哉夫子從力冒聲 許玉切

勉也者本書敃冒也冒當爲勖釋詁敃強也一切經音義五勖勉勵也方言齊魯曰勖茲注云勖亦訓勉也詩燕燕以勖寡人傳云勖勉也士昏禮記勖帥以敬先妣之嗣注云勖勉也或通作冒書君奭迪見冒聞于上帝馬本冒作勖勉也顧命爾無以釗冒貢于非幾釋文冒馬鄭王作勖又通作懋盤庚懋建大命懋簡相爾漢石經竝作勖 周書曰勖哉夫子者牧誓文史記作勉哉夫子

quàn 勸

勸 勉也從力雚聲 去願切

書大禹謨勸之以九歌俾勿壞 周禮司諫掌糾萬民之德而勸之朋友正其行而強之注云強猶勸也 論語舉善而教不能則勸 風俗通汝南太守歐陽歙下敎云益舉善以教則不能者勸 秦策楚疑於秦之未必救己也而今三國之辭去則楚之應之也必勸宋策荊王大悅許救甚勸齊策此皆非趙魏之欲也然二國勸行之者何也 賈誼書楚王見士民爲用之不勸也乃徵役萬人

shēng 勝

勝 任也從力朕聲 識蒸切

勉也者廣韻勉勸也禮表記使民有所勸勉愧恥以行其言

任也者廣韻任堪也釋詁堪勝也詩元鳥武王靡不勝傳云勝任也論語執圭鞠躬如也如不勝

chè 𠢐

𠢐 發也從力從徹徹亦聲 丑列切

發也者襄二十八年左傳陳無宇濟水而戕舟發梁吳子軍之所至無發其屋通作徹襄九年左傳火所未至徹小屋塗大屋詩徹我牆屋徹田爲糧徹彼桑土或作撤廣韻撤發撤僖二十六年左傳室如縣罄服虔云言室屋皆發撤

lù 勠

勠 幷力也從力翏聲 力竹切

幷力也者廣韻增韻竝引作併力也國語勠力一心賈注勠力併力也中山策勠力同憂高注勠力勉力也漢書元帝紀方春農桑興百姓勠力自盡之時也通作戮書湯誥與之戮力漢書高帝紀戮力攻秦齊語與諸侯戮力同心韋注戮幷力也昭二十五年左傳戮力壹心 翏聲者成十三年左傳戮力同心釋文戮相承音六嵇康力幽反呂靜字韻與飉同字林音遼書湯誥與之戮力釋文戮舊音六又力彫反說文力周反馥案文賦非余力之所勠與䱇流求抽尤由爲韻

xiàng 勨

勨 繇緩也從力象聲 余兩切

繇緩也者廣雅勨動也 釋名緩浣也斷也持之不急則動搖浣斷自放縱也 象聲者徐鍇本有讀若庚三字

dòng 動

動 作也從力重聲 徒總切

作也者釋詁文孟子將終歲勤動趙注動作呂氏春秋察今篇必循法以動高注動作也

𨔝 古文動從辵

lèi 勵

勵 推也從力畾聲 盧對切

推也者埤蒼作𩁔云推后自高而下也子虛賦𩁔后相擊

liè 劣

劣 弱也從力少 力輟切

弱也者本書疲病劣也廣雅劣弱也書洪範六曰弱傳云尫劣

láo 勞

勞 劇也從力熒省熒 火燒冂用力者勞 魯刀切

劇也者當爲勮釋詁勞勤也舍人云勞力極也

𢢫 古文勞從悉

汗簡作𢢫云見舊說文集韻憥苦心也

jù 勮

勮 務也從力豦聲 其據切

務也者李善注王粲詩引作甚也廣韻勮勤務也漢唐扶頌察能治勮釋宮二達謂之岐旁三達謂之劇旁孫炎云

kè 勀　yì 勩　jiǎo 勦　juàn 券　qín 勤　jiā 加

刻出岐多故曰劇俗音變力從刀釋名三達曰劇旁此道旁出轉多用功稍劇也六韜夜臥早起難劇不悔太公陰謀馬不可極民不可劇馬極則躓人劇則敗風俗通俗說女媧摶黃土作人劇務力不暇供華嶠後漢書方春向農民多劇務漢舊儀能治劇一科魏志王觀傳此郡濱近外虜數有寇害云何不可為劇邪

勀 尤劇也從力克聲 苦得切

尤劇也者集韻類篇引作尤極也小字本李燾本竝同俗書改從刀一切經音義十二苛剋尤劇也亦煩擾也

勩 勞也詩曰莫知我勩從力貰聲 余制切

勞也者釋詁文通作肄詩谷風既詒我肄傳云肄勞也釋文肄爾雅作勩　詩曰莫知我勩者小雅雨無正文傳云勩勞也

勦 勞也春秋傳曰安用勦民從力巢聲 子小切又楚交切

勞也者廣雅同趙岐孟子題辭心勦形瘵東京賦今公子苟好勦民以媮樂　春秋傳曰安用勦民者昭九年左傳

焉用速成其以勦民也宣十二年左傳無及於鄭而勦民焉用之杜注竝云勦勞也

券 勞也從力卷省聲 渠卷切

勞也者廣雅同本書倦罷也鄭注少儀云罷之為言勞也考工記左不楗注云書楗或作券玄謂券今倦字也漢魏元丕碑施舍弗券或作勌莊子應帝王學道不勌漢書韓信傳今足下舉勌敝之兵鹽鐵論養勞勌之民宋書陶潛傳鳥勌飛而知還射雉賦夕不告勌徐注言樂之者忘飢倦也又或作倦列子湯問篇饑倦則飲神瀵　卷省聲者徐鍇本作𢍏聲

勤 勞也從力堇聲 巨巾切

勞也者釋詁文書武成王季其勤王家詩賚文王既勤止傳云勤勞也昭十三年左傳請君無勤問喪服勤三年注云勤謂憂勞玉藻勤者有事則收之注云勤謂執勞辱之事也

加 語相增加也從力從口 古牙切

háo 勢　yǒng 勈　bó 勃　piào 勡　jié 劫　chì 飭

語相增加也者本書誣加也譖加也莊十年左傳犧牲玉帛弗敢加也必以信僖十年左傳欲加之罪其無辭乎

勢 健也從力敖聲讀若豪 五牢切

健也者廣韻勢俊健

勈 气也從力甬聲 余隴切

气也者本書捲气勢也引國語有捲勇釋名勇踴也遇敵踴躍欲擊之也靈樞經勇士者怒則氣盛而胷張肝舉而膽橫眥裂而目揚毛起而面蒼此勇士之由然者也

𢦒 勈或從戈用

恿 古文勈從心

勃 排也從力孛聲 蒲沒切

排也者謂安排也莊子大宗師安排而去化唐書王勃字子安

勡 劫也從力票聲 匹妙切

劫也者本書剽剽劫人也

劫 人欲去以力脅止曰劫或曰以力止去曰劫 居怯切

成十七年左傳胥童以甲劫欒書中行偃於朝　新序白公勝欲立王子閭以為王不肯劫之以刃　舞賦從容得志不劫李善云不相迫劫也　通鑑橋玄幼子為人所劫登樓求貨

人欲去以力脅止曰劫者莊八年左傳走出遇賊于門劫而束之襄二十三年傳范鞅逆魏舒遂超乘右撫劍左援帶命驅之出杜注劫之秦策已珉欲以齊秦劫魏高注劫脅也儒行劫之以衆注云劫脅也漢書高帝紀因以劫衆顏注劫謂威脅之陳書武帝紀若有恐脅侵掠者皆以劫論　或曰以力止去曰劫者徐鍇本作或曰以力去曰劫韻會引同馥案脅止人去曰劫自以力脫去亦曰劫也

飭 致堅也從人從力食聲讀若敕 恥力切

力

致堅也者廣韻飭牢密詩六月戎車既飭易雜卦蠱則飭也　從人從力食聲者當云從力飤聲

hé 劾

劾　法有辠也。從力亥聲。胡槩切

法有辠也者玉篇劾推劾也廣韻劾推窮罪人也急就篇誅罰詐僞劾罪人顏注劾舉案之也有罪則舉案書呂刑獄成而孚輸而孚傳云謂上其鞫劾文辭正義云漢世問罪謂之鞫斷獄謂之劾周禮鄉士辨其獄訟異其死刑之罪而要之注云要之爲其罪法之要辭如今劾矣小司寇讀書用法先鄭云如今讀鞫已乃論之賈疏云鞫謂劾囚之要辭昭十四年左傳乃施邢侯服虔曰施罪於邢侯施猶劾也後漢書范滂傳滂奏刺史權豪之黨二十餘人尚書責滂所劾猥多滂知意不行投劾去注云自投其劾狀而去文心彫龍案劾之奏所以明憲清國雜五行書皋陶以壬辰日死不可劾人成罪也

mù 募

募　廣求也。從力莫聲。莫故切

廣求也者一切經音義九引同後漢書光武本紀注引作廣求之也廣雅募求也蒼頡篇募問求也或借摹字宋祁校漢書揚雄傳引字林摹廣求也

說文解字義證　卷四十四　卆

文四十　重六

xié 劦

劦　同力也。從三力。山海經曰：惟號之山，其風若劦。凡劦之屬皆從劦。胡頰切

同力也者當云同力之和　山海經曰惟號之山其風若劦者北山經錞于毋逢之山北望雞號之山其風如颷注云颷急風貌也音戾或云飄風也馥案玉篇颷急風江賦廣莫颷而氣整

xié 恊

恊　同心之和。從劦從心。胡頰切

從劦從心者當云劦亦聲

xié 勰

勰　同思之和。從劦從思。胡頰切

同思之和者廣韻勰思也釋詁勰和也梁書劉勰字彥和　從劦從思者當云劦亦聲

xié 協

協　衆之同和也。從劦從十。胡頰切

衆之同和也者釋詁協和也書堯典協和萬邦湯誓有衆率怠弗協馬本作不和洪範協用五紀傳云協和也又相協厥居王肅注王者當助天和合其居隱十一年左傳寡人有弟不能和協僖二十二年左傳引詩協比其鄰詩作洽傳云洽合昭七年傳夢協注云協合也昭二十五年傳乃能協於天地之性杜注協和也帝王世紀漢獻帝名協字伯和　從十者徐鍇本作十聲馥謂當云劦亦聲

旪　古文協從曰十。

漢書五行志旪用五紀應劭曰旪合也顏注旪讀曰叶叶和也

叶　或從口。

書協時月白虎通引作叶　大傳引書不叶于極　周禮大行人協辭命注云故書協作叶鄭司農云叶當作汁　太史與羣執事讀禮書而協事注云故書協作叶杜子春云叶協也書亦或爲協或爲叶陸德明本作汁云汁音執又音協　方

說文解字義證　卷四十四　卆

言斟協汁也北燕朝鮮洌水之閒曰斟自關而東曰協關西曰汁注云謂和協也　釋天太歲在未曰協洽史記歷書作汁洽天官書作叶洽漢樊敏碑歲在汁洽　大戴禮誥志篇此謂歲虞汁月鄭注月令叶光紀釋文叶本又作汁　史晨奏銘汁光之精漢隸字原云卽黑帝叶光紀　西京賦五緯相汁五臣本作叶吳都賦皆與謠俗汁協此傳寫誤也協乃李善音注汁字誤作正文

文一　重五

力　劦

jīn
金

說文解字弟十四　義證弟四十五

曲阜桂馥學

金　五色金也黃爲之長久薶不生衣百鍊不輕從革不違西方之行生於土從土左右注象金在土中形今聲凡金之屬皆從金　居音切

釋名金禁也其氣剛嚴能禁制物也　孝經援神契丹精生金　淮南地形訓黃水宜金　蔡邕青衣賦金生沙礫　韓內儲說荊南之地麗水之中生金　元和郡縣志涼州神烏縣金山在縣南一百八十里麗水出焉　後漢書益州金銀之所出　漢書地理志豫章郡鄱陽武陽鄉右十餘里有黃金采顏注采者謂采取金之處　王隱晉書鄱陽樂安出黃金鑿土十餘丈披沙之中所得者大如豆小如粟米　嶺表錄異澄州金其夜明有異於常金驗之信然　昭七年左傳好以大屈賈注大屈寶金大屈金所生地名

五色金也者河圖握矩記黃金千歲生黃龍青金千歲生青龍赤金千歲生赤龍白金千歲生白龍元金千歲生元龍徐鍇引淮南子地形訓正土之氣御于埃天埃天五百歲生缺缺五百歲生黃埃黃埃五百歲生黃澒黃澒五百歲生黃金偏土之氣御于清天清天八百歲生青曾青曾八百歲生青澒青澒八百歲生青金壯土之氣御于赤天赤天七百歲生赤丹赤丹七百歲生赤澒赤澒七百歲生赤金弱土之氣御于白天白天九百歲生白礜白礜九百歲生白澒白澒九百歲生白金尚書正義古者金銀銅鐵總號爲金胡渭曰管子金起於汝漢韓子荊南之地麗水之中生金此黃金也周禮荊州其利丹銀此白金也左傳鄭伯朝於楚楚子賜之金旣而悔之曰無以鑄兵遂以鑄三鐘此赤金也錢君大昭曰考工記攻金之工築氏爲削冶氏爲殺矢鳧氏爲鐘栗氏爲量段氏爲鎛桃氏爲劍其所爲者有銅有鐵銀爲白金鉛爲青金銅爲赤金鐵爲黑金故許愼云金五色金也　黃爲之長者史記平準書金有三等黃金爲上白金爲中赤金爲下　久薶不生衣者參同契金性不敗朽抱樸子金丹篇黃金埋之畢天不朽馥案本書鏊銅生五色也五色卽衣銅衣猶䥶衣金不變色故不生衣　百鍊不輕者初學記二十七御覽八百九竝引作百陶案典術云陶丹銅以爲金晉起居注咸寧三年燉煌郡上金洞中生金百陶不消白帖金爲百鍊之精言百鍊之不耗漢官儀侍中金蟬金取堅剛百鍊不耗　從革不違者洪範金曰從革馬傳金之性從人而更可銷鑠禮器內金示和也注云金從革性和也　論衡譴告篇離下兌上曰革革更也火金殊氣故能相革　西方之行者白虎通五行金在西方西方者陰始起萬物禁止金之爲言禁也漢書五行志金西方萬物旣成殺氣之始也子華子西方陰止以收而生燥燥生金計倪子內經少昊治西方蚩尤佐之使主金鶡冠子泰鴻篇以金割物天下盡金也使居西方主秋顏注漢書金城郡在京西故謂金城金西方之行　生於土者尚書帝命驗土者金之父也鹽鐵論論菑篇金得土而成

金　古文金

yín
銀

銀　白金也從金艮聲　語巾切

漢書地理志犍爲郡朱提下云山出銀食貨志朱提銀重八兩爲一流直一千五百八十　元和郡縣志朱提山名出善

銀　南越志遂成縣任山銀沙自出　廣州記任山有銀穴有銀沙　異物志金隣國去扶南二千餘里土地出銀　後魏書銀出始興陽山縣又出桂陽陽安縣驪山有銀礦二石得銀七兩白登山亦有銀礦八石得銀七兩　元和志郴州平陽縣銀坑在縣南三十里所出銀至精好俗謂之偶子銀別處莫及亦出銀鑛供桂陽監鼓鑄饒州樂平縣銀山每歲出銀十餘萬兩　本草生銀出饒州樂平諸坑銀礦中狀如硬錫文理粗錯自然者眞圖經云今坑中所得乃在土石中滲灕成條若絲髮狀土人謂之老翁鬚似此者極難得　寶藏論銀有十七種天生牙生銀坑內石縫中狀如亂絲色紅者上入火紫白如草根者次之銜黑石者最奇生樂平鄱陽產鉛之山一名龍牙一名龍鬚生銀生石鉚中成片塊大小不定狀如硬錫母砂銀生五溪丹砂穴中色理紅光黑鉛銀得子母之氣此四種爲眞銀　地鏡圖銀之氣夜正白流散在地撥之隨手散復合此是也　山有葱下有銀光隱隱正白

白金也者釋器白金謂之銀禹貢惟金三品傳云金銀銅也史記平準書虞夏之幣金爲三品或黃或白或赤南山經杻陽之山其陽多赤金其陰多白金注云赤金銅也白金銀也

liáo 鐐 wù 鋈 yán 鉛 xī 錫 yǐn 鈏

鐐 白金也。从金尞聲。洛蕭切

詩鞞琫有珌傳云大夫鐐琫而鏐珌。景福殿賦鐐質輪菌。白金也者釋器白金謂之銀其美者謂之鐐廣韻鐐紫磨金也

鋈 白金也。从金𣶒省聲。烏酷切

白金也者廣雅白銅謂之鋈詩小戎陰靷鋈續傳云鋈白金也詩又云鋈以觼軜箋云軜之觼以白金爲飾也

鉛 青金也。从金㕣聲。與專切

漢書地理志益州郡律高縣東南盢町山出銀鉛 地鏡圖草青莖赤秀下有鉛 元和郡縣志廣州化蒙縣鉛穴山在縣西六十里出鉛錫 寰宇記信州鉛山縣鉛山在縣西北七里山出鉛 寶藏論鉛有數種波斯鉛堅白爲天下第一草節鉛出犍爲銀之精也衔銀鉛銀坑中之鉛內含五色竝妙上饒樂平鉛次之 青金也者一切經音義六引同玉篇鉛黑錫也急就篇鍛鑄鉛錫鐙錠鐎顏注鉛青金也又注漢書地理志同本草

圖經鉛生蜀郡平澤錫生桂陽山谷今有銀坑處皆有之而臨賀出錫尤盛亦謂之白鑞按字書謂錫爲鑞鉛爲青金禹貢鉛松怪石正義云鉛錫也漢書景十三王傳或髡鉗以鉛杵舂顏注鉛者錫之類也 㕣聲者俗作公桓子新論云鉛字金與公鉛則金之公而銀者金之昆弟也

錫 銀鉛之閒也。从金易聲。先擊切

漢書地理志益州律高縣西石空山出錫 博物志積艾草三年後燒之津液下流成鉛錫 禹貢厥包橘柚錫貢鄭注錫所以柔金也 周禮職方氏其利金錫竹箭注云錫鑞也 銀鉛之閒也者顏注急就篇錫一名鈏在銀鉛之閒卽今白鑞也胡渭曰說文五色之金黃爲長青曰鉛赤曰銅白曰銀黑曰鐵而錫則曰銀鉛之閒是爲五金之閒色矣

鈏 錫也。从金引聲。羊晉切

錫也者玉篇鈏白錫也釋器錫謂之鈏郭注白鑞周禮卝人掌金玉錫石之地注云錫鈏也

tóng 銅 lián 鏈 tiě 鐵

銅 赤金也。从金同聲。徒紅切

漢書地理志越巂郡邛都下云南山出銅 輿地志宛陵縣銅山漢採銅所治也 元和郡縣志宣州南陵縣銅井山在縣西南八十五里出銅 益州記任城縣西南六十里有銅官山卽文帝賜鄧通鑄錢之所 地鏡圖草青莖黃秀下有銅 漢書律歷志銅爲物之至精不爲燥溼寒暑變其節不爲風雨暴露改其形介然有常似於士君子之行百官公卿表水衡都尉屬官有辨銅令丞注云辨銅主分別銅之種類也郭璞赤銅贊昆吾之山名銅所在切玉如泥火炎其采尸子所歎驗之汲宰 赤金也者廣韻銅金之一品元和郡縣志當塗縣赤金山在縣北十里出好銅與金類孟康注食貨志赤金今丹陽銅也神異經人金山下四丈得丹陽銅張華曰此銅與金相似僖十八年左傳鄭伯始朝于楚楚賜之金既而悔之與之盟曰無以鑄兵注云楚金利故馥案鄭以鑄鐘則所賜者銅也

鏈 銅屬。从金連聲。力延切

銅屬者廣韻鏈鉛礦也通作連史記貨殖傳江南出金錫連徐廣曰連鉛之未鍊者漢書食貨志鑄作錢布皆用銅殽以連錫孟康曰連錫之別名也李奇曰鉛錫璞名曰連應劭曰連似銅顏師古曰孟李二說皆非也許慎云鏈銅屬也然則以連及錫雜銅而爲錢也此下又云能采金銀銅連錫益知連非錫矣

鐵 黑金也。从金𢧜聲。天結切

元和郡縣志邢州沙河縣黑山出鐵礬口山漢魏時舊鐵官也邛州臨溪縣孤石山在縣東十九里有鐵礦大如蒜子燒合之成流支鐵甚剛因置鐵官 寰宇記信州上饒縣鐵山在縣東南七十里 南方草木狀鐵出躭蘭州裸夷莊船載鐵至扶南賣之 黑金也者月令孟冬駕鐵驪注云鐵驪色如鐵詩駟鐵孔阜傳云鐵驪也正義云鐵者言其黑色如鐵

䥫 鐵或省

銕 古文鐵从夷

汗簡引作鍇字林鍇鐵名

kǎi 鍇

鍇 九江謂鐵曰鍇從金皆聲 苦駭切

九江謂鐵曰鍇者字書鍇鐵好也廣韻同廣雅鍇鐵也方言鍇堅也南都賦銅錫鉛鍇吳都賦銅鍇之垠五臣注茲云鍇白鐵九江楚地故徐鍇字楚金

tiáo 鋚

鋚 鐵也一曰轡首銅從金攸聲 以周切

一曰轡首銅者集韻紉首垂銅謂之鋚廣韻鋚紉頭銅飾或省作攸宰辟父敦攸革伯姬鼎攸勒卽石鼓文鋚勒字又作鞗詩韓奕鞗革金厄箋云鞗革謂轡也以金爲小環往往纏搤之采芑鉤膺鞗革箋云鞗革轡首垂也蓼蕭鞗革沖沖傳云鞗轡也革轡首也載見鞗革有鶬箋云鞗革轡首也鶬金飾皃

lòu 鏤

鏤 剛鐵可以刻鏤從金婁聲夏書曰梁州貢鏤一曰鏤釜也 盧候切

剛鐵可以刻鏤者顔注漢書地理志鏤剛鐵也胡渭曰凡鐵柔曰鐵剛曰鏤通鑑注剛鐵精鐵也元和郡縣志涪州涪陵縣東有開池出剛鐵土人以爲文刀魏文帝樂府羊頭之剛本草圖經鐵以生柔相雜和用以作刀劒鋒刃者爲剛鐵夏侯陽筭經今有黃鐵四千三百一十八斤三兩欲煉爲鋼鐵每斤耗三兩問鋼鐵幾何陳耿武軍賦百鍊精鋼夢溪筆談辨證篇世間所謂鋼鐵者用柔鐵屈盤之乃以生鐵陷其間泥封煉之鍛令相入謂之團鋼亦謂之灌鋼此乃僞鋼耳暫假生鐵以爲堅二三煉則生鐵自熟仍是柔鐵予出使至磁州鍛坊觀煉鐵方識眞鋼凡鐵之有鋼者如麪中有筋濯盡柔麪則麪筋乃見煉鋼亦然但取精鐵煉之百餘火每鍛稱之一鍛一輕至累鍛而斤兩不減則純鋼也雖百鍊不耗矣此乃鐵之精純者其色明瑩磨之則黯黯然青而且黑與常鐵迥異釋器金謂之鏤又云鏤鋑也郭注刻鏤物爲鋑詩韓奕鉤膺鏤錫箋云刻金飾之小戎虎韔鏤膺箋云鏤膺有刻金飾也周禮太宰百工飭化八材鄭司農云金曰鏤哀元年左傳器不彫鏤注云鏤刻也荀子富國篇必將錭琢刻鏤續漢禮儀志印璽押金鏤大貴人長公主銅鏤郭璞金銀贊務經軍農爰及彫弄 鏤夏書曰梁州貢鏤者徐鍇本作梁州貢鏤金也禹貢厥貢璆鐵銀鏤砮磬鄭注鏤剛鐵可以刻鏤也 一曰鏤釜也者廣雅鏤鬴也方言鍑江淮陳楚之閒謂之錡或謂之鏤

fén 鐼

鐼 鐵屬從金賁聲讀若熏 火運切

讀若熏者徐鍇本作讀若訓

xiǎn 銑

銑 金之澤者一曰小鑿一曰鐘兩角謂之銑從金先聲 穌典切

金之澤者者釋器絕澤謂之銑郭注銑卽美金言最有光澤也國語曰玦之以金銑者謂此也 一曰小鑿者通俗文鑿銳曰銑陳書蕭摩訶傳有西域人妙於弓矢弦無虛發摩訶遙擲銑鋧正中其額廣韻案集韻銑鋧小鑿也 一曰鐘兩角謂之銑者徐鍇本作鐘下兩角其閒謂之銑考工記鳧氏爲鐘銑欒謂之銑注云銑鐘口兩角也疏云古樂器應律之鐘如今之鈴不圜故有兩角

jiàn 鋻

鋻 剛也從金臤聲 古甸切

剛也者徐鍇曰鋻淬刀劒刃使堅也三蒼解詁鋻焠刀作鋻也本書焠下云堅刀刃也

lí 鑗

鑗 金屬一曰剝也從金黎聲 郎兮切

金屬者玉篇鑗與鏊同集韻鏊黑金也 一曰剝也者本書剺剝也史記自剺面皮廣雅剺劙也玉篇剺直破也

lù 録

録 金色也從金彔聲 力玉切

金色也者荀子性惡篇文王之錄注云錄與綠同劒以色爲名

zhù 鑄

鑄 銷金也從金𠷎聲 之戍切

銷金也者玉篇鑄鎔鑄也顔注急就篇凡金鐵銷冶而成者謂之鑄淮南俶眞訓今夫冶工之鑄器金踊躍於鑪中聖主得賢臣頌巧冶鑄干將之璞考工記㮚氏凡鑄金之狀金與錫黑濁之氣竭黃白次之黃白之氣竭青白次之青白之氣竭青氣次之然後可鑄也注云銷湅金錫精粗之候

xiāo 銷

銷 鑠金也。從金，肖聲。相邀切

鑠金也者，史記秦始皇本紀收天下兵聚之咸陽銷以爲鐘鐻，吳越春秋干將作劒而金鐵之精不銷淪流，干將曰昔吾師作冶金鐵之類不銷，夫妻俱入冶鑪中然後成物。通作消，考工記㮚氏爲量改煎金錫則不耗，注云消湅之精不復減也。

shuò 鑠

鑠 銷金也。從金，樂聲。書藥切

銷金也者，玉篇鑠銷鑠也。周語衆口鑠金，賈注鑠銷也。楚詞九章故衆口其鑠金兮，王注鑠銷也。漢書天文志火與水合爲淬，與金合爲鑠。通作爍，漢書埶文志後世爍金爲刃，顏注爍讀與鑠同，謂銷也。

liàn 鍊

鍊 冶金也。從金，柬聲。郎甸切

冶金也者，李善注七命引同，又注江文通擬古詩引作化金也。本書煉鑠冶金也。莊子大宗師大冶必以爲不祥之金。李尤書刀銘巧冶鍊剛。詩淇與如金如錫，傳云金錫鍊而精。寰宇記銅陵縣本漢南陵縣，自齊梁之代爲梅根冶以烹銅。庾子山枯樹賦南陵以梅根作冶。

dīng 釘

釘 鍊鉼黃金。從金，丁聲。當經切

鍊鉼黃金者，本書無鉼字。釋器鉼金謂之鈑。周禮職金旅于上帝則共其金版，注云鉼金謂之版。世說帝以金五鉼授陳嬌，或作餅。梁書武陵王紀傳黃金一斤爲餅，百餅爲簉。范曅陰德傳魏公卿謂陳翼曰馬上有金千餘餅素二十疋。墨莊漫錄宋崇寧中詔賜米芾白金十六笏，又韓滉與擔夫白金一版，笏與版猶鉼也。今閩甌湖南皆傾銀作鉼，卽鉼之遺也。玉篇釘又都定切。馥案今俗以金爲一錠是也。

gù 錮

錮 鑄塞也。從金，固聲。古慕切

鑄塞也者，左傳正義引同。急就篇釭鐧鍵鉆冶錮鐈，顏注錮者鑄而補塞之令其堅固也。成二年左傳子反請以重幣錮之，杜注禁錮勿令仕，正義云鐵器穿穴者鑄鐵以塞之使不漏，禁人使不得仕宦者其事亦似之，故謂之禁錮，今世猶然。韓策公仲數不信於諸侯，諸侯錮之。後漢書黨錮傳注云謂塞其仕進之路也。通鑑張釋之曰使其中有可欲者雖錮南山猶有隙，注云錮音固，冶銅鑄塞以爲固也。

ráng 鑲

鑲 作型中腸也。從金，襄聲。汝羊切

作型中腸也者，徐鍇曰鑄鐘鏞屬使內空者，於型範中更作土模，所以後卻流銅也。

róng 鎔

鎔 冶器法也。從金，容聲。余封切

冶器法也者，集韻冶器法謂之鎔。書梓材釋文引馬云冶木器曰梓，冶土器曰陶，冶金器曰冶。尺子蚩尤造九冶。管子任法篇猶金之在鑪，恣冶之所以鑄。漢書董仲舒傳猶金之在鎔，唯冶者之所鑄，顏注鎔謂鑄器之範也。潛夫論德化篇鑠金之在鑪也，從篤變化，惟冶所爲，方圓薄厚，隨鎔制爾。

jiá 鋏

鋏 可以持冶器鑄鎔者。從金，夾聲。讀若漁人莢魚之莢。一曰若挾持。苦叶切

可以持冶器鑄鎔者者，徐鍇曰今鐵夾持鑄鍋者。

duàn 鍛

鍛 小冶也。從金，段聲。丁貫切

小冶也者，本書段椎物也，㪉辟㪉鐵也。徐鍇曰从支椎段之也，鍛椎之而已不銷，故曰小冶。龍龕手鑑鍛打鐵也，鎚也，小冶也。急就篇鍛鑄鉛錫鐙錠鐎，顏注凡金鐵之屬椎打而成器者謂之鍛。長笛賦靁叩鍛之岌峇兮，李善引蒼頡篇鍛椎也。書費誓鍛乃戈矛，傳云鍛鍊戈矛。淮南道應訓大司馬捶鉤者年八十矣而不失鉤芒，高注捶鍛擊銀也。說苑指武篇鍛劒戟以爲農器。拾遺記漢郭況鑄黃金爲器，鼓冶之聲震於都鄙，時人謂郭氏之室不雨而雷，言鑄鍛之聲盛也。抱樸子仙藥篇以鐵鎚鍛其頭數千下。世說嵇康大樹下鍛。通鑑嵇康箕踞而鍛，注云鍛小冶也。又云侯景以臺所給仗多不能精，啓請東冶鍛工欲更營造。又云柔然馬土門曰爾我之鍛奴也，注云突厥本柔然鐵工，故云然。王觀國曰考工記攻金之工六，築冶鳧栗段桃，鄭注曲禮金工築冶鳧栗鍛桃，葢古之周禮傳者非一本，鄭氏用鍛字，必別本周禮。後漢書韋彪傳鍛鍊之吏，注云鍛鍊猶成熟也，言深文之吏入人之罪，猶工冶陶鑄鍛鍊使之成熟也。

dìng 鋌

鋌 銅鐵樸也從金廷聲 徒鼎切

銅鐵樸也者一切經音義十一鋌銅鐵之璞未成器用者也廣雅鏷鏻鋌也文選七命邪谿之鋌淮南子脩務訓苗山之鋌羊頭之銷許注鋌銅鐵璞也王褒四子講德論精鍊藏於鑛鏷南史梁盧陵王傳嗣子應不慧見內庫金鋌問左右此可食否論衡率性篇世稱利劒有千金之價棠谿魚腸之屬龍泉太阿之輩其本鋌山中之恒鐵也冶工鍛鍊成為銛利

xiǎo 鐃

鐃 鐵文也從金曉聲 呼鳥切

鐵文也者集韻鐵有文謂之鐃

jìng 鏡

鏡 景也從金竟聲 居慶切

漢書東方朔傳玉之瑩后之精表如日光裏如眾星兩人相覩見不相知情此名為鏡 魏武帝上雜物疏御物有尺二寸金錯鏡一枚皇太子雜純銀錯七寸鐵鏡四枚貴人至公主九寸鐵鏡四十枚 東宮舊事皇太子納妃有著衣大鏡

尺八寸銀華小鏡尺二寸漆匳盛蓋銀華金薄鏡三枚 陸機與弟雲書仁壽殿前有大方銅鏡高五尺餘廣三尺二寸立著庭中向之便寫人形體了了 韓子說林古之人目短於自見故以鏡觀面 大戴禮保傅篇明鏡者所以察形也 呂氏春秋達鬱篇人皆知說鏡之明已也注云鏡明見人之醜而人不椎鏡破之而抆以元錫摩以白旃是說鏡之明己也 淮南脩務訓明鏡之始下型矇然未見形容及其粉以元錫摩以白旃鬢眉微毫可得而察 賈誼書道術篇鏡儀而居無執不臧美惡畢至各得其當 新序清水明鏡不可以形遯也 申鑒雜言側弁垢顏不鑒於明鏡也 蔡邕女誡覽照拭面則思其心之潔也 傅咸鏡賦順陰位於西裔采秋金之剛精醮祝融以致虔命歐冶而是營晞日月之光烈儀厭象乎曜靈不有心於好醜而眾形其必詳同實鏃於夏史隨善惡而是彰 廣雅鑑謂之鏡 晉語是天奪之鑒而益其疾韋云鑒鏡也鏡所以自省察 詩柏舟我心匪鑒傳云鑒所以察形也蕩殷鑒不遠箋云此言殷之明鏡不遠也 僖二年左傳是天奪之鑒杜注鑒所以自照鑒 吳語王盍亦鑑於人無鑑於水注云鑑鏡也 傅元鏡銘人徒鑑於鏡止於見形鑒人可以見情 殷闡祭王東亭文朗鑒不塵精金能照景也者鏡景聲相近本書景光也風俗通正失篇圖景失形傳咸鏡賦清邈明水景若朝陽梁簡文帝鏡銘高堂懸景江總方鏡銘景麗高堂葛洪字苑景加彡作影高僧傳鏡之鑒象形曲而影凹范泰鸞鳥詩序昔罽賓王獲鸞鳥欲其鳴而不致也懸鏡以映之鸞覩形而鳴詩曰明鏡懸高堂顧影悲同契

chǐ 鉹

鉹 曲鉹也從金多聲一曰鬻鼎讀若擿一曰詩云侈兮侈兮 尺氏切

曲鉹也者崔靈恩詩集注引作曲也 一曰鬻鼎者本書鼎大上小下若甑曰鬻 一切經音義十二聲類鉹與鉹同鬵也廣韻鉹鉹也吳人云也玉篇鉹釜也集韻鉹甑也梁人呼為鉹吳人呼為鉹急就篇甑瓽甗瓨甖盧顏注甑一名甗亦謂之鬵又呼為鉹方言甑自關而東謂之甗或謂之鬵郭注涼州呼鉹釋器鬵鉹也孫炎曰涼州人謂甑為鉹 讀若擿一曰詩云哆兮侈兮者徐鍇本作讀若擿一曰若詩曰侈兮之侈同 董逌曰詩哆兮侈兮說文作鉹兮哆兮崔靈恩詩集注侈兮哆兮說文作鉹兮哆兮

xíng 銒

銒 似鐘而頸長從金幵聲 戶經切

似鐘而頸長者徐鍇韻譜銒長頸鐘集韻銒器似鐘頸長或作甁甄經廣韻銒酒器似鐘而長頸也瓶甄並同上急就篇銅鍾鼎鋞鋗鉇銚顏注鋞字或作銒銒似鍾而長頸也莊子徐無鬼篇其求銒鍾也以束縛釋文引字林云銒似小鍾而長頸又云似壺而大 馥案諸說皆以為酒器五經文字以為樂器類篇云一曰酒器

zhōng 鍾

鍾 酒器也從金重聲 職容切

酒器也者字林同顏注急就篇銅鍾以銅為鍾鍾酒器也 列子楊朱篇公孫朝聚酒千鍾孔叢儒服篇平原君與子高飲彊子高酒曰昔有遺諺堯舜千鍾孔子百觚抱朴子酒誡篇千鍾百觚堯舜之飲也晉書崔洪傳汝南王亮以琉璃鍾行酒洪不執北堂書鈔引蔣子秦穆公伐晉及河將軍勞之醪惟一鍾後漢書班固傳旨酒萬鍾

jiàn 鑑

鑑 大盆也一曰鑑諸可以取明水於月從金監聲 革懺切

大盆也者本書甇大盆也廣雅甇鑑也周禮凌人春始治鑑又云祭祀共冰鑑注云鑑如甀大口以盛冰置食物於

suì 鐩　qiáo 鐈

中以禦溫氣或作䀇玉篇䀇大盆也廣韻䀇大瓮似盆續漢書盜伏於䀇下一曰鑑諸可以取明水於月者鑑下當有方字周禮司烜氏掌以鑒取明水於月注云鑑鏡屬取水者世謂之方諸考工記金錫半謂之鑒燧之齊注云鑒燧取水火於日月之器也鑒亦鏡也洪範五行傳夫握方諸之鏡處深澤之下而上引太清物類相隨可不愼邪魏名臣奏高堂隆曰陽符一名陽燧取火於日陰符一名陰燧取水於月並入銅作鏡名曰水火之鏡漢舊儀以鑑燧取水於月以火燧取火於日爲明水參同契方諸非星月安能得水漿陸機演連珠準月稟水不能加涼劉孝標注雖方諸稟水於月而不加於水之涼馥案或以蛤爲方諸淮南天文訓方諸見月則津而爲水高注方諸陰燧大蛤也熱摩令熱月盛時以向月下則水生又案陽鐩亦僃鑑齊策若把水於河而取火於燧也鮑注燧鑑也

鐈 似鼎而長足從金喬聲 巨嬌切

似鼎而長足者玉篇鐈鼎長足者廣雅鐈鬷也

鐩 陽鐩也從金㒸聲 徐醉切

陽鐩也者一切經音義十八陰鐩出水陽鐩出火陽鐩五后之精銅圓也陰鐩以鐵方也通作燧古今注陽燧以銅爲之形如鏡向日則火生以艾炷承之得火也內則金燧注云金燧可取火於日淮南天文訓陽燧見日然而爲火許注陽燧金也取金杯無緣者熱摩令熱日中時以當日下以艾承之光則然得火也說林訓凡用人之道若以燧取火疏之則弗得數之則弗中正在疏數之間高注疏猶遲也數猶疾也得其節火乃生覽冥訓夫陽燧取火於日方諸取露於月天地之間巧歷不能舉其數手徵忽怳不能覽其光然以掌握之中引類於太極之上而水火可立致者陰陽同氣相動也論衡亂龍篇陽燧取火於天五月丙午日中之時消煉五后銅鑄以爲器乃能得火參同契陽燧以取火非日不生光陸機演連珠晞日引火不必增輝劉孝標注陽燧取火於日不加於火之輝也抱樸子火出於陽燧陽燧圓而火不圓也劉氏新論類感篇陽燧在掌而太陽火接神記夫金錫之性一也以五月丙午日中鑄爲陽燧以十一月壬子夜半鑄陰燧注云陽燧取火陰燧取水夢溪筆談陽燧面窪以一指迫而照之則正漸遠則無所見過此遂倒其無所見處正如窗隙艣臬腰鼓礙之本末相格遂成搖艣之勢故舉手則影愈下下手則影

xíng 鋞　xī 鑴　huò 鑊

愈上此其可見注云陽燧面窪向日照之光皆聚向內離鏡一二寸光聚爲一點大如麻菽著物則火發此則腰鼓最細處也又通作遂周禮司烜氏掌以夫遂取明火於日注云夫遂陽遂也論衡說日篇驗日陽遂火從天來

鋞 溫器也圜直上從金巠聲 戶經切

溫器也圜直上者徐鍇曰所以煗物顏注急就篇鋞溫器圓而直上

鑴 甞也從金巂聲 戶圭切

甞也者玉篇鑴大鑊也廣雅鑴鼎也

鑊 鑴也從金蒦聲 胡郭切

鑴也者徐鍇韻譜鑊釜器御覽引方言釜自關而西或謂之釜或謂之鑊馥案今本鑊作鍑周禮腊夫亨人掌共鼎鑊注云所以煮肉及魚腊之器淮南說山訓嘗一臠肉知一鑊之味高注有足曰鼎無足曰鑊漢書刑法志大辟有鑿顚抽脅鑊亨之刑顏注鼎大而無足曰鑊以鬻人也陸機洛陽記宮牆外有大鐵鑊盛水以救火鑊受百斛或通

作濩詩葛覃是刈是濩傳云濩煑之也孫炎曰以煑之於鑊故曰鑊煑字又作鑵顏氏家訓書證篇吳人呼鑊爲霍故以金旁作霍代鑊字

fù 鍑　móu 鍪　tiǎn 錪　cuò 銼

鍑 釜大口者從金复聲 方副切

釜大口者者一切經音義十八引作如釜而口大廣雅鍑鬴也三蒼鍑小釜也急就篇鐵鈇鑽錐釜鍑鍪顏注大者曰釜小者曰鍑漢書匈奴傳多齎鬴鍑薪炭顏注鍑釜之大口者也

鍪 鍑屬從金敄聲 莫浮切

鍑屬者廣雅鍪鬴也顏注急就篇鍪似釜而反脣一曰鍪者小釜類卽今所謂鍋也亦曰鏕鑪

錪 朝鮮謂釜曰錪從金典聲 他典切

朝鮮謂釜曰錪者方言鍑北燕朝鮮洌水之閒或謂之錪廣雅錪鬴也

銼 鍑也從金坐聲 昨禾切

xíng 鉶　luó 鑹　hào 鎬

鍑也者玉篇銼鑹鍑也廣韻銼鑹小釜集韻銼鑹溫器一切經音義十三廣雅鍑錆謂之銼鑹亦云鈳鏻玉篇鈳鏻小釜也鈷鏻也纂文秦人以鈷鏻爲銼鑹聲類鑹小釜也亦土釜也一名鍑錆晉書杜預傳釜甑銚槃鍑錆皆民閒之急用也通作鏃集韻鏃與銼同顏注急就篇鍪亦曰鏃鑹

鑹 銼鑹也從金贏聲 魯戈切

鉶 器也從金荆聲 戶經切

器也者玉篇鉶羹器也五經文字鉶祭器舊三禮圖鉶鼎受一升兩耳三足高三寸有蓋士以鐵爲之大夫已上以銅爲之諸侯飾以白金天子飾以黃金聘禮六鉶繼之注云鉶羹器也士虞禮設一鉶于豆南注云鉶芼羹也特牲饋食禮祭鉶嘗之告旨注云鉶肉味之有菜和者公食大夫禮宰夫設鉶四于豆西注云鉶菜和羹之器疏云據羹在鉶言之謂之鉶羹據器言之謂之鉶鼎周禮亨人祭祀共大羹鉶羹注云羹加五味盛以鉶器故曰鉶羹家語問禮篇籩豆鉶羹注云鉶所以盛羹也漢書司馬遷傳堯舜飯土簋歠土鉶注云鉶瓦器也劉楨毛詩義問鉶羹有菜

鹽豉其中菜爲其形象可食因以鉶爲名

鎬 溫器也從金高聲武王所都在長安西上林苑中字亦如此 乎老切

武王所都在長安西上林苑中字亦如此者書召誥王朝步自周馬注周鎬京也詩王在在鎬又鎬京辟廱傳云武王作邑於鎬京又赫赫宗周傳云鎬京也坊記引詩度是鎬京注云鎬京鎬宮也三輔黃圖鎬池在昆明池之北卽周之故都也帝王世紀武王伐殷爲天子自酆徙都鎬括地志鎬在雍州西南二十五里古史考武王遷鎬長安豐亭鎬池也孟康曰長安西南有鎬池顏師古曰今昆明池北鎬陂是徐廣曰豐鎬相去二十五里皆在長安南史記索隱豐文王所作邑在鄠縣東去鎬二十五里武王都鎬郡國志京兆尹鎬在上林苑中注云秦始皇江神反璧曰爲吾遺鎬池君皇覽曰文王周公冢皆在鎬聚東杜中或作鄗書洪範傳以箕子歸鎬京釋文云鎬本又作鄗周書文王受命九年在鄗荀子王霸篇武王以鄗西都賦遂繞酆鎬李善云鄗與鎬同水經注渭水東北與鄗水合水上

āo 鏖　yáo 銚　dòu 鋀　jiāo 鐎

承鎬池於昆明池此武王所都也通鑑外紀七年武王作邑於鄗又通作滈羽獵賦經縈酆滈括地志滈水源出長安縣西北滈池

鏖 溫器也一曰金器從金麀聲 於刀切

溫器也者廣雅鏖鬴也

徐鍇本有讀若奧三字

銚 溫器也一曰田器從金兆聲 以招切

案字林鐎似銚無緣是銚有緣

溫器也者一切經音義十四引同又云銚余招反似鬲上有鐶山東行此音又徒弔反今江南有銅銚形似鎗而無腳上加踞龍爲襻也廣韻銚燒器廣雅鐈鬲鍛鋗謂之銚晉書杜預傳銚槃民閒之急用也南岳記衡山之岡有石室古人住處有刀鋸銅銚　一曰田器者本書錢銚也古田器詩臣工庤乃錢鎛傳云錢銚也正義云世本云垂作銚宋仲子注云銚刈也然則銚刈物之器也管子禁藏篇推引銚耨以當劍戟海王篇耕者必有一耒一耜一銚注

云大鉏謂之銚晏子君將戴笠衣褐執銚耨以蹲行畎畝之中韓非八說篇古者寡事而備簡樸陋而不盡故有珧銚而推車者何休注云珧蜃屬銚卽銚耨劃削之器也上古摩蜃而耨也莊子外物篇春雨日時草木怒生銚鎒於是乎始修注云銚削也能有所穿削也齊策操銚鎒與農夫居壠畝之中秦策無杞銚推耨之勢而有積粟之實鮑注銚耘苗器鹽鐵論申韓篇犀銚利鉏五穀之利而閒草之害也或作廝集韻廝田器與銚同

鋀 酒器也從金毘象器形 大口切

毘 鋀或省金

鐎 鐎斗也從金焦聲 卽消切

鐎斗也者一切經音義十五引同又引聲類鐎溫器也有柄引字林鐎容一斗似銚無緣也博古圖盉不深而把曰鐎斗漢有熊足鐎斗龍首鐎斗韻集鐎溫器也三足有柄急就篇鍛鑄鉛錫鐙錠鐎顏注鐎謂鐎斗溫器也似銚而無緣馥案斗調飲食之器故賈誼書云王后有身之七月而就蔞室太宰持斗而御戶右求滋味非正味則太宰荷

yù 鋊　xuàn 鉉　jiàn 鍵　wèi 鏏　xuān 鋗

斗而不敢煎調是也其後軍中擊以行夜謂之刁斗纂文刁斗持時鈴也方言無升謂之刁斗注云謂小鈴也漢書李廣傳行無部曲不擊刁斗以自衛孟康曰以銅作鐎器受一斗晝炊飲食夜擊持行名曰刁斗史記索隱案荀悅云刁斗小鈴如宮中夜鈴也蘇林曰形如鋗以銅作之無緣受一斗故云刁斗鐎即鈴也埤蒼云鐎溫器有柄斗似銚無緣音譙

鋗 小盆也從金肙聲火玄切

小盆也者顏注急就篇鋗亦溫器也廣雅鋗謂之銚馥案鋗有緣

鏏 鼎也從金彗聲讀若彗于歲切

鼎也者廣雅同廣韻鏏大鼎玉篇鏏銅器三足有耳也或作鏏淮南說林訓水火相憎鏏在其閒五味以和高注鏏小鼎又曰鼎無耳爲鏏鏏受水而火炊之

鍵 鉉也一曰車轄從金建聲渠偃切

說文解字義證　卷四十五　十五

鉉也者爾雅釋文引字林鍵鋭也馥所未詳　一曰車轄者本書轄鍵也輦車軸耑鍵也字林鍵一曰轄也急就篇釭鐗鍵鉆冶錮鐈顏注鍵以鐵有所豎關若門牡之屬也尸子文軒六駮題無四寸之鍵則車不行

鉉 舉鼎具也易謂之鉉禮謂之鼏從金玄聲胡犬切

舉鼎具也者廣韻集韻類篇所引宋本徐鍇韻譜皆無具字本書初刻亦無後復加之劉昌宗鉉音關本書扛橫關對舉也力士扛鼎是也　易謂之鉉者鼎卦六五鼎黃耳金鉉上九鼎玉鉉大吉馬云鉉扛鼎而舉之也干寶曰凡舉鼎者鉉也　禮謂之鼏者鼏當爲鼏說見鼏下　增韻鉉舉鼎局

鋊 可以句鼎耳及鑪炭從金谷聲一曰銅屑讀若浴余足切

可以句鼎耳及鑪炭者徐鍇韻譜鋊鼎耳句廣韻鋊炭鉤也集韻鉤鋊取炭器　一曰銅屑者漢書食貨志令半兩錢法重四銖而姦或盜摩錢質而取鋊臣瓚曰許愼云鋊銅屑也摩錢漫面以取其屑更以鑄錢西京黃圖敘曰民

chǎn 鏟　yè 鍱　jí 鏶　dēng 鐙　dìng 錠　jiān 鑯　yìng 鎣

摩錢取屑是也通鑑孔頴上言元狩中鑄五銖錢周郭其上下令不得摩取鋊注云漢初行半兩錢及莢錢一而有文一面漫民盜磨其漫面取其鋊以更鑄作錢元狩鑄五銖文漫兩面皆周帀爲郭令不得磨取鋊鋊銅屑也

鎣 器也從金熒省聲讀若銑烏定切

器也者集韻鎣治器也以金爲之　讀若銑者廣韻鎣飾也釋器弓以金者謂之銑郭注以金飾弓之兩頭也

鑯 鐵器也一曰鐫也從金韱聲子廉切

一曰鐫也者徐鍇本作鐫本書鐫穿木鐫也集韻鋟或作鑯刻也定八年公羊傳睋而鋟其板注云以爪刻其饋飲板釋文云鋟本又作鑯七廉反

錠 鐙也從金定聲丁定切

鐙也者本書𢑚讀若鐙同廣韻豆有足曰錠無足曰鐙聲類有足曰錠無足曰鐙公食大夫禮實於鐙注云瓦豆謂之鐙祭統執鐙注云鐙豆下跗也

說文解字義證　卷四十五　十六

鐙 錠也從金登聲都滕切

鏶 鍱也從金集聲秦入切

鍱也者廣雅鍱謂之鏶

䤠 鏶或從咠

鍱 鏶也從金枼聲齊謂之鍱與涉切

鏶也者徐鍇曰今言鐵葉也一切經音義三鍱薄金也備公兵法車弩以鐵鍱爲羽或作鍱廣雅鍱鋌也又作鏶文選七命鍱越鍛成李善云鍱或謂爲鍱

鏟 鏶也一曰平鐵從金產聲初限切

一曰平鐵者一切經音義四引同又卷九鏟今作剗聲類剗平也方刃施柄者也蒼頡篇云削平也馥案纂文耆苗之道鉏不如耨耨不如剗剗柄長三尺刃廣二寸以剗地除草後漢書杜篤傳鏺鏤株林注引埤蒼云鏺鏟也謂以

鏈鏤去林木之株蘖也

lú 鑪

鑪 方鑪也从金盧聲 洛乎切

方鑪也者一切經音義二鑪火所居也謂凡盛火之器曰鑪蒼頡篇炭鑪所以行火銷鐵也漢書賈誼傳且夫天地爲鑪造化爲工陰陽爲炭萬物爲銅鹽鐵論詔聖篇鑠金在鑪莊蹻不顧論衡自然篇淮陽鑄僞錢吏不能禁汲黯爲太守不壞一鑪而淮陽政清沈約爲柳世隆上銅表名鑪化金

xuàn 鏇

鏇 圜鑪也从金旋聲 辭戀切

圜鑪也者一切經音義十四引同

tí ⿰金虒

⿰金虒 器也从金虒聲 杜兮切

器也者集韻⿰金虒釜屬也

lǔ 鐪

鐪 煎膠器也从金虜聲 郎古切

煎膠器也者廣雅鐪鬴也字或作⿰金鹵玉篇⿰金鹵器也

kòu 釦

釦 金飾器口从金从口口亦聲 苦厚切

金飾器口者漢舊儀宗廟三年一大祫高祖黃金釦器大官尚食用黃金釦器中官私官尚食用白銀釦器鹽鐵論散不足篇今富者銀口黃耳金罍玉鍾東觀漢記桓帝立黃老祠濟金釦器後漢書和熹鄧皇后紀其蜀漢釦器九帶佩刀竝不復調注云釦音口以金銀緣器也後周警衞執金釦杖及銀釦檀杖程大昌演繁露引揚雄蜀都賦彫鏤釦器百伎千工

cuò 錯

錯 金涂也从金昔聲 倉各切

金涂也者集韻金涂謂之錯鹽鐵論散不足篇錯鑣涂采晉陽秋武帝改營太廟鑄銅柱十二涂以黃金鏤以百物漢書食貨志錯刀以黃金錯其文外戚傳切皆銅沓冒黃金塗顏注以金塗銅上也東觀漢記賜鄧遵金錯刀又云楊賜拜太常賜以金錯鉤珮謝承後漢書賜應奉金錯把刀劒鹽鐵論金錯蜀杯劉義恭啟事曰恩旨以犀鏤金錯酒杯槃垂賜

yǔ ⿰金御

⿰金御 鉏⿰金御也从金御聲 魚舉切

鉏⿰金御也者徐鍇曰鉏⿰金御猶犬牙也廣韻鉏鋙不相當也通作牙考工記玉人之事牙璋中璋注云二璋皆有鉏牙之飾於琰側

鋙 ⿰金御或从吾

yǐ 錡

錡 鉏⿰金御也从金奇聲江淮之閒謂釜曰錡 魚綺切

鉏⿰金御也者詩破斧又缺我錡傳云鑿屬曰錡楚詞九辯圜鑿而方枘兮吾固知其鉏鋙而難入 江淮之閒謂釜曰錡者廣雅錡鬴也方言鍑江淮陳楚之閒謂之錡注云或曰三腳釜也本書鬲三足鍑也詩維錡及釜傳云錡釜屬有足曰錡無足曰釜釋文云錡三足釜也隱三年左傳筐筥錡釜之器杜注無足曰釜有足曰錡

chā 鍤

鍤 郭衣鍼也从金臿聲 楚洽切

郭衣鍼也者集韻鍤綴衣鍼玉篇鍤長鍼也廣雅鍤鍼也

shù 鉥

鉥 綦鍼也从金朮聲 食聿切

綦鍼也者徐鍇曰刺綦之鍼也綦履底也馥案廣雅絽鍼也廣韻絽連鍼也絽鍼卽綦鍼管子輕重乙篇一女必有一刀一錐一箴一鉥然後成爲女注云鉥長鍼也通作秫趙策鯷冠秫縫鮑注云秫綦鍼也史記趙世家却冠秫絀集解徐廣曰鉥者綦鍼也古字多假借故作秫絀耳此蓋言其女功鍼縷之麤拙也

zhēn 鍼

鍼 所以縫也从金咸聲 職深切

曹大家鍼縷賦鎔秋金之剛精形微妙而直端性通達而漸進博庶物而一貫惟鍼縷之列迹信廣博而無原成二年左傳賂之以執斲執鍼織紝杜注執鍼女工 抱朴子論仙篇夫班狄不能削瓦爲芑鍼 文王世子其刑罪則纖剸注云纖讀爲殲殲刺也釋文云纖依注音鍼之林反徐子廉反注本或作纖讀爲殲者是依徐音而改也馥案廣雅鍼刺也漢書景十三王傳以鐵鍼鍼之顏注鍼刺也

所以縫也者一切經音義十七引作所以用縫衣者也蕭該漢書音義引字林鍼所以縫也本書箴綴衣箴也急就篇鍼縷補縫綻紩緣顏注鍼所以縫也俗作針淮南說山訓先針而後縷可以成帷先縷而後針不可以成衣易林咸之益縫衣失針襦袴不成劉義恭啟事聖恩賜金銀針七色縷

pī 鈹

大鍼也一曰劍如刀裝者從金皮聲 敷羈切

大鍼也者一切經音義十四引同又云醫家用以破癰也廣雅鑱謂之鈹本書鑱銳也靈樞經鈹鍼者末如劍鋒華佗別傳令子弟數人以鈹刃決脈劉氏新論利害篇瘕疾塡胷而不敢鈹古詩金鈹挑筍芽賈岱宗大狗賦牙劊似鈹刺一曰劍如刀裝者左傳釋文引作劍也如徐鍇本作而昭二十七年左傳夾之以鈹正義云說文云鈹劍也則鈹是劍之別名集韻鈹劍如仞裝者急就篇鈒戟鈹鎔劍鐔鍭顏注鈹大刀也刃端可以拔淢因取名云管子問篇衣夾鋏注云鋏兩刃鈹也文選吳都賦羽族以觜距爲刀鈹五臣云鈹兩刃小刀也襄十七年左傳賊六人以鈹殺諸盧門合左師之後定八年傳虞人以鈹盾夾之哀十一年傳王賜之甲劍鈹吳語被甲帶劍挺鈹搢鐸史記

吳世家人夾持鈹高祖功臣表有長鈹都尉

shā 鎩

鈹有鐔也從金殺聲 所拜切

淮南時則訓孟冬之月其兵鎩 史記秦始皇本紀鉏櫌棘矜非錟於句戟長鎩也 東京賦虎戟交鎩 魏文帝校獵賦長鎩剡霓

鈹有鐔也者李善注西京賦引同又有一曰鋋似兩刃刀七字又注辨亡論云鎩長刃矛刀之類也漢書陳勝項籍傳不敵於鉤戟長鎩顏注鎩鈹也

niǔ 鈕

印鼻也從金丑聲 女久切

印鼻也者御覽六百八十二引漢舊儀皇帝六璽皆白玉螭虎鈕又六百八十三引云丞相大將軍黃金印龜鈕御史二千石銀印龜鈕千石六百石四百石皆銅印鼻鈕李尤印銘龜鈕犢鼻字或作紐廣雅印謂之璽紐謂之鼻淮南說林訓龜紐之璽賢者以爲佩高云紐係也周禮弁師延紐注云紐小鼻

古文鈕從玉

qiōng 銎

斤斧穿也從金巩聲 曲恭切

斤斧穿也者詩釋文引作斧空也玉篇銎斤斧空也廣韻銎許容切斤斧柄孔又曲恭切斤斧受柄處也徐鍇曰銎柄孔受柯處六韜曰大柯斧銎長八寸詩破斧傳云隋銎曰斧七月傳云斨方銎也廣雅銊謂之銎集韻銊斧穿也矛亦有銎方言矛骹謂之銎注云即矛刃下口音凶詩清人箋云喬矛矜近上及室題正義室謂矛之銎孔

zī 鈭

鈭錍斧也從金此聲 即移切

鈭錍斧也者玉篇引作錍鈭斧也馥案鈭錍短斧也方言鑹钃短也廣雅錍鉳短也

bēi 錍

鈭錍也從金卑聲 府移切

zàn 鏨

小鑿也從金從斬斬亦聲 藏濫切

小鑿也者通俗文后鑿曰鏨廣雅鐫謂之鏨字或作鏩集韻鏩曲頭鑿又云鏨屬刃曲 斬亦聲者當爲斬聲

juān 鐫

穿木鐫也從金雋聲一曰琢石也讀若瀸 子全切

穿木也者徐鍇本作破木鐫也集韻鐫錐也廣雅鐫錐也釋名鐫鐫也有所鐫入也 一曰琢石也者方言鐫琢也晉趙謂之鐫注云謂鑿鐫也淮南本經訓鐫山石高注鐫猶鑿也漢書溝洫志患底柱隘可鐫廣之顏注鐫謂琢鑿之也異姓諸侯王表鐫金石者難爲功顏注鐫琢石也 讀若瀸者本書鑯一曰鐫也

záo 鑿

穿木也從金糳省聲 在各切

御覽七百六十三引古史考孟莊子作鑿 尸子利錐不如方鑿 司馬法輦有一斧一斤一鑿一梩 易林睽之歸妹鉛刀攻玉無不鑽鑿 鹽鐵論非鞅篇善鑿者建周而不疲狐刺之鑿雖公輸子不能善其枘 史記孟荀列傳持方枘欲內圜鑿其能入乎索隱云方枘是筍也圜鑿是孔也謂工人斲木以方筍而內之圓孔不可入也 廣韻榱鑿柄雜記鑿巾以飯案覆面巾當口鑿穿之故名鑿巾 鄧析書錙錘鋸鑿所可爲害之具備置左右 崔鴻前秦錄強平諫苻生生怒鑿其頂而殺之 通作筰國語中刑用刀鋸其次用鑽筰韋注筰爲筰賈注爲鑿李善注長笛賦云筰與鑿音義同

穿木也者李善注長笛賦引同廣雅鑿穿也釋名鑿有所穿鑿也急就篇鈐鐕鉤銍斧鑿鉏顔注鑿所以穿木也論衡効力篇鑿所以入木者槌叩之也

xiān 銛[1]

銛 鍤屬從金𠯑聲讀若棪桑欽讀若鎌 息廉切

鍤屬者鍤當爲臿本書利銛也　讀若棪者史記秦始皇本紀非錟于句戟長鎩也注云錟一作銛　桑欽讀若鎌者當爲鎌

chén 鈂

鈂 臿屬從金冘聲 直深切

臿屬者一切經音義七引蒼頡篇同徐鍇本有讀若沈三字漢書溝洫志舉臿爲雲顔注臿鍫也

guǐ ⿰金危

⿰金危 臿屬從金危聲一曰瑩鐵也讀若跛行 過委切

臿屬者徐鍇本作臿金也韻譜韻會竝同馥謂臿金猶耒頭金字或作鍏方言臿或謂之鍏　讀若跛行者徐鍇本作讀若跛行

說文解字義證　卷四十五　王

piě 鐅

鐅 河內謂臿頭金也從金敝聲 芳滅切

河內謂臿頭金也者廣雅鏵錄鐅也郭注方言江東又呼鍫刃爲鐅

jiǎn 錢

錢 銚也古田器從金戔聲詩曰庤乃錢鎛 卽淺切又昨先切

銚也者本書銚田器白帖服勤於錢鎛敦田疇詩曰庤乃錢鎛者周頌臣工文傳云錢銚也徐鍇本有一曰貨也四字案本書貝下云至秦廢貝行錢漢書食貨志周景王鑄大錢文曰寶貨秦并天下銅錢質如周錢文曰半兩漢興鑄莢錢孝文五年更鑄四銖錢其文爲半兩後更鑄三銖五銖錢

jué 钁

钁 大鉏也從金矍聲 居縛切

大鉏也者廣雅櫡謂之钁爾雅釋器斫謂之鐯郭注钁也六韜钁鍤斧鋸杵臼其攻城器也又云棨钁刃廣六寸柄長五尺以上淮南齊俗訓今之修干戚而笑钁臿高注钁斫屬精神訓揭钁臿兵畧訓奮儋钁高注竝云钁斫也曹植藉田賦杖子乘於隴畝執鋤钁於畦町一切經音義十四引賈注國語斤钁也或作欋郭注爾雅齊魯謂四齒杷爲欋

qián 鈐

鈐 鈐⿰金隋大犂也一曰類梠從金今聲 巨淹切

鈐⿰金隋大犂也者⿰金隋或作鐫急就篇鈐鐫鉤銍斧鑿鉏顔注鈐鐫大犂之鐵　一曰類梠者當爲梠類廣雅鈐⿰金隋謂之⿰金蟲本書鉵梠屬

duò ⿰金隋

⿰金隋 鈐⿰金隋也從金隋聲 徒果切

鈐⿰金隋也者玉篇作鐫云犂錧也廣韻同

pō 鏺

鏺 兩刃木柄可以刈艸從金發聲讀若撥 普活切

兩刃木柄可以刈艸者玉篇一切經音義十二竝作有木柄廣韻鏺兩刃刈也廣雅鏺鎌也六韜春鏺草棘

tóng 鉵

鉵 梠屬從金蟲省聲讀若同 徒冬切

梠屬者本書鈐下云類梠廣韻鉵大鉏玉篇鉵鉏大皃史記高祖本紀從杜南入蝕中索隱云說文作鉵器名也地形似器故名之　蟲省聲者廣雅作⿰金蟲不省　讀若同者徐鍇本無此文

說文解字義證　卷四十五　王

chú 鉏

鉏 立薅所用也從金且聲 士魚切

一切經音義十九蒼頡篇鉏茲其也漢書帶經而鉏是也埤蒼鐲鑿鉏也　廣雅鈹鉏也　齊民要術爾雅曰斫斸謂之定犍爲舍人曰斫斸鉏也一名定　釋名鋤助也去穢助苗長也齊人謂其柄曰櫌櫌然正直也頭曰鶴似鶴頭也馥案本書櫌鉏柄樳大木可爲鉏柄　顔注急就篇鉏去草之具也一名茲基又云鋤之言助也助苗去穢也　楚辭卜居寧誅鋤草茅以力耕乎

立薅所用也者所當爲所後人加用字御覽引作薅所也廣韻引作立薅所也增韻五音集韻竝同

bēi 䥯

䥯 梠屬從金罷聲讀若媯 彼爲切

梠屬者廣雅䥯梠也埤蒼耜爲䥯器集韻耜梠屬六書故䥯臥兩耜著齒其下人立其上而牛輓之以摩田也

lián 鎌

鎌 鍥也從金兼聲 力鹽切

釋名鎌廉也體廉薄也其所刈稍稍取之又似廉者也韓詩外傳子路與巫馬期薪於韞邱之下巫馬期闗然投鎌於地魏畧孟康爲宏農太守時出案行常豫勑吏卒各持鎌所在自刈馬草鮑昭東武吟腰鎌刈葵藿　太公金匱守戰之具皆在民間鎌斧者是其攻戰之具也　五音集韻鉊鎌柄子　廣雅鉊柄也

鍥也者玉篇鎌刈鉤也急就篇鈐鑡鉤銍斧鑿鉏顏注鉤即鎌也形曲如鉤因以名云亦謂之鍥方言刈鉤自關而西或謂之鉤或謂之鎌或謂之鍥漢書龔遂傳諸持鉏鉤田器者皆爲良民顏注鉤鎌也劉氏新論適才篇棠谿之劒天下之銛也用之穫穗曾不如鉤鎌之功也

qiè 鍥

鍥　鎌也從金契聲　苦結切

鎌也者戴侗引蜀本作刎鎌也又曰小鎌南方用以乂穀廣韻鍥鎌別名也廣雅鍥鎌也

zhāo 鉊

鉊　大鎌也從金召聲鎌謂之鉊張徹說　止搖切

大鎌也者廣韻鉊淮南呼鎌廣雅鉊鎌也管子輕重篇耟耒耨懷鉊鉊六䥚芟草木大鎌柄長六尺以上　張徹說

鎌謂之鉊者方言刈鉤江淮陳楚之閒謂之鉊　馥案既訓大鎌又云鎌謂之鉊兩訓義複非本書例

zhì 銍

銍　穫禾短鎌也從金至聲　陟栗切

穫禾短鎌也者詩釋文引同顏注急就篇銍刈黍短鎌也廣雅銍謂之刉釋名銍穫黍鐵也銍銍斷穗聲也禹貢納銍鄭注斷去稾小爾雅截穎謂之銍詩臣工奄觀銍艾傳云銍穫也管子輕重乙篇一農之事必有一耜一銚一鎌一耨一椎一銍然後成爲農漢書王莽傳予之西巡必躬載銍每縣則穫以勸西成

zhèn 鎮

鎮　博壓也從金真聲　陟刃切

博壓也者壓當爲厭或亦作壓本書厭笮也徐鍇曰笮鎮也廣雅壓鎮也昭二十六年左傳將以厭衆周語是陽失其所而鎮陰也韋注鎮爲陰所鎮笮也楚詞九歌白玉兮爲鎮王注以白玉鎮坐席也史記高祖本紀秦始皇帝常曰東南有天子氣於是因東遊以厭之漢書杜鄴傳折衝厭難注云厭者壓也鎮壓寇難使之銷靡也通作塡說苑辨物篇今三川震是陽失其所而塡陰也又云今大旱者陽氣太盛以厭於陰惟塡厭之太甚使陰不能起也

chān 鉆

鉆　鐵銸也從金占聲一曰膏車鐵鉆　敕淹切

鐵銸也者後漢書注引作銸也一切經音義十三引作鐵鑷也龍龕手鑑鉆持鐵夾也趙策吾所苦夫鐵鉆然自入而出夫人者顏注急就篇鉆以鐵有所鑷取也後漢書章帝紀自往者大獄已來掠考多酷鉆鑽之屬慘苦無極陳寵傳絕鉆鑽諸慘酷之科周禮典同微聲韽鄭注云韽讀爲飛鉆涅韽之韽疏云鬼谷子有飛鉆揣摩之篇飛鉆者言察是非語飛而鉗持之馥謂鉆箝鉗鑷音義竝同射鳥氏矢弙疾高則以并夾取之注云并夾鍼箭具釋文鍼沈云或作鉆　一曰膏車鐵鉆者玉篇鑷與銸同車轄也

zhé 銸

銸　鉆也從金耴聲　陟葉切

玉篇銸拔髮也與鑷同通俗文拔減髮鬚謂之鑷釋名鑷攝也攝取髮也齊書高祖令左右拔白髮隆王昌時五歲帝曰兒言我是誰荅曰太翁也帝曰豈有爲人曾祖拔白髮乎卽擲去鑷雲仙雜記王僧虔惡白髮一日對客左右進銅鑷僧虔曰卻老先生至矣臨海水土記鑷魚長七寸頭如鑷

鉆也者廣雅同

qián 鉗

鉗　以鐵有所劫束也從金甘聲　巨淹切

以鐵有所劫束也者急就篇鬼薪白粲鉗釱髡顏注以鐵錔頭曰鉗漢書刑法志當黥者髡鉗爲城旦舂楚元王傳楚人將鉗我於市顏注鉗以鐵束頸也晉律鉗重二斤翹長一尺五寸後漢書梁冀傳壽性鉗忌注云鉗鋷也言性忌害如鉗之鋷物也

dì 釱

釱　鐵鉗也從金大聲　特計切

鐵鉗也者御覽引作脛鉗也字書拑足曰釱顏注急就篇以鐵錔頭曰鉗錔足曰釱蒼頡篇鉗釱也管子幼官篇刑則交寒害釱劉績注云釱鉗械入足也史記平準書敢鑄鐵器煑鹽者釱左趾集解云韋昭曰釱以鐵爲之著左趾以代刖也索隱云三蒼云釱錔腳鉗也字林音大計反張斐漢晉律序云狀如跟衣著足下重六斤以代刖至魏武改以械代釱也晉書刑法志魏武帝定甲子科犯釱左右趾者易以木械是時乏鐵故易以木焉漢書陳萬年傳或

jù 鋸　zān 鐕　zhuī 錐　chán 鑱

私解脫鉗釱顏注鉗在頸釱在足以鐵爲之後漢書朱穆傳臣願黥首繫趾注云繫趾謂釱其足也以鐵著足曰釱也

鋸 槍唐也從金居聲 居御切

古史考孟莊子作鋸 玉篇鋸解截也 釋名鋸倨也其體直所截應倨句之平也 列女傳臧孫母曰錯者所以治鋸也鋸者所以治木也 東觀漢記臧宮鋸斷城門限令車周轉出入 王隱晉書趙王倫欲廢賈后乃命三部司馬以鋸截闕開門 漢書刑法志中刑用刀鋸 鹽鐵論除狹篇或至鋸頸殺不辜而不能正 吳志孫皓燒鋸斷陳聲頭 前秦錄苻生錘鉗鋸鑿備置左右截頸刳胎拉脅鋸頭殺者動有千數 槍唐也者集韻槍唐鋸也

鐕 可以綴著物者從金朁聲 則參切

可以綴著物者者本書綴合箸也 玉篇鐕無蓋釘 廣韻同 喪大記君裏棺用朱綠用雜金鐕注云鐕所以琢箸裏 釋文鐕釘也

錐 銳也從金隹聲 職追切

昭六年左傳錐刀之末 史記平原君傳譬若錐之處囊中其末立見 晉載記赫連勃勃以叱干阿利領將作大匠乃烝土築城以錐刺之入一寸卽殺作者不入卽殺行錐者 白帖干將之劒削鍾無聲補履不如兩錢之錐 矢亦名錐 戰國策疾如錐矢高注錐小矢喻徑疾也 銳也者釋名錐利也 急就篇鐵鈇鑽錐釜鍑鍪 顏注錐所以刺入也

鑱 銳也從金毚聲 士銜切

銳也者一切經音義四引同 又云今江南猶言鑱刺也 又云鑱以錐刺物者也 又云鑱謂有刃斲鑿者也 典論劉表子弟設大鍼於坐端客醉酒寢地輒以鑱刺驗其醒醉 宋書臧質傳燾作鐵牀於其上施鐵鑱云破城得質當坐之此上 字或作攙 廣雅攙銳也 魏末傳諸葛誕殺樂綝有典農都尉數說誕誕罵曰卿坐舌先人以竹攙其舌然後殺之

ruì 銳　màn 鏝　zuàn 鑽　lǜ 鑢

銳 芒也從金兌聲 以芮切

芒也者左傳正義引同 或作鋭 吳都賦雄戟耀鋭 廣雅銳利也 成二年左傳銳司徒免乎 杜注銳司徒主銳兵者 漢書高帝紀朕親被堅執銳 顏注執銳謂利兵 淮南王傳於是王銳欲發 注云王意欲發兵如鋒刃之銳利 昭十六年左傳不亦銳乎 注云銳細小也 正義鋒芒尖故爲細小言得利小也 馥案宋本如此今闕

⿸厂剡 籀文銳從厂剡

籀文銳者本書厂下云⿸厂剡籀文銳 厲下云厂古文銳字 從厂剡者本書剡銳利也

鏝 鐵杇也從金曼聲 母官切

鐵杇也者釋宮鏝謂之杇 郭注泥鏝 字或作墁 論語糞土之牆不可杇也 王肅云杇墁也

槾 鏝或從木

本書木部有槾字

鑽 所以穿也從金贊聲 借官切

所以穿也者李善注長笛賦引同 本書欑一曰穿也 顏注急就篇鑽所以穿通也 方言鑽謂之鍴 廣雅鍴謂之鑽 燕書烈祖問侍臣曰夫口以下動乃能制物 鐵鑽爲用亦噬嗑之意而從上何也 申弼答曰口之下動上使下也 鐵鑽之用上漸下也 論語鑽燧改火 皇氏曰鑽燧者鑽木取火之名也 禮含文嘉燧人始鑽木取火 漢書刑法志其次用鑽鑿 顏注鑽去其臏骨也 袁宏後漢紀鄭宏髡首負鑽爲焦貺訟罪

鑢 錯銅鐵也從金慮聲 良據切

錯銅鐵也者玉篇錯鑢也 禹貢錫貢磬錯 廣雅鑢磨也 詩抑箋云玉之玷尚可磨鑢而平 考工記磬氏已上則摩其旁 注云摩鑢其旁 魏志董卓傳更鑄爲小錢不磨鑢 異苑中朝有人畜銅澡盆旦夕恆鳴 張華謂與洛鐘宮商相諧故聲相應也 交州記鮫魚皮可以鑢物 漢書人表有鑢金 字或作鋁 玉篇鑢與鋁同 廣雅鋁謂之錯 方言燕齊摩鋁謂之希 字又作鐧 考工記注摩鐧之器

quán 銓

銓 衡也從金全聲 此緣切

衡也者荀子禮論衡誠縣矣則不可欺以輕重淮南時則訓衡者所以平萬物也漢書律歷志衡平也所以任權而均物平輕重也一切經音義二十二銓謂銓量輕重也廣雅稱謂之銓蒼頡篇銓稱也急就篇量丈尺寸斤兩銓顏注銓稱也釋言坎銓也樊光注坎水也水性平銓亦平也吳語無以銓度天下之衆寡注云銓稱也漢書王莽傳考量以銓注云銓權也東觀漢記第五倫領長安市平銓衡正斗斛南齊書東昏矦本紀蹀肆鼓刀手銓輕重唐六典吏部有三銓法文賦苟銓衡之所裁固應繩其必當李善引聲類銓所以稱物也通作輇莊子外物篇輇才諷說之徒注云輇量人物也

zhū 銖

銖 權十分黍之重也從金朱聲 市朱切

權十分黍之重也者禮記釋文引作權分十黍之重本書稱下云其以爲重十二粟爲一分十二分爲一銖玉篇銖十二分也馥謂本書當云權十二分黍之重也漢書律歷志權輕重者不失黍絫應劭曰十黍爲絫十絫爲一銖漢志又云一龠容千二百黍重十二銖兩之爲兩二十四銖爲兩唐六典凡權衡以秬黍中者百黍之重爲銖文賦考殿最於錙銖李善云漢書曰黃鐘之一龠容千二百黍重十二銖然則百黍重一銖也程君瑤田曰据漢唐食貨志竝以黍爲百黍之重今閱說苑云十六黍爲一豆六豆爲一銖則銖爲九十六黍

lüè 鋝

鋝 十銖二十五分之十三也從金寽聲周禮曰重三鋝 北方以二十兩爲鋝 力輟切

十銖二十五分之十三也者十銖上當有鍰也二字十銖當爲十一銖尚書周禮釋文竝引作十一銖廣韻增韻五音集韻徐鍇韻譜竝同戴侗曰蜀本十下有一字馥案二十五分之十三當云二十五分銖之十三鋝通作選漢書蕭望之傳有金選之品應劭曰選音刷金銖兩名也顏注音刷是也字本作鋝鋝即鍰也其重十一銖二十五分銖之十三史記平準書有白選又通作饌尚書大傳夏后氏不殺不刑死罪罰二千饌史記周本紀其罰百率注率即鍰也馥案鍰當作鋝玉篇鋝與鋝同小爾雅廣衡二十四銖曰兩兩有半曰捷倍捷曰舉倍舉曰鋝鋝謂之鍰一鍰四兩謂之斤馥案此即賈逵所謂俗儒以鋝重六兩也周禮曰重三鋝者考工記冶氏文注云鄭司農云鋝量名也讀爲刷玄謂許叔重說文解字云鋝鍰也今東萊稱或以大半兩爲鈞十鈞爲環環重六兩大半兩鍰鋝似同矣則三鋝爲一斤四兩 北方以二十兩爲鋝者當言爲三鋝戴君震曰鍰鋝篆體易譌說者合爲一恐未然也鍰讀如丸十一銖二十五分銖之十三垸其假借字也鋝讀如刷六兩大半兩率選饌其假借字也二十五鍰而成十二兩三鋝而成二十兩呂刑之鍰當爲鋝故史記作率漢書作選伏生大傳作饌弓人膠三鋝當爲鍰一弓之膠二十四銖二十五分銖之十四賈逵說俗儒以鋝重六兩此俗儒相傳譌夫不能覈實脫去大半兩言之說文云北方以二十兩爲鋝正合三鋝蓋脫去三字

huán 鍰

鍰 鋝也從金爰聲虞書曰罰百鍰 戶關切

鋝也者戴侗曰蜀本李陽冰廣說文曰鍰六鋝也馥案增韻引同書呂刑法罰百鍰釋文云鍰六兩也鄭及爾雅同說文云六鋝也鋝十一銖二十五分銖之十三也集韻鍰量名重六兩大半兩鄭駁異義贖死罪千鍰鍰六兩大半兩爲四百一十六斤十兩大半兩銅與今贖死罪金三斤爲價相依附馥謂此鄭氏以鍰爲六兩大半兩之明據虞書曰罰百鍰者罰當爲罰虞書無此文呂刑其罰百鍰鍰當爲鋝許公所見本不作鍰非引呂刑

zī 錙

錙 六銖也從金甾聲 側持切

六銖也者淮南說山訓有千金之璧而無錙錘之礛諸高注六銖曰錙八銖曰錘洪氏泉志有錢文作兩甾即兩錙猶五銖作五朱也翁君樹培曰甾即錙字省金廣韻甾或作葘是甾即甾也說文錙六銖也二十四銖爲兩半兩爲十二銖此文曰兩甾則十二銖仍是半兩梁顧烜泉譜云秦始皇鑄半兩錢重十二銖是也

chuí 錘

錘 八銖也從金垂聲 直垂切

八銖也者高注淮南說山訓云八銖曰錘又注詮言訓云六兩曰錙倍錙曰錘馥謂此猶億萬有大小兩數也

jūn 鈞

鈞 三十斤也從金勻聲 居勻切

三十斤也者小爾雅廣衡斤十謂之衡衡有半謂之秤秤二謂之鈞周禮大司寇入鈞金注云三十斤曰鈞考工記

栗氏爲量重一鈞注云重三十斤定八年左傳顏高之弓六鈞注云三十斤爲鈞六鈞百八十斤家語正論解趙簡子賦晉國一鼓鐵注云三十斤謂之鈞鈞四謂之石石四謂之鼓呂氏春秋仲秋紀正鈞石注云三十斤爲鈞淮南天文訓三月而爲一時三十日爲一月故三十斤爲一鈞漢書律歷志鈞者均也陽施其氣陰化其物皆得其成就平鈞也權與物均重萬一千五百二十銖當萬物之象也四百八十兩者六旬行八節之象也三十斤成鈞者一月之象也後漢書趙典傳以成千鈞之讐注云三十斤爲鈞晉陽秋馬隆討涼州募兵限腰引弩四十六鈞弓限四鈞西京賦洪鐘萬鈞五臣注三十斤曰鈞孫子筭經稱之所起起於黍十黍爲一絫十絫爲一銖二十四銖爲一兩十六兩爲一斤三十斤爲一鈞四鈞爲一石

古文鈞從旬

bā 鈀

鈀 兵車也一曰鐵也司馬法晨夜內鈀車從金巴聲 伯加切

兵車也者玉篇鈀候車也 一曰鐵也者鐵當爲鐵廣雅鈀鉀鏑也方言凡箭其廣長而薄鎌者謂之鉀或謂之鈀箭

zhuó 鐲

鐲 鉦也從金蜀聲軍法司馬執兩鐲 直角切

鉦也者詩正義引同廣雅鐲鈴也漢書李陵傳聞金聲而止注云金謂鉦也一名鐲周禮鼓人以周鐲節鼓注云鐲鉦也形如小鐘軍行鳴之以爲鼓節 軍法司馬執兩鐲者李燾本無兩字周禮大司馬鼓行鳴鐲注云伍長鳴鐲以節之伍長一曰公司馬又云公司馬執鐲注云杜子春云公司馬謂五人爲伍伍之司馬也

líng 鈴

鈴 令丁也從金從令令亦聲 郎丁切

令丁也者容齋隨筆引世人切腳語謂鉦爲丁寧馥案令丁亦切腳語寫其聲也唐人小說元宗幸蜀雨中聞鈴問何聲優人對曰三郎鋃鐺馥謂鋃鐺猶令丁也增韻鈴似鐘而小又爲圓形半裂以出聲錮銅珠於內以鳴之今郵卒所帶

zhēng 鉦

鉦 鐃也似鈴柄中上下通從金正聲 諸盈切

漢雜事鼓以動衆鉦以止衆夜漏盡鼓鳴則起晝漏盡鉦鳴則息

鐃也似鈴者詩釋文正義引竝同後漢書光武紀張衡傳注引亦竝同廣雅鉦鈴也詩采芑鉦人伐鼓傳云鉦以靜之宣四年左傳著於丁寧注云丁寧鉦也晉語戰以錞于丁寧儆其民也吳語鳴鐘鼓丁寧車注丁寧鉦也 柄中上下通者詩正義引同漢書平帝紀假以鉦鼓應劭曰鉦者鐃也似鈴柄中上下通徐鍇古鉦銘序云建陽有越王餘城城臨溪村人於溪中獲一器狀如鐘長八寸徑六寸柄一尺柄端有雙魚相向重十斤銘四十八字惟連鉦鉦字可識御覽引風俗通鈴柄施懸魚魚者欲君臣沈靜如魚之入水不可復得聞見耳

náo 鐃

鐃 小鉦也軍法卒長執鐃從金堯聲 女交切

小鉦也者一切經音義六鐃如鈴而大者也廣雅鐃鈴也釋名鐃聲鐃鐃也馥謂鐃鐃當爲嘵嘵周禮大司馬辨鼓鐸鐲鐃之用注云鐃讀如讙嘵之嘵鼓人以金鐃止鼓注云鐃如鈴無舌有秉執而鳴之以止擊鼓樂書金鐃小者

似鈴執而鳴之以止鼓也武舞所執謂振武也宋書樂志鐃如鈴而無舌有柄執而鳴之漢鼓吹曲曰鐃歌 卒長執鐃者周禮大司馬文

duó 鐸

鐸 大鈴也軍法五人爲伍五伍爲兩兩司馬執鐸從金睪聲 徒洛切

釋名鐸度也號令之限度也 六韜三軍無故旌旗前指金鐸之聲揚以清則大勝之徵也

大鈴也者廣韻鐸大鈴也軍法用之廣雅鐸鈴也周禮鼓人以金鐸通鼓注云鐸大鈴也振之以通鼓淮南說林訓心所欲毀鐘爲鐸高注鐸大鈴也古今樂錄鐸如大鈴北堂書鈔引三禮圖云鐸今之鈴其匡銅爲之木舌爲木鐸金舌爲金鐸大周正樂金鐸形同木鐸以金爲舌號令爲度鳴而警衆武舞所執以振武教者也 軍法五人爲伍五伍爲兩者周禮敘官二十五人爲兩五人爲伍伍皆有長小司徒乃會萬民之卒伍而用之五人爲伍五伍爲兩注云兩二十五人宣十二年左傳廣有一卒卒偏之兩服注五十人曰偏二十五人曰兩 兩司馬執鐸者夏官大

司馬文集韻引作兩有司馬執鐸韻會引徐鍇本同大司馬職又云司馬振鐸注云司馬兩司馬也又云羣司馬振鐸注云羣司馬兩司馬也夏官敘官二十五人爲兩兩司馬皆中士

bó
鑮

鑮 大鐘湻于之屬所以應鐘磬也堵以二金樂則鼓鑮應之從金薄聲 匹各切

大鐘者字書同玉篇鑮似鐘而大四時之聲也郭注爾雅鏞亦名鑮通作鎛周禮鎛師注云鎛如鐘而大孫炎說周禮云鎛大鐘晉語歌鐘二肆及寶鎛韋注鎛小鐘也周語細鈞有鐘無鎛昭其大也大鈞有鎛無鐘甚大無鎛鳴其細也韋注鐘大鐘鎛小鐘也有鐘無鎛爲兩細不相和故以鐘爲節節明其大者以大平細有鎛無鐘爲兩大不相和故去鐘而用鎛以小平大馥案此以鑮爲小鐘與本書異　湻于之屬者周禮鼓人以金錞和鼓注云錞錞于也圜如碓頭大上小下樂作鳴之與鼓相和疏云錞于之名出於漢之大予樂官干寶注云去地一尺灌之以水又以其器盛水於下以芒當心跪注以手震芒其聲如雷小師掌六樂聲音之節與其和注云和錞于考工記韗人皐氏

爲聲注云聲鐘錞于之屬記又云銑閒謂之于注云鄭司農云于鐘脣之上袪也吳語鳴鐘鼓丁寧錞于振鐸晉語是故伐備鐘鼓聲其罪也戰以錞于丁寧儆其民也韋注錞于形如碓頭與鼓相和唐尚書云錞于鐲非也鐲與錞于各異物淮南兵畧訓鼓錞相望高注錞錞于也形如鐘以和鼓通典一百四十四引宋史廣漢什邡人段祖以錞于獻始興王鑑其器高三尺六寸六分圍二尺四寸圓如筩銅色黑如漆甚薄上有銅馬以繩縣馬令去地尺餘灌之以水又以器盛水於下以芒當心跪注錞于以手振芒則其聲如雷清響良久乃絕東坡志林記此一節云記者能道其尺寸之詳如此而拙於遣詞使古器形制不可復得其髣髴甚可恨也後周書斛斯徵傳徵以父勳累遷太常卿樂有錞于者近代絕無此器或有自蜀得之皆莫之識徵見之曰此錞于也衆弗之信徵遂依干寶周禮注以芒筒拊之其聲極振衆乃歎服徵乃取以合樂焉隋書樂志大業中煬帝制宴饗設鼓吹依梁爲十二案案別有錞于鉦鐸古今樂錄凡金爲樂器有六皆鐘之類也曰鐘曰鎛曰錞曰鐲曰鐃曰鐸鎛如鐘而大錞錞于也圓如椎頭上大下小所謂金錞和鼓也郭注山海經錞于樂器名形似椎頭會稽記塗山廟中有周時樂器名錞于以銅爲之形似鐘有頸映水用芒動則鳴容齋續筆湻熙十四年澧州慈利縣周赧王墓旁五里山摧盖古冢也其中藏器物甚多予甥余玠宰是邑得一錞高一尺三寸上徑長九寸五分闊八寸下口長徑五寸八分闊五寸虎鈕高一寸二分闊寸一分幷尾長五寸五分重十三斤紹熙三年予仲子簽書峽州判官於長楊縣又得其一甚大高二尺上徑長一尺六分闊一尺四寸二分下口長徑九寸五分闊八寸虎鈕高二寸五分足闊三寸四分幷尾長一尺重三十五斤皆虎錞也小錞無損缺扣之其聲清越以長大者破處五寸許聲不能渾全然亦可考擊也後復得一枚與大者無小異自峽來賓諸篛籠中取者不謹斷其鈕匠以藥銲而褊之遂兩兩相對若三禮圖景祐大樂圖所畫形製皆非　所以應鐘磬也者隋書樂志鎛鐘每鐘縣一簨簴各應律呂之音卽黃帝所命伶倫鑄十二鐘和五音者也三禮圖凡鐘十六枚同爲一筍簴爲編鐘特縣者謂之鎛　堵以二金樂則鼓鑮應之者集韻作一金戴侗曰蜀本作堵以二鑮奏大樂則鼓鑮應之大射儀其南鑮注云鑮如鐘而大奏樂以鼓鑮爲節周禮鎛師掌金奏之鼓小胥凡縣鐘磬半爲堵全爲肆注云鐘磬者編縣之二八十六枚而在一虡謂之堵鐘一堵磬一堵謂之肆又云凡編鐘

編磬各十六枚半縣之在一簴謂之堵全陳之在一簴謂之肆

yōng
鏞

鏞 大鐘謂之鏞從金庸聲 余封切

大鐘謂之鏞者釋器文李巡云大鐘音聲大鏞大也書益稷笙鏞以閒傳云鏞大鐘詩靈臺賁鼓維鏞傳云鏞大鐘也通作庸詩那庸鼓有斁傳云大鐘曰庸釋文庸依字作鏞

zhōng
鐘

鐘 樂鐘也秋分之音物穜成從金童聲古者垂作鐘 職茸切

程君瑤田曰自漢迄今由不明皐氏爲鐘諸[illegible]字之義故注斯記者恆誤古鐘羨而不圜故有兩欒在鐘旁言其有棱欒欒然兩欒謂之銑鐘是以有兩銑也銑判鐘體爲兩面面之上體曰鉦其下體曰鼓鼓所以受擊者鉦之言正也鼓上爲鐘之正體矣體有兩面故有兩鉦兩鼓也凡物有兩斯有閒是故有上下然後有上下之閒有前後然後有前後之閒有左右然後有左右之閒鐘有兩銑兩鉦兩鼓於是乎有銑閒鉦閒鼓閒也十分其銑者命其鐘體之長爲十分而因以爲

金

度鐘之法去其下體之二分餘八分在上者爲鉦其二分則鼓也銑閒謂之于明鐘脣于于然曲當兩銑之閒故謂之銑閒銑閒者鐘口之大徑凡圜中所含直觸兩邊之數謂之徑步算家之率所謂徑一圍三也橢圜有羨有斂故徑有大小鐘口大徑謂所羨者之徑大徑橫小徑縱于上謂之鼓兩鼓相觸以爲鐘口小徑是之謂鼓閒何以不名于閒也于言鐘脣于曲非鐘體之名且自兩銑而中趨之皆其于曲處非若兩鼓適當小徑之所觸此鼓閒之所由名也以其鉦爲之銑閒去二分以爲之鼓閒銑閒八鼓閒六也鼓上謂之鉦鉦閒者兩鉦之閒與鼓交接處觸兩鉦之下際蓋鼓閒旣準鐘口則鉦閒亦準其在下者可知鉦上謂之舞舞覆也謂鐘頂其修六所羨之徑去二分則廣之徑四也舞覆在上者一而已故但有修廣之數不得以閒命之鐘口空無物可指以寫其縱橫大小之徑於是指其兩銑之下端與其兩鼓之下端而命之曰銑閒鼓閒以斯知古人命名之義或虛或實出於自然而不可易也如此夫鐘之長有其數鐘口之縱橫有其數鐘頂之修廣有其數則鐘體之度全而鳧氏爲鐘乃可以鑠金從事矣鉦閒不言數者鼓閒六舞廣四介其中者有定形不必知也無已則以句股法求之當五又十分一之六矣鐘帶謂之篆篆閒謂之枚吾友戴東原補注云篆也枚也皆在

鉦余謂篆之設於鉦也交午爲之橫四縱三中含扁方空者六空設三枚三六十八枚兩鉦凡三十六枚枚之上下左右皆有篆故曰篆閒謂之枚枚也枚隆起有光故又謂之景景鼓中所擊處爲于上之攠攠謂之隧者鄭氏云窐而生光有似夫隧也鐘已厚則石小鐘尤易石故大鐘之厚取節於鼓閒小鐘之厚取節於鉦閒鉦閒小於鼓閒也鄭氏言鉦閒鼓閒皆六則大鐘小鐘之厚相等記奚必別言之乎鐘大者謂體太博則鐘形短如銑十分銑閒亦十分或九分也鐘小者謂體太狹則鐘形長如銑十分銑閒則六分或七分也以其鉦之長爲之甬長甬之數八也以其長爲之圍圍謂與舞交接處準銑閒鼓閒亦指其在下者以命名命名之法一器中不得異也其端謂之衡衡平也與鐘脣之于相應爲義于則不能正平矣參分甬之圍去一以爲衡圍甬體上小下大畧準鐘體爲之鐘縣謂之旋旋所以縣鐘者設於甬上參分其甬長二在上一在下其設旋處也孟子謂之追蠡言追出於甬上者乃蠡也蠡與螺通文子所謂聖人法蠡蚌而閉戶是也螺小者謂之蝸蝸郭璞江賦所謂鸚螺蜁蝸是也曰旋曰蠡其義不殊蓋爲金柄於甬上以貫於縣之者之鑿中形如螺然如此則宛轉流動不爲聲病此古鐘所以側縣也旋轉不已日久則刓敝滋甚故孟子以城門之軌譬之旋蟲謂之幹余謂幹當爲斡蓋所以制旋者旋貫於縣之者之鑿中其端必有物以制之按說文斡揚雄杜林說皆以爲軺車輪斡或作䡅說文䡅車軸端鍵也或作轄急就篇注轄豎貫軸頭制轂之鐵也天問斡維焉繫戴東原注云斡所以制旋轉者鐘之旋蟲蓋亦是物與斡旋二字後人連文本諸此矣

樂鐘也者漢志金曰鐘顏注急就篇鐘則以金磬則以石皆所用合樂也月令章句上古本陰陽別風聲審清濁不可以文載口傳也故鑄金作鐘以正十二月之聲樂叶圖徵黃鐘生一一生萬物故君子鑠金爲鐘撞鐘以知君鐘調則君道得宋均注鳴鐘顯功罪故樂用鐘也秋分之音物穜成者鐘穜聲相近疑物穜成下有故謂之鐘四字白虎通禮樂篇鐘之爲言動也陰氣用事萬物動成鐘爲氣用金聲也書笙鏞以閒鄭注西方之樂謂之鏞鏞功也西方物熟有成功大射禮西階之西頌磬東面其南鐘其南鎛皆南陳注云成功曰頌西爲陰中萬物之所成是以西方鐘磬謂之頌風俗通聲音篇鐘秋分之音也沈文阿左傳義疏按樂緯兌主秋秋分樂用鐘五經通義鐘者秋分之氣萬物至秋而成至冬而藏堅成不滅絕莫如金故金爲鐘相繼不絕也　古者垂作鐘者風俗通謹案世本垂

作鐘廣雅倕氏鐘十六枚明堂位垂之和鐘注云垂堯之時共工也世本作曰垂作鐘海內經鼓延是始爲鐘爲樂風注云世本云倕作鐘又云有不距之山巧倕葬其西注云倕堯巧工也宋書樂志鐘者世本云黃帝工人垂所造

bó fāng
鎛　鈁

銿 鐘或從甬

玉篇廣韻銿與鏞同作甬鐘鼎款識有谷口銅甬

鈁 方鐘也從金方聲府良切

鎛 鎛鱗也鐘上橫木上金華也一曰田器從金尃聲詩曰庤乃錢鎛補各切

鎛鱗也者淮南俶眞訓作鏄鮮玉篇作鏄解獸似人縣鐘橫木也字或作䥶類篇䥶獸名似人有翼鐘上橫木上金華也者徐鍇曰鏄鐘筍上飾今儀制令所謂博山也一曰田器者廣雅鎛鉏也詩良耜其鎛斯趙箋云以田器刺也考工記段氏爲鎛器注云鎛器田器錢鎛之屬又云粵無鎛注云鎛田器周語日服其鎛韋注鎛鉏屬齊語挾

其槍刈耨鎛韋注鎛鉏也字或作鑮玉篇鑮田器也皇侃論語義疏耕用耒是今之鈎鎛又通作鏄釋名鏄亦鋤類也詩曰庤乃錢鎛者周頌臣工文傳云鎛鎒也

huáng 鍠

鍠 鐘聲也從金皇聲詩曰鐘鼓鍠鍠乎光切

鐘聲也者字書鍠鍠樂之聲也九經字樣鍠音橫樂也鐘鼓聲字或作韹釋訓韹韹樂也郭注鐘鼓音舍人云鐘鼓之樂也又作鐄長笛賦錚鐄譽嗃李善云鐄與鍠同 詩曰鐘鼓鍠鍠者周頌執競文彼作喤喤傳云喤喤和也漢書禮樂志引詩作鍠鍠廣雅喤喤聲也

chēng 鎗

鎗 鐘聲也從金倉聲楚庚切

鐘聲也者玉篇鎗金聲也埤蒼同淮南說山訓范氏之敗有竊其鐘負而走者鎗然有聲後漢書馬融傳鍠鍠鎗鎗奏于農郊大路之衢

cōng 鏓

鏓 鎗鏓也一曰大鑿平木者從金悤聲倉紅切

說文解字義證　卷四十五　三十五

鎗鏓也者六書故鎗三足鬴也或作鐺集韻鐺釜屬又嚴鏓也鏓當爲鏓廣韻鎗鼎類與鐺同又鎘下云鎘鎗玉篇鎘釜南齊書蕭穎胄傳上慕儉約欲鑄壞大官元日上壽銀酒鎗何求傳徐景山酒鎗 一曰大鑿平木者者李善注長笛賦引作大鑿中木也又云然則以木通其中皆曰鏓也蘇董切御覽七百六十三引通俗文后鑿曰鏨鏨充曰銃小鑿曰鏒柄曰梎受梎曰鏓馥案此文有脫誤

zhēng 錚

錚 金聲也從金爭聲側莖切

金聲也者李善注長笛賦引同後漢書劉盆子傳鄉所謂鐵中錚錚傭中佼佼者也注云說文曰錚錚金也鐵之錚錚言微有剛利也說苑雜言篇干將鏌鎁拂鐘不錚潘岳藉田賦衡牙錚鎗

tāng 鏜

鏜 鐘鼓之聲從金堂聲詩曰擊鼓其鏜土郎切

詩曰擊鼓其鏜者本書鼞鼓聲也引詩擊鼓其鼞

qìng 鑋

鑋 金聲也從金輕聲讀若春秋傳曰鑋而乘它車苦定切

本書攷讀若鏗鏘之鏗輴讀若論語鏗爾舍瑟而作馥案本書無鏗字樂記鐘聲鏗鏗以立號正義曰按藝文志云漢興制氏以雅樂聲律世爲樂官頗能記其鏗鏘鼓舞而已史記樂書君子之聽音非聽其鏗鎗而已也漢書禮樂志但能紀其鏗鎗鼓舞注云鏗鎗金石之聲也東都賦鐘鼓鏗鎗玉篇鏗口耕切鏗鏘金石聲也鎒同上揁口耕切琴聲論語曰揁爾舍瑟而作與鏗同一切經音義四鏗又作揁䡰二形同口耕反廣雅鎮聲也又鎒聲也馥謂鎒揁䡰鎮鏗皆鑋之俗字也輕堅聲相近考工記數目顧脰注云故書顧或作牼鄭司農云牼讀爲鬜頭無髮之鬜襄十七年公羊經邾婁子瞯左氏作牼 讀若春秋傳曰鑋而乘它車者本書脫鑋字昭二十六年左傳苑子刜林雍斷其足鑋而乘於他車以歸杜注鑋一足行正義云說文鑋金聲也蓋擊金爲聲亦名鑋馥案傳本作鑋故杜訓一足行正義不知鑋爲借字望文爲訓失之

xín 鐔

鐔 劍鼻也從金𩫏聲徐林切

說文解字義證　卷四十五　三十六

漢書匈奴傳玉具劍孟康曰標首鐔衛盡用玉爲之

劍鼻也者廣雅劍珥謂之鐔釋名劍其旁鼻曰鐔鐔尋也帶所貫尋也楚詞九歌撫長劍兮玉珥王注玉珥謂劍鐔也莊子說劍篇周宋爲鐔釋文徐云謂劍鐶也司馬云劍珥也趙策吳干之劍無鉤竿鐔蒙須之便操其刃而刺則未入而手斷鮑注鐔珥鼻也徐鍇曰劍鼻人握處之下也馥案鐔有兩訓廣韻屬侵部者訓劍鼻屬覃部者訓劍口莊子釋文引三蒼鐔劍口也初學記二十二引呂靜韻集劍口謂之鐔急就篇鈒戟鈹鎔劍鐔鍭顏注鐔劍刃之本入把者也漢書韓延壽傳鑄作刀劍鉤鐔顏注鐔劍喉也考工記桃氏爲劍以其臘廣爲之莖圍鄭司農云莖謂劍夾人所謂鐔以上也此皆言鐔爲劍口與鍇說人握處之下同鍇不應連鼻言之

mò 鏌

鏌 鏌釾也從金莫聲慕各切

鏌釾也者徐鍇本作鏌鋣大戟也李善注羽獵賦史記賈誼傳集解後漢書杜篤傳注御覽所引及顏注漢書揚雄傳並同

yé 釾 biāo 鏢 sà 鈒 chán 鋋 yǔn 鈗

釾 鏌鋣也從金牙聲 以遮切

鏢 刀削末銅也從金㬱聲 撫招切

刀削末銅也者廣韻鏢刀劒鞘下飾也通作標梁書侯景傳景所帶劒水精標無故墮落

鈒 鋋也從金及聲 穌合切

陸雲答車茂安書舉鈒成雲下鈒成雨 北史周大象二年令武賁持鈒馬上稱警蹕

鋋也者顏注急就篇鈒短矛也史記商君傳持矛而操闟戟者旁車而趨正義引顧野王云闟鋋也索隱闟亦作鈒東京賦闟戟轇轕薛綜注闟鋋也馥案五臣本作鈒注云鈒鋋也藉田賦瓊鈒入蘂五臣注以玉飾鋋也

鋋 小矛也從金延聲 市連切

釋名鋋延也達也去此至彼之言也 魏文帝校獵賦戈鋋具舉 左思吳都賦干鹵殳鋋 謝惠連從軍行矛鋋無暫息 晉書朱伺傳賊舉鋋摘伺伺逆接得鋋反以摘賊

小矛也者後漢書班固傳注引同李善注西京賦引作小戈也馥案鋋可擿非戈也急就篇矛鋋鑲盾刃刀鉤顏注鋋鐵把小矛也江淮吳越或謂之鍦方言矛吳揚江淮南楚五湖之閒謂之鍦或謂之鋋六韜曠野草中方胸鋋矛千二百具張鋋矛法高一尺五寸史記匈奴傳短兵則刀鋋集解云韋昭曰鋋形似矛鐵柄索隱云音蟬埤蒼云鋋小矛鐵矜漢書司馬相如傳鋋猛氏蠡錯傳此矛鋋之地也顏注竝云鋋鐵把短矛也通鑑從耆梧王者竝執鋋矛注云鋋小矛也

鈗 侍臣所執兵也從金允聲周書曰一人冕執鈗讀若允 余準切

侍臣所執兵也者徐鍇本作從侍臣 周書曰一人冕執鈗者顧命文彼作銳傳云銳矛屬也岳珂九經三傳沿革例顧命一人冕執銳銳實鈗字也按說文以爲兵今注中釋爲矛屬而陸德明又音以稅反且諸本皆作銳獨越中注疏於正文作鈗爾甕牖閒評書顧命篇一人冕執銳蘇東坡書解云銳當作鈗是也銳本非兵器書旣誤作銳字

shī 鉈 cōng 鏦 tán 錟 fēng 鏠 duì 錞

而注書者又妄云銳矛屬竟音以稅切其誤抑又甚焉漢書揚雄傳兗鋋瘢耆金鏃淫夷者數十萬人宋本傳末附臣佖曰按字書無兗字今俗以爲兗州字兗州本作沇此兗鋋合作鈗鋋漢書相承疑誤書爲兗字馥案臣佖即張佖漢書借兗爲允曹全碑有兗髗之仁兗髗即吮髗

鉈 短矛也從金它聲 食遮切

短矛也者荀子議兵篇宛鉅鐵釶慘如蠭蠆注云釶與鍦同矛也方言矛吳揚江淮南楚五湖之閒謂之鍦文選吳都賦藏鍦於人李善云鍦矛也或作釶廣雅釶矛也 它聲者徐鍇曰今又音蛇晉書劉曜載記丈八蛇矛左右盤 馥案方言注音常蛇反正音當爲徒河切

鏦 矛也從金從聲 七恭切

矛也者廣雅鏦矛也淮南兵畧訓修鍛短鏦高注鏦小矛 漢書吳王濞傳使人鏦殺吳王孟康曰方言戟謂之鏦馥案今方言作矛或謂之鏦

[金彖] 鏦或從彖

一切經音義十一字詁古文[金彖]穳二形今作穳同麤亂反小矛也又卷一廣雅穳謂之鋋鋋小矛也今江湘以南溪人工用穳鋋元史輿服志穳制如戟鋒兩旁微起

錟 長矛也從金炎聲讀若老耼 徒甘切

長矛也者方言錟謂之鈹注云今江東呼大矛爲鈹廣雅錟矛也史記秦始皇本紀鉏櫌棘矜非錟於句戟長鎩也集解如淳曰錟長刃矛也又曰矛刃下有鐵橫方上曲句御覽引魏書議者多言關中兵強習長矛

鏠 兵耑也從金逢聲 敷容切

兵耑也者書費誓礪乃鋒刃漢書陳勝項籍傳贊銷鋒鍉顏注鋒弍戟刃也王褒傳清水焠其鋒顏注鋒刃芒端也 定十年左傳吾僞固而授之末則可殺也杜注以劒鋒末授之

錞 矛戟柲下銅鐏也從金𦎧聲詩曰厹矛沃錞 徒對切

金

矛戟柲下銅鐏也者一切經音義二十引無鐏字顏注急就篇柲者總言矛戟之把也淮南原道訓刃犯難而鐓無患者何也以其托於後位也或作鐓廣雅鐓鐏也方言鐏謂之釬注云或名爲鐓曲禮進矛戟者前其鐓注云平底曰鐓取其鐓也詩曰厹矛沃錞者秦風小戎文彼作鋈錞傳云錞鐏也

zùn
鐏

鐏 柲下銅也從金尊聲 徂寸切

柲下銅也者當爲戈柲下銅也矛戟下曰鐏戈下曰鐏集韻鐏戈柄下銅考工記廬人戈柲六尺有六寸曲禮進戈者前其鐏後其刃進矛戟者前其鐓注云銳底曰鐏平底曰鐓馥案矛戟下亦通偁鐏釋名矛下頭曰鐏鐏入地也又考工記廬人凡爲酋矛參分其長二在前一在後而圍之五分其圍去一以爲晉圍鄭司農云晉謂矛戟下銅鐏也馥謂對文則分散文則通或通作鑽太白經縛槍筏皆去鑽刃一切經音義十四鐏音有困反江南名鐏關中謂之鑽音子亂反

liú
鏐

鏐 弩眉也一曰黃金之美者從金翏聲 力幽切

一曰黃金之美者者釋器黃金謂之璗其美者謂之鏐郭注鏐卽紫磨金禹貢梁州厥貢璆鐵銀鏤砮磬鄭本作鏐云黃金之美者謂之鏐釋文鏐韋昭郭璞云紫磨金孔融聖人優劣論金之優者名曰紫磨水經注華俗謂上金爲紫磨金林邑記上金爲紫磨金又曰陽邁金

hóu
鍭

鍭 矢金鏃翦羽謂之鍭從金侯聲 乎鉤切

方言箭江淮之閒謂之鍭 隱元年穀梁傳聘弓鍭矢不出竟場陸績說易云金矢者取其剛直也 陳琳武軍賦矢則申息肅愼箘簵空流焦銅毒鐵榦鏃鳴鍭說苑建本篇子路曰南山有竹弗揉自直斬而射之通於犀革孔子曰栝而羽之鏃而砥礪之、其入不益深乎

矢金鏃翦羽謂之鍭者釋器文郭注今之錍箭是也孫炎云金鏃斷羽使前重也李巡云鍭以金爲箭鏑也馥案孫氏訓翦爲斷是爾雅本作𦏗矢本書𦏗矢羽族矢鏠也推南兵畧訓疾如錐矢高云錐金簇翦羽之矢詩行葦四鍭既鈞傳云鍭矢參亭馥案考工記矢人爲矢鍭矢參分一在前二在後注云參訂之而平者前有鐵重也司弓矢鍭

矢用諸近射田獵注云鍭之言候也可以司候射敵之近者及禽獸前尤重中深而不可遠也字或作猴既夕記猴矢一乘骨鏃短衛注云猴猶候也候物而射之矢也骨鏃短衛亦云不用也生時猴矢金鏃凡爲矢五分笴長而羽其一又云凡爲矢前重後輕也疏云短衛卽翦羽也謂之衛者羽所以防衛其矢故名羽爲衛

dí
鏑

鏑 矢鏠也從金啇聲 都歷切

廣雅平題鈀錍鉤腸羊頭鉀鑪鏃砮鏑也 釋名鏑敵也可以禦敵也 方言凡箭鏃胡合嬴者注云胡鏑在於喉下嬴邉也 史記匈奴傳冒頓乃作爲鳴鏑

矢鏠也者本書矢象鏑栝羽之形 一切經音義十一箭金箭鏃也關西名箭金山東名箭足或言鏑辨異名也史記秦楚之際月表銷鋒鏑博物志交州夷名曰俚子弓長數尺箭長尺餘以燋銅爲鏑塗毒藥於鏑鋒中人卽死或作鍉漢書陳勝項藉傳贊銷鋒鍉如淳曰鍉音鏑箭足也顏注鍉與鏑同卽箭鏃也

kǎi
鎧

鎧 甲也從金豈聲 苦亥切

孟子函人惟恐傷人趙注函鎧也 諸葛亮與參軍掾屬教勅作部皆作五折剛鎧 孔融肉刑論古聖作犀兕革鎧今有盆領鐵鎧 陳琳武軍賦鎧則東胡闕鞏百鍊精剛函師振鞬韋人製縫 曹植上先帝賜鎧表先帝賜臣黑光明光鎧各一具兩當鎧一領環鏁鎧一領馬鎧一領 吳歷魏文帝與吳王明光鎧 王隱晉書馬隆以磁石累夾道側賊不得過隆兵著牛皮鎧得過賊以爲神 詩叔于田序繕甲治兵箋云甲鎧也正義云經典皆謂之甲後世乃名爲鎧書費誓善敹乃甲胄傳云甲鎧正義云古之作甲用皮秦漢已來用鐵鎧鍪二字皆從金蓋用鐵爲之而因以作名也說命惟甲胄起戎傳云甲鎧胄兜鍪也正義云經傳之文無鎧與兜鍪蓋秦漢以來始有此名古之甲胄皆用犀兕未有用鐵者而鍪鎧之字皆從金蓋後世始用鐵耳 程大昌演繁露吳子謂魏文侯曰今君四時使人斬離皮革掩以朱桼畫以丹青爍以犀象則知戰國時但以革爲甲未用鐵 王觀國學林古之爲甲皆以革不言以金故函人用犀兕之革爲甲出其東門詩序曰兵革不息野有蔓草詩序曰民窮于兵革中庸曰衽金革孟子曰兵革非不堅利也淮南子曰貫兕甲于三百步史記禮書曰楚人鮫革犀兕以爲甲凡此皆言以革爲甲未聞用金爲甲也然則用金爲甲者秦漢以後

乎釋名曰甲亦曰介亦曰鎧苻堅使能造金銀細鎧蔡文姬詩金甲耀朝日凡言金甲皆見於後世也　武君億曰甲用皮用金在古竝有此制管子地數篇葛盧之山發而出水金從之蚩尤受而制之以爲劒鎧矛戟吳越春秋王僚乃被棠鐵之甲戰國策當敵則斬堅甲盾鞮鍪鐵幕劉氏云謂以鐵幕爲臂脛之衣呂氏春秋貴卒篇趙氏攻中山中山之人多力者曰吾兵鴆衣鐵甲操鐵杖以戰而所擊無不碎所衝無不陷是皆用金爲甲也車馬被甲皆得用金鄭風駟介旁旁傳云介甲也秦風俴駟孔羣箋云俴淺也謂以薄金爲介之札介甲也僖二十八年左傳駟介百乘是馬用金爲鎧也定八年左傳主人焚衝注云衝戰車淮南子覽冥訓大衝車高氏注衝車大鐵著其轅端馬被甲車被兵所以衝於敵城也是車亦用金爲鎧也馥案用金爲鎧因造鉀字晉書載記姚弋仲貫鉀跨馬後世鎧亦用革東觀漢記耿恭食盡乃煮鎧弩食其筋革庾翼與燕王書鄧伯山昔送此犀皮兩當鎧一領江表傳陸遜破劉備於夷陵備捨船步走燒皮鎧以斷道宋書殷孝祖傳御仗先有諸葛亮筩油鎧帽二十五石弩射之不能入宋元嘉起居注御史中丞劉楨奏前廣州刺史韋朗於所部作犀皮鎧六領請免朗官

甲也者廣雅甲鎧也釋名鎧猶塏也塏堅重之言也或謂之甲似物孚甲以自禦也急就篇弓弩箭矢鎧兜鉾顏注鎧甲也亦謂之介世本杼作甲宋衷曰杼少康之子甲鎧也易說卦離爲甲冑書說命惟甲冑起戎傳云甲鎧詩駟介旁旁傳云介甲也既夕禮役器甲冑干笮注云甲鎧也周禮敘官司甲注云甲今之鎧也司弓矢王弓弧弓以授射甲革椹質者注云甲革革甲也考工記函人爲甲曲禮獻甲者執冑注云甲鎧也儒行儒有忠信以爲甲冑注云甲鎧也春秋成元年作丘甲范甯云甲鎧也襄三年左傳組甲三百昭十五年傳闕鞏之甲杜注闕鞏國所出鎧哀六年公羊傳吾有所爲甲注云甲鎧也又宣六年傳云吾君孰爲介注云介甲也秦策不用一領甲高注甲鎧也孫卿子楚人鮫革犀兕以爲甲漢書刑法志魏氏武卒衣三屬之甲蘇林曰兜鍪也盤領也髀褌也吳都賦被練鏘鏘注云馬融曰被練爲甲者所服也李尤鎧銘甲鎧之施扞禦鋒矢尚其堅剛或用犀兕抱朴子博喻篇屠犀爲甲給乎專征之服周書年不登甲則纓縢車類秦書苻堅造金銀細鏤甲金爲綖以縲之武君億曰管子小匡輕罪入蘭盾鞈革二戟注鞈革重革當心著之可以禦矢荀子楚人鮫革犀兕以爲甲鞈如金石案函人合甲五屬注鄭司農云合甲削革裹肉但取其表合以爲甲以是推之鞈即合士喪禮注古文鞈爲合也然則鞈或從韋或從革均一字目函人作合從古文管子及荀子作鞈從今文馥案甲亦偁渠淮南氾論訓渠幨以守注云渠甲名

hàn

釬　臂鎧也從金干聲（侯旰切）

臂鎧也者初學記臂鎧謂之釬廣雅釬鎧也韓策甲盾鞮鍪鐵幕鮑注鐵幕以鐵爲臂脛之衣通作釬漢書儒林傳有釬臂子弓

yā

錏　錏鍜頸鎧也從金亞聲（烏牙切）

錏鍜頸鎧也者初學記頸鎧謂之錏鍜廣雅錏鍜謂之鏂鍦集韻鍦頸鎧也

xiá

鍜　錏鍜也從金叚聲（乎加切）

jiàn

鐗　車軸鐵也從金閒聲（古莧切）

車軸鐵也者廣韻鐗下云車鐗廣雅鐗鍇也馥案鍇器物鍇頭也此謂車軸之鍇頭釋名輞閒也閒釭軸之閒使不

相摩也急就篇釭鐗鍵鉆冶錮鐈顏注釭車轂中鐵也鐗軸上鐵也施釭鐗者所以護軸使不相摩㸒也吳起治兵篇膏鐗有餘則車輕人通作鍊方言轄鈦鍊鏅也關之東西曰轄南楚曰鈦趙魏之間曰鍊鏅廣雅鍊鏅鈦鎋也集韻鏅車轄頭

gāng

釭　車轂中鐵也從金工聲（古雙切）

車轂中鐵也者後漢書班固傳注引作轂鐵也一切經音義七引作車轂口鐵也龍龕手鑑車釭轂口上鐵也釋名釭空也其中空也廣雅鍋錕釭也方言車釭齊燕海岱之閒謂之鍋或謂之錕自關而西謂之釭盛膏者乃謂之鍋新序雜事篇淳于髡曰方內而員釭如何通鑑北齊有司訊四或燒車釭使以臂貫之注云釭車轂中鐵也漢書外戚傳壁帶往往爲黃金釭顏注於壁帶之中往往以金爲釭若車釭之形也

shì

銴　車樘結也一曰銅生五色也從金折聲讀若誓（時制切）

車樘結也者集韻銴小車目鉤樘或作棠急就篇蓋轑俾倪枙縛棠顏注棠蹤也在車兩旁以蹤距幰使不得以崎

也

xì 釳

釳 乘輿馬頭上防釳插以翟尾鐵翮象角所以防網羅釳去之从金气聲 許訖切

乘輿馬頭上防釳者漢雜事漢有天下其衣冠車馬器械百物曰乘輿隋書禮儀志方釳當顱其馬冠也插以翟尾者本書鷸走鳴長尾雉也乘輿以爲防釳箸馬頭上鹵薄令玉輅方釳插翟尾獨斷方釳者鐵廣數寸在鬉後後有三孔插翟尾其中東京賦方釳左纛薛綜注方釳謂轅旁以五寸鐵鏤錫中央低兩頭高如山形而貫中以翟尾結箸之轅兩邊恐馬相突也董巴輿服志馬並以黃金爲乂髦插以翟尾後漢書輿服志漢承秦制爲乘輿又云金鍐方釳插翟尾晉書輿服志金叜而方釳金叜謂以金叜爲乂釳以鐵爲之其大三寸中央兩頭高如山形貫中以翟尾而結著之也南齊書輿服志方釳鐵廣數寸有三孔插翟尾其中隋書禮儀志玉輅駕蒼龍金叜方釳插翟尾又云蔡邕獨斷論漢制度凡乘輿車皆有六馬羽蓋金爪黃屋左纛鏤叜方釳鏤叜高闊各五寸上如傘形施於髦上而插翟尾也　鐵翮象角所以防網羅釳去之者集韻釳乘輿馬首刀所以割網羅顏延之幼誥釳乘輿馬頭上防釳角所以防罔羅釳以翟尾鐵翮象之也馥案玉篇釳鐵孔也與集韻馬首刀異馥疑釳去當爲刏去釳刏聲相近本書刏斷也

luán 鑾

鑾 人君乘車四馬鑣八鑾鈴象鸞鳥聲和則敬也从金从鸞省 洛官切

人君乘車四馬鑣八鑾鈴象鸞鳥聲和則敬也者史記正義引服虔曰鸞在鑣和在衡詩烈祖八鸞鶬鶬箋云鸞在鑣四馬則八鸞載見和鈴央央傳云和在軾前駟鐵輶車鸞鑣箋云置鸞於鑣異於乘車也蓼蕭和鸞雝雝傳云在軾曰和在鑣曰鸞正義云在軾曰和和亦鈴也以其與鸞相應和故載見曰和鈴央央是也在鑣曰鸞謂鸞鈴置於馬之鑣郭璞曰鑣馬勒旁鐵也言置鈴於馬口之兩旁說苑說叢篇鸞設於鑣和設於軾馬動而鸞鳴鸞鳴而和應行之節也漢書司馬相如傳鳴玉鸞郭璞曰鸞鈴也在軛曰鸞在軾曰和五行志登車有和鸞之節顏注和鈴也以金爲之施於衡上鸞亦以金爲鸞鳥而銜鈴焉施於鑣上動皆有聲以爲舒疾之節也後漢書光武紀鑾輅龍旂注云鑾鈴也在鑣桓二年左傳錫鸞和鈴昭其聲也注云鸞在鑣和在衡正義云鑣在馬口兩旁衡在服馬頸上又云其鸞和所在則舊說不同毛詩傳曰在軾曰和在鑣曰鸞韓詩內傳曰鸞在衡和在軾前鄭元經解注取韓詩爲說秦詩箋云置鸞於鑣異於乘車也其意言乘車之鸞在衡田車之鸞在鑣及商頌烈祖之箋又云鸞在鑣是疑不能定故兩從之也案考工記輪崇車廣衡長參如一則衡之所容唯兩服馬耳詩辭每言八鸞當謂馬有二鸞鸞若在衡衡唯兩馬安得置八鸞乎以此知鸞必在鑣鸞既在鑣則和當在衡馥案謂鸞在衡者不獨鄭氏一家說古今注五輅衡上金爵者朱雀也口銜鈴鈴謂鑾所謂和鑾也御覽引白虎通所以有和鸞者何以正威儀節行舒疾也鸞者在衡和者在軾馬動則鸞鳴鸞鳴則和應其聲鳴曰利敬舒則不鳴疾則失音明得其和也故詩云和鸞雍雍萬福攸同魯訓曰和設軾者也鸞設衡者也大戴禮保傳篇升車則聞和鸞之聲又云在衡爲鸞在軾爲和馬動而鸞鳴鸞鳴而和應聲曰和和則敬此御之節也呂氏春秋孟春紀乘鸞輅注云鸞鳥在衡和在軾鳴相應和史記集解引續漢書輿服志鸞雀立衡也正義引皇侃云鸞以金爲鸞懸鈴其中於衡上以爲遲疾之節所以正威儀行舒疾也凡此皆以鸞在衡異義載戴禮毛氏二說謹案云經無明文且殷周或異是許公亦未嘗執定也荀子正論篇和鸞之聲步中武象騶中韶護以養耳注云許慎曰和取其敬鸞以象鳥之聲賈誼書容經篇登車則馬行而鸞鳴鸞鳴而和應聲曰和和則敬

從鸞省者徐鍇本作鸞省聲

huì 鉞

鉞 車鑾聲也从金戉聲詩曰鑾聲鉞鉞 呼會切

車鑾聲也者廣韻作鐬云鈴聲董彥遠謝除正字啟隸體散亾其字鸞聲之鉞鉞　詩曰鑾聲鉞鉞者魯頌泮水文彼作鸞聲噦噦傳云噦噦言其聲也箋云鸞和之聲噦噦然馥案鉞噦聲相近本書眓讀若詩曰施罛濊濊

yáng 鍚

鍚 馬頭飾也从金陽聲詩曰鉤膺鏤鍚一曰鍱車輪鐵 與章切

馬頭飾也者玉篇鏤鍚馬面飾急就篇鞇靯䪌韉鞍鑣鍚顏注鍚馬面上飾也以金銅爲之俗謂之當顱字或作錫

xián 銜　biāo 鑣　jié 鉣

周禮巾車重翟錫而朱總注云鄭司農云錫馬面錫又云玉路錫樊纓十有再就注云錫馬面當盧刻金爲之所謂鏤錫也桓二年左傳錫鸞和鈴杜注錫在馬額隋書禮儀志注錫馬當顱鏤金爲之馥案錫爲鞱飾本書鞱勒靶也集韻鞱馬轡當面皮鏤詩曰鉤膺鏤錫者大雅韓奕文彼作錫傳云鏤錫有金鏤其錫也箋云眉上曰錫刻金飾之今當顱也　一曰鑠車輪鐵者阮詹事元曰輪轂雖是堅木終易敝于沙后故有金以傳其外錫讀如朱干設錫之錫

銜 馬勒口中從金從行銜行馬者也 戶監切

馬勒口中者玉篇銜馬銜鐵秦策伏軾撙銜高注銜勒也淮南氾論訓是猶無鏑銜橜策錣而御馯馬也高注鏑銜口中央鐵漢書張敞傳騶黠馬者利其銜策匈奴傳如遇險阻銜尾相隨顏注銜馬銜也　銜行馬者也者鹽鐵論刑德篇轡銜者御之具也又詔聖篇云今之治民者若御拙馬行則頓之止則擊之身創於箠吻傷於銜

鑣 馬銜也從金麃聲 補嬌切

說文解字義證　卷四十五　罣

鹽鐵論散不足篇古者庶人鐵鑣不飾今富者錯鑣　涂朱古今樂錄明帝休成之樂歌曰玉鑣息節金輅懷音　劉琨贈盧諶詩是轡是鑣　桓溫與慕容煌書鳴鏑揚鑣動數十萬　宋文帝登景陽樓詩萬軫揚金鑣　陶琬之詩揚鑣謍路

馬銜也者李善注七命引同本書幩馬纏鑣扇汗也詩碩人傳云人君以朱纏鑣扇汗且以爲飾釋文云鑣馬銜外鐵也一名扇汗又曰排沫釋名鑣苞也所以在旁苞斂其口也顏注急就篇鑣即馬轡之銜也亦謂之钀鑣之言苞也所以包斂馬口者也或曰鑣者銜兩旁之鐵今之排沫是也釋器鑣謂之钀郭注馬勒旁鐵淮南說山訓遺人車而稅其轙高注轙所以縛銜者也馥案本書轙或作钀楚詞九歎斷鑣銜以馳騖兮王注鑣勒也銜飾口鐵也舞賦揚鑣飛沫李善云鑣馬勒旁鐵也董子曉乘輿駿馬賦云銜金鑣著玉羈文選序分鑣並驅五臣注鑣轡排沫也

𩨒 鑣或從角

鉣 組帶鐵也從金劫省聲讀若劫 居怯切

fū 鈇　diào 釣

鈇 莝斫刀也從金夫聲 甫無切

莝斫刀也者一切經音義十六鈇莝刃也又卷五引說文鈇莝斫也後漢書獻帝紀注引作莝刃也馮魴傳注引作莝刃也史記范睢傳不足以當椹質注云質剉刃也案莝通作剉吳越春秋夫斫剉養馬刀當爲刃急就篇鐵鈇鑽錐釜鍑鍪顏注鐵鈇以鐵爲莝刃也莝當爲莝漢書尹翁歸傳有論罪輸掌畜官使斫莝責以員程不得取代不中程輒笞督極者至以鈇自剄而死顏注鈇斫莝刃也使其所莝故因以莝刃自剄

釣 鉤魚也從金勺聲 多嘯切

廣韻淮南子曰詹公釣千歲之鯉詹公古善釣者呂氏春秋日太公釣于滋泉以遇文王　詩其釣維何維絲伊緡又籊籊竹竿以釣于淇傳云釣以得魚　論語子釣而不綱孔安國曰釣者一竿釣也　文子魚不可以無餌釣　陰符芳餌之下必有懸魚　傳子夫釣者中大魚則縱而隨之須可制而後牽之則無不得也　魏策魏王與龍陽君共船而釣龍陽君得十餘魚　楚詞七諫以直鍼而爲釣兮又何魚之能得　淮南說林訓無餌之釣不可以得魚　謝惠連詩纖鱗

說文解字義證　卷四十五　哭

或芳餌故爲釣所加

鉤魚也者廣雅釣鉤也列子湯問篇詹何以獨繭絲爲綸芒鍼爲鉤荊篠爲竿剖粒爲餌引盈車之魚於百仞之淵汩流之中綸不絕鉤不伸竿不橈鬼谷子摩篇古之善摩者如操鉤而臨深淵餌而投之必得魚矣闞子魯人有好釣者以桂爲餌鍛黃金之鉤錯以銀碧垂翡翠之綸然其得魚無幾矣莊子胠篋篇鉤餌網罟罾笱之知多則魚亂於水矣釋文云鉤釣鉤也淮南道應訓大司馬捶鉤者年八十矣而不失鉤芒高注鉤釣鉤也說山訓不愛江漢之珠而愛己之鉤高注鉤可以得魚故愛之申鑒政體篇釣者隱於手應於鉤則可以得魚應休璉與從弟書沈鉤緡於丹水晉中興書翟莊好弋釣後不復獵人問莊同是害生之道而去其一何也莊曰獵自我釣自物故先節其甚者且貪餌吞鉤豈我哉古文苑宋玉釣賦夫玄洲之釣也以三尋之竿八絲之線餌若蛆螾鉤如細鍼以出三赤之魚於數仞之水中豈可謂無術乎潘尼釣賦左援修竹右縱飛綸金鉤厲鉅甘餌垂芬欻鯤奔涌游鱗橫集觸餌見擒值鉤披執長纖繽紛輕竿翕熠雲往飈馳光飛電入曜靈未及警策蓋已獲其數十王廙弋釣賦然後抽纖繳振

wěi 鍡　méi 鋂　dāng 鐺　láng 鋃　zhì 鏊

修竿垂銀鉤運金丸吳都賦鉤餌縱橫五臣云鉤餌鉤上置倉者西征賦灑鉤投網五臣云鉤釣釣江賦筒灑連鋒五臣云鋒釣鉤歸田賦貪餌而吞鉤劉氏新論觀量篇夫釣者雖有籊竿纖綸芒鉤芳餌增以詹何之妙不能與罟爭多北魏高湛墓銘垂竿起譽罷鉤流聲

鏊 羊箠耑有鐵從金埶聲讀若至 脂利切

本書匷讀如羊騶箠馥謂箠下脫鏊字益言讀如鏊也

羊箠耑有鐵者鐵當爲鍼廣雅鍼銳也本書笍羊車騶箠也箸箴其耑長半分廣雅鏊椎也椎當爲錐增韻鏊下云羊車箠箸箴其耑亦謂之鏊淮南道應訓白公勝慮亂罷朝而立倒杖策錣上貫頤血流至地而弗知也高注策馬捶古箠捶通用端有鍼以刺馬謂之錣倒杖策故錣貫頤也氾論訓是猶無鏑銜橛策錣而御馯馬也高注錣檛頭箴本書檛箠也

鋃 鋃鐺瑣也從金良聲 魯當切

鋃鐺瑣也者後漢書崔寔傳注引同荀子儒效篇鄉也胥靡之人注云胥相靡繫也謂鏁相聯相繫漢書所謂鋃鐺者也華嶠後漢書董卓收崔鈞父烈下之郿獄鋃鐺顏氏家訓文章篇後漢書囚司徒崔烈以鋃鐺鏁鋃鐺大鏁也世間多誤作金銀字武烈太子亦是數千卷學士嘗作詩云銀鏁三公腳刀撞僕射頭爲俗所誤馥案或作琅當漢書王莽傳以鐵鎖琅當其頸顏注琅當長鏁也西域傳亦作琅當

說文解字義證　卷四十五　咢

鐺 鋃鐺也從金當聲 都郎切

鋂 大瑣也一環貫二者從金每聲詩曰盧重鋂 莫桮切

大鎖也者詩正義引作環也廣雅鋂環也廣韻鋂大環增韻鋂子母環也風俗通窮通篇內之狴犴堅其鐶挺一鐶貫二者者詩正義引同　詩曰盧重鋂者齊風盧令文傳云鋂一環貫二也正義云謂一大環貫二小環也

鍡 鍡鑸不平也從金畏聲 烏賄切

鍡鑸不平也者廣雅同或作畏壘莊子庚桑北居畏壘之山又作畏累史記老子列傳畏累虛無亢桑子之屬又作

lěi 鑸　xì 鎎　pū 鋪　quān 鐉　chāo 鈔　tà 錔

碨䃬後漢書文苑傳庚桑瑣隸風移碨䃬

鑸 鍡鑸也從金壘聲 洛猥切

鎎 怒戰也從金氣聲春秋傳曰諸侯敵王所鎎 許旣切

怒戰也者詩彤弓釋文引同　春秋傳曰諸侯敵王所鎎者文四年左傳文彼作愾杜注愾恨怒也

鋪 箸門鋪首也從金甫聲 普胡切

箸門鋪首也者李善注舞賦引作箸門抪首集韻鋪首箸門銜環者通俗文門扇飾謂之鋪首三輔黃圖金鋪玉戶注云金鋪扉上有金華中作獸及龍蛇鋪首以銜環也藝文類聚引風俗通義門戶鋪首謹案百家書云公輸般之水見蠡曰見汝形蠡適出頭般以足畫圖之蠡引閉其戶終不可得開般遂施之門戶云人閉藏如是固周密矣漢書揚雄傳排玉戶而颺金鋪兮李奇曰鋪門鋪首也長門賦擠玉戶以撼金鋪兮李善曰金鋪以金爲鋪首也五臣云金鋪扉上有金花花中作鈕鐶以貫瑣故撼搖有聲蜀都賦金鋪交映劉注金鋪門鋪首以金爲之景福殿賦青

說文解字義證　卷四十五　哭

瑣銀鋪李善云鋪以銀爲鋪首也李尤平樂觀賦歷金環之華鋪輟耕錄今人家窗戶設鈸具或鐵或銅名曰環紐即古金鋪之遺意北方謂之屈戌其稱甚古梁簡文詩織成屏風金屈戌李商隱詩鎖香金屈戌李賀詩屈膝銅鋪鎖阿甄屈膝當是屈戌

鐉 所以鉤門戶樞也一曰治門戶器也從金𢀖聲 此緣切

所以鉤門戶樞也者玉篇鐉門鉤也

鈔 叉取也從金少聲 楚交切

叉取也者司馬彪云物根在土際布在水就水上視之不見鈔之可得玉篇鈔強取也掠也方言鈔強也注云強取物也後漢書公孫瓚傳攻鈔郡縣或作抄通俗文遮取謂之抄掠言強奪取物也裴注魏志抄畧諸郡

錔 以金有所冒也從金沓聲 他荅切

以金有所冒也者本書韜轂耑沓也御覽引書轂沓也並當爲錔玉篇錔器物錔頭也昭二十五年左傳郈氏爲之

金

guā 銛[2]　luò 鉻　zhǎn [金亶]　zú 鏃　jué 鈌　shòu 鏉　liú 鎦

金距服注以金鍇距通作沓漢書外戚傳切皆銅沓冒顏注沓冒其頭也

銽 斷也從金昏聲 古活切

斲也者廣雅同本書劊斷也銽劊音義同本書話籀文從會

鉻 鬄也從金各聲 盧各切

鬄也者廣韻引作鬎也本書鬄鬄髮也梵書須髮自鉻曲禮乘髦馬注云髦馬不鬄落也

[金亶] 伐擊也從金亶聲 旨善切

伐擊也者集韻齊謂槊曰[金亶]字或作[亶刂]玉篇[亶刂]伐擊也

鏃 利也從金族聲 作木切

利也者古諺曰欲得觳馬百鏃鏃謂鉏頭之利者

鈌 刺也從金夬聲 於決切

刺也者廣雅同

說文解字義證 卷四十五 哭

鏉 利也從金欶聲 所右切

利也者廣韻鏉鏽利

鎦 殺也 力求切

顧炎武曰王莽傳劉之為字卯金刀也正月剛卯金刀之利皆不得行又曰受命之日丁卯丁火漢氏之德也卯劉姓所以為字也光武告天祝文引讖記曰卯金修德為天子公孫述引援神契曰西太守乙卯金謂西方太守而乙絕卯金也是古未嘗無劉字也馥案本書瀏劉竝從劉書顧命一人冕執劉傳云劉鉞屬鄭注劉蓋今鑱斧考靈曜卯金出軫演孔圖卯金刀名為劉中國東南出荊州赤帝後次代周漢含孳劉季握卯金刀在軫北字禾子天下服卯在東方陽所立仁且明金在西方陰所立義成功刀居右字成章刀擊秦枉矢東流水神哭祖龍匈漢官儀王莽篡位以劉字卯金刀更作小錢魏志王粲傳注路粹誣奏孔融言有天下者何必卯金刀此皆古有劉字之證徐鍇謂鎦劉同字案宋書竟陵王誕

mín 鍲　jù 鉅

傳貶姓留氏誕以反亂貶姓若鎦劉同字定不貶為留矣

殺也者釋詁文通作劉方言劉殺也秦晉宋衛之閒謂殺曰劉晉之北鄙亦曰劉書君奭咸劉厥敵傳云皆殺其敵盤庚重我民無盡劉傳云劉殺也詩武勝殷遏劉傳云劉殺也成十三年左傳虔劉我邊陲杜注虔劉皆殺也鹽鐵論論菑篇引月令涼風至殺氣動天子始貙劉以順天令

鍲 業也賈人占鍲從金昏聲 武巾切

業也者廣雅貼本也鍲稅也玉篇貼本作鍲業也筭稅也易繫辭富有之謂大業史記貨殖傳曰田農掘業也賣漿小業也 賈人占鍲者史記平準書各以其物自占索隱云度其財物多少為文簿送之官也占音之贍反漢書昭帝紀罷榷酤官令民得以律占租如淳曰律諸當占租者家長身各以其物占占不以實家長不身自書皆罰金二斤沒入所不自占物及賈錢縣官也顏注占謂自隱度其實定其辭也今猶謂獄訟之辨曰占皆其意也占音章贍反通鑑陳敬瑄括富民財以供軍使各自占又云魏天興中詔采諸漏戶令輸綸帛於是自占為細繭羅穀戶者甚

說文解字義證 卷四十五 平

衆周禮太宰以九賦斂財賄注云賦口率出泉也今之算泉民謂之賦此其舊名與通作緡漢書張湯傳籠天下鹽鐵排富商大賈出告緡令食貨志異時算軺車賈人之緡錢皆有差請算如故諸賈人末作貰貸賣買居邑貯積諸物及商以取利者雖無市籍各以其物自占率緡錢二千而算一匿不自占占不悉戍邊一歲沒入緡錢武帝紀初算緡錢李斐曰緡絲也以貫錢也一貫千錢出算二十也顏注謂有儲積錢者計其緡貫而稅之馥案緡本借字說者以為錢貫失之陸宣公奏議方且算稗販之緡劉禹錫和州刺史廳記開元詔書以口筭第郡縣為三品輸緡錢十六萬

鉅 大剛也從金巨聲 其呂切

大剛也者史記禮書宛之鉅鐵集解云徐廣曰大剛曰鉅洪武正韻刀加鉅為刃馥謂加剛也一切經音義三說文巨大作鉅字從金馥案漢書食貨志庶人之富者累鉅萬顏注鉅大也通作巨廣雅巨大也小爾雅巨大也方言齊宋之閒謂大為巨薛綜注西京賦巨大也

金

táng 鎕　tí 銻　é 鈋　duī 鐓　róu 鍒　táo 錭　dùn 鈍

鎕　鎕銻火齊從金唐聲徒郎切

鎕銻火齊者龍龕手鑑鎕銻火齊也徐鍇曰火齊如珠黃色揭之葉葉起也吳都賦火齊之寶注引異物志火齊如雲母重沓而可開色黃赤似金出日南本書序后也玉篇序古銻字或作磄磃東觀漢記和熹鄧皇后嘗夢捫天體蕩蕩正青滑如磄磃

銻　鎕銻也從金弟聲杜兮切

鈋　吪圜也從金化聲五禾切

吪圜也者集韻類篇引作鈋徐鍇本同廣韻鈋刓也去角也廣雅鈋刓也楚詞九章刓方以爲圜通作訛漢書韓信傳刻印刓忍不能予蘇林曰刓音刓角之刓手弄角訛不忍授也刓或作抏漢書食貨志注抏訛也謂摧挫也史記扁鵲倉公列傳案抏毒尉索隱云抏音玩亦謂按摩而玩弄身體使調也

鐓　下垂也一曰千斤椎從金敦聲都回切

下垂也者玉篇鐓徒對切馥案北方行此音謂以重物繫布帛絲縷使下垂也通作錘太元周次四錘以玉鐶一曰千斤椎者史記信陵君傳朱亥袖四十斤鐵椎椎殺晉鄙漢書淮南厲王傳有才力乃往請辟陽矦出見即自褱金椎椎之

鍒　鐵之耎也從金從柔柔亦聲耳由切

鐵之耎也者龍龕手鑑鍒謂耎鐵也本草圖經鐵再三銷拍可以作鍱者爲鑐鐵鹽鐵論水旱篇鐵刀不銷鍊則堅柔不和工致其事則剛柔和器用便

錭　鈍也從金周聲徒刀切

鈍也者廣雅同或作鍧集韻錭與鍧同五音集韻鍧鎚鈍也

鈍　錭也從金屯聲徒困切

漢書賈誼傳莫邪爲鈍兮鉛刀爲銛　陳琳檄吳文兵不鈍鋒通作頓漢書嚴助傳不勞一卒不頓一戟顏注頓讀曰鈍

qí 鉘　nèi 錗

鉘　利也從金朿聲讀若齊徂奚切

錗　側意從金委聲女恚切

側意者錗與錘通集韻錘側意

文一百九十七　重十三

說文解字弟十四 義證弟四十六

曲阜桂馥學

jiān 幵

幵 平也象二干對構上平也凡幵之屬皆从幵 古賢切

文一

zhuó 勺

勺 挹取也象形中有實與包同意凡勺之屬皆从勺 之若切

本書枓勺也斟勺也 玉篇勺飲器也十勺爲升 周禮梓人爲飲器勺一升 舊三禮圖勺容五升口徑六寸曲中博三寸長三寸柄長二尺四寸漆赤中柄末亦丹 明堂位其勺夏后氏以龍勺殷以疏勺周以蒲勺 定四年左傳勺飲不入口 語林諸阮以大盆盛酒朱勺數枚 束晳貧家賦舉短柄之屈勺 史記項羽本紀沛公不勝桮杓 漢書息夫躳傳霍顯之謀將行於杯杓顏注杓所以抒挹也字與勺同 又通作酌禮孔子閒居上酌民言注云酌猶取也成六

年左傳子爲大政將酌於民者也杜注酌取民心以爲政 成十四年傳衞夫人見太子之不哀也不內酌飲 挹取也者詩大東惟北有斗不可以挹酒漿又行葦酌以大斗正義云蓋從大器挹之於樽用此勺 且士冠禮勺觶角柶注云勺尊升所以𣂔酒也 僖八年公羊傳蓋酌之也何注酌挹也

yǔ 与

与 賜予也一勺爲与此与與同 余呂切

賜予也者通作與書湯誓予其大賚汝傳云賚與也周禮大卜以邦事作龜之八命三曰與注云與謂予人物也曲禮與人者不問其所欲 此与與同者當云此與予同

文二

jǐ 几

几 踞几也象形周禮五几玉几雕几彤几髤几素几凡几之屬皆从几 居履切

阮諶三禮圖几長五尺高尺二寸廣二尺 詩行葦或肆之筵或授之几箋云稚者爲設筵而已老者加之以几 漢官儀黃門令爲大師於省中施坐置几 踞几也者本書㞐從尸下丌居几 急就篇簡札檢署槧牘家顏法家伏几也今謂之夾膝 周禮五几云云者春官司几筵掌五几王左右玉几諸侯右彫几筵國賓左彤几甸役右漆几凡喪事右素几

píng 凭

凭 依几也从几从任周書曰凭玉几讀若馮 皮冰切

依几也者尙書釋文引同又云字林同張華有依几銘通作機昭五年左傳設機而不倚凭或作憑語林孫翊詣任元襃見門吏憑几視孫入語任曰吏憑几對客不爲禮任便推之吏荅云得罰體痛以橫木扶持非憑几也孫曰直木橫施植其兩足便爲憑几何必孤鵠蟠膝曲木抱腰 周書曰凭玉几者顧命文彼作憑 讀若馮者詩卷阿有馮有翼箋云馮馮几也士喪禮主人西面馮尸注云馮服膺之僖五年左傳神所馮依將在德矣

jū 凥

凥 處也从尸得几而止孝經曰仲尼凥凥謂閒凥如此 九魚切

處也者凥通作居詩殷其靁莫或遑處擊鼓爰居爰處四牡不遑啟處黃鳥不可與處傳並云處居也采薇不遑啟處箋云處猶居也論語不以其道得之不處也論衡作不居也玉藻居士錦帶注云居士道藝處士也馥案凥坐也詩不遑啟居箋云啟跪也啟爲跪則居爲坐矣樂記子曰居吾語汝注云居猶安坐也仲尼燕居子曰居女三人者吾語女注云居女三人者女三人且坐也孝經居吾語汝孟子坐我明語子列子黃帝篇姬將告汝注云姬居也又姬魚語女注云姬音居檀弓何居鄭注居讀爲姬姓之姬周易則居可知矣鄭注居讀爲姬 從尸得几而止者曲禮坐如尸曹憲注廣雅云凥古愚反案說文從尸几聲 孝經曰仲尼凥者開宗明義章文彼作居顏氏家訓仲尼居三字之中兩字非體三蒼尼旁益丘說文尸下施几 凥謂閒凥如此者孝經釋文云鄭元云凥凥講堂也王肅云閒居也孔安國云靜而思道也顏氏家訓何必仲尼居即須兩紙疏義燕寢講堂亦復何在馥案晉胡母謙孝經傳云凥背東壁此亦兩紙疏義之文也禮孔子閒居鄭目錄云退燕避人曰閒居趙策武靈王平晝閒居鮑注言平日無事之時

幵勺几

chǔ 処

止也得几而止从几从夊昌與切

止也者廣雅同詩江有汜其後也處鳧鷖來燕來處傳竝云處止也孫子軍爭篇卷甲而趨日夜不處 行几而止 從几從夊者徐鍇本作從夊得几而止

處或从虍聲

文四 重一

jū 且

薦也从几足有二橫一其下地也凡且之屬皆从且子余切又千也切

徐鍇本𠀃古文以爲且又以爲几字玉篇且古文作𠀃

薦也者本書丌下基也薦物之丌苴履中草蒩茅藉也凡從且者皆有薦藉意詩韓奕籩豆有且 從几者馥案且薦食故從几 足有二橫者詩閟宮籩豆大房箋云大房玉飾俎也其制足閒有橫下有柎似乎堂後有房然士昏

說文解字義證 卷四十六 三

禮主人拂几授校注云校几足戴侗曰記曰薦豆執校兩足閒橫木也馥案少牢禮腸三胃三長皆及俎距距卽橫也俎亦有足少儀取俎進俎不坐注云以其有足明堂位俎有虞氏以梡夏后氏以嶡殷以椇周以房俎注云梡斷木爲四足而已嶡之言蹷也謂中足爲橫距之象周禮謂之距椇之言枳椇也謂曲橈之也房謂足下跗也上下兩閒有似於堂房

zǔ 俎

禮俎也从半肉在且上側呂切

廣雅俎几也方言俎几也西南蜀漢之郊曰杫馥案後漢書鍾離意傳藥崧爲郎無被枕杫注云謂俎几也

禮俎也者宗廟祭器也隱五年左傳鳥獸之肉不登於俎則君不射杜注俎祭宗廟器切肉之薦亦曰俎史記項羽木紀如今人爲刀俎我爲魚肉說者以俎爲椹販是也

從半肉在且上者字書俎肉几也鄉射禮賓辭以俎注云俎者肴之貴者也後漢書馬融傳起謀於尊俎之閒注云俎載牲之器

zù 䖑

且往也从且虘聲昨誤切

且往也者本書退往也籒文從虘檀弓說祖奠云夫祖者且也禮記奔喪注云自是哭且遂行

文三

jīn 斤

斫木也象形凡斤之屬皆从斤舉欣切

本書欘斤柄性自曲者 廣韻引周書神農作陶冶斤斧考工記宋之斤 孟子斧斤以時入山林 莊子運斤成風

斫木也者李善注長笛賦引同字鑑引作斫木斧也徐鍇本同哀二十五年左傳皆執利兵無者執斤杜注斤工匠所執馥案因三匠作亂故執斤字或作釿釋名釿謹也板廣不可得制削又有節則用此斫之所以詳謹令平滅斧跡也莊子在宥篇釿鋸制焉 黃庭經天庭地關列斧釿

fǔ 斧

斫也从斤父聲方矩切

釋名斧甫也甫始也凡將制器始用斧伐木已乃制之也急就篇鈐鐕鉤銍斧鑿鉏顏注斧所以伐木也 詩既破我斧傳云隋銎曰斧

說文解字義證 卷四十六 四

斫也者易旅卦得其資斧注云斧所以斫除荊棘以安其舍者也薛珝異物志江東呼斧斤爲錯馥謂錯斫一聲之轉

qiāng 斨

方銎斧也从斤爿聲詩曰又缺我斨七羊切

釋名斨戕也所伐皆戕毀也

方銎斧也者別於橢銎也詩七月取彼斧斨傳云斨方銎也鶡冠子世兵篇橢枋一術奚足以游陸佃注橢讀如隋銎之隋枋讀如方銎之方 詩曰又缺我斨者豳風破斧文

zhuó 斫

擊也从斤石聲之若切

擊也者玉篇斫刀斫枚乘七發斫斬以爲琴

qú 斪

斫也从斤句聲其俱切

玉篇斪鋤屬馥案本書钁大鉏也國語惡金以鑄鉏夷斤欘賈注斤钁也 通作句釋器斪斸之定考工記注引作句欘

几且斤

zhú 斸

斸 斫也從斤屬聲 職玉切

斫也者本書欘斫也山海經縣斸之山注云音如斤斸之斸廣韻斸與钃同荀子榮辱篇所謂以狐父之戈钃牛矢也注云或讀钃爲斫

zhuó 斲

斲 斫也從斤𠁁 竹角切

書梓材既勤樸斲 宣十年左傳斲子家之棺杜注斲薄其棺成二年傳賂之以執斲杜云執斲匠人哀十五年傳天或者以陳氏爲斧斤既斲喪公室 淮南說林訓循繩而斲則不過何晏景福殿賦匠石不知其所斲 斫也者李善注七命琴賦所引並同廣雅亦同楚詞九歌斲冰兮積雪王注斲斫也 從斤𠁁者徐鍇本作𠁁聲

斲或從畫從丮

yǐn 釿

釿 劑斷也從斤金 宜引切

劑斷也者一切經音義十四說文釿劑也劑音子隨反翦刀也馥案玉篇廣韻並作劑也 從斤金者下當云斤亦聲

suǒ 所

所 伐木聲也從斤戶聲詩曰伐木所所 疏舉切

伐木聲也者顔注急就篇所所所木聲也詩曰伐木所所者小雅伐木文彼作許許所許聲相近漢書疏廣傳數問其家金餘尚有幾所顔注幾所猶言幾許淮南道應訓今夫舉大木者前呼邪許後亦應之魏子才曰關西方言致力於一事爲所李獻吉曰西土人謂著力幹此事則呼爲所

sī 斯

斯 析也從斤其聲詩曰斧以斯之 息移切

析也者鄭注月令大者可析謂之薪酒誥有斯明享鄭注斯析也呂氏春秋報更篇趙宣孟見桑下餓人與之脯一朐曰斯食之注云斯析也釋言斯離也郭注齊陳曰斯孫炎曰斯析之離詩板無獨斯畏箋云斯離也列子黃帝篇華胥氏之國不知斯齊國幾千萬里注云斯離也字或作厮公羊傳厮役扈養史記張耳傳厮養卒漢書厮輿之卒韋昭曰析薪曰斯炊烹曰養史記河渠書乃厮二渠以引其河漢書溝洫志厮作釃孟康云釃分也 詩曰斧以斯之者陳風墓門文傳云斯析也

zhuó 斮

斮 斬也從斤昔聲 側畧切

斬也者書泰誓斮朝涉之脛傳云斬而視之成二年公羊傳法斮何云斮斬呂氏春秋貴直篇齊王問吏曰哭國之法若何吏曰斮注云斮斬史記魯仲連傳因齊後至則斮漢書揚雄傳斮巨狿顔注斮斬也

duàn 斷

斷 截也從斤從𢇍𢇍古文絕 徒玩切

截也者本書截斷也釋名斷段也分爲異段也易繫辭其利斷金正義云能斷截於金書盤庚乃斷棄汝傳云斷絕也詩商頌是斷是遷正義云於是斬斷之孟子截長補短王制作斷長補短

𠧪 古文斷從𠧪𠧪古文叀字周書曰𠧪𠧪猗無他技

周書曰𠧪𠧪猗無他技者秦誓文彼作斷斷猗無他技傳云斷斷猗然專一之貌鄭注大學斷斷誠一之貌文十二年公羊傳惟一介斷斷焉無他技注云斷斷猶專一也後漢書卓茂傳斷斷小宰無他庸能注云斷斷猶專也史記張丞相列傳娖娖廉謹集解徐廣曰一作斷索隱云義如尚書斷斷猗無他技

亦古文

luǒ ⿰良斤

柯擊也從斤良聲 來可切

柯擊也者廣韻⿰良斤相擊也類篇斫下云⿰良斤斫掣擊也掣疑擊

xīn 新

新 取木也從斤亲聲 息鄰切

取木也者新通作薪詩七月采荼薪樗箋云惡木之薪

yín 斦

斦 二斤也從二斤 語斤切

質從此

文十五 重三

dǒu 斗

斗 十升也象形有柄凡斗之屬皆從斗 當口切

十升也者說苑十升爲一斗漢書律歷志斗者聚升之量也或借斟漢書平帝紀民捕蝗詣吏以石斟受錢後漢書仲長統傳令畝收三斛斛取一斟增韻考工記辟人一獻而三酬則一豆矣注豆當作斗釋文音斗居正案今俗書斗斛之斗爲斟葢訛併耳

hú
斛

斛 十斗也從斗角聲 胡谷切

風俗通斛者角也 漢書律歷志斛者角斗平多少之量也九章筭術古粟一斛方一尺深一尺長二尺七寸 夏侯陽筭經倉曹云古者鑿地方一尺深一尺六寸二分受粟一斛至漢王莽改鑄銅斛用深一尺九寸二分至宋元嘉二年徐受重鑄用二尺三寸九分至梁大同元年甄鸞校之用二尺九寸二分 十斗也者聘禮記十斗曰斛雜令諸量以秬黍中者容一千二百爲龠十龠爲合十合爲升十升爲斗十斗爲斛北史韋孝寬傳百升飛上天百升斛也

jiǎ
斝

斝 玉爵也夏曰琖殷曰斝周曰爵從吅從斗冂象形與爵同意或說斝受六升 古雅切

玉爵也者王觀國引字書同廣雅斝爵也昭七年左傳賂以斝耳注云斝耳玉爵昭十七年左傳若我用瓘斝玉瓚杜云斝玉爵也黃長睿曰斝比爵但無咮尾夏官量人凡宰祭與鬱人受斝注云鄭司農云斝讀如嫁娶之嫁斝器名元謂斝讀如嘏尸之嘏 夏曰琖殷曰斝周曰爵者本書無琖字字鑑引作醆徐鍇本同本書醆爵也廣韻引禮記作醆廣雅醆爵也明堂位爵夏后氏以琖殷以斝周以爵鄭注斝畫禾稼也詩行葦洗爵奠斝傳云斝爵也夏曰醆殷曰斝周曰爵 斝受六升者御覽引作爵受十六升 馥謂十字衍

liào
料

料 量也從斗米在其中讀若遼 洛蕭切

量也者李善注魏都賦引同又注赭白馬賦引字林亦同史記孔子世家嘗爲季氏史料量平通鑑言宋濫錢之弊云市井不復料數注云料量也料數者料其多少之數也禮運月以爲量正義量猶分限也

yǔ
斞

斞 量也從斗臾聲周禮曰求三斞 以主切

廣雅鍾十曰斞 莊子田子方篇䵹斛不敢入於四竟釋文云司馬本作斔斞斔讀曰鍾斞讀曰臾 通作臾小爾雅四豆爲區四區曰釜釜有半曰臾 又通作庾論語與之庾包注十六斗曰庾魯語其歲收田一井出稯禾秉芻缶米韋注缶庾也聘禮曰十六斗曰庾昭二十六年左傳粟五千庾杜注庾十六斗史記魯世家將粟五千庾集解賈逵曰十六斗爲庾五千庾八萬斗聘禮門外米三十車車秉有五籔注云秉籔數名也秉有五籔二十四斛也籔讀若不數之數今文籔或爲逾聘禮記十六斗曰籔注云今江淮之閒量名有爲籔者今八籔爲逾馥案斞逾籔聲相近 量也者廣雅同五經文字斞量名 周禮曰求三斞者考工記弓人文彼作漆三斞馥謂漆本作桼傳寫譌爲求類篇不誤

wò
斡

斡 蠡柄也從斗倝聲揚雄杜林說皆以爲軺車輪斡 烏括切

顧炎武曰史記賈生傳斡棄周鼎兮而寶康瓠應劭曰斡音筦筦轉也斡流而遷兮或推而還索隱曰斡音烏活反斡轉

也義同而音異今說文云斡蠡柄也從斗斡聲揚雄杜林說皆以爲軺車輪斡烏括切顏師古匡謬正俗云聲類字林竝音管賈誼服鳥賦云斡流而遷張華勵志詩云大儀斡運皆爲轉也楚辭云筦維焉繫此義與斡同字即爲筦故知斡管二音不殊近代流俗音烏括切非也馥案廣雅斡轉也鶡冠子斡流遷從潘岳河陽縣詩斡流隨風飄謝惠連詩傾河易回斡幽通賦斡流遷其不濟兮此皆轉義也 蠡柄也者斡通作幹考工記鳧氏爲鍾鍾縣謂之旋旋蟲謂之幹馥謂即孟子所云追蠡 揚雄杜林說皆以爲軺車輪斡者類篇斡轂端沓也

kuí
魁

魁 羹斗也從斗鬼聲 苦回切

羹斗也者本書枓勺也匜似羹魁齊民要術種榆十年後魁椀瓶榼器皿無所不任春秋運斗樞北斗七星第一至第四爲魁第五至第七爲杓合爲斗

jiào
斠

斠 平斗斛也從斗冓聲 古岳切

平斗斛也者徐鍇本作平斗斛量也廣雅斠量也通作角玉篇斠今作角管子七法篇斗斛也角量也呂氏春秋仲秋紀正鈞石齊升角月令仲春角斗甬注云較其同異也又通作較孟子魯人獵較漢書孔光傳較然甚明又通作校論語犯而不校學記中年考校周禮小宰比官府之具鄭云比校次之又通作講漢書蕭何傳講若畫一

zhēn 斟

斟 勺也從斗甚聲職深切

勺也者本書勺挹取也周語而後王斟酌焉韋注斟取也楚辭天問彭鏗斟雉帝何饗注云斟勺也風俗通聲音篇周公作勺勺言能斟勺先祖之道也通作酌廣雅斟酌也漢書敘傳斟酌六經西都賦騰酒車以斟酌

xié 斜

斜 抒也從斗余聲讀若荼似嗟切

抒也者纂文抒水斗也集韻捈抒也通作斜廣雅捈抒也

jū 斞

斞 挹也從斗臾聲舉朱切

挹也者廣雅斞抒也士冠禮注勺尊升所以斞酒也詩大東維北有斗不可以挹酒漿傳云挹斞也思元賦斞白水

以爲漿或通作仇詩賓之初筵賓載手仇箋云仇讀曰斞釋文斞謂挹取酒

bàn 料

料 量物分半也從斗從半半亦聲博慢切

量物分半也者本書半物中分也 半亦聲者當爲半聲

pāng 斛

斛 量溢也從斗旁聲普郎切

量溢也者集韻引作量物溢也徐鍇本同今雲南順寧以一斗爲一斛

juàn ⿱䜌斗

⿱䜌斗 抒滿也從斗䜌聲俱願切

抒滿也者滿當爲漏本書䜌漏流也一切經音義四通俗文汲取曰⿱䜌斗說文抒漏也又十九舀漏舀弋紹反⿱䜌斗舀也舀抒也廣雅⿱䜌斗抒也抒渫也舀也

dòu 斣

斣 相易物俱等爲斣從斗蜀聲昌六切

相易物俱等爲斣者斣與贖義同玉篇贖質也

tiāo ⿸庣斗

⿸庣斗 斛旁有⿸庣斗從斗庣聲一曰突也一曰利也爾疋曰⿸庣斗謂之疀古田器也土雕切

庣當爲庣

斛旁有⿸庣斗者廣韻⿸庣斗斗旁耳或作庣漢書律歷志方尺而圜其外旁有庣焉鄭氏曰庣音條桑之條庣過也筭方一尺所受一斛過九氂五豪然後成斛顏注庣不滿之處也隋書律歷志祖冲之以圓率考之斛當徑一尺四寸三分六氂一豪九秒二忽庣旁一分九豪有奇又云梁表鐵尺律黃鍾副別者其長短及口空之圜徑並同而容黍或多或少皆是作者旁庣其服使有盈虛 庣聲者本書無庣字 一曰突也者突當爲穾本書穾穿也廣雅⿸庣斗穿也通作銚莊子銚鎒於是乎始修注云銚削也能有所穿 一曰又通作銷釋名鍤或曰銷銷削也能有所穿削也 利也者集韻⿸庣斗與銚同鹽鐵論犀銚利鉏管子推引銚耨以當劍戟呂氏春秋長銚利兵 爾疋曰⿸庣斗謂之疀者釋器文彼作⿸庣斗文選注引爾雅鍬謂之鍤廣韻槷臿也亦作⿸庣斗方言臿燕之東北朝鮮洌水之閒謂之⿸庣斗注云湯料反

此亦鍫聲轉也 古田器也者本書疀⿸庣斗也古田器也銚下云一曰田器郭注爾雅云皆古鍬鍤字

shēng 升

升 十龠也從斗亦象形識蒸切

玉篇十勺爲升 崔靈恩詩集注古者爲升上徑一寸下徑六分其深八分 粟米筭法方一尺深一尺六寸二分容一石縱橫十截破之一方有十六寸二分容一升百六十二寸容一斗千六百二十寸容一石 考工記陶人疏引小爾雅匊二升二匊爲豆豆四升

十龠也者當爲二十龠廣雅龠二曰合合十曰升說苑度量權衡以黍生之千二百黍爲一龠十龠爲一合十合爲一升漢書律歷志合龠爲合十合爲升又云合者合龠之量也升者登合之量也律呂新書合龠爲合兩龠也積千六百二十分十合爲升二十龠也積一萬六千二百分

文十七

máo 矛

矛 酋矛也建於兵車長二丈象形凡矛之屬皆從矛莫浮切

切

當作□世本杍作矛 方言矛或謂之鉤舒矛骹細如鴈脛者謂之鶴𠛱有小枝刃者謂之鉤舒郭注鶴𠛱云今江東呼爲鈴釘 呂氏春秋知分篇直兵造胷注云直矛也 淮南時則訓孟春之月其兵矛高注矛有鋒銳似萬物鑽地生 書顧命一人冕執戣一人冕執瞿鄭注戣瞿葢今三鋒矛 鴻後趙錄冉閔杖雙刃矛 通鑑李閔操兩刃矛注云兩刃矛者鋏之兩旁皆利其刃 或作舒王褒僮約倚盾曳舒 酋矛也者鄭司農云酋發聲直謂矛後鄭云酋夷長短名酋之言遒也酋近夷長矣詩清人二矛重英箋云二矛酋矛夷矛也酋或作厹詩小戎厹矛鋈錞傳云厹三隅矛也正義云刃有三角又或作仇釋名仇矛讐也所伐則平如討仇讐也又云仇矛頭有三叉言可以討仇敵之矛也 建於兵車者周禮司兵軍事建車之五兵注云鄭司農云五兵者戈殳戟酋矛夷矛考工記車有六等之數車軫四尺謂之一等戈柲六尺有六寸旣建而迆崇於軫四尺謂之二等人長八尺崇於戈四尺謂之三等殳長尋有四尺崇於人四尺謂之四等車戟常崇於殳四尺謂之五等酋

矛常有四尺崇於戟四尺謂之六等注云此所謂兵車也戈殳戟矛皆插車輢鄭司農云迆讀爲倚移從風之移謂著戈於車邪倚也詩清人二矛重喬傳云重喬累荷也正義云以矛建於車上五兵之最高者也倏人傳曰荷揭也謂比二矛刃有高下重累而相負揭閟宮箋云兵車之法右人持矛成十六年左傳晉與楚戰于鄢陵欒鍼爲右使告楚令尹子重曰寡君乏使使鍼御持矛焉哀二年傳衛太子禱云蒯聵不敢自佚備持矛焉 長二丈者急就篇矛鋋鑲盾刃刀鉤顏注矛酋矛也長二丈詩無衣修我戈矛傳云矛長二丈考工記廬人酋矛常有四尺夷矛三尋注云八尺曰尋倍尋曰常

𢦏 古文矛從戈

汗簡引作𢦏 本書穚從矛古文作𢦏 古鈃印茅字作𦭊 李陽冰庾公德政頌柔作𥎊 從戈者字林矛有二横曰矡矠是矛亦横出刃者故從戈 陳祥道禮書自考工言之則爲刺兵自說文言之則爲句兵葢矛之爲器上銳而旁句上銳所以象物生之芒旁句所以象物生之句萌案從戈故爲句兵

láng ⿰矛良

⿰矛良 矛屬從矛良聲 魯當切

矛屬者廣韻⿰矛良短矛

kài ⿰矛害

⿰矛害 矛屬從矛害聲 苦蓋切

矛屬者廣雅⿰矛良⿰矛害也

zé 矠

矠 矛屬從矛昔聲讀若笮 士革切

魯語矠魚鼈 本書作簎

jīn 矜

矜 矛柄也從矛今聲 居陵切又巨巾切

矛柄也者廣雅矜柄也釋名矛冒也刃下冒矜也方言矛其柄謂之矜考工記廬人注云凡矜八觚案本書䉶積竹矛戟矜也鄭注書顧命凡此七兵或施矜或著柄馥案矜八觚柄橢圜及方燕策矜戟砥劍淮南兵畧訓伐棘棗而爲矜高注矜矛柄漢書徐樂傳奮棘矜顏注棘戟也矜者戟之把也或作⿰矛堇史記秦始皇本紀鉏櫌棘矜集解服虔

曰以鉏柄及棘作矛⿰矛堇也方言矜謂之杖郭注矛戟⿰矛堇即杖也 今聲者后經論語殘碑校官碑魏受禪碑竝從令

niǔ ⿰矛丑

⿰矛丑 刺也從矛丑聲 女久切

刺也者廣雅同考工記廬人凡爲酋矛參分其晉圍去一以爲刺圍鄭司農云刺謂矛刃胷也

文六　重一

chē 車

車 輿輪之總名夏后時奚仲所造象形凡車之屬皆從車 尺遮切

淮南子聖人觀轉蓬而爲車 賈誼書古之爲路輿也葢圜以象天二十八橑以象列星軫方以象地三十輻以象月故仰則觀天文俯則察地理前視則覩鸞和之聲側聽則觀四時之運此輿教之道也 釋名車古者曰車聲如居言行所以居人也今日車車舍也行者所處若車舍也 墨子節用篇車爲服重致遠乘之則安引之則利安以不傷人利以速至此車之利也 戴君震釋車曰車式較內謂之輿其深謂之隧枕輿下謂之軫軫謂之收揜輿旁謂之輢式前謂之軓

軏謂之陰縮輢上者謂之較輿前卑於較者謂之式車闌謂之軨輢內之軨謂之軹式下人所對謂之轛輪輮謂之牙牙謂之輞輪輮謂之輻輻近轂謂之股近牙謂之骹輻端之柄建轂中者謂之菑菑沒鑿謂之弱建牙中者謂之蚤以偏枘人牙而出之謂之縵轂空壺中所以受軸謂之轢轢謂之藪以金裹轂中謂之釭大釭謂之賢轂末小釭謂之軒轂端緒謂之輨輨謂之軑以革幬轂謂之軝軸末謂之轊軸當轂釭閒之以金謂之鐧軸端之鍵以制轂者謂之輂伏兔謂之轐輿下任正者謂之輈輈出軓前穹而上謂之胡胡謂之侯輈端謂之頸後謂之踵當兩轐之閒謂之當兔䡊謂之衡衡下烏啄謂之軥所以持衡者謂之軶車蓋之杠謂之桯蓋斗謂之部其柄謂之達常隆屈謂之弓弓近部謂之股弓末謂之蚤大車之轂謂之牝服其內謂之箱所以引車謂之轅輗謂之之鬲持鬲者謂之輗輪輾謂之渠有輻謂之輪無輻謂之輇

輿輪之總名者續漢書輿服志上古聖人見轉蓬始知爲輪輪行不可載因物生知復爲之輿輿輪相乘流運罔極任重致遠天下獲其利 夏后時奚仲所造一切經音義六引作作五經文字同世本奚仲始作車尸子造車者奚仲也墨子非儒篇奚仲作車管子形勢篇奚仲之爲車器也方圜曲直皆中規矩淮南修務訓奚仲爲車高注奚仲夏車正新語道基篇川谷交錯風化未通九州絕隔未有舟車之用以濟深致遠於是奚仲乃橈曲爲輪因直爲轅駕車服牛浮舟杖檝以代人力論衡對作篇造端更爲前始未有若奚仲作車是也續漢書輿服志奚仲爲車正具物以時六材皆良鄭氏六藝論黃帝佐官有七人奚仲造車古史考黃帝作車至少昊始駕牛及陶唐氏制彤車乘白馬則馬駕之初也有虞氏因彤車而制鸞車夏后氏因鸞車而制鉤車傳車正奚仲建斿旐尊卑上下各有等級荀子解蔽篇奚仲作車注云奚仲夏禹時車正黃帝時已有車服故謂之軒轅此云奚仲者亦改制耳宋書禮志系本云奚仲始作車案庖羲畫八卦而爲大輿服牛乘馬以利天下奚仲乃夏之車正安得始造乎系本之言非也大荒北經番禺生奚仲奚仲生吉光吉光是始以木爲車注云世本云奚仲作車此言吉光明其父子其創作意是以互稱之定元年左傳薛之皇祖奚仲居薛以爲夏車正呂氏春秋君守篇奚仲作車高注奚仲黃帝之後任姓也傳曰爲夏車正封於薛漢書地理志魯國薛縣夏車正奚仲所國潛夫論夏之興有任奚爲夏車正以封於薛後遷於邾王季之妃大任之姓也皇覽奚仲家在魯國薛縣東去縣二十五里山上因名奚仲山下名奚仲亭

說文解字義證 卷四十六 廿三

𨏖 籀文車

本書軥籀文作𨏖

xuān
軒

軒 曲輈藩車从車干聲 虛言切

聲類軒安車也楚詞注軒輕車也鹵簿令有皮軒車定九年左傳與之犀軒注云犀軒卿車夫人車以魚爲飾卿車以犀皮爲飾初學記諸侯軒懸去南面飾三面其形如軒

曲輈藩車者荀子非相篇軒較之下注引本書軒曲輈也史記索隱引作屏車一切經音義六引作轓車徐鍇本同鍇曰轓兩旁壁也增韻轓下引說文轓車之蔽也漢書景帝紀令長吏二千石車朱兩轓顏注據許慎李登說轓車之蔽也續漢書輿服志公列侯安車黑轓注云車有轓者謂之軒又云轓長六尺下屈廣八寸上業廣尺二寸後漢書董卓傳卓遂僭擬車服乘金華青蓋爪畫兩轓注云廣雅云轓車箱也漢舊儀丞相車墨兩轓謝承後漢書三公車轓畫作鹿鄭宏爲臨淮太守行春兩白鹿夾轂而行主簿賀曰三公車轓畫作鹿明府當爲宰相玉篇箳篂車轓轓車箱篇海箳篂蔽篕也通俗文車當謂箳篂郭林宗別傳芳仲琰爲從事當柴車駕牛編荆爲當續漢書輿服志注謝承書曰孔恂字巨卿新淦人州別駕從事車前舊有屏星如刺史車曲翳儀式是時刺史行部發去日晏刺史怒欲去別駕車屏星恂諫曰明使君傳車自發晚而欲徹去屏星毀國舊儀此不可行別駕可去屏星不可省郎投傳去刺史追辭謝請不肯還於是遂不去屏星說文曰車當謂之屏星馥案本書無此文或誤引轓經典作藩宋書禮志上古聖人見轉蓬始爲輪後代聖人觀北斗魁方杓曲攜龍角爲帝車曲其輈以便駕藩車詩韓奕簟茀錯衡箋云簟茀漆簟以爲車蔽今之藩也既夕記蒲蔽注云蔽藩疏云藩謂車兩邊禦風爲藩蔽周禮巾車漆車藩蔽注云藩今時小車漆席以爲之蔽謂車旁禦風塵者閔二年左傳鶴有乘軒者服虔曰車有藩曰軒襄二十三年傳以藩載欒盈注云藩車之有障蔽者漢書陳遵傳乘藩車入閭巷顏注藩車車之有屏蔽者

說文解字義證 卷四十六 廿四

zī
輜

輜 軿車前衣車後也从車甾聲 側持切

軿車前衣車後也者李善注策秀才文引作軿車前衣車後爲輜宣十二年左傳楚重至於邲杜注重輜重也正義

云輜重載物之車也說文云輜一名軿前後蔽也蔽前後以載物謂之輜車載物必重謂之重車人挽以行謂之輦輜重輦一物也襄十年傳稱秦堇父輦重如役挽此車也定九年傳載葱靈寢於其中而逃注云葱靈輜車名釋文輜車說文云衣車也正義云說文云輜軿衣車也前後有蔽賈逵云葱靈衣車也有葱有靈然則此車前後有蔽兩旁開葱可以觀望葱中豎木謂之靈今人猶名葱木爲靈子馥案本書戹輜車旁推戶也旁推戶卽兩旁之窗也正義兩引本書與文選注所引不同所見本異也袁子正論引字林軿車有衣蔽無後轅者謂之輜任君大椿曰宋書禮志太平御覽及玉海引字林云軿車有衣蔽無後轅其有後轅者謂之輜續漢書輿服志注通鑑音注急就篇補注引作軿車有衣蔽無後轅者謂之輜疑續漢書注本文無後轅三字下脫去其有後轅四字遂與宋書禮志相迕通鑑音注及急就篇補注皆沿襲其誤太平御覽及玉海則據宋禮志故不誤馥案范應元注老子輜庫車也字林載衣物車前後皆蔽若今庫車此引字林又與宋書異急就篇輜軺轅軸輿輪轄顏注輜衣車四面皆蔽也釋名輜車載輜重臥息其中之車也輜廁也所載衣物雜廁其中也又云衣車前戶所以載衣服之車也漢書張良傳雖疾

彊載輜車臥而護之淮南厲王傳迺遣長載以輜車顏注竝云輜車衣車也張敞傳禮君母出門則乘輜軿顏注輜軿衣車也續漢書高梵以衣車載太子後漢書齊武王縯傳出有輜軿之飾注云輜軿有擁蔽之車也東京賦終日不離輜重張揖曰輜重有衣車也甄元成車賦複輲下而前屏重轓垂而後蔽詩箋茀朱鄉傳云車之蔽曰茀正義云謂車之後戶也周禮巾車凡良車散車不在等者其用無常注云謂若今輜車後戶之屬疏云漢時輜車與古者從軍所載輜重財貨之車皆車後開戶

píng 軿

軿 輜車也從車幷聲 薄丁切

輜車也者徐鍇本作輜車也集韻引作輕車也類篇韻會同洪武正韻軿輕車重曰輜輕曰軿後漢書袁紹傳注引作衣車也梁冀傳注引蒼頡篇軿衣車也楚王英傳得乘輜軿注云軿猶屏也自隱蔽之車宋書禮志案字林軿車有衣蔽無後轅釋名軿屏也四面屏蔽婦人所乘牛車也輜軿之形同有邸曰輜無邸曰軿周禮巾車翟車貝面組總有握注云有握則此無蓋矣如今軿車是也疏云漢法軿車無蓋故舉以況之廣韻輜軿兵車馥案軿有二義訓爲衣車者婦人所乘後漢輿服志太皇太后皇太后非法駕則乘紫罽輜車列女傳齊孝孟姬傳妾聞妃后踰國必乘安車輜軿今立車無軿非所敢受命也西京雜記以軿車載輕薄少年爲女子服入後宮者日以十數是也訓爲兵車者軍旅所用亦取其屏蔽周禮車僕掌苹車之萃注云苹猶屏也所用對敵自蔽隱之車也杜子春云苹車當爲軿車是也

wēn 轀

轀 臥車也從車𥁕聲 烏魂切

臥車也者楚漢春秋淮陰武王反上自擊之上體不安臥轀車中通作溫史記齊世家桓公之中鉤佯死以誤管仲已而載溫車中馳行

liáng 輬

輬 臥車也從車京聲 呂張切

臥車也者史記李斯傳置始皇居轀輬車中漢書霍光傳載光尸柩以轀輬車文穎曰轀輬車如今喪轜車也孟康曰如衣車有窗牖閉之則溫開之則涼故名之轀輬車也臣瓚曰秦始皇道崩祕其事載以轀輬車百官奏事如故

此不得是轜車類也案杜延年奏載霍光柩以輬車駕大廏白虎駟以轀車駕大廏白鹿駟爲倅顏云轀輬本安車也可以臥息後因載喪飾以柳翣故遂爲喪車耳轀者密閉輬者旁開窗牖各別一乘隨事爲名後人旣專以載喪又去其一總爲藩飾而合二名呼之耳

yáo 軺

軺 小車也從車召聲 以招切

本書斡下云揚雄杜林說皆以爲軺車輪斡宋書禮志漢代賤軺車而貴輜軿魏晉賤輜軿而貴軺車馥案謝承後漢書許慶家貧爲郡督郵乘牛車鄉里號曰軺車督郵此漢之賤軺也晉制中書令乘軺車傳暢故事尙書令軺車黑耳後戶僕射但後戶無耳此晉之貴軺也晉書輿服志軺車古之時軍車也隋書禮儀志軺車案六韜一名遙車蓋言遙遠四顧之車也釋名軺車軺遙也遠也四向遠望之車也複案漢始爲傳車漢律一馬二馬爲軺傳武帝迎申公弟子二人乘軺傳平帝紀徵天下通知逸經古記者在所爲駕一封軺傳遣詣京師顏注以一馬駕軺車而乘傳梅福傳木假軺傳顏注小車之傳也

qīng 輕　yóu 輶　péng 輣　tún 軘　chōng 䡴

小車也者史記貨殖傳正義引同平準書索隱引同季布傳朱家乃乘軺車之洛陽索隱云案謂輕車一馬車也釋名小車駕馬輕小之車也駕馬宜輕使之局小也顔注急就篇軺輕車也曲禮乘安車注云安車坐乘若今小車也庾蔚之曰漢世駕一馬而坐乘也

輕 輕車也从車巠聲 去盈切

輕車也者其用有二埤蒼輕車轅兩尾楚詞九辨前輕輬之鏘鏘兮招魂軒輬既低注云軒輬皆輕車名也東觀漢記段熲徵還京師乘輕車介士鼓吹此言坐乘輕小之車也周禮車僕掌輕車之萃注云輕車所用馳敵致師之車也孫子作戰篇凡用兵之法馳車千駟革車千乘注云馳車輕車也革車重車也漢書百官表虎賁校尉掌輕車續漢書輿服志輕車古之戰車也洞朱輪輿不巾不蓋建矛戟幢麾轓輒弩箙藏在武庫吳孫兵法云有巾有蓋謂之武剛車武剛車者爲先驅又爲屬車輕車爲後殿焉此言軍旅之輕車也

輶 輕車也从車酉聲詩曰輶車鑾鑣 以周切

釋言輶輕也 詩烝民德輶如毛箋云輶輕也 幽通賦守孔約而不貳兮乃輶德而無累曹大家曰輶輕也 徐滑曰千字文易輶攸畏屬耳垣牆字書云輶輕也易卽輕易謂凡人輕薄則必招尤爲可畏也詩云君子無易由言耳屬于垣

輕車也者廣韻輶輶車又云輕車 詩曰輶車鑾鑣者秦風駟驖文彼作鸞傳云輶輕也

輣 兵車也从車朋聲 薄庚切

兵車也者後漢書光武紀注引作樓車也馥案樓車故稱高輣陳書高祖紀萬弩齊張高輣之所非敵是也史記衡山王傳作輣車鏃矢徐廣曰輣車戰車也漢書敘傳戎車七征衡輣閑閑鄧展曰輣兵車名也

軘 兵車也从車屯聲 徒魂切

兵車也者釋名軘車戎者所乘也襄十一年左傳廣車軘車淳十五乘注云廣車軘車皆兵車名宣十二年傳使軘車逆之杜注軘車兵車名服注軘車屯守之車晉語輅車十五乘韋注輅廣車也車軘車也

䡴 陷敶車也从車童聲 尺容切

yú 輿　cháo 轈

陷敶車也者通作衝定八年左傳主人焚衝注云衝戰車釋文云說文作䡴云陷陣車也韓詩章句元戎大戎謂兵車也車有大戎十乘謂車緩輪馬破甲衝輣之上畫有劒戟名曰陷軍之車所以冒突先啟敵家之行伍也詩皇矣與爾臨衝傳云衝衝車也正義衝者從旁衝突之稱兵書有作衝車之法墨子有備衝之篇昭十三年左傳驅衝競注云驅衝車與狄爭逐六韜車者軍之兩翼也所以陷堅陣要強敵遮走北也又云武衝大扶胥三十六乘材士強弩矛戟爲翼一車二十四人推之以八尺車輪車上立旗鼓兵法謂之震駭陷堅陣敗強敵又云大扶胥衝車三十六乘螳螂武士共載可以擊縱橫敗強敵春秋感精符作衝車厲武將輪有刃衝有劍以相振懼宋均注曰衝陷敵之車也輪有刃鑿輪著刃衛馬軏也馥案䡴車亦攻具字畧轒輼樓車也六韜夫攻城圍邑則有轒輼臨衝淮南覽冥訓大衝車高注衝車大鐵著其轅端馬被甲車被兵所以衝於敵城也東觀漢記王莽欲盛威武以震山東兵甲衝輣干戈旌旗戰攻之具甚盛又云來歙乃大治攻具衝車度塹詩臨衝韓詩作隆衝鹽鐵論衝隆不足爲強高城不足爲固後漢書光武紀衝輣撞城魏畧郝昭守陳倉城爲諸葛亮所圍起雲梯衝車以臨城陸機辨亾論衝輣息於

湖野唐書張巡傳賊以雲衝傳堞通鑑高歡以攻車撞城車之所及莫不摧毀

轈 兵高車加巢以望敵也从車巢聲春秋傳曰楚子登轈車 鉏交切

兵高車加巢以望敵也者左傳正義引同釋文引作兵車高如巢以望敵也字林同玉篇廣韻竝作若巢無高字衛公兵法以八輪車上樹高竿竿上安轆轤以繩挽版屋上竿首以窺城中版屋方四尺高五尺有十二孔四面列布車可進退圜城而行於營中遠視亦謂之巢車如鳥之巢卽今之版屋也 春秋傳曰楚子登轈車者成十六年左傳文彼作巢

輿 車輿也从車舁聲 以諸切

宋書禮志上古聖人見轉蓬始爲輪輪何可載因爲輿任重致遠流運無極 隋書禮儀志車之蓋圓以象天輿方以象地 魏書西域傳嚈噠國無車有輿 明堂位鉤車夏后氏之路也注云鉤有曲輿者也 易說卦坤爲大輿又大車以

jí 輯　màn 𨎮　fàn 軓

載蜀才子夏竝作大輿　字或作轝風俗通過譽篇趙仲讓爲高唐令不乘轝車徑至高唐說苑翟黃乘軒車載華蓋田子方曰何子賜車轝之厚也

車輿也者增韻輿主駕車者徐鍇曰輿車底也詩詁軸之上加板以載物軫軾轛較之所附植輿其總名也考工記輿人爲車注云輿人專作輿而言爲車者車以輿爲主也顏注急就篇著輪曰車無輪曰輿

輯　車和輯也从車咠聲　秦入切

車和輯也者列子湯問篇齊輯乎轡銜之際注云說文云輯車輿也此言造父善御得車輿之齊整在於轡銜之際殷敬順釋文及荀子注所引竝同王君念孫曰輿者軫輢軾轛之總名輯衆材而爲之故謂之輿輿與輯同義故輿或謂之輯說文輯輿二字相承具有以也今本作車和輯也則與輿字意不相屬矣

𨎮　衣車蓋也从車曼聲　莫半切

衣車蓋也者通作幔拾遺記周穆王有鸞章錦幔又通作縵春官巾車卿乘夏縵

軓　車軾前也从車凡聲周禮曰立當前軓　音範

詩匏有苦葉濟盈不濡軌傳云由輈以上爲軓釋文云軌舊龜美反謂車轊頭也依傳意宜音犯按說文云軌從車九聲龜美反軓車軾前也從車凡聲音犯車轊頭所謂軹也相亂故具論之正義云說文云軌車轍也軓車軾前也然則軾前謂之軓也非軌也但軌聲九軓聲凡於文易爲誤寫者亂之也少儀云祭左右軌范乃飲注云周禮大馭祭兩軹祭軓乃飲軌與軹於車同謂轊頭也軓與范聲同謂軾前也輈人云軓前十尺而策半之鄭司農云軓謂軾前也書或作軌玄謂軓是軓法也謂輿下三面之材輢軾之所樹持車正者大馭云祭兩軹祭軓乃飲注云古書軹爲軒軓爲範杜子春云文當如此又云軒當作軹軹謂兩轊範當爲軓軓車軾前鄭不易之是依杜子春軓爲正也然則諸言軾前皆爲軓也小戎傳曰陰揜軓也箋揜軓在軾前垂輈上文亦作軌非軌也軌自車轍耳中庸云車同軌匠人云經涂九軌注云軌謂轍廣是也說文又云軹輪小穿也轊車軸端也考工記注鄭司農云軹轊也又云軹小穿也玄謂軹轂末也然則轂末軸端共在一處而有軹轊二名亦非軌也少儀注云軌與軹於車同謂轊頭者以少儀與大馭之文事同而字異以范當大馭之軓軌當大馭之軹故竝其文而解其義不復言其字誤耳其實少儀軌字誤當爲軹也　戴君震曰詩邶風匏有苦葉之次章濟盈不濡軌毛氏故訓傳由輈以上爲軓蓋德明經典釋文曰軌舊龜美反謂車轊頭也依傳意宜音犯謂音犯則字當作軓以韻考之不合漢時軓軌二字已譌溷莫辨[illegible]毛君讀此詩殆從軌而義從軓誤併二字爲一與周禮大馭右祭兩軹祭軓[illegible]注曰故書軹爲軒軓爲範[illegible]杜子春云軒當爲軹軹謂兩轊也[illegible]引軓[illegible]謂車軾前也[illegible]或讀軒爲簪笄之笄震謂軒讀如笄是也杜君改爲軹與輢內之軹二名溷淆之非也以轊釋轂端之軒亦非也後代字書併軒字無之考工記輈人軓前十尺鄭注曰謂軾前也書或作軌[illegible]以前之長也鄭司農云軓[illegible]禮記少儀祭左右軌范乃飲[illegible]也軓祭[illegible]疏與范聲同謂軾前也[illegible]有苦葉[illegible]次章者辨別之曰案說文云軌車轍也從車九聲[illegible]美反[illegible]載車式前也從車凡聲[illegible]

[illegible]音犯車轊頭所謂軹[illegible]經也相亂故具論之孔沖遠于此詩下亦曰少儀與大馭之文事同而字異以范當大馭之軓故竝其文而解其義不復言其字誤耳其實少儀軌字誤當爲軹也孔君於禮記不言軓乃字誤當據詩義疏爲定[illegible]詩傳誤溷同軌軓二字禮注誤溷同軒軹軌三字而軌一字遂有車轊頭之說謬也軓者式前軌者車轍軹者車軨軒者轂末轊者軸末治其名詳其制庶可以正譌文交錯謬說因循矣

周禮曰立當前軓者秋官大行人文彼作疾鄭司農注前疾謂駟馬車轅前胡下垂拄地者周官作前疾馥案疾之誤卽胡也史記霍去病傳盧胡王漢書作盧矦王矦又矦之誤也惠棟曰論語疏引大行人注矦作立當前矦胡下詩蓼蕭疏亦作前矦說文引周禮作前軓詩小戎陰靷傳云陰揜軓也疏謂以板木橫側車前陰映此軓故謂之陰考工記軓前十尺謂軾前曲中下垂拄地如人之頸故謂之矦矦猶胡也故鄭注訓爲胡以其在軓前故曰前矦然則陰也矦也胡也皆前軓之名揜軓曰陰曲中曰矦下垂曰胡總名爲軓當依說文定作軓則前衡後軓而軓在其間讀者一見而心目了然矣

shì 軾

軾 車前也从車式聲 賞職切

釋名軾式也所伏以式敬者也 文選九辨㴱𣽊兮下霑軾五臣注軾車上所憑者又魏都賦憑軾捶馬五臣注軾車橫覆膝人所憑也 史記淮陰侯傳且酈生一士伏軾集解韋昭曰軾今小車中隆起者 續漢書輿服志皇大子諸侯王倚虎較伏鹿軾三公列侯倚鹿較伏熊軾

車前也者玉篇軾車前軾急就篇軹軾軫軨轙軜衡顏注軾車前橫木也徐野民輿服志軾車前隱膝也莊十年左傳登軾而望之正義考工記云兵車之廣六尺有六寸三分車廣去一以爲隧隧謂輿內前後深四尺四寸也三分其隧一在前二在後以揉其式式在輿閒從前量之深一尺四寸三分寸之三也以其廣之半爲之式崇崇二尺三寸也謂當車輿之內去前軫一尺四寸三分寸之二下去車板三尺三寸橫施一木名之曰軾得使人立於其後時依倚之曹劌登軾得臣云君馮軾皆謂此也

lù 輅

輅 車軨前橫木也从車各聲 洛故切

車軨前橫木也者既夕禮賓奉幣當前輅致命注云輅轅縛所以屬靷疏云謂以木縛於轅上以屬靷而輓之淮南兵畧訓百姓之隨逮肆刜挽輅首路死者一旦不知千萬之數高注輅輓輦橫木也漢書婁敬傳敬脫輓輅蘇林曰輅音凍洛之洛一木橫遮車前二人輓之一人推之輹案既夕注言設前後輅又有後轅是知有推之者字或作輅字書輅胡格反輓車當胷橫木也

jué 較

較 車騎上曲銅也从車爻聲 古岳切

車騎上曲銅也者騎當爲輢初學記引作車輢上曲鉤李善注七啟引作車上曲鉤注西京賦引作車騎上曲鉤也玉篇較與較同釋名較在箱上爲辜較也重較其較重卿所乘也古今注重耳古重較也文官青耳武官赤耳或曰重較在軍車藩上重起如牛角故云重較耳詩淇奧猗重較兮傳云較卿士之車正義云今謂之平較考工記輿人爲車以其隧之半爲之較崇注云較兩輢上出式者荀子非相篇孫叔敖軒較之下而以楚霸續漢書輿服志爲輿倚較注云徐廣曰較在箱上說文曰𢶀文畫蕃蕃箱也通俗文曰車箱爲較楊慎曰詩詁云車廣六尺四寸深四尺軾去輿高三尺三寸較去式又二尺二寸較式通高五尺五寸蓋古人乘車立乘非如今人之坐也論語曰升車必正立列女傳曰立輜無軿是其明證故乘車平常則憑較若應爲敬則落手憑下式而頭得俯較在式上若兩較然故曰重較輢是兩邊植木較橫輢上輢兩而較一說文車輢上曲銅也蓋較在軾上恐其墜故以曲銅關之古謂較爲車耳古諺云仕宦不止車生耳三國志吳童謠云黃金車班蘭耳闓閶門見天子符曲銅之說矣馥案楊作曲銅沿誤不察也王君引之曰鄭大夫有姚句耳此輢上曲鉤之義也阮詹事元曰言車制者皆以爲直輢由不解車之有耳也說文曰較車輢上曲鉤也又曰輒車兩輢也从車耴聲又曰耴耳下垂也又曰軬車耳反出也合此四者可知車耳之反出矣蓋車輢板通高五尺五寸其下三尺三寸直立軫上軫上之輪崇三尺三寸與直輢前式同高若過此三尺三寸之上象耳之耴故謂之輒以其反出又謂之軬至其直立軫上上曲如兩角之木則謂之較重出式上故名重較崔豹古今注曰車較重耳也在車轝上重起如兩角然此固謂車耳重出式上如兩角之觭勢也重耳即垂耴之義秦公子名耴衞公子名輒晉公子名重耳魯叔孫名輒字子張鄭公孫輒字子耳皆此義也詩曰寬

兮綽兮猗重較兮重較即重耳之義以喻公之開張寬廣也考工記輿人曰棧車欲弇飾車欲侈侈即兩耳侈張古制可尋若此通作角甄元成車賦及其駕也既絲軔之而縶頭亦鍮鉤之而縶角

fǎn 軬

軬 車耳反出也从車从反反亦聲 府遠切

車耳反出也者廣韻車耳曰軬通作蕃太元君子積善至于車耳測曰君子積善至于蕃也范望注蕃車耳也續漢書輿服志注云說文曰𢶀文畫蕃蕃箱也又通作轓漢書景帝紀令長吏二千石車朱兩轓千石至六百石朱左轓應劭曰車耳反出所以爲之藩屏翳塵泥也二千石雙朱其次乃偏其左軬以簟爲之或用革如淳曰轓音軬小車兩屏也漢官儀引里語仕宦不止車生耳漢鏡銘作吏高遷車生耳徐廣車服儀制尚書令黑耳後戶隋書禮儀志天監二年令三公開府尚書令則給鹿幡軺施耳

反亦聲者當爲反聲

zhuì 轛

轛 車橫軨也从車對聲周禮曰參分軹圍去一以爲轛圍 追萃切

車

yǐ 輢　zhé 輒　chūn 䡅　sè 轖　líng 軨

車橫軨也者阮詹事元曰轛橫交於軹故說文曰車橫軨也周禮曰參分軹圍去一以爲轛圍者考工記輿人爲車文注云轛式之植者衡者也

輢 車旁也从車奇聲 於綺切

車旁也者廣韻輢枕輢鄭注考工記戈殳戟矛皆插車輢釋文輢車旁也通作䑯趙策臣恐秦折王之䑯也鮑注䑯一作輢車旁也

輒 車兩輢也从車耴聲 陟葉切

車兩輢也者廣韻引作車相倚也馥疑作車箱

䡅 車約䡅也从車川聲周禮曰孤乘夏䡅一曰下棺車曰䡅 敕倫切

車約䡅也者本書欃下引虞書澤行乘䡅書傳作泥乘輴齊策於是約車治裝奉策子欲何之請爲子約車又云王

其爲臣約車幷幣臣請試之新序唐且謂魏王曰老臣請西說秦途約車而遣之通作篆考工記輪人陳篆必正注云篆轂約也周禮曰孤乘夏䡅者春官巾車文彼作篆注云夏篆轂有約也一曰下棺車曰䡅者廣韻䡅載柩車也玉篇䡅下棺車與輴同喪大記大夫葬用輴士喪禮升棺用軸注云軸輁軸也輁狀如牀軸其輪輓而行旣夕禮遷于祖用軸注云軸輁軸也輁狀如長牀穿桯前後著金而關軸焉大夫諸侯以上有四周謂之輴天子畫之以龍檀弓菆塗龍輴注云輴車載柩而畫龍爲輴故曰龍輴

轖 車籍交錯也从車嗇聲 所力切

車籍交錯也者籍當爲藉錯當爲革李善注七發引作車藉交革也廣韻引字書同急就篇革轖髤漆油黑蒼顏注革轖車藉之交革也或作轖玉篇轖車藉交革也

軨 車轖閒橫木从車令聲 郎丁切

車轖閒橫木者後漢書趙壹傳張衡傳注引竝同玉篇軨車闌也禮曲禮釋文軨舊云車闌也楚詞九辯倚結軨兮長太息

yǐn 輑　zhěn 軫

𨏓 軨或从霝司馬相如說

輑 軺車前橫木也从車君聲讀若帬又讀若褌 牛尹切

軺車前橫木也者謂軺車之前軫名輑輑軫爲前後之橫木轐爲左右之箱故輑軫轐三字連文

軫 車後橫木也从車㐱聲 之忍切

考工記輈人軫之方也以象地也大戴禮保傅篇軫方以象地也賈誼書軫方以象地詩正義云考工記云輿人爲車輪崇車廣衡長參如一參分車廣去一以爲隧注云兵車之隧四尺四寸鄭司農云隧謂車輿深也則兵車當輿之內從前軫至後軫唯深四尺四寸也車人云大車牝服二柯有參分柯之二注云大車平地載任之車牝服長八尺謂較也則大車之用內前軫至後軫其深八尺昭二十一年左傳張匈抽殳而下子成射之折股匈扶服而擊之折軫襄二十四年傳踞轉而鼓琴服虔曰轉軫也

車後橫木也者顏注急就篇同考工記輿人爲車六分其廣以一爲之軫圍注云軫輿後橫者也記又云車軫四尺注云軫輿後橫木禮含文嘉諸侯之旗九旒齊軫注云軫車後橫木也漢書司馬相如傳羌夷接軫揚雄傳回軫還衡顏注竝云軫輿後橫木也詩小戎俴收傳云收軫也正義軫者車之前後兩端之橫木也蓋以爲此軫者所以收斂所載故名收焉戴侗曰軫輿下四面木匡合成輿者也考工記曰軫之方也以象地也又曰六尺有六寸之輪軹崇三尺有三寸加軫與轐焉四尺也又曰輪人爲蓋弓四尺謂之庇軫又曰五分其軫閒以其一爲之軸圍按軫乃四面木獨以爲輿後橫木者非也使軫獨爲輿後橫木則不得言方以象地且軫之兩旁木加于軸故曰加軫與轐爲四尺若輿後橫木安能加轐軸之上乎且庇軫庇輿庇軹皆指左右兩旁而言非指輿後明矣況記言五分其軫閒以其一爲之軸圍若獨爲輿後橫木則不得言閒矣康成于軫圍旣謂輿後橫木于加軫與轐則又通謂之輿未免自變其說蓋由不察任正衡任之名以任正爲輿下三面材持車正者故獨以軫爲輿後橫木也阮詹事元曰天官書軫爲車索隱引宋均說軫四星居中又有二星爲左右轄車之象也此亦四面爲軫之證馥案小爾雅廣器軫

車

謂之枕方言同既稱枕亦是專指車
後今北方呼車枕者專指輿後橫闌

bú
轐

轐 車伏兔也从車菐聲周禮曰加軫與轐焉 博木切
車伏兔也者廣雅轐伏兔也考工記輈人良輈環滸自伏
兔不至軓七寸又十分其輈之長以其一爲之當兔之圍
注云輈當伏兔者也隋書禮儀志二千石四品已上及列
矦皆給軺車駕牛伏兔箱　周禮曰加軫與轐焉者考工
記文鄭司農云轐讀爲旃僕之僕謂伏兔也疏云伏兔漢
時名今人謂之車屐是也左傳正義云子夏易傳輹車下
伏兔也今人謂之車屐形如伏兔馥
案易小畜輿輹鄭作轐云轐伏兔

mǐn
轗

轗 車伏兔下革也从車䙴聲䙴古昏字讀若閔 眉殞切
車伏兔下革也者廣雅轗伏兔也或作䡅廣韻䡅車軾兔
下靼也急就篇輻轂輨轄䡗䡴顏注䡴字或作軜其音
同　䙴古昏字者昏當
爲婚本書婚籒文作䙴

zhóu
軸

軸 持輪也从車由聲 直六切

本書椯可以爲大車軸　玉篇杼木作軸也馥案考工記凡
爲輪行澤者欲杼　列女傳魯季敬姜傳服重任行遠道正
直而固
者軸也
持輪也者顏注急就篇軸所以穿轂而
轉也釋名軸抽也入轂中可抽出也

fù
輹

輹 車軸縛也从車复聲易曰輿脫輹 芳六切
車軸縛也者廣雅輹束也急就篇蓋轑俾倪梠縛棠顏注
縛在車下主縛軸令輿相連卽今所謂鉤心也通俗文軸
限者謂之枸釋名輹伏也伏於軸上也又云縛在車下與
輿相連縛也僖十五年左傳車說其輹注云輹車下縛也
易曰輿脫輹者大畜九二文彼作說鄭本作轐又小畜
輿說輻釋文云本亦作輹馬云車下縛也馥謂本書引此
輿

rèn
軔

軔 礙車也从車刃聲 而振切
南齊書魏國傳轗鑾止軔　太元守次六車案軔測曰車
案軔不接鄰巾　漢繁陽令楊君碑吏民攀轅老弱軔輪
礙車也者字林同詩小旻箋云言見動軔則泥陷不至于
遠也正義云說文云軔礙車木也動軔者謂去木動輪而
發行也釋文云軔礙車木也玉篇軔礙車輪木纂要車迹
曰軌軌止輪謂之軔秦策陛下當軔車於趙矣鮑注軔礙
車木楚詞朝發軔於蒼梧兮注云軔搘輪木也長楊賦是
以車不安軔五臣云軔支輪木也後漢書申屠剛傳遂以
頭軔乘輿輪注云軔謂以頭止車輪也漢書楊雄傳既發
軔於平盈兮服虔曰軔止車之木將行故發去馮衍傳發
軔新豐兮注云軔止車木也將行故發之玉篇軔或作枊
本書枊柅枊也廣韻枊止車類篇枊止車木易姤卦繫于
金柅馬云柅者在車之下所以止輪令不動者
也唐馮用之機權論三十輻之車制之者柅也

róu
輮

輮 車軔也从車柔聲 人九切
車軔也者徐鍇本作車軔也勒卽軔字徐鉉新附軔字云
柔而固也廣韻輮車輞輮車軔爆煣軔本書爆火煣車綱
絕也徐鍇曰輮車輪外网木一曰牙一曰渠書顧命釋文
車渠車軔也鄭司農注考工記牙謂輪輮渠謂車輮本書
椷木可作大車輮玉篇輮車輞也廣雅輮輞也釋名輞罔
也罔羅周輪之外也關西曰輮言曲輮也或曰輾輾緜也
緜連其外也急就篇輻轂輨轄輮轉轅顏注輮車輞也關
西謂之輮言其柔曲也或謂之輞言其緜聯也考工記車

人渠三柯者三注云鄭司農云渠謂車輮所謂牙又輪人
牙也者以爲固抱也注云鄭司農云牙謂輪輮也世閒或
謂之罔書或作輮又車人
行澤者反輮行山者仄輮

qióng
𨏥

𨏥 車輮規也一曰一輪車从車熒省聲讀若熒 渠營切
車輮規也者大戴禮勸學篇木直而中繩輮而爲輪其曲
中規枯暴不復挺者輮使之然也集韻籆篙籆規車輞則
也　一曰一輪車
者本書輇一輪車

gǔ
轂

轂 輻所湊也从車𣪊聲 古祿切
釋名轂埆也體堅埆也　考工記車人爲車轂
長半柯其圍一柯有半注云大車轂徑尺五寸
輻所湊也者顏注急就篇轂謂輻所湊也老子三十輻共
一轂范應元注轂輻所湊也考工記輪人以其圍之阞捎
其藪注云鄭司農云藪讀爲蜂藪之藪謂轂空壺中也玄
謂蜂藪者猶言趨也藪者衆輻之所趨也淮南說林訓轂
立三十輻各盡其力不得相害使一輻獨入衆輻皆棄豈
能致千里哉文子羣臣輻輳張湛曰如衆輻之集轂史記

gǔn 輥　qí 軝　zhǐ 軹　wèi 軎

張儀傳四通輻湊賈誼傳輻湊竝進漢書叔孫通傳四方輻輳顏注輳聚也言如車輻之聚於轂也吾邱壽王傳知畧輻湊顏注言其無方而至若車輻之歸於轂後漢書班固傳萬方輻湊注云輻湊如輻之湊于轂也

輥 轂齊等皃從車昆聲周禮曰望其轂欲其輥 古本切

周禮曰望其轂欲其輥者考工記輪人文輥彼作眼鄭司農云眼讀如限切之限釋文眼限竝音魚懇反

軝 長轂之軝也以朱約之從車氏聲詩曰約軝錯衡 渠支切

長轂之軝也以朱約之者廣雅軝謂之轂注云篆轂約也葢以皮纏之而上加以朱漆也

𨌺 軝或從革

或從革者考工記幬必負幹鄭注幬負幹者革轂相應無贏不足戴君震釋車曰以革幬轂謂之軝說文亦作𨌺從革小雅約軝錯衡毛傳曰軝長轂之軝也朱而約之疏誤以軝爲長轂名非也軝卽考工記幬革朱而約之者朱其革以幬於幹也惟長轂盡飾大車短轂則無飾故曰長轂之軝

說文解字義證　卷四十六　卅七

軹 車輪小穿也從車只聲 諸氏切

車輪小穿也者李善注思元賦後漢書張衡傳注引竝同玉篇引作車軸小穿也字書軹車輪之穿顏注急就篇軹輪之小穿也詩詁車軸之𦊆毌轂者名爲轄轂末之小穿容轄者名爲軹考工記輪人爲輪五分其轂之長去一以爲賢去三以爲軹鄭司農云賢大穿軹小穿

軎 車軸耑也從車象形杜林說 于濊切

易林車軸轊擊載重傷軸

廣絕交論輜軿擊轊

車軸耑也者方言車轊齊謂之轆注云車軸頭也昭八年穀梁傳注云流旁握謂車兩轊頭各去門邊空握釋文轊車軸頭也後漢書馬融傳發作梧轊注云轊車軸頭也史記田單傳令其宗人盡斷其車軸末而傳鐵籠已而燕軍攻安平城壞齊人走爭塗以轊折車敗爲燕所虜唯田單宗人以鐵籠故得脫集解徐廣曰轊車軸頭也索隱云斷其軸恐長相撥也以鐵裹軸頭堅而易進也傳者截其軸與轂齊以鐵鍱附軸末施轄於鐵中以制轂也或作轊䡝案又謂之⿰車堯玉篇⿰車堯車轄也杜林說者御覽引云杜林說轂沓也本書輨轂耑沓也

fú 輻　lǎo 轑　dì 軑

轊 軎或從彗

或作轊漢書司馬相如傳轊騊駼郭璞曰轊車軸頭也

輻 輪轑也從車畐聲 方六切

老子三十輻共一轂考工記車人爲車輻長一柯有半其博三寸厚三之一注云輻厚一寸也又輈人輪輻三十以象日月也大戴禮保傅篇三十輻以象月淮南泰族訓輪不運而三十輻各以其力又說林訓輪非輻不能追疾石崇奴券作車當取大良白槐之輻

輪轑也者范應元注老子引同周易音訓引作車轑也顏注急就篇輻者輪之轑也詩正月員于爾輻箋云輻謂輪中木之直指者下有菑以指輞上有爪以湊轂

說文解字義證　卷四十六　卅八

轑 葢弓也一曰輻也從車尞聲 盧皓切

考工記輈人葢弓二十有八以象星也通作橑晉書輿服志五路金華施轑朱轑二十八以象宿論衡說日篇繫明月之珠於車葢之橑轉而旋之賈誼書古之爲路輿也葢圜以象天二十八橑以象列星

葢弓也者釋名轑葢叉也如屋構橑也急就篇葢轑俾倪梍縛棠顏注轑葢弓之施爪者也謂之轑者言若屋之橑橑也方言車枸簍秦晉之閒自關而西謂之枸簍西隴謂之椿南楚之外謂之篷或謂之隆屈郭注枸簍卽車弓也釋名隆強言體隆而強也或曰車弓似弓曲也考工記輪人爲葢弓鑿廣四枚注云弓葢橑也大戴禮保傅篇二十八橑以象列星盧注橑葢弓也續漢書輿服志羽葢華蚤注云徐廣曰金華施橑末有二十八枚卽葢弓也淮南說林訓葢非橑不能蔽日一曰輻也者本書輻輪轑也玉篇轑車輻也

軑 車輨也從車大聲 特計切

車輨也者方言輨軑鍊𨬐關之東西曰輨南楚曰軑趙魏之閒曰鍊𨬐鍑案鍊本書作鐧云車軸鐵也離騷齊玉軑

車

而竝馳王注軑錮也車轄也軑或作釱輨或作錧廣雅釱錧也漢書揚雄傳肆玉釱而下馳晉灼曰釱車輨也既夕禮朮錧疏云其車錧常用金喪用木孟子題辭五經錧鎋阮詹事元日車轂中軝古以金後乃以玉離騷漢書之玉軑是也其形外方內圓今猶有存者俗稱釭頭是也

guǎn 輨

輨 轂耑沓也從車官聲 古滿切

轂耑沓也者一切經音義一方言輨軑鍊鏅也關之東西曰輨亦曰轄謂軸頭鐵也鍺鏈也顏注急就篇輨轂端之鐵也宣四年左傳又射汰輈以貫笠轂正義云笠轂車轂上鐵也

yuán 轅

轅 輈也從車袁聲 雨元切

本書爰籀文以爲車轅字 昭八年穀梁傳置旃以爲轅門范注轅門卬車以其轅表門

輈也者顏注急就篇同廣雅轅謂之輈小爾雅廣器轅謂之輈方言轅楚衞之閒謂之輈古文苑僮約斷槧裁轅注云轅車軛也詩詁車前曲木上鉤衡者謂之輈亦曰轅從軫以前稍曲而上至衡則居衡之上而向下鉤之衡卽輈端橫木以駕馬者字或作𨏹

釋名轅援也車之大援也

zhōu 輈

輈 轅也從車舟聲 張流切

周書年鑯上用輿曲輈不漆 韓非外儲說荊莊王有茅門之法曰羣臣大夫諸公子入朝馬蹄踐霤者廷理斬其輈戮其御

轅也者考工記輈人爲輈注云輈車轅也釋名輈句也轅上句也詩小戎五楘梁輈傳云梁輈輈上句衡也正義云衡者軛也轅從軫以前稍曲而上至衡則居衡之上而衡下句之衡則橫居輈下如屋之梁然故謂之梁輈也既夕禮薦車直東榮北輈注云輈轅也隱十一年左傳潁考叔挾輈以走宣四年傳伯棼射王汰輈昭二十六年傳繇朐汰輈杜注竝云輈車轅僖元年公羊傳於是抗輈經而死何云輈小車轅楚詞九歌駕龍輈兮乘雷王注輈車轅也後漢書張衡傳馬倚輈而徘徊注云輈轅也崔寔傳方將拑勒鞬輈以救之注云輈車轅續漢書輿服志後世聖人觀於天視斗周旋魁方杓曲以攜龍角爲帝車於是乃曲其輈乘牛駕馬登險赴難周覽八極故易震乘乾謂之大

壯言器莫能有上之者也

𨎮 籀文輈

jú 輂

輂 直轅車轒也從車具聲 居玉切

直轅車轒也者廣韻引車轒下有縛字篇海五音集韻竝同玉篇輂直轅轒縛也本書轒正作𩌏云車衡三束也曲轅轒縛直轅輂縛謂直轅不當言轒縛 具聲者具當爲舁舁從臼臼輂聲相近寫者誤臼爲目 韻會輂上舉也

本書舁共舉也

yuè 軏

軏 車轅耑持衡者從車元聲 魚厥切

車轅耑持衡者者顏注急就篇衡者橫也橫木在馬頭上者論語注輿則見其倚於衡也或作軏論語大車無輗小車無軏其何以行之哉包注輗者轅端橫木以縛軛軏者轅端上曲鉤衡戴君震非之曰韓非子外儲說墨子曰吾不如爲車輗者巧也用咫尺之木不費一朝之事而引三十石之任按大車鬲以駕牛小車衡以駕馬轅端持鬲其關鍵名輗轅端持衡其關鍵名軏轅所以引車必施輗軏然後行信之在人亦交接相持之關鍵故以輗軏喻信包氏以喻文之輈六尺之鬲而當咫尺之輗軏疏矣馥案鄭注論語軏因轅耑著之 元聲者本書髡或從元

è 軶

軶 轅前也從車戹聲 於革切

本書槅大車軛也轉軶裹也駕馬在軛中 韓詩外傳武王伐紂至邢邱軶折爲三又云百里奚自賣五羊皮爲一軶車見秦繆公馥案一軶駕一馬也 續漢書輿服志乘輿龍首衡軶 古詩牽牛不負軶

轅前也者玉篇軶牛領軶也論語在輿則見其倚於衡也注云衡軶也考工記輈人衡任注云衡任謂兩軶之閒也疏云服馬有二一馬有一軶軶者戹馬領不得出也馥案說苑孫叔敖相楚三年不知軶在衡後楚詞卜居寧與騏驥亢軶乎洪注軶車轅前也通作抳莊子馬蹄篇加之以衡扼又作梶急就篇蓋轑俾倪梶縛棠顏注梶在衡上所以扼持牛馬之頸也

hún 𨍭

𨍭 軶軥也從車軍聲 乎昆切

車

qú 軥　yǐ 轙　nà 軜　juàn 衍　chéng ⿱丞車

軥 軶下曲者。从車句聲。古候切

本書楎犂上曲木犂轅轅亦曲木也

軶下曲者者，左傳正義引同。廣韻：軥，軥槅挽車也。襄十四年左傳：射兩軥而還。服注：軥，車軶也。兩軶叉馬頸者。杜注：軥，車軶卷者。漢書游俠傳：乘不過軥牛。晉灼曰：軥，軥軶也。小爾雅廣器：衡，扼也。扼上者謂之烏喙。馥案：喙當爲啄。釋名：烏啄，向下叉馬頸，似烏開口向下啄物時也。詩韓奕：鞗革金厄。傳云：厄，烏蠋也。馥案：爾雅：蚅，烏蠋。軶下之軥，象蚅蚅行屈中。通作朐。昭二十六年左傳：中楇瓦繇朐汰輈。服注：朐，車軶兩邊叉馬頸者。釋文：朐本又作軥。

轙 車衡載轡者。从車義聲。魚綺切

車衡載轡者者，急就篇：軹軾軫輪轙軜衡。顏注：衡者，橫也，橫木在馬頸上者。轙，車衡上貫轡環也。釋器：載轡謂之轙。郭云：車軶上環，轡所貫也。淮南說山訓：遺人車而稅其轙。高注：所以縛衡也。晉書輿服志：龍輈華轙。轙謂車橫上環受轡者也。

钀 轙或从金从獻。

徐鍇曰：爾雅：鑣謂之钀。載轡謂之轙。然則钀與轙異。疑此說文本脫誤。馥案：钀當爲轙之或體，後人亂之。

軜 驂馬內轡繫軾前者。从車內聲。詩曰：洪以觼軜。奴荅切

驂馬內轡繫軾前者者，顏注急就篇同。大戴禮盛德篇：故六官以爲轡，司會均人以爲軜。盧辯注：軜在軾前，斂六轡之餘。通作納。家語執轡篇：司會均仁以爲納。注云：納，驂馬轡繫軾前者。荀子正論篇：三公奉軶持納。注云：納與軜同。軜謂驂馬內轡繫軾前者。詩曰洪以觼軜者，秦風小戎文，彼作鋈。箋云：繫軜於軾前。

衍 車搖也。从車从行。一曰衍省聲。古絢切

一曰衍省聲者，徐鍇本作從衍省聲。

⿱丞車 軺車後登也。从車丞聲。讀若易抍馬之抍。署陵切

軺車後登也者，廣韻：⿱丞車，軺車後登，出字林。集韻：⿱丞車，登車也。徐鍇曰：從後上也。馥謂似乘后。本書：登，上車也。象登車形。

zài 載　jūn 軍　bá 軷

徐廣車服儀制尙書令軺車黑耳後戶

載 乘也。从車𢦏聲。作代切

乘也者，廣雅同。釋名：載，在也，在其上也。易大有：大車以載。

軍 圜圍也。四千人爲軍。从車从包省。軍，兵車也。舉云切

圜圍也者，廣雅：軍，圍也。宣十二年左傳：晉之餘師不能軍。杜注：不能成營也。周禮鄉師：大軍旅會同，正治其徒役與其輂輦。注云：輂駕馬，輦人輓，行止以爲藩營。漢書衛青：見匈奴以武剛車自環爲營。

四千人爲軍者，一切經音義十八引字林：四千人爲軍，二千五百人爲師。字從勹，勹音補交反，包車爲軍，帀自爲師，皆字意也。馥案：四千人之說與周制漢法皆不合。司馬法：萬二千五百人爲軍。周禮夏官敘官：凡制軍，萬有二千五百人爲軍。地官小司徒：五人爲伍，五伍爲兩，四兩爲卒，五卒爲旅，五旅爲師，五師爲軍。注云：兩二十五人，卒百人，旅五百人，師二千五百人，軍萬二千五百人。詩閟宮箋云：萬二千五百人爲軍。成三年左傳：晉作六軍。杜注：萬二千五百人爲軍。漢舊儀：千乘之國馬

四千匹，步卒三萬六千人，爲三軍，大國也；次國二軍；小國一軍。

從包省者，當從勹。本書：勹，裹也。五經文字：古者以車戰，故軍字從勹下車。

軷 出將有事於道，必先告其神，立壇四通，樹茅以依神爲軷。既祭軷，轢於牲而行爲範軷。詩曰：取羝以軷。从車犮聲。蒲撥切

出將有事於道必先告其神者，廣雅：軷，祭也。鄭注大馭云：詩云：載謀載惟，取蕭祭脂，取羝以軷。詩家說曰：將出祖道，犯軷之祭也。聘禮曰：乃舍軷，飲酒于其側。禮家說亦謂道祭。詩泉水：飲餞于禰。傳云：祖而舍軷，飲酒於其側曰餞，重始有事於道也。釋文：舍軷，道祭也。正義：軷祭則天子諸侯卿大夫皆於國外爲之。大馭云犯軷，詩云取羝以軷，聘禮云釋軷，是也。又名祖，聘禮及詩云出祖是也。又名道，曾子問云道而出是也。以其爲犯軷祭道路之神，爲行道之始，故一祭而三名也。詩烝民：仲山甫出祖。箋云：祖者，將行犯軷之祭也。昭七年左傳：公將往，夢襄公祖。杜注：祖，祭道神。

車

漢書景十三王傳祖於江陵北門顔注祖者送行之祭因饗飲也易林輕車醊祖疾風暴起促亂祭器飛揚鼓舞明神降佑道無害寇四民月令祖道神也黃帝之子好遠游火道路故祀以爲道神以求道路之福風俗通謹按禮傳共工之子曰脩好遠游舟車所至足跡所遠靡不窮覽故祀以爲祖神祖者徂也詩云韓侯出祖淸酒百壺左氏傳襄公將適楚夢周公祖而遣之是其事也詩云吉日庚午漢家盛於午故以午祖也史記索隱云祖者行神行而祭之故曰祖也風俗通云共工氏之子曰脩好遠游故祀爲祖神又崔浩云黃帝之子嫘祖好遠游而死於道因以爲行神亦不知其何據葢見其謂之祖因以爲嫘祖非也據帝系及本紀皆言嫘祖黃帝妃無爲行神之由也 立壇四通樹茅以依神爲軷者詩釋文引作出必告道神爲壇而祭爲軷後漢書吳祐傳後舉孝廉將行郡中爲祖道祐越壇共小史雍邱黃眞歡語移時與結友而別注云祖道之禮封土爲軷壇也史記索隱按今祭禮以軷壤土爲壇於道側用黃羝或狗以其羝血釁左輪月令其祀行注云行在廟門外之西爲軷壤厚二寸廣五尺馥案獨斷作厚二尺此雖異於國門外之壇其禮同也樹茅者亦束茅表位之意卽七祀行神之位也昭十八年左傳巡羣屛攝鄭

衆云束茅以爲屛蔽祭神之處 既祭軷轢於牲而行爲範軷者徐鍇本作既祭犯軷轢牲而行爲範軷本書脫犯字大馭掌馭玉路以祀及犯軷王自左馭馭下祝登受轡犯軷遂驅之注云行山曰軷犯之者封土爲山象以菩芻棘柏爲神主既祭之以車轢之而去喻無險難也杜子春云軷謂祖道轢軷磔犬也聘禮記出祖釋軷祭酒脯乃飲酒于其側注云祖始也既受聘享之禮行出國門止陳車騎釋酒脯之奠於軷爲行始也詩傳曰軷道祭也謂祭道路之神春秋傳曰軷涉山川然則軷山行之名也道路以險阻爲難是以委土爲山伏牲其上使者爲軷祭酒脯祈告也卿大夫處者於是餞之飲酒於其側禮畢乘車轢之而遂行其牲犬羊可也周禮犬人凡祭祀供犬牲伏瘞亦如之鄭司農云伏謂伏犬以王車轢之疏云此謂王將祭而出國軷道之祭時卽太馭所云者是也但軷祭之時犬羊俱得故生民詩云取羝以軷是以聘禮注云其用牲犬羊可也是其兩用也通典隋制皇帝行幸親巡狩則軷祭其禮有司於國門外委土爲山象設埋埳有司刳羊陳俎豆駕將至委奠幣薦脯加羊饌埋於埳駕至太僕祭兩軹及軌乃飲授爵遂轢軷土而行魏志周宣傳芻狗爲祭神之物故君始夢當得飲食也祭祀既訖則芻狗爲車所轢故中夢當墮車折腳也芻狗既車轢之後必載以爲樵故後夢憂失火也 詩曰取羝以軷者大雅生民文傳云軷道祭也箋云至其時取蕭草與祭牲之脂爇之於行神之位馨香既聞取羝羊之體以祭神正義云以軷之所祭卽是七祀行神故言行神之位取牲體以祭伏於軷上故言體也

fàn 範

範 範軷也从車笵省聲讀與犯同 音犯

範軷也者當爲犯軷範犯聲相近周禮大馭詩生民箋竝言犯軷

niè ⿰車獻

⿰車獻 載高皃从車巘省聲 五葛切

轙下重文钀字卽此⿰車獻之或體 載高皃者廣韻⿰車獻車載高也魏都賦四門⿰車獻⿰車獻景福殿賦反宇⿰車獻⿰車獻以高驤

xiá 轄

轄 車聲也从車害聲一曰轄鍵也 胡八切

一曰轄鍵也者本書鍵一曰車轄舝車軸耑鍵也顔注急就篇轄豎貫軸頭制轂之鐵也釋名轄害也車之禁害也

詩閒關車之舝兮傳云閒關設舝也襄三十一年左傳巾車脂轄淮南人閒訓夫車之所以能轉千里者以其要在三寸之轄漢書陳遵傳遵嗜酒每大飲賓客滿堂輒關門取客車轄投井中雖有急終不得去字或作鎋廣韻鎋車軸頭鐵詩節南山惟周之氐箋云言爲周之桎鎋釋文鎋又作轄孝經鉤命決孝道者萬世之桎鎋既夕記木錧注云今文錧爲鎋齊策鎋擊摩車而相過高注鎋轂閑也

zhuǎn 轉

轉 運也从車專聲 知戀切

考工記轂者以爲利轉也管子戒篇我游猶軸轉斛史記蕭相國世家轉漕給軍漢書趙充國傳今大司農所轉穀至者足支萬人一歲食貨殖傳轉轂百數顔注轉轂謂以車載物而逐利者 運也者本書運迻徙也廣雅運轉也詩祈父胡轉予于恤箋云轉移也文子轉輪而無窮象日月之運行楚辭九歎腸一夕而九運王注一夕九轉莊子逍遙遊海運則將徙于南冥司馬彪注運轉也定十五年公羊傳三卜之運也注云運轉也漢書趙充國傳絕轉道顔注轉道運糧之道也魏志陳羣傳轉運必見鈔截唐書吐蕃園靈州德宗以

shū 輸　zhōu 輈　bèi 輩

鄭克鈞爲靈夏二州
運糧使轉米峙塞下

輸 委輸也從車俞聲 式朱切

委輸也者漢三輔有委輸官千乘郡有均輸官尚書郎主錢帛貢獻委輸周禮遺人凡賓客會同師役掌其道路之委積注云少曰委多曰積僖十三年左傳秦於是乎輸粟于晉襄九年傳輸積聚以貸傳遜曰輸者以車輦運其物以就民所居而貸之也襄三十一年傳不敢輸幣亦不敢暴露其輸之則君之府實也非薦陳之不敢輸也昭二十五年傳趙簡子令諸侯之大夫輸王粟哀二年傳齊人輸范氏粟公羊傳君子之爲國也必有三年之委六韜牛馬所以轉輸糧也又云中人絕糧外不得輸管子大匡篇三十里置遽委焉注云委謂當有儲擬以供過者孫子軍無委積則亾又云國之貧於師者遠輸遠輸則百姓貧魏策道里近而輸又易矣鮑云輸以餉軍鄒陽上吳王書轉粟流輸枚乘重諫吳王書方輸錯出司馬相如諭巴蜀檄郡擅爲轉粟運輸漢書食貨志武帝置平準都受天下委輸韓安國傳轉粟輓輸以爲之備王尊傳護送軍糧委輸而羌人反絕轉道顏注絕轉運之道匈奴傳轉委輸於邊又

云轉輸之行起於負海東觀漢記道路斷隔委輸不至又云會屬縣送委輸數百臧宮鋸斷城門限令車周轉出入又云耿弇曰吾深入敵城後無轉輸旬月之閒不戰而困後漢書千乘貞王伉傳詔以樂安國土卑溼租委鮮薄注云委謂委輸也張純傳部督委輸注云委輸轉運也獻帝春秋州郡各擁强兵而委輸不至晉書文帝紀吾以游兵輕騎絕其轉輸司馬彪戰略坐食積穀士不運輸九章算術今有程傳委輸空車日行七十里重車日行五十里今載太倉粟輸上林

輈 重也從車周聲 職流切

重也者字林同集韻輈車前重也玉篇輈重載也旣夕記志矢一乘軒輈中注云輈摯也凡爲矢前重後輕廣雅輈低也考工記廬人車不反覆注云反覆猶軒輈

輩 若軍發車百兩爲輩從車非聲 補妹切

若軍發車百兩爲輩者集韻類篇引及李燾本復古編輩上竝有一字六韜五車一長十車一吏五十車一率百車

yà 軋　niǎn 輾　lì 轢　guǐ 軌

一將

軋 輾也從車乙聲 烏轄切

輾也者史記索隱引同通俗文車轢曰軋三蒼軋輾也漢書刑法志緦緦常恐天下之一合而其軋己也張晏曰軋踐轢也匈奴傳罪小者軋大者死顏注謂輾轢其骨節若今之厭踝也　乞聲者乞鳥之乞

輾 轢也從車㞋聲 尼展切

轢也者史記索隱一切經音義十一引竝同蒼頡篇輾車行處也集韻輾轉輪治穀也廣韻輾車轢物或作輾張景陽七命越奔沙輾流霜又作碾通俗文石碢轢穀曰碾又作蹍西京賦當見蹍薛注足所踐爲蹍又作驏韓詩外傳昔有宋之桓司馬其馬佚而驏吾園　㞋聲者當爲㞋聲

轢 車所踐也從車樂聲 郎擊切

車所踐也者李善注七啟一切經音義九引竝同蒼頡篇轢輾也本書蹸轢也史記司馬相如傳觀徒車之所蹸轢

正義蹸踐也轢輾也漢書灌夫傳𨌲轢宗室顏注𨌲轢謂蹈踐之也說苑驂謂其御曰子今不正轡銜使馬卒然驚妄轢道中行人西京賦值輪被轢晉書閻纘傳趙王倫从旣葬纘以車轢其冢通作櫟史記楚元王世家嫂詳爲羹盡櫟釜漢書作轑服虔曰轑轢也顏注以勺轢釜令爲聲也

軌 車徹也從車九聲 居洧切

戴君震曰匏有苦葉二章傳由輈以上爲軌震案詩以軌與牡韻當爲車轊之軌古音讀如九毛詩軓譌作軌遂以車軾前之軓解之軓讀如范不與牡協釋文又有車轊頭之說轂末名軒軸末名轊周禮大馭祭兩軹禮記少儀篇作祭左右軌軌乃軒之譌杜子春改大馭之軒爲軹葢轂末名軒者漢人通譌作軹遂改軒以從之於是經書字書不復有軒字而轂末與輢之植者衡者竝名軹矣一車之中二名溷淆轂末軸末又溷而同名軹軌軹三字更轉舛互譌此釋文車轊頭之說所由起軒從車幵聲讀如笄轂末也軹從車只聲輢內之輪也軌從車九聲車轍也軓從車凡聲車軾前也經傳中譌文相承當各詳審正之王君念孫曰詩濟盈不濡軌釋文軌舊龜美反謂車轊頭也依傳意宜音犯按說文云軌車徹

車

也從車九聲䡇美反軌車軾前也從車几聲音犯車轉頭所謂軌也相亂故具論之李成裕云按毛傳由輈以上為軌陸所謂依傳意宜音犯也又引說文以為軌是車轍軌是車軾前又云車轉頭所謂軌也相亂故具論之其說未明不知軌字自有二義其訓為車轍者中庸車同軌是也其訓為車轉頭者則少儀之祭左右軌范是也軌范並言則顯然兩物矣少儀注云周禮大馭祭兩軹祭軌軌與軹於事同謂轉頭也軌與范聲同謂軾前也正義云軌謂轂末周禮大馭祭兩軹祭軌此云祭左右軌范兩文正同則左右軌與兩軹是一事故云軌與軹於事同謂轉頭也正義又云轂末之軌此經左右軌是也車轍亦謂之軌則考工記經涂九軌是與此字同而事異也又周禮大馭疏云轉卽轂末此云軹少儀云軌軌與車轍之軌同名云云合兩處觀之是車轉頭謂之軹又謂之軌轉頭在軌之下車之濟盈必濡其轉頭不必作軌也且以古音言之軌居酉反牡莫九反此章瀰鷕盈鳴軌牡用韻甚密若軌字作軌則出韻矣無是理也此處訓詁當用鄭轉頭之說為確集傳讀軌作九音最是但訓軌為轍轍非車上之物則不可以言濡矣念孫按此說能正唐以後傳註相沿之誤又按毛傳云由輈以上為軌[illegible]傾[illegible]鄭箋云渡深水者必濡其軌兩軌字俱不作軌若謂依傳意宜音犯則傳之釋經例不破字且軌與軌聲不相近斷無經作軌而傳訓為軌之理毛公西漢人豈不知軌之古讀為九正與牡為韻而漫讀為軌乎然據今本云由輈以上為軌則軌非輈上之物理尤不可通蓋傳文本作由輈以下為軌車軸在輈之下其兩端出轂外者謂之轉頭又謂之軌輈在輿之下軌之上故曰由輈以下為軌[illegible]章傳有由膝以上為涉由帶以上為厲之文故誤作上耳鄭君不言其誤則所見本尚作下也釋文云軌舊龜美反謂車轉頭也蓋徐邈阮侃王肅江惇干寶李軌諸人所見本竝作由輈以下為軌故有車轉頭之訓陸德明孔穎達所見本始誤作上故陸云軌依傳意宜音犯而孔遂以軌為軌之譌且以為軌是車轍轉頭謂之軹不謂之軌少儀軌范之軌當為軹其說與禮記正義自相矛盾唐石經因之改軌為軓誤矣又車中之物固有異事而同名者考工記軹崇三尺有三寸注軹轂末也又去三以為軹注鄭司農云軹小穿也又去以為軹圍注軹輢之植者衡者也與轂末同名又少儀注軹與軹事同謂轉頭也然則轂末謂之軹小穿謂之軹輢之植者衡者謂之軹轉頭亦謂之軹轉頭謂之軌車轍亦謂之軌

說文解字義證卷四十六　吴

zōng 䡮　yì 軼　kēng 䡩　zhì 䡹

皆異事而同名也說文云軎車軸端也或作轊周禮謂之軹詩及記謂之軌軌古讀若九軹古讀若几[illegible]版[illegible]後人誤讀毛傳不復致審遂以軌為軓之譌故詳辨之

車徹也者徹轍古今字漢書文帝紀結徹於道陳平傳門外多長者車徹後漢書班固傳登特方軌並迹注云軌轍也史記司馬相如傳結軌還轅索隱引張揖云軌車迹也阮詹事元曰軌自為徹迹之名軌廣八尺匠人以為度乘車兵車田車等兩輪同廣八尺不如此出門不合徹故禮記中庸曰今天下車同軌是也孟子城門之軌莊子車徹中有鮒魚焉並指車迹而言案秦策車不得方軌魯靈光殿賦方二軌而並入呂氏春秋勿躬篇車不結軌高注並云車兩輪閒曰軌兩輪閒者謂八尺之道也詩十月之交天命不徹傳云徹道也釋訓不徹不道也郭注徹亦道也

九聲者五經文字軌九水反從八九之九作軌非韻案軌古讀九其音九水䡇美二反者後之轉音也

䡮 車迹也從車從省聲　即容切

車迹也者莊十年左傳下視其轍杜注轍車迹也通鑑注車轍車輪所輾迹也迹或作軼韓詩外傳門外車軼何其深也

從省聲者廣雅䡮迹也不省

說文解字義證卷四十六　吴

軼 車相出也從車失聲　夷質切

車相出也者三蒼軼從後出前也楚辭九歎軼迅風於清源王注軼從後出前也徐鍇韻譜軼車過玉篇軼車相過也漢書司馬相如傳軼野馬張揖曰軼過也

䡩 車䡩鈏也從車眞聲讀若論語鏗爾舍瑟而作又讀若掔　苦閑切

車䡩鈏也者集韻引作車䡩鈏也徐鍇本作車䡩鈏聲也廣韻䡩車聲

䡹 抵也從車埶聲　陟利切

抵也者徐鍇韻譜作低也鍇繫傳云潘岳曰如䡹如軒軒槷也是徐鍇本作低今亦作抵者後人據本書而改也儀禮釋文引字林輖䡹也玉篇䡹與輊同前頓曰䡹後頓曰軒廣韻䡹與輊同車前重也通俗文後輕曰軒前重曰輊

車

kuáng 軭　chuò 輟　qǐ 䡨　jí 轚　shuàn 篹　kě 軻

詩六月戎車旣安如輊如軒傳云輊摯箋云戎車之安從後視之如輊從前視之如軒然後適調也旣夕記志矢一乘軒輖中注云軒輖猶軒輊中適中也釋文作蟄云字林竹二反馥案集韻蟄車重也淮南人閒訓道者置之前而不蟄錯之後而不軒後漢書馬援傳夫居前不能令人輊居後不能令人軒注云言爲人無所輕重也字或作轅射雉賦如轅如軒李善云毛詩曰如輊如軒輊與轅同通作摯考工記輈人大車平地旣節軒摯之任又云今夫大車之轅摯注云摯輖也

軭 車戾也從車匩聲 巨王切

車戾也者集韻車戾謂之軭軭𨏈輪也廣雅軭盭也通作匡考工記輪人察其菑蚤不齵則輪雖敝不匡注云菑與爪不相偃乃後輪敝盡不匡剌也鄭司農云匡枉也又云萬之以眡其匡也注云輪中萬蔞則不匡剌也

輟 車小缺復合者從車叕聲 陟劣切

車小缺復合者者本書茵以草補缺也或以爲綴馥謂輟綴意同

䡨 礙也從車多聲 康禮切

礙也者廣雅同

轚 車轄相擊也從車從毄毄亦聲周禮曰舟輿擊互者 古歷切

車轄相擊也者轚擊聲相近昭八年穀梁傳流旁握御擊者不得入注云流旁握謂車兩轄頭各去門邊空握握四寸也轚挂則不得入門詩車攻傳云驅而入轚則不得入 轂亦聲者當爲毄聲 周禮曰舟輿轚互者者秋官野廬氏文彼云凡道路之舟車轚互者敘而行之

篹 治車軸也從車算聲 所眷切

治車軸也者玉篇篹車軸也通作鏇玉篇鏇圜轆轤也車工使軸轉於刃上不規自圓也

軻 接軸車也從車可聲 康我切

聖證論孟軻字子車 接軸車也者一切經音義六引作接軸也徐鍇韻譜軻接軸增韻軻車接軸

kēng 𨍭　rǒng 軵　lún 輪　quán 輇

𨍭 車堅也從車殸聲 口莖切

車堅也者廣韻𨍭車鞕又車堅牢馥案鞕卽堅牢兩訓義同當有誤廣雅輡𨍭也一切經音義四說文輡堅也廣雅輡輡然堅也馥謂輡卽輡之誤文輡乃𨍭之或體或作輡玉篇輡口莖切車鞕

軵 反推車令有所付也從車從付讀若茸 而隴切

反推車令有所付也者軵付聲相近徐鍇繫傳引春秋後語奉受推軵儀不如秦也蒼頡篇推軵也易乾坤鑿度坤大軵庖羲氏曰坤軵於乾 讀若茸者小字本李燾本徐鍇本竝作胥誤也廣韻軵推車或作搑漢書馮奉世傳再三發軵如淳曰軵推也音而隴反淮南氾論訓相戲以刃者太祖軵其肘高注軵擠也讀近茸急察言之又覽冥訓軵車奉饟高注軵推也軵讀楫拊之拊馥案楫爲揖之誤本書揖推擣也當云讀若揖拊之揖

輪 有輻曰輪無輻曰輇從車侖聲 力屯切

考工記察車自輪始 續漢書輿服志上古聖人見轉蓬始知爲輪 顏注急就篇輪總謂輻轂夷輞也 釋名輪綸也言彌綸也 周帀之言也

有輻曰輪無輻曰輇者鄭注旣夕記雜記兩引竝同本書輻輪轑也考工記輻也者以爲直指也言輪中木以指輞

輇 蕃車下庳輪也一曰無輻也從車全聲讀若饌 市緣切

蕃車下庳輪也者徐鍇本作藩五經文字輇屬車下卑輪也馥案周禮遂師屬車人輓之以行凡輓車皆用輇巾車輂車組輓注云爲輇輪人輓之以行旣夕記注云其車之輂狀如牀中央有轅前後出設前後輅輂上有四周下則前後有軸以輇爲輪許叔重說有輻曰輪無輻曰輇馥案前後有軸則四輇矣東京賦所謂重輪也今大河南北有無轅車四輪其輪無輻而庳柩車有後轅後輅是有人推之雜記注輇崇蓋半乘車之輪正義云考工記乘車之輪六尺有六寸今云半之得三尺三寸也 一曰無輻也者本書無輻曰輇徐鍇曰無輻謂直斲木爲之若椎輪乎

車

yuān 輓　fén 轒　zhēn 轃　dǐ 軧　ní 輗

讀若饌者雜記載以輲車注云輲讀爲輇或作摶許氏說文解字曰有輻曰輪無輻曰輇周禮又有蜃車天子以載柩蜃輇聲相近其制同乎喪大記大夫葬用輴士葬用國車注云輴當爲載以輇車之輇聲之誤也輇字或作團是以文誤爲國輇車柩車也旣夕記遂匠納車于階閒注云車載柩車周禮謂之蜃車雜記謂之團或作輇或作摶聲讀皆相附耳未聞孰正

輗　大車轅耑持衡者從車兒聲 五雞切

大車轅耑持衡者者戴侗曰轅端橫木即衡也輗乃持衡者廣雅軥謂之輗馥案軥即墨子所謂咫尺之木太元閑次三關無鍵盜入門也拔我輗軏貴以信也論語大車無輗小車無軏其何以行之哉皇侃疏引鄭注輗穿轅端著之軏因轅端著之

輨　輗或從宐

棿　輗又從木

說文解字義證　卷四十六　聖

徐鍇本無輨棿二文張次立據本書補之

軧　大車後也從車氐聲 丁禮切

大車後也者集韻軧展几切大車後至又陳尼切車兩尾也

轃　大車簀也從車秦聲讀若臻 側詵切

大車簀也者類篇又將先切轄大車簀

轒　淮陽名車穹隆轒從車賁聲 符分切

淮陽名車穹隆轒者集韻引轒上有爲字釋名隆強言體隆而強也或曰車弓似弓曲也又云弓穹也張之穹隆然也考工記輪人爲蓋信其桯圍以爲部廣鄭司農云部蓋斗也疏云此言蓋之斗四面鑿孔內蓋弓者於上部高隆穹然謂之爲部字或作希集韻軬車上蓬也廣雅篷籠軬也方言車枸簍宋魏陳楚之閒或謂之篷籠

輓　大車後壓也從車宛聲 於云切

niǎn 輦　chái 䡨　jú 輂

大車後壓也者玉篇作車後䡟也御覽引作大車後掩也集韻引作大車後屬也

輂　大車駕馬也從車共聲 居玉切

大車駕馬也者史記淮南厲王傳以輂車四十乘反谷口徐廣曰大車駕馬曰輂楚詞七諫驥躊躇於弊輂兮洪注輂大車駕馬方言輂載也注云輂輿亦載物者也周禮鄉師大軍旅會同正治其徒役與其輂輦注云輂駕馬輦人輓行所以載任器也襄九年左傳陳畚挶杜注挶土轝釋文作輂九録反

䡨　連車也一曰却車抵堂爲䡨從車差省聲讀若遅 士皆切

連車也者通鑑劉勔遣中元德擊戚趙懷仁獲連車千三百乘一曰却車抵堂者東京賦於是皇輿夙駕䡨於東階薛注䡨之言却也謂却於東階下天子未乘之時也

輦　輓車也從車從扶在車前引之 力展切

說文解字義證　卷四十六　聖

竹書紀年帝癸十三年初作輦　司馬法夏后氏謂輦曰余車殷曰胡奴車周曰輜輦周禮巾車輦車有翣羽蓋注云有翣所以禦風塵以羽作小蓋爲翳日也莊十二年左傳南宮萬以乘車輦其母注云駕人曰輦定六年傳公叔文子老矣輦而如公　通典夏氏末代制輦秦爲人君之乘漢因之以彫玉爲之方徑六尺或使人輓或駕果下馬　一切經音義六古者卿大夫亦乘輦自漢以來天子乘之　南齊書輿服志漢書叔孫通傳云皇帝輦出房成帝輦過後宮此朝宴並用也　宋書鄧琬傳取子勛所乘車除腳以爲輦又索虜傳或乘小輦手自執劒擊擔輦人腦又禮志輦車周禮王后五路之卑者也后宮中從容所乘非王車也漢制乘輿御之或使人輓或駕果下馬漢成帝欲與班婕好同輦是也後漢陰就外戚驕貴亦輦井丹譏之曰昔桀乘人車豈此邪然則輦夏后氏末代所造也井丹譏陰就乘人而不云僭上豈貴臣亦得乘之乎未知何代去其輪　左傳正義云司馬法曰輦一斧一斤一鑿一梩一鋤周加二版二築夏后氏二十人而輦殷十八人而輦周十五人而輦說者以爲夏出師不踰時殷踰時周歷時故前世輦少而後世輦多　易往蹇來連虞翻曰連輦馥案周禮鄉師輂輦注云故書輦爲連管子立政篇不敢畜連乘車海王篇行服連軺輂皆謂輦也輦連

聲相近蓮勺

亦作輦勺

輓車也者一切經音義二十二輦人輓車也釋名輦車人所輦也書武成王朝步自周黃公紹曰輦行也後世稱輦曰步輦謂人荷而行不駕馬詩黍苗我任我輦箋云有輓輦者車攻徒御不驚傳云徒輦也釋訓徒御不驚輦者也郭注步挽輦車周禮鄉師大軍旅會同正治其徒役與其輦輦注云輦人輓行巾車輦車組輓注云輦車后居宮中從容所乘爲幹輪人挽之以行襄十年左傳輦重如役杜注挽重車以從師成五年傳伯宗辟重重人曰待我不如捷之速也韻謂重人挽以行宣十二年傳楚重至於郯注云重輜重也正義輜重載物之車也蒍前後以載物謂之輜車載物必重謂之重車人挽以行謂之輦輜重輦一物也荀子大畧篇諸侯輦輿就馬注云輦謂人挽車漢書貨殖傳夫妻推輦行顏注步車曰輦後漢書光武紀藁車輿輦注云輦者駕人以行寇恂傳恂以輦車驪駕轉輪前後不絕注云前書音義曰輦車人挽行也班固傳乘茵步輦注云駕人曰輦文士傳魏太祖乘步牽車乘城晉書山濤傳詔步輦從北史崔光傳詔乘步挽於雲龍門出入隋書禮儀志輦漢成帝游後庭則乘之徐爰釋問云天子御輦

說文解字義證 卷四十六

侍中陪乘今輦制象軺車而不施輪通幰朱絡飾以金玉用人荷之通鑑李綱有足疾上賜以步輿注云步輿卽步挽輿也又云元魏養三老五更賜以步挽車又云斛律金每朝見常聽乘步挽車至階注云步挽車不用牛馬令人步挽之從扶者本書扶竝行也 在車前引之者一切經音義六引作人引之

wǎn 輓

輓 引之也從車免聲 無遠切

引之也者一切經音義十四引作引車也御覽同廣韻輓輓車也廣雅輓引也襄十四年左傳或輓之或推之注云前牽曰輓史記劉敬傳婁敬脫輓輅索隱云輓者牽也漢書韓安國傳轉粟輓輸以爲之備顏注輓引車也東觀漢記江革毋年八十革常自居轅輓車不用牛馬通作挽小爾雅挽引也

kuáng 軖

軖 紡車也一曰一輪車從車𡉚聲讀若狂 巨王切

紡車也者廣雅軖謂之笙集韻軖繀輪也

huàn 轘

轘 車裂人也從車瞏聲春秋傳曰轘諸栗門 胡慣切

車裂人也者本書斬法車裂也釋名車裂曰轘轘散也肢體分散也周禮條狼氏誓馭曰車轘注云車轘謂車裂也桓十八年左傳齊人殺子亹而轘高渠彌杜注車裂曰轘襄三十二年傳轘觀起於四竟杜注轘車裂以徇鶡冠子王鈇篇其軫令尹以徇陸佃注軫車裂也周官曰轘軫孔叢子齊王行車裂之刑說苑秦始皇取嫪毐四支車裂之後漢書宦者呂強傳未被轘裂之誅注云轘裂以車裂也崔鴻西秦錄熾盤遣弟智達追擒公府於嵻㟴山南轘裂之前秦錄有司奏人有盜其母之錢而逃者太后怒轘而殺之又云池陽民戴其婦言而欲殺母苻堅轘而殺之前涼錄武威姑臧民以女爲妻令於姑臧市轘殺之通鑑南燕主超增置烹轘之法注云轘車裂也 春秋傳曰轘諸栗門者宣十一年左傳文杜注轘車裂也

zhǎn 斬

斬 截也從車從斤斬法車裂也 側減切

截也者本書截斷也釋名斫頭曰斬斬腰曰腰斬斬暫也暫加兵卽斷也釋詁斬殺也周禮掌戮掌斬殺賊諜而搏之注云斬以斧鉞若今要斬也魯語其次用斧鉞韋注斧鉞軍器也書曰後至者斬 從車從斤者晉書易雄傳昨

說文解字義證 卷四十六

夜夢乘車挂肉其旁夫肉必有筋筋者斤也車旁有斤吾其戮乎 斬法車裂也者廣雅斬裂也

ér 輀

輀 喪車也從車而聲 如之切

喪車也者李善注寡婦賦引同廣雅輀喪車也漢書王莽傳百官竊言此似輀車非僊物也顏注輀車載喪車晉文明王皇后哀策文靈輀夙駕字或作轜釋名輿棺之車曰轜轜耳也懸於左右前後銅魚搖絞之屬耳耳然也東觀漢記梁商薨賜東園轜車曹植王仲宣誄靈轜回軌五臣云轜喪車也晉武帝賜劉寔葬錢詔曰其給轜車陸機輓詩啟殯送靈轜賀循喪服要記將祖納轜車晉畧桓元小會於西堂殿施絳綾帳鏤黃金龍銜五色羽葆流蘇羣臣竊相語曰此頗似轜車宋書張邵傳邵臨終遺命董席爲轜車北史弓沖傳轜車止用白布爲幔不加畫飾名爲清素車杜祭酒別傳當其終亾帛布轜車喪儀儉約通鑑梁邵陵王綸作新棺意以轜車挽歌爲送葬之法注云轜音而喪車也

fǔ 輔

輔 人頰車也從車甫聲 扶雨切

人頰車也者徐鍇本云春秋傳曰輔車相依從車甫聲人頰車也韻會引作人頰骨也從車甫聲春秋傳曰輔車相依廣雅輔頰也釋名輔車言其骨强所以輔持口也或曰牙車牙所載也或曰頷車頷含也口含物之車也或曰頰車亦所以載物也或曰鼸車鼸鼠之食積於頰人食似之故取名也凡繫於車皆取在下載上物也易咸卦咸其輔夾舌馬曰輔上頷也釋文輔虞作酺頤卦自求口實鄭注頤口中車輔之名也詩碩人巧笑倩兮傳云倩好口輔正義云左傳曰輔車相依服虔云輔上頷車也與牙相依則是牙外之皮膚頰下之別名也故易云咸其輔頰舌明輔近頰也而非頰也宋書顧覬之傳代爲脣齒遞成輔車離騷靨輔奇牙宜笑嫣洛神賦靨輔承權南齊書顧歡傳經云戎氣强獷乃復畧人頰車邪借爲車器之名詩正月其車旣載乃棄爾輔正義輔是可解脫之物蓋如今人縛杖於輻以防輔車也　徐鍇本春秋傳曰輔車相依者僖五年左傳文彼云諺所謂輔車相依脣亡齒寒者其虞虢之謂也杜注輔頰輔車牙車正義牙車牙下骨之名也頰之之與輔口旁肌之名也蓋輔車一處分爲二名耳輔爲外表車是內骨故云相依也韓非十過篇夫虞之有虢也如車之有輔輔依車車亦依輔林堯叟云言虞如牙車如齒

在裏虢如輔頰如脣在表二者相須以生去一不可顧炎武曰此二句一意乃是諺語呂氏春秋權勳篇宮之奇諫曰虞之有虢也若車之有輔也車依輔輔亦依車虞虢之勢是也注車牙也輔頰也牙車字出素問䪼案玉篇酺下引左氏傳酺車相依本書酺頰也

hōng
轟

轟　羣車聲也從三車呼宏切

羣車聲也者一切經音義十二引作轟轟羣車聲玉篇轟與輷同車聲史記蘇秦傳輷輷殷殷

文九十九　重八

轓

轓　車之蔽也

顏注漢書景帝紀引

遺文一

duī 𠂤　niè 𡴎　guān 官　fù 𨸏

說文解字弟十四　義證弟四十七

曲阜桂馥學

𠂤　小𨸏也象形凡𠂤之屬皆從𠂤 都回切

小𨸏也者一切經音義六𠂤高土也玉篇𠂤小塊也或作堆漢書司馬相如傳激堆埼顏注堆高阜也長安圖高望堆在延興門南八里梁州記南鄭城泝漢上五十里水邊有漢武堆漢武嘗游此以爲釣臺後人覩其崇基謂之漢武堆又或作垍益州記青衣神號爲雲垍班固以爲離垍北齊藥方碑鬼纖形如地菌多生糞垍又或作塠魏志武帝紀依沙塠爲屯通作追士冠禮毋追夏后氏之道也注云毋發聲也追猶堆也夏后氏質以其形名之文選七發踰岸出追李善云追亦堆字

𡴎　危高也從𠂤屮聲讀若臬 魚列切

危高也者本書隉危也玉篇𡴎高危也廣韻嵲𡴎高皃

官　吏事君也從宀從𠂤𠂤猶衆也此與師同意 古丸切

吏事君也者本書臣下云事君也事下云職也馥謂百官百職事也楚語千品萬官釋詁寀寮官也　從宀者與宰官同意玉藻在官不俟屨注云官謂朝廷治事處也

𠂤猶衆也此與師同意者本書師下云𠂤衆意也

文三

𨸏　大陸山無石者象形凡𨸏之屬皆從𨸏 房九切

大陸山無石者者廣雅無石曰阜釋名土山曰阜阜厚也言高厚也地圖土山曰阜阜高厚也周語所以阜財用賈注阜厚也蒼頡篇阜山庳而大也釋地高平曰陸大陸曰阜大阜曰陵李巡曰高平謂土地豐正名爲陸大陸謂土地高大名曰阜阜最高大爲陵風俗通山澤篇春秋左氏傳魯公伯禽宅曲阜之地阜者茂也言平地隆踊不屬於山陵也今曲阜在魯城中委曲長七八里維北芑坂卽爲阜也詩天保如山如阜傳云大陸曰阜齊語陸阜陵墐韋注高平曰陸大陸曰阜大阜曰陵漢書鼂錯傳經川邱阜顏注大陸曰阜楚詞九歎阜隘狹而幽險兮王注大陵曰阜馥謂陵當爲陸

líng 陵　hùn 䧰　lè 阞

𨸏　古文

陵　大𨸏也從𨸏夌聲 力膺切

釋地東陵阠南陵息慎西陵威夷中陵朱滕北陵西隃雁門是也陵莫大於加陵　御覽引春秋說題辭陵之爲言棱也輔山成其廣層棱扶推益厥長也　潛夫論愼微篇凡山陵之高非削而成崛起也必步增而稍上焉　通作夌宋書謝靈運傳夌岡上而喬竦

大𨸏也者釋名大阜曰陵陵隆也體高隆也詩吉日升彼大阜天保如岡如陵鄭注周禮大司徒云大阜曰陵僖三十二年左傳殽有二陵焉襄二十五年傳辨京陵杜注並云大阜曰陵昭十二年傳有肉如陵杜注陵大阜也漢書司馬相如傳阜陵別隝顏注大阜曰陵韓壽云積土高大曰阜大阜曰陵樓觀本紀尹喜宅在南山阜上昔老君於此登山時人號曰老子陵非墳墓也爾雅曰大陸曰阜大阜曰陵此之謂也

䧰　大𨸏也從𨸏鯀聲 胡本切

阞　地理也從𨸏力聲 盧則切

地理也者本書朸木之理也泐水石之理也永象水巠理之長巠水脈也玉篇阞地脈理易繫辭俯以察於地理正義云地有山川原隰各有條理故稱理也詩信南山我疆我理傳云理分地理也考工記匠人凡溝逆地防謂之不行注云防謂脈理不行謂浚溢也管子水地篇水者地之血氣如筋脈之流通者也魏策前脈地形之險阻浚利害之備論衡書解篇上天多文而后土多理尚書考靈曜通天文者明審地理者昌謝承後漢書汝南許陽曉水地脈春秋元命苞神農世怪義生白阜圖地形脈道注云怪義白阜之母名也白阜爲神農圖地形通水道之脈使不擁塞也尚書刑德放禹長於地理得括地象圖史記蒙恬傳恬罪固當死矣起臨洮屬之遼東城壍萬餘里此其中不能無絕地脈哉此乃恬之罪也漢書溝洫志賈讓奏昔大禹治水山陵當路者毀之故鑿龍門辟伊闕析底柱破碣石墮斷天地之性天文志中國山川東北流其維首在隴蜀尾沒于勃海碣石禹貢導山馬融以爲三條導岍爲北

條西傾爲中條嶓冢爲南條鄭康成以爲四列導岍爲陰列西傾爲次陰列嶓冢爲次陽列岷山爲正陽列蘇軾書傳隨山者隨其地脈而究其終始何謂地脈地之有山猶人之有脈也有近而不相連者有遠而相屬者雖江湖不能絕也自秦䝉恬始言地脈而班固馬融王肅治尙書皆有三條之說古之達者葢已知此矣

yīn
陰

陰 闇也水之南山之北也从𨸏侌聲 於今切

釋名陰蔭也氣在內奥蔭也詩公劉相其陰陽昭元年左傳趙孟視蔭杜注蔭日景也釋文云蔭本亦作陰

闇也者廣雅同書高宗梁闇論語作諒陰魯世家作亮陰

水之南山之北也者徐鍇曰陰山北水南日所不及玉篇陰影也水南山北也書禹貢至于岳陽傳云山南曰陽周禮柞氏疏引爾雅山南曰陽山北曰陰爾雅無此文春秋僖二十八年天王狩于河陽杜注云晉地穀梁傳水北爲陽山南爲陽溫河陽也范云日之所照曰陽成十六年左傳楚子以汝陰之田求成於鄭杜注汝水之南桓十六年公羊傳越在岱陰齊何云山北曰陰僖二十二年傳戰於泓之陽何云水北曰陽南山經其陽多赤金其陰多白金注云山南爲陽山北爲陰呂氏春秋行論篇大舍諸侯於漢陽注云水北曰陽三輔黃圖咸陽在九嵕山渭水北山水俱在南故名咸陽詩渭陽釋文云水北曰陽在南山之陽傳云山南曰陽元和郡縣志咸陽縣下云山南曰陽水北曰陽縣在北山之南渭水之北故曰咸陽又云漢濟陰郡在濟水之南故以爲名寰宇記孟州河陰縣因在河之南故立河陰縣焉容齋四筆山南爲陽水北爲陽穀梁傳之語也若山北水南則爲陰故郡縣及地名多用之今畧敘於此山之南者如嵩陽華陽恒陽衡陽鎭陽岳陽嶧陽夏陽城陽陵陽岐陽首陽營陽咸陽櫟陽宜陽山陽鄏西河郡北太廣陽辟陽河陽魯陽黎陽樅陽零陽巫陽東陽韶陽郴陽揭陽弋陽嶠屬汝南郡在西北弋當陽青陽黔陽壽陽龐陽雲陽美陽復陽嵴之陽復陽上曲陽常下曲陽屬鉅鹿櫃陽碣屬原原陽嶋雲水之北者馮翊之池陽頻陽郃陽沈陽扶風之杜陽河東之大陽太原之陽阿平陽平之陽阿太原之晉陽汾陽及河陽洛陽滎陽偪陽渭陽淮陽汝陽濟陽襄陽涔陽漁陽遼陽泗陽伊陽汞陽滁陽潮陽澧陽灌陽汧陽洮陽沭陽東郡之濮陽東武陽潁川之潁陽昆陽舞陽汝南之汝陽銅陽細陽濯陽滇陽新陽安陽博陽成陽南陽之育陽湼陽陽堵陽蔡陽棘陽比陽朝陽湖陽紅陽江夏之西陽廬江之尋陽九江之曲陽濟陰之句陽濟陰之鄄句陽沛郡之穀陽扶陽漂陽魏郡之繁陽鉅鹿之堂陽清河之清陽涿郡之高陽饒陽范陽勃海之浮陽齊南之般陽朝陽泰山之東平陽東武陽寧陽北海之膠陽東海之開陽曲陽都陽臨淮之射陽蘭陽丹陽之丹陽陵陽溧陽豫章之鄱陽鄡陽桂陽之耒陽桂陽湞陽武陵之無陽辰陽酉陽零陽零陵之洮陽漢中之旬陽沔陽安陽犍爲之江陽武陽漢陽金城之枝陽天水之略陽阿陽安定之涇陽彭陽北地之泥陽上郡之定陽鴈門之沃陽劇陽上谷之沮陽漁陽之要陽遼西之海陽右北平之夕陽衆陽蒼梧之封陽趙國之易陽膠東之觀陽長沙之益陽已上皆見漢書地理志其水之下必曰在某水之陽合山水之稱陽者百有五六十至陰字則甚少葢面勢在背自難立國邑亘山之北者唯華陰山陰龜陰蒙陰鵯陰雕陰襄陰水之南者汾陰蕩陰潁陰汝陰舞陰濟陰漢陰晉陰蒲陰湘陰漯陰河陰湖陰江陰淮陰園陰僅三十而已

yáng
陽

陽 高明也从𨸏昜聲 與章切

高明也者對陰言也陰闇也釋名陽揚也氣在外發揚也又云明陽也又云邱高曰陽邱體高近陽也詩七月我朱孔陽傳云陽明也又度其夕陽又梧桐生矣于彼朝陽文四年左傳天子當陽白虎通號篇高陽者陽猶明也道德高明也

lù
陸

陸 高平地从𨸏从坴坴亦聲 力竹切

高平地者地當爲也釋者一曰高平一曰廣平釋名高平曰陸陸漉也水流漉而去也易漸卦鴻漸於陸馬云山上高平曰陸詩天保傳云高平曰陸穆天子傳爰有陵衍平陸郭注大阜曰陵高平曰陸漢書戹奮傳閒者河水滔陸顏注高平曰陸此皆主高平言之徐鍇韻譜陸廣平書禹貢正義引爾雅廣平曰陸定元年左傳田於大陸杜注引爾雅廣平曰陸史記司馬相如傳散渙夷陸索隱引司馬彪曰廣平曰陸此皆主廣平言之釋地廣平曰原高平曰陸禹貢既修太原傳云高平曰太原本書邍高平之野是原爲高平也釋地又云晉有大陸郭注今鉅鹿北廣河澤是也禹貢大陸既作正義云但廣而平者則名大陸孔氏明言廣平是陸爲廣平也本書邍訓高平則陸當爲廣平今作高平者後人改之也漢縣有名陵者王莽皆改曰陸如湖陵曰湖陸遷陵曰遷陸江陵曰江陸陰陵曰陰陸楨

陵曰楨陸猛陵曰猛陸以陸與陵異故易其舊名也陵高而不平陸廣平故異於陵也　坴亦聲者當爲坴聲

[篆] 籀文陸

本書光籀文作𡒄

ē
阿

[篆] 大陵也一曰曲𨸏也從𨸏可聲 烏何切

史記黃帝紀而邑於涿鹿之阿正義云廣平曰阿鹽鐵論險固篇晉有河華九阿而奪於六卿樂資春秋傳阿旁宮未成成之更欲擇令名名之作宮阿旁故天下謂之阿旁宮

大陵也者釋地大陵曰阿詩菁菁者莪在彼中阿傳云大陵曰阿皇矣我陵我阿箋云大陵曰阿　一曰曲𨸏也者一切經音義一韓詩曲京曰阿阿謂山曲隈處廣雅曲京曰阿詩考槃在阿傳云曲陵曰阿穆天子傳天子西征昇九阿覈案水經注謂之九曲云其地千里有九坂之曲詩隰桑止于邱阿傳云邱阿曲阿也箋云止於邱之曲阿有卷者阿飄風自南傳云猶飄風之入曲阿箋云大陵曰阿有大陵卷然而曲漢書司馬相如傳順阿而下顏注曲陵

說文解字義證　卷四十七　五

曰阿地理志會稽郡有曲阿縣董覽吳地志曲阿秦時名雲陽太史云東南有天子氣在雲陽之間故鑿北岡令曲而阿因名曲阿

bēi
陂

[篆] 阪也一曰沱也從𨸏皮聲 彼爲切

阪也者字林同漢書馮奉世傳前軍到降同阪顏注阪平陂也考工記輪已庳則於馬終古登陁也鄭注陁阪也馥案陁即陀所謂陂陀　一曰沱也者初學記引本書沱陂也今沱下無此文玉篇陂池也廣雅陂池也一切經音義十陂山東名爲濼亦名晥初學記引風俗通孫子有金城湯池之說後人因此開地爲池以養魚鼈秦誓惟宮室臺榭陂池侈服西都賦陂池交屬月令毋漉陂池注云畜水曰陂穿地通水曰池史記灌夫傳陂池田園漢書貨殖傳水居千石魚波顏注波讀曰陂言有大陂養魚

bǎn
阪

[篆] 坡者曰阪一曰澤障一曰山脅也從𨸏反聲 府遠切

本書隴天水大阪也　易說卦其於稼也爲反生虞本作阪云陵阪也　文十六年左傳楚人謀徙於阪高　穆天子傳昇於長松之阪　淮南齊俗訓陵阪耕田　史記范雎傳右隴蜀左關阪　或作坂漢書文帝紀帝從霸陵欲西馳下峻坂續漢書郡國志河東大陽有顛軨坂古今地名顛軨坂在鹽池蜀志先主傳及於當陽之長坂帝王世紀舜都蒲坂晉太康地記常山上曲陽縣有恆山坂號飛狐口壺關縣有羊陽坂新序雜事篇趙簡子上羊腸之坂羣臣皆偏袒推車水經注云河水東逕旋門坂北今成皋西大坂者也戴延之西征記黃坂去終南六十里少華山西述征記黃卷坂者傍絕澗以昇潼關長坂十餘里長坂皆迤邐長坂東京賦所謂西阻九阿者也任豫益用記汶江水源出玉輪坂下

坡者曰阪者釋地文坡彼作陂郭注陂陀不平本書坡阪也徐鍇本作陂也玉篇阪陂也詩車鄰阪有漆傳云陂者曰阪鄭注樂記陂傾也史記司馬相如傳登陂陁之長阪後漢書徐縣北界有蒲陽阪東觀漢記作蒲楊坂太平御覽引之云坡與阪同西京記滻水西岸有坂舊名滻水坂脩文帝惡坂之名改名長樂坂　一曰澤障者障當爲墇通行障字玉篇陂澤障也書禹貢九澤既陂傳云九州之澤已陂障無決溢矣詩彼澤之陂傳云陂澤障也昭元年左傳障大澤服注障陂障其水也周語澤水之鍾也又云陂唐污庳以鍾其美又云陂鄣九澤淮南說林訓十頃之

說文解字義證　卷四十七　六

陂可以灌四十頃高注畜水曰陂史記鄭世家障大澤漢書溝洫志又內黃界有澤方數十里環之有隄翟方進傳汝南舊有鴻隙大陂郡以爲饒成帝時關東數水陂溢爲害論衡自然篇汲井決陂灌溉園田風俗通山澤篇謹按傳曰陂者蓄也言因下鍾水以蓄利萬物也今陂皆以溉灌汝南富陂縣是也光武將征交趾下詔通障谿河南汝州廣成澤一名黃陂唐改隸隋煬帝於揚州雷塘即漢之雷陂壽春有芍陂褱縣有鉗盧陂以及陰之鏡湖會稽之回踵峌㟯二湖皆陂也禹貢荊州沱潛既道馬云沱湖也　一曰山脅者本書𡽪山脅道也廣雅陘阪也昭十六年左傳齊師至於蒲隧注云取慮縣東有蒲如陂馥謂隧即山脅道釋名山旁曰陂言陂陁也李巡注爾雅云陂者謂高峯山陂沱勝之書諸山陵近邑高危傾阪及邱城上皆可爲區田月令善相邱陵阪險原隰齊民要術邱陵阪險不生五穀者以樹竹木陳啟源曰詩正月箋以阪田爲崎嶇墝埆之處其山脅之謂乎馥案玉海引曹氏說以隴阪當說文之山脅

zōu
陬

[篆] 阪隅也從𨸏取聲 子侯切

yú 隅 xiǎn 險 xiàn 限 zǔ 阻 duì 陮 wěi 隗 yǔn 阭

陬隅也者玉篇作陬隅廣韻同案本書𨸏陬隅高山之節廣雅陬隈也

隅 陬也從𨸏禺聲 噳俱切

書益稷至于海隅蒼生 詩邶風俟我乎城隅 論語擧一隅不以三隅反皇氏曰隅角也牀有四角屋有四角皆曰隅也 曲禮摳衣趨隅 檀弓童子隅坐而執燭 陬也者李善注笙賦引作曲也廣雅隅隈也郭注山海經陬猶隅也孟子虎負嵎趙注以嵎爲陬宋襄有雀生鸇於城之陬高注陬隅也

險 阻難也從𨸏僉聲 虛檢切

五音集韻引字林險山形似重甑 易坎卦天險不可升也地險山川邱陵也王公設險以守其國險之時用大矣哉 阻難也者本書阻險也玉篇險難也阻也周禮司險掌九州之圖以周知其山林川澤之阻而達其道路賈誼書道術篇據當不傾謂之平反平爲險

說文解字義證 卷四十七 七

限 阻也一曰門榍也從𨸏艮聲 乎簡切

阻也者秦策南有巫山黔中之限高注淮南云羊腸阪是大行孟門之限 一曰門榍也者本書榍限也玉篇限閾也 艮聲者易序卦艮者止也

阻 險也從𨸏且聲 側呂切

險也者廣雅同爾雅釋詁阻難也郭注險難易繫辭傳夫乾德行恆易以知險夫坤德行恆簡以知阻詩雄雉自詒伊阻谷風旣阻我德傳並云阻難也

陮 陮隗高也從𨸏隹聲 都辠切

陮隗高也者本書崖高也五音集韻陮陮隗原阜高貌玉篇陮陮隗不平也通作隹莊子齊物論山林之畏隹

隗 陮隗也從𨸏鬼聲 五辠切

阭 高也一曰石也從𨸏允聲 余準切

lěi ⿰阝厽 qiào 陗 jùn 陖 dèng 隥 lòu 陋 xiá 陜

高也者集韻阭高也或作陖

⿰阝厽 磊也從𨸏厽聲 洛猥切

陗 陖也從𨸏肖聲 七笑切

陖也者一切經音義九通俗文陖阪曰峭山陖險陖亦謂之陗也廣雅陗高也陖通作峻李善注西征賦引淮南子陗法刻削許注陗峻也史記李斯傳陗塹之勢異也索隱云陗峻也高也鼂錯傳錯爲人陗直刻深集解云韋昭曰術岸高曰陗臣瓚曰陗峻釋邱夷上洒下不漘孫炎云平上陗下蘊案詩新臺有洒傳云洒高峻也

陖 陗高也從𨸏夋聲 私閏切

陗高也者本書陵高也通作峻考工記匠人堂涂十有二分鄭注分其督旁之修以一分爲峻也疏云名中央爲督假令兩旁上下尺二寸則取一寸於中央爲峻

隥 仰也從𨸏登聲 都鄧切

說文解字義證 卷四十七 八

仰也者當爲卬本書卬望欲有所庶及也一切經音義四廣雅隥履下依之而上者也馥案因呼隥道穆天子傳天子南還升於三道之隥三蒼隥小阪也或作墱西京賦墱道邐倚以正東

陋 阸陝也從𨸏㔷聲 盧候切

阸陝也者阸當爲戹本書戹隘也廣雅陋陿也成九年左傳莒恃其陋而不修城郭荀子榮辱篇陋者俄且僩也馥案詩淇澳傳僩寬大也僩與陋反則陋爲阸陝矣漢書刑法志秦人其生民也陿阸郊祀志行谿谷中阸陝且百里宋書武帝紀莫不忌其陋險九譯來庭

陜 隘也從𨸏夾聲 矦夾切

隘也者一切經音義十三引同又云陜迫隘不廣大也玉篇陜不廣也字或作陿司馬相如上林賦赴隘陿之口漢書景帝紀郡國或磽陿顏注陿謂偏隘也鼂錯傳爲人陗直刻深顏注陗謂峻陿也趙充國傳遣騎候四望陿中亾虜顏注山陗而夾水曰陿又或作峽荆周記三峽七百里中兩岸連山略無闕處重巖疊嶂隱天蔽日自非停午夜

zhì 陟　xiàn 陷　xí 隰

分不見日月峽程記三峽者卽明月峽仙山峽廣澤峽其有瞿塘灩澦燕子屏風之類皆不預三峽之數李膺益州記明月峽峽前南岸壁高四十丈其壁有圓孔形如滿月因爲名隴西記襄武有錦鏡峽卽黑水所經水經注巫山首尾一百六十里謂之巫峽

陟 登也从𨸏从步 竹力切

書舜典汝陟帝位　太甲若陟遐必自邇　詩卷耳陟彼崔嵬

登也者夏小正傳云陟升也書舜典黜陟幽明傳云升進其明者詩公劉陟則在巘箋云陟升車牽陟彼高岡箋云陟登也昭七年左傳叔父陟恪杜注陟登也

𨺻 古文陟

陷 高下也一曰陊也从𨸏从臽臽亦聲 戶猎切

高下也者一切經音義十三引同又云陷猶隊入也亦沒也　一曰陊也者一切經音義引作墮　臽亦聲者當爲

說文解字義證　卷四十七　九

臽聲

隰 阪下溼也从𨸏㬎聲 似入切

阪下溼也者漢書司馬相如傳循阪下隰一切經音義四隰溼墊也釋名下溼曰隰隰墊也墊溼意也釋地下溼曰隰李巡曰下溼謂土地窊下常沮洳名爲隰也又阪者曰阪下者曰隰李巡曰阪者謂高峯山阪下者謂下溼之地隰溼也鄭注周禮大司徒云下溼曰隰書禹貢原隰底績傳云下溼曰隰史記夏本紀正義云隰低下地也詩簡兮隰有苓皇皇者華于彼原隰車鄰隰有栗傳竝云下溼曰隰桓三年左傳逐翼侯於汾隰杜注汾隰汾水邊襄二十五年傳牧隰皐杜注隰皐水崖下溼爲芻牧之地周語猶其有原隰衍沃也韋注下溼曰隰昭元年公羊傳上平曰原下平曰隰管子形勢篇所謂平原者下澤也雖有小封不得爲高故曰平原之隰奚有於高尚書大傳下而平者謂之隰隰之猶言溼也春秋說題辭下溼曰隰隰者溼也下而澤也呂氏春秋孟春紀阪險原隰高注下溼曰隰吳都賦原隰殊品五臣云下溼曰隰元和郡縣志隰州爾雅曰下溼曰隰以州帶泉洎下溼故以隰爲名

qū 嶇　tuí 隤　zhuì 隊　jiàng 降

嶇 敧也从𨸏區聲 豈俱切

敧也者本書敧敧嶇也漢書諸侯王表至虖阸嶇河洛之閒應劭曰嶇者踦嶇也

隤 下隊也从𨸏貴聲 杜回切

下隊也者李善注高唐賦引同一切經音義六引作墜下也玉篇隤壞隊下也廣雅隤下也急就篇碓磑扇隤舂簸揚顏注扇扇車也隤扇車之道也隤字或作隨隨之言墜也言旣扇之且令墜下也漢書蘇武傳士衆滅兮名已隤司馬遷傳隤其家聲顏注隤墜也上林賦隤牆塡塹長笛賦總硐隤墜揚雄河東賦發祥隤祉注云隤降也解嘲響若氏隤字或作頹詩谷風維風及頹檀弓泰山其頹乎大戴禮保傅篇越王不頹舊冢而吳人服釋天焚輪謂之頹郭注暴風從上下史記河渠書水頹以絕商顏集解贊曰下流曰頹寡婦賦歲云暮兮日西頹

隊 从高隊也从𨸏㒸聲 徒對切

詩小宛如集于木傳云恐隊也　文二年左傳隊而死也樂記故歌者上如抗下如隊　漢書王莽傳不居攝則恐周

說文解字義證　卷四十七　十

隊失天命

從高隊也者徐鍇本作從高墮也本書䃯陊也檀弓退人若將隊諸淵考工記輪人爲蓋殷畝而馳不隊注云隊落也僖二十八年左傳俾隊其師杜注隊隕也襄十年傳主人縣布堇父登之及堞而絕之隊則又縣之蘇而復上者三墨子七患篇今有負其子而汲者隊其子於井中荀子禮論篇暴慢恣睢輕俗以爲高之屬入焉而隊注云隊古墜字墮也漢書翟方進傳隊極厥命顏注隊隕也西域傳畜隊未半阬谷盡靡碎人墮埶不得相收視顏注隊亦墮也字或作墜石經論語殘碑未墜於地楚辭九歌矢交墜兮荀子儒效篇至共頭而山隧注云隧謂山石崩摧也淮南說林訓懸垂之類有時而隧高注隧墮也漢書王莽傳不墜如髮敘傳厥宗亦墜又作墜釋詁墜落也釋文云本又作隊孝經釋文隊本今作墜書仲虺之誥民墜塗炭金縢無墜天之降寶命君奭乃其墜命漢書王莽傳引作乃亾隊命

降 下也从𨸏夅聲 古巷切

下也者釋言文廣雅同本書洚一曰下也書堯典釐降二女于嬀汭史記作飭下金滕無墜天之降寶命鄭注降下也士冠禮降西階一等注云降下也士相見禮大夫則辭退下注云下亦降也孔子閒居引詩湯降不遲注云降下也詩嵩高維嶽降神出車我心則降公劉復降在原旱麓福祿攸降殷武天命降監元鳥降而生商長發湯降不遲箋竝云降下也閔予小子陟降庭止箋云陟降上下也釋天降婁孫炎曰降下也莊三十年穀梁傳降猶下也夏小正傳降者下也尚書中候湯降三分注云降下也

yǔn 隕

隕 從高下也從𨸏員聲易曰有隕自天 于敏切

書湯誥若將隕于深淵 詩小宛如臨于谷傳云恐隕也桓五年左傳社稷無隕多矣哀十五年傳無廩然隕大夫之尸又云大命隕墜又云雖隕於深淵則天命也 從高下也者本書磒落也聲類隕墜釋詁隕落也又云墜也詩緜亦不隕厥問小弁湯既隕之傳竝云隕隊也氓桑之落矣其黃而隕傳云隕墮也文十八年左傳不隕其名杜注隕隊也通作霣春秋莊七年星霣如雨宣十五年左

說文解字義證 卷四十七 十一

傳有𢊿無霣服注霣隊也史記鄭世家作隕 易曰有隕自天者遘卦文虞云隕落也

niè 隉

隉 危也從𨸏從毀省徐巡以爲隉凶也賈侍中說隉法度也班固說不安也周書曰邦之阢隉讀若虹蜺之蜺 五結切

危也者廣雅同本書𡶜危高也讀若臬通作槷文選長笛賦巘根跱之槷刖兮李善注云槷刖危皃 賈侍中說隉法度也者通作臬廣雅臬法也書康誥王曰外事汝陳時臬傳云汝當布陳是法多方爾罔不克臬傳云汝無不能用法 班固說不安也者固有說文字之書曰太甲篇此即其說也本書𥹉槷𥹉不安也周易困卦劓刖荀爽陸績王肅本皆作臲卼云不安皃太元闕初一圜方杌棿注云杌棿不安也 周書邦之阢隉者秦誓文傳云阢隉不安言危也 讀若虹蜺之蜺者本書無蜺字梁書王筠傳沈約製郊居賦要筠示其草筠讀至雌蜺連蜷約撫掌欣抃曰僕嘗恐人呼爲霓馥案漢書天文志抱珥𧍧蜺如淳曰蜺讀曰齧

zhì 阤

阤 小崩也從𨸏也聲 丈爾切

小崩也者一切經音義六小崩曰阤方言阤壞也注云謂壞落也周語是故聚不阤崩韋注大曰崩小曰阤漢書楚元王傳山陵崩阤二顏注阤下頹也漢舊儀垣牆阤壞後漢書李膺傳綱紀頹阤吳都賦崩巒阤岑或作阤說苑說叢篇山以小阤而大崩後漢書蔡邕傳太極阤注引賈逵國語注小崩曰阤東海廟碑旋則阤崩又或作陀淮南繆稱訓岸峭者必陀高注陀落也

huī 隓

隓 敗城𨸏曰隓從𨸏𡍮聲 許規切

敗城𨸏曰隓者本書隓讀若相推落之墮方言隓壞也隱六年公羊傳何言乎墮成敗其成也襄二十六年左傳入南里墮其城魯語墮會稽晉語必墮其壘培韋注竝云墮壞也秦策攻城墮邑齊策墮中牟之郭史記秦始皇本紀墮壞城郭又云墮名城甘羅傳破城墮邑不知其數漢書異姓諸侯王表墮城銷刃春秋定十二年叔孫州仇帥師墮郈杜注墮毀也患其險固故毀壞其城定七年左傳齊師墮伏而待之杜注墮毀其軍以誘敵昭二十二年傳伐

說文解字義證 卷四十七 十二

京毀其西南史記魯世家使仲由毀三桓城孟氏不肯墮城孔子世家吳伐越墮會稽集解王肅曰墮毀也漢書韓安國傳伐國墮城顏注墮毀也所伐之國則毀其城也周語不墮山韋注墮毀也荀子議兵篇猶以錐刀墮太山也注云墮毀也漢書溝洫志賈讓奏昔大禹治水山陵當路者毀之墮斷天地之性或作隳管子霸形篇自此而北至於河者鄭自城之而楚不敢隳也家語相魯篇乃使季氏宰仲由隳三都孫子九地篇故其城可拔其國可隳呂氏春秋順說篇隳人之城郭賈誼過秦論隳名城靈光殿賦序自西京未央建章之殿皆見隳壞馥案毀他物亦曰墮僖三十三年左傳墮軍實而長寇讎杜注墮毀也漢舊儀祫祭墮廟神即毀廟之主老子或載或墮

𨺅 篆文

本書隋從隓省此又從隋當有一誤

qīng ⿰阝頃

⿰阝頃 仄也從𨸏從頃頃亦聲 去營切

仄也者本書仄頃也字或作廎譙敏碑屋棟傾覆樊敏碑能無撓廎 頃亦聲者當爲頃聲

duò 陊　kēng 阬　dú 隫　fáng 防

陊 落也從𨸏多聲 徒果切

落也者字林同玉篇陊小崩也通作墮方言墮脫也 多聲者李善注西京賦引本書陊直氏反

阬 閬也從𨸏亢聲 客庚切

閬也者漢書揚雄傳閬閬其寥廓兮注云閬閬空虛也莊子外物篇胞有重閬注云閬空曠也本書𠷎坑也埂下云秦謂阬爲埂容下云歺殘地阬坎意也釋詁阬阬虛也郭注阬阬謂阬壍也郊特牲水歸其壑注云壑猶阬也莊子天運篇在谷滿谷在阬滿阬衛宏詔定古文官書序遁密令冬種瓜於驪山阬谷中溫處史記貨殖傳馳阬谷後漢書馬融傳注引蒼頡篇阬壑也

晉書皇甫謐傳穿阬訖舉牀就阬

隫 通溝也從𨸏賣聲讀若瀆 徒谷切

通溝也者廣韻引作通溝以防水徐鍇本同韓子外儲說魯以五月起衆爲長溝通作瀆鄭注周禮大司徒云注瀆日川風俗通山澤篇江河淮濟爲四瀆瀆者通也所以通中國垢濁釋水江河淮濟爲四瀆四瀆者發源注海者也

說文解字義證　卷四十七　十三

御覽七十五引爾雅舊注水流不絕曰瀆

讀若瀆者徐鍇本作讀若洞一本作泗

𨺮 古文隫從谷

釋邱竆瀆汜郭注水無所通者

防 隄也從𨸏方聲 符方切

隄也者廣雅同釋邱墳大防孫炎曰防謂隄也月令脩利隄防周禮稻人以防止水注云防豬旁隄也考工記匠人凡溝必因水埶防必因地埶昭三十年左傳遂伐徐防山以水之杜云防壅山水以灌徐襄二十五年傳町原防杜注防隄也大戴禮禮察篇君子之道譬猶防與夫禮之塞亂之所從生也猶防之塞水之所從來也故以舊防爲無用而壞之者必有水敗以舊禮爲無用而去之者必有亂患晏子春秋景公登東門防曰夫何不下六尺哉晏子曰蚤歲淄水至入廣門鄉者防下六尺則無齊矣孟子無曲防秦策長城鉅防足以爲塞呂氏春秋慎小篇巨防容螻而漂邑殺人注云巨防大隄也如隄有孔穴容螻蛄則潰漏竅洩至於漂沒閭邑溺殺人民也淮南修務訓禹修彭

---

dī 隄　zhǐ 阯　xíng 陘

蠡之防說林訓窺穴者託埵防便也齊俗訓狙猲得埵防弗去而緣高注竝云防隄也或作坊郊特牲祭坊與水庸事也坊記君子之道譬則坊與經解

以舊坊爲無用而壞之者必有水敗

坊 防或從土

隄 塘也從𨸏是聲 都兮切

塘也者集韻引作唐也周語陂唐汙庳以鍾其美韋注唐隄也宋庠云唐如字今俗本多加土於旁說文無塘字韻案漢書地理志會稽有錢唐縣竝作唐通行用塘字淮南說山訓壞塘以取龜埤蒼長沙謂隄爲塘魏志劉馥傳興治吳塘諸堨以溉稻田又作隁廣雅隁隄也爾雅釋宮隄謂之梁李巡曰隄防也障也釋地八陵云梁莫大於溴梁郭注梁隄也定九年穀梁傳得之隄下史記封禪書閒者河溢皋陸隄繇不息或作堤襄二十六年左傳棄諸堤下

釋文堤亦作隄

阯 基也從𨸏止聲 諸市切

說文解字義證　卷四十七　十四

基也者釋名水出其前曰阯邱阯基阯也史記封禪書后閭者在太山下阯南方漢書疏廣傳頗立產業基阯藉田

賦結崇基之靈址思玄賦卽岐阯而攄情通作趾宣十一年左傳略基阯

址 阯或從土

陘 山絕坎也從𨸏巠聲 戶經切

山絕坎也者釋山山絕陘郭注連山中斷絕僖四年左傳次于陘史記楚世家以兵侵楚至陘山楚策北有汾陘之塞襄十六年左傳速遂塞海陘而還杜注海陘魯隘道秦策陘山之役高云趙井陘塞也徐廣注史記陘者山絕之名常山有井陘中山有苦陘元和郡縣志懷州河內縣太行陘在縣西北三十里連山中斷曰陘述征記曰太行山首始於河內自河內北至幽州凡有八陘第一曰軹關陘今屬濟源縣第二太行陘第三白陘此兩陘今在河內第四滏口陘對鄴西第五井陘第六飛狐陘一名望都關第七蒲陰陘此三陘在中山第八軍都陘在幽州太行陘澗三步長四十里顧炎武曰今井陘之陘古書有作鈃者穆天子傳至於鈃山之下是也有作研者漢書地理志上

黨郡有石岍關是也有作嶄者晉書石勒載記使石季龍擊託侯部掘咄哪于岍北大破之是也有作硎者晉書胡奮傳頓軍硎北是也有作陘者揚子法言山陘之蹊是也有作徑者李尤函谷關賦於北則有蕭居天井壺口石徑貫越代朔以臨北庭是也

bù 附

附 附婁小土山也从𨸏付聲春秋傳曰附婁無松柏 符又切

附婁小土山也者或作培塿易林蹇之訟土瘠瘦薄培塿无柏崔湜前趙錄劉淵曰當爲崇岡峻阜何能爲培塿乎晉語必墮其壘培 春秋傳曰附婁無松柏者襄二十四年左傳文彼作部婁杜注部婁小阜晏子若部婁之未登風俗通山澤篇謹按春秋左氏傳部婁無松柏言其卑小部者阜之類也今齊魯之閒田中少高卬名之爲部矣

dǐ 阺

阺 秦謂陵阪曰阺从𨸏氐聲 丁禮切

秦謂陵阪曰阺者廣韻引字統同御覽引作陵阜漢地理志隴西郡應劭曰有隴阺抵其西也後漢書寇恂傳復助隗囂拒隴阺高唐賦臨大阺之稸水字或作坻昭十二年左傳有酒如淮有肉如坻上林賦下磧歷之坻五臣注坻坂也後漢書隗囂傳使王元據隴坻注云坻坂也華陽國志元道縣有坻阜又通作底後漢書光武紀馮異與赤眉戰於崤底注云底阪也

wù 阢

阢 石山戴土也从𨸏从兀兀亦聲 五忽切

石山戴土也者本書岨石戴土也詩卷耳陟彼崔嵬陟彼砠矣傳云崔嵬土山之戴石者石山戴土曰砠釋名石戴土曰岨土戴石曰崔嵬惟爾雅獨異釋山云石戴土謂之崔嵬土戴石爲砠或作屼廣韻嶇屼山皃也元結詩山屹屼兮水淪漣蜀都賦躡五屼之蹇滻劉逵注五屼山名也一山有五重 兀亦聲者當爲兀聲

yǎn 隒

隒 崖也从𨸏兼聲讀若儼 魚檢切

崖也者李善注西京賦引作厓也五臣注厓隒邊限也廣雅隒厓也薛綜注西京賦金堤謂以石爲邊隒魏都賦築曾宮以迴帀比岡隒而無陂釋山重甗隒孫炎曰山基有重岸也詩葛藟在河之漘傳云漘水隒也伐檀寘之河之漘兮傳云漘厓也蒹葭傳云湄水隒也 正義云隒是山岸湄是水岸故云水隒

è 阸

阸 塞也从𨸏戹聲 於革切

塞也者本書䨲塞也引春秋傳䨲阸 戰國策太子辭於齊王而歸齊王嗌之注云嗌讀作阸 漢書地理志右扶風汧縣下云詩芮阸雍州川也顏注阸讀與鞫同大雅公劉之詩曰芮鞫之即韓詩作芮阸 周禮鄉師以歲時巡國及野而賙萬民之囏阸 孟子阨窮而不憫 漢書元帝紀百姓仍遭凶阸

gé 隔

隔 障也从𨸏鬲聲 古覈切

塞也者戰國策塞黽阸史記漢興以來諸侯年表秉其阸塞地利或作搹後漢書杜篤傳城池百尺搹塞要害

障也者李善注西京賦引作塞也本書塞隔也史記秦始皇本紀昭隔內外通作鬲大宛傳鬲漢道焉漢書薛宣傳西州鬲絕韋元成傳起敦煌酒泉張掖以鬲婼羌

zhàng 障

障 隔也从𨸏章聲 之亮切

隔也者廣雅同通俗文藩隔曰障祭法鯀鄣洪水而殛定十二年左傳且成孟氏之保障也蒼頡篇障小城也北征賦登鄣隧而遙望兮史記秦始皇本紀築亭障以逐戎人漢書張湯傳居一障閒注云謂塞上要險之處別築爲城而爲鄣蔽李陵傳陵以九月發出遮虜障顏注障者塞上險要之處往往修築別置候望之人所以自障蔽而伺敵也

yǐn 隱

隱 蔽也从𨸏㥯聲 於謹切

蔽也者月令無有掩蔽廣雅隱翳也通鑑魏使太子居正殿時隱而窺之注云自隱蔽其身而窺之也襄二十三年左傳踰隱而待之杜注隱短牆也史記秦始皇本紀隱宮徒刑者七十餘萬人注云宮刑一百日隱於蔭室養之故曰隱宮

ào 隩

隩 水隈崖也从𨸏奥聲 烏到切

水隈崖也者本書澳隈厓也其內曰澳其外曰隈釋丘隩隈厓內爲隩外爲隈詩公劉芮鞫之即箋云水之內曰隩

wēi 隈

水之外曰鞫通作奧詩瞻彼淇奧傳云奧隈也

隈 水曲隩也从𠂤畏聲 烏恢切

釋邱外爲隈釋文隈作鞫云如字字林作㟪云隈厓外也詩公劉芮鞫之即箋云水之內曰隩水之外曰鞫鄭注職方引詩作芮阮漢書地理志芮阮雍州州也顏云韓詩作芮阮阮與鞫同韻類篇埌居六切涯也水外爲埌阮古岸也廣韻埌與阮同云曲岸水外曰阮韻謂阮鞫聲不近蓋阮以形誤爲阮也

水曲隩也者李善注七發引作水曲也西都賦商洛緣其隈五臣注隈水曲列子黃帝篇因復指河曲之淫隈注云隈水曲也廣韻引字林隈隩隈也淮南原道訓昔舜釣於河濱朞年而漁者爭處湍瀨以曲隈深潭相予閔二年左傳虢公敗犬戎於渭汭杜注水之隈曲曰汭

qiǎn 𡸁(𡸁)

𡸁 𡸁商小塊也从𠂤从臾 去衍切

xiè 𨼬

𨼬 水衡官谷也从𠂤解聲一曰小谿 胡買切

水衡官谷也者玉篇𨼬一作澥本書澥下云一說澥即澥谷也通作解漢書律歷志黃帝使泠綸取竹之解谷孟康曰一說昆侖之北谷名也字或作嶰馬融廣成頌窮浚谷底幽嶰 一曰小谿者通鑑綱目黃帝使伶倫取竹於嶰溪之谷張衡西京賦擿漻澥

lǒng 隴

隴 天水大阪也从𠂤龍聲 力鍾切

天水大阪也者寰宇記引同漢書地理志天水郡應劭曰天水有大阪名曰隴阪又隴西郡應劭曰有隴坻在其西也顏注隴坻謂隴阪即今之隴山也武帝本紀遂踰隴應劭曰隴隴阺坂也郭仲産秦州記隴山東西百八十里登山嶺東望秦川四五百里極目泯然山東人行役升此而顧瞻者莫不悲思故歌曰隴頭流水分離四下念我行役飄然曠野登高遠望涕零雙落三秦記隴坂九迴不知高幾許欲上者七日乃得越絕高處可容百餘家下處容十萬戶山頂有泉清水四注東望秦川如四五百里人上隴者想還故鄉悲思而歌歌云隴頭流水鳴聲幽咽遙望秦川肝腸斷絕書禹貢梁州西傾因桓是來鄭注桓是隴阪名其道盤桓旋曲而上故名曰桓是今其下民謂是阪曲爲盤也張衡四愁詩我所思兮在漢陽欲往從之隴阪長案漢明帝改天水郡爲漢陽郡續漢書郡國志漢陽郡隴州有大阪名隴坻是也西京賦右有隴坻之隘五臣注隴坻坂名寰宇記秦州隴城縣大隴山亦曰隴首山又清水縣小隴山經邑界

yī ⿰阝衣

⿰阝衣 酒泉天⿰阝衣阪也从𠂤衣聲 於希切

酒泉天⿰阝衣阪也者漢書地理志酒泉郡天⿰阝衣縣顏注此地有天⿰阝衣阪故以名

shǎn 陝

陝 弘農陝也古虢國王季之子所封也从𠂤夾聲 失冉切

漢書杜鄴傳分職於陝顏注陝即今陝州縣也 括地志陝原在陝州陝縣西南二十五里分陝從原爲界 集古錄陝州石柱相傳以爲周召分陝所立以別地理

弘農陝也者隱五年公羊傳自陝而東者周公主之自陝而西者召公主之注云陝者蓋今弘農陝縣是也 古虢國王季之子所封也者顏注急就篇虢叔周王季之子也受封於虢其地今陝州陝縣是也漢書地理志弘農郡陝

縣故虢國北虢在大陽東虢在滎陽西虢在雍州續漢書郡國志弘農郡陝本虢仲國注云杜預曰虢都上陽在縣東有虢城隱元年左傳鄭人以王師虢師伐衛南鄙杜注虢西虢國也弘農陝縣東南有虢城十道志陝州陝郡禹貢豫州之域周爲二伯分陝之地即古虢國也戰國時屬韓秦併天下屬三川郡

wú ⿰阝無

⿰阝無 弘農陝東陬也从𠂤無聲 武扶切

弘農陝東陬也者廣韻⿰阝無地名在弘農玉篇⿰阝無陝東縣

juǎn ⿰阝卷

⿰阝卷 河東安邑陬也从𠂤卷聲 居遠切

河東安邑陬也者玉篇⿰阝卷河東安邑縣廣韻⿰阝卷河東安邑陬名集韻⿰阝卷陬名在河東或作陬高士傳宋勝之家於穀城陬中陬中化之

yī 陭

陭 上黨陭氏阪也从𠂤奇聲 於离切

上黨陭氏阪也者漢書地理志上黨郡有陭氏縣或作猗漢衛敬侯碑城惟解梁地即郄首山對靈足谷當猗口文

七年左傳敗秦師於令狐至於刳首闕駰曰令狐卽猗氏刳首在西三十里

shù 隃

隃 北陵西隃鴈門是也从𨸏俞聲 傷遇切

北陵西隃鴈門是也者釋地文郭注卽鴈門山也玉篇隃北陵在鴈門山穆天子傳天子西征乃絕隃之關隥郭注隃鴈門山也海內西經鴈門山鴈出其門在高柳北郭注鴈門山卽北陵鴈之所出因以名云山今在代州西北三十里寰宇記代州鴈門縣句注山一名西陘山在縣北三十里水經注云鴈門郡北對句注東陘其南九塞之一也晉咸寧元年句注碑曰蓋北方之險有盧龍飛狐句注爲之首天下之阻所以分別內外也漢高祖欲伐匈奴不從婁敬之說械繫於廣武遂踰句注困於平城謂此也通作俞史記趙世家反巠分先俞於趙集解爾雅曰西俞鴈門是也正義云西先聲相近

yuán 阮

阮 代郡五阮關也从𨸏元聲 虞遠切

代郡五阮關也者漢書成帝紀流民欲入五阮關者勿苛留後漢書烏桓傳遣伏波將軍將三千騎出五阮關掩擊之注云關在代郡通作原地理志代郡有五原關馥案五原郡廣韻作五阮郡 元聲者徐鍇本下有讀若昆三字

kū ⿰阝告

⿰阝告 大𨸏也一曰右扶風郿有⿰阝告𨸏从𨸏告聲 苦沃切

fù 陚

陚 邱名从𨸏武聲 方遇切

邱名者通作梧釋名當途曰梧邱梧忤也與人相當忤也釋邱當途梧邱釋文梧五故反

zhēng ⿰阝貞

⿰阝貞 邱名从𨸏貞聲 陟盈切

dīng ⿰阝丁

⿰阝丁 邱名从𨸏丁聲讀若丁 當經切

邱名者通作定釋邱左澤定邱

huī ⿰阝爲

⿰阝爲 鄭地阪从𨸏爲聲春秋傳曰將會鄭伯於⿰阝爲 許爲切

鄭地坂者廣韻⿰阝爲阪名在鄭 春秋傳曰將會鄭伯於⿰阝爲者彼作鄬襄七年經公會晉侯宋公陳侯衞侯曹伯莒子邾子于鄬傳云楚子囊圍陳會於鄬以救之杜注鄬鄭地案公羊穀梁竝作鄬穀梁釋文云本又作⿰阝爲

zhǔ 陼

陼 如渚者陼邱水中高者也从𨸏者聲 當古切

如渚者陼邱者釋邱文彼作如陼郭注水中小洲爲陼篇海引本書作如陼釋名如陼者陼邱形似水中之高地隆高而廣也又云小洲曰渚渚遮也體高能遮水使從旁回也越語黿鼉之與同陼注云水邊亦曰陼漢書司馬相如傳且齊東陼鉅海蘇林曰小洲曰陼顏注東有大海之陼揚雄反離騷鳳皇翔於蓬陼注云蓬萊之陼在海中

chén 陳

陳 宛邱舜後嬀滿之所封从𨸏从木申聲 直珍切

宛邱者釋邱陳有宛邱郭注今在陳郡陳縣水經注宛邱在陳城南道東王隱云漸欲平今不知所在矣 舜後嬀滿之所封者詩譜陳者太皞虙戲氏之墟帝舜之冑有虞閼父者爲周武王陶正武王賴其利器用與其神明之後封其子嬀滿於陳都於宛邱之側是曰陳胡公以備三恪妻以元女太姬其封域在禹貢豫州之東其地廣平無名山大澤西望外方東不及明豬隱八年左傳天子建德因生以賜姓胙之土而命之氏注云因其所由生以賜姓謂若舜由嬀汭故陳爲嬀姓報之以土而命氏曰陳正義云陳世家云陳胡公滿者虞帝舜之後也昔舜爲庶人時若

於嬀汭其後因爲氏姓姓嬀氏武王克殷得嬀滿封之於陳是舜由嬀汭故陳爲嬀姓也案世本帝舜姚姓哀元年傳稱虞思妻少康以二姚是自舜以下猶姓姚也昭八年傳曰及胡公不淫故周賜之姓是胡公始姓嬀耳史記以爲胡公之前已姓嬀非也莊二十二年傳有嬀之後將育於姜注云嬀陳姓昭八年傳陳顓頊之族也杜注陳祖舜舜出顓頊傳又云及胡公不淫故周賜之姓使祀虞帝杜云胡公滿遂之後也事周武王賜姓曰嬀封諸陳紹舜後昭三年傳姜族弱矣而嬀將始昌注云嬀陳也傳又云箕伯直柄虞遂伯戲其相胡公大姬已在齊矣杜注四人皆舜後陳氏之先胡公四人之後周始封陳之祖大姬其妃也襄二十五年傳鄭子產獻捷於晉晉人問陳之罪對曰昔虞閼父爲周陶正以服事我先王我先王庸以元女大姬配明公而封諸陳以備三恪杜注閼父舜之後鄭語陳蔡隨唐韋注陳嬀姓也魯語故分陳以肅慎氏之貢韋注陳嬀姓也家語辨物篇以分大姬配胡公而封諸陳注云胡公舜之後樂記武王克殷未及下車封帝舜之後於陳漢書人表陳胡公滿舜後元后傳舜起嬀汭以嬀爲姓至周武王封舜後嬀滿於陳是爲胡公帝王世紀宓羲爲天子都陳在禹貢豫州之域於周爲陳胡公所封故春秋傳

táo 陶

曰陳太昊之墟也於漢屬淮陽今陳國是也古文苑陳君碑始祖有虞受禪陶唐亦以命禹其後嬀滿當周武王時祚土於陳陳度碑武王克商封先代之後以元女大姬配胡公封諸陳　申聲者當爲申省聲

𨻰 古文陳

本書虹籒文從申作𧉝

陶 再成邱也在泲陰從𨸏匋聲夏書曰東至于陶邱陶邱有堯城堯嘗所居故堯號陶唐氏 徒刀切

水經濟水注引墨子以爲釜邱竹書紀年魏襄王十九年薛侯來會王于釜邱者也

再成邱也者李善注應貞詩顏師古注高帝紀竝引作邱再成也釋邱再成爲陶邱元和郡縣志云成猶重也書禹貢傳云陶邱邱再成　在泲陰者郭注爾雅云今濟陰定陶城中有陶邱漢書地理志濟陰郡定陶縣下云禹貢陶邱在西南陶邱亭胡渭曰漢志云在縣西南而郭璞言在城中蓋其時郡徙西南包陶邱而爲城自魏書地形志濟陰郡定陶縣在定陶山下因爲名括地志陶山在濟州平陰縣東三十五里史記越世家止于陶集解云今之濟陰定陶戰國策秦封君以陶注云今定陶縣元和志曹州濟陰縣　本漢定陶縣之地也屬濟陰郡州理中城蓋古之陶邱也　夏書曰東至于陶邱者禹貢文彼云東出于陶邱北李善顏師古引本書亦無北字竝無于字巨古文作㘸或以㘸之一字誤爲巨北二字與鄭注導水云言過言會者皆是水名言至于者或山或澤皆非水名據此則鄭本亦作至　于禹貢下文云又東至于菏是先至于陶邱又至于菏也　陶邱有堯城堯嘗所居故堯號陶唐氏者李善顏師古竝引作堯嘗居之玉篇陶邱有堯城以堯居之故號陶唐氏元和志定陶故城堯所居也堯先居唐後居陶故曰陶唐氏竹書紀年帝堯八十九年作游宮於陶九十年帝游居於陶一百年帝陟於陶詩譜曹者禹貢兗州陶邱之北地名今曰濟陰定陶是也昔堯嘗遊成陽死而葬焉漢濟陰太守孟郁修堯廟碑帝堯萌兆生長葬陵在於成陽漢書地理志濟陰成陽有堯冢靈臺後漢書章帝紀元和二年二月東巡狩使使者祠唐堯於成陽靈臺皇覽堯冢在濟陰成陽帝王世紀堯葬濟陰成陽西北四十里是爲穀林水經注城陽西二里有堯陵書五子之歌惟彼陶唐傳云陶唐帝堯氏襄二十四年左傳范宣子曰昔匄之祖自虞以上爲陶唐氏昭二十九年傳有陶唐氏注云陶唐堯所治也

zhào 𨹟

𨹟 耕以臿浚出下壚土也一曰耕休田也從𨸏從土召聲 之少切

耕以臿浚出下壚土也者杜注左傳浚取也本書壚黑剛土也氾勝之書春地氣通可耕堅硬強地黑壚土釋名鍤插也插地起土也或曰銷銷削也能有所穿削也馥案銷即本書斛字

yán 阽

阽 壁危也從𨸏占聲 余廉切

壁危也者廣雅阽危也離騷阽余身而危死兮王注云阽猶危也漢書文帝紀或阽於死亡如淳曰阽近邊欲墮之意食貨志安有爲天下阽危若是而上不驚者臣瓚曰臨危曰阽顏注阽危欲墜之意也後漢書張衡傳阽身以徼幸注云阽危也傳又云阽焦原而跟止注云尸子曰莒國有石焦原者廣尋長五十步臨百仞之谿莒國莫敢近也有以勇見莒子者獨却行劑踵焉魏志和洽傳昏世之主不可親近久而阽危宋書後廢帝紀七廟阽危南郡王義宣傳家國阽危永明十一年策秀才文故能出入於阽危之域謝朓和王著作八公山詩阽危賴宗袞陳書高祖紀番部阽危勢將淪殄通鑑李克用上表朝廷當阽危之時則嚮臣爲韓彭伊呂注云臨危曰阽危字或作跕後漢書馬援傳飛鳶跕跕墮水中白帖引杜詩作阽　占聲者王觀國曰唐書釋音饒州老儒董衡所進蕭復傳曰今阽於危阽音鹽臨危之義也衡誤音都念切又注云下也此討論之失也馥案裴注魏志引漢書注阽音鹽

chú 除

除 殿陛也從𨸏余聲 直魚切

殿陛也者御覽引作殿階也李善注懷舊賦曹植贈丁儀詩謝惠連詠牛女詩引竝作階注月賦又引作陛玉篇除殿階也漢書王莽傳自前殿南下椒除顏注除殿陛之道也摯虞決疑要注凡大殿乃有陛堂則有階無陛也右碱左平平者以文塼相亞次碱者爲陛級也九錫之禮納陛以登謂受此陛以上殿

jiē 階

階 陛也從𨸏皆聲 古諧切

書大禹謨舞干羽于兩階　論語及階
史記堯舜土階三等　古詩阿閣三重階
陛也者玉篇階登堂道也尚書大傳
大師奏雞鳴於階下注云階陛也

zuò 阼

阼 主階也從𨸏乍聲 昨誤切

主階也者書顧命由阼階隮正義云阼階者東階也謂之
阼者鄭元冠禮注云阼猶酢也東階所以荅酢賓客是其
義也郊特牲適子冠於阼注云東序少北近主位也漢書
匡衡傳適子冠乎阼顏注阼主階也顧炎武曰大戴禮武
王踐阼禮記曲禮踐阼臨祭祀正義曰踐履也阼主人階
也天子祭祀升阼階履主階行事故云踐阼也文王世子
篇成王幼不能涖阼周公踐阼而治注踐履也代成王履
阼階史記漢文帝紀辛亥皇帝即阼正義曰主人階也古
時殿前兩階無中閒道故以阼階爲天子之位王莽傳引
逸書嘉禾篇云周公奉鬯立於阼階隋書載北齊邢子才
議曰君位在阼階故有武王踐阼篇咲氏春秋傳曰凡天
子崩諸侯薨既殯而嗣子爲君康王之誥是也未就阼階
之位來年正月朔日乃就位南面而改元
春秋所書是也公即位者即阼階之位也

bì 陛

陛 升高階也從𨸏坒聲 旁禮切

升高階也者玉篇陛天子階也釋名陛卑也有高卑也天
子殿謂之納陛言所以納人言之階陛也北堂書鈔引梅
陶云堂高曰陛獨斷陛階也所由升堂也天子陳兵於陛
故呼陛下用卑達尊之意也三輔黃圖陛所由升堂也天
子必有近臣執兵階陛以戒不虞臣下與天子言不敢指
斥天子故呼在殿陛下以告之故稱陛下燕策秦舞陽奉
地圖匣以次進至陛下漢書王莽傳朱戶納陛顏注尊者
不欲露而升陛故納之於霤下也漢書音義如淳曰刻殿
基以爲陛以有兩旁上下安也孟
康曰謂鑿殿基際爲陛不使露也

gāi 陔

陔 階次也從𨸏亥聲 古哀切

階次也者廣韻陔殿階次序史記封禪書壇三垓集解云
徐廣曰陔階次也漢書郊祀志祠壇放亳忌泰一壇三陔
注云陔重也三陔三重壇也通作垓御覽引廣雅九天之
外曰九垓注云垓階也言階次九也史記武帝紀索隱引
鄒氏曰垓一作陔言壇階三重漢書司
馬相如傳上暢九垓服虔曰垓重也

jì 際

際 壁會也從𨸏祭聲 子例切

壁會也者壁隙也廣雅際會也潛夫論浮侈篇削除鏟靡
不見際會參同契固塞其際會琴賦或乘險投會邀隙趨
危又云鏤會裛廁李善
云謂鏤鏤其縫會也

xì 隙

隙 壁際孔也從𨸏從𡭴𡭴亦聲 綺戟切

壁際孔也者一切經音義十四引同字鑑引作壁際空也
李善注沈約詠月詩引作壁際也又注江淹詩引作壁縫
也本書塲壁閒隙也集韻闊埒壁隙也玉篇隙壁際也廣
雅隙裂也昭元年左傳人之有牆以蔽惡也牆之隙壞誰
之咎也孟子鑽穴隙相窺商子修權篇隙大而牆壞鬼谷
子謀篇故牆壞於有隙韓非亾徵篇牆之壞也必通隙淮
南子說林訓隙大則牆壞說山訓受光於隙照一隅受光於
牖照北壁受光於戶照室中無遺物唐嵩陽觀碑室其窻
戶隙光漢書地理志北隙烏丸夫餘如淳云或曰隙際也
禮三年問若駟之過隙燕策將軍過聽以與寡人有隙一
切經音義十四引國語上下無隙賈注隙舋也漢書張釋
之傳雖錮南山猶有隙史記作郄鮑照詩素景緣隙流隟
即隙　𡭴亦聲
者當爲𡭴聲

péi 陪

陪 重土也一曰滿也從𨸏咅聲 薄回切

重土也者禮內則重醴注云重陪也昭五年左傳飧有陪
鼎定四年傳分之土田陪敦注云陪增也或通作培呂氏
春秋孟秋紀坿牆垣高注坿猶培也又通作掊莊子逍遙
游而後乃今掊風釋文掊重也本或作陪徐鍇本有一曰
陪臣陪備也七字鍇曰諸侯之臣於天子曰陪臣覆案曲
禮列國之大夫入天子之國曰某士自稱曰陪臣某僖十
二年左傳陪臣敢辭服注陪重
也諸侯之臣於天子故曰陪臣

zhuàn 隊

隊 道邊庫垣也從𨸏彖聲 徒玩切

道邊庫垣也者本書埒
卑垣也廣雅隊垣也

réng 陾

陾 築牆聲也從𨸏耎聲詩云捄之陾陾 如乘切

築牆聲也者詩釋文引本書同　詩云
捄之陾陾者大雅緜文傳云陾陾衆也

pí
陴

陴 城上女牆俾倪也从𨸏卑聲 符支切

小爾雅廣器壀牆謂之陴 成六年左傳衞人登陴 晉語文公誅觀狀以伐鄭反其陴 韋注陴城上女垣 通鑑王先成築龍尾道屬於女牆注云女牆卽城上短垣所謂陴也

城上女牆俾倪也者本書倪俾也俾益也馥謂城上益加小牆故曰俾倪俾倪俾倪爲陴猶令丁爲鈴終葵爲椎也一切經音義二俾倪埤蒼云城上小垣也左傳釋文堞一名俾亦謂之俾倪集韻埤埤堄城上垣廣雅埤堄女牆也增韻埤堄城上女牆亦作僻倪又作睥睨埶女牆開箭眼以窺望城下因以爲名釋名城上垣曰睥睨言於其孔中睥睨非常也亦曰陴陴裨也言裨助城之高也亦曰女牆言其卑小比之於城若女子之於丈夫也宣十二年左傳守陴者皆哭杜云陴城上僻倪正義云陴城上小牆俾倪者看視之名襄六年晏弱圍萊堙之環城傅於堞注云堞女牆也又二十五年吳子門於巢巢牛臣隱於短牆以射之二十七年盧蒲嫳攻崔氏崔氏堞其宮而守之注云堞短垣也陴堞俾倪短牆短垣女牆皆一物也

𩫏陴 籀文陴从𩫏

huáng
隍

隍 城池也有水曰池無水曰隍从𨸏皇聲易曰城復于隍 乎光切

城池也有水曰池無水曰隍者東京賦郛阻城洫注云洫城下池也皆屈曲郛行依城池爲道故說文曰隍城池也有水曰池無水曰隍矣一切經音義八三蒼城下坑無水曰隍古今注隍者城池之無水者也釋詁隍虛也郭注隍城池無水者釋言隍壑也郭云城池空者爲壑舍人云隍城池也壑溝也李巡云隍城池壑也馥案鄭注周易隍壑也列子周穆王篇遽而藏諸隍中注云隍無水池也楚詞七諫悲太山之爲隍兮王注隍城下池也寰宇記賀州蕪城池隍中頗出珠玉寶器 通作湟文選七發黃池紆曲李善云黃當爲湟湟城池也 易曰城復于隍者泰卦文釋文隍城塹也子夏傳隍是城下池也虞注城下溝無水稱隍有水稱池

qū
阹

阹 依山谷爲牛馬圈也从𨸏去聲 去魚切

依山谷爲牛馬圈也者漢書司馬相如傳江河爲阹蘇林曰阹獵者圍陳遮禽獸也郭璞曰因山谷遮禽獸爲阹揚雄傳以罔爲周阹李奇曰阹遮禽獸圍陳也吳都賦阹以九疑五臣云阹闌也因山谷以遮禽獸也通鑑高歡對爾朱榮曰閒公有馬十二谷

chuí
陲

陲 危也从𨸏𡍮聲 是爲切

wǔ
隖

隖 小障也一曰庳城也从𨸏烏聲 安古切

小障也者李善注長笛賦引同後漢書樊準傳修理塢壁皇甫規傳覆沒營塢注引本書並同通俗文營居曰塢史記秦始皇本紀築亭障以逐戎人漢書地理志敦煌郡效穀顏注本魚澤障也張湯傳居一鄣閒顏注鄣謂塞上要險之處別築爲城因置吏士而爲鄣蔽以扞寇也闞駰曰武帝使伏波將軍路博德築遮虜障於居延城又云延壽縣有玉石障漢遮虜障也李衛公問對擇吏使守堡障此足以經久魏穀氏縣有袁術固一名袁術塢文選長笛賦序獨臥郿平陽鄔中李善云鄔聚邑之名也御覽引丹陽記石頭城吳時悉土隖義熙始加塼累石頭字或作塢漢

馬賢爲征西將軍作塢壁三百所後漢書安帝紀元初元年遣兵屯河內衡要皆作塢壁獻帝紀移帝幸北塢馬援傳援起塢候注云字或作隖梁書謝覽傳於錦沙立塢拒戰戴延之西征記蠡城川南有金門塢後漢書董卓傳又築塢於郿高厚七丈號曰萬歲隖元和郡縣志郿縣下云董卓塢在縣東北十六里卓封郿侯築塢高與長安埒號爲萬歲塢蜀志張嶷傳嶷以郡郛宇頹壞更築小塢寰宇記濡須塢在歷陽縣西南吳聞曹公將來因築此塢吳錄云初欲夾水立塢諸軍皆曰上岸擊賊跣足入舟何用塢爲呂蒙曰兵有利鈍戰無百勝如有邂逅步騎蹙人不暇及水豈得入船乎權曰善遂築塢 一曰庳城也者李善引同後漢書獻帝紀注引通俗文亦同一切經音義十一引字林隖小城也

yuàn
院

院 堅也从𨸏完聲 王眷切

本書宀部有院字

堅也者院堅聲相近通作完考工記輪人輪敝三材不失職謂之完注云敝盡而𨌺輻与不動馥案詩溥彼韓城燕

fù 𨺅　jiàn 䧖　chún 陙　lún 陯

師所完隱元年左傳太叔完聚襄三十一年傳繕完葺牆又云是以令吏人完客所館孟子使舜完廩莊子天地篇不以物挫志之謂完皆堅固意本書完下云古文以爲寬字完既爲寬則院爲堅完之本字矣

陯 山𨸏陷也從𨸏侖聲 盧昆切

山𨸏陷也者通作淪玉篇陯亦作淪案書微子今殷其淪喪

陙 水𨸏也從𨸏辰聲 食倫切

水𨸏也者徐鍇曰若漘岸也本書漘水厓也詩王風在河之漘傳云漘水隒也正義隒是山岸漘是水岸故云水隒

䧖 水𨸏也從𨸏戔聲 慈衍切

文九十二 重九

𨺅 兩𨸏之閒也從二𨸏凡𨺅之屬皆從𨺅 似醉切

小字本李燾本徐鍇韻譜廣韻俱作房九切徐鍇繫傳符九反玉篇扶救切集韻類篇扶缶切惟周伯琦六書正譌呉元

滿六書正義與本書音同周氏云𨺅從兩自兩山之閒曰谷兩𨸏之閒曰𨺅後人掘隧通道以葬有類乎𨺅故又名墓道爲𨺅也別作隧非呉氏云𨺅隧音遂兩自之閒上有負土若今延道曰隧魯國語具舟除隧左傳隱元年隧而相見又墓道也王者掘地通道以葬曰隧左傳僖廿五年晉文公請隧正義從𨸏目合意馥證之檀弓注知似醉切爲正音檀弓齊莊公襲莒於奪杞梁死焉鄭注春秋傳曰杞殖華還載甲夜入且于之隧隧奪聲近或爲兌

兩𨸏之閒也者集韻隧墓道也古作𨺅案𨺅即𨺅經典通用隧字聲類隧延道也周禮冢人及竁以度爲丘隧注云隧羨道也九章算術今有羨除下廣六尺上廣一丈深三尺末廣八尺無深袤七尺注云羨除實隧道也其所穿地上平下衺似兩鼈臑夾一壍堵卽羨除之形詩桑柔大風有隧傳云隧道也曲禮出入不當門隧注云隧道也隱元年左傳若闕地及泉隧而相見杜注隧若今延道僖二十五年傳晉侯朝王請隧杜注闕地通路曰隧韋昭注國語曰隧六隧也賈誼書審微篇古者周禮天子葬用隧諸侯縣下晉文公𨾊南陽卽以得以隧下襄十八年傳連大車以塞隧而殿襄二十三年傳夜入且于之隧杜注且于隧狹路襄二十五年傳當陳隧者井堙木刊杜注隧徑也昭元年傳私盟於閨門之外實薰隧杜注閨門鄭城門薰隧門外道名昭十七年傳盈其隧炭杜注隧出入道定四年傳還塞大隧杜注漢東之隘道哀十三年傳越子伐呉爲二隧杜注隧道也魯語具舟除隧韋注隧道也家語致思篇彼有實季羔曰君子不隧注云隧從竇出軍法司空治軍隧道韓詩外傳孔子南游適楚至於阿谷之隧漢書西域傳欲起亭隧顏注隧者依深險之處開通行道也匈奴傳起亭隧顏注隧謂深開小道而行避敵鈔寇也說苑尊賢篇晉文侯行地登隧大夫皆扶之又權謀篇武王伐紂過隧斬岸過水折舟至於有戎之隧大風折旆黃圖槐市列槐樹數百行爲隧無牆屋魏志高句麗國東有大穴名隧穴陳琳爲袁紹檄豫州欲以螗蜋之斧禦隆車之隧蜀都賦列隧百重羅肆巨千五臣注隧市中道西都賦貨別隧分五臣注隧市入道西京賦旗亭五重俯察百隧五臣注隧市道也字或作墜會稽記大司馬滕公冢下路猶謂之滕侯墜通作遂周禮遂人夫間有遂古微書春秋演孔圖使開階立遂注云遂當作隧隧道也

jué 𨽍

𨽍 𨸏突也從𨺅決省聲 於決切

𨸏突也者本書突穿也徐鍇韻譜𨽍穿也通作㚇集韻㚇陵阜突也古作𨽍 決省聲者徐鍇本作夬聲玉篇廣韻從夬作𨽍音所冀疏吏二切並誤

ài 𨻐

𨻐 陋也從𨺅𦏧聲𦏧籀文嗌字 烏懈切

陋也者本書陜陋也廣雅陋陋也詩大雅誕寘之隘巷禮器君子以爲隘矣注云隘猶狹陋也僖二十二年左傳古之爲軍也不以阻隘也昭三年傳湫隘囂塵杜云隘小戰國策塞黽隘離騷路幽昧以險隘孫子地形篇隘形者我先居之注云兩山之閒通谷也元和郡縣志靈邱縣隘門山亦曰隘口在縣東南十五里壁立直上層崖刺天有古道極險陋 𦏧籀文嗌字者徐鍇本無此文本書嗌籀文作𦏧漢書百官表𦏧作朕虞應劭曰𦏧伯益也顏注𦏧古益字也馥謂本書嗌之籀文有闕筆今作𦏧實益字非嗌也春秋元命包益州益之爲言阨也言其所在之地險阨也

隘 籀文𨻐從𨸏益

籒文䪙從𨸏益者徐鍇本無益字籒文當作篆文從𨸏者本籒文小篆仍而不改者也從𨸏者乃小篆變𨸏從𨸏二文竝從益

suì 䪙

[䪙] 塞上亭守㷭火者從𨸏從火遂聲 徐醉切

塞上亭守㷭火者者史記秦始皇本紀築亭障以逐戎人字或作烽燧漢書賈誼傳斥候望烽燧不得臥文穎曰邊方備寇作高土櫓櫓上作桔皋桔皋頭兜零以薪草置其中常低之有寇卽火燃舉之以相告曰烽又多積薪寇至卽燃之以望其煙曰燧司馬相如傳夫邊郡之士聞㷭舉燧燔皆攝弓而馳荷兵而走孟康曰㷭如覆米䉛縣著契皋頭有寇則舉之燧積薪有寇則燔然之也史記索隱曰烽見敵則舉燧有難則焚烽主晝燧主夜字又作㷭燧漢書韓安國傳置㷭燧

[隧] 篆文省

文四　重二

lěi 厽

[厽] 絫坺土爲牆壁象形凡厽之屬皆從厽 力軌切

絫坺土爲牆壁者玉篇厽累墼爲牆壁也

lěi 絫

[絫] 增也從厽從糸絫十黍之重也 力軌切

增也者漢書景十三王傳臣聞悲者不可爲絫欷顏注絫重也司馬相如傳絫臺增成顏注絫古累字賈誼書退讓篇壞陛三絫或作累僖十八年穀梁傳善累而後進之范注累積秦策有累世之怨高注累重也 從厽從糸者徐鍇本作厽亦聲案本書之例從本部得聲者則曰亦聲徐鉉削去三字坐不審耳 絫十黍之重也者漢書律歷志權輕重者不失黍絫應劭曰十黍爲絫十絫爲銖夢溪筆談唐書開元錢重二銖四參今蜀郡亦以十參爲一銖參乃古絫字恐相傳之誤耳

lěi 垒

[垒] 絫墼也從厽從土 力軌切

絫墼也者廣韻集韻引作垒墼也又廣韻垒墼也出字林急就篇墼壘廥廄庫東箱顏注墼壘累墼而爲障蔽也王注壘當作垒後漢書周紆傳常築墼以自給或作𡏿集韻瓴甋甎也 從厽從土者當有厽亦聲三字

文三

sì 四

[四] 陰數也象四分之形凡四之屬皆從四 息利切

陰數也者倍二爲四倍四爲八皆耦數易繫辭天三地四乾鑿度孔子曰陽三陰四位之正也陸倕新刻漏銘測於地四參以天一象四分之形者口象四方鄭注乾鑿度云方者徑一而帀四也說苑發於一成於二備於三周於四八象其分本書八下云象分別相背之形又六下云易之數陰變於六正於八

[𠃢] 古文四

[亖] 籒文四

聘禮注引朝貢禮純四只趙商問只長八寸四八三十二幅廣三尺二寸大廣非其度鄭荅古積畫誤爲四當爲三三只則二尺四寸矣又覲禮四享皆束帛加璧注云四當爲三古書作三四或皆積畫此篇又多四字字相似由此誤也疏引

書咎三岳外薄三海皆積畫昭十二年左傳是四國者專足畏也劉炫云古四字積畫四當爲三馥案史記舜踐帝位三十九年三亦當爲三

文一　重二

zhù 宁

[宁] 辨積物也象形凡宁之屬皆從宁 直呂切

辨積物也者辨當爲辯辯治也本書貯積也錢君大昕曰史記貨殖列傳積著之理務完物著卽古貯字說文宁訓辨積物是積宁本字

zhǔ 䍆

[䍆] 㡩也所以載盛米從宁從甾甾缶也 陟呂切

篆當作䍆 通作貯新序刺奢篇鄒穆公有令食鳧鴈必以粃無得以粟于是倉無粃而求易於民二石粟而得一石粃吏以爲費請以粟食之穆公曰爾知小計不知大會周諺曰囊漏貯中而獨不聞歟夫君者民之父母取倉之粟移之於民此非吾之粟乎粟之在倉與在民於我何擇馥案穆公之意蓋謂倉粟移於民猶囊粟漏於䍆宋書范泰傳故囊漏貯

中識者不吝魏畧太祖謂丁斐曰譬如人有盜狗而善捕鼠盜雖有小損而完我囊貯幡也者本書幡載米𠁁也廣雅幡𠁁也　所以載盛米者玉篇廣韻所引竝無載字　從甾甾缶也者本書東楚名缶曰甾龍龕手鑑𠁁下引本書盛米具也　從宁者徐鍇本有宁亦聲三字

文二

zhuó 叕

綴聯也象形凡叕之屬皆從叕　陟劣切

綴聯也者廣雅作連檀弓殷主綴重焉注云綴猶聯也

zhuì 綴

合箸也從叕從糸　陟衛切

合箸也者本書箴下云綴衣箴也鐕下云可以綴箸物者茵下云以艸補缺或以爲綴廣韻綴連補也內則紉箴請補綴書立政綴衣正義云衣服必連綴箸之詩長發爲下國綴旒箋云綴猶結也如旌旗之旒縿箸焉　從叕從糸者徐鍇本作從糸從叕叕亦聲

說文解字義證　卷四十七

文二

yà 亞

醜也象人局背之形賈侍中說以爲次弟也凡亞之屬皆從亞　衣駕切

醜也者亞經典通作惡書洪範六極五曰惡傳云醜陋也鄭注容毀故致惡也五行傳云皃不恭之罰也襄二十六年左傳生佐惡而婉太子痤美而很杜注佐貌惡而心順痤貌美而心很戾昭二十八年傳昔叔向適鄭鬷蔑惡欲觀叔向從使之收器者而往立於堂下一言而善叔向聞之曰必鬷明也下執其手以上曰昔賈大夫惡娶妻而美三年不言不笑御以如皋射雉獲之其妻始笑而言今子少不颺子若無言吾幾失子矣杜注惡貌醜哀二十七年傳知伯曰惡而無勇杜注惡貌醜也言其醜且無勇晏子春秋內篇公曰嘻亦老且惡矣尸子禹長頸鳥喙面貌亦惡矣莊子德充符衛有惡人焉曰哀駘它釋文云哀駘醜貌它其名也趙策鬼侯有子而好故入之於紂紂以爲惡史記澹臺滅明狀貌甚惡漢書五行志形貌醜惡列女傳齊孤逐女狀甚醜潛夫論潛歎篇何貌惡之若此而覆謂之好也史記盧綰孫他之封惡谷侯漢書作亞谷楚郤宛字子惡世本郤昭伯名惡戰國策秦有魏醜夫昔人得古印文曰周惡夫識者謂是周亞夫凡不善皆曰醜詩亦孔之醜傳云醜惡也泮水屈此羣醜箋云醜惡也遵大路無我魗兮箋云魗亦惡也正義云魗與醜古今字文十八年左傳醜類惡物杜云醜亦惡也成九年傳渠邱城惡莒城亦惡魏策求其好掩人之美而揚人之醜者而參驗之趙策寡人以王子爲子任欲子之厚愛之無所見醜鮑注醜惡事也　象人局背之形者五經文字惡從亞亞象曲脊醜惡之形　賈侍中說以爲次弟也者釋言亞次也釋名亞者亞也次也又云兩壻相謂曰亞言一人取姊一人取妹相亞次也易繫辭言天下之至賾而不可惡也釋文云荀作亞亞次也書牧誓亞旅傳云亞次也特牲饋食禮亞獻尸士喪禮兩肩亞兩胉亞注云亞次也公食大夫禮腊腸胃亞之注云亞次也文六年左傳爲亞卿焉杜注亞次也襄十九年傳圭嬀之班亞宋子杜注亞次也尚書大傳王升舟入水鼓鐘惡觀臺惡將舟惡宗廟惡注云惡讀爲亞亞次也

yà ⿱亞日

闕　衣駕切

說文解字義證　卷四十七

文二

wǔ 五

五行也從二陰陽在天地閒交午也凡五之屬皆從五　疑古切

五行也者釋名五行者五氣也於其方各施行也昭三十二年左傳天有三辰地有五行風俗通皇霸篇五行者品物之宗也道以三興德以五成漢書藝文志五行者五常之形氣也五行志引洪範初一曰五行顏注謂之行者言順天行氣洪範正義云五行卽五材也謂之行者若在天五氣流行在地世所行用也說苑易曰一陰一陽之謂道道也者物之動莫不由道也是故發於一成於二備於三周於四行於五是故元象著明莫大於日月察變之動莫著於五星天之五星運氣於五行其初猶發於陰陽而化極萬一千五百二十新唐書五行志萬物盈於天地之閒而其爲物最大且多者有五一曰水二曰火三曰木四曰金五曰土其用於人也非此五物不能以爲生而闕其一不可是以聖王重焉夫所謂五物者其見象於天也爲五星分位於地也爲五方行於四時也爲五德稟於人也爲

五常播於音律爲五聲發於文章爲五色而總其精神之
用謂之五行昭九年左傳妃以五成注云五行各相妃合
得五而成洪範一五行一曰水二曰火三曰木四曰金五
曰土禮運播五行於四時注云一曰水二曰火三曰木四
曰金五曰土漢書律歷志天以一生水地以二生火天以
三生木地以四生金天以五生土鄭注中庸木神則仁金
神則義火神則禮水神則信土神則知淮南天文訓子生
母曰義母生子曰保子母相得曰專母勝子曰制子勝母
曰困從二者徐鍇曰二天地也白虎通五行篇五行者
何謂也謂金木水火土也言行者欲言爲天行氣之義也
地之承天猶妻之事夫臣之事君也謂其位卑卑者親事
故自周於一行尊於天也　陰陽在天地閒交午也者禮
運夫禮必本於太一分而爲天地轉而爲陰陽潛夫論古
有陰陽然後有五行徐鍇曰交午更用事也本書午悟也
五月陰气午逆陽冒地而出玉篇午交也史記律書陰陽
交故曰午大射儀若丹若墨度尺而午注云一縱一横曰
午謂畫物也特牲饋食記心舌皆去本末午割之注云午
割從横割之內則男角女羈注云午達曰羈也正義云今
女翦髮留其頂上縱横各一相交通達故曰午達范注穀
梁云羈貫謂交午翦髮以爲飾史記項羽本紀楚蠭起之

將集解如淳曰衆蠭飛起交横若午索隱凡物交横爲午
鄭元云一縱一横爲午服虔曰堯作誹謗木於橋梁交午
柱頭崔豹古今注今之華表以横木交柱頭形似桔槔西
京謂之交午也漢書霍光傳使者旁午如淳曰旁午分布
也顔注一縱一横爲旁午猶言交横也王觀國曰古篆五
字爲乂象陰陽交乂之義而午字亦取交互之義史言旁
午者四方八達皆通亦交午之義也通鑑裴垍得
風疾中使候問旁午於道注云一縱一横爲旁午

乂　古文五省

子華子五居中宮數之所由生一從一横數之
所由成本書悟古文作𢘫蓋五古文又作𢘫

文一　重一

liù 六

六　易之數陰變於六正於八從入從八凡六之屬皆從

六　力竹切

易之數陰變於六正於八者易乾鑿度陰得位以六八六
八者四六四八也又云陽變七之九陰變八之六鄭注陽
動而進變七之九象其氣息也陰靜而退變八之六象其
氣消也易乾卦正義云張氏以爲陽數有七有九陰數有
八有六但七爲少陽八爲少陰質而不變爲爻之本體九
爲老陽六爲老陰文而從變故爲爻之別名王禕洛書辨
四爲太陰之位六爲太陰之數故四與六對二爲少陰之
位八爲少陰之數故二與八對劉禹錫稱董生之說曰揲
蓍者九與六爲老老爲變爻七與八爲少少爲定位歐陽
修曰乾爻七九九變而七無爲易道占其變曰用九釋所
以不用七坤爻八六六變而八無爲曰用六釋所以不用
八王觀國曰一三五爲九九者老陽之能變者也二四爲
六六者老陰之能變者也乾純陽故乾言用九坤純陰故
坤言用六老陽生少陽七是已老陰生少陰八是已九六
七八乃揲蓍之變而爲卦者也龍八十一鱗九九之數也
鯉三十六鱗六六之數也龍在天而能變者故得九九之
數鯉在地而能變者故得六六之數大抵得九六之數者
皆有變之理蓋天地自然之道也夢溪筆談象數一易象
九爲老陽七爲少八爲少陰六爲老陰舊說陽以進爲老陰
以退爲老九六者乾坤之畫陽得兼陰陰不得兼陽此皆
以意配之不然也九七八六之數陽順陰逆之理皆有所
從來得之自然非意之所配也凡歸餘之數有多有少多

爲陰如爻之偶少爲陽如爻之奇三少乾也故曰老陽九
揲而得之故其數九其策三十有六兩多一少則一少爲
之主震坎艮也故皆謂之少陽[illegible]中皆七揲而
得之故其數七其策二十有八三多坤也故曰老陰六揲
而得之故其數六其策二十有四兩少一多則多爲之主
巽離兌也故皆謂之少陰[illegible]中皆八揲而得之
故其數八其策三十有二物盈則變[illegible]盈盈爲老故
老動而少靜吉凶悔吝生乎動者也卦爻之辭皆九六者
惟動則有占不動則無朕雖易亦不能言之國語謂正屯
悔豫皆八遇泰之八是也　從入者鄭注乾鑿度四者西
方之數西方
日所入也

文一

qī 七

七　陽之正也從一微陰從中衺出也凡七之屬皆從七

親吉切

篆文七與十相似惟直畫屈中書者易誤故沈存中謂史
記律書所言律之長短凡七皆當作十誤屈其中畫曰

jiǔ 九

陽之正也者陰數變於六正於八陽數變於九正於七也易乾鑿度一變而爲七鄭注七主南方陽氣壯盛之始也王禕洛書辨三爲少陽之位七爲少陽之數故三與七對從一微陰從中衺出也者本書丙下云陰氣初起陽气將虧午下云五月陰气午逆陽冒地而出申下云七月陰氣成體馥謂陽立於七故七爲陽正陰生於陽故陰從陽出七與屯同意

文一

九 陽之變也象其屈曲究盡之形凡九之屬皆從九 舉有切

陽之變也者易乾卦初九正義云老陽數九老陰數六老陰老陽皆變周易以變者爲占所以老陽數九老陰數六者以揲蓍之數九遇揲則得老陽六遇揲則得老陰 象其屈曲究盡之形者九究聲相近廣雅九究也白虎通禮樂篇九之爲言究也子華子數登於九而究矣列子天瑞篇一變而爲七七變而爲九九變者究也易乾鑿度九者

氣變之究也漢書律歷志九者所以究極中和爲萬物元也

kuí 馗

馗 九達道也似龜背故謂之馗馗高也從九從首 渠追切

玉篇有古文作𩠐 魏志武帝紀遼東殷馗注云馗古逵字見三蒼 王粲從軍詩士女滿莊馗 顏延年皇太子釋奠詩野馗風馳

九達道也者釋名九達曰逵齊魯謂道多爲逵師此形然也釋宮九達謂之逵郭注四道交出復有旁通詩施于中逵韓作馗薛君章句云中馗馗中九交之道也宣十二年左傳至於逵路隱十一年傳及大逵弗及注云逵道方九軌也劉炫規杜以逵爲九道交出淮南說林訓楊子見逵路而哭之爲其可以南可以北高注道九達曰逵三輔決錄長安城面三門四面十二門皆通達九逵以相經緯思元賦神逵昧其難覆兮舊注九交道曰逵成公綏柳賦臨九達之通衢魏志賈逵字梁道晉中興書戴逵字安道 似龜背故謂之馗者宣十二年左傳釋文引同龜馗聲相近初學記逵一曰馗言似龜背故曰馗 馗高也者徐鍇本在逵下見說文

róu 厹(禸)

逵 馗或從辵從坴

徐鍇本馗高也故從坴鍇曰坴高土也馥案本書坴下云坴高也

文二 重一

厹 獸足蹂地也象形九聲尔疋曰狐狸貛貈醜其足蹞其迹厹凡厹之屬皆從厹 人九切

獸足蹂地也者爾雅釋文引同本書嘼下云象耳頭足厹地之形古文嘼下從厹撚下云一曰蹂也一切經音義九蹂古文作厹厹通俗文踐穀曰蹂蒼頡篇蹂踐也𨆌蹋也廣雅蹂履也西都賦蹂蹸其十二三李善引字林蹂踐也 尔疋曰狐狸貛貈醜其足蹞其迹厹者釋獸文彼作貍狐貒貈醜其足蹯其迹内郭注内指頭處馥案釋獸鬬洩多狃郭注腳饒指又案周禮大司徒注引尔雅作貈狐貒貉疏云鄭君所讀爾雅者爲貈不爲貍也

蹂 篆文從足柔聲

篆文者此爲篆文則厹是古文爾雅釋文蹂古文爲厹因厹之屬從厹故以古文爲部首 從足柔聲者古文厹象形篆文蹂變爲諧聲 爾雅釋文引字林或作踋

qín 禽

禽 走獸總名從厹象形今聲禽离兕頭相似 巨今切

走獸總名者本書臭下云禽走臭而知其迹者犬也爲下云母猴也其爲禽好爪禮曲禮猩猩能言不離禽獸走獸即禽獸易師卦田有禽比卦王用三驅失前禽又屯卦即鹿无虞以從禽也李鼎祚曰案白虎通禽者何鳥獸之總名即比卦九五爻辭王用三驅失前禽是其義也詩車攻傳云不成禽不獻禽雖多擇取三十焉周禮大司馬小禽私之詩七月傳引作小獸私之獸人及獘田令禽注于虞中宣十二年左傳攝叔奉麋獻焉曰以歲之非時獻禽之未至敢膳諸從者趙策虎將即禽禽不知虎之即己也而相鬬兩罷而歸其死於虎周書皇門解譬若畋犬驕用逐禽其猶不克有獲史記甘茂傳禽困覆車集解譬禽獸得困急猶能抵觸傾覆人車漢書蒯通傳野禽殫走犬亨華陽國志巴志加以水陸艱難山有猛禽思追期會隕身江河投死虎口水東日記於越志云吳正道東陽人明六書

chī 离 wàn 萬

許愼說文有不足者補之臨川吳文正公澄問禽獸二字曰禽卽獸也曰兩翼爲禽四足爲獸何以爲說朗曰禮不云乎猩猩能言不離禽獸鸚䳇能言不離飛鳥澄大敬之竊案禽獸二字對文則分字林兩足曰禽四足曰獸釋鳥二足而羽謂之禽四足而毛謂之獸匡謬正俗云曰是總別飛走大名是也鳥獸亦通偁爲禽本書鳥下云長尾禽總名也白虎通禽者何鳥獸之總名周禮庖人掌共六畜六獸六禽注云六禽於禽獻及六摯宜爲羔豚犢麛雉鴈凡鳥獸未孕曰禽司馬職曰大獸公之小禽私之三國志華佗傳佗語吳普曰吾有五禽之戲一曰虎二曰鹿三曰熊四曰猿五曰鳥此亦非走竝謂之禽善乎閻百詩之言曰國語里革曰登川禽韋昭注川禽鼈蜃之屬按鼈介蟲也是亦可謂之禽猶考工記天下之大獸五有鱗者鱗水蟲也亦可謂之獸乃知禽獸所包甚廣不必二足而羽四足而毛者而後謂之也 從禸象形今聲者徐鍇本作頭象形從禸今聲鍇曰㐫頭象也 禽离𡕒頭相似者本書𡕒下云與禽离頭同

离 山神獸也從禽頭從禸從屮歐陽喬說离猛獸也 呂支切

㐫當爲㐫

山神獸也者通作螭李善注文選引作山神獸形宣三年左傳螭魅罔兩服注螭山神獸形文十八年傳投諸四裔以禦螭魅賈注螭山神獸形後漢書竇憲傳螭虎之士注云螭山神獸形也廣雅山神獸謂之离或作魑通俗文山澤怪謂之魑魅漢書王莽傳投諸四裔以禦魑魅顏注魑山神也 從禽頭者魏志和洽傳子禽嗣注音離禽本作离寫誤 從中者徐鍇本作屮聲中非聲當如萬禹象形 歐陽喬說离猛獸也賈注左傳螭或曰如虎而噉虎吳都賦神螭掩五臣注神螭猛獸也典引虎螭其師李善云如虎如螭也通作離史記周本紀如豺如離徐廣曰離音螭義訓與螭同

萬 蟲也從禸象形 無販切

蟲也者廣韻引字林萬蟲名也莊子天運篇其知憯于蠆蠆之尾釋文云或云依字土當作蠆下當作蠍蠆𧓍閒許萬者蠍也通俗文長尾爲蠆短尾爲蠍

yǔ 禹 fèi 𥝍

禹 蟲也從禸象形 王矩切

蟲也者廣韻引字林禹蟲名也玉篇䖅禹蟲也本書䖅知聲蟲也增韻禹蟲一名䖅洪武正韻䖅禹蟲知聲者

㝢 古文禹

漢書藝文志大禽三十七篇傳言禹所作顏注禽古禹字

𥝍 周成王時州靡國獻𥝍人身反踵自笑笑卽上脣掩其目食人北方謂之土螻爾疋云𥝍𥝍如人被髮一名梟羊從禸象形 符未切

周成王時云云者徐鍇曰反踵胸跟在前也字或作狒爾雅圖讚狒狒怪獸被髮操竹見人則笑脣蔽其目終亦號咷反爲我戮西京賦𢷶狒猬薛注𥝍獸身人面身有毛被髮迅走食人西陽雜俎狒狒飲其血可以見鬼力負千斤笑輒上吻掩額舊說反踵獵者言無膝睡常倚物字又作𥝍本草拾遺𥝍𥝍亦作𥝍出西南夷如猴宋孝建中獠子以西波尸地高城郡安西縣主簿韋文禮進雌雄二頭宋帝曰吾聞𥝍𥝍能負千鈞若旣有力如此何能致之彼土人丁鑾進曰𥝍𥝍見人喜笑則上脣掩其目人以釘箸額任其奔馳候死而取之髮極長可爲頭髮血堪染靴其毛一似獮猴人面紅赤色作人言鳥聲善知生死飲其血使人見鬼帝聞而欣然命工圖之或又作髴郭注山海經云周書曰州靡髴髴者人身反踵自笑笑則上脣掩其面爾雅云髴髴大傳曰周書成王時州靡國獻之海內經謂之贛巨人今交州南康郡深山中皆有此物也長丈許脚跟反向健走被髮好笑雌者能作汁洒中人卽病土俗呼爲山都元稹詩髴髴穿筒格注云南人俗法嘗用竹筒穿臂以受之髴髴執臂輒笑笑則脣蔽兩目人因自筒中出手以劍釘之於樹 爾疋云𥝍𥝍如人被髮者釋獸文彼作狒狒如人被髮迅走食人郭注梟羊也山海經曰其狀如人面長脣黑身有毛反踵見人則笑交廣及南康郡山中亦有此物大者長丈許俗呼之曰山都釋文引本書作𥝍𥝍有讀若費費四字 一名梟羊者初學記二十九引有如麃善登木五字小字本李燾本竝作梟陽爾雅釋文

xiè
离

亦引作梟陽張衡元圖梟羊喜獲先笑後愁海內南經梟羊國在北朐之西其爲人人面長脣黑身有毛反踵見人笑亦笑左手操管吳都賦舊注云梟羊善食人大口其初得人喜而笑却脣上覆額移時而後食之人因爲筒貫於臂上待執人人卽抽手從筒中出鑿其脣於額而得禽之　從禸象形者徐鍇本云象形從臼從禸讀若費

离 蟲也從禸象形讀與偰同 私列切

蟲也者廣韻引字林离蟲名也　讀與偰同者廣韻离殷祖也或作偰本書偰下云高辛氏之子堯司徒殷之先史記司馬相如傳契不能計漢書作离張揖曰离爲堯司徒敷五教率萬事列女傳簡狄吞燕卵生离北堂書鈔引尚書刑德放离爲司徒申鑿政體篇离布五教括地志商州商洛縣古之商國帝嚳之子离所封也通鑑竇武上書此誠陛下稷离伊呂之佐注云离古契字

𡿪 古文离

此非离之古文蓋𡿪之古文後人亂之巛象𡿪之髮本書古文子作𢀈云從巛象髮是也吳都賦其下則有梟羊𪊨狼舊注引爾雅梟羊一名𤟤𤟤賦又云𤟤𤟤笑而被格舊注𤟤𤟤梟羊也

文七　重三

chù
嘼

嘼 犍也象耳頭足厹地之形古文嘼下從厹凡嘼之屬皆從嘼 許救切

犍也者釋畜釋文云畜本又作嘼字林云嘼產也說文云嘼牲也本書犍畜牲也乳下云人及鳥生子曰乳獸曰產獸當作嘼集韻畜謂六畜或作嘼廣韻嘼嘼產亦作畜玉篇六嘼牛馬羊雞犬豕也養之曰嘼用之曰牲今作畜方言陳楚之閒凡人嘼乳而雙產謂之釐孳楚詞大招曲屋步㩻宜擾嘼只注云宜乘擾謹之馬通作獸周禮天官敘官獸醫注云獸牛馬之類易中孚釋文畜本或作獸爾雅釋畜釋文畜許又反本又作嘼音同經典竝作畜字禮記左傳皆云名子者不以畜牲左氏又云古者六畜不相爲用是也匡謬正俗武成序云武王伐殷往伐歸嘼孔安國注云往誅紂克定偃武修文歸馬牛於華山桃林之牧地徐仙民音嘼爲始售反按武成當篇云歸馬於華山之陽放牛於桃林之野此與序意相承又許氏說文解字云嘼犍也字林嘼音火又反獸字從嘼從犬斯則六畜之字本自作嘼於後始借畜養字爲耳且嘼獸類屬不同嘼者人之所養獸者是山澤所育故爾雅論牛馬羊豕則在釋畜論麋鹿虎豹卽在釋獸較然可知若武王歸鹿華山之陽放虎桃林之野可言歸獸所歸放者既是馬牛當依嘼字本音讀之不得以作獸字一邊便謂古文省簡卽呼爲獸且堯典云鳥獸孳尾鳥獸毛毨鳥獸希革鳥獸氄毛旅獒云珍禽奇獸不育于國皆作獸字不作嘼也何獨武成一篇以嘼爲獸斯不然矣竊觸聞許武成古本原作嘼字想因唐明皇改爲今本尚書時未究嘼字之義而增益之也今其下亦云本或作嘼許救切益知古本作嘼字無疑矣　象耳頭作厹地之形者㠯與古文同古當爲古古文從厹此從古

shòu
獸

獸 守備者從嘼從犬 舒救切

守備者者釋鳥釋文引有一日兩足曰禽四足曰獸十字廣韻引字林同獸守聲相近異苑張茂嘗夢大象以問萬推推曰當爲大郡守夫象者大獸取諸其音獸者守也廣雅獸守也周禮獸人時田則守罟注云備獸觸攫錢君大

昭曰獸之言狩也古文獸與狩通小雅搏獸于敖水經注引作薄狩何休公羊傳注狩猶獸也馥案東京賦亦引作薄狩淮南覽冥訓狡蟲死高誘曰蟲狩也張遷碑帝游上林問禽狩所有楊君石門頌惡虫幣狩隸釋云以幣狩爲獘獸釋鳥二足而羽謂之禽四足而毛謂之獸玉篇四足有毛走者謂之獸　從犬者本書狗叩氣吠以守

文二

jiǎ
甲

說文解字弟十四　義證弟四十八

曲阜桂馥學

位東方之孟陽气萌動從木戴孚甲之象一曰人頭宐爲甲甲象人頭凡甲之屬皆從甲　古狎切

鶡冠子近迭篇蒼頡作書法從甲子　爾雅釋天太歲在甲曰閼逢　淮南天文訓寅在甲曰閼蓬高注萬物鋒芒欲出擁遏未通　世本大撓作甲子宋衷云黃帝史官也　呂氏春秋勿躬篇大撓作甲子　六藝論黃帝佐官七人大撓造甲子月令章句大撓探五行之情占斗綱所建於星始作甲乙以名日謂之幹作子丑以名月謂之枝枝幹相配以成六旬　廣雅甲乙爲幹幹者日之神也寅卯爲枝枝者月之靈也　書序羲和湎淫廢時亂日傳云廢天時亂甲乙　戰國策一日破紂之國高注一日甲子之日也　詩大明會朝清明傳云會甲也甲朝者一朝也　位東方之孟者宋本小字本並作東方之孟無位字本書初刻亦無後乃加之按東方甲爲孟卯爲仲乙爲季易辨終備萬物孳甲鄭注孳生也甲東方之行物所生故數以始也　陽气萌動者十幹以甲丙戊庚壬爲陽徐鍇曰甲在東北甲子陽氣所起也董仲舒曰太平之世則風不鳴條開甲散萌而已漢章帝元和二年詔方春生養萬物孳甲宜助萌陽以育時物　從木戴孚甲之象也者本書稃稽也玉篇稃甲也通作孚　徐鍇曰孚猶葭莩穀韡也集韻穀物之孚甲釋名甲孚也萬物解孚甲而生也又云浮孚也孚甲在上稱也又云覆孚也如孚甲之在物外也又云鎧或謂之甲似物孚甲以自禦也白虎通其曰甲乙者萬物孚甲也易彖傳雷雨作而百果草木皆甲坼鄭注皆讀爲人倦解之解解說卦傳其于稼也爲反生宋衷曰謂麻豆之屬戴甲而生月令孟春之月其蟲鱗注云象物孚甲將解又云食麥與羊注云麥實有孚甲屬木大戴禮少陽篇苟本正則華英必得其節以秀孚矣夏小正二月栁稊傳云稊也者發孚也史記律書甲者言萬物剖符甲而出也漢書律歷志出甲於甲月令正義解之云甲是孚甲也劉歆鍾律書角者觸也物觸地而出戴芒角也五行爲木　一曰人頭宐爲甲者徐鍇本作大一經曰頭玄爲甲韻會五音集韻並作玄馥案頭色玄如玄天之在上故曰頭玄爲甲　甲象人頭者徐鍇曰其字形亦叵象人頭馥案此

猶緯書配身也乾坤鑿度云乾爲頭首坤爲胃腹兌口離目艮手震足

古文甲始於一見於十成於木之象

始於一見於十成於木之象者集韻引作始於十見於千成於木之象小字本李燾本並同徐鍇本作歲成於木之象餘與本書同鍇曰甲一也甲乙爲幹其數十成于東方人象木也馥案歲成於木之象者本書歲木星也

文一　重一

yǐ
乙

象春艸木冤曲而出陰气尚彊其出乙乙也與丨同意乙承甲象人頸凡乙之屬皆從乙　於筆切

乙與甲同位東方　十幹以乙丁己辛癸爲陰　釋天太歲在乙曰旃蒙　漢書律歷志奮軋于乙　內則魚去乙注云乙魚體中害人者名也今東海鰫魚有骨名乙在目旁狀如篆乙食之鯁人不可出馥案釋魚魚腸謂之乙郭注似篆書字因以名焉　漢官儀以乙日祀先農及耕乙地

象春艸木冤曲而出者本書戹從乙云隘也辰下云物皆生從乙廣雅乙軋也釋名乙軋也自抽軋而出也史記律書乙者言萬物生軋軋也白虎通乙者物蕃屈有節欲出月令孟春之月其日甲乙注云乙之言軋也日之行春東從青道發生萬物月爲之佐時萬物皆解孚甲自抽軋而出因以爲日名焉昭二十九年左傳木正曰句芒杜注取木生句曲而有芒角也淮南天文訓卯在乙曰旃蒙高注萬物遏蒙甲而出　陰气尚彊其出乙乙也者文賦思乙乙其若抽李善引方言乙抽也又引說文陰氣尚彊出乙乙然董斯張曰宋本昭明文選文賦云思乙乙其若抽說文解乙字云象春艸木冤曲而出陰氣尚彊其出乙乙也淮南子太歲在甲曰閼逢注萬物擁遏未通也在乙曰旃蒙注萬物遏蒙甲而出也史記律書乙者萬物生軋軋也漢書律歷志奮軋於乙穀梁傳軋辭范甯注軋委曲也釋名云乙軋也自抽軋而出也則軋者乙之詁也梁江革嘲何記室聯句不成云疇昔故翩翩今辰何乙乙松雪行楷作軋軋字姝誤或云許說大假仲春桃已華何言冤曲邪案月令季春句者畢出萌者盡達則此前猶未畢出未盡達也益信許說之妙　與丨同意者丨當爲屮徐鍇繫傳音徹云同爲出也馥案屯從屮象艸木之初生屯然而難

qián 乾　luàn 亂　yóu 尤　bǐng 丙

乾 上出也從乙乙物之達也倝聲 渠焉切又古寒切
上出也者本書倉從隹上欲出H引易夫乾隺然 乙物
之達也者九經字樣乾上從倝下從乙乙謂草木萌甲抽
乙而
生

乾 籀文乾

亂 治也從乙乙治之也從𤔔 郎段切
治也者釋詁文郭引論語予有亂臣十人襄二十八年左
傳武王有亂臣十人杜注亂治也北史蕭寶夤傳武王有
亂臣十人亂者理也廣雅亂理也書皋陶謨亂而敬鄭注
亂謂剛柔治理書顧命其能而亂四方傳訓亂爲治說命
惟以亂民傳云使治民周官亂爾有政傳云治汝所有之
職泰誓予有亂臣十人傳云治理之臣申鑒政體篇聖漢
統天惟宗時亮其功格宇宙粵有虎臣亂政李善注雪賦
亂者理也總理一賦之終也通鑑鸞生十子九子𢽏一子
不𢽏關中亂注云周秦以南以亂爲治郭璞云以徂爲存
猶以亂爲治此皆詁訓義有反覆旁通美惡不嫌同名馥

說文解字義證 卷四十八 三

謂此皆不知有敽亂之別 從乙乙治之也者徐鍇曰乙
者治之難也 從𤔔者本書𤔔治也幺子相亂受治之也
徐鍇本作從𤔔
從乙乙治之也

尤 異也從乙又聲 羽求切
異也者廣雅同本書就下云尤異于凡也後漢書陳重傳
舉尤異昭二十八年左傳夫有尤物足以移人注云尤異
也史記仲尼弟子列傳受業身通者七十有七人皆異能
之士也小爾雅尤怪也玉篇尤怪異也昭二十一年左傳
張匃尤之杜注
尤怪賜之厚

文四　重一

丙 位南方萬物成炳然陰气初起陽气將虧從一入冂
一者陽也丙承乙象人肩凡丙之屬皆從丙 兵永切
釋魚魚尾謂之丙郭注似篆書字因以名焉 釋
天太歲在丙曰柔兆孫炎曰萬物柔婉有條兆也

dīng 丁　wù 戊

位南方者丙火故位在南月令孟夏之月其日丙丁鄭注
日之行夏南從赤道 萬物成炳然者丙炳聲相近淮南
天文訓辰在丙曰柔兆高注萬物皆生枝布葉鄭注月令
丙之言炳也長育萬物月爲之佐時萬物皆炳然著見而
強大釋名丙炳也物生炳然皆著見也白虎通其日丙丁
者其物炳明律歷志明炳於丙律書丙者言陽道著明故
曰丙 陰气初起陽气將虧從一入冂一者陽也者徐鍇
曰夫物極則衰功成則去明盛而晦陽極而陰物非陰不
定夏之有秋所以揫斂焦殺萬物使成也冂猶門也易曰
乾坤其易之門邪天地陰陽之門戶陽功成將入于冂也

文一

丁 夏時萬物皆丁實象形丁承丙象人心凡丁之屬皆
從丁 當經切
丁與丙同位南方 釋魚魚枕謂之丁郭云枕在魚頭骨中
形似篆書丁字 晉書載記苻堅饗羣臣賦詩姜平子詩有
丁字直而不曲堅問其故平子曰臣聞丁至剛不可以屈
董彥遠謝除正字啓丁尾亂眞董斯張曰莊子曰丁子有尾

說文解字義證 卷四十八 四

李頤注云在上爲首在下爲尾世人謂右行曲波曰尾今丁
子二字顧左行曲波亦是尾也案說文丁字作个是無尾也
故曰
亂眞
夏時萬物皆丁實者徐鍇本作夏時萬物皆丁壯成實釋
名丁壯也物體皆丁壯也白虎通丁者強也參同契老物
復丁壯急就篇長樂無極老復丁漢書律歷志大成於丁
史記律書丁者言萬物之丁壯也故曰丁淮南天文訓巳
在丁曰強圉高
注萬物剛盛

文一

戊 中宮也象六甲五龍相拘絞也戊承丁象人脅凡戊
之屬皆從戊 莫候切
釋名戊茂也物皆茂盛也 白虎通戊者茂也 漢書律歷
志豐楙於戊 月令其日戊己注云戊之言茂也至此萬物
皆枝葉茂盛 釋天
太歲在戊曰著雍

中宮也者本書戊下云五行土生於戊月令中央土其日戊己淮南天文訓午在戊曰著雝高注位在中央萬物繁養四方樂書宮土音其性圓而居中律歷志宮中也居中央暢四方後漢書西域傳元帝置戊己校尉注云戊己中央鎮覆四方　象六甲五龍相拘絞也者內則教之數日注云朔望與六甲也六䶂古者三皇之世虛無之情以制剛強無有文字皆由五行五行之道天地自然六甲之分微妙之神漢書食貨志里胥令餘子在序室未任役使者八歲入小學學六甲五方書計之事以知室家長幼之節王粲儒史論古者八歲入小學學六甲五星書計之事方叔機注六藝論云六紀者二曰五龍紀惠棟曰五六天地之中故曰六甲五龍相拘絞龍辰也辰有五子故云五龍

chéng 成

成　就也從戊丁聲 氏征切

就也者廣韻就成也燕禮笙入三成注云三成謂三終也郭注爾雅凡事物成就亦終也　丁聲者本書萬物皆丁壯成實

戌　古文成從午

從午者徐鍇曰午南方亦物成之義

文二　重一

jǐ 己

己　中宮也象萬物辟藏詘形也己承戊象人腹凡己之屬皆從己 居擬切

漢書律歷志理紀于己　釋名己紀也皆有定形可紀識也白虎通己者抑屈起　月令其日戊己注云己之言起也其含秀者抑屈而起　釋天太歲在己曰屠維　淮南天文訓未在己曰屠維高注屠別維離也萬物各成其性　象萬物辟藏詘形也者詘之上下疑有脫闕徐鍇曰萬物與陰陽之气藏則歸土

己　古文己如此

呂氏春秋察傳篇子夏之晉過衛有讀史記者曰晉師三豕涉河子夏曰非也是己亥也夫己與三相近豕與亥相似至於晉而問之則曰晉師己亥涉河也

jǐn 巹

巹　謹身有所承也從己丞讀若詩云赤舃己己 居隱切

謹身有所承也者禮昏義釋文引字林作巹身有所承六書故引字林作謷身有所奉也玉篇巹敬身有所承也集韻巹敬也身所承也　從己丞者當有己亦聲三字　讀若詩云赤舃己己者昏義釋文引作几本書擧下引詩赤舃擧擧今詩作几几

jì 㠱

㠱　長踞也從己其聲讀若杞 暨己切

長踞也者類篇引作長跪也玉篇㠱長跪也或作跽也本書跽長跪豆其字孫子作惎　讀若杞者類篇㠱古國名衛宏說與杞同

文三　重一

bā 巴

巴　蟲也或曰食象蛇象形凡巴之屬皆從巴 伯加切

三巴記閬白二水東西流曲折三回如巴字故謂之三巴

或曰食象蛇者楚詞天問有蛇吞象厥大何如大荒北經西南有巴國有黑蛇青首食象郭注即巴蛇也海內南經巴蛇食象三歲而出其骨其爲蛇青黃赤黑一曰黑蛇青首郭注說者云長千尋郭有贊云象實巨獸有蛇吞之越出其骨三年爲期厥大何如屈生是疑淮南本經訓封豨修蛇皆爲民害高注修蛇大蛇吞象三年而出其骨吳都賦屠巴蛇出象骼五臣云巴蛇大蛇也能食象故殺之出其骨也博物志巴蛇吞象三歲出其骨金樓子志怪篇巴蛇食象三歲而出其骨君子服之無心腹之疾虞世南師子賦屈巴蛇於指掌尋陽記羿屠巴蛇於洞庭其骨若陵故曰巴陵爾雅翼古稱堯使羿斷修蛇於洞庭許叔重以爲修蛇大蛇吞象之類洞庭南方澤名近巴陵說巴陵者以爲巴之亦其骨爲陵此地至今往往多大蛇豈其種裔耶

bǎ 𢁽

𢁽　搔擊也從巴帚闕 博下切

從巴帚者當有巴亦聲三字

文二

gēng 庚

位西方象秋時萬物庚庚有實也庚承己象人齎凡庚之屬皆從庚 古行切

白虎通庚者物更也　漢書律歷志斂更於庚　詩推度災庚者更也　三禮義宗秋曰庚辛者庚更也辛新也言物皆改更而新也　釋天太歲在庚曰上章　淮南天文訓申在庚曰上章高注陰氣上升萬物畢生

立西方者月令孟秋之月其日庚辛注云日之行秋西從白道　象秋時萬物庚庚有實也者淮南子春氣發而百草生得秋而萬物成實史記漢文帝卜得兆正橫其繇曰大橫庚庚律書庚者言陰氣庚萬物故曰庚釋名庚猶更也庚堅強貌也鄭注月令庚之言更也辛之言新也成熟萬物月爲之佐萬物皆肅然改更秀實新成

文一

xīn 辛

秋時萬物成而孰金剛味辛辛痛卽泣出從一從辛辛辠也辛承庚象人股凡辛之屬皆從辛 息鄰切

辛與庚同位西方　漢書律歷志悉新于辛　史記律書辛者言萬物之辛生故曰辛　釋天太歲在辛曰重光

秋時萬物成而孰者白虎通辛者陰始成釋名辛新也物初新者皆收成也本書變下云辛者物孰味也淮南天文訓酉在辛曰重光高注萬物就成其熟煌煌聘禮飪一牢在西腥一牢在東注云熟在西腥在東象春秋也　金剛味辛辛痛卽泣出者月令孟秋之月其日庚辛其味辛書洪範從革作辛傳云金之氣味正義云金之在火別有腥氣非苦非酸其味近辛故辛爲金之氣味月令秋云其味辛其臭腥是也玉篇辛辢也辢辛也痛也辢本書作瘌云楚人謂藥毒曰痛瘌崔鴻後燕錄慕容熙苻后卒使有司按撿哭者無淚則罪之羣臣莫不含辛以爲淚焉　從一從辛　辛辠也者二辛字集韻類篇竝引作䇂　五經文字辛從䇂䇂音愆本書䇂辠也

zuì 辠

辠犯法也從辛從自言辠人蹙鼻苦辛之憂秦以辠似皇字改爲罪 徂賄切

犯法也者玉篇辠犯公法也本書辟法也從卩從辛卩制其辠也夏小正汥小罪斷薄刑注云刑者上之所施罪者下之所犯　從辛從自言辠人蹙鼻苦辛之憂者苦辛徐鍇本作辛苦　文字音義辠從自辛也言辠人蹙鼻辛苦之憂風俗通自辛字爲辠令其辛苦憂之也本書自鼻也徵蹴鼻也集韻顣頞顣鼻也　秦以辠似皇字改爲罪者本書罪下云秦以罪爲辠字風俗通辠秦皇以爲字似皇故改爲罪爾雅釋文辠古罪字秦始皇以其字似皇字改從四非董彥遠謝除正字啓避上則辠不從辛

gū 辜

辜辠也從辛古聲 古乎切

辠也者釋詁文字書同書大禹謨與其殺不辜傳云辜罪詩正月民之無辜雲漢何辜今之人箋竝云辜罪也宣六年公羊傳天乎無辜何云辜罪也莊子則陽篇至齊見辜人焉釋文辜罪也

古文辜從死

xuē 辥

辥辠也從辛𡴎聲 私列切

辠也者玉篇辥亦刑也通作孼廣雅孼罪也又通作孽易林政令無常下民多孽孟子引書天作孽猶可違自作孽

不可活徐鍇通論妾隸之子曰孽孽之言蘖也有罪之女沒入於公得見於君有所生若木既伐而生枿顛木之有由蘖也故於文子辥爲孽辥者罪也

cí 辤

辤不受也從辛從受受辛宜辤之 似茲切

不受也者通作辭聘禮記辭曰非禮也敢辭注云辭不受也　受辛宜辤之者易釋文引作受辛者辤本書嚛食辛嚛也帝王世紀帝乙二妃四子少曰受德辛鄭注書序云紂帝乙之少子名辛號曰受德時人傳聲轉作紂也馥案書云其在受德暋傳以受德爲紂之字說與鄭同周書克殷解末孫受德呂氏春秋仲冬紀其次曰受德是也增韻後人亦借爲言詞字楊修傳絕妙好辭魏畧蔡邕題曹娥碑後曰黃絹幼婦外孫齏臼楊修解之曰齏臼受辛之器辤字也洪興祖楚詞補注虀擣薑蒜辛物爲之故曰虀曰受辛也東觀漢記王莽將敗逢萌載齏器於市曰辛乎徐鍇曰古謂今膾酢合和者爲虀故有受辛之言

籒文辤從台

cí 辭

本書籀文從此

辭　訟也從𤔔𤔔猶理辜也𤔔理也　似兹切

書呂刑皇帝清問下民鰥寡有辭于苗馬注清問清訊也書又云兩造具備師聽五辭五辭簡孚正于五刑　詩采芑執訊獲醜傳云訊辭也　王制成獄辭史以獄告成于正正聽之　桓十年左傳虢仲譖其大夫詹父於王詹父有辭僖四年傳或謂大子之辭君必辯焉僖十年傳欲加之罪其無辭乎宣十一年傳楚王讓申叔時不賀縣陳對曰猶可辭乎宣十七年傳使反者得辭成二年傳寡君之命使臣則有辭矣　晏子無宇侍景公飲酒請浮晏子晏子坐酌者奉觴進之曰君命浮子晏子曰何故也無宇曰子隱君之賜故浮子晏子避席曰請飲而後辭乎其辭而後飲乎公曰辭然後飲　孔叢子論書篇孔子見齊景公梁邱據自外而至公曰何遲對曰陳氏戮其小臣臣有辭爲是故遲公笑而目孔子曰周書所謂明德慎罰陳子明德也而有辭非不慎矣　南齊書王融傳收下廷尉獄使孔稚珪倚爲奏使融依源據荅融辭云云　會稽後賢記孔坦遷廷尉射執辭狀口辨曲直　通鑑荀濬謀誅高澄被執因下辨云云注云辨獄辭也

又云高澄收司馬子如下獄子如辭曰云云

訟也者徐鍇通論辭者訟也玉篇辭理獄爭訟之辭也成四年左傳鄭伯與許男訟焉皇戌攝鄭伯之辭周禮小宰以敘聽其情注云情爭訟之辭論語如得其情大學無情者不得盡其辭廣韻引本書作說也干祿字書辭辭說表記故仁者之過易辭也注云辭猶解說也僖二十八年左傳殺子叢以說焉昭二十七年傳子常殺費無極與鄢將師以說于國謗言乃止春秋後語魏人將殺范痤痤登危而說趙策公不若陰辭樓子鮑云辭告之也燕策自負以不肖之罪故不敢爲辭說漢書東方朔傳有說則己無說則死　從𤔔者徐鍇本作𤔔辛　𤔔理也者徐鍇本無此文本書𤔔治也一曰理也

䛐　籀文辭從司

石鼓文我䛐攸除　周禮大祝作六辭一曰祠鄭司農云祠當爲辭謂辭令也馥謂古文從司故誤爲祠

文六　重三

biǎn 辡

辡　辠人相與訟也從二辛凡辡之屬皆從辡　方免切

辠人相與訟也者禮三朝記哀公曰寡人欲學小辨以觀于政其可乎通作辯易訟卦其辯明也襄二十九年左傳辯而不德服注辯若鬭辯鄉飲酒義不慢不爭則遠於鬭辯矣曲禮分爭辯訟非禮不決鹽鐵論辯訟公門之下訩訩不可勝聽又通作辨孟子國人皆稱夫子好辨王注楚詞九辨云辨者變也謂陳道德以變說君也

biàn 辯

辯　治也從言在辡之閒　符蹇切

治也者釋訓諸諸便便辯也郭云皆言辭辯給詩采菽平平左右傳云平平辯治也韓詩作便便書洪範王道平平傳云平平言辯治服注左傳平平辯治不絕之貌酒誥勿辯乃司士相見禮以食具告注云具猶辯也樂記其治辯者其禮具昭元年左傳主盟者誰能辯焉杜注辯治也墨子法儀篇今大者治天下其次治大國而無法所度此不若百工辯也荀子成相篇辯治上下韓詩外傳禮者治辯之極也又云善辯治人者故人安之天子三公諸侯一相大夫擅官士保職莫不治理是所以辯治之也漢書張敞傳審如掾言武必辯治梁矣食貨志天子始出巡郡國東

渡河河東守不意行至不辯自殺字或作辨考工記以辨民器注云辨猶具也史記項羽紀項梁常爲主辨漢書韓信傳多多益辨蜀志諸葛亮領蜀郡太守衆事皆辨晉書陳頵拜太守選腹心之吏若有調發動靜馳白故極得宿辨石崇傳嘗爲客作豆粥咄嗟便辨晉中興書謝安詣陵訥訥兄子傲怪訥無供辨應璩與劉靖書有司供承王命百里垂拱仰辨顏氏家訓風操篇多廢公事竟以不辨而還新唐書李元紘傳以辨治得名通作辯書鞭作官刑馬注爲辯治官事者爲刑周禮小宰師執事而治之注云治謂共辯考工記以辨民器注云辨猶具也韓策今公自以爲辨於薛公鮑注辨猶治也猶言治於高侯荀子議兵篇城郭不辨注云辨治也史記子貢傳兵不先辨不可以勝敵漢書王訢傳宮館馳道修治供張辨列女傳魯母師傳於是使少子僕歸辨家事東觀漢記趙憙爲諸將軍辨裝又通作班荀子君道篇善班治人者也又云善班治人者人安之

文二

rén 壬

壬　位北方也陰極陽生故易曰龍戰于野戰者接也象

guǐ
癸

人褢妊之形承亥壬以子生之敘也與巫同意壬承

辛象人脛脛任體也凡壬之屬皆從壬 如林切

釋天太歲在壬曰玄黓 淮南天文訓
戊在壬曰玄黓高注歲終包任萬物
位北方也者水位也 陰極陽生者徐鍇曰二爲陰中一
爲陽起于中丨相交 故易曰龍戰于野戰者接也者本
書亥下云十月微陽起 接盛陰 象人褢妊之形者釋名
王妊也陰陽交物懷妊也至子而萌也月令其日壬癸注
云壬之言任也癸之言揆也時萬物懷任於下揆然萌芽
承亥壬以子生之敘也者當云壬承辛徐鍇曰辛陰氣
成就乃能乘陽以有生也故曰承辛生子也敘次敘也或
曰當云壬承亥壬在亥子之閒本書亥象褢子咳咳之形
亥已褢子壬則身震故曰子生之敘 與巫同意者徐鍇
本與工巫同意鍇曰工巫皆規矩也本書巫下云與工同
意 脛任體也者壬任聲相近月令章句壬任也白虎通
壬者陰始任漢書律歷志懷任于壬史記律書壬之爲言
任也言陽氣任養萬物於下也詩
賓之初筵有壬有林箋云壬任也

文一

癸 冬時水土平可揆度也象水從四方流入地中之形

癸承壬象人足凡癸之屬皆從癸 居誄切

癸與壬同位北方 釋天太歲在癸
曰昭陽 釋名甲乙之次癸最在下
冬時水土平可揆度也者癸揆聲相近釋詁度謀也廣雅
癸揆也月令章句癸揆也白虎通癸者揆度也釋名癸揆
也揆度而生乃出之也詩定之方中揆之以日傳云揆度
也昭二十八年左傳心制義曰度服注言善揆度事也淮
南天文訓子在癸曰昭陽高注陽氣始萌萬物合生史記
律書癸之爲言揆也言萬物可揆度故曰癸漢書律歷志
陳揆于癸非有先生論揆度得失三禮義宗冬日壬癸者
癸揆也言萬物更任生於黃泉皆有法度也易巽卦後庚
三日說者謂後庚三
日爲癸有揆度之義

癸 籒文從癶從矢

⿰亻癸闋戣湀揆騤楑睽
鄈闋十字並從此
從癶者本書癶足剌癶也癸象人足故從
癶 從矢者徐鍇本作矢聲韻會引同

文一 重一

zǐ
子

子 十一月陽氣動萬物滋入以爲偁象形凡子之屬皆

從子 即里切

宋祖沖之論歷曰子爲辰首位在正北 九家易乾坤消息
法周天地而不過於十二辰 廣雅甲乙爲榦榦者日之神
也寅卯爲枝枝者月之靈也 十二枝以子
寅辰午申戌爲陽 釋天太歲在子曰困敦
十一月者上有闕文自丑以下皆有聲近之字以爲義訓
如丑下云紐也是也此子下獨無蓋傳寫脫漏淮南天文
訓子者滋也昭七年左傳歲時日月星辰服注月十二月
也鄭注月令日月之行一歲十二會聖王因其會而分之
以爲大數焉月令正義北斗循天而轉行建一月一辰辰
三十度九十六分度之四十二正月建寅二月建卯三月

建辰四月建巳五月建午六月建未七月建申八月建酉
九月建戌十月建亥十一月建子十二月建丑也漢書律
歷志宮以九唱六變動不居周流六虛始於子在十一月
釋天十一月爲辜易乾鑿度坎藏之於北方位在十一月
玉燭寶典十一月建子周之正月宋書禮志夏以十三月
爲正法物之始其色尚黑殷以十二月爲正法物之牙其
色尚白周以十一月爲正法物之萌其色尚赤後漢書陳
寵傳夫冬至之節陽氣始萌故十一月有蘭射干芸荔之
應時令曰諸生蕩安形體天以爲正周以爲春十二月陽
氣上通雉雊雞乳地以爲正殷以爲春十三月陽氣已至
天地已交萬物皆出蟄蟲始振人以爲正夏以爲春三微
成著以通三統孔叢雜訓篇縣子問子思曰顏回問爲邦
夫子曰行夏之時若是殷周異正爲非乎子思曰夏數得
天堯舜之所同也三統之義夏得其正 陽氣動萬物滋
者子滋聲相近詩推度災子者滋也僖十五年左傳物生
而後有象象而後有滋滋而後有數正義云凡是動植飛
走之物物既生訖而後有其形象既爲形象而後滋多滋
多而後始有頭數史記律書子者滋也言萬物滋於下也
三代世表褚先生曰子者茲益大也陳杞世家苗裔茲茲
漢書律歷志孳萌于子釋名子孳也陽氣始萌孳生於下

也於易爲坎坎險也白虎通子者孳也孳孳無已也晉書樂志十一月子子孳也謂陽氣至此更孳生也環濟要畧子猶孳也孳恤下之稱也通典十一月之辰名子子者孳也陽氣至此更孳益而生故謂之子也易乾卦潛龍勿用馬融曰初九建子之月陽氣始動於黄泉既未萌芽猶是潛伏復卦七日來復先儒解云七日當爲七月謂陽氣從五月建午而消至十一月建子始復所歷七辰故謂七月月令仲冬之月陰陽爭諸生蕩注云爭者陰方盛陽欲起也蕩謂物動萌芽也逸周書周月解維十有一月既南至昏昴畢見日短極其踐長微陽動於黄泉陰降慘於萬物孝經援神契冬至陽氣動淮南天文訓太陰在子歲名曰困敦高注困混敦沌陽氣皆混沌萬物芽蘖白虎通十一月之時陽氣始養根核故黄泉之下萬物皆赤赤者盛陽之氣也故周爲天正色尚赤也又云十一月律謂之黄鍾何當中和之氣鍾者動也言陽於黄泉之下動養萬物也五經通義冬至陽動於下推陰而上之故寒於上又云冬至陽氣萌動陰陽交精始成萬物氣微在下不可動泄三禮義宗十一月陽氣始施萬物動於黄泉之下微而未著其色皆赤赤者陽氣容齋三筆坎位正北當幽陰肅殺之地其象於易爲水爲月董仲舒所謂陰常居大冬而積於

說文解字義證　卷四十八　十三

空虛不用之處然而謂之陽離位正南當文明赫赫之地於易爲日爲火仲舒所謂陽常居大夏而以生育長養爲事然而謂之陰豈非以陰生於午陽生於子故耶　入以爲偁者入當爲人徐鍇曰十一月夜半陽氣所起人承陽本其初故以爲稱本書包下云元氣起於子子人所生也

古文子從巛象髮也

戴侗曰當作巛　從巛象髮也者本書首下云巛象髮謂之鬊鬊卽巛也

籀文子囟有髮臂脛在几上也

囟有髮者本書巤下云巤象髮在囟上此與籀文子字同　臂脛在几上也者火爲臂人爲脛几當作儿竝從奇字人也兒亦從儿

yùn
孕

裹子也從子從几以證切

裹子也者三蒼同易釋文引作懷子曰孕一切經音義八含實曰孕妊子也又卷九引廣雅孕傳也玉篇孕妊子也含實也易漸卦婦孕不育鄭云孕猶娠也虞云孕妊娠也詩大明大任有身傳云身重也箋云重謂懷孕也樂記毛者孕鬻注云孕任也郊特牲故天子牲孕弗食也注云孕任子也僖十六年左傳梁嬴孕僖十七年傳孕過期杜竝云懷子曰孕鄭語既笄而孕韋注孕任身也莊子天運篇民孕婦十月生子　從尺者尺與秀下朶上竝同象形也一切經音義九孕從子乃聲似誤復古編尺音市朱切九誤玉篇古文作𦡔汗簡古文尚書以𦡔爲孕管子五行篇𦡔婦不銷弃注云𦡔古孕字或作𦡔太元𦡔其膏又通作繩周禮薙氏掌殺草秋繩而芟之注云含實曰繩釋文繩音孕

miǎn
挽

生子免身也從子從免芳萬切

生子免身也者廣韻挽子母相解通鑑爾朱榮請入朝欲視皇后挽乳或作免越語將免者以告韋注免乳也新序節士篇無何而胡妻免生男漢書外戚傳婦人免乳大故今皇后當免身顏注免乳爲產子也　從免者鮸鞔浼晚

說文解字義證　卷四十八　十四

晩俛冕絻勉輓十字竝從免

zì
字

乳也從子在宀下子亦聲疾置切

乳也者廣雅同本書人及鳥生子曰乳易女子貞十年不字書鳥獸孳尾史記作字微集解云乳化曰字中山經苦山有木服之不字注云字生也漢書嚴安傳六畜遂字顏注字生也史記平準書乘字牝者儐而不得聚會漢書食貨志天下亭亭有畜字馬歲課息或作牸說苑臣故畜牸牛生子而大廣韻引本書有又愛也三字通鑑孫和何姬曰若皆從死誰當字孤注引本書字乳也愛也徐鍇本字乳也愛也鍇曰左傳大不字小字愛也鄭注周禮地官小國貢輕字之也書康誥父不能字厥子成四年左傳楚雖大非吾族也其肎字我乎成十一年傳又不能字人之孤而殺之杜注竝云字愛也

gòu
穀

乳也從子𣪊聲一曰穀瞀也古候切

乳也者論語令尹子文孔安國曰姓鬭名穀字於菟皇氏曰楚人謂乳爲穀謂虎爲於菟此兒爲虎所乳故名之曰

子

luán 孿　rú 孺

亾於菟也通作穀宣四年左傳楚人謂乳穀唐石經作謂乳爲穀莊三十年左傳鬭穀於菟爲令尹釋文云楚人謂乳曰穀字或作穀廣韻穀乳也廣雅穀乳生也一曰穀瞀也者徐鍇曰穀瞀愚闇也集韻穀霧鄙吝心不明也廣韻嫯瞀無暇楚辭九辨直怐愗以自苦玉篇怐愗愚皃

孿 一乳兩子也從子䜌聲 呂患切

西京雜記霍將軍妻一產二子疑所爲兄弟或曰前生爲兄後生爲弟今雖俱日亦宜以先生爲兄或曰居上者宜爲兄居下者宜爲弟居下者前生宜以前生爲弟時霍光聞之曰昔殷王祖甲一產二子曰嚚曰良以卯日生嚚以巳日生良則以嚚爲兄以良爲弟若以在上者爲兄嚚亦當爲弟昔許釐莊公一產二女曰妖曰茂楚大夫唐勒一產二子一男一女男曰貞夫女曰瓊華皆以先生爲長近代鄭昌時文長蒨並生二男滕公一生二女李黎生一男一女並以前生者爲長霍氏亦以前生爲兄焉 譙周法訓一產二子者當以後生者爲兄言其先胎也荅曰此野人之鑿語耳君子不測暗安知胎之先後也

說文解字義證　卷四十八　十五

一乳兩子也者方言陳楚之閒凡人獸乳而雙產謂之釐孳秦晉之閒謂之僆子自關而東趙魏之閒謂之孿生淮南修務訓故夫孿生之相似者唯其母能知之字或作孿一切經音義十七孿字林雙生也蒼頡篇一生兩子也北史崔光韶傳光韶與弟光伯孿生

孺 乳子也一曰輸也輸尚小也從子需聲 而遇切

乳子也者廣雅孺生也 一曰輸也輸尚小也者廣韻引作一曰輸孺尚小也本書兒孺子也玉篇孺少也釋名兒始能行曰孺孺儒也言儒弱也書洛誥孺子其朋鄭注孺子幼少之稱金縢公將不利于孺子傳云孺稚也稚子成王內則異爲孺子室於宮中檀弓有子與子游立見有孺子慕者僖十年公羊傳爾既殺夫二孺子矣何注孺子小子也奚齊卓子時皆幼小僖十五年左傳征繕以輔孺子晉語孺子懼乎韋注孺少也秦策張唐荅甘羅曰請因孺子而行齊策齊王夫人死有七孺子皆近高注孺子幼艾美女也管子苗始其少也眴眴乎何其孺子也史記畱侯世家孺子可教佞幸傳孝惠時有閎孺正義孺幼小也幽通賦嫣巢姜於孺筮兮應劭曰孺小也帝王世紀成王元年周公爲冢宰攝政王生少未能治事故號曰孺子後漢書安帝紀在孺而勤注云孺幼也通鑑誅檀道濟並其子惟宥其孫孺注云惟宥諸孫之在童孺者後漢書徐稺字孺子

jì 季　mèng 孟

季 少偁也從子從稚省稚亦聲 居悸切

少偁也者顏注急就篇稚季者叔幼也釋名季癸也甲乙之次癸最在下季亦然也白虎通季者幼也詩采蘋有齊季女傳云季少也特牲饋食禮挂于季指注云季小也周禮山虞凡服耜斬季材注云季猶稺也疏云少木鄭注月令季春云季少也 從稚省者稚當爲稺本書稺幼禾也 稚亦聲者當爲稺聲

孟 長也從子皿聲 莫更切

長也者釋詁文禮緯庶長稱孟白虎通適長稱伯庶長稱孟書康誥王若曰孟侯傳云孟長也鄭注月令孟春云孟長也漢書劉向傳孟陬無紀孟康云首時爲孟容齋三筆孟字只是最長最先之稱如所謂孟侯孟孫元妃孟子孟春孟夏之類是也

說文解字義證　卷四十八　十六

niè 孽　zī 孳

𡥆 古文孟

本書保字古文亦如此按𡥆當爲𡥆

孽 庶子也從子辥聲 魚列切

庶子也者襄二十七年公羊傳則是臣僕庶孽之事也注云庶孽衆賤子猶樹之有孽生玉藻公子曰臣孽注云公侯衆子也燕策所以能循法令順庶孽者史記商君傳商君者衞之庶孽公子也呂不韋傳子楚秦諸庶孽孫漢書韓王信傳故韓襄王孽孫也顏注孽謂庶臣通鑑引裴子野曰危亾之君未嘗不先事本枝嫗煦旁孽注云說文庶子爲孽旁孽旁枝之庶子也或通作孼漢書賈誼傳庶人孼妾緣其履

孳 汲汲生也從子茲聲 子之切

汲汲生也者一切經音義八引作汲汲也增韻同本書孜汲汲也或作彶彶賈誼書人人彶彶惟恐其後來至也本書敘云字者言孳乳而寖多也書堯典鳥獸孳尾傳云乳化曰孳交接曰尾孳尾牡牝相生也孟子孳孳爲善易乾

子

鑿度栗孳結鄭注孳育也尚書考靈曜春政不失五穀孳又云歲星得度五穀孳又云青龍甲子攝提格孳注云孳猶生也孝經援神契天度疪瀉孳萌淮南繆稱訓故君子日孳孳以成煇京房占正月建寅律爲太簇雞雉孳尾招搖生聚易林扎馬牡駒歲孳不休鹽鐵論君子夙夜孳孳思其德通鑑張敞奏記王暢曰孳孳求姦未若禮賢注云孳孳猶汲汲也字或作孖聲類孖子思反蕃也或通作滋顧炎武曰矦成碑有云滋滋履眞者孳孳之異孟郁修堯廟碑亦以滋爲孳　茲聲者當爲𢆶本書𢆶艸木多益

[籒文] 籒文孳從絲

gū 孤

[篆] 無父也從子瓜聲 古乎切

無父也者玉篇孤少無父也釋名無父曰孤孤顧也顧望無所瞻見也尚書大傳幼而無父謂之孤曲禮君子已孤不更名

cún 存

[篆] 卹問也從子才聲 徂尊切

卹問也者李善注長門賦思元賦引竝同秦策無一介之使以存之高注存勞問也吳書虞翻年十二客有候其兄者不過翻翻謂其過而不存　才聲者顧會引徐鍇本從子在省鍇曰在亦存也

jiào 斆

[篆] 效也從子爻聲 古肴切

效也者小字本作放也復古編類篇六書故引竝同類篇云謂放效也本書教下云上所施下所效也經典通用學字廣雅學效也書說命惟斆學半禮學記作學學半釋文上胡孝切下如字學記又云安其學而親其師樂其友而信其道書洛誥乃其悉自教工大傳作學功云學效也閔二年左傳敬教勸學論語學而時習之又云吾十有五而志於學孟子教不倦仁也學不厭智也呂氏春秋尊師篇故教也者義之大者也學也者知之盛者也義之大者莫大於利人利人莫大於教知之盛者莫大於成身成身莫大於學　爻聲者易繫辭爻也者效此者也又爻也者效天下之動者也宋景文手記北齊時里俗多作僞字以文子爲學馥案漢碑學字變爻作文

yí 疑

[篆] 惑也從子止匕矢聲 語其切

惑也者增韻惑疑也易乾卦或之者疑之也禮坊記夫禮者所以章疑別微以爲民坊者也正義疑謂是非不決鵩鳥賦細故蔕芥今何足以疑　從止匕矢聲者閔二年左傳狂夫阻之杜注阻疑也馥謂阻即止也本書𢀛從匕矣聲矣古文矢字此疑亦從矣誤分爲匕矢二字也

文十五　重四

liǎo 了

[篆] 尥也從子無臂象形凡了之屬皆從了 盧鳥切

郭忠恕荅夢英書了字合收在子部今目錄妄有更改馥案目錄者林罕所作偏旁小說也本書了爲部首豈林罕改邪

尥也者本書尥行脛相交也牛行脚相交爲尥方言軫戾也郭注相了戾也許注淮南原道訓抮了戾也荀子修身篇擊戾楊注猶了戾也酉陽雜俎野牛其角相了戾導引經义手項上左右自了戾

jié 孑

[篆] 無右臂也從了乚象形 居桀切

無右臂也者一切經音義十二字林無右臂曰孑大荒西經有人名曰吳回奇左是無右臂注云卽奇肱也莊四年

左傳授師孑焉注云楊雄方言孑者戟也正義云方言戟謂之孑郭璞云取名於鉤孑也戟是擊刺之兵有上刺之刃又有下鉤之刃故以鉤孑爲名也

jué 孓

[篆] 無左臂也從了亅象形 居月切

無左臂也者爾雅釋文引字林同廣韻孓無左臂也了上同說文作此大荒西經大荒之山有人焉是顓頊之子三面一臂注云無左臂也淮南說林訓孑孓爲䖸廣雅孑孓蜎釋魚蜎蠉郭注井中小蛣蟩赤蟲馥案此蟲無足似人無臂其行動但屈伸首尾故名孑孓　從了亅象形者徐鍇本作象形從了亅聲

文三

zhuǎn 孨

[篆] 謹也從三子凡孨之屬皆從孨讀若翦 旨兗切

謹也者或通作孱史記張耳傳趙相貫高曰吾王孱王也韋昭曰孱仁謹皃大戴禮曾子立事篇君子博學而孱守之

chán 孱

孱 迮也一曰呻吟也從孨在尸下 士連切

漢書地理志廣漢郡涪縣有孱亭 迮也者卽迫笮意集韻孱窘也今俗有孱壁語 從孨在尸下者徐鍇本有一曰孨聲四字

nǐ 孴

孴 盛皃從孨從日讀若薿薿一曰若存 魚紀切

盛皃者靈光殿賦芝栭攢羅以戢孴李善云戢孴衆皃杜甫朝享大清宫賦羅詭異以戢孴 從日者徐鍇本從曰鍇云曰音越詞也 讀若薿薿一曰若存者徐鍇曰今晉女立反馥案李善音乃立反

𡥀 籀文孴從二子一曰𡥀卽奇字晉

此從日與晉同

文三　重一

tū 𠫓

𠫓 不順忽出也從到子易曰𠫓如其來如不孝子𠫓出不容於內也凡𠫓之屬皆從𠫓 他骨切

周禮師氏孝德以知逆惡又掌戮凡殺其親者焚之卽易焚如之刑漢書匈奴傳王莽作焚如之刑如淳曰焚如死如棄如者謂不孝子也不畜於父母不容於朋友故燒殺棄之莽依此作刑名也 本書㚔古文籀文竝從𠫓易棄如鄭注流宥之刑 從到子者五經文字云古子字倒形徐鍇曰𠫓反爲人子之道也故文從反子字 易曰𠫓如其來如者離卦文彼作突 不孝子𠫓出不容於內也者易象曰突如其來如无所容也

㐬 或從到古文子卽易突字

徐鍇本𠫓下有𠫓卽易突字也六字此古文下又云卽易突字疑後人加之 本書㚔從㐬云㐬逆子也

yù 育

育 養子使作善也從𠫓肉聲虞書曰教育子 余六切

養子使作善也者一切經音義十三引作養子使從善也又云育亦長也覆育也生也玉篇育養子使從善也釋詁育養也又長也郭注育養亦爲長詩有狐序所以育人民也箋云育生長也谷風昔育恐育鞠傳云育長生民載育傳云育長也蓼莪長我育我箋云育覆育也晉語育門子韋注育長也長育其材通作毓周禮儕閭氏與其國毓鄭注毓養也夏小正毓也者養也 虞書曰教育子者舜典文彼作胄釋文馬云胄長也教長天下之子弟馥案馬訓長本作育史記作教穉子釋言鞠穉也郭音義云鞠一作毓楊雄宗正箴作育子周禮大司樂凡有道者有德者使教焉鄭云若舜命夔典樂教育子

毓 育或從每

易蠱卦君子以振民育德釋文云王肅作毓古育字

shū 疏

疏 通也從㐬從疋疋亦聲 所葅切

通也者廣雅同李善注陸機連珠引作通也遠也釋名疏索也獲索相遠也本書疏通也樂記朱弦而疏越大戴記作通越荀子注引史記作洞越今史記亦作通越徐鍇曰疋疋疏也通作疎文士傳束晳疏廣後也廣曾孫孟造避難改姓去疏之疋爲束氏 疋亦聲者當爲疋聲

文三　重二

chǒu 丑

丑 紐也十二月萬物動用事象手之形時加丑亦舉手時也凡丑之屬皆從丑 敕九切

釋天太歲在丑曰赤奮若

紐也者廣雅同丑紐聲相近釋名丑紐也寒氣自屈紐也於易爲艮艮限也時未可聽物生限止之也白虎通丑者紐也漢書律歷志紐牙于丑史記律書丑者紐也言陽氣在上未降萬物厄紐未敢出 十二月萬物動用事者易乾鑿度孔子曰升者十二月之卦也陽氣升上陰氣欲承萬物始進又云艮者止物者也故在四時之終位在十二月白虎通十二月之時萬物始芽而白白者陰氣又云十二月律謂之大呂何大者大也呂者拒也言陽氣欲出陰不許也呂之爲言拒者旅抑拒難之也漢書律歷志大呂呂旅也言陰大旅助黃鐘宣氣而牙物也位於丑在十二

月晉書樂志十二月丑丑紐也謂終始之際故以結紐爲名也淮南天文訓太陰在丑歲名曰赤奮若高注奮起若順也陽奮物而起無不順其性赤陽色月令季冬之月令告民出五種命農計耦耕事修耒耜具田器注云明大寒氣過農事將起也　時加丑亦舉手時也者徐鍇曰昧爽爲丑人皆起有爲也本書晨早昧爽也從臼辰謂臼亦手也昧爽丑時也

niǔ 肚

肚 食肉也從丑從肉女久切

食肉也者類篇肚肉善者　從丑從肉者徐鍇本作從肉丑丑亦聲

xiū 羞

羞 進獻也從羊羊所進也從丑丑亦聲息流切

進獻也者本書亯獻也象進孰物形廣韻致滋味爲羞釋詁羞進也鄉飲酒禮乃羞注云羞進也公食大夫禮士羞庶羞注云羞進也鄉射禮獻賓注云凡進物曰獻周禮膳夫羞用百有二十品鄭司農云羞進也夏小正丹鳥羞白鳥羞也者進也隱三年左傳可羞於王公杜注羞進也昭二十七年傳羞者獻體杜注羞進食也魯語羞饑瞑韋注

羞進也淮南時則訓羞以含桃高注羞進也　羊所進也者本書美下云羊在六畜主給膳也符子欲爲少牢之膳而與羊謀其羞

文三

yín 寅

寅 髕也正月陽气動去黃泉欲上出陰尚彊象宀不達髕寅於下也凡寅之屬皆從寅弋眞切

釋天太歲在寅曰攝提格　離騷攝提貞於孟陬兮王注太歲在寅曰攝提易是類謀攝提招紀鄭注攝提招紀天元甲寅之歲　廣雅寅演也　白虎通寅者演也　史記律書寅者言萬物始生螾然也故曰寅　漢書律歷志引達於寅　髕也者寅髕聲相近徐鍇曰髕擯除之意人陽气上銳而出閡於宀也曰所以擯也象形馥謂一亦所以擯人　正月陽气動去黃泉欲上出陰尚彊象宀不達髕寅於下也者漢書五行志言天者以夏正晉書樂志正月之辰謂之寅寅津也謂物之津塗春秋感精符人統月建寅物生之端謂之人統夏以爲正月令孟春之月是月也天氣下降地氣上騰天地和同草木萌動易乾鑿度泰者正月之卦也陽氣始通陰道執順白虎通十三月之時萬物始達孚甲而出皆黑人得加功力又云正月律謂之太蔟何太亦大也蔟者湊也言萬物始大湊地而出也漢書律歷志太族族奏也言陽氣大奏地而達物也位於寅在正月淮南天文訓寅則萬物螾螾也律受太蔟者湊而未出也又云太陰在寅歲名曰攝提格高注格起萬物承陽而起詩載芟驛驛其達傳云達射也箋云達出地也干寶說易云正月之時陽氣上達故屯爲物之始生蒙爲物之稺也

鋆 古文寅

文一　重一

mǎo 卯

卯 冒也二月萬物冒地而出象開門之形故二月爲天門凡卯之屬皆從卯莫飽切

釋天太歲在卯曰單閼　史記律書卯之言茂也言萬物茂也　淮南天文訓卯者茂茂然　白虎通卯者茂也　晉書

樂志卯者茂也言陽氣生而孳茂也　通典二月之辰名卯卯者茂也言陽氣至此物生孳茂也故謂之卯　吳志虞翻傳注云翻別傳翻奏鄭玄解尚書違失事目古大篆卯字讀當爲桺古桺卯同字而以爲昧甚違不知蓋闕之義臣松之案翻云古大篆卯字讀當言桺古桺卯同字竊謂翻言爲然故劉匽聊桺同用此字以從聲故也與日辰卯字字同音異然漢書王莽傳論卯金刀故以爲日辰之卯今未能詳正然世多亂之故翻所說云馥案堯典昧谷鄭注周禮縫人衣翣桺之材引作桺谷是鄭本作桺虞乃一謂鄭以爲昧何也史記堯本紀作昧谷徐廣曰一作桺谷

冒也者丣冒聲相近本書木冒也冒地而生馥謂卯木也徐鍇曰二月陰不能制陽陽冒而出也釋名卯冒也戴冒土而出也漢書律歷志冒茆於卯　二月萬物冒地而出者釋名卯於易爲震二月之時雷始震也鄭注月令仲春云仲春者日月會於降婁而斗建卯之辰也又注樂正習舞云順萬物始出地鼓舞也易乾鑿度震生物於東方位在二月鄭注震主施生卯爲日出象人道之陽也乾鑿度又云隨者二月之卦隨德施行蕃決難解鄭注言二月之時陽已壯施生萬物而陰氣漸微不能爲難以障閉陽氣故曰蕃決難解也淮南天文訓太陰在卯歲名曰單遏

chén
辰

高注單盡過止陽氣推萬物而起陰氣盡止漢書律歷志夾鍾言陰夾助太蔟宣四方之氣而出種物也位於卯在二月　象開門之形者本書易下云開也丣下云丣爲春門萬物已出增韻丣從兩戶相背日出於丣闢戶之時也與丣不同丣從兩闔戶上晝連日入於丣闔戶之時也易繫辭闔戶謂之乾正義云闢戶謂吐生萬物也若室之開闢其戶僖五年左傳凡分至啓閉服虔曰啓立春夏也陽氣用事爲啓鬼谷子捭闔篇觀陰陽之開闔以命物知存亾之門戶注云陽開以生物陰闔以成物風俗通青史子書說歲終更始辨秩東作萬物觸戶而出　故二月爲天門者老子天門開闔能無雌乎史記天官書蒼帝行德天門爲之開正義云蒼帝東方靈威仰之帝也春萬物開發東作起則天發其德化天門爲之開也

古文丣　徐鍇曰開[illegible]之象

文一　重一

辰　震也三月陽气動靁電振民農時也物皆生從乙匕象芒達厂聲辰房星天時也從二二古文上字凡辰之屬皆從辰　植鄰切

釋天太歲在辰曰執徐　史記律書辰者言萬物之蜄也馥謂蜄當爲賑本書賑動也　漢書律歷志振美於辰史記索隱引作振美　白虎通三月律謂之姑洗何姑者故也洗者鮮也言萬物皆去故就其新莫不鮮明也　震也者辰震聲相近白虎通辰震也晉書樂志三月辰辰震也謂時物盡震動而長通典三月之辰名辰辰者震動之義此月物皆震動而長故謂之辰　三月陽气動靁電者月令雷乃發聲始電　振民農時也者廣雅辰振也易蠱君子以振民育德淮南天文訓辰則振之也揚雄曰農不顯辰無以養身本書耒下云垂作耒梠以振民也武梁祠畫象標榜云神農氏因宜教田辟土種穀以振萬民　物皆生從乙者本書乙下云象春艸木冤曲而出乾下云乙物之達也　匕象芒達者三禮義宗物始生皆句曲而有芒角釋名辰伸也物皆伸舒而出也方言達芒也注云謂草秒芒射出周禮大宗伯以青圭禮東方注云圭銳象春物初生月令季春之月生氣方盛陽氣發泄句者畢出萌者盡達注云句屈生者芒而直曰萌淮南天文訓太陰在辰歲名曰執徐高注執蟄徐舒伏蟄之物皆散舒而出　辰房星天時也者本書晨下云辰時也辱下云辰者農之時也故房星爲辰田候也農下云房星爲民田時者春秋元命包房者蒼神之精注言吾不睹參辰之相比也宋衷曰辰龍星也王注楚辭辰星房星也鄭注周禮大司樂云房心爲大辰釋天大辰房心尾也大火謂之大辰郭注龍星明者以爲時候故曰大辰大火心也在中最明故時候主焉鄭注鄉飲酒義云三光三大辰也正義云公羊云大辰者何大火也伐爲大辰北辰亦爲大辰故爾雅云大辰房心尾也大火謂之大辰北極謂之北辰是三大辰也何休云大火與伐天所以示民時早晚天下取以爲正故謂之大辰辰時也是天之政教出於大辰風俗通義漢書郊祀志高祖五年初置靈星祀后稷也毆爵簸揚田農之事也左中郎將賈逵說以爲龍第三有天田星靈者神也故祀以報功辰之神爲靈星故以壬辰日祀靈星於東南金勝木爲土相也

古文辰

rǔ
辱

辱　恥也從寸在辰下失耕時於封畺上戮之也辰者農之時也故房星爲辰田候也　而蜀切

恥也者廣雅恥辱也釋名辱衄也言折衄也　從寸在辰下失耕時於封畺上戮之也者寸法度也廣雅戮辱也周禮秋官序官掌戮注云戮猶辱也呂氏春秋孟春紀皆修封疆高注起其疆畔紀督惰窳於疆下也王粲務本論仰司星辰以審其時俯耕藉田以率其力封祀農稷以神其事祈穀報年以寵其功設農師以監之置田畯以董之黍稷茂則喜而受賞田不墾則怒而加罰種有常時耘有常節牧有常期此賞罰之本種不當時耘不及節牧不應期者必加其罰　辰者農之時也故房星爲辰田候也者徐鍇曰國語曰農祥晨正民於是耕農祥房星爲大辰也

文二　重一

sì
巳

巳　巳也四月陽气已出陰气已藏萬物見成文章故巳

爲蛇象形凡巳之屬皆從巳 詳里切

巳也者巳巳聲相近李陽冰曰辰巳之巳借爲巳止之巳釋名巳巳也陽氣畢布巳也子思論詩於穆不巳孟仲子作於穆不似斯干正義云古者似巳字同容齋三筆律書釋十母十二子之義大畧與今所言同惟至四月云其於十二子爲巳巳者言陽氣之巳盡也據此則辰巳之巳乃爲矣音顧炎武曰吳才老韻補古巳午之巳亦讀如巳矣之巳漢律歷志振美於辰巳盛於巳史記巳者言陽氣之巳盡也鄭玄夢孔子告之曰起起今年歲在辰明年歲在巳愚案古人讀巳爲矣之證不止此淮南子斗指巳巳則生巳定也說文巳巳也四月陽氣巳出陰氣巳藏萬物見成文章故巳爲蛇象形釋名巳巳也陽氣畢布巳也詩似續妣祖箋云似讀巳午之巳巳續妣祖者謂巳成其宮廟也五經文字起從辰巳之巳白虎通太陽見於巳巳者物必起晉書樂志四月之辰謂之巳巳者起也物至此時畢盡而起也詩江有汜亦讀爲矣釋名水決復入爲汜汜巳也如出有所爲畢巳復還而入也以享以祀亦讀爲矣說文祀祭無巳也從示巳聲公羊傳何休註言祀者無巳長久之辭釋名商曰祀祀巳也新氣升故氣巳也今人以辰

巳之巳讀爲士音宋毛晃曰陽氣生於子終於巳巳者終巳也象陽氣既極回復之形故又爲終巳之義今俗以有鉤爲終巳之巳無鉤爲辰巳之巳是未知字義也馥案玉篇辰巳字音徐里切又也旨切即爲巳止之巳廣韻上聲巳羊巳切訖也去聲巳羊吏切過事語辭是巳止之巳有二音矣馥謂巳止當借㠯字本書矣語巳詞也其字從㠯二王書以爲陳迹以歷三世是古本作以廣雅巳㠯也 四月陽氣巳出陰气巳藏者徐鍇曰四月純陽之月故曰陰气巳藏易乾鑿度巽者陰始順陽者也陽始壯於東南方故位在四月漢書律歷志中吕言微陰始起未成著於其中旅助姑洗宣氣齊物也位於巳在四月 萬物見成文章故巳爲蛇者淮南天文訓太陰在巳歲名曰大荒落高注荒大也言萬物熾盛而大出霍然落落大布散搵生月令四月爲乾是月也萬物巳成天地化生徐鍇曰象蛇之變化有文章也四月巳主蛇楊慎曰子鼠丑牛十二屬之說天地自然之理非人能爲也觀篆字巳作蛇形亥作豕形餘可推矣馥案術數家以三十六禽配十二辰其配巳者爲蛇蚓蛞蝓鐘鼎文龍字從巳龍蛇同類

yǐ
㠯

㠯 用也從反巳賈侍中說㠯意㠯實也象形 羊止切

載侗曰唐本作㠯 馥案漢孔宙碑作㠯

用也者廣雅同易師卦能以衆正明夷文王以之虞云以用也王肅云惟文王能用之書洛誥以予小子揚文武烈梓材厥命曷以立政司牧人以克俊有德詩載芟侯彊侯以傳云以用也谷風不我屑以大東不以服箱箋竝云以用也士昏禮以湆醬注云以用也周禮鄉大夫退而以鄉射之禮五物詢衆庶注云以用也曾子問子游之徒有庶子祭者以此注云以用也用此祭也春秋桓十四年宋人以齊人蔡人衛人陳人伐鄭趙氏集傳云不用我師而用彼師曰以僖二十六年左傳凡師能左右之曰以釋例云謂求助於諸侯而專制其用成八年傳霸主將德是以襄十年傳我辭禮矣彼則以之昭四年傳苟利社稷死生以之杜注竝云以用也楚辭九章忠不必用兮賢不必以史記司馬相如傳何爲無用應哉漢書作無以曹植王仲宣誄何用誄德表之素旗何用即何以 賈侍中說㠯意㠯實也者徐鍇本作已意以實馥謂當爲㠯薏㠯實本書薏下云薏苢苢當作㠯玉篇㠯意也實也宋人重修沿本書之誤

文二

wǔ
午

午 啎也五月陰气午逆陽冒地而出此予矢同意凡午之屬皆從午 疑古切

釋天太歲在午曰敦牂 淮南天文訓太陰在午歲名曰敦牂高注敦盛牂壯也言萬物盛壯 晉書樂志五月午午長也大也言物皆長大 漢書律歷志咢布於午

啎也者午啎聲相近廣雅午仵也淮南天文訓午者忤也哀公問午其衆以伐有道注云午其衆逆其族類也大戴作忤荀子富國篇午其軍楊注午讀爲迕漢書楚元王傳朝臣舛午膠戾乖刺 五月陰气午逆陽冒地而出也者徐鍇曰入爲陽一爲地丨爲陰气貫地午逆陽也五月陽極而陰生孔穎達曰五月夏至日北極陰進而陽退本書五下云陰陽在天地閒交午也史記律書午者陰陽交故曰午易乾鑿度離長之於南方位在五月釋名午仵也陰氣從下上與陽相仵逆也於易爲離離麗也物皆附麗陽氣以茂也月令仲夏之月陰陽爭注云爭者陽方盛陰欲

wǔ
啎

起也淮南天文訓夏至陽氣極陰氣萌白虎通五月律謂之蕤賓何蕤者下也賓者敬也言陽氣上極陰氣始起故賓敬之漢書律歷志蕤賓蕤繼也賓導也言陽始導陰氣使繼養物也位於午在五月五經通義夏至陰動於下推陽而上之故大熱於上又云夏至陰始動未達故寢兵鼓不設政事所以助陰氣也三禮義宗夏至一以明陽氣之至極二以助陰氣之始至 此予矢同意者予徐鍇本作與鍇曰午者正衝之也矢亦相衝逆也

啎 逆也從午吾聲 五故切

字或作許漢印有程許戰國策魏有樓許呂氏春秋明理篇夫亂世之民長短頡許百疾注云許猶大許逆也既無節度大逆爲變詐之疾也

逆也者本書屰啎也高唐賦陬互橫啎李善云啎逆也世說新語忿狷篇司州言氣少有啎逆於螭或作牾漢書酷吏傳大姓西高氏東高氏自郡吏以下皆畏避之莫敢與啎顏注啎逆也王莽傳財饒埶足亾所啎意顏注啎逆也無人能啎其意也史記集解序或有牴啎笙賦郁捋劫啎李善云劫啎氣相衝激又或作忤廣韻啎與忤同逆也鬼谷子有忤合篇注云將合於此必忤於彼燕策勇士秦武陽年十三殺人人不敢啎視姚本啎作忤又或作迕一切經音義七忤又作迕啎遻三形同觸忤也聲類迕逆不遇也漢書食貨志好惡乖迕幽通賦上聖迕而後拔兮曹大家曰迕觸也洞簫賦氣旁迕以飛射兮李善云旁迕言氣競旁出遞相逆迕也又或作遌廣韻遌干遌釋言遌寤也郭注相干寤又通作遻莊子達生篇遻物而不慴釋文引爾雅遻忤也又或作蘁莊子寓言篇使人乃以心服而不敢蘁立又作俉史記天官書鬼哭若呼其人逢俉注俉迎也又作悟史記韓非傳大忠無所拂辭悟言無所擊排又作梧釋名當途曰梧邱梧忤也與人相當忤也長門賦離樓梧而相撐五臣云梧逆也漢書項羽傳莫敢枝梧臣瓚曰小柱爲枝邪柱爲梧惠棟曰聘禮賓進訝注云今文訝爲梧公食大夫禮上介受賓幣從者訝受皮注云今文曰梧受既夕若無器則梧受之注云謂對相受疏云梧卽逆也對面相逢受案梧本作啎訓爲逆訝亦逆也

文二

wèi
未

未 味也六月滋味也五行木老於未象木重枝葉也凡未之屬皆從未 無沸切

釋天太歲在未曰協洽李巡云陽氣欲化萬物故曰協洽協和洽合也馥案陽氣當爲陰氣高注淮南天文訓陰欲化萬物和合協洽 漢書律歷志昧薆於未

釋名未昧也日中則昃向幽昧也

味也者廣雅未味也白虎通未味也 淮南天文訓未者味也禮運注云五味酸苦辛鹹甘也 六月滋味也者易乾鑿度坤養之於西南方位在六月白虎通六月律謂之林鍾何林者衆也萬物成熟種類衆多本書利下云未物成有滋味[illegible]下云果孰有味書洪範木曰曲直曲直作酸檀弓必有艸木之滋焉注云增以香味史記律書未者言萬物皆成有滋味也五行大義論未者味也物向盛皆有氣味也晉書樂志六月未未味也言時物向成有滋味漢書律歷志林鍾林君也言陰氣受任助蕤賓君主種物使長大楙盛也位於未在六月 五行木老於未者淮南天文訓木生於亥盛於卯死於未

文一

shēn
申

申 神也七月陰氣成體自申束從臼自持也吏以餔時聽事申旦政也凡申之屬皆從申 失人切

本書坤下云土位在申 釋天太歲在申曰涒灘李巡云言萬物皆循精氣故曰涒灘 灘單盡也孫炎云涒灘萬物吐秀傾垂之貌 淮南天文訓太陰在申歲名曰涒灘高注涒大灘脩萬物皆脩其精氣馥案兩脩字竝當爲循 呂氏春秋序意篇歲在涒灘高注涒大也灘循也萬物皆大循其情性也 史記律書申者言陰用事申賊萬物故曰申 漢書律歷志申堅於申 白虎通七月律謂之夷則何夷傷則法也言萬物始傷被刑法也

神也者申神聲相近風俗通神者申也 論衡論死篇神者伸也伸復無已終而復始本書伸神也 七月陰气成體者漢書律歷志夷則則法也言陽氣正法度而使陰氣夷當傷之物也位於申在七月晉書樂志七月申申身也言時萬物身體皆成就通典七月之辰名申申者身也言萬物皆身體而成就故名爲申徐鍇曰七月三陰故曰陰气成馥案徐讀成字絕句似誤其曰三陰者洪範正義數之所起起於陰陽陰陽往來在於日道五月夏至日北極陰

進而陽退夏火位也當以一陰生爲大數但陰不名奇數必以偶故以六月二陰生爲火數也馥案六月二陰則七月三陰矣　自申東者本書疎下云東自申東也黜下云讀若染繒中束緅黜中束當爲申東釋名申身也物皆成其身體各申東之使備成也　從臼自持也者本書臾從臼象人要自臼之形　吏以餔時聽事申旦政也者本書餔日加申時食也月令占候圖立秋餔申初學記鼓施於府寺曰朝晡鼓昭元年左傳朝以聽政夕以修令哀十四年左傳子我夕杜注夕視事費禕別傳禕代蔣琬爲尚書令以朝餔聽事鍾離意別傳意署功曹史爲府立條式太守謂意曰功曹頃立嚴科太守觀察朝晡吏無大小莫不畏威續漢書宋均爲九江太守五日一聽事冬以日終夏以平旦陳書沈洙傳載周弘正議測囚云測人時節本非古制近代已來方有此法起自晡鼓迄於二更豈是常人所能堪忍

古文申

本書虹籒文從申作
陳古文從申作

說文解字義證　卷四十八　廿九

籒文申

本書𣅀下云
古文申

yìn 輴

擊小鼓引樂聲也從申柬聲　羊晉切

擊小鼓引樂聲也者玉篇輴小鼓在鼓上擊之以引樂也詩有瞽應田縣鼓箋云田當作輴輴小鼓在大鼓旁應鞞之屬也聲轉字誤變而作田　從申柬聲者詩有瞽正義云輴字以柬爲聲聲既轉去柬唯有申在申字又誤去其上下故變作田也馥案田陳聲近非形誤徐鍇本有周禮曰小樂事鼓輴讀若引十一字馥案所引春官小師文彼作輴注云輴小鼓名讀若引者鑿要應鼓曰鞞鼓亦曰輴鼓亦曰田鼓輴者引也言先擊小鼓以引大鼓也周禮大師令奏鼓輴鄭司農云輴小鼓也先擊小鼓乃擊大鼓小鼓爲大鼓先引故曰輴輴讀爲道引之引

yú 臾

束縛捽抴爲臾從申從乁　羊朱切

束縛捽抴爲臾者楊愼曰史記庾𠊱獄中注不明庾義案說文束縛捽抴爲臾臾庾古字通也焦氏筆乘說同史記淮南衡山列傳日夜從臾容勸之漢書作縱臾臾容古通用鬼臾區亦作鬼容區縱臾謂強擶之也　從申從乁者徐鍇曰申束縛也乁屈也馥案非甲乙字蓋從反厂之乁

yè 曳

臾曳也從申丿聲　余制切

易睽卦見輿曳

七啓曳文狐

臾曳也者一切經音義十九引作申也牽也玉篇曳申也牽也本書抴曳也摟曳聚也犮從犬而丿之曳其足則刺犮也賈誼弔屈原文賢聖逆曳兮胡廣曰逆曳不得順道而行也　丿聲者本書丿抴也象抴引之形

文四　重二

yǒu 酉

就也八月黍成可爲酎酒象古文酉之形凡酉之屬皆從酉　與久切

釋名酉秀也秀者物皆成也於易爲兌兌說也物得備足皆喜說也　史記律書酉者萬物之老也故曰酉　白虎通酉

說文解字義證　卷四十八　卅

者老物收斂又云八月律謂之南呂何南者任也言陽氣尚有任生薺麥也故陰拒之也　漢書律歷志畱孰於酉晉書樂志八月酉酉緧也言時物皆緧縮也　通典八月之辰名酉酉者猶縮之義此月時物皆縮小而成也故謂之酉釋天太歲在酉曰作噩李巡云作咢皆物芒枝起之貌　淮南天文訓太陰在酉歲名曰作鄂高注作鄂零落也萬物皆陊落

就也者廣雅同酉就聲相近通作酋太元酋西方也秋也物皆成象而就也　八月黍成可爲酎酒者易乾鑿度兌收之於西方位在八月漢書律歷志南呂南任也言陰氣旅助夷則任成萬物也位於酉在八月本書釁從酉酉所以祭也黍可爲酒禾入水也聘禮注云凡酒稻爲上黍次之粱次之明堂月令孟秋天子飲酎漢舊儀八月飲酎酉京雜記漢宗廟八月飲酎漢書音義正月旦作酒八月成名曰酎

古文酉從丣丣爲春門萬物已出丣爲秋門萬物已入一閉門象也

jiǔ 酒

汗簡引作丣　古文尚書𦁖作丣　管子幼官篇春三丣十
二始丣十二中丣十二小丣而始丣合男女秋三丣十二始
丣十二中丣十二小丣而始丣合男女　魯襄公二十一年
歲在己酉何休謂歲在己卯　昭二十二年十有二月癸酉
朔杜注以長歷推校前後當爲癸卯朔書癸酉誤　參同契
二月榆落魁臨於卯八月麥生天罡據卯案據卯當爲據丣
丣爲春門萬物已出丣爲秋門萬物已入者本書丣下云
二月萬物冒地而出象開門之形故二月爲天門顧藹吉
曰漢李氏鏡銘白虎辟丣主除道白虎西方之獸屬秋丣
爲秋門辟丣猶辟門也辟讀若闢闢之闢白虎通春卽祭
戶戶者人所出入亦春萬物始觸戶而出也淮南子仲春
始出仲秋始內注云出二月播植也內八月收斂也易闔
戶謂之坤闢戶謂之乾僖五年左傳凡分至啓閉必書雲
物服虔曰啓立春夏也陽氣用事爲啓閉立秋冬也陰氣
用事爲閉分至啓閉天地之大節陰陽之分也漢書五行
志雷以二月出其卦曰豫以八月入其卦歸妹大射禮樂
人宿縣於阼階東笙磬西面其南笙鐘注云笙猶生也東
爲陽中萬物以生是以東方鐘磬謂之笙禮又云西階之
西頌磬東面其南鐘注云成功曰頌西爲陰中萬物之所
成是以西方鐘磬謂之頌　一閉門象也者徐鍇本作從

一丣

酒　就也所以就人性之善惡從水從酉酉亦聲一曰造
也吉凶所造也古者儀狄作酒醪禹嘗之而美遂疏
儀狄杜康作秫酒　子酉切

春秋元命苞酒乳也王者法酒旗以布政施天乳以哺人
釋名酒亦言踧也能否皆彊相踧持飲之也又入口咽之皆
踧其面也　詩賓之初筵傳云酒所以安體也　酒經空桑
穢飯醞以稺稷以成醇醪酒之始也烏梅女𦽳甜醹九投澄
清百品酒之終也

就也所以就人性之善惡者酒就聲相近衛宏說酒誥云
以慎酒成就人之道六韜太公說五盜云盜在其室計之
不熟四盜其事就酒靈樞經黃帝曰怯士之得酒怒不避
勇士者何藏使然少俞曰酒者水穀之精熟穀之液也其
氣慓悍其入於胃中則胃脹氣上逆滿於胸中肝浮膽橫
當是之時固比於勇士氣衰則悔與勇士同類不知避之

méng ⿰酉冡　yín ⿰酉甚　niàng 釀

名曰酒悖也　一曰造也吉凶所造也者初學記引作吉
凶所起造也御覽同酒造聲相近王肅家誡夫酒所以行
禮養性命歡樂也過則爲患不可不慎是故賓主百拜終
日飲酒而不得醉先王所以備酒禍也禍福變興常於此
作所宜深慎　古者儀狄作酒醪禹嘗之而美遂疏儀狄
者魏策昔者帝女令儀狄作酒而美進之禹禹飲而甘之遂
疏儀狄絕旨酒曰後世必有以酒亡其國者孟子禹惡旨
酒趙注旨酒美酒也儀狄作酒禹飲而甘之遂疏儀狄而
絕旨酒世本儀狄始作酒醪變五味古史考禹時儀狄作
酒急就篇酤酒釀醪稽極程顏注古者儀狄作酒醪禹嘗
而美遂疏儀狄呂氏春秋勿躬篇儀狄作酒淮南脩務訓
儀狄作酒泰族訓儀狄爲酒禹飲而甘之遂疏儀狄而絕
旨酒所以遏流湎之行也王粲酒賦帝女儀狄旨酒是獻
張載酃酒賦感夏禹之防微悟儀氏之見疏　杜康作秫
酒者本書帚下云古者少康初作箕帚秫酒少康杜康也
世本少康作秫酒博物志杜康作酒魏武帝短歌行何以
解憂惟有杜康王觀國曰李瀚蒙求杜康造酒夏書曰甘
酒嗜音則酒非始於杜康康能變其醞釀之法耳文選七
啓乃有春清縹酒康狄所營張載酃酒賦嘉康狄之先識
亦應天而順人擬酒旗於元象造甘醴以頤神抱朴子酗

醟者不可非杜儀之爲酒祖台之諫王荆州誡酒書顧君
殛儀狄於羽山放杜康於三危劉炏酒箴爰建上業曰康
曰狄江統酒誥酒之所興肇自上皇或云儀狄一曰杜康
趙整酒德歌地列酒泉天垂酒旗杜康妙識儀狄先知

⿰酉冡　麴生衣也從酉冡聲　莫紅切

麴生衣也者齊民要術造笨麴餅法麴成打破看餅內乾
燥五色衣成便出曝之又淸麴法但候麴香沫起便下釀
過久麴生衣則爲失候又祝麴文衣色錦布或蔚或炳字
或作⿰米冡玉篇⿰米冡有衣麴也女麴也廣韻⿰米冡麴生衣皃廣雅
⿰米冡麴也曹憲音蒙又作⿰米蒙方言
⿰米蒙麴也又作曚集韻曚浮醭

⿰酉甚　孰麴也從酉甚聲　余箴切

孰麴也者廣韻同玉篇譌作熱麴也集韻醮
麴熟五音集韻醮熟麴火藏廣雅醮幽也

釀　醞也作酒曰釀從酉襄聲　女亮切

醞也作酒曰釀者一切經音義九引三蒼米麴所作曰釀
廣雅釀醞也顏注急就篇醞之曰釀白帖崔寔無資產以

酤釀爲業四民月令十月上辛命典饋清麴釀冬酒中山經其祠䫇釀注云以䫇作醴酒也史記孟嘗君傳乃多釀酒貨殖傳一歲千釀漢書食貨志一釀用麤米二斛麴一斛得成酒六斛六斗魏氏春秋阮籍聞步兵廚多美酒營人善釀求爲校尉傳元酒序或三釀而速成或九醖而後成世說劉惔曰見何次道飲酒使人欲傾家釀語林羊琇冬月令人抱甕釀酒

yùn 醖

醖　釀也从酉𥁕聲　於問切

釀也者一切經音義十三同廣雅醖酘也南都賦酒則九醖甘醴魏武帝上九醖法奏曰三日一釀滿九石米止臣得法釀之常善其上清滓亦可飲若以九醖苦難飲增爲十釀易飲不病九醖用米九斛十釀用米十斛曹植酒賦或秋藏冬發或春醖夏成成公綏七唱秦無清醴先和宜醇香旗九醖淵澄十旬寰宇記烏程縣引郡國志云古烏程氏居此能醖酒故以名縣

fàn 䣶

䣶　酒疾孰也从酉弁聲　芳萬切

酒疾孰也者集韻䣶不釋米釀也廣韻䣶一宿酒玉篇䣶酒孰也釀一宿也

tú 酴

酴　酒母也从酉余聲讀若廬　同都切

酒母也者三蒼醖酒母也徐鍇曰此釀酒之初和頭也本書醫下云讀若江南謂酢母爲醫馥謂酒母猶酢母也讀若廬者或作爐齊民要術有粟米爐酒荼酴亦酒名所謂酴醾

shī 釃

釃　下酒也一曰醇也从酒麗聲　所綺切

下酒也者本書䍦醴酒也趙宦光曰下酒者去糟取清也陶潛葛巾釃酒是也廣雅䍦盝也詩伐木釃酒有藇傳云以筐曰釃以藪曰湑釋文釃謂以筐盝酒正義筐竹器也藪草也釃酒者或用筐或用草於今猶然後漢書馬援傳援乃擊牛釃酒注云釃酒濾也一曰醇也者鄭注酒正云清謂醴之泲者

juān 䣭

䣭　䤄酒也从酉肙聲　古玄切

䤄酒也者玉篇䣭以孔下酒也案廣韻瓬盆底孔齊民要術粟米爐酒以冷水澆筒飲之䣭出者歇而不美

lì 䤄

䤄　䣭也从酒鬲聲　郎擊切

䣭也者徐鍇本作醑也鍇曰醑甘美也馥案玉篇醑美酒也本書無醑字當爲湑湑莤酒也詩有酒湑我玉篇䤄漉酒也廣韻䤄下酒

lǐ 醴

醴　酒一宿孰也从酒豊聲　盧啓切

六書故醴爲酒之先飲之不至甚醉故記曰元酒在室醴醆在戶粢醍在堂澄酒在下尊之也又曰禮而飲醴酒始飲酒者先飲醴酒爲其不至甚醉也漢穆生不嗜酒楚王常爲設醴亦爲是也　玉藻五飲上水漿酒醴酏　詩振鷺爲酒爲醴　詩詁醴酒之甘濁而不泲者　士冠禮曰甘醴維厚論衡自紀篇酒醴異氣飲之皆醉　哀十一年左傳進稻醴釋文以稻米爲醴酒　高注淮南云醴以糵不以麴濁而恬韓詩醴甜而不泲也　西京雜記鄒陽酒賦清者爲酒濁者爲醴清者聖明濁者頑騃　鄭注周禮漿人云飲醴用柶者糟也不用柶者清也又注酒正云清謂醴之泲者酒一宿孰也者玉篇醴甜酒也一宿熟也楚詞大招吳醴白糵和楚瀝只王注再宿爲醴漢書楚元王傳穆生不耆

酒元王每置酒常爲穆生設醴顏注醴甘酒也少麴多米一宿而熟食經雞鳴酒法秫米二升作糜麴三升以水五升攪之今日作明日雞鳴時熟

láo 醪

醪　汁滓酒也从酉翏聲　魯刀切

汁滓酒也者後漢書馬融傳注引同寇恂傳注又引作兼汁滓酒一切經音義二引作有滓酒也廣韻醪濁酒集韻醪謂之醲濛顏注急就篇汁滓酒曰醪詩七月爲此春酒傳云春酒凍醪也漢書文帝紀爲酒醪以靡穀者多李廣傳持糒醪遺廣顏注竝云醪汁滓酒也袁盎傳買二石醇醪顏注醪汁滓合之酒也後漢書樊儵傳又野王歲獻甘醪膏餳注云醪醇酒汁滓相將也劉伯倫酒德頌捧甖承糟銜杯漱醪齊民要術有造神麴粳米醪法濾麴汁於甕中卽酘飯候米消又酘八斗消盡又酘八斗凡三酘畢若酒苦者更以二斗酘之此合醅飲之可也

chún 醇

醇　不澆酒也从酉𦎫聲　常倫切

不澆酒也者顏注漢書袁盎傳云醇者不雜言其醲也朗陵何公夏封清酒法剉麴先布甕底以黍一斗用水五升

澆之一切經音義十一醇不澆酒也亦十旬酒也內則䣼醴清糟黍醴清糟粱醴清糟注云糟醇也清泲也魏都賦醇酎中山沈湎千日齊民要術三升不澆大醉必死

rǔ 醹

醹 厚酒也從酉需聲詩曰酒醴維醹 而主切

厚酒也者詩正義引同徐幹齊都賦五齊惟醹呂氏春秋肥肉厚酒務以相强　詩曰酒醴維醹者大雅行葦文傳云醹厚也

zhòu 酎

酎 三重醇酒也從酉從時省明堂月令曰孟秋天子飲酎 除柳切

本書酉下云八月黍成可爲酎酒　漢舊儀大祠曰飲酎漢大樂律卑者之子不得舞宗廟之酎　寰宇記袁州宜春酎隨歲舉上貢袁子正論長安九醲　抱朴子一酘之酒不可以方九醞之醇　隋圖經常山有大井昔云醇酎千日卽是此井所醞齊民要術䆉米酎酒色似麻油先能飲好酒一斗者惟禁得升半飲三升大醉與人此酒先問飲多少

裁量與之一斗酒醉二十人得者無不傳餉親知以爲恭拾遺記張華以西羌麴漬北地麥爲醇酒大醉不搖蕩令人肝腸爛當時謂之銷腸酒　世說張華與客共飲九醞爲酣暢夜醉眠張常飲此酒眠輒使人左右轉側其夜忿敕左右而左右依常爲轉側至明起客不起視之酒果穿腹流牀下滂沱

三重醇酒也者稽康酒賦重酎至清淵凝冰潔襄二十二年左傳見於嘗酎杜注酒之新熟重者爲酎嘗新飲酒爲嘗酎傳遜注酎三重醇酒　從時省者戴侗曰蜀本從肘省聲徐本從時省誤以肘爲時馥案誤爲時故删去聲字

明堂月令曰孟秋天子飲酎者戴侗曰蜀本作孟夏月令孟夏之月天子飲酎注云酎之言醇也謂重釀之酒也春酒至此始成呂氏春秋孟夏紀是月也天子飲酎用禮樂注云酎春醞也是月天子乃與羣臣飲酒作樂詩云爲此春酒以介眉壽馥案此皆言孟夏飲酎本書引月令當作孟夏楚詞招魂挫糟凍飲酎清涼些王注凍冰也酎醇酒也言盛夏則爲覆蹙乾釀捉去其糟但取清醇居之冰上然後飲之酒寒涼又長味好飲也大招四酎并孰不歰嗌只清馨凍飲不歠役只王注凍猶寒也醇醲之酒清而且香宜於寒飲馥案此亦夏日飲酎漢則以八月西京雜記漢制宗廟八月飲酎用九醞太牢皇帝侍祠以正月旦作酒八月後成名曰酎一曰九醞一名醇酎漢儀諸侯王歲以戶口酎黃金於漢廟皇帝臨受獻金金不如斤兩色惡王削縣侯免國注云因八月嘗酎會諸侯廟中出金助祭謂之酎金酎正月旦作酒八月成三重醲醇酒也味厚故以薦宗廟金黃金也不如法者奪爵漢書景帝紀高廟酎張晏曰正月旦作酒八月成名曰酎酎之言純也至武帝時因八月嘗酎會諸侯廟中出金助祭所謂酎金也馥案此皆言孟秋飲酎張載酃酒賦醇酎秋發陸機七羨湘陰有酎其色澄清秋醪春醞酒惟九成此亦言酎以秋成

àng 醠

醠 濁酒也從酉盎聲 烏浪切

濁酒也者通作盎周禮酒正辨五齊之名三曰盎齊注云盎猶翁也成而翁翁然蔥白色如今酇白矣或作醠淮南說林訓清醠之美始於耒耜高注醠音瓮

清酒也馥案清醠醠之清者故云清酒

nóng 醲

醲 厚酒也從酉農聲 女容切

厚酒也者李善注七發引同廣雅醲厚也三蒼醇醲也通作農書洪範農用八政傳云農厚也正義鄭元云農讀爲

醲則農是醲意故爲厚也

róng 䤉

䤉 酒也從酉茸聲 而容切

茸聲者玉篇廣韻並無䤉字玉篇酣汝吏切重釀也廣韻酣女利切重釀酒也集韻平聲䤉如容切說文酒也一曰酒重釀者去聲䤉酣女利切字林重釀也或作酣類篇䤉如容切說文酒也一曰酒重釀者酣女利切字林重釀也又仍吏切酘酒也一曰次釀馥案集韻類篇䤉下並引說文酣下並引字林玉篇廣韻則有酣無䤉是本書與字林並從耳後譌從茸音隨字變集韻類篇所引說文非許氏原文

gū 酤

酤 一宿酒也一曰買酒也從酉古聲 古乎切

一宿酒也者集韻酤謂之醑廣韻醑一宿酒　詩伐木無酒酤我傳云酤一宿酒也　一曰買酒也者顏注急就篇買酒曰酤詩伐木箋云酤買也史記高祖紀每酤留飲酒讐數倍吳志潘璋嗜酒居貧好賒酤王褒僮約寡婦楊惠舍有一奴名便了倩行酤酒便了曰大夫買便了時只約守家不約爲他家男子酤酒又云舍中有客提壺行酤通作

沽周禮萍氏幾酒注云苛察沽買過多東觀漢記呂母醞醇酒少年來酤者皆貰與之馥案酤又爲賣廣雅酤賣也論語有美玉於斯韞匵而藏諸求善賈而沽諸馬融曰沽賣也又沽酒市脯不食正義云沽賣也酒不自作未必精絜東觀漢記禁民無得酤賣酒麴尸子屠者割肉知牛多少則沽者亦知酒之多少也韓非外儲說宋人有沽酒者升槩甚平遇客甚謹爲酒甚美縣幟甚高著然不售淮南說林訓爲酒人之利而不酤則竭高注不欲使酒人得利不酤而先自竭漢書食貨志詩曰無酒酤我而論語曰酤酒不食二者非相反也夫詩據承平之世酒酤在官和旨便人可以相御也論語孔子當周衰亂酒酤在民薄惡不誠是以疑而弗食景帝紀禁酤酒顏注酤謂賣酒也賈誼書鄒穆公死百姓若失慈父酤家不售其酒裴子野宋畧廢帝於華林園列肆親自酤賣後魏書鄭義西門受羊酒東酤賣之晉書阮籍傳鄰家少婦當鑪沽酒隋書劉昉傳昉使妻當鑪沽酒通鑑崔允聽酤者自造麴鄭注司市債字一曰買一曰賣賈疏謂順文爲義馥謂此酤亦然晏子人有酤酒者爲器甚潔清置表甚長而酒酸不售問之里人其故里人云公狗之猛人挈器而入且酤公酒狗迎而噬之此酒所以酸而不售也馥案上酤字爲賣下酤字爲買所謂順文爲義也

zhī ⿱戠酉

⿱戠酉 酒也從酉戠省聲 陟离切

酒也者玉篇⿱戠酉酒厚也

làn 䤌

䤌 泛齊行酒也從酉監聲 盧瞰切

泛齊行酒也者廣韻䤌䤌觴周禮五齊一曰泛齊注云泛者成而滓浮泛泛然王粲酒賦辨其五齊節其三事醍沈盎泛清濁各異

gǎn ⿱竷酉

⿱竷酉 酒味淫也從酉竷省聲讀若春秋傳曰美而豔 古禫切

酒味淫也者徐鍇曰淫長也玉篇⿱竷酉酒味苦也

yǎn 酓

酓 酒味苦也從酉今聲 咽嗛切

酒味苦也者齊民要術有作諸苦酒法

kù 酷

酷 酒厚味也從酉告聲 苦沃切

酒厚味也者廣韻引作酒味厚也玉篇同書正義云說文云酷酒厚味也酒味之厚必嚴烈人之暴虐與酒嚴烈同故謂之酷史記司馬相如傳芬香漚鬱酷烈淑郁蜀都賦芬芳酷烈後漢書張衡傳美襞積以酷裂兮注云酷裂香氣盛也

dàn 醰

醰 酒味長也從酉覃聲 徒紺切

酒味長也者集韻引作酒味苦也宋本小字本李燾本竝同玉篇廣韻竝作酒味不長也洞簫賦良醰醰而有味

pò ⿰酉出

⿰酉出 酒色也從酉出聲 普活切

酒色也者廣韻⿰酉出酒氣與⿰酉出義同字林⿰酉出酒氣也

pèi 配

配 酒色也從酉己聲 滂佩切

酒色也者玉篇配酒色

yì ⿰酉弋

⿰酉弋 酒色也從酉弋聲 與職切

廣雅作酞

zhǎn 醆

醆 爵也一曰酒濁而微清也從酉戔聲 阻限切

徐鉉所加本書斝夏曰琖明堂位夏后氏以琖

zhuó 酌

酌 盛酒行觴也從酉勺聲 之若切

盛酒行觴也者本書醋客酌主人也博物志東夷有國謂行酒爲行觴秦之遺也漢書蓋寬饒傳無多酌我我乃酒狂

jiào 醮

醮 冠娶禮祭從酉焦聲 子肖切

冠娶禮祭也者玉篇醮冠娶妻也禮祭也廣雅醮祭也少儀飲酒者禨者醮者有折俎不坐注云始冠曰醮冠義醮於客位士冠禮始加醮用脯醢昏禮父親醮子而命之注云酌而無酬酢曰醮士昏禮庶婦則使人醮之注云酒不

zuó 醋　chóu 醻　yìn 酳　jǐn ⿰酉晉

酬酢曰醋

醮或從示

⿰酉晉 歃酒也從酉晉聲子朕切

酳 少少飲也從酉勻聲余刃切

少少飲也者玉篇酳少飲也與醋同廣韻醋酒漱口也馥案鄭注特牲饋食禮云今文酳爲酌又注士虞禮云古文酳爲酌兩酌字皆酌之譌顏注漢書賈山傳酳者少少飲酒謂食已而蕩口也七發蘭英之酒酌以滌口曲禮主人未辨客不虛口注云虛口謂酳也釋文嗽口也以酒曰酳以水曰漱樂記執爵而酳正義謂食訖天子親執爵而酳口也士昏禮贊洗爵酌酳主人注云酳漱也酳之言演也安也昏義合巹而酳正義酳演也謂食畢飲酒演安其氣特牲饋食禮主人洗角升酌酳尸注云酳猶衍也士虞禮主人洗廢爵酌酒酳尸注云酳安食也

醻 主人進客也從酉𠷎聲市流切

主人進客也者徐鍇本作獻醻主人進客也釋訓醻報也皇侃論語義疏初主人酌酒與賓曰獻賓飲畢而酌與主人曰醋主人飲醋畢又酌與賓曰酬詩節南山如相醻矣箋云如賓主飲酒相醻酢也楚茨獻醻交錯箋云始主人酌賓爲獻賓既酌主人主人又自飲酌賓曰醻瓠葉君子有酒酌言醻之傳云醻道飲也箋云主人既卒酢爵又酌自飲卒爵復酌進賓猶今俗之勸酒彤弓一朝醻之傳云醻報也箋云飲酒之禮主人獻賓賓酢主人主人又飲而酌賓謂之醻醻猶厚也勸也鄉射禮主人坐取觶於篚以降注云將酬賓又云賓西階上疑立主人實觶酬之注云酬勸酒鄉飲酒禮主人實觶酬賓注云酬勸酒也酬之言周忠信爲周疏云此解主人將酬賓先自飲之意以其酬賓若不自先飲是不忠信恐賓不飲示忠信之道故先自飲乃飲賓爲酬也士冠禮主人酬賓束帛儷皮注云飲賓客而從之以貨財曰酬

酬 醻或從州

醋 客酌主人也從酉昔聲在各切

jiào 釂　mì ⿰酉𥁑　hān 酣

客酌主人也者玉篇醋報也進酒於客曰獻客答主人曰醋蒼頡篇主荅客曰酬客報主人曰醋有司徹受三獻爵酌以醋之監本脫特牲饋食禮祝酌授尸尸以醋主人注云醋報也通作酢釋詁酢報也易繫辭是故可與酬酢釋文京作醋詩賓之初筵三爵不識箋云三爵者獻也酬也酢也行葦或獻或酢箋云進酒於客曰獻客答之曰酢瓠葉酌言酢之傳云酢報也箋云報者賓既卒爵洗而酌主人也少儀酢爵注云酢所以酢主人也鄉射禮賓實爵主人之席前東南面酢主人注云酢報又大夫降洗注云將酢主人也

⿰酉𥁑 飲酒俱盡也從酉𥁑聲迷必切

釂 飲酒盡也從酉嚼省聲子肖切

飲酒盡也者李善注七命引同本書歎盡酒也廣雅釂盡也曲禮長者舉未釂少者不敢飲注云盡爵曰釂士相見禮君卒爵然後授虛爵注云必俟君卒爵者若欲釂然也韓非外儲說魯人見長年飲酒不能釂則唾之淮南道應訓文侯受觴而飲釂不獻高注釂盡也吳都賦釂鼓震五臣云釂盡爵也通作醮荀子禮論篇利爵之不醮也注謂

祭祀告利成其爵不卒奠於筵前也大戴禮禮三本篇作利爵之不卒也又通作嚼史記游俠列傳與人飲使之嚼徐廣音子妙反盡酒也漢書作釂顏注盡酒曰釂說苑魏文侯與大夫飲酒使公乘不仁爲觴政曰飲不嚼者浮以大白文侯飲而不盡爵公乘不仁舉白浮君續漢書五行志嚼復嚼者京都飲酒相強之詞也　嚼省聲者徐鍇本作嚼聲五經異義引韓詩說一升曰爵爵盡也服注左傳爵者醮也所以醮盡其材也

酣 酒樂也從酉從甘甘亦聲胡甘切

酒樂也者御覽書正義並引作樂酒也玉篇酣樂酒也書伊訓酣歌于室傳云樂酒曰酣正義言躭酒以自樂也一切經音義五漢書應劭曰不醉不醒曰酣一云樂酒曰酣楚辭章句引詩樂酒今昔酒誥在今後嗣王酣身傳云酣樂其身喪大記食肉飲酒不與人樂之燕策與代王飲酒酣樂呂氏春秋長攻篇代君至酒酣注云酣飲酒合樂之時漢書司馬相如傳於是酒中樂酣顏注酒中飲酒中半也樂酣奏樂洽也應瑒建章臺詩樂飲不知疲吳都賦酣湑半五臣云酣酒洽也風俗通魯有右成叔聘衛右宰穀臣而觴之陳樂而不樂酒酣而不飲魏略王朗與許靖書

dān 酖　yù 醧　jù 醵　pú 酺

樂酒酣讌宋書盧陵王義眞傳縱博酣酒南齊書崔祖思傳嗜音酣酒梁書謝覽傳覽頗樂酒袁宏有夜酣賦通作甘書五子之歌甘酒嗜音釋文甘一音戶甘反馥案玉篇引作酣淮南繆稱訓故人之甘甘非正爲蹠也高注人之甘甘猶樂樂而爲之

酖 樂酒也从酉冘聲 丁含切

樂酒也者詩抑荒湛于酒箋云湛樂於酒釋文湛都南反淮南修務訓沈湎耽荒張璠漢紀孔融嫈才樂酒竹林七賢論阮籍性樂酒管輅別傳諸葛樂戒之日卿性樂酒當節之

醧 私宴歓也从酉區聲 依據切

私宴歓也者字林同本書饫燕食也醧饫聲同詩常棣飲酒之饫魏都賦注引韓詩飲酒之醧韓詩云夫飲之禮不脫屨而即序者謂之禮跣而上坐者謂之宴能飲者飲之不能飲者已謂之醧角弓如食宜饇箋云王有族食族燕之禮正義云大宗伯以飲食之禮親宗族兄弟文王世子曰若公與族人燕則以異姓爲賓膳宰爲主人族食世降一等大傳云綴之以食而弗殊是王有族食族燕之禮也閟宮魯侯燕喜箋云燕燕飲也文選鮑明遠詩宴慰及私辰

醵 會歓酒也从酉豦聲 其虐切

會歓酒也者廣韻醵斂錢飲酒玉篇醵合錢沽酒醵會也禮器周禮其猶醵與注云合錢飲酒爲醵王居明堂之禮仲秋乃命國醵史記貨殖傳歲時無以祭祀進醵飲食徐廣曰會聚食列女傳魯母師傳妾恐其酺醵醉飽荆楚歲時記出錢爲醵出食爲酺通鑑嚴挺之上疏酺者因人所利合醵爲歡注云醵合錢飲酒也

配 醵或从巨

酺 王德布大歓酒也从酉甫聲 薄乎切

王德布大歓酒也者史記索隱引作王者布德大飲酒也酺布聲相近顏師古曰酺之爲言布也王德布於天下而合聚飲食爲酺史記孝文本紀酺五日周禮族師春秋祭酺注云酺者爲人物災害之神也族無飲酒之禮因祭酺而與其民以長幼相醻酢焉詩旻鞹箋云又有祭酺合醵之歡周禮校人冬祭馬步杜子春云步即酺也齊策完者內酺而華樂鮑注酺大飲史記趙世家行賞大赦置酒酺五日秦始皇本紀天下大酺正義云天下歡樂大飲酒也漢書音義文穎曰漢律三人已上無故羣飲罰金四兩今恩詔橫賜得令聚會飲食五日酺布也言天子布恩於天下王觀國曰然則春秋祭酺者歲二酺也故後之里社聚飲者亦謂之酺漢律無故羣飲者有罰因恩詔賜酺而後始得會聚飲食焉賜酺五日者使得會聚飲食五日也井田之法已廢而酺之名猶在故也荆楚歲時記元日至月晦竝爲酺聚飲食每月皆有晦朔正月初年時俗重以爲節

pēi 醅　zuì 醉　xūn 醺　yòng 醟

醅 醉飽也从酉咅聲 匹回切

徐鍇本有讀者㚋三字

咅聲者徐鍇本有讀若㚋三字廣韻醅匹尤切又普裴切

醉 卒也卒其度量不至於亂也一曰潰也从酉从卒 將遂切

卒也卒其度量不至於亂也者醉卒聲相近御覽引作酒卒日醉各卒其度量不至於亂也廣韻集韻所引及徐鍇本皆有各字玉篇醉卒也卒度也度其量不至於亂也論語惟酒無量不及亂諸葛亮誡子曰夫酒之設合禮致情適體歸性禮終而退此和之至也主意未殫賓有餘眷可以至醉無至迷亂

一曰潰也者徐鍇本作一日酒潰也

從卒者當云卒聲此與碎額同

醺 醉也从酉熏聲詩曰公尸來燕醺醺 許云切

醉也者廣韻醺著酒　詩曰公尸來燕醺醺者大雅鳧鷖文彼作公尸來止熏熏傳云熏熏和說也

醟 酗也从酉熒省聲 爲命切

酗也者書釋文引作酗酒也通俗文酗酒曰醟漢書敘傳中山淫醟顏注醟酗酒也晉書桓伊傳會王道子昏醟凢甚

xù 䣱

䣱 醉醟也從酉句聲 香遇切

醉醟也者書釋文引作酒醟玉篇兇酒曰䣱醟古文苑王孫賦顚陋䣱以迷醉字或作酗漢書趙充國傳湯數醉酗羌人顏注酗字也醉怒曰酗一切經音義十三酗又作酗以酒爲凶謂之酗說文䣱醟也通俗文䣱酒曰酗書微子我用沈酗于酒傳云酗醟泰誓淫酗肆虐傳云過酗縱虐以酒成惡無逸無若殷王受之迷亂酗于酒德哉傳云以酒爲凶謂之酗正義酗從酉以凶爲聲是酗爲凶酒之名酗是飲酒而益凶也魏名臣奏蔣濟奏學者慢師酗酒罰飲水三升崔鴻前秦錄苻生酗酒無賴前趙錄劉粲荒酗酒色梁武帝檄淫酗醟肆酣歌壚邸隋書牛宏傳有弟曰弼好酒而酗

chéng 醒

醒 病酒也一曰醉而覺也從酉呈聲 直貞切

病酒也者急就篇侍酒行觴宿昔醒顏注病酒曰醒詩節南山憂心如醒傳云病酒曰醒晏子景公飲酒醒三日而後發漢書禮樂志泰尊柘漿析朝醒應劭曰醒病酒也後漢書邊讓傳惆焉若醒注云醒酒病也第五倫傳猶解醒

當以酒也注云酒病曰醒西京雜記鄒陽酒賦袪夕醉遺朝醒風賦愈病析醒東京賦罔然若醒薛注醒病酒也語林劉伶說曰天生劉伶以酒爲名一飲一石五斗解醒七發況直眇小煩懣醒醲酒病之徒哉 一曰醉而覺也者詩正義云說文云醒病酒也醉而覺言既醉得覺而以酒爲病故云病酒也馥案玉篇醒醉未覺也南都賦醉而不醒

yī 醫

醫 治病工也殹惡姿也醫之性然得酒而使從酉王育說一曰殹病聲酒所以治病也周禮有醫酒古者巫彭初作醫 於其切

周禮天官有醫師 曲禮醫不三世不服其藥 鄭氏六藝論黃帝佐官七人岐伯造醫方 帝王世紀黃帝使岐伯嘗味草木典醫療疾今經方本草之書咸出焉 劉歆七畧論方技爲四家有醫經家方家房中家神仙家 楚辭九折臂而成醫 孔叢子三折臂然後爲醫 鶡冠子魏文侯問扁鵲曰子昆弟三人竝醫其孰最善扁鵲曰長兄視色故名不出家仲兄視毫毛故名不出閭鵲針人血脉投人毒藥名聞天下

治病工也者廣韻醫療也廣雅醫巫也急就篇篤癃衰癈迎醫匠顏注醫匠療病之工也周禮疾醫掌萬民之疾病周書大聚解鄉立巫醫具百藥以備疾災畜五味以備百草袁準正論良醫療病攻於腠理韓詩外傳太平之時無瘖瘂跛眇尪蹇侏儒折短父不哭子兄不哭弟道無襁負之遺育然各以其序終者賢醫之用也隋書經籍志醫方者所以除疾疢保性命之術者也天有陰陽風雨晦明之氣人有喜怒哀樂好惡之情節而行之則和平調理專壹其情則溺而生疾是以聖人原血脉之本因鍼石之用假藥物之滋調中養氣通滯解結而反之於素子華子醫者理也理者意也意其所未然也意其所將然也察於二然者而謹於訓夫是之謂醫論衡程材篇病作而醫用如自能案方和藥則醫不售矣 殹惡姿也醫之性然者本書嫛娩也娩婦人惡皃 得酒而使從酉者鄭注周禮酒正云醫之字從殹從酉省也 疏云從殹省者去羽從酉省者去水故云從殹從酉省也 一曰殹病聲酒所以治病也者一切經音義六引云殹亦病人聲也酒所以治病者藥非酒不散也本書瘚劇聲也漢書食貨志酒百藥之長禮

射義酒者所以養老也所以養病也曲禮居喪之禮有疾則飲酒食肉史記扁鵲傳疾之居腠理也湯熨之所及也在血脉鍼石之所及也其在腸胃酒醪之所及也倉公傳濟北王病召臣意診其脉曰風蹶胷滿即爲藥酒盡三石病已隋書經籍志雜藥酒方十五卷 周禮有醫酒者天官酒正辨四飲之物二曰醫注云醫即內則以酏爲醴者 古者巫彭初作醫者海內西經開明東有巫彭巫抵巫陽巫履巫凡巫相注云皆神醫也世本曰巫彭作醫呂氏春秋勿躬篇巫彭作醫

sù 莤

莤 禮祭束茅加于祼圭而灌鬯酒是爲莤象神歆之也一曰莤榼上塞也從酉從艸春秋傳曰爾貢包茅不入王祭不供無以莤酒 所六切

禮祭束茅加於祼圭而灌鬯酒是爲莤象神歆之也者本書瑒圭尺二寸有瓚以祠宗廟者也漢書音義張晏曰瓚以圭爲柄用灌鬯馥謂此即祼圭也本書祼灌祭也論語禘自既灌而往者莤通作縮詩白茅包之陸疏茅之白者

古用包裹禮物以充祭祀縮酒用茅明酌也注云藉之以茅縮去滓也周禮司尊彝醴齊縮酌注云以茅縮去滓也甸師祭祀共蕭茅注云鄭大夫云蕭字或爲莤莤讀爲縮束茅立之祭前沃酒其上酒滲下去若神飲之故謂之縮縮浚也玄謂縮酒泲酒也禹貢荆州包匭菁茅鄭注菁茅茅之有毛刺者給宗廟縮酒史記夏本紀包匭菁茅正義云括地志云辰州瀘溪縣西南三百五十里有包茅山武陽記云山際出包茅有刺而三脊因名包茅山吳都賦職貢納其包匭五臣云禹貢包匭菁茅菁茅生桂陽可以縮酒給宗廟異物也重之是故既包裹而又纏結之白帖尙書苞匭菁茅茅縮酒蓋三脊之茅也江淮之閒有一茅三脊此靈物不可常貢也劉贊曰今辰州瀘溪縣包茅山出三脊茅宋書江夏王義恭傳大明元年有三脊茅生石頭西岸易林亂茅縮酒靈巫拜禱神怒不許捽傷愁苦一曰莤榼上塞也者本書榼酒器也馥謂塞榼口以滑酒本書滑莤酒也詩伐木有酒滑我傳云滑莤之也箋云王有酒則泲莤之釋文莤所六反與左傳縮酒同義謂以茅泲之而去其糟也字從艸梁定襄侯蕭祇詠香茅詩粗根縮酒易春秋傳曰爾貢包茅不入王祭不供無以莤酒者僖四年左傳文彼作縮杜注包裹束也茅

菁茅也束茅而灌之以酒爲縮酒穀梁傳菁茅之貢不至故周室不祭范云菁茅香草所以縮酒楚之職貢吳錄地理志零陵泉陵有香茅古貢之縮酒晉地道記泉陵有香茅氣甚芬香貢之以縮酒盛宏之荆州記零陵郡有香茅桓公所以責楚

lí 醨

醨 薄酒也从酉离聲讀若離 呂支切

薄酒也者楚辭漁父衆人皆醉何不餔其糟而歠其醨賈誼書酒則亟酸漢書百官表廣安侯任越人爲太常坐廟酒酸論齊民要術造神麴黍米酒卒多傷薄蓋用米既少麴勢未盡所以傷薄耳

chǎn 醆

醆 酢也从酉戔聲 初減切

酢也者廣雅同廣韻醆醋味

suān 酸

酸 酢也从酉夋聲關東謂酢曰酸 素官切

月令孟春之月其味酸　洪範曲直作酸　馥案周禮瘍醫凡藥以酸養骨注云酸木味根立地中似骨　楚辭招魂和酸若苦陳吳羹些王注言吳人工作羹和調甘酸其味若苦而復甘也又大招吳酸蒿蔞不沾薄只　淮南子煎熬焚炙調齊和之適以窮荆吳甘酸之變注云二國善醎酸之和

酢也者廣雅同本書醶酸也論衡狀留篇酒暴孰者易酸醯暴酸者易臭

䤸 籀文酸从畯

zài 酨

酨 酢漿也从酉𢦏聲 徒奈切

酢漿也者本書漿酢漿也玉篇酨酢漿也釋米汁也廣雅酨漿也內則飲有漿注云酢酨周禮酒正辨四飲之物三曰漿注云漿今之酨漿也疏云此漿亦是酒類故其字亦從酨從酉省酨之言載米汁相載漢時名爲酨漿故云今之酨漿也公食大夫禮漿飲注云漿飲酨漿也禮運以爲醴酪注云酪酢酨雜記食鹽酪可也注云酪酢酨也家語問禮篇以爲醴酪注云酪漿酢漢書食貨志魯匡言酒酤法一斛之平除米麴本賈計其利而什分之以其七入官其三及醩酨灰炭給工器薪樵之費顏注酨酢漿也

yàn 醶

醶 酢漿也从酉僉聲 魚窆切

酢漿也者廣韻醶醋味廣雅醶酢也廣志醶醶漿也葛洪肘後方治齒痛用多年醶酢字或作釅廣韻釅酒醋味厚本草衍義醋酒糟爲之乞鄰者是此物然有米醋麥醋棗醋米醋最釅

cù 酢

酢 醶也从酉乍聲 倉故切

惠士奇曰古有梅而無酢五味調和須之而成食乃甘於是始有酢漿爲醶急就篇所謂鹽豉醯酢漿尙書孔注亦云鹽醎梅醋蓋今之酢古之梅也則古無酢明甚

醶也者急就篇酸醎酢淡辨濁清顏注大酸謂之酢隋書酷吏傳寧飮三升酢不見崔弘度通作醋齊民要術有作酢法云酢者今醋也郭緣生述征記醬魁城至醋溝十里本草酢漿草味酸唐本注云一名醋母草

yǐ 酏

酏 黍酒也从酉也聲一曰甜也賈侍中說酏爲鬻清 移爾切

hǎi 醢　jiàng 醬

黍酒也者廣雅酏酒也鄭注聘禮云凡酒稻爲上黍次之內則黍酏注云釀粥爲醴又注周禮酒正云凡醴濁釀酏爲之則少清矣齊民要術造黍米法酒法三月三日秤麴三斤三兩取水三斗三升浸七日取黍米三斗三升炊作再餾飯著麴汁中傔米消盡更炊四斗半米酘之酒味醇美宜合醅飲食之飲一半更炊米重酘如初竟夏飲之不能竆盡所謂神異矣　一日甜也者食經作白醪法滿五日酒甘如乳周禮酒正醴齊注云如今恬酒矣呂氏春秋重己篇其爲飲食酏醴也注云酒正二曰醴齊醴者以糵與黍相釀不以麴也濁而甜耳　賈侍中說酏爲鬻清者內則黍酏注云以黍爲粥也又饘酏注云饘厚粥酏薄粥賈逵曰酏爲粥清清者粥而去米也周禮酒正辨四飲之物四曰酏注云酏今之粥內則有黍酏酏飲粥稀者之清也或作酏穆天子傳䐹棗醯醢注云酏粥清也

醬　醢也从肉从酉酒以和醬也爿聲　即亮切

醢也者廣韻五音集韻韻會引作醢玉篇醬醢也廣雅醢醬也釋名醢多汁者曰醢急就篇蕪荑鹽豉醯酢醬顏注醬以豆合麪而爲之也以肉曰醢以骨曰𩠐醬之爲言將也食之有醬如軍之須將取其率領進導之也周禮膳夫

凡王之饋醬用百有二十甕注云醬謂醯醢也王舉則醢人共醢六十甕醯人共醯物六十甕馥案鄭意謂合醯醢爲百二十甕也惠士奇曰醬屬醢人名曰醢醬則醢卽醬也不應分爲二士昏禮醢醬二豆二豆者壻與婦爲對醬則醢醬非二物矣五齊七菹皆醯物也謂皆以醯調之醯物猶醬物一物二名膳夫職所謂醬用百二十甕內饗職所謂百羞醬物者卽此左傳醯醢鹽梅以烹魚肉聘禮歸饔餼醯醢百甕皆不言醬則醢非卽醬歟　從肉從酉酒以和醬也者作醢有肉有酒

𤖳　古文

汗簡引作[illegible]

𤖳　籀文

醢　肉醬也从酉𥁑　呼改切

本書䐣有骨醢也　釋名醢海也冥也封塗使密冥乃成也四民月令五月一日可作醢　弘君舉食檄東里獨姥之醢

肉醬也者釋器肉謂之醢郭注肉醬曲禮勿歠醢疏云醢肉醬也聘禮醯醢百甕醢在東注云醯穀陽也醢肉陰也昭二十年左傳水火醯醢鹽梅以烹魚肉服注醢肉醬也莊十二年傳宋人皆醢之杜注醢肉醬離騷后辛之菹醢兮王注肉醬曰醢呂氏春秋行論篇殺梅伯而醢之高注肉醬爲醢史記宋世家宋人醢萬也集解引服虔曰醢肉醬齊民要術有作肉醬法牛羊麞鹿兔肉皆得作唐百官志掌醢署令一人丞二人掌供醢醢之物一曰鹿醢二曰兔醢三曰羊醢四曰魚醢東觀漢記上至邯鄲趙王進馬醢劉孝儀謝蝦醬啓龍醬傳甘蜓醢稱貴陶注本草醬又有肉醬魚醬皆呼爲醢　從酉𥁑者徐鍇本作𥁑聲韻會同

𦸕　籀文

mú 醔

醔　醔䤈榆醬也从酉敄聲　莫候切

醔䤈榆醬也者廣雅醔䤈醬也廣韻醔䤈榆子醬也四民月令榆莢色變白可作醔䤈齊民要術有作榆子醬法治榆子仁一升擣末篩之清酒一升醬五升合和一月可食之

tú 䤈　lèi 酹　bì 䤨　jú [illegible]

䤈　醔䤈也从酉俞聲　田候切

醔䤈也者釋名䤈投也味相投成也

酹　餟祭也从酉寽聲　郎外切

餟祭也者玉篇酹餟祭也以酒祭地也韋昭辨釋名祭酒者謂祭六神先以酒沃酹之也謝承後漢書徐穉負笈赴弔餟酒畢留謁卽去後漢書張魚傳以酒酹地注云以酒沃地謂之酹橋元傳不以斗酒隻雞過相沃酹顏氏家訓親友來餟酹者一皆拒之餟或作醊束晳近遊賦若夫祭奠之醊親里往來

䤨　擣榆醬也从酉畢聲　蒲計切

擣榆醬也者字或作[illegible]玉篇[illegible]醔䤈也或作䤨廣雅醢醬也集韻醢䤨榆醬也

[illegible]　醬也从酉矞聲　居律切

liáng 䣼　jiàn 䤔　rǎn 䣷　qiú 酋　zūn 尊(尊)

醬也者廣雅同玉篇醽醢醬也

䣼 雜味也從酉京聲力讓切

雜味也者集韻清漿曰䣼廣韻䣼漿水廣雅䣼醬也周禮漿人掌共王之六飲水漿醴涼醫酏注云鄭司農云涼以水和酒也玄謂涼今寒粥若糗飯雜水也內則飲有濫注云以周禮六飲校之則濫涼也管子禁藏篇冬日不濫非愛水也釋名桃濫水漬而藏之其味濫濫然也

䤔 闕慈冉切

玉篇䤔䣷味薄也字或作醶廣韻䤔酓味薄也類篇䤔醬也

䣷 闕而琰切

類篇䣷醬也曰䤔䣷味醰

文六十七　重八

說文解字義證　卷四十八　兕

酋 繹酒也從酉水半見於上禮有大酋掌酒官也凡酋之屬皆從酋字秋切

繹酒也者本書多下云夕相繹也奠下云酋酒也方言酋熟也自河以北趙魏之閒久熟曰酋鄭語毒之酋腊者其殺也滋速注云精熟曰酋釋名醳酒久釀酉澤也又云酒酉也釀之米麴酉澤久而味長也周禮酒正辨三酒之物一曰事酒二曰昔酒注云事酒今之醳酒也昔酒今之酋久白酒所謂舊醳者也郊特牲猶明清與醆酒於舊澤之酒也注云澤讀爲醳舊醳之酒謂昔酒也太元中次七酋酋大魁頤水包貞魏都賦有醳順時粱書昭明太子傳飛觴汎醳　從酉水半見於上者徐鍇曰酒久則水上見謂糟少也馥謂此如谷字從水半見出於口　大酋掌酒官也者月令仲冬之月乃命大酋注云酒孰曰酋大酋者酒官之長酋者久遠之稱久孰者善故名酒官爲大酋

尊 酒器也從酋廾以奉之周禮六尊犧尊象尊著尊壺尊太尊山尊以待祭祀賓客之禮祖昆切

xū 戌

酒器也者明堂位尊用犧象山罍注云尊酒器也　周禮六尊云云者春官小宗伯辨六尊之名物以待祭祀賓客注云鄭司農云六尊獻尊象尊壺尊著尊太尊山尊司尊彝春祠夏禴用雞彝鳥彝其朝踐用兩獻尊其再獻用兩象尊秋嘗冬烝祼用斝彝黃彝其朝獻用兩著尊其饋獻用兩壺尊凡四時之閒祀追享朝享祼用虎彝蜼彝其朝踐用兩大尊其再獻用兩山尊注云鄭司農云獻讀爲犧犧尊飾以翡翠象尊以象鳳皇或曰以象骨飾尊著尊者著畧尊也或曰著尊著地無足壺者以壺爲尊大尊大古之瓦尊山尊山罍也志林先代不識犧尊但云沙畫之飾以翠羽至魏明帝時魯郡於地中得齊大夫子尾送女器有犧尊作犧牛形自爾乃知其形　從酋廾以奉之者特牲饋食禮舉觶者洗各酌于其奠馥謂尊譌作奠后經作尊

尊 尊或從寸

爾雅釋文尊本又作罇酒器也又作樽同案曹憲文字指歸檢字無此從缶從木者說文云字從酋寸酒官法度也今之尊卑從此得名故尊亦爲君父之偁　士喪禮冪奠用功布注云古文奠爲尊

文二　重一

說文解字義證　卷四十八　卒

戌 滅也九月陽气微萬物畢成陽下入地也五行土生於戊盛於戌從戊含一凡戌之屬皆從戌辛聿切

釋名戌恤也物當收斂矜恤之也亦言脫也落也　釋天太歲在戌曰閹茂　淮南天文訓太陰在戌歲名曰掩茂高注掩蔽茂冒萬物皆蔽冒

滅也者當爲威本書威陽氣至戌而盡戌威聲相近通作滅釋詁滅絕也淮南天文訓戌者滅也白虎通戌者滅也史記律書戌者言萬物盡滅故曰戌晉書樂志九月戌戌滅也謂時物皆衰滅　九月陽气微萬物畢成陽下入地也者本書蔑下云人勞則蔑然從戌案逸周書祭公解穆王言追學於文武之蔑孔鼂注言已追學文武之微德書君奭文王蔑德傳訓精微之德　六韜秋道斂萬物盈鄭注周易建戌之月陽氣既盡白虎通九月律謂之無射何射者終也言萬物隨陽而終漢書律歷志畢入於戌又云亾射射厭也言陽氣究物而使陰氣畢剝落之終而復始亾

厭已也位於戌在九月　五行土生於戊盛於戌者戊爲中宮土位淮南天文訓土生於午壯於戌死於寅魏臺訪議高堂隆曰土始生於未盛於戌終於辰

文一

亥　荄也十月微陽起接盛陰從二二古文上字一人男一人女也從乙象裹子咳咳之形春秋傳曰亥有二首六身凡亥之屬皆從亥　胡改切

釋名亥核也收藏百物核取其好惡眞僞也亦言物成皆堅核也　晉書樂志十月亥亥劾也言陰氣劾殺萬物　漢書律歷志該閡於亥　釋天太歲在亥曰大淵獻孫炎云淵深也大獻萬物於深言蓋藏之於外也　淮南天文訓太陰在亥歲名曰大淵獻高注淵藏獻迎萬物終在亥大小深藏窟伏以迎陽

荄也者廣雅同亥荄聲相近徐鍇曰言萬物之荄皆動也范子曰陽者主生萬物方夏三月之時大熱不至則萬物

不能成陰氣主殺方冬三月之時地不內藏則根荄不成卽春無生孟喜說易箕子明夷以爲陰陽氣亡箕子者萬物方荄茲也　十月微陽起接盛陰者徐鍇曰十月坤之上六陰極陽將生也釋天十月爲陽易乾鑿度乾者天也終而爲萬物始西北方萬物所始也故乾位在於十月史記律書亥者該也言陽氣藏於下故該也白虎通十月律謂之應鍾何鍾動也言萬物應陽而動下藏也漢書律歷志應鍾言陰氣應亡射該臧萬物而雜陽閡種也位於亥在十月詩采薇歲亦陽止箋云十月爲陽時坤用事嫌於無陽故以名此月爲陽正義云其實陰陽恆有詩緯曰陽生酉仲陰生戌仲是十月中兼有陰陽也　一人男一人女也從乙象裹子咳咳之形者亥咳聲相近二人象所裹之子左爲男右爲女也徐鍇曰十月之時陽氣萌兆盛陰感陽萬物皆含育於內象人之懷妊朕兆　春秋傳曰亥有二首六身者襄三十年左傳史趙曰亥有二首六身下二如身是其日數也士文伯曰然則二萬六千六百有六旬也杜注亥字二畫在上幷三人爲身如筭之六下亥上二畫豎置身旁正義云二畫爲首六畫爲身下首之二畫竝之使如其身旁則是生來日數也因亥畫似筭位故假之以爲言其本作亥字不爲此也案字書古之亥字體殊不然蓋春秋之時亥字有二六之體異於古制其說文是小篆之書又異於此馥案孔氏謂別有二首六身之亥非謂本書小篆徐鍇則就本書釋之其言曰古文質豎上二畫於左爲筭家之二萬乙字曲上豎下橫爲筭家之六千左人字曲之上橫下直爲筭家之六百古人字亦然隔一位爲筭家之單六中闕六十也故亥有二首六身故晉士文伯曰然則二萬六千六百有六旬也馥謂若別有二首六身之亥則本書不應引此文徐據本書爲說是也孔氏以說文乃小篆非史趙之古文馥謂小篆仍古文而不變者多矣安知本書之亥非古文邪止戈爲武皿蟲爲蠱反正爲乏小篆皆與古文無異或云亥下自有古文亥不得爲古文馥謂古文非止一體本書之重數古文者往云亦古文是知古文不一矣王莽十布背有數目字與今蘇州畫馬相似司馬溫公潛虛圖正同卽古籌算之法也

亥　古文亥爲豕與豕同亥而生子復從一起

徐鍇曰今案李斯所書碑亥字旁人皆作丁字形馥謂十或个之誤　徐鍇本李燾本竝作丆鍇曰家語子夏云三豕渡河亥誤爲豕當爲此亥字也　馥案李陽冰曰古文亥比豕加一畫疑此丆傳寫或誤

古文亥爲豕與豕同者徐鍇本作古文亥亥爲豕與豕同意馥謂亥爲豕猶巳爲蛇古者術數家以三十六禽配十二辰其配亥者則豚也豨也蒿猪也　亥而生子復從一起者徐鍇曰天道終則復始故亥生子子生丑復始於一也易窮則變變則通通則久之義也馥謂此本書始一終亥之意也本書敘畢終於亥知化窮冥徐鍇曰亥生子終則復始故託始於一寄終於亥亥則物之該盡故曰窮冥也

文一　重一

說文解字弟十五　義證弟四十九

曲阜桂馥學

古者庖犧氏之王天下也帝王世紀庖犧氏風姓也取犧牲以充庖廚故號庖犧氏是爲犧皇後世音謬故或謂之伏犧或謂之宓犧潛夫論大人迹出雷澤華胥履之生伏羲其相日角世號大皞都于陳作八卦禮含文嘉伏羲始別八卦以變化天下天下法則咸伏貢獻故曰伏犧也**仰**當爲卬**則觀象於天俯則觀法於地視鳥獸之文與地之宜近取諸身遠取諸物於是始作易八卦**漢武梁祠畫象標榜伏戲倉精初造工業畫卦結繩以理海內論衡對作篇易言伏羲作八卦前始未有八卦伏羲造之故曰作也禮含文嘉伏羲德洽上下天應之以鳥獸文章地應之以龜書伏羲乃則象作易卦六藝論虙羲作十言之教曰乾坤震巽坎離艮兌消息無文字謂之易春秋內事伏羲氏以木德王天下之人未有室宅未有水火之和於是乃仰觀天文俯察地理始畫八卦定天地之位分陰陽之數推列三光建分八節以之應氣凡

二十四消息禍福以制吉凶通鑑外紀伏羲造八卦始作三畫以象二十四氣因而重之爻象備矣曹植贊木德風姓八卦創焉摯虞贊設卦分象開物紀類**以垂憲象**張行成曰伏羲始畫八卦是爲先天有圖象而未有書故孔子謂之作八卦新語道基篇先聖乃仰觀天文俯察地理圖畫乾坤以定八道易通卦驗虙犧作易無書以畫事張彥遠名畫記顏光祿云圖載之意有三一曰圖理卦象是也二曰圖識字學是也三曰圖形繪畫是也**及神農氏**禮含文嘉神者信也農者濃也始作耒耜教民耕種美其衣食德信濃厚若神故爲神農也潛夫論有神龍首出常感妊姒生赤帝魁隗身號炎帝世號神農代伏羲氏**結繩爲治**帝系譜神農結繩而治**而統其事庶業其繁**當爲緐**飾僞萌生**論衡齊世篇語稱上世之人質樸易化下世之人文薄難治故易曰上古之時結繩以治後世易之以書契先結繩易化之故後書契難治之驗也**黃帝之史倉頡**論衡骨相篇倉頡四目爲黃帝史春秋孔演圖倉頡四目是謂竝明晏氏類要倉頡姓侯岡氏馮翊人黃帝史官造書契見宏宇記世本沮誦倉頡作書梁庾肩吾書品書名起於元洛字勢發於倉史論衡譏日篇學書諱丙日云倉頡以丙日死也如以丙日書末

必有禍皇覽冢墓記倉頡冢在馮翊衙縣利陽亭南道旁墳高六尺學書者皆往以姓名投刺祀之不絕馥案周文使冀儁敎明帝及宋獻公等隸書儁以書字所興起自倉頡乃啟周文釋奠倉頡**見鳥獸蹏迒之迹**論衡感類篇見鳥迹而知爲書見蜚蓬而知爲車天非以鳥迹命倉頡以蜚蓬使奚仲也奚仲感蜚蓬而倉頡起鳥迹也唐韋續纂五十六種書黃帝時史倉頡寫鳥迹爲文作篆書淮南子史皇產而能書高誘注史皇倉頡生而見鳥迹知著書**知分理之可相別異也初造書契**呂氏春秋君守篇蒼頡作書高誘注蒼頡生而知書寫倣鳥迹以造文章潘徽韻纂敘文字之來尚矣初則羲皇出震觀象緯以法天次則史頡佐軒察蹄迹而取地於是八卦爰始爻文斯作繩用旣息墳籍生焉傳遝筆銘書契之興興自頡皇肇建一體浸遂繁昌愼子書契所以立公信也鄭注周易以書書木邊言其事刻其木謂之書契帝王世紀黃帝垂衣裳倉頡造文字然後書契始作崔瑗草書勢書契之興始自頡皇寫彼鳥迹以定文章成公綏隸書體皇頡作文因物構思觀彼鳥迹遂以成意索靖書狀聖王御世隨時之宜倉頡旣生書契是爲張懷瓘書斷古文者黃帝史倉頡所造也仰觀奎星圜方屈曲之勢俯察龜文鳥迹之象采眾美

合而爲字是曰古文白帖龍圖始啟八卦之象可觀鳥迹初分六體之書爰起論衡對作篇造端更爲前始未有若倉頡作書是也唐釋道世法苑珠林古造書凡有三人長名曰梵其書右行次曰佉盧其書左行少者倉頡其書下行**百工以乂**魏書江式傳作百工以敘**萬品以察**當爲詧江式傳作萬品以明王粲研銘爰初書契以代結繩人察官理庶績誕興荀子解蔽篇故好書者眾矣而倉頡獨傳者一也楊倞注倉頡黃帝史官言古亦有好書者不如倉頡一於其道異術不能亂之故獨傳也**蓋取諸夬夬揚於王庭**隋書牛宏傳爻畫肇於庖羲文字生於倉頡聖人所以宏宣教導博通古今揚於王庭肆於時夏五經文字敘夬決也王庭字號決之大者決以書契也**言文者宣教明化於王者朝廷**漢書蓺文志易曰上古結繩以治後世聖人易之以書契百官以治萬民以察蓋取諸夬夬揚於王庭言其宣揚於王者朝廷其用最大也**君子所以施**當爲敀**祿及下居德則忌也**則忌當爲明忌王弼易作明忌故說云居德以明禁**倉頡之初作書**論衡奇怪篇失道之意還反其字倉頡作書與事相連又感虛篇書傳言倉頡作書天雨粟鬼夜哭此言文章興而

論衡見故其妖變致天雨粟鬼夜哭也夫言天雨粟鬼夜哭實也言其應倉頡作書虛也夫河出圖洛出書聖帝明王之瑞應也圖書文章與倉頡所作字畫何以異天地爲圖書倉頡作文字業與天地同指與鬼神合何非何惡而致雨粟神哭之怪使天地鬼神惡人有書則其出圖書非也天不惡人有書作書何非而致此怪或時倉頡適作書天適雨粟鬼偶夜哭而天雨粟鬼神哭自有所爲世見應書而至則謂作書生敗亂之象應事而動也

蓋依類象形故謂之文其後形聲相益續漢書祭祀志注引作其有形聲相益即謂之字困學紀聞引王文公云文者奇偶剛柔雜比以相承如天地之文故謂之文字者始於一而生於無窮如母之字子故謂之字顧炎武曰春秋以上言文不言字如左傳於文止戈爲武故文反正爲乏於文皿蟲爲蠱及論語史闕文中庸書同文之類竝不言字以文爲字乃始於史記秦始皇瑯邪臺石刻曰同書文字說文敘云依類象形謂之文形聲相益謂之字周禮外史掌達書名於四方注云古曰名今曰字儀禮聘禮注云名書文也今謂之字此則字之名自秦而立自漢而顯也歟

字者言孳乳而浸多也一切經音義二十三引云昔倉頡造書依類象形故謂之文其後形聲相益即謂之字字者孳乳浸多也字生也宣十五年左傳正義引云文者物象之本字者孳乳而生韻會引同馥案字孳聲義相近虞書鳥獸孳尾史記五帝本紀作字微戴侗六書故指事象形二者之謂文會意轉注諧聲三者之謂字字者孳也言文之所生也孳通作滋李登曰物相雜故曰文文相滋故曰字衛恆四體書勢在昔黃帝創制造物沮誦倉頡始作書契以代結繩蓋睹鳥迹而興思也因而遂滋則謂之字周禮保氏疏援神契三皇無文故說者多以倉頡爲黃帝史而造文字起於黃帝於後滋益而多者也又外史疏古者文字少直曰名後代文字多則曰字字者滋也滋益而多故更稱曰字僖十五年左傳物生而後有象象而後有滋滋而後有數又通作茲本書蕃下云茲益也

著於竹帛謂之書太平御覽七百四十七引云依類象形之謂文形聲相益之謂字著於竹帛之謂書文選蜀都賦鳥策篆素五臣注策竹簡也素謂帛也書皐陶謨書用識哉賈誼書書者著德之理於竹帛而陳之令人觀焉辛處信注文心彫龍云昔倉頡造書形立謂之文聲具謂之字寫於竹帛謂之書

書者如也尙書璇璣鈐書者如也廣雅書如也文選敘書誓符檄之品五臣注書者如也玉篇世謂倉頡作書即黃帝史也象形指事形聲轉注會意假借此造字之本也書者著也依類象形謂之文形聲相益謂之字所以明於萬事紀往知來也書之言如也孝經援神契奎主文章倉頡文字者總而爲言包意以名事也分而爲義則文者祖父字者子孫得之自然備其文理象形之屬則謂之文因而滋蔓母子相生形聲會意之屬則謂之字字者言孳乳浸多也題於竹帛謂之書書者如也舒也紀也

以迄五帝三王之世改易殊體封於泰山者七十有二代續漢書祭祀志注引同河圖眞紀鉤王者封泰山禪梁父易姓奉度繼興崇功者七十二君史記封禪書管仲曰古者封泰山禪梁父七十二家桓譚新論太山之上有刻石凡千八百餘處而可識者七十有二

靡有同焉蕭子良撰五十二家書

周禮八歲入小學保氏教國子先以六書周禮保氏養國子以道乃教之六藝五曰六書鄭司農云六書象形會意轉注處事假借諧聲也

一曰指事藝文志作象事保氏注作處事賈疏云人在一上爲上人在一下爲下各有其處事得其宜故名處事也指事者視而可識察而可見宋本作察而見意上下是也衛恆曰指事者在上爲上在下爲下

二曰象當爲襐形象形者畫

成其物隨體詰詘日月是也衛恆曰日滿月虧象其形也保氏疏云象日月形體而爲之

三曰形聲衛恆曰形聲者以類爲形配以聲也藝文志作象聲保氏注作諧聲形聲者以事爲名取譬相成江河是也保氏疏云江河皆以水爲形以工可爲聲但書有六體形聲實多若江河之類是左形右聲鳩鴿之類是右形左聲草藻之類是上形下聲婆娑之類是上聲下形圃國之類是外形內聲闔闠衡衛之類是外聲內形此形聲之等有六也

四曰會意藝文志作象意會意者比類合誼以見指撝武信是也衛恆曰會意者止戈爲武人言爲信

五曰轉注五經文字云寢寐二字竝從牀轉注殺牀當爲爿轉注者建類一首同意相受保氏疏建類一首文意相受左右相注故名轉注考老是也晉書衛恆傳作老考解之云以老爲壽考也趙宧光曰後人讀建類一首句遂以老爲建首而宛展其下爲考殘陋不成章此大謬也凡讀古人文當求義理毋以文害詞可也休寧戴君震曰說文老從人毛匕言須髮變白也考從老省丂聲其解字體一會意一諧聲甚明而引之於敘以實其所論轉注不宜自相矛盾是故

別有說也使許氏說不可用亦必得其說然後駁正之何二千年閒紛紛立說者衆而以猥云左回右轉之謬悠目爲許氏可乎震謂考老二字屬諧聲會意者字之體引之言轉注者字之用轉注之云古人以其語言立爲名類通以今人語言猶曰互訓云爾轉相爲注互相爲訓古今語也說文於考字訓之曰老也於老字訓之曰考也是以敘中論轉注舉之爾雅釋詁有多至四十字共一義其六書轉注之法歟別俗異言古雅殊語轉注而可知故曰建類一首同意相受大致造字之始無所馮依宇宙閒事與形兩大端而已指其事之實曰指事一二上下是也象其形之大體曰象形日月水火是也文字既立則聲寄於字而字有可調之聲意寄於字而字有可通之意是又文字之兩大端也因而博衍之取乎聲諧曰諧聲聲不諧而會其意曰會意四者書之體止此矣由是之於用數字共一用者如初哉首基之皆爲始卬吾台予之皆爲我其義轉相爲注曰轉注一字具數用者依於義以引伸依於聲而旁寄假此以施於彼曰假借所以用文字者斯其兩大端也六者之次弟出於自然立法歸於易簡震所以信許叔重論六書必有師承而考老二字以說文證說文可不復疑也

六曰假借 當爲叚耤衛恆曰假借者數言同字其聲雖異文義一也保氏疏一字兩用故名假

借也史記正義論音例引鄭康成曰其始書之也倉卒無字或以音類比方假借爲之趣於近之而已

假借者本無其字依聲託事令長是也 徐鍇曰令所以使令或長於德或長於年皆可爲長故因而假之

及宣王太史籀著大篆十五篇 七略史籀者周時史官教學僮書也藝文志史籀十五篇周宣王太史作大篆十五篇建武時亾六篇矣元帝紀帝多材蓺善史書應劭曰周宣王太史史籀所作大篆顏師古急就篇注敘云昔在周宣粤有史籀演暘古文初著大篆張懷瓘書斷大篆者周宣王太史史籀所作也始變古文或同或異謂之爲篆篆者傳也傳其物理施之無窮漢藝文志史籀十五篇蓋此也唐元度十體書曰秦焚詩書惟易與史篇得全逮王莽亂此篇亾失建武中獲九篇章帝時王育爲作解說所不通者十有二三晉世此篇廢今略傳字體而已

與古文或異 徐鍇本作與古文或同或異江式傳郭忠恕汗簡李文仲字鑑竝同案衛恆曰或與古同或與古異張懷瓘亦言或同或異也藝文志史籀篇者周時史官教學童書也與孔氏壁中古文異體

至孔子書六經 衛恆傳漢武時魯恭王壞孔子宅得尚書春秋論語孝經時人不復知有古文謂之科斗書梁書劉顯傳任昉嘗得一篇缺簡書文字零落歷示諸人莫能識者顯云是古文尚書所刪逸篇昉檢周書果如其說

左邱明述春秋傳皆以古文 左氏春秋序正義左氏邱明所修皆古文舊書漢成帝時劉歆校祕書見府中古文春秋左氏傳大好之又云傳多古字古言服虔注襄二十五年傳云古文篆書一簡八字論衡案書篇云春秋左氏傳者蓋出孔子壁中孝武皇帝時魯恭王壞孔子教授堂以爲宮得佚春秋三十篇左氏傳也

厥意可得而說其後諸侯力政 汗簡作征

不統於王惡禮樂之害己而皆去其典籍 孟子諸侯惡其害己也而皆去其籍藝文志禮經三百威儀三千及周之衰諸侯將踰法度惡其害己皆滅去其籍後漢百官志降及戰國奢僭益熾削滅禮籍蓋惡有害己之語

分爲七國田疇異晦 禮記王制古者以周尺八尺爲步今以周尺六尺四寸爲步古者百畝當今東田百四十六畝三十步鄭注案禮制周猶以十寸爲尺蓋六國時多變亂法度或言周尺八寸則步更爲八八六十四寸以此計之古者百畝當今百五十六畝二十五步

車涂異軌律令異法 徐鍇本作律法異令汗簡及趙宧光長箋竝同

衣冠異制 如趙武靈

王好奇服

言語異聲 如鄭注三禮齊秦楚人語

文字異形 今所傳刀布文不合古籀者皆列國之異形

秦始皇帝初兼天下丞相李斯乃奏同之 江淹恨賦至如秦帝按劍諸侯西馳削平天下同文共規

罷其不與秦文合者斯作倉頡篇 隋書經籍志梁有倉頡二卷漢司空杜林注亾玉海引羅氏曰其篇雖名祖倉頡而實異史籀顏氏家訓倉頡篇李斯所造而云漢兼天下海內并廁豨黥韓覆畔討滅殘皆由後人所羼非本文也

中車府令趙高作爰歷篇 劉奉世曰趙高作爰歷獄吏用之馥按張湯傳爰書訊鞫論報

太史令胡毋敬作博學篇 江式曰李斯破大篆爲小篆造倉頡九章趙高造爰歷六章胡毋敬造博學七章後人分五十五章爲三卷上卷至哀帝元壽中楊子雲作訓纂爲中卷和帝永元中賈魴接記滂喜爲下卷故稱三蒼

皆取史籀大篆或頗省改 省當爲媘徐鍇曰減媘之字本當從女今之媘字世所不行從便則假借難移論義則宜有分別

所謂小篆者也 書斷小篆者秦丞相李斯所作也增損大篆異同籀文謂之小篆亦曰秦篆水經注穀水云大篆出於周宣王之時史籀

創著平王東遷文字乖錯秦之李斯及胡毋敬又改籀書謂之小篆故有大篆小篆焉徐鍇曰小篆會稽山銘及今之篆文是也是時秦燒滅經書滌除舊典大發隸卒興役戍汗簡作庶官獄職務繁漢書刑法志至於秦始皇兼吞戰國遂毀先王之法滅禮誼之官專任刑罰躬操文墨晝斷獄夜理書自程決事日縣石之一服虔曰縣稱也石百二十斤也始皇省讀文書日以百二十斤為程新語無為篇秦始皇帝設為車裂之誅以斂姦邪築長城於戎境以備胡越征大吞小威震天下將帥橫行以服外國蒙恬討亂於外李斯治法於內事逾煩而天下逾亂法逾滋而姦邪逾熾兵馬益設而敵人逾多秦非不欲為治然失之者乃舉措暴眾而用刑太極故也初有隸書顏氏家訓開皇二年五月長安民掘得秦時鐵稱權旁有銅塗鐫銘二所其書兼為古隸以趣約易當為傷藝文志是時始造隸書矣起於官獄多事苟趣省易施之於徒隸也衛恆曰隸書者篆之捷也成公綏隸體蟲篆既繁草藁近偽適之中庸莫尚於隸規矩有則用之簡易索靖草書狀損之隸草以崇簡易百官畢修事業竝厲趙壹曰秦之末官書煩冗戰攻竝作軍書交馳羽檄分飛故為隸草趣急速耳示簡易之指非聖人之業也書品

隸體發源秦時隸人下邳程邈所作始皇見而重之以秦事繁多篆字難製遂作此法故曰隸書水經注㶟水云上谷郡王次仲變倉頡舊文為今隸書秦始皇時官務繁多次仲所易文簡便於事要程邈曰隸書始於程邈八分始於王次仲東漢以來碑刻用八分書近世乃誤以八分為隸馥案五鳳二年石刻建初銅尺八里坤裴岑碑元氏祀三公山碑皆隸書也而古文由此絕矣楊雄劇秦美新剗滅古文太史公自敘周道既廢秦撥去古文焚滅詩書尚書考靈曜秦改古文以為小篆及隸字國人多誹謗怨恨衛恆四體書勢自秦用篆書焚燒先典而古文絕矣水經注穀水云古文出於黃帝之世倉頡本鳥迹為字取其孳乳相生故文字有六義焉自秦用篆書焚燒先典古文絕矣自爾秦書有八體沈約齊昭王碑究八體於豪端藝文志八體六技晏氏類要壞篆始標於八體注云秦世書有八體始壞篆為之初學記秦焚燒先典乃廢古文更用八體一日大篆周宣王史籀所作也二日小篆始皇時李斯趙高胡毋敬所作也大小篆竝簡策所用也三日刻符施於符傳也四日摹印施於印璽也五日蟲書為蟲鳥之形施於幡信也六日署書門題所用也七日殳書銘於戈戟也八日隸書始皇時程邈所定以行公府也一曰大篆徐鍇

曰大篆史籀作所謂籀文是也字體繁複晏氏類要史籀始著大篆或與古同或與古異世謂之籀書二曰小篆即李斯所作倉頡篇三曰刻符刻符書符節合掌之璽敷謂秦始皇以祈禱名山作刻符書非也四曰蟲書下云鳥蟲書是也五曰摹印下云繆篆是也六曰署書本書扁署也署門戶之文也水經注穀水云洛陽宮殿門題多是大篆言是蔡邕諸子自董卓焚宮殿魏太祖平荊州漢吏部尚書安定梁孟皇善師宜官八分體尗以贖死太祖善其法以為勝宜官北宮牓題咸是鵠筆南宮既建明帝令侍中京兆韋誕以古篆書之皇都遷洛始令中書舍人沈含馨以隸書書之景明正始之年又敕符節令江式以大篆易之今諸桁榜題皆是式書七曰殳書蕭子良古今篆隸文體云殳書伯氏之職古者文既書笏武亦書殳八曰隸書下云佐書是也漢興有艸書藝文志漢興蕭何草律顏注草創造之案與此草書不同後漢書陳寵傳蕭何草律注云草謂創造之也法言載使子草律曰吾不如宏恭漢官儀尚書郎主作文書起草風俗通朱悵欲上書周舉為創草論衡對作篇奏記郡守宜禁奢侈以備困乏退題記草名曰備乏禁民飲酒退題記草名曰禁酒凡此可證草律考江式

傳云又有草書莫知誰始衛恆四體書勢云漢興而有草書不知作者姓名隋書經籍志云自倉頡訖漢初書經五變曰古文大篆小篆隸書草書凡此可證艸書尉律董彥遠謂除正字啓尉律四十九類書蓋已亾閔元衛注云尉律見說文敘王應麟曰尉律者廷尉治獄之律也漢書昭帝紀注引尉律太平御覽引廷尉決事擊虜新禮議故事祀皐陶於廷尉寺新禮移祀於律寺襄二十一年左傳欒盈曰將歸死於尉氏注云尉氏討姦之官漢書地理志陳留尉氏應劭曰古獄官曰尉氏鄭之別獄也陳留風俗傳尉氏鄭東鄙弊獄官名鹽鐵論詔聖篇二尺四寸之律古今一也急就篇春秋尚書律令文顏注律之言率也制法以率下也一曰律述也具述刑名也劉歆與楊子雲書蕭何造律成於帷幕漢書刑法志相國蕭何攈摭秦法取其宜於時者作律九章學僮十七以上始試漢書東方朔傳年十三學書三冬文史足用論衡自紀篇充為小兒六歲教書八歲出於書館書館小僮百人以上或以書醜得鞭充書日進手書既成辭師受論語尚書日諷千字北史楊愔傳六歲學史書諷籀書九千字徐鍇本無字字案大篆十五篇斷六百字為一篇共得九千字晏氏類要籀文周太史史籀作也後人以名偁書謂之籀書萬斯同曰觀兩漢書所

載漢元帝嚴延年北海王業左姬竝喜史書釋者謂史籀所作故曰史書則兩漢猶行大篆乃得爲吏蓺文志作史案史亦吏也論衡量知篇能彫琢文書謂之史匠謝承後漢書陸續仕郡戶曹史後漢書杜詩傳臣伏自惟忖本以史吏一介之才注云史吏謂初爲郡功曹也又种暠傳暠爲縣門下史時河南尹田歆外甥王諶名知人歆謂之曰今當舉孝廉欲自用一名士諶遂見暠異之白歆曰爲君得孝廉矣近洛陽門下史也歆笑曰當得山澤隱滯乃洛陽吏耶漢書王尊傳司隸遣假佐蘇林謂取內郡善史書佐給諸府又貢禹傳郡國擇便巧史書習於計簿能欺上府者以爲右職故俗皆曰何以禮義爲史書而仕宦又陳遵傳旣至官當遣從史西召善書吏十人於前治私書謝京師故人遵憑几口占書吏賈誼書朔以孝弟循順爲善書而爲吏耳晉書石勒傳簡明經善書吏署爲文學掾又以八體試之蓺文志作六體云六體者古文奇字篆書隸書繆篆蟲書皆所以通知古今文字摹印章書幡信也文心彫龍練字漢初草律明著厥法太史學童教試六體困學紀聞云六體非漢興之法當從說文敘改六爲八郡移太史移當爲迻漢官儀歲終郡試并課最者以爲尚書史蓺文志課最者以爲尚書御史史書令史

韋昭曰若今尚書蘭臺令史也臣瓚曰史書今之太史書吳仁傑曰史書大篆也太史籀所作㮣太史課試善史書者以補史書令史而分隸尚書及御史也漢官儀能通倉頡史籀篇補蘭臺令史滿歲爲尚書郎論衡量知篇御史之遇文書不失分銖人不貴者小賤之能非尊大之職也周禮冢宰史十有二人注云史掌書者又小宰史掌官書以贊治注云若今起文書草也漢書張湯傳于安世用善書給事尚書汝南先賢傳黃子爲墟里所差於是感激學書到京師入公府求學歲餘爲公府令人補尚書令史漢舊儀書令史斗食缺試中二千石書佐高第補蜀志郤正入爲祕書吏轉爲令史三輔決錄丁邯選爲郎不就曰恥以孝廉爲令史職齊職儀自魏晉宋齊正令史書令史皆有品秩朱衣執板進賢一梁冠楊愣伽北齊鄴都故事尚書郎判事正令史側坐書令史過事續漢書百官志尚書令史十八人秩二百石曹有三人馥案尚書六曹曹三人三六十八故令史十八人也書或不正輒舉劾之蓺文志吏民上書字或不正輒舉劾王觀國曰吏者百官上書也民者萬民上書也吏民上書字或不正則令史舉劾急就篇誅罰詐僞劾罪人顏注劾舉案之也續漢書百官志侍御史受公卿郡吏奏事有違失者舉劾之又云左丞掌錄尚書吏人上章晉書百官表

左丞稽近道文書右丞稽遠道文書章表奏事史記萬石君傳建爲郎中令書奏事事下建讀之曰誤書馬字與尾當五今乃四不足一獲譴死矣甚惶恐晉書桓元傳尚書荅春蒐字誤爲蒐凡所關署皆被降黜晉武帝詔荀言有偏善情在忠益雖文詞有謬誤言語有得失皆當曠然恕之文心彫龍吏民上書字謬輒劾是以馬字缺畫而石建懼死雖云性愼亦時重文也龜山楊氏曰先王之時書必同文故建官以達之所以一道德之歸立民信也漢初猶有課試之科舉劾之令以同天下之習今雖有尉律不課小學不修魏書李謐師事小學博士孔璠莫達其說久矣論衡別通篇孝明之時讀蘇武傳見武官名曰栘中監以問百官百官莫知夫倉頡之章小學之書文字備具至於無能對聖國之問者孝宣時徐鍇本作孝宣皇帝時召通倉頡讀者張敞從受之蓺文志倉頡多古字俗師失其讀宣帝時徵齊人能正讀者張敞從受之張敞傳敞字子高本河東平陽人也徙茂陵敞本治春秋以經術自輔敞孫竦博學文雅過於敞陳遵傳與張竦伯松相親友竦居貧無賓客時時好事者從之質疑問事論道經書而已揚雄荅劉歆書張伯松不好雄賦頌之文然亦有以奇之常爲雄道言其父及其先君

憙典訓馥案其父名吉其先君卽敞也又案禮記正義說周官云杜子春永平時初能通其讀鄭衆賈逵往受業焉馥謂通其讀者故書作某杜子春讀爲某是也然則通倉頡讀者亦如是涼州刺史杜業荀悅漢紀亦作業漢書杜鄴傳鄴字子夏本魏郡繁陽人也從茂陵鄴少孤其母張敞女鄴壯從敞子吉學問得其家書初鄴從張吉學吉子竦又幼孤從鄴學問亦著於世尤長小學鄴子林清靜好古亦有雅材其正文字過於鄴竦故世言小學者由杜公後漢書杜林傳林字伯山父鄴成哀閒爲涼州刺史林少好學沈深家旣多書又外氏張竦父子喜文采林從竦受學博洽多聞時稱通儒張懷瓘書品後漢杜林涼州刺史鄴之子尤工古文過於鄴也沛人爰禮本書平下引爰禮說講學大夫後漢書徐防傳祖父宣爲講學大夫注云王莽置六經祭酒各一人秩上卿講學大夫屬於祭酒也五經異義引講學大夫淯于登說殷氏世傳殷亮建武中徵拜博士遷講學大夫秦近漢書儒林傳張山拊事小夏侯建爲博士論石渠授信都秦恭延君桓譚新論作秦近君亦能言之孝平時徐鍇本作孝平皇帝時徵禮等百餘人令說文字未央廷中以禮爲小學元士黃

門侍郎楊雄西京雜記凡子雲姓皆從才不知原文如此抑傳寫誤耶吳仁傑曰子雲自序其先食采於晉之揚號曰楊侯按晉有兩楊氏霍楊韓魏皆姬姓也此楊侯之國出自有周支庶為晉所滅者也晉語楊食我生此則謂之晉大夫食采于楊至食我而滅者也食我滅而楊侯之後獨存故子雲以為裔出今千姓編有從木之楊而無從手之揚陸法言字書從木之楊注云本自周宣王子幽王邑諸楊號曰楊侯後并于晉因為氏與子雲自序同然則子雲伯起皆氏木名之楊明也馥案隸釋所載楊震碑其字從木楊修偁吾家子雲是子雲與修同姓故鄭固碑楊旉楊字亦從木**采以作訓纂篇**藝文志至元始中徵天下通小學者以百數各令記字於廷中楊雄取其有用者以作訓纂篇順續倉頡又易倉頡中重複之字凡八十九章平帝紀元始五年徵天下通知逸經古記天文歷筭鍾律小學史篇方術本草及以五經論語孝經爾雅教授者在所為駕一封軺傳遣詣京師至者數千人文心彫龍及宣成二帝徵集小學張敞以正讀傳業楊雄以奇字纂訓又王莽傳徵天下通一埶教授十一人以上及有逸禮古書毛詩周官爾雅天文圖讖鍾律月令兵法史篇文字通知其意者皆詣公車網羅天下異能之士至者前後千數皆令記說廷中將令正乖繆

壹異說云馥謂楊雄生當其時親聞其說不審與爰禮等舊說同耶異耶**凡倉頡以下十四篇凡五千三百四十字**十四篇八十九章每章六十字正合五千三百四十之數**羣書所載略存之矣**藝文志六藝羣書所載略備矣**及亾新居攝使大司空甄豐等校文書之部自以為應制作**江式傳應下有運字**頗改定古文**王莽傳豐子尋手理有大子字莽解其臂入視之曰此一大子也或曰一六子也六者戮也明尋父子當戮死也迺放尋于三危馥謂豐妄改古文戮死宜也**時有六書一曰古文孔子壁中書也**後漢書盧植傳古文科斗注云古文謂孔子壁中書也形似科斗因以為名尚書正義孔子壁內古文卽倉頡之體故鄭元云書初出屋壁皆周時象形文字今所謂科斗書以形言之為科斗指體卽周之古文晉書束皙傳有人於嵩高山下得竹簡一枚上有兩行科斗書皙曰此漢明帝顯節陵中策文也檢驗果然馥謂漢用古文此亦可證**二曰奇字卽古文而異者也**本書无下云奇字無儿下云古文奇字人也漢書楊雄傳劉棻嘗從雄作奇字顔注古文之異者晉書郭璞傳太興初會稽剡縣人得一鐘上有古文奇書十八字尚書考靈曜古之奇字曰古文**三曰篆書卽小篆秦始皇帝使下杜人程邈所作也**衛恆傳李斯作倉頡篇趙高作爰歷篇胡毋敬作博學篇皆取史籀大篆或頗省改所謂小篆者也或曰下士人程邈為衙獄吏得罪始皇幽繫雲陽十年從獄中作大篆少者增益多者損減方者使員員者使方奏之始皇善之出以為御史使定書或曰邈所定乃隸書也馥謂秦始皇帝十三字當在隸書下江式曰隸書者始皇使下杜人程邈附於小篆所作也**四曰佐**當依徐鍇本作左**書卽秦隸書**史記正義論字例云程邈變篆為隸衛恆傳秦既用篆奏事繁多篆字難成卽令隸人佐書曰隸字隸者篆之捷也蔡邕隸勢鳥迹之變乃惟佐隸崔瑗草書體爰暨末葉典籍彌繁人之多僻政之多權官事繁蕪勦其墨翰惟作佐隸舊字是刪**五曰繆篆所以摹印也**顔師古曰繆篆謂其文屈曲纏繞所以摹印章也黃庭堅曰繆篆讀如綢繆束薪之繆漢以來符璽印章書也**六曰鳥蟲書所以書幡**當為旛**信也**蜀都賦鳥冊篆素續漢書靈帝詔工書鳥篆相課試通鑑帝好文學自造皇羲篇五十章因引諸生能為文賦者竝

待制鴻都門下後諸為尺牘及工書鳥篆者皆加引召遂至數十人魏志衛覬好古文鳥篆後漢書陽球傳鴻都文學或鳥篆盈簡注云八體書有鳥篆象形為字張彥遠名畫記按字學之部其六曰鳥書在幡信上書端象鳥頭者則畫之流也崔豹古今注信幡古之徵號也所以題表官號以為符信故謂為信幡也用鳥書取其飛騰輕疾也世語太祖定荊州得梁鵠令書信幡晉令使信節皆鳥書**壁中書者**玉海顔師古曰家語孔騰藏尚書孝經論語於夫子舊堂壁中漢紀尹敏傳云孔鮒所藏二說不同泱疑曰隋志云武帝時魯恭王壞孔子宅得其末孫惠所藏之書皆古文也史通亦以為孔惠所藏**魯恭王壞孔子宅**藝文志武帝末魯共王壞孔子宅案恭王薨於元朔元年是武帝在位中年不得云末又案五鳳二年石刻為魯三十四年此時魯王已屬恭王之孫則恭王安得至武帝末乎**而得禮記**江式傳無記字儀禮亦偁禮記初出時但偁逸禮禮經無此目猶論語初出謂之傳後乃偁論語藝文志禮古經五十六卷劉歆移太常博士書云及魯恭王壞孔子宅欲以為宮而得古文於壞壁之中逸禮有三十九篇鄭氏六藝論云漢興高堂生得禮十七篇後孔子壁中得古文禮五十七篇其十七篇與前同而字多異又云河閒獻王古文

禮五十六篇記百三十一篇闕若璩曰壁中所得實止論語孝經尚書禮經四部無禮記余疑漢志魯共王壞孔子宅一段禮記記字爲衍文或經字之譌因顏注未明故未盡削去實非屬定論也又曰儒林傳后蒼說禮數萬言號曰后氏曲臺記授大戴小戴后蒼之記亦記高堂生之儀禮耳其於禮記固絕不相蒙者也今世說槩以禮記爲曲臺記此語不知何所自來鄭康成六藝論謂高堂生以禮授蕭奮奮授孟卿卿授后蒼蒼授戴聖戴德是爲五傳弟子所傳皆儀禮也又謂戴德傳記八十五篇則今大戴禮記是戴聖傳禮四十九篇則此禮記是禮記之在西漢原不立學官即大小戴所刪亦不見藝文志東漢後馬融盧植鄭康成始各有解詁通爲三禮易馥案雜記云恤由之喪哀公使孺悲之孔子學士喪禮士喪禮於是乎書馥謂此乃藏於屋壁之禮也下文偁禮周官但曰禮無記字武君億曰爾雅釋言郭註引禮記曰屝用席釋詁注引禮記曰安而後傳言邢疏證以有司徹士相見禮謂偁禮記爲誤釋草注引禮記曰苴麻之有蕡者邢氏謂此在喪服傳傳所以解經故亦謂之禮記其說歧矣按宋張淳儀禮識誤序云出於孔氏之宅壁者曰禮河閒獻王之得先秦古書者曰禮記禮者今之儀禮記者今儀禮之記時未有儀禮之名也億因知景純引爲禮記定名指歸實有所

自荅迄兩漢以來皆指儀禮爲禮記鄭康成箋詩采蘩引少牢饋食禮亦作禮記主婦禓是其證但出孔壁時尚未有禮記之偁也**尚書**論衡正說篇魯恭王壞孔子教授堂以爲殿得百篇尚書於牆壁中武帝使使者取視莫能讀者**春秋**藝文志春秋古經十二篇**論語**藝文志論語古二十一篇注云出孔子壁中論衡正說篇說論語者不知論語本幾何篇武帝發取孔子壁中古文得二十一篇齊魯河閒九篇三十篇宣帝下太常博士時尚偁書難曉名之曰傳後更隸寫以傳誦初孔子孫孔安國以教魯人扶卿始曰論語今時偁論語二十一篇又失齊魯河閒九篇**孝經**水經注泗水云魯恭王壞孔子舊宅得尚書春秋論語孝經時人已不復知有古文謂之科斗書尚書敘至魯共王好治宮宅壞孔子舊宅以廣其居於壁中得先人所藏古文虞夏商周之書及傳論語孝經皆科斗文字正義凡書非經則謂之傳言及傳論語孝經正謂論語孝經是傳也漢武帝謂東方朔云傳曰時然後言人不厭其言又漢東平王劉雲與其太師策書云傳曰陳力就列不能者止又成帝賜翟方進策書云傳曰高而不危所以長守貴也是漢世通謂論語孝經爲傳也以論語孝經非先王之書是孔子所傳說故謂之傳所以異於先王之書也馥案陳寔碑傳曰郁郁乎文哉亦以論語爲傳**又北平侯張倉獻春秋左氏傳**藝文志左氏傳三十卷注云左邱明魯太史劉歆移太常博士書及春秋左氏邱明所修皆古文舊書多者二十餘通又曰且此數家之事皆先帝所親論今上所考視爲古文舊書皆有徵驗內外相應豈苟而已哉顏師古匡謬正俗蔡南問北平侯始獻左氏傳北平侯從誰得之董勛荅曰諸奇書左傳周禮之屬悉從河閒王所得也按許氏說文解字敘云北平侯張倉獻左氏春秋傳書張蒼本以客從高祖歷位諸侯相御史大夫蒼凡好書無所不觀無所不通孝文四年爲丞相百餘歲孝景五年薨而河閒獻王景帝之子校其年月不相及殆非獻王所得明矣**郡國亦往往於山川得鼎彝其銘卽前代之古文皆自相似**漢書郊祀志美陽得鼎獻之下有司議張敞好古文字按鼎銘勒而上議曰今鼎出於郊東中有刻書曰王命尸臣官此栒邑賜爾旂鸞黼黻琱戈尸臣拜手稽首曰敢對揚天子丕顯休命臣愚不足迹古文竊以傳記言之此鼎殆周之所以褒賜大臣大臣子孫刻銘其先功臧之於宮廟也**雖叵復見遠流**本書無叵字流徐鍇本作沬音昧趙宧光曰一本作流非馥案隸書流作㳅與沬形近**其詳可得略**

說也而世人大共非訾以爲好奇者也故詭更正文鄉壁當爲嚮辟鄭注中庸素隱行怪云素讀爲攻城攻其所傃之傃傃猶鄉也言方鄉辟害隱身正義身鄉幽隱之處釋文鄉本又作嚮本書辟仄也**虛造不可知之書變亂**當爲敞**常行以燿於世諸生競**徐鍇本作竟逐**說字解經誼**當爲叩**稱**當爲偁**秦之隸書爲倉頡時書云**容齋續筆七史漢凡致疑者或曰若或曰云引封禪書郊祀志雍州好時自古諸神祠皆聚云蓋夜致王夫人之貌云若有言萬歲者云若見有光云馥案封禪書有司曰陛下肅祇郊祀上帝報享錫一角獸蓋麟云大宛傳天子案古圖書名河所出山曰崑崙云漢書西域傳蒲昌海皆以爲潛行地下南出於積石爲中國河云**父子相傳何得改易**言隸書家世傳授不得爲倉頡時書**乃猥曰**史記律書猥云德化不當用兵漢書文三王傳何故猥自發舒顏注猥曲也**馬頭人爲長人持十爲斗**隸作升**虫者屈中也**春秋考異郵虫之爲言屈中也**廷尉說律**鹽鐵論文學知獄之在廷後而不知其事又云方今律令百有餘篇文章

繁罪名重至以字斷法苛人受錢本書詎苛也一曰訶也訶當爲
有呵人受錢科晉張裴律表呵人受財似受賕律有事狀相
似而罪名相涉者不以罪名呵爲呵人以罪名呵爲受賕周
禮世婦大喪比外內命婦之朝莫哭不敬者而呵罰之注云
呵譴也射人不敬者苛罰之注引檀弓君蕘以是舉苛謂詰
問之宮正幾其出入注云幾呵其衣服持操及疏數者閽人
凡內人公器賓客無帥則幾其出入注云苛其出入釋文云
苛本又作呵司關國凶札則無關門之征猶幾注云猶苛察
不得令姦人出入萍氏掌幾酒注云苛察沽買過多及非時
者禮記王制關執禁以譏注云譏呵察陸德明本作苛云苛
本亦作呵漢書李廣傳霸陵尉醉呵止廣胡廣注漢官篇諸
門各陳屯夾道其旁設兵以示威武交節立戟以遮呵出入
風俗通南宮中黃門寺有一男子服白衣黃門解步呵問女
何等人白衣妄入宮掖通鑑元魏壽陽公主行犯清路赤棒
卒呵之不止又齊周奉叔出入禁闥門衛不敢訶又唐憲宗
詔宰相出入騎士衛之所過坊門呵索甚嚴賈誼曰吏急而
壹之乎則大爲煩苛而力不能勝縱而弗呵乎則市肆異用
錢文大亂史記衛琯傳不譙呵琯
覆謂譙呵當爲誰何漢書作孰何苛之字止句也止句當爲止可廣韻

呰止也玉篇呰古文訶管子五輔篇上彌殘苟下愈覆鷙注
云殘苟當作殘苛本書抲下引周書盡執抲今書作拘此皆
可譌句若此者甚眾皆不合孔氏古文謬於史籒魏書江式傳慎嗟時人之
好奇歎俗儒之穿鑿故俗儒鄙宋本作啚夫翫其所習蔽所希聞
撰說文解字十五篇
不見通學未嘗覩字例之條怪舊埶而善野言劉歆曰信口說而背傳記
是末師而非往古以其所知爲祕妙當爲秒究洞聖人之微當爲故恉又
見倉頡篇中幼子承詔因號古帝之作也其辭有神僊之術
焉容齋續筆史漢凡致疑者皆曰焉引武帝本紀雖未能至望見之焉其迷誤不諭豈不悖哉
書曰予欲觀古人之象言必遵修舊文而不穿鑿孔子曰吾
猶及史之闕文今亾也夫蓋非其不知而不問人用己私當爲
厶是非無正巧說衺辭使天下學者疑許沖上書恐巧說衺辭使學者疑藝文志

古制書必同文不知則闕問諸故老至於衰世是非無正人
用其私故孔子曰吾猶及史之闕文也今亾矣夫蓋傷其寖
不正又云後世經傳既已乖離博學者又不思多聞闕疑之
義而務碎義逃難便辭巧說破壞形體五經文字敘春秋之
末保氏教廢無所取正各遂其私故孔子曰吾猶及史之闕
文也今亾矣蓋夫子少時人猶有闕疑之問後亾斯道歎其
不知而作之也後漢書徐防傳伏見太學試博士弟子皆以
意說不修家法私相容隱開生姦路每有策試輒興爭訟論
議紛錯互相是非孔子稱述而不作又曰吾猶及史之闕文
疾史有所不知而不肯闕也申鑒時事篇仲尼作經本一而
已古今文不同而皆自謂眞本先師義一而已異家別說不
同而皆自謂口口仲尼遜而靡質先師歿而無閑將誰使折
之者秦之滅學也書藏於屋壁義絕於朝野逮至漢興收摭
散滯固已無全學矣文有摩滅言有楚夏出有先後或學者
先意有所借定後進相放彌以滋蔓故蓋文字者經藝當爲埶
一源十流天水違行而訟者紛如也
之本王政之始前人所以垂後後人所以識古江式傳文字者六籍之宗
王教之始前人所以垂今今人所以識古隋書經籍志敘經
籍也者其爲用大矣不疾而速不術而至今之所以知古後

之所以知今其斯之謂也故曰本立而道生知天下之至嘖而不可亂當爲
敵也今敘篆文合以古籒魏了翁渠陽雜鈔引作合以古籒所記博采通人許沖
上書愼博問通人考之於逵作說文解字楊愼六書索隱敘
說文有淮南王說司馬相如說董仲舒說京房說衛宏說楊
雄說劉歆說桑欽說杜林說賈逵說傳毅說官溥說譚長說
王育說班固說尹彤說張林說黃顥說周盛說逯安說歐陽
僑說甯嚴說爰禮說徐
巡說莊都說張徹說至於小大信而有證稽譔當爲卟僎其說
將以理羣類解謬誤曉學者達神恉分別部居不相雜廁急就
篇分別部居不雜廁顏注前後之次
以類相從種別區分不相閒錯也萬物咸覩靡不兼載許沖
上書愼作說文解字六藝羣書之詁皆訓其意而天地鬼神
山川艸木鳥獸蚰蟲雜物奇怪王制禮儀世閒人事莫不畢
載厥誼不昭爰明以諭後敘所謂次列微辭也又引經傳以明之其偁易孟氏藝文
志易有施孟梁邱京氏列於學官釋文敘錄周易孟喜章句
十卷陸澄曰易自商瞿之後雖有異家之學同以象數爲宗

許氏說文偁易孟氏其文多異虞翻傳其家五世孟氏之學**書孔氏**藝文志孔安國者孔子後也悉得其書以考二十九篇得多十六篇安國獻之遭巫蠱事未列於學官後漢儒林傳孔僖魯國魯人也自安國以下世傳古文尚書**詩毛氏**藝文志又有毛公之學自謂子夏所傳而河閒獻王好之未得立案易有施孟梁邱京氏之學書有歐陽夏侯之學詩有齊魯韓毛之學故許公標舉所偁以自明且曉人也**禮**謂出孔壁之禮卽今儀禮**周官**今周禮**春秋左氏**上文云左邱明述春秋傳皆以古文又云北平侯張倉獻春秋左氏傳**論語**出孔壁**孝經**藝文志孝經古孔氏一篇顏注劉向云古文字也許沖上書古文孝經者孝昭帝時魯國三老所獻建武時給事議郎衛宏所校皆口傳官無其說桓譚新論古孝經千八百七十一字今異者四百餘字**皆古文也**言所偁易孟氏以下皆古經異義每引古周禮古左氏古孝經說**於其**宋本徐鍇本作其於**所不知蓋闕如也**

說文解字弟一

余蕭客曰許愼說文目在卷末京房注易錄入正卷司馬文正類篇一從許氏目在卷之十五

一部一　丄部二
示部三　三部四
王部五　玉部六
玨部七　气部八
士部九　丨部十
屮部十一　艸部十二
蓐部十三　茻部十四

說文解字弟二

小部十五　八部十六
釆部十七　半部十八
牛部十九　犛部二十
告部二十一　口部二十二
凵部二十三　吅部二十四
哭部二十五　走部二十六
止部二十七　癶部二十八
步部二十九　此部三十
正部三十一　是部三十二
辵部三十三　彳部三十四
廴部三十五　㢟部三十六

行部三十七　齒部三十八
牙部三十九　足部四十
疋部四十一　品部四十二
龠部四十三　冊部四十四

說文解字弟三

㗊部四十五　舌部四十六
干部四十七　𧮫部四十八
只部四十九　㕯部五十
句部五十一　丩部五十二
古部五十三　十部五十四

卅部五十五
言部五十六
誩部五十七
音部五十八
䇂部五十九
丵部六十
菐部六十一
廾部六十二
𠬜部六十三
共部六十四
異部六十五
舁部六十六
𦥑部六十七
䢅部六十八
爨部六十九
革部七十
鬲部七十一
䰜部七十二
爪部七十三
丮部七十四

鬥部七十五
又部七十六
𠂇部七十七
史部七十八
支部七十九
聿部八十
聿部八十一
畫部八十二
隶部八十三
臤部八十四
臣部八十五
殳部八十六
殺部八十七
𠘧部八十八
寸部八十九
皮部九十
㼱部九十一
攴部九十二
教部九十三
卜部九十四

用部九十五
爻部九十六
㸚部九十七

說文解字弟四

𡕥部九十八
目部九十九
䀠部一百
眉部一百一
盾部一百二
自部一百三
白部一百四
鼻部一百五
皕部一百六
習部一百七
羽部一百八
隹部一百九
奞部一百十
萑部一百十一

𦫳部一百十二
𥄕部一百十三
羊部一百十四
羴部一百十五
瞿部一百十六
雔部一百十七
雥部一百十八
鳥部一百十九
烏部一百二十
𠦒部一百二十一
冓部一百二十二
幺部一百二十三
𢆶部一百二十四
叀部一百二十五
玄部一百二十六
予部一百二十七
放部一百二十八
𠬪部一百二十九
𣦼部一百三十
歺部一百三十一

死部一百三十二
冎部一百三十三
骨部一百三十四
肉部一百三十五
筋部一百三十六
刀部一百三十七
刃部一百三十八
㓞部一百三十九
丯部一百四十
耒部一百四十一
角部一百四十二

說文解字弟五

竹部一百四十三
箕部一百四十四
丌部一百四十五
左部一百四十六
工部一百四十七
㠭部一百四十八

巫部一百四十九
甘部一百五十
曰部一百五十一
乃部一百五十二
丂部一百五十三
可部一百五十四
兮部一百五十五
号部一百五十六
亏部一百五十七
旨部一百五十八
喜部一百五十九
壴部一百六十
鼓部一百六十一
豈部一百六十二
豆部一百六十三
豊部一百六十四
豐部一百六十五
䖒部一百六十六
虍部一百六十七
虎部一百六十八

虤部一百六十九
皿部一百七十
𠙴部一百七十一
去部一百七十二
血部一百七十三
丶部一百七十四
丹部一百七十五
青部一百七十六
井部一百七十七
皀部一百七十八
鬯部一百七十九
食部一百八十
亼部一百八十一
會部一百八十二
倉部一百八十三
入部一百八十四
缶部一百八十五
矢部一百八十六
高部一百八十七
冂部一百八十八

𩫏部一百八十九
京部一百九十
亯部一百九十一
㫗部一百九十二
畗部一百九十三
㐭部一百九十四
嗇部一百九十五
來部一百九十六
麥部一百九十七
夊部一百九十八
舛部一百九十九
舜部二百
韋部二百一
弟部二百二
夂部二百三
久部二百四
桀部二百五

說文解字弟六

木部二百六　東部二百七
林部二百八　才部二百九
叒部二百十　之部二百十一
帀部二百十二　出部二百十三
𣎵部二百十四　生部二百十五
乇部二百十六　𠂹部二百十七
𠌶部二百十八　華部二百十九
𥝌部二百二十　稽部二百二十一
巢部二百二十二　桼部二百二十三
束部二百二十四　橐部二百二十五

囗部二百二十六　員部二百二十七
貝部二百二十八　邑部二百二十九
𨛜部二百三十

說文解字弟七

日部二百三十一　旦部二百三十二
倝部二百三十三　㫃部二百三十四
冥部二百三十五　晶部二百三十六
月部二百三十七　有部二百三十八
朙部二百三十九　囧部二百四十
夕部二百四十一　多部二百四十二

毌部二百四十三　𢎘部二百四十四
𠧪部二百四十五　卤部二百四十六
齊部二百四十七　朿部二百四十八
片部二百四十九　鼎部二百五十
克部二百五十一　彔部二百五十二
禾部二百五十三　秝部二百五十四
黍部二百五十五　香部二百五十六
米部二百五十七　毇部二百五十八
臼部二百五十九　凶部二百六十
朩部二百六十一　𣏟部二百六十二

麻部二百六十三　尗部二百六十四
耑部二百六十五　韭部二百六十六
瓜部二百六十七　瓠部二百六十八
宀部二百六十九　宮部二百七十
呂部二百七十一　穴部二百七十二
㝱部二百七十三　疒部二百七十四
冖部二百七十五　𠔿部二百七十六
冃部二百七十七　㒳部二百七十八
网部二百七十九　襾部二百八十
巾部二百八十一　市部二百八十二

帛部二百八十三　白部二百八十四
㡀部二百八十五　黹部二百八十六

說文解字弟八

人部二百八十七　𠤎部二百八十八
匕部二百八十九　从部二百九十
比部二百九十一　北部二百九十二
丘部二百九十三　㐺部二百九十四
𡈼部二百九十五　重部二百九十六
臥部二百九十七　身部二百九十八
㐆部二百九十九　衣部三百

裘部三百一　老部三百二
毛部三百三　毳部三百四
尸部三百五　尺部三百六
尾部三百七　履部三百八
舟部三百九　方部三百十
儿部三百十一　兄部三百十二
兂部三百十三　皃部三百十四
𠘧部三百十五　先部三百十六
禿部三百十七　見部三百十八
覞部三百十九　欠部三百二十

㱃部三百二十一　次部三百二十二
旡部三百二十三

說文解字弟九

頁部三百二十四　𦣻部三百二十五
面部三百二十六　丏部三百二十七
首部三百二十八　𥄉部三百二十九
須部三百三十　彡部三百三十一
彣部三百三十二　文部三百三十三
髟部三百三十四　后部三百三十五
司部三百三十六　卮部三百三十七

卩部三百三十八　印部三百三十九
色部三百四十　卯部三百四十一
辟部三百四十二　勹部三百四十三
包部三百四十四　茍部三百四十五
鬼部三百四十六　甶部三百四十七
厶部三百四十八　嵬部三百四十九
山部三百五十　屾部三百五十一
屵部三百五十二　广部三百五十三
厂部三百五十四　丸部三百五十五
危部三百五十六　石部三百五十七

長部三百五十八　勿部三百五十九
冄部三百六十　而部三百六十一
豕部三百六十二　㣇部三百六十三
彑部三百六十四　豚部三百六十五
豸部三百六十六　𤉡部三百六十七
易部三百六十八　象部三百六十九

說文解字弟十

馬部三百七十　廌部三百七十一
鹿部三百七十二　麤部三百七十三
㲋部三百七十四　兔部三百七十五

萈部三百七十六　犬部三百七十七
㹜部三百七十八　鼠部三百七十九
能部三百八十　熊部三百八十一
火部三百八十二　炎部三百八十三
黑部三百八十四　囪部三百八十五
焱部三百八十六　炙部三百八十七
赤部三百八十八　大部三百八十九
亦部三百九十　夨部三百九十一
夭部三百九十二　交部三百九十三
尣部三百九十四　壺部三百九十五

壹部三百九十六　㚔部三百九十七
奢部三百九十八　亢部三百九十九
夲部四百　夰部四百一
亣部四百二　夫部四百三
立部四百四　竝部四百五
囟部四百六　思部四百七
心部四百八　惢部四百九

說文解字弟十一

水部四百十　沝部四百十一
瀕部四百十二　𡿨部四百十三

巜部四百十四　川部四百十五
泉部四百十六　灥部四百十七
永部四百十八　𠂢部四百十九
谷部四百二十　仌部四百二十一
雨部四百二十二　雲部四百二十三
魚部四百二十四　𩺰部四百二十五
燕部四百二十六　龍部四百二十七
飛部四百二十八　非部四百二十九
卂部四百三十

說文解字弟十二

乞部四百三十一　不部四百三十二
至部四百三十三　西部四百三十四
鹵部四百三十五　鹽部四百三十六
戶部四百三十七　門部四百三十八
耳部四百三十九　𦣝部四百四十
手部四百四十一　𠦬部四百四十二
女部四百四十三　毋部四百四十四
民部四百四十五　丿部四百四十六
厂部四百四十七　乁部四百四十八
氏部四百四十九　氐部四百五十

戈部四百五十一　戉部四百五十二
我部四百五十三　亅部四百五十四
琴部四百五十五　乚部四百五十六
亡部四百五十七　匸部四百五十八
匚部四百五十九　曲部四百六十
甾部四百六十一　瓦部四百六十二
弓部四百六十三　弜部四百六十四
弦部四百六十五　系部四百六十六

說文解字弟十三

糸部四百六十七　素部四百六十八
絲部四百六十九　率部四百七十
虫部四百七十一　䖵部四百七十二
蟲部四百七十三　風部四百七十四
它部四百七十五　龜部四百七十六
黽部四百七十七　卵部四百七十八
二部四百七十九　土部四百八十
垚部四百八十一　堇部四百八十二
里部四百八十三　田部四百八十四
畕部四百八十五　黃部四百八十六
男部四百八十七　力部四百八十八

劦部四百八十九

說文解字弟十四

金部四百九十　幵部四百九十一
勺部四百九十二　几部四百九十三
且部四百九十四　斤部四百九十五
斗部四百九十六　矛部四百九十七
車部四百九十八　𠂤部四百九十九
𨸏部五百　𨺅部五百一
厽部五百二　四部五百三
宁部五百四　叕部五百五

亞部五百六
五部五百七
六部五百八
七部五百九
九部五百十
禸部五百十一
嘼部五百十二
甲部五百十三
乙部五百十四
丙部五百十五
丁部五百十六
戊部五百十七
己部五百十八
巴部五百十九
庚部五百二十
辛部五百二十一
辡部五百二十二
壬部五百二十三
癸部五百二十四
子部五百二十五

了部五百二十六
孨部五百二十七
𠫓部五百二十八
丑部五百二十九
寅部五百三十
卯部五百三十一
辰部五百三十二
巳部五百三十三
午部五百三十四
未部五百三十五
申部五百三十六
酉部五百三十七
酋部五百三十八
戌部五百三十九
亥部五百四十

敘曰禮記正義敘者緒述其事案此敘敘十四篇之目也徐鉉本分上下二卷今合爲一此十四篇五百四十部九千三百五十二文案倉頡篇五十五章訓纂篇八十九章班固十三章共百

五十七章章六十字凡九千四百二十字今本九千四百三十一字除新修十九字實九千四百一十二字重一千一百六十三今本重一千二百七十九解說凡十三萬三千四百四十一字今本十二萬二千六百九十九字案廣雅玉篇九經字樣類篇皆有字數其建首也立一爲耑本書始於一方以類聚物以羣分同條牽屬共理相貫當爲毌雜而不越王弼注易云各得其敘不相踰越據形聯系宋本李燾本作系聯引而申當爲㬰之以究萬原畢當爲繹終於亥知化窮冥本書終於亥徐鍇曰亥物之該盡故曰窮冥案冥與耑分貫申原爲韻本書鄭從眞聲蜓音徒典切鄭讀若寧道藏歌道遙聚無散身生水火先大運會開度彌劫爲一齡王暉修眞讀中岳鎮和氣般輪共成篇若能思得之賜與金一辯于時大漢聖德當爲㥁熙朙承天稽當爲卟唐敷當爲尃崇殷中中與朙旁方爲韻其可例者胡宗大牙賦四靈既布黃龍處中周制日月是日太常古樂府蘭艸自然香生於大道旁腰鐮八九月俱在束薪中遐邇被澤渥衍當爲沇本書九州之渥地也故以沇名焉沛滂廣業甄微當爲𢼸學當爲斈士知方探嘖索徐鍇本作索隱厥誼可傳二句結束上段而傳字與下段合韻後文欲罷不能既竭愚才亦爾古人用韻多如此粵在永元困頓之年顧炎武曰爾雅疏甲至癸爲十日日爲陽寅至丑爲十二辰辰爲陰此二十二名古人用以紀日不以紀歲歲則自有閼逢至昭陽十名爲歲陽攝提格至赤奮若十二名爲歲名周禮硩蔟氏十日十有二辰十有二月十有二歲之號注日謂從甲至癸辰謂從子至亥月謂從陬至荼歲謂從攝提格至赤奮若後人謂甲子歲癸亥歲非古也自漢以前初不假借史記歷書太初元年年名焉逢攝提格月名畢聚日得甲子夜半朔旦冬至其辨析如此若呂氏春秋敘意篇維秦八年歲在涒灘秋甲子朔賈誼鵩賦單閼之歲兮四月孟夏庚子日斜兮鵩集余舍許氏說文後敘粵在永元困頓之年孟陬之月朔日甲子亦皆用歲陽歲名不與日同之證又日楚辭攝提貞于孟陬兮維庚寅吾以降攝提歲也孟陬月也庚寅日也孟陬之月朔日甲申徐鍇本作甲子案通鑑永元十二年七月辛亥朔逆推至正月無甲申甲子朔馥謂甲子非朔值甲子猶言朔後某干支也宋

書禮志年月朔日甲子尚書令某甲下陳琳檄吳將校部曲文年月朔日子年月下系以朔朔後系以干支或偁甲或偁子或竝偁甲子者皆泛言某干支也本書朔日甲子猶陳琳檄之年月朔日子宋志之年月朔日甲子也此句泛言干支故不韻 **曾曾小子** 襄十八年左傳晉侯伐齊將濟河禱曰曾臣彪杜注曾臣猶末臣 **祖自炎神** 禮祭法厲山氏之有天下也鄭注厲山氏炎帝也起於厲山或曰有烈山氏水經注漻水云賜水西逕厲鄉南水南有重山即烈山也山下有一穴相傳神農所生處故禮謂之烈山氏帝王世紀神農氏者起於烈山時偁之神農即炎帝也案本書神農居姜水以爲姓詩揚之水不與我戍許毛傳許諸姜也又不與我戍甫傳甫諸姜也正義云尚書有呂刑之篇禮記引作甫刑周語胙四岳國命爲侯伯賜姓曰姜氏曰有呂又曰申呂雖衰齊許猶在是甫許同爲姜姓唐書宰相世系表許氏出自姜姓炎帝裔孫伯夷之後周武王封其裔孫文叔於許後以爲太嶽之嗣 **縉雲相黃** 文十八年左傳縉雲氏有不才子杜注縉雲黃帝時官名 **共承高辛** 潛夫論五德志帝嚳代顓頊氏其號高辛 **太岳佐** 當爲左 **夏** 隱十一年左傳許太岳之允也杜注太岳神農之後堯四岳也襄十四年傳謂我諸戎是四嶽之裔胄也杜注四嶽堯時方伯姜姓也莊二十二年傳姜太嶽之後也杜注姜姓之先爲堯四嶽周語共之從孫四嶽佐之韋注言共工從孫爲四岳之官掌帥諸侯助禹治水也詩崧高毛傳堯之時姜氏爲四伯掌四嶽之祀述諸侯之職於周則有甫申齊許 **呂叔作藩** 史記齊太公世家呂尚其先祖嘗爲四嶽佐禹平水土甚有功虞夏之際封於呂姓姜氏帝王世紀穆王命呂侯爲相或謂之甫侯王觀國學林曰孝經引甫刑一人有慶兆民賴之今在書呂刑篇者呂侯爲穆王司寇作刑書曰呂刑後爲甫侯故或偁甫刑也馥案成七年左傳子重請取於申呂以爲賞田國語當成周者南有申呂水經注宛西呂城四嶽受封括地志故呂城在鄧州南陽縣西徐廣曰呂在宛縣 **俾侯于許** 許當爲鄦襄十一年左傳晉荀罃東侵舊許杜注許之舊國鄭新邑正義云許之舊國許南遷而鄭得之潛夫論志氏姓炎帝苗胄四嶽伯夷以封申呂裔生尙封齊或封許向或封紀或封申城在南陽宛北序山之下許在潁川今許縣是也十道志許州許昌郡禹貢豫州之域周爲許國太平寰宇記許州周爲許國左傳許太嶽之後說者謂炎帝之後周武王伐紂所封於此 **世祚** 祚當爲胙 **遺靈** 靈與傳年神辛藩瀕門山爲韻與前冥字同例道藏歌冥化自有數我眞法自然妙

說文解字義證　卷四十九　卅三

曲發空洞宮商結僊靈 **自彼徂召宅此汝潁** 成十五年左傳許靈公畏偪于鄭遷于楚唐書宰相世系表秦末有許猶隱居不仕曾孫毗漢侍中太常生德字伯饒安定汝南太守因居平輿後漢書儒林傳許慎汝南召陵人也 **竊卬景行敢涉聖門其弘如何節彼南山欲罷不能既竭愚才惜道之味聞疑載疑** 禮少儀毋身質言語鄭注質成也聞疑則傳疑若成之或有所誤也顧野王上玉篇表微言既絕大旨亦乖故五典三墳競開異義六書八體今古殊形或字各而訓同或文均而釋異百家所談差互不少字書卷軸舛錯尤多難用尋求易生疑惑 **演贊其志** 孔子演易亦曰贊易及修春秋游夏不能贊一辭 **次列微辭** 當爲敓謂先徵舊訓後綴己說 **知此者稀儻昭所尤** 當爲訧案元行沖釋疑昔孔季產專古學有孔扶者與俗浮沈每誠產曰今朝廷率章句內學君獨修古義非章句內學危身之道也 **庶有達者理而董之** 釋詁董正也

右一卷許公自敘其書也古者敘在書後

說文解字義證　卷四十九　卅四

召陵萬歲里公乘徐鍇曰漢因秦制二十等爵公乘弟八也馥案昭三年左傳公乘無人卒列無長唐書酷吏傳時四方上變事者皆給公乘艸莽當爲茻臣沖稽當爲䭬首再拜上書皇帝陛下臣伏見陛下以宋本李本竝無以字神明盛德當爲悳承遵聖業上考當爲攷度於天下流化於民先天而天不違後天而奉天時萬國咸寧當爲寍神人以和當爲龢猶復深惟五經之妙當爲玅皆爲漢制論衡程材篇董仲舒表春秋之義稽合於律無乖異者然則春秋漢之經孔子制作垂遺於漢韓勑碑孔子近聖爲漢定道孔龢碑孔子大聖則象乾坤爲漢制作史晨碑臣伏念孔子乾坤所挺西狩獲麟爲漢制作藝文類聚引琴操魯哀公十四年西狩薪者獲麟以示孔子孔子奉麟之口須臾吐三卷圖一爲赤符劉季興爲王二爲周滅夫子將修三爲漢制造作孝經春秋說郘覽史記援引古圖推集天變爲漢帝制法何休公羊解詁孔子仰推天命俯察時變知漢當繼大亂之後故作撥亂之法以授之馥案諸說出於中候演孔圖皆讖緯不經之談博采幽遠窮理盡性以至於命先帝詔侍中騎都尉賈逵永平中逵上言左氏與圖讖合明劉氏爲堯後明帝嘉之歷遷侍中領騎都尉修理舊文殊藝當爲埶異術王教一耑苟有可以加於國者靡不悉集易曰窮神知化德當爲悳之盛也書曰人之有能有爲使羞其行而國其昌國今尚書作邦史記作國隸釋漢石經論語殘碑亦漢人作文不避國諱樊毅碑命守斯邦劉熊碑來臻我邦之類未嘗爲高帝諱也此碑邦君爲兩君之好何必去父母之邦尚書安定厥邦皆書邦爲國漢儒所傳如此非獨遠避此諱也徐鍇曰前漢諸廟諱愼皆議而不闕此葢彼時之制臣父故太尉南閣祭酒愼本書成於永元十二年是時張酺爲太尉酺汝南人章帝爲太子從受尚書時爲東郡太守續漢書百官志太尉掾史屬二十四人漢舊儀太尉西曹掾秩比四百石胡廣注漢官篇武帝時丞相設四科以辟人德行高妙爲第一科補南閣祭酒釋名祭酒者祭六神以酒餟之也胡廣注漢官篇官名祭酒者皆一位之元長也宋書祭祀以酒爲本長者主之故以祭酒爲稱公府祭酒漢末有之馥案北史

王劭傳廣業位太尉祭酒又云文元遙除太尉東閣祭酒是陳隋猶置太尉祭酒本從逵受古學魏書江式傳逵郎汝南許愼古文學之師也隋書經籍志言五經者皆憑讖爲說惟孔安國毛公王璜賈逵之徒獨非之故因漢魯恭王河閒獻王所得古文參而考之以成其義謂之古學何休公羊解詁敘治古學貴文章者謂之俗儒至使賈逵緣隙奮筆以爲公羊可奪左氏可興疏云左氏先著竹帛故漢時謂之古學公羊漢世乃興故謂之今學治古學者郎鄭衆賈逵之徒貴文章矣馥案貴文章者言左氏多文詞也劉歆欲建立左氏博士不得置對何休謂賈逵爲俗儒鄭康成又發何氏墨守是終漢之世公羊左氏不兩立也又案永元十一年賈逵與魯丕黃香說經相難是許氏書成之日逵尚在葢聖人不空作皆有依據自周禮漢律皆當學六書貫通其意案周禮古文杜子春始能通其讀後漢書宦者傳元初四年帝以經傳之文多不正定乃選通儒謁者劉珍及博士良史詣東觀各讐校漢家法令馥案本書多引漢律漢令恐巧說衺辭使學者疑潘徽韻纂敘雖復周禮漢律務在貫通而巧說衺辭遞生同異愼博問通人考當爲攷之於逵江總借劉太常說文詩劉棻慕子雲許愼詢景伯作說文解字六藝當爲埶羣書之詁皆訓其意而天地鬼神山川艸木鳥獸蚰蟲雜物奇怪王制禮儀當爲義世閒人事莫不畢當爲斁載凡十五卷十三萬趙宧光長箋引作十二萬三千四百四十一字愼前當爲歬以詔書校書東觀後漢書高彪除郎中校書東觀時謂東觀爲老氏藏室華嶠後漢書學者稱東觀爲老氏藏室道家蓬萊山宋書百官志漢圖籍在東觀有祕書郎又有著作郎又碩學達官往往典校祕書如向歆故事教小黃門孟生李喜等以文字未定未奏上今愼已病當猝於安帝末遣臣齎詣闕愼又學孝經孔氏古文說古文孝經者孝昭帝時魯國三老所獻建武時給事中議郎衛宏所校趙宧光引作授王應麟曰漢志云孝經孔氏壁中古文則與尚書同出葢始出於武帝時至昭帝時乃獻之皆口傳官無其說謹撰當爲僎具一篇并

上臣沖誠惶誠恐頓首頓首死辠死辠稽首再拜以聞宋本稽首上有臣字皇帝陛下建光元年當爲建元九月己亥朔二十日戊午上

召上書者汝南郡國志汝南郡雒陽東南六百五十里許沖詣左掖門外會宋本無外字輦遝兩京新記東都皇城南面三門東左掖門三輔黃圖掖門在兩旁如人臂掖也令并齎所上書

十月十九日中黃門饒喜以詔書賜召陵公乘許沖布四十匹即日受詔朱雀掖門三輔黃圖蒼龍白虎朱雀元武天之四靈以正四方王者制宮闕殿閣取法焉蔡質漢官儀衛士候朱爵門外傳雞唱於宮中覆案北宮南掖門曰朱雀門古今注永平二年十一月初作北宮朱雀南司馬門闕敕勿謝

說文解字附録義證第五十上　　曲阜桂馥學

後漢書儒林傳許愼字叔重汝南召陵人也性淳篤少博學經籍馬融常推敬之時人爲之語曰五經無雙許叔重以上與謝承後漢書同爲郡功曹舉孝廉再遷除洨長卒於家初愼以五經傳說臧否不同於是撰爲五經異義又作說文解字十四篇皆傳於世

汝南先賢傳許愼爲功曹奉上以篤義率下以恭寬

華陽國志南中志明章之世毋斂人尹珍字道眞以生遐裔未漸庠序乃遠從汝南許叔重受五經又師事應世叔學圖緯通三才還以教授於是南域始有學焉後漢書西南夷傳同

江總借劉太常說文詩劉棻慕子雲許愼詢景伯頋學該蟲篆奇文秀鳥迹曰余從下帷待問垂重席不詣王充市聊投班阮籍三冩徧鑽研六書多補益幽居服藥餌山宇生虛白留連歸芳杜曠蕩依泉石夫君愛滿堂願言馳下澤

南海寄歸傳朗禪師以文章雜史爲大聚裂作紙泥弟子請不可惟說文字書幸蒙曲賜

吳志嚴畯少耽學善詩書三禮又好說文

後周書黎廣從吏部尚書崔元伯受字義頗與許氏有異

太平寰宇記邕州風俗又左州晉城縣蠻渠歲時於石溪口通商有馬會說文曰馬會今之獠市按今說文無此語

衛恆四體書勢昔在黃帝創制造物有沮誦倉頡者始作書契以代結繩葢覩鳥跡以興思也因而遂滋則謂之字有六義焉一曰指事上下是也二曰象形日月是也三曰形聲江河是也四曰會意武信是也五曰轉注考老是也六曰假借令長是也夫指事者在上爲上在下爲下象形者日滿月虧效其形也形聲者以類爲形配以聲也會意者止戈爲武人言爲信也轉注者以老壽考也假借者數言同字其聲雖異文意一也自黃帝至三代其文不改及秦用篆書燒焚先典而古文絕矣漢武時魯恭王壞孔子宅得尚書春秋論語孝經時人以不復知有古文謂之科斗書又曰昔周宣王時史

籀始著大篆十五篇或與古同或與古異世謂之籀書者也及平王東遷諸侯力政家殊國異而文字乖形秦始皇初兼天下丞相李斯乃奏蠲之罷不合秦文者斯作倉頡篇中車府令趙高作爰歷篇太史令胡毋敬作博學篇皆取史籀大篆或頗省改所謂小篆者或曰下土人程邈爲衙獄吏得罪始皇幽繫雲陽十年從獄中作大篆少者增益多者損減方者使員員者使方奏之始皇始皇善之出以爲御史使定書或曰邈所定乃隸字也自秦壞古文有八體一曰大篆二曰小篆三曰刻符四曰蟲書五曰摹印六曰署書七曰殳書八曰隸書王莽時使司空甄豐校文字部改定古文復有六書

一曰古文孔氏壁中書也二曰奇字卽古文而異者也三曰篆書秦篆書也四曰佐書卽隸書也五曰繆篆所以摹印也六曰鳥蟲書所以書幡信也及許慎撰說文用篆書爲正以爲體例最可得而論也

魏書江式字法安陳留濟陽人延昌三年三月式上表曰臣聞伏犧氏作而八卦列其畫軒轅氏興而靈龜彰其彩古史倉頡覽二象之爻觀鳥獸之跡別創文字以代結繩用書契以維事宜之王庭則百工以叙載之方冊則萬品以明迄於三代厥體頗異雖依類取制未能悉殊倉氏矣故周禮八歲入小學保氏教國子以六書一曰指事二曰象形三曰形聲

四曰會意五曰轉注六曰假借蓋是史頡之遺法也及宣王太史史籀著大篆十五篇與古文或同或異時人卽謂之籀書至孔子定六經左邱明述春秋皆以古文厥意可得而言其後七國殊軌文字乖別暨秦兼天下丞相李斯乃奏蠲罷不合秦文者斯作倉頡篇中車府令趙高作爰歷篇太史令胡毋敬作博學篇皆取史籀大篆或頗省改所謂小篆者也於是秦燒經書滌除舊典官獄繁多以趣約易始用隸書古文由此息矣隸書者始皇使下杜人程邈附於小篆所作也以邈徒隸卽謂之隸書故秦有八體一曰大篆二曰小篆三曰刻符書四曰蟲書五曰摹印六曰署書七曰殳書八曰隸書漢興有尉律學復教以籀書又習八體試之課最以爲尚書史書省字不正輒舉劾焉又有艸書莫知誰始考其書形雖無厥誼亦是一時之變通也孝宣時召通倉頡讀者獨張敞從之受涼州刺史杜鄴沛人爰禮講學大夫秦近亦能言之孝平時徵禮等百餘人說文字於未央宮中以禮爲小學元士黃門侍郎楊雄採以作訓纂篇及亡新居攝自以應運制作使大司空甄豐校文字之部頗改定古文時有六書一曰古文孔子壁中書也二曰奇字卽古文而異者三曰篆書云小篆也四曰佐書秦隸書也五曰繆篆所以摹印也六曰鳥蟲所以書幡信也壁中書者魯恭王壞孔子宅而得禮尚

書春秋論語孝經也又北平侯張倉獻春秋左氏傳書體與孔氏相類卽前代之古文矣後漢郎中扶風曹喜號曰工篆小異斯法而甚精巧自是後學皆其法也又詔侍中賈逵修理舊文殊藝異術王教一端苟有可以加於國者靡不悉集逵卽汝南許慎古文學之師也後慎嗟時人之好奇歎儒俗之穿鑿故撰說文解字十五篇首一終亥各有部屬包括六藝羣書之詁評釋百氏諸子之訓天地山川艸木昆蟲雜物奇怪珍異王制禮儀世間人事莫不畢載可謂類聚羣分雜而不越文質彬彬最可得而論也左中郎將陳留蔡邕采李斯曹喜之法爲古今雜形詔於太學立石碑刊載五經題書楷

法多是邕書也後開鴻都書畫奇能莫不雲集於時諸方獻篆無出邕者魏初博士清河張揖著埤倉廣雅古今字詁究諸埤廣綴拾遺漏增長事類抑亦於文爲益者然其字詁方之許愼篇古今體用或得或失矣陳留邯鄲淳亦與揖同時博古開藝特善倉雅許氏字指八體六書精究閑理有名於揖以書教皇子又建三字石經於漢碑之西其文蔚炳三體復宣校之說文篆隸大同而古字小異又有京兆韋誕河東衛覬二家竝號能篆當時臺觀榜題寶器之銘悉是誕書咸傳之子孫世稱其妙晉世義陽王典詞令任城呂忱表上字林六卷尋其況趣附託許愼說文而按偶章句隱別古籀

奇惑之字文得正隸不差篆意也忱弟靜別放故左校令李登聲類之法作韻集五卷宮商角徵羽各爲一篇而文字與兄便是魯衛音讀楚夏時有不同皇魏承百王之季紹五運之緒世易風移文字改變篆形謬錯隸體失眞俗學鄙習復加虛巧談辯之士又以意說炫惑於時難以釐改故傳曰以衆非非行正信哉得之於斯情矣乃曰追來爲歸巧言爲辯小兔爲䨲神蟲爲蠶如斯甚衆皆不合孔氏古書史籀大篆許氏說文石經三字也凡所關古莫不惆悵焉嗟夫文字者六藝之宗王教之始前人所以垂今今人所以識古故曰本立而道生孔子曰必也正名乎又曰述而不作書曰予欲觀

古人之象皆言遵脩舊史而不敢穿鑿也臣祖琝家世陳留往晉之初與從父兄應元俱受學於衛覬古篆之法倉雅方言說文之誼當時竝收善譽而祖官至太子洗馬出爲馮翊郡値洛陽之亂避地河西數世傳習斯業所以不墜也世祖大延中皇威西被牧犍內附臣亾祖文威杖策歸國奉獻五世傳掌之書古篆八體之法時蒙襃録敘列於儒林官班文省家號世業暨臣闇短識學庸薄漸漬家風有忝無顯但逢時來恩出願外每承澤雲津厠霑漏潤驅馳文閣參預史官題篆宮禁猥同上哲既竭愚短欲罷不能是以敢藉六世之資奉遵祖考之訓竊慕古人之軌企踐儒門之轍輒求

撰集古來文字以許愼說文爲主爰採孔氏尚書五經音注籀篇爾雅三倉凡將方言通俗文祖文宗埤倉廣雅古今字詁三字石經字林韻集諸賦文字有六書之誼者皆以次類編聯文無復重糺爲一部其古籀奇惑俗隸諸體咸使班於篆下各有區別訓詁假借之誼僉隨文而解音讀楚夏之聲竝逐字而注其所不知者則闕如也脫蒙遂許冀省百氏之觀而同文字之域典書祕書所須之書乞垂敕給并學士五人嘗習文字者助臣披覽書生五人專令鈔寫侍中黃門國子祭酒一月一監評議疑隱庶無紕繆所撰名目伏聽明旨詔曰可如所請并就太常冀兼教八書史也其有所須依

請給之名目待書成重聞式於是撰集字書號曰古今文字凡四十卷大體依許氏說文爲本上篆下隸其書竟未能成

水經注穀水云古文出於黃帝之世倉頡本鳥跡爲字取其孳乳相生故文字有六義焉大篆出於周宣之時史籀創著平王東遷文字乖錯秦之李斯及胡毋敬又改籀書謂之小篆故有大篆小篆焉然許氏字說專釋於篆而不本古文

文心彫龍練字篇夫文象列而結繩移鳥跡明而書契作斯乃言語之體貌而文章之宅宇也蒼頡造之鬼哭粟飛黃帝用之官治民察先王聲教書必同文輶軒之使紀言殊俗所以一字體總異音周禮保氏掌教六書秦滅舊章以吏爲師

及李斯刪籀而秦篆興程邈造隸而古文廢漢初草律明著厥法太史學童教試六體又吏民上書字謬輒劾是以馬字缺畫而石建懼死雖云性慎亦時重文也至孝武之世則相如譔篇及宣成二帝徵集小學張敞以正讀傳業楊雄以奇字纂訓並貫練雅頌總閱音義鴻筆之徒莫不洞曉且多賦京苑假借形聲是以前漢小學率多瑋字非獨制異乃共曉難也暨乎後漢小學轉疏複文隱訓臧否太半

通典試說文字林凡十帖口試無常限皆通者爲第

新唐書選舉志凡學館諸生九經外讀說文字林三蒼凡書學石經三體限三歲說文二歲字林一歲

唐六典吏部考功員外郎掌天下貢舉之職凡諸州每歲貢人其類有六五曰書其明書則說文六帖字林四帖又云禮部尚書侍郎之職掌天下貢舉之政令凡舉試之制每歲仲冬率與計偕其科有六五曰書凡明書試說文字林取通訓詁兼會雜體此爲通又云國子博士掌教文武官三品以上及國公子孫從二品以上曾孫之爲生者五分其經以爲之業其習經有暇者命習隸書并國語說文字林三蒼爾雅每旬前一日則試其所習業書學博士掌教文武官八品以下及庶人之子爲生者以石經說文字林爲顓業餘字書亦兼習之新唐書百官志同

五經文字序例後漢許叔重收集籀篆古文諸家之學就隸爲訓注謂之說文時蔡伯喈亦以滅學之後經義分散儒者師門各滯所習傳記交亂訛僞相蒙乃請刊定五經刻石立於太學之門外謂之石經後有呂忱又集說文之所漏畧著字林五篇以補之今制國子監置書學博士立說文石經字林之學舉其文義歲登下之亦古之小學也容齋隨筆同

顏氏家訓客有難主人曰今之經典子皆謂非說文所言子皆云是然則許慎勝孔子乎主人撫掌大笑應之曰今之經典皆孔子手迹邪客曰今之說文皆許慎手迹乎答曰許慎檢以六文貫以部分使不得誤誤則覺之孔子存其義而不

論其文也先儒尙得臨文從意何況書寫流傳邪必如左傳止戈爲武反正爲乏皿蟲爲蠱亥有二首六身之類後人自不得輒改也安敢以說文校其是非哉又云大抵服其爲書隱括有條例剖析窮根源鄭玄注書往往引其說爲證（按周禮考工記注引鋝鍰也禮記雜記注引有輻曰輪無輻曰輇）若不信其說則冥冥不知一點一畫有何意焉

唐元宗開元文字音義序古文字惟說文字林最有品式因備所遺缺首定隸書次存篆字（按張九齡賀狀云表隸以訓今存篆以證古衆釋大備取證於前脩片言旁通去嫌於翻字）

顧炎武曰論字者必本於說文未有據隸楷而論古文者也

釋智光龍龕手鏡序尋源討本備載於埤蒼廣蒼叶律諸鏡咸究於韻英韻譜專門則字統說文開牖則方言國語字學於是乎昭矣

楊愼曰古人訓詁緩而簡雖數十字而同一訓雖一字而兼數用今之存者爾雅說文而已又曰後漢許叔重著說文十四篇五百四十部九千三百五十三字其所載古文三百九十六籀文一百四十五重文或體六百二十二則上有孔子說楚莊王說韓非說左氏說下有淮南王說司馬相如說董仲舒說衛宏說楊雄說京房說劉歆說杜林說賈逵說桑欽說傅毅說官溥說譚長說王育說尹彤說張林說黃顥說周盛說逯安說歐陽僑說甯嚴說爰禮說徐巡說莊都說張徹說咸宗古人不雜臆見可謂有功小學矣

容齋續筆許叔重在東漢與馬融鄭康成輩不甚相先後而所著說文引用經傳多與今文不同聊摭逐書十數條以示學者其字異而音同者不載所引周易百穀草木麗乎土爲草木麗乎地服牛乘馬爲犕牛乘馬夕惕若厲爲若夤其文蔚也爲斐也乘馬班如爲驙如天地絪縕爲壹壺所引書帝乃殂落爲勛乃殂竄三苗爲𣪠三苗又圛圛升雲半有半無豲有爪而不敢以撅及以相陵懱維緢有稽之句皆云周書今所無也所引詩既伯既禱爲既禡既禂新臺有泚爲有玼

焉得諼草爲安得藼草論語荷蕢爲荷臾褻裘爲絬衣又有跢予之足一句孟子源源而來爲源源接淅爲滰淅左傳尨涼爲牻椋芟夷爲癹夷國語觥飯不及壺飧爲侊飯不及一食如此者甚多（按本書圛下云尙書曰圛圛升雲半有半無此引洪範曰圛之文圛升雲七字乃許公解經之語洪氏誤讀）

李燾曰李陽冰獨以篆學得名時稱中興更刊定說文仍祖叔重然頗出私意詆訶許氏學者恨之南唐二徐兄弟實相與反正由舊故鍇所著四十篇總名繫傳蓋尊許氏若經也惜其書未布而鍇亾本朝雍熙三年鍇兄鉉初承詔與句中正葛湍王維恭等詳校說文今三十卷內繫傳往往錯見豈

其家學同源果無異派歟

周亮工書影二毛子晉家有宋板許氏說文與今世所傳大異許叔重舊本乃以字畫分部者始於一終於亥全書係十五卷今乃從沈韻編次而又以部分類入者乃宋李燾更定徐騎省本也湯聖宏有元刻許慎原本惜燬於火

玉海求字之法本於形聲始於一形也始東終法聲也此謂李燾五音韻譜訓纂字林等書以形相沿韻書既作學者趨便就簡不復知造書之意則比聲而求之或形存聲亾則茫無所考而韻書窮矣徐鼎臣兄弟分韻譜以從世好豈勢之所趨邪此所稱韻譜乃徐鉉更定徐鍇之本余勸葛君鳴陽重刻不果

徐鍇曰自切韻玉篇之興說文之學湮廢泯沒能省讀者不二三棄本逐末乃至於此沮誦適遠許慎不作世之知者有以振之可也

止齋陳氏曰古者重小學漢嘗置博士如毛氏詩訓許氏說文揚氏方言之類皆有所本隋唐以來以科目取士此書浸廢韓退之尚以注蟲魚爲不切則知誦習者寡矣

隋書經籍志說文十五卷許慎撰說文音隱四卷梁有演說文一卷庾儼默注

唐書藝文志李騰說文字源一卷金石錄貞元五年十月賈耽撰序李騰篆徐璹正書

玉海唐林罕小說二卷凡五百四十一字其說頗與許慎不同而互有得失郭忠恕進禮記石經陛對仁宗問罕書如何必曰雖有所長而微好怪

郭忠恕答夢英書見寄偏旁五百三十九字按說文字源惟有五百四十部字合收在子部今目錄妄有更改之又集解中誤收去部在注中今檢點偏旁少晶惢至龜蓏五字故知林氏虛誕誤於後進者小說見宜焚之按林氏謂林罕

中興書目說文解字繫傳四十卷南唐徐鍇傳釋朱翺反切

崇文總目鍇以許氏學廢推原析流演究其文作四十篇近朱氏筠有寫本汪氏啟淑開雕世言小學惟鍇名家

玉海李燾爲五音譜

玉海吳淑好篆籀取說文有字義者千八百餘條撰說文五義三卷

中興書目引經字源二卷熙寧五年李行中取諸家說文與許叔重注義序例校正偏旁制爲字源

宋史句中正傳太平興國二年獻八體書授直史館詔詳定篇韻與徐鉉重校定說文

書史會要王惟恭不知何許人工篆嘗與徐鉉等奉詔校定許慎說文行於世會要又云葛湍江東人爲侍書善篆

文昌雜錄禮部王員外修說文畢作進書表以示同舍僕因

言前漢藝文志稗官之說亦自可用（案王員外郎惟恭其表與葛湍連名）

玉海元豐元年二月六日詔知禮院王子韶於資善堂置局脩定說文五月庚寅詔光祿丞陸佃同脩定五年六月九日上重脩說文各賜銀幣百其書不行

林罕字源偏旁小說序唐將作少監李陽冰就許氏說文重加刊正展作三十卷其時復於說文篆字下便以隸書照之名曰字說

宋史藝文志僧雲棫補說文解字三十卷錢承志說文正隸三十卷

隋書經籍志梁有司馬相如凡將篇班固太甲篇在昔篇崔瑗飛龍篇蔡邕聖皇篇黃初篇陸璣吳章篇蔡邕女史篇合八卷

北史李鉉傳以去聖久遠文字多有乖謬於講授之暇遂覽說文倉雅刪正六藝經注中謬字名曰字辯

後周書趙文深傳太祖以隸書紕繆命文深與黎景熙沈遐等依說文及字林刊定六體成一萬餘言行於世（北史冊府元龜文深傳同）

崇文總目爾雅出漢世而有訓詁之學三倉志字法許慎作說文而有偏旁之學五聲清濁相生孫炎始作字音於是有音韻之學篆隸古文異體學者務極其能於是有字書之學

玉海文字之學有三其一體制謂點畫有衡縱曲直之殊說文之類其二訓詁謂稱謂有古今雅俗之異爾雅方言之類其三音韻謂呼吸有清濁高下之不同沈約四聲譜及西域反切之學

隋潘徽韻纂敘小學之家尤多舛雜雖復周禮漢律務在貫通而巧說邪辭遞生同異且文訛篆隸音謬楚夏三蒼急就之流微存章句說文字林之屬惟別體形至於尋聲推韻良為疑混酌古會今未臻切要（按韻纂主辨聲音與說文字林不同）

李燾曰晉東萊掾令呂忱作字林五卷以補叔重所闕遺者於叔重部敘初無移徙忱書甚簡顧為他說揉亂且傳寫訛

脫學者鮮通今往往附見說文蓋莫知自誰氏始陳左將軍顧野王更因說文造玉篇三十卷梁武帝大同末獻之其部敘既有所升降損益其文又增多於叔重唐上元末處士孫強復修野王玉篇愈增多其文今行於俗間者強所修也叔重專為篆學而野王雜以隸書用世既久故篆學愈微野王雖曰推本叔重而追逐世好非復叔重之舊自強以下固無譏焉

趙宧光曰說文歲久正俗雜廁時非一代代非一人為之校理者益其誣為之補緝者增其妄三季字學不彰千古文章經傳一皆俗人問象庸主好龍

趙均曰世有泥而泥古者必欲上追蒼籀遠蹤斯邈謂能竆源孰知無書可挍各以意測旨人摸象勢所必至今之有成書者許叔重而前求不可得許叔重而後存不可信

顏氏家訓夫文字者墳籍根本世之學徒多不曉字讀五經者是徐邈而非許慎習賦頌者信褚詮而忽呂忱明史記者專皮鄒而廢篆籀學漢書者悅應蘇而略蒼雅不知書音是其枝葉小學乃其宗系至見服虔張揖音義則貴之得通俗廣雅而不屑一手之中向背如此況異代各人乎

蘇軾曰余嘗論學者之有說文如醫之有本草雖草木金石各有本性而醫者用之所配不同則寒溫補瀉之效隨用各

別而自漢以來學者多以一字考經字同義異皆欲一之彫刻汞繪必成其說是以六經不勝異說而學者疑焉孔子曰夫聞也者色取仁而行違居之不疑則聞爲小人而詩曰允矣君子展也大成之子于征有聞無聲則聞爲君子又曰君子周而不比則比爲未善有子曰知和而和不以禮節之亦不可行也則所謂和者同而已矣而孔子曰君子和而不同若此者多矣喪欲速貧死欲速朽此以八字成文然猶不可亦曰言各有當也而欲以一字一之邪

李燾曰安石初是說文覃思頗有所悟故其解經合處亦不爲少獨恨求之太鑿所失更多不幸驟貴附和者益衆而鑿愈甚鑿字有六義而彼乃一之雖欲不鑿得乎科試競用其說元祐嘗禁之學官導諛紹聖復用嗜利祿者靡然風從鑿說橫流汨喪道眞此吾蘇氏所以力攻王氏不肎置也挍大觀四年朱克明言許氏說文字畫形聲多與字說相戾撮四百餘字名字括

魏書世祖紀始光二年初造新字千餘詔曰在昔帝軒剏制造物乃命蒼頡因鳥獸之迹以立文字自茲以降隨時改作故篆隸草楷竝行於世然經歷久遠傳習多失其眞故令文體錯謬會義不愜非所以示軌則於來世也孔子曰名不正則事不成此之謂矣今制定文字世所用者頒下遠近永爲楷式

顧炎武曰考魏書道武帝天興四年十二月集博士儒生比衆經文字義類相從凡四萬餘字號曰衆文經太武帝始光二年三月初造新字千餘頒之遠近以爲楷式天興之所集者經傳之所有也始光之所造者時俗之所行而衆文經之不及收者也則知說文所無後人續添之字大都出此

說文解字附說義證弟五十下　　曲阜桂馥學

漢書藝文志漢興閭里書師合蒼頡爰歷博學三篇斷六十字以爲一章凡五十五章并爲蒼頡篇武帝時司馬相如作凡將篇無復字元帝時黃門令史游作急就篇成帝時將作大匠李長作元尚篇皆蒼頡中正字也凡將則頗有出矣至元始中徵天下通小學者以百數各令記字於廷中楊雄取其有用者以作訓纂篇順續蒼頡又易蒼頡中重復之字凡八十九章案此訓纂別是一書與雄所作蒼頡訓纂不同臣復續楊雄作十三章凡一百二章無復字六藝羣書所載略備矣韋昭注云臣班固自謂也作十三章後人不別疑在蒼頡下篇三十四章中馥

以此知說文非許氏剏作蓋總集蒼頡訓纂班氏十三章三書而成蒼頡篇五十五章訓纂篇八十九章班固十三章凡一百五十七章以每章六十字計之凡九千四百二十字說文敘云九千三百五十三文然則說文集三書之大成兩漢訓詁萃於一書顧不重哉新唐書藝文志班固在昔篇一卷太甲篇一卷此卽十三章說文陞下引班說亦出於此而說文序中只舉蒼頡篇訓纂篇未及班書故讀者不了案班固成於永元四年說文成於十二年是則許氏猶及親聞固說又案急就分章或六十三字或六十四字顏師古曰每標章首以字數爲斷者蓋取其課程學僮簡牘爲便也是以前之卒章或與後句相攝

梁書劉之遴傳時得班固漢書眞本皇太子令之遴等參校異同之遴稱古本第三十七卷解音釋義以助雅詁而今本無此卷馥謂此可與十三章相發惜其失傳

朱彝尊玉篇序爰歷博學爲閭里書師所合入之倉頡篇中許慎據以撰說文解字

許氏自序蒼頡之初作書蓋依類象形故謂之文其後形聲相益卽謂之字觀此可知本書命名之義

又自序云聞疑載疑案示部祏字云大夫以石爲主五經異義云謹案大夫以石爲主禮無明文大夫士無昭穆不得有主此所謂聞疑載疑也

漢外黃令高彪碑師事口口尉汝南許公馥案闕處當是故太二字許爲太尉祭酒故稱太尉彪卒於光和七年正與許

公同時

隋書經籍志有說文音隱不審出誰氏宋書謝靈運山居賦自注云鰻音漫鱧音禮鮒音附鱮音敘鱒音寸哀反鯢音睨鰱音連鯿音卑仙反魴音房鮪音痏魦音沙鱖音居綴反鱨音上羊反鯔音比之反鱣音竹仚反皆說文字林音馥據此知音隱在宋以前也

本書或偁籀文或偁秦篆卽小篆也敘云李斯趙高胡毋敬皆取史籀大篆或頗省改所謂小篆者也蓋李斯等因大篆作小篆或改其文或仍其舊如厵字仍大篆之舊原字省改爲小篆也𩺰字仍大篆之舊漁字省改爲小篆也楙楙仍大

篆之舊流涉省改爲小篆也厵𩺰𣴁𣶒不注明籀文者原漁流涉注明篆文不煩互見也翼大篆翼小篆徐鍇本翼字注云籀文翼翼字注云篆文翼此則互相注明矣

古文簡籀文繁故小篆於籀文則多減於古文則多增如云字古文也小篆加雨爲雲囦字古文也小篆加水爲淵𤓽字古文也小篆加人爲保此類是也𦣝部云篆文𦣝从頁徐鍇曰籀文𦣝从𦣻然則𦣝爲古文𦣞爲籀文頤爲小篆三者較然明白

說文凡字義未明者注云闕謂所承之本闕也若使許氏排作何言闕乎氏部𣱕下云家本無注謂其家所藏之蒼頡篇

等書無注也徐鍇疑許沖語按沖進書時慎猶在沖豈得妄有羼入乎

汗簡力部勞下云見舊說文謂非李監新定本也攴部有兩教字上云見說文下云一本如此作然則唐本各有異同故汗簡所引與今本互異

或問周宣王時既有古文史籀何爲復作大篆荅之曰書契之作所以杜詐僞古文太簡漸有不可以一體施者故大篆趨於繁與古文竝行猶秦書之有八體各從所宜說文序云太史籀著大篆十五篇與古文或異至孔子書六經左邱明述春秋傳皆以古文此可知大篆不施於書冊也秦又苦大篆之繁故作小篆小篆出於大篆不出於古文漢興以大篆著於尉律與小篆竝行至甄豐修古文而廢大篆故建武時遂亾六篇說文霚下云籀文省作雺案省者省於小篆非謂省於古文也

徐鍇繫傳䨓下云史篇謂史籀所作蒼頡十五篇也余友丁教授杰非之曰漢書藝文志蒼頡一篇又蒼頡七章者云云然則蒼頡爰歷博學文字多取史籀而篆體頗異謂之秦篆在秦則三書各一篇共二十章在漢則合爲一篇凡五十五章卽使楊雄班固續者混入蒼頡篇中亦止一百二章未有云十五篇者也十五篇之說起於徐鍇果如其說則楊雄傳云史篇莫善於蒼頡作訓纂何故訓纂止一篇耶藝文志云

杜林爲蒼頡作訓故何故林所作蒼頡訓纂蒼頡故各止一篇耶無名氏之蒼頡傳及楊雄之蒼頡訓纂何故亦各止一篇耶

張懷瓘書斷史書十五篇凡九千字許愼說文十五卷九千餘字適與此合故先民以爲愼卽取此而說其文義馥案建武時史書已亾六篇許氏不及見其全文安能說其文義且許氏明言今敘篆文合以古籀張氏豈未之思耶

封演聞見記後漢和帝時始獲七千三百八十四字安帝時許愼特加搜采九千之文始備著爲說文凡五百四十部皆從古爲證備論字體詳舉音訓其鄙俗所傳涉於妄者皆許

氏之所不取故說文至今爲字學之宗馥案封氏所云九千之文謂籒書也說文所載籒文不過百四十餘字何得言搜釆始備

吾邱衍學古編蒼頡十五篇卽是說文目錄五百四十字許愼分爲每部之首人多不知謂已久滅此爲字之本源豈得不在後人又幷字目爲十四卷以十五卷著序表人豈不意其存矣馥案蒼頡非偏旁之書安得卽是說文目錄且漢志明言蒼頡一篇安得有十五篇

周易釋文窞字引說文云坎中更有坎又引字林云坎中小坎一曰旁入又拯字引說文云舉也又引字林云上舉詩釋

文穮字引說文云耨鉏田也又引字林云耕禾閒也周禮釋文鞮字引許愼云履也又引呂忱云鞮革履也爾雅釋文蝆字引說文作芊又引字林作蝆云搔蝆也今說文皆字林之訓又李善注文選秋興賦慨字引說文太息也又引字林壯士不得志也今說文亦字林之訓所未能詳

魏了翁渠陽雜鈔載李燾新編許氏說文解字五音韻譜前後序了翁書後云右二篇皆巽巖先生文然則五音韻譜爲巽巖作無疑今所行本削去巽巖兩序莫曉出誰氏文獻通考載其序於徐鍇繫傳下永樂大典又載於徐鍇韻譜下竝誤

朱學士筠有包希魯說文補義其書作於至正乙未刻於永樂庚子全載五音韻譜原文仍其次第可以互證

自五音韻譜行世始一終亥本殆將湮滅今世僅有毛晉刻本其子扆跋云先君購得說文眞本係北宋板嫌其字小以大字開彫云云而不言大字誰寫余校其篆雖小有筆法實不通六書故文多謬誤汪比部啓淑翦其篆文以刻小徐繫傳案大小徐兩本文多不同未能合而一之也

每見汲古閣寫本書有毛扆改字多未允當祇如重刻宋本說文雖有異同自應仍舊留待學人考訂何以刻後數數改易滅沒其眞邪幸初印本猶存今據以正定改本使還徐氏

之舊

安邑宋君葆淳得說文小字本有毛晉印季振宜印是元明閒坊本與毛氏刻本閒有不同如水部㴱字从因音於眞切是也昔陸佃王子韶入資善堂修定說文疑此卽陸王修定之本李氏五音韻譜出於此本

徐鉉等上說文序例云復有經典相承傳寫及時俗要用而說文不載者承詔皆附益之以廣篆籒之路亦皆形聲相從不違六書之義者案水部新附瀰字云諸家不收今附之字韻末此仍孫愐唐韻之文今廣韻改作瀰正在武移切韻紐之末然則新附諸字皆本唐韻

篆變爲隸凡不順隸體者多借同音之字當其始也皆知爲假借行之既久或没其本體如溺字本水名借爲沈休之休釋名云死於水曰溺溺弱也不能自勝也直以溺爲休

讀說文者不習舊聞則古訓難通逞其私智則妄加改易叚由小學荒廢已久久則無能尋其條緒矣善乎韓詩外傳之言曰夫傳者久則愈略近則愈詳略則舉大詳則舉細故愚者聞其大不聞其細聞其細不知其大是以久而差

唐宋以來小學分爲二派遵守點畫者五經文字九經字樣干祿字書佩觿復古編字鑒是也私逞臆說者王氏字說周氏六書正譌楊氏六書統戴氏六書故趙氏長箋是也

說文諧聲多與詩易楚詞不合音有流變隨時隨地而轉顧氏音學五書舉歷代之音而統同之茲無畔岸矣前乎說文者三代之音也後乎說文者六朝之音也說文則漢晉並古音也

諧聲字有曰亦聲者其例有二一從部首得聲曰亦聲如八部𠔁下云從重八八別也亦聲半部胖下云從半從肉半亦聲句部拘笱下皆云句亦聲吅部單下云從吅单吅亦聲疋部𤴔𤴓下皆云疋亦聲丩部𦫖下云從丩丩亦聲皕部奭下云從大從皕皕亦聲丌部⿺辶丌下云從丌丌亦聲井部㓝下云從井從刀井法也井亦聲后部㖃下云從口后后亦聲此一例也或解說所從偏旁之義而曰亦聲如示部禬下云會福祭也從示會會亦聲玉部瑁下云諸侯執圭朝天子天子執玉以冒之從玉冒冒亦聲丵部⿱丵八下云從八八分之也八亦聲晨下云從辰辰時也辰亦聲蚩下云中財見也中亦聲虫部蟦下云吏乞貣則生蟦從貣貣亦聲此又一例也非此二例而曰亦聲者或後人加之

王充曰失道之意還反其字蒼頡作書與事相連司馬溫公曰凡觀書者當先正其文辨其音然後可以求其義李鼎祚曰年代縣流師資道喪恐傳寫字誤後賢當詳之也閻若璩曰學須博書須善本又須參前後之所見以歸於一定

徐幹中論凡學者大義爲先物名爲後大義舉而物名從之然鄙儒之博學也務於物名詳於器械考於訓詁摘其章句而不能統其大義之所極以獲先王之心此無異乎女史誦詩内豎傳令也故使學者勞思慮而不知道費日月而無成功故君子必擇師焉馥謂近日學者風尚六書動成習氣偶涉名物自負倉雅略講點畫妄議斯冰叩以經典大義茫乎未之聞也徐氏此說可謂今之鍼砭矣

司馬溫公進通鑑表云歲月淹久其閒牴牾不敢自保又云臣今神識衰耗目前所爲旋踵遺忘馥從事說文三十餘年南北舟車身勞心瘁牽於世事作輟無常前緒已了後復惢

昧深有感於溫公之言也
梁書孔子袪傳高祖撰五經講疏及孔子正言專使子袪檢閱羣書以爲義證竊爲說文之學亦取證於羣書故題曰義證

說文解字義證五十卷終

部首檢字表

本表收入《説文解字義證》五百四十部首字，按筆畫多少爲序排列，筆畫數相同的按起筆筆形横竪撇點折的次序排列，起筆筆形相同的按第二筆筆形次序排列，以此類推。

音序檢字表

本表收入《説文解字義證》正文字頭，按漢語拼音字母順序排列，同音字按筆畫由少到多排列。注音爲方便檢索而設，不對讀音作嚴格考證。

筆畫檢字表

本表收入《説文解字義證》正文字頭，按筆畫多少爲序排列，筆畫數相同的按起筆筆形横竪撇點折的次序排列，起筆筆形相同的按第二筆筆形次序排列，以此類推。

五畫

六畫

十六畫

二十三畫

二十四畫

四角號碼檢字表

本表收入《説文解字義證》正文字頭，按四角號碼爲序排列，號碼相同的按筆畫多少爲序排列，筆畫數相同的按起筆筆形横竪撇點折的次序排列，起筆筆形相同的按第二筆筆形次序排列，以此類推。

遺文檢字表

本表收入《説文解字義證》於各部後所補遺文，按筆畫多少爲序排列，筆畫數相同的按起筆筆形横竪撇點折的次序排列，起筆筆形相同的按第二筆筆形次序排列，以此類推。